全/注/全/译

群書治要續編

一

《群书治要续编》编辑编委会 编

郝时晋 梁光玉 萧祥剑 主编

团结出版社

图书在版编目(CIP)数据

群书治要续编：注译本 / 郝时晋，梁光玉，萧祥剑主编.
— 北京：团结出版社，2020.12

ISBN 978-7-5126-7581-0

Ⅰ.①群… Ⅱ.①郝… ②梁…③萧…Ⅲ.①政书—中国—唐代
②《群书治要》—译文③《群书治要》—注释 Ⅳ.①D691.5

中国版本图书馆CIP数据核字(2019)第284195号

出版：团结出版社
（北京市东城区东皇城根南街84号 邮编：100006）
电话：（010）65228880　65244790（传真）
网址：www.tjpress.com
Email：zb65244790@vip.163.com
经销：全国新华书店
印刷：北京印匠彩色印刷有限公司

开本：145×210　1/32
印张：129
字数：2560千字
版次：2021年1月 第1版
印次：2021年1月 第1次印刷

书号：978-7-5126-7581-0
定价：698.00元（全八册）

《群书治要续编》编辑委员会

《群书治要续编》序

古人有云："治天下必正风俗，正风俗必明学术。"我华夏民族屹立于世五千年，其本在于独成体系、绵延不绝之中华文化。中华文化之根，又在以觉世牖民、经世致用为本之政治哲学，其格致诚正、修齐治平之心法，皆载之于典籍。故古之明君贤臣，登大宝之位，列辅弼之佐，无不留心治道，鉴览前典，以化民成俗，成就善治。

贞观初年，太宗李世民欲臻至治之世，大有为于天下，故钦慕于先王之道，命魏徵、褚亮、虞世南、萧德言诸臣，裒次经史百氏帝王所以兴衰者，辑览成书，以资镜鉴。魏徵诸臣自先秦至魏晋浩瀚典籍中采摭群书，剪截淫放，精选六十六种，以务乎政术、本乎治要为准则，删其繁芜，择其精粹，编撰而成《群书治要》，太宗览之大悦，曰："使我稽古临事不惑者，卿等力也。"是书于太宗"贞观盛世"之贡献，由兹可见。以至有唐一代，王公大臣，无不习焉。诚如魏徵所言，实为"用之当今，足以鉴览前古；传之来叶，可以贻厥孙谋"之治世宝典。

是书亡于兵燹，宋初失传，幸留存于扶桑。东瀛皇宫经筵日日习讲，因而成就两朝盛世。后于清嘉庆年间再传中土，惜不为政学两界所重。直至近年，国运昌隆，是书于民族复兴之际重放异彩，备受推崇，其价值不言而喻也。

然《治要》成书于唐，且所采典籍，迄止于晋。其后又经历南北朝、隋唐五代、宋元明清诸朝，其间中华民族之命运跌宕起伏，风云激荡，既有雍熙盛世之欢歌，亦有祸结兵连之流离；既有定乱中兴之明君，亦有暴虐戮民之昏主；既有以道事君之良佐，亦有覆灭邦家之佞臣；既有万国来朝之隆盛，亦有夷族乱华之惨烈。千载之下，英才辈出，典论蔚然，其裨益修身理政、平治天下之经验智慧，承前启后，一脉相承。故增辑此历史进程中治乱兴亡之经验教训，实乃今日士林之责任与使命。

盛世修典，乃我中华民族之优良传统。吾辈后学，叹《治要》之广博切要，感子史之卷帙浩繁，乃博采“二十五史”之《宋书》至《清史稿》诸史，又自《四库全书》《续修四库全书》中采撷诸家著作，依《治要》旧例，辑撰而成《群书治要续编》，以续先贤之徽猷，传后世以嘉谟。

是书所载，始于南朝，终于清季，凡一千五百余载。其居大宝之位者，或创业之君，定乱扶衰，济民水火，开创一代规模；或盛世之主，宵衣旰食，广纳谏言，终成嘉美之治；或中材之资，萧归曹随，依循先制，亦能守成继体，不忝厥祖，不辱己身；或季世昏惑，沉湎冒色，独断自专，遂致灭国亡身；无不明其致治之由，衰乱之因，作为君之镜鉴。其居庙堂之上，处辅弼之任者，或开国勋臣，于草昧之肇，陈谋献策，奠一朝之基业；或致治良臣，于大定之际，安上治民，宣化成德，成巍巍之盛世；或中兴之佐，于积弊之时，矫国更俗，革旧维新，扶大厦之将倾；或末世诚臣，于板荡之秋，誓死勤王，以身殉国，著忠烈之气节；无不采其良策嘉谟、正直之行，作为臣之典范。至于英武之帅，运筹帷幄，决胜千里；直谏之臣，造膝沃言，匪躬之节；郡守县令，敦行教化，移风易俗；懿后良妃，母仪坤德，垂范内闱；名儒高士，隐居求志，行义达道。凡此种种，其言其行，足为取法、有益于世者，无不采撷，以兴今人慕贤之风。抑或奸佞之臣，巧言令色、利口覆国；败军之将，临敌而惧，落荒而走；阴险酷吏，罗织诬陷，害忠隐贤；亡国艳妻，牝鸡司晨，扰乱国政；凡此危邦乱国之徒，佥载其人其事，以察浇薄之萌，知履霜之渐，著为后世警惕之诫。

今日之中国，民康物阜，重熙累洽。七秩风雨，成社会小康之夙愿；百年宏图，举民族复兴之大业。然居安思危，理不忘乱，古圣之哲言；虽休勿休，式遵稽古，先王之轨范。欲兴文武之政，当习方策之典。《续编》之作，与前辉映，五千年经史子之精萃，尽览于兹，实乃时代之福音，大国之幸事。于此《群书治要》正续百卷，精心细读，乃畅我中华始祖之济世本怀，古圣先贤之慈悲教诲。中华文化，历数千载，生生不息，满纸慈训，字字仁心，其能振人心、端风俗、明政事得失，知时代兴替；鉴古今、匡时弊，功在当代，利在子孙。

放眼全球，四海已为一村，人类命运一体；万物互联，文明互鉴；中华文明之经验，亦为人类社会之瑰宝。英人汤恩比曾云，能解人类于倒悬者，其唯中国之学乎？是书所倡之王道，乃济世之良药，为政之司南，若日月之大明，虽历久而弥新，置四海而皆准。非惟佑我华族，亦能惠泽寰宇。俾万国元首，敦行仁政，各亲其亲，各子其子，咸以此心，广及天下，化干戈为玉帛，息纷争为和睦，普令天下，见和同解，平等相处，共修礼让，案兵束甲，强不凌弱，协同发展，共谋福祉，则世界太平、宇宙清宁之日可期也。

《续编》撰成之际，适逢百年一遇之庚子流年，新冠疫情全球肆行，疮痍满目，时运乖蹇。《易》曰："习坎，君子以尚德行，习教事。"嗟乎！是书之作，实乃应运而生也。有为君子，能不思乎？念先圣之垂训，观日月之更替，余等感而叹曰：公而无私，大道相随。是书付梓之际，略叙编撰缘起，忝以序称。

《群书治要续编》编辑委员会

岁次庚子初冬于北京

《群书治要续编》凡例

一、本书依魏徵、虞世南、褚亮、萧德言所撰《群书治要》旧例，以“务乎政术”“本乎治要”为准则，自南北朝至清代“正史”及诸家著作中遴选典籍六十六种，择其精萃，删其繁芜，汇编而成五十卷。“正史”三十五卷，诸家著作十五卷，依朝代顺序次第编撰而成。读者一览此书，可尽得南北朝至清代近一千五百年史、子之精华。

二、本书于史部史书之选择，皆辑自正史。其有两种“正史”行世之朝代，则以史料优胜者为选本。其中南北朝史以《梁书》《南齐书》《梁书》《陈书》《魏书》《北齐书》《周书》为选本，个别地方选录《南史》《北史》部分文字；唐史则以《旧唐书》为选本，个别地方选录《新唐书》部分文字；五代史以《旧五代史》为选本，个别地方选录《新五代史》部分文字。个别历史人物亦辑录《资治通鉴》等其他要籍文字以作补充。

三、本书所选诸家著作书目，基本出自《四书全书总目》《续修四库全书总目》。依《群书治要》旧例，集部著述概不收录，内容皆为裨益治道之精粹。大部分著作以现代整理本为底本进行辑录，部分无整理本的，择善本而辑录。

四、本书自上万卷古籍中选录而成，虽欲尽录菁藻，然囿于编者管窥之见，亦有因篇幅所限不得不舍去的精华，难免有所缺憾，恳请方家仁者指正。

注译说明

《群书治要续编》是一部依照《群书治要》体例编撰的资政著作，为南北朝至有清一代子史著作之精华，旨在为现代读者尤其是领导干部提供一部学习中国古人“修齐治平”智慧经验的经典读本。是书编成之后，为方便读者阅读和学习，我们又组织人力对全书进行了简要注释和白话翻译，以求人人能够明白易晓，并能从中汲取智慧和营养。

现将我们所做的工作简要说明如下：

一、本书的原文，以我们编选的《群书治要续编》原文为底本。每一种著作在开篇撰写了一篇简短的“提要”，以便读者了解该书的作者简介、主要内容等。同时对一些书所选择的底本，也作简要的说明。

二、史部典籍选取的内容，我们均作了一篇简要的“题解”，以便读者对传主有一定的了解，并进一步说明我们辑录的缘由和对所选内容的大致介绍。

三、我们所做的注释工作，主要集中在年号、相关人物的介绍，并对一些难以理解的字词和典故略作注释。为了节约篇幅，注释一律从简，除极个别地方外，重复出现的年号、人物、名词均不作重复注释。对书中涉及的官名，由于历代官制沿革不同，我们不作注释，读者可自行查询资料参考。

四、我们对全文进行了白话语译，由于这项工作是多人参与，白话语译虽力求精准，努力达到“信、达、雅”的标准；但因注译者个人水平、行文风格的不同，译文质量难以达到统一的标准，个别地方也许难免存在理解失妥、行文不当之处。因此，对真正想要研读此书的读者来说，当以原文为依据，白话作参考。

中国之典籍可谓汗牛充栋，一个人即使穷尽一生也未必能够读完，择其精华而学习是唯一有效且事半功倍的方式。《群书治要》为我们提供了中古以前著作之精要，《群书治要续编》再续前人之美，将中古到近代著作的精华汇编成册，此二书为历代经史子部典籍之浓缩，基本包涵了五千年中华优秀传统文化的精髓，为我们认识和了解中华优秀传统文化的基本理念、核心价值、发展脉络、实践经验提供了一条完整的道路和途径，可为我们个人安身立命、家庭和睦兴旺、社会雍熙太平、国家长治久安、世界和平发展提供有益的借鉴，相信确能起到开卷有益之效用。

参加本书注译工作的，有萧祥剑、殷保志、李旭、刘晋湘、叶茂、车其磊、李秀桂、吴江波、付志勇等人，多位热心人士参与了校对工作，书稿最后由萧祥剑、殷保志、陈垂培负责审阅定稿。

由于我们德能学养有限，本书肯定还存在许多不足之处，敬请学界前辈和各位读者不吝赐教为盼。

总目

第一册

第二册

第三册

第四册

第五册

第六册

第七册

第八册

目 录

陈 书

群书治要续编卷第三　魏　书

群书治要续编卷第一　宋　书　南齐书

宋　书

【提要】《宋书》是“二十四史”之一，为纪传体正史，南朝梁沈约撰，共一百卷，记录了南朝刘宋自宋武帝永初元年（420年）刘裕建立宋朝至宋顺帝升明三年（479年）萧道成篡宋共十帝六十年的历史。

宋是南北朝时期南朝的第一个朝代，也是南朝中存在时间最久、疆域最大、国力最强的朝代。共传四世，历经九帝，享国五十九年。因国君姓刘，为与后来赵匡胤建立的宋朝相区别，故又称为刘宋。

刘宋的开国之君刘裕出自寒门，后来成为东晋后期的北府兵将领，他对内平定了孙恩和桓玄，消灭桓楚、西蜀、卢循、刘毅、司马休之等割据势力，使南方出现百年未有的统一局面；对外消灭南燕、后秦等国，降服仇池，又以却月阵大破北魏，收复淮北、山东、河南、关中等地，光复洛阳、长安两都。即位后，又派兵南征林邑国，使其全境归附。

永初元年（420年），刘裕代晋自立，定都建康，国号“宋”。刘裕执政期间，吸取前朝士族豪强挟主专横的教训，集权中央，抑制豪强兼并，实施“土断”（即不注重人头税，重视土地税），整顿吏治，重用寒门，发展生产，轻徭薄赋，废除苛法，亲自听讼，振兴教育，策试诸州郡秀才，举善旌贤，并多次遣使访民间疾苦，改善政治和社会状况，终结了门阀专政的时代，奠定了南朝"寒人掌机要"的政治格局。刘裕在位两年后去世，宋文帝刘义隆继续实行刘裕的治国方略，元嘉年间一片繁荣，史称"元嘉之治"。然而因宋文帝晚年北伐失败，导致国力大损，刘宋后期朝政混乱，帝王更迭频繁。479年，权臣萧道成夺位灭宋，建立南齐，刘宋因此灭亡。

《群书治要续编》（以下简称《续编》）从《宋书》中辑录了武帝刘裕、文帝刘义隆、刘义恭、谢晦、傅亮、檀道济、蔡廓、袁粲、谢瞻、周朗等人的传记中对于修身、理政有借鉴价值的内容，以资镜鉴。

武帝

【题解】刘裕（363—422年），字德舆，小名寄奴。彭城郡彭城县(今江苏徐州）人，南朝刘宋开国皇帝（420—422年在位）。西汉楚元王刘交之后。

永初元年（420年），刘裕代晋自立，定都建康，国号"宋"。他执政期间，对江南经济的发展，汉文化的保护与发扬有重大贡献，并开创了江左六朝疆域最辽阔的时期，为"元嘉之治"打下坚实的基础。明人李贽誉之为"定乱代兴之君"，也有"南朝第一帝"之称。

《续编》辑录其诏令两则，第一则旨在说明王者要巡视四方，关注民生，体现了刘裕作为一位君主体恤民情、重视民生的为君典范；第二则则是关于百姓教育的内容。《礼记》云：“建国君民，教学为先”，对百姓进行伦理道德的教育，是古代任何一个明君都极为重视的。由这两则诏令，不难看出刘裕是一位深谙治道的成熟政治家。

高祖武皇帝讳裕，字德舆，汉高帝弟楚元王交之后也。永初[①]元年夏六月丁卯，即皇帝位。

【注释】①永初：南朝宋皇帝宋武帝刘裕的年号（420年六月—422年），共计3年。这也是南朝宋第一个年号。

【译文】宋高祖武皇帝刘裕，字德舆，是汉高帝刘邦弟弟楚元王刘交的后代。永初元年（420年）夏季六月十四日，（接受晋恭帝的禅让）登上皇帝的大位。

丁丑，诏曰：“古之王者，巡狩省方，躬览民物，搜扬幽隐[①]，拯灾恤患，用能风泽遐被，远至迩安。朕以寡暗，道谢前哲，因受终之期，托兆庶之上，鉴寐属虑，思求民瘼。才弱事艰，若无津济，夕惕永念，心驰遐域。可遣大使分行四方，旌贤举善，问所疾苦。其有狱讼亏滥，政刑乖愆，伤化扰治，未允民听者，皆当具以事闻。万事之宜，无失厥中。畅朝廷乃眷之旨，宣下民壅隔之情。”

【注释】①幽隐：指隐居未仕的人。

【译文】二十四日，刘宋武帝刘裕下诏说："古代的帝王，巡视四方，亲自体察民情，访求隐居贤士，防止拯救灾祸，恩泽天下万民。我寡陋昏愦不如古圣先王，承受天命，居万民之上，日夜思念，想着访求民生疾苦。我的才能弱小，事情却如此艰巨，若没有人的帮助，会让我整日放心不下，念着天下百姓。可派遣使臣巡视四方，褒奖贤良，问民疾苦。如果有冤假错案，政令刑法苛严，有伤风化，违背民愿之事，都可受理。要让万事都要合宜，不要违背中道。以畅达朝廷眷顾万民的宗旨，宣扬百姓被拥塞阻隔的民情。"

三年春正月乙丑，诏曰："古之建国，教学为先，弘风训世，莫尚于此；发蒙启滞，咸必由之。故爰自盛王，迄于近代，莫不敦崇学艺，修建庠序。自昔多故，戎马在郊，旍旗卷舒，日不暇给。遂令学校荒废，讲诵蔑闻，军旅日陈，俎豆藏器，训诱之风，将坠于地。后生大惧于墙面，故老窃叹于子衿[①]。此《国风》所以永思，《小雅》所以怀古。今王略远届，华域载清，仰风之士，日月以冀。便宜博延胄子，陶奖童蒙，选备儒官，弘振国学。主者考详旧典，以时施行。"

【注释】①后生大惧于墙面，故老窃叹于子衿：墙面，指谓面对墙壁，目无所见。比喻不学无术或一无所知。《书·周官》："蓄疑败谋，怠忽荒政，不学墙面，莅事惟烦。"孔传："人而不学，其犹正墙面而立。"孔颖达疏："人而不学，如面向墙，无所覩见。"子衿，指《诗经·子衿》，《毛诗序》曰：“《子衿》，刺学校废也，乱世则学校不修焉。”

【译文】永初三年（422年）春季正月二十二日，刘宋武帝刘裕下诏说：“古代的圣王建立邦国，都把教育放在首位，弘扬正气训导世人，没有不崇尚教育的；启蒙开智，也从教育开始。因此从古至今，盛世帝王莫不尊重学术，修建学校。过去数年国家动荡，戎马倥偬，旌旗漫卷，战乱连连，于是导致学校被废除，讲诵之声，几乎消失；不断地用兵打仗，以致祭祀礼器，全都收藏，训导教化之风，几乎荡然无存。年轻人害怕自己一无所知，老年人感叹学校完全荒废。这正是《诗经》中《国风》之所以思念过去，《小雅》之所以怀念古远的原因所在。现在天下已经太平，社会风气清明，有识之士盼望早日重建学校。应该延请贵族之后，奖励启蒙教育，选拔懂得儒学的官员，弘扬振兴国学。主管官员要参照过去的办法，根据实际情况来施行。”

上清简寡欲，严整有法度，未尝视珠玉舆马之饰，后庭无纨绮丝竹之音。内外奉禁，莫不节俭。性尤简易。侍中袁顗①盛称上俭素之德。孝武不答，独曰：“田舍公得此，以为过矣。”故能光有天下，克成大业者焉。（宋书卷一——卷二）

【注释】①袁顗（420—466年）：字景章，陈郡阳夏（今河南太康县）人。出身陈郡袁氏，初为豫州主簿，累迁晋陵太守，袭南昌县子。大明八年（464年），拜侍中，领军将军。前废帝刘子业即位，以为吏部尚书，出为雍州刺史。宋明帝即位后，与邓琬拥戴晋安王刘子勋称帝，进号安北将军，加尚书左仆射。缺乏将略才能，不善抚接诸将，大失人心。泰始二年（466年），兵败被杀，年四十七岁。

【译文】武帝刘裕节俭简约寡欲，严肃认真而又讲究法度，不看重珍珠宝玉华车骏马，不爱奢靡丝竹之音。因此，朝廷内外尊奉禁令，没有不节俭的。他的性情尤其简朴。侍中袁顗盛情赞叹高祖节俭朴素之德。孝武帝没回答，只是说："一个田舍郎能得到这些，已经觉得太多了。"（因为他有这些高贵的品质），所以能一统天下，终成大业。（宋书卷一——卷二）

文　帝

【题解】宋文帝刘义隆（407—453年），字车儿，彭城郡彭城县（今江苏徐州）人。南朝宋第三位皇帝（424—453年在位），宋武帝刘裕第三子，宋少帝刘义符之弟。

宋文帝于元嘉元年（424年）即位，在位三十年，年号"元嘉"。他在位时继续刘裕的治国方略，实行劝学、兴农、招贤等一系列措施，使得社会休养生息，生产有所发展，经济文化日趋繁荣，史称"元嘉之治"。在军事上，他继承刘裕北伐的政策，于430年、450年和452年三度出师北伐，但都无功而返。特别是第二次北伐失败，导致北魏长驱直入、直抵瓜步、饮马长江，造成刘宋江北地区急剧萧条、六州残破。元嘉三十年（453年），为皇太子刘劭所弑，时年47岁，谥号文皇帝，庙号太祖。

刘义隆是南朝历史上较有作为的一位帝王。但是他即位不久，就诛杀了册立他为君主的三位权臣，虽然是为了巩固君权，也不免刻薄少恩，后来又诛杀大将檀道济，自毁长城。最后自己也被儿子所弑，令人唏嘘！

《续编》选录其诏令两则，分别是关于重视农业和推举贤才的内容，旨在说明这两点对国家政治的重要性。

太祖文皇帝讳义隆，武帝第三子也。

元嘉八年，诏曰："自顷农桑惰业，游食者众，荒莱不辟，督课无闻。一时水旱，便有罄匮，苟不深存务本，丰给靡因。郡守赋政方畿①，县宰亲民之主，宜思奖训，导以良规。咸使肆力，地无遗利，耕蚕树艺，各尽其力。若有力田殊众，岁竟条②名列上。"

【注释】①方畿：古代指国都附近的地区。后泛称境内。

②条：逐一，逐项。

【译文】宋太祖文皇帝名讳刘义隆，是宋武帝刘裕的第三子。

元嘉八年（431年），宋文帝下诏说："最近因为农桑荒废，游民很多，田地荒芜、无人耕种，督促税收的官员没有询问情况。一旦发生水灾、旱灾，就会导致粮食匮乏，如果不重视农业生产，丰裕富足就无从谈起。郡守要在境内颁布劝农的政令，县宰作为亲近民众的官员，应该想办法奖励和教化百姓，利用良好的规矩来引导他们。使百姓尽力农桑，从而地无遗利，耕种养蚕、植树种菜，各尽其力。如果有耕种成果特别突出的，年末根据姓名逐条登记上报。”

十二年，诏曰：“周宗以宁，实由多士；汉室之隆，亦资得人。朕寐寤[①]乐贤，为日已久，而则哲难阶，明扬莫效。用令遗才在野，管库[②]虚朝，永怀前载，惭德深矣。夫举尔所知，宣尼[③]之笃训，贡士任官，先代之成准。便可宣敕内外，各有荐举。当依方铨引，以观厥用。”

【注释】①寐寤：睡觉和睡醒，此处指日夜。

②管库：保管仓库的役吏，此处指小人。

③宣尼：汉平帝元始元年追谥孔子为褒成宣尼公，后因称孔子为宣尼。

【译文】元嘉十二年（435年），宋文帝下诏说：“周朝得以安宁，实在是因为广揽贤士，汉室得以兴隆，也是依靠得到人才。我日夜乐于求贤，时日已久，但才识不凡的人难以看到，宣扬的事情不见成效。如果人才散遗在荒野，而掌管仓库的小人充满朝堂，想起前朝人才之盛，令我深感惭愧。举荐你所知的人才，是孔子的遗训，委任贡士以官职，是先朝之惯例。即可通告内外各地，各自都举荐人才。依据地区选拔引荐，以观其用。”

（《南史》曰：帝聪明仁厚，雅重文儒，躬勤政事，孜孜无怠，加以在位日久，惟简靖为心。于时政平讼理，朝野悦睦，自江左[①]之政，所未有也。又性存俭约，不好奢侈。车府令尝以辇篷故，请改易之；又辇席旧以乌皮缘故，欲代以紫皮，上以竹篷未至于坏，紫色贵，并不听改。其率素如此云。）（宋书卷五）

【注释】①江左：长江左岸，此处指东晋、宋、齐、梁、陈各朝。

【译文】（《南史》说：宋文帝聪明仁厚，敬重儒生，亲自勤奋于政事，孜孜不倦，加上在位日久，行事唯求简约清静。当时，政事和平，断案公正，朝野欢喜和睦，自从在江左立国以来，是前所未有的。他又天性存有勤俭节约的性格，不喜好奢侈。车府令曾经因为车辇都长芽、太老旧，请求更换；又因车辇的席子以前是用乌皮的缘故，想要用紫皮来代替，宋文帝认为竹篷还没有达到坏的地步，紫色的毛皮昂贵，并没有听从而改换。他朴素就到这种地步。）（宋书卷五）

礼 志

【题解】本篇辑录自《宋书·礼志》，是东晋骠骑将军王导在建武初年，东晋元帝司马睿为晋王时所上的一篇奏疏。他在文中劝谏晋元帝把道德教化作为治理国家的根本，建议其兴建学校，培养人才。王导历仕晋元帝、明帝和成帝三朝，是东晋政权的奠基人之一，为东晋名臣之最。

元帝为晋王，建武初，骠骑将军王导上疏：

夫治化之本，在于正人伦。人伦之正，存乎设庠序。庠序设而五教[①]明，则德化洽通，彝伦[②]攸叙，有耻且格[③]也。父子兄弟夫妇长幼之序顺，而君臣之义固矣。《易》所谓正家而天下定者也。故圣王蒙以养正[④]，少而教之，使化沾肌骨，习以成性，有若自然，日迁善远罪，而不自知。行成德立，然后裁之以位，虽王之嫡子，犹与国子齿[⑤]，使知道而后贵。其取才用士，咸先本之于学。故《周礼》乡大夫"献贤能之书于王，王拜而受之"。所以尊道而贵士也。人知士之所贵，由乎道存；则退而修其身，修其身以及其家，正家以及于乡，学于乡以登于朝。反本复始，各求诸己，敦素之业著，浮伪之道息，教使然也。故以之事君则忠，用之莅下则仁，即孟轲所谓"未有仁而遗其亲，义而后其君者也"。

【注释】①五教：五常之教。指父义、母慈、兄友、弟恭、子孝五种伦理道德的教育。

②彝伦：常道、伦常。

③有耻且格：谓人有知耻之心，则能自我检点而归于正道。

④蒙以养正：指从童年开始，就要施以正确的教育。

⑤国子：古代公卿大夫的子弟。齿：并列，次列。

【译文】元帝司马睿为晋王时，建武初年，骠骑将军王导上疏说：

治理国家教化民众的根本，在于端正人伦。人伦的整治，在于设立学校。学校设立后，教育方向就会明确，道德教化将会广泛施行，伦常有序，人人有知耻之心，能够自我检点且归于正道。父子、兄弟、夫妇、长幼之间的次序理顺了，君臣之间的礼义便稳固了。这就是《易经》上所说的家庭关系若能正常有序，天下便安定了。所以圣贤的君王对蒙童施以正确的教育，对少儿加以正统的教导，使之渐入肌肤，深入骨髓，潜移默化中，让孩子们形成习惯，养成性格，有如自然天成一般，每天一心向善，远离罪恶，自己却没有觉察。美行修成、道德树立，然后根据德行及能力大小授以官位。即使是君王的嫡子，也与公卿大夫的子弟同样对待，使其懂得为人之道然后方可显贵。圣明的君王取才用士，都要先以学行为本。因此《周礼》上记载，乡大夫"进献贤能的书籍给君王，君王要下拜后才能接受"。以此表示尊道重士。人们知道士人之所以可贵，是因为有了他们治国之道才会存在。士人平时在家就修养自身，修养好自身便能影响其家人，家庭修治好便会影响到乡邻，在乡中学好便能登朝为官。追本溯源而复归本真，每个人都时刻反求诸己，使得敦厚素雅的禀性得以彰显，虚伪之术随之消失，这都是教育的结果。所以，以此事君就会忠诚，以此待下便会仁慈，这就是孟子所说的"没有讲求仁义而遗弃父母的人，也没有讲求忠义却轻慢君主的人"。

自顷皇纲失统，礼教陵替，颂声不兴，于今二纪。传曰："三年不为礼，礼必坏；三年不为乐，乐必崩"。而况如此其久者乎？先进渐忘揖让之容，后生唯闻金革之响。干戈日寻，俎豆[1]不设，先王之道弥远，华伪之风遂滋，非所以习民靖俗，端本抑末之谓也。殿下以命世之资，属当倾危之运，礼乐征伐，翼成中兴，将涤秽荡瑕，拨乱反正。诚宜经纶稽古，建明学校；阐扬六艺，以训后生，使文武之道，坠而复兴。方今《小雅》尽废，戎虏扇炽，节义陵迟，国耻未雪。忠臣义士，所以扼腕拊心；礼乐政刑，当并陈以俱济者也。苟礼义胶固，纯风载洽，则化之所陶者广，而德之所被者大，义之所属者深，而威之所震者远矣。由斯而进，则可朝服济河，使帝典[2]阙而复补，王纲弛而更张；饕餮改情，兽心革面，揖让而蛮夷服，缓带[4]而天下从，得乎其道者，岂难也哉！故有虞舞干戚而三苗化，鲁僖作泮宫[5]而淮夷平，桓、文之霸，皆先教而后战。今若聿遵前典，兴复教道，使朝之子弟，并入于学，立德出身者咸习之而后通。德路开而伪涂塞，则其化不肃而成，不严而治矣。选明博修礼之士以为之师，隆教贵道，化成俗定，莫尚于斯也。（宋书卷十四）

【注释】①俎豆：俎和豆，古代祭祀、宴会时盛肉类等食品的两种器皿。也指祭祀、奉祀。

②帝典：帝王的法则。

③揖让：礼乐文德。

④缓带：宽束衣带。形容悠闲自在，从容不迫。

⑤泮宫：古时的学校名称。

【译文】近来朝廷纲纪废弛，礼教败坏，歌功颂德之声消失，至今已有二十余年了。经传上说“三年不为礼，礼必废毁；三年不为乐，乐必崩坏”。何况礼崩乐坏的时间已有很久了呢？老年人逐渐忘了作揖礼让的样子，年轻人只听到金戈铁马的声音。战争不断，祭祀之礼废止，距离先王之道越来越远，虚浮诈伪之风日益滋长，这不是用来教导民众、端正风俗，重本抑末的好事情。殿下拥有闻名于世的资质，却面临国运即将倾颓的危机，运用礼乐南征北战，才有机会创造出中兴的局面，去除过失，拨乱反正。确实应当遵照古制进行治理，设立学校，宣扬六艺，以教导年轻一代，使文王武王的治国之道，从沉沦中复兴。如今《小雅》所描绘的理想画面已全部废弃，戎虏猖獗，节义之操渐趋衰败，国耻尚未昭雪。忠臣义士，无不为此扼腕叹息、痛心疾首，礼乐政刑，应当同时运用以拯救乱世。如果礼义之道能够牢固确立，淳美的教化能够逐渐形成，那么教化熏陶的范围就会愈加广阔，道德影响的作用也会更加弘大，正义所影响的程度也会逐步加深，威势将震撼到边远之地。由此而再进一步，就可以收复黄河以北之地，使缺失的王道得以补全，国家政局的混乱得以改善，使凶狠贪婪之人改变性情，丧尽天良之人洗心革面，实行礼乐文德而使蛮夷臣服，以缓带从容之姿使天下归服，只要选择正确的治世之道，又怎会有难事存在。因此有虞氏通过舞干戚而使三苗归顺，鲁僖公修建泮宫而平定淮夷，齐桓公、晋文公的霸业，都是先用礼乐教化而后运用武力才得以成就。现在如果遵循前代的典章法则，复兴教化之路，让朝廷官员子弟都到学校学习，想树立德业、踏入仕途的人都通过学习而后通晓礼乐之道。立德之路一旦开启，诈伪的邪路便会闭塞，那么教化无需威肃就可成功，无需严厉就可得到治理。选拔英明、博通而又修习礼学之士为老师，尊师重道，成就教化、确立风俗，没有比这更重要的事了。（宋书卷十四）

傅　亮

【题解】傅亮（374—426年），字季友，北地郡灵州县（今宁夏吴忠市）人。初为建威参军，为桓谦中军行参军。义熙中，累迁中书黄门侍郎。刘裕即位，迁太子詹事，中书令，封建城县公，转尚书左仆射。宋少帝即位，进中书监、尚书令，领护军将军，寻行废立。宋文帝即位，加散骑常侍、左光禄大夫、开府仪同三司，进爵始兴郡公。元嘉三年（426年），遭诛，时年53岁。

傅亮是刘宋王朝的开国功臣，辅佐刘裕称帝。刘裕去世时，傅亮和徐羡之、谢晦、檀道济共同为顾命大臣，辅佐新主。后因为少帝刘义符无人君之德，废之而立刘义隆，即宋文帝。宋文帝即位后，被杀。傅亮曾作《演慎》一文，劝导人的一切言行都要谨慎。然在废立君主的大事上，他依然因为不够谨慎而未能全身而退，令人感慨！

傅亮，字季友，北地灵州人也。亮博涉经史，尤善文词。永初元年，迁太子詹事，中书令如故。明年，高祖不豫，与徐羡之[①]、谢晦并受顾命。

少帝即位，进为中书监，尚书令。景平二年，领护军将军。少帝废，亮率行台至江陵奉迎太祖。太祖将下，引见亮，哭恸甚，哀动左右。既而问义真及少帝薨废本末，悲号呜咽，侍侧者莫能仰视。亮流汗沾背，不能答。太祖登阼，加散骑常侍、左光禄大夫、开府仪同三司，本官悉如故。

元嘉三年，太祖欲诛亮，屯骑校尉郭泓收付廷尉，伏诛。时年五十三。

【注释】①徐羡之（364—426年）：字宗文，东海郯（今山东郯城县）人，南朝宋开国功臣。徐羡之历官琅琊内史、吏部尚书、丹阳尹、尚书仆射。宋武帝逝世，传位长子刘义符，是为宋少帝，遗诏谢晦、傅亮、徐羡之、檀道济四位大臣辅政。宋少帝警悟好弈，游戏无度，不务政业。景平二年（424年），司空徐羡之、中书令傅亮、领军将军谢晦以太后的名义处死宋武帝刘裕次子刘义真于新安，废黜刘义符为营阳王，不久将其杀死，另立皇三子刘义隆为帝。

【译文】傅亮，字季友，是北地灵州（今宁夏吴忠市）人。傅亮广涉经史，尤其擅长文词。永初元年（420年），傅亮调任太子詹事，仍担任中书令。第二年，高祖刘裕病重，傅亮与徐羡之、谢晦一同接受高祖遗命。

宋少帝刘义符即位，傅亮被提升为中书监、尚书令。景平二年（424年），担任护军将军。宋少帝被废黜，傅亮率行台官员到江陵奉迎太祖刘义隆。太祖将要东下，召见傅亮，大声痛哭，悲哀之情震动左右。然后问刘义真以及少帝的死和被废黜的前后原因，听完后悲痛哭号，侍立在旁的人都不能抬头相视。傅亮汗流浃背，什么话也回答不出来。太祖刘义隆登位之后，加傅亮官为散骑常侍、左光禄大夫、开府仪同三司，原来的官职也同时保留。

元嘉三年（426年），太祖刘义隆想杀傅亮。屯骑校尉郭泓抓住了傅亮并交给了廷尉，傅亮被杀，当时五十三岁。

初，亮见世路屯险，著论名曰《演慎》，曰：大道有言，慎终如始，则无败事矣。《易》曰："括囊，无咎。"慎不害也。又曰："藉之用茅，何咎之有。"慎之至也。

【译文】起初，傅亮见世间充满艰难和危险，于是作了一篇论文，名为《演慎》，文章说：大道有言，一个人能够做事慎终如始，就不会遇到失败的事情。《周易》说："括囊，无咎。"（意为缄口不言，就没有咎害。）是说言行谨慎是不会有害处的。又说："藉之用茅，何咎之有。"（意为用白色的茅草铺在地上摆放祭品，如此谨慎，哪里会有咎害呢？）是说谨言慎行到了极点。

夫四道[①]好谦，三材[②]忌满，祥萃虚室，鬼瞰高屋，丰屋有蔀家[3]之灾，鼎食无百年之贵。然而徇欲厚生者，忽而不戒；知进忘退者，曾莫之惩。前车已摧，后銮不息，乘危以庶安，行险而徼幸，于是有颠坠覆亡之祸，残生夭命之衅。其故何哉？流溺忘反，而以身轻于物也。

【注释】①四道：语本《周易》："天道亏盈而益谦；地道变盈而流谦；鬼神害盈而福谦；人道恶盈而好谦。"

②三材：指天、地、人。

③蔀家：谓大其屋而家设棚席。语本《易·丰》："丰其屋，蔀其家，窥其户，阒其无人。"

【译文】天地鬼神和人们都喜欢谦逊而忌讳圆满，吉祥会聚集在虚室之中，鬼魅会俯视高大之屋。殷实之家也许有倾家荡产的灾难，钟鸣鼎食不会有长享百年的富贵。然而纵欲贪生之人，忽视这些情况而又不戒除陋习，只知加官进爵而不知急流勇退，这样没有不受到惩罚的。前车已毁，后面的车子仍不知停息，攀登高处而希望安全，行走险地却心存侥幸，这样必定有颠覆坠亡的灾殃，残生短命的祸乱。这是什么原因呢？是因为流连沉溺于功名利禄而忘返，把生命看作比俗世之物还轻啊。

故昔之君子，同名爵于香饵，故倾危不及；思忧患而豫防，则针石无用。洪流壅于涓涓，合拱挫于纤蘖，介焉是式，色斯而举，悟高鸟以风逝，鉴醴酒而投绂。夫岂敝著而后谋通，患结而后思复，云尔而已哉！故《诗》曰：“慎尔侯度，用戒不虞。[1]”言防萌也。

【注释】①慎尔侯度，用戒不虞：语出《诗·大雅·抑》。

【译文】所以以前的君子，对待功名利禄跟鱼看到钓饵一样避开，因此危险覆灭的情况不会降落到他的头上；心中常怀有忧患而提前预防，那么治病的针石就派不上用场。洪水是由涓涓细流形成的，大树在弱小的时候也容易摧折，发觉微小的预兆，就要用谨慎地态度去对待。看到高处飞鸟乘风远去就要有所感悟，品尝美酒时就要想到辞掉官职该多么逍遥自在。难道等到弊端明显的时候然后才想办法变通，祸害形成以后才想办法解决吗？到那个时候就已经没有办法了。因此《诗经》说：“谨慎坚守你做侯爵的尺度，来防备意料不到的祸乱。”说的就是事情的预防要在其萌发之前。

夫据图挥刃，愚夫弗为，临渊登峭，莫不惴栗。何则？害交故虑笃，患切而惧深。故《诗》曰：“不敢暴虎，不敢冯河[1]。”慎微之谓也。故庖子涉族，怵然为戒，差之一毫，弊犹如此。况乎触害犯机，自投死地。祸福之具，内充外斥，陵九折于邛僰，泛冲波于吕梁，倾侧成于俄顷，性命哀而莫救。呜呼！呜呼！故语有之曰：“诚能慎之，福之根也。曰是何伤，祸之门尔。”言慎而已矣。（宋书卷四十三）

【注释】①不敢暴虎，不敢冯河：语出《诗·小雅·小旻》。

【译文】贪图利益而被斩杀了生命，连愚夫也不会去做，面临深渊、攀登悬崖，谁都会恐惧害怕。这是为什么呢？这是因为危害交积所以思虑笃实，忧患切近所以恐惧加深。因此《诗经》说："不敢徒手去搏击老虎，不敢赤脚去渡过河水。"这就是谨小慎微的意思。因此厨师在解剖时遇到筋骨交错的地方，就会小心谨慎起来，就是相差一根毫毛的失误，也会带来很大的弊端。何况是触犯危害的核心，自投于死地呢？关于祸福的器具，里里外外都充满着，在九曲九折的邛僰水横渡，在波涛汹涌的吕梁水乘舟，一会就会被倾覆船只，性命垂危连呼救都来不及了。呜呼！呜呼！因此有话这么说："能够诚敬谨慎，是一个人福气的根源。如果不诚敬谨慎会有什么伤害呢？不诚敬谨慎就会开启灾祸之门啊。"说的就要谨慎啊。（宋书卷四十三）

檀道济

【题解】檀道济（？—436年），高平金乡（今山东金乡县）人。东晋末年名将，南朝宋开国元勋，左将军檀韶之弟。他出身寒门，父母双亡，后参加谢玄创建的北府兵，投身刘裕部下。宋武帝刘裕即位后，封护军将军、散骑常侍、丹阳尹，迁镇北将军、南兖州刺史，抵御北魏进攻。宋文帝即位后，拜征北将军，封武陵郡公，平定谢晦叛乱，拜征南大将军、江州刺史。元嘉八年（431年），参加元嘉北伐，救援滑台未果，被宋文帝视为养寇自重。元嘉十三年

（436年），全家遇害，赠司空。

檀道济一生戎马倥偬，战功卓绝。因为有檀道济镇守于边境，使得北魏不敢轻举妄动，于刘宋政权而言，檀道济堪比万里长城。然而，檀道济最后还是因功高震主，惨遭冤杀。刘宋文帝为了统治的安全，竟然做出了自毁长城的蠢事。著名典故“唱筹量沙”“自毁长城”说的都是檀道济的故事。

檀道济，高平金乡人，左将军韶少弟也。高祖创义，道济从入京城，参高祖建武军事，转征西。

【译文】檀道济，高平（今山西高平）金乡人，是东晋左将军檀韶的幼弟。宋高祖刘裕创义时，檀道济跟随刘裕进入京城，参与高祖建武军事，调任为征西将军。

义熙[①]十二年，高祖北伐，以道济为前锋出淮、肥，所至诸城戍望风降服。凡拔城破垒，俘四千余人。议者谓应悉戮以为京观[②]。道济曰：“伐罪吊民，正在今日。”皆释而遣之。于是戎、夷感悦，相率归之者甚众。

【注释】①义熙：东晋皇帝晋安帝司马德宗的第四个年号（405—418年），共计14年。

②京观：古代战胜者为了夸耀战功，将敌人的尸首封土而成的高冢。

【译文】义熙十二年（416年），刘裕（当时为东晋平北将军）为东晋进行北伐后秦，任命檀道济为前锋并出兵淮水、肥水，军队所到之处，各个守城将领都望风投降归顺。夺取城池、攻破堡垒，俘获四千多人。有人说应该将这些人全部杀死并做成一座京观。檀道济说：“讨伐有罪的人而抚慰百姓，正是今天应该做的事情。”于是就把俘虏都释放并遣送他们回家。戎、夷等外族因此都很感激悦服，互相率领部族来归顺的很多。

徐羡之将废庐陵王义真，以告道济，道济意不同，屡陈不可，不见纳。羡之等谋欲废立，讽道济入朝；既至，以谋告之。将废之夜，道济入领军府就谢晦宿。晦其夕竦动不得眠，道济就寝便熟，晦以此服之。太祖未至，道济入守朝堂。上即位，进号征北将军。

【译文】徐羡之计划废黜庐陵王刘义真，并把这件事告诉檀道济，檀道济的意见和他不同，多次向徐羡之陈述不能这么做，然而都不被他采纳。徐羡之等人密谋想要废黜宋少帝而另立新帝，用含蓄的话劝告檀道济入朝；檀道济到来以后，徐羡之就把密谋的事情告诉他。在即将废黜宋少帝的那天晚上，檀道济进入领军府和谢晦一起住宿。谢晦在那天晚上感到恐惧不安而难以入睡，檀道济一上床就睡熟了，谢晦因为这件事而佩服他。宋太祖刘义隆还没入朝，檀道济就已经守在朝堂上了。宋太祖刘义隆即位以后，晋升檀道济为征北将军。

及讨谢晦，道济率军继到彦之[①]。彦之战败，退保隐圻，会道济至。晦本谓道济与羡之等同诛，忽闻来上，人情凶惧，遂不战自溃。

【注释】①到彦之（？—433年）：字道豫，南彭城武厚（今江苏沛县）人。南朝宋开国将领。景平二年（424年），护送刘义隆入朝称帝。宋文帝即位后，以为中领军，委以军政，打败荆州刺史谢晦，封为建昌县公，迁南豫州刺史。

【译文】等到朝廷征讨谢晦时，檀道济率领军队增援到彦之。到彦之被打败了，退守隐圻城，恰逢檀道济援军到来。谢晦原本认为檀道济和徐羡之等人因参与废立之事而会被一同诛杀，忽然听闻檀道济率领军队来到长江上游，谢晦军队感到非常恐惧，于是还没进行战斗就自行溃散了。

道济立功前朝，威名甚重；左右腹心，并经百战，诸子又有才气，朝廷疑畏之。太祖寝疾累年，屡经危殆，彭城王义康虑宫车晏驾[①]，道济不可复制。元嘉十二年，上疾笃，会索虏[②]为边寇，召道济入朝。既至，上间。十三年春，将遣道济还镇，已下船矣，会上疾动，召入祖道[③]，收付廷尉。收道济等八人，并于廷尉伏诛。

【注释】①宫车晏驾：宫车在晚上驾驶出来，比喻天子驾崩。
②索虏：南北朝时南朝对北朝的蔑称。此处指北魏。

③祖道：古代为出行者祭祀路神，并设宴送行。

【译文】檀道济在前朝建立了功勋，威望和声名都非常高；身边左右心腹的将领，都是曾经身经百战的，他的几个儿子又都有才气，朝廷逐渐猜疑和畏惧他。宋太祖刘义隆患病多年，多次达到病重的地步，彭城王刘义康担心皇帝突然逝世，檀道济就很难再被控制。元嘉十二年（435年），宋文帝病重，恰逢北魏侵犯边境，于是就召檀道济入朝。檀道济到来以后，宋文帝病情有所好转。元嘉十三年春季，宋文帝计划派遣檀道济返回驻地镇守，檀道济已经动身下船了，正值宋文帝病情发作，便又召檀道济要进行祭祀路神并送行为名，趁机把他抓住并交给廷尉。抓捕檀道济等八人，一并交给廷尉审判并伏罪诛杀了。

（《南史》曰：道济见收，愤怒气盛，目光如炬，俄尔间引饮一斛。乃脱帻投地，曰："乃坏汝万里长城。"魏人闻之，皆曰"道济已死，吴子辈不足复惮"。自是频岁南伐，有饮马长江之志。文帝问殷景仁曰："谁可继道济？"答曰："道济以累有战功，故致威名，余但未任耳。"帝曰："不然，昔李广在朝，匈奴不敢南望，后继者复有几人。"二十七年，魏军至瓜步，文帝登石头城望，甚有忧色。叹曰："若道济在，岂至此！"）（宋书卷四十三）

【译文】（《南史》说：檀道济被收捕时，怒气凌人，目光就像火炬一样，顷刻之间就喝了一斛酒。于是脱下头巾扔在地上说：“你们这是破坏你们自己的万里长城。”北魏人听说这件事，都说“檀道济已经被杀死，吴地那些小子们不值得再让人害怕了”。从此连年南下征伐，有牧马到长江饮水的志向。宋文帝向殷景仁询问说：“谁可以继任檀道济的重担？”殷景仁回答说：“檀道济因为多次拥立战功，所以便有了威望和声名，其他人只是没有被任用罢了。”宋文帝说：“不是这样的，以前李广在汉朝做官时，匈奴不敢向南眺望，后继者又有几人像他这样的。”元嘉二十七年（450年），北魏军队攻到瓜步山，宋文帝登上石头城望去，脸上大有担忧的神色。哀叹说：“如果有檀道济在，怎么会到这种地步呢！”）（宋书卷四十三）

谢　晦

【题解】谢晦（390—426年），字宣明，陈郡阳夏（今河南太康县）人。谢晦是南朝宋宰相、开国功臣，东晋东阳太守谢朗之孙。宋武帝即位后，历任右卫将军、侍中、中领军，封武昌县公。刘裕去世前，被选为顾命大臣，辅佐宋少帝，加任中书令。景平二年（424年），谢晦联合徐羡之、傅亮废黜宋少帝，迎立宋文帝即位，出任荆州刺史、卫将军。谢晦三十五岁做上荆州刺史，因此而有傲慢之色。之后，元嘉三年（426年），他因为听闻傅亮等人被宋文帝所杀遂举兵反叛，为檀道济和到彦之所破，坐罪伏诛，时年37岁。

谢晦，字宣明，陈郡阳夏人也。祖朗，东阳太守。晦初为孟昶建威府中兵参军。昶死，高祖问刘穆之[①]：“孟昶参佐，谁堪入我府？”穆之举晦，即命为太尉参军。

【注释】①刘穆之（360—417年）：字道和，小字道民，东莞郡莒县（今山东莒县）人。东晋末年大臣。刘穆之深受刘裕倚仗，更屡次在刘裕领兵在外时留守建康，并且总掌朝廷内外事务，官至尚书左仆射。义熙十三年（417年），卒，追赠侍中、司徒、南昌县侯。刘裕受禅，追封为南康郡公，谥号文宣。

【译文】谢晦，字宣明，是陈郡阳夏（今河南太康县）人。他的祖父谢朗，是东晋东阳太守。谢晦最初为孟昶建威府中兵参军。孟昶死后，宋高祖刘裕问刘穆之：“在孟昶的部属中，谁适合到我的府中？”刘穆之推荐了谢晦。于是宋高祖刘裕便任命谢晦当太尉参军。

义熙八年，入为太尉主簿，从征司马休之[①]。时徐逵之[②]战败见杀，高祖怒，将自被甲登岸，诸将谏，不从，怒愈甚。晦前抱持高祖，高祖曰：“我斩卿！”晦曰：“天下可无晦，不可无公，晦死何有！”会胡籓已得登岸，贼退走，乃止。

【注释】①司马休之：晋宣帝司马懿之弟魏中郎司马进的后代，谯敬王司马恬第四子。东晋末年司马宗室之翘楚，曾任平西将军、荆州刺史，世称司马平西。桓玄将行篡逆，诛不附己者，遂奔南燕慕容德。

404年，刘裕诛除桓玄后，休之还建业，复为荆州刺史。415年，刘裕发兵攻击司马休之。

②徐逵之：徐湛之父。娶刘裕长女会稽公主，为振威将军、彭城、沛二郡太守。刘裕讨司马休之，使其统军为前锋，于阵战死。追赠中书侍郎。

【译文】义熙八年（412年），谢晦升任为太尉主簿。随同宋高祖刘裕征讨司马休之。当时徐逵之（刘裕长女婿）战败被杀，高祖十分愤怒，打算亲自披挂铠甲上岸作战，将领们都极力劝阻，高祖不仅不听，反而更加愤怒。谢晦上前抱住高祖，不让他上岸。高祖说："你不放手我便杀了你！"谢晦说："天下可以没有我谢晦，但是不能没有了你明公，谢晦死了又有什么关系呢？"此时恰好胡藩已登上江岸，敌人战败退走，于是高祖才作罢。

晦美风姿，善言笑，高祖深加爱赏，群僚莫及。高祖欲以为从事中郎，以访穆之，坚执不与。终穆之世，不迁。穆之丧问至，高祖哭之甚恸。晦时正直，喜甚，自入阁内参审穆之死问。

【译文】谢晦风度翩翩，善于言谈，宋高祖刘裕对他非常喜爱和欣赏，其他官员们是远远赶不上的。宋高祖刘裕想任用谢晦为从事中郎，征求刘穆之的意见，刘穆之坚决反对。因此刘穆之在的时候，谢晦一直没有能升官。刘穆之去世的消息传来，宋高祖刘裕哭得很伤心。谢晦当时正值班，听说后非常高兴，并亲自到阁内落实刘穆之的死讯。

永初三年，三月，高祖不豫，给班剑二十人，与徐羡之、傅亮、檀道济并侍医药。少帝即位，加领中书令，与羡之、亮共辅朝政。少帝既废，司空徐羡之录诏命，以晦行都督荆、湘、雍、益、宁、南、北秦七州诸军事，抚军将军、领护南蛮校尉、荆州刺史，欲令居外为援，虑太祖至或别用人，故遽有此授。

【译文】永初三年（422年）三月，宋高祖刘裕病重，配给谢晦卫兵二十人，让他和徐羡之、傅亮、檀道济同时服侍自己。宋少帝刘义符即位，加任谢晦为中书令，与徐羡之、傅亮共同辅佐朝政。宋少帝刘义符被废后，司空徐羡之宣布圣旨，任命谢晦代理荆州、湘州、雍州、益州、宁州、南秦州和北秦州等七州诸军事，官为抚军将军，兼任护南蛮校尉、荆州刺史，希望叫谢晦在外藩作为援助，这是因为徐羡之等考虑到宋太祖刘义隆到达京城后或许会用其他人，所以才突然有这一任命。

初为荆州，甚有自矜之色，将之镇，诣从叔光禄大夫澹别。澹问晦年，晦答曰："三十五。"澹笑曰："昔荀中郎[①]年二十七为北府都督，卿比之，已为老矣。"晦有愧色。

【注释】①荀中郎：指荀羡（322—359年）：字令则，颍川郡颍阴县（今河南许昌）人。初娶晋元帝之女寻阳公主，拜驸马都尉，擢为建威将军、吴国内史，升迁北中郎将，世称荀中郎。永和五年（349年），拜徐州刺史，成为东晋立国以来最年轻的刺史。

【译文】谢晦刚当上荆州刺史时，很是得意自傲。去荆州上任前，他去与堂叔光禄大夫谢澹辞别。谢澹问谢晦有多大年纪了，谢晦回答说："三十五岁。"谢澹听后笑着说："从前荀羡二十七岁当上北府都督，你与他相比，已算是老了。"谢晦听后面有愧色。

初，晦与徐羡之、傅亮谋为自全之计，晦据上流，而檀道济镇广陵，各有强兵，以制持朝廷；羡之、亮于中秉权，可得持久。及太祖将行诛，王华之徒咸云："道济不可信。"太祖曰："道济止于胁从，本非事主。杀害之事，又所不关。吾召而问之，必异。"于是诏道济入朝，授之以众，委之西讨。晦闻羡之等死，谓道济必不独全，及闻率众来上，惶惧无计。

【注释】①王华（384—427年）：字子陵，琅邪临沂（今山东临沂市）人。景平二年（424年），辅佐刘义隆入朝称帝。宋文帝即位后，以为侍中、右卫将军，铲除徐羡之、傅亮等大臣，迁侍中、护军将军。

【译文】当初，谢晦和徐羡之、傅亮商议自保的计策，认为让谢晦据有荆州，让檀道济镇守广陵，各自都拥有强兵，用以牵制朝廷；徐羡之和傅亮在朝中掌握大权，这样就可保永远不败。等到宋太祖刘义隆打算诛杀他们时，王华等人都说："檀道济不可相信。”宋太祖刘义隆说：“檀道济只是被迫参与，原本就不是事情的主谋。杀害宋义帝刘义符的事，又与他无关。我召他回来询问，他必然和谢晦他们不一样。”于是下诏书叫檀道济回到朝廷，把军队交给他，委任他向西讨伐谢晦。谢晦听说徐羡之等人被害死了，以为檀道济必然不会幸免于难，到这时获知檀道济率兵来讨伐，便惶恐不安，手足无措。

道济既至，与彦之军合，牵舰缘岸。晦始见舰数不多，轻之，不即出战。至晚，因风帆上，前后连咽，西人离阻，无复斗心。台军至忌置洲尾，列舰过江，晦大军一时溃散。晦夜出，投巴陵，得小船还江陵。

【译文】檀道济的大军到了后，便和到彦之的部队会合，沿江岸牵引船舰。刚开始谢晦见到他们的船只并不多，就很轻视他们，没有马上出战。到了晚上，檀道济便借着东风向上游驶去，船帆前后相连，声势浩大，谢晦的士兵见了，非常恐惧，顿时便产生了逃跑的想法，根本无心恋战。官军到了忌置洲尾，军舰一字儿摆开渡过长江，谢晦的大军便一下子溃散了。谢晦在半夜逃出，投奔巴陵（今湖南岳阳），找到一只小船才回到江陵（湖北荆州）。

晦至江陵，众散略尽，乃携其弟遁、兄子世基等七骑北走。遁肥壮不能骑马，晦每待之，行不得速。至安陆延头，为

戍主光顺之所执。顺之，晦故吏也。槛送京师，伏诛。晦死时，年三十七。（宋书卷四十四）

【译文】谢晦逃到江陵，看到军队已完全溃散，只好带着弟弟谢遁、哥哥的儿子谢世基等七人向北逃去。谢遁非常肥胖而不能骑马，谢晦时常要停下来等他，所以走的不快。到了安陆的延头时，被巡逻的守将光顺之抓住。光顺之是谢晦的老部下。光顺之便将谢晦等人被囚笼锁起来送到京城，伏罪被杀。谢晦死时，只有三十七岁。（宋书卷四十四）

谢　瞻

【题解】谢瞻（385—421年），字宣远，陈郡阳夏人，东晋东阳太守谢朗之孙，骠骑长史谢重第三子，卫将军谢晦之兄。作为谢晦的兄长，看到弟弟位高权重，多次劝告他要谦虚谨慎，爱护之心，令人感动。然而谢晦最终未能听取兄长的忠告，伏罪被诛，可悲可叹。

谢瞻，字宣远，卫将军晦第三兄也。弟晦时为宋台右卫，权遇已重，于彭城还都迎家，宾客辐辏，门巷填咽。时瞻在家，惊骇谓晦曰：“汝名位未多，而人归趣乃尔。吾家以素退为业，不愿干预时事，交游不过亲朋，而汝遂势倾朝野，此岂门户之福邪？”乃篱隔门庭，曰：“吾不忍见此。”

【译文】谢瞻，字宣远，是卫将军谢晦的三哥。其弟谢晦当时担任宋朝台右卫，权势和宠幸非常大，谢晦从彭城回到京城迎接家人时，宾客车马聚集，热闹嘈杂的声音充斥门巷。当时谢瞻正在家中休息，看到这种情景惊骇地对谢晦说："你的官职与品位还不够显耀，然而人们对你趋之若鹜到这种地步。我们家素来以退让作为家风，不愿干预政事，交游的人不过也就亲戚好友，而你居然势倾朝野，这难道是家门之福吗？"于是谢瞻用竹篱隔断他和谢晦的门庭，说："我不忍心看到这种情景。"

晦或以朝廷密事语瞻，瞻辄向亲旧陈说，以为笑戏，以绝其言。晦遂建佐命之功，任寄隆重，瞻愈忧惧。

永初二年，在郡遇疾，不肯自治，幸于不永。晦闻疾奔往，瞻见之，曰："汝为国大臣，又总戎重，万里远出，必生疑谤。"时果有诉告晦反者。

瞻疾笃，临终，遗晦书曰："吾得启体幸全，归骨山足，亦何所多恨。弟思自勉厉，为国为家。"遂卒，时年三十五。（宋书卷五十五）

【译文】谢晦有时把朝廷机密的事情告诉谢瞻，谢瞻就向亲戚朋友陈述这些事情，他们都当做笑谈，他用这种方法来阻止谢晦泄密。谢晦最后因辅佐王位建立了功劳，因而位高权大，谢瞻越发感到担忧害怕。

永初二年（421年），谢瞻在豫章郡染上疾病，却不肯医治，希望因此死去。谢晦听说兄长染病后急忙赶去探视，谢瞻见到他后，说："你作为国家的大臣，又掌管军机事务，从万里之远赶来看我，在朝廷中必然会招致猜疑和诽谤。"当时果然有人禀告谢晦谋反的消息。

谢瞻病重，在临终前留给谢晦书信说："我能够侥幸保全身体，遗骨能够归葬在家乡山中，也没有什么遗憾了。弟弟你要好好勉励自己，既为国家也为家人。"于是逝世，时年三十五岁。（宋书卷五十六）

蔡　廓

【题解】蔡廓（379—425年），字子度，济阳考城（今河南民权）人，初仕东晋，任著作佐郎。刘裕为兖州刺史，授别驾从事史。刘宋建立后，任御史中丞，在朝受所纠奏，百僚震肃。宋武帝称之为"平世三公之选"，官至吏部尚书。朝廷仪典，皆向他咨询而后施行。对于徐羡之、傅亮、谢晦等人废立君主一事，蔡廓的识见远在他们之上，之后事情的结局也都在他的预料之中，实在是一位智者啊！

蔡廓，字子度，济阳考城人也。廓博涉群书，言行以礼。起家著作佐郎。高祖以廓刚直，不容邪枉，补御史中丞。多所纠奏，百僚震肃。时中书令傅亮任寄隆重，学冠当时，朝廷仪典，皆取定于亮，每咨廓然后施行。亮意若有不同，廓终不为屈。

【译文】蔡廓，字子度，是济阳考城（今河南民权）人。蔡廓博览群书，言语行动都依礼而行。起家担任著作佐郎。宋高祖刘裕因为蔡廓很刚正直爽，容不得奸邪妄曲，补任他当御史中丞。蔡廓对很多官员都加以纠察或弹劾，朝廷百官非常震恐。当时中书令傅亮被委以重任且权势熏天，学问在当时独占鳌头，朝廷的典章制度，活动礼仪，都由傅亮决定，而傅亮每次都要向蔡廓咨询然后施行。傅亮的意愿如果和蔡廓不相同，蔡廓最终还是坚持自己的观点而不改变。

太祖入奉大统，尚书令傅亮率百僚奉迎，廓亦俱行。至寻阳，遇疾，不堪前。亮将进路，诣廓别，廓谓曰："营阳在吴，宜厚加供奉。营阳不幸，卿诸人有弑主之名，欲立于世，将可得邪！"亮已与羡之议害少帝，乃驰信止之，信至，已不及。羡之大怒曰："与人共计议，云何裁转背，便卖恶于人。"

及太祖即位，谢晦将之荆州，与廓别，屏人问曰："吾其免乎？"廓曰："卿受先帝顾命，任以社稷，废昏立明，义无不可。但杀人二昆，而以之北面，挟震主之威，据上流之重，以古推今，自免为难也。"

【译文】宋太祖刘义隆从荆州入京继承帝位，尚书令傅亮率领朝中大臣恭谨地迎接，蔡廓也一起参加了。到寻阳时，蔡廓染病了，不能前行。傅亮将继续赶路，到蔡廓那里辞别，蔡廓对他说："营阳王刘义符在吴县，应该好好地供奉，营阳王如果遇到意外，你们便有杀皇帝的恶名，想在世上立身，还有可能做到吗？"当时傅亮已和徐羡之商量好了害死宋少帝刘义符，傅亮于是马上派人去信阻止，使者到后，已来不及了。徐羡之大怒说："与别人共同商议好了的事，为何才转了个背，便把罪过推到别人身上？"

到宋太祖刘义隆即位时，谢晦将到荆州赴任，和蔡廓道别，当时谢晦支走其他人问蔡廓："我可以免除灾祸吗？"蔡廓说："你接受先帝的临终托付，承担国家的大任，废除昏君，树立明圣，从道义上来说并非不可以，但是你杀了人家的两个哥哥，而向人家称臣，挟仗使君主受到威胁的权威，荆州又据有上游的重要地势，从古今事势看来，要免除祸患恐怕很难啊。"

廓年位并轻，而为时流所推重。奉兄轨如父，家事小大，皆咨而后行。元嘉二年，廓卒，时年四十七。高祖尝云："羊徽、蔡廓，可平世三公。"（宋书卷五十七）

【译文】蔡廓年龄、官位都很轻，但被当时显要人物所推重。他对哥哥蔡轨像对父亲一样非常恭敬，家事大大小小，都请示蔡轨之后才施行。元嘉二年（425年）蔡廓逝世，享年

四十七岁，宋高祖刘裕曾经说："羊徽、蔡廓可以做和平时代的三公。"（宋书卷五十七）

江夏文献王义恭

【题解】刘义恭（413—465年），彭城绥舆里（今江苏徐州）人。南朝宋宗室、宰相，宋武帝刘裕第五子，宋少帝刘义符、宋文帝刘义隆之弟。初为冠军将军，南豫州刺史。宋文帝即位，封为江夏王，先后治理南徐州、荆州和南兖州。永光元年（465年），面对前废帝刘子业狂悖无道，联合柳元景、颜师伯密谋废立，事泄被杀，终年53岁。

本篇的内容是宋文帝刘义隆写给他的一封书信。信中主要劝诫刘义恭要努力提高自身道德修养，做事要谨慎，生活要节俭，不要放纵自己。可谓面面俱到，体现了一位兄长对弟弟的关爱之情。值得人们作为修身的诫言。

江夏文献王义恭，幼而明颖，姿颜美丽，高祖特所钟爱，诸子莫及也。元嘉六年，改授散骑常侍、都督荆、湘、雍、益、梁、宁、南、北秦八州诸军事、荆州刺史。义恭涉猎文义，而骄奢不节，既出镇，太祖与书诫之曰：

【译文】江夏文献王刘义恭，小时候很聪明，容貌英俊，宋高祖刘裕对他的钟爱，其他各位王子没有谁比得上。元嘉六年(429年),被授予散骑常侍、都督荆、湘、雍、益、梁、宁、南、北秦八州诸军事、荆州刺史。刘义恭虽然粗略懂点文章义理,但是生活骄奢而不懂得节俭。出镇地方后,太祖刘义隆写信告诫他说:

“天下艰难,家国事重,虽曰守成,实亦未易。隆替安危,在吾曹耳,岂可不感寻王业,大惧负荷!汝性褊急,性之所滞,其欲必行;意所不存,从物回改;此最弊事,宜念裁抑。卫青遇士大夫以礼,与小人有恩;西门、安于,矫性齐美①;关羽、张飞,任偏同弊;行己举事,深宜鉴此!

若事异今日,嗣子幼蒙,司徒②当周公之事,汝不可不尽祗顺之理。尔时天下安危,决汝二人耳。

【注释】①西门、安于,矫性齐美:《韩非子·观行》:“西门豹之性急,故佩韦以自缓;董安于之性缓,故佩弦以自急。故以有余补不足,以长续短之谓明主。”

②司徒:指彭城王刘义康。

【译文】“当今正是天下艰难的时候,关乎家国的事情非常重要,即使是继承并保持已成的事业,实际也不容易。国家的盛衰安危,就在于我辈的努力,怎么可以不感到压力深重,并努力追寻治国之道,恐惧自身所承担的巨大责任呢!你的性格有些急躁,心里一有什么想法,就马上要去实现,等到想法没有了,又改回之前了。这是最容易招惹祸端的,理应时时遏止自己。卫青用礼貌谦恭来对待士大夫，对普通小人则施以恩惠；西门豹、董安于，两人都性格急躁，但是懂得提醒自己，因此都获得了美好的声誉；关羽、张飞，两人性格任性偏激结果一样都失败了；你待己处事，要深刻体会古人的行为并作为借鉴！

如果以后的事情不同于今日，我的太子还幼小，身为司徒的刘义康必然要担负起周公的责任，你也不可不尽到恭敬辅佐的道义。到那时天下安危与否，就完全取决于你们两个人了。

汝一月自用钱不可过三十万，若能省此，益美。西楚府舍，略所谙究，计当不须改作，日求新异。凡讯狱多决当时，难可逆虑，此实为难；至讯日，虚怀博尽，慎无以喜怒加人。能择善者而从之，美自归己；不可专意自决，以矜独断之明也！名器深宜慎惜，不可妄以假人；昵近爵赐，尤应裁量。吾于左右虽为少恩，如闻外论，不以为非也。以贵凌物，物不服；以威加人，人不厌；此易达事耳。

【译文】你每月私人用钱不能超过三十万，如果比这个还能节省，那就更加好了。在西楚的府舍，我大致了解到，估计应当不需要重新改建，再去追求新异。凡是关于审讯断狱的事情基本上靠的是临机决断，很难事先考虑周全，若要想没有一点差错，这实际上是很难做到的事情；在审讯的时候，要虚心听取各方面的意见，谨慎地处理，切不可将喜怒强加到犯人身上。能够在平时做事时择善者而从之，自己就会获得很好的名声；千万不能独断专行，来炫耀自己的英明果断！一定要谨慎对待和珍惜官职俸禄，不可以随意赏赐给人；对亲近的人封赐爵位，更加应该考虑斟酌。我对待左右亲信虽然少恩，但如果听到外边的人因此而议论我，我也不认为自己有什么过错。依靠权势欺负别人，别人自然不服气；依靠威势强加到人身上，别人自然不会满意；这是显而易见的事理。

声乐嬉游，不宜令过；蒲酒渔猎，一切勿为。供用奉身，皆有节度，奇服异器，不宜兴长。又宜数引见佐史。相见不数，则彼我不亲；不亲，无因得尽人情；人情不尽，复何由知众事也！（宋书卷六十一）

【译文】声色犬马、嬉戏游乐，不应该太过分；饮酒赌博、捕鱼狩猎，这一切都不要去做。日常用品、衣服饮食，都应该有所节制，奇装异服、新奇器物，不应该助长这方面的喜好。还有，你应该多多接见府中的官员，如果见面的次数少，那么你们之间的关系就不会很亲近；如果不亲近，你就没有办法知道官员们的内心；不完全了解他们的内心，又从哪里去了解众多的事情呢？（宋书卷六十一）

袁　淑

【题解】袁淑（408—453年），字阳源，陈郡阳夏（今河南太康）人，元嘉二十六年，为吏部侍郎，迁御史中丞、太子左卫率。太子刘劭弑杀父亲宋文帝，胁迫袁淑投靠，袁淑不从，被刘劭处死，时年46岁。袁淑不惧身死，不受元凶刘劭的胁迫谋害宋文帝，有大臣的气节。

袁淑，字阳源，陈郡阳夏人。元嘉二十六年，迁太子左卫率。元凶[①]将为弑逆，其夜淑在直，二更许，呼淑及萧斌等流涕谓曰："主上信谗，将见罪废。内省无过，不能受枉。明旦便当行大事，望相与戮力。"淑及斌并曰："自古无此，愿加善思。"劭怒变色，左右皆动。斌惧，乃曰："臣昔忝伏事，常思效节，况忧迫如此，辄当竭身奉令。"淑叱之曰："卿便谓殿下真有是邪？殿下幼时尝患风，或是疾动耳。"劭愈怒，因问曰："事当克不？"淑曰："居不疑之地，何患不克。但既克之后，为天地之所不容，大祸亦旋至耳。愿急息之。"劭左右引淑等袴褶[②]，又就主衣取锦，截三尺为一段，又中破，分斌、淑及左右，使以缚袴[③]。淑出环省，绕床行，至四更乃寝。劭将出，已与萧斌同载，呼淑甚急，淑眠终不起。劭停车奉化门，催之相续。徐起至车后，劭使登车，又辞不上。劭因命左右："与手刃。"见杀于奉化门外，时年四十六。（宋书卷七十）

【注释】①元凶：指刘劭（424—453年），字休远，彭城绥舆里（今江苏徐州）人。南朝宋第四任皇帝，宋文帝刘义隆嫡长子，母为皇后袁齐妫。元嘉三十年，联合始兴王刘濬发动宫廷政变，弑父夺位，年号太初。太初元年，引发武陵王刘骏讨伐，兵败被杀，时年30岁。作为中国历史上第一位通过“弑父”手段夺取皇位的皇帝，其弑逆之举引发千古骂名，史家不承认其为南朝宋的正统皇帝。

②袴褶：服装名。上穿褶，下着裤，外不加裘裳，故称。名起于汉末，始为骑服。盛行于南北朝，亦用作常服、朝服。唐末渐废。

③缚袴：是指扎紧套裤脚管，以便骑乘。

【译文】袁淑，字阳源，陈郡阳夏（今河南太康）人。元嘉二十六年（449年），调任太子左卫率。元凶刘劭要弑君叛逆时，那夜袁淑正当值，二更左右，刘劭叫来袁淑和萧斌等人，痛哭流涕地说：“皇上听信谗言，要降罪并废弃我。我自省没有过错，不能受这个冤枉。明天我就要行大事，希望你们能一起携手，鼎力相助。”袁淑及萧斌一起回答说：“从古至今还没有这样做的，希望您能慎重考虑。”刘劭勃然大怒，脸色突变，手下就要动手。萧斌害怕了，说：“我过去有幸在您手下供职，总想为您尽忠效力，况且现在情况如此紧迫，定当竭力听从您的号令。”袁淑斥责萧斌说：“你认为殿下真会这样做吗？殿下小时候曾患过风邪之症，可能这时他的旧疾又发作了。”刘劭更加愤怒，问袁淑：“此事能否成功？”袁淑回答：“你处在不被怀疑的位置上，哪里还用担心能不能成功？但是，成功之后您将为天地所不容，随即就会大祸临头了。希望您赶快打消这个念头。”刘劭手下的人抓住袁淑的袴褶，又到主衣那里取来一块锦缎，截开后每三尺为一段，又从中间破开，分给萧斌、袁淑及左右侍从，让他们扎紧套裤脚管。袁淑出来回到省署，绕着床不停行走，一直到四更才就寝。刘劭就要出动，已经与萧斌一起坐在车里，急切地呼喊袁淑，袁淑睡着了没有起来。刘劭将车子停在奉化门，派人不停地去催促袁淑。袁淑慢慢起床，走到他们车子后面，刘劭让他上车，袁淑推辞不上。刘劭于是命令手下："杀了他！"袁淑随即被杀死在奉化门外，时年四十六岁。（宋书卷七十）

王僧绰

【题解】王僧绰（423—453年），字僧绰，琅琊临沂（今山东临沂）人。东晋丞相王导玄孙，左光禄大夫王昙首之子。元嘉二十六年，王僧绰迁尚书吏部郎，负责铨选官员。二十八年（451年），迁侍中，掌机密事。参与密谋废立之事，为刘劭杀害，享年31岁。在废立太子刘劭一事上，王僧绰劝宋文帝及早决断，然而宋文帝没有听取王僧绰的建议，犹豫不决，最终导致君臣皆丧命。"当断不断，反受其乱"，确实如此。

王僧绰，琅邪临沂人，左光禄大夫昙首子也。元嘉二十八年，迁侍中，任以机密。元嘉末，太祖颇以后事为念，以其年少，方欲大相付托，朝政小大，皆与参焉。

【译文】王僧绰，琅邪临沂（今山东临沂）人，左光禄大夫王昙首的儿子。元嘉二十八年（451年），升任侍中，职掌机密大事。元嘉末年，太祖刘义隆经常考虑自己的身后之事，认为王僧绰年轻有为，正想将重任托付于他，因此朝廷大小政事，都让他参与。

会二凶[1]巫蛊事泄，上独先召僧绰具言之。及将废立，使寻求前朝旧典。劭于东宫夜飨将士，僧绰密以启闻，上又令撰汉魏以来废诸王故事。撰毕，送与江湛、徐湛之。湛之欲立随王诞，江湛欲立南平王铄，太祖欲立建平王宏，议久不决。诞妃即湛之女，铄妃即湛妹。太祖谓僧绰曰："诸人各为身计，便无与国家同忧者。"僧绰曰："建立之事，仰由圣怀。臣谓唯宜速断，不可稽缓。当断不断，反受其乱。愿以义割恩，略小不忍。不尔，便应坦怀如初，无烦疑论。淮南云：'以石投水，吴越之善没取之。'事机虽密，易致宣广，不可使难生虑表，取笑千载。"上曰："卿可谓能断大事。此事重，不可不殷勤三思。且庶人始亡，人将谓我无复慈爱之道。"僧绰曰："臣恐千载之后，言陛下唯能裁弟，不能裁儿。"上默然。

【注释】①二凶：指太子刘劭与始兴王刘濬。

【译文】适逢太子刘劭与始兴王刘濬利用巫蛊诅咒皇上一事泄露，太祖刘义隆先是单独召见王僧绰，把事情经过详细地告诉了他。等到将要废弃太子刘劭另立新太子时，命他查找前朝旧典作为依据。刘劭夜里在东宫犒劳将士，王僧绰将此事秘密启奏太祖，太祖又令他撰写汉、魏以来废弃诸王的旧事。撰写完毕后，送给江湛、徐湛之。徐湛之想立随王刘诞，江湛想立南平王刘铄，太祖想立建平王刘宏，商议很久，也没有定论。刘诞的妃子是徐湛之的女儿，刘铄的妃子则是江湛的妹妹。太祖对王僧绰说："各人都为自身利益考虑，就是没有与国家同忧苦共患难的人。"王僧绰说："立太子一事，应由皇上决断。臣认为只宜迅速决断，不可再拖延。当决断时不决断，反而会引起祸乱。希望圣上能从大义出发割舍掉那些私人恩情，略去那些小事带来的不忍之心。如果做不到的话，那就如当初一样继续对太子胸怀坦荡，不要为此犹疑不定，议论不决。淮南王刘安说：'把石头投入水中，吴、越之地善于潜水的人还是能将石头取出来。'这件事虽然机密，还是容易被泄露宣扬出去，广为人知，不可以发生意料之外的祸患，受到后人的耻笑。"太祖说："你可称得上是能决断大事之人。但此事重大，不能不谨慎小心，三思而后行啊。况且那个庶民（指被废的彭城王刘义康）刚死，人们会说我不再有父亲的慈爱了。"王僧绰说："臣担心千年之后，人们说陛下只能制裁弟弟，却不能制裁儿子啊。"太祖听了，默然无语。

劭弑逆，江湛在尚书上省，闻变，叹曰："不用僧绰言，以至于此。"（宋书卷七十一）

【译文】等到刘劭弑君杀父，江湛当时正在尚书省值班，闻知有变，叹息道："当初没有听从王僧绰的话，以至于到了这

般地步。”（宋书卷七十一）

建平宣简王宏

【题解】建平宣简王刘宏（434—458年），字休度，宋文帝刘义隆第七子。《续编》辑录了刘宏在文帝刘义隆在位期间，因文帝要求百官直言进谏所进奏议的奏文。他在奏议中说明广开言路是兴盛之君的必由之路，对文帝让百官进谏之举极为赞誉。可见，宋文帝能够成就“永嘉之治”，确实是有缘由的。

建平宣简王宏，字休度，文帝第七子也。为人谦俭周慎，礼贤接士，明晓政事，上甚信仗之。时普责百官谠言[①]，宏议曰：

臣闻建国之道咸殊，兴王之政不一。至于开谏致宁，防口取祸，固前王同轨，后主共则。秦、殷之败，语戮刺亡；周、汉之盛，谤升箴显。陛下以至德神临，垂精思治，进儒礼而崇宽教，哀狱法而黜严刑，表忠行而举贞节，辟处士[②]而求贤异，修废官而出滞赏，撤天膳而重农食，禁贵游而弛榷酤[③]，通山泽而易关梁[④]，固已海内仰道，天下知德。今复开不讳之涂，奖直辞之路，四海希风[⑤]，普天幸甚。（宋书卷七十二）

【注释】①谠言：正直之言，直言。

②处士：有才学而隐居不做官的人。

③贵游：指无官职的王公贵族。亦泛指显贵者。榷酤：汉朝以后，历代政府所实施的酒类专卖制度。后以泛指一切酒业管制措施。

④关梁：关口和桥梁。泛指水陆交通必经之处。这些地方往往设防戍守或设卡征税。

⑤希风：仰慕风操。

【译文】建平宣简王刘宏，字休度，是文帝刘义隆的第七子。刘宏为人谦逊俭约、周密谨慎，礼贤待士，明晓政事，文帝很是信任、仰仗他。当时文帝责求百官直言进谏，刘宏呈上奏议说：

臣听说建国之道各有不同，兴盛王道的政治也不一样。至于广开言路，使国家得到安定，这本是先王的共同经验；堵塞言路，使国家导致灾祸，这也是末代之君遵循的法则。秦朝、殷朝之所以败亡，是因为杀掉直言进谏的臣子；周朝、汉朝之所以兴盛，是因为广开言路，让人们可以随意说出指责和劝谏的话。陛下您拥有至高无上的德行，有如神灵降临，将所有精力都用在治国上，弘扬儒家礼仪，推崇宽容教化，不忍使用严刑峻法，而取消酷刑，表彰忠诚之行，任用贞节之士，征召处士，遍求贤才，整治不称职的官员，奖励应赏而长久未赏之人，撤去天子专有膳食，重视农事民食，约束没有官职的王公贵族，放松酒业管制，贯通山林河泽，治理水陆交通枢纽，这本是被四海称道，天下皆知的美德。现在又广开直言不讳的言路，奖励敢于直言之人，四海之内都仰慕您的风操，普天之下幸运至极。（宋书卷七十二）

袁 粲

【题解】袁粲（420—477年），原名愍孙，字景倩，陈郡阳夏（今河南太康）人，南朝宋宰相。宋明帝刘彧病危时，袁粲与褚渊、刘勔并受顾命辅佐太子刘昱，刘昱被杀后，其弟安成王刘准在萧道成的扶植下继承皇位，袁粲升任中书监，升明元年，起兵反抗把持朝政的萧道成，事败后与其子一并被杀，时年58岁。毛泽东读《南史·袁粲传》时留有“袁粲死节”的评价，堪称刘宋的忠臣。

袁粲，字景倩，陈郡阳夏人。少好学，有清才，蚤以操立志行见知。泰始七年，迁尚书令。太宗临崩，粲与褚渊①、刘勔并受顾命。

【注释】①太宗：指宋明帝刘彧（439—472年），字休炳，南朝宋第七位皇帝（466—472年在位），宋文帝刘义隆第十一子。

②褚渊（435—482年）：字彦回，河南阳翟（今河南禹州）人，当时为中书令、护军将军，与尚书令袁粲共辅太子刘昱。元徽五年（477年），雍州刺史萧道成（齐高帝）杀后废帝，另立顺帝。褚渊推举萧道成录尚书事，后又助萧道成代宋建齐。南齐建立后，受萧道成宠幸，参与机要，进位司徒，封南康郡公。

③刘勔（418—474年）：字伯猷，彭城（今江苏徐州市）人。当时以尚书右仆射、中领军之职担任顾命大臣。

【译文】袁粲字景倩，是陈郡阳夏（今河南太康）人。他小时候特别好学，有很好的才能，少年时代因节操立志高尚而被当时人所称赞。泰始七年（471年），袁粲迁任尚书令。宋太宗明皇帝刘彧在弥留之际，袁粲和褚渊、刘勔都受宋太宗的临终遗命。

元徽二年，桂阳王休范为逆，粲扶曳入殿，诏加兵自随，府置佐史。时兵难危急，贼已至南掖门，诸将意沮，咸莫能奋。粲慷慨谓诸将帅曰："寇贼已逼，而众情离沮。孤子受先帝顾托，本以死报，今日当与褚护军同死社稷！"因命左右被马，辞色哀壮。于是陈显达等感激出战，贼即平殄。

【注释】①元徽：南朝宋后废帝刘昱的年号（473年正月—477年7月），共4年余。

【译文】元徽二年（474年），桂阳王刘休范造反，袁粲被人牵扶进入宫殿。宋后废帝刘昱下诏书给他增加兵士随从，建立府属设置门下官吏。当时正当战乱危急，叛贼已到南掖门，将领们意志都很颓废，无法激励奋起抗击叛军。袁粲慷慨陈词对将领们说："敌人已经逼迫过来，但是人心涣散沮丧。我蒙受先帝顾托的大恩，本来就是要以死报答的，今天正当和褚护军同时为国捐躯。"于是叫左右的人牵马过来，神情悲壮。这时陈显达等人都被感动，军队奋勇出击，很快就平定了叛军。

顺帝即位，迁中书监，司徒、侍中如故。时齐王居东府，故使粲镇石头。粲素静退，每有朝命，多不即从，逼切不得已，然后方就。及诏移石头，即便顺旨。有周旋人[①]解望气，谓粲曰："石头气甚乖，往必有祸。"粲不答。

【注释】①顺帝：即宋顺帝刘准（467—479年），字仲谋，小字智观，南朝宋末代皇帝。元徽五年（477年）七月八日，在萧道成的拥立下即皇帝位。他名义上是皇帝，但是权力都掌握在萧道成手中。升明三年（479年），被迫禅位于萧道成。同年五月六日，被杀于丹阳宫，终年13岁。

②周旋人：随从、门客。

【译文】宋顺帝刘准即位后，袁粲升任官中书监，担任司徒、侍中依旧。当时齐王萧道成住在东府，所以派袁粲镇守石头城，袁粲一向沉静稳重，每次有朝廷命令，多数没有马上遵循。逼迫不得已的，然后才执行。等到朝廷下诏令他移往石头城，便马上按命令实行。身边能望气预知吉凶的门客对袁粲说："石头城的气象很奇怪，你去了必然有灾难。"袁粲没有回答。

时齐王功高德重，天命有归，粲自以身受顾托，不欲事二姓，密有异图。

升明[①]元年，齐王自诣粲，粲称疾不见。

粲谋克日矫太后令，使韫、伯兴[②]率宿卫兵攻齐王于朝堂，回率军来应。秉、候伯[③]等并赴石头，本期夜发。其日秉惬扰不知所为，晡后便束装，未暗，载妇女席卷就粲，由此事泄。先是，齐王遣将薛渊、苏烈、王天生等领兵戍石头，云以助粲，实御之也。又令腹心王敬则为直阁，与伯兴共总禁兵。王蕴闻秉已奔，叹曰："今年事败矣！"时齐王使蕴募人，已得数百，乃狼狈率部曲向石头。本期开南门，时已暗夜，薛渊等据门射之，蕴谓粲已败，即便散走。齐王以报敬则，率所领收蕴杀之，并诛伯兴。又遣军主戴僧静向石头助薛渊，自仓门得入。时粲与秉等列兵登东门，僧静分兵攻府西门。粲与秉欲还赴府，既下城，列烛自照，僧静挺身暗往，粲子最觉有异人，以身卫粲，僧静直前斩之，父子俱殒，左右各分散。粲死时，年五十八。

【注释】①升明：南朝宋顺帝刘准的年号（477年七月—479年四月），共2年余，是南朝宋的最后一个年号。

②韫、伯兴：韫，即刘韫（？—478年），字彦文，彭城绥舆里（今江苏徐州）。南朝宋宗室大臣。当时为领左卫将军、中领军。伯兴指卜伯兴，当时为前将军。

③秉、候伯：秉指刘秉（433—478年），字彦节，南朝宋宗室、宰相。他参与平定刘休范叛乱有功，加授散骑常侍，领丹阳尹，封当阳县侯，与袁粲、褚渊、萧道成并称四贵，后升任中书令，宋顺帝时再升尚书令、中领军，但被萧道成架空。候伯指任候伯，当时为辅国将军。

【译文】当时齐王萧道成功高德重，天命已经归属于他，袁粲因为亲自接受宋太宗明皇帝刘彧临终顾命，不想再做侍奉两姓的臣子，暗中有自己的图谋。

升明元年（477年），萧道成亲自拜访袁粲，袁粲称病不见。

袁粲打算约定时间假传太后命令，派刘韫、卜伯兴率领警卫部队在朝堂中攻打齐王萧道成，黄回率军前来接应。刘秉、任候伯等人都奔赴石头城。本来是约定在夜中行动。当天刘秉怕得不知做什么好，午后便穿好衣服，天还未黑，便带着妇女、席卷奔向袁粲，因此泄露了阴谋。先前齐王萧道成派手下将领薛渊、苏烈、王天生等率兵戍守石头城，说是为了帮助袁粲，其实是防卫他的。又叫心腹王敬则在阁内值班、和卜伯兴共同管理禁兵。王蕴听说刘秉已经逃跑，叹息说："今年大事败露了。"当时齐王萧道成叫王蕴招募兵士，已得到几百人，王蕴于是狼狈地率部众逃向石头城。本来约好是开南门，当时已是黑夜，薛渊等人在门上向下射箭，王蕴以为袁粲已失败，便马上逃窜。齐王萧道成马上告知王敬则，率领他的部下抓到王蕴并杀掉他，也一并杀了卜伯兴，又派军主戴僧静朝石头城进军帮助薛渊，从仓门进去。当时袁粲和刘秉等人排好队伍登上石头东门，戴僧静分兵攻击袁府西门，袁粲和刘秉想回到府内，走下城以后，袁粲点好一排蜡烛照着自己。戴僧静暗中挺身而前，袁粲的儿子袁最觉得有其他人，以自己的身体遮蔽袁粲。戴僧静向前砍击，袁氏父子同时蒙难，左右人员同时四处逃窜。袁粲死时五十八岁。

（《南史》云：戴僧静分兵攻府西门，彦节与儿踰城出。

袁粲还坐，列烛自照，谓其子袁最曰："本知一木不能止大厦之崩，但以名义至此耳。"戴僧静挺身暗往，奋刀直前欲斩之。子袁最觉有异，大叫抱父乞先死，兵士人人莫不陨涕。袁粲曰："我不失忠臣，汝不失孝子。"仍求笔作启云："臣义奉大宋，策名两毕，今便归魂坟垄，永就山丘。"戴僧静乃并斩之。）（宋书卷八十九）

【译文】（《南史》说：戴僧静分兵进攻石头城西门，刘秉与儿子从城墙上逃了出去。袁粲回来坐下，点燃蜡烛照着自己，对他的儿子袁最说："本来就知道一根木头不能阻止大厦的即将崩溃，只是因为名分和道义而到这种地步罢了。"戴僧静挺身暗暗前往接近，挥刀直前想要把他杀死。其子袁最觉得情况异常，大声叫喊抱着父亲乞求让自己先死，兵士们没有谁不落下眼泪。袁粲说："我不失成为忠臣，你不失成为孝子。"便求拿笔来写书信说："臣效忠大宋，计谋、声名两者都已完毕，现在就魂归坟墓，永远地安息在山丘上吧。"戴僧静于是把他们一并杀死。（宋书卷八十九）

周　朗

【题解】周朗（425—460年），字义利，汝南安成人。最初担任南平王刘铄的冠军行参军，兼任主簿，孝武帝即位后，被调为建平王刘宏的中军录事参军。周朗的地位并不高，他应宋武帝的责求而上了这篇奏疏，列举时弊、阐述治道，其直言进谏的精神值得学习，其文章阐述的治国大道也值得领导者作为龟鉴。然而，周朗却因为这篇奏疏不符合上意而辞职，可见刘宋孝武帝求谏言的诚意非真。刘宋王朝很快走向灭亡，并非没有原因啊！

周朗，字义利，汝南安城人也。世祖即位，除建平王宏中军录事参军。时普责百官谠言，朗上书曰：

【译文】周朗字义利，是汝南（今河南宝丰）安成人。宋世祖孝武帝刘骏即位后，担任建平王刘宏中军录事参军。当时宋孝武帝刘骏要求朝中百官直言进谏。周朗上书说：

昔仲尼有言："治天下若寘诸掌。"岂徒言哉！方策之政，息举在人，盖当世之君不为之耳。

凡治者何哉？为教而已。今教衰已久，民不知则，又随以刑逐之，岂为政之道欤！

凡为国，不患威之不立，患恩之不下；不患土之不广，患民之不育。

又置官者，将以燮天平气，赞地成功，防奸御难，治烦理剧，使官称事立，人称官置，无空树散位，繁进冗人。今高卑贸实，大小反称，名之不定，是谓官邪。

当使德厚者位尊，位尊者禄重；能薄者官贱，官贱者秩轻。缨冕绂佩，称官以服；车骑容卫，当职以施。

【译文】过去孔子曾经说过："治理天下好比把它放在手掌心上一样。"这难道只是大话吗？古圣先王的政令都写在方策上，就在于人们的运用与否，只是当世的君主们不愿做罢了。

大凡治国，要用什么办法呢？只有推行教育而已。现在教化不行已经很久，人们不知道做人的准则，官员却跟在后面用刑罚来处罚他们，这难道是为政之道吗？

大凡治国，不怕威严不能建立，只怕恩惠不能施予。不怕土地不够广阔，只怕君主不能抚育百姓。

而且国家设立官职，为的是协和上天平定阴阳二气，辅助大地完成生育万物的功业，防止邪恶的发生，抵御灾难的降临，预防麻烦的事情，处理复杂的政务，使官员称职，公事办成，官员的职位和职责相称，不要空设闲置官位，随意进用多余的人员，当今大小官职与实际不符，大小官员称呼不等，名称不确定，可以称之为"官邪"。

应当使品德高尚的人地位尊贵，地位尊贵的人俸禄厚重，能力薄弱的人官位低贱，官位低贱的人俸禄轻微。对于人们的衣帽服饰，按等级裁制，出车行走规矩，要按职务高低选择施行。

凡天下所须者才，而才诚难知也。有深居而言寡，则蕴学而无由知；有卑处而事隔，则怀奇而无由进。或复见忌于亲故，或亦遭谗于贵党，其欲致车右而动御席，语天下而辩治乱，焉可得哉！漫言举贤，则斯人固未得矣。宜使世之所称通经达史、辨词精数、吏能将谋、偏术小道者，使猎缨危膝，博求其用。制内外官与官之远近及仕之类，令各以所能而造其室，降情以诱之，卑身以安之，然后察其擢脣吻，树颊胲，动精神，发意气，语之所至，意之所执，不过数四间，不亦尽可知哉！若忠孝廉清之比，强正惇柔之伦，难以检格立，不可须臾定。宜使乡部求其行，守宰察其能，竟皆见之于选贵，呈之于相主，然后处其职宜，定其位用。如此，故应愚鄙尽捐，贤明悉举矣。又俗好以毁沈人，不知察其所以致毁；以誉进人，不知测其所以致誉。毁徒皆鄙，则宜擢其毁者；誉党悉庸，则宜退其誉者。如此，则毁誉不妄，善恶分矣。又既谓之才，则不宜以阶级限，不应以年齿齐。凡贵者好疑人少，不知其少于人矣。老者亦轻人少，不知其不及少矣。

【译文】凡治天下需要的是人才，而人才确实难以了解。有不跟外界接触而沉默寡言的人，他满腹学问而无人知道，有官职低贱而因政事远离朝堂的人，他胸有奇才而无人举荐。有的人被亲朋好友妒忌，有的人遭到贵族的诽谤。他们想到皇帝乘坐的舆车前，和皇帝一起谈论天下大事，陈述治乱兴衰，这怎么可能做到呢？泛泛而谈举荐贤人，真正的贤人还是不能被举荐。应该让那些被世人称赞，博览通晓经史、辨析词律、精擅术数、有行政才能、有将帅谋略、有专门技术和其他才艺的人，能够整理冠带、正襟危坐立身朝廷中，广泛地让他们的才能得以施展。制定内外的官员和官员的远近以及任职的法式，让他们各人依靠自己所能升堂入室，用虚心的态度来劝导他们，向他们表示谦逊来让他们安心，然后观察他们的口才、方略、计划、志向。根据他的议论、表现，不过几次对话，不是也能可以了解他们吗？如果有忠诚孝顺廉洁清正的人，刚强正直淳朴柔顺的人，很难按一般的规矩予以进用，不能迅速地判断他们的才能，应该叫乡党官员考察他们的言行，太守县令注意他们的能力，最后推荐给吏部来观察他们，介绍给宰相、皇上。然后考察他们的能力再给他安排职务、确定级别。做到这样，便能使愚昧无知的人都被裁减，贤明正直的都被选用。另外世俗喜欢用诽谤来损害一个人，而不思索他之所以招致被毁谤的原因；用称誉的方式进用人才，而不知他之所以招致称誉的原因。如果毁谤者都是品德不好的，那么应该擢升那个被诽谤的人。如果称赞的人都是庸才，就应该贬斥那个被称赞的人。这样一来，毁谤和称誉就不会虚妄，善良和邪恶就可以区分了。另外既然赞誉一个人有才能，那便不应该用等级来限制他，也不应该因年龄来排列。地位尊贵的人往往喜欢怀疑别人轻视自己，不知他自己也常常轻视别人。老年人也往往轻视年轻人，不知也许他自己还赶不上年轻人。

凡无世不有言事，无时不有令下，然而升平不至，昏危是继，何哉？盖设令之本非实也。又病言不出于谋臣，事不便于贵党，轻者抵訾呵骇，重者死压穷摈，故西京有方调之诛，东都有党锢之戮。陛下若欲申常令，循末典，则群臣在焉；若欲改旧章，兴王道，则微臣存矣。敢昧死以陈，唯陛下察之。

书奏，忤旨，自解去职。（宋书卷八十二）

【译文】哪个朝代都有言论国事的，哪个时期都曾颁布政令，然而太平时代却不来临，昏乱危险却是一个接一个，这是为什么呢？大概是发布的政令不符合国家实际所需吧。加上有言论不出自谋臣之口，事情的施行不利于权贵宗亲，进言的人轻则被诬蔑训斥，重则被杀掉或摈弃远方的弊病，所以西汉时有因直言进谏被诛杀的，东汉有因党锢之祸而被杀戮的。皇上如果想执行一般的法令、遵从末世的法典，那么大臣们已经在朝堂上听候命令了；若皇上想改革旧章、振兴王道，那么微臣我就正等着这一天呢。我敢冒死陈说，只希望皇上明察。

奏疏呈上，因为忤逆宋孝武帝的意思，周朗便主动辞官离职了。（宋书卷八十二）

阮长之

【题解】本篇辑录自《宋书·良吏传》。阮长之，字茂景，陈留郡尉氏县（今河南尉氏县）人，他担任武昌太守，不贪俸禄，在中书省值班，暗夜误穿了便鞋，都依照惯例向门下省自陈错事，其“一生不侮暗室”，堪称一位慎独君子。

阮长之，字茂景，陈留尉氏人也。为武昌太守，入为太子中舍人，中书侍郎。时郡县田禄[1]，芒种为断，此前去官者，则一年秩禄皆入前人；此后去官者，则一年秩禄皆入后人。始以元嘉末改此科，计月分禄。长之去武昌郡，代人未至，以芒种前一日解印绶。初发京师，亲故或以器物赠别，得便缄录，后归，悉以还之。在中书省直，夜往邻省，误著履出阁，依事自列门下；门下以暗夜人不知，不受列。长之固遣送之，曰："一生不侮暗室。"前后所莅官，皆有风政，为后人所思。宋世言善治者，咸称之。（宋书卷九十二）

【注释】①田禄：当时官员的俸给来自采地或公田，故称田禄。

【译文】阮长之，字茂景，陈留郡尉氏县（今河南尉氏县）人。出任武昌太守，后又入朝任太子中舍人，中书侍郎。当时郡县官员的俸禄，以芒种为界限，在芒种以前离任的官员，那么一年的俸禄都归后面继任的官员所有；如在芒种以后离任的官员，则一年的俸禄都归前任所有。从元嘉末年开始改变这种制度，按月份计算田禄。阮长之从武昌郡离任时，继任的官员还没有到来，他就在芒种的前一天解除印绶。刚出发去京师任职时，亲朋故友中有以器物赠别的，阮长之收到后便把它们登记封存起来，后来回到家乡，将这些器物悉数奉还。阮长之在中书省值宿，一天夜里去邻省办理公事，误把便鞋穿了出来，他依照惯例向门下省自陈错事；门下省认为黑夜之中无人知晓，可以免罚。阮长之坚持递交，说："我这一生即使在暗室中也没做过亏心事。"阮长之先后所任官职，都有政绩，为后人所思念。

宋人谈到善于理政的人，都对他赞不绝口。（宋书卷九十二）

陶　潜

【题解】陶潜，即陶渊明，私谥靖节，世称靖节先生，浔阳柴桑人，东晋末至南朝宋初期伟大的诗人、辞赋家。曾任江州祭酒、建威参军、镇军参军、彭泽县令等职，最末一次出仕为彭泽县令，八十多天便弃职而去，从此归隐田园。他是中国第一位田园诗人，被称为“古今隐逸诗人之宗”。陶渊明不为五斗米折腰的故事，在历史上广为流传，体现了他做人的气节。

陶潜，字渊明，寻阳柴桑人也，曾祖侃，晋大司马。潜少有高趣，尝著《五柳先生传》以自况，时人谓之实录。

亲老家贫，起为州祭酒，不堪吏职，少日，自解归。州召主簿，不就。躬耕自资，遂抱羸疾，复为镇军、建威参军。谓亲朋曰：“聊欲弦歌①，以为三径②之资，可乎？”执事者闻之，以为彭泽令。公田悉令吏种秫稻。妻子固请种粳，乃使二顷五十亩种秫，五十亩种粳。郡遣督邮至，县吏白应束带见之。潜叹曰：“我不能为五斗米折腰向乡里小人。”即日解印绶去职。

潜弱年薄宦，不洁去就之迹。自以曾祖晋世宰辅，耻复屈身后代，自高祖王业渐隆，不复肯仕。所著文章，皆题其年月，义熙以前，则书晋氏年号；自永初以来，唯云甲子而已。（宋书

卷九十三）

【注释】①弦歌：出任邑令之典。

②三径：汉蒋诩辞官不仕，隐于杜陵，闭门不出，舍中竹下三径，只有羊仲与求仲出入。典出晋·赵岐《三辅决录》。后以三径比喻隐士居处。

【译文】陶潜，字渊明，是寻阳柴桑（今江西九江）人。他的曾祖陶侃，是晋代大司马。陶潜年少时便有非常高雅的志趣，曾著《五柳先生传》来自比，当时的人都说这是陶潜的生活实录。

陶潜因父母老迈，家境贫寒，只好出任本州的祭酒官，但是受不了官场的那些琐碎杂事，没几天，便自请解职归家。州里召请他任主簿一职，陶潜没有接受。而是亲自耕种，以维持生计，后来又带病成为镇军和建威将军的参军。他对亲朋好友说：“我姑且出去做个县令，积攒些资财以备日后隐居之用，你们觉得如何？”州里的长官听到这话，便任用他为彭泽（今江西省北部）县令。陶潜让属下小吏将官府的公田都种上秫稻，他的妻子儿女坚持要他种粳稻，于是他便下令将其中的二顷五十亩种秫稻，五十亩种粳稻。郡里派督邮来县里巡察，他的属下官吏说应该整肃衣冠穿上官服去见督邮，陶潜感叹道：“我怎能因为五斗米的俸禄，便弯腰侍奉这些乡野小人！”当天便将绶印交还，辞去官职。

陶潜弱冠之年做了地位卑微的小官，一直认为这段做官和辞官的经历不够高洁。他自以为曾祖父陶侃曾为晋朝的宰辅，而自己作为其后人却屈身为宋朝效劳是件耻辱的事，自从高祖刘裕的王业渐渐兴盛之后，隐潜便不肯再出仕。他所著的文章都题上所写年月，义熙以前的作品，便写上晋朝年号，从永初以来都只说甲子某某年而已。（宋书卷九十三）

南齐书

【提要】《南齐书》是“二十四史”之一，南朝梁萧子显所撰。记述了南朝萧齐王朝自齐高帝建元元年（479年）至齐和帝中兴二年（502年）共二十三年史事，是现存关于南齐最早的纪传体断代史。

南齐是南北朝中南朝的第二个朝代。开国皇帝萧道成曾在宋明帝在位期间担任右军将军，宋明帝去世后他与尚书令袁粲共同掌管朝政。公元474年，萧道成平定江州刺史桂阳王刘休范的反叛，进爵为公，迁中领军将军，掌握了禁卫军，督五州军事。此时刘宋王朝内斗激烈，萧道成逐渐掌握大权。477年，萧道成杀后废帝刘昱，拥立他的弟弟刘准继位。萧道成被封齐王。在这之后，萧道成铲除了忠于刘宋的袁粲、沈攸之等人。479年，萧道成迫使宋顺帝刘准禅位，自立为帝，建立南齐。南齐的国号源于谶纬之说。当时，民间有谶歌云：“金刀利刃齐刈之”，意即“齐”将取代“宋”。

萧道成建立南齐后，一共传了三代。494年，萧道成的侄子萧鸾（南齐明帝）夺取了帝位，传了两代。502年，梁武帝萧衍灭了南齐，建立梁朝。南齐的统治只有23年，是南北朝时期最短促的一个朝代。

《续编》共辑录了郁林王萧昭业、萧嶷、王俭、崔祖思、王僧虔、虞玩之、周颙、徐孝嗣、宗测、江泌等十几人传记中对修身治国有借鉴价值的内容。

郁林王萧昭业

【题解】萧昭业（473—494年），字元尚，小字法身，齐武帝萧赜之孙，文惠太子萧长懋长子，是南齐的第三位皇帝（493—494年在位）。萧昭业这个人从小极善于伪装，他的父亲萧长懋去世，他每次临哭时，都号啕不止，好像很悲伤，但是一回到内廷，就纵情玩乐。齐武帝萧赜病重时，和武帝子竟陵王萧子良相好的中书郎王融想改立萧子良为新君，取代萧昭业，被武帝堂弟西昌侯萧鸾挫败。永明十一年（493年）末齐武帝死后，萧昭业即位，改年号为隆昌。同时由萧子良与萧鸾辅政。萧昭业即位之后便原形毕露，不但滥发赏赐，还过分淫乱，生活无比奢靡，毫无国君姿态，并架空涉嫌夺位的萧子良，赐死王融，朝政都委托西昌侯萧鸾处理。还在丧期，他就恢复奏乐。隆昌元年（494年），萧昭业被萧鸾杀死，终年21岁。《尚书》云："自作孽，不可活"，萧昭业就是如此吧。

郁林王昭业字元尚，文惠太子①长子也。世祖即位，封南郡王。文惠太子薨，立昭业为皇太孙，居东宫。世祖崩，太孙即位。

【注释】①文惠太子：即萧长懋，为齐高帝萧道成之孙，齐武帝萧赜皇太子。492年未即位而染病去世，享年36岁，谥号文惠太子，后萧昭业追尊其为文皇帝，庙号世宗。

【译文】郁林王萧昭业字元尚，是文惠太子萧长懋的长子。齐世祖武皇帝萧赜即位后，封他为南郡王。文惠太子去世，齐世祖萧赜立萧昭业为皇太孙，居住东宫。齐世祖萧赜驾崩，他作为太孙便即位做了皇帝。

昭业少美容止[①]，好隶书，世祖敕皇孙手书不得妄出，以贵重之。进对音吐，甚有令誉[②]。王侯五日一问讯，世祖常独呼昭业至幄座，别加抚问，呼为法身，钟爱甚重。文惠皇太子薨，昭业每临哭，辄号咷不自胜，俄尔还内，欢笑极乐。在世祖丧，哭泣竟，入后宫，尝列胡妓二部夹阁迎奏。

【注释】①容止：容貌举止。

②令誉：美好的声誉。

【译文】萧昭业少年时容貌俊美，又喜好隶书，齐世祖萧赜在世时曾命令不得把皇孙的手书随便流传出去，来表示珍贵重要。他的举止言谈，也有非常好的名声。当时世祖五日要问讯一次王侯，常常单独把昭业叫至帐内，另外加以抚问，叫他为“法身”，极其钟爱。文惠皇太子去世后，萧昭业每次亲临哭丧时，都号啕不止，像是受不了一样，可是转身回到内廷，便极为欢乐。在齐世祖萧赜的丧期，萧昭业哭完后回到后宫，曾让胡妓排成乐队，两边夹阁迎接奏唱。

为南郡王时，文惠太子禁其起居，节其用度。及即位，极意赏赐，动百数十万。每见钱，辄曰："我昔时思汝一文不得，今得用汝未？"期年之间，世祖斋库储钱数亿垂尽。居尝裸袒，著红縠裈杂采袒服。好斗鸡，密买鸡至数千价。

【译文】萧昭业为南郡王时，文惠太子对他的起居有所限制，用度也有限额。后来萧昭业即位，便随意赏赐，一动就是赏赐百万数十万。每每看到钱，便说："以前我想得到你一文都不能，看我今天能不能用你？"不到一年，齐世祖萧赜在府库积蓄的数亿钱被他挥霍将尽。他平时还常常赤身裸体，穿着红绉纱小裤头和杂色内衣，又喜好斗鸡，暗中买斗鸡的花费达数千钱。

毁世祖招婉殿，乞①阉人徐龙驹为斋。龙驹尤亲幸，为后阁舍人，日夜在六宫房内。昭业与文帝幸姬霍氏淫通，龙驹劝长留宫内，声云度霍氏为尼，以余人代之。尝以邪谄自进，每谓人曰："古时亦有监作三公者。"高宗②屡谏不纳，虑变，定谋废帝。使萧谌、坦之等杀之，时年二十二，余党亦见诛。

【注释】①乞：给予，赠送。

②高宗：即齐明帝萧鸾，齐武帝萧赜死后，以萧鸾为辅政，辅佐萧昭业。494年，萧鸾废萧昭业为郁林王，改立其弟萧昭文，后废萧昭文为海陵王，自立为帝。死后被谥为明皇帝，庙号高宗。

【译文】萧昭业毁坏齐世祖萧赜的招婉殿，送与宦官徐龙驹作为屋舍。萧昭业尤其宠爱徐龙驹，任他为后阁舍人，日夜在六宫房内。萧昭业与齐文帝萧长懋爱姬霍氏通奸，徐龙驹便怂恿他把霍氏长期留在宫中，扬言要度她为尼，却用其他人代替她。徐龙驹曾经以奸邪谄毁而自谋仕进，常常对人说："古代也有太监做到三公的先例。"齐高宗萧鸾屡次规劝，萧昭业都不听从。于是齐高宗萧鸾担心发生变乱，便定谋废掉萧昭业的皇位。因此派萧谌、萧坦之等杀了萧昭业，死时年龄二十二岁。他的余党也都被杀掉。

史臣曰：郁林王风华外美，众所同惑。伏情隐诈，难以貌求。立嫡以长，未知瑕衅，世祖之心，不变周道。既而愆鄙内作，兆自宫闱，虽为害未远，足倾社稷。《春秋》书梁伯之过，言其自取亡也。（南齐书卷四）

【注释】①梁伯：即春秋时期梁国（前821—前641年）诸侯，周宣王封秦仲二子秦康为梁伯。因梁伯好大喜功，大兴土木，使百姓怨声载道，后被秦国消灭。

【译文】史官评论说：郁林王萧昭业外表上很有风华美仪，大家都被他迷惑了，但他内藏奸诈，所以很难从样貌来判断一个人。齐世祖萧赜根据立嫡长子继皇位的原则让萧昭业继位，虽然没能洞察隐患，但是他的本意，是不改变周代的做法。不久之后朝廷发生内患，预兆是从宫闱里引发起来的，即使没造成很长的危害，但也足以倾覆社稷了。《春秋》记载

梁伯的过失，说他是自取灭亡的（郁林王萧昭业不也是如此吗？）。（南齐书卷四）

豫章文献王萧嶷

【题解】萧嶷（444—492年），豫章文献王，字宣俨，东海兰陵（今山东临沂市）人，齐高帝萧道成第二子，齐武帝萧赜同母弟。萧嶷为人宽仁弘雅，有大成之量。齐高帝即位后，历任扬州、荆州、湘州刺史，封豫章郡王，加侍中，领中书监，抵御北魏军队进攻。齐武帝即位，拜太傅、大司马。他在临终的时候，告诫儿子们要互相和睦、生活节俭，修养德业，对于自己的后事要一律从简。他的儿子萧子显、萧子云都是当时著名的文学家。

豫章文献王嶷字宣俨，太祖第二子。宽仁弘雅，有大成之量，太祖特钟爱焉。太祖崩，嶷哀号，眼耳皆出血。世祖即位，进位太尉，置兵佐，解侍中，增班剑为三十人。建元①中，世祖以事失旨，太祖颇有代嫡之意，而嶷事世祖恭悌尽礼，未尝违忤颜色，故世祖友爱亦深。

【注释】①建元：南朝齐高帝萧道成年号（479—482年），共计4年。

【译文】豫章文献王萧嶷字宣俨，是齐太祖萧道成的第二子。他宽仁弘雅，有成就大事的器量，齐太祖萧道成特别钟爱他。齐太祖萧道成去世时，萧嶷哀痛号哭，眼睛、耳朵都哭出了血。齐世祖萧赜即位后，萧嶷晋升为太尉，设置卫兵和僚佐，解除侍中的官职，增加班剑仪仗为三十人。建元年间，齐世祖萧赜曾因事没能执行圣旨，当时齐太祖萧道成颇有意让萧嶷代替萧赜为太子，而萧嶷事奉萧赜恭悌尽礼，不曾和他发生不快，所以萧赜对他友爱也很深。

嶷临终，召子子廉、子恪曰："人生在世，本自非常，吾年已老，前路几何。居今之地，非心期所及。性不贪聚，自幼所怀，政以汝兄弟累多，损吾暮志耳。无吾后，当共相勉厉，笃睦为先。才有优劣，位有通塞，运有富贫，此自然理，无足以相陵侮。若天道有灵，汝等各自修立，灼然之分无失也。勤学行，守基业，治闺庭，尚闲素，如此足无忧患。圣主储皇及诸亲贤，亦当不以吾没易情也。三日施灵，唯香火、槃水、干饭、酒脯、槟榔而已。朔望菜食一盘，加以甘果，此外悉省。葬后除灵，可施吾常所乘舆扇伞。朔望时节，席地香火、槃水、酒脯、干饭、槟榔便足。虽才愧古人，意怀粗亦有在，不以遗财为累。主衣所余，小弟未婚，诸妹未嫁，凡应此用，本自茫然，当称力及时，率有为办。事事甚多，不复甲乙。棺器及墓中，勿用余物为后患也。朝服之外，唯下铁钚刀一口。作冢勿令深，一一依格，莫过度也。后堂楼可安佛，供养外国二僧，余皆如旧。与汝游戏后堂船乘，吾所乘牛马，送二宫及司徒，服饰衣裘，悉为功德。"子廉等号泣奉行。

【译文】萧嶷临终时，召儿子萧子廉、萧子恪来对他们说：“人生在世，本来无常，我年已老，前路不多。居于现在这样的地位，本不是我心里所想得到的。我生性不喜欢贪求聚敛财富，自幼便是这样，正因为你们兄弟拖累，才损了我暮年之志。我逝世后，你们兄弟要相互勉励，彼此之间一定要淳厚和睦。人的才能有优秀和拙劣之分，仕途有通畅与阻塞之别，命运有富贵和贫穷之殊，这都是自然之理，都不值得为此互相凌侮。如果天道有灵，你们应该都能各自有所成就，显赫的时候不会被错过的。你们要勤勉治学修养德行，坚守基业，管理家庭，崇尚悠闲朴素，这样便就可以没有忧患。皇上、太子以及各位亲戚大臣们，也应不会因为我不在世而改变对你们的感情。三天后设置灵堂时，只用些香火、槃水、干饭、酒脯、槟榔就行了。初一、十五行祭时也只需用菜食一盘，加上甘果，其他一概省略。安葬后撤去灵堂载去墓地时，可用我平时所乘坐的车舆和使用的扇伞。初一十五、春秋祭祀，只要用席地香火、槃水、酒脯、干饭、槟榔就足够了。我即使才能愧对古人，但心中还是有志于此的，所以不要以遗财为累。除了主衣以外，你们还有几个小弟还没婚娶，诸妹还没出嫁，都要从这里开支，我本来对此就很茫然，本当趁力所能及时，大概地为他们办了。事情甚多，我就不一一交代了。棺器和墓中，不要有多余的东西，以免后患。朝服之外，只需要放入一把铁环刀。建造冢墓时不要深了，你们要一一都按我交代的规定办，不要过度。后堂楼内可以安置佛像，供养两个外国僧人，其他都如旧。之前我和你们一起游戏的后堂船车、我所乘的牛马，都送给二宫以及司徒，服饰衣裘，都拿去做功德吧。”萧子廉等人哭着遵照遗嘱办理。

史臣曰：豫章宰相之器，诚有天真，因心无矫，率由远度，故能光赞二祖，内和九族，实同周氏之初，周公以来，则未知所匹也。

【译文】史官评论说：豫章文献王萧嶷拥有宰相之器，的确有心地纯真的本性，心无矫饰，大概是因为有远大的谋虑，所以能够让两位先祖荣耀，对内和睦九族，实在是和周朝初期的情况一样，从周公以来，大概没有谁能和他匹敌了吧。

（《南史》曰：嶷常戒诸子曰：“凡富贵少不骄奢，以约失之者鲜矣。汉世以来，侯王子弟，以骄恣之故，大者灭身丧族，小者削夺邑地，可不戒哉！”）（南齐书卷二十二）

【译文】（《南史》说：萧嶷常常告诫儿子们说：“凡是富贵的人在少年时不骄横奢侈，因为节俭而丧失富贵的情况是很少的。汉代以来，侯王子弟，因为骄奢恣纵的缘故，大则身死家灭，小则被削减或剥夺封地，怎能不以此加以警戒呢！”）（南齐书卷二十二）

王 俭

【题解】王俭（452—489年），字仲宝。琅邪临沂（今山东临沂）人，东晋丞相王导五世孙、刘宋侍中王僧绰之子，担任南齐的左仆射。《续编》辑录他的这篇表文，主要内容为他劝谏齐高帝萧道成要节俭、重视农业，不要大兴土木。表上，为萧道成所采纳。

王俭字仲宝，琅琊临沂人也。祖昙首，宋右光禄。父僧绰，金紫光禄大夫。俭生而僧绰遇害，为叔父僧虔所养。建元元年，改封南昌县公，食邑二千户。明年，转左仆射，领选[①]如故。

【注释】①领选：兼管荐举官吏之事。选，选拔官员。此处指代吏部。

【译文】王俭字仲宝，是琅琊临沂（今山东临沂）人，祖父王昙首，曾任刘宋的右光禄。父亲王僧绰，官至金紫光禄大夫。王俭出生时而其父王僧绰遇害，被叔父王僧虔所收养。建元元年（479年），齐太祖萧道成改封王俭为南昌县公，食邑二千户。次年，转任左仆射，仍旧兼任吏部之职。

上坏宋明帝紫极殿，以材柱起宣阳门。俭与褚渊及叔父僧虔连名上表谏曰："臣闻德者身之基，俭者德之舆。春台将立，晋卿秉议；北宫肇构，汉臣尽规。彼二君者，或列国常侯，或守文中主，尚使谏诤在义即悦，况陛下圣哲应期，臣等职司隆重，敢藉前诰，窃乃有心！陛下登庸宰物，节省之教既诏；龙衮璇极，简约之训弥远。乾华外构，采椽不斫，紫极故材，为宣阳门，臣等未譬也。夫移心疾于股肱，非良医之美；畏影迹而驰骛，岂静处之方？且又三农在日，千畛咸事，辍望岁之勤，兴土木之役，非所以宣昭大猷，光示遐迩。若以门居宫南，重阳所属，年月稍久，渐就沦胥，自可随宜修理而合度。改作之烦，于是乎息。所启谬合，请付外施行。"上手诏酬纳[①]。（南齐书卷二十三）

【注释】①酬纳：听从，采纳。

【译文】齐太祖萧道成拆掉了宋明帝的紫极殿，用它的材料建宣阳门。王俭与褚渊及叔父王僧虔连名上表谏止说："我们认为德行是立身的基础，节俭是德行的运行工具。晋国将建春台时，公卿们都发议论，汉代要建造北宫时，大臣们都来规劝。这两位君主，一位是列国的普通诸侯，一位是守成的普通君主，尚且能够因为谏诤符合道义就高兴地接受，何况陛下是顺应天命的圣哲天子呢。臣下等人责任重大，愿意就以前的诏令，私下表达我们的忠心。陛下自从登基御宇以来，节俭的诏令已经告知天下了，对于天子的礼服和皇宫的建造，简约的规训已经流布很广了。乾华殿的外部建造，没有装饰椽木，而现在要用紫极殿的旧材料来建宣阳门，我们便有些弄不明白了。把心病转到胳膊大腿上，不是良医治病的良方；害怕影子的迹象便发足奔跑，也不是获得安静的方法。况且农事时间已到，田园事多，现在反而停下争取丰收的劳作，来大兴土木之役，这不是宣扬您的伟大品德、光照天下的做法。如果说门在宫南，属于重阳之处，年月稍久，渐渐破旧的话，这只要适当修理调整而使它符合情理就可以了。重新改建的烦扰，可以因此而停止了。如果我们的建议有道理的话，就请付诸施行。”齐太祖萧道成下手诏表示采纳。（南齐书卷二十三）

崔祖思

【题解】崔祖思，字敬元，清河东武城人，是齐高帝萧道成的谋臣。萧道成即位以后，他上疏陈述政事，主要讲述了治国理政要重视道德伦理教育、建立法律制度、道德教化和刑法互相辅助、减低税赋、纳用贤才等内容，这些都是治国理政的重要方面，无论哪个时代，都有借鉴参考的价值。

崔祖思字敬元，清河东武城人，崔琰七世孙也。祖思少有志气，好读书史。初州辟主簿。太祖在淮阴，祖思闻风自结，为上辅国主簿，甚见亲待，参豫谋议。

【译文】崔祖思字敬元，清河东武城（今河北故城县）人，是东汉名士崔琰的七世孙。崔祖思少时就有志气，爱好阅读书史。起初被州府征辟为主簿。齐太祖萧道成在淮阴（今淮安）时，崔祖思听到消息后就主动去攀附，为上辅国主簿，萧道成对他亲近优待，让他参与谋划议事。

上初即位，祖思启陈政事曰："礼诰者，人伦之襟冕，帝王之枢柄。自古开物成务，必以教学为先。世不习学，民罔志义，悖竞因斯而兴，祸乱是焉而作。故笃俗昌治，莫先道教，不得以夷险革虑，俭泰移业。今无员之官，空受禄力。三载无考绩之效，九年阙登黜之序。国储以之虚匮，民力为之凋散。能否无章，泾渭混流。宜大庙之南，弘修文序；司农以北，广开武校。台府州国，限外之职，问其所乐，依方课习，各尽其能。月供僮干，如先充给。若有废堕，遣还故郡。殊经奇艺，待以不次。士修其业，必有异等，民识其利，能无勉励？"

【译文】齐太祖萧道成即位不久，崔祖思上奏陈述政事说："礼诰，是人伦的衣襟和冠冕，是帝王治理国家的中心要领。自古以来治理天下，要办好各种事情，一定要以教学为先。世道不崇尚学习，民众就会罔顾正义，悖逆争斗因此而产生，祸乱因此而发生。因此，要让社会风俗朴素、国家昌盛安宁，没有什么比教化更重要了。不能够因为形势的安宁或危险而不考虑教育，也不能够因为年岁的丰盈或歉薄而改变对教育的重视。现在没有定额的官员，白白地接受朝廷的俸禄。没有三年考察政绩，九年升官降黜的考核制度，国家府库因此而空虚，民力因此而凋敝，能干的和不能干的官员没有章程加以区别，就像泾水和渭水混在一起流淌。应在大庙的南面，修造学校弘扬文化；在司农的北面，广开武校培养人才。中央和天下郡县，国都外出治理地方的京官，要询问他们的兴趣爱好，依据各自的条件组织学习，让他们各尽其能。对他们每月提供的供养和童仆，还像先前为官一样。如果有人荒废和堕落学业，就将其遣还回到故乡。如果有特殊才能的人才，可以不用依据等级来对待。士人钻研他的学业，一定会受到特殊的优待，民众认识到这种好处，能够不去勉励自己吗？”

又曰：“宪律之重，由来尚矣。故曹参①去齐，唯以狱市为寄，余无所言。路温舒②言‘秦有十失，其一尚在，治狱之吏是也’。实宜清置廷尉，茂简三官③，寺丞狱主，弥重其选，研习律令，删除繁苛。诏狱及两县，一月三讯，观貌察情，欺枉必达。使明慎用刑，无忝大《易》；宁失不经，靡愧《周书》。汉来治律有家，子孙并世其业，聚徒讲授，至数百人。故张、于二氏，洁誉文、宣之世；陈、郭两族，流称武、明之朝。决狱无冤，庆昌枝裔，槐衮④相袭，蝉紫传辉。今廷尉律生，乃令史门户，族非咸、弘，庭缺于训。刑之不措，抑此之由。如详择笃厚之士，使习律令，试简有征，擢为廷尉僚属。苟官世其家而不美其绩，鲜矣；废其职而欲善其事，未之有也。若刘累传守其业，庖人不乏龙肝之馔，断可知矣。”

【注释】①曹参：西汉开国功臣。起初担任西汉齐国的丞相，后来离开齐国去汉廷担任丞相。

②路温舒：字长君，钜鹿（今属河北）人。西汉著名的司法官。

③三官：即廷尉属官正、监、平。

④槐衮：喻指三公。衮，上公服饰。

【译文】接着又说："律法的重要已经由来已久了。因此曹参离开齐国，只将断狱和开市寄托给后任，没有其他的嘱咐。路温舒说：'秦朝有十项弊政，其中一项至今还存在，就是判断刑狱的官吏'。实际上应该整顿廷尉，精简三官，关于寺丞狱主，应更加注重选拔人才担任，钻研熟悉律令，删除繁琐苛责的部分。诏狱以及两县，一月上报三次，观察他们的情况，自然就会知道他们欺君罔上的行为，使他们明白谨慎地使用刑罚，不玷污《周易》的训诫；宁愿违背常法也不胡乱判刑，不愧对《周书》所记。汉朝建国以来钻研律法有家传的特性，后代子孙一并世袭这种家业，聚徒讲授，甚至会有几百人。因此张、于二氏，在文、宣之世就有清白的名声；陈、郭两族，在武、明之朝就有显赫的声誉。断狱没有冤枉的人，后代子孙繁衍昌盛，三公在其家族当中转相沿袭，蝉冠紫绶熠熠生辉。当今的廷尉律生，是出自令史的门户，而不是出自咸、弘那样的家族，在家庭中从小缺乏训导。刑法不能被搁置，做不到古人一样教成而刑措，也是这种缘故吧。如果详细选择忠实厚道的士人，让他们学习律令，在试用当中表现好的就征召，擢升为廷尉僚佐。如果家中世代人做这样的官而政绩不好，这是非常少的；废除这一官职却想要做好这方面的事情，这是从来没有的。就像刘累有家传驯龙的方法，后厨就从来不缺少由龙肝做成的菜食，这是绝对可以知道的。”

又曰：“论儒者以德化为本，谈法者以刻削为体。道教，治世之粱肉[1]；刑宪，乱世之药石。故以教化比雨露，名法方风霜。是以有耻且格，敬让之枢纽；令行禁止，为国之关楗。然则天下治者，赏罚而已矣。赏不事丰，所病于不均；罚不在重，所困于不当。如令甲勋少，乙功多，赏甲而舍乙，天下必有不劝矣；丙罪重，丁眚轻，罚丁而赦丙，天下必有不悛矣。是赏罚空行，无当乎劝沮。将令见罚者宠习之臣，受赏者仇雠之士，戮一人而万国惧，赏匹夫而四海悦。”

【注释】①粱肉：精美的膳食。

【译文】接着说：“研究儒家之学的人把德化作为根本，探讨法家之学的人把严酷作为主体。道德教化是太平之世的精致饭食，刑罚律令是混乱时代的医治药石。因此有人把教化比作是雨露，把名法比作是风霜。因此民众有羞耻之心而且坚守规矩，是人民恭敬谦让的枢纽；令行禁止，是管理国家的关键。然而，要让天下得到治理，不过是赏罚分明罢了。赏赐不在于丰裕，所担忧的是不公平；刑罚不在于严重，所困扰的是不恰当。如果甲的勋业少，乙的功劳多，赏赐甲却舍弃乙，这样就难以让天下人得到劝勉；丙犯下的罪重，丁犯下的罪轻，处罚丁却赦免丙，天下一定会有不悔改罪过的人。这样的赏罚如同空行，不能让人得到鼓励或者劝勉。假如被处罚的是宠爱之臣，受到奖赏的是与君主意见不一之人，杀死一人就能使得万国恐惧，赏赐一人就能使得四海喜悦。”

又曰：“籍税以厚国，国虚民贫；广田以实廪，国富民赡。尧资用天之储，实拯怀山[①]之数；汤凭分地之积，以胜流金[②]之运。近代魏置典农而中都足食；晋开汝、颍而汴河委储。今将扫辟咸、华，题镂龙漠，宜简役敦农，开田广稼。时罢山池之威禁，深抑豪右之兼擅，则兵民优赡，可以出师。”

【注释】①怀山：即怀山襄陵，喻指洪水滔天。

②流金：热得金属都变成流体，喻指酷热干旱。

【译文】又说：“征收赋税而使得国库富裕，会让国力空虚民众贫困；扩大耕地而使得仓库充实，会让国家丰足民众丰盈。帝尧仰仗上天赐予的储蓄，确实拯救了被洪涛包围民众的命数；商汤依据因地制宜的生产，结果战胜了酷热干旱的厄运。近代曹魏设置典农而使得中都粮食丰盈；晋朝凿开汝水、颍水灌溉耕田而汴河得以储满粮食。如果打算开辟咸阳、华州的土地，在龙漠雕刻题铭，应该减少劳役活动，督促农业生产，开辟荒田，扩大种植。按时解除山池的法令，严厉抑制豪右的兼并独揽，那么军民就会得到丰衣足食，就可以随时出兵了。”

又曰：“天地无心，赋气自均，宁得诞秀往古，而独寂寥一代！将在知与不知，用与不用耳。夫有贤而不知，知贤而不用，用贤而不委，委贤而不信，此四者，古今之通患也。今诚重郭隗而招剧辛，任鲍叔以求夷吾，则天下之士，不待召而自至矣。”

上优诏报答。少时，卒。上叹曰：“我方欲用祖思，不幸，可惜！”（南齐书卷二十八）

【译文】又说：“天地无心，而灵气自然而然地均匀分布，难道只有在古代才能产生卓越的人才，却唯独遗落了这一代吗？只在于在上位的君主知道不知道，任用和不任用罢了。如果有贤能的人却不知道，知道贤人却不用，任用贤能的却不授以权柄，对贤能授以权柄却不相信他，这上面四点，都是古今用人普遍的弊端。如果确实注重郭隗招来剧辛，任用鲍叔来求得管仲（本名夷吾），那么天下之士，不需要等待征召而他们就会自行前来了。”

齐太祖萧道成下诏回报优厚的奖赏给他。不久之后，崔祖思去世。齐太祖萧道成叹息说：“我刚想任用崔祖思，他却不幸去世了，可惜啊！”（南齐书卷二十八）

王僧虔

【题解】王僧虔（426—485年），琅邪临沂（今山东临沂）人，南北朝时期刘宋、南齐大臣、书法家，出身“琅邪王氏”，为东晋丞相王导玄孙、侍中王昙首之子。王僧虔是宋齐名臣，也是一位慈父。他的《诫子书》在历史上影响很大，体现了一位父亲的慈爱之心，包含许多做人、处世的道理，值得每个人学习。

王僧虔，琅邪临沂人也。祖珣，晋司徒。伯父太保弘，宋元嘉世为宰辅。僧虔弱冠[①]，弘厚，善隶书。宋文帝见其书素扇，叹曰：“非唯迹逾子敬[②]，方当器雅过之。”除秘书郎，太子舍人。

【注释】①弱冠：古代男子二十岁行冠礼，但是身体尚未强壮，故而称为弱冠。

②子敬：即王子敬，王羲之第七子，东晋书法家。

【译文】王僧虔，是琅邪临沂（今山东临沂）人。祖父王珣，在晋朝做过司徒。他的伯父太保王弘，在刘宋元嘉朝担任宰辅。王僧虔在弱冠之时，就养成了宽仁忠厚的性格，而且善于写隶书。宋文帝刘裕看到他书写的白绢扇面，赞叹说：“不仅墨迹超过了王子敬，而且器度高雅更胜一筹！”于是任命王僧虔为秘书郎，兼任太子舍人。

孝武初，出为武陵太守。孝武欲擅书名，僧虔不敢显迹。大明[①]世，常用拙笔书，以此见容。建元元年，转侍中，抚军将军，丹阳尹。二年，进号左卫将军，固让不拜。改授左光禄大夫，侍中、尹如故。

【注释】①大明：宋孝武帝刘骏的年号（457—464年），共计8年。

【译文】宋孝武帝刘骏初年，王僧虔出任武陵太守。宋孝武帝刘骏想独占书坛的声誉，王僧虔便不敢显露自己的墨迹。大明年间，他常常用拙笔写字，因此才得到宋孝武帝刘骏的容留。建元元年（479年），王僧虔转任侍中，兼任抚军将军，丹阳府尹。建元二年（480年），被晋升为左卫将军，王僧虔坚决辞让不接受。于是改任左光禄大夫，侍中、丹阳府尹等职仍旧兼任。

太祖善书，及即位，笃好不已。与僧虔赌书毕，谓僧虔曰：“谁为第一？”僧虔曰：“臣书第一，陛下亦第一。”上笑曰：“卿可谓善自为谋矣。”

【译文】宋太祖刘义隆擅长书法，直到他即位以后，仍然酷爱不已。有一次和王僧虔比赛后对他说：“书法方面谁是第一？”王僧虔说：“臣下我的书法在臣子中为第一，陛下您的书法在帝王中为第一。”太祖笑道：“你真算是善于自谋了。”

僧虔宋世尝有书诫子曰：

知汝恨吾不许汝学，欲自悔厉，或以阖棺自欺，或更择美业，且得有慨，亦慰穷生。但亟闻斯唱，未睹其实。请从先师听言观行，冀此不复虚身。吾未信汝，非徒然也。往年有意于史，取《三国志》聚置床头，百日许，复从业就玄，自当小差于史，犹未近仿佛。

【译文】王僧虔在刘宋朝时曾经写文章告诫其子说：

我知道你怨恨我没有称赞你的学识，我只是想要你自己悔过且磨砺自己，或者用盖棺定论来欺骗自己，或者是想着再换一个更好的事业。如果真的能够让你有所激愤，也可以慰我余生了。但只是听你说，并没有看见你的实际行动。请让我听从先师孔子听言观行的遗训，希望这一点不再在你身上落空。我不相信你，不是凭空的。往时你有心研究史学，取出《三国志》堆放在床头上，过了一百天左右，又转去研究玄学了，玄学自然和史学稍有差别，但还是无法和史学相提并论。

曼倩有云：“谈何容易。”见诸玄，志为之逸，肠为之抽，专一书，转诵数十家注，自少至老，手不释卷，尚未敢轻言。汝开《老子》卷头五尺许，未知辅嗣何所道，平叔何所说，马、郑何所异，《指》《例》何所明，而便盛于麈尾，自呼谈士，此最险事。设令袁令命汝言《易》，谢中书挑汝言《庄》，张吴兴叩汝言《老》，端可复言未尝看邪？谈故如射[①]，前人得破，后人应解，不解即输赌矣。

【注释】①射：即射覆。古代游戏。把东西覆于器物下，让人猜。后也用于称行酒令时用字句让人猜测。

【译文】东方朔（字曼倩）说过：“谈何容易。”见之于玄学的，心志会被放飞，肠胃因此痉挛，专攻一本书，要转相阅读几十位方家的注解，从小到老，手不释卷，尚且不敢轻易发言。你打开《老子》卷头五尺之长，不知道王弼（辅嗣）说的是什么，何晏（字平叔）说的是什么，马融、郑玄的注解有什么不相同，《老子指归》《老子微旨例略》阐述了什么道理，你于是就整顿衣冠手执拂尘，自称为谈士，这是最危险的事情。如果袁令命令你讨论《周易》，谢中书挑选你讨论《庄子》，张吴兴邀请你讨论《老子》，你果真可以说不曾看过这些书籍吗？谈论典籍时就像是进行射覆，前人得破，后人应解，解不开谜题就是输了赌局。

且论注百氏，荆州《八帙》，又《才性四本》、《声无哀乐》，皆言家口实，如客至之有设也。汝皆未经拂耳瞥目，岂有庖厨不脩，而欲延大宾者哉？就如张衡思侔造化，郭象言类悬河，不自劳苦，何由至此？汝曾未窥其题目，未辨其指归；六十四卦，未知何名；《庄子》众篇，何者内外；《八帙》所载，凡有几家；四本之称，以何为长。而终日欺人，人亦不受汝欺也。

【译文】况且论注有百家之多，有荆州《八帙》，又有《才性四本论》、《声无哀乐论》，都是讨论时方家必备的材料，就像是客人来时应具备的摆设一样。然而你都没有把这些经过你的耳目，哪有厨房还没整理好，就想宴请贵宾的道理呢？就像张衡的思想可以和造化相等同一样变化无穷，郭象的言谈就像悬河一样滔滔不绝，不经过劳苦的付出，怎么能达到这种地步？你不曾窥见他的题目，不辨别他指向哪里；六十四卦，不清楚它们的卦名；《庄子》众篇，哪些是内篇或外篇；《八帙》所记载的，一共有几家；《四本论》议论的，以哪个为长。却终日欺骗他人，他人也不会受你的欺骗。

由吾不学，无以为训。然重华无严父，放勋无令子，亦各由己耳。汝辈窃议亦当云："何日不学，在天地间可嬉戏，何忽自课谪？幸及盛时逐岁暮，何必有所减？"汝见其一耳，不全尔也。设令吾学如马、郑，亦必甚胜；复倍不如今，亦必大减。致之有由，从身上来也。汝今壮年，自勤数倍，许胜，劣及吾耳。世中比例举眼是，汝足知此，不复具言。

【译文】因为我的学识不精，所以没有训诫你的凭据。然而帝舜（重华为其美称）没有严厉的父亲，帝尧（号放勋）没有好的儿子，也是各自命运的安排。你们这些人私自议论也可能这么说："哪天不在学习？在天地之间可以用来嬉戏，为什么忽然让自己为难？就这样从年轻一直到老，也未必有什么不好啊？"你见到的只是其中之一，不是全面的。如果我的学识像马融、郑玄，那么情况一定比现在更强；如果我的学识不到现在的一半，结果也一定会大不如今，凡事招致的结果都有它的缘由，原因则是发生在自身了。你现在正值壮年，自己勤奋努力数倍，大概也能和我差不多了。世间相似的例子放眼看去都是这样的，你应该能够明白这个道理，我就不再具体地说了。

吾在世，虽乏德素，要复推排人间数十许年，故是一旧物，人或以比数汝等耳。即化之后，若自无调度，谁复知汝事者？舍中亦有少负令誉弱冠越超清级①者，于时王家门中，优者则龙凤，劣者犹虎豹，失荫之后，岂龙虎之议？况吾不能为汝荫，政应各自努力耳。或有身经三公，蔑尔无闻；布衣寒素，卿相屈体。或父子贵贱殊，兄弟声名异。何也？体尽读数百卷书耳。吾今悔无所及，欲以前车诫尔后乘也。汝年入立境②，方应从官，兼有室累，牵役情性，何处复得下帷如王郎时邪？为可作世中学，取过一生耳。试复三思，勿讳吾言。犹捶挞志辈，冀脱万一，未死之间，望有成就者，不知当有益否？各在尔身己切，岂复关吾邪？鬼唯知爱深松茂柏，宁知子弟毁誉事！因汝有感，故略叙胸怀矣。（南齐书卷三十三）

【注释】①清级：即显赫的官位。②立境：指而立之年。

【译文】我在世上，虽说缺乏德行，但是如果要在人间往后推几十年，估计就是一件古董，人们或许会将我们父子放到一起来议论。我逝世之后，如果自己没有一定安排，谁又能知道你们的事情呢？宗族中也有在少年时期就背有美好声名而在弱冠之时就越级担任显贵官职的人，现在我王氏门之中，优秀的则称龙称凤，庸劣的尚且称虎称豹，丧失了祖先的荫庇之后，难道还有成龙成虎之说吗？况且我不能为你们提供荫庇，正是应该你们各自努力的时候了。有的人曾经身为三公，默然之间就没有听到他们了；有的人出自布衣寒素，却是卿相的贵体暂且委屈。有的虽为父子却贵贱悬殊，同为兄弟却声名不同。这是为什么呢？就在于践行了所读的几百卷经典的区别。我现在后悔已经来不及了，想利用前车之事来告诫你们后车啊。你已到三十而立的时候，刚刚应召当官，并且有家室的拖累牵制性情的发展，哪里能够再次拉下帷幕像年轻时一样专心读书呢？只可以在世事中学习，以此度过一生了。请尝试再次考虑再三，不要回避我说过的话。犹如鞭策王志那辈人，希望或是万分之一，但是在我未死之时，盼望有所成就，不知道对你们是否有益？事情关乎你们自身的利益，难道还能关联到我吗？成为鬼神以后只知道墓地旁的松荫茂柏，怎么知道子弟名声的好坏呢！趁着对你有所感触，所以大概地抒发我胸中的感慨。（南齐书卷三十三）

虞玩之

【题解】虞玩之，字茂瑶，南朝齐会稽余姚（今属浙江）人，南齐重臣，东吴经学大师虞翻之后，为南齐高祖萧道成所赏识。

他在晚年所上的告退表饱含深情，对自己的做官生涯作了总结，对为官做人都颇有启发。

虞玩之，字茂瑶，会稽余姚人也。元徽[①]中，为右丞。建元二年，玩之以久宦衰疾，上表告退，曰：

【注释】①元徽：刘宋苍梧王刘昱年号（473—477年），共计5年。

【译文】虞玩之字茂瑶，会稽余姚（今属浙江）人。元徽年间，担任右丞。建元二年（474年），虞玩之因为当官时间很久而衰老患病，于是上表请求辞官，说道：

"臣闻负重致远，力穷则困，竭诚事君，智尽必倾，理固然也。四十仕进，七十悬车[①]，壮则驱驰，老宜休息。臣生于晋，长于宋，老于齐，世历三代，朝市再易。臣以宋元嘉二十八年为王府行佐，于兹三十年矣。自顷以来，衰耗渐笃。为性不懒惰，而倦怠顿来。耳目本聪明，而聋瞢转积。脚不支身，喘不绪气。景刻不推，朝昼不保。大功[②]兄弟，四十有二人，通塞寿夭，唯臣独存。朝露未光，宁堪长久！且知足不辱，臣已足矣。禀命饥寒，不求富贵，铜山由命，臣何恨焉，久甘之矣。直道事人，不免缧绁[③]，属遇圣明，知其非罪，臣之幸厚矣。授命于道消之晨，效节于百揆之日，臣忠之效也。降庆于文明之初，荷泽于天飞之运，臣命之偶也。不谋巧宦而位至九卿，德惭李陵而忝居门下。尧舜无穷，臣亦通矣。年过六十，不为天矣。荣期之三乐[④]，东平之一善[⑤]，臣俱尽之矣。经昏践乱，涉艰履危，仰圣德以求全，凭贤辅以申节，未尝厌屈于勋权，畏溺于狐鼠，臣立身之本，于斯不亏。在其壮也，当官不让；及其衰矣，豪露靡因。伏愿慈临，赐臣骸骨。非为希高慕古，爱好泉林，特以丁运孤贫，养礼多阙，风树之感，夙自缠心。庶天假其辰，得二三年间，扫守丘墓，以此归全，始终之报遂矣。”

上省玩之表，许之。（南齐书卷三十四）

【注释】①悬车：古代认为七十岁就辞官归家，即致仕。

②大功：丧服五服之一。喻指堂兄弟。

③缧绁（léi xiè）：古代捆绑犯人的绳索。借指监狱。

④荣期之三乐：典出《列子·天瑞》，荣启期说他有三种乐趣：为人，又为男子，又行年九十。后世常喻指为知足自乐。

⑤东平之一善：典出《后汉书·东平宪王苍传》。东汉东平王刘苍，幼年喜爱读书。成长以后，常愿为善事。有一次，光武帝刘秀问他在家中做什么使你最快乐，刘苍回答说“为善最乐”。

【译文】“我听说背负重担行走远路，力气使尽了就会困乏，竭力忠诚侍奉君主，智谋用尽了必定会被颠覆，道理本来就是这样的。我四十岁入朝为官，七十岁辞官归田，壮年之时就应当为君主奔走效劳，年老以后就应该辞官休息。我出生于晋代，成长于宋代，年老于齐朝，一生经历晋、宋、齐三代，名利之场两次更换。我在刘宋元嘉二十八年（451年）担任王府行佐以来，到现在已经三十年了。近年以来，衰老的迹象越发明显。我本性原来是不懒惰的，然而倦怠的状态突然就显现出来了。原本是耳聪目明，然而耳聋目盲转相日益明显。双脚撑不住身体，呼吸起来而气息不通畅。时光不再，朝不保夕。五服之内的兄弟，一共四十二人，有的仕途顺利，有的时运不济，有的长寿，有的早夭，现在只有我还活着。犹如朝露夕阳，难道还能长久吗！况且知足以后不被屈辱，我已经很满意了。上天给予我的是忍受饥寒的命运，不求富贵，钱库也是命运所致，我还有什么遗憾呢？我已经品尝到甘甜的滋味很久了。我用正直之道来侍奉他人，没有避开被囚禁的命运，恰好遇到圣明之主，知道我没有过错，我太侥幸了。我在刘宋倾覆之时接受任命，在皇上总管朝政之日竭尽忠诚，是我对朝廷忠诚的表现。吉祥降落到文明之初，身负恩泽在天飞之运，是我命中遇到的事情。不投机取巧当官而位至九卿，德行愧对李陵而玷忝居门下。尧舜的德行无穷，我的仕途也算通达了。年龄超过六十岁，不算是早夭的人。春秋时期荣启期的三乐，汉代东平王刘苍的一善，我都已经占尽了。经历昏主亲历动乱，历经艰难履践危险，仰仗圣上的恩德才得以保全性命，依靠贤能的宰辅才得以伸张自己的节操，不曾阿谀奉承于宗亲威权，畏惧沉迷于像狐鼠一般的小人，我的立身之本，在这些方面没有亏损。我在壮年之时，为官当仁不让；等到我年老时，威望的显露没有所出。我俯伏在地请求加恩于我，恩准我以此躯体归田。这不是贪图高洁和仰慕古人，爱好泉林，只是因为家中丁运孤贫，赡养的礼节大多缺乏，树欲静而风不止的感觉，很早之前就缠绕在心中。希望上天再能借给我一些时间，在两三年之间，打扫看守坟墓，让我归属到忠孝两全的行列之中，始终之报得以实现。”

齐高帝萧道成看完虞玩之的奏表后，恩准了他的请求。（南齐书卷三十四）

萧景先

【题解】萧景先，南兰陵兰陵人，是太祖萧道成的侄子。曾经担任辅国将军。萧道成对萧景先说：“治天下者，虽圣人犹须良佐。”确实是懂得治道的人所说的话。因此，明君的要务在于任贤，大臣的要务在于进贤，君正臣贤，方能天下大治。

萧景先，南兰陵兰陵人，太祖从子也。建元元年，进号辅国将军。景先启称上德化之美。上答曰：“风沦俗败，二十余年，以吾当之，岂得顿扫。幸得数载尽力救苍生者，必有功于万物也。治天下者，虽圣人犹须良佐，汝等各各自竭，不忧不治也。”（南齐书卷三十八）

【译文】萧景先，南兰陵兰陵人，是太祖萧道成的侄子。建元元年（479年），萧景先进升官爵，名号为辅国将军。萧景先上奏称颂萧道成以德化人。萧道成回答说：“世风沦落、民俗败坏，已有二十余年了，现在让我来面对此困境，哪能一下都扫除干净呢？幸亏数年来一直尽力挽救苍生，对于万物必会有一定的功效。治理天下者，即使是圣人，也还需要贤良之人辅佐，你们各自竭尽全力，就不愁天下治理不好了。”（南齐书卷三十八）

周 颙

【题解】周颙，字彦伦，汝南安城（河南平舆）人，曾担任山阴县令。作为山阴县令，周颙能够体恤百姓疾苦，向上陈述民情，可以作为官吏的榜样。为民众解除疾苦是为官者的责任所在。他上言后的结果如何，史书没有记载。然当时太守萧子良也是有懿德之人，周颙所陈的百姓之苦，应该会得到缓解吧。

周颙字彦伦，汝南安城人。建元初，为长沙王参军，后军参军，山阴令。县旧订滂民[①]，以供杂使。颙言之于太守闻喜公子良曰：“窃见滂民之困，困实极矣。役命有常，只应转竭，蹙迫驱催，莫安其所。险者或窜避山湖，困者自经沟渎尔。亦有摧臂斫手，苟自残落，贩佣贴子[②]，权赴急难。每至滂使发动，遵赴常促，辄有柤杖被录，稽颡阶垂，泣涕告哀，不知所振。下官未尝不临食罢箸，当书偃笔，为之久之，怆不能已。交事不济，不得不就加捶罚，见此辛酸，时不可过。山阴邦治，事倍余城；然略闻诸县，亦处处皆踬。唯上虞以百户一滂，大

为优足，过此列城，不无凋罄。宜应有以普救倒悬[③]，设流开便，则转患为功，得之何远。”（南齐书卷四十一）

【注释】①滂民：南北朝时，为县衙服役的民户被称为滂民。

②贴子：典押儿子。喻指买子。

③倒悬：头向下脚向上地悬挂着。喻指处境艰难。

【译文】周颙字彦伦，汝南安城（河南平舆）人。建元初年，担任长沙王参军，后军参军，山阴县令。山阴县旧时规定的滂民，被作为官府的杂役。周颙将这件事告诉太守闻喜公萧子良说：“我看到那些滂民的困境，困苦得实在到了极点。官府时常下达驱使的命令，只会使得他们周转力竭，紧迫催逼他们，使得他们不能安居。敢于冒险的或许逃到山湖之间，实在不堪忍受的人就自行了断在沟渠之中。也有弄断手臂砍掉手掌的，姑且搞成残废的样子，虽然可以借此逃避苦役，但依然要出工赚钱典押儿子，暂且应付官府催逼的任务。每次到了征发滂民的时候，官吏遵从上司命令奔赴催促时，就会有上了年纪，拄着拐杖的老人也被收录，看见他们在台阶上叩首哀求赦免，哭着乞求可怜，不知道怎么解救他们。下官我未尝不临近吃饭就放下筷子叹息，理应写信上报却停下笔，为这件事犯难已经很久了，悲怆到不能控制自己的地步。吩咐下去的事情却没有做到，不得不就对下属加以惩罚，看到这个场景却觉得辛酸，然而期限却不能超过。山阴县的政务，事情倍于其他城镇；然而我大概听说其他各县，也处处存在这样的不顺利。唯独上虞县每百户才派遣一次滂民，该县百姓的生活就显得大为富裕充足，超过这个比例的各个城镇，没有不存在凋敝竭尽的情形。应该有措施来解救民众于倒悬，设法变通大开便利之门，那么就能转忧患为功劳，做成这件事并不是很遥远的。”（南齐书卷四十一）

刘瓛

【题解】刘瓛（434—489年），字子珪，沛国相县（今安徽宿州）人。南朝齐学者、文学家。刘瓛对萧道成说“诫前轨之失，加之以宽厚，虽危可安；若循其覆辙，虽安必危矣”，告诫其要吸取刘宋灭亡的教训，不要重蹈覆辙，实为明智者的言论。

刘瓛，字子珪，沛国相人，博通五经。聚徒教授，常有数十人。太祖践阼，召巚入华林园谈语，谓巚曰：“吾应天革命，物议以为何如？”巚对曰：“陛下诫前轨之失，加之以宽厚，虽危可安；若循其覆辙，虽安必危矣。”既出，帝顾谓司徒褚渊曰：“方直乃尔！学士故自过人。”敕巚使数入，而巚自非诏见，未尝到宫门。（南齐书卷三十九）

【译文】刘瓛，字子珪，沛国相（今安徽宿州）人，精通五经。聚集门徒进行教学，门徒通常有数十人。太祖萧道成即皇帝位，召刘瓛入华林园谈话，对刘瓛说：“我顺应天意进行革命，众人会如何议论呢？”刘瓛回答说：“陛下能以前车之失作为借鉴，又能宽厚待民，定可以转危为安；若重蹈覆辙，虽能获得暂时的平安，但终会危险。”刘瓛出来后，太祖回头对司徒褚渊说：“这般端方正直的人品！学士毕竟超过常人。”后来太祖又多次敕召刘瓛入见，而刘瓛自己若不是皇上召见，就不会到宫门来。（南齐书卷三十九）

徐孝嗣

【题解】徐孝嗣（453—499年），字始昌，小字遗奴，东海郡郯县（今山东郯城县）人，司空徐湛之之孙。萧道成即位后，历任吴兴太守、五兵参军、太子詹事、吏部尚书、右军将军，领太子左卫率，处理台阁事务，迁尚书右仆射、丹阳尹。协助萧鸾废除萧昭业，迁尚书令、开府仪同三司，封枝江县公。齐明帝驾崩时，拜中书监，选为顾命大臣，辅佐东昏侯萧宝卷。萧宝卷残酷暴虐，潜生废立之心，召入华林省赐死，时年47岁。

《续编》辑录他上表请求建立屯田制度的奏疏，文中指出军队和粮食是国家根本所在。他的言论虽然已经历时千年，然治国者仍然不可废之。

徐孝嗣字始昌，东海郯人也。建元初，迁尚书吏部郎，太子右卫率，转长兼侍中。善趋步，闲容止，与太宰褚渊相埒。世祖深加待遇。尚书令王俭谓人曰：“徐孝嗣将来必为宰相。”

转充御史中丞。世祖问俭曰："谁可继卿者？"俭曰："臣东都[1]之日，其在徐孝嗣乎！"

【注释】①东都：汉代长安东都门的省称。疏广和其侄疏受同时归隐，百官在东都门为他们饯行，后以"东都"喻指致仕、辞官归隐。

【译文】徐孝嗣字始昌，是东海郯县（今山东郯城县）人。建元初年，调任为尚书吏部郎，太子右卫率，转长兼侍中。徐孝嗣在礼仪中趋步走得很好，容止闲雅，可以和太宰褚渊相媲美。齐世祖武皇帝萧赜对他深加优待。尚书令王俭对人说："徐孝嗣将来一定成为宰相。"不久转充御史中丞。萧赜曾问王俭："谁适合继承你的职位？"王俭说："臣下我退休之时，大概只有徐孝嗣适合接替了。"

建武[1]四年，即本号开府仪同三司。孝嗣闻有诏，敛容谓左右曰："吾德惭古人，位登衮职，将何以堪之。明君可以理夺，必当死请。若不获命，正当角巾丘园，待罪家巷耳。"固让不受。

【注释】①建武：齐明帝萧鸾的年号（494—498年），共计5年。

【译文】建武四年（497年），诏命徐孝嗣就本号任开府仪同三司。徐孝嗣听说有诏令给他，表情严峻地对身边人说："我的德行愧对古人，然而位极人臣，这怎么担当得起！明君在上可以以理强迫我，但我一定要以死请求不要授我此职。如果不被批准，我就应当头戴角巾耕种田园，在家里等待处罚。”于是坚决辞让不接受任命。

是时连年虏动，军国虚乏。孝嗣表立屯田曰：“有国急务，兵食是同，一夫辍耕，于事弥切。故井陌疆里，长毂盛于周朝，屯田广置，胜戈富于汉室。降此以还，详略可见。但求之自古，为论则赊；即以当今，宜有要术。窃寻缘淮诸镇，皆取给京师，费引既殷，漕运艰涩。聚粮待敌，每苦不周，利害之基，莫此为急。臣比访之故老及经彼宰守，淮南旧田，触处极目，陂遏不修，咸成茂草。平原陆地，弥望尤多。今边备既严，戍卒增众，远资馈运，近废良畴，士多饥色，可为嗟叹。愚欲使刺史二千石躬自履行，随地垦辟。精寻灌溉之源，善商肥确之异。州郡县戍主帅以下，悉分番附农。今水田虽晚，方事菽麦，菽麦二种，益是北土所宜，彼人便之，不减粳稻。开创之利，宜在及时。所启允合，请即使至徐、兖、司、豫，爰及荆、雍，各当境规度，勿有所遗。别立主曹，专司其事。田器耕牛，台详所给。岁终言殿最，明其刑赏。此功克举，庶有弘益。若缘边足食，则江南自丰。权其所饶，略不可计。”事御见纳。

时帝已寝疾，兵事未已，竟不施行。（南齐书卷四十四）

【译文】这时连年有北虏来犯，军队人员困乏，国家府库空虚。徐孝嗣上表请求建立屯田制度，说：“国家的急务，在于军队和粮食，一位农夫不耕种，就会影响至切。所以周朝在疆域内实行井田阡陌，于是就拥有非常多的战车，汉代广泛地设置实行屯田，因此就经常战胜外敌。从此以后，大抵情况也是不言而喻，但完全照古人的做法，这样讨论国家事务还是过于极端；就当今情况来看，应当有合适的措施。臣寻思沿着淮河的各个城镇，全靠京师供给，费用既庞大，运输又困难。聚敛粮食以备迎敌，常常苦于不周全，这关系到国家利害的根本，没有什么比这个更为急切。我近来走访了当地故老和以前在那工作过的长官，得知淮南旧田，到处都是望不到头，但陂塘山坡没有整修，都长满了荒草。而平原陆地，更是满眼充斥。如今边防既然很紧张，戍卒也增加了许多，依赖于远途运输，却又荒废了良田，战士大多面带饥色，确实令人感叹。我打算让刺史二千石级别的官员都亲自动手，就地开垦，精心寻求灌溉之源，讨论确定田地肥瘠的质量。州郡县戍主帅以下的官员，都要轮番去参与农业生产。现在水田种植已过了季节，但正值菽、麦的耕种时节，而菽、麦这两种作物，在北方的土地上尤其适宜，对当地人的意义，不亚于粳稻。开垦土地之利，关键在于及时。我的建议如果得到通过，请立即派人到徐州、兖州、司州、豫州，以及荆州、雍州一带，各就当地情况进行规划实施，不得遗漏。另外设立专门机构和人员，负责此项工作。田器耕牛等必需之物，由中央审核后统一配给。年末进行成绩考核好与否，明确赏罚。此事如果成功，一定会大有好处。如果边境一带粮食充足了，那么江南自然就会丰富起来，此举带来的利益，不可估量。”这些意见都被采纳了。

但当时齐明帝已经卧病，又加上战争没停止，因而最终也没有实行。（南齐书卷四十四）

虞　愿

【题解】本篇辑录自《南齐书·良政传》。虞愿，字士恭，会稽（今浙江绍兴）余姚人。他担任晋平郡太守，不置田产，推行仁政，有好生之德，放归的蛇，又返回其处，是一位清廉的太守。他的善政，延及后任，朝中大臣褚渊都对其清廉如此而感叹。

虞愿，字士恭，会稽余姚人也。出为晋平太守，在郡不治生产。前政与民交关，质录其儿妇，愿遣人于道夺取将还。在郡立学堂教授。郡旧出髯蛇胆，可为药，有饷愿蛇者，愿不忍杀，放二十里外山中，一夜蛇还床下。复送四十里外山，经宿，复还故处。愿更令远，乃不复归，论者以为仁心所致也。海边有越王石，常隐云雾。相传云“清廉太守乃得见”，愿往观视，清彻无隐蔽。后琅邪王秀之为郡，与朝士书曰：“此郡承虞公之后，善政犹存，遗风易遵，差得无事。”以母老解职，除后军将军。褚渊常诣愿，不在，见其眠床上积尘埃，有书数帙。渊叹曰：“虞君之清，一至于此。”令人扫地拂床而去。（南齐书卷五十三）

【译文】虞愿，字士恭，会稽（今浙江绍兴）余姚人。虞愿出任晋平郡（治所在今福建福州市）太守，在郡里任职期间他从不置办房屋田产。前任官员与乡民发生纠纷，把乡民的儿媳收押起来，虞愿派人在路上把她夺回并送回家中。他在郡上设立学堂教授生徒。晋平郡以前出产髯蛇胆，可以做药材，有人将髯蛇送给虞愿，他不忍心杀害，便把蛇放到二十里外的山中，一天夜里这蛇又回到虞愿的床下。他又把蛇送到四十里外的山里，经过一宿，蛇又回到原处。虞愿又让人把它送到更远的地方，髯蛇才没有再回来。谈论者都认为这是虞愿的仁慈之心所致。当地海边有越王石，常隐于云雾之中。相传“只有清廉的太守才能看见越王石。”虞愿前往观看，看得一清二楚，毫无隐蔽。后来琅邪（今山东临沂）的王秀之来晋平郡任官，在给朝廷人士的信中说到：“此郡承蒙虞公治理后，至今他的善政还在，遗留下来的风气百姓都极易遵守，使我觉得很轻松。”虞愿因母亲年老，请求解除职务，被任命为后军将军。褚渊曾去拜访他，恰逢他不在，看到他横摆着的床上已积满尘埃，上面摆有数帙书籍。褚渊叹道：“虞君的清廉，竟到了如此地步！”便命人把床上床下打扫一番后才离去。（南齐书卷五十三）

孔琇之

【题解】本篇辑录自《南齐书·良政传》。孔绣之，会稽郡（今浙江绍兴）山阴县人。他担任吴县县令，对十岁小孩偷稻谷的行为给以治罪，看似刑罚过重，但实际正是爱民之举。正如《周易》里说“小惩而大诫，此小人之福也。”孔绣之真正懂得刑罚之道啊！

孔琇之，会稽山阴人也。举孝廉。出为乌程令，有吏能。还迁通直郎，补吴令。有小儿年十岁，偷刈邻家稻一束，琇之付狱治罪。或谏之，琇之曰：“十岁便能为盗，长大何所不为？”县中皆震肃。（南齐书卷五十三）

【译文】孔绣之，是会稽郡（今浙江绍兴）山阴县人。被举荐孝廉。出任乌程县令，很有为政才能。回京转任通直郎，补任吴县县令。有一个十岁的孩子，偷割了邻居家的一束稻谷，孔绣之便把他交给监狱治罪，有人劝谏，孔绣之说：“十岁就能做盗贼，长大后还有什么事情做不出来呢？”县里人都为之震撼并肃然起敬。（南齐书卷五十三）

宗　测

【题解】宗测，字敬微，一字茂深，南阳湼阳（今河南镇平）人，本篇辑录自《南齐书》的《高逸传》，史书记载高逸之士，旨在褒扬其高洁的品行。宗测孝顺而又富有仁心，向往山林的自由生活，对于权贵的来访，都能避而不见，确实不是一般人能做到的。

宗测字敬微，南阳人，宋征士炳[①]孙也。世居江陵。测少静退，不乐人间。叹曰：“家贫亲老，不择官而仕，先哲以为美谈，余窃有惑。诚不能潜感地金，冥致江鲤[②]，但当用天道，分地利。孰能食人厚禄，忧人重事乎？”

【注释】①征士炳：指宗炳（375—443年），字少文，南阳郡涅阳（今河南镇平）人，南朝宋画家。士族。东晋末至宋元嘉中，当局屡次征召他作官，俱不就。擅长书法、绘画和弹琴。信仰佛教，曾参加庐山慧远大师主持的“白莲社”，作有《明佛论》。

②潜感地金，冥致江鲤：指孝心感动上天而在地下获得黄金。思念远人而得鲤鱼腹中书信。地金，典出孝子郭巨掘地埋儿得金事。冥致江鲤，指晋人王祥冬天为继母在冰上捕鱼的事情，被后世奉为孝道经典故事。

【译文】宗测字敬微，是南阳（今河南镇平）人，宋朝征士宗炳之孙。世代居在江陵。宗测在少年时就清静谦让，不喜欢世俗社会。曾感叹道：“因家境贫困、父母年老，却不选择官职就出仕，先哲认为这是值得称颂的事情，我对此感到疑惑。如果一个人的诚心不能像郭巨、王祥一样于冥冥之中感得地出黄金、江冰跃鲤，那就应该顺应天道，分别土地来耕田劳作，用得来的东西供养父母。怎么能够为了拿人家厚禄就去做官，而去承担治理天下的重任呢？”

州举秀才，主簿，不就。骠骑豫章王征为参军，测答府召云：“何为谬伤海鸟，横斤山木？”母丧，身负土植松柏。豫章王复遣书请之，辟为参军。测答曰：“性同鳞羽，爱止山壑，眷恋松筠，轻迷人路。纵宕岩流，有若狂者，忽不知老至。而今鬓已白，岂容课虚责有，限鱼慕鸟哉？”永明[①]三年，诏征太子舍人，不就。

【注释】①永明：齐武帝萧赜的年号（483—493年），共计11年。

【译文】州里推举他当秀才，任主簿，他都没接受。骠骑将军、豫章王刘子尚聘请他做参军，宗测答复给王府征召的书信中说：“何必要无缘无故地伤害海鸟，粗暴地砍伐山中林木呢？”他的母亲逝世后，他亲自背土筑坟并栽植松柏。豫章王刘子尚又来信聘请他，要他做参军，宗测又回信说：“本人具有鸟儿一样的天性，向往山林生活，眷恋松竹，迷失了回归人世间的路。在山岩泉流之处放纵情怀，如同狂人一般，忽然不觉已经年老，如今已是两鬓斑白，怎么能允许收敛虚无的情怀却担负实际的重任，强迫鱼儿去过小鸟一样的生活呢？”永明三年（485年），齐武帝萧赜下诏让他做太子舍人，他也没有前往应征。

鱼复侯子响命驾造之，测避不见。后子响不告而来，奄至所住，测不得已，巾褐对之，竟不交言，子响不悦而退。

【译文】鱼复侯萧子响亲自乘车来访，宗测避而不见。后来萧子响不打招呼直到门前，快要到他所住的地方，宗测没办法，只得戴上葛巾穿着褐衣和他相对而坐，始终没说一句话，萧子响很不高兴地回去了。

尚书令王俭饷测蒲褥。顷之，测送弟丧还西，仍留旧宅永业寺，绝宾友，唯与同志庾易、刘虬、宗人尚之等往来讲说。刺史随王子隆至镇，遣别驾宗哲致劳问，测笑曰：“贵贱理隔，何以及此。”竟不答。建武二年，征为司徒主簿，不就。卒。（南齐书卷五十四）

【译文】尚书令王俭曾送给宗测一副香蒲被褥。不久，宗测为弟弟送丧往西回到江陵，仍住在旧宅永业寺里，谢绝宾客友人，只和几个志趣相投的人如庾易、刘箈以及族人宗尚之等交往讲论。刺史随王萧子隆来到江陵后，派别驾宗哲前来表示慰问，宗测笑着说：“你我彼此贵贱不同，理应互相隔开，你为何来我这里呢？”竟然不作回复。建武二年（495年），朝廷请他来任司徒主簿，他不去就任，后来去世。（南齐书卷五十四）

江　泌

【题解】江泌，字士清，济阳考城人。江泌借着月光读书的事迹在历史上一直传为美谈。他孝顺而有仁心，做官之后，抚恤吏员，做南康王萧子琳侍读，为之忧心，是忠孝为人的典范。

江泌字士清，济阳考城人也。泌少贫，昼日斫屧，夜读书，随月光握卷升屋。性行仁义，衣弊，恐虱饥死，乃复取置衣中。数日间，终身无复虱。母亡后，以生阙供养，遇鲑不忍食。食菜不食心，以其有生意也。

【译文】江泌字士清，是济阳考城人。江泌小时候很贫苦，白天砍削树木和制作鞋底，夜晚读书，跟随月光的转动而用手拿书卷登上屋顶读书。他的性格品行都符合仁义，衣服破烂了，却害怕虱子饥饿而死，于是又把虱子放回穿着的衣服之中。数日之间，终身再没有虱子。他的母亲逝世后，江泌认为对母亲生前缺乏供养，遇到鲑鱼也不忍心吃下。吃菜不吃菜心，因为菜心含有生长之意。

历仕南中郎行参军，所给募吏去役，得时病，莫有舍之者，吏扶杖投泌，泌亲自隐恤，吏死，泌为买棺。无僮役，兄弟共舆埋之。领国子助教。乘牵车[①]至染乌头，见老翁步行，下车载之，躬自步去。

【注释】①牵车：羊车。

【译文】江泌官至南中郎行参军，所配给的募吏已经去役，感染了流行病，没有一个人被他舍弃，吏员拄着拐杖投奔江泌，江泌都亲自同情抚恤他们，吏员去世后，江泌还为之买棺木。没有童仆差役，就兄弟几个一起抬着去埋葬了。他接任国子助教，江泌乘羊车到达染乌头，看见一位老翁步行，就下车后让老翁搭载羊车，他自己却走路赴任。

世祖以为南康王子琳侍读。建武中，明帝害诸王后，泌忧念子琳，诣志公道人[1]问其祸福。志公覆香炉灰示之曰：“都尽，无所余。”及子琳被害，泌往哭之，泪尽，继之以血。亲视殡葬，乃去。（南齐书卷五十五）

【注释】①志公道人：即宝志禅师（418—514年），僧人，俗姓朱氏，南朝梁代句容县东阳镇（今属南京市栖霞区）人。七岁出家，到南京道林寺虔修禅业，为南朝名僧。梁武帝尤深敬事，俗呼为志公。齐武帝施行暴政，众生苦痛，宝志为匡正时弊，巧施智谋，运用世间因果哲理，使齐武帝尤敬典礼，“永废锥刀”酷刑。

【译文】齐世祖武帝萧赜任命江泌为南康王萧子琳侍读。建武年间，齐明帝萧鸾杀害诸王的后裔，江泌担忧萧子琳会被株连，拜访志公道人询问萧子琳的祸福。志公道人倒掉香炉灰说明给他看：“都会完的，没有什么可以剩下。”等到萧子琳被杀害，江泌前往为他哭丧，眼泪都流尽了，接着眼睛都流出血来。江泌亲自看着萧子琳安葬好才离去。（南齐书卷五十五）

群书治要续编卷第二　梁　书　陈　书

梁　书

【提要】《梁书》是“二十四史”之一，为纪传体正史。主要记述了南朝萧齐末年的政治和萧梁皇朝（502—557年）五十余年的史事。为唐代姚思廉继续其父姚察的遗志所撰，包含本纪六卷、列传五十卷，无表、无志。清代史学家赵翼称赞《梁书》对历史的表述“行墨最简”，文字“爽劲”。《梁书》对萧衍建立梁政权和梁朝早期的治绩，作了充分肯定。

南梁是南朝的第三个朝代，由雍州刺史萧衍取代南齐称帝，定都建康（今南京），以萧衍封地在古梁郡，故定国号为梁。因皇室姓萧，又称萧梁。

南朝梁享国五十五年，其中梁武帝在位达四十八年。梁武帝在南朝各帝中，算得上一个励精图治的皇帝。他称帝之前，有基层和地方从政经验，对齐末的乱世耳闻目睹。因此，他即位后所实行的政策大都对梁的政治安定，经济复苏发展有益。

梁武帝在位晚期，随着年事增高，开始怠于政事，又沉溺佛教，导致国政败坏，发生“侯景之乱”，战火使南朝的社会经济遭到巨大破坏。随后南梁皇室为争帝位又纷纷招引北齐和西魏为援，使这两朝趁其空虚攻夺了南梁大片土地，南朝实力大为削弱，奠定了南弱北强的局势。

太平二年（557年），广州都督陈霸先废梁敬帝萧方智自立，改国号陈。北周武成二年（560年），北周攻灭了位于长江上游郢州的南梁残余。另外北周还扶植萧衍的孙子萧詧在江陵建立西梁，传三帝，隋灭陈之前取消其帝号。

《续编》辑录了梁武帝、昭明太子、范云、郑绍叔、韦睿等若干人的纪传中可资今人修身理政、平治天下作为借鉴和参考的精华内容。

高祖武皇帝

【题解】梁高祖武皇帝萧衍（464—549年），字叔达，小字练儿，南兰陵郡武进县（今江苏丹阳市）人。南朝梁的建立者（502—549年在位）。出身兰陵萧氏，为西汉相国萧何的二十五世孙。南齐时，萧衍累官雍州刺史，其间两次参与抵御北魏，颇受齐明帝萧鸾的宠待。永元二年（500年），起兵攻讨东昏侯萧宝卷，并拥立南康王萧宝融称帝。次年，攻陷建康。中兴二年（502年），接受萧宝融“禅位”，建立南梁。

萧衍称帝以后，初期的政绩是非常显著的。他留心政务，勤于政事，总是五更天起床批改奏折，手都冻裂了。又能广泛纳谏，广泛任用人才，纠正宋、齐以来的各种弊端，要求官吏要清廉，训导他们遵守为国为民之道，他的政令实行以后，梁朝的统治较南齐得到显著改善。

萧衍本人非常节俭，吃饭只是蔬菜和豆类，也不贪恋女色，在这些方面，他在中国古代帝王中是出类拔萃的。萧衍在位时间达四十八年，在南朝诸帝中位列第一，也是中国历史上在位时间和寿命较高的皇帝之一。其早年任用范云、徐勉等贤臣，遂成一时之治。但他在位晚期，怠于政事，加上用人失察，专任佞臣朱异，国政遂衰。太清二年（548年），“侯景之乱”爆发，萧衍被囚死于建康台城，年八十六。谥号武皇帝，庙号高祖，葬于修陵。

在南朝的诸位帝王中，后世对萧衍的治绩评价颇高，但对其晚年的昏庸也有不少批评。清代王夫之认为：“梁氏享国五十年，天下且小康焉。”钱穆云：“独有一萧衍老翁，俭过汉文，勤如王莽，可谓南朝一令主。”毛泽东说：“萧衍善摄生，食不过量，中年以后不近女人。然予智自雄，小人日进，良佐自远，以至灭亡，不亦宜乎。”又说：“‘专听生奸，独任成乱’，梁武有焉。”对其晚年困于台城，毛泽东发出了“时来天地皆同力，运去英雄不自由”的感慨。

《续编》辑录其诏令三篇，体现了他即位初期和中期重视教化、注重民生、听取谏言、广纳贤才的为政之道。

高祖武皇帝，讳衍，字叔达，南兰陵中都里人，汉相国何①之后也。天监②元年，即皇帝位于南郊③。

【注释】①汉相国何：即萧何（前257—前193年），西汉开国功臣之一，史称“萧相国”。

②天监：梁武帝萧衍的第一个年号（502年4月—519年12月），南朝梁使用这个年号共17年余。

③南郊：古代天子在京都南面的郊外筑圜丘以祭天的地方。

【译文】梁高祖武皇帝名萧衍，字叔达，南兰陵中都里（今江苏省丹阳市）人，是西汉相国萧何的后代。天监元年（502年），在南郊登上皇帝大位。

三年，冬十一月甲子，诏曰："设教因时，淳薄异政，刑以世革，轻重殊风。昔商俗未移，民散久矣，婴网陷辟，日夜相寻。若悉加正法，则赭衣塞路①；并申弘宥②，则难用为国，故使有罪入赎，以全元元③之命。今遐迩知禁，圄犴④稍虚，率斯以往，庶几刑措⑤。金作权典，宜在蠲息。可除赎罪之科。"

【注释】①赭衣塞路：穿囚服的人挤满了道路。形容罪犯很多。

②弘宥：宽恕，宽宏。

③元元：百姓，庶民。

④圄（yǔ）犴（àn）：牢狱。

⑤刑措：指置刑法而不用。

【译文】天监三年（504年），冬季十一月二十一日，梁武帝下诏说："设立教化要依据时势，世风淳厚淡薄不同就要采取不同的政策，树立刑罚要因时调整，要根据社会风气施刑或严峻或轻缓。从前商朝的风俗没有转变，民心涣散很久了，触犯法网、陷入刑罚的事情日夜不间断。如果全部依法论罪，那么罪犯就会塞满道路；如果都宽恕了，那么又难以治国，因此产生让有罪的人用财物赎罪的办法，以保全百姓的性命。如今不论远近都知道法律禁令，牢狱逐渐空虚，按照这样往后，或许可以空置刑法而不用，用财物赎罪的办法，应该废止了。可以废除赎罪的科类。”

六年春正月辛酉朔，诏曰：“径寸之宝，或隐沙泥；以人废言，君子斯戒。朕听朝晏罢，思阐政术，虽百辟卿士，有怀必闻，而蓄响边遐，未臻魏阙[①]。或屈以贫陋，或间以山川，顿足延首，无因奏达。岂所以沉浮靡漏，远迩兼得者乎？四方士民，若有欲陈言刑政，益国利民，沦碍幽远，不能自通者，可各诠条布怀于刺史二千石。有可申采，大小以闻。”

【注释】①魏阙：古代宫门外两边高耸的楼观。楼观下常为悬布法令之所。亦借指朝廷。

【译文】天监六年（507年）春季正月初一，梁武帝下诏说：“径长一寸的宝物，有时会隐藏在沙泥中；因为说话的人地位低贱或犯过错而不采纳他正确的意见，是君子所应戒除的。朕听政都是很晚才退朝，一心想着开辟政治方略，虽然文武百官，只要有才能的人都让他们显达，然而还是有贤德隐士远在民间，没有来到朝廷。他们有的屈身于贫穷寒贱，有的被山川阻隔，急切等待，只是没有机缘启奏上达。难道这是不遗漏一个人才，让远近之人都得到其用的办法吗？四方的百姓，如果想要就朝廷刑法政令提出建议，可以益国利民，然而由于幽居草野的限制，意见不能通达的，可以各自向刺史二千石诠言分条陈述。有值得申述采纳的内容，不论大小都要向朝廷禀告。”

大同[①]二年，诏曰："政在养民，德存被物，上令如风，民应如草。朕以寡德，运属时来，拨乱反正，倏焉三纪[②]。不能使重门[③]不闭，守在海外，疆埸多阻，车书[④]未一。民疲转输，士劳边防。彻田[⑤]为粮，未得顿止。治道不明，政用多僻，百辟无沃心[⑥]之言，四聪阙飞耳[⑦]之听，州辍刺举，郡忘共治。致使失理负谤，无由闻达。侮文弄法，因事生奸，肺石[⑧]空陈，悬钟徒设。《书》不云乎：'股肱惟人，良臣惟圣。'实赖贤佐，匡其不及。凡厥在朝，各献谠言，政治不便于民者，可悉陈之。若在四远，刺史二千石长吏，并以奏闻。细民有言事者，咸为申达。朕将亲览，以纾其过。文武在位，举尔所知，公侯将相，随才擢用，拾遗补阙，勿有所隐。"

【注释】①大同：南朝梁武帝萧衍的第五个年号（535—546年），共计11年。

②纪：记年代的方式。一纪古代指十二年。

③重门：宫门，屋内的门。

④车书：典出《礼记·中庸》："今天下车同轨，书同文。"谓车乘的轨辙相同，书牍的文字相同，表示文物制度划一，天下一统。后因以"车书"泛指国家的文物制度。

⑤彻田：垦治田地。

⑥沃心：典出《尚书·说命上》："启乃心，沃朕心。"谓使内心受启发。旧多指以治国之道开导帝王。

⑦飞耳：能听远方声音的耳朵。犹顺风耳。

⑧肺石：古时设于朝廷门外的赤石。民有不平，得击石鸣冤。石形如肺，故名。

【译文】大同二年（536年），梁武帝下诏说："为政的要务在于养育百姓，帝王的德泽应该普被于万物。朝廷的政令就像风，民众的响应就如同草（风吹草必偃）。朕缺少德行，遇到时运登上帝位，平定动乱返归正道，转眼已经三十六年。不能使得宫门不关闭，官守出行海外，边境多有阻隔，车书不能统一，百姓疲于转输，将士操劳边防。耕田劳作，不能停留止息。治国之道不甚明确，政治事务多有邪僻，百官没有推心置腹的奏言，四方缺少顺风之耳的听察，州郡停止检察奸恶，举荐有功，忘记共同治理。致使违背道理、蒙受责难的民情，没有办法上达。邪恶小人歪曲、玩弄法律条文，因事产生奸狡，导致鸣冤的肺石空陈，纳谏的悬钟虚设。《尚书》里说：'手足完备就是成人，良臣具备就是圣君。'实在需要依靠贤明的辅臣，匡正君主不能做好的地方。凡是在朝的官员，各自要进献正直的言论，凡是不便于百姓的政治措施，可以全部陈说。如果在四方边远地区的刺史二千石长吏（有好的建议），可以上奏使君主知道。平民有向君王议论政事的，都要为他们申述、传达。朕将亲自阅览，以改正过错。文武百官，要举荐你所了解的人，公侯将相，要根据才能选拔任用，捡取遗漏，弥补缺失，不要有所隐瞒。"

高祖勤于政务，孜孜无怠。每至冬月，四更竟，即敕把烛看事，执笔触寒，手为皴裂。纠奸擿伏[①]，洞尽物情，常哀矜涕泣，然后可奏。日止一食，膳无鲜腴，惟豆羹粝食[2]而已。庶事繁拥，日傥移中，便嗽口以过。身衣布衣，木绵皂帐，一冠三载，一被二年。常克俭于身，凡皆此类。历观古昔帝王人君，恭俭庄敬，艺能博学，罕或有焉。

【注释】①纠奸擿（tī）伏：纠正、揭露隐蔽的坏人坏事。

②粝（lì）食：粗恶的饭食。

【译文】梁高祖武皇帝萧衍勤于国家事务，没有丝毫懈怠。每到冬天，四更刚过，就敕命持烛看事，握笔的手因为长时间受寒皴裂。他矫正奸邪、剖析隐事，一一洞悉事情真相，常常怜悯流泪，然后准许上奏。每天只日中一食，膳食没有鲜鱼肥肉，只有豆糊粗食而已。各种政事繁琐，倘若日已过午，就只漱漱口代替过中。身上穿着普通布衣，使用木绵做的一般帷帐，一顶帽子戴三年，一床被子盖两年。梁武帝常能节俭自身，大凡都是这样。历观古时的帝王人君，恭谨勤俭庄严恭敬，学识渊博多才多艺，极少有像梁武帝这样的。

史臣曰：高祖兴文学，修郊祀[1]，治五礼[2]，定六律[3]，四聪既达，万机[4]斯理，治定功成，远安迩肃，三四十年，斯为盛矣。自魏、晋以降，未或有焉。及乎耄年，委事群幸，然朱异[5]之徒，作威作福，挟朋树党，政以贿成，服冕乘轩，由其掌握，是以朝经[6]混乱，赏罚无章。“小人道长”，抑此之谓也。贾谊[7]有云“可为恸哭者矣”。遂使滔天羯寇，承间掩袭，鹫羽[8]流王

屋，金契⑨辱乘舆，涂炭黎元⑩，黍离宫室。呜呼！天道何其酷焉。虽历数斯穷，盖亦人事然也。（梁书卷一一三）

【注释】①郊祀：古代于郊外祭祀天地，南郊祭天，北郊祭地。郊谓大祀，祀为群祀。

②五礼：古代的五种礼制。即吉礼、凶礼、军礼、宾礼、嘉礼。

③六律：古代乐音标准名。相传黄帝时伶伦截竹为管，以管之长短分别声音的高低清浊，乐器的音调皆以此为准。乐律有十二，阴阳各六，阳为律，阴为吕。六律即黄钟、大蔟、姑洗、蕤宾、夷则、无射。

④万机：同“万几”。典出《书·皋陶谟》：“无教逸欲有邦，兢兢业业，一日二日万几。”后以“万几”指帝王日常处理的纷繁的政务。

⑤朱异：字彦和，吴郡钱唐（今浙江杭州市）人。梁武帝萧衍的宠臣。少好群聚蒲博，后折节从师，遍治《五经》。侯景之乱时，被皇太子萧纲指责为祸乱原因之一，恐惧之下病卒。

⑥朝经：朝廷的典章制度。

⑦贾谊：贾谊（前200—前168年），洛阳（今河南洛阳东　）人，西汉初年著名政论家、文学家，世称贾生。贾谊少有才名，十八岁时，以善文为郡人所称。

⑧鹫羽：鹫的羽毛。可制箭羽。借指箭。

⑨金契：刻有誓文的契券。

⑩黎元：亦作“黎玄”。即黎民。

【译文】史官评论说：高祖兴办文学，修治郊祭，管理五礼，确定六律，了解四方民情，诸事皆得治理，政治安定、功业成就，远方安定、近处肃正，三四十年间，天下如此兴盛，自魏、晋以后，还从未有过。等他到了老年，把政事委任给众多宠信之人，然而朱异这样的小人，滥用权势，作威作福，扶朋树党，只有行贿才能办成事，皇帝穿的冕服、乘的车子，都由他掌握，因此朝廷的典章制度混乱，赏罚没有章程。“小人道长”，大概说的就是这个吧。贾谊说过“可以为他悲伤痛哭了”。于是导致罪恶极大的羯族匪寇，趁机突然袭击，弓箭无端飞进王宫，刀枪辱及天子的车驾，黎民处于极苦的境地，帝王的宫殿都变成了禾黍地。感叹啊！天道是多么严酷，虽然说是历数已经穷尽，大概也是人为使它变成这样的吧。（梁书卷一—三）

昭明太子

【题解】昭明太子萧统（501—531年），字德施，小字维摩，南兰陵郡兰陵县（今江苏武进）人。梁武帝萧衍长子，梁简文帝萧纲、梁元帝萧绎长兄。萧统为人孝谨，有令德，博涉典籍。他主持编撰的《文选》在历史上有广泛影响。不幸其31岁即过世，甚为憾事。

昭明太子统，字德施，高祖长子也。性宽和容众，喜愠不形于色。引纳才学之士，赏爱无倦。恒自讨论篇籍，或与学士商榷古今；闲则继以文章著述，率以为常。于时东宫有书几三万卷，名才并集，文学之盛，晋、宋以来，未之有也。

【译文】昭明太子萧统，字德施，梁高祖萧衍的长子。品性宽厚谦和、心怀宽广，喜悦、愠怒不形于色。招致接纳有才学的读书人，赏识喜爱而不懈怠。经常自己研究、评论典籍，有时候与学士商讨古今历史；一有空闲就撰写文辞歌赋，以此作为习惯。当时东宫中差不多有三万卷书，著名的才子聚集一堂，文学之盛，晋、宋以来，从来没有过。

普通[①]中，大军北讨，京师谷贵，太子因命菲衣减膳，改常馔为小食。每霖雨积雪，遣腹心左右，周行闾巷，视贫困家，有流离道路，密加振赐。又出主衣绵帛，多作襦袴[②]，冬月以施贫冻。若死亡无可以敛者，为备棺槥[③]。每闻远近百姓赋役勤苦，辄敛容色。常以户口未实，重于劳扰。

【注释】①普通：梁武帝萧衍的第二个年号（520年正月—527年3月），共6年余。

②襦袴：短衣与裤。亦泛指衣服。

③棺槥（huì）：粗陋的小棺材。

【译文】普通年间，梁朝军队向北方进军征讨北魏，京城谷价很高，太子萧统因此下令穿单薄的衣服，降低膳食的标准，改日常的膳食为简餐。每每遇到连绵大雨或者下大雪，就派身边的亲信之人，在民间巡行，视察贫困的人家，有流落离散在外的，就经常拿出钱物资助他们。又拿出自己做衣服的丝绵和布帛，多做衣服，在冬天施舍给贫困受冻的人。如果有人死后没钱入殓安葬，就为他们准备棺材。每次听说远近各地的百姓赋税徭役劳苦，就收敛愉悦的容颜，常常因为百姓没有富足而心神不安。

太子孝谨天至，每入朝，未五鼓便守城门开。东宫虽燕居[①]内殿，一坐一起，恒向西南面台。宿被召当入，危坐[②]达旦。

【注释】①燕居：退朝而处；闲居。

②危坐：古人以两膝着地，耸起上身为“危坐”，即正身而跪，表示严肃恭敬。后泛指正身而坐。

【译文】太子萧统天生孝顺、恭谨，每次入朝，没到五更鼓响就等着城门打开。太子所住的东宫虽然处在内殿，然而无论是坐着还是起立，总是面朝西南方向。如果晚上接到被召见入朝的诏书，就正身而坐直到天亮。

中大通三年三月，寝疾。恐贻高祖忧，敕参问，辄自力手书启。及稍笃，左右欲启闻，犹不许，曰“云何令至尊知我如此恶”，因便呜咽。四月乙巳薨[①]，时年三十一。（梁书卷八）

【注释】①薨（hōng）：古代称诸侯或有爵位的大官死去。

【译文】中大通三年（531年）三月，太子卧病在床。恐怕梁高祖担忧，每次皇帝询问政事，就亲自书写奏章上奏皇帝。等到病情稍许好转，身边的人想把他的病情告诉皇帝，太子仍然不同意，说“怎么能让皇帝知道我病成这样的呢”，因此总是暗中

哭泣。四月初六薨逝，年仅三十一岁。（梁书卷八）

郑绍叔

【题解】郑绍叔（464—508年），字仲明，荥阳开封（今河南开封）人。世居寿阳。仕齐，任安丰令。后为萧衍所信任，任中兵参军。萧衍起兵灭齐，任绍叔为冠军将军。江州平，萧衍留其监州事。绍叔供应粮草，源源不断。入梁为卫尉卿，封营道县侯。天监四年（505年），为使持节、征虏将军、司州刺史。在州缮修兵器，广田积谷，招纳流民。六年（507年），任右将军，加通直散骑常侍。卒，谥忠。

郑绍叔居家孝谨，事君忠心，是忠臣孝子的典范，其事奉君亲之道，值得今人学习。

郑绍叔，字仲明，荥阳开封人也。高祖临司州，命为中兵参军，领长流。及高祖为雍州刺史，绍叔间道[①]西归，补宁蛮长史、扶风太守。东昏[②]既害朝宰，颇疑高祖。义师起，为冠军将军，改骁骑将军。

【注释】①间道：偏僻的或抄近的小路。

②东昏：指南朝齐萧宝卷。齐明帝次子。即位后荒淫残暴。曾凿金为莲花布于地上，令所宠潘妃行其上，谓为“步步生莲花”。后为梁武帝萧衍所杀。和帝立，追废为东昏侯。

【译文】郑绍叔，字仲明，荥阳开封（今河南开封）人。梁高祖亲理司州，任命他担任中兵参军，领受长流官。等到梁高祖担任雍州刺史，郑绍叔抄小路从西边回家，补任宁蛮长史、扶风太守。东昏侯杀害几位朝廷官员后，很是疑心梁高祖。梁高祖义师兴起，郑绍叔担任冠军将军，后改任骁骑将军。

（《南史》曰：江州平，留绍叔监州事，曰："昔萧何镇关中，汉祖得成山东之业；寇恂[1]守河内，光武建河北之基。今之九江，昔之河内，我故留卿以为羽翼。前途不捷，我当其咎，粮运不继，卿任其责。"绍叔流涕拜辞，于是督江、湘粮运无阙乏。）

绍叔忠于事上，外所闻知，纤毫无隐。每为高祖言事，善，则曰："臣愚不及，此皆圣主之策。"其不善，则曰："臣虑出浅短，以为其事当如是，殆以此误朝廷，臣之罪深矣。"高祖甚亲信之。母忧去职。绍叔有至性，高祖常使人节其哭。顷之，起为冠军将军、右军司马，封营道县侯，邑千户。俄复为卫尉卿，加冠军将军。以营道县户凋弊，改封东兴县侯，邑如故。

初，绍叔少失父，事母及祖母以孝闻，奉兄恭谨。及居显要，禄赐所得及四方贡遗，悉归之兄室。（梁书卷十一）

【注释】①寇恂：字子翼，汉族，上谷昌平（今北京市）人，东汉开国名将，云台二十八将第五位。镇守河内，治理颍川、汝南，协助刘秀建立东汉。

【译文】（《南史》记载：江州平定后，梁武帝留下郑绍叔监管州中事务，对郑绍叔说："从前萧何镇守关中，汉高祖得以成就山东的功业；寇恂守卫河内，光武帝得以建立河北的基业。如今的九江，就犹如昔日的河内，我因此留下爱卿作为辅佐。前途不能报捷，我自承当罪过，粮食的运送不能保障，爱卿负担罪责。"郑绍叔流泪拜辞，于是督促长江、湘江的粮运没有缺乏。）

郑绍叔忠心地事奉君上，在外面听到什么，丝毫没有什么隐瞒。每次为梁高祖谈论政事，好的，就说："臣下愚昧、见识短浅，这都是圣主的谋略。"不好的，就说："臣下考虑浅短，以为事情应当就是这样，差点因此贻误朝廷，臣下的罪过深重啊。"梁高祖非常亲近信任他。因为母亲守丧辞去职务。郑绍叔秉性淳厚，梁高祖常常派人劝他节哀。不久，起任为冠军将军、右军司马，赐封营道县侯，食邑千户。不久复任卫尉卿，加冠军将军。由于营道县人口困苦，于是改封东兴县侯，食邑跟原来一样。

当初，郑绍叔年少时父亲去世，事奉母亲以及祖母以孝顺闻名，事奉兄长恭敬谨慎。等做到显要官职，俸禄、赏赐所得以及四方进贡、馈赠的礼物，都送到兄长的家中。（梁书卷十一）

韦　睿

【题解】韦睿（442—520年），字怀文。京兆杜陵（今陕西西安）人。韦睿出身三辅大姓，早年任上庸太守。南齐末年，韦睿随萧衍起兵，“多建策，皆见用”。南梁建立后，拜廷尉，封都梁子。天监四年（505年），督军北伐，攻小岘城。继而进军合肥，引肥水灌城，大破魏军，斩俘一万余人。天监五年（506年），与曹景宗率军于钟离之战中大破北魏，因功进爵永昌侯。官至侍中、车骑将军。普通元年（520年），韦睿去世，年七十九。获赠车骑将军、开府仪同三司，谥号严。

韦睿仁民爱物，“士卒营幕未立，终不肯舍。井灶未成，亦不先食”，一生廉洁，家无余财。北魏人对其颇为畏惧，称他为“韦虎”。元代史学家胡三省称：“梁之将帅，韦睿一人而已。”明人杨慎亦称其为“六朝人才”之冠 。

毛泽东嗜读《南史·韦睿传》，批注处竟有二十五次之多，他在批阅时对韦睿称赞有加，如“仁者必有勇”，“曹景宗不如韦睿远矣”，并且详细地勾出韦睿的优秀之处，如“躬自调查研究”、“机不可失”、“决心”、“以众击少”、“以少击众”、“敢以数万敌百万，有刘秀、周瑜之风”、“善守”、“不贪财”等等，并写道：“我党干部应学韦睿作风。”

韦睿，字怀文，京兆杜陵人也。外兄杜幼文为梁州刺史，要睿俱行。梁土富饶，往者多以贿败；睿时虽幼，独用廉闻。

【译文】韦睿，字怀文，是京兆杜陵（今陕西西安）人。表兄杜幼文担任梁州刺史，邀请韦睿一同前行。梁州土地富饶，前任官员大多因为收受贿赂而被罢职；韦睿当时虽然年轻，只有他是因为清廉而闻名。

齐末多故，不欲远乡里，求为上庸太守，加建威将军。俄而太尉陈显达、护军将军崔慧景频逼京师，民心遑骇，未有所定，西土[①]人谋之于睿。睿曰："陈虽旧将，非命世才；崔颇更事，懦而不武。其取赤族也，宜哉！天下真人，殆兴于吾州矣。"乃遣其二子，自结于高祖。

【注释】①西土：即雍州。因雍州在南齐都城建康的西边，故而称为西土。

【译文】南齐末年多有变乱，韦睿不想远离家乡，请求担任上庸太守，朝廷加任他为建威将军。不久太尉陈显达、护军将军崔慧景因为反叛多次逼近京城，民心恐惧惊骇，不知所措，雍州的百姓向韦睿询问计策。韦睿说："陈显达虽然是一名老将，但不是治理国家的人才；崔慧景很有阅历，但是怯懦而没有勇武。他们会招致灭族的灾祸，平定天下的真命天子，大概会在我们州里产生。"于是派遣他的两个儿子，主动结交梁高祖萧衍。

义兵檄至，睿率郡人来赴。高祖见睿甚悦，拊几曰："他日见君之面，今日见君之心，吾事就矣。”义师克郢、鲁，平加湖，睿多建谋策，皆见纳用。以为冠军将军、江夏太守，行郢府事。初，郢城之拒守也，男女口垂十万，闭垒经年，疾疫死者十七八，皆积尸于床下，而生者寝处其上，每屋辄盈满。睿料简隐恤，咸为营理，于是死者得埋藏，生者反居业，百姓赖之。

梁台[①]建，征为大理。高祖即位，迁廷尉。

【注释】①梁台：南朝梁国的宫城名。代指梁国。

【译文】梁高祖起义军队的檄文到达后，韦睿率领州人前来归附。梁高祖萧衍见到韦睿十分高兴，拍着几案说：“之前我见过你的面，今天见到你的真心，我的大事要成功了。”起义军攻下郢州、鲁地，平定加湖，韦睿多次提出谋划计策，都被采纳和使用。梁高祖萧衍任命韦睿为冠军将军、江夏太守，代理郢州事务。起初，郢城据险坚守时，男女人口将近十万，经过一年关闭城门，患上疫病而死的十人中就有七八个，尸体堆积在床底下，而活着的人就在床上睡觉，每间房屋常常堆满了尸体。韦睿清点检查而哀痛抚恤活着的人，对他们进行照顾料理，于是死者得以掩埋安葬，生者得以返乡安居，百姓都依赖于他。梁国建立后，梁廷征召韦睿担任大理。梁武帝萧衍即位，升任他为廷尉。

天监四年，王师北伐，诏睿都督众军。睿遣长史王超宗、梁郡太守冯道根攻魏小岘城，未能拔。睿巡行围栅[1]，魏城中忽出数百人陈于门外，睿欲击之，诸将皆曰："向本轻来，未有战备，徐还授甲，乃可进耳。"睿曰："不然。魏城中二千余人，闭门坚守，足以自保，无故出人于外，必其骁勇者也，若能挫之，其城自拔。"众犹迟疑，睿指其节曰："朝廷授此，非以为饰，韦睿之法，不可犯也。"乃进兵。士皆殊死战，魏军果败走，因急攻之，中宿而城拔。遂进讨合肥。先是，右军司马胡略等至合肥，久未能下，睿按行山川，曰："吾闻'汾水可以灌平阳，绛水可以灌安邑'，即此是也。"乃堰肥水，亲自表率，顷之，堰成水通，舟舰继至。魏初分筑东西小城夹合肥，睿先攻二城。既而魏援将杨灵胤帅军五万奄至，众惧不敌，请表益兵。睿笑曰："贼已至城下，方复求军，临难铸兵，岂及马腹？且吾求济师，彼亦征众，犹如吴益巴丘，蜀增白帝耳。'师克在和不在众'，古之义也。"因与战，破之，军人少安。

【注释】①围栅：古代军队驻扎时围起某处栅栏作为营地。泛指营地、阵地。

【译文】天监四年（505年），梁朝军队讨伐北魏，梁武帝萧衍诏令韦睿都督各路军队。韦睿派遣长史王超宗、梁郡太守冯道根攻打北魏的小岘城，不能攻下。韦睿来往视察营寨时，北魏的小岘城中忽然冲出几百人在城门外摆阵，韦睿想去攻击他们，各位将领都说："我们原本是轻装前来，没有做好作战的准备，等慢慢退回配发士兵盔甲，这才可以进攻敌军。"韦睿说："不是这样的。北魏的小岘城中守军二千多人，闭门坚守，足以自行保全，无缘无故冲出城门摆阵，必定是他们勇猛的士兵，如果能击败他们，这座城池自然就攻下了。"众人依然迟疑不决，韦睿指着那符节说："朝廷授予这个，不是用来装饰的，我韦睿的军法，是不可以触犯的。"于是众人带兵前去。士兵都殊死决战，北魏军队果然失败逃走，韦睿军队趁机急速攻击小岘城，到了半夜终于攻破城池。于是进军讨伐合肥。之前，右军司马胡略等人到达合肥，很久不能攻下，韦睿巡察了该地的山川形势，说："我听说'汾水可以用来灌注平阳，绛水可以用来灌注安邑'，这样的地势就是了。"于是修建堤堰堵塞肥水，韦睿以身作则，很快，堤堰修成水路贯通，战船接连而至。北魏当初分别建筑东西小城合夹合肥，韦睿首先攻打这两座小城。不久北魏援军杨灵胤率领军队五万人突然来到，众人都害怕不能抵抗魏军，请求上表朝廷增派援军。韦睿笑着说："敌军已经来到城下，才请求援军，就像是濒临危难才铸造兵器，这怎能打到马腹？况且我们请求援军，对方也会增兵，就像是吴国加高巴丘，蜀国加高白帝城一样。'军队克敌制胜在于军心团结而不在于人数众多'，这是古代的用兵之法。"因此和魏军交战，打败了魏军，军心才稍稍安稳下来。

初，肥水堰立，使军主王怀静筑城于岸守之，魏攻陷怀静城，千余人皆没。魏人乘胜至睿堤下，其势甚盛，军监潘灵祐劝睿退还巢湖，诸将又请走保三叉。睿怒曰："宁有此邪！

将军死绥，有前无却。”因令取伞扇麾幢，树之堤下，示无动志。睿素羸，每战未尝骑马，以板舆自载，督厉众军。魏兵来凿堤，睿亲与争之，魏军少却，因筑垒于堤以自固。睿起斗舰，高与合肥城等，四面临之。魏人计穷，相与悲哭。睿攻具既成，堰水又满，魏救兵无所用。魏守将杜元伦登城督战，中弩死，城遂溃。俘获万余级，牛马万数，绢满十间屋，悉充军赏。睿每昼接客旅，夜算军书，三更起张灯达曙，抚循其众，常如不及，故投募之士争归之。所至顿舍修立，馆宇藩篱墙壁，皆应准绳。

合肥既平，高祖诏众军进次东陵。将会战，有诏班师。魏人服睿威名，望之不敢逼，全军而还。至是迁豫州于合肥。

【译文】起初，肥水堰修好后，韦睿派遣军主王怀静在岸边修筑城池坚守堤堰，北魏军队攻陷王怀静的守城，一千多人都被陷没。北魏军队乘胜追至韦睿堤下，他们的来势非常凶猛，军监潘灵祐劝韦睿退回巢湖，各位将领又请求撤走军队保全三叉。韦睿发怒说：“怎么有这种道理！率领军队战死沙场，只有前进没有后退。”因而命令取来伞扇军旗，树立在堤下，表示不动摇的决心。韦睿向来羸弱，每次交战不曾骑马，乘坐在板舆上，督导勉励各路军队。北魏军队来凿破堤堰，韦睿亲自和他们争夺，北魏军队稍稍后退，于是在堤堰修筑堡垒来保全自己。韦睿修建斗舰，高度和合肥城相等，四面围困他们。北魏人用尽办法也无济于事，只能相对悲痛号哭。韦睿军队攻城的战备完成以后，堤堰中的水又集满了，北魏救援军队不能发挥作用。北魏守将杜元伦亲自登城监督作战，被弩箭射中而死，于是城被攻破。俘获北魏军队一万多人，牛马数以万计，缴获的绢堆满十间房屋，全部用作军队的犒赏。韦睿常常白天接待客人，夜里研究兵书，三更起床开灯读书直至天亮，安抚他的部众，却常常害怕照顾不及，因此投奔招募的士兵争相归附他。他所到之处修建住所，馆宇藩篱墙壁，都符合规制。

合肥平定以后，梁高祖萧衍诏令各路军队进驻东陵。两军即将决战，朝廷有诏书命令韦睿班师回朝。但是，北魏人慑服于韦睿的威名，望着梁军退去却不敢逼近，韦睿全军安全返还。于是南梁把豫州迁到合肥。

五年，魏中山王元英寇北徐州，围刺史昌义之于钟离，众号百万，连城四十余。高祖遣征北将军曹景宗，都督众军二十万以拒之。次邵阳洲，筑垒相守，高祖诏睿率豫州之众会焉。旬日而至邵阳。初，高祖敕景宗曰："韦睿，卿之乡望，宜善敬之。"景宗见睿，礼甚谨。高祖闻之，曰："二将和，师必济矣。"睿于景宗营前二十里，夜掘长堑，树鹿角，截洲为城，比晓而营立。元英大惊，以杖击地曰："是何神也！"明旦，英自率众来战，睿乘素木舆，执白角如意麾军，一日数合，英甚惮其强。魏军又夜来攻城，飞矢雨集，睿子黯请下城以避箭，睿不许。军中惊，睿于城上厉声呵之，乃定。

【译文】天监五年（506年），北魏中山王元英入侵北徐州，在钟离围攻刺史昌义之，魏军号称百万，修筑四十多座城寨。高祖萧衍派遣征北将军曹景宗，统率各路军队共二十万来抵抗魏军。梁军驻扎在邵阳洲，修筑堡垒而观望自守，高祖诏令韦睿率领豫州的军队前去会合。韦睿大军十天之间就到邵阳洲。起初，梁高祖萧衍敕令曹景宗说："韦睿，是你乡里有声望的人，应该好好地敬重他。"曹景宗见到韦睿，对待他非常谨慎。高祖听到之后，说："两位将领和睦，军队必然能获胜。"韦睿在曹景宗营地前二十里处，在夜里挖掘长长的壕沟，将竹木桩削成鹿角形状竖立其中，拦截邵阳洲而修筑城垒，等到天亮时营寨就修好了。元英大为惊叹，用木杖敲打着地面说："这是何方神圣啊！"第二天早上，元英亲自率领军队前来交战，韦睿乘坐没有上漆的木头车，拿着白角如意指挥军队，一天之内交战几个回合，元英非常畏惧强大的梁军。北魏军队又在夜里前来攻打城池，飞箭如雨，韦睿的儿子韦黯请求下城来躲避飞箭，韦睿不允许。军中士兵都惊慌，韦睿在城上厉声呵斥他们，军心才稳定下来。

魏人先于邵阳洲两岸为两桥，树栅数百步，跨淮通道。睿装大舰，使梁郡太守冯道根、庐江太守裴邃、秦郡太守李文钊等为水军。值淮水暴长[①]，睿即遣之，斗舰竞发，皆临敌垒。以小船载草，灌之以膏，从而焚其桥。风怒火盛，烟尘晦冥，敢死之士，拔栅斫桥，水又漂疾，倏忽之间，桥栅尽坏。而道根等皆身自搏战，军人奋勇，呼声动天地，无不一当百，魏人大溃。元英见桥绝，脱身遁去。魏军趋水死者十余万，斩首亦如之。睿遣报昌义之，义之且悲且喜，不暇答语，但叫曰："更生！更生！"以功增封七百户，进爵为侯，征通直散骑常侍、右卫将军。

【注释】①暴长：同"暴涨"，水位突然增高。

【译文】北魏人先到邵阳洲两岸修建两座桥梁，树立的栅栏有几百步宽，成为跨越淮河的通道。韦睿装备高大的战舰，派梁郡太守冯道根、庐江太守裴邃、秦郡太守李文钊等人率领水军。正值淮水暴涨，韦睿立即派遣军队出发，斗舰竞相向魏军进发，都临近敌方营垒。用小船装载着草把，把膏油浇灌其中，从船上放火焚烧那座桥梁。风势正猛而火势随风旺盛，烟尘使得天空昏暗下来，梁军中的敢死之士，拔去栅栏砍断桥梁，水流又湍急，倏忽之间，桥梁和栅栏都完全被毁坏。而冯道根等人都亲自搏斗交战，军队人人奋勇争先，喊杀声震动天地，梁军无不以一当百，北魏军队大败。元英看见桥梁已断，就脱身逃跑。魏军士兵落水而死的有十多万人，被斩首的也有这么多。韦睿派人报知昌义之，昌义之悲喜交加，没有空闲答复，只是叫喊说："重生！重生！"韦睿因战功增封食邑七百户，进升爵位为侯，征召他为通直散骑常侍、右卫将军。

七年，迁左卫将军，会司州刺史马仙琕北伐还军，为魏人所蹑，三关扰动，诏睿督众军援焉。睿至安陆，更开大堑，起高楼，众颇讥其示弱。睿曰：“不然，为将当有怯时，不可专勇。”是时元英复追仙琕，将复邵阳之耻，闻睿至，乃退。帝亦诏罢军。

【译文】天监七年（508年），韦睿升为左卫将军，恰逢司州刺史马仙琕北伐班师回朝，被北魏军队所追赶，导致三关守军骚动不安，高祖诏令韦睿率领各路军队救援他。韦睿到达安陆，又开凿长长的壕沟，修造高楼，众人很是讥讽他示弱。韦睿说：“不是这样的，担任将领应当也有怯弱的时候，不能专逞一时之勇。”这时候元英又追赶马仙琕，打算报复邵阳洲的耻辱，听说韦睿到来，就撤退了。高祖也诏令韦睿停止进军。

十四年，出为平北将军、宁蛮校尉、雍州刺史。十五年，拜表致仕，优诏不许。十七年，征散骑常侍、护军将军，寻给鼓吹一部，入直殿省。居朝廷，恂恂未尝忤视，高祖甚礼敬之。性慈爱，抚孤兄子过于己子，历官所得禄赐，皆散之亲故，家无余财。后为护军，居家无事，慕万石、陆贾之为人，因画之于壁以自玩。时虽老，暇日犹课诸儿以学。第三子棱，尤明经史，世称其洽闻，睿每坐棱使说书，其所发擿[①]，棱犹弗之逮也。

【注释】①发擿（tī）：讲解疑难。擿，剖开，揭开。

【译文】天监十四年（515年），韦睿离京担任平北将军、宁蛮校尉、雍州刺史。天监十五年（516年），韦睿上表朝廷请求辞官退休，高祖下达褒奖诏书而不答应。天监十七年，韦睿被征召担任散骑常侍、护军将军，不久被赐给鼓吹一部，入直殿省。在朝廷上，韦睿温和恭敬不曾对面直视高祖，高祖非常礼遇和敬重他。韦睿性情仁慈爱人，抚养兄长的遗孤超过对待自己的儿子，历任官职所得俸禄赏赐，都散发给亲朋故交，家中没有多余的钱财。后来担任护军，在家中无事可做，仰慕万石、陆贾的为人，因而将他们画在墙壁上来自娱自乐。当时韦睿虽已年老，空闲时依然用学习来督促各位儿子。他的第三子韦棱，特别精通经史，当时的人都称赞他博学多闻，韦睿每次坐在座位上，韦棱请他讲解书中内容，他所解说的疑难之处，韦棱依然比不上他精辟。

普通[①]元年，卒于家，时年七十九。初，邵阳之役，昌义之甚德睿，请曹景宗与睿会，因设钱二十万官赌之，景宗掷得雉，睿徐掷得卢，遽取一子反之，曰“异事”，遂作塞。景宗时与群帅争先启之捷，睿独居后，其不尚胜，率多如是，世尤以此贤之。（梁书卷十二）

【注释】①普通：高祖萧衍第二个年号（520—527年），共计八年。

【译文】普通元年（520年），韦睿在家中去世，时年七十九岁。起初，邵阳洲之战，昌义之非常感激韦睿，邀请曹景宗和韦睿一起聚会，趁机在官府里设下钱二十万来赌博，曹景宗掷得一个雉字，韦睿慢慢掷得一个卢字，急忙取来一子翻过来，说“怪事啊”，于是变成了塞字。曹景宗当时和众多将帅争先打开去告捷，唯独韦睿位在他们后边，他不夸耀自己的胜利，大多是这样的，世人尤其因此认为他贤能。（梁书卷十二）

范 云

【题解】范云（451—503年），字彦龙，南乡郡舞阴县（今河南泌阳县）人。南齐朝，进入竟陵王萧子良幕府，为“竟陵八友”之一。萧衍代齐建梁，拜侍中，迁散骑常侍、吏部尚书，再迁尚书右仆射，霄城县侯，居官能直言劝谏。天监二年，病故，享年53岁。梁武帝闻讯痛哭流涕，御驾临殡，追赠本官、侍中、卫将军，赐谥号为文。

范云，字彦龙，南乡舞阴人，晋平北将军汪六世孙也。少机警有识，且善属文。齐建元初，竟陵王子良[①]为会稽太守，云始随王，王未之知也。会游秦望，使人视刻石文，时莫能识，云独诵之，王悦，自是宠冠府朝。王为丹阳尹，召为主簿，深相亲任。

【注释】①竟陵王子良：萧子良（460—494年），字云英，南兰陵（治今常州西北）人，南齐宗室，齐武帝萧赜次子，文惠太子萧长懋同母弟。萧子良作为武帝次子，官至司徒，可谓政、文、佛皆通，他的身边又围绕着一群文士和武士，其中“竟陵八友”非常著名，包括范云、萧琛、任昉、王融、萧衍、谢朓、沈约、陆倕八人，除此八人之外，萧子良的西邸还聚集了大批文士，规模很大，多达八十余人。

【译文】范云字彦龙，南乡舞阴（今河南泌阳）人，晋朝平北将军范汪的第六代孙。从小就很机警，有见识，而且善于写文章。齐建元初年，竟陵王萧子良做会稽太守，范云当时刚开始跟随竟陵王，竟陵王不了解他。恰巧遇上竟陵王游览秦望山，竟陵王让周围的人辨认刻石上的古文字，却没人能认识，惟独范云能诵读碑文，竟陵王很高兴，从此范云受到的宠信超过同府的其他人。

初，云与高祖遇于齐竟陵王子良邸，又尝接里闬，高祖深器之。及义兵至京邑，云时在城内。东昏既诛，侍中张稷使云衔命出城，高祖因留之，便参帷幄，仍拜黄门侍郎。俄迁大司马谘议参军、领录事。

【译文】起初，范云和梁武帝萧衍曾在齐竟陵王萧子良的官邸相会，又曾住在邻近的街坊，梁武帝很器重他。当反对东昏侯的军队到了京城，范云这时正在城里。东昏侯被杀之后，侍中张稷派范云带着使命出城，梁武帝趁机将范云留下，并让他参预机密大事，又授官做黄门侍郎，不久晋升做大司马咨议参军、兼录事。

梁台建，迁侍中。时高祖纳齐东昏余妃，颇妨政事，云尝以为言，未之纳也。后与王茂同入卧内，云又谏曰："昔汉祖居山东，贪财好色，及入关定秦，财帛无所取，妇女无所幸，范增以为其志大故也。今明公始定天下，海内想望风声，奈何袭昏乱之踪，以女德为累。"王茂因起拜曰："范云言是，公必以天下为念，无宜留惜。"高祖默然。云便疏令以余氏赉茂，高祖贤其意而许之。明日，赐云、茂钱各百万。

【译文】梁朝建立之后，升任侍中。这时梁武帝收纳东昏侯的余妃，为此严重影响了国家政务，范云曾经进言劝阻，未被采纳。后来范云和王茂一同来到梁武帝的卧室，范云又进谏说："过去汉高祖刘邦在山东的时候，贪财好色；等进入函谷关平定秦地之后，不敛取财帛，不接近妇女，范增认为这是刘邦有远大志向，打算成就大事业的缘故。如今明公刚刚安定天下，天下的人都想看到你的风度和威名，为什么要因袭昏乱的事情，让女色拖累贻误大事呢？"王茂也借机起身施礼说："范云说得对，主公一定要以天下大事为重，不应该对女色表示留恋惋惜。"萧衍沉默不语。范云便写奏疏建议把余氏赐给王茂。高祖萧衍认为这是忠贤之言，并准许范云的请求。第二天，赏赐给范云、王茂每人一百万钱。

天监元年，高祖受禅，柴燎于南郊，云以侍中参乘。礼毕，高祖升辇，谓云曰：“朕之今日，所谓懔乎若朽索之驭六马。”云对曰：“亦愿陛下日慎一日。”高祖善之。是日，迁散骑常侍、吏部尚书；以佐命功封霄城县侯，邑千户。

【译文】天监元年（502年），梁武帝接受齐和帝禅位做天子，在南郊举行柴燎祭天仪式，范云以侍中身份陪乘。祭礼完毕，高祖坐上御辇，对范云说：“我今天的心情，正是所谓战战兢兢如同用腐烂的缰绳驾驭六马一样。”范云说：“我也深愿陛下一天比一天更加谨慎。”武帝认为范云说得很好。当天，晋升范云做散骑常侍、吏部尚书；由于辅佐武帝即皇帝位有功，封霄城县侯，食邑一千户。

云以旧恩见拔，超居佐命，尽诚翊亮，知无不为。高祖亦推心任之，所奏多允。其年，东宫建，云以本官领太子中庶子，寻迁尚书右仆射，犹领吏部。顷之，坐违诏用人，免吏部，犹为仆射。

【译文】范云凭旧日与武帝的关系受到提拔超过常人，升任为佐命大臣，他竭尽忠诚辅助皇帝，凡是该做的无不尽力去做。武帝也拿诚心待他信任他，范云奏请的事大多得到准许。这一年，皇帝立太子，范云以原官身份兼任太子中庶，不久升做尚书右仆射，还兼任吏部尚书。过不久，因为范云违背诏令意旨用人而获罪，免除吏部尚书职务，仍然保留仆射职务。

云性笃睦，事寡嫂尽礼，家事必先谘而后行。好节尚奇，专趣人之急。少时与领军长史王畡善，畡亡于官舍，贫无居宅，云乃迎丧还家。躬营含殡。事竟陵王子良恩礼甚隆，云每献损益，未尝阿意。子良尝启齐武帝论云为郡。帝曰："庸人，闻其恒相卖弄，不复穷法，当宥之以远。"子良曰："不然。云动相规诲，谏书具存，请取以奏。"既至，有百余纸，辞皆切直。帝叹息，因谓子良曰："不谓云能尔。方使弼汝，何宜出守。"

【译文】范云性情忠厚随和，侍奉寡嫂尽心尽礼，家中大小事情一定要先同寡嫂商议后才实行。他爱好气节，崇尚奇伟之举，专意救助别人的急难。小时候跟领军长史王畡友好，后来王畡死于官署的房舍里，家贫没有自己的住宅，范云便把死者运回自己家里，亲自处理含殡入殓诸丧事。侍奉竟陵王萧子良时受到的恩宠礼遇非常优厚，范云每次进言陈说其为政之得失，从未有一点的阿谀奉承。萧子良曾经启请齐武帝选拔范云为郡守。武帝说："范云是个平庸之人，我听说他经常卖弄自己的才学，我现在不再彻底追究，应当宽恕他到边远之地去任职。"萧子良回禀说："不是这样。范云常常对我进行规劝教诲，其进谏的文书都还保留着，请让我取来呈递给您。"拿来一看，有百余张纸，言辞都恳切直率。武帝无限感叹，于是对萧子良说："想不到范云竟能如此。正好让他辅佐你，怎么可以让他外出当郡守呢？”

及居选官，任守隆重，书牍盈案，宾客满门，云应对如流，无所壅滞，官曹文墨，发擿若神，时人咸服其明赡。性颇激厉，少威重，有所是非，形于造次，士或以此少之。初，云为郡号称廉洁，及居贵重，颇通馈饷；然家无蓄积，随散之亲友。二年，卒，时年五十三。高祖为之流涕，即日舆驾临殡。（梁书卷十三）

【译文】当范云官居吏部负责选官时，担任的职守尊贵而显赫，书信文件堆满公案，宾客满门，范云却能应对如流，官府的文书批示，毫无壅塞阻滞，揭出奸邪，无所隐藏，犹若神明，当时的人们都佩服他异常高明。范云性格很偏激严厉，缺少威严持重，有什么对的错的，都轻率地表现出来，有的士大夫就因此看不起他。起初范云做郡守，人们都称颂他的廉洁，到位高权重后，颇看重与别人相互馈赠；然而家无积蓄，（每有收入）随即分送给亲友。天监二年（503年）逝世，当时五十三岁。梁武帝为他流泪，当天亲临吊唁。（梁书卷十三）

冯道根

【题解】冯道根（463—520年），字巨基，广平郡酇县（今湖北老河口）人，梁朝名将，被梁武帝萧衍视为其“大树将军”，南梁建立后，在南梁与北魏的钟离之战中立下大功，累官至散骑常侍、左军将军，封豫宁县伯。冯道根为人谨慎木讷，进退有度。治军严毅，为政清明，受举朝敬重，也值得后世为将者学习和效法。

冯道根，字巨基，广平酂人也。少失父，家贫，佣赁以养母。行得甘肥，不敢先食，必遽还以进母。

永元①中，闻高祖起义师，乃谓所亲曰："金革②夺礼③，古人不避，扬名后世，岂非孝乎？时不可失，吾其行矣。"率乡人子弟胜兵④者，悉归高祖。

【注释】①永元：南朝齐东昏侯萧宝卷的年号（499年正月—501年3月），共2年余。

②金革：谓军械和军装。借指战争。

③夺礼：犹夺服。谓丧期未满，官员应诏除去丧服，出任官职。

④胜兵：能充当兵士参加作战的人。

【译文】冯道根，字巨基，是广平酂（今湖北老河口）人。年少时父亲去世，家境贫寒，受雇于人以奉养母亲。路上得到美味，不敢先吃，必定马上拿回家进献母亲。

永元年间，听说梁高祖兴起义师，于是对亲友说："因为战事而夺去礼节，古人也不避讳，能够扬名后世，这难道不是孝顺吗？时机不可错过，我要跟随去了。"于是率领乡人子弟能够作战的，都归附梁高祖。

天监二年，为宁朔将军、南梁太守，领阜陵城戍。初到阜陵，修城隍①，远斥候②，有如敌将至者，众颇笑之。道根曰：“怯防勇战，此之谓也。”修城未毕，会魏将党法宗、傅竖眼率众二万，奄至城下。道根堑垒③未固，城中众少，皆失色。

【注释】①城隍：城墙和护城河。泛指城池。

②斥候：亦作“斥堠”。指侦察、候望的人。

③堑垒：深壕高垒的防御工事。

【译文】天监二年（503年），担任宁朔将军、南梁太守，管辖阜陵城戍。刚到阜陵，他就修筑城墙和护城河，远派侦察兵，如同敌人就要来到一样，众人都嘲笑他。冯道根说：“谨慎地防守、勇敢地作战，这就是我那样做的道理。”修城没有完工，就遇到魏将党法宗、傅竖眼率兵两万，突然到城下。冯道根的防御工事尚不牢固，城中的人又少，大家都因为害怕而大惊失色。

道根命广开门，缓服①登城，选精锐二百人，出与魏军战，败之。魏人见意闲，且战又不利，因退走。是时魏分兵于大小岘、东桑等，连城相持。魏将高祖珍以三千骑军其间，道根率百骑横击破之，获其鼓角②军仪。于是粮运既绝，诸军乃退。迁道根辅国将军。

【注释】①缓服：宽大舒适的官服。与戎装等紧身衣服相对而言。

②鼓角：战鼓和号角，两种乐器。军队亦用以报时、警众或发出号令。

【译文】冯道根下令大开城门，缓服登城，挑选精兵二百人，出城与魏军作战，打败了他们。魏军见梁军神态闲逸，而且战事又不能取胜，因此退走。当时北魏分散兵力在大小岘、东桑等地，连接城池与梁军处于对峙状态。北魏将领高祖珍把三千骑兵驻扎在其中，冯道根率领一百骑兵拦腰冲击，打败了他，缴获了北魏军队的战鼓、号角和军事仪仗。由于粮食运输已经断绝，北魏军队就自行退去。梁武帝于是升迁冯道根为辅国将军。

道根性谨厚，木讷少言，为将能检御部曲①，所过村陌，将士不敢虏掠。每所征伐，终不言功，诸将讙哗②争竞，道根默然而已。其部曲或怨非之，道根喻曰："明主自鉴功之多少，吾将何事。"高祖尝指道根示尚书令沈约③曰："此人口不论勋。"约曰："此陛下之大树将军也。"处州郡，和理清静，为部下所怀。在朝廷，虽贵显而性俭约，所居宅不营墙屋④，无器服侍卫，入室则萧然如素士之贫贱者。当时服其清退，高祖亦雅重之。微时不学，既贵，粗读书，自谓少文，常慕周勃⑤之器重。

【注释】①部曲：古代军队编制单位。大将军营五部，校尉一人；部有曲，曲有军候一人。借指军队。

②讙哗：喧哗，大声说笑或叫喊。

③沈约(441—513年):字休文,吴兴郡武康县(今浙江湖州德清县)人。南朝著名政治家文学家、史学家。出身于门阀士族家庭,与梁武帝交好。

④墙屋:墙和屋顶等建筑物的外表部分。

⑤周勃:沛郡丰县(今江苏丰县)人。西汉时期开国将领、宰相,名将周亚夫之父。刘邦死前曾预言"安刘氏天下者,必勃也"。

【译文】冯道根品性谨慎笃厚,为人木讷、言语不多,为将能督察驾驭军队,路过乡村街道,将士不敢掠夺。每次有征战讨伐,总不谈说自己的功劳,众将领喧闹着向上邀功,冯道根只是沉默不语。他的部下中有人埋怨责备他,冯道根解释说:"明主自然会审察功劳的大小,我们操什么心呢。"梁高祖曾经指着冯道根对尚书令沈约说:"这个人不谈论自己的功劳。"沈约说:"这个人是陛下的大树将军。"冯道根在州郡,处事和洽、清净太平,为部下所感怀。在朝廷,地位虽然高贵显要然而生性俭约,所居住的家宅不营造墙屋,没有兵器、服饰、侍卫,进入室内就简陋得如同贫寒的士人。当时的人们钦服他的清廉忍让,梁高祖也很敬重他。他在贫贱的时候没有读过什么书,已经显贵,就粗略地学习经典,认为自己学问不高,常常仰慕周勃的器重。

十六年,复假节[①]、都督豫州诸军事、信武将军、豫州刺史。将行,高祖引朝臣宴别道根于武德殿,召工视道根,使图其形像。道根踧踖[②]谢曰:"臣所可报国家,惟余一死;但天下太平，臣恨无可死之地。”豫部重得道根，人皆喜悦。高祖每称曰：“冯道根所在，能使朝廷不复忆有一州。”普通元年正月，卒，时年五十八。高祖即幸其宅，哭之甚恸。诏曰：“冯道根，奉上能忠，有功不伐，抚人留爱，守边难犯，祭遵[③]、冯异[④]、郭伋[⑤]、李牧[⑥]，不能过也。”（梁书卷十八）

【注释】①假节：大臣出使或出巡时所持的节杖、凭证、信物。汉朝使臣持节出巡或出使毕则收回其“节”，称“假节”，意即临时持节。

②踧（cù）踖（jí）：恭敬而不安的样子。

③祭遵：字弟孙，颍川颍阳（今河南襄城县颍阳镇）人。东汉中兴名将，“云台二十八将”之一。执法如山，克己奉公，喜爱儒术。

④冯异：字公孙，颍川父城（今河南省宝丰县东）人，东汉开国名将、军事家，云台二十八将第七位。

⑤郭伋（jí）：字细侯，扶风茂陵（今陕西兴平县）人 ，东汉官员。游侠郭解玄孙、蜀郡太守郭梵之子。

⑥李牧：嬴姓，李氏，名牧，战国时期赵国柏仁（今河北省邢台市隆尧县）人，战国时期的赵国名将、军事家，与白起、王翦、廉颇并称“战国四大名将”。战国末期，李牧是赵国赖以支撑危局的唯一良将，素有“李牧死，赵国亡”之称。

【译文】天监十六年（517年），再封假节称号、都督豫州诸军事、信武将军、豫州刺史。将要动身，梁高祖带领朝臣在武德殿举行宴会为冯道根践行，召见画工看着冯道根，把他的形象画下来。冯道根恭敬不安地拜谢说：“臣下可以报答国家的，只有一死了；但是天下太平，臣下悔恨没有可以献身的地方。”豫州重得冯道根，人人都很喜悦。梁高祖每每称赞说：“冯道根所在的地方，能使朝廷不再想着有这一州。（意即平安无事）”普通元年（520年）正月，去世，终年五十八岁。梁高祖到冯道根家里吊唁，哭得非常伤心。下诏说：“冯道根事奉君上能够尽忠，有功劳不自夸，安抚百姓留有爱心，镇守边疆、敌人不敢进犯，古代的名将祭遵、冯异、郭伋、李牧也不能比得上他。”（梁书卷十八）

王　志

【题解】王志（460—513年），字次道，琅邪临沂（今山东临沂）人，出身“琅邪王氏”，他的父亲王僧虔是南齐大臣，官至散骑常侍、金紫光禄大夫。王志为人淳朴厚道，为官廉洁，对百姓有恩惠，整个家族的人都有长者之风，为史家所称赞。

王志，字次道，琅邪临沂人。父僧虔[①]，齐司空。

【注释】①僧虔：即王僧虔（426—485年），琅邪临沂（今山东临沂）人，南北朝时期刘宋、南齐大臣、书法家，出身“琅邪王氏”，为东晋丞相王导玄孙、侍中王昙首之子。喜文史，善音律，工真书、行书。

【译文】王志，字次道，是琅邪临沂（今山东临沂）人。父亲王僧虔，追赠齐国司空。

除宣城内史，清谨有恩惠。郡民张倪、吴庆争田，经年不决。志到官，父老乃相谓曰："王府君[①]有德政，吾曹乡里乃有此争。"倪、庆因相携请罪，所讼地遂为闲田。征拜黄门侍郎，寻迁吏部侍郎。出为宁朔将军、东阳太守。郡狱有重囚十余人，冬至日悉遣还家，过节皆返，惟一人失期，狱司以为言。志曰："此自太守事，主者勿忧。"明旦，果自诣狱，辞以妇孕，吏民益叹服之。

【注释】①府君：汉代对郡相、太守的尊称。后仍沿用。

【译文】王志担任宣城内史，廉洁谨慎对百姓有恩惠。郡内百姓张倪、吴庆争夺田地，多年没有解决。王志上任，父老就互相对他们说："王府君有仁德之政，我们乡里却有这样的争夺。"张倪、吴庆因此一齐请求领罪，争讼的土地就成为无人耕种的荒地。接着征召授官黄门侍郎，不久迁任吏部侍郎。出任宁朔将军、东阳太守。郡内监狱里有十多个犯有重罪的囚犯，王志在冬至日那天都放他们回家，过了冬至后再回来，惟独有一个人延误了期限，监狱的官员报告了这件事。王志说："这是太守的责任，主管的官员不要担忧。"第二天天亮，那个人果然自己到了监狱，说是自己的妻子怀孕了，官吏百姓更加赞叹佩服他。

志家世居建康禁中[①]里马蕃巷，父僧虔以来，门风多宽恕，志尤惇厚。所历职，不以罪咎劾人。宾客游其门者，专覆

其过而称其善。兄弟子侄皆笃实谦和，时人号马蕃诸王为长者。（梁书卷二十一）

【注释】①禁中：禁令所及范围之内。指帝王所居宫内。

【译文】王志的家族世代居住在建康禁中里马蕃巷（今江苏南京市北），从父亲王僧虔以来，家风多宽恕，王志尤其淳朴厚道。在所担任的职位上，不以过失弹劾别人，宾客到他家游玩，专门掩饰别人的过失而称赞其优点。他的兄弟子侄都纯厚朴实、谦虚平和，当时的人称赞马蕃巷诸位王姓子弟都有长者风范。（梁书卷二十一）

始兴忠武王憺

【题解】萧憺，字僧达，是太祖萧顺之第十一子，梁武帝萧衍的异母弟。萧憺治理一方，令辅佐官员开怀畅言，可谓懂得为政之道，所以能够让百姓悦服，值得为政一方的人士效法。

始兴忠武王憺，字僧达，太祖第十一子也。天监元年，加安西将军，都督、刺史如故。封始兴郡王。时军旅之后，公私空乏，憺厉精为治，广辟屯田，减省力役，存问兵死之家，供其穷困，民甚安之。憺自以少年始居重任，思欲开导物情。乃谓佐吏曰："政之不臧，士君子所宜共惜。言可用，用之可也；如不用，于我何伤？吾开怀矣，尔其无吝。"于是小人知恩，而君子尽意。民辞讼者，皆立前待符教，决于俄顷。曹无留事，下无滞狱，民益悦焉。七年冬，诏征以本号还朝。民为之歌曰："始兴王，民之爹。赴人急，如水火。何时复来哺乳我？"（梁书卷二十二）

【译文】始兴忠武王萧憺，字僧达，是太祖萧顺之第十一子。天监元年（502年），加授安西将军，都督、刺史之职依旧。封始兴郡王。当时正值战事之后，公私匮乏，萧憺励精图治，大力开辟屯田，减省劳役，慰问因作战死亡的兵士家庭，供给贫困，民众大为安定。萧憺自年轻身居要职起，便想引导民心。于是对辅佐的官吏说："政事不善，是士大夫所应共同惋惜的。言论若可以采用，采用就可以了；如不可采用，对我又有什么损伤呢？我已经敞开胸怀，你们就不吝赐教吧。"于是平民百姓知恩图报，而君子尽心尽力。民众有诉讼的，都站在面前等待批示，顷刻间就有了决断。官府中没有遗留的事务，下面没有滞压的案件，百姓对他更加悦服。天监七年（508年）冬季，朝廷下诏征召他以原来的官号回朝。民众为他编出歌谣说："始兴王，民之爹。赴人急，如水火。何时复来哺乳我？"（梁书卷二十二）

徐 勉

【题解】徐勉（466—535年），字修仁。东海郡郯县（今山东郯城县）人，官至中书令，是南朝的贤相。他"忧国忘家"，没有私心，身居高位，不营产业。李延寿称赞他说："徐勉少而励志，发愤忘食，修身慎行，运属兴王，依光日月，致位公辅，提衡端执，时无异议，为梁氏宗臣，信为美矣。"可惜，范云、徐勉等贤臣去世以后，梁武帝专任朱异，最后导致"侯景之乱"。"为政之道，在于得人"，斯言信矣。

徐勉，字修仁，东海郯人也。初与长沙宣武王[①]游，高祖深器赏之。高祖践阼[②]，拜中书侍郎，迁建威将军、后军谘议参军、本邑中正、尚书左丞。天监二年，除给事黄门侍郎、尚书吏部郎，参掌大选[③]。迁侍中。时王师北伐，候驿[④]填委。

【注释】①长沙宣武王：即萧懿（？—500年），字元达。南兰陵（今江苏武进县）人。南朝梁宗室大臣，梁武帝萧衍胞兄。功高震主，为东昏侯所杀。梁武帝即位，封长沙郡王，谥号宣武。

②践阼：即位，登基。

③大选：谓吏部铨叙授官。

④候驿：候坞和驿站。候坞，边境地区伺望敌情的土堡。

【译文】徐勉，字修仁，东海郡郯县（今山东郯城县）人。当初与长沙宣武王萧懿交游的时候，梁高祖萧衍非常器重赏识他。梁高祖登基，拜授中书侍郎，迁任建威将军、后军谘议参军、本邑中正、尚书左丞。天监二年（503年），除任给事黄门侍郎、尚书吏部郎，参与掌管评定官员次第。迁任侍中。当时梁朝军队向北方进军征讨，烽火台战报不断。

勉参掌军书，劬劳夙夜，动经数旬，乃一还宅。每还，群犬惊吠。勉叹曰："吾忧国忘家，乃至于此。若吾亡后，亦是传中一事。"六年，除给事中、五兵尚书，迁吏部尚书。勉居选官，彝伦[①]有序，既闲尺牍，兼善辞令，虽文案填积，坐客充满，应对如流，手不停笔。又该综百氏，皆为避讳。常与门人夜集，客有虞暠求詹事五官，勉正色答云："今夕止可谈风月，不宜及公事。"故时人咸服其无私。

【注释】①彝伦：指铨选官吏。

【译文】徐勉参与掌管军事情报文书，日夜操劳，动不动就几十天才能回一次家。每次回家，一大群狗警惕地对他狂叫。徐勉感叹说："我忧虑国事而忘记家事，才导致这样。当我死后，也应该会是传记中的一个事迹。"天监六年（507年），除任给事中、五兵尚书，升迁吏部尚书。徐勉担任主管铨选的考官，选拔官员井然有序，他既会写文章，又很有口才，即使公文堆满书案，座上的客人满座，也能应对如流，手不停笔。又能够公平地对待各姓人等，都为他们避讳。常常与门人夜间集会，有个名叫虞暠的客人恳求担任詹事五官，徐勉态度严肃地回答说："今天晚上只可以谈论清风明月，不应该论及公事。"因此当时的人都佩服他没有私心。

寻授宣惠将军，置佐史，侍中、仆射如故。又除尚书仆射、中卫将军。勉以旧恩，越升重位，尽心奉上，知无不为。爰自小选，迄于此职，常参掌衡石，甚得士心。禁省中事，未尝漏泄。每有表奏，辄焚藁草。博通经史，多识前载。

【译文】不久授任宣惠将军，设置佐史，保留原任的侍中、仆射。又除授尚书仆射、中卫将军。徐勉以旧日的恩情，被破格提升为重臣，尽心事奉君上，知无不为。从选官的小职，到如今的高位，常常参与掌管国家权柄，甚得士人欢心。宫中之事，不曾泄漏分毫，每有表文章奏，总是烧掉草稿。他广泛通晓经史，多能记住前代历史。

勉虽居显位，不营产业，家无蓄积，俸禄分赡亲族之穷乏者。门人故旧或从容致言。勉乃答曰："人遗子孙以财，我遗之以清白。子孙才也，则自致辎軿①；如其不才，终为他有。"尝为书诫其子崧曰：吾家世清廉，故常居贫素，至于产业之事，所未尝言，非直不经营而已。薄躬遭逢，遂至今日，尊官厚禄，可谓备之。每念叨窃②若斯，岂由才致，仰藉先代风范及以福庆，故臻此耳。古人所谓"以清白遗子孙，不亦厚乎！"（梁书卷二十五）

【注释】①辎軿（píng）：辎车和軿车的并称。后泛指有屏蔽的车子。

②叨窃：谓不当得而得。自谦无才而据有其位。

【译文】徐勉虽然身居高位，但是不营产业，家里没有积聚的财物，俸禄用来赡养亲族中的穷人。门人故旧有人劝阻他。徐勉却回答说：“别人把财物留给子孙，我把清白留给子孙。如果子孙有才能，那么自己就能够备办辎车和軿车；如果没有才能，那么财物还是会被别人占有。”他曾经写信告诫儿子徐崧说：我们家族世代清廉，因此常常清贫寒素，至于积蓄产业的事情，从来不曾说过，不只是不经营而已。我自身际遇，达到如今的尊官厚禄，可以说是完备了。每每想到不应当得到却得到这样的地位，哪里是凭才能得到的呢，靠的都是先代的风范遗留下来的吉庆，因此能达到这样的地位。这就是古人说的“把清白留给子孙，不也是很丰厚吗？”（梁书卷二十五）

明山宾

【题解】明山宾（443—527年），字孝若，平原鬲（今山东平原北）人，官至散骑常侍。其在州府为官，为了救济百姓，私开粮仓，到后来相关部门追责的时候，自己家宅充公也不辩解，“明山宾卖牛”的故事更是传为美谈，其忠诚笃实的做人风度，尤为晚世之楷模。

明山宾，字孝若，平原鬲人也。兄仲璋婴痼疾，家道屡空，山宾乃行干禄。

【译文】明山宾，字孝若，平原鬲（今山东平原北）人。兄长明仲璋身患痼疾，家业逐渐空虚，明山宾才谋求出来做官。

初，山宾在州，所部平陆县不稔，启出仓米以赡人。后刺史检州曹，失簿书[1]，以山宾为耗阙，有司追责，籍其宅入官，山宾默不自理，更市地造宅。

【注释】①簿书：记录财物出纳的簿册。

【译文】当初，明山宾在州府时，所管辖的平陆县歉收，他就开启粮仓拿米赈济灾民。后来刺史查验州曹，簿书显示粮食有短缺，就认为是明山宾耗损了，有关部门追究责任，没收了他的家宅充公，明山宾沉默不辩解，重新买地建造了家宅。

山宾性笃实，家中尝乏用，货所乘牛。既售受钱，乃谓买主曰："此牛经患漏蹄，治差已久，恐后脱发，无容不相语。"买主遽追取钱。处士阮孝绪[1]闻之，叹曰："此言足使还淳反朴，激薄停浇矣。"（梁书卷二十七）

【注释】①阮孝绪：南朝梁目录学家。字士宗，南朝梁陈留尉氏（河南尉氏）人。卒后，门徒谥为文贞处士。

【译文】明山宾秉性忠诚老实，家中曾经缺钱用，就典卖拉车的牛。已经出售拿到钱后，他对买牛的人说："这牛曾经患过漏蹄病，治愈已经很久了，恐怕以后再复发，因此不能不告诉你。”买主就急忙追讨回买牛的钱。处士阮孝绪听说后，感叹说：“这话足以使人回到从前的淳厚朴实，使不厚道的人内心触动，停止社会的浇薄之风了。”（梁书卷二十七）

裴子野

【题解】裴子野（469—530年），字几原，河东闻喜（今山西闻喜县）人。裴子野的曾祖裴松之、祖父裴骃都是著名的历史学家。受家庭的熏陶和影响，裴子野从小就对史学极感兴趣，三十岁左右，就将沈约写的史书《宋书》删撰为《宋略》二十卷。此书一出来，立即博得朝野上下一致赞赏，连和裴子野打过笔墨官司的沈约本人，见后也自叹不如。可惜《宋略》一书今已亡佚。他的《选举论》所谈到的官员选拔的问题，认为要有严格全面的选拔制度，才能保证官员能够称职，至今仍有现实意义。

裴子野，字几原，河东闻喜人，晋太子左率康八世孙。兄黎，弟楷、绰，并有盛名，所谓“四裴”也。曾祖松之，宋太中大夫。祖骃，南中郎外兵参军。父昭明，通直散骑常侍。

【译文】裴子野，字几原，河东郡闻喜县（今山西闻喜县）人，晋朝太子左率裴康的第八世孙。兄长裴黎，弟弟裴楷、裴绰都有很大的名望，号称“四裴”。曾祖裴松之，担任南朝刘宋的太中大夫。祖父裴骃，担任南中郎外兵参军。父亲裴昭明，担任通直散骑常侍。

初，子野曾祖松之，宋元嘉[①]中受诏续修何承天[②]《宋史》，未及成而卒，子野常欲继成先业。及齐永明[③]末，沈约所撰《宋书》既行，子野更删撰为《宋略》二十卷。其叙事评论多善，约见而叹曰："吾弗逮也。"

（《资治通鉴》卷一二八载裴子野《宋略·选举论》曰：官人[④]之难，先王言之尚矣。周礼，始于学校，论之州里，告诸六事，而后贡于王庭。其在汉家，州郡积其功能，五府举为掾属，三公参其得失，尚书奏之天子；一人之身，所阅者众，故能官得其才，鲜有败事。魏、晋易是，所失弘多。夫厚貌深衷，险如溪壑，择言观行，犹惧弗周，况今万品千群，俄折乎一面，庶僚百位，专断于一司，于是嚣风[⑤]遂行，不可抑止。干进务得，兼加谄渎[⑥]；无复廉耻之风，谨厚之操；官邪国败，不可纪纳，假使龙作纳言[⑦]，舜居南面，而治致平章，不可必也，况后之官人者哉！孝武虽分曹为两，不能反之于周、汉，朝三暮四，其病愈甚也！）（梁书卷三十）

【注释】①元嘉：南朝宋皇帝宋文帝刘义隆的年号（424—453年），共计29年余。

②何承天（370—447年）：东海郯人（今山东临沂人），南朝宋著名的思想家、天文学家、音乐家。西晋右卫将军何伦侄孙。

③永明：483年正月—493年十二月，是南朝齐武帝萧赜的年号，

共10年余。

④官人：选取人才给以适当官职。

⑤嚣风：喧嚷干进之风。

⑥谄渎：典出《易·系辞下》："君子上交不谄，下交不渎。"阿谀在上的人和轻侮在下的人。

⑦纳言：古官名。主出纳王命。尚书等近臣所用帻巾。

【译文】当初，裴子野的曾祖父裴松之在刘宋元嘉年间接受诏令接续编修何承天编纂的《宋史》，没有完成就去世了，裴子野常常想接继完成先人的事业。到齐武帝永明末年，沈约所编撰的《宋书》已经刊行，裴子野更正删改撰写成《宋略》二十卷。其叙事评论见解独到，沈约看到后感叹说："我比不上啊。"

（《资治通鉴》第一二八卷记载裴子野的《宋略·选举论》：选拔人才授予适当的官职，是件很难的事，前代的君王很早以前就已经说到过了。按照周朝的礼仪制度，从学校就开始注重人才的培养，首先在他的家乡加以品评，告诉给州郡六事，然后呈报给朝廷。在汉朝时期，州郡都搜集一些有才能的人，五府选拔他们担任佐治的官吏，三公具体考察他们做官的得失，尚书把考察结果上奏给天子；一个人才，经过这么多的考核，因此做官能够称职，少有失败。魏、晋时期改变了这种选拔方式，官吏的过失特别多。外表忠厚诚恳，然而内心阴险狡诈就如同难以琢磨的万丈深渊，即便是听其言、观其行，仍然担心不周到，何况如今千千万万的官员，只凭偶尔见过一面，就决定升降，官吏的任用，由一个部门单独决定，于是谋求仕进的风气就盛行起来，不能够抑止。谋求仕进务求多得，用尽一切手段媚上欺下；不再有廉洁知耻的风尚，谨慎笃厚的品行；官吏奸邪、国家混乱，不能够约束，即使让龙师主持出纳王命，舜帝居南面执掌国政，想要达到天下太平，恐怕未必能做到，何况后代那些选官的人呢！孝武皇帝虽然让尚书分曹治事，然而不能再回到周朝、汉代了，反复无常的改变，只是令弊病更加严重罢了！）（梁书卷三十）

陈庆之

【题解】陈庆之（484—539年），字子云，汉族，义兴国山（今江苏省宜兴市）人，南梁著名将领。陈庆之出身寒门，少为梁武帝萧衍随从，颇受信任。梁普通年间，任武威将军、宣猛将军等职，带兵有方，善抚军士。

陈庆之身体文弱，难开普通弓弩，不善于骑马和射箭，但是却富有胆略，善筹谋，带兵有方，是一位深得众心的儒将。一代伟人毛泽东在读《南史·陈庆之传》时留下了“再读此传，为之神往”的批语。

陈庆之，字子云，义兴国山人也。幼而随从高祖。高祖性好棋，每从夜达旦不辍，等辈皆倦寐，惟庆之不寝，闻呼即至，甚见亲赏。从高祖东下平建邺，稍为主书，散财聚士，常思效用。除奉朝请[①]。

【注释】①奉朝请：古代诸侯春季朝见天子叫朝，秋季朝见为请。因称定期参加朝会为奉朝请。

【译文】陈庆之，字子云，是义兴国山（今江苏宜兴）人。幼年就追随梁高祖。高祖爱好下棋，每次下棋都是通宵达旦不停歇，同僚都疲倦睡觉去了，惟独陈庆之不睡觉，随叫随到，很受高祖亲近赏识。跟从高祖东下平定建邺（今南京），不久担任主书，分发财物、招募士兵，常常思想着效劳，授任参加朝会。

普通七年，安西将军元树[①]出征寿春，除庆之假节、总知军事。大通元年，隶领军曹仲宗伐涡阳。魏遣征南将军常山王元昭等率马步十五万来援，前军至驼涧，去涡阳四十里。庆之欲逆战，韦放[②]以贼之前锋必是轻锐，与战若捷，不足为功，如其不利，沮我军势，兵法所谓以逸待劳，不如勿击。庆之曰："魏人远来，皆已疲倦，去我既远，必不见疑，及其未集，须挫其气，出其不意，必无不败之理。且闻虏所据营，林木甚盛，必不夜出。诸君若疑惑，庆之请独取之。"于是与麾下二百骑奔击，破其前军，魏人震恐。庆之乃还与诸将连营而进，据涡阳城，与魏军相持。自春至冬，数十百战，师老[③]气衰，魏之援兵复欲筑垒于军后，仲宗等恐腹背受敌，谋欲退师。庆之杖节[④]军门曰："共来至此，涉历一岁，糜费粮仗，其数极多。诸军并无斗心，皆谋退缩，岂是欲立功名，直聚为抄暴耳。吾闻置兵死地，乃可求生，须虏大合，然后与战。审欲班师，庆之别有密敕，今日犯者，便依明诏。”仲宗壮其计，乃从之。魏人掎角[⑤]作十三城，庆之衔枚[⑥]夜出，陷其四垒，涡阳城主王纬乞降。所余九城，兵甲犹盛，乃陈其俘馘[⑦]，鼓噪而攻之，遂大奔溃，斩获略尽，涡水咽流，降城中男女三万余口。诏以涡阳之地置西徐州。众军乘胜前顿城父。高祖嘉焉，赐庆之手诏曰：“本非将种，又非豪家，觖望[⑧]风云，以至于此。可深思奇略，善克令终。开朱门而待宾，扬声名于竹帛，岂非大丈夫哉！”

【注释】①元树：君立，河南洛阳人。北魏宗室大臣，献文帝之孙，咸阳王元禧之子。

②韦放：字元直，车骑将军韦睿之子。

③师老：部队士气衰落。

④杖节：执持旌节。古代帝王授予将帅兵权或遣使四方，给旌节以为凭信。

⑤掎角：典出《左传·襄公十四年》：“譬如捕鹿，晋人角之，诸戎掎之，与晋掊之。”指分兵牵制或夹击敌人。

⑥衔枚：枚状如箸，两端有带，可系于颈上，古代行军时，常令士兵横衔口中，以防喧哗。

⑦馘（guó）：古代战争中割取敌人的左耳以计数献功。

⑧觖（jué）望：企求，希望。

【译文】普通七年（526年），安西将军元树出征寿春（今安徽寿县），除授陈庆之假节、总知军事。大通元年（527年），隶属领军曹仲宗讨伐涡阳。北魏派遣征南将军常山王元昭等率领骑步兵十五万来增援，前军到达驼涧，距离涡阳四十里。陈庆之想迎战，韦放认为贼军前锋必定是轻捷精锐的士卒，交战如果告捷，不足以为功，如果失利，沮丧我军的士气，兵法所谓以逸待劳，不如不要迎击。陈庆之说："魏人远道而来，都已经疲倦，距离我军很远，必定不被怀疑，趁他们没有聚集，必须挫败贼军的士气，趁他们不注意攻击，一定没有不击败他们的道理。而且听说北虏所占据的营垒，林木非常茂盛，必定不会夜出。诸君如果有疑惑，庆之请求独自攻取。"于是率领麾下的二百骑兵奔击，攻破贼军的先头部队，魏人惊恐。陈庆之于是回军与诸将连营而进攻，占据涡阳城，与魏军对立争持。从春季到冬季，打了数十百战，士兵疲惫、士气衰落，北魏的援兵又想着在陈庆之军队后方建筑堡垒，曹仲宗等人担心腹背受敌，谋划想着退军。陈庆之在军门杖节说："我们一同来到这里，经历一年了，浪费的粮食、武器，数量极多。诸军并没有斗志，都想着退缩，哪里是想建立功名，简直是为了掠夺才聚在一起。我听说置之士兵死地，然后可以让他们求生，必须等到北虏大会合，然后与他们作战。如果谁还想着班师，庆之手中另有皇上密令，今日违犯的，就依据明诏处置。"曹仲宗佩服他的计谋，就听从了。魏人为了分兵牵制而营造了十三座城，陈庆之带着士兵口中衔枚夜晚出击，攻陷敌军的四座堡垒，涡阳城主王纬请求投降。所剩下的九座城池，军队仍然很强盛，于是陈放被俘敌人的左耳，擂鼓呐喊进攻，敌军崩溃，几乎全被斩首与俘虏，涡水都被阻塞了，降服城中的男女有三万多人。朝廷下诏以涡阳之地设置西徐州。众军乘胜向前屯兵在城父。高祖嘉奖他，亲手写诏书赏赐陈庆之说："你原本不是将门之后，又不出身豪势人家，希望乘着风云变幻的时势，有所作为，所以才有今天这样的结果。可以说是深谋远略，胆略超群，将事情从开头到结束都做得很好。从此可以开启朱门而接待宾客，宣扬声名在史册中，难道不是大丈夫吗！"

大通初，魏北海王元颢①以本朝大乱，自拔②来降，求立为魏主。高祖纳之，以庆之为假节、飚勇将军，送元颢还北。

【注释】①元颢（485—529年）：字子明，河南洛阳人。北魏宗室、大臣，献文帝拓跋弘之孙，北海平王元详长子，孝文帝元宏之侄。

②自拔：主动摆脱痛苦或罪恶的境地。

【译文】大通初年（527年），北魏北海王元颢由于本朝大乱，主动摆脱困境来投降，请求册立为魏主。梁高祖同意了，任命陈庆之为假节、飚勇将军，护送元颢返回北魏。

颢于涣水即魏帝号，授庆之使持节、镇北将军、护军、前军大都督，发自铚县，进拔荥城，遂至睢阳。魏左仆射杨昱①、西阿王元庆、抚军将军元显恭②率御仗羽林宗子庶子众凡七万，据荥阳拒颢。兵既精强，城又险固，庆之攻未能拔。

士众皆恐，庆之乃解鞍秣马，宣喻众曰："吾至此以来，屠城略地，实为不少；君等杀人父兄，略人子女，又为无算。天穆之众，并是仇雠。我等才有七千，虏众三十余万，今日之事，义不图存。吾以虏骑不可争力平原，及未尽至前，须平其城垒，诸君无假狐疑，自贻屠脍。"一鼓悉使登城，壮士东阳宋景休、义兴鱼天愍逾堞③而入，遂克之。俄而魏阵外合，庆之率骑三千背城逆战，大破之。收荥阳储实，牛马谷帛不可胜计。

【注释】①杨昱（478—531年）：字元晷，弘农华阴（今陕西华阴市）人。北魏大臣，太师杨椿之子。

②元显恭（？—531年）：本名元恭，字怀忠， 河南洛阳人。北魏宗室大臣，景穆皇帝拓跋晃曾孙，城阳怀王元鸾第二子。

③堞（dié）：城上如齿状的矮墙。

【译文】元颢在涣水即北魏帝号，授任陈庆之使持节、镇北将军、护军、前军大都督，从铚县出发，进取荥城，于是到了睢阳。北魏左仆射杨昱、西阿王元庆、抚军将军元显恭率领皇帝禁卫、羽林军、皇族子弟等总共七万人，占据荥阳抵抗元颢。士兵既精悍强壮，城池又险阻坚固，陈庆之进攻不能夺取。士兵都很惊恐，陈庆之于是解下马鞍、喂马，对众人宣布命令说："我到这以来，破城杀民、占领土地，实在是不少；你们杀害别人的父兄，掠夺别人的子女，数量也无法统计。天穆的众人，都是仇人。我军只有七千人，虏众有三十多万，今日之事，义不谋求生存。我认为不可以与北虏的骑兵在平原争胜，当他们没有全部来到的时候，应该平定他们的城垒，诸君不要犹豫，自己贻误战机就会被敌军宰割。”于是一鼓作气都登上城池，壮士东阳宋景休、义兴鱼天愍跳过城堞而入，于是攻克城池。不久北魏军队在外会合，陈庆之率领三千骑兵背城迎战，大破敌军。收取荥阳储存的实物，牛马谷帛不能算计得清。

高祖复赐手诏称美焉。庆之麾下悉著白袍，所向披靡。先是洛阳童谣曰："名师大将莫自牢，千兵万马避白袍。"自发铚县至于洛阳，十四旬平三十二城，四十七战，所向无前。

【译文】梁高祖又亲手书写诏书赞美他。陈庆之麾下都穿着白袍，军队所到之处，什么也阻挡不了。在这之前洛阳有童谣说："名师大将莫自牢，千兵万马避白袍。"从铚县出发到洛阳，一百四十天平定三十二座城池，历经四十七战，军队所向无敌。

庆之性祗慎①，衣不纨绮，不好丝竹，射不穿札②，马非所便，而善抚军士，能得其死力。（梁书卷三十二）

【注释】①祗（zhī）慎：敬慎。

②穿札：射穿铠甲。札，铠甲的叶片。形容射箭功力之强。

【译文】陈庆之品性恭敬谨慎，不穿精美的丝织品，不爱好音乐，参加射礼不穿有装饰的铠甲，骑的马并不快捷，

然而他善于抚恤军士，因此能够让他们效死尽力。（梁书卷三十二）

江　革

【题解】江革（？—535年），字休映，济阳考城人，官至光禄大夫。江革从小以孝闻名，入仕以后，不仅有智谋，且富有文才，廉洁清正，生活简朴，治政有道，德行、学问俱佳，各方面均为世人学习的楷模。

江革，字休映，济阳考城人也。幼而聪敏，早有才思，以孝闻。司徒竟陵王闻其名，引为西邸学士。弱冠举南徐州秀才。解褐奉朝请。仆射江祏①深相引接，祏为太子詹事，启革为府丞。祏时权倾朝右，以革才堪经国，令参掌机务，诏诰文檄，皆委以具。革防杜形迹，外人不知。祏诛，宾客皆罹其罪，革独以智免。除尚书驾部郎。

【注释】①江祏（？—499年）：字弘业，济阳考城（今河南民权）人。南朝齐外戚大臣，赠光禄大夫江德邻之子，齐明帝萧鸾姑表弟。齐明帝去世后，接受遗诏辅政，领太子詹事，为朝中“六贵”之一。永元元年（499年），谋立始安王萧遥光为帝，事泄伏诛。

【译文】江革，字休映，是济阳考城（今河南民权）人。幼年聪明，早年有才气和思致，以孝顺闻名。南齐司徒竟陵王萧子良听闻他的名声，引他为西邸学士。二十岁时，他被举为南徐州秀才。开始进入朝廷为官。仆射江祏极力引荐他，江祏任太子詹事，启奏江革任府丞。江祏的权势极大，认为江革有经国之才，便让他掌管机要，诏诰檄文，都交给他去办。江革不露形迹、这些事情也不被外人知道。等到江祏被杀，他门下宾客都受牵连，只有江革以智谋得以幸免。后授尚书驾部郎。

中兴元年，高祖入石头，时吴兴太守袁昂据郡距义师，乃使革制书与昂，于坐立成，辞义典雅，高祖深赏叹之，因令与徐勉同掌书记。

【译文】中兴元年（501年），高祖萧衍进军石头，当时吴兴太守袁昂占据郡地抗拒，高祖萧衍就让江革写信给袁昂，江革即席写就，辞义典雅，高祖非常赞赏，就让他和徐勉共同掌管书记工作。

时武陵王在东州，颇自骄纵，上召革面敕曰："武陵王年少，臧盾性弱，不能匡正，欲以卿代为行事。非卿不可，不得有辞。"乃除折冲将军、东中郎武陵王长史、会稽郡丞、行府州事。革门生故吏，家多在东州，闻革应至，并赍持缘道迎候。革曰："我通不受饷，不容独当故人筐篚。"至镇，惟资公俸，食不兼味。郡境殷广，辞讼日数百，革分判辨析，曾无疑滞。功必赏，过必罚，民安吏畏，百城震恐。寻监吴郡。于时境内荒俭，劫盗公行。革至郡，惟有公给仗身[1]二十人，百姓皆惧不能静寇；反省游军尉，民下逾恐。革乃广施恩抚，明行制令，盗贼静息，民吏安之。（梁书卷三十六）

【注释】①仗身：帝、王或高官的随身卫士。

【译文】这时武陵王在东州，极为骄纵，高祖召见江革当面吩咐他说："武陵王年少骄纵，而臧盾性情软弱，不能尽其辅佐之责，想让你替代臧盾（辅佐武陵王）。"于是任江革为折冲将军、东中郎武陵王长史、会稽郡丞、行府州事。江革的门生故吏，家多在东州，闻听江革将要来，都携带着礼物沿途迎候。江革说："通通不接受馈赠，我不能够让自己变成旧友的礼物筐。"到了镇守地，只是拿取公俸，膳食没有两种以上的菜肴。郡境人口繁多而广泛，一天有几百起诉讼，江革剖析判断，从来没有迟疑不决。有功必赏，有过必罚，百姓安居属吏敬畏，百城惊恐。不久督察吴郡。当时吴郡境内荒年歉收，强盗、劫贼公然行动。江革到达吴郡，只有公家派给的二十名随身卫士，百姓都担心不能肃清匪寇；江革反而撤去游军尉，百姓更加恐慌。江革于是广施恩惠抚慰，公开政令，盗贼很快平息，百姓官吏都安定了。（梁书卷三十六）

朱 异

【题解】朱异（483—549年），字彦和，吴郡钱唐（今浙江杭州）人。梁武帝萧衍的宠臣。朱异出身官宦之家，父亲朱巽曾为江夏王参军，吴平令。朱异因勤奋治学被沈约、明山宾等人赏识推荐，二十一岁踏入仕途。历任扬州议曹从事史，入直中书省，兼太学博士，迁仪曹郎中，兼通事舍人，累迁鸿胪卿、太子右卫率，加散骑常侍。大同八年（542年），改加封侍中。太清初年，迁左卫将军、中领军。“侯景之乱”时，被皇太子萧纲指责为祸乱原因之一，恐惧之下病卒。

朱异因善于迎合武帝的心思，在梁大权独揽三十余年，他贪财受贿，欺上瞒下，生活极尽奢靡，给梁朝埋下了覆灭的祸根。遍观历史，人君任用什么样的人做大臣，的确关系到国家的生死存亡！作为历史经验和教训，足以引起后人的深思和鉴戒！

朱异，字彦和，吴郡钱唐人也。年十余岁，好群聚蒲博，颇为乡党所患。既长，乃折节从师，遍治《五经》，涉猎文史。

异二十一，有诏求异能之士，《五经》博士明山宾表荐异。高祖召见，使说《孝经》、《周易》义，甚悦之。迁尚书仪曹郎，入兼中书通事舍人，累迁鸿胪卿，太子右卫率，寻加员外常侍。

【译文】　朱异，字彦和，吴郡钱塘（今浙江杭州）人。十岁时，喜好和人聚在一起赌博，乡里人都把他看成是个祸害。长大之后，才立志改变恶习从师学习，《五经》全部学过，又广泛读过文史著作。

朱异二十一岁那年，朝廷下诏征用有杰出才能的人士，五经博士明山宾上表举荐朱异。梁武帝召见朱异，让他讲《孝经》《周易》的义理，梁武帝听后很高兴，提拔朱异任尚书仪曹郎，入朝廷兼任中书通事舍人，接着调任鸿胪卿、太子右卫率，不久加官员外常侍。

中大通元年，迁散骑常侍。自周舍①卒后，异代掌机谋，方镇改换，朝仪国典，诏诰敕书，并兼掌之。太清元年，迁左卫将军，领步兵。二年，迁中领军，舍人如故。

【注释】①周舍（469—524年）：字升逸，汝南郡安城（今河南汝南县）人。南朝梁大臣，官至中书侍郎，迁散骑常侍、豫州大中正、太子詹事。普通五年（524年），迁右骁骑将军，卒于官，时年56岁。

【译文】　中大通元年（529年），朱异晋升散骑常侍。自从前散骑常侍周舍去世之后，朱异接替他掌管朝廷机要，无论地方长官的变动，朝廷礼仪国家大典，诏诰敕书的起草和发布，全都由朱异执掌。太清元年（547年），晋升中领军，舍人职务不变。

高祖梦中原平，举朝称庆，旦以语异，异对曰："此宇内方一之征。”及侯景归降，敕召群臣议，尚书仆射谢举等以为不可，高祖欲纳之，未决；尝夙兴至武德阁，自言“我国家承平若此，今便受地，讵是事宜，脱致纷纭，悔无所及”。异探高祖微旨，应声答曰：“圣明御宇，上应苍玄，北土遗黎，谁不慕仰？为无机会，未达其心。今侯景分魏国太半，输诚送款，远归圣朝，岂非天诱其衷，人奖其计！原心审事，殊有可嘉。今若不容，恐绝后来之望。此诚易见，愿陛下无疑。”高祖深纳异言，又感前梦，遂纳之。及贞阳[①]败没，自魏遣使还，述魏相高澄欲更申和睦。敕有司定议，异又以和为允，高祖果从之。其年六月，遣建康令谢挺、通直郎徐陵使北通好。是时，侯景镇寿春，累启绝和，及请追使。又致书与异，辞意甚切，异但述敕旨以报之。八月，景遂举兵反，以讨异为名。募兵得三千人，及景至，仍以其众守大司马门。

【注释】①贞阳：指萧渊明（？—556年），字靖通，南梁第七位皇帝，梁文帝萧顺之之孙，长沙宣武王萧懿之子，梁武帝萧衍之侄 。少有才情，历任清要，初封贞阳侯，拜豫州刺史，为东魏高澄所俘。承圣三年（554年），堂兄梁元帝萧绎为西魏所杀。承圣四年（555年），在北齐高洋和太尉王僧辨支持下，即位为帝，年号天成。不久，司空陈霸先发动兵变，萧渊明被迫退位，降为太傅，封建安郡公。绍圣二年（556年），毒疮发作而死，追谥闵皇帝。

【译文】 高祖梁武帝做梦梦见中原收复，满朝称颂恭贺，第二天把这梦中的事告诉给朱异，朱异说：“这是天下将要统一的预兆。”当侯景来归降时，武帝命令群臣聚会商议，尚书仆射谢举等人认为不能接受，武帝则想要接受侯景归降，事情未能决定。武帝曾经一早来到武德阁，自言自语地说：“我的国家如此安定和平，如今轻易接受降地，难道是不合适的事？万一由此招来麻烦，即使后悔也来不及了。”朱异窥测到武帝心中的意向，应声说：“圣明的天子君临天下，顺应上天的意旨，北方的遗民百姓，有谁不爱慕敬仰，只是没有机会，没能表达他们的心愿。现在侯景割下东魏国土的一大半，前来表达诚恳的心意，从边远外来归附圣朝，岂不是上天开导他的内心，人们赞助他的计谋的结果吗？考察侯景的心意审视他的行为，是很值得嘉奖赞许的。如今要是不容许他来归降，恐怕会断绝了今后想要归降者的希望。这种事是明显可见的，希望陛下不必迟疑不决。”武帝深信并同意朱异的见解，又受到日前梦境的启发，于是按朱异的说法办理。等到贞阳侯萧渊明战败被俘，从东魏派人回来，述说东魏国相高澄打算同梁朝重申和好之情时，武帝下令群臣决定对策，朱异又认为和好是合适的，武帝最后决定照办。当年六月，派遣建康令谢挺、通直郎徐陵到东魏出使沟通友好关系。当时侯景坐镇寿春，接连启奏武帝请求断绝同东魏的和好，并请求追回使臣。又写信给朱异，辞意极为恳切，朱异只把武帝的意见转述给他。八月，侯景便发兵反叛，用讨伐朱异作为起兵的借口。朱异募兵三千人，等到侯景到达，便用他的募兵把守大司马门。

初，景谋反，合州刺史鄱阳王范、司州刺史羊鸦仁并累有启闻，异以景孤立寄命，必不应尔，乃谓使者："鄱阳王遂不许国家有一客！"并抑而不奏，故朝廷不为之备。及寇至，城内文武咸尤之。皇太子又制《围城赋》，其末章云："彼高冠及厚履，并鼎食而乘肥，升紫霄之丹地，排玉殿之金扉，陈谋谟之启沃，宣政刑之福威，四郊以之多垒，万邦以之未绥。问豺狼其何者？访虺蜴之为谁？"盖以指异。异因惭愤，发病卒，时年六十七。

【译文】当初，侯景策划造反，合州刺吏鄱阳王萧范、司州刺史羊鸦仁都连续有奏章向梁武帝报告，朱异认为侯景是在孤立的情势下来投降保命的，必定不会反叛，于是对使者说："鄱阳王就不许国家有一个外来的客人！"压下奏章不上报梁武帝，因此朝廷没有对侯景的反叛做出防备。当侯景叛军打来，城里的文武官员全都怪罪朱异。皇太子萧纲又写了一篇《围城赋》，最后的一段说："他头戴高冠足蹬厚底鞋，列鼎而食乘坐肥马，登上宫殿的丹墀，推开皇宫的金门，陈述朝廷的决策，宣扬刑政的福威，四郊因为他筑起许多壁垒，天下因为他不得安宁。试问这豺狼是谁？试问那毒蛇和蜥蜴是谁？"这不外是谴责朱异的意见。朱异愧恨交加，发病死了，时年六十七岁。

异居权要三十余年，善窥人主意曲，能阿谀以承上旨，故特被宠任。历官自员外常侍至侍中，四官皆珥貂，自右卫率至领军，四职并驱卤簿，近代未之有也。异及诸子自潮沟列宅至青溪，其中有台池玩好，每暇日与宾客游焉。四方所馈，财货充积。性吝啬，未尝有散施。厨下珍羞腐烂，每月常弃十数车，虽诸子别房亦不分赡。（梁书卷三十八）

【译文】朱异身居掌握权要的职位三十多年，善于窥察皇帝内心的意图，百般阿谀奉承顺从皇帝的心意，所以特别受到宠幸信用。历年任官，从员外常侍直到侍中，这四种官职都在帽子上加貂尾作装饰，自右卫率到领军，这四种职位出入时都有卫队仪仗，这是近代历朝未曾有过的事情。朱异和他的子侄从潮沟挨着排地修建住宅一直到达青溪，宅院里有高台水池各种美好的玩赏，每当闲暇日子便会集宾客在里面游玩。四方馈赠礼物，钱财物品堆满库房。朱异本性吝啬，不曾对人有施舍。厨房里的珍馐美味发烂腐败，每个月扔掉的常常有十几车，但是对待别人即使是自己的本家子侄也从不分给财物。（梁书卷三十八）

羊　侃

【题解】羊侃（496—549年），字祖忻，泰山梁父（今山东泰安）人。羊侃早年出仕北魏，自尚书郎累迁征东将军、泰山太守，封钜平县侯。尔朱荣掌权后，率部南归梁朝。多次随军北伐，拜侍中、都官尚书，封高昌县侯。在侯景之乱中，羊侃表现出的忠义，连贼寇也为之动容，所以不加害他的儿子。今日读来，依然令人感佩。

羊侃，字祖忻，泰山梁甫人。父祉，魏侍中，金紫光禄大夫。初，其父每有南归之志，常谓诸子曰："人生安可久淹异域，汝等可归奉东朝。"侃至是将举河济以成先志。

【译文】羊侃，字祖忻，泰山梁甫（今山东泰安）人。父亲羊祉，担任北魏侍中，金紫光禄大夫。当初，他的父亲每每有南归的意向，常常对诸子说："人生怎么可以长久滞留在外地，你们应该回去事奉东朝。"羊侃于是准备渡河回到南朝以完成先人的遗愿。

侃以大通三年至京师。太清[①]二年，为都官尚书。侯景[②]反，攻陷历阳，高祖问侃讨景之策。侃曰："景反迹久见，或容豕突[③]，宜急据采石，令邵陵王袭取寿春。景进不得前，退失巢窟，乌合之众，自然瓦解。"议者谓景未敢便逼京师，遂寝其策，令侃率千余骑顿望国门。景至新林，追侃入副宣城王都督城内诸军事。及贼逼城，众皆恟惧，侃伪称得射书，云"邵陵王、西昌侯已至近路"。众乃少安。贼攻东掖门，纵火甚盛，侃亲自距抗，以水沃火，火灭，引弓射杀数人，贼乃退。加侍中、军师将军。

【注释】①太清：梁武帝萧衍的第七个年号（547年4月—549年12月），共计2年余。太清三年五月简文帝萧纲即位沿用。

②侯景（503—552年）：本姓侯骨，字万景，朔州（今山西朔州市）人，羯族。太清二年（548年），起兵叛乱，进攻建康城，发动“太清之乱”，屠戮门阀世家。

③豕突：像野猪一样奔突窜扰。

【译文】羊侃在大通三年（529年）到达京师。太清二年（548年），梁高祖命他担任都官尚书。侯景造反，攻陷历阳，梁高祖询问羊侃讨伐侯景的计策。羊侃曰：“侯景反叛的迹象早就出现了，或许他会奔袭京师，应该急速占据采石矶，命令邵陵王袭取寿春（安徽淮南市寿县）。侯景前进不能向前，后退失去了盘踞之地，乌合之众，自然瓦解。”商议的人认为侯景不敢直接进逼京师，于是搁置了他的计策，下令羊侃率领一千多骑兵驻扎在望国门。侯景已到新林，朝廷又派人追回羊侃入城，辅佐宣城王都督城内诸军事。等到贼寇逼进京城，众人都纷扰惊惧，羊侃假称得到用箭传送的书信，说“邵陵王、西昌侯的援兵已经到达附近”。众人才稍微安心。贼寇攻占东掖门，火势非常旺盛，羊侃亲自带兵抵抗，以水灭火，火灭后，用弓箭射杀数人，贼寇才撤退。加任侍中、军师将军。

初，侃长子鷟为景所获，执来城下示侃，侃谓曰：“我倾宗报主，犹恨不足，岂复计此一子，幸汝早能杀之。”数日复持来，侃谓鷟曰：“久以汝为死，犹复在邪？吾以身许国，誓死行

阵，终不以尔而生进退。”因引弓射之。贼感其忠义，亦不之害也。（梁书卷三十九）

【译文】起初，羊侃的长子羊鷟被侯景所抓获，逮捕到城下给羊侃看，羊侃说：“我即使是倾覆宗族报答君王，尚且嫌不足，哪里会在乎这一个儿子呢，希望你能早点杀了他。”几天以后羊鷟又被押来，羊侃对羊鷟说：“我久以为你已经死了，怎么还活着呢？我愿将生命献给国家，立誓至死在军队中，始终不因为你的生死而决定进退。”于是举起弓箭就要亲手射杀羊鷟。贼寇感念他的忠义，也没有加害羊鷟。（梁书卷三十九）

王　褒

【题解】王褒（约513—576年），字子渊，琅琊临沂（今山东临沂）人，南北朝文学家。东晋宰相王导之后，曾祖王俭、祖王骞、父王规，都享有盛名。王褒在《幼训》里给孩子的诫言，体现了一位慈父的谆谆教诲，他对儒释道三家学问都深入学习，明白三家之学是完全相通的，因此希望子孙后代也能认真修学，可见其为一位通达的学者。自古及今，俗儒不明释道之学，因而对其大肆批判，贻误后学。真正的学者，当以王褒为榜样才是。

褒，字子汉。承圣二年，迁左仆射。褒著《幼训》，以诫诸子。其一章云：

陶士衡[①]曰：“昔大禹不吝尺璧[②]而重寸阴。”文士何不诵书，武士何不马射？若乃玄冬修夜，朱明永日，肃其居处，崇其墙仞，门无糅杂，坐阙号呶[③]。以之求学，则仲尼之门人也；以之为文，则贾生之升堂也。古者盘盂有铭，几杖有诫，进退循焉，俯仰观焉。文王之诗曰：“靡不有初，鲜克有终。”立身行道，终始若一。“造次必于是[④]”，君子之言欤？

儒家则尊卑等差，吉凶降杀。君南面而臣北面，天地之义也；鼎俎奇而笾豆偶，阴阳之义也。道家则堕支体，黜聪明，弃义绝仁，离形去智[⑤]。释氏之义，见苦断习，证灭循道，明因辨果，偶凡成圣，斯虽为教等差，而义归汲引。吾始乎幼学[⑥]，及于知命[⑦]，既崇周、孔之教，兼循老、释之谈，江左以来，斯业不坠，汝能修之，吾之志也。（梁书卷四十一）

【注释】①陶士衡：即陶侃（259—334年），字士行（一作士衡）。本为鄱阳郡枭阳县（今江西都昌）人，后徙居庐江郡寻阳县（今江西九江西）。东晋时期名将。

②尺璧：直径一尺的璧玉。言其珍贵。语本《淮南子·原道训》：“圣人不贵尺之璧而重寸之阴，时难得而易失也。”

③朱明：指夏季。尸子《卷上》：“春为青阳，夏为朱明，秋为白藏，冬为玄英。”号呶：喧嚣叫嚷。语出《诗·小雅·宾之初筵》：“宾既醉止，载号载呶。”毛传：“号呶，号呼欢呶也。”

④“造次”句：语出《论语·里仁》：“君子无终食之间违仁，造次必于是，颠沛必于是。”造次：仓促、紧迫。

⑤“堕支体”四句：语出《庄子·大宗师》：“堕肢体，黜聪明，离形去知，同于大通，此谓坐忘。”意指忘却自己的肢体，抛弃自己的聪明，摆脱形体与智慧的束缚，与大道融会贯通成为一体，这就是坐忘。

⑥幼学：《礼记·曲礼上》：“人生十年曰幼，学。”郑玄注：“名曰幼，时始可学也。”因称十岁为“幼学之年”。后引申为幼时的学业。

⑦知命：《论语·为政》：“五十而知天命。”后来用“知命”指五十岁。

【译文】王褒，字子汉，承圣二年（553年），迁任尚书左仆射。王褒著有《幼训》，用来劝诫自己的孩子。其中有一篇这样写道：

陶侃曾说：“从前大禹不吝惜尺璧，却珍惜短暂的光阴。“文士为什么不珍惜时间读书，武士为什么不去骑马射箭呢？至于隆冬的长夜和夏季漫长的白天，能够整肃居所，高筑院墙，闭门谢客，专心致志使门无闲杂，座无喧哗，用这种精神读书，就算得上是孔子的门人了；用这种态度来写文章，就可以达到贾谊的境界。古时，盘、盂上都刻有勉励的铭文，茶几、手杖上都写有劝诫的话语，进退之间以此为遵循，仰俯之间都可以看到以提醒自己。周文王有诗说：“靡不有初，鲜克有终。”一个人立身行道，贵在始终如一。“即使是在仓促之间行事，也一定要以此为准则”，这是君子之言啊！

儒家强调尊卑等级，讲究吉凶降杀。君王面南而坐，臣子则面北而坐，这是天经地义之事。鼎、俎等器物是单数足，而笾、豆等器物是双数足，这是表示尊崇阴阳之道。而道家则主张忘却自己躯体，抛弃自己的聪明，放下道义和仁爱的名相，摆脱形体与智慧的束缚，与大道融会贯通成为一体，这就是坐忘。佛教的根本教义，则是让人看到造成苦的根本原因，然后断除恶习，依循佛教教义，通过灭苦而证得涅槃，明辨因果，超凡入圣。儒释道三教虽然教义有所差别，但是从义理上都是教人断恶修善、破迷开悟、转凡成圣。我从幼学开始学习，到了五十而知天命的年龄，既崇尚周公、孔子的思想，又钻研老子及佛家的教诲，自从晋室移到江东以来，一直都没有放弃，我希望你们也能认真修习，这也是我的志向。”（梁书卷四十一）

萧　介

【题解】萧介，字茂镜，兰陵（今江苏常州）人，梁武帝时官拜光禄大夫，大同二年（547年）称病辞官。太清年间，萧介疾病在身，但为报皇上知遇之恩，乃奋笔上表，劝梁武帝不要容纳侯景。梁武帝看了他的表文，虽然感叹他的忠诚，却不能接纳他的建议，最终造成“侯景之乱”，自己身死台城，甚为可悲。由此可见，君主纳受忠臣的谏言是何等重要。

萧介，字茂镜，兰陵人也。大同七年，征为少府卿，寻加散骑常侍。太清中，侯景于涡阳败走，入寿阳。高祖敕防主韦黯纳之，介闻而上表谏曰：

【译文】萧介，字茂镜，兰陵（今江苏常州）人。大同七年（541年），萧介被任命为少府卿，不久加任散骑常侍。太清年间，侯景从涡阳（今属安徽亳州）败逃，逃到寿阳（今属山西晋中）。梁高祖萧衍下令让防主韦黯接纳侯景，萧介听说此事便上奏书进谏说：

臣抱患私门，窃闻侯景以涡阳败绩，只马归命，陛下不悔前祸，复敕容纳。臣闻凶人之性不移，天下之恶一也。昔吕布杀丁原以事董卓，终诛董而为贼；刘牢反王恭以归晋，还背晋以构妖。何者？狼子野心，终无驯狎之性；养虎之喻，必见饥噬之祸。侯景兽心之种，鸣镝之类。以凶狡之才，荷高欢翼长之遇，位忝台司，任居方伯；然而高欢坟土未干，即还反噬。逆力不逮，乃复逃死关西；宇文不容，故复投身于我。陛下前者所以不逆细流，正欲以属国降胡以讨匈奴，冀获一战之效耳。今既亡师失地，直是境上之匹夫。陛下爱匹夫而弃与国之好，臣窃不取也。若国家犹待其更鸣之晨，岁暮之效，臣窃惟侯景必非岁暮之臣。弃乡国如脱屣，背君亲如遗芥，岂知远慕圣德，为江淮之纯臣！事迹显然，无可致惑。一隅尚其如此，触类何可具陈？

【译文】臣在家中养病，听说侯景在涡阳兵败，只身来归，陛下不追究他先前造成的祸乱，反而又下令接纳他。臣听说恶人的天性永远都不会改变，天下的恶人都是一样的。过去吕布杀死丁原而侍奉董卓，最终又杀了董卓而成为逆贼；刘牢之背叛王恭而归顺晋朝，转而又背叛晋朝勾结妖孽。这是为什么呢？因为狼子野心，始终不会有驯服可亲近的天性；养虎遗患的比喻，说明必定会有被饿虎吃掉的祸患。侯景有野兽之心，就像响箭一样。他凭借凶顽狡诈的才能，获得高欢庇护的恩遇，夺得了三公之位，担任一方之长；然而高欢的坟土还没有干透，他就立即回头反咬一口。反叛的力量不足，于是又往关西逃避祸患；宇文泰不接纳他，所以又投靠我们。陛下以前之所以不拒绝细流，正是因为想要把国家大事托付给他，让他驯服胡人，以讨伐匈奴，希望获得一举获胜的效果罢了。如今他失了军队，没了土地，只算是边境上的一介匹夫。陛下您爱护匹夫却抛弃与同盟国的友好关系，臣私下认为不可取。假如国家还想等侯景将功补过，晚年为国效力，臣私下认为侯景一定不是能拼死效力的老臣。他抛弃故国就像脱掉鞋子，背叛国君就像丢弃草芥，他哪里知道要仰慕圣德，做江淮忠纯笃实之臣呢？这事的迹象已经很明显了，没有什么可怀疑的。在这一方面尚且如此，遇到相类似的事情又怎么能一一陈述呢？

臣朽老疾侵，不应辄干朝政。但楚囊将死，有城郢之忠；卫鱼临亡，亦有尸谏之节。臣忝为宗室遗老，敢忘刘向之心？伏愿天慈，少思危苦之语。

高祖省表叹息，卒不能用。（梁书卷四十一）

【译文】臣年迈体衰，又被病痛侵扰，本不应干预朝政，但是楚国子囊临死时，有嘱咐继任者子庚一定要修筑好新都郢城墙的忠心；卫国史鱼临死时，也有以死谏君的气节。臣愧为宗室老臣，怎么敢忘记刘向的忠心呢？希望陛下慈爱，稍微想一想臣这番逆耳直言。

高祖看了奏书后叹息不已，但最终也没有听从他的建议。（梁书卷四十一）

张　嵊

【题解】张嵊（483—548年）字四山，吴郡吴县（今苏州）人，梁朝开国功臣镇北将军张稷之子，中大同元年（546年）担任吴兴太守。“侯景之乱”时，他和御史中丞沈浚聚集义兵反抗，虽然最后全军覆没，为侯景所杀。然而，他视道义胜过生命，以身殉国，其为臣之气节，光耀古今，令人敬佩。

张嵊，字四山，镇北将军稷之子也。中大同元年，征为太府卿，俄迁吴兴太守。太清二年，侯景围京城，嵊遣弟伊率郡兵数千人赴援。三年，宫城陷，御史中丞沈浚违难东归。嵊往见而谓曰：“贼臣凭陵，社稷危耻，正是人臣效命之秋。今欲收集兵力，保据贵乡。若天道无灵，忠节不展，虽复及死，诚亦无恨。”浚曰：“鄙郡虽小，仗义拒逆，谁敢不从！”固劝嵊举义。于是收集士卒，缮筑城垒。时邵陵王东奔至钱唐，闻之，遣板授嵊征东将军，加秩中二千石。嵊曰："朝廷危迫，天子蒙尘，今日何情，复受荣号。"留板而已。贼行台刘神茂攻破义兴，遣使说嵊曰："若早降附，当还以郡相处，复加爵赏。"嵊命斩其使，仍遣军主王雄等帅兵于鳢渎逆击之，破神茂，神茂退走。侯景闻神茂败，乃遣其中军侯子鉴帅精兵二万人，助神茂以击嵊。嵊遣军主范智朗出郡西拒战，为神茂所败，退归。贼骑乘胜焚栅，栅内众军皆土崩。嵊乃释戎服，坐于听事，贼临之以刃，终不为屈。乃执嵊以送景，景刑之于都市，子弟同遇害者十余人，时年六十二。

史臣曰：若夫义重于生，前典垂诰，斯盖先哲之所贵也。故孟子称：生者我所欲，义亦我所欲，二事必不可兼得，宁舍生而取义。至如张嵊，捐躯殉节，赴死如归，英风劲气，笼罩今古，君子知梁代之有忠臣焉。（梁书卷四十三）

【译文】张嵊，字四山，镇北将军张稷之子。中大同元年（546年），被征为太府卿，不久迁升吴兴太守。太清二年（548年），侯景围攻京城，张嵊派弟弟张伊率几千名郡兵前往救援。太清三年（549年），宫城沦陷，御史中丞沈浚避难回乡。张嵊前去拜见并对他说："贼臣侵扰，国家危亡，正是做臣子的为国效命的时候。我如今想聚集兵力，占据你的家乡。假如天道没有灵验，忠贞的节操不能施展，即使死去，我实在也不会遗憾了。"沈浚说："我的家乡虽然小，但是仗义抗击逆贼，谁敢不服从！"坚决劝说张嵊起兵反抗。于是聚集士卒，修缮加固城池营垒。当时邵陵王向东逃到钱唐，听到这一消息后，派人送上文书任命张嵊为征东将军，增加俸禄中二千石。张嵊说：“朝廷危急，天子受辱，今日哪有闲情雅致，再接受封号。”只是留下文书而已。叛军行军刘神茂攻破义兴（今江苏宜兴），派使者劝说张嵊：“如果你能早日投降归附，仍让你当郡守，还加授爵禄和赏赐。”张嵊下令杀死他派来的使者，仍派军主王雄等率兵在鳢渎迎击敌军，攻破刘神茂的军队，刘神茂败退。侯景听说刘神茂兵败，便派中军侯子鉴率精兵二万人，帮助刘神茂迎击张嵊，张嵊派军主范智朗出郡西抵御抗击敌军，被刘神茂击败，退回郡中。敌军骑兵乘胜焚毁张嵊军营，所部军队全军覆没。于是张嵊脱下军服，坐在听政大厅中，敌军拿刀逼迫他，始终也不屈服。敌军便将张嵊送交侯景，侯景在市集中将他杀害，张嵊的兄弟子女有十多人一同被害，享年六十二岁。

史臣说：道义重于生命，是经典留下的训诫，也是先哲所看重的品德。所以孟子说，生命是我所想要的，道义也是我所想要的，这二者不能同时得到，我宁可舍弃生命而选择道义。至于像张嵊这样的人，牺牲生命殉节报国，不怕牺牲，他们英武的气概不屈的气节，光耀古今，君子得知梁代也是有忠臣的啊！（梁书卷四十三）

严植之

【题解】本篇辑录自《梁书·儒林传》。严植之，字孝源，建平秭归（今湖北秭归）人，是齐、梁时期的大儒。他一生清廉，品性高洁，学识渊博，撰有《凶礼仪注》479卷。这篇传记记录了他的仁义之行，观其所行，实在是难得的仁厚之人啊！

严植之，字孝源，建平秭归人也。植之性仁慈，好行阴德，虽在暗室，未尝怠也。少尝山行，见一患者，植之问其姓名，不能答，载与俱归，为营医药，六日而死。植之为棺殓殡之，卒不知何许人也。尝缘栅塘行，见患人卧塘侧，植之下车问其故，云姓黄氏，家本荆州，为人佣赁，疾既危笃，船主将发，弃之于岸。植之心恻然，载还治之，经年而黄氏差，请终身充奴仆以报厚恩。植之不受，遗以资粮，遣之。其义行多如此。（梁书卷四十八）

【译文】严植之，字孝源，建平秭归（今湖北秭归）人。严植之生性仁慈，喜欢做善事，即使在别人看不见的地方，也不曾懈怠。年少时曾在山中赶路，见到一个生了病的人，严植之问那人姓名，那人不能回答，严植之于是载着那人一同回家，为他请医抓药，那人过了六天就死了。严植之又为他买棺下葬，最终也不知道那人是哪里人。严植之曾沿着有栅栏围护的水塘行走，见到一个病人躺在水塘边，严植之下车问病人躺在地上的原因，病人说自己姓黄，家本在荆州，为人做工，生了急病，船主将要开船，把他丢在了岸上。严植之心里产生了怜悯之意，载他回家医治，过了一年姓黄的人病好了，他请求终身做严植之的

奴仆来报答对自己的大恩。严植之不肯接受，并送给他钱粮让他回家。严植之的仁义之行大多如此。（梁书卷四十八）

陶弘景

【题解】陶弘景（456—536年），字通明，南朝梁时丹阳秣陵（今江苏南京）人，号华阳隐居（自号华阳隐居）。当时，他深受梁武帝萧衍的信任，梁武帝多次赠官，他都不受，但梁武帝有关国家大事都要向他咨询，所以时人对他有“山中宰相”的称号。

陶弘景，字通明，丹阳秣陵人也。幼有异操。读书万余卷。善琴棋，工草隶。未弱冠，齐高帝①作相，引为诸王侍读，除奉朝请。虽在朱门，闭影不交外物，唯以披阅为务。朝仪故事，多取决焉。永明十年，上表辞禄，诏许之，赐以束帛。弘景为人，圆通谦谨，出处冥会，心如明镜，遇物便了，言无烦舛，有亦辄觉。

【注释】①齐高帝：即萧道成（427—482年），字绍伯，小名斗将，南齐开国皇帝。庙号为世祖，谥号高皇帝。

【译文】陶弘景，字通明，丹阳秣陵（今江苏南京）人。幼年有独特的节操。读书一万多卷。善于弹琴下棋，长于草书、隶书。不到二十岁，齐高帝萧道成为宰相，举荐他为诸王侍读，任职奉朝请。陶弘景虽然人在贵族豪富之家，然而隐匿形迹、不与外人交往，只把读书作为要务。当时朝廷礼仪、各种典章制度，多半取决于陶弘景。永明十年（493年），他上表辞去官职，齐武帝下诏书同意了，赏赐给他一束丝帛。陶弘景为人，处事灵活、谦和谨慎，出仕、隐退都暗合这个标准，他心如明镜，遇到事情能立刻解决，言语没有繁冗错乱，即使有也立刻能察觉。

永元①初，更筑三层楼，弘景处其上，弟子居其中，宾客至其下，与物遂绝，唯一家僮得侍其旁。特爱松风，每闻其响，欣然为乐。有时独游泉石，望见者以为仙人。高祖既早与之游，及即位后，恩礼逾笃，书问不绝，冠盖②相望。善辟谷③导引④之法，年逾八十而有壮容。深慕张良之为人，云“古贤莫比”。大同⑤二年，卒，时年八十一。颜色不变，屈申如恒。（梁书卷五十一）

【注释】①永元：南朝齐东昏侯萧宝卷的年号（499年正月—501年3月），共2年余。

②冠盖：泛指官员的冠服和车乘。冠，礼帽；盖，车盖。特指使者。

③辟谷：谓不食五谷。道教的一种修炼术。辟谷时，仍食药物，并须兼做导引等工夫。

④导引：导气引体。古医家、道家的养生术。实为呼吸和躯体运动相结合的体育疗法。近年出土的西汉帛画有治疾的《导引图》。

⑤大同：南朝梁武帝萧衍的第五个年号（535—546年），共

计11年。

【译文】永元初年（499年），陶弘景改建了一座三层的楼阁，自己住在最上一层，弟子居住在中间，宾客住在最下面，于是与外物断绝往来，唯有一个家仆在他身旁服侍。他特别喜爱松林中的风声，每每听到风吹松林的声响，就感到欣喜欢乐。他有时候独自在泉水山石旁游玩，望见他的人以为是仙人。梁高祖早年就与他交游，等到即位后，对陶弘景的恩宠礼遇更加深厚，和他的书信往来、使者探望没有断绝。陶弘景擅长辟谷导引的养生法，年纪超过八十岁仍然有青壮年时的容貌。他深深仰慕张良的为人，说“古时候的贤人，没有能跟张良相比的”。大同二年（536年）去世，终年八十一岁。去世后容貌没有变化，身体屈伸如同平常。（梁书卷五十一）

孙　谦

【题解】孙谦，字长逊，莒县（今山东日照）人。孙谦自十七岁为官，历仕宋齐梁三朝，被朝廷召为光禄大夫。他为官廉洁奉公，为民谋利，留下了良政廉迹，成为南北朝时期一位鞠躬尽瘁的官员楷模。

孙谦，字长逊，东莞莒人也。

泰始[①]初，事建安王休仁，休仁以为司徒参军，言之明帝，擢为明威将军，巴东、建平二郡太守。郡居三峡，恒以威力镇之。谦将述职，敕募千人自随。谦曰：“蛮夷不宾，盖待之失节耳。何烦兵役，以为国费。”固辞不受。至郡，布恩惠之化，蛮獠[2]怀之，竞饷金宝，谦慰喻而遣，一无所纳。郡境翕然，威信大著。

【注释】①泰始：南朝刘宋太宗皇帝刘彧的年号（465年12月—471年12月），共6年。

②蛮獠：旧时对西南方少数民族的蔑称。

【译文】孙谦，字长逊，是东莞莒县（今山东莒县）人。泰始初年（465年），事奉建安王刘休仁，刘休仁任命他担任司徒参军，并向宋明帝荐举他，擢升为明威将军，出任巴东、建平二郡太守。二郡位于三峡，之前的太守常常以武力镇压百姓。孙谦将要去赴任，宋明帝敕命招募一千人跟随。孙谦说：“蛮夷不肯臣服，可能是由于对待他们缺少礼节。哪里用得着麻烦派兵打仗，耗费国家的钱财呢。”坚决推辞不接受兵卒跟随。他到了巴东、建平二郡，施行恩惠教化，那里的少数民族怀念他，争着向孙谦赠送金银财宝，孙谦宽慰晓喻然后如数送回他们，都没有接纳。郡县境内从此安宁和顺，孙谦的威信大大提高。

天监六年，出为辅国将军、零陵太守，已衰老，犹强力为政，吏民安之。先是，郡多虎暴，谦至绝迹。及去官之夜，虎即害居民。谦为郡县，常勤劝课农桑，务尽地利，收入常多于邻境。九年，以年老，征为光禄大夫。既至，高祖嘉其清洁，甚礼异焉。每朝见，犹请剧职[①]自效。高祖笑曰："朕使卿智，不使卿力。"

【注释】①剧职：艰巨烦剧的职务。

【译文】天监六年（507年），离京担任辅国将军、零陵太守，孙谦已经年老力衰，仍然努力为政，属吏百姓都安居乐业。在这之前，郡中多有老虎暴虐，孙谦上任后就绝迹了。到他离任的夜里，老虎就出来危害百姓。孙谦担任郡县长官，常常鼓励督促百姓耕种养蚕，务求地尽其利，百姓的收入常多于相邻郡县。天监九年（510年），由于年老，朝廷征调他为光禄大夫。回京赴任后，梁高祖嘉奖他的清明廉洁，礼仪非常隆重。每每朝见，仍然请求担任艰巨烦剧的职务报效朝廷。高祖笑着说："朕用的是爱卿的智慧，不是用爱卿的气力。"

谦自少及老，历二县五郡，所在廉洁。居身俭素，床施蘧除[①]屏风，冬则布被莞席，夏日无帱帐，而夜卧未尝有蚊蚋，人多异焉。年逾九十，强壮如五十者，每朝会，辄先众到公门[②]。力于仁义，行己过人甚远。（梁书卷五十三）

【注释】①蘧（qú）除：亦作"籧篨"，用苇或竹编成的粗席。②公门：古称国君之外门为"公门"。

【译文】孙谦从年少到老年，担任过二县五郡的长官，在任上都能保持廉洁。他立身节俭朴素，床榻边只铺设竹苇做的屏风，冬天则是盖布被铺莞席，夏天没有床帐，然而夜晚睡觉从来没有蚊子叮咬他，人们都感到很奇异。他年纪超过九十岁，仍然强壮如同五十岁的人，每次朝会，都比众人先到达公门。孙谦努力奉行仁义，立身行事超过常人很远。（梁书卷五十三）

陈　书

【提要】《陈书》是“二十四史”之一，为纪传体正史书，记录了自陈武帝陈霸先即位至陈后主陈叔宝亡国前后33年间的史实，共计36卷，成书于贞观十年（636年），作者姚思廉。由于陈朝只存在了33年，在政治、经济、文化方面没有特别的建树，《陈书》内容比不上《梁书》那样充实，本纪和列传都显得简略。但是，《陈书》所记载的历史内容，还是很有意义的。唐代魏徵、宋代曾巩、清代赵翼都认为，《陈书》在记述陈朝“其始之所以兴”“其终之所以亡”方面，尤其是在揭示陈武帝的“度量恢廓，知人善任”和陈后主的“躭荒为长夜之饮，嬖宠同艳妻之孽”方面，还是有其历史价值的。

陈朝（557—589年），史称南陈或南朝陈，是南朝最后一个朝代，为陈霸先于永定元年（557年）代南梁所建立，都建康（今南京），控制江陵以东、长江以南的、交趾以北的地区。因为“侯景之乱”，南朝受到极大破坏，百废待兴 。当时南朝转弱，北朝转强，陈朝刚建立时（557年）面临北方政权的入侵，形势十分危急。陈朝开国皇帝陈霸先带领军队一举击败敌军，形势逐渐好转。陈霸先于永定三年（559年）病逝，其侄陈文帝陈蒨即位，陈蒨大力革除南梁奢侈之风，使陈朝政治稍为安定。天康元年（566年），陈蒨驾崩，遗诏太子陈伯宗继位，年号光大，于次年被文帝弟、司徒、安成王陈顼所废。陈顼即位为陈宣帝，继续实行陈蒨时轻徭薄赋之策，使江南经济逐渐恢复。太建九年（577年），北周灭北齐。翌年，周陈在吕梁展开激战，周败陈，南陈名将吴明彻被俘，淮南之地得而复失，江北州郡尽为北周所有。太建十四年（582年），陈顼病死，太子陈叔宝继位，是为陈后主。后主不问政事，荒于酒色，陈朝政治已江河日下。北方的隋文帝杨坚积极准备灭陈。祯明二年（588年），杨坚命其子杨广等统军攻陈，至次年攻陷建康，南朝陈灭亡。

《续编》自《陈书》中辑录后主陈叔宝等十三人的纪传，选取其中裨益治道的内容，以作镜鉴。

后　主

【题解】陈后主陈叔宝（553—604年），字元秀，小名黄奴，吴兴长城（今浙江长兴）人。他是陈朝也是南朝最后一位皇帝（582—589年在位），陈宣帝陈顼嫡长子，母为皇后柳敬言。

他在位期间，荒废朝政，耽于酒色，醉心诗文和音乐。祯明三年（589年），隋军大举南下，攻破广陵、京口和都城建康，灭亡陈朝。陈叔宝被掳至长安，受封长城县公。隋文帝杨坚赐予宅邸，礼遇甚厚，他仍旧沉湎酒色，醉生梦死。隋朝仁寿四年（604年）死于洛阳，终年52岁。蔡东藩评论他说：“叔宝之恶，不如子业、宝卷之甚。子业屠灭宗族，宝卷渎乱天伦，而叔宝无是也。但宠艳妃，嬖狎客，杀谏臣，有一于此，未或不亡，况并三者而具备耶。”

后主，讳叔宝，字元秀，高宗嫡长子也。太建十四年，即皇

帝位。

【译文】陈后主名讳叔宝，字元秀，是陈高宗陈顼的嫡长子。太建十四年（582年），登上皇帝大位。

（《南史》本纪第十云：初隋文帝①受周禅，甚敦邻好，宣帝②尚不禁侵掠。太建③末，隋兵大举，闻宣帝崩，乃命班师，遣使赴吊，修敌国之礼，书称姓名顿首。而后主益骄，书末云："想彼统内如宜，此宇宙清泰。"隋文帝不说，以示朝臣。清河公杨素④以为主辱，再拜请罪，及襄邑公贺若弼⑤并奋求致讨。后主愈骄，不虞外难，荒于酒色，不恤政事，左右嬖佞⑥珥貂⑦者五十人，妇人美貌丽服巧态以从者千余人。常使张贵妃、孔贵人等八人夹坐，江总⑧、孔范⑨等十人预宴，号曰"狎客"。先令八妇人襞采笺，制五言诗，十客一时继和，迟则罚酒。君臣酣饮，从夕达旦，以此为常。而盛修宫室，无时休止。税江税市，征取百端。刑罚酷滥，牢狱常满。

【注释】①隋文帝：即杨坚（541—604年），隋朝开国皇帝。

②宣帝：即陈宣帝陈顼（530—582年），又名陈昙顼，字绍世，小字师利，陈武帝陈霸先之侄，始兴昭烈王陈道谭次子，陈文帝陈蒨之弟。谥号孝宣皇帝，庙号高宗。

③太建：南朝陈宣帝陈顼的年号（569年正月—582年12月），共计十三年余。太建十四年正月陈后主陈叔宝即位沿用。

④杨素（544—606年）：字处道，弘农郡华阴县（今陕西华阴市）人。开皇八年（588年），以行军元帅身份，率水军东下攻灭陈朝，以功拜荆州总管，封越国公。。

⑤贺若弼（544—607年）：复姓贺若，字辅伯，河南洛阳人，隋朝著名将领。后被隋炀帝以诽谤朝政的罪名杀害。

⑥嬖佞：得宠的奸伪小人。

⑦珥貂：插戴貂尾。汉代侍中、中常侍于冠上插貂尾为饰。后借指皇帝之近臣。

⑧江总（519—594年）：字总持，祖籍济阳郡考城县（今河南商丘民权县）。陈后主陈叔宝时，江总任宰相，他不理政务，只是每天和后主在后宫饮酒作乐，因此国家日益衰败，君臣昏庸腐败，以至于陈朝灭亡。

⑨孔范：大约595年前后在世，字法言，会稽山阴（今浙江绍兴）人。孔子的第30世孙。唐代律宗名僧文纲之父。与江总等并为狎客，容止都雅，文章赡丽。

【译文】（《南史》本纪第十卷记载：起初隋文帝杨坚接受北周的禅让，非常注重与邻邦修好，陈宣帝陈顼尚未防范隋军侵掠。太建末年（582年），隋朝军队大举进攻南陈，听说陈宣帝驾崩，于是下令调回军队，派遣使者前往吊丧，按照平等国家的礼仪对待，于书信落款处自称姓名，加“顿首”字样，以示对对方的尊重。然而陈后主却更加骄纵，在书信的末尾写道：“希望你们能把自己的区域治理好，那么天下就太平了。”隋文帝很不高兴，把书信给朝臣看。清河公杨素认为这是君主的耻辱，两次拜请治罪陈国，并且和襄邑公贺若弼一同奋力要求兴兵讨伐。陈后主越发骄纵，不忧虑境外的祸患，沉湎于酒色，不顾政事，左右插戴貂尾、得宠的奸伪小人有五十人，跟随在身边的容貌美丽、服装华丽，姿态娇媚的女子有一千多人。常常让张贵妃、孔贵人等八人夹坐在两边，让大臣江总、孔范等十人参加宴会，号称“狎客”。他先让八个妇人折叠彩色的笺纸，自己写一首五言诗，十个宴客同时接续应和，应和迟了的就要罚酒。君臣从早到晚都在畅饮，以此为常事。他还盛修宫室，没有一刻停止。并在江岸、市集上征收项目繁多的各种税收。刑罚残酷无度，牢狱里常常关满了犯人。

隋文帝谓仆射高颎[①]曰：“我为百姓父母，岂可限一衣带水不拯之乎？”命大作战船。人请密之，隋文帝曰：“吾将显行天诛，何密之有！使投柹[②]于江，若彼能改，吾又何求。”及纳梁萧瓛、萧岩[③]，隋文愈忿，以晋王广为元帅，督八十总管致讨。乃送玺书，暴后主二十恶。又散写诏书，书三十万纸，遍喻江外。

诸军既下，江滨镇戍相继奏闻。及闻隋军临江，后主曰：“王气在此，齐兵三度来，周兵再度至，无不摧没。虏今来者必自败。”但奏伎纵酒，作诗不辍。

【注释】①高颎（jiǒng）（541—607年）：字昭玄，鲜卑名独孤颎，渤海蓨（今河北景县东）人，隋朝杰出的政治家、战略家、军事家。善于识别和推荐人才，注意保护有功之臣。为人谦逊，不居功自傲。史称其有文武才略，明达世务。因见隋炀帝奢靡，甚为忧虑，有所议论，为人告发，与贺若弼同时被杀害。

②柿（fèi）：削下来的木片。

③萧瓛：字钦文，西梁末代皇帝萧琮的弟子。萧岩：萧琮的叔父。

【译文】隋文帝对仆射高颎说："我是百姓的父母，怎么能够因为一衣带水的阻隔而不去拯救他们呢？"于是命令大量制造战船。有人请求保密，隋文帝说："我将要公开行动、按照天意征讨陈朝，有什么秘密要保守！假使投掷木片到长江，如果他们能够改悔，我又有什么要求呢。"等到陈后主接纳了梁朝萧瓛、萧岩的投降，隋文帝更加忿恨，于是任命晋王杨广担任元帅，监督统率八十总管征讨陈朝。隋军派人给陈朝送去盖了玉玺的国书，揭露陈后主的二十条恶行。又广发诏书，写了三十万张，告知江外的所有百姓。

隋朝的各路军队沿江而下，南陈沿江镇守的将领相继将军情上报给陈后主。直到听说隋朝军队已经到达江边时，陈后主说："帝王的祥瑞之气在这里，北齐军队三次来犯，北周军队两次进犯，都被挫败。隋军现在来犯也必定会失败。"仍然只是观赏伎乐、酗酒狂饮，作诗不止。

三年春正月乙丑朔，隋将贺若弼自北道广陵济，韩擒[①]趋横江济，分兵晨袭采石，取之。辛巳，韩擒率众自新林至石子冈，镇东大将军任忠[②]出降擒，仍引擒经朱雀航趣宫城，自南掖门入。城内文武百司皆遁出，唯尚书仆射袁宪[③]、后合舍人夏侯公韵④侍侧。宪劝端坐殿上，正色以待之。后主曰："锋刃之下，未可及当，吾自有计。"乃逃于井。二人苦谏不从，以身蔽井，后主与争久之方得入。既而军人窥井而呼之，后主不应。欲下石，乃闻叫声。以绳引之，惊其太重，及出，乃与张贵妃、孔贵人三人同乘而上。丙戌，晋王广入据台城，送后主于东宫。

三月己巳，后主与王公百司，同发自建邺，之长安。隋文帝权分京城人宅以俟，内外修整，遣使迎劳之，陈人讴咏，忘其亡焉。使还奏言："自后主以下，大小在路，五百里累累不绝。"隋文帝嗟叹曰："一至于此。"文帝使内史令宣诏让后主，后主伏地屏息不能对，乃见宥。以隋仁寿⑤四年十一月壬子，终于洛阳，时年五十二。）

【注释】①韩擒：即韩擒虎（538—592年），原名韩擒豹，字子通，河南东垣（今河南新安县）人。隋朝名将，北周骠骑大将军韩雄之子。容仪魁伟，颇有胆略，爱好读书。作为先锋将军攻打陈国，俘虏陈后主陈叔宝。

②任忠：字奉诚，小名蛮奴，汝阴（今安徽合肥）人。陈朝时官至领军将军，加侍中，改封梁信郡公，邑三千户。后投降韩擒虎。

③袁宪（529—598年）：字德章，陈郡阳夏（今河南太康）人。陈后主陈叔宝时为尚书仆射。隋朝军队攻入建康宫殿时，陈后主身旁大臣只剩袁宪一人。袁宪建议陈后主仿效梁武帝见侯景的先例，向隋朝军队有尊严地投降，但陈后主并未采纳。

④夏侯公韵：南朝陈后主陈叔宝后阁舍人。

⑤仁寿：隋文帝杨坚的第二个年号（601年正月—604年十二月），历时3年余。仁寿四年七月隋炀帝即位沿用。

【译文】祯明三年（589年）春正月初一，隋朝将领贺若弼从北面的广陵（今扬州）渡江，韩擒虎从横江（安徽境内）渡江，分兵在清晨袭击采石矶（位于安徽），很快就攻占。十七日，韩擒虎率领众军从新林到达石子冈，陈朝的镇东大将军任忠出城投降韩擒虎，又引领韩擒虎经过朱雀航直奔宫城，从南掖门攻入。城内的文武百官都逃出去了，只有尚书仆射袁宪、后合舍人夏侯公韵陪侍左右。袁宪劝陈后主正坐在殿上，神色庄重的等待敌军。陈后主说："兵刃之下，没法抵挡，我自己有办法。"于是逃到了井边。二人苦心竭力地规劝，然而陈后主仍不听从，于是二人用身体挡住井，陈后主与他们争持了很久才得以下井。不久后有士兵窥视井中而呼喊，陈后主不答应。士兵于是想往井下扔石头，才听到叫喊声。用绳子拉他，诧异他怎么这么重，等到陈后主出来，原来是与张贵妃、孔贵人三人一同顺着绳子上来的。二十二日，晋王杨广进入占据台城，遣送陈后主到东宫。

三月初六，陈后主与王公百官，一同从建邺出发，前往长安。隋文帝暂时划分京城百姓的住宅等候他们，整修内外，派遣使者迎接、慰劳他们，陈朝人一路上歌唱吟咏，忘记了亡国之痛。使者回来向隋文帝上奏说："从陈后主以下，大小的官员在路上，连绵五百里都没有不断绝。"隋文帝感叹说："没想到竟然到了这个地步。”隋文帝派遣内史令宣读诏书责备陈后主，陈后主趴在地上屏气不能应对，才被宽宥。陈后主在隋朝仁寿四年（604年）十一月二十日在洛阳去世，时年五十二岁。）

史臣侍中郑国公魏徵[①]曰：后主生深宫之中，长妇人之手，既属邦国殄瘁，不知稼穑艰难。初惧阽危[②]，屡有哀矜之诏，后稍安集，复扇淫侈之风。宾礼诸公，唯寄情于文酒，昵近群小，皆委之以衡轴[③]。谋谟所及，遂无骨鲠之臣，权要所在，莫匪侵渔之吏。政刑日紊，尸素盈朝，躭荒为长夜之饮，嬖宠[④]同艳妻之孽。危亡弗恤，上下相蒙，众叛亲离，临机不寤，自投于井，冀以苟生，视其以此求全，抑亦民斯下矣。遐观列辟，纂武嗣兴，其始也皆欲齐明日月，合德天地，高视五帝，俯协三王，然而靡不有初，克终盖寡，其故何哉？并以中庸之才，怀可移之性，口存于仁义，心怵于嗜欲。仁义利物而道远，嗜欲遂性而便身。便身不可久违，道远难以固志。佞谄之伦，承颜候色，因其所好，以悦导之，若下坂以走丸[⑤]，譬顺流而决壅。非夫感灵辰象，降生明德，孰能遗其所乐，而以百姓为心哉？此所以成、康、文、景千载而罕遇，癸、辛、幽、厉靡代而不有，毒被宗社，身婴戮辱，为天下笑，可不痛乎！古人有言，亡国之主，多有才艺，考之梁、陈及隋，信非虚论。然则不崇教义之本，偏尚淫丽之文，徒长浇伪[⑥]之风，无救乱亡之祸矣。（陈书卷六）

【注释】①魏徵(580—643年)：字玄成，钜鹿郡(今河北晋州)人，因直言进谏，辅佐唐太宗共同创建“贞观之治”的大业，被后人称为“一代名相”。

②阽(diàn)危：临近危险。浇薄，虚伪。

③衡轴：古代天文仪器的转轴。比喻中枢要职。

④嬖宠：受宠爱，宠爱。指受君主宠爱的人。

⑤走丸：典出《汉书·蒯通传》：“为君计者，莫若以黄屋朱轮迎范阳令，使驰骛于燕赵之郊，则边城皆将相告曰‘范阳令先下而身富贵’，必相率而降，犹如阪上走丸也。”后因以“走丸”比喻事势发展顺利而快速。

⑥浇伪：浇薄，虚伪。

【译文】史官侍中郑国公魏徵评论说：陈后主出生在深宫之中，经妇人抚养长大，正值国家穷困之时，却不知道民生的艰难。即位初期他还畏惧危险，屡次下达怜悯百姓的诏书，后来天下稍微安定和谐，就又恢复过度浪费的风气。礼待诸公，只是寄托感情饮酒赋诗，亲信小人，中枢要职全都委托给他们。参与谋略的，没有刚正忠直之官，当权执政的，都是侵吞牟利之辈。政令和刑罚一天天紊乱，满朝都是尸居禄位不尽职守的人。他沉迷于游乐，作通宵的饮宴，宠爱亡国的孽妾，不体恤国家即将危亡，上下互相蒙骗，众叛亲离，面临危难却不省悟，自投于井，希望能够得过且过地活着，看他这样不顾人格地保全性命，不过就是个下等百姓罢了。纵观历代君王，继承皇位，开始的时候都想着能够与日月齐明，德行合于天地，上仰视五帝，下协和三王，然而事情都有个开头，能坚持到最后的很少，其中的缘故是为什么呢？都是以中等的才能，怀着可以改移的品性，嘴上说着仁义的话语，心里经不住嗜欲的诱惑。仁义能利益万物而实践艰难，嗜欲顺遂本性而方便自身。方便自身不可以长久离开，实践艰难就难以坚定心志。奸邪谄媚的人，顺承迎合君王的脸色和神态行事，利用君主的喜好，用愉悦来诱导他，如同在下坂时滚动圆球，譬如顺流而消除壅蔽。如果不是感受日月星辰，天生英明有德的君主，谁能够抛弃自身的欢娱，像护着心脏一样护着百姓呢？这就是周朝的成王、康王、汉代的文帝、景帝这样的明君历经千年而难以遇到，夏桀、商纣、周幽王、周厉王这样的昏君历朝历代都层出不穷，这些昏君毒害祸及宗庙国家，自身遭受杀戮污辱，被天下人所耻笑，能不痛惜吗！古人说过，亡国的国主，大多都有才艺，考察梁朝、陈朝以及隋朝的亡国之主，确实都是如此啊。他们都是不崇尚道德教化的根本，偏爱推崇浮华艳丽的文辞，徒然助长浇薄虚伪的风尚，最后不能挽救动乱灭亡的祸患。（陈书卷六）

张贵妃

【题解】张丽华（559—589年），南朝陈后主陈叔宝的妃子。张丽华出身兵家，聪明灵慧，有辩才，而且记忆力很强，因此深得陈后主喜爱。祯明三年（589年），隋朝灭亡陈朝，当时晋王杨广想纳张丽华为妃，长史高颎说：“周武王灭殷商，杀死妲己。如今平定陈朝，不应娶张丽华。”于是杨广下令将其斩杀。陈朝的灭亡，虽因后主昏庸，也是由于受到妖艳女子的诱惑。实在是“尤物之贻祸国家，无古今中外一也。”

后主张贵妃，名丽华，兵家女也。后主即位，拜为贵妃。性聪惠，甚被宠遇，爱倾后宫。又好厌魅[①]之术，假鬼道以惑后主，置淫祀[②]于宫中，聚诸妖巫使之鼓舞。因参访外事，人间有一言一事，妃必先知之，以白后主。由是益重妃，内外宗族，多被引用。及隋军陷台城，妃与后主俱入于井，隋军出之，晋王广命斩贵妃，榜于青溪中桥。

【注释】①厌魅：亦作“厌媚”。谓用迷信方法祈铸鬼神以迷惑或伤害别人。

②淫祀：不合礼制的祭祀；不当祭的祭祀，妄滥之祭。

【译文】陈后主的张贵妃，名丽华，是兵家之女。陈后主即位，封她为贵妃。她品性聪明有智慧，后主对其很是恩遇，宠爱超过后宫。他又喜好祈祷鬼神迷惑别人的法术，借助鬼道邪说来迷惑后主，在宫中设置不合礼制的祭祀，聚集许多妖人巫师让他们击鼓跳舞。她还借机访查朝廷政事，民间有一言一事，她必定先知道，然后告诉陈后主。后主因此更加倚重她，她内外的宗族，大多被引荐任用。等到隋朝军队攻陷台城，她与陈后主都躲入井中，隋军把他们拉了上来，晋王杨广下令斩杀张贵妃，张榜挂在青溪中桥。

后主每引宾客对贵妃等游宴，则使诸贵人及女学士与狎客[1]共赋新诗，互相赠答，采其尤艳丽者以为曲词，被以新声，选宫女有容色者以千百数，令习而歌之，分部迭进，持以相乐。其曲有《玉树后庭花》《临春乐》等，大指所归，皆美张贵妃、孔贵嫔之容色也。

【注释】①狎客：陪伴权贵游乐的人。

【译文】陈后主每每招引宾客与张贵妃等人一起游玩宴饮，就让众位贵人以及女学士与狎客一同赋新诗，互相赠答，采用最为艳丽的诗赋作为曲词，谱上新声调，挑选成百上千的有姿色的女子，让他们学习然后歌唱，分班更替演唱，持续作为娱乐。歌曲有《玉树后庭花》《临春乐》等，这些曲子的主要意思，都是赞美张贵妃、孔贵嫔的容貌美色。

是时后主怠于政事，百司启奏，并因宦者蔡脱儿、李善度进请，后主置张贵妃于膝上共决之。李、蔡所不能记者，贵妃并为条疏，无所遗脱。由是益加宠异，冠绝后庭。而后宫之家，不遵法度，有挂于理者，但求哀于贵妃，贵妃则令李、蔡先启其事，而后从容为言之。大臣有不从者，亦因而谮之，所言无不听。于是张、孔之势，薰灼四方，大臣执政，亦从风而靡。阉宦便佞[1]之徒，内外交结，转相引进，贿赂公行，赏罚无常，纲纪瞀乱矣。（陈书卷七）

【注释】①便佞：巧言善辩，阿谀逢迎。

【译文】当时陈后主懈怠国家事务，百官向帝王进言，都要通过宦官蔡脱儿、李善度进奏请示，后主抱着张贵妃在膝上共同决断。李善度、蔡脱儿不能记下的，张贵妃一并为他们逐条陈述，没有什么遗漏。因此陈后主更加宠爱张贵妃，远远超过后宫其他妃子。而且后宫的家属，不遵守法令制度，有违背礼法的，只要向张贵妃哀求，张贵妃就命令李、蔡先启奏这些事，然后从容不迫地为他们说情。大臣有不依附的，也用这种方式捏造罪名加以陷害，张贵妃所说的话，陈后主没有不听从的。于是张贵妃、孔贵嫔的权势，倾覆四方，大臣中执掌权柄的，也是随风倒向他们。宦官中阿谀逢迎的人，内外勾结，互相引进，贿赂公开实行，赏罚变化不定，朝廷的法度、纲常完全紊乱了。（陈书卷七）

沈 炯

【题解】沈炯（503—561年），字初明，南朝梁武康（今浙江德清县）人。仕梁为尚书左户侍郎，出为吴令。侯景之乱，为侯景将宋子仙所获，后为宋子仙掌书记，复转事王僧辩。凡羽檄军书，皆出其手。简文帝萧纲遇害，四方岳牧上表江陵劝进，僧辩令沈炯制表，其文特工。侯景平，梁元帝特封原卿县侯，邑五百户。陈文帝陈蒨即位，重其才用，讨王琳、拒留异，立功封任明威将军，遣还乡里，收徒众以备战。天嘉二年（561年），以疾卒于吴中。

《续编》主要辑录了其写给陈文帝的《请归养表》，他以母亲年老为由，请求归养，但是没有得到陈文帝的允许。文章言辞恳切，感人至深。

沈炯，字礼明，吴兴武康人也。高祖受禅，加通直散骑常侍，中丞如故。以母老表请归养，诏不许。文帝①嗣位，又表曰：

“臣婴生不幸，弱冠而孤，母子零丁，兄弟相长。谨身为养，仕不择官，宦成梁朝，命存乱世，冒危履险，百死轻生，妻息诛夷，昆季冥灭，余臣母子，得逢兴运。臣母妾刘，今年八十有一，臣叔母妾丘，七十有五，臣门弟侄故自无人，妾丘儿孙又久亡泯，两家侍养，余臣一人。前帝知臣之孤茕，养臣以州里，不欲使顿居草莱，又复矜臣温清，所以一年之内，再三休沐②。臣之屡披丹款，频冒宸鉴③，非欲苟违朝廷，远离畿辇④。一者以年将六十，汤火居心，每跪读家书，前惧后喜，温枕扇席，无复成童。二者职居彝宪⑤，邦之司直，若自亏身体，何问国章？前德裀缪，始许哀放，内侍近臣，多悉此旨。正以选贤与能，广求明哲，趑趄荏苒，未始取才，而上玄降戾，奄至今日，德音在耳；坟土遽干，悠悠昊天，哀此罔极。兼臣私心煎切，弥迫近时，缕缕之祈，转忘尘触。伏惟陛下睿哲聪明，嗣兴下武，刑于四海，弘此孝治。寸管求天，仰归帷扆⑥，有感必应，实望圣明。特乞霈然申其私礼，则王者之德，覃及无方，矧彼翔沉，孰非涵养。”

【注释】①文帝：指陈文帝陈蒨（520—566年），吴兴长城（今浙江长兴）人。陈武帝陈霸先之侄，始兴昭烈王陈道谭长子，陈宣帝陈顼长兄，南陈第二位皇帝，年号天嘉，559—566年在位。

②休沐：休息洗沐，犹休假。

③宸鉴：谓皇帝审阅，鉴察。

④畿辇：京城地区。辇，天子的车，借指京城。

⑤彝宪：常法。指御史中丞。

⑥帷扆（yǐ）：帷幔与屏风。指君主朝群臣之所。

【译文】沈炯，字礼明，是吴兴武康（今浙江德清）人。陈高祖接受禅位，加封他为通直散骑常侍，照样担任中丞。沈炯以母亲年老上表奏请回家奉养，陈高祖没有答应。陈文帝即位后，沈炯又上表说：

"臣下降生时就遭逢不幸，二十岁就失去了父亲，母子孤独无依，依靠兄弟拉扯长大。臣下恭谨地亲身奉养母亲，出仕不选择官职，在梁朝登上显贵之位，存性命于乱世，冒危难历险途，经历百死的险境后已经看轻生命，臣的妻子儿女都已经被杀戮，兄弟都已经去世，只剩下臣下和母亲二人，得以遇到国家兴盛的时运。臣下的母亲刘氏，今年八十一岁，臣下的叔母丘氏，也已七十五岁，臣下家中的弟侄一直没有后人，叔母丘氏的儿孙又很早就去世了，两家老人的侍候奉养，只剩臣下一个人了。先帝知道臣下无依无靠，在家乡以俸禄供给臣下，不想让臣居守在乡村野外，又怜悯臣下的冷暖，所以一年之中，多次让臣下休假。臣下多次披露赤诚的心意，常常在皇帝阅览的奏章上有所冒犯，并不是想随意违犯朝廷，远离京城。一是由于臣下年纪将近六十，家事如同沸汤烈火存在心中，每每跪着捧读家中的来信，总是先担忧后欣喜，冬天温枕夏季扇席，童年的时光已经永远逝去了。二是因为臣下担任御史中丞，是执行国家常法的人，如果自身德行有亏，怎么再来执行国家的典章制度呢？先帝的恩德情意殷切，当初已经许可哀怜放归下臣，宫中内侍以及亲近的大臣，大多知道这个旨意。正是由于选贤与能，广求明哲，在谁来继任的问题上一直迟疑不决，才拖延了下来。如今还没等到选定人才。然而上天降下不祥，直到今日，先帝的德音仍然在耳边回响；如果哪一天不幸去世，坟上的泥土很快就干了，仰望辽阔无际的苍天，下臣内心的哀痛无有穷尽。加上臣下个人的心念煎熬急切，近来这段时间更加急迫，情意不尽的祈求，转瞬忘却了自己的冒犯。想到陛下您聪明睿哲，继承并振兴先王的功业，弘扬孝道治理国家。用这短小的笔管祈求上天，抬头仰望帝座，有感必定有应，实在是期望圣君。特意祈求陛下的恩泽以申述个人渴望尽孝的私情，也好亲身感受君王的恩德，广布而没有边际，何止不值得称道之人的升降，百姓谁能不受到滋润养育呢。”

诏答曰：“省表具怀。卿誉驰咸、雒，情深宛、沛。日者理切倚闾，言归异域，复牵时役，遂乖侍养。虽周生之思，每欲弃官，《戴礼》垂文，得遗从政。前朝光宅四海，劬劳万机，以卿才为独步，职居专席，方深委任，屡屈情礼。朕嗣奉洪基，思弘景业，顾兹寡薄，兼缠哀疚，实赖贤哲，同致雍熙，岂便释简①南闱，解绂②东路。当令冯亲入舍，荀母从官，用睹朝荣，不亏家礼。寻敕所由，相迎尊累③，使卿公私得所，并无废也。”

【注释】①释简：放下象简。指辞官。简：笏，手板。

②解绂（fú）：解下印绶。指辞官。

③尊累：对他人家属的敬称。

【译文】陈文帝下诏书回答他说：“看了你奏章所表达的情怀。爱卿的声誉驰名咸、雒一带，情意深重宛、沛一方。道理切实是母亲每天倚门盼望儿子归来，许诺之言却已经归往他乡，又由于被掌管国家事务所牵累，因此不能侍奉赡养母亲。虽然周生的思念，常想着要辞去官职，但是对照《戴礼》留下的文章，仍可以留下主持政务，前代帝王的恩德覆盖四海，劳苦地处理国家事务，以爱卿的才能为无与伦比，职位独坐一席，正当更加要委以重任，多次在情礼上让爱卿受到委屈。朕继承前人而敬受大业，想着要光大帝业，只是这样才德微薄，加上心中又缠绕悲痛，实在是要依赖贤明睿智的人，才能一同达到和乐升平的境地，你怎么能轻易放下象简、离开南门，解下印绶从通往东方的道路回去。应当让冯亲入京居住，荀母跟从住到官署，以见到朝廷的荣耀，又不欠缺家庭的礼节。寻求敕书这样做的理由，来迎接爱卿尊贵的家人，让爱卿公私都能够得到合理的安排，就都没有损害了。”

初，高祖尝称炯宜居王佐，军国大政，多预谋谟，文帝又重其才用，欲宠贵之。以疾卒于吴中，时年五十九。文帝闻之，即日举哀，并遣吊祭，赠侍中，谥曰恭子。（陈书卷十九）

【译文】起初，陈高祖曾经说沈炯适合担任王者之佐，军队国家的政事，沈炯大多都参与谋划，陈文帝又重视他办事的才能，想要恩宠显贵他。沈炯因为疾病在吴中去世，终年五十九岁。陈文帝听说后，当天就举行哀悼仪式，并派遣使者前往吊唁、祭奠，追赠侍中，谥号恭子。（陈书卷十九）

虞　寄

【题解】虞寄（510—579年），字次安，号东山居士，会稽余姚（今浙江余姚）人。南朝大臣，赠侍中虞荔之弟。梁中大通初，举秀才，对策高第，除宣城王国左常侍。历任和戎将军、中书侍郎，除国子博士。陈宣帝即位，除东中郎、建安王谘议，加戎昭将军，加太中大夫。太建十一年（579年）卒，时年70岁。

虞寄富有远见，为人懂得知足，有淳厚仁者之风。《续编》辑录了其劝谏陈宝应不要反叛之事，结果皆不出其所料，他也因为有远见而避免灾难。

寄字次安，少聪敏。及长，好学，善属文。性冲静，有栖遁①之志。

【注释】①栖遁：避世隐居。

【译文】虞寄字次安，年少就聪明敏捷。到成年时，爱好学习，善于撰写文章。性格淡泊宁静，有避世隐居的志向。

侯景之乱，寄随兄荔入台，除镇南湘东王谘议参军，加贞威将军。京城陷，遁还乡里。及张彪[①]往临川，强寄俱行，寄与彪将郑玮同舟而载，玮尝忤彪意，乃劫寄奔于晋安。时陈宝应[②]据有闽中，得寄甚喜。高祖平侯景，寄劝令自结[③]，宝应从之，乃遣使归诚。承圣[④]元年，除和戎将军、中书侍郎，宝应爱其才，托以道阻不遣。及宝应结婚留异[⑤]，潜有逆谋，寄微知其意，言说之际，每陈逆顺之理，微以讽谏，宝应辄引说他事以拒之。及留异称兵，宝应资其部曲，寄乃因书极谏。

【注释】①张彪：南朝梁襄阳人。少亡命在若邪山为盗。后归临城公大连，为中兵参军。

②陈宝应（？—564年）：福建侯官（今福州）人，南朝梁时，为壮武将军，晋安太守，陈朝时，为巩固对闽中的统治，与割据浙、赣的留异、周迪结成联盟，并娶留异女为妻。天嘉五年（564年），陈朝水陆急攻，陈宝应兵大败，率其子南逃，至莆田被俘。陈宝应被斩首。

③自结：主动攀附、缔交。

④承圣：南朝梁元帝萧绎的年号（552年11月—555年4月），共计2年余。

⑤留异：留异（486—564年），东阳长山（今浙江金华）人，梁朝

时曾担任东阳太守，封永兴县侯，后升任散骑常侍、信威将军。后反叛朝廷，在建康被斩首示众。

【译文】侯景叛乱的时候，虞寄跟随兄长虞荔进入台城，除授镇南湘东王谘议参军，加封贞威将军。京城沦陷后，逃回乡里。等到张彪前往临川时，劫持虞寄一同逃奔，虞寄与张彪的部将郑玮坐在同一条舟上，郑玮曾经忤逆过张彪的心意，于是劫持虞寄逃奔到晋安。当时陈宝应占据闽中，得到虞寄非常欢喜。陈高祖平定侯景，虞寄劝说陈宝应主动攀附，陈宝应听从了，于是派遣使者表示归顺。承圣元年（552年），除授和戎将军、中书侍郎，陈宝应爱护他的才能，推托说道路险阻而不派遣他去上任。等到陈宝应与留异缔结姻亲关系，暗地里有谋逆的计划，虞寄暗中探悉他的心意，谈话的时候，常常和他陈说叛逆与归顺的道理，暗中用婉言隐语加以劝谏，陈宝应就引说其他的事回绝他。等到留异举兵，陈宝应资助他的军队，虞寄于是写信极力规劝他不要这样做。

宝应览书大怒。或谓宝应曰："虞公病势渐笃，言多错谬。"宝应意乃小释。亦为寄有民望，且优容之。及宝应败走，夜至蒲田，顾谓其子扞秦曰："早从虞公计，不至今日。"扞秦但泣而已。宝应既擒，凡诸宾客微有交涉者，皆伏诛，唯寄以先识免祸。寄少笃行，造次必于仁厚，虽僮竖未尝加以声色，至于临危执节，则辞气凛然，白刃不惮也。自流寓南土，与兄荔隔绝，因感气病，每得荔书，气辄奔剧，危殆者数矣。

前后所居官，未尝至秩满[①]，才期年数月，便自求解退。常曰：“知足不辱，吾知足矣。”（陈书卷十九）

【注释】①秩满：官吏任期届满。

【译文】陈宝应看到书信后非常生气。有人对陈宝应说：“虞公病势逐渐严重，言谈多有错误。”陈宝应的怒意才稍微消除一点。也因为虞寄在百姓中有声望，暂且宽容他。等到陈宝应战败逃跑，夜里到达蒲田，回头对他的儿子扞秦说：“之前如果听从虞公的计策，就不会落到今天的地步。”扞秦只是哭泣而已。陈宝应被擒获后，众多宾客凡是稍微有所牵涉的，都被处死，唯有虞寄由于有先见远识而避免灾难。虞寄年少时候就行为淳厚，匆忙行事也必定仁爱宽厚，即使是对待童仆也没有过严厉的声音和脸色，至于面临危险、坚持气节，言辞声调更是令人敬畏，即使白刃在前也不畏惧。自从流落到南土居住，与兄长虞荔隔绝，由于感伤得了气病，每次收到虞荔的书信，气息就剧烈奔腾，数次出现危险的情况。前后所担任的官职，都没有到任期届满，才上任一年或几个月，就自己请求解除职务而退隐。他常常说：“自知满足就不会受到屈辱，我已经知足了。”（编者注：虞寄无子，以兄虞荔之子继子，即虞世南。）（陈书卷十九）

孔　奂

【题解】孔奂，字休文，会稽山阴人，品学兼优，为人刚正，曾任晋陵太守，广受好评，官至散骑常侍、金紫光禄大夫。

《续编》辑录了孔奂对于陈后主选用江总为太子詹事所发表的意见，可惜陈宣帝和陈后主都没有听取孔奂的意见，还是任用了文采华丽的江总。江总在陈后主时期成为宰相，不理政务，整日和陈后主在后宫饮酒作乱，国家政事因此荒废，君臣昏庸，以至于陈朝灭亡。

孔奂，字休文，会稽山阴人也。太建八年，加侍中。性耿介，绝请托，虽储副①之尊，公侯之重，溺情相及，终不为屈。后主时在东宫，欲以江总为太子詹事，令管记陆瑜②言之于奂。奂谓瑜曰："江有潘、陆之华，而无园、绮之实，辅弼储宫，窃有所难。"瑜具以白后主，后主深以为恨，乃自言于高宗。高宗将许之，奂乃奏曰："江总文华之人，今皇太子文华不少，岂藉于总！如臣愚见，愿选敦重之才，以居辅导。"帝曰："即如卿言，谁当居此？"奂曰："都官尚书王廓③，世有懿德，识性敦敏，可以居之。"后主时亦在侧，乃曰："廓王泰之子，不可居太子詹事。"奂又奏曰："宋朝范晔④即范泰⑤之子，亦为太子詹事，前代不疑。"后主固争之，帝卒以总为詹事，由是忤旨。其梗正如此。（陈书卷二十一）

【注释】①储副：国之副君。指太子。

②陆瑜：字干玉，吴郡吴县（今苏州）人，陆琰之弟。

③王廓：出自琅琊王氏，王泰之子。梁敬帝太平元年(556年)，王廓受职侍中。南陈代梁建国后，陈宣帝太建时，王廓任职都官尚书。生卒不详。

④范晔（398—445年）：字蔚宗，南阳顺阳（今河南省淅川县）人，南朝宋官员、史学家、文学家，东晋安北将军范汪曾孙、豫章太守范宁之孙、侍中范泰之子。出身士族家庭，博览群书。一生才华横溢，史学成就突出，著有《后汉书》。

⑤范泰（355—428年）：字伯伦，顺阳郡山阴县（今河南省内乡县）人。南朝宋大臣、学者，经学家范宁长子，历史学家范晔之父。

【译文】孔奂，字休文，是会稽郡山阴县（今浙江绍兴）人。太建八年（576年），加任侍中。孔奂性情正直不阿，拒绝以私事嘱托，即使是身份尊贵的太子，地位贵重的公侯，来找他说情，他也始终不屈服。陈后主在东宫为太子时，想要任命江总担任太子詹事，让管记陆瑜把自己的想法告诉给孔奂。孔奂对陆瑜说："江总虽然有潘岳、陆机那样的文采，然而没有东园公唐秉、绮里季吴实那样的品德，让他辅佐太子，我看他很难胜任。"陆瑜把这些话告诉了陈后主，陈后主深深地怨恨孔奂，于是自己向陈高宗（宣帝陈顼）请求。看到陈高宗将要答应这件事，孔奂就启奏道："江总是文采华丽的人，如今皇太子文采并不缺少，哪里需要借助江总！如果按照臣下愚昧的意见，希望选拔敦厚庄重的人才来担任辅佐引导太子的官员。"陈高宗说："就按照爱卿所说的，谁能够担任这个职位呢？"孔奂说："都官尚书王廓，世代都有美德，秉性敦厚聪敏，可以担任。"陈后主当时也在旁边，于是说："王廓是王泰的儿子，不可以担任太子詹事。"孔奂又启奏说："刘宋朝范晔就是范泰的儿子，也担任太子詹事。不能够因为他的前人而怀疑不用。"后主坚持争执这件事，陈高宗最终任命江总担任太子詹事，孔奂因为这件事违背了皇帝的旨意。他的耿直刚正就是这样。（陈书卷二十一）

萧　允

【题解】萧允，字叔佐，兰陵人，历仕梁、陈，官至光禄大夫。他性情敦厚持重，轻视功名利禄。在侯景之乱时，他面对危难毫不恐惧，而且指出患难皆因贪利，如果人不贪求利益，怎么会有祸患呢？入隋以后，他辞官不受，展现了他的气节，因此得到隋文帝的赞许。

萧允，字叔佐，兰陵人也。起家邵陵王法曹参军，转湘东王主簿，迁太子洗马。侯景攻陷台城，时寇贼纵横，百姓波骇，衣冠士族，四出奔散，允独不行。人问其故，允答曰："夫性命之道，自有常分，岂可逃而获免乎？但患难之生，皆生于利，苟不求利，祸从何生？方今百姓争欲奋臂而论大功，一言而取卿相，亦何事于一书生哉？庄周所谓畏影避迹，吾弗为也。”乃闭门静处，并日而食，卒免于患。

【译文】萧允，字叔佐，兰陵（今江苏常州）人。初任邵陵王法曹参军，改任湘东王主簿，后升任太子洗马。侯景攻陷台城（今南京），当时敌寇泛滥，百姓惊恐，名门士族，四处逃散，只有萧允安然不动。有人问他原因，萧允回答说：“性命之道，自有定数，难道逃出去就能免死吗？但是患难的产生，都是由利益所引起的，如果不追逐名利，祸患从哪儿能产生呢？如今百姓争先恐后地振臂而起想以此建立大功，因一言而夺得卿相之位，我一书生又会有什么作为呢？庄周所说的因害怕自己的影子而隐匿行迹，我不会做这样的事。”便闭门静处，两、三天才吃一天的粮食，最终避免了祸患。

及隋师济江，允迁于关右。是时朝士至长安者，例并授官，唯允与尚书仆射谢伷辞以老疾，隋文帝义之，并厚赐钱帛。寻以疾卒于长安，时年八十四。弟引。（陈书卷二十一）

【译文】等到隋军渡江后，萧允迁到关右。当时陈朝官吏能到长安的，一律授予官职，只有萧允和尚书仆射谢伷因年老多病而辞谢不受，隋文帝杨坚认为他二人有仁义，便厚赐钱帛。不久萧允因病死在了长安，享年八十四岁。他的弟弟为萧引。（陈书卷二十一）

萧　引

【题解】萧引是萧允的弟弟，陈后主时担任贞威将军、建康令。萧引为人正直，不事权贵，他的儿子萧德言为唐初大儒，弘文馆学士，后拜秘书少监，曾担任唐太宗太子、高宗李治的老师，是《群书治要》一书的主要编撰者。

引字叔休。方正有器局，望之俨然，虽造次之间，必由法度。侯景之乱，梁元帝为荆州刺史，朝士多往归之。引曰："诸王力争，祸患方始，今日逃难，未是择君之秋。吾家再世为始兴郡，遗爱在民，正可南行以存家门耳。"于是与弟彤及宗亲等百余人奔岭表。时始兴人欧阳頠为衡州刺史，引往依焉。頠后迁为广州，病死，子纥①领其众。引每疑纥有异，因事规正，由是情礼渐疏。及纥举兵反，时京都士人岑之敬、公孙挺等并皆惶骇，唯引恬然，谓之敬等曰："管幼安、袁曜卿②亦但安坐耳。君子正身以明道，直己以行义，亦复何忧惧乎？"及章昭达③平番禺，引始北还。高宗召引问岭表事，引具陈始末，帝甚悦，即日拜金部侍郎。

【注释】①纥：即欧阳纥（537—570年），字奉圣，潭州临湘（今湖南长沙）人。出身地方豪族，少有韬略，常随父征战，于南朝陈天嘉（560—565年）中授黄门侍郎，累迁安远将军、衡州刺史。父死，袭爵山阳郡公，都督交、广十九州军事，广州刺史，进号轻车将军。

②管幼安：即管宁（158—241年），字幼安。北海郡朱虚县（今山东省安丘、临朐东南）人。东汉末年至三国时期著名隐士。袁曜卿：即袁涣，字曜卿，陈郡扶乐（今河南太康西北）人。东汉末年官员，出身“陈郡袁氏”，为司徒袁滂之子。初为袁术所用，后投吕布，在曹操率兵剿灭吕布后，又转投曹操。在任上尽心尽责，以敢谏直言称名。

③章昭达（517—571年）：字伯通，吴兴武康（今浙江湖州）人。南北朝时期南陈名将。侯景之乱时，章昭达曾率领招募起来的乡民援救台城。后追随陈蒨诛王僧辩、退杜泰、讨杜龛，因功任明威将军、定州刺史。

【译文】萧引，字叔休。为人正直不阿，有度量，看上去庄严可畏，即使仓促之间，必按礼仪法度行事。侯景叛乱时，梁元帝萧绎任荆州刺史，朝廷之士大多前往归附他。萧引说：“诸王极力争夺皇位，祸患才刚刚开始，今日逃难，不是选择君主的好时候。我家两代中曾有任始兴郡长官的，仁爱的政绩还留在百姓中，正可向南去以保存家门。”于是和弟弟萧彤以及宗亲等一百多号人逃奔岭外。当时始兴人欧阳頠任衡州刺史，萧引去投奔他。欧阳頠后来调到广州，因病去世，他的儿子欧阳纥统领他的部下。萧引常常怀疑欧阳纥怀有二心，根据实际情况加以规劝纠正，因此两人在情礼上渐渐疏远。等到欧阳纥率兵谋反，当时京都士人岑之敬、公孙挺等人都惊慌失措，只有萧引安然如故，对岑之敬等人说：“昔日管宁、袁涣也只是安稳地坐着罢了。君子修身以申明道理，自身守正不阿以躬行仁义，还有什么可忧虑害怕的呢?”等到章昭达平定番禺之后，萧引才回到北边。高宗陈顼召见萧引询问岭外的事情，萧引详述了事情的始末，高宗大悦，当日任命萧引为金部侍郎。

后主即位，转引为中庶子，以疾去官。明年，京师多盗，乃复起为贞威将军、建康令。时殿内队主吴琎，及宦官李善度、蔡脱儿等多所请属，引一皆不许。引族子密时为黄门郎，谏引曰:“李、蔡之势，在位皆畏惮之，亦宜小为身计。”引曰:“吾之立身，自有本末，亦安能为李、蔡改行。就令不平，不过解职耳。”吴琎竟作飞书，李、蔡证之，坐免官，卒于家，时年五十八。子德言①，最知名。(陈书卷二十一)

【注释】①德言:即萧德言(557—654年)，字文行，《群书治要》编撰者之一。凭借门荫，入仕陈朝。陈朝灭亡后，进入隋朝，授校书郎。唐朝建立后，授太子(李建成)洗马。贞观年间，授著作郎、弘文馆学士，支持魏王李泰修撰《括地志》。迁东宫(李治)侍读，册封武阳县侯，累迁秘书少监。贞观二十三年，致仕还家，笃志于学。唐高宗嗣位，加位银青光禄大夫。永徽五年，卒于家中，享年97岁，获赠太常卿，谥号为博。

【译文】后主陈叔宝即帝位，改任萧引为中庶子，因病辞官。第二年，京师盗贼横行，于是又起用萧引为贞威将军、建康令。当时殿内队主吴琎，以及宦官李善度、蔡脱儿等人多次请托，萧引一律不答应。萧引同族兄弟之子萧密当时任黄门郎，劝告萧引说："李、蔡的势力，做官的都畏惧他们，你也应该稍微为自身打算了。"萧引说："我为人处世，自有主次，又怎么能为李、蔡改变行为呢？就算是我让他们不满了，不过是解除我的职务罢了。"吴琎竟然写了匿名信，李、蔡为此作证，萧引因罪而罢官，在家中去世，享年五十八岁。他的儿子萧德言，最为出名。（陈书卷二十一）

徐　陵

【题解】徐陵（507—583年），字孝穆，东海郡郯县（今山东郯城县）人。梁武帝萧衍时期，任东宫学士，入陈后，历任尚书左仆射、中书监、吏部尚书等职。《续编》主要辑录了他为吏部尚书时所作的一篇文书，提出了他对选拔人才任用官职的看法。

徐陵，字孝穆，东海郯人也。天康[①]元年，迁吏部尚书，领大著作。陵以梁末以来，选授多失其所，于是提举纲维，综核名实。时有冒进求官，喧竞不已者，陵乃为书宣示曰：

"自古吏部尚书者，品藻人伦，简其才能，寻其门胄，逐其大小，量其官爵。梁元帝[②]承侯景之凶荒，王太尉接荆州之祸败，尔时丧乱，无复典章，故使官方，穷此纷杂。永定[③]之时，圣朝草创，干戈未息，亦无条序。府库空虚，赏赐悬乏，白银难得，黄札[④]易营，权以官阶，代于钱绢，义存抚接，无计多少，致令员外、常侍，路上比肩，咨议、参军，市中无数，岂是朝章，应其如此？今衣冠礼乐，日富年华，何可犹作旧意，非理望也。所见诸君，多逾本分，犹言大屈，未喻高怀。若问梁朝朱领军异亦为卿相，此不逾其本分邪？此是天子所拔，非关选序。梁武帝云'世间人言有目色，我特不目色范悌'。宋文帝[5]亦云'人世岂无运命，每有好官缺，辄忆羊玄保[6]'。此则清阶显职，不由选也。秦有车府令赵高[7]直至丞相，汉有高庙令田千秋[8]亦为丞相，此复可为例邪？既忝衡流[9]，应须粉墨。所望诸贤，深明鄙意。"

自是众咸服焉。时论比之毛玠[10]。（陈书卷二十六）

【注释】①天康：南陈世祖文皇帝陈蒨的年号（566年2月—12月），共计近1年。

②梁元帝：指萧绎（508—555年），字世诚，小字七符，自号金楼子，南兰陵（今江苏常州）人。梁武帝萧衍第七子，梁简文帝萧纲之弟。

③永定：陈高祖武皇帝陈霸先的年号（557年10月—559年12月），共计二年余。

④黄札：用黄纸书写封授官爵的文书。

⑤宋文帝：指刘义隆，南朝宋第三位皇帝（424—453年在位），宋武帝刘裕第三子。

⑥羊玄保（370—463年）：太山南城（今山东滕县东）人。善弈棋，为官不谋财利，治家俭朴。

⑦赵高（？—前207年）：嬴姓，赵氏。秦朝二世皇帝时丞相。

⑧田千秋：即车千秋（？—前77年），本姓田，战国时齐国宗室后裔，为人谨厚持重。昭帝即位，受遗诏辅政，政事一决于大将军霍光。以年老得乘小车入宫，号“车丞相”。

⑨衡流：铨选人才的品官。流：流品。

⑩毛玠（？—216年）：字孝先，陈留平丘（今河南封丘）人。东汉末年大臣。以清廉公正著称。投靠曹操后，提出“奉天子以令不臣，修耕植，畜军资”的战略规划，得到曹操的欣赏。毛玠与崔琰主持选举，所举用的都是清廉正直之士。而毛玠为人廉洁，激起天下廉洁之风，一改朝中奢华风气。曹操大为赞赏，曹丕也亲自去拜访他。

【译文】徐陵，字孝穆，是东海郡郯县（今山东郯城）人。天康元年（566年），迁任吏部尚书，领受大著作郎。徐陵认为从梁朝末年以来，选拔官员大多失当，因此提出要振兴朝廷的用人法度，综合审察官员的才能与官职是否相符。当时有人冒进求官，喧闹竞争不能停止，徐陵于是作文书公布说：

“自古以来吏部尚书这个官职，职责就是品评人物，简拔官员的才能，探寻他们的门阀世系，根据他们才能的大小，授予相应的官职、爵位。梁元帝萧绎继承王位于侯景叛乱之后，王太尉接掌权柄在荆州祸败之时，那个时候由于政局动乱，不再有健全的用人制度，因此使得官府用人纷繁杂乱。永定时期，圣朝刚刚建立，战争没有停息，朝廷政事也没有条理次序。国库空虚，赏赐物品空乏，白银难以得到，封授官爵的文书容易营造，权且用官员的等级代替钱绢，意义在于存恤抚养，因此不计数量多少，致使员外、常侍，满街都是，咨议、参军，市中无数，朝廷的典章哪里应该是这样的呢？如今衣冠礼乐已经制定，国家一天天富足繁荣，怎么还能按照之前的用意呢？这不是理所应当的。现在见到的各位仁君，官位俸禄大多超过所应得到的，仍然说受了大的委屈，不能显示高尚的胸怀。如果说梁朝领军朱异也担任过卿相，这不也是超过了他的本分吗？这是由于天子的赏赐提拔，与选拔程序没有关系。梁武帝萧衍说‘世间的人都说垂青某人，我特别看不上范悌’。宋文帝刘义隆也说‘人在世间怎么会没有运气命数呢，每每有好的官缺，我就想着羊玄保’。这些清高又显贵的职位，不是通过选任而来的。秦朝有车府令赵高一直做到丞相，汉代有高庙令田千秋也担任丞相，但是这能作为旧例吗？既然我愧任铨选人才的品官，就应该分辨清楚。希望诸位贤明，深切地明白我浅陋的心意。”从这以后大家都佩服他。当时的人把他比作汉朝的毛玠。（陈书卷二十六）

江 总

【题解】江总（519—594年），字总持，济阳人考城人，陈代亡国宰相，后宫“狎客”，宫体艳诗的代表诗人之一。江总作为宰相，不能劝谏君主，振兴朝纲，陈朝的灭亡，他难道没有责任吗？

江总，字总持，济阳考城人也。后主即位，除祠部尚书，寻迁尚书仆射。至德四年授尚书令。总笃行义，宽和温裕。好学，能属文，于五言七言尤善；然伤于浮艳，故为后主所爱幸。多有侧篇，好事者相传讽玩，于今不绝。后主之世，总当权宰，不持政务，但日与后主游宴后庭，共陈暄、孔范、王瑳等十余人，当时谓之狎客。由是国政日颓，纲纪不立，有言之者，辄以罪斥之，君臣昏乱，以至于灭。（陈书卷二十七）

【译文】江总，字总持，济阳考城人。后主陈叔宝继位后，任命江总为祠部尚书，不久升任尚书仆射。至德四年（586年），任命他为尚书令。江总一向躬行仁义，性情宽厚温和。喜欢学习，能写文章，尤其擅长写五言七言诗；因他潜心于文章的文采，所以很得后主的宠爱。他有很多侧辞艳曲，喜欢多事的人往往相互传送讽诵玩味，至今流传。后主时期，江总任宰相，他不理朝政，只是每天和后主在后宫嬉游宴饮，再加上陈暄、孔范、王瑳等十多人，当时称他们为狎客。因此国政日益衰败，纲纪废弛，有进言的人，就以罪论处，君臣糊涂妄为，以至国家灭亡。（陈书卷二十七）

傅　縡

【题解】傅縡，字宜事，北地灵州人。陈后主即位，迁秘书监、右卫将军兼中书通事舍人，被谮下狱，复上书，忤旨，赐死。傅縡为人刚直，他在狱中依然给陈后主的上书直言其作为国君的种种过失，引起后主发怒，最后被赐死。陈后主也如傅縡所言，最后成为亡国之君。

傅縡，字宜事，北地灵州人也。后主即位，迁秘书监、右卫将军，兼中书通事舍人，掌诏诰①。会施文庆②、沈客卿③以便佞亲幸，专制衡轴，而縡益疏。文庆等因共谮縡受高丽使金，后主收縡下狱。縡素刚，因愤恚，乃于狱中上书曰：

"夫君人者，恭事上帝，子爱下民，省嗜欲，远谄佞，未明求衣，日旰忘食，是以泽被区宇，庆流子孙。陛下顷来酒色过度，不虔郊庙之神，专媚淫昏之鬼；小人在侧，宦竖弄权，恶忠直若仇雠，视生民如草芥；后宫曳绮绣，厩马余菽粟，百姓流离，僵尸蔽野；货贿公行，帑藏损耗，神怒民怨，众叛亲离。恐东南王气，自斯而尽。"书奏，后主大怒。顷之，意稍解，遣使谓縡曰："我欲赦卿，卿能改过不？"縡对曰："臣心如面，臣面可改，则臣心可改。"后主于是益怒，令宦者李善庆穷治其事，遂赐死狱中，时年五十五。（陈书卷三十）

【注释】①诏诰：古代帝王、皇太后或皇后发布的命令、文告。

②施文庆（？—589年）：南朝陈吴兴乌程（今浙江湖州）人。与幸臣沈客卿共掌机密。

③沈客卿：南朝陈吴兴武康（今浙江德清）人。为人阿谀逢迎残忍冷酷，每每立异端，惟以侵害百姓为能事。

【译文】傅縡，字宜事，是北地灵州（今陕西耀县）人。后主陈叔宝即位，迁任秘书监、右卫将军，兼任中书通事舍人，掌管诏诰。正好这个时候施文庆、沈客卿凭借巧言善变受到陈后主的亲近宠幸，把持中枢要职，傅縡因此日益被疏远。施文庆等人因此共同诬陷傅縡接受高丽使臣的金子，陈后主就把傅縡关进监狱。傅縡平素为人刚直，因此很愤怒，就在狱中给陈后主上书说：

“统治人民的国君，恭敬地事奉上帝，慈爱治下的百姓，节制自己的嗜好欲望，远离花言巧语、阿谀逢迎的人，天色没亮就穿衣起床，天色已晚仍然顾不上吃饭，这样恩泽才能覆盖天下，吉庆延及子孙。陛下近来过度沉迷酒色，对郊庙之神不虔诚，专门喜好淫昏之鬼；小人依附身边，宦官滥用权力，厌恶忠臣如同仇人，看待百姓如同草芥；后宫里绮绣摇曳，马厩里菽粟有余，百姓却没有安身之处，僵卧的尸体遮盖原野；官员公然行贿，国库日益损耗，上天震怒，百姓怨恨，众人反对，亲信背离。恐怕东南的王气，从这就要断绝。”奏章上奏后，陈后主非常生气。不久后，怒气才稍微缓解，派遣使者对傅縡说：“我想宽恕你，爱卿你能改过吗？”傅縡回答说：“臣下的心如同脸，臣下的脸可以改，那么臣下的心也就可以改。”陈后主因此更加愤怒，命令宦官李善庆彻底查办这件事，于是把傅縡赐死在狱中，时年五十五岁。（陈书卷三十）

章 华

【题解】章华，字仲宗，陈朝吴兴人。章华官至大市令，因上书谏言得罪陈后主，当天被杀。大凡亡国之君，对待谏臣大多类此，奚能不亡哉。

吴兴章华，字仲宗。后主即位，除大市令，祯明初，上书极谏，其大略曰：

“昔高祖[①]南平百越，北诛逆虏；世祖[②]东定吴会，西破王琳[③]；高宗克复淮南，辟地千里：三祖之功，亦至勤矣。陛下即位，于今五年，不思先帝之艰难，不知天命之可畏，溺于嬖宠，惑于酒色，祠七庙[④]而不出，拜妃嫔而临轩[⑤]，老臣宿将，弃之草莽，谄佞谗邪，升之朝廷。今疆埸日蹙，隋军压境，陛下如不改弦易张，臣见麋鹿复游[⑥]于姑苏台矣。”

书奏，后主大怒，即日命斩之。（陈书卷三十）

【注释】①高祖：即陈霸先（503—559年），字兴国，小字法生，吴兴（今浙江长兴）长城下若里人，汉太丘长陈寔之后，陈朝开国皇帝。谥曰武皇帝，庙号高祖。

②世祖：即陈文帝陈蒨（522—566年），又名昙蒨、荃蒨，字子华。吴兴长城（今浙江省长兴县）人。陈武帝陈霸先之侄，始兴昭烈王陈道谭长子，陈宣帝陈顼长兄。谥号文皇帝，庙号世祖。

③王琳：字孝璋，琅琊临沂（今山东临沂）人。南朝梁大臣，左光禄大夫王份长子。

④七庙：典出《礼记·王制》：“天子七庙，三昭三穆，与太祖之庙而七。”此指四亲庙（父、祖、曾祖、高祖）、二祧（远祖）和始祖庙。后以“七庙”泛指帝王供奉祖先的宗庙。

⑤临轩：皇帝不坐正殿而御前殿。殿前堂陛之间近檐处两边有槛

楯，如车之轩，故称。

⑥麋鹿复游：典出《史记·淮南衡山列传》："臣闻子胥谏吴王，吴王不用，乃曰：'臣今见麋鹿游姑苏之台也。'今臣亦见宫中生荆棘，露沾衣也。"后因以"麋鹿游"比喻繁华之地变为荒凉之所，暗示国家沦亡。

【译文】吴兴（今浙江长兴）章华，字仲宗。陈后主即位，除授大市令，祯明初年（587年），吴兴上书极力劝谏后主，大意是：

"从前高祖武皇帝（陈霸先）向南平定百越，向北诛杀叛贼；世祖文皇帝（陈蒨）向东平定吴会，向西打败王琳；高宗孝宣皇帝（陈顼）攻克收复淮南，开拓千里疆土：三位先祖的功绩，算是非常勤勉了。陛下即位，至今已经五年了，不考虑先帝创业的艰难，不懂得天命的可畏，沉溺于宠爱妃嫔，迷惑于美酒女色，祭祀七庙而不出，拜妃嫔而御前殿，齿德俱尊的大臣、久经战阵的将领，都被抛弃到草野之中，阿谀逢迎、谗佞奸邪的人，却被提升到朝廷之上。现在战场的情况一天天危急，隋军紧逼国境，陛下如果不改革制度，臣下将要见到麋鹿再在姑苏台游荡了。"

奏书进呈后，陈后主大怒，当天就下令斩杀了他。（陈书卷三十）

沈不害

【题解】沈不害（518—580年），字孝和，南朝陈武康（今浙江德清县）人，官至光禄卿、通直散骑常侍，兼尚书左丞。《群书治要续编》辑录的是他在天嘉初年给陈文帝的一篇奏疏，主要内容为劝谏要陈文帝重视教育，但是当时战争不断，陈文帝虽表示交付朝廷审议施行，恐怕也没有得到具体落实。

沈不害，字孝和，吴兴武康人也。

天嘉[①]初，除衡阳王府中记室参军，兼嘉德殿学士。自梁季丧乱，至是国学未立，不害上书曰：臣闻立人建国，莫尚于尊儒，成俗化民，必崇于教学。故东胶西序[②]，事隆乎三代，环林璧水[③]，业盛于两京。自淳源既远，浇波已扇，物之感人无穷，人之逐欲无节，是以设训垂范，启导心灵，譬彼染蓝，类诸琢玉，然后人伦以睦，卑高有序，忠孝之理既明，君臣之道攸固。执礼自基，鲁公所以难侮，歌乐已细，郑伯于是前亡，干戚舞[④]而有苗[⑤]至，泮宫成而淮夷服，长想洙、泗[⑥]之风，载怀淹、稷之盛，有国有家，莫不尚已。

【注释】①天嘉：南朝陈世祖文皇帝陈蒨的年号（560年正月—566年2月），共计6年余。

②东胶西序：典出《礼记·王制》："夏后氏养国老于东序，养庶老于西序……周人养国老于东胶，养庶老于虞庠。虞庠在国之西郊。" 郑玄注："东序、东胶亦大学，在国中王宫之东……西序在西郊。"东胶、西序本为夏周之小学、大学，后用以泛指兴教化、养耆老的场所。

③环林璧水：环林：林木环绕，古代借指太学；璧水：指太学。古时用以指代太学。

④干戚舞：古代乐舞的一种。操干戚的武舞。

⑤有苗：古国名。亦称三苗。尧、舜、禹时代我国南方较强大的部族，传说舜时被迁到三危。有，词头。

⑥洙、泗：即洙水和泗水。古时二水自今山东省泗水县北合流而下，至曲阜北，又分为二水，洙水在北，泗水在南。春秋时属鲁国地。孔子在洙泗之间聚徒讲学。后因以“洙泗”代称孔子及儒家。

【译文】沈不害，字孝和，吴兴武康（今浙江德清县）人。

天嘉初年（560年），除授衡阳王府中记室参军，兼任嘉德殿学士。从梁朝末年政局动荡，至今国学依然未立，沈不害上书道：

臣下听说造就人才、建设国家，一定要尊崇儒学；成就风俗、教化百姓，一定要推崇教学。设立大学兴办教育，是三代、两汉兴盛的原因。自从淳朴风俗的源流逐渐远离，浮薄的社会风气已经形成，外界物质环境对道德人心的影响如决堤之水，人们放纵欲望而没有节制，所以才需要设训教、垂风范，启迪训导人的心灵，譬如习染蓝色，类似雕琢美玉，然后人与人之间的关系才可以和睦，地位高低才会有次序，人们懂得了忠孝之理，君臣之道才能够稳固。执守礼制基础稳固，鲁公所以难以欺侮，诗歌雅乐之声渐微，郑伯于是早早消亡，舜修教三年，执干戚而舞，不需要兴兵征伐，有苗自行前来归顺，西周各地泮宫官学建成随后淮夷自然征服，追思洙、泗之风，心怀淹、稷之盛，自古有国有家的人，没有不崇尚儒教的。

梁太清季年，数钟否剥[①]，戎狄外侵，奸回内奰[②]，朝闻鼓鼙，夕炤烽火。洪儒硕学，解散甚于坑夷；《五典》《九丘》，湮灭逾乎帷盖。成均自斯坠业，瞽宗[③]于是不修，褒成[④]之祠弗陈稞享，释菜[⑤]之礼无称俎豆[⑥]，颂声寂寞，遂逾一纪。后生敦悦，不见函杖[⑦]之仪，晚学钻仰，徒深倚席[⑧]之叹。

【注释】①否剥：《易》的两个卦名。“否”为天地不交；“剥”为阴盛阳衰。后多以指时运乖舛。

②内奰（bì）：典出《诗·大雅·荡》：“内奰于中国，覃及鬼方。”毛传：“奰，怒也。”言商纣的恶行激起国内百姓的怨怒。后引申指内乱。

③瞽宗：殷学校名。后借指最高学府。

④褒成：汉时对孔子及其后代所封的爵号。

⑤释菜：亦作“释采”。古代入学时祭祀先圣先师的一种典礼。

⑥俎豆：古代祭祀、宴飨时盛食物用的两种礼器。亦泛指各种礼器。

⑦函杖：亦作“函丈”。典出《礼记·曲礼上》：“若非饮食之客，则布席，席间函丈。”原谓讲学者与听讲者坐席之间相距一丈。后用以指讲学的坐席。

⑧倚席：博士、经师的坐席倚于一侧，指不设讲座，废弃学术。

【译文】梁朝太清末年，遭逢乖舛的时运，戎狄异族从外入侵，奸恶邪僻在内生乱，早上刚闻到鼓鼙声，晚上就烧起了战火。学闻渊博的儒者，解散流失的比当年秦始皇坑害的还多；《五典》《九丘》等各种典籍，被烧毁比被掩埋的还多。大学从此坠业，学府因此不修，褒成的祠堂不再陈列祭享物品，释菜的典礼上没有相称的俎豆祭器，歌颂赞美寂静无声，已经超过十二年了。后生尊崇爱好《诗经》《尚书》，不见敬称的礼仪（指没有地方学习），晚学深入研求学问，徒加没有经师的感叹。

陛下继历升统，握镜临宇，道洽寰中，威加无外，浊流已清，重氛①载廓，含生熙阜，品庶咸亨。宜其弘振礼乐，建立庠序，式稽古典，纡迹儒宫，选公卿门子②，皆入于学，助教博士，朝夕讲肄，使担簦③负笈，锵锵接衽，方领矩步，济济成林。如切如磋，闻《诗》闻《礼》，一年可以功倍，三冬于是足用。故能擢秀雄州，扬庭观国，入仕登朝，资优学以自辅，莅官从政，有经业④以治身，轖驾⑤列庭，青紫⑥拾地。

【注释】①重氛：种种凶恶气象。指灾祸。

②门子：周及春秋时卿大夫的嫡子。

③担簦（dēng）：背着伞。谓奔走，跋涉。

④经业：儒家经书的学业。

⑤轖（sè）驾：车驾。

⑥青紫：本为古时公卿绶带之色，因借指高官显爵。

【译文】陛下您继升皇室大统，执持明镜、驾临宇内，道遍寰中，威加海内，浊流已清，灾祸载廓，百姓兴盛，众人通达。

应该弘扬振兴礼乐，建立学校，参照古典，按照旧迹建立儒宫，挑选公卿的嫡子，都进入学习，助教博士，早晚讲学，让他们背着伞和书箱，衽席挨着衽席，才能领会规矩步伐，进而人才才会济济成林。大家互相商讨砥砺，闻《诗经》，学《礼记》，一年就可以收效很大，三年就可以足够使用。因此能选拔人才、扬雄九州，名扬庭宇与国家，进入朝廷，依靠学问优秀足以自辅，做官从政，有经书大道用以修身，车驾排列在庭院，获得显爵如同拾地芥。

古者王世子[①]之贵，犹与国子齿，降及汉储，兹礼不坠，暨乎两晋，斯事弥隆，所以见师严而道尊者也。皇太子天纵生知，无待审喻，犹宜晦迹俯同，专经请业，奠爵前师，肃若旧典。昔阙里[②]之堂，草莱自辟，旧宅之内，丝竹流音，前圣遗烈，深以炯戒[③]。况复江表无虞，海外有截，岂得不开阐大猷，恢弘至道？宁可使玄教儒风，弗兴圣世，盛德大业，遂蕴尧年[④]？臣末学小生，词无足算，轻献瞽言，伏增悚惕。

【注释】①世子：太子，帝王和诸侯的嫡长子。

②阙里：孔子故里。在今山东曲阜城内阙里街。因有两石阙，故名。

③炯戒：亦作“炯诫”。明显的鉴戒或警戒。

④尧年：古史传说尧时天下太平，因以“尧年”比喻盛世。

【译文】古时候帝王的太子显贵，仍然与公卿大夫的子弟并列，直到汉代的王储，这个礼节还没有坠失，到了两晋，这件事情更加隆盛，以此显示师道尊严而称道尊者。皇太子纵然天生睿智，不需明白告知，仍然应该隐匿形迹俯身相同，专研经学、请教学业，祭奠前师，恭敬如同旧典。从前孔子阙里之堂，杂草自己辟除，旧宅之内，丝竹流传德音，前代圣贤遗留的烈节，可以深深作为明白的鉴戒。况且江南没有意外之事，海外也一片平和，怎么能不大力阐述治国大道，发扬精深微妙的道理呢？难道可以使玄教儒家的风尚，不在圣明的时代兴盛？丰盛广大的德业，不在太平的年代兴起？臣下是浅薄后进的人，话语不足以称道，轻率地进献没有见识的话，伏而更增惶恐战栗。

诏答曰："省表闻之。自旧章弛废，微言将绝，朕嗣膺[①]宝业，念在缉熙[②]，而兵革未息，军国草创，常恐前王令典，一朝泯灭。卿才思优洽，文理可求，弘惜大体，殷勤名教，付外详议，依事施行。"（陈书卷三十三）

【注释】①嗣膺：继前人而当受。

②缉熙：典出《诗·大雅·文王》："穆穆文王，于缉熙敬止。"后因以"缉熙"指光明，又引申为光辉。

【译文】世祖文皇帝陈蒨下诏回复道："省察表章，爱卿所奏都已经知道了。自从旧的典章废弃荒怠，精深微妙的言辞将要断绝，朕继承帝业，念念想着恢复教化，然而战争没有停息，军国刚刚创建，常常担忧先王好的典章法度，一时消失。爱

卿才思卓异广博，懂得文辞义理，惋惜文教大体，热衷伦理教化，交付朝廷审议，依事施行。”（陈书卷三十三）

褚 玠

【题解】褚玠（528—580年），字温理，祖籍阳翟（今河南禹州）人，官至御史中丞。褚玠担任山阴令，清廉正直，颇有治绩，却因为打压豪强而遭到诬陷而免官，可见当时朝政的腐朽，然其依然能够做一个为民的好官，甚为难得。褚玠的儿子褚亮、孙子褚遂良皆为唐初名臣，大概就是《易经》说的“积善之家，必有余庆”吧！

褚玠，字温理，河南阳翟人也。太建中，山阴县多豪猾[①]，前后令皆以赃污免，高宗患之，谓中书舍人蔡景历[②]曰：“稽阴大邑，久无良宰，卿文士之内，试思其人。”景历进曰：“褚玠廉俭有干用，未审堪其选不？”高宗曰：“甚善，卿言与朕意同。”乃除戎昭将军、山阴令。县民张次的、王休达等与诸猾吏贿赂通奸，全丁[③]大户，类多隐没。玠乃锁次的等，具状启台，高宗手敕慰劳，并遣使助玠搜括，所出军民八百余户。时舍人曹义达为高宗所宠，县民陈信家富于财，谄事义达，信父显文恃势横暴。玠乃遣使执显文，鞭之一百，于是吏民股栗，莫敢犯者。信后因义达谮玠，竟坐免官。玠在任岁余，守禄俸而已，去官之日，不堪自致，因留县境，种蔬菜以自给。或嗤玠以非百里之才，玠答曰：“吾委输课最[④]，不后列城，除残去暴，奸吏局蹐[⑤]。若谓其不能自润脂膏，则如来命。以为不达从政，吾未服也。”时人以为信然。十二年，迁御史中丞，卒于官，时年五十二。子亮，有才学，官至尚书殿中侍郎。（陈书卷三十四）

【注释】①豪猾：强横狡猾而不守法纪的人。

②蔡景历（519—578年）：字茂世，济阳考城（今河南考城）人。南北朝时期陈朝名臣、书法家。家境贫寒，但好学不倦。工草、隶书。文章不崇尚雕凿华丽，而长于叙事，应对机敏神速，为当世所称道。

③全丁：对国家有完纳赋税、承担徭役义务的成年男子。

④课最：古时朝廷对官吏定期考核，检查政绩，政绩最好的称“课最”。

⑤局蹐：亦作“局脊”。典出《诗·小雅·正月》“谓天盖高”汉郑玄笺：“局蹐者，天高而有雷霆，地厚而有陷沦也。此民疾苦王政，上下皆可畏怖之言也。”后因以形容戒慎、畏惧之貌。

【译文】褚玠，字温理，是河南阳翟（今河南禹州）人。陈宣帝太建年间，山阴县有很多强横狡猾而不守法纪的人，前后的县令都因为贪污受贿被免职，高宗陈顼很是担忧，对中书舍人蔡景历说：“会稽山阴是大都邑，长久没有贤能的官员，爱卿在知书能文的人里面，尝试着挑选一个人。”蔡景历进言说：“褚玠清廉节俭有才干，不知道您是否能选中他？”陈高宗说：“很好，爱卿的话与朕的心意相同。”于是除授褚玠戎昭将军、山阴县令。县里的百姓张次的、王休达等人与众多奸猾的官吏贿赂互相勾结做坏事，对于应当承担徭役的成年男子，有财势的人家大多隐没其户籍。褚玠于是缉拿张次的等人，把详细情况禀告朝廷，陈高宗亲自书写敕书慰劳他，并派遣使者协助褚玠搜求，清查出军民八百多户。当时舍人曹义达被陈高宗所宠信，县里的百姓陈信家里富有钱财，逢迎侍奉曹义达，陈信的父亲陈显文仗势强横凶恶。褚玠于是派人捉拿陈显文，鞭打了一百下，于是官吏百姓都非常恐惧，没有敢再冒犯的。陈信后来通过曹义达诬陷褚玠，褚玠竟然因为牵连而被免除官职。褚玠在任上一年多，只是领受禄俸而已，离任的时候，俸禄不够自给，于是留在县内，以种蔬菜来满足生活需要。有的人嘲笑褚玠不是能治理方圆百里地区的人才，褚玠回答说："转运赋税，我的政绩最好，不列在其他县之后；我能清除社会上的残暴势力，让枉法营私的官吏戒慎畏惧。如果说不知道通过剥削百姓的血汗使自己得到好处，那么我确实是这样。但如果说我不能很好地处理政事，我是不服气的。"当时的人都认为他说的可信。太建十二年（580年），迁任御史中丞，在任上去世，时年五十二岁。儿子褚亮，有才学，官至尚书殿中侍郎。（陈书卷三十四）

群书治要续编卷第三　魏　书

【提要】《魏书》是"二十四史"之一，为纪传体正史，是北齐人魏收所著的一部纪传体断代史书，记载了北魏自魏王拓跋珪登国元年（386年）至东魏孝静帝武定八年（550年）鲜卑贵族政权一百六十多年的历史。

北魏（386—534年）是鲜卑族拓跋珪建立的政权，也是南北朝时期北朝第一个王朝。公元386年，拓跋珪趁前秦四分五裂之际在牛川自称代王，重建代国，定都盛乐（今内蒙古呼和浩特市和林格尔县）。同年四月，改称魏王。398年六月，正式定国号为"魏"，史称"北魏"。398年七月，道武帝拓跋珪迁都平城（今山西大同市），称帝。439年，太武帝拓跋焘统一北方。493年孝文帝拓跋宏迁都洛阳，大举改革。永熙三年（534年），分裂为东魏与西魏。东魏武定八年（550年），高洋废孝静帝，代东魏自立，北齐建立。西魏恭帝三年（557年）禅位于宇文觉，北周建立，元魏（拓跋魏）宣告结束。共历20帝（列入正史本纪者十二位），享国148年。

北魏时期，佛教兴起并得到空前发展，迁都洛阳和移风易俗促进了北魏的中央集权与民族融合。为别于此前的曹魏政权，某些史书因此别称为"后魏"。又以其皇室姓拓跋，后改姓元，故又别称拓跋魏、元魏。

《魏书》的撰写始于北齐天保二年（551年），完成于天保五年（554年）。监修人高隆之只是署名，其他撰修者缺乏史才，并未着力。这部书从体例的制定到史实的采择乃至史论的撰写，基本出于魏收一人之手，因此一般称其作者为魏收。由于魏收本人，虽有才华，但是品行不端，恃才傲物，《魏书》刚刚修成，就备受攻击，很多人把它说成是“秽史”。北齐孝昭帝、后主时两次命魏收修改，始成定本，颁行于世。但是，平心而论，《魏书》取得了一定的史学成就，史料丰富，详细记录了北魏一朝的历史，虽然存在曲笔讳饰的缺点，但直接称其为“秽史”还是有点过分。魏收以前和同时代人曾经编写过魏史和其他资料，隋、唐时期也有人另写过几种魏书，这些书都没有传下来。唐代李延寿的《北史》，其中北魏部分基本上是魏书的节录。因此，《魏书》是现存叙述北魏历史的最原始和比较完备的资料。《续编》从《魏书》中辑录对治国理政有借鉴作用的内容，共计一卷，为南北朝诸史中辑录分量最多的一部。

高祖纪

【题解】北魏孝文帝拓跋宏（467—499年），汉名元宏，是北魏的第七位皇帝（471—499年在位），他是中国历史上杰出的少数民族政治家、改革家。

魏孝文帝一生勤学，喜好读书，手不释卷，性体聪慧，精通五经，博涉史传。尤其通晓佛教义理。舆车之中，戎马之上，都不忘讲经论道。他爱惜人才，亲贤任能，亲政以后，日理万机，不辞辛劳，勤于为政；尚书奏案，多自审阅；百官大小，无不留心，务于周洽；虚心纳谏，从善如流；而用法严谨，虽王公、贵戚、大臣也从不宽贷；然不计小过，宽以待人；爱惜民力，生活俭朴，堪称“贤主”。隋朝王通评价说：“元魏之有主，其孝文之所为乎？中国之道不坠，孝文之力也！”

《续编》从其《魏书》本纪中辑录了他的多则诏令，从中可以了解其为政之道。

高祖孝文皇帝，讳宏，显祖献文皇帝之长子。

皇兴五年秋八月，即皇帝位，改元延兴[1]元年。九月壬戌，诏在位及民庶直言极谏，有利民益治，损政伤化，悉心以闻。

【注释】①延兴：北魏孝文帝元宏的第一个年号（471年8月—476年6月），共计4年余。延兴六年六月改元承明元年。

【译文】魏高祖孝文皇帝，名宏，是魏显祖献文皇帝拓跋弘的长子。

皇兴五年（471年）秋季八月，元宏即皇帝位，改元延兴元年。九月初七，魏高祖孝文帝元宏下诏，鼓励官吏、百姓直言进谏，对利国利民方面的建议，对政治教化方面的意见，他都悉心听取。

二年春，二月乙巳，诏曰：“尼父[1]禀达圣之姿，体生知之量，穷理尽性，道光四海。顷者淮、徐未宾，庙隔非所，致令祠典寝顿，礼章殄灭，遂使女巫妖觋，淫进非礼，杀生鼓舞，倡优媟狎②。岂所以尊明神敬圣道者也。自今已后，有祭孔子庙，制用酒脯而已，不听妇女合杂，以祈非望之福。犯者以违制论。其公家有事，自如常礼，牺牲粢盛③，务尽丰洁。临事致敬，令肃如也。牧司④之官，明纠不法，使禁令必行。”

【注释】①尼父：对孔子的尊称。古时常在男子字后加父字以示尊敬，因孔子字仲尼，故称为“尼父”。

②宾：服从，归顺。祠典：祀典，有关祭祀的典制。寝顿：衰颓；废止。殄灭：灭尽、灭绝。觋：男巫师。倡优：古代称以音乐歌舞或杂技戏谑娱人的艺人。又指娼妓及优伶的合称。倡，指乐人；优，指伎人。媟狎（xiè xiá）：淫狎。

③酒脯：酒和干肉。后亦泛指酒肴。粢盛（zī chéng）：一种古代的祭祀仪式。祭祀时将黍稷放在祭器里，称为“粢盛”。

④肃如：犹肃然。恭敬整饬貌。牧司：管民政的地方官。

【译文】延兴二年（472年）春季，二月二十二日，魏孝文帝元宏下诏说：“孔子秉达圣贤的资质，依靠生而知之的智慧，穷理尽性，道德光耀四海。近来淮扬、徐州还没有归顺，宗庙祭祀间隔时间不当，致使祭祀典制废止，礼仪章法灭绝，于是使得女巫男妖，淫风渐盛、不循礼法，残害生灵的恶行受到鼓舞，倡优淫狎，无耻下流。这怎会是尊崇神明、敬重圣贤之道呢？从今以后，凡是祭祀孔子庙的，依循制度，只用酒水和干肉就可以了，不能让妇女混杂其中，以祈求非分之福。凡是违犯者，均以违反制令处置。如果公家有事，自当依照常礼，祭祀用的牲畜和盛装谷物的器皿，都必须丰盛洁净。对祭事要满怀敬意，使容貌看起来肃然恭谨。负责管理民政的官员要公开纠正不法行为，严格执行禁令。”

太和[①]元年，八月壬子，大赦天下。丙子，诏曰：“工商皂隶，各有厥分，而有司纵滥，或染清流[②]。自今户内有工役[③]者，唯止本部丞，已下准次而授。”

【注释】①太和：北魏君主魏孝文帝元宏的第三个年号（477年正月—499年12月），也是他的最后一个年号，共计近23年。

②皂隶：旧时衙门里的差役。厥：他的，他们的。清流：比喻品性清高的名士。

③工役：旧时给机关、学校或官僚、绅士人家做杂事的人。

【译文】太和元年（477年），八月初一，朝廷下令大赦天下。二十五日，朝廷下达诏书说：“工商皂隶，各自有他们的本分职守，他们只是负责经办具体事务的吏员，不属于官员的行列。如果对他们的任命越过了界限，他们身上的市井习气就会影响到官员队伍的清廉风尚。从现在起，凡是有工役户籍的人，最多只能担任本部的佐僚。自此而下，再依次授予其他人相应的职务。”

七年，春正月庚申，诏曰：“朕每思知百姓之所疾苦，以增修宽政，而明不烛远，实有缺焉。故具问守宰苛虐之状于州郡使者、秀孝、计掾，而对多不实，甚乖朕虚求之意[①]。宜案以大辟[②]，明罔上必诛。然情犹未忍，可恕罪听归。申下天下，使知后犯无恕。”

【注释】①烛远：光照远方。比喻泽及远方。守宰：指地方长官。秀孝：秀才与孝廉的并称。为汉以来，隋唐以前荐举人才的两种科目。州举秀才，郡举孝廉。计掾（yuàn）：古代州郡计吏。

②大辟：死刑。古代五刑的一种。

【译文】太和七年（483年），春季正月十一日，孝文帝元宏下诏说：“我每每想要了解百姓的疾苦，以便增加、修订原有法令制度，以使为政宽大不苛。但是我的明达却不能照彻远方，实在是有缺憾啊。所以我向州郡使者、秀才孝廉、州郡计吏详细询问地方官员的苛虐情况，但他们所答大多不实，真是违背我虚心求问的心意了。应当按所犯罪责处以大辟之刑，以表明欺君罔上必定会受到严惩的制度。但我又实在于心不忍，这次可以宽恕他们的罪过，让他们回到各自所在的州郡。向全天下申明此事，让这些人知道以后如果再犯欺君罔上之罪，将不会得到饶恕。”

八年，八月甲辰，诏曰：“帝业至重，非广询无以致治；王务至繁，非博采无以兴功。先王知其如此，故虚己以求过，明恕以思咎。是以谏鼓置于尧世，谤木立于舜庭，用能耳目四达，庶类咸熙。朕承累圣之洪基，属千载之昌运，每布遐风，景行前式。承明[1]之初，班下内外，听人各尽规，以补其阙。中旨[2]虽宣，允称者少。故变时法，远遵古典，班制俸禄，改更刑书。宽猛未允，人或异议，思言者莫由申情，求谏者无因自达，故令上明不周，下情壅塞。今制百辟卿士，工商吏民，各上便宜，利民益治，损化伤政，直言极谏，勿有所隐，务令辞无烦华，理从简实。朕将亲览，以知世事之要，使言之者无罪，闻之者足以为戒。”

【注释】①承明：古代天子左右路寝称承明，因承接明堂之后，故称。

②中旨：皇帝的诏谕。

【译文】太和八年（484年），八月初四，孝文帝元宏下诏说：“皇帝的大业至关重要，不广泛垂询、听取意见，就无法使国家在政治上安定清平；朝廷公事繁多，不博采众长并加以采纳，就不能建立功业。先王知道其中的道理，因此常以谦虚的态度听取别人的意见，以求知道自己的过失，明信宽厚以思考己过。所以，尧帝时在庭外设有谏鼓，舜帝时在王庭竖立谤木，目的是希望能耳目四达，光耀万物。我承袭历代圣君的伟大基业，继续千秋兴盛之国运，每每推行远古以来的深远教化，效仿前人的伟大德行，遵循他们的法度遗规。承明之初，就颁示朝廷内外，听到的人都要遵循践行圣人之规，以补自身的缺误。诏谕虽已颁布，但应允称颂的人不多。所以既要改变现时之法，又要远遵古法，按朝廷班列制定俸禄，更改刑书。

宽严不够公允，有人就会有不同的议论。想要说话的人没有地方申诉其情，想要进谏的人没有办法表达自己的意思，就会导致在上位者对民情了解得不全面，致使下情壅塞。现在下令诸侯百官、卿士，工商吏民，各自呈上适合百姓、利民利国的建言以及应该杜绝的有损教化、国政之事，尽自己所能直言进谏，不可有所隐瞒，必须使言辞简洁无华，理由简明真实。对此我将亲自览阅，以了解重要的世事，使进言者无罪，听之者引以为戒。”

九年，冬十月丁未，诏曰：“朕承乾在位，十有五年。每览先王之典，经纶百氏，储畜既积，黎元永安①。爰暨季叶，斯道陵替，富强者并兼山泽，贫弱者望绝一廛，致令地有遗利，民无余财，或争亩畔以亡身，或因饥馑以弃业，而欲天下太平，百姓丰足，安可得哉②？今遣使者，循行州郡，与牧守均给天下之田，还受以生死为断，劝课农桑，兴富民之本③。”

【注释】①百氏：犹言诸子百家。黎元：百姓、民众。

②爰：改变、更换。暨：至、及，到了。季叶：意思是末世，衰世。陵替：败坏。多指纲纪废弛，尊卑失序。一廛：古时一夫所居之地。泛指一块土地，一处居宅。畔：田界。

③牧守：州郡的长官。州官称牧，郡官称守。劝课：鼓励与督责。

【译文】太和九年（485年），冬季十月十三日，孝文帝元宏下诏说：“我继承帝位已经有十五年了。每每阅览先王圣典，诸子百家之学，国家有了蓄积，就能让黎民百姓永保安乐。可是到了末世，世道衰败，富强的人兼并山泽，贫弱的人望眼欲穿却没有一处安身之所，以致很多土地不能充分耕种，而百姓却没有多余的财物，有的甚至为了争寸土之地而身亡，还有的因为食不果腹而放弃所从事的行业，而想让天下太平，百姓丰衣足食，怎么才能做到呢？现在我派遣使者，到州郡巡查，与州郡长官一起均分天下的田地，还要依据生死来断定，鼓励督责农桑之事，以兴富民之本。"

十有一年，冬十月，诏曰："乡饮礼废，则长幼之叙乱。孟冬十月，民闲岁隙，宜于此时导以德义。可下诸州，党里之内，推贤而长者，教其里人父慈、子孝、兄友、弟顺、夫和、妻柔。不率长教者，具以名闻。"十有一月丁未，诏罢尚方[①]锦绣绫罗之工，四民欲造，任之无禁。其御府衣服、金银、珠玉、绫罗、锦绣，太官杂器，太仆乘具，内库弓矢，出其太半，班赍百官及京师士庶，下至工商皂隶，逮于六镇戍士，各有差。

（《北史》曰：十三年，二月，引群臣访政道得失损益之宜。）

【注释】①尚方：职官名，掌管制造帝王御用的器物。秦置尚方令，汉沿置，有令、丞、员吏、从官十八人，后又分为中、左、右三尚方。魏、晋续置。唐省去"方"字，设中、左、右三尚署。元只设中尚监。明废。

【译文】太和十一年（487年），冬季十月，孝文帝元宏下诏说："乡饮酒礼废除，就会导致长幼无序。初冬十月，正是一年的农闲之时，应该在此时向民众宣导德义。可让各州在乡党邻里内，推举那些德高望重的长者，让他们来教导乡邻父慈子孝、兄友弟恭、夫和妻柔的道理。如果有不听从长者教导的，把他们的名字上报朝廷。十一月二十六日，孝文帝元宏下诏，撤销尚方下属的锦绣绫罗纺织工厂，天下百姓想要自己织造绫罗锦缎的，任凭他们去织造，不再加以禁止。将帝王府库中所藏的衣服、金银、珠玉、绫罗、锦绣，太官掌管的饮食器具，太仆掌管的交通工具，皇宫府库中的弓矢，拿出其中的大半，赏赐给文武百官及京师的士人百姓，以及工匠、商人、衙门里的差役，还有六镇的戍边战士，他们都得到了不同程度的赏赐。

（《北史》上说：太和十三年（489年），二月，孝文帝元宏引导群臣查访政道得失、损益等相关事宜。）

十五年，夏四月，自正月不雨，至于癸酉，有司奏祈百神。诏曰："昔成汤遇旱①，齐景逢灾②，并不由祈山川而致雨，皆至诚发中③，澍④润千里。万方有罪，在予一人。今普天丧恃，幽显⑤同哀，神若有灵，犹应未忍安飨⑥，何宜四气⑦未周，便欲祀事？唯当考躬责己，以待天谴。"

【注释】①成汤遇旱：《吕氏春秋·顺民篇》有载成汤桑林祈雨之事：昔者汤克夏而正天下，天大旱，五年不收。汤乃以身祷于桑林，曰：

“余一人有罪，无及万夫，万夫有罪，在余一人；无以一人之不敏，使上帝鬼神伤民之命。”于是翦其发，磿其手，以身为牺牲，用祈福于上帝。民乃甚悦，雨乃大至。

②齐景逢灾：齐国大旱，齐景公准备多征赋税以祭祀山神、河神，遭到晏子否定后，询问众臣有何办法可求雨。《晏子春秋·内篇谏上》有载：景公曰：“今为之奈何？”晏子曰：“君诚避宫殿暴露，与灵山河伯共忧，其幸而雨乎！”于是景公出野居暴露，三日，天果大雨，民尽得种时。景公曰“善哉！晏子之言，可无用乎！其维有德。”

③发中：发自内心。

④澍：及时雨。

⑤幽显：犹阴阳。亦指阴间与阳间。

⑥飨：祭祀。

⑦四气：春、夏、秋、冬四时的气候。

【译文】太和十五年（491年），夏季四月，从正月开始，一直到四月十一日，北魏境内久旱无雨，有关官员奏请孝文帝向百神祈祷普降甘露。孝文帝元宏下诏说：“从前商汤与齐景公都遇到大旱灾，但他们并不是因为祈求山川之神才使老天降雨，而是因为他们都是以发自内心的真诚感动了上天，才降下甘霖滋润千里之地。天下四方的罪过，都在我一人身上。如今，天下万民都沉浸于失去太后的丧痛之中，阴阳两界共述哀思，天神若是有灵，也不会在这个时候安心享用人们的祭祀，更何况在四时还未过完的时候，便想举行祭祀之事吗？我唯有反躬自省，等待上天的责罚。

十有六年，二月，诏祀唐尧于平阳，虞舜于广宁，夏禹于安邑，周文于洛阳，改谥宣尼曰文圣尼父，告谥孔庙。

【译文】太和十六年（492年），二月，孝文帝元宏下诏在平阳（今山西临汾，曾为尧的都城。）祭祀尧帝，在广宁（今河北保岱，曾为舜的都城）祭祀舜帝，在安邑（今山西夏县，曾为夏朝都城。）祭祀大禹，在洛阳祭祀周文王，将孔子的谥号“宣尼”改为“文圣尼父”，前往孔庙祭拜并告知谥号。

八月，诏曰：“文武之道，自古并行，威福之施，必也相藉。故三、五至仁，尚有征伐之事；夏殷明睿，未舍兵甲之行。然则天下虽平，忘战者殆；不教民战，可谓弃之。是以周立司马之官，汉置将军之职，皆所以辅文强武，威肃四方者矣。国家虽崇文以怀九服①，修武以宁八荒②，然于习武之方，犹为未尽。今则训文有典，教武阙然。将于马射之前，先行讲武之式，可敕有司豫修场埒③。其列阵之仪，五戎④之数，别俟后敕。”

【注释】①九服：泛指全国各地。

②八荒：指天下。

③场埒（liè）：意指驰马射箭的有矮墙的场地。

④五戎：有指五种兵器，也泛指我国古代西部地区的少数民族，亦指五种兵车，这里指五种导致战争之道，引申为战略战术。

【译文】八月，孝文帝元宏下诏说："文武之道，自古以来都是同时施行的，赏罚的使用，也是相互依托的。所以三皇、五帝这些具有至高无上仁德的人，尚且还有征伐之事；夏禹、商汤英明睿智，也没有舍弃军事武力。然而天下虽然太平，忘记战备却会面临危险；不教导百姓备战，可以说是弃他们于不顾。因此，周朝设立司马之职，汉朝设置将军之职，他们都是以文武之道威震四方的啊！我朝虽然以崇尚文治来安抚各地，整治武备来安定天下，然而在军事训练上，还有未尽之处。如今，教导文化礼仪尚有典籍可依，但训练军事却缺乏相关依据。在教导骑马、射箭之前，先要进行讲解、示范，可令相关部门预先修建一座训练场地。至于行军布阵的规则，战略战术方面的训练，就等以后再下达指示吧。"

十有八年，九月壬申朔，诏曰："三载考绩，自古通经；三考黜陟①，以彰能否②。今若待三考然后黜陟，可黜者不足为迟，可进者大成赊缓③。是以朕今三载一考，考即黜陟，欲令愚滞无妨于贤者，才能不壅于下位。各令当曹④考其优劣，为三等。六品以下，尚书重问；五品以上，朕将亲与公卿论其善恶。上上者迁之，下下者黜之，中中者守其本任。"

【注释】①黜陟：官职的升迁或降黜。

②能否：能干与否。

③赊缓：迟缓；缓慢。

④当曹：主管的官署。

【译文】太和十八年（494年），九月初一，孝文帝元宏下诏说：“每三年考核一次官员的政绩，这是自古以来一直通行的制度；三次考核之后，作出升迁或降黜的决定，以彰显被考核者才能的优劣。现今，如果等到三次考核后才做出升迁或降黜的决定，对于应该降黜的人来说不能算迟，但对于做出大的成就，应该升迁的人来说，则显得太过迟缓了。所以朕现在决定每三年考核一次，结束后立即作出升迁或降黜的决定，就是想让那些愚笨迟钝的人不要妨碍贤者的升迁，使贤者不因被埋没而处于下位。下令由各部门官员考核下属的优劣，将考核结果分为三个等级。六品以下的，由尚书重新审核；五品以上的，朕将亲自与公卿大臣一起讨论他们的善恶优劣。考核等级为最上等的，将给予升迁。最下等的，将罢免其官职。中等的，继续留任原来的职务。”

十有九年，六月己亥，诏不得以北俗之语言于朝廷，若有违者，免所居官。

（《资治通鉴》卷第一百四十曰：魏主欲变北俗，引见群臣，谓曰：“卿等欲朕远追商、周，为欲不及汉、晋邪？”咸阳王禧对曰：“群臣愿陛下度越前王耳。”帝曰：“然则当变风易俗，当因循守故邪？”对曰：“愿圣政日新。”帝曰：“为止于一身，为欲传之子孙邪？”对曰：“愿传之百世。”帝曰：“然则必当改作，卿等不得违也。”对曰：“上令下从，其谁敢违！”

帝曰："夫'名不正，言不顺，则礼乐不可兴。'今欲断诸北语，一从正音。其年三十已上，习性已久，容不可猝革。三十已下，见在朝廷之人，语音不听仍旧；若有故为，当加降黜。各宜深戒！王公卿士以为然不？"对曰："实如圣旨。"帝曰："朕尝与李冲论此，冲曰：'四方之语，竟知谁是；帝者言之，即为正矣。'冲之此言，其罪当死！"因顾冲曰："卿负社稷，当令御史牵下！"冲免冠顿首谢。又责留守之官曰："昨望见妇女犹服夹领小袖，卿等何为不遵前诏！"皆谢罪。帝曰："朕言非是，卿等当庭争。如何入则顺旨，退则不从乎！"）

【译文】太和十九年（495年），六月己亥，诏令不能在朝廷之上使用北方的俗语，如有违反者，罢免所任官职。

（《资治通鉴》卷第一百四十说：孝文帝拓跋宏想要改变北地风俗，接见众臣，对他们说："你们想要朕追比商、周呢？还是想要朕不如晋、汉呢？"咸阳王拓跋禧回应说："众臣都想要陛下超过以前的君王。"孝文帝说："这样说，应该移风易俗呢？还是因循守旧呢？"咸阳王拓跋禧回应说："希望君王日日革新。"孝文帝说："是远望功业只到朕一人停止呢？还是想要流传后代呢？"拓跋禧回应说："希望流传到一百代。"孝文帝说："这样说，必须要有所创新改革，你们不能违背旨令。"拓跋禧回应说："皇上下令臣下遵循，谁敢违抗？"孝文帝说："'名不正，言就不顺，礼乐制度就不能兴盛。'如今朕要禁止北方的语言，全部遵循中华的正音。年纪三十岁之上的，已经养成习惯很久了，不容易一下子改变。三十岁之下，如今在朝廷做官的人，语言不能按照以前说北方话；假使有故意说北方言语的，就要降职罢官。你们应深刻警戒！王公众臣以为对不对？”拓跋禧回应说：“的确像皇上所说。”孝文帝说：“朕以前与李冲商讨这个事情，李冲说：‘四方的人言语不一，不知最终该以谁说的作为标准；皇上说的语言，就是标准！’李冲此话，照罪应死。”于是孝文帝转头对李冲说：“你对不起国家，应让御史令拉下去斩首。”李冲摘了帽子磕头谢罪。孝文帝拓跋宏又指责留守洛邑的官吏说：“昨天远见妇女们还穿有夹领小袖的衣服，你们为何不遵守诏令？”那些官吏都说有罪，请求原谅。孝文帝说：“朕如果说错了，你们应在朝堂公开提出你们的意见；为何进朝就听从，退了朝就不遵守呢？”）

二十年，七月，帝以久旱，咸秩[①]群神；自癸未不食至于乙酉，是夜澍雨大洽。诏曰：“炎阳爽节，秋另卷澍，在予之责，实深悚栗，故辍膳三晨，以命上诉。灵鉴诚款，曲流云液。虽休勿休，宁敢愆怠？将有贤人湛德，高士凝栖，虽加铨采，未能招致。其精访幽谷，举兹贤彦，直言极谏，匡予不及。又邪佞毁朝，固唯治蠹；贪夫窃位，大政以亏。主者弹劾不肖，明黜盗禄。又法为治要，民命尤重，在京之囚，悉命条奏，朕将亲案，以时议决。又疾苦六极[②]，人神所矜，宜时访恤，以拯穷废。鳏寡困乏、不能自存者，明加矜恤，令得存济。又轻徭薄赋，君人常理，岁中恒役，具以状闻。又夫妇之道，生民所先，仲春奔会，礼有达式，男女失时者以礼会之。又京民始业，农桑为本，田稼多少，课督以不，具以状言。”

【注释】①咸秩：谓皆依次序行事。

②六极：中医指六种虚劳病的总称，即筋、骨、肉、精、气、血六项虚劳的程度达到极点。

【译文】太和二十年（496年），七月，孝文帝元宏因北魏境内久旱不雨，于是依次祭祀众神；从二十二日没有进食一直到二十四日，这天夜里普降大雨。朝廷下诏说：“火热的太阳出现在天高气爽的秋季，秋雨不按时令降落，这个责任在我，我实在是甚为惊悚恐惧，因此停止用膳三日，来回应上天的告诫。上天看我心怀挚诚，便降下这及时雨。古人说，虽然有善德也不可以自满，我怎敢放任自己的过失妄自懈怠？必定还有贤人德行高洁，高士隐居在山林，虽然已经下令选拔搜寻，但还未能将他们招揽来。可以精心到深邃的幽谷中寻访，举荐贤能才俊之士，直言尽力相劝，以匡正我的不足之处。还有，邪佞小人毁坏朝纲，本来就是治国的蠹虫；贪婪之人窃取高位，国家大政因之而耗损。主管者要弹劾不贤之人，公开罢黜盗取俸禄者。再有，法律是治理国家的关键，百姓的性命尤其重要，在京城的囚徒，要将他们的罪状悉数上奏，我将亲理他们的案件，及时商讨判决。再有，疾病中的六极，人神所悯，应该及时查访抚恤，以拯救穷困病残者。对那些鳏寡困顿、无法养活自己的人，明确地加以矜怜抚恤，令他们得到救济，得以存活下去。

再有，减轻徭役、降低赋税是为人君者所要施行的常道，一年中固定的劳役，都要将具体情况上报。再者，夫妇之道，是百姓首要的事情，春季奔走相会，典礼中有固定的模式，男女没有及时婚配的要按礼仪让他们会面加以撮合。再有，京城百姓开创产业，应以农桑为本，田地庄稼的多少，是否督促交纳赋税，都要以实相报。”

帝幼有至性，五岁受禅，悲泣不能自胜。抚念诸弟，始终曾无纤介，惇睦九族，礼敬俱深。虽于大臣持法不纵，然性宽慈，每垂矜舍。进食者曾以热羹伤帝手，又曾于食中得虫秽之物，并笑而恕之。宦者先有谮帝于太后，太后大怒，杖帝数十。帝默然而受，不自申明。太后崩后，亦不以介意。听览政事，莫不从善如流。哀矜百姓，恒思所以济益。天地、五郊[①]、宗庙二分[②]之礼，常必躬亲，不以寒暑为倦。尚书奏案，多自寻省。百官大小，无不留心，务于周洽。每言：凡为人君，患于不均，不能推诚御物。苟能均诚，胡越之人亦可亲如兄弟。常从容谓史官曰：“直书时事，无讳国恶。人君威福自己，史复不书，将何所惧？”

【注释】①五郊：谓东郊、南郊、西郊、北郊、中郊。古代礼仪，帝王于五郊设祭迎气。立春之日，迎春于东郊，祭青帝·句芒；立夏之日，迎夏于南郊，祭赤帝·祝融；立秋前十八日，迎黄灵于中兆，祭黄帝·后土；立秋之日，迎秋于西郊，祭白帝·蓐收；立冬之日，迎冬于北郊，祭黑帝·玄冥。

②二分：春分、秋分。

【译文】孝文帝元宏自幼性情淳厚，五岁接受禅让，悲伤哭泣得无法自制。他爱怜弟弟们，始终没有丝毫芥蒂，笃爱和睦九族，举止合礼周全得体。虽然对大臣秉公执法，绝不宽从，但性情宽厚慈爱，常对他们垂爱怜悯。奉食者曾用热汤烫了孝文帝元宏的手，又曾在食物中发现有小虫一类的秽物，孝文帝元宏都笑着宽恕了他们。之前有宦官在太后面前诬陷孝文帝，太后听后大怒，杖责了皇帝数十板子，孝文帝默然承受，也不为自己申辩。太后驾崩后，他也没把这件事放在心上。孝文帝元宏处理政务，无不从善如流。他同情、怜悯百姓，常常思考如何做才能对他们更为有益。天地、五郊、宗庙春分、秋分的祭礼，孝文帝常亲自参加，不因严寒酷暑而懈怠。尚书上奏之事，孝文帝大多自己推求省察。对于百官，无论官职大小，无不留心注意，务求周全。他常说：凡为人君者，所要担心的是处事是否公平，能否以至诚之心来驾御万物，如果能做到办事公平又心怀至诚，那么胡人、越人也可以亲如兄弟。孝文帝元宏曾从容地对史官说："真实地记载时事，不要避讳国家的弊端。君主如果随心所欲地作威作福，史官又不记载，那这个国君还有什么可害怕的呢？"

雅好读书，手不释卷。《五经》之义，览之便讲，学不师受，探其精奥。史传百家，无不该涉[①]。善谈《庄》《老》，尤精释义。待纳朝贤，随才轻重，常寄以布素[②]之意。悠然玄迈，不以世务婴心[③]。又少而善射，至年十五，便不复杀生，射猎之事悉止。性俭素，常服浣濯之衣，鞍勒[④]铁木而已。帝之雅志，皆此类也。

【注释】①该涉：博览。

②布素：布衣素服。布指质地，素指颜色，形容衣着俭朴。

③婴心：犹关心；挂心。

④鞍勒：鞍子和套在马头上带嚼口的笼头。

【译文】孝文帝元宏平素爱好读书，手不释卷。《五经》的经义，读过后便可以讲解，学习不用老师教授，却能探究其中的精妙之处。史书、传记、诸子百家，无不博览。善于谈论《庄子》《老子》，对佛教义理尤为精通。对待朝中贤士，依据才能大小，常有欲结为布衣之交之意。孝文帝元宏悠然洒脱，不为世俗之事挂心。他自幼善于射箭，到十五岁时，便不再杀生，射猎之事也全部停止。他生性节俭朴素，经常穿着洗过多次的衣服，马鞍和马套头都是用铁和木等普通材料做成的。孝文帝的高雅志向，都是如此。

史臣曰：有魏始基代朔，廓平[①]南夏，辟壤经世，咸以威武为业，文教之事，所未遑也。高祖幼承洪绪[②]，早著睿圣[③]之风。时以文明摄事，优游恭己[④]，玄览[⑤]独得，著自不言，神契所标，固以符于冥化[⑥]。及躬总大政，一日万机，十许年间，曾不暇给；殊途同归，百虑一致。至夫生民所难行，人伦之高迹，虽尊居黄屋⑦，尽蹈之矣。若乃钦明稽古，协御天人，帝王制作，朝野轨度，斟酌用舍，焕乎其有文章，海内生民咸受耳目之赐。加以雄才大略，爱奇好士，视下如伤，役己利物，亦无得而称之。其经纬天地，岂虚谥也！（魏书卷七）

【注释】①廓平：廓清平定。

②洪绪：世代相传的大业。多指帝业。

③睿圣：明智通达，德才超凡。古代多用作对帝王的颂词。

④恭己：指君主不问政事或大权旁落。

⑤玄览：犹玄镜。指人的内心。

⑥冥化：自然的化育。

⑦黄屋：帝王所居宫室。

【译文】史官评论说：北魏起初奠基于代郡朔方，廓清平定南方，开辟疆土治理天下，都以威势武力为业绩，文教方面的事，还无暇顾及。高祖元宏自幼继承帝业，很早便具备明智通达、德才超凡的风范。当时因为文明太后摄政，高祖元宏便悠闲自得，不理朝政，内心有独到的见解，只是把它写下来，也不过多言语，遇到神交之处，便有所标注，这本来就符合自性之情。等到他亲身总揽朝政，日理万机，十余年间，未曾有半点空闲；殊途同归，百虑一致。凡是一般人不容易做到的，生而为人的高尚德行，高祖元宏虽然尊居王宫，却能都遵循履行。至于明察古事，协和天人，帝王之制，朝廷与民间的法度，他都会仔细斟酌取舍，因此，德行事功以及礼法都焕然一新，四海之内的百姓都耳濡目染。加上高祖元宏具有雄才大略，喜好奇人异士，对待下属如同对待身上的伤口，宁愿辛劳自己，也要利于他人，真是难以用语言来称赞他。高祖元宏治理国政，才识不凡，哪里是徒有虚假的谥号呢？（魏书卷七）

元　晖

【题解】元晖（465—519年），字景袭，河南洛阳人，鲜卑族。北魏宗室大臣，昭成皇帝之六世孙，冀州刺史拓跋德之子。深沉敏锐，涉猎文史，先后任吏部尚书、冀州刺史、侍中、卫将军、尚书左仆射。

《续编》主要辑录了他两次上书的奏疏内容。第一篇主要是谈牧守之官，也就是地方官员选拔、任用和考核的问题。第二篇谈了三个问题，一是御史要选择得人，二是安定边境的问题，三是粮食资源储备的问题。他的上书得到了魏孝明帝的采纳。

晖，字景袭。少沉敏，颇涉文史。肃宗初，徵拜尚书左仆射，诏摄吏部选事。上疏曰："臣闻治人之本，实委牧守之官。得其才则政平物理，失其人则讼兴怨结。自非察访善恶，明加贬赏，将何以黜彼贪怠，陟此清勤[①]也！窃以大使巡省，必广迎送之费；御史驰纠，颇回[②]威滥之刑。且暂尔往还，理不委悉，纵有简举[③]，良未平当。愚谓宜令三司、八座[④]、侍中、黄门，各布耳目，外访州镇牧将，治人守令能不。若德教有方，清白独著，宜以名闻，即加褒陟。若治绩无效，贪暴远闻，亦便示牒，登加贬退。如此则不出庭户，坐知四方，端委垂拱，明赏审罚矣。”

【注释】①清勤：清廉勤恳。

②颇回：偏差不正。

③简举：检举。

③三司：三公。八座：古代中央政府的八位高级官吏，魏以五曹、一令、二仆为八座。后世遂为高官的通称。

【译文】元晖，字景袭。他从小深沉敏锐，涉猎很多文史典籍。肃宗元诩初年，征召元晖，授其尚书左仆射一职，诏令让他兼管吏部选拔相关事宜。元晖上疏说：“臣听说治民的根本，实际在于委任州郡牧守这类官员。牧守之官用对人，就会政治平稳，百姓得到很好的治理，牧守之官任用不当，就会诉讼不断结、郁结民怨。除非察访善恶，明确赏罚，否则将如何罢黜贪婪懈怠之人，进用那些清廉勤恳之人呢？臣私下以为大使的巡行视察，必然大大增加迎来送往的费用；御史来往奔波纠察，难免会有偏差不正、威逼利诱、滥用刑罚的事情发生。而且往返匆匆，事理没有完全了解，即使有检举，也未必公平妥当。我认为应该下令三公、八座、侍中、黄门，各自分布耳目，外出访察州镇牧将，是否具备治理百姓的能力。如果其道德教化有方，为人又清白方正，应该将他们的名字上呈，立即对其加以褒奖擢升。如果治理没有成效，贪婪残暴的名声又远播四方，也应该马上公示在通牒上，立即对其加以贬职斥退。如此便可足不出户，而知四方之事，身着礼服垂拱而治，赏罚自然就会分明了。”

后诏晖与任城王澄、京兆王愉、东平王匡共决门下大事。晖又上书论政要：“其一曰：御史之职，务使得贤。必得其人，不拘阶秩，久于其事，责其成功。其二曰：安人宁边，观时而动。顷来边将，亡远大之略，贪万一之功，楚梁之好未闻，而蚕妇之怨屡结，斯乃庸人所为，锐于奸利之所致也。平吴之计，自有良图，不在于一城一戍也。又河北数州，国之基本，饥荒多年，户口流散。方今境上兵复徵发，即如此日，何易举动？愚谓数年以来，唯宜静边以息占役，安人劝农，惠此中夏[①]。请严敕边将，自今有贼戍求内附者，不听辄遣援接[②]，皆须表闻，违者虽有功，请以违诏书论。三曰：国之资储，唯藉河北。饥馑积年，户口逃散，生长奸诈，因生隐藏，出缩老小，妄注死失。收人租调[③]，割入于己。人困于下，官损于上。自非更立权制，善加检括，损耗之来，方在未已。请求其议，明宣条格。”帝纳之。（魏书卷十五）

【注释】①中夏：中原地区。

②援接：救援接应。

③租调：租和调。古代的税制。

【译文】后来，朝廷诏令元晖与任城王元澄、京兆王元愉、东平王元匡共同决断门下省的大事。元晖又上书论述为政之要："其一是：御史这个职位，务必要任用贤人。如果真能得到这样的人，不必拘泥于职位和品级，让他长时间从事这个职位，鼓励、督促他做出功绩。其二是：安顿百姓和边境，要伺机而动。近来，边境将领都没有什么远大的谋略，贪图那些侥幸而得的功劳，尚未听到楚梁和好的消息，而蚕妇的怨恨之情却屡屡产生，这就是庸人所为，注重追求奸邪之利所导致。平定吴国的计划，自有良策，不在于一城一地的得失。再有，黄河以北数州，是国家的根本，发生饥荒多年，户口流散。如今边境上又在征兵，就像今天的情况，怎么还能轻举妄动？臣认为数年以来，只适宜保持边境安宁，以停止征兵，使民心安定，鼓励百姓发展农耕，让中原地区逐渐富裕起来。严厉敕告边境将领，自今以后，有戍边的敌寇请求归附的，不许擅自派兵去救援接应，都须上表奏报朝廷，违反者即使有功劳，也请按违反诏书论罪。其三是："国家的资源储备来源，只是依靠黄河以北地区。但连年发生饥荒，人口逃散，滋生出很多奸诈之人，于是就有人隐匿户口，增减年岁，随意标注死亡流失等各种情况。官员收敛百姓租调，纳入自己的私囊。百姓在下饱受困苦，官府在上遭受损失。假如再不设立权宜之制，妥善加以检点约束，那么，这样的损耗情况，将不会停止。请求议定此事，明确颁布条例法规。"孝明帝元诩采纳了元晖的建议。（魏书卷十五）

任城王元澄

【题解】任城王元澄（467—520年），原名拓跋澄，字道镇，鲜卑族。北魏宗室重臣，景穆帝拓跋晃之孙，任城康王拓跋云长子。少而好学，事亲至孝。官至中书令、骠骑大将军、司徒、侍中、尚书令。神龟二年（520年）去世，时年53岁。追赠假黄钺、使持节、都督中外诸军事、太傅、太尉，谥号文宣。

《续编》从其传中辑录了魏孝文帝元宏决定迁都洛阳，和元澄交流并决策的过程，体现了魏孝文帝的雄才大略，元澄当时作为中书令，支持迁都，也富有战略眼光，并对迁都成功起到关键作用。迁都以后，魏孝文帝进行全面的汉化改革，他南伐回京，看到有的妇女还没有改变服饰，因而批评元澄，体现了他作为一位改革者的强烈决心。正是魏孝文帝的全面汉化改革，促进了鲜卑和汉人的全面融合，为后来的隋唐大一统奠定了坚实的基础。

澄，字道镇。授尚书令。高祖外示南讨，意在谋迁，斋于明堂左个，诏太常卿王谌①，亲令龟卜，易筮南伐之事，其兆遇《革》。高祖曰："此是汤武革命，顺天应人之卦也。"群臣莫敢言。澄进曰："《易》言革者更也。将欲应天顺人，革君臣之命，汤武得之为吉。陛下帝有天下，重光累叶。今曰卜征，乃可伐叛，不得云革命。此非君人之卦，未可全为吉也。"高祖厉声曰："《象》云'大人虎变'，何言不吉也！"澄曰："陛下龙兴既久，岂可方同虎变！”高祖勃然作色曰：“社稷我社稷，任城而欲沮众也！”澄曰：“社稷诚知陛下之社稷，然臣是社稷之臣子，豫参顾问，敢尽愚衷。”高祖既锐意必行，恶澄此对。久之乃解，曰：“各言其志，亦复何伤！”

【注释】①王谌：字厚诚，太原晋阳（今山西太原）。初为给事中，迁祠部尚书，加散骑常侍，赐爵上党郡开国侯，迁太常卿。出为兖州刺史，征拜光禄大夫，卒于官。

【译文】任城王元澄，字道镇。担任尚书令。高祖元宏对外表示南下讨伐，其实意在谋划迁都，在明堂左侧的偏室斋戒，诏令太常卿王谌，命他亲自以龟骨和《周易》占卜向南征伐的事情，卜兆遇到了《革卦》。高祖说：“这是殷汤、周武王改朝换代，顺天意应民心的卦象。”群臣没有人敢说话。元澄进奏说：“《周易》说革是变更的意思。将要顺应上天民心，改变君臣的命运，殷汤、周武王得到它是吉利的。陛下拥有天下，世代相继。现在说占卜征讨，才可说是讨伐反叛，不能说是改朝换代。这不是君主的卦象，不可全称为吉利。”高祖厉声地说：“《象传》说‘大人虎变’，为什么说不吉利？”元澄说：“陛下如龙兴起已经很久，哪可仅同于老虎般的变革？”高祖勃然变脸说：“国家是我的国家，任城王却要沮丧众人的斗志！”元澄说：“我的确知道国家是陛下的国家，然而臣下是国家的臣子，参与顾问的事情，当竭尽愚衷。”高祖已经定下主意坚决实行，厌恶元澄的这番回答，很久才消气，说：“各谈自己的心意，这又有什么妨碍？”

车驾还宫，便召澄。未及升阶，遥谓曰：“向者之《革卦》，今更欲论之。明堂之忿，惧众人竞言，阻我大计，故厉色怖文武耳，想解朕意也。”乃独谓澄曰：“今日之行，诚知不易。但国家兴自北土，徙居平城，虽富有四海，文轨未一，此间用武之地，非可文治，移风易俗，信为甚难。崤函帝宅，河洛王里，因兹大举，光宅中原，任城意以为何如？”澄曰：“伊洛中区，均天下所据。陛下制御华夏，辑平九服，苍生闻此，应当大庆。”高祖曰：“北人恋本，忽闻将移，不能不惊扰也。”澄曰：“此既非常之事，当非常人所知，唯须决之圣怀，此辈亦何能为也？”高祖曰：“任城便是我之子房。”加抚军大将军、太子少保，又兼尚书左仆射。及驾幸洛阳，定迁都之策，高祖诏曰：“迁移之旨，必须访众。当遣任城驰驿向代，问彼百司，论择可否。近日论《革》，今真所谓革也，王其勉之。”既至代都，众闻迁诏，莫不惊骇。澄援引今古，徐以晓之，众乃开伏。澄遂南驰还报，会车驾于滑台。高祖大悦，曰：“若非任城，朕事业不得就也。”从幸邺宫，除吏部尚书。

【译文】高祖起驾回宫，就召见元澄。元澄还没上台阶，高祖就远远地对他说：“刚才的《革卦》，现在要再讨论。明堂中的愤怒，是担心众人竞相谈论，阻碍我的大计划，所以脸色严厉恐吓文武官员而已，想来你是理解我的心意的。”就单独对元澄说："现在的行动，实在知道不容易。只是国家兴起于北方，迁居到平城，即使拥有四海，但版图没统一，这片土地是用武的地方，不能够以文德治理，移风易俗，实在是十分困难。崤山函谷关是皇帝住宅，黄河洛水是君王乡里，利用这次大举出兵，占据中原，任城王心中以为怎么样？"元澄说："伊川洛水中原地区，均为天下所占据，陛下统治华夏，平定边远地带，百姓听到这种事，应当大加庆贺。"高祖说："北方人留恋故土，忽然听说将要迁移，不能不受到惊扰。"元澄说："这既不是平常的事，就不是平常的人所理解的，只需要陛下在心中决断，这些人又能怎么样呢？"高祖说："任城王就是我的张子房啊（指张良）。"加授元澄为抚军大将军、太子少保，又兼任尚书左仆射。等到高祖前往洛阳，定下迁都的计策，高祖下诏说："迁移的旨意，必须访问众人。将派遣任城王乘驿马到代京，询问那里的百官，议论决定可以与否。近日论说《革卦》，现在真正是所谓变革了，任城王可要努力啊！"到了代都，众人听到迁都的诏令，无不惊讶恐惧。元澄援引古今事例，慢慢地开导他们，众人这才理解信服。元澄于是向南飞驰回去报告，恰逢高祖在滑台，便与他相会。高祖非常高兴，说："如果不是任城王，我的事业不能完成。"元澄跟随前往邺宫，授任他为吏部尚书。

车驾南伐，留澄居守，复兼右仆射。高祖还洛，引见公卿。高祖曰："营国之本，礼教为先。朕离京邑以来，礼教为日新以不？"澄对曰："臣谓日新。"高祖曰："朕昨入城，见车上妇人冠帽而著小襦袄者，若为如此，尚书何为不察？”澄曰：“著犹少于不著者。”高祖曰：“深可怪也！任城意欲令全著乎？一言可以丧邦者，斯之谓欤？可命史官书之。”又曰：“王者不降佐于苍昊，皆拔才而用之。朕失于举人，任许一群妇人辈奇事，当更铨简耳。任城在省，为举天下纲维，为当署事而已？”澄曰：“臣实署事而已。”高祖曰：“如此便一令史足矣，何待任城？”于是留守群臣遂免冠谢罪。（魏书卷十九（中））

【译文】高祖向南征伐，留下元澄镇守京城，元澄又兼任尚书右仆射。高祖回到洛阳，接见公卿。高祖说：“治理国家的根本，以礼乐教化为首。我离开京城以来，礼乐教化是否日日更新呢？”元澄回答说：“臣下以为是日日更新。”高祖说：“我昨天进城，看到车上的妇女戴帽子却穿着短上衣，行为如此，尚书为什么不纠察？”元澄说：“穿短上衣的还是少于不穿的。”高祖说：“实在奇怪！任城王的意思是要让她们都这样打扮吗？一句话就可丧失国家，就是说的这些吧？可命令史官记载下来。”又说：“君王不由苍天降下辅佐，都是选拔有才能的人而任用他们。我选拔人失当，任凭一群妇女出现稀奇之事，应该另行选拔人才担任。任城王在尚书省，是提起天下的总绳，还是仅为画押而已？”元澄说：“臣下实在是画押而已。”高祖说：“如这样就是一个令史也足够了，何必用任城王呢？”这时留守群臣就取下帽子认罪。（魏书卷十九（中））

张白泽

【题解】张白泽（？—482年），字钟葵，上谷沮阳（今河北怀来县）人。张白泽少以孝道闻名。喜爱学习，渊博贯通。文成帝初年，任给事中，深得宠信，参预机密。外任雍州刺史，清心寡欲，官民安居乐业。入朝做散骑常侍，任殿中尚书。太和五年（482年），去世，追赠镇南将军、相州刺史、广平郡公，谥号为简。

《续编》辑录了他外任雍州刺史时，因为有人谋反，要杀刺史，文明太后计划杀掉一城百姓，张白泽劝谏其不要大开杀戒所上书的奏疏，阐明为政要以仁道的道理。奏疏呈上，得到了文明太后的采纳，一城百姓得救。

白泽本字钟葵，显祖赐名白泽，纳其女为嫔。出行雍州刺史，清心少欲，吏民安之。太和初，怀州民伊祁苟初三十余人谋反，将杀刺史。文明太后欲尽诛一城之民。白泽谏曰："臣闻上天爱物之生，明王重民之命，故杀一人而取天下，仁者不为。且《周书》父子兄弟，罪不相及，今群凶肆虐，轘裂[①]诛尽，合城无辜，奈何极辟[②]？不诬十室，而况一州？或有忠焉，或有仁者，若淫刑滥及，杀忠与仁，斯乃西伯所以叹息于九侯[③]，孔子所以回轮于河上[④]。伏惟圣德昭明殷鉴，水镜前礼，止迅烈之怒，抑雷霆之威，则溥天知幸矣。昔厉防民口，卒灭宗姬；文听舆颂，终摧强楚。愿不以人废言，留神省察。"太后

从之。（魏书卷二十四）

【注释】①轘裂：用车撕裂人体。

②极辟：极刑；大辟。

③“斯乃西伯”句：《史记卷三·殷本纪第三》有载：“九侯有好女，入之纣。九侯女不喜淫，纣怒，杀之，而醢九侯。鄂侯争之彊，辨之疾，并脯鄂侯。西伯昌闻之，窃叹。崇侯虎知之，以告纣，纣囚西伯羑里。”西伯：即周文王姬昌。其父季历死后，姬昌继承西伯侯之位，故称。九侯：商代诸侯。与西伯昌、鄂侯为商朝三公。

④“孔子”句：《史记·孔子世家》有载：“孔子既不得用于卫，将西见赵简子。至于河而闻窦鸣犊、舜华之死也，临河而叹曰：‘美哉水，洋洋乎！丘之不济此，命也夫！’”赵简子：春秋时期晋国赵氏领袖，原名赵鞅。窦鸣犊、舜华：均为晋国贤能的大夫，均被赵简子所杀。回轮：犹回车。

【译文】张白泽本来名叫钟葵，显祖拓跋弘赐名为白泽，娶了他的女儿为嫔妃。张白泽外出任雍州刺史，他清心寡欲，官吏百姓都能安居乐业。太和初年，怀州民伊祁苟初等三十余人谋反，要杀刺史。文明太后想把一城的百姓都杀光。白泽劝谏说：“臣听说上天喜爱万物生长，明王重视百姓的生命，所以杀掉一人而取得天下，仁德之人不会这样去做。况且《周书》说父子兄弟，罪行互不相干。现今一些凶残之人横行肆虐，要用车裂之刑杀光百姓，全城百姓是无辜的，为什么要对他们处以极刑？不随意诬陷加罪于十户之民。更何况一州之中，有的人忠心，有的人有仁德，如果滥用刑罚，杀掉忠仁之士，这就是西伯侯姬昌之所以为九侯遭受醢刑而哀叹，孔子之所以在黄河边回转车轮的原因了。只有具备圣明德行的人才会懂得前车之鉴，如清水和明镜一般能明察之前的礼制，止住迅猛的怒火，压住如雷霆般的威严，那么普天之下的百姓都会感到幸运了。从前，周厉王严防百姓之口，最终致使姬氏灭亡；晋文公听从众人的建议，最终打败了强大的楚国。希望不要以人废言，留心审察。”太后听从了张白泽的建议。（魏书卷二十四）

楼　毅

【题解】楼毅（？—497年），代郡人，北魏将领。历任殿中尚书、散骑常侍、安南将军、尚书右仆射、侍中、使持节、镇东将军、定州刺史、都督凉河二州、鄯善镇诸军事、凉州刺史，封常山侯。《续编》辑录了楼毅和魏孝文帝之间的一段对话，从中可以看出魏孝文帝作为一位明君，能够反躬自省和仰慕古贤的优秀品质。

毅，历位内外，稍迁殿中尚书，散骑常侍。时太极殿成，将行考室[①]之礼，引集群臣，而雪不克飨。高祖曰：“朕经始[②]正殿，功构[③]初成，将集百僚，考行大礼。然同云仍结，霏雪骤零，将由寡昧[④]，未能仰答天心，此之不德，咎竟焉在？卿等宜各陈所怀，以匡不逮。”毅稽首对曰：“雪霜风雨，天地之常；夏霖冬霰，四时恒节。今隆冬雪降，固是其时。又《礼》云：

‘雨沾服失容，则废’，礼自古而然，不足为异。”高祖曰：“昔刘秀将济，呼沱为之冰合。但朕德谢⑤古人，不能仰感天意故也。”（魏书卷三十）

【注释】①考室：本谓宫寝落成之礼，后泛指相地筑屋。

②经始：开始营建。

③功构：建筑。

④寡昧：谓知识浅陋，不明事理。

⑤谢：逊，不如。

【译文】楼毅在朝廷和地方历任官职，后来逐渐升任殿中尚书、散骑常侍。当时太极殿落成，将要举行落成典礼，高祖元宏召集群臣，而天降大雪，以致典礼无法举行。高祖元宏说：“我从开始营建正殿，到现在建筑刚刚完成，将要召集百官，行落成大典。然而浓云集结，纷飞的雪花骤然飘落，大概是由于人世不明事理，未能报答天意。这样缺少德行的征兆，责任究竟在哪里呢？你们都畅所欲言、各抒己见，好匡正错误。”楼毅跪拜叩头回答道：“雪霜风雨，乃是自然界的正常现象；夏天降雨，冬落冰粒，是四季恒常的节气。现在隆冬降雪，本来就是降雪的时节。而且《礼记》说‘如果因雨水打湿服饰，而导致容貌不整，就应该停止举行礼仪’，礼仪自古以来就有这样相似的情况，不足为怪。”高祖元宏说：“从前刘秀将要渡河时，呼沱河为他冰封。只是我的德行赶不上古人，不能上感天意的缘故吧。”（魏书卷三十）

李　先

【题解】李先（335—429年），中山卢奴人。曾任武邑太守、内都大官、定州大中正。主要成就为北伐柔然时收集书籍。神䴥二年（429年）去世，享年95岁。追赠定州刺史、中山郡公，谥号文懿。北魏开国皇帝拓跋珪曾向他询问："天下何书最善，可以益人神智？"李先以"唯有经书"回答，可见其深明经书之益。

李先，字容仁，中山庐奴人也，转七兵郎，迁博士、定州大中正。太祖问先曰："天下何书最善，可以益人神智？"先对曰："唯有经书。三皇五帝治化之典，可以补王者神智。"(魏书卷三十三)

【译文】李先，字容仁，中山卢奴（今河北定州）人，转任七兵郎，迁任博士、定州大中正。太祖拓跋珪问李先说："天下什么书最好，可以长人精神智慧？"李先回答说："只有经书。三皇五帝治化之典，可以补益为王者的精神智慧。"(魏书卷三十三)

崔　浩

【题解】崔浩（381—450年），字伯渊，小字桃简，清河郡东武城（今河北故城县）人。历仕北魏道武帝、明元帝、太武帝三帝，是太武帝最重要的谋臣之一，为促进北魏统一北方做出重大贡献。屡次力排众议，根据星象和人事判断时机，辅佐太武帝灭亡胡夏、平定北凉各击破柔然，解除了来自北方和西北地区的军事威胁，打开了通往西域的商道。拜太常卿，迁司徒，封东郡公。太平真君十一年（450年），坐“国史之狱”，夷灭九族，时年70岁。崔浩毁谤佛法，太武灭佛，崔浩是主谋，其不得善终，时人都认为是因果报应。

崔浩，字伯渊，清河人也。白马公玄伯之长子。少好文学，博览经史。玄象阴阳，百家之言，无不关综，研精义理，时人莫及。

太宗初①，拜博士祭酒，赐爵武城子，常授太宗经书。

【注释】①太宗：即北魏明元帝拓跋嗣，北魏王朝第二任皇帝（409—423年在位），庙号太宗。

【译文】崔浩，字伯渊，清河人。他是白马公崔玄伯的长子。从小爱好文学，博览经史。对于玄象阴阳，百家之言，无不融会贯通，他还精心研究义理，时人没有能赶得上他的。

太宗初年（409年），朝廷拜崔浩为博士祭酒，赐爵武城子，他经常给太宗拓跋嗣讲授经书。

世祖即位，左右忌浩正直，共排毁之。世祖虽知其能，不免群议，故出浩，以公归第。既得归第，因欲修服食养性[①]之术，而寇谦之[②]有《神中录图新经》，浩因师之。（《资治通鉴》卷一二四曰：魏主与崔浩皆信重寇谦之，奉其道。浩素不喜佛法，每言于魏主，以为佛法虚诞，为世费害[③]，宜悉除之，帝从之。寇谦之与浩固争，浩不从。）

【注释】①服食：一种道家养生的方法。指服用丹药。养性：道士修行的一种。静处一室，屏去左右，澄神静虑，也称入静。

②寇谦之：南北朝时期道教代表人物与领袖，新天师道（北天师道）的改革者和代表人物。

③费害：费财害民。

【译文】世祖拓跋焘即位，左右官员因忌恨崔浩的正直，便一同排挤、毁谤他。世祖拓跋焘虽然知道崔浩的才能，但也不得不接受众议，所以罢黜了崔浩，让他以公的身份归家。崔浩既然有了在家闲居的机会，便打算修炼服食养性之术，而寇谦之有《神中录图新经》，崔浩便拜他为师。（《资治通鉴》卷一二四说：北魏君主拓跋焘与崔浩都信任看重寇谦之，也信奉寇谦之的道术。崔浩一向就不喜欢佛法，常向北魏君主拓跋焘进言，认为佛法荒诞无稽，并且耗财害民，应该将其全部废除，太武帝拓跋焘听从了崔浩的建议。寇谦之对此持反对意见，与崔浩据理力争，崔浩根本不听。）

初，太祖诏尚书郎邓渊著《国记》十余卷，编年次[①]事，体例末成。逮于太宗，废而不述。神䴥[2]二年，诏集诸文人撰录《国书》，浩及弟览、高谠、邓颖、晃继、范亨、黄辅等共参著作，叙成《国书》三十卷。

【注释】①次：依序编排。

②神䴥（jiā）：北魏太武帝拓跋焘的年号（428年2月—431年12月），历时3年余。

【译文】起初，太祖拓跋珪下诏让尚书郎邓渊著《国记》十余卷，以年为纲，依序编排、纪录史事，体例未能完成。到了太宗拓跋嗣时，将其废掉而不再著述，神䴥二年（429年），太武帝拓跋焘下诏征集众文人撰写著录《国书》，崔浩及弟弟崔览、高谠、邓颍、晁继、范亨、黄辅等人共同参与著作，著成《国书》三十卷。

浩明识天文，好观星变。世祖每幸浩第，多问以异事。迁浩司徒。及恭宗始总百揆，浩复与宜都王穆寿辅政事。著作令史太原闵湛、赵郡郄标素谄事浩，乃请立石铭，刊载《国书》，并勒[1]所注《五经》。浩赞成之。恭宗善焉，遂营于天郊东三里，方百三十步，用功三百万乃讫。

【注释】①勒：雕刻，刊刻。

【译文】崔浩熟语天文，喜好观测星相变化。世祖拓跋焘常到崔浩的府第，多次问及怪异之事。世祖拓跋焘擢升崔浩为司徒。到恭宗拓跋晃时，才开始对此书做总集成，崔浩再与宜都王穆寿辅佐政事。著作令史太原人闵湛、赵郡人郄标平素就善于巴结、奉承崔浩，于是就请求为崔浩立碑刻铭，将崔浩的事迹刊载于《国书》中，并刊刻崔浩所注的《五经》。崔浩非常赞同他们的建议。恭宗拓跋晃认为他们的提议很好，于是就在郊外祭祀之地东三里，方圆一百三十步处营造，花费三百万钱才完成。

真君[①]十一年六月诛浩，清河崔氏无远近，范阳卢氏、太原郭氏、河东柳氏，皆浩之姻亲，尽夷其族。初，郄标等立石铭刊《国记》，浩尽述国事，备而不典[②]。而石铭显在衢路，往来行者咸以为言，事遂闻发。有司按验浩，取秘书郎吏及长历生数百人意状。浩伏受赇，其秘书郎吏已下尽死。

【注释】①真君：即太平真君，北魏太武帝拓跋焘的年号，（440年6月—451年6月），历时11年。

②不典：不守常道；不合准则。

【译文】太平真君十一年（450年）六月崔浩被诛，清河崔氏无论远近，范阳卢氏、太原郭氏、河东柳氏，都是崔浩的姻亲，全部夷灭其族。起初，郄标等人立碑铭刻《国记》，崔浩详尽记述国事，虽然详备却不合常道。而石铭处在四通八达的路上，十分明显，来往的过路之人都用这上面的语言来讲说，于是事情就暴露出来。有关官员按照律法追查崔浩，听取秘书郎吏和长历生总计数百人所反映的情况。崔浩承认自己收受贿赂，他的秘书郎吏以下众人全部被杀。

浩始弱冠，太原郭逸以女妻之。浩晚成，不曜华采，故时人未知。逸妻王氏，刘义隆镇北将军王种德姊也，每奇浩才能，自以为得婿。俄而女亡，王深以伤恨，复以少女继婚。逸及亲属以为不可，王固执与之，逸不能违，遂重结好。浩非毁[1]佛法，而妻郭氏敬好释典，时时读诵。浩怒，取而焚之，捐灰于厕中。及浩幽执，置之槛内，送于城南，使卫士数十人溲[2]其上，呼声嗷嗷，闻于行路。自宰司之被戮辱，未有如浩者，世皆以为报应之验也。初浩构害李顺，基萌已成，夜梦秉火爇顺寝室，火作而顺死，浩与室家群立而观之。俄而顺弟息号哭而出，曰："此辈，吾贼也！"以戈击之，悉投于河。寤而恶之，以告馆客冯景仁。景仁曰："此真不善也，非复虚事。夫以火爇人，暴之极也。阶乱兆祸，复已招也。《商书》曰：'恶之易也，如火之燎于原，不可向迩，其犹可扑灭乎？'且兆始恶者有终殃，积不善者无余庆。厉阶[3]成矣，公其图之。"浩曰："吾方思之"。而不能悛[4]，至是而族。

【注释】①非毁：诽谤；诋毁。非，通"诽"。

②溲：屎、尿。这里用做动词。

③厉阶：致祸的阶梯。

④悛（quān）：悔改。

【译文】崔浩刚二十岁时，太原郭逸将自己的女儿嫁给他为妻。崔浩大器晚成，没有显露自己的才华，所以当时的人对他并不了解。郭逸的妻子王氏，是刘义隆镇北将军王仲德的姐姐，每每惊奇于崔浩的才能，自以为得到了一个好女婿。不久她的女儿（崔浩妻）亡故，王氏甚为伤痛，同时又深感遗憾，又将自己的小女儿嫁给崔浩。郭逸及亲属都认为这样做不妥，王氏却坚决要这么做，郭逸对此也无可奈何，于是两家重新结成秦晋之好。崔浩诽谤佛法，但妻子郭氏却敬重、喜好佛典，时时读诵。崔浩大怒，取出佛典将其烧毁，并将灰烬弃于厕中。等到崔浩被囚禁，被关在囚车内押往城南，让数十个卫士在他身上小便，嗷嗷呼喊声，路人皆闻。从有宰司之官受刑被辱至今，再没有如崔浩这样惨烈的了，世人都以为这是因果报应在他身上的验证。起初，崔浩设计陷害李顺，大致想法已萌生，夜里崔浩梦见自己举火焚烧李顺的寝室，火势渐起，李顺死在大火里，而崔浩全家都在旁边围观。不久，李顺的弟弟止住号哭跑出来，说："你们这伙人，就是我的仇敌。"于是，执戈而击将这些围观之人全部投入河里。崔浩醒后非常厌恶这个梦，就把梦中发生的事告诉给馆客冯景仁。冯景仁说："这可真不是好事啊，也不是什么虚假之事。用火烧人，这是暴虐到极点了，这是祸乱的由来和征兆啊，而且是自己招来的呀，《商书》说：'恶是非常容易的，就如大火在荒原上燃烧，连靠近它都做不到，又怎么可能扑灭它呢？'况且这也预示着开始作恶的人最终必有灾殃，积恶之人也谈不上会有什么德泽留给子孙了。致祸的

阶梯已然形成，请您赶紧想办法补救吧。”崔浩说：“我正在想这个问题。”但最终他也没有悔改，至此被灭了族。（魏书卷三十五）

（《资治通鉴》卷一二五曰：魏司徒崔浩，自恃才略及魏主所宠任，专制朝权，尝荐冀、定、相、幽、并五州之士数十人，皆起家为郡守。太守晃曰：“先征之人，亦州郡之选也；在职已久，勤劳未答，宜先补郡县，以新征者代为郎吏。且守令治民，宜得更事者。”浩固争而遣之。中书侍郎、领著作郎高允闻之，谓东宫博士管恬曰：“崔公其不免乎！苟遂其非而校胜于上，将何以堪之！”）

【译文】（《资治通鉴》卷一二五说：北魏司徒崔浩，自恃才略过人并且深受北魏君主拓跋焘的宠信，独揽朝政大权，他之前曾推荐冀、定、相、幽、并五州的几十个士人，将他们直接起用为郡守。太子拓跋晃说：“之前征聘的人，也是才能足以担任州刺史、郡太守的人选；他们在职已经很久了，一直勤劳工作而没有得到朝廷应有的报答，应该先将他们补为郡守县令，然后让新征聘的人替他们做郎吏。况且郡守县令负责管理百姓，这样的官职应该由更有经验的人担任。”但是崔浩固执力争，并派他推荐的人前去担任这些官职。中书侍郎兼著作郎高允听闻这件事后，对东宫博士管恬说：“崔浩这次恐怕免不了要面临一场灾祸了！如果为了达到无理的私心而与有权势的人抗衡争胜，那他将如何保全自己呢！”）

始浩与冀州刺史颐、荥阳太守模等年皆相次，浩为长，次模，次颐。三人别祖，而模、颐为亲。浩恃其家世魏晋公卿，常侮模、颐。模谓人曰：“桃简正可欺我，何合轻我家周儿也？”浩小名桃简，颐小名周儿。世祖颇闻之，故诛浩时，二家获免。浩既不信佛道，模深所归向，每虽粪土之中，礼拜形象。浩大笑之，云：“持此头颅不净处跪是胡神也。”（魏书卷三十五）

【译文】起初崔浩与冀州刺史崔赜、荥阳太守崔模等年龄相当，崔浩最大，其次崔模，其次崔赜。三人不同宗，而崔模、崔赜相亲近。崔浩依恃他家世代是魏晋公卿，常欺负崔模、崔赜。崔模对人说：“桃简只可以欺负我，怎么可以欺负我家周儿呢。”崔浩小名桃简，崔赜小名周儿。世祖已经听说这事，所以杀崔浩时，二家得到宽免。崔浩不信佛法，崔模却深信佛法，即使在秽土之中，也礼拜佛像。崔浩大声讥笑他，说：“你怎么拿高贵的头颅在不洁净的地方跪拜胡神呢。”（魏书卷三十五）

源　贺

【题解】源贺（403—479年），原名秃发破羌，鲜卑名贺豆跋，西平乐都（今青海乐都）人，南凉秃发傉檀之子。南凉灭亡后，转投北魏。因战功赫赫成为北魏一代名将。先后拥立北魏文成帝拓跋濬、孝文帝拓跋宏。太和三年（479年），源贺病逝。追赠侍中、太尉、陇西王印绶，谥号宣。《续编》自其本传辑录了两件事：一是劝谏北魏高宗拓跋濬宽刑好生，二是他告诫诸子的临终训诫，体现了他于国家为忠臣，于子女为慈父的高尚人品。

源贺，自署河西王秃发傉檀[①]之子也。

南安王余为宗爱所杀也，贺部勒禁兵，静遏外内，翼戴高宗。令丽与刘尼[②]驰诣苑中，奉迎高宗。高宗即位，社稷大安，贺有力焉。班赐百僚，谓贺曰："朕大赍善人，卿其任意取之，勿谦退也。"贺辞，固使取之，贺唯取戎马一匹而已。

【注释】①秃发傉檀（365—415年），是十六国时期南凉武王秃发乌孤、康王秃发利鹿孤的弟弟。南凉第三位君主（402—414年）。秃发利鹿孤病逝后，即位后自称凉王。先后使用"弘昌"、"嘉平"两个年号。先臣于后秦，被封为车骑大将军、凉州刺史。后再称凉王复国。最后投降西秦，南凉灭亡。后被毒死，终年51岁，谥景王。

②丽与刘尼：即陆丽和刘尼。陆丽（？—465年），本姓步六孤，字伊利。鲜卑族。北魏时期大臣，东平成王陆俟之子。拥立文成帝拓跋濬即位，拜侍中、抚军大将军，封平原郡王。献文帝即位后，反对丞相太原王乙浑专政，惨遭杀害，陪葬于云中金陵。刘尼，本姓独孤氏。匈奴族。多力善射，北魏太武帝拓跋焘拜为羽林中郎，赐爵昌国子。兴安元年（452年），以中常侍宗爱杀南安王拓跋余，乃与源贺、陆丽谋杀宗爱，迎立文成帝拓跋濬。以功封东安公。皇兴四年（470年），随献文帝

拓跋弘北攻柔然，因酒醉兵阵不整，罢职免官。

【译文】源贺，是自封河西王秃发傉檀的儿子。

南安王拓跋余被权宦宗爱杀死的时候，源贺统领宫中禁兵，稳固地把守宫禁内外，拥戴北魏高宗拓跋濬为帝。让陆丽和刘尼骑马奔往皇苑中，去奉迎高宗，源贺领兵守卫在宫禁中作为他们的内应。不久陆丽单骑抱着高宗来到，源贺就打开宫门。高宗即位，北魏社稷得以安定，源贺有功劳于北魏。高宗即位之后，颁令赏赐文武百官，对源贺说："朕要大大奖赏有功之臣，爱卿需要什么可以任意选取，千万不要谦让。"源贺极力辞让，高宗坚决要他选取，源贺最后只要了一匹军马而已。

出为征南将军、冀州刺史，改封陇西王。贺上书曰："臣闻：人之所宝，莫宝于生全；德之厚者，莫厚于宥死。然犯死之罪，难以尽恕，权其轻重，有可矜恤。今劲寇游魂于北，狡贼负险于南，其在疆场，犹须防戍。臣愚以为自非大逆、赤手杀人之罪，其坐赃及盗与过误之愆应入死者，皆可原命，谪守边境。是则已断之体，更受全生之恩；徭役之家，渐蒙休息之惠。刑措之化，庶几在兹。《虞书》曰：'流宥五刑'，此其义也。臣受恩深重，无以仰答，将违阙庭，豫增系恋，敢上瞽言[1]，唯加裁察！"高宗纳之。已后入死者，皆恕死徙边。久之，高宗谓群臣曰："源贺劝朕宥诸死刑，徙弃北番诸戍，自尔至今，一岁所活殊为不少，生济之理既多，边戍之兵有益。卿等事朕，致何善意也？苟人人如贺，朕治天下复何忧哉！顾忆诚言，利实广矣。“群臣咸曰：“非忠臣不能进此计，非圣明不能纳此言。”

【注释】①瞽（gǔ）言：意为无见识的话。多用作谦辞。

【译文】源贺出任征南将军、冀州刺史，改封为陇西王。源贺向高宗上书说：“微臣听说：人最宝贵的，莫过于保全自己的生命；恩德中最厚重的，莫过于宽宥他人的死罪。然而犯了死罪的人，不能全部都予以宽恕，应当权衡其罪行的轻重，有的是可以怜惜的。如今北边有强劲的敌寇经常骚扰，南边有狡诈的贼人凭险捣乱，那里的边疆战场，还须严加防备戍守。为臣愚见以为只要不是大逆谋反、蓄意杀人之罪，那些替盗贼窝赃和过失杀人应当处死的人，都可以保全他的性命，将其贬谪充军戍守边境。这样做既合依法断案的规矩，又使这些人受到保全性命的恩德；服徭役的人家，能够逐渐蒙受休养生息的好处。刑罚举措所达到的感化教育，也许就在于此。《虞书》上说‘流宥五刑’，就是这个意思。微臣蒙受皇上的恩宠十分深重，无以报答，现在将要远别朝廷，未行之前更增添系恋之情，所以大胆地进上愚昧的意见，还望陛下明察裁断。”高宗接受了他的建议。以后犯了死罪的人，都被免于处死而流放到边境。过了许久，高宗对群臣说道：“源贺劝朕宽宥各种死刑，将其贬徙充军到北边的各个戍所，从那时到现在，一年之中得以活命的人实在不少，这样既表明了救济民生的大道理，又对充实边戍的兵力有好处。你们侍奉朕，有什么好的意见吗？假如人人都像源贺那样，朕治理天下又有什么忧虑呢！回想他那一番忠诚的言辞，所得的益处实在是多啊。”朝中群臣都说道：“不是忠臣不能进献这样的计策，不是圣明的君主不会采纳这样的意见。”

贺以年老辞位，诏不许。至于再三，乃许之。太和元年二月，患笃，还京师。贺乃遣令敕诸子曰：“吾顷以老患辞事，不悟天慈降恩，爵逮于汝。汝其毋傲吝，毋荒怠，毋奢越，毋嫉妒；疑思问，言思审，行思恭，服思度；遏恶扬善，亲贤远佞；目观必真，耳属必正；诚勤以事君，清约以行己。吾终之后，所葬时服单椟，足申孝心，刍灵明器，一无用也。”三年秋薨，年七十三。（魏书卷四十一）

【译文】源贺因年老而请求辞去官职，高宗不准。直至两次三次上书，高宗才准许。太和元年（477年）二月，源贺病危，回到了京师。留下遗嘱教训他的几个儿子说：“我不久前因为年老患病而辞去官职，没想到上天慈爱降恩，爵位将传给你们。你们都不要骄傲狂妄，不要荒疏怠慢，不要奢侈越轨，不要嫉妒他人；有疑难要多请教，言语要审慎，行为要恭谨，服饰要适度；要做到抑恶扬善，亲贤远佞；眼睛观察事物定要求其真实，两耳听话一定要求其正确；以忠诚勤勉去侍奉国君，以清廉俭朴来要求自己。我死之后，殡葬时用普通的衣服和单薄的小棺木，就足以表明你们的一片孝心，殉葬用的葬器之类，一概不要使用。”太和三年（479年）秋天，源贺逝世，终年七十三

岁。(魏书卷四十一)

高 允

【题解】高允(390—487年),字伯恭,渤海蓨县(今河北景县)人。少年丧父,大器早成,气度非凡,初为渤海郡功曹。神䴥四年(431年),任中书博士,改授中书侍郎,参修《国记》,并负责教导景穆太子拓跋晃。跟随司徒崔浩监修北魏国史。"国史之狱"处以极刑,得到太子营救而获免。文明太后称制时,拜中书监,封为咸阳郡公,加号镇东将军,出为散骑常侍、征西将军、怀州刺史。太和十一年(487年)去世,享年98岁,谥号为文。

高允为官,历经五朝,宦海五十余年,极享恩宠,多位皇帝都极为信赖与尊敬他。他做人为官,始终秉持忠厚仁心,能"笃亲念故,虚己存纳,虽处贵重,志同贫素",堪称人格模范。

高允,字伯恭,勃海人也。性好文学,担笈[①]负书,千里就业[②]。博通经史天文术数,尤好《春秋公羊》。郡召功曹。

神䴥四年,拜中书博士。后诏允与司徒崔浩述成《国记》,以本官领著作郎。寻以本官为秦王翰傅。后敕以经授恭宗,甚见礼待。

【注释】①担笈:担负书箱。指外出求学。

②就业:求学。

【译文】高允，字伯恭，勃海人。高允喜好文学，担负着书籍，到千里之外去求学。他博通经史以及天文术数，尤其喜好《春秋公羊传》。郡中召他为功曹。

神䴥四年（431年），高允任中书博士。后来太武帝拓跋焘下诏让高允与司徒崔浩编撰《国记》，以本官兼任著作郎。不久，高允以本官兼任秦王元翰的师傅。后来又命他教授恭宗拓跋晃经书，受到了很高的礼遇。

是时，著作令史闵湛、郄标性巧佞，为浩信待。既而劝浩刊所撰国史于石，用垂不朽，欲以彰浩直笔①之迹②。允闻之，谓著作郎宗钦曰："闵湛所营，贫寸之间，恐为崔门万世之祸。吾徒无类③矣。"未几而难作。

【注释】①直笔：根据事实书写，毫不隐瞒作假。

②迹：通"绩"，功劳。

③无类：犹言无遗类，无幸存者。

【译文】当时，著作令史闵湛、郄标性情巧诈奸佞，被崔浩所信任。不久闵湛等人劝崔浩将他所撰《国史》刻在碑石上，以求永垂不朽，想要彰显崔浩直言书写的功绩。高允听到这件事，对著作郎宗钦说："闵湛所建议崔浩刊刻的碑石，虽然只占了尺寸之地，恐怕将来会成为崔门的万世之祸了。如果这样，我们这些曾参与此事的人都要遭大难了。"不久，灾难真的来临了（即"国史之狱"）。

初，浩之被收也，允直中书省。恭宗使东宫侍郎吴延召允，仍留宿宫内。翌日，恭宗入奏世祖，命允骖乘[①]。至宫门，谓曰："入当见至尊，吾自导卿。脱[②]至尊有问，但依吾语。"允请曰："为何等事也？"恭宗曰："入自知之。"既入见帝。恭宗曰："中书侍郎高允自在臣宫，同处累年，小心密慎，臣所委悉。虽与浩同事，然允微贱，制由于浩。请赦其命。"世祖召允，谓曰："《国书》皆崔浩作不？"允对曰："《太祖记》，前著作郎邓渊所撰。《先帝记》及《今记》，臣与浩同作。然浩综务处多，总裁而已。至于注疏，臣多于浩。"世祖大怒曰："此甚于浩，安有生路！"恭宗曰："天威严重，允是小臣，迷乱失次耳。臣向备问，皆云浩作。"世祖问："如东宫言不？"允曰："臣以下才，谬参著作，犯逆天威，罪应灭族，今已分死[③]，不敢虚妄。殿下以臣侍讲日久，哀臣乞命耳。实不问臣，臣无此言。臣以实对，不敢迷乱。"世祖谓恭宗曰："直哉！此亦人情所难，而能临死不移，不亦难乎！且对君以实，贞臣也。如此言，宁失一有罪，宜宥之。"允竟得免。于是召浩前，使人诘浩。浩惶惑不能对。允事事申明，皆有条理。时世祖怒甚，敕允为诏，自浩已下、僮吏已上百二十八人皆夷五族。允持疑不为，频诏催切。允乞更一见，然后为诏。诏引前，允曰："浩之所坐，若更有余衅，非臣敢知。直以犯触，罪不至死。"世祖怒，命介士[④]执允。恭宗拜请。世祖曰："无此人忿朕，当有数千口死矣。"浩竟族灭，余皆身死。宗钦临刑，叹曰："高允其殆圣乎！"

【注释】①骖乘：古代乘车陪坐在右边的人。

②脱：倘若，或许。

③分死：定死；必死。

④介士：介胄之士、武士。

【译文】起初，崔浩被收押，高允在中书省当值。恭宗拓跋晃让东宫侍郎吴延召来高允，让他留宿宫中。第二天，恭宗拓跋晃入廷启奏世祖拓跋焘，命高允陪同左右。来到宫门前，恭宗拓跋晃对高允说："我们进去拜见皇上，我自会引导你。倘若皇上有什么话问你，你就只管按照我说的应答。"高允问："这到底是为了什么事呢？"恭宗拓跋晃说："等进去你自然就知道了。"然后一同入宫拜见世祖。恭宗拓跋晃说："中书侍郎高允自从在臣宫中，臣与他相处多年，高允做事一直小心谨慎，臣对他很了解。高允虽然与崔浩同事，但他地位卑微，自然人微言轻，所有决策都由崔浩主管制定，他只是听命于崔浩。臣请求您赦免他的死罪。"世祖拓跋焘召见高允，对他说："《国书》都是崔浩所作吗？"高允回答说："《太祖记》是由前著作郎邓渊所撰。《先帝记》以及《今记》，为臣与崔浩共同撰写。但是崔浩政务繁多，只是总揽了一下全书而已。至于注疏，臣所作要多于崔浩。"世祖拓跋焘大怒说："这个高允比崔浩的罪行还重，怎么还能给他留活路呢！"恭宗拓跋晃说："天子威严凝重，高允只是一个小臣，在您的威严下一时惊慌迷乱，有些语无伦次了。臣先前曾就这件事问过他，他说都是崔浩所作。"世祖拓跋焘问："真如东宫太子说的那样吗？"高允回答说："为臣本为才能低下之人，谬参著作，触犯天威，罪应灭族，今天必死无疑了，决不敢用虚妄之言来欺骗您。太子殿下因为臣在他身边侍讲已久，可怜为臣，而为臣求一条生路。实际上，太子殿下并没有问过臣，而臣也确实没对他说过这样的话。臣据实对答，不敢有丝毫虚妄迷乱之言欺骗您。”世祖拓跋焘对恭宗拓跋晃说：“这才是正直的人啊！这原本在人情上很难做到，而高允却能至死不移，这不是难上加难吗？而且以诚对君，真是忠贞的臣子啊。像他刚才说的这一番话，我是宁愿漏掉一个有罪之人，也应该宽恕他。”高允竟得以免罪。接着，世祖拓跋焘又召崔浩前来，派人诘问他。崔浩惶恐迷惑不能作答。高允每件事都陈述得条理清晰，明白无误。当时世祖拓跋焘愤怒至极，命令高允书写诏书，自崔浩以下、僮仆、下属以上共计一百二十八人全部夷灭五族。高允迟疑不决一直不肯下笔，世祖拓跋焘频频催促。高允请求再次面见皇上，然后再书写诏书。世祖拓跋焘让人把他带到面前，高允说：“崔浩所犯，如果还有其他罪过，臣不清楚。如果仅因为这一项罪行，应该没达到被处死的程度。”世祖拓跋焘大怒，下令武士将高允捆绑起来。恭宗拓跋晃又为他拜请求情。世祖拓跋焘说：“如果没有这个人激怒我，就该有数千人为此事而死了。”崔浩最终还是被灭了族，其余的人都只是诛杀了本人。宗钦临刑时说：“高允他大概可以称得上是圣人了吧！”

恭宗后让允曰：“人当知机，不知机，学复何益？当尔之时，吾导卿端绪，何故不从人言，怒帝如此。每一念之，使人心悸。”允曰：“臣东野凡生，本无宦意。属休延[①]之会，应旌弓[②]之举，释谒凤池[③]，仍参麟阁[④]，尸素官荣[⑤]，妨贤已久。夫史籍者，帝王之实录，将来之炯戒[⑥]，今之所以观往，后之所以知今。是以言行举动，莫不备载，故人君慎焉。然浩世受殊遇，荣曜当时，孤负圣恩，自贻[⑦]灰灭。即浩之迹，时有可论。浩以蓬蒿之才，荷栋梁之重，在朝无謇谔[⑧]之节，退私无委蛇[⑨]之称，私欲没其公廉，爱憎蔽其直理，此浩之责也。至于书朝廷起居之迹，言国家得失之事，此亦为史之大体，未为多违。然臣与浩实同其事，死生荣辱，义无独殊。诚荷殿下大造之慈，违心苟免，非臣之意。”恭宗动容称叹。允后与人言，我不奉东宫导旨者，恐负翟黑子。

【注释】①休延：指太平之世。

②旌弓：亦作“旍弓”。征聘贤士的旌旗和弓。

③凤池：古代禁苑中的池沼，为中书省所在地。

④麟阁：“麒麟阁”的简称，汉代阁名。在未央宫中。汉宣帝时曾图霍光等十一功臣像于阁上，以表扬其功绩。封建时代多以画像于“麒麟阁”表示卓越功勋和最高的荣誉。

⑤尸素：谓居位食禄而不尽职。常用作自谦之词。官荣：官爵荣显。

⑥炯戒：十分明显的警戒或鉴戒。

⑦自贻：谓自己招来过错。

⑧謇谔（jiǎn è）：直言，不留情面的直说。

⑨委蛇：这里指随便应顺，指对人虚情假意，敷衍应酬。

【译文】恭宗拓跋晃后来责备高允说：“做人应该知道如何见机行事，不知见机行事，学识再多又有什么益处？在当时那个时候，我已经给你理出了一些头绪，我在旁边引导你，你为什么不顺着我的话说，最后让皇上那么动怒。现在我每每想起当时的场景，都感到心有余悸。”高允说：“臣本是东郊乡野的一介平凡书生，本来就没有为官之意。适逢我朝正值太平之世，应朝廷选贤之举，在凤池为官，参与编撰麟阁，居位食禄却不够尽职，妨碍贤人已太久了。那些史书，都是帝王的实录，是将来的鉴戒，通过这些史籍，今人可以观往，后人可以知今。因此言行举动，无不详细载述，所以为人君者更应该有畏惧之心，谨慎自己的言行。然而崔浩在世时曾受到特殊恩遇，荣及一时，但他却辜负了皇上的圣恩，自取灭亡。就崔浩的行迹来看，时而也有可论之处。崔浩以蓬蒿之才，担负着朝廷栋梁之重，在朝廷上虽无直言之节，但在私下里也没什么虚情假意之处，但是他被自己的私欲淹没了廉洁，用他个人的爱憎之情遮蔽了自己的公正秉直之心，这是崔浩的过错。至于对朝廷起居行迹的书写，陈述国家政事的得失，这也是记录国史的大体，并不能说有多大的过错。但为臣与崔浩实际上做的是同一件事情，死生荣辱，应该一样才对。臣承蒙太子殿下恩赐的再生之德，违背自己的良心得以幸免一死，这并不是臣的本意。”恭宗拓跋晃大为动容，对高允连声称叹。高允后来跟人说，我之所以没有遵照太子的安排去做，就是怕辜负了翟黑子啊。

（《资治通鉴》卷一二五曰：初，辽东公翟黑子有宠于帝，奉使并州，受布千匹。事觉，黑子谋于高允曰：“主上问我，当以实告，为当讳之？”允曰：“公帷幄宠臣，有罪首实，庶或见原，不可重为欺罔也。”中书侍郎崔览、公孙质曰：“若首实，罪不可测，不如讳之。”黑子怨允曰：“君奈何诱人就死地！”入见帝，不以实对，帝怒，杀之。）

【译文】（《资治通鉴》卷一二五说：起初，辽东公翟黑子深受世祖拓跋焘宠信，奉命出使并州，接受他人上千匹布的贿赂。事发后，翟黑子和高允商量说：“皇上问我的时候，我是应当以实相告，还是有所隐瞒呢？”高允说：“你是朝廷宠臣，犯了罪应当自首，并以实情相告，或许还有机会被皇上赦免，不可再次欺君罔上了。”中书侍郎崔览、公孙质说：“如果你把实话说出来，皇上要如何治你的罪还不可预知，不如隐瞒不承认。处置你还是不可测的事。”翟黑子埋怨高允说：“你为何要诱导我奔赴死地！”翟黑子进去见世祖拓跋焘，没有以实相对，世祖大怒，杀了翟黑子。）

初，允与游雅及太原张伟同业相友，雅尝论允曰：“夫喜怒者，有生所不能无也。而前史载卓公宽中，文饶洪量，褊心者或之弗信。余与高子游处四十年矣，未尝见其是非愠喜之色，不亦信哉。高子内文明[1]而外柔弱，其言呐呐不能出口，余常呼为‘文子’。崔公谓余云：‘高生丰才博学，一代佳士，所乏者矫矫风节耳。’余亦然之。司徒之谴，起于纤微，及于诏责，崔公声嘶股战不能言，宗钦已下伏地流汗，都无人色。高子敷陈事理，申释是非，辞义清辩，音韵高亮。明主为之动容，听者无不称善。仁及僚友，保兹元吉[2]，向之所谓矫矫者，更在斯乎？宗爱之任势也，威振四海。尝召百司于都坐，王公以下，望庭毕拜，高子独升阶长揖。由此观之，汲长孺[3]可卧见卫青，何抗礼之有！向之所谓风节者，得不谓此乎？知人固不易，人亦不易知。吾既失之于心内，崔亦漏之于形外。钟期止听于伯牙，夷吾见明于鲍叔，良有以也。”其为人物所推如此。

十一年正月卒，年九十八。初，允每谓人曰：“吾在中书时有阴德，济救民命。若阳报不差，吾寿应享百年矣。”（魏书卷四十八）

【注释】①文明：光明，有文采。

②元吉：大吉；洪福。

③汲长孺：即汲黯，西汉名臣。汲黯为人耿直，好直谏廷诤，汉武帝刘彻称其为“社稷之臣”。

【译文】起初，高允同游雅以及太原张伟因共同处事而十分友好，游雅曾评论高允说：“喜怒这些情绪，是人生在世所不能没有的。而以前的史书曾记载卓公为人宽厚中正，文饶有宽广的胸襟和度量，心胸狭窄且性情急躁的人或许会不相信。我和高允相处已有四十多年了，没见到他有喜怒之色，这难道还不让人信服吗？高允内心光明而外表却很柔弱，说话迟钝似乎不能出口，我常叫他‘文子’。崔公对我说：‘高允博学多才，是一代名士，所缺少的只是一种英勇威武的气节罢了。’我也这样认为。司徒被谴责，只因很小的过失，却受到皇帝下诏斥责，崔公声音嘶哑、双腿颤抖得说不出话来，宗钦已然跪伏在地，汗流浃背，面无人色。惟独高允陈述事理，解释是非，辞义清晰明辩，声音洪亮，圣明的君主为此而动容，听者无不点头称赞。他的仁义惠及同僚亲友，因而一直能让他保有洪福。以前那些所谓超凡脱俗的人，更在哪里呢？宗爱任意使用手中权势，威名振于四海。他曾召集百官到政事堂，王公以下的人都望着朝堂跪拜，只有高允独自走到台阶上拱手长揖。由此可以看出，汲长孺可以躺着见卫青，这怎么能说是行平等之礼呢？以前那些所谓高风亮节的人，不就是这样的吗？了解别人本来就不容易，但被人了解也不容易，我还不够了解他的内心，崔浩对高允所行之事的了解也有遗漏，钟子期只有伯牙这一位知音，管仲也只有鲍叔能明其心迹，这是有一定道理的啊。”高允的为人就是这样被人推崇。

高允于太和十一年（487年）正月去世，享年九十八岁。起初，高允常对人说：“我在中书任职时积有阴德，曾救助过百姓性命，如果阳报没有差错的话，我的寿命应该能到百岁。”（魏书卷四十八）

刘 昞

【题解】刘昞，字延明，14岁跟随博士郭瑀学习。后来虽隐居酒泉，但声名显著。在西凉居官期间，刘昞虽有政务，手不释卷。北魏拓跋焘平定凉州，夙闻其名，拜刘昞为乐平王从事中郎。后病逝于凉州韭谷窟。刘昞勤于学习，毫不懈怠的精神令人敬佩，值得学习。

刘昞，字延明，敦煌人也。隐居酒泉，不应州郡之命，弟子受业者五百余人。李暠[①]私署，征为儒林祭酒、从事中郎。暠好尚文典，书史穿落者亲自补治，昞时侍侧，前请代暠。暠曰："躬自执者，欲人重此典籍。吾与卿相值，何异孔明之会玄德。"迁抚夷护军，虽有政务，手不释卷。暠曰："卿注记篇籍，以烛继昼。白日且然，夜可休息。"昞曰："朝闻道，夕死可矣，不知老之将至，孔圣称焉。昞何人斯，敢不如此。"（魏书卷五十二）

【注释】①李暠（351—417年）：字玄盛，小字长生，陇西成纪（今甘肃秦安）人，十六国时期西凉政权建立者。

【译文】刘昞，字延明，敦煌人。刘昞后来隐居酒泉，不应州郡长官的征召，受业弟子达五百多人。李暠自封凉公，征召刘昞任儒林祭酒、从事中郎。李暠爱好崇尚文献典籍，书籍有缺落破损都亲手贴补，刘昞当时正在旁侍从，便上前请求代替李暠。李暠说："我之所以亲自动手，是期望大家重视经典。我与你相交往，与诸葛孔明遇见刘玄德一样。"刘昞升任为抚夷护军，即使政务在身，手不释卷。李暠说："爱卿研读文章经典，夜以继日。白天已经这样了，夜晚可以休息。"刘昞说："朝闻道，夕死可矣，不知老之将至，是孔圣人称誉的境界。刘昞何许人，怎敢不如此。"（魏书卷五十二）

赵　柔

【题解】赵柔，字符顺，金城（今甘肃兰州）人。少以德行才学知名河右。北魏拓跋焘平定凉州，内徙京师。拓跋濬即位，拜为著作郎。后以历效有绩，出为河内太守，甚著仁惠。《续编》自其本传辑录了赵柔两则事例。一则是拾"金珠"不昧，呼主还之。一则是言而有信，见利思义，体现了他的崇高品格。

赵柔，字元顺，金城人也。出为河内太守，甚著仁惠。柔尝在路得人所遗金珠一贯，价直数百缣，柔呼主还之。后有人与柔铧[①]数百枚者，柔与子善明鬻之于市。有从柔买，索绢二十匹。有商人知其贱，与柔三十匹，善明欲取之。柔曰："与人交易，一言便定，岂可以利动心也。"遂与之。搢绅之流，闻而敬服焉。其推诚秉信，皆此类也。（魏书卷五十二）

【注释】①铧：安装在犁上用来破土的铁片。

【译文】赵柔，字符顺，是金城（今甘肃兰州）人。出任河内太守，多有仁爱惠民的表现。赵柔曾在路途拾得他人遗失金珠一串，价值数百匹绢，赵柔呼叫失主将金珠送还。后来有人送铁铧数百枚给赵柔，赵柔同儿子赵善明入集市出售铁铧。有人向赵柔购买，赵柔要价二十匹绢。有位商人知道铁铧的价格高低，便给予赵柔三十匹绢，其子赵善明就想与商人成交。赵柔说："与人交易，一言定价，怎能因有利而动心？"于是按二十匹绢卖给了第一个买者。士大夫之流，听说后都很敬佩他。赵柔推诚心守信用，此类事例很多。（魏书卷五十二）

高　闾

【题解】高闾（？—502年），字阎士，本名高驴，渔阳雍奴（今天津武清区）人。早孤好学，博通经史，文才俊伟，下笔成章。与高允并称"二高"。官至中书监。景明三年（502年），卒于家。追赠镇北将军、幽州刺史，谥号文侯。《续编》自其本传辑录了他和魏孝文帝元宏之间关于治道的对话，体现了这对明君贤臣的远见卓识。

高闾，字阎士，渔阳雍奴人。承明初，为中书令，加给事中，委以机密。文明太后甚重闾，诏令书檄，碑铭赞颂皆其文也。

【译文】高闾，字阎士，渔阳雍奴（今天津武清区）人。承明初年，任中书令，加授给事中，北魏朝廷机将机密大事交他办理。文明太后冯氏很看重高闾，当时的诏令、文书、檄文、碑文、铭文、赞颂等文字都出自他手。

太和三年，高祖引见王公已下于皇信堂，高祖曰："政虽多途，治归一体，朕每蒙慈训，犹自昧然。诚知忠佞有损益，而未识其异同，恒惧忠贞见毁，佞人便进。寤寐思此，如有隐忧。国彦朝贤，休戚所共，宜辨斯真伪，以释朕怀。"尚书游明根对曰："忠佞之士，实亦难知。依古爵人，先试之以官，官定然后禄之，三载考绩，然后忠佞可明。"闾曰："窃谓袁盎彻慎夫人席，是其忠；谮杀晁错，是其佞。若以异人言之，望之为忠，石显是佞。"高祖曰："自非圣人，忠佞之行，时或互有。但忠功显即谓之忠，佞迹成斯谓之佞。史官据成事而书，于今观之，有别明矣。朕所问者，未然之前；卿之所对，已然之后。"闾曰："佞者，饰智以行事；忠者，发心以附道。譬如玉石，皦然可知。"高祖曰："玉石同体而异名，忠佞异名而同理。求之于同，则得其所以异；寻之于异，则失其所以同。出处同异之间，交换忠佞之境，岂是皦然易明哉？或有托佞以成忠，或有假忠以饰佞。如楚子綦后事显忠，初非佞也。"闾曰："子綦谏楚，初虽随述，终致忠言，此适欲几谏，非为佞也。子綦若不设初权，后忠无由得显。"高祖善闾对。

【译文】太和三年（479年），北魏高祖拓跋宏在皇信堂召见王公以下的大臣，高祖说："为政之术虽然有多种，但治理的目的只有一个，朕经常蒙受慈爱的教诲，还是不甚明白。确知任用忠佞会有增益或损失的结局，但不能辨别忠佞的异同，常害怕忠贞者受诋毁，奸佞者被任用。睡前醒后想到此事，如有隐忧在身。诸卿是国家俊杰、朝中贤臣，应该休戚与共，应为朕说明如何辨别真伪，以消除朕的疑惑。"尚书游明根答道："忠诚或奸佞的人，确实也难以知晓，依据古代以爵位授人，先试着给他官职，职务确定就给他俸禄，三年考核政绩，然后可辨明他是忠是奸。"高闾说："臣认为袁盎撤去慎夫人的座位，是忠诚的表现；进谗言杀晁错，是奸佞的行为。如果比较不同的人而言，萧望之是忠臣，石显是奸臣。"高祖说："除非圣人，忠佞的行为，有时或在一人身上共存。但忠诚的功业显明就说他忠，奸佞的迹象多就说是奸。史官根据已有的事实记录，到今天看来，区别很分明。朕所提的问题，是指行为发生以前，爱卿的回答，是已发生以后的事。"高闾说："奸佞的人，弄巧以行事；忠诚的人，发自内心以符合道义。比如美玉与石头，分明可知。"高祖说："玉石同形而名不同，忠奸名不同而理相同。求其相同，就可得知其所不同处；寻求它的异处，就不见它相同的地方。行为的进退同异之中，忠与佞在不同情况下交相出现，难道是易于分明的吗？有的凭借奸佞以达成忠诚，有的假托忠诚以掩饰奸佞。比如楚子綦后来欲替楚昭王死就显出忠心，他先前就不是奸臣。"高闾说："楚子綦谏楚王，开始虽顺从王的意思，最终表达的是忠直的意见，这是先顺其欲好而后伺机劝谏，不能视为奸佞的表现。楚子綦如开始没权变之计，后来的忠诚便没有显示的机会。高祖称赞高闾的回答。

闾后上表曰：臣闻为国之道，其要有五：一曰文德，二曰武功，三曰法度，四曰防固，五曰刑赏。故远人不服，则修文德以来之；荒狡放命，则播武功以威之；民未知战，则制法度以齐之；暴敌轻侵，则设防固以御之；临事制胜，则明刑赏以劝之。用能辟国宁方，征伐四克。

【译文】高闾后又上表说：臣听说治国之道，主要有五点：一是礼乐教化，二是征伐战功，三是规章法度，四是守备固防，五是罚赏适宜。因此远方的人不归服，就用修明礼乐招引他们；荒远的狡诈之徒违抗命令，便播扬武威来镇服；百姓不知作战之法，就用法规规范他们的行动；残暴的敌人轻易入侵，就加强设防以抵御敌人；遇到变故而克敌制胜，就严明赏罚制度加以激励。由此能开辟国土安宁四方，征伐四面敌人都能取胜。

是年冬至，高祖、文明太后大飨群官。高祖亲舞于太后前，群臣皆舞。高祖乃歌，仍率群臣再拜上寿。闾进曰："臣闻：大夫行孝，行合一家；诸侯行孝，声著一国；天子行孝，德被四海。今陛下圣性自天，敦行孝道，称觞上寿，灵应无差。

臣等不胜庆踊，谨上千万岁寿。”高祖大悦，赐群臣帛，人三十匹。

【译文】当年冬至，高祖、文明太后冯氏大宴群臣。高祖在文明太后冯氏席前起舞，群臣都随高祖一起舞蹈。高祖于是放声高唱，仍旧率领群臣两次跪拜为太后祝寿。高闾进言说：“臣听说：大夫遵行孝道，和睦团结全家；诸侯遵行孝道，声闻全国；天子遵行孝道，德教泽四海。现今陛下德行出自天授，笃行孝道，举杯庆贺，神灵将完全应许，臣等非常欢欣激动，谨祝太后和皇上万寿无疆。高祖极为喜悦，赏赐群臣布帛，每人三十匹。

又议政于皇信堂，高祖曰：“百揆多途，万机事猥，未周之阙，卿等宜有所陈。”闾对曰：“臣伏思太皇太后十八条之令，及仰寻圣朝所行，事周于百揆，理兼于庶务。孔子至圣，三年有成；子产治郑，历载乃就。今圣化方宣，风政骤改，行之积久，自然致治。理之必明，不患事阙。又为政之道，终始若一，民可使由之，不可使知之。政令既宣，若有不合于民者，因民之心而改之。愿终成其事，使至教必行。臣反覆三思，理毕于此，不知其他。但使今之法度，必理、必明、必行、必久，胜残去杀，可不远而致。”高祖曰：“刑法者，王道之所用。何者为法？何者为刑？施行之日，何先何后？”闾对曰：“臣闻刑制立会，轨物齐众，谓之法；犯违制约，致之于宪，谓之刑。然则法必先施，刑必后著。自鞭杖已上至于死罪，皆谓之刑。刑者，成也，成而不可改。”

【译文】后来，又在皇信堂议政，高祖说：“处理政务方法很多，君主处理的事繁多，有未能周全的缺失，卿等应该提出来。”高闾答道：“臣私下想到太皇太后的十八条律令，及至寻求圣朝的政绩，处理的政务都极周全，解决的百事都兼有原则。孔子是至高的圣人，执政三年才有成效；子产治理郑国，经过数年才有成就。现在朝廷的教化刚宣示，风气政令突然改变，推行的时间久了，自然能治理好，原则如果明确，不怕处置时有缺憾。又治国之道，始终如一，可以指使百姓去做，不可让百姓知道当中的原因。政令既已宣布，如果有对百姓不合适的规定，可据百姓的心愿作改动。期望最终事业能成功，使最好的教化能落实。臣反复思考，道理就在这里，不知其他。只要使现在的法令制度，符合原则、很清楚正确、被执行、长久坚持，克制残暴废除刑杀的局面，可在不远的将来出现。”高祖说：“刑法，是推行王道的办法。什么是法？什么是刑？施行过程中，谁先谁后？”高闾答道：“臣听说创设制度法规，规范事物统一众心，称为法；违犯法制规定，就据法令给予处罚，称为刑。那么法令必须先施行，刑罚必然后明确。由鞭杖以上到死罪，都称为刑。刑，即是定例，定例便不可更改。”

高祖曰：“《论语》称：冉子退朝，孔子问曰：‘何晏也？’

对曰：‘有政。’子曰：‘其事也。如有政，虽不吾以，吾其与闻之。’何者是政？何者为事？”闾对曰：“臣闻：政者，君上之所施行，合于法度，经国治民之属，皆谓之政；臣下奉教承旨，作而行之，谓之事。然则天下大同，风轨齐一，则政出于天子；王道衰，则政出于诸侯；君道缺，则政出于大夫。故《诗》叙曰：‘王道衰，政教失，则国异政，家殊俗。’政者，上之所行；事者，下之所奉。”高祖曰：“若君命为政，子夏为莒父宰，问政，此应奉命而已，何得称政？”尚书游明根曰：“子夏宰民，故得称政。”帝善之。（魏书卷五十四）

【译文】高祖说：“《论语》中称：‘冉子退朝回来，孔子问道：为什么这么晚呢？冉子答道：有政务要处理。孔子说：那是季氏的私事。如果是国家政务，现在即使不用我，但我还是可以听说的。’那么，什么是政？什么是事？”高闾答道：“臣听说：政，是君主施行的，合于法度，治理国家统治人民之类，都称为政；臣下服从君主教导接受旨意，去做去行动，称为事。天下大同，风气法制统一，政令由天子主持；王权衰落，政令就出自诸侯；国君权力丧失，政令出自大夫。所以《诗经》叙中说：‘王道衰，政教失，则国异政，家殊俗。’政，是君上所施行的；事，是臣下所执行的。”高祖说：“如果君主的命令称政治，子夏任莒父宰，《论语》中说他问政，这应该是奉命任职而已，为什么得以称为政？”尚书游明根说：“子夏管理百姓，所以可称为政。”高祖赞赏他的回答。（魏书卷五十四）

高　祐

【题解】高祐（？—499年），本名高禧，字子集，小名次奴，渤海蓨县（今河北省景县）人，广涉经史，豁达豪放。初为中书学生，迁中书博士，拜中书侍郎。招顺邵郡群贼有功，封建康县子。孝文帝即位后，任秘书监，监修国史。迁给事中，出任辅国将军、西兖州刺史，封东光侯，拜光禄大夫。太和二十三年（499年）去世，谥号为灵。

《续编》辑录了他和魏孝文帝元弘关于治理灾害、消除盗贼的一次对话，高祐引用经史，回答了孝文帝的发问，并对人才的选举提出了自己的建议，得到孝文帝的赞许。

高祐，字子集，小名次奴，勃海人也。祐博涉书史，高祖拜秘书令。高祖从容问祐曰："比水旱不调，五谷不熟，何以止灾而致丰稔？"祐对曰："昔尧汤之运，不能去阳九之会[①]。陛下道同前圣，其如小旱何？但当旌贤[②]佐政，敬授民时，则灾消穰[③]至矣。"又问止盗之方，祐曰："昔宋均[④]树德，害兽不过其乡；卓茂[⑤]善教，蝗虫不入其境。彼盗贼者，人也，苟训之有方，宁不易息。当须宰守贞良，则盗止矣。"祐又上疏云："今之选举，不采职治之优劣，专简年劳[⑥]之多少，斯非尽才之谓。宜停此薄艺，弃彼朽劳[⑦]，唯才是举，则官方斯穆。又勋旧之臣，虽年勤可录，而才非抚人者，则可加之以爵赏，不宜委

之以方任。所谓王者可私人以财，不私人以官者也。”高祖皆善之。（魏书卷五十七）

【注释】①阳九之会：又称“阳九之阨”，指灾难、困厄的时运。

②旌贤：表彰贤人。

③穰：庄稼丰熟。

④宋均（？—76年）：字叔庠，南阳郡安众县（今河南邓州市）人。汉明帝即位，拜尚书令，出为河内太守，治理有方。其在九江太守任内，推行德行，传说老虎等猛兽都渡江而去。

⑤卓茂（？—28年）：字子康，南阳郡宛县（今河南省南阳市宛城区）人。卓茂为密县县令，大行教化。汉平帝在位时（前1年—6年），天下大蝗灾，河南二十多县都遭灾，惟独蝗虫不进密县境内。

⑥年劳：官吏任职的年资与劳绩。

⑦朽劳：谓无功之劳。

【译文】高祐，字子集，小名次奴，勃海人。高祐博览经书史籍，高祖元宏任命他为秘书令。高祖从容地问高祐说：“近来水旱不均，五谷不熟，有什么办法可以制止目前的灾害而让农作物丰收呢？”高祐回答说：“从前尧、汤的运数，都不能去除阳九之会，陛下您与之前的圣王志趣相投，对付这小旱之灾要用什么办法呢？只有表彰选拔贤才，让他们佐助政事，让百姓能按时耕种，这样灾难就会消解，丰收自然而至了。”高祖元宏又问高祐防止盗贼的方法，高祐说：“从前宋均树立美德，害人的野兽都不到他治理的乡域来；卓茂善于教化，蝗虫都不入他的辖境。那些盗贼，也是人，如果我们训导有方，哪有不容易止息的。现在应当让宰守们做到忠正诚信，那些盗贼就会自然止息了。”高祐又上疏说：“现在的选举，不管其人在所辖地治理的优劣，专门追究其任职的年资与劳绩多少，这并不是人尽其才的做法。我们应该停止专门探究这种薄艺，放弃那些无功之劳，唯才是用，官吏们都能遵纪守法，自然会端正风气。此外，有功勋的旧臣，虽说他们年高德劭，勤于政事，但才能有限，不能安抚众人，让人信服，对这样的人可以封之以爵位，但不可委以地方之任。这就是所谓的为王者可以给人以钱财，却不可私自许给别人官职。”高祖对高祐所说大加赞许。（魏书卷五十七）

杨　播

【题解】杨播（453—513年），字元休，改字延庆，自称弘农华阴（今陕西华阴市）人，北魏将领。《续编》辑录了他和魏孝文帝出征，在班师回朝时带领士兵英勇垫后，和敌英勇作战的内容，体现了其为将之勇。

杨播，字延庆，自云恒农华阴人也。除[①]左将军，寻假[②]前将军。随车驾[③]南讨，至钟离。师回，诏播领步卒三千、骑五百为众军殿。时春水初长，贼众大至，舟舰塞川。播以诸军渡淮未讫，严陈南岸，身自居后。诸军渡尽，贼众遂集，于是围播。乃为圆陈以御之，身自搏击，斩杀甚多。相拒再宿[④]，军人食尽，贼围更急。高祖在北而望之，既无舟船，不得救援。水势稍减，播领精骑三百，历其舟船，大呼曰："今我欲渡，能战者来！"贼莫敢动，遂拥众而济。高祖甚壮之，赐爵华阴子，寻除右卫将军。（魏书卷五十八）

【注释】①除：任命官职。

②假：授予；给予。

③车驾：天子出巡时乘坐的马车。后亦用为天子的代称。

④再宿：连宿两夜。

【译文】杨播，字延庆，自称恒农华阴人。授任左将军，不久又授任前将军。跟随高祖元宏南征，到达钟离（今安徽省凤阳县）。高祖元宏班师回朝，诏令杨播率领三千步兵、五百骑兵为全军殿后护卫。当时春水初涨，大量贼兵赶到，舟船战舰塞满了河道。杨播因为各军还未全部渡过淮水，便在南岸严兵布阵，自己身居最后。等各路大军全部渡过淮水之后，敌军才蜂拥而至围攻杨播。杨播于是将士兵列成圆阵进行抵抗，亲自与敌人搏击，斩杀了很多敌军。相互交战了两天两夜，杨播带领的士兵已无粮可食，敌军更加紧了围攻。高祖元宏在北岸远远望见这种场面，但已经没有舟船，无法救援。水势稍退，杨播率领三百精锐骑兵越过敌军舟船，大呼道："现在我要渡河，能交战的就赶快过来。"敌军无人敢动，于是杨播率领众人一起过了河。高祖元宏对杨播的英勇大加赞赏，授予其华阴子的爵位，不久又授任他右卫将军。（魏书卷五十八）

杨　椿

【题解】杨椿（455—531年），字延寿，弘农华阴（今陕西华阴县）人。杨播之弟。出身弘农杨氏，足智多谋，以门荫入仕。太和元年，起家内行内小，迁给事中。经历孝文帝、宣武帝、孝明帝、孝庄帝四朝，先后治理豫州、济州、梁州、朔州、定州、南秦州、岐州、雍州等八州，参与平定六镇起义、关陇起义和南徐州起义，拜侍中、车骑大将军、开府仪同三司。孝庄帝即位，拜司徒、太保兼侍中。

《续编》辑录了他写给子孙的《诫子书》，语重心长帝告诫子孙做人要保持勤俭之风，谦虚谨慎、忠贞不二、懂得满足。读来感人至深，是中国传统家训中宝贵的精神财富。

播弟椿，字延寿，本字仲考，太和中与播俱蒙高祖赐改。建义①元年，迁司徒公。庄帝还宫，椿每辞逊，不许。上书频乞归老。

【注释】①建义：北魏孝庄帝元子攸的第一个年号（528年4月—9月），共计六个月。

【译文】杨播的弟弟杨椿，字延寿，本字仲考，太和年间与杨播都蒙高祖元宏赐字改名。建义元年（528年），杨椿升任司徒公。孝庄帝元子攸还宫洛阳，杨椿多次请退，孝庄帝都没有允许。杨椿又频频上书请求告老还乡。

椿临行，诫子孙曰：

我家入魏之始，即为上客，给田宅，赐奴婢、马牛羊，遂成富室。自尔至今二十年，二千石、方伯不绝，禄恤甚多。至于亲姻知故，吉凶[1]之际，必厚加赠禭[2]；来往宾僚，必以酒肉饮食。是故亲姻朋友无憾焉。国家初，丈夫好服彩色。吾虽不记上谷翁时事，然记清河翁时服饰，恒见翁着布衣韦带[3]，常约敕诸父曰："汝等后世，脱若富贵于今日者，慎勿积金一斤、彩帛百匹已上，用为富也。"又不听治生求利，又不听与势家作婚姻。至吾兄弟，不能遵奉。今汝等服乘[4]，以渐华好，吾是以知恭俭之德，渐不如上世也。又吾兄弟，若在家，必同盘而食；若有近行，不至，必待其还，亦有过中不食，忍饥相待。吾兄弟八人，今存者有三，是故不忍别食也。又愿毕吾兄弟世，不异居、异财，汝等眼见，非为虚假。如闻汝等兄弟，时有别斋独食者，此又不如吾等一世也。吾今日不为贫贱，然居住舍宅不作壮丽华饰者，正虑汝等后世不贤，不能保守之，方为势家所夺。

【注释】①吉凶：喜事和丧事。

②赠禭：赠死者以衣衾。后泛指赠送财物以助治丧。

③韦带：古代平民或未仕者所系的无饰的皮带。

④服乘：指车马。

【译文】杨椿临行前，告诫子孙说：

我家入魏初期，就被圣上待以上宾，给予田宅，赏赐奴婢、马牛羊，使我们家成为富户。自那时至今已有二十年，二千石、方伯的官职没有中断过，俸禄赏赐有很多。至于姻亲和故交好友，每有喜事或丧事之时，定会给予丰厚的赠予；来往的宾客幕僚，一定给予好酒好肉等优厚的款待。所以亲戚朋友对我们家没有抱怨不满的。建国初期，男子喜好穿彩色衣服。我虽然记不得上谷翁时的事，但记得清河翁当时的服饰，经常看见祖父穿着平民百姓的衣服，腰间系着没有装饰的皮带，常告诫我叔父说："你们以后，倘若富贵有超过今日的，千万不要积攒超过一斤的金子、以及超过百匹的彩帛，用以显示自己的富有。"再有，不许自营生计谋取利益，又不许与有权势的人家结成婚姻。到我们兄弟时，没能遵照奉行。现今你们的车马，已经越来越华美，我由此知道恭俭的品德，已经渐渐不如上代了。再有，我们兄弟，如果都在家，必定会同盘而食；若有到近处走动，到了进餐时间还没回来的，一定等他回来一起进餐，也曾有过了中午还没有进食，忍着饥饿等待的。我们兄弟八人，现在还在世的只有三个了，所以不忍心分别进食。又期望穷尽我们兄弟一生，也不分居、不分财产，你们都已亲眼看到了，我说的并不是虚假之言。如今听闻你们兄弟，偶尔有分别进食独自吃饭的时候，这又不如我们这一代了。我今日不算贫贱，但是居住的舍宅并没有做华美壮观的装饰，正是顾虑你们这些后代如果不贤良，将无法保全它，会被有权有势的人家夺走。

北都时，朝法严急。太和初，吾兄弟三人并居内职[1]，兄在高祖左右，吾与津在文明太后左右。于时口敕，责诸内官，十日仰密得一事，不列便大瞋嫌。诸人多有依敕密列者，亦有太后、高祖中间传言构间者。吾兄弟自相诫曰："今忝二圣近臣，母子间甚难，宜深慎之。又列人事，亦何容易，纵被瞋责，慎勿轻言。"十余年中，不尝言一人罪过，当时大被嫌责。答曰："臣等非不闻人言，正恐不审，仰误圣听，是以不敢言。"于后终以不言蒙赏。及二圣间言语，终不敢辄尔[2]传通。太和二十一年，吾从济州来朝，在清徽堂豫宴。高祖谓诸王、诸贵曰："北京之日，太后严明，吾每得杖，左右因此有是非言论。和朕母子者唯杨椿兄弟。"遂举赐四兄及我酒。汝等脱若万一蒙时主知遇，宜深慎言语，不可轻论人恶也。

【注释】①内职：朝廷内的官职。

②辄尔：任意。

【译文】建都平城时，朝廷法令严苛急切。太和初年，我们兄弟三人都在朝廷内任职，兄长在高祖身边，我与杨津在文明太后身边。当时，皇上口谕，让各位内官十天内密列呈报一项他人过错之事，没有列报便会备受责难。内官中有很多人依据皇上口谕密列他人过错，也有在太后、高祖间传播谣言挑拨是非的。我们兄弟三人相互告诫说："今日本来就已愧任二圣近臣，调和他们母子间的关系原本就是特别难的事，应该更谨慎周密地对待。对于他人的过错，怎能轻易列举？纵然备受责难，也要慎重，不能随意乱说。”十余年中，我们不曾说过一个人的罪过，当时大受责难。我回答说：“臣等不是没有听闻到他人的言说，只是怕没经核实不够准确，会误了皇上您的圣听，所以才不敢轻易去说。”到后来，我们兄弟终因没有乱说谣言得到皇上的赏赐。至于二圣之间的言语，我们始终不敢随意传说。太和二十一年（497年），我从济州来朝觐见，在清徽堂参与宴会。高祖告诉诸王及各位贵臣说：“在北京时，太后特别严明，我经常会受到杖责，左右之人因此就有一些是非之论。而一直在调和朕母子关系的，只有杨椿兄弟。”于是举起杯子为四哥和我赐酒。你们万一若能得到皇上的知遇之恩，应更加谨慎自己的言语，不可轻易谈论他人的过恶。

吾自惟文武才艺、门望姻援不胜他人，一旦位登侍中、尚书，四历九卿，十为刺史，光禄大夫、仪同、开府、司徒、太保，津今复为司空者，正由忠贞，小心谨慎，口不尝论人过，无贵无贱，待之以礼，以是故至此耳。闻汝等学时俗人，乃有坐而待客者，有驱驰势门者，有轻论人恶者，及见贵胜则敬重之，见贫贱则慢易之，此人行之大失，立身之大病也。汝家仕皇魏以来，高祖以下乃有七郡太守、三十二州刺史，内外显职，时流少比。汝等若能存礼节，不为奢淫骄慢，假不胜人，足免尤诮[1]，足成名家。吾今年始七十五，自惟气力，尚堪朝觐天子，所以孜孜求退者，正欲使汝等知天下满足之义，为一门法耳，

非是苟求千载之名也。汝等能记吾言，百年之后，终无恨矣。（魏书卷五十八）

【注释】①尤诮：过失与谴责。

【译文】我自思文武才艺、家世声望以及姻亲关系都不如他人，一次任侍中、尚书之位，四次历任九卿，十次任刺史，品位至光禄大夫、仪同、开府、司徒、太保，杨津现在又位至司空的原因，正是由于忠贞不二，小心谨慎，口中不曾议论他人之过，待人没有高低贵贱之分，全部以礼相待，因此才能有此官位。我听闻你们向当下那些俗人学习，竟然有坐着接待客人的时候，奔走于势家之门，有轻易议论他人过恶的，以及见到那些尊贵而有权势的人就敬重，见到贫贱之人就轻慢远离，这是为人行为上很大的过失，也是立身处世的大弊病。你们家族在魏庭为官以来，自高祖以下就有七人担任郡太守、三十二人任州刺史，在朝廷内外均任显要之职，同一时期的其他家族很少有能比得上的。你们若能心存礼节，不做奢侈、淫乱、骄横、轻慢的事，就算才能比不上他人，也足以免去过失和指责，足以成为名家。我今年刚刚七十五岁，自恃还有一些气力，还能上朝觐见天子，之所以不断求退的原因，正是想使你们知道天下凡事要懂得满足的道理，把它作为家门的法则罢了，并不是苟且求取千载的名声。你们要能记住我的话，那我百年之后，也就了无遗憾了。（魏书卷五十八）

韩麒麟

【题解】韩麒麟（433—488年），昌黎棘城人，初任东曹主书。文成帝继位后，加任伏波将军。皇兴元年（467年），随征南将军慕容白曜征战，升任冠军将军、冀州刺史。孝文帝时，升任冠军将军、齐州刺史。他在任期间，处理政务，推尚宽和。太和十二年（488年），韩麒麟死于任上，时年56岁。

《续编》辑录了他在太和十一年上书给魏孝文帝元宏的《陈时务表》的部分内容，内容为劝谏孝文帝要重视农业生产，这是治理国家的头等大事。

韩麒麟，昌黎棘城人也。除冠军将军、齐州刺史，假魏昌侯。太和十一年，京都大饥，麒麟表陈时务曰：

古先哲王经国立治，积储九稔，谓之太平。故躬籍千亩，以励百姓，用能衣食滋茂，礼教兴行。逮于中代，亦崇斯业，入粟者与斩敌同爵，力田者与孝悌均赏，实百王之常轨，为治之所先。（余略）（魏书卷六十）

【译文】韩麒麟，是昌黎棘城（今辽宁义县）人。拜受冠军将军、齐州刺史，归魏昌侯管辖。太和十一年（487年），京城闹大饥荒，韩麒麟上表书陈述当时政务说：

古圣先王治国施政，有九年的积蓄储备，才能称之为太平。因此圣明的君王会亲自耕种千亩之田，以鼓励百姓，所以可以使衣食丰足，礼教盛行。等到了中古，同样崇尚农业，纳粟于官府与斩杀敌人封同等爵位，努力种田的农夫与孝悌之人同受奖赏，这实在是古代圣王惯常遵行的法则，是治国的首要大事。（余略）（魏书卷六十）

邢 峦

【题解】邢峦（463—514年），字洪宾，河间鄚县（今河北任丘）人。北魏名将。少而好学，负帙寻师，家贫厉节，遂博览书传。有文才干略，美须髯，姿貌甚伟。官终殿中尚书，抚军将军。延昌三年（514年）去世，时年51岁。追赠车骑大将军、瀛州刺史，谥号文定。

《续编》辑录了邢峦上疏劝谏北魏世宗元恪要“以德治天下，重粟帛，轻金宝。”并且认为不是必需物品，从今拒绝不接受。

邢峦，字洪宾，河间鄚人也。有文才干略，为高祖所知赏。迁散骑常侍、兼尚书。

世宗初，峦奏曰：“臣闻昔者明王之以德治天下，莫不重粟帛，轻金宝。然粟帛安国育民之方，金玉是虚华损德之物。故先皇深观古今，去诸奢侈。服御尚质，不贵雕镂；所珍在素，不务奇绮。至乃以纸绢为帐扆，铜铁为辔勒。训朝廷以节俭，示百姓以忧务，日夜孜孜，小大必慎。轻贱珠玑，示其无设，府藏之金，裁给而已，更不买积以费国资。逮景明之初，承升平之业，四疆清晏，远迩来同，于是蕃贡继路，商贾交入，诸所献贸，倍多于常。虽加以节约，犹岁损万计，珍货常有余，国用恒不足。若不裁其分限，便恐无以支岁。自今非为要须者，请皆不受。”世宗从之。寻正尚书，常侍如故。（魏书卷六十五）

【译文】邢峦，字洪宾，河间鄚县（今河北任丘）人。邢峦文才俊美、富有才干，被北魏高祖元宏所赏识，迁任散骑常侍、兼任尚书。

世宗初年，邢峦上奏说：“臣听说过去明君以德治理天下，无不重视谷粟布帛，轻视金银财宝。谷粟布帛是安定国家养育万民的药方，而金银美玉则是浮华损德的东西。所以先皇深察古今，去除各项奢侈。服饰御驾以质朴为尚，不看重雕镂之功，所珍视的是素朴，不追求奇珍绮丽，甚至于以纸绢为帐帷，铜铁为马的缰绳和衔勒。告诫朝廷官员要崇尚节省俭朴，以忧勤劳务示范百姓，日夜操劳孜孜不倦，大小事情务必审慎。轻贱珠玉宝石，不摆设这些东西，府藏的金银，够用而已，不再购买聚积以耗费国家资财。到景明初年，承继升平基业，四方清平，远近朝觐，于是各藩国贡奉继踵于路，商贾之人交相入京，各路所献所交易的，成倍地多于往常。即使加以节约，每年犹且损失万计资财，朝中珍货常常有余，而国家用度总是不足。如不裁决其限度，恐怕无法度过年去。臣以为从今以后，如不是必需的东西，请陛下一律不要接受。”世宗接受了他的意见。不久升邢峦为正尚书，照旧担任常侍官。（魏书卷六十五）

路思令

【题解】路思令（？—536年），字季俊，阳平清渊人，官至卫将军、右光禄大夫。《续编》辑录了路思令的一道奏疏，当时天下多事，路思令陈述了战争成功关键在于将帅的道理，指出当时任用贵戚子弟担任将帅的危害，提出要贬黜昏庸，晋升贤明。奏疏呈上，他被提拔为征虏将军、阳平太守。

路思令，字季俊。初为广阳王司空参军，转司空城局参军、司徒记室、威远将军、尚书左民郎，转右民。

【译文】路思令，字季俊。起初为广阳王司空参军，后改任司空城局参军、司徒记室、威远将军、尚书左民郎，改任右民。

时天下多事，思令乃上疏曰：

“臣闻国之大事，唯祀与戎。戎之有功，在于将帅。三代不必别民，取治不等；五霸不必异兵，各能克定。有汤武之贤，犹须伊、望之佐；尧舜之圣，尚有稷、契之辅。得其人也，六合唾掌可清；失其人也，三河方为战地。何者？动之甚易，靖之至难。窃以比年以来，将帅多是宠贵子孙，军幢统领，亦皆故义托附。贵戚子弟未经戎役，至于衔杯跃马，志逸气浮，轩眉攘腕①，便以攻战自许。及临大敌，怖惧交怀，雄图锐气，一朝顿尽。乃令羸弱在前以当锐，强壮居后以安身。兼复器械不精，进止不集，任羊质之将，驱不练之兵，当负险之众，敌数战之虏，欲令不败，岂有得哉！是以兵知必败，始集而先逃；将又怖敌，迁延而不进。国家便谓官号未满，重爵屡加，复疑赏赉之轻，金帛日赐。帑藏②空虚，民财殚尽。致使贼徒更增，胆气益盛，生民损耗，荼毒无聊。主叹臣哀，何心寝食。臣虽位微，窃不遑舍。臣闻孝行出于忠贞，节义率多果决。德可感义夫，恩可劝死士。今若舍上所轻，求下所重。黜陟幽明③，赏罚善恶。搜徒简卒，练兵习武，甲密弩强，弓调矢劲。谋夫既设，辩士先陈，晓以安危，示其祸福。如其不悛，以我义顺之师，讨兹悖逆之竖，岂异厉萧斧④而伐朝菌⑤，鼓洪炉⑥而燎毛发，虽愚者知其不旋踵⑦矣。敢以愚短⑧，昧死陈诚。”

寻拜假节、征虏将军、阳平太守。（魏书卷七十二）

【注释】①轩眉：扬眉。攘腕：捋起衣袖，伸出手腕。多形容非常激动振奋的样子。

②帑藏：储藏财币的府库，通常指国库。

③黜陟幽明：黜退昏愚的官员，晋升贤明的官员。

④萧斧：古代兵器斧钺。萧，通“肃”。

⑤朝菌：朝生暮死的菌类。

⑥洪炉：大火炉、大熔炉。

⑦旋踵：掉转脚跟，比喻时间极短。

⑧愚短：愚钝无能。

【译文】当时天下动乱不安，路思令就上奏疏说：

“臣听闻，国家的重大事情，在于祭祀和战争这两方面。战争成功，在于将帅。上古三代无兵民之分，采取的治理方法也各不相同；春秋五霸也没有特殊用兵，他们各自都能安邦定国。即使有商汤、周武王那样的贤德，也需要伊尹、吕望等人的佐助；有尧、舜那样的圣明之君，也需要稷、契等人的辅佐。辅佐之人用的恰当，天下可唾手而清明安定；用人不当，大好山河便会成为战场。为什么这么说呢？因为社会动荡特别容易发生，而想要安定却极其困难。臣以为，近年来担任将帅的大多是宠贵之臣的子孙，军帐里的统领，也都是故交旧友相托。皇亲贵戚的子弟没有经过战争的历练，以至于只知衔杯饮酒，纵马狂欢，个个心高气傲，放逸浮躁，听说即将有战争，便扬眉伸腕，兴奋异常，自夸攻占敌寇根本不在话下。等到大敌当前，就怖畏交加，以前的雄心壮志还有不可阻挡的锐气，一时间烟消云散。于是命令羸弱的兵卒在前面抵挡精锐之敌，强壮的士兵在后面保卫自己的安全。再加上器械不够精良，进退号令不一，任用如绵羊般的将领，驱使一群没有经过训练的士兵，去抵抗依凭险要之势的敌人，对抗作战经验丰富的敌军，想要不败，怎么能做到呢！因此，士兵们明知道一定会失败，部队刚集结起来，他们便争先逃跑；将领又害怕敌人，拖延徘徊而不前进。国家就以为给这些将领授予的官职还不够高，便屡次以高官重爵加封，又怀疑是赏赐太轻，于是金钱布帛每日不断赐予。导致国库空虚，百姓财产耗尽。致使贼寇与日俱增，胆量和气焰愈加旺盛，百姓损耗严重，深受荼毒，无以聊生。君主长叹，臣子哀伤，他们寝食难安。臣虽然官位卑微，也不敢闲歇下来。臣听说孝行出于忠贞，节义之士大多坚决果断。德行可以感动义士，恩情可以勉励死士。现在如果舍掉上面所看轻的，追求下面所看重的。黜退昏愚，晋升贤明，赏善惩恶，精选兵卒，练兵习武，坚固盔甲，强劲箭弩，把弓调好，箭矢置于弦上，强势待发。计谋之士已经安排好，善辩之人也已事先做好准备，向敌军晓之以安危，示之以祸福。如果他们仍不思悔改，就以我们的正义之师去征讨他们这些叛贼逆子，难道不像高举利斧砍伐那朝生暮死的菌类，鼓起熔炉，去燎纤细的毛发一样容易吗！即使是愚笨的人也知道他们马上就要灭亡。臣谨以自己的愚钝无能，冒死陈述我的一片至诚之心。”

不久，路思令被授为假节、征虏将军、阳平（今河北大名县）太守。（魏书卷七十二）

杨大眼

【题解】杨大眼，北魏名将，武都氐人杨难当之孙。原名不详。杨大眼少有胆气，跳走如飞。北魏世宗元恪时以功封安成县开国子爵，寻加辅国将军、游击将军。北魏永平年间，为防御梁武帝萧衍入侵，北魏便征召杨大眼为太尉长史、持节、假平南将军、征东别将。后因战功，加封为平东将军。又以平东将军身份出任荆州刺史。后来，在任两年，死在任上。

杨大眼，武都氐难当[①]之孙也。世宗初，以功封安成县开国子，寻加辅国将军、游击将军。出为征虏将军、东荆州刺史。

【注释】①难当：即杨难当（？—464年），氐族，仇池首领（429—442年在任）。429年杨玄去世，杨难当废侄子杨保宗，自称都督雍、凉、秦三州诸军事、征西大将军、开府仪同三司、秦州刺史、武都王。436年，杨难当自称大秦王，改元建义。后因称成都王，入侵四川不成，刘宋文帝扶植杨保宗守仇池，杨难当逃入北魏，累迁为外都大官。

【译文】杨大眼，武都氐人杨难当的孙子。世宗初年，因功被封为安成县开国子爵，不久加封辅国将军、游击将军。出任征虏将军、东荆州刺史。

永平中，世宗虑萧衍侵轶徐扬，乃征大眼为太尉长史、持节、假平南将军、东征别将，隶都督元遥，遏御淮肥。大眼至京师，时人思其雄勇，喜其更用，台省间巷，观者如市。

【译文】永平年间，世宗考虑梁武帝萧衍侵犯徐州、扬州，便征召杨大眼为太尉长史、持节、假平南将军、征东别将，隶属于都督元遥，在淮水、肥水防御萧衍的攻势。杨大眼到了京城，当时人们思念他的雄气勇力，高兴他又被起用，台省闾巷之中，观看者像赶集一般。

大眼善骑乘，装束雄竦，擐甲折旋，见称当世。抚巡士卒，呼为儿子，及见伤痍，为之流泣。自为将帅，恒身先兵士，冲突坚陈，出入不疑，当其锋者，莫不摧拉。南贼前后所遣督将，军未渡江，预皆畏慑。传言淮泗、荆沔之间有童儿啼者，恐之云“杨大眼至”，无不即止。王肃弟子秉之初归国也，谓大眼曰：“在南闻君之名，以为眼如车轮？及见，乃不异人。”大眼曰：“旗鼓相望，瞋眸奋发，足使君目不能视，何必大如车轮。”当世推其骁果，皆以为关张弗之过也。（魏书卷七十三）

【译文】杨大眼擅长骑马，穿着戎装，雄伟挺拔，穿上盔甲，腾挪跳跃，灵活自如，被世人称道。巡抚士兵，称呼如子，看到士兵伤病，时常为之落泪伤心。身为将帅，经常身先士卒，冲突坚固阵地，出入英勇无畏，敌兵碰上他的刀刃者，无不立即身亡。南方敌人前后所派遣的督军将帅，听说对手是杨大眼，军队未渡长江，事前个个都害怕不已。甚至传闻，淮泗、荆沔一带民间有孩子啼哭的，父母吓孩子说“杨大眼来了”，全都吓得不敢哭泣了。王肃弟弟的儿子王秉归国之初，对大眼说：“在南边时听见您的名字，我以为你真的是眼睛大如车轮。今天一见，原来与常人差不多。”杨大眼说：“两军旗鼓相对，我杨某怒目圆睁，足以使您目不敢视，何必要眼大如车轮。”当时的人推许杨大眼的骁勇果敢，都认为即使关羽张飞也不能超过他。（魏书卷七十三）

辛　雄

【题解】辛雄（485—534年），字世宾，陇西狄道（今甘肃临洮县）人，孝武帝元修继位，以为车骑将军、左光禄大夫，殿中尚书。永熙二年（533年），兼吏部尚书，以尚书左仆射留守京师。三年（534年），兼侍中，为高欢所杀，时年50岁。

《续编》辑录了他在孝昌元年给孝明帝的一道奏疏，强调在军队中要重视奖罚和信用。之后，他被任命为关西慰劳大使，出发前，他向皇帝请求五件事情，主要为减免百姓税赋、安抚百姓、注重礼教的内容，同时提出了六条爱民之道，为孝庄帝所采纳。

辛雄，字世宾，陇西狄道人。孝昌[①]元年，时诸方贼盛，而南寇侵境，山蛮[②]作逆。肃宗欲亲讨，以荆州为先，诏雄为行台左丞。在军上疏曰：“凡人所以临坚陈而忘身，触白刃而不惮者，一则求荣名，二则贪重赏，三则畏刑罚，四则避祸难。非此数事，虽圣王不能劝其臣，慈父不能厉其子。明主深知其情，故赏必行，罚必信；使亲疏、贵贱、勇怯、贤愚，闻钟鼓之声，见旌旗之列，莫不奋激，竞赴敌场，岂厌久生而乐早死也？利害悬于前，欲罢不能耳。自秦、陇逆节，将历数年；蛮左[3]乱常，稍已多载。凡在戎役，数十万人，三方师众，败多胜少，迹其所由，不明赏罚故也。陛下欲天下之早平，愍征夫之勤悴，乃降明诏，赏不移时。然兵将之勋，历稔不决；亡军之卒，晏然在家。致令节士无所劝慕[4]，庸人无所畏慑。进而击贼，死交而赏赊；退而逃散，身全而无罪。此其所以望敌奔沮，不肯进力者矣。若重发明诏，更量赏罚，则军威必张，贼难可弭。臣闻必不得已，去食就信[5]。以此推之，信不可斯须废也。赏罚，陛下之所易，尚不能全而行之；攻敌，士之所难，欲其必死，宁可得也？臣既庸弱，忝当戎使，职司所见，辄敢上闻。惟陛下审其可否。"

【注释】①孝昌：北魏君主魏孝明帝元诩的第三个年号（525年6月—528年正月），共计近3年。

②山蛮：旧指居住在山间的南方某些少数民族。

③蛮左：即蛮夷。

④劝慕：谓因受奖勉而有所企慕、向往。

⑤去食就信：比喻宁可失去粮食而饿死，也要坚持信义。

【译文】辛雄，字世宾，陇西狄道（今甘肃临洮县）人。孝昌元年（525年），当时各方贼寇势力盛行，而南方贼寇侵犯边境，山蛮作乱最为危险。肃宗元诩想要御驾亲征，前去讨伐，准备先解决荆州的问题，下诏任命辛雄为行台左丞。辛雄在军中上奏疏说："但凡一个人在面临坚固的阵垒时能舍身忘死，直面刀刃时能毫无惧色的，一是为了追求荣誉名声，二是贪图重赏，三是害怕刑罚，四是躲避祸难。如果不是这几点，就算是圣明的君王也无法劝动他的臣子，慈祥的父亲也无法鼓励他的儿子。贤明的君主深知这里蕴含的道理，因此赏必行，罚必信；无论亲疏、贵贱、勇怯、贤愚，使他们听到钟鼓之声，看到旌旗之列，无不奋勇激昂，争相奔赴敌军，怎么会是他们厌倦长生而愿意早死呢？只是因为利害关系摆在面前，欲罢不能罢了。自从秦、陇谋反，已经过去数年；蛮夷犯上作乱，也已经很多年了。正在服兵役的有数十万人，三方军队，败多胜少，究其缘由，就是赏罚不明所致。陛下想让天下早日平定，应该怜悯那些征夫们的辛苦劳累，马上颁布明确的诏书，奖赏的时间不能再往后推了。然而，当今士兵和将领的功勋奖赏，历年来都没兑现；那些逃跑的士卒，却安然住在家里。这就使节烈之士不再对奖赏有所祈盼，那些平庸之人更是无所忌惮。战场上奋勇击贼的士兵，随时面临死亡威胁，奖赏却迟迟不能下发；后退逃跑的，却能全身而退还没有任何罪过。这就是为什么望见敌人就溃败逃跑，不肯奋力抗敌的原因了。如果重新颁布明确诏令，规定赏罚制度，那么军威必会大振，贼乱自然可以消除。臣听说，在迫不得已时，哪怕会失掉粮食饿死，也要讲求信义。以此推论，信用是不能有片刻丧失的。赏罚，对于陛下来说是件很容易的事，尚且不能完全实行；攻敌，对于士兵来说是件困难的事，想让他们白白在战场上牺牲，又怎么能做得到呢？臣本是个平庸懦弱的人，愧为军队的指挥者，在职责范围内所看到的情况，才敢上报给陛下。惟愿陛下能详加审查，看这些想法是否可行。”

未几，诏雄以本官兼侍中、关西慰劳大使。将发，请事五条：一言逋悬[①]租调，宜悉不征。二言简罢非时徭役，以纾民命。三言课调之际，使丰俭有殊，令州郡量检，不得均一。四言兵起历年，死亡者众，或父或子，辛酸未歇，见存耆老，请假板职[②]，悦生者之意，慰死者之魂。五言丧乱既久，礼仪罕习，如有闺门和穆、孝悌卓然者，宜表其门闾。仍启曰：“臣闻王者爱民之道有六：一曰利之，二曰成之，三曰生之，四曰与之，五曰乐之，六曰喜之。使民不失其时，则成之也；省刑罚，则生之也；薄赋敛，则与之也；无多徭役，则乐之也；吏静不苛，则喜之也。伏惟陛下道迈前王，功超往代，敷春风而鼓俗，旌至德以调民。生之养之，正当兹日；悦近来远[③]，亦是今时。臣既忝将命，宣扬圣泽，前件六事，谓所宜行。若不除烦收疾，惠孤恤寡，便是徒乘官驿，虚号王人，往还有费于邮亭，皇恩无逮于民俗。谨率愚管[④]，敢以陈闻，乞垂览许。”庄帝从之。（魏书卷七十七）

【注释】①逋悬：指所欠租税。

②板职：古代授予老人的名誉职衔。

③悦近来远：使近者悦服，远者来归。亦谓远近归服。语本《论语·子路》：“近者悦，远者来。”

④愚管：浅陋；浅陋的见解。自谦之词。

【译文】不久，朝廷下诏任命辛雄以原职兼任侍中、关西慰劳大使。辛雄准备出发前，向孝庄帝请求五件事情：一是凡是之前拖欠的租税，一概不再征收。二是减免不合时宜的徭役，以缓解百姓的生活负担。三是征收租税的同时，对于富裕及贫困地区要区别对待，让各州郡对贫富状况进行衡量检查，不能搞一刀切。四是战争已经历数年，死亡人数众多，一个家里有的是父亲战死，有的是儿子战死，百姓辛酸不断，应该对现今活着的老人授予一定的荣誉称号，使活着的人心生喜悦，死去之人的灵魂得到慰藉。五是国家政局动荡已久，已很少有人再注重礼仪，若有闺门和睦、孝悌卓著的家庭，应对其家进行表彰。接着又上书道："臣听说君王有六条爱民之道：一是得民，二是成民，三是生民，四是与民，五是乐民，六是喜民。使百姓不失其时，就是成全了他们；减少刑罚，就是给百姓以生路；减轻赋税，就是对百姓的给予；不增加过多的徭役，就是让百姓欢乐；官吏安静而不苛责，就是让百姓喜悦。惟望陛下的道德能超过先王，功绩超出历代，沐浴春风而带动风俗，表扬至德之人而调动万民。生民养民，现在正是大好时机；使远近皆来归服，也在今朝。臣愧居将位，宣扬圣上的恩泽，前面的六件事，臣认为应该实行。如果不能除去苛捐杂税，消除痼疾，抚恵孤儿，赈济孤寡老人，这便是白白乘坐官方的驿马，虚挂了王公大臣的名号，往来浪费了邮亭的开销，致使皇帝的恩泽没有办法传到民间。在此，谨把愚臣的拙见陈述给皇上，企盼皇上

览批。”孝庄帝元子攸听从了辛雄的建议。(魏书卷七十七)

杨　机

【题解】杨机(474—534年),祖籍天水冀县(今甘肃甘谷县),后迁居洛阳。少有志节,为士流所称。杨机当官正色,不避权势,明达政事,断狱以情,甚有声誉。官终度支尚书。永熙三年(公元534年)被高欢所杀,时年59岁。

杨机深受元晖看重,将郡事全部交付给他处理。因为元晖觉得任用杨机是用人得当,甚至自比“坐啸之人,主诺之守”。杨机居官期间,方直之心久而弥厉,奉公正己,为时所称。

杨机,字显略,天水冀人。少有志节,为士流所称。河南尹李平、元晖并召署功曹,晖尤委以郡事。或谓晖曰:“弗躬弗亲,庶人弗信。何得委事于机,高卧而已?”晖曰:“吾闻君子劳于求士,逸于任贤。故前代有坐啸之人,主诺之守[①]。吾既委得其才,何为不可?”由是声名更著。转洛阳令,京辇伏其威风,希有干犯。凡诉讼者,一经其前后,皆识其名姓,并记事理,世咸异之。

机方直之心久而弥厉,奉公正己,为时所称。(魏书卷七十七)

【注释】①坐啸之人,主诺之守:坐啸,典出《后汉书》:“南阳太守岑公孝，弘农成瑨但坐啸。”后因以“坐啸”指为官清闲或不理政事。主诺，亦典出《后汉书》：“汝南太守范孟博，南阳宗资主画诺。”指古代地方长官对下属意见签署表示同意。

【译文】杨机，字显略，天水冀县（今甘肃甘谷县）人。杨机少年时有志向和气节，被士大夫所称赞。河南府尹李平、元晖都征召他担任功曹，尤其是元晖更把郡务委托给他。有人对元晖说：“不亲自办政事，庶民就不会信任你，怎么可以放心地把政务交给杨机，自己却高枕而卧呢？”元晖说：“我听说过君子求士时很辛劳，任用了贤才就很清闲安逸。所以以前朝代有闲坐吟啸的官员，主诺的太守。我既然委托了一位人才，怎么不可以高枕而卧呢？”由此杨机的名声更加显著。调任洛阳令，京畿地区的百姓畏服他的威风，很少有犯法者。凡是诉讼的人，只要跟他打过一次交道，他后来就能够记住每个人的姓名，并还记得各人的事情，当世都对此称奇。

杨机的端方正直作风，时间愈久愈执着，他奉公正己，被当时的人们所称道。（魏书卷七十七）

高谦之

【题解】高谦之，生卒不详。字道让，渤海蓨人。孝昌初，行河阴县令，历铸钱都将长史，后为李神轨所陷，下狱赐死。永安中，赠营州刺史，谥曰康。

北魏孝明帝孝昌年间，国用日繁，国库空虚百姓穷悴，甚于往日。于时朝议铸钱，孝明帝以高谦之为铸钱都将长史。为解决财政危机，高谦之乃上表求铸三铢钱，《续编》辑录了他的这篇奏疏。文中首先历叙前代诸朝铸钱历史，说明“钱之轻重大小，莫不随时而变”。其次，介绍前代诸朝为解决财政问题而采取的各种经济措施。然后建议，为解决“民物凋零，军国用少”之危机，应效仿古制，铸三铢钱，以通有无，便交易，搞活经济。这一建议得到了北魏朝廷的重视，明帝诏将从之，事未就，高谦之就去世了。疏中所提建议，虽不能从根本上解决北魏的财政困难，但对于抑制财货的积聚，通物畅流，搞活经济，是有着积极作用的。

高崇，字积善，渤海蓚人。子谦之，字道让。于时朝议铸钱，以谦之为铸钱都将长史。乃上表求铸三铢钱曰：

【译文】高崇，字积善，渤海蓚（今河北景县）人。他的儿子高谦之，字道让。当时，朝廷议论铸造钱币之事，任命高谦之为铸钱都将长史。他上书请求铸造三铢钱说：

盖钱货之立，本以通有无，便交易。故钱之轻重，世代不同。太公为周置九府圜法①，至景王时更铸大钱②。秦兼海内，钱重半两。汉兴，以秦钱重，改铸榆荚钱③。至文帝五年，复为四铢④。孝武时，悉复销坏，更铸三铢⑤。至元狩中，变为五铢⑥。又造赤仄之钱⑦，以一当五。王莽摄政，钱有六等，大钱重十二铢，次九铢，次七铢，次五铢，次三铢，次一铢。魏文帝罢五铢钱，至明帝复立。孙权江左，铸大钱，一当五百。权赤乌[⑧]年，复铸大钱，一当千。轻重大小，莫不随时而变。

【注释】①九府：周代掌管财币的机构。后泛指国库。圜(huán)法：西周初实行的货币制度。

②大钱：价值较高的钱币。公元前524年，周景王铸造大钱，这是我国文献中关于铸钱的最早纪录。

③榆荚钱：汉代一种轻而薄的钱币。因形似榆荚，故名。

④四铢：公元前175年，汉文帝改铸“四铢半两”，简称“四铢钱”，又称汉半两。直径为2.4—2.6厘米，重2.2—2.8克，钱穿孔比较小，无内外廓，钱文制作比较规范，一直被沿用四十年。

⑤三铢：一种汉代铜币。因上有“三铢”二字，故称为“三铢钱”。于武帝建元元年开始铸造，建元五年停铸。

⑥元狩：是汉武帝的第四个年号。使用时间为公元前122—前117年，历时6年。五铢：一种古代钱币。始铸于汉武帝，重五铢，上有篆体“五铢”二字，自汉迄隋，皆有冶铸，大小不一。

⑦赤仄之钱：古代一种外沿为赤铜的钱币，西汉时铸。

⑧赤乌：三国时期东吴君主孙权的第四个年号（238年8月—251年4月），共计14年。

【译文】“大凡设立货币，原本是要互通有无，便于交易的。所以钱的轻重，世代各不相同。姜太公为周朝置九府圆法，到周景王时进行变更，开始铸造大号钱币。秦朝统一海内，钱重半两。汉室兴起，认为秦朝钱币太重，改铸榆荚钱。到了汉文帝五年（前175年），又改铸四铢钱。到孝武帝时，将其全部销毁，改铸三铢钱。到了元狩年间，又变为五铢钱。又铸赤仄钱，一个赤仄钱相当于五个五铢钱。王莽摄政时，钱分六等，大钱重十二铢，次九铢，次七铢，次五铢，次三铢，次一铢。魏文帝时不再使用五铢钱。到了明帝时又恢复了。孙权在江东立国，铸造大钱，一当五百。孙权在位的赤乌年间，又铸大钱，以一当千。由此可见，钱币的轻重大小，无不在随时变化。

窃以食货[①]之要，八政[②]为首；聚财之贵，诒训典文。是以昔之帝王，乘天地之饶，御海内之富；莫不腐红粟于太仓[③]，藏朽贯于泉府[④]。储畜既盈，民无困敝，可以宁谧四极，如身使臂者矣。昔汉之孝武，地广财丰，外事四戎，遂虚国用。于是草莱[⑤]之臣，出财助国；兴利之计，纳税庙堂。市列榷酒[⑥]之官，邑有告缗[⑦]之令。盐铁既兴，钱币屡改，少府遂丰，上林饶积。外辟百蛮，内不增赋者，皆计利之由也。今群妖未息，四郊多垒，征税既烦，千金日费，资储渐耗，财用将竭，诚杨氏献说之秋，桑、兒言利之日。夫以西京之盛，钱犹屡改，并行小大，子母相权[⑧]，况今寇难未除，州郡沦败，民物凋零，军国用少，别铸小钱，可以富益，何损于政，何妨于人也？且政兴不以钱大，政衰不以钱小，惟贵公私得所，政化无亏，既行之于古，亦宜效之于今矣。昔禹遭大水，以历山之金铸钱，救民之困；汤遭大旱，以庄山之金铸钱，赎民之卖子者。今百姓穷悴，甚于曩日，钦明之主岂得垂拱而观之哉？

【注释】①食货：泛指财政经济等事。食，与农事饮食相关等事。货，钱财布帛衣服等物。

②八政：《书经·洪范》："八政，一曰食、二曰货、三曰祀、四曰司空、五曰司徒、六曰司寇、七曰宾、八曰师。"即粮食、财政、祭祀、水土工程、教育、盗贼捕审、招待诸侯、军事等八种政事，并分别设立官员掌管其职。

③红粟：指米因为储藏过久而变为红色的陈米。后亦指丰足的粮食。典出《汉书》卷六十四下《贾捐之传》。太仓：古代政府积藏粮食的地方。

④朽贯：朽腐的穿钱绳索。形容钱多而积存过久。泉府：指储备钱财的府库。

⑤草莱：乡野；民间。

⑥榷酒：汉代以后历代政府所实行的酒类专卖制度；也泛指一切管制酒业取得酒利的措施。天汉三年（前98年），始榷酒酤，垄断酒的产销。后历代沿之，或由政府设店专卖；或对酤户及酤肆加征酒税；或将榷酒钱匀配，按亩征收等，用以增加政府财政收入。

⑦告缗：指告发富户隐匿财产，逃漏税款。此举为汉武帝刘彻为打击商人势力，解决财政困难而采取的一项重要政策。

⑧子母相权：古代有关货币本位与流通的理论。谓同时流通的两种货币，可以用一种为标准确定对另一种的交换率。

【译文】臣认为财政经济之所以重要，是因为它在《洪范》八政之中处于首位；关于聚集财物重要的论述，在古圣先王所留下来的典籍中，随处可见。因此古来帝王，借助天地的丰饶，驾御四海的财富，无不在太仓中广集粮食以致于腐坏，富藏钱币于国库中，以致于贯穿钱币的线都腐朽断掉了。储备既已充足，百姓就会免去穷困，就可以让天下四方边境安宁下来，就如身体驱使胳膊自由伸缩那样容易。从前汉代的孝武皇帝，虽然地广财丰，但却连年征战各地蛮夷，致使国库空虚。这时，民间富庶之户，开始捐资助国；增加财政收入的大计，就是纳税给朝廷。在市场设立征收酒税的官吏；邑里乡间，都有检举逃税的法令。盐铁经营兴起后，朝廷便屡次更改钱币，少府的储备充实起来，上林苑也变得日益丰饶。尽管国家对外征服蛮夷，但国内却没有增加赋税，这都是重视谋划经济的缘故啊。而今群贼之乱尚未平息，四面边境还存有很多壁垒，征税繁多，日耗千金，官仓府库储备日渐消耗，财政开支用度即将枯竭，确实到了杨炎献策之秋，桑弘羊、倪宽等人言说利益之日了。而且以当初西京（这里指西汉）的强盛，钱币都要屡次改动，大小货币在世间并行，子母之钱可以相互兑换，更何况今日寇乱未除，州郡相继沦败，百姓疲敝万物凋零，军队和国家缺少用度，就另外铸造小钱，可以促进国家富足，对政体有何损害，对百姓有何妨碍呢？而且政治兴旺不因为钱大，而政治衰败也不是因为钱小，只重在公私两方各得其所，政治教化没有亏缺，这一点已有古人先行于前，我们在今天进行效法就可以了。从前禹遭受大水灾，用历山之金铸钱，拯救百姓之困。商汤遭受大旱，他用庄山之金来铸钱，用来赎回被百姓卖掉的子女。今天百姓穷困潦倒到憔悴不堪的程度，更有甚于往昔，英明的君主哪里还能袖手旁观呢？

臣今此铸，以济交乏，五铢之钱，任使并用，行之无损，国得其益，穆公之言于斯验矣。臣虽术愧计然[①]，识非心算，暂充钱官，颇睹其理。苟有所益，不得不言。脱[②]以为疑，求下公卿博议，如谓为允，即乞施行。

诏将从之，事未就，会卒。（魏书卷七十七）

【注释】①计然：春秋时宋国人，著名谋士、经济学家。史载其博学多才，尤善计算。他在南游时，收越国大夫范蠡为徒，授范蠡七计。范蠡辅佐越王勾践，只用其五计就灭了吴国。

②脱：倘或，或许。

【译文】臣现今铸钱的目的，是用来周济贫乏的财政，五铢钱，任其与其它钱币并行使用，它的流通对国家百姓无害，国家还会因此获得利益，穆公的话在这时得到了应验。为臣我的理钱之技虽然不如计然，在心算方面也不擅长，但若暂且充当一个铸钱官，还是懂一些这里面的道理的。假如此举能利于国家，我便不能沉默不言。倘若有什么疑虑，请求公卿大臣广泛讨论。如果大家都认为可行，即恳请皇上诏令施行。”

魏孝明帝元诩刚准备下诏同意按他的提议办，事情还未成功，高谦之就去世了。（魏书卷七十七）

孙　绍

【题解】孙绍（465—533年），字世庆，昌黎（今河北秦皇岛）

人。少而好学，通涉经史，颇有文才，阴阳术数，多所贯涉。官终左卫将军、右光禄大夫。永熙二年（533年）逝世，时年69岁。追赠都督冀瀛沧三州诸军事、骠骑大将军、尚书左仆射、冀州刺史，谥号宣。

《续编》辑录了他延昌年间给魏宣武帝元恪的所上的一篇表文，指出治理国家应该居安思危。

孙绍，字世庆，昌黎人。初为校书郎，稍迁给事中。延昌中，绍表曰：

臣闻建国有计，虽危必安；施化能和，虽寡必盛；治乖人理，虽合必离；作用失机，虽成必败。此乃古今同然，百王之定法也。持盈之体，何得而忽？居安之辰，故应危惧矣。若夫一统之年，持平用之者，大道之计也；乱离之期，纵横作之者，行权之势也。故道不可久，须文质以换情；权不可恒，随汚隆以牧物。文质应世，道形自安；汚隆获衷；权势亦济。然则王者计法之趣，化物之规，圆方务得其境，人物不失其地。

未几，出除济阴太守。（魏书卷七十八）

【译文】孙绍，字世庆，昌黎（今河北秦皇岛）人。初任校书郎，渐迁给事中。延昌年间，孙绍上表说：

“臣听说建国有大政方针，即使处在危境必能转为安宁；施行教化能够和谐，即使兵力弱小必能转为强盛，治理国家违背人事，即使貌合必然神离；处理政事丧失机缘，即使成功最终必然会失败。这是古今相同之理，百王为政的固定法则。手持装满水的器物，怎能恍惚行事？处于安宁环境之时，更应居安思危，心存恐惧。天下一统的时候，坚守公平，是遵循大道的策略；动荡流离的时期，采用合纵连横的权术，是适应形势的权宜之计。所以说治国之道不能长久遵循，必须使文饰质朴之道交替使用；权术不可恒常使用，随治乱变化以管理万物。文华与质朴应世道而变化，道形自然安宁；纵横之术使用得当，使用权术也能起到作用。这样一来，为王者创立律法的初衷，化育万物的规则，就能圆与方各得其所，人与物不失其地。

没多久，孙绍出任济阴太守。（魏书卷七十八）

常　爽

【题解】常爽，生卒年不详，字仕明，北朝河内温（今河南温县）人。常爽自幼聪明，遍览经书。常爽在祖上西征时与兄长一起参军被封为宣威将军，后来开馆教授门徒二十余年，当时尚书左仆射元赞、平原太守司马真安、著作郎程灵虬均是其弟子。著有《六经略注》。但此书隋唐志俱不著录，遗文亦未见摘引他书，佚逸应在唐以前，只有其《序》载于本传。这篇序言强调了六经对人心教化的作用，指出《易》是总的源头，其余五经和五常之道对应，有其独特的学术观点。

常爽，字仕明，河内温人，魏太常卿[①]林六世孙也。笃志好学，博闻强识，明习纬候[②]，《五经》百家多所研综。是时戎车屡驾，征伐为事，贵游子弟[③]未遑学术，爽置馆温水之右，教授门徒七百余人，京师学业，翕然复兴。因教授之暇，述《六经略注》，以广制作，甚有条贯。其序曰："《传》称：'立天之道曰阴与阳，立地之道曰柔与刚，立人之道曰仁与义。'然则仁义者人之性也，经典者身之文也，皆以陶铸神情，启悟耳目，未有不由学而能成其器，不由习而能利其业。是故季路[④]勇士也，服道以成忠烈之概；宁越[⑤]庸夫也，讲艺以全高尚之节。盖所由者习也，所因者本也，本立而道生，身文而德备焉。昔者先王之训天下也，莫不导以《诗》《书》，教以《礼》《乐》，移其风俗，和其人民。故恭俭庄敬而不烦者，教深于《礼》也；广博易良而不奢者，教深于《乐》也；温柔敦厚而不愚者，教深于《诗》也；疏通知远而不诬者，教深于《书》也；洁静精微而不贼者，教深于《易》也；属辞比事[⑥]而不乱者，教深于《春秋》也。夫《乐》以和神[⑦]，《诗》以正言[⑧]，《礼》以明体[⑨]，《书》以广听，《春秋》以断事，五者盖五常之道相须而备，而《易》为之源。故曰：'《易》不可见则乾坤其几乎息矣。'由是言之，《六经》者先王之遗烈，圣人之盛事也。安可不游心寓目[⑩]，习性文身哉！顷因暇日，属意艺林（，略撰所闻，讨论其本，名曰《六经略注》以训门徒焉。"其《略注》行于世。（魏书卷八十四）

【注释】①太常卿：汉、晋、南朝宋、齐、北魏为“太常”的尊称。太常：职官名，掌理宗庙礼仪。秦时置奉常，汉更名为太常，历代沿用之。

②纬候：纬书与《尚书中候》的合称。亦为纬书的通称。

③贵游子弟：没当官的王公贵族子弟。

④季路：孔子弟子仲由的字。

⑤宁越：战国时赵国中牟人。原务农，后为周威公之师。

⑥属辞比事：连缀文词，排列史事。后泛指撰文记事。

⑦和神：和悦心神。

⑧正言：端正言论。

⑨明体：明正事体。

⑩游心寓目：留心观看。

【译文】常爽，字仕明，河内温县（今河南温县）人，是三国时魏太常卿常林的六世孙。他专一心志，勤于学问，博闻强记，明了熟知纬书的内容，对于《五经》及诸子百家也多有研究总结。当时世祖拓跋焘屡次御驾亲征，以征伐为要务，那些还没有为官的王公贵族子弟无暇学术，常爽在温水西面开设学馆，教授门徒七百余人，京师的学术界，翕然复兴。在教授弟子的闲暇之余，常爽编撰了《六经略注》，以增加讲述内容，条理分明。此书序言说：“《易传》称：‘立天之道曰阴与阳，立地之道曰柔与刚，立人之道曰仁与义。’然而仁义是人的本性，经典可以让人修身，都是为了陶冶精神性情，启悟人的眼耳去感知，人没有不通过学习就能成器的，也没有不通过学习就能成大业的。所以季路是一位勇士，养成道义后成就了他的忠烈气概；宁越原是中牟之地的一介庸人，讲解六艺以保全高尚的气节。他们都源自不断地学习，其原由还在于他们的本性，根本确立后道才能产生，自身修养提高后德就逐渐具备。从前的先王教导天下百姓时，无不是用诗书来引导，用礼乐来教育，转变百姓风俗，使他的子民更加和睦。所以做到恭俭庄敬而不觉得麻烦，是将《礼》的精神深化于教育中；做到宽广博大平易善良而不会奢侈，是将《乐》的精神深化于教育中；做到温柔敦厚而不愚钝，是将《诗》的精神深化于教育之中；做到通达事理、智虑深远而又不虚伪诬妄，是将《书》的精神深化于教育之中；做到洁静精微而不狡诈，是将《易》的精神深化于教育之中；做到撰文记事而不乱，是将《春秋》的精神深化到了教育之中。《乐》是用来和悦心神的，《诗》是用来端正言论的，《礼》是用来明正事体的，《书》是用来增长见识的，《春秋》是用来判断事情的，这五者是与五常之道一一对应配合的，其中《易》是总的源头。所以说：'《易》的道理要是见不到，那么天地就几乎不存在了。'由此说来，《六经》是先王留下的宝贵遗产，是圣人创制的伟大盛事。怎能不用心细看，借以修身养性，提升自身呢？近来利用余暇之余，留意艺林，有所见闻便大略撰写下来，讨论其中的根本，将此书命名为《六经略注》，用它来教导门徒。”这部《略注》便流行于世。（魏书卷八十四）

刘献之

【题解】刘献之，博陵饶阳人，北魏大儒。他教导人修身处世的根本在于德行，而德行的根本在于孝道，可谓深谙古圣先贤之大道。他不愿为官，被人逼着去应举，到了京师，就称病回来了。后来连魏孝文帝的征召都以生病为由拒绝了，可见其淡泊名利之高洁品行。

刘献之，博陵饶阳人也。少而孤贫，雅好《诗》《传》，曾受业于渤海程玄，后遂博观众籍。

【译文】刘献之，博陵饶阳（今河北饶阳）人。小时失去父母，生活贫困，但他却十分喜欢经书，曾在渤海程玄先生那里读书受业，后来就开始博览群书。

时人有从献之学者，献之辄谓之曰：“人之立身，虽百行殊途，准之四科①，要以德行为首。君若能入孝出悌②，忠信仁让，不待出户，天下自知。傥不能然，虽复下帷③针股，蹑屩④从师，正可博闻多识，不过为土龙乞雨，眩惑将来，其于立身之道有何益乎？孔门之徒，初亦未悟，见皋鱼⑤之叹，方归而养亲。嗟乎先达，何自觉之晚也！束脩不易，受之亦难，敢布心腹，子其图之。”由是四方学者莫不高其行义而希造其门。

【注释】①四科：孔门四种科目。指德行、言语、政事、文学。

②入孝出悌：语出《论语·学而》："子曰：'弟子入则孝，出则悌。'"谓回家要孝顺父母，出外要敬爱兄长。

③下帷：本指放下帷幕，开课授业。后比喻深居专心苦读，不与闻外事。

④蹑屩：穿草鞋行走。

⑤皋鱼：《韩诗外传》卷九载：孔子行，见皋鱼哭于道旁，辟车与之言。皋鱼曰："吾失之三矣：少而学，游诸侯以后吾亲，失之一也；高尚吾志，闲吾事君，失之二也；与友厚而小绝之，失之三也。树欲静而风不止，子欲养而亲不待也，往而不可得见者亲也。吾请从此辞矣。"立槁而死。后因用作人子不及养亲的典故。

【译文】当时有跟随刘献之学习的，刘献之对他说："人生在世，立身处事，虽然有各种不同的途径，如果按照孔门四科为标准，应当把德行放在第一位。你如能入孝出悌，忠信仁让，便足不出户，就可闻名天下。如不能这样，即使放下帷幕，不闻外事，专心苦读，就算头悬梁，锥刺股，趿着草鞋跟随老师，也只能做到博闻多识，不过是土龙求雨，自己迷惑自己罢了，这对于立身处事又有何益处呢？孔门弟子，当初也没有悟到这个道理，看见皋鱼感叹无亲可奉，才都归家去赡养双亲。可叹这些先哲们，怎会觉悟得这么迟啊！你们的学费来之不易，我也不会轻易地接受，因此把心腹之言说给你们，还请你们三思。"从此以后，四面八方的学者无不敬仰他躬行仁义的崇高品德，便很少有人登门造访了。

后本郡举孝廉，非其好也，逼遣之，乃应命，至京，称疾而还。高祖幸中山，诏征典内校书，献之喟然叹曰：“吾不如庄周散木[①]远矣！一之谓甚，其可再乎。”固以疾辞。时中山张吾贵与献之齐名，海内皆曰儒宗。（魏书卷八十四）

【注释】①散木：典出《庄子集释》卷二中〈内篇·人间世〉。原指因无用而享天年的树木。后多喻天才之人或全真养性、不为世用之人。

【译文】后来本郡推举刘献之为孝廉，这本不是他喜欢做的事，人们逼着让他去应举，献之只好应命，到了京师，便自称有病又回到本郡。高祖元宏到中山巡视，下诏书征拜他为典内校书，献之喟然长叹说：“我和庄周所说的‘散木’相比，真是差得太远了啊！这样的事有一次就够了，怎么能又来一次呢？”坚决以生病为由给谢绝了。当时中山的张吾贵与刘献之齐名，海内人士都称他们为儒宗。

史臣曰：古语云：容体不足观，勇力不足恃，族姓不足道，先祖不足称，然而显闻四方，流声后裔者，其惟学乎。信哉斯言也。（魏书卷八十四）

【译文】史官评论说：古语说得好：容貌不足以让人观览，勇力不足以值得凭恃，族姓不值得炫耀，先祖不值得称赞，能够让人流芳于后代的，只有学问。这话使人信服啊。（魏书卷

八十四）

张长年

【题解】张长年，任中书博士，外任宁远将军、汝南太守。《魏书·良吏传》记录了他判处一件兄弟因牛分家而打官司的诉讼，息讼的办法是他把自己家的牛送给了他们，其仁厚之行，让全郡人都懂得敬让。

张长年，中书博士。出为宁远将军、汝南太守。有郡民刘崇之兄弟分析[①]，家贫惟有一牛，争之不决，讼于郡庭。长年见之，凄然曰："汝曹当以一牛，故致此竞，脱有二牛，各应得一，岂有讼理。"即以家牛一头赐之。于是郡境之中各相诫约，咸敦敬让。（魏书卷八十八）

【注释】①分析：分家。

【译文】张长年，任中书博士一职。后来外出任宁远将军、汝南（今河南鲁山）太守。郡里有刘崇之兄弟要分家，家里贫困只有一头牛，两兄弟争执不下，官司打到郡署的大堂之上。张长年看到后，凄然说道："你们就是因为只有这一头牛，所以才导致此次争讼，如果要有两头牛的话，你们二人各得一头，哪还会有争讼的道理呢！"于是，就把自己家里的一头牛赐给了他们。从那时起，郡内之人互相告诫约束，彼此诚心礼敬谦让。

（魏书卷八十八）

宋世景

【题解】宋世景，广平（今河北鸡泽）人，南北朝史著名的良吏。《续编》辑录了其代理荥阳太守时，对一位贪官绳之以法，建立威严的故事，展现了他不畏权势、勤政为民的高尚官德。

宋世景，广平人，行荥阳太守。郑氏豪横，号为难治。济州刺史郑尚弟远庆先为苑陵令，多所受纳，百姓患之。世景下车，召而谓之曰："与卿亲，宜假借。吾未至之前，一不相问，今日之后，终不相舍。"而远庆行意自若。世景绳之以法，远庆惧，弃官亡走。于是僚属畏威，莫不改肃。终日坐于厅事，未尝寝息。县史、三正及诸细民，至即见之，无早晚之节。（魏书卷八十八）

【译文】宋世景，是广平（今河北鸡泽）人，代理荥阳太守一职。当时有郑氏横行乡里，一直难以治理。济州刺史郑尚的弟弟郑远庆之前任苑陵县令，贪污受贿了很多财物，百姓深以为患。宋世景上任之后，召来郑远庆，对他说："我与你关系亲近，但我们也要互相包容理解。我未到这里之前，你做了什么事情，我一概不询问追究，但自今日以后，我就不能不管了。"听了这些话，郑远庆仍然我行我素，无论行为还是态度都没有丝毫改变。宋世景于是要把他绳之以法，郑远庆终于感到害怕，便弃官逃跑了。从此以后，下属官员都害怕宋世景的威严，莫不对他肃然起敬并纷纷改过。宋世景整日坐在衙门的厅堂里办公，没见他在此小睡休息过。县吏、三正以及那些普通百姓，到了衙门就能看到他，没有时间早晚的限制。（魏书卷八十八）

释老志

【**题解**】北魏时期，历代帝王都信奉佛教，进一步推动了佛教在中国的发展和传播。今天，山西大同境内的云冈石窟就是当时佛教兴盛时留下的艺术瑰宝。但是，北魏太武帝时期，由于大臣崔浩反对佛教，劝导魏太武帝禁止佛教，从而导致了中国历史上的第一次灭佛运动。太武帝去世以后，高宗皇帝拓跋濬重新恢复佛教，这是他即位后下的一道诏书，肯定了佛教引人向善，裨益世道，净化人心的作用。

高宗[①]践极，下诏曰："夫为帝王者，必祗奉明灵，显彰仁道，其能惠著生民，济益群品者，虽在古昔，犹序其风烈。是以《春秋》嘉崇明之礼，祭典载功施之族。况释迦如来功济大千，惠流尘境，等生死者叹其达观，览文义者贵其妙明，助王政之禁律，益仁智之善性，排斥群邪，开演正觉。故前代已来，莫不崇尚，亦我国家常所尊事也。世祖太武皇帝[②]，开广边荒，德泽遐及。沙门道士善行纯诚，惠始之伦，无远不至，风义相感，往往如林。夫山海之深，怪物多有，奸淫之徒，得容假托，讲寺之中，致有凶党。是以先朝因其瑕衅，戮其有罪。有司失旨，一切禁断。景穆皇帝[3]每为慨然，值军国多事，未遑修复。朕承洪绪，君临万邦，思述先志，以隆斯道。今制诸州郡县，于众居之所，各听建佛图一区，任其财用，不制会限。其好乐道法，欲为沙门，不问长幼，出于良家，性行素笃，无诸嫌秽，乡里所明者，听其出家。率大州五十，小州四十人，其郡遥远台者十人。各当局分，皆足以化恶就善，播扬道教也。”天下承风，朝不及夕，往时所毁图寺，仍还修矣。佛像经论，皆复得显。（魏书卷一百一十四）

【注释】①高宗：指北魏文成帝拓跋濬（440—465年），字乌雷直，代郡平城（今山西大同）人，北魏王朝第五位皇帝（452—465年在位），谥号文成皇帝，庙号高宗，葬于云中金陵。

②世祖太武皇帝：北魏太武帝拓跋焘（408—452年），北魏王朝第三位皇帝。

③景穆皇帝：指北魏景穆帝拓跋晃，文成帝拓跋濬之父。

【译文】北魏高宗皇帝拓跋濬即位后，下诏书说：作为帝王，一定要敬奉神灵，彰显仁爱和道义，那些能够施惠于民，普济众生的帝王，他们虽然身处远古，今天的人们仍然颂扬他们的风尚与伟业。所以《春秋》赞美高尚贤明的礼仪，祭祀的典籍记载着有功于人民的家族。何况释迦如来功德普济于大千世界，恩惠流布于人间，和他一样看待生死问题的人赞叹他达观开通，观览过佛教经典的人都崇拜他精妙明辩，如来的教义有助于国家的法治，有益于提高人们的仁善本性，能够排斥各种邪说，开化演示正确的觉悟之道。所以前代以来，没有不崇尚佛教的，这也是我们国家从上至下一直喜好信奉的事情。世祖太武皇帝开拓边远地区，恩德普施于远近百姓。僧人道士的善良行为纯朴而真诚，像惠始那样的高僧，无不从远地而来，风尚与仁义相互感染，形成如林般的仁善风气。山海深广，往往会产生怪物，奸淫之徒也往往假借信奉佛教而托身寺庙，致使讲坛寺庙中隐藏了一些凶恶之徒。因此，先朝由于这些凶恶之徒的扰乱，便采取了镇压其中有罪之徒的措施。而相关官员却没有真正体会圣旨，采取了一切禁止的方式，景穆皇帝常常为此而感叹不已（此指之前崔浩劝太武帝灭佛之事）。但当时恰逢国家军政多事，没有时间恢复佛教事业。我继承皇业，统御天下，思虑申述先帝的遗志，重新复兴佛教事业。如今命令各州郡县，挑选民众聚居的地方，允许各建一所佛教塔寺，任凭其募捐和使用钱财，不要做出各种限制。对于那些好乐佛法，想出家为僧的人，不论长幼，只要是出自善良之家，心性品行素来良善，以前没有什么恶行，受到乡里人认可的，都听许他们出家。大约大州可允许五十人，小州四十人，边远地区的州郡则十人。只要各自自守本分，都可以化恶就善，传播弘扬佛道教化。”天下各地承接圣旨，很快，之前所毁坏的佛寺都修复了。佛像经论，都得以重新出兴于世。

群书治要续编卷第四　北齐书　周　书

北齐书

【提要】《北齐书》是“二十四史”之一，属纪传体正史，共50卷，唐代李百药等撰。主要记载了从东魏孝静帝天平元年（534年）至北齐幼主高恒承光元年（577年）间44年的历史。

北齐（550—577年）是南北朝时期的北朝割据政权。东魏权臣高欢死后，长子高澄继专魏政，将篡未篡之时，被家奴刺杀。其弟高洋袭位，废掉东魏的傀儡皇帝孝静帝，于550年即帝位，国号齐，建元天保，建都邺（今河北临漳），史称北齐。当时，与北齐并存的王朝有西魏、北周（取代西魏）、梁、陈（取代梁，但只占有前者部分领土）等。北齐天保三年（552年）以后，文宣帝高洋北击库莫奚、东北逐契丹、西北破柔然，西平山胡（属匈奴族），南取淮南，势力一直延伸到长江边，这时北齐的国力达到鼎盛。武成帝高湛昏庸好色，北齐国力大衰，不久去世，由后主高纬继立。高纬同其父昏庸好色，国政混乱，还诛杀名将斛律光。之后北齐被陈攻下淮南，并在577年亡于北周。北齐历经文宣帝高洋、废帝高殷、孝昭帝高演、武成帝高湛、后主高纬、幼主高恒六帝，共享国28年。

《续编》从《北齐书》中辑录文宣帝高洋等人纪传中对修齐治平有参考价值的内容，以资镜鉴。

文宣高洋

【题解】齐文宣帝高洋（526—559年），字子进，鲜卑名侯尼于，原籍渤海蓨县（今河北景县），北齐开国皇帝。他在位初期，励精图治，厉行改革，劝农兴学，编制齐律。他重用杨愔等相才，删削律令，并省州郡县，减少冗官，严禁贪污，注意肃清吏治；征伐四克，威振戎夏。被称为“英雄天子”。但是，当他四面出击，大获全胜的时候，开始居功自傲，纵欲酗酒，残暴滥杀，大兴土木，赏费无度，最终饮酒过度而暴毙，终年34岁。《续编》主要选取描述其后期暴虐的内容，以此作为警戒。

显祖文宣皇帝，讳洋，字子进，高祖①第二子，世宗②之母弟。少有大度，志识沉敏，外柔内刚，果敢能断。初践大位，留心政术，以法驭下，公道为先。

【注释】①高祖：指高欢，高洋称帝后，追尊高欢为神武皇帝，庙号高祖。

②世宗：即高澄，高洋称帝后，追谥高澄为文襄皇帝，庙号世宗。

【译文】显祖文宣帝名洋，字子进，是高祖高欢的次子，世宗高澄的同母弟。高洋年轻时就胸怀大度，见识聪慧，性格沉稳，外柔内刚，遇事果断。高洋初登帝位时，关注政事，驾驭下属法度得当，凡事以公道为先。

既征伐四克，威振戎夏，六七年后，以功业自矜，遂留连耽湎，肆行淫暴。或躬自[1]鼓舞，歌讴不息，从旦通宵，以夜继昼。或袒露形体，涂傅粉黛，散发胡服，杂衣锦彩。拔刃张弓，游于市肆，勋戚之第，朝夕临幸。时乘馲驼[2]牛驴，不施鞍勒，盛暑炎赫，隆冬酷寒，或日中暴身，去衣驰骋，从者不堪，帝居之自若。亲戚贵臣，左右近习，侍从错杂，无复差等[3]。征集淫妪，分付从官[4]，朝夕临视，以为娱乐。凡诸杀害，多令支解，或焚之于火，或投之于河。沉酗既久，弥以狂惑，至于末年，每言见诸鬼物，亦云闻异音声。情有蒂芥，必在诛戮，酷滥不可胜纪。

【注释】①躬自：自己。

②馲（luò）驼：即骆驼。

③差等：等级，区别。

④从官：君王的随从。

【译文】等到他南征北伐，四面出击，均大获全胜，威震戎人和华夏，六七年以后，他就居功自傲，遂留恋沉迷酒色，肆意妄行暴政。有时自己击鼓起舞，高歌不止，从早到晚，昼夜不停。有时袒露身体，涂脂抹粉，披头散发，身着胡服，五颜六色。拿刀带弓，游荡市井，功勋国戚府宅，随意造访。有时骑乘骆驼牛驴，也不加鞍辔，盛夏酷暑，冬季严寒，大白天赤身露体，脱掉衣服，纵马驰骋，随行侍从都不堪忍受，他却泰然自若。皇亲国戚，权贵大臣，左右亲信，混杂侍奉，没有等级差别。他又征集淫荡妇人，赏赐给随从近臣，他则随时前去观看，以此为乐。凡是被他下令处死的人，多半会被肢解，或者烈火焚烧，或者投入河中。他长期沉溺于酗酒，再加上有狂躁的精神疾病，到了后期，经常说见到鬼怪，要么是听到怪异声音，一旦对某人有了嫌隙，必定会予以诛杀，滥杀无辜，不可计数。

朝野惨憎，各怀怨毒。而素以严断临下，加之默识强记，百僚战栗，不敢为非，文武近臣，朝不谋夕。又多所营缮，百役繁兴，举国骚扰，公私劳弊。凡诸赏赉[①]，无复节限，府藏之积，遂至空虚。自皇太后诸王及内外勋旧，愁惧危悚，计无所出。暨于末年，不能进食，唯数饮酒，曲蘖[②]成灾，因而致毙。

论曰：其纵酒肆欲，事极猖狂，昏邪残暴，近世未有。飨国弗永，实由斯疾，胤嗣殄绝，固亦余殃者也。（北齐书卷四）

【注释】①赏赉：赏赐。

②曲蘖：酒曲，这里指饮酒。

【译文】朝廷和民间都很憎恨他，各怀怨恨。但是高洋一向对下属管教严厉，再加上他记忆力强，百官都战战兢兢，不敢反抗，文武大臣，朝不保夕。他又大兴土木，劳役众多，全国上下都骚乱难安，国家和百姓都疲惫不堪。他还经常赏赐，没有节制，国库积蓄，渐至空虚。从皇太后、各藩王到朝廷内外的功勋旧臣，无不感到忧愁恐惧，但谁也拿不出什么好对策。高洋人生的最后几年，已经吃不进饭，只是饮酒度日，最后饮酒过量，导致暴死。

史官评论说：文宣帝高洋酗酒纵欲，放肆到了极点，昏聩邪恶，凶残暴虐，近几世都没有这样的人。他不能长久享有国家，实在是咎由自取，后嗣断绝，也是他自己留下的祸殃。（北齐书卷四）

高　叡

【题解】高叡（534—569年），小字须拔，神武帝高欢之侄，赵郡王高琛之子。高叡自幼被伯父高欢抚养长大，袭爵南赵郡公。北齐建立后，封赵郡王，深受文宣帝高洋、孝昭帝高演、武成帝高湛信任，历任定州刺史、仪同三司等要职，官至太尉、尚书令。后因声望日增，逐渐被武成帝疏远。高叡治理一方，留心政事，被称为良吏；率领军队修长城，他能够身先士卒，因此而受到称颂。他为了社稷安危，于天统五年（569年）上奏后主高纬与胡太后，要求将佞臣和士开调任外职。胡太后不悦，暗中指使刘桃枝在雀离佛院将高睿杖杀，年仅三十六岁。高叡是北齐宗室中的贤臣，但是却无法容身，北齐很快灭亡，是自然而然的事了。

赵郡王琛，字永宝，高祖[①]之弟也。子叡，小名须拔，生三旬而孤，聪慧夙成，特为高祖所爱，养于宫中。

【注释】①高祖：指北齐神武帝高欢，庙号高祖。

【译文】赵郡王高琛，字永宝，是高祖高欢的弟弟。高琛的儿子高叡，乳名须拔，生下一个月成为孤儿，从小聪明智慧，高祖特别喜爱他，将他收养在宫里。

天保二年，出为定州刺史，加抚军将军、六州大都督，时年十七。叡留心庶事，纠擿奸非，劝课农桑，接礼民俊，所部大治，称为良牧。三年，加仪同三司。六年，诏叡领山东兵数万监筑长城。于时盛夏六月，叡在途中，屏除盖扇，亲与军人同其劳苦。而定州先有冰室，每岁藏冰，长史宋钦道以叡冒犯暑热，遂遣舆冰，倍道追送。正值日中停车，炎赫尤甚，人皆不堪，而送冰者至，咸谓得冰一时之要。叡乃对之叹息云："三军之人，皆饮温水，吾以何义，独进寒冰，非追名古将，实情所不忍。"遂至消液，竟不一尝。兵人感悦，遐迩称叹。

【译文】天保二年，出京任定州（今河北定州）刺史，加抚军将军、六州大都督，当时他才十七岁。他留心各种政务。纠察揭发邪恶不法，劝导百姓致力农桑，而且接待各方人才，把定州治理得很好，被称为优秀的地方官员。天保三年，加官仪同三司。天保六年，朝廷命他率领数万山东兵监修长城。当时正是盛夏六月，他在路上就撤了伞盖，亲自与士卒同甘共苦。定州本来有冰窖，每年藏冰。定州长史宋钦道看到他这样冒着暑热工作，就安排人用车子载上冰一路追送前来。正当中午停止行军，天气酷热难当，人们都热得受不了，这时送冰的人正好赶到了，大家都说得到冰送得正当时。高叡对着冰块叹息说："三军将士喝的都是温水，我凭哪一点，要单独享用寒冰呢？并不是我要追求古代名将的风范，实在是于心不忍啊！"于是直到冰都融化了，他都没尝一口。全军士卒十分感动，远近的人都称颂他。

皇建①初，行并州事。孝昭②临崩，预受顾托，奉迎世祖③于邺，以功拜尚书令。

【注释】①皇建：北齐孝昭帝高演的年号（560年8月—561年11月），历时1年余。

②孝昭：指北齐孝昭帝高演，北齐第三位皇帝，神武帝高欢的第六子。

③世祖：指高湛（537—569年），字步落稽，渤海蓨县（今河北景县）人。北齐第四位皇帝（561—565年）在位。神武帝高欢第九子。

【译文】皇建初年，代理并州刺史。孝昭帝高演在驾崩之前，高叡受顾命之托，从邺都奉迎世祖高湛即位。因功拜任尚书令。

世祖崩，葬后数日，叡与冯翊王润、安德王延宗及元文遥奏后主云："和士开不宜仍居内任。"并入奏太后①，因出士开为兖州刺史。太后曰："士开旧经驱使，欲留过百日。"叡正色不许。数日之内，太后数以为言。有中官要人知太后密旨，谓叡曰："太后意既如此，殿下何宜苦违。"叡曰："吾国家事重，死且不避，若贪生苟全，令国家扰攘，非吾志也。况受先皇遗旨，委寄不轻。今嗣主幼冲，岂可使邪臣在侧。不守之以正，何面戴天。"遂重进言，词理恳切。太后令酌酒赐叡。叡正色曰："今论国家大事，非为卮酒！"言讫便出。其夜，叡方寝，见一人可长丈五，臂长丈余，当门向床，以臂压叡，良久，遂失所在。叡意甚恶之，便起坐独叹曰："大丈夫命运一朝至此！"恐为太后所杀，旦欲入朝，妻子咸谏止之。叡曰："自古忠臣，皆不顾身命，社稷事重，吾当以死效之，岂容令一妇人倾危宗庙。且和士开何物竖子，如此纵横，吾宁死事先皇，不忍见朝廷颠沛。"至殿门，又有人曰："愿殿下勿入，虑有危变。"叡曰："吾上不负天，死亦无恨。"入见太后，太后复以为言，叡执之弥固。出至永巷，遇兵被执，送华林园，于雀离佛院令刘桃枝拉而杀之，时年三十六。（北齐书卷十三）

【注释】①太后：指高湛皇后胡氏，高湛继位后，逼奸嫂嫂昭信皇后李祖娥，胡皇后则同高湛的亲信随从和士开有染。569年，高湛逝世，她的亲子高纬亲政，史称后主。胡太后与和士开的关系公开化，和士开排除异己，封淮阳王，后被高俨杀死。太后不甘寂寞，数出诣佛寺，又与沙门昙献通奸。577年，北齐灭亡后，胡氏入北周，其行为仍不改放荡淫乐，死于隋开皇年间。

【译文】世祖高湛去世，安葬后几天，高叡就和冯翊王高润、安德王高延宗以及元文遥等人启奏后主高纬说："和士开这个人不适合继续在宫中任职。"并进入内庭奏明皇太后，于是外放和士开担任兖州刺史。太后说："和士开一向受道任用，等守丧满百日后再说吧。"高叡严肃地回答说："不可以"。几天之内，太后多次发话要求留下和士开。有内庭宦官要人知道太后心里的想法，劝高叡说："太后的心思已经很明白，您又何必苦苦违抗懿旨呢？"他说："我认为国家事重，所以连死都不回避，倘若贪生怕死苟全性命，导致国家发生祸乱，这绝不是我所愿意的。何况我亲受先皇遗诏，先皇对我的期望不轻。而今继位之君如此年幼，怎么能让邪臣存在身边呢？我不以正义自守，有什么脸面活在天下！"于是又再次进言，言辞恳切。太后令人斟酒赐给他，他正色说道："现在是讨论国家大事，不是为喝一杯酒！" 说完便出门走了。当天夜里，他刚躺下，见到一个人身长丈五，臂长丈余，当门而立，向着床用长臂压着自己，好久时间，却不见了此人。高叡心里好不憎恶，便起坐独自叹息说："大丈夫的命运竟然走到这个地步！"因此担心被太后所杀。天亮后准备入朝，妻子儿女都劝他不要去，他说："自古忠臣都不顾个人性命，国家事重，我应当以死力争，怎能让一个女人把国家葬送了！再说，和士开是个什么东西，如此纵横！我宁可死了去事奉先皇，也不忍看到国家的倾覆！"等他行到皇宫大殿门前，又有人提醒说："希望您不要进去，担心会有变故！"高叡说："我上不负苍天，死了也没有遗憾了。"入宫见太后，太后又以留下和士开相告，他更是坚持不变。出来走到

永巷，遇到武士，高叡被捕，被押送到苹林园，在雀离佛寺被太后命令刘桃枝把他拉出去杀了，当时才三十六岁。（北齐书卷十三）

斛律金

【题解】斛律金（488—567年），字阿六敦，朔州（今山西朔州）人，敕勒族，先后为北魏、东魏、北齐三朝将领。他早年追随高欢父子南征北战，立下赫赫战功，是北齐的开国元勋。其家族出了一位皇后，两位太子妃，娶了三个公主，荣盛至极。但他也时刻担心富贵到极点恐怕会导致倾灭，因此多次推辞朝廷的赏赐。他本人得以善终，但是后代并没有逃脱覆灭的命运。

斛律金，字阿六敦，朔州敕勒部人也。尔朱兆[①]等逆乱，高祖密怀匡复之计，金与娄昭、厍狄干等赞成大谋，仍从举义。太昌[②]初，以金为汾州刺史、当州大都督，进爵为侯。世宗嗣事，以功别封安平县男。肃宗[③]践阼，纳其孙女为皇太子妃。世祖登极，礼遇弥重，又纳其孙女为太子妃。子孙皆封侯贵达。一门一皇后、二太子妃、三公主，尊宠之盛，当时莫比。金尝谓光曰：“我虽不读书，闻古来外戚梁冀等无不倾灭。女若有宠，诸贵人妒；女若无宠，天子嫌之。我家直以立勋抱忠致富贵，岂可藉女也？”辞不获免，常以为忧。天统三年薨，年八十。（北齐书卷十七）

【注释】①尔朱兆：字万仁，小名吐末儿，尔朱荣从子，梁郡北秀容（今山西朔州市）人，契胡族。北魏时期权臣，弑杀孝庄帝，尔朱兆兵败高欢，自缢身亡。

②太昌：北魏孝武帝的年号（532年4月—12月），历时仅数月。

③肃宗：北齐孝昭帝高演（535—561年），字延安。北齐第三位皇帝，神武帝高欢的第六子。谥号孝昭皇帝，庙号肃宗。

【译文】斛律金，字阿六敦，朔州（今山西朔州）敕勒部人氏。尔朱兆等人叛乱时，高祖高欢有匡复天下的志向，斛律金同娄昭、厍狄干等就协助高祖高欢成就大业，一同举起了讨伐叛逆的义旗。太昌初年，斛律金被任命为汾州（今山西汾阳）刺史、当州大都督，爵位也升为侯爵。世宗高澄即位，斛律金再次因军功被封为安平县男。肃宗高演登基，娶其孙女为皇太子妃。世祖高湛登基，对斛律金的礼遇更加隆重，又将其孙女纳为太子妃。其他子孙要么封侯，要么位居富贵显达之位。斛律金一家出了一位皇后，二位太子妃，娶了三位公主，圣眷之盛，当时的哪家也比不上。斛律金曾对斛律光说过："我虽然读书很少，但听说过，古时候诸如外戚梁冀之类的没有不覆灭的。我家的女孩儿要是得宠，就会遭到嫉妒；要是不得宠，天子便会嫌弃。我家一直以来是靠建立军功，忠心侍奉皇上来获得富贵的，怎能凭借女孩子来获得地位？"于是斛律金多次推辞朝廷的赏赐，却没有获得皇上的同意，因此常常为此忧虑。天统三年去世，享年八十岁。（北齐书卷十七）

斛律光

【题解】斛律光（515—572年），字明月，朔州敕勒部（今山西朔州）人，斛律金之子，北齐名将。他治军严明，身先士卒，不营私利，为部下所敬重。斛律光因为功高位显，门第极盛，常为此担忧，怕惹来祸患，居家很严，生活节俭，不谋私利，杜绝贿赂，门无宾客，也不肯干预朝政。他在北齐与北周的邙山之战中，大败北周大将韦孝宽，后被韦孝宽利用间谍挑拨，导致北齐后主高纬因宠信祖珽、穆提婆等小人，将斛律光家族灭门。

光，字明月，少工骑射，以武艺知名。齐受禅，加开府仪同三司，别封西安县子。先是世祖命纳光第二女为太子妃，天统[①]元年，拜为皇后。其年，光转大将军。

【注释】①天统：北齐后主高纬的年号（565年四月—569年十二月），共4年余。

【译文】斛律光，字明月，少年时就擅长骑射，以武艺高强而闻名。北齐受禅让建国后，斛律光受开府仪同三司的赏赐，另外又封为西安县子。在几年前，世祖高湛已经纳斛律光第二女为太子妃，天统元年（565年），后主高纬拜其女为皇后。这一年，斛律光被封为大将军。

二年，率众筑平陇、卫壁、统戎等镇戍十有三所。周柱国枹罕公普屯威①、柱国韦孝宽②等步骑万余，来逼平陇，与光战于汾水之北，光大破之，俘斩千计。是月，周遣其柱国纥干广略③围宜阳。光率步骑五万赴之，大战于城下，乃取周建安等四戍，捕虏千余人而还。军未至邺，敕令便放兵散。光以为军人多有勋功，未得慰劳，若即便散，恩泽不施，乃密通表请使宣旨，军仍且进。朝廷发使迟留，军还，将至紫陌，光仍驻营待使。帝闻光军营已逼，心甚恶之，急令舍人追光入见，然后宣劳散兵。拜光左丞相，又别封清河郡公。

【注释】①普屯威：即辛威（510—578年），陇西人，南北朝时期北魏、西魏、北周将领。赐姓普屯。历任大将军、大司寇、少傅、宁州总管、上柱国等。

②韦孝宽（509—580年）：名宽，一名叔裕，字孝宽，以字行于世。京兆杜陵（陕西西安南）人，南北朝时期北魏、西魏、北周名将，一生南征北战，功勋卓著，官拜大司空、上柱国，封郧国公。

③纥干广略：具体事迹不详，纥干为复姓。北周时柱国。

【译文】天统二年（566年），斛律光率众建造平陇（今山西稷山）、卫壁、统戎等镇、戍十三所。北周柱国枹罕公普屯威和韦孝宽率领步骑万余人，进逼平陇，与斛律光大战于汾水（即山西汾河）北岸，斛律光大败北周军队，俘获斩首千余人。在这个月，北周派遣柱国纥干广略包围宜阳（今河南宜阳）。斛律光率领步骑五万人前去增援，与北周军队大战于宜阳城下，攻取北周建安等四个戍所，俘获千余人返回。军队尚未达到邺城（今河北邯郸临漳西南），朝廷就下令军队解散，斛律光认为军队多有功劳，如果还未得到朝廷慰劳和应有的恩泽就解散，那么就难以赢得军心，就秘密上表请求派人宣旨慰劳。军队仍然向邺城前进，朝廷迟迟不派出使臣，军队行至紫陌（在今河北临漳县西南古邺城西北），斛律光下令驻营等待朝廷使臣。后主高纬听说斛律光军队已逼近邺城，很不高兴，急忙派侍从请斛律光进见，然后宣旨慰劳军队，令其解散。同时拜斛律光为左丞相，另加封为清河郡公。

光入，常在朝堂垂帘而坐。祖珽[①]不知，乘马过其前。光怒，谓人曰："此人乃敢尔！"后珽在内省，言声高慢，光适过，闻之，又怒。珽知光忿，而赂光从奴而问之曰："相王瞋孝征耶？"曰："自公用事，相王每夜抱膝叹曰：'盲人入，国必破矣！'"穆提婆[②]求娶光庶女，不许。帝赐提婆晋阳之田，光言于朝曰："此田，神武帝以来常种禾，饲马数千匹，以拟寇难，今赐提婆，无乃阙军务也？"由是祖、穆积怨。

【注释】①祖珽：字孝征，范阳狄道（今河北容城县）人。东魏护军将军祖莹之子，因触怒高湛，被熏瞎眼睛，后主高纬即位后任北齐尚书左仆射。

②穆提婆：北齐时期宠臣，女官陆令萱之子。他权倾朝野，联合韩凤、高阿那肱并称"三贵"，诬陷并害死丞相兼名将斛律光。

【译文】斛律光担任左丞相后，经常在朝堂垂帘而坐。祖珽不知道这一情况，骑马从斛律光座前经过。斛律光大怒，对别人说“他怎么敢如此对我！”后来，祖珽在宫中高声说话，正好斛律光经过，听到后，又对祖珽十分恼怒。祖珽知道斛律光对自己忿恨，向斛律光的仆人行贿，询问说：“相王很忿恨我吧。”仆人说“自从您主政之后，相王每晚抱膝长叹，说：‘盲人入主朝廷，国家必然灭亡！’”穆提婆向斛律光请求娶其庶女为妻，斛律光没有同意。后主高纬将晋阳一带的田地赐给穆提婆，斛律光在朝堂上进谏说：“晋阳田地从神武皇帝（高欢）时候起，一直是用来种禾，饲养马匹数千，以防备祸难，现在赐给穆提婆，就会妨害军务了。”于是祖珽和穆提婆都与斛律光积下怨恨。

周将军韦孝宽忌光英勇，乃作谣言，令间谍漏其文于邺，曰“百升飞上天，明月照长安”，又曰“高山不推自崩，槲树不扶自竖”。祖珽因续之曰：“盲眼老公背上下大斧，饶舌老母不得语。”令小儿歌之于路。提婆闻之，以告其母令萱[①]。萱以饶舌，斥己也，盲老公，谓珽也，遂相与协谋，以谣言启帝曰：“斛律累世大将，明月声震关西，丰乐[②]威行突厥，女为皇后，男尚公主，谣言甚可畏也。”帝以问韩长鸾[③]，鸾以为不可，事寝。祖珽又见帝请间，唯何洪珍[④]在侧。帝曰：“前得公启，即欲施行，长鸾以为无此理。”珽未对，洪珍进曰：“若本无意则可，既有此意而不决行，万一泄露如何？”帝曰：“洪珍言是也。”

犹豫未决。会丞相府佐封士让密启云："光前西讨还，敕令放兵散，光令军逼帝京，将行不轨，事不果而止。家藏弩甲，奴僮千数，每遣使丰乐、武都⑤处，阴谋往来。若不早图，恐事不可测。"启云"军逼帝京"，会帝前所疑意，谓何洪珍云："人心亦大圣，我前疑其欲反，果然。"帝性至怯懦，恐即变发，令洪珍驰召祖珽告之。又恐追光不从命。珽因云："正尔召之，恐疑不肯入。宜遣使赐其一骏马，语云'明日将往东山游观，王可乘此马同行'，光必来奉谢，因引入执之。"帝如其言。顷之，光至，引入凉风堂，刘桃枝⑥自后拉而杀之，时年五十八。于是下诏称光谋反，今已伏法，其余家口并不须问。寻而发诏，尽灭其族。

【注释】①令萱：即陆令萱，穆提婆母亲，后主高纬乳母，屡进谗言杀皇室宗亲大臣，后母子把持朝政，北周灭齐时自杀。

②丰乐：指斛律光的弟弟斛律羡，字丰乐。时任幽州刺史。

③韩长鸾：即韩凤，字长鸾，昌黎宾屠（今辽宁义县）人。初任北齐禁军都督，后主高纬时期的权臣，掌权期间，排除异己，败坏朝纲，加速了北齐的灭亡。

④何洪珍：北齐时乐人。西域胡人，与其父何海，以善于演奏琵琶等胡乐，受后主高纬宠爱，开府封王。得势后侮弄权势，鬻狱卖官。

⑤武都：指斛律光长子斛律武都，时任兖州刺史。

⑥刘桃枝：东魏、北齐人士，曾侍奉北齐诸帝高欢，高澄，高洋，高演，高湛，高纬，被称为"北齐第一御用杀手"，死在他手下的有四个

王爷、两个宰相和若干文官武将，北齐灭亡后不知所踪。

【译文】周朝大将韦孝宽忌惮斛律光的勇武，于是制作歌谣，令间谍在邺城四处传播，说："百升飞上天，明月照长安。"又说："高山不推自崩，槲树不扶自竖。"祖珽又乘机续了几句："盲眼老公背上下大斧，饶舌老母不得语。"并让小孩在大路上传唱。穆提婆听到后，告诉了他的母亲陆令萱。陆令萱认为"饶舌"指的是自己；"盲老公"说的是祖珽。因此共同密谋，将歌谣向后主高纬禀报，说："斛律家族累世为朝廷大将，斛律光威震关西，斛律羡威行突厥，斛律家女为皇后，男娶公主，歌谣说的话太可怕了。"后主高纬就此事询问韩长鸾，长鸾认为不能听信谣言，事情就此作罢了。祖珽又在后主高纬面前挑拨是非，当时后主高纬身旁只有何洪珍在。后主高纬道："先前得到你的报告，本来打算施行的，却被韩长鸾阻止了。"祖珽没有回答，何洪珍进言说："如果原本就无此意，那就算了；既然有了打算，就应该付诸行动，万一泄露出去怎么办？"后主高纬说："何洪珍的话讲得对。"但还是犹豫不决。适逢丞相府佐封士让送来密信，称："上次斛律光西征回京，陛下敕令解散士卒，斛律光却令军队进逼京师，图谋不轨，事情没有做成，所以就停止了。另外，斛律光家中藏有弓弩铠甲，奴僮上千，常派人前往弟弟斛律羡、长子斛律武都那里，相互勾结。如不早点加以制止，恐怕事情就不可预测了。"恰好密信上有"军队进逼京师"之语，与后主高纬先前的怀疑吻合，后主高纬便对何洪珍说："人的直觉其实很正确的，我以前就怀疑他有反叛之心，现在看来确实如此。”后主高纬生性怯懦，害怕意外会随时发生，命令何洪珍骑快马召祖珽进宫。又害怕斛律光不听从命令。祖珽趁机进言说：“直接召见斛律光，怕他起疑心不肯来。应该派人赐给他一匹骏马，告诉他说‘明天准备前往东山游观，郡王可乘这匹马一同前往’，因此，斛律光一定会入宫谢恩，这时乘机把他抓起来。”后主高纬听从他的话。不一会儿，斛律光果然来了，有侍从把他引进凉风堂，刘桃枝从后边用弓弦绞杀了斛律光。这一年斛律光五十八岁。斛律光被诛，后主高纬下诏说他谋反，现已伏法，其余家人不受株连。但很快又发诏书，将斛律光一族满门抄斩。

光性少言刚急，严于御下，治兵督众，唯仗威刑。版筑之役，鞭挞人士，颇称其暴。自结发从戎，未尝失律，深为邻敌所慑惮。罪既不彰，一旦屠灭，朝野痛惜之。周武帝[①]闻光死，大喜，赦其境内。后入邺，追赠上柱国、崇国公。指诏书曰：“此人若在，朕岂能至邺！”

史臣曰：斛律金以高祖拨乱之始，翼成王业，忠款之至，成此大功，故能终享遐年，位高百辟。观其盈满之戒，动之微也，才及后嗣，遂至诛夷，虽为威权之重，盖符道家所忌。（北齐书卷十七）

【注释】①周武帝：指宇文邕（543—578年），小字祢罗突，祖籍代郡武川（今内蒙古武川西），生于同州武乡（今陕西大荔）。周文帝宇文泰第四子，北周第三位皇帝。谥号武皇帝，庙号高祖。

【译文】斛律光少言寡语，性格刚猛急躁，管束部下极为严格，治理士卒，统帅军队，只依靠威严和刑法。在进行筑城置戍的劳役过程中，他常常鞭挞民夫和士卒，以粗暴著称。自从少年从军后，从不曾违背军律，邻敌对他深为忌惮。斛律光没犯什么罪，却被朝廷处死，当时朝野对他的遭遇都极其痛心。周武帝宇文邕得到斛律光被处死的消息，十分高兴，竟下令大赦天下。后来周武帝宇文邕占领邺城，追赠斛律光为上柱国、崇国公。周武帝宇文邕指着诏书说："如果斛律光还活着的话，我哪能进入邺城？"

史官评论说："斛律金在高祖高欢拨乱反正的时候，他协助完成了高氏大业；极其忠诚，成就大功，所以能安享终年，位列百官之上。观察他对恩宠盈满的戒备，洞察的非常细微，但才传两代，就全家被杀，虽说一时位高权重，恐怕还是犯了道家所说的'盈满则亏'的忌讳吧。"（北齐书卷十七）

李元忠

【题解】李元忠（486—545年），东魏，赵郡平棘（今河北赵县）人，官至骠骑大将军。他在任光州刺史时，博施济众，得到孝静帝的嘉奖。晚年身居要职，但是并不贪恋权力，时刻想着让贤，可谓明达。

李元忠，赵郡柏人人也。天平[1]四年，除使持节、光州刺史。时州境灾俭，人皆菜色，元忠表求赈贷，俟秋征收。被报，听用万石。元忠以为万石给人，计一家不过升斗而已，徒有虚名，不救其弊，遂出十五万石以赈之。事讫表陈，朝廷嘉而不责。兴和[2]末，拜侍中。

【注释】①天平：东魏孝静帝元善见的第一个年号（534—537年）。共4年。

②兴和：东魏孝静帝元善见的第三个年号（539—542年）。共4年。

【译文】李元忠，赵郡柏人人氏。天平四年（537年），授予使持节，任光州（今山东莱州）刺史。当时光州境内因天灾而粮食歉收，百姓多面有菜色，李元忠上表朝廷请求赈灾，等到秋收后归还赈灾粮食。朝廷同意，准许使用一万石粮食赈灾。李元忠认为一万石粮食赈民，平均计算，一家只有升斗粮食而已，徒有虚名，不能起到实效，于是就拿出十五万石粮食赈济。赈灾事情完成后上报朝廷，东魏孝静帝元善见嘉奖了他而没有责罚。兴和末年，拜侍中。

元忠虽居要任，初不以物务干怀，常布言于执事云："年渐迟暮，志力已衰，久忝名官，以妨贤路。若朝廷厚恩，未便放弃者，乞在闲冗，以养余年。"武定三年[1]，卒于位，年六十。（北齐书卷二十二）

【注释】①武定：东魏孝静帝元善见的第四个年号（543—550年）。共8年。

【译文】李元忠虽身居要职，但对日常杂事从不插手。常对身边执掌事务的人员说："我的年纪渐渐大了，精神和体力都已衰弱，久居要职，会阻塞贤才进阶之路。如果朝廷恩惠厚重，还要任用我的话，请安置一个闲冗的职位，好让我安静地度过余生。"武定三年（545年），卒于卫尉卿任上，享年六十岁。（北齐书卷二十二）

魏　收

【题解】魏收（507—572年），字伯起，小名佛助，钜鹿郡曲阳县（今河北晋州市）人。北齐建立后，拜中书令、魏尹、秘书监、著作郎，迁特进、尚书右仆射，掌管诏诰，总议监五礼事，参与修定律令。天保二年（551年），魏收受命撰写北魏历史，联合房延祐、辛元植、刁柔、裴昂之、高孝乾等人，博总斟酌，撰成《魏书》一百三十篇。天保八年（557年），加太子少傅。武平三年（572年），去世，享年66岁。

魏收晚年时，武成帝终日沉湎酒乡，他畏祸保身，不能匡救时弊，被人们所讥讽，导致晚节有损。《续编》自其本传中辑录他给子侄所作得《枕中篇》，这是一篇优美的骈文，文章告诫子侄辈应该注意的人生经验和教训，还是很有价值和意义的。

魏收，字伯起，小字佛助，巨鹿下曲阳人也。天保[①]元年，除中书令，仍兼著作郎。二年，诏撰魏史。四年，除魏尹[②]，故优以禄力，专在史阁，不知郡事。初帝令群臣各言尔志，收曰："臣愿得直笔东观[②]，早成《魏书》。"故帝使收专其任，以成《魏书》。八年夏，除太子少傅、监国史，复参议律令。

【注释】①天保：北齐文宣帝高洋的第一个年号（550年5月—559年12月），历时9年余。天保十年十月废帝高殷即位沿用。

②魏尹：指东魏都城邺城的行政长官，类似京兆尹。

③东观：是中国东汉宫廷中贮藏档案、典籍和从事校书、著述的处所。后来代指收藏典籍和编撰史书的地方。

【译文】魏收，字伯起，小字佛助，巨鹿下曲阳（今河北晋州）人。天保元年（550年），被任命为中书令，兼任著作郎。天保二年（551年），受诏撰写魏史。天保四年（553年），官拜魏尹，并授以优厚俸禄，并且让魏收不必主持州郡的事务，使其专心于修史的事情。起初，文宣帝高洋让群臣谈谈各自的志向，魏收说："我希望能在东观秉笔直书，早日完成《魏书》。"因此文宣帝高洋让魏收专心致力于此事，以便早日编撰完成《魏书》。天保八年（557年）夏，魏收拜太子少傅，监修国史，并参与修定律令。

收以子侄少年，申以戒厉，著《枕中篇》，其词曰：

吾曾览管子之书，其言曰："任之重者莫如身，途之畏者莫如口，期之远者莫如年。以重任行畏途，至远期，惟君子为能及矣。"追而味之，喟然长息。若夫岳立为重，有潜戴而不倾；山藏称固，亦趋负而弗停；吕梁独浚，能行歌而匪惕；焦原作险，或跻踵而不惊；九陔方集，故眇然而迅举；五纪当定，想脊乎而上征。苟任重也有度，则任之而愈固；乘危也有术，盖乘之而靡恤。彼期远而能通，果应之而可必。岂神理之独尔，亦人事其如一。呜呼！处天壤之间，劳死生之地，攻之以嗜欲，牵之以名利，粱肉不期而共臻，珠玉无足而俱致；于是乎骄奢仍作，危亡旋至。然则上知大贤，唯几唯哲，或出或处，不常其节。其舒也济世成务，其卷也声销迹灭。玉帛子女，椒兰律吕，谄谀无所先；称肉度骨，膏唇挑舌，怨恶莫之前。勋名共山河同久，志业与金石比坚。斯盖厚栋不桡，游刃砉然。逮于厥德不常，丧其金璞。驰骛人世，鼓动流俗。挟汤日而谓寒，包溪壑而未足。源不清而流浊，表不端而影曲。嗟乎！胶漆谓坚，寒暑甚促。反利而成害，化荣而就辱。欣戚更来，得丧仍续。至有身御魑魅，魂沉狴狱。讵非足力不强，迷在当局。孰可谓画戒前倾，人师先觉。

【译文】魏收因为自家子侄年少，就写了《枕中篇》向他们提出警诫，其文辞说：

“我曾经浏览管子的著作，其中写道：“责任之重莫如身体，路途之险莫如口舌，日期之远莫如年代。负重任，走险途，能长期坚持不懈，只有君子才能做到。”追思而细品，喟然长叹。就像山岳耸立，蕴藏巨大而不倾；深山藏宝，取宝之人奔走而不息；吕梁河深浚，畅行险阻而不惧；焦原山险峻，举步高攀而不惊；天下刚刚平定，应当目光高远而迅速施政；五纪应当明确，应该思虑深远而考证古制。如果任重有度，则承担起来会更稳固；登高有术，则攀登起来就没有忧虑。期远道通，则施行起来一定可以达到目的。不只神道是这样，人事也是如此。处天地之间，居死生之地，以嗜欲作引诱，以名利为牵绊，美味不期而同到，珠玉无足而齐来；于是骄奢继起，危亡速至。然而上智大贤之人，洞察细微，智慧超群，或出山或隐居，相机而动没有一定之规。如果施展抱负，则能济世救民；如果韬光隐晦，则会销声匿迹。玉帛美女，香物乐舞，阿谀奉承之类的事绝不争先；品头论足，挑拨是非，怨恨恶毒之类的事绝不靠前。功名和山河同样长久，志业与金石可以比坚。大约栋梁粗大就不会弯曲，刀刃锋利就游刃有余。如果道德败坏，迷失纯朴，沦落尘世，败坏风俗。即使抱着太阳也会说寒冷，囊括山河还嫌不足。源头不清则水流污浊，圭表不正则影子歪斜。胶漆固牢，寒暑相近。利益转为祸害，荣耀变成屈辱。高兴和忧愁交替而至，得到和失去轮流不断。以至身附鬼魅，魂入地狱。并非脚力不强而不能自拔，而是当局者迷。前车倾覆之鉴不忘，人要以先觉者为师。

闻诸君子，雅道之士，游遨经术，厌饫文史。笔有奇锋，谈有胜理。孝悌之至，神明通矣。审道而行，量路而止。自我及物，先人后己。情无系于荣悴，心靡滞于愠喜。不养望于丘壑，不待价于城市。言行相顾，慎终犹始。有一于斯，郁为羽仪。恪居展事，知无不为。或左或右，则髦士攸宜；无悔无吝，故高而不危。异乎勇进忘退，苟得患失，射千金之产，邀万钟之秩，投烈风之门，趣炎火之室，载蹶而坠其贻宴，或蹲乃丧其贞吉。可不畏欤！可不戒欤！

【译文】从君子们那听说：雅道之士，熟读经典，饱学文史。下笔犀利，言有至理。推崇孝悌，通晓神明。谨慎而行，适可而止。由己到物，先人后己。情感不被荣辱牵连，心思不为喜怒羁绊。不隐居山林，不待价朝野。言行一致，慎始慎终。达成一项，遂为表率。谨慎从事，无所不能。左右逢源，皆才俊之士所适宜。无悔无过，所以处高位而不危。与此相反的是，一味向前，不知退让，患得患失，谋求万贯家财，追逐公卿品秩，归附权贵之门，趋赴显达之室，或颠仆致子孙不安，或屈膝而丧失贞操。难道不当畏惧吗？难道不该戒备吗？

门有倚祸，事不可不密；墙有伏寇，言不可而失。宜谛其言，宜端其行。言之不善，行之不正，鬼执强梁，人囚径廷。幽夺其魄，明夭其命。不服非法，不行非道。公鼎为己信，私玉非身宝。过缁为绀，逾蓝作青。持绳视直，置水观平。时然后取，未若无欲。知止知足，庶免于辱。

【译文】福祸相倚，事情不能不周密；外有盗寇，言语不能不严慎。应该注意言辞，更要端正品行。言辞不善，品行不正。鬼神惩罚残暴，世人囚禁偏激。暗地里夺其魄，表面上丧其命。不做非法，不行非道。公道做为信仰，私财并非珍宝。太黑变为绀，太蓝变为青，拉绳可以测量笔直，置水可以考察平齐，看到时机便争取，不如清净无欲。知道停止，知道满足，则可免受侮辱。

是以为必察其几，举必慎于微。知几虑微，斯亡则稀。既察且慎，福禄攸归。昔蘧瑗识四十九非，颜子几三月不违。跬步无已，至于千里。覆一篑进，及于万仞。故云行远自迩，登高自卑，可大可久，与世推移。月满如规，后夜则亏。槿荣于枝，望暮而萎。夫奚益而非损，孰有损而不害？益不欲多，利不欲大。唯居德者畏其甚，体真者惧其大。道尊则群谤集，任重而众怨会。其达也则尼父栖遑，其忠也而周公狼狈。无曰人之我狭，在我不可而覆。无曰人之我厚，在我不可而咎。如山之大，无不有也；如谷之虚，无不受也；能刚能柔，重可负也；能信能顺，险可走也；能知能愚，期可久也。周庙之人，三缄其口。漏卮在前，攲器留后。俾诸来裔，传之坐右。（北齐书卷三十七）

【译文】因此做事一定要察知事物的微小变化，举止一定要小心细微之处。看出事物变化的隐微征兆而且考虑周全，那么过错就会少。既审察又谨慎，福禄俱有。古时蘧伯玉认为自己四十九岁前所行全错，颜渊三个月不间断遵循仁义。小步不停，可至千里。堆土不断，可至万仞。所以说到达远方是从近处开始的，登上高山是从低处起步的，可以宏大可以持久，与时光岁月共存。满月如圆，后夜月亏。槿花盛开，傍晚凋谢。怎么可能只增益而不减损，或者只减损而带来危害的？好处不要太多，利益不要过大，惟有贤德之士畏惧好处过多，纯朴之人害怕利益巨大。品德尊贵，诽谤便会齐集；责任重大，众怨便会汇合。以孔子的通达也会有彷徨的时候；以周公的忠心也有被猜忌的时候。没有人议论我的短处，自己就不会被埋没；没有人赞扬我的长处，自己就不会被责备。如山一样的高大，就什么都能拥有；如谷一样的空虚，就什么都能纳受。能曲能伸，可以负担重任；诚信顺应，能够行走险地；能智能愚，年岁可以长久。周庙金人，三缄其口。漏卮在前，欹器在后，子侄后辈，置之座右。”（北齐书卷三十七）

辛　术

【题解】辛术（500—559年），字怀哲，陇西狄道（今甘肃临洮县）人。辛术曾担任北齐的吏部尚书，负责人才选拔。其选拔官员公允适中，受到当时人们的称赞，是一位称职的好官。

辛术，字怀哲，少明敏，有识度。出为清河太守，政有能名。累迁散骑常侍。迁吏部尚书。

【译文】辛术，字怀哲，少年聪慧，有见识有器度。曾经出任清河太守，处理政事以能干而出名。累官升迁至散骑常侍。后来升任吏部尚书。

迁邺以后，大选之职，知名者数四，互有得失，未能尽美。文襄帝少年高朗，所弊者疏；袁叔德沉密谨厚，所伤者细；杨愔①风流辨给，取士失于浮华。唯术性尚贞明，取士以才器，循名责实，新旧参举，管库②必擢，门阀不遗。考之前后铨衡，在术最为折衷，甚为当时所称举。天保末，文宣尝令术选百员官，参选者二三千人，术题目士子，人无谤讟，其所旌擢，后亦皆致通显。术清俭，寡嗜欲。勤于所职，未尝暂懈。临军以威严，牧人有惠政。十年卒，年六十。（北齐书卷三十八）

【注释】①杨愔（511—560年）：字遵彦，小字秦王，弘农华阴（今陕西华阴市）人。北齐宰相，后高演发动政变时，杨愔被杀，时年50岁，后追赠司空。

②管库：郑玄的解释为“管库之士，府史以下官长所置也，举之于君，以为大夫士也。”

【译文】北齐建都邺城之后，负责选拔人才的官员，当时有四个人比较有名，他们选拔官员各有得失，都不能尽善尽美。文襄帝高澄年少豁达，弊端在于粗疏；袁叔德沉稳谨慎，选官过于挑剔；杨愔才思敏捷，看人太重表面。惟有辛术崇尚纯正贤明，量才取士，力求名符其实，新人旧人都会举荐，管库小官有才能一定提拔，高门望族的子弟也不遗漏。考察他们四人选拔官员是否全面均衡，辛术都是最为公允适中，被当时的人们所称赞推崇。天保末年，文宣帝高洋曾令辛术选拔一百名官员，参选的有二三千人，辛术评论诸位士子，大家都没有怨言，他所提拔的官员，后来也都通达显贵。辛术清廉节俭，少奢欲。任职勤奋，不曾有丝毫懈怠。指挥军队有威严，管理百姓实行仁政。天保十年（559年）去世，享年六十岁。（北齐书卷三十八）

赵彦深

【题解】赵隐（507—576年），字彦深，南阳郡宛县（今河南南阳）人。秉性聪敏，善于书计，初为尚书令司马子如贱客，供其写书。子如善其无误，用为书令史，高欢补为功曹参军，文翰多出其手，号为敏给。文宣帝嗣位，仍典机密，进爵为侯。天保初，累迁秘书监。河清元年，进爵安乐郡公，迁尚书左仆射、齐州大中正、监修国史，迁尚书令，加特进，封宜阳郡王。武平二年，拜司空，为祖珽所离间，出为西兖州刺史。四年，征为司空，转司徒。武平七年卒，时年70岁。

北齐的宰相，大多死于非命，只有赵彦深得到善终。在北齐那种政治乱局中，能够有所作为又能保全自己，实在是很难的，大概只有赵彦深这样时刻逊言恭己，毫不骄慢才能做到吧。《孝经》云："居上不骄，高而不危"，赵彦深有哉。

赵彦深，自云南阳宛人，汉太傅熹之后。本名隐，避齐庙讳，改以字行。彦深幼孤贫，事母甚孝。初为尚书令司马子如[①]贱客，供写书。子如善其无误，神武在晋阳，索二史，子如举彦深。补大丞相功曹参军，专掌机密，文翰多出其手，称为敏给。

【注释】①司马子如（490—553年）：字遵业，河内温县（今河南温县）人。东魏北齐时期大臣，东魏权臣高欢的重要谋士。西晋宗室南阳王司马模八世孙。

【译文】赵彦深，自称是南阳宛城（今河南南阳）人，东汉太傅赵熹后裔。本名是"隐"，为了避北齐庙讳，改以字行。赵彦深自幼丧父，家境清贫，事奉母亲非常孝顺。起初赵彦深是尚书令司马子如的普通门客，负责文书，司马子如欣赏他公文书写无误，后来神武皇帝高欢需要两个史官，司马子如就推荐了赵彦深。后来赵彦深担任大丞相功曹参军一职，专门负责机密事情的处理，重要公文大多由他起草，都十分得体妥帖。

文宣嗣位，仍典机密，进爵为侯。天保初，累迁秘书监。以为忠谨，每郊庙，必令兼太仆卿，执御陪乘。转大司农。武平四年[④]，征为司空，转司徒。丁母忧，寻起为本官。七年六月暴疾薨，时年七十。

【注释】①武平：北齐后主高纬的年号（570年正月—576年12月），历时6年余。

【译文】文宣帝高洋继位后，仍让赵彦深掌管机密，并晋升为侯爵。天保初年，累官升迁至秘书监，因为赵彦深忠诚谨慎，每次祭祀天地、先祖，皇帝一定让他兼任太仆卿，陪驾随行。后改任大司农。武平四年（573年），担任司空，又改任司徒。后因母亲去世，辞官守孝，不久复任原职。武平七年（576年）六月突然生病去世，享年七十岁。

彦深历事累朝，常参机近，温柔谨慎，喜怒不形于色。自皇建[①]以还，礼遇稍重，每有引见，或升御榻，常呼官号而不名也。凡诸选举，先令铨定，提奖人物，皆行业为先，轻薄之徒，弗之齿也。孝昭[②]既执朝权，群臣密多劝进，彦深独不致言。孝昭尝谓王晞[③]云："若言众心皆谓天下有归，何不见彦深有语？"晞以告，彦深不获已，陈请，其为时重如此。常逊言恭己，未尝以骄矜待物，所以或出或处，去而复还。

【注释】①皇建：北齐肃宗高演的年号（560—561年）。

②孝昭：指肃宗高演，谥号为孝昭皇帝。

③王晞（510—581年）：字叔朗，历仕北魏、北齐、北周、隋。北

齐孝昭帝时拜太子太傅。北周武帝拜谏议大夫。卒于隋开皇初。

【译文】赵彦深先后侍奉数个皇帝，经常参与机要之事，性情温和谨慎，喜怒不形于色。从肃宗高演即位以来，礼遇逐渐隆重，每回召见，或入宫进见，肃宗高演经常称呼他的官号而不叫姓名。凡是选拔举荐官员，他会预先进行审定，提拔奖励官员，赵彦深都把德行功绩放在首位，轻薄之徒，不会选用。孝昭皇帝高演执掌朝廷大权后，群臣都私下里劝他当皇帝，唯独赵彦深不劝进。孝昭皇帝高演曾经对王晞说："如果说都说天下众人之心都归附于我，为什么不见赵彦深劝进？"王晞将这件事告诉赵彦深，赵彦深不得已，上奏劝进，由此可见他在当时的重要性。赵彦深平时言语谦虚行为恭顺，从不曾傲慢待人，虽然有时显达有时隐退，但离任后总能复职。

母傅氏，雅①有操识。彦深三岁，傅便孀居，家人欲以改适，自誓以死。彦深五岁，傅谓之曰："家贫儿小，何以能济？"彦深泣而言曰："若天哀矜，儿大当仰报。"傅感其意，对之流涕。及彦深拜太常卿，还，不脱朝服，先入见母，跪陈幼小孤露②，蒙训得至于此。母子相泣久之，然后改服。后为宜阳国太妃。齐朝宰相，善始令终唯彦深一人。（北齐书卷三十八）

【注释】①雅：平素，素来。

②孤露：孤单无所荫庇，指丧父，丧母，或父母双亡。

【译文】赵彦深的母亲傅氏，素有节操和见识。赵彦深三岁时，傅氏便守寡，家人想要她改嫁，傅氏誓死不从。赵彦深五岁时，傅氏对他说："家里贫困，孩子幼小，靠什么生活？"赵彦深流着泪说："如果上天哀怜，孩儿长大后一定报答母亲的抚育之恩。"傅氏听后很感动，母子相对而泣。赵彦深担任太常卿的职位，回家后，不换朝服，先进去拜见母亲，跪在地上诉说幼时的孤苦，幸得母亲的垂训才有今天的成就。母子相对而泣许久，然后才更衣。傅氏后来成为宜阳国太妃。北齐朝的诸多宰相中，仅赵彦深一人得以善始善终。（北齐书卷三十八）

宋世良

【题解】本篇辑录自《北齐书·循吏传》。宋世良，北魏广平人，字元友。宋世良是南北朝时著名的良吏，他在北魏时期曾经担任清河郡太守，他善于治理地方，而且为官清廉，是一位贤明的官员，是为官者的楷模。

宋世良，字元友，广平人。年十五便有胆气，应募从军北讨，屡有战功。出除清河太守。世良才识闲明，尤善治术，在郡未几，声问甚高。郡东南有曲堤，成公一姓阻而居之，群盗多萃于此。人为之语曰："宁度东吴会稽，不历成公曲堤。"世良施八条之制，盗奔他境。民又谣曰："曲堤虽险贼何益，但有宋公自屏迹。"后齐天保中大赦，郡先无一囚，群吏拜诏而已。狱内穞[①]生，桃树、蓬蒿亦满。每日衙门虚寂，无复诉讼者。其冬，醴泉出于界内。及代至，倾城祖道②。有老人丁金刚泣而前，谢曰："己年九十，记三十五政，君非唯善治，清亦彻底。今失贤君，民何济矣。"莫不攀援涕泣。除东郡太守，卒官。（北齐书卷四十六）

【注释】①穞：同"稆"，一种自生的谷物。

②祖道：古代为出行者祭祀路神，后指送行。

【译文】宋世良，字元友，广平（今河北鸡泽县）人。十五岁时就很有胆量，应召入伍参加北伐，屡次立下战功。后来出任清河郡（今山东临清一带）太守。宋世良才能见识俱佳，尤其擅长地方事务的治理，上任没有多长时间，就声望鹊起。在清河郡东南有个曲堤，被成公一姓占据，很多强盗聚集在那里。人们都说："宁可绕道东吴会稽，也不经过成公曲堤。宋世良颁布了八条措施，结果强盗都跑到了其它地方。老百姓又作歌谣说："曲堤险要对贼无益，宋公到来群贼灭迹。"后来，北齐天保年间大赦天下，而清河郡的监牢里竟没有罪犯，各级官员只是拜领诏书而已。监狱里野生谷物，桃树和蓬蒿长满了院子。每天衙门里空无一人，也没有老百姓来打官司。这年冬天，清河郡境内有甘泉涌出。宋世良任期满，将要离开时，全城人都来送行。有一位老人叫丁金刚，哭泣着走上前来，拜谢说："我已经九十岁了，总共经历了三十五任太守，您不仅善于治理地方，又非常清廉。今天失去了贤明的父母官，以后百姓还能指望谁呢。"大家全都拉扶着宋世良失声痛哭。宋世良又担任东郡

（今山东鄄城）太守，最后在任上去世。

崔伯谦

【题解】本篇辑录自《北齐书·循吏传》。崔伯谦为济北太守，心存仁爱，所以把皮鞭改为熟皮制作，让百姓懂得羞耻之心，他是真正懂得治民的官吏啊！孟子说“唯仁者宜在高位”，崔伯谦可以称得上是仁者了。

崔伯谦，字士逊，博陵人。除济北太守，恩信大行，乃改鞭用熟皮为之，不忍见血，示耻而已。有朝贵行过郡境，问人太守治政何如。对曰：“府君恩化，古者所无。”因诵民为歌曰：“崔府君，能治政，易鞭鞭，布威德，民无争。”客曰：“既称恩化，何由复威？”曰：“长吏惮威，民庶蒙惠。”（北齐书卷四十六）

【译文】崔伯谦，字士逊，博陵（今河北定州）人。出任任济北（今山东泰安）太守，遍行恩德，因为不忍心把人打出血，把鞭打罪人的鞭子改为熟皮制作，只是表明受到鞭笞的耻辱而已。有朝中贵族路过郡中，询问太守治理政事如何。被询问的人回答说：“太守以恩德教化我们，自古没有过。”因此唱诵百姓作的歌谣说：“崔府君，能治政，易鞭鞭，布威德，民无争。”客人说：“既然称说是恩德教化，哪里来的广布威德呢？”回答

说："长吏都害怕他的威严，百姓都蒙受他的恩德。"（北齐书卷四十六）

苏　琼

【题解】本篇辑录自《北齐书·循吏传》。苏琼为南清河太守，以兄弟亲情劝导争夺田地的百姓，让众人都感动落泪；百姓遭灾，他不惧连累自身而保全百姓，因此得到百姓的爱戴，无一人上诉州里。

苏琼，字珍之，武强人也。除南清河太守，其郡多盗，及琼至，民吏肃然，奸盗止息。

【译文】苏琼，字珍之，武强（今河北武强）人。担任南清河太守。这个郡多盗，苏琼上任之后，百姓和官吏都肃然，奸盗也没有了。

有百姓乙普明兄弟争田，积年不断，各相援引，乃至百人。琼召普明兄弟对众人谕之曰："天下难得者兄弟，易求者田地，假令得地失兄弟心如何？"因而下泪，从人莫不泪泣。普明弟兄叩头乞外更思，分异十年，遂还同住。

【译文】有百姓乙普明弟兄俩争夺田地，争夺连年不断，各自还动员许多人作为援助。苏琼叫来普明兄弟，当着众人的面告诫他们说："天下最难得的是兄弟亲情，最容易得到的是田地，假若得到了田地，却伤了兄弟的心，这样可以吗？"因此流下眼泪，跟从的人也大受感动，没有不掉泪的。普明兄弟叩着头向苏琼请求出门思过，分居十年的兄弟，于是回家同住了。

天保[1]中，郡界大水，人灾，绝食者千余家。琼普集部中有粟家，自从贷粟以给付饥者。州计户征租，复欲推其贷粟。纲纪[2]谓琼曰："虽矜饥餧，恐罪累府君。"琼曰："一身获罪，且活千室，何所怨乎？"遂上表陈状，使检皆免，人户保安。在郡六年，人庶怀之，遂无一人经州。（北齐书卷四十六）

【注释】①天保：北齐文宣帝高洋的第一个年号（550年5月—559年12月），历时9年余。

②纲纪：职官名。掌理文书事务的主簿。

【译文】天保年间，郡内洪涝，民众遭灾，没有食物的人家有一千多家。苏琼召集部中有粮食的大户，由郡府出面向他们借贷粟谷来赈济饥民。州府却计户征租，还想要推究贷粟的主使人。主簿对苏琼说："虽是救济了百姓，恐怕会连累府君。"苏琼回答说："我一个人获罪，可以救活千家，我有什么可怨恨的？"于是上表朝廷说明情况，上面派人核查属实就免去了租税，百姓都得到了保全。苏琼在郡六年，百姓都爱戴他，没有一个人去州里上诉告状的。（北齐书卷四十六）

和士开

【题解】和士开（524—571年），本姓素和氏，字彦通，清都尹临漳县（今河北临漳）人，西域胡人后代。他起初跟随长广王高湛，授开府行参军。精通琵琶，善使铁槊。太宁元年（561年），武成帝高湛即位后，授给事黄门侍郎，随同胡长粲、高阿那肱等人号称“八贵”。怂恿武成帝禅位后，拜尚书令，权倾朝野，任人唯亲。荒淫无耻，传闻有染于武成胡皇后，封为淮阳王。武平二年（571年），为琅琊王高俨所杀，朝野上下，大快人心。

和士开，字彦通，清都临漳人也。天保初，世祖封长广王，辟士开府行参军。世祖性好握槊，士开善于此戏，由是遂有斯举。加以倾巧便僻，又能弹胡琵琶，因此亲狎。尝谓王曰：“殿下非天人也，是天帝也。”王曰：“卿非世人也，是世神也。”其深相爱如此。

【译文】和士开，字彦通，清都郡临漳县人（今河北临漳）。天保初年，世祖高湛被封为长广王，任命和士开为本府行参军。世祖高湛喜欢握槊这种游戏，和士开擅长这种游戏因而被提拔。加上他乖巧能揣摩世祖高湛心意，又会弹奏胡琵琶，所以和世祖高湛关系很密切。和士开曾经对世祖高湛说：“殿下不是天上的仙人，而是天上的皇帝。”世祖高湛说：“你不是世间的人，而且是世间的神仙。”两人关系亲密如此之深。

世祖践祚，累除侍中，加开府。无复君臣之礼。至说世祖云：“自古帝王，尽为灰烬，尧、舜、桀、纣，竟复何异。陛下宜及少壮，恣意作乐，纵横行之，即是一日快活敌千年。国事分付大臣，何虑不办，无为自勤苦也。”世祖大悦。其年十二月，世祖寝疾于干寿殿，士开入侍医药。世祖谓士开有伊、霍之才，殷勤属以后事，临崩，握士开之手曰：“勿负我也。”仍绝于士开之手。

【译文】世祖高湛称帝后，和士开累官升迁至侍中，加授开府。与世祖高湛之间不再有君臣的礼节。他甚至劝说世祖高湛：“自古以来所有的帝王，都化成了尘土，尧、舜、桀、纣这些帝王，最终的结果也没有区别。陛下应该趁着年轻，尽情享乐，放纵任性，这样即使快活一天抵得上普通日子的一千年。国家大事可以交给大臣去处理，不用担心出问题，不要自己去辛勤劳苦。”世祖高湛听后非常高兴。这一年十二月，世祖高湛住在干寿殿养病，和士开进宫内侍奉医药。世祖高湛说他有伊尹、霍光的才能，因此殷切地向他托付后事，临终前，拉着和士开的手说：“千万不要辜负我啊。”说完握着和士开的手而死。

世祖时，恒令士开与太后[①]握槊，又出入卧内无复期限，遂与太后为乱。及世祖崩后，弥自放恣，琅邪王俨[②]恶之，

遣都督冯永洛斩之，时年四十八，簿录[3]其家口。（北齐书卷五十）

【注释】①太后：指世祖高湛的胡皇后，后主高纬的母亲。

②俨：指琅邪王高俨（558—571年），字仁威，渤海郡蓨县（今河北景县）人，后主高纬亲母弟。高纬忌惮弟弟高俨的勇武，武平二年（571年），高纬派刘桃枝杀高俨。

③簿录：查抄财产。

【译文】世祖高湛在位时，经常让和士开和太后握槊游戏，并且和士开出入太后的寝室没有限制，就和太后通奸，世祖高湛去世后，和士开更加放肆，琅邪王高俨很仇视他，派都督冯永洛把他杀了，时年四十八岁，随后又查抄其家产奴婢。（北齐书卷五十）

周　书

【提要】《周书》是“二十四史”之一，为纪传体正史，唐朝令狐德棻主编，参加编写的还有岑文本和崔仁师等人。成书于贞观十年（636年），共50卷，记载了宇文氏建立的北周（557—581年）的历史。

《周书》文笔简洁爽劲，清代史家赵翼评价“叙事繁简得宜，文笔亦极简劲”。而且《周书》视野开阔，虽只是记述西魏、北周史事的史书，但它着意于反映当时的历史全貌，所记内容兼顾了同时代的东魏与北齐、梁与陈等四朝的重大史事，一定程度上反映了当时的全国大势及纷繁的历史事件。

北周是南北朝时期的北朝之一，由西魏权臣宇文泰奠定国基，西魏恭帝三年（556年），宇文泰死后，第三子宇文觉正式即位称天王，自称周公。次年初，他废西魏恭帝自立，国号周，建都于长安（今西安），史称北周。 由于北周孝闵帝宇文觉年幼，大权掌握在堂兄宇文护手中。九月，宇文护杀孝闵帝，立宇文毓为帝。武成二年（560年），宇文护又毒死宇文毓，立宇文邕为帝，史称北周武帝。 建德元年（572年），周武帝宇文邕智诛权臣宇文护，亲掌朝政，进行了多方面的改革。 577年，北周灭北齐，统一北方。581年，杨坚受禅代周称帝，改国号为隋，北周亡，共历五帝，记24年。

《续编》辑录了周武帝、于谨、苏绰等人的传记，作为今人治国理政的参考和借鉴。

武　帝

【题解】周武帝宇文邕（543—578年），小字祢罗突，汉化的鲜卑族，祖籍代郡武川（今内蒙古武川西），生于同州武乡（今陕西大荔）。周文帝宇文泰第四子，北周第三位皇帝（560—578年在位）。

宇文邕在位期间，摆脱鲜卑旧俗，整顿吏治，使北周政治清明，百姓生活安定，国势强盛。他于建德六年（577年）攻入邺城，消灭北齐，拥有了黄河流域和长江上游，为后来隋朝的统一奠定了基础。

周武帝生活俭朴，能够及时关心民间疾苦，诸事希求超越古人，对宇文护及北齐所修过于华丽的宫殿一律焚毁，对下严酷少恩，但果断明决，耐劳苦，征伐时躬亲行阵，得士卒死力。他还注重广辟农田，兴修水利，这些措施，对当时经济的恢复，社会的安定，起了积极作用。

他在任期间尊崇儒家，禁止佛、道学说，开始了一场声势浩大的灭佛运动，经历这次运动，北方寺庙佛像几乎灭绝，僧众多逃奔江南，是中国佛教文化史上的一场灾难，而他本人也在大规模灭佛后的第二年因病去世，年仅三十六岁。武帝死后，宣帝、静帝先后继位，佛法又兴。

高祖武皇帝讳邕，字祢罗突，太祖[①]第四子也。性沉深有

远识，非因顾问，终不辄言。世宗②每叹曰："夫人不言，言必有中。"武成③二年夏四月，世宗崩，遗诏传帝位于高祖。

【注释】①太祖：即周文帝宇文泰（507—556年），字黑獭，代郡武川（今内蒙古武川西）人，执掌西魏22年，是西魏的实际掌权者，也是北周的奠基者。大定二年（556年），宇文泰去世，享年49岁，庙号太祖，后追尊为文帝。

②世宗：周明帝宇文毓（534—560年），字统万突，北周第二位皇帝，宇文泰的庶长子。武成二年（560年），被权臣宇文护所害，谥号明皇帝，庙号世宗。

③武成：周明帝宇文毓的年号（559年8月—560年12月），历时年余。

【译文】高祖武皇帝名邕，字弥罗突，是太祖宇文泰的第四子。武帝宇文邕性情沉稳有远见，除非有人征询意见，否则从不多言。世宗宇文毓经常赞叹他说："此人要么不说话，一说就会说中。"武成二年（560年）夏季四月，世宗宇文毓去世，遗诏将帝位传给宇文邕。

建德①元年，五月壬戌，帝以大旱，集百官于庭，诏之曰："盛农之节，亢阳不雨，气序愆度②，盖不徒然。岂朕德薄，刑赏乖中欤？将公卿大臣或非其人欤？宜尽直言，无得有隐。"公卿各引咎自责。其夜澍雨。

【注释】①建德（572—578年）：周武帝宇文邕的第三个年号。

②愆度：失调，异常。

【译文】建德元年（572年）五月二十一日，周武帝宇文邕因为天下大旱，在朝廷召集百官，下诏说："农忙时节，天热无雨，气候失调，大概是有原因的。难道是我的德行浅薄？或者刑罚奖赏不当？还是任命的公卿大臣不合适？大家直言无忌，不得有所欺瞒。"于是百官都各自检讨自己的过失。结果当天夜里就天降大雨。

六年春，帝至邺。齐主先于城外掘堑竖栅，帝率诸军围之，齐人拒守，诸军奋击，大破之，遂平邺。于阵获其齐昌王莫多娄敬显[①]。帝责之曰："汝有死罪者三：前从并走邺，携妾弃母，是不孝；外为伪主戮力，内实通启于朕，是不忠；送款之后，犹持两端，是不信。如此用怀，不死何待。"遂斩之。

【注释】①莫多娄敬显（？—577年）复姓莫多娄，太安狄那（今山西寿阳县）人，鲜卑人。北齐大臣，曾追随名将斛律光，屡建战功，后拥立安德王高延宗。被北周武帝宇文邕斩杀。

【译文】建德六年（577年）春季，周武帝宇文邕率军抵达邺城。齐主预先就在城外挖壕沟竖栅栏。周武帝宇文邕率军包围了邺城，齐人奋力抗拒，北周各军奋勇战斗，大败齐军，平定了邺城。在邺城之战中，北周军在阵前抓到了北齐的齐昌王莫多娄敬显。周武帝宇文邕斥责他说："你有三项死罪：先前你从并州逃亡到邺城时，带着小妾却丢下母亲，这是不孝；你对外为齐主效力，暗地却给我通风报信，这是不忠；投降之后，首鼠两端，这是没有信用。如此用心，不杀你还等什么。”于是就杀了他。

二月癸丑，诏曰：“无侮茕独，事显前书；哀彼矜人，惠流往训。伪齐末政，昏虐寔繁，灾甚滔天，毒流比屋。无罪无辜，系虏三军之手；不饮不食，僵仆九逵之门。朕为民父母，职养黎人，念甚泣辜，诚深罪己。除其苛政，事属改张，宜加宽宥，兼行赈恤。自伪武平三年以来，河南诸州之民，伪齐被掠为奴婢者，不问官私，并宜放免。其住在淮南者，亦即听还，愿住淮北者，可随便安置。其有癃①残孤老，饥馁绝食，不能自存者，仰刺史守令及亲民长司，躬自检校。无亲属者，所在给其衣食，务使存济。”

【注释】①癃：中医指小便不通，代指年老衰弱多病。

【译文】建德六年（577年）二月初十，周武帝宇文邕下诏说：“不欺侮孤苦的人，记载在先前的书籍中；哀怜贫困的人，流传在过去典训中。伪齐末年，昏聩暴虐众多，灾祸滔天，流毒满地。无罪无辜之人，被掳掠成囚犯；没吃没喝的人，仆卧在大道上。我作为百姓的父母，责任就是养育万民，十分可怜那些无辜的百姓，并深切地自责。废除北齐严苛的政令，改革原来的政事，应该对百姓加以宽容，并实行赈济抚恤。自伪齐武平三年以来，黄河以南各州的百姓，被伪齐掳掠为奴婢的，不论是属于官府还是私人，都应当予以释放赦免。家在淮南的，允许他们返回，愿意留在淮北的，可以妥善安置。老弱病残，断绝粮食，不能自己生存的百姓，希望刺史、太守、县令以及各级官员，亲自查点校核。没有亲属的人，所在地官府要供给他们衣食，务必让他们能生存。”

夏四月，诏曰：“东夏既平，王道初被，齐氏弊政，余风未殄。朕劬劳万机，念存康济。恐清净之志，未形四海，下民疾苦，不能上达，寝兴轸虑，用切于怀。宜分遣使人，巡方抚慰，观风省俗，宣扬治道。有司明立条科，务在弘益。”

宣政[①]元年，六月丁酉，帝疾甚，还京。其夜，崩于乘舆。时年三十六。

【注释】①宣政：周武帝宇文邕的最后一个年号（578年3月—12月）。

【译文】夏季四月，周武帝宇文邕下诏说：“东方已然平定，王道刚刚利益到百姓，北齐的弊端，残余的影响还未清除。我勤劳地处理大小事务，心存安民济世之念。恐怕良好的心愿，不能在全国实现，百姓的疾苦，无法传达上来，我昼夜忧虑，心中关切挂念。应当分头派遣使臣，到各地巡视抚慰，观察风气，了解民俗，宣扬治国之道。相关官员应该制定明确的政令，广泛宣传道义。”宣政元年（578年）六月丁酉日，周武帝宇文邕病重，返回京师。当天夜里，周武帝宇文邕于车驾上去世，时年三十六岁。

帝沉毅有智谋。初以晋公护[①]专权，常自晦迹，人莫测其深浅。及诛护之后，始亲万机。克己励精，听览不怠。用法严整，多所罪杀。号令恳恻，唯属意于政。群下畏服，莫不肃然。平齐之役，见军士有跣行者，帝亲脱靴以赐之。每宴会将士，必自执杯劝酒，或手付赐物。至于征伐之处，躬在行阵。性又果决，能断大事。故能得士卒死力，以弱制强。破齐之后，遂欲穷兵极武，平突厥，定江南，一二年间，必使天下一统，此其志也。（周书卷五—六）

【注释】①晋公护：即宇文护（513—572年），字萨保，代郡武川（今内蒙古武川西）人，鲜卑族。北周文帝宇文泰侄子。北周权臣，早年跟随北周文帝宇文泰，屡建战功，掌权后连杀宇文觉、拓跋廓、宇文毓三帝。后被周武帝宇文邕所杀。

【译文】周武帝宇文邕沉稳刚毅有智谋。起初晋公宇文护独揽大权，他常韬光养晦，别人无法探知他的深浅。诛杀宇文护之后，周武帝才开始亲自处理政务。他励精图治，处理朝政从不懈怠；法令严峻，有很多人因犯罪而被诛杀；号令诚恳痛切，只在意朝政，文武大臣无不敬服，朝廷上下莫不整肃。在平定北齐的战役中，周武帝见到有士兵光脚走路，他就脱下自己的靴子亲自赏赐给他。每次宴请众将士时，一定会亲自端着酒杯劝酒，或者亲手赐予财物。至于出兵打仗时，也亲自行走在阵列中。他性情果断坚决，能断大事，所以士卒都愿意为他效命，能够以弱胜强。打败北齐后，又打算整顿武备，平定突厥，统一江南，在一二年的时间里，统一天下，这就是他的志向。周书卷五—六）

于　谨

【题解】于谨（493—568年），本姓万忸于氏，字思敬，小名巨弥，河南洛阳人，鲜卑族。北朝杰出政治家、战略家，八柱国之一，镇南将军于栗磾六世孙、陇西太守于提之子。

于谨性情沉稳，胆识过人。年轻从军，屡立战功。太昌元年（532年），从尔朱天光大战高欢于韩陵，兵败西投宇文泰，授阁内大都督，屡立军功。西魏大统三年（537年），参与沙苑之战，后领军灭亡南梁，扶植萧詧为西梁皇帝，封新野郡公。宇文觉建立北周后，进封燕国公，拜大宗伯、太傅，立为三老，参议朝政，领雍州牧。天和三年（568年）去世，享年76岁，追赠太师、雍州刺史，谥号为文。

于谨，字思敬，河南洛阳人也。曾祖婆，魏怀荒镇将。父提，陇西郡守，茌平县伯。保定[1]二年，以谨著勋，追赠使持节、柱国大将军、太保、建平郡公。

【注释】①保定：周武帝宇文邕的第一个年号（561—565年），历时5年。

【译文】于谨，字思敬，河南洛阳人。曾祖名叫于婆，是北魏怀荒（今河北张北）镇将。父亲名叫于提，是陇西（今甘肃临洮）郡守，封荏平县伯。保定二年（562年），因为于谨功勋卓著，被追赠为使持节、柱国大将军、太保、建平（今山西孝义市）郡公。

谨性沉深，有识量，略窥经史，尤好《孙子兵书》。屏居闾里，未有仕进之志。或有劝之者，谨曰："州郡之职，昔人所鄙，台鼎①之位，须待时来。吾所以优游郡邑，聊以卒岁耳。"太宰元穆②见之，叹曰："王佐材也。"

【注释】①台鼎：古称三公为台鼎，如星之有三台，鼎之有三足。

②元穆：即元天穆（489—530年），字天穆，河南洛阳人，鲜卑族。北魏宗室大臣。永安三年（530年），被孝庄帝元子攸赐死于明光殿，享年51岁，谥号武昭。

【译文】于谨性格深沉，有见识气量，略微涉猎经史，尤其喜好《孙子兵书》。他隐居在乡间，没有做官的意愿。有人劝他出仕，于谨说："州郡一级的职位，是前人都鄙视的，而三公的位置，必须等待时机的到来。我之所以在郡县游学，只是暂时打发时间而已。"太宰元穆见到他，赞叹说："这是辅佐帝王的人才啊。"

三年四月，诏曰："树以元首，主乎教化，率民孝悌，置之仁寿。是以古先明后，咸若斯典，立三老五更[1]，躬自袒割。朕以眇身[2]，处兹南面，何敢遗此黄发，不加尊敬。太傅、燕国公谨，执德淳固，为国元老，馈以乞言，朝野所属。可为三老，有司具礼，择日以闻。"谨上表固辞，诏答不许。又赐延年杖。

【注释】①三老五更：古代荣誉称号。相传周天子为提倡孝悌，设此位以父兄之礼尊养年老德高、阅事深的退休官员。郑玄以三老五更为各一人，蔡邕以三老为三人，五更为五人。

②眇身：微末之身。古代帝后自谦之词。

【译文】保定三年（563年）四月，周武帝宇文邕下诏说："树立德高望重之人为元老，主持教化，让百姓遵循孝悌，至仁至寿。所以古代先贤和贤明君王，都按这种典制，设立三老五更，亲自袒右膊割牲肉以行敬老之礼。我以微末之身，面南称帝，怎敢遗弃年高德勋之人，不加以尊敬。太傅、燕国公于谨，品德淳朴，是国家的元老，可以教导君王以治国之道，使朝廷内外都予以瞩目。可任命他为三老，有关官员准备好礼仪，选择好吉日后上报。"于谨上奏坚决推辞，武帝下诏不准其推辞，又赐给于谨延年杖。

高祖幸太学[1]以食之。皇帝北面立而访道。三老乃起立于席后。皇帝曰："猥当天下重任，自惟不才，不知政治之要，公其诲之。"三老答曰："木受绳则正，后从谏则圣。自古明王圣主，皆虚心纳谏，以知得失，天下乃安。唯陛下念之。”又曰：“为国之本，在乎忠信。是以古人云去食去兵，信不可失。国家兴废，莫不由之。愿陛下守而勿失。”又曰：“治国之道，必须有法。法者，国之纲纪。纲纪不可不正，所正在于赏罚。若有功必赏，有罪必罚，则有善者日益，为恶者日止。若有功不赏，有罪不罚，则天下善恶不分，下民无所措其手足矣。”又曰：“言行者立身之基，言出行随，诚宜相顾。愿陛下三思而言，九虑而行。若不思不虑，必有过失。天子之过，事无大小，如日月之蚀，莫不知者。愿陛下慎之。”三老言毕，皇帝再拜受之，三老答拜焉。礼成而出。

【注释】①太学：太学是中国古代的国立最高学府。太学之名始于西周。夏、商、周，大学的称谓各有不同，五帝时名为成均，在夏名为东序，在商名为右学，周代名为上庠，汉武帝时，采纳董仲舒建议，于京师长安设立太学。

【译文】高祖宇文邕前往太学为于谨飨食。皇帝面向北而站立，向三老于谨请教治国之道。三老于谨也起身站在坐席位后面。周武帝宇文邕说：“我勉强承担天下的重任，自认为没有什么出众的才能，不了解治理国家的紧要所在，请您指点。”三老于谨回答说：“木头按照墨绳来裁量才能正直，君王接受劝谏才能圣明。自古以来的圣明君主，都能虚心接受劝谏，才能知道自己的得失对错，天下才能安定。希望陛下谨记在心。”又说：“国家的根本，在于忠信。所以古人可以放弃粮食和军队，但不会放弃信用。国家的兴衰，都是来自于忠信。希望陛下谨守忠信不要丧失。”又说：“治国之道，必须要有法制。法制，是国家的纲纪。纲纪不能不正，端正纲纪在于赏罚分明。如果有功劳就能奖赏，有罪过就要惩罚，那么行善的人就会日益增多，作恶的人就会日益减少。如果有功劳而不奖赏，有罪过而不惩罚，则天下的人就会善恶不分，百姓也就不知道该怎样做事。”又说：“言行是做人的基础，言语说出后行动就要跟随，二者应该相互对应。希望陛下思考全面后才说话，考虑周到后再行动。如果不经过周密思考，就一定会有过失。天子的过失，不论大小，都像日食月食那样明显，人们没有看不到的，希望陛下谨慎对待。”三老于谨说完，周武帝宇文邕两次参拜并且接受劝谏，三老于谨也跪拜回礼。仪式完成后周武帝宇文邕才离开太学。

天和[①]三年，薨于位，年七十六。谨有智谋。善于事上。名位虽重，愈存谦挹。每朝参往来，不过从两三骑而已。朝廷凡有军国之务，多与谨决之。谨亦竭其智能，弼谐帝室。故功臣之中，特见委信，始终若一，人无间言。每教训诸子，务存静退。加以年齿遐长，礼遇隆重，子孙繁衍，皆至显达，当时莫与为比焉。（周书卷十五）

【注释】①天和：周武帝宇文邕的第二个年号（566—572年）。

【译文】天和三年（568年），于谨在任上去世，享年七十六岁。于谨为人有智谋，善于侍奉主上。名望地位虽然很高，但于谨十分谦逊，每次上朝时，不过两三个侍从骑马跟随而已。朝廷的军国大事，大多由于谨决断。于谨也竭尽自己的才智与能力，辅佐皇室。所以在功臣当中，特别受到信任和重用，朝廷对于谨的信任始终如一，人们对他也没有闲言碎语。于谨训诫儿子们一定要有宁静谦虚之心。由于于谨年长德劭，朝廷对他礼遇隆重，他的子孙绵延繁多，都富贵显达，当时没有人家能比得上。（周书卷十五）

苏　绰

【题解】苏绰（498—546年），字令绰，京兆郡武功县（今陕西武功西）人。苏绰年少即好学，博览群书，尤善算术，深得西魏权臣宇文泰信任。被宇文泰拜为大行台左丞，参与机密，助其改革制度。曾创制计帐、户籍等法，精简冗员，设置屯田、乡官，增加国家赋税收入。累升大行台度支尚书兼司农卿，封美阳伯。大统十二年（546年），苏绰因积劳成疾而病逝，年四十九。

西魏建立之初，国弱民贫，势力比不上东魏，宇文泰任用苏绰等进行了一系列改革。大统七年（541年），苏绰将古代治国之道的经验总结为六条，上奏后作为诏书颁行，时称“六条诏书”。“六条诏书”作为朝廷的施政纲领及地方官员的为政准则，对西魏政治的整饬及国力的发展起到很大作用。宇文泰很重视“六条诏书”，令百官习诵，规定各地郡守令长不通晓六条诏书者不许当官；还开设学校，选拔中下级官吏学习其内容。“六条诏书”的实施，使原来弱于东魏的西魏迅速转弱为强，从而为承继西魏的北周统一北方以及隋统一全中国创造了条件。

苏绰字令绰，武功人，魏侍中则之九世孙也。累世二千石。绰少好学，博览群书，尤善算术。从兄让为汾州刺史，太祖饯于东都门外。临别，谓让曰：“卿家子弟之中，谁可任用者？”让因荐绰。寻除著作佐郎。属太祖与公卿往昆明池观渔，行至城西汉故仓地，顾问左右，莫有知者。或曰：“苏绰博物多通，请问之。”太祖乃召绰。具以状对。太祖大悦，因问天地造化之始，历代兴亡之迹。绰既有口辩，应对如流。太祖益喜。曰：“苏绰真奇士也，吾方任之以政。”即拜大行台左丞，参典机密。

【译文】苏绰，字令绰，武功郡（今陕西武功）人，是三国时魏国侍中苏则的九世孙。他的祖上几辈都担任俸禄二千石的官职。苏绰年轻时喜欢学问，博览群书，特别擅长计算。他的堂兄苏让出任汾州（今山西隰县一带）刺史，太祖宇文泰在东都门外给他饯行。临别的时候，太祖宇文泰对苏让说：“爱卿家子弟中，有可以担任官职的人选吗？”苏让就推荐了苏绰。不久太祖宇文泰就任命苏绰为著作佐郎。有一次，太祖宇文泰和众公卿一起到昆明池观看打鱼，走到城西汉代仓库旧地的时候，向四周的大臣询问相关来历，没有人知道。有人说：“苏绰见识广博，询问他吧。”太祖宇文泰就把苏绰召来，苏绰就一五一十地把具体的情况告诉太祖宇文泰。太祖宇文泰十分高兴，接着又询问当初开天辟地的情况和历代兴亡的过程。苏绰口才很好，全都对答如流。太祖宇文泰更加欢喜，太祖宇文泰对周惠达说：“苏绰真是个奇才，我应该让他来处理政事。“太祖宇文泰随即拜苏绰为大行台左丞，让他参与机要事务的处理。

大统十年[①]，授大行台度支尚书[②]，领著作[③]，兼司农卿[④]。太祖方欲革易时政，务弘强国富民之道，故绰得尽其智能，赞成其事。减官员，置二长，并置屯田以资军国。又为六条诏书，奏施行之。

其一，先治心，曰：

凡今之方伯守令，皆受命天朝，出临下国，论其尊贵，并古之诸侯也。是以前世帝王，每称共治天下者，唯良宰守耳。明知百僚卿尹，虽各有所司，然其治民之本，莫若宰守之最重也。凡治民之体，先当治心。心者，一身之主，百行之本。心不清净，则思虑妄生。思虑妄生，则见理不明。见理不明，则是非谬乱。是非谬乱，则一身不能自治，安能治民也！是以治民之要，在清心而已。夫所谓清心者，非不贪货财之谓也，乃欲使心气清和，志意端静。心和志静，则邪僻之虑，无因而作。邪僻不作，则凡所思念，无不皆得至公之理。率至公之理以临其民，则彼下民孰不从化。是以称治民之本，先在治心。

其次又在治身。凡人君之身者，乃百姓之表，一国之的也。表不正，不可求直影；的不明，不可责射中。今君身不能自治，而望治百姓，是犹曲表而求直影也；君行不能自修，而欲百姓修行者，是犹无的而责射中也。故为人君者，必心如清水，形如白玉。躬行仁义，躬行孝悌，躬行忠信，躬行礼让，躬行廉平，躬行俭约，然后继之以无倦，加之以明察。行此八者，以训其民。是以其人畏而爱之，则而象之，不待家教日见而自兴行矣。

【注释】①大统：西魏文帝元宝炬的年号（535—551年）。

②度支尚书：三国魏开始置度支尚书，职掌国家的赋税收入，北魏设度支尚书掌管支计。

③著作：即著作郎，官名。属中书省，掌编撰国史，其下有著作佐郎、校书郎、正字等官。

④司农卿：即司农，主管农业与财税。

【译文】大统十年，苏绰被任命为大行台度支尚书，领著作郎，兼任司农卿。那时太祖宇文泰正想进行改革，致力于强国富民的方法，因此苏绰得以发挥他的才智，辅佐太祖宇文泰成就功业。苏绰主张裁减官员，设置党正、里长，并且屯田生产来资助军国开支。苏绰又草拟了六条诏令，奏请施行。

第一条是先治心。说：

凡是当今的地方长官，都由朝廷任命，派到各地治理一方，说起他们的地位尊贵，都和古代的诸侯相当。因此前代的帝王，常有和守令共同治理天下的说法，其实只有贤良的郡守县令能做到这一点。君主知道各级官员虽然各有所主管的工作，但是作为治理百姓的根本，没有比郡守县令更为重要了。大凡治理百姓的原则，首先应当从内心修养开始。内心是身体的主宰，各种行为的根本。内心不清净，就会妄念丛生。妄念丛生，就会不明事理。不明事理，就会是非混淆。是非混淆，自我都不能修养好，哪还能治理百姓呢？因此治理百姓的关键，在于内心清净。所谓内心清净，不是说不贪图财物，而是要让内心清净平和，意志端正沉静。能够做到内心平和，意志沉静，那么邪恶之念就无从产生。邪恶的念头不产生，那么所思考的事情，就都符合公正的道理。用公正无私的道理来治理百姓，那么百姓还能不接受教化吗？因此说治理百姓的根本首先在于修养内心。

其次在于自身的修养。大凡君主的行为，都是百姓的表率，国家的标准。圭表不正，影子不可能笔直；目标不明确，不能要求别人射中。当今君王如果不能很好地修养自身行为，而希望能治理好百姓，就如同使用弯曲的圭表却想得到笔直的影子一样；君王如果不能注意自身的修养，却要百姓修养德行，这就好像没有标靶却要求别人能射中。因此作为君主，必须心如清水，身如白玉。躬行仁义，躬行孝悌，躬行忠信，躬行礼让，躬行廉洁公平，躬行勤俭节约，然后依靠勤奋不懈，再加上明察秋毫，做好这八个方面，来教导百姓。因此百姓对君主既敬畏又爱戴，既效法又模仿，用不着每家每天去教诲，百姓自己就主动按要求去做了。

其二，敦教化。曰：

天地之性，唯人为贵。明其有中和之心，仁恕之行，异于木石，不同禽兽，故贵之耳。然性无常守，随化而迁。化于敦朴者，则质直；化于浇伪[①]者，则浮薄。浮薄者，则衰弊之风；质直者，则淳和之俗。衰弊则祸乱交兴，淳和则天下自治。治乱兴亡，无不皆由所化也。

然世道雕丧[②]，已数百年。大乱滋甚，且二十岁。民不见德，唯兵革是闻；上无教化，惟刑罚是用。而中兴始尔，大难未平，加之以师旅，因之以饥馑，凡百草创，率多权宜。致使礼让弗兴，风俗未改。比年稍登稔[③]，徭赋差轻，衣食不切[④]，则教化可修矣。凡诸牧守令长，宜洗心革意，上承朝旨，下宣教化矣。

夫化者，贵能扇之以淳风，浸之以太和，被之以道德，示之以朴素。使百姓亹亹，中迁于善，邪伪之心，嗜欲之性，潜以消化，而不知其所以然，此之谓化也。然后教之以孝悌，使民慈爱；教之以仁顺，使民和睦；教之以礼义，使民敬让。慈爱则不遗其亲，和睦则无怨于人，敬让则不竞于物。三者既备，则王道成矣。此之谓教也。先王之所以移风易俗，还淳反素，垂拱而治天下以至太平者，莫不由此。此之谓要道也。

【注释】①浇伪：浇薄，虚伪。

②雕丧：失落，沦丧。

③登稔：丰收。

④不切：即不成问题。

【译文】第二条是敦教化。说：

天地之性，以人为贵。因为人有中正平和的内心，仁爱宽厚的品行，跟木石有别，与禽兽不同，所以才认为人是宝贵的。然而人性不会固守不变，而是随着教化而改变。接受敦厚纯朴的教化就会正直；受到虚伪浅薄的教化就会轻浮。轻浮就是衰落败坏的风气，而正直则是一种淳厚融合的风俗。衰落败坏，祸乱就会交相出现，淳厚融合，天下自然就会大治。治乱兴亡，都是教化所形成的。然而社会风气的沦丧，已经几百年了。天下大乱的情况，至今也有二十年。百姓不见仁德，耳闻目睹的只是战争；君主不行教化，只会使用刑罚。国家复兴刚刚开始，巨大的灾难还未平定，加上战争频繁，所以饥荒不断，各种事情才刚刚草创，大多还是权宜之计。致使礼让之风不能兴起，风俗习惯不能纠正。近年粮食稍有丰收，徭役赋税略微减轻，百姓的衣食暂时不成问题，那么教化就可以施行了。各地方长官，都应摒除杂念，端正态度，秉承皇帝的旨意，向百姓施行教化。

所谓的化，贵在能够用淳朴的风尚去感染，用平和的态度去浸润，用道德的观念去影响，用朴素的作风去示范。使百姓努力而不懈怠，内心逐渐趋向良善，使邪恶虚伪的想法，贪婪多欲的习性都暗自消失，而不会察觉，这就叫做化。然后教导百姓要孝顺父母、敬爱兄长，使百姓知慈爱；教导百姓要仁厚和顺，使百姓能和睦；教导百姓有礼义，使百姓懂谦让。百姓知慈爱就不会遗弃亲人，能和睦就不会怨恨别人，懂谦让就不会争夺财物。这三方面都做到了，那么治理天下的王道就形成了。这就叫做教。古圣先王能够移风易俗、使民风淳朴、无为治理天下而达到太平盛世的原因，都是通过教化来实现的。这就是治理天下的要领。

其三，尽地利，曰：

人生天地之间，以衣食为命。食不足则饥，衣不足则寒。饥寒切体，而欲使民兴行礼让者，此犹逆阪走丸[①]，势不可得也。是以古之圣王，知其若此，故先足其衣食，然后教化随之。夫衣食所以足者，在于地利尽。地利所以尽者，由于劝课有方。主此教者，在乎牧守令长而已。民者冥也，智不自周，必待劝教，然后尽其力。诸州郡县，每至岁首，必戒敕部民，无问少长，但能操持农器者，皆令就田，垦发以时，勿失其所。及布种既讫，嘉苗须理，麦秋在野，蚕停于室，若此之时，皆宜少长悉力，男女并功，若援溺、救火、寇盗之将至，然后可使农夫不废其业，蚕妇得就其功。其有游手怠惰，早归晚出，好逸恶劳，不勤事业者，则正长牒名[②]郡县，守令随事加罚，罪一劝百。此则明宰之教也。

夫百亩之田，必春耕之，夏种之，秋收之，然后冬食之。此三时者，农之要也。若失其一时，则谷不可得而食。故先王之戒曰："一夫不耕，天下必有受其饥者；一妇不织，天下必有受其寒者。"若此三时不务省事，而令民废农者，是则绝民之命，驱以就死然。单劣之户，及无牛之家，劝令有无相通，使得兼济。三农之隙，及阴雨之暇，又当教民种桑、植果，艺其菜蔬，修其园圃，畜育鸡豚，以备生生之资，以供养老之具。夫为政不欲过碎，碎则民烦；劝课亦不容太简，简则民怠。善为政者，必消息时宜而适烦简之中。故《诗》曰："不刚不柔，布政优优，百禄是求。"如不能尔，则必陷于刑辟[③]矣。

【注释】①逆阪走丸：让圆物逆坡而上。

②牒名：记录名字。

③刑辟：刑法，刑律。

【译文】第三条是尽地利。说：

人生长在天地之间，衣食是头等的大事。食物不足就会挨饿，衣服不够就会受寒。饥寒交迫的情况下，要想以礼制来教化百姓，就好像使弹丸逆坡而上一样，势必不行。因此古代圣明的君主懂得这个道理，只有先让百姓衣食无忧，然后才能施行教化。想要百姓衣食丰足，在于充分开发利用土地。百姓能尽量利用土地，是由于教导督促百姓的方法得当。主持这项教导的人，就是地方长官了。"民"字有冥顽不灵的意思，百姓考虑自己的事情尚且不周到，所以一定要有人去教诲，然后才能尽力去做。各州郡、县，每年年初就要告诫本地的百姓，不论老幼，只要会使用农具的，都让他们到田间地头，及时耕种，不要让田地荒废。播种完毕，田间禾苗还需要管理。到了秋天，要在田野播种小麦，蚕在屋内结茧，这时候，应当老幼尽力，男女协作，如同救起溺水的人、救援失火和抵御将要来的强盗一样紧急行动起来，才能使农夫不荒废其工作，蚕妇可以获得其成果。如果有游手好闲、早归晚出、好逸恶劳、不努力工作的人，那么党正、里长就要记下他们的名字上报郡县，郡守县令就应根据情况加以责罚，责罚一人就能教育百人。这样就是贤明的官员所采取的教育之道。

百亩大小的一块田地，一定是经过春耕、夏种、秋收，然后冬天才有粮食食用。这三个季节是农业生产的重要时节。如果其中一个季节耽误了，那么就不能收获谷物以供食用了。所以前代君王告诫说："一个农夫不耕种，天下必定有人因此而挨饿；一个妇女不纺织，天下必定有人因此而受寒。"如果地方官员不注意审度这三个季节，而使百姓荒废田地，就等于断绝百姓的性命，将他们赶向死路一样。对那些缺乏人丁和没有耕牛的家庭，应该劝导他们互通有无，使他们共同受益。农忙的间隙，以及阴天下雨的空闲日子，应当教导百姓种桑树、栽果树，打理蔬菜，修整果园，养育禽畜，以准备生活的费用，以供给养老的物品。

设置政令不要过于琐碎，过于琐碎百姓就会感到厌烦；教导督促也不能太简单，过于简单百姓就会懈怠。善于处理政事的人，必须方法得当而繁简适中。故而《诗经》中说："不刚不柔，政令宽和，百福可得。"如果不能照此去做，必定会陷入滥用刑法的境地。

其四，擢贤良，曰：

天生蒸民[①]，不能自治，故必立君以治之。人君不能独治，故必置臣以佐之。上至帝王，下及郡国，置臣得贤则治，失贤则乱，此乃自然之理，百王不能易也。

今刺史守令，悉有僚吏，皆佐治之人也。刺史府官则命于天朝，其州吏以下，并牧守自置。自昔以来，州郡大吏，但取门资，多不择贤良；末曹小吏，唯试刀笔，并不问志行。夫门资者，乃先世之爵禄，无妨子孙之愚瞽；刀笔者，乃身外之末材，不废性行之浇伪。若门资之中而得贤良，是则策骐骥而取千里也；若门资之中而得愚瞽，是则土牛木马，形似而用非，不可以涉道也。若刀笔之中而得志行，是则金相玉质，内外俱美，实为人宝也；若刀笔之中而得浇伪[②]，是则饰画朽木，悦目一时，不可以充榱椽[③]之用也。今之选举者，当不限资荫，唯在得人。苟得其人，自可起家养而为卿相，伊尹、傅说是也，而况州郡之职乎。苟非其人，则丹朱、商均虽帝王之胤，不能守百里之封，而况于公卿之胄乎。由此而言，观人之道可见矣。

凡所求材艺者，为其可以治民。若有材艺而以正直为本者，必以其材而为治也；若有材艺而以奸伪为本者，将由其官而为乱也，何治之可得乎。是故将求材艺，必先择志行。其志行善者，则举之；其志行不善者，则去之。而今择人者多云“邦国无贤，莫知所举”。此乃未之思也，非适理之论。所以然者，古人有言：明主聿兴，不降佐于昊天；大人基命，不擢才于后土。常引一世之人，治一世之务。故殷、周不待稷、契之臣，魏、晋无假萧、曹之佐。仲尼曰：“十室之邑，必有忠信如丘者焉。”岂有万家之都，而云无士，但求之不勤，择之不审，或用之不得其所，任之不尽其材，故云无耳。古人云：“千人之秀曰英，万人之英曰隽。”今之智效一官，行闻一邦者，岂非近英隽之士也。但能勤而审察，去虚取实，各得州郡之最而用之，则民无多少，皆足治矣。孰云无贤！

夫良玉未剖，与瓦石相类；名骥未驰，与驽马相杂。及其剖而莹之，驰而试之，玉石驽骥，然后始分。彼贤士之未用也，混于凡品，竟何以异。要任之以事业，责之以成务，方与彼庸流较然不同。昔吕望之屠钓，百里奚之饭牛，宁生之扣角，管夷吾之三败，当此之时，悠悠之徒，岂谓其贤。及升王朝，登霸国，积数十年，功成事立，始识其奇士也。于是后世称之，不容于口。彼瑰伟之材，不世之杰，尚不能以未遇之时，自异于凡品，况降此者哉。若必待太公而后用，是千载无太公；必待夷吾而后任，是百世无夷吾。所以然者，士必从微而至着，功必积小以至大，岂有未任而已成，不用而先达也。若识此理，则贤可求，士可择。得贤而任之，得士而使之，则天下之治，何向而不可成也。

然善官人者必先省其官。官省，则善人易充，善人易充，则事无不理；官烦，则必杂不善之人，杂不善之人，则政必有得失。故语曰：“官省则事省，事省则民清；官烦则事烦，事烦则民浊。”清浊之由，在于官之烦省。案今吏员，其数不少。昔民殷事广，尚能克济，况今户口减耗，依员而置，犹以为少。如闻在下州郡，尚有兼假，扰乱细民，甚为无理。诸如此辈，悉宜罢黜，无得习常。非直州郡之官，宜须善人，爰至党族闾里正长之职，皆当审择，各得一乡之选，以相监统。夫正长者，治民之基。基不倾者，上必安。

凡求贤之路，自非一途。然所以得之审者，必由任而试之，考而察之。起于居家，至于乡党，访其所以，观其所由，则人道明矣，贤与不肖别矣。率此以求，则庶无愆悔矣。

【注释】①蒸民：百姓。

②浇伪：浇薄，虚伪。浇薄：社会风气浮薄，不淳朴敦厚。

③榱椽：架屋承瓦的木头。方的叫榱，圆的叫椽。

【译文】第四条是擢贤良。说：

天下的平民百姓，不能自我治理，因此必须设立君主来治理。君主不能自己一个人治理天下，因此必须设置大臣来辅佐。上至帝王，下到郡国。设置的大臣如果贤良，天下就能治理好；如果没有贤良之人，天下就会动乱，这是很自然的道理，哪个帝王也改变不了。

现在各级地方长官，都设置了僚属，这些都是辅佐地方长官，处理地方政事的人。刺史州官则是由朝廷来任命，刺史郡守以下的官吏，全部由刺史郡守自己任命。自古以来，州郡一级的高级官员，都是凭借门第出身来任命，大多没有选择贤良的人士；下层小官只是考察其文书能力，并不过问道德品行。所谓门第出身，不过是参考先辈的爵位俸禄，与子孙后代的贤愚无关；所谓文书能力，不过是雕虫小技，不会改变性格品行的浅薄虚伪。如果在名门望族之中能找到贤良的人才，就如同找到宝马良驹，可以策马扬鞭，驰骋千里；如果在名门望族之中找到的是庸才，这类人就好像泥牛木马一样，外形相似但用处却不相同，完全不能上路的。如果在擅于文书的人士中找到贤良的人才，这就是所谓的黄金般的外表和玉石般的品质，内外皆美，实在是人中的珍宝；如果在擅于文书的人中找了一些浅薄虚伪的小人，这就好像在朽木上雕刻图画，只能好看一时，却不能用来充当栋梁使用。现在选拔举荐人才，应当不局限于门第出身，而在于找到真正的贤良。假如能找到真正的贤良，就算是养马的奴仆也可以起用为公卿宰相，伊尹、傅说就是这样的例子，更何况是州郡的职位呢。假如不是贤良，那么即使是丹朱、商均那样的帝王之后，也很难保有百里的封地，更何况公卿的后代呢。由此说来，选拔一个人为官的道理就显而易见了。

大凡选拔官员要求其具备真才实干，是因为才干可以用来治理百姓。如果有才干又能以正直贤良作为根本，这样的人必定会把自己的才干用于治理百姓；如果有才干却把邪恶虚伪作为根本，这样的人就会依仗自己的官位做坏事，又怎么能够治理好百姓呢？因此选取有才干的人才，必定要先考察他的道德品行。道德品行好的，就推举他；道德品行不好的，就放弃不用。如今选拔人才的官员都会说："地方没有贤才，不知该推举谁"。这种说法是没有经过思考而说，并不是合适的言论。之所以这样评价他们，是因为古人说过：明君兴起，不会从天上降下辅佐的大臣；人主受命，不会由地神为他选拔人才。通常是任用当世的人才，治理当世的事务。因此商、周不能依赖稷、契这样的大臣，魏、晋无法获得萧何、曹参来辅佐。孔子说过：“十户人家聚居的地方，其中必定有像我孔丘一样忠诚守信的人。“哪里会有万户人家的都城，却找不到人才的道理，只是没有下功夫去寻找，没有仔细去选择，或者职位安排不当，任用不尽其才，所以借口说找不到。古人说：“千里挑一的人士叫做英，万英选一的叫做俊。”才智足以担任某个官职，德行能够闻名一方的人，难道不是接近英俊的人才吗？只要尽力去考察，除去徒有虚名的人，选取有真才实干的人，发现各州郡最优秀的人才来任用，那么无论百姓多少，都能把地方治理好。谁说没有贤才呢！

良玉在石块未被破开之前，与普通瓦片石头相类似，不能区分；骏马没有奔驰的时候，和劣马相混杂，难以分辨。等到把石块剖开，琢磨晶莹，让骏马奔驰，考量它的本领，结果美玉和石头、骏马和劣马就能分辨清楚。贤才在没有施展才干之前，混迹于寻常人群之中，如何能看出他们的与众不同呢。授予他们事务，要求他们成就事业，才能比较出与那些庸人的不同之处。古代的吕望以屠夫和垂钓为生，百里奚以喂牛为职业，宁戚敲牛角而歌以求仕，管仲三次打败仗，在那个时候，众人难道会说他们是贤达吗？等到他们进入朝廷，辅佐君主称霸，经过几十年，功成名就时，人们才知道他们是奇才。于是后代称赞他们，不绝于口。他们那样的旷世豪杰，不世之材，尚且不能在没有获得机遇的时候，使自己与普通人区别开来，何况才能比不上他们的人呢。如果必定要等到有了像姜太公那样的人才，然后才任用，这样千年也未必能遇到一个；必定要等有了管仲那样的人才，然后才委任，这样或许百世也没有一位。所以这样说的原因，是因为人才必定是从卑微发展到显贵，功劳必定从微小积累到巨大，哪能没有担任职务就已经功成名就，不具体做事就先显达的道理。如果懂得这个道理，那么贤良可以找到，义士也能够获得。找到贤良然后任用他，找到义士然后使用他，要想治理好天下，还能不成功吗？

然而善于任用官员的人必定首先减少官员的数量。官员数量减少了，人才就容易进入朝廷；人才充实了，事情就没有处理不好的；官员繁多，必定混杂不好的人，混杂了不好的人，政务必定会有过失。因此人们说："官员少了，麻烦也会少；事情少了，百姓就会相安无事。官员多，事情也就多；事情多，百姓就会疲于应付。"相安无事和疲于应付的来源，就在于官员的多和少。现在官员的人数不少。当初人多事杂的时候，尚且能处理好，何况现在户口减少，按照户数来设置官员，有人还嫌官员太少。好像听说下边州郡里，还有兼任或暂代官职的情况，骚扰百姓，很没道理。像这一类的官员，都应当罢免，不能放纵不管。不仅州郡一级的官员应当任用贤良的人才，就是乡党、闾里、正长一类的职务，都应当谨慎选择，应该选拔出一乡之中最优秀的人才，来管理百姓。党正里长是治理百姓的基层官员。基层官员不出问题，社稷必定安稳。

寻求贤人的路径，自然不会只有一条。然而慎重选拔贤才的方法，必须让其担任职务来检验他们的能力，通过测试来考察他们的优劣。从家族到乡间，查询他们的志向，观察他们的过往，那么他们的为人之道就很清楚了，贤良和不肖就可以区别出来了。用这样的方法来寻找人才，大概就没有过失和后悔了。

其五，恤狱讼。曰：

人受阴阳之气以生，有情有性。性则为善，情则为恶。善恶既分，而赏罚随焉。赏罚得中，则恶止而善劝；赏罚不中，则民无所措手足。民无所措手足，则怨叛之心生。是以先王重之，特加戒慎。夫戒慎者，欲使治狱之官，精心悉意，推究事源。先之以五听[①]，参之以证验，妙睹情状，穷鉴隐伏，使奸无所容，罪人必得。然后随事加刑，轻重皆当，赦过矜愚，得情勿喜。又能消息情理，斟酌礼律，无不曲尽人心，远明大教，使获罪者如归。此则善之上也。然宰守非一，不可人人皆有通识，推理求情，时或难尽。唯当率至公之心，去阿枉之志，务求曲直，念尽平当。听察之理，必穷所见，然后栲讯以法，不苛不暴，有疑则从轻，未审不妄罚，随事断理，狱无停滞。此亦其次。若乃不仁恕而肆其残暴，同民木石，专任捶楚[②]。巧诈者虽事彰而获免，辞弱者乃无罪而被罚。有如此者，斯则下矣，非共治所寄。今之宰守，当勤于中科[③]，而慕其上善。如在下条，则刑所不赦。又当深思远大，念存德教。先王之制曰，与杀无辜，宁赦有罪；与其害善，宁其利淫。明必不得中，宁滥舍有罪，不谬害善人也。今之从政者则不然。深文巧劾[④]，宁致善人于法，不免有罪于刑。所以然者，皆非好杀人也，但云为吏宁酷，可免后患。此则情存自便，不念至公，奉法如此，皆奸人也。夫人者，天地之贵物，一死不可复生。然楚毒[⑤]之下，以痛自诬，不被申理，遂陷刑戮者，将恐往往而有。是以自古以来，设五听三宥[⑥]之法，着明慎庶狱之典，此皆爱民甚也。凡伐木杀草，田猎不顺，尚违时令，而亏帝道；况刑罚不中，滥害善人，宁不伤天心、犯和气也！天心伤，和气损，而欲阴阳调适，四时顺序，万物阜安，苍生悦乐者，不可得也。故语曰，一夫吁嗟，王道为之倾覆，正谓此也。凡百宰守，可无慎乎。

若有深奸巨猾，伤化败俗，悖乱人伦，不忠不孝，故为背道者，杀一利百，以清王化，重刑可也。识此二途，则刑政尽矣。

【注释】①五听：是指中国古代官吏审理案件时的五种方法，即辞听、色听、气听、耳听、目听这种五方法，最早始于西周。

②捶楚：杖击;鞭打。亦为古代刑罚之一。

③中科：犹中品，中等。

④深文巧劾：深文，严苛的法条。巧劾，巧妙地弹劾别人。

⑤楚毒：指酷刑　或痛苦。

⑥三宥：又称“三侑”。古时犯人可以得到宽大处理的三种情况。一是不识，即因不知法而犯罪；二是过失，即因疏忽大意而犯罪；三是遗忘，即因忘记法律的规定而犯罪。

【译文】第五条是恤狱讼。说：

人是感受阴阳二气而产生的，因此有感情有理性。理性使人们行善，感情让人们作恶。善恶已经区分开来，赏罚也要随后使用。赏罚适当，恶行就会被制止而善行得到鼓励；赏罚不当，百姓就会手足无措。百姓手足无措，就会产生怨恨反叛的念头。因此先前的君王重视赏罚，特别戒慎。戒慎，就是要使负责刑狱的官员竭心尽力地推究案件的原委。首先要用五听的方法来审查案情，再拿其他证据来验证，审察细节，探寻隐情，使奸诈无所遁形，罪人必定追究。然后根据罪行判刑，判罚轻重适当，赦免细微过失，原谅愚昧无知，查明实情也不要洋洋自得。还要能够考虑人情事理，斟酌礼制律法，无不体谅人情，申明礼义教化，使犯罪的人的得到关怀，好像回到家中一样。这才是为善最好的做法。然而地方长官并不止一人，不可能都有通达的见识，顺应道理，通达人情，有时也很难做到。唯有秉持公正之心，摒弃歪曲之念，务求判明是非，尽量量刑公平。听讼审案，务求一清二楚，然后按律用刑审讯，不苛刻不残酷，罪有疑问就从轻发落，案未审理就不乱加刑罚，根据事实做出判决，案件决不拖延积压。这样也是比较好的做法。如果不依靠仁厚宽恕而肆意凶残暴虐，把百姓当做木石，肆意处罚鞭打。这样的话，狡诈的人虽罪行显著却免于惩罚，嘴拙的人却无罪而受到处罚。这样处理案件，就是最差的做法了，不符合共同治理天下的想法。当今的地方长官，应当尽力选取中等的做法，并追求最好的做法。如果使用最差的做法，那么刑罚不会赦免他们。

此外又应当深思远虑，考虑以德政教化百姓。古代先王的制度是："与其滥杀无辜，宁可赦免了罪人；与其伤害良善，宁可便宜了奸邪。"这就说明如果不能处理得当，那就宁可放过坏人，也不伤害好人。现在执政的人却不是这样做。律法严苛，罗织罪名，宁可使好人承受到刑罚，也不能让罪人幸免处罚。这样做的原因，并不是他们喜欢杀人，只是认为做官宁可严酷，可以避免放过坏人所带来的后患。这是处于为自己打算的考虑，而没有想到公正的原则，类似这样执法的，都是奸邪小人。人是天地万物中最宝贵的，死了就不能复活。然而酷刑之下，承受不住痛苦而招认有罪，又不经过申诉审理，就惨遭判刑杀害的情况，恐怕一直以来都有。因此自古以来，设置了五听和三宥的原则，写下了明察刑狱的法典，这些都是极其爱惜百姓的做法。凡是砍树割草，不按照时节打猎，这些事尚且违反有关的政令而损害帝王的治国之道；何况刑罚不当，处罚良善，难道不伤害上天的仁心，触犯天地间的和气吗？伤害上天的仁心，触犯天地间的和气，想要使阴阳协调，四季有序，万物丰盛，百姓快乐，这是不可能做到的。因此说，一人叹息，王道因此而倾覆，说的就是这种情况。各位地方长官，能不审慎吗？

若有老奸巨猾，伤风败俗，违背人伦，不忠不孝的人，故意做出违背道德的行为，杀一儆百，以利教化，即使用重刑也是可以的。懂得轻重两方面的判罚原则，那么刑罚狱政就完备了。

其六，均赋役，曰：

圣人之大宝曰位。何以守位曰仁，何以聚人曰财。明先王必以财聚人，以仁守位。国而无财，位不可守。是故（五）三以来，皆有征税之法。虽轻重不同，而济用一也。今逆寇未平，军用资广，虽未遑减省，以恤民瘼[①]，然令平均，使下无匮。夫平均者，不舍豪强而征贫弱，不纵奸巧而困愚拙，此之谓均也。故圣人曰："盖均无贫。"

然财货之生，其功不易。织纴纺绩，起于有渐，非旬日之间，所可造次。必须劝课，使预营理。绢乡先事织纴，麻土早修纺绩。先时而备，至时而输，故王赋获供，下民无困。如其不预劝戒，临时迫切，复恐稽缓[②]，以为己过，捶扑交至，取办目前。富商大贾，缘兹射利，有者从之贵买，无者与之举息。输税之民，于是弊矣。

租税之时，虽有大式，至于斟酌贫富，差次先后，皆事起于正长，而系之于守令。若斟酌得所，则政和而民悦；若检理无方，则吏奸而民怨。又差发徭役，多不存意。致令贫弱者或重徭而远戍，富强者或轻使而近防。守令用怀如此，不存恤民之心，皆王政之罪人也。

太祖甚重之，常置诸座右。又令百司习诵之。其牧守令长，非通六条及计帐者，不得居官。（周书卷二十三）

【注释】①民瘼：人民的疾苦。

②稽缓：迟延。

【译文】第六条是均赋役。说：

君王最宝贵的是帝位。守住帝位要靠仁爱，凝聚百姓要靠财富。前代明君必定用财富来聚集百姓，用仁爱来守住帝位。国家如果没有财富，君王的帝位就保不住。因此从三皇五帝以来，都有征税的做法。虽然税赋轻重不一样，但作用是一样的。现在叛逆作乱的人还没有荡平，军队的开销巨大，虽然还没有来得及减省，以便救济百姓的疾苦，如果能做到公平征收赋税，就可以让百姓生活不会匮乏。所谓平均，就是不免除豪强的赋税而只征收贫弱的人家，不纵容奸邪诡诈的人而使老实笨拙的人受欺，这就是所谓的平均。因此圣人说："能够做到平均就没有贫穷。"

然而财物的生产，其成果来之不易。纺纱织布，从一丝一缕逐渐开始，不是短时间就可以完成的。必须不断鼓励督促，使人们预先经营料理。出产丝织品的地方预先织好布匹，种麻的地方及早纺好麻线。凡事提前做好准备，税赋就能及时交纳，因此朝廷既能够得到赋税，百姓也不会感到困苦。如果不预先劝诫百姓工作，到征收的时候紧迫催促，征收官员又怕拖延时间造成过失，于是鞭抽责罚，责令百姓马上备办交纳。那些富有的商人趁机牟取暴利，有钱的人向他们高价购买，无钱的人向他们高息借贷。纳税的百姓，于是就遭殃了。

征收赋税的时候，虽然有大致的规定，但对于贫富差别的考虑，赋税等级的确定，都由党正里长提出，再由郡守县令决定。如果处理得当，就会政事和顺而百姓高兴；假如处理不当，结果就是官吏作恶而百姓怨恨。此外派发徭役，相关官员大多不认真负责。致使贫穷弱势的百姓徭役繁重还得戍守边疆，富有强势的人家差役轻省而且就近服役。郡守县令如果这样处理政事，没有怜悯百姓的心怀，就是国家社稷的罪人。

太祖很重视这六条诏令，经常把它置于座右。又命令文武百官学习背诵。那些郡守县令，凡是不通晓六条诏令和记账方法的，都不能够任职。（周书卷二十三）

韦孝宽

【题解】韦孝宽（509—580年），名叔裕，字孝宽，以字行于世。北魏、西魏、北周杰出将领。他一生南征北战，功勋卓著，官拜大司空、上柱国，封郧国公。北周建德六年（577年）北周武帝接受韦孝宽的建议，成功打败北齐，统一北方。《续篇》主要辑录了韦孝宽疏给周武帝宇文邕的平齐三策，体现了他作为一位杰出军事家的战略眼光，他的三策对北周平定北齐、统一北方起了决定性的作用。

韦叔裕，字孝宽，京兆杜陵人也，少以字行。保定四年，进位柱国。建德之后，武帝志在平齐。孝宽乃上疏陈三策。

【译文】韦叔裕，字孝宽，京兆杜陵（今陕西西安）人，从小就用他的字作名。保定四年，升任柱国，周武帝改元建德以后，志在平定北齐。孝宽于是上疏陈奏三策。

其第一策曰：臣在边积年，颇见间隙，不因际会，难以成功。是以往岁出军，徒有劳费，功绩不立，由失机会。何者？长淮之南，旧为沃土，陈氏以破亡余烬①，犹能一举平之。齐人历年赴救，丧败②而反，内离外叛，计尽力穷。传不云乎：“仇有衅焉，不可失也。”今大军若出轵关③，方轨而进，兼与陈氏共为掎角；并令广州④义旅，出自三鸦⑤；又募山南骁锐，沿河而下；复遣北山稽胡⑥绝其并、晋之路。凡此诸军，仍令各募关、河之外劲勇之士，厚其爵赏，使为前驱。岳动川移，雷骇电激，百道俱进，并趋虏庭。必当望旗奔溃，所向摧殄。一戎大定，实在此机。

【注释】①破亡余烬：陈氏承梁元帝江陵破亡之后，收合余烬，再立国于江南。

②丧败：因失败而受损失。

③轵关：今河南济源县西。

④广州：今河南鲁山县。

⑤三鸦：鲁阳关，在今河南南召县东北。

⑥稽胡：南匈奴种，居今山西昌梁山脉及河西一带。

【译文】第一策说：“臣在边关多年，很能看出敌国的空隙，但不及时利用，难以成功。因此往年出兵，徒然劳师费财，而功绩并不显著，就是因为失去际遇机会的缘故。这话怎么说呢？长长的淮水，在它之南的土地，从前原是物产丰富的地区，陈氏以一破亡余烬的国家，尚且能一举就将它夺取过来，齐人连年派兵前去援救，总是丧师覆败而返。现今，他们内有民心离散的忧患，外有大军压境的危机，君臣上下计无所出，国力又枯竭，《左传》不是说吗？仇敌有这样的破绽，我们不可失去进攻的机会。现在，我方大军如若从轵关进发，两车并驾而行，兼与陈国联合，分兵两路，夹击敌人。并下令广州义勇部队，从三鸦出兵；再招募山南的骁勇锐卒，顺河而下；同时派遣北山稽胡，阻断北齐并、晋二州的通道。以上这些军队，仍然命令他们各自往关、河之外招募勇敢劲健的武士，赐给他们优厚的官爵和奖赏，让他们担任先锋向导。这样的话，众军一出，山岳会为之动摇，河川会为之改道；雷霆也会因而惊响，闪电也会因之激荡，从许多道路齐头并进，直奔虏庭，北齐势将望旗溃退奔逃，大军所向，无不摧毁灭绝，一举平定北齐，就在于抓住这个绝好时机。”

其第二策曰：若国家更为后图，未即大举，宜与陈人分其兵势。三鸦以北，万春[①]以南，广事屯田，预为贮积。募其骁悍，立为部伍。彼既东南有敌，戎马相持，我出奇兵，破其疆场。彼若兴师赴援，我则坚壁清野，待其去远，还复出师。常以边外之军，引其腹心之众。我无宿舂之费，彼有奔命之劳。一二年中，必自离叛。且齐氏昏暴，政出多门，鬻狱卖官，唯利是视，荒淫酒色，忌害忠良。阖境嗷然，不胜其弊。以此而观，覆亡可待。然后乘间电扫，事等摧枯。

【注释】①万春：今山西河津县东北。

【译文】第二策说："假如国家不想在最近大举进兵，而想留待他日再行征讨，那么此时应和陈人分散北齐的兵力。三鸦以北，万春以南，大举进行屯垦，预储军粮，招募当地强悍骁勇的武士，编组成立军队。北齐边境东南，已有敌寇，当他们双方兵马相持不下时，我方派出奇兵，突破北齐西北防线。北齐假如兴师赶来援救，我方就坚壁清野；对方攻又攻不下，待又待不住，等他一旦远去，我方立刻又再出兵。常用边境地区的部队，牵制他们要害地区的重兵。我方来去不出百里侵扰他，让他往返千里疲于奔命，一两年下来，对方士兵不堪奔波，势必叛离。何况齐主残暴昏庸，政令出自许多府署。他身旁的一些嬖幸宠臣，公然卖官鬻爵，收受贿赂，拿人钱财，减人罪刑，唯利是图，不顾其他。齐主自己又荒淫酒色，残害忠良，全境百姓苦不堪言，无法忍受他的弊政。由此看来，北齐的倾覆灭亡，可以预见。我方伺机迅速出师扫荡，势必摧枯拉朽，毫不费力，便可讨平齐国。"

其第三策曰：窃以大周土宇，跨据关、河，蓄席卷之威，持建瓴之势[①]。太祖受天明命[②]，与物更新，是以二纪[③]之中，大功克举。南清江、汉，西龛巴、蜀，塞表[④]无虞，河右[⑤]底定。唯彼赵、魏，独为榛梗[⑥]者，正以有事三方，未遑东略。遂使漳、滏游魂，更存余晷。昔勾践亡吴，尚期十载；武王取乱，犹烦再举。今若更存遵养，且复相时，臣谓宜还崇邻好，申其盟约。安人和众，通商惠工，蓄锐养威，观衅而动。斯则长策远驭，坐自兼并也。

书奏，武帝遣小司寇淮南公元伟、开府伊娄谦等重币聘齐。尔后遂大举，再驾而定山东，卒如孝宽之策。

【注释】①建瓴之势：像把瓶里的水从高屋顶上倾倒下来一样的势头。比喻居高临下、不可阻挡的形势。

②受天：指蒙受老天的保佑。明命：圣明的命令。

③二纪：约指二十余年。

④塞表：即塞外，指长城以北的地区。

⑤河右：河西的别称。古代泛指黄河以西的地区。

⑥榛梗：阻碍，障碍。

【译文】第三策说：我私下认为大周的国土，横跨关、河，积蓄了席卷天下的威势，守持着高屋建瓴的形势。太祖受天明命，与物更新，因此在二十余年中，能够建立大功。向南使得江、汉清平，向西使得巴、蜀平定，塞外没有忧患，河右得以安定。只有赵、魏阻塞不通，究其根源，正是因为在这三个地方有战争，来不及向东谋划。于是，使得漳水、滏水的游荡之人，还有剩余的时间。先前勾践灭亡吴国，尚以十年为期；周武王讨伐商纣，也须两度兴兵。方今陛下如若还想暂时韬光养晦，等待时机，那么在下认为最好还是恢复两国的友好，重申盟约，安定百姓，约束部众，互相通商贸易，优待工匠，蓄养锐气、威势，伺机而起，这是安坐不动，遥控对方，就可兼并吞并敌国的良策。

孝宽的疏奏呈报上去，武帝派遣小司寇淮南公元伟、开府伊娄谦等用厚礼聘问齐国。之后，就大举出兵，两次亲征便平定了山东，最终就像孝宽上疏的那样。

孝宽在边多载，屡抗强敌。所有经略[①]，布置之初，人莫之解；见其成事，方乃惊服。虽在军中，笃意文史，政事之余，每自披阅。末年患眼，犹令学士读而听之。又早丧父母，事兄嫂甚谨。所得俸禄，不入私房[②]。亲族有孤遗者，必加振赡。朝野以此称焉。（周书卷三十一）

【注释】①经略：筹划治理。

②私房：旧时大家庭中兄弟各自住的房子。

【译文】孝宽驻守边防多年，多次抵御强敌。他所筹划治理的事，开始布置的时候，没人能够理解；等到他成功后，才惊叹佩服。虽然他身在军营，却能专心研读文史，政事之余，常常展卷阅读。晚年患有眼疾，仍然让学士读给他听。早年父母丧亡，他事奉兄嫂非常恭谨。所得到的俸禄，不拿回私房。亲族中有孤儿的，一定加以资助救济。朝野因此都非常称赞他。（周书卷三十一）

申 徽

【题解】申徽，字世仪，凉州人氏，魏郡人，官至正右仆射。申徽性情慎重，勤奋细密，廉洁诚信，他把杨震清白为官之风作为自己学习的榜样，有古人风骨。

申徽，字世仪，魏郡人也。徽少与母居，尽心孝养。及长，好经史。性审慎，不妄交游。孝武[①]初，入关见文帝[②]。文帝察徽沉密有度量，每事信委之。乃为大行台郎中。

大统十二年，拜瓜州刺史。徽在州五稔，俭约率下，边人乐而安之。十六年，征兼尚书右仆射，加侍中、骠骑大将军、开府仪同三司。废帝[③]二年，进爵为公，正右仆射，赐姓宇文氏。

徽性勤敏，凡所居官，案牍无大小，皆亲自省览。以是事无稽滞，吏不得为奸。后虽历公卿，此志不懈。出为襄州刺史。时南方初附，旧俗，官人皆通饷遗。徽性廉慎，乃画杨震像于寝室以自戒。及代还，人吏送者数十里不绝。徽自以无德于人，慨然怀愧，因赋诗题于清水亭。长幼闻之，竞来就读。递相谓曰："此是申使君手迹。"并写诵之。（周书卷三十二）

【注释】①孝武：指北魏孝武皇帝元修。

②文帝：指西魏文昭皇帝（文皇帝）元宝炬。

③废帝：指元钦，无庙号、谥号，史称废帝。

【译文】申徽字世仪，魏郡人（今河南郑州）。申徽年少时与母亲住在一起，尽心事奉母亲。长大以后，喜好经书史籍。性格谨慎，不随意和人结交来往。北魏孝武帝初年，入关见西魏文昭皇帝元宝炬，文昭皇帝元宝炬觉得申徽为人沉稳周密，很有风度器量，遇到事情都信任并委托给他，任命申徽为大行台郎中。

大统十二年（546年），申徽被任命为瓜州（今甘肃敦煌一带）刺史。申徽在瓜州任职五年，俭省节约以身作则，边境百姓安居乐业。大统十六年（550年），受诏兼任尚书右仆射，加授侍中、骠骑大将军、开府仪同三司。废帝二年（552年），申徽晋升为公爵，任右仆射，赐姓为宇文氏。

申徽性格勤奋机敏，凡是所担任的官职，公文无论大小，都亲自批阅。所以事情没有拖延停留的，下属官吏也不能为非作歹。后来申徽虽然位及公卿，这种做法从来不曾懈怠。出任襄州（今湖北襄樊）刺史时，当时南方刚刚归附，按照旧时习俗，官员都流行馈赠。申徽生性清廉谨慎，就画了一幅杨震的画像挂在寝室用以自戒。任期满回朝时，百姓和官吏送行的人连绵数十里不断。申徽自认为对百姓没有什么恩德，有愧于心，于是写题了一首诗在清水亭上。老少百姓听说后，争相前来阅读。互相传告说："这是申使君的手迹。"大家一起抄写朗诵。（周书卷三十二）

裴　侠

【题解】裴侠（？—559年），字嵩和，祖父裴思齐曾在北魏时任议郎。父亲裴欣为西河郡守。裴侠身出名门，官高不失其志，一生为政清廉，生活俭朴，克己爱民，深为百姓爱戴，也为朝廷内外叹服，人称“独立君”。

裴侠，字嵩和，河东解人也。除河北郡守。侠躬履俭素，爱民如子，所食唯菽麦盐菜而已。吏民莫不怀之。此郡旧制，有渔猎夫三十人以供郡守。侠曰：“以口腹役人，吾所不为也。”乃悉罢之。又有丁三十人，供郡守役使。侠亦不以入私，并收庸直，为官市马。岁月既积，马遂成群。去职之日，一无所取。民歌之曰：“肥鲜不食，丁庸不取，裴公贞惠，为世规矩。”侠尝与诸牧守俱谒太祖①。太祖命侠别立，谓诸牧守曰：“裴侠清慎奉公，为天下之最，今众中有如侠者，可与之俱立。”众皆默然，无敢应者。太祖乃厚赐侠。朝野叹服，号为独立君。

【注释】①太祖：指北周太祖宇文泰。

【译文】裴侠，字嵩和，河东解地（今山西临猗）人。担任河北郡守时，裴侠生活俭朴，爱民如子，吃的是普通饭菜。官吏百姓都很感激他。按照该郡的旧制，郡守有渔夫、猎人共三十名供奉山野美食。裴侠说:“以自己口腹之欲来役使别人，这样的事我不能做。”于是全部取消。另外有壮丁三十人，供郡守使唤。裴侠也不使用他们，收取他们代替服役的租税，用来为官府买马匹。日积月累，买的马匹竟然成群。裴侠离职的时候，什么也没带走。百姓歌颂他说:“美味不食，庸税不取，裴公清廉，世人楷模。”裴侠曾与众多郡守一起拜见太祖宇文邕，太祖宇文邕让裴侠单独站着，对其他郡守们说:“裴侠清正谨慎，一心为公，为天下之最，现在百官中品行有如同裴侠的，可以和他站在一起。”众人都悄然不作声，没有人敢说话。太祖宇文邕于是重重赏赐了裴侠。朝廷内外都对裴侠表示叹服，称他为“独立君”。

侠又撰九世伯祖贞侯潜传，以为裴氏清公，自此始也，欲使后生奉而行之，宗室中知名者，咸付一通。从弟伯凤、世彦，时并为丞相府佐，笑曰:“人生仕进，须身名并裕。清苦若此，竟欲何为?”侠曰:“夫清者莅职之本，俭者持身之基。况我大宗，世济其美，故能:存，见称于朝廷;没，流芳于典策。今吾幸以凡庸，滥蒙殊遇，固其穷困，非慕名也。志在自修，惧辱先也。翻被嗤笑，知复何言。”伯凤等惭而退。(周书卷三十五)

【译文】裴侠又为九世伯祖贞侯裴潜做了传记，认为裴氏一族的清廉公正，就是从贞侯裴潜开始的，想让家族后辈秉承此风，凡本族中的知名之士，都送给他们一份。堂弟裴伯凤、裴世彦，当时都是丞相府佐，讥笑他说："人生应当进取，争取富贵名望俱全。像你这样清苦，究竟是为了什么？"裴侠答道："清廉是为官的本职，节俭是修身的基础。况且我们是大家族，世代都有美名，所以应当做到：活着，被朝廷称赞；死后，能流芳千古。如今我侥幸以平庸之才，承蒙皇上特殊的恩遇，我安于穷困，并不是为了虚名。目的在于修养自身，恐怕有辱先人。这样做反而被你们讥笑，我不知道该说什么。"崔伯凤等人惭愧退下。（周书卷三十五）

薛　端

【题解】薛端，字仁直，河东汾阴人，他担任吏部郎中，选拔人才，注重德行，如果不得其人，就不如空着职位，可以作为今天干部选拔任用的借鉴。

薛端，字仁直，河东汾阴人也，本名沙陀。迁兵部郎中，加吏部郎中。端性强直①，每有奏请，不避权贵。太祖嘉之，故赐名端，欲令名质相副。自居选曹②，先尽贤能，虽贵游子弟，才劣行薄者，未尝升擢之。每启太祖云："设官分职，本康时务，苟非其人，不如旷职。"太祖深然之。（周书卷三十五）

【注释】①强直：刚强正直。

②选曹：官名，主铨选官吏事。

【译文】薛端，字仁直，河东汾阴人，本名沙陀。升任兵部郎中，加吏部郎中。薛端性格刚直，每次上奏请示，都不回避权贵。太祖嘉奖他，所以赐名端，希望他能够名实相符。自从担任了选拔官吏的职务后，首先尽力搜罗贤能之士，即使是王公显贵家的子弟，但才能低下，品行不端，也不会让他提拔晋升。他多次向太祖说："设立官爵，分派职权，就是为了治理时务，假如所用非人，还不如就空着职位。"太祖认为很有道理。（周书卷三十五）

薛 慎

【题解】薛慎，字佛护，保定初年，出任湖州刺史。他治理一方，重视道德教化，让蛮夷都高兴的归服朝廷，还能够劝人兴孝行，让人从善，让风化大行，实在是古代优秀的牧守之官。

慎字佛护。保定初，出为湖州刺史。州界既杂蛮左，恒以劫掠为务。慎乃集诸豪帅[①]，具宣朝旨，仍令首领每月一参，或须言事者，不限时节。慎每引见，必殷勤劝诫，及赐酒食。一年之间，翕然从化。诸蛮乃相谓曰："今日始知刺史真民父母也。"莫不欣悦。自是襁负而至者，千有余户。蛮俗，婚娶之后，父母虽在，即与别居。慎谓守令曰："牧守令长是化民者也，岂有其子娶妻，便与父母离析。非唯氓俗[②]之失，亦是牧守之罪。”慎乃亲自诱导，示以孝慈，并遣守令各喻所部。有数户蛮，别居数年，遂还侍养，及行得果膳，归奉父母。慎感其从善之速，具以状闻。有诏蠲其赋役。于是风化[3]大行，有同华俗。（周书卷三十五）

【注释】①豪帅：犹首领。旧时多称武装反抗者的首领或部落酋长。

②氓俗：民俗。

③风化：教育感化；风俗教育。

【译文】薛慎，字佛护。保定初年，出任湖州（今浙江湖州）刺史。州界杂居着不少蛮夷，长期以抢劫掳掠为业。薛慎于是召集蛮夷的诸位首领，宣告朝廷的旨意，并命令各首领每月来州府参见一次，如果有事需要上报，则不限时间。薛慎每次引见，都必会谆谆劝诫，并且设酒宴款待。一年之间，蛮夷都高高兴兴地归化了朝廷。蛮人相互之间说：“现在才知道刺史真的是百姓的父母官。”没有不十分喜悦的。从此，携带儿女前来归附的人，有一千多户。蛮族当地的风俗，婚娶之后，父母虽然都健在，也立刻与他们分开居住。薛慎对守令说：“牧守、令长的职责是教化百姓，岂有儿子一娶妻便与父母分居的道理？这不仅仅是风俗的问题，也是牧守的罪过。”薛慎亲自教导，教示他们要孝顺、慈爱，并遣令各郡县守令晓谕各自所管辖的地区。有几户蛮人，已经分居数年，也返回侍养父母，当出外获得果品膳食，必然会带回家中奉给父母。薛慎因他们从善的速度如此之快而感动，将这些情况全部呈报给朝廷。朝廷下诏免去蛮族的赋税、徭役。因此，风化大为盛行，几乎和汉人风俗相同。（周书卷三十五）

寇　俊

【题解】寇俊（474—563年），字祖俊，上谷昌平（今北京昌平区）人。永安二年（529年），拜为梁州刺史，大力发展农业，安定社稷。大统三年（537年），拜为洛州刺史，迁秘书监，收集经籍，群书完备，迁镇东将军，封西安县男，迁车骑大将军、仪同三司、散骑常侍。武成元年，迁骠骑大将军、开府仪同三司。寇俊在每一个任上，都兢兢业业，一心为公，世宗宇文毓对其格外尊重，用皇帝车驾送他回府，并说："唯积善者可以致之。"可见其德望之盛。

寇俊，字祖俊，上谷昌平人也。性宽雅，幼有识量，闺门雍睦，白首同居。性廉恕，不以财利为心。家人曾卖物与人，而剩得绢五匹。俊于后知之，乃曰："恶木之阴，不可暂息；盗泉之水，无容误饮。得财失行，吾所不取。"遂访主还之。其雅志如此。

【译文】寇俊，字祖俊，上谷昌平人。他性情宽厚文雅，自小懂事、有气量，整个家庭都非常友好和睦，祖孙居住在一起。同时，他又廉洁仁爱，不追求财利。家人曾经卖东西给他人，从中留下五匹绢。寇俊后来知道了，说道：“不好的树木下的阴凉，短暂的休息也不行；盗泉中的水，不能随便乱喝。获得钱财却丧失德行，我不愿意这样做。”于是，找到买主并归还给他。寇俊平素的美好志向就是如此。

永安二年，出为梁州刺史。民俗荒犷，多为盗贼。俊乃令郡县立庠序，劝其耕桑，敦以礼让。数年之中，风俗顿革。俊在州清苦，不治产业。秩满，其子等并徒步而还。吏人送俊，留连于道，久之乃得出界。

【译文】永安二年，出任梁州刺史。当地风俗野蛮，很多人因此成为盗贼。寇俊下令让郡县设立学校，劝勉百姓从事农业生产，用礼让勉励他们。数年之间，风俗民情顿时得以改变。他出任州刺史俭朴清苦，从不置办家业。任职期满离任时，他的儿子等人都是步行回去。州吏和百姓送行，一路上恋恋不舍，经过多时才出了州境。

大统五年，将家及亲属四百余口入关，拜秘书监。时军国草创，坟典[①]散逸，俊始选置令史，抄集经籍，四部群书[②]，稍得周备。

【注释】①坟典：指三坟、五典的并称，后转为古代典籍通称。

②四部群书："四部"是中国古代图书分类名称。西汉刘歆《七略》创图书六分法，晋荀勖《中经新簿》改分甲、乙、丙、丁四部，亦称经、子、史、集四大类。

【译文】大统五年，率领全家和亲属四百余人入关，拜官秘书监。当时国家各种事务都刚刚开始，各种典籍散逸，寇俊开始选择安排官吏，抄写、收集经籍，四部群书才逐渐得以全备。

武成元年，进骠骑大将军、开府仪同三司。世宗尚儒重道，特钦赏之，数加恩锡，思与相见。俊不得已，乃入朝。世宗与同席而坐，因顾访洛阳故事。俊身长八尺，须鬓皓然，容止端详，音韵清朗。帝与之谈论，不觉屡为前膝。及俊辞还，帝亲执其手曰："公年德俱尊，朕所钦尚，乞言之事，所望于公。宜数相见，以慰虚想。"以御舆令于帝前乘出。顾谓左右曰："如此之事，唯积善者可以致之。何止见重于今，亦将传之万古。"时人咸以为荣。保定三年卒，时年八十。（周书卷三十七）

【译文】武成元年，升任骠骑大将军、开府仪同三司。世宗宇文毓尊儒重道，特别钦赏寇俊，多次加以恩赏，想要和他相见。寇俊不得已，于是入朝晋见。世宗和他同席而坐，因而寻访北魏在洛阳时的旧事。寇俊身高八尺，胡须、鬓角雪白，容貌举止端庄安详，说话声音清楚响亮。皇帝和他交谈，经常不自觉地多次往前移动。当寇俊辞别的时候，皇帝亲自握着他的手说："寇公年龄、德望都很高，朕非常敬崇，这次所谈的事情，全寄托在你的身上。最好能够多见面，以慰抚我的挂念之心。"安排他乘坐皇帝的坐驾在皇帝面前乘坐驰出。皇帝望着左右的人说："这样的事，只有积善的人才可以得到。何止是见重于当世，而且也会万古流芳。"当时人们都认为这是一大荣耀。保定三年去世，终年八十岁。（周书卷三十七）

辛　昂

【题解】辛昂，字进君。他跟随尉迟迥讨伐蜀地，后来代行成都令，他教诫诸生，只是劝勉他们能够敦伦尽分，语言朴实，令诸生感悟，从而教化一方，辛昂堪称懂得"建国君民，教学为先"的道理啊！

昂字进君。尉迟迥[①]伐蜀，昂占募从军。蜀平，迥以昂达于从政，表昂行成都令。昂到县，即与诸生祭文翁[②]学堂，因共欢宴。谓诸生曰："子孝臣忠，师严友信，立身之要，如斯而已。若不事斯语，何以成名。各宜自勉，克成令誉。"昂言切理至，诸生等并深感悟，归而告其父老曰："辛君教诫如此，不可违之。"于是井邑肃然，咸从其化。（周书卷三十九）

【注释】①尉迟迥（516—580年）：字薄居罗，代郡平城（今山西大同）人，鲜卑族。西魏北周时期将领，西魏废帝二年（553年），攻打蜀郡，平定萧纪之乱，拜大将军、都督益潼等十八州诸军事、益州刺史，封为宁蜀公。

②文翁（前187—前110年），名党，字仲翁，公学始祖，庐江舒人（今安徽舒城）人，西汉循吏。

【译文】辛昂，字进君。尉迟迥讨伐蜀国时，辛昂报名应募从军。蜀地平定，尉迟迥认为辛昂善于从政，又上疏任命辛昂代理成都令。辛昂刚到任，便立刻和诸生祭祀文翁学堂，一起欢宴。对诸生说："为人子应该孝顺，做人臣应该忠诚，做老师应该严格，做朋友应该讲信用，这些是做人的原则，如此而已。如果不是这样去做，怎么能够成名。各位应当自勉，成就一番美誉。"辛昂言辞深切，道理周全，诸生都深有感悟，回去后告诉自己的父老乡亲说："辛昂如此教诫，不可违背。"于是，市井之间非常恭敬，都服从他教化。（周书卷三十九）

黎景熙

【题解】黎景熙，字季明，是河间（今河北任丘一带）郑人，武成末年，调任外史下大夫。《续编》辑录他在保定三年给周武帝的一道奏疏，当时春夏大旱，他从天人感应的角度出发，分析了灾难的原因和解决办法。针对当时社会豪贵的奢华之风，他又建议周武帝要寻访人才，崇尚节俭，杜绝奢华，把仁德作为治国的根本。对于选拔任用人才，他提出不能有私心，根据才能授予官职，要依照次序选拔官员。不过他认为“后来居上，则致积薪之讥”的看法，主张完全按照资历来用人，在对于特殊人才的任用上，似乎应该另当别论。

黎景熙，字季明，河间鄚人也，武成末，迁外史下大夫。

保定三年，盛营宫室。春夏大旱，诏公卿百寮，极言得失。季明上书曰：

【译文】黎景熙，字季明，是河间鄚（今河北任丘一带）人，武成末年，调任外史下大夫。保定三年，朝廷大兴土木。那年春夏两季都大旱，北周武帝宇文邕下诏公卿百官，上书陈说朝廷的得失。黎景熙上书说：

臣闻成汤遭旱，以六事自陈。宣王太甚，而珪璧斯竭。岂非远虑元元，俯哀兆庶。方今农要之月，时雨犹愆，率土之心，有怀渴仰。陛下垂情万类，子爱群生，覲礼百神，犹未丰洽者，岂或作事不节，有违时令，举措失中，傥邀斯旱。《春秋》，君举必书，动为典礼，水旱阴阳，莫不应行而至。孔子曰：“言行，君子之所以动天地，可不慎乎。”《春秋》庄公三十一年冬，不雨。《五行传》以为是岁一年而三筑台，奢侈不恤民也。僖公二十一年夏，大旱。《五行传》以为时作南门，劳民兴役。汉惠帝二年夏，大旱。五年夏，大旱，江河水少，溪涧水绝。《五行传》以为先是发民十四万六千人城长安。汉武帝元狩三年夏，大旱。《五行传》以为是岁发天下故吏穿昆明池。然则土木之功，动民兴役，天辄应之以异。典籍作诫，傥或可思。上天谴告，改之则善。今若息民省役，以答天谴，庶灵泽时降，嘉谷有成，则年登可觊，子来非晚。《诗》云：“民亦劳止，迄可小康。惠此中国，以绥四方。”或恐极阳生阴，秋多雨水，年复不登，民将无觊。如又荐饥，为虑更甚。

【译文】我听说成汤时遭遇大旱灾，成汤以六事自责谢罪而大雨至。周宣王竭力祈祷下雨，用尽了玉珪玉璧而雨未至。这不就是远虑百姓，体恤民众吗？现在正是农事最紧要的时候，却未能及时下雨，举国百姓心中，都满心期盼下雨。陛下体恤万物，慈爱众生，祭祀百神，而不能风调雨顺的原因，或许是做事没按尺度，违反时令，举措失当，所以招致大旱。《春秋》一书，对于君主的举止必定要加以记载，让其所作所为成为典范，洪水干旱阴阳交替，莫不是呼应君主的行为而产生。孔子说：“言语行为，君子用来与天地相呼应，怎能不谨慎呢。“《春秋》记载庄公三十一年冬季，没有下雨。《五行传》认为是鲁国一年之内三次营造高台，崇尚奢侈而不体恤百姓的结果。鲁僖公二十一年夏季，发生了大旱灾。《五行传》认为是鲁国当时兴建南门，劳役百姓的原因。汉惠帝二年夏季，大旱。五年夏季，大旱。江河水流减少，溪涧水流断流。《五行传》认为是之前征发十四万六千民夫修建长安城的结果。汉武帝元狩三年夏季，大旱。《五行传》认为是这一年征发天下故吏开凿昆明池的缘故。所以大兴土木，扰动民众，发起劳役，上天便会出现异常现象相应。典籍中的告诫，应该值得思考。上天降下谴责，能改正就是从善。现在如果减少劳役使民众休息，以回应上天的谴责，甘露好雨或许可能按时而降，谷物也可以正常生长，就有希望获得丰收，现在采取措施还不晚。《诗经》中说："民众应该停止劳役，求得稍微的歇息。对中原的百姓施与恩惠，以此来安定四方诸侯。"否则，极阳恐怕会生阴，导致秋季雨水太多，又不能成为丰收之年，百姓又无希望。如果连续发生灾荒，忧虑就更大了。

时豪富之家，竞为奢丽。季明又上书曰：臣闻宽大所以兼覆，慈爱所以怀众。故天地称其高厚者，万物得其容养焉。四时着其寒暑者，庶类资其忠信焉。是以帝王者，宽大象天地，忠信则四时。招摇东指，天下识其春。人君布德，率土怀其惠。伏惟陛下资干御宇，品物咸亨，时乘六龙，自强不息，好问受规，天下幸甚。

【译文】当时的豪富人家，竞相追求奢侈华丽。黎景熙又上书说：我听说胸怀宽大所以能恩泽广布，内心慈爱所以使百姓归化。天地之所以称为德行高厚，是因为容纳养育万物的原因。四季寒暑分明，就是在表达忠信的含义。因此作为帝王，胸怀宽广要如同天地一样，忠信不欺要如同四季一样。北斗指向东方，天下知道春天已到。百姓的君主施与仁德，天下都享有恩惠。我愿陛下统领天下，万物亨通，如同天地之阳气，自强不息，勤于学问接受劝谏，那么就是天下万民的幸运了。

自古至治之君，亦皆广延博访，询采刍荛，置鼓树木，以求其过。顷年亢旱踰时，人怀望岁。陛下爰发明诏，广求人瘼。同禹、汤之罪己，高宋景之守正。澍雨应时，年谷斯稔。克己节用，慕质恶华，此则尚矣。然而朱紫仍耀于衢路，绮縠犹侈于豪家；裋褐未充于细民，糟糠未厌于编户。此则劝导之理有所未周故也。今虽导之以政，齐之以刑，风俗固难以一矣。昔文帝集上书之囊，以作帷帐；惜十家之产，不造露台；后宫所幸，衣不曳地，方之今日富室之饰，曾不如婢隶之服。然而以身率下，国富刑清，庙称太宗，良有以也。臣闻圣人久于其道，而天下化成。今承魏氏丧乱之后，贞信未兴。宜先"遵五美，屏四恶"，革浮华之俗，抑流竞之风，察鸿都之小艺，焚雉头之异服，无益之货勿重于时，亏德之器勿陈于侧，则民知德矣。

【译文】自古治国有方的君主，都是广泛寻访人才，深入民间询问采薪割草的平民的意见，设置进谏的登闻之鼓，立下写意见的诽谤之木，来征求自己的过错。近年来大旱违背时令，人人都盼望有好的收成。陛下于是发出诏书，询问百姓疾苦。如同禹、汤一样引咎自责，比宋景公还要恪守正道。风调雨顺，五谷丰登。约束自己节省费用，崇尚质朴不喜奢华，已经形成风尚。但是还有人身穿华服炫耀于街道上，还有人穿戴绫罗绸缎张扬于豪富家中；平民百姓粗陋布衣尚且不够穿，贫困的人连糟糠都吃不饱。这就说明劝谕和引导民众的事情还做得不完善。现在对百姓虽然以政令来引导，以刑法来整治，但是习俗风气还是很难统一。过去汉文帝把上奏的文书袋子收集起来，作为帷幕和帐子；爱惜百姓十家的产业财物，不建造露台；后宫宠幸的嫔妃，所穿的衣裙不会长到地上，与今日富豪之家相比，简直还不如奴婢的服装。他亲身为臣下作出榜样，使国家富强刑罚清明，庙号称为太宗，确实有道理的。臣下知道圣人长久施行大道，天下治理教化才能够成功。现在承接了北魏时期的祸乱，正直诚信尚未兴起，应该听从孔子“遵循五美，摒弃四恶”的教诲，革除浮华的风俗，抑制追逐名利的习气，禁止非正统的技艺，焚毁奇装异服，没有益处的货物不要受到重视，损害仁德的器物不要陈设在身边，那么民众就知道仁德了。

臣又闻之，为治之要，在于选举。若差之毫厘，则有千里之失。后来居上，则致积薪之讥。是以古之善为治者，贯鱼以次，任必以能。爵人于朝，不以私爱。简材以授其官，量能以任其用。官得其材，用当其器，六辔既调，坐致千里。虞舜选众，不仁者远。则庶事康哉，民知其化矣。帝览而嘉之。（周书卷四十七）

【译文】臣又听说，治理国家的要点，在于选拔任用人才。

在选拔用人上如果有毫厘的差错，就会失之千里。选用人才如果后来者居上，就会招致先有功业者未被征用，而后来者却居上的批评。因此古代善于为政的人，按照次序选拔官员，任用的人必定依照才能来确定。授予官职，不能徇私。选取人才授给官职，要根据才能高低加以任用。官员具备相应的才干，使用他们恰当合适，就如同马车调好了缰绳，可以奔驰到千里之外。虞舜选拔人才，疏远不仁的人。这样就万事妥当，人民知道什么是教化了。武帝宇文邕看后十分赞赏。（周书卷三十九）

群书治要续编卷第五　隋书（上）

【提要】《隋书》是“二十四史”之一，为纪传体正史，记载了隋文帝开皇元年（581年）至隋恭帝义宁二年（618年）共38年的历史。《隋书》主编为魏徵，由于参与修撰者都是饱学之士，因此是“二十四史”中修史水平较高的史籍之一。

隋朝是中国历史上承南北朝下启唐朝的大一统朝代。581年二月，北周静帝禅让于杨坚，北周覆亡。隋文帝杨坚定国号为“隋”，定都大兴城（今陕西西安）。589年，隋灭南陈，统一中国，结束了中国自西晋末年以来长达近三百年的分裂局面，并励精图治，开创了“开皇之治”的繁荣局面。隋炀帝杨广即位后，营建并迁都洛阳（今河南洛阳），又修建贯通南北的大运河，三度征伐高句丽，加上其骄奢淫逸，听谗任佞，引发隋末民变和贵族叛变。618年，宇文化及等人发动兵变，杀死隋炀帝；李渊亦逼隋恭帝杨侑禅让，建立唐朝。619年，王世充拥立的皇泰主杨侗也被废，隋朝彻底灭亡，享国38年。

中国历史上，“汉承秦制，唐承隋制”。隋朝在政治、经济、文化和外交等方面的诸多政策和革新，对后来的唐朝乃至中国历史都产生了深远的影响。隋朝初创三省六部制，巩固中央集权，正式推行科举制，成为后来历代选拔人才的基本制度。隋朝还根据南北朝的经验而改革政治，兴建了隋唐大运河以及驰道，改善水陆交通线，“大运河”直到今天依旧还在发挥作用。在军事上，隋朝继续推行和完善府兵制；在经济上，一方面实行均田制并改定赋役，减轻农民生产压力，另一方面又整顿、清理户籍，以增加财政收入。当时周边国家如高昌、倭国、高句丽、新罗、百济与东突厥等国皆深受隋朝文化与典章制度的影响，尤其以日本遣隋使最为著名。

《续编》从《隋书》本纪、志、列传中辑录了反映隋朝治乱兴亡经验教训的相关内容，为读者提供借鉴和参考。

高祖文皇帝

【题解】隋文帝杨坚（541—604年），弘农郡华阴（今陕西华阴）人。汉太尉杨震十四世孙，隋朝开国皇帝（581—604年在位）。隋文帝杨坚原为北周的柱国大将军、大司马，后接受北周静帝的禅让为帝，改元开皇，建立隋朝。他在位期间，勤于政事，躬行节俭，平定陈国，统一南北，改革官制，修定刑律，多次减免税赋，促进农业生产，稳定经济发展，开创出辉煌的“开皇之治”。

《续编》辑录其诏令两则：第一则是有关求访贤才，奖励善行的，体现了杨坚重视贤才，欲“以德代刑”的治国理念；第二则是关于百姓教化的，涉及全面，内容具体，体现出杨坚成熟的“德治”思想。由这两则诏令，可以看出杨坚是一位留意民众愿望、关注民众心声，锐意改善民风民俗的“较好的政治家”（范文澜语）。不幸的是，杨坚在晚年逐渐变得多疑，杀害功臣，并且听信谗言，废黜太子杨勇立晋王杨广为太子，为日后的亡国埋下祸根。

高祖文皇帝，姓杨氏，讳坚，弘农郡华阴人也。开皇[①]元年二月甲子，即皇帝位于临光殿，是日，告庙，大赦，改元。

【注释】①开皇：隋文帝杨坚的年号（581年2月—600年12月），共计20年，这是隋朝的第一个年号。

【译文】隋高祖文皇帝，姓杨，名坚，弘农郡华阴（今陕西华阴）人。开皇元年（581年）二月十四日，在临光殿（接受北周静帝的禅让）登基成为皇帝，这天，禀告祖庙，大赦天下，改换年号。

三年十一月己酉，发使巡省风俗，因下诏曰："朕君临区宇，深思治术，欲使生人从化，以德代刑，求草莱之善，旌闾里之行。民间情伪，咸欲备闻。已诏使人，所在赈恤，扬镳分路，将遍四海，必令为朕耳目。如有文武才用，未为时知，宜以礼发遣，朕将铨擢。其有志节高妙，越等超伦，亦仰使人就加旌异，令一行一善，奖劝于人。远近官司，遐迩风俗，巨细必纪，还日奏闻。庶使不出户庭，坐知万里。"

【译文】开皇三年（583年）十一月十三日，隋文帝派遣使者到各省巡视民情风俗，于是下诏说："朕统管天下，深入思考治国理政的方法，想要使人民遵从教化，以德治代替刑罚，寻访乡野贤能之士，表彰街巷美善之行。民情真伪，想全都尽知。已派遣使者，到各处赈济抚恤，分路而行，将遍及四海，（他们）必会成为朕的耳目。如果有文武才能，这时仍未得到赏识，应当以礼差遣来京，朕将选拔录用。其有志节高妙、出类拔萃的，也已命令使者就地加以表扬，务使每一善行，都起到褒奖鼓励于人的目的。各处官府，远近风俗，不论大小均须记录在案，回朝之日奏闻，这样大概就能做到足不出户，而坐知万里之外的事情了。”

九年，夏四月，诏曰：往以吴越之野，群黎涂炭，干戈方用，积习未宁。今率土大同，含生遂性，太平之法，方可流行。凡我臣僚，澡身浴德，开通耳目，宜从兹始。丧乱已来，缅将十载，君无君德，臣失臣道，父有不慈，子有不孝，兄弟之情或薄，夫妇之义或违，长幼失序，尊卑错乱。朕为帝王，志存爱养，时有臻道，不敢宁息。内外职位，遐迩黎人，家家自修，人人克念，使不轨不法，荡然俱尽。兵可立威，不可不戢；刑可助化，不可专行。禁卫九重之余，镇守四方之外，戎旅军器，皆宜停罢。代路既夷，群方无事，武力之子，俱可学文，人间甲仗，悉皆除毁。有功之臣，降情文艺，家门子侄，各守一经，令海内翕然，高山仰止。京邑庠序，爰及州县，生徒受业，升进于朝，未有灼然明经[①]高第，此则教训不笃，考课未精，明勒所由[②]，隆兹儒训。官府从宦，丘园素士，心迹相表，宽弘为念，勿为跼促，乖我皇猷。朕君临区宇，于兹九载，开直言之路，披不讳之心，形于颜色，劳于兴寝。自顷逞艺论功，昌言乃众，推诚切谏，其事甚疏。公卿士庶，非所望也，各启至诚，匡兹不逮。见善必进，有才必举，无或噤默，退有后言。颁告天下，咸悉此意。

【注释】①明经：即明经科，是我国古代选拔人才的一种考试科目。始于汉武帝时期，至宋神宗时期废除。因参试者要明习儒家经典，故名“明经”。

②所由：又称“所由官”，南朝至唐宋常用语，意同“有关官吏”。因事必经由其手，故称。

【译文】开皇九年（589年），夏季四月，隋文帝下诏说：“以往吴越（今江浙地区）之地，生民境遇困苦，战争频发，长久不宁，现在全国统一，人民顺应本性，太平的法度，才能够盛行。凡我文武百官，修身养德，开通视听，正当从此开始。祸乱以来，在将近十年的长远时间里，君无君德，臣失臣道，父亲之中有些人不慈爱，子孙之中有些人不孝顺，有的兄弟之间情谊淡薄，有的夫妻之间违反道义，长幼失序，尊卑错乱。朕作为帝王，心怀爱护养育子民的志向，时常思虑达成此志的道路，不敢安心休息。朝廷内外有职位之人，远近百姓，应该家家自我修正，人人克制妄念，使不符合轨道法度的言行，荡然无存。用兵能树立威严，但不可不收敛；刑罚能帮助教化，但不可独断独行。禁卫京城之余，镇守四方边境之外，军队兵器，都应停止。征伐的对象既已平定，各地无事，军队之兵卒，都可转而学文，民间的武器，都应尽数毁弃。有功的武臣，虚心从事文艺，家族子侄，各自钻研一部经书，使天下安宁和顺，都来仰慕具有崇高品德的人。京城的学校，以及各州县，学生受业，通过层层考试进升于朝廷，在高中明经科的人中没有特别杰出的人才，此是教育训导不严，考核未精的缘故，明令相关官吏，加强兴盛儒学教育。官府官员对待丘园隐士，要肝胆相照，时常想着宽宏大量，不要心胸狭隘，违背我帝王的教化。朕统管天下，于今九年，开通臣子们直言敢谏之路，打开臣子们讲话无所避讳之心，喜怒见于神色，起卧犹自勤劳。近日以来，关于显露才干、评定功劳之事，明言了很多次，而对于诚心相待、直言极谏等事，却甚为忽略很少提及。官员百姓，还非我心中所期望的那样，希望能各自开启至诚之心，匡正当前的不足。见到有善行之人一定要推荐，遇到有才能之士一定要荐举，不要缄默不言，或当面顺从背后异议。布告天下，望全都知道我的用意。”

上性严重，有威容，外质木而内明敏，有大略。初，得政之始，群情不附，诸子幼弱，内有六王之谋，外致三方之乱。握强兵、居重镇者，皆周之旧臣。上推以赤心，各展其用，不逾期月，克定三边，未及十年，平一四海。薄赋敛，轻刑罚，内修制度，外抚戎夷。每旦听朝，日昃忘倦，居处服玩，务存节俭，令行禁止，上下化之。开皇、仁寿[①]之间，丈夫不衣绫绮，而无金玉之饰，常服率多布帛，装带不过以铜铁骨角而已。虽啬于财，至于赏赐有功，亦无所爱吝。乘舆四出，路逢上表者，则驻马亲自临问。或潜遣行人采听风俗，吏治得失，人间疾苦，无不留意。尝遇关中饥，遣左右视百姓所食。有得豆屑杂糠而奏之者，上流涕以示群臣，深自咎责，为之撤膳，不御酒肉者殆将一期。及东拜太山，关中户口就食洛阳者，道路相属。上敕斥候[②]，不得辄有驱逼。男女参厕于仗卫之间，逢扶老携幼者，辄引马避之，慰勉而去。至艰险之处，见负担者，遽令左右扶助之。其有将士战没，必加优赏，仍令使者就家劳问。自强不息，朝夕孜孜，人庶殷繁，帑藏充实。虽未能臻于至治，亦足称近代之良主。

然天性沉猜，素无学术，好为小数，不达大体，故忠臣义士，莫得尽心竭辞。其草创元勋及有功诸将，诛夷罪退，罕有存者。又不悦诗书，废除学校，唯妇言是用，废黜诸子。逮于暮年，持法尤峻，喜怒不常，过于杀戮。尝令左右送西域朝贡使出玉门关，其人所经之处，或受牧宰小物，馈遗鹦鹉、麖[3]皮、马鞭之属，上闻而大怒。又诣武库，见署中芜秽不治，于是执武库令及诸受遗者，出开远门外，亲自临决，死者数十人。又往往潜令人赂遗令史府史，有受者必死，无所宽贷。议者以此少之。

【注释】①仁寿：隋文帝杨坚的第二个年号（601年正月—604年），历时3年多。

②斥候：古代负责侦察任务的兵士。

③麖（jīng）：鹿的一种。

【译文】隋文帝杨坚性格严肃稳重，有威严的仪容，外表质朴木讷而内心聪明机敏，有宏大的谋略。最初，掌政之始，民心不向，众子幼弱，朝内有六王谋反，朝外有三方叛乱。手握强兵、占据重镇的，都是北周的旧臣。文帝以诚心相待，让他们各展其用，不过一个月，平定三边之乱，不到十年，平定统一天下。

薄收赋税，减轻刑罚，对内修明制度，对外安抚戎夷。每日清早上朝听政，日西之时仍不知疲倦。居室器用、服饰玩物，务求节俭，令行禁止，上下一致。开皇、仁寿年间，男子不穿绫罗绸缎，无金玉作佩饰，经常穿的是粗质的棉麻布，佩带的饰品也不过铜铁骨角而已。虽吝惜财物，但对于赏赐有功之臣，却从不吝啬。乘车四出访问，路遇上奏之人，总会停下车马亲自询问情况。有时还暗中派人去探听各地的风俗，官吏的得失，民间的疾苦，无不留意。曾遇到关中地区（今陕西中部）闹饥荒，派遣身边官员去察看百姓的饮食。有人探察到百姓们吃的是豆屑和糠后报告给朝廷，文帝流着眼泪拿给群臣看，深深自责，并为之撤减膳食，不食酒肉接近一月之久。等到东拜泰山时，见到关中去洛阳乞食的百姓，沿路不绝，前后相接。文帝命令侦察兵，不准斥逐驱赶百姓，以致男女百姓参差错乱地走在仪仗卫队之间。遇到扶老携幼的，立即引马避开，给予一番慰劳后方才离去。走到艰险之处，看见挑担的百姓，立即命令身边的侍从前去扶持帮助。如有将士战斗阵亡，必定加以优抚和厚赏，并命令使者至其家中进行慰劳。（文帝）自强不息，朝夕勤勉，以至国家人口繁多，库藏充实。虽没能达到最好的治理程度，但也足以称得上是近代的贤君。

然而文帝天性深沉好猜忌，平日不研习学问，爱打小算盘，不识大体，因此忠臣义士，没有能够竭诚尽言的。其创业之初的元勋及有功众将，大都被诛杀或因罪罢免，少有存者。又不喜爱诗书，废除学校，只听从妇人之言，废免众子。到了晚年，执法更加严酷，喜怒无常，过度杀戮。曾令侍从护送西域来朝进贡的使者出玉门关，侍从所到之处，偶尔会接受地方官赠送的鹦鹉、鹿皮、马鞭等礼物，文帝知道后大怒，又到武库察看，见到官署荒芜杂乱，无人治理；于是便下令逮捕武库官及那些接受赠礼的人，推出开远门外，亲自到场监督执行死刑，死者有几十人。又常常暗中派人去贿赂各府县的属吏，有接受者必处以死刑，绝无宽恕。论史者因此而轻视他。

史臣曰：高祖龙德在田，奇表见异，晦明藏用，故知我者希。始以外戚之尊，受托孤之任，与能之议，未为当时所许，是以周室旧臣，咸怀愤惋。既而王谦[①]固三蜀之阻，不逾期月；尉迥[②]举全齐之众，一战而亡。斯乃非止人谋，抑亦天之所赞也。乖兹机运，遂迁周鼎。于时蛮夷猾夏，荆、扬未一，劬劳日昃，经营四方。楼船南迈，则金陵失险；骠骑北指，则单于款塞。《职方》所载，并入疆理；《禹贡》[③]所图，咸受正朔。虽晋武之克平吴会，汉宣之推亡固存，比义论功，不能尚也。七德既敷，九歌已洽，要荒咸暨，尉候[④]无警。于是躬节俭，平徭赋，仓廪实，法令行，君子咸乐其生，小人各安其业，强无陵弱，众不暴寡，人物殷阜，朝野欢娱。二十年间，天下无事，区宇之内晏如也。考之前王，足以参踪盛烈。但素无术学，不能尽下，无宽仁之度，有刻薄之资，暨乎暮年，此风逾扇。又雅好符瑞，暗于大道，建彼维城，权侔京室，皆同帝制，靡所适从。听哲妇之言，惑邪臣之说，溺宠废嫡，托付失所。灭父子之道，开昆弟之隙，纵其寻斧，剪伐本枝。坟土未干，子孙继踵屠戮，松槚才列，天下已非隋有。惜哉！迹其衰怠之源，稽其乱亡之兆，起自高祖，成于炀帝，所由来远矣，非一朝一夕。其不祀忽诸，未为不幸也。（隋书卷一—卷二）

【注释】①王谦（?—580年）：北周将领，字敕万，河东太原（今山西太原）人。曾任骠骑大将军、柱国大将军、益州总管等职。后因不满杨坚专政，聚众起兵，不久，为部下所杀。

②尉迥（516—580年）：即尉迟迥，北周将领，字薄居罗，代郡平城（今山西大同）人，鲜卑族。曾任柱国大将军、大司马、相州总管等职。后因反抗杨坚专揽朝政，兵败自杀。

③《职方》《禹贡》：都是我国早期的地理图籍。

④尉候：古代守边的都尉与侦察敌情的斥候的合称，借指边境。

【译文】史臣说：隋高祖杨坚有帝王之德，形貌奇异，但早年隐迹深藏，所以知道他的很少。当初以皇室外戚的尊贵身份，受命辅助幼主，在选拔人才、任用官员的问题上却常常遭到非议，不被当时之人接受，因此北周的旧臣都心怀愤怨，觉得惋惜。不久，王谦依仗三蜀之险阻公开反叛，不到一个月就被高祖打败了；尉迟迥率领齐地的全体兵士谋反，高祖仅一战就平定了他们。这不仅是人的谋略在起作用，也是得到上天帮助的结果。趁此时机，遂夺取北周政权，建立隋朝。当时蛮夷侵扰中原，荆、扬二州未得统一，（隋文帝）终日劳累，谋划统一四方之策。楼船南渡，金陵（今南京）难据长江之险；铁骑北驰，单于随之归顺来降。《职方》里记载的地区，全都纳入隋朝的疆域；《禹贡》中图画的山川，全部受到隋朝的管辖。即使晋武帝之平定吴会（吴与会稽郡的合称，代指东吴地区，在今江浙一带），汉宣帝之推亡固存，就意义和功绩来说，也无法与之相提并论。多种恩德广布天下，各种礼乐和谐融洽，远近安定，边境无警。于是躬行节俭，平衡各地的徭役、赋税，使仓库充实，法令推行，君子都生活快乐，百姓都安居乐业，强大的不欺侮弱小的，人多的不欺负人少的，人口众多，物产丰盛，朝廷和民间都欢乐融融。二十年间，天下太平无事，国内一片安宁祥和。与从前的皇帝相比，足以算得上一位功业盛大的君王。但平素不研习学问，不能全都做到不耻下问，没有宽容仁厚的心胸，却有刻薄待人的本质，到了晚年，这种风气更加厉害。又迷信祥瑞，不懂治国大道。分封给诸子的领地，权力等同京城，仪仗的排场也和皇帝一样，弄得臣子们无所适从。听从妇人之言，被奸臣迷惑，宠爱杨广而废除长子，以致皇位所托非人。不顾父子之间应有的情义，引发儿子之间兄弟们的矛盾残杀，这无异于纵容他们拿起斧头，砍伐隋朝基业的根干。结果自己的坟土未干，子孙们就开始互相杀戮，坟头的松树、槚树才刚长成行，天下就已经非隋朝所有了。可惜啊！探寻隋朝衰败的根源，考察隋朝乱亡的先兆，从隋高祖杨坚开始，到隋炀帝杨广发作，其原因由来已久，并非是一朝一夕形成的，他的不孝子孙不重视这一点，那么隋朝的灭亡也就算不上一种不幸了。（隋书卷一——卷二）

炀皇帝

【题解】隋炀帝杨广（569—618年），本名杨英，小字阿摐，弘农华阴（今陕西华阴）人，杨坚的第二子，隋朝第二位皇帝（604—618年在位）。开皇元年（581年），册立为晋王，参与平定南陈。开皇二十年（600年），册立为皇太子。仁寿四年（604年）七月，正式即位。大业十四年（618年）四月，巡幸江都时，被宇文化及叛军所弑。隋炀帝在位期间，对内修造大运河，营建东都洛阳，迁都洛阳，穷奢极欲，滥用民力，赋税征敛繁重，使百姓怨声载道。对外频繁发动战争，攻灭吐谷浑、征讨流球，三征高句丽，致使社会经济遭受严重破坏，人民难以生存，最终引发大规模农民起义，导致隋朝崩溃灭亡。

杨广以阴谋夺取太子之位，即皇帝位后耽于享乐、沉湎酒色、拒纳忠言，杀害高颎、贺若弼、张衡、李金才等忠臣，可谓是一个昏君、暴君，但他同时又改革官制，颁布《大业律》，增设科举考试中的进士科，兴办学校，组织人力整理典籍，对保存中国古代典籍做出贡献。

《续编》主要选取了其荒淫无道、沉迷逸乐、滥使民力、穷兵黩武，以致使百姓民不聊生、天下大乱的事迹，以供后人借鉴，引为警戒。文末附录宦官王义《上炀帝书陈成败》一篇，可与正史相互参证，以见隋炀帝之昏暴，以明正史记载之不虚。

炀皇帝，讳广，高祖第二子也。

开皇元年，立为晋王，时年十三。上好学，善属文，沉深严重，朝野属望。高祖密令善相者来和①遍视诸子，和曰："晋王眉上双骨隆起，贵不可言。"既而高祖幸上所居第，见乐器弦多断绝，又有尘埃，若不用者，以为不好声妓，善之。上尤自矫饰，当时称为仁孝。尝观猎遇雨，左右进油衣，上曰："士卒皆沾湿，我独衣此乎！"乃令持去。

四年七月，高祖崩，上即皇帝位于仁寿宫。

【注释】①来和（？—595年）：北周、隋期间的著名相士。字弘顺，京兆长安（今陕西西安）人。著《相经》40卷。

【译文】隋炀帝，名广，是隋高祖杨坚的第二个儿子。

开皇元年（581年），被封为晋王，当时十三岁。杨广喜爱学习，善于撰写文章，性情深沉稳重，在朝廷内外享有很高的声望。隋高祖杨坚暗中命令精于相术的来和给众位儿子相面，来和说："晋王眉毛之上双骨凸出，贵不可言。"不久，隋高祖杨坚到杨广的住所视察，看见乐器的丝弦大多断绝，又布满尘埃，好像很久不用的样子，于是认为他不喜好歌舞声色，很赞赏他。杨广更加虚伪做作，当时人们称为仁爱孝顺。曾观看狩猎，遇上下雨，身边的侍从进献雨衣，杨广说："兵士们都被淋湿了衣服，难道只我一人穿这件雨衣吗？"于是命令把雨衣拿走。

开皇四年（584年），隋高祖杨坚驾崩，杨广在仁寿宫即位成为皇帝。

初，上自以藩王，次不当立，每矫情饰行，以钓虚名，阴有夺宗之计。时高祖雅信文献皇后，而性忌妾媵。皇太子勇内多嬖幸，以此失爱。帝后庭有子，皆不育之，示无私宠，取媚于后。大臣用事者，倾心与交。中使至第，无贵贱，皆曲承颜色，申以厚礼。婢仆往来者，无不称其仁孝。又常私入宫掖，密谋于献后，杨素等因机构扇，遂成废立。自高祖大渐，暨谅闇之中，烝淫无度，山陵始就，即事巡游。以天下承平日久，士马全盛，慨然慕秦皇、汉武之事，乃盛治宫室，穷极侈靡，召募行人，分使绝域。诸蕃至者，厚加礼赐，有不恭命，以兵击之。盛兴屯田[①]于玉门、柳城之外。课天下富室，益市武马，匹直十余万，富强坐是冻馁者十家而九。帝性多诡谲，所幸之处，不欲人知。每之一所，辄数道[②]置顿，四海珍羞殊味，水陆必备焉，求市者无远不至。郡县官人，竞为献食，丰厚者进擢，疏俭者获罪。奸吏侵渔，内外虚竭，头会箕敛[③]，人不聊生。于时军国多务，日不暇给，帝方骄怠，恶闻政事，冤屈不治，奏请罕决。又猜忌臣下，无所专任，朝臣有不合意者，必构其罪而族灭之。故高颎、贺若弼[④]先皇心膂，参谋帷幄，张衡、李金才[⑤]藩邸惟旧，绩著经纶，或恶其直道，或忿其正议，求其无形之罪，加以刎颈之诛。其余事君尽礼，謇謇匪躬，无辜无罪，横受夷戮者，不可胜纪。政刑弛紊，贿货公行，莫敢正言，道路以目。六军不息，百役繁兴，行者不归，居者失业。人饥相食，邑落为墟，上不之恤也。东西游幸，靡有定居，每以供费不给，逆收数年之赋。所至唯与后宫流连耽湎，惟日不足，招迎姥媪，朝夕共肆丑言。又引少年，令与宫人秽乱，不轨不逊，以为娱乐。区宇之内，盗贼蜂起，劫掠从官，屠陷城邑，近臣互相掩蔽，隐贼数不以实对。或有言贼多者，辄大被诘责。各求苟免，上下相蒙，每出师徒，败亡相继。战士尽力，必不加赏，百姓无辜，咸受屠戮。黎庶愤怨，天下土崩，至于就擒，而犹未之寤也。

【注释】①屯田：古代一种兵农结合、寓兵于农的军事制度。

②道：隋朝的一种行政区划，在州县之上，大体类似于今天的“省”。

③头会箕敛：按人头征税，用簸箕装取征收的谷物，形容赋税繁重苛刻。

④贺若弼（544—607年）：字辅伯，河南洛阳人，参与隋灭陈之战有功，被封为宋国公。

⑤张衡、李金才：张衡（？—612年），隋朝大臣，字建平，河内郡（今河南沁阳市）人，官至御史大夫。曾协助杨广夺取皇位，后以诽谤朝政之罪被杀。李金才，即李浑，字金才。隋朝将领，官左武卫将军、右骁卫大将军等职。曾帮助隋文帝杨坚开创隋朝基业，后以谋反之罪被隋炀帝杨广杀害。

【译文】当初，隋炀帝杨广因为是藩王，按次序不应该被立为太子，于是常常掩饰真情，做作伪装，获取美好的名声，以便暗中实施夺取太子之位的计划。当时隋高祖杨坚非常宠信文献皇后，而皇后忌恨侍妾。皇太子杨勇宫内有许多宠爱的侍妾，因此不得皇后的喜爱。炀帝在后宫有多个儿子，皆不亲自养育，以表示没有私下宠爱的侍妾，借此来讨好文献皇后。对当权的大臣，他都倾心与他们结交。宫中的使者到来，不分贵贱，都察言观色，曲意顺承，赠以厚礼。来来往往的婢女仆役，无不称赞他仁爱孝顺。又常常暗入宫中，与文献皇后密谋，杨素等人乘机勾结煽动，于是完成废太子杨勇立杨广的计谋。自隋高祖病危，至居丧期间，淫乱后宫，无有节制，高祖杨坚的陵墓才刚刚修成，他就四处巡游。因天下太平日久，士兵马匹充足，他就慷慨激昂地羡慕起秦始皇、汉武帝的事业，于是大建宫室，穷奢极欲，招募使者，分别派往极远的地方。各蕃国来京朝拜的，给予隆重的礼遇和丰厚的赏赐，有不恭顺听命的，就派兵攻打他们。在玉门（今甘肃酒泉玉门市）、柳城（今广西柳州柳城县）以外地区大兴屯田。向天下富户征税，资助国家买军马，每匹马价值十余万钱，富强之家因此而受冻挨饿者十之八九。隋炀帝性格狡猾诡诈，所到之处，不愿别人知晓。每到一处，多个地区都要置办食宿之所，天下珍馐美味，水陆产品都必须齐备，拥有这些食品的人，不论多远都必须前来奉上。郡县官员，争相进献食物，丰厚的加官进爵，粗淡简略的受到惩处。奸邪的官吏趁此侵吞剥夺，鱼肉百姓，以致朝廷内外财力枯竭，赋税繁重，民不聊生。当时有许多军国大事等待处理，时间根本不够用。但隋炀帝傲慢懈怠，十分厌恶处理政事，许多冤屈得不到申诉处治，许多奏章请示很少能及时决断。又猜忌臣下，无所信任，朝中大臣有不合他心意的，必定会罗织罪名而灭其全族。因此虽然高颎、贺若弼是先皇文帝杨坚的亲信骨干，曾参与隋朝建立的谋划，张衡、李金才是炀帝为晋王时王府的旧臣，筹划治理国家的功绩卓著，但炀帝或厌恶他们耿直的性情，或气愤他们刚正的议论，还是给他们罗织了一些莫须有的罪名，将他们斩首诛杀。其他事奉君王能恪守礼节，为君国而忠直敢谏，无辜无罪，而突然遭受杀戮的，多得无法记述。制度法律松弛紊乱，贿赂公开进行，无人敢劝谏直言，路上相见，以目示意。军队征战不息，各种徭役繁多，在外者不敢回家，在家者无有生业。人们饿极了就相互残杀啃食，城镇村落沦为废墟，这都是炀帝不体恤百姓所致。东西巡游，无有定所，常常因为供给费用不足，预收几年的赋税。所到之处，只是与后宫的嫔妃沉迷享乐，唯恐时日不够，有时还招来一些年老的妇女，整天在一起放肆地谈一些污秽不堪的话语。又引来一些年轻人，令他们与宫女们淫乱，既不合法度，又不恭敬，然而炀帝却以此为娱乐。疆域之内，盗贼蜂起，劫夺官员，屠戮城镇，身边侍臣互相掩盖真相，隐瞒盗贼数量不以实情上报。偶尔有人报说盗贼很多，就会立即遭到严厉责问。各自为求苟且免祸，上下相互蒙骗，以致每次出兵讨伐，都会相继出现败亡的后果。战士们尽力作战，从不给奖赏，百姓们没有罪过，却都受到屠杀。人民愤恨，天下土崩瓦解，直到自己被擒，也仍未有所醒悟。

史臣曰：《书》曰：“天作孽，犹可违；自作孽，不可逭。”《传》曰：“吉凶由人，祆不妄作。”又曰：“兵犹火也，不戢将自焚。”观隋室之存亡，斯言信而有征矣！

（《海山记》[①]载宦官王义《上炀帝书陈成败》曰：臣本南楚卑薄之地，逢圣明为治之时，不爱此身，愿从入贡。臣本侏儒，性尤蒙滞，出入左右，积存岁华，浓被圣私，皆逾素望，侍从乘舆，周旋台阁。臣虽至鄙，酷好穷经，颇知善恶之本源，少识兴亡之所以，还往民间，周知利害，深蒙顾问，方敢敷陈。自陛下嗣守元符，体临大器，圣神独断，谏谋莫从，独发睿谋，不容人献，大兴西苑，两至辽东，龙舟逾于万艘，宫阙遍于天下，兵甲常役百万，士民穷乎山谷，征辽者百不存十，殁葬者十未有一，帑藏全虚，谷粟涌贵，乘舆竟往，行幸无时，兵人侍从，常逾万人。遂令四方失望，天下为墟。方今有家之材，存者可数。子弟死于兵役，老弱困于蓬蒿。兵尸如岳，饿莩盈郊。狗彘厌人之肉，鸟鸢食人之余。臭闻千里，骨积高原。膏血草野，狐犬尽肥。阴风无人之墟，鬼哭寒草之下。目断平野，千里无烟。万民剥落，莫保朝昏。父遗幼子，妻号故夫。孤苦何多，饥荒尤甚。乱离方始，生死孰知。人主爱人，一何如此！陛下恒性毅然，孰敢上谏。或有鲠言，又令赐死。臣下相顾，箝结自全。龙逢[②]复生，安敢议奏？左右近臣，阿谀顺旨，迎合帝意，造作拒谏，皆出此途，乃逢富贵。陛下恶过，从何得闻？方今又败辽师，再幸东土，社稷危于春雪，干戈遍于四方，生民已入涂炭，官吏犹未敢言。陛下自惟，若何为计？陛下欲幸永嘉，坐延岁月，神武威严，一何销铄！陛下欲兴师，则兵吏不顺；欲行幸，则侍卫莫从。敌当此时，如何自处？陛下虽欲发愤修德，特加爱民，圣慈虽切救时，天下不可复得。大势已去，时不再来。巨厦之崩，一木不能支；洪河已决，掬壤不能救。臣本远人，不知忌讳。事忽至此，安敢不言？臣今不死，后必死兵。敢献此书，延颈待尽。

帝省义奏，曰：“自古安有不亡之国，不死之主乎？”义曰：“陛下尚犹蔽饰己过。陛下平日，常言：‘吾当跨三皇，超五帝，下视商周，使万世不可及。’今日其势如何？能自复回都辇乎？”帝乃泣下，再三加叹。义曰：“臣昔不言，诚爱生也；今既具奏，愿以死谢也。天下方乱，陛下自爱。”少选，报云：“义已自刎矣。”帝不胜悲伤，特命厚葬焉。不数日，帝遇害。)(隋书卷三—卷四)

【注释】①《海山记》：唐时佚名著，记录隋炀帝事，其他书皆不见载。

②龙逄：即关龙逄，夏桀时期的大臣，因进谏忠言而被杀。

【译文】史臣说：《尚书》说：“上天降下的灾害，还可以躲避；自己造成的罪孽，则无处可逃。”《左传》说：“吉凶祸福的根由在人，反常怪异之事不会无缘无故地发生。”又说：“战争犹如烈火，如不止息必将自焚。”考察隋朝的兴亡，这些话既确实可靠又得到了验证。

(《海山记》记载宦官王义《上炀帝书陈成败》一文说：臣本生长于南楚低洼贫瘠之地，恰逢圣明的您励精图治之时，不爱惜此身，愿跟从使者来朝进贡。臣本是个侏儒，性格愚钝，出入您的身边，已有很长时间，蒙受您的浓厚恩惠，都超出我平时的期望，我愿继续侍奉在您的车架之旁，周旋于宫中的亭台楼阁之间。臣虽然十分鄙陋，然而酷爱阅读儒家经典，略知道些善恶的根源，稍懂得些兴亡的缘由，来往民间，详知利害。今日蒙您问话，我才敢上书陈述。自陛下继承皇位，掌控政权，圣明神武，乾纲独断，不听从大臣的谋划劝谏，独自制定睿智的谋略，不允许别人献计献策，大肆建造西苑（隋炀帝创建的禁苑，因地处洛阳宫城之西而得名），两次征伐辽东（此指当时的高丽国），龙舟超过万艘，宫阙遍布天下，军队常常役使百万，人民穷得往山谷采摘野食，征伐辽东的将士，存活的不到百分之十，入土安葬的不到十分之一，国库空虚，粮价猛涨，銮驾想去哪里就去哪里，四处巡游没有固定日期，兵士侍从，经常超过万人。于是令四方失望，整个天下沦为废墟。当今有家之人，且存活的寥寥无几。青壮年们大都死于战争，老弱之人多数困于草野。兵士的尸骨堆积如山，饿死之人布满郊野。猪狗饱吃人肉，鸟鱼食人之尸。臭气远达千里，尸骨堆积高原，脂血流满草野，狐狸、野狗吃了全都长得肥肥大大。阴风飘吹在无人的村落，鬼怪夜哭于衰草之下。目力所及，千里平野，不见人烟，数万百姓，流离失所，朝不保夕。父亲丧失幼小的儿子，妻子号哭亡故的丈夫。孤苦是多么的众多，饥荒是多么的严重。动乱和分离才刚刚开始，以后的生死存亡谁又能知道呢！君王爱惜子民，又怎么会到了如此的地步呢？陛下本性严厉坚毅，谁敢上疏劝谏？即便有直言的人，又令赐死。臣子们相互观望，都闭口不言，以求自保。即使关龙逢复生，又怎敢议论奏事？身边亲近之臣，阿谀谄媚，顺从您的意旨，迎合您的想法。您的矫揉造作，拒纳忠言，全是由此而来，他们之所以这样也是为了向您求取富贵。陛下厌恶别人指责自己的过错，这样又能从哪里听到有关国家的坏事呢？当今征伐辽东又是惨败，再加上巡幸江东，国家比春天即将融化的白雪还要危险，战争遍布四方，百姓生活在水深火热之中，官员们还是像往常一样不敢进言。陛下您以为，应采取何种计策来稳定局势呢？陛下打算巡游永嘉（今浙江永嘉县），消磨时日，可您不看看以前您神武威严的姿态，如今是多么的消瘦憔悴呀！陛下打算出兵讨伐，然而将士们不听使唤；打算出外巡游，然而侍卫们不愿跟从。在这个敌人环视的时候，您自己应当如何处置呢？陛下虽然想发愤图强，修正德行，厚爱人民，圣明慈祥的您虽然急切地想挽救时弊，可是天下一旦失去就不可复得了。大势已去，时不再来。大厦即将崩塌，一根木头是支撑不住的；江河已经决口，一捧泥土是堵塞不住的。臣本偏远地方的人，不知道什么忌讳，事情忽然恶化到这步田地，怎敢不为国尽忠、进献一言呢？臣即使现在不死，其后也一定会死于战火。大胆地进献这篇奏书，伸长脖子等待我死期的到来。

隋炀帝看了王义的奏报，说："自古以来有不灭亡的国家，不死亡的人主吗？"王义说："陛下到现在还在掩饰自己的过失，陛下平日里常常说：'我要超越三皇五帝，藐视商周，让万世都觉得我遥不可及。'今天这样的形势如何呢？还能够自己回到京城吗？"隋炀帝于是哭泣，不断叹息。王义说："臣下过去不说，实在是爱惜生命，今天既然备文上奏，愿意以死谢罪。天下已经大乱，希望陛下爱惜自己。”不一会儿，就有奏报说：“王义已经自杀了。”炀帝十分悲伤，特地命人对他加以厚葬。没过几天，炀帝就遇害了。）（隋书卷三—卷四）

礼仪志

【题解】古人认为，“礼”不但能陶冶人的情操，规范人的行为，而且是国家稳定和社会和谐的一个重要因素，因此古代社会多制定严格的“礼”来区别宗法远近等级秩序。《隋书·礼仪志》主要记载了隋朝以及梁、陈、北齐、北周的重要节令、祭祀、射猎、封赠、婚嫁、丧葬、车服仪仗、君臣所践行的仪式等，是了解当时礼仪制度和社会风俗的重要史料。

《续编》选录的这段文字介绍了开皇初年牛弘上书请求“制礼作乐”的原因、过程，从侧面反映出“礼”对治国理政的重要性。

开皇初，高祖思定典礼。太常卿[①]牛弘奏曰：“圣教陵替，国章残缺，汉、晋为法，随俗因时，未足经国庇人，弘风施化。且制礼作乐，事归元首，江南王俭[②]，偏隅一臣，私撰仪注，多违古法。就庐非东阶之位，凶门岂设重之礼？两萧[③]累代，举国遵行。后魏及齐，风牛本隔，殊不寻究，遥相师祖，故山东之人，浸以成俗。西魏已降，师旅弗遑，宾嘉之礼，尽未详定。

今休明启运，宪章伊始，请据前经，革兹俗弊。”诏曰：“可。”弘因奏征学者，撰仪礼百卷。修毕，上之，诏遂班天下，咸使遵用焉。（隋书卷六）

【注释】①太常卿：又称太常寺卿，古代掌管祭祀、礼乐、朝会、丧葬等事的官员。隋制，太常寺卿一人，正三品，乃九卿之首，朝廷举行大礼时由太常寺卿赞引。

②王俭（452—489年）：字仲宝，琅邪临沂（今山东临沂）人，南齐名臣、文学家。著有《王俭集》。当时南齐朝廷的许多礼仪诏策，都是出自王俭之手。

③两萧：指南朝齐、梁两代。因其帝王均姓萧，故名。

【译文】开皇初年，隋高祖杨坚想制定本朝的制度礼仪。太常卿牛弘上奏说：“儒学衰微，国家的礼仪典章残缺不全，汉、晋两朝的法度，顺应世俗，因时变化，不能用来治理国家，恩惠人民，弘扬风气，实施教化。并且制作礼乐，是国家元首的事，江南的王俭，仅仅是偏处一隅的一个小朝廷的臣子，他自己私下编撰的礼仪制度，多数违背古人的法制。客人进屋不能走东阶的位置，办丧事时临时用白绢白纸扎成的门又岂有设置双重的规矩？齐、梁两朝的礼仪，接连几代，全国之人都遵照实行。北魏与南齐，本来相隔甚远，风牛马不相及，他却不细加寻求探究，只是遥远地效法北魏的礼制。因此崤山以东的人民，渐渐因袭，成为习俗。西魏以来，战争频发，接待宾客和饮食、婚冠、庆贺等礼仪，都未能详加制定。如今世道清明，您开启隋朝的国运后，又开始打算制定新的典章制度，请您依据古人的经典，革除长久以来流行在世俗之间的弊病。”隋文帝杨坚下诏说：“可。”于是牛弘因为这番话被征召为学者，撰写仪礼百卷。修书完成后，呈献给皇帝，接着隋文帝下诏颁行天下，使全国各地都遵照使用。”（隋书卷六）

音乐志

【题解】“以乐为教”是古代政治教化的一个重要方面，它强调把“乐”与道德教化联系在一起，与“礼”相互配合，发挥其调和社会关系、融合人类感情的作用，以达到社会和谐的理想境界，因此《礼记·乐记》说：“乐者，德之华也。”又说：“治世之音安以乐，其政和；乱世之音怨以怒，其政乖；亡国之音哀以思，其民困。”

《隋书·音乐志》是一部论述君王雅乐和庶民燕乐的综合性音乐文献，它首次在正史中设置“音乐志”这一体裁。其内容广泛，记载了123件乐器，62部乐舞，118首乐曲，“五旦七调”“八十四调”乐律体系以及礼乐和宫廷燕乐制度等丰富的内容，比较完整、准确地记述了当时的音乐情况，对后世音乐文化的发展有着重要的影响。

《续编》选录的这篇文字主要阐述了音乐产生的过程、对个人修身养性的作用以及与国家治乱兴衰的关系，充分说明了“其用之也，动天地，感鬼神，格祖考，谐邦国。树风成化，象德昭功，启万物之情，通天下之志”的道理。

夫音，本乎太始而生于人心，随物感动，播于形气。形气既著，协於律吕，宫商克谐，名之为乐。乐者，乐也。圣人因百姓乐己之德，正之以六律，文之以五声，咏之以九歌，舞之以八佾[①]。实升平之冠带，王化之源本。《记》曰："感于物而动，故形于声。"夫人者，两仪之播气，而性情之所起也，恣其流湎，往而不归，是以五帝作乐，三王制礼，标举人伦，削平淫放。其用之也，动天地，感鬼神，格祖考，谐邦国。树风成化，象德昭功，启万物之情，通天下之志。若夫升降有则，宫商垂范。礼逾其制则尊卑乖，乐失其序则亲疏乱。礼定其象，乐平其心，外敬内和，合情饰貌，犹阴阳以成化，若日月以为明也。

【注释】①八佾（yì）：古代天子用的一种乐舞。因纵横共八列，每列又都八人，故名。佾，舞列。

【译文】声音，来源于原始之宇宙而产生于人的内心，随外界事物的变化而人心有所感动，然后再借助形、气等具体物质传播。既借助形气传播，表现出来又合乎律吕，协和宫商，因此叫做音乐。乐，就是欢乐喜欢。圣人因为百姓喜爱自己的德行，于是用六种音律来修正，五种声调来文饰，从而发出九歌这样的吟唱，舞出八佾这种舞蹈。实在是太平之世的象征，帝王教化的本源。《礼记》说："被外物感染而激动，所以就在声音体现出来了。"人，受到阴阳二气的感染，而引起性情的波动，肆意沉溺其中，往而不知其返，因此五帝制作出音乐，三王制定出礼仪，宣扬人间伦理，约束纵欲放荡。音乐的作用，可以惊天动地，感动鬼神，祷告祖先，谐和家国。树立风尚，促成教化，象征德行，昭示功业，启发万物的情致，沟通众人的思想。至于音律、升降应有的准则，圣人所制之乐，则起到了垂范后世的作用。礼仪违反制度就会尊卑颠倒，音乐没有次序就会亲疏混乱。礼仪规范人们的言行举止，音乐安定人的内心，外表恭敬，内心谦和，和合人情，修饰容貌，就像阴阳促成教化，日月照亮人间一样。

《记》曰："大夫无故不撤悬，士无故不撤琴瑟。"圣人造乐，导迎和气，恶情屏退，善心兴起。伊耆有苇籥[①]之音，伏牺有网罟之咏，葛天八阕，神农五弦，事与功偕，其来已尚。黄帝乐曰《咸池》，帝喾曰《六英》，帝颛顼曰《五茎》，帝尧曰《大章》，帝舜曰《箫韶》，禹曰《大夏》，殷汤曰《护》，武王曰《武》，周公曰《勺》。教之以风赋，弘之以孝友，大礼与天地同节，大乐与天地同和，礼意风猷，乐情膏润。《传》曰："如有王者，必世而后仁。"成、康化致升平，刑厝而不用也。古者天子听政，公卿献诗。秦人有作，罕闻斯道。汉高祖时，叔孙通[②]爰定篇章，用祀宗庙。唐山夫人[③]能楚声，又造房中之乐。武帝裁音律之响，定郊丘之祭，颇杂讴谣，非全雅什。汉明帝时，乐有四品：一曰大予乐，郊庙上陵之所用焉，则《易》所谓"先王作乐崇德，殷荐之上帝，以配祖考"者也；二曰雅颂乐，辟雍[④]飨射之所用焉，则《孝经》所谓"移风易俗，莫善于乐”者也；三曰黄门[5]鼓吹乐，天子宴群臣之所用焉，则《诗》所谓“坎坎鼓我，蹲蹲儛我”者也；其四曰短箫铙歌乐，军中之所用焉，黄帝时，岐伯[6]所造，以建武扬德，风敌励兵，则《周官》所谓“王师大捷，则令凯歌”者也。又采百官诗颂，以为登歌，十月吉辰，始用烝祭。董卓之乱，正声咸荡。汉雅乐郎杜夔[7]，能晓乐事，八音七始，靡不兼该。魏武平荆州，得夔，使其刊定雅律。魏有先代古乐，自夔始也。自此迄晋，用相因循，永嘉之寇[8]，尽沦胡羯。于是乐人南奔，穆皇罗钟磬，苻坚北败，孝武获登歌。晋氏不纲，魏图将霸，道武克中山，太武平统万，或得其宫悬，或收其古乐，于时经营是迫，雅器斯寝。孝文颇为诗歌，以勖在位，谣俗流传，布诸音律。大臣驰骋汉、魏，旁罗宋、齐，功成奋豫，代有制作。莫不各扬庙舞，自造郊歌，宣畅功德，辉光当世，而移风易俗，浸以陵夷。（隋书卷十三）

【注释】①龠（yuè）：古代一种类似笛子的单管乐器，是中国笛类乐器的先祖。

②叔孙通：汉朝大臣，生卒年不详，薛县（今山东枣庄滕州市）人。官任博士、奉常等职。为汉朝礼乐的制定做出重大贡献。

③唐山夫人：姓唐山，汉高祖刘邦的宠姬，又称唐姬。

④辟雍：古代中央朝廷设立的学官，是尊儒学、行典礼的场所。

⑤黄门：宦官。东汉时黄门令、中黄门等官均为宦官担任，故称宦官为“黄门”。

⑥岐伯：黄帝时期著名的医学家，精于医术脉理。

⑦杜夔：东汉大臣，字公良，河南人，擅长音律。

⑧永嘉之寇：西晋后期匈奴军队攻破晋都、俘虏晋帝、使西晋灭亡。因该事件主要发生于晋怀帝永嘉年间（307—313年），故名。

【译文】《礼记》说：“大夫没有缘故不撤除悬垂的钟磬，读书人没有缘故不撤除琴瑟。”圣人制作音乐，目的在于引导中和之气，屏退邪恶情思，使善心兴起。尧帝利用芦管吹奏音乐，伏羲氏一边打渔一边咏唱。葛天氏发明八种乐歌，神农氏制作五弦之琴，事业与功绩相谐和，可见很久以来就有这种风尚了。黄帝制作的音乐名《咸池》，帝喾制作的音乐名《六英》，帝颛顼制作的音乐名《五茎》，帝尧制作的音乐名《大章》，帝舜制作的音乐名《箫韶》，大禹制作的音乐名《大夏》，殷汤制作的音乐名《护》，武王制作的音乐名《武》，周公制作的音乐名《勺》。借助咏唱诗歌实现教化，弘扬孝悌友爱，世间的大礼与天地具有同样的节度，世间的大乐与天地具有同样的和正，礼仪的意义在于风教德化，音乐的情味在于泽润人心。《左传》说：“如果有王者兴起，也一定是在三十年之后才能推行仁政。”周成王、周康王以礼乐教化把国家治理成太平盛世，以至于刑法虽有却因为举世无犯而派不上用场。古代的天子听取臣子报告、决定政事时，公卿百官都要献上从民间采集的歌谣。秦朝建立后，这种听政方式就很少听到了。汉高祖刘邦之时，叔孙通重新制定礼乐文章，用来祭祀祖庙。唐姬精通楚地的乐调，于是制造出房中之乐。汉武帝选取音律之声，制定祭天时的音乐，但里面掺杂了很多民间曲调，并非全是高雅的篇章。汉明帝时，音乐有四个品级：一名大予乐，到郊外祭祀宗庙和先祖陵墓时所用，这就是《周易》所说的“先王借助制作音乐，尊崇功德，隆重地进奉给天帝，同时也献给祖宗”；二名雅颂乐，在学府内宴饮宾客、举行射箭之礼时所用。这就是《孝经》所说的“改变民风习俗，没有比音乐更好的了”；三名黄门鼓吹乐，天子宴饮群臣时所用，这就是《诗经》所说的“咚咚鼓声为我而响，翩翩舞姿令我欢快”；四名短箫铙歌乐，军队中所用，黄帝时，岐伯所造，以组建军队，宣扬武威，惊吓敌人，鼓励士兵，这就是《周官》所说的“国家的军队取得重大胜利，则令将士们齐唱凯旋之歌”。又收集百官所献的诗歌颂辞，命乐师登堂作歌，每逢十月的良辰吉日，用来祭祀宗庙和祖先。董卓乱政时，朝廷的雅正之声全都荡然无存。汉朝的雅乐郎杜夔，通晓音乐之事，八种乐律七种音调，无不兼备。魏武帝曹操平定荆州，招揽杜夔，让他修改审定雅正的乐律。曹魏有前代的古乐，是从杜夔开始的。自此一直到晋朝，沿袭使用，永嘉之乱后，全部沦为外族所有。于是乐师南逃，晋穆帝收罗钟磬。苻坚战败，晋孝武帝获取登歌（此指古代举行祭典、大朝会时所用的乐器）。晋朝纲纪混乱，北魏即将称霸，北魏道武帝拓跋珪攻克后燕都城中山（今河北定州），太武帝拓跋焘攻破夏国都城统万，这些人有的得到了后燕宫中悬挂的钟磬，有的收取了夏国留存的古乐。其时晋王朝于谋划战事，无暇顾及礼乐，雅正的乐器逐渐废弃搁置。北魏孝文帝拓跋宏非常喜爱写作诗歌，以鼓励在位的官员们勤习汉文化，因此当时有许多的通俗歌谣，广为流传，并被谱上音律，歌唱传诵。北魏的大臣们也是驰骋于汉、魏文化之间，广泛地学习南朝宋、齐的文风，以至功绩明显突出，代代都有所制作，无不各自编排祭祀宗庙的舞蹈，自己制作郊外祭天的歌诗，宣扬功德，光耀当代，从而改变了旧日的风俗习惯，也渐渐改变了礼乐的衰微现象。（隋书卷十三）

食货志

【题解】食，即粮食等食物。货，即钱财、货物。古代多用“食货”一词代称国家财政经济。《隋书·食货志》记述了田制、户口、赋役、仓库、钱法、盐法、杂税、矿冶、市籴、会计等制度，是了解当时经济政策和社会经济状况的重要史料。

《续编》节录的两则内容分别介绍了“食货”对治国安民的重要性及隋朝以前各代赋税的流变情况，总结了隋文帝休养生息以致国库充盈，隋炀帝为求一己之欢不顾民生、破坏生产以致国家灭亡的教训。

王者量地以制邑，度地以居人，总土地所生，料山泽之利，式遵行令，敬授人时，农商趣向，各本事业。《书》称懋迁有无，言谷货流通，咸得其所者也。《周官》太府[①]掌九贡九赋之法，王之经用，各有等差。所谓取之以道，用之有节，故能养百官之政，勖战士之功，救天灾，服方外，活国安人之大经也。爰自轩、顼，至于尧、舜，皆因其所利而劝之，因其所欲而化之。不夺其时，不穷其力，轻其征，薄其赋，此五帝三皇不易之教也。古语曰："善为人者，爱其力而成其财。"若使之不以道，敛之如不及，财尽则怨，力尽则叛。昔禹制九等而康歌兴，周人十一而颂声作。于是东周迁洛，诸侯不轨，鲁宣初税亩，郑产为丘赋，先王之制，靡有孑遗。秦氏起自西戎，力正天下，驱之以刑罚，弃之以仁恩，以太半之收，长城绝于地脉，以头会之敛，屯戍穷于岭外。汉高祖承秦凋敝，十五税一，中元继武，府禀弥殷。世宗得之，用成雄侈，开边击胡，萧然咸罄。宫宇扪于天汉，巡游跨于海表，旱岁除道，凶年尝秣，户口以之减半，盗贼以之公行。于是谲诡赋税，异端俱起，赋及童龀，算至船车。光武中兴，聿遵前事，成赋单薄，足称经远。灵帝开鸿都之榜，通卖官之路，公卿州郡，各有等差。汉之常科，土贡方物，帝又遣先输中署，名为导行，天下贿成，人受其敝。自魏、晋二十一帝，宋、齐十有五主，虽用度有众寡，租赋有重轻，大抵不能倾人产业，道阙政乱。

【注释】①太府：古代官署名，掌管府藏会计。

【译文】君王根据土地的广狭来确定城邑的大小，根据土地的大小来确定安置民众的多少，总计田地所生的物品，估算山林川泽所产的物产，发布命令使人民遵守奉行，教以历法使人民不误农时，农商各有归依，安于事业。《尚书》上说互通有无，指的是谷物、货物流通，人民从中都能得到他所需求的东西。《周官》记载太府掌管九种贡物、九类赋税的征缴，君王的日常用度，各有差别。所谓以正当的途径获取，有节制地使用，因此才能供养百官参与朝政，奖励战士们的功劳，救济天灾，安抚四夷，是救国安民的大道。自轩辕氏、颛顼，至于尧、舜以来，皆让百姓去做对他们有利的事从而借以劝导他们，顺着百姓内心的愿望加以引导从而借以教化他们。不夺取农时，不穷尽民力，减轻征税，减少赋收，这是三皇五帝建立的不能改变的教化百姓之法。古语说："善于为民着想的人，爱惜民力且让人民财用富足。"如果不以正当的途径使用民力，征收赋税惟恐不及时，就会造成财尽民怨、力尽民叛的后果。从前大禹根据各地物产的多少划定出九种等级的赋税而颂扬之歌兴起，周朝征收税率约十分之一的赋税而赞颂之声大作。到了东周迁都洛阳，诸侯图谋不轨，鲁宣公开始实行按亩征税，郑子产推行以丘为单位的征兵纳税制度，先代的井田制，被破坏殆尽。秦朝从西方兴起，奋力夺取天下，以刑罚驱使百姓，抛弃仁义恩德，征收过半的税赋，修建长城断绝地脉，征收大量的人头税，驻防岭外穷尽民力。汉高祖刘邦在秦末凋敝之际即皇帝位，征取十五分之一的赋税，文帝、景帝继续推行这一政策，府库粮仓非常殷实。汉武帝继承这些财产，用来满足自己的好大喜功，开拓边境，攻击匈奴，财富用尽，天下萧条。宫殿高耸云天，巡游横跨东海，大旱之年修治出游道路，饥荒之年征收喂马饲料，因此户口减半，盗贼公行。于是各种奇怪的赋税名目，也异常兴起，竟到了儿童也要纳税，行舟赶车也要计算赋税的地步。光武帝刘秀建立东汉，遵行前朝旧制，赋税轻薄，可谓谋划深远。东汉灵帝在鸿都门贴出告示，开通卖官鬻爵的道路，公卿州郡各官，价格不一。汉朝通常的规矩，各地向君主进献土产财物，东汉灵帝又派遣内府人员先去挑选，叫做导行，天下贿赂之风大行，百姓深受其害。自魏、晋二十一个皇帝，宋、齐十五个君主以来，虽然用度或多或少，赋税或重或轻，大体上还没有出现令人倾家荡产、天道败毁、朝政大乱的现象。

隋文帝既平江表，天下大同，躬先俭约，以事府帑。开皇十七年，户口滋盛，中外仓库，无不盈积。所有赉给，不逾经费，京司帑屋既充，积于廊庑之下，高祖遂停此年正赋，以赐黎元。炀皇嗣守鸿基，国家殷富，雅爱宏玩，肆情方骋，初造东都，穷诸巨丽。帝昔居藩翰，亲平江左，兼以梁、陈曲折，以就规摹。曾雉逾芒，浮桥跨洛，金门象阙，咸竦飞观，颓岩塞川，构成云绮，移岭树以为林薮，包芒山以为苑囿。长城御河，不计于人力，运驴武马，指期于百姓，天下死于役而家伤于财。既而一讨浑庭[①]，三驾辽泽，天子亲伐，师兵大举，飞粮輓秣，水陆交至。疆场之所倾败，劳敝之所殂殒，虽复太半不归，而每年兴发，比屋良家之子，多赴于边陲，分离哭泣之声，连响于州县。老弱耕稼，不足以救饥馁，妇工纺织，不足以赡资装。九区之内，鸾和岁动，从行宫掖，常十万人，所有供须，皆仰州县。租赋之外，一切征敛，趣以周备，不顾元元，吏因割剥，盗其太半。遐方珍膳，必登庖厨，翔禽毛羽，用为玩饰，买以供官，千倍其价。人愁不堪，离弃室宇，长吏叩扉而达曙，猛犬迎吠而终夕。自燕赵跨于齐韩，江淮入于襄邓，东周洛邑之地，西秦陇山之右，僭伪交侵，盗贼充斥。宫观鞠为茂草，乡亭绝其烟火，人相啖食，十而四五。关中疠疫，炎旱伤稼，代王②开永丰之粟，以振饥人，去仓数百里，老幼云集。吏在贪残，官无攸次，咸资镪货，动移旬月，顿卧墟野，欲返不能，死人如积，不可胜计。虽复皇王抚运，天禄有终，而隋氏之亡，亦由于此。（隋书卷二十四）

【注释】①浑庭：即吐谷（yù）浑（313—663年），也称吐浑，我国古代西北民族及其所建国名。

②代王：即杨侑（605—619年），隋炀帝之孙。炀帝晚年出外巡游时，命他留守长安。

【译文】隋文帝杨坚已经平定江南，全国统一，率先躬行节俭，有事情才使用国库内的积藏。开皇十七年（597年），户口众多，内外仓库，无不充盈。所有赏赐，都不过分花费，京城仓库既已堆满，就堆放在廊檐之下，高祖杨坚于是下令停止征收当年的田赋，作为对天下百姓的赏赐。隋炀帝杨广继承伟大的基业，国家殷实富裕，平素喜爱无节制的游玩，肆意使用，开始建造洛阳宫殿，极尽巨大宏丽。炀帝杨广身为藩王重臣，亲自平定江东，见到梁、陈宫殿的幽深曲折，于是兼采学习，仿其风格扩大规模。层叠的城墙超过芒山，浮架的桥梁横跨洛水，以黄金、象牙装饰的宫门楼阙，皆耸立着高高的飞檐，削平山石堵塞河流，构成云霞绮罗般的壮丽景观，移来山岭上的树木建成宫中的树林湖泽，圈围芒山作为畜养禽兽的园地。修建长城，开凿运河，动用的人力不计其数，运输的驴骡和作战的马匹，都规定期限令百姓限时缴纳，天下百姓死于劳役，众多家庭因此破产。接着又一次征伐西北吐谷浑国，三次征伐辽东高丽国，天子御驾亲征，军队大出，迅速运送粮草的队伍，水陆交错往来。军士在边疆倾覆败亡，百姓因劳役疲累丧命，虽然大半去而不归，但每年仍是征发役夫，家家户户的良家子弟，大多开赴边疆，分离哭泣的声音，连绵不断地在各州县响起。老弱之人耕田种地，不足以解救饥饿，妇女纺织布匹，不足以供给行旅衣装。全国之内，帝王的銮驾每年都要巡幸出游，从行的宫人，常常达十万之多，所有供需，都依靠各地州县。田租赋税之外，其它一切东西都在征收的范围之内，为求自己享用周全，不顾黎民百姓，官吏趁机剥夺贪污，盗取大半财物。远方的珍贵美食，一定会搜求品尝，飞禽的羽毛，用来作为玩物装饰，买来供给官府，是原价的千倍。人们愁苦不堪，离家弃屋出外逃难，征税官吏的叩门声此起彼伏一直到天亮，凶猛的狗迎面狂吠的声音持续整夜。自燕、赵跨越到齐、韩，从江淮地区进入到襄阳、邓州，东周洛阳之地，西秦陇山之西，僭越伪称帝号的政权相互侵伐，盗贼四处充斥。宫殿楼观荒废地长满茂盛的野草，乡间村舍不见一点人烟。人们相互残杀啃食的地方，十处有四五处。关中（今陕西中部）瘟疫，大旱损害禾苗，代王杨侑发放永丰仓的粮食，赈济饥民，离粮仓数百里的地方，老幼之人聚集如云。官吏贪污残暴，官府失去秩序，都剥夺财物，旬月之间，就使百姓睡卧于废墟田野中，无法返回，死人叠积如柴堆，不可胜数。即使再有英明的帝王应运而生，上天赐予的禄位也终有完结的一天，隋朝的灭亡，也是由于此。（隋书卷二十四）

经籍志

【题解】《隋书·经籍志》共四卷，是我国现存最古的四分法目录书，也是继《汉书·艺文志》后我国现存最古的第二部史志目录。它按经、史、子、集四部分类，每部下有大序，每类下有小序，类下分别罗列书名和卷数，并附以简要注释，标明注者的时代及官爵。《隋书·经籍志》既记载了隋朝一代的藏书，又反映了六朝时代图书的变动情况，是今天考察唐朝以前儒家著述概况的重要资料。

《续编》选录的七则篇章分别介绍了经籍的作用、各类经籍的关系、学术裂变的过程、史官的演变、史官的重要性及选择史官的条件、如何发挥好不同类别图书的治世作用、文章的风格随时代迁移的历程等内容。

夫经籍也者，机神之妙旨，圣哲之能事，所以经天地，纬阴阳，正纪纲，弘道德，显仁足以利物，藏用足以独善。学之者将殖焉，不学者将落焉。大业崇之，则成钦明之德；匹夫克念，则有王公之重。其王者之所以树风声，流显号，美教化，移风俗，何莫由乎斯道？故曰：其为人也，温柔敦厚，《诗》教也；疏通知远，《书》教也；广博易良，《乐》教也；洁静精微，《易》教也；恭俭庄敬，《礼》教也；属辞比事，《春秋》教也。遭时制宜，质文迭用，应之以通变，通变之以中庸。中庸则可久，通变则可大。其教有适，其用无穷。实仁义之陶钧①，诚道德之橐籥②也。其为用大矣，随时之义深矣，言无得而称焉。故曰：不疾而速，不行而至。今之所以知古，后之所以知今，其斯之谓也。是以大道方行，俯龟象而设卦；后圣有作，仰鸟迹以成文。书契已传，绳木弃而不用；史官既立，经籍于是与焉。

【注释】①陶钧：制造陶器时用的转轮。

②橐籥（tuó yuè）：古代冶炼时用以鼓风吹火的风箱。

【译文】图书典籍，记载有精微玄妙的道理，是只有圣贤才能做成的事，利用它可以通达天地，辩识阴阳，端正纲纪，弘扬道德，彰显仁义足以利益万物，隐藏功用足以独善其身。学习它的人将会繁荣昌盛，不学的人将会衰败凋零。有大功业的人崇尚它，就能养成敬肃明察的德行；平民百姓思考它，就能获得王公贵族的尊重。作为君王想要树立好的风尚，传布显赫的名声，推行完美的教化，改变风俗习惯，何不通过这一途径呢？所以说：作为人，要能够温柔敦厚，这是《诗》教的结果；通达事物，知近知远，这是《书》教的结果；胸怀宽广博大，性格平易善良，这是《乐》教的结果；清洁纯静，精微深奥，这是《易》教的结果；恭顺节俭，庄严有礼，这是《礼》教的结果；

连缀文辞，排比史事，这是通过学习《春秋》，教育感化的结果。因时制宜，质朴和文饰交替使用，用变通来应对时势的变化，用中庸来变通处事的方式。中庸就可以长久，变通就可以强大。教育适当，功用却无穷无尽。实在是推动仁义的转轮，鼓吹道德的风箱。它的用途太大了，它随时变通的道理太深了，没有任何言语能恰当表达出来。所以说：没有急于行事却快速做成了，没有奔波劳累目标就已经到达了。今人利用它可以了解古代，后人利用它可以了解今世，就是说的这个道理。因此正确的道理正在施行的时候，先王俯察龟卜显现的征兆而设立卦图；后代的圣人兴起，仰观鸟迹而造出文字。文字既已传播，结绳穿木的方法弃而不用；史官既已设立，图书典籍于是兴盛起来。

夫仁义礼智，所以治国也，方技数术，所以治身也；诸子为经籍之鼓吹，文章乃政化之黼黻，皆为治之具也。（隋书卷三十二）

【译文】仁义礼智，用以治国，技艺方术，用以修身；诸子为经籍的宣扬者，文章为政教德化增彩，这些都是治理国家的工具。

传曰：“玉不琢，不成器；人不学，不知道。[1]”古之君子，多识而不穷，畜疑以待问；学不逾等，教不陵节；言约而易晓，师逸而功倍；且耕且养，三年而成一艺。自孔子没而微言绝，七十子丧而大义乖，学者离群索居，各为异说。至于战国，典文遗弃，六经之儒，不能究其宗旨，多立小数，一经至数百万言。致令学者难晓，虚诵问答，唇腐齿落而不知益。且先王设教，以防人欲，必本于人事，折之中道。上天之命，略而罕言，方外之理，固所未说。至后汉好图谶①，晋世重玄言，穿凿妄作，日以滋生。先王正典，杂之以妖妄，大雅之论，汩之以放诞。陵夷至于近代，去正转疏，无复师资之法。学不心解，专以浮华相尚，豫造杂难，拟为仇对，遂有芟角②、反对、互从等诸翻竞之说。驰骋烦言，以紊彝叙，哓哓成俗，而不知变，此学者之蔽也。（隋书卷三十二）

【注释】①图谶：古代宣扬迷信的预言、预兆的书籍。

②芟角：本指鹿角很长，后指论辩中，不顾事实，故意制造一个问题，刁难对方。

【译文】经传上说："玉不雕琢，不能成为好的器皿；人不学习，不会明白道理。"古代的君子，博学广记但从不停止学习，保留疑问以待向人请教；学习不超过自己的能力限度，教学不超过学生的能力限度；言语简约而容易明白，老师轻闲而事半功倍；一边耕种一边学习，三年便精通一种经书。自孔子去世后，精微的言辞就灭绝了，七十弟子去世后，正大的道理就背离了，学者们离群索居，各自创造怪异学说。到了战国，经典文献被遗弃，学习六经的儒生，不能探究经书的宗旨，多在细枝末节上阐述，解释一种经书达到数百万字。致使学习之人难以明白，徒然地记诵一些问答之语，直到嘴唇腐烂牙齿摇落也不知其益处所在。并且先王设置教化，其目的在防止人的欲望，它必以人情为根本，以中正之道来调和。上天的教令，简略或很少言及，世俗之外的道理，本来就从未谈说。到了东汉喜好图谶，晋朝重视玄理之言，穿凿附会胡乱造作的言论，一天天滋生。先王的经典，被掺杂进一些异端邪说，雅正之论，被浮夸虚妄之言弄得日渐衰落。衰败到近代，离正道越来越疏远，不再有值得效法的大法。学习不求心领神会，只崇尚浮华的言辞，预先制造一些复杂困难的问题，试图刁难对方，于是有了芰角、反对、互从等许多反复争论的学说。大量使用烦琐的言辞，故意打乱语言的次序，争辩不休，习以成俗，而不知变通，这是学者们的弊病。

古者天子诸侯，必有国史，以纪言行，后世多务，其道弥繁。夏殷已上，左史记言，右史记事，周则太史、小史、内史、外史、御史，分掌其事，而诸侯之国，亦置史官。又《春秋》《国语》引周志、郑书之说，推寻事迹，似当时记事，各有职司，后又合而撰之，总成书记。其后陵夷衰乱，史官放绝，秦灭先王之典，遗制莫存。至汉武帝时，始置太史公，命司马谈为之，以掌其职。时天下计书，皆先上太史，副上丞相，遗文古事，靡不毕臻。谈乃据《左氏》《国语》《世本》[①]《战国策》《楚汉春秋》，接其后事，成一家之言。谈卒，其子迁又为太史令，嗣成其志。上自黄帝，讫于炎汉，合十二本纪、十表、八书、三十世家、七十列传，谓之《史记》。迁卒以后，好事者亦颇著述，然多鄙浅，不足相继。至后汉扶风班彪，缀后传数十篇，并讥正前失。彪卒，明帝命其子固续成其志。固卒后，始命曹大家②续成之。自是世有著述，皆拟班、马，以为正史。（隋书卷三十三）

【注释】①《世本》：先秦时期的史书，记载了从黄帝至春秋时期"帝王""诸侯""卿大夫"的世系和氏姓以及帝王的都邑、制作、谥法等。

②曹大家：即班固之妹班昭，因其丈夫姓曹，故称曹氏。因其多次入宫教授皇后以及嫔妃，故称"大家"。

【译文】古时的天子诸侯，必会设置撰写国史的官员，以记录言行，后世事务越来越多，史官的责任也越加繁重。夏商以上，左史记录言语，右史记录事情，周朝则有太史、小史、内史、外史、御史，分职掌管不同的事务，而诸侯之国，也设置史官。又《春秋》《国语》引录周志、郑书里的语句，探寻事件的迹象，好像当时记事，不同的史官各司其职，后来再合并到一起撰写，归总成史书记录。其后史官之制败落衰乱，史官废止，秦代毁灭先王典籍，前代的制度荡然无存。到汉武帝时，开始设置太史公，命令司马谈担任，掌管史书的编撰工作。当时国家的赋税档案和图书，都要先呈给太史公，副本呈给丞相，因此前代遗留的文章书籍和古代事迹，无不具备。于是司马谈依据

《左氏》《国语》《世本》《战国策》《楚汉春秋》，接续后来的史事，形成一家之言。司马谈去世后，他的儿子司马迁又成为太史令，继承并完成父亲的遗志。上自黄帝，下到西汉，共十二本纪、十表、八书、三十世家、七十列传，称为《史记》。司马迁去世后，好事之人也颇多著述，然而多数鄙陋浅薄，不能继承《史记》。到了东汉扶风（包括今陕西宝鸡、咸阳部分地区）人班彪，在其后缀续传记数十篇，并纠正前代的失误。班彪死后，东汉明帝命令他的儿子班固继承并完成他的遗志。班固死后，开始命令曹大家续成班固未完成的部分。自此，世间的史书著述，都模拟班固、司马迁，以之作为正史。（隋书卷三十三）

夫史官者，必求博闻强识，疏通知远之士，使居其位，百官众职，咸所贰焉。是故前言往行，无不识也；天文地理，无不察也；人事之纪，无不达也。内掌八柄，以诏王治，外执六典，以逆官政。书美以彰善，记恶以垂戒，范围神化，昭明令德，穷圣人之至赜，详一代之亹亹。自史官废绝久矣，汉氏颇循其旧，班、马因之。魏、晋已来，其道逾替。南、董①之位，以禄贵游，政、骏②之司，罕因才授。故梁世谚曰："上车不落则著作，体中何如则秘书。"于是尸素之俦，盱衡延阁③之上，立言之士，挥翰蓬茨之下。一代之记，至数十家，传说不同，闻见舛驳，理失中庸，辞乖体要。致令允恭之德，有阙于典坟，忠肃之才，不传于简策。斯所以为蔽也。（隋书卷三十三）

【注释】①南、董：指春秋时著名史官南史氏和董狐，二人皆以直笔不讳著称。

②政、骏：指西汉文学刘向、刘歆父子，二人皆精于校勘古书。向，字子政。歆，字子骏。

③延阁：汉时宫庭藏书之所。

【译文】史官，一定要寻求博学多闻、记忆力强，通达事理、见识广远的士人，使他担任此职，各类职位的官员，都把文书的副本交给他保存。因此史官对于前代圣贤的言行，无不知晓；天文地理，无不洞察；人伦纲纪，无不通达。在朝廷内掌管八种权柄，以宣示王道，在朝廷外执掌六种法典，以辅助国政。记载好人好事以彰显美善，记载恶言恶行以警戒邪恶，规范教化，显扬美德，穷极圣人最精微的道理，详知一代最深远的事情。自史官废除很久以来，汉朝略能遵循旧制，班固、司马迁加以继承。魏、晋以来，史官之道愈加衰微。南史氏、董狐之位，交给王公贵族掌管，刘向、刘歆之职，很少量才授予。所以南朝梁有谚语说："只要能坐在车上不掉下来就可以当著作郎，只要能写两句书信中问候'身体怎样'的人就可以当秘书郎。"（著作郎、秘书郎是官职名称）于是那些尸位素餐的人，高居延阁之上扬眉举目，而著书立说的，却身处茅屋之中挥笔著述。对于一个朝代史事的记录，多达几十家，传说不同，见闻不一，道理不合中庸，文辞有违简要。致使诚实恭敬的德行，常在史书中缺漏，忠诚端正的人才，不见于史书之中。

《易》曰:“天下同归而殊途,一致而百虑。”儒、道、小说,圣人之教也,而有所偏。兵及医方,圣人之政也,所施各异。世之治也,列在众职,下至衰乱,官失其守。或以其业游说诸侯,各崇所习,分镳并骛。若使总而不遗,折之中道,亦可以兴化致治者矣。(隋书卷三十四)

【译文】《易经》说:“天下人走到同一个地方只是道路不同,达到同一个目的只是思虑各异。”儒、道、小说,都是圣人的教诲,只是各自有所侧重。兵法和医术方技,都是圣人的政事,只是施行对象不同。天下大治的时候,它们分属不同的职守,到了衰乱时期,官员职守混乱。有的把游说诸侯当作职业,各自崇尚自己的学识,分道扬镳,各走各路。假如能总括他们的学问并无所遗漏,用中正之道来调和,也可以兴盛教化使国家安定清平。(隋书卷三十四)

文者,所以明言也。古者登高能赋,山川能祭,师旅能誓,丧纪能诔,作器能铭,则可以为大夫。言其因物骋辞,情灵无拥者也。唐歌虞咏,商颂周雅,叙事缘情,纷纶相袭,自斯已降,其道弥繁。世有浇淳,时移治乱,文体迁变,邪正或殊。宋玉、屈原,激清风于南楚;严、邹、枚、马,陈盛藻于西京;平子艳发于东都;王粲独步于漳滏。爰逮晋氏,见称潘、陆,并黼藻相辉,宫商间起,清辞润乎金石,精义薄乎云天。永嘉[①]已后,玄风既扇,辞多平淡,文寡风力。降及江东,不胜其弊。

宋、齐之世，下逮梁初，灵运高致之奇，延年错综之美，谢玄晖之藻丽，沈休文之富溢，辉焕斌蔚，辞义可观。梁简文之在东宫，亦好篇什，清辞巧制，止乎衽席之间，雕琢蔓藻，思极闺闱之内。后生好事，递相放习，朝野纷纷，号为宫体。流宕不已，讫于丧亡。陈氏因之，未能全变。其中原则兵乱积年，文章道尽。后魏文帝，颇效属辞，未能变俗，例皆淳古。齐宅漳滨，辞人间起，高言累句，纷纭络绎，清辞雅致，是所未闻。后周草创，干戈不戢，君臣戮力，专事经营，风流文雅，我则未暇。其后南平汉沔，东定河朔，讫于有隋，四海一统，采荆南之杞梓，收会稽之箭竹，辞人才士，总萃京师。属以高祖少文，炀帝多忌，当路执权，逮相摈压。于是握灵蛇之珠，韫荆山之玉，转死沟壑之内者，不可胜数，草泽怨刺，于是兴焉。古者陈诗观风，斯亦所以关乎盛衰者也。（隋书卷三十五）

【注释】①永嘉：西晋怀帝司马炽的年号（307—312年）。

【译文】文章，是用来申明表达心声的。古人登高望远能写作赋文，遇山逢河能撰写祭文，行军打仗能写作誓文，遭遇丧事能撰写诔文，制作器物能写作铭文，凭此就可以成为大夫。以上这些说的都是根据事物而自如、尽情地运用言辞，思想情感没有阻碍。唐尧时的赞歌，虞舜时的咏唱，商朝的颂歌，周代的雅歌，依据情感叙说事物，复杂众多，相互继承，自此以后，文章之道更加繁复。世情有浮薄淳厚的不同，时代有安定动乱的变化，文章的体裁也随之迁移变化，正邪相去悬殊。宋玉、屈原，在南楚激发清丽的文风；严君平、邹阳、枚乘、司马相如，在长安铺陈盛丽的辞藻；张衡在洛阳风采焕发；王璨在漳水和滏水之间超群出众。到了晋代，潘岳、陆机被人称扬，华丽的辞藻交相辉映，优美的声调交错而起，清俊的辞句响脆金石，精深的义理上达云天。永嘉以后，玄谈之风大盛，言辞平淡，缺乏骨力。到了东晋，这种弊病更甚，难以承受。宋、齐时代，至梁代初年，谢灵运以情致高雅称奇，颜延年以错落有致为美，谢朓辞藻华丽，沈约言辞丰沛，辉煌灿烂，文彩美盛，文辞义理都很可观。梁简文帝在东宫为太子的时候，也喜欢辞赋文章，辞句清丽，制作精巧，但内容多局限于枕席之间，雕琢文句，铺张辞藻，描写的全是宫闱闺房之事。后来有好事之人，竞相模仿学习，以致朝野上下纷纷效仿，号称宫体。放荡不止，直到丧亡。陈代继续因袭，未能改变文风。至于中原地区则连年战乱，文章之道丧失殆尽。北魏文帝，稍稍效仿撰写诗文，未能改变风俗，但文辞却一例淳厚古朴。北齐建都于漳水之滨，文人兴盛，堆垒词句，纷纭众多，络绎不绝，清丽的文辞，高雅的情致，在前面几代是从没闻见过的。北周刚刚建立的时候，战火不止，君臣合力，尽心经营，风流文雅之事，尚没有时间顾及。后来向南平定汉沔，向东平定河朔，直到隋朝建立，统一天下，采摘荆南的杞梓，收罗会稽的箭竹，文人才士，全都汇聚京城。接着由于隋高祖缺少文才，隋炀帝性好疑忌，执掌大权的人，对文人学士相继打压迫害。因此，手握灵蛇之珠，怀抱荆山之玉的文人才士，转徙丧命于沟壑之间的，不计其数，民

间的怨愤讥刺，于是兴盛起来。古代以陈述诗歌来观察民间风俗，这正是因为文章是关系世道盛衰的东西。（隋书卷三十五）

文献独孤皇后

【题解】独孤皇后，全名独孤伽罗。十四岁嫁给杨坚，辅佐杨坚建功立业、隋朝建立后，被封为皇后。她性格谦恭严肃，与杨坚十分恩爱，并喜好读书，识达今古，经常帮助杨坚处理朝政，对开创“开皇之治”功不可没。但她妒忌心理极强，曾擅自处死尉迟氏，晚年又主导罢黜宰相杨素、废黜太子杨勇，支持晋王杨广等事件，为历史学家所诟病。仁寿二年（602年）去世，时年59岁，葬于泰陵，谥号文献皇后。

《续编》节录的这段内容体现了独孤皇后既仁爱又妒忌的双重性格，并讲述了其怂恿隋文帝废太子杨勇立晋王杨广一事的过程，非常值得人们深思。《尚书》曰：“牝鸡之晨，惟家之索。”（母鸡在清晨打鸣，这个家庭就要破败。）可不慎哉！

文献独孤皇后，河南洛阳人，周大司马、河内公信之女也。信见高祖有奇表，故以后妻焉，时年十四。高祖受禅，立为皇后。后颇仁爱，每闻大理决囚，未尝不流涕。然性尤妒忌，后宫莫敢进御。尉迟迥女孙有美色，先在宫中。上于仁寿宫见而悦之，因此得幸。后伺上听朝，阴杀之。上由是大怒，单骑从苑中而出，不由径路，入山谷间二十余里。高颎、杨素等追及上，扣马苦谏。上太息曰："吾贵为天子，而不得自由！"高颎曰："陛下岂以一妇人而轻天下！"上意少解，驻马良久，中夜方始还宫。后俟上于阁内，及上至，后流涕拜谢，颎、素等和解之。上置酒极欢，后自此意颇衰折。初，后以高颎是父之家客，甚见亲礼。至是，闻颎谓己为一妇人，因此衔恨。又以颎夫人死，其妾生男，益不善之，渐加谮毁，上亦每事唯后言是用。后见诸王及朝士有妾孕者，必劝上斥之。时皇太子多内宠，妃元氏暴薨，后意太子爱妾云氏害之。由是讽上黜高颎，竟废太子，立晋王广，皆后之谋也。（隋书卷三十六）

【译文】文献独孤皇后，河南洛阳人，北周大司马、河内公独孤信之女。独孤信见高祖形貌奇特，因此将文献皇后许配他为妻，时年十四岁。高祖受北周静帝禅让成为皇帝后，立她为皇后。皇后颇有仁爱之心，每次听闻大理寺处决囚犯，都会流泪。然而她天性十分爱忌妒，后宫的嫔妃们都不敢接受皇帝的御幸。尉迟迥的孙女长得很美丽，早在宫中。文帝在仁寿宫遇到并且很喜欢她，因此得到宠幸。文献皇后趁文帝上朝听政的时候，悄悄命人杀了她。文帝于是大怒，一个人骑着马从宫中而出，不择道路，进入山谷间二十多里。高颎、杨素等追赶上文帝，抓住马缰苦劝。文帝叹息说："我贵为天子，竟然没有自由！"高颎说："陛下您岂能重一妇人而轻天下！"文帝怒意稍减，驻马很久，直到半夜才回到宫中。皇后在阁中等着文帝，待其回来后，她流泪请罪，高颎、杨素劝说他们和解。文帝便命人摆酒饮宴，非常高兴，但自此以后皇后与皇上的感情却受到了损伤。当初，皇后因为高颎是父亲的门客，对他极为友善。到了这时，听说高颎在皇上面前称自己是“一妇人”，便怀恨在心。又因为高颎的夫人死后，其妾生了男孩，对他更是不友善，而且渐渐诋毁高颎，文帝凡事也都只听皇后的话。皇后见大臣及朝士们的妾有怀孕的，必劝皇上斥责他们。当时皇太子杨勇宫内有许多爱妾，太子妃元氏暴亡，皇后怀疑是太子的爱妾云氏所害。因此劝文帝罢黜高颎，随后又废除太子，立晋王杨广，这一切都是皇后谋划的。（隋书卷三十六）

于　义

【题解】于义（534—583年），字慈恭，河南洛阳人。北周太师于谨之子。于义起初任直阁将军，其后改封广都县公。专崇德教，不尚威刑。以德化人，风教大洽，进封建平郡公。后授潼州总管，拜上柱国。数月卒，时年50岁。

于义作为安武太守，十分崇尚德化。面对郡民的争讼，他不是直接决断二人的是非对错，而是首先自我检讨，自我责备，认为是自己“德薄”不称职所致，并拿出自己的家财补偿二人，这种遇事先罪己的精神品格和以德行感化民众的治理方式，可谓真正做到了《论语》所说的“道之以德，齐之以礼”。

于义，字慈恭，河南洛阳人也。迁安武太守，专崇德教，不尚威刑。有郡民张善安、王叔儿争财相讼，义曰："太守德薄不胜任之所致，非其罪也。"于是取家财，倍与二人，喻而遣去。善安等各怀耻愧，移贯他州。于是风教大洽。其以德化人，皆此类也。（隋书卷三十九）

【译文】于义，字慈恭，河南洛阳人。任职安武郡太守期间，十分崇尚道德教化，不使用严厉刑法。有郡民张善安、王叔儿因争夺财物发生诉讼，于义说："这是我这个太守德才浅薄，不能胜任职务造成的，不是他们的罪过。"于是拿取家财，加倍地赠予二人，解释明白后就打发他们走了。张善安等各自心怀羞愧，把籍贯迁移到了其它州郡，于是风俗教化得到非常好的治理。他以道德教化百姓，很多都是这样。（隋书卷三十九）

窦荣定

【题解】窦荣定（530—586年），本姓纥豆陵氏，字荣定，扶风平陵（今陕西咸阳）人，鲜卑族。隋朝外戚大臣，太仆卿窦善之子，隋文帝杨坚姐夫。

窦荣定从小就与杨坚友情深厚，长大后又娶了杨坚的姐姐安成公主，成为皇亲国戚，再加他在击退突厥的战役中立有军功，隋文帝打算褒奖他，封他为三公，没想到窦荣定却拒绝了。原因是他以史为鉴，认为受宠太多骄傲自满必然招致灾祸，低调谦让方能保全天年。窦荣定的这种见识是一种非常成熟的政治见解，也可以看出他是一位非常成熟的政治家。他在上书中说的这些话，值得所有官势显赫之人引为警戒。

窦荣定，扶风平陵人也。其妻则高祖姊安成长公主也。上欲以为三公，荣定上书曰："臣每观西朝卫、霍，东都梁、邓，幸托葭莩，位极台铉，宠积骄盈，必致倾覆。向使前贤，少自贬损，远避权势，推而不居，则天命可保，何覆宗之有！臣每览前修，实为畏惧。"上于是乃止。（隋书卷三十九）

【译文】窦荣定，扶风平陵（今陕西咸阳）人。他的妻子是隋高祖的姐姐安成长公主。隋文帝打算封他为三公，窦荣定上书说："我时常反思西汉的卫青、霍去病，东汉的梁冀、邓禹，他们有幸依赖祖上的恩荫和皇室宗亲的关系而官位显赫，以致受宠过多，骄傲自满，招致灭族之祸。倘若这些前代的贤人们能略加自我抑制，远离权势，谦让而不以功臣自居，那么就可以保全性命，哪里会有宗族覆灭的灾祸呢？我每次想到这些前贤的事迹，就实在害怕得要命。"文帝于是作罢。（隋书卷三十九）

高　颎

【题解】高颎（541—607年），一名敏，字昭玄，鲜卑名独孤颎，渤海蓨（今河北景县东）人。高颎出身渤海高氏，其父高宾是上柱国独孤信的僚佐，官至刺史。杨坚为周静帝大丞相时，知道高颎精明强干，知兵事，多计谋，任命他为相府司录。隋文帝建立隋朝后，任尚书左仆射兼纳言，旋拜左卫大将军。隋文帝有统一南北之志，高颎推荐贺若弼、韩擒虎二将分别任吴州和庐州总管，作灭陈准备。开皇八年（588年）隋朝以晋王杨广为元帅伐南陈，任元帅长史，指挥全军一举平南陈。后因反对废太子杨勇并得罪独孤皇后，遭隋文帝猜忌，被免官为民，不久后又免去齐国公爵位。隋炀帝时，被起用为太常卿。

高颎有文武才干，善理政务，在任期间又竭忠尽智，举贤任能，为人谦逊，不居功自傲，是朝野公认的“真宰相”。为相执政近二十年，竭诚尽职，功绩卓著。大业三年（607年），见炀帝奢靡，甚为忧虑，有所议论，为人告发，与贺若弼同时被杀害，享年66岁。

高颎，字昭玄，自云渤海蓨人也。高祖受禅，拜尚书左仆射，兼纳言，进封渤海郡公，朝臣莫与为比。九年，晋王广大举伐陈，以颎为元帅长史，三军谘禀，皆取断于颎。及陈平，晋王欲纳陈主宠姬张丽华。颎曰：“武王灭殷，戮妲己。今平陈国，不宜取丽华。”乃命斩之，王甚不悦。

【译文】高颎，字昭玄，自称渤海蓨（今河北景县东）人。隋高祖受北周禅让后，授他为尚书左仆射，兼纳言，进而封为渤海郡公，朝中大臣无人能与之相比。开皇九年（589年），晋王杨广大举伐陈，任高颎为元帅长史，有关行军打仗的事宜或请示，都由高颎决断。等到陈被平定后，晋王杨广想纳陈后主的宠姬张丽华为妃。高颎说："周武王剿灭殷商后，杀死妲己。如今平定陈国，不应娶张丽华。"于是下令杀掉张丽华，晋王杨广很不高兴。

炀帝即位，拜为太常。时诏收周、齐故乐人及天下散乐。颎奏曰："此乐久废。今或征之，恐无识之徒弃本逐末，递相教习。"帝不悦。帝时侈靡，声色滋甚，又起长城之役。颎甚病之，谓太常丞李懿曰："周天元以好乐而亡，殷鉴不遥，安可复尔！"时帝遇启民可汗[①]恩礼过厚，颎谓太府卿何稠曰："此虏颇知中国虚实、山川险易，恐为后患。"复谓观王雄曰："近来朝廷殊无纲纪。"有人奏之，帝以为谤讪朝政，于是下诏诛之，诸子徙边。

颎有文武大略，明达世务。及蒙任寄之后，竭诚尽节，进引贞良，以天下为己任。苏威、杨素、贺若弼、韩擒等，皆颎所推荐，各尽其用，为一代名臣。自余立功立事者，不可胜数。当朝执政将二十年，朝野推服，物无异议。治致升平，颎之力也，论者以为真宰相。及其被诛，天下莫不伤惜，至今称冤不已。（隋书卷四十一）

【注释】①启民可汗：又称突利可汗，当时东突厥的首领，臣服于隋。

【译文】隋炀帝杨广即位，封他为太常。当时朝廷下诏收罗北周、北齐的乐工和天下的散乐。高颎上奏说："这些音乐久已废绝。现今如果征集，恐怕无识之徒舍本逐末，相继教习。”炀帝不乐。当时隋炀帝十分奢侈靡费，越加沉迷声色，又发起修筑长城的劳役。高颎非常担忧，对太常丞李懿说：“周朝原本因好乐而灭亡，教训不远，怎么能又这样呢！”当时炀帝对启民可汗恩宠礼遇太过，高颎对太府卿何稠说：“这个胡人十分了解中国的虚实，山川的险峻平坦，恐怕日后会带来祸患。”又对观王杨雄说：“近来朝廷特别地没有纲纪。”有人报告给隋炀帝，炀帝认为他诽谤朝政，因此下诏诛杀了他，他的儿子们也都迁徙到边疆。

高颎有文武韬略，通达世务。他被寄予重任以后，竭诚尽节，引荐忠良之士，以天下为己任。苏威、杨素、贺若弼、韩擒虎等，都是高颎所推荐，他们各尽其用，成为一代名臣。他所推荐的其他建功立业的人，不可胜数。在朝执政将近二十年，朝野上下都推许佩服，没有异议。将国家治理成太平盛世，这是高颎的功劳，议论者认为他是真宰相。等他被杀后，天下之人没有不悲伤惋惜的，至今人们仍说他死得冤枉。（隋书卷四十一）

杨尚希

【题解】杨尚希（534—590年），弘农灵宝（今河南灵宝）人。8岁时父亲去世，11岁至长安求学，深得大儒卢辩赏识，令入太学。北周太祖宇文泰曾亲到太学奠祭先圣先师，当时杨尚希只有18岁，让他讲解《孝经》，言语意义都很恰当。太祖视为奇才，赐姓普六茹氏，升任国子博士。北周明帝、武帝时，历任太学博士、太子宫尹、计部中大夫，赐爵高部县侯、东京司宪中大夫。宣帝时，任司会中大夫。杨坚即帝位后，拜杨尚希为度支尚书，进爵为公。后奉诏出巡淮南，任兵部尚书。转任礼部尚书，授上仪同。开皇十年（590年）去世，时年57岁，谥曰平。

杨尚希性情磊落宽厚，学识渊博，在当时很有名望，为朝廷所重用。晚年出任蒲州刺史期间，引水灌溉，修渠筑堤，开发农田，政绩突出，百姓大得其利。《续编》辑录了其上书隋文帝要求合并郡县、裁撤闲职以节省财政消耗的主张，体现了他卓越的见识和深远的改革谋略，对今天仍有许多借鉴意义。

杨尚希，弘农人也。高祖受禅，拜度支尚书[①]，进爵为公。尚希时见天下州郡过多，上表曰：

“自秦并天下，罢侯置守，汉、魏及晋，邦邑屡改。窃见当今郡县，倍多于古，或地无百里，数县并置，或户不满千，二郡分领。具僚以众，资费日多；吏卒人倍，租调岁减。清干良才，百分无一，动须数万，如何可觅？所谓民少官多，十羊九牧。琴有更张之义，瑟无胶柱[②]之理。今存要去闲，并小为大，国家则不亏粟帛，选举则易得贤才，敢陈管见，伏听裁处。”帝览而嘉之，于是遂罢天下诸郡。（隋书卷四十六）

【注释】①度支尚书：古代主管国家财政税收的官吏。隋朝为正三品，下领侍郎两人。开皇三年（583年）改称民部尚书。

②柱：瑟上调节声音的短木。

【译文】杨尚希，弘农郡（今河南灵宝）人。隋高祖杨坚受北周禅让后，封他为度支尚书，晋升为公爵。当时尚希看到天下州郡过多，上奏说：

“自从秦朝统一天下，罢诸侯，置郡守，汉、魏及晋，郡县的数量和大小不断改变。我个人认为，当今郡县的数量，是古代的数倍，有的地无百里，就设置几个县，有的户不满千，就设置两个郡分管。官员众多，耗费巨大；官吏兵卒增长了几倍，税收却年年减少。清廉干练的人才，百个里挑不出一个，国库开支动不动就数万，哪里寻觅这么多钱财？这就是所谓的民少官多，十只羊九人放牧。琴弦用久了就要换一下，瑟弦被瑟柱粘住音调就不能变换。如今要保存精要，去除闲职，合并小郡县为大郡县，这样国家财政就不会亏空，选举就容易得到贤才，我大胆地陈述浅陋的见识，跪请陛下裁处。”高祖看完奏章，很高兴地嘉奖了他，于是撤除天下诸郡。（隋书卷四十六）

长孙平

【题解】长孙平，字处均，河南洛阳人。北周时历任开府、乐部大夫、小司寇、寿州刺史。杨坚建立隋朝后，授任度支尚书，转工部尚书，历汴、许、贝三州刺史，不久升为大将军，拜太常卿，判吏部尚书事。仁寿年间去世，谥曰康。

《续编》辑录了其任度支尚书期间上书隋文帝要求“劝农积谷”以备不时之需以防水旱灾年的主张，体现了他以为民本、重视民生的仁爱思想和“凡事预则立，不预则废”的理政远见。

长孙平，字处均，河南洛阳人也。开皇三年，征拜度支尚书。平见天下州县多罹水旱，百姓不给，奏令民间每秋家出粟麦一石已下，贫富差等，储之闾巷，以备凶年，名曰义仓。因上书曰：

“臣闻国以民为本，民以食为命，劝农重谷，先王令轨。古者三年耕而余一年之积，九年作而有三年之储，虽水旱为灾，而民无菜色，皆由劝导有方，蓄积先备者也。去年亢阳，关右饥馁，陛下运山东之粟，置常平之官，开发仓廪，普加赈赐，大德鸿恩，可谓至矣。然经国之道，义资远算，请勒诸州刺史、县令，以劝农积谷为务。”上深嘉纳。自是州里丰衍，民多赖焉。（隋书卷四十六）

【译文】长孙平，字处均，河南洛阳人。开皇三年（583年），被授予度支尚书。长孙平看到天下各州县多遭受水旱之灾，百姓不能自养，上奏朝廷，命令民间每年秋天各家拿出一石以下的粮食，贫富有别，储存在乡间，以预备荒年，名为义仓。于是上书说：

“臣听闻国家以人民为本，人民以粮食为命，劝导农业，重视谷米，是先王的制度。古代耕种三年能积下一年的余粮，耕种九年能积下三年的储蓄，虽遇水旱之灾，而民无饥色，这都是由于劝导有方，预先积蓄粮食所致。去年大旱，函谷关以西地区发生饥荒，陛下运送崤山以东的粮食，设置平衡米价的官员，打开粮仓，广为赈济，恩德之伟大，可谓到了极致。然而治国之道，在于作长远打算，请您命令各州的刺史、县令，把劝导农业、积蓄谷米作为重要事务。”高祖深表赞许。从此各州粮食充足，百姓大多依赖于它。（隋书卷四十六）

柳　昂

【题解】柳昂，字千里，河东解县（今山西运城）人。为人聪颖，有见识，才干过人。北周时任内史中大夫、开府仪同三司，赐爵文城郡公。早年患有偏风症，不能视事。隋朝建立后，病愈，封为上开府，拜任潞州刺史。

《续编》辑录了柳昂上书隋文帝要求“劝学行礼”的奏章和隋文帝接受其建议下令各州县“劝学行礼”的诏书，可见柳昂平时深得杨坚的喜爱和看重，也可以看出隋文帝和柳昂这一君一臣之间都对兴办学校、推行礼仪的治国策略十分重视。

昂字千里，有器识，干局过人。周武帝时，为大内史，赐爵文城郡公。高祖受禅，加上开府，拜潞州刺史。昂见天下无事，可以劝学行礼，因上表曰：

“臣闻帝王受命，建学制礼，故能移既往之风，成惟新之俗。自魏道将谢，分割九区，关右、山东，久为战国，各逞权诈，俱殉干戈，赋役繁重，刑政严急。盖救焚拯溺，无暇从容，非朝野之愿，以至于此。晚世因循，遂成希慕，俗化浇漓，流宕忘反，自非天然上哲，挺生于时，则儒雅之道，经礼之制，衣冠民庶，莫肯用心。世事所以未清，轨物由兹而坏。伏惟陛下禀灵上帝，受命昊天，合三阳之期，膺千祀之运。往者周室颓毁，区宇沸腾，圣策风行，神谋电发，端坐廊庙，荡涤万方，俯顺幽明，君临四海。择万古之典，无善不为；改百王之弊，无恶不尽。至若因情缘义，为其节文，故以三百三千，事高前代。然下土黎献，尚未尽行。臣谬蒙奖策，从政藩部，人庶轨仪，实见多阙，儒风以坠，礼教犹微，是知百姓之心，未能顿变。仰惟深思远虑，情念下民，渐被以俭，使至于道。臣恐业淹事缓，动延年世。若行礼劝学，道教相催，必当靡然向风，不远而就。家知礼节，人识义方，比屋可封，辄谓非远。”

上览而善之，因下诏曰：

【译文】柳昂，字千里，富有器度见识，才干格局超过一般人。周武帝的时候，担任大内史，赐予文城郡公的爵位。隋高祖受禅让即位后，加封为上开府，拜任潞州刺史。柳昂见到天下太平无事，可以劝勉学问推行礼教，于是上奏说：

“臣听闻帝王受天命即位，建立学校制定礼仪，能改变旧有的风气，形成崭新的风俗。自从魏朝衰败以来，九州分裂，潼关以西、崤山以东，长期为交战之地，各自运用权诈之术，全都丧命于战争之中，赋役繁重，刑罚严酷。因为救助陷于水深火热中的百姓刻不容缓，却没有成为当时朝野共同的愿望，才造成这种情况。后世沿袭，礼乐之道于是成为空想，民俗教化浮薄败坏，江河日下，积重难返，如果不是天生大贤，生长于此时，则儒术学问之道，经书礼仪之制，士族平民，无人肯用心于此了。世事因此而不清明，法规由此而渐坏。念及陛下禀赋天帝授予的智慧，受上天之命而即位，生当三阳交泰的吉期，恰逢千载难遇的机会。从前北周颓败灭亡，天下混乱，陛下英明的决策快如风，神奇的谋略迅如电，安坐朝堂，扫平四方，顺应天理，君临天下。采择远古的典章制度，尽力为善；革除各代君王的弊政，尽力除恶。至于顺应国情民意，制定礼仪文教，多至几百几千，事迹远已超过前代。然而民间百姓，仍未有全部遵行。臣错蒙您的嘉奖封赏，在州郡官府任职，民俗民规，确实见到有许多缺漏，儒风堕落，礼教衰微，由此可知百姓之心，没有能够及时改变。希望您深思远虑，体念百姓，渐渐推行俭约的教化，使他们归于正道。臣担心事业迟缓，拖延年月。如果推行礼教劝勉学问，王道与教化相互催发，必定会群起仿效成为风气，要不了多久民风就会归于淳厚。家家知礼节，人人懂道义，每家每户都有可以风尚的善行，这样的局面我敢说不久就要实现。”

高祖看完奏章，大加称赞，于是下诏说：

“建国重道，莫先于学，尊主庇民，莫先于礼。自魏氏不竞，周、齐抗衡，分四海之民，斗二邦之力，递为强弱，多历年所。务权诈而薄儒雅，重干戈而轻俎豆，民不见德，唯争是闻。朝野以机巧为师，文吏用深刻为法，风浇俗弊，化之然也。虽复建立庠序，兼启黉塾，业非时贵，道亦不行。其间服膺儒术，盖有之矣，彼众我寡，未能移俗。然其维持名教，奖饰彝伦，微相弘益，赖斯而已。王者承天，休咎随化，有礼则祥瑞必降，无礼则妖孽兴起。人禀五常[①]，性灵不一，有礼则阴阳合德，无礼则禽兽其心。治国立身，非礼不可。朕受命于天，财成万物，去华夷之乱，求风化之宜。戒奢崇俭，率先百辟，轻徭薄赋，冀以宽弘。而积习生常，未能惩革，闾阎士庶，吉凶之礼，动悉乖方，不依制度。执宪之职，似塞耳而无闻；莅民之官，犹蔽目而不察。宣扬朝化，其若是乎？古人之学，且耕且养。今者民丁非役之日，农亩时候之余，若敦以学业，劝以经礼，自可家慕大道，人希至德。岂止知礼节，识廉耻，父慈子孝，兄恭弟顺者乎？始自京师，爰及州郡，宜祗朕意，劝学行礼。”

自是天下州县皆置博士习礼焉。

昂在州，甚有惠政，数年，卒官。（隋书卷四十七）

【译文】“治理国家敬重大道，没有比兴学更重要的了。上尊君主下护百姓，没有比兴礼更重要的了。自从魏朝衰败，北周、北齐并立对抗，分裂天下人民，以国力相争斗，互为强弱，历时已久。追求权诈而鄙薄儒雅，倚重武力而轻视礼仪，百姓没有德行，只闻相互争斗。朝廷内外崇尚机巧，官吏执法严苛，风俗衰薄，这是教化使之如此。虽然也建立学校，兼设乡塾，但学问不被当时看重，王道也难推行。这中间崇尚儒学的，也有几人，但彼众我寡，未能改变风俗。然而维持礼教，奖励伦常，稍加弘扬补益，也有赖于此。君王承受天命，吉凶顺应造化，有礼节则祥瑞必然降临，无礼节则妖孽必然兴起。庶民禀受五常，性灵各异，有礼节则男女和顺，无礼节则心如禽兽。治国立身，没有礼仪不行。朕受天命，统理万物，区别华夏与蛮夷的混乱，力求适当的风俗教化。反对奢侈崇尚节俭，身为百官表率，轻徭薄赋，希望树立宽容之德。然而习惯太久，已成常规，未能改变革除，民间的士子百姓，吉庆凶丧之礼，动不动就违背法度，不遵制度。执法的官员，似乎塞耳不闻；管理百姓的官吏，似乎遮眼不察。宣扬朝廷的教化，能够像这样吗？古代的学者，一面耕作劳动，一面修养自己的品德学问。现今在百姓没有劳役的日子，农事空闲的时候，如果用学业督促他们，用经书礼仪劝导他们，必将能够家家崇尚正道，人人仰慕善德。岂止知礼节，识廉耻，父慈子孝，兄恭弟顺而已！从京城开始，到各州郡，应当体会朕的心意，劝勉兴学推行礼制。”

自此以后全国各州县均设置博士讲习礼仪。

柳昂在州为官，很有德政，几年后，在任上去世。（隋书卷四十七）

全/注/全/译

群書治要續編

二

《群书治要续编》编辑编委会 编

郝时晋 梁光玉 萧祥剑 主编

团结出版社

目 录

群书治要续编卷第十一　旧唐书（五）

群书治要续编卷第十二　旧唐书（六）

群书治要续编卷第六　隋书（下）

牛　弘

【题解】牛弘（545—610年），本姓尞，字里仁，安定鹑觚（今甘肃灵台）人。袭封临泾公。少好学，博览群书。北周时，专掌文书，修起居注。隋文帝即位后，授散骑常侍、秘书监。进爵奇章郡公。开皇三年（583年），拜礼部尚书，请修明堂，定礼乐制度。又奉敕修撰《五礼》百卷，从此儒家文化复兴。后牛弘又任吏部尚书，掌选举用人，倡先德行而后人才，众咸服之，史称大雅君子。牛弘生活俭朴，事奉皇帝尽礼，对待下属以仁厚，不善言谈而恪尽职守。政务繁杂，仍书不释手。大业六年（610年），死于江都。

《续编》自《隋书》本传中辑录了他上书隋文帝关于征集民间典籍的奏疏，在文章中他对隋代以前书籍亡佚进行了历史研究和总结，提出了著名的藏书“五厄论”，对后世藏书文化的研究产生深远影响。他也指出了重视典籍整理对治国理政、弘扬教化的重要作用。中国历史上每个朝代在兴盛时期都重视典籍整理和文化建设，这是中华文化得以绵延不绝、保持兴盛的重要原因。

牛弘，字里仁，安定鹑觚人也，本姓尞氏。开皇初，迁授散骑常侍、秘书监。弘以典籍遗逸，上表请开献书之路，曰：

【译文】牛弘，字里仁，安定鹑觚（今甘肃灵台）人，本姓奈。开皇初年，授散骑常侍、秘书监。牛弘因见典籍大多遗失流散，上表朝廷，请求开通民间献书之路，上奏说：

经籍所兴，由来尚矣。爻画肇于庖羲，文字生于苍颉。圣人所以弘宣教导，博通古今，扬于王庭，肆于时夏。故尧称至圣，犹考古道而言；舜其大智，尚观古人之象。《周官》外史掌三皇五帝之书，及四方之志。武王问黄帝、颛顼之道，太公曰："在《丹书》。"是知握符御历，有国有家者，曷尝不以《诗》《书》而为教，因礼乐而成功也。昔周德既衰，旧经紊弃。孔子以大圣之才，开素王[①]之业，宪章祖述，制《礼》刊《诗》，正五始[②]而修《春秋》，阐《十翼》而弘《易》道。治国立身，作范垂法。及秦皇驭宇，吞灭诸侯，任用威力，事不师古，始下焚书之令，行偶语之刑。先王坟籍，扫地皆尽。本既先亡，从而颠覆。臣以图谶言之，经典盛衰，信有徵数。此则书之一厄也。汉兴，改秦之弊，敦尚儒术，建藏书之策，置校书之官，屋壁山岩，往往间出。外有太常、太史之藏，内有延阁、秘书之府。至孝成之世，亡逸尚多，遣谒者陈农求遗书于天下，诏刘向父子雠校篇籍。汉之典文，于斯为盛。及王莽之末，长安兵起，宫室图书，并从焚烬。此则书之二厄也。光武嗣兴，尤重经诰，未及下车，先求文雅。于是鸿生巨儒，继踵而集，怀经负帙，不远斯至。肃宗亲临讲肆，和帝数幸书林，其兰台、石室，鸿都、东观，秘牒填委，更倍于前。及孝献移都，吏民扰乱，图书缣帛，皆取为帷囊。所收而西，裁七十余乘。属西京大乱，一时燔荡。此则书之三厄也。魏文代汉，更集经典，皆藏在秘书、内外三阁，遣秘书郎郑默删定旧文。时之论者，美其朱紫有别。晋氏承之，文籍尤广。晋秘书监荀勖定魏《内经》，更著《新簿》。虽古文旧简，犹云有缺，新章后录，鸠集已多，足得恢弘正道，训范当世。属刘、石凭陵，京华覆灭，朝章国典，从而失坠。此则书之四厄也。永嘉之后，寇窃竞兴。因河据洛，跨秦带赵。论其建国立家，虽传名号，宪章礼乐，寂灭无闻。刘裕平姚，收其图籍，五经子史，才四千卷，皆赤轴青纸，文字古拙。僭伪之盛，莫过二秦，以此而论，足可明矣。故知衣冠轨物，图画记注，播迁之余，皆归江左。晋、宋之际，学艺为多，齐、梁之间，经史弥盛。宋秘书丞王俭，依刘氏《七略》，撰为《七志》。梁人阮孝绪，亦为《七录》。总其书数，三万余卷。及侯景渡江，破灭梁室，秘省经籍，虽从兵火，其文德殿内书史，宛然犹存。萧绎据有江陵，遣将破平侯景，收文德之书，及公私典籍，重本七万余卷，悉送荆州。故江表图书，因斯尽萃于绎矣。及周师入郢，绎悉焚之于外城，所收十才一二。此则书之五厄也。后魏爰自幽方，迁宅伊、洛，日不暇给，经籍阙如。周氏创基关右，戎车未息。保定③之始，书止八千，后加收集，方盈万卷。高氏据有山东，初亦采访，验其本目，残缺犹多。及东夏初平，获其经史，四部重杂，三万余卷。所益旧书，五千而已。今御书单本，合一万五千余卷，部帙之间，仍有残缺。比梁之旧目，止有其半。至于阴阳河洛之篇，医方图谱之说，弥复为少。臣以经书自仲尼已后，迄于当今，年逾千载，数遭五厄，兴集之期，属膺圣世。伏惟陛下受天明命，君临区宇，功无与二，德冠往初。自华夏分离，彝伦攸斁，其间虽霸王递起，而世难未夷，欲崇儒业，时或未可。今土宇迈于三王④，民黎盛于两汉，有人有时，正在今日。方当大弘文教，纳俗升平，而天下图书，尚有遗逸，非所以仰协圣情，流训无穷者也。臣史籍是司，寝兴怀惧。昔陆贾奏汉祖云“天下不可马上治之”，故知经邦立政，在于典谟矣。为国之本，莫此攸先。今秘藏见书，亦足披览，但一时载籍，须令大备。不可王府所无，私家乃有。然士民殷杂，求访难知，纵有知者，多怀吝惜，必须勒之以天威，引之以微利。若猥发明诏，兼开购赏，则异典必臻，观阁斯积，重道之风，超于前世，不亦善乎！伏愿天鉴，少垂照察。

上纳之，于是下诏：献书一卷，赉缣一匹。一二年间，篇籍稍备。

【注释】①素王：孔子有德无位，故称素王。

②五始：指元年、春、王、正月、公即位五事。孔子修《春秋》是以这“五事”为次序而记载的。

③保定：北周武帝宇文邕的年号（561年正月—565年12月），历时4年余。

④三王：指夏禹、商汤、周文王、周武王。

【译文】经籍兴起，由来已久。《易》卦爻符始于伏羲，文字创于苍颉。圣人用之弘扬教化，博通古今，宣扬于王者的朝廷，推行于当时的华夏。因此即使尧被称为至圣，仍察考古人设立的言语；即使舜被称为大智，仍借鉴古人创建的图像。《周官》里的外史掌管三皇五帝之书，以及各地方志。周武王询问黄帝、颛顼的治国之道，姜太公说："在《丹书》里。"由此可知，掌握符命，统治天下，有国有家的人，何尝不依据《诗》《书》宣扬教化，借助礼乐成其事功。从前周朝衰败，旧时的经书散乱遗失。孔子以大圣的才能，开创删定诗书的事业，遵从旧制，效法先王，制定《礼记》，刊定《诗经》，以"五始"为次序编修《春秋》，阐明《十翼》而弘扬《易》理。为治国修身，立下规范法则。到了秦始皇统治天下，吞灭诸侯，使用威权武力，做事不遵古训，颁布焚书坑儒的法令，施行议论处死的刑罚。前代典籍，扫除皆尽。根本既先败亡，国家随之颠覆。臣借图谶之类书上的话说，典籍的盛衰，实在关系国家的运数。这是书籍遭受的第一次灾祸。汉朝建立，革除秦朝弊政，崇尚儒学，建立藏书的制度，设置校书的官吏，在屋壁山岩，常常发现古书。宫外有太常、太史等藏书之所，宫内有延阁、秘书等藏书之地。到孝成皇帝刘骜的时候，尚有许多书籍散佚，于是派谒者陈农搜求天下遗书，令刘向父子校勘篇章典籍。汉朝的文献典籍，这时很兴盛。到了王莽末年，长安战乱，宫廷藏书，全都烧为灰烬。这是书籍遭受的第二次灾祸。光武帝刘秀建立东汉，十分重视典籍，还未正式即位，就先搜求文章书籍。于是博学大儒，相继汇聚京城，携带经书，不远万里而来。肃宗孝章皇帝刘炟亲临讲堂，和帝刘肇多次视察书库，当时的兰台、石室，鸿都、东观，堆满珍贵书籍，是从前的数倍。到了孝献皇帝刘协迁都，官吏百姓乱作一团。包裹图书的绢帛，全都被取下制成帷帐袋囊。收集到西京的图书，只有七十余车。又正遇上西京大乱，一时之间全被烧毁。这是书籍遭受的第三次灾祸。魏文帝代汉建魏，再次搜集典籍，全部藏在秘书、内、外三阁，派秘书郎郑默删定古时文献。当时议论之人，都赞美他能做到正邪美恶不相混淆。晋朝继续搜集文献，文章典籍更加广备。西晋秘书监荀勖订正魏《内经》，另著有《新簿》。虽然古代文章典籍的校正，仍有缺漏，但新近之人的篇章著录，已聚集很多，足以弘扬正道，为当世树立规范。遇到刘粲、石勒进犯，京城覆灭，朝廷的典章国家的书籍，随之失散。这是书籍遭受的第四次灾祸。永嘉之乱后，贼寇四起，或占据黄河、洛水一带，或横跨秦、赵之地。虽说建立了国家，传布了名号，但它们的法令礼乐，却寂灭无闻。刘裕平定姚泓，收集其图书典籍，五经子史，总共才四千卷，都是赤轴青纸，文字古拙。仿古造假之盛，莫过于二秦，以此来说，就可证明了。由此可知，典章法规、图画记注，迁徙之际，全都归集于江南。东晋、刘宋之时，有关学问技艺的书很多，齐、梁之间，经书、史书更加充盛。刘宋秘书丞王俭，依据刘歆的《七略》，写成《七志》。梁朝人阮孝绪，也写有《七录》。总计其书籍数量，共三万多卷。等到侯景渡江，消灭梁朝，秘书省的经籍，虽遭兵火，但文德殿内的书籍，仍然保存了下来。萧绎占据江陵，派将领平定侯景之乱，收集文德殿内的图书和公私典籍，连重复的书在内共计七万余卷，全部送往荆州。因此江南图书，至此尽归于萧绎了。等到北周军队攻入郢地（在今湖北省江陵县附近），萧绎把这些书运往外城集中烧毁，所剩仅十之一二。这是书籍遭受的第五次灾祸。北魏起于边远之地，迁居伊水（在河南省西部）、洛河（在河南省西北部）一带，整日忙于国事，无暇顾及其它，没有留下什么典籍。北周创业于关右（指潼关以西地区），征战不息。北周武帝保定初年，书籍仅有八千卷，后来加以收集，才达到一万卷。高氏在太行山以东建立齐国，开始时也曾采访书籍，查验其书籍目录，残缺得很多。等到东部地区平定，获得的经籍史册，四部重杂，共三万多卷。增加的旧书，只有五千卷而已。现在挑出的御用书单本，共计一万五千多卷，部次卷帙之间，仍有残缺。和梁朝旧有的书目相比，只有其一半。至于阴阳、《河》《洛》等书籍，医书图谱之类的著作，就更加少了。臣以为，经书自孔子以后，至于今日，岁过千年，遭遇五次灾祸，复兴收集的日子，当属我朝圣世。念及陛下受天命而成帝王，君临天下，功业无比，德冠古今。自从华夏分裂，伦常败坏，这中间虽然有强势的王者交替兴起，但动乱未定，想要崇尚儒学，为时势所不允许。今我大隋疆域超过三王，人口多于两汉，既有人和，也有天时，正在今日。正应该弘扬文明礼教，使太平之世形成热爱文化收藏图书的风俗，而今天下图书，仍有散佚，这不是敬顺圣人之意，垂范于无穷后世所应当做的。臣掌管史书典籍，日夜忧心。昔日陆贾上奏汉高祖刘邦说“不能用武力来治理天下”，由此可知治国理政之道，在于使用先贤的经典。治国之本，没有比这更重要的了。如今现有的秘藏图书，也足够开卷阅览。但一个时代的书籍，一定要大体具备。不可出现国家没有，私人却有的情况，然而士人百姓繁多杂处，难以全部知晓和搜求，纵使知道谁家有书，也多怀吝惜之心，必须以君威强迫，以微利引诱让他献出图书。如果发布诏令，又以购买奖赏，则必能求得珍贵的典籍，这样才能使朝廷的楼阁充满图书，尊崇儒道的风尚超越前代，不也是很好吗！伏请皇上您鉴别，稍微加以明察。

隋文帝采纳了他的意见，于是下诏：献书一卷，赏缣一匹。一、二年间，文献稍稍齐备。

时杨素恃才矜贵，轻侮朝臣，唯见弘未尝不改容自肃。寻授大将军，拜吏部尚书。仁寿二年，献皇后崩，三公已下不能定其仪注。杨素谓弘曰："公旧学，时贤所仰，今日之事，决在于公。"弘了不辞让，斯须之间，仪注悉备，皆有故实。素叹曰："衣冠礼乐，尽在此矣，非吾所及也！"

弘在吏部，其选举先德行而后文才，务在审慎。虽致停缓，所有进用，并多称职。吏部侍郎高孝基，鉴赏机晤，清慎绝伦，然爽俊有余，迹似轻薄，时宰多以此疑之。唯弘深识其真，推心委任。隋之选举，于斯为最。时论弥服弘识度之远。

弘荣宠当世，而车服卑俭，事上尽礼，待下以仁，讷于言而敏于行。上尝令其宣敕，弘至阶下，不能言，退还拜谢，云："并忘之。"上曰："传语小辩，故非宰臣任也。"愈称其质直。

【译文】当时，杨素凭着才气和富贵骄傲自大，轻贱侮辱朝中大臣，只有见了牛弘，未尝不改变面容，肃然起敬。不久，牛弘被封为大将军，拜任吏部尚书。仁寿二年（602年），文献皇后去世，自三公以下的大臣都不能确定用何种礼仪。杨素对牛弘说："您是老学者，时人都很敬仰，今天这件事，就取决于您了。"牛弘丝毫不推辞谦让，片刻之间，礼仪全都安排妥当，而且都有先例可查。杨素赞叹说："礼乐制度全在这里了，牛公不是我所能及的。"

牛弘在吏部，选举人才先德行后文才，力求周密而慎重。虽然选才有时迟缓，但所选用之人大多称职。吏部侍郎高孝基，见识机敏，清正谨慎，无与伦比，然而豪爽有余，行为近乎轻薄，当时的执政大臣多因此怀疑他是否胜任。只有牛弘深知其真实情况，真诚地委之以重任。隋朝选举人才，这时最可称道。当时的议论之人甚是佩服牛弘见识远大。

牛弘在当时十分受到恩宠，但车马服饰卑下节俭，事上尽礼，待下宽仁，语言木讷而行事敏捷。隋高祖杨坚曾命令他宣读诏书，牛弘走到阶下，紧张得不能说话，退回跪地谢罪，说："诏书上的话全忘掉了。"高祖说："传话这类辩说的小事，原本就不是宰辅大臣们的任务。"更加称赞牛弘朴实正直。

大业之世，委遇弥隆。性宽厚，笃志于学，虽职务繁杂，书不释手。隋室旧臣，始终信任，悔吝不及，唯弘一人而已。有弟曰弼，好酒而酗，尝因醉，射杀弘驾车牛。弘来还宅，其妻迎谓之曰：“叔射杀牛矣。”弘闻之，无所怪问，直答云：“作脯。”坐定，其妻又曰：“叔忽射杀牛，大是异事！”弘曰：“已知之矣。”颜色自若，读书不辍。其宽和如此。

【译文】大业年间，牛弘受到的委任恩遇更加隆重。他性情宽厚，尽心于学问，虽公务繁忙驳杂，但手不释卷。隋朝的老臣中，始终受到信任，没有遭受灾祸的，只有牛弘一人而已。他有个弟弟叫牛弼，喜好饮酒又常酗酒闹事。曾经因为醉酒，射死了牛弘驾车的牛。牛弘回到家，妻子迎上前说：“小叔子射死了牛。”牛弘听说，没有责怪追问，只回答说：“做成肉干。”坐下后，妻子又说：“小叔子忽然射死了牛，真是怪事。”牛弘说：“已经知道了。”神色自如，读书不停。其宽厚温和就像这样。

史臣曰：牛弘笃好坟籍，学优而仕，有淡雅之风，怀旷远之度，采百王之损益，成一代之典章，汉之叔孙，不能尚也。绸缪省闼，三十余年，夷险不渝，始终无际。虽开物成务，非其所长，然澄之不清，混之不浊，可谓大雅君子矣。（隋书卷四十九）

【译文】史官评论说：牛弘十分爱好典籍，学业优秀而出仕为官，有淡雅的气度，开阔的胸怀，采择各朝的礼乐制度进行兴革，从而形成隋代的典章制度，汉朝的叔孙通也比不上他。他执掌禁中三十多年，无论面对平顺和艰险都不改操守，始终坚持不变。虽然通晓万物之理、处理好各种政务不是他的长处，但澄滤不能使他变清，搅动不能使他变浊，他可以称得上是大雅君子了。（隋书卷四十九）

元　褒

【题解】元褒，字孝整，祖父元修义，父亲元子均，都是西魏的尚书仆射。少习弓马，早年在北周为官，跟随韦孝宽击败尉迟迥，因功拜柱国，进封河间郡公，食邑二千户。开皇二年（582年）被授为安州总管。一年多后，调任原州总管。开皇十四年（594年），他以行军总管身份屯兵防守边疆。隋炀帝即位后，授元褒齐州刺史，继而改授齐郡太守，后被免职，在家中去世，时年73岁。

《续编》自其本传中辑录一事，体现了元褒执法认真、不罪无辜、归罪于己、免职不辩的忠厚之风。

褒字孝整，开皇二年，拜安州总管。岁馀，徙原州总管。有商人为贼所劫，其人疑同宿者而执之，褒察其色冤而辞正，遂舍之。商人诣阙讼褒受金纵贼，上遣使穷治之。使者簿责褒曰："何故利金而舍盗也？"褒便即引咎，初无异词。使者与褒俱诣京师，遂坐免官。其盗寻发于他所，上谓褒曰："公朝廷旧人，位望隆重，受金舍盗非善事，何至自诬也？"对曰："臣受委一州，不能息盗贼，臣之罪一也。州民为人所谤，不付法司，悬即放免，臣之罪二也。牵率愚诚，无顾形迹，不恃文书约束，至令为物所疑，臣之罪三也。臣有三罪，何所逃责？臣又不言受赂，使者复将有所穷究，然则缧绁横及良善，重臣之罪，是以自诬。”上叹异之，称为长者。（隋书卷五十）

【译文】元褒字孝整，开皇二年（582年），被授以安州总管。一年多后，调任原州总管。有个商人被盗贼偷窃，怀疑是同住的人干的而抓了那个人。元褒见他脸有冤屈之色且义正词严，于是放了他。商人到朝廷告元褒收了钱财放掉盗贼，文帝派使者去查究。使者依据文书所列的罪状责问元褒说：“为什么接受财物放走盗贼？”元褒立即将过错归于自己，没有辩驳之词。使者与元褒一起到京师，于是元褒因错免职。不久，那个盗贼在别处被抓获，文帝对元褒说：“您是朝廷老臣，官位声望都很尊贵，接受贿赂放走盗贼不是好事，为何要自己诬陷自己呢？”元褒回答说：“臣受委任管理一州，不能平息盗贼，是臣的第一个罪过。州民被人毁谤，我不交给司法部门处理，就放了他，这是臣的第二个罪过。我自以为诚实，不顾言行，不依赖文书约束，以至被人怀疑，这是臣的第三个罪过。臣有这三个罪过，怎能逃脱责罚呢？臣如果不说受贿，使者必将追查到底，这样罪责就会牵连很多好人，加重臣的罪过，因此我自己承认了过错。”文帝赞叹惊异，称他为长者。（隋书卷五十）

崔　彭

【题解】崔彭，字子彭，博陵安平人，官至左领军大将军。崔彭作为一名武将，却喜读经典，行事谨慎认真，又能勤学不怠，确实值得后人效法。

崔彭，字子彭，博陵安平人也。有武略，工骑射。善《周官》《尚书》，略通大义。高祖践阼，转骠骑，恒典宿卫。性谨密，在省闼二十馀年，每当上在仗，危坐终日，未尝有怠惰之容，上甚嘉之。上每谓彭曰："卿当上日，我寝处自安。"又尝曰："卿弓马固以绝人，颇知学不？"彭曰："臣少爱《周礼》《尚书》，每于休沐之暇，不敢废也。"上曰："试为我言之。"彭因说君臣戒慎之义，上称善。观者以为知言。后加上开府，迁备身将军。（隋书卷五十四）

【译文】崔彭，字子彭，博陵安平（今河北安平）人。有军事才能，精通骑马射箭。喜爱《周官》《尚书》，略通大义。隋文帝杨坚即位，调任骠骑将军，长期负责守卫皇宫。性格谨慎细密，在职二十多年，每次为皇帝负责仪仗，总是端正而坐，不曾有懈怠懒惰之色，文帝十分赞赏他。文帝经常对崔彭说："你值班的时候，我就可以安心睡觉。"又曾说："你骑马射箭固然超出众人，但读过书没有？"崔彭说："臣年少时爱读《周礼》《尚书》，每在休息的闲暇，就捧书阅读，不敢荒废。”文帝说：“试着给我说说。”于是崔彭就讲了一些君主和臣子应当警惕谨慎的道理，文帝大加称赞。旁边的人认为他说的都是很有见识的话。后来，加授为上开府，升任备身将军。（隋书卷五十四）

薛道衡

【题解】薛道衡（540—609年），字玄卿，河东汾阴（今山西万荣县）人。初仕北齐，授主客郎。再仕北周，拜内史舍人。隋朝建立后，拜内史侍郎、开府仪同三司。隋炀帝即位时，出为潘州刺史，迁司隶大夫，世称薛司隶，后来以文获罪，大业五年去世，时年70岁。天下冤之。

《续编》辑录其在隋军平南陈前夕和高颎的一段对话，阐发隋军必定能够平定南陈的四大原因，分析富有条理而且充满睿见，可为有国者借鉴。

薛道衡，字玄卿，河东汾阴人也。八年伐陈，授淮南道行台尚书吏部郎，兼掌文翰。王师临江，高颎夜坐幕下，谓之曰：“今段之举，克定江东已不？君试言之。”道衡答曰：“凡论大事成败，先须以至理断之。《禹贡》所载九州，本是王者封域。后汉之季，群雄竞起，孙权兄弟遂有吴、楚之地。晋武受命，寻即吞并，永嘉南迁，重此分割。自尔已来，战争不息，否终斯泰，天道之恒。郭璞[1]有云：‘江东偏王三百年，还与中国合。’今数将满矣。以运数而言，其必克一也。有德者昌，无德者亡，自古兴灭，皆由此道。主上躬履恭俭，忧劳庶政，叔宝[②]峻宇雕墙，酣酒荒色。上下离心，人神同愤，其必克二也。为国之体，在于任寄，彼之公卿，备员而已。拔小人施文庆委以政事，尚书令江总唯事诗酒，本非经略之才，萧摩诃、任蛮奴是其大将，一夫之用耳。其必克三也。我有道而大，彼无德而小，量其甲士，不过十万。西自巫峡，东至沧海，分之则势悬而力弱，聚之则守此而失彼。其必克四也。席卷之势，其在不疑。”颎忻然曰：“君言成败，事理分明，吾今豁然矣。本以才学相期，不意筹略乃尔。”（隋书卷五十七）

【注释】①郭璞（276—324年）：字景纯，山西闻喜县人。两晋时代最著名的方术士，传说他擅长未卜先知和诸多奇异的方术。

②叔宝：即陈叔宝，字元秀，陈朝最后一位皇帝。

【译文】薛道衡，字玄卿，河东汾阴（今山西万荣县）人。开皇八年（588年），出兵伐陈，被任命为淮南道行台尚书吏部郎，兼管文书。隋军临江，高颎夜坐军帐中问薛道衡：“这次出兵，能平定江南吗？请你说说看。”薛道衡回答说：“凡是讨论大事的成败，必须先用最大的道理来评断。《尚书·禹贡》记载的九州，本是君王的疆域。东汉末期，群雄并起，于是孙权兄弟占据吴、楚国之地（今长江中下游一带）。晋武帝接受天命即位，不久吞并了东吴。永嘉之乱，晋室南迁，天下又遭分割。自此以来，战争不止，否极泰来，这是天道常理。郭璞说：‘江南偏于一隅，称王三百年，最终会与中原统一。'现今三百年快满了。以气数来说，这是必能平定的第一个原因。有德者昌盛，无德者灭亡，自古以来的兴灭，都遵循这个道理。我们皇上恭谨俭约，操劳政事，陈叔宝却大造宫殿，沉迷酒色。陈国上下离心，人神共愤，这是必能平定的第二个原因。治国之道，在委任大臣，陈国的官员，只是充数罢了。选拔小人施文庆并委以重任，尚书令江总只会饮酒赋诗，他们原本不是治理之才。萧摩诃、任蛮奴任陈国大将，也只是一介武夫，没有出众的才能。这是必能平定的第三个原因。我隋朝有道且势力强大，他陈国无道又势力弱小，估量他们的军队，不超过十万。西起巫峡，东到沧海，分兵据守就会势单力薄，聚兵而守又会顾此失彼。这是必能平定的第四个原因。我们以席卷之势击败陈国，是无须疑虑的。"高颎高兴地说："您谈论成败，事理明晰，我现在豁然开朗了。本打算依靠您的才学写写文书，没想到您的谋略也如此厉害。"（隋书卷五十七）

李文博

【题解】李文博，字译，博陵人。生卒年不详，约隋文帝开皇元年（581年）前后在世，初任羽骑尉，这是一个没有品级的散官，后在秘书内省从事整理典籍的工作。他对当时的朝政问题看得很清楚，不随世风而能保持操守，甚为难得，可惜在战乱中流离失散。他的《治道集》也早已亡佚，甚为可惜。

博陵李文博，性贞介鲠直，好学不倦，每读书至治乱得失，忠臣列士，未尝不反覆吟玩。开皇中，为羽骑尉，特为吏部侍郎薛道衡所知，恒令在听事帷中披检书史，并察已行事。若遇治政善事，即抄撰记录，如选用疏谬，即委之臧否。道衡每得其语，莫不欣然从之。后直秘书内省，典校坟籍，守道居贫，晏如也。

【译文】博陵（今河北定州）人李文博，性格坚贞正直，好学不倦，每次读书读到有关国家治乱得失、忠臣烈士之时，就会反复阅读玩味。开皇年间，任羽骑尉，特别受吏部侍郎薛道衡赏识，常让他在厅堂帷幕中检阅经史书籍，并纠察自己的行事。如果遇见好的治政措施，就抄写记录下来，如果选用人才不当，就任由他来评断好坏。薛道衡每次得到他的评语，无不高兴地听从。后来任职秘书内省，校正典籍，安贫乐道，心情淡定。

在洛下，曾诣房玄龄，相送于衢路。玄龄谓之曰："公生平志尚，唯在正直，今既得为从事，故应有会素心。比来激浊扬清，所为多少？"文博遂奋臂厉声曰："夫清其流者必洁其源，正其末者须端其本。今治源混乱，虽日免十贪郡守，亦何所益！"其謇直疾恶，不知忌讳，皆此类也。于时朝政浸坏，人多赃贿，唯文博不改其操，论者以此贵之。遭离乱播迁，不知所终。

【译文】李文博在洛下，曾去拜访房玄龄，房玄龄送他到大路上。房玄龄对他说：“您平生所崇尚的，只是正直，现今既然已经成为从事，应该有机会实现自己的心愿了。近来惩恶扬善的事，做了多少呢？”李文博举臂大声说：“要清洁水流就必须清洁源头，要端正枝梢就必须端正树根树干。现今朝政的本源混乱，就算一天免除十个贪赃枉法的郡守，又有什么用处呢？”他为人耿直，痛恨邪恶，不知言语忌讳，都像这样。当时朝政逐渐败坏，官员们多贪赃受贿，唯有李文博不改操守，评论者因此很推重他。后来遇到战乱，流离失散，不知所终。

初，文博在内校书，虞世基子亦在其内，盛饰容服，而未有所却。文博因从容问之年纪，答云：“十八。”文博乃谓之曰：“昔贾谊当此之年，议论何事？君今徒事仪容，故何为者！”

文博本为经学，后读史书，于诸子及论尤所该洽。性长议论，亦善属文，著《治道集》十卷，大行于世。（隋书卷五十八）

【译文】当初，李文博在秘书内省校正图书，虞世基的儿子也在其中，衣饰容貌华丽，不知道谦逊。李文博于是从容地询问他的年纪，回答说：“十八。”李文博就对他说：“从前贾谊在这个年纪的时候，议论的是什么事？你现在只注重修饰仪表，这是为什么呢？”

李文博本来研究经学，后来又研读史书，尤其精通诸子和策论。生性擅长议论，也善于撰写文章，著有《治道集》十卷，盛行于当时。（隋书卷五十八）

梁 毗

【题解】梁毗（528—609年），字景和，号长璞。安定乌氏（今甘肃平凉）人。历任京师和地方要职，曾先后向隋文帝、炀帝举劾权臣刘昉、杨素、宇文述等人的不法行为；在西南少数民族地区任刺史十一年，言传身教，所辖地方安宁，其刚正、清廉的品格为后人所传诵。“梁毗哭金”的故事在于警醒人们不要贪求钱财，尤其是官员收受贿赂，甚至会带给自己失去自由和生命的危险。

梁毗，字景和，安定乌氏人也。高祖受禅，进爵为侯。开皇初，置御史官，朝廷以毗鲠正，拜治书侍御史，名为称职。毗既出宪司，复典京邑，直道而行，无所回避，颇失权贵心，由是出为西宁州刺史，改封邯郸县侯。在州十一年。先是，蛮夷酋长皆服金冠，以金多者为豪俊，由此递相陵夺，每寻干戈，边境略无宁岁。毗患之。后因诸酋长相率以金遗毗，于是置金坐侧，对之恸哭而谓之曰：“此物饥不可食，寒不可衣。汝等以此相灭，不可胜数。今将此来，欲杀我邪？”一无所纳，悉以还之。于是蛮夷感悟，遂不相攻击。高祖闻而善之，征为散骑常侍、大理卿。处法平允，时人称之。

【译文】梁毗，字景和，安定郡乌氏县（今甘肃平凉）人。隋高祖杨坚受禅让即位后，进封他为侯爵。开皇初年，设置御史官，朝廷因为梁毗正直，授任治书侍御史，以称职而闻名。后来梁毗出任司法之官，又主管京城，公正执法，无所避忌，很不得权贵欢心，因此被调出京城任西宁州刺史，改封为邯郸县侯。在西宁州任职十一年。先前，蛮夷酋长都戴金冠，以金子多的为豪俊，因此彼此之间相互侵夺，时常发生战争，边境全无宁日。梁毗对此很忧心。后来借着各族酋长争相赠金给自己的机会，梁毗把金子放在座位旁，对着它放声痛哭，说："这东西饥不可食，寒不能穿。你们为了它而相互攻伐，死伤无数。如今把它拿来，是想杀我吗？"分文不受，全数归还。于是各族酋长感悟，不再相互攻击。高祖听闻，大加称赞，授官散骑常侍、大理卿。执法公允，时人称颂。

毗见左仆射杨素贵宠擅权，百僚震慑，恐为国患，因上封事曰："臣闻臣无有作威福。臣之作威福，其害乎而家，凶乎而国。窃见左仆射、越国公素，幸遇愈重，权势日隆，搢绅之徒，属其视听。忤意者严霜夏零，阿旨者膏雨冬澍，荣枯由其唇吻，废兴候其指麾。所私皆非忠谠，所进咸是亲戚，子弟布列，兼州连县。天下无事，容息异图，四海稍虞，必为祸始。夫奸臣擅命，有渐而来。王莽资之于积年，桓玄基之于易世，而卒殄汉祀，终倾晋祚。季孙专鲁，田氏篡齐，皆载典诰，非臣臆说。陛下若以素为阿衡，臣恐其心未必伊尹也。伏愿揆鉴古今，量为外置，俾洪基永固，率土幸甚。轻犯天颜，伏听斧锧。”高祖大怒，命有司禁止，亲自诘之。毗极言曰：“素既擅权宠，作威作福，将领之处，杀戮无道。又太子及蜀王罪废之日，百僚无不震悚，惟素扬眉奋肘，喜见容色，利国家有事以为身幸。”毗发言謇謇，有诚亮之节，高祖无以屈也，乃释之。素自此恩宠渐衰。但素任寄隆重，多所折挫，当时朝士无不慑伏，莫有敢与相是非。辞气不挠者，独毗与柳彧及尚书右丞李纲而已。后上不复专委于素，盖由察毗之言也。（隋书卷六十二）

【译文】梁毗见到左仆射杨素显贵受宠，专断擅权，百官都很惧怕他，担心会酿出国家祸患，于是上奏章说：“臣听闻作臣子的不能作威作福。如果作臣子的作威作福，就会损害家，危害国。我私下见到左仆射、越国公杨素，受宠越来越重，权势越来越大，朝中大臣都要看他的脸色行事。违背他意愿的犹如夏天降下严霜，奉承他旨意的犹如冬天降下春雨，升降由其言说，废兴凭其指挥。他所偏袒的都不是忠直之士，所选用的都是他的亲戚，子弟分布，遍及州县。天下平安无事，他或许不敢有什么阴谋，天下稍稍动荡不安，他必定是祸患之始。奸臣专权的局面，是渐渐形成的。王莽在多年之中积累资历，桓玄在换代之际建立根基，最终毁灭汉朝、倾覆晋室。季孙专揽鲁国大权，田氏篡夺齐国政权，这在史书上都有记载，不是臣胡说。陛下如果把杨素当作阿衡，我担心他未必有伊尹之心。伏请陛下以古鉴今，适当处置，使基业永固，这是天下的荣幸。我轻率地冒犯了您，听候您的处置。”高祖看了大怒，命令相关部门拘禁梁毗，亲自审问。梁毗无所避忌地说：“杨素受宠专权，作威作福，管辖之处，杀戮无辜。另外在太子和蜀王因罪被废之时，百官无不震惊，惟有杨素扬眉挥臂，喜形于色，把国家的灾祸当作自己幸运的事。”梁毗言辞忠贞正直，有诚实坦荡的节操，高祖也无法使他屈服，于是释放了他。杨素从此恩宠渐衰。只是杨素权势重大，很多人都受其压抑打击，当时朝中大臣没有不惧怕屈服于他的，没有敢与他争论是非的，言辞气色不屈服的只有梁毗与柳彧以及尚书右丞李纲而已。后来，高祖不再专门信任杨素，大概就是由于明察了梁毗的话。

柳 彧

【题解】柳彧，生卒年代不详，起初为北周官员，隋朝取代北周以后，不断升迁至尚书虞部侍郎，后又任屯田侍郎。

隋文帝是历史上著名的勤政皇帝，但他事事躬亲，失于苛碎，使群臣办事缩手缩脚。为此，柳彧谏奏应将具体政务责成有司处理，被隋文帝采纳。但隋文帝猜忌苛察，柳彧因直行多谏，有一次也因违隋文帝意被免职。但过后，隋文帝觉柳彧所说有理，不久又起用了他。柳彧为官清廉，身处高位，并不富裕。为此隋文帝特命人为他修筑宅院，还对身边侍臣说：“柳彧正直士，国之宝也。”

柳彧，字幼文，河东解人也。高祖受禅，迁治书侍御史，当朝正色，甚为百僚之所敬惮。上嘉其婞直，谓彧曰：“大丈夫当立名于世，无容容而已。”赐钱十万，米百石。

于时刺史多任武将，类不称职。彧上表曰：“方今天下太平，四海清谧，共治百姓，须任其才。昔汉光武一代明哲，起自布衣，备知情伪，与二十八将披荆棘，定天下，及功成之后，无所职任。伏见诏书，以上柱国和干子为杞州刺史，其人年垂八十，钟鸣漏尽。前任赵州，暗于职务，政由群小，贿赂公行，百姓吁嗟，歌谣满道。乃云：‘老禾不早杀，馀种秽良田。’古人有云：‘耕当问奴，织当问婢。’此言各有所能也。干子弓马武用，是其所长，治民莅职，非其所解。至尊思治，无忘寝兴，如谓优老尚年，自可厚赐金帛，若令刺举，所损殊大。臣死而后已，敢不竭诚。”上善之，干子竟免。

【译文】柳彧，字幼文，河东解州（今山西运城）人。

隋高祖杨坚受禅让即位，升任治书侍御史。在朝廷仪表庄严，很被百官敬畏。高祖赞赏他的正直，对柳彧说：“大丈夫应当在世上建立功名，只要做到不随众附和就行了。”赐给他钱十万，谷米百石。

当时刺史多任命武将，基本不称职。柳彧上奏说：“现今天下太平，四海安宁，共同治理百姓，应当量才任用。昔日东汉光武帝刘秀是一代明君，出身于平民百姓，详知事情真伪，与二十八位将领披荆斩棘，平定天下，等到功成以后，没有给谁职务。我看到诏书上，让上柱国和干子担任杞州刺史，此人年近八十，寿命无多。他此前在赵州任职时，糊涂于职务，政事全由一些小人把持，贿赂公然进行，百姓叹息埋怨，歌谣充满街道。歌谣说：‘衰老的禾苗不早拔除，它余下的种子就会继续生长伤害其他庄稼。’古人说：‘耕田要问男奴，纺织要问女婢。’这是说各有所长。骑马射箭等武事，是干子所长，治理百姓任职，就不是他所熟悉的了。皇上想把天下治理太平，日夜勤劳，不知休息。如果是优待老臣，尊崇长者，自可以厚赐钱物，如果让他们担任刺史，所带来的损失就太大了。我死而后已，怎么敢不竭尽忠诚？”高祖认为他讲得很好，干子最终被免职。

又见上勤于听受，百僚奏请，多有烦碎，因上疏谏曰：“臣闻自古圣帝，莫过唐、虞，象地则天，布政施化，不为丛脞，是谓钦明。语曰：‘天何言哉，四时行焉。’故知人君出令，诚在烦数。是以舜任五臣，尧咨四岳，设官分职，各有司存，垂拱无为，天下以治。所谓劳于求贤，逸于任使。又云：‘天子穆穆，诸侯皇皇。’此言君臣上下，体裁有别。比见四海一家，万机务广，事无大小，咸关圣听。陛下留心治道，无惮疲劳，亦由群官惧罪，不能自决，取判天旨。闻奏过多，乃至营造细小之事，出给轻微之物，一日之内，酬答百司，至乃日旰忘食，夜分未寝，动以文簿，忧劳圣躬。伏愿思臣至言，少减烦务，以怡神为意，以养性为怀，思武王安乐之义，念文王勤忧之理。若其经国大事，非臣下裁断者，伏愿详决，自余细务，责成所司，则圣体尽无疆之寿，臣下蒙覆育之赐也。”上览而嘉之。后以忤旨免。未几，复令视事，因谓彧曰：“无改尔心。”以其家贫，敕有司为之筑宅。因曰：“柳彧正直士，国之宝也。”其见重如此。（隋书卷六十二）

【译文】柳彧又看到高祖勤于听政，百官的奏请，有许多琐碎小事都亲自批示处理，于是上疏进谏说：“臣听闻自古以来的圣明帝王，没有超越唐尧、虞舜的，他们效法天地，施政教化，不做琐碎烦杂的事，这才叫做圣明。俗话说：‘上天何曾说话，四季有序运行。’因此可知君主颁布诏令，务戒烦琐杂碎。因此舜帝任用五位大臣，尧帝咨询于四岳首领，设官位，分职务，使他们各司其职，君王垂衣拱手，不乱作为，天下因而大治。这就是所谓的辛苦地求取贤才，安逸地任命使用他们。又说：‘天子清静和穆，诸侯忙碌无比。’这是说君臣上下之间，职责有别。近来我看见天下统一，政事繁多，事情无论大小，都由皇上您来处理。陛下留心治国之道，不怕疲劳，这也是由于百官害怕获罪，不敢自行决断，一切交给皇上判决所致。要处理的奏章太多了，甚至有些是营造房子之类的小事，给多少东西这样的问题，一天之内，应答百官，以至天晚了仍不得吃饭，夜深了仍不能睡觉，动不动就是文书奏章，忧劳皇上圣体。伏请皇上思考我发自内心的言语，减少烦杂事务，以怡养精神为要务，以修身养性为宗旨，想想周武王安乐理政的道理，也想想周文王劳苦忧虑的原因。至于治国大事，不是臣子们所能决断的，当然要伏请皇上您来详加裁决，其余的小事，责成有关部门处理，这样您的身体就会长寿无疆，臣子们也会蒙受您养护的恩赐。”高祖看完奏章，大为赞赏。后来柳彧因为违背圣旨被免职。不久，高祖又命他出来理事，于是对柳彧说：“不要改变你的心志。”因柳彧家境贫穷，命令有关部门为其建造住宅。而且还说：“柳彧是正直的人，是国家之宝。”柳彧就是这样地被看重。（隋书卷六十二）

赵绰

【题解】赵绰，隋河东郡（今山西永济）人。生卒年不详。赵绰秉性正直刚毅，以执法不阿而闻名于世，担任大理丞后又以“处法平允，考绩连最”升为大理正，也就是大理寺的长官。其秉公执法，不畏权势的精神值得后世执法者学习。

赵绰，河东人也，性质直刚毅。高祖受禅，授大理丞。上以盗贼不禁，将重其法。绰进谏曰：“陛下行尧、舜之道，多存宽宥。况律者天下之大信，其可失乎！”上忻然纳之，因谓绰曰：“若更有闻见，宜数陈之也。”迁大理少卿。刑部侍郎辛亶，尝衣绯裈，俗云利于官，上以为厌蛊，将斩之。绰曰：“据法不当死，臣不敢奉诏。”上怒甚，谓绰曰：“卿惜辛亶而不自惜也？”命左仆射高颎将绰斩之，绰曰：“陛下宁可杀臣，不得杀辛亶。”至朝堂，解衣当斩，上使人谓绰曰：“竟何如？”对曰：“执法一心，不敢惜死。”上拂衣而入，良久乃释之。明日，谢绰，劳勉之，赐物三百段。时上禁行恶钱，有二人在市，以恶钱易好者，武候执以闻，上令悉斩之。绰进谏曰：“此人坐当杖，杀之非法。”上曰：“不关卿事。”绰曰：“陛下不以臣愚暗，置在法司，欲妄杀人，岂得不关臣事？”上曰：“撼大木不动者，当退。”对曰：“臣望感天心，何论动木！”上复曰：“啜羹者，热则置之。天子之威，欲相挫耶？”绰拜而益前，诃之不肯退。上遂入。治书侍御史柳彧复上奏切谏，上乃止。上以绰有诚直之心，每引入閤中，或遇上与皇后同榻，即呼绰坐，评论得失。前后赏赐万计。（隋书卷六十二）

【译文】赵绰，河东（今山西永济）人，性格朴实、正直刚毅。高祖受禅让即位后，授任大理丞。高祖因盗贼难以禁止，将要加重刑法。赵绰进谏说：“陛下奉行尧、舜的治国之道，常存有宽恕之心。况且法律是天下最重要的信约，难道可以失掉吗？”高祖欣然采纳，于是对赵绰说：“如果还有什么其它的建议，要多上奏陈述。”升任为大理少卿。刑部侍郎辛亶，曾经穿着红裤子，世俗说法认为这样有利于做官，高祖认为这是巫术，要将他斩首。赵绰说：“按照法律不应该判死刑，臣不敢奉旨。”高祖非常生气，对赵绰说：“你顾惜辛亶而不顾惜自己吗？”命令左仆射高颎将赵绰处斩。赵绰说：“陛下宁可杀臣，也不能杀辛亶。”到了朝堂，解开赵绰的衣服，将要将其处斩，高祖派人问赵绰：“你究竟打算如何？”回答说：“我一心按法律办事，不敢顾惜自己的生命。”高祖气得拂衣走进屋内，很久才释放了他。第二天，高祖向赵绰道歉，慰劳并鼓励了他，赐给物品三百件。当时朝廷严禁使用私自铸造的劣质铜钱。有二人在集市上用私铸的劣钱交换好的物品，巡逻的将士抓住了他们并向皇上报告，高祖下令全部处斩。赵绰进谏说：“这二人应当判处杖刑，杀掉他们不合乎法律。”高祖说：“不关你的事。”赵绰说：“陛下不嫌我愚昧糊涂，安置我在司法部门任职，陛下想要胡乱杀人，怎么能不关我的事？”高祖说：“摇撼大树却摇不动的人，就应该退去。”回答说：“我希望感动皇上的心，哪能说是撼动大树呢！”高祖又说：“喝汤的人，汤太热就应该放下。天子的威严，你也想触犯吗？”赵绰拜了拜，更加向前几步，高祖大声呵斥，他仍不肯退下。高祖于是回了宫。治书侍御史柳彧又上疏极力劝谏，高祖这才作罢。高祖因赵绰有忠诚正直之心，常请他到宫中议事，有时遇到高祖和皇后同坐，高祖就叫他也坐下，一同评论政治得失。前后赏赐给赵绰的钱物数以万计。（隋书卷六十二）

赵　才

【题解】赵才（546—618年），字孝才，张掖酒泉（今甘肃酒泉）人。隋炀帝时任右候卫大将军。赵才看到当时社稷垂危，劝隋炀帝应该返回京城，不要出巡江都，但是隋炀帝不听劝谏，最后死于江都之变。历史上亡国之君不听谏言，大多类此。

赵才，字孝才，张掖酒泉人也。炀帝即位，迁右候卫大将军。十二年，帝在洛阳，将幸江都。才见四海土崩，恐为社稷之患，自以荷恩深重，无容坐看亡败，于是入谏曰："今百姓疲劳，府藏空竭，盗贼蜂起，禁令不行。愿陛下还京师，安兆庶，臣虽愚蔽，敢以死请。"帝大怒，以才属吏。（隋书卷六十五）

【译文】赵才，字孝才，张掖郡酒泉（今甘肃酒泉）人。隋炀帝杨广即位，升任右候卫大将军。大业十二年（616年），炀帝在洛阳，打算出巡江都（今江苏扬州）。赵才看到国家崩溃破败，社稷恐怕有倾覆之患，自己觉得受皇恩深重，不能坐视隋朝灭亡，于是入宫进谏说："现今百姓疲困，库藏空虚，盗贼蜂起，法令不行。希望陛下返回京城，安抚民众，臣虽然愚钝，冒死相请。"炀帝大怒，将赵才交给执法官吏处理。（隋书卷六十五）

李谔

【题解】李谔，字士恢，赵郡南和（今河北南和县）人。初仕北齐，为中书舍人。进入北周，拜天官都上士。隋朝建立，历比部、考功二曹侍郎，封南和伯。迁治书侍御史，出为通州刺史。当时为官的人骄傲轻慢，喜欢夸耀自己，李谔因此上奏隋文帝应该治理这一风气。自古至今，官员的作风对社会风气影响都是巨大的，李谔的言论符合治国大体，至今仍有其价值。

李谔，字士恢，赵郡人也。高祖受禅，历比部、考功二曹侍郎，赐爵南和伯。谔性公方，明达世务，为时论所推，迁治书侍御史，上谓群臣曰：“朕昔为大司马，每求外职，李谔陈十二策，苦劝不许，朕遂决意在内。今此事业，谔之力也。”赐物二千段。

【译文】李谔，字士恢，赵郡（今河北赞皇县）人。隋高祖杨坚受禅让即位，历任比部、考功二曹侍郎，封爵南和伯。李谔性格公正端方，通达世务，被当时的舆论所推重。升任治书侍御史，高祖对群臣说：“我当初任大司马时，常常请求到京城外去任职，李谔陈述了十二条计策，苦苦劝阻，不许我出任外职，我于是决定留在朝廷。今天能有这样的事业，都是李谔的功劳。”赐给钱物布帛二千段。

谔以当官者好自矜伐，上奏曰：

臣闻舜戒禹云：“汝惟不矜，天下莫与汝争能；汝惟不伐，天下莫与汝争功。”言偃又云：“事君数，斯辱矣；朋友数，斯疏矣。”此皆先哲之格言，后王之轨辙。然则人臣之道，陈力济时，虽勤比大禹，功如师望，亦不得厚自矜伐，上要君父。况复功无足纪，勤不补过，而敢自陈勋绩，轻干听览！世之丧道，极于周代，下无廉耻，上使之然。用人唯信其口，取士不观其行。矜夸自大，便以干济蒙擢；谦恭静退，多以恬默见遗。是以通表陈诚，先论己之功状；承颜敷奏，亦道臣最用心。自衒自媒，都无惭耻之色；强干横请，唯以干没为能。自隋受命，此风顿改，耕夫贩妇，无不革心，况乃大臣，仍遵敝俗！如闻刺史入京朝觐，乃有自陈勾检之功，喧诉阶墀之侧，言辞不逊，高自称誉，上黩冕旒，特为难恕，凡如此辈，具状送台，明加罪黜，以惩风轨。

【译文】李谔见到做官的人自高自大喜好夸耀，就上奏说：

臣听闻舜告诫禹说："你只要不自大，天下没有谁来与你争能；你只要不自夸，天下没有谁来与你争功。"言偃也说："侍奉君主太亲密，就会招致耻辱，结交朋友太亲密，就会导致疏远。"这些都是先哲的格言，后王的法则。这样说来作为臣子的道理，贡献力量，济世救时，虽然勤苦如同大禹，功劳如同姜尚，也不可自高自大自我夸耀，更不可以此来要挟君主。更何况那些无功可记、勤不补错，就敢自我陈述功勋业绩，轻率干扰皇上听政的人呢！世道沦丧，周代为最，臣下没有廉耻，都是君上使得这样。用人只听信他的言语，取士不观察他的德行。夸耀自大，就被视为济世之才而蒙受提拔；谦恭退让，多数因恬淡沉静而被遗弃。因此上奏章陈述忠诚，先要论述自己的功绩；顺承旨意上奏说事，也是先陈述自己最为用心。自我炫耀，自我推销，全无惭愧之色；极力请求，只以投机图利为能。自我大隋受天命建立以来，这种风气立刻改变，农夫贩妇，无不洗心革面，何况为官的大臣们，又怎能仍旧遵守昔日衰敝的习俗呢！如果听说刺史等官入京朝拜，还有自我陈述考核检查之功，在朝堂上大力诉说，言辞不逊，自我称誉，亵渎皇上威严的，尤其难以饶恕。所有像这样的人，都要把他们的行迹详细记录，送与相关部门，公开治罪罢黜，以惩戒不良风气。

谔在职数年，务存大体，不尚严猛，由是无刚謇之誉，而潜有匡正多矣。邳公苏威以临道店舍，乃求利之徒，事业污杂，非敦本之义，遂奏高祖，约遣归农，有愿依旧者，所在州县录附市籍，仍撤毁旧店，并令远道，限以时日。正值冬寒，莫敢陈诉。谔因别使，见其如此，以为四民有业，各附所安，逆旅之与旗亭，自古非同一概，即附市籍，于理不可，且行旅之所托，岂容一朝而废，徒为劳扰，于事非宜，遂专决之，并令依旧，使还诣阙，然后奏闻。高祖善之曰："体国之臣，当如此矣。"（隋书卷六十六）

【译文】李谔任职的几年中，务求存其大体，不崇尚威严刚猛，因此没有刚直的声誉，但他暗中匡正弊俗的功劳却有很多。邳国公苏威认为临近官道的店家都是追求利益之人，所从事的行业卑污杂乱，不符合重农的本义，于是上奏高祖，限期将他们遣归务农，有仍愿开店经商的，所在州县将他们记入城市户籍，仍旧拆毁原来的店铺，并命令他们远离官道，限期办理。当时正值寒冬季节，没有人敢申诉。李谔因出使外地，恰好到此，见到这种情况，认为士农工商各有其业，各自安附于谋生之道，客店与酒楼，自古以来就不同一般。即使附属城市户籍，也于理不通。并且临道店铺是行旅的依托，怎能容许一朝废除，这样做只会徒劳无功，搅扰百姓，不合事理，于是独自裁决，令一切依旧。出使回到朝堂，然后将事情奏知高祖。高祖赞赏他说："体念国家的大臣，就应该这样。"（隋书卷六十六）

柳　庄

【题解】柳庄，字思敬，河东解州（今山西运城）人。初仕西梁萧詧，官至太府卿。西梁灭亡，隋文帝授开府仪同三司，除给事黄门侍郎，赐以田宅。明习旧章，雅达政事。开皇十一年（591年），随军讨伐徐璒，授饶州刺史，甚有治名。卒于官，年62岁。《续编》辑录其劝谏隋文帝不应加重用刑，隋文帝不从一事，由此看出隋文帝对刑法的滥用和柳庄的宽刑。

柳庄，字思敬，河东解人也。高祖践阼，除给事黄门侍郎，尚书省尝奏犯罪人依法合流，而上处以大辟。庄奏曰："臣闻张释之[①]有言，法者天子所与天下共也。今法如是，更重之，是法不信于民心。方今海内无事，正是示信之时，伏愿陛下思释之之言，则天下幸甚。"帝不从。（隋书卷六十六）

【注释】①张释之：字季，堵阳（今河南南阳）人，西汉官员，官至廷尉，以执法公正不阿闻名。

【译文】柳庄，字思敬，河东解州（今山西运城）人。隋高祖杨坚即位，授官给事黄门侍郎，尚书省曾上奏某犯罪之人依法应当流放，但文帝却处以死刑。柳庄上奏说：“臣听闻张释之说，法律是天子与天下所有人民应当共同遵守的。现今法律规定如此，如果改变加重处罚，这样法律就不被百姓相信了。当前国家平安无事，正是显示信用的时候，诚心希望陛下反思张释之的言语，那么天下就很幸运了。”文帝没有听从。（隋书卷六十六）

房彦谦

【题解】房彦谦（547—615年），字孝冲，齐郡历城（今山东济南）人，祖籍清河（今河北清河），唐朝名相房玄龄之父，一生先后经历了东魏、北齐、北周和隋朝四个王朝的更替换代。房彦谦操守正直，为官清廉，因此没有余财，以清白传家。他的儿子房玄龄成为一代名相，大概也是有由来的。其对当时天下危乱的观察和分析非常明晰，可以称得上是见微知著了。

房彦谦，字孝冲，本清河人也。高祖受禅之后，优游乡曲，誓无仕心。开皇七年，刺史韦艺固荐之，不得已而应命。吏部尚书卢恺一见重之，擢授承奉郎，俄迁监察御史。大业九年，从驾渡辽，监扶余道军。其后隋政渐乱，朝廷靡然，莫不变节。彦谦直道守常，介然孤立，颇为执政者之所嫉，出为泾阳令。

【译文】房彦谦，字孝冲，本是清河（今河北清河）人。隋高祖杨坚受禅让即位之后，房彦谦回到家乡过着悠闲自在的生活，立志不再出仕为官。开皇七年（587年），因刺史韦艺再三推荐，不得已遵从命令出仕做官。吏部尚书卢恺初次见到房彦谦就很赏识他，升任他为承奉郎，不久又升任监察御史。大业九年（613年），随从隋炀帝杨广渡河到辽东，担任扶余道（位于今吉林、辽宁北部）的监军。后来隋朝朝政逐渐混乱，朝廷骚动衰败，没有谁不改变节操，房彦谦却坚守正直，不改操守，耿介独立，深为当权者所嫉恨，外放为泾阳（今陕西泾阳）县令。

彦谦居家，每子侄定省，常为讲说督勉之，亹亹不倦。家有旧业，资产素殷，又前后居官，所得俸禄，皆以周恤亲友，家无余财，车服器用，务存素俭。自少及长，一言一行，未尝涉私，虽致屡空，怡然自得。尝从容独笑，顾谓其子玄龄曰：“人皆因禄富，我独以官贫。所遗子孙，在于清白耳。”

【译文】房彦谦在家时，每逢子侄来问候，常常对他们讲说督促劝勉的话，孜孜不倦。家中有祖上遗留的产业，资财丰厚，又曾做官，所得俸禄，大都用来周济亲戚朋友，家里没有多余的财物，车马衣服器物，力求节俭。从小到大，一言一行，未尝有私心，虽然家财屡空，仍旧怡然自得。他曾从容微笑地望着儿子房玄龄说："别人都因官禄而富，只有我因做官而穷。我留给子孙后代的，只有清白而已。"

初，开皇中，平陈之后，天下一统，论者咸云将致太平。彦谦私谓所亲赵郡李少通曰："主上性多忌克，不纳谏争。太子卑弱，诸王擅威，在朝唯行苛酷之政，未施弘大之体。天下虽安，方忧危乱。"少通初谓不然，及仁寿、大业之际，其言皆验。（隋书卷六十六）

【译文】当初，开皇年间，平定陈国之后，天下一统，议论的人都说将要出现太平盛世。房彦谦私下对好友赵郡（今河北赞皇县）人李少通说："皇上性格猜忌刻薄，不能接纳劝谏。太子懦弱，各亲王专权，在朝廷推行的只是苛刻残酷的政令，没有施行弘大的制度。天下虽然安定，潜在的危乱也恰使人担忧。"李少通最初不同意他的观点，到了仁寿、大业年间，房彦谦的话都得到验证。（隋书卷六十六）

虞世基

【题解】虞世基（？—618年），字懋世，会稽余姚（今浙江慈溪）人。虞世南之兄。在隋朝任通直郎、直内史省、内史舍人，受隋炀帝的器重，专典机密，参掌朝政。大业八年（612年），从隋炀帝出征高丽，以功进金紫光禄大夫。后数次劝谏均不纳，又见大臣相继诛戮，惧祸及己，遂唯诺取容，不敢忤帝，为时人所讥。大业十四年（618年），宇文化及于江都兵变，弑杀隋炀帝，虞世基同时遇害。

虞世基，字茂世，会稽余姚人也。仕陈，释褐建安王法曹参军事，历祠部殿中二曹郎、太子中舍人。迁中庶子、散骑常侍、尚书左丞。及陈灭归国，为通直郎，直内史省。未几，拜内史舍人。炀帝即位，顾遇弥隆。

辽东之役，进位金紫光禄大夫。后从幸雁门，帝为突厥所围，战士多败。世基劝帝重为赏格，亲自抚循，又下诏停辽东之事。帝从之，师乃复振。及围解，勋格不行，又下伐辽之诏。由是言其诈众，朝野离心。

【译文】虞世基，字茂世，会稽余姚（今浙江慈溪）人。在陈朝为官，初任建安王法曹参军事，历任祠部殿中二曹郎、太子中舍人。升任中庶子、散骑常侍、尚书左丞。到了陈朝灭亡进入隋朝，任通直郎，直内史省。不久，授任内史舍人。隋炀帝杨广即位，对他恩遇更为隆重。

辽东之战后，升官金紫光禄大夫。其后跟随炀帝到雁门，被突厥军围困，隋军多次战败。虞世基劝炀帝加重赏赐标准，亲自安抚，并下诏停止平定辽东之战。炀帝听从了他的建议，士气又重新振作。等到围困解除，赏赐的标准没有实行，隋炀帝又颁下讨伐辽东的诏令。因此大家都说虞世基欺骗众人，朝廷离心。

帝幸江都，次巩县，世基以盗贼日盛，请发兵屯洛口仓，以备不虞。帝不从，但答云：“卿是书生，定犹恇怯。”于时天下大乱，世基知帝不可谏止，又以高颎、张衡等相继诛戮，惧祸及己，虽居近侍，唯诺取容，不敢忤意。盗贼日甚，郡县多没。世基知帝恶数闻之，后有告败者，乃抑损表状，不以实闻。是后外间有变，帝弗之知也。尝遣太仆杨义臣捕盗于河北，降贼数十万，列状上闻。帝叹曰：“我初不闻贼顿如此，义臣降贼何多也！”世基对曰：“鼠窃虽多，未足为虑。义臣克之，拥兵不少，久在阃外，此最非宜。”帝曰：“卿言是也。”遽追义臣，放其兵散。又越王侗遣太常丞元善达间行贼中，诣江都奏事，称李密有众百万，围逼京都，贼据洛口仓，城内无食，若陛下速还，乌合必散，不然者，东都决没。因歔欷呜咽，帝为之改容。世基见帝色忧，进曰：“越王年小，此辈诳之。若如所言，善达何缘来至？”帝乃勃然怒曰：“善达小人，敢廷辱我！”因使经贼中，向东阳催运，善达遂为群盗所杀。此后外人杜口，莫敢以贼闻奏。

【译文】炀帝巡幸江都（今江苏扬州），行至巩县（今河南巩义），虞世基认为盗贼一天比一天增多，请求发兵屯居洛口仓（位于今河南巩义市河洛镇），以防不测。隋炀帝不听从，只回答说：“你是读书人，一定还心存胆怯。”此时天下大乱，虞世基知道无法劝谏隋炀帝，又因为高颎、张衡等相继被杀，惧怕祸及自身，虽然身为炀帝亲近的侍从，也只是唯唯诺诺取悦讨好，不敢违背旨意。盗贼之乱日渐加重，许多郡县都已陷没。虞世基知道隋炀帝讨厌过多地听到这类消息，其后有报告失败的，就把奏章压下来，不把实情告知隋炀帝。自此以后，外面有什么变化，炀帝就不知道了。曾派遣太仆卿杨义臣到黄河以北搜捕盗贼，降服贼众几十万，列表上报炀帝。隋炀帝叹息说：“我起初不知道贼情忽然间如此严重，杨义臣降服的贼众怎么这么多啊！”虞世基回应说：“老鼠一般的叛贼虽然多，但不值得忧虑。杨义臣打败他们，拥有许多兵马，长期在京城之外，这很不合适。”隋炀帝说：“你的话很对。”立刻追令杨义臣，让他遣散军队。又，越王杨侗派太常丞元善达暗中从盗贼间通过，到江都禀报事情，说李密有士兵百万，围攻逼近京都洛阳。贼兵占据洛口仓，城中没有吃的，如果陛下马上回京，乌合之众必定散去，不然的话，东都洛阳必定陷没。于是哽咽流泪，炀帝为之脸色大变。虞世基见隋炀帝脸色忧愁，进言说：“越王年纪小，这些人欺骗他。如果真如他所说，元善达怎么能够到达江都？”隋炀帝于是勃然大怒说：“元善达你这个小人，竟敢在朝廷当众欺辱我！”于是派元善达经过反贼占据之地，往东阳催运粮草。元善达于是被群盗杀害。自此以后其他的人都闭口不言，不敢将盗贼的情况奏知。

世基貌沉审，言多合意，是以特见亲爱，朝臣无与为比。其继室孙氏，性骄淫，世基惑之，恣其奢靡。雕饰器服，无复素士之风。孙复携前夫子夏侯俨入世基舍，而顽鄙无赖，为其聚敛。鬻官卖狱，贿赂公行，其门如市，金宝盈积。其弟世南，素国士，而清贫不立，未曾有所赡。由是为论者所讥，朝野咸共疾怨。宇文化及①杀逆也，世基乃见害焉。（隋书卷六十七）

【注释】①宇文化及：隋末将领，代郡武川（今内蒙古武川西）人。大业十四年（618年）三月，在江都发动兵变，杀死隋炀帝，自立为大丞相。

【译文】虞世基外表沉静精明，言语每每合乎皇上的心意，因此特别受到宠爱，朝中大臣没有人能和他相比。他续娶的妻子孙氏，生性骄纵放荡，虞世基受其迷惑，放任她奢侈浪费，器物服饰雕采镂饰，不再有贫寒士人的作风。孙氏又携带前夫之子夏侯俨进入虞世基家。夏侯俨鄙陋无赖，为了聚敛财物，出卖官爵，受人钱财枉法断案，贿赂公开进行。他的家门前像集市一样热闹，金银财宝堆满。虞世基的弟弟虞世南一向是国中有才能的人物，清贫不能自立，虞世基却不曾给他丝毫供给。因此，被议论之人所讥讽。朝廷内外都非常怨恨。宇文化及作逆杀了炀帝，虞世基也被杀害。（隋书卷六十七）

张须陀

【题解】张须陀（565—616年），字果，弘农阌乡（今河南灵宝）人，最初跟随蜀王杨秀，授仪同三司。隋炀帝即位后，汉王杨谅起兵反叛于晋阳，授安州司马，跟随大将军杨素平定叛乱，拜为开府仪同三司。转齐郡丞，开仓放粮。迁使持节、齐郡通守、河南道讨捕黜陟大使，率军平定农民起义，威震东夏，成为隋朝柱石大臣。大业十二年（616年），兴兵攻打瓦岗军，兵败战死，时年52岁。张须陀私自开仓放粮，一心只在救济百姓，把百姓看得比君王还重，值得赞赏。

张须陀，弘农阌乡人也。大业中，为齐郡丞。会兴辽东之役，百姓失业，又属岁饥，谷米踊贵，须陀将开仓赈给，官属咸曰："须待诏敕，不可擅与。"须陀曰："今帝在远，遣使往来，必淹岁序。百姓有倒悬之急，如待报至，当委沟壑矣。吾若以此获罪，死无所恨。"先开仓而后上状，帝知之而不责也。（隋书卷七十一）

【译文】张须陀，弘农阌乡（今河南灵宝）人。大业年间，任齐郡（治所在今山东济南）丞。时逢隋炀帝杨广对辽东用兵，百姓失去生业，又遇饥荒，谷米价格飞涨，张须陀准备开仓放粮，赈济灾民，属吏们都说："必须等到皇上的诏令，不可私自开仓赈济。"张须陀说："现在皇上身在远方，派遣使者往来，必定耽搁很多时间。百姓们已经陷入极端困难的处境，如果等到诏令到来，就要饿死在沟壑中了。我如果因此犯罪，死了也不遗憾。"于是，先开仓赈济，然后上书奏明情况，隋炀帝得知后，并没有责怪他。（隋书卷七十一）

薛　濬

【题解】薛濬，字道赜，父琰，北周渭南太守。少丧父，早孤，养母以孝闻。读薛濬给弟弟薛谟的书信，令人感泣。孝悌乃人伦之本，读此文而无动于衷者，可谓无心矣。

薛濬，字道赜。濬少丧父，早孤，养母以孝闻。开皇初，擢拜尚书虞部侍郎，寻转考功侍郎。后其母疾，濬貌甚忧瘁，亲故弗之识也。暨丁母艰，濬竟不胜丧，病且卒。其弟谟时为晋王府兵曹参军事，在扬州，濬遗书与谟曰：

【译文】薛濬，字道赜。薛濬幼年丧父，早年孤苦，奉养母亲以孝著称。开皇初年，升任尚书虞部侍郎，不久转任考功侍郎。后来其母生病，薛濬十分忧伤憔悴，亲朋好友都无法辨出他的样子。等到为母亲守丧，薛濬竟然承受不住丧母之痛，生病将死。他的弟弟薛谟当时是晋王府的兵曹参军事，在扬州，薛濬写信给薛谟说：

吾以不造，幼丁艰酷，穷游约处，屡绝箪瓢。晚生早孤，不闻《诗》《礼》，赖奉先人贻厥之训，获禀母氏圣善之规，负笈裹粮，不惮艰远，从师就业，欲罢不能。砥行厉心，困而弥笃，服膺教义，爰至长成。自释耒登朝，于兹二十三年矣。虽官非闻达，而禄喜逮亲，庶保期颐，得终色养。何图精诚无感，祸酷荐臻，兄弟俱被夺情，苫庐靡申哀诉。是用扣心泣血，陨气摧魂者也。既而创巨衅深，不胜荼毒，启手启足[①]，幸及全归。使夫死而有知，得从先人于地下矣，岂非至愿哉！但念尔伶俜孤宦，远在边服，顾此悢悢，如何可言。适已有书，冀得与汝面诀，忍死待汝，已历一旬。汝既未来，便成今古，缅然永别，为恨何言。勉之哉，勉之哉！

书成而绝，时年四十二。（隋书卷七十二）

【注释】①启手启足：《论语》记载，曾子临死前让人揭开被子察看自己的手脚没有损伤，以表示自己遵守了“身体发肤，受之父母，不敢毁伤，孝之始也”的古训，尽了孝道。

【译文】我因不幸，幼年丧父，穷困远游，节约自处，时常断绝粮食。出生很晚，早年又孤苦，不曾读过《诗》《礼》，依赖先人遗留的训诫，获得母亲贤良的教导，背负书箱，带着干粮，不畏艰险远阻，从师学习，欲罢不能。砥砺前行，磨炼心志，越是困难越是坚定，深记圣贤教义，直到长大成人。从平民百姓到在朝为官，如今二十三年了。虽然官位不显达，但庆幸的是俸禄足够奉养母亲，希望母亲活至百岁，得以始终和颜悦色地侍奉。谁料我的诚心没有感动上天，灾祸接连到来，兄弟都遭受丧母之痛，住在守丧的屋子里无法申诉内心的悲苦。因此捶胸痛哭，流泪泣血，精气减损，魂魄摧折。不久伤痛更深，不堪痛苦，所幸手足没有损伤，保全身体尽了孝道。假使死后有知，能够在地下跟从先人，这就是最大的愿望了！只是想着你孤身为官，远在外地，一想到此，内心的遗憾之情，就不知如何吐露。不久前写了信，希望与你当面诀别，忍着不死等你回来，已经过去十天。你既然没有归来，我就要逝去了，思念深切，即成永别，心中遗憾，何可言说。你要多努力啊，多努力啊！

薛濬写完信后就去世了，当时四十二岁。（隋书卷七十二）

循吏传序

【题解】这段文字辑录自《隋书·循吏传》序，可作为亲民之官的箴言。能如此为官，百姓必然“敬而悦之，爱而亲之”。

古之善牧人者，养之以仁，使之以义，教之以礼，随其所便而处之，因其所欲而与之，从其所好而劝之。如父母之爱子，如兄之爱弟，闻其饥寒为之哀，见其劳苦为之悲，故人敬而悦之，爱而亲之。（隋书卷七十三）

【译文】古代善于治理人民的人，用仁爱来养民，用公义来使民，用礼义来教民，根据人民的便利来安排他们，按照人民的需求而给予他们，顺从人民的喜好而劝导他们。像父母爱护子女，兄长爱护弟弟，听闻他们饥寒就为他们哀伤，见到他们劳苦就为他们悲痛，因此人民敬重且喜欢他，爱戴而亲近他。（隋书卷七十三）

辛公义

【题解】辛公义，陇西狄道（今甘肃临洮）人，北周武帝宇文邕曾召他入露门学，命他讲授道德义理。北周建德初年，授为宣纳中士。跟随北周武帝宇文邕平定北齐后，又历任掌治上士、扫寇将军。隋高祖杨坚在北周担任宰相时，授其为内史上士参与处理机要之事。隋开皇元年（581年），官授主客侍郎，兼任内史舍人，赐爵位为安阳县男，领食邑两百户。在隋灭陈后，因功被任命为岷州刺史，后调任牟州刺史。仁寿元年（601年），补任扬州道黜陟大使。跟随隋炀帝出征至柳城郡时逝世，时年62岁。辛公义做刺史，一下车就处理诉讼案件，十多天才处理完，最后让“讼者多两让而止”，可说是做到“必也使无讼乎”了。

辛公义，陇西狄道人也。迁牟州刺史，下车，先至狱中，因露坐牢侧，亲自验问。十余日间，决断咸尽，方还大厅。受领新讼，皆不立文案，遣当直佐僚一人，侧坐讯问。事若不尽，应须禁者，公义即宿厅事，终不还阁。人或谏之曰：“此事有程，使君何自苦也！”答曰：“刺史无德可以导人，尚令百姓系于囹圄，岂有禁人在狱而心自安乎？”罪人闻之，咸自款服。后有欲诤讼者，其乡闾父老遽相晓曰：“此盖小事，何忍勤劳使君。”讼者多两让而止。时山东霖雨，自陈、汝至于沧海，皆苦水灾。境内犬牙，独无所损。山出黄银，获之以献。（隋书卷

七十三）

【译文】辛公义，陇西狄道（今甘肃临洮）人。出任牟州（今山东莱州）刺史，一下车，先到监狱中，坐在监牢旁露天亲自验问审理案件。十多天内，决断完所有案件，才回到衙署。受理新的诉讼案件，都不设立公文案卷，派一当值的僚属，坐在一旁讯问。审理未完，有需要监禁的，辛公义就睡在大堂上，始终不回屋。有人劝他说："审案自有期限，您何必自讨苦吃呢！"回答说："我作为刺史没有用仁德劝导百姓，还让百姓身陷牢狱之中，哪里有把人关在牢房而自己心安理得的？"犯罪的人听说，都自甘认罪。后来凡是有想打官司的人，其乡里的父老就会马上告诫说："这些都是小事，怎么忍心去劳苦刺史呢。"争讼的双方多数会彼此谦让而不再争执。当时太行山以东连下大雨，自陈（今河南睢阳）、汝（今河南汝州）至于沿海地区，皆饱受水灾之苦。独牟州境内虽地势犬牙交错，却丝毫无损。山上出产黄铜，采到的人都把它们上交给了官府。（隋书卷七十三）

刘　旷

【题解】本篇辑录自《隋书·循吏传》。刘旷做县令，清廉善政做到了天下第一，最终名垂青史。观察他的治理之道，不过是以德化人罢了。德这个字，出口容易，做到实难，因此要勉力啊！

刘旷，不知何许人也。性谨厚，每以诚恕应物。开皇初，为平乡令，单骑之官。人有诤讼者，辄丁宁晓以义理，不加绳劾，各自引咎而去。所得俸禄，赈施穷乏。百姓感其德化，更相笃励，曰：“有君如此，何得为非！”在职七年，风教大洽，狱中无系囚，争讼绝息，囹圄尽皆生草，庭可张罗。及去官，吏人无少长，号泣于路，将送数百里不绝。迁为临颍令，清名善政，为天下第一。尚书左仆射高颎言其状，上召之，及引见，劳之曰：“天下县令固多矣，卿能独异于众，良足美也！”顾谓侍臣曰：“若不殊奖，何以为劝！”于是下优诏，擢拜莒州刺史。（隋书卷七十三）

【译文】刘旷，不知哪里人。性情谨慎淳厚，常以诚实宽容待人。开皇初年，任平乡（今河北平乡）县令，一个人骑马上任。百姓中有人诉讼，就反复劝告，晓之以理，不施刑罚，于是诉讼者引咎自责地离开。所得俸禄，都会用来赈济施舍穷苦的百姓。百姓被他的德行感化，互相劝勉，说：“有这样的县令，百姓又怎么会为非作歹呢？”任职七年，风俗教化一派和谐安定，监狱中没有囚犯，争讼绝迹，牢房内全都长满了野草，衙署的庭前安静得可以设网捕鸟。等到离职，官吏百姓不论老幼，都聚集在路旁号哭，送行的人连绵数百里不断。出任临颍（今河南临颍县）县令，清廉善政，为天下第一。尚书左仆射高颎上报了他的事迹，隋文帝召他入朝，见到他时，慰劳说：“天下的县令固然很多，独有你能超群出众，实在值得赞美！”对身边的侍

臣说："如不特别奖赏，怎么来劝勉天下的善政呢！"于是颁下褒奖的诏书，升他为莒州刺史。（隋书卷七十三）

何 妥

【题解】何妥，字栖凤，西城（一作域）人。父何细胡是西域人，在梁朝经商致富，遂家居郫县（今四川成都郫都区）。何妥机敏聪慧，八岁入国子学，十七岁时，侍奉湘东王萧绎。开皇元年（581年）隋朝建立，何妥被授予国子博士，兼通直散骑常侍，晋爵为公。开皇十二年（592年）以国子博士受命考定钟律，又曾献上何妥车，以国子祭酒卒于官。何妥曾在开元初年以八事劝谏隋文帝，史书只记录了四件，主要内容为重官众议、杜绝朋党、择才授任和对"析言、破律、乱名、改作"的人要予以重罚。何妥一生著述很多，曾撰《周易讲疏》等书，大多亡佚。

何妥，字栖凤，西城人也。高祖受禅，除国子博士，加通直散骑常侍，进爵为公。上八事以谏：

其一事曰：臣闻知人则哲，惟帝难之。孔子曰："举直错诸枉则民服，举枉错诸直则民不服。"由此言之，政之治乱，必慎所举，故进贤受上赏，蔽贤蒙显戮。察今之举人，良异于此，无论谄直，莫择贤愚，心欲崇高，则起家喉舌之任；意须抑屈，必白首郎署之官。人之不服，实由于此。臣闻爵人于朝，与士共之；刑人于市，与众弃之。伏见留心狱讼，爱人如子，每应决狱，无不询访群公，刑之不滥，君之明也。刑既如此，爵亦宜然。若有懋功简在帝心者，便可擢用。自斯以降，若选重官，必须参以众议，勿信一人之举，则上不偏私，下无怨望。

【译文】何妥，字栖凤，西城（今陕西安康）人。隋文帝杨坚受北周禅让后，任国子博士，加授通直散骑常侍，进升爵位为公爵。上奏八件事向隋文帝劝谏：

第一件事是：臣听闻善于识别人才就算贤哲，只是帝王很难做到这一点。孔子说："选用正直的人，安置在邪曲的人之上，百姓就会服从；选用邪曲的人，安置在正直的人之上，百姓就不服从。"由此而言，这关乎政局的稳定与动乱，一定要谨慎地选用人才，所以推荐贤才应受重赏，埋没贤才应受诛戮。考察现在的用人情况，实在有异于此，不管谄媚还是正直，不管贤能还是愚笨，心里想抬高他的话，一开始启用就委以重任；心里想压抑他的话，他就算头发花白也只能做个郎官这样的小官。人心不服，实在是由此而造成的。臣听闻在朝廷上授予贤才的爵位，目的是要让天下的贤人都感到荣光；在街市上动刑杀人，目的是让天下的人民都以他的行为可耻。臣见皇上十分留心诉讼案件，爱民如子，每次判决，无不征询群臣的意见，不滥施刑罚，这是皇上您的英明之处。刑罚既能如此，授人爵位也应该这样，如有丰功伟绩，又被皇上您所察知的，便可提拔任用。从此以后，如要选拔重要官员，必须广采众人的意见，不可偏信某一个人的举荐。这样，在上者就会不徇私，在下者就没有抱怨。

其二事曰：孔子云："是察阿党，则罪无掩蔽。"又曰："君子周而不比，小人比而不周。"所谓比者，即阿党也。谓心之所爱，既已光华荣显，犹加提挈；心之所恶，既已沈滞屈辱，薄言必怒。提挈既成，必相掩蔽，则欺上之心生矣；屈辱既加，则有怨恨，谤讟之言出矣。伏愿广加逖访，勿使朋党路开，威恩自任。有国之患，莫大于此。

【译文】第二件事是：孔子说："审察结党营私之事，罪恶就无法掩蔽。"又说："君子以道义来团结人而不是勾结在一起，小人因利益相互勾结但却不团结。"所谓勾结，就是结党营私。也就是指心里喜爱某人，他已经荣华富贵，仍然加以提拔；心里厌恶某人，他已经久不迁升，饱受屈辱，仍旧对他满腹怒气。既然已经提拔，他们一定会相互遮掩过失，于是欺君之心萌生；已经使他们蒙受屈辱，他们就会心怀怨恨，口出诽谤污蔑之言。诚心希望您能广泛查访，不要使结党营私的风气形成，自行其是地施加恩威。国家的忧患，没有比这更大的了。

其三事曰：臣闻舜举十六族，所谓八元、八恺[1]也。计其贤明，理优今日，犹复择才授任，不相侵滥，故得四门雍穆，庶绩咸熙。今官员极多，用人甚少，有一人身上乃兼数职，为是国无人也？为是人不善也？今万乘大国，髦彦不少，纵有明哲，无由自达。东方朔②言曰：“尊之则为将，卑之则为虏。”斯言信矣。今当官之人，不度德量力，既无吕望、傅说之能，自负傅岩、滋水之气，不虑忧深责重，唯畏总领不多，安斯宠任，轻彼权轴，好致颠蹶，实此之由。《易》曰：“鼎折足，覆公餗，其形渥，凶。”言不胜其任也。臣闻穷力举重，不能为用。伏愿更任贤良，分才参掌，使各行有余力，则庶事康哉。

【注释】①八元、八恺：古代传说中十六个善良、和顺、有才德的贤臣。元，善良。恺，和惠。

②东方朔（前161—前93年）：汉武帝时大臣，善以诙谐的言辞劝谏。

【译文】第三件事是：臣听闻舜推举了十六个人，即所谓的八个善人、八个贤士。估计舜的贤明要高于现代的人，但他仍是选才任用，划定职权，不许滥用，因此才使国家四境安定，各种事业都兴盛发达。现今官员极多，可用的却很少，以至有的人一身兼任数职，是国家缺少人才吗？还是人才都不行呢？现今我隋朝是拥有万辆战车的大国，俊才不少，可是即使有明达贤哲的人才，也因缺乏仕进的机会而无法施展其才能。东方朔说：“尊崇他就提拔为将领，压低他就贬责为奴隶。”这话真对啊！现今当官的人，不衡量自己的德行能力，没有吕望、傅说的才能，却自负有傅岩（位于今山西平陆县东，傅说曾在此从事版筑，后被商王武丁起用）、滋水（即今陕西渭河支流灞河，吕望曾在此垂钓，遇周文王）的傲气，不思虑国家忧患和自己责任的重大，只担心掌控的权力不多，安于宠幸，不好好运用手中的权力，以致毁败，实在是由上述原因造成的。《易经》说："鼎的脚折断了，把王公的美食翻倒了，弄得汁液满地，这是凶兆。"说的是能力不能胜任，必至失败。臣听闻使尽全力才能举重的人，不能委以重任。诚心希望皇上您改用贤能之人，按照各自的才能让他们分职掌管，使每一个都行有余力，这样事事就能获得成功了。

其四事曰：臣闻《礼》云："析言破律，乱名改作，执左道以乱政者杀①。"孔子曰："仍旧贯，何必改作。"伏见比年以来，改作者多矣。至如范威漏刻，十载不成；赵翊尺称，七年方决。公孙济迂诞医方，费逾巨万；徐道庆回互子午，縻耗饮食。常明破律，多历岁时；王渥乱名，曾无纪极。张山居未知星位，前已蹂藉太常；曹魏祖不识北辰，今复辚轹太史。莫不用其短见，便自夸毗，邀射名誉，厚相诬罔。请今日已后，有如此者，若其言不验，必加重罚，庶令有所畏忌，不敢轻奏狂简。

其余文多不载。（隋书卷七十五）

【注释】①"析言破律"三句：语出《礼记·王制》。

【译文】第四件事是：臣听闻《礼记》说："巧说诡辩，曲解律令，擅自改变事物的既定名称而另搞一套，用邪道扰乱政令的人，应该杀掉。"孔子说："按照旧有的惯例行事，何必更改。”我看见近年以来，更改的实在太多了。至如范威改作漏壶，十年不成功；赵翊改进尺秤，七年才完成。公孙济研制医方，迂腐荒诞，耗资巨万；徐道庆不懂地理，妄自改变，白白地耗费国家钱财。常明变更历法，经过了很长时间；王渥更改官名物名，曾使事物失去标准和法度。张山居不知星宿位置，此前却在太常寺指手划脚；曹魏祖不认识北极星，现今居然官居太史。他们这些人没有谁不是凭借短浅的见识，自我夸耀，沽名钓誉，并且还相互诬陷毁谤。请皇上您下旨，从今以后，像这样的人，如果其言得不到证实，一定要严加惩罚，这样大概就可以使他们有所畏惧，不敢轻率狂妄地上奏章了。

其余的文字大多没有被记载下来。（隋书卷七十五）

李士谦

【题解】李士谦，字子约，赵郡平棘（今河北赵县）人。李士谦是一方善士，深明佛理，在家能孝亲，在社会上能力行善事。他把大部分的家产用以布施穷人，毫无求名邀功之心，这是非常难能可贵的。尤为可贵的是，他还博引历史事实，阐述善恶的因果，破除常人世俗“断”“常”的邪见，足以警醒世人。他去世时，地方上的人都同声痛哭，可以说是生荣死哀了。

李士谦，字子约，赵郡平棘人也。自以少孤，未尝饮酒食肉，口无杀害之言。家富于财，躬处节俭，每以振施为务。州里有丧事不办者，士谦辄奔走赴之，随乏供济。有兄弟分财不均，至相阋讼，士谦闻而出财，补其少者，令与多者相埒。兄弟愧惧，更相推让，卒为善士。

【译文】李士谦，字子约，赵郡平棘（今河北赵县）人。因自小丧父孤苦，不曾饮酒吃肉，口中也从未说过杀害之类的话。家财富裕，自身却奉行节俭，常以救济布施穷苦为急务。州县有因贫穷办不起丧事的，士谦就奔赴那里，根据其所缺乏的而供给救济。有兄弟因分财不均，发生争讼的，士谦听说就自己出钱，补助钱财少的一方，使其与钱财多的相等。兄弟俩既惭愧又敬畏，因此而相互推让，也都成为善人。

士谦善谈玄理，尝有一客在坐，不信佛家应报之义，以为外典无闻焉。士谦喻之曰：“积善余庆，积恶余殃，高门待封，扫墓望丧，岂非休咎之应邪？佛经云轮转五道[①]，无复穷已，此则贾谊所言，千变万化，未始有极，忽然为人之谓也。佛道未东，而贤者已知其然矣。至若鲧为黄熊，杜宇为鶗鴂，褒君为龙，牛哀为兽，君子为鹄，小人为猿，彭生为豕，如意为犬，黄母为鼋，宣武为鳖，邓艾为牛，徐伯为鱼，铃下为乌，书生为蛇，羊祜前身，李氏之子，此非佛家变受异形之谓邪？”客曰：“邢子才[②]云，岂有松柏后身化为樗栎，仆以为然。”士谦曰：“此不类之谈也。变化皆由心而作，木岂有心乎？”客又问三教优劣，士谦曰：“佛，日也；道，月也；儒，五星也。”客亦不能难而止。

开皇八年，终于家，时年六十六。赵郡士女闻之，莫不流涕曰：“我曹不死，而令李参军死乎！”会葬者万余人。（隋书卷七十七）

【注释】①轮转五道：即五道轮回，包括神道、人道、畜生道、饿鬼道、地狱道。

②邢子才：即邢邵，字子才，河间鄚县（今河北任丘）人。北魏至北齐时期大臣、文学家。历官骠骑将军、西兖州刺史、中书令、国子监祭酒、加特进等，与魏收、温子升号称三才子（世称“北地三才”）。

【译文】李士谦善于谈论玄妙之理，曾有一位客人同他座谈，客人不信佛家的因果报应之说，认为佛经之外的典籍没有谈到过这些。李士谦劝谕说：“积善之家必有余庆，积不善之家必有余殃，于公将大门修得高大等待封赏，严延年的母亲为严延年准备葬身之地，这难道不是善恶的报应吗？佛经说五道轮回，没有穷尽，这也就是贾谊所说的，千变万化，没有终极，忽然成为人的道理。佛教未东传之时，贤达的人就已深知这个道理了。至于鲧化为黄熊，杜宇化为杜鹃，褒君化为龙，牛哀化为兽，君子化为天鹅，小人化为猿猴，彭生化为猪，如意化为犬，黄母化为鼋，宣武化为鳖，邓艾化为牛，徐伯化为鱼，铃下化为乌，书生化为蛇，羊祜前身是李氏的儿子，这难道不是佛家所说的身体变化成不同形状的事物吗？”客人说：“邢子才说，难道松柏的后身会化为樗栎吗？我以为这说得很对。”李士谦说："这不是同一类说法。变化皆由心而作，树木难道有心吗？"客人又询问儒、释、道三教的优劣，李士谦说："佛教，好比太阳；道教，好比月亮；儒教，好比水、金、火、木、土五星。"客人无法驳难，也就止住不说了。

开皇八年（588年），李士谦在家中去世，时年六十六岁。赵郡男女听说，无不流着眼泪说："我们这些人不死，却让李参军去世了！"参加葬礼的有一万多人。（隋书卷七十七）

郑善果母

【题解】郑善果（569—629年），郑州荥泽人，西魏少司空、岐州刺史郑孝穆之孙，北周大将军、开封县公郑诚之子，母清河崔氏。唐太宗贞观初年，官至岐州刺史。去官后，又拜江州刺史。贞观三年（629年）卒。郑善果的母亲崔氏教导儿子为官要清廉，郑善果能够严格要求自己，成为一名清廉的官吏，可以说是"母慈子孝"了。古人说"王化始自闺门"，确实如此啊！

郑善果母者，清河崔氏之女也。年十三，出适郑诚，生善果。而诚讨尉迥，力战死于阵。善果以父死王事，为鲁郡太守。

母性贤明，有节操，博涉书史，通晓治方。每善果出听事，母恒坐胡床，于鄣后察之。闻其剖断合理，归则大悦，即赐之坐，相对谈笑。若行事不允，或妄瞋怒，母乃还堂，蒙被而泣，终日不食。善果伏于床前，亦不敢起。母方起谓之曰："吾非怒汝，乃愧汝家耳。吾为汝家妇，获奉洒扫，如汝先君，忠勤之士也，在官清恪，未尝问私，以身徇国，继之以死，吾亦望汝副其此心。汝既年小而孤，吾寡妇耳，有慈无威，使汝不知礼训，何可负荷忠臣之业乎？汝自童子承袭茅土，位至方伯[1]，岂汝身致之邪？安可不思此事而妄加瞋怒，心缘骄乐，堕于公政！内则坠尔家风，或亡失官爵；外则亏天子之法，以取罪戾。吾死之日，亦何面目见汝先人于地下乎？"

善果历任州郡，唯内自出馔，于衙中食之，公廨所供，皆不许受，悉用修治廨宇及分给僚佐。善果亦由此克己，号为清吏。（隋书卷八十）

【注释】①方伯：原指一方诸侯之长，后泛指地方长官。

【译文】郑善果的母亲，是清河（今河北清河）崔氏人家的女儿，十三岁嫁给郑诚，生下善果。郑诚在征讨尉迟迥时，努力奋战，死于战场。郑善果因为父亲是为国捐躯，被任命为鲁郡太守。

郑善果的母亲生性贤明，有操守，广读各类书籍，通晓治理地方的方略。每次善果到厅堂去处理政事，他母亲就会坐在胡床上，在屏风之后听他断案。听到他剖析决断得合理，回来后他母亲就会表现得很高兴，立即让他坐下，二人相对谈笑。如果决断不公正，或者胡乱发怒，他母亲就会回到后堂，蒙上被子哭泣，整天不吃饭。郑善果伏在床前，母亲不起身他也不敢起身。他母亲这才起身对他说：“我不是生你的气，而是愧对你们家。我作为你们家的媳妇，主持家务。像你的父亲，是个精忠勤勉的人，他为官清廉自律，从未有过私心，后来以身殉国，死于战场，我也希望你有你父亲那样的心肠。你从小就成了孤儿，我是个寡妇，只有慈爱没有威严，使得你不懂得礼仪训诫，这怎么能够担负起你父亲作为忠臣的基业呢？你自孩童时就继承了你父亲的爵位，官至封疆大吏，难道这是你自己挣来的吗？你怎么不想想这些，却妄自发怒，心生骄傲享乐之念，耽误了公事！这样做对内有损你们家的家风，甚至还会失掉官职爵位；对外有损朝廷的法度，招惹罪过。我死的时候，有何面目去地下见你们家的先祖呢？”

郑善果历任州县长官，饭菜都是从家里带来，在署衙里吃，公家供给的费用，一概不允许接受，节省下来全用作修理衙门的房屋和分送同僚下属。郑善果也因此更加严格要求自己，被人称为清正的官吏。（隋书卷八十）

群书治要续编卷第七　旧唐书（一）

【**提要**】《旧唐书》是记载有唐一代历史的纪传体史书，为“二十四史”之一，署名五代后晋刘昫等撰，实为后晋赵莹主持编修，共200卷。《旧唐书》原名《唐书》，自宋代欧阳修等修《新唐书》后，始称《旧唐书》。对于新旧唐书的优劣，多数史学家都认为，《旧唐书》保存的史料较为原始，不像《新唐书》那样经人窜改过，故有志于研究唐史的读者，应该以《旧唐书》为主，以《新唐书》为辅。

唐朝是中国历史上国力强盛的朝代之一，共历21帝，享国289年。唐朝疆域空前辽阔，极盛之时东起日本海、南据安南、西抵咸海、北逾贝加尔湖，是当时世界上最强盛的国家之一。其声誉远播，向其朝贡的国家达到了三百多个，与亚欧国家均有往来，唐以后海外多称中国人为“唐人”。

唐朝开国君主李渊是隋朝时行宫居晋阳留守，他以尊“隋”为名起兵，每战必克，直入长安，在隋恭帝杨侑禅让后就以“唐”为国号，定都长安。之后陆续平定各地残余势力，基本统一中原。武德九年（626年），“玄武门事变”后不久，李渊退位，唐太宗李世民即位，开始了历史上著名的“贞观之治”。此时的唐朝国力强盛，四夷宾服，八方来朝，唐太宗也被尊称为“天可汗”，成为中国历史上著名的盛治时期。唐高宗即位以后，承太宗之余绪，击败了西突厥、高句丽等强敌，建立“永徽之治”。唐高宗去世后，武则天在690年改国号为周，即武周，女主政治达到了高峰，直到705年唐中宗因“神龙革命”而复辟，武周势力直到唐玄宗继位后才完全结束。开元时期，玄宗革除了前朝弊端，政治开明，任用贤臣，教化大兴，国力大增，唐朝进入全盛时期，史称“开元盛世”。唐玄宗执政的中后期，逐渐开始奢侈腐败。755年，安禄山发动叛乱，史称“安史之乱”。“安史之乱”历时8年，结束之后唐朝的国力日衰。虽然之后的宪宗、宣宗等力图实现中兴，但是唐朝的国势已趋向衰败。到了晚唐时期，因为政治腐败，爆发了唐末民变，其中黄巢之乱使唐朝经济完全瓦解，导致全国性的藩镇割据。907年朱温篡唐，建国梁，史称后梁。于是唐朝灭亡，中国进入了五代十国的割据时代。

唐朝近三百年的历史，对后世影响极为深远，也给我们留下了丰富的治国理政的启示，值得今人深入学习和思考，并以之为鉴。《续编》辑录唐史部分的内容，基本以《旧唐书》的内容为主，个别人物参考《新唐书》的资料，从本纪、志、列传中选取对修身理政、平治天下有借鉴价值的人物和内容，共8卷，基本体现了唐代历史留给后人的治乱兴亡的经验和教训。

太　宗

【题解】唐太宗李世民是唐朝第二位君主，也是中国历代王朝中最出色的帝王之一。他少年时期就领军打仗，辅佐父亲唐高祖李渊建立唐朝，功绩尤其显著。由于高祖在继承人的选择上谋之不臧，导致太子李建成和太宗兄弟相争，在武德九年的“玄武门事变”之后，太宗被册立为太子。唐高祖李渊退位后，李世民正式即位，年号贞观，在位23年。

太宗在位初期，采用偃武修文的国策，听取群臣意见，虚心纳谏。对内文治天下，厉行节约，劝课农桑，实现休养生息、国泰民安，开创了历史上著名的“贞观之治”。这一期间，唐朝先后攻灭东突厥与薛延陀，征服高昌、龟兹、吐谷浑，重创高句丽，设立安西四镇，让各民族融洽相处，北方各族共同尊称太宗为“天可汗”。

“贞观之治”不仅奠定了唐朝后来一百多年盛世的基础，还为后世留下了珍贵的治国理政遗产。尤其是贞观初年，太宗令魏徵等人编撰的《群书治要》一书，总结了上古到魏晋时期中国传统典籍中关于修齐治平的文化精华，对唐朝和近邻日本的政治都有着深远影响，在今天依然有着巨大的现实意义。其后唐人吴兢根据贞观一朝治政实录而撰写的《贞观政要》一书，也成为历代治国者的龟鉴。唐太宗李世民作为一位出色的政治家，对中国历史的贡献可见一斑。

太宗晚年因众多股肱之臣先后离世，作风开始日渐奢侈，并且不听大臣劝谏，大举征伐高句丽而无功，治绩不如初期。然玉虽有瑕，不掩其瑜，作为一代明君，太宗自身体现的为君之德，堪称中国历代帝王的典范，他用文治武功建立起来的大唐盛世，是中国几千年历史中最绚烂的篇章。

太宗皇帝讳世民，高祖第二子也。

太宗幼聪睿，玄鉴深远，临机果断，不拘小节，时人莫能测也。(《历代君鉴》[①]曰:隋大业末,佐高祖起义兵取天下,帝之功居多。)

【注释】①《历代君鉴》:明景泰皇帝朱祁钰命大臣编纂,此书分五十卷,记录历代帝王治国之术。以时代为序,分"善可为法"、"恶可为戒"两类。卷一至卷三十五为"善可为法",自三皇五帝,历夏、商、周、两汉、蜀、两晋、南北朝、唐、五代、宋、金、元,迄于明宣宗。卷三十六至卷五十为"恶可为戒",自夏太康,历商、周、秦、两汉、两晋、南北朝、隋唐、五代、宋、辽、金,迄于元顺帝。《续编》自该书中辑录了部分史料,以补充正史。

【译文】太宗皇帝李世民,是唐高祖李渊的次子。

太宗幼时聪明睿智,见解高明而深远,面临关键的大事刚毅果断,不拘小节,当时没有一个人能够估量他的才能。(《历代君鉴》上说:隋朝大业末年,辅佐唐高祖兴起义兵夺取天下,太宗的功劳占据多数。)

四年,高祖以自古旧官不称殊功,乃别表徽号,用旌勋德。十月,加号天策上将[①]、陕东道大行台,位在王公上。于时海内渐平,太宗乃锐意经籍,开文学馆以待四方之士。行台司勋郎中杜如晦等十有八人为学士,每更直阁下,降以温颜,与之讨论经义,或夜分而罢。

【注释】①天策上将:天策府官制的一种,职位在三公之上,仅次于名义上的文官之首三师（即太师、太傅、太保）；天策府则是武官官府之首，在十四卫府之上；天策上将可以自己招募人才作为天策府中官员，即所谓的“许自置官属”。

【译文】武德四年（621年），唐高祖认为自古以来旧的官员等级和太宗特殊功劳不能相称，于是另发徽号，以表彰功勋与德望。十月，加太宗天策上将封号、陕东道大行台，地位在王公之上。这时天下渐渐太平，太宗于是专心致力于图书经籍，开创文学馆以接待四方才学之士。行台司勋郎中杜如晦等十八人成为学士，每次在阁下轮流值班，太宗就降低身份用温和的态度与学士们讨论经文义理，有时甚至谈论到半夜才结束。

九年，皇太子建成①、齐王元吉②谋害太宗。六月四日，太宗率长孙无忌、尉迟敬德③、房玄龄、杜如晦、宇文士及④、高士廉⑤、侯君集⑥、程知节⑦、秦叔宝⑧、段志玄⑨、屈突通、张士贵⑩等于玄武门诛之。甲子，立为皇太子，庶政皆断决。太宗乃纵禁苑所养鹰犬，并停诸方所进珍异，政尚简肃，天下大悦。又令百官各上封事，备陈安人理国之要。

【注释】①建成：即李建成，小字毗沙门，陇西成纪（今甘肃秦安）人。唐朝开国太子，唐高祖李渊长子，唐太宗李世民长兄。

②齐王元吉：即李记劼（jié），字元吉，小字三胡，陇西成纪（今甘肃秦安）人。唐高祖李渊第四子，唐太宗李世民之弟。

③尉迟敬德：名融，字敬德，以字行，朔州善阳（今山西朔州）人，

唐朝将领，凌烟阁二十四功臣之一。

④宇文士及：字仁人，代郡武川（今内蒙古武川）人。唐朝宰相，隋左卫大将军宇文述之子。

⑤高士廉：本名高俭，字士廉，渤海蓨县（今河北景县）人。唐朝初年宰相，北齐清河王高岳之孙，隋朝洮州刺史高劢之子，唐太宗文德皇后舅父。

⑥侯君集：豳州三水（今陕西旬邑）人，凌烟阁二十四功臣之一。唐朝名将，官至兵部尚书，封陈国公。

⑦程知节：原名咬金，后更名知节，字义贞，济州东阿（今山东东平）人。唐朝开国大将，凌烟阁二十四功臣之一。

⑧秦叔宝：即秦琼，字叔宝，齐州历城（今山东济南）人，隋末唐初名将。

⑨段志玄：名雄，字志玄，以字行，齐州邹平（今山东济南）人，唐朝名将。

⑩屈突通：蒋国忠公屈突通，长安（今陕西西安）人，隋唐时期名将，凌烟阁二十四功臣之一，北周邛州刺史屈突长卿之子。张士贵：唐代名将，本名忽峍，新旧《唐书》皆有传，虢州（今河南卢氏）人。

【译文】武德九年（626年），皇太子李建成、齐王李元吉谋害太宗李世民。六月初四，太宗率领长孙无忌、尉迟敬德、房玄龄、杜如晦、宇文士及、高士廉、侯君集、程知节、秦叔宝、段志玄、屈突通、张士贵等人在玄武门杀了李建成、李元吉。六月初八，太宗被册立为皇太子，各种政务都由太宗亲自来决断。太宗于是放掉宫廷花园中所养的鹰犬，并停止收取各方所进贡的奇珍异宝，治国理政崇尚简要严肃，天下人大为欢喜。又命令百官各自呈上封章和奏事，详细地陈述安定人心、治理国家的要领。

八月癸亥，高祖传位于皇太子，太宗即位于东宫显德殿。

癸未，突厥颉利①至于渭水便桥之北，遣其酋帅执失思力②入朝为觇，自张形势，太宗命囚之。亲出玄武门，驰六骑幸渭水上，与颉利隔津而语，责以负约。俄而众军继至，颉利见军容既盛，又知思力就拘，由是大惧，遂请和，诏许焉。即日还宫。乙酉，又幸便桥，与颉利刑白马设盟，突厥引退。

【注释】①突厥颉利：即颉利可汗，突厥族，姓阿史那氏，名咄苾，启民可汗之子，东突厥可汗。620年，继其兄处罗为颉利可汗，复以其后母隋朝义成公主为妻。

②执失思力：突厥人，原是东突厥执失部酋长，东突厥灭亡后，归降唐朝，担任左领军将军。

【译文】八月初八，唐高祖传位给皇太子，唐太宗李世民在东宫显德殿即位。

二十八日，突厥颉利可汗率兵到达渭水便桥的北边，派遣他的部落首领执失思力入朝窥探情报，执失思力自我夸大军事实力，太宗命人将他囚禁起来。太宗亲自率领军队从玄武门出发，迅速乘着六骑到达渭水，和颉利隔着渭水对话，斥责他背信弃约。不久大军陆续赶到，颉利看到军容盛大威严，又知道执失思力已被拘禁，由此大为恐惧，于是请求和解，太宗下诏准许。太宗当天回宫。三十日，太宗又御驾到便桥，和颉利杀白马而设立盟誓，突厥军队退走。

丁未，引诸卫骑兵统将等习射于显德殿庭，谓将军已下曰："自古突厥与中国，更有盛衰。若轩辕善用五兵，即能北逐獯鬻[①]；周宣[②]驱驰方、召[③]，亦能制胜太原。至汉、晋之君，逮于隋代，不使兵士素习干戈，突厥来侵，莫能抗御，致遗中国生民涂炭于寇手。我今不使汝等穿池筑苑，造诸淫费，农民恣令逸乐，兵士唯习弓马，庶使汝斗战，亦望汝前无横敌。"于是每日引数百人于殿前教射，帝亲自临试，射中者随赏弓刀、布帛。

【注释】①獯鬻（xūn yù）：匈奴在夏朝时的名称，也作薰育、荤粥、薰粥。居地在周王朝之西北，西起汧陇，东至山西太行一带。

②周宣：即周宣王，姬姓，名静，一作靖，周厉王姬胡之子，西周第十一代君主。

③方、召：即方叔、召穆公。方叔曾率兵车三千辆南征荆楚，北伐玁狁，为周室中兴一大功臣。召穆公曾与周定公辅佐周宣王，史称"周召共和"。

【译文】二十二日，太宗率领所有禁军步骑将领在显德殿殿廷练习射箭，对将军及以下的官员说："自古以来，突厥和中原相互各有盛衰。像轩辕黄帝善于使用五兵，就能向北驱逐獯鬻；周宣王在方叔、召穆公的辅佐下能驱马驰骋，也能在太原作战取胜。至于汉代、晋代的君王，直到隋代，不让兵士平素操练兵器，突厥来侵犯，没有人能够抵御，导致中原百姓沦落敌寇之手，处于极端困苦的境地。我现在不让你们挖池塘筑苑囿，建造各种过分糜费的工事，不让农民恣肆放纵、安逸享乐，兵士只练习射箭骑马，期望你们能够进行战斗，也期望你们所向披靡，没有强敌。”于是每天率领数百人在殿前指导他们射箭，太宗亲自试射，射中的人就随即赏赐弓刀、布匹绸缎。

贞观①元年，春正月乙酉，改元。三月丙午，诏：“齐故尚书仆射崔季舒②、给事黄门侍郎郭遵③、尚书右丞封孝琰④等，昔仕邺中，名位通显，志存忠谠，抗表极言，无救社稷之亡，遂见龙逢之酷。其季舒子刚、遵子云、孝琰子君遵，并以门遭时谴，淫刑滥及。宜从褒奖，特异常伦，可免内侍，量才别叙。”

【注释】①贞观：唐太宗李世民的年号（627—649年），共用23年。

②崔季舒（？—573年）：字叔正，博陵安平（今河北安平县）人。南北朝时期北齐官吏。父亲崔瑜之，官至鸿胪卿。历任参军、黄门侍郎、将作大匠、总监内作，累官至尚书左仆射、开府仪同三司，加特进，监修国史。北齐后主武平四年（573年），与张雕、刘逖、封孝琰、裴泽、郭遵等谏止后主高纬前往晋阳，以谋反罪被诛。

③郭遵：北齐官吏，曾任给事黄门侍郎，因进谏被诛杀。

④封孝琰（yǎn）：字士光，历仕北魏、北齐，封孝琬弟。

【译文】贞观元年（627年）春正月初一，改元。三月二十三日，太宗下诏："北齐故尚书仆射崔季舒、给事黄门侍郎郭遵、尚书右丞封孝琰等人，过去在邺中做官，声名地位显贵，存心忠诚正直，上表抗争极谏，没能挽救国家的危亡，却遭到像关龙逢一样被囚禁杀害的酷刑。崔季舒的儿子崔刚、郭遵的儿子郭云、封孝琰的儿子封君遵，都因为家门的缘故而获罪降职，滥用刑法受到株连。应该表扬嘉奖，特殊对待，迥异常类，可以免去在宫廷侍候的职务，而衡量才能大小，另外议定官职。"

六月辛卯，上谓侍臣曰："君虽不君，臣不可以不臣。裴虔通[①]，炀帝旧左右也，而亲为乱首。朕方崇奖敬义，岂可犹使宰民训俗。"诏曰："天地定位，君臣之义以彰；卑高既陈，人伦之道斯著。是用笃厚风俗，化成天下。虽复时经治乱，主或昏明，疾风劲草，芬芳无绝，剖心焚体，赴蹈如归。夫岂不爱七尺之躯，重百年之命？谅由君臣义重，名教所先，故能明大节于当时，立清风于身后。至如赵高之殒二世，董卓之鸩弘农[②]，人神所疾，异代同愤。况凡庸小竖，有怀凶悖，遐观典策，莫不诛夷。辰州刺史、长蛇县男裴虔通，昔在隋代，委质晋籓，炀帝以旧邸之情，特相爱幸。遂乃志蔑君亲，潜图弑逆，密伺间隙，招结群丑，长戟流矢，一朝窃发。天下之恶，孰云可忍！宜其夷宗焚首，以彰大戮。但年代异时，累逢赦令，可特免极刑，除名削爵，迁配驩州。”

【注释】①裴虔通：河东人。初，炀帝为晋王，以亲信从，稍迁至监门校尉。炀帝即位，擢旧左右，授宣惠尉，迁监门直阁。累从征役，至通议大夫。与司马德戡同谋作乱，先开宫门，骑至成象殿，杀将军独孤盛，擒帝于西阁。化及以虔通为光禄大夫、莒国公。化及引兵之北也，令镇徐州。化及败后，归于唐，即授徐州总管，转辰州刺史，封长蛇男。寻以隋朝杀逆之罪除名，徙于岭表而死。

②弘农：即刘辩，东汉第十三位皇帝，汉灵帝刘宏与何皇后的嫡长子。后被董卓废为弘农王，在董卓胁迫下自尽。

【译文】六月十六日，太宗对侍臣说道：“君王即使不像君王，臣子也不能不像臣子。裴虔通是隋炀帝的左右侍臣，然而他自己成了隋末祸乱的魁首。我正要推崇奖励忠孝仁义之人，怎么能依旧让这样的人治理教化百姓呢？”下诏说：“天地定下君臣的地位，君臣的道义就因此彰显；高低的地位既然已经确定，人伦之道就此彰显。因此使风俗淳厚，教化天下。即使时常经过安定和动乱，君主有的昏庸有的英明，但疾风知劲草，留芳千古的忠臣不会绝灭，剖心焚身，视死如归。难道他们不爱惜自己七尺之躯，不重视自己百年的性命吗？必定是由于君臣义重，等级名分和礼教在前，因此能在当时明白重大的节义，在身后树立清正的声誉。至于赵高杀害秦二世，董卓鸩杀弘农王，都是人神所痛恨的，即使其它朝代的人也同样愤恨。况且凡是庸俗小人，怀有凶狠与叛逆之心，闲暇之时我观看典籍，他们之中没有一个人不遭到诛杀的。辰州刺史、长蛇县男裴虔通，过去在隋代，曾寄身于晋王手下，隋炀帝考虑老臣的情意，对他特加宠爱。最终他却心无君上，暗中图谋杀害皇帝，窥探时机，招集一些叛逆之徒，长矛飞箭，一朝之间就可能暗中发动。天下之大恶如此，谁能够容忍！本应诛灭他的宗族，焚烧他的首级，处以死刑而陈尸示众。但由于年代不同，累次遇到大赦之令，可以对他豁免死刑，削除官职爵位，发配充军到驩州（今越南境内）。”

秋七月，戊申，太宗谓侍臣曰：“天下愚人，好犯宪章，凡赦宥之恩，唯及不轨之辈。古语曰：‘小人之幸，君子之不幸。’一岁再赦，好人喑哑。凡养稂莠者伤禾稼，惠奸宄者贼良人。昔文王作罚，刑兹无赦。又蜀先主尝谓诸葛亮曰：‘吾周旋陈元方①、郑康成②间，每见启告理乱之道备矣，曾不语赦也。’夫小人者，大人之贼，故朕有天下已来，不甚放赦。今四海安静，礼义兴行，非常之恩，施不可数，将恐愚人常冀侥幸，唯欲犯法，不能改过。”

【注释】①陈元方：名纪，字元方，颍川许昌（今河南许昌东）人，陈寔长子，与弟陈谌俱以至德称。

②郑康成：即郑玄，字康成。北海郡高密县（今山东高密）人，东汉经学家。

【译文】秋季七月初四，太宗对侍臣说：“天下愚昧之人，喜欢犯法，凡是宽恕赦免的恩德，只能施及不守法度的人身上。古话说：‘小人的幸运，就是君子的不幸。’一年赦免两次，好人会由此缄默不语。凡是培育恶草就会伤害庄稼，给予犯法作乱的人以恩惠就会危害好人。过去文王作刑法，实施刑法而不赦免。另外蜀汉的先主刘备曾经对诸葛亮说：‘我在陈元方、郑康成之间交际应酬，常见他们的启奏谈论理国治乱的办法很详备了，从不谈及大赦的事。’小人，是大人的危害，所以我拥有天下以来，不怎么发布大赦。现在四海平定，礼义兴行，特别的恩德不能多次施行。如果多次发布大赦，恐怕愚昧的人将会常常希望侥幸大赦，只想犯法，不能改过。”

四年，夏四月丁酉，御顺天门，军吏执颉利以献捷。自是西北诸蕃咸请上尊号为“天可汗”，于是降玺书册命其君长，则兼称之。

【译文】贞观四年（630年）夏四月初二，太宗御驾顺天门，军官捉住颉利来献捷。自此西北蕃邦都请求奉给太宗皇尊号为“天可汗”，于是太宗降下玺书封立他们为君长。

秋七月甲子朔，日有蚀之。上谓房玄龄、萧瑀曰：“隋文何等主？”对曰：“克己复礼，勤劳思政，每一坐朝，或至日昃。五品已上，引之论事。宿卫之人，传餐而食。虽非性体仁明，亦励精之主也。”上曰：“公得其一，未知其二。此人性至察而心不明。夫心暗则照有不通，至察则多疑于物。自以欺孤寡得之，谓群下不可信任，事皆自决，虽劳神苦形，未能尽合于理。朝臣既知上意，亦复不敢直言，宰相已下，承受而已。朕意不然。以天下之广，岂可独断一人之虑？朕方选天下之才，为天下之务，委任责成，各尽其用，庶几于理也。”因令有司：“诏敕不便于时，即宜执奏，不得顺旨施行。”

【译文】秋季七月初一，有日蚀。太宗对房玄龄、萧瑀说道：“隋文帝是一个怎么样的帝王？”他们对答道：“隋文帝自我约束，使言行符合于礼，勤勉辛劳，思虑政事，每一次坐朝，有时甚至直到太阳偏西。五品以上的官员，引导他们评议朝政。值夜班的卫士，传送饭食来吃。即使他不能做到仁义明智，也算是励精图治的君主了。”太宗道：“你们只知其一，不知其二。隋文帝本性明察，然而内心不明智。内心不明智那么观察事物就会有所不周，非常明察就会对事物多疑。他通过欺负孤儿寡母得到的天下，认为臣下是不能信任的，政事都要亲自决断，即使劳累心神、困苦形体，处事也不能全部合情合理。朝臣即使知道皇上不信任的心意，也不敢再直言相告，宰相及以下官员，只能秉承旨意罢了。我的心意就不是这样的。以天下之大，怎么可以凭一个人的思虑独断专行呢？我正要选拔天下的英才，为天下操持政事，委任他们负责完成任务，每个人都可以充分发挥自己的才能，这才差不多合于情理。”因而命令有关部门：“诏令如对当时不适合，就应该拿来奏明，不能顺承诏令上的旨意施行。”

是岁，断死刑二十九人，几致刑措。东至于海，南至于岭，皆外户不闭，行旅不赍[①]粮焉。

五年。（《新唐书》曰：十二月丁亥，诏：“决死刑，京师五覆奏，诸州三覆奏，其日尚食毋进酒肉。”是年，《群书治要》书成，上之。太宗《答魏徵上〈群书治要〉手诏》曰：朕少尚威武，不精学业，先王之道，茫若涉海。览所撰书，博而且要，见所未见，闻所未闻，使朕致治稽古，临事不惑。其为劳也。不亦大哉！）

【注释】①赍（lài）：本意是赐予，引申为赠送。

【译文】这一年，判处死刑的有二十九人，刑法几乎搁置不用。东到海，南到岭外，出外都不用闭门，来往的旅客不用带干粮。

贞观五年（631年）。（《新唐书》说：十二月初二，太宗下诏令：“凡是判决死刑，京城内的案件要上奏五次，各州的死刑判决要上奏三次。在复奏的日子里，供奉皇帝膳食的人不要进奉酒肉。”这一年，《群书治要》编纂成书，由魏徵呈献给太宗。太宗在《答魏徵上〈群书治要〉手诏》上说：我年少时崇尚武力，不能精于学业，对于先王的大道，茫然得如同在渡大海。观看所撰的这部《群书治要》，实在是广博而精要，使我见所未见，闻所未闻，让我在治理国家时可以考察古代的事迹，以明辨是非，遇到事情不糊涂。《群书治要》的功劳，不是很伟大吗？）

六年，十二月辛未，亲录囚徒，归死罪者二百九十人于家，令明年秋末就刑。其后应期毕至，诏悉原之。

七年，十一月丁丑，颁新定《五经》。

十一年，夏四月，丙寅，诏河北、淮南举孝悌淳笃，兼闲时务；儒术该通，可为师范；文辞秀美，才堪著述；明识政体，可委字人；并志行修立，为乡闾所推者，给传诣洛阳宫。

【译文】贞观六年（632年）十二月二十二日，太宗亲自审查并记录囚犯的罪状。把二百九十名死罪犯人送回到家，并命令他们第二年秋末来领受死刑。后来死刑罪犯都按期到来受刑，太宗就诏令对他们全部予以宽恕。

贞观七年（633年）十一月初三，朝廷颁布新定的《五经》。

贞观十一年（637年）夏四月十二日，诏令河北、淮南举荐孝敬父母、尊敬兄长、禀性淳厚并且娴熟时事之人；儒家学术完备的，可以作为百姓的楷模；文辞隽永秀美，具有著述的才干；通晓理解国家政策法令的人，可以委托他教育百姓；以及品行修养有所成就，被乡里闾巷所推崇的人，将他们送到洛阳宫。

秋七月癸未，大霪①雨。洛水溢，漂六百家。庚寅，诏以灾命百官上封事，极言得失。

十三年，自去冬不雨至于五月。甲寅，避正殿，令五品以上上封事，减膳罢役，分使赈恤，申理冤屈，乃雨。

十七年，春正月，诏图画司徒、赵国公无忌等勋臣二十四人于凌烟阁。

二十三年，五月，己巳，上崩于含风殿，年五十二。遗诏皇太子即位于柩前，丧纪宜用汉制。秘不发丧。

【注释】①大霪（yín）雨：霪，久雨，通作"淫"。

【译文】秋七月初一，长期下大雨。洛水涨满，淹没了六百家。初八，太宗诏命以水灾命百官上封章奏事，尽情说明朝政得失。

贞观十三年（639年），从前一年冬天直到本年五月都没有下雨。十二日，太宗避开正殿，命令五品以上的官员上封章奏事，太宗自己减少膳食并免除百姓徭役，分派使者救济抚恤，申理冤屈，方才下雨。

贞观十七年（643年），春正月，诏令画工在凌烟阁画司徒、赵国公长孙无忌等功臣二十四人像。

贞观二十三年（649年），五月二十六日，太宗在含风殿去世，享年五十二岁。遗诏皇太子在灵柩前即位，丧事应采用汉朝的制度。保密而不发布丧事。

史臣曰：臣观文皇帝，发迹多奇，聪明神武。拔人物则不私于党，负志业则咸尽其才。所以屈突、尉迟[①]，由仇敌而愿倾心膂；马周、刘洎，自疏远而卒委钧衡。终平泰阶，谅由斯道。尝试论之：础润云兴，虫鸣螽跃。虽尧、舜之圣，不能用梼杌[②]、穷奇而治平；伊、吕之贤，不能为夏桀、殷辛而昌盛。君臣之际，遭遇斯难，以至抉目剖心，虫流筋擢，良由遭值之异也。以房、魏之智，不逾于丘、轲，遂能尊主庇民者，遭时也。或曰：以太宗之贤，失爱于昆弟，失教于诸子，何也？曰：然，舜不能仁四罪，尧不能训丹朱，斯前志也。当神尧任谗之年，建成忌功之日，苟除畏逼，孰顾分崩，变故之兴，间不容发，方惧毁巢之祸，宁虞尺布之谣[③]？承乾之愚，圣父不能移也。若文皇自定储于哲嗣，不骋志于高丽；用人如贞观之初，纳谏比魏徵之日。况周发、周成之世袭，我有遗妍；较汉文、汉武之恢弘，彼多惭德。迹其听断不惑，从善如流，千载可称，一人而已！（旧唐书卷二一三）

【注释】①屈突、尉迟（yù chí）：指屈突通、尉迟敬德。

②梼杌（táo wù）：传说梼杌是颛顼的儿子，一种人面虎身、凶狠狂暴的猛兽，也被称为"难训"或"傲狠"。据说梼杌也长有野猪的獠牙和很长的尾巴，喜好在荒野中狂奔，没有人能够制服它。

③尺布之谣：据《史记·淮南厉王传》记，淮南厉王刘长谋反未成，其兄汉文帝刘恒"尽诛所与谋者"，且令徙刘长于蜀郡，"载以辎车，令县以次传"，欲以此折磨他。后刘长果于途中不食而死。民间有感于此兄弟之不相容，作歌："一尺布，尚可缝；一斗粟，尚可舂。兄弟二人不能相容。"后世诗文乃以"尺布之谣"比喻统治集团兄弟相争不

相容。

【译文】史官评论：臣观察太宗文皇帝，他的发迹多有奇异之处，他聪明睿智英明勇武，选拔人才而不结私党，身负大业能人尽其才。所以屈突通、尉迟敬德从仇敌转而倾心交结愿作心腹；马周、刘洎从疏远的关系而最终对他们委以国家重任。最后平定国家，确实是由于用人有道。现在我尝试论述一下：石基润湿，白云兴起；虫子鸣叫，蝗虫跳跃。即使尧、舜这样的圣人，也不能用梼杌、穷奇这样凶恶的人治理平定天下；即使有伊尹、吕尚的贤能，也不能辅佐残暴的君王夏桀、殷纣而使国家昌盛。君臣的际遇，是这样艰难啊！以至于挖眼、剖心、抽筋、喂蛇，确实是由于遭遇的君王不同啊！凭借房玄龄、魏徵的才智，不能超过孔丘、孟轲，但他们能够遵从君主庇护民众，的确是因为遇到良好的时机啊！有人说：凭借太宗的贤德，不被兄弟所爱，不能教育好几个儿子，这是什么原因呢？我要说：是的！舜不能给予四个罪人以仁爱，尧不能教育好儿子丹朱，这是先前的历史记载的。正当神尧受谗言的年代，当李建成忌妒太宗功绩的时候，苟且除掉畏惧、威逼，谁还能顾上分崩离析、变故的兴起，灾祸马上临头，不忧虑倾巢覆灭之祸，难道会考虑兄弟不和的“尺布之谣”吗？废太子李承乾的愚昧，即使圣明的父亲文皇帝也不能改变啊！假若文皇帝自己在儿子中确定继承人，不在高丽扩张领土，放纵贪欲，像贞观初年那样用人惟才，能像对待魏徵的时候那样听取意见。这样和世袭的周武王姬发、周成王相比较，还有更多的美德；和汉文帝、汉武帝的宽大胸怀相比较，他们也会感到德行有亏而惭愧。太宗文皇帝一生能当机立断而不疑惑，能很好地听取意见，千载以来值得称赞的，只有文皇帝一人罢了。(旧唐书卷二—三)

玄 宗

【题解】唐玄宗李隆基是唐朝第六位皇帝，是唐朝在位最长的皇帝，亦是唐朝极盛时期的皇帝。他早年发动唐隆政变，诛杀了欲效法武则天做女皇的韦皇后和安乐公主，将其父相王李旦复辟为唐睿宗，之后，他被册封为太子，先天二年（713年），即位为帝。

唐玄宗即位以后，励精图治，重用贤臣，让国家逐步走上正轨，并开创了著名的“开元盛世”，唐朝进入鼎盛时期。但他在位的后期，沉湎酒色，荒淫无度，重用奸臣，政治腐败，终于爆发了“安史之乱”，唐朝因此由盛转衰。

唐玄宗可以说是一位功过都很突出的历史人物。他前后期截然不同的表现，对我们每个人，尤其是治国理政者重视自身的德行修养和任贤则兴、任佞则亡的历史教训，有着重要的历史警示作用。

玄宗皇帝讳隆基，睿宗第三子也。神龙[1]元年，迁卫尉少卿。景龙[2]二年四月，兼潞州别驾。

【注释】①神龙：武则天和唐中宗李显的年号（705—707年）。神龙元年（705年）二月，太平公主等人发动政变，迎唐中宗复位，史称“神龙政变”。复国号唐，沿用武则天“神龙”年号。

②景龙：唐中宗李显的年号（707—710年），共计4年。

【译文】玄宗皇帝名隆基，睿宗第三个儿子。神龙元年（705年），升为卫尉少卿。景龙二年（708年）四月，兼任潞州别驾。

四年，中宗①将祀南郊，来朝京师。属中宗末年，王室多故，上常阴引材力之士以自助。至六月，中宗暴崩，韦后临朝称制。韦温、宗楚客、纪处讷②等谋倾宗社，以睿宗介弟之重，先谋不利。道士冯道力、处士刘承祖皆善于占兆，诣上布诚款。上所居里名隆庆，时人语讹以“隆”为“龙”；韦庶人称制，改元又为唐隆，皆符御名。上益自负，乃与太平公主③谋之，公主喜，以子崇简从。上乃与崇简、朝邑尉刘幽求④、长上折冲麻嗣宗、押万骑果毅葛福顺、李仙凫、宝昌寺僧普润等定策诛之。或曰：“先启大王。”上曰：“我拯社稷之危，赴君父之急，事成福归于宗社，不成身死于忠孝，安可先请，忧怖大王乎！若请而从，是王与危事；请而不从，则吾计失矣。”遂以庚子夜率幽求等数十人自苑南入，总监钟绍京⑤又率丁匠百余以从。分遣万骑往玄武门杀羽林将军韦播、高嵩，持首而至，众欢叫大集。攻白兽、玄德等门，斩关而进，左万骑自左入，右万骑自右入，合于凌烟阁前。时太极殿前有宿卫梓宫万骑，闻噪声，皆披甲应之。韦庶人惶惑走入飞骑营，为乱兵所害。于是分遣诛韦氏之党，比明，内外讨捕，皆斩之。乃驰谒睿宗，谢不先启请之罪。睿宗遽前抱上而泣曰：“宗社祸难，由汝安定，神祇万姓，赖汝之力也。”拜殿中监、同中书门下三品，兼押左右万骑，进封平王。

【注释】①中宗：指唐中宗李显（656—710年），原名李哲，陇西成纪（今甘肃秦安县）人。唐朝第四位皇帝，唐高宗李治第七子，武则天第三子，唐睿宗李旦同母兄。

②韦温：字弘育，京兆万年人。宗楚客：字叔敖，唐朝大臣、宰相、诗人，母为武则天从父姊。蒲州河东（今山西永济）人，祖籍南阳（今河南南阳）。纪处讷：秦州上邽人。娶武三思妻之姊，累迁太府卿。

③太平公主：唐高宗李治与武则天的小女儿，唐中宗李显和唐睿宗李旦的妹妹，生平极受父母兄长尤其是其母武则天的宠爱，权倾一时。

④刘幽求：冀州武强（今河北武强）人，辅佐李隆基，发动唐隆政变，拥立唐睿宗，封尚书右丞，徐国公。后进拜侍中，获赐铁券。

⑤钟绍京：字可大，唐代兴国清德乡（今江西兴国）人，唐玄宗即位，复召拜户部尚书，迁太子詹事。

【译文】景龙四年（710年），中宗将到南郊祭祀，玄宗来京师朝见。这时恰逢中宗执政末年，唐王朝出了很多变故，玄宗常常暗中援引有才干的人来帮助自己。到六月，中宗突然去世，韦后临朝代行皇帝职权。韦温、宗楚客、纪处讷等人阴谋颠覆国家，因为睿宗是中宗地位较重的弟弟，就首先图谋害他。道士冯道力、处士刘承祖都擅于占卦，到玄宗处表明忠心。玄宗所住的里巷名为隆庆，当时人以讹传讹以隆为龙；韦后临朝掌管朝政改年号又为唐隆，都和玄宗的名字相符。玄宗就越发自以为了不起，于是就和太平公主同谋，公主很高兴，让儿子李崇简跟从玄宗。玄宗于是和崇简、朝邑尉刘幽求、长上折冲麻嗣宗、押万骑果毅葛福顺、李仙凫、宝昌寺僧普润等人定下策略诛杀韦后。有人说："应先禀告大王睿宗。"玄宗道："我拯救国家的危难，奔赴君父的急难，事成归福于宗社，事不成我为忠孝而死，怎么能先请示，使大王产生忧惧呢！假若请示而大王听从，这是让大王参与危险之事；请示然而大王不能听从，那我的计谋就失败了。"于是就在七月二十日夜率领刘幽求等数十人从南苑入宫，总监钟绍京又率领工匠一百多人跟从。分派一万骑兵前往玄武门杀了羽林将军韦播、高嵩，提着他们的首级到来，众人欢呼聚集。又攻打白兽、玄德等门，砍断关锁攻入，左面一万骑兵从左门进入，右面一万骑兵从右门进入，在凌烟阁前会合。当时太极殿前有值宿保卫中宗棺木的一万骑兵，听见鼓噪呐喊的声音，都披上铠甲响应。韦庶人惶恐逃入飞骑营，被乱兵所杀。于是分头派人诛杀韦庶人的党羽，等到天明，内外声讨捕获的韦氏同党，一起都被斩首。这才派人骑马上报睿宗，为不先行请示而谢罪。睿宗急速向前抱住玄宗流泪道："国家的祸难，由你来安定，神灵百姓，依赖你的力量啊！"任命玄宗为殿中监、同中书门下三品，兼管左右营一万骑兵，进封平王。

睿宗即位，与侍臣议立皇太子，佥曰："除天下之祸者，享天下之福；拯天下之危者，受天下之安。平王有圣德，定天下，又闻成器已下咸有推让，宜膺主鬯①，以副群心。”睿宗从之。

七月己巳，睿宗御承天门，皇太子诣朝堂受册。是日有景云之瑞，改元为景云，大赦天下。

延和元年六月，凶党因术人闻睿宗曰：“据玄象，帝座及前星有灾，皇太子合作天子，不合更居东宫矣。”睿宗曰：“传德避灾，吾意决矣。”

上意惶惧，驰见叩头，请所以传位之旨。睿宗曰：“吾因汝功业得宗社。今帝座有眚，思欲逊避，唯圣德大勋，始转祸为福。易位于汝，吾知晚矣。”上始居武德殿视事，三品以下除授及徒罪皆自决之。

先天②二年七月，睿宗下诏曰：“朕将高居无为，自今军国政刑一事已上，并取皇帝处分。”十二月庚寅朔，大赦天下，改元为开元。

【注释】①主鬯（chàng）：主掌宗庙祭祀。

②先天：唐玄宗李隆基即位后的第一个年号（712年8月—713年11月），共计1年余。

【译文】睿宗即皇帝位，和大臣议立皇太子，众人道：“去除天下祸乱的人，享受天下之福；拯救天下危难的人，享受天下太平。平王有圣贤之德，平定天下，又听说睿宗长子李成器以下的王子都有推让之心，平王应接受太子之位，以符合众人的心意。”睿宗听从了侍臣们的话。

七月二十日，睿宗登上承天门，皇太子到朝堂受封。这天有“景云”太平的征兆，便改年号为“景云”，大赦天下。

延和元年（712年）六月，韦氏凶党借助术士传话给睿宗说：“根据玄象，帝座及前星有灾，皇太子理应做天子，不应再住东宫了！”睿宗道：“传位给有德之人，可以避灾，我已决定了。”玄宗惶恐，骑马前来叩头，请示传位的原因。睿宗道：“我凭借你的功业而得到国家。现在皇帝有过失，想要让位，惟有圣贤的德行，伟大的功勋，才能转祸为福。传位给你，我知道已经算晚了。”玄宗这才开始在武德殿就职治事，三品以下官员任免及徒刑罪犯都自己决断。

先天二年（713年）七月，睿宗下诏书道：“朕将要高枕无忧，不再治国，从现在起，军国政刑所有政务，一律由皇帝处置。”十二月初一，大赦天下，改元为开元。

开元三年，冬十月甲寅，制曰：“朕听政之暇，常览史籍，事关理道，实所留心，中有阙疑，时须质问。宜选耆儒博学一人，每日入内侍读。”以光禄卿马怀素①为左散骑常侍，与右散骑常侍褚无量②并充侍读。

七年，秋七月丙辰，制以亢阳日久，上亲录囚徙，多所原免。诸州委州牧、县宰量事处置。八月癸丑，敕：“周公制礼，历代不刊；子夏为传，孔门所受。逮及诸家，或变例。与其改作，不如好古。诸服纪宜一依旧文。”

【注释】①马怀素：字惟白。润州丹徒（今江苏镇江）人。开元初，为吏部侍郎，加银青光禄大夫，累封常山县公。兼昭文馆学士，四迁左台监察御史。

②褚无量：字弘度，杭州盐官人。爱好读书，精通《三礼》及《史记》。开元元年，迁右散骑常侍、国子祭酒，晋封舒国公。

【译文】开元三年（715年），冬十月初六，玄宗命令道："朕在听政闲暇之时，常看史籍，有关史事治国之道，实在是我留心之处，中间有什么疑难，时时须要询问。应当选拔年高望重博学多才一人，每天入宫侍读。"以光禄卿马怀素为左散骑常侍，和右散骑常侍褚无量并充侍读。

开元七年（719年），秋七月二十九日，玄宗命令，因为天气炙热干旱太久，要亲自察看记录囚徒的罪状，对犯人大多宽恕赦免。各州委派州牧、县官根据实情处置。八月二十八日，玄宗敕令："周公制定礼仪，历代不能改移；子夏所传的儒家经典，都为孔子所授予，等传到各家之后，有的变通条例。与其更改典籍，不如崇尚古代，各种礼仪服饰都应该一一按照旧文来定。"

十年，六月辛丑，上训注《孝经》，颁于天下。

十四年，六月戊午，大风，拔木发屋，毁端门鸱吻[①]，都城门等及寺观鸱吻落者殆半。上以旱、暴风雨，命中外群官上封事，指言时政得失，无有所隐。

【注释】①鸱吻（chī wěn）：中式房屋屋脊两端的兽形构件。用陶或琉璃制成，有固定屋瓦的作用。

【译文】开元十年（722年），六月初二，玄宗注释《孝经》，颁布于天下。

开元十四年（726年），六月十二日，刮大风，拔起树木吹倒房屋，毁坏了皇宫端门上像鸱唇的装饰，都城门等以及寺、观门上像鸱唇的装饰物毁坏大半。玄宗因为旱灾、暴风雨，命令朝廷内外官员奉上封章和奏事，评议朝政得失，不要有什么隐瞒。

二十五年，秋七月己卯，大理少卿徐峤奏："天下今岁断死刑五十八，几致刑措，鸟巢寺之狱。"上特推功元辅。

天宝十三载，（《集贤注记》[1]曰："天宝十三载十月，敕院内别写《群书政要》，刊出所引《道德经》文。先是，院中进魏文贞所撰《群书政要》。上览之，称善，令写十数本分赐太子以下。"）

【注释】①《集贤注记》：唐集贤院学士韦述撰。记载玄宗朝集贤院置院始末、院中故事、学士名氏等。

【译文】开元二十五年（737年），秋七月初七，大理少卿徐峤奏道："全国今年判决死刑的有五十八人，刑法几乎搁置不用。鸟在大理寺的监狱上筑巢。"玄宗特别赞许宰相的功劳。

天宝十三年（754年），（《集贤注记》上说："天宝十三载十月，唐玄宗敕令集贤院内另写一部《群书政要》，刊出所引用的

《道德经》经文。起先，集贤院进呈魏徵等人所编撰的《群书政要》。玄宗阅览后，称这部书非常好，下令写十数本分别赐予太子等人。”）

上元二年四月甲寅，崩于神龙殿，时年七十八。群臣上谥曰至道大圣大明孝皇帝，庙号玄宗。

史臣曰：孔子称“王者必世而后仁”。李氏自武后移国三十余年，朝廷罕有正人，附丽无非险辈。持苞苴而请谒，奔走权门；效鹰犬以飞驰，中伤端士，以致斲丧王室，屠害宗枝。骨鲠大臣，屡遭诬陷，舞文酷吏，坐致显荣。礼仪无复兴行，刑政坏于犬马，端揆①出阿党之语，冕旒②有和事之名，朋比成风，廉耻都尽。

【注释】①端揆：指相位。宰相居百官之首，总揽国政，故称。

②冕旒（miǎn liú）：古代帝王的礼冠和礼冠前后的玉串，也用作皇帝的代称。

【译文】上元二年（761年）三月二十九日，玄宗在神龙殿去世，时年七十八岁。群臣上谥号至道大圣大明孝皇帝，庙号玄宗。

史官评论说：孔子说：“圣王主政也要三十年才能以仁道行天下”。李氏自从武则天篡国三十多年来，朝廷很少有正直之人，依附的无不是阴险奸诈之辈。他们都公开贿赂，趋附权贵；像爪牙走狗一样飞驰，中伤端正之人。以致毁灭王室断送朝廷，屠杀残害同宗支派。正直的大臣，屡次遭到诬陷，歪曲法律的酷吏，不劳而获地得到显贵和荣宠。礼仪不再盛行，刑法政令败坏于声色犬马之中，宰相发出结党徇私的言论，帝王有和事天子的名声，结党营私逐渐成风，廉耻之心消失殆尽。

我开元之有天下也，纠之以典刑，明之以礼乐，爱之以慈俭，律之以轨仪。黜前朝徼幸之臣，杜其奸也；焚后庭珠翠之玩，戒其奢也；禁女乐而出宫嫔，明其教也；赐酺[①]赏而放哇淫，惧其荒也；叙友于而敦骨肉，厚其俗也；蒐兵而责帅，明军法也；朝集而计最[②]，校吏能也。庙堂之上，无非经济之才；表著之中，皆得论思之士。而又旁求宏硕，讲道艺文。昌言嘉谟，日闻于献纳；长辔远驭，志在于升平。贞观之风，一朝复振。于斯时也，烽燧不惊，华戎同轨。西蕃君长，越绳桥而竞款玉关；北狄酋渠，捐毳幕而争趋雁塞。象郡、炎州之玩，鸡林、鳀海之珍，莫不结辙于象胥[③]，骈罗于典属。膜拜丹墀之下，夷歌立仗之前，可谓冠带百蛮，车书万里。天子乃览云台之义，草泥金之札，然后封日观，禅云亭，访道于穆清，怡神于玄牝，与民休息，比屋可封。于时垂髫之倪，皆知礼让；戴白之老，不识兵戈。虏不敢乘月犯边，士不敢弯弓报怨。"康哉"之颂，溢于八纮。所谓"世而后仁"，见于开元者矣。年逾三纪，可谓太平。

【注释】①酺（pú）：欢聚饮酒。

②计最：指古代州郡官吏每年或每三年的考绩。

③象胥：周礼官名。古代接待四方使者的官员。亦指翻译人员。

【译文】我开元时期得以有天下，以典刑来纠正处治，以礼乐来宣明教化，用慈爱节俭施行仁政，以法则仪制来约束严整。罢黜前朝非分贪求的臣子，以杜绝邪恶；焚烧后宫珍珠翡翠等玩物，以戒除奢侈；禁止女乐且放出宫嫔，以宣明教化；恩赐臣民欢聚宴饮而杜绝鄙俗淫靡，是害怕人们放纵迷乱；使故旧亲睦和顺，使骨肉亲厚友善，以敦厚风俗；检阅士卒而严格要求将帅，以彰明军法；朝见聚会而撮举大要，以考察官吏的作为。朝廷之上，全都是经时济世的有用之才；王公大臣之中，都能得到评论朝政的才学之士。而且又向各方征求鸿儒硕学，讲解大道和经典。善言良策，每天都可以听到有人提出以供采纳；有力地统治驾驭远方，志在令天下太平。贞观遗风，很快得以重新振作。在此时，烽火不惊，天下一统。西蕃的首领，越过绳桥而竞相叩打玉关；北匈奴首领，捐舍毡帐却争着奔向雁门关。象郡、炎州的珍玩，新罗、会稽外海的珍品，无不相接于象胥，并排罗列在典属。他们膜拜在台阶之下，外族人歌吟在立仗之前，可以说礼教传布百蛮外族，大唐制度通行万里。天子于是观看云台的礼仪，草创用泥金封就的书札，然后封泰山于日观，禅祭于云云、亭亭之山，访求大道于清和之气，怡养神气于万物本源，与民休息，家家都有可以封赏之德。当时不结发辫的幼童，都知道礼让；头戴白发的老人，不认识兵器。敌人不敢乘着月夜侵犯边境，士卒不敢弯弓搭箭徇私报仇。“安康”的歌颂，漫溢于八方。所谓“三十年后才能以仁道化行天下”，出现在开元时期。现已超过三十六年，可以说是太平盛世了。

于戏！国无贤臣，圣亦难理；山有猛虎，兽不敢窥。得人者昌，信不虚语。昔齐桓公行同禽兽，不失霸主之名；梁武帝静比桑门，竟被台城之酷。盖得管仲则淫不害霸，任朱异①则善不救亡。开元之初，贤臣当国，四门俱穆，百度唯贞，而释、老之流，颇以无为请见。上乃务清净，事薰修，留连轩后之文，舞咏伯阳之说，虽稍移于勤倦，亦未至于怠荒。俄而朝野怨咨，政刑纰缪，何哉？用人之失也。自天宝已还，小人道长。如山有朽坏，虽大必亏；木有蠹虫，其荣易落。以百口百心之谗谄，蔽两目两耳之聪明，苟非铁肠石心，安得不惑！而献可替否，靡闻姚、宋之言；妒贤害功，但有甫、忠之奏。豪猾因兹而睥睨，明哲于是乎卷怀，故禄山之徒，得行其伪。厉阶之作，匪降自天，谋之不臧，前功并弃。惜哉！

【注释】①朱异：字季文，吴郡吴县（今江苏苏州市）人。三国时期吴国将领。吴主孙綝派其救援诸葛诞，其因军中缺粮，引兵撤退，孙綝大怒，后将其杀害。

【译文】呜呼！国家没有贤臣，圣人也难以治理；山上存有猛虎，野兽也不敢偷窥。得人心者昌盛，确实不是虚言。从前齐桓公的行为如同禽兽，不失掉霸主的声名；梁武帝守静犹如僧侣，最终被饿死台城。这是因为得到管仲，虽然放荡淫邪也不损害霸业；任命朱异为大都督，其虽善良却不能援救危亡。开元初期，贤臣主持国事，四门处处端庄恭敬，百事都贞正和顺，而佛教、道教之流派，却以无为的主张请见。玄宗于是致力于清净修养，从事薰修，留连轩后的文字，舞蹈歌吟老子的学说，虽然不再那么辛劳疲倦，也不至于荒废懈怠。不久，朝廷内外充满怨恨，政策法令错误，为什么呢？这是因为用人的失误。自从天宝以来，小人得势。犹如山体朽坏，虽然庞大必定亏损；木有害虫，虽然繁茂却极易枯萎。以百口百心的中伤谗毁，蒙蔽双眼双耳的聪明，如果不是铁石心肠，怎么能不被迷惑呢！而献计献策，没有听闻姚崇、宋璟那样的言论；嫉妒贤才陷害功臣，只见李林甫、杨国忠的奏章。强横狡诈的人因此而傲视，深明事理的人于是退避，所以安禄山这样的人，得以实行他奸伪的行径。肇祸之源的兴起，并非降自于天。谋划不好，以前的功劳都会丢弃。可惜呀！

（《新唐书》赞曰：方其励精政事，开元之际，几致太平，何其盛也！及侈心一动，穷天下之欲不足为其乐，而溺其所甚爱，忘其所可戒，至于窜身①失国而不悔。考其始终之异，其性习之相远也至于如此。可不慎哉！可不慎哉！）（旧唐书卷八一九）

【注释】①窜身：藏身。

【译文】（《新唐书》论赞说：当唐玄宗励精图治勤于政事，

开元时期，几乎臻于至治，多么昌盛啊！等到奢侈之心稍微萌动，穷尽天下的欲求都不够使他快乐，而沉溺在他非常喜爱的事物之中，忘掉了作为君主应当禁戒的，以致藏身失国而不悔恨。考察他从始至终的不同，其本性相近而习气相远而至于如此。能不慎重吗！能不慎重吗！）（旧唐书卷八—九）

宪　宗

【题解】唐宪宗李纯是唐朝的第十一位皇帝，唐德宗李适孙子、唐顺宗李诵长子。他是唐朝一位奋发有为的“中兴之主”，即位以后，把“太宗之创业”“玄宗之致理”都当作效法的榜样。他大力提高宰相的权威，平定藩镇叛乱，重用贤良，改革弊政，勤勉政事，力图中兴，从而取得元和削藩的巨大成果，重振中央政府威望，国家内外都得到很好的治理，史称“元和中兴”。

宪宗在后期，因为稍有成就，就自以为立下了不朽之功，渐渐骄侈。任用奸臣皇甫镈而罢免贤相裴度，政治日见衰败，最后“身罹不测之祸”，令人惋惜和感叹。

宪宗皇帝讳纯，顺宗①长子也。顺宗即位之年四月，册为皇太子。七月乙未，权勾当军国政事。

【注释】①唐顺宗：李诵（761—806年），唐德宗李适长子，唐朝第十位皇帝（不算武则天和唐殇帝）。李诵初封宣城郡王，后进封宣王，779年立为太子。805年，唐德宗驾崩，太子李诵继位，同年八月禅位给太子李纯，自称太上皇。次年李诵驾崩，谥号至德大圣大安孝皇帝，庙号顺宗，葬于丰陵。

【译文】宪宗名李纯，是顺宗的长子。顺宗于永贞元年（805年）登上帝位，同年四月，李纯被册立为皇太子。同年七月二十八日，李纯代理顺宗主持朝廷军政事务。

元和①元年，二月戊戌，谓宰臣曰："前代帝王，或怠于听政，或躬决繁务，其道如何？"杜黄裳对曰："帝王之务，在于修己简易，择贤委任，宵旰以求民瘼，舍己从人以厚下，固不宜怠肆安逸。然事有纲领小大，当务知其远者大者；至如簿书讼狱，百吏能否，本非人主所自任也。昔秦始皇自程决事，见嗤前代；诸葛亮王霸之佐，二十罚以上皆自省之，亦为敌国所诮，知不久堪；魏明帝欲省尚书拟事，陈矫言其不可；隋文帝日旰听政，令卫士传餐，文皇帝亦笑其烦察。为人主之体固不可代下司职，但择人委任，责其成效，赏罚必信，谁不尽心。《传》称帝舜之德曰：'夫何为哉？恭己南面而已！'②诚以能举十六相，去四凶也。岂与劳神疲体自任耳目之主同年而语哉！但人主常势，患在不能推诚；人臣之弊，患在不能自竭。由是上疑下诈，礼貌或亏，欲求致理，自然难致。苟无此弊，何患不至于理。"上称善久之。

【注释】①元和：唐宪宗李纯的年号（806—820年），共计十五年。

②语见《论语·卫灵公》。

【译文】元和元年（806年），二月初四，宪宗对宰相说："前代的君主们，有的在主持朝政方面松懈懒散，有的亲自处理各种繁杂的政务，他们的治国之道怎么样？"杜黄裳回答说："国君必须做好的主要事情，在于抓紧自我修养，精简政务，选拔人才委任官职，起早贪黑地了解民间疾苦，舍弃自己的私利，服从民众的意愿，对待下臣宽厚仁爱，本来就不应当松懈懒散贪图安逸。但是事情有纲和目、大和小的区别，应该全力处理好那些关系国家长远利益和全局利益的重大政务，至于簿记文书，诉讼案件，属吏们有没有才干，本来就不是国君亲自处理的政事。从前秦始皇规定自己每天要审阅简牒文书，遭到前代人的讥笑；诸葛亮是辅佐帝王成就霸业的人才，凡是要打二十板子以上的案子，他都要亲自审理，也受到敌对国家的讥讽，知道他无法长期坚持下去；魏明帝曹睿想要察看尚书们所处理的公务，陈矫说不能这样做；隋文帝杨坚天已经很晚了还要处理政务，让卫士传送饭菜，连太宗文皇帝也笑话他苛察。做国君的本来就不能代替下级官吏的政务，只要选择人才委任政务，督促他们把事办好，有善必赏，有罪必罚，谁不尽心竭力？《论语》称颂虞舜的德行说：'还需要干什么呢？只是庄严端正地坐在朝廷之上无为而治罢了！'实在是因为他能提拔十六位辅佐大臣，流放了不服从管理的四个部族的首领浑敦、穷奇、梼杌和饕餮。怎么能和那些劳神费力只相信自己的国君相提并论呢？但是国君常有的毛病就在于不能真诚待人，做臣子的弊端就在于不能自觉地竭尽忠心。因此上面猜疑下面欺骗，在礼仪方面有时就会欠缺，希望达到天下大治，自然难以办到。如果没有这些弊病，还担心不能实现天下大治吗？”宪宗对杜黄裳的分析称赞了很久。

二年，十二月甲寅，宰相李吉甫[①]封赞皇侯。丙辰，上谓宰臣曰：“朕览国书，见文皇帝行事，少有过差，谏臣论诤，往复数四。况朕之寡昧，涉道未明，今后事或未当，卿等每事十论，不可一、二而止。”

【注释】①李吉甫：字弘宪，赵郡赞皇（今河北赞皇）人。御史大夫李栖筠之子，宰相李德裕之父。元和年间，李吉甫两次拜相，辅佐唐宪宗开创“元和中兴”。

【译文】元和二年（807年）十二月初一，宰相李吉甫被封为赞皇侯。初三，宪宗对宰臣们说：“我阅读本朝历史书籍，看到文皇帝办事，稍有差错，谏臣们直言争辩，反反复复三番五次不厌其烦。何况我孤陋寡闻，对治国之道还没有明白透彻，今后有的事情处理得不恰当，诸位可要多次争辩，不要说一两次就了事。”

六年，六月甲子朔，减教坊乐人衣粮。丁卯，中书门下奏：

“官省则事省，事省则人清；官烦则事烦，事烦则人浊。清浊之由，在官之烦省。国家自天宝已后，中原宿兵，见在军士可使者八十余万。其余浮为商贩，度为僧道，杂入色役，不归农桑者，又十有五六。则是天下常以三分劳筋苦骨之人，奉七分坐衣待食之辈。今内外官给俸料者不下一万余员，其间有职出异名，奉离本局，府寺旷废，簪组因循者甚众。况敛财日寡而授禄至多，设官有限而入色无数，九流安得不杂，万物安得不烦。汉初置郡不过六十，文景醲化，百官莫先，则官少不必政紊，郡多不必事理。今天下三百郡，一千四百县。故有一邑之地，虚设群司，一乡之甿，徒分县职，所费至广，所制全轻。伏请敕吏兵部侍郎、郎中、给事中、中书舍人各一人，错综利病，详定废置，吏员可并省者并省之，州县可并合者并合之，每年入仕者可停减者停减之。此则利广而易求，官少而易理，稍减冗食，足宽疲甿。又国家旧章，依品制俸，官一品月俸三十千，其余职田禄米，大约不过千石，自一品以下，多少可知。艰难已来，禁纲渐弛，于是增置使额，厚请俸钱。故大历[①]中权臣月俸有至九千贯者，列郡刺史无大小给皆千贯。常衮为相，始立限约，至李泌[②]又量其闲剧，随事增加，时谓通济，理难减削。然犹有名存职废，额去俸存，闲剧之间，厚薄顿异。将为永式，须立常规。”

从之。乃命给事中段平仲[③]、中书舍人韦贯之[④]、兵部侍郎许孟容[⑤]、户部侍郎李绛[⑥]等详定减省。

【注释】①大历：唐代宗李豫第三个年号（766—779年），共计14年。

②李泌（bì）：字长源。祖籍辽东郡襄平县（今辽宁辽阳），生于京兆府（今陕西西安）。唐朝中期著名政治家、谋臣、学者，北周太师李弼的六世孙。代宗时屡遭宰相元载、常衮排挤，被外放至地方任职。唐德宗时入朝拜相，参预内政、外交、军事、财政等方面的筹划，对内勤修军政、调和将相，对外联结回纥、大食等国遏制吐蕃，达成“贞元之盟”，使边陲安定，在相当程度上保证了贞元时期唐帝国的稳定。累官至中书侍郎、同平章事，封邺县侯，世称“李邺侯”。

③段平仲：字秉庸，武威（今甘肃武威）人，隋左翊卫将军段达六世孙。

④韦贯之：本名韦纯，字贯之，一字正理，京兆万年（今陕西西安市）人，唐朝宰相，吏部侍郎韦肇之子。

⑤许孟容：字公范，京兆长安（今陕西西安）人，唐朝大臣，抚州刺史赠礼部尚书许鸣谦之子。

⑥李绛：字深之，赵郡赞皇县（今河北赞皇）人，唐宪宗时期宰相，后与权贵有隙，托称足疾，请求去职，被罢为礼部尚书，转兵部尚书。唐穆宗、敬宗时，两任东都留守，又拜尚书右仆射。唐文宗时，被召为太常卿，出任山南西道节度使，累封赵郡公。

【译文】元和六年（811年），六月初一，宪宗减少了教坊的音乐歌舞艺人的衣服粮食供给。初四，中书、门下两省禀奏：

“官员精简，事务就精简，事务精简，人员就廉洁；官员繁杂，事务就繁杂，事务繁杂，人员就污浊。廉洁污浊的根源，就在官员的繁杂与精简。国家自从天宝年间以后，中原一直驻守着军队，现在可供调遣的士卒有八十多万人。其余四方游荡成为商人贩子，离俗出家当了和尚道士，被征集去充当各种名目的劳役而不回家从事农业耕种的人，又占十分之五六。这就是说国家一直是靠十分之三劳累筋骨的种田人，供养十分之七不劳而食的寄生虫。现在依靠朝廷供给俸禄的内外官员不少于一万多人，其中别出心裁地巧立官职，没有本职工作可做，官署政务荒废，依旧占据官位的为数众多。况且国库的收入一天天减少但发放的俸禄一天天增多，官署人员的数额有限但额外招进的却没有定数，各种官吏哪能不繁杂，各种政务哪能不繁琐？汉朝初年设置的郡没有超过六十，文帝、景帝时期教化隆盛，百官的数量并没有超过之前，可见官员少政务不一定会紊乱，郡县多政务不一定会和顺。现在全国有三百个州郡，一千四百个县。因此有一邑之地，就不切实际地设置各种各样的机构官员，有一个乡的百姓，就白白地分派出去官职，所耗费的财物数额巨大，所管理的事情却无关紧要。请求诏令吏部和兵部的侍郎、郎中、给事中、中书舍人各一人，综合比较怎么样好，怎么样不好，审慎周密地决定哪些该撤销，哪些该设置，可以精简的官员就精简，可以合并的州县就合并，每年可以停止或减少录用新官吏的就停止或减少录用。这样财源就会扩大而容易征收，官员少就容易治理，逐渐减少宫庭官府中打杂混饭吃的人，足可以缓解百姓困顿。再说国家的原有章程，按照官员的品级规定了薪俸标准，一品官员每月薪俸三十贯，另外从禄米田收取的俸禄粮食，大约不超过一千石，从一品以下官员每月薪俸的标准都是可以清楚了解的。自从安史之乱以来，朝廷纲纪逐渐废弛，于是增设各种使官的名额，要求提高薪俸。所以代宗大历年间有权势的朝臣竟然有每月薪俸高达九千贯的，各郡刺史不分大小月薪都是足足一千贯。常兖任宰相时，开始制定了一个限额标准，到李泌任宰相时又衡量公事的闲散繁忙，按照公务的繁忙程度增加俸禄，当时称为'通济'（临时补贴），而增加上去之后就不便削减下来。同时还有官衔存在而公务废止，官职数取消而薪俸保留的情况，按照公务闲散繁忙比较起来，薪俸的多少顿时变得极不合理。请制定长期可用的薪俸标准，作为固定的规章。"

宪宗表示同意。于是命令给事中段平仲、中书舍人韦贯之、兵部侍郎许孟容、户部侍郎李绛等人详细审定精简机构、官员和薪俸的办法。

冬十月戊寅，诏："王者之牧黎元也，爱之如子，视之如伤。苟或风雨不时，稼穑不稔，则必除烦就简，惜力重劳，以图便安，以阜生业。况邦畿之内，百役所业，虽勤恤之令亟行，而供亿之制犹广。重以经夏炎暵[①]，自秋霖泽，南亩亏播植之功，西成失丰登之望。内乏口食，外牵王徭，岂惟转输之虞，虑有馁殍之患。斯盖理道犹郁，和气未通，永言于兹，良所咎叹。京兆府每年所配折粜粟二十五万石宜放。于百姓有粟情愿折纳者，时估外特加优饶。今春所贷义仓粟，方属岁饥，容至丰熟岁送纳。元和五年已前诸色逋租②并放。百官职田，其数甚广，今缘水潦，诸处道路不通，宜令所在贮纳，度支支用，令百官据数于太仓请受。遭水旱处，通计所损，便与除破，不得检覆③。为理之本，在乎安人。咨尔尹京宰邑之臣，实为亲人阜俗之寄，必当询其疾苦，奉我诏条，恤隐为心，无怠于事，罔或徇利以剥下，吐刚而茹柔，使闾井咸安，惸嫠④获济。各勉忠孝，宜悉朕怀。”

【注释】①炎暵（hàn）：炎热干旱。

②逋（bū）租：拖欠租税。

③检覆：查核。

④惸嫠（qióng lí）：无兄弟与无丈夫的人。亦泛指孤苦无依的人。

【译文】冬季十月十七日，宪宗下诏说："国君统治百姓，爱民如子，就像对待自身伤口一样痛惜。如果有时雨水错过季节，五谷没有收成，就一定要免除杂务做到节俭，爱惜财物珍惜民力，以求得天下安宁，产业兴旺。何况京城周围郊区州县之内，是各种劳役集中的区域，虽然多次发布勤勉体恤的命令，但是征调赋税劳役的名目还是繁多。加上整个夏天干旱炎热，立秋之后大雨不停，田地来不及耕耘播种，秋季没有丰收的希望。家里缺乏口粮，外边还要受官府徭役的拖累，哪里只是担心运输困难，忧虑的是出现饿死百姓的灾难。这大概是治国之道还没有理顺，和顺的气运还没有通畅，长期这样下去，实在是令人惭愧而叹息。京兆府每年分派降价收纳抵交租银的粟米二十五万石应当发放出去。对于那些存有粟米愿意降价抵交租银的百姓，在现价之外要特别增加优厚的条件。今年春天义仓所借出去的粟米，刚刚碰上连年饥荒，延缓到丰收年景再交还。元和五年（810年）以前的欠租一概免去。百官禄米田所收的禄米，数量很大，现在由于洪水泛滥，各地道路不能通行，应当让所在官署收存，统筹安排交付支取，让百官按照存粮数额申请从京城的太仓中领取。遭受水旱灾害的地方，统计农民受到的损失，即予免除租税，不准考察核实。天下大治的根本，在于使百姓安定。唉！你们这些府尹县令啊，实在是我亲近人民推行教化的依托，一定要访问民间疾苦，执行朝廷诏令。存顾惜怜悯之心，办事不要懈怠，不要谋求私利搜刮百姓，不要怕硬欺软，要让村巷都安宁，孤苦伶仃的人都得到救助。各人努力尽忠尽孝，你们应当明白我的心意。”

元和七年，五月庚申，上谓宰臣曰：“卿等累言吴越去年水旱，昨有御史自江淮回，言不至为灾，人非甚困。”李绛对曰：“臣得两浙、淮南状，继言歉旱。方隅授任，皆朝廷信重之臣。御史非良，或容希媚，此正当奸佞之臣。况推诚之道，君人大本，任大臣以事，不可以小臣言间之。伏望明示御史姓名，正之典刑。”上曰：“卿言是也。朝廷大体，以恤人为本，一方不稔，即宜赈救，济其饥寒，况可疑之也！向者不思而有此问，朕言过矣。”绛等拜贺。

【译文】元和七年（812年），五月初三，宪宗对宰相说："你们多次说吴越地区去年发生水灾和旱灾，昨日有御史从江淮地区回来，说没有达到灾害的程度，百姓并不十分困顿。"李绛回答说："臣得知两浙、淮南的情况，才接着上奏这些地方因旱灾而年荒歉收。每个地区授任的官员，都是朝廷信赖、器重的大臣。御史如果心怀不善，说不定企图取媚于皇上，这正是奸邪佞幸之臣。何况以诚信相待的做法是君主的根本，任用大臣做事，就不能听用小臣的离间言语。希望公开披露这个御史的姓名，以将其诉诸刑律。"宪宗说："你的话是对的。朝廷最重要的，是以救助百姓为根本，一处地方不丰收，就应当赈济，救助他们的饥寒，更何况有什么值得怀疑的呢？先前没有思考就提出这个疑问，我的话说错了。"李绛等向宪宗拜贺。

十三年，十二月辛亥，上顾谓宰臣曰："人臣事君，但力行善事，自致公望，何乃好树朋党，朕甚恶之。"裴度对曰："君子小人，未有无徒者。君子之徒，同心同德；小人之徒，是为朋党。"上曰："他人之言，亦与卿等相似，岂易辩之哉？"度曰："君子小人，观其所行，当自区别矣。"上曰："凡好事口说则易，躬行则难。卿等即言之，须行之，勿空口说。"度等谢曰："陛下处分，可谓至矣，臣等敢不激励。然天下之人，从陛下所行，不从陛下所言，臣等亦愿陛下每言之则行之。"上颇欣纳。

【译文】元和十三年（818年），十二月初二，宪宗环顾朝堂，对宰臣说道："做臣子的为君王办事，只要尽力做善事，自然会得到公众的声望，为什么喜欢树立朋党呢？"裴度回答说："君子和小人，没有谁是没有同党的。君子的同党，大家同心同德；小人的同党，就是朋党。"宪宗说："其他人说的，也和卿等说得很类似，怎么能够容易地辨别呢？"裴度回答说："君子和小人，观察他们的所作所为，自当有所分别。"宪宗说："凡属好的事情，口说就容易，亲自实行就困难。卿等既这样说了，就必须这样做，不要说空话。"裴度等感谢说："陛下的处理，可以说正确到极点了，臣等怎敢不激励自己呢！然而天下的人，都是照着陛下所行而行，不照着陛下所言而行，臣等也希望陛下每次说过的话都能照着实行。"宪宗非常高兴地接受了。

十四年，三月辛丑，上顾谓宰臣曰："听受之间，大是难事。推诚选任，所谓委寄，必合尽心；及至所行，临事不无偏党。朕临御已来，岁月斯久，虽不明不敏，然渐见物情，每于行为，务欲详审。比令学士集前代昧政之事，为《辩谤略》，每欲披阅，以为鉴诫耳。"崔群①对曰："无情曲直，辩之至易；稍怀欺诈，审之实难。故孔子有众好众恶之论，浸润肤受之说，盖以暧昧难辩故也。若择贤而任之，待之以诚，纠之以法，则人自归公，孰敢行伪？陛下详观载籍，以广聪明，实天下幸甚。"

【注释】①崔群：字敦诗，号养浩，贝州武城（今河北故城）人。元和十二年（817年）七月，拜中书侍郎、同中书门下平章事。

【译文】元和十四年（819年）三月二十三日，宪宗顾视宰臣们说："听取别人的意见，是一件很难的事。至诚地选官任职，即所谓委命寄托，必须要竭尽心力；但等到实行起来，做事就难免有所偏袒。我自从登基统御天下以来，已经有很多年了，虽然不明达、不敏捷，但是也逐渐看到了人情，每当采取什么行动的时候，务必仔细审察。最近令学士们搜集前代政令暗昧不明的事实，编为《辨谤略》一书，每次翻阅，总是把它作为自己的教训。"崔群回答说："不带个人感情地面对是非曲直，辨识起来很容易；稍怀欺诈不诚之心，要想认清确实很难。因此孔子才有众好众恶难辨的议论，像细水润物那样暗中挑拨，像切肤之痛那样直接的诽谤，大概都是因为暧昧不明难以认清的缘故。如果选择贤明而任用，以诚心对待他们，以法度检察他们，那么人心自然会归于公正，谁又敢诈伪呢？陛下详细地阅读书籍，以增加聪明才智，实在是天下极大的庆幸。"

九月乙巳，上顾谓宰臣曰："朕读《玄宗实录》，见开元初锐意求理，至十六年已后，稍似懈倦，开元末又不及中年，何也？"崔群对曰："玄宗少历民间，身经迍难，故即位之初，知人疾苦，躬勤庶政。加之姚崇、宋璟、苏颋[1]、卢怀慎等守正之辅，孜孜献纳，故致治平。及后承平日久，安于逸乐，渐远端士，而近小人。宇文融[2]以聚敛媚上心，李林甫以奸邪惑上意，加之以国忠，故及于乱。愿陛下以开元初为法，以天宝末为戒，即社稷无疆之福也。”时皇甫镈③以谄刻欺蔽在相位，故群因奏以讽之。

【注释】①苏颋（tǐng）：字廷硕，京兆武功（今陕西武功县）人，尚书左仆射苏瑰之子，进士出身，历任乌程尉、左司御率府胄曹、监察御史、给事中、中书舍人、太常少卿、工部侍郎、中书侍郎，袭爵许国公，后与宋璟一同拜相，担任紫微侍郎、同平章事。

⑤宇文融：京兆万年（今陕西西安）人，侍中宇文节之孙。开元初任监察御史。开元十七年（729年），拜黄门侍郎，同中书门下平章事。他善于荐举人才，为相期间，荐宋璟为右丞相、裴耀卿为户部侍郎、许景先为工部侍郎，甚允朝廷之望。

⑦皇甫镈（bó）：字号不详，泾州临泾（今甘肃镇原县）人。唐宪宗后期宠臣。元和十三年（818年），拜门下侍郎、同平章事。牛李党争，与李逢吉等合势，罢免名臣裴度与崔群。勾结山人柳泌贡献长生药，唐宪宗服药而死。唐穆宗即位，贬为崖州司户参军，卒于贬所。

【译文】九月三十日，宪宗顾视着宰臣们说：“朕读《玄宗实录》，见开元初年时玄宗锐意追求治国理政，至开元十六年（728年）以后，似乎逐渐松懈倦怠，开元末年又不及中期，这是什么原因呢？”崔群回答说：“玄宗年轻时在民间生活过，亲身经历过艰难，因此在即位初期，深知百姓的疾苦，亲自处理日常政务，再加上姚崇、宋璟、苏颋、卢怀慎等坚守正道的辅弼之臣，孜孜不倦地献纳诚款，因此能够臻于至治。到了后来，因为承平日久，安于舒适享乐，逐渐疏远端方正直之人而亲近奸佞小人。宇文融靠着聚敛财富来取媚皇帝的欢心，李林甫用奸邪蛊惑皇帝的心意，再加上杨国忠的原因，因此导致了祸乱。希望陛下以开元初期为楷模，而以天宝末年为鉴戒，这就是社稷无限的福禄了。”当时皇甫镈靠着谄媚刻毒、欺骗蒙蔽居于宰相之位，因此崔群趁上奏的机会进行讽喻。

十一月，上服方士柳泌金丹药，起居舍人裴潾上表切谏，以“金石含酷烈之性，加烧炼则火毒难制。若金丹已成，且令方士自服一年，观其效用，则进御可也。”上怒。己亥，贬裴潾为江陵令。十二月乙卯，以谏议大夫、守中书侍郎、同中书门下平章事、上柱国、赐紫金鱼袋崔群为潭州刺史、兼御史大夫，充湖南观察使。为皇甫镈所谮。及群被贬，人皆切齿于镈。

十五年，春正月庚子，上崩于大明宫之中和殿，享年四十三。时以暴崩，皆言内官陈弘志①弑逆，史氏讳而不书。

【注释】①陈弘志：唐宪宗时期宦官，与王守澄于中和殿暗杀唐宪宗。

【译文】十一月，宪宗服用方士柳泌的金丹药，起居舍人裴潾上表恳切地劝谏，认为“金石包含着酷烈的性质，再加以烧炼，火毒就难以控制，如果金丹已经炼成，暂且令方士自己服用一年，观察其效果，再进奉给皇上才可以”。宪宗发怒。十一月二十五日，将裴潾贬职为江陵县令。十二月十一日，任命谏议大夫、暂署中书侍郎、同中书门下平章事、上柱国、赐紫金鱼袋崔群为潭州刺史、兼御史大夫，充任湖南观察使。这是因为遭到皇甫镈谗毁的缘故。等到崔群被贬谪，人们都痛恨皇甫镈。

元和十五年（820年）春天，正月二十七日，宪宗驾崩于大明宫中和殿，享年四十三岁。当时因为是暴死，都说是宦官陈弘志弑君谋逆，然而史官却隐讳而不提此事。

史臣蒋系曰：宪宗嗣位之初，读列圣实录，见贞观、开元故事，竦慕不能释卷，顾谓丞相曰："太宗之创业如此，玄宗之致理如此，既览国史，乃知万倍不如先圣。当先圣之代，犹须宰执臣僚同心辅助，岂朕今日独为理哉！"自是延英议政，昼漏率下五六刻方退。自贞元十年已后，朝廷威福日削，方镇权重。德宗不委政宰相，人间细务，多自临决，奸佞之臣，如裴延龄[①]辈数人，得以钱谷数术进，宰相备位而已。及上自籓邸监国，以至临御，讫于元和，军国枢机，尽归之于宰相。由是中外咸理，纪律再张，果能剪削乱阶，诛除群盗。睿谋英断，近古罕俦，唐室中兴，章武[②]而已。任异、镈之聚敛，逐群、度于籓方，政道国经，未至衰紊。惜乎服食过当，阉竖窃发，苟天假之年，庶几于理矣！（旧唐书卷十四—十五）

【注释】①裴延龄：唐河中河东（今山西永济）人。肃宗时，为汜水县尉，调授太常博士。德宗时卢杞为宰相，擢为膳部员外郎、集贤院直学士，改祠部郎中。

②章武：指宪宗，谥号昭文章武大圣至神孝皇帝。

【译文】史臣蒋系说：宪宗即位之初，读列圣实录，看到贞观、开元的旧事，感动敬慕得不能放下书卷，回头对丞相说：“太宗皇帝创业如此，玄宗皇帝致治如此，看过国史，才知道万倍不如先代帝王。在先代圣明帝王的时代，还必须有宰执大臣同心协力，辅佐匡助，难道我今天能独自治理吗！”从此在延英殿议论朝政，昼漏大都漏下五六刻才退朝。自从贞元十年（794年）以后，朝廷权力日益削弱，方镇权力加重。德宗不肯把政事委托给宰相，民间小事，多数亲自裁决，奸佞的臣子，如裴延龄几个人，能以钱谷数术入朝，宰相只是充数罢了。等到宪宗从藩邸监国，以至治国理政，到元和年间，军国大事之权，全部都归于宰相。因此，国内外都得到治理，朝廷纲纪法令再次增强，果真能剪削祸根，杀除盗贼。宪宗睿智的谋略英明的决断，近古以来少有，唐朝中兴的君主，只有他一人而已。后来任用程异、皇甫镈聚敛财货，驱逐崔群、裴度到藩镇，国家朝政，也还没有走向紊乱。可惜服食丹药过当，被宦官暗中谋害，如果上天给他足够的年寿，差不多能臻于至治！（旧唐书卷十四—十五）

文　宗

【题解】唐文宗李昂是唐朝的第十四位皇帝，在唐朝中后期的诸位帝王中，颇为勤政。文宗在位时期，不好女色、勤勉听政、厉行节俭，革除奢靡之风，下令停止许多劳民伤财的事，致力于复兴王朝。当时，朝臣分为牛、李（牛僧孺、李宗闵）两派，各有朋党，互相攻击，朝中士人都成了党派之争的牺牲品。朝中大权完全操纵在宦官的手中。文宗一心想铲除宦官势力，夺回政权，因此和李训、郑注等人一起发动“甘露之变”，因为计划泄露而失败，导致许多朝廷官员被宦官杀死，文宗也被软禁。《旧唐书》评价他“有帝王之道，而无帝王之才”，然其“有心图治，终受制于家奴，有一刘蕡而不敢用，黜直言之士，增中官之焰”（蔡东藩语），是亦不明帝王之道也。但他勤于政事、爱惜民力、崇尚节俭，这些方面还是值得后世领导者学习的。

文宗皇帝讳昂，穆宗第二子。宝历①二年十二月，乙巳，即位于宣政殿。

大和②二年，五月，帝自撰集《尚书》中君臣事迹，命画工图于太液亭，朝夕观览焉。

【注释】①宝历：唐敬宗李湛年号（825—827年），共计三年。

①大和：唐文宗李昂的第一个年号（827—835年），共计九年。

【译文】文宗皇帝名昂，是穆宗的第二个儿子。宝历二年（826年）十二月十二日，文宗李昂在宣政殿正式继承皇位。

大和二年（828年），五月，文宗亲自将《尚书》中有关圣君贤臣之类的事迹，摘录在一起，还命画工将这些事迹绘成画，画在太液亭上，早晚都去观看。

大和四年，夏四月壬戌，诏曰：“俭以足用，令出惟行，著在前经。斯为理本。朕自临四海，愍元元之久困，日昃忘食，宵兴疚怀。虽绝文绣之饰，尚愧茅茨之俭。亦谕卿士，形于诏条。如闻积习流弊，余风未革。车服第室，相高以华靡之制；资用货宝，固启于贪冒之源。有司不禁，侈俗滋扇。盖朕教导之未敷，使兆庶昧于耻尚也。其何以足用行令，臻于致理欤！永念惭叹，追兹申敕。自今内外班列职位之士，各务素朴，弘兹国风。有僭差尤甚者，御史纠上。主者宣示中外，知朕意焉。”文宗承长庆[①]、宝历奢靡之风，锐意惩革，躬行俭素，以率厉之。

【注释】①长庆：唐穆宗李恒年号（821—824年），共计4年。

【译文】大和四年（830年）夏季，四月十八日，文宗颁发诏书道：“厉行节约以增强国家财力，政令发出就要贯彻执行，这些在以往典籍中都有所记载，实在是治国的根本原则。我自执政以来，体念百姓长期不能摆脱困顿，经常到天黑都顾不上吃饭，半夜里忧虑得不能入睡。虽然也禁止使用华贵的文绣装饰，但自愧不如古代贤君的俭朴。我曾告诫过各级官员，也已形成考察官吏的条令。如今得知腐败恶习相沿的弊端，仍未革除，在车马、服饰、房屋、住宅上，互相攀比豪华，贪污挪用国家财物，有关部门又不禁止，腐化风气日益猖獗。都因我教导不够，使百姓分不清善恶是非。如此怎么能使国家富足，政令贯彻，达到大治的目的呢？想到这些，长怀惭愧叹息。现在宣示诏令，今后内外官员，人人厉行朴素，发扬优良国风。如有违背非常严重者，交由御史举报查办。主管部门要广泛宣传，让全国了解我的心意。”文宗面临穆宗、敬宗两朝腐化奢侈积习余风，决心加以革除，因此带头厉行节约。

六年，二月己丑，寒食节，上宴群臣于麟德殿。是日，杂戏人弄孔子，帝曰：“孔子，古今之师，安得侮渎。”亟命驱出。

【译文】大和六年（832年）二月二十六日是寒食节，文宗在麟德殿设宴招待群臣。这天杂戏演员有演出孔子戏的，文宗看后说：“孔子，自古以来都是人们的师表，怎么能对他如此轻慢亵渎？”立刻命令将演员们赶走。

五月庚申，诏：“如闻诸道水旱害人，疾疫相继，宵旰[①]罪己，兴寝疚怀。今长吏奏申，札瘥[②]犹甚。盖教化未感于蒸人[③]，精诚未格于天地，法令或爽，官吏为非。有一于兹，皆伤和气。并委中外臣僚，一一具所见闻奏，朕当亲览，无惮直言。其遭灾疫之家，一门尽殁者，官给凶器。其余据其人口遭疫多少，与减税钱。疫疾未定处，官给医药。诸道既有赈赐，国费复虑不充，其供御所须及诸公用，量宜节减，以救凶荒。”

【注释】①宵旰：比喻勤于政事。

②札瘥（cuó）：因疫疠、疾病而死。

③蒸人：民众，百姓。

【译文】五月二十八日，文宗颁发诏书说："得知各道不断发生水旱灾害，随后又遇到瘟疫流行，我认为这都是因为我一人的过失所致，因此早晚自责，深感不安。现接各地负责官员上报说因疫疠、疾病而死的灾情仍在加重，大概是因为道德教化没有普及到百姓，诚心不能感动天地，政策法令出了偏差，官员有的胡作非为等原因。这几条只要有一条都会使天时反常。请内外官员对上述情况有所闻所见的，一一及时向我反映。我会亲自批阅，大家不要害怕讲真话。对遭了灾害的人家，全家遭难的，由公家发给棺木安葬。其余按遭灾人口的多少，减免租税。瘟疫还在流行的地区，由公家供给医药。各道既有救灾的任务，国家财政也有困难，所以，今后宫中和各衙门的费用应酌量削减，以便于救济灾荒。"

开成[①]元年，五月乙卯，御紫宸，上谓宰臣曰："为政之道，自古所难。"李石对曰："朝廷法令行，则易。"

【注释】①开成：是唐文宗的第二个年号（836—840年），共计5年。

【译文】开成元年（836年）五月初五，文宗驾到紫宸殿，文宗对宰相道："治国之道，自古以来就很难。"李石对答道："朝廷法令通行，治国就容易了。"

史臣曰：昭献皇帝恭俭儒雅，出于自然，承父兄奢弊之余，当阍寺挠权之际，而能以治易乱，代危为安。大和之初，可谓明矣。初，帝在藩时，喜读《贞观政要》，每见太宗孜孜政道，有意于兹。洎即位之后，每延英对宰臣，率漏下十一刻。帝以累世变起禁闱，尤侧目于中官，欲尽除之。然训、注狂狡[①]之流，制御无术，矢谋既误，几致颠危。所谓“有帝王之道，而无帝王之才”，虽旰食焦忧，不能弭患，惜哉！（旧唐书卷十七—十八）

【注释】①狂狡：指狂妄狡诈之徒。

【译文】史官评论说：昭献皇帝（即文宗）恭谨俭约，温文尔雅，出于自然，他继位于父兄奢侈、败坏风气之后，正当宦官专权之际，然而他能以安定改变动乱，化危为安。大和初年，可谓圣明了。当初，文宗在藩邸做王时，喜欢阅读《贞观政要》，每次阅读到太宗勤奋努力于治国之道，就有意于平治天下。等到即位之后，每次在延英殿召见宰相们议事，常常到深夜。文宗由于累代国家发生事变都来自宫中，尤其痛恨专权的太监，想要把他们都剪除掉。然而李训、郑注这些狂妄轻率之人，没有办法制服太监，施行计谋前就已经败露，以至于国家差点颠覆。可以说是“有帝王的品德，而无帝王的才干”，即使为国事焦虑到甚至不能按时吃饭，也不能平息祸患，可惜啊！（旧唐书卷十七—十八）

宣　宗

【题解】唐宣宗是唐朝的第十六位皇帝，唐宪宗李纯第十三子，唐穆宗李恒异母弟。会昌六年（846年），唐武宗李炎病危，宦官马元贽等认为李怡较易控制，就把他立为皇太叔，李炎驾崩，李忱登基称帝，时年三十七岁，是为唐宣宗。

唐宣宗喜读《贞观政要》，即位以后便勤于政事，孜孜求治，致力于改善当时朝廷面临的种种问题。他对内贬谪李德裕，结束“牛、李党争”；抑制宦官势力；打击不法权贵、外戚，把死于“甘露之变”中除郑注、李训之外的百官全部昭雪。作为君主，他体恤百姓，减少赋税，注重人才选拔。在对外问题上，李忱不断击败吐蕃、回鹘、党项、奚人，收复“安史之乱”后被吐蕃占领的大片失地。唐宣宗在位时期，唐朝国势有所起色，百姓日渐富裕，使本已衰败的朝政呈现出“中兴”的小康局面，因此，史家称这一时期为“大中之治”。

宣宗皇帝讳忱，宪宗第十三子。

会昌[①]六年三月一日，武宗疾笃，遗诏立为皇太叔，权勾当军国政事。翌日，柩前即帝位，改今名，时年三十七。帝外晦而内朗，严重寡言，视瞻特异。历大和、会昌朝，愈事韬晦，群居游处，未尝有言。文宗、武宗幸十六宅宴集，强诱其言，以为戏剧，谓之“光叔”。武宗气豪，尤不为礼。及监国之日，哀毁满容，接待群僚，决断庶务，人方见其隐德焉。

【注释】①会昌：是唐武宗在位期间的年号（841—846年），共计6年。

【译文】宣宗皇帝名忱，是宪宗的第十三子。

会昌六年（846年）三月初一，武宗病危，遗诏立李忱为皇太叔，暂且主管军国政事。第二天，宣宗在武宗灵柩前即皇帝位，改名为忱，当时他三十七岁，宣宗外表隐晦而内心明朗，为人严肃庄重寡言少语，看问题不同寻常。经过大和、会昌两朝，对政事愈加隐晦不露，和群臣百官在一起时，不曾发表过意见。文宗、武宗驾到十六宅宴饮集会，勉强引导他说话，把这作为玩笑，叫他“光叔”。武宗气势豪迈，尤其对他不拘礼法，等到他代理国政之日，满脸悲伤接待群臣，决断各种政事，人们这才见到他深厚的品德。

大中①元年春，正月戊戌朔，宫苑使奏：“皇帝致斋行事，内诸宫苑门共九十四所，并令锁闭，钥匙进内。候车驾还宫，则请领。”从之。戊申，皇帝有事于郊庙，礼毕，御丹凤门，大赦，改元。制条曰：“古者郎官出宰，卿相治郡，所以重亲人之官，急为政之本。自浇风久扇，此道稍消，颉颃清途，便臻显贵。治人之术，未尝经心，欲使究百姓艰危，通天下利病，不可得也。为政之始，思厚儒风，轩墀近臣，盖备顾问，如其不知人疾苦，何以膺朕眷求？今后谏议大夫、给事中、中书舍人曾任刺史、县令，或在任有赃累者，宰臣不得拟议。守宰亲人，职当抚字，三载考绩，著在格言。贞元年中，屡下明诏，县令五考，方得改移。近者因循，都不遵守，诸州或得三考，畿府罕及二年，以此字人，若为成政？道涂郡吏有迎送之劳，乡里庶民无苏息之望。自今须满三十六个月，永为常式。”

【注释】①大中：唐宣宗李忱的年号（847—860年），共计14年。大中十三年（860年）八月唐懿宗李漼即位继续沿用。

【译文】大中元年（847年）春，正月初一，宫苑使奏请说：“皇帝斋戒行事，内宫各个宫苑门共九十四所，一并命令关闭，用钥匙方可入内。等候皇帝车驾回宫，就请领回。”宣宗同意。十一日，宣宗皇帝在郊庙祭祀天地与祖先，礼仪完毕，驾临丹凤门，大赦，改年号，宣宗命令道：“古代由京官外出任县官，卿相治理州郡，用来借重亲近之人为官，迫切地以治理国家为根本。自从浮薄的风气长期煽动，这治国之道就逐渐消失，互相抗衡，就能达到显贵。治人的方法，未曾经心，要想考察百姓的艰难危险，通晓整个天下的利弊，是不可能的啊！施政刚一开始，就要考虑敦厚儒风，殿前亲近之臣，都要详细询问，如果不了解百姓的疾苦，如何能承受我的殷切寻求呢？今后谏议大夫、给事中、中书舍人曾任刺史、县令，或者在职位上有贪污受贿的，宰相不能事先过问。地方长官亲近百姓，应当安抚体恤，三年考察政绩，记载到格言之中。贞元年间，多次公开下诏，县令经过五次考核，才能得到升迁。近来因循懈怠，都不遵守，各个州郡有的得到三次考察，对京畿官府的考核很少有到两年的，用这个来治理百姓，怎么能成就善政呢？道路上的郡吏有迎来送往的劳顿，乡里百姓没有复苏的希望。从今以后必须满三十六个月，永远定为常规。”

帝雅好儒士，留心贡举。有时微行人间，采听舆论，以观选士之得失。每山池曲宴，学士诗什属和，公卿出镇，亦赋诗饯行。凡对臣僚，肃然拱揖，鲜有轻易之言。大臣或献章疏，即烧香盥手而览之。当时以大中之政有贞观之风焉。

【译文】宣宗非常喜欢儒士，留意科举。有时候微服私访走到百姓之间，探听舆论，以此来观察所选拔士人的得失。每次在山水池边宴请臣下，学士们都作诗篇应和，公卿们出京去地方镇守，也赋诗为他们饯行。大凡对待臣下，都是庄重地拱手揖让，很少有轻视无礼的言语。大臣们有的献上奏疏，宣宗就洗手烧香观看。当时认为大中之政有贞观的遗风。

十一年，九月，右补阙陈嘏[①]、左拾遗王谱、右拾遗薛杰上疏谏遣中使往罗浮山迎轩辕先生。诏曰：“朕以万机事繁，躬亲庶务，访闻罗浮山处士轩辕集[②]，善能摄生，年龄亦寿，乃遣使迎之，或冀有少保理也。朕每观前史，见秦皇、汉武为方士所惑，常以之为诫。卿等位当论列，职在谏司，阅示来章，深纳诚意。”仍谓崔慎由[③]曰：“为吾言于谏官，虽少翁、栾大[4]复生，不能相惑。如闻轩辕生高士，欲与之一言耳。”

【注释】①陈嘏：字锡之，惠安（今福建惠安县）人。以词赋擅名，尤工篆隶。宣宗尝善其所制霓裳羽衣曲，以为琬琰之器。官终刑部郎中。

②轩辕集：会昌时人。武宗好神仙，集以山人进。宣宗即位，流岭南，居罗浮山。大中十一年（857年）复征至长安，召问长生术。寻归罗浮。

③崔慎由：宣宗时工部侍郎、同中书门下平章事。字敬止，崔从之子，清河东武城（今河北故城县）人，出身清河崔氏之南祖崔氏乌水房，唐宣宗时宰相。

④少翁、栾大：西汉武帝时期的方术之士，据说会召唤鬼神的方术，二人为同门师兄弟。

【译文】大中十一年（857年），九月，右补阙陈嘏、左拾遗王谱、右拾遗薛廷杰上疏劝谏宣宗派太监前往罗浮山迎请轩辕先生。宣宗颁布诏书道：“朕因为日理万机，亲自处理各种政务，访求听闻罗浮山有才德而隐居的轩辕集，善于养生，年岁高寿，就派遣使者迎请他，希望多少能有些保养延寿的办法。朕每次观看前代史事，看到秦始皇、汉武帝被方术之士所蛊惑，常常以之为鉴戒。你们身为谏官应当评议，任职谏司，朕看到奏章，深切感受到你们的诚意。”仍然对崔慎由说：“替我告知谏官，即使汉武帝时期的少翁、栾大复生，也不能蛊惑于我，如今听闻轩辕集这位高士，我只是想要和他说句话罢了。”

十二年，春正月，罗浮山人轩辕集至京师，上召入禁中，谓曰：“先生遐寿而长生可致乎？”曰：“彻声色，去滋味，哀乐如一，德施周给，自然与天地合德，日月齐明，何必别求长生也。”留之月余，坚求还山。

【译文】大中十二年（858年）春正月，罗浮山人轩辕集到京师，宣宗召他入宫，对他说：“先生，长寿长生可以做到吗？”轩辕集说：“撤去音乐美色，去掉美味，面对悲哀、快乐都一样，广泛地施行恩德，自然与天地合德，与日月齐明，何必另外求长生。”宣宗留他在京城一个多月，他坚决要求回山。

史臣曰：臣尝闻黎老言大中故事，献文皇帝器识深远，久历艰难，备知人间疾苦。自宝历已来，中人[①]擅权，事多假借，京师豪右，大扰穷民。洎大中临驭，一之日权豪敛迹，二之日奸臣畏法，三之日阍寺詟气[②]。由是刑政不滥，贤能效用，百揆四岳，穆若清风，十余年间，颂声载路。（旧唐书卷十八）

【注释】①中人：即宦官。

②詟（zhé）气：丧气，畏惧。

【译文】史家评论说：我曾经听老人谈及大中年间的旧事，宣宗皇帝李忱见识深远，经历过很多艰难，尽知民间疾苦。自从宝历年间以来，宦官擅权，政事大多被其把持，京城富豪，大肆骚扰穷人。到大中年间宣宗皇帝治国理政，一日之间权贵豪强收敛躲避，二日之间奸佞之臣畏惧法典，三日之间宦官丧气惊惧。因此，刑罚政令不滥用，贤良有才能的人能发挥作用，百官四岳，和美如清风，十多年间，歌颂之声载满道路。（旧唐书卷十八）

群书治要续编卷第八　旧唐书（二）

礼仪志

【题解】《礼仪志》是《旧唐书》十志之一。礼乐是中国传统政治思想中治理国家的重要组成部分，新的政权建立以后，大都会制定新的礼乐，来维护王朝的统治。因此，中国也一直被称为“礼仪之邦”。历代史书，都会记录当时的礼乐制度。《史记》“八书”中就有《礼书》和《乐书》，班固撰写《汉书》首创《礼乐志》，记录了西汉一朝的礼乐制度。《旧唐书》将“礼乐志”分开，作《礼仪志》《音乐志》两篇。

《续编》从《旧唐书》中辑录两段，第一段主要强调礼对社会人心、治国理政的重要性；第二段记录了唐太宗亲自参观释奠礼，和孔颖达之间关于孝道的一段对话，通过唐太宗对孝道的理解，体现了历代圣君明王以孝治天下的传统。

《记》曰：“人生而静，天之性也；感物而动，性之欲也。”欲无限极，祸乱生焉。圣人惧其邪放，于是作乐以和其性，制礼以检其情，俾俯仰有容，周旋中矩。故肆觐之礼[①]立，则朝廷尊；郊庙之礼立，则人情肃；冠婚之礼立，则长幼序；丧祭之礼立，则孝慈著；搜狩之礼立，则军旅振；享宴之礼立，则

君臣笃。是知礼者，品汇之璇衡，人伦之绳墨，失之者辱，得之者荣，造物已还，不可须臾离也。（旧唐书卷二十一）

【注释】①肆覲之礼：朝见天子之礼。肆覲，原指朝见东方诸国君主，后指见天子或诸侯之礼。

②璿衡：也作璇衡。指璇玑玉衡，观测天体运动的仪器。此处指天地之间的运动。

【译文】《礼记》说："人生而静，是上天赋予的本性；感物而动，是本性的欲望。"人的欲望没有边际，祸乱就因此而产生。圣人害怕欲望被不正当地释放，于是创作音乐来协和其本性，制定礼仪来限制其情欲，让他们在俯仰之间有所融洽，在应酬交际之中符合规矩。因此朝覲之礼被确立后，朝廷就崇高庄严；郊庙之礼被确立后，人情就严肃庄重；冠婚之礼被确立后，长幼就会有序；丧祭之礼被确立后，孝敬慈爱之风就会显著；搜狩之礼被确立后，军旅就会振饬；享宴之礼被确立后，君臣关系就会深厚。这样可以知道礼的意义，是天地之间运动的规律，是人伦纲常的准绳，丧失礼的人可耻，讲求礼的人光荣，自从万物形成以来，不可片刻离开礼。（旧唐书卷二十一）

贞观十四年三月，太宗幸国子学，亲观释奠。祭酒孔颖达讲《孝经》，太宗问颖达曰："夫子门人，曾、闵俱称大孝，而今独为曾说，不为闵说，何耶？"对曰："曾孝而全，独为曾能达也。"制旨驳之曰："朕闻《家语》云：曾皙使曾参锄瓜，而误断其本，皙怒，援大杖以击其背，手仆地，绝而复苏。孔子闻之，告门人曰：‘参来勿内。’既而曾子请焉，孔子曰：‘舜之事父母也，使之，常在侧；欲杀之，乃不得。小棰则受，大杖则走。今参于父，委身以待暴怒，陷父于不义，不孝莫大焉。’由斯而言，孰愈于闵子骞也？”颖达不能对。太宗又谓侍臣：“诸儒各生异意，皆非圣人论孝之本旨也。孝者，善事父母，自家刑国，忠于其君，战陈勇，朋友信，扬名显亲，此之谓孝。具在经典，而论者多离其文，迥出事外，以此为教，劳而非法，何谓孝之道耶！”（旧唐书卷二十四）

【注释】①祭酒：官名。国子监的主管官。

【译文】贞观十四年（640年）三月，唐太宗李世民巡幸到国子监，亲自观看行释奠之礼。祭酒孔颖达讲解《孝经》，太宗问孔颖达说：“孔子门人当中，曾参、闵损（字子骞）都被称为大孝之人，然而当今唯独称赞曾参，不称赞闵子骞，这是为什么呢？”孔颖达回答说：“曾参孝顺而全面，唯独曾参能够达到通达的境界。”太宗下达制旨反驳孔颖达说：“朕知道《孔子家语》上说：曾皙让曾参在瓜地锄草，然而曾参错误地锄断瓜苗的根，曾皙大怒，手执大棍来鞭击曾参的后背，被打到双手仆倒在地上，昏迷之后而再次苏醒过来。孔子听说这件事后，告诉门人说：‘曾参前来时不许他进门。’不久之后曾子请求拜见孔子，孔子说：‘帝舜侍奉父母时，常在父母的身旁侍奉他们；他们想要杀帝舜时，却找不到他。小棍鞭打就承受，大棍鞭打就逃跑。现在曾参对于其父，把身体交给父亲鞭打出气，诬陷其父于不义的境地之中，不孝没有什么比这个更大了。’从这个来说，他比闵子骞哪个更有孝心？”孔颖达哑口无言。太宗又对侍臣说：“诸儒各自产生不同的主张，都不是圣人评定孝道的原本意旨。所谓孝，善于侍奉父母，从家庭到国家都能够作为榜样，在国忠于其君，在战场上表现勇敢，结交朋友守信，扬名让亲人显耀，这就是孝。具体都在经典里详细提及，然而讨论的人大多背离其文，在事情之外大加渲染，把这些当做是教化，徒劳而不得其法，怎么能够说是孝道呢！”（旧唐书卷二十四）

音乐志

【题解】《音乐志》是《旧唐书》十志之一，是对唐时音乐制度的记载。《续编》从《旧唐书》《音乐志》中辑录了两段。第一段主要讲述了乐的作用，强调乐在治国理政中的重要价值。第二段是唐太宗李世民和大臣之间对《秦王破阵曲》的讨论，从中可以看出太宗对乐的深刻理解，体现了他作为一位文治武功均居一流的政治家的卓识。

乐者，太古圣人治情之具也。人有血气生知之性，喜怒哀乐之情。情感物而动于中，声成文而应于外。圣王乃调之以律度，文之以歌颂，荡之以钟石，播之以弦管，然后可以涤精灵，可以祛怨思。施之于邦国则朝廷序，施之于天下则神祇

格，施之于宾宴则君臣和，施之于战阵则士民勇。（旧唐书卷二十八）

【译文】乐，是远古时期圣人调节情绪的工具。人有血气、思想、知觉的本性，喜怒哀乐的感情。感情受到外物的触动而在心中发生变化，形成有规律的声音而回应外物。圣王于是利用音律来调节，利用歌颂之声来表现出来，利用钟、石等乐器来回荡声响，利用弦管等乐器来演奏，然后可以依靠他们来洗涤灵魂，可以除去怨恨思念之情。在各个邦国施行那么朝廷就依次有序，在天下施行那么神灵就显验，在宴请宾客的聚会上施行那么君臣关系就会和谐，在战场上施行那么士兵就会奋勇。（旧唐书卷二十八）

贞观元年，宴群臣，始奏《秦王破阵》之曲。太宗谓侍臣曰："朕昔在藩，屡有征讨，世间遂有此乐，岂意今日登于雅乐。然其发扬蹈厉，虽异文容，功业由之，致有今日，所以被于乐章，示不忘于本也。"尚书右仆射封德彝进曰："陛下以圣武戡难，立极安人，功成化定，陈乐象德，实弘济之盛烈，为将来之壮观。文容习仪，岂得为比。"太宗曰："朕虽以武功定天下，终当以文德绥海内。文武之道，各随其时，公谓文容不如蹈厉，斯为过矣。"德彝顿首曰："臣不敏，不足以知之。"其后令魏徵、虞世南、褚亮、李百药改制歌辞，更名《七德》之舞，增舞者至百二十人，被甲执戟，以象战阵之法焉。（旧唐书

卷二十八）

【译文】贞观元年（627年），唐太宗宴请群臣，开始演奏《秦王破阵乐》的歌曲。太宗对侍臣说：“朕以前在藩邸做秦王时，经常有征战讨伐的事情，世间最终才有这种乐曲，怎么会猜到会在今日登上雅乐之堂。然而其精神焕发意志昂扬的特性，虽然不同于文舞样式，但是功名事业由此产生，以致有今日，之所以用在乐章之上，是用来表示不忘本。”尚书右仆射封德彝上前进谏说：“陛下依靠圣明武功平定混乱，开创帝国安稳民众，功业成就教化安定，陈列乐舞来象征功德，实在是广济天下的伟大功业，作为将来的雄伟壮观。文舞样式演习礼仪，怎么能够和它相比较？”太宗说：“朕即使依靠武功平定天下，最终理应利用文德来安抚海内。文武之道，各随其时，您说文舞样式比不上武舞的意志昂扬，这样就过分了。”封德彝叩头下拜说：“臣下我不聪明，不充分了解他们。”过后太宗命令魏徵、虞世南、褚亮、李百药改变歌的文字，改名为《七德》舞，舞者增加到一百二十人，身穿盔甲手执铁戟，来象征在战场上的样子。（旧唐书卷二十八）

职官志

【题解】《职官志》是《旧唐书》十志之一，是对唐时官职设置和官员考核的历史记载。《续编》从中辑录了唐代关于官员考核的“四善”和“二十七最”的内容，通过这些内容，可以看出当时朝廷对官员考核的全面和细致，其中不少考核内容对今天的官员考核，依旧有着重要的参考价值和现实意义。

凡考课之法，有四善：一曰德义有闻，二曰清慎明著，三曰公平可称，四曰恪勤匪懈。善状之外，有二十七最：其一曰献可替否，拾遗补阙，为近侍之最；其二曰铨衡人物，擢尽才良，为选司之最；其三曰扬清激浊，褒贬必当，为考校之最；其四曰礼制仪式，动合经典，为礼官之最；其五曰音律克谐，不失节奏，为乐官之最；其六曰决断不滞，与夺合理，为判事之最；其七曰都统有方，警守无失，为宿卫之最；其八曰兵士调习，戎装充备，为督领之最；其九曰推鞫得情，处断平允，为法官之最；其十曰雠校精审，明为刊定，为校正之最；其十一曰承旨敷奏，吐纳明敏，为宣纳之最；其十二曰训导有方，生徒充业，为学官之最；其十三曰赏罚严明，攻战必胜，为将帅之最；其十四曰礼义兴行，肃清所部，为政教之最；其十五曰详录典正，辞理兼举，为文史之最；其十六曰访察精审，弹举必当，为纠正之最；其十七曰明于勘覆，稽失无隐，为勾检之最；其十八曰职事修理，供承强济，为监掌之最；其十九曰功课皆充，丁匠无怨，为役使之最；其二十曰耕耨以时，收获成课，为屯官之最；其二十一曰谨于盖藏，明于出纳，为仓库之最；其二十二曰推步盈虚，究理精密，为历官之最；其二十三曰占候医卜，效验居多，为方术之最；其二十四曰讥察有方，行旅无壅，为关津之最；其二十五曰市廛不扰，奸滥不作，为市司之最；其二十六曰牧养肥硕，蕃息孳多，为牧官之最；其二十七曰边境肃清，城隍修理，为镇防之最。一最以上，有四善，为上上；一最以上，有三善，或无最而有四善，为上中；一最以上，有二善，或无最而有三善，为上下；一最以上，而有一善，或无最而有二善，为中上；一最以上，或无最而有一善，为中中；职事粗理，善最不闻，为中下；爱憎任情，处断乖理，为下上；背公向私，职务废阙，为下中；居官谄诈，贪浊有状，为下下。若于善最之外，别可加尚，及罪虽成殿①，情状可矜，虽不成殿，而情状可责者，省校之日，皆听考官临时量定。（旧唐书卷四十三）

【注释】①殿：古代考核政绩或军功，下等称为“殿”。

【译文】凡是考核官员政绩的方法，有四善：一是德义被人听闻的，二是清廉谨慎声名显著的，三是公平被称许的，四是恭敬勤恳没有懈怠的。除了上述善状之外，还有“二十七最”：一是进献好的意见替代坏的建议，做好拾遗补阙，称作近侍之最；二是选拔考核人物，尽心擢升有才能和良善的人，称作选司之最；三是除恶扬善，褒贬必定恰当，是为考校之最；四是确定礼制仪式，动作符合经典，称作礼官之最；五是演奏音律和谐，不失节奏，称作乐官之最；六是判断事情不迟疑，可否都符合情理，称作判事之最；七是指挥军队得法，戒备防守都没有失误，称作宿卫之最；八是士兵调动演习，武装充足完备，称作督领之最；九是判断案件能获知真相，判处断定公平合理，称作法官之最；十是校勘精微审察，清楚明了修改审定，称作校正之最；十一是承旨陈奏，吐字清晰机敏，称作宣纳之最；十二是训导得法，学生学业优秀，称作学官之最；十三是赏罚严明，攻打敌方能够取胜，称作将帅之最；十四是礼义施行，整顿纲纪所管辖的地区，称作政教之最；十五是记录详细、典雅正大，文字文理两者都优异，称作文史之最；十六是访求察知精确清楚，弹劾察举必定恰当，称作纠正之最；十七是反复查核清楚明了，稽考过错没有隐瞒，称作勾检之最；十八是职责修正合理，供应及时，称作监掌之最；十九是督劳役课税都丰裕，人丁工匠都没有怨恨，称作役使之最；二十是耕种按照农时进行，收获成课，称作屯官之最；二十一是对待收储谨慎，收入清楚，称作仓库之最；二十二是推算天体运动变化，数理精确周密，称作历官之最；二十三是占候医卜，灵验居多，称作方术之最；二十四是审察得法，行旅没有堵塞，称作关津之最；二十五是市廛贸易不被干扰，奸诈虚妄的事情没有发生，称作市司之最；二十六是牧养的牲畜肥壮，大量繁殖，称作牧官之最；二十七是边境清平安宁，城墙与护城河得到修整治理，称作镇防之最。有一最以上，拥有四善的，是上上；有一最以上，拥有三善的，或者没有最却有四善的，是上中；有一最以上，拥有二善的，或者没有最却有三善的，是上下；有一最以上，有一善的，或者没有最却有二善的，是中上；有一最以上，或者没有最却有一善，是中中；职务粗略处理的，善和最都没有的，是中下；爱憎任由性情，判处断定违背常理的，是下上；背叛公道偏向私家，职务荒废缺失的，是下中。做官谄媚欺诈，贪污腐败明显的，是下下；如果在善和最之外，另外可以嘉许的，以及罪过即使排列在下等的，情形可以值得宽恕，即使没有排列在下等，然而情形可以责怪的，到了省校之日，都听从考官临时商量酌定。（旧唐书卷四十三）

食货志

【题解】《食货志》是《旧唐书》十志之一，是对唐朝财政经济活动的历史记载。《续编》从中辑录了四段。第一段通过总结历代兴亡的经验教训，提醒国家君主要度财省废，节用爱人。第二段是贞观二年（628年）戴胄向太宗李世民进言，强调国家要重视粮食储备，以备饥馑之年救济百姓，太宗采纳了他的意见。第三段是开元二年（714年）唐玄宗的一则敕令，当年天下丰收，粮价低贱，朝廷敕令诸州加价采购，以免伤农。体现了对农民利益的关心，由此可看出“开元盛世”之治，非无由也。第四段是唐德宗对常平仓制度的一段敕令，体现了政府对粮食价格的调控，以保障国民的粮食安全。

先王之制，度地以居人，均其沃瘠，差其贡赋，盖敛之必以道也。量入而为出，节用而爱人，度财省费，盖用之必有度也，是故既庶且富，而教化行焉。周有井田之制，秦有阡陌之法，二世发闾左[1]而海内崩离，汉武税舟车而国用以竭。自古有国有家，兴亡盛衰，未尝不由此也。隋文帝因周氏平齐之后，府库充实，庶事节俭，未尝虚费。开皇之初，议者以比汉代文、景，有粟陈贯朽之积。炀帝即位，大纵奢靡，加以东西行幸，舆驾不息，征讨四夷，兵车屡动。西失律于沙徼，东丧师于辽、碣，数年之间，公私罄竭，财力既殚，国遂亡矣。（旧唐书卷四十八）

【注释】①闾左：即平民，秦朝以右为尊。

【译文】先王确立的制度，丈量土地来让民众居住，均衡肥沃贫瘠，贡赋有所差别，原本是征收赋税必然遵从的道理。依据收入来计划支出，节省用度而爱惜民力，估算财富而节省费用，原本是用度必须有所限制，因此人民既众多且富裕，而后教化就能推行了。周朝有井田的制度，秦朝有阡陌的方法，秦二世胡亥征发住在闾左的平民而使得海内分崩离析，汉武帝征收舟车税而国家财政由此衰竭。自古以来有国有家，兴亡盛衰之间变换，未尝不因此而产生的。隋文帝杨坚趁着北周平定北齐之后，国家府库充实，万事要求节俭，不曾铺张浪费。开皇初年，议论者说其治可以比肩汉代文、景之治，出现储存粮食陈腐、钱贯朽烂的情况。隋炀帝杨广即位之后，大肆放纵奢侈浪费，加上东西两面巡行驾幸，舆驾来往没有停止，征讨四方蛮夷，多次发动战争。向西在沙碛边区出兵失利，向东在辽水、碣石丧失军队，数年之间，公私储蓄都被挥霍完，财力既然竭尽

了，国家于是就灭亡了。（旧唐书卷四十八）

贞观二年四月，尚书左丞戴胄上言曰："水旱凶灾，前圣之所不免。国无九年储畜，《礼经》之所明诫。今丧乱之后，户口凋残，每岁纳租，未实仓廪。随时出给，才供当年，若有凶灾，将何赈恤？故隋开皇立制，天下之人，节级输粟，多为社仓，终于文皇，得无饥馑。及大业中年，国用不足，并贷社仓之物，以充官费，故至末涂，无以支给。今请自王公已下，爰及众庶，计所垦田稼穑顷亩，至秋熟，准其见在苗以理劝课，尽令出粟。稻麦之乡，亦同此税。各纳所在，为言义仓。若年谷不登，百姓饥馑，当所州县，随便取给。"太宗曰："既为百姓预作储贮，官为举掌，以备凶年，非朕所须横生赋敛。利人之事，深是可嘉。宜下所司，议立条制。"（旧唐书卷四十九）

【译文】贞观二年（628年）四月，尚书左丞戴胄进言说："水涝干旱大灾，是以前的圣贤也难以避免的。国家没有九年之内的储蓄，《礼记》之中是明确地警诫的。当今时局混乱之后，户口凋落衰败，每年按时缴纳赋税，却不能充实仓库。随时拿出供应的粮食，勉强才能供应当年的需要，如果遇到大灾年，打算用什么来赈济抚恤？因此隋朝杨坚在开皇年间确立制度，凡是天下的民众，按照等级缴付粮食，多多建立社仓，整个隋文帝杨坚一朝，可以做到没有人受到饥饿。到了大业年间，国家财政不足，甚至赊贷社仓的东西，来充作官府的费用，因此到了穷途末路的地步，没有什么东西用来支出使用。如果请求从王公以下，直到天下民众，计算所开垦田地种植庄稼的田亩数量，到秋季收货时，准许以现有的禾苗来计算应当征收的赋税，让所有人都交纳粟米。在盛产稻麦之乡，也同样按照这个税法。各自交纳给所在的地方，跟他们说是建立义仓。如果遇到年成不好的季节，百姓受到饥馑的威胁，所在州县应当随时取出供养百姓。”唐太宗李世民说：“既然是为百姓提前进行储存粮食，官府作为管理者，用来防备凶年，并不是朕需要额外增加赋税征收。对民众有利的事情，深感值得嘉许。理应交付有关部门，讨论草拟相关条款。”（旧唐书卷四十九）

开元二年，九月，敕：“天下诸州，今年稍熟，谷价全贱，或虑伤农。常平之法，行之自古，宜令诸州加时价三两钱籴，不得抑敛。仍交相付领，勿许悬欠。蚕麦时熟，谷米必贵，即令减价出粜。豆谷等堪贮者，熟亦准此。以时出入，务在利人。其常平所须钱物，宜令所司支料奏闻。”（旧唐书卷四十九）

【译文】开元二年（714年），九月，唐玄宗下达敕令：“天下各州，今年收成稍微好些，粮价都非常低，有些人担忧这样会损伤农民。常平之法，自古以来就推行着，应该命令各州增加时价三两钱买入，不能压低价格收买粮食，依然一手交粮一手交钱，不许记账拖欠。现在蚕丝小麦收成好，将来谷米价格必定昂贵，就让当地减价卖出。豆谷等容易储存的粮食，丰收也按照这种办法进行。根据时势进行售出购入，关键在于有利于民。那些常平仓所需要的钱物，应该让所在主管部门提供资金并且上报情况。”（旧唐书卷四十九）

建中[①]元年七月，敕：“夫常平者，常使谷价如一，大丰不为之减，大俭不为之加，虽遇灾荒，人无菜色。自今已后，忽米价贵时，宜量出官米十万石，麦十万石，每日量付两市行人下价粜货。”（旧唐书卷四十九）

【注释】①建中：唐德宗李适的第一个年号（780—783年），共计4年。

②行人：商人。

【译文】建中元年（780年）七月，唐德宗下达敕令：“常平仓，经常让谷价始终如一，大丰年不会因此而减价，大歉收时不会因此而增加。即使遇到灾荒之年，人的脸上也不会有菜色。从今以后，米价忽然抬高时，理应酌量拿出官米十万石，小麦十万石，每天酌量交付给两市商人降价卖出。”（旧唐书卷四十九）

太宗文德顺圣皇后长孙氏

【题解】长孙皇后（601—636年），河南洛阳人，小字观音婢，其名于史无载。隋朝右骁卫将军长孙晟之女，唐朝宰相长孙无忌同母妹，是太宗李世民的皇后，唐高宗李治母亲。在中国历史上享有千古第一贤后的美誉。李世民曾誉之为“嘉偶”“良佐”并筑层观望陵怀念。《续编》自《旧唐书》“后妃列传”中辑录其数事，展现了她作为一个贤德之后的嘉言懿行，其高尚的道德修养和见识行持值得后世所有为人妻、为人母的女子学习和效法。

太宗文德顺圣皇后长孙氏，长安人，少好读书，造次必循礼则。年十三，嫔于太宗。

【译文】唐太宗李世民文德顺圣皇后长孙氏，是长安（今陕西西安）人，小时爱好读书，行为举止一定遵守礼法规则。十三岁时，嫁给唐太宗李世民。

太宗即位，立为皇后。后性尤俭约，凡所服御，取给而已。太宗弥加礼待，常与后论及赏罚之事，对曰：“牝鸡之晨，惟家之索[①]。妾以妇人，岂敢豫闻政事？”太宗固与之言，竟不之答。时后兄无忌，夙与太宗为布衣之交，又以佐命元勋，委以腹心，出入卧内，将任之朝政。后固言不可，每乘间奏曰：“妾既托身紫宫，尊贵已极，实不愿兄弟子侄布列朝廷。汉之吕、霍，可为切骨之诫，特愿圣朝勿以妾兄为宰执。”太宗不听，竟用无忌为左武候大将军、吏部尚书、右仆射。后又密遣无忌苦求逊职[②]，太宗不获已而许焉，改授开府仪同三司，后意乃怿。

【注释】①牝鸡之晨，惟家之索：典出《尚书·牧誓》，母鸡在早晨打鸣，这个家庭就要衰落。意为比喻妇女干政篡权。牝鸡，母鸡。

②逊职：古代被授予官职的人推辞才能难以胜任而推辞，通常都是一种自谦之辞。

【译文】唐太宗李世民即位后，长孙氏被立为皇后。皇后长孙氏本性特别勤俭节约，凡是所使用的衣服车马之类，能够满足使用就可以了。太宗更加以礼对待她，经常和皇后讨论到关于赏罚的事情，皇后回答说："牝鸡之晨，惟家之索。我是一位妇人，怎么敢参与了解朝廷事务？"太宗坚持和她讨论，皇后始终没有回答他。当时皇后的兄长长孙无忌，之前就和太宗结为布衣之交，又因为他是辅佐皇帝的元勋，被太宗当做是心腹，可以出入卧内，打算任命长孙无忌掌管朝政。皇后坚持说这样不行，每次趁着空隙就上奏说："我既然托身在皇宫之中，尊贵的地位已经到了极点，实在不愿意看见兄弟子侄遍布朝廷。汉代的皇后吕氏、皇后霍氏可以当作刻骨的警诫，只希望圣朝不要把我的兄长任命为宰执。"唐太宗没有听从，最终任用长孙无忌为左武候大将军、吏部尚书、右仆射。皇后又秘密地让长孙无忌苦苦请求推辞任职，唐太宗不得已同意，改授开府仪同三司，皇后心中才高兴。

后所生长乐公主，太宗特所钟爱，及将出降[①]，敕所司资送倍于长公主[②]。魏徵谏曰："昔汉明帝时，将封皇子，帝曰：'朕子安得同于先帝子乎！'然谓长主者，良以尊于公主也，情虽有差，义无等别。若令公主之礼有过长主，理恐不可，愿陛下思之。"太宗以其言退而告后，后叹曰："尝闻陛下重魏徵，殊未知其故。今闻其谏，实乃能以义制主之情，可谓正直社稷之臣矣。妾与陛下结发为夫妇，曲蒙礼待，情义深重，每言必候颜色，尚不敢轻犯威严，况在臣下，情疏礼隔，故韩非为之说难，东方称其不易，良有以也。忠言逆于耳而利于行，有国有家者急务，纳之则俗宁，杜之则政乱，诚愿陛下详之，则天下幸甚。"后因请遣中使赍帛五百匹，诣徵宅以赐之。太子承乾乳母遂安夫人常白后曰："东宫器用阙少，欲有奏请。"后不听，曰："为太子，所患德不立而名不扬，何忧少于器物也！"

【注释】①出降：帝王之女出嫁。

②长公主：原指皇帝的姊妹或皇帝之女地位尊崇的封号，如同诸侯王，后仅指皇帝姊妹。

【译文】长孙皇后所生的长乐公主，唐太宗特别喜欢她，等到她准备出嫁的时候，命令相关部门提供的嫁妆加倍于长公主。魏徵进谏说："以前汉明帝刘庄的时候，即将赐封皇子，汉明帝刘庄说：'朕的儿子怎么能够和先帝的儿子相同呢！'然而所谓长公主，的确比其他公主地位尊贵，关系上有所差别，但是在礼仪上没有等级区别。如果让公主的嫁妆超过长公主，在情理上恐怕不行，希望陛下考虑。”太宗退朝后把这些话告诉长孙皇后，长孙皇后感慨地说：“曾经听说陛下您重视魏徵，不知道当中的原因。现在听到了他的谏言，的确能够利用道义来克制君主的情感，可以称为正直的社稷之臣啊。我和陛下结发成为夫妇，承蒙陛下依照礼仪来对待我，情深义重，每次进言必定看您的脸色，尚且不敢轻易地触犯您的威严，何况位居臣下，情分生疏礼仪相隔，因此韩非认为游说是难事，东方朔说这样做不容易，的确是有原因的。忠言逆耳利于行，这种关乎国家治理紧要急切的事物，采纳他的意见那么就会社会安宁，杜绝他的意见那么朝政混乱，恳切希望陛下明白这些事情，那么天下就非常地幸运了。”长孙皇后于是请求派遣宦官使者带着五百匹帛，拜访魏徵家用来赏赐给他。太子李承乾的乳母遂安夫人经常告诉皇后说：“东宫的器皿用具很缺乏，想要上奏请求增加数量。”长孙皇后没有听从，说：“作为太子，所担忧的是德行没有树立而且声名没有显现，为什么担忧缺乏日常器用呢？”

贞观八年，从幸九成宫，染疾危惙，将大渐，与太宗辞诀，时玄龄以谴归第，后固言：“玄龄事陛下最久，小心谨慎，奇谋秘计，皆所预闻，竟无一言漏泄，非有大故，愿勿弃之。又妾之本宗，幸缘姻戚，既非德举，易履危机，其保全永久，慎勿处之权要，但以外戚奉朝请，则为幸矣。妾生既无益于时，今死不可厚费。且葬者，藏也，欲人之不见。自古圣贤，皆崇俭薄，惟无道之世，大起山陵，劳费天下，为有识者笑。但请因山而葬，不须起坟，无用棺椁，所须器服，皆以木瓦，俭薄送终，则是不忘妾也。”十年六月己卯，崩于立政殿，时年三十六。其年十一月庚寅，葬于昭陵。

【译文】贞观八年（634年），长孙皇后跟从太宗亲临九成宫，此时长孙皇后染上疾病且病情严重，病危和太宗告别时，当时房玄龄因为被贬在家中，长孙皇后坚持说：“房玄龄侍奉陛下的时间最长，小心谨慎，奇妙计谋和神奇计策，大事都有所参与了解，始终没有一句话泄露，没有特别的缘故，希望不要舍弃他。而我的本家，幸运地靠着婚姻关系成为外戚，既然不是依靠德行被选用，容易涉及危险的境地，要想永久地保全，千万不要赐予他们位高权重的位置，只是作为外戚为奉朝请，那么就很幸运了。我在世时不能有益于时事，现在临近逝世不能过度浪费。况且所谓的安葬，就是隐藏，就是想要别人看不见。自古以来的圣贤，都崇尚节俭薄葬，只有在无道之世，才大修山陵般的坟墓，劳役挥霍天下财力，被有识之士嘲笑。只请求依靠山势安葬，不需要另外堆起坟墓，不使用棺椁，所需要的器具用品，都用木瓦来做成，节俭薄葬送终，这就是没有忘记臣妾我了。”贞观十年（636年）六月二十一日，长孙皇后长孙氏在立政殿逝世，享年三十六岁。同年十一月初四，葬在昭陵。

后尝撰古妇人善事，勒成十卷，名曰《女则》，自为之序。又著论驳汉明德马皇后，以为不能抑退外戚，令其当朝贵盛，乃戒其龙马水车[①]，此乃开其祸源而防其末事耳。且戒主守者曰：“此吾以自防闲耳。妇人著述无条贯，不欲至尊见之，慎勿言。”崩后，宫司以闻，太宗览而增恸，以示近臣曰：“皇后此书，足可垂于后代。我岂不达天命而不能割情乎！以其每能规谏，补朕之阙，今不复闻善言，是内失一良佐，以此令人哀耳！”上元[②]元年八月，改上尊号曰文德顺圣皇后。（旧唐书卷五十一）

【注释】①龙马水车：马如游龙，车如流水，形容车辆来往不绝，繁华热闹。

②上元：唐高宗李治的第八个年号（674—676年），共计3年。

【译文】长孙皇后曾经撰写关于古代妇人的善事，编成十卷，名为《女则》，亲自为它撰写序言。又撰写论文来驳斥东汉明德马皇后，认为她不能抑制贬退外戚，让他们掌管朝政成为权贵，才制止他们车水马龙一样大显威风的行为，这是打开灾祸的根源却只是防备细枝末节的小事罢了。并且告诫主管的人说：“这是我当做自我防备的行为。妇人撰写的文章没有条理，不想让至尊的皇帝看见，千万不要说。”皇后逝世后，掌管后宫的官员上报这件事情，太宗阅读后更加悲伤，拿给近臣看说：“皇后这本书，足以垂训于后代。我难道不通晓天命却不能割断情感吗！因为皇后长孙氏每次能够规劝进谏，弥补朕的过失，现在不能再次听到她的善言了，是后宫丧失了一位良好的辅佐，由此令人哀痛啊！”上元元年（674年）八月，改皇后长孙氏的尊号为文德顺圣皇后。（旧唐书卷五十一）

徐 氏

【题解】徐氏名惠（627—650年），湖州长城人（今浙江长兴县人），唐太宗李世民的妃嫔。徐氏年少时便才华出众。唐太宗听说后，将她纳为才人。后被封为婕妤，接着又升为充容。贞观末年，唐太宗频起征伐、广修宫殿。徐惠上疏极谏，剖析常年征伐、大兴土木之害。唐太宗认可了她的看法并对她厚加赏赐。《续编》所辑录的正是其劝谏太宗的疏文。

太宗贤妃徐氏，名惠。时军旅亟动，宫室互兴，百姓颇倦劳役，上疏谏曰：

自贞观已来，二十有二载，风调雨顺，年登岁稔，人无水旱之弊，国无饥馑之灾。昔汉武守文之常主，犹登刻玉之符；齐桓小国之庸君，尚图泥金之事。望陛下推功损己，让德不居。亿兆倾心，犹阙告成之礼；云、亭①伫谒，未展升中之仪。此之功德，足以咀嚼②百王，网罗千代者矣。古人有云：“虽休勿休③”，良有以也。守初保末，圣哲罕兼。是知业大者易骄，愿陛下难之；善始者难终，愿陛下易之。

【注释】①云、亭：即云云山、亭亭山，今在山东泰安。相传为古代炎帝黄帝封禅泰山前祭祀之处。

②咀嚼：反复玩味，引申为褒贬、谈说。

③虽休勿休：典出《尚书·吕刑》，原文为“尔尚敬逆天命，以奉我一人，虽畏勿畏，虽休勿休。”意思是虽受称许而不要沾沾自喜。

【译文】唐太宗贤妃徐氏，名为惠。当时军队多次出兵，不断修建宫室，百姓非常厌倦服劳役，徐惠上疏进谏说：

从贞观元年（627年）以来，已经过去了二十二年，风调雨顺，年登岁稔，民众没有遇到水旱灾害，国家没有发生饥荒的灾难。以前汉武帝是守成的平常君主，依然使用刻玉之符封禅泰山；齐桓公是弱国的一般君主，尚且计划使用石泥金绳等物品来进行封禅。希望陛下推辞功德损己利人，谦让功德而不占据。亿万民众向往，依然缺乏举行告成之礼；远古帝王在云云山、亭亭山停驻告知的先例，然而陛下还没有进行祭天上报的仪式。这样的功德，足够用来褒贬百代帝王的功业，招来千代英主。古人有一句话说：“即使受到赞许也不要沾沾自喜”，的确有原因的。坚守初心，保住底线，即使是圣哲都很少兼顾。由此可知功勋业大的人容易骄傲，希望陛下能不为此为难；开始做得好却很难坚持到最后，希望陛下能够改变这一点。

窃见顷年已来，力役兼总，东有辽海之军，西有昆丘之役，士马疲于甲胄，舟车倦于转输。且召募役戍，去留怀死生之痛；因风阻浪，人米有漂溺之危。一夫力耕，卒无数十之获；一船致损，则倾数百之粮。是犹运有尽之农功，填无穷之巨浪，图未获之他众，丧已成之我军。虽除凶伐暴，有国常规；然黩武玩兵，先哲所戒。昔秦皇并吞六国，反速危亡之基；晋武奄有三方，翻成覆败之业。岂非矜功恃大，弃德而轻邦；图利忘害，肆情而纵欲？遂使悠悠六合，虽广不救其亡；嗷嗷黎庶，因弊以成其祸。是知地广非常安之术，人劳乃易乱之源。愿陛下布泽流人，矜弊恤乏，减行役之烦，增湛露之惠。妾又闻为政之本，贵在无为。窃见土木之功，不可兼遂。北阙初建，南营翠微，曾未逾时，玉华创制。虽复因山藉水，非无架筑之劳；损之又损，颇有工力之费。终以茅茨示约，犹兴木石之疲；假使和雇取人，不无烦扰之弊。是以卑宫菲食，圣主之所安；金屋瑶台，骄主之为丽。故有道之君，以逸逸人；无道之君，以乐乐身。愿陛下使之以时，则力无竭矣；用而息之，则人斯悦矣。

【译文】我私下看到近年以来，力役劳役经常同时进行，向东有征伐辽海的军队，向西有讨伐昆丘的战争，士兵战马疲于披铠带甲发动战争，船只车辆倦于周转运输。并且招募士兵服役戍守，离去的和留下的都抱着生离死别的痛苦。由于风雨波涛的阻隔，人员粮食都有漂没沉溺的危险。一位农夫尽力耕种，最终不过几十石的收获；一艘船被损坏，就倾覆几百石的粮食。这就像是运输有限的农作物，去填补无穷的巨浪，贪图不能得到的他国民众，埋葬已经形成的自家军队。即使铲除凶恶讨伐暴力是国家的常规，然而滥用武力随意出兵，却是先哲所防范的。以前秦始皇吞并六国，反而加速它灭亡的根基；晋武帝占据魏、蜀、吴三地，翻过来成为败亡的基础。难道不是由于夸耀功劳依仗强大，背弃道德而轻视国家；贪图利益而忘记损害，放任情感而恣意欲望吗？于是使得天下国家，即使地域宽广也不能拯救它的败亡；嗷嗷哀嚎的黎民百姓，因为困苦而成为国家的灾祸。这可以知道地域宽广不是国家长治久安的计策，民众劳顿才是容易混乱的根源。希望陛下广布恩泽给流民，怜悯困顿抚恤贫乏的民众，削减徭役跋涉的劳烦，增加雨露甘霖般的恩惠。我又听闻为政之本，贵在无为而治。我暗中看见土木建造的工事，不能同时完成。北面的宫阙刚刚建造，南面却开始建造翠微宫，不曾过了多久，玉华宫却又开始开辟建造。即使是依靠山势凭借水流，也不是没有搭架建筑的辛劳；就算减少又减少，还是有使用工程人力的浪费。哪怕最终使用茅草盖房来显示节约，依然有大兴土木的疲劳；如果由官府出资雇请工匠建造，不是没有烦扰民众的弊端。因此宫室低矮粮食粗淡，圣明君主往往安于它；金玉雕饰的宫廷楼台，只有骄傲之主才认为是繁华美丽。因此有道之君，利用安逸来安稳民众；无道之君，利用声色犬马来让自己享乐。希望陛下按照时节役使民众，那么民力就会无穷尽了；役使他们而让他们也得到休养，那么民众就会因此而高兴了。

夫珍玩伎巧，乃丧国之斧斤；珠玉锦绣，实迷心之鸩毒。

窃见服玩纤靡，如变化于自然；织贡珍奇，若神仙之所制。虽驰华于季俗，实败素于淳风。是知漆器非延叛之方，桀造之而人叛；玉杯岂招亡之术，纣用之而国亡。方验侈丽之源，不可不遏。作法于俭，犹恐其奢；作法于奢，何以制后？伏惟陛下明鉴未形，智周无际，穷奥秘于麟阁，尽探赜于儒林。千王治乱之踪，百代安危之迹，兴衰祸福之数，得失成败之机，故亦苞吞心府之中，循环目围之内，乃宸衷[①]之久察，无假一二言焉。惟恐知之非难，行之不易，志骄于业泰，体逸于时安。伏愿抑志裁心，慎终如始，削轻过以添重德，循今是以替前非，则令名与日月无穷，盛业与乾坤永大。

太宗善其言，优赐甚厚。（旧唐书卷五十一）

【注释】①宸衷：帝王的心思。宸，北极星所在，后借指帝王所居，又引申为王位、帝王的代称。

【译文】那些珍宝器物和奇技淫巧，实在是亡国的利斧；珠玉锦绣，实际是迷惑心智的毒酒。我暗中看见陛下的用品玩物，如同从自然当中变化形成一样；织物贡品珍宝稀奇，就像神仙制作而成的。虽说是在衰微的世俗里张扬华丽，实际是在淳厚的风尚中败坏朴素。这就知道了制作漆器不是招致叛乱的方法，夏桀制造它却导致民众反叛；使用玉杯不是招致败亡的手段，商纣使用它却导致国家灭亡。正当查核奢侈靡丽的根源，不能不遏制它。在提倡节俭方面制定律法，依然担忧他们的奢侈；在崇尚奢侈方面上制定律法，用什么来制约后人？希望陛下明察事物未成形的样子，智慧遍布无边无际的地方，在麒麟阁中穷究深奥的秘密，在儒生人群中探索高深的问题。千代帝王安定与动乱的踪迹，百代出现安宁和危亡的迹象，兴衰祸福的命数，得失成败的关键，因此包含在心胸之中，循环往复的目光所及之处，是陛下心中已经审察的地方，不需要假托我的一二句话。唯独害怕的是知道它不难，施行它却不容易，功业显赫时心志容易自傲，时势安宁时自身容易安逸。希望陛下抑制心志割断欲望，像对待开始时一样谨慎地对待最终，纠正轻微的过失来增添高尚的品德，遵循当今正确的来代替昨日错误的，那么美好的名声与日月一样无穷，伟大的功业与乾坤永远光大。

太宗嘉许她的谏言，特别赏赐给她丰厚的物品。（旧唐书卷五十一）

李　纲

【题解】李纲（547—631年），字文纪，初名李瑗，观州蓨县（今河北景县）人，历仕北周、隋、唐。隋文帝时，任太子洗马，规谏太子杨勇。唐朝建立后，李纲任礼部尚书兼太子詹事，负责教导太子李建成。他多次进言，却不被李建成接受，因而郁郁不乐，提请辞职。李渊不许，并加授他为太子少保。贞观四年（630年），李纲再次出山，担任太子李承乾的老师，备受李承乾尊崇。贞观五年（631年）逝世。

《续编》从《旧唐书》列传中辑录了李纲劝谏高祖李渊不要任命舞人安叱奴为散骑常侍的文辞，可惜高祖没有采纳；《续编》还自《全唐文》中辑录了其《论时事表》，从中可以看出高祖李渊在武德五年之后已经日渐奢侈，行为违背法度，尤其当时“皇太子令及秦齐二教，共诏敕并行”，为后来的“玄武门之变”埋下了祸根。太宗即位后，对李纲礼遇有加，数次问以政道，并让其担任太子的老师。可见，贤才在朝，君主能够虚心纳谏，则得其益；君主不能虚心纳谏，贤才在朝，亦无用武之地，“一人有庆，兆民赖之”，诚非虚语！

李纲，字文纪，观州蓨人也。隋开皇末，为太子洗马。高祖践祚，拜礼部尚书，兼太子詹事，典选[①]如故。

时高祖拜舞人安叱奴为散骑常侍，纲上疏谏曰：“谨案《周礼》，均工、乐胥[②]不得预于仕伍。虽复才如子野，妙等师襄，皆身终子继，不易其业。故魏武使祢衡击鼓，衡先解朝服，露体而击之，云不敢以先王法服为伶人之衣。虽齐高纬封曹妙达为王，授安马驹为开府，既招物议，大斁彝伦，有国有家者以为殷鉴。方今新定天下，开太平之基。起义功臣，行赏未遍；高才硕学，犹滞草莱。而先令舞胡，致位五品，鸣玉曳组[③]，趋驰廊庙，顾非创业垂统贻厥子孙之道也。”高祖不纳。

【注释】①典选：掌管选拔人才授官的事务。

②均工、乐胥：工匠、乐人。均工，按时计工酬的人，代指工匠。

乐胥，掌管音乐的小吏，代指乐人。

③鸣玉曳组：带玉佩印。鸣玉，古代做官佩戴的玉带叮当作响，代指佩戴玉带。曳组，古代佩印用组绶。因以曳组代指佩印。

【译文】李纲，字文纪，是观州蓨县（今河北景县）人。隋朝开皇末年，担任太子洗马。唐高祖李渊登上皇位以后，授予他礼部尚书的官职，兼任太子詹事，依旧主管选拔人才事务。

当时唐高祖李渊授予舞伎安叱奴为散骑常侍，李纲上疏劝谏说："谨慎地考核《周礼》，工匠、乐人不得参与仕途和参军。即使他们的才能如同师旷（字子野），精妙等同师襄，都是逝世后子孙继承其业，没有改变他们的职业。因此魏武帝曹操让祢衡击鼓，祢衡先脱下朝服，露出身体击打它，说是不敢把先王的法服作为伶人的衣着。纵然是北齐高纬封曹妙达为王，授予安马驹为开府，既招来人们的非议，又极大地破坏纲常伦理的关系，有国有家的人都把它作为借鉴的事情。当今刚刚平定天下，开创国家太平的基础。跟随起义的功臣，赏赐还没有遍及他们；博学多才的人，依然停留在乡野之间。然而先让跳舞的胡人官居五品，佩玉带印在朝堂上奔走，这不是开创功业延续统治留存子孙的方法。"唐高祖李渊没有采纳他的谏言。

贞观四年，拜太子少师。时纲有脚疾，不堪践履，太宗特赐步舆，令纲乘至阁下，数引入禁中，问以政道。又令舆入东宫，皇太子引上殿，亲拜之。纲于是陈君臣父子之道、问寝视膳之方，理顺辞直，听者忘倦。太子每亲政事，太宗必令纲及左仆射房玄龄、侍中王珪侍坐。太子尝商略古来君臣名教竭忠尽节之事，纲凛然曰："托六尺之孤，寄百里之命，古人以为难，纲以为易。"每吐论发言，皆辞色慷慨，有不可夺之志。及遇疾，太宗遣尚书左仆射房玄龄诣宅存问，赐绢二百匹。五年卒，年八十五。赠开府仪同三司，谥曰贞。（旧唐书卷六十二）

【译文】贞观四年（630年），李纲被授予太子少师。当时李纲患有脚疾，不能行走，唐太宗特别赏赐给他轿子，让李纲乘坐到阁下，多次被请入禁中，询问他为政之道。又让轿子进入东宫，皇太子请进宫殿中，亲自接见他。李纲于是陈述君臣父子之道、问安视膳的方法，道理顺畅语言正直，聆听的人都忘记了疲倦。太子每次亲临政事，唐太宗必定让李纲以及左仆射房玄龄、侍中王珪陪坐在左右。太子曾经品评自古以来君臣名分教化竭忠尽节的事迹，李纲整肃地说："接受照顾六尺孤儿的托付，担任一方百里地重任的寄托，古人认为很难的事情，李纲我认为很容易。"李纲每次评论发言，语言神色都慷慨激昂，有不能被强行改变的志气。到他染上疾病以后，太宗派遣尚书左仆射房玄龄拜访他家慰问，赐予他二百匹绢。贞观五年（631年）去世，享年八十五岁。追赠开府仪同三司，谥号为贞。（旧唐书卷六十二）

（《全唐文》载李纲《论时事表》曰：臣纲言：臣伏见武德五年之后，四海初定，陛下自负太平，日就骄侈，伤于酒德，稍怠万机，专与幸臣，旦夕游宴，所重唯声乐，所爱唯鹰犬。夷夏进送，道路不绝。又斥辱功臣，多所轻侮。或发其微时细过，或加捶挞于殿庭，德泽渐亏，下将疑惧。而戚藩公主，皆逾宪式，嫔嫒之家，多违法度，不加禁止，颇有侵渔，行路之间，非无喧籍。又皇太子令及秦齐二教，共诏敕并行，唯计日之先后，州郡之职，无所的从。授官分赏，任意所欲，不复论功伐，简才行矣。加以每岁秋冬，田游无度，王公妃主，杂糅其间。或时逢考选，皆在原野。至于历时不返，京邑略无居人。亿兆失望，阴怀叹息。朝之纲纪，渐以弛紊。而陛下不悟政教日颓，在内不许论事，当朝略无谏者。愚臣窃怀栗畏，诚有危亡之虑，臣不敢不尽言，伏待刑宪。）

【译文】（《全唐文》记载李纲的《论时事表》说：臣下李纲说：臣看见在武德五年（631年）之后，四海刚刚平定，陛下自认为处在太平之中，日益骄傲奢侈，在宴饮时损害了酒德，慢慢地懈怠处理朝政，专门赏赐宠幸的侍臣，日夜游玩宴请，所重视的只有声色犬马，所喜爱的只有鹰犬。外族进贡赠送的珍宝，在道路之中来往不断。又当面指责辱骂功臣，大多有所轻视侮辱。要么揭发他们在没显贵时候犯下的细小过错，要么在朝堂上对其加以鞭打捶挞，德惠恩泽逐渐亏损，下属日益猜疑和恐惧。而且外戚藩王公主的出行，都超越了规定；嫔嫒之家，大多违反法度，却不加以禁止，经常侵夺和渔利民众，在道路经常喧哗嘈杂。另外皇太子李建成的命令以及秦王李世民、齐王李元吉两种教令和皇帝的诏敕同时颁布，只有日子长短先后到达之分，州郡的官员，无所适从。授予官职、分配赏赐，任意而为，不再衡量功勋，以此选拔人才而后上任。加上每年秋冬两季，围猎游玩没有限度，藩王大臣妃嫔公主，相互交错混杂其中。有时恰逢考核官员的时候，都在乡野之中进行。以至于很长时间不返回朝廷，国都全都没有人居住。亿万民众失望，暗自怀着叹息。朝廷的纲纪，逐渐松弛紊乱。然而陛下没有感悟到政治教化日益颓废，在朝内不允许讨论时事，掌管朝政的都没有进谏的人。愚臣我暗暗抱着战栗畏惧的心情，确实是有国家危亡的考虑，不敢不直言，我伏地等待陛下的惩罚。）（旧唐书卷六十二）

李大亮

【题解】李大亮（586—644年），京兆泾阳（今陕西泾阳县）人，唐朝开国功臣。他从金州总管司马一直晋升到行军总管，对唐朝初年稳定政局贡献极多。他品德高尚、为官清廉。早年，李大亮因为战功，唐高祖特赐给他奴婢一百人，李大亮却把他们全部都释放了。高祖获知，对他特别表示赞赏，重新赐给他“俚俾”二十人。后来破吐谷浑再赐奴婢一百二十口，李大亮全都给了亲戚。他去世时，家无余资，甚是清贫，太宗恸哭不已。《续编》自其列传中辑录了他和太宗君臣之间亲密往来的事迹与言行，体现了君臣之间浓厚的感情和道义。其就如何安置颉利投降部众给太宗所上的奏疏，对于当时处理中原人民和胡人的关系起到了重要作用，这篇奏疏中“欲绥远者，必先安近”的政治思想，至今仍可作为治国龟鉴。

李大亮，雍州泾阳人。贞观元年，出为凉州都督，以惠政闻。尝有台使①到州，见有名鹰，讽大亮献之。大亮密表曰：“陛下久绝畋猎，而使者求鹰。若是陛下之意，深乖昔旨；如其自擅，便是使非其人。”太宗下之书曰：“以卿兼资文武，志怀贞确，故委藩牧，当兹重寄。比在州镇，声绩远彰，念此忠勤，无忘寤寐。使遣献鹰，遂不曲顺，论今引古，远献直言，披露腹心，非常恳到，览用嘉叹，不能便已。有臣若此，朕复何忧！宜守此诚，终始若一。古人称一言之重，侔于千金，卿之此言，深足贵矣。今赐卿胡瓶一枚，虽无千镒之重，是朕自用之物。”

【注释】①台使：唐时指未正名的监察御史。

【译文】李大亮，雍州泾阳（今陕西泾阳县）人。贞观元年（627年），李大亮出任为凉州都督，依靠良好的政绩而闻名。曾经有一位监察御史到达凉州，看见有一只名鹰，婉言暗示李大亮进献给太宗皇帝。李大亮秘密上表说：“陛下断绝打猎的念想很久了，然而派人来索求猎鹰。如果是陛下的意思，完全违背了之前的意志；如果是监察御史自行主张，那就是陛下用人不当。”太宗回复他的书信说：“因爱卿你兼有文武之才、胸怀坚定刚直的志向，故而委任你作藩王牧守，担任如此重大的托付。最近你在州镇治理中，声名政绩远扬，想到你这样忠心勤奋，日夜不能忘怀。使者让你进献猎鹰，居然没有阿谀顺从，而是引古论今，从远方进谏直言，从而显露你的真情实意，这不是一般的诚恳，令我阅读后嘉许赞叹之情，不能自禁。有这样的臣子，朕还有什么担忧！你应该坚守这样的忠诚，终始如一。古人说，一言之重，等于千金。爱卿这样的直言，确实足够珍贵。现在赐予爱卿一枚胡瓶，即使没有千镒黄金的贵重，却是朕个人使用的物品。”

又赐荀悦《汉纪》一部，下书曰：“卿立志方直，竭节至公，处职当官，每副所委，方大任使，以申重寄。公事之闲，宜寻典籍。然此书叙致既明，论议深博，极为治之体，尽君臣之义，今以赐卿，宜加寻阅也。”

【译文】唐太宗又赐予李大亮一部荀悦的《汉纪》，并写信给他说：“爱卿立志端方正直，竭尽操守，极为公正，当官任职，每每都很称职，现在委任你更大的重担，用来表明我的重托。处理公事之后的空闲时间，理应探究这部典籍。这部书叙述已很清楚，议论精深广博，极尽治国之道，阐明君臣之义，现在用来赐予爱卿你，应该加以阅读研究。”

时颉利可汗败亡，北荒诸部相率内属。有大度设、拓设、泥熟特勒及七姓种落等，尚散在伊吾，以大亮为西北道安抚大使以绥集之，多所降附。朝廷愍其部众冻馁，遣于碛石贮粮，特加赈给。大亮以为于事无益，上疏曰：

【译文】当时颉利可汗失败逃走，北方荒远诸部互相率领部族归附唐朝。有大度设、拓设、泥熟特勒以及七姓种族部落等，尚且散居在伊吾，朝廷任命李大亮为西北道安抚大使来安抚他们，大多投降归附。朝廷同情那些部众寒冷饥饿的遭遇，派遣他们到碛石储存粮食，来特别赈济供给他们。李大亮认为这于事无补，上呈奏疏说：

臣闻欲绥远者，必先安近。中国百姓，天下本根；四夷之人，犹于枝叶。扰于根本，以厚枝附，而求久安，未之有也。自古明王，化中国以信，驭夷狄以权。故《春秋》云："戎狄豺狼，不可厌也；诸夏亲昵，不可弃也。"自陛下君临区宇，深根固本，人逸兵强，九州殷盛，四夷自服。今者招致突厥，虽入提封[①]，臣愚稍觉劳费，未悟其有益也。然河西氓庶，积御蕃夷，州县萧条，户口鲜少，加因隋乱，减耗尤多。突厥未平之前，尚不安业；匈奴微弱已来，始就农亩。若即劳役，恐致妨损。以臣愚惑，请停招慰。且谓之荒服者，故臣而不内。是以周室爱人攘狄，竟延七百之龄；秦王轻战事胡，四十载而遂绝。汉文养兵静守，天下安丰；孝武扬威远略，海内虚耗，虽悔轮台，追已不及。至于隋室，早得伊吾，兼统鄯善，既得之后，劳费日甚，虚内致外，竟损无益。远寻秦、汉，近观隋室，动静安危，昭然备矣。伊吾虽已臣附，远在蕃碛，人非中夏，地多沙卤。其自竖立称藩附庸者，请羁縻受之，使居塞外，必畏威怀德，永为蕃臣，盖行虚惠，而收实福矣。近日突厥倾国入朝，既不能俘之江淮以变其俗；置于内地，去京不远，虽则宽仁之义，亦非久安之计也。每见一人初降，赐物五匹、袍一领，酋帅悉授大官，禄厚位尊，理多縻费。以中国之币帛，供积恶之凶虏，其众益多，非中国之利也。

太宗纳其奏。（旧唐书卷六十二）

【注释】①提封：提举天下之土地，统计其数字。泛指版图。

【译文】臣下我听说想要安抚遥远的人，一定是首先安抚附近的人。中原百姓，是天下的根本；而四方远人，就像是树的枝叶。扰害根本，来使枝叶茂盛，却力求长治久安，没有这样的事情。自古以来的圣明君王，利用诚信来教化中原，利用权势来驾驭外族。因此《春秋》说：“戎人狄人就像豺狼一样，不能让他们满足；华夏各国关系亲近，不能舍弃他们。”自从陛下统治天下以来，稳固根基巩固基业，百姓安居兵力强盛，天下九州殷实富足，四方藩邦自然臣服。现在朝廷招纳突厥，即使是纳入我们的版图，臣下愚钝，认为这么做有点劳顿耗费，没有发现这个办法对我国有什么益处。但是黄河以西的民众，起到镇守边境和防备外族的作用，这里州县荒寂冷清，人口稀少，加之由于隋末战乱，消耗得特别多。在突厥没有被平定之前，尚且不能安居乐业；匈奴实力衰落以来，才开始耕种农田。如果马上让他们服劳役，恐怕妨碍耕种和损害他们。臣下愚蠢和迷惑，请求朝廷停止招来和抚慰他们。况且古人对于蛮荒之外的外族，即便有意臣服也不接纳他们。因此周朝王室爱护民众而防御外族，最终能够延续七百年的王业；秦王嬴政轻易发动战争对付胡人，四十年之后就被消灭了。汉文帝供养军队镇边防守，天下得到了安居富裕；汉武帝刘彻宣扬威名到达远方藩邦，导致天下空虚损耗。即使是有轮台之悔，后悔已经来不及了。至于到了隋朝，早年就获得了伊吾地区，又统治了鄯善地区，获得之后才发现劳顿耗费日益增大，使国内空虚而招来外族，最终只有损害没有益处。远察秦、汉两代，近观隋朝，他们的动静变化和国家安危，已经是很清楚的事实了。伊吾地区即使已经臣服归附，但是远在蛮荒之地，民众不是中原种族，土地大多沙质盐碱。那些自行树立称臣归附之名的，请求利用羁縻政策接受他们，让他们居住在塞外地区，他们一定畏惧威名怀着感恩，永远作为朝廷的藩邦臣下，大概就能施行名义上的恩惠，却可获得实际上的福报了。近日突厥举国上下进入朝廷，既然不能让他们渡过长江淮水生活，来改变他们的习俗，那把他们安置到离京城不远的内地，即使这是体现宽大仁爱的道义，也不是长治久安的计策。况且每次一个人刚投降，就赏赐布五匹、袍子一件，酋长首领全部都授予大官，俸禄优厚地位尊贵，自然就产生太多消耗。用中原的金币布帛，供养顽固不善的俘虏，他们的部众越发增多，这不是对中原有利的事情。

太宗接纳了他的奏章。（旧唐书卷六十二）

萧　瑀

【题解】萧瑀（575—648年），字时文，南兰陵（今江苏武进）人。南朝梁明帝萧岿第七子，西梁靖帝萧琮异母弟，隋炀帝萧皇后之弟。归顺唐高祖，拜为户部尚书，加光禄大夫，封宋国公。唐太宗李世民即位后，六任宰相，六次罢相，削爵贬出京城。贞观十七年（643年），名列凌烟阁功臣第九位，加特进、金紫光禄大夫。

萧瑀在唐初的大臣中以耿介忠直著称，唐太宗曾赐诗“疾风知劲草，版荡识诚臣。”萧瑀的主要作用和功绩是在武德朝。入贞观朝后，五遭罢相，大起大落，都是因忠诚亮直，不徇私情，不越法度而屡罢屡起。以后，他的孙子、曾孙、玄孙辈以及侄子一支有八人为相，与唐朝相始终，可谓兴旺发达。这在历史上是很少见的。

萧瑀，字时文。高祖梁武帝，父萧岿，明帝。炀帝为太子也，授太子右千牛。及践祚，以后弟之亲，委之机务，后数以言忤旨，渐见疏斥，因出为河池郡守。

【译文】萧瑀，字时文。他的高祖是梁武帝萧衍，其父是萧岿，是梁明帝。隋炀帝杨广还是太子时，授予萧瑀为太子右千牛。等到杨广登上皇位以后，凭借皇后弟弟的亲戚关系，被隋炀帝杨广委任掌管朝廷要务。后多次因为言论违背隋炀帝杨广的旨意，逐渐被疏远和斥责，因此被贬出朝廷，出任为河池郡守。

高祖定京城，遣书招之。瑀以郡归国，授光禄大夫，封宋国公，拜民部尚书。太宗为右元帅，攻洛阳，以瑀为府司马。

【译文】唐高祖李渊平定隋朝京城以后，派人送信招降萧瑀。萧瑀献上河池郡归附唐朝，被授予光禄大夫，封为宋国公，任民部尚书。唐太宗李世民担任右元帅，进攻洛阳，任命萧瑀为府司马。

时军国草创，方隅未宁，高祖乃委以心腹，凡诸政务，莫不关掌。高祖每临轩听政，必赐升御榻，瑀既独孤氏之婿①，与语呼之为萧郎。国典朝仪，亦责成于瑀，瑀孜孜自勉，绳违举过，人皆惮之。常奏便宜数十条，多见纳用，手敕曰："得公之言，社稷所赖。运智者之策，以能成人之美；纳谏者之言，以金宝酬其德。今赐金一函，以报智者，勿为推退。"瑀固辞，优诏不许。

【注释】①李渊的母亲为独孤信第四女。隋文帝杨坚皇后独孤氏是独孤信嫡女，独孤氏曾将娘家兄弟的一个女儿嫁给萧瑀。

【译文】当时军队国家都处于刚刚创立的阶段，边境还没安定，高祖李渊于是视他为心腹之人，凡是各项政务，没有什么不让他参与掌管的。高祖李渊每次到朝堂前处理政务，一定赐予他坐上御榻。萧瑀既然是独孤氏的女婿，和他说话时就称他为萧郎。国家典章、朝廷仪式，也是责成萧瑀主持完成。萧瑀孜孜不倦自我勉励，揭发错误和纠正过失，人们都惧怕他。萧瑀常常上奏几十条有益的建议，大多被唐高祖李渊采纳和施行，并且亲自书写敕令说："得到萧公的建议，是国家社稷所依赖的。你献上聪明的计策，用才能帮助我完成美善之事。我采纳你的进谏之言，所以用黄金珍宝回报你的美德。现在赏赐一函黄金，用来回报智者，请不要推辞和退回。"萧瑀坚决推辞，高祖李渊下诏书不同意。

高祖常有敕而中书不时宣行，高祖责其迟，瑀曰："臣大业之日，见内史宣敕，或前后相乖者，百司行之，不知何所承用。所谓易必在前，难必在后，臣在中书日久，备见其事。今皇基初构，事涉安危，远方有疑，恐失机会。比每受一敕，臣必勘审，使与前敕不相乖背者，始敢宣行。迟晚之愆，实由于此。"高祖曰："卿能用心若此，我有何忧？"初，瑀之朝也，关内产业并先给勋人。至是特还其田宅，瑀皆分给诸宗子弟，唯留庙堂一所，以奉烝尝①。

【注释】①烝尝：古时秋祭称尝，冬祭称烝。后泛指祭祀。此处代指祭祀祖先。

【译文】高祖李渊经常有敕令中书省没有按时宣布施行，高祖责怪他们做事拖拉，萧瑀说："我在隋炀帝杨广大业年间时，看见内史省宣布敕令，有些前后相互矛盾的，各个部门实行起来之后，发现不知道应该遵从哪个敕令。所谓的容易处理的事情一定在前面，难以处理的事情一定在后面。我在中书省的时间很长，各种事情都看见过。现在帝国刚刚建立，事情关系到国家安危，边境地区还有担忧，担心丧失战机。比如每次接受一份敕令，我一定是仔细审核，让它和前一份敕令没有存在相互矛盾的地方，才敢于宣布施行。延迟落后的过错，实际上来源于这里。"高祖说："爱卿能够用心到这种地步，我还有什么担忧呢？"当初，萧瑀来到朝廷之后，关中之内的产业一并先让给建立功勋的人。到这时特地归还他的土地宅邸，萧瑀都分给各个本族子弟，唯独留下一处庙堂，用来敬奉祖先。

太宗即位，迁尚书左仆射。太宗尝从容谓房玄龄曰："萧瑀大业之日，进谏隋主，出为河池郡守。应遭割心之祸，翻见太平之日，北叟失马，事亦难常。"瑀顿首拜谢。太宗又曰："武德六年以后，太上皇有废立之心而不之定也，我当此日，不为兄弟所容，实有功高不赏之惧。此人不可以厚利诱之，不可以刑戮惧之，真社稷臣也。"因赐瑀诗曰："疾风知劲草，版荡识诚臣。"又谓瑀曰："卿之守道耿介，古人无以过也。然而善恶太明，亦有时而失。"瑀再拜谢曰："臣特蒙诫训，又许臣以忠谅，虽死之日，犹生之年也。”魏徵进而言曰：“臣有逆众以执法，明主恕之以忠；臣有孤特以执节，明主恕之以劲。昔闻其言，今睹其实，萧瑀不遇明圣，必及于难！”太宗悦其言。

贞观十七年，与长孙无忌等二十四人并图形于凌烟阁。（旧唐书卷六十三）

【译文】太宗李世民即位之后，擢升萧瑀为尚书左仆射。太宗曾经亲切和蔼地对房玄龄说：“萧瑀在隋炀帝杨广大业年间，劝谏隋炀帝杨广，因而被贬出京城担任河池郡守。按常理说他本来可能已经遭到和杨广一样割断心脉的灾祸，反而遇到了现在的太平之世，塞翁失马焉知非福，世事也真难以预料。”萧瑀叩头感谢。太宗又说：“武德六年（623年）以后，太上皇有废黜太子李建成而立我的想法却拿不定主意，我在那时，不被兄弟所容纳，实在是令人有功勋极大却无法赏赐的恐惧。萧瑀这个人不会被丰厚的利益所诱惑，不可以用刑法杀戮使他恐惧，真的是国家社稷的臣子。”因而赐给萧瑀一句诗说：“疾风知劲草，版荡识诚臣。”又对萧瑀说：“爱卿坚守臣道刚直耿介，古人不能超越你。但是区分善恶太过于明白，也有时失去分寸。”萧瑀拜了两拜道歉说：“臣特别蒙受皇上的告诫教导，又赞扬我的忠诚，臣即使是到了去世之日，也像是新生之年。”魏徵上前对太宗说道：“臣下如果有违背大家的意思来坚守律法的，圣明君主因为他忠诚而宽恕他；臣下如果有孤立无援来坚守节操的,圣明君主因为他刚强正直而宽恕他。以前听说关于他的传闻,现在看见关于他的实情,萧瑀如果没有遇到圣明的君主,一定会遭受灾难!”太宗听了魏徵的话很高兴。

贞观十七年(643年),萧瑀与长孙无忌等二十四人一并被图绘肖像陈列在凌烟阁里。(旧唐书卷六十三)

裴　矩

【题解】裴矩(547—627年),本名世矩,字弘大,河东闻喜(今山西闻喜县)人,早年历仕北齐、北周、隋朝,曾参加隋灭陈之战,之后又平定安抚岭南,安抚突厥启民可汗(亦称突利可汗),历任民部侍郎、内史侍郎、尚书左丞、吏部侍郎等职,封闻喜县公。大业年间,裴矩仍受重用,与苏威、宇文述、裴蕴、虞世基等人一同掌握朝政。他为隋炀帝经营西域,打击吐谷浑,并用计分裂突厥。江都之变后,裴矩又先后效力于宇文化及、窦建德,始终受到尊重。武德四年(621年),裴矩降唐,历任殿中侍御史、太子左庶子、太子詹事、检校侍中、民部尚书,封安邑县公,受到唐高祖、唐太宗的推崇。贞观元年(627年),裴矩病逝,时年八十岁。追赠绛州刺史,谥号敬。

裴矩在隋炀帝时期,由于炀帝骄奢淫逸,不听劝谏,只是逢迎取悦,不敢有所谏诤。而太宗初即位,裴矩却能秉直谏言。司马光因此评论说:“裴矩佞于隋而忠于唐,非其性之有变也;君恶闻其过,则忠化为佞。君乐闻直言,则佞化为忠。是知君者表也,臣者景也,表动则景随矣。”观裴矩前后的表现,对为君者而言,的确是一面值得警示的镜子。

裴矩，字弘大，河东闻喜人。大业初，西域诸蕃款张掖塞与中国互市，炀帝遣矩监其事。矩知帝方勤远略，欲吞并夷狄，乃访西域风俗及山川险易、君长姓族、物产服章，撰《西域图记》三卷，入朝奏之。帝大悦，赐物五百段。每日引至御座，顾问西方之事。矩盛言西域多珍宝及吐谷浑可并之状，帝信之，仍委以经略。拜民部侍郎。俄迁黄门侍郎，参预朝政。

【译文】裴矩，字弘大，河东闻喜县（今山西闻喜）人。隋炀帝杨广大业初年，西域各个藩邦到张掖关塞和中原互通贸易，隋炀帝杨广派遣裴矩监察这件事。裴矩知道隋炀帝正忙于关心边境事情，想要吞并夷狄各族，于是访求西域风俗以及山川险阻与平坦情况、酋长姓氏种族、物产典章制度，撰写成《西域图记》三卷，送进朝廷上奏给隋炀帝。隋炀帝非常高兴，赏赐给他布五百段。每天邀请他来到御座旁边，只询问关于西域的事情。裴矩极力地说西域有很多珍宝以及吐谷浑可以吞并的情形，隋炀帝非常相信他。依然委任他为经略，授予民部侍郎。不久升迁为黄门侍郎，参与管理朝政。

矩后从幸江都。及义兵入关，屈突通败问至，帝问矩方略，矩曰："太原有变，京畿不静，遥为处分，恐失事机。唯銮舆早还，方可平定。"矩见天下将乱，恐为身祸，每遇人尽礼，虽至胥吏，皆得其欢心。时从驾骁果多逃散，矩言于帝曰："车驾留此，已经二岁，人无匹合，则不能久安。请听兵士于此纳室，私相奔诱者，因而配之。"帝从其计，军中渐安，咸曰："裴公之惠也。"是时，帝既昏侈逾甚，矩无所谏诤，但悦媚取容而已。

【译文】裴矩后来跟从隋炀帝巡幸江都。等起义兵进入函谷关，屈突通被打败的消息传来，隋炀帝向裴矩问处理这件事的方法谋略，裴矩说："太原有叛变的情况，京城附近就不会安宁，遥控处理战事，恐怕会丧失了战机。希望皇帝的銮舆早早回到京城，才可以平定叛乱。"裴矩看见天下即将混乱，害怕惹祸上身，每次遇到他人都极尽礼节对待，即使是地位卑微的胥吏，都能得到他们的欢心。当时跟从隋炀帝驾銮的骁卫大多逃跑离散，裴矩对隋炀帝说："皇帝的车驾留在这里，已经过去两年，人们没有婚配的妻子，那么不能长治久安。请求听任士兵在这里娶妻，私自相互奔走引诱的，趁机许配给他们。"隋炀帝听从了他的计策，军队中的士兵逐渐安宁下来，大家都说："这是裴公的恩惠啊！"在这时，隋炀帝已经昏聩奢侈至极，裴矩没有直言规劝他，只有取悦谄媚讨好罢了。

武德五年，拜太子左庶子。俄迁太子詹事。八年，兼检校侍中。及太子建成被诛，其余党尚保宫城，欲与秦王决战，王遣矩晓谕之，宫兵乃散。寻迁民部尚书。

太宗初即位，务止奸吏，或闻诸曹案典，多有受赂者，乃遣人以财物试之。有司门令史受馈绢一匹，太宗怒，将杀之，矩进谏曰：“此人受赂，诚合重诛。但陛下以物试之，即行极法，所谓陷人以罪，恐非导德齐礼之义。”太宗纳其言，因召百僚谓曰：“裴矩遂能廷折，不肯面从，每事如此，天下何忧不治！”贞观元年卒，赠绛州刺史，谥曰敬。（司马光《资治通鉴》卷第一百九十二曰：古人有言：君明臣直。裴矩佞于隋而忠于唐，非其性之有变也；君恶闻其过，则忠化为佞，君乐闻直言，则佞化为忠。是知君者表也，臣者景也，表动则景随矣。）（旧唐书卷六十三）

【译文】武德五年（622年），高祖李渊授裴矩为太子左庶子。不久升迁为太子詹事。武德八年（625年），兼任检校侍中。到了太子建成被诛杀，他的余党仍然守住宫城，想要和秦王李世民进行决战，秦王李世民派遣裴矩明白告知他们，宫城的守兵才离开。不久被擢升为民部尚书。

太宗李世民刚刚即位，致力于惩罚奸诈的官吏，有时听说各个部门审查案件时，大多有接受贿赂的，于是让人送财物去试探他们。相关部门的门令史就接受馈绢一匹，太宗发怒，即将处死他，裴矩上前劝谏说：“这个人接受财物，确实应该严肃地惩罚他。只是陛下利用财物来试探他，然后马上使用极刑来处罚他，就是所说的利用罪过来陷害他，恐怕这不是导之以德齐之以礼的道义。”太宗采纳了他的谏言，趁机召集百官对他们说："裴矩竟然当面驳斥我，不愿意当面顺从我的意思，如果每件事都做到这样，天下还有什么担忧不能得到治理呢！"裴矩在贞观元年（627年）去世，被追赠为绛州刺史，谥号为敬。（司马光《资治通鉴》卷第一百九十二曰：古人说过：君主英明则臣子正直。裴矩对隋朝谄媚而对唐忠诚，这不是他的本性发生了变化。君主厌恶听闻自己的过错，那么忠诚就变为谄媚，君主喜欢听闻正直之言，那么谄媚就变为忠诚。这样可以知道君主是计时的标杆，臣子就是他的影子，标杆变化那么影子就会跟着变化了。）（旧唐书卷六十三）

长孙无忌

【题解】长孙无忌（594—659年），字辅机，河南洛阳人，鲜卑族。隋朝右骁卫将军长孙晟之子，文德皇后同母兄。

长孙无忌与太宗李世民是布衣之交，进而结为姻亲。晋阳起兵后，前往谒见投效，跟随太宗征战四方，成为心腹谋臣，封上党县公，参与策划"玄武门之变"。贞观年间，历任左武侯大将军，领吏部尚书，拜尚书右仆射，迁司空、司徒兼侍中、检校中书令，封赵国公，图形凌烟阁，位列第一。立储之争时，支持外甥唐高宗，成为顾命大臣。永徽年间，拜太尉、同平章事，主持修订《唐律疏议》，冤杀吴王李恪，反对"废王立武"。显庆四年（659年），为许敬宗所诬，削爵流放黔州（今重庆市），自缢而死。唐高宗上元元年（674年），追复官爵，陪葬昭陵。

长孙无忌历仕三朝，做宰相三十多年，有文武之才，为唐初有名的政治家。他身为贵戚，权重而不专，对大唐皇室忠心耿耿，尽智尽力，为唐朝典章制度的制定作出了贡献。

长孙无忌，字辅机，河南洛阳人。无忌贵戚好学，该博文史，性通悟，有筹略。文德皇后①即其妹也。少与太宗友善。及即位，迁左武候大将军。

贞观元年，转吏部尚书，以功第一，进封齐国公，实封千三百户。太宗以无忌佐命元勋，地兼外戚，礼遇尤重，常令出入卧内。其年，拜尚书右仆射。时突厥颉利可汗新与中国和盟，政教紊乱，言事者多陈攻取之策。太宗召萧瑀及无忌问曰："北番君臣昏乱，杀戮无辜。国家不违旧好，便失攻昧之机；今欲取乱侮亡，复爽同盟之义。二途不决，孰为胜耶？"萧瑀曰："兼弱攻昧，击之为善。"无忌曰："今国家务在戢兵，待其寇边，方可讨击。彼既已弱，必不能来。若深入虏廷，臣未见其可。且按甲存信，臣以为宜。"太宗从无忌之议。突厥寻政衰而灭。

【注释】①文德皇后：指长孙皇后，原为秦王妃，唐太宗李世民即位后册封为皇后。

【译文】长孙无忌，字辅机，河南洛阳人。长孙无忌是皇亲国戚且爱好学习，博览文史，本性通达机敏，胸怀谋略。文德皇后就是他的妹妹。少年时和太宗李世民友爱和善。到了太宗即位后，被升为左武候大将军。

贞观元年（627年），转任吏部尚书，依靠功勋排在第一，进封为齐国公，实封为一千三百户。太宗认为长孙无忌是辅佐帝位的元勋，拥有封地且是皇族外戚，用非常优厚的礼节对待他，时常让他进出卧内。这一年，授予他尚书右仆射。当时突厥颉利可汗刚和中原友好结盟，但是当时政教混乱，议事者大多陈述攻占突厥的计策。太宗召集萧瑀以及长孙无忌询问说："北方的藩邦君臣关系错乱无道，大肆屠杀清白无罪的人。现在国家如不违背以前的友好和约，就丧失了攻打昏乱无道的机会；如果想要攻占政治混乱的国家、侵犯即将灭亡的国家，就会再次背叛共结盟约的道义。两种选择我犹豫不决，哪一个更好呢？"萧瑀说："兼并弱小攻占混乱之国，攻打它是最好的。"长孙无忌说："现在国家关键在于平息战争，等到他侵犯边境，才可以讨伐攻打。他既然已经衰弱了，一定不会前来侵犯。如果深入北方腹地，臣不认为这是对的。况且按住盔甲保存信义，臣认为是正确的。"太宗听从了长孙无忌的建议。突厥不久之后就逐渐衰弱而后消亡了。

太宗尝谓无忌等曰："朕闻主贤则臣直，人苦不自知，公宜面论，攻朕得失。"无忌奏言："陛下武功文德，跨绝古今，发号施令，事皆利物。《孝经》云：'将顺其美。'臣顺之不暇，实不见陛下有所愆失。"太宗曰："朕冀闻己过，公乃妄相谀悦。朕今面谈公等得失，以为鉴诫。言之者可以无过，闻之者可以自改。”因目无忌曰：“善避嫌疑，应对敏速，求之古人，亦当无比；而总兵攻战，非所长也。高士廉涉猎古今，心术聪悟，临难既不改节，为官亦无朋党；所少者骨鲠规谏耳。唐俭言辞便利，善和解人，酒杯流行，发言启齿；事朕三十载，遂无一言论国家得失。杨师道性行纯善，自无愆过；而情实怯懦，未甚任事，缓急不可得力。岑文本性道敦厚，文章是其所长；而持论常据经远，自当不负于物。刘洎性最坚贞，言多利益；然其意上然诺于朋友，能自补阙，亦何以尚。马周见事敏速，性甚贞正，至于论量人物，直道而行，朕比任使，多所称意。褚遂良学问稍长，性亦坚正，既写忠诚，甚亲附于朕，譬如飞鸟依人，自加怜爱。”

二十三年，太宗疾笃，引无忌及中书令褚遂良二人受遗令辅政。太宗谓遂良曰：“无忌尽忠于我，我有天下，多是此人力。尔辅政后，勿令谗毁之徒损害无忌。若如此者，尔则非复人臣。”

高宗即位，进拜太尉。

【译文】太宗曾经对长孙无忌等人说：“朕听说君主贤明那么臣下就会正直，人们苦于不能了解自己，你理应当面评论，指出朕的得失。”长孙无忌上奏说：“陛下的武功文德，超越了古今的君主，发号施令，所做事情都有利于百姓。《孝经》说：‘要顺从他的美德。’臣跟随你的美德都来不及，实在是没看见陛下有什么过失。”太宗说：“朕希望能听到自己的过错，您居然曲意阿谀奉承让我高兴。朕现在当面谈论您等的优缺点，作为您们的鉴诫。谈论的人可以没有过错，听闻的人可以自行改正。”因而看着长孙无忌说：“擅长避开嫌疑，回答问题聪敏快速，探求古人当中，也应当没有谁比得上你的；然而指挥军队攻打战斗，就不是您所擅长的。高士廉粗略阅读古今典籍，思考认知聪明颖悟，临近危难既不会改变节操，当官也没有结党营私；所缺少的是刚强劝谏的精神罢了。唐俭言辞敏捷，善于团结调解人际关系，在酒席之间，滔滔不绝；可是侍奉朕三十年，居然没有一句关于讨论国家得失的言论。杨师道本性品行纯洁善良，自然没有错误过失；然而性格实在是怯弱胆小，不能担任重要的职务，遇到紧急情况不能提供帮助。岑文本性格宽宏厚道，撰写文章是他所擅长的；而且立论往往能够占据长远的谋划，不比任何人逊色。刘洎秉性坚强忠贞，他说的话大有益处；然而在他的心目中朋友的承诺看得特别重，能够弥补自己的缺点，谁可以比得上他？马周遇事反应机敏迅速，本性非常忠贞刚正，至于评论衡量人物，根据正直而进行，朕以前委任派遣他事情，大多符合我的心意。褚遂良学问略有长处，本性也坚强忠贞，既已表现出忠诚的态度，便更加亲近依附于朕，就像是飞鸟依人，让我更加爱惜。”

贞观二十三年（649年），太宗病情严重，邀请长孙无忌以及中书令褚遂良两人接受临终嘱咐辅佐朝政。太宗对褚遂良说：“长孙无忌竭尽忠诚对待我，我拥有天下，大多是依靠这个人的帮助。你辅佐朝政以后，不要让谄媚诽谤的小人伤害长孙无忌。如果有这样的情况，你就不是朕的人臣了。”

唐高宗李治即位，擢升长孙无忌为太尉。

永徽六年，帝将立昭仪武氏为皇后，无忌屡言不可，帝乃密遣使赐无忌金银宝器各一车、绫锦十车，以悦其意。昭仪母杨氏复自诣无忌宅，屡加祈请。时礼部尚书许敬宗又屡申劝请，无忌尝厉色折之。帝后又召无忌、左仆射于志宁、右仆射褚遂良，谓曰：“武昭仪有令德，朕欲立为皇后，卿等以为如何？”无忌曰：“自贞观二十三年后，先朝付托遂良，望陛下问其可否。”帝竟不从无忌等言而立昭仪为皇后。皇后以无忌先受重赏而不助己，心甚衔之。

【译文】永徽六年（655年），唐高宗李治打算立昭仪武则天为皇后，长孙无忌多次劝谏不被同意，高宗于是秘密地派遣使者赐予长孙无忌金银宝器各一车、绫锦十车，用来套取他的欢心。昭仪武则天的母亲杨氏再次亲自上门拜访长孙无忌，多次恳切地请求他松口。当时礼部尚书许敬宗又多次劝谏请求他，长孙无忌曾经面色严肃地拒绝了他。高宗后又召见长孙无忌、左仆射于志宁、右仆射褚遂良，对他们说：“武昭仪有美好的德行，朕想要立她为皇后，爱卿你们认为怎么样？”长孙无忌说：“自从贞观二十三年（649年）以后，先帝将朝政托付给褚遂良，希望陛下问问他是否认同。”高宗最终没有听从长孙无忌等人的劝谏而立武昭仪为皇后。皇后武则天认为长孙无忌之前接受重重的赏赐却没有帮助自己，心里非常怨恨他。

显庆四年，中书令许敬宗遣人上封事①，称监察御史李巢与无忌交通谋反，帝令敬宗与侍中辛茂将鞫之，流黔州。敬宗寻与吏部尚书李义府遣大理正袁公瑜就黔州重鞫无忌反状，公瑜逼令自缢而死，籍没其家。无忌既有大功，而死非其罪，天下至今哀之。（旧唐书卷六十五）

【注释】①封事：密封的奏章。古代臣下上书奏事，恐有泄露，于是密封奏章。

【译文】显庆四年（659年），中书令许敬宗派人呈递密封的奏章，自称监察御史李巢和长孙无忌勾结谋反，高宗命令许敬宗和侍中辛茂追查这件事，将长孙无忌流放到黔州。许敬宗不久和吏部尚书李义府让大理正袁公瑜到达黔州重新审判长孙无忌谋反案，袁公瑜威逼长孙无忌自缢而死，没收了他的家产收入官库。长孙无忌拥有伟大的功勋，最后却死于并未犯下的罪名，天下到现在还哀悼他。（旧唐书卷六十五）

房玄龄

【题解】房玄龄（579—648年），名乔，字玄龄，（一说名玄龄，字乔），齐州临淄（今山东淄博）人。隋朝泾阳令房彦谦之子。晋阳起兵后，房玄龄投靠秦王李世民，为其积极出谋划策，典管书记，选拔人才，成为秦王府得力谋士之一。武德九年（626年），谋划“玄武门之变”，同杜如晦等五人居于首功。唐太宗即位后，拜中书令，封邢国公，负责综理朝政，兼修国史、编纂《晋书》。执政期间，房玄龄善于谋略，杜如晦处事果断，并称“房谋杜断”，成为良相典范。后迁尚书左仆射、司空，封梁国公，名列凌烟阁二十四功臣。后世史学家在评论唐代宰相时，无不首推房玄龄，总是说：“唐代贤相，前有房、杜，后有姚、宋。”

房乔，字玄龄，齐州临淄人。父彦谦，好学，通涉《五经》，隋泾阳令，《隋书》有传。

玄龄幼聪敏，博览经史，工草隶，善属文。尝从其父至京师，时天下宁晏，论者咸以国祚方永，玄龄乃避左右告父曰：“隋帝本无功德，但诳惑黔黎，不为后嗣长计，混诸嫡庶，使相倾夺，诸后藩枝，竞崇淫侈，终当内相诛夷，不足保全家国。今虽清平，其亡可翘足而待。”彦谦惊而异之。年十八，本州举进士，授羽骑尉。太宗徇地渭北，玄龄杖策谒于军门，温彦博又荐焉。太宗一见，便如旧识，署渭北道行军记室参军。玄龄既遇知己，罄竭心力，知无不为。贼寇每平，众人竞求珍玩，玄龄独先收人物，致之幕府。及有谋臣猛将，皆与之潜相申结，各尽其死力。

【译文】房乔，字玄龄，齐州临淄（今山东淄博）人。父亲房彦谦，爱好学问，通读《五经》，担任隋泾阳令，《隋书》中有他的列传。

房玄龄小时候聪慧机敏，广泛阅读经史，擅长草书隶书，善于写文章。曾经跟随其父到达京师。当时天下安定祥和，议论的人都认为国运会长久传承，房玄龄却避开身边的人告诉父亲说：“隋朝皇帝本来就没有功业德行，只是欺骗迷惑黎民百姓，不为后代子孙做长久的打算，混淆了各位皇子嫡出庶出的关系，导致他们相互倾轧争夺，各位王公皇子，相互攀比淫乱奢侈，最终会相互厮杀，不能保全国家。现在即使是太平之世，它的灭亡是可以踮起脚跟看得见的。”房彦谦感到惊讶和奇怪。十八岁时，本州推举他为进士，授予羽骑尉。太宗李世民在渭水以北攻占土地，房玄龄执马鞭在军门请求拜见，温彦博又向太宗推荐他。太宗一看见他，就像是旧曾相识的人，安排他担任渭北道行军记室参军。房玄龄既已遇到了太宗这个知己，于是竭尽心智和力量，知道的没有不努力去做的。贼寇每次被平定，人们争先恐后索求珍宝器物，房玄龄单单首先接纳人才，招来幕府中任职。遇到有谋臣猛将，都在私底下和他们相互结交，让他们各自竭尽力量帮助太宗李世民。

既而隐太子[①]见太宗勋德尤盛，转生猜间。太宗尝至隐太子所食，中毒而归，府中震骇，计无所出。玄龄因谓长孙无忌曰：“今嫌隙已成，祸机将发，天下恟恟，人怀异志。变端一作，大乱必兴，非直祸及府朝，正恐倾危社稷。此之际会，安可不深思也！仆有愚计，莫若遵周公之事，外宁区夏，内安宗社，申孝养之礼。古人有云，‘为国者不顾小节’，此之谓欤！孰若家国沦亡，身名俱灭乎？”无忌曰：“久怀此谋，未敢披露，公今所说，深会宿心。”无忌乃入白之。太宗召玄龄谓曰：“阽危之兆，其迹已见，将若之何？”对曰：“国家患难，今古何殊？自非睿圣钦明，不能安辑。大王功盖天地，事钟压纽，神赞所在，匪藉人谋。”因与府属杜如晦同心戮力。仍随府迁授秦王府记室，封临淄侯；又以本职兼陕东道大行台考功郎中，加文学馆学士。

【注释】①隐太子：指李建成。

【译文】不久隐太子李建成看见太宗功勋德行特别大，转而产生了猜忌隔阂。太宗曾经到隐太子李建成的家中吃东西中毒，之后回到家中，府中的人们都感到震惊害怕，但是不知道该怎么办。房玄龄趁机对长孙无忌说：“现在两人的猜疑不满已经形成，祸端即将发生，天下争论嘈杂的样子，人们都怀有谋反的志向。事端一旦发生，大骚乱一定会兴起，不但祸及秦王府，我担心恐怕会倾覆国家社稷。这样的局势，怎么不能进行深谋远虑啊！我想到了一条计策，不如遵从周公的事例，对外可以使天下安宁，对内可以使朝廷稳定，以此表明孝敬供养的礼仪。古人有一句话说，‘为了国家大事不能顾及个人小节’，这就是说现在的情况！国家被攻陷灭亡，个人名声都被毁掉，哪个更重要呢？”长孙无忌说：“我很早就抱着这样的计谋，不敢披露出来，您现在所说的，完全符合我的夙愿。”长孙无忌于是进入秦王府告诉太宗李世民。太宗召见房玄龄说：“我们面临危险的征兆，它的迹象已经出现了，打算怎么办？”房玄龄回答说：“国家遭受危难，古今哪里有什么不同。如果不是聪慧圣明的君主，国家不能得到安宁和平定。大王您功盖天地，迹象显示您将成为国君，有神灵帮助，不用依靠人的强求。”因而和府属杜如晦同心合力辅佐他。依然跟随府署擢升为秦王府记室，封为临淄侯；又以原来职位兼任陕东道大行台考功郎中，加任文学馆学士。

隐太子将有变也，太宗令长孙无忌召玄龄及如晦，令衣道士服，潜引入阁计事。及太宗入春宫[①]，擢拜太子右庶子，赐绢五千匹。

贞观三年，拜太子少师，固让不受，摄太子詹事，兼礼部尚书。明年，代长孙无忌为尚书左仆射，改封魏国公，监修国史。既任总百司，虔恭夙夜，尽心竭节，不欲一物失所。闻人有善，若己有之。明达吏事，饰以文学，审定法令，意在宽平。不以求备取人，不以己长格物，随能收叙，无隔卑贱。论者称为良相焉。或时以事被谴，则累日朝堂，稽颡请罪，悚惧踧踖[②]，若无所容。

【注释】①春宫：太子居在东宫，五行家以春季配东方，故称太子所在为“春宫”。

②踧踖（cù jí）：恭敬而不安的样子。

【译文】隐太子李建成即将发动政变时，唐太宗李世民命令长孙无忌召来房玄龄以及杜如晦，让他们身穿道士的服装，暗中来到阁中谋划事情。等到太宗登上太子之位，擢升房玄龄为太子右庶子，赏赐绢五千匹。

贞观三年（629年），授予他太子少师，他坚持退让没有接受，代理太子詹事，兼任礼部尚书。第二年，代替长孙无忌担任尚书左仆射，改封为魏国公，主持修撰本朝国史。玄龄既已担任管理各项朝政的职务，便日夜诚恳敬慎做事，尽心竭力，不想出现一丁点的失误。听到他人的优点，就像自己也拥有一样。他通晓官吏事务，又能以文学为饰，审核制定律法，立意宽容公正。他不求全责备要求他人，也不利用自己的长处来苛求他人，按照个人才能安排职务，不会因为他人地位卑微而相隔。议论的人都称他为贤能的宰相。有时因为事情出现失误被皇帝责怪，就会连日在朝堂之上，向皇帝叩头请罪，害怕惊惧恭敬不安，就像无地自容一样。

十七年，与司徒长孙无忌等图形于凌烟阁，赞曰：“才兼藻翰，思入机神。当官励节，奉上忘身。”其年，太宗亲征辽东，命玄龄京城留守，手诏曰：“公当萧何之任，朕无西顾之忧矣。”军戎器械，战士粮廪，并委令处分发遣。玄龄屡上言敌不可轻，尤宜诫慎。

二十二年，驾幸玉华宫，时玄龄旧疾发，诏令卧总留台。及渐笃，追赴宫所，乘担舆入殿，将至御座乃下。太宗对之流涕，玄龄亦感咽不能自胜。敕遣名医救疗，尚食每日供御膳。若微得减损，太宗即喜见颜色；如闻增剧，便为改容凄怆。寻薨，年七十。废朝三日，册赠太尉、并州都督，谥曰文昭。（旧唐书卷六十六）

【译文】贞观十七年（643年），房玄龄和司徒长孙无忌等人被描绘肖像放在凌烟阁功臣像里，赞词说："才学兼擅文章书法，韬略至于出神入化。担任官职谨守节操，事奉国君忘掉自己。"这一年，太宗亲自征伐辽东，命令房玄龄担任京城留守，亲手写诏令说："您担当萧何之任，朕没有后顾之忧了。"战车装备，战士粮饷，一并委任房玄龄处理调遣。房玄龄多次上奏谏言外敌不可以轻视，提醒太宗尤当警惕谨慎。

贞观二十二年（648年），太宗巡幸玉华宫，当时房玄龄旧病发作，于是下诏让他卧病总管留守事务。等到他逐渐病重，房玄龄连忙赶到玉华宫，乘坐着担舆进入宫殿，快到达皇帝的御座才下来。太宗对着他流眼泪，房玄龄也感动得声音沙哑而不能控制自己。于是太宗下达敕令派遣名医抢救房玄龄，尚食局每天提供御膳给他。如果病情有所好转，太宗马上喜形于色；如果病情加重，就会立即变得非常难过。不久之后去世，享年七十岁。太宗停止上朝三天，下令追赠为太尉、并州都督，谥号为文昭。（旧唐书卷六十六）

杜如晦

【题解】杜如晦（585—630年），字克明，京兆杜陵（今陕西西安市长安区）人。晋阳起兵后，杜如晦成为秦王李世民幕府谋臣，跟随李世民平定薛仁杲、刘武周、王世充、窦建德叛乱，积极运筹帷幄，为时人所敬服。文学馆建立后，担任从事中郎，为秦王府十八学士之首。“玄武门之变”时，联合房玄龄参与策划，同居首功。唐太宗即位后，迁尚书右仆射，封蔡国公，配合房玄龄同心辅政，负责选拔人才、制定法度等。房玄龄善于谋划，杜如晦处事果断，并称“房谋杜断”。贞观四年（630年）病逝，时年四十六，追赠司空、莱国公，谥号成。贞观十七年（643年），图形凌烟阁，位列第三。

杜如晦，字克明，京兆杜陵人也。如晦少聪悟，好谈文史。隋大业中以常调[①]预选，吏部侍郎高孝基深所器重，顾谓之曰：“公有应变之才，当为栋梁之用，愿保崇令德。今欲俯就卑职，为须少禄俸耳。”遂补滏阳尉，寻弃官而归。太宗平京城，引为秦王府兵曹参军，俄迁陕州总管府长史。时府中多英俊，被外迁者众，太宗患之。记室房玄龄曰：“府僚去者虽多，盖不足惜。杜如晦聪明识达，王佐才也。若大王守藩端拱，无所用之；必欲经营四方，非此人莫可。”太宗大惊曰：“尔不言，几失此人矣！”遂奏为府属。后从征薛仁杲、刘武周、王世充、窦建德，尝参谋帷幄。时军国多事，剖断如流，深为时辈所服。

【注释】①常调：官员制度用语。古时根据个人的情况而调任。

【译文】杜如晦，字克明，是京兆杜陵（今陕西西安）人。杜如晦小时候聪慧颖悟，爱好谈论文史。隋炀帝大业年间凭借常调的机会参加选拔任官，吏部侍郎高孝基十分器重他，回头对他说："您拥有应对事变的能力，应当作为栋梁之用，希望保存崇尚美好的德行。如果想要俯下身子就任地位卑微的职位，就是俸禄不高罢了。"于是补用为滏阳县尉，不久弃官而归。太宗平定隋朝京城，被请来担任秦王府兵曹参军，不久升为陕州总管府长史。当时秦王府中有很多才智杰出的人，离开的人很多，太宗担忧这件事。记室房玄龄说："府中僚佐离开的人即使很多，大多是不值得珍惜的人。杜如晦耳聪目明通达事理，是辅佐王业的人才。如果大王您只想镇守封地无为而治，他就没有很大的作用；如果一定想要规划治理天下四方，就非用这个人不可。"太宗大为惊诧地说："如果你不说，我几乎丧失这位人才了！"于是奏请让杜如晦担任秦王府属官。后来跟从太宗讨伐薛仁杲、刘武周、王世充、窦建德，曾经在帷幄之中参议谋划。当时军国事务繁忙，杜如晦处理事情极为迅速如同斩断水流一样，十分为当时的人所佩服。

贞观三年，代长孙无忌为尚书右仆射，仍知选事，与房玄龄共掌朝政。至于台阁规模及典章人物，皆二人所定，甚获当代之誉，谈良相者，至今称房、杜焉。如晦以高孝基有知人之鉴，为其树神道碑以纪其德。其年冬，遇疾，表请解职，许之。

四年，疾笃，上亲幸其宅，抚之流涕，寻薨，年四十六。太宗哭之甚恸，废朝三日，赠司空，徙封莱国公，谥曰成。

【译文】贞观三年（629年），杜如晦代替长孙无忌担任尚书右仆射，依然兼任选拔人才的事务，与房玄龄一起掌管朝政。至于台阁规模以及典章制度官员任职，都是由他们二人所制定，得到当世人大力赞誉，提及良相，至今仍称赞为房、杜。杜如晦因为高孝基有识别人才的眼光，为他树立神道碑来纪念他的功德。这年冬季，杜如晦染上疾病，上表请求辞官，太宗允许了他。

贞观四年（630年），杜如晦病情严重，太宗亲自到他的宅邸中，流着泪抚摸他，不久之后去世，享年四十六岁。太宗十分悲痛，大声哭泣，停止上朝三日，追赠为司空，进封为莱国公，谥号为成。

史臣曰：房、杜二公，皆以命世之才，遭逢明主，谋猷允协，以致升平。议者以比汉之萧、曹，信矣。然莱成之见用，文昭之所举也。世传太宗尝与文昭图事，则曰“非如晦莫能筹之”。及如晦至焉，竟从玄龄之策也。盖房知杜之能断大事，杜知房之善建嘉谋，裨谌草创，东里润色[1]，相须而成，俾无悔事，贤达用心，良有以也。若以往哲方之，房则管仲、子产，杜则鲍叔、罕虎矣。（旧唐书卷六十六）

【注释】①裨谌草创，东里润色：典出《论语·宪问》。东里，春秋郑国大夫子产所居地，代指即子产。

【译文】史官评论说：房玄龄、杜如晦两位大臣，都拥有卓越的治国之才，又遇到圣明的君主，进献计谋都恰当，因而成就了太平之世。议论的人认为他们可以比肩汉代的萧何、曹参，确实是这样啊！然而杜如晦被任用，是房玄龄举荐的。世人传说太宗曾经和房玄龄谋划事情，房玄龄就说“不是杜如晦没有谁能够筹划这个计谋”。等到杜如晦来到，竟然采纳了房玄龄的计策。原来房玄龄知道杜如晦能够决断大事，杜如晦知道房玄龄善于提供好的计谋，就如同春秋时期郑国的外交文书，由裨谌负责起草，由子产加以润色，他们相互配合成就事情，使之没有后悔的事情。贤能通达尽心尽力，确实是有原因的啊！如果用以前的圣哲来比喻他们，房玄龄就是管仲、子产，杜如晦就是鲍叔、罕虎了。（旧唐书卷六十六）

王　珪

【题解】王珪（570—639年），字叔玠，太原祁县（今山西祁县）人。南梁尚书令王僧辩之孙。隋文帝开皇十三年（593年），入召秘书内省，授为太常治礼郎。受叔父王頍牵连，逃遁终南山。唐朝建立后，历任世子府咨议参军、太子中舍人、太子中允，成为隐太子李建成的心腹，后因杨文干事件被流放嶲州。贞观年间，征召回朝，历任谏议大夫、黄门侍郎、侍中、同州刺史、礼部尚书、魏王老师，封永宁郡公。贞观十三年（639年）病逝，追赠吏部尚书，予谥号为懿。

王珪和魏徵同为唐初著名诤臣。唐朝中期宰相李绛曾说：“昔太宗之理天下也，房玄龄、杜如晦辅相圣德，魏徵、王珪规谏阙失，有温彦博、戴胄以弥缝政事，有李靖、李勣训整戎旅，故夷狄畏服，寰宇大安。”李德裕则评价说：“如王珪者，可谓识微之士，明于祸福矣。”王珪之贤，由此可见。

王珪，字叔玠，太原祁人也。高祖入关，丞相府司录李纲荐珪贞谅有器识，引为世子府谘议参军。及东宫建，除太子中舍人。建成诛后，太宗素知其才，召拜谏议大夫。

贞观元年，太宗尝谓侍臣曰：“正主御邪臣，不能致理；正臣事邪主，亦不能致理，唯君臣相遇，有同鱼水，则海内可安也。昔汉高祖，田舍翁耳。提三尺剑定天下，既而规模弘远，庆流子孙者，此盖任得贤臣所致也。朕虽不明，幸诸公数相匡救，冀凭嘉谋，致天下于太平耳。”珪对曰：“臣闻木从绳则正，后从谏则圣。故古者圣主，必有诤臣七人，言而不用，则相继以死。陛下开圣虑，纳刍荛[①]，臣处不讳之朝，实愿罄其狂瞽。”太宗称善，敕自今后中书门下及三品以上入阁，必遣谏官随之。珪每推诚纳忠，多所献替，太宗顾待益厚，赐爵永宁县男，迁黄门侍郎，兼太子右庶子。

【注释】①刍荛：原指割草打柴，后用作谦词，称自己是草野鄙陋的人。

【译文】王珪，字叔玠，太原祁县（今山西祁县）人。唐高祖李渊攻入函谷关后，丞相府司录李纲推荐王珪有忠贞诚信、气度才识，招来担任世子府谘议参军。等到立东宫太子李建成，授予太子中舍人。李建成被诛杀后，太宗李世民一直听说他的才干，招来授予谏议大夫之职。

贞观元年（627年），太宗曾经对侍臣说："正直的君主任用了奸诈的臣子，不能治理好国家；忠诚的臣子侍奉昏庸的君主，也不能治理好国家。唯独正直的君主和忠诚的臣子相互知遇，如鱼得水一般，那么海内就可以安定了。以前汉高祖刘邦，只是一位耕田农夫罢了。手提三尺长剑平定天下，不久使得国家地域辽阔、影响深远，福庆传承到后代子孙，这大概是任用得当的贤臣所导致的。朕即使不英明，幸亏各位大臣多次纠正挽救过失，希望依靠高明的谋略，致使天下处于太平之中罢了。"王珪回答说："我听说木头根据绳墨来削就会笔直，君主听从劝谏就会圣明。因此古代圣明的君主，一定会设置七位诤臣，进谏不被听用，就会以死相继劝谏。陛下打开思虑，采纳我等粗鄙的谏言，我们处在不用避讳的朝代，实在希望竭诚说出愚昧之见。"太宗称赞他说得很好，下达敕令从今以后中书门下以及三品以上的官员进入阁中处理事务，一定派遣谏官跟随他们。王珪每次都推心置腹地进谏忠言，多次进陈好的建议，废去坏的意见，太宗因此对待他更加优厚，赐予他永宁县男爵，升为黄门侍郎，兼任太子右庶子。

二年，代高士廉为侍中。太宗尝闲居，与珪宴语，时有美人侍侧，本庐江王瑗[①]之姬，瑗败籍没入宫，太宗指示之曰："庐江不道，贼杀其夫而纳其室。暴虐之甚，何有不亡者乎！"珪避席曰："陛下以庐江取此妇人为是耶，为非耶？"太宗曰："杀人而取其妻，卿乃问朕是非，何也？"对曰："臣闻于管子曰："齐桓公之郭，问其父老曰：'郭何故亡？'父老曰：'以其善善而恶恶也。'桓公曰：'若子之言，乃贤君也，何至于亡？'父老曰：'不然，郭君善善而不能用，恶恶而不能去，所以亡也。'今此妇人尚在左右，窃以圣心为是之，陛下若以为非，此谓知恶而不去也。"太宗虽不出此美人，而甚重其言。

【注释】①庐江王瑗：即庐江王李瑗，为唐高祖李渊的族侄，和李建成关系密切，为其重要党羽，后谋反被杀。

【译文】贞观二年（628年），王珪代替高士廉担任侍中。太宗曾经悠闲地安居，与王珪闲谈。当时有一位美人侍奉他身旁，此人原来是庐江王李瑗的爱姬，庐江王李瑗战败后被登记并没收进入皇宫，太宗指着那位美人给他看说："庐江王李瑗不行正道，杀了她的丈夫而把她纳为侧室。一人凶恶残酷到了极点，哪有不被灭亡的！”王珪离开席子说：“陛下认为庐江王李瑗得到这位妇人是对的，还是错的？”太宗说：“杀死他人而获得他的妻子，爱卿居然问朕是对是错，这是为什么呢？”王珪回答说：“我从管仲那里听说，齐桓公到达郭国，询问其父老说：‘郭国因为什么原因灭亡的？’父老说：‘因为国君爱好善良的而厌恶罪恶的。’齐桓公说：‘像你们这样说，你们的国君是一位贤明的君主，为什么到被消灭的地步呢？’父老说：‘不是这样的，郭国国君爱好善良的却不能够任用他们，厌恶罪恶的却不能够除去他们，所以灭亡了。’如果这位妇人依然陪在皇上身边，我私自认为皇上心里想着是对的。陛下如果认为是错的，这就可以说是知道罪恶却不想除去了。”太宗虽然没有驱逐这位美人，但是更加重视王珪的谏言了。

时太常少卿祖孝孙以教宫人声乐不称旨，为太宗所让。珪及温彦博谏曰：“孝孙妙解音律，非不用心，但恐陛下顾问不得其人，以惑陛下视听。且孝孙雅士，陛下忽为教女乐而怪之，臣恐天下怪愕。”太宗怒曰：“卿皆我之腹心，当进忠献直，何乃附下罔上，反为孝孙言也！”彦博拜谢，珪独不拜。曰：“臣本事前宫，罪已当死。陛下矜恕性命，不以不肖，置之枢近，责以忠直。今臣所言，岂是为私？不意陛下忽以疑事诮臣，是陛下负臣，臣不负陛下。”帝默然而罢。翌日，帝谓房玄龄曰：“自古帝王，能纳谏者固难矣。昔周武王尚不用伯夷、叔齐，宣王贤主，杜伯犹以无罪见杀，吾夙夜庶几前圣，恨不能仰及古人。昨责彦博、王珪，朕甚悔之。公等勿以此而不进直言也。”

【译文】当时太常少卿祖孝孙因为教宫人声乐没有符合太宗的要求，被太宗责备。王珪以及温彦博劝谏说：“祖孝孙精通音律，不是他不用心侍奉君主，只是害怕陛下顾问不得其人，以迷惑陛下视听。而且祖孝孙是一位崇尚高雅的文人，陛下忽然让他教女乐却责怪他，我等害怕天下人会感到惊奇。”太宗发怒说：“爱卿都是我的心腹，理应奉献忠诚进献直言，为什么附和下属欺骗朕，反而替祖孝孙辩解呢！”温彦博恭敬地下拜道歉，唯独王珪没有下拜。说：“我本来侍奉前任东宫太子，按罪过早已应处死。陛下可怜宽恕我的性命，不认为我是没有才能，而安排在您的身边，用忠诚正直来要求我。现在我所说的话，难道是为了我的私心吗？没有想到陛下忽然因为猜疑的事情来责怪我，这是陛下辜负我，我没有辜负陛下。”太宗沉默而停止了发怒。第二天，太宗对房玄龄说：“自古以来的帝王，能够接纳劝谏本来就难啊。以前周武王尚且不任用伯夷、叔齐，周宣王是一位贤明的君主，杜伯依然因为无罪而被诛杀，我早晚几乎都在学习前代圣明的君主，恨不能仰望到古代明君。昨天责怪温彦博、王珪，朕十分后悔。你们不要因为这个就不进献直言了。”

时房玄龄、李靖、温彦博、戴胄、魏徵与珪同知国政。后尝侍宴，太宗谓珪曰："卿识鉴清通，尤善谈论，自房玄龄等，咸宜品藻，又可自量，孰与诸子贤？"对曰："孜孜奉国，知无不为，臣不如玄龄；才兼文武，出将入相，臣不如李靖；敷奏详明，出纳惟允，臣不如温彦博；处繁理剧，众务必举，臣不如戴胄；以谏诤为心，耻君不及于尧、舜，臣不如魏徵。至如激浊扬清，嫉恶好善，臣于数子，亦有一日之长。"太宗深然其言，群公亦各以为尽己所怀，谓之确论。后进爵为郡公。

【译文】当时房玄龄、李靖、温彦博、戴胄、魏徵与王珪一同掌管国家政务。后来他们曾经陪着太宗宴饮，太宗对王珪说："爱卿识别能力清明通达，尤其是擅长讨论和评价他人。从房玄龄等人以下，你来品鉴一下他们，再来衡量自己，谈谈你们当中哪一个更加贤能？"王珪回答说："孜孜不倦处理国家事务，知道的没有不去做的，臣比不上房玄龄；才能兼备文武，既能担任将军又能担任丞相，臣比不上李靖；进呈奏章详细清楚，传达命令反映意见都公平适当，臣比不上温彦博；处理纷繁复杂的政务，众多事务都能得到处理，臣比不上戴胄；把直言劝谏当作是己任，为君主比不上帝尧、帝舜感到羞耻，臣比不上魏徵。至于像抨击坏风，褒扬好人，记恨邪恶人，喜好善人，臣比在座各位大臣，也许稍微强一些。"太宗十分认同他的观点，大臣们也各把心中所想的都说出来，都认为这是正确的评价。后来被加爵位为郡公。

珪少时贫寒，人或遗之，初不辞谢；及贵，皆厚报之，虽其人已亡，必赈赡其妻子。事寡嫂尽礼，抚孤侄恩义极隆，宗姻困匮者，亦多所周恤。珪通贵渐久，而不营私庙，四时蒸尝，犹祭于寝。坐为法司所劾，太宗优容，弗之谴也，因为立庙，以愧其心。十三年，遇疾，敕公主就第省视，又遣民部尚书唐俭增损药膳。寻卒，年六十九。太宗素服举哀于别次，悼惜久之。诏魏王泰率百官亲往临哭，赠吏部尚书，谥曰懿。（旧唐书卷七十）

【译文】王珪小时候贫乏困苦，有人送给他东西，开始没有推辞和道谢；等到他富贵以后，都优厚地回报他们，即使那个人已经去世，一定会救助和赡养他的妻子儿女。王珪侍奉守寡的嫂子极尽礼仪，抚恤父母双亡的侄子恩义非常隆重。宗族亲戚缺乏用品的，也大多有所提供帮助。王珪通达显贵逐渐长久，但是没有营建祖庙，四季按时祭祖，依然在家中祭祀。他因此触犯礼法被司法官员所弹劾，太宗宽容而没有责怪他，因而为他建立祖庙，来让他的内心羞愧。贞观十三年（639年），王珪染上疾病，太宗下达敕令，让公主前往他的府中探视，又派遣民部尚书唐俭增加药物和膳食调养他。不久王珪去世，享年六十九岁。太宗在别宫身穿丧服为他戴孝，为他哀伤惋惜了很久。下诏让魏王李泰率领百官亲自前往他的家中哭丧，追赠为吏部尚书，谥号为懿。（旧唐书卷七十）

群书治要续编卷第九　旧唐书（三）

岑文本

【题解】岑文本（595—645年），字景仁，邓州棘阳县（今河南新野县）人。东汉征南大将军岑彭之后，西梁吏部尚书岑善方之孙。贞观元年（627年），授秘书郎，迁中书舍人，掌管机要文件，参与撰写《周书》，封为江陵县开国子，官至中书令，参知政事。《续编》从其《旧唐书》本传中辑录了贞观十一年（637年）给太宗的一道奏疏，告诫太宗要居安思危，爱惜民力，去奢从俭，"明选举，慎赏罚，进贤才，退不肖"，体现了他的政治远见和卓越谋略。

岑文本，字景仁，南阳棘阳人。贞观元年，除秘书郎，兼直中书省。贞观十一年，从至洛阳宫，会谷、洛泛溢，文本上封事曰：

【译文】岑文本，字景仁，南阳棘阳（今河南新野县）人。贞观元年（627年），担任秘书郎，同时在中书省兼职。贞观十一年（637年），岑文本随太宗圣驾到洛阳宫，正好遇到谷水、洛水泛滥，岑文本递上奏章说：

臣闻创拨乱之业，其功既难；守已成之基，其道不易。故居安思危，所以定其业也；有始有卒，所以隆其基也。今虽亿兆乂安，方隅宁谧，既承丧乱之后，又接凋弊之余，户口减损尚多，田畴垦辟犹少。覆焘[①]之恩著矣，而疮痍未复；德教之风被矣，而资产屡空。是以古人譬之种树，年祀绵远，则枝叶扶疏；若种之日浅，根本未固，虽壅之以黑坟，暖之以春日，一人摇之，必致枯槁。今之百姓，颇类于此。常加含养，则日就滋息；暂有征役，则随而凋耗。凋耗既甚，则人不聊生；人不聊生，则怨气充塞；怨气充塞，则离叛之心生矣。故帝舜曰："可爱非君，可畏非人。"孔安国[②]曰："人以君为命，故可爱；君失道，人叛之，故可畏。"仲尼曰："君犹舟也，人犹水也；水所以载舟，亦所以覆舟。"是以古之哲王，虽休勿休，日慎一日者，良为此也。伏惟陛下览古今之事，察安危之机，上以社稷为重，下以亿兆为念。明选举，慎赏罚，进贤才，退不肖。闻过即改，从谏如流。为善在于不疑，出令期于必信。颐神养性，省畋游之娱；去奢从俭，减工役之费。务静方内而不求辟土；载櫜弓矢而无忘武备。凡此数者，虽为国之常道，陛下之所常行，臣之愚心，唯愿陛下思之而不倦，行之而不怠。则至道之美，与三、五比隆；亿载之祚，随天地长久。虽使桑谷为妖，龙蛇作孽，雉雊于鼎耳，石言于晋地，犹当转祸为福，变咎为祥。况水雨之患，阴阳常理，岂可谓之天谴而系圣心哉？臣闻古人有言："农夫劳而君子养焉，愚者言而智者择焉。"辄陈狂瞽，伏待斧钺。

【注释】①覆焘：亦作“覆帱”，犹覆被，施恩，加惠。

②孔安国（前156—前74年）：孔子十二世孙，西汉大儒。

【译文】臣听说开创拨乱反正的功业，是极其困难的；谨守已经成功的基业，也同样不容易。因此居安思危，是为了稳定功业；有始有终，是为了兴盛基业。如今虽然百姓安定，天下太平，现在国家刚刚承接混乱后的局面，又适逢百业凋敝之时，户籍人口减少很多，田地开垦耕种还少。虽然朝廷给予了很多恩泽，然而国家创伤未愈；仁德教化虽然已经普遍，然而国家民间财力依然困乏。因此古人用种树来打比方，树木如果年深日久，就会枝繁叶茂；如果种植的时日短，根干不牢固，即使用肥沃的黑土培植，有春天温暖阳光的照耀，有人摇动树木，必然会导致其枯萎。现在百姓的情况，与此类似。常常使百姓休养生息，百姓就会日益繁衍生息；一旦征发徭役，民力就会随之损耗。损耗过度，就会导致民不聊生；民不聊生，就会心怀怨恨；心怀怨恨，就会产生背叛之心。所以帝舜说：“对君主应该敬爱，对百姓应该敬畏。”孔安国注释说：“百姓把君主当作性命一样，所以敬爱；君主无道，百姓就会背叛他，所以敬畏。”孔子说：“君主就像船，百姓就好比水，水可以承载船，也可以倾覆船。”因此古代的贤明君主，即使休息时间也不放松，一天比一天谨慎，确实是因为这个原因。希望陛下浏览古今发生过的事情，明察社稷安危的关键，上以国家为重，下以百姓为念。选拔人才要公平，奖赏处罚要谨慎，提拔贤才，罢黜奸人。闻过则改，从谏如流，推行善政要不存疑心，发布政令要讲求信义。颐养身心，减少田猎游乐；去奢从俭，减少营造费用。安定天下，而不追求开疆拓土；收起弓箭，但不忘记整顿武备。这几件事，虽然是治理国家的常用方法，也是陛下经常在做的事情。臣下的意思，只是希望陛下经常想到而不厌倦，经常施行而不懈怠。那么，完美的德行，就可以与三皇、五帝相比；国祚绵长，可以与天地一样恒久。即使出现桑谷生于朝，龙蛇作孽，野鸡鸣于鼎耳，晋地的石头会说话一类的怪异现象，也能转祸为福，变灾为祥。何况洪水大雨造成的灾害，是自然规律，怎么能说是上天的谴责而让圣上牵挂呢？臣听古人说：“农夫劳作而君子治事，愚人进言而智者选择。”臣下陈述这些浅陋之见，敬请圣上裁决。

是时魏王泰宠冠诸王，盛修第宅，文本以为侈不可长，上疏盛陈节俭之义，言泰宜有抑损，太宗并嘉之。（旧唐书卷七十）

【译文】此时魏王李泰在诸王中最受宠爱，大修宅第，岑文本认为奢侈之风不能助长，上疏极力陈述节俭的意义，谏言魏王李泰应该有所节制，太宗都予以称赞。（旧唐书卷七十）

杜正伦

【题解】杜正伦（？—658年），相州洹水（今河北魏县）人。贞观年间，因为魏徵的举荐，杜正伦历任兵部员外郎、给事中、中书侍郎、太子左庶子，封南阳县侯。后因泄漏禁中语，被贬为谷州刺史，再贬交州都督。后受李承乾谋反案牵连，被流放驩州。唐高宗显庆年间，杜正伦拜相，初授黄门侍郎、同三品，后又升任中书令，进爵襄阳县公。显庆三年（658年），杜正伦因与李义府不和，被诬告结党，贬任横州刺史，不久病逝。《续编》从其《旧唐书》本传中辑录了太宗和他的对话等内容，主要涉及为君为臣之道，以供今人学习借鉴。

杜正伦，相州洹水人也。贞观元年，尚书右丞魏徵表荐正伦，以为古今难匹，遂擢授兵部员外郎。太宗谓曰："朕今令举行能之人，非朕独私于行能者，以其能益于百姓也。朕于宗亲及以勋旧无行能者，终不任之。以卿忠直，朕今举卿，卿宜勉称所举。"

【译文】杜正伦是相州洹水（今河北魏县）人氏。贞观元年（627年），尚书右丞相魏徵上表推举杜正伦，认为古今难有与他相匹敌的人，于是唐太宗就提拔杜正伦为兵部员外郎。太宗对他说："我现在下令选用德才兼备的人，不是我偏爱德才兼备的人，是因为这样的人才对百姓有益。我对于皇亲国戚以及勋贵大臣中不是德才兼备的人，始终不予任用。因为你忠诚正直，我今天选用你，你应该尽心尽力，不辜负自己的职责。"

二年，拜给事中，兼知起居注。太宗尝谓侍臣曰：“朕每日坐朝，欲出一言，即思此言于百姓有利益否，所以不能多言。”正伦进曰：“君举必书，言存左史。臣职当修起居注，不敢不尽愚直。陛下若一言乖于道理，则千载累于圣德，非直当今损于百姓，愿陛下慎之。”太宗大悦，赐绢二百段。

【译文】贞观二年（628年），杜正伦担任给事中一职，兼管唐太宗李世民的起居注。太宗曾经对侍臣说：“我每天上朝，每当想说话时，就要考虑这句话对百姓有没有好处，所以不敢多说。”杜正伦进言说：“君主的言行必定要记录，言论由君主左右的史官记录。臣的职责是修订起居注，不敢不尽职责。陛下如果有一句话不合道理，那么就会连累陛下千秋万载的声誉，不仅仅是现在对百姓有损害，希望陛下谨慎。”太宗非常高兴，赐给杜正伦绢二百段。

四年，累迁中书侍郎。六年，正伦与御史大夫韦挺、秘书少监虞世南、著作郎姚思廉等咸上封事称旨，太宗为之设宴，因谓曰：“朕历观自古人臣立忠之事，若值明王，便得尽诚规谏，至如龙逄、比干，竟不免孥戮。为君不易，为臣极难。我又闻龙可扰[①]而驯，然喉下有逆鳞，触之则杀人。人主亦有逆鳞，卿等遂不避犯触，各进封事。常能如此，朕岂虑有危亡哉！我思卿等此意，岂能暂忘？故聊设宴乐也。”仍并赐帛有差。（旧唐书卷七十）

【注释】①扰：畜养。

【译文】贞观四年（630年），杜正伦累官升任为中书侍郎。贞观六年（632年），杜正伦与御史大夫韦挺、秘书少监虞世南、著作郎姚思廉等人进谏的奏章都深合太宗的心意，太宗设宴款待他们，对他们说："我浏览自古以来忠君报国的事情，发现如果能遇上贤明的君主，忠臣们就可以竭尽全力进行劝谏，至于龙逄、比干不遇明主，竟然连家人也不能幸免于难。做君主不容易，做大臣更难。我又听说龙可以畜养和驯服，但其咽喉下有逆鳞，触碰到逆鳞龙就会发怒杀人。君主也有逆鳞， 你们这些人就不怕触犯逆鳞，各自递上劝谏的奏章。如果能经常如此，我怎么会担忧社稷有危亡呢？我想到你们尽忠报国的这种心意，片刻也不能忘记，所以设宴褒奖你们。"并分别赐给他们数量不等的绸帛。（旧唐书卷七十）

魏　徵

【题解】魏徵（580—643年），字玄成，祖籍钜鹿郡下曲阳县（今河北晋州）。大业十三年（617年），魏徵在武阳郡丞元宝藏帐下为官。元宝藏起兵响应瓦岗李密，元宝藏给李密的奏疏都是魏徵所写，李密见魏徵非常有文才，于是召见魏徵，魏徵献上壮大瓦岗的十条计策，但李密不用。后李密被王世充击败，魏徵随李密归降李唐。后来，太子李建成用魏徵为太子洗马，礼遇甚厚。"玄武门事变"后，太宗李世民赦免魏徵，并用魏徵为詹事主簿。贞观元年（627年），李世民登上帝位，任命魏徵为尚书左丞。李世民有志建立盛世，多次于卧榻召见魏徵询问得失，魏徵直言不讳，前后上谏两百多事，李世民全然接纳。魏徵也因辅佐太宗共同创建“贞观之治”，被后人称为“一代名相”。

魏徵以直言敢谏而闻名。据《贞观政要》记载统计，魏徵向李世民面陈谏议有五十次，呈送给李世民的奏疏十一件，一生的谏诤多达“数十余万言”。其次数之多，言辞之激切，态度之坚定，都是其他大臣所难以伦比的。

魏徵的另一巨大历史贡献，就是其在贞观初年受太宗之命和虞世南、褚亮、萧德言一起编撰的《群书治要》一书，是书“裒次经史百氏帝王所以兴衰者上之”，于贞观五年（631年）成书。太宗读后，称赞其书“博而且要，见所未见，闻所未闻”，使其“致治稽古，临事不惑”“知风化之本，见政理之源”，成为太宗开创“贞观之治”的重要治国理论的思想基础，并影响海内外。正如魏徵于《群书治要序》中盛赞此书所说，是书“用之当今，足以殷鉴前古；传之来叶，可以贻厥孙谋。”

《续编》从其《旧唐书》魏徵本传中辑录了他一生重要行迹和四篇重要奏疏，其中包括著名的《谏太宗十思疏》，饱含魏徵丰富的治国理政的政治智慧。魏徵的更多言论记载在唐人吴兢的《贞观政要》一书中，《续编》亦有节录。

魏徵，字玄成，钜鹿曲城人也。徵少孤贫，落拓有大志，不事生业，出家为道士。好读书，多所通涉，见天下渐乱，尤属意纵横之说。大业末，武阳郡丞元宝藏①举兵以应李密，召徵使典书记。密每见宝藏之疏，未尝不称善，既闻徵所为，遽使召之。

【注释】①元宝藏：隋末唐初河南人。隋炀帝大业末，为武阳郡丞，以郡归李密，唐高祖武德二年（619年）归唐，封魏州刺史、河北道行军大总管，武阳郡开国公。

【译文】魏徵，字玄成，是钜鹿曲城（今河北晋州）人。魏徵从小是孤儿，家境贫寒，豪迈有大志，不愿操持产业，出家做了道士。他喜欢读书，涉猎广泛，看到天下纷乱四起，就特别留意纵横方面的学说。隋大业末年，武阳郡丞元宝藏起事以响应李密，任命魏徵掌管文书。李密每次见到元宝藏的奏疏，没有不称赞的，听说是魏徵写的，就立即派人召他来见。

及密败，徵随密来降，至京师，久不见知。自请安辑山东，乃授秘书丞，驱传至黎阳。

【译文】等到李密被王世充打败，魏徵随同李密前来投降。到了京城，过了很久魏徵还不被人赏识，便自己请求去安抚山东，于是被任命为秘书丞，经驿站来到黎阳（今河南浚县一带）。

俄而建德[1]悉众南下，攻陷黎阳，获徵，署为起居舍人。及建德就擒，与裴矩西入关。隐太子闻其名，引直洗马，甚礼之。徵见太宗勋业日隆，每劝建成早为之所。及败，太宗使召之，谓曰："汝离间我兄弟，何也？"徵曰："皇太子若从徵言，必无今日之祸。"太宗素器之，引为詹事主簿。及践祚，擢拜谏议大夫，封钜鹿县男，使安辑河北，许以便宜从事。

【注释】①窦建德（573—621年）：贝州漳南（河北故城县）人。隋朝末年河北农民起义领袖，东汉大司空窦融后代。唐高祖武德四年（621年），为了救援王世充，出兵攻打虎牢关，为秦王李世民所败，被俘后押往长安处死。

【译文】不久窦建德悉率众南下，攻陷黎阳，俘获魏徵，任用魏徵为起居舍人。等到窦建德被擒，魏徵和裴矩向西进入关中。隐太子李建成听说魏徵的名声，任用魏徵为太子洗马，对他礼遇有加。魏徵发现太宗的功绩日益见长，常常劝告李建成早作谋划。等到李建成失败，太宗派人召他来，问他："你为什么离间我们兄弟？"魏徵说："皇太子如果听从我的话，一定不会有今日的杀身之祸。"太宗一向器重他，任用他担任詹事主簿。等到太宗即位以后，魏徵升任谏议大夫，封他为钜鹿县男，委派他去安抚河北，并允许他自主决断。

太宗新即位，励精政道，数引徵入卧内，访以得失。徵雅有经国之才，性又抗直，无所屈挠。太宗与之言，未尝不欣然纳受。徵亦喜逢知己之主，思竭其用，知无不言。太宗尝劳之曰："卿所陈谏，前后二百余事，非卿至诚奉国，何能若是？"

其年，迁尚书左丞。或有言徵阿党亲戚者，帝使御史大夫温彦博①案验无状，彦博奏曰："徵为人臣，须存形迹，不能远避嫌疑，遂招此谤。虽情在无私，亦有可责。"帝令彦博让徵，且曰："自今后不得不存形迹。"他日，徵入奏曰："臣闻君臣协契，义同一体。不存公道，唯事形迹，若君臣上下，同遵此路，则邦之兴丧，或未可知。"帝瞿然改容曰："吾已悔之。"徵再拜曰："愿陛下使臣为良臣，勿使臣为忠臣。"帝曰："忠、良有异乎？"徵曰："良臣，稷、契、咎陶是也。忠臣，龙逄、比干是也。良臣使身获美名，君受显号，子孙传世，福禄无疆。忠臣身受诛夷，君陷大恶，家国并丧，空有其名。以此而言，相去远矣。"帝深纳其言，赐绢五百匹。

【注释】①温彦博（574—637年）：字大临，太原祁县（今山西祁县）人。历任幽州大都督长史、中书舍人、中书侍郎、雍州治中、御史大夫，封西河郡公。贞观四年（636年），升任中书令，进封虞国公。贞观十年（636年），升任尚书右仆射。第二年病逝，追赠特进、尚书右仆射、上柱国，谥号恭，陪葬昭陵。

【译文】太宗刚即位的时候，全心全意治理国家，多次将魏徵召进寝宫内，询问得失之道。魏徵素来有治国安邦的才能，性格又耿直，无所畏惧，太宗与他谈话，每次都欣然采纳他的意见。魏徵也很高兴能遇到知己的明君，竭尽所能，知无不言。太宗曾经慰劳魏徵说："你所陈述劝谏的事情，前后一共有二百多件，如果你不是非常忠诚地事奉国家，如何能做到这一点？”这一年，魏徵升任尚书左丞。有人说魏徵徇私舞弊，太宗派御史大夫温彦博核查没有发现相关证据，温彦博上奏说：“魏徵作为人臣，应该注意检点自己的行为，不能避免嫌疑，才招来这种诽谤。虽然自己内心无私，也有可责备的地方。”太宗命令温彦博责备魏徵，并且说：“从今往后不能不注意自己的行为。”有一天，魏徵上奏说：“臣听说君臣之间应有默契，情义相通。而现在圣上不考虑大臣做事是否符合公道，而只关注他的行为举止是否妥当，如果君臣上下都这样做事，那么国家的兴衰，就很难预知了。”太宗惊骇地改变脸色说：“我后悔责备你了。”魏徵再次叩拜说：“希望陛下能让臣做良臣，不要让臣做忠臣。”太宗说：“忠臣和良臣有什么区别吗？”魏徵说：“良臣，是像后稷、契、咎陶这样的人；忠臣，是像龙逢、比干这样的人。良臣不仅自己获得美名，君主也有圣明的称号，子孙相继，福禄无穷。忠臣则自身受到杀戮，君主陷于大恶，国破家亡，空有贤名。这样来看，两者相差很远啊！”太宗很赞同他的话，赐给魏徵绢五百匹。

贞观二年，迁秘书监，参预朝政。徵以丧乱之后，典章纷杂，奏引学者校定四部书。数年之间，秘府[1]图籍，粲然毕备。

【注释】①秘府：古代称官中收藏图书秘记的地方。

【译文】贞观二年（628年），魏徵升任秘书监，参预朝政。他认为战乱之后，朝廷典章杂乱，上奏推荐饱学之士来校定四部书籍。几年的时间里，朝廷秘府的图书典籍，焕然齐备。

后太宗幸九成宫，宴于丹霄楼，酒酣。太宗谓长孙无忌曰："魏徵、王珪，昔在东宫，尽心所事，当时诚亦可恶。我能拔擢用之，以至今日，足为无愧古人。然徵每谏我不从，发言辄即不应，何也？"对曰："臣以事有不可，所以陈论，若不从辄应，便恐此事即行。"帝曰："但当时且应，更别陈论，岂不得耶？"徵曰："昔舜诫群臣：'尔无面从，退有后言。'若臣面从陛下方始谏，此即'退有后言'，岂是稷、契事尧、舜之意耶？"帝大笑曰："人言魏徵举动疏慢，我但觉妩媚[1]，适为此耳。"徵拜谢曰："陛下导之使言，臣所以敢谏，若陛下不受臣谏，岂敢数犯龙鳞？"

【注释】①妩媚：仪态美好。

【译文】后来太宗驾临九成宫，在丹霄楼上宴饮群臣，酒兴正浓时，太宗对长孙无忌说："魏徵和王珪两人，过去在东宫，尽心竭力地为隐太子李建成做事，那时实在是可恶。我选拔任用他们，一直到今日，可以无愧于古人。然而每当魏徵进谏，我不听从的时候，我说的事他往往不马上回应，为什么呢？"魏徵回答说："因为臣下认为事情有不可行之处，所以才进谏，如果陛下不接受进谏而我随口答应，我担心事情马上就会施行。"太宗说："只是当时暂且答应一下，以后再另行陈奏，难道不可以吗？"魏徵说："从前舜帝告诫群臣：'你们不要当面顺从，退下后又背地议论。’如果臣当面顺从陛下被劝谏之事，这就会‘退下后又背地议论’，这难道是后稷、契侍奉尧帝、舜帝的意思吗？”太宗大笑说：“别人说魏徵举止放纵怠慢，但是我觉得他仪态端庄美好，正因为他能直言进谏的原因。”魏徵拜谢说：“陛下鼓励臣下进言，因此臣才敢进谏，如果陛下不接受臣下的进谏，臣哪敢屡次触犯龙鳞？”

徵自以无功于国，徒以辩说，遂参帷幄，深惧满盈，后以目疾频表逊位。太宗曰：“朕拔卿于雠虏[①]之中，任公以枢要之职，见朕之非，未尝不谏。公独不见金之在矿也，何足贵哉？良冶锻而为器，便为人所宝，朕方自比于金，以卿为良匠。卿虽有疾，未为衰老，岂得便尔？”其年，徵又面请逊位，太宗难违之，乃拜徵特进，仍知门下事。其后又频上四疏，以陈得失。

【注释】①雠虏：俘虏，敌寇。此指隐太子李建成。

【译文】魏徵认为自己对国家没有什么功劳，仅仅因为言辞进谏，就参与朝政，深怕盈满则亏，后来借有眼病为由多次上表请求辞职。太宗说：“我在敌寇之中将你提拔出来，让你担任中枢重要的职位，你看到我有不对的地方，没有不劝谏的。你难道没看见金子在矿石中的时候，有什么价值呢？只有精心冶炼并锻打成器具时，才被人们所珍爱。我自比为金子，把你当做优良的工匠。你虽然身体有病，但还没有衰老，怎能就这样退隐了？”这一年，魏徵又当面请求辞职，太宗不好再违背他的心意，于是拜授魏徵为特进，仍然主持门下省的事务。这以后魏徵又频频上奏四疏，陈述国政得失。

其一曰：

臣观自古受图膺运[①]，继体守文[②]，控御英杰，南面临下，皆欲配厚德于天地，齐高明于日月，本枝百代，传祚无穷。然而克终者鲜，败亡相继，其故何哉？所以求之失其道也。殷鉴不远，可得而言。

昔在有隋，统一寰宇，甲兵强盛，三十余年，风行万里，威动殊俗；一旦举而弃之，尽为他人之有。彼炀帝岂恶天下之治安，不欲社稷之长久，故行桀虐，以就灭亡哉？恃其富强，不虞后患。驱天下以从欲，罄万物以自奉，采域中之子女，求远方之奇异。宫宇是饰，台榭是崇，徭役无时，干戈不戢。外示威重，内多险忌。谗邪者必受其福，忠正者莫保其生。上下相蒙，君臣道隔，人不堪命，率土分崩。遂以四海之尊，殒于匹夫之手，子孙殄灭，为天下笑，深可痛哉！

圣哲乘机，拯其危溺，八柱[③]倾而复正，四维[④]绝而更张。远肃迩安，不逾于期月；胜残去杀，无待于百年。今宫观台榭，尽居之矣；奇珍异物，尽收之矣；姬姜淑媛，尽侍于侧矣；四海九州，尽为臣妾矣。若能鉴彼之所以亡，念我之所以得，日慎一日，虽休勿休。焚鹿台之宝衣，毁阿房之广殿，惧危亡于峻宇，思安处于卑宫，则神化潜通，无为而理，德之上也。若成功不毁，即仍其旧，除其不急，损之又损。杂茅茨于桂栋，参玉砌以土阶，悦以使人，不竭其力，常念居之者逸，作之者劳，亿兆悦以子来，群生仰而遂性，德之次也。若惟圣罔念，不慎厥终，忘缔构之艰难，谓天命之可恃。忽彩椽之恭俭，追雕墙之侈靡，因其基以广之，增其旧而饰之。触类而长，不思止足，人不见德，而劳役是闻，斯为下矣。譬之负薪救火，扬汤止沸，以乱易乱，与乱同道，莫可则也，后嗣何观，则人怨神怒；人怨神怒，则灾害必下，而祸乱必作。祸乱既作，而能以身名令终者，鲜矣！顺天革命之后，隆七百之祚，贻厥孙谋，传之万世，难得易失，可不念哉！

【注释】①受图：河伯曾以河图授大禹，后称帝王受命登位为受图。膺运：犹膺期，承受期运。指受天命为帝王。

②继体：继承帝位。守文：原指遵循文王法度。后泛指遵循先王法度。

③八柱：古代传说，地有八柱，用以承天。

④四维：古代指礼、义、廉、耻四种道德准则，认为是维系国家的必需。

【译文】其一说：

臣观察自古皇帝受图承命，继承帝位恪守法令，驾驭天下英杰，面南而坐君临天下，都想使自己的德行声望像天地一样宽厚，像日月一样高明，子孙百代，传承帝位以致无穷。然而能善终的朝代很少，国破家亡的事情也一再发生，原因是什么呢？

所以要探究其中败亡的原因。前朝亡国的教训就在眼前，可以拿来借鉴一下。

昔日隋朝，一统天下，武力强盛，三十多年间，威名远播万里，震动异域。可惜政权旦夕之间全都丧失，被他人所有。隋炀帝杨广难道讨厌天下安定，不想使国家社稷长久，故意施行夏桀那样的暴政，导致自己灭亡吗！隋炀帝杨广依仗自己的富足强大，不考虑后患，驱使天下民众来满足自己的欲望，竭尽万物来供自己享用，挑选国内的美女，追求远方的奇珍异宝。装饰宫室，建造楼台，徭役不休，战乱不止。隋炀帝杨广外表威严持重，内心却阴险猜忌，谗媚奸邪的人必定得到好处，忠诚正直的人却难以保住性命。朝廷上下相互蒙蔽，君臣之道彼此违背，百姓苦不堪言，国家分崩离析。拥有四海的皇帝，竟然死在匹夫手中，子孙灭绝，被天下人耻笑，实在令人痛惜啊！

圣人顺应时势，拯救危亡，国家倾覆而重新匡正，道德沦丧而重新恢复。远方整肃，近处安宁，治理到这种程度不用超过一年；战胜残暴去除杀戮，也不需要百年的时间。如今隋朝的宫室楼台，陛下全部占有；奇珍异宝，陛下全部享有；妃嫔女官，全都侍奉左右；四海之民，全都臣服归顺。如果能以隋朝灭亡的教训为借鉴，思考一下我朝之所以兴盛的原因，要一日比一日谨慎，虽有美善而不停休。焚烧鹿台中的精美宝衣，毁掉阿房宫的高大宫殿，身处峻伟的宫殿要想到危亡的来临，居于低矮的宫室则能安然处之，这样就能对百姓起到潜移默化的教导作用，从而达到无为而治。这是以德治国的最好方法。假若能做到已有的东西不去毁坏，仍然保持它原有的样子，免除那些不着急的事情，减少又减少。用茅草来修补宫室，造土阶来匹配玉砌，使百姓乐于被役使，但不可耗尽民力。常常想到居上的人安逸，劳作的人很辛苦，这样百姓就会高兴地像子女侍奉父母那样归顺君主，民众敬仰君主而能按照自己的意愿生活。这是以德治国次一等的境界。如果认为自己圣明而罔失正念，不考虑长远，忘记了建立国家的艰难，认为有天命可凭借。忽略了建筑宫殿应该节俭，追求雕梁画栋的奢侈华丽，在原有的基础上进行扩建，对旧有的装饰进行增添。类似这样的事情不断增多，君主却不知道停止，不懂得满足，百姓看不到恩德，而只听到征发劳役的通告，这是最下等的治国方法。就好像负薪救火，扬汤止沸，以乱政代替乱政，和原来的乱政没有什么不同，是没法令人效仿的，子孙后代会如何看待呢？这样做就会天怒人怨。天怒人怨，必然天降灾害，祸乱必定发生。祸乱发生，而能使身名得到保全的实在太少了。顺应天意改朝换代之后，能够有七百年的国运，并留给子孙，传承万世，江山难得却容易丧失，能不值得思考吗？

其二曰：

臣闻求木之长者，必固其根本；欲流之远者，必浚其泉源；思国之安者，必积其德义。源不深而岂望流之远，根不固而何求木之长？德不厚而思国之治，虽在下愚，知其不可，而况于明哲乎！人君当神器之重，居域中之大，将崇极天之峻，永保无疆之休。不念于居安思危，戒贪以俭；德不处其厚，情不胜其欲，斯亦伐根以求木茂，塞源而欲流长者也。

凡百元首，承天景命[①]，莫不殷忧而道著，功成而德衰。有善始者实繁，能克终者盖寡，岂其取之易而守之难乎？昔取之而有余，今守之而不足，何也？夫在殷忧必竭诚以待下，既得志则纵情以傲物。竭诚则胡越[②]为一体，傲物则骨肉为行路。虽董[③]之以严刑，振之以威怒，终苟免而不怀仁，貌恭而不心服。怨不在大，可畏惟人。载舟覆舟，所宜深慎。奔车朽索，其可忽乎？

君人者，诚能见可欲则思知足以自戒，将有所作则思知止以安人，念高危则思谦冲而自牧，惧满溢则思江海而下百川，乐盘游则思三驱以为度，恐懈怠则思慎始而敬终，虑壅蔽则思虚心以纳下，想谗邪则思正身以黜恶，恩所加则思无因喜以谬赏，罚所及则思无因怒而滥刑。总此十思，弘兹九德[⑤]，简能而任之，择善而从之。则智者尽其谋，勇者竭其力，仁者播其惠，信者效其忠。文武争驰，君臣无事，可以尽豫游之乐，可以养松乔之寿，鸣琴垂拱，不言而化。何必劳神苦思，代下司职，役聪明之耳目，亏无为之大道哉！

【注释】①景命：大命。指授予帝王之位的天命。

②胡越：胡地在北，越地在南。亦泛指北方和南方的各民族。

③董：监督管理。

④自牧：自我修养。

⑤九德：古代九德之说有多种。《左传·昭公二十八年》中记载的九德是：心能制义曰度，德正应和曰莫，照临四方曰明，勤施无私曰类，教诲不倦曰长，赏庆刑威曰君，慈和遍服曰顺，择善而从之曰比，经纬天地曰文。《尚书·皋陶谟》中记载是："宽而栗，柔而立，愿而恭，乱而敬，扰而毅，直而温，简而廉，刚而塞，强而义"。也有说是忠、信、敬、刚、柔、和、固、贞、顺九种美德。

【译文】其二说：

臣听说树木要想茁壮，必须根本牢固；河水要想水流长远，必须源头畅通；国家要想安定，必须积累道义。源头不畅通却希望水流长远，根底不牢固却祈求树木茁壮，道义不深厚却想要国家安定，虽然我自己愚昧，也知道那是不可能的，更何况对于明智的人呢！君主担负社稷的重任，统治着辽阔的疆域，推崇至高盛德，永保无尽美德。不知居安思危，不懂戒贪尚俭，德行不能深厚，情感不胜过欲望，就如同砍伐树根而希望树木茂盛，堵塞源头而希望水流长远。

大凡君主，承受天命，无不忧国忧民并且德行卓著，成功之后却德行衰败。能有好开端的君主比较多，但能有好结局的却比较少，难道取得天下容易而守住困难吗？昔日夺取天下实力有余，如今守住天下却德才不足，为什么呢？原因在于忧患的时候君主必定竭尽诚意礼贤下士，一旦得志就会放纵傲慢。竭尽诚意就能使北胡和南越成为一体，放纵傲慢就会使骨肉变得形同陌路。即使用严刑来监督众人，用威势来震慑众人，百姓最终只是希望免除刑罚而心中不怀仁义，表面恭敬内心却不臣服。怨恨不在于多大，可畏惧的是百姓。像水能承载船也能倾覆船，应该特别谨慎对待，疾奔的车马用的是腐朽的绳索，这难道可以疏忽吗？

为人君主，如果看到想要的东西就得考虑要知足以自我警戒，将要有所举动就想到适可而止以安定百姓，念及处高境险就考虑应该谦虚谨慎而加强自我修养，害怕盈满而亏就考虑要像江海一样宽广以容纳百川，喜欢盘桓游玩就想到古人田猎每年以三次为限度，忧虑放松懈怠就想到以谨慎开始而以恭敬结束，担心视听闭塞就想到虚心谦恭来听取属下的意见，害怕进谗言的奸邪小人就想到端正自身而罢斥诸恶，有所赏赐时就想到不因为自己的偏好而奖赏不当，进行惩戒时就想到不因为触怒自己而乱施刑罚。总结十思，发扬九德，选拔贤人而用，选择美善而从。那么智慧的人会穷尽他的谋略，勇敢的人能竭尽他的气力，仁义的人则传播他的仁惠，诚信的人将献出他的忠诚。文武之道一起使用，君臣之间相安无事，就可以尽情游乐，可以像赤松子、王乔一样延年益寿，像虞舜一样弹琴垂拱，不说话就能教化百姓。何必再去费尽心思，替下属操心，劳累自己的耳目，亏损无为的大道呢！

其三曰：

臣闻《书》曰：“明德慎罚，惟刑恤哉！”《礼》云：“为上易事，为下易知，则刑不烦矣。上多疑则百姓惑，下难知则君长劳矣。”夫上易事，下易知，君长不劳，百姓不惑。故君有一德，臣无二心；上播忠厚之诚，下竭股肱之力，然后太平之基不坠，“康哉[①]”之咏斯起。当今道被华夷，功高宇宙，无思不服，无远不臻。然言尚于简文，志在于明察，刑赏之本，在乎劝善而惩恶。帝王之所以与天下为画一，不以亲疏贵贱而轻重者也。今之刑赏，未必尽然。或申屈在乎好恶，轻重由乎喜怒。遇喜则矜其刑于法中，逢怒则求其罪于事外；所好则钻皮出其毛羽，所恶则洗垢求其瘢痕。瘢痕可求，则刑斯滥矣；毛羽可出，则赏典谬矣。刑滥则小人道长，赏谬则君子道消。小人之恶不惩，君子之善不劝，而望治安刑措，非所闻也。

且夫暇豫清谈，皆敦尚于孔、老；威怒所至，则取法于申、韩。直道而行，非无三黜，危人自安[②]，盖亦多矣。故道德之旨未弘，刻薄之风已扇。夫上风既扇，则下生百端，人竞趋时，则宪章不一，稽之王度，实亏君道。昔州黎上下其手，楚国之法遂差；张汤轻重其心，汉朝之刑以弊。人臣之颇僻，犹莫能申其欺罔，况人君之高下，将何以措其手足乎！以睿圣之聪明，无幽微而不烛，岂神有所不达，智有所不通哉？安其所安，不以恤刑为念；乐其所乐，遂忘先笑之变。祸福相倚，吉凶同域，唯人所召，安可不思？顷者责罚稍多，威怒微厉，或以供给不赡，或以人不从欲，皆非致治之所急，实乃骄奢之攸渐。是知贵不与骄期而骄自来，富不与奢期而奢自至，非徒语也。

且我之所代，实在有隋，隋氏乱亡之源，圣明之所临照。以隋氏之甲兵，况当今之士马；以隋氏之府藏，譬今日之资储；以隋氏之户口，校今时之百姓。度长计大，曾何等级？然隋氏以富强而丧败，动之也；我以贫寡而安宁，静之也。静之则安，动之则乱，人皆知之，非隐而难见也，微而难察也。鲜蹈平易之途，多遵覆车之辙，何哉？在于安不思危，治不念乱，存不虑亡之所致也。昔隋氏之未乱，自谓必无乱；隋氏之未亡，自谓必不亡。所以甲兵屡动，徭役不息，至于身将戮辱，竟未悟其灭亡之所由也，可不哀哉！

【注释】①康哉：《书·益稷》记载歌曰：“元首明哉，股肱良哉，庶事康哉。”歌词称颂君明臣良，诸事安宁。后以“康哉”为歌颂太平之词。

②危人自安：损害别人以求自保。

【译文】其三说：

臣听闻《尚书》说：“申明德行，谨慎刑罚。执行刑罚，务必慎重啊！”《礼记》上讲：“君主易于侍奉，臣子易于驾驭，这样刑罚就不用繁琐。君主疑心太多，百姓就会困惑；臣子难于驾驭，君主就劳烦了。”君主容易侍奉，臣子就容易驾驭，君主可以不必劳烦，百姓也不会困惑。所以君主有慈善，臣子就没有二心。君主宣扬忠厚的诚信，臣子就会竭尽辅佐的力量。然后太平的基业才不会坠堕，“康哉”的歌咏才能唱起。陛下现在仁德遍布中原和四夷，功勋与天同齐，天下皆服，远邦来朝。然而言辞崇尚精简、弘大，而心志却要明察秋毫。刑罚赏赐的本意，在于劝勉向善而惩罚为恶，这就是帝王对天下人一视同仁的原因，不因亲疏贵贱而区别对待。现在的刑罚赏赐，不完全是这种情况。有时出于个人的好恶，有时出于个人的喜怒。遇到高兴的时候就怜惜应当处以刑罚之人，遇到发怒的时候就对无罪之人也想事外加罪，喜爱的就钻皮出羽，讨厌的则洗垢索瘢。如果非要找到瘢痕，那么刑罚就要滥施了；如果非要钻出羽毛，那么赏赐就荒谬了。刑罚滥施则小人的势力就会增长，奖赏荒谬则君子的道义就会消退。小人的罪恶不惩处，君子的善行不勉励，而期望国家安定，刑罚得当，这种事还没有听说过。况且闲暇清谈的时候，都崇尚孔子、老子的学说；发怒生气的时候，则取法申不害、韩非子的学说。直道而行的人，往往被罢黜；牺牲别人以求自保的人，也就太多了。所以道德的宗旨没有弘扬，刻薄的风气已经兴起了。上面刻薄的风气已然兴起，下面便会百弊丛生，人们竞相去迎合时势，那么典章制度就会混乱，用圣王的法度来衡量，实在有亏于为君之道。古时伯州黎玩弄手段，串通舞弊，使楚国的法律被破坏；西汉张汤治刑时尺度轻重不一，致使汉朝的刑法产生弊病。臣子执法有所偏颇，尚且难以辨别其欺诈蒙蔽之处，何况人君处事不当，将有什么办法应对呢！凭借陛下的睿智和聪明，没有任何隐微的事情不知道，对于这个道理，难道思想还不能明白，智慧还不能通达吗？安其所安，就不用再考虑慎用刑法；乐其所乐，就可以忘记先前所耻笑的变故。祸福可以相互转化，吉凶必定连在一起，祸福吉凶都是自己招来的，怎能不思考。最近责罚稍多，威怒稍严，有的是因为供应不足，有的是因为不能符合自己的心意，都不是治国理政的当务之急，其实是骄奢之心日渐增长的缘故。由此可知显贵不与骄纵相约而骄纵自己就会来，富有不和奢侈相约而奢侈自己就会到，这不是空话啊！

况且我朝取代隋朝，确实事出有因。隋朝乱亡的根源，陛下已经亲眼看到了。以隋朝的军力和现在的军力相比；以隋朝的财力和今日的财力相比；以隋朝的户口和今天的人口相比，比较度量之后，就会发现今天比当时差很多。然而隋朝以富强而败亡，是天下骚动的结果；我朝虽贫弱反而安定，是政事清静的缘故。清静则安定，骚动则大乱，这是人们都知道的道理，并非隐匿而不可见，细小而难察觉。但是很少有人走平坦的大路，大多数的人却遵循倾覆的旧途，这是为什么呢？就在于安定的时候不想着危险的可能，太平的时候不想着混乱的产生，存续的时候不想着败亡的原因。过去隋朝尚未动乱的时候，自认为天下必定不会动乱；隋朝尚未灭亡的时候，自以为隋朝必定不会灭亡。所以穷兵黩武，徭役不止，以致遭受杀戮羞辱的时候，竟然还不知道灭亡的原因，难道不可悲吗？

夫鉴形之美恶，必就于止水；鉴国之安危，必取于亡国。《诗》曰：“殷鉴不远，在夏后之世。”又曰：“伐柯伐柯，其则不远。”臣愿当今之动静，思隋氏以为鉴，则存亡治乱，可得而知。若能思其所以危，则安矣；思其所以乱，则治矣；思其所以亡，则存矣。存亡之所在，节嗜欲以从人。省畋游之娱，息靡丽之作，罢不急之务，慎偏听之怒。近忠厚，远便佞，杜悦耳之邪说，听苦口之忠言。去易进之人，贱难得之货。采尧、舜之诽谤，追禹、汤之罪己，惜十家之产，顺百姓之心。近取诸身，恕以待物。思劳谦以受益，不自满以招损。有动则庶类以和，出言而千里斯应，超上德于前载，树风声于后昆。此圣哲之宏规，帝王之盛业，能事斯毕，在乎慎守而已。

夫守之则易，取之实难，既得其所以难，岂不能保其所以易？其或保之不固，则骄奢淫泆动之也。慎终如始，可不勉欤！《易》云："君子安不忘危，存不忘亡，治不忘乱，是以身安而国家可保。"诚哉斯言，不可以不深察也。伏惟陛下欲善之志，不减于昔时，闻过必改，少亏于曩日。若能以当今之无事，行畴昔之恭俭，则尽善尽美，固无得而称焉。

【译文】要想知道样貌的美丑，一定要站在静水前；要想知道国家的安危，必定要参照已经灭亡的朝代。《诗经》上说："殷商的借鉴不必远寻，就在夏桀这一代。"又说："伐木做斧柄，斧柄的式样就在眼前。"臣希望当今朝廷各项事情的兴起和停止，能够以隋朝为借鉴，那么存亡治乱之道，就可以了解了。如果能思考隋朝危机四伏的原因，国家就平安了；能思考隋朝混乱的原因，国家就治理了；能思考隋朝灭亡的原因，国家就生存了。国家存亡的关键在于，节制欲望而依从众人，减省田猎的娱乐，停止奢华的建造，停止不急迫的事务，谨防偏听而产生的怒火。亲近忠厚之人，疏远奸佞小人，杜绝悦耳的邪说，倾听逆耳的忠言。斥退醉心功名的人，轻视难得的宝物，仿效唐尧虞舜竖立诽谤之木，追循夏禹成汤的反躬自责，爱惜百姓的财力，顺从民众的心愿。从自身就近做起，宽容对待别人，常想着谦虚才能获益，不要自满以招来损害。这样施政，有劳作百姓则会配合，发一言则千里之外都响应，超越前代的德行，为后代树立榜样。这是圣人的宏伟规划，帝王的伟大功业，这些大事是否能完成，在于陛下能谨慎守业而已。

守业比较容易，创业确实艰难，既然已经完成了艰难的事情，难道就不能保住容易的事情吗？如果不能牢固地保有基业，那么骄奢淫逸就会萌生，谨慎小心始终如一，要不懈地努力！《易经》上说："君子安乐时不忘记危难，存续时不忘记灭亡，大治时不忘记动乱，这样就能自身平安而国家也能保住。"这话说得十分中肯，不能不深入思考。陛下想治理好国家的愿望，与过去相比，并没有减少；闻过必改的作风，却有点不如当年。如果能在当今太平无事的环境下，仍能奉行过去恭敬俭约的做法，那就尽善尽美，令天下人无不称颂了。

其四曰：

臣闻为国之基，必资于德礼；君子所保，惟在于诚信。诚信立则下无二心，德礼形则远人斯格。然则德礼诚信，国之大纲，在于父子君臣，不可斯须而废也。故孔子曰："君使臣以礼，臣事君以忠。"又曰："自古皆有死，人无信不立。"文子①曰："同言而信，信在言前；同令而行，诚在令外。"然则言而不行，言不信也；令而不从，令无诚也。不信之言，无诚之令，为上则败国，为下则危身，虽在颠沛之中，君子所不为也。

自王道休明，十有余载，威加海外，万国来庭，仓廪日积，土地日广。然而道德未益厚，仁义未益博者，何哉？由乎待下之情未尽于诚信，虽有善始之勤，未睹克终之美故也。其所由来者渐，非一朝一夕之故。

【注释】①文子：姓辛氏，名钘（jiān），又称计倪、计研，号计然、渔父，春秋时期人。被道教尊为通玄真人。曾收范蠡为徒，并授七计给他，后来范蠡仅用五计助越王勾践攻灭吴国。

【译文】其四说：

臣听说治理国家的根本，必须依靠道德和礼制；君子所拥有的，只在于诚信。诚信确立，那么臣下就没有二心，道德和礼制形成，那么远方的人便来归附。因此德礼诚信，是国家的大纲，就像父子君臣的关系一样，不能片刻废弃。所以孔子说："君主以礼对待臣下，臣下以忠诚事奉君主。"孔子又说："自古以来人都会死，但是人没有信用则不能自立。"文子说："同样的话能让人相信，是因为说话前已建立起了威信；同样的命令能推行，是因为在命令之外已显示出了诚意。"然而说了话而不兑现，这就是言而无信；颁布了法令而不执行，这是制定法令没有诚意。无信之言语，不诚之法令，君主这样做可以使国家败亡，臣下这样做可能使自己身败名裂。即使在社会动荡时期，君子也不做这种事。

自天下清明以来，已十几年了，威震海外，万国来朝，国库日益充足，国土日益广大，然而道德没有日益深厚，仁义也未曾日益广博，为什么呢？是因为朝廷对待臣下还没有做到完全诚信，虽然有了良好的开端，却不见得能坚持到最后的缘故。它是逐渐形成的，不是一朝一夕的事。

昔贞观之始，闻善若惊，暨五六年间，犹悦以从谏。自兹厥后，渐恶直言，虽或勉强，时有所容，非复曩时之豁如也。謇谔[①]之士，稍避龙鳞；便佞之徒，肆其巧辩。谓同心者为朋党，谓告讦者为至公，谓强直者为擅权，谓忠谠者为诽谤。谓之朋党，虽忠信而可疑；谓之至公，虽矫伪而无咎。强直者畏擅权之议，忠谠者虑诽谤之尤。至于窃斧生疑[②]，投杼致惑[③]，正人不得尽其言，大臣莫能与之诤。荧惑视听，郁于大道，妨化损德，其在兹乎？故孔子恶利口之覆邦家，盖为此也。

且君子小人，貌同心异。君子掩人之恶，扬人之善，临难无苟免，杀身以成仁。小人不耻不仁，不畏不义，唯利之所在，危人以自安。夫苟在危人，则何所不至。今将求致治，必委之于君子；事有得失，或访之于小人。其待君子也，则敬而疏；遇小人也，必轻而狎。狎则言无不尽，疏则情或不通。是誉毁在于小人，刑罚加于君子，实兴丧所在，亦安危所系，可不慎哉！夫中智之人，岂无小慧。然才非经国，虑不及远，虽竭力尽诚，犹未免于倾败；况内怀奸利，承颜顺旨，其为患祸，不亦深乎？故孔子曰："君子或有不仁者焉，未见小人而仁者。"然则君子不能无小恶，恶不积，无妨于正道；小人或时有小善，善不积，不足以立忠。今谓之善人矣，复虑其有不信，何异夫立直木而疑其影之不直乎？虽竭精神，劳思虑，其不可亦已明矣。

【注释】①謇谔（jiǎn è）：亦作“謇鄂”或“謇愕”，正直敢言。

②窃斧生疑：出自《列子》，有人丢失斧子，怀疑是邻居所偷，于是看到邻居的一举一动都像是窃贼。比喻无端怀疑他人。

③投杼致惑：曾子之母听别人说曾子杀人，三次以后就信以为真，扔下机杼而逃。比喻谣言太多，就连最亲近的人也会动摇怀疑。

【译文】在贞观初年，圣上听到劝善的言语会很惊喜，贞观五六年的时候，圣上还乐意听从劝谏。自那以后，圣上逐渐厌恶直言进谏，虽然听从劝谏很勉强，但有时也能接受，不再像过去那样豁达宽宏了。忠诚直言的人，也稍微回避皇帝的忌讳；阿谀逢迎的小人，肆意搬弄是非。把志同道合的人称为朋党，把诬告陷害他人的称为至公，把刚直不阿的人称为擅权，把忠诚进谏的人称为诽谤。被当做朋党的人，即使忠诚有信也会受到怀疑；被当做至公的人，虽然欺上瞒下也不会获罪。刚直不阿的人害怕遭到擅权的非议，忠诚进谏的人忧虑受到诽谤的责难。以至于到了窃斧生疑、投杼致惑的程度，弄得正直的人不能尽力直言，大臣们不敢当面进谏。混淆视听，堵塞道义，妨碍教化，损害德政，大概就在于此吧！所以孔子厌恶那些巧言善辩而致使国家倾覆的人，大概就是这个原因吧。

况且君子和小人，外貌相同而内心相异。君子掩饰别人的缺点，宣扬别人的优点，面临危难也不苟且偷生，牺牲性命也要成全仁义。小人不会因为不仁而感到羞耻，不会因为不义而感到畏惧，惟利是图，危害他人以求取自安。如果一心想危害别人，那什么事都做得出来。现在想治理国家，一定要把政事委托给君子；国事的得失，或许可向小人咨询。对待君子恭敬但会与他疏远，对待小人轻慢但会与他狎昵，狎昵就有说不完的话，疏远则感情不能沟通。这样褒贬取决于小人，刑罚施加于君子，这的确是国家盛衰的关键，也关系国家的存亡，能不慎重吗！中等才智的人，难道没有一点聪明，但是他们的才能不足以治国安邦，思虑不够深远，虽然竭心尽力，还是不能避免倾覆失败的发生；何况那些心怀有奸诈私利，阿谀谄媚的人，他们造成的祸患，不是更深重吗？所以孔子说："君子有不仁的时候，但没见过有仁义的小人。"因此君子不可能没有小恶，小恶不积累就不会妨害正道；小人有时也会做一些善事，善事不积累就不足以确立忠诚。如果认为有些人良善，但还顾虑他是否诚信，这与立直木而怀疑它的影子不直有什么不同呢？虽然竭尽精力，耗费心神，这种做法不可行已经很明显了。

夫君能尽礼，臣得竭忠，必在于内外无私，上下相信。上不信则无以使下，下不信则无以事上。信之为义，大矣哉！故自天祐之，吉无不利。昔齐桓公问于管仲曰："吾欲酒腐于爵，肉腐于俎，得无害于霸乎？"管仲曰："此极非其善者，然亦无害霸也。"公曰："何如而害霸乎？"曰："不能知人，害霸也；

知而不能用，害霸也；用而不能信，害霸也；既信而又使小人参之，害霸也。”晋中行穆伯[①]攻鼓，经年而不能下，馈间伦曰：“鼓之啬夫，间伦知之，请无疲士大夫而鼓可得。”穆伯不应。左右曰：“不折一戟，不伤一卒，而鼓可得，君奚为不取？”穆伯曰：“间伦之为人也，佞而不仁。若间伦下之，吾不可以不赏。赏之，是赏佞人也。佞人得志，是使晋国之士舍仁而为佞，虽得鼓，将何用之？”夫穆伯列国大夫，管仲霸者之佐，犹慎于信任，远避佞人也如此。况乎为四海之大君，应千龄之上圣，而可使巍巍之盛德，复将有所间然乎？

若欲令君子小人是非不杂，必怀之以德，待之以信，厉之以义，节之以礼，然后善善而恶恶，审罚而明赏，则小人绝其佞邪，君子自强不息。无为之化，何远之有？善善而不能进，恶恶而不能去，罚不及于有罪，赏不加于有功，则危亡之期，或未可保。永锡祚胤[②]，将何望哉？

【注释】①中行穆伯：即荀吴，姬姓，中行氏，名吴，谥号为穆，又称荀吴，史称中行穆子，春秋时期晋国名将。

②祚胤：福祚隆兴，子孙繁昌。

【译文】君主能够尽礼，臣下就能够尽忠，一定要做到朝廷内外无私，君臣互相信任才行。君主没有诚信就无法役使臣下，臣下没有诚信则不能侍奉君主，诚信的意义很重大啊！所以得到上天护佑，诚信就会吉祥，没有不利的事情。古时齐桓公问管仲说：“我想让酒坏在爵中，肉烂在砧板上，这样做会不会妨害霸业呢？”管仲说：“这些都是不好的做法，但也无害于霸业。”齐桓公说：“何事会妨害霸业呢？”管仲回答说：“不能选拔贤才，妨害霸业；选拔贤才而不能任用，妨害霸业；能任用贤才而不信任他，妨害霸业；即使信任又让小人参与其中，妨害霸业。”晋国的中行穆伯攻打鼓地，都一年了还不能攻下，馈间伦说：“鼓地的啬夫，我认识他，可以不辛苦大家而获得鼓地。”中行穆伯没有答应。左右的人说：“不折一戟，不伤一卒，而鼓地可得，为什么不同意呢？”中行穆伯说：“间伦的为人，奸佞不仁。如果馈间伦立功取下鼓地，我就不能不奖赏他，奖赏他，就等于奖赏奸佞小人。奸佞得志，就会使晋国的士人都舍弃仁义而争当奸佞。即使得到鼓地，又有什么用呢！”中行穆伯是诸侯国的大夫，管仲是春秋霸主的辅佐，尚且能够谨慎地对待诚信，疏远避开小人；何况陛下身为拥有四海之人主，千年的圣君，难道能使这崇高盛大的美德，有所损坏吗？

如果要使君子和小人是非不混淆，必须用德行来安抚他们，以诚信来对待他们，用仁义来要求他们，以礼制来约束他们，然后维护良善，摒弃邪恶，慎重处罚，明确奖赏，这样就可以杜绝小人为非作歹，君子就会更加自强不息，达到无为而治的教化，还会远吗？如果维护良善而贤才不能任用，厌恶恶人而恶人不被摒弃，有罪的人得不到惩罚，有功的人得不到奖赏，那么国家危亡的日子，就很难说了，想永远地享有国运，还有什么希望呢？

太宗手诏嘉美，优纳之。尝谓长孙无忌曰：“朕即位之初，上书者或言‘人主必须威权独运，不得委任群下’；或欲耀兵振武，慑服四夷。唯有魏徵劝朕‘偃革兴文，布德施惠，中国既安，远人自服’。朕从其语，天下大宁。绝域君长，皆来朝贡，九夷重译，相望于道。此皆魏徵之力也。”

【译文】太宗亲自下诏予以嘉奖，并郑重地采纳魏徵的进谏。太宗曾经对长孙无忌说：“我刚即位的时候，有人上书说‘君主必须独揽大权，不能将权力下放给群臣僚属’；有人主张炫耀武力，威慑降服四夷。只有魏徵劝我‘罢兵兴治，广布仁德，普施恩惠，中原既然平定，四夷自然降服’。我采纳了他的意见，结果天下安宁。边疆酋长，都来朝贡，异域使者，络绎不绝。这都是魏徵的功劳呀！”

太宗尝嫌上封者众，不近事实，欲加黜责。徵奏曰：“古者立诽谤之木，欲闻己过。今之封事，谤木之流也。陛下思闻得失，祇可恣其陈道。若所言衷，则有益于陛下；若不衷，无损于国家。”太宗曰：“此言是也。”并劳而遣之。

【译文】太宗曾经厌烦上书奏事的人太多，很多不切合实际，就想加以斥责贬黜。魏徵上奏说：“古人设立诽谤之木，想要知道自己的过失。如今的奏章，就是诽谤木之类的东西。陛下要想知道得失，只有让他们畅所欲言。如果所说的合理，就对陛下大有好处；如果不合理，对国家也没有损害。”太宗说：“说得很对。”慰劳进谏之人后送回去。

十二年，太宗谓侍臣曰：“贞观以前，从我平定天下，周旋艰险，玄龄之功，无所与让。贞观之后，尽心于我，献纳忠谠，安国利民，犯颜正谏，匡朕之违者，唯魏徵而已。古之名臣，何以加也！”于是亲解佩刀以赐二人。

【译文】贞观十二年（638年），李世民对侍臣说：“贞观以前，跟随我平定天下，历尽艰险的诸人中，房玄龄的功劳无人能比。贞观以后，对我尽心竭力，进献忠言，安国利民，触犯圣颜正直劝谏，纠正我过失的人，只有魏徵而已。古代的名臣，也不能超过他！”于是亲自解下佩刀赐给他们二人。

十六年，拜太子太师，知门下省事如故。其年，称绵惙[①]，中使相望。

徵宅先无正寝，太宗欲为小殿，辍其材为徵营构，五日而成，遣中使赍素褥布被而赐之，遂其所尚也。及病笃，舆驾再幸其第，抚之流涕，问所欲言，徵曰：“嫠不恤纬，而忧宗周之亡。”后数日，太宗夜梦徵若平生，及旦而奏徵薨，时年六十四。太宗亲临恸哭，废朝五日，谥曰文贞。其后追思不已，赐其实封九百户。尝临朝谓侍臣曰：“夫以铜为镜，可以正衣冠；以古为镜，可以知兴替；以人为镜，可以明得失。朕常保此三镜，以防己过。今魏徵殂逝，遂亡一镜矣！徵亡后，朕遣人至宅，就其书函得表一纸，始立表草，字皆难识，唯前有数行，稍可分辩，云：‘天下之事，有善有恶，任善人则国安，用恶人则国乱。公卿之内，情有爱憎，憎者唯见其恶，爱者唯见其善。爱憎之间，所宜详慎，若爱而知其恶，憎而知其善，去邪勿疑，任贤勿贰，可以兴矣。’其遗表如此，然在朕思之，恐不免斯事。公卿侍臣，可书之于笏，知而必谏也。”

【注释】①绵惙：病势危急。

【译文】贞观十六年（642年），魏徵官拜太子太师，一如既往主持门下省事务。这一年，魏徵病危，太宗派中使不断探望。

魏徵的住宅原先没有正寝，太宗本来要为自己建造一座小宫殿，结果停下工程把材料拿来为魏徵建造正寝，五天后完成。派遣中使带上素褥、布被赐给魏徵，以顺从他的习惯。等到魏徵病势加重时，太宗两次驾临他的住宅，流着泪抚慰他，问他有什么话想说，魏徵说：“寡妇不发愁织布的纬线，而忧虑宗周的灭亡。”几天以后，太宗夜里梦见魏徵像平常一样，等到天亮侍从上奏魏徵已经逝世，终年六十四岁。太宗亲临恸哭，停止上朝五天，赐魏徵谥号文贞，此后仍思念不止，赐给魏徵实封九百户。曾经在朝会上对侍臣说：“以铜作为镜子，可以端正衣冠；以古史作为镜子，可以懂得朝代兴替；以人作为镜子，可以明白得失。朕时常保有这三面镜子，以防自己出错。如今魏徵去世了，朕失去一面镜子了！魏徵去世后，朕派人到他的住宅，从他的书函中得到一份奏表，是一份刚起草的奏折，字迹都难以辨识，只有前面几行，稍微能分辨出，上面说：‘天下的事情，有善有恶，任用善人则国家安定，任用恶人则国家动乱。大臣之间，有爱有憎，厌恶一个人就只看到他的缺点，偏爱的一个人就只看到他的优点。爱憎之间，应该仔细谨慎。如果喜欢他而又能知道他的缺点，憎恨他而又能知道他的优点，摒弃邪恶不动摇，任用贤人不猜疑，那么就可以兴盛了。’这张遗表的内容就是这样，然而朕想一想，恐怕免不了会犯这样的错误。公卿大臣，可以把这些话写在笏板上，知道了就必须进谏。”

史臣曰：臣尝读汉史《刘更生传》[①]，见其上书论王氏擅权，恐移运祚，汉成不悟，更生徘徊伊郁，极言而不顾祸患，何匡益忠荩也如此！当更生时，谏者甚多。如谷永、杨兴[②]之上言，图为奸利，与贼臣为乡导，梅福、王吉[③]之言，虽近古道，未切事情。则纳谏任贤，讵宜容易！臣尝阅魏公故事，与文皇讨论政术，往复应对，凡数十万言。其匡过弼违，能近取譬，博约连类，皆前代诤臣之不至者。其实根于道义，发为律度，身正而心劲，上不负时主，下不阿权幸，中不侈亲族，外不为朋党，不以逢时改节，不以图位卖忠。所载章疏四篇，可为万代王者法。虽汉之刘向、魏之徐邈、晋之山涛、宋之谢朏[④]，才则才矣，比文贞之雅道，不有遗行乎？前代诤臣，一人而已。（旧唐书卷七十一）

【注释】①刘更生（前77—前6年）：即刘向，字子政，原名更生。与其子刘歆重新研究和整理诸子百家的著作以及弘扬儒学。

②谷永：字子云，本名谷并，长安人，西汉时期官员，汉成帝时期依附大将军王凤。杨兴：西汉汉元帝时长安令，因与人合谋求官，被奏于汉元帝，处以髡（kūn）刑（古代剃去男子头发的一种刑罚）。

③梅福：字子真，西汉九江郡寿春（今安徽寿县）人，经常上书言政。王吉：字子阳，西汉时琅琊皋虞人（今山东青岛），拜博士谏大夫，为官十分清廉，经常上书为民请命。

④徐邈：字景山。三国时期蓟县（今北京附近）人，三国时期曹魏重臣。山涛：字巨源，河内郡怀县（今河南武陟西）人，西晋时期名士、政治家，“竹林七贤”之一。谢朏：字敬冲，陈郡阳夏（今河南太康县）人，南朝梁大臣，文学家。

【译文】史家评论说：臣曾经读汉书《刘向传》，看到他上书论说王氏擅权，害怕皇权旁落，汉成帝不醒悟，刘更生忧郁愤懑，极力劝说皇帝而不顾殃及自身，是何等地匡扶社稷尽忠为国啊！在刘更生的时代，上书进谏的人很多。如谷永、杨兴的进言是为了图谋个人私利，为奸臣作引导；梅福、王吉的进言，虽然接近古道，但不切合实情。可见纳谏任贤，谈何容易！臣曾经读魏公故事，其中有魏徵与太宗讨论治国理政的内容，彼此对答，大约有数十万言。魏徵提出的纠正时弊的建议，能用眼前的事作比喻，并广泛类比推广，都是前代谏臣所不能做到的。魏徵的建议根源于道义，依据法度，身正意坚，对上不辜负当时的君主，对下不奉承权贵宠臣，对内不放纵亲族，对外不拉帮结派，不为了逢迎时势而改变气节，不为了图谋高位而出卖忠诚。上面所记载的四篇奏疏，可以作为万世君王的法典。即使是汉代的刘向、曹魏的徐邈、晋朝的山涛、南朝宋的谢朏，才能的确是有，比起魏徵的忠厚之道，还是有失当的地方吧！前代的忠谏之臣，不过魏徵一个人罢了。（旧唐书卷七十一）

虞世南

【题解】虞世南（558—638年），字伯施，汉族，越州余姚（今浙江慈溪市）人。凌烟阁二十四功臣之一。陈朝太子中庶子虞荔之子、隋朝内史侍郎虞世基之弟。虞世南历仕陈、隋二代，官拜秘书郎、起居舍人。隋朝灭亡后，被窦建德任命为黄门侍郎。李世民灭窦建德后，引虞世南为秦王府参军、记室参军、弘文馆学士，与房玄龄等共掌文翰，为“十八学士”之一。贞观年间，历任著作郎、秘书少监、秘书监等职。他虽容貌怯懦、弱不胜衣，但性情刚烈，直言敢谏，深得李世民敬重，被称为“德行、忠直、博学、文词、书翰”五绝。贞观十二年（638年）去世，享年81岁。获赠礼部尚书，谥号文懿。

虞世南是《群书治要》的编撰者之一，其在隋秘书郎任上还曾编辑一部《北堂书钞》，是现存最早的类书名作，与欧阳询等编纂的《艺文类聚》、白居易辑、宋人孔传续辑的《白氏六帖》、徐坚等撰集的《初学记》合称为唐代的“四大类书”。

虞世南，字伯施，越州余姚人，隋内史侍郎世基弟也。

【译文】虞世南字伯施，越州余姚人，是隋代内史侍郎虞世基的弟弟。

大业初，累授秘书郎，迁起居舍人。时世基当朝贵盛，妻子被服拟于王者。世南虽同居，而躬履勤俭，不失素业[①]。及至隋灭，宇文化及弑逆之际，世基为内史侍郎，将被诛，世南抱持号泣，请以身代，化及不纳，因哀毁骨立，时人称焉。从化及至聊城，又陷于窦建德，伪授黄门侍郎。

太宗灭建德，引为秦府参军。寻转记室，仍授弘文馆学士，与房玄龄对掌文翰。

【注释】①素业：清白的操守。

【译文】隋大业初年，虞世南累官担任秘书郎，后升迁为起居舍人。那时虞世基在朝廷正当显贵，妻子儿女穿衣都与王侯家相仿，虞世南虽然同他们住在一起，却勤俭简朴，不改变自己的操守。等到隋朝灭亡，宇文化及反叛弑君，虞世基任内史侍郎，也将被杀。虞世南抱着虞世基痛号悲泣，请求让自己替兄受死，宇文化及不接受他的请求，虞世南悲哀得形销骨立，当时的人们都称赞他对兄长的情义。虞世南随宇文化及到达聊城（在今山东聊城市），又被窦建德抓获，被其授为黄门侍郎。

太宗消灭了窦建德后，虞世南担任秦王府参军，不久转任记室参军，授弘文馆学士，与房玄龄共同掌管诏告文书。

贞观七年，转秘书监。太宗重其博识，每机务之隙，引之谈论，共观经史。世南虽容貌懦愞，若不胜衣，而志性抗烈，每论及古先帝王为政得失，必存规讽，多所补益。太宗尝谓侍臣曰："朕因暇日，与虞世南商略古今，有一言之失，未尝不怅恨，其恳诚若此，朕用嘉焉。群臣皆若世南，天下何忧不理！"

【译文】贞观七年（633年），虞世南转任秘书监。太宗李世明器重他的学识广博，常常在处理国家大事的间隙，召见虞世南一起谈经论史。虞世南虽然容貌柔弱得好像连衣衫也承受不了，但意志刚烈，每每谈到古代帝王为政的得失，必定诚心劝诫，对政事多有补益。太宗曾对侍臣说："我在闲暇时与虞世南讨论古今政事，有一点地方说错，就惆怅恼恨，他的恳切真诚到了这种程度，我任用他效果很好。群臣如果都像虞世南这样，天下还愁不能治理好吗？"

八年，有星孛于虚、危，历于氐，百余日乃灭。太宗谓群臣曰："天见彗星，是何妖也？"

世南曰："昔齐景公时有彗星见，公问晏婴[①]，对曰：'穿池沼畏不深，起台榭畏不高，行刑罚畏不重，是以天见彗为公诫耳。'景公惧而修德，后十六日而星没。臣闻'天时不如地利，地利不如人和’，若德义不修，虽获麟凤，终是无补；但政事无阙，虽有灾星，何损于时？然愿陛下勿以功高古人而自矜伐，勿以太平渐久而自骄怠，慎终如始，彗星虽见，未足为忧。”

【注释】①晏婴：春秋齐国大夫。历事灵公、庄公，相齐景公。为当时名臣，谥号平，史称为“晏平仲”，后人尊称为“晏子”。

【译文】贞观八年（634年），有一颗彗星出现于虚、危宿之间，经过氐宿，一百多天才消失。太宗对群臣说：“天上出现彗星，是什么妖邪呢？”

虞世南说：“过去齐景公时有彗星出现，齐景公问晏婴，晏婴回答说：‘凿池沼生怕不深，建台榭生怕不高，施用刑罚生怕不重，因此天上出现彗星来提醒您。’齐景公害怕了而修行道德，过了十六天彗星消失了。我听说：‘天时不如地利，地利不如人和’，如果不修行道义，即使获得麒麟凤凰，终究于事无补，但政事没有过失，即使有灾星，也不会对国家有损害。希望陛下不要因为功高而自傲，不要因为承平日久而松懈，始终谨慎，即使彗星出现，也不足为虑。”

太宗敛容谓曰：“吾之抚国，良无景公之过。但吾才弱冠举义兵，年二十四平天下，未三十而居大位，自谓三代以降，拨乱之主，莫臻于此。重以薛举[①]之骁雄，宋金刚[②]之鸷猛，窦建德跨河北，王世充据洛阳，当此之时，足为勍敌，皆为我所擒。及逢家难，复决意安社稷，遂登九五，降服北夷，吾颇有自矜之意，以轻天下之士，此吾之罪也。上天见变，良为是乎？秦始皇平六国，隋炀帝富四海，既骄且逸，一朝而败，吾亦何得自骄也。言念于此，不觉惕焉震惧。”

【注释】①薛举：河东汾阴（今山西万荣）人，隋朝末年割据陇西，性残暴。

②宋金刚：上谷郡（今河北张家口）人，隋朝末年追随随刘武周割据山西一带，后战败被杀。

【译文】太宗神色肃穆地对他说：“治理国家以来，我确实没有齐景公那样的过失。但我二十岁就起兵，二十四岁平定天下，未到三十岁就登上帝位，自认为近三个朝代以来，所有治理乱世的君主，没有人能做到我这样的。以薛举的骁勇，宋金刚的凶猛，窦建德纵横河北，王世充占据洛阳，在那时，他们都算得上是劲敌，但都被我擒获。后遭逢家难时，我再次决心安定社稷，于是登上帝位，降服北方的蛮夷，我颇有些自傲的倾向，轻视天下豪杰，这是我的过错。上天出现异象，确实是因为这些吗？秦始皇平定六国，隋炀帝富有四海，骄奢淫逸，顷刻灭亡，我又怎么能够自傲呢？想到这些，不由得警醒惊惧。”

太宗后颇好猎，世南上疏谏曰：“臣闻秋狝冬狩，盖惟恒典；射隼从禽，备乎前诰。伏惟陛下因听览之余辰，顺天道以杀伐，将欲躬摧班掌[①]，亲御皮轩，穷猛兽之窟穴，尽逸材[②]于林薮。夷凶剪暴，以卫黎元[③]；收革擢羽，用充军器；举旗效获，式遵前古。然黄屋之尊，金舆之贵，八方之所仰德，万国之所系心，清道而行，犹戒衔橛，斯盖重慎防微，为社稷也。是以马卿[④]直谏于前，张昭[⑤]变色于后，臣诚微浅，敢忘斯义？且天弧星毕[⑥]，所殪已多，颁禽赐获，皇恩亦薄。伏愿时息猎车，且韬长戟，不拒刍荛之请，降纳涓浍之流，袒裼徒抟，任之群下，则贻范百王，永光万代。”其有犯无隐，多此类也。太宗以是益亲礼之。尝称世南有五绝：一曰德行，二曰忠直，三曰博学，四曰文辞，五曰书翰。（旧唐书卷七十二）

【注释】①班：通“斑”，斑纹，代指虎豹。掌：熊掌。代指熊。

②逸材：卓越之才，代指异常凶猛的野兽。

③黎元：百姓。

④马卿：指司马相如，曾劝诫汉武帝节制狩猎。

⑤张昭：三国时期吴国大臣，孙权曾亲自射虎，张昭予以劝诫。

⑥天弧星毕：天空布满弓箭，落网如繁星密布。弧：弓。毕：田猎时用的罗网。

【译文】太宗后期十分喜欢射猎，虞世南上疏进谏说：“我听说秋天狝猎，冬天狩猎，这是通常的制度；射鹰逐禽，都有前人的告诫。我想，陛下在处理政事的闲暇，顺应自然的规律去杀伐，准备亲自击杀熊虎，亲自驾驭猎车，直捣野兽的巢穴，尽取山泽间的猛兽，消除这些凶残暴虐的动物，以此保卫百姓；收集皮革聚拢羽毛，用来充当武器；按照古时的仪式，举旗赏赐打猎所得。而以陛下九五之尊，万金之躯，被四面八方所敬仰，是天下万邦的中心，即使清理道路再出行，还要提防倾覆之祸，这种特别谨慎、防微杜渐的做法，是为了江山社稷着想。因此司马相如直言规劝汉武帝节制狩猎在前，张昭变色劝谏孙权射虎在后。臣的确卑微浅陋，但怎敢忘这个道理？况且打猎次数多了，所射杀的鸟兽也就多了，赏赐所获的猎物，皇恩也就显得浅薄了。此时唯愿陛下停止狩猎，藏起长戟，不拒绝草野小民的请求，收纳涓细的水流，赤身徒手搏斗的事情可以交给身边的群臣，就会成为后世君王的典范，光耀万代。”虞世南犯颜直谏的话，多是这一类。太宗因此更加亲近礼待虞世南。太宗曾经称赞虞世南有五绝：一曰德行，二曰忠直，三曰学识，四曰文章，五曰书法。（旧唐书卷七十二）。

令狐德棻

【题解】令狐德棻（583—666年），字季馨，宜州华原（今陕西铜川）人。隋朝末年，授药城县令。唐高祖起兵后，任大丞相府记室，迁起居舍人、礼部侍郎、国子祭酒、太常卿，兼弘文馆、崇贤馆学士等职。奏请重修梁、陈、北齐、北周及隋朝正史，得到采纳。主编《周书》，封彭阳郡公。

唐初，魏徵令狐德棻倡举了两件非常有历史意义的事情，一是奏请购募天下图书，为贞观初期的古籍整理工作和大规模修史创造了有利条件。二是倡导修史，唐初史学成就辉煌，而“创修撰之源，自德棻始也”。

《续编》从其《旧唐书》本传中辑录了令狐德棻对唐高宗陈说王道和霸道的文字，并建议高宗要清心简政，为政符合古道。受到高宗的赞赏。

令狐德棻，宜州华原人。德棻博涉文史，早知名。高祖入关，引直大丞相府记室。武德元年，转起居舍人，甚见亲待。五年，迁秘书丞。

【译文】令狐德棻，宜州华原（今陕西铜川）人。令狐德棻精通文史，很早就已闻名天下。高祖李渊入关，任用他为大丞相府记室。武德元年（618年），转任起居舍人。高祖李渊十分信任他。武德五年（622年），令狐德棻升任秘书丞。

贞观十五年，转太子右庶子。承乾①败，随例除名。十八年，起为雅州刺史，以公事免。二十年，寻有诏改撰《晋书》，房玄龄奏德棻令预修撰，当时同修一十八人，并推德棻为首，其体制多取决焉。书成，除秘书少监。

【注释】①承乾：即李承乾，太宗李世民长子，曾被立为太子，后因谋反被罢黜。

【译文】贞观十五年（641年），令狐德棻转任太子右庶子，李承乾谋反事败，令狐德棻依例被除名。贞观十八年（（644

年)，起用为雅州刺史，后因公事被免职。贞观二十年（646年)，太宗下诏编撰《晋书》，房玄龄奏请令狐德棻参与修撰，当时修《晋书》的共有十八人，一起推举令狐德棻为主编，《晋书》体例大多由他决定。《晋书》修成后，令狐德棻担任秘书少监。

永徽[①]元年，又受诏撰定律令，复为礼部侍郎，兼弘文馆学士，监修国史及《五代史志》。寻迁太常卿，兼弘文馆学士。时高宗初嗣位，留心政道，尝召宰臣及弘文馆学士于中华殿而问曰：“何者为王道、霸道？又孰为先后？”德棻对曰：“王道任德，霸道任刑。自三王已上，皆行王道；唯秦任霸术，汉则杂而行之；魏、晋已下，王、霸俱失。如欲用之，王道为最，而行之为难。”高宗曰：“今之所行，何政为要？”德棻对曰：“古者为政，清其心，简其事，以此为本。当今天下无虞，年谷丰稔，薄赋敛，少征役，此乃合于古道。为政之要道，莫过于此。”高宗曰：“政道莫尚于无为也。”又问曰：“禹、汤何以兴？桀、纣何以亡？”德棻对曰：“《传》称：‘禹、汤罪己，其兴也勃焉；桀、纣罪人，其亡也忽焉。’二主惑于妺喜、妲己，诛戮谏者，造砲烙之刑，是其所以亡也。”高宗甚悦，既罢，各赐以缯彩[②]。

乾封[③]元年，卒于家，年八十四，谥曰宪。（旧唐书卷七十三）

【注释】永徽：唐高宗李治的第一个年号（650—655年），历时6年。

②缯彩：亦作“缯采”，彩色的缯帛。缯，古代对丝织品的总称。

③乾封：唐高宗李治的第五个年号（666—668年），共2年余。

【译文】永徽元年（650年），令狐德棻又接受诏令修定律令，重新担任礼部侍郎兼弘文馆学士，监修国史及《五代史志》。不久迁任太常寺卿，兼弘文馆学士。当时高宗李治刚继位，留心治国之道，曾在中华殿召见朝廷重臣和弘文馆学士询问说：“什么是王道，什么是霸道？哪个在先哪个在后？”令狐德棻答道：“王道用德，霸道用刑。夏、商、周三王，都实行王道；只有秦朝实行霸术，汉朝则是王道、霸道混杂使用；魏、晋以后，王道、霸道都丧失了。如果想要实行，以王道为最好，但实行起来比较困难。”高宗李治问道：“今天所推行的政事中哪种最为紧要？”令狐德棻回答说：“古时圣主治国，要使内心清净，要使政务简化，以此为本。现在天下太平，五谷丰登，赋税轻、征役少，这符合古人的治国之道。治国的关键，莫过于此。”高宗说：“治国的方法没有比无为更好的了。”又问道：“夏禹、商汤为何能兴盛？夏桀、商纣为何会灭亡？”令狐德棻回答说：“《左传》记载：‘夏禹、商汤归过于自己，因此勃然兴起；夏桀、商纣诿过于别人，因此快速灭亡。’这两位君主受妹喜、妲己的迷惑，诛杀进谏之臣，制造炮烙刑罚，所以灭亡。”高宗非常高兴，召见结束，分别赐给众人缯彩。

乾封元年（666年），令狐德棻在家中去世，享年八十四岁，

谥号为宪。（旧唐书卷七十三）

孔颖达

【题解】孔颖达（574—648年），字冲远（一作仲达、冲澹），冀州衡水（今河北衡水）人，唐初十八学士之一，孔子的第31世孙。孔颖达是唐代著名的经学家，曾奉唐太宗命编纂《五经正义》，融合了南北诸多经学家的见解，是集魏晋南北朝以来经学大成的著作，历代影响巨大。《续编》辑录了唐太宗李世民与孔颖达之间的一段关于《论语》章句的对话，体现了太宗的谦虚好学和孔颖达深厚的经学功底。

孔颖达，字冲远，冀州衡水人也。贞观初，封曲阜县男，转给事中。时太宗初即位，留心庶政，颖达数进忠言，益见亲待。太宗尝问曰："《论语》云：'以能问于不能，以多问于寡，有若无，实若虚。'何谓也？"颖达对曰："圣人设教，欲人谦光。己虽有能，不自矜大，仍就不能之人求访能事。己之才艺虽多，犹以为少，仍就寡少之人更求所益。己之虽有，其状若无。己之虽实，其容若虚。非唯匹庶，帝王之德，亦当如此。夫帝王内蕴神明，外须玄默，使深不可测，度不可知。《易》称'以蒙养正，以明夷莅众'，若其位居尊极，炫耀聪明，以才凌人，饰非拒谏，则上下情隔，君臣道乖。自古灭亡，莫不由此也。"太宗深善其对。

【译文】孔颖达，字冲远，冀州衡水人。贞观初年，孔颖达被封为曲阜县男，后转任给事中。当时太宗李世民刚刚即位，尤其关注政事，孔颖达多次忠言进谏，更加被太宗亲近和优待。太宗曾问孔颖达说："《论语》说：'以能问于不能，以多问于寡，有若无，实若虚。'是什么意思？"孔颖达回答说："圣人教化众人，是要使人懂得谦虚，光大美德。自己虽有才能，不自夸自满，仍然向才能低的人请教他们擅长的事。自己技艺虽多，还感到不足，仍然向技艺少的人请教以增加自己的技艺。自己已经具备的，要仍然当做还没具备。自己已经充实的，要仍然当做空虚一般。不但平民百姓要这样做，帝王修养德行，也应当如此。帝王应该精神内敛，外表沉默，使人感到深不可测，无法揣摩。《易经》上说：'以蒙养正，以明夷莅众'，如果身居帝王之尊，炫耀聪明，以才压人，饰非拒谏，那君臣之间就产生隔阂，君臣相待就乖张无礼，自古以来国家的灭亡，没有一个不是因为这个原因。"太宗非常赞同他的对答。

先是，与颜师古、司马才章、王恭[①]、王琰等诸儒受诏撰定《五经》义训，凡一百八十卷，名曰《五经正义》。太宗下诏曰："卿等博综古今，义理该洽，考前儒之异说，符圣人之幽旨，实为不朽。"付国子监施行，赐颖达物三百段。（旧唐书卷七十三）

【注释】①颜师古（581—645年）：名籀（zhòu），字师古。雍州万年（今陕西西安）人。先出仕隋朝，后归附唐朝，年经学家、训诂学家、历史学家。司马才章：魏州贵乡（今河北大名县）人。隋末为郡博士。王恭：滑州白马（今河南滑县）人。贞观初年，出任太学博士。后与孔颖达、颜师古、司马才章、王琰同受诏撰《五经正义》。

【译文】在这之前，孔颖达与颜师古、司马才章、王恭、王琰等诸人受诏编写《五经》义训，共计一百八十卷，名叫《五经正义》。太宗下诏说："卿等博览古今，义理详备，考定以前儒家的各种学说，来符合圣人的本意，的确是不朽之作。"交付国子监作为学习之用，赐给孔颖达绢帛三百段。（旧唐书卷七十三）

刘　洎

【题解】刘洎（？—646年），字思道，荆州江陵（今湖北江陵）人。刘洎出身于南阳刘氏，隋末曾为萧铣政权的黄门侍郎，降唐后历任南康州都督府长史、给事中、治书侍御史、尚书右丞、黄门侍郎、侍中，封清苑县男，以直谏著称。

《续编》辑录了贞观十六年刘洎给太宗的一篇奏疏，当时唐太宗和臣下谈论古人之学，喜好诘难臣下，刘洎在文中说明无言为贵的道理，规劝太宗要以不言为德。太宗因此认识到和臣下谈论，不应该过于繁剧，轻视臣下，态度骄傲，并决心虚心改正。

刘洎，字思道，荆州江陵人也。贞观七年，累拜给事中，封清苑县男。十五年，转治书侍御史。

【译文】刘洎，字思道，是荆州江陵（今湖北江陵）人。贞观七年（633年），刘洎累官升迁至给事中，封清苑县男。贞观十五年（641年），转任治书侍御史。

太宗善持论，每与公卿言及古道，必诘难往复。洎上书谏曰："帝王之与凡庶，圣哲之与庸愚，上下相悬，拟伦斯绝。是知以至愚而对至圣，以极卑而对至尊，徒思自强，不可得也。陛下降恩旨，假慈颜，凝旒以听其言，虚襟以纳其说，犹恐群下未敢对扬，况动神机，纵天辩，饰辞以折其理，援古以排其议，欲令凡庶何阶应答？臣闻皇天以无言为贵，圣人以不言为德，老君称大辩若讷，庄生称至道无文，此皆不欲烦也。齐侯读书，轮扁[①]窃笑；汉皇慕古，长孺[②]陈讥，此亦不欲劳也。且多记则损心，多语则损气，心气内损，形神外劳，初虽不觉，后必为累。须为社稷自爱，岂为性好自伤乎？窃以今日升平，皆陛下力行所至，欲其长久，匪由辩博。但当忘彼爱憎，慎兹取舍，每事敦朴，无非至公，若贞观之初则可矣。至如秦政强辩，失人心于自矜；魏文宏才，亏众望于虚说。此才辩之累，较然可知矣。伏愿略兹雄辩，浩然养气；简彼缃图，淡焉自怡。固万寿于南岳，齐百姓于东户[③]，则天下幸甚，皇恩斯毕。"手诏答曰："非虑无以临下，非言无以述虑。比有谈论，遂致烦多。轻物骄人，恐由兹道。形神心气，非此为劳。今闻谠言，虚怀以

改。”（旧唐书卷七十四）

【注释】①轮扁：春秋时齐国有名的造车工匠，向齐桓公指出书籍不能尽载圣人之说。

②长孺：指西汉大臣汲黯，字长孺，汲黯崇尚道家学说，为政力求无为而治，曾多次劝谏汉武帝。

③东户：指东户季子。东户季子是传说中的上古君主.《淮南子·缪称训》：“昔东户季子之世，道路不拾遗，耒耜、馀粮宿诸畮首。”

【译文】太宗李世民善于提问，每次和公卿大臣谈论治国之道，必然要反复诘问。刘洎上书劝谏说：“帝王和众人，圣人和愚人，彼此地位智慧悬殊，没法相提并论。由此可知，非常愚钝之人面对非常圣明之人，极卑微之人面对至尊之人，就算自己再努力，也不可能消除彼此之间的差距。陛下降下恩典，和颜悦色，认真地听取进言，虚心地采纳意见，尚且担心臣下不敢大胆进谏，何况陛下启动智慧，发挥口才，修饰文辞来驳斥别人的理由，援引古事来否定别人的意见，想叫臣下怎么来应对呢？臣听说皇天以无言为贵，圣人以不言为德，老子称善辩的人看上去好像不善言辞，庄子称深刻的道理不须用文采修饰，这都是不希望繁琐的做法。齐桓公读书，轮扁私下讥笑；汉武帝崇尚古道尊崇儒学，汲黯提意见讥讽，这也是不希望政事烦劳。况且多记事则损耗心力，多说话则损耗元气，内伤心气，外劳形神，开始不能觉察到有异样，将来一定会受到损害。陛下应该为江山社稷爱惜自己，岂能为兴趣爱好而损害身体呢？我认为现在的太平盛世，都是陛下身体力行的结果，要想长期保有，不能依靠言辞和博学。只能忘掉那些爱好和厌恶，谨慎作出这方面的取舍，每件事都力求朴实，不过是要求得公正，像贞观初年那样就可以了。至于像秦始皇善于强辩，自傲而失去人心；魏文帝富于辩才，说空话而失去众人信任，这是有口才而善辩所带来的的损害，可以很清楚地知道了。希望减少这类雄辩，修养浩然之气，简略浏览书籍，淡薄兴趣爱好，像南山一样保持长寿，治理国家像东户季子的太平盛世，那么天下就无比幸运，皇恩就遍及各处了。”太宗亲笔写诏书回答说：“不思虑难以治理国家，不说话不可以阐述思虑。近来我的一些言论，已经繁多过度。轻慢待物，骄奢待人，恐怕由此产生。身体精神，心力元气，不能过分操劳。如今听到正直的进言，我一定虚心改正。”（旧唐书卷七十四）

马　周

【题解】马周（601—648年），字宾王，清河茌平（今山东茌平县）人。马周早年寄住在中郎将常何家中，因为代替常何草拟奏折，事事符合旨意而被太宗召见。贞观六年（632年），马周授任监察御史，之后任给事中、中书舍人、谏议大夫、中书侍郎，守中书令、太子右庶子，代理吏部尚书、银青光禄大夫。他接续魏徵的风骨，屡次直言进谏，匡正朝政得失，为“贞观之治”的形成和延续发挥了积极作用，深得唐太宗爱重。

《续编》辑录了贞观十一年（637年）马周给唐太宗的一道奏疏，提出“临天下者，以人为本”，指出刺史、县令对百姓治理的重要性，应该任人以贤，这在今天依然极具现实意义。

马周，字宾王，清河茌平人也。武德中，至京师，舍于中郎将常何之家。

【译文】马周，字宾王，是清河茌平（今山东茌平县）人。武德年间，来到京师，寄住在中郎将常何家中。

贞观三年，太宗令百僚上书言得失，何以武吏不涉经学，周乃为何陈便宜二十余事，令奏之，事皆合旨。太宗怪其能，问何，何答曰：“此非臣所能，家客马周具草也。每与臣言，未尝不以忠孝为意。”太宗即日召之，未至间，遣使催促者数四。及谒见，与语甚悦，令直门下省。六年，授监察御史，奉使称旨。帝以常何举得其人，赐帛三百匹。

【注释】①便宜：方便合宜。

【译文】贞观三年（631年），太宗李世民叫百官上书谈论朝政得失，常何因为是武官没有文化，马周便为常何陈述合乎时宜的事情二十多件，让他上奏，结果事事符合圣意。太宗怀疑常何没有这样的才能，就询问常何，常何回答说：“这不是我写的，是家客马周代拟的。他每次和我谈论事情，无不以忠孝作为宗旨。”太宗当天就召见了马周，马周还未到达时，太宗派人多次催促。待到马周进见后，太宗和他谈论甚欢，下令马周在门下省任职。贞观六年，授任监察御史，奉命出使都符合圣意。太宗因常何举荐人才有功，赏赐帛三百匹。

贞观十一年，周上疏曰：

临天下者，以人为本。欲令百姓安乐，唯在刺史、县令。县令既众，不能皆贤，若每州得良刺史，则合境苏息；天下刺史悉称圣意，则陛下端拱岩廊①之上，百姓不虑不安。自古郡守、县令，皆妙选贤德，欲有擢升宰相，必先试以临人，或从二千石入为丞相。今朝廷独重内官，县令、刺史，颇轻其选。刺史多是武夫勋人，或京官不称职，方始外出。而折冲果毅②之内，身材强者，先入为中郎将，其次始补州任。边远之处，用人更轻，其材堪宰位，以德行见称擢者，十不能一。所以百姓未安，殆由于此。

疏奏，太宗称善久之。（旧唐书卷七十四）

【注释】①岩廊：虞舜常常在宫殿的走廊里散步。后以“岩廊”借指朝廷。

②折冲果毅：隋唐时期武将官职名称。

【译文】贞观十一年（637年），马周又上奏章说：

治理天下的君主，应该以人为根本。想让百姓安居乐业，在于选好刺史、县令。县令人数众多，不可能全是贤良之辈，如果每一州能得到贤良的刺史，那一州全境都能得到休养生息了。全国所有的刺史如果都符合陛下的要求，那陛下就可以垂拱而治了，百姓也不会忧虑不安。自古以来郡守、县令，都要精心挑选贤良仁德的人来担任。打算选拔为宰相的人，一定要考察他们统率下属的能力，或者直接从俸禄二千石的官员中挑选宰相的人选。如今朝廷只重用陛下左右的亲近之臣，很轻视从县令、刺史这些人中选取。刺史多是武官功臣，或者是京官不称职的才委任外出。而武官中的优秀人才，先入选中郎将，然后才委任州官。在边远偏僻之地，更加轻视人才。那些才能胜任县令，以德行著称而被提拔的人才，不到十分之一。所以百姓不能安定，大概是由此造成的。

奏章呈上，太宗称赞了许久。（旧唐书卷七十四）

孙伏伽

【题解】孙伏伽（？—658年），贝州武城（今河北故城县）人。隋朝末年，曾担任万年县（今陕西西安）法曹，负责审理刑狱，督捕奸盗，查办赃赂。唐朝武德五年（622年），科举甲榜第一名状元及第，是中国历史上有据可查的第一位状元。

武德初年，针对隋朝灭亡的教训，孙伏伽向唐高祖李渊进谏三策：其一，“天子有争臣，虽无道不失天下”。劝谏高祖要选贤任能，励精图治。其二，“百戏散乐，本非正声”。劝告高祖不要沉迷于声色犬马，要端正社会风气。其三，“性相近，习相远”。劝告高祖要慎重挑选皇太子及诸王身边的人，防止身边的人误国坏事。唐高祖读后深受感动，认为他“既怀凉直，宜处宪司”，遂任命他为治书侍御史。唐太宗李世民即位后，孙伏伽改任大理少卿。当时，唐太宗经常出去打猎驰射，愉悦群臣。孙伏伽及时上书劝止，得到了唐太宗的高度赞赏。

孙伏伽，贝州武城人。大业末，自大理寺史累补万年县法曹。武德元年，初以三事上谏。

其一曰：

臣闻天子有诤臣，虽无道不失其天下；父有诤子，虽无道不陷于不义。故云子不可不诤于父，臣不可不诤于君。以此言之，臣之事君，犹子之事父故也。隋后主所以失天下者，何也？止为不闻其过。当时非无直言之士，由君不受谏，自谓德盛唐尧，功过夏禹，穷侈极欲，以恣其心。天下之士，肝脑涂地，户口减耗，盗贼日滋，而不觉知者，皆由朝臣不敢告之也。向使修严父之法，开直言之路，选贤任能，赏罚得中，人人乐业，谁能摇动者乎？所以前朝好为变更，不师古训者，止为天诱其咎，将以开今圣唐也。陛下龙举晋阳，天下响应，计不旋踵，大位遂隆。陛下勿以唐得天下之易，不知隋失之不难也。陛下贵为天子，富有天下，动则左史书之，言则右史书之。既为竹帛所拘，何可恣情不慎？凡有搜狩，须顺四时，既代天理，安得非时妄动？陛下二十日龙飞，二十一日有献鹞雏者，此乃前朝之弊风，少年之事务，何忽今日行之！又闻相国参军事卢牟子献琵琶，长安县丞张安道献弓箭，频蒙赏劳。但“普天之下，莫非王土；率土之滨，莫非王臣”，陛下必有所欲，何求而不得？陛下所少者，岂此物哉！愿陛下察臣愚忠，则天下幸甚。

【译文】孙伏伽，贝州武城（今河北故城县）人。大业末年，从大理寺史的职位多次升迁后担任万年县法曹。武德元年（618年），孙伏伽上疏进谏三件事情。

其一说：

臣听说天子有直言进谏的大臣，即使治国无方也不至于失去天下；父亲有直言规劝的儿子，即使治家无方也不会陷于不义。所以说儿子不可以不向父亲直言规劝，臣下不可以不对君主直言进谏。这么说来，臣下侍奉君主，犹如儿子事奉父亲一样。隋炀帝杨广之所以失去天下，就是因为听不到自己的过失。当时不是没有直言进谏的大臣，而是因为国君不能够接受谏言，隋后主自认为德行胜过唐尧，功绩超过夏禹，所以穷奢极欲，肆意胡为。天下的百姓，生灵涂炭，人口减少，盗贼日益猖獗，对此隋炀帝杨广毫无察觉，这是因为朝臣不敢上奏给他。先前隋炀帝杨广假如能遵循严父之法，广开言路，任用贤能，赏罚得当，使百姓安居乐业，还有谁能够动摇他的统治呢？前朝之所以喜欢变更法令，不遵循古人的训导，那是因为上天要灭亡它，使大唐兴盛。陛下在晋阳起事，天下人响应，没用多长时间，就统一天下。陛下不要因为大唐得到天下容易，就忘了隋朝失去天下也不难的教训啊。陛下贵为天子，富有天下，行为有左史记录，言语有右史记录。既然要受到史官记录的约束，怎敢肆意放纵。凡是打猎的事情，都应该顺应四时，既然天子是代天治理百姓，怎可以不按照天时规定而妄动呢？陛下二十日即位，二十一日就有人进献鹞鹰，这是前朝的弊病，无知少年们做的事情，为何今日又出现了呢！又听说相国参军事卢牟子进献琵琶，长安县丞张安道进献弓箭，多次蒙恩得到赏赐慰劳。“普天之下，莫非王土；率土之滨，莫非王臣”，陛下真的想要，有什么东西不能得到呢？陛下所缺少的，难道是这些东西吗！愿陛下能体到我的忠心，那么天下的百姓就幸运了。

其二曰：

百戏散乐[①]，本非正声，有隋之末，大见崇用，此谓淫风，不可不改。近者，太常官司于人间借妇女裙襦五百余具，以充散妓[②]之服，云拟五月五日于玄武门游戏。臣窃思审，实损皇猷，亦非贻厥子孙谋，为后代法也。故《书》云：“无以小恶为无伤而弗去。”恐从小至于大故也。《论语》云：“放郑声，远佞人。”又云：“乐则《韶》舞。”以此言之，散妓定非功成之乐也。如臣愚见，请并废之。则天下不胜幸甚。

【注释】①百戏：古代杂技的总称。散乐：先秦的一种宫廷乐舞。专指六乐及小舞以外，由低级乐官所掌握的民间乐舞。宋、元以后，称民间艺人或专业戏曲艺人为散乐。

②散妓：演奏散乐的乐工。

【译文】其二说：

百戏散乐，本来就不是正统的音乐和歌舞，隋朝末年，被大力推崇使用，这就是所谓的淫风，所以不能不改。近年来，太常寺的官员从民间借来妇女裙袄五百多套，用来充作散妓之服，说是准备五月初五在宣武门演奏使用。臣私下慎重思考，认为这实在有损圣上的英明，也不是给子孙留下的好榜样，更不能成为后世的效仿对象。所以《尚书》中说："不要认为小恶不会造成大的损害就不去掉它。"这是担心由小恶变成大恶啊。《论语》上说："排斥郑国的音乐，远离奸佞之人。"又说："乐则《韶》舞。"以此来说，散乐一定不是宣扬德行教化的音乐。依照臣下的愚见，还是废除了的好，那就会是天下人的幸运。

其三曰：

臣闻性相近而习相远，以其所好相染也。故《书》云："与治同道罔弗兴，与乱同事罔弗亡。"以此言之，兴乱其在斯与！皇太子及诸王等左右群僚，不可不择而任之也。如臣愚见，但是无义之人，及先来无赖，家门不能邕睦；及好奢华驰猎驭射，专作慢游狗马、声色歌舞之人，不得使亲而近之也。此等止可悦耳目，备驱驰，至于拾遗补阙，决不能为也。臣历窥往古，下观近代，至于子孙不孝，兄弟离间，莫不为左右乱之也。愿陛下妙选贤才，以为皇太子僚友，如此即克隆盘石[①]，永固维城[②]矣。

【注释】①克隆：兴隆，昌盛。盘石：指极为坚硬而致密的石头。②维城：连城以卫国，借指皇子或皇室宗族。

【译文】其三说：

臣听说人的本性相近而习气相远，这是因为各自感染不同喜好的缘故。所以《尚书》中说："与治同道无不兴盛，与乱同事无不败亡。"以此而言，兴乱的关键都在于此了！皇太子及诸位藩王以及左右属官，不可不有所选择就任用。依照臣的愚见，只要是没有道义的人，以及原本无赖的人，居家不能和睦，还有喜好奢华、驰骋射猎、一味沉溺于声色犬马的人，就不能和他们太过亲近。这些人只可取悦耳目、以备驱驰，至于作为国家官员的拾遗补缺，就绝不能任用他们。臣上察古代，下察近代，子孙不能孝顺父母，兄弟间反目，都是由于左右之人挿掇而引起骚乱的。希望陛下精心挑选贤才，让他们担任皇太子的下属和师友，如果这样就能使皇室兴盛，皇权永固了。

高祖览之大悦，下诏曰："秦以不闻其过而亡，典籍岂无先诫？臣仆谄谀，故弗之觉也。汉高祖反正，从谏如流。洎乎文、景继业，宣、元承绪，不由斯道，孰隆景祚？周、隋之季，忠臣结舌，一言丧邦，谅足深诫。永言于此，常深叹息。朕每惟寡薄，恭膺宝命[①]，虽不能性与天道，庶思勉力，常冀弼谐，以匡不逮。而群公卿士，罕进直言，将申虚受之怀，物所未谕。万年县法曹孙伏伽，至诚慷慨，词义恳切，指陈得失，无所回避。非有不次之举，曷贻利行之益！伏伽既怀谅直，宜处宪司[②]，可治书侍御史。仍颁示远近，知朕意焉。”兼赐帛三百匹。时军国多事，赋敛繁重，伏伽屡奏请改革，高祖并纳焉。

【注释】①宝命：对天命的美称。

②宪司：魏晋以来御史的别称。

【译文】高祖李渊看了孙伏伽的奏章后大为高兴，下诏说：“秦朝因为不知道自己的过错而灭亡，先秦典籍中难道没有事先告诫吗？但是由于臣下谄媚，所以国君不能察觉。汉高祖拨乱反正，从谏如流。到了文帝、景帝继承基业，宣帝、元帝承袭大统，不按照这种治国之道，怎能使国运昌盛呢？北周、隋朝交接之际，忠臣闭口不说话，一言丧邦，的确是个深刻的教训。朕每念及此事，都深深叹息。我认为自己的德行浅薄，又恭奉天命而治理天下，虽不能契合天道，还是想着尽心竭力治理好国家，常常希望诸臣尽力辅佐，来匡正不足之处。而群公卿士，很少能直言进谏，我再次重申虚心接受进谏的愿望，并使所有的人都知道这点。万年县法曹孙伏伽，非常忠诚大度，言辞也特别恳切，能指出我的过失而没有回避。如果不破格提拔他，又怎能让人们看到直言进谏的益处。孙伏伽正直忠诚，应该担任言官，可以让他就任治书侍御史这一职位。并颁布诏令告示天下，使众人知道我的心意。”同时赐给帛三百匹。当时军国事务繁多，赋税繁重，孙伏伽多次上奏请求改革，高祖李渊都一一采纳了。

二年，高祖谓裴寂曰："隋末无道，上下相蒙，主则骄矜，臣惟谄佞。上不闻过，下不尽忠，至使社稷倾危，身死匹夫之手。朕拨乱反正，志在安人，平乱任武臣，守成委文吏，庶得各展器能，以匡不逮。比每虚心接待，冀闻谠言。然惟李纲善尽忠款，孙伏伽可谓诚直，余人犹踵弊风，俯首而已，岂朕所望哉！"

【译文】武德二年（619年），高祖李渊对裴寂说："隋朝末期没有德政，上下相互蒙骗，君主骄奢，臣下一味谄媚奸佞。君主听不到过失，臣下不能尽忠，以至于国家倾覆，自己死在匹夫手中。我拨乱反正，志在安定百姓。平定祸乱需要武臣，守护基业得靠文臣，文武百官各自能够施展才能，以匡正我的不足之处。我近来经常虚心对待进谏，希望能听到正直之言。然而只有李纲能够尽心忠诚，孙伏伽也可以算得上是忠诚正直，其余的人还是沿袭过去的不良风气，只是唯唯诺诺而已，这可不是我所希望的！"

贞观元年，转大理少卿。太宗尝马射，伏伽上书谏曰："臣闻千金之子，坐不垂堂；百金之子，立不倚衡。以此言之，天下之主，不可履险乘危明矣。臣又闻天子之居也，则禁卫九重；其动也，则出警入跸[①]。此非极尊其居处，乃为社稷生灵之大计耳。故古人云：'一人有庆，兆人赖之。'臣窃闻陛下犹自走马射帖，娱悦近臣，此乃无禁乘危，窃为陛下有所不取也。何者？一则非光史册，二则未足显扬，又非所以导养圣躬，亦不可以垂范后代。此只是少年诸王之所务，岂得既为天子，今日犹行之乎？陛下虽欲自轻，其奈社稷天下何！如臣愚见，窃谓不可。”太宗览之大悦。（旧唐书卷七十五）

【注释】①出警入跸：帝王出入时肃清道路，闲人回避。

【译文】贞观元年（627年），孙伏伽转任大理少卿。太宗李世民曾经准备去打猎，孙伏伽上书劝谏说：“臣听说千金之子，不在堂檐之下就座；百金之子，不在车衡之旁依靠。由此而言，天下的君主，不能以身犯险是显而易见的道理了。臣又听说天子的居所，有禁卫九重；若要行动，出入得警戒清道，禁止行人。这并非只是看重天子的尊贵地位，而是为国家和百姓考虑。所以古人说：‘天子一人有善行，则亿兆的民众都可受益。’臣私下听说陛下还亲自骑马射箭，来和近臣们娱乐，这就是没有禁止以身犯险，我私下认为陛下这样做不妥当。为什么呢？一来这些不是光耀史册的事情，二来这些事不足以弘扬圣德，既不能保养龙体，也不能为后代做出表率。这只是少年诸王所做的事，怎能已经身为天子，还做这些事呢？陛下虽然不看重自己，但如何对待国家天下呢！依照臣的愚见，认为这样做不合适。”太宗看了他的进言非常高兴。（旧唐书卷七十五）

群书治要续编卷第十　旧唐书（四）

张玄素

【题解】张玄素（？—664年），蒲州虞乡（今山西永济）人。隋末，担任景城县户曹，以清廉著称。窦建德攻陷景城，张玄素被抓，将要被杀。景城百姓一千余人为他请命，窦建德于是任命他为治书侍御史和黄门侍郎。唐朝平定窦建德后，张玄素被授为景城都督录事参军。唐太宗闻其清名，特召见垂询政事。张玄素认为隋亡的主要原因是君主亲理政务，因政务繁忙而导致错误过多，最后造成国家灭亡。所以张玄素建议唐太宗要广用贤良，使各官吏奉职守法，并能安抚百姓，小心谨慎，就会成为比尧舜还杰出的君主。唐太宗欣赏他的议论，于是提升为侍御史，不久迁给事中。贞观四年（630年），唐太宗计划修建洛阳乾阳殿，张玄素上书认为不可，后太宗听取他的意见停止了修建。连魏徵也赞叹说“张公论事，遂有回天之力，可谓仁人之言”。

张玄素，蒲州虞乡人。隋末，为景城县户曹。建德平，授景城都督府录事参军。太宗闻其名，及即位，召见，访以政道。对曰：“臣观自古以来，未有如隋室丧乱之甚，岂非其君自专，其法日乱。向使君虚受于上，臣弼违[①]于下，岂至于此。且万乘②之重，又欲自专庶务，日断十事而五条不中，中者信善，其如不中者何？况一日万机，已多亏失，以日继月，乃至累年，乖谬既多，不亡何待！如其广任贤良，高居深视，百司奉职，谁敢犯之？臣又观隋末沸腾，被于宇县，所争天下者不过十数人，余皆保邑全身，思归有道。是知人欲背主为乱者鲜矣，但人君不能安之，遂致于乱。陛下若近览危亡，日慎一日，尧、舜之道，何以能加。”太宗善其对，擢拜侍御史，寻迁给事中。

【注释】①弼违：纠正过失。

②万乘：周制，天子地方千里，兵车万乘。后世因称天子为“万乘”。

【译文】张玄素，是蒲州虞乡人（今山西永济）。隋朝末年，任景城县户曹。窦建德被平定后，朝廷授任张玄素为景城都督府录事参军。太宗李世民闻听他的名声，等到即位，就下诏召见张玄素，向他询问为政之道。张玄素回答说：“臣看自古以来，没有像隋朝政局这样动荡不安的，这不只是其君主独断专行，它的法令也是日益混乱不堪。假如那时位于上位的君主能虚心纳谏，在下的臣子能及时纠正自己的过失，怎会如此？况且以天子之尊，又想专断各种政务，一天决断十件事却有五件不恰当，恰当的当然很好，也让人信服，那些不恰当的又该怎么办呢？况且作为天子日理万机，再加上自身也有很多缺失之处，日积月累，乃至年复一年，荒谬反常、违背情理之处就会很多，如此还不灭亡，更待何时呢！如果能广泛任用贤良之人，高居帝位而有长远的眼光，使百官能够各尽其职，还有谁胆敢来冒犯呢？臣又看到了隋朝末年的喧噪动荡，当时已遍及天下，而争夺天下的不过十几人而已，其余的都是想守住城邑保全自身，想要归顺有道之人罢了。从这里就知道想要背离君主而行叛乱的毕竟是少数，只是为人君者不能使他们安定，才导致丧乱。陛下如果能纵观近代的危亡，并以此作为借鉴，一日比一日谨慎，那么唐尧、虞舜之道，不是不能超过的。”太宗李世民对他的回答很满意，擢升他为侍御史，不久又迁任给事中。

贞观四年，诏发卒修洛阳宫乾阳殿，以备巡幸。玄素上书谏曰：

微臣窃思秦始皇之为君也，藉周室之余、六国之盛，将贻之万叶[①]，及其子而亡，良由逞嗜奔欲[②]，逆天害人者也。是知天下不可以力胜，神祇不可以亲恃，惟当弘俭约，薄赋敛，慎终如始，可以永固。方今承百王之末，属凋弊之余，必欲节之以礼制，陛下宜以身为先。东都未有幸期，即何须补葺？诸王今并出藩，又须营构，兴发[③]渐多，岂疲人之所望？其不可一也。陛下初平东都之始，层楼广殿，皆令撤毁，天下翕然[④]，同心欣仰。岂有初则恶其侈靡，今乃袭其雕丽？其不可二也。

【注释】①万叶：万代、万世。

②逞嗜奔欲：随自己的嗜欲而奔走求取。

③兴发：指征发调用物力人力。

④翕然：一致称颂。

【译文】贞观四年（630年），太宗下诏征发士卒修缮洛阳宫乾阳殿，以备天子巡幸之用，张玄素上书劝谏说：

微臣私下思考秦始皇之所以成为君主，凭借的是周王朝的余业、六国的强盛，他想让自己的帝业流传万世，但也只是传到自己儿子那里就灭亡了，的确是由于放纵嗜欲，并为之奔走求取，伤天害人的缘故。由此可知天下不可以只凭借武力来取胜，神灵也不可以亲近依恃，只有弘扬俭约之道，减轻赋税，慎终若始，才可以使国家社稷长治久安。现今陛下承袭于百代君王之后，正当衰败困苦之时，一定要用礼制来进行节制，陛下应该亲自作出表率。巡幸东都的日期还没有确定，为什么必须现在修葺宫殿呢？诸王如今都出任地方长官，又需要营建官舍，人力物力的征调日渐增多，这怎么会是疲惫不堪的百姓所希望看到的？这是第一个不可以的原因。陛下刚平定东都之时，凡是高楼和宽广的宫殿，都命令拆毁，天下百姓，一致称颂，同心钦佩敬仰陛下。哪有当初厌恶其奢侈浪费，现在又喜欢其精美华丽呢？这是不可以的第二个原因。

每承音旨，未即巡幸，此则事不急之务，成虚费之劳。国无兼年之积，何用两都之好，劳役过度，怨讟[①]将起。其不可三也。百姓承乱离之后，财力凋尽，天恩含育，粗见存立，饥寒犹切，生计未安，三五年间，恐未平复。奈何营未幸之都，夺疲人之力。其不可四也。昔汉高祖将都洛阳，娄敬[②]一言，即日西驾，岂不知地惟土中，贡赋所均，但以形胜不如关内也。伏惟[3]陛下化凋弊之人，革浇漓[4]之俗，为日尚浅，未甚淳和。斟酌事宜，讵可东幸？其不可五也。臣又尝见隋室造殿，楹栋宏壮，大木非随近所有，多从豫章采来。二千人曳一柱，其下施毂，皆以生铁为之，若用木轮，便即火出。铁毂既生，行一二里即有破坏，仍数百人别赍铁毂以随之，终日不过进三二十里。略计一柱，已用数十万功，则余费又过于此。臣闻阿房成，秦人散；章华就，楚众离；及乾阳毕功，隋人解体。且以陛下今时功力，何如隋日？役疮痍之人，袭亡隋之弊，以此言之，恐甚于炀帝。深愿陛下思之，无为由余[5]所笑，则天下幸甚。

【注释】①怨讟（dú）：亦作“怨黩”。怨恨毁谤。

②娄敬：即刘敬，西汉初齐人。汉高祖赐姓刘，拜为郎中。主张将宗室女嫁与匈奴单于，高祖派他出使匈奴结和亲之约。因功封关内侯。后又献计迁六国后裔贵族及豪强大族十万人于关中。

③伏惟：伏在地上想，下对上陈述时的表敬之辞。

④浇漓：人情、风俗淡薄。

⑤由余：春秋晋人。逃亡入戎，后降秦，为秦谋伐戎之策，穆公用其谋，并国十二，拓地千里，遂霸西戎。

【译文】每每接到陛下的言辞旨意，都说不是马上就去巡幸，不是当务之急的事，却要白白地消耗民力物力。国家没有两年的积蓄，何必要把两都修缮完好。劳役过度，怨恨毁谤将会兴起。这是不可以的第三个原因。百姓遭受战乱离散逃亡后，财力凋敝穷竭，陛下施予恩泽，收容养育百姓，使他们刚能得以生存，饥饿寒冷还很严重，生计问题也没能完全解决，三五年间，恐怕还不能复原。为何要去营建那不去巡幸的都城，而夺取疲惫不堪的百姓的人力和财力？这是不可以的第四个原因。从前汉高祖刘邦要在洛阳建都，娄敬进言后，汉高祖当天就起驾西行，难道他不知道洛阳地处国土中心，对于各地来说，交纳贡赋的路程基本相同？但是洛阳地形却不如关内。陛下虽然在教化衰败困苦之人，革除人情淡薄之风，但这一切为时还太短暂，百姓还不够质朴温和。斟酌此事，岂可东幸？这是不可以的第五个原因。臣也曾看到隋朝营造宫殿，堂柱和屋梁过于粗长，而附近又没有这样高大的树木，大多从豫章采伐运来。两千人共同拉一根大柱，还需在柱子下面边安放铁轮，都是用生铁铸成，如果使用木轮，在地上磨擦后就会起火。既然使用铁轮，行进一二里后就会有损坏，于是还需数百人另外带着铁轮跟随，一整天的行进路程也不超过二三十里。粗略计算一根柱子的费用，已经用去数十万了，其余的费用又会大于这个数目。臣听说阿房宫建成时，秦人离散；章华台筑成后，楚人众叛亲离；等到乾阳殿完工，隋朝也就解体了。况且以陛下现今的功力，哪里比得上当时的隋朝？役使遭受战争创伤的百姓，承袭已经灭亡的隋朝弊病，以此说来，后果恐怕更甚于隋炀帝。臣深切希望陛下能够三思此事，不要做出被由余嘲笑的事情，那天下就太幸运了。

太宗曰：“卿谓我不如炀帝，何如桀、纣？”对曰：“若此殿卒兴，所谓同归于乱。且陛下初平东都，太上皇敕大殿高门并宜焚毁，陛下以瓦木可用，不宜焚灼，请赐与贫人。事虽不行，然天下翕然讴歌至德。今若遵旧制，即是隋役复兴。五六年间，趋舍[①]顿异，何以昭示子孙，光敷四海？”太宗叹曰：“我不思量，遂至于此。”

【注释】①趋舍：取舍。亦引申为好恶。

【译文】太宗说：“你认为我不如隋炀帝，那我和夏桀、商纣相比怎么样呢？”张玄素回答说：“如果乾阳殿最终还是要修葺，那就和所说的夏桀、商纣同样昏乱败坏了。况且陛下当初平定东都，太上皇已敕令将大殿的高门一并焚毁，陛下认为瓦木还可以用，不应焚烧，请求将这些赐给贫穷之人。事情最终虽然没能实行，然而天下百姓纷纷称颂、讴歌您的崇高德行。现今如果遵循旧制，那就是重新发起隋朝当时的劳役。只有五六年的时间，一取一舍便迥然不同，这将如何昭示子孙，光耀四海呢？”太宗长叹道：“都是我没有仔细思量，才有了这种想法。”

顾谓房玄龄曰：“洛阳土中，朝贡道均，朕故修营，意在便于百姓。今玄素上表，实亦可依，后必事理须行，露坐亦复何苦，所有作役[①]，宜即停之。然以卑干尊，古来不易，非其忠直，安能若此？可赐彩二百匹。”侍中魏徵叹曰：“张公论事，遂有回天之力，可谓仁人之言，其利博哉！”累迁太子少詹事，

转右庶子。（旧唐书卷七十五）

【注释】①作役：建筑工程。

【译文】太宗李世民回头对房玄龄说："洛阳地处国土中央，各地朝贡的路程相等，我之所以修缮营造的原因，就是想方便百姓。如今张玄素上表，他的话我的确应该听从，以后若有事必须去那里，就算席地而坐也没什么可辛苦的，所有建筑工程，都应该立即停止。然而以地位低微之人冒犯地位尊贵之人，自古以来就是不易之事，若不是这个人忠诚正直，怎么会这么做呢？可以赐给他彩帛二百匹。"侍中魏徵叹息着说道："张公议论事情，有阻止皇帝的回天之力，可称为仁人之言，能使众人受益啊！"张玄素被多次迁任至太子少詹事，转任右庶子。（旧唐书卷七十五）

褚遂良

【题解】褚遂良（596—658年），字登善，杭州钱塘（今浙江杭州）人，祖籍阳翟（今河南禹州）。褚遂良的父亲褚亮为太宗弘文馆学士，累迁至通直散骑常侍。贞观十年（636年），褚遂良出任起居郎，专门记载皇帝的言行。贞观十二年（638年），虞世南逝世，魏徵将褚遂良推荐给李世民，太宗命他为"侍书"。贞观十八年（644年），褚遂良以黄门侍郎的身份开始参预朝政决策。随后，他被太宗派往全国各地，巡察四方，直接可以黜陟官吏。贞观二十三年（649年），唐太宗李世民在弥留之际，将长孙无忌与褚遂良召入卧室，对二人说："卿等忠烈，简在朕心。昔汉武寄霍光，刘备托诸葛，朕之后事，一以委卿。太子仁孝，卿之所悉，必须尽诚辅佐，永保宗社。"对太子李治说："有长孙无忌和褚遂良在，国家之事，我就放心了。"于是命令褚遂良起草诏书。这年六月，李治继皇帝位，封褚遂良为河南县公。次年，又升为河南郡公，后借故把他贬为同州刺史。永徽四年（653年），又升为尚书右仆射，执掌朝政大权，这是他政治生涯中的顶峰。由于武则天在唐永徽六年（655年）十月被册封为皇后，褚遂良因为反对高宗废黜王皇后，被武则天赶出朝廷，到潭州（今湖南长沙）任都督。之后被调到离京极远的桂州（今广西桂林），后再次贬至爱州（今越南清化），显庆三年（658年），在爱州抱憾离世，享年63岁。

《续编》从《旧唐书》本传中辑录其和唐太宗的两则对话，一则是关于太宗询问起居注内容的，一则为太宗询问食器而引发的一段关于杜绝奢侈的议论，都事关治道，值得今人借鉴。

褚遂良，散骑常侍亮之子也。贞观十五年，迁谏议大夫，兼知起居事。太宗尝问："卿知起居，记录何事，大抵人君得观之否？"遂良对曰："今之起居，古左右史，书人君言事，且记善恶，以为鉴诫，庶几人主不为非法。不闻帝王躬自观史。"太宗曰："朕有不善，卿必记之耶？"遂良曰："守道不如守官，臣职当载笔[1]，君举必记。"黄门侍郎刘洎曰："设令遂良不记，天下亦记之矣。"太宗以为然。

【注释】①载笔：携带文具以记录王事。

【译文】褚遂良，是散骑常侍褚亮的儿子。贞观十五年（641年），褚遂良迁任谏议大夫，兼任知起居事。太宗李世民曾经问他："你担任知起居，都记录了什么事，大概内容为人君者能看看吗？"褚遂良回答说："现在的起居注，就是古代的左右史，记述人君的言行事迹，而且记录善恶，以此为鉴戒，或许可以令人主不做非法之事。还没听说过有帝王亲自看起居注史的。"太宗说："我有不善之行，你一定会把它记下来吗？"褚遂良说："坚守道德规范不如遵守自己的职责，臣的职责就是记录王事，君王所行之事必定会记录下来。"黄门侍郎刘洎说："假使褚遂良没有记录王事，天下人也会记录下来的。"太宗认为他们说的很对。

十七年，太宗问遂良曰："舜造漆器，禹雕其俎[①]，当时谏舜、禹者十余人。食器之间，苦谏何也？"遂良对曰："雕琢害农事，纂组[②]伤女工。首创奢淫，危亡之渐。漆器不已，必金为之；金器不已，必玉为之。所以诤臣必谏其渐，及其满盈，无所复谏。"太宗以为然，因曰："夫为人君，不忧万姓而事奢淫，危亡之机可反掌而待也。"

遂良前后谏奏及陈便宜书数十上，多见采纳。（旧唐书卷八十）

【注释】①俎：古代祭祀时放祭品的器物。

②纂(zuǎn)组：赤色绶带。亦泛指精美的织锦。

【译文】贞观十七年(643年)，太宗问褚遂良说：“舜造漆器，禹雕刻祭器，当时劝谏舜、禹的有十多人。关于食用器具的问题，为什么他们要苦苦劝谏呢？”褚遂良回答说：“雕琢妨碍农事，纺织精美的织锦会妨碍女工。首开奢侈和过度浪费的先河，国家离灭亡就不远了。漆器不制止，必会用金子去做它；金器不制止，必定用玉去做它。所以诤臣一定会在事情刚发端时进行劝谏，等到发展到极致时，就没有再去劝谏的必要了。”太宗认为这个说法很对，于是说：“为人君者，不为民生忧虑却行骄奢淫逸之事，危亡之机可以反掌而待了。”

褚遂良前后谏奏及上陈合宜的奏书有数十道以上，多被太宗所采纳。(旧唐书卷八十)

李义琰

【题解】李义琰(？—688年)，唐魏州昌乐(今河南南乐县)人，武德五年(622年)进士及第，后调补太原尉，唐高宗上元三年(676年)，进同中书门下三品，兼太子右庶子，封酒泉公。与中书令郝处俊反对武则天干政。调露二年(680年)，章怀太子李贤被废为庶人，流放巴州，义琰独引罪涕泣，时论美之。李义琰虽位及宰相，不营私第，致仕后回到洛阳农庄，可谓深谙祸福之道，懂得俭以修身，实有长者之风。

李义琰，魏州昌乐人，常州刺史玄道族孙也。上元①中，累迁中书侍郎，又授太子右庶子、同中书门下三品。义琰宅无正寝②，弟义琎为岐州司功参军，乃市堂材送焉。及义琎来觐，义琰谓曰：“以吾为国相，岂不怀愧？更营美室，是速吾祸，此岂爱我意哉！”义琎曰：“凡人仕为丞尉，即营第宅，兄官高禄重，岂宜卑陋以逼下③也？”义琰曰：“事难全遂，物不两兴。既有贵仕，又广其宇，若无令德，必受其殃。吾非不欲之，惧获戾也。”竟不营构，其木为霖雨所腐而弃之。（旧唐书卷八十一）

【注释】①上元：唐高宗李治的第八个年号（674—676年），共计3年。

②正寝：泛指房屋的正厅或正屋。

③逼下：谓由于在高位者生活俭朴，对下属产生一种压力。

【译文】李义琰，魏州昌乐（今河南南乐县）人，是常州刺史李玄道的族孙。唐高宗上元年间，多次迁任中书侍郎，又授任太子右庶子、同中书门下三品。李义琰的宅第没有正厅，他的弟弟李义琎任岐州司功参军，就买了上好的木材给他送来。等李义琎进京觐见时，李义琰对他说：“让我这样的人做国相，岂不惭愧？再加上营建华美的屋室，这实在是加速我的祸患到来，怎么会是爱我的心意呢！”李义琎说：“但凡人的官职做到丞尉，都会立即营建宅第。兄长您官高禄重，岂能住如此低矮简陋的房屋而让下属感到有压力呢？”李义琰说：“事情不可能遂所有人的意，也不能两全其美。我已经有了显贵的官位，现在又要扩建宅第，假如没有高尚的德行，必然会遭受祸患。我不是不想建造房屋，只是害怕因此而获罪啊。”李义琰最终也没有营建房屋，他的那些木材也因被连绵大雨浸泡后腐烂而丢弃。（旧唐书卷八十一）

魏玄同

【题解】魏玄同，定州鼓城县（今河北晋州）人，出身钜鹿魏氏家族，举进士，累转司列大夫。因与上官仪文章属和配流岭外。上元初赦还。工部尚书刘审礼荐玄同有时务之才，拜岐州长史。累迁至吏部侍郎。吏部侍郎的主要职责就是选拔官员。魏玄同认为自己既然负责铨选人才，就应该有一套“得人之术”，因此上疏论当时的选举之弊，对贵戚子弟例早求官，对门荫入仕的亲贵子弟“课试既浅，艺能亦薄，而门阀有素，资望自高”，对“刀笔以量才，按薄书而察行”，对以文学进身的庶民出身的官吏不得升迁，表示了强烈的不满，并提出了他对国家用人的一些意见，主张要用有学问、知识的人从政，要先德而后言才，在太平之世要妙选英才，指出选取人才，举荐人是关键，因为惟贤知贤。魏玄同希望唐高宗能稍微采纳他的意见，但是这篇奏疏却被束之高阁，并未得到采纳。武则天临朝后，他迁太中大夫、鸾台侍郎，依前知政事。垂拱三年（687年），加银青光禄大夫，检校纳言，封钜鹿男。

魏玄同，定州鼓城人也。举进士。累迁至吏部侍郎。玄同以既委选举，恐未尽得人之术，乃上疏曰：

臣闻制器者必择匠以简材，为国者必求贤以莅官。匠之不良，无以成其工；官之非贤，无以致于理。君者，所以牧人也；臣者，所以佐君也。君不养人，失君道矣；臣不辅君，失臣任矣。任人者，诚国家之基本，百姓之安危也。方今人不加富，盗贼不衰，狱讼未清，礼义犹阙者，何也？下吏不称职，庶官非其才也。官之不得其才者，取人之道，有所未尽也。臣又闻传说曰：“明王奉若天道，建邦设都，树后王君公，承以大夫师长，不惟逸豫，惟以理人。”昔之邦国，今之州县，士有常君，人有定主，自求臣佐，各选英贤，其大臣乃命于王朝耳。秦并天下，罢侯置守，汉氏因之，有沿有革。诸侯得自置吏四百石以下，其傅相大官，则汉为置之。州郡掾吏、督邮从事，悉任之于牧守。爰自魏、晋，始归吏部，递相祖袭，以迄于今。用刀笔[①]以量才，案簿书而察行，法令之弊，其来自久。

【注释】①刀笔：古代在竹简上刻字记事，用刀子刮去错字，因此把有关案牍的事叫做刀笔，后多指写状子的事。多用作贬义。

【译文】魏玄同，定州鼓城（今河北晋州）人。他中举进士。经过多次升迁至吏部侍郎。魏玄同因自己被委任选拔人才之职，担心自己不能很好掌握运用甄选人才之术，于是上疏说：

“臣听闻制造器物一定要选择上好的工匠，治理国家一定要选任贤士。如果没有选择良匠，就无法造出好的器物；为官不贤，就无法以理治国。国君，是治理天下百姓的；臣子，是辅佐国君的。国君不能安养百姓，就失去了君道；臣子不辅佐国君，就失去了臣子的责任。任用人才，确实是国家的根本，关系到百姓的安危。现在是百姓没有增加财富，盗贼没有减少，牢狱中的冤案尚未理清，礼法道义还存在缺失，这是为什么呢？主要是下面的小吏不称职，众官员也不能胜任。各官职找不到合适之才的原因，是因为选人之道有不全面的地方。臣又听闻人们相传说："圣明的君王顺应天道，建立国家设置都城，设立能够继承先辈王位的君主以及王公大臣，教导众官的师长，不是为了让自己闲适安乐，只是为了更好地治理百姓。"从前的邦国，就如现在的州县，国土有固定的君主，百姓有固定的管理者，各自选择英贤之才作为辅佐，而大臣则由朝廷任命。秦朝兼并天下，罢除分封的诸侯，改置各郡县的郡守，汉代沿袭这种制度，在沿袭中又有革新。诸侯自设官吏要限制在四百石以下，其中诸侯国国傅和国相等大官，则由汉王朝统一设置。州郡掾吏、督邮、从事等官职，全部由州郡长官任命。到了魏晋，所有官员才开始归属吏部，这样一直延续至今。现在用刀笔来衡量人才，看官署中的文书档案来考察其品行，法令上的弊病，已经由来已久了。

盖君子重因循而惮改作，有不得已者，亦当运独见之明，定卓然之议。如今选司所行者，非上皇之令典，乃近代之权道，所宜迁革，实为至要。何以言之？夫尺丈之量，所及者盖短；钟庾[1]之器，所积者宁多。非其所及，焉能度之；非其所受，何以容之？况天下之大，士人之众，而可委之数人之手乎？假使平如权衡，明如水镜，力有所极，照有所穷，铨综既多，紊失斯广。又以比居此任，时有非人。岂直愧彼清通，昧于甄察；亦将竭其庸妄，糅彼棼丝[2]。情故既行，何所不至？脏私一启，以及万端。至乃为人择官，为身择利，顾亲疏而下笔，看势要而措情。悠悠风尘，此焉奔竞；扰扰游宦，同乎市井。加以厚貌深衷，险如溪壑，择言观行，犹惧不周。今使百行九能，折之于一面，具僚庶品，专断于一司，不亦难矣！

且魏人应运，所据者乃三分；晋氏播迁，所临者非一统。逮乎齐、宋，以及周、隋，战争之日多，安泰之时少，瓜分瓦裂，各在一方。隋氏平陈，十余年耳，接以兵祸，继以饥馑，既德业之不逮，或时事所未遑，非谓是今而非古也。武德、贞观，与今亦异，皇运之初，庶事草创，岂唯日不暇给，亦乃人物常稀。天祚大圣，享国永年，比屋可封[3]，异人间出。咸以为有道耻贱，得时无怠，诸色入流，岁以千计。群司列位，无复新加，官有常员，人无定限。选集之始，雾积云屯，擢叙于终，十不收一。淄渑杂混，玉石难分，用舍去留，得失相半。抚即事之为弊，知及后之滋失。

【注释】①钟庾：钟和庾。两种古容量单位。泛指数量不大。

②棼（fén）丝：乱丝。

③比屋可封：家家户户都可封爵。比喻教化有成就，国家多贤人。

【译文】大概是由于君子喜欢因循守旧而害怕改革，有不得已的情况时，也只是用一己之见，做出那些特殊的决定。如今甄选官员的机构所行的，不是上古圣王好的典章法度，而是近代的权术之道，对这应该实行变革，这是至关重要的事情。为什么这样说呢？长度如尺丈般的量器，所能衡量的尺度很短；如钟庾一样大小的容器，所容纳的就会多。非容器所能及的，怎么能测量呢；非容器所能承受的，怎么能容纳得了呢？何况天下如此之大，士人众多，却可以委于几人之手吗？假使如衡器一般公平，如水镜一般明照，但是能力是有限度的，映照也有其极限，权衡和综合的条件一多，就会出现紊乱和不全面的情况。再有身居此任之人，常有不称职者。难道有人只是愧对清明通达之道，违心地审察鉴别吗；也有人尽展其浅陋妄为之行，将乱丝混杂在一起。人情、故交公然盛行，还有什么事是做不出来的？一旦打开贪赃营私的大门，就会有上万种弊端出现。甚至为他人择官，为自己谋私利，看亲疏而下笔，顾权势而徇私情。悠悠尘世中人，为此疲于奔命竞争；纷扰的为官环境，就如同市井。加上面貌看上去忠厚老实却深藏心机，险如幽谷深涧，察言观色，唯恐不够周全。竞相投靠；巧言令色，同于市井。加之以厚貌深藏机心，险如溪壑，择言观行，尚惧不周。现在使各种品行及九种才能由一面之词来裁决，各级官员只由一个部门来判定，这样不是太难了吗！

而且曹魏顺应时运，所占据的土地只有三分之一；西晋流离迁徙，所面临的也不是统一的大局。等到了刘宋、南齐，以及北周、隋，战争的时候多，安泰的时候少，天下四分五裂，群雄各据一方。隋朝平定陈氏，太平之日也只有十余年罢了，接着兵祸又起，接下来又闹饥荒，既是因为德业未成，又或者对于时事也应接不暇，不能说非古而诵今。武德、贞观之时，也与今日不同，建国之初，诸事初建，岂只是日不暇给，而且人才经常缺少。上天赐福于帝王，可以长久享国，家家户户可以封爵，奇人接连而出。都以为自己是有道之人而以低贱为耻，把握时机毫不懈怠，各色人等成为有品级的官员的，每年数以千计。百官列位，不再新加，官员有固定的名额，人数却没有限制。选录开始，来者如雾积云屯，最终选用之后，收取人数不到十分之一。淄水、渑水混合流淌，美玉、石头难以区分，用舍去留，得失参半。顺而为之就会成为弊端，知而为之后果将更加严重。

夏、殷已前，制度多阙，周监二代，焕乎可睹。岂诸侯之臣，不皆命于天子，王朝庶官，亦不专于一职。故周穆王以伯冏[1]为太仆正，命之曰："慎简乃僚，无以巧言令色便僻侧媚，唯吉士。"此则令其自择下吏之文也。太仆正，中大夫耳，尚以僚属委之，则三公九卿，亦必然矣。《周礼》：太宰、内史，并掌爵禄废置；司徒、司马，别掌兴贤诏事。当是分任于群司，而统之以数职，各自求其小者，而王命其大者焉。夫委任责成，君之体也，所委者当，所用者精，故能得济济之多士，盛芃芃之棫朴[2]。

【注释】①周穆王：姬姓，名满（前1026？—前922年？），周昭王之子，西周第五位君主。伯冏：周穆王的大臣。

②芃芃：繁茂的样子。棫朴：白桵和枹木（均为树名）。比喻贤才众多。

【译文】夏朝、殷朝之前，制度多有缺失，周朝借鉴这两个朝代，各类制度焕然一新，百姓有目共睹。难道诸侯之臣，不都受命于天子，朝廷百官，也不是专任一职吗？所以周穆王任命伯冏为太仆正，告诫他说："要慎重地选择你的下属，不要用那些巧言令色、谄媚逢迎之人，只能任用贤士。"这就是当时周穆王让诸侯自行选择下面官吏的明文。太仆正，只不过是中大夫罢了，这样的官职尚可委任自己的僚属，那么三公九卿也必然可以如此去做了。《周礼》有载：太宰、内史，共同掌管爵禄废置之事；司徒、司马，分别掌管举贤和下诏之事。那时百官分任于各部门，但统管百官的却只有为数不多的几个官员，他们分别求取、选任下面的小官，而君王只负责任命大的官职。委任官员，责成他们完成各自的职责，这是君主的根本。委任适宜的官员，选用精英之才，这样就会得到众多的贤才，如白桵和枹木一般繁茂兴盛。

裴子野有言曰："官人之难，先王言之尚矣。居家视其孝友，乡党服其诚信，出入观其志义，忧难取其智谋。烦之以事，以观其能；临之以利，以察其廉。《周礼》始于学校，论之州里，告诸六事，而后贡之王庭。其在汉家，尚犹然矣。州郡积其功能，然后为五府所辟，五府举其掾属而升于朝，三公参得除署，尚书奏之天子。一人之身，所关者众；一士之进，其谋也详。故官得其人，鲜有败事。魏、晋反是，所失弘多。”子野所论，盖区区之宋朝耳，犹谓不胜其弊，而况于当今乎！

【译文】裴子野有言曰：“选择任命官员的难处，先王早就说过了。平时在家看他是否孝敬友爱，乡里之人是否信服他的诚信，出入时观察他的志节，遇到忧患时看他是否有智谋。用繁重的事务烦扰他，来观察他的才能；让他们面对财利，来观察他的廉洁。《周礼》中讲要先在学校里培养，在州里评论他们的品行后，上报给六卿，然后再向朝廷举荐让其任职。这在汉代，仍然如此。在州郡积累才干，然后被五府征用，五府再举荐自己的僚属官吏到朝廷，三公考核商议后予以授职，尚书再上奏天子。一人进职，关联者众多；一士进用，对其考核极为细致。所以择人任官，很少有失败的。魏、晋两朝则与之相反，失误甚多。”裴子野所论，只是区区刘宋一朝罢了，还说不胜其弊，更何况当今之世呢！

又夫从政莅官，不可以无学。故《书》曰：“学古入官，议事以制。”传曰：“我闻学以从政，不闻以政入学。”今贵戚子弟，例早求官，髫龀[①]之年，已腰银艾[②]，或童草之岁，已袭朱紫[③]。弘文崇贤之生，千牛辇脚[④]之类，课试既浅，艺能亦薄，而门阀有素，资望自高。夫象贤继父，古之道也。所谓胄子[⑤]，必裁诸学，修六礼[6]以节其性，明七教[7]以兴其德，齐八政以防其淫，举上贤以崇德，简不肖以黜恶。少则受业，长而出仕，并由德进，必以才升，然后可以利用宾王，移家事国。少仕则废学，轻试则无才，于此一流，良足惜也。又勋官三卫[8]流外之徒，不待州县之举，直取之于书判，恐非先德而后言才之义也。

【注释】①髫龀（tiáo chèn）：谓幼年。

②银艾：银印绿绶。绶用艾草染绿，故称绿绶为“艾”。

③硃紫：古代高级官员的服色或服饰。谓朱衣紫绶，即红色官服，紫色绶带。

④辇脚：挽御车的人。

⑤胄子：古代称帝王或贵族的长子。

⑥六礼：古代冠、婚、丧、祭、乡、相见等士礼。

⑦七教：古指父子、兄弟、夫妇、君臣、长幼、朋友、宾客之间各自应当遵从的伦理规范。

⑧三卫：唐禁卫军，有亲卫、勋卫、翊卫，合称“三卫”。

【译文】再者从政为官，不可以没有学识。所以《尚书》说：“学习古人为官，按照古制商讨、处理政事才不会出现混乱。”先儒注解说：“我听说要经过学习后才可以从政，没听说过从政之后才去学习的。”现在那些贵戚子弟，按惯例很早就求得官位，小小年纪，就已腰配银印绿绶。有的在幼年就已朱衣紫绶。弘文馆、崇贤馆的生员，禁卫官、挽御车者之类，考试内容浅显，技能也低，但是生于世代显贵之家，资历和声望自然很高。子孙效法有德行的先人，继承父志，为古人之道。所谓王侯之家的长子，一定要对他们所学的内容进行考核，修习六礼来节制他们的性情，明习七教来培养他们的德行，完整学习施政的八个方面以防其淫乱，推崇有德才的人来崇尚道德，淘汰不肖之人来摒弃丑恶。少年时跟随老师学习，长大后出仕为官，均由品德进身，必凭才能提升，而后才能任用他们辅佐君王，把治家的才能转移到奉事国家上来。小小年纪做官就会荒废学业，轻易被任用则易缺乏才干，对于这一类人，也确实让人觉得可惜。再有那些因功被授予一定官职又没有实权的三卫以及九品以外的官员，无需州县推荐，直接按书法和文理授予官职，这恐怕不是先注重品德而后才讲究才能的原则吧！

臣又以为国之用人，有似人之用财。贫者厌糟糠，思短褐；富者余粮肉，衣轻裘。然则当衰弊乏贤之时，则可磨策朽钝而乘驭之；在太平多士之日，亦宜妙选髦俊而任使之。《诗》云："翘翘错薪，言刈其楚。"楚，荆也，在薪之翘翘者。方之用才，理亦当尔，选人幸多，尤宜简练。臣窃见制书，每令三品、五品荐士，下至九品，亦令举人，此圣朝侧席[①]旁求之意也。但以褒贬不甚明，得失无大隔，故人上不忧黜责，下不尽搜扬，苟以应命，莫慎所举。且惟贤知贤，圣人笃论，伊、皋[②]既举，不仁咸远。复患阶秩虽同，人才异等，身且滥进，鉴岂知人？今欲务得实才，兼宜择其举主。流清以源洁，影端由表正，不详举主之行能，而责举人之庸滥，不可得已。《汉书》云：“张耳、陈余[③]之宾客、厮役，皆天下俊杰。”彼之蕞尔[④]，犹能若斯，况以神皇之圣明，国家之德业，而不建久长之策，为无穷之基，尽得贤取士之术，而但顾望魏、晋之遗风，留意周、隋之末事，臣窃惑之。伏愿稍回圣虑，时采刍言[⑤]，略依周、汉之规，以分吏部之选。即望所用精详，鲜于差失。

疏奏不纳。（旧唐书卷八十七）

【注释】①侧席：空出上座，以等待贤良。

②伊、皋：即伊尹、皋陶。伊尹，商汤大臣，曾是商汤之妻陪嫁的奴隶，后助汤伐夏桀。皋陶，相传为舜之臣，掌刑狱之事。

③张耳：秦末汉初人。曾随韩信平定赵国，受封为赵王。陈余：魏国名士，性格高傲，与张耳为刎颈之交。

④蕞（zuì）尔：很小的样子。多形容比较小的地区。

⑤刍言：谦称自己的言论浅陋。

【译文】臣又认为国家用人，就像人之用财。贫穷者满足于糟糠，希望能有粗麻布短衣穿；富裕者粮肉充足，就想穿华丽的皮裘。然而在政事衰败又缺乏贤人的时候，就可以磨砺鞭策衰朽愚拙之人而驾驭他们。在政事兴隆太平多士之时，就应精心挑选才智过人之士而委用他们。《诗经》上说：“杂木丛中木柴很多，但我只选那楚木来割。”楚，就是牡荆，是木材中的翘楚，可以燃烧很长时间。现在择才而用，也是这个道理。幸好备选的官员很多，更应该选择那些精明干练之才。臣私下看到皇上颁布的赦令，常令三品、五品官员举荐贤才，下至九品之官，也令他们举荐，这是本朝广求贤才之意。但因奖惩不太分明，得失没有大碍，所以各级官员上不担忧罢黜责罚，下不尽力访求举拔，随便应付诏命，没有慎重荐举。况且只有贤人才能了解贤人，这是圣人做出的确切评论，伊尹、皋陶这些贤人被举荐后，不仁者全都远离。然而又担心官位品级虽然相同，自身都是随意进升的，任用他们来审核人才又怎么会知人善用呢？今天一心想要得到真正的贤才，就要慎重地选择举荐贤才的人。水流清澈是因为源头洁净，影子笔直是由于所立标杆中正，不仔细考察举荐之人的品行和能力，却一味责备被举荐之人平庸不实，这样是不可能得到真正的贤才的。《汉书》上说：“张耳、陈余的宾客、厮役，都是天下的俊杰。”他们那么小的国家，尚且能如此，何况以皇上的圣明、国家的德业如果不建立长久的大计，打好深厚的根基，用好招贤纳士之术，一味因循魏、晋之遗风，留意周、隋那些无关根本之事，臣私下对此感到困惑。唯盼陛下能认真考虑，适时采纳微臣的浅陋之言，略微依照周代、汉代的规制，来分派好吏部选才的工作。

魏玄同的奏疏上呈后，未被（武则天）采纳。（旧唐书卷八十七）

韦嗣立

【题解】韦嗣立（654—719年），字延构，郑州阳武（今河南原阳县）人，父亲韦思谦历仕高宗、武后时期，授太中大夫。韦嗣立初由进士为双流县令，政绩卓著。武后、中宗时，历任凤阁侍郎、兵部尚书、同平章事、参知政事。武后当政于长安时，酷吏横行，人人自危，韦嗣立却敢于挺身而出，犯颜直谏。提出“兴学校、洗枉滥”，但未被采纳。《续编》辑录了他在景隆三年（709年）上书给唐中宗李显的一道奏疏，当时，“中宗崇饰寺观，又滥食封邑者众，国用虚竭”，韦嗣立提出要重视国家粮食储备，减少无益的营造，解决滥食封邑者给百姓带来的困难，根据事情设置管理，选取贤才治理政事等主张，这些建议对处理当时的社会问题是有积极意义的，可是并未得到唐中宗李显的采纳。

韦思谦，郑州阳武人也。子嗣立。景龙三年，转兵部尚书、同中书门下三品。时中宗崇饰寺观，又滥食封邑者众，国用虚竭。嗣立上疏谏曰：

臣闻国无九年之储，家无三年之蓄，家非其家，国非其国。故知立国立家，皆资于储蓄矣。夫水旱之灾，关之阴阳运数，非人智力所能及也。尧遭大水，汤遭大旱，则知仁圣之君所不能免，当此时不至于困弊者，积也。今陛下仓库之内，比稍空竭，寻常用度，不支一年。倘有水旱，人须赈给，徵发时动，兵要资装，则将何以备之？其缘仓库不实，妨于政化者，触类而是。

【译文】韦思谦，是郑州阳武（今河南原阳县）人。儿子叫韦嗣立。景龙三年（709年），韦嗣立转任兵部尚书、同中书门下三品。当时唐中宗李显修饰寺庙道观，加上滥用所封食邑租赋收入的官员众多，国库开支严重不足。韦嗣立上疏劝谏说：

臣听说国家如果没有九年的储备，家庭没有三年的积蓄，将会家不成其为家，国不成其为国。因此可知立国立家，都要依靠储蓄。水旱之灾，关系到阴阳的运数，不是人的智力所能及的。尧时遭遇大水，汤时遭遇大旱，可知仁德圣明的君主也不能幸免，遭遇水旱之灾却不至于穷困疲弊的原因，就是存有积蓄。现在陛下的仓库之内，比以往稍为空虚，日常开支用度，不足一年。倘若遇上水旱之灾，百姓需要赈济，一时之间又要紧急征调募集人力、物力，士兵需要物资装备，这些要拿什么来置办呢？像这样缘于仓库不够充实，妨害政治和教化的例子，比比皆是。

臣窃见比者营造寺观，其数极多，皆务取宏博，竞崇瑰丽。大则费耗百十万，小则尚用三五万余，略计都用资财，动至千万已上。转运木石，人牛不停，废人功，害农务，事既非急，时多怨咨。故《书》曰：“不作无益害有益，功乃成；不贵异物贱用物，民乃足。”诚哉此言，非虚谈也。且玄旨秘妙，归于空寂，苟非修心定慧，诸法皆涉有为[①]。至如土木雕刻等功，唯是殚竭人力，但学相夸壮丽，岂关降伏身心。且凡所兴功，皆须掘凿，蛰虫在土，种类实多。每日杀伤，动盈万计，连年如此，损害可知。圣人慈悲为心，岂有须行此事，不然之理，皎在目前。世俗众僧，未通其旨，不虑府库空竭，不思圣人忧劳，谓广树福田，即是增修法教。倘水旱为灾，人至饥馁，夷狄作梗，兵无资粮，陛下虽有龙象②如云，伽蓝③概日，岂能裨万分之一，救元元之苦哉！于道法既有乖，在生人极为损，陛下岂可不深思之！

【注释】①有为：佛教用语。指由因缘条件所构成的现象。

②龙象：指高僧。

③伽蓝：梵语僧加蓝摩的略称，意译“众园”或“僧院”。佛教寺院的通称。

【译文】臣私下看到近来不少地方在营造寺庙道观，数量极多，这些工程都尽力追求宏伟博大，竞相推崇瑰丽辉煌。大型的寺观要耗费百十万，就是小型的也要花费三五万，粗略估计全部所用资财，动辄就超过千万。辗转运输木材石料，人力牛马不得停歇，荒废人力，耽误农时，这并不是紧急事务，一时之间百姓怨声载道。所以《尚书》说：“不做无益之事来损害有益之事，功业就会成功；不以奇异之物为贵而轻贱必用之物，百姓就会富足。”这话讲得真是正确啊，并非空谈。况且玄妙深奥的义理，到最后都会归于空无寂静，如果不是修心定慧，那么一切方法都会是有为之法。至于土木雕刻等营造之事，只是穷尽人力，但学人家互相夸耀攀比总想营造得更加壮丽，岂会关照到降伏身心的各种念头？而且凡是大兴土木，都需挖掘开凿，蛰伏于土中的昆虫，种类确实繁多。每日杀伤之数，动辄就会高达上万只，连年如此，损害的数量可想而知。圣人以慈悲为怀，怎须如此行事，这不符合佛法之理，如月光朗照般现于眼前。世俗僧众，还是没有通达其中的道理，不思虑国家府库空虚，不为圣人的忧劳着想，说广种福田，就是增修佛教庙宇。倘若水旱成灾，百姓饥饿，夷狄作乱，兵无资粮，陛下虽然有如云的高僧，遮天蔽日的寺院，又怎会对国家有万分之一的裨益，又怎能解救百姓的痛苦呢？这于佛法来说早已背离大道，对于百姓来说损害极大，陛下怎能不深思呢？

臣窃见食封之家，其数甚众。昨略问户部，云用六十余万丁，一丁两匹，即是一百二十万已上。臣顷在太府，知每年庸调绢数，多不过百万，少则七八十万已来，比诸封家，所入全少。倘有虫霜旱涝，曾不半在，国家支供，何以取给？臣闻自封茅土，裂山河，皆须业著经纶，功申草昧，然后配宗庙之享，承带砺之恩。皇运之初，功臣共定天下，当时食封才上三二十家，今以寻常特恩，遂至百家已上。国家租赋，太半私门，私门则资用有余，国家则支计不足。有余则或致奢侈，不足则坐致忧危，制国之方，岂谓为得？封户之物，诸家自徵，或是官典，或是奴仆，多挟势骋威，凌突州县。凡是封户，不胜侵扰，或输物多索裹头[①]，或相知要取中物，百姓怨叹，远近共知。复有因将货易，转更生衅，徵打纷纷，曾不宁息，贫乏百姓，何以克堪！若必限丁物送太府，封家但于左藏[②]请受，不得辄自徵催，则必免侵扰，人冀苏息。

【注释】①裹头：指出行者携带的钱财。

②左藏：古代国库之一，以其在左方，故称左藏。晋有左右藏令，属少府。北齐、隋属太府寺。唐代左藏掌钱帛、杂彩、天下赋调。宋初诸州贡赋均输左藏。南宋又设左藏南库。元代禁中左藏掌收支常课和买纱罗布绢等物。

【译文】臣私下看到享用所封食邑租赋收入的人家，为数众多。昨日大概问了一下户部，说是所食之户占了六十余万壮丁，按照一个壮丁交纳两匹绢来算，那就是一百二十万匹以上。臣从前在太府，得知每年征收绢数，多则近百万，少则也有七八十万以上，与那些食封之家相比，收入要少得多。倘若遇到虫霜旱涝等灾害，还不到一半。国家支出供给的财物，从什么地方取得才能满足供应呢？臣听说分封诸侯，割裂山河，都必须有筹划治理国家大事的显著功绩，有治理混乱时世的突出业绩，然后配享宗庙，世代传袭所封爵位的恩典。建国之初，功臣共同平定天下，当时食封的不过二三十家，如今凭借寻常的功劳和特殊的恩赏，就达到百家以上。国家租赋，大半流入私门，私门财货有余，国家则收入不足。私门有余或许会导致奢侈，国家用度不足就会招致忧患危机。这种治国之方，怎能说正确呢？封户的财物，由各家自行征收，或是低级官吏，或是家里奴仆，大都倚仗权势大逞威风，侵犯州县。凡是被划归封邑的封户，不胜侵扰，或是运输物品途中被索要钱财，或是管事之人强要财物，百姓怨恨叹息，远近共知。还有乘机将货物暗地买卖，转而更生事端的，征讨、责打纷扰不休，没有片刻安宁，贫苦百姓，怎堪忍受！如果一定要限定把丁粮租赋送到太府，封家只许到左藏库去领取，不得擅自征催，这样定会避免侵扰发生，百姓可望得到休养休息。

臣又闻设官分职，量事置吏，此本于理人而务安之也。故《书》曰“在官人，在安人。官人则哲，安人则惠。能哲而惠，何忧乎欢兜，何畏乎有苗者也！”是明官得其人，而天下自理矣。古者取人，必先采乡曲之誉，然后辟于州郡；州郡有声，然后辟于五府；才著五府，然后升之天朝。此则用一人所择者甚悉，擢一士所历者甚深。孔子曰：“譬有美锦，不可使人学制。”此明用人不可不审择也。用得其才则理，非其才则乱，理乱所系，焉可不深择之哉！今之取人，有异此道。多未甚试效，即顿至迁擢。夫趋竞者人之常情，侥幸人之所趣。而今务进不避侥幸者，接踵比肩，布于文武之列。有文者用理内外，则有回邪赃污上下败乱之忧；有武者用将军戎，则有庸懦怯弱师旅丧亡之患。补授无限，员阙不供，遂至员外置官，数倍正阙。曹署典吏，困于祇承，府库仓储，竭于资奉。国家大事，岂甚于此！古者悬爵待士，唯有才者得之，若任用无才，则有才之路塞，贤人君子所以遁迹销声，常怀叹恨者也。且贤人君子，守于正直之道，远于侥幸之门，若侥幸开，则贤者不可复出矣。贤者遂退，若欲求人安化洽，复不可得也。人若不安，国将危矣，陛下安可不深虑之！又刺史、县令，理人之首。近年已来，不存简择。京官有犯及声望下者，方遣牧州；吏部选人，暮年无手笔者，方拟县令。此风久扇，上下同知，将此理人，何以率化？今岁非丰稔，户口流亡，国用空虚，租调减削。陛下不以此留念，将何以理国乎？臣望下明制，具论前事，使有司改换简择，天下刺史、县令，皆取才能有称望者充。自今已往，应有迁除诸曹侍郎、两省、两台及五品已上清望官，先于刺史、县令中选用。牧宰得人，天下大理，万姓欣欣然，岂非太平乐事哉！唯陛下详择。

疏奏不纳。（旧唐书卷八十八）

【译文】臣又听说设立官员分派职务，是根据分管事务来设置官职的，这是从治理百姓务求使其安定的角度出发。所以《尚书》说“在于知人而授予官职，在于安定百姓。知人善任就是有智慧，安定百姓就是惠民。具有智慧又能实施惠民之策，又何必担忧欢兜，何须害怕有苗那样的事呢？”这说明任官得到合适之人，而天下就会自然而治了。古时选取人才，必须先采用在乡里受到赞誉的，然后将其征用到州郡；在州郡做出一定成绩后，再征用到五府；在五府才能显著，然后才可以进升到朝廷。这就是选择任用一个人而需要考察得却十分全面，擢升一士所要经历的会很多。孔子说：“譬如有一段美锦，是不可以让人用作学习裁剪的。”这说明用人不能不审慎选择。用对人才则会条理分明，所用非人则会混乱不堪，治与乱就取决于这里，怎么可以不审慎选择呢！如今选取人才，却偏离此道。选取人才时大多没有经过试用，任职时间很短就得以升迁。追名逐利是人之常情，侥幸得以擢升使人趋之若鹜。如今一心想要擢升而不避侥幸的人，摩肩接踵，遍布文武百官的行列。任用文才出众者管理内外，则有邪佞之人贪脏枉法上下都有败乱之忧；任用善武之人统率大军，则有庸下怯懦师旅丧亡之患。补任官职没有限度，现有缺额不够供给，于是在正员之外设官，人数是正常缺额的几倍。官署吏员，疲于敬奉，府库仓储，资给供养匮乏。国家大事，怎会再有超过这个的？古时让官位空置以待贤士，只有才能出众之人才能获任，如果任用没有才能之人，就会堵塞有才之人的任职之路，这就是贤人君子之所以销声匿迹，时常满怀嗟叹怨恨的原因了。况且贤人君子，坚守正直之道，远离侥幸之门，如果大开侥幸之门，那么贤才就不可能再出仕了。贤者退避，若想求得百姓安定、教化普施，就再也不可能了。百姓若不得安宁，国家就要危险了，陛下怎能不深思熟虑呢？另外刺史、县令，是治理百姓的根本。近年来，不加选择。京官有犯错和声望不好的，才派出管理州郡；吏部所选之人，年事已高又缺少文才，才拟任为县令。这种风气经久不衰，上下共知，用此来治理百姓，怎么能使天下人心归服呢？今年粮食歉收，户口流失，国库空虚，租调减少。陛下在此多不留意，又将拿什么来治国呢？臣希望陛下能颁下明制，细论前事，使有关部门改变选择官员的办法，天下刺史、县令，都选用才望俱佳的人担任。自今以后，应有升迁诸曹侍郎、两省、两台和五品以上清高而有名望的官员，先在刺史、县令中选用。州县长官任用合适之人，天下就会大治，百姓也会欢欣，岂不是太平乐事吗？

唯望陛下详加考虑选择。

疏奏呈上后未被中宗采纳。（旧唐书卷八十八）

狄仁杰

【题解】狄仁杰（630—700年），字怀英，并州太原（今山西太原）人。出身太原狄氏，早年以明经及第，历任汴州判佐、并州法曹、大理寺丞、侍御史、度支郎中、宁州刺史、冬官侍郎、江南巡抚使、文昌右丞、豫州刺史、复州刺史、洛州司马等职，以不畏权贵著称。

天授二年（691年）九月，狄仁杰升任宰相，担任地官侍郎、同平章事。四个月后，被酷吏来俊臣诬以谋反，夺职下狱，贬为彭泽县令。营州之乱时，得到起复。神功元年（697年），狄仁杰再度拜相，担任鸾台侍郎、同平章事，迁纳言。他勇于犯颜直谏，力劝武则天复立庐陵王李显为太子，培植举荐忠于唐朝的势力，成为大唐社稷得以延续的重要支柱。

狄仁杰一生为人正直，疾恶如仇，把孝、忠、廉称之为大义。每任一职，都心系民生，政绩卓著。身居宰相之位后，辅国安邦，对武则天弊政多所匡正；在上承贞观之治，下启开元盛世的武则天时代，做出了卓越的贡献。

狄仁杰字怀英，并州太原人也。仪凤[①]中为大理丞，周岁断滞狱一万七千人，无冤诉者。转宁州刺史，抚和戎夏，人得欢心，郡人勒碑颂德。御史郭翰巡察陇右，所至多所按劾。及入宁州境内，耆老歌刺史德美者盈路。翰既授馆，召州吏谓之曰：“入其境，其政可知也。愿成使君之美，无为久留。”州人方散。翰荐名于朝，征为冬官侍郎，充江南巡抚使。

【注释】①仪凤：唐高宗李治的第九个年号（676—679年），共计4年。

【译文】狄仁杰，字怀英，并州太原（今山西太原）人。狄仁杰在仪凤年间任大理丞，一年间裁断积压拖延未予审决的案件，涉及人数达一万七千人，从此没有诉冤之人。转任宁州刺史后，安抚团结戎夏，百姓尽得欢心，郡人刻碑颂扬他的功德。御史郭翰巡察陇西，所到之处查劾了很多官员。等到进入宁州境内，称颂刺史美德的老人充满了道路。郭翰住进行馆，召见州吏对他们说：“一进入州境，就可以知道这里的政绩如何。愿成使君之美，不做久留。”州里百姓这才散去。郭翰将狄仁杰举荐到朝廷，征任为冬官侍郎，充任江南巡抚使。

转文昌右丞，出为豫州刺史。时越王贞[①]称兵汝南事败，缘坐者六七百人，籍没者五千口，司刑使逼促行刑。仁杰哀其诖误，缓其狱，密表奏曰：“臣欲显奏，似为逆人申理；知而不言，恐乖陛下存恤之旨。表成复毁，意不能定。此辈咸非本心，伏望哀其诖误。”特敕原之，配流丰州。豫囚次于宁州，父老迎而劳之曰：“我狄使君活汝辈耶！”相携哭于碑下，斋三日而后行。豫囚至流所，复相与立碑颂狄君之德。

【注释】①越王贞：即李贞（627—688年），唐太宗第八子，官至太子太傅，先后封为汉王、原王、越王。武则天当政时，因起兵失败而饮毒自尽。

【译文】狄仁杰后来又转任文昌右丞，出任豫州刺史。当时越王李贞在汝南起兵失败，受其牵连而获罪的有六七百人，被没入官府的有五千口，司刑使催逼用刑。狄仁杰可怜他们因受蒙蔽而犯了过失，想要延缓一段时间再行处理，密封表章上奏说：“臣想公开上奏，却又像替反叛之人申辩；知而不言，又恐怕违背陛下爱惜体恤百姓的意旨。表章写成后又毁掉，一直拿不定主意。这些人的行为并非出于本心，希望陛下能可怜他们是受人蒙蔽牵连而致。”武则天特别颁布赦令宽免了这些人，将他们发配流放到丰州。豫州囚犯停留在宁州，父老乡亲欢迎并慰劳他们说：“是我们的狄刺史救了你们啊！”他们相互搀扶着在碑下痛哭，当地百姓为他们设斋饭三日，之后才动身。豫州囚犯到达流放之地，又相约立碑颂扬狄仁杰的恩德。

初，越王之乱，宰相张光辅率师讨平之。将士恃功，多所求取，仁杰不之应。光辅怒曰：“州将轻元帅耶？”仁杰曰：“乱河南者，一越王贞耳。今一贞死而万贞生。”光辅质其辞，仁杰曰：“明公董戎三十万，平一乱臣，不戢兵锋，纵其暴横，无罪之人，肝脑涂地，此非万贞何耶？且凶威协从，势难自固，及天兵暂临，乘城归顺者万计，绳坠四面成蹊。公奈何纵邀功之人，杀归降之众？但恐冤声腾沸，上彻于天。如得尚方斩马剑加于君颈，虽死如归。”光辅不能诘，心甚衔之。还都，奏仁杰不逊，左授复州刺史。入为洛州司马。

【译文】起初，越王李贞叛乱，宰相张光辅率军讨伐并平定了越王之乱。将士们依仗功高，索要很多财物，狄仁杰不答应。张光辅大怒说道：“州官这是在轻视元帅吗？”狄仁杰答道：“扰乱河南的人，只有一个越王李贞罢了。现在死了一个李贞，却会有成千上万个李贞出现。”张光辅质问他所说何意，狄仁杰说：“明公统兵三十万，平定了一个乱臣，不约束手下士兵，却放纵他们凶暴强横，致使无罪之人肝脑涂地，这不是上万个李贞又是什么呢？况且李贞用凶恶的威势逼迫百姓随从他，当时的形势本来就难以巩固自身地位，无法确保自身安全，等到帝王之师来到，登上城墙归顺的有上万人，人们拽着绳子缒城而下，四面都变成了道路。公为何放纵那些急于求功者，杀害归降的众人？只怕鸣冤之声会沸腾不休，响彻天际。如能得到尚方斩马剑横在君的脖颈上，我虽死如归。”张光辅无话可说，心里特别怨恨狄仁杰。回到都城后，他向武则天呈上奏折说狄仁杰骄横不逊，贬官为复州刺史。不久入为洛州司马。

天授二年九月丁酉，转地官侍郎、判尚书、同凤阁鸾台平章事。则天谓曰：“卿在汝南时，甚有善政，欲知谮卿者乎？”仁杰谢曰：“陛下以臣为过，臣当改之；陛下明臣无过，臣之幸也。臣不知谮者，并为善友，臣请不知。”则天深加叹异。

【注释】①天授：唐朝武则天称帝后的第一个年号（690—692年），共计3年。

【译文】天授二年（691年）九月三十日，狄仁杰转任地官侍郎、判尚书、同凤阁鸾台平章事。武则天对他说：“你在汝南时，有良好的政绩，想知道谁在背后诬陷你吗？”狄仁杰辞谢道：“陛下如果认为臣有错，臣当马上改正；陛下如果明白臣没有错，那是臣的幸运。臣不知道诬陷我的是什么人，臣认为他们都是好友，所以臣不想知道。”武则天对狄仁杰深为赞赏。

未几，为来俊臣[①]诬构下狱。时一问即承者例得减死，来俊臣逼协仁杰，令一问承反。仁杰叹曰：“大周革命，万物唯新，唐朝旧臣，甘从诛戮。反是实！”俊臣乃少宽之。则天召仁杰，谓曰：“承反何也？”对曰：“向若不承反，已死于鞭笞矣。”“何为作谢死表？”曰“臣无此表。”示之，乃知代署也。故得免死。贬彭泽令。

【注释】①来俊臣（651—697年）：唐万年雍州（今陕西西安）人。武后时为御史中丞，治告密之事，性情凶暴残忍。后以谋反伏诛。

【译文】不久，狄仁杰受到来俊臣的诬陷被关入狱中。当时一审问便承认罪行的按例可以减缓死罪，来俊臣逼迫威胁狄仁杰，让他一经审讯便承认谋反。狄仁杰叹息说：“大周革命，万物唯新，唐朝旧臣，甘愿被诛杀，谋反是事实！”来俊臣对狄仁杰的审讯直到这时才稍微放松了一些。武则天召见狄仁杰，对他说："你为何要承认谋反？"狄仁杰回答说："那时如果不承认谋反，臣恐怕早已死在鞭笞之下了。""那你为何要写谢死表？"狄仁杰回答说："臣没有写过此表。"武则天把谢死表拿给他看，才知道是别人代他写的。狄仁杰因此得以免死，被贬为彭泽令。

万岁通天[①]年，契丹寇陷冀州，河北震动，征仁杰为魏州刺史。前刺史独孤思庄[②]惧贼至，尽驱百姓入城，缮修守具。仁杰既至，悉放归农亩，谓曰："贼犹在远，何必如是。万一贼来，吾自当之，必不关百姓也。"贼闻之自退，百姓咸歌诵之，相与立碑以纪恩惠。俄转幽州都督。

【注释】①万岁通天：武则天称周帝后的第八个年号（696—697年），共计2年。

②独孤思庄：唐河南洛阳人。高宗时，为陕州桃林令，迁水部员外郎。武则天临朝，为定州刺史，又历相州。后又为魏州刺史、瀛州刺史、施州刺史。

【译文】万岁通天年间，契丹攻陷冀州，河北为之震动，朝廷征召狄仁杰为魏州刺史。前任刺史独孤思庄害怕契丹贼兵到来，将百姓全部赶入城里，修缮守城器具。狄仁杰来到后，将百姓全部放归田园，对他们说："贼寇目前还在远处，何必如此。万一贼寇来了，我自有办法抵挡，一定不会影响到百姓的。”贼寇听后自己撤退了，百姓都歌颂狄仁杰，相约立碑来记述他的恩德。不久狄仁杰转任幽州都督。

神功①元年，入为鸾台侍郎、同凤阁鸾台平章事，加银青光禄大夫，兼纳言。

圣历②初，突厥侵掠赵、定等州，命仁杰为河北道元帅，以便宜从事。

圣历三年，则天幸三阳宫，王公百僚咸经侍从，唯仁杰特赐宅一区，当时恩宠无比。

是岁九月，病卒，则天为之举哀，废朝三日，赠文昌右相，谥曰文惠。

【注释】①神功：武则天称帝后的第九个年号（697年9月—697年12月），共计3月有余。

②圣历：武则天称帝后的第十个年号（698—700年），共计3年。

【译文】神功元年（697年），狄仁杰被征召入朝任鸾台侍郎、同凤阁鸾台平章事，加授银青光禄大夫，兼任纳言。

圣历初，突厥侵犯掠夺赵、定等州，朝廷命狄仁杰任河北道元帅，让其见机行事。

圣历三年（698年），武则天临幸三阳宫，王公百僚都在旁侍从，唯独专门在一个区域给狄仁杰赐了一所住宅，当时受恩宠的程度无人能比。

这年九月，狄仁杰因病去世，武则天为他办理丧事，停止朝会三天，追赠文昌右相，谥号文惠。

仁杰常以举贤为意，其所引拔桓彦范、敬晖、窦怀贞、姚崇等[①]，至公卿者数十人。初，则天尝问仁杰曰："朕要一好汉任使，有乎？"仁杰曰："陛下作何任使？"则天曰："朕欲待以将相。"对曰："臣料陛下若求文章资历，则今之宰臣李峤、苏味道[②]亦足为文吏矣。岂非文士龌龊，思得奇才用之，以成天下之务者乎？"则天悦曰："此朕心也。"仁杰曰："荆州长史张柬之，其人虽老，真宰相才也。且久不遇，若用之，必尽节于国家矣。"则天乃召拜洛州司马。他日，又求贤。仁杰曰："臣前言张柬之[③]，犹未用也。"则天曰："已迁之矣。"对曰："臣荐之为相，今为洛州司马，非用之也。"又迁为秋官侍郎，后竟召为相。柬之果能兴复中宗，盖仁杰之推荐也。（旧唐书卷八十九）

【注释】①桓彦范（653—706年）：字士则，润州曲阿（今江苏丹阳）人，桓彦范早年曾历任司卫寺主簿、监察御史、御史中丞、司刑寺少卿，后与敬晖、张柬之、崔玄暐、袁恕己一同发动神龙政变，拥立唐中宗复辟，被任命为侍中。敬晖（？—706年），字仲晔，绛州太平（今山西临汾）人，敬晖早年曾历任卫州刺史、夏官侍郎、泰州刺史、洛州长史、中台右丞，后参与发动神龙政变，拥立唐中宗复辟，被任命为侍中。

②李峤（645—714年）：字巨山，赵郡赞皇（今河北赞皇）人。武周时期，依附张易之兄弟。中宗年间，依附韦皇后和梁王武三思，官至

中书令、特进，封为赵国公。唐睿宗时，贬为怀州刺史，因年老致仕。唐玄宗时，再贬滁州别驾，迁庐州别驾。开元二年（714年）病逝于庐州，终年七十岁。苏味道（约648—705年）：赵州栾城（今河北石家庄）人。唐神龙政变（705年）时，因曾阿附张易之，贬为眉州刺史，卒于任上。苏味道与杜审言、崔融、李峤并称为“文章四友”，与李峤并称苏李。

③张柬之（625—706年）：字孟将，襄州襄阳（今湖北襄阳）人。进士出身，授清源县丞。以贤良方正科入试，擢监察御史、中书舍人。论事得罪武则天，出任合州刺史、蜀州刺史、荆州长史。得到宰相狄仁杰举荐，迁洛州司马。狄仁杰再荐之，拜刑部侍郎。再得姚崇推荐，拜中书侍郎、同平章事，成为宰相。神龙元年（705年）正月，联合桓彦范、敬晖等人，乘着武则天生病，发动神龙政变，拥立唐中宗李显复位，复辟唐朝。拜吏部尚书，封汉阳郡公，累封汉阳王。

【译文】狄仁杰常以举荐贤能为自己的心愿，经他引荐提拔的有桓彦范、敬晖、窦怀贞、姚崇等人，担任公卿的达数十人。起初，武则天问狄仁杰说：“朕想要一个好汉任用，有这样的人吗？”狄仁杰问：“陛下您想用他做什么？”武则天说：“朕想任用他为将相。”狄仁杰回答说：“臣认为陛下如果想寻求文章资历皆为上品之人，那么现在的宰相李峤、苏味道足以胜任文吏了。莫非因为文士常拘于琐碎的小节，陛下想要得到奇才任用，以成天下之大业吗？”武则天高兴地说：“这确实是我心里所想。”狄仁杰说：“荆州长史张柬之，此人年龄虽然有些大，却是真正的宰相之才。况且长期怀才不遇，如果陛下能任用他，一定会为国家尽节的。”武则天于是召张柬之入朝拜任为洛州司马。另一天，武则天又求贤，狄仁杰说：“臣从前和陛下说的张柬之，还没有进用呢。”武则天说：“已经升迁了。”狄仁杰回答说：“臣推荐他为宰相，现在只是担任了洛州司马，这还不是真正的进用。”武则天又升任他为秋官侍郎，后来终于召入朝廷为相。张柬之果然兴复了中宗，都是狄仁杰的推荐之功。（旧唐书卷八十九）

朱敬则

【题解】朱敬则（635—709年），字少连，亳州永城（今河南永城）人。唐高宗时，任右补厥。武则天称制，广开告密之门，罗织诬陷，诛杀大臣。敬则进谏“宜绝告密罗织之徒”，武后采纳他的建议，后提升他为正谏大夫兼修国史。后来，官至同凤阁鸾台平章事，治理国家事务常以用人为先决条件。但因他的性情直爽，触犯了时政，被贬为郑州刺史。他为官清廉，辞官归来时只一人一马，别无所有。唐中宗景龙三年（709年）去世，享年75岁。《续编》主要辑录了他上疏给武则天的这篇奏疏。

朱敬则，字少连，亳州永城人也。长寿[①]中，累除右补阙。敬则以则天初临朝称制，天下颇多流言异议，至是既渐宁晏，宜绝告密罗织之徒，上疏曰：

臣闻李斯之相秦也，行申、商[②]之法，重刑名之家，杜私门，张公室，弃无用之费，损不急之官，惜日爱功，疾耕急战，人繁国富，乃屠诸侯。此救弊之术也。故曰：刻薄可施于进趋，变诈可陈于攻战。兵犹火也，不戢将自焚。况锋镝③已销，石城又毁，谅可易之以宽泰，润之以淳和，八风之乐以柔之，三代之礼以导之。秦既不然，淫虐滋甚，往而不返，卒至土崩，此不知变之祸也。

【注释】①长寿：武则天称帝后的第三个年号（692—694年），共计3年。

②申、商：即申不害、商鞅，两人均为先秦法家代表人物。

③锋镝：刀刃和箭镞，用为兵器的通称。

【译文】朱敬则，字少连，是亳州永城（今河南永城）人。长寿年间，朱敬则多次授任右补阙。朱敬则认为武则天起初临朝代行皇帝职权时，天下有很多流言蜚语，至今已逐渐平息下来，应该杜绝告密及网罗他人罪状、陷害无辜之徒，他上疏说道：

臣听说李斯担任秦相时，推行申不害、商鞅的法令，注重刑名之学，杜绝私下向王公贵族请托，光大公室，废弃无用的开支，裁撤冗员，珍惜时光看重功业，努力耕作加紧备战，人口增多国家富强，于是屠灭诸侯。这是解救疲弊之术。所以说：苛政可施于进取之时，诡变巧诈可用于攻战之时。用兵就如大火一般，不让其停止就会自焚烧毁自己。更何况兵器已经销毁，石城也已毁掉，料想也该改用宽舒的政策，以淳和之策来使百姓受到恩泽，用八风之乐来安抚百姓，用三代之礼来教导百姓。秦朝却不是这样，淫乱暴虐更加严重，一意孤行不知悔改，直至土崩瓦解，这是不知顺时而变所导致的灾祸。

陆贾、叔孙通[①]之事汉王也，当荥阳、成皋之间，粮馈已穷，智勇俱困，不敢开一说，效一奇，唯进豪猾之材，荐贪暴之客。及区宇适平，干戈向戢，金鼓之声未歇，伤痍之痛尚闻，二子顾眄，绰有余态，乃陈诗书，说礼乐，开王道，谋帝图。高皇帝忿然曰："吾以马上得之，安事诗书乎！"对曰："马上得之，可马上理之乎？"高皇默然。于是陆贾著《新语》，叔孙通定礼仪，始知天子之尊，此知变之善也。向使高皇排二子而不用，置诗书而不顾，重攻战之吏，尊首级之材，复道争功，张良[②]已知其变，拔剑击柱，吾属不得无谋。即晷漏难逾，何十二帝乎？亡秦之续，何二百年乎？故曰：仁义者，圣人之蘧庐；礼经者，先王之陈迹。然则祝祠向毕，刍狗[③]须投；淳精已流，糟粕可弃。仁义尚舍，况轻此者乎？自文明草昧，天地屯蒙[④]，二叔流言[⑤]，四凶[⑥]构难。不设钩距，无以应天顺人；不切刑名，不可摧奸息暴。故置神器，开告端，曲直之影必呈，包藏之心尽露。神道助直，无罪不除；人心保能，无妖不戮。以兹妙算，穷造化之幽深；用此神谋，入天人之秘术。故能计不下席，听不出闱，苍生晏然，紫宸易主。大哉伟哉，无得而称也！岂比造攻鸣条，大战牧野，血变草木，头折不周，可同年而语乎？然而急趋无善迹，促柱[⑦]少和声，拯溺不规行，疗饥非鼎食。即向时之妙策，乃当今之刍狗也。伏愿览秦、汉之得失，考时事之合宜，审糟粕之可遗，觉蘧庐之须毁。见机而作，岂劳终日乎？陛下必不可偃蹇太平，徘徊中路。伏愿改法制，立章程，下恬愉之辞，流旷荡之泽，去萋菲之牙角，顿奸险之锋芒，窒罗织之源，扫朋党之迹，使天下苍生坦然大悦，岂不乐哉！

则天甚善之。（旧唐书卷九十）

【注释】①陆贾：汉初楚国人，西汉思想家、政治家、外交家，著有《新语》等。叔孙通：西汉初期人，汉初时曾为刘邦制定朝仪。

②张良（约前250—前186年）：韩国（今河南新郑市）人。秦末汉初杰出谋臣，“汉初三杰”之一。

③刍狗：古代祭祀时用草扎成的狗，用完即丢弃。后比喻轻贱无用之物。

④屯蒙：本意指《周易》中屯卦和蒙卦的并称。两卦主要象征万物初生稚弱貌。

⑤二叔流言：指管、蔡二叔散布周公要篡位的谣言。二叔：指管叔姬鲜和蔡叔姬度，成王的二位叔叔。

⑥四凶：相传为尧舜时四个恶名昭彰的部族首领。后世多用以比喻凶狠贪婪的朝臣。

⑦促柱：急弦。支弦的柱移近则弦紧，故称。

【译文】陆贾、叔孙通事奉汉王，在荥阳、成皋一带，粮食匮乏已近断绝，智力穷尽气力衰竭，不敢再开口提任何建议，取得一次奇功，只知引进强横狡诈的不法之徒，推荐贪婪残暴之客。等到天下刚刚平定，战争基本停止，金鼓之声还未停歇，创伤之痛依然萦绕于耳，二人左顾右盼，仪态从容，于是陈述诗书，论说礼乐，阐释王道，谋划帝业。高祖刘邦生气地说："我是在马上取得的天下，为什么还要学习诗书呢！"他们回答说："能在马上取得天下，难道也能在马上治理天下吗？"高祖默然无语。于是陆贾著《新语》，叔孙通制定礼仪，高祖才开始知道天子的尊贵，这是懂得变通的好处。假使高祖排斥二人而不予任用，置诗书于不顾，只重用攻敌争战之将，尊崇有杀敌之功的人才，众将在重叠的通道间争功，张良已知其中将有变，在群臣醉酒时拔剑击柱，说我们不是没参与谋划，如此，则片刻都无法维持，何来十二帝的传承呢？在亡秦之后，如何会有二百年的天下呢？所以说：仁义，是圣人行路中的休息处；礼经，是先王过去的事迹。那么祭祀祠庙即将结束，祭祀用的草狗用后必须扔掉；精华已经流尽，糟粕就应该丢弃。仁义尚且可以舍弃，何况比仁义轻的东西呢？自从文明年开创新朝代，天地初生，有类似管叔姬鲜和蔡叔姬度散布周公要篡位的谣言，有类似尧舜时四个恶名昭彰的坏人制造祸乱。不辗转推问出实情，就无法顺应天命和民意；不施以严刑，就无法除掉奸臣平息暴乱。所以设置让人投递奏章的铜匦（铜制的小箱子），开启了告密之端，是非善恶之影定会呈现，包藏之心全部显露。神道帮助正直之人，无罪者不会被清除；人心保护贤能之人，不妖异怪诞就不会被杀戮。凭借这种妙算，穷尽造化之幽深；使用这种神谋，晓达天人之秘术。所以能不下座席就制定出计谋，不出宫闱就可以听政，黎民百姓安宁平静，皇位易主。真是伟大啊，没有什么语言可以表达赞誉之情！比起商汤攻打鸣条，周武王大战牧野，鲜血将草木染成了红色，共工用头将不周山撞折，可以相提并论吗？然而快走不会留下端正的印迹，弹琴时急弦奏不出和谐的乐音，抢救落水者时不必按规矩行走，治疗饥饿者时不能给他用鼎盛食。即使在从前称之为妙策，但在今天就如应丢弃的草狗一样。希望能借鉴秦、汉两朝的得失，考察时事的合宜，拣选可以遗弃的糟粕，找出损害仁义的因素。见机而作，岂用终日劳作？陛下一定不能安享眼前的太平，半路徘徊。希望陛下能修改法制，建立章程，颁布让百姓安适的法令，传播浩荡宽广的恩泽，削去散布谗言的党羽，挫败奸险的锋芒，堵塞构陷的根源，扫除朋党的劣迹，使天下百姓坦然愉悦，难道不是一件乐事吗！

武则天阅后对此大加赞赏。（旧唐书卷九十）

崔玄暐

【题解】崔玄暐（639—706年），本名崔晔，字玄暐，博陵安平（今河北安平县）人。龙朔二年（662年），考中明经科，累迁至库部员外郎，后授天官郎中、凤阁舍人。长安元年（701年），升任天官侍郎。神龙元年（705年），崔玄暐与桓彦范、敬晖、张柬之、袁恕己等人趁武则天病重，发动兵变，拥立皇太子李显登基，是为唐中宗，因功擢升中书令，封博陵郡公。后唐中宗听信武三思的谗言，将其贬官流放，崔玄暐在流放途中病逝，时年69岁。

崔玄暐为官以清白著称，这和其受到的母教有关。《续编》辑录了其相关内容，可以作为今人的借鉴。

崔玄暐，博陵安平人也。龙朔[①]中，举明经，累补库部员外郎。其母卢氏尝诫之曰："吾见姨兄屯田郎中辛玄驭云：'兒子从宦者，有人来云贫乏不能存，此是好消息。若闻赀货充足，衣马轻肥，此恶消息。'吾常重此言，以为确论。比见亲表中仕宦者，多将钱物上其父母，父母但知喜悦，竟不问此物从何而来。必是禄俸余资，诚亦善事。如其非理所得，此与盗贼何别？纵无大咎，独不内愧于心？孟母不受鱼鲊[②]之馈，盖为此也。汝今坐食禄俸，荣幸已多，若其不能忠清，何以戴天履地？孔子云：'虽日杀三牲之养，犹为不孝。'又曰：'父母惟其疾之忧。'特宜修身洁己，勿累吾此意也。"玄暐遵奉母氏教诫，以清谨见称。寻授天官郎中，迁凤阁舍人。

【注释】①龙朔：唐高宗李治的第三个年号（661—663年），共计3年。

②鱼鲊（zhǎ）：腌鱼。

【译文】崔玄暐，博陵安平（今河北安平县）人。龙朔年间，崔玄暐参加明经科考试，多次补任库部员外郎。他的母亲卢氏曾告诫他说："我听姨表兄屯田郎中辛玄驭说：'儿子做官的，有人来说他贫困无法生存，这是好消息。如果听说他财物充足，身穿轻裘骑着肥马，这是坏消息。’我非常敬重这句话，认为这是正确的言论。经常看见表亲中有做官的，把许多钱物上交给他们的父母，父母却只知喜悦，始终不问这些钱物从何而来。如果是俸禄节余下来的，确实是件好事。如果那些钱物是用不合理的手段所得，这与盗贼又有何区别呢？纵使没有大的错误，自己能不内心有愧吗？孟母连鱼鲊这样小的馈赠都不肯接受，大概就是这个原因吧！你今天坐食俸禄，已经得到很多荣幸，如果不能忠诚廉正，以什么来顶天立地？孔子说：‘即使每天宰杀三牲来奉养父母，仍然是不孝的。’又说：‘父母只为儿女的疾病担忧。’你要特别注意修养品德，纯洁操守，不要辜负了我的心意。”崔玄暐遵奉母亲的教诲，以清廉谨慎受到人们称颂。不久授任天官郎中，升任凤阁舍人。

长安[①]元年，超拜天官侍郎。每介然自守，都绝请谒，颇为执政者所忌。

【注释】①长安：武则天称帝后的第十三个年号（701—704年），共计4年。

【译文】长安元年（701年），崔玄暐被破格授任为天官侍郎。他坚定不移地坚持操守，杜绝一切请托谒见，颇被执政者忌恨。

三年，拜鸾台侍郎、同凤阁鸾台平章事，兼太子左庶子。四年，迁凤阁侍郎，加银青光禄大夫，仍依旧知政事。先是，来俊臣、周兴[①]等诬陷良善，冀图爵赏，因缘籍没者数百家。玄暐固陈其枉状，则天乃感悟，咸从雪免。

【注释】①周兴：雍州长安人，武则天所重用的酷吏之一，官至尚书左丞。天授二年（691年），被人告发谋反，被来俊臣用请君入瓮之计制服，武则天将他流放，途中被仇家所杀。

【译文】长安三年（703年），拜授鸾台侍郎、同凤阁鸾台平章事，兼太子左庶子。长安四年（704年），升任凤阁侍郎，加银青光禄大夫，依旧主持政事。在此之前，来俊臣、周兴等诬陷良善之臣，企图邀功领赏，因此被没收家产的达数百家。崔玄暐坚决陈述这些冤案，武则天于是有所感悟，对涉案人员全部给予昭雪赦免。

则天季年，宋璟劾奏张昌宗[①]谋为不轨，玄暐亦屡有谠言，则天乃令法司正断其罪。玄暐弟升时为司刑少卿，又请置以大辟。其兄弟守正如此。

玄暐与弟升甚相友爱。诸子弟孤贫者，多躬自抚养教授，颇为当时所称。（旧唐书卷九十一）

【注释】①张昌宗：定州义丰（今河北安国）人。经太平公主推荐入宫侍奉武则天，官至春官侍郎，封为邺国公。武周晚年，与其兄张易之把持朝政，败坏朝纲。张柬之、崔玄暐等发动神龙政变，将张昌宗兄弟二人诛杀。

【译文】武则天末年，宋璟上奏疏弹劾张昌宗图谋不轨，崔玄暐也屡次发表正直之言，武则天便令司法部门公正裁决他的罪行。崔玄暐的弟弟崔升当时为司刑少卿，又请求把张昌宗处以死刑。兄弟二人就是这样恪守正道的。

崔玄暐与弟弟崔升非常友爱。各位子弟中如有孤苦贫穷的，崔玄暐都会亲自抚养教育，颇为当时人所称颂。（旧唐书卷九十一）

魏元忠

【题解】魏元忠（？—707年），原名魏真宰，字元忠，宋州宋城县（今河南商丘睢阳区）人。历仕高宗、武后、中宗三朝，两度出任宰相，兼具政治和军事才能，曾和李孝逸一起平定徐敬业的扬州叛乱，为“贞观之治”向“开元盛世”的顺利过渡起了积极作用。

《续编》主要辑录了仪凤年间，吐蕃频犯塞，他上书给唐高宗的封事，说明抵御吐蕃的策略。他提出国家的要务是要注重文事、武备，文事上注重治国平天下的规划；武备上有选用有智慧、谋略的将领，又强调奖赏和刑罚是军政最重要的事务等。奏章上后，唐高宗称赞并召见了他，命他在中书省值守，朝会时可以和百官一样上朝。

魏元忠一生荣辱皆尝，曾三次被流放，时人多称其无罪。武则天曾问他为何背负诽谤，他回答说："臣犹鹿也，罗织之徒有如猎者，苟须臣肉作羹耳。此辈杀臣以求达，臣复何辜。"魏元忠曾为则天朝相。最后还是被诬，70岁时在涪陵去世。

魏元忠，宋州宋城人也。本名真宰，以避则天母号改焉。初，为太学生，志气倜傥，不以举荐为意，累年不调。时有左史盩厔人江融[①]撰《九州设险图》，备载古今用兵成败之事，元忠就传其术。仪凤中，吐蕃频犯塞，元忠赴洛阳上封事，言命将用兵之工拙，曰：

臣闻理天下之柄，二事焉，文与武也。然则文武之道，虽有二门，至于制胜御人，其归一揆。方今王略遐宣[②]，皇威远振，建礼乐而陶士庶，训军旅而慑生灵。然论武者以弓马为先，而不稽之以权略；谈文者以篇章为首，而不问之以经纶。而奔竞相因，遂成浮俗。臣尝读魏、晋史，每鄙何晏、王衍[③]终日谈空。近观齐、梁书，才士亦复不少，并何益于理乱哉？从此而言，则陆士衡著《辨亡论》，而不救河桥之败，养由基射能穿札，而不止鄢陵之奔，断可知矣[④]。昔赵岐[⑤]撰御寇之论，山涛陈用兵之本，皆坐运帷幄，暗合孙、吴。宣尼称"有德者必有言，仁者必有勇"，则何平叔、王夷甫岂得同日而言哉！

【注释】①江融：唐京兆盩厔（zhōu zhì）（今陕西周至）人。武则天时，撰《九州设险图》。历官左史、起居郎。

②遐宣：远扬，普及。

③何晏（？—249年）：字平叔，南阳郡宛县（今河南南阳）人。三国时期曹魏大臣、玄学家。王衍（256—311年）：字夷甫，琅邪郡临沂县（今山东临沂）人。西晋末年重臣，玄学清谈领袖。

④陆士衡：即陆机（261—303年），字士衡，吴郡吴县（今江苏苏州）人。西晋著名文学家、书法家。《辨亡论》，是陆机撰写的一篇论东吴如何灭亡的文章。养由基，春秋时期楚国人。善射箭，射击相距百步的柳叶，百发百中。

⑤赵岐（？—201年）：字邠卿。京兆长陵县（今陕西咸阳）人。东汉末年经学家、画家。初名嘉，字台卿，后因避难而改名。

【译文】魏元忠，宋州宋城（今河南商丘）人。本名真宰，因避讳武则天母亲的名号而改名。起初，魏元忠为太学生，志气洒脱豪迈，不在意是否会受到举荐，连着几年都没有应选。当时有左史盩厔人江融，撰写《九州设险图》，详细记载了古今用兵成败之事，魏元忠便跟随他学习，传承他的学术。仪凤年间，吐蕃频繁侵犯边塞，魏元忠赶赴洛阳呈送奏章，上书遣将用兵的优劣，说：

臣听闻治理天下的根本，在两件事上，就是文与武。然而文武之道，虽然有两种途径，可是对于治理天下取得胜利来说，却是殊途同归。如今大唐之王道四面远扬，皇威远摄八方，建立礼乐而陶冶万民，训练军队而威慑百姓。然而论武者以骑射为先，却不用心于谋略；谈文者以文字著作为首要，却对筹划治理国家大事不闻不问。而且为名利奔走争竞相袭不休，于是形成了浮夸之风。臣曾读过魏、晋的史书，常常鄙视何晏、王衍的终日空谈；近来翻阅齐、梁的史书，其中也有不少才德之士，但对治理纷乱又有何益处呢？以此说来，陆机虽然撰写了论东吴如何灭亡的《辨亡论》，却不能挽救自己在河桥失败的命运；养由基能射穿铠甲，却不能阻止楚军在鄢陵败逃，这其中的道理已经显而易见了。从前赵岐撰写《御寇论》，山涛陈述用兵的根本，都是运筹帷幄，却与孙、吴的兵法暗中相合。孔子说“有德之人必有善言，仁爱之人必然勇敢”，那么何晏、王衍等人又岂能同日而语呢？

臣闻才生于代，代实须才，何代而不生才，何才而不生代。故物有不求，未有无物之岁；士有不用，未有无士之时。夫有志之士，在富贵之与贫贱，皆思立于功名，冀传芳于竹帛。故班超投笔而叹，祖逖击楫而誓，此皆有其才而申其用矣①。且知己难逢，英哲罕遇，士之怀琬琰②以就埃尘，抱栋梁而困沟壑者，则悠悠之流，直睹此士之贫贱，安知此士之方略哉。故汉拜韩信③，举军惊笑；蜀用魏延④，群臣觖望。嗟乎，富贵者易为善，贫贱者难为功，至于此也！

【注释】①班超（32—102年）：字仲升，扶风平陵（今陕西咸阳）人。明帝时出使西域，平服五十余国，被诏封为西域都护，后又被封为定远侯。祖逖（266—321年），字士稚，晋范阳（今河北涿州）人。元帝时为豫州刺史，渡江击楫誓复中原，率师与石勒相持，黄河以南，尽为晋土。后因朝廷大臣不和，奥援不力，遂忧愤而死。

②琬琰：琬圭及琰圭，泛指美玉。比喻君子的德性。

③韩信（？—前196年）：淮阴（今江苏淮安）人，西汉军事家。秦末参加项羽部队，因不受重用，改投刘邦，被拜为大将军。后助汉高祖伐魏、举赵、降燕、破齐，封为齐王，后徙封楚王，高祖疑其背叛，降封淮阴侯，终为吕后所杀。

④魏延（？—234年）：字文长，义阳平氏（今河南桐柏）人。三国时期蜀汉将领。

【译文】臣听闻有才能的人之所以降生于那个时代，是因为那个时代确实需要这种人才。哪个时代不化育英才，哪个人才不生于世上。因此只有不被需求的物质，却没有无物质的年岁；只有不被任用的贤才，却没有无贤才的时代。但凡有志之士，无论身处富贵还是贫贱，都在思考着建立功名，希冀自己能够流芳史册。所以班超曾掷笔而叹，祖逖击楫而誓，这都是身具其才而能发挥他们的作用了。况且知己难逢，英哲罕遇，那些心怀君子之德却沦落尘埃之士，胸怀为国付出之志却困于沟壑之人，那些荒谬庸俗之辈，只看见他们身处贫贱之地，却怎知他们的方法与谋略呢？所以汉王刘邦拜韩信为上将军时，全军惊笑；蜀国重用魏延，致使群臣因不满而心生怨恨。唉，富贵者为善容易，而贫贱之人却难有功绩，竟到了如此地步！

亦有位处立功之际，而不展其志略，身为时主所知，竟不能尽其才用，则贫贱之士焉足道哉！汉文帝时，魏尚、李广[1]并身任边将，位为郡守。文帝不知魏尚之贤而囚之，不知李广之才而不能用之。常叹李广恨生不逢时，令当高祖日，万户侯岂足道哉。夫以李广才气，天下无双，匈奴畏之，号为“飞将”，尔时胡骑凭凌，足伸其用。文帝不能大任，反叹其生不逢时。近不知魏尚、李广之贤，而乃远想廉颇、李牧[2]。故冯唐曰，虽有颇、牧而不能用，近之矣。从此言之，疏斥贾谊，复何怪哉。此则身为时主所知，竟不能尽其才用。昔羊祜[3]献计平吴，贾充、荀勖[4]沮其策，祜叹曰：“天下不如意恒十居七八。”缘荀、贾不同，竟不大举。此则位处立功之际，而不得展其志略。而布衣韦带之人，怀一奇，抱一策，上书阙下，朝进而望夕召，何可得哉。

【注释】①魏尚（？—前157年）：西汉槐里（今陕西兴平）人。汉文帝时为云中太守，作战有功。后因上报杀敌数不符，被削职查办。经冯唐直谏，得以复官。李广（？—前119年），陇西成纪（今甘肃秦安县）人，西汉时期名将。文帝时，从军击匈奴，因功为中郎。景帝时，先后任北部边境七郡太守。武帝即位，任卫尉。后任太守。匈奴畏服，称之为“飞将军”。后在漠北之战中，因迷失道路，被责自杀。

②李牧（？—前299年）：战国时赵将。居雁门时，匈奴十余年不敢进犯。大破秦军，被封武安君。后因秦施反间于赵，被斩。

③羊祜（221—278年）：字叔子，晋南城（今山东新泰）人。武帝时镇襄阳，官至征南大将军，后病卒，南州民为之罢市巷哭，立碑岘山，

望其碑者皆流泪，时称“堕泪碑”。

④贾充（217—282年）：字公闾，平阳襄陵（今山西襄汾）人，三国曹魏末期至西晋初期重臣，西晋王朝的开国元勋。荀勖（？—289年）：字公曾，西晋颍川颍阴（今河南许昌）人。初仕魏，入晋后封济北郡公，进光禄大夫，掌乐事。

【译文】也有人位处立功之际，却不能展现他的才略，使自身被当时的君主知晓，竟不能充分发挥他的才用，那么贫贱之士就更不值一提了！汉文帝时，魏尚、李广均任边关将领，居于郡守之位。文帝不了解魏尚的贤德而将其囚禁，不了解李广的才能而没有加以任用，却常叹李广恨生不逢时，如果让他生在高祖时，即使是万户侯又何值一提！凭借李广的才气，天下无双，匈奴畏服，将他称为“飞将”，当时匈奴欺凌汉人，正足以发挥李广的作用。但文帝却没有对其委以重任，反而慨叹他生不逢时。对于近在眼前的魏尚、李广的贤能都不能了解，却一心想着离自己久远的廉颇和李牧。因此冯唐说，文帝就算有廉颇、李牧这样的勇将也不可能重用，此话近于真理。由此说来，疏远排斥贾谊，又有什么可奇怪的？这就是自身虽被当时的君主所知晓，却终究不能尽其才用。从前羊祜献计平定吴国，贾充、荀勖阻止他的计策，羊祜叹息道：“天下不如意之事常十有七八。”因为荀勖、贾充的不同意见，消灭吴国的计谋最终也没有得到实施。这就是处于立功之位，却不能施展其志向和才略的例子。而那些身着布衣腰系韦带之人，怀一奇谋，执一良策，上书天子，早晨刚刚进呈就盼望晚上能被召见，这怎能如愿呢？

臣请历访内外文武职事五品已上，得不有智计如羊祜、武艺如李广，在用与不用之间，不得骋其才略。伏愿降宽大之诏，使各言其志。无令汲黯直气，卧死于淮阳。仲舒大才，位屈于诸候相。

【译文】臣请求遍访五品以上内外文武官员，怎会没有智谋如羊祜、武艺如李广的人才呢，关键就在于是否能够任用他们，能否使其充分发挥才略罢了。希望能降下宽大的诏令，使大臣们各言其志，不要让汲黯那样充满正气的人老死于淮阳，董仲舒那样堪当重任之才屈居于诸侯王的国相。

又曰：

臣闻帝王之道，务崇经略。经略之术，必仗英奇。自国家良将，可得言矣。李靖[①]破突厥，侯君集[②]灭高昌，苏定方[②]开西域，李勣[③]平辽东，虽奉国威灵，亦其才力所致。古语有之，“人无常俗，政有理乱，兵无强弱，将有能否”。由此观之，安边境，立功名，在于良将也。故赵充国[④]征先零，冯子明[⑤]讨南羌，皆计不空施，机不虚发，则良将立功之验也。然兵革之用，王者大事，存亡所系。若任得其才，则摧凶而扼暴。苟非其任，则败国而殄人。北齐段孝玄云：“持大兵者，如擎盘水。倾在俯仰间，一致蹉跌，求止岂得哉！”从此而言，周亚夫[⑥]坚壁以挫吴、楚，司马懿[⑦]闭营而困葛亮，俱为上策。此皆不战而却敌，全军以制胜。是知大将临戎，以智为本。汉高之英雄大度，尚曰“吾宁斗智”；魏武之机神冠绝，犹依法孙、吴。假有项籍之气，袁绍之基[⑧]，而皆泯智任情，终以破灭，何况复出其下哉！

【注释】①李靖（571—649年）：字药师，京兆三原（今陕西三原）人。唐朝开国名将。

②苏定方（592—667年）：冀州武邑县（今河北武邑）人。唐朝杰出的军事家。一生驰骋疆场数十年，北击颉利，西灭突厥，东平百济，南镇吐蕃，使西域诸国慑服。

③李勣（594—669年）：字懋功，曹州离狐（今山东菏泽）人。唐初名将，与卫国公李靖并称。曾随李世民平定四方，在两击薛延陀、破东突厥、灭高句丽、平定碛北的战役中都做出了突出贡献。

④赵充国（前137—前52年）：字翁孙，西汉著名将领，曾威震匈奴，平定西羌；后屯田西北，促进了当地农业发展。

⑤冯子明：即冯奉世（？—前39年），字子明，西汉上党潞县人（今山西潞城）。宣帝时，任卫侯，出使大宛，发兵击破莎车，斩其王，返迁水衡都尉。元帝时，为执金吾。永光二年（前42年），升左将军，封关内侯。

⑥周亚夫（前199—前143年）：沛郡沛县（今江苏丰县）人，西汉时期名将，官至丞相。后蒙冤下狱，闭食自尽。

⑦司马懿（179—251年）：字仲达，河内郡温县孝敬里（今河南焦

作市温县）人。三国时期曹魏政治家、军事谋略家、权臣，西晋王朝的奠基人之一。

⑧项籍：即项羽（前232—前202年），泗水下相（今江苏宿迁市）人。秦末农民起义领袖，杰出军事家。袁绍（？—202年），字本初，汝南汝阳（今河南周口市）人，汉末群雄之一。

【译文】又说：

臣听闻帝王之道，务必要重视经营谋划。而经营谋划之道，又必须倚仗才智出众之人。自开国以来的良将，就能说明这个问题。李靖大破突厥，侯君集灭掉高昌，苏定方开拓西域，李勣平定辽东，虽说倚仗国家显赫的声威，也是凭借他们的才干才能达到。有句古语这样说，“百姓没有一成不变的习俗，主要在于政治有治世与乱世；军队没有一成不变的强弱，关键在于将领是否具备领导才能”。由此看来，安定边境，建立功名，关键要有善于治军的将领。所以赵充国征服先零，冯子明征讨南羌，都能使计策没有空白施行，时机没被白白错过，这正是良将立功的征验。然而，进行战争是王者的大事，关系着一个国家的生死存亡。如果任用合适的有才之士，就会摧毁凶残阻扼暴虐；如果所用之人无法胜任其职，就会使国家败亡、百姓受到残害。北齐段孝玄说：“执掌重兵的人，就如托举着一盘水。倾洒就在俯仰的一瞬间，一旦失足跌倒，想要停止又怎么可能啊！”由此来说，周亚夫坚守不出而挫败吴、楚等七国之乱，司马懿坚壁不出以逸待劳，而使诸葛亮陷入困顿之境，这些都是上策。这都是不用攻战就使敌人退却，保全军队而制胜的例子。由此可知，大将亲临战阵，以善用智谋为根本。以汉高祖的英雄大度，尚且会说“我宁肯斗智”；以魏武帝无人能及的神机妙算，却依然遵循孙子、吴起的兵法。即使有项羽的气势，袁绍的基业，却泯灭才智随性而为，终究会导致破灭，何况才智又在他们之下呢！

且上智下愚，明暗异等，多算少谋，众寡殊科。故魏用柏直①以拒汉，韩信轻为竖子；燕任慕容评②以抗秦，王猛③谓之奴才。即柏直、慕容评智勇俱亡者也。夫中材之人，素无智略，一旦居元帅之任，而意气轩昂，自谓当其锋者无不摧碎，岂知戎昭果毅、敦诗说礼之事乎！故李信④求以二十万众独举鄢郢，其后果辱秦军；樊哙⑤愿得十万众横行匈奴，登时见折季布⑥，皆其事也。

【注释】①柏直：西汉魏人。高祖时，汉兵败彭城，齐、赵与魏王豹皆反汉、楚。魏以柏直为大将，被韩信消灭。

②慕容评：昌黎棘城（今辽宁义县）人。十六国时期前燕宗室重臣，前燕武宣帝慕容廆少子，前燕文明帝慕容皝之弟。

③王猛（325—375年）：字景略，东晋北海郡剧县（今山东寿光）人。十六国时期著名的政治家、军事家，在前秦官至丞相、大将军。

④李信：槐里（今陕西兴平）人，战国末期秦国著名将领，在灭燕之战中立有大功。后领兵攻打楚国，大败。

⑤樊哙（前242—前189年）：西汉开国元勋，大将军，左丞相，著

名军事统帅，为刘邦麾下最勇猛的战将，曾在鸿门宴时出面营救汉高祖刘邦。

⑥季布：楚地人，曾效力西楚霸王项羽。项羽败亡后，被汉高祖刘邦拜为郎中。汉惠帝时，官至中郎将。汉文帝时，任河东郡守。季布以信守诺言著称。

【译文】并且上智下愚，明暗差异不等，多算少谋，众寡不同。楚汉战争时期魏王任用柏直以抵御汉军，韩信却将他轻视为竖子；前燕任用慕容评来抵抗前秦，王猛却将他视为奴才，这等于给柏直、慕容评下了智勇双无的评价。那些中等之才的人，平素没有智谋韬略，一旦居于元帅之职，便神采焕发，气度不凡，自称只要阻挡其刀锋的无不被摧毁，又岂知军旅之中应当勇猛果断、崇尚诗礼之事呢！所以，李信请求率二十万大军独自攻打楚都，最终使秦军大败受辱；樊哙愿率十万大军纵横驰骋匈奴，当时便遭到季布的反对，以上说的都是这类事情。

当今朝廷用人，类取将门子弟，亦有死事之家而蒙抽擢者。此等本非干略见知，虽竭力尽诚，亦不免于倾败，若之何使当阃外之任哉？后汉马贤①讨西羌，皇甫规②陈其必败；宋文帝使王玄谟③收复河南，沈庆之④悬知不克。谢玄⑤以书生之姿，拒苻坚⑥天下之众，郗超⑦明其必胜；桓温⑧提数万之兵，万里而袭成都，刘真长⑨期于决取。虽时有今古，人事皆可推之，取验大体，观其锐志与识略耳。明者随分而察，成败之形，昭然自露。京房有言，“后之视今，亦犹今之视古。”则昔贤之与今哲，意况何殊。当事机之际也。皆随时而立功，岂复取贤于往代，待才于未来也？即论知与不知，用与不用。夫建功者，言其所济，不言所起；言其所能，不言所藉。若陈汤、吕蒙、马隆、孟观[10]，并出自贫贱，勋济甚高，未闻其家代为将帅。董仲舒曰："为政之用，譬之琴瑟，不调甚者，必解弦而更张之，乃可鼓也。"故阴阳不和，擢士为相；蛮夷不龚，拔卒为将，即更张之义也。以四海之广，亿兆之众，其中岂无卓越奇绝之士？臣恐未之思也，夫何远之有。

【注释】①马贤（？—公元141年）：东汉将领、官员。初任骑都尉，后历任护羌校尉、弘农太守、征西将军。

②皇甫规（104—174年）：字威明。安定郡朝那县（今甘肃灵台）人。东汉时期名将、学者。

③王玄谟（388—468年）：字彦德，太原祁县（今山西祁县）人，南朝宋将领。

④沈庆之（386—465年）：字弘先，吴兴武康（今浙江德清）人，南朝宋名将。

⑤谢玄（343—388年）：字幼度，陈郡阳夏（今河南太康）人。东晋名将。

⑥苻坚：秦宣昭帝苻坚（338—385年）：十六国时期前秦政权君主（357—385年在位）。

⑦郗超（336—378年）：高平金乡（今山东金乡）人，东晋官员、书法家、佛学家。

⑧桓温（312—373年）：谯国龙亢（今安徽怀远）人。东晋政治家、军事家、权臣。

⑨刘真长：即刘惔，字真长，沛国相县（今安徽宿州）人。东晋著名清谈家。

⑩陈汤（？—约前6年）：字子公，山阳瑕丘（今山东兖州）人，西汉大将。吕蒙（178—220年），字子明，东汉末年名将，汝南富陂（今安徽阜南县）人。马隆，字孝兴，东平平陆（今山东汶上县）人，西晋名将，兵器革新家，官至东羌校尉，封奉高县侯。孟观（？—301年），字叔时，渤海东光（今河北东光）人。西晋大臣。

【译文】当今朝廷用人，选取的多是将门子弟，也有一些因报效国家而死者的子弟有幸得到提拔。这些人原本就不是以治事的才能与谋略为人所知，虽然竭尽全力尽忠，也难免失败，为何要让他们担负在外统兵的大任呢？东汉马贤讨伐西羌，皇甫规说他必会失败；宋文帝派王玄谟收复河南，沈庆之预料他不能取胜。谢玄以书生的姿态，抗拒苻坚的强大之师，郗超知道他必会取胜；桓温率数万之师，不远万里袭击成都，刘真长料想他能攻取。虽然时代有古今之分，却都可以从人事推知，只需检验大体，看他的意志坚定程度及识见和谋略就可以了。明智者随机观察，成败之势，昭然显露。京房曾说，“后世看今世，也如今世看古时一样”。那么古时的先贤与今世的哲人相比，大体情况又有何不同。当机会来临之际，就要顺势而建功立业，又怎能再向过去的时代求取贤才，或是坐等未来的人才呢？这就是所说的知与不知、用与不用罢了。但凡建立功业者，人们只谈论他的成就，却不谈他从哪里开始；只谈他的才能，而不谈他出身何处。就像陈汤、吕蒙、马隆、孟观这些人，都是出身贫贱，建立的功勋却很大，从未听说他们家有世代为将帅的。董仲舒说：“政务的处理，就如同琴瑟，如果音调特别不和谐，必须把弦解下来重新拉紧，然后才可以弹奏。”所以阴阳不协调时，就擢升寒士为相；蛮夷不恭顺时，就提拔兵卒为将，这就是改弦更张的道理。凭借四海之广，亿万之众，其中怎会没有卓越奇绝之士？臣担心的是陛下没有深思熟虑，哪有什么遥不可及呢？

又曰：

臣闻赏者礼之基，罚者刑之本。故礼崇谋夫竭其能，赏厚义士轻其死，刑正君子勖其心，罚重小人惩其过。然则赏罚者，军国之纲纪，政教之药石。纲纪举而众务自理，药石行而文武用命。彼吐蕃蚁结蜂聚，本非勍敌，薛仁贵、郭待封[①]受阃外之寄，奉命专征，不能激励忿罴，乘机扫扑。败军之后，又不能转祸为福，因事立功，遂乃弃甲丧师，脱身而走。幸逢宽政，罪止削除，国家网漏吞舟，何以过此。天皇迟念旧恩，收其后效，当今朝廷所少，岂此一二人乎？且赏不劝谓之止善，罚不惩谓之纵恶。仁贵自宣力海东，功无尺寸，坐玩金帛，渎货无厌，今又不诛，纵恶更甚。臣以疏贱，干非其事，岂欲间天皇之君臣，生厚薄于仁贵？直以刑赏一亏，百年不复，区区所怀，实在于此。

【注释】①薛仁贵(614—683年):河东道绛州龙门县(今山西河津)人。唐朝初年著名将领。郭待封:唐初名将郭孝恪次子,高宗时,官至左豹韬卫将军。咸亨中,与薛仁贵讨吐蕃,败于大非川之战,被减免死刑除名。

【译文】又说:

臣听闻奖赏是礼的根基,惩罚是刑的根本。因此对有谋略之人要以礼待之,才能使他竭尽所能;对义士给予厚赏,使他轻视死亡。公正刑法以鼓励君子的心志,对小人施以重罚以惩戒他的过失。然而赏和罚,都是统军治国的纲领、政治教化的药石。纲纪树立后各种事务就会自行解决,施以药石后文武百官自会服从命令。那吐蕃如蜂蚁一般聚集,本来不是强敌,薛仁贵、郭待封受朝廷委托统兵在外,奉命自主征伐,不能激励雄师劲旅,却乘机扫荡扑杀。失败后,又不能转祸为福,根据现场情况立功赎罪,最后丢兵弃甲,脱身而逃。幸亏遇到宽和的政策,罪责不过削除官职,国家法令太宽以至于漏掉如吞舟之鱼般的重犯,还有什么比这更过分呢!天皇一直顾念旧恩,希望能收其后效,当今朝廷所缺少的,岂是这一两个人?况且只是封赏而不劝勉叫作止善,只是处罚而不劝诫叫作纵恶。薛仁贵自从全力出兵高句丽,未获尺寸之功,却坐享金帛之财,贪得无厌,如今对其不予诛罚,纵恶将会更加厉害。臣以疏贱之身,做着不属于职责范围之内的事情,难道是想离间天皇的君臣关系,对薛仁贵有亲疏远近之心吗?只是因为刑罚与赏赐之事一旦损坏，百年都无法恢复，臣的区区心意，确实都在这里了。

古人云：“国无赏罚，虽尧、舜不能为化。”今罚不能行，赏亦难信，故人间议者皆言，“近日征行，虚有赏格而无其事。”良由中才之人不识大体，恐赏赐勋庸，倾竭仓库，留意锥刀，将此益国。徇目前之近利，忘经久之远图，所谓错之毫厘，失之千里者也。且黔首虽微，不可欺以得志，瞻望恩泽，必因事而生心。既有所因，须应之以实，岂得悬不信之令，设虚赏之科？比者师出无功，未必不由于此。文子曰：“同言而信，信在言前；同令而行，诚在令外。”故商君移木以表信[①]，曹公割发以明法[②]，岂礼也哉，有由然也。自苏定方定辽东，李勣破平壤，赏绝不行，勋仍淹滞，数年纷纭，真伪相杂，纵加沙汰，未至澄清。臣以吏不奉法，慢自京师，伪勋所由，主司之过。其则不远，近在尚书省中，不闻斩一台郎，戮一令史，使天下知闻，天皇何能照远而不照近哉！神州化首，万国共尊，文昌政本，四方是则，轨物宣风，理乱攸在。臣是以披露不已，冒死尽言。

【注释】①“故商君”句：是指战国时期秦国商鞅变法时的一个“徙木建信”的典故。《史记·商君列传》载：孝公既用卫鞅，鞅欲变法，恐天下议己。令既具，未布，恐民之不信己，乃立三丈之木于国都市南门，募民有能徙置北门者予十金。民怪之，莫敢徙。复曰：“能徙者予五十金。”有一人徙之，辄予五十金，以明不欺。卒下令。

②“曹公”句：是指曹操“割发代首”的典故。曹操兵发宛城时，规定全军将士一律不准踩踏麦田，否则杀头。曹操因马惊而踩踏麦田，于是割发以代首。

【译文】古人说：“一个国家若无赏罚，就算是尧、舜也无法对其施行教化。”如今惩罚不能施行，赏赐也难以让人相信，所以世间的评论者都说，“近日从军出征，空有悬赏数额却没有真正实行。”诚然是由于中才之人不识大体，担心赏赐有功之人会使仓库里的财物消耗殆尽，只留意细微小利，想以此使国家受益。只追求眼前的小利，却忘掉了长远的计划，正所谓错之毫厘，失之千里。况且百姓虽然卑微，却不可欺骗他们以实现自己的志向。他们翘首以盼能够得到恩赏，必定会因此事而生誓死效忠之心。百姓既然有所依托，就必须回应给他们实实在在的结果，岂能空悬无信的条令，虚设奖赏的条目？近来师出无功，原因未必不在此。文子说：“同样的语言能让人信服的，是把信建立在言之前；同样的法令一经颁布就能施行的，是在法令之外已经有了诚信。”所以商鞅以赏赐移木而建信，曹操割发代首以严明法令，这难道不是符合礼吗，这都是有来由的。自从苏定方平定辽东，李勣攻破平壤，赏赐没有实行，授勋之事依然拖延停滞，数年来纷纭混乱，真伪相杂，纵使加以拣选淘汰，也未必能够澄清。臣以为官吏不能奉公守法，疏忽怠慢皆源自京城，骗取功勋的原因，是主管部门的过错。其规程不能到达远地，原因近在尚书省，未曾听闻斩一台郎、杀一令史，就使天下知闻，天皇怎能只察知远方而不了解近处呢！神州教化之首，万国共同尊崇，文昌为政的根本，四方效法，规范各种事物，宣扬风教德化，治理纷乱的关键就在于此。臣因此不停披露，冒死也要毫无保留地把话说完。

且明镜所以照形，往事所以知今。臣识不稽古，请以近事言之。贞观年中，万年县尉司马玄景舞文饰智，以邀乾没，太宗审其奸诈，弃之都市。及征高丽也，总管张君乂击贼不进，斩之旗下。臣以伪勋之罪，多于玄景；仁贵等败，重于君乂。向使早诛薛仁贵、郭待封，则自余诸将，岂敢失利于后哉？韩子云："慈父多败子，严家无格虏。"此言虽小，可以喻大。公孙弘[①]有言："人主病不广大，人臣病不节俭。"臣恐天皇病之于不广大，过在于慈父，斯亦日月之一蚀也。又今之将吏，率多贪暴，所务唯口马，所求唯财物，无赵奢、吴起散金养士之风，纵使行军，悉是此属。臣恐吐蕃之平，未可旦夕望也。

帝甚叹异之，授秘书省正字，令直中书省，仗内供奉。寻除监察御史。（旧唐书卷九十二）

【注释】①公孙弘（前200—前121年）：齐地菑川（今山东寿光）人，西汉名臣。

【译文】况且明镜能够照出身形，探究往事可以了解现在。臣的见识不足以考察古事，请让我用近代之事来言说。贞观年间，万年县尉司马玄景舞文弄墨、利用才智以作奸伪，来寻求功利。太宗觉察到他的奸诈，将其斩首后弃于都市。等到征讨高丽时，总管张登义击贼不前，将其斩于旗下。臣以为如今骗取功勋的罪过，比司马玄景还要多；薛仁贵等人的失败，要比张君义严重。假使及早诛杀薛仁贵、郭待封，其余各将，又岂会再次失利呢？韩非子说：“慈祥的父亲养育出的多为败家之子，严厉的家庭没有强悍不驯的奴仆。”此言虽小，却可以喻大。公孙弘有话说：“君主的失误在于没有长远的眼光，臣子的失误在于不能节俭。”臣担心天皇不能从长远处着眼，过失在于如慈父般宠爱臣子，这也是日月的一种亏蚀。再有，今天的将吏，大多贪婪暴虐，所追求的只有口腹之欲和声色犬马，所求取的只有财物，没有赵奢、吴起散金养士的风范，纵使行军，也都如这班人一样。臣担心吐蕃的平定，不能指望在朝夕间实现。

武则天对他既赞叹又诧异，授任秘书省正字，令直中书省，仗内供奉。不久授任监察御史。（旧唐书卷九十二）

群书治要续编卷第十一　旧唐书（五）

娄师德

【题解】娄师德（630—699年），字宗仁，郑州原武（今河南原阳）人，二十岁时考中进士，由江都县尉累迁至监察御史。后以文官应募从军，西征吐蕃，立有战功，被任命为殿中侍御史兼河源军司马，主持屯田。又升任左金吾将军、检校丰州都督。长寿元年（692年），娄师德回朝，任夏官侍郎，次年拜相，不久又任河源等军检校营田大使，内迁秋官尚书。后因征讨吐蕃兵败，被贬为原州员外司马。万岁通天二年（697年），娄师德再次拜相，改任纳言，次年出任陇右诸军大使。圣历二年（699年）娄师德病逝，追赠凉州都督，谥号贞。

娄师德在武则天时期长时间担任将相，其时"罗织纷纭"，他却能够以功名而善终，在当时的高官中是非常少见的。其根本原因，不仅在于他懂得韬晦之术，也在于自身的厚德。《续编》自新旧《唐书》中辑录其事迹，以为今人之鉴。

娄师德，郑州原武人也。弱冠，进士擢第，授江都尉。上元初，累补监察御史。万岁通天二年，入为凤阁侍郎、同凤阁鸾台平章事。圣历二年，突厥入寇，复令检校并州长史，仍充天兵军大总管。是岁九月卒，赠凉州都督，谥曰贞。

【译文】娄师德，郑州原武人。二十岁时考中进士，担任江都尉一职。

上元初年，娄师德累官补监察御史的职务。万岁通天二年（697年），娄师德成为凤阁侍郎、同凤阁鸾台平章事。圣历二年（699年），突厥军队入侵，又命令他为检校并州长史，兼任天兵军大总管。当年九月份去世，追赠凉州都督，谥号为贞。

（《新唐书》曰：师德长八尺，方口博唇。深沉有度量，人有忤己，辄逊以自免，不见容色。尝与李昭德偕行，师德素丰硕，不能遽步，昭德迟之，恚曰："为田舍子所留。"师德笑曰："吾不田舍，复在何人？"其弟守代州，辞之官，教之耐事。弟曰："人有唾面，洁之乃已。"师德曰："未也。洁之，是违其怒，正使自干耳。"在夏官注选，选者就按阅簿。师德曰："容我择之可乎？"选者不去，乃洒笔曰："墨污尔！"）

【译文】（《新唐书》说：娄师德身高八尺，方口厚唇。为人深沉，度量很大，有人冒犯自己，就通过谦虚礼让来自免，不露神色。有一次，他和李昭德同行，娄师德素来体胖，行走不快，李昭德怪他走得太慢，生气地说："我被乡巴佬耽误了。"娄师德笑着说："我如果不是乡巴佬，又是什么人呢？"他的弟弟任代州刺史，向他辞行将要赴任，娄师德教他遇事一定要忍耐。弟弟说："有人要是将唾沫吐到我的脸上，我自己擦掉就是了。"娄师德说："不对。擦掉唾沫，是没有顺从他的怒气，应该让唾沫自然干掉。"他担任夏官侍郎注拟选官时，候补官员挤到桌案前查看名单。娄师德说："让我来选择好吗？"候补官员依旧不离开，他于是抡起笔说："我要用墨水弄脏你们了！"）

初，狄仁杰未入相时，师德尝荐之，及为宰相，不知师德荐己，数排师德，令充外使。则天尝出师德旧表示之，仁杰大惭，谓人曰："吾为娄公所含如此，方知不逮娄公远矣。"师德颇有学涉，器量宽厚，喜怒不形于色。自专综边任，前后三十余年，恭勤接下，孜孜不怠。虽参知政事，深怀畏避，竟能以功名始终，甚为识者所重。（旧唐书卷九十三）

【译文】起初，狄仁杰尚未担任宰相的时候，娄师德曾经推荐过他，等到狄仁杰当了宰相之后，不知道是娄师德推荐的自己，多次排斥娄师德，让他外放地方官。武则天拿出娄师德的推荐奏章给狄仁杰看，狄仁杰非常惭愧，向别人说："我被娄公如此宽容，这才知道我比娄公差太远了。"娄师德很有学识修养，度量宽大，喜怒不形于色。自从专门担任边疆重任以来，前后三十多年，恭敬勤勉，善待部下，孜孜不倦。后来虽然担任宰相，胸怀避让之心，最后能善始善终，很受有见识的人士推崇。（旧唐书卷九十三）

崔　融

【题解】崔融（653—706年），字安成。唐代齐州全节（今山东济南章丘区）人，出身清河崔氏定著六房之一的南祖崔氏乌水房，初唐“文章四友”之一。崔融初应八科制举，皆及第，累补宫门丞、崇文馆学士。中宗李显为太子时，崔融为侍读，兼侍属文，东宫表疏多出其手。圣历元年（698年）擢授著作佐郎，转右史。圣历二年（699年），授著作郎，兼右史内供奉。久视元年（700年），惹怒宠臣张昌宗，贬为婺州（治今浙江金华）长史。不久，又召为春官郎中，知制诰。长安二年（702年），再迁凤阁舍人。翌年，兼修国史。此时有关部门正对关市议税，主张凡是行人都要征税。崔融认为这样做扰民太甚，恐怕会带来骚动，因此上疏反对，主张只向商贾征税，不向行人征税。《续编》辑录的正是他这篇奏疏。在这篇文章中，他从六个方面论述了不可向行人征税的理由。奏疏呈上后，武则天接受了他的建议，因此停止了征税之事。

长安四年，崔融任司理少卿，仍知制诰。张易之、张昌宗兄弟广招文学之士，崔融屈节佞附。张易之被诛后，崔融贬为袁州刺史。不久召拜国子司业，兼修国史。中宗神龙二年（706年），以预修《则天实录》的功劳，封清河县子。这一年发病而卒。中宗以其有侍读之恩，追赠为卫州刺史，谥号文。

崔融，齐州全节人。初，应八科举擢第。长安[1]二年，再迁凤阁舍人。三年，兼修国史。时有司表税关市，融深以为不可，上疏谏曰：

伏见有司税关市事条，不限工商，但是行人尽税者，臣谨按《周礼》九赋，其七曰“关市之赋”。窃惟市纵繁巧，关通末游，欲令此徒止抑，所以咸增赋税。臣谨商度今古，料量家国，窃将为不可税。谨件事迹如左，伏惟圣旨择焉。

【注释】①长安：武则天最后一个年号（701—705年），共3年。

【译文】崔融，齐州全节人。起初，应试考中八科，长安二年（702年），崔融任凤阁舍人一职。三年，兼编修国史。当时有关衙门上表请求对关市征税，崔融认为非常不可行，就上疏劝谏说：

臣看到有关衙门准备对关市征税的条文，不限于工匠和商人，凡是行人都得征税。臣谨慎查询《周礼》的九种赋税，第七种叫做“关市之赋”。臣私下认为这是因为工匠兴盛于市场，商贾游弋于关卡，想要限制这类人，所以采用增加赋税的方法。臣谨慎地考量古今，为国家筹划，私下认为不可对行人征税。谨慎地列举古今事迹如下，期望陛下做出选择。

往古之时，淳朴未散，公田籍而不税，关防讥[①]而不征。中代已来，浇风骤进，桑麻疲弊，稼穑辛勤，于是各徇通财，争趋作巧，求径捷之欲速，忘岁计之无余。遂使田莱日荒，仓廪不积，蚕织休废。弊缊阙如，饥寒猥臻，乱离斯起。先王惩其若此，所以变古随时，依本者恒科，占末者增税。夫关市之税者，谓市及国门，关门者也，唯敛出入之商贾，不税来往之行人。今若不论商人，通取诸色[2]，事不师古，法乃任情。悠悠末代，于何瞻仰；济济盛朝，自取嗤笑。虽欲宪章姬典，乃是违背《周官》。臣知其不可者一也。

【注释】①讥：查询。

②诸色：各种人。

【译文】上古时期，百姓淳朴未失，大家在公共耕地劳动而不收税，关防检查行人而不征税。中古时期，浮薄的社会风气骤然增长，农事劳累，种地辛苦。于是众人都从事流通财货之事，争相致力于工匠技艺，只想通过捷径迅速获利，忘了一年的庄稼收获并没有多少富余，致使田地日益荒芜，仓库没有积蓄粮食，养蚕织布之事荒废，即使是破棉旧絮也十分短缺，饥寒一起来临，动乱由此产生。古时明君有鉴于此，所以改变古法而随合时宜，从事农耕的按过去税率收取赋税，从事工商业的则要增加税额。大凡关市收税，是对进入国境、通过关卡的生意人而言，只对出入的商贾征税，而不对来往的行人征税。现在如果不论是否是商贾，通通向各种人征税，就是做事不能取法古人，随心所欲制定法令。后代世人，如何效法？堂堂王朝，自取讥笑。虽然想效法周代的制度，却是违背了《周官》的条文。这是臣认为这件事不可行的第一点。

臣谨案《易·系辞》称：“庖羲氏没，神农氏作，日中为市，致天下之人，聚天下之货，交易而退，各得其所。”《班志》[①]亦云：“财者，帝王聚人守位，养成群生，奉顺天德，理国安人之本也。仕农工商，四人有业。学以居位曰仕，辟土殖谷曰农，作巧成器曰工，通财鬻货曰商。圣王量能授事，四人陈力受职。”然则四人各业久矣。今复安得动而摇之！萧何云：“人情一定，不可复动。”班固又云：“曹参相齐，齐国安集，大称贤相。”参去，属其后相曰：“以齐狱市为寄，慎勿扰也。”后相曰：“理无大于此者乎？”参曰：“不然。夫狱市者，所以并容也，今若扰之，奸人安所容乎？吾是以先之。”夫狱市，兼受善恶。若穷极，奸人无所容窜；奸人无所容窜，久且为乱。秦人极刑而天下叛，孝武[②]峻法而刑狱繁，此其效也。老子曰：“我无为而人自化，我好静而人自正。”参欲以道化其本，不欲扰其末。臣知其不可者二也。

【注释】①班志：即《汉书·志》，汉班固撰。有《律历志》《礼乐志》《刑法志》《食货志》《郊祀志》《天文志》《五行志》《地理志》《沟洫志》《艺文志》十篇。

②孝武：指汉武帝，谥号为孝武皇帝。

【译文】臣谨慎地考察《易·系辞》，上面说：“伏羲氏消亡，神农氏兴起，正午时设立集市，召集天下的百姓，聚集天下的货物，交易完毕而关闭市场，众人得到自己所需要的东西。”《汉书·食货志》中也说：“财，是帝王用来聚集众人、保有帝位、养育百姓、顺应天道、治国安民的根本。仕农工商，这四种人各有职业。做学问而当官叫作仕；开垦土地，种植庄稼叫作农；依靠手艺，制作器物叫作工；流通财物，买卖货品叫作商。圣明君主根据能力而授与职责，这四种人尽心尽力完成职责。”然而这四种人各自从事自己的职业已经很久了，现在又怎能轻易改变他们！萧何说：“人心一旦安定，就不可随意再动。”班固又说：“曹参做齐国丞相，齐人安居乐业，举国称赞他是贤相。”曹参后来离去，嘱咐继任的相国说：“将齐国的刑狱和市集交付给你，你要谨慎从事，不要随意扰乱。”后来到任的相国说：“没有比这些更重大的治理事情吗？”曹参说：“不是这回事。刑狱与集市，这两者是同时存在的，现在如果扰乱了它，奸诈之人可以容纳在哪里呢？我因此把它放在首要地位。”大凡刑狱与集市，同时存在好人和坏人。如果过分严苛，奸人就无所容纳，奸人没有容身之处，时间长了便会作乱。秦人滥用刑狱而天下叛逆，孝武帝严刑峻法而刑狱繁多，这就是验证。老子说：“我无为而百姓自然教化，我好静而百姓自然端正。”曹参想用道义来教化百姓的根本，不想扰乱细枝末节的事情。这是臣认为这件事不可行的第二点。

四海之广，九州之杂。关必据险路，市必凭要津。若乃富商大贾，豪宗恶少，轻死重义，结党连群，喑呜[①]则弯弓，睚眦[②]则挺剑。小有失意，且犹如此，一旦变法，定是相惊。乘兹困穷，或致骚动，便恐南走越，北走胡，非唯流逆齐人，亦自搅乱殊俗。又如边徼之地，寇贼为邻，兴胡之旅，岁月相继，傥因科赋，致有猜疑，一从散亡，何以制禁？求利虽切，为害方深。而有司上言，不识大体，徒欲益帑藏，助军国，殊不知军国益扰，帑藏逾空。臣知其不可者三也。

【注释】①喑呜：怀怒气。

②睚眦：瞪眼。

【译文】四海广阔，九州庞杂，关卡必定占据险要大路，集市一定依附重要渡口。那些富商大贾，豪门恶少，轻视生死，看重义气，拉帮结党，被激怒则弯弓相向，被瞪眼则拔剑相搏。稍微有些不如意尚且如此，一旦改变法令，他们必定震惊。走投无路之际，就可能引起骚乱，恐怕向南会奔逃到越地，向北会奔逃到胡地，不仅流失百姓，也会扰乱风俗。另外边疆地区，贼寇横行，通往胡地的商旅，耗时久远，倘若因为征税，导致猜疑，一旦逃散，如何去限制他们？获得利益的想法虽然殷切，造成的祸害实在巨大。而且有官员的上奏，不能顾全大局，只想充实国库，提高军力，殊不知这样做会使军力更受扰乱，国库更加空虚。这是臣认为这件事不可行的第三点。

孟轲又云："古之为关也，将以御暴；今之为关也，将以为暴。"今行者皆税，本末同流。且如天下诸津，舟航所聚，旁通巴、汉，前指闽、越，七泽十薮[①]，三江五湖，控引河洛，兼包淮海。弘舸巨舰，千轴万艘，交贸往还，昧旦永日。今若江津河口，置铺纳税，纳税则检覆，检覆则迟留。此津才过，彼铺复止，非唯国家税钱，更遭主司僦赂。船有大小，载有少多，量物而税，触途淹久。统论一日之中，未过十分之一，因此壅滞，必致吁嗟。一朝失利，则万商废业，万商废业，则人不聊生。其间或有轻訬任侠②之徒，斩龙刺蛟之党，鄱阳暴谑③之客，富平悍壮之夫，居则藏镪，出便竦剑。加之以重税，因之以威胁，一旦兽穷则搏，鸟穷则攫，执事者复何以安之哉？臣知其不可者四也。

【注释】①七泽：相传古时楚有七处沼泽。十薮：古代十大湖泊的总称。

②轻訬：轻率浮躁。任侠：尚气节有担当而乐于助人。

③鄱阳暴谑：左思《吴都赋》中的话“鄱阳暴谑，中酒而作”。暴谑，开玩笑过分。

【译文】孟子又说：“古代设立关卡，是用来抵御暴乱；现在设立关卡，是用来形成暴乱。”如今行人都得征税，农商同等对待。而且天下各个渡口，舟船聚集，连接巴地汉水，沟通闽地越地，七泽十薮，三江五湖，连通黄河洛水，包括淮水大海。大船巨舰，成千上万，贸易来往，日夜不断。现在如果在江河渡口，设卡征税，征税则要检验，检验就要停留。才经过这个渡口，下一个关卡又要停留，不仅要向国家交税，更要遭到主管官员的勒索。船只大小不同，装载的货物多少不同，检验货物而纳税，一路耽搁时间太久。总共一天之中，行驶的历程不到以前的十分之一，因此船只拥堵滞留，必然导致怨声四起。一旦经营失败，就会商业荒废；商业荒废，就会民不聊生。其间有轻率逞强之徒，斩龙刺蛟之党，鄱阳暴谑之客，富平强悍之夫，安居则收敛钱财，外出便手执刀剑。对他们收取重税，以此对他们形成威胁，野兽一旦走投无路便会拼死搏斗，飞鸟一旦走投无路便会拼命挣扎，主管的官员又将用什么办法安抚他们呢？这是臣认为这件事不可行的第四点。

五帝之初，不可详已；三王之后，厥有著云；秦、汉相承，典章大备至如关市之税，史籍有文。秦政以雄图武力，舍之而不用也；汉武以霸略英才，去之而勿取也。何则？关为御暴之所，市为聚人之地，税市则人散，税关则暴兴，暴兴则起异图，人散则怀不轨。夫人心莫不背善而乐祸，易动而难安。一市不安，则天下之市心摇矣；一关不安，则天下之关心动矣。况浇风久扇，变法为难，徒欲禁末流、规小利，岂知失玄默、乱大伦。魏、晋眇小，齐、隋龌龊，亦所不行斯道者也。臣知其不可者五也。

【注释】①龌龊：气量狭隘，拘于小节。

【译文】五帝之前的事情，已经不能详细了解；夏、商、周三王以后的历史，都有记载；秦、汉两朝相互承接，典籍规章收录完备。对于关市收税，史书中有记载。秦朝依仗武力治理国政，舍弃古人典籍而不用；汉武帝凭借霸略英才治国，丢掉古人方法而不取。为什么呢？关卡是防御暴乱的场所，市集是聚集民众的地方，在市场征税就会使商人离散，在关卡征税就会使暴乱产生，暴乱产生就会兴起叛乱，商贾离散就会心怀不轨。大凡人心容易违背善良而幸灾乐祸，人心也容易扰乱而难以安定。一个集市不安，则天下的集市人心动摇；一个关卡不安定，则天下的关卡人心骚动。况且浮薄的风气长久熏染世人，变法革新非常困难，只想禁止商贾、控制小利，岂不知会丧失道义、扰乱伦常。魏、晋不识大体，齐、隋拘于小节，也是因为不执行这些方法的原因。这是臣认为这件事不可行的第五点。

今之所以税关市者，何也？岂不以国用不足，边寇为虞，一行斯术，冀有殷赡然也！微臣敢借前箸以筹之[①]。伏惟陛下当圣期，御玄箓[②]，沉璧于洛[③]，刻石于嵩[④]，铸宝鼎[⑤]以穷奸，坐明堂[⑥]而布政，神化广洽，至德潜通。东夷暂惊，应时平殄；南蛮才动，计日归降。西域五十余国，广轮一万余里，城堡清夷，亭堠静谧。比为患者，唯苦二蕃。今吐蕃请命，边事不起，即目虽尚屯兵，久后终成弛柝。独有默啜，假息孤恩，恶贯祸盈，覆亡不暇。征役日已省矣，繁费日已稀矣，然犹下明制，遵太朴，爱人力，惜人财，王侯旧封，妃主新礼，所有支料，咸令减削。此陛下以躬率先，尧、舜之用心也。且关中、河北，水旱数年，诸处逃亡，今始安辑，倘加重税，或虑相惊。况承平岁积，薄赋日久，俗荷深恩，人知自乐。卒有变法，必多生怨，生怨则惊扰，惊扰则不安，中既不安，外何能御？文王曰："帝王富其人，霸王富其地，理国若不足，乱国若有余。"古人有言："帝王藏于天下，诸侯藏于百姓，农夫藏于庾，商贾藏于箧。"惟陛下详之。必若师兴有费，国储多窘，即请倍算商客，加敛平人。如此则国保富强，人免忧惧，天下幸甚。臣知其不可者六也。

【注释】①借前箸以筹之：箸，筷子；筹，过去用以计算的工具，即借箸代筹的意思。原意是借面前的筷子来筹划当前的形势。比喻为别人出主意，谋划事情。

②玄箓：帝王自称其所谓天赐的符命之书，作为御制天下的凭证。

③沉璧于洛：古代黄帝、尧、舜、禹、汤和周成王等，都曾在巩县（今河南巩义）洛汭沉璧祭天。

④刻石于嵩：《旧唐书·武后本纪》："万岁登封元年（696年）腊月甲申（初一），上登封于嵩岳。"武则天在封禅之后，还"刻石于嵩"，在嵩山立下《大周封祀坛碑》。

⑤宝鼎：万岁通天二年（697年），武则天铸成九鼎，依照各自方位列于明堂廷内。

⑥明堂：垂拱四年（688年）武则天命薛怀义率人于洛阳建造的明堂落成，号"万象神宫"。

【译文】现在向关卡集市征税，为什么呢？难道不是因为国家费用不足，边疆敌寇为患，一旦开始征税，就希望能立刻富足吗！微臣大胆借箸代筹为陛下谋划一番。希望陛下当此圣明之期，君临天下，沉璧于洛水，刻石于嵩山，铸宝鼎来除尽奸邪，坐明堂来处理政事，以使圣上的教化广布天下，崇高的道德潜移默化。东夷刚刚惊动，则即刻得到平定；南蛮才有骚动，指日可以降服。西域有五十余国，纵横一万余里，唐军要塞安定，岗哨清静。近来成为国家忧患的，只有二蕃。现在吐蕃请求和好，边境没有战争，目前虽然还必须建营垒驻扎军队，但是以后可能会被拆毁。只有默啜苟延残喘，背弃恩德，恶贯满盈，灭亡它已为时不远。征伐的事情越来越少，耗费也越来越少，然而陛下仍然下旨意，奉行质朴，爱惜民力，珍惜民财，王侯的封赐，妃主的典礼，所有支出都下令削减。这是陛下以身作则，堪比尧、舜的用心啊。而且关中、河北地区，水涝旱灾多年，各地流失逃亡的百姓，如今才刚刚安定，倘若增加赋税，人们可能要担心忧虑。何况天下太平的时间已经很长了，轻徭薄赋的日子也已经很久了，百姓感谢陛下的大恩，民众安居乐业。突然改变税法，必然多生怨恨，生怨恨则会扰乱，扰乱则会不安定，对内不能安定，对外如何抵御入侵？文王说："帝王使百姓富裕，霸王使国家富裕，得到治理的国家财用看似不足，发生祸乱的国家财用看似却有余。"古人说："帝王的财富储藏在普天之下，诸侯的财富储藏在百姓之间，农夫的财富储藏在仓库里，商贾的财富储藏在箱箧中。"愿陛下详察。除非是兴师征伐需要费用，国库储蓄极为空虚，那时候才可以加倍向商人收税，增加百姓税收，这样治国就能使国家保持富强，人们免生忧虑，天下百姓幸运。这是臣认为这件事不可行的第六点。

陛下留神系表，属想政源，冒兹炎炽，早朝晏坐。一日二日，机务不遗，先天后天，虚心密应。时政得失，小子何知，率陈瞽辞，伏纸惶惧。

疏奏，则天纳之，乃寝其事。（旧唐书卷九十四）

【译文】陛下关注奏表，治理国政，冒着炎热暑气，早朝端坐。日复一日，勤于政事。天复一天，虚心纳谏。时政的得失，微臣怎能知道，草率陈述自己的愚见，呈上奏章十分惶恐。

疏章上奏之后，被武则天所接受，于是停止征税之事。（旧唐书卷九十四）

徐彦伯

【题解】徐彦伯（？—714年），名洪，以字行，兖州瑕丘（今山东兖州）人。历任文馆学士、工部侍郎，太子宾客。武则天时期，很多王公大臣因为言语不谨慎，被酷吏周兴、来俊臣等秘密陷害，徐彦伯便写了《枢机论》一文，提醒人们要谨慎言语。《周易》说："言行，君子之枢机，枢机之发，荣辱之主也。"一个人的言行，是其吉凶的根源。因此，君子任何时候都谨言慎行，以免给自己带来屈辱。

徐彦伯，兖州瑕丘人也。对策擢第，圣历[①]中累除给事中，时王公卿士多以言语不慎，密为酷吏周兴、来俊臣等所陷，彦伯乃著《枢机论》以诫于代，其辞曰：

《书》曰："唯口起羞，惟甲胄起戎。"又云："齐乃位，度乃口。"《易》曰："慎言语，节饮食。"又云："出其言善，千里应之；出其言不善，千里违之。"《礼》亦云："可言也，不可行也，君子不言也；可行也，不可言也，君子不行也。"呜呼！先圣知言之为大也，知言之为急也，精微以劝之，典谟以告之，礼经以防之。守名教者，何可不修其诂训而服其糟粕乎？故曰："言语者，君子之枢机，动则物应，物应则得失之兆见也。得之者江海比邻，失之者肝胆楚、越，然后知否泰荣辱，系于言乎！

【注释】①圣历：武则天使用的年号（698—700年）之一。

【译文】徐彦伯，兖州瑕丘人。应试对策科而考中科举，圣历年间累官担任给事中，当时王公大臣很多人因为言语不谨慎，被酷吏周兴、来俊臣等秘密陷害，徐彦伯便写了《枢机论》来告诫当时的人，文章说：

《尚书》说："言语不慎将招致羞辱，轻率用兵就会挑起战争。"又说："忠于你的职位，谨慎你的言辞。"《易经》说："谨慎言语，节制饮食。"又说："言语良善，千里之外都会响应；言语不善，千里之外都会违背。"《礼记》也说："可以说而不可以做的事情，君子就不说；可以做而不可以说的事情，君子就不做。"呜呼！古代圣人知道言语的事情关系重大，知道言语的事情迫切紧急，用精微的说辞来劝诫，用典谟的训诫来忠告，用礼经的规范来预防。谨守名教的人，怎能不遵循它的训诫而反而接受它的糟粕呢？因此说，言语是君子处世的关键，言语产生则事物响应，事物响应则得失的迹象就会显现。明白这个道理，江海虽远也如同邻居一样近，不明白这个道理，肝胆虽近也好比楚越一样隔绝，然后可以知道是非荣辱和言语紧密相连！

夫言者，德之柄也，行之主也，志之端也，身之文也，既可以济身，亦可以覆身。故中庸镂其心，右阶铭其背[①]，南容复于白圭[②]，箕子畴于《洪范》[③]，良有以也。是以掎摭瑕玷，参详躁竞，审无常以阶乱，将不密以致危。利生于口，森然覆邦之说；道不由衷，变彼如簧之刺。可不惧之哉！其有识暗邪正，虑微形朕，破金汤之龠，封祸乱之根，用詁讘为全计，以号謶为令德。至若梧宫问答[④]，荆、齐所以奔命；韩、魏加肘，智伯所以危残。蔡侯绳息妫也，亟招甲兵之罚；郑曼图宗卿也，而受鼎镬之诛。史迁轻议，终下蚕室[⑤]；张纮诡说，更齿龙渊。凡此过言，其流匪一。或秽犹粪土，或动成刀剑，或苟且其心，或脂膏其吻。挟邪作蛊，守之而不懈；往辄破的，去之而弥远。亦何异皋庐聚音，厖也群吠，得死为幸，何循名之立乎？虽复伯玉沮颜，追谢于元凯[⑥]，蒋济贻恨，失誉于王陵[⑦]，犀首没齿于季章，曹瞒齰舌于刘主，当何及哉！孔子曰："予欲无言。"又云："终身为善一言败之，惜也。"老子亦云："多言数穷。"又云"聪明深察而近于死者，议人者也。"何圣人之深思伟虑，杜渐防萌之至乎！

【注释】①右阶铭其背：出自《孔子家语·观周》：“孔子观周，遂入太祖后稷之庙，庙堂右阶之前有金人焉，三缄其口，而铭其背曰：古之慎言人也。”

②南容复于白圭：出自《论语·先进》：“南容三复白圭，孔子以其兄之子妻之。”白圭指《诗经·大雅·抑之》的诗句：“白圭之玷，尚可磨也，斯言之玷，不可为也。”

③箕子畴于《洪范》：《洪范》是箕子与武王对答的记录。《洪范》篇中提出治理国家的九种根本方法，称为“洪范九畴”。

④梧宫问答：梧宫，战国齐宫殿名。汉刘向《说苑·奉使》：“楚使使聘于齐，齐王飨之梧宫。”

⑤蚕室：古代执行宫刑及受宫刑者所居之狱室。

⑥“虽复伯玉沮颜”句：伯玉指卫瓘，元凯指杜预，卫瓘最后因言语不慎得罪贾皇后被杀，杜预曾预言卫瓘将败亡。

⑦“蒋济贻恨”句：指司马懿乘曹爽兄弟与曹芳到高平陵拜祭魏明帝，发动高平陵政变，蒋济写信劝说曹爽交出权力投降，结果曹爽被诛灭三族，蒋济觉得对曹爽失信，颇为自责，同年病卒。

【译文】言语是道德的根本，是行为的主导，是志向的开端，是个人的装饰，既可以成就自己，也可以覆灭自己。因此中庸之德牢记在心，周朝缄口的训诫铭刻在金人背，南容反复诵读白圭之句，箕子在《洪范》中酬答武王，这些做法确实有其道理。所以指出缺点过失，考察急躁冒进，确实会因为反复无常而产生祸乱，由于言语不谨慎而导致危险。随口就提利益，森森然是亡国的言论；言不由衷，变为如簧的利刃。能不惧怕吗！甚至不辨邪正，不思征兆，攻破金汤城池的钥匙，培植祸乱之根源，以喋喋不休为万全之计，以吵吵嚷嚷为美德。以至于齐王和楚使在梧宫问答，楚齐两国因此而产生嫌隙；韩康子、魏桓子碰肘示意，智伯因此危急。蔡哀侯称赞息妫，很快招致甲兵的讨伐；郑公子曼满谋取宗卿的职位，从而身受鼎烹的灾祸。司马迁轻易评说，遭到蚕室宫刑；张纮高谈阔论，险遭杀身之祸。大凡这些言语失当的事情，其情况不一，或肮脏无比如同粪土，或一言不合动刀动剑，或苟且从事，或油嘴滑舌。内心邪恶鼓动祸乱，做这些恶事乐此不疲；而说话能切中要害的事情不但做不到反而更加远离。又何异于邑犬群吠，以死为幸事，哪里能保有名声呢？就算卫瓘用刀刻脸，向杜预追悔道谢，蒋济后悔不及，失信于曹爽，犀首对季章始终如一，曹操对刘备沉默寡言，如何能起作用啊！孔子说："我不想言语。"又说："终身为善，一句话而晚节不保，可惜啊。"老子也说："多说话就会困顿。"又说："聪慧明察而陷于死难境地的，是喜欢议论的人。"圣人的深思熟虑、防微杜渐达到了这种程度啊！

夫不可言而言者曰狂，可言而不言者曰隐。钳舌拱默，曷通彼此之怀；括囊[1]而处，孰启谟明之训？则上言者，下听也；下言者，上用也。睿哲之言，犹天地也，人覆焘而生焉；大雅之言，犹钟鼓也，人考击而乐焉。作以龟镜，姬公之言也；出为金石，曾子之言也；存其家邦，国侨之言也；立而不朽，臧孙之言也。是谓德音，诣我宗极，满于天下，贻厥后昆。殷宗甘之于酒醴，孙卿谕之以琴瑟，阙里重于四时，郢都轻其千乘。岂不韪哉，岂不休哉！但楙探世猷，克念丕训，审思而应，精虑而动。谋其心以后发，择其交以后谈，不躄趋于非党，不屏营于诡遇②。非先王之至德不敢行，非先王之法言不敢道，翦其谍谍之绪，扑其炎炎之势。自然介尔景福，锡兹纯嘏，则悔吝何由而生，怨恶何由而至哉？孔子曰："终日行，不遗己患；终日言，不遗己忧。"如此乃可以言也。戒之哉，戒之哉！（旧唐书卷九十四）

【注释】①括囊：结扎袋口，比喻缄口不言。

②屏营：作谦词，用于信札中，意为惶恐。诡遇：比喻用不正当的手段去追求而取得某种东西。

【译文】不可言说而言说的就叫狂，可言说而不言说的就叫隐。沉默不语，如何沟通彼此的心意；缄口不言，谁能开导圣人的训导？因此居上的言说，居下的听从；居下的言说，居上的采纳。圣明之言，如同天地一样高贵，人们凭借它的恩惠而生存；大雅之言，如同钟鼓一样嘹亮，人们敲击它而喜乐。作为龟镜一样可以借鉴的话语，是周公之言；如同金石一样宝贵的话语，是曾参之言；能存其家国的话语，是公孙侨之言；能长久存在而不朽的话语，是臧孙之言。这些是好的话语，教导我们至高的道理，遍及天下，传给后代。殷代贤王认为良言胜过美酒，荀子以琴瑟来比喻良言，孔子认为良言重要超过四时，楚王重视良言而轻视千乘。难道不对吗，难道不吉祥吗！只愿深刻探求世间法则，谨守圣人教诲，审慎思考而响应，仔细考虑而行动。心中谋划后再阐明观点，选择朋友后再一起谈论，不要贸然依附行为不端的朋党，不要诚惶诚恐地媚上以获取名利。不符合先王仁德的事情不敢做，不符合先王言论的话不敢说，去除纷纷扰扰的思绪，压制炎炎旺盛的气势。能做到这些自然可以帮助自己获得福祉，受赐大福，那么悔恨从何而生，怨恨从何而来呢？孔子说："终日做事，不留给自己祸患；终日说话，不留给自己忧虑。"达到这种程度才可以开口讲话啊。谨慎啊，谨慎啊！（旧唐书卷九十四）

让皇帝宪

【题解】李宪（679—742年），字成器，陇西成纪（今甘肃秦安）人。唐睿宗李旦长子，唐玄宗李隆基长兄。初以皇孙身份封永平郡王。武周时期，授左赞善大夫、寿春王。唐中宗李显复位后，迁员外宗正卿。唐睿宗复位，景云元年（710年），晋封宋王，授左卫大将军。拒绝成为皇太子，让位于平王李隆基。唐玄宗即位后，历任太子太师、司空、雍扬岐泽泾州刺史、宁王。恭谨自守，不妄交结，不欲朝政，为唐玄宗所敬重。开元二十九年（742年）去世，享年63岁，追封为让皇帝，葬于惠陵。宋代苏辙曾云"废长而立少，虽圣贤犹难之，宪与玄宗兄弟相安，终身无间言焉，盖古今一人而已乎！”在中国古代的帝王之家中，为了帝位兄弟残杀的不在少数，李成器能够谦虚让贤，唐玄宗能够敬爱兄长，均甚为难得。

让皇帝宪，本名成器，睿宗长子也。初封永平郡王。文明元年，立为皇太子，时年六岁。及睿宗降为皇嗣，则天册授成器为皇孙，与诸弟同日出阁，开府置官属。

【译文】让皇帝李宪，原名李成器，是唐睿宗李旦的长子。开始被封为永平郡王。文明元年（684年），被册封为太子，当时他才六岁。等到唐睿宗禅位后被降为皇嗣时，武则天册封李成器为皇孙，与他的几个弟弟同一天出京到封地就任，开府衙，置官属。

唐隆[1]元年，进封宋王。其月，睿宗践祚，拜左卫大将军。时将建储贰，以成器嫡长，而玄宗有讨平韦氏之功，意久不定。成器辞曰：“储副者，天下之公器，时平则先嫡长，国难则归有功。若失其宜，海内失望，非社稷之福。臣今敢以死请。”累日涕泣固让，言甚切至。时诸王、公卿亦言楚王有社稷大功，合居储位。睿宗嘉成器之意，乃许之。玄宗又以成器嫡长，再抗表固让，睿宗不许。乃下制曰：“左卫大将军、宋王成器，朕之元子，当践副君。以隆基有社稷大功，人神佥属，由是朕前恳让，言在必行。天下至公，诚不可夺。爰符立季之典，庶协从人之愿。”其年十一月拜尚书左仆射，寻迁司徒，其太师、都督并如故。明年，表让司徒，拜太子宾客，兼扬州大都督如故。

时太平公主阴有异图，姚元之、宋璟等请出成器及申王成义为刺史，以绝谋者之心。由是成器以司徒兼蒲州刺史。玄宗尝制一大被长枕，将与成器等共申友悌之好，睿宗知而大悦，累加赏叹。

【注释】①唐隆：唐少帝李重茂的年号（710年）。

【译文】唐隆元年（710年）李成器被加封为宋王。同月，唐睿宗登基，任命李成器为左卫大将军。当时准备要确立太子，因为李成器是嫡长子，而玄宗却有平定韦氏的功绩，唐睿宗很长时间不能确定太子的人选。李成器辞让说："太子是国家的贤才，安定时期则应该立长子为太子，国家有难的时候则应该册封有功劳的人为太子。如果处置不当，就会使天下人失望，对于国家来说也不是好事。因此我今天冒死请求皇上同意我的要求。"李成器一连数日流泪恳求，言语十分诚挚。当时各位藩王、朝廷公卿也说楚王对国家有大功绩，应该立为太子。唐睿宗赞赏李成器的想法，就同意了他的请求。玄宗则因为李成器是嫡长子，再次上表坚辞不就，唐睿宗不同意。于是下诏说："左卫大将军、宋王李成器，是朕的长子，本应立为太子。因为临淄王李隆基对国家立下大功，人神众望所归，因此李成器在朕面前诚恳推让，言在必行。出于为天下利益考虑的大公之心，实在不应该否决他的愿望。于是采取传位于季子的典章，希望以此来符合众人的意愿。”这一年的十一月，李成器晋升为尚书左仆射，不久升任司徒，之前所担任的太师、都督等职位全都依旧兼任。第二年，李成器上表推辞司徒一职，担任太子宾客，依旧兼任扬州大都督。

当时太平公主私下里有反叛的图谋，姚元之、宋璟等人请求让宋王李成器和申王李成义出任刺史，来杜绝谋反者的野心，因此李成器以司徒的身份兼蒲州刺史。唐玄宗曾缝制一条大被子和一个长枕头，准备和李成器等诸位兄弟共叙兄弟之情，唐睿宗知道后十分高兴，屡次加以称赞。

初，玄宗兄弟圣历初出阁，列第于东都积善坊，五人分院同居，号“五王宅”。玄宗时登楼，闻诸王音乐之声，咸召登楼同榻宴谑，或便幸其第，赐金分帛，厚其欢赏。诸王每日于侧门朝见，归宅之后，即奏乐。纵饮，击球斗鸡，或近郊从禽，或别墅追赏，不绝于岁月矣。游践之所，中使相望，以为天子友悌，近古无比，故人无间然。

玄宗既笃于昆季，虽有谗言交构其间，而友爱如初。宪尤恭谨畏慎，未曾干议时政及与人交结，玄宗尤加信重之。

【译文】当初，玄宗兄弟几人在圣历初年出就藩邸，宅院在东都洛阳积善坊，五兄弟同住府中的不同院落，号称“五王宅”。玄宗时常登楼，听到诸王府邸的奏乐声，就会召诸王登楼，同榻宴饮谈笑。有时玄宗亲临诸王府邸，赏赐金帛，给他们带来的欢乐和赏赐都很多。诸王每天在侧门朝见，回到各自府邸后，便奏乐喝酒，击球斗鸡，有时去近郊打猎，有时到别墅游赏，经常不断。游玩所到之处，派出的宦官互相联络，人们都认为天子兄弟之间的友爱，近代以来没有人可与之相比，因此没有人可以离间他们的感情。玄宗既然关爱兄弟，虽然有谗言挑拨，也能关爱兄弟如初。李宪格外恭敬谨慎，从不干预和议论朝政，也不与大臣来往，玄宗对他尤其信任和看重。

开元九年兼太常卿。十四年，停太常卿，依旧为开府仪同三司。二十一年，复拜太尉。二十八年冬，宪寝疾，上令中使送医药及珍膳，相望于路，僧崇一疗宪稍瘳，上大悦，特赐绯袍鱼袋，以赏异崇一。时申王等皆先薨，唯宪独在，上尤加恩贷。每年至宪生日，必幸其宅，移时宴乐。二十九年冬十一月，薨，时年六十三。上闻之，号叫失声，左右皆掩涕。（旧唐书卷九十五）

【译文】开元九年（721年）李宪兼任太常寺卿。开元十四年（726年），卸任太常寺卿，依旧享有开府仪同三司的待遇。开元二十一年（733年），又担任太尉。开元二十八年冬天（740年），李宪卧病在床，玄宗派宦官持续不断送来医药和膳食。僧人崇一诊治李宪，病情稍有好转，玄宗就十分高兴，特地赐给绯袍鱼袋，来奖励崇一。当时申王李成义等人都已去世，只有李宪健在，玄宗对他格外优待。每年李宪的生日，玄宗必定亲自临幸他的府邸，宴乐时间一再延长。开元二十九年（741年）冬季十一月李宪去世，享年六十三岁。玄宗听到噩耗后，失声痛哭，左右侍从也掩面哭泣。（旧唐书卷九十五）

姚　崇

【题解】姚崇（651—721年），字元之。陕州硖石（今河南陕县）人。曾任武后、睿宗、玄宗三朝宰相，常兼兵部尚书。姚崇初以挽郎入仕，迁兵部郎中。万岁通天元年（696年），契丹侵扰河北，连陷数州，军务繁杂，檄书如雪。姚崇剖析若流，皆有条理，得到武则天赏识，擢兵部侍郎、同平章事，迁兵部尚书，名列宰相。神龙元年（705年），协助张柬之发动神龙革命，清除张易之兄弟及其党羽势力，迫使武则天还位于唐中宗，因功受封为梁县侯。但是，作为武则天的旧臣，他因为同情武则天的遭遇，后被贬官出任亳州刺史。睿宗即位后，入为中书令，革除弊政，颇有作为。姚崇不肯依附太平公主，贬为申州刺史。唐玄宗亲政后，拜兵部尚书、同平章事，迁中书令，封梁国公。提出《十事要说》，力主实行新政，推行社会改革。兴利除弊，整顿吏治，淘汰冗职，选官得才；抑制权贵，发展生产，为“开元盛世”的出现奠定了政治基础和经济基础。执政三年，被誉为“救时宰相”，与房玄龄、杜如晦、宋璟并称“唐朝四大贤相”。开元九年（721年），去世，终年71岁，追赠太保、扬州大都督，谥号文贞。不过，姚崇天资机巧诡诈，因此历史上有人评价其“才识有余，而度量不足”，“机械迭出，终非正道”。

《续编》主要辑录了姚崇对唐玄宗提出的“十事要说”、开元四年（716年）主张灭蝗的事迹以及他临终所写的诫子文。其“十事要说”，毛泽东曾对其高度评价说：“大政治家、唯物论者姚崇，如此简单明了的十条政治纲领，古今少见。”他对子孙后代的告诫，算是临终善言，令人不无感悟。姚崇是唯物论者，反对佛道二教，针对当时佛道二教的状况提出了不少批评，虽为针砭时弊，但是他本人对于佛、道二教的真正教义并不了解，所以其论说未免失之偏颇。

姚崇，本名元崇，陕州硖石人也。元崇为孝敬挽郎[①]，应下笔成章举，授濮州司仓，五迁夏官郎中。时契丹寇陷河北数州，兵机填委，元崇剖析若流，皆有条贯。则天甚奇之，超迁夏官侍郎，又寻同凤阁鸾台平章事。时突厥叱利元崇构逆，则天不欲元崇与之同名，乃改为元之。俄迁凤阁侍郎，依旧知政事。

【注释】①孝敬挽郎：675年，唐高宗李治和武则天的长子李弘病逝于太子位，死后追封为孝敬皇帝，时年二十四岁的姚崇被选为挽郎。

【译文】姚崇，本名元崇，陕州硖石（今河南陕县）人。元崇担任孝敬皇帝李弘的挽郎，考中下笔成章科，被授予濮州司仓的职位，五次升迁后担任夏官郎中一职。当时契丹攻陷河北数个州郡，告急文书纷至沓来，元崇处理军事文书快如流水，有条不紊。武则天惊叹他的才能，破格提拔他为夏官侍郎，不久又升任同凤阁鸾台平章事。当时突厥叱利元崇反叛，武则天不愿意让元崇与他同名，元崇便改名叫做元之。元之不久改任凤阁侍郎，依旧掌管政事。

神龙元年，张柬之、桓彦范等谋诛易之[①]兄弟，适会元之自军还都，遂预谋，以功封梁县侯，赐实封二百户。则天移居上阳宫，中宗率百官就閤起居，王公已下皆欣跃称庆，元之独呜咽流涕。彦范、柬之谓元之曰："今日岂是啼泣时！恐公祸从此始。"元之曰："事则天岁久，乍此辞违，情发于衷，非忍所得。昨预公诛凶逆者，是臣子之常道，岂敢言功；今辞违旧主悲泣者，亦臣子之终节，缘此获罪，实所甘心。"无几，出为亳州刺史，转常州刺史。

【注释】①易之：指张易之（？—705年），定州义丰（今河北安国）人，行五，人称五郎，白皙貌美，兼善音律歌词。武则天的宠臣，武则天临朝，太平公主荐张易之弟张昌宗入侍禁中，张昌宗复荐张易之。武则天临朝晚期的朝政大事多由张氏兄弟把持。

【译文】神龙元年（705年），张柬之、桓彦范等谋划诛杀张易之兄弟，适逢姚元之从军镇回到京城，便参预了谋划，因功封为梁县侯，赐实封二百户。武则天移居上阳宫，中宗率领百官在閤中问候太后起居，王公以下无不欢欣雀跃庆贺，惟独姚元之呜咽流泪。桓彦范、张柬之对姚元之说："今天怎么能是哭泣的日子呢！恐怕公的灾祸要从此开始了。”姚元之说：“我服事武则天的时间很久了，突然一下离开，实在是控制不住内心的情感，忍不住哭泣。昨天与公诛杀凶逆，本是作为臣子的职责，怎么敢说有功劳；如今我离开旧主而悲泣，也是作为臣子的终节，如果因此而获罪，我也心甘情愿。”不久，出任亳州刺史，改任常州刺史。

睿宗即位，召拜兵部尚书、同中书门下三品，寻迁中书令。时玄宗在东宫，太平公主干预朝政，宋王成器为闲厩使，岐王范、薛王业皆掌禁兵，外议以为不便。元之同侍中宋璟密奏请令公主往就东都，出成器等诸王为刺史，以息人心。睿宗以告公主，公主大怒。玄宗乃上疏以元之、璟等离间兄弟，请加罪，乃贬元之为申州刺史。再转扬州长史、淮南按察使，为政简肃，人吏立碑纪德。俄除同州刺史。

【译文】睿宗李旦即位，召入姚元之授任兵部尚书、同中书门下三品，不久升任中书令。当时玄宗在东宫，太平公主干预朝政，宋王李成器任闲厩使，岐王李范、薛王李业都掌管禁兵，外界议论认为不合适。姚元之同侍中宋璟上密奏请求命令太平公主住到东都，外任李成器等诸王为刺史，用这个办法来安定人心。睿宗把这件事告诉了太平公主，太平公主大怒。玄宗便上疏说姚元之、宋璟等人离间诸王兄弟，请求给予治罪，于是贬姚元之为申州刺史。再改任扬州长史、淮南按察使，姚元之到任后，治理政务简约整肃，官吏百姓都为他立碑纪德。不久授任同州刺史。

（《新唐书》云：先天二年，玄宗讲武新丰。故事，天子行幸，牧守在三百里者，得诣行在。时帝亦密召崇，崇至，帝方猎渭滨，即召见，帝曰："公知猎乎？"对曰："少所习也。臣年二十，居广成泽，以呼鹰逐兽为乐。张憬藏谓臣当位王佐，无自弃，故折节读书，遂待罪将相。然少为猎师，老而犹能。"帝悦，与俱驰逐，缓速如旨，帝欢甚。既罢，乃咨天下事，衮衮不知倦。帝曰："卿宜遂相朕。"崇知帝大度，锐于治，乃先设事以坚帝意，即阳不谢，帝怪之。崇因跪奏："臣愿以十事闻，陛下度不可行，臣敢辞。"帝曰："试为朕言之。"崇曰："垂拱以来，以峻法绳下；臣愿政先仁恕，可乎？朝廷覆师青海，未有牵复之悔；臣愿不倖边功，可乎？比来壬佞冒触宪网，皆得以宠自解；臣愿法行自近，可乎？后氏临朝，喉舌之任出阉人之口；臣愿宦竖不与政，可乎？戚里贡献以自媚于上，公卿方镇浸亦为之；臣愿租赋外一绝之，可乎？外戚贵主更相用事，班序荒杂；臣请戚属不任台省，可乎？先朝亵狎大臣，亏君臣之严；臣愿陛下接之以礼，可乎？燕钦融、韦月将以忠被罪，自是诤臣沮折；臣愿群臣皆得批逆鳞，犯忌讳，可乎？武后造福先寺，上皇造金仙、玉真二观，费钜百万；臣请绝道佛营造，可乎？汉以禄、莽、阎、梁乱天下，国家为甚；臣愿推此鉴戒为万代法，可乎？"帝曰："朕能行之。"崇乃顿首谢。翌日，拜兵部尚书、同中书门下三品。封梁国公。迁紫微令。固辞实封，乃停旧食，赐新封百户。）

【译文】（《新唐书》说：先天二年（713年），玄宗在新丰演习武事。按照过去惯例，天子出行，在三百里以内的郡守，要前去皇帝外出停驻的地方谒见。当时玄宗也私下召见姚崇，姚崇到了之后，玄宗正在渭水河边游猎，于是立即召见了他。玄宗说："公熟悉打猎吗？"姚崇回答说："臣从小就练习过。臣二十岁时，住在广成泽，以呼鹰逐兽为乐事。张憬藏说臣下将来会位居宰相，不要自弃，臣下因此克制自己，努力读书。虽然做了将相，但是时刻担心自己失职而获罪。然而少年时候是猎手，老了依然能行。"玄宗很高兴，就与他一起骑马追逐，缓急他都按照旨令，玄宗十分欢喜。狩猎结束后，玄宗就向姚崇询问天下大事，很长时间不知疲倦。玄宗说："卿应当进位而辅佐朕。"姚崇知道玄宗豁达大度，锐意治理，便先设法坚定玄宗意志，于是向玄宗表示谢恩，玄宗感到奇怪。姚崇便跪拜上奏："臣愿意报告十件事，陛下如果觉得不可实行，臣就冒昧辞官。"玄宗说："试为朕说说看。"姚崇说："垂拱以来，以严酷之法约束臣下，臣希望先施行仁恕的政治，可以做到吗？朝廷出兵青海而大败，没有幡然改悔之意，臣希望不要侥幸求取开边立功，可以做到吗？近来奸佞冒犯法纪，因受宠而都能使自己解脱，臣希望行使法令从亲近者开始，可以做到吗？皇后临朝，朝命的颁示出于宦官之口，臣希望宦官不要干涉朝政，可以做到吗？外戚之家贡献财物用来取媚于皇上，公卿方镇也渐渐效仿；臣希望租赋以外的进贡一概拒绝，可以做到吗？外戚公主相继专权，朝官芜杂，臣请求不许外戚亲属在台省任官，可以做到吗？先朝亲近宠幸大臣，损毁君臣之间的尊严，臣希望陛下对大臣以礼相待，可以做到吗？燕钦融、韦月将因为忠诚获罪，从此正直之臣沮丧，臣希望群臣都能不顾忌天子的尊严，直言不讳，可以做到吗？武后造福先寺，上皇造金仙、玉真二观，耗费百万，臣请求杜绝为佛道营造寺观，可以做到吗？汉朝因为吕禄、王莽、阎显、梁冀而祸乱天下，我朝更为严重，臣希望将此鉴戒作为万代之法，可以做到吗？”皇帝说：“朕能如此实行。”姚崇于是叩头谢恩。第二天，姚崇拜任兵部尚书、同中书门下三品，封梁国公，升任紫微令。他坚决不接受实封，于是停止旧封，赐给新封百户。）

是时，上初即位，务修德政，军国庶务，多访于崇，同时宰相卢怀慎[①]、源乾曜[②]等，但唯诺而已。崇独当重任，明于吏道，断割不滞。然纵其子光禄少卿彝、宗正少卿异广引宾客，受纳馈遗，由是为时所讥。时有中书主书赵诲为崇所亲信，受蕃人珍遗，事发，上亲加鞫问，下狱处死。崇结奏其罪，复营救之，上由是不悦。其冬，曲赦[③]京城，敕文特标诲名，令决杖一百，配流岭南。崇自是忧惧，频面陈避相位，荐宋璟自代。

【**注释**】①卢怀慎（？—716年）：滑州灵昌（今河南滑县）人，唐玄宗时宰相，开元四年（716年），卢怀慎病逝，谥号文成。

②源乾曜（？—731年）：相州临漳（今河北临漳）人，唐玄宗时宰相，遇到重大事项从不发表意见，开元十九年（731年）病逝。

③曲赦：特赦。

【译文】此时，玄宗李隆基刚刚即位，一心想要施行德政，军国大事多向姚崇询问，同时担任宰相的卢怀慎、源乾曜等人，只是唯唯诺诺一味顺从而已。姚崇一人承担重任，通晓为官执政之道，行事果断没有犹豫。然而他却放纵自己的儿子光禄少卿姚彝、宗正少卿姚异广招宾客，接受馈赠，因此受到当时人们的非议。当时的中书主书赵诲是姚崇的亲信，他接受了蕃人的贵重馈赠。事情被揭发后，玄宗亲自审讯，要将赵诲下狱处死。姚崇结案上奏赵诲的罪状时，却又为其开脱，玄宗因而不高兴。这年冬天，朝廷特赦京城的罪犯，敕文中特别提到赵诲的姓名，命令对其处以杖刑一百，并发配到岭南。姚崇因此感到害怕，多次当面请求玄宗让他辞去宰相的职位，推荐宋璟代替自己。

开元九年薨，年七十二，赠扬州大都督，谥曰文献。崇先分其田园，令诸子侄各守其分，仍为遗令以诫子孙，其略曰：

古人云：富贵者，人之怨也。贵则神忌其满，人恶其上；富则鬼瞰其室，虏利其财。自开辟已来，书籍所载，德薄任重而能寿考无咎者，未之有也。故范蠡、疏广[①]之辈，知止足之分，前史多[②]之。况吾才不逮古人，而久窃荣宠，位逾高而益惧，恩弥厚而增忧。往在中书，遘疾虚惫，虽终匪懈，而诸务多阙。荐贤自代，屡有诚祈，人欲天从，竟蒙哀允。优游园沼，放浪形骸，人生一代，斯亦足矣。田巴[③]云："百年之期，未有能至。"王逸少[④]云："俯仰之间，已为陈迹。"诚哉此言。

【注释】①范蠡（前536—前448年）：字少伯，华夏族，楚国宛地三户（今河南淅川县滔河乡）人。春秋末期政治家、军事家、经济学家和道家。疏广（？—前45年）：西汉道家。字仲翁，号黄老。东海兰陵（今山东临沂）人。

②多：称赞。

③田巴：战国时齐国辩士。

④王逸少：指王羲之，字逸少。

【译文】开元九年（721年）姚崇去世，享年七十二岁，追赠扬州大都督，谥号为文献。姚崇生前就把田园地产做了分配，使儿子侄子们各自持有一份，并留下遗训告诫子孙，大略是说：

古人说：富贵的人，是人们所怨恨的。显贵则使神灵忌恨他的盈满，众人厌恶他的地位太高；富裕则使鬼神觊觎他的家室，盗寇图谋他的财产。自开天辟地以来，经书典籍中所记载的，德行卑微地位高贵而能长寿没有获罪的人，从来没有过。因此范蠡、疏广之辈，能够知道什么时候适可而止，前代史书称赞他们。何况我的才能不及古人，却长期占有荣耀和恩宠，地位越高越是恐惧，恩宠越优厚越值得忧虑。过去我在中书省，因疾病而虚弱疲惫，虽说始终不敢懈怠，但是处理各种政事仍然有失误。因此我推荐贤才来替代自己，屡次真诚请求皇帝准许，天从人愿，终于获得圣上的准许。我得以归隐田园，悠闲自在，舒适放松，人生一世，做到这一步也就满足了。田巴说："百年的期限，没有人能达到。"王逸少说："一俯一仰之间，人生就已经成为陈迹。"这话说得真对啊。

比见诸达官身亡以后，子孙既失覆荫，多至贫寒，斗尺之间，参商是竞[①]。岂唯自玷，仍更辱先，无论曲直，俱受嗤毁。庄田水碾，既众有之，递相推倚，或致荒废。陆贾、石苞[②]，皆古之贤达也，所以预为定分，将以绝其后争，吾静思之，深所叹服。

【注释】①参商是竞：参商指参星和商星。此二星宿彼此不相见，比喻兄弟反目。

②陆贾（约前240—前170年）：汉初楚国人，西汉思想家、政治家、外交家。石苞（？—273年）：字仲容，渤海南皮（今河北南皮）人。三国时曹魏至西晋重要将领，西晋开国功臣。

【译文】最近见到那些高官显贵去世以后，子孙们失去依靠庇护，大多会导致贫寒，为了一点小事，兄弟反目。不只玷污了自身，更是辱没了先人，无论是非曲直，都会被人耻笑。庄园田地，水塘磨坊，本来是大家共同拥有，却互相推诿，以致荒废。陆贾、石苞，都是古代贤人，之所以预先分配好家产，就是要防止子孙们以后为了家产相争。我静思他们的做法，深为感叹佩服。

昔孔丘亚圣[①]，母墓毁而不修；梁鸿[②]至贤，父亡席卷而葬。昔杨震、赵咨、卢植、张奂，皆当代英达，通识今古，咸有遗言，属以薄葬。或濯衣时服，或单帛幅巾，知真魂去身，贵于速朽，子孙皆遵成命，迄今以为美谈。凡厚葬之家，例非明哲，或溺于流俗，不察幽明，咸以奢厚为忠孝，以俭薄为悭惜，至令亡者致戮尸暴骸之酷，存者陷不忠不孝之诮。可为痛哉！可为痛哉！死者无知，自同粪土，何烦厚葬，使伤素业。若也有知，神不在柩，复何用违君父之令，破衣食之资。吾身亡后，可殓以常服，四时之衣，各一副而已。吾性甚不爱冠衣，必不得将入棺墓，紫衣玉带，足便于身，念尔等勿复违之。且神道恶奢，冥涂尚质，若违吾处分，使吾受戮于地下，于汝心安乎？念而思之。（旧唐书卷九十六）

【注释】①孔丘亚圣：唐朝时孔子还没有至圣的称号，亚圣也是对孔子的称赞。

②梁鸿：字伯鸾，扶风平陵（今陕西咸阳）人，东汉初期人，有贤名。

【译文】从前，亚圣孔子看到母亲的坟墓毁坏而不去修整；梁鸿有贤名，父亲去世后用席子一卷就埋葬了。以前杨震、赵咨、卢植、张奂，都是当世的英才，通晓古今，他们都留有遗言，嘱咐后人葬礼从简。他们入殓时穿着洗过的旧衣服或者当时随身的衣服，有的头戴单幅头巾。他们知道灵魂离开肉体，应该快速腐朽。子孙都遵守遗命，至今仍为美谈。大凡厚葬之家，都不明智。有的屈从于流俗，不明辨阴间阳世的差别，都把风光大葬当作忠孝，把节俭薄葬看作吝啬，以至于使死者遭受暴露尸骨的不幸，使生者遭到不忠不孝的谴责，实在让人痛心啊，实在让人痛心啊！死者没有知觉，归于尘土，何必劳烦厚葬，致使耗费家产。如果死者真的有知觉，灵魂也不停留在棺柩，又何须违背君父的命令，浪费用于衣食的支出呢。我死了以后，可以用我平时穿的衣服入殓，四季的衣服，各准备一套就行了。我生性很不喜爱奢侈的冠服，决不能带入棺墓，紫衣玉带已经足够了，希望你们不要违背我的意愿。况且神明厌恶奢侈，冥间崇尚质朴，如果违背我的嘱托，使我在冥间遭受处罚，你们能够心安吗？要时常记着这一点。（旧唐书卷九十六）

宋　璟

【题解】宋璟（663—737年），字广平，邢州南和（今河北邢台市南和县阎里乡宋台）人。北魏吏部尚书宋弁七世孙。宋璟博学多才，擅长文学，十七岁考中进士，先后担任凤阁舍人、御史中丞、吏部侍郎，官至吏部尚书、刑部尚书。开元十七年（729年），拜尚书右丞相、上柱国、开府仪同三司，进爵广平郡公。开元二十五年（737年），卒于洛阳，享年75岁，追赠太尉，谥号文贞。宋璟先后历仕武后、唐中宗、唐睿宗、唐殇帝、唐玄宗五朝，一生为振兴大唐励精图治，与姚崇同心协力，辅佐唐玄宗开创了“开元盛世”。

宋璟居相位，以择人为务，随才授任，使百官各称其职。他刑赏无私，敢犯颜直谏，为玄宗所敬惮，虽不合意，也勉强采纳。宋璟与姚崇并称贤相，号“姚、宋”，与房玄龄、杜如晦、姚崇并称唐朝“四大贤相”。

宋璟，邢州南和人。弱冠举进士，累转凤阁舍人。当官正色，则天甚重之。长安中，幸臣张易之诬构御史大夫魏元忠有不顺之言，引凤阁舍人张说①令证之。说将入于御前对覆，惶惑迫惧，璟谓曰：“名义至重，神道难欺，必不可党邪陷正，以求苟免。若缘犯颜流贬，芬芳多矣。或至不测，吾必叩閤救子，将与子同死。努力，万代瞻仰，在此举也。”说感其言。及入，乃保明元忠，竟得免死。

【注释】①张说（667—730年）：字道济，一字说之，河南洛阳人，开元时期先为右丞相，又任左丞相。

【译文】宋璟，邢州南和（今河北南和县）人。二十岁时考中进士，几次改任凤阁舍人，为官严正，武则天对他特别器重。长安年间，宠臣张易之诬陷御史大夫魏元忠有叛逆之言，让凤阁舍人张说给他作证。张说要上朝当面回复武则天的问话，内心惶恐不安，宋璟对他说：“名义至关重要，神灵难以欺骗，一定不能与坏人勾结，陷害良善，以求苟且免祸。如果你因冒犯君主的威严而被贬官流放，也会流芳后世。或者你会遭遇不测，我一定会去叩击宫门救你，与你一同赴死。努力吧，成为万代仰慕之人，就在此一举。”张说被他的话感动。等到入朝后，便如实向皇上申明魏元忠没有叛逆之言，魏元忠最终得以免于一死。

开元初，征拜刑部尚书。十二年，驾又东巡，璟复为留守。上临发，谓璟曰：“卿国之元老，为朕股肱耳目。今将巡洛邑，为别历时，所有嘉谟嘉猷，宜相告也。”璟因极言得失，特赐彩绢等，仍手制曰：“所进之言，书之座右，出入观省，以诫终身。”其见重如此。俄又兼吏部尚书。

【译文】开元初年，朝廷征拜宋璟为刑部尚书。开元十二年（724年），玄宗李隆基又去东巡，宋璟再次留守。玄宗临出发，对宋璟说：“你是国家元老，是朕的得力助手。现在朕要出巡洛邑（今洛阳附近），将与你分别一些时日，如果有好的治国谋略规划，你都可以相告。”宋璟便竭力陈说政事得失，玄宗特别赐予他彩绢等物，仍然亲笔写下诏书说：“所进之言，书于座右，出入反观内省，以诫终身。”宋璟就是如此受重视。不久他又兼任吏部尚书。

（《新唐书》曰：开元初，会日食，帝素服俟变，录囚多所贷遣，赈恤灾患，罢不急之务。璟曰：“陛下降德音，恤人隐，末宥轻系，惟流、死不免，此古所以慎赦也。恐议者直以月蚀修刑，日蚀修德，或言分野之变，冀有揣合。臣以谓君子道长，小人道销。止女谒，放谗夫，此所谓修德也。囹圄不扰，兵甲不渎，官不苛治，军不轻进，此所谓修刑也。陛下常以为念，虽有亏食，将转而为福，又何患乎？且君子耻言浮于行，愿劝天以诚，无事空文。”帝嘉纳。

【译文】（《新唐书》上说：开元初年，曾经发生日食，玄宗身穿素服对待天变，复查囚犯罪状，很多人被宽免遣返，朝廷救济灾患，停止了不紧急的事务。宋璟说：“陛下颁布德音，解救百姓穷苦，宽宥犯有轻罪的人，只是对流放、死刑不加以宽免，可以说是懂得古人的谨慎赦免了。只是恐怕议论的人要说皇上有了月食才修治刑罚，有了日食才修养德行，或者说这是天象的分野变异，希望能够猜出相应的地区。臣下认为，君子之道增长，小人之道削弱，禁止女人干预朝政，放逐奸佞的小人，这就是所谓的修德。不扰乱刑狱，不随便发动战争，官员不实行苛政，军队不轻率征发，这就是所谓的修刑。陛下时常将这些放在心里，虽然有日食月食，也会转而为福，何必担心呢？而且君子耻于言行不一，希望陛下以诚意感动上天，不要只是虚言粉饰。”玄宗称赞并采纳了他的话。

璟风度凝远，人莫涯其量。始，自广州入朝，帝遣内侍杨思勖驿迓之。未尝交一言。思勖自以将军贵幸，诉之帝，帝益嗟重。璟为宰相，务清政刑，使官人皆任职。圣历后，突厥默啜负其强，数窥边，侵九姓拔曳固，负胜轻出，为其狙击斩之，入蕃使郝灵佺传其首京师。灵佺自谓还必厚见赏。璟顾天子方少，恐后干宠蹈利者夸威武，为国生事，故抑之，逾年，才授右武卫郎将，灵佺恚愤不食死。张嘉贞后为相，阅堂案，见其危言切议，未尝不失声叹息。）

【译文】宋璟为人风度端庄而深沉，器量让人难以测量。起初，他从广州入朝，玄宗派遣内侍杨思勗从驿道兼程赶去迎接他，他途中不曾与杨思勗说一句话。杨思勗认为自己是将军，地位尊贵而且受到皇帝亲近，却被宋璟冷淡对待，将此说给玄宗听，玄宗因此更加赞叹器重宋璟。宋璟担任宰相，致力于清理政事和刑法，使得官员都能够胜任其职。圣历以后，突厥默啜自恃强大，多次侵扰边境，进犯九姓拔曳固，依仗胜利轻率出击，被拔曳固狙击斩杀，入蕃使郝灵佺将默啜首级传送到京城。郝灵佺自认为返回后定会得到优厚的赏赐。宋璟考虑当时玄宗正年轻，担心以后求宠逐利者会因此而夸耀兵威，给国家挑起事端，因此有意压制他，第二年，才授任郝灵佺为右武卫郎将，郝灵佺因此怀恨在心，绝食而死。张嘉贞后来担任宰相，阅读政事堂文书档案，看到宋璟能够直言极力进谏，经常失声叹息。）

十七年，迁尚书右丞相。二十五年薨，年七十五，赠太尉，谥曰文贞。

【译文】开元十七年（729年），宋璟迁任尚书右丞相。开元二十五年（737年）去世，终年七十五岁，追赠太尉，谥号文贞。

史臣曰：履艰危则易见良臣，处平定则难彰贤相。故房、杜预创业之功，不可俦匹。而姚、宋经武、韦二后，政乱刑淫，颇涉履于中，克全声迹，抑无愧焉。

（《新唐书》曰：唐史臣称崇善应变以成天下之务，璟善守文以持天下之正。二人道不同，同归于治，此天所以佐唐使中兴也。呜呼！崇劝天子不求边功，璟不肯赏边臣，而天宝之乱，卒蹈其害，可谓先见矣。然唐三百年，辅弼者不为少，独前称房、杜，后称姚、宋，何哉？君臣之遇合，盖难矣夫！）（旧唐书卷九十六）

【译文】史官评论说：经历艰难险阻就容易看出良臣，身处平稳安定之中则难以彰显贤相。因此房玄龄、杜如晦参预创业之功，无可比拟。而姚崇、宋璟经历武则天、韦庶人两位皇后，政治混乱刑罚严酷，他们涉足其中，而能保全声望，也算无愧于心了。

（《新唐书》说：唐代的史官称赞姚崇善于应变以成就天下政务，宋璟善于守法以主持天下公道。二人的为政之道虽然不同，而使天下达到治理的效果是一样的，这就是上天在帮助唐朝达到中兴啊。呜呼！姚崇劝天子不要贪求边地战功，宋璟不肯赏赐边臣，而天宝之乱，最终因此而产生祸害，他们两人可以说是真有先见之明啊。然而唐朝三百年，辅佐之臣不少，惟独前称赞房玄龄、杜如晦，后称赞姚崇、宋璟，为什么呢？实在是因为君主辅臣的相遇合宜，是很难的啊！）（旧唐书卷九十六）

卢怀慎

【题解】卢怀慎（？—716年），滑州灵昌（今河南滑县）人。卢怀慎进士及第，历任监察御史、吏部员外郎、侍御史、右御史台中丞、兵部侍郎、黄门侍郎，封渔阳县伯。他虽居高位，但为官清廉。唐玄宗继位后，任命卢怀慎为宰相，初授同中书门下三品，后升黄门监（即侍中），并兼任吏部尚书。他自认才能不如姚崇，遇事推让，因此被讥为“伴食宰相”。开元四年（716年）病逝，追赠荆州大都督，谥号文成。

《续编》辑录了为右御史台中丞称时期所作的三篇奏疏，主要陈述时政得失，主要内容是他对当时的吏治提出的建议，文章引论经典，针砭时政，至今仍有借鉴价值，可惜当时不为中宗李显采纳。

卢怀慎，滑州灵昌人。景龙中，迁右御史台中丞，上疏以陈时政得失。今略载其三篇。

其一曰：臣闻孔子曰：“为邦百年，可以胜残去杀。”又曰：“苟有用我者，期月而已，三年有成。”故《书》云“三载考绩”，校其功也。昔子产相郑，更法令，布刑书，一年而人歌之曰："取我田畴而伍之，取我衣冠而褚之，孰杀子产，吾其与之！"三年而人又歌之曰："我有子弟，子产教之，我有田畴，子产殖之，子产而死，谁其嗣之？"终有遗爱，流芳史策。子产，贤者也，其为政尚累年而化成，况其常材乎。

【译文】卢怀慎，滑州灵昌（今河南滑县）人。景龙年间，迁任右御史台中丞，上疏陈述时政得失。今大略记载其中三篇。

第一篇说：臣听闻孔子说："治国百年，可以感化凶残之人，使其去恶从善，则可以废除死刑。"又说："假如有人用我治理国政，一年可以初见成效，三年就会成效显著了。"因此《书经》说"三载考绩"，是考核官吏的功绩。从前子产任郑国相国，变革法令，发布刑书，一年后人们歌唱道："丈量我的田地而征收田税，计算我的家产而征收财物税，谁要杀掉子产，我将跟随相助！"到了第三年人们又歌唱他道："我有子弟，子产教导，我有田地，子产种植，子产死去，谁来承继？"最终他能把仁爱留给后世，流芳史册。子产是贤人，执政尚需几年时间才能教化成功，更何况平常之人呢？

臣窃见比来州牧、上佐及两畿县令，下车布政，罕终四考。在任多者一二年，少者三五月，遽即迁除，不论课最[①]。或有历时未改，便倾耳而听，企踵而望，争求冒进，不顾廉耻。亦何暇为陛下宣风布化，求瘼恤人哉！礼义未能兴行，风俗未能齐一，户口所以流散，仓库所以空虚，百姓凋弊，日更滋甚，职为此也。何则？人知吏之不久，则不从其教；吏知迁之不遥，又不尽其力，偷安爵禄，但养资望。陛下虽勤劳之怀，宵衣旰食，然侥幸路启，上下相蒙，共为苟且而已，宁尽至公乎？此国之病也。昔贾谊所谓蹠盭[2]之病，乃小小者耳。此弊久而不革，臣恐为膏肓，虽和、缓[3]不能疗，岂蹠盭而已哉！

【注释】①课最：古时朝廷对官吏定期考核，检查政绩，政绩最好的称“课最”。

②蹠盭（lì）：谓脚掌扭曲反戾。

③和、缓：即医和、医缓。“医”为职业，“和”“缓”为他们的名字，二人均为春秋时期秦国名医。

【译文】臣私下发现近来州牧、部属和两畿县令，到任后施行政教，很少有最终通过四次考核的。任期长的一二年，短的只有三五月，随即便迁任除授，不论政绩考核是否优秀。有的官员经过一段时间还未改任，便侧耳倾听，踮起脚跟急切仰望，竞相追取贪求仕进，不顾廉耻，又哪里有闲暇为陛下宣扬风教德化，访求民间疾苦、抚恤百姓呢！礼义不能盛行，风俗不能统一，户口因此流散，仓库因此空虚，百姓衰败困苦，日甚一日，责任都在这些官吏身上。这是什么原因呢？人们知道官吏任职期不长，就不会听从他的教化；官吏知道迁任期临近，就不竭尽全力，苟且偷安于他的官爵俸禄，只是想积累自己的资历与声望。陛下虽然劳心尽力，废寝忘食，勤于政事，但是侥幸之路已经开启，上下互相蒙蔽，共同因循苟且得过且过，又怎能大公无私呢？这是国家的弊病。从前贾谊所说的脚掌扭曲反戾之病，只是小毛病罢了。这种弊端若长时间不革除，臣担心会病入膏肓，即使有和、缓这样的春秋名医也无法医治，岂止是脚掌扭曲而已呢！

汉宣帝综核名实，兴理致化。黄霸[1]，良二千石也，就增秩赐金，以旌其能，而不迁于颍川，前代之美政也。又古之为吏者长子孙，仓氏、庾氏，即其后也。《书》云："事不师古，以克永代，匪说攸闻。"臣望请诸州都督、刺史、上佐及两畿县令等，在任未经四考已上，不许迁除。察其课效尤异者，或锡以车裘，或就加禄秩，或降使临问，并玺书慰勉。若公卿有阙，则擢以劝能。其政绩无闻及犯贪暴者，免归田里。以明圣朝赏罚之信，则万方之人，一变于道矣。致此之美，革彼之弊，易于反掌，陛下何惜而不行哉！

【注释】①黄霸（前130—前51年）：字次公，淮阳阳夏（今河南太康）人。西汉时期名臣，官至丞相。

【译文】汉宣帝刘询对官吏进行综合考核，以察其名实是否相符，以振兴治理施行教化。黄霸是一个好郡守，及时给他增加俸禄、擢升官职、赏赐黄金，以表彰他的才能，而没有让他从颍川迁任别处，这正是前代的德绩。又有古代为官者的子孙，仓氏、庾氏，即他们的后代。《尚书》说："处事不效法古代，而能世世代代永久不尽，这种说法真是前所未闻。"臣希望请各州都督、刺史以及其部属和两畿县令等，在任期间没有经过四次以上考核的，都不许升迁除授。考查他们的效果，其中政绩优异者，或赏赐车裘，或及时增加俸禄爵位，或派遣使者前去慰问，并下诏书慰问勉励他们。如果公卿大臣中有空出的官职，便提拔他们以奖励有才能的人。官员中没有什么政绩以及贪婪暴虐之人，就免去他们的职务让其回归乡里，以此显示当朝赏罚的信用，那么四方之人，就会摇身一变而回归正道了。实现这种德政，革除那些弊端，简直是易如反掌，陛下还顾虑什么而不去施行呢！

其二曰：臣闻《尚书》云："唐、虞稽古，建官惟百；夏、商官倍，亦克用乂。"此省官之义也。又云："官不必备，惟其才。"又云："无旷庶官，天工人其代之。"此为官择人之义也。臣窃见京诸司员外官，所在委积，多者数余十倍，近古以来未之有也。官不必备，此则有余，人代天工，多不厘务。广有除拜，无所裨益，俸禄之费，岁巨亿万，空竭府藏而已，岂致理之基哉！方今仓库空虚，百姓凋弊，河、渭漕輓，西给京师，公私损耗，不可胜纪。况边隅未静，兵革犹兴，节用爱人，正在今日，增官广费，岂曰其时？倘水旱成灾，租税减入，水衡无贯朽[①]之蓄，京庾[②]阙流衍之储。或疆场外守，兵车远出；或收藏无岁，赈救在辰。此军国之急务也，陛下将何以济之乎？《书》云："无轻人事，惟艰；无安厥位，惟危。"又云："不见是图。"此皆慎微之深旨也。

【注释】①水衡：即水衡钱的简称。贯朽：穿钱的绳子朽断，形容积钱多而经久不用。

②京庾：大粮仓。

【译文】第二篇说：臣听闻《尚书》上说："唐尧、虞舜考察古事，只设一百个官职；到夏、商时官员倍增，也能任用贤才。"这是减省官员的意义。又说道："官职不必设置得周全完备（即不必让有些人滥竽充数），只需选任德才兼备之人。"又说道："百官不懈怠，才能替天行事。"这是为官选人的意义。臣私下看到京城各司的员外官，人数过多，甚至多达数十倍，是近古以来从未有过的现象。官职不必设置得周全完备，这里却绰绰有余，人本是替天行事，他们却多不能理政。一味免除旧职，授予新官，没有任何益处，俸禄方面的支出，每年就要亿万，白白耗尽府藏而已，哪里是致治的根基啊！现今府库空虚，百姓衰败困苦，黄河、渭水运输粮食，向西供给京城，公私皆有耗损，不可胜数。何况边境尚未平静，战乱还在发生，节减用度爱惜百姓，就在今日。增加官吏扩大费用，怎能说正当其时？倘若水旱成灾，租税减少，府库里没有过多的积蓄，大的粮仓里又没有可供四方的储藏，要是在外戍守边防，兵车远征；或是荒年歉收，急需赈济，这都是当务之急的军务及国政，陛下将如何救助呢？《尚书》说："不要轻易役使百姓，只有艰难之时才可这样做；不要安守其位，时刻要有危机意识。"又说："在小过尚未显现时就要预先提防。"这都是于细微之处要小心谨慎的深刻含义。

臣窃见员外官中，或簪裾[1]雅望，或台阁旧人，或明习宪章，或谙闲政要，皆一时之良干也。多不司案牍，空尸禄俸，滞其才而不申其用，尊其位而不尽其力。周称多士，汉曰得人，岂其然欤？必有异于此矣。臣望请诸司员外官有才能器识、众共闻知，堪为州牧县宰及上佐者，并请迁擢，使宣力四方，申其智效。有老病及不堪理务者，咸从废省，使贤不肖较然殊贯。此济时之切务也，安可谓行之艰哉？

【注释】①簪裾：古代显贵者的服饰。借指显贵。

【译文】臣私下看到员外官中，有的身份显贵又有清高的名望，有的是大臣的故交旧吏，有的明悉典章制度，有的熟习施政要领，都是一时的贤才。他们大多不做具体事务，却空受俸禄，阻碍他的才能没发挥其作用，以其位为尊却没有竭尽全力。周朝号称多士，汉朝称为得人，岂是这样？必然有别于此啊。臣请求对各司员外官中有才能器识、众所周知可以担任州牧县宰及属官的，一并给予擢迁，使他们效力于四方，充分发挥他们的智力和才能为国效力。有年老生病和不能处理政务的，全部裁撤，使贤与不贤者明显区分开来。这是济世的急务，怎么可以说施行起来特别艰难呢？

其三曰：臣闻天吏逸德，烈于猛火；贪人败类，取兴大风。则知冒于宠赂，侮于鳏寡，为政之蠹，莫先于兹。臣窃见内外官人，有不率宪章，公犯赃污，侵牟万姓，劓割蒸人，鞫按非虚，刑宪已及者，或俄复旧资，虽负残削之名，还膺牧宰之任，或江、淮、岭、碛，微示惩贬，而徇财黩货，罕能悛革，委以共理，俟河之清。臣闻明主之于万姓也，必畅以平分，而无偏施。若犯罪之吏，作牧遐方，便是屈法惠奸，恤近遗远矣。凡左降之人，鲜能省过，必怀自弃，长恶滋深。则小州远郡，蛮陬夷落，何负于圣化，独受其弊政乎！昔孟尝[①]廉明，方临合浦；隐之[②]清洁，乃莅番禺。郅都[③]之镇静朔方，耿恭[④]之辑宁疏勒。诚则遐僻，必择贤良，务以宁济为怀，岂以遐荒见隔？况边徼之地，夷夏杂处，负险恃远，易扰难安，弥藉循良，以寄绥抚。若委失其任，官非其才，凌虐黎庶，侵剥蕃部，小则坐致流亡，大则起为盗贼。由此言之，不可用凡材，而况于猾吏乎！其内外官人有犯赃贿推勘得实者，臣望请削迹簪裾，十数年间不许齿录。《书》云："旌别淑慝，黜陟幽明。"即其义也。若不循此道，去邪有疑，善政能官，甄奖或未之偏，担赃负贿，侥幸或即蒙升，则赏罚无章，沮劝安寄？浮竞之风转扇，廉耻之行渐隤，其源不塞，为蠹斯甚。

疏奏不纳。

【注释】①孟尝：字伯周，会稽上虞（今浙江绍兴）人。东汉官吏。

②隐之：即吴隐之（？—414年），字处默，东晋濮阳鄄城人。曾任中书侍郎、左卫将军、广州刺史等职，官至度支尚书，著名廉吏。

③郅都：西汉时期河东郡杨县（今山西洪洞）人。是西汉最早以严刑峻法镇压不法豪强、维护封建秩序的酷吏。

④耿恭：字伯宗，扶风茂陵（今陕西兴平）人，东汉官员、将领。

【译文】第三篇说：臣听说天子的官吏失德，将比猛火还要炽烈；贪婪以及品德败坏之人，总是借机兴风作浪。由此可知贪求私宠与贿赂，欺侮鳏寡，为政的败坏没有能超过这个的了。臣私下看到朝廷内外官员，有人不遵守法制，公然贪赃枉法，侵夺百姓，残害众人，通过审讯拷问得出真相，已受刑罚的，有的不久就恢复原职，虽然背负败坏的名声，却依旧担任牧宰的重任，有的被外派到江、淮、岭、碛等地，稍微表示惩戒贬抑，而他们又不惜以身求财、贪污纳贿，很少有人能反省改过，委任他们共同治理政事，好比等黄河之水变得清澈。臣听说明君对于百姓，必会畅达公正，而不会施恩不均。如有犯罪的官吏，让他们到远方放牧，便是屈行法令、姑息养奸，顾此失彼了。凡被贬官之人，很少能反省过失，必定怀有自暴自弃之心，恶行不断增长、越来越深。那小州远郡，蛮夷之地，为何有负于天子的教化，偏要遭受腐败的政治呢！从前孟尝清正廉明，才能在合浦（今广西北海）任职；吴隐之清正廉洁，才得以莅任番禺。郅都平定朔方（治所在今内蒙古杭锦旗北黄河南岸什拉召附近），耿恭安定疏勒（今新疆昌吉回族自治州奇台县城南64公里处的半截沟镇麻沟梁村）。实在是边远偏僻之地，一定要选择奉公守法的官吏，务必以安定匡济为怀，怎能因地处边远荒僻就受阻呢？况且边境之地，夷狄与华夏百姓杂居，凭借险固地形及地势偏远，容易发生纷扰而难以安定，更要依靠奉公守法的良吏，以寄托安定抚慰之意。如果委任的官员不称职，官吏不具备所需才能，欺凌虐待黎民百姓，侵害盘剥少数民族部落，小则导致流亡，大则起事成为盗贼。由此说来，不可任用平庸之人，更何况任用那些奸猾之吏呢！那些内外官员有贪赃受贿经推究勘问而情况属实的，臣恳请陛下让这些显贵之人销声匿迹，十几年内不得录用。《尚书》说："识别善恶，黜退昏愚，晋升贤明"，就是它的意义所在。若不遵循此法，去除邪恶犹豫不决，有良好政绩、才干出众的官员，对其嘉奖或许不够全面；而那些贪赃受贿的官员，有的侥幸立即受到提升，那么赏罚就不分明，如何行阻止恶行、勉励善事之举？争名夺利之风盛行，廉洁知耻的行为逐渐消退，这个源头不加以堵塞，其危害将日益加深。

奏疏呈上，没有被唐中宗李显采纳。

累迁黄门侍郎，赐爵渔阳伯。怀慎与紫微令姚崇对掌枢密，怀慎自以为吏道不及崇，每事皆推让之，时人谓之"伴食宰相"。（旧唐书卷九十八）

【译文】卢怀慎多次迁任黄门侍郎，赐爵渔阳伯。卢怀慎与紫微令姚崇共同掌管机密政务，卢怀慎自认为在为政之道上不如姚崇，每次遇到事情都推辞谦让，当时的人都称他"伴食宰相"。（旧唐书卷九十八）

张九龄

【题解】张九龄（678—740年），字子寿，韶州曲江（今广东韶关）人。西汉著名谋士张良之后。武则天长安二年（702年）进士，任校书郎。官至中书侍郎同中书门下平章事。开元二十八年（740年），张九龄因病去世，终年68岁。唐廷追赠他为荆州大都督，谥号文献。后又追赠为司徒。开元四年（716年），因得罪时任宰相的姚崇，便以任满为由，辞官回乡。因岭南道路险阻，张九龄上书请开大庾岭路，获得唐廷批准，开凿梅关古道，从此改善了南北交通，成为南北文化交流的主要孔道。张九龄也由此被召入京，任左补阙。中书令张说因为他是同姓，举荐他为中书舍人内供奉。但张九龄并未与他随声附和，时常劝谏张说，张说从未听从，最终导致被贬。张九龄曾断言安禄山必反叛唐朝，可惜唐玄宗一意孤行，赦免了安禄山，最终爆发了“安史之乱”，导致唐朝从此转盛为衰，一落千丈。《续编》辑录了张九龄生平中几件事情，主要体现了他忠耿尽职、秉公守则、直言敢谏、选贤任能、不徇私枉法、不趋炎附势等高尚的品质。

张九龄，字子寿。开元十年，三迁司勋员外郎。时张说为中书令，与九龄同姓，叙为昭穆[①]，尤亲重之。十一年，拜中书舍人。

【注释】①昭穆：泛指一般宗族的辈分。

【译文】张九龄，字子寿。开元十年（722年），累迁至司勋员外郎。当时张说任中书令，与张九龄同姓，按照辈分结为宗族兄弟，张说特别亲近与看重他。开元十一年（723年），张九龄官拜中书舍人。

十三年，车驾东巡，行封禅之礼。说自定侍从升中之官，多引两省录事主书及己之所亲摄官而上，遂加特进阶，超授五品。初，令九龄草诏，九龄言于说曰："官爵者，天下之公器，德望为先，劳旧次焉。若颠倒衣裳，则讥谤起矣。今登封霈泽，千载一遇。清流高品，不沐殊恩。胥吏末班，先加章绂[①]。但恐制出之后，四方失望。今进草之际，事犹可改，唯令公审筹之，无贻后悔也。"说曰："事已决矣，悠悠之谈，何足虑也！"竟不从。及制出，内外甚咎于说。

【注释】①章绂：标志官品等级的彩色绶带等饰物。亦借指官爵。

【译文】开元十三年（725年），唐玄宗东巡，举行封禅之礼。张说亲自决定侍从唐玄宗登山的官员，多引荐两省录事、主书以及自己所亲近的官员负责陪同登山，于是对他们特别晋级，破格授予他们五品官职。起初，张说命令张九龄草拟诏书，张九龄对张说说："官职和爵位，是天下的公器，应把德高望重的人排在前面，有功的旧臣则排在后面。假如颠倒了顺序，那讥议毁谤就会产生了。如今登山封禅广施恩德，这是千年一遇的大事。有名望和高尚品格的人，不蒙受圣恩，官府中管理文书的末流小吏反而先被加官进爵。只怕诏书发布之后，令天下人失望。现在拟定诏书的时候，事情还来得及更改，只是希望张公您仔细考虑清楚这件事，不要留下后悔的事。”张说说：“事情已经决定了，荒唐无据的议论，哪能值得担心呢？”最终张说没有听从。等到诏书发布后，朝廷内外的官员都非常指责张说。

时御史中丞宇文融方知田户之事，每有所奏，说多建议违之，融亦以此不平于说。九龄复劝说为备，说又不从其言。无几，说果为融所劾，罢知政事，九龄亦改太常少卿，寻出为冀暂刺史。

【译文】时任御史中丞的宇文融刚掌管田户租税的事务，每每向朝廷陈奏情况，张说经常建议唐玄宗不听从他，宇文融也因此对张说不满。张九龄又劝说张说要对宇文融有所防备，张说又不听从张九龄的劝说。不久，张说果然被宇文融弹劾，被罢免知政事的职务，张九龄也改任太常少卿，不久离京出任冀州代理刺史。

初，张说知集贤院事，常荐九龄堪为学士，以备顾问。说卒后，上思其言，召拜九龄为秘书少监，再迁中书侍郎。常密有陈奏，多见纳用。二十一年十二月，起复拜中书侍郎、同中书门下平章事。明年，迁中书令。

【译文】起初，张说掌管集贤院事务，常常举荐张九龄能胜任学士，来充任唐玄宗身边的顾问。张说逝世后，唐玄宗想到张说的建议，于是征召张九龄为秘书少监，再升至中书侍郎。张九龄时常秘密地上奏，他的大多谏言都被采纳。开元二十一年（733年）十二月，起复拜中书侍郎、同中书门下平章事。次年，升至中书令。

时范阳节度使张守珪以裨将安禄山讨奚、契丹败衄，执送京师，请行朝典。九龄奏劾曰："穰苴[①]出军，必诛庄贾；孙武教战，亦斩宫嫔。守珪军令必行，禄山不宜免死。"上特舍之。九龄奏曰："禄山狼子野心，面有逆相，臣请因罪戮之，冀绝后患。"上曰："卿勿以王夷甫知石勒故事，误害忠良。"遂放归藩。

【注释】①穰苴：田穰苴，又称司马穰苴。田完（陈完）的后代，齐田氏家族的支庶。因功被封为大司马，其子孙遂以官名为姓。

【译文】当时范阳节度使张守珪因为副将安禄山讨伐奚、契丹失败，将安禄山捉拿到京城长安，请求按照朝廷法律执行。张九龄上奏弹劾说："司马穰苴出兵打仗，必然诛杀不按时点卯的庄贾；孙武教习战术，也斩杀不听号令的妃嫔。张守珪的军令必须要执行，安禄山不应该被免除死罪。"但是，唐玄宗却特赦了安禄山。张九龄上奏说："安禄山狼子野心，面带反叛的相貌，臣请求依罪将他杀死，希望永绝后患。"唐玄宗说：

“爱卿不要用王衍识破石勒反晋的先例，就错误地杀害忠良之人。”于是把安禄山释放回到范阳任上。

二十三年，加金紫光禄大夫，累封始兴县伯。李林甫自无学术，以九龄文行为上所知，心颇忌之。乃引牛仙客知政事，九龄屡言不可，帝不悦。二十四年，迁尚书右丞相，罢知政事。

【译文】开元二十三年（735年），张九龄被加授金紫光禄大夫，累封始兴县伯爵。李林甫自幼不学无术，因为张九龄文章言行为唐玄宗所赏识，心里十分忌恨他，于是引荐牛仙客为知政事。张九龄多次上奏不让牛仙客参与，唐玄宗心中不快。开元二十四年（736年），升至尚书右丞相，被罢免知政事的职务。

初，九龄为相，荐长安尉周子谅为监察御史。至是，子谅以妄陈休咎[①]，上亲加诘问，令于朝堂决杀之。九龄坐引非其人，左迁荆州大都督府长史。俄请归拜墓，因遇疾卒，年六十八，赠荆州大都督，谥曰文献。至德初，上皇在蜀，思九龄之先觉，下诏褒赠，赠司徒，遣使就韶州致祭。（旧唐书卷九十九）

【注释】①休咎：吉凶，福祸，美恶。

【译文】当初，张九龄担任丞相，举荐长安尉周子谅为监察御史。到此时，周子谅因为胡乱讲吉凶，唐玄宗亲自对周子谅加以诘问，命令在朝堂将周子谅打死。张九龄因触犯举荐不当之罪，被贬为荆州大都督府长史。不久，张九龄请求回籍拜扫坟墓，因染上疾病而亡，终年六十八岁，追赠荆州大都督，谥号文献。至德初年，唐玄宗被困在四川，想到张九龄曾断言安禄山“必反”的卓见，于是下诏对张九龄嘉奖且追赠为司徒，派出使者到韶州祭祀。（旧唐书卷九十九）

薛 登

【题解】薛登（647—719年），原名谦光，常州义兴（今江苏宜兴）人。为避太子讳，晚年敕赐今名。《续编》主要辑录了薛登在天授年间担任左补阙时，针对当时的人才选举问题而上疏给武则天的一道奏疏。文中讲述了古代选取人才的方法，接着指出当时朝廷选取人才的得失，进而提出了自己的建议。奏疏陈上后，得到武则天的认可，他也因此升官，后来担任给事中。

薛登，本名谦光，常州义兴人也。天授中，为左补阙，时选举颇滥，谦光上疏曰：

臣闻国以得贤为宝，臣以举士为忠。是以子皮之让国侨[①]，鲍叔之推管仲，燕昭委兵于乐毅，苻坚托政于王猛。子产受国人之谤，夷吾贪共贾之财，昭王锡辂马以止谗，永固[②]戮樊世以除谮。处猜嫌而益信，行间毁而无疑，此由默而识之，委而察之深也。至若宰我见愚于宣尼，逄萌被知于文叔，韩信无闻于项氏，毛遂不齿于平原，此失士之故也。是以人主受不肖之士则政乖，得贤良之佐则时泰，故尧资八元而庶绩其理，周任十乱而天下和平。由是言之，则士不可不察，而官不可妄授也。何者？比来举荐，多不以才，假誉驰声，互相推奖，希润身之小计，忘臣子之大猷，非所以报国求贤，副陛下翘翘之望者也。

【注释】①国侨：指春秋时郑国子产。

②永固：指苻坚（338—385年），字永固，十六国时期前秦君主。

③樊世（？—358年）：前秦氐族贵族，后因藐视王猛，数次欲折辱之，被苻坚斩首。

【译文】薛登，本名谦光，常州义兴人。天授年间，谦光担任左补阙，当时提拔的人才大多名不副实，谦光上疏说：

臣听说国家把得到贤人作为珍宝，大臣以举荐士人为忠诚。所以郑国的子皮谦让国侨，齐国的鲍叔牙推举管仲，燕昭王把军队指挥权交给乐毅，苻坚托付国政给王猛。子产受到国人的诋毁，管夷吾曾经贪占与鲍叔牙共同经商的获利，燕昭王赐车马给乐毅以阻止谗言，苻坚杀死樊世以消除对王猛的中伤。这些贤人处于猜嫌的境地反而更加受到信任，被人中伤而君主对他没有猜忌，这是由于君主私下观察而了解了他，委以重任而深入考察他。至于宰我被孔子认为愚昧，逄萌被刘秀征召，韩信不闻达于项羽，毛遂被平原君赵胜所轻视，这些事情都是没有得到人才之心的缘故。所以君主接受奸佞之人就使国政混乱，得到贤良的辅佐则天下安定。因此尧依靠八元贤才而政事治理，周武王任用十位贤臣而天下太平。由此说来，人才不能不加以考核，官员不可以随意任命。为什么呢？近来选举提拔官员，大多不以才能作为依据，都做些沽名钓誉、互相吹捧的事情，追求有利于自己的小计谋，忘记作为臣子的大道义，而不是一心报效国家为国求贤、回报陛下的殷殷期望啊。

臣窃窥古之取士，实异于今。先观名行之源，考其乡邑之誉，崇礼让以励己，明节义以标信，以敦朴为先最，以雕虫为后科。故人崇劝让之风，士去轻浮之行。希仕者必修贞确不拔之操，行难进易退之规。众议以定其高下，郡将难诬于曲直。故计贡[1]之贤愚，即州将之荣辱；秽行之彰露，亦乡人之厚颜。是以李陵降而陇西惭，干木隐而西河美。故名胜于利，则小人之道消；利胜于名，则贪暴之风扇。是以化俗之本，须摈轻浮。昔冀缺[2]以礼让升朝，则晋人知礼；文翁[3]以儒林奖俗，则蜀士多儒。燕昭好马，则骏马来庭；叶公好龙，则真龙入室。由是言之，未有上之所好而下不从其化者也。自七国之季，虽杂纵横，而汉代求才，犹征百行。是以礼节之士，敏德自修，闾里推高，然后为府寺所辟。魏氏取人，尤爱放达；晋、宋之后，祇重门资。奖为人求官之风，乖授职惟贤之义。有梁荐士，雅爱属词；陈氏简贤，特珍赋咏。故其俗以诗酒为重，不以修身为务。逮至隋室，余风尚在，开皇中李谔论之于文帝曰：

“魏之三祖，更好文词，忽君人之大道，好雕虫之小艺。连篇累牍，不出月露[④]之形；积案盈箱，唯是风云之状。代俗以此相高，朝廷以兹擢士，故文笔日烦，其政日乱”。帝纳李谔之策，由是下制禁断文笔浮词。其年，泗洲刺史司马幼之以表不典实得罪。于是风俗改励，政化大行。炀帝嗣兴，又变前法，置进士等科。于是后生之徒，复相放效，因陋就寡，赴速邀时，缉缀小文，名之策学，不以指实为本，而以浮虚为贵。

【注释】①计贡：指州郡随年终上计贡举的人才。

②冀缺：郤缺的别名。春秋时晋国人，夫妻相敬如宾，有贤名，被荐之于晋文公。

③文翁（前187—前110年）：名党，字仲翁，汉景帝时为蜀地郡守，创办学堂、举荐贤能、兴修水利，为蜀地人所称颂。

④月露：月露与风云，用来比喻无用的文字。

【译文】臣私下考察古代选取人才的方法，实在是与今天的方法有所不同。首先要看他的品行是否高尚，其次考察他在乡邑的声誉，崇尚礼让来勉励自己，申明节义来显示诚信，以品德敦朴作为选才首要条件，其他方面的能力作为细枝末节。所以当时的人们崇尚礼让的风气，士人没有轻浮的举止。想要做官的人必定修养坚贞不移的节操，履行慎于进取、勇于退让的规范。以世人的评价来确定他的优劣，郡守很难歪曲一个人品行的好坏。因此举荐人才的贤愚，也事关州郡的荣辱；如果举荐的人有恶行，也是乡人的耻辱。所以李陵投降而陇西的人感到羞愧，段干木隐居而西河地区享有美誉。因此名节重于利益，就使小人的势力衰落；利益重于名节，就会助长贪婪的风气。所以教化风俗的根本，必须摒弃轻浮。从前冀缺因礼让而进入朝廷，使晋国人懂得礼仪；文翁以儒学提拔众人入仕，使蜀地出现了很多儒士。燕昭王喜欢骏马，则有人进献骏马来到朝廷；叶公好龙，则有真龙进入居室。以此说来，没有为上的人有所喜好而下面的人不迎合的情况。自从战国七雄时期以来，虽然任用纵横之士，而汉代求取贤才，仍要考察各种品行。所以遵循礼制的贤才，一定会修养自己的品德，得到乡里的推崇，然后才被朝廷征召。曹魏时期征召人才，尤其喜欢豪放豁达之士；两晋和南朝宋之后，只重视门第出身，助长了世人追求官爵的风气，违背了选拔官员只看重贤能与否的原意。梁朝选拔士人，尤其喜欢文章的好坏；陈代举荐贤人，特别重视诗赋的能力。因此那时的风俗推崇士人擅长饮酒作诗，不把修养德行作为重点。到了隋朝，这种风气还有残留，开皇年间大臣李谔对隋文帝杨坚谈论此事说："曹魏的三代祖先，都非常喜爱诗词，忽略了为君为臣的准则，而喜好诗词之类的雕虫小技。文章连篇累牍都是月露风云之类的文字。世俗因此看重士人的诗词，朝廷以诗词水平高低来选拔士人，所以文笔越来越烦，政事越来越乱。"隋文帝杨坚采纳了李谔的建议，因此下诏禁止浮夸的文词。这一年，泗州刺史司马幼之因为奏章的文辞浮华不实而获罪。于是风俗改变，教化大行。隋炀帝杨广即位，又改变先前的做法，设置进士等科目来选拔人才。于是后辈之人，又争相效仿，承袭陋俗，趋附名利，编写肤浅文章，称作策学，不以务实为本，而以浮华为贵。

有唐纂历[①]，虽渐革于故非；陛下君临，思察才于共理。树本崇化，惟在旌贤。今之举人，有乖事实。乡议决小人之笔，行修无长者之论。策第喧竞于州府，祈恩不胜于拜伏。或明制才出，试遣搜扬，驱驰府寺之门，出入王公之第。上启陈诗，唯希咳唾[②]之泽；摩顶至足，冀荷提携之恩。故俗号举人，皆称觅举。觅为自求之称，未是人知之辞。察其行而度其材，则人品于兹见矣。徇己之心切，则至公之理乖；贪仕之性彰，则廉洁之风薄。是知府命虽高，异叔度[③]勤勤之让；黄门已贵，无秦嘉[④]耿耿之辞。纵不能抑己推贤，亦不肯待于三命。岂与夫白驹[⑤]皎皎，不杂风尘，束帛戋戋[⑥]，荣高物表，校量其广狭也！是以耿介之士，羞自拔而致其辞；循常之人，舍其疏而取其附。故选司补署，喧然于礼闱；州贡宾王，争讼于阶闼。谤议纷合，浸以成风。夫竞荣者必有竞利之心，谦逊者亦无贪贿之累。自非上智，焉能不移；在于中人，理由习俗。若重谨厚之士，则怀禄者必崇德以修名；若开趋竞之门，邀仕者皆戚施而附会。附会则百姓罹其弊，洁己则兆庶蒙其福。故风化之渐，靡不由兹。今访乡闾之谈，唯祗归于里正。纵使名亏礼则，罪挂刑章，或冒籍以偷资，或邀勋而窃级，假其不义之赂，则是无犯乡闾。岂得比郭有道之铨量，茅容望重，裴逸人之赏拔，夏少名高，语其优劣也！

【注释】①纂历：嗣位。

②咳唾：咳嗽吐唾液。

③叔度：指东汉黄宪，字叔度，以品学超群、气量宏大著称。

④秦嘉：字士会，陇西（治今甘肃通渭）人。东汉诗人，汉桓帝时曾担任黄门郎。

⑤白驹：白色骏马。比喻贤人、隐士。语出《诗·小雅·白驹》："皎皎白驹，食我场苗。縶之维之，以永今朝。"

⑥束帛戋戋：束帛，一束的五匹帛。古代用为聘问、馈赠的礼物。戋戋，浅小之意。束帛戋戋这里指君主礼贤下士，访求人才。

【译文】唐朝建立以后，才逐渐消除从前的弊端。陛下即位，希望访察人才共同治理政事。奠定基础，崇尚教化，旨在表彰贤良。现在举荐的人才名不符实。乡里对人才的考评由小人决定，德行的修养没有尊长的评价。考试选举喧嚣于州府，巴结权贵不止于叩拜。有时选拔人才的公告才发出，准备派出使者寻访人才，就有人奔走于衙门之间，出入于王公府第。进献旧日诗作，希望得到垂青的恩泽；对其人顶礼膜拜，希望得到提携的恩惠。所以世俗称之为举人，其实都是自己找人推举的觅举。觅是自己找人推举的称呼，不是被人推举的说法。考察他的行为而度量他的才能，那么他的人品就可以知道了。考虑自己的心思太迫切，那么就会违背一心为公之道；贪恋仕途的性情彰显，那么廉洁奉公的风气就会薄弱。于是可知官位虽高，却没有叔度的大度谦让；职位显贵，却没有秦嘉的正直言辞。纵然不能约束自己推举贤才，也不肯多等征召的命令。白驹高洁，不会沦落风尘！束帛微薄，足以表彰超凡脱俗，趋炎附势的人岂能和高洁之士比较高低呢！所以耿介正直的人士，羞于自荐而诚恳辞让，平庸普通的人舍弃与自己疏远的人而亲近自己可以依附的人。因此选拔官员补缺职位的时候，礼部和闱场就会人头攒动；州郡推荐贤才的时候，就会在衙门产生争执。流言四起，渐成风气。争名者必有争利之心，谦逊者则无贪贿之忧。不是上等智慧的人，怎能不被流俗改变；中等智慧的人，只会顺从于习俗。如果尊崇谨慎敦厚之士，那么贪恋官禄的人必定崇尚德行来获得好名声；如果开放趋炎附势之门，那么寻求做官的人都会谄谀献媚来依附权贵。官员趋炎附势则百姓遭受祸害，官员廉洁奉公则使万民蒙受福祉。所以风俗教化的浸润，无不由此开始。如今访察乡间对人才的议论，仅仅从里正那里听取意见，纵使一个人名节亏损，罪责触犯刑律，或者假冒户籍以获得资历，或者求取功勋以窃取官爵，只要依靠不义之财进行贿赂，就不会被乡间做出不好的评价。岂能比得上郭有道的权衡名利，茅容的声望高贵，裴逸人的赏识人才，夏少的名望高显，他们之间的优劣不能同日而语！

祇如才应经邦之流，唯令试策；武能制敌之例，只验弯弧。若其文擅清奇，便充甲第，藻思微减，便即告归。以此收人，恐乖事实。何者？乐广假笔于潘岳，灵运词高于穆之[①]，平津[②]文劣于长卿[③]，子建笔丽于荀彧。若以射策为最，则潘、谢、曹、马必居孙、乐之右；若使协赞机猷，则安仁、灵运亦无禆附之益。由此言之，不可一概而取也。至如武艺，则赵云虽勇，资诸葛之指撝；周勃虽雄，乏陈平之计略。若使樊哙居萧何之任，必失指纵之机；使萧何入戏下之军，亦无免主之效。斗将长于摧锋，谋将审于料事。是以文泉聚米，知隗嚣之可图；陈汤屈指，识乌孙之自解。八难之谋设，高祖追惭于郦生；九拒之计穷，公输息心于伐宋。谋将不长于弓马，良相宁资于射策。岂与夫元长[4]自表，妄饰词锋，曹植题章，虚飞丽藻，校量其可否也！

【注释】①穆之：指东晋大臣刘穆之，刘裕领兵在外时留守建康，并且总掌朝廷内外事务，官至尚书左仆射。

②平津：指西汉大臣公孙平津。

③长卿：指西汉的司马相如。

④元长：指王融，字元长，琅琊临沂（今山东临沂）人。南朝齐文学家。擅文辞，慕名利。

【译文】至于文才是否能够治国安邦，目前仅仅考察文章对策；武略是否能够克敌制胜，也只检验弓马能力。如果文章词语华美，便能考中甲等，词藻文思稍有不足，便落榜回家。以这种方法招揽人才，恐怕会与事实不符。为什么呢？乐广让潘岳代写文章，谢灵运的文辞高过刘穆之，公孙平津的文章比不上司马相如，曹子建的文笔比荀彧的秀丽。如果以文策考量，则潘岳、谢灵运、曹子建、司马相如必定在公孙平津、乐广之上；如果让他们谋划政事，那么潘安仁、谢灵运也不会提供有用辅助。由此说来，不能一概以文章来选取贤才。至于武艺，则赵云虽然勇猛，也要依靠诸葛亮的指点；周勃虽然强悍，却缺少陈平的谋略。如果让樊哙承担萧何的重任，必定不能指挥调度得当；如果让萧何进入项羽的军营，也难以保护主公免于危难。武将擅长冲锋打仗，谋臣精通审时度势。因此马援聚米为山分析形势，让光武帝刘秀知道隗嚣可以谋取；陈汤屈指计算，料定乌孙对西域都护的围困会自行瓦解。进献八难的谋略，高祖追悔愧对郦生；穷乏九拒的计策，公输班取消让楚国伐宋之心。谋臣不一定擅长于弓马，良相怎能取决于文策？岂能以王融自我标榜，妄饰文词，曹植作文，虚设华丽这种标准来考量他们可行与否！

伏愿陛下降明制，颁峻科。千里一贤，尚不为少，侥幸冒进，须立堤防。断浮虚之饰词，收实用之良策，不取无稽之说，必求忠告之言。文则试以效官，武则令其守御，始既察言观行，终亦循名责实，自然侥幸滥吹之伍，无所藏其妄庸。故晏婴云：“举之以语，考之以事；寡其言而多其行，拙于文而工于事。”此取人得贤之道也。其有武艺超绝，文锋挺秀，有效伎之偏用，无经国之大才，为军锋之爪牙，作词赋之标准。自可试凌云之策①，练穿札之工②，承上命而赋《甘泉》，禀中军而令赴敌，既有随才③之任，必无负乘④之忧。臣谨案吴起临战，左右进剑，吴子曰：“夫提鼓挥桴，临难决疑，此将事也。一剑之任，非将事也。”谨案诸葛亮临戎，不亲戎服，顿蜀兵于渭南，宣王⑤持剑，卒不敢当。此岂弓矢之用也！谨案杨得意诵长卿之文，武帝曰："恨不得与此人同时。"及相如至，终于文园令，不以公卿之位处之者，盖非其所任故也。

【注释】①凌云之策：比喻文章超凡脱俗。

②穿札之工：穿札指射穿铠甲。札，铠甲的叶片。形容射箭功夫高强。

③随才：按照各人的才能，给予适当的工作。

④负乘：才德不称其位。

⑤宣王：指司马懿，司马昭封晋王后，追谥司马懿为宣王。

【译文】希望陛下降下圣明旨意，颁发严格科目。千里之地求得一贤，也不以为少。侥幸之徒冒然进取，必须及时提防。断绝浮虚的文词，采纳实用的良策，不听取无稽之谈，必寻求忠告之言。文臣则应考察政绩，武将则应考察武备，一开始就要观察言行，最终仍然复核落实，自然会使那些侥幸冒进、滥竽充数之人，无法掩藏他们的狂妄平庸。因此晏婴说："听言语而举荐，用政事来考量；少言语而多做事，文辞拙而政事通。"这正是选拔人才，举荐贤能的方法。那些武艺超群，文笔秀丽，有效力君王的一技之长，却没有治理国家的栋梁之材的士人，他们可以作为军队的辅佐，或者文辞的榜样。善文词者自然可以考察文章策对，通武略者自然应该练习射箭刀马的功夫，他们或者遵照皇上的诏命而作《甘泉》之赋，或者在军中听令而上阵杀敌，这样既可以顺乎才能而任用他们，也不会有德不配位的忧虑。臣谨慎考察吴起临战的事例，左右侍从给吴起献上佩剑，吴起说："大凡临阵对敌，指挥进攻退却，面临危难，决断疑惑，这是将领的分内事。逞匹夫之勇，上阵杀敌，这不是将领的分内事。"其次考察诸葛亮临阵的事例，诸葛亮不穿甲胄，在渭水南岸驻扎蜀兵，司马懿虽然手持利剑督战，终究不能抵挡诸葛亮。这难道是弓箭的作用！再考察杨得意诵读司马相如的文章的事例，汉武帝说："我恨不能与此人处于同一时代。"等到司马相如来到朝廷，官职仅做到文园令，汉武帝没有把公卿的位子授予他，大概是因为他不能胜任的缘故吧。

谨案汉法，所举之主，终身保任。扬雄之坐田仪，责其冒荐；成子[①]之居魏相，酬于得贤。赏罚之令行，则请谒之心绝；退让之义著，则贪竞之路消。自然朝廷无争禄之人，选司有谦撝之士。仍请宽立年限，容其采访简汰，堪用者令其试守，以观能否；参验行事，以别是非。不实免王丹之官，得人加翟璜之赏，自然见贤不隐，食禄不专。荀彧进钟繇、郭嘉，刘陶荐李膺、朱穆，势不云远。有称职者受荐贤之赏，滥举者抵欺罔之罪，自然举得贤行，则君子之道长矣。

寻转水部员外郎，累迁给事中、检校常州刺史。（旧唐书卷一百一）

【注释】①成子：指魏文侯弟季成，向魏文侯推荐了卜子夏、田子方、段干木等贤人。

【译文】以汉代法律为例，举荐人要对被举荐的人终身担保负责。扬雄因为田仪获罪，以责罚其荐人不慎。季成担任魏国的宰相，是奖赏他推举了贤人。如果赏罚分明，就使托人求告之心断绝；如果弘扬退让，就使贪权恋位之路消亡。如此则朝廷自然没有谋划官禄之人，官府有恭敬谦让之士。现在请求宽限时间，允许有关部门考察选择，可以任用的就任命试用，以观察他的能力是否符合要求，检验他的政绩作为，以此区别是否称职。免去王丹那样举荐非人的官员，奖赏翟璜那样推举人才的官员，自然会使贤人不被埋没，官职俸禄不被独占。就像荀彧举荐钟繇和郭嘉，刘陶推荐李膺和朱穆，和这些事例相差不远。被推荐者称职则推荐者受到赏赐，被推荐者无能则推荐者承担欺君罔上的罪责，自然就会举荐之路畅通，贤人得到任用，那么君子之道就会长久了。

不久薛登改任水部员外郎，累官升任给事中、检校常州刺史。（旧唐书卷一百一）

群书治要续编卷第十二　旧唐书（六）

李林甫

【**题解**】李林甫（683—753年），小字哥奴，祖籍陇西。出身唐朝宗室郇王房，起家千牛直长，历任太子中允、太子谕德、国子司业、御史中丞、刑部侍郎、吏部侍郎、黄门侍郎，拜礼部尚书、同平章事，之后成为宰相。开元二十四年（736年），李林甫接替张九龄，升任中书令，封为晋国公，迁尚书左仆射。李林甫为相19年，是唐玄宗时期在位时间最长的宰相。他担任宰相期间，大权独握，蔽塞言路，排斥贤才，导致纲纪紊乱，还建议重用胡将，阻止边帅出将入相，导致安禄山势力坐大，最终发生“安史之乱”，唐朝因此而衰落。

元代张珪评论说：“国之安危，在乎论相。昔唐玄宗，前用姚崇、宋璟则治，后用李林甫、杨国忠，几致亡国。虽赖郭子仪诸将效忠竭力，克复旧物，然自是藩镇纵横，纪纲亦不复振。良由李林甫妒害忠良，布置邪党，奸惑蒙蔽，保禄养祸所致也。”由此可见李林甫给唐朝所带来的危害。

李林甫，高祖从父弟长平王叔良之曾孙。开元二十三年，以黄门侍郎平章事裴耀卿[1]为侍中，中书侍郎平章事张九龄为

中书令，林甫为礼部尚书、同中书门下三品，并加银青光禄大夫。林甫面柔而有狡计，能伺候人主意，故骤历清列，为时委任。而中官妃家，皆厚结托，伺上动静，皆预知之，故出言进奏，动必称旨。而猜忌阴中人，不见于词色，朝廷受主恩顾，不由其门，则构成其罪；与之善者，虽厮养下士，尽至荣宠。寻历户、兵二尚书，知政事如故。

【注释】①裴耀卿：字焕之，绛州稷山（今山西稷山）人。出身河东裴氏南来吴裴，唐朝宰相。

【译文】李林甫，是高祖李渊堂弟长平王李叔良的曾孙。开元二十三年（735年），玄宗李隆基任命黄门侍郎、平章事裴耀卿为侍中，中书侍郎、平章事张九龄为中书令，李林甫为礼部尚书、同中书门下三品，并加赐银青光禄大夫。李林甫外表善良而内心狡诈，擅长窥探迎合皇帝的心思，所以多次担任清要之职，在当时被委以重任。而对那些宦官妃嫔，他都殷勤结交，窥伺皇帝的举动，一切都能预先知道，所以发言、上奏，总能符合上意。并且时常暗中猜忌陷害他人，言词和神态都不会表露出来。往常得到皇帝器重的朝廷官员，假如不是出自他的门下，他就随意编造罪状；与他亲近的人，即使是奴仆徒役，都可获得荣华富贵。不久历任户、兵二部尚书，知政事照旧。

林甫既秉枢衡，与宰相李适之[①]虽同宗属，而适之轻率，尝与林甫同论时政，多失大体，由是主恩益疏，以至罢免。黄门侍郎陈希烈[②]性便佞，尝曲事林甫，适之既罢，乃引希烈同知政事。林甫久典枢衡，天下威权，并归于己，台司机务，希烈不敢参议，但唯诺而已。每有奏请，必先赂遗左右，伺察上旨，以固恩宠。上在位多载，倦于万机，恒以大臣接对拘检，难徇私欲，自得林甫，一以委成。故杜绝逆耳之言，恣行宴乐，衽席无别，不以为耻，由林甫之赞成也。

【注释】①李适之：原名李昌，字适之，陇西成纪（今甘肃秦安）人。唐朝宗室、宰相，唐太宗李世民曾孙，恒山愍王李承乾之孙。

②陈希烈：宋州（今河南商丘）人，天宝五年，拜门下侍郎、同平章事，迁左相、兵部尚书，封颍川郡公。任相期间，依附权臣李林甫。杨国忠为相后，参与清算李林甫身后事，进封许国公。唯唯诺诺，毫无作为，罢守太师。“安史之乱”爆发后，投降叛军，伪授中书令。唐肃宗至德二年（758年），两京收复后，坐罪赐死。

【译文】李林甫已经成了执掌中枢的重臣，与宰相李适之虽然出自同宗，但李适之言行不慎重，曾与李林甫同朝议论时政，有失大体，因此玄宗对他越发疏远，直到最终被免去宰相之职。黄门侍郎陈希烈巧言善辩，阿谀逢迎，曾曲意奉事李林甫，李适之被罢免后，李林甫于是引荐陈希烈为同知政事。李林甫长期执掌中枢，把天下大权都掌握在他一人手中，三公等机要事务，陈希烈不敢参与谋议，只是唯唯诺诺、卑恭顺从罢了。每次遇到有事上奏请示，李林甫必定先贿赂玄宗身边的侍从，窥伺玄宗的心意，以此巩固自己的恩宠。玄宗在位多年，早已厌倦政事，总认为大臣接待应对谨慎拘束，很难满足个人私欲。自从得到李林甫，把一切政事都交给他处理。所以隔绝了逆耳忠言，纵情享乐，荒淫无度，而不以为耻，这些都是李林甫促成的。

林甫京城邸第，田园水硙，利尽上腴。城东有薛王别墅，林亭幽邃，甲于都邑，特以赐之，及女乐二部，天下珍玩，前后赐与，不可胜纪。宰相用事之盛，开元已来，未有其比。然每事过慎，条理众务，增修纲纪，中外迁除，皆有恒度。而耽宠固权，己自封植，朝望稍著，必阴计中伤之。

【译文】李林甫在京城的宅邸、田园、水磨，都占据了最肥沃的土地。城东有薛王别墅，楼台亭榭幽静深远，在京都中是最好的，玄宗特地赐给他，并赐给女乐二部，天下奇珍异宝，前后赏赐给他的不能逐一记述。宰相权势之盛，自开元年间以来，没有一个能比得上他。并且他每次处理政事过于谨慎，把繁杂事务分门别类，增修法纪，朝廷内外官职的升迁除授，都有一定的法度。但是他过于邀宠固权，培植自己的势力，对于那些在朝廷中稍有声望的人，必定会用阴谋诡计陷害。

开元中，张嘉贞、王晙、张说、萧嵩、杜暹皆以节度使入知政事，林甫固位，志欲杜出将入相之源，尝奏曰：“文士为将，怯当矢石，不如用寒族、蕃人，蕃人善战有勇，寒族即无党援。”帝以为然，乃用思顺[①]代林甫领使。自是高仙芝、哥舒翰[②]

皆专任大将，林甫利其不识文字，无入相由，然而禄山③竟为乱阶，由专得大将之任故也。

【注释】①思顺：即安思顺，突厥族，西域安国人。唐玄宗时期著名蕃将，父为右羽林大将军安波注，安禄山的堂兄弟。

②高仙芝：高句丽人。姿容俊美，善于骑射，骁勇果敢。官至安西副都护、四镇都知兵马使等职，封密云郡公。天宝十四年（756年），安禄山叛乱时，高仙芝以副统帅之职征讨叛逆，前线失利，退守潼关，为监军宦官边令诚诬陷杀害。哥舒翰：突骑施首领哥舒部落人，唐朝时期名将，安西副都护哥舒道元之子。天宝八载（749年），发动石堡城之战，取得大捷，拜特进、员外鸿胪寺卿、御史大夫。开疆拓土，屡建功勋，迁开府仪同三司、太子太保，进封凉国公，迁河西节度使，封为西平郡王。“安史之乱”爆发后，拜检校左仆射、同平章事，前赴潼关拒敌半年。宰相杨国忠催促出战，导致灵宝之战兵败被俘，囚于洛阳。唐肃宗至德二载（757年），为反贼安庆绪所害。

③禄山：即安禄山，营州（今辽宁朝阳）人，本姓康，名轧荦山，“安史之乱”的祸首之一。

【译文】开元年间，张嘉贞、王晙、张说、萧嵩、杜暹都以节度使的身份入朝知政事。李林甫为了巩固保持权位，一心想杜绝出将入相的源头，曾上奏说：“文人任将帅，必定害怕打仗，不如任用出身寒微的人和蕃人。蕃人骁勇善战，出身寒微的人则没有党羽结援相助。”玄宗认为他说得很对，于是任用安思顺代替李林甫任节度使。从此以后高仙芝、哥舒翰都专门担任大将，李林甫利用他们不懂汉文，因此没有入朝任相的资格，然而安禄山最终成了祸根，就是因为专用胡将做边帅的缘故。

林甫恃其早达，舆马被服，颇极鲜华。自无学术，仅能秉笔，有才名于时者尤忌之。而郭慎微、苑咸文士之阘茸者，代为题尺。林甫典选部时，选人严迥判语有用“杕杜”二字者，林甫不识“杕”字，谓吏部侍郎韦陟①曰：“此云‘杖杜’，何也？”陟俯首不敢言。太常少卿姜度，林甫舅子，度妻诞子，林甫手书庆之曰：“闻有弄麞②之庆。”客视之掩口。

【注释】①韦陟：字殷卿，京兆万年（今陕西西安）人，唐代官员，文学家，尚书左仆射韦安石之子。开元中袭郇国公，累授吏部尚书。

②弄麞之庆：麞，为璋之误。璋是贵族所用玉器。古人把璋给男孩玩，希望将来有玉一样的品德。弄璋之庆是指祝贺人家生了男孩。

【译文】李林甫依仗自己年少显达，车马起居穿戴极其鲜艳华丽。但他不学无术，只会握笔写字，对当世那些兼有才华与名望的人尤其忌恨。而文人中地位卑微的郭慎微、苑咸等人为他代笔。李林甫主持吏部考选时，选人严迥判语用了“杕杜”二字，可李林甫不认识“杕”字，对吏部侍郎韦陟说：“这个‘杖杜’，是什么意思？”韦陟低下头不敢回答。太常少卿姜度，是李林甫舅舅家的表弟，姜度的妻子生下儿子，李林甫亲笔写信祝贺说：“听说有弄麞之喜。”客人看到后捂着嘴偷笑。

初，杨国忠登朝，林甫以微才不之忌；及位至中司，权倾朝列，林甫始恶之。时国忠兼领剑南节度，会南蛮寇边，林甫请国忠赴镇。帝虽依奏，然待国忠方渥，有诗送行，句末言入相之意。又曰："卿止到蜀郡处置军事，屈指待卿。"林甫心尤不悦。林甫时已寝疾。其年十月，扶疾从幸华清宫，数日增剧，巫言一见圣人差减，帝欲视之，左右谏止。乃敕林甫出于庭中，上登降圣阁遥视，举红巾招慰之，林甫不能兴，使人代拜于席。翌日，国忠自蜀还，谒林甫，拜于床下，林甫垂涕托以后事。寻卒。

【译文】起初，杨国忠刚入朝做官，李林甫认为他没有才干，所以对他并不忌恨；等他官至御史中丞，权势大过朝中百官，李林甫开始厌恶他。当时杨国忠兼领剑南节度使，正好南蛮侵犯边境，李林甫请求玄宗派杨国忠到节镇抵抗。玄宗虽然准许了李林甫的上奏，但是杨国忠荣宠正盛，玄宗为他写诗送行，诗的末尾有让他入朝任相的意思。又说："卿只需到蜀郡处理军务，待卿不日归来。"李林甫心里特别不高兴。当时李林甫已经卧病在床。当年十月，带病随从玄宗到华清宫去，几天之内病情加重，巫医说他一见到玄宗病情就会减轻。玄宗想去探病，身边侍从进言劝阻。于是下令李林甫到庭院中，玄宗登上降圣阁远远地看望，举着红巾挥动安抚他，李林甫不能起来，就让人代他在席上拜谢。第二天，杨国忠从蜀郡回来，拜谒李林甫，在床下跪拜，李林甫哭着嘱托后事。不久去世。

林甫晚年溺于声妓，姬侍盈房。自以结怨于人，常忧刺客窃发，重扃复壁，络板甃石，一夕屡徙，虽家人不之知。

【译文】李林甫晚年沉溺声色，侍妾满屋。自知与别人结过仇怨，经常担心会有刺客暗中害他，住的地方门户重重，夹墙众多，地上铺满石板，垒石为壁，一夜多次转移，即使家里人知道的也不多。

林甫性沉密，城府深阻，未尝以爱憎见于容色。自处台衡，动循格令，衣冠士子，非常调无仕进之门。所以秉钧二十年，朝野侧目，惮其威权。（旧唐书卷一百六）

【译文】李林甫性格沉稳，城府极深，喜怒不形于色。自从做了宰辅大臣，一切行动都遵循法令。名门世族和读书人，不符合常规就没有入仕晋升、求取功名之路。所以执掌朝政二十年，朝野内外都不敢正视他，忌惮他的威权。（旧唐书卷一百六）

杨国忠

【题解】杨国忠（约700—756年），本名杨钊，蒲州永乐（今山西永济）人，张易之外甥，杨贵妃族兄。杨国忠早年落魄，在杨玉环得宠后飞黄腾达，直至升任宰相，封卫国公。身兼四十余职。他任相期间，专权误国，败坏朝纲，与安禄山的矛盾最终导致了番将安禄山、史思明以“诛国忠、清君侧”为名，发动“安史之乱”。天宝十五年（756年），杨国忠随唐玄宗西逃入蜀，中途在马嵬驿被乱兵所杀。

杨国忠专权误国，积怨太深，最终被乱刀砍死，实为罪有应得。他任宰相期间，独揽大权，外戚跋扈，民怨沸腾，终不可收拾，“安史之乱”使强大的唐王朝江河日下，一蹶不振。作为宰相，他是难辞其咎的。

唐代后期宰相崔群曾评论说：“安危在出令，存亡系所任。玄宗初得姚崇、宋璟、卢怀慎、苏颋、韩休、张九龄则理，用宇文融、李林甫、杨国忠则乱，故用人得失，所系非轻。”可见，任用贤能对国家朝政是何等重要。

杨国忠，本名钊，蒲州永乐人也。父珣，以国忠贵，赠兵部尚书。则天朝幸臣张易之，即国忠之舅也。国忠无学术拘检，能饮酒，蒱博无行，为宗党所鄙。太真妃①，即国忠从祖妹也。天宝②初，太真有宠，剑南节度使章仇兼琼引国忠为宾佐，既而擢授监察御史。去就轻率，骤履清贵，朝士指目嗤之。

【注释】①太真妃：即杨玉环（719—756年），小字玉环，道号太真，唐玄宗李隆基的宠妃。

②天宝：唐玄宗李隆基的第二个年号（742年正月—756年七月），共计十五年。

【译文】杨国忠，本名杨钊，蒲州永乐人。父亲名为杨珣，依靠国忠的显贵，追赠兵部尚书。武则天时期的宠臣张易之，就是国忠的舅舅。杨国忠不学无术，行为放荡，很能喝酒，好赌，品行不好，为同宗人所鄙视。太真妃杨玉环，即是国忠同曾祖的堂妹。天宝初，杨贵妃很得圣宠，剑南节度使章仇兼琼推荐杨国忠为宾佐，不久又升任监察御史。到任后言行随便，又因突然间登临显要之位，朝中官员都对他不屑一顾。

国忠本性疏躁，强力有口辩，既以便佞得宰相，剖决机务，居之不疑。立朝之际，或攘袂扼腕，自公卿已下，皆颐指气使，无不詟惮。故事，宰相居台辅之地，以元功盛德居之，不务威权，出入骑从简易。自林甫承恩顾年深，每出车骑满街，节将、侍郎有所关白，皆趋走辟易，有同案吏。旧例，宰相午后六刻始出归第，林甫奏太平无事，以巳时还第，机务填委，皆决于私家。主书吴珣持籍就左相陈希烈之第，希烈引籍署名，都无可否。国忠代之，亦如前政。国忠自侍御史以至宰相，凡领四十余使，又专判度支、吏部三铨，事务鞅掌，但署一字，犹不能尽，皆责成胥吏，贿赂公行。

【译文】杨国忠本性偏激浮躁，暴力强横，能言善辩，不久因能说会道得到了宰相之职，分析解决机要事务，从不优柔寡断。在朝为官时，有时捋起袖子，用手握住手腕，对公卿以下官员都颐指气使，没有一个官吏不害怕他。过去，宰相身居三公宰辅之位是因为功高盛德的缘故，不讲究威势权力，出入陪从轻简。自从李林甫多年来蒙受恩泽，每次外出时车骑队伍庞大，节帅、侍郎有事报告李林甫都快步小跑，就像惩办下属官吏那样匆忙。按常例，宰相需午后六刻开始出宫回家，李林甫上奏说太平无事，在上午巳时就到家，堆积的机要事务，都带回家中处理。主书吴珣拿着文书到左相陈希烈的府邸，希烈拿过来就签上名字，都不表明态度。杨国忠接替李林甫担任宰相之后，也和之前一样处理政事。国忠从侍御史升至宰相，共领受四十多种使，又兼任度支、吏部三司的选拔和考核，由于事务繁重，只签一个字，还不能处理完，都责成办理文书的小官吏去处理，公然接受贿赂。

时安禄山恩宠特深，总握兵柄，国忠知其跋扈，终不出其下，将图之，屡于上前言其悖逆之状，上不之信。是时，禄山已专制河北，聚幽、并劲骑，阴图逆节，动未有名，伺上千秋万岁之后，方图叛换。及见国忠用事，虑不利于己，禄山遥领内外闲厩使，遂以兵部侍郎吉温知留后，兼御史中丞、京畿采访使，内伺朝廷动静。国忠使门客蹇昂、何盈求禄山阴事，围捕其宅，得李超、安岱等，使侍御史郑昂缢杀于御史台。又奏贬吉温于合浦，以激怒禄山，幸其摇动，内以取信于上，上竟不之悟。由是禄山惶惧，遂举兵以诛国忠为名。玄宗闻河朔变起，欲以皇太子监国，自欲亲征，谋于国忠。国忠大惧，归谓姊妹曰："我等死在旦夕。今东宫监国，当与娘子等并命矣。"姊妹哭诉于贵妃，贵妃衔土请命，其事乃止。及哥舒翰守潼关，诸将以函关距京师三百里，利在守险，不利出攻。国忠以翰持兵未决，虑反图己，欲其速战，自中督促之。翰不获已出关，及接战桃林，王师奔败，哥舒受擒，败国丧师，皆国忠之误惑也。

【译文】当时安禄山颇受恩宠，把持兵权，杨国忠知道他专横暴戾，最终也不会屈居人下，准备暗中对付他，多次在玄宗面前说他违背圣言的罪状，玄宗并不相信。此时安禄山已经控制了河北，聚集幽、并二州的精锐骑兵，阴谋叛变，行动还没有找到借口，准备等待玄宗驾崩之后，才图谋叛乱。等看到杨国忠把持朝政，担心对自己不利，安禄山在外担任内外闲厩使，于是让兵部侍郎吉温知留后，兼任御史中丞、京畿采访使，在内窥伺朝廷动静。杨国忠让门客蹇昂、何盈探寻安禄山不可告人之事，围住了他的宅邸，俘获了李超、安岱等人，让御史郑昂把他们吊死在御史台。又上奏把吉温贬到合浦（今广西合浦），以此激怒安禄山，希望他的内心会有所恐慌。又在朝廷内取得玄宗的信任，而玄宗始终没有醒悟。因此安禄山惊慌恐惧，于是以诛杀杨国忠为名举兵。玄宗听说河朔起兵叛乱，想让皇太子留守宫廷代为处理国事，打算御驾亲征，与杨国忠商议。国忠极为害怕，回家后对姐妹们说："我们这些人离死不远了，如今东宫代为处理国事，我应与娘子们同死了。"姐妹向杨贵妃哭诉，贵妃含土请死以求保全他们的性命，这件事才停止。等到哥舒翰驻守潼关，诸将认为函谷关距京师三百里，地势有利于据守，外出不利进攻。杨国忠认为哥舒翰握兵不战，是反过来要图谋自己，让他立刻出战，遣使督促他。哥舒翰迫不得已出关，两军在桃林交战，王师溃败，哥舒翰被擒。国土沦丧，军队失利，都是因为杨国忠的贻误迷惑所导致的结果。

自禄山兵起，国忠以身领剑南节制，乃布置腹心于梁、益间，以图自全之计。六月九日，潼关不守。十二日凌晨，上率龙武将军陈玄礼、左相韦见素、京兆尹魏方进，国忠与贵妃及亲属，拥上出延秋门，诸王妃主从之不及，虑贼奄至，令内侍曹大仙击鼓于春明门外，又焚刍藁之积，烟火烛天。既渡渭，即令断便桥。辰时，至咸阳望贤驿，官吏骇窜，无复贵贱，坐宫门大树下。亭午，上犹未食，有老父献麦，帝令具饭，始得食。翌日，至马嵬，军士饥而愤怒，龙武将军陈玄礼惧乱，先谓军士曰："今天下崩离，万乘震荡，岂不由杨国忠割剥氓庶，朝野怨咨，以至此耶？若不诛之以谢天下，何以塞四海之怨愤！"众曰："念之久矣。事行，身死固所愿也。"会吐蕃和好使在驿门遮国忠诉事，军士呼曰："杨国忠与蕃人谋叛。"诸军乃围驿擒国忠，斩首以徇。（旧唐书卷一百六）

【译文】自从安禄山起兵叛乱，杨国忠因为自己兼领剑南节度使，于是在梁、益二州（今陕西、四川一带）之间布置心腹，以谋划保全自己的计策。天宝十五年（756年）六月初九，潼关失守。十二日凌晨，玄宗率领龙武将军陈玄礼、左相韦见素、京兆尹魏方进、杨国忠与杨贵妃及亲属出了延秋门，各王嫔妃公主来不及跟随，担心贼兵突然赶到，下令让内侍曹大仙在春明门外击鼓，又焚烧成堆的饲养牲畜的干草，火光冲天。在渡过渭水之后，就命令折毁便桥。辰时，到达咸阳望贤驿，当地的官吏们都惊惶逃窜，随从玄宗出宫的人不分贵贱都坐在宫门大树下。到了正午，玄宗还没有进食，有老翁献上麦子，玄宗下令做饭，这才吃上饭。第二天，到了马嵬（今陕西兴平市马嵬镇），军中将士因饥饿而愤怒，龙武将军陈玄礼害怕会发生动乱，先对将士们说："现在天下分崩离析，国家动荡，难道不是因为杨国忠残虐百姓，朝野怨恨嗟叹才造成的吗？如果不杀他向天下人谢罪，又怎么能遏止四海的怨愤呢？"众将士说："早就有这个想法了。如果事情能成功，即使死了也是心甘情愿的。"恰逢吐蕃和好使在驿门挡住杨国忠陈诉事情，将士大声喊道："杨国忠与蕃人要谋反了。"各军于是包围驿站并擒获杨国忠，斩首示众。（旧唐书卷一百六）

崔　荛

【题解】崔荛，字野夫，崔蠡子，卫州（今河南卫辉）人。大中二年（848年），擢进士第，累官至尚书郎、知制诰。正拜中书舍人、户部侍郎。乾符中，自尚书右丞迁吏部侍郎。

《续编》辑录了崔荛任官期间，不体恤百姓疾苦，后被军人所逐，到百姓家求水喝，结果百姓拿尿给他的故事。通过崔荛的这个事例，反映了唐朝末期官员的腐败和脱离百姓是何等严重。同时也告诫官员应该心存百姓，才能得到百姓的爱戴和拥护。

荛，字野夫。大中①二年，擢进士第，累官至尚书郎、知制诰。正拜中书舍人、户部侍郎。出为陕州观察使，以器韵自高，不屑细故，权移仆下。时河南寇盗蜂起，王仙芝②乱汉南，朝纲不振，而荛自恃清贵，不恤人之疾苦。百姓诉旱，荛指庭树曰："此尚有叶，何旱之有？"乃笞之，吏民结怨。既而为军人所逐，饥渴甚，投民舍求水，民以溺饮之。初为军人所俘，翦其髭发，拜而获免。以失守贬端州司马，复入为左散骑常侍，卒。（旧唐书卷一百十七）

【注释】①大中：唐宣宗李忱的年号（847年正月—860年10月），前后共计14年。大中十三年八月唐懿宗李漼即位后沿用。

②王仙芝：濮州（今河南省范县）人，唐末起义军领袖。

【译文】崔荛，字野夫。大中二年（848年），考中进士，积功升官至尚书郎、知制诰。正式拜官中书舍人、户部侍郎。出任陕州观察使，自命才识气度不凡，不屑于处理琐事，将权力转交侍从。当时河南盗贼蜂起，王仙芝扰乱汉南，朝纲混乱，而崔荛认为自己高贵显要，不体恤百姓的疾苦。百姓报告旱情，崔荛指着庭院里的树说："此树还有叶子，哪里有旱情呢？"于是用鞭子抽打前来报告旱情的人，官民自此结下怨仇。不久崔荛被军人驱逐，忍饥受渴，到百姓家里求水喝，百姓拿尿给他喝。起初被军人擒获，要把他的胡须和头发剪了，崔蒞叩头求饶才得以免于被剪。因城失守而被贬为端州司马，再次入朝任左散骑常侍之后去世。（旧唐书卷一百十七）

杨　绾

【题解】杨绾（718—777年），字公权，华州华阴（今陕西华阴）人。杨绾早年以聪慧闻名。唐玄宗时登进士第，授太子正字。天宝十三载（754年），参与玄宗亲自主持的考试，名列第一，升为右拾遗。“安史之乱”爆发之后，杨绾前往唐肃宗所在的灵武，随后历任起居舍人、职方郎中、中书舍人、礼部侍郎等职。代宗李豫铲除元载一党之后，杨绾出任中书侍郎、同平章事。众人闻知其拜相后，都相互祝贺。杨绾为相不久，便因中风离职休养，代宗多次遣使探望。大历十二年（777年），杨绾病逝，年六十岁。获赠司徒，谥号文简。

《续编》辑录了他在玄宗时期迁任礼部尚书后给玄宗上的一道奏疏，主要向玄宗陈述了当时通过贡举选拔人才的弊端，提出选拔人才首先要重视德行，这在今天依然有积极意义。

杨绾，字公权，华州华阴人也。天宝十三年，玄宗御勤政楼，试博通坟典、洞晓玄经、辞藻宏丽、军谋出众等举人，时登科者三人，绾为之首，超授右拾遗。

【译文】杨绾，字公权，华州华阴（今陕西华阴）人。天宝十三载（754年），玄宗李隆基亲临勤政楼，根据博通坟典、洞晓玄经、辞藻宏丽、军谋出众等科目策试举人，当时考中制举的有三人，杨绾名列第一，被破格授予右拾遗。

再迁礼部侍郎，上疏条奏贡举之弊曰：

国之选士，必藉贤良。盖取孝友纯备，言行敦实，居常育德，动不违仁。体忠信之资，履谦恭之操，藏器则未尝自伐，虚心而所应必诚。夫如是，故能率已从政，化人镇俗者也。自叔叶浇诈，兹道浸微，争尚文辞，互相矜炫。马卿浮薄，竟不周于任用；赵壹[1]虚诞，终取摈于乡闾。自时厥后，其道弥盛，不思实行，皆徇空名，败俗伤教，备载前史，古人比文章于郑、卫[2]，盖有由也。

【注释】①赵壹：本名懿，字元叔，汉阳郡西县（今甘肃省天水市西南）人，东汉文学家。

②郑、卫：古称郑卫两国之俗轻靡淫逸，因以借指风俗浮华淫靡的地方。

【译文】第二次迁任礼部侍郎，向玄宗逐条上奏贡举的弊病说：

国家选拔人才，必须任用有德行才能的人。这就是要选拔侍奉父母孝顺、对兄弟友爱，言行敦厚诚实，常常培养德性，举止不违背仁义的人。这样的人能够实践忠诚信义的根本，履行谦逊恭谨的节操，怀才却从不自夸，虚心受教而所做的事必定诚心。正是如此，所以能在处理政事中克制自己，教化百姓，抑制庸俗的世风。自从末世以来浮薄诈伪，道德逐渐衰微，人们争相崇尚文辞，互相夸耀。西汉司马相如浮浅轻薄，最终受任用不到一年；东汉赵壹荒诞无稽，最终被乡里摒弃。从那以后，此道更盛，不考虑真实品行，都只追求虚名，败坏风气，损害教化，事例详细记载在以前的史书中，古人将他们的文章比作郑、卫的淫声，是有道理的。

近炀帝始置进士之科，当时犹试策而已。至高宗朝，刘思立[①]为考功员外郎，又奏进士加杂文，明经填帖，从此积弊，浸转成俗。幼能就学，皆诵当代之诗；长而博文，不越诸家之集。递相党与，用致虚声，六经则未尝开卷，三史则皆同挂壁。况复征以孔门之道，责其君子之儒者哉。祖习既深，奔竞为务。矜能者曾无愧色，勇进者但欲凌人，以毁讟为常谈，以向背为己任。投刺干谒，驱驰于要津；露才扬己，喧腾于当代。古之贤良方正，岂有如此者乎！朝之公卿，以此待士，家之长老，以此垂训。欲其返淳朴，怀礼让，守忠信，识廉隅，何可得也！譬之于水，其流已浊，若不澄本，何当复清。方今圣德御天，再宁寰宇，四海之内，颙颙向化，皆延颈举踵，思圣朝之理也。不以此时而理之，则太平之政又乖矣。

【注释】①刘思立：宋州宁陵人，高宗时官侍御史。

【译文】近代隋炀帝杨广始设进士科，当时只是考策问而已。到了高宗李治一朝，刘思立担任考功员外郎，又奏请进士加试杂文，明经科填写被帖去的经文，从此形成积久相沿的弊病，逐渐成为风气。年幼时从师学习，都需背诵当代的诗作；长大后博览群书，从不超出各家的文集。互相结党，借此取得虚名。六经不曾打开，三史都搁置不看，又该怎样向他们请教孔子的学说，把他们当作君子的儒者呢！遗风旧俗相沿已深，以对名利的追求为任务。自夸者一点都没有惭愧的样子，钻营者却想以势压人，视诽谤非议为常谈，以投机为己任。投递名帖四处求见，在权贵之间策马快奔；显露才华炫耀自己，张扬于世。古代德才兼备的人，哪有这样做的啊！朝中的三公九卿，以此对待士人。家中长辈，以此垂示教训后代。想让人们重返敦厚质朴，心怀礼让，恪守忠信，懂得节操，怎么能做到啊！就像河水那样，水已经浑浊，如果不让水中物质沉淀，怎么会再度变成清澈。如今圣上用德行统治天下，再度使国家安定，四海之内仰慕教化，都伸长脖子、踮起脚跟殷切盼望，想念圣朝的治国之策。不在此时治理，那么太平之政又该变形了。

凡国之大柄，莫先择士。自古哲后，皆侧席待贤；今之取人，令投牒自举，非经国之体也。望请依古制，县令察孝廉，审知其乡闾有孝友信义廉耻之行，加以经业，才堪策试者，以孝廉为名，荐之于州。刺史当以礼待之，试其所通之学，其通者送名于省。自县至省，不得令举人辄自陈牒。比来有到状保辩识牒等，一切并停。其所习经，取《左传》《公羊》《谷梁》《礼记》《周礼》《仪礼》《尚书》《毛诗》《周易》，任通一经，务取深义奥旨，通诸家之义。试日，差诸司有儒学者对问，每经问义十条，问毕对策三道。其策皆问古今理体及当时要务，取堪行用者。其经义并策全通为上第，望付吏部便与官；其经义通八、策通二为中第，与出身；下第罢归。其明经比试帖经，殊非古义，皆诵帖括，冀图侥幸。并近有道举，亦非理国之体，望请与明经、进士并停。其国子监举人，亦请准此。如有行业不著，所由妄相推荐，请量加贬黜。所冀数年之间，人伦一变，既归实学，当识大猷。居家者必修德业，从政者皆知廉耻，浮竞自止，敦庞自劝，教人之本，实在兹焉。事若施行，即别立条例。

【译文】凡是国家的根本，关键在于选拔人才。自古贤明的君主，都谦恭地等待贤士；当今选拔人才，让其呈递书信自我推荐，这不是治理国家的体要。希望能依照古制，县令选拔孝廉，清楚地知道所在乡闾具有孝友信义廉耻的品行，并在对其经学进行考察时，能够以策问应考的人，以孝廉为名向州郡举荐。刺史应当以礼相待，对其所精通的学业进行考察，将精通学业之人的姓名向尚书省通报。从州郡到尚书省，不允许被荐举之人自己进呈文书。近来有到状、保辨、识牒等情况，全部废止。他们所学的经业，从《左传》《公羊传》《谷梁传》《礼记》《周礼》《仪礼》《尚书》《毛诗》《周易》中选取，任意精通一经，务必选取其中旨意深奥、通晓各家解释者作为试题。

考试当日，派各部门中精通儒学的人答问，每经考问十条经义，完成考问后再回答三道策问。有关策问问的都是古今治国的体要及当时要务，选取其中适合运用的。那些经义与对策全都通过的属于上等，希望交予吏部立即授官；那些经义有八条答对，策问有二道通过的属于中等，给予出身；经义、策问应考属于下等的免官归里。有关明经科考察帖经，实在不是古义，人人需背诵帖括，希望侥幸考中。并且近来设有道学举士，也不是治理国家的体要，希望与明经、进士二科一起废止。至于国子监荐举人才，也请按照这样办理。如果有操行学业都不显明的人，地方官员胡乱推荐，请对这些官员酌情加以贬谪。希望几年之间，人伦常理大有改变，学问归于实用，才会明晓治国大道。闲居在家的人必须修习德业，参与政事的人都应知道廉耻，争名夺利之风自会消止，敦厚朴实之气自我劝勉，教化的根本，就在这里了。如果能实施这些建议，就立即另立条例。

诏左右丞、诸司侍郎、御史大夫、中丞、给、舍同议奏闻。给事中李广、给事中李栖筠①、尚书左丞贾至、京兆尹兼御史大夫严武②所奏议状与绾同。（旧唐书卷一百十九）

【注释】①李栖筠：字贞一，赵郡赞皇县（今河北赞皇县）人。唐朝中期名臣，中书侍郎李吉甫之父，太尉李德裕之祖父。

②严武：字季鹰，华州华阴（今陕西华阴）人。唐朝中期大臣、诗人，中书侍郎严挺之之子。

【译文】玄宗下诏命左右丞、诸司侍郎、御史大夫、御史中丞、给事中、中书舍人共同商议奏书。给事中李广、给事中李栖筠、尚书左丞贾至、京兆尹兼御史大夫严武呈上的奏议与杨绾相同。（旧唐书卷一百十九）

崔　植

【题解】崔植（772—829年），字公修，京兆长安（今陕西西安）人，中书侍郎崔祐甫之侄，庐江县令崔婴甫之子，立为嗣。长庆初拜中书侍郎同中书门下平章事，罢为刑部尚书，旋授岳鄂观察使，迁岭南节度使，入拜户部尚书，出为华州刺史。太和三年（829年）卒，终年58岁，赠尚书左仆射。《续编》辑录了他和唐穆宗之间的一段对话，为其说明太宗、玄宗朝达至兴盛的缘由，得到穆宗的赞许。可惜穆宗并非兴国之君，而是荒耽之主，当时的唐王朝“藩镇之乱未消，朋党之祸又起，内外交讧”，离最后覆灭已经不远了。

植字公修，祐甫①弟庐江令婴甫子。植潜心经史，尤精《易》象。累历清要，为给事中，时称举职。

【注释】①祐甫：即崔祐甫，字贻孙，京兆长安（今陕西西安）人，唐代宗时期官至宰相，开元时期中书侍郎崔沔之子。

【译文】崔植，字公修，是崔祐甫之弟庐江令崔婴甫的儿子。崔植熟知经书史籍，尤其精通《周易》的象数之学。多次担任清贵显要之职，任给事中，当时人称赞他称职。

长庆[①]初，拜中书侍郎、同中书门下平章事。穆宗尝谓侍臣曰："国家贞观中，文皇帝躬行帝道，治致升平。及神龙、景龙[②]之间，继有内难，玄宗平定，兴复不易，而声明最盛，历年长久，何道而然？"植对曰："前代创业之君，多起自人间，知百姓疾苦。初承丕业，皆能厉精思理。太宗文皇帝特禀上圣之资，同符尧、舜之道，是以贞观一朝，四海宁晏。有房玄龄、杜如晦、魏徵、王珪之属为辅佐股肱，君明臣忠，事无不理，圣贤相遇，固宜如此。玄宗守文继体，尝经天后朝艰危，开元初得姚崇、宋璟，委之为政。此二人者，天生俊杰，动必推公，夙夜孜孜，致君于道。璟尝手写《尚书·无逸》[③]一篇，为图以献。玄宗置之内殿，出入观省，咸记在心，每叹古人至言，后代莫及，故任贤戒欲，心归冲漠。开元之末，因《无逸图》朽坏，始以山水图代之。自后既无座右箴规，又信奸臣用事，天宝之世，稍倦于勤，王道于斯缺矣。建中[④]初，德宗皇帝尝问先臣祐甫开元、天宝治乱之殊，先臣具陈本末。臣在童丱，即闻其说，信知古人以韦、弦作戒，其益弘多。陛下既虚心理道，亦望以《无逸》为元龟，则天下幸甚。"穆宗善其对。（旧唐书卷一百十九）

【注释】①长庆：唐穆宗李恒的年号（821—824年），共计4年。

长庆四年正月唐敬宗李湛即位沿用。

②景龙：唐中宗李显的年号（707年9月—710年6月），共计4年。

③《尚书·无逸》：周公所作，集中表达了禁止荒淫的思想。

④建中：唐德宗李适的年号（780—783年），共计4年。

【译文】长庆初，他被任命为中书侍郎、同中书门下平章事。唐穆宗李恒曾对左右近臣说："贞观年间，太宗亲身实行帝王治国之道，达到天下大治。等到神龙、景龙年间，相继发生内乱。玄宗平定内乱后，复兴不易，但声教文明最为兴盛，在位长久，是什么原因呢？"崔植回答说："前代创业的君主，大多都是从民间兴起，了解百姓的疾苦。刚开始继承大业，都能奋发图强。太宗文皇帝具有至圣的天资，与尧、舜的大道相合，所以贞观一朝，天下太平。有房玄龄、杜如晦、魏徵、王珪等人作为辅助得力的大臣，君主圣明臣下忠诚，事无大小，一概治理，圣与贤相遇，本该如此。玄宗遵循先王的法度，曾历经天后朝的艰难险阻，开元初得到姚崇、宋璟，将政事委托给这二人。这二人，是天生的俊杰，事事必定推崇公道，日夜辛劳，把君主引向公道。宋璟曾手写《尚书·无逸》一篇，绘图进献。玄室将它放在内殿，出入观看内省，都牢记在心，常常感叹古人的高明言论，后代无人可比。所以任用贤人革除私欲，内心归于虚寂恬静。开元末，因《无逸图》朽烂腐坏，开始用山水图代替。从此以后既没有座右铭劝戒规谏，又信任奸臣专权，天宝年间，逐渐对治理政事倦怠，王道自此衰败。建中初，德宗皇帝曾询问先臣崔祐甫开元、天宝年间天下安定与动乱的不同之处，先臣详述了治与乱的始末。臣在幼年时，就听过这种说法，深知古人用缓急之道来提醒自己，好处颇多。陛下既然一心向往理政之道，也希望把《尚书·无逸》篇当作借鉴，那么这是天下的福气。”穆宏李恒赞许他的回答。（旧唐书卷一百十九）

郭子仪

【题解】郭子仪（697—781年），华州郑县（今陕西渭南）人。早年以武举中第，入仕从军，累迁九原太守，未受重用。安史之乱爆发后，拜朔方节度使，率兵勤王，收复河北和河东地区，拜兵部尚书、同平章事。至德二年（757年），辅佐广平王李俶收复两京，迁司徒，封代国公。乾元元年（758年），拜中书令。乾元二年（759年）五月，承担相州兵败之责，罢职赋闲。宝应元年（762年）初年，河东兵变后，封为汾阳王，起兵平定叛乱，事后解除兵权。广德元年（763年）冬天，吐蕃攻破长安后，奉命调兵遣将，驱逐吐蕃敌军。广德二年（764年），仆固怀恩引领吐蕃和回纥入侵时，单骑说服回纥，合兵大破吐蕃。大历十四年（779年），唐德宗即位后，拜太尉、中书令，充皇陵使，赐号“尚父”，增加食邑，剥夺实权。建中二年（781年），去世，享年85岁，追赠太师，谥号忠武，配飨代宗庙廷，陪葬建陵。

郭子仪戎马一生，功勋卓著。史书称他“再造王室，勋高一代”，“以身为天下安危者二十年”。郭子仪不但武功厥伟，而且资兼文武，忠智俱备，所以能在当时复杂的战场上立不世之功，在险恶的官场上得以全功保身。清代康熙帝曾评价说：“自汉唐以来之勋臣，功名最盛而福祚克全者以郭子仪为首称。非其得于天者独厚也，良由笃棐谦冲，不敢以功业自矜，故能终身显荣，声施后世。观其自谓不能禁暴，乃遭天谴数语，其虚怀卓识过人远矣。”

郭子仪，华州郑县人。始以武举高等补左卫长史，累历诸军使。

天宝十四载，安禄山反。十一月，以子仪为卫尉卿，兼灵武郡太守，充朔方节度使，诏子仪以本军东讨。

【译文】郭子仪，华州郑县人（今陕西渭南）。起初因考取武举并中高等而补授左卫长史，多次担任诸军使。

天宝十四年（755年），安禄山起兵造反。十一月，朝廷任命郭子仪为卫尉卿，兼任灵武郡太守，充任朔方节度使，玄宗李隆基命令郭子仪率领本军东讨。

至德二年三月，子仪大破贼于潼关，是月，安禄山死，朝廷欲图大举，诏子仪还凤翔。四月，进位司空，充关内、河东副元帅。五月，诏子仪帅师趋京城。十月，安庆绪①遣严庄②悉其众十万来赴陕州，与张通儒③同抗官军。子仪以大军击其前，回纥登山乘其背，贼大败，僵尸遍山泽。寻入朝，天子遣兵仗戎容迎于灞上，肃宗劳之曰：“虽吾之家国，实由卿再造。”子仪顿首感谢。

【注释】①安庆绪："安史之乱"的祸首元凶之一，安禄山次子。后杀父，自立为帝。

②严庄：原为安禄山的军师，起初深受重用，后与安庆绪、宦官李猪儿杀死安禄山，并拥立安庆绪称帝，安庆绪称帝后拜为丞相。

③张通儒："安史之乱"时，燕京的西京留守。

【译文】至德二年（757年）三月，郭子仪率兵在潼关击败贼军，当月，安禄山死了。朝廷谋划大规模进攻叛军，下诏命郭子仪回军凤翔（今陕西省宝鸡市东北）。四月，郭子仪升任司空，充任关内、河东副元帅。五月，下诏命郭子仪率军快马赶赴京城。十月，安庆绪派严庄率领他的全部军队共计十万奔赴陕州（今河南陕县），与张通儒共同抵抗官军。郭子仪率官军从他们的正面进攻，回纥兵乘机登山从他们的背面进攻，贼军大败，僵硬的尸体遍布山野。不久郭子仪入朝，天子派军队整理好军容后到灞上迎接，肃宗李亨慰劳他说："大唐虽是我的家国，但其实是由卿所重建的。"郭子仪叩头谢恩。

乾元[①]元年七月，破贼河上，擒伪将安守忠以献，遂朝京师，敕百僚班迎于长乐驿，帝御望春楼待之，进位中书令。

【注释】①乾元：唐肃宗李亨的年号（758年2月—760年闰四月），共计3年。

【译文】乾元元年（758年）七月，郭子仪率领军队在黄河边大败贼军，擒获了伪将安守忠并将他献给朝廷，于是入京朝见圣上，朝廷命令百官在长乐驿列队迎接，肃宗李亨驾临望春楼接待他，郭子仪升任中书令。

二年二月，思明率众自魏州来。李光弼[1]、王思礼[2]、许叔冀、鲁炅前军遇贼于邺南，与之接战，夷伤相半，鲁炅中流矢。子仪为后阵，未及合战，大风遽起，吹沙拔木，天地晦暝，跬步不辩物色。我师溃而南，贼军溃而北，委弃兵仗辎重，累积于路。诸军各还本镇。

【注释】①李光弼：营州柳城（今辽宁省朝阳）人，契丹族。唐朝中期名将，左羽林大将军李楷洛第四子。

②王思礼：高句丽人。唐朝中期将领，朔方军将王虔威之子。

【译文】乾元二年（759年）二月，史思明率领全部军队从魏州赶来。李光弼、王思礼、许叔冀、鲁炅率领前军在邺城以南遭遇贼兵，并与他们交战。双方死伤各半，鲁炅身中流箭。郭子仪率军殿后，还没有等到交战，突然大风刮起，扬起沙粒，拔倒树木，天地昏暗，半步之内都分辨不出颜色。官军向南溃逃，贼军向北溃逃，双方丢弃的武器辎重都在路上堆积着。诸路官军都各自回到本镇。

中官鱼朝恩素害子仪之功，因其不振，媒孽之，寻召还京师。天子以赵王系[1]为天下兵马元帅，李光弼副之，委以陕东军事，代子仪之任。子仪虽失兵柄，乃心王室，以祸难未平，不遑寝息。俄而史思明再陷河洛，朝廷旰食，复虑蕃寇逼迫京畿，三年正月，授子仪邠宁、鄜坊两镇节度使，仍留京师。言事者以子仪有社稷大功，今残孽未除，不宜置之散地，肃宗深然之。上元[2]元年九月，以子仪为诸道兵马都统，管崇嗣副之，令率英武、威远等禁军及河西、河东诸镇之师，取邠宁、朔方、大同、横野，径抵范阳。诏下旬日，复为朝恩所间，事竟不行。

【注释】①赵王系：即李系，本名李儋，陇西成纪（今甘肃秦安县）人，唐肃宗李亨第二子。

②上元：唐肃宗李亨的年号（760年闰四月—761年9月）。

【译文】宦官鱼朝恩一向妒忌郭子仪的功劳，趁这次郭子仪与史思明交战没有获胜而诬罔构陷他，不久郭子仪被召回京师。肃宗李亨命赵王李系为天下兵马元帅，李光弼任副元帅，将陕东军事委托给李光弼，取代郭子仪的职务。郭子仪虽然丢掉兵权，但仍心系王室，认为祸难还没有平定，顾不上休息。不久史思明再次攻陷河洛，朝廷旰食宵衣，又忧虑吐蕃趁乱逼迫京畿，乾元三年（760年）正月，命郭子仪为邠宁（今陕西彬县一带）、鄜坊（今陕西黄陵县东南）两镇节度使，仍留在京师。议论政事的人认为郭子仪有重建社稷的大功，现今残余的叛军还没有完全消灭，不应当把他安置在闲散的官职上，肃宗很认同。上元元年（760年）九月，任命郭子仪为诸道兵马都统，管崇嗣为副都统，让他们率领英武、威远等禁军以及河西、河东各镇的军队，取道邠宁、朔方（今宁夏灵武市西南）、大同（今山西大同）、横野（今河北蔚县），直抵范阳（今河北涿州）。诏令下达了十天，又被鱼朝恩所离间，此事最终也没有执行。

上元二年二月，李光弼兵败于邙山，河阳失守，鱼朝恩退保陕州。三年二月，河中军乱，杀其帅李国贞。时太原节度邓景山亦为部下所杀，恐其合从连贼，朝廷忧之。后辈帅臣未能弹压，势不获已，遂用子仪为朔方、河中、北庭、潞、仪、泽、沁等州节度行营兼兴平、定国副元帅，充本管观察处置使，进封汾阳郡王，出镇绛州。三月，子仪辞赴镇，肃宗不豫，群臣莫有见者。子仪请曰："老臣受命，将死于外，不见陛下，目不瞑矣。"帝乃引至卧内，谓子仪曰："河东之事，一以委卿。"子仪呜咽流涕。

【译文】上元二年（761年）二月，李光弼率军在邙山（今河南洛阳市北）大败，河阳（今河南孟县南）被攻陷，鱼朝恩退守陕州（今河南陕县）。上元三年（762年）二月，河中军发生兵变，把他们的节帅李国贞杀了。当时太原节度使邓景山也被部下杀死，朝廷担心这二镇联合起来勾结叛贼，对此非常忧虑。后辈将帅没能镇压兵变，迫不得已，于是朝廷起用郭子仪任朔方、河中、北庭、潞、仪、泽、沁等州节度行营兼兴平、定国副元帅，充任本管观察处置使，进封汾阳郡王，出京镇守绛州（今山西临汾、运城一带）。三月，郭子仪辞行奔赴镇所，肃宗当时龙体抱恙，群臣中没有人能面见圣上。郭子仪请求说：“老臣接受任命，将死在外边，见不到陛下，会死不瞑目啊。”肃宗于是派人将他引进内室，并对郭子仪说：“河东诸事，全都托付给卿了。”郭子仪伤心流泪。

四月，代宗[①]即位，内官程元振[②]用事，自矜定策之功，忌嫉宿将，以子仪功高难制，巧行离间，请罢副元帅，加实封七百户，充肃宗山陵使。子仪既谢恩，上表进肃宗所赐前后诏敕，因自陈诉曰：

臣德薄蝉翼，命轻鸿毛，累蒙国恩，猥厕朝列。会天地震荡，中原血战，臣北自灵武，册先皇帝，乃举兵而南，大搜于岐阳。先帝忧勤宗社，托臣以家国，俾副陛下扫两京之妖祲。陛下雄图丕断，再造区宇，自后不以臣寡劣，委文武之二柄，外敷邦教，内调鼎饪，是以常许国家之死，实荷日月之明。臣本愚浅，言多讦直，虑此招谤，上渎冕旒。陛下居高听卑，察臣不贰，皇天后土，察臣无私。伏以器忌满盈，日增竞惕，焉敢偷全，久妨贤路？自受恩塞下，制敌行间，东西十年，前后百战。天寒剑折，溅血沾衣；野宿魂惊，饮冰伤骨。跋涉难阻，出没死生，所仗唯天，以至今日。陛下曲垂惠奖，念及勤劳，贻臣诏书一千余首，圣旨微婉，慰谕绸缪，彰微臣一时之功，成子孙万代之宝。自灵武、河北、河南、彭原、鄜坊、河东、凤翔、两京、绛州，臣所经行，赐手诏敕书凡二十卷，昧死上进，庶烦听览。

【注释】①代宗：即李豫，初名李俶，唐肃宗李亨长子，唐朝第八位皇帝（762—779年在位）。

②程元振：唐肃宗、代宗时宦官。与李辅国拥立太子李豫，是为代宗，官至骠骑将军。

【译文】四月，代宗李豫即位，宦官程元振专权，认为自己有拥立天子的功劳，妒忌久经战阵的将领。他认为郭子仪功劳高难以制约，使用奸计离间君臣关系，请求代宗罢免郭子仪副元帅之职，增加他实封七百户，充任肃宗山陵使。郭子仪谢恩之后，上奏献上肃宗前后赐予的诏敕，乘机陈述说：

臣的德行像蝉翼那样薄，性命比鸿毛还轻，多次蒙受圣上所赐予的恩惠，胆颤心惊地混杂在朝列之中。恰逢天下动荡，中原血战，臣从北边的灵武（今宁夏吴忠）受先皇帝的册命，然后向南出兵，在岐阳（今陕西岐山县）大举练兵。先帝为国事而忧虑勤劳，将国家托付给臣，让臣辅佐陛下扫清两京的余孽。陛下宏才大略，重建天下，此后不因臣才能平庸低下，而将文武二权交给臣，对外传布国家教化，对内任用贤臣，因此臣经常立下誓言愿为国家而死，这些都归功于陛下的英明。臣本愚昧无知，话语大多很直率，担心会因此而招致诽谤，对上有损于陛下。陛下虽身居高位但能了解下情，知晓臣并无二心，皇天后土知晓臣没有私心。臣谨以为器用切忌盛得太满，每天都很谨慎害怕，哪里敢苟且保全自身，长时间阻碍贤人仕进之路？从塞下蒙受恩惠，在军中克敌，东征西讨十年，前后身经百战。天寒剑折，血溅沾衣；野宿魂惊，饮冰伤骨。登山涉水，出生入死，所依仗的只有天命，直到今天。陛下过重恩奖，想到臣辛劳，赐臣诏书一千多篇，圣旨精微委婉，抚慰情意深厚，表彰微臣一时的功劳，成为子孙万代的宝物。从灵武、河北、河南、彭原、鄜坊、河东、凤翔、两京、绛州，臣所经之地，赐给臣亲笔诏书和敕书共二十卷，臣冒死进献，劳烦陛下听事览文。

诏答曰："朕不德不明，俾大臣忧疑，朕之过也。朕甚自愧，公勿以为虑。"代宗以子仪顷同患难，收复两京，礼之逾厚。

【译文】代宗李豫下诏回答说："朕不修德不英明，让大臣忧虑疑惧，这是朕的过错。朕感到非常惭愧，公不要因此而有顾虑。"代宗因过去曾与郭子仪共患难，一同收复两京，所以对他更加礼遇。

明年十月，吐蕃陷泾州，虏刺史高晖，晖遂与蕃军为乡导，引贼深入京畿，贼将逼京师，君上计无所出，遽诏子仪为关内副元帅，出镇咸阳。子仪自相州不利，李光弼代掌兵柄，及征还朝廷，部曲散去。及是承诏，部下唯二十骑，强取民家畜产以助军。至咸阳，蕃军已过渭水。其日，天子避狄幸陕州。子仪闻上避狄，雪涕还京，至则车驾已发。射生将王献忠从驾，沿路遂以四百骑叛，仍逼丰王已下十王欲投于贼。子仪入开远门，遇之，诘丰王等所向，遂护送行在。子仪以三千骑傍南山，至商州，得武关防兵及六军散卒四千人，招辑亡逸，其军渐振。蕃寇犯京城，得故邠王守礼子广武王承宏，立帝号，假署百官。射生将王抚自署为京兆尹，聚兵二千人，扰乱京城，子仪召抚杀之。诏子仪权京城留守。

【译文】第二年十月，吐蕃攻陷泾州（今甘肃泾川），抓住了刺史高晖。高晖于是为吐蕃的军队担任向导，把贼军引进京畿。贼军准备进逼京师，代宗李豫想不出什么办法，只好立即诏令郭子仪任关内副元帅，出京镇守咸阳。郭子仪自相州（今河南安阳）战败，李光弼取代他执掌兵权，等到郭子仪被朝廷征召回去，部下已经溃散。到这时接受诏命，部下只剩二十匹坐骑，只能强行夺取百姓的牲畜来助军。到了咸阳，吐蕃的军队已渡过渭水。当日，天子为了躲避蕃军而前往陕州。郭子仪听说代宗李豫要出京躲避蕃军，擦拭眼泪奔赴京师，等赶到之后代宗的车驾已经出发。射生将王献忠随从圣驾，在路上带着四百名骑兵叛变，并逼迫丰王李珙以下的十位亲王准备投奔贼军。郭子仪率军进入开远门，与他们相遇，追问丰王等人的去向，然后沿路把他们护送到天子停留之地。郭子仪率领三千名骑兵沿南山而行，到达商州（今陕西商洛市境内），得到武关（今陕西商洛市丹凤县）守兵及六军中溃散的士兵四千人，又招集逃亡的人马，其军队逐渐壮大。吐蕃的军队进犯京城，抓获了已故邠王李守礼之子广武王李承宏，立他为帝，伪授百官。射生将王抚自任为京兆尹，招集二千名士兵，扰乱京城。郭子仪召来王抚将他杀死。代宗下诏命郭子仪暂且留守在京城。

自西蕃入寇，车驾东幸，天下皆咎程元振，谏官屡论之。元振惧，又以子仪复立功，不欲天子还京，劝帝且都洛阳以避蕃冠，代宗然之。下诏有日，子仪闻之，因兵部侍郎张重光宣慰回，附章论奏。

【译文】自从西蕃入侵进犯，圣驾亲临东方，天下人都认为是程元振的罪过，谏官多次议论此事。程元振害怕，又因郭子仪再度立功，不想让天子返回京城，于是劝说代宗权且迁都洛阳，以躲避吐蕃的军队，代宗同意了。不久下达诏书，郭子仪听说后，乘兵部侍郎张重光到长安宣扬政令、安抚百姓返回之机，附带奏书上奏陈述自己的意见。

（《新唐书》载其奏曰：雍州古称天府，右陇、蜀，左崤、函，襟冯终南、太华之险，背负清渭、浊河之固，地方数千里，带甲十余万，兵强士勇，真用武之国，秦、汉所以成帝业也。后或处而泰、去而亡者不一姓，故高祖先入关定天下，太宗以来居洛阳者亦鲜。先帝兴朔方，诛庆绪，陛下席西土，戮朝义，虽天道助顺，亦地势则然。比吐蕃冯陵而不能抗者，臣能言其略。夫六军皆市井人，窜虚名，逃实赋，一日驱以就战，有百奔无一前；又宦竖掩迷，庶政荒夺，遂令陛下彷徨暴露，越在陕服。斯委任失人，岂秦地非良哉！今道路流言，不识信否，咸谓且都洛阳。洛阳自大盗以来，焚埃略尽，百曹榛荒，寰服不满千户，井邑如墟，豺狼群嗥；东薄郑、汴，南界徐，北绵怀、卫及相，千里萧条，亭舍不烟，何以奉万乘牲饩、供百官次舍哉？且地狭厄，裁数百里，险不足防，适为斗场。陛下意者不以京畿新罹剽蹂，国用不足乎？昔卫为狄灭，文公庐于曹，衣大布之衣，冠大帛之冠，卒复旧邦，况赫赫天子，躬俭节用，宁为一诸侯下哉？臣愿陛下斥素餐，去冗食，抑阉寺，任直臣，薄征弛役，恤隐抚鳏，委宰相以简贤任能，付臣以训兵御侮，则中兴之功，日月可冀。惟时迈亟还，见宗庙，谒园陵，再造王家，以幸天下。）

【译文】（《新唐书》记载郭子仪的奏表说：雍州自古称为天府，西面有陇、蜀，东面有崤山、函谷，前面有终南山、太华山之险，背后有渭水、黄河之固，方圆几千里，精兵十多万人，兵力强大，士卒勇猛，真的是用武的好地方。秦、汉因此在这里成就帝业，之后在这里居住而太平、离开这里而灭亡的，不止一姓，所以高祖（指李渊）先入关而平定天下，太宗以来住在洛阳的也很少。先帝兴起于朔方，讨伐安庆绪，陛下在西边的土地上斩杀史朝义，虽然有天道帮助，也是地势所促成的。近来吐蕃逼迫欺凌而官军不能抵抗，臣能说出其中的大致情况。六军都是市井子弟，冒顶虚名，逃避赋役，一旦驱使他们去作战，有百人逃跑而无一人敢前进。加上宦官掩盖真相迷惑圣上，政务荒废，终于使陛下四处奔波，流亡到陕土。这是委任失人，怎么能说是秦地不好呢！现在路人传说不知是否可信，都说将要迁都洛阳。洛阳自从遭受大乱以来，几乎全遭焚烧，官署荒废，城里城外居民不满千户，都邑如同废墟，豺狼群嗥。洛阳东临郑、汴，南接徐州，北连怀、卫及相州，千里一片萧条，亭舍没有人烟，凭什么供奉天子牲畜的饲料、提供百官的住宿呢？而且洛阳城地方狭窄，方圆才几百里，险不足以防守，正好成为战场。陛下之意不是因京畿刚遭抢掠践踏，国用不足吗？从前卫国被狄人所灭，卫文公在曹地构筑草屋，穿粗布衣服，戴粗帛之冠，最终恢复了故土。何况陛下是赫赫天子，只要能做到勤俭节用，难道会比一个诸侯还差吗？臣希望陛下罢去尸位素餐之人，裁去多余的食禄之官，抑制宦官势力的扩张，任用正直之臣，实行轻徭薄赋的政策，抚恤鳏寡，委任宰相，选拔贤能之士，交付老臣掌管练兵御侮之事，那么国家中兴之功，指日可待。望陛下顺时而动，立即还京，礼拜宗庙，进谒园陵，重建王室，这是天下的大幸。）

代宗省表，垂泣谓左右曰："子仪用心，真社稷臣也。可亟还京师。"十一月，车驾自陕还宫，子仪伏地请罪，帝驻车劳之曰："朕用卿不早，故及于此。"乃赐铁券，图形凌烟阁。

【译文】代宗李豫看完郭子仪的奏书，流着眼泪对左右侍从说："郭子仪的用心，的确是社稷之臣啊。能够立即返回京师了。"十一月，圣驾从陕州返回京师，郭子仪趴在地上请求责罚，代宗停车慰劳他说：“朕没有及早重用卿，所以才落到今天这个地步。”然后赐给他铁券，并下令在凌烟阁为郭子仪画像。

大历[1]二年，十二月，盗发子仪父墓，捕盗未获。人以鱼朝恩素恶子仪，疑其使之。子仪心知其故，及自泾阳将入，议者虑其构变，公卿忧之。及子仪入见，帝言之，子仪号泣奏曰：“臣久主兵，不能禁暴，军士残人之墓，固亦多矣。此臣不忠不孝，上获天谴，非人患也。”朝廷乃安。（《新唐书》曰：朝恩又尝约子仪修具，元载[2]使人告以军容将不利公。其下衷甲愿从，子仪不听，但以家僮十数往。朝恩曰：“何车骑之寡？”告以所闻。朝恩泣曰：“非公长者，得无致疑乎？”）

【注释】①大历：唐代宗李豫年号（766年11月—779年12月）。唐德宗李适即位后沿用至当年年末。

②元载：字公辅，凤翔府岐山县（今陕西岐山）人。唐代宗时期宰相。前期协助皇帝铲除李辅国和鱼朝恩两个权宦，深得宠信，封颍川郡公。后志得意满，独揽朝政，排除异己，专权跋扈，专营私产，大兴土木，逐渐引起唐代宗的厌恶，全家坐罪赐死。

【译文】大历二年（767年），十二月，盗贼挖开了郭子仪父亲的坟墓，没有抓住盗贼。人们认为鱼朝恩一向妒忌郭子仪，因而怀疑是他指使人干的。郭子仪心中知道是何缘故，等到他从泾阳（今陕西泾阳县）准备入京，议论政事的人忧虑他会制造变乱，公卿大臣都很担忧。等到郭子仪入朝面见代宗李豫，代宗提到此事时，郭子仪号啕大哭着上奏说：“臣长时间执掌兵权，不能制止暴乱，士兵毁坏他人的坟墓，本来也已经很多了。这是由于臣不忠不孝，是上天对臣的惩罚，不是人为的灾祸啊。”朝廷这才安定下来。（《新唐书》说：鱼朝恩又曾宴请郭子仪，元载派人告诉他观军容宣慰处置使鱼朝恩将会做对他不利的事。他的部下请求在衣服里面穿铠甲跟从他一起去，郭子仪不听，只带着十几个家僮前往。鱼朝恩说：“为什么才带这么几个车马随从呢？”郭子仪将他听到的一切告诉给鱼朝恩。鱼朝恩哭着说：“公假如不是位德高望重的人，能不怀疑吗？”）

时议以西蕃侵寇，京师不安，以子仪兼邠宁庆节度。德宗即位，诏还朝，摄冢宰，充山陵使，赐号“尚父”，进位太尉、中书令。

【译文】当时朝廷议论认为西蕃入侵进犯，京师动荡不安，任命郭子仪兼邠宁庆节度使。德宗李适即帝位，下令命郭子仪返回京师，摄冢宰，充任山陵使，赐号“尚父”，升任太尉、中书令。

建中二年夏，子仪病甚，德宗令舒王谊传诏省问。子仪卧不能兴，以手叩头谢恩而已。六月十四日薨，时年八十五，德宗闻之震悼，废朝五日。（旧唐书卷一百二十）

【译文】建中二年（781年）夏季，郭子仪病重，德宗李适命舒王李谊到郭子仪的府邸传达诏命探望问候。郭子仪躺在床上不能起身，仅能用手作叩头谢恩的表示而已。六月十四日郭子仪去世，享年八十五岁。德宗闻讯后惊愕悲悼，停止朝会五天。（旧唐书卷一百二十）

刘　晏

【题解】刘晏（716—780年），字士安。曹州南华（今山东菏泽）人。刘晏幼年聪慧，号称神童，《三字经》有“唐刘晏，方七岁。举神童，作正字”之语。历任吏部尚书、同中书门下平章事、度支使、铸钱使和盐铁使等官职。刘晏在位时，曾实施了改革榷盐法、改革漕运和改革常平法等一系列的财政改革措施，为“安史之乱”后的唐朝经济发展做出了重要的贡献。建中元年（780年），刘晏遭杨炎的谗言陷害，被敕自尽。在中国历代名臣中，刘晏以善于理财著称。金章宗完颜璟曾评价说：“理财安得如刘晏者，官用足而民不困，唐以来一人而已。”

刘晏，字士安，曹州南华人。年七岁，举神童，授秘书省正字。累授夏县令，有能名。

【译文】刘晏，字士安，曹州南华（今山东菏泽）人。七岁时，就被众人当做是神童，进入朝廷担任秘书省正字。累官至夏县县令，有贤能的名声。

宝应[1]二年，迁吏部尚书、平章事，领度支盐铁转运租庸使。坐与中官程元振交通，元振得罪，晏罢相，为太子宾客。寻授御史大夫，领东都、河南、江淮、山南等道转运租庸盐铁使如故。

【注释】①宝应：唐代宗李豫的年号（762年4月—763年6月），共计2年。

【译文】宝应二年（763年），刘晏升任吏部尚书、平章事，担任度支使、盐铁使、转运使和租庸使。因与宦官程元振交好而受到牵连，后来程元振获罪，刘晏被免去宰相，担任太子宾客之职。不久又被任命为御史大夫，仍旧担任东都、河南、江淮、山南等道的转运使、租庸使和盐铁使。

（《新唐书》曰：时大兵后，京师米斗千钱，禁膳不兼时，甸农挼穗以输。晏乃自按行，浮淮、泗，达于汴，入于河。右循底柱、硖石，观三门遗迹；至河阴、巩、洛，见宇文恺[1]梁公堰，厮河为通济渠，视李杰新堤，尽得其病利，乃移书于宰相元载。载方内擅朝权，既得书，即尽以漕事委晏，故晏得尽其才。岁输始至，天子大悦，遣卫士以鼓吹迓东渭桥，驰使劳曰："卿，朕酂侯[2]也。"凡岁致四十万斛，自是关中虽水旱，物不翔贵矣。

【注释】①宇文恺：宇文恺（555—612年），字安乐，代郡武川（今内蒙古武川县）人。参与规划建设隋朝多个大工程。

②酂侯：指萧何。酂侯是刘邦统一天下后，分封群臣时赐给萧何的封号。

【译文】《新唐书》记载：当时正值战乱之后，京城一斗米售价一千钱，宫中膳食不能按时准备，京师附近的农民要靠揉搓麦穗来填饱肚子。刘晏就亲自巡查，从淮水、泗水，到达汴河，又进入黄河。西沿底柱山、硖石县，考察三门峡谷遗迹；到达河阴、巩县、洛阳，观察宇文恺修筑的梁公堰，分流黄河进入通济渠，查看了李杰新修建的河堤，完全了解了其中的利弊。他给宰相元载写信，而元载当时正执掌朝政，看到刘晏的书信后，就把漕运的事情完全委托给刘晏，因此刘晏可以充分施展才能。这年漕运粮食运抵京师，唐代宗很高兴，派遣士兵在东渭桥奏乐迎接，让使者骑马前去慰劳刘晏说："你真是我的萧何啊。"以后通过漕运每年可运粮四十万斛，从此即使关中遇到水旱灾祸，物价也不上涨。

再迁吏部尚书，又兼益湖南、荆南、山南东道转运、常平、铸钱使，与第五琦[①]分领天下金谷。又知吏部三铨事，推处最殿分明，下皆慴伏。

常衮[②]执政，忌晏有公望，乃言晏旧德，当师长百僚，用为左仆射，实欲夺其权。帝以计务方治，诏以仆射领使如旧。初，晏分置诸道租庸使，慎简台阁士专之。时经费不充，停天下摄官，独租庸得补署，积数百人，皆新进锐敏，尽当时之选，趣督倚办，故能成功。虽权贵干请，欲假职仕者，晏厚以禀入奉之，然未尝使亲事，是以人人劝职。尝言：“士有爵禄，则名重于利；吏无荣进，则利重于名。”故检劾出纳，一委士人，吏惟奉行文书而已。所任者，虽数千里外，奉教令如目前，频伸谐戏不敢隐。惟晏能行之，它人不能也。）

【注释】①第五琦（712—782年）：字禹珪，长安（今陕西西安）人，开元十四年（726年），第五琦以明经科入仕，历任御史中丞、御史大夫、京兆尹、太子宾客、户部侍郎判度支、同中书门下平章事、度支使、铸钱使和盐铁使等官职，封为扶风郡公。第五琦建策起江淮财赋，创榷盐法，改革货币制度，为“安史之乱”后的唐朝经济发展做出了重要的贡献。

②常衮（729—783年）：字夷甫，长安（今陕西西安）人，唐德宗时期宰相。

【译文】刘晏再次被提升为吏部尚书，又兼任湖南、荆南、山南东道的转运使、常平使、铸钱使，他与第五琦分别掌管国家的财政。又负责吏部对文武官吏的考核，考核评价优劣分明，下属都很敬重佩服刘晏。

常衮执政后，妒忌刘晏有声望，就说起刘晏以前的政绩，说刘晏应当为百官的楷模，让他担任尚书左仆射，实际上是削夺他的权力。唐代宗因为财政事务刚有起色，下诏刘晏以仆射兼任先前的职务。当初，刘晏设置各道租庸使，会谨慎选择朝中大臣担任。当时朝廷经费匮乏，暂停任命官员，只有租庸使可以补缺，有数百人之多，都是刚刚入朝的官员，精明强干，尽为当时选拔出的精干之才，督促这些人尽快办理，因此能够办成政事。即便朝中权贵请求照顾亲属，想要担任官职，刘晏只给他们优厚的俸禄，但不让他们处理政事，因此人人勤奋尽职。刘晏曾说："官员有了爵位和俸禄，则会把名声看得重于利益；小吏没有荣升进阶的途径，则会把利益看得重于名声。"因此审查检核以及涉及钱物的事情，全都委托给大臣，小吏只是奉命行事而已。他所任用的官员，即便在数千里之外，也能遵奉法令，如同在刘晏眼前一样，就连打呵欠伸懒腰以及玩笑嬉戏的事情也不敢隐瞒。这种做法只有刘晏能推行，其他人完全做不到。）

李灵曜之乱也，河南节帅所据，多不奉法令，征赋亦随之；州县虽益减，晏以羡余相补，人不加赋，所入仍旧，议者称其能。自诸道巡院距京师，重价募疾足，置递相望，四方物价之上下，虽极远不四五日知，故食货之重轻，尽权在掌握，朝廷获美利而天下无甚贵甚贱之忧，得其术矣。

【译文】李灵曜反叛时，河南节度使所管辖的地方，多数不奉行法律，征收赋税也同样不遵守法令；缴纳税负的州县虽然日益减少，但刘晏用盈余来作为补充，不增加百姓的赋税，而国家的收入也不减少，人们因此称赞刘晏善于理财。他在各道的巡院一直到京师，用重酬招募快骑，每隔不远处就设驿站来传递消息，四方各处物价的高低，即使是最偏远的地方，不到四五天朝廷就能知道，因此粮食货物的价格涨落，都尽在掌握，朝廷获利丰厚而国家没有物价过高或过低的忧虑，可谓深得理财的要领。

晏理家以俭约称，而重交敦旧，颇以财货遗天下名士，故人多称之。善训诸子，咸有学艺。任事十余年，权势之重，邻于宰相，要官重职，颇出其门。既有材力，视事敏速，乘机无滞，然多任数，挟权贵，固恩泽，有口者必利啖之。当大历时，事贵因循，军国之用，皆仰于晏，未尝检辖。

【译文】刘晏治家有俭朴的名声，而且看重与敦厚人士和故旧老友的交往，多以财货馈赠天下名人，所以人们大多称赞他。刘晏善于教育儿子，几个儿子都学有所成。刘晏任职十多年，位高权重，仅次于宰相，朝廷的高官要人很多出自他的门下。刘晏既有才能，处理政事又果断，遇事随机应变没有犹豫，但又多使用权谋来压制权贵，巩固皇上对自己的恩宠，对于敢批评他的人必用钱财收买。大历年间，政事大多按照旧制，国家军队的开销费用，全都依赖刘晏处理，对他不加以约束节制。

德宗嗣位，言事者称转运可罢多矣。初，杨炎[①]为吏部侍郎，晏为尚书，各恃权使气，两不相得。及炎入相，追怒前事，遂罢晏转运等使，寻贬为忠州刺史。炎欲诬构其罪，知庾准与晏素有隙，举为荆南节度，以伺晏动静。准乃奏晏与朱泚书祈救解，言多怨望，炎又证成其事，上以为然。是月庚午，晏已受诛，使回奏报，诬晏以忠州谋叛，下诏暴言其罪，时年六十六，天下冤之。

【注释】①杨炎（727—781年）：字公南，凤翔府天兴县（今陕西凤翔县）人，唐德宗时期宰相，制定两税法。

【译文】唐德宗李适继位，有人上奏说可以撤销转运使。起初，杨炎担任吏部侍郎的时候，刘晏是吏部尚书，两人凭借权势斗气相争，互不相容。等到杨炎做了宰相，追究往事，随后杨炎罢免刘晏的转运使等职务，不久又把刘晏贬为忠州刺史。杨炎想要诬陷捏造刘晏的罪名，知道庾准与刘晏平素有过节，就提升他出任荆南节度使，来寻找诬陷刘晏的证据。庾准就上奏说刘晏曾给朱泚写信请求帮助刘晏自己，言语中有很多对朝廷怨恨不满的话，杨炎又作证说有此事。唐德宗听信了杨炎的话。这个月庚午日，刘晏被杀，有使者回到朝廷报告此事，诬告刘晏占据忠州叛乱，唐德宗下诏公布刘晏的罪行，当时刘晏六十六岁，天下人都认为他冤枉。

（《新唐书》曰：晏殁二十年，而韩洄、元琇、裴腆、李衡、包佶、卢徵、李若初继掌财利，皆晏所辟用，有名于时。

晏既被诬，而旧吏推明其功。陈谏以为管、萧之亚，著论纪其详，大略以“开元、天宝间天下户千万，至德后残于大兵，饥疫相仍，十耗其九，至晏充使，户不二百万。晏通计天下经费，谨察州县灾害，蠲除振救，不使流离死亡。初，州县取富人督漕輓，谓之‘船头’；主邮递，谓之‘捉驿’；税外横取，谓之‘白著’。人不堪命，皆去为盗贼。上元、宝应间，如袁晁、陈庄、方清、许钦等乱江淮，十余年乃定。晏始以官船漕，而吏主驿事，罢无名之敛，正盐官法，以裨用度。起广德二年，尽建中元年，黜陟使实天下户，收三百余万。王者爱人，不在赐与，当使之耕耘织纴，常岁平敛之，荒年蠲救之，大率岁增十之一。而晏尤能时其缓急而先后之。每州县荒歉有端，则计官所赢，先令曰：‘蠲某物，贷某户。’民未及困，而奏报已行矣。议者或讥晏不直赈救，而多贱出以济民者，则又不然。善治病者，不使至危惫；善救灾者，勿使至赈给。故赈给少则不足活人，活人多则阙国用，国用阙则复重敛矣；又赈给近侥幸，吏下为奸，强得之多，弱得之少，虽刀锯在前不可禁。以为二害。灾沴之乡，所乏粮耳，它产尚在，贱以出之，易其杂货，因人之力，转于丰处，或官自用，则国计不乏；多出菽粟，恣之粜运，散入村闾，下户力农，不能诣市，转相沾逮，自免阻饥，不待令驱。以为二胜。晏又以常平法，丰则贵取，饥则贱与，率诸州米尝储三百万斛。岂所谓有功于国者邪！”）（旧唐书卷一百二十三）

【译文】刘晏去世二十年后，韩洄、元琇、裴腆、李衡、包佶、卢征、李若初等人相继执掌财政事务，他们都是刘晏提拔任命的，在当时都很有名声。刘晏被诬陷后，有熟知旧事的官员论述他的功绩。陈谏认为刘晏仅次于管仲、萧何，并撰写文章详细论述，大意是“开元、天宝年间天下户数近千万，到至德年间因战乱而减少，此后饥荒瘟疫相继发生，户数减少十分之九，到刘晏任职时，全国户数不到二百万。刘晏统筹管理天下费用，仔细察看州县灾害情况，免除赋税赈济灾民，不使百姓流离失所，死于非命。最初，州县选用富人监督漕运，称为‘船头’；管理邮政的，称为‘捉驿’；赋税之外又加税赋，称为“白著”。百姓不堪忍受，都逃去做盗贼。上元、宝应年间，有袁晁、陈庄、方清、许钦等人在江淮地区暴乱，经过十多年才平定下来。刘晏任职后开始用官船进行漕运，小吏负责驿站事务，废除不合理的赋税，制定盐务官办的法令，以补充其他方面的开支。从广德二年起，到建中元年，黜陟使核查天下户数有三百余万户。奉行王道的君主爱护百姓，不在于赏赐多少东西，而在于教导百姓耕田织布，正常年份就正常征税，荒年就减免赋税赈济百姓，大概每年增加十分之一。刘晏尤其依据事情的缓急而先后处理。每当州县荒歉刚刚显露迹象，刘晏便计算朝廷的赢余，先下令说：“免除某项贡赋，赈济某处百姓”。百姓还没陷入困乏，而措施已经推行了。有人议论讥刺刘晏不直接救济，而大多低价卖粮来救济百姓，这又是不对的。善于治病的人，不会等到病情危急才救治；善于救灾的人，不使灾荒发展到需要救济的地步，因为救济的东西太少就不足以救活百姓，救活很多百姓就会使国库空虚，国库空虚就又会加重收税了。再说救济的事情有很多钻空子的可能，例如官吏舞弊，强势的人能多得到，弱势的人则得到的少，即使刀锯摆在面前也不能禁止舞弊的发生。这是二种危害。灾荒发生的地方，所缺乏的只是粮食，其他物产还有。低价卖出粮食，用来交换百姓的杂货，雇用人工，转运到富饶地区贩卖，或者官府自己留用，就会使国家费用不困乏；多出售米粮，鼓励粮食贩运，进入村里乡间，贫苦百姓务农耕田，很少去集市交易，辗转贩运各自受益，自然避免饥荒，不须等待下令赈灾。这是二种好处。刘晏又推行常平法，丰年则高价收购百姓余粮，饥年则低价出售给百姓，大约各州常常储米三百万斛，这难道不是有功于国家吗！（旧唐书卷一百二十三）

萧　复

【题解】萧复（732—788年），字履初。祖籍南兰陵，唐玄宗李隆基外孙，太子太师萧嵩之孙，南梁武帝萧衍之后。父为公主驸马萧衡，母新昌公主，唐德宗建中四年（783年）拜相，萧氏唐朝拜相第五人。

萧复出身名门，砥砺节操。伯父萧华（高宗时期拜相）常夸其“此子当兴吾宗”。萧复以祖荫袭为宫门郎，数年后，历任歙州、池州和常州刺史。他勤于政事，正直廉洁，其政绩在当朝群臣中名列第一。《续编》辑录其二事，体现了他不媚权贵、爱护百姓的高尚节操。

萧复，字履初，太子太师嵩之孙。初为宫门郎，累至太子仆。广德[①]中，连岁不稔，谷价翔贵，家贫，将鬻昭应别业。时宰相王缙[②]闻其林泉之美，心欲之，乃使弟紘诱焉，曰："足下之才，固宜居右职，如以别业奉家兄，当以要地处矣。"复对曰："仆以家贫而鬻旧业，将以拯济孀幼耳，倘以易美职于身，令门内冻馁，非鄙夫之心也。"缙憾之，乃罢复官。沉废数年，复处之自若。后累至尚书郎。大历十四年，自常州刺史为潭州刺史、湖南观察使。及为同州刺史，州人阻饥，有京畿观察使储廪在境内，复辄以赈贷，为有司所劾，削阶。朋友唁之，复怡然曰："苟利于人，敢惮薄罚。"寻为兵部侍郎。（旧唐书卷一百二十五）

【注释】①广德：唐代宗李豫的年号（763年7月—764年12月），共计2年。

②王缙（702—781年）：字夏卿，太原祁县（今山西祁县）人。协助李光弼平定"安史之乱"，历任太原尹、河南副元帅、河东节度使，两拜门下侍郎、同平章事。附和权臣元载，贬为括州刺史，终迁太子宾客、分司东都。建中二年（781年）卒，时年八十二岁。

【译文】萧复，字履初，太子太师萧嵩的孙子。初任宫门郎，多次迁任至太子仆。广德年间，庄稼连年歉收，谷价飞涨，萧复家境贫寒，打算卖掉昭应的别墅。当时的宰相王缙听闻昭应别墅园林泉水奇美，一心想要占为己有，就派其弟王紘去劝诱萧复，说："凭足下的才能，本来应当居于要职，如果将别墅敬献给家兄，他会让你身居高位。"萧复回答说："我因家境贫寒而卖掉旧业，以此来拯救家里的遗孀和幼小，倘若用它来给自己换取要职，却让家人忍饥受冻，那可不是我的心意啊。"王缙对此很是气愤，就罢免了萧复的官职。在家赋闲多年，萧复依然可以安然处之。后来多次升任至尚书郎。大历十四年（779年），萧复从常州刺史任潭州刺史、湖南观察使。等到他担任同州刺史时，州人困顿饥饿。当时京畿观察使的粮仓就在境内，萧复就开仓放粮以救济百姓，被相关部门弹劾而降职。朋友来慰问他，萧复怡然地说："如果能够利于百姓，又怎会害怕这小小的责罚。"不久，任兵部侍郎。（旧唐书卷一百二十五）

段秀实

【题解】段秀实（719—783年），字成公。陇州汧阳（今陕西千阳）人。段秀实幼读经史，稍长习武，言辞谦恭，朴实稳重。历任安西府别将、陇州大堆府果毅、绥德府折冲都尉。"安史之乱"后，授泾州刺史兼御史大夫、四镇北庭行军及泾原郑颍节度使，总揽西北军政。在他任内，边患稍减，百姓安居乐业。大历十四年（779年），加检校礼部尚书，封张掖郡王。不久因杨炎进谗贬为司农卿，调回长安。泾原兵变时，段秀实当庭勃然而起，以笏板击朱泚，旋即被杀。《旧唐书》赞叹他说："自古殁身以卫社稷者，无有如秀实之贤”。兴元元年（784年），追赠太尉，谥号忠烈。

段秀实，字成公，陇州汧阳人也。性至孝，六岁，母疾，水浆不入口七日，疾有间，然后饮食。及长，沉厚有断。

天宝四载，安西节度马灵察署为别将，从讨护蜜有功，授安西府别将。十二载，改绥德府折冲。

【译文】段秀实，字成公，陇州汧阳（今陕西千阳）人。段秀实生性特别孝顺。六岁时，母亲生病，他七天滴水未进，母亲的病稍微好转，才开始进食。等到长大后，性情沉稳有决断。

天宝四载（745年），安西府节度使马灵察录用他为别将，随从讨伐护蜜国（古代西域国名）有功，授封安西府别将。十二载（753年），改任绥德府折冲。

肃宗即位于灵武，征安西兵节度使梁宰，宰潜怀异图。秀实谓嗣业[①]曰：“岂有天子告急，臣下晏然，信浮妄之说，岂明公之意耶？”嗣业遂见宰，请发兵，从之。乃出步骑五千，令嗣业统赴朔方，以秀实为援，累有战功。而秀实父殁，哀毁过礼。嗣业既授节制，思秀实如失左右手，表请起复，为义王友，充节度判官。

【注释】①嗣业：即李嗣业（？—公元759年），京兆高陵（今陕西三原）人，唐玄宗、肃宗时期名将。

【译文】肃宗李亨在灵武即皇帝位，征调安西军节度使梁宰，梁宰暗藏异心。段秀实对李嗣业说："哪有皇上告急，臣子却安然不动，相信虚妄之言的。梁宰这样难道是您的意思吗？"李嗣业于是去见梁宰，请求发兵，梁宰同意。派出五千步骑兵，命李嗣业统领赶赴朔方，命段秀实辅佐，多次立有战功。段秀实父亲去世，他因悲痛异常而损伤身体，哀伤程度远远超出了丧礼。李嗣业被授任节制后，思念段秀实就如同失去了左右手，上奏请求让段秀实官复原职，任命他为义王友、充任节度判官。

大历元年，马璘[①]奏加开府仪同三司。军中有能引二十四弓而犯盗者，璘欲免之，秀实曰："将有私爱，则法令不一，虽韩、白复生，亦不能为理。"璘善其议，竟使杀之。璘决事有不合理者，必固争之，得璘引过乃已。璘城泾州，秀实掌留后，归还，加御史中丞。

【注释】①马璘（721—777年）：字仁杰，岐州扶风（今陕西扶风）人。唐朝中期名将。"安史之乱"时，他率三千精兵入援朝廷，转战卫南、河阳等地，升任镇西节度使。昭觉寺之战时，更以所部五百人突入十万叛军中，取得大捷。

【译文】大历元年（766年），马璘上奏加封段秀实为开府仪同三司。军中有一个能拉开二十四石弓的人犯了盗窃罪，马璘想要赦免他，段秀实说："将领一旦有私心偏爱，法令就不一致，即使韩信、白起再生，也无法治理。”马璘觉得他说得很对，最后下令杀了那人。马璘决断事情有不合理的，段秀实一定坚持争辩，直到马璘承认过失为止。马璘在泾州（今甘肃泾川）筑城，段秀实任留后。马璘归来，加封段秀实为御史中丞。

十一年，璘疾甚，不能视事，请秀实摄节度副使兼左厢兵马使。璘卒，寻拜秀实泾州刺史、兼御史大夫，四镇北庭行军泾原郑颍节度使。三四年间，吐蕃不敢犯塞，清约率易，远近称之。非公会，不听乐饮酒，私室无妓媵，无赢财，退公之后，端居静虑而已。德宗嗣位，就加检校礼部尚书、张掖郡王。

【译文】大历十一年（776年），马璘病重，不能到职办公，请段秀实代理节度副使兼任左厢兵马使。马璘去世，不久拜任段秀实为泾州刺史、兼御史大夫、四镇北庭行军和泾原郑颍节度使。三四年间，吐蕃不敢侵犯边塞，段秀实为人清廉俭约率直平易，远近之人对他交口称赞。如果不是因公聚会，段秀实不听音乐不喝酒，家里没有姬妾，没有多余的财产，结束公事回到家里，只是安居静思而已。德宗李适即位，加封段秀实为检校礼部尚书、张掖郡王。

建中元年，宰相杨炎欲行元载旧志，筑原州城，开陵阳渠，诏中使上闻，仍问秀实可否之状。秀实以为方春不可兴土功，请俟农隙。炎以其沮己之谋，遂除司农卿，以邠宁节度李怀光[1]兼泾原节度使，以事西拓。无何，刘文喜叛，亦不果城。

【注释】①李怀光（729—785年）：本姓茹，渤海国人，唐朝将领。

【译文】建中元年（780年），宰相杨炎想完成元载过去的志向，修筑原州城，开挖陵阳渠，令宫中派出的使者收集意见呈报朝廷，于是询问段秀实此事是否可行。段秀实认为正值春天，不可大兴土木，请求等到农闲之时再动工。杨炎认为他阻止自己的谋划，就任命他为司农卿，派邠宁节度使李怀光兼任泾原节度使，以向西扩张。不久，刘闻喜叛乱，原州城也没再建造。

四年，朱泚[1]盗据宫阙，源休[2]教泚伪迎銮驾，阴济逆志。泚乃遣其将韩旻领马步三千疾趋奉天。时苍黄之中，未有武备。泚以秀实尝为泾原节度，颇得士心，后罢兵权，以为蓄愤且久，必肯同恶，乃召与谋议。秀实初诈从之，阴说大将刘海宾、何明礼、姚令言判官岐灵岳同谋杀泚，以兵迎乘舆。三人者，皆秀实夙所奖遇，遂皆许诺。及韩旻追驾，秀实以为宗社之危，期于顷刻，乃使人走谕灵岳，窃令言印。不遂，乃倒用司农印印符以追兵。旻至骆驿得符，军人亦莫辩其印文，惶遽而回。秀实谓海宾等曰："旻之来，吾党无遗类矣！我当直搏杀泚，不得则死，终不能向此贼称臣。"乃与海宾约，事急为继，而令明礼应于外。明日，泚召秀实议事，源休、姚令言、李忠臣、李子平皆在坐。秀实戎服，与泚并膝，语至僭位，秀实勃然而起，执休腕夺其象笏，奋跃而前，唾泚面大骂曰："狂贼，吾恨不斩汝万段，我岂逐汝反耶！"遂击之。泚举臂自捍，才中其颡，流血匍匐而走。凶徒愕然，初不敢动；而海宾等不至，秀实乃曰："我不同汝反，何不杀我！"凶党群至，遂遇害焉。海宾、明礼、灵岳相次被杀。德宗在奉天闻其事，惜其委用不至，垂涕久之。

【注释】①朱泚（742—784年）：幽州昌平（今北京昌平）人，唐朝中期将领、叛臣。

②源休：唐相州临漳（今河北临漳县）人。以干局累授监察御史、殿中侍御史、青苗使判官，迁虞部员外郎。出潭州刺史，入为主客郎中，迁给事中、御史中丞、左庶子，最后为其部曲所杀。

【译文】建中四年（783年），朱泚强占京城。源休让朱泚假意迎接皇帝回京，暗地心怀叛意。朱泚派他的将领韩旻率三千骑兵和步兵迅速赶往奉天。当时处于匆促忙乱之中，皇帝身边没有军备。朱泚因段秀实曾任泾原节度使，颇得军心，后来被免去兵权，认为他必定怀恨已久，一定会同意与自己一同作恶，就召他来一起谋划。段秀实起初假装同意，暗地里却劝说大将刘海宾、何明礼、姚令言的判官岐灵岳共同谋划杀掉朱泚，然后率兵迎接皇帝。这三个人，一直是段秀实平生所赞许赏识的，于是他们都答应了段秀实。等到韩旻去追赶皇帝，段秀实认为宗庙与社稷的危险近在眼前，于是派人跑去告诉岐灵岳，要他偷出姚令言的大印。如果偷印不成，就倒用司农之印印在兵符上去追回军队。韩旻到骆驿接到了令符，军中无人细辨印文，就急忙慌乱而回。段秀实对刘海宾等人说："韩旻回来后，我们这些人就都活不成了！我将直接击杀朱泚，不成功就自杀，终不能向这个贼人称臣。"于是和刘海宾约定，如遇紧急情况就前来相助，又命何明礼在外接应。第二天，朱泚召段秀实前去议事，源休、姚令言、李忠臣、李子平都在座。段秀实身穿戎装，和朱泚促膝而谈，谈到朱泚窃据上位称帝，段秀实勃然而起，抓住源休手腕夺下他的笏板，奋力冲到朱泚面前，对着他唾口大骂道："狂妄的叛贼，我恨不得把你砍成千万段，又岂会跟着你一起谋反！"于是用笏板击打他。朱泚举臂拦挡自卫，只是击中了他的额头，朱泚头上流着血匆忙逃跑。叛贼们顿时惊呆了，起初都不敢动；但刘海宾等人一直没到，段秀实说："我不同你们一起造反，为什么不杀了我？"叛贼一拥而上，段秀实最终被杀。刘海宾、何明礼、岐灵岳也相继被杀。德宗李适在奉天听说段秀实的事迹，叹惜自己对段秀实不够重用，哭泣了许久。

初，秀实见禁兵寡少，不足以备非常，乃上疏曰："臣闻天子曰万乘，诸侯曰千乘，大夫曰百乘，此盖以大制小，以十制一也。尊君卑臣，强干弱枝之义，在于此矣。今外有不庭之虏，内有梗命之臣，窃观禁兵不精，其数全少，卒有患难，将何待之！且猛虎所以百兽畏者，为爪牙也。若去其爪牙，则犬彘马牛悉能为敌。伏愿少留圣虑，冀裨万一。”及泾原兵作乱，召神策六军，遂无一人至者。秀实守节不二，竟殁于贼，其明略义烈如此。自贞元后累朝凡赦书节文褒奖忠烈，必以秀实为首。

【译文】起初，段秀实见禁兵太少，不足以应对突发事件，就上疏说：“我听说天子称万乘、诸侯称千乘、大夫称百乘，这大概是以大制小，以十制一吧。国君尊贵臣子卑顺，树干强壮树枝柔弱的道理，都在这里了。现在外有不朝王庭的异族，内有抗命之臣，我私下看到禁军不够精良，整体数量太少，若突然发生祸乱，用什么去抵抗呢？况且猛虎之所以让百兽畏惧，是因为它的爪子和牙齿锋利。如果除去它的爪牙，那么狗猪马牛都能与它为敌了。请求陛下能在这方面稍加留意，希望能裨益于万一。”等到泾原军叛乱，召神策六军前来，竟无一人到来。段秀实坚守节操忠诚不变，竟死在乱贼之手，他的高明智谋以及忠义节烈于此可见。从贞元后各朝只要颁布赦令发文褒奖忠烈之士，一定会把段秀实放在首位。

（《新唐书》曰：初，秀实为营田官。泾大将焦令谌取人田自占，给与农，约熟归其半。是岁大旱，农告无入，令谌曰：“我知入，不知旱也。”责之急，农无以偿，往诉秀实。秀实署牒免之，因使人逊谕令谌。令谌怒，召农责曰：“我畏段秀实邪？”以牒置背上，大杖击二十，舆致廷中。秀实泣曰：“乃我困汝。”即自裂裳裹疮注药，卖已马以代偿。淮西将尹少荣颇刚鲠，入骂令谌曰：“汝诚人乎！泾州野如赭，人饥死，而尔必得谷，击无罪者。段公，仁信大人，惟一马，卖而市谷入汝，汝取之不耻？凡为人傲天灾、犯大人、击无罪者，尚不愧奴隶邪！”令谌闻，大愧流汗，曰：“吾终不可以见段公。”一夕，自恨死。

秀实自泾州被召，戒其家曰：“若过岐，朱泚必致赠遗，慎毋纳。”至岐，泚固致大绫三百，家人拒，不遂。至都，秀实怒曰：“吾终不以污吾第。”以置司农治堂之梁间。吏后以告泚，泚取视，其封帕完新。）（旧唐书卷一百二十八）

【译文】（《新唐书》说：起初，段秀实任营田官。泾州大将焦令谌强占百姓田地为己有，又将田地转租给农户，约定等粮食成熟时收取一半地租。这年大旱，农户说无法缴租给他，焦令谌说：“我只知收租，不知有大旱！”催缴紧急，农户没有粮食交租，就到段秀实处申诉。段秀实签署牒文免了农户的地租，接着又派人谦恭地告诉焦令谌。焦令谌大怒，唤来农户斥责道：“我害怕段秀实吗？”便把牒文扔到农户背上，杖击了他二十大棍，农户被抬到段秀实的大堂中。段秀实流着泪说：“都是因为我才让你受苦了。”当即撕下自己的衣裳为他上药包裹疮口，卖掉自己的马来代他偿还地租。淮西将尹少荣很是刚直，进去骂焦令谌道：“你还是人吗？大旱使得泾州整个田野满目赤红，百姓因饥饿而死，而你却一定要得到租粮，杖打那无罪的百姓。段公，是仁厚诚信德行高尚之人，他仅有一匹马，却卖了买粮替农户交租给你，你拿了这粮难道不会感到羞耻吗？但凡为人如果傲视天灾，冒犯德高望重者，责打无罪之人，在奴隶面前都应感到羞愧！”焦令谌听了，羞愧得大汗直流，说：“我这一生都没脸去见段公了！”一天晚上，焦令谌自己悔恨而死。

段秀实自泾州被召回京城，告诫家里人说：“如果经过岐山，朱泚必会赠送财物，慎记千万不能收。”家里人到了岐山，朱泚执意要送三百匹大绫，家里人坚拒不成。来到京城，段秀实大怒说：“我终不会接受这些东西，以免脏了我的宅第。”便把这三百匹大绫挂在司农府大堂的屋梁间。司农府的官吏把这件事报告给朱泚，朱泚将大绫取下一看，上面的封记完好如新。（旧唐书卷一百二十八）

颜真卿

【题解】颜真卿（709—784年），字清臣，京兆万年（今陕西西安）人，祖籍琅玡临沂（今山东临沂）。秘书监颜师古五世从孙、司徒颜杲卿从弟。开元二十二年（734年），颜真卿登进士第，历任监察御史、殿中侍御史。后因得罪权臣杨国忠，被贬为平原太守，世称“颜平原”。“安史之乱”时，颜真卿率义军对抗叛军。后至凤翔，被授为宪部尚书。唐代宗时官至吏部尚书、太子太师，封鲁郡公，人称“颜鲁公”。兴元元年（784年），被派遣晓谕叛将李希烈，凛然拒贼，终被缢杀。他遇害后，嗣曹王李皋及三军将士皆为之痛哭。追赠司徒，谥号文忠。颜真卿书法精妙，擅长行、楷。初学褚遂良，后师从张旭，得其笔法。其正楷端庄雄伟，行书气势遒劲，创“颜体”楷书，对后世影响很大。与赵孟頫、柳公权、欧阳询并称为“楷书四大家”。

颜真卿，字清臣，琅邪临沂人也。五代祖之推，北齐黄门侍郎。

开元中，举进士，登甲科。事亲以孝闻。四命为监察御史，充河西陇右军试覆屯交兵使。五原有冤狱，久不决，真卿至，立辩之。天方旱，狱决乃雨，郡人呼之为“御史雨”。

【译文】颜真卿，字清臣，琅邪临沂人。五代祖颜之推，为北齐黄门侍郎。

开元年间，颜真卿参加进士科考试，考中甲科。颜真卿侍奉父母以孝顺闻名。四次被任命为监察御史，充任河西陇右军试覆屯交兵使。五原地区有冤案，很长时间不能裁决，颜真卿来到这里，立刻得以明辨。当时正值大旱，冤案刚刚裁决天就下起雨来，郡里人都称这场雨为“御史雨”。

代宗嗣位，拜利州刺史，迁户部侍郎，除荆南节度使，未行而罢，除尚书左丞。车驾自陕将还，真卿请皇帝先谒五陵、九庙而后还宫。宰相元载谓真卿曰：“公所见虽美，其如不合事宜何？”真卿怒，前曰：“用舍在相公耳，言者何罪？然朝廷之事，岂堪相公再破除耶！”载深衔之。旋改检校刑部尚书知省事，累进封鲁郡公。

【译文】代宗李豫即位后，授任颜真卿为利州刺史，迁任户部侍郎，授任荆南节度使，还未赴任就被罢免，授任尚书左丞。天子将从陕州返回京城时，颜真卿请皇帝先去拜谒五陵、九庙之后再回宫。宰相元载对颜真卿说：“公的见解虽然很好，可为什么如此不合事宜呢？”颜真卿大怒，上前说道：“用或不用都在于相公你，说者有何罪过？然而朝廷之事，又怎经得起相公您一再破除呢！”元载十分痛恨颜真卿。不久，颜真卿改任检校刑部尚书知省事，又被连续进封为鲁郡公。

卢杞专权，忌之，改太子太师，罢礼仪使，谕于真卿曰：“方面之任，何处为便？”真卿候杞于中书曰：“真卿以褊性为小人所憎，窜逐非一。今已羸老，幸相公庇之。相公先中丞传首至平原，面上血真卿不敢衣拭，以舌舐之，相公忍不相容乎？”杞矍然下拜，而含怒心。会李希烈[①]陷汝州，杞乃奏曰：“颜真卿四方所信，使谕之，可不劳师旅。”上从之，朝廷失色，李勉[②]闻之，以为失一元老，贻朝廷羞，乃密表请留。又遣逆于路，不及。

【注释】①李希烈（750年？—786年）：燕州辽西县（今北京顺义）人。唐朝藩镇将领。

②李勉（717—788年）：字玄卿，陇西成纪（今甘肃秦安）人。唐朝德宗时期宰相。

【译文】卢杞专权，非常嫉妒颜真卿，改任太子太师，罢免礼仪使，告诉颜真卿说："让你到一方任职，你认为什么地方更方便一些呢？"颜真卿在中书省等到卢杞说："真卿因生性褊狭而被小人憎恨，已经不止一次被放逐。如今已经衰老，希望能得到相公的庇护。当年相公先父御史中丞的首级传到平原郡，脸上的血真卿不敢用衣袖去擦拭，而是用舌舔去，相公难道真的忍心不容于我吗？"卢杞惶然下拜，但心中仍然含着怒气。恰好李希烈攻陷汝州，卢杞便上奏说："颜真卿被四方所信任，如果让他去告谕叛贼，可以不用劳烦军队出征了。"皇上听从了卢杞的建议，当时朝廷上的文武百官都大惊失色。李勉听说后，认为要失去一位元老，将会使朝廷蒙羞，便秘密上表请求朝廷留下颜真卿。朝廷又派人到路上去留颜真卿，却没有留到。

初见希烈，欲宣诏旨，希烈养子千余人露刃争前迫真卿，将食其肉。诸将丛绕慢骂，举刃以拟之，真卿不动。希烈遽以身蔽之，而麾其众，众退，乃揖真卿就馆舍。因逼为章表，令雪己，愿罢兵马。累遣真卿兄子岘与从吏凡数辈继来京师。上皆不报。每于诸子书，令严奉家庙，恤诸孤而已。希烈大宴逆党，召真卿坐，使观倡优斥黩朝政为戏，真卿怒曰："相公，人臣也，奈何使此曹如是乎？"拂衣而起，希烈惭，亦呵止。时朱滔、王武俊、田悦、李纳[①]使在坐，目真卿谓希烈曰："闻太师名德久矣，相公欲建大号，而太师至，非天命正位？欲求宰相，孰先太师乎？”真卿正色叱之曰：“是何宰相耶！君等闻颜杲卿[2]无？是吾兄也。禄山反，首举义兵，及被害，诟骂不绝于口。吾今生向八十，官至太师，守吾兄之节，死而后已，岂受汝辈诱胁耶！”诸贼不敢复出口。希烈乃拘真卿，令甲士十人守，掘方丈坎于庭，曰“坑颜”，真卿怡然不介意。后张伯仪[3]败绩于安州，希烈令赍伯仪旌节首级夸示真卿，真卿恸哭投地。后其大将周曾[4]等谋袭汝州，因回兵杀希烈，奉真卿为节度。事泄，希烈杀曾等，遂送真卿于龙兴寺。真卿度必死，乃作遗表，自为墓志、祭文，常指寝室西壁下云：“吾殡所也。”希烈既陷汴州，僭伪号，使人问仪于真卿，真卿曰：“老夫耄矣，曾掌国礼，所记者诸侯朝觐礼耳。”

【注释】①朱滔（746—785年）：幽州昌平（今北京昌平）人。唐朝中期割据势力。王武俊（735—801年）：字元英，原名没诺干，唐时契丹怒皆部人。唐朝中期地方割据势力。田悦（751—784年）：唐平州卢龙（今河北卢龙）人，反叛朝廷，自立国号魏，僭称王。后被其从弟田绪所杀。李纳（？—公元792年）：第二任淄青节度使，李正己之子。初为奉礼郎。建中二年，父死，代领其众，援救田悦，兵败归顺朝廷。后又反，自称齐王，置官设府。兴元时归降，官至检校右仆射、司空、同中书门下平章事。

②颜杲卿（692—756年）：字昕，唐临沂人。性刚正，莅事严明。玄宗时为常山太守，安禄山反，起兵讨之，城陷被执，骂贼而死。乾元

初年，追谥忠节。

③张伯仪（？—公元788年）：魏州（今河北魏县）人。唐朝中期将领。

④周曾：李希烈的部将。

【译文】颜真卿刚见到李希烈时，想要宣读诏书，李希烈的养子率上千人手持利刃争着上前逼迫颜真卿，想要吃他的肉。诸位将领将颜真卿团团围住张口谩骂，挥舞刀剑，像李希烈的养子一般对他进行威胁，颜真卿岿然不动。李希烈急忙用身体挡住他，挥手让众人散去，众人这才退下，李希烈便揖手请颜真卿前往馆舍。李希烈趁机逼迫颜真卿写章表，让朝廷为自己昭雪，然后才愿意停战。李希烈多次派遣颜真卿哥哥的儿子颜岘与几位随从官吏相继来到京师。皇帝都没有批覆。颜真卿每次给儿子们写信，只是让他们严奉家庙，抚养家族中孤单的子侄。李希烈大宴逆党，召来颜真卿同座，让他观看倡优指斥亵渎朝政的戏剧，颜真卿大怒，说道："相公，你身为人臣，为何要指使他们如此做呢？"接着拂衣而起，李希烈很是惭愧，便呵止了演出。当时朱滔、王武俊、田悦、李纳的使者均在座，看着颜真卿对李希烈说："久闻太师的大名与德行，相公想要建立帝号，而太师恰好此时到来，难道不是天意让我们相公登上天子之位吗？想要寻求宰相，谁能比得过太师您呢？"颜真卿正色斥责他们说："这是什么宰相啊！你们听说过颜杲卿没有？那是我的兄长。安禄山造反时，他首举义兵，一直到被害，依然对安禄山唾骂不绝于口。我今年快到八十岁了，官做到了太师，我要坚守兄长的气节，死而后已，岂会受你们的引诱胁迫！”众叛贼都不敢再开口说话。李希烈拘捕了颜真卿，命令十名士兵看守，在庭院内挖了一个一丈见方的大坑，叫“坑颜”，颜真卿怡然自得，丝毫也不在意。后来张伯仪在安州（今湖北安陆）战败，李希烈命人带着张伯仪的旌节和首级向颜真卿夸耀展示，颜真卿伏地恸哭。此后李希烈的大将周曾等谋划袭击汝州，借机会调头杀掉李希烈，奉颜真卿为节度。事情泄露，李希烈杀了周曾等人，又将颜真卿送到龙兴寺。颜真卿思量自己必死无疑，便写下临终章表，自撰墓志、祭文，经常指着寝室西墙壁下面说：“这就是我的葬身之所。”李希烈攻陷汴州后，僭越自立伪号，派人向颜真卿询问相关礼仪，颜真卿说：“老夫已经八十岁了，曾经执掌国礼，所记得的只是诸侯朝觐之礼罢了。”

兴元[①]元年，王师复振，逆贼虑变起蔡州，乃遣其将辛景臻、安华至真卿所，积柴庭中，沃之以油，且传逆词曰：“不能屈节，当自烧。”真卿乃投身赴火，景臻等遽止之，复告希烈。德宗复宫阙，希烈弟希倩在朱泚党中，例伏诛。希烈闻之怒。兴元元年八月三日，乃使阉奴与景臻等杀真卿。先曰：“有敕”。真卿拜，奴曰：“宜赐卿死。”真卿曰：“老臣无状，罪当死，然不知使人何日从长安来？”奴曰：“从大梁来。”真卿骂曰：“乃逆贼耳，何敕耶！”遂缢杀之，年七十七。

【注释】①兴元：唐德宗李适的年号（784年正月—12月）。

【译文】兴元元年（784年），朝廷的军队又强大起来，逆贼担心蔡州（辖境相当今河南省淮河以北，桐柏山以东，洪河上游以南地区）会发生变故，便派遣他们的将领辛景臻、安华来到颜真卿的住所，在庭院中堆起柴草，把油浇在上面，并放出反话说："不能失去尊严、节操，就该自焚。"颜真卿便投身火中，辛景臻等人马上制止住他，又把此事报告给李希烈。德宗（李适）收复京城，李希烈的弟弟李希倩在朱泚的叛党中，按例要被处死刑。李希烈听后大怒，兴元元年（784年）八月初三，便派宦官与辛景臻等人去杀颜真卿，先说："有敕令。"颜真卿跪拜，宦官说："应赐卿死。"颜真卿说："老臣没有功绩，罪该处死，但不知使者什么日子从长安来的？"宦官说："我是从大梁来的。"颜真卿骂道："就是逆贼而已，算什么敕令！"于是被勒死，享年七十七岁。

及淮、泗平，贞元[①]元年，陈仙奇[②]使护送真卿丧归京师。德宗痛悼异常。废朝五日，谥曰文忠。复下诏曰："君臣之义，生录其功，殁厚其礼，况才优匡国，忠至灭身。朕自兴叹，劳于寤寐。故光禄大夫、守太子太师、上柱国、鲁郡公颜真卿，器质天资，公忠杰出，出入四朝，坚贞一志。属贼臣扰乱，委以存谕，拘肋累岁，死而不挠，稽其盛节，实谓犹生。朕致贻斯祸，惭悼靡及，式崇嘉命，兼延尔嗣。可赠司徒，仍赐布帛五百端。男頵、硕等丧制终，所司奏超授官秩。"贞元六年十一月南郊，赦书节文授真卿一子五品正员官，故頵得录用。

文宗诏曰："朕每览国史，见忠烈之臣，未尝不嗟叹久之，思有以报。如闻从览、弘式，实杲卿、真卿之孙。永惟九原，既不可作，旌其嗣续，谅协典彝。考绩已深于宦途者，命列于中台；官次未齿于搢绅③者，俾佐于左辅。庶使天下再新义风。"以真卿曾孙弘式为同州参军。（旧唐书一百二十八）

【注释】①贞元：唐德宗李适的年号（785年正月—805年8月），共计21年。

②陈仙奇：为李希烈部将。

③搢绅：古时官吏插笏于绅带间，故称仕宦为搢绅。

【译文】等到淮、泗平定，贞元元年（785年），陈仙奇派人护送颜真卿的灵柩回京师。德宗李适怀着异常悲痛的心情悼念颜真卿，停止朝会五日，谥号文忠。又下诏说："君臣的情义，生时记录他的功绩，死后以礼厚葬，更何况才能可以匡扶国家，忠诚至死的人。朕自己常会感叹，以至无时无刻不在为此劳心焦思。已故光禄大夫、守太子太师、上柱国、鲁郡公颜真卿，天生才识资质，公正忠直，杰出不凡，为官四朝，坚贞一志。当反贼叛乱，朕委派他去存问慰谕，竟被拘禁胁迫多年，至死不屈，考察其高尚的节操，实可称得上虽死犹生。朕为他招致这一祸事，纵使惭愧哀伤也无法将他追回，大力推崇对忠臣的嘉奖制度，并且使这种制度泽被其子孙。可以追赠司徒，仍赐给布帛五百端。他的儿子颜頵、颜硕等丧期结束后，有关部门应奏请破格授予他们官职。"贞元六年（791年）十一月在南郊祭祀，敕书节文授任颜真卿的一个儿子五品正员官，因此颜頵得以录用。文宗下诏说："朕每次阅览国史，见到忠烈之臣，没有一次不为他们长嗟短叹许久，思虑着能对他们有所报答，比如听闻颜从览、颜弘式，是颜杲卿、颜真卿的曾孙。长眠于九泉之下，已无法追及，表彰其子孙后代，应该合乎法度。考核记录已达到一定程度的，任命他们位列尚书省；官品未达到仕官的，让他们辅佐国君身边的重臣。希望能使天下再次兴起忠义之风。"任命颜真卿的曾孙颜弘式为同州参军。（旧唐书一百二十八）

卢 杞

【题解】卢杞（？—约785年），字子良，滑州灵昌（今河南滑县）人，卢怀慎之孙，御史中丞卢奕之子。建中初年，征入任御史中丞。建中二年（781年）二月升任御史大夫、京畿观察使。十天后，任门下侍郎、同中书门下平章事。卢杞任宰相以后，嫉妒贤能，稍有不顺从自己的人，必定要置他于死地。先后陷害杨炎、颜真卿、严郢、张镒等人，推举同党关播、于頎、赵赞等人。为了筹集军饷，又实行括率、增收房屋间架税、设立除陌税。长安为此停止交易，痛怨之声，遍及天下。德宗在奉天被朱泚围攻，李怀光自魏县赶赴国难。卢杞从中阻挠不让其晋见皇上，李怀光大怒，于是心怀异志。建中四年（783年）十二月被贬为新州司马。贞元元年（785年）正月，遇到大赦令，卢杞调任吉州长史。后改授澧州别驾，不久死于澧州。

卢杞是唐朝时期著名的奸臣，然而，他之所以得到重用，也是德宗不能识人所致。因此宋代苏洵评论说："卢杞之奸，固足以败国，然而不学无文，容貌不足以动人，言语不足以眩世，非德宗之鄙暗，亦何从而用之？"

卢杞，字子良，故相怀慎之孙。

【译文】卢杞，字子良，是已故宰相卢怀慎的孙子。

杞貌陋而色如蓝，人皆鬼视之。不耻恶衣粝食，人以为能嗣怀慎之清节，亦未识其心。颇有口辩。出为虢州刺史。建中初，征为御史中丞。时尚父子仪病，百官造问，皆不屏姬侍。及闻杞至，子仪悉令屏去，独隐几以待之。杞去，家人问其故，子仪曰："杞形陋而心险，左右见之必笑。若此人得权，即吾族无类矣。"及居纠弹顾问之地，论奏称旨，迁御史大夫。旬日，为门下侍郎、同中书门下平章事。既居相位，忌能妒贤，迎吠阴害，小不附者，必致之于死，将起势立威，以久其权。杨炎以杞陋貌无识，同处台司，心甚不悦，为杞所谮，逐于崖州。德宗幸奉天，崔宁[①]流涕论时事，杞闻恶之，谮于德宗，言宁与朱泚盟誓，故至迟回，宁遂见杀。恶颜真卿之直言，令奉使李希烈，竟殁于贼。初，京兆尹严郢[②]与杨炎有隙，杞乃擢郢为御史大夫以倾炎；炎既贬死，心又恶郢，图欲去之。其阴祸贼物如此。

【注释】①崔宁（723—783年）：本名旰，卫州（今河南卫辉）人。唐代名将，喜纵横之术。

②严郢：字叔敖，华州华阴（今陕西华阴）人。唐朝大臣。唐玄宗天宝初年考中进士，补授太常协律郎，在东都洛阳为唐宗室守太庙。

【译文】卢杞相貌丑陋，面色发蓝，人们都把他视作鬼怪。他不以穿破衣吃粗粮为耻，人们认为他能继承卢怀慎的高洁节操，却也是未能了解他的真心。卢杞很有辩才。出任虢州（今河南灵宝市）刺史。建中初年，被征任御史中丞。当时尚父郭子仪患病，百官前去慰问时，他都没有屏退侍妾。等听说卢杞到来，郭子仪叫侍妾全部退下，独自靠着几案接待他。卢杞离开后，家人询问其中缘故，郭子仪说："卢杞相貌丑陋又居心险恶，左右之人看到他的容颜必定会取笑。如果这人取得大权，我们宗族就没有幸存者了。"等到卢杞身居纠弹顾问之职时，上奏符合唐德宗的心意，升任御史大夫一职。十天后，任门下侍郎、同中书门下平章事。等到他身居相位后，忌贤妒能，逢人即吠阴谋陷害，稍有不顺从他的，必要将其置于死地，想要以此树立威势，以久握大权。杨炎因卢杞相貌丑陋又没有见识，与他同处宰相之位，心里不悦，被卢杞诬陷，贬逐到崖州（治所在今海南省琼山市东南）。德宗李适临幸奉天（治所为今陕西省乾县），崔宁流泪谈论时事，卢杞听闻对他很是厌恶，在德宗面前诬陷崔宁，说崔宁与朱泚盟誓，以至于犹豫不定，崔宁于是被杀。卢杞厌恶颜真卿的正直言论，令他奉命出使到李希烈那里，终死贼手。起初，京兆尹严郢与杨炎有嫌隙，卢杞便擢升严郢为御史大夫来排挤杨炎；杨炎被贬而死后，卢杞心里又开始厌恶严郢，试图将他除去。卢杞就是这样的阴险之贼。

初，上即位，擢崔祐甫为相，颇用道德宽大，以弘上意，故建中初政声蔼然，海内想望贞观之理；及杞为相，天下无贤不肖，视杞如仇。

【译文】起初，德宗即位，擢升崔祐甫为宰相，他颇能使用宽大的德政，以弘扬德宗之意，因此建中初年（780年）政绩声誉云集，天下百姓都渴望再现贞观之治。等到卢杞任宰相，天下无论贤人还是不贤之人，都把卢杞视作仇人。

德宗在奉天，为朱泚攻围，李怀光自魏县赴难。或谓王翃[①]、赵赞[②]曰："怀光累叹愤，以为宰相谋议乖方，度支赋敛烦重，京尹刻薄军粮，乘舆播迁，三臣之罪也。今怀光勋业崇重，圣上必开襟布诚，询问得失，使其言入，岂不殆哉！"翃、赞白于杞，杞大骇惧，从容奏曰："怀光勋业，宗社是赖。臣闻贼徒破胆，皆无守心。若因其兵威，可以一举破贼；今若许其朝觐，则必赐宴，赐宴则留连，使贼得京城，则从容完备，恐难图之。不如使怀光乘胜进收京城，破竹之势，不可失也。"帝然之，乃诏怀光率众屯便桥，克期齐进。怀光大怒，遂谋异志，德宗方悟为杞所构。物议喧腾，归咎于杞，乃贬为新州司马，白志贞恩州司马，赵赞为播州司马。

【注释】①王翃（？—公元802年）：并州晋阳人。代宗大历中擢升容管经略使。累兼御史中丞，招讨处置使。德宗时，迁大理卿，出为福建观察使。徙东都留守，开田二十余屯。

②赵赞：河东阳曲人，唐朝大臣，历官礼部郎中、吏部郎中、中书舍人，迁为户部侍郎，判度支。

【译文】德宗在奉天，被朱泚围攻，李怀光从魏县赶赴奉天拯救国难。有人对王翃、赵赞说："李怀光多次感叹愤激，认为宰相谋划不当，开支赋税繁重，京兆尹克扣军粮，皇上流离迁徙，这都是三位大臣的罪过。现在李怀光功高业重，皇上必然开诚布公，询问得失。假如他的言论被皇上采纳，岂不危险！"王翃、赵赞将这些话转告给卢杞，卢杞大惊，从容上奏说："李怀光的功业，是国家所依赖的。臣听说贼军已被吓得胆破心惊，都已无心坚守。如果借着李怀光的军威，可以一举攻败贼军；现今如果准许他来朝见皇上，皇上必会赐宴，赐宴就会使其留连几天，这将会使贼军攻取京城，等他们准备充足、休整完毕，恐怕就难以图谋了。不如派李怀光乘胜进攻以收复京城，这是破竹之势，不可失去良机啊。"德宗同意了他的建议，于是诏令李怀光率兵屯驻便桥（即便门桥，今陕西咸阳市南渭河上），限期举兵齐发。李怀光大怒，于是开始怀有异心，德宗这才醒悟被卢杞构陷。一时间，舆论喧哗，众议纷纷，人们都将罪责归于卢杞，德宗于是贬卢杞为新州司马，贬白志贞为恩州司马，贬赵赞为播州司马。

遇赦，移吉州长史。在贬所谓人曰："吾必再入用。"是日，上果用杞为饶州刺史。给事中袁高①宿直，当草杞制，遂执以谒宰相卢翰、刘从一②曰："杞作相三年，矫诬阴贼，排斥忠良，朋附者咳唾立至青云，睚眦者顾盼已挤沟壑。傲很背德，反乱天常，播越銮舆，疮痍天下，皆杞之为也。幸免诛戮，唯示贬黜，寻已稍迁近地，更授大郡，恐失天下望，惟相公执奏之，事尚可救。"翰、从一不悦，遂改命舍人草制。明日诏下，袁高执奏曰："卢杞为政，极恣凶恶，三军将校，愿食其肉，百辟卿士，嫉之若仇。"

【注释】①袁高：唐代诗人，字公颐，擢进士第。建中中，拜京畿观察使。坐累贬韶州刺史，复拜给事中。宪宗时，特赠礼部尚书。

②卢翰：唐幽州范阳人。代宗宝应元年，以大理评事，充理匦判官。大历初，为秘书郎兼监察御史，又任吏部郎中。大历八年，以浙东观察判官权知留后。德宗建中初，为淮南黜陟使。建中二年，为给事中。建中三年，权判吏部侍郎，封范阳郡公。兴元元年，拜兵部侍郎、同中书门下平章事。贞元二年，罢相，为太子宾客。刘从一（742—785年）：唐魏州观城人。代宗大历进士，又登宏词科，调渭南尉，授监察御史。德宗居奉天，超拜刑部侍郎、同中书门下平章事。贞元初为户部尚书。

【译文】后来卢杞遇到赦免，调任吉州长史。他在贬官后的安置之所对人说："我必然会被再次起用。"这天，德宗果然任用卢杞为饶州刺史。给事中袁高夜间值班，负责起草任命卢杞的诏书，于是执诏书去谒见宰相卢翰、刘从一说："卢杞为相三年，假借各种名义诬诈他人，排斥忠良，依附勾结于他的人，只要称赞他，很快便能达至青云之上，对其怒目而视者转瞬之间便被排挤到沟壑之中。他傲慢狠戾又违背道德，搅乱天常，致使皇帝流亡不定，天下满目疮痍，这些都是卢杞所为。他有幸免于被诛杀，只是给予贬官，很快又逐渐迁往近畿之地，更是授予大郡长官，恐怕会使众望所失，只有依靠两位宰相禀公坚持奏论，事情还能有救。"卢翰、刘从一内心不悦，便另外叫舍人起草诏书。第二天诏书颁下，袁高坚持上奏说："卢杞为政，极为穷凶极恶。三军将校，都想要吃他的肉，诸侯大夫，都如仇敌般憎恨他。"

坚执不下，乃改授澧州别驾。翌日延英，上谓宰臣曰："朕欲授杞一小州刺史，可乎？"李勉对曰："陛下授杞大郡亦可，其如兆庶失望何？"上曰："众人论杞奸邪，朕何不知？"勉曰："卢杞奸邪，天下人皆知；唯陛下不知，此所以为奸邪也！"德宗默然良久。散骑常侍李泌[①]复对，上曰："卢杞之事，朕已可袁高所奏，如何？"泌拜而言曰："累日外人窃议，以陛下同汉之桓、灵；臣今亲承圣旨，乃知尧、舜之不迨也！"德宗大悦，慰勉之。杞寻卒于澧州。（旧唐书卷

一百三十五）

【注释】①李泌（722—789年）：字长源。祖籍辽东郡襄平县（今辽宁辽阳），生于京兆府（今陕西西安）。唐朝德宗时期宰相。

【译文】袁高坚持自己的意见，坚决不同意授予卢杞饶州刺史这一官职，朝廷便改授卢杞澧州别驾一职。第二天在延英殿上，德宗对群臣说："朕要授任卢杞一个小州刺史，可以吗？"李勉回答说："陛下授任卢杞大郡刺史也是可以的，然而若是令百姓失望又该怎么办呢？"德宗说："众人议论卢杞奸邪，我怎么不知道？"李勉说："卢杞奸邪，天下人皆知；惟有陛下不知，这正是他的奸邪所在啊！"德宗沉默了许久。散骑常侍李泌又奏对，德宗说："卢杞的事，朕已准了袁高的奏议，你看如何啊？"李泌拜谢说："连日来朝外之人私下议论纷纷，将陛下比作汉朝的桓帝、灵帝；臣今天亲承圣旨，才知道就算尧、舜也比不上陛下啊！"德宗大为高兴，对他劝勉一番。卢杞不久便死在澧州。（旧唐书卷一百三十五）

裴延龄

【题解】裴延龄（728—796年），河东（今山西永济西）人。肃宗时，为汜水县尉，调授太常博士。德宗时卢杞为宰相，擢为膳部员外郎、集贤院直学士，改祠部郎中。宰相张延赏厌恶其行为轻率，将其出为昭应令。贞元八年（792年）以户部侍郎判度支，以苛刻剥下附上为功。时陆贽秉政，反对由他掌管财赋。德宗信用不疑，反斥逐陆贽；又认为裴延龄敢言无隐，可借以了解外情。他死后，中外相贺，独德宗嗟惜不止。

裴延龄是德宗当政中后期任用的权臣，主宰朝廷经济命脉。他对经济治国一窍不通，却善于弄虚作假、弄景造势，凭借三寸造假之舌、信口雌黄之术，不惜倾全国财力贿赂皇帝，不惜谤毁群臣而取信德宗，因此后世有人称他为“唐代第一弄臣”，

裴延龄，河东人。卢杞为相，擢为膳部员外郎、集贤院直学士，改祠部郎中。

【译文】裴延龄，河东人（今山西永济）。卢杞担任宰相时，提拔他为膳部员外郎、集贤院直学士，改任祠部郎中。

贞元八年，班宏①卒，以延龄守本官，权领度支。自揣不通殖货之务，乃多设钩距，召度支老吏与谋，以求恩顾，乃奏云：“天下每年出入钱物，新陈相因，常不减六七千万贯，唯有一库，差舛散失，莫可知之。请于左藏库中分置别库：欠、负、耗、剩等库及季库、月库，纳诸色钱物。”上皆从之。且欲多张名目以惑上听，其实于钱物更无增加，唯虚费簿书、人吏耳。

【注释】①班宏：卫州汲（今河南卫辉）人。天宝年间擢进士第。德宗时历户部尚书，封萧国公。

【译文】贞元八年（792年），班宏去世，朝廷命裴延龄任本官，临时兼任度支。他自知不通晓财货增殖的事务，便设了很多钩距，召来度支老吏与他们商议，以此求得德宗的关心照顾，他上奏说："天下每年收支钱物，新旧相因，一向不少于六七千万贯，只有一个国库，差错散失，无法知晓。请求在左藏库中另外设置别库：欠、负、耗、剩等库以及季库、月库，收入各类钱物。"德宗都同意了。裴延龄还想多设名目以便迷惑圣听，其实并没有增加钱物，只是白白消耗簿书、吏员人力罢了。

时陆贽秉政，上素所礼重，每于延英极论其诞妄，不可令掌财赋。德宗以为排摈，待延龄益厚。贽上书疏其失曰：

前岁秋首，班宏丧亡，特诏延龄继司邦赋。数日之内，遽炫功能，奏称，"勾获隐欺，计钱二十万贯，请贮别库以为羡余，供御所须，永无匮乏。"陛下欣然信纳，因谓委任得人。既赖盈余之财，稍弘心意之欲，兴作浸广，宣索渐多。延龄务实前言，且希睿旨，不敢告阙，不敢辞难。勾获既是虚言，无以应命；供办皆承严约，苟在及期。遂乃搜求市廛，豪夺入献；追捕夫匠，迫胁就功。以敕索为名，而不酬其直；以和雇为称，而不偿其佣。都城之中，列肆为之昼闭；兴役之所，百工比于幽囚。聚诅连郡，遮诉盈路，持纲者莫敢致诘，巡察者莫敢为言。时有讦而言之，翻谓党邪丑直。天子毂下，嚣声沸腾，四方观瞻，何所取则。荡心于上，敛怨于人，欺天陷君，远近危惧，此其罪之大者也。

【译文】当时陆贽执掌国政，德宗一向对他礼遇器重，陆贽经常在延英殿极力论述裴延龄的荒诞无稽，不应当让他执掌财赋。德宗认为陆贽是为了排挤裴延龄，因此对裴延龄更加优待。陆贽上奏书陈述裴延龄的过失说：

前年初秋，班宏去世，圣上特别诏令裴延龄接替执掌国家财政。几天之内，他就夸耀自己的功劳，上奏称："我已查获隐瞒欺骗的赋税，共计二十万贯钱，请求收入别库作为赋税盈余，以供圣上所需，永远不会匮乏。"陛下非常高兴地相信和采纳，便说委任此人恰当。既然有赋税盈余的钱财可以依赖，渐渐滋长了私欲，兴造制作渐广，索取钱财用物逐渐增多。裴延龄致力于落实以前说过的话，暂且迎合诏令，不敢报告过错，不敢推辞困难。查获隐瞒欺骗的赋税既然是假话，就无法应付命令；措办之物都承受严格约束，苟且求得按时。于是他搜查市中店铺，强夺进献；追捕服役的工匠，胁迫他们完成工程。以诏令为名讨取，却不付给他们报酬；对外声称是官府出价雇用人力，却不付给他们佣金。都城之中，成列的店铺为此白天不敢开门；有劳役的地方，工匠们就好像是被囚禁起来一样。许多州郡的百姓聚集在一起咒骂，阻拦诉苦挤满了道路，当官的不敢追究，巡察的不敢对此评论。偶然有为了揭发裴延龄而上奏的，反被说成是与坏人结伙陷害好人。在京城天子脚下，喧嚣沸腾，四面八方瞻望，何处可以取作准则。使圣上惑乱心志，使万民怨恨，欺骗上天陷害君主，远近都忧虑恐惧，这是他最大的罪过。

总制邦用，度支是司；出纳货财，太府攸职。凡是太府出纳，皆禀度支文符，太府依符以奉行，度支凭案以勘覆，互相关键，用绝奸欺。其出纳之数，则每旬申闻；见在之数，则每月计奏。皆经度支勾覆，又有御史监临，旬旬相承，月月相继。明若指掌，端如贯珠，财货多少，无容隐漏。延龄务行邪谄，公肆诬欺，遂奏云“左藏库司多有失落，近因检阅使置簿书，乃于粪土之中收得十三万两，其匹段杂货又百万有余，皆是文帐脱遗，并同已弃之物。今所收获，即是羡余，悉合移入杂库，以供别敕支用者”。其时特宣进止，并依所奏施行。太府卿韦少华抗疏上陈，殊不引伏，确称“每月申奏，皆是见在数中，请令推寻，足验奸诈”。两司既有论执，理须详辨是非，陛下纵其妄欺，不加按问。以在库之物为收获之功，以常赋之财为羡余之费，罔上无畏，示人不惭，此又罪之大者也。

【译文】统理国家用度，由度支来主管；财货的支出和收入，是太府的职责。凡是太府支出收入财货，都需禀承度支的文符，太府依据文符来执行命令，度支依凭案卷来反复查核，互相牵制，以此杜绝虚伪欺诈。那些支出收入的数目，则每十天申奏一次；尚存的数目，则每月统计奏报一次。这些都经过度支的稽考核查，又有御史的监督，旬旬相承，月月相继。就像指掌那样明确，像串珠那样清楚。财货多少，决不允许隐瞒遗漏。裴延龄致力于奸邪谄谀，公然大肆蒙骗欺诈，便上奏说：“左藏库主管有很多遗失，近来因为检阅使放置簿书，竟在粪土之中获得十三万两，其中匹段杂货又有百万有余，都是文书帐簿中遗漏的，完全就像已被丢弃之物。现在所获得的，就是盈余，全部应移入杂库，以供另有诏令时支付使用。”当时特别宣召圣旨，依他的奏请施行。太府卿韦少华上奏直言，完全不认罪，明确声称“每月申奏，都是尚存的数目，请求下令推求寻找，足够验明奸诈”。两个有关部门已经发表和坚持自己的意见，理应详尽辨析是非。陛下却放纵裴延龄的虚伪欺诈，并不查究审问。以库存的财物作为其收获的功劳，以固定的赋税作为盈余的费用，欺骗君上，无所畏惧，向人明示，不感到惭愧，这又是他极大的罪过。

国家府库，出纳有常，延龄险猾售奸，诡谲求媚，遂于左藏之内，分建六库之名，意在别贮赢余，以奉人主私欲。曾不知王者之体，天下为家，国不足则取之于人，人不足则资之于国，在国为官物，在人为私财，何谓赢余，须别收贮？是必巧诈以变移官物，暴法以刻削私财，舍此二途，其将安取？陛下方务崇信，不加检裁，姑务保持，曾无诘责。延龄谓能蔽惑，不复惧思，奸威既沮于四方，憸态复行于内府。由是蹂躏官属，倾倒货财，移东就西，便为课绩，取此适彼，遂号羡余，愚弄朝廷，有同儿戏。

【译文】国家府库，支出收入固定，裴延龄阴险狡猾，耍阴谋诡计，刁滑奸诈求媚讨好。于是在左藏库内，以分建六库为名，企图另外收入盈余，以此供养君主的私欲。竟不知君王的大体，是以天下为家，国不足则取之于民，民不足则取资于国，在国家那里是公物，在百姓那里是私财，怎么能叫做盈余，需要另外收藏？这一定是用机巧诈伪来转移公物，用践踏法律来侵害私财，放弃这两种做法，他将怎么获得财物呢？陛下正致力于崇尚信义，却不对其加以约束制裁，苟且致力保持，并不诘问谴责。裴延龄以为能蒙蔽迷惑，不再因有所戒惧而反省，邪恶的威势已从四面八方阻止，奸邪之态又在内府盛行。于是践踏官吏，竭力倒换财货，彼此挪动转移，就是为了考核政绩，将这里的拿到那里，就号称是盈余。他蒙蔽玩弄朝廷，如同儿戏。

夫理天下者，以义为本，以利为末，以人为本，以财为末，本盛则其末自举，末大则其本必倾。自古及今，德义立而利用不丰，人庶安而财货不给，因以丧邦失位者，未之有也。故曰：“不患寡而患不均，不患贫而患不安。”“有德必有人，有人必有土，有土必有财。”“百姓足，君孰与不足？”盖谓此也。自古及今，德义不立而利用克宣，人庶不安而财货可保，因以兴邦固位者，未之有也。故曰：“财散则人聚，财聚则人散。”“与其有聚敛之臣，宁有盗臣。”无令侵削兆人，为天子取怨于下也。且陛下初膺宝历，志翦群凶，师旅繁兴，征求浸广，榷算侵剥，下无聊生。是以泾原叛徒，乘人怨咨，白昼犯阙，都邑甿庶，恬然不惊，反与贼众相从，比肩而入宫殿。虽蚩蚩之性，靡所不为，然亦由德泽未浃，而暴令驱之，以至于是也。于时内府之积，尚如丘山，竟资凶渠，以饵贪卒，此则陛下躬睹之矣。是乃失人而聚货，夫何利之有焉！

【译文】凡是能够治理天下的人，都是以义为本，以利为末，以民为本，以财为末。本盛则其末就会自然兴起，末大则其本必定倾倒。从古至今，德义树立而物质不能丰足，百姓安定而财货不能供给，因此亡国失位的，不曾有过。因此说："不担心少而担心的是不平均，不担心贫困而担心的是不安定。""有德必定有人，有人必定有土，有土必定有财。""百姓富足，君主怎么会不富足呢？"说的就是这种情况。从古至今，德义不树立而物尽其用，百姓不安定而财货可以保证，因此国家振兴保持权位的，不曾有过。因此说："财散则人聚，财聚则人散。""与其有搜刮民众财货的臣子，不如有盗窃府库财物的官吏。"不要侵夺万民，使天子招致百姓的怨恨。况且陛下刚刚即位，志在消灭众凶逆，军队频繁出动，寻求得越来越多，征收算赋而侵害盘剥，民不聊生。因而泾原（今甘肃泾川北）兵变，乘人怨恨嗟叹的时机，公然进犯朝廷，都城百姓安然不惊，反而跟随贼众并肩进入宫殿。虽然叛贼有粗野的本性，什么坏事都干，但是也因为皇朝的恩惠没有施及，却用残暴的法令驱使百姓，以至于造成这种祸患。当时内府的积蓄仍像山丘，最终却帮助了贼兵的首领，以此对贪婪的士卒进行引诱，这些是陛下亲眼看见的啊。所以失去人心而聚集财货，又有什么好处可图啊！

车驾既幸奉天，逆泚旋肆围逼，一垒之内，万乘所屯，窘如涸流，庶物空匮。尝欲发一健步出觇贼军，其人恳以苦寒为辞，跪奏乞一襦袴，陛下为之求觅不致，竟闵默而遣之。又尝宫壶之中，服用有阙，圣旨方戎事为急，不忍重烦于人，乃剥亲王饰带之金，卖以给直。是时行从将吏，赴难师徒，苍黄奔驰，咸未冬服，渐属凝冱，且无薪蒸，饥冻内攻，矢石外迫。昼则荷戈奋迅，夜则映堞呻吟，凌风飙，冒霜雪，逾四旬而众无携贰，卒能走强贼、全危城者，陛下岂有严刑重赏使之然耶？唯以不厚其身，不藏其货，与众庶同其忧患，与士伍共其有无，乃能使人捐躯命而捍寇仇，馁之不离，冻之不憾，临危而不易其守，见死而不去其君，所谓“圣人感人心而天下和平”，此其效也。

【译文】圣驾到了奉天（今陕西乾县）以后，逆贼朱泚立即围逼，一座小城之内，圣上屯驻其中，就像枯竭的水流那样困迫，各种物资缺乏。曾想派腿脚灵活的人出城侦察贼军，此人以苦寒为由，跪奏乞求一件短衣套裤，陛下为此寻找不到，最终忧郁不语地派他出城。另外曾在后宫之中，衣食用品缺乏，圣旨正以战事为急务，不忍心让百姓的赋税沉重繁多，于是取下亲王饰带上的金饰，变卖后购买用品。当时随从出行的官员，往救危难的将士，匆促慌张地奔驰而来，都没有带冬衣，逐渐到了天寒地冻，又没有准备柴草，体内饥寒交迫，外受箭石围逼。白天则举戈振起，夜里则倚靠城墙呻吟，顶寒风，冒霜雪，过了四十天而众人没有二心，最终能驱逐强贼、保全危城，陛下难道用了严刑重赏才让他们这样做到的吗？只因为陛下不重视自身，不私自蓄藏财货，与众人共患难，与士卒共有无，才能让众人心甘情愿地捐躯献身，抵御仇敌，挨饿不离散，受冻不怨恨，面临危难并不改变节操，见到死亡并不离开君主，所说的“圣人感动人心而天下和平”，这就是证据了。

及乎重围既解，诸路稍通，赋税渐臻，贡献继至，乃于行宫外庑之下，别置琼林、大盈之司。未赏功劳，遽私贿玩，甚沮惟新之望，颇携死义之心，于是舆诵兴讥，而军士始怨矣。财聚人散，不其然乎！旋属蟊贼内兴，翠华南狩，奉天所积财货，悉复歼于乱军。即迁岷、梁，日不暇给，独凭大顺，遂复皇都。是知天子者，以得人为资，以蓄义为富，人苟归附，何患蔑资？义苟修崇，何忧不富？岂在贮之内府，方为己有哉！故藏于天下者，天子之富也；藏于境内者，诸侯之富也；藏于囷仓箧椟者，农夫、商贾之富也。奈何以天子之贵，海内之富，而猥行诸侯之弃德，守农商之鄙业哉！陛下若谓厚取可以恢武功，则建中之取既无成矣；若谓多积可以为己有，则建中之积又不在矣；若谓徇欲不足伤理化，则建中之失伤已甚矣；若谓敛怨不足致危亡，则建中之乱危亦至矣！然而遽能靖滔天之祸，成中兴之功者，良以陛下有侧身修励之志，有罪己悔惧之辞，罢息诛求，敦尚节俭，涣发大号，与人更新；故灵祇感陛下之诚，臣庶感陛下之意，释憾回虑，化危为安。陛下亦当为宗庙社稷建不拔之永图，为子孙黎元立可久之休业，惩前事徇欲之失，复日新盛德之言；岂宜更纵愉邪，复行克暴，事之追悔，其可再乎！

【译文】等到层层包围解除后，各道渐渐通畅，赋税逐渐送达，贡物相继运到，便在行宫外廊之下，另设琼林、大盈等部门。还没有奖赏功劳，就私相贿赂玩赏，大大阻碍推陈致新的期望，十分背离为义而死者的心愿，于是舆论兴起指责，而将士开始心生怨恨。财聚人散，难道不是这样吗？随后正逢蟊贼兴起于内部，圣上南巡，奉天所积蓄的财货，全都又被乱军抢光。等到迁往岷（今甘肃岷县）、梁（今陕西汉中）后，每天供给不足，只能凭借天命时运，于是收复京都。由此可知作为天子，以得到百姓为资本，以积蓄德义为财富，百姓如果能够归附，哪里用得着担心没有资本？德义如果能够修整并推崇，哪里用得着担心不能富足？难道贮藏在内府的，才是自己所有的吗？所以贮藏在天下的，是天子的财富；贮藏在封地境内的，是诸侯的财富；贮藏在粮仓竹箱的，是农夫、商人的财富。怎能以天子的尊贵，海内的富足，来像诸侯那样放弃德义，持有农夫商人的粗俗产业呢！陛下如果认为多加索取可以恢复武功，那么建中年间的索取就没有能成功的了；如果认为多加积蓄可以收为己有，那么建中年间的积蓄又不能存在了；如果认为顺从欲望不会伤害治理与教化，那么建中年间的过失伤害已经很大了；如果认为招惹怨恨不会导致危亡，那么建中年间的祸乱也是足够危险的了！然而迅速能平定极大的灾祸，成就中兴之功的缘故，实在是因为陛下有谦恭修行的志向，有引咎自责而悔过的言辞，停止索取，崇尚节俭，发布号令，与民除旧布新。所以神灵有感于陛下的真诚，臣民有感于陛下的心意，解恨思虑，逢凶化吉。陛下也应当为江山社稷作出不可动摇的长久打算，为子孙黎民建立永久的美好事业，惩戒以往顺从欲望的过失，恢复日日除旧布新的品德高尚之言；怎能再纵容邪恶，又施行苛刻暴虐，追悔之事，哪能再有一次啊！

臣又窃虑陛下纳彼盗言，堕其奸计，以为搏噬拏攫，怨集有司，积聚丰盈，利归君上，是又大谬，所宜慎思。夫人主昏明，系于所任，咎繇、夔、契之道长，而虞舜享浚哲之名；皇甫、聚、楀之嬖行，而周厉①婴颠覆之祸。自古何尝有小人柄用，而灾患不及邦国者乎！譬犹操兵以刃人，天下不委罪于兵而委罪于所操之主；畜蛊以殃物，天下不归咎于蛊而归咎于所畜之家。理有必然，不可不察。

【注释】①周厉：即周厉王姬胡，周夷王姬燮之子，西周第十位君主，在位时间为前879—前843年。

【译文】臣又暗中担心陛下采纳他的谗言，中了他的奸计，以至于抢夺掠取，对有关部门心生怨恨，资财积聚丰富，利益归于君主，这又是大错，应当谨慎思考。但凡君主的愚昧和明智，关键在于所用何人。皋陶、夔、契之道振兴，而虞舜享有明智的名声；皇甫、聚、橘那样的小人横行，而周厉王惨遭颠覆的灾祸。自古哪儿会有小人掌权，而灾患并不会殃及国家的啊！就像手持兵器去杀人，天下不把罪责推给兵器而是推给手持兵器的主人。畜蛊以害物，天下不把过错归罪于毒蛊而是归罪于畜养毒蛊的人。凡事都有其必然的原因，不能不仔细考察。

臣伏虑陛下以延龄之进，独出宸衷，延龄之言，多顺圣旨，今若以罪置辟，则似为众所挤，故欲保持，用彰坚断。若然，陛下与人终始之意则美矣，其于改过勿吝、去邪勿疑之道，或未尽善。今希旨自默，浸以成风，奖之使言，犹惧不既，若又阻抑，谁当贡诚？或恐未亮斯言，请以一事为证。只如延龄凶妄，流布寰区，上自公卿近臣，下追舆台贱品，喧喧谈议，亿万为徒，能以上言，其人有几？陛下诚令亲信博采舆词，参较比来所闻，足鉴人间情伪。

【译文】臣私下忧虑陛下因为裴延龄的进用突出圣上的心意，裴延龄的言辞大多顺从圣旨，现在如果以罪正法，如同被众人所排挤，所以要维持任用他，用以显示坚决果断。如果这样，陛下对人有始有终的心意是美善了，却对于改正错误态度坚决、铲除邪恶不犹豫之道，就不尽完善了。如今迎合圣旨保持沉默逐渐已成为风气，奖励他们上奏，还害怕他们不能直言不讳，假如又百般阻止抑制，谁能表达真诚之心呢？也许不明白我为什么要这样说，请求用一件事作证。比如裴延龄的凶恶狂妄在天下流传，上自公卿近臣，下至仆人贱吏，议论喧杂，亿万之众，能上言的又有几人呢？陛下如果能让亲信广泛听取舆论，参酌比较近来所听到的，足以审察世间的真诚与虚伪。

臣以卑鄙，位当台衡，既极崇高，又承渥泽。岂不知观时附会，足保旧恩，随众沉浮，免贻厚责。谢病黜退，获知几之名；党奸苟容，无见嫉之患。何急自苦，独当豺狼，上违欢情，下饵谗口。良以内顾庸昧，一无所堪，夙蒙眷知，唯以诚直，绸缪帷扆，一纪于兹，圣慈既以此见容，愚臣亦以此自负。从陛下历播迁之危，睹陛下致兴复之难，至今追思，犹为心悸；所以畏覆车而骇虑，惧毁室而悲鸣，盖情激于衷，虽欲罢而不能自默也！因事陈请，虽已频烦，天听尚高，未垂谅察，辄申悃款，以极愚诚。忧深故语烦，意恳故词切，以微臣自固之谋则过，于陛下虑患之计则忠。糜躯奉君，所不敢避；沽名衒直，亦不忍为。愿回睿聪，为国熟虑，社稷是赖，岂唯微臣。

书奏，德宗不悦，待延龄益厚。

【译文】臣以低微鄙陋的身份，官任宰相，官位已经极高了，又承蒙圣上的恩惠，怎能不明白察看时机融会贯通，就足以保持从前的恩德，跟随众人随波逐流，也能避免留下重大谴责。称病辞官引退，得到有先见之明的名声；依附奸邪屈从附和，没有被嫉恨的忧患。为何急于自找苦吃，独自抵御豺狼，对上违背欢心，对下引来谗言。实在是因为顾及自己资质愚钝、才识浅陋，一无所用；久蒙恩宠和知遇，惟有对圣上忠诚。殷勤侍奉陛下，到现在已经十二年了，圣上既以此宽容，愚臣也就以此自负。臣随从陛下历经流亡迁徙的危险，亲眼见证陛下致力于复兴的艰难，至今追想，仍心中有惧。之所以害怕翻车而惊惧忧虑，恐惧国亡而悲鸣，原本是情感激发于心中，即使想停止却不能自甘沉默啊！因事陈请，虽然已经频繁，圣上的听闻仍然高远，没能接近体察原谅，每每诚恳申述，以竭尽诚意。忧虑深刻因此话语烦多，心意恳切所以言词激动，认为微臣保全自身的计谋是错误的，为陛下忧虑祸患的计策才是忠诚。献上生命侍奉君上，不敢躲避；沽名钓誉叫卖正直，我也不忍心这样做。希望回转圣听，为国家认真思虑，这是国家所依赖的，哪里只是微臣个人的事情。

奏书呈上，德宗因此而不高兴，对裴延龄越发厚爱。

延龄既锐意以苛刻剥下附上为功，每奏对际，皆恣骋诡怪虚妄，他人莫敢言者，延龄言之不疑，亦人之所未尝闻。德宗颇知其诞妄，但以其敢言无隐，且欲访闻外事，故断意用之。延龄恃之，谓必得宰相，尤好慢骂，毁诋朝臣，班行为之侧目。及卧病，载度支官物置于私家，亦无敢言者。贞元十二年卒，时年六十九。延龄死，中外相贺，唯德宗悼惜不已。（旧唐书卷一百三十五）

【译文】裴延龄既然执意把苛刻掠夺百姓、依附圣上当作功劳，每当奏对时，都放肆大谈稀奇怪异、荒诞无稽的事情。别人不敢说的，裴延龄说起来毫不犹豫，也有些是人们从来没有听说过的。德宗很清楚他的荒诞无稽，但因为他敢于直言不加隐瞒，并且想要查知朝廷政事，因此执意重用他。裴延龄仗着这一点，认为自己一定能得到宰相之位，更加喜好辱骂、诽谤朝臣，同班大臣为此不敢正面看他。等他患病卧床，把度支公物运到他的宅邸，也没有人敢报告。贞元十二年（796年）去世，享年六十九岁。裴延龄死后，朝廷内外互相庆贺，只有德宗哀伤惋惜不止。（旧唐书卷一百三十五）

全/注/全/译

群書治要續編

五

《群书治要续编》编辑编委会 编

郝时晋 梁光玉 萧祥剑 主编

团结出版社

目 录

群书治要续编卷第二十五　明史(一)

群书治要续编卷第二十六　明史（二）

群书治要续编卷第二十七　明史（三）

群书治要续编卷第二十八　明史(四)

群书治要续编卷第二十九　明史（五）

群书治要续编卷第二十五　明史（一）

【提要】《明史》是“二十四史”中的最后一部，共332卷，包括本纪24卷、志75卷、列传220卷、表13卷。记载了自明太祖朱元璋洪武元年（1368年）至明思宗朱由检崇祯十七年（1644年）276年的历史。反映了明朝在政治、经济、军事、文化、教育、民族、外交等多方面的社会场景，是研究明朝历史必备的一部重要史籍。

明朝是中国历史上自汉以后第二个由平民建立的大一统王朝。著名明史专家孟森曾说：“中国自三代以后，得国最正者，惟汉与明。匹夫起事，无凭借威柄之嫌；为民除暴，无预窥神器之意。”

元朝末年，政治腐败，权臣干政。1351年，元朝廷征调农民和兵士十几万人治理黄河水患。同时，为了摆脱国家的财政危机，印行新钞“至正交钞”，同时仍行用中统交钞、至元宝钞，而三者比价不同；又新铸“至正通宝”铜钱通用，从而造成币制极端混乱，引起通货膨胀，极大损害人民利益，造成人心动荡。“治河”和“变钞”导致韩山童、刘福通领导的红巾军起义爆发。次年，郭子兴响应，聚众起义，攻占濠州。平民出身的朱元璋投奔郭子兴，屡立战功，备受郭子兴器重和信任，并娶郭子兴养女马氏为妻。郭子兴病故后朱元璋统率郭部。1364年，朱元璋称吴王，史称“西吴”。1368年初称帝，国号大明，定都于应天府，明朝正式建国。1420年，明成祖朱棣迁都至顺天府（今北京），以南京为陪都。

明朝初期，历经“洪武之治”“永乐盛世”“仁宣之治”等治世，政治清明，国力强盛。到了中期，明英宗时期发生了“土木之变”，明朝从此由盛转衰，后来在明孝宗朱佑樘治理下，出现了的短暂而辉煌的治世，史称“弘治中兴”。之后，明神宗万历皇帝初期，内阁首辅张居正为挽救明王朝，缓和社会矛盾，在政治、经济、国防等各方面进行了一场变法革新运动，明朝国势复振，史称“万历中兴”。张居正去世之后，由于万历皇帝“荒政”，明朝开始快速衰落，到了晚明时期，因政治腐败、东林党争和天灾外患，导致明朝国力严重衰退，开始爆发农民起义。1644年，农民起义领袖李自成攻入北京，崇祯帝自缢，明朝灭亡。之后，明朝宗室在南方建立了多个政权，史称“南明”。清兵入关后，陆续击败弘光、隆武、绍武等诸政权。1662年，永历帝被杀，南明覆灭。1683年，清军攻占台湾，奉明正朔的明郑覆灭。

《明史》的修纂工作，从清军入关后的顺治二年（1645年）就开始设立明史馆，但是直到乾隆四年（1739年）才撰成定稿，颁行于世。前后经历了95年的时间，是“二十四史”中修纂时间最长的一部。《明史》的修纂时间之所以长久，最主要原因是来自于清朝统治者的多方限制，修史的诸臣担心触犯清朝统治者的忌讳，给自己招来杀身之祸。康、雍、乾三朝几次重大的文字狱，都和修撰明史有关。但是，《明史》的修撰者大多是未曾忘记明朝的士大夫，虽然清朝统治者多方限制，但是他们依然本着认真求实的精神，编纂出了这部较为详备的《明史》。在“二十四史”中，《明史》的成就还是比较高的。

但是，由于《明史》是官修史书，清修《明史》有非常浓厚的政治色彩，其修史的根本目的是为清朝的统治服务。所以在涉及清朝先世的一些问题上，清朝统治者担心妨碍其政治利益，所以对这些史实隐没不书，这是《明史》最大的缺陷。比如明朝曾经封授女真族建州三卫，还有历次战争与开通马市等交往史实，《明史》要么讳言，要么一笔带过。对于南明诸臣抗清的具体事迹，则几乎完全删略不书，这都是由于编撰的史臣受制于清朝统治者而导致的。

除了《明史》，关于有明一代的史书，还有几种。如夏燮编著的《明通鉴》、谈迁的《国榷》、张岱的《石匮书》、查继佐的《罪惟录》等。

《续编》从《明史》本纪、志、列传中辑录了共六卷的内容，同时还旁引了《石匮书》的部分史料，基本体现了明朝近三百年兴衰治乱的历史经验与教训，不仅有助于读者从中汲取历史智慧，也是一部适合初学和普及的《明史》选本。

太　祖

【题解】明太祖朱元璋（1328—1398年），字国瑞，原名重八。濠州钟离（今安徽凤阳）人，明朝开国皇帝（1368—1398年在位），年号洪武。洪武三十一年（1398年），病逝于南京，享年71岁。庙号太祖，葬孝陵。

朱元璋早年加入郭子兴领导的反元大军，因作战勇敢、略通文墨，很快官至左副元帅。在稳固根据地时，朱元璋采取谋士朱升“高筑墙，广积粮，缓称王”的谋略，打败陈友谅、张士诚、方国珍，逐渐统一江南。洪武元年（1368年），朱元璋于南京登基称帝，改国号为明，建元洪武。他之后赶走元廷，并收回丢失四百余年的燕云十六州，实现两宋未完成的事业。他在任期间，改革政治，废除宰相；惩治贪官，严刑峻法；勤俭节约，廉政治国，恢复汉族礼仪文化，驱除蒙元的文化阴影，重新建立以汉族为中心的大一统王朝。顺治皇帝也不得不敬服他，称其“历代贤君，莫如洪武”。毛泽东曾盛赞过他，认为：“自古能君无出李世民之右者，其次则朱元璋耳。”

《续编》主要辑录了朱元璋起兵反元的经历和他登帝位后注重民生、以民为本的圣谕等内容。这与朱元璋早年的经历有关，而且古人认为建国伊始，当以天下民生为重。古语有云：“成功戡乱，顺时经国。”百姓经过元末的战乱，希求天下太平、安居乐业的局面。朱元璋可以说是一位懂得“顺时经国”的君主，他在任期间，关心百姓疾苦，社会趋向安定。但是，他在位期间，为了巩固皇权，大量诛杀功臣，不免为史家所诟病。

太祖皇帝，讳元璋，字国瑞，姓朱氏。先世家沛，徙句容，再徙泗州。

至正[1]四年，大饥疫。父母兄相继殁，孤无所依，乃入皇觉寺为僧。当是时，元政不纲，盗贼四起，天下大乱。

【注释】①至正：元惠宗孛儿只斤·妥懽帖睦尔的年号（1341—1368年），共28年。

【译文】明太祖皇帝，讳元璋，字国瑞，朱姓。祖先家住沛县（今江苏沛县），后来迁徙到句容（今江苏句容），再迁到泗州（今安徽凤阳）。

至正四年（1344年），天下发生大饥荒。太祖朱元璋的父母兄弟相继去世，他孤身一人无依无靠，便入皇觉寺削发为僧。当时，元朝朝廷失去纲纪，政治混乱，盗贼四起，一时之间天下大乱。

十二年春二月，定远人郭子兴①等起兵濠州。元将彻里不花惮不敢攻，而日俘良民以邀赏。太祖时年二十五，谋避兵，卜于神，去留皆不吉。乃曰："得毋当举大事乎？"卜之吉，大喜，遂以闰三月甲戌朔入濠见子兴。子兴奇其状貌，留为亲兵。战辄胜，遂妻以所抚马公女，即高皇后也。

【注释】①郭子兴（1302—1355年）：定远（今安徽定远）人，元末群雄之一，江淮地区的红巾军领袖，是明太祖朱元璋崛起的关键人物。

【译文】至正十二年（1352年）春季二月，定远人郭子兴等在濠州起兵。元朝将领彻里不花忌惮郭子兴而不敢进攻，便每日抓捕良民去邀功请赏。太祖朱元璋当时二十五岁，为逃避兵乱，向神明问卜，卜问的结果是去留都不吉利，就说："难道应该谋举大事吗？"卜问结果是吉，朱元璋大喜，于是在闰三月初一到濠州去见郭子兴。郭子兴看到他的外貌感到十分惊奇，就把他留下作了亲兵。朱元璋逢战必胜，郭子兴于是将自己抚养的马公之女许配给他，这就是后来的高皇后。

十五年春，三月，郭子兴卒。夏四月，常遇春[1]来归。六月乙卯，置太平兴国翼元帅府，自领元帅事，召陶安参幕府事，李习[2]为知府。

【注释】①常遇春（1330—1369年）：字伯仁，号燕衡，南直隶凤阳府怀远县（今安徽省蚌埠市怀远县）人。元末红巾军杰出将领，明朝开国名将。

②李习：元明间太平府当涂人，字伯羽，号云观。治《尚书》，旁通诸经。延祐间中举人，荐授书院山长。朱元璋渡江，偕门人陶安出迎，授太平知府。

【译文】至正十五年（1355年）春季，三月，郭子兴去世。夏季四月，常遇春前来归附。六月初一，朱元璋设置太平兴国翼元帅府，亲自处理元帅之事，召令陶安参谋幕府之事，李习为知府。

十六年春二月丙子，大破海牙于采石。三月癸未，进攻集庆，擒兆先[1]，降其众三万六千人，皆疑惧不自保。太祖择骁健者五百人入卫，解甲酣寝达旦，众心始安。庚寅，再败元兵于蒋山。元御史大夫福寿[2]，力战死之，蛮子海牙遁归张士诚[3]，康茂才[4]降。太祖入城，悉召官吏父老谕之曰："元政渎扰，干戈蜂起，我来为民除乱耳，其各安堵如故。贤士吾礼用之，旧政不便者除之，吏毋贪暴殃吾民。”民乃大喜过望。改集庆路为应天府。

【注释】①兆先：即陈兆先（？—1363年），元末明初将领。

②福寿：福寿（？—1356年）：元朝大臣。因护国有功，被追封为卫国公，赐谥忠肃。

③张士诚（1321—1367年）：元泰州白驹场人，以贩盐为业。元至正十三年（1353年），率盐丁起事。次年，在高邮称诚王，国号大周，建元天祐。十六年取平江为都城。兵败，投降元朝，授官太尉。二十三年复自立为吴王，后被朱元璋击败，二十七年平江城破，被俘至金陵，自缢而死。

④康茂才（1314—1370年）：元明间湖广蕲州人，字寿卿。元末聚兵保乡，累官都元帅。率众降朱元璋后，历官都水营田使。从攻陈友谅、张士诚，因功累迁同知大都督府事兼太子右率府使。洪武初，卒于军中。追封蕲国公。

【译文】至正十六年（1356年）春季二月二十五日，朱元璋在采石（今安徽马鞍山境内）大破元将海牙。三月三日，进攻集庆，生擒陈兆先，降服他的部众三万六千人，这些人都惊疑害怕不能自保。朱元璋挑选五百骁健之士担任卫士，自己则脱下铠甲酣睡到天明，到这时众人的心才安定下来。三月十日，朱元璋在蒋山（即钟山，又名紫金山，位于江苏南京）再次打败元军。元御史大夫福寿力战而死，元将蛮子海牙逃跑归附张士诚，康茂才投降。朱元璋入城，召集全部官吏父老告谕他们说：“元朝政治腐败，战乱四起，我是来为民除乱的，请各位像原来一样相安无事。对于贤士我将以礼相待，凡是不合时宜的旧政一律除去，官吏不得贪暴殃及百姓。”百姓听后大喜过望。朱元璋将集庆路改为应天府。

十九年春正月乙巳，太祖谋取浙东未下诸路。戒诸将曰：“克城以武，戡乱以仁。吾比入集庆，秋毫无犯，故一举而定。每闻诸将得一城不妄杀，辄喜不自胜。夫师行如火，不戢将燎原。为将能以不杀为武，岂惟国家之利，子孙实受其福。”庚申，胡大海克诸暨。

【译文】至正十九年（1359年）春季正月十二日，太祖朱元璋谋取浙东（指浙江钱塘江东南地区）未能攻下的各路守军，他告诫诸将说：“以武力攻克城池，以仁义治理动乱。我们进入集庆，秋毫未犯，因此一举而定。每每听到诸将攻下一座城池而不妄自杀害，我就喜不自胜。军队行动如火，如果不加约束就会形成燎原之势。为将者能以不乱杀而停止干戈，岂止于国家有利，实际上子孙都会受到他们的福荫啊。”十七日，胡大海攻陷诸暨（今浙江诸暨）。

二十四年春正月丙寅朔，李善长[①]等率群臣劝进，不允。固请，乃即吴王位。建百官。以善长为右相国，徐达[②]为左相国，常遇春、俞通海[③]为平章政事，谕之曰：“立国之初，当先正纪纲。元氏暗弱，威福下移，驯至于乱，今宜鉴之。”

【注释】①李善长（1314—1390年）：字百室，濠州定远（今安徽定远）人。明朝开国功臣。

②徐达（1332—1385年）：字天德，濠州钟离（今安徽凤阳）人。明朝开国军事统帅。

③俞通海（1330—1367年）：字碧泉，庐州巢县（今安徽巢湖）人。明朝开国将领。

【译文】至正二十四年（1364年）正月初一，李善长等率领群臣劝说太祖登基称帝，太祖没有接受。群臣一再坚持请求，太祖才即吴王位。设置百官。任命李善长为右相国，徐达为左相国，常遇春、俞通海为平章政事，告诫他们说："立国之初，应当先正纪纲。元朝政治黑暗又懦弱无能，从上到下作威作福，以至造成动乱之局，今天应引以为鉴。"

二十七年，冬十月，庚申，召诸将议北征。太祖曰："山东则王宣[①]反侧，河南则扩廓[②]跋扈，关陇则李思齐、张思道[③]枭张猜忌，元祚将亡，中原涂炭。今将北伐，拯生民于水火，何以决胜？"遇春对曰："以我百战之师，敌彼久逸之卒，直捣元都，破竹之势也。"太祖曰："元建国百年，守备必固，悬军深入，馈饷不前，援兵四集，危道也。吾欲先取山东，撤彼屏蔽，移兵两河，破其籓篱，拔潼关而守之，扼其户槛。天下形胜入我掌握，然后进兵，元都势孤援绝，不战自克。鼓行而西，云中、九原、关陇可席卷也。"诸将皆曰善。

【注释】①王宣（？—1368年）：元末明初人，沂州守将。明洪武元年（1368年），太祖以徐达、常遇春为正、副统帅北伐，大军至山东，王宣兵败投降，后复叛，被杀。

②扩廓：即扩廓帖木儿（？—1375年），蒙古伯也台部人，生于光州固始县，汉名王保保。元朝末年将领。

③李思齐（1323—1374年）：字世贤，罗山人，元末明初将领。张思道（1329—1409年）：即张良弼，元末著名将领，曾官拜陕西宣慰使、参知政事、湖广参知政事、陕西左丞相等职。

【译文】至正二十七年（1367年），冬季十月二十一日，太祖朱元璋召集诸将商议北征一事。太祖说："山东有王宣不安守本分，河南则有扩廓帖木儿专横跋扈，关陇（指关中和甘肃东部一带）则有李思齐、张思道猖狂恣肆又互相猜忌，元朝将亡，中原生灵涂炭。如今我们将要北伐，拯救百姓于水火之中，用什么取胜呢？"常遇春回答说："以我们身经百战的军队，出击对方久处安逸的士兵，可如破竹之势般直捣元都。"太祖朱元璋说："元建国百年，守御防备必然牢固，我们孤军深入，粮饷不前，敌方援兵四集，这是危险的举措。我想先攻取山东，撤掉他们的屏蔽，然后移兵两河流域，打破他们的藩篱，夺取潼关而派兵守御，扼住他们的要害。天下险要之地皆由我掌握，然后再进兵，元都势孤援绝，不战自克。再鼓行而西，云中（今山西大同）、九原（今山西新绛）、关陇之地都可席卷。"众将皆称好。

洪武[1]元年春正月乙亥，祀天地于南郊，即皇帝位。定有天下之号曰明，建元洪武。

【注释】①洪武：明太祖朱元璋的年号(1368—1398年)。

【译文】洪武元年(1368年)春季正月初四，太祖朱元璋在南郊祭祀天地，即皇帝位。定天下之号为明，建元洪武。

是月，天下府州县官来朝。谕曰："天下始定，民财力俱困，要在休养安息，惟廉者能约己而利人，勉之。"

【译文】当月，天下府州县官都来朝见。太祖朱元璋告诫他们说："天下刚刚安定，百姓财力俱疲，现在要让百姓休养生息，只有廉洁之人才能约束自己而利益百姓，希望大家能够共勉。"

秋七月戊子，谕达等曰："中原之民，久为群雄所苦，流离相望，故命将北征，拯民水火。元祖宗功德在人，其子孙罔恤民隐，天厌弃之。君则有罪，民复何辜。前代革命之际，肆行屠戮，违天虐民，朕实不忍。诸将克城，毋肆焚掠妄杀人，元之宗戚，咸俾保全。庶几上答天心，下慰人望，以副朕伐罪安民之意。不恭命者，罚无赦。"

【译文】秋季七月二十三日，太祖口谕徐达等人说："中原百姓，久被群雄争乱所苦，流离失所，相互盼望，所以命令你们率兵北征，拯救百姓于水火之中。元朝祖宗有功于民，他的子孙却不能体恤民间百姓的疾苦，老天都厌弃他们。君王有罪，百姓却是无辜的。以前的朝代在革命之际，肆行屠戮，违天虐民，朕实在于心不忍。众将攻克城池之时，不要肆意烧杀抢掠，元室宗亲，都要使他们得到保全。希望这样能上答天意，下慰人望，以符合我讨伐罪人安抚百姓的心意。如有不恭守命令者，罚无赦。”

五年，夏四月，诏曰：“天下大定，礼仪风俗不可不正。诸遭乱为人奴隶者复为民。冻馁者里中富室假贷之，孤寡残疾者官养之，毋失所。乡党论齿，相见揖拜，毋违礼。婚姻毋论财。丧事称家有无，毋惑阴阳拘忌，停柩暴露。流民复业者各就丁力耕种，毋以旧田为限。僧道斋醮杂男女，恣饮食，有司严治之。闽、粤豪家毋阉人子为火者[①]，犯者抵罪。”

【注释】①火者：宦官。亦泛指受阉的仆役。

【译文】洪武五年（1372年），夏季四月，太祖朱元璋下诏说：“天下大定，礼仪风俗不可不正。那些遭受战乱沦为奴隶的要将其恢复为平民。里中富裕人家要借贷给那些冻饥之民，孤寡残疾者官府要供养他们，不可令他们流离失所。乡里之间应论年龄，见面时要行揖拜之礼，不可违背礼节。婚嫁时不要看对方财产多少。办丧事时要依据自家贫富情况，不要迷信阴阳禁忌，停放灵柩无所遮蔽。遭遇战乱而四处流徙之人复业后各按人力耕种，不以旧田为限。僧道设坛祈祷时，各种男女混杂，放纵饮食，相关部门要严加治理。闽、粤那些豪富人家不要阉人之子作为仆役，违者抵罪。”

二十年春正月，甲子，大祀天地于南郊。礼成，天气清明。侍臣进曰：“此陛下敬天之诚所致。”帝曰：“所谓敬天者，不独严而有礼，当有其实。天以子民之任付于君，为君者欲求事天，必先恤民。恤民者，事天之实也。即如国家命人任守令之事，若不能福民，则是弃君之命，不敬孰大焉。”又曰：“为人君者，父天母地子民，皆职分之所当尽，祀天地，非祈福于己，实为天下苍生也。”

【译文】洪武二十年（1387年）春季正月，十三日，太祖在南郊隆重祭祀天地。祭祀礼成后，天空清澈明净。侍臣进言说：“这是陛下以诚挚之心敬天所致。”朱元璋说：“所谓敬天，不仅要庄严有礼，还要有实。上天将管理子民的大任交付君王，为君者，若想事奉上天，必先体恤百姓。体恤百姓，才是事天之实。这就像国家派人去担任太守县令等官职，若不能为民造福，就是丢弃了君王之命，这是大不敬啊。”又说：“为人君者，以天为父，以地为母，以民为子，这些职分都应尽到，祭祀天地，并不是为自己祈福，实在是为天下苍生百姓啊。”

二十八年，夏六月，己丑，御奉天门，谕群臣曰：“朕起兵至今四十余年，灼见情伪，惩创奸顽或法外用刑，本非常典。后嗣止颁《律》与《大诰》，不许用黥刺、剕、劓、阉割之刑[①]。臣下敢以请者，置重典。”又曰：“朕罢丞相，设府、部、都察院分理庶政，事权归于朝廷。嗣君不许复立丞相。臣下敢以请者置重典。皇亲惟谋逆不赦。余罪，宗亲会议取上裁。法司只许举奏，毋得擅逮。勒诸典章，永为遵守。”

【注释】①黥刺：古代在人脸上刺字并涂墨之刑，后亦施于士兵以防逃跑。剕：古代把脚砍掉的酷刑。劓：古代割掉鼻子的一种酷刑。

【译文】洪武二十八年（1395年），夏季六月二十七日，太祖朱元璋在奉天门对群臣说：“朕从起兵至今已四十余年，虽能明辨真伪，但有时惩戒奸诈不法之人没有依照法典施用刑罚，这不是长久之事。以后只能依照《律》典与《大诰》行事，不许用黥刺、剕、劓、阉割等刑罚。对敢于请求施予酷刑的人要处以严刑。”又说：“我废除丞相，设置府、部、都察院分管各种政务，处理事情的职权归于朝廷。以后继立的君王不准再设丞相。如有臣子胆敢请求重新设置，将处以严刑。皇亲只有身犯谋逆之罪，才会杀无赦。对于其余罪行，将在宗亲会议上由皇帝裁决。掌管司法刑狱的官署只许上奏章进行检举，不得擅自抓捕。严格制定这些典章，以后永远要遵守。”

三十一年，闰月癸未，帝疾大渐。乙酉，崩于西宫，年七十有一。

【译文】洪武三十一年(1398年),闰五月八日,太祖朱元璋病危。十日,在西宫驾崩,享年七十一岁。

帝天授智勇,统一方夏[①],纬武经文,为汉、唐、宋诸君所未及。当其肇造之初,能沉几观变,次第经略,绰有成算。尝与诸臣论取天下之略,曰:"朕遭时丧乱,初起乡土,本图自全。及渡江以来,观群雄所为,徒为生民之患,而张士诚、陈友谅[②]尤为巨蠹。士诚恃富,友谅恃强,朕独无所恃。惟不嗜杀人,布信义,行节俭,与卿等同心共济。初与二寇相持,士诚尤逼近。或谓宜先击之。朕以友谅志骄,士诚器小,志骄则好生事,器小则无远图,故先攻友谅。鄱阳之役,士诚卒不能出姑苏一步以为之援。向使先攻士诚,浙西负固坚守,友谅必空国而来,吾腹背受敌矣。二寇既除,北定中原,所以先山东、次河洛,止潼关之兵不遽取秦、陇者,盖扩廓帖木儿、李思齐、张思道皆百战之余,未肯遽下,急之则并力一隅,猝未易定,故出其不意,反旆而北。燕都既举,然后西征。张、李望绝势穷,不战而克,然扩廓犹力抗不屈。向令未下燕都,骤与角力,胜负未可知也。"帝之雄才大略,料敌制胜,率类此。故能戡定祸乱,以有天下。语云"天道后起者胜",岂偶然哉?

【注释】①方夏:指中国,华夏。与"四夷"相对。

②陈友谅（1320—1363年）：原名陈九四，湖北沔阳人。元朝末年群雄之一，农民起义领袖，陈汉开国皇帝。

【译文】上天授予太祖朱元璋智勇双全，统一华夏，运用文韬武略治理国家，为汉、唐、宋各代君王所不及。他在建国初期，能深藏不露，静观其变，战略规划的先后次序，早已成竹在胸。曾与诸位大臣谈论夺取天下的谋略，说："朕遭遇战乱之时，发起于乡土之中，原本只图自保。等到渡江以后，看到群雄的所作所为，只是徒增百姓之难，其中张士诚、陈友谅的危害尤为严重。张士诚依恃富有，陈友谅凭借强盛，唯独朕没有依恃。朕只是不好杀人，传播信义，厉行节俭，与众卿同舟共济。起初与张、陈二寇相持不下，张士诚与我距离更近，有人说要先攻击他。朕认为陈友谅志性骄狂，张士诚器量狭小，志骄则好挑起事端，器小则没有远大目标，因此要先进攻陈友谅。鄱阳之战，张士诚的军队最终都没有踏出姑苏一步去援救陈友谅。假使先进攻张士诚，张士诚在浙西依靠牢固的防御措施进行坚守，陈友谅必率全部人马赶来，我军就会腹背受敌了。二寇已除，北上平定中原，之所以先攻打山东，再挺进河洛，而停下潼关的兵马不去立刻攻取秦、陇的原因，就是因为扩廓帖木儿、李思齐、张思道虽已经过百余场战争却仍然未分胜负，如果急攻，他们就会合力抵抗，短时间内不易平定，因此，就要出其不意，回师北上。燕都攻克后，再行西征。张思道、李思齐势单绝望，这样就可以不战而胜，然而扩廓帖木儿还会拼力抵抗而不肯屈服。假如没有攻下燕都，就急于与他决一胜负，到时胜负就真的不可知了。”太祖皇帝的雄才大略，准确估量敌情而取得胜利，大致都与此相似。因此，他能平定祸乱，拥有天下。常言道“依天道之势都是后来者居上”，这怎会是偶然的呢？

赞曰：太祖以聪明神武之资，抱济世安民之志，乘时应运，豪杰景从，戡乱摧强，十五载而成帝业。崛起布衣，奄奠海宇，西汉以后所未有也。惩元政废弛，治尚严峻，而能礼致耆儒①，考礼定乐，昭揭经义，尊崇正学，加恩胜国，澄清吏治，修人纪，崇风教，正后宫名义，内治肃清，禁宦竖不得干政，五府六部官职相维，置卫屯田，兵食俱足。武定祸乱，文致太平，太祖实身兼之。至于雅尚志节，听蔡子英②北归。晚岁忧民益切，尝以一岁开支河暨塘堰③数万以利农桑、备旱潦。用此子孙承业二百余年，士重名义，闾阎④充实。至今苗裔蒙泽，尚如东楼、白马⑤，世承先祀，有以哉。（明史卷一一三）

【注释】①耆儒：年高德劭的儒者。

②蔡子英：元末明初政治人物。河南永宁人，元朝至正年间进士，察罕开府河南，辟参军事，仕至行省参政，元亡走定西，明太祖闻其名授以官，不受，馆之仪曹。因思旧主，帝令其出塞，从故主于和林。

③塘堰：一种建筑于山区或丘陵地区的小水坝，可蓄贮雨水和泉水，灌溉农田。

④闾阎：乡里，亦泛指民间。

⑤东楼：东楼指杞东楼公，姒姓，名不详，号东楼，夏朝开国君主夏禹的后裔，周朝诸侯国杞国始封君。白马：《诗经·周颂·有客》篇载："有客有客，亦白其马。有萋有且，敦琢其旅。有客宿宿，有客信信。……既有淫威，降福孔夷。"描述周王朝当年封微子启于宋地后，微子启骑着白马前来朝拜西周祖庙，周朝以礼相待的情景。

【译文】史官评论说：太祖朱元璋凭借聪明神武的天资，胸怀济世安民的宏伟之志，顺应时运，令天下豪杰紧相跟从，如影随形，平定战乱，摧毁强暴，历经十五年成就帝业。从布衣崛起，到后来抚定天下，自西汉以后从未有过。他吸取元朝政治废弛的教训，政治崇尚严厉，而对年高德劭的儒者都能以礼相待，考查制定礼乐典章，彰显经义，尊崇合于正道的学说，施恩于被灭亡的国家，澄清吏治，修治人伦纲纪，崇尚风俗教化，端正后宫名义，内治肃清，严禁宦官干政，五府六部官职相互衔接牵制，设卫所和屯田制度，兵、粮充足。以武力平定祸乱，以文治建立太平盛世，太祖朱元璋可说是文武兼具。至于崇尚志气节操方面，允许蔡子英北归，晚年忧民之心更加迫切，曾用一年时间开挖数万处河流与塘堰，以利农桑，预防旱潦之灾。凭借这些，太祖的子孙承袭帝业二百多年，读书人重视名教道义，民间百姓生活充实。至此后代子孙蒙受恩泽，就如东楼、白马，世代相传祭祀先祖，这是有道理的啊！（明史卷一—三）

仁　宗

【题解】明仁宗朱高炽(1378—1425年),明成祖朱棣长子,徐达外孙,明朝第四位皇帝,年号洪熙。洪熙元年(1425年),暴病而亡,享年48岁。庙号仁宗,葬献陵。

明仁宗朱高炽身体肥胖,喜静厌动;温厚仁慈,儒雅风流。但在靖难之役中以万人之军抵御了李景隆的五十万大军,解除永乐皇帝的后顾之忧,可见其才能之出色,惜其即位不久就驾崩。《明史》如此评价他:“在位一载,用人行政,善不胜书。使天假之年,涵濡休养,德化之盛,岂不与文、景比隆哉。”

《续编》选录了朱高炽从世子到太子再到登基为帝的主要事情。他在位虽短,但能体恤民众,以仁爱治国,其子宣宗基本继承他的大政方针,共同造就了“仁宣之治”。

仁宗皇帝,讳高炽,成祖长子也。洪武二十八年,册为燕世子。尝命与秦、晋、周三世子分阅卫士,还独后。问之。对曰:“旦寒甚,俟朝食而后阅,故后。”又命分阅章奏,独取切军民利病者白之。或文字谬误,不以闻。太祖指示之曰:“儿忽之耶?”对曰:“不敢忽,顾小过不足渎天德。”又尝问:“尧、汤时水旱,百姓奚恃?”对曰:“恃圣人有恤民之政。”太祖喜曰:“孙有君人之识矣。”

【译文】仁宗皇帝，朱高炽，明成祖朱棣的长子。洪武二十八年(1395年)，册封为燕世子。太祖朱元璋曾命他与秦、晋、周三国世子分阅卫士，只有朱高炽一人最后回来。问他原因，回答说：“清晨特别寒冷，等到吃完早饭后再阅兵，所以最后回来。”太祖又命他分阅奏章，他专取与军民利弊相关的奏章陈述。有的奏章在文字表达上有错误，就不向上奏述。太祖朱元璋指给他看说：“这是你疏忽了么？”他回答说：“不敢疏忽，只是考虑到不足以用这些小过失来冒犯皇上。”又曾问：“尧、汤之时，水、旱之灾频发，百姓所依恃的是什么？”回答说：“依恃圣人有体恤万民的政策。”太祖高兴地说：“皇孙有人君的见识。”

成祖举兵，世子守北平，善拊士卒，以万人拒李景隆[1]五十万众，城赖以全。先是，郡王高煦、高燧[2]俱以慧黠有宠于成祖。而高煦从军有功，宦寺黄俨等复党高燧，阴谋夺嫡，谮世子。会朝廷赐世子书，为离间。世子不启缄，驰上之。而俨先潜报成祖曰：“世子与朝廷通，使者至矣。”无何，世子所遣使亦至。成祖发书视之，乃叹曰：“几杀吾子。”成祖践阼，以北平为北京，仍命居守。

【注释】①李景隆：小字九江，盱眙（今江苏盱眙）人，明朝将领，曹国公李文忠之子。

②高煦：即朱高煦（1380—1426年），明成祖朱棣次子。明宣宗继

位，朱高煦起兵造反，却在宣宗亲征后投降，被废为庶人，囚禁在西安门内。后与诸子相继被杀。高燧：即朱高燧（1383—1431年），明太祖孙，明成祖第三子。永乐二年（1404年）进封赵王。

【译文】成祖朱棣举兵，世子朱高炽留守北平（北京的旧称），他善于安抚士卒，率领万人抵抗李景隆所率的五十万大军，北平城因此得以保全。之前，郡王朱高煦、朱高燧都以聪明机敏而得宠于成祖朱棣。朱高煦又从军有功，宦官黄俨等与朱高燧结党，想阴谋夺取嫡长子之位，诬陷世子。正赶上朝廷赐给世子诏书，就是为了离间他们父子二人的关系。世子没有开启诏书，驰马上报成祖。然而，黄俨已暗地里先告诉成祖说：“世子与朝廷友好往来，使者到了。”不久，世子所派遣的使者也到了。成祖打开诏书一看，叹息着说：“差一点就杀了我的儿子啊。”成祖朱棣登基，以北平为北京，仍命世子留置守护。

永乐①二年二月，始召至京，立为皇太子。成祖数北征，命之监国，裁决庶政。四方水旱饥馑，辄遣振恤，仁闻大著。而高煦、高燧与其党日伺隙谗构。或问太子：“亦知有谗人乎？”曰：“不知也，吾知尽子职而已。”

【注释】①永乐：明成祖朱棣的年号（1403—1424年），共22年。

【译文】永乐二年（1404年）二月，成祖开始将朱高炽召至南京，立为皇太子。成祖朱棣屡次北征，命朱高炽监国，裁决各种政务。正值四方水旱灾荒，朱高炽便派人前往赈灾抚恤，因而仁爱之名大振。而朱高煦、朱高燧与其党羽则每日伺机以谗言构陷太子。有人问太子：“您也知道有进谗言的人吧？”朱高炽回答说：“不知道，我只知道尽一个儿子应对父母所尽的职责而已。”

二十二年七月，成祖崩于榆木川。八月丁巳，即皇帝位。大赦天下，以明年为洪熙[1]元年。

（《石匮书》[2]曰：十二月，上御右顺门，谕杨士奇曰：“近觉群臣助我也，或快意行事，退思方悔，外间已进言。”士奇对曰：“宋臣富弼有言‘愿不以同异为喜怒，不以喜怒为用舍。’”上曰：“《书》不云乎：‘逆于汝心，必求诸道。’朕恒念之。群臣言间咈朕意，退未尝不反复。朕言有失，亦未尝不悔。”士奇对曰：“改过不吝，成汤所以为圣也。”上曰：“朕患不知耳，不患难改。”）

【注释】①洪熙：明朝第四位皇帝明仁宗朱高炽的年号（1425年），前后共一年。

②《石匮书》：明末清初张岱撰，共二百二十卷。有本纪、志、世家、列传。邵廷采将《石匮书》与谈迁《国榷》并称。

【译文】永乐二十二年（1424年）七月，成祖朱棣在榆木川（今内蒙古多伦县）驾崩。八月十五日，朱高炽即皇帝位。大赦天下，以第二年为洪熙元年。

(《石匮书》说：十二月，仁宗朱高炽来到右顺门，对杨士奇说："近来感觉到群臣都在助我，有时我为图一时之快贸然行事，退归思过才感到后悔，而这时外面已有臣子来劝谏了。"杨士奇回答说："宋朝大臣富弼曾说过这样的话：'希望不以相同或相异为喜怒，不以喜怒来决定任用或罢免。'"仁宗说："《尚书》上不是有这样的话：'有些话违逆你的心意，一定要考察它是否合于道义。'朕时常诵读这句话。群臣言语间有违逆朕意的时候，回去之后未尝不多次反思。朕言语有失时，也未尝不暗自后悔。"杨士奇回答说："改正错误态度坚决、毫不犹豫，这就是成汤所以成为圣王的原因。"仁宗说："朕害怕的是不知道错在哪里，而不惧怕难以改正错误。"

洪熙元年，三月，戊子，隆平饥，户部请以官麦贷之。帝曰："即振之，何贷为。"己丑，诏曰："刑者所以禁暴止邪，导民于善，非务诛杀也。吏或深文傅会，以致冤滥，朕深悯之。自今其悉依律拟罪。或朕过于嫉恶，法外用刑，法司执奏。五奏不允，同三公、大臣执奏，必允乃已。诸司不得鞭囚背及加入宫刑。有自宫者以不孝论。非谋反，勿连坐亲属。古之盛世，采听民言，用资戒儆。今奸人往往摭拾，诬为诽谤，法吏刻深，锻炼成狱。刑之不中，民则无措，其除诽谤禁，有告者一切勿治。"

【译文】洪熙元年（1425年），三月十八日，隆平（今河北赵县）发生饥荒，户部请求把官麦借贷给百姓。仁宗说：“即刻赈灾，为何还要借贷。”十九日，仁宗下诏说：“刑法是用来禁暴止邪，引导百姓向善的，并不一定要诛杀。有的官吏牵强而苛细地援引法律条文陷人以罪，以至于造成冤假错案泛滥，朕深深怜悯他们。从今起对这样的官吏全部依法定罪。或者是朕过于疾恶如仇，对于法外用刑的案件，司法官吏要持章表上奏君主。五次上奏都没有得到批准，要会同三公、大臣一起执表上奏，必须得到允许后才可以施行。各部门不得鞭打犯人的背部及乱加犯人宫刑。有自宫者以不孝罪论处。不是谋反大罪，不得连累亲属一起受罚。古代盛世之时，采纳百姓之言，以之作为警戒。现今，奸人往往收集他人的言行，进行诬告诽谤，法官苛刻严酷，罗织罪名给人定罪。刑法使用不当，百姓就会张皇失措，以后要将诽谤禁令除去，有上告者一律不予处治。”

夏四月壬寅，帝闻山东及淮、徐民乏食，有司征夏税方急，乃御西角门诏大学士杨士奇草诏，免今年夏税及秋粮之半。士奇言：“上恩至矣，但须户、工二部预闻。”帝曰：“救民之穷当如救焚拯溺，不可迟疑。有司虑国用不足，必持不决之意。”趣命中官具楮笔，令士奇就门楼书诏。帝览毕，即用玺付外行之。顾士奇曰：“今可语部臣矣。”

【译文】夏季四月初三，仁宗听说山东及淮、徐两地百姓缺少粮食，有关部门却急着征收夏税，就在西角门诏令大学士杨士奇草拟诏书，免除今年的夏税及一半秋粮。杨士奇说：“皇上的恩典到了极点，但是需要户、工二部预先知道。”仁宗说：“救济百姓的穷困，就如救人于水火，不可迟疑。有关部门考虑国用不足，一定会持不同意见。”马上命中官准备纸笔，命杨士奇到门楼书写诏书。仁宗看毕，立即加盖玉玺付外施行。仁宗看着杨士奇说：“现在可以告诉各部官员了。”

五月辛巳，大渐，遗诏传位皇太子。是日，崩于钦安殿，年四十有八。

【译文】五月十二日，仁宗朱高炽病危，遗诏传位于皇太子。这天，仁宗在钦安殿驾崩，终年四十八岁。

赞曰：“当靖难①师起，仁宗以世子居守，全城济师。其后成祖乘舆，岁出北征，东宫监国，朝无废事。然中遘媒孽②，濒于危疑者屡矣，而终以诚敬获全。善乎其告人曰“吾知尽子职而已，不知有谗人也”，是可为万世子臣之法矣。在位一载，用人行政，善不胜书。使天假之年，涵濡休养，德化之盛，岂不与文、景比隆哉？（明史卷八）

【注释】①靖难：明惠帝建文初，用齐泰、黄子澄谋，削诸藩权。帝季父燕王棣，以黄、齐为奸人，举兵反，号称为“靖难”。攻战三年，遂陷京师，自立为帝，史称明成祖。

②中遘：内室，指中门以内。媒孽：嫁祸于人，酿成其罪。

【译文】史官评论说：当靖难之师兴起时，仁宗以世子之名居守北平，保全了城池，救援了军队。此后成祖朱棣登基，年年出兵北伐，仁宗以东宫之位监国，朝中没有积压之事。然而内室嫁祸于他，酿成其罪，使其多次濒于危险边缘，但最终以诚敬之心得以保全。他告诉人们说："我知道自己只是尽了为人子的职责罢了，却不知有进谗言之人。"真是说得太好了。真可为万世子孙及臣子所效法。仁宗在位一年，用人及处理政务，善不胜书。假使上天能够赐给他足够的年寿，他的德泽将使百姓得到休养生息，他的功德造化之盛，岂不是可与汉代文、景帝相媲美吗？（明史卷八）

宣　宗

【题解】明宣宗朱瞻基（1398—1435年），明仁宗朱高炽长子，明朝第五位皇帝（1426—1435年在位），年号宣德。宣德十年（1435年），崩于乾清宫，享年38岁。庙号宣宗，葬景陵。

宣宗秉承其父仁宗的基本政策，继续执行宽恤之政，开创了"仁宣之治"。宣宗厉行轻徭薄赋、重农贵粟政策，曾下马向农夫询问农事，并取耒三推，感叹说："朕三推已不胜劳，况吾民终岁勤动乎？"可见他实事求是，更加坚定实行恤民政策。他在位期间，是明朝少有的政治清明、官吏清廉、百姓安居、社会稳定的时期。

宣宗皇帝，讳瞻基，仁宗长子也。永乐九年十一月，立为皇太孙，始冠。自是，巡幸征讨皆从。尝命学士胡广[①]等即军中为太孙讲论经史。每语仁宗曰："此他日太平天子也。"仁宗即位，立为皇太子。

【注释】①胡广(1370—1418年)：江西吉水人，南宋名臣胡铨之后。建文二年(1400年)庚辰科状元。官至文渊阁大学士。

【译文】宣宗皇帝，朱瞻基，是仁宗朱高炽的长子。永乐九年(1411年)十一月，朱瞻基被立为皇太孙，当时他刚刚二十岁。从此，成祖巡幸征讨他都跟随前往。成祖曾命学士胡广等人到军中为皇太孙讲经论史。每次都对仁宗朱高炽说："这是将来的太平天子。"仁宗即位，立为皇太子。

洪熙元年，六月庚戌，即皇帝位。大赦天下，以明年为宣德[①]元年。

【注释】①宣德：明朝第五位皇帝明宣宗朱瞻基的年号(1426—1435年)，共计10年。

【译文】洪熙元年(1425年)，六月十二日，朱瞻基即皇帝位。大赦天下，以第二年为宣德元年。

宣德元年，(《石匮书》曰：二月，礼部进《籍田仪注》，上谓侍臣曰："人君耕籍，贵有实心，诚能薄赋轻徭，重农贵粟，则明德馨香，自达冥漠。不然，三推五推[①]，只儿戏耳。”

十二月，勒两京刑部、都察院、锦衣卫具狱状，期以三日闻。上曰：“尧舜之世，民不犯；成康之世，刑不用。是皆君臣同德，故致理如斯之隆也。以朕凉寡，民之不孚，不敢喜情。”及上狱，上亲决其轻罪者。）

【注释】①三推：古代帝王亲耕之礼。天子于每年正月亲临藉田，扶耒耜往还三度，以示劝农，称三推。后历代皆有亲耕三推仪式，成为例行公事。五推：谓扶耒耜往还五度。古代的一种耕种籍田的礼仪。

【译文】宣德元年（1426年），（《石匮书》说：二月，礼部进献《籍田仪注》，宣宗朱瞻基对侍臣说：“人君亲耕藉田，贵在有真心实意，如果确能轻徭薄赋，重视农业，以粮食为贵，就会美德远播，自然显达莫测。否则，就算举行三推五推的籍田礼，也只是儿戏罢了。

十二月，勒令两京刑部、都察院、锦衣卫准备据以定罪的全部案卷，以三日为期报上。宣宗说：“尧、舜二帝时，民不犯法；周成王与周康王时，刑措不用。这都是君臣同心同德，所以致治如此兴盛。以朕的凉薄，不能使百姓信服，不敢生欢喜之心。”等到呈上狱状，宣宗亲自裁决那些罪行较轻的犯人。）

三年，夏四月癸亥，敕凡官民建言章疏，尚书、都御史、给事中会议以闻，勿讳。

【译文】宣德三年（1428年），夏季四月十一日，命令凡是官吏平民以口头、文章或奏章的形式进言，尚书、都御史、给事中要共同商量后上报，无须避讳。

（《石匮书》曰：四年正月，上谕学士杨溥曰："沧海之大，江河助之。古君臣更相戒饬，所以致理称良也。辅德陈过，卿等勉之毋谀。"

十月，上作《猗兰操》以示大臣，曰："孔子自卫反鲁而操《猗兰》，伤不遇也。朕虞谷中之贤有不仕者，则拟斯篇。夫以人事君，卿等所谓大臣也。"）

【译文】（《石匮书》说：宣德四年（1429年）正月，宣宗告诉学士杨溥说："沧海之所以广阔，是有江河的协助。古时君臣互相告诫，这是国家之所以在政治上安定清平的良策。辅佐德行陈述过错，各位一定要继续努力而不要阿谀奉承。"

十月，宣宗作《猗兰操》展示给大臣，说："孔子从卫国返回鲁国而弹奏《猗兰》，感伤生不逢时。朕担忧山谷中的隐士有不出来为官的，就作了此篇。推荐贤人来事奉君主，你们才是所谓的大臣啊！"）

五年，三月戊申，道见耕者，下马问农事，取耒三推，顾侍臣曰："朕三推已不胜劳，况吾民终岁勤动乎？"

【译文】宣德五年（1430年），三月初八，宣宗在途中看到耕田人，亲自下马询问农事，取来耒耜推了三下，环顾左右侍臣说：“朕只是推了三下就已不胜劳累，更何况我的子民终年辛劳呢？”

七年，三月庚申，下诏行宽恤之政。辛酉，谕礼部曰：“朕以官田赋重，十减其三。乃闻异时蠲租[①]诏下，户部皆不行，甚者戒约有司，不得以诏书为辞。是废格诏令，使泽不下究也。自今令在必行，毋有所遏。”

【注释】①蠲（juān）租：免除租税。

【译文】宣德七年（1432年），三月初一，宣宗朱瞻基下诏施行宽大体恤之政。初二，告诉礼部说：“朕认为公田赋税沉重，应该减免十分之三。我听说过去免租诏书下达后，户部都不执行，更有甚者还规定约束相关部门，不得以诏书为准。于是诏令被搁置而不能实施，使恩泽不能惠及百姓身上。从今天开始，令在必行，不得有任何阻挡。”

赞曰：仁宗为太子，失爱于成祖。其危而复安，太孙盖有力焉。即位以后，吏称其职，政得其平，纲纪修明，仓庾充羡，闾阎乐业。岁不能灾。盖明兴至是历年六十，民气渐舒，蒸然有治平之象矣。若乃强藩猝起，旋即削平，扫荡边尘，狡寇震慑，帝之英姿睿略，庶几克绳祖武[①]者欤。（明史卷九）

【注释】①克绳祖武：比喻能够继承祖先的功业。

【译文】史官评论说：仁宗为太子时，在成祖朱棣那里并不受宠。之所以能够转危为安，完全得力于皇太孙。宣宗即位以后，官吏称职，政治清平，纲纪修明，粮仓充足有余，百姓安居乐业。终年没有什么大的灾害。明朝从兴起至此历时六十余年，民心渐趋舒缓，国家现出安定祥和之象。即使强大的藩镇势力突然兴起，也不久就被削平，扫平边境战事，使狡猾的贼寇也为之震慑，宣宗的英姿和雄才大略，可以说是能够继承祖先的功业了。(明史卷九)

孝　宗

【题解】明孝宗朱祐樘(1470—1505年)，明宪宗朱见深第三子，明朝第九位皇帝(1488—1505年在位)，年号弘治。弘治十八年(1505年)，崩于乾清宫。庙号孝宗，葬泰陵。

孝宗幼年经历坎坷，登基后锐意求治，勤政爱民，重开午朝和经筵侍讲，不近声色，厉行节俭；宽厚仁慈，重视司法。晚年虽崇信宦官李广，但立即改正，大振朝纲，远佞臣近贤人。获得明朝后期大臣朱国桢的高度评价："三代以下，称贤主者，汉文帝、宋仁宗与我明之孝宗皇帝。"

孝宗皇帝，讳祐樘，宪宗第三子也。二十三年八月，宪宗崩。九月壬寅，即皇帝位。大赦天下，以明年为弘治[①]元年。

【注释】①弘治：明朝第九位皇帝明孝宗朱祐樘的年号（1488—1505年），共18年。

【译文】孝宗皇帝，朱祐樘，是宪宗朱见深的第三个儿子。成化二十三年（1487年）八月，宪宗驾崩。九月初六，朱祐樘即皇帝位。大赦天下，以第二年为弘治元年。

三年，二月壬辰，免河南被灾秋粮①。甲午，户部请免南畿、湖广税粮②。上曰："凶岁义当损上益下。必欲取盈，如病民何？"悉从之。

【注释】①秋粮：旧时官府秋季所征收的田赋。

②税粮：元明两代征收米、麦等实物的赋税。

【译文】弘治三年（1490年），二月初十，免掉河南受灾地区需上缴的秋粮。十二日，户部请求减免南方边远地区、湖广等地的税粮。孝宗朱祐樘说："大灾之年应当损上益下。一定要收取盈利的话，不就是要损害百姓吗？"于是，同意上述地区全部减免。

四年，二月己巳，敕法司曰："曩因天道示异，敕天下诸司审录重囚，发遣数十百人。朕以为与其宽之于终，孰若谨之于始。嗣后两京三法司及天下问刑官，务存心仁恕，持法公平，详审其情罪所当，庶不背于古圣人钦恤之训。"

【译文】弘治四年（1491年），二月二十三日，孝宗命令掌管司法刑狱的部门说："从前因天象异常，会敕令天下各部门审讯重犯，发配遣送数十或上百人。朕以为与其到最后宽大处理，不如一开始就谨慎对待。此后两京三处司法部门及天下的审判官，务必心存仁慈宽恕，执法公平，详细审查案情，使刑罚与所犯罪行相符，希望能不违背古圣人对刑戮之事谨慎恤悯的训导。"

八年，夏四月，壬戌，谕吏部、都察院，人材进退，考察务得实迹，不可偏听枉人。

【译文】弘治八年（1495年），夏季四月，初九，孝宗告诉吏部、都察院，凡是人才的进举或退辞，考察必须有明确的事实，不可偏听一面之词，以免冤枉好人。

十一年，十二月庚子，禁中外奢靡逾制。

【译文】弘治十一年（1498年），十二月初九，孝宗禁止朝廷内外出现超过规定的奢侈浪费行为。

十五年，八月庚戌，以南京、凤阳霪雨大风，江溢为灾。遣使祭告，敕两京群臣修省。

【译文】弘治十五年（1502年），八月十一日，因南京、凤阳久雨大风天气，长江水满成灾。孝宗遣使臣祭告先祖，敕令两京群臣修身反省。

十六年，五月戊子，以云南灾变敕群臣修省。刑部侍郎樊莹[①]巡视云、贵，察官吏，问民疾苦。

【注释】①樊莹：樊莹（1434—1508年），字廷璧，号澄江，常山人。明天顺八年（1464年）进士。成化中，官御史、云南按察使、松江、平阳知府。弘治中，历官河南按察使、右副都御史、南京刑部尚书。

【译文】弘治十六年（1503年），五月二十三日，孝宗因云南灾情变化敕令群臣修身反省。刑部侍郎樊莹巡视云南、贵州，检察官吏，询问百姓疾苦。

十七年，夏四月，乙亥，以四方灾荒敕群臣修省。庚辰，命诸司详议害民弊政。八月戊辰，命天下抚、按、三司官奏军民利病，士民建言可采者，所司以闻。甲申，免南畿被灾夏税。丁亥，召马文升、戴珊[①]于暖阁，谕以明年考察，务访实迹，以求至当。九月庚寅，谕法司不得任情偏执，致淹狱囚。甲寅，太常少卿孙交经略宣、大边务。丁巳，御暖阁，谕刘健、李东阳、谢迁：“诸边首功，巡按御史察勘，动淹岁年，非所以示劝。自今奏报，以远近立限。违者诘治。”谕讲官进讲直言毋讳。

【注释】①马文升(1426—1510年):字负图,号约斋,河南钧州(今河南禹州市)人。明朝中期名臣、诗人。戴珊(1437—1505年):字廷珍,号松厓。江西浮梁人。天顺八年(1464年)进士。历官御史,督南畿学政,陕西副使,督学政,正身率教,历浙江按察使、福建左、右布政使、右副都御史、南京刑部尚书、左都御史,赠太子太保,谥恭简。

【译文】弘治十七年(1504年),夏季四月十五日,孝宗因四方灾荒敕令群臣修身反省。二十日,命令各部门详细讨论危害百姓的弊政。八月十一日,命令天下抚、按、三司官员上奏军民利弊,士民建议可供采纳的,所在部门要及时上报。二十七日,免南方边远受灾地区的夏税。三十日,在暖阁召见马文升、戴珊,告谕他们明年考察一定要查访准确的事实,以求恰当。九月三日,告诉掌司法刑狱的官署不得恣意偏执法,对案件久拖不办,增加犯人的囚禁时间。二十七日,太常少卿孙交筹划治理宣府、大同边务。三十日,孝宗到暖阁,告诉刘健、李东阳、谢迁:"边邑的首要功绩,由巡按御史实地调查,动辄就延缓一年,这不是鼓励士兵的办法。从今起,所有奏报,以路途远近设立限期。违者将予以惩治。"告谕讲官在向皇帝进讲时可以直言不讳。

十八年,五月庚寅,大渐,召大学士刘健、李东阳、谢迁受顾命。辛卯,崩于乾清宫,年三十有六。

【译文】弘治十八年(1505年),五月初六,孝宗病危,召见大学士刘健、李东阳、谢迁接受自己的临终遗命。初七，在乾清宫驾崩，享年三十六岁。

赞曰：明有天下，传世十六，太祖、成祖而外，可称者仁宗、宣宗、孝宗而已。仁、宣之际，国势初张，纲纪修立，淳朴未漓。至成化以来，号为太平无事，而晏安则易耽怠玩，富盛则渐启骄奢。孝宗独能恭俭有制，勤政爱民，兢兢于保泰持盈之道，用使朝序清宁。《易》曰："无平不陂，无往不复，艰贞无咎。"知此道者，其惟孝宗乎！（明史卷十五）

【译文】史官评论说：明朝取得天下，传了十六世，除太祖朱元璋、成祖朱棣以外，可称颂的也只有仁宗朱高炽、宣宗朱瞻基、孝宗朱祐樘罢了。仁宗、宣宗之际，国势刚开始增强，纲纪修立，淳朴之风尚未改变。至成化以来，号称太平无事，然而安乐则容易耽于怠惰疏忽，富裕昌盛则会逐渐开启骄奢之风。孝宗独能做到恭敬谨慎、俭约有度，勤政爱民，兢兢业业于保持安定兴盛的局面，以使朝廷太平、百姓安乐富庶。《易经》说："没有只是平地而没有山坡的，没有只是出去而不再回来的，处境艰危而守正不移就不会有错误。"懂得这个道理的，就只有孝宗了！（明史卷十五）

神　宗

【**题解**】明神宗朱翊钧（1563—1620年），穆宗朱载垕第三子，明朝第十三位皇帝（1573—1620年在位），年号万历。万历四十八年（1620年），崩于乾清宫。庙号光宗，葬定陵。

明神宗为明朝在位时间最长的皇帝，长达48年之久。在位初期在首辅张居正的辅佐下，励精图治，推行新政，进行大刀阔斧的改革，实行“一条鞭法”，经济状况得以改善，整顿官场，澄清吏治，扭转嘉靖以来的颓势。张居正病逝后，神宗沉迷酒色，以及厌烦诸子争夺“国本”，索性三十余年不上朝，但能游刃有余，没有发生较大的宦官和外戚专政等，对日本入侵朝鲜及后金侵扰都有一定的动作。但是，因为他的“荒政”，明朝在他执政的中后期，已经是危机四伏，风雨飘摇。《明史》说“明之亡，实亡于神宗”，确实是有道理的。

神宗皇帝，讳翊钧，穆宗第三子也。六年五月，穆宗崩。六月甲子，即皇帝位。以明年为万历[①]元年，诏赦天下。（《石匮书》曰：时阁臣高拱[②]当国，有内使传旨，拱叱曰：“旨出何人？上冲年，皆若曹所为，吾逐若曹必尽始已。”乃命御史程文、骆遵等劾冯保等，欲尽出之。保按其奏，俟张居正视陵归，遂召成国公、内阁、六部至会极门宣旨，责拱专权无人臣礼，勒令致仕。拱伏地不能起，居正掖之出。翌日，踉跄就骡车出都。上两宫尊号，陈太后[③]曰仁圣皇太后，李太后[④]曰慈圣皇太后。上御平台，召张居正至座前，曰："先生为父皇陵寝劳苦。"又曰："父皇简先生辅朕，既受顾命，当悉心匡扶。"居正顿首泣，谢曰："今国家要务，惟在遵守旧制，不必纷更。至于讲学亲贤，爱民节用，又君道所先，乞圣明留意。"上曰："善。"）

【注释】①万历：明朝第十三位皇帝明神宗朱翊钧的年号（1573—1620年七月），共48年。

②高拱（1513—1578年），字肃卿，号中玄，河南新郑人。明代嘉靖、隆庆时大臣。

③陈太后：即孝安皇后（?—1596年），陈氏，明穆宗朱载垕第二任皇后，通州人，锦衣卫副千户封固安伯陈景行之女。

④李太后：即孝定皇后（1546—1614年），李氏，漷县人，明神宗生母。为人十分严谨，对于明神宗十分严厉，后来明神宗统治的繁荣也有她的辅佐之功。

【译文】神宗皇帝，朱翊钧，穆宗朱载垕的第三子。隆庆六年（1572年）五月，穆宗驾崩。六月初十，朱翊钧继皇帝位。以第二年为万历元年，颁布诏书大赦天下。（《石匮书》说：当时内阁大臣高拱主持国政，有内廷宦官传旨，高拱呵斥说："圣旨出自何人之手？皇上年幼，这些都是你们这些人做的，我一定把你们这些人全部驱逐出去。"于是让御史程文、骆遵等人弹劾冯保等人，想要全部驱逐他们。冯保按下他们的奏章，等待张居正查看祖陵回来，于是叫成国公、内阁、六部到会极门宣读圣旨，斥责高拱擅政专权，没有人臣之礼。勒令高拱退休。高拱趴在地上起不来，张居正将他扶了出去。第二天，高拱跌跌撞撞地乘了辆骡车离开了都城。神宗尊两宫名号，陈太后称仁圣皇太后，李太后称慈圣皇太后。神宗到平台，把张居正叫到面前，说："先生为父皇的陵墓辛苦了。"又说："父皇让先生辅佐我，既然受了这顾命，应当悉心辅助我。"张居正叩头而哭，感激地说："如今国家大事，应该遵守先帝旧制，没有必要纷乱变易。至于讲学亲近贤臣，爱护人民，节省费用，又是为君之道所必须做的，希望陛下放在心里。"神宗说："好。"）

万历三年，夏四月，壬申，书"谨天戒、任贤能、亲贤臣、远嬖佞、明赏罚、谨出入、慎起居、节饮食、收放心、存敬畏、纳忠言、节财用"十二事于座右，以自警。

【译文】万历三年（1575年），夏季四月初四，神宗书写"谨天戒、任贤能、亲贤臣、远嬖佞、明赏罚、谨出入、慎起居、节饮食、收放心、存敬畏、纳忠言、节财用"等十二事置于座位的右侧，以自警。

五年，九月己卯，起复张居正。（《石匮书》曰：九月，张居正丧父。上手谕宣慰，居正屡疏守制[①]，不允，乃乞暂遵谕旨，辞俸在官守制，从之。）

【注释】①守制：旧时父母或祖父母死后，儿子或长孙在家守孝二十七个月，在此期间，不任官、应考、嫁娶等，称为“守制”。

【译文】万历五年（1577年），九月初二，朝廷重新起用张居正。（《石匮书》说：九月，张居正遭遇父丧。神宗亲自书写谕旨对其安抚慰问，张居正屡次上疏请求为父守制，神宗都没有应允，于是请求暂时谨遵谕旨，不拿俸禄在官守制，神宗同意了他的请求。）

冬十月乙巳，以论张居正夺情①，杖编修吴中行②、检讨赵用贤③、员外郎艾穆④、主事沈思孝⑤，罢黜谪戍有差。

【注释】①夺情：古代官员遭父母之丧，但丧期未满而强使出仕谓夺情。

②吴中行（1540—1594年）：字子道，号复庵，武进人。隆庆五年（1571年）进士，选庶吉士，授编修。1577年，大学士张居正遭父丧，争情视事，中行上疏极谏。居正怒，廷杖几毙。居正死，复召故官。后起侍讲学士，掌南京翰林院事，又被劾归卒。

③赵用贤（1535—1596年）：字汝师，号定宇，江苏常熟人，明朝学者、藏书家。隆庆五年（1571年）进士。万历初，官检讨。万历五年（1577年）因弹劾张居正，与吴中行同杖戍，被夺官归里。居正没，起官。终吏部侍郎。卒，谥文毅。

④艾穆（1533—1600年）：字和甫，号熙亭，湖南平江人。嘉靖辛酉科举人。万历二年（1574年）擢刑部主事，晋员外郎。万历五年（1577

年），张居正丧父夺情，穆抗疏极论请令终制，遭杖刑。万历十九年（1591年）秋，擢右佥都御史。

⑤沈思孝（1542—1611年）：字继山，一字纯父，嘉兴人。明隆庆二年（1568年）进士，初为刑部主事，后授番禺知县。

【译文】冬季十月二十二日，因论张居正夺情一事，编修吴中行、检讨赵三贤、员外郎艾穆、主事沈思孝等皆遭杖刑，并分别被罢免流放到不同地方。

十年，六月丙午，张居正卒。十二年，秋八月丙辰，榜张居正罪于天下，家属戍边。

【译文】万历十年（1582年），六月二十日，张居正去世。十二年（1584年），秋季八月十三日，将张居正的罪行张榜公布于天下，他的家属均去戍边。

十三年，夏四月戊午，步祷于南郊，面谕大学士等曰："天旱虽由朕不德，亦天下有司贪婪，剥害小民，以致上干天和，今后宜慎选有司。"

【译文】万历十三年（1585年），夏季四月十七日，神宗步行到南郊祈祷，当面对大学士们说："天旱，虽说是因为朕缺少德行，也是因为官吏贪婪，盘剥伤害百姓，以致冲了上天的祥和之气，今后应该谨慎选择官吏。"

十四年，三月癸卯，禁部曹言事，罢治京畿水田。

【译文】万历十四年（1586年），三月初八，神宗朱翊钧禁止各部曹议论政事，停止整治京畿水田。

二十三年，十二月辛丑，大学士赵志皋①等请发留中章奏，不报。

【注释】①赵志皋（1524—1601年）：字汝迈，号濲阳，浙江金华府兰溪人。万历年间两次担任内阁首辅。

【译文】万历二十三年（1595年），十二月初三，内阁大学士赵志皋等人请求神宗批阅下发留在宫中的奏章，没有得到答复。

二十四年，秋七月乙酉，始遣中官①开矿于畿内。未几，河南、山东、山西、浙江、陕西悉令开采，以中官领之。群臣屡谏不听。冬十月乙酉，始命中官榷税通州。是后，各省皆设税使。群臣屡谏不听。

【注释】①中官：指宦官。

【译文】万历二十四年（1596年），秋季七月二十日，神宗开始派遣宦官在王都及周围地区开矿。不久，下令河南、山东、山西、浙江、陕西各地的矿产均可以开采，以宦官统领。群臣屡次进谏，神宗都不听取。冬季十月二十二日，神宗开始命宦官到通州征税。此后，各省均设税使。群臣屡次进谏神宗都没有听取。

二十七年，夏四月，临清民变，焚税使马堂①署，杀其参随三十四人。十二月丁丑，武昌、汉阳民变，击伤税使陈奉②。

【注释】①马堂：明朝宦官。万历时受遣为天津税监，兼管临清（今山东临清）。在临清期间，纵容党徒无赖数百人，白昼行劫，引起远近商人罢市，居民万余人纵火焚其衙署，并杀其党三十几人。

②陈奉：明代宦官。陈奉是御马监奉御，万历年间最骄横的矿税使之一。

【译文】万历二十七年（1599年），夏季四月，临清（今山东省临清市）百姓叛乱，焚烧税使马堂的官署，杀掉他的随从三十四人。十二月初二，武昌、汉阳百姓叛乱，击伤税使陈奉。

二十八年，是年，两畿各省灾伤，民饥盗起，内外群臣交章请罢矿税诸监，皆不听。

【译文】万历二十八年（1600年），这一年，两京各省灾祸频起，百姓饥饿盗贼四起，内外群臣接连上奏请求将各采矿和征税的监官免职，神宗没有听取。

二十九年，五月，苏州民变，杀织造中官孙隆参随数人。六月，丁亥，法司请热审[1]，不报。

【注释】①热审：明清时规定每年小满后十日起，至立秋前一日止（立秋在六月内者以七月一日止）以天气炎热，凡流徙、笞杖，例从减等处理，称为“热审”。其制始于明永乐二年，初止决遣轻罪，命出狱听候。至成化时始有重罪矜疑，轻罪减等，枷号疏放诸例。清代沿袭。

【译文】万历二十九年（1601年），五月，苏州百姓叛乱，杀掉织造宦官孙隆的数名随从。六月，二十二日，司法部门奏请热审，神宗没有批复。

三十年春正月己未，以四方灾异敕修省。二月己卯，不豫，召大学士沈一贯[1]于启祥宫，命罢矿税，停织造，释逮系，复建言诸臣职。翼日，疾瘳，寝前诏。

【注释】①沈一贯（1531—1615年）：字肩吾，号龙江，浙江鄞县（今浙江宁波鄞州区）人。当时担任内阁首辅。

【译文】万历三十年（1602年）春季正月二十六日，以四方灾害频繁发生为由敕令文武百官修身反省。二月十六日，神宗身体不适，在启祥宫召见大学士沈一贯，诏命免除矿税，停止织造，释放逮捕的囚犯，恢复诸位进谏大臣的职务。次日，病愈，停止了前面的诏令。

三十一年，五月丙辰，阁臣请热审，不报。

三十二年，八月辛丑，群臣伏文华门，疏请修举实政，降旨切责。

【译文】万历三十一年（1603年），五月初一，大学士奏请热审，神宗没有回复。

万历三十二年（1604年），八月二十三日，群臣跪伏在文华门，上疏请求提倡推行实政，神宗降旨严厉责备。

三十五年春正月辛未，给事中翁宪祥[1]言，抚、按官解任宜候命，不宜听其自去，不报。

【注释】①翁宪祥：字兆隆，常熟人。万历二十年（1592年）进士。历官吏科给事中、刑科都给事中、太常少卿。

【译文】万历三十五年（1607年）春季正月初七，给事中翁宪祥进言：抚、按官员解任后应该随时候命，不应听任其自行离去，没有得到神宗的批复。

三十七年，春三月己酉，大学士叶向高[1]请发群臣相攻诸疏，公论是非，以肃人心，不报。

【注释】①叶向高（1559—1627年）：字进卿，号台山，晚号福庐山人，福州府福清（今福建福清）人，当时担任内阁首辅。

【译文】万历三十七年（1609年）春季三月二十九日，内阁大学士叶向高奏请公布群臣相互攻击的奏疏，以公正地论断是非、整肃人心，神宗没有答复。

四十年，夏四月丙寅，南京各道御史言：“台省空虚，诸务废堕，上深居二十余年，未尝一接见大臣，天下将有陆沈[1]之忧。”不报。

【注释】①陆沈：即“陆沉”，比喻国土沦陷。

【译文】万历四十年（1612年）夏季四月初二，南京各道御史进言：“台省空缺，各方面政务废弃不举，皇上深居宫中二十余年，未曾接见过大臣，国土将有沦陷的危险啊。”神宗没有答复。

四十六年春二月乙巳，振广东饥。夏四月甲辰，大清兵克抚顺城，千总王命印死之。庚戌，总兵官张承胤帅师援抚顺，败没。九月壬辰，辽师乏饷，有司请发各省税银，不报。

【译文】万历四十六年（1618年）春季二月十五日，神宗下令赈济广东饥荒。夏季四月十五日，大清军队攻克抚顺城（今辽宁抚顺），千总王命印战死。二十日，总兵官张承胤率军救援抚顺，全军覆没。九月初七，守辽军队缺少粮饷，有关部门奏请发放各省税银，神宗没有答复。

四十七年，九月戊子，百官伏阙，请视朝行政，不报。

四十八年，秋七月，丙申，崩，年五十有八。

【译文】万历四十七年（1619年），九月初九，百官拜伏于宫阙下，奏请神宗临朝听政，没有得到答复。

万历四十八年（1620年），秋季七月二十一日，明神宗朱翊钧驾崩，享年五十八岁。

赞曰：神宗冲龄践阼[①]，江陵秉政，综核名实，国势几于富强。继乃因循牵制，晏处深宫，纲纪废弛，君臣否隔。于是小人好权趋利者驰骛追逐，与名节之士为仇雠，门户纷然角立。驯至悊、愍，邪党滋蔓。在廷正类无深识远虑以折其机牙，而不胜忿激，交相攻讦。以致人主蓄疑，贤奸杂用，溃败决裂，不可振救。故论者谓明之亡，实亡于神宗，岂不谅欤。光宗潜德久彰，海内属望，而嗣服一月，天不假年，措施未展，三案[②]构争，党祸益炽，可哀也夫！（明史卷二十、二十一）

【注释】①冲龄：幼年。多指天子而言。践阼：即位；登基。

②三案：指明宫庭中发生于神宗万历四十三年的梃击案、光宗泰昌元年的红丸案和熹宗天启初的移宫案。当时奸党首领魏忠贤借此为名，编《三朝要典》一书，以诬陷东林党人，成为明代历史上著名的三大案。

【译文】史官评论说：神宗朱翊钧幼年即位，有张居正辅佐政权，综合审核以使名实相符，国力几乎达到强盛。后来因循守旧约束控制，安处深宫，使纲纪废弛，君臣隔绝。于是，那些好权趋利的小人，竞相奔走追逐，与名节之士结仇，各个门派纷纷兴起对峙。善良到敬重、怜悯的地步，邪党趁机滋生蔓延。正直的朝臣也没有深谋远虑以扼住其要害，却又不胜愤怒激动，因而互相攻击。致使君主生疑，奸贤混杂任用，导致国家溃败分裂，到了无法拯救的地步。因此论史者说明朝的灭亡其实是亡于神宗，难道没有道理吗？光宗朱常洛的美德久已彰显，四海之内一致盼望，然而继承帝位仅一月，上天却不赐予他足够的年寿，措施还未施展，梃击、红丸、移宫等三案互相牵连，由党争引起的祸难越演越烈，真是悲哀啊！（明史卷二十、二十一）

选举志

【题解】本篇节录自《明史·选举志》。明太祖鉴于元末混战以来，百姓习于军事，不通文墨等弊端的教训，于是诏令天下府、州、县、卫设立学校，以符合其治国以教化为先的政治理念。这同时也是为了选官用人而做的准备。明太祖又从实际出发，罢废科举，另行察举贤才之法，以德行为本，其次以学问。历代统治者在平定天下以后，汲汲求贤，励精图治，以图长治久安，千秋万代，岂不然哉？

洪武二年，太祖初建国学，谕中书省臣曰：“学校之教，至元其弊极矣。上下之间，波颓风靡，学校虽设，名存实亡。兵变以来，人习战争，惟知干戈，莫识俎豆[①]。朕惟治国以教化为先，教化以学校为本。京师虽有太学，而天下学校未兴。宜令郡县皆立学校，延师儒，授生徒，讲论圣道，使人日渐月化，以复先王之旧。”于是大建学校，府设教授，州设学正，县设教谕，各一。”（明史卷六十九）

【注释】①俎豆：古代祭祀、宴飨时盛食物用的礼器，亦泛指各种礼器。后引申为祭祀和崇奉之意。

【译文】洪武二年（1369年），太祖朱元璋始建国学，谕告中书省诸臣说：“学校的教育，从元朝开始它的弊端就达到了顶点。上下之间，随波逐流、颓废之象风靡一时，学校虽然设立，却名存实亡。兵变以来，百姓都习于战斗之事，只知武器和战争，却不知祭祀之礼。朕知道治国要以教化为先，教化又要以学校为本。京城虽然有太学，但是全天下的学校却没有兴起。应该命令郡县都设立学校，延聘儒者做老师，教授学生，讲谈论议圣贤之道，使人在潜移默化中受到影响，以恢复先王时的繁盛之象。”因此大力兴建学校，府设置教授，州设立学正，县设立教谕，每级各一人。”（明史卷六十九）

太祖下金陵，辟儒士范祖干、叶仪[①]。克婺州，召儒士许元、胡翰[②]等，日讲经史治道。克处州，征耆儒宋濂、刘基、章溢、叶琛[3]至建康，创礼贤馆处之。以濂为江南等处儒学提举，溢、琛为营田佥事，基留帷幄预谋议。甲辰三月，敕中书省曰：“今土宇日广，文武并用。卓荦奇伟之才，世岂无之。或隐于山林，或藏于士伍，非在上者开导引拔之，无以自见。自今有能上书陈言、敷宣治道、武略出众者，参军及都督府具以名闻。或不能文章而识见可取，许诣阙面陈其事。郡县官年五十以上者，虽练达政事，而精力既衰，宜令有司选民间俊秀年二十五以上、资性明敏、有学识才干者辟赴中书，与年老者参用之。十年以后，老者休致，而少者已熟于事。如此则人才不乏，而官使得人。其下有司，宣布此意。”于是州县岁举贤才及武勇谋略、通晓天文之士，间及兼通书律者。既而严选举之禁，有滥举者逮治之。(明史卷七十一)

【注释】①范祖干：字景先，浙江金华人。事亲孝，学者称其为“纯孝先生”。叶仪：字景翰，号南阳。明金华（今浙江金华）人。洪武初，为金华府五经师，学者称其“南阳先生”。著有《周易集解》《南阳杂稿》。

②许元（989—1057年）：字子春，宣州宣城（今属安徽）人。以孝谨闻名于乡里，后以荫补官，历仕国子监博士、三门发运判官、江淮两浙荆湖发运判官，后历知扬州、越州、泰州。胡翰：胡翰（1307—1381年），字仲申，浙江金华人。官衢州府教授。洪武乙酉纂修元史书成，赐白金文绮，辞归卜居长山之阳，学者称曰长山先生。

③宋濂（1310—1381年）：初名寿，字景濂，号潜溪，祖籍金华

潜溪（今浙江义乌）。元末明初著名政治家、文学家、史学家、思想家，“明初诗文三大家”及“浙东四先生”之一。被明太祖朱元璋誉为“开国文臣之首”，学者称其为太史公、宋龙门。刘基：刘基（1311—1375年），字伯温，处州青田县（今属浙江温州市文成县）人，元末明初军事家、政治家、文学家，明朝开国元勋。章溢：章溢（1314—1369年），字三益，龙泉（今浙江省龙泉市）人，号匡山居士，元末明初著名政治家、文学家，“浙东四先生”之一。叶琛：叶琛（1314—1362年），字景渊，浙江丽水高溪村人，明初大臣。

【译文】太祖朱元璋攻下金陵，征召儒士范祖干、叶仪。攻克婺州（今浙江金华），征召儒士许元、胡翰等人，每日讲解经史以及治国之道。攻克处州（今浙江丽水），征召年高德劭的儒者宋濂、刘基、章溢、叶琛来到建康（今江苏南京），创建礼贤馆来安置他们。任命宋濂为江南等处儒学提举，章溢、叶琛为营田佥事，刘基留在自己的帐幕下参与谋划之事。甲辰年（1364年）三月，太祖朱元璋敕令中书省说：“现今疆土日益广大，文武百官并用。世上岂会没有卓绝超群、雄伟不凡之才？他们有的隐居山林，有的隐藏在军队行伍之中，处于上位者如果不能引荐提拔他们，他们是没有机会显露自己的。从今开始，有能上书陈言、宣扬治国之道、在军事谋略方面出众的，参军及都督府都要把他们的名字上报。有的不能做文章但是见识可取，允许他们到朝堂之上当面陈述自己的事情。年龄在五十以上的郡县之官，虽然熟练通达政事，然而精力已经开始衰退，应该下令相关部门在民间选取年龄在二十五岁以上、天资聪敏、有学识和才干的人征召到中书省，与年纪大的官员一起兼用。等到十年后，年纪大的因年老体衰而退休，而年轻的这时已熟悉政事。如此，人才就不会匮乏，各个官职得到合适的人来担任。将此令下发到相关部门，宣布这道旨意。”于是，州县每年举荐贤才及英武勇猛、谋略超群、通晓天文之士，间或涉及兼通书律者。不久，又严格选举禁令，有不加选择随意举荐的将逮捕治罪。（明史卷七十一）

三年，谕廷臣曰：“六部总领天下之务，非学问博洽、才德兼美之士，不足以居之。虑有隐居山林，或屈在下僚者，其令有司悉心推访。”六年，复下诏曰：“贤才国之宝也。古圣王劳于求贤，若高宗之于傅说，文王之于吕尚。彼二君者，岂其智不足哉？顾皇皇于版筑鼓刀之徒者，盖贤才不备，不足以为治。鸿鹄之能远举者，为其有羽翼也；蛟龙之能腾跃者，为其有鳞鬣也；人君之能致治者，为其有贤人而为之辅也。山林之士德行文艺可称者，有司采举，备礼遣送至京，朕将任用之，以图至治。”是年，遂罢科举，别令有司察举贤才，以德行为本，而文艺次之。其目，曰聪明正直，曰贤良方正，曰孝弟力田①，曰儒士，曰孝廉，曰秀才，曰人才，曰耆民②。皆礼送京师，不次擢用。（明史卷七十一）

【注释】①孝弟力田：汉代选举官吏的科目。以孝弟为天下的大顺，力田为民生的本源而得名。

②耆民：年高有德之民。

【译文】洪武三年（1370年），太祖朱元璋训谕廷臣说："六部总领天下事务，如果不是学识通博、才德兼善之士，不足以身居此任。考虑到有隐居山林，或屈居于属吏的，应该下令相关部门尽心查访。"洪武六年（1373年），太祖朱元璋再次下达诏书说："贤才是国宝。古代圣王为求访贤才而忧劳，就如殷高宗寻访傅说，文王寻访吕尚那样。那两位圣王，怎会是才智不足之人呢？但是他们却急切地在筑墙者及屠户之中寻找的原因，大概是没有足够的贤才，不能把国家治理好。鸿鹄之所以能够高飞，是因为它有羽翼；蛟龙之所以能够腾跃，是因为它有鳞鬣；人君之所以能治理好国家，是因为有贤才辅佐。乡野和山林之中的隐士，他们的德行、文章、技艺有值得称道的，相关部门要予以采纳举荐，以周备的礼节将其护送到京城，朕将任用他们，以期使天下达到大治。"这一年，罢除了科举制度，另外下令有关部门考察举荐贤才，务求以德行为本，而文章技艺在其次。其科目，一是聪明正直，一是贤良方正，一是孝悌力田，一是儒士，一是孝廉，一是秀才，一是人才，一是耆民。都以礼相待送往京城，破格擢升任用。（明史卷七十一）

食货志序

【题解】本段节录自《明史·食货志序》，此序以"富国之本，在于农桑"开篇，叙述有明一代在建国初期沿元旧习，使用纸钞，但同时注重农桑，前期府库充溢，百姓充实。然而中后期以后出现豪强兼并土地，盐法混乱等弊端，尤其嘉靖年间以后，国用日广，耗费甚大，以至于派员搜刮天下民脂民膏，腐败丛生，横征暴敛，田地荒废。种种苛政，进而导致明代日益衰落至于灭亡。本序旨在劝谏统治者以农为本，勤俭施政，偃兵修文，是很有积极意义的。

《记》曰："取财于地，而取法于天。富国之本，在于农桑。"明初，沿元之旧，钱法不通而用钞，又禁民间以银交易，宜若不便于民。而洪、永、熙、宣之际，百姓充实，府藏衍溢。盖是时，劭农务垦辟，土无莱芜，人敦本业，又开屯田[①]、中盐以给边军，餫饷不仰藉于县官，故上下交足，军民胥裕。其后，屯田坏于豪强之兼并，计臣变盐法。于是边兵悉仰食太仓，转输住往不给。世宗以后，耗财之道广，府库匮竭。神宗乃加赋重征，矿税四出，移正供以实左藏。中涓群小，横敛侵渔。民多逐末，田卒污莱。吏不能拊循，而覆侵刻之。海内困敝，而储积益以空乏。昧者多言复通钞法可以富国，不知国初之充裕在勤农桑，而不在行钞法也。夫强本节用，为理财之要。明一代理财之道，始所以得，终所以失，条其本末，著于篇。(明史卷七十七)

【注释】①屯田：汉以后历代政府利用兵士在驻扎的地区一面驻守，一面垦殖荒地，这种措施称为"屯田"。

【译文】《礼记》上说："从大地获取财物，效法上天。富国之本，在于农业生产。"明朝初年，沿袭元朝的旧制，钱币制度不通行而使用纸币发行、流通、兑换的相关法令，又禁止民间用银交易，似乎对百姓造成不便。而洪武、永乐、洪熙、宣德年间，百姓财用充实，国家府库盈溢。大概在当时，勉励农事生产开垦土地，土地没有荒芜的，人们都专心于本业，又开放屯田、中盐以供守边军队。粮饷不再依赖于朝廷，所以上下丰足，军民富裕。此后，由于豪强的兼并而使屯田受损，掌管国家财赋之权的大臣改变盐法。于是守边军队的饮食又开始依赖国家的府库，转运输送的粮食往往不够充足。世宗朱厚熜以后，耗费财物之处越来越多，府库几近匮乏枯竭。神宗朱翊钧更是增加赋税，四处征收矿税，更改法定的赋税来充实府库。宦官等众小人，横征暴敛如渔人一般侵吞百姓财物。百姓多舍弃本业追逐末业，屯田戍边的士兵不再务田，使田地荒废。官吏不能抚慰，反而还要侵害剥削。四海之内困顿不堪，而国家储备日益匮乏。愚昧之人多言恢复流通钞法就可以富国，却不了解建国初期的富足在于重视农业生产，而不在施行钞法上。加强农业生产，节约费用，是理财的关键。明朝一代的理财之道，初时成功而最终却失败的原因，分列其本末，写在此篇。（明史卷七十七）

后妃传序

【题解】本篇辑录自《明史·后妃传序》。中国古代，皇权至高无上，但同时也会滋生后宫干政的恶果。明太祖鉴于这些教训，命大臣编撰《女诫》，认为“治天下者，正家为先。”这与儒家“修齐治平”的主张不谋而合。有明一代，即使有幼主即位，也几乎没有后宫专权的现象发生，足见朱元璋预防得力，而且历代皇帝严格遵守。

明太祖鉴前代女祸，立纲陈纪，首严内教。洪武元年，命儒臣修《女诫》，谕翰林学士朱升曰：“治天下者，正家为先。正家之道，始于谨夫妇。后妃虽母仪天下，然不可俾预政事。至于嫔嫱之属，不过备职事，侍巾栉；恩宠或过，则骄恣犯分，上下失序。历代宫闱，政由内出，鲜不为祸。惟明主能察于未然，下此多为所惑。卿等其纂《女诫》及古贤妃事可为法者，使后世子孙知所持守。”升等乃编录上之。（明史卷一百十三）

【译文】明太祖朱元璋借鉴前代由女子所引起的祸害，设立纲常宣示法纪，首先严明内宫的教化。洪武元年（1368年），命儒臣编纂《女诫》，谕令翰林学士朱升说：“治理天下，要以端正家庭伦理秩序为先。正家之道，始于谨严夫妇关系。后妃虽然母仪天下，然而却不可以干预政事。至于宫中的女官，不过充任各种职务，侍奉盥洗；有时恩宠过度，就会骄纵无度僭越等级名分，失去上下尊卑之序。历代宫闱，政令由内宫发出的，很少有不酿成祸端的。只有英明的君主才能察于未然，才能低下的君主就会被这些女子所迷惑。你们编纂《女诫》及古代贤妃事迹可以作为效法，使后世子孙知道自己所应坚持的操守。”朱升等人于是摘录编辑后进献给太祖朱元璋。（明史卷一百十三）

太祖孝慈高皇后

【题解】孝慈高皇后马氏（1332—1382年），宿州（今安徽宿州）人，郭子兴养女。洪武十五年，因病而亡，享年51岁。葬孝陵，谥号孝慈皇后。

《续编》选录了马氏几项特出的事例，表现出其贤淑之德，她多次依据事理婉言劝谏朱元璋，是古代母仪天下的典范。朱元璋将其比作唐太宗的长孙皇后，此非虚言。蔡东藩曾如此评价道：“她总举止从容，并没有疾言遽色。的是国母风范。”

太祖孝慈高皇后马氏，宿州人。父马公，母郑媪，早卒。马公素善郭子兴，遂以后托子兴。马公卒，子兴育之如己女。子兴奇太祖，以后归焉。

后仁慈有智鉴，好书史。太祖有札记，辄命后掌之，仓卒未尝忘。

【译文】明太祖孝慈高皇后马氏，宿州（今安徽宿县）人。父亲马公，母亲郑媪，早逝。马公素与郭子兴友善，于是便将孝慈高皇后马氏托付给郭子兴。马公死后，郭子兴如对自己女儿一般抚养她。郭子兴觉得朱元璋是一个与众不同之人，便将马氏嫁给了他。

马皇后仁慈且有才智见识，喜好经史典籍。太祖每有札记，就让马皇后掌管，即使时间仓促也不曾忘记。

洪武元年正月，太祖即帝位，册为皇后。初，后从帝军中，值岁大歉，帝又为郭氏所疑，尝乏食。后窃炊饼，怀以进，肉为焦。居常贮糗糒脯脩[①]供帝，无所乏绝，而已不宿饱。及贵，帝比之"芜蒌豆粥""滹沱麦饭[②]"，每对群臣述后贤，同于唐长孙皇后。退以语后。后曰："妾闻夫妇相保易，君臣相保难。陛下不忘妾同贫贱，愿无忘群臣同艰难。且妾何敢比长孙皇后也？"

【注释】①糗糒：干粮。脯脩：干肉。

②芜蒌豆粥：《后汉书·冯异传》："光武自蓟东南驰，晨夜草舍，至饶阳芜蒌亭。时天寒烈，众皆饥疲，异上豆粥，明旦，光武谓诸将曰：'昨得公孙豆粥，饥寒俱解。'"后因以"芜蒌粥"指在困乏中及时的济助。滹沱麦饭：《后汉书·冯异传》载：刘秀称帝前，自蓟东南驰至饶阳芜蒌亭，众皆饥疲。冯异上豆粥。及至南宫，遇大风雨，异复进麦饭菟肩，因复渡滹沱河至信都。刘秀称帝后，诏赐异以珍宝衣服钱帛，曰："仓卒芜蒌亭豆粥，呼沱河麦饭，厚意久不报。"后因称粥或麦饭为"滹沱饭"或"滹沱麦饭"。

【译文】洪武元年（1368年）正月，太祖朱元璋即皇帝位，册封马氏为皇后。起初，马皇后随太祖朱元璋的军队四处奔波，正值年头不好，庄稼歉收，太祖又受到郭子兴的猜疑，常常缺少饮食。马皇后知道后，便偷偷拿了一些炊饼，揣在怀里拿给太祖，胸前的皮肉都被炊饼烫焦了。从此，马皇后便经常在屋里贮藏一些干粮肉干给太祖，使他在饮食上不至匮乏，而马皇后自己却常不能吃饱。等到太祖即位后，将那些干粮肉干比作"芜蒌豆粥""滹沱麦饭"，每次对群臣说起马皇后的贤德，总会将她比作唐朝的长孙皇后。退朝后回到寝宫，太祖也是这样对马皇后说。马皇后却说："臣妾听说夫妇互相帮助容易，君臣互相帮助却很难。陛下没有忘记与臣妾共同度过的那些贫贱日子，但愿陛下也不要忘记与群臣共患难的岁月。况且臣妾怎敢与长孙皇后相提并论呢？"

后勤于内治，暇则讲求古训。告六宫，以宋多贤后，命女史录其家法，朝夕省览。或言宋过仁厚，后曰："过仁厚，不愈于刻薄乎？"一日，问女史："黄老何教也，而窦太后好之？"女史曰："清净无为为本。若绝仁弃义，民复孝慈，是其教矣。"后曰："孝慈即仁义也，讵有绝仁义而为孝慈者哉？"后尝诵《小学》，求帝表章焉。

【译文】马皇后勤于治理后宫，闲暇之余则研习先王的遗典。她常告诫后宫的妃子，因为宋朝有很多贤后，便命女史抄写宋朝宫中的治家法则，早晚观览。有人说宋代的贤后太过仁厚，马皇后说：“过于仁厚，不是强过刻薄吗？”一天，马皇后问女史：“黄老教导的是些什么内容，窦太后那么喜欢它们？”女史回答：“以清静无为为本。如果放弃所谓的仁义，百姓仍会保持孝慈的天性，这就是黄老的学说。”马皇后说：“孝慈就是仁义，难道有抛弃了仁义还能保持孝慈的吗？”马皇后曾诵读《小学》，她请求太祖予以宣扬。

帝前殿决事，或震怒，后伺帝还宫，辄随事微谏。虽帝性严，然为缓刑戮者数矣。学士宋濂坐孙慎[①]罪，逮至，论死，后谏曰：“民家为子弟延师，尚以礼全终始，况天子乎？且濂家居，必不知情。”帝不听。会后侍帝食，不御酒肉。帝问故。对曰：“妾为宋先生作福事也。”帝恻然，投箸起。明日赦濂，安置茂州。

【注释】①慎：即宋慎（1352—1380年），浙江浦江人，宋濂长孙，明朝政治人物，洪武十三年（1380年）因胡惟庸案牵扯被诛杀，家族贬至茂州。

【译文】太祖在前殿决断政事，有时会大怒，马皇后总是等太祖退朝回宫后，根据不同情况以隐约委婉的话劝谏太祖。虽然太祖性情严厉，但因为马皇后的劝谏，而使很多人得以减缓刑戮。学士宋濂受其长孙宋慎的牵连而获罪，被逮捕到京城，判处死罪。马皇后劝谏说：“民间百姓家为子弟聘请老师，尚且能从始至终都待之以礼，何况天子呢？而且宋濂一直在家闲居，对宋慎的所为必不知情。”太祖没有听从马皇后的劝谏。过了一会儿，马皇后陪太祖一起用餐，她不沾酒肉。太祖便问是什么缘故。马皇后回答说：“臣妾是在为宋先生做福事啊。”太祖脸上露出悲伤的神色，放下筷子站起身来。第二天太祖赦免了宋濂的死罪，将他安置到茂州（今四川北川、汶川一带）。

帝尝怒责宫人，后亦佯怒，令执付宫正司议罪。帝曰：“何为？”后曰：“帝王不以喜怒加刑赏。当陛下怒时，恐有畸重。付宫正，则酌其平矣。即陛下论人罪亦诏有司耳。

【译文】太祖曾大怒责罚宫女，马皇后看到后也佯装生气，下令将宫女带去交给宫正司议罪。太祖问她：“为什么要这么做呢？”马皇后答道：“帝王不以自己的喜怒加大赏罚。当陛下发怒时，对人的处罚恐怕就会加重。将她交给宫正司去议罪，宫正司则会根据她的情况进行公平处理。即使陛下给人定罪也应该诏令有关部门处理啊。”

诸将克元都，俘宝玉至。后曰：“元有是而不能守，意者帝王自有宝欤。”帝曰：“朕知后谓得贤为宝耳。”后拜谢曰：“诚如陛下言。妾与陛下起贫贱，至今日，恒恐骄纵生于奢侈，危亡起于细微，故愿得贤人共理天下。”又曰：“法屡更必弊，法弊则奸生；民数扰必困，民困则乱生。”帝叹曰：“至言也。”命女史书之册。其规正，类如此。

【译文】众位将士攻克元都城后，将缴获的传国玉玺献给太祖。马皇后说：“元朝有此玉玺却没能守住天下，这说明帝王自有宝物。”太祖说：“朕知道皇后所说的得到贤才才是真正的宝物。”马皇后拜谢道：“正如陛下所说。臣妾与陛下一同起于贫贱之中，直至今日，常恐在奢侈中生出骄纵之心，危亡往往起于细微之处，所以希望皇上您能得到贤士共同治理天下。”马皇后又说：“法制多次变更必然会产生弊端，法制产生弊端就会有奸邪之人出现；百姓屡受骚扰必然会困苦不堪，百姓困苦不堪就会产生暴乱。”太祖赞叹道：“真是至理名言啊！”命女史将皇后的话写进史册。马皇后对太祖的匡正是如此恰当，类似这种情况还有很多。

洪武十五年八月，寝疾。群臣请祷祀，求良医。后谓帝曰：“死生，命也，祷祀何益？且医何能活人？使服药不效，得毋以妾故而罪诸医乎？”疾亟，帝问所欲言。曰：“愿陛下求贤纳谏，慎终如始，子孙皆贤，臣民得所而已。”是月丙戌崩，年五十一。帝恸哭，遂不复立后。（明史卷一百十三）

【译文】洪武十五年（1382年）八月，马皇后卧病在床。群臣请求设祭祈祷，遍求良医。马皇后对太祖说：“人的生死，是命中注定的，设祭祈祷又有什么益处呢？况且医生怎能使死人活过来呢？假使我服药无效，千万不要因为我的缘故而怪罪那些医生。”马皇后临终时，太祖问她还有什么话想说。马皇后说：“希望陛下求贤纳谏，慎终如始，子孙都能成为贤德之人，臣民各得其所。”八月十日，马皇后崩逝，享年五十一岁。太祖朱元璋痛哭流涕，从此不再复立皇后。（明史卷一百十三）

成祖仁孝皇后徐氏

【题解】仁孝皇后徐氏（1362—1407年），明成祖朱棣的皇后，徐达长女，仁宗朱高炽之母。永乐五年（1407年），因病而逝，享年46岁。葬长陵，谥仁孝皇后。

徐氏为明成祖得力助手，偕同朱高炽以万人抵抗李景隆五十万大军，最终得以保全朱棣封地。册为皇后之后，恪守妇道，著书劝诫后宫诸妃，即使病危依旧不忘劝谏成祖爱惜百姓，广求贤才等等。《明史》评价她：“仁孝宽和，化行宫壸，后世承其遗范，内治肃雍。”

成祖仁孝皇后徐氏，中山王达长女也。幼贞静，好读书，称女诸生。太祖闻后贤淑，召达谓曰：“朕与卿，布衣交也。古君臣相契者，率为婚姻。卿有令女，其以朕子棣配焉。”达顿首谢。

【译文】成祖仁孝皇后徐氏，是中山王徐达的长女。她自幼便贞洁娴静，喜好读书，可以称得上是女中儒生。太祖朱元璋听说徐氏贤淑，便召来徐达对他说：“朕与你，是布衣之交。自古以来君臣相契合的，大多都成了姻亲。你有这样好的女儿，朕想将自己的儿子朱棣与她相配。”徐达跪拜谢恩。

靖难兵起，王袭大宁，李景隆乘间进围北平。时仁宗以世子居守，凡部分备御，多禀命于后。景隆攻城急，城中兵少，后激劝将校士民妻，皆授甲登陴拒守，城卒以全。

【译文】靖难兵起后，燕王率军袭击大宁（今山西阳城），李景隆乘机进攻包围北平。当时仁宗朱高炽以世子的身份留守北平，凡是部署防御之事，大多受命于徐皇后。李景隆紧急攻城，而城中缺乏兵力，徐皇后便激励将校、士民的妻子，给她们全部发放铠甲，让她们登上城墙拒守，北平城最终得以保全。

王即帝位，册为皇后。言：“南北每年战斗，兵民疲敝，宜与休息。”又言：“当世贤才皆高皇帝所遗，陛下不宜以新旧间。”又言：“帝尧施仁自亲始。”帝辄嘉纳焉。

【译文】燕王朱棣即皇帝位，册封徐氏为皇后。徐皇后说：“南北征战连年不止，军民都已疲惫不堪，应该让他们休养生息。”又说：“当今贤才都是高皇帝所留，陛下不应亲新疏旧。”又说：“尧帝施行仁政都是从自己的亲人开始的。”成祖朱棣对她的进言总是给予嘉许并且采纳。

一日，问："陛下谁与图治者？"帝曰："六卿理政务，翰林职论思。"后因请悉召见其命妇，赐冠服钞币。谕曰："妇之事夫，奚止馈食衣服而已，必有助焉。朋友之言，有从有违，夫妇之言，婉顺易入。吾旦夕侍上，惟以生民为念，汝曹勉之。"尝采《女宪》《女诫》作《内训》二十篇，又类编古人嘉言善行，作《劝善书》，颁行天下。

【译文】一日，徐皇后问道："陛下与谁一起想办法把国家治理好呢？"明成祖朱棣回答说："六卿管理政务，翰林的职责是和皇帝讨论问题。"徐皇后于是请求召见这些人的夫人，赐予她们冠服及钱币。告诉她们说："妻子事奉丈夫，哪里只是为他准备食物、衣服，一定还有其它助益。朋友的话，有的可以依从，有的可以违背，而夫妇之间的话，一般都比较温柔和顺，容易入耳。我朝夕侍奉皇上，只以百姓为念，你们也要勉励自己的丈夫。"徐皇后曾经摘录《女宪》《女诫》，写成《内训》二十篇，又分类编录古人的嘉言善行，写成《劝善书》，颁行天下。

永乐五年七月，疾革，惟劝帝爱惜百姓，广求贤才，恩礼宗室，毋骄畜外家。又告皇太子："曩者北平将校妻为我荷戈城守，恨未获随皇帝北巡，一赉恤之也。"是月乙卯崩，年四十有六。（明史卷一百十三）

【译文】永乐五年（1407年）七月，徐皇后病情危急，但是仍不忘劝谏成祖朱棣爱惜百姓，广求贤才，以恩礼对待宗室，不要骄纵外戚。又劝告皇太子说："从前北平将校的妻子为我持戈守城，深感遗憾的是没有机会跟随皇帝北巡，只能对她们逐一赏赐抚恤。"七月初四，徐皇后崩逝，年仅四十六岁。（明史卷一百十三）

兴宗孝康皇帝朱标

【题解】朱标（1355—1392年），朱元璋嫡长子，建文帝之父。洪武二十五年（1392年），染病身亡。追尊为孝康皇帝，庙号兴宗，葬东陵。

《续编》选录了两则关于朱标的事情。其一是朱元璋告诫朱标"创业不易"，虽是守成令主，也要知晓民间疾苦，施政勤俭；其二则是朱元璋有意培养朱标为接班人，足见朱元璋舐犊之深。可惜其去世太早，朱元璋去世后，传位于太孙朱允炆，后来燕王朱棣发动"靖难之役"，夺得帝位。

兴宗孝康皇帝标，太祖长子也。太祖为吴王，立为王世子，从宋濂受经。

【译文】兴宗孝康皇帝朱标，是明太祖的长子。太祖朱元璋称吴王后，朱标被立为王世子，跟随宋濂研习经学。

吴[①]元年，年十三矣，命省临濠墓，谕曰："商高宗旧劳于外，周成王早闻《无逸》[②]之训，皆知小民疾苦，故在位勤俭，为守成令主。儿生长富贵，习于晏安。今出旁近郡县，游览山川，经历田野，其因道途险易以知鞍马勤劳，观闾阎生业以知衣食艰难，察民情好恶以知风俗美恶，即祖宗所居，访求父老，问吾起兵渡江时事，识之于心，以知吾创业不易。"

【注释】①吴：朱元璋以吴纪元，本年为吴元年（1367年）。

②《无逸》：指《尚书·无逸篇》。主要记载了周公多次告诫成王，不能贪图安逸，应当以殷商为鉴，学习周文王勤政借鉴的品质。其中居安思危的思想对后代统治者影响深远。

【译文】吴元年（1367年），朱标年仅十三岁，太祖朱元璋命他前去省视临濠（今安徽凤阳一带）墓地，并对他说："商高宗武丁过去在外忧劳，周成王姬诵很早就听闻《无逸》之训，他们都了解百姓的疾苦，所以在位期间能勤俭治国，成为能够守成的贤德之君。我儿你生长在富贵之家，过惯了安乐的生活。今天你要前往附近郡县，游览山川，经过田野，你会因路途的险易而知道鞍马劳顿，看到民间的产业而知道衣食的艰难，体察民情的好恶而知道风俗的好坏。到了祖宗所居之地，你要访求父老乡亲，向他们询问我当年起兵渡江时的事情，并将它牢记于心，以了解我当初创业的艰难。"

洪武元年正月，立为皇太子。

十年，令自今政事并启太子处分，然后奏闻。谕曰："自古创业之君，历涉勤劳，达人情，周物理，故处事咸当。守成之君，生长富贵，若非平昔练达，少有不谬者。故吾特命尔日临群臣，听断诸司启事，以练习国政。惟仁不失于疏暴，惟明不惑于邪佞，惟勤不溺于安逸，惟断不牵于文法。凡此皆心为权度。吾自有天下以来，未尝暇逸，于诸事务惟恐毫发失当，以负上天付托之意。戴星而朝，夜分而寝，尔所亲见。尔能体而行之，天下之福也。"时令儒臣为太子讲《大学衍义》①。

【注释】①《大学衍义》：是南宋理学家真德秀创作的政治哲学类著作，共43卷，成书于绍定二年（1229年）。当时宋理宗荒于国政、奸佞用事，作者借《大学》之义，援引儒家典籍和史事，并附己说，讲修身、齐家、治国、平天下之道，以倡明君主为治之理。

【译文】洪武元年（1368年）正月，立朱标为皇太子。

洪武十年（1377年），太祖朱元璋下令从今开始政事全部交由太子朱标处理，然后再由太子上奏给自己。他告诉太子："自古创业的君主，经历千辛万苦，通达人情，了解事理，因此处事才会得当。守成之君，生长于富贵的环境，若不是平日里就阅历广博且能通晓人情世故，很少有不犯错的。所以我特意命你每日面对群臣，听取各部门陈述，审察事理，做出决断，以熟悉国政。唯有仁爱才不会失于残暴，唯有明察才不会被邪佞所惑，唯有勤俭才不至沉溺于安逸之中，唯有决断才不至于被文法所牵。所有这些都必须用心权衡。我自拥有天下以来，还不曾有过闲适安逸之时，对各项事务都唯恐有丝毫不当之处，只怕辜负了上天的托付之心。所以总是顶着星星上朝，夜半之时才能就寝，这些都是你亲眼所见。你如果也能依此身体力行，那就是天下的福分啊。”当时，太祖下令让儒臣为太子讲解《大学衍义》。

二十四年八月，敕太子巡抚陕西。比还，献陕西地图，遂病。病中上言经略建都事。明年四月丙子薨，帝恸哭。（明史卷一百十五）

【译文】洪武二十四年（1391年）八月，太祖朱元璋敕令太子朱标巡视安抚陕西。等到太子回到京师，献上陕西地图，之后就病了。太子朱标在病中上奏筹划建都之事。第二年四月二十五日，太子朱标去世，太祖朱元璋为之痛哭流涕。（明史卷一百十五）

徐　达

【题解】徐达（1332—1385年），字天德。濠州钟离（今安徽凤阳）人。明朝开国军事统帅。徐达出身农家。元朝末年，徐达参加了朱元璋领导的起义军，为淮西二十四将之一。至正二十三年（1363年），在鄱阳湖之战中大败陈友谅。次年，被任命为左相国。至正二十五年（1365年），鏖师攻取淮东，并于两年后攻克平江，灭张士诚。旋即出任征虏大将军，与副将常遇春一同挥师北伐，推翻元朝的统治。洪武元年（1368年），攻入大都，灭亡元朝。此后连年出兵，打击元朝残余势力，官至太傅、中书右丞相、参军国事兼太子少傅，封魏国公。徐达善于治军，戎马一生，为明朝建立了不朽的功勋。

在明朝的开国功臣中，徐达是少数得以善终的，这和他为人谦虚谨慎、不居功有很大关系。

徐达，字天德，濠人。太祖之为郭子兴部帅也，达时年二十二，往从之，一见语合。及太祖南略定远，帅二十四人往，达首与焉。

【译文】徐达，字天德，濠州（今安徽凤阳）人。太祖朱元璋为郭子兴部帅时，徐达当时二十二岁，前往投奔朱元璋，二人相见，谈话很投机。等到朱元璋南征定远（今安徽定远）时，率领二十四人前往，徐达就已位列首位。

太祖称吴王，以达为左相国。太祖议征吴。右相国李善长请缓之。达曰："张氏[①]汰而苛，大将李伯升辈徒拥子女玉帛，易与耳。用事者，黄、蔡、叶[②]三参军，书生不知大计。臣奉主上威德，以大军蹙之，三吴可计日定。"太祖大悦，拜达大将军，平章遇春为副将军，帅舟师二十万人薄湖州。既而平江破，执士诚，传送应天，得胜兵二十五万人。城之将破也，达与遇春约曰："师入，我营其左，公营其右。"又令将士曰："掠民财者死，毁民居者死，离营二十里者死。"既入，吴人安堵如故。师还，封信国公。

【注释】①张氏：指张士诚。元末位于江浙一带的义军领袖与地方割据势力之一。至正二十三年（1363年），张士诚杀红巾军领袖刘福通，自称吴王。后屡为朱元璋所败。

②黄、蔡、叶三参军：指张士诚的三位参军黄敬夫、蔡彦夫、叶德新，这三个人都是迂阔无能的书生，没有实际的军事政治才能。

【译文】太祖朱元璋称吴王时，授任徐达为左相国。朱元璋与群臣商议征讨吴王张士诚的事宜，右相国李善长请求暂缓行事。徐达说："张士诚既奢侈又苛刻，大将李伯升之辈只喜欢财物、美女，容易对付。处理事务的黄敬夫、蔡彦夫、叶德新三位参军，都是书生，不知军事大计。臣奉主上威德，率大军前去攻伐，平定三吴指日可待。"朱元璋听后大为高兴，拜徐达为大将军，平章政事常遇春为副将军，率二十万水师直逼湖州。不久，攻克平江城（今江苏苏州），抓获张士诚，将其运送到应天（今南京），得到精兵二十五万人。徐达与常遇春相约说："军队入城，我率领的军队在城东扎营，你率领的军队在城西扎营。"又严令将士道："掠夺百姓财物者死，毁坏百姓房屋者死，擅自离开营地二十里者死。"入城后，吴人安然如故。还师之后，徐达被封为信国公。

洪武元年，太祖即帝位，以达为右丞相。三年春，帝复以达为大将军，五年复大发兵征扩廓[1]。

【注释】①扩廓：指扩廓帖木儿。元军的重要将领。本姓王，小字保保。沈丘（今安徽临泉西北）人。至正二十二年（1362年），拜太尉、中书平章政事、知枢密院事。

【译文】洪武元年（1368年），朱元璋即皇帝位，以徐达为右丞相，洪武三年（1370年）春，太祖又以徐达为大将军，洪武五年（1372年），太祖派徐达率军大举征讨扩廓。

每岁春出，冬暮召还，以为常。还辄上将印，赐休沐，宴见[1]欢饮，有布衣兄弟称，而达愈恭慎。

【注释】①宴见：在皇帝公余时被召见。有别于朝见。

【译文】徐达每年春天率军队出征，深冬又应召返回，已经习以为常。回京后，就立刻上交将印，太祖赏赐他休假，闲暇时设宴与徐达一起畅饮，太祖与徐达以布衣兄弟相称，而徐达对太祖却愈加恭敬谨慎。

达言简虑精。在军，令出不二。诸将奉持凛凛，而帝前恭谨如不能言。善拊循，与下同甘苦，士无不感恩效死，以故所向克捷。尤严戢部伍，所平大都二，省会三，郡邑百数，闾井宴然，民不苦兵。归朝之日，单车就舍，延礼儒生，谈议终日，雍雍如也。帝尝称之曰："受命而出，成功而旋，不矜不伐，妇女无所爱，财宝无所取，中正无疵，昭明乎日月，大将军一人而已。"（明史卷一百二十五）

【译文】徐达语言精练、思虑周密。在军中，令不二出，在诸将面前总是保持端正严谨而令人敬畏的样子，而在太祖面前却恭敬谨慎，就如不会说话一般。徐达善于安抚部下，能与他们同甘共苦，士兵对他无不感恩戴德，以死相报，正因如此，徐达率领的军队才能所向披靡。徐达治军尤其严格，所平定的元都有两个，省会有三个，以及数以百计的郡邑，这些地方的街巷、房屋都安然无恙，百姓不为军旅所苦。徐达率军归朝之日，只用一辆车子就回到住处，礼邀儒生，终日切磋讨论，气氛和谐。太祖曾称赞他说："受命而出，功成而归，不因名高功大而骄傲，妇女无所爱，财宝无所取，正直而没有过失，品德如日月一样光明，能够做到这些的，只有大将军徐达一人罢了。"

刘　基

【题解】刘基（1311—1375年），字伯温，浙江青田（今浙江文成）人，明朝开国元勋。元至顺年间，刘基举进士。至正十九年（1359年），受朱元璋礼聘而至。他上书陈述时务十八策，因此而受宠信，之后一路辅佐朱元璋获得天下。朱元璋即位后，他奏请设立军卫法，又请肃正纪纲，曾谏止建都于凤阳。洪武三年（1370年），封诚意伯。次年赐归。刘基居乡隐形韬迹，只饮酒弈棋，口不言功。因左丞相胡惟庸诬陷而被夺禄。入京谢罪后，不久即逝世。明武宗时赠太师，谥号文成。

刘基是朱元璋平天下的重要谋臣，朱元璋多次称他为“吾之子房也”，而民间则流传着“三分天下诸葛亮，一统江山刘伯温；前朝军师诸葛亮，后朝军师刘伯温”的说法。可见他的神机妙算与运筹帷幄。《续编》另有辑录其著作《郁离子》的精华。

刘基，字伯温，青田人。元至顺间，举进士，除高安丞，有廉直声。西蜀赵天泽论江左人物，首称基，以为诸葛孔明俦也。

【译文】刘基，字伯温，青田（今浙江文成）人。元至顺年间，刘基考中进士，授任高安（今江西高安）丞，有廉洁正直的好名声。西蜀赵天泽在评论江东人物时，首推刘基，将他比作诸葛孔明之辈。

及太祖下金华，定括苍，闻基及宋濂等名，以币聘①。基未应，总制孙炎②再致书固邀之，基始出。既至，陈时务十八策。太祖大喜，筑礼贤馆以处基等，宠礼甚至。初，太祖以韩林儿③称宋后，遥奉之。岁首，中书省设御座行礼，基独不拜，曰：“牧竖耳，奉之何为！”因见太祖，陈天命所在。太祖问征取计，基曰：“士诚自守虏④，不足虑。友谅劫主胁下，名号不正，地据上流，其心无日忘我，宜先图之。陈氏灭，张氏势孤，一举可定。然后北向中原，王业可成也。”太祖大悦曰：“先生有至计，勿惜尽言。”会陈友谅陷太平，谋东下，势张甚，诸将或议降，或议奔据钟山，基张目不言。太祖召入内，基奋曰：“主降及奔者，可斩也。”太祖曰：“先生计安出？”基曰：“贼骄矣，待其深入，伏兵邀取之，易耳。天道后举者胜，取威制敌以成王业，在此举矣。”太祖用其策，诱友谅至，大破之，以克敌赏赏基。基辞。其后太祖取士诚，北伐中原，遂成帝业，略如基谋。

【注释】①币聘：聘请贤人用的礼物。

②孙炎（1323—1362年）：字伯融，应天府句容（今江苏句容）人。孙炎为明太祖朱元璋召致刘基、章溢、叶琛等人才。处州苗军作乱，被擒不屈而死。

③韩林儿（？—1366年）：栾城（今河北栾城）人，元末大宋红巾军领袖。韩林儿的父亲韩山童曾以白莲教组织群众起义。韩山童牺牲后，韩林儿随母逃往武安。至正十五年春，刘福通等迎韩林儿至亳州（今安徽亳州），立为帝，称小明王。国号大宋，年号龙凤，以亳州为都城。

④守虏：即“守钱虏”，财多而吝啬的人。

【译文】等到太祖攻下金华，平定括苍（今浙江丽水境内），听闻刘基及宋濂等人的名声，以厚礼相聘，刘基没有响应。总制孙炎两次致信坚决邀请，刘基才同意出山。到应天（今江苏南京）后，刘基陈述了时务十八策。朱元璋大喜，命人建造礼贤馆给刘基等人居住，对他们宠爱礼遇有加。起初，朱元璋在韩林儿立国号宋后，便对其遥相尊奉。年初，中书省设御座行礼时，只有刘基不肯下拜，并说："韩林儿只不过就是一个牧童罢了，尊奉他做什么！"于是去见朱元璋，陈说天命所在。朱元璋向他询问征伐攻取之策，刘基说："张士诚自己就是个守财奴，不值得担心。陈友谅劫主胁下，名声不正，又占据上游的地理位置，他的心里没有一天不在想着消灭我们，应当先谋取陈友谅。陈氏一旦灭亡，张氏便势单力孤，可以一举平定。然后北向中原，王业可成。"朱元璋大为高兴，说："先生有什么好的计谋，不要吝惜，尽管都说出来吧。"当时正赶上陈友谅攻陷太平府（今安徽当涂），谋求东下，势力迅速扩张。朱元璋手下众将有的建议投降，有的建议逃往钟山，只有刘基双目圆睁一言不发。朱元璋将他召至内室，刘基愤然说道："主张投降及逃跑的，可以斩首。"朱元璋便问："先生有什么计谋呢？"刘基回答："贼人陈友谅已经开始轻视我军，我们可以等他深入后，利用伏兵进行截击袭取，打败他们是很容易的事啊。天道是后发举事者会取胜，以威力制敌来成就王业，就在此一举了。"朱元璋采纳了他的计策，引诱陈友谅军深入并大败其军。朱元璋以克敌之功来赏赐刘基，但刘基推辞了。其后，朱元璋打败张士诚，北伐中原，终于成就了帝业，他所采用的战略正如刘基所谋划的那样。

太祖即皇帝位，累欲进基爵，基固辞不受。

初，太祖以事责丞相李善长，基言："善长勋旧，能调和诸将。"太祖曰："是数欲害君，君乃为之地耶？吾行相君矣。"基顿首曰："是如易柱，须得大木。若束小木为之，且立覆。"及善长罢，帝欲相杨宪。宪素善基，基力言不可，曰："宪有相才无相器。夫宰相者，持心如水，以义理为权衡，而己无与者也，宪则不然。"帝问汪广洋，曰："此褊浅殆甚于宪。"又问胡惟庸，曰："譬之驾，惧其偾辕①也。"帝曰："吾之相，诚无逾先生。"基曰："臣疾恶太甚，又不耐繁剧，为之且孤上恩。天下何患无才，惟明主悉心求之，目前诸人诚未见其可也。"后宪、广洋、惟庸皆败。三年授弘文馆学士。十一月大封功臣，授基开国翊运守正文臣、资善大夫、上护军，封诚意伯，禄二百四十石。明年赐归老于乡。

【注释】①偾辕：覆车，比喻覆败。

【译文】太祖即皇帝位后，多次想给刘基晋升爵位，刘基都固辞不受。

起初，太祖因事要责罚丞相李善长，刘基劝太祖说："李善长是有功劳的旧臣，能和谐众将的关系。"太祖说："他多次想要加害于你，你竟然还设身处地为他着想？我想任命你为丞相。"刘基叩拜说："更换丞相这件事就如同更换梁柱，必须用坚实粗壮的大木。如用细木捆扎在一起做梁柱，房屋就会立即倒塌。"等到李善长罢官时，太祖想任命杨宪为丞相。杨宪平素待刘基很好，但是刘基却极力反对，说："杨宪具有丞相的才能，却没有丞相的气度。做宰相的人，心地要如水般平正清澈，处理国家大事要以义理作为权衡的准则，而不能掺杂私人情感及主观好恶，在这方面杨宪就做不到。"太祖又问汪广洋怎么样，刘基回答："他的心量比杨宪更狭隘。"太祖接着问胡惟庸，刘基答道："丞相好比驾车，我担心他会翻车。"太祖说："我的丞相人选，确实再没有比先生您更合适的了。"刘基推辞说："我这个人太疾恶如仇，又不耐烦处理繁重的事务，如果勉强担任此职，恐怕有负皇上的重托。天下何患无才，只要皇上全心访求就可以了。目前这几个人确实不适合这个重要职位。"后来，杨宪、汪广洋、胡惟庸等人都因事获罪。洪武三年（1370年），太祖授刘基弘文馆学士。十一月，太祖大力封赏功臣，又授刘基为开国翊运守正文臣、资善大夫、上护军，封诚意伯，俸禄二百四十石。第二年，赐刘基辞官返乡养老。

帝尝手书问天象。基条答甚悉而焚其草。大要言霜雪之后，必有阳春，今国威已立，宜少济以宽大。基佐定天下，料事如神。性刚嫉恶，与物多忤。至是还隐山中，惟饮酒弈棋，口不言功。邑令求见不得，微服为野人谒基。基方濯足，令从子引入茆[①]舍，炊黍饭令。令告曰："某青田知县也。"基惊起称民，谢去，终不复见。其韬迹如此，然究为惟庸所中[②]。（明史卷一百二十八）

【注释】①茆：同“茅”。

②为惟庸所中：洪武八年（1375年）正月下旬，刘基感染了风寒，朱元璋知道了之后，派胡惟庸带了御医去探望，结果服食御医所开的药之后更加不适，不久后去世。

【译文】太祖曾亲自手书给刘基，向他询问天象，刘基都逐条详细回答，之后便将草稿烧掉。刘基大致说，霜雪之后，定会有阳春，现在国威已立，应当采用稍微宽大一些的政策治理天下。刘基辅佐太祖平定天下，料事如神。他性情刚烈，疾恶如仇，常与人发生抵触冲突。到这时还隐居山中，只是饮酒下棋，对自己的功劳绝口不提。县令求见不成，便身穿便服，扮成乡野之人去见刘基。刘基当时正在洗脚，便让侄子将他引入茅舍，做黄米饭招待县令。县令这才告诉刘基：“我是青田知县。”刘基大惊，起身称民，谢罪离去，终不再见县令。刘基的行迹如此隐密，然而终究还是被胡惟庸所害。

群书治要续编卷第二十六　明史（二）

宋　濂

【题解】宋濂（1310—1381年），初名寿，字景濂，号潜溪，别号龙门子、玄真遁叟等。祖籍金华潜溪（今浙江义乌），后迁居金华浦江（今浙江浦江）。与高启、刘基并称为“明初诗文三大家”，又与章溢、刘基、叶琛并称为“浙东四先生”。被明太祖朱元璋誉为“开国文臣之首”。

宋濂，字景濂，其先金华之潜溪人，至濂乃迁浦江。

【译文】宋濂，字景濂，他的祖先是金华潜溪（今浙江义乌）人，到宋濂这一辈才迁到浦江（今浙江浦江）。

太祖取婺州，召见濂。濂长基一岁，皆起东南，负重名。基雄迈有奇气，而濂自命儒者。基佐军中谋议，濂亦首用文学受知，恒侍左右，备顾问。尝召讲《春秋左氏传》，濂进曰：“《春秋》乃孔子褒善贬恶之书，苟能遵行，则赏罚适中，天下可定也。”太祖御端门，口释黄石公《三略》。濂曰：“《尚书》二《典》、三《谟》，帝王大经大法毕具，愿留意讲明之。”

已，论赏赉，复曰："得天下以人心为本。人心不固，虽金帛充牣，将焉用之？"太祖悉称善。

【译文】朱元璋攻取婺州（今浙江金华），召见宋濂。宋濂比刘基年长一岁，两人都起于江南，均负重名。刘基雄健豪放，有着不平凡的志气，而宋濂则自认为是儒者。刘基在军中辅佐朱元璋，为其出谋划策，宋濂则因擅长文学而深受朱元璋赏识，经常随侍在朱元璋身边，以备朱元璋随时询问。朱元璋曾召宋濂讲解《春秋左氏传》，宋濂进言道："《春秋》是孔子褒善贬恶的书，如能遵照执行，则会赏罚公平，天下就可平定了！"太祖御临端门，亲自讲解黄石公的《三略》。宋濂说："有了《尚书》二《典》、三《谟》，帝王所需的大经大法便已全备了，但愿能留心将其讲明白。"后来，朝廷论功行赏，宋濂又说："得天下要以得人心为本。如果人心不稳，就算有再多金帛，又有什么用呢？"太祖认为他所说的完全正确。

洪武二年诏修《元史》，命充总裁官。濂傅太子先后十余年，凡一言动，皆以礼法讽劝，使归于道，至有关政教及前代兴亡事，必拱手曰："当如是，不当如彼。"皇太子每敛容嘉纳，言必称师父云。

【译文】洪武二年（1369年），太祖下诏修订《元史》，任命宋濂担任总裁官。宋濂先后担任太子的老师十余年，凡是太子的一言一行，宋濂都以礼法来劝勉，使其归于正道；而有关政教及前代兴亡之事，宋濂必会拱手恭敬地说："应当如此，而不应当那样。"皇太子每次都端容肃听虚心接受，而且对宋濂言必称师父。

车驾祀方丘[①]，患心不宁，濂从容言曰："养心莫善于寡欲，审能行之，则心清而身泰矣。"帝称善者良久。问三代历数及封疆广狭，既备陈之，复曰："三代治天下以仁义，故多历年所。"又问："三代以上，所读何书？"对曰："上古载籍未立，人不专讲诵。君人者兼治教之责，率以躬行，则众自化。"尝奉制咏鹰，令七举足即成，有"自古戒禽荒"之言。帝忻然曰："卿可谓善陈矣。"濂之随事纳忠，皆此类也。（明史卷一百二十八）

【注释】①方丘：古祭地祇之坛。

【译文】太祖朱元璋到方丘祭祀，感到心绪不宁，宋濂从容说道："养心莫过于少欲，若能审慎而行，便可心清身泰了。"太祖听后连连称好。太祖又问三代国运及疆界广狭，宋濂都给予详细解答，又说："三代都能以仁义来治理天下，所以国运能长久。"朱元璋又问："三代以前，人们读的都是什么书呢？"宋濂回答说："上古时还没有书籍，也没有人专门讲授诵读。为人君主的，兼有教育之责，自己做到率先垂范，百姓自然就受到了教化。"宋濂曾奉命作诗咏鹰，太祖令他在七步之内完成，其诗中有"自古戒禽荒"的句子。太祖高兴地说："你可真是善于

进言啊！”宋濂根据具体的事情随机应变，进谏忠言，这样的例子比比皆是。（明史卷一百二十八）

胡大海

【题解】胡大海（？—1362年），字通甫，虹县（今安徽泗县）人。元末明初将领。史书记载胡大海长身铁面，智力过人。朱元璋刚起兵反元时，胡大海就前来归附。至正二十二年（1362年），被降将蒋英槌击而死。后被追封越国公，追谥武庄。

胡大海虽是武将，却有“不杀人，不掠妇女，不焚毁庐舍”的见识，这在当时军阀混战的情况下实在难得。而且他爱才好士，所举荐的人才，皆是一时之选。

胡大海，字通甫，虹人。长身、铁面，智力过人。太祖初起，大海走谒滁阳，命为前锋。大海善用兵，每自诵曰：“吾武人，不知书，惟知三事而已：不杀人，不掠妇女，不焚毁庐舍。”以是军行远近争附。及死，闻者无不流涕。又好士，所至辄访求豪隽。刘基、宋濂、叶琛、章溢之见聘也，大海实荐之。（明史卷一百三十三）

【译文】胡大海，字通甫，虹县（今安徽泗县）人。身材高大，刚直无私，智力过人。太祖朱元璋刚刚起兵时，胡大海前往滁阳（今安徽滁州）拜见太祖，被任命为前锋。胡大海擅长调兵遣将，经常自己吟诵说：“我本来是一个带兵打仗的武夫，不懂文化，只知道三件事而已：不杀人，不抢夺妇女，不焚烧房屋。”于是他行军所到之处，远近都争相归附。等他死后，听说他死讯的人无不伤心流泪。胡大海又喜爱文人，所到之处都查访搜求豪杰。刘基、宋濂、叶琛、章溢等人的聘用，其实都是胡大海推荐的。（明史卷一百三十三）

孔克仁

【题解】孔克仁，江苏镇江句容人。由行省都事升至郎中，历任江州知州、参议等职。后因坐事而死。

《续编》选录的这几处节文，着重表现朱元璋心中的谋略，对当时三大割据势力的分析也极为恰当，足见朱元璋作为一代开国之君，实在是雄才大略，富有战略眼光。

孔克仁，句容人。由行省都事进郎中。尝偕宋濂侍太祖，太祖数与论天下形势及前代兴亡事。陈友谅既灭，太祖志图中原。当是时，江左兵势日盛，太祖以汉高自期，尝谓克仁曰：“秦政暴虐，汉高帝起布衣，以宽大驭群雄，遂为天下主。今群雄蜂起，皆不知修法度以明军政，此其所以无成也。”因感叹久之。

【译文】孔克仁，句容（今江苏句容）人。由行省都事升任郎中。曾与宋濂一同侍奉太祖朱元璋，太祖多次和他讨论天下形势及前代兴亡的史实。陈友谅已被消灭，太祖有图谋中原之志。在当时，江左兵势日盛，太祖以汉高祖刘邦的标准来期望自己，曾对孔克仁说："秦政暴虐，汉高祖出身布衣，以宽厚大度统率群雄，于是成为天下共主。如今群雄纷然并起，但都不知以修整法度来严明军政，这就是他们无法成功的原因。"因而感叹许久。

尝阅《汉书》，濂与克仁侍。太祖曰："汉治道不纯者何？"克仁对曰："王霸杂故也。"太祖曰："谁执其咎？"克仁曰："责在高祖。"太祖曰："高祖创业，遭秦灭学，民憔悴甫苏，礼乐之事固所未讲。孝文为令主，正当制礼作乐，以复三代之旧。乃逡巡未遑，使汉业终于如是。帝王之道，贵不违时。三代之王有其时而能为之，汉文有其时而不为，周世宗则无其时而为之者也。"又尝问克仁："汉高起徒步为万乘主，所操何道？"克仁对曰："知人善任使。"太祖曰："项羽南面称孤，仁义不施，而自矜功伐。高祖知其然，承以柔逊，济以宽仁，卒以胜之。今豪杰非一，我守江左，任贤抚民，以观天下之变。若徒与角力，则猝难定也。"及徐达等下淮东、西，又谓克仁曰："壬辰之乱，生民涂炭。中原诸将，孛罗①拥兵犯阙，乱伦干纪，行已夷灭。扩廓②挟太子以称戈，急私仇，无敌忾之志。思齐辈碌碌，窃据一方，民受其害。士诚外假元名，反覆两端。明玉珍③父子据蜀僭号，喜于自用而无远谋。观其所为，皆不能有成。予揆天时，审人事，有可定之机。今师西出襄、樊，东逾淮、泗，首尾相应，击之必胜。大事可成，天下不难定。既定之后，生息犹难，方劳思虑耳。”

【注释】①孛罗：即孛罗帖木儿（？—1365年），又叫孛罗铁木儿，元末将领，蒙古散只兀氏，四川行省左丞相答失八都鲁之子。

②扩廓：即王保保（？—1375年），又名扩廓帖木儿。元朝末年元军将领。

③明玉珍（1329—1366年）：原名瑞，字玉珍，湖广随州随县（今湖北随县）人，元末义军领袖。

【译文】太祖朱元璋曾翻阅《汉书》，宋濂和孔克仁侍奉在旁。太祖说：“汉代的治国之策哪里不完善呢？”孔克仁回答说：“是王道与霸道杂用的缘故。”太祖说：“谁该承担错误的责任呢？”孔克仁说：“责任在于汉高祖刘邦。”太祖说：“高祖开创基业，正赶上秦始皇焚毁先代典籍，百姓憔悴以待复苏，礼乐之事还没来得及兴起。孝文帝刘恒是贤德的君主，正当振兴礼乐，以恢复三代的旧制，但因顾虑重重而无暇顾及，致使汉代帝业终归如此。帝王之道，可贵之处在于不违背时势。三代之王是有时机而能做到，汉文帝刘恒是有时机而不去做，周世宗柴荣则是没有时机而努力去做。”太祖又曾问孔克仁：“汉高祖刘邦从平民百姓成为万乘之主，他用了什么方法？”孔克仁回答说：“知人善任的方法。”太祖说：“项羽统治一方，南面称王，不施仁义，而居功自傲。高祖刘邦知道这是怎么回事，对他柔和谦逊，待他宽厚仁慈，最终打败了他。如今不只有一位豪杰，我守卫在江左，任用贤人，安抚百姓，坐观天下之变。如果只依靠武力，则一时之间难以平定。”到了徐达等人攻克淮东、淮西后，太祖又对孔克仁说："壬辰之乱（1352年），涂炭生灵。中原诸将，孛罗拥兵入犯朝廷，扰乱伦理，违犯法纪，已全部消灭。扩廓动用武力挟持太子，急于报私仇，没有抵抗所愤恨敌人的志向。李思齐之辈平庸无能，用不当手段占据一方，百姓深受其害。张士诚对外假借元朝的名义，反覆两端。明玉珍父子据蜀称帝，刚愎自用而没有远谋深虑。纵观他们的所作所为，都不能有所成就。我揣测天命，审视人事，平定天下的时机已经出现了。如今率军西出襄、樊，东越淮、泗，首尾相应，攻敌必胜。大事可成，天下不难平定。天下平定之后，生活尚且艰难，还得思虑周全。"

克仁侍帷幄最久，故获闻太祖谋略居多。洪武二年四月，命克仁等授诸子经，功臣子弟亦令入学。已，出知江州，入为参议，坐事死。（明史卷一百三十五）

【译文】孔克仁侍奉太祖朱元璋的时间最久，所以得知太祖的谋略最多。洪武二年（1369年）四月，太祖命令孔克仁等人教授诸子经书，功臣的子弟也下令一起学习。不久，孔克仁出任江州知州，入朝为参议，因事获罪而死。（明史卷一百三十五）

陶　安

【题解】陶安（1315—1368年），字主敬，当涂（今属安徽）

人。年少敏悟，博涉经史。元末时中浙江乡试，曾任明道书院山长，后避乱闲居。再后跟从朱元璋攻取南京，历任郎中、知制诰兼修国史、江西省参政等职。洪武元年（1368年），卒于官。追封姑孰郡公。

陶安虽避乱家居，但对元末明初的群雄纷争有着深刻的认识，认为他们“意在子女玉帛，非有拨乱、救民、安天下之心。”从而劝说朱元璋夺取南京以平定天下。明朝建国伊始，陶安直言朝代丧乱之源，在于骄侈。实际上是劝谏朱元璋戒骄侈之心，天下初定，人心不稳，实在不能重蹈覆辙。

陶安，字主敬，当涂人。元至正初，举江浙乡试，授明道书院山长，避乱家居。太祖取太平，安与耆儒李习率父老出迎。太祖召与语。安进曰：“海内鼎沸，豪杰并争，然其意在子女玉帛，非有拨乱、救民、安天下心。明公渡江，神武不杀，人心悦服，应天顺人。以行吊伐，天下不足平也。”太祖问曰：“吾欲取金陵，何如？”安曰：“金陵，古帝王都。取而有之，抚形胜以临四方，何向不克？”太祖曰：“善。”留参幕府，授左司员外郎，以习为太平知府。习字伯羽，年八十余矣，卒于官。

【译文】陶安，字主敬，当涂（今安徽马鞍山）人。元至正初年，考中江浙乡试，授予明道书院山长，为躲避战乱而闲居在家。太祖朱元璋攻取太平（今安徽当涂），陶安和老儒李习率父老乡亲出城迎接。太祖召他问话。陶安进言说：“天下形势纷扰动乱，豪杰并争，然而他们的意图在于子女玉帛，没有平定祸乱、救助百姓、安定天下之心。明公渡江，英明威武而不胡乱杀人，百姓心悦诚服，顺应天命，合乎人心。用行动慰问受苦百姓，讨伐有罪之人，天下何愁不能平定。”太祖问他：“我打算攻取金陵（今江苏南京），怎么样？”陶安说：“金陵是古帝王的都城，攻而取之，占据险要之地而临视四方，为何不攻打呢？”太祖说：“好。”将他留在参幕府，任命他为左司员外郎，李习为太平知府。李习，字伯羽，已经八十多岁了，在官位上去世。

安从克集庆，进郎中。及聘刘基、宋濂、章溢、叶琛至，太祖问安：“四人者何如？”对曰：“臣谋略不如基，学问不如濂，治民之才不如溢、琛。”太祖多其能让。

【译文】陶安跟从太祖攻克集庆（今江苏南京），升任郎中。等太祖聘任了刘基、宋濂、章溢、叶琛之后，问陶安：“他们四人怎么样？”陶安回答说：“臣的谋略不如刘基，学问不如宋濂，治民之才不如章溢、叶琛。”太祖十分赞赏他的谦让。

洪武元年，命知制诰兼修国史。帝尝御东阁，与安及章溢等论前代兴亡本末。安言丧乱之源，由于骄侈。帝曰：“居高位者易骄，处佚乐者易侈。骄则善言不入，而过不闻；侈则善道不立，而行不顾。如此者，未有不亡。卿言甚当。”又论学术。安曰：“道不明，邪说害之也。”帝曰：“邪说害道，犹美味之悦口，美色之眩目。邪说不去，则正道不兴，天下何从治？”

安顿首曰："陛下所言，可谓深探其本矣。"安事帝十余岁，视诸儒最旧。及官侍从，宠愈渥。御制门帖子赐之曰："国朝谋略无双士，翰苑文章第一家。"时人荣之。御史或言安隐过。帝诘曰："安宁有此，且若何从知？"曰："闻之道路。"帝大怒，立黜之。

【译文】洪武元年（1368年），陶安被任命为知制诰兼修国史。太祖曾亲临东阁，与陶安、章溢等人讨论前代兴亡的始末。陶安说时势动荡不安的根源在于骄纵奢侈。太祖说："身居高位的人容易产生骄纵之心，身处悠闲安乐的人容易产生奢侈之心。骄纵则听不进去善意之言，对过错不闻不问。奢侈则走不了正道，而毫不顾忌行为。像这样的人，还没有不灭亡的。你说得十分恰当。"又讨论学术。陶安说："正道不明，是因为邪说的干扰。"太祖说："邪说干扰正道，就像美味之于可口，美色之于耀眼。邪说不去除，则正道就不会振兴，天下怎么能实现大治呢？"陶安叩头下拜说："陛下所说的，可以说是深究其根本了。"陶安侍奉太祖十多年，在众儒中和太祖的感情最深。到了官任侍从，太祖对他越发宠爱。太祖赐给他御制门联子，写着："国朝谋略无双士，翰苑文章第一家。"当时人们认为十分荣耀。御史中有人说陶安有不为人知的过失。太祖质问说："陶安难道有此事，况且你从哪里得知的？"这人说："外面都这样说。"太祖大怒，立即把这人赶出去了。

洪武元年四月，江西行省参政阙，帝以命安，其年九月，卒于官。（明史卷一百三十六）

【译文】洪武元年四月，江西行省参政之位有空缺，太祖朱元璋让陶安担任，当年九月在官位上去世。（明史卷一百三十六）

朱 升

【题解】朱升（1299—1370年），字允升，休宁（今安徽休宁）人。明朝开国谋臣，世称枫林先生。元末举乡荐，为池州学正。弃官避乱隐居石门，但讲学不辍。因向朱元璋献策，官至翰林学士。洪武二年（1369年），辞官退休隐居。洪武三年（1370年）病逝，享年七十二岁。

朱升因向朱元璋献上“高筑墙、广积粮、缓称王”三策被采纳而闻名。使朱元璋在元末群雄逐鹿之时稳固根基开创帝国起到重要的作用。毛泽东曾高度评价他“九字国策定江山”。

朱升，字允升，休宁人。元末举乡荐，为池州学正，讲授有法。太祖下徽州，以邓愈[①]荐，召问时务。对曰：“高筑墙，广积粮，缓称王。”太祖善之。升自幼力学，至老不倦。尤邃经学。所作诸经旁注，辞约义精。学者称枫林先生。（明史卷一百三十六）

【注释】①邓愈（1337—1377年）：原名邓友德，字伯颜，泗州虹县（今安徽省泗县）人。明朝开国名将。

【译文】朱升，字允升，休宁（今安徽休宁县）人。元末考中举人，被任命为池州学正，讲授有法。太祖朱元璋攻下徽州（今安徽黄山），因邓愈推荐，召他询问时政。他回答说："高筑墙，广积粮，缓称王。"太祖认为他说得很对。朱升从小努力学习，到了年老也不知厌倦。尤其精通经学。他所作的诸经旁注，用的词比较少，但表达的意思却很精辟。学者称他为枫林先生。

曾　鲁

【题解】曾鲁（1319—1372年），字得之，新淦（今江西新干）人。自幼好学，博学古今。官拜礼部侍郎，著有《大明集礼》流传于世。洪武五年（1372年）辞官退休，病逝途中。朱元璋破格提拔曾鲁为礼部侍郎，从一个侧面说明了朱元璋作为开国君主懂得读书人对于国家政治的重要性，也反映了他礼贤下士的一面。

曾鲁，字得之，新淦人。年七岁，能暗诵《五经》，一字不遗。稍长，博通古今。凡数千年国体、人才，制度沿革，无不能言者。以文学闻于时。

【译文】曾鲁，字得之，新淦（今江西新干）人。七岁时，就能背诵《五经》，一字不漏。长大一些后，博古通今。凡是数千年国体、人才的制度沿袭和变革，他没有不知道的。以博学能文闻名于当时。

洪武初，修《元史》，召鲁为总裁官。史成，赐金帛，以鲁居首。乞还山，会编类礼书，复留之。时议礼者蜂起。鲁众中扬言曰："某礼宜据某说则是，从某说则非。"有辨诘者，必历举传记以告。

【译文】洪武初年，编修《元史》，征召曾鲁为总裁官。史书编成后，赐给金银绸缎，以曾鲁最多。他请求辞官退隐，又遇上依类编列礼书，再次被留用。当时议论礼制的人纷然并起。曾鲁对众人大声地说："某礼应当根据某说则是对的，而依顺某说则不对。"如有辩难诘问的，一定要列举传记说给对方听。

五年二月，帝问丞相："鲁何官？"对曰："主事耳。"即日超六阶，拜中顺大夫、礼部侍郎。

【译文】洪武五年（1372年）二月，太祖问丞相："曾鲁任什么官职？"丞相回答说："任主事。"当天就破格提升六个官阶，被任命为中顺大夫、礼部侍郎。

是年十二月，引疾归，道卒。淳安徐尊生尝曰："南京有博学士二人，以笔为舌者宋景濂，以舌为笔者曾得之也。"（明

史卷一百三十六）

【译文】当年十二月，因病归隐，死在途中。淳安徐尊生曾说："南京有学识渊博之士二人，以笔为舌的是宋景濂，以舌为笔的是曾得之。"（明史卷一百三十六）

吴　沉

【题解】吴沉（1342—1396年），字浚仲，兰溪（今浙江兰溪）人。元代国子监博士吴师道之子。历任婺州郡学训导、翰林院待制、翰林院侍书、国子监博士等职。依据"敬天、忠君、孝亲"原则编成《精诚录》。著有《孔子封王辩》，后代认为孔子改称"至圣先师"实由他倡始。

吴沉，字浚仲，兰溪人。洪武初，郡以儒士举，误上其名曰信仲，授翰林院待制。沉谓修撰王厘曰："名误不更，是欺罔也。"将白于朝。厘言："恐触上怒。"沉不从，牒请改正。帝喜曰："诚悫人也。"遂眷遇之，召侍左右。

【译文】吴沉，字浚仲，兰溪（今浙江金华）人。洪武初年，州县举荐儒生，误把他的名字报成信仲，他被授为翰林院待制。吴沉对修撰王厘说："名字写错了却不更改，这是欺骗蒙蔽。"将辩白于朝廷。王厘说："怕是会引起圣上的怒火。"但吴沉不听，上书请求更改名字。太祖朱元璋高兴地说："他为人诚朴啊。”于是对他极其优待，召他在身边侍奉。

初，帝谓沉曰：“圣贤立教有三：曰敬天，曰忠君，曰孝亲。散在经卷，未易会其要领。尔等以三事编辑。”至是书成，赐名《精诚录》，命沉撰序。居一年，降翰林侍书，改国子博士，以老归。沉尝著辩，言“孔子封王为非礼”。后布政使夏寅[①]、祭酒丘浚[②]皆沿其说。至嘉靖[③]九年，更定祀典，改称“至圣先师”，实自沉发之也。（明史卷一百三十七）

【注释】①夏寅：字时正，改字正夫，江苏华亭人。明正统十三年（1448年）进士。曾任南京吏部主事进郎中，督江西学政，官至山东右布政使。弘治初年，致仕归。

②丘浚：字仲深、琼山，号深庵、玉峰，别号海山老人，广东琼山府（今海南海口）人。弘治七年升户部尚书兼武英殿大学士。被明孝宗御赐为“理学名臣”，被史学界誉为“有明一代文臣之宗”。

③嘉靖：明朝第十一位皇帝明世宗朱厚熜的年号（1522—1566年），明朝使用嘉靖这个年号一共45年，是明朝使用第二长的年号。

【译文】起初，太祖朱元璋对吴沉说：“圣贤立教有三：一是敬天，二是忠君，三是孝亲。但各种学说分散于经卷中，不易于领会其要领，你们把这三种分门别类进行编写成书吧。”等书编成之后，赐名为《精诚录》，命吴沉作序。任职一年后，降为翰林侍书，改任国子博士，因年老致仕归休。吴沉曾著书立说，说“孔子被封王不符合礼制”。之后布政使夏寅、祭酒丘浚都沿用此说。到了嘉靖九年（1530年），修订祀典，改称孔子为

“至圣先师”，实际是从吴沉开始的。（明史卷一百三十七）

桂彦良

【题解】桂彦良（1321—1387年），名德偁，以字行，慈溪（今浙江宁波）人。元代乡贡进士，为平江路学教授，罢免归乡。后应召任太子正字，官至晋王府左长史。洪武十八年（1385年）辞官致仕。洪武二十年（1387年）因病逝世。追谥文裕。

《续编》选录了桂彦良提出的《上太平治要十二条》。这十二条方策朱元璋阅后大加赏识，曰：“彦良所陈，通达事体，有裨治道。世谓儒者泥古不通今，若彦良可谓通儒矣。”

桂彦良，名德偁，以字行，慈溪人。元乡贡进士，为平江路学教授，罢归。

【译文】桂彦良，名德偁，以字行于世，慈溪（今浙江省宁波市江北区慈城镇）人。元朝为乡贡进士，任平江路学教授，辞官归里。

洪武六年，征诣公车，授太子正字。尝从容有所咨问，彦良对必以正。帝每称善，书其语揭便殿。七年冬至，词臣撰南郊祝文用“予”、“我”字。帝以为不敬。彦良曰：“成汤祭上帝曰‘予小子履’；武王祀文王之诗曰‘我将我享’。古有此言。”帝色霁曰：“正字言是也。”时御史台具狱，令词臣覆谳。彦良所论释者数十人。

【译文】洪武六年（1373年），征召到公车，被任命为太子正字。太祖朱元璋曾空闲时询问问题，桂彦良必以正直之言回答。太祖时常称赞他，并写下他说的话公示于便殿。洪武七年（1374年）冬至，词臣撰写南郊的祝文使用了“予”、“我”等字，太祖认为这是不恭敬。桂彦良说：“成汤祭上古之帝时说‘予小子履’，周武王祭祀文王的诗中说：“‘我将我享’，古时就有这种说法。”太祖怒气消释，脸色转向平和，说：“太子正字这样说是对的。”当时，御史台备文定案，太祖让词臣复审判定的案件。桂彦良所判释放了数十人。

迁晋王府右傅。帝亲为文赐之。彦良入谢。帝曰：“江南大儒，惟卿一人。”对曰：“臣不如宋濂、刘基。”帝曰：“濂，文人耳；基，峻隘，不如卿也。”彦良至晋，制《格心图》献王。后更王府官制，改左长史。朝京师，上太平十二策。帝曰：“彦良所陈，通达事体，有裨治道。世谓儒者泥古不通今，若彦良可谓通儒矣。”十八年请告归，越二年卒。（《皇明经世文编》载桂彦良《上太平治要十二条》，其文曰：一曰法天道。天不言而四时行，百物生。天生圣君，位至尊而统六合，必当仰法于天，明如日月，恩如雨露，威如雷霆，信如四时，百职效劳，庶事自理。若身兼庶务，则君劳臣逸，非所以法天也。夫天道好生，圣人亦好生，好生之德，洽于人心，则人皆化于为善，而自不犯法矣。孔子曰:“惟天为大,惟尧则之。”此之谓也。

【译文】桂彦良升任晋王府右傅。太祖亲自写文章赏赐他。桂彦良入宫谢恩。太祖说:“江南大儒,唯独您一人。”桂彦良回答说:“臣不如宋濂、刘基。”太祖说:“宋濂,只不过是个文人;刘基,为人严峻而心胸狭隘,他不如您啊。”桂彦良到了晋王府,绘制了《格心图》献给晋王。后来更改王府官制,改任桂彦良为左长史。上京朝见时,他献上“太平十二策”。太祖说:“桂彦良所陈述的,合情合理,对治理国家大有益处。世人都认为儒者拘泥古代的成规,而不通晓世事,像桂彦良这样的人可以称得上是通晓古今、学识渊博的儒者了。”洪武十八年(1385年)桂彦良请求告老还乡,过了两年去世。(《皇明经世文编》载述桂彦良《上太平治要十二条》,文章中说:第一条是效法天道。天不语而万物照常繁衍生息,四季照样更替。天生圣君,执位至尊而一统天下,必当效法天道,如同日月那样的光明,如同雨露那样的恩情,如同雷霆那样的威猛,如同四时运行那样的诚信,百官效力,庶事自理。如果身兼庶务,则君主辛劳而臣子清闲,这不是效法天道。天道喜好天下万物生长,圣人也喜好天下万物生长,好生之德,洽于人心,则人们都受到感化而成为善人,而自觉不去触犯法律了。孔子说:“只有天最伟大,只有尧能效法天。”说的就是这个道理。

二曰广地利。中原为天下腹心,号膏腴之地,因人力不至，久致荒芜。近虽令诸郡屯种，垦辟未广。莫若于四方地瘠民贫，户口众处，令辞司募民开耕，愿应募者，资以物力，宽其徭赋，使之乐于趋事。及犯罪者，亦谪之屯田，使荒闲之田无不农桑，三五年间，中州富庶，财用丰足矣。

【译文】第二条是扩大地利。中原为天下的心腹要地，号称是肥沃富饶的地区，因缺乏人力，久致荒芜。近来陛下虽然命诸郡屯垦，但还没有大规模地开垦荒地。不如在天下土地贫瘠而百姓穷困，户口众多的地方，下令有关官府招募劳役开耕荒地，愿意响应招募的人，资助物资，轻徭薄赋，使百姓乐于趋事。至于触犯法律的人，也发配屯田，使荒闲的田地都有人耕种，三五年间，就能让中原富庶，财用丰足。

三曰顺人心。天下以人心为本，人心所在，即天命所在。故善治天下者，必上承天命，下顺民心。民之所好好之，民之所恶恶之。盖人情莫不欲富寿安逸，故三王生之而不伤，养之而日厚，节其力而不困。君之于民，既犹父之于子，则民之于君，亦犹子之爱敬于父母矣。三代之所以得人心者此也。

【译文】第三条是顺应人心。天下以人心为本，人心所在，即天命所在。所以能治理好天下的人，必定上承天命，下顺民心。百姓所喜欢的就大力提倡、发扬，百姓所厌恶的就予以抵制、杜绝。人情没有不想富寿安逸的，所以三王保护百姓的生命而不加以伤害，养育他们而使其财富日益丰厚，节省人力而不使人穷困。君对于民，就像父对于子，则民对于君，也像子女对于父母亲爱恭敬一样。三代之所以得人心就是这个原因。

四曰养圣德。夫聪明睿智之主，文武仁圣之君，乃天生圣德，本无不备。然万几之顷，或相感触，则意念之起，如重翳之蔽白日。故虽大圣，必兢兢戒谨，常加存养省察之功，节其嗜欲，惩其忿怒，清明在躬，志气如神，则犹青天白日，万物咸仰，圣德加盛，圣寿万年。传曰："有大德者，必得其寿。"此之谓也。

【译文】第四条是辅养圣德。聪明睿智之主，文武仁圣之君，是天生圣德，本来就什么都具备。然而处理政务时，可能心生感触，则有了别的念头，如同遮蔽白日的重重物障。所以虽然到了至圣，必定小心谨慎，常常存心养性、反省自身，节制其嗜欲，惩罚其愤怒，人的心地光明正大，头脑清晰明辨，意志和气度就会有如神明，则像青天白日，万物仰慕，圣德加盛，圣寿万年。古书上说："德行高尚的人，必然得到长久的寿命。"说的就是这个道理。

五曰培国脉。夫三代之历祚延长者，以仁义道德教化斯民，不专尚刑罚，故民得遂其生养之乐，而天命眷顾之也。秦、隋享国不久者，专事苛刻，力役不休，仁义不施，故民不聊生，而天不佑之也。今功成治定，万邦悉臣，当以三代有道之长为法，秦、隋之失为戒，则人心和悦，天心眷佑，而国祚如泰山之安矣。

【译文】第五条是培养国脉。三代的国运延长，以仁义道德教化百姓，不推崇刑罚，所以百姓得到了生养的快乐，而天命眷念他们。秦、隋两代享有国家时间不长，专事苛刻，力役不休，仁义不施，所以民不聊生，而上天不保佑他们。如今功业建立，政治安定，各地官吏，当以三代理政之道为法，秦、隋两代的过失为戒，则人心和乐喜悦，天意眷顾佑助，而国运就像泰山那样安稳。

六曰开经筵。自昔圣主贤臣治天下之大经大法，具载六经，垂法万世，不可以不讲也。讲之则理明而心正，措之政事无不得其当。今当大兴文教之日，宜择老成名儒，于朔望视朝之际，进讲经书一篇，敷陈大义，使上下耸听，人人警省，兴起善心，深有补于治化也。

【译文】第六条是开设经筵。从前圣主贤臣治理天下的根本原则和法规，详载于六经，永垂万世，不可以不讲述。讲述则明于事理而心意纯正，用在政事上没有不恰当的。如今应大兴文教，选择老成名儒比较合适，在初一和十五日临朝听政之际，为帝王讲解经书一篇，铺叙大义，使上下震惊，人人警省，兴起善心，对治理国家、教化百姓非常有益。

七曰精选举。夫官得其人，则庶务自理，万民乐业，故选举之际，不可不精审也。六部十三布政使司，乃股肱重任，岂可轻用而轻废哉？必历试其才能德量可当此者，然后信任之。至于提刑、按察司与知府之职，固尝不能尽知其人，然亦不可轻任也。宜令京官五品以上，各举贤良正直一员。知州、知县于民最亲，亦须选择。宜令按察知府，岁贡廉勤淳厚者一二员，凡所举不问已仕未仕，但得人则有赏，缪举则有罚，如此则人皆悉心求贤，而无遗才矣。若新进人才，且当试以佐贰之职，果有艺能出众，特加超擢，则官得其人矣。

【译文】第七条是精审选举。合适的人担任合适的官职，则政务自然得到治理，百姓安居乐业，所以选拔任用官员的时候，不可以不精密周详。六部十三布政使司，是朝廷重臣，怎么可以轻易任用又轻易废黜呢？必定多次考察其才能德量可以当此重任的，然后才确定任用他。至于提刑、按察司与知府等官职，固然不能完全知晓此人，然而也不能轻易任用。应当命五品以上京官，各举荐一名贤良正直的人选。知州、知县对于百姓来说最为亲近，也须选择。应当下令各地按察使和知府每年举荐一二名廉洁勤勉、淳朴敦厚之人，一旦举荐不问他入没入仕途，只要举用的人得当则有赏赐，胡乱举荐则有处罚，这样则人们都用心寻求贤能之人，而不埋没人才。若有新被举荐的人才，该当让他担任副职，果真技艺才能出众，越级提升，则让他担任合适的官职。

八曰审刑罚。刑罚一事，人命所系，不可不审。故《书》曰："与其杀不辜，宁失不经。钦哉钦哉！惟刑之恤哉！"盖死者不可复生，刑者不可复续。苟不钦恤而详谳之，则伤人必多。伤人既多，必损和气，非所以善治也。理刑之官，必择其公明正大仁厚之人，如汉之张释之、于定国[①]辈，亲信而委任之，则天下无冤民，而致刑措之效矣。

【注释】①张释之：堵阳（今河南南阳方城）人，西汉法学家，法官。他曾任廷尉，能秉公执法，并要求官吏严格按法判刑。于定国：字曼倩，东海郯县（今山东郯城西南）人。少时随父学法。为狱吏、郡决曹。宣帝时，任廷尉。为人谦恭，能决疑平法，被时人所称赞。后为丞相，封西平侯。

【译文】第八条是审核刑罚。刑罚一事，关系人命所在，不可以不审核。所以《尚书》中说："与其杀一个无罪的人，宁肯用法不当释放他。谨慎啊，谨慎啊！刑罚要慎重啊！"死者不能复生，断了肢体的人不可能再接上。如果不心存恭敬矜恤而进行审判，则必定有很多伤亡。伤亡一旦多了，必定有损和气，实现不了善治。掌理刑法的官吏，必定选择那些公明正大仁厚的人，就像汉代的张释之、于定国那类人，亲近信任而委以重任，则天下没有受冤屈的百姓，而达到刑罚搁置不用的效果。

九曰敦教化。学校所以宣明教化，长育人才，非止训诂文辞而已。今大兴国学，增广生员，教育之恩至矣。然国学首善之地，既选名儒，以五经分教诸生，必先德行而后文艺，抑浮华而尚淳笃，未可骤用以启其奔竞之心。当日就月将，得其真修实践，使成人有德，小子有造，将见风俗日厚，人材辈出，可为朝廷之用矣。

【译文】第九条是督促教化。学校是用来宣扬教化，培育人才的，不只是解释古文字义、文章。如今大兴国学，增加生员，教育之恩已经极为深厚。然而国学首善之地，既然选名儒，以五经教授诸生，就一定要先德行而后文艺，限制浮华虚伪而崇尚质朴厚重，不可急功近利开启其追求名利之心。当日积月累，得其真修实践，使成人有德行，小孩有成就，社会风气将会越来越好，人才辈出，可以为朝廷所用。

十曰驭戎狄。夫驭戎狄之道，守备为先，征伐次之，开边衅，贪小利，斯为下矣。故曰："天子有道，守在四夷。"言以德怀之，以威服之，使四夷之臣，各守其地，此为最上者也。若汉武之穷兵黩武，徒耗中国而无益；隋炀之伐高丽，而中国蜂起。以唐太宗之明智，后亦悔伐高丽之非。是皆可以为鉴，非守在四夷之道也。今海内既平，车书混一，蛮夷朝贡，间有未顺，当修文德以来之，遣使以喻之，彼将畏威怀德，莫不率服矣，何劳勤兵于远哉？北狄遗烬，尚烦圣虑，当选将练兵，分屯镇守，谨其防御，俟其衅隙，一举而荡平之，未晚也。

【译文】第十条是治理戎狄。治理戎狄的方法，防御为先，征伐次之，开启边境冲突，贪图小利，则是下策。所以说：“天子奉行天道，四夷为天子守土。”用德惠来感念他们，用声威来使他们信服，让四方臣服之地的首领，各自守护自己的领地，这是最上等的方法。如汉武帝刘彻随意使用武力，不断发动侵略战争，白白耗费国家之财而没有益处；隋炀帝杨广征伐高丽，而国内动荡纷然并起。以唐太宗的明智，之后也后悔征伐高丽之事。这些都可以引以为鉴，不是守护四方的方法。如今海内已定，天下统一，蛮夷朝贡，偶尔有不顺的，应发扬文治教化使他们来归附，派遣使者来晓谕他们，他们将畏惧声威、感念德惠，没有不顺服的，何必劳累将士到远方呢？北狄的残存之人，尚且劳烦圣上忧虑，应当挑选将士训练士兵，分驻镇守，谨慎防御，等有可乘之隙，一举而扫荡平定，为时未晚。

十一曰搜才俊。古之俊才，或隐于耕钓版筑，或出于商贾屠酤，皆足以兴邦而名世，非一端所取也。故《书》曰：“立贤无方，旁求俊义。”今于秀才等项，悉已举而用之。若军伍谪戍，农圃医卜，或以微罪困于里闾者，岂无其人？宜令有司尽心求访，果有才器出群、学识超众者，则举荐之，开其自新之路，许其效忠竭力，庶可以得奇才异能之士。拔十得一，自可当千百人之用矣。

【译文】第十一条是寻求俊才。古代的俊才，或藏身在农耕垂钓土木营造之间，或出身于商贾屠牲沽酒之中，完全能使国家兴盛而名扬于世，不是轻易能得到的。所以《尚书》中说："推举贤人不以常法，广求俊才。"如今对于秀才等项，都已通过举荐而全部任用。至于军伍谪戍，农圃医卜，或者因轻罪被困在里巷之间，难道就没有贤良之人在其中吗？应当命有关部门尽心寻觅探访，果真有才能气度出类拔萃、学识超众的人，则举荐他们，开启他们改过自新之路，许其尽忠竭力，应该可以得到奇才异能之士。选拔十人而得到一位，自然可以以一人当作千百人之用。

十二曰广谘访。昔舜好问而好察迩言，乐取诸人以为善，故能以天下之善为己善，而能周知天下之事，足以开物成务，使万民各得其所。伏惟圣明混一华夏，统御万邦，遐方幽远，恐未周知，嘉言善行，或未尽取。正宜大开言路，广访博询，使常朝百官，得关轮对。布政、按察、府州县正官，朝觐之时，各令敷奏以言，观其贤否。凡时政得失，民瘼利弊，许诸人陈诉。古有纳言之官，专掌其事。宜选学识高明，通达治务者，特授纳言之官，以详择其可否。则天下之事可以周知，天下之善可以毕至。而内外百司，罔敢怠逸，各思尽职矣。）（明史卷一百三十七）

【译文】第十二条是广泛咨询访问。从前舜喜欢向别人请教，即使别人说的话很浅显，他都会仔细听，学人长处，乐于吸取别人的优点来修养自己的品德，因此能以天下之善为己善，而能广知天下之事，完全可以通晓万物的道理并按这道理行事而得到成功，使万民都得到满足。想到圣上统一华夏，统御万邦，遥远偏僻的地方，恐怕不能人尽皆知，嘉言善行，或许取之不尽。正适合大开言路，广访博询，使百官朝见，轮当面对。布政、按察、府州县正官，朝觐之时，各自命其向陛下报告，考察其是否贤能。但凡时政得失，民众疾苦的利弊，准许他们陈诉。古代有纳言之官，专门掌管此事。应当选择学识高明、通达治务的人，特别授予纳言之官，以此审慎选择是否可行。则天下之事可以广知，天下之善可以聚集到这里。而内外百官，不敢贪图安乐而不勤于政事，各尽其职。）（明史卷一百三十七）

萧用道

【题解】萧用道，泰和（今江西吉安）人。赴京应试，为靖江王府长史，召入翰林院。萧用道所陈八事，实为鉴于前任靖江王、朱赞仪之父朱守谦恣行骄纵之事而作，旨在劝谏朱赞仪，可谓用心良苦。

萧用道，泰和人。建文[①]中，擢靖江王府长史，召入翰林，修《类要》。尝为王陈八事，曰：慎起居、寡嗜欲、勤学问、养德性、简鞭扑之刑、无侵下人利、常接府僚以通群情、简择谨

厚人以备差遣。（明史卷一百三十七）

【注释】①建文（1399—1402年）：明朝第二位皇帝明惠宗朱允炆的年号，前后共四年。明成祖朱棣在靖难之役成功后废除建文年号，改建文四年（1402年）为洪武三十五年。明神宗在万历二十三年（1595年）下诏恢复建文年号。

【译文】萧用道，泰和（今江西泰和）人。建文年间，提拔为靖江王府长史，召入翰林，编修《类要》。曾对靖江王陈说八件事，这八件事分别是：行动谨慎，减少嗜欲，勤于学习，培养德性，减轻鞭打的刑罚，不要侵夺百姓的利益，时常接待僚属以此了解民情，选择谨慎笃厚之人以备派遣。（明史卷一百三十七）

滕　毅

【题解】滕毅，字仲弘。朱元璋征讨张士诚时，滕毅以儒士拜见。官至江西行省参政。曾奉命与杨训文收集古代无道之君如夏桀、纣王、秦始皇、隋炀帝所行之事进献朱元璋。

滕毅，字仲弘。太祖征吴[①]，以儒士见，留徐达幕下。寻除起居注。命与杨训文[②]集古无道之君若桀、纣、秦始皇、隋炀帝行事以进，曰："吾欲观丧乱之由，以为炯戒耳。"（明史卷一百三十八）

【注释】①吴：即吴王张士诚，元末位于江浙一带的义军领袖与地方割据势力之一。

②杨训文：明诗文家。字克明，潼川（今四川三台）人。元末为淮海书院山长，避战乱居江都。朱元璋吴元年（1364年）征为起居注，迁左司郎中。洪武时任礼部尚书、户部尚书。

【译文】滕毅，字仲弘。太祖朱元璋讨伐吴王张士诚时，他以儒士的身份拜见太祖，留在徐达幕下。不久被任命为起居注，太祖命他与杨训文收集古代不行仁道的君主像桀、纣、秦始皇、隋炀帝杨广所做之事来进献，说："我想考察祸乱的缘由，作为明显的鉴戒而已。"（明史卷一百三十八）

费　震

【题解】费震，鄱阳（今江西鄱阳）人。洪武初年，征为吉水知州，历任汉中知府、宝钞提举、户部侍郎、户部尚书、湖广布政使等职。后以老致仕。费震为政宽惠，深得民心。敢将十余万斛仓粟赈济灾民，许以秋成还仓。可谓"大人者，不失其赤子之心也"。

费震，鄱阳人。洪武初，以贤良征，为吉水知州，宽惠得民，擢知汉中。岁凶盗起，发仓粟十余万斛贷民，俾秋成还仓。盗闻，皆来归。令占宅自为保伍，得数千家。帝闻而嘉之。后坐事被逮，以有善政，特释为宝钞提举。十一年，

帝谓吏部曰："资格为常流设耳，有才能者当不次用之。"超擢者九十五人。而拜震户部侍郎，寻进尚书。（明史卷一百三十八）

【译文】费震，鄱阳（今江西鄱阳）人。洪武初年，因贤良而被征召入朝，授予吉水知州，宽厚慈惠，很得民心，提拔为汉中知府。荒年盗贼蜂起，他开粮仓把十几万斛粟借给百姓，让百姓在秋收后再还给粮仓。盗贼听说后，纷纷来归。费震命他们寻找地方盖房子自成户籍编制，获得数千家。太祖朱元璋听说后夸赞他。后来因事获罪被逮捕，因为有良好的政绩，特释为宝钞提举。洪武十一年（1378年），太祖对吏部说："资格是给凡庸之辈设立的，有才能的人可不按等次任用。"越级提升了九十五人。而任命费震为户部侍郎，不久升任尚书。（明史卷一百三十八）

钱　唐

【题解】钱唐（1314—1394年），字惟明，号白石山人，象山（今浙江宁波）人。应举明经，对策称旨，特授刑部尚书。后因反对宫中挂武则天图像而被贬寿州，不久后逝世。

钱唐为人倔强正直，正色敢言，笃信孔孟之道，维护二圣地位。曾就朱元璋罢废孟子配享孔庙之事而抗疏进谏，高呼："臣为孟轲死，死有余荣。"但即使如此，他依然没能阻止朱元璋删减

《孟子》的内容。

钱唐，字惟明，象山人。博学敦行。洪武元年，举明经。对策称旨，特授刑部尚书。二年诏孔庙春秋释奠，止行于曲阜，天下不必通祀。唐伏阙上疏言："孔子垂教万世，天下共尊其教，故天下得通祀孔子，报本之礼不可废。"侍郎程徐亦疏言："古今祀典，独社稷、三皇与孔子通祀。天下民非社稷、三皇则无以生，非孔子之道则无以立。尧、舜、禹、汤、文、武、周公，皆圣人也。然发挥三纲五常之道，载之于经，仪范百王，师表万世，使世愈降而人极不坠者，孔子力也。孔子以道设教，天下祀之，非祀其人，祀其教也，祀其道也。今使天下之人，读其书，由其教，行其道，而不得举其祀，非所以维人心、扶世教也。"皆不听。久之，乃用其言。帝尝览《孟子》，至"草芥""寇仇"语，谓"非臣子所宜言"，议罢其配享。诏："有谏者以大不敬论。"唐抗疏入谏曰："臣为孟轲死，死有余荣。"时廷臣无不为唐危。帝鉴其诚恳，不之罪。孟子配享亦旋复。然卒命儒臣修《孟子节文》云。（明史卷一百三十九）

【译文】钱唐，字惟明，象山（今浙江宁波）人。他博学笃行。洪武元年（1368年），通过明经考试。对策符合圣意，特授他为刑部尚书。洪武二年，诏令孔庙春秋释奠，只在曲阜举行，天下之人不必共同祭祀。钱唐向太祖朱元璋上书奏事说：

“孔子垂训万代，天下共尊其教，因此天下之人应该共同祭祀孔子，受恩思报之礼不可废。”侍郎程徐也上奏说：“古今祀典，唯独社稷、三皇与孔子应该共同祭祀。天下的百姓没有社稷、三皇就不能生存，没有孔子之道则无法立足。尧、舜、禹、汤、文、武、周公都是圣人，然而对三纲五常之道发扬光大，记载于经典之中，作为百王的典范，表率万世，使世代传递而人不堕落，这是得力于孔子。孔子以道而实施教化，天下都祭祀他，并非祭祀他这个人，而是祭祀他的教化，祭祀他的学说。如今让天下之人，读他所著之书，遵从其教化，大行其道，但得不到共同祭祀，这不是维系人心、扶植世教之举。”但太祖没有同意。过了很久，才采纳了他的建议。太祖朱元璋曾翻阅《孟子》，看到“君视臣如草芥，则臣视君如寇仇”这样的话，说“这些都不是臣子该说的”，建议免去他的配享，下诏说：“如有谁进谏以大不敬之罪论处。”钱唐向太祖上书直言说：“臣为孟轲而死，虽死犹荣。”当时，朝内大臣都担心他的安危。太祖因其诚恳而没有对他问罪。孟子的配享也得以恢复。然而最终命儒臣编修了《孟子节文》。（明史卷一百三十九）

茹太素

【**题解**】茹太素（？—1389年），泽州（今山西晋城）人。洪武初年举人，历任监察御史、四川按察使、刑部侍郎、刑部主事、都察院佥都御史、户部尚书等职。茹太素为人正直敢言，故而屡濒于罪，虽然朱元璋时常宽宥，但终究因犯法获罪而死。

茹太素，泽州人。七年五月召为刑部侍郎，上言："自中书省内外百司，听御史、按察使检举。而御史台未有定考，宜令守院御史一体察核。磨勘司官吏数少，难以检核天下钱粮，请增置若干员，各分为科。在外省卫，凡会议军民事，各不相合，致稽延。请用按察司一员纠正。"帝皆从之。明年，坐累降刑部主事。陈时务累万言，太祖令中书郎王敏诵而听之。中言："才能之士，数年来幸存者百无一二，今所任率迂儒俗吏。"言多忤触。帝怒，召太素面诘，杖于朝。次夕，复于宫中令人诵之，得其可行者四事。慨然曰："为君难，为臣不易。朕所以求直言，欲其切于情事。文词太多，便至荧听。太素所陈，五百余言可尽耳。"因令中书定奏对式，俾陈得失者无繁文。摘太素疏中可行者下所司，帝自序其首，颁示中外。

【译文】茹太素，泽州（今山西晋城）人。洪武七年（1374年）五月，征召他为刑部侍郎。他向太祖朱元璋上奏说："中书省内外百官，都接受御史、按察使的监督，但御史台却不确定考核制度，应当命守院御史一体审核。磨勘司官员人数太少，无法检查核实天下钱粮，请求增加若干名官员，各自分成不同科。在外省卫，凡是讨论军民之事，意见不统一，导致事情久留拖延。请求派一名按察司负责纠正。"太祖都同意了。第二年，因事受到牵连而降为刑部主事，他又陈述时事，连续数万言，太祖命中书郎王敏念给他听。其中说："有才能的士人，几年来能够幸存下来的一百人中难得有一、二人，当今任职的都是迂腐不通事理的文人和才智凡庸的官吏。"奏疏中有很多触犯太祖的言论。太祖大怒，召来茹太素亲自讯问，并在朝堂上施杖刑。第二天晚上，太祖又在宫中让侍从念茹太素的奏疏，从中得到四条可行的建议，于是感慨地说："当皇帝难，做臣子也不容易。朕之所以要求臣子直言不讳，是希望他们能了解其中的事实。文辞写得太多，便造成了混乱听闻。茹太素所呈建议，其实只用写五百多字就够了。"因此下令中书省制订奏疏的格式，保证大臣呈述奏文不会繁琐冗长。同时选择茹太素奏疏中可行的建议下发给有关部门。太祖在开头自述主旨，颁布告示于朝廷内外。

太素抗直不屈，屡濒于罪，帝时宥之。一日，宴便殿，赐之酒曰："金杯同汝饮，白刃不相饶。"太素叩首，即续韵对曰："丹诚图报国，不避圣心焦。"帝为恻然。未几，谪御史，复坐排陷詹徽[1]，与同官十二人俱镣足治事。后竟坐法死。（明史卷一百三十九）

【注释】①詹徽：字资善，徽州府婺源（今江西婺源县）人。明代洪武时期文臣，以秀才身份就任监察御史，官至太子少保、左都御史兼任吏部尚书。洪武二十六年（1393年）卷入蓝玉谋反案，被诛。

【译文】茹太素刚直不阿，多次差点被治罪，太祖都宽恕了他。有一天，太祖在别殿设宴，赐他喝酒，说："金杯同汝饮，白刃不相饶。”茹太素跪下磕头，随即续韵回答说：“丹诚图报国，不避圣心焦。”太祖听完后十分伤心。没过多久，茹太素被贬为御史，后又因排挤陷害詹徽之事受牵连，与十二位同僚一起戴着脚镣处理公务。后来茹太素因犯法获罪而被处死。（明史卷一百三十九）

叶伯巨

【题解】叶伯巨（？—1376年），字居升，宁海（今浙江宁海）人。以国子生授平遥训导。洪武九年（1376年），星象异常，叶伯巨应诏上疏，认为明朝面临三种大患，即“分封太侈，用刑太繁，求治太速”。直指朱元璋分封宗室的弊端，后果如叶伯巨所言，燕王朱棣趁靖难之役夺取天下，足见其有先见之明。但朱元璋却认为离间骨肉，逮捕叶伯巨下狱而死。世人常言：“当局者迷，旁观者清。”岂不然哉？

叶伯巨，字居升，宁海人。通经术。以国子生授平遥训导。洪武九年星变，诏求直言。伯巨上书，略曰：

臣观当今之事，太过者三：分封太侈也，用刑太繁也，求治太速也。

【译文】叶伯巨，字居升，宁海（今浙江宁波）人。通晓经学。以国子生的身份被任命为平遥训导。洪武九年（1376年），星象有异变，太祖朱元璋下令征求直言。叶伯巨上奏进言，大致是说：

臣纵观当今时事，有三大过错：分封太侈，用刑太繁，求治太速。

先王之制，大都不过三国之一，上下等差，各有定分，所以强干弱枝，遏乱源而崇治本耳。今裂土分封，使诸王各有分地，盖惩宋、元孤立，宗室不竞之弊。而秦、晋、燕、齐、梁、楚、吴、蜀诸国，无不连邑数十。城郭宫室亚于天子之都，优之以甲兵卫士之盛。臣恐数世之后，尾大不掉，然后削其地而夺之权，则必生觖望。甚者缘间而起，防之无及矣。议者曰："诸王皆天子骨肉，分地虽广，立法虽侈，岂有抗衡之理？"臣窃以为不然。何不观于汉、晋之事乎？孝景，高帝之孙也；七国诸王，皆景帝之同祖父兄弟子孙也。一削其地，则遽构兵西向。晋之诸王，皆武帝亲子孙也，易世之后，迭相攻伐，遂成刘、石[①]之患。由此言之，分封逾制，祸患立生。援古证今，昭昭然矣。此臣所以为太过者也。

【注释】①刘、石：指刘渊、石勒。刘渊，字元海，新兴郡（今山西忻州北）人，匈奴族。五胡十六国时期前赵开国皇帝，匈奴首领冒顿单于的后代。石勒，字世龙，小字訇勒，羯族，上党武乡（今山西榆社）人。部落小帅石周曷朱之子，十六国时期后赵建立者，史称后赵明帝。

【译文】先王的制度，国中最大的城邑不能超过国都的三分之一，自上而下各有等级差别，各有固定的名分，所以加强树干，削弱枝叶，以此遏止祸乱的根源而推崇治理的根本。如今裂土分封，使诸王各有分地，大概是出于对宋、元的孤立，宗室不振弊病的警戒。而秦、晋、燕、齐、梁、楚、吴、蜀等国，无不是连邑数十。城郭宫室仅次于天子之都，拥有充足、强盛的甲兵卫士。臣忧虑几代以后，尾大不掉，然后再削夺诸王的封地并收回他们的权力，则必定因不满而生怨恨之心。更严重的是诸王可能会起兵伐主，到那时再防范就来不及了。议论的人说："诸王都是天子的骨肉，分地虽广，立法虽侈，怎能有抗衡之理呢？"臣私下里认为不是这样。为何不回顾汉、晋的旧事呢？汉孝景帝刘启是高祖刘邦之孙，七国的封王都是景帝同祖父兄弟的子孙。然而一旦削夺他们的分地，则急速举兵西向。晋代的诸王，都是武帝司马炎的亲生子孙，改朝换代以后，相继攻伐，于是造成了刘渊、石勒之乱。这样说来，分封违反制度，祸患就会产生，引述古事来证明今事，就很清楚了。这就是臣认为分封太侈是一大过错的原因所在。

昔贾谊劝汉文帝，尽分诸国之地，空置之以待诸王子孙。向使文帝早从谊言，则必无七国之祸。愿及诸王未之国之先，节其都邑之制，减其卫兵，限其疆理，亦以待封诸王之子孙。此制一定，然后诸王有贤且才者入为辅相，其余世为藩屏，与国同休。割一时之恩，制万世之利，消天变而安社稷，莫先于此。

【译文】从前贾谊劝说汉文帝刘恒，分尽诸国之地，闲置其地以此来等候诸王子孙。假如文帝尽早采纳贾谊的建议，则必定不会有七国之祸了。希望在诸王并未巩固统治之前，就限制其都邑的规模，减少其卫兵的人数，划定其疆界，也可用来分封诸王的子孙。此制度一定，然后诸王中有贤德且有才华的入朝任辅相，其余的世代为屏障，与国家同享福禄。割舍一时之恩，制定万世之利，消除叛乱而安定国家社稷，无不是从此处着手。

臣又观历代开国之君，未有不以任德结民心，以任刑失民心者。国祚长短，悉由于此。古者之断死刑也，天子撤乐减膳，诚以天生斯民，立之司牧，固欲其并生，非欲其即死。不幸有不率教者入于其中，则不得已而授之以刑耳。议者曰："宋、元中叶，专事姑息，赏罚无章，以致亡灭。主上痛惩其弊，故制不宥之刑，权神变之法，使人知惧而莫测其端也。"臣又以为不然。开基之主垂范百世，一动一静，必使子孙有所持守。况刑者，民之司命，可不慎欤？夫笞、杖、徒、流、死，今之五刑也。用此五刑，既无假贷，一出乎大公至正可也。而用刑之际，多裁自圣衷，遂使治狱之吏务趋求意旨。深刻者多功，平反者得罪。欲求治狱之平，岂易得哉？近者特旨，杂犯死罪，免死充军。又删定旧律诸则，减宥有差矣。然未闻有戒敕治狱者务从平恕之条。是以法司犹循故例。虽闻宽宥之名，未见宽宥之实。所谓实者，诚在主上，不在臣下也。故必有罪疑惟轻之意，而后好生之德洽于民心，此非可以浅浅期也。

【译文】臣又纵观历代的开国之君，无一不是以任德结民心，以任刑而失民心的。国运长短，都由此决定。古代的圣贤决断死刑，天子减膳撤乐，的确是因天下百姓，而设立地方官员，本意是想让百姓好好活着，而不是想他们去死。不幸的是有不遵从教导的人犯了罪，则不得已而动用刑罚。议论的人说："宋、元中叶，专事苟且求安，赏罚没有章法，以致灭亡。主上严加惩戒弊病，所以制定了严刑峻法，权衡神变之法，让人懂得害怕而无法揣测其中的缘由。"臣又认为不是这样。开国之主为子孙垂示范例，一动一静，必定让子孙坚持操守。况且刑罚，关系着天下黎民百姓的性命，怎能不慎重呢？笞、杖、徒、流、死等刑，是当今的五种刑罚。使用这五种刑罚，不会对人宽宥，如果完全出于秉公办理，毫不偏心是可以的。然而用刑罚的时候，大多是由圣上的心意决定，于是使得审理案件的官吏必揣度圣上的旨意。符合圣意的功劳就大，不合圣意的就会因此获罪。想寻求审理案件的公平，哪能这么容易啊？近者特旨，杂犯死罪，免死充军，又删定旧律诸则，减罪放刑各有区别。然而没听说有告诫审理案件的官吏务必持平宽仁的条例，这是法司遵循了旧例。虽然听说过宽宥这个名称，但没有见过宽宥的事实。所说的事实，诚在主上，而不在于臣下。所以一定要有罚罪有疑问就从轻发落的意思，而后来这种好生的美德，才能融入百姓的心中，这不是件容易的事。

何以明其然也？古之为士者，以登仕为荣，以罢职为辱。今之为士者，以混迹无闻为福，以受玷不录为幸，以屯田工役为必获之罪，以鞭笞捶楚为寻常之辱。其始也，朝廷取天下之士，网罗捃摭，务无余逸。有司敦迫上道，如捕重囚。比到京师，而除官多以貌选。所学或非其所用，所用或非其所学。洎乎居官，一有差跌，苟免诛戮，则必在屯田工役之科。率是为常，不少顾惜，此岂陛下所乐为哉？诚欲人之惧而不敢犯也。窃见数年以来，诛杀亦可谓不少矣，而犯者相踵。良由激劝不明，善恶无别。议贤议能之法既废，人不自励，而为善者怠也。有人于此，廉如夷、齐[①]，智如良、平[②]，少戾于法。上将录长弃短而用之乎？将舍其所长、苛其所短而置之法乎？苟取其长而舍其短，则中庸之材争自奋于廉智。倘苛其短而弃其长，则为善之人皆曰：某廉若是，某智若是，朝廷不少贷之，吾属何所容其身乎！致使朝不谋夕，弃其廉耻，或事掊克，以备屯田工役之资者，率皆是也。若是非用刑之烦者乎？

【注释】①夷、齐：指伯夷、叔齐，是商末孤竹君的两位王子。相传孤竹君遗命立三子叔齐为君。孤竹君死后，叔齐让位给伯夷，伯夷不受；叔齐尊天伦，也未继位，二人先后前往周国考察。周武王伐纣，二人扣马谏阻。武王灭商后，他们耻食周粟，采薇而食，饿死于首阳山。

②良、平：指张良、陈平，二人是汉高祖刘邦的谋臣，汉朝的开国元勋。

【译文】怎么知道事情是这样的呢？古代的士人，以入朝做官为荣，以丢官罢职为辱。当今的士人，以默默无闻为福，以有过失不被录用为幸，以屯田工役为必获之罪，以鞭笞捶楚为寻常之辱。起初，朝廷召请天下士人，四处张罗，务求没有遗漏，有关部门催逼他们上路，就像逮捕犯有重罪的囚犯。到了京师，又多以貌授官，所学非所用，所用又非所学。到了任官后，一有差错，虽姑且免受杀戮，则必然在屯田工役之列。习以为常，得不到爱惜，这难道是陛下乐意这么做的吗？诚然，这样做是希望人们惧怕而不敢再犯。我私下观察这几年以来，已经诛杀不少人了，而犯罪的却接连不断的有。原因在于激发鼓励不明确，善恶没有区别。议贤议能之法已经废除，人不自我激励，而行善的人已经厌倦了。有人如此，清廉如同伯夷、叔齐，智慧如同张良、陈平，有轻微犯法的罪过，陛下能弃短取长重用他吗？或者是舍其所长、苛其所短而用法律制约吗？如果采用长处而舍弃短处，则中庸之才争相用廉洁智慧自我勉励。倘若苛其短而弃其长，则行善的人都说：某某如此廉洁，某某有智慧，朝廷都不会给予一丝宽恕，我辈哪会有安身之地呢？致使朝不虑夕，弃其廉耻，做搜刮民财之事，为屯田工役作资金准备，大都如此。像这样难道不是施用刑罚过于烦苛的结果吗？

汉尝徙大族于山陵矣，未闻实之以罪人也。今凤阳皇陵所在，龙兴之地，而率以罪人居之，怨嗟愁苦之声充斥园邑，殆非所以恭承宗庙意也。且夫强敌在前，则扬精鼓锐，攻之必克，擒之必获，可也。今贼突窜山谷，以计求之，庶或可得。顾劳重兵，彼方惊散，入不可踪迹之地。捕之数年，既无其方，而乃归咎于新附户籍之细民，而迁徙之。骚动数千里之地，室家不得休居，鸡犬不得宁息。况新附之众，向者流移他所，朝廷许其复业。今附籍矣，而又复迁徙，是法不信于民也。夫户口盛而后田野辟，赋税增。今责守令年增户口，正为是也。近者已纳税粮之家，虽承旨分释还家，而其心犹不自安。已起户口，虽蒙怜恤，而犹见留开封祗候。讹言惊动，不知所出。况太原诸郡，外界边境，民心如此，甚非安边之计也。臣愿自今朝廷宜存大体，赦小过。明诏天下，修举"八议"之法，严禁深刻之吏。断狱平允者超迁之，残酷裒敛者罢黜之。凤阳屯田之制，见在居屯者，听其耕种起科。已起户口、见留开封者，悉放复业。如此则足以隆好生之德，树国祚长久之福。而兆民自安，天变自消矣。

【译文】汉代曾把大族迁到山陵，但没有听说以罪人充当守陵者的。现在的凤阳，本是皇陵所在，龙兴之地，但住的都是罪人，怨恨愁苦之声充斥县邑，这完全不是敬奉宗庙的本意。如果强敌在前，则应该打起精神，鼓舞士气，攻之必克，擒之必获，这是可以的。如今贼寇在山谷中流窜，用计策攻敌，或许还能消灭。但动用重兵，贼寇就会因受惊而逃散，逃入不可寻踪的地方。追捕数年，无计可施，只好把过错归于新附入户籍的百姓，而把他们迁徙到远方。骚动数千里，使他们不能在家安居，鸡犬不宁。况且新附入的百姓，归附时已流亡到其他地方，朝廷允许他们恢复常业。现在已附入本地户籍了，而又让他们迁徙出去，这是法令失信于民了。户口兴盛了，然后田地得以开垦，赋税就会增加。现在责令守令每年增加户口，正为如此。近来已缴纳税粮之家，虽承旨分批释放还家，但心却不能安定。已被纳入户口，虽蒙受怜悯，而仍滞留在开封衙役，讹言惊动，不知道该怎么办。何况太原诸郡，正是边境所在，民心如此，这绝对不是安定边境的计谋。臣希望从今以后，朝廷应从大局出发，赦免小过。明诏天下，恢复"八议"之法，严禁苛刻的官吏。断案公平的应越级升迁，残酷敛财的应罢免官职。凤阳屯田之制，被留居屯种的，任凭他们耕种交税。已被纳入户口、滞留开封的，全都让他们返回恢复常业。这样则足以兴盛陛下的好生之德，树立国运长久之福，而使百姓自谋安乐，天变自会消除。

昔者周自文、武至于成、康，而教化大行；汉自高帝至于文、景，而始称富庶。盖天下之治乱，气化之转移，人心之趋向，非一朝一夕故也。今国家纪元，九年于兹，偃兵息民，天下大定。纪纲大正，法令修明，可谓治矣。而陛下切切以民俗浇漓，人不知惧，法出而奸生，令下而诈起。故或朝信而暮猜者有之；昨日所进，今日被戮者有之。乃至令下而寻改，已赦而复收。天下臣民莫之适从。臣愚谓天下之趋于治，犹坚冰之泮也。冰之泮，非太阳所能骤致。阳气发生，土脉微动，然后得以融释。圣人之治天下，亦犹是也。刑以威之，礼以导之，渐民以仁，摩民以义，而后其化熙熙。孔子曰："如有王者，必世而后仁。”此非空言也。

【译文】过去周朝自文王、武王到成王、康王，而教化广为推行；汉朝自高祖到文帝、景帝，才称得上富庶。天下的安定与动乱，世事的变迁，人心的归向，这不是一朝一夕造成的。如今国家纪元，已经过了九年，偃兵息民，天下大定，纪纲大正，法令修明，可以说是天下大治了。而陛下认为世风淡薄，人不知道害怕，法令制定而奸邪产生，法令下达而欺骗兴起。所以，有人早上被信任而晚上受猜忌；也有人昨天才被提拔，今日就被杀了。致使政令下达后不久又更改，已经赦免了又收回，天下臣民不知怎么办才好。臣认为天下趋于大治，就像坚冰在融化。冰的融化，不是太阳照射突然导致的，而是阳气发生，土脉微动，然后才使坚冰得以融化。圣人治理天下，也是如此。用刑罚威慑，用礼仪疏导，用仁德感化，用仁义教导，然后百姓的教化振兴。孔子说：“如果有王者兴起，也一定要在三十年之后才能推行仁政。”这不是一句空话。

求治之道，莫先于正风俗；正风俗之道，莫先于守令知所务；使守令知所务，莫先于风宪[①]知所重；使风宪知所重，莫先于朝廷知所尚。古郡守、县令，以正率下，以善导民，使化成俗美。征赋、期会、狱讼、簿书，固其末也。今之守令以户口、钱粮、狱讼为急务；至于农桑、学校，王政之本，乃视为虚文而置之，将何以教养斯民哉？以农桑言之，方春州县下一白帖，里甲回申文状而已，守令未尝亲视种艺次第、旱涝戒备之道也。以学校言之，廪膳诸生，国家资之以取人才之地也。今四方师生，缺员甚多。纵使具员，守令亦鲜有以礼让之实作其成器者。朝廷切切于社学，屡行取勘师生姓名、所习课业。乃今社镇城郭，或但置立门牌，远村僻处则又徒存其名，守令不过具文案、备照刷而已。上官分部按临，亦但循习故常，依纸上照刷，未尝巡行点视也。兴废之实，上下视为虚文。小民不知孝弟忠信为何物，而礼义廉耻扫地矣。风纪之司，所以代朝廷宣导德化，访察善恶。听讼谳狱，其一事耳。今专以狱讼为要。忠臣、孝子、义夫、节妇，视为末节而不暇举，所谓宣导风化者安在哉？其始但知以去一赃吏、决一狱讼为治，而不知劝民成俗，使民迁善远罪，乃治之大者。此守令风宪未审轻重之失也。

【注释】①风宪：古代御史掌纠弹百官，正吏治之职，故以“风宪”称御史。

【译文】治理天下之道，就要先更正风俗。更正风俗之道，就要先让守令了解政务；让守令了解政务，就要先让御史知所重；让御史知所重，就要先让朝廷知所尚。古代的郡守、县令，都以身作则，以善导民，使得教化形成，风俗美善。征赋、期会、狱讼、簿书，这些都是枝末。如今守令以户口、钱粮、狱讼为急务，至于农桑、学校，这些王政的根本，却被视为空话而放置不管，这又将如何教养百姓呢？以农桑为例，春季州县下发一白帖，里甲只是回报一文状而已，守令不曾亲自过问种艺次第、旱涝戒备。又以学校为例，为诸生发放膳食津贴，这是国家资助的用来培养人才的地方。当今四方师生，有很多缺员，即使满员，守令也很少以礼贤下士的实际行动来帮助人才成器。朝廷对社学十分迫切，多次查核师生姓名和他们所学习的功课。现在社镇城郭，有的只是置立门牌，僻远的山村就只徒有虚名，守令不过是出具文案、以备查核而已。上面的官吏分部巡视，也只是因循旧例，依据纸面上的清查结果，不曾巡行视察。兴废之实，上下都视为空话。百姓不知孝悌忠信是什么，而礼义廉耻也被丢光了。管风纪的部门，是代朝廷宣导德化、访察善恶的。听讼断狱，只是它的一项职责而已。如今却专以狱讼为重。忠臣、孝子、义夫、节妇，都被视为小节而无暇顾及，所说的宣导风化的人又在哪里呢？只知道以铲除一赃吏、决断一诉讼为治，而不知道劝说百姓形成良好的风俗，使百姓向善而远离罪恶，这才是大治的根本。这些是守令、御史没有审视轻重的过错。

《王制》论乡秀士升于司徒曰“选士”，司徒论其秀士而升于太学曰“俊士”，大乐正又论造士之秀升之司马曰“进士”，司马辨论官材，论定，然后官之；任官，然后爵之。其考之之详若此，故成周得人为盛。今使天下诸生考于礼部，升于太学，历练众职，任之以事，可以洗历代举选之陋，上法成周。然而升于太学者，或未数月，遽选入官，间或委以民社。

臣恐其人未谙时务，未熟朝廷礼法，不能宣导德化，上乖国政，而下困黎民也。开国以来，选举秀才不为不多，所任名位不为不重，自今数之，在者有几？臣恐后之视今，亦犹今之视昔。昔年所举之人，岂不深可痛惜乎！凡此皆臣所为求治太速之过也。

【译文】《礼记·王制》把选举乡秀士推荐给司徒称为“选士”，司徒把秀士升至太学称为“俊士”，大乐正又把造士之秀举荐给司马称为“进士”，司马考察做官者的才能，考察好后再任命官职，任命官职以后再给爵位。考察如此详细，所以成周任用人才盛极一时。如今使天下诸生考于礼部，升于太学，历练众职，委以职事，可以去除历代推举选拔人才的弊端，效法成周选贤之道。然而对于升入太学的，可能用不了几个月，就被选入任官，或者委任到地方。我担心这样的人不了解时务，也不熟悉朝廷的礼法，并不能宣传引导道德教化，对上违背国政，对下危害百姓。开国以来，选举了很多次秀才，委任了很多重要的名位，而今数一数，在任的又有多少呢？我担心后人看现在，也正如同我们今天看过去一样。当年所选举的人才，难道不极为痛惜吗？这些都是臣子所做的求治太速犯下的过错！

昔者宋有天下盖三百余年。其始，以礼义教其民，当其盛时，闾阎里巷皆有忠厚之风，至于耻言人之过失。洎乎末年，忠臣义士视死如归，妇人女子羞被污辱，此皆教化之效也。元之有国，其本不立，犯礼义之分，坏廉耻之防。不数十年，弃城降敌者不可胜数，虽老儒硕臣甘心屈辱。此礼义廉耻不振之弊。遗风流俗至今未革，深可怪也。臣谓，莫若敦仁义，尚廉耻。守令则责其以农桑、学校为急，风宪则责其先教化、审法律，以平狱缓刑为急。如此，则德泽下流，求治之道庶几得矣。郡邑诸生升于太学者，须令在学肄业，或三年，或五年，精通一经，兼习一艺，然后入选。或宿卫，或办事，以观公卿大夫之能，而后任之以政，则其学识兼懋，庶无败事。且使知禄位皆天之禄位，而可以塞觊觎之心也。治道既得，陛下端拱穆清，待以岁月，则阴阳调而风雨时，诸福吉祥莫不毕至。尚何天变之不消哉？

【译文】从前宋朝拥有天下三百多年。开国之初，用礼义教化百姓，当国家强盛时，闾阎里巷都有忠诚宽厚的风尚，甚至羞于谈论人的过失。等到末年，忠臣义士视死如归，妇人女子羞于被污辱，这些都是教化的结果。元朝建立以后，没有树立国本，官员百姓都不懂得礼义廉耻。不过数十年，弃城降敌的人数不胜数，即使老儒硕臣也甘心受侮辱，这是礼义廉耻不兴的弊病。遗风流俗直到今日仍没有革除，这就很奇怪了。我认为不如敦促仁义，崇尚廉耻。责令守令以农桑、学校为急务，责令风宪先教化、审法律，以平狱缓刑为急务。这样则恩泽下布，求治之道或许可以得到。郡邑诸生升入太学的，必须令其在学肄业，或者三年，或者五年，要求他们精通一经，兼习一艺，然后入选为官。或者宿卫，或者办事，以此考察公卿大夫的才能，而后委以政务，则其学识兼备，确保做事不会出错。并且使他知道禄位都是上天所授的禄位，这样便可以堵塞非分之想。治道既得，陛下就可以闲适自得、太平祥和，以待岁月流逝，则阴阳和顺而风雨及时，诸福吉祥没有不来的，又何愁天变不消失呢？

书上，帝大怒曰：“小子间吾骨肉，速逮来，吾手射之！”既至，丞相乘帝喜以奏，下刑部狱。死狱中。

【译文】奏书呈上，太祖大怒说：“这小子离间我骨肉，速速抓来，我要亲手射杀了他！”叶伯巨被带到后，丞相乘太祖高兴时奏请，伯巨被投入刑部牢狱，最终死在狱中。

先是，伯巨将上书，语其友曰：“今天下惟三事可患耳，其二事易见而患迟，其一事难见而患速。纵无明诏，吾犹将言之，况求言乎？”其意盖谓分封也。然是时诸王止建藩号，未曾裂土，不尽如伯巨所言。迨洪武末年，燕王屡奉命出塞，势始强。后因削夺称兵，遂有天下，人乃以伯巨为先见云。（明史卷一百三十九）

【译文】起初，叶伯巨打算上奏书时，就对他的友人说：“当今天下只有三件事可以令人担忧，其中两件事容易看出但祸患来得晚，另一件事很难预见但祸患来得快。纵使没有明诏，但我仍准备上书，更何况是皇上有诏令呢？”他的话意大概说的是分封。然而当时的诸王只限于有藩号，不曾分封土地，不完全像叶伯巨所说的那样。到了洪武末年，燕王朱棣多次奉命出使塞外，势力变强。之后朱棣因削夺而举兵，于是夺取天下，人们才认为叶伯巨有先见之明。（明史卷一百三十九）

周敬心

【题解】周敬心，山东人，太学生。洪武二十五年（1392年），朱元璋下诏寻求通晓历数之人。周敬心应诏上疏极谏，且言及时政数事，直言朱元璋为政薄德，苛役任刑。周敬心虽是冒死直谏，但是朱元璋却仅批复知道了。

周敬心，山东人，太学生也。洪武二十五年，诏求晓历数者，敬心上疏极谏，且及时政数事。略曰：

臣闻国祚长短，在德厚薄，不在历数。三代尚矣，三代而下，最久莫如汉、唐、宋，最短莫如秦、隋、五代。其久也以有道，其短也以无道。陛下膺天眷命，救乱诛暴。然神武威断则有余，宽大忠厚则不足。陛下若效两汉之宽大，唐、宋之忠厚，讲三代所以有道之长，则帝王之祚可传万世，何必问诸小道之人耶？

【译文】周敬心，山东人，太学生。洪武二十五年（1392年），诏令访求通晓历法、天运和气数的人，周敬心上疏极力进谏，并且谈及几件时政。大致说：

臣听说国运长短，在于德政的厚薄，不在于历数。三代久矣，三代以下，时间最长的莫过于汉、唐、宋，时间最短的莫过于秦、隋、五代，长久是因为有道，短命是因为无道。陛下奉天承运，救乱诛暴，然而神武决断绰绰有余，宽大忠厚却不足。陛下假如能效法两汉的宽大，唐、宋的忠厚，研究三代之所以有道而长久的原因，则帝王之运可以流传万世，又何必询问那些旁门左道的人呢？

臣又闻陛下连年远征，北出沙漠，为耻不得传国玺耳。昔楚平王①时，琢卞和之玉，至秦始名为“玺”，历代递嬗，以讫后唐。治乱兴废，皆不在此。石敬瑭②乱，潞王③携以自焚，则秦玺固已毁矣。敬瑭入洛，更以玉制。晋亡入辽，辽亡遗于桑乾河。元世祖时，札剌尔者渔而得之。今元人所挟，石氏玺耳。昔者三代不知有玺，仁为之玺，故曰：“圣人大宝曰位，何以守位曰仁。”陛下奈何忽天下之大玺，而求汉、唐、宋之小玺也？

【注释】①楚平王：芈姓，熊氏，名弃疾，继位后改名居，又称陈公、蔡公，是楚共王幼子，楚灵王弟，春秋时期楚国国君（前528—前516年在位）。

②石敬瑭：山西太原市人，沙陀族。五代十国时期后晋开国皇帝。

③潞王：即李从珂，本姓王，小字二十三，镇州平山（今河北平山）人，五代时期后唐末代皇帝，明宗李嗣源养子。即帝位后，因无力抵挡石敬瑭与大辽军队的进攻，自焚于洛阳。

【译文】臣又听说陛下连年远征，北出沙漠，是因为耻于得不到传国玉玺。当年楚平王时，雕琢卞和所献之玉，到了秦代才开始称为"玺"，历代更替，直到后唐。治乱兴废，都不在此。石敬瑭叛乱，潞王李从珂携玉玺自焚，则秦代玉玺确实已被毁灭了。石敬瑭进入洛阳，更换了玉重新制作。晋朝灭亡，玉玺落入辽朝，辽朝灭亡后玉玺被遗失在桑干河。元世祖忽必烈时，札剌尔人捕鱼而获得玉玺。如今元人所拿的，只是石氏的玉玺罢了。当年三代不知道有玉玺，仁就是玉玺，所以说："圣王最贵重的珍宝在于位，用什么来守住位叫做仁。"陛下为什么忽视天下的大玺，而追求汉、唐、宋的小玺啊？

方今力役过烦，赋敛过厚。教化溥而民不悦；法度严而民不从。昔汲黯[①]言于武帝曰："陛下内多欲而外施仁义，奈何欲效唐、虞之治乎？"方今国则愿富，兵则愿强，城池则愿高深，宫室则愿壮丽，土地则愿广，人民则愿众。于是多取军卒，广籍资财，征伐不休，营造无极，如之何其可治也？臣又见洪武四年录天下官吏，十三年连坐胡[②]党，十九年逮官吏积年为民害者，二十三年罪妄言者。大戮官民，不分臧否。其中岂无忠臣、烈士、善人、君子？于兹见陛下之薄德而任刑矣。水旱连年，夫岂无故哉？

言皆激切。报闻。（明史卷一百三十九）

【注释】①汲黯：西汉名臣。字长孺，濮阳（今河南濮阳）人。汉景帝时因为父亲的原因任太子洗马。汉武帝时期，初为谒者，后来出京做官为东海太守，有政绩。被召为主爵都尉，列于九卿。

②胡：指胡惟庸，濠州定远（今属安徽）人，与李善长同乡，与张昶为友。明朝开国功臣，最后一任中书省丞相。因被疑叛乱，爆发了胡惟庸案，后被朱元璋处死。

【译文】如今力役过于烦琐，赋敛过于繁重，教化广而民不悦，法度严而民不从。当年汲黯对汉武帝刘彻说："陛下的心中多欲望，而外施仁义，又怎么能效仿唐尧、虞舜的治事之道呢？"如今希望国家富强，兵力强盛，城池高深，宫室壮丽，土地广阔，人口众多。于是多召军卒，广敛资财，征伐不止，营造无限，如此这样又怎么会实现大治呢？臣又见洪武四年（1371年）录用天下官吏，十三年（1380年）连坐胡惟庸余党，十九年（1386年）逮捕多年危害百姓的官吏，二十三年（1390年）对妄言者论罪。大肆杀害官民，不分好坏。他们当中难道没有忠臣、烈士、善人、君子吗？由此可见陛下轻视德行而重用刑罚。连年水旱，难道没有原因吗？

由于言辞激烈直率，太祖朱元璋只批复说知道了。（明史卷一百三十九）

方孝孺

【题解】方孝孺（1357—1402年），字希直，一字希古，号逊志，宁海（今浙江宁海）人。师从宋濂，常常以明王道、致太平为己任。洪武二十五年（1392年），授为汉中教授。惠帝即位，召为翰林侍讲，后升至侍讲学士。后因戳穿燕王朱棣仿照周公辅佐成王之伪言，且不肯草拟即位诏书而被凌迟处死，并成为中国历史上株连十族的人。孔子云："志士仁人，无求生以害仁，有杀身以成仁。"方孝孺可以说是一位"杀身成仁"之人。

方孝孺，字希直，一字希古，宁海人。孝孺幼警敏，双眸炯炯，读书日盈寸，乡人目为"小韩子"。长从宋濂学，濂门下知名士皆出其下。恒以明王道、致太平为己任。

【译文】方孝孺，字希直，一字希古，宁海（今浙江宁波）人。方孝孺小时候机警敏捷，目光炯炯有神。读书每天可读一寸厚的页数，同乡人都称他为"小韩子"。长大后，师从宋濂学习，但宋濂门下的知名学士都不如他。常以彰明王道、实现太平为己任。

洪武十五年，以吴沉、揭枢荐，召见。太祖喜其举止端整，谓皇太子曰："此庄士，当老其才。"及惠帝[1]即位，召为翰林侍讲。明年迁侍讲学士，国家大政事辄咨之。

【注释】①惠帝：即朱允炆，明朝第二位皇帝，明太祖朱元璋之孙、懿文太子朱标次子，1398—1402年在位，年号建文，故后世称建文帝。

【译文】洪武十五年（1382年），因吴沉、揭枢的举荐，方孝孺得到太祖朱元璋的召见。太祖欣赏他举止端庄整齐，对皇太子说："这是位正人君子，应当敬重他的才华。"到了惠帝朱允炆即位，任命方孝孺为翰林侍讲。第二年升任侍讲学士，国家重大的政事常常向他咨询。

燕兵起，廷议讨之，诏檄皆出其手。燕兵入，帝自焚。是日，孝孺被执下狱。

【译文】燕王朱棣起兵，朝廷商议征讨策略，诏令、檄文都出自方孝孺之手。燕军入城，建文帝朱允炆自焚而死。当日，方孝孺被逮捕入狱。

先是，成祖发北平，姚广孝[①]以孝孺为托，曰："城下之日，彼必不降，幸勿杀之。杀孝孺，天下读书种子绝矣。"成祖颔之。至是欲使草诏。召至，悲恸声彻殿陛。成祖降榻，劳曰："先生毋自苦，予欲法周公辅成王耳。"孝孺曰："成王安在？"成祖曰："彼自焚死。"孝孺曰："何不立成王之子？"成祖曰："国赖长君。"孝孺曰："何不立成王之弟？"成祖曰："此朕家事。"顾左右授笔札，曰："诏天下，非先生草不可。”孝孺投笔于地，且哭且骂曰：“死即死耳，诏不可草。”成祖怒，命磔诸市。孝孺慨然就死，作绝命词曰：“天降乱离兮孰知其由，奸臣得计兮谋国用犹。忠臣发愤兮血泪交流，以此殉君兮抑又何求？呜呼哀哉兮庶不我尤！”时年四十有六。（明史卷一百四十一）

【注释】①姚广孝：幼名天僖，法名道衍，字斯道，又字独闇，号独庵老人、逃虚子。长洲（今江苏苏州）人。明朝政治家、佛学家、文学家，靖难之役的主要策划者，是我国历史上著名的“黑衣宰相”。

【译文】起初，成祖朱棣发兵北平（今北京），姚广孝把方孝孺托付给成祖，说：“兵临城下之日，方孝孺必定不肯投降，请不要杀了他。如果杀了方孝孺，天下读书的种子就会灭绝了。”成祖点头答应了。攻城后，想让方孝孺草拟即位诏书。方孝孺被召进宫后，痛哭之声响彻大殿。成祖从坐榻下来安慰他说：“先生不要自寻痛苦，我不过是想效法周公辅佐成王罢了。”方孝孺说：“成王在哪里呢？”成祖说：“他已自焚而死。”方孝孺说：“为什么不拥立成王的儿子呢？”成祖说：“国家应依靠年长的君王。”方孝孺说：“为什么不拥立成王的弟弟呢？”成祖说：“这是朕的家事。”让左右侍从把纸笔拿给他，说：“诏告天下，非先生起草诏书不可。”方孝孺把笔扔到地上，又哭又骂说：“死就死吧，诏书我是不会起草的。”成祖大怒，命令拉他到集市上处以磔刑。方孝孺慷慨就义，作绝命词说：“天降大乱啊，谁又知道其中的缘由，奸臣用计谋夺取国家。忠臣发愤啊血泪交流，以身来殉君又有何求？呜呼哀

哉！或许不会怪我吧。”当时方孝孺年仅四十六岁。（明史卷一百四十一）

周是修

【题解】周是修（1354—1402年），名德，以字行，泰和（今江西泰和）人。洪武末年，应举明经，为霍丘训导。历任周王府纪善、衡王府纪善等职。后因燕王朱棣攻入南京，在应天府学尊经阁上吊自杀，享年49岁。

周是修为人外和内刚，志向操守卓绝超群。精通百家，著述颇丰。世人称其“节足以励世，文足以传后”。

周是修，名德，以字行，泰和人。洪武末，举明经，为霍丘训导。太祖问家居何为。对曰：“教人子弟，教弟力田。”太祖喜，擢周府奉祀正。

【译文】周是修，名德，以字行于世，泰和（今江西泰和）人。洪武末年，考中明经，任霍丘训导。太祖朱元璋问他在家做什么事。周是修回答说：“教人子弟，孝顺父母，敬爱兄长，努力耕田。”太祖听后很高兴，将他提拔为周王府奉祀正。

燕兵渡淮，与萧用道上书指斥用事者。用事者怒，共挫折之，是修屹不为动。是修外和内刚，志操卓荦。非其义，一介不苟得也。尝曰：“忠臣不计得失，故言无不直；烈女不虑死生，故行无不果。”尝辑古今忠节事为《观感录》。其学自经史百家，阴阳医卜，靡不通究。为文援笔立就而雅赡条达。（明史卷一百四十三）

【译文】燕兵渡过淮河时，周是修与萧用道上奏书斥责当政者。当政者大怒，一起凌辱他们，周是修态度坚定，不可动摇。周是修外表和蔼内心刚强，志向和操守超出常人，与众不同，如果不符合大义，不该自己得的一分一毫也不取。他曾说：“忠臣不计较个人得失，因此所出之言无不刚直；烈女不考虑生死，因此行动无不果敢。”曾把古今忠贞而有节操的事迹编写成《观感录》。他的学问，从经史百家，阴阳医卜，无不精通，而且下笔成章，文辞典雅富丽，条理通达。（明史卷一百四十三）

王叔英

【题解】王叔英（？—1402年），字原采，黄岩（今浙江台州）人。洪武年间，与方孝孺举荐于朝，王叔英却辞官归乡。洪武二十年（1387年）推举为仙居训导，改任德安教授。后升至汉阳知县，在任多有德政。惠帝在位时，召为翰林修撰。后燕王朱棣攻入南京，在元妙观银杏树下上吊自杀。王叔英与方孝孺不同，思想较为开明，不拘泥古制，注重实际。反对方孝孺推行井田制，认为：“难行而行，则从之也难，而民受其患。”

王叔英，字原采，黄岩人。二十年以荐为仙居训导，改德安教授。迁汉阳知县，多惠政。

【译文】王叔英，字原采，黄岩（今浙江温岭）人。洪武二十年（1387年）被推举为仙居训导，改任德安教授。后迁任汉阳知县，任职期间多有德政。

建文时，召为翰林修撰。上《资治八策》，曰："务问学、谨好恶、辨邪正、纳谏诤、审才否、慎刑罚、明利害、定法制。"皆援证古今，可见之行事。又曰："太祖除奸剔秽，抑强锄梗，如医去病，如农去草。去病急或伤体肤，去草严或伤禾稼。病去则宜调燮其血气，草去则宜培养其根苗。"帝嘉纳之。

【译文】建文年间，王叔英被征召为翰林修撰。曾呈上《资治八策》，说："致力求学，谨慎好恶，分辨邪正，采纳忠言，审查才能，审慎用刑，辨清利害，确定法制。"都引证古今可以见到的具体事例。又说："太祖除掉奸人剔除烦秽，压制豪强清除阻塞，如同医生去除病症，如同农夫拔除杂草。治病太急就可能伤害身体发肤，锄草太严格就可能损伤禾稼。想把病治好就应该调理气血，要拔除杂草就应该培养根苗。"惠帝朱允炆高兴地采纳了他的建议。

叔英与孝孺友善，以道义相切劘。建文初，孝孺欲行井田。叔英贻书曰："凡人有才固难，能用其才尤难。子房于汉高，能用其才者也；贾谊于汉文，不能用其才者也。子房察高帝可行而言，故高帝用之，一时受其利。虽亲如樊、郦①，信如平、勃②，任如萧、曹③，莫得间焉。贾生不察而易言，且言之太过，故绛、灌④之属得以短之。方今明良相值，千载一时。但事有行于古，亦可行于今者，夏时周冕之类是也。有行于古，不可行于今者，井田封建之类是也。可行者行，则人之从之也易，而民乐其利。难行而行，则从之也难，而民受其患。"时井田虽不行，然孝孺卒用《周官》更易制度，无济实事，为燕王藉口。论者服叔英之识，而惜孝孺不能用其言也。（明史卷一百四十三）

【注释】①樊、郦：指樊哙、郦食其。樊哙，沛人，出身寒微，早年曾以屠狗为业，为吕后妹夫，深得汉高祖刘邦和吕后信任，西汉开国元勋、大将军、左丞相。郦食其，陈留县高阳乡人，汉高祖刘邦帐下谋士，以其三寸之舌游说列国。

②平、勃：指陈平、周勃。周勃，沛郡丰县（今江苏丰县）人，以布衣从高祖定天下，赐封"绛侯"，西汉时期开国将领、宰相，名将周亚夫之父。

③萧、曹：指萧何、曹参。萧何，泗水沛（今江苏沛县）人，汉朝初年丞相，开国功臣之一，辅助汉高祖刘邦建立西汉政权。曹参，字敬伯，沛县人，西汉开国功臣、名将，是继萧何后的汉朝第二位相国。

④绛、灌：指周勃、灌婴。灌婴，睢阳（今河南省商丘市）人，汉朝

开国功臣，以力战骁勇著称，官至太尉、丞相，封颍阴侯。

【译文】王叔英与方孝孺关系和睦，相互切磋道义。建文初年，方孝孺想要推行井田制。王叔英给他送去书信说：“一个人有才能本来就难，能发挥其才能就更难了。张良对于汉高祖，能发挥其才能；贾谊对于汉文帝，不能发挥其才能。张良对汉高祖察言观色，认为可行才进言，所以汉高祖任用他，一时得以受益。即使亲近如樊哙、郦食其，信任如陈平、周勃，任用如萧何、曹参，没有人能离间他们。贾谊不察言观色而轻易进言，并且言辞过分，所以周勃、灌婴等人才能揭发他的过失。如今明君贤臣相遇，机会难得。但是在古代能推行的事，也可在当今推行，夏代的历法、周代的冕服之类事情就是如此。在古代能推行的事情，而在当今推行不了，井田制、封建制之类事情就是如此。可以推行的事情推行了，则人们也容易顺从，而百姓乐于从中获利。不容易推行的硬要去推行，则人们也很难顺从，而百姓从中受苦。”当时井田制虽然没有推行，然而方孝孺最终用《周官》更改制度，于事无补，反而成了燕王朱棣起兵的借口。议论的人佩服王叔英的见识，而惋惜方孝孺不听从他的建议。（明史卷一百四十三）

群书治要续编卷第二十七　明史（三）

杨士奇

【**题解**】杨士奇（1366—1444年），名寓，以字行，号东里，泰和（今江西泰和）人。杨士奇自少丧父，游学四方，至建文帝时方才受召修撰《明太祖实录》，授翰林院编修。明成祖即位，迁太子侍讲，辅佐明仁宗，迁礼部侍郎、少师、华盖殿大学士，兼任兵部尚书。杨士奇先后历经五朝，在内阁为辅臣四十余年，任首辅21年，与杨荣、杨溥一同辅政，并称“三杨”。因其居地所处，时人称之为“西杨”，并以“学行”见长。正统九年（1444年）逝世，享年80岁。追赠太师，谥号文贞。

杨士奇，名寓，以字行，泰和人。建文初，集诸儒修《太祖实录》，士奇已用荐征授教授当行，王叔英复以史才荐。遂召入翰林，充编纂官。成祖即位，改编修。永乐二年选宫僚，以士奇为左中允。五年进左谕德。士奇奉职甚谨，私居不言公事，虽至亲厚不得闻。在帝前，举止恭慎，善应对，言事辄中。人有小过，尝为揜覆之。广东布政使徐奇载岭南土物馈廷臣，或得其目籍以进。帝阅无士奇名，召问。对曰：“奇赴广时，群臣作诗文赠行，臣适病弗预，以故独不及。今受否未可知，且物微，当无他意。”帝遽命毁籍。

仁宗即位，擢礼部侍郎兼华盖殿大学士。

【译文】杨士奇，名寓，不用本名而以其字行于世间，泰和（今江西泰和）人。建文初年，朝廷召集各地儒生修撰《太祖实录》，杨士奇已因被举荐征召为教授准备出发，王叔英又因杨士奇有修史的才能而推荐他。杨士奇于是被召入翰林院，任编纂官。成祖朱棣即位后，杨士奇改任编修。永乐二年（1404年）朝廷选拔内宫臣僚，任命杨士奇为左中允。永乐五年（1407年）升任左谕德。杨士奇奉行职事特别严谨，在私人住所从不谈论公事，即使是至亲好友也无法从他这里得到一点消息。在成祖朱棣面前，他举止恭敬谨慎，善于应对，所进之言常能切中要害。他人有小的过失，杨士奇常为他们遮掩。广东布政使徐奇运载岭南的土特产馈赠给朝廷大臣，有人得到礼单明细及名册，进呈给成祖朱棣。成祖朱棣见上面没有杨士奇的名字，便将他召来询问。杨士奇回答说：“徐奇赶赴广东，临别时群臣作诗文相赠，臣当时正患病，没能参加，所以唯独我没在名册上。现在各位大臣接受与否尚不可知，况且只是薄礼，应该没有别的意思。”成祖朱棣立即下令销毁了名册。

仁宗朱高炽即位后，杨士奇被擢升为礼部侍郎兼华盖殿大学士。

时有上书颂太平者，帝以示诸大臣，皆以为然。士奇独曰：

“陛下虽泽被天下，然流徙尚未归，疮痍尚未复，民尚艰食。更休息数年，庶几太平可期。”帝曰：“然。”因顾蹇义[①]等曰：“朕待御等以至诚，望匡弼。惟士奇曾五上章，卿等皆无一言。岂果朝无阙政，天下太平耶？”诸臣惭谢。是年四月，帝赐士奇玺书曰：“往者朕膺监国之命，卿侍左右，同心合德，徇国忘身，屡历艰虞，曾不易志。及朕嗣位以来，嘉谟入告，期予于治，正固不二，简在朕心。兹创制‘杨贞一印’赐卿，尚克交修，以成明良之誉。”

【注释】①蹇义：字宜之，初名瑢，明太祖朱元璋赐名“义”，巴县（今重庆市）人，明初六朝重臣。洪武十八年（1385年）进士，官至吏部尚书、少师，卒赠特进光禄大夫、太师，谥号忠定。

【译文】当时有人上书歌颂太平盛世，仁宗朱高炽把它拿给大臣们看，他们都认为确实是这样。只有杨士奇说：“陛下虽然恩泽遍及天下，但还有流离失所无家可归之人，满目疮痍尚未平复，百姓还处在粮食匮乏之中。还要休养生息几年，或许太平盛世就可望达到了。”仁宗说：“是这样的。”于是回头对蹇义等人说：“朕以满腔至诚对待你们，希望能得到你们的匡正辅佐。只有杨士奇曾五次上书，而你们都没发一言。难道说朝廷果真没有弊政，天下太平了吗？”诸位大臣惭愧谢罪。这年四月，仁宗赐给杨士奇的诏书上说：“以前朕肩负监国的使命，你在左右侍奉，我们同心同德，为尽忠于国家，不顾一己得失，屡次经历艰难忧患，志向都不曾改变。直至朕即位以来，你一有好的谋略就进宫禀告，期望朕能治理好国家，忠贞不贰，这些都铭刻在朕的心里。现创制‘杨贞一印’赐给你，还望你继续对朕尽力匡辅，努力修身，以成就君主贤明臣子忠良的美誉。”

宣宗即位，修《仁宗实录》，仍充总裁。当是时，帝励精图治，士奇等同心辅佐，海内号为治平。帝乃仿古君臣豫游事，每岁首，赐百官旬休。车驾亦时幸西苑万岁山，诸学士皆从。赋诗赓和，从容问民间疾苦。有所论奏，帝皆虚怀听纳。

【译文】宣宗朱瞻基即位后，编修《仁宗实录》，杨士奇仍充任总裁。在那个时候，宣宗朱瞻基励精图治，杨士奇等大臣齐心辅佐，四海之内号称政治清明，国家安定。宣宗于是仿效古时君臣游乐的旧事，每年开始，赐百官休息十天。宣宗的车驾也时常临幸西苑万岁山，诸位学士都在左右跟随。宣宗与众学士互相赋诗唱和，从容询问民间疾苦。大臣上奏，宣宗都虚怀若谷地听从采纳。

帝之初即位也，内阁臣七人。陈山、张瑛[①]以东宫旧恩入，不称，出为他官。黄淮[②]以疾致仕。金幼孜[③]卒。阁中惟士奇、荣、溥三人。荣疏闿果毅，遇事敢为。数从成祖北征，能知边将贤否、厄塞险易远近、敌情顺逆。然颇通馈遗，边将岁时致良马。帝颇知之，以问士奇。士奇力言：“荣晓畅边务，臣等不及，不宜以小眚介意。”帝笑曰：“荣尝短卿及原吉[④]，卿乃为之地耶？”士奇曰：“愿陛下以曲容臣者容荣。”帝意乃解。其后，语稍稍闻，荣以此愧士奇，相得甚欢。帝亦益亲厚之，先后所赐珍果、牢醴、金绮衣、币、书器无算。

【注释】①陈山（1362—1434年）：字汝静。沙县溪南九都溪口人。明洪武二十七年（1394年）进士。永乐初（1403年），任奉化教谕，成祖召入参与编修《永乐大典》。张瑛：明朝宣宗时期内阁宰辅，资善大夫礼部尚书兼华盖殿大学士。

②黄淮（1367—1449年）：字宗豫，号介庵，浙江温州府永嘉（今温州鹿城区）人，明朝初年政治家、内阁首辅。

③金幼孜（1368—1432年）：名善，以字行，号退庵。江西临江府新淦（今属江西峡江县罗田镇徘山村）人 ，明代大臣。

④原吉：即夏原吉（1366—1430年），字维喆。湖广长沙府湘阴（今湖南湘阴）人，明朝初年重臣。

【译文】宣宗朱瞻基刚即位时，内阁大臣有七人。陈山、张瑛是宣宗为东宫太子时的旧臣而蒙圣恩入内阁，但因不称职，已从内阁调出改任其他官职。黄淮因病辞官退休。金幼孜去世。内阁中只剩下杨士奇、杨荣、杨溥三人。杨荣豁达开朗，果敢刚毅，遇事敢作敢当。他曾多次跟随成祖朱棣北征，能够知晓守边将领贤明与否，要塞的险易远近，敌情形势。但他也颇懂馈赠之道，守边将领每年都赠送给他良马。宣宗对此颇为了解，便问杨士奇。杨士奇极力为其申辩说：“杨荣明了通达边防事务，这一点臣等都不如他，不应该因这点小过错而对他耿耿于怀。”宣宗笑着说：“杨荣曾经揭你和夏原吉的短处，你却还要为他说话吗？”杨士奇说：“愿陛下能像宽容臣的过错那样宽容杨荣。”宣宗这才打消了惩戒杨荣的念头。后来，杨士奇所说的话渐渐传开，杨荣为此觉得愧对杨士奇，两人相处得更愉快了。宣宗对杨士奇也更加亲厚，前后赐给他难以计数的珍果、祭品美酒、华丽的衣饰、金币、书籍器用等物品。

宣宗崩，英宗即位，方九龄。军国大政关白太皇太后。太后推心任士奇、荣、溥三人，有事遣中使诣阁谘议，然后裁决。三人者亦自信，侃侃行意。

【译文】宣宗朱瞻基驾崩，英宗朱祁镇即位，年方九岁。军国大政都要禀报太皇太后。太后推心置腹地任用杨士奇、杨荣、杨溥三人，有事便派中宫使者到内阁向他们咨询商议，然后再做出裁决。三人也很自信，从容地表达自己的意向。

正统[①]之初，朝政清明，士奇等之力也。三年，《宣宗实录》成，进少师。四年乞致仕。不允。

【注释】①正统：明朝第六任、第八任皇帝明英宗朱祁镇使用的第一个年号（1436—1449年）。

【译文】正统初年，朝政清明，可称得上是杨士奇等人的功劳。正统三年（1438年），《宣宗实录》修成，杨士奇进升为少师。正统四年（1439年）请求辞官退休。英宗朱祁镇没有允许。

是时中官王振①有宠于帝，渐预外庭事，导帝以严御下，大臣往往下狱。靖江王佐敬②私馈荣金。荣先省墓，归不之知。振欲借以倾荣，士奇力解之，得已。荣寻卒，士奇、溥益孤。

九年三月卒，年八十。赠太师，谥文贞。

【注释】①王振（？—1449年）：蔚州（今河北蔚县）人。明朝初年宦官。

②佐敬：即朱佐敬（1404—1469年），明宗室。父靖江王朱赞仪，永乐九年（1411年）袭封。

【译文】当时，宦官王振受英宗朱祁镇宠爱，逐渐开始干预外廷事务，引导英宗以严酷对待臣下，大臣往往被投入监狱。靖江王朱佐敬私下馈赠黄金给杨荣。杨荣当时已先行回家为先人扫墓，回来后对此事并不知情。王振想借此机会打压杨荣，杨士奇尽力在中间调解，才得以无事。杨荣不久后去世，杨士奇、杨溥更加孤立了。

正统九年（1444年）三月去世，终年八十岁。赠予太师官职，谥号文贞。

初，正统初，士奇言瓦剌渐强，将为边患，而边军缺马，恐不能御。请于附近太仆寺关领，西番贡马亦悉给之。士奇殁未几，也先果入寇，有土木之难[1]，识者思其言。又雅善知人，好推毂寒士，所荐达有初未识面者。而于谦、周忱[2]、况钟[3]之属，皆用士奇荐，居官至一二十年，廉能冠天下，为世名臣云。（明史卷一百四十八）

【注释】①土木之难：又称“土木之变”。明英宗正统十四年（1449年），英宗听信宦官王振的意见，率领大军亲征也先，于土木堡（今河北怀来东）兵败被俘，兵士死伤惨重。

②周忱（1381—1453年）：字恂如，号双崖，江西吉水人。永乐二年（1404年）进士出身，候补庶吉士，授文渊阁学士，擢刑部员外郎。浮沉官署二十年，未得升迁。宣德五年（1430年），得到阁臣杨士奇和杨荣赏拔，授工部右侍郎，巡抚江南，总督税粮事宜。稽理欠赋，修改税法，屡请减免江南重赋。

③况钟（1383—1443年）：字伯律，号龙岗，江西靖安县龙冈洲（今江西靖安）人。宣德五年出任苏州知府，正统六年（1441年），况钟在苏州任期十年已满，当地官民二万多人向上级请求留任，最终任职长达十三年。苏州人民称他“况青天”，和包拯“包青天”、海瑞“海青天”并称中国民间的三大青天。

【译文】起初，正统初年，杨士奇进言瓦剌逐渐强盛，将会成为边境上的祸患，而边防军队缺少马匹，恐怕无法抵御。请让他们到附近的太仆寺领取马匹，西番进贡的马匹也全部拨给边军。杨士奇去世不久，也先果然入侵，发生了“土木之难”，这时，有识之士想到了杨士奇的话。杨士奇又很善于识人，喜欢推举贫寒之士，所推荐引进的人还有些是素未谋面的。像于谦、周忱、况钟等人，都是杨士奇所推荐，为官一二十年，他们的清廉和才能冠绝天下，成为当代名臣。（明史卷一百四十八）

杨　荣

【题解】杨荣（1371—1440年），字勉仁，建安（今福建建瓯）人，初名子荣。建文二年（1400年）进士，授翰林院编修。明成祖朱棣即位后，杨荣受其赏识，得以入阁，累迁至文渊阁大学士、翰林侍读，任首辅。在朱棣去世后，帮助明仁宗朱高炽顺利即位，拜太子少傅、谨身殿大学士兼工部尚书。此后随从明宣宗朱瞻基平朱高煦叛乱。宣德十年（1435年），进升少傅。明英宗即位后，与杨士奇等同心辅佐。正统三年（1438年），杨荣升任少师。正统五年（1440年），杨荣病逝，享年70岁，谥号文敏。与杨士奇、杨溥并称“三杨”，因居地所处，时人称为“东杨”。

杨荣性警敏通达，善于察言观色，尤其是在明成祖时最为突出。在文渊阁治事38年，谋而能断，老成持重，尤其擅长谋划边防事务。史称其“挥斤游刃，遇事立断”，被比作唐代的姚崇。

杨荣，字勉仁，建安人，初名子荣。建文二年进士。

【译文】杨荣，字勉仁，建安（今福建建瓯）人，初名子荣。建文二年（1400年）中进士。

荣历事四朝，谋而能断。永乐末，浙、闽山贼起，议发兵。帝时在塞外，奏至，以示荣。荣曰："愚民苦有司，不得已相聚自保。兵出，将益聚不可解。遣使招抚，当不烦兵。"从之，盗果息。安南之弃，诸大臣多谓不可，独荣与士奇力言不宜以荒服①疲中国。其老成持重类如此。论事激发，不能容人过。然遇人触帝怒致不测，往往以微言导帝意，辄得解。夏原吉、李时勉②之不死，都御史刘观③之免戍边，皆赖其力。尝语人曰："事君有体，进谏有方，以悻直取祸，吾不为也。"故其恩遇亦始终无间。或谓荣处国家大事，不愧唐姚崇，而不拘小节，亦颇类之。（明史卷一百四十八）

【注释】①荒服：古"五服"之一。称离京师二千到二千五百里的边远地方。亦泛指边远地区。

②李时勉（1374—1450年）：名懋，以字行，号古廉，江西吉安安福人，明代官员、学者。历仕六朝。明宣宗时，因言事下狱，至宣德（1426—1435年）初年复官，官至国子监祭酒。

③刘观：河北雄县人。洪武十八年（1385年），中进士第，获授太谷县丞，以荐升任监察御史。永乐年间，历任户部右侍郎，左副都御使，后升任礼部尚书，改任刑部尚书，左都御史等职。明宣宗即位后，刘观因贪腐而被问罪，杨士奇、杨荣请求免其一死，最终流放到辽东戍守边疆，客死辽东。

【译文】杨荣历事四朝，深谋远虑又有决断。永乐末年，浙江、福建山贼兴起，朝廷商议发兵。成祖朱棣当时在塞外，奏书送达后，给杨荣看。杨荣说："愚昧无知的百姓苦于被官吏欺压，不得已才互相聚集起来以自保。如果大兵一出，他们会聚集得更多，将难以平息。如果派遣使者前去招抚，应当不用劳烦军队出兵了。"成祖听从了他的意见，盗贼果然平息。放弃安南（今越南）时，多数大臣都认为不该这样做，只有杨荣和杨士奇极力言说不应以边远之地拖累中国。杨荣老成持重的表现大多如此。他论事时常情绪激动，不能容人之过。然而遇到有人激怒皇上，将要遇到不测时，他往往以含蓄精微的言辞劝导皇上，从而使事情得以平复。夏原吉、李时勉之所以不死，都御史刘观得以免死而流放到辽东戍守边疆，都依赖了杨荣的力量。杨荣曾对人说："事君有标准，进谏有方法，因为刚直而取祸，我是不会那样去做的。"所以他一直受到皇帝特别的礼遇，从未有间断。有人说杨荣处理国事，不愧于唐代的姚崇，而他不拘小节的性格，也与姚崇有些相似。（明史卷一百四十八）

杨　溥

【题解】杨溥（1372—1446年），字弘济，石首（今湖北石首）人。建文二年（1400年）与杨荣同举进士，授翰林院编修。永乐初年，任太子洗马，侍奉太子朱高炽（明仁宗）。后因汉王朱高煦诬陷，被关进诏狱，在狱中仍勤奋读书，从不间断。十年之间，将经书史籍通读数遍。仁宗即位，杨溥获释出狱，授官翰林学士。仁宗建弘文阁，命杨溥掌阁事，旋即升任太常寺卿。明宣宗即位后，入内阁，与杨士奇、杨荣等人共典机务。明英宗即位后，与杨士奇、杨荣等同心辅佐。正统三年（1438年），升太子少保、武英殿大学士。杨溥在内阁供职十六年，于杨士奇去世后接任首辅（1444—1446年）。正统十一年（1446年）去世，享年75岁。追赠太师，谥号文定。与杨士奇、杨荣并称“三杨”，因居地所处，时人称为“南杨”。杨溥有“相度”，为人谨慎，上朝时常低头循墙而行。晚年时眼见王振权势益振，却无能为力。

杨溥，字弘济，石首人。与杨荣同举进士。授编修。永乐初，侍皇太子为洗马。太子尝读《汉书》，称张释之贤。溥曰：“释之诚贤，非文帝宽仁，未得行其志也。”采文帝事编类以献。太子大悦。久之，以丧归。时太子监国，命起视事。十二年，东宫遣使迎帝迟，帝怒。连溥，逮系锦衣卫狱。家人供食数绝。而帝意不可测，旦夕且死。溥益奋，读书不辍。系十年，读经史诸子数周。

【译文】杨溥，字弘济，石首（今湖北石首）人。与杨荣一同考取进士。授任编修。永乐初年，侍奉皇太子（即明仁宗）任洗马官。太子曾阅读《汉书》，称赞张释之贤德。杨溥说：“张释之诚然贤德，若不是汉文帝宽厚仁爱，他也无法实现自己的志向。”于是采集汉文帝的事迹经过分类编辑后进献给太子。太子非常高兴。过了许久，杨溥因丧事回家。当时正由太子监管国事，便下令起用他回京任职。永乐十二年（1414年），太子派使者迎接成祖有些迟，成祖大怒。杨溥受牵连，被逮捕囚禁在锦衣卫的监狱。家人供应的食物多次断绝，而成祖的心意却深不可测，随时都有死去的可能。但杨溥却更加发奋图强，从未间断读书。被关狱中十年，他把经史和诸子等典籍通读了数遍。

仁宗即位，释出狱，擢翰林学士。明年建弘文阁，命溥掌阁事，亲授阁印，曰："朕用卿左右，非止学问。欲广知民事，为治道辅。有所建白，封识以进。"寻进太常卿，兼职如故。

宣宗即位，弘文阁罢，召溥入内阁，与杨士奇等共典机务。

【译文】仁宗朱高炽即位，杨溥被释放出狱，擢升为翰林学士。第二年修建弘文阁，命杨溥掌管弘文阁事务，并亲自授予他阁印，说："朕把你留用在身边，不只是为了学问。朕想广泛了解民情，以作治国参考。你有什么建议，可将奏疏密封好后上呈。"不久，擢升杨溥为太常寺卿，仍兼任之前的职务。

宣宗朱瞻基即位后，取消弘文阁，召杨溥入内阁，与杨士奇等人共同主管机要事务。

英宗初立，与士奇、荣请开经筵[1]。豫择讲官，必得学识平正、言行端谨、老成达大体者数人供职。且请慎选宫中朝夕侍从内臣。太后大喜。一日，太后坐便殿，帝西向立，召英国公张辅[2]及士奇、荣、溥、尚书胡濙入。谕曰："卿等老臣，嗣君幼，幸同心共安社稷。”又召溥前曰：“仁宗皇帝念卿忠，屡加叹息，不意今尚见卿。”溥感泣，太后亦泣，左右皆悲怆。

【注释】①经筵：汉唐以来帝王为讲论经史而特设的御前讲席。明代尤为重视。除皇帝外，太子出阁后，亦有讲筵之设。

②张辅（1375—1449年）：字文弼。河南祥符（今河南开封）人。明初重臣、名将。

【译文】英宗朱祁镇刚即位时，杨溥与杨士奇、杨荣请求开设经筵。预先选择讲官，一定要选择学识平正、言行端正严谨、老成而识大体的数人担任此职。又请求慎重选择在宫中朝夕侍奉皇上的内臣。太后大喜。一天，太后在别殿落座，英宗面西站立，召英国公张辅及杨士奇、杨荣、杨溥、尚书胡濙入殿，对他们说：“你们都是老臣了，皇上现在尚且年幼，望你们能同心协力，共同安定社稷。”太后又召杨溥上前，说：“仁宗皇帝念你忠诚，多次叹息，没想到今天还能见到你。”杨溥感激流涕，太后也流下泪来，左右的人都很悲伤。

是时，王振尚未横，天下清平，朝无失政，中外臣民翕然称“三杨”。以居第目士奇曰“西杨”，荣曰“东杨”，而溥尝自署郡望曰南郡，因号为“南杨”。溥质直廉静，无城府。性恭谨，每入朝，循墙而走。诸大臣论事争可否，或至违言。溥平心处之，诸大臣皆叹服。时谓士奇有学行，荣有才识，溥有雅操，皆人所不及云。十一年七月，溥卒，年七十五。赠太师，谥文

定。（明史卷一百四十八）

【译文】这时，王振还不算骄横，天下太平，朝政没有混乱，内外臣民交口称赞“三杨”。以他们各自府第所在方位称杨士奇为“西杨”，杨荣为“东杨”，而杨溥曾题署自己家族的郡望是南郡，所以被称为“南杨”。杨溥质朴正直，谦逊沉稳，胸无城府。性情谦恭谨慎，每次入朝，都沿墙快走。大臣们议论朝政争执不下，有的甚至说出不合情理之言，杨溥都平心静气、泰然处之，大臣们都为之叹服。当时人们说杨士奇有学问品行，杨荣有才干见识，杨溥有高尚的操守，这些都是他人难以企及的。正统十一年（1446年）七月，杨溥去世，终年七十五岁。赠太师，谥号文定。（明史卷一百四十八）

夏原吉

夏原吉（1366—1430年），字维喆。湖广长沙府湘阴（今湖南湘阴）人，明初重臣。夏元吉于明太祖洪武二十三年（1390年）中举人，建文帝时任户部右侍郎，后充采访使。任内政治清明，百姓皆悦服。明成祖即位后，夏元吉升任户部尚书，主持浙西、苏、松治水事务，被委以重任。之后又辅助明仁宗、宣宗，成就“仁宣之治”。宣德五年（1430年）逝世，获赠太师，谥号忠靖。

夏原吉，字维喆，其先德兴人。建文初，擢户部右侍郎。

成祖即位，或执原吉以献。帝释之，转左侍郎。与蹇义[①]同进尚书。偕义等详定赋役诸制。建白三十余事，皆简便易遵守。曰："行之而难继者，且重困民，吾不忍也。"

【注释】①蹇义：字宜之，初名瑢，明太祖朱元璋赐名"义"，巴县（今重庆市）人，明初六朝重臣。洪武十八年（1385年）进士，官至吏部尚书、少师，卒赠特进光禄大夫、太师，谥号忠定。

【译文】夏原吉，字维喆，祖先是德兴（今江西德兴）人。建文初年，升任户部右侍郎。

成祖朱棣即位后，有人抓住夏原吉将其献给成祖。成祖释放了夏原吉，让其转任左侍郎，后将他和蹇义一起升为尚书。夏原吉偕同蹇义等人详细制定了赋税徭役等各种制度。他提出三十多项建议，全部简便易行。原吉说："政策颁行后如果难以继续执行下去，而且会加重百姓的困苦，这是我不忍心看到的。"

浙西大水，有司治不效。永乐元年，命原吉治之。原吉布衣徒步，日夜经画。盛暑不张盖，曰："民劳，吾何忍独适。"事竣，还京师，言水虽由故道入海，而支流未尽疏泄，非经久计。明年正月，原吉复行，九月工毕，水泄，苏、松农田大利。姚广孝还自浙西，称原吉曰："古之遗爱[①]也。"

【注释】①遗爱：谓遗留仁爱于后世。

【译文】浙西发大水，相关官员治理不力。永乐元年（1403年），朝廷命原吉前去治理。他身着布衣，徒步行走，日夜经营筹划，酷暑天气也不撑伞。他说：“百姓劳苦，我怎能忍心独自享受舒适？”事情结束后返回京师，他说河水虽然仍由原河道入海，但支流还没有全部疏通，这不是长久之计。第二年正月，原吉再次前往浙西，到九月才完工，水流通畅后，苏州、松江一带的农田获得很大利益。姚广孝从浙西返回，称赞原吉说：“他真是古代所说的能够遗留仁爱于后世的人啊！”

仁宗即位，加太子少傅。宣宗即位，以旧辅益亲重。

原吉有雅景，人莫能测其际。同列有善，即采纳之。或有小过，必为之掩覆。吏污所服金织赐衣，原吉曰：“勿怖，污可浣也。”又有污精微文书者，吏叩头请死。原吉不问，自入朝引咎，帝命易之。平江伯陈瑄[①]初恶原吉，原吉顾时时称瑄才。或问原吉：“量可学乎？”曰：“吾幼时，有犯未尝不怒。始忍于色，中忍于心，久则无可忍矣。”尝夜阅爰书[②]，抚案而叹，笔欲下辄止。妻问之。曰：“此岁终大辟奏也。”与同列饮他所，夜归值雪，过禁门，有欲不下者，原吉曰：“君子不以冥冥堕行。”其慎如此。

【注释】①陈瑄（1365—1433年）：字彦纯，合肥（今属安徽）人，明代军事将领、水利专家，明清漕运制度的确立者。

②爰书：古代记录囚犯供辞的文书。后用以指判决书。

【译文】仁宗朱高炽即位后，不久便加封原吉为太子少傅。宣宗朱瞻基即位后，原吉作为前朝重臣更受亲近器重。

原吉有雅量，人们都不能测出他度量的深浅。同事有好的建议，他就立即采纳；别人有小的过失，必定为其遮掩。有个小吏曾弄脏了皇上赐给原吉的金丝衣，原吉说："别害怕，脏了可以洗啊。"又有小吏把精微文书弄脏，小吏叩头请求将自己处死。原吉却没有问他的罪，自己去面见皇上，把过错都揽到自己身上，皇上命人给他重新换了一册。平江伯陈瑄起初讨厌原吉，原吉却时常称赞他的才能。有人问原吉："人的心量可以学吗？"原吉说："在我小的时候，别人冒犯我，我也曾发怒过。后来先在脸色上忍住不怒，接下来又在心里忍住不怒，长此以往就没什么要忍的了。"他曾在夜间批阅囚犯的供辞文书，抚案叹息，几次想要下笔都半途中止。妻子问他缘由，他说："这是年终宣判死刑的奏章啊。"一次与同事在外饮酒，晚上回来时正赶上下雪，经过禁卫森严的宫门时，有人不想下车。原吉说："君子即使在冥冥之中也不可降低行为的标准。"他的谨慎达到了如此程度。

原吉与义皆起家太祖时。义秉铨政[①]，原吉筦度支，皆二十七年，名位先于三杨。仁、宣之世，外兼台省，内参馆阁，与三杨同心辅政。义善谋，荣善断，而原吉与士奇尤持大体，有古大臣风烈。（明史卷一百四十九）

【注释】①铨政：指选拔、任用、考核官吏的政务。

【译文】原吉与蹇义都是在太祖时起家。蹇义主持选拔、考核官员，原吉掌管财政开支，二人在位时间都长达二十七年之久，名位早于“三杨”。仁宗和宣宗时期，原吉外兼台省，内参馆阁，与“三杨”一起同心协力辅佐政务。蹇义善于谋划，杨荣长于决断，而原吉与杨士奇尤识大体、顾大局，具有古大臣的风范。（明史卷一百四十九）

魏　骥

【题解】魏骥（1375—1472年），字仲房，萧山（今浙江杭州萧山区）人。永乐四年（1406年），以进士副榜授松江训导。官至南京吏部尚书。成化八年（1472年）去世，享年九十八岁。追谥文靖。

《续编》主要辑录了魏骥居官及退休时所作之事。其一为官清正，不徇私情。即使同僚答应给未终制之人考功授官，魏骥力持不可。学生陈循力劝在京立朝，魏骥严词拒绝。其二为人温厚恭敬，造福乡里。景泰元年（1450年）辞官退休，时年77岁。在家闲居二十余年，犹以教子孙孝悌力田，增堤浚湖，捍御灾患为己任。

魏骥，字仲房，萧山人。永乐中，以进士副榜授松江训导。宣德初，迁吏部考功员外郎，历南京太常寺少卿。十四年进尚书。英宗北狩，骥率诸司条上时务，多施行。景泰元年，年七十七，致仕。

【译文】魏骥，字仲房，萧山（今浙江杭州萧山区）人。永乐年间，以进士副榜授任松江训导。宣德初年，迁任吏部考功员外郎，历任南京太常寺少卿。正统十四年（1449年）升任尚书。英宗朱祁镇被俘北上，魏骥率领各司众官员备文向上陈述当时要务，大多得以施行。景泰元年（1450年），魏骥七十七岁，辞官退休。

骥居官务大体。在太常，山川坛获双白兔，圻内生瑞麦，皆却不进。在吏部，有进士未终制[①]，求考功。同官将许之，骥持不可。

【注释】①终制：父母去世服满三年之丧。

【译文】魏骥为官识大体。任太常时，山川坛捕获双白兔，京畿内长有多穗的麦子，他都拒绝没有进呈给朝廷。在吏部，有进士父母去世服丧未满三年，请求考核功绩为其授官。同僚准备答应他，魏骥坚决不同意。

正统中，王振怙宠，凌公卿，独严重骥，呼“先生”。景泰初，以请老至京师。大学士陈循[①]，骥门生也，请间曰：“公虽位冢宰，然未尝立朝。愿少待，事在循辈。”骥正色曰：“君为辅臣，当为天下进贤才，不得私一座主。”退语人曰：“渠以朝廷事为一己事，安得善终。”竟致仕去。

【注释】①陈循（1385—1464年）：字德遵，江西吉安府泰和县（今江西泰和县）人。永乐十三年（1415年）中状元，授翰林修撰。正统中，累进户部右侍郎。景泰帝即位，进少保兼太子太傅、华盖殿大学士，为内阁首辅。

【译文】正统年间，王振恃宠而骄，凌辱公卿，惟独敬重魏骥，称他为“先生”。景泰初年，魏骥因请求退休养老而来到京城。大学士陈循，是魏骥的学生，请求在空隙之时对魏骥说些事情，他说：“您虽位居冢宰，然而不曾在朝为官。请求稍作等待，事情包在我陈循等人身上。”魏骥正色道：“你身为辅弼之臣，应当为天下举荐贤才，不能因我是你的老师就偏袒我。”魏骥退下后对人说：“他把朝廷的事作为一己私事，这样怎么会有好结果呢？”最终辞官退休归家。

骥端厚祇慎。顾劲直，好别白君子、小人。恒曰：“无是非之心，非人也。”成化七年，御史梁昉言：“臣先任萧山，见致仕尚书臣魏骥里居，与里人稠处，教子孙孝弟力田，增堤浚湖，捍御灾患。所行动应礼法，倡理学，勖后进。虽在林野，有补治化。骥生平学行醇笃，心术正大。谙世事，瞭国体。致仕二十余年，年九十八岁，四方仰德，有如卿云。百年化育，滋此人瑞。臣读前史，有以归老赐禄毕其身者，有尊养三老五更者①，有安车蒲轮②召者，有赐几杖③者，上齿德④也。骥齿德有余，爵在上卿，可称达尊。乞下所司，酌前代故事施行。”帝览奏嘉叹。遣行人存问，赐羊酒，命有司月给米三石。使命未至而骥卒。赐祭葬如礼，谥文靖。其子完以骥遗言诣阙辞葬，乞以其金振饥民。帝怃然曰："骥临终遗命，犹恐劳民，可谓纯臣矣。"许之。(明史卷一百五十八)

【注释】①三老五更：古代设三老五更之位，天子以父兄之礼养之。

②安车蒲轮：安车的轮子用蒲草包裹，以防颠簸。用以迎送德高望重的人，表示优礼。

③几杖：坐几和手杖、皆老者所用，古常用为敬老者之物，亦用以借指老人。

④齿德：此处指年高德劭者。下面的指年龄与德行。

【译文】魏骥端正温厚恭敬谨慎。然而却刚强正直，善于分辨君子小人。他常说："没有是非之心，就不是人了。"成化七年(1471年)，御史梁昉说："臣起初任职萧山，看到退休尚书臣魏骥的乡居，与乡里人相处亲厚，他教育子孙遵循孝悌之道，勤于农事，增筑堤坝，挖掘湖泊，抵御灾害。所行之事符合礼法，提倡理学，勉励后进。即使身处丛林山野，仍对治理教化有所补益。魏骥生平学问品行敦厚诚笃，心术光明正大。熟谙世事，了解国体。退休二十余年，年纪九十八岁，四方之人都仰慕他的德行，有如祥云一般。百年化育，滋养这位高寿有德之人。臣阅读前史，有因辞官返乡养老而赐予俸禄终其一生的，有尊奉供养三老五更的，有以安车蒲轮的优礼召见的，有赐给几杖的，用以尊崇年高德劭者。魏骥年龄与德行均有过人之处，爵位在上卿，可称得上是众所共尊之人。希望能下令主管部门，仔细斟酌后选择前代旧例施行。”宪宗朱见深阅览奏折后赞叹不已，派遣使者前去慰问，赏赐羊与酒，命令有关部门每月供给三石米。使者还没到魏骥就去世了。按照礼法赐予祭葬用品，谥号文靖。他的儿子魏完依照父亲的遗言赴朝堂推辞所赐的祭葬用品，乞请用这些钱救济饥民。宪宗朱见深怅然若失地说：“魏骥临终遗命，还唯恐会劳民伤财，真可称得上是忠纯笃厚之臣了。”于是同意了请求。（明史卷一百五十八）

黄孔昭

【题解】黄孔昭（1428—1491年），初名曜，后以字行，改字世显，号定轩，晚号洞山迂叟。黄岩（今浙江台州）人。天顺四年（1460年）进士，授屯田主事。历任都水员外郎、文选郎中、右通政、南京工部右侍郎等职。弘治四年（1491年）去世。嘉靖年间，追赠礼部尚书，谥号文毅。

《续编》辑录了黄孔昭改变文选郎中闭门谢客旧制之事。黄孔昭认为：“国家用才，犹富家积粟。粟不素积，岂足赡饥；才不预储，安能济用？苟以深居绝客为高，何由知天下才俊。”诚哉斯言。其身体力行，知人善任，铨叙平允。而且秉公处事，拒绝私谒求官之人。

黄孔昭，黄岩人。举天顺四年进士，授屯田主事。成化九年进郎中。故事，选郎率闭门谢客。孔昭曰："国家用才，犹富家积粟。粟不素积，岂足赡饥；才不预储，安能济用？苟以深居绝客为高，何由知天下才俊。"公退，遇客至，辄延见，访以人才，书之于册。除官，以其才高下配地繁简。由是铨叙[①]平允。其以私干者，悉拒之。（明史卷一百五十八）

【注释】①铨叙：考核官员的资历、功绩等，以定其官职的等第和升贬。

【译文】黄孔昭，黄岩（今浙江温岭市）人。考中天顺四年（1460年）进士，授任屯田主事。成化九年（1473年），升任郎中。依照旧例，文选郎中大都闭门谢客。黄孔昭说："国家任用人才，犹如富贵人家囤积粮食。平时不做积蓄，怎么能够赈济饥荒；人才不预先储备，等到用人时怎会够用？如果以深居简出杜门绝客为高尚，那要从哪里去了解天下的英才呢？"公事完毕回到家里，遇有客人到来，黄孔昭就延请接见，询访人才，随时记录在册。授官时，依据官员才能高下派驻到所辖事务繁简不同的地方。因此对官员的考核、选拔以及任用都公平合理。那些私下求官的，一律拒之门外。（明史卷一百五十八）

罗　通

【题解】罗通（1390—1470年），字学古，吉水（今江西吉安）人。永乐十年（1412年）进士，授御史，巡按四川。历任交阯清化知州、兵部郎中、右副都御史、参军务兼理院事、右都御史等职。成化六年(1470年)逝世。

《续编》辑录了罗通关于统兵将领应搜拔众人之才的建议。这在当时明朝北部边境警报不断，选用合适的人才任官是极为确当可行的建议。景泰帝最后也依议实行。

罗通，字学古，吉水人。永乐十年进士。景帝监国，以于谦、陈循荐，起兵部员外郎，守居庸关。俄进郎中。帝即位，进右副都御史。塞上军民多为寇所掠。通请榜诸边能自归者，军免戍守三年，民复徭役终身。又请悬封爵重赏，募能擒斩也先、伯颜帖木儿、喜宁[①]者。已，又言："古之将帅务搜拔众才，如知山川形势者可使导军，能腾高越险者可使觇敌，能风角鸟占[②]者可使备变。今军中未见其人，乞敕廷臣各举所知，命总兵官杨洪、副将孙镗同臣考验。"诏皆行之。(明史卷一百六十)

【注释】①喜宁：明朝大臣。女真人，明正统年间太监，后叛变沦为叛徒，1450年被凌迟处死。

②风角：古代占候法，以五音占风而定吉凶。鸟占：古代的占卜术。以鸟的飞鸣占卜吉凶。

【译文】罗通，字学古，吉水(今江西吉水)人。永乐十年(1412年)考中进士。景帝朱祁钰监国时，因于谦、陈循的推荐，起用罗通为兵部员外郎，据守居庸关。不久进升为兵部郎中。景帝朱祁钰即位后，进升为右副都御史。塞上军民多被敌寇抢掠骚扰。罗通请求张榜通告各边塞能自行归顺的，士兵免除守边三年，百姓则终身免除徭役。他又请求悬赏封爵和重赏，招募能擒获斩杀也先、伯颜帖木儿、喜宁的人。后来，他又说："古代的将帅必会努力搜寻提拔各类人才，如了解山川形势的人可以让他作部队的向导，能够翻越高处跨越艰险的人可以让他去侦察敌情，能占卜吉凶的人可以用他来防备突发情况。现今军中没见任用这样的人，请敕令朝廷大臣各自推举他所了解的人才，命总兵官杨洪、副将孙镗同臣一起去考核。"诏令全部执行。（明史卷一百六十）

夏　寅

【题解】夏寅，字时正，改字正夫，江苏华亭人，正统十三年（1448年）进士。曾任南京吏部主事进郎中，督江西学政。弘治初年，致仕归。夏寅的"三惜"论，劝勉人们要珍惜难得的人生，不断学习，成就自身，实在是劝世良箴。

夏寅，字正夫，松江华亭人。正统十三年举进士。进浙江右参政。处州民苦虐政，走山谷。寅檄招之，众皆解散。久之，进山东右布政使。弘治初，致仕归。寅清直无党援。尝语人曰："君子有三惜：此生不学，一可惜。此日闲过，二可惜。此身一败，三可惜。"世传为名言。（明史卷一百六十一）

【译文】夏寅，字正夫，松江华亭（今属上海）人。正统十三年（1448年）考中进士。升为浙江右参政。处州（今浙江丽水）百姓苦于地方政治暴虐，逃到山谷中。夏寅用檄文招抚百姓，众人都解散了。过了一段时间，夏寅升任山东右布政使。弘治初年，退休回家。夏寅清廉正直不结党为援。他曾对人说："君子有三件事值得惋惜：此生不学习，是第一件可惜的事。一天闲散度过，是第二件可惜的事。自身名誉一朝败坏，是第三件可惜的事。"夏寅的"三惜"被当世之人传为名言。（明史卷一百六十一）

陈　祚

【题解】陈祚（1382—1456年），字永锡，号退庵，吴县（今江苏苏州）人。永乐九年（1411年）进士，擢为河南参议。历任御史、江西按察使、湖广按察使、福建按察使佥事等职。后因病告归。景泰七年（1456年）逝世。

陈祚直言敢谏，累遭贬斥，却矢志不移。《续编》辑录了陈祚上疏劝谏宣宗读书明理之事。陈祚认为不读书就不明理，不开经筵讲学，"圣贤精微，古今治乱"就不能周知洞悉。直言宣宗玩物丧志，天下百姓将会受害无穷。

陈祚，字永锡，吴人。永乐中进士。宣德二年，出按江西。时天下承平，帝颇事游猎玩好。祚驰疏劝勤圣学。其略曰：

“帝王之学先明理，明理在读书。陛下虽有圣德，而经筵未甚兴举，讲学未有程度，圣贤精微，古今治乱，岂能周知洞晰？真德秀《大学衍义》①一书，圣贤格言，无不毕载。愿于听政之暇，命儒臣讲说，非有大故，无得间断。使知古今若何而治，政事若何而得。必能开广聪明，增光德业。而邪佞之以奇巧荡圣心者自见疏远，天下人民受福无穷矣。”帝见疏大怒曰：“竖儒谓朕未读《大学》耶！薄朕至此，不可不诛。”学士陈循顿首曰：“俗士处远，不知上无书不读也。”帝意稍解。下祚狱，逮其家人十余口，隔别禁系者五年，其父竟瘐死。其时，刑部主事郭循谏拓西内皇城修离宫，逮入面诘之。循抗辩不屈，亦下狱。英宗立，祚与循皆得释复官。（明史卷一百六十二）

【注释】①真德秀（1178—1235年）：本姓慎，因避孝宗讳改姓真。福建路建宁府浦城县（今福建浦城）人。南宋后期理学家、大臣，学者称其为“西山先生”。《大学衍义》：南宋理学家真德秀创作的政治哲学类著作，共四十三卷，成书于绍定二年（1229年）。

【译文】陈祚，字永锡，吴县（今江苏苏州吴中区）人。永乐年间考取进士。宣德二年（1427年），他出京巡按江西。当时天下安定，宣宗朱瞻基颇喜游猎玩赏奇珍异宝。陈祚以快马飞呈奏疏劝谏宣宗要勤于圣人之学。大概内容是说：“帝王之学先要明理，明理在于读书。陛下虽有圣德，而经筵没能很好地举行，讲学也没有达到应有的深度，圣贤思想的精深微妙、古今对动乱的治理，怎能详细知晓并洞悉呢？真德秀的《大学衍义》一书，对于圣贤的格言，无不详细记载。愿陛下在治理政事之余，命令儒臣进行讲解，没有重大事情，不得间断。以使陛下了解古今如何才能国泰民安，政事如何处理才得当。一定能使陛下拓宽思路，为德业增添光彩。而企图以奇变巧诈来动摇皇上心志的邪佞小人自然会被疏远，天下百姓就会享受无穷之福了。”宣宗见到奏疏大怒道：“那些竖儒竟敢说朕没读过《大学》！竟然如此鄙薄朕，不可不诛。”学士陈循叩头道：“俗士身处远方，不知道皇上没有什么书是没读过的。”宣宗的怒意这才稍微缓解。宣宗下令把陈祚投进监狱，并逮捕了他十余口家人，分别隔开拘押了五年，他的父亲最后病死在狱中。当时，刑部主事郭循劝谏拓宽西内皇城修建离宫一事，被抓捕到宫中接受宣宗当面责问。郭循极力申辩毫不屈服，也被投入狱中。英宗朱祁镇即位后，陈祚和郭循都得到释放并恢复官职。

刘　球

【题解】刘球（1392—1443年），字廷振，安福（今江西安福）人。永乐十九年（1421年）进士，授礼部主事。正统六年（1441年），刘球上疏切谏。直指权宦王振，被陷下诏狱，后王振指使马顺肢解刘球。后被昭雪，追赠翰林学士，谥号忠愍。著有《两溪文集》行于世。

刘球为官清廉，是耿介之士。《续编》辑录了刘球应诏上言的奏疏。该奏疏言辞恳切，条分缕析，直言明朝面临的问题及其解决的办法。但仅有选任太常官一事被听从。

刘球，字廷振，安福人。永乐十九年进士。家居读书十年，从学者甚众。授礼部主事。

正统八年五月雷震奉天殿。球应诏上言所宜先者十事。其略曰：

【译文】刘球，字廷振，安福（今江西安福）人。永乐十九年（1421年），考中进士。居家读书十年，跟随他学习的人很多。被授予礼部主事。

正统八年（1443年）五月，雷击奉天殿。刘球应诏上书提出应当先做的十件事情。大概是说：

古圣王不作无益，故心正而天不违之。臣愿皇上勤御经筵，数进儒臣，讲求至道。务使学问功至，理欲判然，则圣心正而天心自顺。夫政由己出，则权不下移。太祖、太宗日视三朝，时召大臣于便殿裁决庶政，权归总于上。皇上临御九年，事体日熟。愿守二圣成规，复亲决故事，使权归于一。

【译文】古代圣王不做无益之事，所以心存正直而上天也不反对他的行为。臣愿皇上能时常驾临经筵，多引进一些儒臣，来讲求至治之道。务必使学问及功夫都达到极致，天理人欲判然分明，这样则圣心正直而天心自然顺应。政令由皇上自己发出，那么权力就不会下放。太祖、太宗每日临朝三次，时常把大臣召集到便殿处理裁决各种政务，权力归总于太祖、太宗之手。皇上治理国政已经九年，对于各项事务已日渐熟悉。希望陛下能遵守二圣的成规，恢复亲自裁决政事的做法，使权力归到皇上一人手里。

古之择大臣者，必询诸左右、大夫、国人。及其有犯，虽至大辟亦不加刑，第赐之死。今用大臣未尝皆出公论。及有小失，辄桎梏棰楚之；然未几时，又复其职。甚非所以待大臣也。自今择任大臣，宜允惬众论。小犯则置之。果不可容，下法司定罪，使自为计。勿辄系，庶不乖共天职之意。

今之太常，即古之秩宗，必得清慎习礼之臣，然后可交神明。今卿贰皆缺，宜选择儒臣，使领其职。

【译文】古代选择大臣时，必会先询问身边的人，以及大夫、国人。等到他犯有过错，即使犯了死刑罪也不执行刑罚，只是赐他一死。现在任用大臣不曾全部出于公论。等到他们有了小的过失，便给他们戴上脚镣手铐，用刑杖或皮鞭拷打他们。然而没过多久，又恢复了他们的官职，这尤其不是待臣之道。从现在开始，选择任用大臣，应该与众论相符。若有小过，就放过。实在不可原谅，就要交给司法部门定罪，让他们自作打算。不要动辄就拘禁。这样差不多可以说是没有违背大臣协助天子治理天下的意思。

现在的太常，也就是古代的秩宗，一定要选用清廉谨慎、熟习礼法的大臣担任，然后才可与神明沟通。如今仅次于卿相的朝中大官都出现空缺，应选择儒臣，让他们执掌这些职务。

古者省方巡狩，所以察吏得失，问民疾苦。两汉、唐、宋盛时，数遣使巡行郡县，洪、永间亦尝行之。今久不举，故吏多贪虐，民不聊生，而军卫尤甚。宜择公明廉干之臣，分行天下。

【译文】古代巡视四方，以此考察官吏得失，询问百姓疾苦。两汉、唐、宋鼎盛之时，多次派遣使者到郡县巡行，洪武、永乐年间，此举也曾实行过。现在已很久没有这么做了，因此官吏多贪污暴虐，民不聊生，而军卫之中尤为严重。应选择公正廉明有才干的大臣，让他们分别巡行天下。

古人君不亲刑狱，必付理官，盖恐徇喜怒而有所轻重也。迩法司所上狱，多奉敕增减轻重，法司不能执奏。及讯他囚，又观望以为轻重，民用多冤。宜使各举其职。至运砖输米诸例，均非古法，尤宜罢之。

【译文】古代君王不亲自判定刑罚，一定会交给治理狱讼的官吏裁定，大概是担心会根据自己的喜怒而量刑有所轻重。近来司法部门所上报的案件，大多是奉了敕命增减刑罚轻重，司法部门不能坚持所奏内容。等到审讯其他囚犯时，又迟疑观望等待圣令再定轻重，因此百姓多有冤狱。应该让司法部门各司其职。至于运砖输米等条例，都不是古代的刑法，尤其应该废除。

《春秋》营筑悉书，戒劳民也。京师兴作五六年矣，曰“不烦民而役军”，军独非国家赤子乎？况营作多完，宜罢工以苏其力。

各处水旱，有司既不振救，请减租税，或亦徒事虚文。宜令户部以时振济，量加减免，使不致失业。

【译文】《春秋》对于营建修筑都有记载，这是告诫人们不要劳烦百姓。京城从兴建开始已有五六年了，说“不劳烦百姓，而去役使士兵”，难道军人不是国家的赤子吗？况且修建工程多已完工，应该停工来缓解他们的压力。

各地发生水旱灾害，相关官员既不赈济救助，又不请求减少租税，有的也不过是徒有虚文罢了。应令户部按时赈济，酌情减免租税，使百姓不至于失业。

疏入，下廷议。言球所奏，惟择太常官宜从，令吏部推举。（明史卷一百六十二）

【译文】奏疏呈入后，明英宗将其下发到朝廷讨论。廷臣说

刘球所奏请的内容，只有选择太常官这一条应该听从，英宗命令吏部推选、荐举贤才。（明史卷一百六十二）

谢　铎

【题解】谢铎（1435—1510年），字鸣治，号方石，浙江太平（今浙江温岭）人。天顺八年（1464年）进士。改庶吉士，授翰林院编修。弘治三年（1490年），升至南京国子祭酒。次年因病告归，闲居在家十余年。后被起用为礼部右侍郎兼国子祭酒。正德五年（1510年）去世。追赠礼部尚书，谥号文肃。

谢铎本性孤高特立，力学慕古，讲求经世致用。《续编》辑录了谢铎就成化皇帝命人校勘《通鉴纲目》而上书劝谏一事。谢铎认为，《通鉴纲目》是帝王龟鉴之书，必当要进讲经筵，为致治的借鉴。

谢铎，字鸣治，浙江太平人。天顺末进士。改庶吉士，授编修。成化九年校勘《通鉴纲目》[①]，上言："《纲目》一书，帝王龟鉴。陛下命重加考定，必将进讲经筵，为致治资也。今天下有太平之形，无太平之实，因仍积习，废实徇名。曰振纲纪，而小人无畏忌；曰励风俗，而缙绅弃廉耻。饬官司，而污暴益甚；恤军民，而罢敝益极。减省有制，而兴作每疲于奔命；蠲免有诏，而征敛每困于追呼[②]。考察非不举，而幸门日开；简练非不行，而私挠日众。赏竭府库之财，而有功者不劝；罚穷谳覆之案，而有罪者不惩。以至修省祈祷之命屡颁，水旱灾伤之来不绝。禁垣被震，城门示灾，不思竦动旋转，以大答天人之望，是则诚可忧也。愿陛下以古证今，兢兢业业，然后可长治久安，而载籍不为无用矣。”帝不能从。（明史卷一百六十三）

【注释】①《通鉴纲目》：南宋朱熹撰著。朱熹与其门人赵师渊等，据司马光《资治通鉴》《举要历》和胡安国《举要补遗》等书，本儒家纲常名教，简化内容，编为纲目。纲为提要，模仿《春秋》；目以叙事，模仿《左传》，用意在于用 《春秋》笔法，“辨名分，正纲常”。

②追呼：谓吏胥到门号叫催租，逼服徭役。

【译文】谢铎，字鸣治，浙江太平（今浙江温岭）人。天顺末年进士。改为庶吉士，授任编修。成化九年（1473年），校勘《通鉴纲目》，上书说：“《纲目》一书，可以使帝王借鉴前事。陛下下令重新加以考核审定，一定要将它放到经筵讲解，作为使国家安定清平的借鉴。现在整个天下从外表看起来似乎很太平，却没有太平的实质，仍然在沿袭旧的习俗，废弃实质而去追求虚名。名为加强纲纪，而小人却无所畏忌；名为鼓励风俗，而仕宦却不顾廉耻。整顿百官，而贪污暴虐却日益严重；抚恤军民，而疲顿困乏却严重到极点。对工程的减少省去有明确的制诰，而兴建总是疲于奔命；对赋役的免除有明确诏令，而横征暴敛依然没有停息，吏胥总是上门催逼。不是没有考察官吏，而奸邪小人或侥幸者进身的门户却日益大开；裁撤冗员之举不是没有实行，而徇私顺从之事却日益增多。赏赐用尽了府库的财物，而有功之人却没有得到勉励；惩罚遍及所有审判的案件，而有罪之人却没有受到惩罚。以至于多次颁布修身反省祷告求福的命令,水旱灾害却频繁发生无法断绝。宫墙被震坏,城门昭示灾害,却不去思考如何疏通治理转变行动,来报答上天和百姓的厚望,这实在让人担忧啊。希望陛下以古鉴今,兢兢业业,然后才可以长治久安,而典籍就不会没用了。”宪宗朱见深没有听从。(明史卷一百六十三)

孔友谅

【题解】孔友谅(?—1434年),长洲(今江苏苏州)人。永乐十六年(1418年)进士。改庶吉士,出任双流县知县。宣德初年,孔友谅上言六事,直指明朝存在的弊端,尤其是认为官俸过少,“制禄之典,视前代为薄”,请求酌量增加官俸,且旌赏廉洁之吏,这样做就会使“廉者知劝,贪者知戒”。

孔友谅,长洲人。永乐十六年进士。改庶吉士,出知双流县。宣宗初,上言六事:

一曰,守令亲民之官,古者不拘资格,必得其人;不限岁月,使尽其力。今居职者多不知抚字之方,而廉干得民心者,又迁调不常,差遣不一。或因小事连累,朝夕营治,往来道路,日不暇给。乞敕吏部,择才望素优及久历京官者任之。谕戒上司,毋擅差遣,假以岁月,责成治效。至远缺佐贰,多经裁减,独员居职。或遇事赴京,多委杂职署事,因循苟且,政令无常，民不知畏。今后路远之缺，常留一正员任事，不得擅离，庶法有常守。

【译文】孔友谅，长洲（今江苏苏州）人。永乐十六年（1418年）进士。改为庶吉士，出任双流县知县。宣宗初年，上疏陈述六件事：

一是，州县守令是最亲近百姓的官员，古时不拘资格，一定要找到适合之人；不限任职时间，让其竭尽全力。现在居官者大多不知爱护百姓的方法，而廉洁干练深得民心者，又常升迁调动官职不固定，多被派遣不同事务。有的因小事牵累，朝夕处理政务，常在途中往来奔波，每日都没有空闲时间。请求敕令吏部，选择才德声望素来优秀且久在京城为官的人担任。劝谕并警诫其上司，不得随意差遣，给他一些时间，责成治理出效果。至于边远之地缺少担任副职的官吏，多是经过裁减，只有一名官员在位，有时遇到事情需赶赴京城，多委托正员以外的小吏代理职事，这些人沿袭旧习，敷衍草率，致使政令变化无常，百姓不知畏惧。今后边远之地如有缺职，应常留一位正职官员担当事务，不得擅离职守，希望法令能得到正常执行。

二曰，科举所以求贤，必名实相副，非徒夸多而已。今秋闱取士动一二百人。弊既多端，侥幸过半。会试下第，十常八九，其登第者，实行或乖。请于开科之岁，详核诸生行履。孝弟忠信、学业优赡者，乃许入试。庶浮薄不致滥收，而国家得真才之用。

【译文】二是，科举是用来求得贤才的，一定要名实相符，不能只夸耀录取的人数多就行了。现在秋试选取士人动辄就有一二百人。这样就会产生多种弊端，侥幸入选者超过半数。会试没考中的，十有八九，那些登科的，有的实际品行又不相符。请在举行科举考试之年，详细核查考生们的往来经历。那些尊敬兄长、忠于君主、取信于朋友、学识渊博的人，才允许参加考试。这样，或许轻薄之人才不致被胡乱收录，而国家也能得到真正的人才得以任用。

三曰，禄以养廉。禄入过薄，则生事不给。国朝制禄之典，视前代为薄。今京官及方面官稍增俸禄，其余大小官自折钞外，月不过米二石，不足食数人。仰事俯育，与道路往来，费安所取资？贪者放利行私，廉者终窭莫诉。请敕户部勘实天下粮储，以岁支之余，量增官俸。仍令内外风宪官，采访廉洁之吏，重加旌赏。则廉者知劝，贪者知戒。

【译文】三是，用俸禄来养廉，俸禄过于微薄，则生计无法保障。本朝制定的有关俸禄的制度，和前代相比略显微薄。现在京官和地方政府长官稍微增加了一些俸禄，其余大小官员除去折合成钱币的部分，每月供给不过两石米，几个人食用都不够。这些官员上要侍奉父母，下要养活妻儿，加上往来交通，这些花费要从哪里获得？贪婪的人为追逐利益怀着私心行事，廉洁的人境遇艰难无处可诉。请求敕令户部核实天下的粮食储备，用每年各项支出后的结余部分，酌情增加官员的俸禄。并命令朝廷内外负责监察执行法纪的官员，探求寻访廉洁的官吏，对其大力表彰奖赏。这样就使廉洁的人知道勉励，贪婪的人知道戒惧。

四曰，古者赋役量土宜，验丁口，不责所无，不尽所有。今自常赋外，复有和买[①]、采办诸事。自朝廷视之，不过令有司支官钱平买。而无赖之辈，关通吏胥，垄断货物，巧立辨验、折耗之名，科取数倍，奸弊百端。乞尽停采买，减诸不急务，则国赋有常，民无科扰。

【注释】①和买：即“和市”。古代指官府按价向民间购买实物。至唐宋以后，实际成为强行摊派、掠夺民财民物的制度。

【译文】四是，古代的赋税徭役要衡量土地对于民居的适宜性，检验丁户人口，不索取百姓家里所没有的东西，不征尽所有财物。如今在固定的赋税之外，还有和买、采办等事。从朝廷来看，不过是下令相关官员从官府支钱后到百姓那里平价购买。而无赖之人，勾结掌理案牍的官吏，垄断货物，巧立辨别检验、折合损耗的名目，征收数倍赋税，欺诈蒙骗的手段花样百出。请求采买之事全部停止，减少众多不算紧急重要的事务，那么国家赋税就有了一定之规，百姓就不会再遭受捐税差役的骚扰了。

其二事言汰冗员，任风宪，言者多及之，不具载。（明史卷一百六十四）

【译文】其他两件事进言淘汰闲散无事的官员，任用掌管风纪的官吏，进言之人多有涉及，此处不作详细记载。（明史卷一百六十四）

范　济

【题解】范济，元末进士。洪武年间，以文学举为广信知府。后坐事谪戍兴州。宣德年间，年逾八十，上言陈述八事，力主专治内务，勿勤远略。宣宗认为国家正需要老成之人，因授其为儒学训导。《续编》主要辑录了范济奏疏八事中关于学校教化与任官得人两方面的言论。其一他认为学校历来关乎风俗教化，慎选学官，培植人才，推举任用，再以任天下国家大事则易如反掌。其二则是对冗官懒政的问题提出解决的方法，认为依照洪武年间的员额，滥竽充数的尽数撤去，那么就能达到天下大治。

范济，元进士。洪武中，以文学举为广信知府，坐累谪戍兴州。宣宗即位，济年八十余矣，诣阙言事。

【译文】范济，元朝进士。洪武年间，因学问出众被举荐为广信知府，因受牵连被贬到兴州（今河北承德）戍边。宣宗朱瞻基即位，范济当时已经八十余岁，赴京城进言。

曰：学校者，风化之源，人材所自出，贵明体适用，非徒较文艺而已也。洪武中妙选师儒，教养甚备，人材彬彬可观。迩来士习委靡，立志不弘，执节不固。平居无刚方正大之气，安望其立朝为名公卿哉？宜选良士为郡县学官，择民间子弟性行端谨者为生徒，训以经史，勉以节行。俟其有成，贡于国学。磨砻砥砺，使其气充志定，卓然成材，然后举而用之，以任天下国家事无难矣。

【译文】说：学校是风俗教化的源头，人的才能出自于学校的培养，贵在明识大体合于应用，不仅只是考核文辞技艺。洪武年间精心挑选学官，对学生的培养教导周全完备，培育出的人才行为文雅有礼，具有很高素质。近来读书人的风气萎靡不振，没有宏大的志向，不能坚守节操。平素没有刚直方正光明正大的气魄，又怎能指望他们在朝为官时会成为有名望的公卿大臣呢？应选择贤良之士任郡县学官，选择品行端正又严谨的民间子弟作为学生，用经史典籍教导他们，用节操品行勉励他们。等到有所成时，再将其选送到太学。经过严加磨练，使他们充满正气而又意志坚定，成为卓越之才，然后再举荐任用他们，让他们承担天下国家的大事就没什么难的了。

官不在众，在乎得人。国家承大乱后，因时损益，以府为州，以州为县。继又裁并小县之粮不及俸者，量民数以设官。民多者县设丞簿，少者知县、典史而已。其时官无废事，民不愁劳。今藩、臬二司及府、州、县官，视洪武中再倍，政愈不理，民愈不宁，奸弊丛生，诈伪滋起。甚有官不能听断，吏不谙文移，乃容留书写之人，在官影射，贿赂公行，狱讼淹滞，皆官冗吏滥所致也。望断自宸衷，凡内外官吏，并依洪武中员额，冗滥者悉汰，则天工无旷，庶绩咸熙，而天下大治矣。

【译文】官不在多，在于用人得当。国家继大乱之后，根据不同时期的具体情况决定增加和减少官员，以府为州，以州为县。继而又裁撤合并所产粮食不够支付官员俸禄的小县，衡量百姓数量后再设官位。百姓多的县设置县丞和主簿等佐官，少的设置知县、典史就可以了。那时官员没有旷废职务，百姓没有愁苦。如今布政、按察二司以及府、州、县官，看起来是洪武年间的二倍，政事却越来越无人处理，百姓越来越不安宁，欺诈蒙骗之事丛生，狡诈虚伪之举滋起。甚至有的官员不能听讼断案，有的小吏不熟悉公文，就收容善于书写之人，在官府蒙混度日，公然贿赂，讼案积压拖延，这都是官员冗杂小吏泛滥所导致的。希望君王能作出决断之意，凡是朝廷内外的官吏，一并依照洪武年间的名额，冗杂滥用的全部淘汰，那么代天行事的职责就不会被荒废，各项事业都会蒸蒸日上，而天下就会更加安定繁荣了。

奏上，命廷臣议之。尚书吕震[①]以为文辞冗长，且事多已行，不足采。帝曰："所言甚有学识，多契朕心，当察其素履以闻。"震乃言："济故元进士，曾守郡，坐事戍边。"帝曰："惜哉斯人！令久淹行伍，今犹足用。"震曰："年老矣。"帝曰："国家用人，正须老成，但不宜任以繁剧。"乃以济为儒学训导。（明史卷一百六十四）

【注释】①吕震（1365—1426年）：字克声，陕西临潼人。洪武年间以乡举进入太学，燕王起兵时投降，成为朱棣的宠臣，官至太子太保兼礼部尚书。

【译文】奏书奉上后，宣宗朱瞻基命令朝廷大臣共同商议。尚书吕震认为文辞冗长，而且所书之事大多已经施行，不足以采纳。宣宗说："范济所说的话很有学识，大多契合朕的心意，应当对他生平的行为履历进行考察后再上报。"吕震便说："范济是以前元朝的进士，曾任郡守，因事获罪被贬戍守边防。"宣宗说："可惜了此人啊！让他长久滞留在军队里，如今还可以重用。"吕震说："范济年龄太老了。"宣宗说："国家用人，正需要年高德劭者，但不宜让他担任繁重的事务。"于是任命范济为儒学训导。（明史卷一百六十四）

陶　鲁

【题解】陶鲁（1434—1498年），字自强，玉林人。明代边疆名臣。曾身兼湖广布政使、广东按察副使，并治广西兵备，权力及于三地，故被时人称为“三广公”。他认为，治理贼寇，要以教化为先，实在不得已才能够用兵。轻言用兵者，宜深思矣。

鲁，字自强，荫授新会丞。天顺七年，就迁知县。历官四十五年，始终不离兵事。然鲁将兵不专尚武，尝言：“治寇贼，化之为先，不得已始杀之耳。”每平贼，率置县建学以兴教化。（明史卷一百六十五）

【译文】陶鲁，字自强，承袭先人功绩而被授予新会（今广东新会）县丞。天顺七年（1463年），升任知县。任官45年，始终没能脱离兵事。然而陶鲁率兵不专门崇尚武事，曾说：“治理寇贼，要把教化放在第一位，万不得已才剿杀他们。”每次平定寇贼，陶鲁都率先在县里兴建学校以开启教化。（明史卷一百六十五）

于　谦

【题解】于谦（1398—1457年），字廷益，号节庵，钱塘（今浙江杭州）人。与岳飞、张煌言并称“西湖三杰”。曾有僧人惊叹于谦是“他日救时宰相也”。但仅官至少保，世称于少保。永乐十九年（1421年）辛丑科进士。初谥肃愍，后改谥忠肃。

于谦性情刚正，居官清廉，为民请命，铁面无私，时有“于青天”之称。有《石灰吟》传于世。“土木堡之变”时，于谦力排南迁之议，坚请固守，拥戴景泰帝即位，稳定人心，率兵抗击瓦剌之军。后也先挟制英宗逼和，不许，不得已放归英宗。天顺元年（1457年），英宗复辟，石亨等构陷于谦，被弃于市。直到成化元年（1465年），于谦才沉冤得雪。

于谦，字廷益，钱塘人。生七岁，有僧奇之曰：“他日救时宰相也。”举永乐十九年进士。

【译文】于谦，字廷益，钱塘（今浙江杭州）人。七岁那年，有个僧人见他生有奇相，说：“这是日后拯救时局的宰相。”考中永乐十九年（1421年）进士。

宣德初，授御史。出按江西，雪冤囚数百。帝知谦可大任，会增设各部右侍郎为直省巡抚，乃手书谦名授吏部，超迁兵部右侍郎，巡抚河南、山西。谦至官，轻骑遍历所部，延访父老，察时事所宜兴革，即具疏言之。一岁凡数上，小有水旱，辄上闻。

【译文】宣德初年，授任御史。出京巡按江西时，昭雪无辜的囚犯数百人。宣宗朱瞻基知道于谦可以担当大任，正值这时增设各部右侍郎为直省巡抚，便亲笔写下于谦的名字交给吏部，越级升迁他为兵部右侍郎，巡抚河南、山西。于谦到任后，轻装骑马巡视全部所辖地区，广为访求父老乡亲，考察时事后对那些应该施行或革除的情况，马上上书阐明自己的观点。一年中他多次上书，稍有水旱灾害，就上报告给皇上。

正统六年疏言："今河南、山西积谷各数百万。请以每岁三月，令府州县报缺食下户，随分支给。先菽秫，次黍麦，次稻。俟秋成偿官，而免其老疾及贫不能偿者。州县吏秩满当迁，预备粮有未足，不听离任。仍令风宪官以时稽察。"诏行之。河南近河处，时有冲决，谦令厚筑堤障，计里置亭，亭有长，责以督率修缮。并令种树凿井，榆柳夹路，道无渴者。大同孤悬塞外，按山西者不及至，奏别设御史治之。尽夺镇将私垦田为官屯，以资边用。威惠流行，太行伏盗皆避匿。在官九年，迁左侍郎，食二品俸。

【译文】正统六年（1441年）于谦上疏说："现在河南、山西都积蓄了数百万斤的谷物。请在每年三月份时，下令府州县上报缺粮的贫困人家，然后按一定的份额支付给他们粮食。先支给他们豆类和高粱，再给黍麦，最后给稻米。等到秋收后再偿还给官府，而对年老体病和贫困没有偿还能力的则给予免除。

州县官吏任期已满应当升迁的，如果预先准备粮食不充足，则不能让其离任。还要命令风宪官按时稽察。”英宗下诏施行。河南靠近黄河之处，常被水流冲破堤防而决口。于谦下令修筑堤坝时增加厚度，每个乡里都要设亭，每亭都设亭长，责令其督率修缮堤坝一事。又命令种树凿井，榆柳列于道路两旁，道路上再也没有口渴之人了。大同孤立于塞外之地，按抚山西的官员不能到达那里，于谦奏请另设御史来治理。将镇边将领私自开垦的田地全部收归官田屯种，以资助边防费用。于谦的恩威广为流布，太行山潜伏的盗贼都躲避、藏匿起来而不敢露面。于谦在任九年后，升任兵部左侍郎，享受二品俸禄。

初，三杨在政府，雅重谦。谦所奏，朝上夕报可，皆三杨主持。而谦每议事京师，空橐以入，诸权贵人不能无望。及是，三杨已前卒，太监王振方用事。左迁大理寺少卿。山西、河南吏民伏阙上书，请留谦者以千数，周、晋诸王亦言之，乃复命谦巡抚。前后在任十九年，丁内外艰，皆令归治丧，旋起复。

【译文】起初，三杨主持朝政，他们特别器重于谦。于谦所上奏章，早上刚递上去，傍晚就已批复回来，这都是因为有三杨的主持。而于谦每次到京城议事，总是空囊前往，权贵们对他不能没有埋怨。这时，三杨已先后去世，太监王振正在专权。于谦被贬为大理寺少卿。山西、河南官民拜伏于宫阙下上书，请求挽留于谦者有上千人。周王、晋王等诸王也为于谦说话，英宗于是重新任命于谦为巡抚。于谦先后在任共十九年，在此期间他先后遭遇父母去世，英宗都让他回去办理丧事，随后便让他在服父母丧期满后重新复出做官。

十三年以兵部左侍郎召。明年秋，也先大入寇，王振挟帝亲征。谦与尚书邝埜[①]极谏，不听。埜从治兵，留谦理部事。及驾陷土木，京师大震，众莫知所为。郕王监国，命群臣议战守。侍讲徐珵[②]言星象有变，当南迁。谦厉声曰："言南迁者，可斩也。京师天下根本，一动则大事去矣，独不见宋南渡事乎？"王是其言，守议乃定。时京师劲甲精骑皆陷没，所余疲卒不及十万，人心震恐，上下无固志。谦请王檄取两京、河南备操军，山东及南京沿海备倭军，江北及北京诸府运粮军，亟赴京师。以次经画部署，人心稍安。即迁本部尚书。

【注释】①邝埜（yě）（1385—1449年）：字孟质，别号朴斋，湖南省宜章县城南乡新田村邝家门自然村人。明朝中期兵部尚书。

②徐珵：即徐有贞（1407—1472年），初名珵，字元玉，又字元武，南直隶吴县（今江苏苏州）人，明朝中期内阁首辅，因封爵武功伯，世称徐武功。

【译文】正统十三年（1448年）召任于谦为兵部左侍郎。第二年秋天，也先大举进犯，王振挟英宗亲征。于谦与尚书邝埜极力劝谏，英宗不听。邝埜随从英宗出兵作战，治理军事，留下于谦管理部事。等到英宗在土木堡被俘，京城大为震动，众人都不知怎么办才好。郕王朱祁钰代理监临国事，命群臣商议是战还是守。侍讲徐珵说星象有变，应该南迁。于谦厉声说道："提议南迁的人应当推出去斩首！京师是天下的根本，只要一动便大事去矣，无法挽回了。难道没见宋朝南渡的事吗？"郕王对于谦的话表示赞同，守城的决议就这样定了下来。当时京师的精骑劲旅已全部陷没，所剩下的疲弱之兵不到十万，人心极度惊恐，上下意志皆不坚定。于谦请郕王下发檄文征调两京、河南的备操军，山东和南京沿海的备倭军，江北及北京各府的运粮军，让他们急速赶赴京城。经过于谦的依次经营和筹划部署，人心才稍微安定下来。当即迁任本部尚书。

郕王方摄朝，上下皆倚重谦，谦亦毅然以社稷安危为己任。

【译文】郕王朱祁钰刚摄政时，朝廷上下都倚重于谦，于谦也毅然将社稷安危作为自己的责任。

初，大臣忧国无主，太子方幼，寇且至，请皇太后立郕王。王惊谢至再。谦扬言曰："臣等诚忧国家，非为私计。"王乃受命。九月，景帝立，谦入对，慷慨泣奏曰："寇得志，要留大驾，势必轻中国，长驱而南。请饬诸边守臣协力防遏。京营兵械且尽，宜亟分道募民兵，令工部缮器甲。遣都督孙镗[①]、卫颖[②]、张軏[③]、张仪、雷通分兵守九门要地，列营郭外。都御史杨善[4]、给事中王竑参之。徙附郭居民入城。通州积粮，令官军自诣关支，以赢米为之直，毋弃以资敌。文臣如轩輗[5]者，宜用为巡抚。武臣如石亨[6]、杨洪[7]、柳溥[8]者，宜用为将帅。至军旅之事，臣身当之，不效则治臣罪。”帝深纳之。

【注释】①孙镗（1392—1471年）：字振远，东胜州（今内蒙古托克托）人。正统十四年（1449年），升任督府佥事。同年十月于京都保卫战中大战也先于西直门。景泰元年（公元1450年），被杨洪弹劾，下狱，同年被释。景泰三年（公元1452年）冬，孙镗充任副总兵，协助郭登镇守大同。天顺元年（公元1457年），冒领夺门之功，封怀宁伯。天顺五年（1461年），孙镗率军平定石曹之乱，封怀宁侯。成化七年（1471年），孙镗去世，被赠为涞国公，谥武敏。

②卫颖（1411—1498年）：松江华亭（今上海松江）人。明朝将领，都督佥事卫青次子。历镇甘肃、辽东，为总兵官，官至后军都督府掌府事。

③张軏（1393—1459年）：河南开封府祥符县（今河南开封）人，景泰元年（1450年），升右都督，总管京营。

④杨善（1384—1458年）：字思敬，京师大兴（今北京大兴）人。天顺元年（1457年）正月，杨善参预谋划英宗复位，后掌左军都督府事，兼礼部尚书。

⑤轩輗（？—1464年）：字惟行，号静斋，鹿邑县西轩庄（今河南鹿邑）人，明朝中期廉吏，官至左都御史、刑部尚书。历经永乐、洪熙、宣德、正统、景泰、天顺六朝。

⑥石亨（？—1460年）：陕西渭南南志道里（今陕西渭南）人。明

朝将领，官至太子太师，封忠国公。

⑦杨洪（1381—1451年）：字宗道。庐州合肥（今安徽合肥）人，生于应天府六合（今江苏南京），明朝名将。

⑧柳溥：明安庆府怀宁人，字广达。正统中充总兵官，镇广西。天顺初累进太傅。

【译文】起初，大臣们都担心国家无主，太子正年幼，敌寇即将到来，便请皇太后立郕王朱祁钰为帝。郕王大惊，再三推辞。于谦慷慨激昂地说："臣等实在是为国担忧，并非为一己私利作打算。"郕王朱祁钰这才受命。九月，景帝朱祁钰即位，于谦入宫应对皇上的提问，慷慨哭奏道："敌寇得志，要挟我们要留下上皇，这样势必会看轻中国，长驱南下。请饬令各守边大臣齐心协力防御敌寇。京营里的军械将要用尽，应当迅速派人分走不同道路去招募民兵，命令工部修缮武器、盔甲。派遣都督孙镗、卫颖、张軏、张仪、雷通分兵把守九门要地，在城外排开阵营。让都御史杨善、给事中王竑参谋协助。将城郊居民迁徙到城中。通州的积粮，令官军自行前去支取，运回的粮食作为报偿归个人所有，决不让其落入敌手。文臣如轩輗，应任用为巡抚。武臣如石亨、杨洪、柳溥等人，应任将帅。至于军队里的事务，臣将亲自担任，若不见成效，请治臣罪。"景帝采纳了他的建议。

景泰[①]元年，八月，上皇北狩且一年矣。也先见中国无衅，滋欲乞和，使者频至，请归上皇。大臣王直[②]等议遣使奉迎，帝不悦曰："朕本不欲登大位，当时见推，实出卿等。"谦从容曰："天位已定，宁复有他，顾理当速奉迎耳。万一彼果怀诈，我有辞矣。"帝顾而改容曰："从汝，从汝。"先后遣李实、杨善往。卒奉上皇以归，谦力也。

【注释】①景泰：明朝第七位皇帝明代宗朱祁钰的年号（1450—1457年），前后共8年。

②王直（1379—1462年）：字行俭，号抑庵，江西泰和人。明初政治家、学者，东晋太傅王导后代。

【译文】景泰元年（1450年），八月，上皇被俘已近一年。也先见中国没有祸患发生，便滋生出求和的想法，频繁派来使者，请求将上皇朱祁镇送回。大臣王直等人建议派遣使者去奉迎上皇，代宗朱祁钰面露不悦之色，说："朕本来不想登这帝位，当时是被推上去的，实在都是你们的意思。"于谦从容说道："陛下天子之位已定，岂会有其他变化，只是按理应尽快把上皇奉迎回来罢了。万一他们果真心怀狡诈，我们也有话可说。"代宗看着于谦改变了神色，说道："都听你的，都听你的。"先后派遣李实、杨善前往，终于将上皇接了回来，这都得力于于谦。

谦之为兵部也，也先势方张；而福建邓茂七[①]、浙江叶宗留[②]、广东黄萧养[③]各拥众僭号；湖广、贵州、广西瑶、僮[④]、苗、僚所至蜂起。前后征调，皆谦独运。当军马倥偬，变在俄顷，谦目视指屈，口具章奏，悉合机宜。僚吏受成，相顾骇服。号令明审，虽勋臣宿将小不中律，即请旨切责。片纸行万里外，靡不惕息。其才略开敏，精神周至，一时无与比。至性过人，忧国忘身。上皇虽归，口不言功。

【注释】①邓茂七（？—1449年）：原名邓云。江西南城县珀玕乡（今沙洲镇）人，后迁居于沙县二十四都黄竹坑（今属三明市梅列区）。明代中叶农民起义军首领。

②叶宗留（1404—1448年）：浙江庆元人。明代矿工起义首领。

③黄萧养（？—1450年）：原名黄懋松，广州府南海县冲鹤堡潘村人（今广东顺德），明朝正统年间广东农民起义领袖。

④僮：我国少数民族，今改作“壮族”。

【译文】于谦为兵部尚书时，也先的势力正在扩张；而福建邓茂七、浙江叶宗留、广东黄萧养各自聚众谋反，冒用帝王的尊号称王；湖广、贵州、广西的瑶、僮、苗、僚等少数民族也蜂拥而起，乱象丛生。朝廷先后征调人员物资，都是于谦一人独自筹划。正当戎马倥偬之际，形势瞬息万变，于谦眼观手指，当面陈说奏章文书，全都切合时宜。属下官员依照于谦的计划行事，他们互相对视，惊佩诚服。于谦号令严明，即使是功臣老将，稍有不合法度之事，就请求天子下令严厉责备。文书传至万里之外，没有人不战兢恐惧。他才思敏捷开明通达，精力充沛，一时之间无人能比。他天赋卓绝品性过人，忧国忧民，公而忘私。上皇虽然被奉迎回来，但于谦从不说是自己的功劳。

帝知谦深，所论奏无不从者。用一人，必密访谦。谦具实对，无所隐，不避嫌怨。由是诸不任职者皆怨，而用弗如谦者，亦往往嫉之。诸御史以深文弹劾者屡矣，赖景帝破众议用之，得以尽所设施。

【译文】景帝朱祁钰知道于谦具有远见卓识，凡是他上奏的内容，全都听从。景帝想要起用一个人时，定会秘访于谦。于谦都据实以对，毫无隐瞒，不避仇怨。因此那些不称职者都怨恨他，而职位成就不如于谦的，又往往嫉妒他。御史们多次以苛刻的文字弹劾他，全赖景帝排除众议继续任用他，才使于谦的各项谋划都得以实施。

谦性故刚，遇事有不如意，辄拊膺叹曰："此一腔热血，竟洒何地！"视诸选耎[①]大臣、勋旧贵戚，意颇轻之，愤者益众。又始终不主和议，虽上皇实以是得还，不快也。徐珵以议南迁，为谦所斥。至是改名有贞，稍稍进用，尝切齿谦。石亨本以失律削职，谦请宥而用之，总兵十营，畏谦不得逞，亦不乐谦。德胜之捷，亨功不加谦而得世侯，内愧，乃疏荐谦子冕。诏赴京师，辞，不允。谦言："国家多事，臣子义不得顾私恩。且亨位大将，不闻举一幽隐，拔一行伍微贱，以裨军国，而独荐臣子，于公议得乎？臣于军功，力杜侥幸，决不敢以子滥功。"亨复大恚。都督张軏以征苗失律，为谦所劾，与内侍曹吉祥等皆素憾谦。

【注释】①选耎：怯懦不前。选，通“巽”。

【译文】于谦性情原本刚烈，遇上不如意事时，就会捶胸叹息，说：“这一腔热血，究竟会洒在何处啊！”看到那些怯懦不前的大臣、有功勋的旧臣以及皇亲贵戚，于谦心中便对他们颇为轻视，以至于愤恨他的人更多了。于谦又始终不主张和议，虽然上皇实际上是因此得以迎回，但心中也有不快之意。徐珵因建议南迁而被于谦斥责，至此改名有贞，逐渐被提拔任用，他曾经十分痛恨于谦。石亨本因出战失利而被革职，于谦请求宽宥并留用石亨，让他统率十营兵马，他因惧怕于谦而不敢任意妄为，也不喜欢于谦。德胜门大捷，石亨功劳不如于谦却得到世袭封侯的殊荣，内心惭愧，便上书举荐于谦的儿子于冕。朝廷诏令于冕赶赴京师，于谦推辞，皇上没有答应。于谦说：“国家正逢多事之秋，做臣子的从道义上讲不能只顾私恩。况且石亨身为大将，未曾听闻他荐举过一名隐居未仕之士，提拔过一名行伍出身而地位卑微之人，以裨益军国，却唯独举荐臣的儿子，这能得到公论的支持吗？臣在军功方面，极力杜绝侥幸，决不敢让自己的儿子冒功领赏。”石亨因此更加怨恨他了。都督张軏在讨伐苗人时违反军纪，被于谦弹劾，与宦官曹吉祥等人素来怨恨于谦。

景泰八年正月壬午，亨与吉祥、有贞等既迎上皇复位，宣谕朝臣毕，即执谦与大学士王文[①]下狱。诬谦等与黄竑构邪议，更立东宫；又与太监王诚、舒良、张永、王勤等谋迎立襄王子。亨等主其议，嗾言官上之。都御史萧惟祯定谳。坐以谋逆，处极刑。文不胜诬，辩之疾，谦笑曰：“亨等意耳，辩何益？”奏上，英宗尚犹豫曰：“于谦实有功。”有贞进曰：“不杀于谦，此举为无名。”帝意遂决。丙戌改元天顺，丁亥弃谦市，籍其家，家戍边。

【注释】①王文（1393—1457年）：原名王强，北直隶束鹿（今河北辛集）人。永乐十九年中进士，授监察御史。历任陕西按察使，左都御史，累官至吏部尚书、少保、谨身殿大学士兼东阁大学士。景泰八年，夺门之变后，与于谦一起被冤杀，后被平反昭雪。

【译文】景泰八年（1457年）二月十二日，石亨与曹吉祥、徐有贞等人将已迎接上皇复位的旨意向朝臣宣谕完毕后，立即将于谦和大学士王文逮捕并投入狱中。诬陷于谦等人与黄竑一同订立奸邪之议，准备更立东宫太子；又与太监王诚、舒良、张永、王勤等人密谋迎立襄王的儿子。由石亨等人提议，指使言官上奏给英宗。都御史萧惟祯负责定案，于谦被定为谋逆罪，处以极刑。王文无法忍受被诬陷，极力辩解，于谦笑着说：“这是石亨等人的意思，辩解又有何用？”奏疏呈上后，英宗犹豫不决地说：“于谦确实有功。”徐有贞上前进言：“如果不杀于谦，此次行动便没有正当理由。”英宗这才下定决心。二十一日改元天顺，二十二日将于谦处死，并将尸体弃置街头示众，籍没其家产收入官府，家里人均被遣去戍边。

谦既死，而亨党陈汝言代为兵部尚书。未一年败，赃累巨万。帝召大臣入视，愀然曰：“于谦被遇景泰朝，死无余赀。汝言抑何多也！”亨俯首不能对。俄有边警，帝忧形于色。恭顺侯吴瑾侍，进曰：“使于谦在，当不令寇至此。”帝为默然。是年，有贞为亨所中，戍金齿。又数年，亨亦下狱死，吉祥谋反族诛，谦事白。

【译文】于谦死后，石亨的党羽陈汝言代任兵部尚书。不到一年便被免职，查获贪污受贿所得财物金额巨大。英宗召大臣来看，容色骤变说道：“于谦受到景泰朝恩遇，死后却没有富余的财物，汝言的财物真是太多了！”石亨低着头无言以对。不久边境传来警报，英宗忧形于色。恭顺侯吴瑾在旁陪侍，进言道：“假使于谦还在，定不会让敌寇如此猖獗。”英宗默然不语。这一年，徐有贞被石亨中陷，被遣戍守金齿（今云南保山、腾冲一带）。又过了几年，石亨也被下狱并死于狱中，曹吉祥因谋反罪被灭族，于谦之事至此才大白于天下。

赞曰：于谦为巡抚时，声绩表著，卓然负经世之才。及时遘艰虞，缮兵固圉。景帝既推心置腹，谦亦忧国忘家，身系安危，志存宗社，厥功伟矣。变起夺门，祸机猝发，徐、石之徒出力而挤之死，当时莫不称冤。然有贞与亨、吉祥相继得祸，皆不旋踵。而谦忠心义烈，与日月争光，卒得复官赐恤。公论久而后定，信夫。（明史卷一百七十）

【译文】史官评论说：于谦为巡抚时，声誉功绩显扬昭著，卓然不群身负经世之才。等到时局纷乱艰难之时，便整治武备，稳定边陲。景帝朱祁钰待于谦推心置腹，于谦也做到了忧国忘家，身系国家安危，志存宗庙社稷，厥功至伟。夺门之变，祸机猝发，徐有贞、石亨之辈竭尽全力排挤于谦并将他迫害致死，当时没有不认为这是冤案的。然而徐有贞与石亨、曹吉祥相继获罪，这些都发生在很短的时间内。而于谦忠心义烈，可与日月争光，终得复官并给予抚恤。公正的评论要在很久后才能确定下来，这话说得很对啊。（明史卷一百七十）

孔　镛

【题解】孔镛（1417—1489年），字韶文，长洲（今江苏苏州）人。景泰五年（1454年）甲戌科进士，任都昌知县。历任连山知县、高州试知府、按察副使、广西按察使、右副都御史巡抚贵州等职。弘治二年（1489年），卒于赴京途中，享年63岁。

《续编》辑录了孔镛以信义降服峒民之事。孔镛带几名随从直抵邓公长聚集的茅峒，从容不迫地劝说峒民归附，同时孔镛也取信于民，帮助峒民渡过难关。《论语》有云："人而无信，不知其可。"岂不然哉？

孔镛，字韶文，长洲人。景泰五年进士。知都昌县。

【译文】孔镛，字韶文，长洲（今江苏苏州）人。景泰五年（1454年）进士。任都昌知县。

成化元年，用叶盛[1]等荐，擢高州试知府。前知府刘海以瑶警，闭城门自护。乡民避瑶至者辄不纳，还为瑶所戕。又疑民阴附贼，辄戮之。贼缘是激众怒，为内应，城遂陷。镛至，开门纳来者，流亡日归。城不能容，别筑城东北居之。附郭多暴骸，民以疫死，复为义冢瘗焉。

【注释】①叶盛（1420—1474年）：字与中，号蜕庵，江苏昆山人，官至吏部左侍郎。

【译文】成化元年（1465年），孔镛因叶盛等人荐举，擢升至高州（今广东高州）出任知府。前任知府刘海因瑶民警情，关闭城门以自卫。刘海对躲避瑶民袭击而欲进城的百姓皆不接纳，这些人回去后便被瑶民所杀。他又怀疑百姓暗地里依附贼人，就将他们杀掉。贼人借此激起众怒，作为内应，城池于是陷落。孔镛来到后，大开城门接纳来者，流亡在外的百姓逐渐回归家园。城中容纳不下，孔镛就在东北方向另外筑城让百姓居住。靠近城池的地方有很多暴露在外的尸骸，百姓因为瘟疫而死，孔镛又修建义冢将他们埋葬。

时贼屯境内者凡十余部，而其魁冯晓屯化州，邓公长屯茅峒，屡招不就。镛一日单骑从二人直抵茅峒。峒去城十里许，道遇贼徒，令还告曰：“我新太守也。”公长骤闻新守至，亟呼其党擐甲迎。及见镛坦易无驺从，气大沮。镛徐下马，入坐庭中，公长率其徒驰甲罗拜。镛谕曰：“汝曹故良民，迫冻馁耳。前守欲兵汝，吾今奉命为汝父母。汝，我子也。信我，则送我归，赉汝粟帛。不信，则杀我，即大军至，无遗种矣。”公长犹豫，其党皆感悟泣下。镛曰：“馁矣，当食我。”公长为跪上酒馔。既食，曰：“日且暮，当止宿。”夜解衣酣寝。贼相顾骇服。再宿而返。见道旁裸而悬树上者累累，询之，皆诸生也，命尽释之。公长遣数十骑拥还，城中人望见，皆大惊，谓知府被执，来绐降也，尽登陴。镛止骑城外，独与羸卒入，取谷帛，使载归。公长益感激，遂焚其巢，率党数千人来降。

镛居官廉。历仕三十余年，皆在边陲，触瘴成疾。乞骸骨，不许。弘治二年召为工部右侍郎，道卒，年六十三。（明史卷一百七十二）

【译文】当时屯据在高州境内的贼人共有十余部，而他们的魁首冯晓屯据在化州，邓公长屯据在茅峒（今广东高州市东南），屡次招抚他们都不肯投降。一天，孔镛独自骑马只带两个随从直奔茅峒。茅峒离城约十里，路上遇到匪徒，孔镛让他们回去报告说：“我是新来的太守。”邓公长突然听说新太守到来，急呼其党羽穿上铠甲前去迎接。等到看见孔镛坦然平易又没什么侍从，神情便大为颓丧。孔镛缓缓下马，入坐庭中，邓公长率领党徒解下盔甲罗列而拜。孔镛对他们说：“你们本是良民，只是因饥寒交迫才到此地步罢了。前任太守想要对你们发兵，我今奉命做你们的父母官。你们，就是我的子民。如果你们信任我，就把我送回去，我将赠送你们粮食与布帛。如果不信任我，你们就杀了我，大军即刻就会到来，到那时就没有活下来的人了。”邓公长犹豫不决，他的党徒都心有所感而流下眼泪。孔镛说：“我饿了，应当让我吃饭。”邓公长跪着为孔镛奉上酒菜。待孔镛吃完，邓公长说：“天要黑了，您应当留我下来住宿。”晚上，孔镛脱下衣服熟睡。贼人相顾失色为之震惊佩服。孔镛又住了一晚后返回。他看见有很多人被裸悬在路旁的树上，便询问他们，才知道都是些生员，命令将他们全部释放，邓公长派遣数十骑护送孔镛回去。城中人远远望见，都大惊失色，说知府被贼人所抓，这是来骗我们投降的，于是人们都登上城墙准备守城。孔镛在城外下马，只与羸弱的士兵进入城内，取来粮食布帛，让他们载回去。邓公长更加感激，就烧毁自己的老巢，率数千党徒前来归降。

孔镛居官廉洁。任职三十余年，都在边陲，因为接触瘴气而染上疾病。请求退职，皇上不许。弘治二年（1489年）孔镛被召为工部右侍郎，在赴任途中离世，终年六十三岁。（明史卷一百七十二）

李　贤

【题解】李贤（1409—1466年），字原德，邓县（今河南邓州）

人。宣德八年（1433年）癸卯科进士，授验封司主事。官至少保、吏部尚书兼华盖殿大学士、知经筵事。成化二年（1466年）去世，享年五十九岁。追赠太师，谥号文达。

李贤为官清廉正直，政绩卓著，是一代治世良臣。英宗复辟后，宠遇李贤。李贤亦尽心辅佐，奉公不阿。终天顺一朝，任内阁首辅。尤以爱惜人才、广开言路为当务之急。

李贤，字原德，邓人。宣德八年成进士。景泰二年二月上正本十策，曰勤圣学，顾箴警，戒嗜欲，绝玩好，慎举措，崇节俭，畏天变，勉贵近，振士风，结民心。帝善之，命翰林写置左右，备省览。

【译文】李贤，字原德，邓县（今河南邓州市）人。宣德八年（1433年），登进士及第。景泰二年（1451年）二月，李贤上书提出正本十策，即勤圣学，顾箴警，戒嗜欲，绝玩好，慎举措，崇节俭，畏天变，勉贵近，振士风，结民心。代宗朱祁钰对他很是赞赏，命翰林抄写后放置于左右，以备观览。

英宗复位，命兼翰林学士，入直文渊阁，与徐有贞同预机务。未几，进尚书。贤气度端凝，奏对皆中机宜，帝深眷之。山东饥，发帑振不足，召有贞及贤议，有贞谓颁振多中饱。贤曰：“虑中饱而不贷，坐视民死，是因噎废食也。”遂命增银。

【译文】英宗朱祁镇复位后，命李贤兼翰林学士，入文渊阁当值，与徐有贞一起参预机要事务。不久，进升为尚书。李贤气度庄重，当面回答英宗提出的问题时都能切中事理时宜，英宗对他特别宠信。山东发生饥荒，国家发放的赈灾财物不足，英宗召徐有贞及李贤前来商议，徐有贞说颁发的赈灾财物多被官员中饱私囊。李贤说："担忧中饱私囊却不施与，坐视百姓死去，这是因噎而废食。"英宗于是下令增拨银两。

石亨、曹吉祥①与有贞争权，并忌贤。诸御史论亨、吉祥，亨、吉祥疑出有贞、贤意，诉之帝，下二人狱。会有风雷变，得释，谪贤福建参政。未行，王翱奏贤可大用，遂留为吏部左侍郎。逾月，复尚书，直内阁如故。亨知帝向贤，怒，然无可如何，乃佯与交欢。贤亦深自匿，非宣召不入，而帝益亲贤，顾问无虚日。

【注释】①曹吉祥（？—1461年）：永平滦州人。明代权宦。

【译文】石亨、曹吉祥与徐有贞争夺权力，并且忌妒李贤。众御史弹劾石亨、曹吉祥，二人怀疑是徐有贞、李贤所授意，便向英宗控告，把他们投入监狱。恰逢风雷之变，徐有贞、李贤才得以获释，李贤被贬谪为福建参政。他尚未动身，王翱上奏说李贤可以担当重任，于是留任为吏部左侍郎。过了一个月，恢复他的尚书之职，仍入内阁当值。石亨知道英宗倾向于李贤，大怒，然而却无可奈何，于是假意与李贤交好。李贤也把自己隐藏得很深，如果没有英宗宣诏决不随便入宫，而英宗更加亲近李贤，每天都召他去垂问。

时帝亦厌亨、吉祥骄横，屏人语贤曰：“此辈干政，四方奏事者先至其门，为之奈何？”贤曰：“陛下惟独断，则趋附自息。”帝曰：“向尝不用其言，乃怫然见辞色。”贤曰：“愿制之以渐。”当亨、吉祥用事，贤顾忌不敢尽言，然每从容论对，所以裁抑之者甚至。及亨得罪，帝复问贤“夺门”①事。贤曰：“‘迎驾’则可，‘夺门’岂可示后？天位乃陛下固有，‘夺’即非顺。且尔时幸而成功，万一事机先露，亨等不足惜，不审置陛下何地？”帝悟曰：“然。”贤曰：“若郕王果不起，群臣表请陛下复位，安用扰攘为？此辈又安所得邀升赏，招权纳贿安自起？老成耆旧依然在职，何至有杀戮降黜之事致干天象？《易》曰‘开国承家，小人勿用’，正谓此也。”帝曰：“然。”诏自今章奏勿用“夺门”字，并议革冒功者四千余人。至成化初，诸被革者诉请。复以贤言，并夺太平侯张瑾、兴济伯杨宗爵，时论益大快之。

【注释】①“夺门”：明英宗亲征瓦剌，兵败被俘。其弟继位为景帝，即与瓦剌议和。英宗返回京师，入居南宫，不许朝谒。景泰八年，石亨、徐有贞等以兵迎英宗于南宫，毁垣坏门而入，英宗乃复辟。史称此次政变为“夺门之役”。后因以“夺门”泛指复辟、政变。

【译文】当时英宗也厌恶石亨、曹吉祥的骄横跋扈，屏退众人对李贤说:“这些人干预朝政,四方前来奏事的大臣都要先到他们的家门,这该怎么办呢?”李贤说:“陛下只要独自决断政事,那些趋炎附势之人就会自动停息。”英宗说:“之前曾经没采纳这些人的意见,他们竟勃然大怒,脸色大变。”李贤说:“愿陛下逐渐制服他们。”当时石亨、曹吉祥专权,李贤因为顾忌而不敢畅所欲言,但他总能从容应对英宗的问题,因此也对石亨等人起到了很大的压制作用。等到石亨获罪,英宗又问李贤“夺门”一事。李贤说:“宣称‘迎驾’就可以了,‘夺门’这种话怎能示以后人?天子之位本来就是陛下的,提到‘夺’就是名声不正了。况且幸亏那时成功,万一事机先行泄露,石亨等人死了倒不足惜,只是不知将置陛下于何地?”英宗顿悟,说:“确实如此。”李贤说:“如果郕王果真病重不起,群臣上表奏请陛下复位,怎用得着这番动荡纷扰?这些人又到哪里去邀功请赏?把持权势,接受贿赂之事又从何而起?若年高德劭者依然在位,又何至于有杀戮贬黜之事发生,以至于受到天象变化的提醒?《易经》说‘开国承家,小人勿用’,正是说的这类事情。”英宗说:“确实如此。”于是诏令从现在开始奏章中不准使用“夺门”字样,并谋议革除假冒功绩者四千余人。到成化初年,那些被革除者向宪宗诉说请求。宪宗又采用李贤的建议,一并除去了太平侯张谨、兴济伯杨宗的爵位,当时的舆论更加大快人心。

帝既任贤,所言皆见听。时岁有边警,天下大水,江南北尤甚。贤外筹边计，内请宽百姓，罢一切征求。帝用其言，四方得苏息。七年二月，空中有声，帝欲禳之，命贤撰青词[①]。贤言君不恤民，天下怨叛，厥有鼓妖[②]。因请行宽恤之政，又请罢江南织造，清锦衣狱，止边臣贡献，停内外采买。帝难之。贤执争数四，同列皆惧。贤退曰："大臣当知无不言，可卷舌偷位耶？"终天顺之世，贤为首辅，吕原[③]、彭时[④]佐之，然贤委任最专。

【注释】①青词：原为道士祭祀天地神明的祝词，用朱笔写在青藤纸上。后成为一种文体。

②鼓妖：古谓发出怪声的不祥之兆。

③吕原（1418—1462年）：字逢原，号介庵。秀水（今浙江嘉兴）人。正统七年（1442年）进士，授翰林院编修，历官翰林学士、右春坊大学士等职，并入内阁，曾编修《历代君鉴录》《寰宇通志》。

④彭时（1416—1475年）：字纯道，又字宏道，号可斋。庐陵安福（今江西吉安）人。明英宗正统十三年（1448年）状元及第，授翰林院修撰。次年即入阁参预机务，累官太常寺少卿兼侍读。英宗驾崩后，与阁臣李贤力争钱皇后名位，迁吏部右侍郎兼学士。明宪宗时期，接连升至兵部尚书、太子太保兼文渊阁大学士。成化四年（1468年）至成化十一年（1475年）间，在李贤、陈文相继去世之后继任内阁首辅。

【译文】英宗对李贤产生信任后，李贤的意见大多被英宗听从。当时每年都有边境警报传来，又发生水灾，长江南北尤其严重。李贤对外谋划守边策略，对内请求宽恤百姓，废除一切征收。英宗采用了他的建议，四方得以休养生息，民力得到复苏。天顺七年（1463年）二月，空中发出怪声，英宗想以祈祷来消除灾殃，命李贤撰写青词。李贤说国君不体恤民众，导致天下百姓因怨恨而背叛，这才有怪声出现的不祥之兆。李贤于是请求英宗对百姓实行宽恤的政策，又请求停办江南织造，清理锦衣卫监狱，停止驻边大臣所进献的贡品，停止内外采买。英宗为此感到为难。李贤坚持他的意见，多次向英宗力争，与他同一班列的大臣都很害怕。李贤退下后说："身为大臣应当知无不言，难道可以闭口不言而窃取官位吗？"整个天顺王朝，李贤任首辅，吕原、彭时辅佐他，只有李贤被委以重任。

贤务持大体，尤以惜人才、开言路为急。所荐引年富、轩輗、耿九畴[①]、王竑[②]、李秉[③]、程信[④]、姚夔[⑤]、崔恭[⑥]、李绍[⑦]等，皆为名臣。时劝帝延见大臣，有所荐，必先与吏、兵二部论定之。及入对，帝访文臣，请问王翱；武臣，请问马昂[⑧]。两人相左右，故言无不行，而人不病其专，惟群小与为难。

【注释】①耿九畴（？—1460年）：字禹范，山西平定人。永乐年间考中进士。历官给事中、两淮盐运同知，出镇陕西，转右副都御史、都御史、江西布政使，擢南京刑部尚书。

②王竑（1413—1488年）：字公度，号休庵、戆庵。湖北江夏（今属武汉市）人，明宪宗初年，官至兵部尚书。

③李秉（1408—1489年）：字执中，号迂斋。曹县（今山东省菏泽

市曹县）人。明宪宗时期历官右副都御史、巡抚宣府、左都御史、宣大总督等职。

④程信（1417—1479年）：字彦实，世称晴洲先生。南直隶徽州府休宁县（今属安徽）人，明英宗正统七年（1442年）进士，历任吏科左给事中、山东右参政、四川参政、太仆寺卿、辽东巡抚等职。明宪宗成化三年（1467年）至成化四年（1468年）间，以兵部尚书衔提督军务，与襄城伯李瑾率军讨平四川都掌蛮叛乱。回师后加兼大理寺卿，与白圭同掌兵部事务，旋即改任南京兵部尚书、参赞机务。

⑤姚夔（1414—1473年）：字大章，号损庵。严州府桐庐县（今浙江杭州）人。明英宗正统七年（1442年）中进士，次年授任吏科给事中，向英宗上陈时政八事，立见施行。土木之变后，英宗被俘虏，姚夔果断建议拥立监国的郕王朱祁钰即位，是为明代宗。景泰初年，姚夔升任南京刑部右侍郎，不久改任礼部侍郎。英宗复辟后，被调往南京，不久又被调回，后累官至礼部尚书，掌管贡举。

⑥崔恭：明朝广宗（今属河北）人，字克让。正统进士。授户部主事，历莱州知府、湖广右布政使、江西左布政使。后升任吏部右侍郎，成化五年（1469年）进吏部尚书，后参赞机务。

⑦李绍（1407—1471年）：字克述，江西安福人。宣德八年进士，天顺中为礼部侍郎。曾任通议大夫、礼部右侍郎、国史副总裁、翰林学士兼经筵官等职。

⑧马昂（1399—1476年）：字景高，河南祥符（今河南开封）人。宣德年间，起家鸿胪寺序班。正统年间，迁监察御史，整饬宣大总督兵备，巡按陕西、淮阳、徽州等处，迁刑部右侍郎，转右副都御史，参赞甘肃军务。景泰年间，因病辞职。起任两广总督，平定叛乱，入为左都

御史、兵部尚书，出任陕西总督，击退蒙古进攻。联合怀宁伯孙镗平定曹钦谋反，授予资德大夫、正治上卿。成化十二年，去世，追赠太子少保，谥号恭襄

【译文】李贤全力主持大局，尤以爱惜人才、广开言路为当务之急。他所引荐的年富、轩輗、耿九畴、王竑、李秉、程信、姚夔、崔恭、李绍等人，都是名臣。他时常劝英宗接见大臣，若有所推荐，必先与吏部、兵部一起考校评定。等到入宫回答皇上的问题时，英宗询问到文臣的相关情况，李贤会请他向王翱询问；问到武臣时，就会请英宗询问马昂。这两人在英宗左右辅佐，因此李贤言无不行，而人们也不担心他会专权，只有那群小人才会与他为难。

宪宗即位，进少保、华盖殿大学士，知经筵事。每遇灾变，必与同官极陈无隐，而于帝初政，申诫尤切。

成化二年冬，卒，年五十九。帝震悼，赠太师，谥文达。（明史卷一百七十六）

【译文】宪宗朱见深即位，李贤进升为少保、华盖殿大学士，主管经筵事务。每次遇到灾难变故，李贤定会与同僚极力进言，毫无隐瞒，而在宪宗开始执政之时，他的告诫尤为恳切。

成化二年（1466年）冬季，李贤去世，终年五十九岁。宪宗惊愕悲悼，赠予太师，谥号文达。（明史卷一百七十六）

刘定之

【题解】刘定之（1409—1469年），字主静，号呆斋，永新（今江西吉安）人。正统元年（1436年）会试第一，殿试及第，授翰林院编修。天顺八年（1464年），任太常少卿兼翰林院侍读学士，直经筵。成化二年（1466年）以本官入直文渊阁，进工部右侍郎兼翰林学士。成化五年（1469年）卒于官，享年61岁。追赠礼部尚书，谥号文安。

刘定之于景泰元年上书言事，劝谏代宗要留心观览圣贤之书，知晓国家安危兴替之事，明辨人臣忠奸良恶之分。刘定之这次上疏，离英宗被掳向北方的时间不久，无疑是劝谏代宗要吸取教训，做一代圣明之主。

刘定之，字主静，永新人。举正统元年会试第一，殿试及第，授编修。

【译文】刘定之，字主静，永新（今江西吉安）人。考取正统元年（1436年）会试第一名，殿试及第，授予编修。

景帝即位，上言曰：

人主之德，欲其明如日月以察直枉，仁如天地以覆群生，勇如雷霆以收威柄。故司马光之告君，以仁明武为言，即《中庸》所谓知仁勇也。知仁勇非学而能之哉？夫经莫要于《尚书》、《春秋》，史莫正于《通鉴纲目》。陛下留心垂览。其于君也，既知禹、汤、文、武之所以兴，又知桀、纣、幽、厉之所以替，而趋避审矣。于驭内臣也，既知有吕强[1]、张承业之忠，又知有仇士良[3]、陈弘志[4]之恶；于驭廷臣也，既知有萧、曹、房、杜之良，又知有李林甫、杨国忠之奸，而用舍当矣。如是则于知仁勇之德，岂不大有助哉？苟徒如向者儒臣进讲，诵述其善，讳避其恶，是犹恐道路之有陷阱，闭目而过之，其不至于冥行颠仆者几何？

【注释】①吕强（？—184年）：字汉盛，成皋（今荥阳）人。东汉宦官。灵帝时封为都乡侯，辞不就。上书请求斥奸佞，任忠良，薄赋敛，厚农桑，开言路，灵帝知其忠而不能用。黄巾起义爆发，建言应赦党人，诛杀贪官，考核地方官吏是否称职。后遭诬陷，忿而自杀。

②张承业（846—922年）：本姓康，字继元，太原府交城（今山西省交城县）人，唐末五代宦官。龙德二年（922年），因李存勖执意称帝，张承业劝谏不被采纳，以致忧愤致病而死。

③仇士良（781—843年）：字匡美，循州兴宁（今广东兴宁市）人。唐朝宦官。擅权揽政20余年，欺上压下，贪婪残暴，先后杀死二王、一妃、四宰相，使得朝政更加昏暗和混乱。

④陈弘志（？—835年）：唐宪宗时期宦官，与王守澄于中和殿暗杀唐宪宗。

【译文】景帝朱祁钰即位后，刘定之进言说：

国君的德行，希望他如日月一般明照可以明察曲直，仁慈如天地一样覆载护佑众生，勇猛如雷霆一般以收拢威权。因此司马光劝告君主时，说了“仁明武”三字，也就是《中庸》里所说的知仁勇。知仁勇不学习就能做到吗？经典没有比《尚书》《春秋》更为重要的，史籍没有比《通鉴纲目》更正统的。陛下应留心阅览。它们对于君主来说，既可以知道夏禹、商汤、周文王、周武王之所以兴盛的原因，又可知夏桀、商纣王、周幽王、周厉王被替代的原因，而趋利避害就可以看明白了。对于驾驭内臣，既要知道有吕强、张承业这样的忠臣，又要知道有仇士良、陈弘志这样的奸恶之人；对于驾驭朝臣来说，既要知道有萧何、曹参、房玄龄、杜如晦的忠厚贤良，又要知道有李林甫、杨国忠的奸险狡诈，而任用或舍弃就会很恰当了。如此则对于知仁勇之德，岂不是大有助益吗？如果只是像以前儒臣在皇帝面前进讲时，只讲述颂扬善的一面，而隐匿回避恶的一面，这就犹如唯恐道路上有陷阱，就闭着眼睛走过去一样，那些摸黑走路而不跌倒的人能有几个？

今天下虽遭大创，尚如金瓯[①]之未缺。诚能本圣学以见之政治，臣见国势可强，仇耻可雪，兄弟之恩可全，祖宗之制可复，亦何惮而不为此？

书奏，帝优诏答之。（明史卷一百七十六）

【注释】①金瓯：比喻疆土之完固。亦用以指国土。

【译文】如今天下虽然遭受严重损伤，却仍像国土依然完整一般。如果真能以圣学为本并将它体现在治国上，臣看到国势可以强大，仇恨耻辱可以洗雪，兄弟之间的恩情得以保全，祖宗的制度可以恢复，又有什么可忌惮而不这样做呢？

奏疏上呈给皇帝后，景帝朱祁钰以嘉奖诏来答复他。（明史卷一百七十六）

王　翱

【题解】王翱（1384—1467年），字九皋，盐山（今河北沧州）人。永乐十三年（1415年）乙未科进士，改庶吉士，授大理寺左寺正，左迁行人。历任御史、右佥都御史、吏部尚书等职。成化三年（1467年），因病而亡，享年84岁。追赠太保，谥号忠肃。

王翱生活简朴，居官清正，不徇私情，廉洁奉公。但本性固执，因英宗一句话而更多引荐北方人。李贤曾高度评价他说："皋陶言九德，王公有其五：乱而敬，扰而毅，简而廉，刚而塞，强而义也。"为英宗所重，称其"先生"而不直呼其名。

王翱，字九皋，盐山人。永乐十三年，初会试贡士于行在。宣德元年，以杨士奇荐，擢御史。

【译文】王翱，字九皋，盐山（今河北沧州）人。永乐十三年（1415年），初次在行在参加会试，成为贡士。宣德元年（1426年），经杨士奇举荐，王翱擢升为御史。

景泰四年，召入为吏部尚书。翱在铨部，谢绝请谒，公余恒宿直庐，非岁时朔望谒先祠，未尝归私第。每引选，或值召对，侍郎代选。归虽暮，必至署阅所选，惟恐有不当也。论荐不使人知，曰："吏部岂快恩怨地耶？"自奉俭素。景帝知其贫，为治第盐山。孙以荫入太学，不使应举，曰："勿妨寒士路。"婿贾杰官近畿，翱夫人数迎女，杰恚曰："若翁典铨，移我官京师，反手尔。何往来不惮烦也？"夫人闻之，乘间请翱。翱怒，推案，击夫人伤面。杰卒不得调。其自辽东还朝也，中官同事者重翱，赆明珠数颗，翱固辞。其人曰："此先朝赐也，公得毋以赃却我乎？"不得已，纳而藏焉。中官死，召其从子还之。为都御史时，夫人为娶一妾，逾半岁语翱。翱怒曰："汝何破我家法？"即日具金币返之。妾终不嫁，曰："岂有大臣妾嫁他人者？"翱卒，妾往奔丧，其子养之终身。李贤尝语人曰："皋陶言九德，王公有其五：乱而敬，扰而毅，简而廉，刚而塞，强而义也。"然性颇执。尝有诏举贤良方正、经明行修及山林隐逸士。至者率下部试，翱黜落，百不取一二。性不喜南士。英宗尝言："北人文雅不及南人，顾质直雄伟，缓急当得力。"翱由是益多引北人。（明史卷一百七十七）

【译文】景泰四年（1453年），王翱被召入京城任吏部尚书。王翱在吏部时，谢绝他人的请求谒见，公事之余常住在侍臣值宿之处。不是年节时候，除非初一十五要拜谒祖先祠堂，王翱不曾回到私人宅第。每逢引荐选用官员，有时正值他被召见回答皇上的问题，就由侍郎代选。王翱虽然回来得很晚，也定会到官署查看所选之人，唯恐有不当之处。他选拔推荐人才不为人知，说：“吏部岂是任你畅快淋漓抒发恩怨的地方？”王翱生活十分俭朴。景帝朱祁钰知道他的贫困，为他在盐山（今河北省沧州市）修建了府第。王翱的孙子因受他的庇荫而入太学，王翱不让他参加科举考试，说：“不要妨碍了寒士的道路。”女婿贾杰在近畿做官，王翱的夫人多次接女儿回来，贾杰愤恨地说：“你的父亲主持选用官吏，把我调到京师，简直是易如反掌，为何就不怕路上往来麻烦呢？”夫人听说后，就找个机会央求王翱。王翱大怒，推倒书案，击伤了夫人的面部。贾杰最终也不得调动。王翱从辽东还朝时，同事的宦官对王翱很敬重，赠送给他几颗明珠，王翱坚决推辞。那人说：“这是先帝赏赐我的，您不会认为这是赃物而拒绝我吧？”王翱不得已，便收下明珠并把它藏了起来。宦官死后，王翱叫来他的侄子并把明珠还给了他。王翱为都御史时，夫人为他娶了一房妾室，过了半年才把这事告诉他。王翱大怒说：“你为何坏我家法？”当日他就备好金币把妾室送了回去。而那位妾室终身未嫁，说：“哪里有大臣的妾室嫁给他人的？”王翱死后，妾室前去奔丧，王翱的儿子为她养老送终。李贤曾对人说：“皋陶说的九德，王公就占了其中五德：处混乱而谨慎，遇惊扰而刚毅，简约而廉洁，刚正而诚实，坚强而有道义。”然而他的个性颇为固执。曾有报请君主授予贤良方正、经学博洽、德行美善以及山林隐逸之士以官职，到来的人一律派到吏部参加考试，王翱斥退了绝大部分来者，百人中几乎取不上一两个。他生性又不喜欢南方之士。英宗朱祁镇曾说：“北方人在文雅方面不如南方人，但是朴实正直，身材雄伟高大，遇有紧急之时，还是很得力的。”王翱因此更多引用北方人。（明史卷一百七十七）

年　富

【题解】年富（1395—1464年），字大有，怀远（今安徽蚌埠）人。本姓严，讹为年。永乐年间以会试副榜授德平训导。官至户部尚书。天顺八年（1464年），病疽而卒。成化皇帝赐谥号为恭定。

年富历官五朝，为人廉正强直，始终不渝。他任户部尚书时，斟酌盈亏，详细盘算，不受群吏欺瞒，而且事关利弊的，勇于担负责任，是一位有责任、敢担当的官员。

年富，字大有，怀远人。本姓严，讹为年。天顺①四年春，户部缺尚书，李贤举富。左右巧阻之。帝语贤曰：“户部非富不可，人多不喜富，此富所以为贤也。”特召任之。富酌赢缩，谨出纳，躬亲会计，吏不能欺。事关利害者，僚属或不敢任，富曰：“第行之，吾当其责，诸君毋署名可也。”由是部事大理。（明史卷一百七十七）

【注释】①天顺：明英宗朱祁镇经夺门之变后第二次登基后的年号（1457—1464年），共使用八年。

【译文】年富，字大有，怀远（今安徽怀远）人。本姓严，误传为年。天顺四年（1460年）春季，户部缺尚书，李贤推荐年富。左右的人虚伪地阻止他。英宗告诉李贤说："户部非年富不可，人们大多不喜欢年富，这就是年富贤能的地方。"特地召年富来任职。年富斟酌赢利和亏欠，严格支出和收入，亲自计算，官吏不能欺骗他。事情有关利害的，同僚和下属有的不敢承担，年富说："只管去做，我来承担责任，各位不署名也可以。"从此户部的事都管理得很好。（明史卷一百七十七）

王竑

【题解】王竑（1413—1488年），字公度，号休庵，后改戆庵。原籍江夏（今湖北武汉），后移居河州（今甘肃临夏）。正统四年（1439年）己未科进士。后授户科给事中。官至兵部尚书。成化年间致仕，居家二十余年。弘治元年（1488年）去世，享年75岁。正德年间，追赠太子少保，谥号庄毅。

王竑为人豪迈有气节，正色敢言。土木堡之变时，率众捶死权宦王振党羽马顺等人，由此名震天下。《续编》辑录了王竑两则奏疏。其一因灾异频仍，上书言事，请求下令责成群臣痛加反省，以收获民心，且建议景泰帝亲近儒臣，讲道论德，以挽回天意。其二则犯颜直谏，认为"钦天命，法祖宗，正伦理，笃恩义，戒逸乐，绝异端，斯修德有其诚矣。进忠良，远邪佞，公赏罚，宽赋役，节财用，戒聚敛，却贡献，罢工役，斯图治有其实矣。"两则奏疏内容总体一致，都是因土木堡之变后而导致明朝弊端日益显现而劝谏。王竑尽忠报国，冒死直谏，值得钦佩。

王竑，字公度，其先江夏人。竑登正统四年进士。十一年授户科给事中，豪迈负气节，正色敢言。擢右佥都御史。

景泰四年正月，以灾伤叠见，方春盛寒，上言："请敕责诸臣痛自修省，省刑薄敛，罢无益之工，严无功之赏，散财以收民心，爱民以植邦本。陛下益近亲儒臣，讲道论德，进君子，退小人，以回天意。"且引罪乞罢。帝纳其言，遂下诏修省，求直言。

【译文】王竑，字公度，祖先是江夏（今湖北武汉江夏区）人。王竑中正统四年（1439年）进士。正统十一年（1446年），他被授予户科给事中。王竑豪迈有气节，严色敢于进言。不久升王竑为右佥都御史。

景泰四年（1453年）正月，因为灾异频繁出现，正是春天却非常寒冷，王竑上书说："请下令责成诸臣痛加自我修身反省，减少刑罚和征敛，停止没有好处的工程，严戒没有功劳的赏赐，发放钱粮以收取民心，爱护人民以培植国家根本。陛下应更加亲近儒臣，讲道论德，进用君子，斥退小人，以挽回天意。"他并且自认罪过，请求解除官职。景泰帝采纳了他的建议，遂下诏修身反省，征求直言。

明年二月上言："比年饥馑荐臻，人民重困。顷冬春之交，雪深数尺，淮河抵海冰冻四十余里，人畜僵死万余，弱者鬻妻子，强者肆劫夺，衣食路绝，流离载途。陛下端居九重，大臣安处廊庙，无由得见。使目击其状，未有不为之流涕者也。陛下嗣位以来，非不敬天爱民，而天变民穷特甚者，臣窃恐圣德虽修而未至，大伦虽正而未笃，贤才虽用而未收其效，邪佞虽屏而未尽其类，仁爱施而实惠未溥，财用省而上供未节，刑罚宽而冤狱未伸，工役停而匠力未息，法制颁而奉行或有更张，赋税免而有司或仍牵制。有一于此，皆足以干和召变。伏望陛下修厥德以新厥治。钦天命，法祖宗，正伦理，笃恩义，戒逸乐，绝异端，斯修德有其诚矣。进忠良，远邪佞，公赏罚，宽赋役，节财用，戒聚敛，却贡献，罢工役，斯图治有其实矣。如是而灾变不息，未之有也。”帝褒纳之，敕内外臣工同加修省。（明史卷一百七十七）

【译文】第二年（1454年）二月，王竑上书说：“近年来饥荒频繁发生，人民严重受困。最近冬春之交，大雪却有好几尺深，从淮河到大海冰冻四十余里，人畜僵死者有一万多，贫弱的人卖妻卖儿，强悍的人肆行抢夺，百姓衣食之路断绝，只好一路流浪。陛下高居九重，大臣安处廊庙，没有办法看到这些情景。如果亲眼看到这样的情景，没有不为之落泪流涕的。陛下继位以来，并非不敬天爱民，但天变民穷却如此严重，臣私下担心圣德虽然修养了但还不到家，大的伦理虽正但还不纯厚，贤才虽用但还没收到成效，邪佞虽驱逐但还没彻底铲除，仁爱虽施但百姓还没普遍得到实惠，财用虽省但皇上的供给还没有节省，刑罚虽宽但冤案还没得到平反，工程虽停止但工匠还没得到休息，法制虽颁但奉行时还有的做了更改，赋税虽免但有关官员还有的进行牵制。这些只要有一项，都会影响天和，招来灾变。衷心希望陛下敬修德行以改新政治。敬重天命，效法祖宗，端正伦理，笃实恩义，戒除逸乐，断绝异端，这样就表明修德有诚心了。进用忠良之士，疏远邪佞之徒，公正赏罚，宽免赋役，节俭财用，戒除聚敛，辞退贡献，停罢工役，这样就表明有决心图治了。如果这样做了而灾变仍然不息，那是从来没有过的事情。”景泰帝褒奖采纳了他的意见，敕令内外百官共同修身反省。（明史卷一百七十七）

李　俊

【题解】李俊字子英，岐山（今陕西宝鸡）人。成化五年（1469年）己丑科进士。除吏科给事中，屡迁都给事中。历任湖广布政司参议、山西参政等职。

成化二十一年（1485年）出现灾异，李俊应诏上言，认为：“今之弊政最大且急者，曰近幸干纪也，大臣不职也，爵赏太滥也，工役过烦也，进献无厌也，流亡未复也。”直指权宦汪直和成化皇帝，希望成化皇帝“听言必行，事天以实。疏斥群小，亲近贤臣”，这样才是圣明之主。

李俊，字子英，岐山人。成化五年进士。除吏科给事中，屡迁都给事中。

时汪直[①]窃柄，陷马文升[②]、牟俸[③]遣戍。帝责言官不纠，杖俊及同官二十七人、御史王濬等二十九人。当是时，帝耽于燕乐，群小乱政，屡致灾谴。至二十一年正月朔申刻，有星西流，化白气，声如雷。帝颇惧，诏求直言，俊率六科诸臣上疏曰：

今之弊政最大且急者，曰近幸干纪也，大臣不职也，爵赏太滥也，工役过烦也，进献无厌也，流亡未复也。天变之来，率由于此。

【注释】①汪直：广西大藤峡瑶族人，明代权宦之一，自幼入宫，曾伺奉明宪宗万贵妃。历任御马监掌印太监、西厂提督。因监军辽东有功，总领京兵精锐“十二团营”。开明代禁军掌于内臣之先河。后因久镇辽东，与宪宗逐渐疏远，失去宠信，被东厂提督尚铭等人弹劾，贬往南京。从此退出历史舞台。

②马文升（1426—1510年）：字负图，号约斋，河南钧州（今河南禹州市）人。明朝中期名臣、诗人。入仕五十六年，先后辅助代宗、英宗、宪宗、孝宗、武宗五朝，功勋显著，世称“五朝元老”。

③牟俸（1419—1479年）：字公爵，四川重庆府巴县（今重庆）人，军籍，景泰二年（1451年）第二甲第七名进士，以不畏强权、勤政爱民著称。

【译文】李俊，字子英，岐山（今陕西岐山）人。成化五年

（1469年）考中进士，任吏科给事中。经过多次提升，任都给事中。

当时汪直窃取权柄，诬陷马文升、牟俸而使他们被遣送到边疆去戍卫。宪宗责备谏官不纠察官员失误，便杖责了李俊以及与他任相同官职的二十七个人、御史王濬等二十九个人。那时，宪宗沉溺于宴会游乐，众宵小混乱朝政，多次招致天灾的谴责。到了成化二十一年（1485年）正月初一的申刻时分，有颗星向西流去，化作白色的气体，声响如同雷鸣。宪宗很恐惧，下诏征求直率的进言，李俊便率领六科的各位臣僚上奏疏说：

现在的弊政中最大而且是最急切需要革除的，是皇上身边的宠幸之人扰乱纲纪，是朝廷大臣不能称职，是奖赏太过泛滥，是土木工程过多，是进献贡品而没有满足，是流离失所的百姓没有得到减免租税的照顾。天象变异之所以来临，全部是因为这些事。

夫天下譬之人身。人主，元首也；大臣，股肱也；谏官，耳目也；京师，腹心也；藩郡，躯干也。大臣不职则股肱痿痹，谏官缄默则耳目涂塞，京师不戢则腹心受病，藩郡灾荒则躯干削弱，元首岂能宴然而安哉？伏望陛下听言必行，事天以实。疏斥群小，亲近贤臣。咨治道之得失，究前代之兴亡。以圣贤之经代方书，以文学之臣代方士。则必有正谊足以广圣学，谠论足以究天变。而手足便利，耳目聪明，腹心安泰，躯干强健，元首于是乎大明矣。

帝优诏答之。(明史卷一百八十)

【译文】如果把天下比作人的身体。皇帝，是头；大臣，是四肢；谏官，是耳朵和眼睛；京城，是腹心；藩郡，是躯干。大臣不称职就如同四肢萎缩麻痹；谏官不开口就如同耳朵眼睛被塞上，京城不平静就如同腹心受到损害，藩郡有灾荒就如同躯干被削弱，这样头脑哪能很舒心地获得安宁呢？我衷心希望陛下听到可行的建议一定付诸行动，以诚实侍奉上天，疏远斥退小人们，亲近贤良的臣下，咨询治理国家的得失，考究前代的兴亡，用圣贤的经典代替方术之书，用有学问的臣僚代替方士。那么就一定会有合乎正道的大义，足以推广圣人的学问；有正直的议论足以探究天象变异。这样就会手脚便利，耳聪目明，腹心安泰，躯干强健，头脑于是就非常明白了。

宪宗下了一道褒奖诏书回复了他。(明史卷一百八十)

刘　槩

【题解】刘槩，济宁（今山东济宁）人。成化二十年（1484年）乙巳科进士，除寿州知州。在任期间，三年教化大行。后考绩赴都，遇祸，竟卒于戍所。

《续编》辑录了刘槩关于“刑赏予夺”的奏疏。刘槩认为君主的权柄容易被“女子、小人、强臣、外戚”所侵夺，应加以防范，且要牢牢握住权柄，让权力不至于下移。

刘槩，济宁人。成化二十年进士。除寿州知州，毁境内淫祠几尽，三年教化大行。弘治初上言："刑赏予夺，人主大柄，后世乃有为女子、小人、强臣、外戚所攘窃者，由此辈心险术巧，人主稍加亲信，辄堕计中。爱者，乘君之喜而游言以扬之；恶者，乘君之怒而微言以中之，使贤人君子卒受暧昧而去。卿相缺人，则迁延饵引，待有交通请属软美易制之人，然后荐用。其刚正不阿者，辄媒孽而放弃之，俟其气衰虑易，不至大立异同，乃更收录。巧计既行，刑赏予夺虽名人主独操，实一出于其所簸弄。迨党立势成，复恐一旦败露，则又极意以排谏诤之士。务使其君孤立于上，耳无闻，目无见，以图便其私，不至其身与国俱败不止。故夫刑赏予夺，必由大臣奏请、台谏集议而后可行。或有矫诬，穷治不轻贷，则谗佞莫能间，而权不下移矣。"考绩赴都，遂遇祸，竟卒于戍所。(明史卷一百八十)

【译文】刘槩，济宁(今山东济宁)人。成化二十年(1484年)中进士，任寿州知州，捣毁境内各种滥设的祠庙，差不多全部毁去，三年后教化在当地非常流行。弘治初年，他进谏说："刑罚赏赐给予削夺，是由君主执掌的大柄，后代却有被女子、小人、强臣、外戚所占据盗用的，这是因为这些人心胸险诈谋术奇巧，君主稍稍对他们亲近相信一些，就会陷入他们的诡计中。他们喜爱的人，就乘君主高兴的时候漫说一气来夸奖表扬他；他们厌恶的人，就趁君主发怒的时候用含隐喻的话来中伤他，使贤人君子最终蒙受不明不白之冤而离开官职。卿相缺人，他们就拖延着放饵食勾引，等到有关系并提出过请托而为人又软弱好说话，容易控制的人，然后推荐任用他们。那些刚正不阿的，就借机诬陷而贬黜他们，等到他们意气衰落初衷已改，不至于特别树立自己的不同处时，才又收录他们。巧诈的计谋实施以后，刑罚赏赐给予削夺虽然名义上由君主独自操纵，而事实上一概出于他们的筛选。等到党派建立势力形成，又恐怕有朝一日会败露，就又极力排斥能坚持进谏的人士，务必使他们的君主孤立在最上层，耳朵听不见消息，眼睛看不到事物，以图便于他们行私舞弊，不至他们自身与国家都败亡就不罢休。所以刑罚赏赐给予削夺之事，一定要由大臣上奏章申请，台阁谏官共同商议，而后才可以施行。有时出现过誉不实之处，就彻底追究不轻易宽贷，那么进谗言的宠臣就不能挑拨离间，而君权也不会下移了。”因为考核政绩去京城，因吉人一案受到牵连，被贬戍海州，最后死在戍所。（明史卷一百八十）

群书治要续编卷第二十八　明史（四）

徐　溥

【题解】徐溥（1428—1499年），字时用，号谦斋，宜兴（今江苏宜兴）人。景泰五年（1454年）进士及第，授翰林院编修。官至华盖殿大学士。弘治十二年（1499年）去世，享年72岁。追赠太师，谥号文靖。

徐溥在内阁十二年，从容辅导，爱护人才，屡遇大狱及逮系言官，委曲调剂，安静守成。为人至孝，生活极简，乐善好施，和睦宗族。明孝宗曾因他免除了徐氏家族的徭役。

徐溥，字时用，宜兴人。景泰五年进士及第。弘治五年，刘吉罢，溥为首辅，屡加少傅、太子太傅。

【译文】徐溥，字时用，宜兴（今江苏宜兴）人。徐溥于景泰五年（1454年）考中进士。弘治五年（1492年），刘吉被罢免官职，徐溥接任首辅，累次加封为少傅、太子太傅。

帝自八年后，视朝渐晏，溥等屡以为言。中官李广以烧炼斋醮宠。十年二月，溥等上疏极论曰："旧制，内殿日再进奏，事重者不时上闻，又常面召儒臣，咨访政事。今奏事日止一次，朝参之外，不得一望天颜。章奏批答不时断决，或稽留数月，或竟不施行。事多壅滞，有妨政体。经筵进讲，每岁不过数日，正士疏远，邪说得行。近闻有以斋醮修炼之说进者。宋徽宗崇道教，科仪符箓最盛，卒至乘舆播迁。金石之药，性多酷烈。唐宪宗信柳泌[①]以殒身，其祸可鉴。今龙虎山上清宫、神乐观、祖师殿及内府番经厂皆焚毁无余，彼如有灵，何不自保？天厌其秽，亦已明甚。陛下若亲近儒臣，明正道，行仁政，福祥善庆，不召自至，何假妖妄之说哉？自古奸人蛊惑君心者，必以太平无事为言。唐臣李绛有云：'忧先于事，可以无忧。事至而忧，无益于事。'今承平日久，溺于晏安。目前视之，虽若无事，然工役繁兴，科敛百出，士马罢敝，闾阎困穷，愁叹之声上干和气，致荧惑失度，太阳无光，天鸣地震，草木兴妖，四方奏报殆无虚月，将来之患灼然可忧。陛下高居九重，言官皆畏罪缄默。臣等若复不言，谁肯为陛下言者。"帝感其言。

【注释】①柳泌：唐方士。本名杨仁昼。元和间结识宰相皇甫镈、左金吾将军李道古，待诏翰林。旋出为台州刺史，驱吏民采药。宪宗服其所进金石药，躁怒，左右多得罪，不久暴死。他在穆宗即位后被杖杀。

【译文】孝宗朱祐樘自弘治八年（1495年）后，上朝时间渐晚，徐溥等屡次上言劝谏。宦官李广借炼丹、设斋坛祈福得到孝宗宠幸。弘治十年(1497年)二月，徐溥等上疏极论说：“旧制，内殿每日两次奏事，事项多的可以随时上奏，皇帝又常常亲自召见儒臣，咨询商议政事。现在奏事每天只有一次，除早朝之外，再没法见到陛下。奏章、奏议与批复难以准时裁断，有的滞留好几个月，有的到最后也不施行。事情大多积压在一起，妨碍政体。御前讲席每年只开几天，疏远正直人士，邪说得以流行。近来听说有借斋坛祈福炼丹之说得到重用之人。宋徽宗崇尚道教，当时科条仪式符箓最盛行，以致天子流亡迁徙。金石之药，性能多是酷烈的。唐宪宗相信柳泌以至于殒命，此祸可作为借鉴。如今龙虎山的上清宫、神乐观、祖师殿以及内府番经厂都被焚毁殆尽，它们如有神灵，为什么连自身也保不住？上天讨厌这些污秽行为，已是很明白的了。陛下如果亲近儒臣，懂得正道，施行仁政，那么福兆祥瑞，许多值得庆贺的好事就会不招自来，何须借助妖妄之说呢？自古以来奸人要蛊惑君王动心，必定先说太平无事。唐朝大臣李绛曾说过：‘忧心于事行之前，可以免除担忧。事情来了再担忧，于事无补。’如今太平日子长了，沉溺于安逸。就目前来看，虽然好像无事，然而工役频繁兴起，苛捐杂税百出，人马疲惫不堪，民间穷困，人民愁苦的叹息声影响着上天的和顺之气，以致造成火星失去常规，太阳无光，天鸣地震，草木成为妖孽，四方奏报这些情况的几乎每月都有，让人担忧接下来的忧患恐怕会更加显著。陛下高居深宫，言官都害怕引祸上身，因此都缄口沉默。臣等假如再不说，谁又肯为陛下说。”孝宗被徐溥的话所感动。

溥性凝重有度，在内阁十二年，从容辅导。人有过误，辄为掩覆，曰：“天生才甚难，不忍以微瑕弃也。”屡遇大狱及逮系言官，委曲调剂。孝宗仁厚，多纳溥等所言，天下阴受其福。尝曰：“祖宗法度所以惠元元者备矣，患不能守耳。”卒无所更置。性至孝，尝再庐墓。自奉甚薄，好施予。置义田八百亩赡宗族，请籍记于官，以垂永久，帝为复其徭役。（明史卷一百八十一）

【译文】徐溥生性庄重，举止有度，在内阁十二年，从容辅政。遇到有人犯有过失，总是为其掩盖，他说：“天生人才很不容易，我不忍心人才因小过错被抛弃。”屡次遇到重要刑案，以及逮捕言官，他都要从中委婉调停。孝宗仁慈敦厚，对徐溥等人所提的意见大都接受，天下暗暗地受到他的庇护。徐溥曾说：“祖宗法度在利益百姓方面已经完备，所担心的是不能遵守。”因此，他对祖宗成法终究无所变更。徐溥根性极为孝顺，曾经两次在父母墓旁搭盖小房居住。对自己的生活要求则很低，好施予别人。购置义田八百亩赡养宗族族人，并请官府为之登记于册以求永久保存，孝宗为此免除徐溥家的徭役。（明史卷一百八十一）

刘　健

【题解】刘健（1433—1526年），字希贤，号晦庵，洛阳（今河南洛阳）人。天顺四年（1460年）庚辰科进士，改庶吉士，授翰林院编修。弘治十五年（1502年），加少师兼太子太师，任吏部尚书、华盖殿大学士。嘉靖五年（1526年）逝世，享年94岁。追赠太师，谥号文靖。

刘健历官四朝，忠于职守。入阁近二十年，尽力辅佐，殚精竭虑。正色敢言，学问精深。曾因谋除“八党”，反被诬为奸党，后刘健罢官削籍为民。临终仍上疏劝谏世宗正身勤学，亲贤远佞。

刘健，字希贤，洛阳人。举天顺四年进士，改庶吉士，授编修。

弘治四年进尚书兼文渊阁大学士，累加太子太保，改武英殿。十一年春，进少傅兼太子太傅，代徐溥为首辅。

【译文】刘健，字希贤，洛阳（今河南洛阳）人。天顺四年（1460年）考取进士，改任庶吉士，授编修职。

弘治四年（1491年），晋升尚书兼文渊阁大学士，又加封太子太保，改任武英殿大学士。弘治十一年（1498年）春，进衔为少傅兼太子太傅，代替徐溥任首辅。

健学问深粹，正色敢言，以身任天下之重。清宁宫灾，太监李广有罪自杀。健与同列李东阳[①]、谢迁[②]疏言：“古帝王未有不遇灾而惧者。向来奸佞荧惑圣听，贿赂公行，赏罚失当，灾异之积，正此之由。今幸元恶殄丧，圣心开悟，而余慝未除，宿弊未革。伏愿奋发励精，进贤黜奸，明示赏罚。凡所当行，断在不疑，毋更因循，以贻后悔。”帝方嘉纳其言，而广党蔡昭等旋取旨予广祭葬、祠额。健等力谏，仅寝祠额。南北言官指陈时政，频有所论劾，一切皆不问。国子生江瑢劾健、东阳杜抑言路。帝慰留健、东阳，而下瑢于狱，二人力救得释。

【注释】①李东阳（1447—1516年）：字宾之，号西涯。祖籍湖广长沙府茶陵，家族世代为行伍出身。官至特进光禄大夫、左柱国、少师兼太子太师、吏部尚书、华盖殿大学士。死后赠太师，谥文正。

②谢迁（1449—1531年）：字于乔，号木斋，浙江绍兴府余姚县人。明代中期著名阁臣。历任翰林修撰、左庶子，弘治初进少詹事兼侍讲学士，卒赠太傅，谥号文正。著有《归田稿》八卷、《湖山唱和诗》二卷传世。

【译文】刘健的学问精深纯粹，外表严肃，敢于发表意见，以天下为己任。清宁宫发生火灾，太监李广畏罪自杀。刘健与同事李东阳、谢迁上疏说：“古代帝王没有不遇到灾害而恐惧的，向来奸佞之臣炫惑皇帝视听，贿赂公行，赏罚失当，灾异就是因此而积累产生的，现在所幸首恶消除，陛下开始醒悟，然而余祸尚未除尽，过去的积弊尚未革除，伏愿陛下奋发有为于政事，举荐贤才，贬退奸恶，赏罚分明。凡是所应当施行的，果断处置毫不犹豫，不再因循守旧，以免后悔。”孝宗刚刚赞赏接纳刘健的意见，而李广同党蔡昭等人随即请求圣旨，给予李广祭祀安葬和祠堂牌匾，刘健等极力劝谏，仅废除祠堂牌匾。南北言官阐明时政，多次进行评论、弹劾，孝宗概不理睬。国子监生江瑢弹劾刘健、李东阳堵塞言路。孝宗安慰挽留刘健、李东阳，而将江瑢下狱，刘、李二人极力救助，江瑢才被释放。

当是时，健等三人同心辅政，竭情尽虑，知无不言。初或有从有不从，既乃益见信，所奏请无不纳，呼为“先生”而不名。每进见，帝辄屏左右。左右间从屏间窃听，但闻帝数数称善。诸进退文武大臣，厘饬屯田、盐、马诸政，健翊赞为多。

【译文】当时，刘健等三人同心辅政，竭心尽力，知无不言。孝宗开始有的采纳有的不采纳，不久刘健等更为孝宗所信任，其所奏请的事项无不接纳，不呼刘健三人之名，而称“先生”。每次觐见，孝宗总是屏退左右的人，左右的人偶尔从屏风里偷听，只听见孝宗每每称好，对任免文武大臣，治理整顿屯田、盐政、马政等各项政事，刘健辅佐协助最多。

武宗嗣位，健等厘诸弊政，凡孝宗所欲兴罢者，悉以遗诏行之。刘瑾者，东宫旧竖也，与马永成、谷大用、魏彬、张永、丘聚、高凤、罗祥等八人俱用事，时谓之“八党[①]”。日导帝游戏，诏条率沮格不举。京师淫雨自六月至八月。健等乃上言：“陛下登极诏出，中外欢呼，想望太平。今两月矣，未闻汰冗员几何，省冗费几何。诏书所载，徒为空文。此阴阳所以失调，雨旸所以不若也。如监局、仓库、城门及四方守备内臣增置数倍，朝廷养军匠费巨万计，仅足供其役使，宁可不汰？文武臣旷职偾事、虚糜廪禄者，宁可不黜？画史、工匠滥授官职者多至数百人，宁可不罢？内承运库累岁支银数百余万，初无文簿，司钥库贮钱数百万，未知有无，宁可不勾校？至如纵内苑珍禽奇兽，放遣先朝宫人，皆新政所当先，而陛下悉牵制不行，何以慰四海之望？”帝虽温诏答之，而左右宦竖日恣，增益且日众。享祀郊庙，带刀被甲拥驾后。内府诸监局佥书多者至百数十人，光禄日供骤益数倍。健等极陈其弊，请勤政、讲学，报闻而已。

【注释】①八党：即明武宗正德年间的刘瑾、马永成、谷大用、魏彬、张永、邱聚、高凤、罗祥八名宦官，又称“八虎”。

【译文】武宗朱厚照继位，刘健等对诸弊政进行治理。凡是孝宗所想兴办或罢免的全都以遗诏形式下令施行。刘瑾是原东宫太监，与马永成、谷大用、魏彬、张永、丘聚、高凤、罗祥等八人一同受重用，时人称之“八党”，每天带领武宗游玩嬉戏，诏书所颁列的条款一概阻止不去实行。京师从六月到八月一直下雨。刘健等上言说：“陛下登基诏书发出，全国欢呼，盼望太平。到现在两个月了，未听说精简多少闲散人员，节省多少消耗。诏书所刊载的，仅仅是一纸空文。因此阴阳失调，晴雨失常。像监局、仓库、城门及四方守备内臣增添了好几倍，朝廷养军匠花费数以万计，仅仅为了满足军队的役使，怎么可以不裁减？对那些荒废职务搞坏事情、过度消耗俸禄的文武大臣怎么可以不贬斥？给画史、工匠滥授官职多达几百人，怎么可以不罢免？内承运库全年开支白银数百余万两，全无记录，司钥库贮存钱数百万，也不知有否，怎么可以不查核？至于像释放皇宫花园的珍禽奇兽，遣散前朝宫人，都是新朝政事首先需要办理的，而陛下全部控制不去施行，拿什么去抚慰全国臣民的期望呢？”武宗虽然回复语气和缓的诏命，然而左右的宦官一天比一天放纵，各种费用日益增多。武宗享祀郊庙，宦官带刀披甲簇拥在圣驾后面。内府诸监局佥书多到一百几十人，光禄寺每天的供应骤增好几倍。刘健等尽力陈述其弊病，请求武宗勤于政事和讲学，武宗只说知道了。

又言：“臣等遭逢先帝，临终顾命，惓惓以陛下为托，痛心刻骨，誓以死报。即位诏书，天下延颈，而朝令夕改，迄无宁日。百官庶府，仿效成风，非惟废格不行，抑且变易殆尽。建言者以为多言，干事者以为生事，累章执奏谓之渎扰，厘剔弊政谓之纷更。忧在于民生国计，则若罔闻知；事涉于近幸贵戚，则牢不可破。臣等心知不可，义当尽言。比为盐法、赏功诸事，极陈利害，拱俟数日，未蒙批答。若以臣等言是，宜赐施行，所言如非，即当斥责。乃留中不报，视之若无。政出多门，咎归臣等。宋儒朱子有言‘一日立乎其位，则一日业乎其官；一日不得乎其官，则不敢一日立乎其位。’若冒顾命之名而不尽辅导之实，既负先帝，又负陛下，天下后世其谓臣何？伏乞圣明矜察，特赐退休。”帝优旨慰留之，疏仍不下。

【译文】刘健又说："臣等时遇先帝临终授予遗命，诚恳地将陛下托付臣等，对此知遇之恩，臣等刻骨铭心，发誓以生命作为报偿。陛下的即位诏书颁发后，天下人伸长脖子盼望政事革新，然而朝令夕改，至今没有安宁的日子。百官各府，仿效成风，不但搁置不实施，而且完全改变了诏令本意，敢于上言的认为是多话，干事的认为是无事生事，接连上奏说是轻慢打扰，治理剔除弊政说是变乱更改。对于有关国计民生的忧患，则置若罔闻，有涉及近幸、贵戚的事，则竭力保护牢不可破。臣等心里知道不能说这些，但从君臣之义上说应当知无不言，比如对盐法、奖赏功劳等事，上言全面地陈述了其利害。期待很多天，没有见到批复。如果认为臣等说的对，应当下令施行，如果说的不对，就应当斥责。而搁置宫中不回复，就像没有这件事。政令由许多部门发出，过失归于臣等。宋儒朱熹曾说：'一天在那个职位，则一天尽职于那个职位；一天不尽职于那个职位，则不敢一天在那个职位。'如果只顶着顾命大臣的名头而不尽辅佐之实，既有愧于先帝，又有愧于陛下，天下后世将会说臣什么呢？恳请陛下明察，特此赐臣退休。"武宗下优待的旨意挽留，但刘健所拟之疏仍然不批复。

健等遂谋去"八党"，连章请诛之。言官亦交论群阉罪状，健及迁、东阳持其章甚力。帝遣司礼诣阁曰："朕且改矣，其为朕曲赦若曹。"健等言："此皆得罪祖宗，非陛下所得赦。”复上言曰：“人君之于小人，不知而误用，天下尚望其知而去之。知而不去则小人愈肆，君子愈危，不至于乱亡不已。且邪正不并立，今举朝欲决去此数人，陛下又知其罪而故留之左右，非特朝臣疑惧，此数人亦不自安。上下相猜，中外不协，祸乱之机始此矣。”不听。健等以去就争。瑾等八人窘甚，相对涕泣。而尚书韩文等疏复入，于是帝命司礼王岳等诣阁议，一日三至，欲安置瑾等南京。迁欲遂诛之，健推案哭曰：“先帝临崩，执老臣手，付以大事。今陵土未干，使若辈败坏至此，臣死何面目见先帝？”声色俱厉。岳素刚正疾邪，慨然曰：“阁议是。”其侪范亨、徐智等亦以为然。是夜，八人益急，环泣帝前。帝怒，立收岳等下诏狱，而健等不知，方倚岳内应。明日，韩文倡九卿伏阙固争，健逆谓曰：“事且济，公等第坚持。”顷之，事大变，八人皆宥不问，而瑾掌司礼。健、迁遂乞致仕，赐敕给驿归，月廪、岁夫如故事。

【译文】刘健等于是谋划除掉“八党”，接连上奏章请求诛杀“八党”。言官也相互议论宦官罪状，刘健、谢迁及李东阳非常坚决地坚持他们奏章上的观点。武宗派司礼到内阁说：“朕已改过了，就算为朕赦免他们吧。”刘健等说：“他们得罪于祖宗法制，不是陛下能赦免的。”又上言说：“君王对于小人，不了解而误用，天下尚且希望君王了解后而除掉。了解了而不除掉则小人更加放肆，君子更加危险，不至于纷乱就不会停止，况且邪正不可并立，现在举朝上下都要除去这几个人，陛下又知道他们的罪行而故意留他们在身边，不仅朝臣疑虑恐惧，这几人自己也不会安心。上下相互猜疑，朝廷内外不合，祸乱的苗头就由此而起。”武宗不听。刘健等以辞职为挟进行谏争。刘瑾等八人十分窘迫，相对哭泣。而尚书韩文等又上疏，于是武宗命司礼王岳等到内阁商议，一天去很多次，想将刘瑾等安置在南京。谢迁想就此诛杀刘瑾等，刘健推开几案哭着说：“先帝临终前，拉着我的手，将国家大事托付于我，现在坟土未干，而让这些人败坏到这种地步，臣死有何脸面见先帝？”刘健声音脸色都非常严肃。王岳向来为人刚正疾恶如仇，感慨说：“内阁议论得对。”他的同侪范亨、徐智等也这样认为。这天晚上，刘瑾八人更加着急，围绕在武宗面前哭。武宗发怒，立即将王岳等抓进监狱，而刘健等不知道，正依仗王岳做内应。第二天，韩文倡导九卿伏阙再三谏争，刘健迎面碰着说：“事快要成了，公等只管坚持。”不一会儿，事情大变，八人都宽恕不问罪，而刘瑾执掌司礼。刘健、谢迁于是要求辞职，武宗赐敕书提供车马食宿，按照旧例付给月粮及每年的役工。

健去，瑾憾不已。明年三月辛未诏列五十三人为奸党，榜示朝堂，以健为首。又二年削籍为民，追夺诰命。瑾诛，复官，致仕。后闻帝数巡游，辄叹息不食曰：“吾负先帝。”世宗立，命行人赍敕存问，以司马光、文彦博为比，赐赉有加。及年跻九十，诏抚臣就第致束帛、饩羊、上尊，官其孙成学中书舍人。嘉靖五年卒，年九十四。遗表数千言，劝帝正身勤学，亲贤远佞。帝震悼，赐恤甚厚，赠太师，谥文靖。

【译文】刘健退职以后，刘瑾还怨恨不已。正德二年（1507年）三月十日，拟诏列出五十三人为奸党，在朝堂张贴告示，把刘健作为奸党之首。又过了两年，削去刘健的官籍，贬为百姓，追回诰命文书。刘瑾被诛杀后，刘健恢复官职，后退休。后来听说武宗几次出巡游玩，总是叹息不吃饭说："我有负先帝。"世宗即位，命官员携持诏书慰问，将刘健比作司马光、文彦博，赏赐有加。到刘健年近九十岁，世宗诏令巡抚大臣到他府第送束帛、活羊、上等醇酒，封其孙子刘成学为中书舍人。嘉靖五年（1526年）去世，终年九十四岁。留下数千言的遗表，劝勉世宗修身勤学，亲近贤臣远离小人。世宗惊悸悲痛，赏赐很重，追赠太师，谥号文靖。

健器局严整，正己率下。朝退，僚采私谒，不交一言。许进辈七人欲推焦芳入吏部，健曰："老夫不久归田，此座即焦有，恐诸公俱受其害耳。"后七人果为芳所挤。东阳以诗文引后进，海内士皆抵掌谈文学，健若不闻，独教人治经穷理。其事业光明俊伟，明世辅臣鲜有比者。（明史卷一百八十一）

【译文】刘健气度威严，以身作则率领群臣。退朝后，同事私下拜访，他不说一句话。许进等七人要推荐焦芳进入吏部，刘健说："我不久就辞官退隐，这个职位将为焦芳所有，恐怕诸公都要受其所害了。”后来七人果为焦芳所排挤。李东阳用诗文引导后辈，海内人士都手掌相接谈论文学，刘健好像没听见，独教人研究经学，寻求性理的根源。刘健的事业光明伟大，在明朝辅臣中很少有人可以与之相比。（明史卷一百八十一）

李东阳

【题解】李东阳（1447—1516年），字宾之，号西涯。祖籍湖广长沙府茶陵（今湖南茶陵），明朝内阁首辅大臣，立朝五十年，柄国十八载，清节不渝。明武宗时期，宦官刘瑾当权，残虐天下。刘健等一批气节之士愤然去官，李东阳被强留，担任首辅。面对刘瑾等辈，李东阳不免因循隐忍，委曲求全，但正是他在其中周旋，弥补了许多朝政之失，保全了不少正直官员，最后能够清除刘瑾，挽回朝政。所以《明史》评论说：“大臣同国休戚，非可以决去为高，远蹈为洁，顾其志何如耳。”

李东阳，字宾之，茶陵人，天顺八年，年十八，成进士。

武宗立，屡加少傅兼太子太傅。刘瑾入司礼，东阳与健、迁即日辞位。中旨去健、迁，而东阳独留。耻之，再疏恳请，不许。初，健、迁持议欲诛瑾，词甚厉，惟东阳少缓，故独留。健、迁濒行，东阳祖饯泣下。健正色曰：“何泣为？使当日力争，与我辈同去矣。”东阳默然。

【译文】李东阳，字宾之，茶陵(今湖南茶陵)人，天顺八年(1464年)，李东阳十八岁，考中进士。

武宗朱厚照即位，屡次加封李东阳为少傅兼太子太傅。刘瑾进入司礼监，李东阳与刘健、谢迁当天就要辞去官位，武宗下御旨免去刘健、谢迁的官职，只留下李东阳。李东阳对此感到耻辱，再次上疏恳请辞去官职，武宗不许。起初，刘健、谢迁坚持要诛杀刘瑾，言辞特别犀利，只有李东阳语调稍缓，因此被单独留用。刘健、谢迁临行时，李东阳在为他们饯行的酒宴上流下了眼泪，刘健正色说道："为什么流泪？假使那天在诛杀刘瑾的问题上你也能据理力争，现在就与我们一起离去了。"李东阳默然无语。

瑾既得志，务摧抑缙绅。东阳悒悒不得志，亦委蛇避祸。瑾凶暴日甚，无所不讪侮，于东阳犹阳礼敬。凡瑾所为乱政，东阳弥缝其间，亦多所补救。刘健、谢迁、刘大夏、杨一清及平江伯陈熊辈几得危祸，皆赖东阳而解。其潜移默夺，保全善类，天下阴受其庇。而气节之士多非之。侍郎罗玘上书劝其早退，至请削门生籍。东阳得书，俯首长叹而已。

【译文】刘瑾得志之后，大力打击压制仕宦。李东阳郁郁不得志，但也小心随顺以避祸患。刘瑾凶狠暴虐日甚一日，对朝中大臣肆意讪笑侮慢，唯独对李东阳在表面上还算礼敬。但凡刘瑾所造成的乱政，李东阳都在其中想办法为他弥补，对他的乱政多有补救。刘健、谢迁、刘大夏、杨一清及平江伯陈熊等人几乎罹祸，全都仰仗李东阳从中周旋才得以解脱。他不露痕迹地就将事情改变，保全了良善之士，全天下都受到了他暗地里悄无声息的庇护。但是有气节的人却对他多有非议。侍郎罗玘上书劝他早日退出朝廷，甚至奏请削除他的门生籍。李东阳看到上书，也只是低头长叹而已。

五年春，久旱，下诏恤刑。东阳等因上诏书所未及者数条，帝悉从之。而法司畏瑾，减死者止二人。其秋，瑾诛，东阳乃上疏自列曰："臣备员禁近，与瑾职掌相关。凡调旨①撰敕，或被驳再三，或径自改窜，或持回私室，假手他人，或递出誊黄，逼令落稿，真假混淆，无从别白。臣虽委曲匡持，期于少济，而因循隐忍，所损亦多。理宜黜罢。"帝慰留之。

【注释】①调旨：即矫旨，假托帝王诏命。

【译文】正德五年（1510年）春，久旱无雨，武宗下诏为关押的囚犯减刑。李东阳等人趁机提出诏书上所没有的几条内容，武宗对此完全同意。而司法部门因害怕刘瑾，只为其中二人减免了死罪。这年秋季，刘瑾被诛杀，李东阳于是上疏自陈说："臣在禁中帝王身边作备员凑数，与刘瑾职掌的事情有关联。但凡调旨或撰写敕令，有的被刘瑾再三驳回，有的被刘瑾擅自篡改，有的被刘瑾拿回自己的私人住所，假借他人之手写成，有的是他借传递出来找人用黄纸誊写之机，逼令按照自己的意愿起草，这样就真假混淆，无法辨别了。臣虽然辗转匡扶，希望稍有补救，然而却因循守旧、隐忍不发，所带来的损失也有很多，理应罢免。”武宗对他劝慰挽留。

东阳事父淳有孝行。初官翰林时，常饮酒至夜深，父不就寝，忍寒待其归，自此终身不夜饮于外。为文典雅流丽，朝廷大著作多出其手。自明兴以来，宰臣以文章领袖缙绅者，杨士奇后，东阳而已。立朝五十年，清节不渝。

【译文】李东阳侍奉父亲之心淳厚，又有孝顺的品行。起初任翰林时，常在外饮酒直至深夜，他的父亲不肯就寝，忍着寒冷也要等李东阳回来，从此以后，李东阳终其一生都没有在外夜饮。他的文章典雅流畅而又不失华美，朝廷里大部头的著作大多出自他手。自明建国以来，宰相、大臣中以文章来引领百官的，从杨士奇之后就只有李东阳了。李东阳在朝为官五十年，高洁的情操从未改变。

赞曰：李东阳以依违蒙诟，然善类赖以扶持，所全不少。大臣同国休戚，非可以决去为高，远蹈为洁，顾其志何如耳。（明史卷一百八十一）

【译文】史官评论说：李东阳因依顺刘瑾而蒙受时人的诟病，然而良善之士因此而得到他的扶持，受他保全之人不在少

数。大臣在同一个国家里休戚与共，不是辞官远去就是高洁，还要看他的志向如何啊。（明史卷一百八十一）

王　恕

【题解】王恕（1416—1508年），字宗贯，号介庵，又号石渠。三原（今属陕西）人。王恕历仕英宗、代宗、宪宗、孝宗、武宗五朝，扬历中外四十余年，刚正清严，始终如一。与马文升、刘大夏合称“弘治三君子”，《明史》称“始弘治二十年间，众正盈朝，职业修理，号为极盛者，恕力也”。王恕在孝宗朝担任吏部尚书，为朝廷选拔了一大批优秀人才，是孝宗实现“弘治中兴”的得力助手。

王恕，字宗贯，三原人。正统十三年进士。孝宗即位，召入为吏部尚书。恕扬历中外四十余年，刚正清严，始终一致。所引荐耿裕、彭韶、何乔新、周经、李敏、张悦、倪岳、刘大夏、戴珊、章懋等，皆一时名臣。他贤才久废草泽者，拔擢之恐后。弘治二十年间，众正盈朝，职业修理，号为极盛者，恕力也。正德三年四月卒，年九十三。（明史卷一百八十二）

【译文】王恕，字宗贯，三原县（今陕西三原）人。正统十三年（1448年），考中进士。孝宗朱祐樘即位，召王恕入朝为吏部尚书，王恕在朝廷内外为官四十余年，刚正不阿、清廉严正，始终如一。他所引荐的耿裕、彭韶、何乔新、周经、李敏、张悦、倪岳、刘大夏、戴珊、章懋等人，都是当时的名臣。其他那些身处乡野没有出仕的才德之士，总怕把他们提拔晚了。弘治二十年间，众多正派官员充盈朝廷，各司其职、井然有序，号称极盛时期，这都是王恕的功劳。正德三年（1508年）四月，王恕去世，享年九十三岁。（明史卷一百八十二）

刘大夏

【题解】刘大夏（1436—1516年），字时雍，华容人。与王恕、马文升并称“弘治三君子”。天顺八年（1464年）甲申科进士，改庶吉士。历任兵部职方司主事、兵部职方司郎中、福建右参政、广东右布政使、户部左侍郎、右都御史等职。弘治十五年（1502年）。升任兵部尚书。刘大夏深受明孝宗宠遇，辅佐孝宗实现“弘治中兴”，明武宗即位后，刘大夏屡疏请辞，以太子太保衔归乡。刘瑾专权时，被罚戍肃州。正德五年（1511年），遇赦返乡，旋即复官致仕。正德十一年（1516年），刘大夏去世，享年81岁。追赠太保，谥号忠宣。

刘大夏，字时雍，华容人。大夏年二十举乡试第一。登天顺八年进士，改庶吉士。

弘治十年，命兼左佥都御史，往理宣府兵饷。尚书周经[①]谓曰：“塞上势家子以市籴为私利，公毋以刚贾祸。”大夏曰：

"处天下事，以理不以势，俟至彼图之。"初，塞上籴买必粟千石、刍万束乃得告纳，以故，中官、武臣家得操利权。大夏令有刍粟者，自百束十石以上皆许，势家欲牟利无所得。不两月储积充羡，边人蒙其利。明年秋，三疏移疾归，筑草堂东山下，读书其中。越二年，廷臣交荐，起右都御史，总制两广军务。

【注释】①周经（1440—1510年）：字伯常，号松露，天顺四年（1460年），考中进士。为庶吉士，授检讨职。成化年间，历任侍读、中允等官职，侍奉东宫太子即后来的孝宗，弘治二年（1489年），提升礼部右侍郎，正德三年（1508年）任礼部尚书。

【译文】刘大夏，字时雍，华容（今湖南华容）人。刘大夏二十岁以乡试第一名中举。天顺八年（1464年），考中进士，选为庶吉士。

弘治十年（1497年），刘大夏受命兼左佥都御史，前往宣府处理兵饷。尚书周经对他说："塞上有权势家族的子弟以买卖粮食谋取私利，你不要因刚直招来祸患。"刘大夏说："处理天下事，凭借道理而不是权势，等我到那之后再解决。"当初，塞上必须购粟千石、草万束才能买进来。凭借这个宦官、武臣得以操纵市场，获取厚利。刘大夏下令有粮草的，草百束、粟十石以上都准许买卖，权势之家想牟利也落了空。不到两个月府仓储积有余，边人蒙受他的恩惠。第二年秋，刘大夏连上三疏称病辞官，归乡后在东山下筑草堂，在堂中读书。又过了两年，廷臣纷纷举荐刘大夏，起任右都御史，统管两广的军务。

十五年拜兵部尚书，屡辞乃拜命。既召见，帝曰：“朕数用卿，数引疾何也？”大夏顿首言：“臣老且病，窃见天下民穷财尽，脱有不虞，责在兵部，自度力不办，故辞耳。”帝默然。

【译文】弘治十五年（1502年）刘大夏出任兵部尚书，屡次推辞，推辞不掉才接受。不久孝宗召见他，孝宗说：“朕数次任用你，你数次称病而去是为什么？”刘大夏磕头说：“臣年老又有病，看见国家民穷财尽，倘若有所不测，责任在兵部，自己估量力不从心，因此而辞。”孝宗听了沉默不语。

其年六月，再陈兵政十害，且乞归。帝不许，令弊端宜革者更详具以闻。当是时，帝方锐意太平，而刘健为首辅，马文升以师臣长六卿，一时正人充布列位。帝察知大夏方严，且练事，尤亲信。数召见决事，大夏亦随事纳忠。

【译文】这年六月，刘大夏第二次奏陈兵政的十害，并且要求辞官回乡。孝宗不答应，要他将各种应该革除的弊端更详细地全部奏闻。当时，孝宗正意志坚决希望太平，而以刘健为首辅，马文升以帝师身份作六卿之长，一时正人君子占据各个部门。孝宗察知刘大夏正直严谨，并且办事熟练，尤其信任他。数次召见他判别事情，刘大夏也在各事上为孝宗献纳忠言。

帝尝谕大夏曰："临事辄思召卿，虑越职而止。后有当行罢者，具揭帖以进。"大夏顿首曰："事之可否，外付府部，内咨阁臣可矣。揭帖滋弊，不可为后世法。"帝称善。又尝问："天下何时太平？"对曰："求治亦难太急。但用人行政悉与大臣面议，当而后行，久之天下自治。"

【译文】孝宗曾对刘大夏说："遇到事情总想召卿来商量，又担心超越卿职权范围而作罢。以后有事情的实行或罢止，卿用揭帖（文书）呈上来。"刘大夏磕头说："对事情的决定，外边的交付五府六部，内部的向阁臣咨询就行了。揭帖易滋长弊病，不可作为后世效法。"孝宗称好。又曾问："天下何时太平？"刘大夏答道："求治不能太性急，不过用人行政全都与大臣面议，恰当的再实行，时间长了天下自然太平。"

未几，孝宗崩，武宗嗣位，承诏请撤四方镇守中官非额设者。帝止撤均州齐元。大夏复议上应撤者二十四人，又奏减皇城、京城守视中官，皆不纳。

【译文】不久，孝宗去世，武宗即位，刘大夏奉遗诏请求撤去非定额内的四方镇守宦官。武宗只撤去均州齐元。刘大夏又主张应撤去镇守宦官二十四人，又上奏减少皇城、京城守卫宦官，都未被采纳。

大夏自知言不见用，数上章乞骸骨。其年五月，诏加太子太保，赐敕驰驿归，给廪隶如制。给事中王翊[①]、张禬[②]请留之，吏部亦请如翊、禬言，不报。

【注释】①王翊（1616—1651年）：字完勋（一作定勋），号笃庵，汉族，明清际慈溪人，迁居余姚。与张苍水坚持在四明山抗清，1650年（明永历四年，清顺治七年）入舟山后分别任兵部左、右侍郎。

②张禬：张禬，明朝官员，曾担任山西巡抚，主要从事山西之军政事务。

【译文】刘大夏知道自己意见不被采纳，数次上奏章请求辞官归隐。这年（正德六年，即1506年）五月，武宗下诏加封他太子太保，同意他返乡，赐敕书、车马返回，按旧制供应粮食和役仆。给事中王翊、张禬进言请求留住刘大夏，吏部也请求留住刘大夏，武宗不理。

大夏忠诚恳笃，遇知孝宗，忘身徇国，于权幸多所裁抑。尝请严核勇士，为刘瑾所恶。刘宇[①]亦憾大夏，遂与焦芳[②]谮于瑾曰："籍大夏家，可当边费十二。"三年九月，假田州岑猛[③]事，逮系诏狱。瑾欲坐以激变律死，都御史屠滽[④]持不可，瑾谩骂曰："即不死，可无戍耶？"李东阳为婉解，且瑾诇大夏家实贫，乃坐戍极边。初拟广西，芳曰："是送若归也。"遂改肃州。大夏年已七十三，布衣徒步过大明门下，叩首而去。观者叹息泣下，父老携筐送食，所至为罢市、焚香祝刘尚书生还。比至戍所，诸司惮瑾，绝馈问，儒学生徒传食之。遇团操，辄荷戈就伍。所司固辞，大夏曰："军，固当役也。"所携止一仆。或问何不挈子姓，曰："吾宦时，不为子孙乞恩泽。今垂老得罪，忍令同死戍所耶？"大夏既遣戍，瑾犹摭他事罚米输塞上者再。

【注释】①刘宇：阉党，成化八年（1452年）进士。由知县入为御史，坐事谪，累迁山东按察使。弘治中，以大学士刘健荐，擢右佥都御史，巡抚大同，召为左副都御史。

②焦芳（1434—1517年）：字孟阳，明代泌阳（今河南驻马店）人，明天顺八年（1464年）进士。弘治初年移霍州知府，擢四川提学副使，调湖广。正德五年（1510年）五月致仕。

③岑猛：明广西田州（今广西百色）土官，字济夫。壮族人，正德三年（1508年），袭父职为土知府。

④屠滽：明成化二年（1466年）进士，历任监察御史、右佥都御史、右都御史、左都御史。致仕归里卒，谥襄惠。

【译文】刘大夏忠实诚恳，为孝宗所信任，忘我报国，对权贵近幸多行抑止。曾经请求严格考核勇士，为刘瑾所恨。刘宇也恨大夏，就与焦芳一起在刘瑾面前进谗言道："抄刘大夏的家，可得边费的十分之二。"正德三年（1508年）九月，借田州（今广西百色）岑猛的事，将刘大夏逮捕下到诏狱。刘瑾要以激变罪判刘大夏死刑，都御史屠滽不同意，刘瑾谩骂道："即使不死，能不去戍边？"李东阳从中调解，刘瑾探知刘大夏家贫穷，就判其到最偏僻的边境戍边。起初拟戍广西，焦芳说：“这像是送他回家啊。”于是改戍肃州（今甘肃西北部）。刘大夏已有七十三岁，穿着布衣徒步经过大明门磕头而去。观者都叹息流泪，父老百姓携筐送吃的，刘大夏所到之处，人们为之罢市、烧香祝刘尚书生还。等到了戍所，各部门怕得罪刘瑾，不送食品不来慰问，只有儒学生无偿供给他。一到操练，刘大夏总是扛戈站进队伍。主管人再三推辞，刘大夏说：“军人本来就该服役的。”他只带来一个仆人。有人问他为什么不带子孙，他说：“我为官时，不为子孙乞求圣恩、得官授职。现在年老被罚，怎忍心令他们同我一起死在戍所呢？”刘大夏已经遣去戍边，刘瑾还借其他事多次罚他送米到塞上。

五年夏，赦归。瑾诛，复官，致仕。清军御史王相①请复廪隶，录其子孙。中官用事者终嗛之，不许。大夏归，教子孙力田谋食。稍赢，散之故旧宗族。预自为圹志，曰：“无使人饰美，俾怀愧地下也。”十一年五月卒，年八十一。赠太保，谥忠宣。

【注释】①王相：号介塘，鄞县（今浙江宁波）人。正德辛巳进士，官翰林院编修。

【译文】正德五年（1510年）夏，刘大夏被赦免返乡。刘瑾被诛杀，朝廷恢复刘大夏官职，后退休。清军御史王相请求恢复刘大夏月粮和役夫，录用其子孙。主事的宦官始终恨他，不答应。刘大夏回家后，教子孙种田谋生。稍有盈余，就分送给故旧宗族。预先自作墓志铭，并说："不要让人用饰美之词，让我在地下有愧。"正德十一年（1516年）五月去世，享年八十一岁。追赠太保，谥号忠宣。

大夏尝言："居官以正己为先。不独当戒利，亦当远名。"又言："人生盖棺论定，一日未死，即一日忧责未已。"其被逮也，方锄菜园中，入室携数百钱，跨小驴就道。赦归，有门下生为巡抚者，枉百里谒之。道遇扶犁者，问孰为尚书家，引之登堂，即大夏也。朝鲜使者在鸿胪寺馆遇大夏邑子张生，因问起居曰："吾国闻刘东山名久矣。"安南使者入贡曰："闻刘尚书戍边，今安否？"其为外国所重如此。（明史卷一百八十二）

【译文】刘大夏曾说："做官以端正己身为先。不仅应当戒绝私利，也当远离浮名。"又说："人生盖棺定论，一天未死，就一天不能停止为国分忧。"他被逮捕时正在园中锄菜，进房拿了数百钱，坐上小驴就上路了。赦免回来，有个门生做了巡抚，绕道百里路去看刘大夏，路上遇到扶犁的人，就问哪是尚书家，扶犁的人引巡抚进屋，原来扶犁者就是刘大夏。朝鲜使者在鸿胪寺馆遇到刘大夏同邑的读书人张生，于是关心地问刘大夏近况，说："我国久闻刘东山大名啊！"安南使者进贡时说："听说刘尚书戍边，现在平安吗？"刘大夏是如此为外国所敬重。（明史卷一百八十二）

周洪谟

【题解】周洪谟（1421—1492年），字尧弼。叙州府长宁县（今四川长宁）人。明正统十年（1445年），进士及第，殿试榜眼，并授翰林院编修一职，成化年间担任过礼部尚书。《续编》辑录了他上陈给宪宗的人君保国之道，核心在力圣学、修内治、攘外侮三个方面，得到宪宗的嘉奖并采纳。

周洪谟，字尧弼，长宁人。正统十年，进士及第。宪宗嗣位，陈时务，言人君保国之道有三：曰力圣学，曰修内治，曰攘外侮。力圣学之目一：曰正心。修内治之目五：曰求真才，去不肖，旌忠良，罢冗职，恤漕运。攘外侮之目六：曰选将帅，练士卒，讲陈法，治兵器，足馈饷，靖边陲。帝嘉纳焉。（明史卷一百八十四）

【译文】周洪谟，字尧弼，长宁（今四川长宁）人。正统十年（1445年），考中进士。宪宗即位，周洪谟上疏陈述时务，说人君保国之道有三点：致力圣学、修治内政、抵御外侮。致力圣学要做到一条：就是正心。治理内政要做到五条：寻求真正有才之人，去除不肖之徒，表彰忠良之士，罢免闲散多余的官员，减轻漕运负担。抵御外侮要做到六条：选拔将帅、训练士卒、论述旧有的御敌之法、配齐兵器、备足粮饷、平定边陲。宪宗对此予以嘉奖并采纳了他的建议。

杨守陈

【题解】杨守陈（1425—1489年），字维新，鄞县（今浙江宁波）人。景泰二年（1451年）辛未科进士，改庶吉士，授翰林院编修。历任经筵讲官、太子洗马、吏部右侍郎等职。弘治二年（1489年）去世，追赠礼部尚书，谥号文懿。

弘治即位，杨守陈顺势上疏，劝谏孝宗行尧舜之道治国，大开经筵，重开早午朝，改革积弊等等。孝宗亦不负所望，依议而行，遂有“弘治中兴”。

杨守陈，字维新，鄞人。举景泰二年进士，改庶吉士，授编修。

孝宗嗣位，宫僚悉迁秩，执政拟守陈南京吏部右侍郎，帝举笔去“南京”字。左右言刘宣[①]见为右侍郎，帝乃改宣左，而以守陈代之。修《宪宗实录》，充副总裁。弘治改元正月，上疏曰：

孟子言：“我非尧舜之道不敢陈于王前。”夫尧舜之道何道？《书》曰：“人心惟危，道心惟微，惟精惟一，允执厥中。”此尧、舜之得于内者深，而为出治之本也。询四岳，辟四门，明四目，达四聪，此尧、舜之资于外者博，而为致治之纲也。臣昔忝宫僚，伏睹陛下朗读经书，未尝勤睿问以究圣贤奥旨。

儒臣略陈训诂，未尝进详说以极帝王要道。是陛下得于内者未深也。今视朝，所接见者，大臣之丰采而已。君子、小人之情状，小臣、远臣之才行，何由识？退朝所披阅者，百官之章奏而已。诸司之典则，群吏之情弊，何由见？宫中所听信者，内臣之语言而已。百官之正议，万姓之繁言，何由闻？恐陛下资于外者未博也。

【注释】①刘宣（1425—1491年）：字绍和，号静斋，谥号文懿。江西吉安府安福县（今安福县甘洛乡三舍村）人，明代弘治三年（1491年）工部尚书，累官至少保。

【译文】杨守陈，字维新，鄞县（今浙江宁波境内）人。杨守陈考中景泰二年（1451年）进士，任庶吉士，授编修之职。

孝宗即位，太子属官都提升官职品级，执政初拟杨守陈任南京吏部右侍郎，孝宗举笔划掉“南京”。左右说刘宣已被任为吏部右侍郎，孝宗于是改任刘宣为吏部左侍郎，而以杨守陈代任吏部右侍郎。编修《宪宗实录》，杨守陈任副总裁。弘治元年（1488年）正月，杨守陈上疏说：

孟子说：“非尧、舜之道我不敢陈述于君王之前。”尧、舜之道是什么道呢？《尚书》说：“人心惟危，道心惟微，惟精惟一，允执厥中。”这是尧、舜治天下的十六字心法，他们内心修养极为深厚，因而以此为治国之本。尧舜与四方诸侯君长谋划政事，打开明堂四门宣布政教，使四方见得明白真切，听得清楚全面。因此尧、舜对外部情况十分了解，这是使国家致治的大纲。臣以前在东宫充任属官，看见陛下朗读经书，未曾勤于探究圣贤要旨。儒臣大略讲解训诂，未曾详细地解说到帝王治政要道。因此陛下内心修养不够深，现在上朝所看见的只是大臣的风度、神采而已。君子小人的情况、小臣远臣的才智和德行如何识别？陛下退朝所看的是百官的奏章而已。各部门的典章规则、众吏的好坏情况如何看得到？宫中所听信的是内官的言语而已。百官的正确意见、人民的意见如何听得到？只怕陛下对外面情况了解不够广博。

愿遵祖宗旧制，开大小经筵，日再御朝。大经筵及早朝，但如旧仪。若小经筵，必择端方博雅之臣，更番进讲。凡所未明，辄赐清问。凡圣贤经旨，帝王大道，以及人臣贤否，政事得失，民情休戚，必讲之明而无疑，乃可行之笃而无弊。若夫前朝经籍，祖宗典训，百官章奏，皆当贮文华殿后，陛下退朝披览。日令内阁一人、讲官二人居前殿右厢，有疑则询，必洞晰而后已。一日之间，居文华殿之时多，处乾清宫之时少，则欲寡心清，临政不惑，得于内者深而出治之本立矣。午朝则御文华门，大臣台谏更番侍直。事已具疏者用揭帖，略节口奏，陛下详问而裁决之。在外文武官来觐，俾条列地方事，口陈大要，付诸司评议。其陛辞赴任者，随其职任而戒谕之。有大政则御文华殿，使大臣各尽其谋，勿相推避。不当则许言官驳正。其他具疏进者，召阁臣面议可否，然后批答。而于奏事、辞朝诸臣，必降词色，详询博访，务竭下情，使贤才常接于目前，视听不偏于左右，合天下之耳目以为聪明，则资于外者博而致治之纲举矣。

【译文】希望陛下遵循祖宗旧制，开办大小御前讲席，一天上朝二次。大的御前讲席及早朝，仍按旧仪式办。如开办小的御前座就必须选择正直端庄学识渊博品行雅正的大臣轮流进讲。凡是陛下未弄明白的，就请问清楚。凡是圣贤的经书要义、帝王的统治方略，以及人臣是否贤能，政事得失，民情好坏，必须讲得明白无误，方可以确定实行而无弊病。前朝经籍，祖宗典训，百官章奏都应当贮存于文华殿后面，以供陛下退朝阅览。每天让内阁一人、讲官两人在前殿厢房，陛下如有疑问就询问他们，必须把问题弄得明白透晰才行。一天中，陛下在文华殿的时间多，在乾清宫的时间少，那么就会清心寡欲，处理政事时不被迷惑，这样内心修养深厚而治国之本就建立起来了。午朝则驾车到文华门，大臣台谏轮流值班。事情已经写进疏文的采用揭帖形式，简略地当面口奏，陛下详细地了解后进行裁决。在外的文武官来京朝见陛下，要他们将所奏之事一一逐条列在奏章里，向陛下口头陈述提要，交付各分管部门评议。对于那些辞别陛下前去赴任的，要根据他们出任职务的情况加以不同内容的告诫。遇到大事陛下则到文华殿，让大臣们都提出他们的建议，不互相推诿逃避。不当之处则允许言官驳正。其他用疏文呈上的，召阁臣面谈是否可行，然后批答。而对于奏事、辞朝诸臣，一定要态度温和言辞恳切，详细地询问，广泛地查访，务必了解下面的情况，使贤才常常能出现在面前，使陛下的视听不受身边宠幸的人所左右，合天下的耳目使自己耳聪目明，这样对外部情况有了广泛了解，那么就抓住了治国的纲要。

若如经筵、常朝只循故事，凡百章奏皆付内臣调旨批答，臣恐积弊未革，后患滋深。且今积弊不可胜数。官鲜廉耻之风，士多浮竞之习。教化凌夷，刑禁弛懈。俗侈而财滋乏，民困而盗日繁。列卫之城池不修，诸郡之仓库鲜积。甲兵朽钝，行伍空虚。将骄惰而不知兵，士疲弱而不习战。一或有警，何以御之？此臣所以朝夕忧思，至或废寝忘食者也。

帝深嘉纳。后果复午朝，召大臣面议政事，皆自守陈发之。二年卒。谥文懿，赠礼部尚书。（明史卷一百八十四）

【译文】如果御前讲席、平常朝会只遵循旧例，凡是百官章奏都交给内臣矫旨批答，臣担心积弊没有革除，后患会越来越严重。而且现在积弊多得不可胜数。做官的少有廉耻之心，士人大多轻浮躁进，教化衰败，刑法禁令松懈。风俗侈靡而财物更加缺乏，人民穷困而使盗贼一天比一天多。各卫所的城墙和护城河没有修整，各郡的仓库很少有积储。铠甲和兵器朽坏锈钝，军队空虚。将领骄傲懒惰而不知用兵之道，士兵疲惫衰弱而不操练。一旦有紧急情况，将如何防御？这是臣因此朝夕忧虑的，以致有时到了废寝忘食的地步。

孝宗深为赞许并接纳他的意见。后来果然恢复午朝，召大臣面议政事，这些都是受杨守陈启发而来的。弘治二年（1489年），杨守陈去世，谥号文懿，追赠礼部尚书。（明史卷一百八十四）

张元祯

【题解】张元祯（1437—1506年），初名元征，字廷祥，南昌（今江西南昌）人。天顺四年（1480年）庚辰科进士，改庶吉士，授翰林院编修。历任左赞善、南京翰林院侍讲学士、吏部左侍郎兼翰林院学士，入值东阁。正德元年（1506年）去世。天启年间，追谥文裕。

《续编》辑录了张元祯两则奏疏。这两则奏疏都是在两朝皇帝即位之初上疏直谏，足见其忘身徇国、秉公任直之心。但两朝皇帝对张元祯的奏疏态度完全不同，可见君主能否接受谏言，对国家治理是极其重要的。

张元祯，字廷祥，南昌人。举天顺四年进士，改庶吉士，授编修。宪宗嗣位，疏请行三年丧，不省。其年五月，疏陈三事："一，勤讲学。愿不废寒暑，所讲必切于修德为治之实，不必以乱亡忌触为讳。讲退，更凝神静味，验之于身心政化。讲官，令大臣公举刚明正大之人，不拘官职大小。一，公听政。请日御文华殿，午前进讲，午后听政。天下章奏，命诸臣详议面陈可否，陛下亲临决其是非。暇则召五品以下官，随意问以时事得失利病，令下情得以毕达。一，广用贤。请命给事中、御史，各陈两京堂上官贤否。如有不尽，亦许在京五品官指陈之，以为进退。又令共荐有德望者，以代所去之位，则大臣皆得其人。于是命之各言其所属及方面郡县官之贤否，付内阁吏部升黜之。中外群臣，有刚正敢言者，举为台谏，不必论其言貌、官职、出身。但不宜委之堂上官，恐惮其刚方，而荐柔媚者以充数，所举之人感其推荐，不敢直斥其非。是以古者大臣不举台谏。”疏入，以言多窒碍难行，寝之。

【译文】张元祯，字廷祥，南昌（今江西南昌）人。考中天顺四年（1460年）进士，为庶吉士，授编修职。宪宗即位，张元祯上疏请宪宗为英宗守三年之丧，宪宗不理。这年五月，他又上疏陈述三件事：“一、勤讲学。希望不分寒暑，所讲的必须切合修德理政的实际，不必对历代的衰乱亡国及忌惮之事隐讳。讲学完毕，要凝神静思细细品味，与自己身心及朝政的处理情况相验证。讲官，要由大臣秉公推举刚直正派的人担任，不论官职大小。二、公开处理政务。请陛下每天去文华殿，午前听讲官讲学，午后处理政务。对所有奏章，命令诸臣详细讨论，当面陈述可否，陛下亲自决断是非。闲暇时则召见五品以下官员，任意询问有关时事的得失与利弊，使下面的情况得以尽数传达上来。三、广用贤能之人。请求命令给事中、御史分别陈述两京朝官是否称职。如有未提到的，也允许在京的五品官指明陈述，以此决定官员的升降。再者命令上述官员一起推荐有道德名望的人，以代替免职者空缺的职位，那样大臣都可得到适宜的人来任职。于是再令他们将所辖郡县官吏的考核情况呈报上来，交给内阁、吏部晋升贬黜。从朝廷内外大臣中选拔刚正不阿、又敢于直言的推举为台谏，而不必考虑及其言谈举止、官职、出身。但是推荐谏官的事不宜委托给朝臣，以防朝臣害怕谏官刚直，而推荐阿谀奉承者充数，被举荐的人对其怀有感恩之情，就不敢直接指责他的不是。因为古时大臣是不举荐御史的。”疏文呈上，因为所说之事多难以实行，被搁置。

弘治初，召修《宪宗实录》，进左赞善。上言：“人君不以行王道为心，非大有为之主也。陛下毓德青宫，已负大有为之望。迩者颇崇异端，嬖近习，以蛊此心；殖货利，耽玩好，以荒此心；开幸门，塞言路，以昧此心。则不能大有为矣。愿定圣志，一圣学，广圣智。”疏反复累万言，帝颇纳之。（明史卷一百八十四）

【译文】弘治初年，孝宗召张元祯撰写《宪宗实录》，升为左赞善。他上言道：“人君不以推行王道为信念，就不是大有作为的君主。陛下养德东宫时就已经具有大有作为的希望。近来陛下却颇推崇异端，宠爱亲近的人，以此蛊惑圣心；追求财利，沉迷于玩乐，以此荒废圣心；开权贵幸臣之门，堵塞言路，以此愚昧圣心。这样就不能有大的作为。希望安定圣志，专心圣学，广增圣智。”疏文前后共计万言，孝宗采纳很多。（明史卷

一百八十四）

韩　文

【题解】韩文（1441—1526年），字贯道，洪洞（今山西洪洞）人。北宋宰相韩琦的后代。成化二年（1466年）丙戌科进士，除工科给事中。官至户部尚书。嘉靖五年（1526年）去世，享年86岁。追赠太傅，谥号忠定。

韩文居官清廉，为人正直，不畏权贵。曾上疏劝谏武宗疏远刘瑾等"八虎"，以汉末十常侍、唐代甘露之变为鉴，为刘瑾所恨。最后被刘瑾反诬为奸党，株连二子。

韩文，字贯道，洪洞人，宋宰相琦后也。成化二年举进士，除工科给事中。十六年拜南京兵部尚书。明年召拜户部尚书。

【译文】韩文，字贯道，洪洞（今山西洪洞）人，是宋宰相韩琦的后代。成化二年（1466年）考中进士，任工科给事中。成化十六年（1480年），任南京兵部尚书。第二年任命为户部尚书。

文司国计二年，力遏权幸，权幸深疾之。而是时青宫旧奄刘瑾等八人号"八虎"，日导帝狗马、鹰兔、歌舞、角抵，不亲万几。文每退朝，对僚属语及，辄泣下。郎中李梦阳[①]进曰：“公大臣，义共国休戚，徒泣何为？谏官疏劾诸奄，执政持甚力。公诚及此时率大臣固争，去‘八虎’易易耳。”文捋须昂肩，毅然改容曰：“善。纵事勿济，吾年足死矣，不死不足报国。”即偕诸大臣伏阙上疏，略曰：“人主辨奸为明，人臣犯颜为忠。况群小作朋，逼近君侧，安危治乱胥此焉关。臣等伏睹近岁朝政日非，号令失当。自入秋来，视朝渐晚。仰窥圣容，日渐清削。皆言太监马永成、谷大用、张永、罗祥、魏彬、丘聚、刘瑾、高凤等造作巧伪，淫荡上心。击球走马，放鹰逐犬，俳优杂剧，错陈于前。至导万乘与外人交易，狎昵媟亵，无复礼体。日游不足，夜以继之，劳耗精神，亏损志德。遂使天道失序，地气靡宁。雷异星变，桃李秋华。考厥占候，咸非吉征。此辈细人，惟知蛊惑君上以便己私，而不思赫赫天命、皇皇帝业，在陛下一身。今大婚虽毕，储嗣未建。万一游宴损神，起居失节，虽齑粉若辈，何补于事。高皇帝艰难百战，取有四海。列圣继承，以至陛下。先帝临崩顾命之语，陛下所闻也。奈何姑息群小，置之左右，以累圣德？窃观前古奄宦误国，为祸尤烈，汉十常侍[②]、唐甘露之变，其明验也。今永成等罪恶既著，若纵不治，将来益无忌惮，必患在社稷。伏望陛下奋乾刚，割私爱，上告两宫，下谕百僚，明正典刑，以回天地之变，泄神人之愤，潜削祸乱之阶，永保灵长之业。”疏入，帝惊泣不食。瑾等大惧。

【注释】①李梦阳（1473—1530年）：字献吉，号空同，汉族，祖籍河南扶沟（今河南扶沟），出生于庆阳府安化县（今甘肃庆城）。他善工书法，得颜真卿笔法，精于古文词。明代中期文学家，复古派前七子的领袖人物。提倡“文必秦汉，诗必盛唐”，强调复古。其倡导的文坛“复古”运动盛行了一个世纪。

②十常侍：指东汉（25—220年）灵帝时操纵政权的张让、赵忠、夏恽、郭胜、孙璋、毕岚、栗嵩、段珪、高望、张恭、韩悝、宋典十二个宦官。他们都任职中常侍。

【译文】韩文主持国家经济两年，竭力遏制权贵幸臣，权贵幸臣对他深恶痛绝。而这时东宫原有的宦官刘瑾等八人号称“八虎”，每天引诱武宗逐狗跑马、放鹰猎兔、莺歌燕舞、沉迷角抵，不理朝政。韩文每次退朝，和同僚谈及此事，便伤心落泪。郎中李梦阳进言说：“您是大臣，按义当与国事休戚与共，光哭有什么用？让谏官上疏弹劾这些宦官，执政大臣予以有力支持。您如果在此时率领大臣坚决抗争，那么除去‘八虎’也很容易的。韩文捋须挺胸，毅然改变容色说：“好！即使事不成功，我这个年纪也死而无憾了，不死不足以报效国家。”于是偕同诸大臣直接上疏皇帝，意思大致是：“人主以明辨奸佞为圣明，人臣以敢于犯颜直谏为忠诚。何况众小人相互勾结，逼近君王身边，此事关乎国家安危治乱。我等目睹近年来朝政一天不如一天，朝廷号令失当。从入秋以来，陛下上朝的时间日渐推迟。仰视圣上容颜，日渐消瘦。都说是太监马永成、谷大用、张永、罗祥、魏彬、丘聚、刘瑾、高凤等弄虚作假，惑乱圣心。让陛下来回击球跑马，放鹰逐犬，观看俳优杂剧。从而导致皇帝与外人往来，淫猥轻亵，不再有礼仪体统。白天游玩不够，晚上还要继续，白白消耗精神，损害志向德行。致使天道失去秩序，地气不宁，雷声怪异星象改变，桃李秋天开花。考察天象预测吉凶，都不是好的征兆。这些小人，只知迷惑皇上为自己谋私利，而不顾及显赫的天命、兴盛的帝业，系于陛下一身。如今大婚虽已完成，而储君尚未册立。万一游乐宴饮损伤精神，饮食起居失去节制，即使将那班小人粉身碎骨也无补于事。高皇帝艰难创业历经百战，取得天下，各位先帝继承下来，一直到陛下。先帝临终前嘱托的话，陛下是听到的。为什么迁就那些小人，让他们伴随左右，以致玷污了陛下的圣德呢？观察古代宦官贻害国家，制造祸乱是特别严重的，汉代的十常侍、唐代的甘露之变，就是明证。现在马永成等人罪恶已十分明显，如果纵容他们而不加治罪，将来会更加肆无忌惮，这一定是国家的祸患。万望陛下毅然决断割舍私爱，上告知东西两宫，下告诉群臣百官，依照法律公开判决，使天地恢复常态，泄去天神和百姓的愤怒，暗中消除祸患的根源，永保陛下长久帝业。”奏疏呈进，武宗震惊哭泣，不能进食。刘瑾等人大为恐惧。

瑾恨文甚，日令人伺文过。逾月，有以伪银输内库者，遂以为文罪。诏降一级致仕，郎中陈仁①谪钧州同知。给事中徐昂②乞留文原官。中旨谓显有嘱托，落文职，以顾佐③代，并除昂名。正德二年三月榜奸党姓名，自刘健、谢迁外，尚书则文为首，余若张敷华[4]、杨守随[5]、林瀚[6]等凡五十三人，列于朝堂。文子高唐知州士聪、刑部主事士奇，皆削籍。文出都门，乘一蓝舆，行李一车而已。瑾恨未已，坐以遗失部籍，逮文及侍郎张缙[7]下诏狱。数月始释，罚米千石输大同。寻复罚米者再，家业荡然。

瑾诛，复官，致仕。嘉靖五年卒，年八十有六。赠太傅，谥忠定。（明史卷一百八十六）

【注释】①陈仁（1441—1520年）：浙江义乌人。明代官吏。仕至湖广鄠令。以礼经应贡入胄监。

②徐昂：字文举，弘治九年（1496年）进士，累官兵科给事中。屡疏陈治道及论边事，皆剀切中时弊。正德元年（1506年）尚书韩文劾刘瑾罢职，昂疏言："文素端谨，国家倚重。其言乃忠愤所激，不宜罢遣。"瑾矫旨并夺昂官。嘉靖初，起广东右参议。

③顾佐（1443—1516年）：字良弼，直隶凤阳府临淮县（今安徽凤阳）人，祖籍苏州，成化五年（1469年）进士，官至户部尚书。正德元年，代理韩文为户部尚书。恰逢当时户部有册逸失，刘瑾擅政欲加罪韩文，逼顾佐指认此事。顾佐不肯，于是连坐被夺俸三月，后再疏乞归得到批准。刘瑾加恨，三次惩罚顾佐输米塞上达千余石。因家贫只能借贷。正德十一年（1516年）卒。

④张敷华（1439—1507年）：字公实，号介轩。江西安福人。天顺八年（1464年）进士。历任兵部郎中、浙江参政、布政使、刑部尚书、左都御史等职，为官清正廉洁，被誉为"南都四君子"。

⑤杨守随（1434—1518年）：字维贞，号贞庵。鄞县（今浙江宁

波）人。成化年间进士及第，曾官拜御史，巡按江西。弘治年间，任顺天府丞，掌大理寺，进工部尚书。谥康简。为人刚正不阿。

⑥林瀚（1434—1519年）：字亨大，号泉山，福建闽县（今福州市城门镇林浦村）人。明成化二年（1466年）进士，授庶吉士。后授编修，于成化十一年（1475年）参修《通鉴纲目》，两年后擢修撰。正德元年（1506年）四月，敕兼南京兵部尚书，参赞机务。著有《经筵讲章》《泉山奏议》《泉山集》，以及古典历史小说《隋唐志传通俗演义》。

⑦张缙（1439—1524年）：字朝用，祖籍山西太原阳曲，至张缙移居沧州。天顺六年（1462年）参加乡试，考中举人，成化五年（1469年）会试中式，进士及第。初任钧州知州，后补沧州知州，缙因执政有方，民心所向，朝廷擢升其为南京工部郎中，后出任杭州府知府、督察院佥都御史、右副都御史、户部左侍郎。

【译文】刘瑾特别恨韩文，每天派人探察韩文的过失。过了一个月，有人把假银输入内库，于是把这件事作为韩文的罪状。武宗下诏降韩文一级官职然后退休，郎中陈仁被贬为钧州同知。给事中徐昂请求保留韩文原职。内宫传出武宗诏谕称徐昂所言显然是受韩文嘱托，于是罢免了韩文的职务，用顾佐替代他，并削除徐昂的官籍。正德二年（1507年）三月，张榜公布奸党姓名，除刘健、谢迁外，尚书则以韩文为首，其他像张敷华、杨守随、林瀚等一共五十三人，将榜列在朝堂上。韩文的儿子高唐知州韩士聪、刑部主事韩士奇，都被削除官籍。韩文出京都城门时，乘坐一辆蓝色马车，行李只有一车而已。刘瑾怨恨没有结束，以遗失户籍档案定罪，逮捕韩文和侍郎张缙入钦犯监狱。几个月后才释放，罚米一千石运送到大同。不久又再次罚米，韩文家业荡然无存。

刘瑾被诛杀后，韩文官复原职，退休。韩文于嘉靖五年（1526年）去世，享年八十六岁。追赠太傅，谥号忠定。（明史卷一百八十六）

陈　寿

【题解】陈寿（1440—1522年），字本仁，原籍新淦（今江西新干），后移居宁远（今辽宁兴城）。成化八年（1472年）壬辰科进士，授户科给事中。官至南京刑部尚书。嘉靖元年（1522年）去世，享年83岁。

陈寿以廉政著称，史称“历官四十年，无家可归”。深为世人所赞誉，尤其他终生奉行的“三不喜”原则，即不喜随意弹劾官吏；不喜为子弟亲友争功或谋取好处；不喜金钱财物。更是被后世廉吏奉为为政信条。

陈寿，字本仁，其先新淦人。登成化八年进士，授户科给事中。

寿为给事中，言时政无隐，独不喜劾人，曰：“吾父戒吾勿作刑官，易枉人。言官枉人尤甚，吾不敢妄言也。”嘉靖改元，诏进一品阶，遣有司存问，时年八十有三。寿廉，历官四十年，无家可归。寓南京，所居不蔽风雨。其卒也，尚书李充嗣[①]、

府尹寇天叙[②]为之敛。又数年，亲旧赙助，始得归葬新淦。（明史卷一百八十六）

【注释】①李充嗣（1465—1528年）：字士修，号梧山，内江（今四川省内江市）人。嘉靖七年（1528年）正月致仕，帝赐乘传将其送归澧州。九月卒，年六十七，葬于澧州城西罗湖挡观音岩（今为临澧官亭水库淹没），诏赠太子太保，谥康和，入祀澧州乡贤祠。著有《梧山集》。

②寇天叙（1480—1533年）：字子惇，号涂水，山西榆次人。正德三年（1508年）进士，授南京大理寺评事，迁应天府丞。武宗南巡，江彬等恃宠为虐，天叙力与抗争，民得不困。嘉靖初以功迁刑部右侍郎，改兵部右侍郎。嘉靖十二年（1533年）十一月二十六日卒，年五十四。有《涂水文集》。

【译文】陈寿，字本仁，他的祖先是新淦（今江西新干）人。考中成化八年（1472年）进士，授官户科给事中。

陈寿任给事中时，谈论时政直言不讳，惟独不喜欢弹劾别人。他说："我父亲告诫我不要做掌管刑法的官吏，因为容易冤枉人。谏官冤枉人则更加厉害，我不敢随便说话。"嘉靖元年（1522年），诏令陈寿进一品官阶，派遣主管官吏慰问，时年八十三岁。陈寿为官廉洁，做官四十年，竟无家可归。寓居南京时，他的居所不能遮蔽风雨。陈寿去世后，尚书李充嗣、府尹寇天叙为他收殓。又过了几年，亲朋故旧资助，才得以归葬新淦。（明史卷一百八十六）

罗 侨

【题解】罗侨（1461—1534年），字维升，吉水（今江西吉水）人。弘治十二年（1499年）己未科进士，除新会知县。历任大理右评事、台州知府、广东左参政等职。嘉靖十三年（1534年）去世。

《续编》辑录了罗侨于正德五年（1510年）因京城旱霾上书言事的奏疏。该奏疏认为正德帝“陛下视朝，或至日昃，狎侮群小，号呶达旦”。而且指出“文网日密，诛求峻急。盗贼白昼杀人，百姓流移载道，元气索然”等弊端，深中肯綮。劝谏正德帝回心转意，宵旰图治。但是当时刘瑾专政，刘瑾假传内宫圣旨谴责他，并命令朝廷大臣对其议定罪罚。幸亏大学士李东阳极力营救，才得以改判贬原籍任教职。

罗侨，字维升，吉水人。举弘治十二年进士，除新会知县，有惠爱。正德初，入为大理右评事。五年四月，京师旱霾，上疏曰：“臣闻人道理则阴阳和，政事失则灾沴作。顷因京师久旱，陛下特沛德音，释逋戍之囚，弛株连之禁，而斋祷经旬，雨泽尚滞。臣窃以为天心仁爱未已也。陛下视朝，或至日昃，狎侮群小，号呶达旦，其何以承天心基大业乎？文网日密，诛求峻急。盗贼白昼杀人，百姓流移载道，元气索然。科道知之而不敢言，内阁言之而不敢尽，此壅蔽之大患也。古者进退大臣，必有体貌，黥劓之罪不上大夫。迩来公卿去不以礼。先朝忠荩如刘大夏者，谪戍穷边，已及三载，陛下置之不问，非所以待耆旧、敬大臣也。本朝律例，参酌古今，足以惩奸而蔽罪。近者法司承望风旨，巧中善类。传曰：'赏僭则及淫人，刑滥则及善人。不幸而过，宁僭无滥。'今之刑罚，滥孰甚焉。愿陛下慎逸游，屏玩好，放弃小人，召还旧德，与在廷臣工，宵旰图治，并敕法司慎守成律。即有律轻情重者，亦必奏请裁决，毋擅有轻重。庶可上弭天变，下收人心。"时朝士久以言为讳。侨疏上，自揣必死，舆榇待命。刘瑾大怒，矫中旨诘责数百言，令廷臣议罪。大学士李东阳力救，得改原籍教职。（明史卷一百八十九）

【译文】罗侨，字维升，吉水（今江西吉水）人。考中弘治十二年（1499年）进士，授官新会（今广东江门新会区）知县，有仁惠爱民的政绩。正德初，入京任大理右评事。正德五年（1510年）四月京城大旱，天气阴霾，罗侨上疏说："臣听说人道治理的好就阴阳和畅，政事荒废就会发生灾害。最近因京城久旱，陛下大发慈悲，释放逃避戍役的囚犯，放宽株连的禁令，同时斋戒祷告十多天，雨水仍滞留未下。臣私下认为天心仁爱没有停止。陛下临朝听政，有时直到太阳偏西才上朝，与群小人亲近玩弄，却欢呼之声通宵达旦，像这样用什么来承奉天心，奠定帝王基业呢？国家法网日渐严密，责求越发严厉，盗贼在白天杀害人命，百姓漂泊流浪填满道路，元气萧索。科道官吏知道却不敢议论，内阁陈述了却不敢全部说出，这是壅塞蒙蔽的大祸患呀。古代提升贬退大臣，必定有相应的规矩礼仪，黥劓的罪罚不加于大夫。近来公卿大臣离职，不讲究礼节。前朝尽忠国事的大臣如刘大夏，被贬谪戍守边疆，已达三年，陛下却弃置不理，这不是用来善待德重年高的旧臣、尊敬大臣的礼节啊。本朝的法律条例，参考古今而制订，足以用来惩治奸恶而判罪。近来司法官仰承君主的意图，巧于打击善良臣民。经传上说：'赏赐过度就会施及坏人，刑罚过滥就会连及好人。如果不幸超过了，那么就宁可赏赐也不滥用刑。'现在的刑罚，泛滥程度有什么比这更严重呢？希望陛下慎戒逸乐游玩，摒弃玩赏事物，远弃小人，召回旧时有德行的官员，同在朝官员悉心图治，并命令司法官谨慎遵守既成律令。即使有律刑轻微而情节严重的情况，也一定要奏请裁决，而不能擅自量刑轻或重。如果这样，尚且还能上消除天变，下收揽人心。"当时朝廷官吏已长期避讳谏言。罗侨奏疏呈上，内心揣度必死无疑，便将棺材放在车子上等待。刘瑾大怒，假传内宫圣旨谴责达数百句，命令朝廷大臣议定罪罚。大学士李东阳极力营救，得以改判贬原籍任教职。（明史卷一百八十九）

黄　巩

【题解】黄巩（1480—1522年），字仲固，莆田（今福建莆田）人。弘治十八年（1505年）乙丑科进士。正德中，由德安推官入为刑部主事。世宗时，官至南京大理丞。嘉靖元年（1522年）去世，追赠大理少卿。天启初，追谥忠裕。

正德十四年（1519年），发生宸濠之乱，正德帝欲离京平叛，黄巩由此上疏进言当世急务，条分缕析，鞭辟入里。正德帝览奏后大怒，将其逮捕下狱。

黄巩，字仲固，莆田人。弘治十八年进士。正德中，由德安推官入为刑部主事，掌诸司奏牍。历职方武选郎中。十四年三月，有诏南巡，巩上疏曰：

陛下临御以来，祖宗之纲纪法度一坏于逆瑾，再坏于佞幸，又再坏于边帅，盖荡然无余矣。天下知有权臣，不知有天子，乱本已成，祸变将起。试举当今最急者陈之。

【译文】黄巩，字仲固，莆田（今福建莆田）人。弘治十八年（1505年）中进士。正德年间，由德安府推官荐入京城为刑部主事，掌管各司奏疏。历任职方武选郎中。正德十四年（1519年）三月，武宗颁布诏书南巡，黄巩上疏说：

陛下即位以来，祖宗的纲纪法度先坏于逆臣刘瑾，再坏于佞幸宠臣，又再坏于边境将帅，大概已经荡然无存了。天下只知道有权臣，却不知道有天子，动乱的根本已形成，祸变将会兴起。试举当今最急的事加以陈说。

一、崇正学。臣闻圣人主静，君子慎动。陛下盘游无度，流连忘返，动亦过矣。臣愿陛下高拱九重，凝神定虑，屏纷华，斥异端，远佞人，延故老，访忠良。可以涵养气质，薰陶德性，而圣学维新，圣政自举。

二、通言路。言路者，国家之命脉也。古者明王导人以言，用其言而显其身。今则不然。臣僚言及时政者，左右匿不以闻。或事关权臣，则留中不出，而中伤以他事。使其不以言获罪，而以他事获罪。由是，虽有安民长策，谋国至计，无因自达。虽必乱之事，不轨之臣，陛下亦何由知？臣愿广开言路，勿罪其出位，勿责其沽名，将忠言日进，聪明日广，乱臣贼子亦有所畏而不敢肆矣。

三、正名号。（文略）

四、戒游幸。（文略）

【译文】第一，尊崇正学。臣听说圣人主张清静，君子谨慎而动。陛下游玩无度，流连忘返，动得也太过分了。臣实在希望陛下高高居住在宫中，凝聚精神安定思虑，排除外界的纷乱干扰，排斥异端邪说，远离奸佞小人，聘请故旧大臣，咨询忠诚良臣，这样可以蕴养气质，熏陶美德情性。从而使圣学更好，圣政自然振兴。

第二，广开言路。言路，是国家的命脉。古代贤明的帝王用进言来引导人，采纳他们的建议而使他们显扬。现在却不是这样。大臣谈及时政的，左右近臣隐瞒不让皇上知道。有的涉及弄权奸臣，就扣留宫中不发出，而用其他事情中伤进言者。使他们虽然不因进言获罪，却因别的事获罪。因此，即使有安定百姓的长久之计，谋划国家的最好策略，但却无法传达给圣上。即使有引起国家必乱的大事，有图谋不轨的奸臣，陛下又从何处知道呢？臣实在希望陛下能够广开言路，不要怪罪他们越职言事，不要责备他们沽名钓誉，如若这样，忠言就会日渐进呈，智慧将会逐渐增广，乱臣贼子也会有所畏惧而不敢放肆了。

第三，端正名号。（文略）

第四，戒除游历。（文略）

五、去小人。自古未有小人用事不亡国丧身者也。今之小人簸弄威权、贪溺富贵者，实繁有徒。至于首开边事，以兵为戏，使陛下劳天下之力，竭四海之财，伤百姓之心者，则江彬之为也。彬，行伍庸流，凶狠傲诞，无人臣礼。臣但见其有可诛之罪，不闻其有可赏之功。今乃赐以国姓，封以伯爵，托以心腹，付以京营重寄。使其外持兵柄，内蓄逆谋，以成骑虎之势，此必乱之道也。天下切齿怒骂，皆欲食彬之肉。陛下亦何惜一彬，不以谢天下哉？

六、建储贰。（文略）

【译文】第五，清除小人。自古以来没有小人执政而不亡国丧身的。当今玩弄权术、贪恋富贵的小人，实大有人在。至于最先开启边事，拿战争当儿戏，使陛下白白耗费天下人力，竭尽四海的资财，损伤百姓之心，都是江彬所为。江彬，是军队中的平庸之辈，凶残狠毒傲慢怪诞，没有人臣的礼节。臣只看到他有可以诛杀的罪过，没有听说他有可以赏赐的功劳。现在却赐以国君之姓，封以伯爵，以心腹相托，并将京城军营的重任相寄托，使他外面把持兵权，内部蓄积叛逆阴谋，形成骑虎难下的形势，这必然是产生变乱的原因啊。天下人切齿怒骂，都恨不得吃了江彬的肉。陛下又为什么竟怜惜一个江彬，而不用来向天下谢罪呢？

第六，设立太子。

员外郎陆震①草疏将谏，见巩疏称叹，因毁己稿，与巩连署以进。帝怒甚，下二人诏狱，复跪午门。众谓天子且出，巩曰："天子出，吾当牵裾死之。"跪五日，期满，仍系狱。越二十余日，廷杖五十，斥为民。彬使人沿途刺巩，有治洪主事知而匿之，间行得脱。

【注释】①陆震（1464—1519年）：字汝亨，号鹤山，今兰溪市后陆村人。受业于章懋，以学业品行兼优知名。明正德三年（1508年）进士，授任泰和县知县。嘉靖元年（1522年），追赠太常少卿；崇祯年间，谥忠定。

【译文】员外郎陆震草拟奏疏将要劝谏，看到黄巩的奏疏后赞叹不已，于是毁掉自己的草稿，和黄巩联名疏奏。武宗非常恼怒，把二人关入钦犯监狱，又在午门罚跪。众人议论天子将要出行，黄巩说："如果天子真要出行，我必定牵着他的衣裾以死相谏。"连跪五天，期满后，仍然拘系狱中。过了二十多天，在朝廷杖责五十，贬为平民。江彬派人沿途刺杀黄巩，有治洪主事获知后将黄巩藏了起来，从小道得以逃脱。

既归，潜心著述。或米尽，日中未爨，晏如也。尝叹曰：“人生至公卿富贵矣，然不过三四十年。惟立身行道，千载不朽。世人顾往往以此易彼，何也？”

世宗立，召为南京大理丞。疏请稽古正学，敬天勤民，取则尧、舜，保全君子，辨别小人。明年入贺，卒于京师。（明史卷一百八十九）

【译文】回家之后，黄巩潜心著述。有时家中无米，到中午还没有做饭，仍心情安然。曾经感叹说：“人生官至公卿，算得上富贵了，然而不过三四十年。只有修身养性奉行道义，才能千年不朽。世人却往往愿意以此交换彼，为什么呢？

世宗即位后，召任南京大理丞。黄巩上疏请求稽考古文端正学风，敬顺上天体恤百姓，取法尧、舜，保全君子，辨别小人。第二年，入朝庆贺，在京城去世。（明史卷一百八十九）

严　讷

【题解】严讷（1511—1584年），字敏卿，号养斋，常熟（今江苏常熟）人。善写青词，人称“青词宰相”。嘉靖二十年（1541年）辛丑科进士，改庶吉士，授翰林院编修，迁翰林院侍读。万历年间，官至吏部尚书、武英殿大学士，入参机务。万历十二年（1584年）卒于家。追赠少保，谥号文靖。

严讷为官清正，爱惜民力，奉养父母至孝。任职吏部时，与朝臣约法三章，以改革选官弊端，尽心选拔人才为己任。

严讷，字敏卿，常熟人。嘉靖二十年成进士，改庶吉士，授编修，迁侍读。三吴数中倭患，岁复大祲，民死徙几半，有司征敛益急。讷疏陈民困，请蠲贷。帝得疏感动，报如其请。

【译文】严讷，字敏卿，常熟（今江苏常熟）人。嘉靖二十年（1542年）中进士，改庶吉士，授官编修，升为侍读。三吴之地多年遭受倭寇之患，又遇到大饥荒，百姓死亡和迁徙的几乎过半，有关部门征收赋税更加急切。严讷上疏陈述百姓的困苦，请求免除赋税。嘉靖皇帝看了奏疏很感动，批答同意他的请求。

严嵩①当国，吏道污杂。嵩败，朴②典铨犹未能尽变。讷雅意自饬，徐阶③亦推心任之。讷乃与朝士约，有事白于朝房，毋谒私邸。慎择曹郎，务抑奔竞，振淹滞。又以资格太拘，人才不能尽，仿先朝三途并用法，州县吏政绩异者破格超擢，铨政一新。寻录供奉劳，加太子太保。

【注释】①严嵩（1480—1567年）：字惟中，号勉庵、介溪、分宜等，汉族江右民系，江西新余市分宜县人，弘治十八年（1505年）乙丑科进士。他是明朝著名的权臣，擅专国政达二十年之久，累进吏部尚书，谨身殿大学士、少傅兼太子太师，少师、华盖殿大学士。63岁拜相入阁。

②朴：即郭朴（1511—1593年），字质夫，世称东野先生，河南安阳人，明代中期大臣，官至吏部尚书。嘉靖十四年（1535年）进士，选庶吉士，累官礼部右侍郎，入直西苑，特加太子少保，擢吏部尚书。四十五年（1566年），任武英殿大学士，进入内阁。

③徐阶（1503—1583年）：字子升，号少湖，一号存斋。松江府华亭县（今上海市松江区）人。明代名臣，嘉靖后期至隆庆初年内阁首辅。嘉靖二年（1523年）以探花及第，授翰林院编修。累官至少师兼太子太师、吏部尚书、建极殿大学士。明穆宗时致仕归家。著有《世经堂集》《少湖文集》等。

【译文】严嵩执政，官场污浊混杂。严嵩倒台之后，郭朴主持选任官吏，仍然没能全部改变原有作风。严讷一意整顿，徐阶也坦诚相待任用他。严讷就与朝廷之士相约，有事在朝房禀告，不要在私邸拜见。慎重挑选各司的官吏，务求抑制追名逐利，起用长期被埋没的人才。又因太受资格局限，人才不能尽用，便仿效先朝三途并用的方法，各州县政绩卓越的官员予以破格提升，选拔任用官吏的政务有了全新的面貌。不久记他侍奉皇帝的功劳，加封为太子太保。

四十四年，袁炜[①]罢，命兼武英殿大学士入参机务。以代者郭朴未至，仍掌铨政。其年冬十一月，遂乞归。逾年，世宗崩，遂不复出。

讷既归里，父母皆在。晨夕洁餐孝养，人以为荣。讷尝语人曰："铨臣与辅臣必同心乃有济。吾掌铨二年，迁华亭当国，事无阻。且所任选郎贤，举无失人。"华亭谓徐阶，选郎则陆光祖②也。家居二十年卒，年七十有四。赠少保，谥文靖。（明史卷一百九十三）

【注释】①袁炜（1507—1565年）：字懋中，号元峰，浙江慈溪人。明朝嘉靖年间大臣，官至建极殿大学士。四十四年（1565年），因病致仕，请归。行至途中去世，享年58岁。朝廷追赠少师，谥号文荣。著有《袁文荣公集》。

②陆光祖（1521—1597年）：字与绳，浙江平湖人，因志在佛法，自号五台居士。明嘉靖二十六年（1547年）考中进士后，除知县，累迁至吏部尚书。万历二十五年（1597年）卒。赠太子太保，谥庄简。

【译文】嘉靖四十四年（1565年），袁炜被罢免，命令严讷兼任武英殿大学士进入内阁参与机要事务。因代替人郭朴没有到任，仍然掌管选拔考核官吏的政务。这年冬十一月，于是请求退休。过了一年，世宗驾崩，于是不再复出。

严讷还乡后，父母都在。早晚以洁餐尽孝奉养，人们以他为荣。严讷曾经对人说："掌握考核、选拔人才的大臣和辅政的大臣一定要同心协力才能有成就。我掌管选拔官吏二年，正好遇华亭执政，办事没有阻碍。并且所任用的选郎贤良，全部没有用错人。”华亭是说徐阶，选郎官则是说陆光祖。在家居住二十年去世，享年七十四岁。追赠少保，谥号文靖。（明史卷一百九十三）

孙　交

【题解】孙交（1453—1533年），字志同，安陆（今湖北安陆）人。成化十七年（1481年）辛丑科进士，授南京兵部主事。官至户部尚书。嘉靖十二年（1533年）去世，享年80岁。谥号荣僖。孙交和蔼近人，不以权势欺人，清静自守，不阿权贵。不喜宴会，读书不辍。

孙交，字志同，安陆人。成化十七年进士。授南京兵部主事，为尚书王恕①所知。弘治初，恕入吏部，荐授稽勋员外郎，历文选郎中。居吏部十四年，于善类多所推引。

正德初，擢光禄卿。三年进户部右侍郎，提督仓场，改吏部。尚书张彩②附刘瑾，交数规切。彩怒，调之南京。瑾败，召拜户部尚书。八年六月，中旨与礼部尚书傅珪③并致仕。言官多请留，不报。

【注释】①王恕（1416—1508年）：字宗贯，号介庵，又号石渠。三原（今属陕西）人。明代中期名臣。历仕英宗、代宗、宪宗、孝宗、武宗五朝，扬历中外四十余年，刚正清严，始终一致。与马文升、刘大夏合称“弘治三君子”，辅佐孝宗朱祐樘实现“弘治中兴”，与其子王承裕并为“三原学派”的代表人物。

②张彩：张彩，字尚质，号西麓。安定（今定西市安定区巉口镇大柏林村）人。明弘治二年（1489年）中举，次年（1490年）捷中殿试二甲六十九名进士。初授吏部主事。得刘瑾赏识、重用，复为吏部文选司郎中，继任右佥都御史。正德三年（1508年）以吏部左侍郎升吏部尚书，后加太子少保衔。

③傅珪（1459—1515年）：字邦瑞，号北潭，保定清苑（今河北省保定市清苑区）人。成化二十三年（1487年）进士，选庶吉士，授翰林院编修，与修《会典》《孝宗实录》，先后升左中允兼编修、左谕德兼侍讲、教庶吉士、充日讲官。有《北潭集》《傅文毅公集》。

【译文】孙交，字志同，安陆（今湖北安陆）人。成化十七年（1481年）进士。授任南京兵部主事，受到尚书王恕的赏识。弘治初年，王恕进了吏部，推荐他当了稽勋员外郎，又做过文选郎中。他前后在吏部干了十四年，推荐、引进过不少有才德之人。

正德初年（1506年），孙交被提升为光禄卿。正德三年（1508年），升为户部右侍郎，提督粮仓草场事务，后来改任吏部右侍郎。当时吏部尚书张彩追随刘瑾，孙交几次规劝他，张彩恼了，就把他调往南京。刘瑾倒台后，武宗召他回朝当了户部尚书。正德八年（1513年）六月，从宫廷中直接传下来一道圣旨，要孙交和礼部尚书傅珪一道退休。很多谏官上书请留用他们，武宗却没有作答复。

世宗在潜邸知交名,甫即位,召复故官。首请帝日读《祖训》,言动悉取准则,经筵日讲寒暑勿辍。帝褒纳焉。

交言论恂恂,不以势位骄人。清慎恬憙,终始一致。初在南京,僚友以事简多暇,相率谈谐饮弈为乐,交默处一室,读书不辍。或以为言,交曰:"对圣贤语,不愈于宾客、妻妾乎?"兴献王素爱重交,尝割阳春台东偏地益其宅。后中官言孙尚书侵地,世宗曰:"此先皇所赐,吾敢夺耶?"(明史卷一百九十四)

【译文】世宗未即位时在兴王府就听说过孙交,所以刚一即位,就召他回朝恢复了原任。孙交刚上任就上书请世宗每天读《皇明祖训》,说话、办事都拿它作为准则,经筵前每天的讲习无论寒暑都不要停止。世宗对此表示赞许。

孙交说话和蔼,不因为有权势瞧不起人,清静自守,忠实严谨,自始至终,操行一致。当初在南京做官时,僚友们因为事少多闲暇,大家常在一起谈笑、饮酒、下棋,孙交一个人独处一室,不停地读书。有人因为这个说他闲话,他说:"面对圣贤的话语,不是比陪着宾客、妻妾更好吗?"兴献王(朱祐杬,世宗之父)一向看重孙交,曾经割了阳春台东边一块地为他扩大住宅。后来有宦官说孙尚书侵占土地,世宗说:"这是父皇赏赐他的,我怎么敢要回来呢?"

梁 材

【题解】梁材（1470—1540年），字大用，号俭庵，南京金吾右卫人。弘治十二年（1499年）己未科进士，授德清知县。嘉靖时，官至户部尚书。嘉靖十九年（1540年）去世，享年71岁。隆庆初，追赠太子太保，谥号端肃。

在任户部尚书时，梁材力祛宿弊，屡忤权幸，清廉勤政。多次忤逆嘉靖帝，但嘉靖帝在其离任后，国库日益捉襟见肘，由衷地感叹道："材在，当不至此。"

梁材，字大用，南京金吾右卫人。弘治十二年进士。授德清知县，勤敏有异政。正德初，迁刑部主事，改御史。

迁浙江右参政，进按察使。寻以忧去。

嘉靖初，起补云南。土官相仇杀累年，材召其酋曰："汝罪当死。今贳汝，以牛羊赎。"御史讶其轻，材曰："如是足矣，急之变生。"诸酋衷甲待变，闻无他乃止。历贵州、广东左、右布政使。吏民输课，令自操权衡，吏不得预。时天下布政使廉名最著者二人，材与姚镆①也。六年拜右副都御史，巡抚江西。甫两月，召为刑部左侍郎。

【注释】①姚镆：字英之，今浙江省慈溪人。明弘治六年（1493年）京城会试进士。先后授兵部左侍郎，礼部主事。明嘉靖四年迁右都御史，提督两广军务兼巡抚等职。著有《锦囊琐缀》八卷等。

【译文】梁材，字大用，南京金吾右卫人。弘治十二年（1499年）进士。授予德清（今浙江德清）知县，勤奋灵活，政绩突出。正德初年，升任刑部主事，改任御史。

升任浙江右参政，又进升为按察使。不久因丁忧归家。

嘉靖初年，起用补任云南。土官相互仇杀多年，梁材召见他们的首领说："你按罪应当处死。现在赦免你，用牛羊来赎罪。"御史惊讶他判决过轻，梁材说："如此就足够了，操之过急变故就会发生。"众酋长衣服里面穿着铠甲等待事变，听到没有其他变故就停息了。历任贵州、广东左、右布政使。官吏与庶民交纳赋税，命令各自按律令计算，官吏不得私自干预。当时天下布政使廉洁之名最为显著的有两个人，就是梁材和姚镆。嘉靖六年（1527年），拜任右副都御史，巡抚江西。刚刚两月，又召任刑部左侍郎。

寻改户部，遂代邹文盛①为尚书。自外僚登六卿，不满二载。

材初为户部，值帝勤政，力祛宿弊，多见从。及是屡忤权幸，不得志，乃乞改南。为给事中周琉②所劾，下吏部，尚书许赞③等请留之。帝不悦，令与材俱对状。材引罪得宥，而赞等坐夺俸。材由此失帝意。考尚书六年满，遂令致仕。

【注释】①邹文盛（1458—1536年）：字时鸣，湖北公安人，明弘治六年（1493年）进士。任吏科给事中，奉命考核两广兵储，除奸去弊。世宗即位，召为户部左、右侍郎，调任南京右都御史。嘉靖六年（1527年）升任户部尚书。死后谥庄简。

②周琉：嘉靖十一年（1532年）入京殿试，中进士，授任永嘉知县。年余，奉诏为吏科给事中。后调任户部主事、礼部仪制司郎中、山东按察使、巡抚应天都御史。后任右佥都御史，巡抚苏、松，向世宗皇帝疏陈御倭"十难三策"。世宗进周琉为兵部右侍郎，兼右副都御史，总督浙直军务。嘉靖三十四年（1555年）周琉被权贵诬陷，削籍为民。

【译文】不久改任户部，于是取代邹文盛任户部尚书。从地方官员到荣升六卿，不到二年。

梁材初任户部，正值世宗勤政，极力祛除积弊，大多被听从。到此时已多次触犯权贵幸臣，不得志，就请求改调南京。被给事中周琉弹劾，下放吏部，尚书许赞等请求挽留他。皇帝不高兴，让他与梁材一起受审。梁材谢罪得以宽恕，而许赞等人因此获罪被扣发薪俸。梁材由此失去世宗信任。任尚书六年期满，就让他退休。

明年，户部尚书李廷相①罢。帝念材廉勤，大臣亦多荐者，乃召复故官，加太子少保。三掌国计，砥节守公如一日，帝眷亦甚厚。其秋，考察京官，特命监之。有大狱不能决，又命兼掌刑部事。帝叹曰："尚书得如材者十二人，吾无忧天下矣。"大工频兴，役外卫班军四万六千人。郭勋②籍其不至得，责输银雇役，廪食视班军。廷相尝量给之，材坚持不予。

勋劾材，帝命补给。勋又以军不足，籍逃亡军布棉折饷银募工。材言："今京班军四万余，已足用，不宜借口耗国储。"帝从其奏。勋益怒，劾材变乱旧章。先是，醮坛须龙涎香，材不以时进，帝衔之。遂责材沽名误事，落职闲住。归，旋卒，年七十一。隆庆初，赠太子太保，谥端肃。

当嘉靖中岁，大臣或阿上取宠，材独不挠，以是终不容。自材去，边储、国用大窘。世宗乃叹曰："材在，当不至此。"（明史卷一百九十四）

【注释】①李廷相（1485—1544年）：字梦弼。河南濮州（今河南濮阳）人。明弘治十五年（1502年）壬戌科第一甲第三名进士。授翰林院编修。正德年间，宦官刘瑾专权。李廷相被改为兵部主事。直到刘瑾被诛才官复原职，升任春坊中允，充经筵讲官。武宗称赞他为真学士。历官南京吏部侍郎，与父亲李瓒同朝为官，人皆以为荣。官至户部尚书。著有《南铨稿》。

②郭勋（1475—1542年）：明初开国勋臣武定侯郭英六世孙，于正德三年（1508年）承袭武定侯爵位，进封翊国公。善书尤工篆书，温仁和撰崇寿寺碑为其篆额。

【译文】第二年，户部尚书李廷相被罢官。世宗念梁材廉洁勤于政事，大臣也多举荐，就召令恢复原职，加升太子少保。三次主管国家财政，磨砺节操，奉行公事如一日，世宗也很眷顾他。这年秋天，考察京城官员，特意命令他监察。当时有大案不能判决，又命令他兼掌管刑部事。世宗感叹说："尚书像梁材这样的人有十二人，我就不为天下而忧虑了。”后来土木工程频繁兴起，役使在京师外的卫班执勤军士四万六千人。郭勋登记人员不够，责令梁材交付银两雇用役工，供给口粮如同班军。李廷相曾量情供给，梁材坚持不给。郭勋弹劾梁材，世宗命令补发。郭勋又因为班军不够，登记逃亡班军的衣食费用，将其折合为饷银招募役工。梁材说：“现在京城班军四万多，已足够使用，不应找借口耗费国家储备。”世宗听从他的奏请。郭勋更加愤怒，弹劾梁材变乱旧制。此前，斋醮坛场需要龙涎香，梁材不按时供上，皇帝记恨他。于是斥责梁材沽名钓誉耽误事情，将其罢官赋闲在家。还乡，不久去世，享年七十一。隆庆初年，追赠太子太保，谥号端肃。

在嘉靖中期，大臣有的阿谀奉承媚上取宠，唯独梁材正直不屈服，因此终究不被容纳。自从梁材离去，边防储备、国家财用大为窘迫。世宗就感叹说：“如果梁材在，应当不会至此。”（明史卷一百九十四）

王廷相

【题解】王廷相（1474—1544年），字子衡，号浚川，世称浚川先生，仪封（今河南兰考）人。明朝文坛“前七子”之一。弘治十五年（1502年）壬戌科进士，授任兵科给事中。官至南京兵部尚书、都察院左都御史。嘉靖二十三年（1544年）去世，享年71岁。追谥号肃敏。

《续编》辑录了王廷相两次进言。其一是为民请命，请求按律处罚盗取皇陵树木的百姓。其二则是直言敢谏，劝谏嘉靖帝罢免权相严嵩等人。

王廷相，字子衡，仪封人。幼有文名。登弘治十五年进士，选庶吉士，授兵科给事中。

嘉靖四年，加兵部尚书。两考满，加太子少保。畿民盗天寿山陵树，巡按杨绍芳引盗大祀神御物，律斩。廷相言："大祀神御物者，指神御在内祭器帷帐之物而言。律文，盗陵木者，止杖一百，徒三年。今舍本律，非刑之平。"忤旨，罚俸一月。帝将幸承天，廷相与诸大臣谏，不纳。扈从还，以九年满，加太子太保。雷震奉先殿，廷相言："人事修而后天道顺，大臣法而后小臣廉。今廉隅不立，贿赂盛行，先朝犹暮夜之私，而今则白日之攫。大臣污则小臣悉效，京官贪则外臣无畏。臣职宪纪，不能绝其弊，乞先罢斥。"用以刺尚书严嵩、张瓒辈。帝但谕留而已。(明史卷一百九十四)

【译文】王廷相，字子衡，河南仪封(今河南兰考)人。从小就有文名。考中弘治十五年(1502年)壬戌科进士，选为庶吉士，授官兵科给事中。

嘉靖四年(1525年)，加官晋级做了兵部尚书，经过两个考察期后，加升为太子少保。京城郊区的百姓偷了天寿山皇陵的树木，巡抚按察使杨绍芳援引盗取大祀神御物的条款判处斩首。王廷相进言道："大祀神御物，是指神御在内使用的祭器帷帐之类的物品而言。按照刑律条文规定，盗窃陵墓树木者，最多判他一百大棒，三年徒刑。现在不按律令判处，不能说是公正的刑罚。"这话违背了世宗的旨意，他被扣除一个月的官俸。世宗将去承天巡视，王廷相和其他大臣们一起规劝，世宗不听。他担任侍从，回来后因为任职满九年，加太子太保。雷电震坏了奉先殿，王廷相上书说："人道事务办好了，自然会天道和顺，大臣守法，然后下级官僚就会洁廉。现今官员们品行不端，贿赂的风气盛行，先帝一朝贿赂还是黄昏夜晚偷偷摸摸地进行，而今天就如白天掠夺一样。大臣贪污那么下面的小官就会全来仿效。京城的官僚贪婪那么地方的官吏就无所畏惧了。我的职务是负责维持纪纲的，而我不能消除这些弊端，请先罢免、斥逐我吧。"意在用这些话影射尚书严嵩、张瓒等人。世宗只是指示挽留他罢了。（明史卷一百九十四）

王守仁

【题解】王守仁（1472—1529年），字伯安，余姚（今浙江余姚）人。自号阳明子，学者称其阳明先生，故又称王阳明。登弘治十二（1499年）年己未科进士，起补兵部主事。官至右副都御史、南京兵部尚书。因平定宸濠之乱而被封为新建伯。嘉靖七年（1529年），因病而亡于还乡途中。隆庆年间追赠新建侯，谥号文成。

王守仁与孔子、孟子、朱熹并称为孔、孟、朱、王。他提倡的

“心学”是明朝中晚期的主流学说之一，后传于日本，对日本及东亚都有较大影响。他集立德、立言、立功于一身，成就冠绝有明一代。弟子极众，世称“姚江学派”。

王守仁，字伯安，余姚人。父华，字德辉，成化十七年进士第一，授修撰。登弘治十二年进士。起补兵部主事。正德元年冬，刘瑾逮南京给事中、御史戴铣[①]等二十余人。守仁抗章救，瑾怒，廷杖四十，谪贵州龙场驿丞。龙场万山丛薄，苗、僚杂居。守仁因俗化导，夷人喜，相率伐木为屋，以栖守仁。瑾诛，量移庐陵知县。入觐，迁南京刑部主事，吏部尚书杨一清[②]改之验封。屡迁考功郎中，擢南京太仆少卿，就迁鸿胪卿。

兵部尚书王琼[③]素奇守仁才。十一年八月擢右佥都御史，巡抚南、赣。

【注释】①戴铣（1464—1506年）：字宝之，号冲峰，婺源县岩前村（今属江西）人。明朝历史人物，官至光禄少卿。其《易州山厂志》被选入《四库全书》史部之“名臣经济录”等。

②杨一清（1454—1530年）：字应宁，号邃庵，别号石淙，云南安宁人。历经成化、弘治、正德、嘉靖四朝，为官五十余年，官至内阁首辅，号称“出将入相，文德武功”，才华堪与唐代名相姚崇媲美。后赠太保，谥文襄。

③王琼（1459—1532年）：字德华，号晋溪，别署双溪老人，山西太原（今山西省太原市刘家堡）人。成化二十年（1484年）登进士，历

事成化、弘治、正德、嘉靖四朝，由工部主事升至户部、兵部和吏部尚书。在正德十年（1515年）到正德十五年（1520年）间的五年中，因执掌兵部，立有殊勋，连进“三孤”“三辅”。嘉靖十年（1531年），回京再任吏部尚书，次年病逝。获赠太师，谥恭襄。著有《西番事迹》《北边事迹》等。

【译文】王守仁，字伯安，余姚（今浙江余姚）人。他的父亲王华，字德辉，成化十七年（1481年）考中进士第一名，授翰林院修撰。王守仁弘治十二年（1499年）考中进士。被启用补任兵部主事。正德元年（1506年）冬天，刘瑾逮捕南京的给事中、御史戴铣等二十多人。王守仁不顾一切递上奏章解救，刘瑾大怒，把他杖打四十棍，贬为贵州龙场驿丞。龙场一带群山连绵草木丛生，苗族、僚族杂居。王守仁根据他们的风俗加以教化、引导，这些少数民族人民很高兴，大家一起砍伐树木建造房子让守仁居住。刘瑾伏诛后，经考察改任庐陵知事。入京觐见武宗后，升任南京刑部主事，吏部尚书杨一清让他改做验封官。后来几次升迁，为考功郎中，南京太仆少卿、鸿胪卿。

兵部尚书王琼一向认为王守仁是个奇才。正德十一年（1516年）八月因为他的推荐，守仁升右佥都御史，巡抚江西南安、赣州。

十四年六月，命勘福建叛军。行至丰城而宁王宸濠①反，知县顾佖②以告。守仁急趋吉安，与伍文定③征调兵食，治器械舟楫，传檄暴宸濠罪，俾守令各率吏士勤王。因集众议曰：

“贼若出长江顺流东下，则南都不可保。吾欲以计挠之，少迟旬日无患矣。”乃多遣间谍，檄府县言：“都督许泰、郤永将边兵，都督刘晖、桂勇将京兵，各四万，水陆并进。南赣王守仁、湖广秦金、两广杨旦各率所部合十六万，直捣南昌，所至有司缺供者，以军法论。”又为蜡书遗伪相李士实④、刘养正，叙其归国之诚，令从臾早发兵东下，而纵谍泄之。宸濠果疑。与士实、养正谋，则皆劝之疾趋南京即大位，宸濠益大疑。十余日诇知中外兵不至，乃悟守仁绐之。七月壬辰朔，留宜春王拱樤居守，而劫其众六万人，袭下九江、南康，出大江，薄安庆。

【注释】①宸濠：即宁王朱宸濠（1479—1520年），安徽凤阳人。明朝宗室，明太祖朱元璋五世孙，袭封宁王。正德十四年（1519年），起兵十万造反，终为赣南巡抚王守仁所俘，押送南京，废为庶人，论罪伏诛，封国废除。

②顾佖：明四川仪卫司人，字民表。正德九年（1514年）进士。授丰城知县。兴学校，治水患，积粟备灾。参预平定宁王朱宸濠叛乱。官至大理寺少卿，以事免官。

③伍文定（1470—1530年）：字时泰，号松月，松滋人。明弘治十二年（1499年）进士。任常州推官时，曾随王守仁平定宁王朱宸濠叛乱，论功第一。开拓西南及宦官斗争，卓有建树。官至兵部尚书。天启初，追谥忠襄。

④李士实：字若虚，明朝南昌人，一作丰城（今江西丰城）人。成化二年（1466年）进士，授刑部主事，迁员外郎、郎中，出任按察副使提

学浙江。

【译文】正德十四年（1519年）六月受命前往平定福建叛军，走到丰城，宁王朱宸濠造反，知县顾佖把这事报告给王守仁。王守仁立即到吉安，和伍文定一道征召兵马、调运粮草，准备战争使用的器械和船只，并发布檄文揭露朱宸濠的罪行，要州县官吏各自率领下属起兵勤王。于是召集众人商议，说："朱宸濠假如出兵沿长江顺流东下，那么南京就无法防守。我想用计阻挠他东下，哪怕他迟误十天也就没有什么可怕的了。"于是他派出很多间谍，传命府县说："都督许泰、郤永率领边疆的部队，都督刘晖、桂勇率领北京的守军各四万人，水陆并进。南赣王守仁、湖广秦金、两广杨旦各率领自己的部队，计十六万人，直接攻打南昌，所到地方官吏供给不及时的，以军法论罪。"又写了一封蜡封的密信给伪丞相李士实、刘养正，内中说到他们归顺朝廷的诚心，让他们怂恿朱宸濠早些发兵东下。然后让间谍人员泄漏信的内容。朱宸濠果然心中怀疑。和士实、养正商议战事，他们都劝宸濠急速攻战南京，就皇帝位，朱宸濠这下越发狐疑不定。十多天后刺探得知朝廷内外的部队并没来到，才明白是王守仁欺骗了他。七月初一留宜春王朱拱樤据守本营，劫持他的部下六万人，袭击、占领九江、南康，然后兵出长江，逼向安庆。

守仁闻南昌兵少则大喜，趋樟树镇。或请救安庆，守仁曰："不然。今九江、南康已为贼守，我越南昌与相持江上，二郡兵绝我后，是腹背受敌也。不如直捣南昌。贼精锐悉出，守备虚。我军新集气锐，攻必破。贼闻南昌破，必解围自救。逆击之湖中，蔑不胜矣。”众曰“善”。己酉次丰城，以文定为前锋，先遣奉新知县刘守绪袭其伏兵。庚戌夜半，文定兵抵广润门，守兵骇散。辛亥黎明，诸军梯絙登，缚拱樤等，宫人多焚死。军士颇杀掠，守仁戮犯令者十余人，宥胁从，安士民，慰谕宗室，人心乃悦。

【译文】王守仁听说南昌兵少就高兴起来，马上进军樟树镇。有人请出兵援助安庆，王守仁说：“不能这样。现在九江、南康已被敌军占有，我们越过南昌和敌人在江面上争持，九江、南康两郡兵力断我后路，这样将会腹背两面受敌。不如我们直接攻打南昌。敌人的精锐部队全出动了，防御力量虚弱。我军刚刚会合，气势正锐，攻打南昌一定能胜。朱宸濠知道南昌被打下，一定会回师解围，我们迎上去在鄱阳湖中打击他，没有不能取胜的道理。”大家一齐说“好”。七月十八日驻兵丰城，以伍文定为先锋，先遣奉新知县刘守绪袭击了敌人的伏兵。十九日夜半时分，伍文定的部队进抵广润门，守兵吓得一哄而散。二十日黎明，各路官兵用云梯、绳索登上城墙，攻入南昌城中，俘缚了朱拱樤等，宫人大多已被烧死。官兵在南昌有不少杀人、抢劫行为，王守仁斩了十多个违犯军令的官兵，赦免了从犯人员，并安定南昌士绅和百姓，慰问、劝告宗室遗留，南昌人民才又高兴起来。

居二日，遣精兵设伏。宸濠果自安庆还兵。乙卯遇于黄家渡，贼大溃。明日，宸濠方晨朝其群臣，官军奄至，以小舟载薪，乘风纵火，焚其副舟，妃娄氏以下皆投水死。宸濠舟胶浅，仓卒易舟遁，王冕①所部兵追执之。南康、九江亦下。凡三十五日而贼平。京师闻变，诸大臣震惧。王琼大言曰："王伯安居南昌上游，必擒贼。"至是，果奏捷。

【注释】①王冕：字服周，洛阳人，正德十二年进士。他任万安县知县之际，宁王朱宸濠反，他募勇壮士数千人，从王守仁攻复南昌。后王冕献密计于王守仁，以小艇就贼船，乘风势而举火，宁王大惊，易舟欲逃，追而收捕。平叛毕，王守仁封为新建伯，而冕未及叙，坐他事落职。既而录前功，擢兵部主事，巡视山海关。

【译文】过了两天，派精兵分路前进，设下埋伏。朱宸濠果然从安庆撤兵而回，二十四日两军相遇于黄家渡。敌人大败。第二天，朱宸濠正在早朝时接见群臣，官军突然到来，并用小船载着柴草，乘着风势放火，烧坏了朱宸濠的副舰，朱宸濠的妃子自娄氏以下都投水而死。朱宸濠的坐船搁浅，仓促之中换了一条船逃跑，王冕部下的士兵追上去逮住了他。南康、九江也打下来了。前后总共三十五天朱宸濠叛乱就被平定了。当初，京城里得知叛乱事发，朝廷里的大臣们感到震惊、恐惧。王琼扬言说："王伯安驻兵南昌上游，一定会活捉朱宸濠的。"到此时，果然得到报上的胜利消息。

当是时，谗邪构煽，祸变叵测，微守仁，东南事几殆。世宗深知之。甫即位，趣召入朝受封。而大学士杨廷和[①]与王琼不相能。守仁前后平贼，率归功琼，廷和不喜，大臣亦多忌其功。会有言国哀未毕，不宜举宴行赏者，因拜守仁南京兵部尚书。守仁不赴，请归省。已，论功封特进光禄大夫、柱国、新建伯，世袭，岁禄一千石。然不予铁券，岁禄亦不给。诸同事有功者，惟吉安守伍文定至大官，当上赏。其他皆名示迁，而阴绌之，废斥无存者。守仁愤甚。时已丁父忧，屡疏辞爵，乞录诸臣功，咸报寝。免丧，亦不召。

【注释】①杨廷和（1459—1529年）：字介夫，号石斋，四川成都府新都（今成都市新都区）人。明朝中期著名政治改革家。文学家杨慎之父。历仕宪宗、孝宗、武宗、世宗四朝。嘉靖七年（1528年），被削职为民，次年在新都逝世，年七十一。明穆宗时复官，追赠太保，谥号文忠。曾参与编修《明宪宗实录》《明孝宗实录》《明武宗实录》及《大明会典》，有《杨文忠公三录》传世。

【译文】当时谗言四起，奸邪勾结，祸乱、变化之机深不可测，没有王守仁，东南一带的国事几于败乱。世宗深知这一点，所以刚即位就催召王守仁入朝受封。可是大学士杨廷和与王琼相互忌妒。王守仁前前后后平定多处叛乱，大都归功于王琼，杨廷和心中不愉快，其他大臣也很忌恨他的功勋。正好朝中有人说先皇帝逝世，国哀没有结束，不适于举办宴会、论功封赏，因此只任命王守仁做南京兵部尚书。王守仁没有去上任，上书请允许他回乡省亲。过后，评价功绩晋升为特进光禄大夫、柱国、新建伯，允许世袭，每年俸禄一千石。但是没有颁发铁券，每年的岁禄也没有兑现。和他同时立了功的同僚，只有吉安太守伍文定做了大官，受到上等的奖赏。其他人名义上都升了，而背地里都遭抑制，废黜罢免得无一幸存。王守仁心中很是愤恨。当时他因父亲去世在家守孝，他多次上书辞免爵位，请登录其他人的功劳，都没有结果。守丧完毕，也不再召他为官。

嘉靖六年，思恩、田州土酋卢苏、王受[①]反。总督姚镆不能定，乃诏守仁以原官兼左都御史，总督两广兼巡抚。十二月，守仁抵浔州，会巡按御史石金[②]定计招抚。悉散遣诸军，留永顺、保靖土兵数千，解甲休息。苏、受初求抚不得，闻守仁至益惧，至是则大喜。守仁赴南宁，二人遣使乞降，守仁令诣军门。二人窃议曰："王公素多诈，恐绐我。"陈兵入见。守仁数二人罪，杖而释之。亲入营，抚其众七万。

守仁已病甚，疏乞骸骨，举郧阳巡抚林富[③]自代，不俟命竟归。行至南安卒，年五十七。丧过江西，军民无不缟素哭送者。

【注释】①王受（1503—1532年）：明代丹良堡（今属广西平果县）土舍。王受后来跟随王守仁带兵镇压八寨农民起义，兵破石门（今属上林县三里乡），打开了八寨起义军的门户，为王守仁赢得战争的胜利奠定了基础。

②石金：字仲南，号莲峰府君。湖北省黄梅县黄梅镇苗竹林人，弘治十七年（1502年）中举，正德六年（1511年）中进士，官拜监察御史。

③林富：字守仁，号省吾，明代莆田县人。明朝两广巡抚。弘治十五年（1502年）进士，授大理寺评事。著有《省吾遗集》。

【译文】嘉靖六年（1527年），思恩（今广西环江毛南族自治县）、田州（今广西百色市田阳区）的民族首领卢苏、王受造反。总督姚镆不能镇压，朝廷于是发布诏书让王守仁以原先的官职兼左都御史，总督两广并兼为巡抚。十二月，王守仁抵达浔州，正好巡按御史石金已经定计准备招抚，就遣散了各路兵马，留下永顺、保靖的土著士兵数千人，解除战备，原地休息。卢苏、王受本来就想得到招安而不能，听说王守仁的部队来更加害怕了，到这时才高兴起来。守仁到南宁，他们二人派遣使节请求投降，王守仁命令他们来帐前听候命令。二人私下里议论说："这位王公一向诡诈，可别给他哄骗了啊。"所以布置了兵阵方才进去相见。王守仁列举了他们的罪过，各打了一顿大棍，然后放了他们。又亲自进入他们的军营，安抚他们的七万兵卒。

王守仁这时已经病得很厉害，上书请求告老回乡，推荐郧阳巡抚林富代替自己，不等朝廷的批复就回去了。走到南安就病死了，终年五十七岁。灵柩经过江西，军民无不身穿白衣，哭泣相送。

守仁天姿异敏。年十七谒上饶娄谅[①]，与论朱子格物大指。还家，日端坐，讲读《五经》，不苟言笑。游九华归，筑室阳明洞中。泛滥二氏学，数年无所得。谪龙场，穷荒无书，日绎旧闻。忽悟格物致知，当自求诸心，不当求诸事物，喟然曰："道在是矣。"遂笃信不疑。其为教，专以致良知为主。谓宋周、程二子后，惟象山陆氏简易直捷，有以接孟氏之传。而朱子《集注》《或问》之类，乃中年未定之说。学者翕然从之，世遂有"阳明学"云。

【注释】①娄谅（1422—1491年）：字克贞，别号一斋，江西广信上饶人，明代著名理学家。其学以收放心为居敬之门，以何思何虑、勿忘勿助为居敬要旨。然其时胡居仁颇讥其近陆九渊，后罗钦顺亦谓其似禅学云。王阳明曾向他求教，并得到"圣人可学而致之"的启迪。

【译文】守仁天生不同常人。十七岁时拜访上饶人娄谅，和他谈论朱子格物之学的大意。回家以后，每日里正身而坐，研读《五经》，不和人说笑。从九华山游历归来，在阳明洞中建造住室。广泛涉猎道、释两家的学说，几年下来没有什么收获。贬官于龙场时，荒僻之地，无书可读，只好天天思索旧日已得的知识。一天，忽然悟到格物致知，应当自求己心，而不能去向事物求索，慨然感叹说："道就在这里呀。"从此深信不疑。他因道设教，专门以发明良知为主旨。认为宋代周敦颐、二程兄弟以后，只有象山陆九渊的学说简易直捷，能够上接孟轲的学统。而朱熹的《集注》《或问》等，是中年时还不成熟的学说。当世学者翕然而听从，所以社会上有“阳明学”的称法。

赞曰：王守仁始以直节著。比任疆事，提弱卒，从诸书生扫积年逋寇，平定孽藩。终明之世，文臣用兵制胜，未有如守仁者也。当危疑之际，神明愈定，智虑无遗，虽由天资高，其亦有得于中者欤？（明史卷一百九十五）

【译文】史官评论说：王守仁最初因为正直有节操而著名，等到负责疆场的战事的时候，率领一支无战斗力的军队，带着一些文弱书生，却也能扫除多年不法的乱民，平定藩王的武装叛乱。整个明朝一代，文官用兵而克敌制胜，没有像王守仁这样出色的。当着险难重重，并为皇帝疑心的时候，他能够做到精神专一、策划周到。这虽然因为他天资高明，不也是得益于他对中庸之道的把握吗？（明史卷一百九十五）

万　镗

【题解】万镗，字仕鸣，进贤（今江西进贤）人。弘治十八年（1505年）进士。世宗时期，先后担任南京兵部侍郎、右都御史。《续编》辑录了他应诏给世宗所上的奏疏，主要内容为论述人君如何辨别邪正，指出当时朝政的不足，结果引发世宗大怒，万镗被贬为平民。世宗如此不能纳谏，因此导致朝政衰落，严嵩当权，民怨四起。

万镗，字仕鸣，进贤人。登弘治十八年进士。世宗嗣位，历兵部侍郎、右都御史，皆南京。彗星见，应诏陈八事。中言：“人邪正相悬，而形迹易混。其大较有四：人主所取于下者，曰任怨，曰任事，曰恭顺，曰无私；而邪臣之恣强戾、好纷更、巧逢迎、肆攻讦者，其迹似之。人主所恶于下者，曰避事，曰沽名，曰朋党，曰矫激；而正臣之守成法、恤公议、体群情、规君失者，其迹似之。察之不精，则邪正倒置，而国是乱矣，此不可不慎也。治天下贵实不贵文。今陛下议礼制度考文，至明备矣，而于理财用人安民讲武之道，或有缺焉。愿辍声容之繁饰，略太平之美观，而专从事于实用，斯治天下之道得矣。至大礼大狱得罪诸臣，幽锢已久，乞量加宽录。”帝大怒，斥为民，令吏部锢勿用。（明史卷二百二）

【译文】万镗，字仕鸣，进贤（今江西进贤）人。弘治十八年（1505年）考中进士。世宗朱厚熜继承皇位，先后担任兵部侍郎、右都御史，都在南京任职。当时有彗星出现，万镗接受世宗诏命上奏疏条陈八事。奏疏中说：“人的奸邪与正直相差悬殊，而表现却极其容易混淆。其中大概有四点：君主认为臣下值得赞许的地方在于能忍受别人的怨言，办事称职，待人恭敬顺从，秉公办事没有私心。但奸臣的强横凶暴，反复无常，善于逢迎，肆意揭发攻击，两者的表现很相似。君主厌恶臣下的地方在于逃避责任，沽名钓誉，结党营私，奇异偏激。而正直之臣恪守成法，体恤公议，体察民情，规谏君过，两者的表现也很相似。如果不能细致地分辨，奸邪与忠正就会颠倒，国家大计便要混乱了，对待此事不可以不慎重。治理天下贵在求实而不在虚文。如今陛下议论礼制考订文辞，极为明确完备，但对于治理财政、任用人才、安抚百姓、讲习武备的方法，可能还有所欠缺。伏愿陛下停止对声色的过分修饰，忽视对太平盛世的满足，而专门投身到实事中来，这样就算明白治理天下之道了。至于因“大礼议”获罪的各大臣，已经被禁锢了很长时间，乞求圣上酌情加以宽恕及任用。”世宗大怒，将万镗贬为平民，命吏部禁止他参政，不再起用。(明史卷二百二)

刘　安

【题解】刘安，字汝勉，慈溪（今浙江慈溪）人。嘉靖五年（1526年）进士。曾担任南京工部主事，后改任河南道御史。《续编》辑录他在河南道御史任上给嘉靖皇帝的一道奏疏，认为世宗作为君主，过于明察，并对当时的朝政提出了一些建议，为嘉靖皇帝所不喜，派锦衣卫将其逮捕，后将其贬为余干典史。

刘安，字汝勉，慈溪人。嘉靖五年进士。授南京工部主事，改河南道御史。入台甫一月，上疏曰：“人君贵明不贵察。察，非明也。人君以察为明，天下始多事矣。陛下临御八年而治理未臻，识者谓陛下之治功损于明察。夫治，可以缓图，不可以急取；可以休养致，不可以督责成。以急切之心，行督责之政，于是躬亲有司之事，指摘臣下之失，令出而复返，方信而忽疑。大小臣工救过不暇，多有不安其位者。孰能为陛下建长久之策，以图平治哉？且朝廷者，四方之极也。内之君臣，习尚如此，则外而抚按守令之官，风从响应。上以苛察绳，下以苛察应，恐民穷为起盗之源，食寡无强兵之理。今明天子综核于上，百执事振刷于下，丛蠹之弊十去其九，所少者元气耳。伏望大包荒之量，重根本之图，略繁文而先急务，简细故而弘远猷，不以一人之毁誉为喜怒，不以一言之顺逆为行止，久任老成，优容言官，则君臣上下一德一心，人人各安其位，事事各尽其才，雍熙太和①之治不难见矣。”帝阅疏大怒，逮赴锦衣卫拷讯。兵科给事中胡尧时救之，并逮治。狱具，谪尧时攸县主薄，安余干典史。筑决堤数十丈，人称刘公堤。（明史卷二百七）

【注释】①雍熙：谓和乐升平。太和：太平盛世。

【译文】刘安，字汝勉，慈溪（今浙江慈溪）人。嘉靖五年（1526年）进士。被任命为南京工部主事，后改任河南道御史。进入都察院一个月后，上奏疏说：“君主贵在圣明而不在明察。明察，不等于圣明。君主如果认为明察就是圣明，天下就要开始多事了。陛下治理了八年国政而治理得并不完善，有见识的人认为陛下治国的政绩是因严明苛察而减损的。治理国家，可以慢慢图谋，但不可以急于求成；可以用休养生息的方法达到目的，但不可以督察责罚以求成。用急切的心情，去实行督察责罚的政事，于是亲自过问有关部门的政务，指责臣下的过失，政令发出后又收回，刚信任他人忽又生疑。大小臣子补救过失都来不及，所以有很多不安心在本位任职的人。谁又能为陛下提出长久的策略，以谋求太平治世呢？况且，朝廷是天下仰望的地方。朝廷内的君臣，习性尚且如此，那么朝廷之外的抚按守令等官员，就会闻风而动，呼应迅速。陛下苛察约束臣下，臣下也会用苛察呼应，恐怕百姓穷困到了极点就会成为盗贼的起源，食物太少了军队也就不可能强盛了。如今圣明的天子在上全面考核，百官在下奋起图新，积聚已深的弊病除去了十分之九，所缺少的只不过是国家的元气罢了。臣希望陛下扩大包容的度量，重视谋取国家的根本大业，简略繁文缛节而率先解决紧急事务，忽略小事而弘扬长远谋略，不因某一人的毁谤与称赞作为喜怒的依据，不因一句话的迎合或违背决定行动的方向，长久任用成熟稳重的大臣，宽待言官，这样就能使君臣上下同心同德，人人各安其位，各司其职，事事各尽其才，和美安乐的太平治世就不难实现了。”世宗朱厚熜看完奏疏后大怒，派人将刘安逮捕押送锦衣卫刑讯。兵科给事中胡尧时上奏疏救他，也一并被逮捕惩治。罪案已定，将胡尧时贬为攸县主簿，将刘安贬为余干典史。刘安在余干主持修筑被水冲毁的堤岸数十丈，人们称之为“刘公堤”。（明史卷二百七）

刘世龙

【题解】刘世龙，字元卿、允卿，慈溪县（今浙江宁波）人。正德十六年（1521年）辛巳科进士，授太仓知州，改国子助教，迁南京兵部主事。后因上言直谏，嘉靖帝大怒，命逮捕入诏狱。再廷杖八十，贬为民。再后家居五十年，贫病而亡。

《续编》辑录了刘世龙就南京太庙失火而应诏上言的奏疏。该奏疏以杜谄谀以正风俗、广容纳以开言路、慎举动以存大体等三事劝谏嘉靖帝，且语涉后宫之事。刘世龙直言无隐，尽显忠诚之心，但是结果却是引起嘉靖皇帝的愤怒，被杖责后斥为平民。

刘世龙，字元卿，慈溪人。正德十六年进士。授太仓知州，改国子助教，迁南京兵部主事。

嘉靖十三年，南京太庙灾。世龙应诏陈三事：

一、杜谄谀以正风俗。天下风俗之不正，由于人心之坏。人心之坏，患得患失使然也。今天下刻薄相尚，变诈相高，谄媚相师，阿比相倚。仕者日坏于上，学者日坏于下，彼倡此和，靡然成风。惟陛下赫然矫正，勿以诡随阿比者为贤，勿以正直骨鲠者为不肖，勿以私好有所赏，勿以私恶有所罚，虚心以防邪佞，谦受以来忠谠，更敕大小臣工，协恭图治，无权势相轧，朋党相倾，则风俗正矣。

【译文】刘世龙，字元卿，慈溪（今浙江慈溪）人。正德十六年（1521年）进士。授官太仓知州，改任国子监助教，提升为南京兵部主事。

嘉靖十三年（1534年），南京太庙失火。刘世龙奉皇上诏书奏陈三条建议：

一、杜绝谄谀以端正风俗。天下风俗之所以不正，是由于人心败坏。人心之所以败坏，是由于患得患失所致。现今天下人以刻薄互相崇尚，以狡诈互比高低，以谄媚互相学习，以亲附互为倚靠。做官的人在上面一天天坏下去，求学的人在下面一天天坏下去，彼此唱和，靡然成风。只有陛下断然加以纠正，不要以奸诈亲附的人为贤者，不要以正直坚定的人为坏人，不要因个人偏爱而行赏赐，不要因个人厌恶而行惩罚，去除成见以防备奸佞之人，谦虚纳谏以招徕忠直之士，交替敕告大小百官，齐心协力以图国家之治，不要以权势互相倾轧，不要结为朋党互相排挤，这样风俗就端正了。

二、广容纳以开言路。陛下临御之初，犯颜敢谏之臣比先朝为盛，所言或伤于激切，而放逐既久，悔悟日深。当宥其既往，以次录用，死者则恤之。仍令大小臣工直言时政，以作忠义之气。

【译文】二、广为纳谏以开阔言路。陛下亲政初年，敢于犯上直谏的臣子比先朝多得多，他们的进言有的过于偏激，但流放已很久，悔悟一日日加深。应当宽恕他们过去的错误，依次录用，死者则加以抚恤。仍旧命令大小百官直言评论时政，以振忠义之气。

三、慎举动以存大体。立国者，在敬大臣，不遗故旧。盖任之既重，则礼之宜优。今或忽然去之，忽然召之，甚至婴三木，被棰楚，何以励臣节哉？臣愚以为陛下历试之余，其人果无足取，则宜以礼使退。如素行无缺，偶以一时喜怒，辄从而颠倒之，陛下固付之无心，而天下有以窥陛下也。

【译文】三、举动谨慎以保持国家大体。治理国家的君主，贵在尊敬大臣，不忘故旧。对于担负重任的大臣，则应优加礼遇。现在有的忽然罢免，又忽然召用，甚至使他们戴上颈枷和手铐脚镣，遭受鞭笞，怎么能鼓励大臣以忠直为节呢？臣下愚见认为陛下在考查官员之后，见其人果然不可取，就应以礼免去他的官职。如果其人平常所行没有疏漏，偶尔因一时喜怒，就将他的一切都颠倒过来，陛下固然行之无心，而天下人却会以此窥视陛下的作风。

至如张延龄[①]凭宠为非，法难容假。侧闻长老之言，孝宗时待之过厚，遂酿今日之祸。顾区区腐鼠，何足深惜？独念孝庙在天之灵，太皇太后垂老之景，乃至不能自庇其骨肉，于情忍乎？恐陛下孝养两宫，亦不能不为一动心也。顷创造神御阁、启祥宫，特令大臣督理其事。臣以为南京太庙方被灾，工役之急当无过此。今兴作频年，四方凋敝，正时绌举赢之会，亦宜量酌缓急而为之以渐。此皆应天以实之道也。

疏入，帝震怒，谓世龙讪上庇逆。械系至京，下诏狱拷掠。狱具，复廷杖八十，斥为民。（明史卷二百七）

【注释】①张延龄（约1477—1546年）：兴济人。进建昌侯，加太保。嘉靖八年（1529年）尽革外戚封，不得世袭，与兄鹤龄均在革中，因横行不法，嘉靖十二年（1533年）十月坐事下狱论死。1546年被斩。

【译文】至于如张延龄恃宠为非作歹，国法不容宽恕。曾经听德高望重的老人说，孝宗时对他太优厚，于是酿成今日之祸。这种区区鼠辈，不值得多加怜惜。只是念在孝宗皇帝在天之灵，太皇太后垂暮之年，以至于不能庇护自己的至亲骨肉，于情理能忍心吗？恐怕陛下尽孝奉养两宫太后，也不能不为之一动心。近来兴建神御阁和启祥宫，特地命令大臣督理此事。臣下认为南京太庙刚遭火灾，土木工程应没有比修太庙更加急迫的了。现在连年大兴土木，各地民生凋敝，正是衰敝之时，却又做出奢侈的举动，也应酌量根据工程的缓急而逐步兴建。这些都是顺应天变的务实之道。

疏章呈入宫中，世宗极为愤怒，说刘世龙毁谤皇上庇护叛逆。下令将刘世龙逮捕戴上刑具押解至京师，关入监狱严加拷打。定案后，又在朝廷上用棍杖责打八十下，贬斥为平民。（明史卷二百七）

群书治要续编卷第二十九　明史（五）

杨　爵

【题解】杨爵（1493—1549年），字伯珍，号斛山，富平（今陕西富平）人。嘉靖八年（1529年）进士，授行人司行人。官至监察御史。嘉靖二十八年（1549年）去世，享年57岁。追谥忠介。

杨爵不畏强御，廉洁自律。多次直言忤逆嘉靖帝，也由此屡遭冤狱。与海瑞是同时期的诤臣，时有“北杨南海”之称。

杨爵，字伯珍，富平人。登嘉靖八年进士，授行人。

【译文】杨爵，字伯珍，富平（今陕西富平）人。嘉靖八年（1529年）考中进士，授任行人。

帝经年不视朝。岁频旱，日夕建斋醮，修雷坛[①]，屡兴工作。方士陶仲文[②]加宫保，而太仆卿杨最[③]谏死，翊国公郭勋尚承宠用事。二十年元日，微雪。大学士夏言[④]、尚书严嵩等作颂称贺。爵抚膺太息，中宵不能寐。逾月乃上书极谏曰：

今天下大势，如人衰病已极。腹心百骸，莫不受患。即欲拯之，无措手地。方且奔竞成俗，赇赂公行，遇灾变而不忧，非祥瑞而称贺，谗谄面谀，流为欺罔，士风人心，颓壤极矣。诤臣拂士日益远，而快情恣意之事无敢龃龉于其间，此天下大忧也。去年自夏入秋，恒旸不雨。畿辅千里，已无秋禾。既而一冬无雪，元日微雪即止。民失所望，忧旱之心远近相同。此正撤乐减膳[5]，忧惧不宁之时，而辅臣言等方以为符瑞，而称颂之。欺天欺人，不已甚乎？翊国公勋，中外皆知为大奸大蠹，陛下宠之，使谂恶肆毒，群狡趋赴，善类退处。此任用匪人，足以失人心而致危乱者，一也。

【注释】①斋醮：僧人、道士设坛祈福。雷坛：旧时道家祭祀雷神的祭坛。

②陶仲文（1475—1560年）：原名典真。湖北黄冈人，曾受符水于湖北罗田万玉山，与邵元节为友。少时为县掾，喜好神仙方术。嘉靖中由邵元节推荐入朝，以符水哩剑，绝除宫中妖孽。得到世宗朱厚熜信任。

③杨最（1472—1540年）：字殿之，四川射洪（今四川射洪县）人，正德十二年（1517年）进士，授工部主事。以直谏著称于世。

④夏言（1482—1548年）：字公谨，号桂洲。贵溪（今江西贵溪）人。明朝中期政治家、文学家。正德十二年（1517年）登进士第，初授行人。任兵科给事中时，以正直敢言自负。明世宗继位后，夏言疏陈武宗朝弊政，受世宗赏识。

⑤减膳：古代皇帝在发生天灾或天象变异时吃素或减少肴馔，以示自责。

【译文】世宗朱厚熜长年不临朝听政。当时旱灾频发，世宗每日所做就是请僧道设斋坛祈福，修建雷坛祭祀雷神，多次大兴土木。方士陶仲文被加封为宫保，而太仆卿杨最却因直言进谏而被处死，翊国公郭勋还在承受恩宠继续当权。嘉靖二十年（1541年）元旦，天降小雪。大学士夏言、尚书严嵩等人作颂称贺。杨爵抚胸长叹，直至夜半都不能入睡。过了一个月，杨爵上奏书极力劝谏说：

如今天下大势，就像人已体弱多病到了极点。心腹与四肢百骸，无不受到祸害。即使想要拯救，也手足无措。况且目前为名利奔走争逐已成习俗，公然进行贿赂，遇到灾变而不担忧，不是祥瑞却来称贺，当面阿谀奉承，欺骗蒙蔽已成流行趋势，士风人心，颓废到了极点。诤谏之臣以及可以辅弼君主的贤士日益远离，对于纵情恣意之事没有人敢在其间拦阻抵触，这是天下面临的巨大忧患。去年从夏天到秋天，久晴不雨。京郊方圆千里，已经没有秋熟的谷物。随后一整个冬天都没有降雪，元旦只下了一点儿小雪也是很快就停了。百姓大失所望，对旱情的担忧之心远近相同。这正是取消享乐减少肴馔，为之感到忧惧不安的时候，而辅臣夏言等人却认为是祥瑞之兆而称颂它。这真是欺骗上天又欺骗百姓，不是太过分了吗？翊国公郭勋，朝廷内外都知道他是大奸大恶之人，陛下却对他万分宠信，让他陷入罪恶深渊而肆意残害，那些阴险狡诈之徒都投奔于他，良善之人都退隐而居。如此任用行为不端的人，足以失去人心而导致危险动乱，这是第一点。

臣巡视南城，一月中冻馁死八十人。五城共计，未知有几。孰非陛下赤子，欲延须臾之生而不能。而土木之功，十年未止。工部属官增设至数十员，又遣官远修雷坛。以一方士之故，朘民膏血而不知恤，是岂不可以已乎？况今北寇跳梁，内盗窃发，加以频年灾沴，上下交空，尚可劳民靡费，结怨天下哉？此兴作未已，足以失人心而致危乱者，二也。

【译文】臣巡视南城，看到一个月中冻死饿死的就有八十人。五城共计，不知道会有多少人。哪个百姓不是陛下的子民，他们想要延长片刻生命都做不到。而朝廷大兴土木工程，十年都没有停止过。工部属官增设到几十人，又派遣官吏到遥远之地去修建雷坛。因为一个方士的缘故，剥削用血汗换来的财富而不知体恤百姓，这难道不应该停止吗？况且如今北方敌寇上蹿下跳，国内盗贼悄然兴起，加上连年灾荒，朝廷上下都亏空了，难道还能劳民伤财，与天下结怨吗？这种兴建工程若不停止，足以失去人心而导致危险动乱，这是第二点。

陛下即位之初，励精有为，尝以《敬一箴》颁示天下矣。乃数年以来，朝御希简，经筵旷废。大小臣庶，朝参辞谢，未得一睹圣容。敷陈复逆，未得一聆天语。恐人心日益怠偷，中外日益涣散，非隆古君臣都俞吁咈①、协恭图治之气象也。此朝讲②不亲，足以失人心而致危乱者，三也。

【注释】①都俞吁咈：都、俞，表赞美、同意的感叹词。吁、咈，表反对的感叹词。都俞吁咈后用为形容君臣议事融洽。

②朝讲：早晨对皇帝讲读经史典籍。

【译文】陛下即位之初，励精图治，有担当作为，曾颁布《敬一箴》告示天下。但数年以来，上朝时间减少，御前讲席也荒废了。大小臣民，上朝参拜和辞谢，都不能一睹圣容。臣民上书铺叙告请，却无法聆听到圣上所言。恐怕人心日益懈怠，朝廷内外日益松懈涣散，这不是远古君臣议事融洽、勤谨合作励精图治的气象。陛下连朝讲都不亲临，足以失去人心而导致危险动乱，这是第三点。

左道惑众，圣王必诛。今异言异服列于朝苑，金紫赤绂赏及方外[①]。夫保傅之职坐而论道，今举而畀之奇邪之徒。流品之乱莫以加矣。陛下诚与公卿贤士日论治道，则心正身修，天地鬼神莫不祐享，安用此妖诞邪妄之术，列诸清禁，为圣躬累耶？臣闻上之所好，下必有甚。近者妖盗繁兴，诛之不息。风声所及，人起异议。贻四方之笑，取百世之讥，非细故也。此信用方术，足以失人心而致危乱者，四也。

【注释】①方外：世外。今指僧道等。

【译文】旁门左道迷惑众人，圣明的君王必定加以诛杀。如今不同言论、服饰列于朝廷，金紫赤带的赏赐施及方外。太保太傅是和天子坐而论道的"三公"，现在却把这么尊贵的官职赐给诡诈妖邪之徒。官阶的混乱已经达到了极点。陛下若能每日诚心与公卿贤士讨论治国之道，那么就会心正而身修，天地鬼神没有不护佑的，怎么能将这些怪异荒诞的妖术，列于皇宫，使圣体劳累呢？臣听说上位的人有所喜好，下面的人必定效仿，喜爱程度会超越在上位者。近来妖盗大量兴起，诛杀不尽。风声所到之处，人们异议蜂起。让天下人笑话，被百世讥讽，这可不是无关紧要的小事啊！这种迷信方术的做法，足以失去人心而导致危险动乱，这是第四点。

陛下临御之初，延访忠谋，虚怀纳谏。一时臣工言过激切，获罪多有。自此以来，臣下震于天威，怀危虑祸，未闻复有犯颜直谏以为沃心①助者。往岁，太仆卿杨最言出而身殒，近日赞善罗洪先②等皆以言罢斥。国体治道，所损甚多。臣非为最等惜也。古今有国家者，未有不以任谏而兴，拒谏而亡。忠荩杜口，则谗谀交进，安危休戚无由得闻。此阻抑言路，足以失人心而致危乱者，五也。

【注释】①沃心：谓使内心受启发。旧多指以治国之道开导帝王。

②罗洪先（1504—1564年）：字达夫，号念庵，江西吉安府吉水黄橙溪（今江西吉水）人，一生奋发于地理学等科学的研究，是明代杰出的地理制图学家。

【译文】陛下登基之初，广为访求忠臣谋士，虚心纳谏。一时之间百官言辞过于激切，有很多人因此获罪。从那以后，大臣们被天子的威严所震慑，心存危惧，害怕祸患波及自身，没听说再有不怕触犯圣颜而直言上谏来开导帝王、辅佐君主的人了。往年，太仆卿杨最因直言上谏而丧命，近来赞善罗洪先等人都因为直言上谏而被贬斥免官。这对国家大体和治国之道，都损害极大。臣并不是怜惜杨最等人。古今拥有国家者，没有不以虚心纳谏而兴盛，拒绝谏言而灭亡的。忠臣闭口不言，那么谗毁和阿谀之言便争相进呈，安危喜忧之事便无从听闻。这种阻止抑制广开言路的做法，完全可以失去人心而导致危险动乱，这是第五点。

望陛下念祖宗创业之艰难，思今日守成为不易，览臣所奏，赐之施行，宗社幸甚。

【译文】希望陛下顾念祖宗创业的艰难，想到今日守业的不易，观览臣所上奏书，恩赐它施行，国家就非常幸运了。

先是，七年三月，灵宝县黄河清，帝遣使祭河神。大学士杨一清、张璁[①]等屡疏请贺，御史鄞人周相抗疏言："河未清，不足亏陛下德。今好谀喜事之臣张大文饰之，佞风一开，献媚者将接踵。愿罢祭告[②]，止称贺，诏天下臣民毋奏祥瑞，水旱蝗蝻即时以闻。"帝大怒，下相诏狱拷掠之，复杖于廷，谪韶州经历。而诸庆典亦止不行。

【注释】①张璁（1475—1539年）：字秉用，号罗峰，后由明世宗赐名孚敬，字茂恭。浙江温州府永嘉（今浙江温州龙湾区）三都人。明朝中期重臣，"大礼议"事件中重要人物。官至少师兼太子太师、吏部尚书、华盖殿大学士。病逝后获赠为太师，谥号文忠。

②祭告：古时国有事，祭神而告之。

【译文】在此以前，嘉靖七年（1528年）三月，灵宝县（今河南灵宝）黄河水变清，世宗朱厚熜派遣使者祭祀河神。大学士杨一清、张璁等人多次上奏请求庆贺，御史鄞县人周相上书直言说："黄河不清，不足以损害陛下的德行。如今好谄媚喜多事的大臣夸大修饰，巧言谄媚的风气一旦开启，阿谀奉承的人将接连不断地出现。希望免去祭告，停止庆贺，诏令天下臣民不要上奏祥瑞之事，水旱蝗灾则按时上报。"世宗大怒，下令将周相关入大狱拷打刑讯，又在朝廷上施以杖刑，将其贬为韶州经历。而各种庆典也停下来不再举行了。

及帝中年，益恶言者，中外相戒无敢触忌讳。爵疏诋符瑞，且词过切直。帝震怒，立下诏狱搒掠，血肉狼籍，关以五木，死一夕复苏。

【译文】等世宗到了中年，更加厌恶直言不讳的人，朝廷内外相互告诫不敢触犯皇帝的忌讳。杨爵上奏诋毁祥瑞，而且言辞过于恳切率直。世宗震怒，当即将他关入大狱拷打，打得血肉模糊，枷以五木刑具，杨爵昏死一夜才醒过来。

逾年，工部员外郎刘魁，再逾年，给事中周怡，皆以言事同系，历五年不释。至二十四年八月，有神降于乩。帝感其言，立出三人狱。未逾月，复令东厂追执之。二十六年十一月，大高玄殿灾，帝祷于露台。火光中若有呼三人忠臣者，遂传诏急释之。

【译文】过了一年，工部员外郎刘魁，再过一年，给事中周怡，都因直言政事而被拘囚，历时五年没有释放。到了嘉靖二十四年（1545年）八月，扶乩时有神明降临。世宗被神言感动，才当即释放三人出狱。还不到一个月，又命东厂追捕杨爵。嘉靖二十六年（1547年）十一月，大高玄殿发生火灾，世宗在露台祈神求福。火光中像是有人呼喊他们三人都是忠臣，于是传达诏命急忙释放他们。

居家二年，一日晨起，大鸟集于舍。爵曰："伯起①之祥至矣。"果三日而卒。隆庆初，复官，赠光禄卿，任一子。万历中，赐谥忠介。（明史卷二百九）

【注释】①伯起：指杨震，字伯起，弘农华阴（今陕西华阴）人。东汉名臣，后蒙冤去世。据说，杨震下葬前十几天，有大鸟高一丈多，飞到杨震丧前，俯仰悲鸣，泪流湿地。直到下葬，鸟才飞去。

【译文】杨爵居家两年，一天早晨起床，有大鸟聚集在房舍周围。杨爵说："当年伯起（杨震）死时的祥瑞到了。"杨爵果然三天后去世。隆庆初年，杨爵官复原职，追赠为光禄卿，任命他的一个儿子为官。万历年间，赐谥号忠介。（明史卷二百九）

周天佐

【题解】周天佐（1511—1541年），字子弼，号迹山，晋江（今福建）人。嘉靖十四年进士，授户部主事。嘉靖二十年（1541年），九庙失火，周天佐应诏上疏言时政得失，嘉靖帝览奏后大怒，杖之六十，下诏狱。狱吏绝其饮食，不出三日就死，年仅31岁。后追赠光禄少卿，谥号忠愍。

周天佐，字子弼，晋江人。嘉靖十四年进士。授户部主事。

【译文】周天佐，字子弼，晋江（今福建晋江）人。嘉靖十四年（1535年）进士，被任命为户部主事。

二十年夏四月，九庙灾，诏百官言时政得失。天佐上书曰："陛下以宗庙灾变，痛自修省，许诸臣直言阙失，此转灾为祥之会也。乃今阙政不乏，而忠言未尽闻，盖示人以言，不若示人以政。求言之诏，示人以言耳。御史杨爵狱未解，是未示人以政也。国家置言官，以言为职。爵系狱数月，圣怒弥甚。一则曰小人，二则曰罪人。夫以尽言直谏为小人，则为缄默逢迎之君子不难也。以秉直纳忠为罪人，又孰不能为容悦将顺之功臣哉？人君一喜一怒，上帝临之。陛下所以怒爵，果合于天心否耶？爵身非木石，命且不测，万一溘先朝露，使诤臣饮恨，直士寒心，损圣德不细。愿旌爵忠，以风天下。”帝览奏，大怒。杖之六十，下诏狱[①]。

【注释】①诏狱：奉皇帝命令拘捕犯人的监狱。

【译文】嘉靖二十年（1541年）夏季四月，九庙有灾，朝廷下令百官进言时政得失。周天佐上奏疏说：“陛下因为宗庙发生灾害，而痛责自己修身反省，准许朝臣们直言过失，这是转灾为祥的机会啊。如今弊政很多，可忠言却没能被全部听到，大概示人以忠言，不如示人以德政。访求直言的诏令，是示人以忠言罢了。御史杨爵狱案没有解除，这是没有示人以德政。国家设置言官，以进言为职责。杨爵被关入牢狱已经数月，圣上的怒气更大了。一是把他说成是小人，二是把他说成是罪人。把直言上谏的当作小人，那么闭口不谈曲意逢迎的人被当作君子就不难了。把为人秉直、一心效忠的人当作罪人，又有谁能不作顺从逢迎的功臣呢？君主的一喜一怒，天帝都能看到。陛下之所以对杨爵发怒，果真符合上天的心意吗？杨爵身非木石，性命难测，万一死得过早，使谏诤之臣抱恨含冤，正直之士失望痛心，这会给圣德带来不小的损害啊。希望表彰杨爵的忠心，以此感化天下。”世宗朱厚熜看了奏章后大怒。命令把周天佐杖责六十，关入诏狱。

天佐体素弱，不任楚。狱吏绝其饮食，不三日即死，年甫三十一。（明史卷二百九）

【译文】周天佐身体一向虚弱，无法承受杖刑之苦。狱吏断绝他的饮食，不到三天就去世了，年仅三十一岁。（明史卷二百九）

周　怡

【题解】周怡（1505—1569年），字顺之，号讷溪，太平县（今安徽黄山）人。嘉靖十七年（1538年）进士，授顺德府推官。在任政绩优异。翌年，擢升吏部给事中。隆庆时，官复太常少卿。隆庆三年（1569年）去世。天启时，追谥恭节。

周怡为官严峻廉洁，嫉恶如仇，论事辄议，言之以诚。周怡因吏部尚书许赞等弹劾严嵩等擅权而上疏言事，切中时弊，嘉靖帝阅后大怒，降诏责其谤讪，令对状。杖之阙下，先后两次禁锢诏狱里。

周怡，字顺之，太平县人。为诸生时，尝曰："鼎镬不避，沟壑不忘[①]，可以称士矣。不然，皆伪也。"从学于王畿、邹守益[②]。登嘉靖十七年进士，除顺德推官。举卓异，擢吏科给事中。

【注释】①沟壑不忘：念念不忘为正义而死，弃尸山沟。形容有为正义献身的思想准备。也比喻人发迹之后不忘过去贫贱的日子。

②王畿（1498—1583年）：明代思想家。字汝中，号龙溪，学者称龙溪先生。绍兴府山阴（今浙江绍兴）人。师事王守仁，为王门七派中

“浙中派”创始人。邹守益（1491—1562年）：字谦之，号东廓。江西安福县北乡（今江西安福县）人。师从王守仁。著名理学家、教育家。

【译文】周怡，字顺之，太平县（今安徽黄山）人。作生员时，他曾说：“不避鼎镬之刑，不忘沟壑之死，可以称得上是真正的读书人了。否则，都是假的。”周怡跟从王畿、邹守益学习。嘉靖十七年（1538年）考中进士，被任命为顺德推官。因才能出众被擢升为吏科给事中。

二十二年六月，吏部尚书许赞率其属王与龄、周𫓧[①]讦大学士翟銮[②]、严嵩私属事。帝方响嵩，反责赞，逐与龄等。怡上疏曰：

人臣以尽心报国家为忠，协力济事为和。未有公卿大臣争于朝、文武大臣争于边，而能修内治、攘外侮者也。大学士銮、嵩与尚书赞互相诋讦，而总兵官张凤、周尚文又与总制侍郎翟鹏、督饷侍郎赵廷瑞交恶，此最不祥事，误国孰甚？

【注释】①周𫓧（1499—1548年）：字汝威，号钝轩，榆次县（今山西省晋中市榆次区）张庆村人。明嘉靖五年（1526年）进士。他多次上疏抨击严氏贪污腐化，结党误国，严嵩打击报复，将周𫓧屡屡降职，直至削官为民。

②翟銮（1478—1547年）：字仲鸣，号石门，祖籍青州府诸城（今山东诸城）人。明朝中期大臣，官至内阁首辅。

【译文】嘉靖二十二年（1543年）六月，吏部尚书许赞率领属下王与龄、周鈇揭发大学士翟銮、严嵩偏袒下属一事。世宗朱厚熜正宠信严嵩，反而责备许赞，驱逐王与龄等人。周怡上奏书说：

人臣以尽心报效国家为忠，同心协力做事为和。没有公卿大臣在朝廷争论、文武大臣在边防事务上争功，却能治理好内政、抵抗外侮的。大学士翟銮、严嵩和尚书许赞互相诋毁攻击，而总兵官张凤、周尚文又与总制侍郎翟鹏、督饷侍郎赵廷瑞结怨，这是最不吉祥的事情，有什么比这更误国的呢？

今陛下日事祷祠而四方灾祲未销，岁开输银之例而府库未充，累颁蠲租之令而百姓未苏，时下选将练士之命而边境未宁。内则财货匮而百役兴，外则寇敌横而九边耗。乃銮、嵩凭借宠灵，背公营私，弄播威福，市恩酬怨。夫辅臣真知人贤不肖，宜明告吏部进之退之，不宜挟势徇私，属之进退。嵩威灵气焰，凌轹百司。凡有陈奏，奔走其门，先得意旨而后敢闻于陛下。中外不畏陛下，惟畏嵩久矣。銮洪涊委靡，赞虽小心谨畏，然不能以直气正色销权贵要求之心，柔亦甚矣。

【译文】如今陛下天天向神求福，但四方灾害却未消除，每年开列输送银两的条例而府库却不曾充足，多次颁布免除租税的命令而百姓却没有得到苏缓，不时下令选将练兵而边境却没有得到安宁。国内财货匮乏而各种劳役兴起，外有敌寇横行而九边受损。可翟銮、严嵩依赖陛下的宠幸，损公肥私，违法求利，播弄威福，施恩报怨。辅政大臣如果真的知道人是否贤能，应当明确地告知吏部该提拔或贬黜，不应依仗权势徇私舞弊，决定他人的升降。严嵩气焰嚣张，凌虐百官。凡是有上奏的，都跑到他的家里，先得到他的意旨后才敢上奏陛下。朝廷内外不害怕陛下，只害怕严嵩已经很久了。翟銮卑鄙龌龊、萎靡不振，许赞虽然小心谨慎，但不能用正气和严正的态度消灭权贵的贪婪之心，真是太软弱了。

且直言敢谏之臣，于权臣不利，于朝廷则大利也。御史谢瑜、童汉臣①以劾嵩故，嵩皆假他事罪之。谏诤之臣自此箝口，虽有梼杌、驩兜②，谁复言之？

【注释】①谢瑜（1499—1567年）：字如卿，谢安后裔，世居上虞东山，宋代迁居丰惠后山。幼聪颖好学，有文才，嘉靖十一年（1532年）考中进士，翌年任福建莆城知县，十六年（1537年）擢南京广东道御史。不为严嵩高官利禄所动，后被严嵩找借口削职为民，返回上虞，自号“姜山老樵”。童汉臣：字重良，号南衡，浙江钱塘（今属杭州）人。嘉靖十四年进士。由魏县知县擢御史。以劾宣大总督樊继祖掩败冒捷，为严嵩所构，谪湖广布政司都事。久之，为泉州知府，御倭有功。官终江西按察副使。

②梼杌：古代传说中的恶人，舜时四凶之一。驩兜：相传为尧、舜时的部落首领，四凶之一。

【译文】而且直言敢谏的大臣，对权臣不利，对朝廷则有大利。御史谢瑜、童汉臣因弹劾严嵩的缘故，严嵩都假借他事加罪于他们。谏诤之臣自此闭口不言，虽然有梼杌、驩兜这种恶人，谁还敢再说什么呢？

帝览疏大怒，降诏责其谤讪，令对状。杖之阙下，锢诏狱者再。（明史卷二百九）

【译文】世宗朱厚熜看了奏书后大怒，下诏责备周怡诽谤，让他上殿陈述事状。在朝堂上对周怡施以杖刑，再次被关进诏狱。（明史卷二百九）

沈　炼

【题解】沈炼（1507—1557年），字纯甫，号青霞，会稽（今浙江绍兴）人。嘉靖十七年（1538年）进士。历任溧阳、茌平、清丰县令，锦衣卫经历。嘉靖三十六年（1557年）被诬陷而死。后追赠光禄寺少卿，谥号忠愍。

沈炼因上疏直谏，罗列严嵩十大罪状，主要弹劾严嵩"要贿鬻官，沽恩结客""妒贤嫉能""阴制谏官""擅宠害政"，语触权贵，反而被嘉靖帝削职为民，流放口外保安。

沈炼，字纯甫，会稽人。嘉靖十七年进士。除溧阳知县。入为锦衣卫经历。

【译文】沈炼，字纯甫，会稽（今浙江绍兴）人。嘉靖十七年

(1538年)进士。被任命为溧阳知县。入京为锦衣卫经历。

会俺答①犯京师，致书乞贡，多嫚语。下廷臣博议，司业赵贞吉②请勿许。廷臣无敢是贞吉者，独炼是之。吏部尚书夏邦谟③曰："若何官？"炼曰："锦衣卫经历沈炼也。大臣不言，故小吏言之。"遂罢议。炼愤国无人，致寇猖狂，疏请以万骑护陵寝，万骑护通州军储，而合勤王师十余万人，击其惰归，可大得志。帝弗省。

【注释】①俺答：即俺答汗(1507—1582年)，孛儿只斤氏，明朝蒙古土默特部首领，成吉思汗黄金家族后裔达延汗孙。嘉靖年间崛起，其部落初期游牧于今内蒙古呼和浩特一带，后逐渐强盛，逐原草原霸主察哈尔部于辽东，成为右翼蒙古首领。控制范围东起宣化、大同以北，西至河套，北抵戈壁沙漠，南临长城。

②赵贞吉：字孟静，号大洲。四川内江桐梓坝(今四川省内江市内)人。明代名臣、学者，南宋右丞相赵雄之后。

③夏邦谟：重庆市垫江县人，字舜俞，号松泉。正德三年进士。授户部主事，调吏部，升员外郎，坐事谪为某运司判官。累迁为南京户部尚书巡抚应天、总督粮储。镇压聚众海上之秦播、黄良起事。官至吏部尚书。

【译文】恰逢俺答汗侵犯京师，寄信要求进贡，信中有许多轻慢的言辞。世宗朱厚熜让朝内大臣全面讨论此事，司业赵贞吉请朝廷不要答应。朝内大臣都不敢对赵贞吉表示赞同，惟独沈炼例外。吏部尚书夏邦谟说："你任什么官职？"沈炼说："锦衣卫经历沈炼。因为大臣不敢说，所以才有小吏进言。"于是停止讨论。沈炼愤恨国家无人，致使敌寇放肆，上奏请求用一万骑兵护卫陵寝，一万骑兵护卫通州的军需物资，并集合救援国难的军队十多万人，等敌人疲惫时发起攻击，可大获全胜。世宗无动于衷。

嵩贵幸用事，边臣争致贿遗。及失事惧罪，益辇金贿嵩，贿日以重。炼时时扼腕。一日从尚宝丞张逊业[①]饮，酒半及嵩，因慷慨骂詈，流涕交颐。遂上疏言："昨岁俺答犯顺，陛下奋扬神武，欲乘时北伐，此文武群臣所愿戮力者也。然制胜必先庙算，庙算必先为天下除奸邪，然后外寇可平。今大学士嵩，贪婪之性疾入膏肓，愚鄙之心顽于铁石。当主忧臣辱之时，不闻延访贤豪，咨询方略，惟与子世蕃[②]规图自便。忠谋则多方沮之，谀谄则曲意引之。要贿鬻官，沽恩结客。朝廷赏一人，曰'由我赏之'；罚一人，曰'由我罚之'。人皆伺严氏之爱恶，而不知朝廷之恩威，尚忍言哉？姑举其罪之大者言之。纳将帅之贿，以启边陲之衅，一也。受诸王馈遗，每事阴为之地，二也。揽吏部之权，虽州县小吏亦皆货取，致官方大坏，三也。索抚按之岁例，致有司递相承奉，而闾阎之财日削，四也。阴制谏官，俾不敢直言，五也。妒贤嫉能，一忤其意，必致之死，六也。纵子受财，敛怨天下，七也。运财还家，月无虚日，致道途驿骚，八也。久居政府，擅宠害政，九也。不能协谋天讨，上贻君父忧，十也。"因并论邦谟谄谀黩货状。请均罢斥，以谢天下。帝大怒，搒之数十，谪佃保安。

【注释】①张逊业：明浙江永嘉人，字有功。张璁子。以恩入太学，荫授中书舍人，进尚宝司丞。以营护沈炼，为严世蕃所忌恨。官至太仆寺丞，暴疾卒。

②世蕃：即严世蕃（1513—1565年），字德球，号东楼，江西新余人，明朝嘉靖皇帝的首辅严嵩之子。严世蕃未经科举步入仕途，以严嵩的名势，先入国子监读书后为官，累迁至尚宝司少卿和工部左侍郎。

【译文】严嵩位尊又受世宗宠信而且执掌政权，驻守边疆的大臣便竞相向他行贿馈赠。这些大臣等到犯事后害怕因罪受罚，更加紧拿金钱来贿赂严嵩，贿赂的情况一天比一天严重。沈炼时常扼腕叹息。一天他与尚宝丞张逊业饮酒，酒喝到一半时谈到严嵩，沈炼情绪激昂地斥骂，泪流满面。于是上疏说："去年俺答汗叛乱，陛下奋发激扬，英明威武，想乘机北伐，这是文武群臣希望同心协力去做的事情。然而要想获胜必先对战事进行谋划，对战事进行谋划必先为天下除去奸邪，然后外寇才可能得以铲平。如今大学士严嵩，贪婪之性已无药可救，愚昧鄙陋之心就像铁石一样顽固。在陛下忧虑、臣民受外寇侮辱之时，没有听到他请教贤士豪杰，咨询方略，却只与他的儿子严世蕃谋求一己私利。遇到有忠心的谋划，他就想尽办法阻止；对于奉承谄媚之人，他却曲意引拔。索要贿赂，贩卖官爵，施舍恩惠，结交宾客。朝廷赏赐一人，他就说'由我来赏赐他'；朝廷责罚一人，他就说'由我来责罚他'。人们都窥探严嵩的好恶，而不知道朝廷的恩威，哪个敢议论他？姑且列举他大的罪状来说说吧。收取将帅的贿赂，引起边塞的争端，这是第一点。接受诸王的馈赠，每每借事暗中给予排解，这是第二点。大揽吏部之权，即使州县小吏也都靠用财货来买官，导致授官之法大为破坏，这是第三点。向抚按索取岁例钱，致使有关部门主管官吏相互奉承讨好，而百姓的财货日益减少，这是第四点。暗中压制谏官，使大臣不敢上书直言，这是第五点。妒贤嫉能，只要有人不顺从他的意愿，必将置人于死地，这是第六点。纵容儿子接受财物，招致天下人的怨恨，这是第七点。把财物运回家乡，一天也不间断，致使沿途驿站不堪骚扰，这是第八点。久居政府，独受宠信，危害国家政事，这是第九点。不能协助谋划讨伐敌贼，致使君主忧虑，这是第十点。”沈炼又趁机一并弹劾了夏邦谟奉承谄媚贪得无厌的情况。请求将他们都免官贬斥，以告谢天下。世宗大怒，棒打了他数十下，将其贬到保安（今河北涿鹿）去种田。

嵩父子斩炼宣府市，戍子襄极边。后嵩败，世蕃坐诛。临刑时，炼所教保安子弟在太学者，以一帛署炼姓名官爵于其上，持入市。观世蕃断头讫，大呼曰：“沈公可瞑目矣。”因恸哭而去。（明史卷二百九）

【译文】后来严嵩父子在宣府街市斩杀沈炼，把他的儿子沈襄流放到遥远的边境去驻守。后来严嵩倒台，严世蕃连坐被诛。临刑时，太学中沈炼所教授的保安子弟，用一张锦帛写上沈炼的姓名官爵，拿着进入街市。看到严世蕃的头断了后，大呼

说：“沈公可以瞑目了。”接着放声痛哭而去。（明史卷二百九）

杨继盛

【题解】杨继盛（1516—1555年），字仲芳，号椒山，容城（今河北容城）人。嘉靖二十六年（1547年）进士，授南京吏部主事。历官兵部员外郎、狄道典史、诸城知县、南京户部主事、刑部员外郎、兵部武选司员外郎。嘉靖三十四年（1555年）弃于市，年仅40岁。隆庆时，追赠太常少卿，谥号忠愍。

杨继盛自幼好学，师从韩邦奇。入仕后，先后上疏弹劾仇鸾、严嵩，不畏权贵。最终反被严嵩陷害至死。隆庆时，以杨继盛为直谏诸臣之首。杨继盛临刑赋诗曰：“浩气还太虚，丹心照千古。生平未报恩，留作忠魂补。”足以作为他一生的写照。

杨继盛，字仲芳，容城人。七岁失母。庶母妒，使牧牛。继盛经里塾，睹里中儿读书，心好之。因语兄，请得从塾师学。兄曰：“若幼，何学？”继盛曰：“幼者任牧牛，乃不任学耶？”兄言于父，听之学，然牧不废也。年十三岁，始得从师学。家贫，益自刻厉。举乡试，卒业国子监，徐阶亟赏之。嘉靖二十六年登进士。授南京吏部主事。召改兵部员外郎。

【译文】杨继盛，字仲芳，容城（今河北容城）人。七岁失去母亲。庶母善妒，让他放牛。杨继盛路过乡里的私塾，看见同乡的小孩儿在读书，心里很是向往。于是对哥哥说，请求能跟从私塾老师学习。哥哥说："你还小，有什么可学的？"杨继盛说："年龄小能放牛，就不能学习吗？"哥哥把这些话告诉了父亲，父亲让他去学习，但是不能影响放牛。杨继盛十三岁时，才得以跟从老师学习。因家中贫困，他学习越发刻苦自励。乡试中举，又从国子监毕业，徐阶对他很赏识。嘉靖二十六年（1547年）考中进士。授任南京吏部主事。征召改任兵部员外郎。

俺答躏京师，咸宁侯仇鸾①以勤王故有宠。帝命鸾为大将军，倚以办寇。鸾中情怯，畏寇甚。方请开互市市马，冀与俺答媾，幸无战斗，固恩宠。继盛以为仇耻未雪，遽议和示弱，大辱国，乃奏言十不可、五谬（文略）。

【注释】①仇鸾（1489—1552年）：明陕西镇原（今甘肃镇原）人，字伯翔，出身将门，袭封咸宁侯。任甘肃总兵，以阻挠军务为总督曾铣所劾，革职逮问。后又诬陷曾铣而出狱坐废家居，便厚贿严世蕃，乃投靠严嵩，得重用为太子太保，充总兵官镇守大同。死后被嘉靖以"叛逆"的罪名开棺戮尸。

【译文】俺答汗蹦践京师，咸宁侯仇鸾因起兵救援君主的缘故而得到世宗的宠信。世宗命仇鸾为大将军，依靠他来惩办敌寇之事。仇鸾心生胆怯，十分害怕敌寇。于是请求开互市交易马匹，希望和俺答汗媾和，侥幸没有发生战争，世宗皇帝对他的恩宠更加深了。杨继盛认为还没有洗去仇恨和耻辱，就议和示弱，将给国家带来极大的耻辱，于是向世宗上奏陈述十不可、五

谬。(文略)

疏入,帝颇心动,下鸾及成国公朱希忠[①],大学士严嵩、徐阶、吕本[②],兵部尚书赵锦,侍郎聂豹[③]、张时彻议。鸾攘臂詈曰:“竖子目不睹寇,宜其易之。”诸大臣遂言遣官已行,势难中止。帝尚犹豫,鸾复进密疏。乃下继盛诏狱,贬狄道典史。其地杂番,俗罕知诗书。继盛简子弟秀者百余人,聘三经师教之。鬻所乘马,出妇服装,市田资诸生。县有煤山,为番人所据,民仰薪二百里外。继盛召番人谕之,咸服曰:“杨公即须我曹穹帐亦舍之,况煤山耶?”番民信爱之,呼曰“杨父”。

【注释】①朱希忠:字贞卿,永乐朝成国公朱能玄孙,南直隶怀远县(今安徽怀远)人,嘉靖十五年(1536年)袭爵成国公。性机敏,善结纳,名在诸勋贵之上。历事三朝,先后六十六次代表皇帝出城祭天地。历掌五军都督府后、右两府,总神机营,提督十二团营及五军营。

②吕本:浙江余姚人,字汝立,号南渠,初冒姓李,后复本姓。嘉靖十一年进士。授检讨,历两京国子监祭酒。后历任礼部尚书、太子太保兼文渊阁大学士、吏部尚书、少保兼武英殿大学士、光禄大夫兼太子太傅。

③聂豹:字文慰,号双江。晚年号白水老农,东皋居士。江西省永丰县(今江西永丰)人。师从王守仁。明朝著名廉吏。

【译文】奏疏呈入,世宗内心颇被触动,下令让仇鸾和成国公朱希忠,大学士严嵩、徐阶、吕本,兵部尚书赵锦,侍郎聂豹、张时彻进行评议。仇鸾捋起袖子骂道:“这小子没有亲眼看见敌寇的厉害，所以想得太简单了。”众大臣于是说派遣的官员已经出发了，这种情势很难中途停止。世宗还在犹豫，仇鸾又进呈秘密奏疏。于是将杨继盛关进诏狱，贬为狄道典史。狄道番人杂居，百姓很少懂得诗书。杨继盛挑选出一百多名才能出众的子弟，聘请三位经师教导他们。卖掉所乘的马匹，出售妇人的服装，卖田资助生员。县里有煤山，被番人占据，百姓要到二百里外砍伐木柴。杨继盛召集番人晓谕他们，他们都顺服地说：“杨公就算需要我们的穹庐我们也舍得给，更何况煤山呢？”番民都信任爱戴杨继盛，称他为“杨父”。

已而俺答数败约入寇，鸾奸大露，疽发背死，戮其尸。帝乃思继盛言，稍迁诸城知县。月余调南京户部主事，三日迁刑部员外郎。当是时，严嵩最用事。恨鸾凌己，心善继盛首攻鸾，欲骤贵之，复改兵部武选司。而继盛恶嵩甚于鸾。且念起谪籍，一岁四迁官，思所以报国。抵任甫一月，草奏劾嵩，斋三日乃上奏（文略）。

【译文】后来俺答汗多次撕毁盟约入侵进犯，仇鸾的奸谋败露，背上毒疽发作而死，将其戮尸示众，以示羞辱。世宗于是想到杨继盛的言论，稍微提拔杨继盛为诸诚知县。一个多月后调任南京户部主事，三天后迁任刑部员外郎。在这个时候，严嵩最为受宠而当权。他痛恨仇鸾欺凌自己，心中暗喜杨继盛先攻击仇鸾，便想让杨继盛骤然显贵，又把杨继盛改任兵部武选司。但杨继盛对严嵩的厌恶程度比仇鸾更厉害。而且想到自从进入谪降者的行列后，一年之内迁任了四次官职，要思考如何报效国家。刚上任一个月，他就草拟奏疏弹劾严嵩，斋戒三日后才上奏（文略）。

疏入，帝已怒。嵩见召问二王语，喜谓可指此为罪，密构于帝。帝益大怒，下继盛诏狱，诘何故引二王。继盛曰："非二王谁不慑嵩者？"狱上，乃杖之百，令刑部定罪。然帝犹未欲杀之也。系三载，有为营救于嵩者。其党胡植、鄢懋卿怵之曰："公不睹养虎者耶，将自贻患。"嵩颔之。会都御史张经、李天宠坐大辟。嵩揣帝意必杀二人，比秋审，因附继盛名并奏，得报。遂以三十四年十月朔弃西市，年四十。临刑赋诗曰："浩气还太虚，丹心照千古。生平未报恩，留作忠魂补。"天下相与涕泣传颂之。

【译文】奏疏呈入，世宗已经大怒。严嵩看到召问裕、景二王的话，高兴地说可以将这指为罪证，编造罪名密奏世宗。世宗更加恼怒，下令将杨继盛关入诏狱，责问为什么牵扯二王。杨继盛说："除了二王谁不惧怕严嵩呢？"狱辞呈上，对其杖责百下，命刑部定罪。然而世宗还不想杀杨继盛。杨继盛被关了三年，有人为营救他向严嵩求助。严嵩的党徒胡植、鄢懋卿害怕地说："公没见那养虎人，将会为自己招来祸患。"严嵩点头同意。正逢都御史张经、李天宠被判死刑。严嵩揣度世宗的心意必定要杀掉这二人，等到秋审的时候，就附上杨继盛的名字一同奏上，得到了世宗的批复。于是在嘉靖三十四年（1555年）十月初一将其在西市处斩，杨继盛时年四十岁。他临刑时赋诗说："浩气还太虚，丹心照千古。生平未报恩，留作忠魂补。"天下人之间相互流涕传颂。

初，继盛之将杖也，或遗之蚺蛇胆。却之曰："椒山自有胆，何蚺蛇为？"椒山，继盛别号也。及入狱，创甚。夜半而苏，碎瓷碗，手割腐肉。肉尽，筋挂膜，复手截去。狱卒执灯颤欲坠，继盛意气自如。朝审时，观者塞衢，皆叹息，有泣下者。后七年，嵩败。穆宗立，恤直谏诸臣，以继盛为首。赠太常少卿，谥忠愍，予祭葬。（明史卷二百九）

【译文】起初，杨继盛被施以杖刑时，有人送给他蚺蛇胆。他辞谢说："椒山自有胆，还要蚺蛇胆来做什么？"椒山，是杨继盛的别名。等到入狱后，他受了很重的伤。半夜苏醒过来，摔碎瓷碗，用手割去腐肉。腐肉割完，筋上挂了层膜，又用手截开。狱卒拿着灯的手不停颤抖，差点让灯掉下来。杨继盛神态自若，十分镇静。朝审时，围观的人塞满了道路，全都不停叹息，还有人流泪哭泣。七年后，严嵩败落。穆宗即位，抚恤直谏众臣，以杨继盛为首。追赠为太常少卿，谥号忠愍，给予祭葬。（明史卷二百九）

王宗茂

【题解】王宗茂，字时育，京山（今湖北京山）人。嘉靖二十六年（1547年）进士。授行人司行人。嘉靖三十一年（1552年），擢为南京御史。后替沈炼鸣不平，上言切谏，直指严嵩，被贬为平阳县丞。严嵩罢相之日，王宗茂亦卒。隆庆初，追赠光禄少卿。

王宗茂，字时育，京山人。登嘉靖二十六年进士，授行人。三十一年擢南京御史。时先后劾严嵩者皆得祸，沈炼至谪佃保安。中外慑其威，益箝口。宗茂积不平，甫拜官三月，上疏曰：

嵩本邪谄之徒，寡廉鲜耻。久持国柄，作福作威。薄海内外，罔不怨恨……

【译文】王宗茂，字时育，京山（今湖北京山）人。嘉靖二十六年（1547年）考中进士，授官行人。嘉靖三十一年（1552年），提拔为南京御史。当时先后弹劾严嵩的人都招致祸害，沈炼甚至被贬到保安种田。朝廷内外都害怕严嵩的权势，更加闭口不谈。王宗茂积存不平之气，任官才三个月，就上奏疏说：

严嵩本是邪恶谄谀之徒，寡廉鲜耻。长久把持国家大权，妄自尊大，滥用权势。朝廷内外，无人不怨恨他……

夫天下之所恃以为安者，财也，兵也。不才之文吏，以赂而出其门，则必剥民之财，去百而求千，去千而求万，民奈何不困？不才之武将以赂而出其门，则必克军之饷，或缺伍而不补，或逾期而不发，兵奈何不疲？迩者，四方地震，其占为臣下专权。试问今日之专权者，宁有出于嵩右乎？陛下之帑藏不足支诸边一年之费，而嵩所蓄积可赡储数年。与其开卖官鬻爵之令以助边，盍去此蠹国害民之贼，籍其家以纾患也？臣见数年以来，凡论嵩者不死于廷杖，则役于边塞。臣亦有身家，宁不致惜，而敢犯九重之怒，撄权相之锋哉？诚念世受国恩，不忍见祖宗天下坏于贼嵩之手也。

【译文】天下安定所依靠的，是财富，是军队。没有才能的文官，依靠贿赂而任官，则必定会剥削百姓的财物，花去上百就要索求上千，花去上千就要索求上万，百姓怎么可能不贫困呢？没有才能的武将依靠贿赂而任官，则必定会克扣军饷，有的少了士兵却不增补，有的超过期限却不发饷银，士兵怎么可能不疲乏呢？近来各处地震，占卜的结果是臣子专权。试问今日的专权者，还有谁在严嵩之上呢？陛下的国库所藏不足以支付边防一年的费用，而严嵩所蓄积的钱财足够数年的用度。与其颁布卖官鬻爵的诏令来资助边防，何不清除此危害国家、残害百姓的奸贼，抄没其家产来解除祸患呢？臣看到数年来，但凡是谈论严嵩的人不是死于廷杖，就是在边塞服役。臣也有家室，难道不珍惜家室而敢触犯圣怒，冒犯权势与之争锋吗？实在是感念世代蒙受国恩，不忍心看见祖宗天下葬送在逆贼严嵩手中啊。

疏至，通政司赵文华[①]密以示嵩，留数日始上，由是嵩得预为地。遂以诬诋大臣，谪平阳县丞。

【注释】①赵文华：字元质，号梅村，慈溪县（今江北区慈城镇）人。嘉靖八年（1529年）进士，授刑部主事，认严嵩为义父。嘉靖三十四年（1555年）任工部侍郎时巡视东南防倭事宜，返朝升工部尚书，加太子太保，继以右副都御史总督江南、浙东军事。后因筑正阳门楼不力，又以骄横失宠被黜。

【译文】奏疏呈上，通政司赵文华秘密拿给严嵩看，留了几天才呈上，因此严嵩预先准备了说辞。于是因诬蔑诋毁大臣之罪，而把王宗茂贬为平阳县丞。

赞曰：世宗非庸懦主也。嵩相二十余年，贪饕盈贯。言者踵至，斥逐罪死，甘之若饴，而不能得君心之一悟。唐德宗言："人谓卢杞奸邪，朕殊不觉。"各贤其臣，若蹈一辙，可胜叹哉！（明史卷二百十）

【译文】史官评论说：世宗朱厚熜并非庸懦无能的君主。严嵩任相二十多年，聚敛无厌恶贯满盈。进言的人接踵而来，都被贬黜流放甚至处死，心甘情愿，却不能让君主醒悟。唐德宗李适曾说："人们都说卢杞奸诈邪恶，朕却一点也没察觉。"各自把宠臣当作贤良之人，如出一辙，不禁使人深深感叹啊！（明

史卷二百十）

俞大猷

【题解】俞大猷（1503—1579年），字志辅，又字逊尧，号虚江，晋江（今福建泉州）人。明代抗倭名将，与戚继光并称为“俞龙戚虎”。嘉靖十四年（1535年）武会试中举，授千户。四为参将，六为总兵，累官都督，官至平蛮将军。万历七年（1579年）去世。追赠左都督，谥号武襄。

俞大猷一生都在与倭寇作战，虽战功赫赫，常被弹劾而罢职，或被人冒功，却不以为意，仍全力歼灭倭寇。时人齐名的谭纶评价他最为精当：“节制精明，公不如纶。信赏必罚，公不如戚（继光）。精悍驰骋，公不如刘（显）。然此皆小知，而公则甚大受。”

俞大猷，字志辅，晋江人。举嘉靖十四年武会试。除千户，守御金门。三十一年，倭贼大扰浙东。诏移大猷宁、台诸郡参将。贼尽平。加大猷署都督同知。

【译文】俞大猷，字志辅，晋江（今福建泉州）人。嘉靖十四年（1535年）考中武会试。授官千户，防守金门。嘉靖三十一年（1552年），倭寇大举侵扰浙东。朝廷下诏调任俞大猷为宁、台诸郡参将。贼寇被全部平定。朝廷加授俞大猷为代理都督同知。

大猷为将廉，驭下有恩。数建大功，威名震南服。而巡按李良臣劾其奸贪，兵部力持之，诏还籍候调。起南京右府佥书。未任，以都督佥事为福建总兵官。万历元年秋，海寇突闾峡澳，坐失利夺职。复以署都督佥事起后府佥书，领车营训练。三疏乞归。卒，赠左都督，谥武襄。

【译文】俞大猷为将廉洁，统率部下颇有恩惠。数次立大功，威名远扬，震慑南方，而巡按李良臣弹劾他奸邪贪污，兵部坚决为其辩护，朝廷诏令俞大猷回原籍听候调用。后来起用俞大猷为南京右府佥书。未及赴任，又以都督佥事出任福建总兵官。万历元年（1573年）秋，海寇突袭闾峡澳，俞大猷因战事失利而获罪削职。又以代理都督佥事起用为后府佥书，率领车营训练。三次上疏请求辞职回乡。去世后，追赠为左都督，谥号武襄。

大猷负奇节，以古贤豪自期。其用兵，先计后战，不贪近功。忠诚许国，老而弥笃，所在有大勋。武平、崖州、饶平皆为祠祀。谭纶[①]尝与书曰："节制精明，公不如纶。信赏必罚，公不如戚。精悍驰骋，公不如刘[②]。然此皆小知，而公则堪大受。"戚谓戚继光，刘谓刘显也。（明史卷二百十二）

【注释】①谭纶（1520—1577年）：字子理，号二华，江西宜黄县谭坊人。明朝抗倭名将。与戚继光、俞大猷、李成梁齐名，又与戚继光并称“谭、戚”。

②刘：指刘显（1515—1581年），本姓龚，字惟明，江西南昌人。明代著名抗倭将领。

【译文】俞大猷负有奇伟的节操，以古代贤士豪杰为榜样。他用兵，先谋略而后作战，不贪图眼前的功劳。精忠报国，老了以后更加忠心，所到之处屡立大功。武平（今福建武平）、崖州（今海南三亚）、饶平（今广东潮州）都为他立祠祭祀。谭纶曾写信给他说：“在精诚治军上，您不如我谭纶；在赏罚严明上，您不如戚继光；在作战精悍纵横驰骋上，您不如刘显。然而这些都是小智，而您则足以承担重任。”戚指戚继光，刘指刘显。（明史卷二百十二）

戚继光

【题解】戚继光（1528—1588年），字元敬，号南塘，晚号孟诸，登州（今山东蓬莱）人。嘉靖二十三年（1544年），承袭祖上的职位，任登州卫指挥佥事。又受推荐为都指挥佥事，在山东御倭。不久，调浙江充参将，他招募三千多名金华、义乌兵，组成戚家军，屡败倭寇。嘉靖四十一年（1562年），他率军往援福建，大破倭寇巢穴，第二年又与巡抚谭纶、总兵官俞大猷在平海卫大败倭寇，提拔为总兵官，隆庆初年召为神机营副将，不久，以都督同知总理蓟州、昌平、保定三镇军事，修建城堡、训练军队，有力地打击了入犯之寇，使边塞安宁。万历十年（1582年），内阁首辅张居正病逝，给事中张鼎思趁机上言戚继光不应该放在北方，于是戚继光被朝廷调往广东。万历十三年（1585年），给事中张希皋再次弹劾戚继光，戚继光因此遭到罢免，回乡后因病去世。

戚继光是明朝中期保家卫国战争中的民族英雄。他在长期戎马生涯中，注意总结经验，撰写了《纪效新书》和《练兵纪实》两部不朽的军事名作。其《纪效新书》在《续编》中另有辑录。

戚继光，字元敬，世登州卫指挥佥事。父景通，历官都指挥，署大宁都司，入为神机坐营，有操行。继光幼倜傥负奇气。家贫，好读书，通经史大义。嘉靖中嗣职，用荐擢署都指挥佥事，备倭山东。改佥浙江都司，充参将，分部宁、绍、台三郡。

【译文】戚继光，字元敬，世袭登州卫指挥佥事。父亲戚景通，曾任都指挥，代理大宁都司，入京为神机坐营，有操守。戚继光幼时潇洒脱俗，有不凡的志气。他家境贫寒，喜好读书，通晓经史大义。嘉靖年间承袭官职，经人举荐升任代理都指挥佥事，到山东防御倭寇。后改任浙江都司，充任参将，分管浙江宁、绍、台三郡。

三十六年，倭犯乐清、瑞安、临海，继光援不及，以道阻不罪。寻会俞大猷兵，围汪直余党于岑港。久不克，坐免官，戴罪办贼。已而倭遁，他倭复焚掠台州。给事中罗嘉宾等劾继光无功，且通番。方按问，旋以平汪直功复官，改守台、金、严三郡。

【译文】嘉靖三十六年（1557年），倭寇进犯乐清（今浙江乐清）、瑞安（今浙江瑞安）、临海（今浙江临海），戚继光没来得及救援，因为道路阻隔的缘故朝廷没有降罪。不久会合俞大猷率领的军队，在岑港（今浙江舟山）围困汪直余党。久攻不下，戚继光获罪被免官，戴罪办理平定贼寇事务。不久倭寇逃走，其他倭寇又焚烧抢掠台州（今浙江台州）。给事中罗嘉宾等人弹劾戚继光没有功劳，而且与海外往来。正准备查究审问，很快又因平定汪直有功而官复原职，改守台、金、严三郡。

继光至浙时，见卫所军不习战，而金华、义乌俗称慓悍，请召募三千人，教以击刺法，长短兵迭用，由是继光一军特精。又以南方多薮泽，不利驰逐，乃因地形制阵法，审步伐便利，一切战舰、火器、兵械精求而更置之。“戚家军”名闻天下。

【译文】戚继光到浙江时，看到卫所军不练习作战，而金华、义乌民众以矫健勇猛著称，请求招募三千人，教授击刺之术，长短兵器轮流使用，从此戚继光的军队尤为精良。又因为南方多沼泽湖泊地带，不利于驰逐，于是他根据地形制定阵法，考虑步行作战的方便，一切战舰、火器、兵械都精心研制然后加以更换。“戚家军”从此名闻天下。

继光为将号令严，赏罚信，士无敢不用命。与大猷均为名将。操行不如，而果毅过之。大猷老将务持重，继光则飙发电举，屡摧大寇，名更出大猷上。

【译文】戚继光为将号令严明，赏罚分明，将士不敢不效命。他与俞大猷都是名将，操守品行虽不如俞大猷，但果敢坚毅超过了俞大猷。俞大猷经验丰富，行事慎重，戚继光则雷厉风行，多次摧毁大倭寇，其名气更在俞大猷之上。

隆庆二年五月命以都督同知总理蓟州、昌平、保定三镇练兵事，总兵官以下悉受节制。

【译文】隆庆二年（1568年）五月，任命戚继光为都督同知总理蓟州（今河北遵化）、昌平（今北京昌平）、保定（今河北保定）三镇练兵事宜，总兵官以下全部受他指挥管辖。

自嘉靖以来，边墙虽修，墩台未建。继光巡行塞上，议建敌台。略言："蓟镇边垣，延袤二千里，一瑕则百坚皆瑕。比来岁修岁圮，徒费无益。请跨墙为台，睥睨四达。台高五丈，虚中为三层，台宿百人，铠仗糗粮具备。令戍卒画地受工，先建千二百座。然边卒木强，律以军法将不堪，请募浙人为一军，用倡勇敢。"督抚上其议，许之。浙兵三千至，陈郊外。天大雨，自朝至日昃，植立不动。边军大骇，自是始知军令。五年秋，台功成。精坚雄壮，二千里声势联接。诏予世荫，赉银币。

【译文】自嘉靖以来，长城虽然修筑，但还没有建墩台。戚继光巡视塞上时，提议建敌台。大致是说："蓟州长城，绵延二千里，如果一处有了毛病，那么所有坚固的地方就都有了毛病。近年来，年年修护却年年崩塌，徒劳无功。请跨墙修建敌台，瞭望四方。台高五丈，中空部分为三层，每台安置一百人，铠甲兵器干粮一应俱全。命戍守的兵卒在指定地方施工，先建一千二百座敌台。然而边兵质直刚强，强制用军法恐怕他们受不了，请求招募浙人组成一军，以此来倡导勇敢。"总督、巡抚将戚继光的建议奏报世宗，世宗准许。三千浙兵开到，在郊外列兵，天降大雨，从早晨到下午，他们笔直地站在那儿一动不动。边兵大为惊骇，从此知道军令威严。隆庆五年（1571年）秋季，敌台建成，精良坚固，雄伟壮阔，两千里声势相连。世宗下诏赐予世荫，并赏给银币。

继光乃议立车营。车一辆用四人推挽，战则结方阵，而马步军处其中。又制拒马器，体轻便利，遏寇骑冲突。寇至，火器先发，稍近则步军持拒马器排列而前，间以长枪、筤筅。寇奔，则骑军逐北。又置辎重营随其后，而以南兵为选锋，入卫兵主策应，本镇兵专戍守。节制精明，器械犀利，蓟门军容遂为诸边冠。

【译文】戚继光提议设立车营，每辆车用四人运输，作战时则结为方阵，而马军、步军在中间。又制作拒马器，轻巧方便，阻止敌寇骑兵的冲击。敌寇来到，先放火器，稍微靠近则由步兵拿着拒马器排列向前，兼用长枪、狼筅。敌寇如果奔逃，就由骑兵追击败敌。又让辎重营紧随其后，而以南兵为突击队，入卫兵主管配合呼应，本镇兵专管戍守。由于他治军精明，兵器锋利，蓟门军容于是成为各边塞之首。

当是时，俺答已通贡，宣、大以西，烽火寂然。独小王子后土蛮①徙居插汉②地，控弦十余万，常为蓟门忧。终继光在镇，二寇不敢犯蓟门。

【注释】①小王子：元朝灭亡后，北元分裂形成的鞑靼部落的主要首领，被明朝人称为小王子，前后有多位小王子，时常进犯明朝的北部边境。土蛮：即孛儿只斤·图门，蒙古族，库登汗的长子。喀尔喀蒙古的汗，蒙语尊称为札萨克图汗，察哈尔第三任可汗。明嘉靖三十七年（1558年）二十九岁时即汗位，在位三十五年，明朝称之为土蛮。由于他在位三十余年，明朝将察哈尔蒙古也称为土蛮。

②插汉：明代蒙古族部落名。亦称插汉儿、察罕、察哈尔，本元裔小王子之后。

【译文】在这时，俺答汗已进贡，宣化、大同以西，战火平熄。只有小王子后代土蛮迁居插汉地区，拥有十多万士兵，常常成为蓟门的忧患。终因戚继光在镇守卫，这二部敌寇不敢进犯蓟门。

寻以守边劳，进左都督。土蛮犯辽东，继光急赴，偕辽东军拒退之。继光已加太子太保，录功加少保。

【译文】不久因守边之功，升任左都督。土蛮进犯辽东，戚继光急忙奔赴救援，与辽东军一起击退敌寇。戚继光已加封太子太保，记录功劳后加封少保。

自顺义受封，朝廷以八事课边臣，曰积钱谷、修险隘、练兵马、整器械、开屯田、理盐法、收塞马、散叛党。三岁则遣大臣阅视，而殿最之。继光用是频荫赉。

【译文】自从俺答汗受封顺义王，朝廷以八项内容考核驻守边疆的大臣，即积聚钱币谷物、修建关隘、训练兵马、整理器械、开垦屯田、治理盐法、收集塞上马匹、分散叛党。每隔三年就派大臣检阅视察，考定等级优劣。戚继光因此经常受封荫赏赐。

继光在镇十六年，边备修饬，蓟门宴然。继之者，踵其成法，数十年得无事。亦赖当国大臣徐阶、高拱、张居正先后倚任之。居正尤事与商榷，欲为继光难者，辄徙之去。诸督抚大臣如谭纶、刘应节、梁梦龙①辈咸与善，动无掣肘，故继光益发舒。

【注释】①梁梦龙：字乾吉，号鸣泉，北直隶真定（今河北正定诸福屯村）人，明朝政治家、军事家。为官颇享清名，人称“梁阁老”。

【译文】戚继光在边镇十六年，边防得到整治，蓟门安定。他的继任者，继续沿用他原先的法令制度，数十年间太平无事。他能有这些成就，也有赖于当政大臣徐阶、高拱、张居正的先后倚重信任。尤其是张居正，每件事都与戚继光商议，想为难戚继光的人，他总是想办法调走。各督抚大臣如谭纶、刘应节、梁梦龙等人都与戚继光友善，从不牵制他，所以戚继光更加得志显达。

居正殁半岁，给事中张鼎思言继光不宜于北，当国者遽改之广东。继光悒悒不得志，强一赴，逾年即谢病。给事中张希皋等复劾之，竟罢归。居三年，御史傅光宅[①]疏荐，反夺俸。继光亦遂卒。

【注释】①傅光宅：山东聊城人，字伯俊，号金沙居士。万历五年进士。授知吴县，擢御史，疏荐戚继光。坐事改行人司正，迁南京兵部郎中。累迁重庆知府，参预镇压播州土司杨应龙叛乱。官至四川按察副使分巡遵义，改督学政。

【译文】张居正死后半年，给事中张鼎思进言说戚继光不适合镇守北方，当政者立即将他改任广东。戚继光郁郁不得志，勉强赴任，一年后就托病自请辞职。给事中张希皋等又弹劾他，戚继光最终免官归里。居家三年，御史傅光宅上疏保荐戚继光，反而被剥夺俸禄。随后戚继光也去世了。

继光更历南北，并著声。在南方战功特盛，北则专主守。

所著《纪效新书》、《练兵纪实》，谈兵者遵用焉。（明史卷二百十二）

【译文】戚继光经历南北边防重任，名声显著。在南方战功特盛，北方则专门主管防守。他所著的《纪效新书》《练兵纪实》，谈论兵法的人都遵照实行。（明史卷二百十二）

高　拱

【题解】高拱（1513—1578年），字肃卿，号中玄，河南新郑人。嘉靖二十年（1541年）进士。朱载垕为裕王时，任侍讲学士。嘉靖四十五年（1566年）拜文渊阁大学士。隆庆五年（1571年）升任内阁首辅。明神宗即位后，高拱以主幼，欲收司礼监之权，还之于内阁。与张居正谋，张居正与冯保交好，冯保进谗太后责高拱专恣，被勒令致仕。万历六年（1578年）卒于家中，次年赠复原官。

高拱在隆庆时期入阁，并执掌吏部事务，他对官员的选拔颇有见地，能知人识人。《续编》另辑录其著作《本语》，其中也谈到用人和人才培养的问题，均为经国大臣的经验之谈。

高拱，字肃卿，新郑人。嘉靖二十年进士。隆庆三年冬，帝召拱以大学士兼掌吏部事。

拱练习政体，负经济才，所建白皆可行。其在吏部，欲遍识人才，授诸司以籍，使署贤否，志里姓氏，月要而岁会之。仓卒举用，皆得其人。又以时方忧边事，请增置兵部侍郎，以储总督之选。由侍郎而总督，由总督而本兵，中外更番，边材自裕。又以兵者专门之学，非素习不可应卒。储养本兵，当自兵部司属始。宜慎选司属，多得智谋才力晓畅军旅者，久而任之，勿迁他曹。他日边方兵备督抚之选，皆于是取之。更各取边地之人以备司属，如铨司分省故事，则题覆情形可无扞格，并重其赏罚以鼓励之。凡边地有司，其责颇重，不宜付杂流及迁谪者。皆报可，著为令。拱又奏请科贡与进士并用，勿循资格。其在部考察，多所参伍，不尽凭文书为黜陟，亦不拘人数多寡，黜者必告以故，使众咸服。古田瑶贼乱，用殷正茂[1]总督两广。曰："是虽贪，可以集事。"贵州抚臣奏土司安国亨将叛，命阮文中代为巡抚。临行语之曰："国亨必不叛，若往，无激变也。"即而如其言。以广东有司多贪黩，特请旌廉能知府侯必登[2]，以厉其余。又言马政、盐政之官，名为卿、为使，而实以闲局视之，失人废事，渐不可训。惟教官驿递诸司，职卑禄薄，远道为难，宜铨注近地，以恤其私。诏皆从之。拱所经画，皆此类也。（明史卷二百十三）

【注释】①殷正茂：字养实，号石汀，南直隶徽州府歙（今安徽歙县）人。明代官员，有军事才干，为朝廷平定倭寇作出了很大的贡献。

②侯必登：字懋举，云南澄江人。明嘉靖三十八年（1559年）进士。隆庆二年（1568年）以兵部郎中出任潮州知府，到任后，革除苛政、捐税徭役，为百姓营造一个休养生息的环境。

【译文】高拱，字肃卿，新郑（今河南新郑）人。嘉靖二十年

（1541年）进士。隆庆三年（1569年）冬季，穆宗朱载垕征召高拱任大学士兼管吏部。

高拱熟习政体，有经时济世的才干，所提出的建议或陈述的主张都可以实行。他在吏部的时候，想全面认识人才，让各部门登记官员的情况，由他们选定贤愚的人，记下官职籍贯姓氏，每月索要而年末汇总。即使仓促选拔任用，都能得到合适的人选。又因为当时正担忧边防，请求增设兵部侍郎，以此作为总督的候选人。由侍郎到总督，由总督到兵部尚书，中外更替，治理边疆的人才非常充裕。又因为兵事是专门的学问，不经常训练就无法应对紧急事务。蓄养帅才，应该开始于兵部司属。应当谨慎选拔司属，多获得一些拥有才能智谋、精通军事的人，长期担任其职，不要调往其他部门。日后边防兵备和督抚的人选，都由此选取。进一步各选取边疆之人为司属做准备，就像铨司分行省考核官员一样，这样题本奏覆的情况就不会相互抵触，同时注重赏罚，以资鼓励。凡是边疆有关部门，责任重大，不适合让非正途出身的小官吏和被贬官的人去任职。穆宗都答复可行，拟成诏令。高拱又奏请一并任用科贡和进士，不遵循资格。他在考察部中情况的时候，大多交互错杂，不是完全凭借文书来裁撤或提拔，也不局限于人数的多少，被免官的人必定告知缘由，让众人都信服。古田瑶民制造祸乱，朝廷任命殷正茂为两广总督。高拱说："此人虽然贪心，却可以成事。"贵州抚臣上奏土司安国亨准备叛乱，朝廷任命阮文中代理贵州巡抚。临出发时高拱对他说："安国亨一定不会叛乱，如果你去，不要因刺激他而生变乱。”不久果真像他所说的那样。因为广东官吏贪污的人有很多，所以特意奏请表彰清廉能干的知府侯必登，以便整肃和激励其他人。又说马政、盐政方面的官吏，名义上是卿、是使，而实际上却把他们看作是闲而无事的职务。误人坏事，逐渐不听教诲。只有执掌教诲晓谕之职的教官和官吏驿站等部门，职位卑微俸禄很少，路途遥远较为困难。适合就近对官吏考选任命，以体恤他们的私情。穆宗同意了他的建议。高拱所经营筹划的，都是这类政事。（明史卷二百十三）

张居正

【题解】张居正（1525—1582年），字叔大，号太岳，江陵（今湖北荆州）人。嘉靖二十六年（1547年）进士，授庶吉士。隆庆元年（1567年）任吏部左侍郎兼东阁大学士，后迁任内阁次辅，为吏部尚书、建极殿大学士。隆庆六年（1572年）代高拱为内阁首辅，晋中极殿大学士，一切军政大事均由张居正主持裁决，任内阁首辅十年，实行一系列改革措施。财政上，清仗田地、推行“一条鞭法”，总括赋、役，皆以银缴，“太仓粟可支十年，周寺积金，至四百余万”；军事上，任用戚继光、李成梁等名将镇北边，用凌云翼、殷正茂等平定西南叛乱；吏治上，实行综核名实，采取“考成法”考核各级官吏，“虽万里外，朝下而夕奉行”，政体为之肃然。史称“张居正改革”。万历十年（1582年）六月，张居正病逝，享年五十八岁，赠上柱国，谥文忠（后均被褫夺）。明代唯一生前被授予太傅、太师的文官。死后被明神宗抄家，至明熹宗天启二年（1622年）才恢复名誉。

张居正为明代后期一位优秀的政治家，也是一位善于理财的宰辅。他所经历的嘉靖、隆庆、万历三朝，社会矛盾空前严重，利益集团斗争日趋尖锐。当时的内阁首辅，从张璁、夏言、严嵩、徐阶、高拱到张居正，都是经过激烈的斗争才取得首辅的地位。张居正成为内阁首辅后，推动变法改革，对安定社会、发展生产，起到了积极作用，社会经济有了较快发展。但是，张居正的改革触犯了顽固势力的巨大利益，因此他去世之后，官僚、豪强立即反攻报复。张居正被抄家，改良措施被废弃，改革的成果完全付之东流，明朝的统治很快在危机中不可挽回地走向了灭亡。

张居正，字叔大，江陵人。嘉靖二十六年，居正成进士，改庶吉士。日讨求国家典故。徐阶辈皆器重之。授编修，请急归，亡何还职。

【译文】张居正，字叔大，江陵（今湖北荆州市）人。嘉靖二十六年（1547年），张居正考中进士，改任庶吉士。每日探讨研究国家旧时的典章制度。徐阶等人都器重他。后被任命为编修，他奏请立即归乡，不久回京任职。

严嵩为首辅，忌阶，善阶者皆避匿。居正自如，嵩亦器居正。迁右中允，领国子司业事。与祭酒高拱善，相期以相业。寻还理坊事，迁侍裕邸讲读。王甚贤之，邸中中官亦无不善居正者。

【译文】严嵩任首辅，憎恨徐阶，与徐阶亲近的大臣都躲避。张居正却不受拘束，严嵩也很器重他。迁任右中允，负责国子司业的事务。他与祭酒高拱友善，相约做宰相干一番事业。不久又管理春坊事务，升任裕王府讲读。裕王认为他很有才能，府中的宦官也没有不和张居正友善的。

阶代嵩首辅，倾心委居正。世宗崩，阶草遗诏，引与共谋。寻迁礼部右侍郎兼翰林院学士。月余，与裕邸故讲官陈以勤[①]俱入阁，而居正为吏部左侍郎兼东阁大学士。

【注释】①陈以勤（1511—1586年）：字逸甫，号松谷，别号青居山人。四川南充水西里人，祖籍四川阆中，北宋宰相陈尧佐之后，明朝中期名臣。

【译文】徐阶取代严嵩任首辅，倾心委任张居正。世宗朱厚熜驾崩，徐阶草拟遗诏，召他一同谋划。不久升任礼部右侍郎兼翰林院学士。一个多月后，他与裕王府原来的讲官陈以勤都进入内阁，而张居正任吏部左侍郎兼东阁大学士。

时徐阶以宿老居首辅，与李春芳[①]皆折节礼士。居正最后入，独引相体，倨见九卿，无所延纳。间出一语辄中肯，人以是严惮之，重于他相。

【注释】①李春芳：字子实，号石麓。南直隶扬州兴化（今江苏兴化）人，祖籍句容。明朝内阁首辅。为人恭谨平恕，被时人比作世宗朝名臣李时。又与严讷、郭朴、袁炜同有“青词宰相”之称。

【译文】当时徐阶以老前辈的身份任首辅，与李春芳都能谦虚抑己，礼贤下士。张居正最后进内阁，却独显宰相之风，傲慢地接见九卿，不接受九卿的意见。偶尔说句话就能正中要害，人们因此害怕他，与其他阁相相比，又更为看重他。

高拱以很躁被论去，徐阶亦去，春芳为首辅。亡何，赵贞吉入，易视居正。居正与故所善掌司礼者李芳谋，召用拱，俾领吏部，以扼贞吉，而夺春芳政。拱至，益与居正善。春芳寻引去，以勤亦自引，而贞吉、殷士儋[①]皆为所构罢，独居正与拱在，两人益相密。

【注释】①殷士儋：字正甫，又字棠川，济南历城人，因官至内阁大学士，人称“殷阁老”。

【译文】高拱因强硬急躁而被罢官，徐阶也被免职，李春芳任首辅。不久，赵贞吉入内阁，轻视张居正。张居正与要好的原掌管司礼监的李芳商议，召用高拱，让他掌管吏部，以此扼制赵贞吉，而夺取李春芳的权力。高拱来后，与张居正更加友善。李春芳不久引退，陈以勤也自行引退，而赵贞吉、殷士儋都因受诬陷而被免官，只剩张居正与高拱留任，两人之间的关系越发亲密。

初，徐阶既去，令三子事居正谨。而拱衔阶甚，嗾言路追论不已，阶诸子多坐罪。居正从容为拱言，拱稍心动。而拱客构居正纳阶子三万金，拱以诮居正。居正色变，指天誓，辞甚苦。拱谢不审，两人交遂离。拱又与居正所善中人冯保[①]郄。

【注释】①冯保（1543—1583年）：字永亭，号双林，衡水市赵家圈乡冯家村人。明代太监，一代贤宦。于嘉靖年间入宫，隆庆初年掌管东厂兼理御马监。万历皇帝即位，历任司礼秉笔太监和司礼监掌印太监。明穆宗驾崩时成为顾命大臣。掌权后支持张居正推行的“一条鞭”法，使大明政权一度出现复苏局面。

【译文】起初，徐阶离去后，让三个儿子恭敬地事奉张居正。但高拱心里非常忌恨徐阶，唆使言官不停地追究，因此徐阶的儿子们大多被治罪。张居正不慌不忙地与高拱谈到此事，高拱内心有所触动。但是高拱的门客诬陷张居正接受徐阶儿子三万两银子的贿赂，高拱因此嘲讽张居正。张居正变了脸色，指天发誓，言辞苦不堪言。高拱道歉称自己不够慎重，两人的关系从此疏远。高拱又同张居正相友好的宦官冯保有嫌隙。

穆宗不豫，居正与保密处分后事，引保为内助，而拱欲去保。神宗即位，保以两宫诏旨逐拱，居正遂代拱为首辅。

【译文】穆宗朱载垕生病期间，张居正与冯保密谋处理后事，招来冯保做内助，而高拱却想赶走冯保。神宗朱翊钧即位，冯保凭两宫圣旨驱逐高拱，张居正于是取代高拱做了首辅。

帝虚己委居正，居正亦慨然以天下为己任，中外想望丰采。居正劝帝遵守祖宗旧制，不必纷更，至讲学、亲贤、爱民、节用皆急务。帝称善。

【译文】神宗虚心求教，把政事托付给张居正，张居正也慨然把国家的兴衰治乱作为自己的责任，朝廷内外都想一睹他的风采。张居正劝说神宗遵守祖宗的旧制，不必变更改换，至于讲学、亲贤、爱民、节用都是紧急重要的事务。神宗表示赞同。

居正为政，以尊主权、课吏职、信赏罚、一号令为主。虽万里外，朝下而夕奉行。

【译文】张居正处理政务，以尊崇皇权、考核吏绩、信守赏罚、统一号令作为主要措施。即使是万里以外的地方，早上下达政令晚上就必须执行。

当是时，太后以帝冲年，尊礼居正甚至，同列吕调阳①莫敢异同。及吏部左侍郎张四维②入，恂恂若属吏，不敢以僚自处。

【注释】①吕调阳：广西桂林人，字和卿，号豫所，谥文简。明朝后期名臣，历仕嘉靖、隆庆、万历三朝，以廉正闻于朝野。能文能诗，古雅淳厚。与张居正合编《帝鉴图说》，并纂修嘉靖、隆庆两朝实录。

②张四维：字子维，号凤磐，山西平阳府蒲州（今山西省运城市芮城县）人，明代万历朝内阁首辅。

【译文】在这时候，太后认为神宗朱翊钧年幼，更加敬重礼遇张居正，同僚吕调阳不敢发表不同意见。等到吏部左侍郎张四维进入内阁，温顺恭谨得如同下属官吏，不敢以同僚自居。

居正喜建竖，能以智数驭下，人多乐为之尽。俺答款塞，久不为害。独小王子部众十余万，东北直辽左，以不获通互市，数入寇。居正用李成梁[①]镇辽，戚继光镇蓟门。成梁力战却敌，功多至封伯，而继光守备甚设。居正皆右之，边境晏然。两广督抚殷正茂、凌云翼[②]等亦数破贼有功。浙江兵民再作乱，用张佳胤[③]往抚即定，故世称居正知人。然持法严。核驿递，省冗官，清庠序，多所澄汰。公卿群吏不得乘传，与商旅无别。郎署以缺少，需次者辄不得补。大邑士子额隘，艰于进取。亦多怨之者。

【注释】①李成梁：字汝契，号引城，辽东铁岭（今辽宁铁岭）人，明朝后期将领。祖上因躲避唐末变乱避于朝鲜，明朝时期回归。前后镇守辽东近三十年，屡破强豪，力压各方北方游牧部落，拓疆近千里。

②凌云翼：字汝成，一字延年，号洋山，南直隶太仓（今江苏太仓）人。嘉靖二十六年（1547年），考取进士，授工部主事。曾任兵部左侍郎兼右佥都御史，提督两广军务。

③张佳胤：避雍正帝讳，又作佳印、佳允，字肖甫、肖夫，初号泸山，号崌崃山人，重庆府铜梁县（今重庆市铜梁区）人。明朝大臣、文学家。嘉靖二十九年（1550年）进士，官至兵部尚书、太子太保。

【译文】张居正喜好建立功业，能凭谋术驾驭下属，人们大多乐意为他效力。俺答汗前来通好，许久不危害边关。只有小王子的十余万部众，在东北直逼辽东，因没有获准开通互市，而屡次入侵。张居正任用李成梁镇守辽省，戚继光镇守蓟门。李成梁努力奋战击退敌寇，因功劳多被加封为伯，而戚继光的防御设施也很完备。张居正对他们都很重视，边境得以安定。两广督抚殷正茂、凌云翼等人也有多次击败敌军之功。浙江兵民再次作乱，张居正派张佳胤前往安抚，立即平定，所以世人称张居正懂得用人之道。然而他执法严明。审核驿站、裁减冗官、清理学校，多有淘汰。公卿群吏不许乘坐驿车，与商旅没有区别。属官因为数额缺少，需要依次补缺的不能得到补缺，大城镇的士子名额也少，很难进取仕途。也有很多怨恨他的人。

时承平久，群盗猬起，至入城市劫府库，有司恒讳之，居正严其禁。匿弗举者，虽循吏必黜。得盗即斩决，有司莫敢饰情。盗边海钱米盈数，例皆斩，然往往长系或瘐死。居正独亟斩之，而追捕其家属。盗贼为衰止。而奉行不便者，相率为怨言，居正不恤也。

【译文】当时太平日久，众盗贼纷然而起，甚至进城入市抢劫府库，有关部门常常隐瞒此事，张居正严禁这种事情。隐瞒不报者，即使是善良守法的官吏也必定罢免。捕获的盗匪立即斩首，有关部门不敢隐瞒实情。盗窃沿海的粮饷数额较大的，按例都斩首，然而往往长期囚禁或者死在狱中。只有张居正立即对其斩杀，并且追捕他们的家属。因此盗贼逐渐衰减止息。而那些执行起来有难度的人，都对他有怨言，张居正也不体恤他们。

慈圣太后将还慈宁宫，谕居正谓："我不能视皇帝朝夕，恐不若前者之向学、勤政，有累先帝付托。先生有师保之责，与诸臣异。其为我朝夕纳诲，以辅台德，用终先帝凭几之谊。"因赐坐蟒、白金、彩币。未几，丁父忧。帝遣司礼中官慰问，视粥药，止哭，络绎道路，三宫赙赠甚厚。

【译文】慈圣太后将要返回慈宁宫，告诉张居正说："我不能早晚照顾皇帝，担心他不能像从前那样好学、勤于政务，有负先帝的嘱托。先生负有辅佐和教导皇帝的职责，与其他大臣们不同。你代我早晚进献善言，帮助皇帝施行德政，不要辜负先帝的临终付托。"于是赏赐坐蟒袍、白银、彩币给张居正。不久，张居正遭父丧。神宗朱翊钧派司礼监的宦官慰问他，查看饮食和服药情况，劝居正节哀，问候的人在道路上连续不断，三宫赠送的办丧事的财物十分丰厚。

户部侍郎李幼孜欲媚居正，倡夺情议，居正惑之。冯保亦固留居正。诸翰林王锡爵、张位、赵志皋、吴中行、赵用贤、习孔教、沈懋学[①]辈皆以为不可，弗听。于是使居正子编修嗣修与司礼太监魏朝[②]驰传往代司丧。礼部主事曹诰治祭，工部主事徐应聘治丧。居正请无造朝，以青衣、素服、角带入阁治政，侍经筵讲读，又请辞岁俸。帝许之。

【注释】①王锡爵：字元驭，号荆石，南直隶苏州府太仓州（今江苏太仓）人。明代首辅，著名政治家。张位：字明成，号洪阳，江西南昌新建县人。贯通经史，工诗善文。明代大臣、学者、诗人。赵志皋：字汝迈，号瀫阳，浙江金华府兰溪县（今浙江省金华市兰溪市）人。官至内阁首辅。赵用贤：字汝师，号定宇，江苏常熟人，明朝学者、藏书家。万历五年（1577年）因弹劾张居正，与吴中行同杖戍，被夺官归里。沈懋学：字君典，宣城（今属安徽）人。少有才名。万历进士，授修撰。致书劝居正奔父丧，张不听。托病辞官归。居数年，卒。福王时，追谥文节。

②魏朝：明朝万历、泰昌、天启年间的"三朝太监"，司礼监秉笔太监王安的下属，魏忠贤的结拜兄弟，同时也是魏忠贤的入宫介绍人。

【译文】户部侍郎李幼孜想讨好张居正，提出丧期未满就除去丧服出任官职的建议，张居正被迷惑了。冯保也坚决挽留张居正。众翰林王锡爵、张位、赵志皋、吴中行、赵用贤、习孔教、沈懋学等人都认为不行，张居正不听。于是派张居正的儿子编修张嗣修与司礼太监魏朝骑快马代替张居正主持丧礼，礼部主事曹诰负责安排祭奠，工部主事徐应聘负责办理丧事。张居正请求不朝觐，穿青衣、素服、角带进内阁处理政务，为神宗讲读经书，又请求不领年俸。神宗同意了。

时帝顾居正益重，常赐居正札，称“元辅张少师先生”，待以师礼。

【译文】当时神宗对张居正越发依赖器重，经常赏赐居正手札，称他为“元辅张少师先生”，用师礼对待他。

居正乞归葬父，帝使尚宝少卿郑钦、锦衣指挥史继书护归，期三月，葬毕即上道。戒次辅吕调阳等“有大事毋得专决，驰驿之江陵，听张先生处分”。

【译文】张居正请求辞职回乡安葬父亲，神宗派尚宝少卿郑钦、锦衣指挥史继书护送他回乡，限期三个月，葬礼结束后就立即上路回京。神宗告诫次辅吕调阳等人“有大事不许独自决断，驾乘驿马疾行到江陵，听候张先生处理”。

居正言母老不能冒炎暑，请俟清凉上道。于是内阁、两都部院寺卿、给事、御史俱上章，请趣居正亟还朝。帝遣锦衣指挥翟汝敬驰传往迎，计日以俟。居正所过，守臣率长跪，抚按大吏越界迎送，身为前驱。道经襄阳，襄王出候，要居正宴。故事，虽公侯谒王执臣礼，居正具，宾主而出。过南阳，唐王亦如之。入朝，帝慰劳恳笃，予假十日而后入阁。

【译文】张居正称母亲年老不能经受炎热，奏请等待天凉后再上路。于是内阁、两都部院寺卿、给事、御史都上奏书，请求催促张居正迅速回朝。神宗派锦衣指挥翟汝敬驾驿站快马前去迎接，数着日子等他回朝。张居正经过的地方，地方长官都行长跪礼，抚按大吏越界迎来送往，为他担当前锋。路过襄阳，襄王出来迎候，邀请张居正赴宴。按旧例，即使公侯拜见诸王也行臣礼，张居正却行宾主之礼而出。经过南阳，唐王也是如此。入朝，神宗诚恳殷切地慰劳他，准假十天而后让其进内阁处理政务。

居正以江南贵豪怙势及诸奸猾吏民善逋赋，选大吏精悍者严行督责。赋以时输，国藏日益充，而豪猾率怨居正。

【译文】张居正因为江南的贵戚豪门依仗势力以及各奸诈狡猾的官吏和百姓擅于逃避赋税，就挑选精悍的大吏严厉进行督察责罚。赋税因此能按时输送，国库日益充实，但那些豪强及狡诈不守法纪的官民都怨恨张居正。

帝初即位，冯保朝夕视起居，拥护提抱有力，小扞格，即以闻慈圣。慈圣训帝严，每切责之，且曰："使张先生闻，奈何？"于是帝甚惮居正。及帝渐长，心厌之。

【译文】神宗即位之初，冯保早晚照料神宗的起居，跟随照顾得力，稍有抵触，马上报告给慈圣太后。慈圣太后教导神宗甚为严格，时常严厉地责备他，并说："假如让张先生知道了，该怎么办？”于是神宗很害怕张居正。等到神宗逐渐长大，心中就开始厌烦他。

帝初政，居正尝纂古治乱事百余条，绘图，以俗语解之，使帝易晓。至是，复属儒臣纪太祖列圣《宝训》《实录》分类成书，凡四十：曰创业艰难，曰励精图治，曰勤学，曰敬天，曰法祖，曰保民，曰谨祭祀，曰崇孝敬，曰端好尚，曰慎起居，曰戒游佚，曰正宫闱，曰教储贰，曰睦宗藩，曰亲贤臣，曰去奸邪，曰纳谏，曰理财，曰守法，曰儆戒，曰务实，曰正纪纲，曰审官，曰久任，曰重守令，曰驭近习，曰待外戚，曰重农桑，曰兴教化，曰明赏罚，曰信诏令，曰谨名分，曰裁贡献，曰慎赏赉，曰敦节俭，曰慎刑狱，曰褒功德，曰屏异端，曰饬武备，曰御戎狄。其辞多警切，请以经筵之暇进讲。

【译文】神宗亲政之初，张居正曾编写一百多件古代治乱事例，绘成图画，用通俗的语言进行解释，让神宗容易弄懂。到了这个时候，又嘱咐儒臣把记录太祖朱元璋以来诸位圣王的《宝训》《实录》分类成书，共有四十条，分别是：创业艰难，励精图治，勤奋学习，崇敬上天，效法先祖，保护百姓，谨慎祭祀，崇尚孝敬，端正风尚，注意起居，戒除安逸，端正后宫，教育太子，和睦宗藩，亲近贤臣，远离奸邪，虚心纳谏，管理财物，遵守法令，注意改正错误，务求实效，端正纲纪，审察官吏，增加任期，增加守令职权，驾驭亲信之人，正确对待外戚，重视农业，提倡教化，明确赏罚，讲求诏令的信用，谨慎对待名分，裁减贡献，慎重赏赐，敦促节俭，小心刑罚，表彰功德，摒弃异端，整顿武备，防御戎狄。言辞大多警策，张居正请求在讲论经史之余进行讲解。

居正自夺情后，益偏恣。其所黜陟，多由爱憎。左右用事之人多通贿赂。

【译文】张居正自“夺情”之后，更加偏执任性。他所罢免或提拔的人，大多是因为自己的好恶。他身边办事之人大多精通贿赂。

亡何，居正病。帝频颁敕谕问疾，大出金帛为医药资。四阅月不愈，百官并斋醮为祈祷。南都、秦、晋、楚、豫诸大吏，亡不建醮。帝令四维等理阁中细务，大事即家令居正平章。居正始自力，后惫甚不能遍阅，然尚不使四维等参之。及病革，乞归。上复优诏慰留，称“太师张太岳先生”。及卒，帝为辍朝，谕祭九坛，视国公兼师傅者。于是四维始为政，而与居正所荐引王篆、曾省吾①等交恶。

【注释】①王篆：字绍芳，夷陵州（今湖北宜昌）人。天资聪颖，青少年时期就有才名，嘉靖三十四年（1555年）考中举人，随后出任江西吉水县知事。七年之后，考中进士。不久升任两京都御史，晋位吏部侍郎，固有“铁御史”称号，加之其为官清廉，对母孝敬，被老百姓尊称为“王天官”。曾省吾：字三省，号确庵，晚年自号恪庵。湖广承天府钟祥县人。明代文人。嘉靖三十五年（1556年）进士，授富顺知县。出张居正门下。累官工部尚书。

【译文】不久，张居正患病。神宗频频颁发诏令探问病情，拿出许多钱物给他做医药费。经过四个月没有痊愈，百官一同设坛为他祈福。南都、秦、晋、楚、豫的许多大吏，没有不设坛做法事的。神宗命张四维等人处理内阁中的琐碎小事，大事则命张居正在家里裁决。张居正起初竭尽全力，后来很疲惫不能全部审阅，然而仍不让张四维等人参与处理。等到病情加重，请求辞官回乡。神宗又下达褒美嘉奖的诏书劝慰挽留他，称他为“太师张太岳先生”。等到他去世，神宗因他而停止朝议，下旨在九坛祭祀张居正，把他看作国公兼师傅。自此张四维开始主持朝政，并与张居正所举荐的王篆、曾省吾等人互相憎恨仇视。

初，帝所幸中官张诚见恶冯保，斥于外，帝使密诇保及居正。至是，诚复入，悉以两人交结恣横状闻，且谓其宝藏逾天府。帝心动。左右亦浸言保过恶，而四维门人御史李植[①]极论徐爵与保挟诈通奸诸罪。帝执保禁中，逮爵诏狱。谪保奉御居南京，尽籍其家金银珠宝巨万计。帝疑居正多蓄，益心艳之。

【注释】①李植：字汝培。父承式，自大同徙居江都，官福建布政使。

【译文】起初，神宗宠幸的宦官张诚被冯保嫌恶，而被贬斥在外。神宗派他秘密侦察冯保和张居正。到了这时，张诚再次入宫，详尽地把他们二人相互勾结放纵专横的情况报告给神宗，并称他们所储藏的珍宝超过国库。神宗为此动心。左右侍从也逐渐揭发冯保的过失与罪恶，而张四维的门生御史李植竭力论述徐爵与冯保心怀欺诈狼狈为奸的多条罪状。神宗在皇宫拘捕了冯保，把徐爵关入诏狱。将冯保贬到南京任奉御，抄没他家里的全部金银珠宝，数额巨万。神宗怀疑张居正也有很多积蓄，心中更加嫉羡了。

言官劾篆、省吾，并劾居正，篆、省吾俱得罪。新进者益务攻居正。诏夺上柱国、太师，再夺谥。居正诸所引用者，斥削殆尽。召还中行、用贤等，迁官有差。刘台[①]赠官，还其产。御史羊可立复追论居正罪，指居正构辽庶人宪㸅[②]狱。庶人妃因上疏辩冤，且曰："庶人金宝万计，悉入居正。"帝命司礼张诚及侍郎丘橓[③]偕锦衣指挥、给事中籍居正家。诏尽削居正官秩，夺前所赐玺书、四代诰命，以罪状示天下，谓当剖棺戮尸而姑免之。其弟都指挥居易、子编修嗣修，俱发戍烟瘴地。

【注释】①刘台：字子畏，湖广兴国州（今湖北阳新）人，出生于四川巴县，隆庆五年进士，授刑部主事。万历初，改御史。因上疏劾张居正，廷杖除名。居正复诬以他事，远戍广西。至浔州暴卒。天启初，追谥毅思。

②宪㸅：即辽王朱宪㸅，辽简王朱植六世孙，辽庄王朱致格子，祖籍安徽凤阳。嘉靖十六年嗣，以奉道为世宗所宠，赐号清微忠教真人，予金印。隆庆元年，御史陈省劾宪㸅诸不法事，诏夺真人号及印。第二年，巡按御史郜光先复劾其大罪十三，命刑部侍郎洪朝选往勘，具得其淫虐僭拟诸罪状。帝以宪㸅宜诛，念宗亲免死，废为庶人，锢高墙。

③丘橓：字茂实，诸城人。嘉靖二十九年（1550年）进士。由行人擢刑科给事中。拜南京吏部尚书，卒官。赠太子太保，谥简肃。

【译文】谏官弹劾王篆、曾省吾，并弹劾张居正，王篆、曾省吾都被治罪。刚受提拔的人更致力于攻击张居正。神宗下诏削夺了他的上柱国、太师的封号，又削去他的谥号。张居正所推荐的人，都被贬职或免官。神宗召回吴中行、赵用贤等人，分别给予擢升。刘台也被追封官职，归还他的家产。御史羊可立又继续追究张居正的罪行，指责张居正捏造辽庶人朱宪㸅的冤狱。庶人妃因此上奏疏辩白冤屈，并说：“我家上万计的金银财宝，都被张居正独吞了。”神宗命司礼张诚和侍郎丘橓带着锦衣指挥、给事中去抄张居正的家。神宗下诏全部削夺张居正的官衔品级，收回从前赏赐的玺书、四代的诰命，把张居正的罪状公示于天下，称应当剖棺戮尸但姑且免去这一刑罚。他的弟弟都指挥张居易，儿子编修张嗣修，都被发配到西南边远地区戍边。

终万历世，无敢白居正者。崇祯[1]三年，礼部侍郎罗喻义[2]等讼居正冤。帝令部议，复二荫及诰命。十三年，敬修孙同敞[3]请复武荫，并复敬修官。帝授同敞中书舍人，而下部议敬修事。尚书李日宣[4]等言：“故辅居正，受遗辅政，事皇祖者十年，肩劳任怨，举废饬弛，弼成万历初年之治。其时中外乂安，海内殷阜，纪纲法度，莫不修明。功在社稷，日久论定，人益追思。”帝可其奏，复敬修官。（林潞《江陵救时之相论》曰：苏文定云：“天下有权臣，有重臣，二者其迹相近而难明。凡为天下，宜有以养其重臣之威，使天下百官有所畏忌，而缓急之间能有所坚忍持重而不可夺。”吾尝据此以论江陵。

【注释】①崇祯：明思宗朱由检的年号（1628—1644年），是明朝作为大一统王朝的最后一个年号。

②罗喻义：字湘中，益阳人。万历四十一年（1613年）考中进士。调为庶吉士，授任检讨。天启初年返朝，曾任谕德。天启六年（1626年）提升为南京国子祭酒。思宗朱由检继位，征召罗喻义授任礼部右侍郎，协理詹事府。不久充任日讲官，教习庶吉士。

③同敞：即张同敞，字别山，湖北江陵人，明末抗清名臣，民族英雄，名相张居正曾孙，以荫补中书舍人。南明永历年间，任兵部侍郎、总督广西各路兵马兼督抗清军任务，后任桂林总督。

④李日宣：字晦伯，江西省吉水县人。万历四十一年（1613年）进士，授中书舍人，擢御史。天启元年（1621年），清军攻下辽阳，日宣上疏，请熹宗面见大臣，共同处理政务；又请广开言路，起用被斥退的正派官员。熹宗认为其滥荐，停薪三月。不久出任河东盐政。还朝后，因族父李邦华任兵部侍郎，避嫌而归。天启五年（1625年）七月，李邦华、李日宣被宦官倪文焕弹劾为“东林邪党”而削职。

【译文】整个万历朝，没有人敢为张居正辩白。崇祯三年（1630年）礼部侍郎罗喻义等人为张居正申辩冤屈。思宗朱由检命各部商议，恢复他荫及两代的待遇和帝王所封赠的称号。十三年（1640年），张敬修的孙子张同敞又奏请思宗恢复世袭武职，并恢复张敬修的官职。思宗任命张同敞为中书舍人，并下旨让各部讨论张敬修一事。尚书李日宣等人说："原首辅张居正，接受遗诏辅佐朝政，为皇上的祖父工作了十年。任劳任怨，百废俱兴，整顿纲纪，辅佐皇祖达到万历初年的兴盛局面。当时朝廷内外太平，国内富庶丰足，纲纪法度没有不清明的。他有功于国家社稷，日久已有定论，人们更加怀念他了。"思宗同意了大臣们的奏议，恢复了张敬修的官职。（林潞《江陵救时之相论》：文定公苏辙说："天下有权臣、重臣，这两者他们行迹相似而难以辨明。凡是治理天下，理应培养有威严的重臣，使得天下百官有所畏惧顾忌，在事情危急得时候能意志坚定举止稳重而不能使其动摇。"我尝试依据这个观点来评论张居正。

江陵在时，举世皆目为权臣者也。当时群臣徒见其外而不不见其内，见其侵天子之权，而不察其所为有不得已而出于救时者。由今视江陵，似是两人。观其逐新郑、废辽王、夺情起复，几于无上；观其十五年之经济，乘得为之时，优之以才，济之以刚，猛鸷而立功名，一时廷臣无出其右。原其意以为举朝因循玩惕，方且伺隙于我，而我无以肩之即事必不济，两宫、冲圣之倚毗必不副，当时观场之人无论已。百年以来，曲学腐儒动辄讲王霸，辨义利，不察其本末，而概以揽权震主相责。夫世庙以来，无相久矣。生非文武成康，而不识救时为急。予以为，逐新郑、废辽王、夺情起复三者，罪之大者也。其事载在国史，怙宠悖理何疑焉？吾宁信之，岂惟信之，将以责之。此其事姑未辨。

【译文】张居正在世时，全天下都把他看作是一个权臣。当时群臣仅仅看见他的表面而没有看见他的实质，看见他侵夺天子的权力，却没有察觉他的所作所为是出于不得已而且出于匡救时弊的。从今天看张居正，似乎是不同的两个人。看他驱逐新郑人高拱、罢废辽王、执意夺情起复（指张居正没有按照礼制为其父张文明守丧而接受神宗夺情诏令继续担任官职），几乎是无法无天；看他十五年来的惨淡经营，乘着可以实现志向的时期，以才能来协调他，以刚正的态度实现它，勇猛而建立功名，一时之间朝中大臣没有超过他的。推究他的意思，认为举朝上下因循守旧偷安苟且，正当窥探可乘之机，如果自己不肩负这个重任那事情必然不会得到处理，必然配不上两宫太后、幼主神宗的倚重，当时看热闹的人不会议论自己。一百年以来，学识浅陋的人、思想陈腐的儒生动不动讲解王道和霸道，辨析道义和利益，没有观察事情的原委和经过，却一概以独揽大权功高震主来谴责张居正。自从世宗以来，已经很久没有宰相了。天生不是周朝的文王、武王、成王、康王，却不知道以匡救时弊为当务之急。我认为，驱逐高拱、罢废辽王、夺情起复这件事，是大罪。这些事情被记载国史内，倚仗恩宠违背人情这又有什么值得怀疑的呢？我宁可相信他，何止相信他，将会谴责他。这件事姑且不分辨。

洪武初，罢丞相，以五品殿阁加孤卿，名之曰阁臣。夫阁臣，词臣也，分其任于六曹，而职司票拟。其不贤者窃一人之鼻息以张威福，其贤者宫中、府中斡旋调剂，上一阁揭，回以片言，而相之职止此矣。功可以窃，而罪可以诿，莫阁臣若。江陵起而忧之，欲举相职。其进《直解》，进《大宝箴》，进《帝鉴图》，欲天子敬学；进《皇陵碑》，进《宝训》，进《御礼》，欲天子法祖；裁进奉，谏营造，欲天子节俭；引见贤能，欲天子知吏治；图百官于御屏，欲天子体群臣；请大阅，欲天子念边防；蠲逋赋，欲天子子庶民；绝馈遗，戒请托，欲天子知大臣法则小臣廉。不宁惟是，当江陵官翰苑时，即志期公辅。四方輶轩奉使归者，必往为造请。辙迹所至，户口扼塞、山川形势、地利平险、人民强弱，一一札而记之。肃皇帝二十余年间，彼亲见贵溪、分宜交相龁，而边备废弛，天子纵有所诛杀，卒无成功。一旦柄国，辅十龄天子，绸缪牖户，措意边防者为至。江陵匪直相也，而直以相将将，故南北守御、百粤、滇、蜀必付托得人。将帅能效力者，量其才，专其责，湔其瑕，励其志，鼓之以爵禄，假之以事权，凛之以三尺，破之以疑畏，责之以实效，数万甲兵藏于胸，而指挥乎数千里之外。虚怀咨询，削牍星驰，尝有数什伯相君贯乎将士之心，而戴乎将士之首？战胜攻取，代为奏藁，当以某事咨禀；功成凯至，又论以朝意，当以某辞入告，某策善后。勇怯强弱，进退疾徐，洞若观火。边吏奏记政府，命之亲书，以毋泄机宜，又必命其书衔，择其重大窾要者，一一陈说于天子之前，而使至尊识其劳苦，知其姓名。故能缚大憝，歼群丑，以奠安中夏者垂十年。至江陵殁而享其余威，以固吾圉者又二十年。此江陵所为举相职也，而且不遗余力以综庶务，由是而严清丈，董驿递，度河工，疏饷艘，询水利，饬学校，核名实，辨执掌，久视为具文者按实行之。揽权震主之外，世所谓益之以操切者也。诸葛君曰："愿陛下责臣以实效，不效则治臣之罪。"夫既已有实效矣，两宫、冲圣知之，举朝知之，而其心未必知之。方其柄国时，惓惓致书贤者，辨明心曲，以为吾非不知乎天下之怨，既已肩其任矣，吾欲贻冲圣以安，不专必不一，不断必不成。十年之间，两宫、冲圣享其逸，江陵处其劳。两宫、冲圣任人则逸者也。六曹大臣荫其逸，犹曰侵官，乃委琐、龌龊者畏之，有才无胆者妬之，清正拘牵者非之，畏难者怨之，迎合者惮之，深文排诋者疑之，蜚语喧腾，而欲虚心衡断其功罪也，胡可得哉？

【译文】洪武初年，罢免丞相，用五品的殿阁大学士加上少师、少傅、少保等孤卿的官衔，称之为阁臣。阁臣就是侍从顾问的大臣，将丞相的职任分给六曹官员，而阁臣仅仅是掌管票拟（指明清内阁代皇帝批答臣僚章奏，先将拟定之辞书写于票签，附本进呈皇帝裁决的制度）。如果是不贤能的阁臣借皇帝的权势来作威作福，但是贤能的阁臣在宫中、府中挽回调整，呈上一件直达皇帝的机密奏章，用片言只语来答复，宰相的职能就只能到达这里了。功劳可以偷来，罪过可以推诿，那没有人比得过阁臣更能做到这些。张居正官居阁臣时就担忧这个，想履行宰相的职能。他进呈《直解》《大宝箴》《帝鉴图》，想让天子尊重学问；进呈《皇陵碑》《宝训》《御礼》，想让天子效法先帝；裁去四方的朝贡，劝谏大兴土木，想让天子节省俭约；引荐贤能的人才，想让天子了解吏治；将百官图像画在御屏上，想让天子体察群臣；请求大规模检阅军队，想让天子念及边防事务；免除积欠的税赋，想让天子怜悯百姓；杜绝赠送财物的行为，戒除以私事相托的行为，想让天子知道大臣守法那么小臣就会廉洁。不仅如此，当张居正官居翰林院时，就已经志在宰辅之位辅佐天子了。天下四方奉命出使的官员回京后，张居正必然会前往他家中拜访他。使者经过的地方，该地方的人口和要塞、山川形势、地势平坦和险要、百姓的强大和弱小，全都记下来。在世宗肃皇帝的二十多年间，他亲身经历贵溪人夏言、分宜人严嵩互相倾轧之事，边防事务渐渐松弛，天子纵然有所诛杀，最终没有得到实现。张居正一朝之间执掌朝政，辅佐年仅十岁的神宗，他未雨绸缪，留意边防事务并作为朝政的重中之重。张居正不是真正意义的宰相，却以真正宰相的职任任命将领，因此南北防御事务、百越之地、云南、四川等必然托付给合适的人才。能够为国报效的将领，衡量他的才能，给他专门的职权，洗去他的缺点，激励他的志向，用品爵俸禄来鼓舞他，用军事上的权宜行事来让他行使，用法律来让严正有威势，破解他的猜疑畏惧，用实际功效来责求他，几万士兵藏在胸中，而张居正却能在千里之外指挥千军万马。张居正虚心请教，书信来往迅速，曾有数十倍百倍宰相深入将士们的内心之中，而成为将士们的首领？战胜敌人攻取城池，就代为拟写奏章，当作某事上呈奏报；功劳实现班师凯旋，又依据朝中意见论述，当作某言辞进宫禀报，某计策妥善处理后事。勇敢怯懦强大弱小，进退快慢，观察事物非常清楚透澈，就像看火一样。边疆官员向朝廷陈述意见，张居正就命令他亲笔书写，不要泄露了机密，又一定命令他写上官衔，然后选择当中重大的要害之处，一一在天子面前陈述，使得皇帝认识边疆官员的劳苦，知道他们的姓名。因此能够抓住罪大恶极的人，歼灭邪恶之众，使得中国获得了十年安定。张居正逝世后，天下依旧靠着他的余威，巩固了国家二十年的太平。这就是张居正在任宰相时所作的贡献，而且他不遗余力地处理各种事务，因此严格地丈量土地，监督驿站事务，衡量修河工程，疏通粮船运输，巡访水利工程，整顿学校，核查名实，辨明职权，很久之前被当作徒有形式而不起实际作用的一纸空文，张居正却按照实际来实行它。把持朝政功高震主之外，这些都是世人所说的操之过急了。诸葛亮说："希望陛下用实际功效来责求我，如果实现不了就惩治我的罪过。"张居正的举措都有了实际功效，两宫太后、幼主神宗都知道了，满朝上下都知道了，而张居正的内心不一定被他们所了解。正当张居正执掌朝政时，真挚诚恳地写信给那些贤能的人，表明他内心的真实想法，认为自己不是不知道天下的怨恨，既然已经肩负了这个重担，自己想让幼主神宗获得安逸，如果不专权必然不能统一号令，不果断事情必然不能实现。十年之间，两宫太后、幼主神宗享受安逸，张居正却处在劳苦的地位之中。两宫太后、幼主神宗任人得当则享受安逸。六部大臣既然已经承蒙张居正也得到了安逸，仍然说张居正侵夺他们的职权，于是气度狭小、品行卑劣的人畏惧他，有才能却没胆量的人妒忌他，清白正直、拘泥古制的人诽谤他，畏惧艰难的人怨恨他，逢迎顺从的人忌惮他，罗织罪名、排斥诋毁他的人猜疑他，流言蜚语纷纷扰扰，如果想虚心评判张居正的功劳和罪过，又怎能做得到呢？

虽然，江陵三罪，不可以不辨。禁籞何地，而奸宄得以阑入？亲藩入议，而大臣不为援请。时际晏安，而金革何以变礼？即不曲为文致，而罪已不容逭。才大而溢，任重而疏，以忠君爱国之心，而杂以一切吐弃之意，此则太史公责淮阴不能学道谦让、不矜不伐者也。吾犹有说焉。宰相为天子统百官，如裘之有领，门之有闑，舟之有柁。宰相重则朝廷尊、百务举，宰相轻则朝廷卑、事权杂。自江陵殁后，而诋江陵者，非惟自轻，而足以误国。庙堂诸老委蛇无建白，而使神考轻宰相，恶谏官，燕安无忌，矿使四出，宫闱挟宠，九列无官，朝堂不御，封疆大患，帷幄无谋，以门户筹边，以朋党任将，一误

再误，宦寺乘之，而国不可为矣。思陵之季，抚髀思江陵，而后知得庸相百，不若得救时之相一也。）（明史卷二百十三）

【译文】尽管如此，张居正的三大罪状，不能不分辨清楚。皇宫是什么地方，犯法作乱的人竟能擅自闯入？亲王入预朝政，然而大臣没有援例请教。正逢天下太平无事，战争时期适应的特殊情况为什么改变仪礼？即使没有委婉地舞文弄法，然而罪行已经不能逃脱。才能大却溢出来，责任重却被疏远，以忠君爱国之心，以一切唾弃之意参杂其中，这就是太史公司马迁指责淮阴侯韩信没有做到学道谦让、不夸耀自己的功劳和才能的原因。在其中，我依然有我自己的主张。宰相替天子统领百官，就像衣服有衣领，大门有门橛，船只有船舵。宰相权力重那么朝廷就会被尊奉、各种事务得到处理；宰相权力轻那么朝廷就会被轻视、职权就会混杂。自从张居正逝世后，诋毁张居正的人，不但轻视自己，而且能够耽误国家事务。在朝堂任职的各位大臣敷衍了事，没有提出什么建议，却使得神宗轻视宰相，厌恶进谏的官员，安逸享乐，无所顾忌，不断派出矿监税使掠夺天下财富，后宫仗恃恩宠胡作非为，九卿之中没有官员担任，不上朝听政，边疆外敌侵扰形成大患，大臣们没有谋略，都以门派筹划边防，以朋党任命将领，使得国事一误再误，宦官乘机把持朝政，那国家不能得到处理了。崇祯末年，思宗拍着大腿思念张居正，然后才知道纵然得到一百个平庸的宰相，不如得到一个能够匡救时弊的宰相。）（明史卷二百十三）

黄凤翔

【题解】黄凤翔（1538—1614年），少名凤翥，字鸣周，号仪庭，晋江（今福建晋江）人。隆庆二年（1568年）进士，被任命为编修，后升任礼部右侍郎。《续编》辑录了他因当时洮、河地区告警报，上书给穆宗朱载垕的谏言，指出朝廷应该重视用人和理财两件事情。当时明朝社会已经矛盾重重，黄凤翔提出重视用人和理财的主张，是深切时弊的，可惜并没有得到穆宗的采纳。

黄凤翔，字鸣周，晋江人。隆庆二年进士及第，授编修。擢礼部右侍郎。洮、河告警，抗疏言："多事之秋，陛下宜屏游宴，亲政事，以实图安攘。为今大计，惟用人、理财二端。宋臣有言：'平居无极言敢谏之臣，则临难无敌忾致命之士。'邹元标直声劲节，铨司特拟召用。其他建言迁谪，如潘士藻、孙如法亦拟量移，而疏皆中寝。士气日摧，言路日塞。平居只怀禄养交，临难孰肯捐躯为国家尽力哉？昔宋艺祖欲积缣二百万易辽人首，太宗移内藏上供物为用兵养士之资。今户部岁进二十万，初非旧额，积成常供。陛下富有四海，奈何自营私蓄？窃见都城寺观，丹碧荧煌，梵刹之供奉，斋醮之祈禳，何一不糜内帑。与其要福于冥漠之鬼神，孰若广施于孑遗之赤子？"帝不能用。（明史卷二百十六）

【译文】黄凤翔，字鸣周，晋江（今福建晋江）人。隆庆二年

（1568年）考中进士，被任命为编修，后升任礼部右侍郎。洮、河地区（黄河上游，今甘肃境内）传来警报，他向穆宗朱载垕上书直言说："政局动荡不安，陛下应当放弃游乐宴饮，亲临政事，以便真正排除祸患，使天下安定。从当前的处境打算，最重要的是用人和理财两方面。宋代有大臣曾说：'平常没有大胆极谏的臣子，那么在面对危难的时候就没有勇敢御敌的将士。'邹元标直言有气节，铨司破格打算征召任用他。其他因谏言遭到贬官的人，如潘士藻、孙如法也打算酌情调迁近处任职，但奏疏都滞留宫中没有回应。结果士气日益低落，言路日益堵塞。平常只留恋爵禄，豢养私交，面对危难谁肯为国捐躯竭尽全力呢？过去宋太祖赵匡胤想聚积二百万匹细绢，换取辽国人的首级，太宗赵光义拿出内库储藏的供物，作为用兵养士的资财。如今户部每年供奉二十万两白银，最初并非旧有的定额，渐渐却成了日常供奉。陛下拥有天下财富，为何还自谋私蓄？臣私下看到都城的寺观，丹碧辉煌，梵刹的供奉，斋祭的祈祷，哪一项不耗费皇室的私产？与其向阴间的鬼神求福，怎么比得上广泛地施恩于幸存的华夏赤子呢？"穆宗没有采纳他的建议。（明史卷二百十六）

蔡毅中

【题解】蔡毅中（1548—1631年），字宏甫，号濮阳，光山（今河南光山）人。人称中山先生。万历二十九年（1601年）进士，改庶吉士，授翰林院检讨。官至礼部右侍郎兼国子监祭酒。追赠礼部尚书，谥号文庄。

蔡毅中不畏权势，仗义执言。因东林党人杨涟弹劾魏忠贤，被严旨切责，蔡毅中率部属继之抗疏直谏，极言宦官之害。魏忠贤大怒，嗾使其党弹劾他，后罢职归乡。

蔡毅中，字宏甫，光山人。祖凤翘，平阳同知。父光，临洮同知。毅中五岁通《孝经》。父问："读书何为？"对曰："欲为圣贤耳。"万历二十九年第进士，改庶吉士，授检讨。四十五年，以浮躁镌秩。

【译文】蔡毅中，字宏甫，光山（今河南光山）人。祖父蔡凤翘，任平阳同知。父亲蔡光，任临洮同知。蔡毅中五岁就通晓《孝经》。父亲问他："为什么要读书呢？"他回答说："想做圣贤。"万历二十九年（1601年），考中进士，改任庶吉士，授翰林院检讨。万历四十五年（1617年），因急躁而被降职。

天启[①]初，大起废籍，补长芦盐运判官。屡迁国子祭酒，擢礼部右侍郎，仍领祭酒事。杨涟劾魏忠贤[②]得严旨，毅中率其属抗疏言：

学校者，天下公议所从出也。臣正与诸生讲"为君难"一书，忽接杨涟劾忠贤疏，合监师生千有余人，无不鼓掌称庆。乃皇上不下其奏于九卿，而谓一切朝政皆亲裁，以奸珰为忠，代之受过，合监师生无不扪心愁叹不已也。臣惟三代以后，汉、隋、唐、宋诸君，其受权珰之害与处权珰之法，载在《通鉴》。我朝列圣受权珰之害与处权珰之法，载在《实录》。臣皆不必多言。但取至近至亲如武宗之处刘瑾、神宗之处冯保二事，愿皇上遵之。瑾在武宗左右，言听计从，一闻诸臣劾奏，夜半自起，擒而杀之。神宗临御方十龄，保左右扶持，尽心竭力。既而少作威福，台省劾奏，未闻举朝公疏，神祖遂不动声色而戍保于南京。今忠贤无保之功，而极瑾之恶。二十四罪，无一不当悉究。举朝群臣欲于朝罢，跪以候旨，忠贤遂要皇上入宫，不礼群臣。今又欲于视学之日，群臣及太学诸生面叩陈请矣，而皇上漫不经意。数日以来，但有及忠贤者，留中不发，如此蒙蔽，其中宁可测哉？乞将涟疏发九卿科道从公究问，即不加刘瑾之诛，而以处冯保之法惩之，则恩威并著，与神祖媲美矣。

【注释】①天启：明朝第十五位皇帝熹宗朱由校的年号（1621—1627年）。

②魏忠贤：字完吾，北直隶肃宁（今河北沧州肃宁县）人，明朝末期宦官。明熹宗时期，出任司礼秉笔太监，极受宠信，被称为“九千九百岁”，排除异己，专断国政。朱由检继位后，打击惩治阉党，治魏忠贤十大罪，命逮捕法办，自缢而亡，其余党亦被肃清。

【译文】天启初年，大量起用前朝被免职的官员，蔡毅中被补任为长芦盐运判官。后来屡次迁任国子祭酒，晋升礼部右侍郎，仍然兼管国子祭酒的事务。杨涟因弹劾魏忠贤而被下旨严惩，蔡毅中率他的部属上书直言说：

学校，是天下公论产生的地方。臣正和学生们讲“为君难”一书，忽然接到杨涟弹劾魏忠贤的奏疏，全国子监师生共千余人，无不拍手称快。皇上却不将他的奏疏下发到九卿，还说一切朝政都是亲自裁决，视奸邪的宦官为忠良，代他们受过，全国子监师生无不抚胸忧愁叹息不止。臣思虑三代以后，汉、隋、唐、宋各位君主，深受当权宦官的祸害和处置之法，都记载在《通鉴》中。我朝历代皇帝遭受当权宦官的祸害与处置之法，都记载在《实录》中。对此，臣都不必多言。只选取最近最亲的，如武宗朱厚照处置刘瑾，神宗朱翊钧处置冯保这两件事，希望皇上遵循此法。刘瑾在武宗的身边，武宗对他言听计从，但是武宗一听到大臣们检举刘瑾的罪行，就半夜亲自起身，擒杀了刘瑾。神宗登基时刚十岁，冯保在身边扶持，尽心竭力。后来稍微作威作福，台省官员上奏弹劾，还没听到全朝大臣的奏疏，神宗就不动声色地把冯保贬到南京戍守。如今魏忠贤没有冯保的功劳，却极尽刘瑾的罪恶。二十四条罪状，没有一条是不应该悉数追究的。满朝大臣想在朝会结束后，跪地等候圣旨，魏忠贤却请皇上进宫，不以礼待群臣。现在又想在皇上亲往国学，行释奠养老礼仪的那天，群臣和太学诸生当面叩拜提出请求，但皇上却漫不经心。几天来，只要涉及魏忠贤的奏疏，皇上就留在宫中不下发，如此欺瞒，其中的祸害怎能推测得到呢？请求将杨涟的奏疏下发给九卿科道公开追究讯问，即使不加以刘瑾那样的诛杀，而用处理冯保的办法来惩罚他，则恩威并用，就可以与神宗相媲美了。

疏入，忠贤戟手大诟。毅中乃再疏乞归，不许。已，嗾其党劾罢之。（明史卷二百十六）

【译文】奏疏送入宫中，魏忠贤用手指着对方大骂。蔡毅中便一再上奏请求辞职回乡，熹宗朱由校不同意。后来，魏忠贤指使他的党羽弹劾并罢免了蔡毅中。（明史卷二百十六）

顾锡畴

【题解】顾锡畴，字九畴，号瑞屏，昆山（今江苏昆山）人。万历四十七年（1619年）进士，改庶吉士，授翰林院检讨。因弹劾总兵贺君尧挞辱诸生，贺君尧夜使人杀之，投尸于江。温州人觅之三日，乃得棺殓。清乾隆时，追谥节愍。

《续编》辑录了顾锡畴关于用人理财方面的奏疏。他上言陈述崇祯朝用人"五失"，要有用人"五善"去纠正弊端。意在证明用人得当，则理财通顺。

顾锡畴，字九畴，昆山人。第万历四十七年进士，改庶吉士，授检讨。崇祯初，拜礼部左侍郎，署部事。帝尝召对，问理财用人。锡畴退，列陈用人五失，曰铨叙无法，文网太峻，议论太多，资格太拘，鼓舞未至。请先令用人之地一清其源。

“精心鉴别，随才器使，一善也。赦小过而不终废弃，二善也。省议论而专责成，三善也。拔异才而不拘常格，四善也。急奖励而宽督责，五善也。”末极陈耗财之弊，仍归本于用人。帝善其奏。（明史卷二百十六）

【译文】顾锡畴，字九畴，昆山（今江苏昆山）人。万历四十七年（1619年）考中进士，改任庶吉士，授翰林院检讨。崇祯初年，拜授礼部左侍郎，代理主持部中事务。思宗朱由检曾召他对答，询问理财用人之事。顾锡畴回去后，陈述了用人方面的五点失误，分别是：考核官员没有法度，文化禁令太过严苛，议论太多，太受资格束缚，鼓励措施没有落实。请求先从根源上清理用人存在的问题。“精心鉴别，依照才能器量任用，这是第一点好处。赦免小过失而不完全废弃，这是第二点好处。减少议论而专门要求做出成绩，这是第三点好处。选拔有特殊才能的人而不受惯例束缚，这是第四点好处。积极奖励而放宽督促责备，这是第五点好处。”最后竭力陈述耗费钱财的弊病，仍然归本溯源到用人上。思宗对他的奏疏很是赞赏。（明史卷二百十六）

杨时乔

【题解】杨时乔，生卒年不详，字宜迁，号止庵，上饶（今江西上饶）人。嘉靖四十四年（1565年）进士，授工部主事。隆庆元年

（1567年），擢礼部员外郎，迁南京尚宝丞。万历中官至吏部左侍郎。卒于官，追赠吏部尚书，谥号端洁。

杨时乔于隆庆帝即位之初上疏进言时政要务，切中时弊，旨在劝谏隆庆帝改革。隆庆帝即位时，力图改革嘉靖朝积久已深的弊端，史称“隆庆新政”。

杨时乔，字宜迁，上饶人。嘉靖四十四年进士。除工部主事。隆庆元年冬，上时政要务，言：“几之当慎者三：以日勤朝讲为修德之几，亲裁章奏为出令之几，听言能断为图事之几。弊之最重者九：曰治体怠弛，曰法令数易，曰赏罚无章，曰用度太繁，曰鬻官太滥，曰庄田[1]扰民，曰习俗侈靡，曰士气卑弱，曰议论虚浮。势之偏重者三：宦寺难制也，宗禄难继也，边备难振也。”疏入，帝褒纳，中外传诵焉。（明史卷二百二十四）

【注释】①庄田：专门设庄管理而大规模租给佃户耕种的田地。

【译文】杨时乔，字宜迁，上饶（今江西上饶）人。嘉靖四十四年（1565年）进士。被任命为工部主事。隆庆元年（1567年）冬，上奏时政要务，说：“政事的关键在于慎重对待三事：每天勤于朝讲是修养德行的关键，亲自裁决奏章是发布政令的关键，听取劝谏之言能够做出判断是谋事的关键。政事的弊端最严重的有九种：政治法度松懈，法令多次变更，赏罚不明，开支太多，滥卖官职，庄田扰民，习俗侈靡，士气低落，议论浮夺。权势偏重的有三项：宦官难以控制，宗室所领俸禄难以为继，边防难以振兴。”奏疏呈入，被穆宗嘉许并采纳，朝廷内外都传诵这篇奏疏。（明史卷二百二十四）

海　瑞

【题解】海瑞（1514—1587年），字汝贤，一字国开，号刚峰，世称刚峰先生。琼山（今海南海口）人。明朝著名清官。乡试及第，署南平教谕。万历十四年（1586年），任南京都察院右都御史。万历十五年（1587年），卒于官，终年七十四岁。追赠太子太保，谥号忠介。

海瑞清廉正直，节俭朴素，言行一致，关心人民疾苦。《续编》辑录了海瑞上疏劝谏嘉靖帝的奏疏。嘉靖帝自嘉靖后期起不再上朝，深居宫中，笃信道教，导致朝政日益衰败。海瑞由此上疏劝谏，直指嘉靖帝。嘉靖帝阅后，态度前后不一，最终将他逮捕下狱。

海瑞，字汝贤，琼山人。举乡试。署南平教谕。御史诣学宫，属吏咸伏谒，瑞独长揖，曰：“台谒当以属礼，此堂，师长教士地，不当屈。”迁淳安知县。布袍脱粟，令老仆艺蔬自给。总督胡宗宪[①]尝语人曰：“昨闻海令为母寿，市肉二斤矣。”宗宪子过淳安，怒驿吏，倒悬之。瑞曰：“曩胡公按部，令所过毋供张。今其行装盛，必非胡公子。”发橐金数千，纳之库，驰告宗宪，宗宪无以罪。

【注释】①胡宗宪：字汝贞，号梅林。祖籍安徽绩溪，家族世代锦衣卫出身，在东南倭乱时期任直浙总督。

【译文】海瑞，字汝贤，琼山（今海南海口）人。考中乡试。代理南平教谕。御史到学宫去，下属官吏都伏地拜见，只有海瑞直身作揖，说："如果到御史台拜见，应当用下属的礼节，这个厅堂，是师长教育士子的地方，不应该屈身。"海瑞升任淳安知县。穿布袍吃糙米，让老仆种蔬菜自给自足。总督胡宗宪曾对人说："昨天听说海县令为母亲祝寿，买了二斤肉。"胡宗宪的儿子路过淳安（今浙江杭州）时，对驿吏发怒，把他倒挂起来。海瑞说："过去胡公巡视部属，命令所过之处不要铺张宴请。如今他的行装丰盛，必定不是胡公的儿子。"就把他钱袋中的几千两银子抄没，纳入府库，快马报告胡宗宪，胡宗宪没有办法怪罪海瑞。

时世宗享国日久，不视朝，深居西苑，专意斋醮。督抚大吏争上符瑞，礼官辄表贺。廷臣自杨最、杨爵得罪后，无敢言时政者。四十五年二月，瑞独上疏曰：

臣闻君者天下臣民万物之主也，其任至重。欲称其任，亦惟以责寄臣工，使尽言而已。臣请披沥肝胆，为陛下陈之。

【译文】当时世宗朱厚熜在位已久，不临朝听政，深居西苑，专心于请道士设坛祈福。督抚大官争相呈献吉祥的征兆，礼官就上表祝贺。朝内大臣自杨最、杨爵因言获罪以后，没有人敢进言时政了。嘉靖四十五年（1566年）二月，只有海瑞上奏疏说：

臣听说君主是天下臣民及万物之主，其责任至关重大。要想能够称职，也只需把职责寄托在群臣身上，使他们能够畅所欲言就可以了。臣请求披肝沥胆，向陛下陈述这些情况。

昔汉文帝贤主也，贾谊犹痛哭流涕而言。非苛责也，以文帝性仁而近柔，虽有及民之美，将不免于怠废，此谊所大虑也。陛下天资英断，过汉文远甚。然文帝能充其仁恕之性，节用爱人，使天下贯朽粟陈，几致刑措。陛下则锐精未久，妄念牵之而去，反刚明之质而误用之。至谓遐举可得，一意修真，竭民脂膏，滥兴土木，二十余年不视朝，法纪弛矣。数年推广事例，名器滥矣。二王不相见，人以为薄于父子。以猜疑诽谤戮辱臣下，人以为薄于君臣。乐西苑而不返，人以为薄于夫妇。吏贪官横，民不聊生，水旱无时，盗贼滋炽。陛下试思今日天下，为何如乎？

【译文】过去汉文帝刘恒本就是贤明的君主，贾谊尚且痛哭流涕地进言。这并非苛责，是因为文帝生性仁爱宽容而近似柔弱，虽然有顾及百姓的美德，却不免懈怠荒废，这是贾谊最大的忧虑。陛下天资英明果断，远远超过汉文帝。然而汉文帝能够充分发挥他仁爱宽容的性情，节省费用，爱护百姓，使天下的钱多到连穿钱的绳子都断了，粮食多到连仓库里的谷子都腐烂了，几乎置刑法于不用。陛下专心一志还没多久，就被妄念牵走了，背离严明的本质而错用了人。至于认为得道升仙可以求得，一心修真，竭尽民脂民膏，大兴土木，二十多年不理朝政，法纪废弛。数年推广的各种事例，使得爵位与车服仪制混乱。裕、景二王见不到陛下，人们认为父子之间情谊浅薄。因猜疑诽谤而杀戮污辱臣子，人们认为君臣之间情谊浅薄。沉迷西苑享乐而不知返，人们认为夫妇之间情谊浅薄。官吏贪赃枉法，民生凋敝，水旱灾害时常发生，盗贼日益猖獗。陛下试想当今的天下，究竟是怎么样的呢？

迩者严嵩罢相，世蕃极刑，一时差快人意。然嵩罢之后，犹嵩未相之前而已，世非甚清明也，不及汉文帝远甚。盖天下之人不直陛下久矣。古者人君有过，赖臣工匡弼。今乃修斋建醮，相率进香，仙桃天药，同辞表贺。建宫筑室，则将作竭力经营；购香市宝，则度支差求四出。陛下误举之，而诸臣误顺之，无一人肯为陛下正言者，谀之甚也。然愧心馁气，退有后言，欺君之罪何如？

【译文】近来，严嵩被罢免相位，严世蕃被处极刑，一时间稍快人意。然而严嵩被罢相后就像没有做宰相以前那样，世道不是很清明，远远比不了汉文帝之时。大概天下之人不直谏陛下已经很久了。古代人君有过错，依靠臣子匡正辅佐。如今陛下却修斋建坛祈福，一个接一个进香，送仙桃献天药，异口同声上表称贺。需要建宫筑室，将作监就要竭力经营；需要购买香料珠宝，户部就派出差役到处访求。陛下错误地提出所需，朝臣们就错误地服从，没有一个人肯向陛下直言，谄媚奉承到了极点。然而他们内心羞惭、灰心丧气，告退后又背地议论，为什么会有这种欺君之罪呢？

夫天下者，陛下之家，人未有不顾其家者，内外臣工皆所以奠陛下之家而磐石之者也。一意修真，是陛下之心惑。过于苛断，是陛下之情偏。而谓陛下不顾其家，人情乎？诸臣徇私废公，得一官多以欺败，多以不事事败，实有不足当陛下意者。其不然者，君心臣心偶不相值也，而遂谓陛下厌薄臣工，是以拒谏。执一二之不当，疑千百之皆然，陷陛下于过举，而恬不知怪，诸臣之罪大矣。《记》曰“上人疑则百姓惑，下难知则君长劳”，此之谓也。

【译文】天下，是陛下的家。没有不顾念自己家的人，朝廷内外的臣子都是为奠定陛下的家业而使其坚如磐石的人。一心修仙，是陛下的心智迷乱。过分苛刻武断，是陛下的感情偏激。若说陛下不顾念自己家，这合乎人情吗？朝臣们曲从私情，不顾公理，谋得一个官职后大多因欺骗及不理事务而失败，确实有不合陛下心意的。还有一些与此不同的人，君心臣心偶然不相应，就认为陛下厌恶鄙视臣子，因此拒绝劝谏。抓住一两件不妥之事，就怀疑成百上千的人都是这样，使陛下出现错误的行为，却坦然不以为怪，朝臣们的罪过太大了。《礼记》说“在上位的人多疑，老百姓就会迷惑，在下位的人居心难测，君主就会格外操劳”，说的就是这种情况啊。

且陛下之误多矣，其大端在于斋醮。斋醮所以求长生也。自古圣贤垂训，修身立命曰“顺受其正”矣，未闻有所谓长生之说。尧、舜、禹、汤、文、武，圣之盛也，未能久世，下之亦未见方外士自汉、唐、宋至今存者。陛下受术于陶仲文，以师称之。仲文则既死矣，彼不长生，而陛下何独求之？至于仙桃天药，怪妄尤甚。昔宋真宗得天书于乾祐山，孙奭[①]曰：“天何言哉？岂有书也！”桃必采而后得，药必制而后成。今无故获此二物，是有足而行耶？曰天赐者，有手执而付之耶？此左右奸人，造为妄诞以欺陛下，而陛下误信之，以为实然，过矣。

【注释】①孙奭（962—1033年）：字宗古，博州博平（今山东茌平）人。北宋经学家、教育家。以经学成名，一生坚守儒家之道。

【译文】况且陛下的错误已经很多了，其中最大的错误在于请道士设坛祈福。设坛祈福是为了求长生。自古圣贤垂训，修身立命被称为“顺天理正道而行，接受的便是正命”，从没听说过所谓长生的说法。尧、舜、禹、汤、文、武，是圣人的极致，都没能长久住世，在他们以下也没有见到从汉、唐、宋到现在还活着的方外之人。陛下接受陶仲文的方术，称他为师。

陶仲文却已经死了，他并不能长生，而陛下为何独去求他？至于仙桃天药，怪诞虚妄尤其严重。从前宋真宗在乾祐山得到天书，孙奭说："天怎么说话呢？哪里有书啊！"桃子必须采摘才能得到，药必须配制才能成功，如今无缘无故得到这两件东西，是它们有脚能行走吗？说是老天赐予的，有用手拿着来交给陛下的吗？这是身边奸诈之人，伪造荒诞不经的事来欺骗陛下，而陛下却错误地相信他们，认为确实如此，真是过错啊。

陛下又将谓悬刑赏以督责臣下，则分理有人，天下无不可治，而修真为无害已乎？太甲[①]曰："有言逆于汝心，必求诸道；有言逊于汝志，必求诸非道。"用人而必欲其唯言莫违，此陛下之计左也。既观严嵩，有一不顺陛下者乎？昔为同心，今为戮首矣。梁材守道守官，陛下以为逆者也，历任有声，官户部者至今首称之。然诸臣宁为嵩之顺，不为材之逆，得非有以窥陛下之微，而潜为趋避乎？即陛下亦何利于是？

【注释】①太甲：子姓，名至。商汤嫡长孙，太丁之子，外丙和仲壬之侄，商朝第四位君主。

【译文】陛下又要说标明刑罚奖赏的律令来督责臣子，就分别职掌治理有人，天下就没有不能治理的事，而修仙真的是无害的吗？太甲说："有些话不顺你的内心，一定要考察它是否合乎道义；有些话顺从你的志向，一定要考察它是否不合道义。"用人而必想让他不违背自己说的话，这是陛下的想法不正确。观察从前的严嵩，有一点不顺从陛下的地方吗？过去是一条心，现在却被杀头了。梁材既遵守道义又忠于职守，陛下却认为他是违背了自己的人，而他历任各职都声望远播，在户部做过官的人至今首先称赞他。然而群臣宁愿像严嵩一样恭顺，也不愿像梁材那样违逆，莫非是要窥探陛下的细微好恶，而暗中回避吗？陛下从中能得到什么好处呢？

陛下诚知斋醮无益，一旦翻然悔悟，日御正朝，与宰相、侍从、言官讲求天下利害，洗数十年之积误，置身于尧、舜、禹、汤、文、武之间，使诸臣亦得自洗数十年阿君之耻，置其身于皋、夔、伊、傅①之列，天下何忧不治，万事何忧不理。此在陛下一振作间而已。释此不为，而切切于轻举度世，敝精劳神，以求之于系风捕影、茫然不可知之域，臣见劳苦终身，而终于无所成也。今大臣持禄而好谀，小臣畏罪而结舌，臣不胜愤恨。是以冒死，愿尽区区，惟陛下垂听焉。

【注释】①皋、夔、伊、傅：指皋陶、夔、伊尹、傅说。传说皋陶、夔是舜时的贤臣，伊尹、傅说均为商代的贤相。

【译文】陛下如果能明白设坛祈福无益，一旦翻然悔悟，每天上朝处理政事，与宰相、侍从、言官商讨天下利害之事，洗去数十年累积的错误，置身于尧、舜、禹、汤、文、武之间，使群臣也能自己洗去数十年阿谀奉承君主的耻辱，让他们置身于皋、夔、伊、傅的行列，天下何须担心不能治理，万事何须忧虑不能整顿。这只在陛下振作一下罢了。放弃这些不做，而急切地追求得道升天，耗费精神，向捕风捉影、茫然无知的领域中去寻求修仙，臣认为就算一生劳苦，最终也是一事无成。如今大臣保持禄位而喜好奉承，小官害怕获罪而闭口不语，臣不胜愤恨。因此甘冒死罪，愿尽绵薄之力，只求陛下能够倾听。

帝得疏，大怒，抵之地，顾左右曰："趣执之，无使得遁！"宦官黄锦[①]在侧曰："此人素有痴名。闻其上疏时，自知触忤当死，市一棺，诀妻子，待罪于朝，僮仆亦奔散无留者，是不遁也。"帝默然。少顷复取读之，日再三，为感动太息，留中者数月。尝曰："此人可方比干，第朕非纣耳。"会帝有疾，烦懑不乐，召阁臣徐阶议内禅，因曰："海瑞言俱是。朕今病久，安能视事。"又曰："朕不自谨惜，致此疾困。使朕能出御便殿，岂受此人诟詈耶？"遂逮瑞下诏狱，究主使者。寻移刑部，论死。狱上，仍留中。户部司务何以尚[②]者，揣帝无杀瑞意，疏请释之。帝怒，命锦衣卫杖之百，锢诏狱，昼夜搒讯。越二月，帝崩，穆宗立，两人并获释。

【注释】①黄锦：字尚，别号龙山。河南洛阳龙虎滩人（今偃师市首阳山镇龙虎滩村）人，正德初年入宫，被选派至兴王府为世子朱厚熜伴读。朱厚熜入嗣帝位后，黄锦升为御用太监，此后又调任尚膳监、司设监、内官监太监。嘉靖三十二年（1553年），掌司礼监事兼总督东厂。

②何以尚：字仁甫，广西兴业人，以举人身份初仕，官户部司务。

疏救海瑞，下诏狱。获释，升光禄丞。又因弹劾高拱被贬。拱罢，起雷州推官，终南京鸿胪卿。

【译文】世宗朱厚熜接到奏章，看后大怒，将奏章掷到地上，回头对左右侍从说："赶快抓住他，不要让他逃走了。"宦官黄锦在旁边说："此人一向有痴名。听说他上奏疏时，自知冒犯圣上该死，已买了一副棺材，告别妻儿，在朝廷外等候治罪，僮仆也都四处逃散没有愿意留下的，他是不会逃走的。"世宗沉默不语。过了一会儿又拿过奏章读了起来，一天读了好几遍，被感动得叹息很久，将奏疏留在宫中好几个月。曾说："此人可以与比干相比，但是朕不是商纣王。"恰逢世宗患病，烦闷不乐，召见阁臣徐阶商议传位给太子的事，并说："海瑞说的都是对的。朕现在病了很久，怎能处理政事。"又说："朕自己不谨慎爱惜身体，才招致这场病患。如果朕能去便殿处理政事，怎会受此人辱骂呢？"于是逮捕海瑞关入诏狱，追究主使人。不久将其移交刑部，判处死刑。案宗送上去后，仍被留在宫中。户部司务何以尚，推测世宗没有要杀海瑞的意思，便上奏疏请求释放他。世宗大怒，命令锦衣卫将其杖责一百，关入诏狱，日夜拷打审讯。过了两个月，世宗朱厚熜驾崩，穆宗朱载垕即位，两人都得到了释放。

既释，复故官。俄改兵部。擢尚宝丞，调大理。历两京左、右通政。三年夏，以右佥都御史巡抚应天十府。属吏惮其威，墨者多自免去。会高拱掌吏部，素衔瑞，并其职于南京户部，瑞遂谢病归。万历初，张居正当国，亦不乐瑞，令巡按御史廉察之。

【译文】海瑞被释放后，官复原职。不久改派兵部，擢升为尚宝丞，调任大理寺。历任两京左、右通政。隆庆三年（1569年）夏，以右佥都御史任应天十府巡抚。下属官吏害怕他的声威，贪污的人大都自请免职。恰好高拱执掌吏部，一向对海瑞怀恨在心，就把他的职务并入南京户部，于是海瑞推托有病回家。万历初年，张居正主持国事，也不欣赏海瑞，命巡按御史对他进行审察。

帝屡欲召用瑞，执政阴沮之，乃以为南京右都御史。诸司素偷惰，瑞以身矫之。十五年，卒官。瑞生平为学，以刚为主，因自号刚峰，天下称刚峰先生。尝言："欲天下治安，必行井田。不得已而限田，又不得已而均税，尚可存古人遗意。"故自为县以至巡抚，所至力行清丈①，颁一条鞭法。意主于利民，而行事不能无偏云。（明史卷二百二十六）

【注释】①清丈：对土地做详细的丈量。

【译文】神宗朱翊钧多次打算召用海瑞，执政者暗中阻止，于是任命他为南京右都御史。南京各部一向偷安怠惰，海瑞身体力行纠正这种作风。万历十五年（1587年），海瑞死在任上。海瑞平生在为学方面，以刚强为主，因此自号刚峰，天下人称他为刚峰先生。他曾说：“想要政治清明、国家安定，必须推行井田制。不得已就推行限田制，再不得已就实行均税制，尚且可以保留古人留下的旨意。”所以自从当了县令以至巡抚，所到之处坚持力行清丈，颁行一条鞭法。他的用意主要在于利民，但做事不能说没有偏差。（明史卷二百二十六）

群书治要续编卷第三十　明史（六）

吕　坤

【题解】吕坤（1536—1618年），字叔简，一字心吾、新吾，自号抱独居士，明代归德府宁陵（今河南宁陵）吕大庄人。官至刑部左、右侍郎。吕坤刚正不阿，为政清廉，与沈鲤、郭正域被誉为明万历年间天下“三大贤”。

《续编》主要辑录了他在明神宗万历二十五年（1597年）上书给万历皇帝的一篇奏疏，吕坤在当时已经看到明朝社会即将爆发祸乱的征兆，因此向万历皇帝提出兴利除弊的关键。但是，明神宗却对吕坤的这篇奏疏没有任何反应，可见他的“懒政”和不作为。吕坤在这之后也就只好称病致仕。《续编》此外还辑录其著作《呻吟语》的精华。

吕坤，字叔简，宁陵人。万历二年进士。为襄垣知县，有异政。历刑部左、右侍郎。

【译文】吕坤，字叔简，宁陵（今河南宁陵）人，万历二年（1574年）考中进士。担任襄垣（今山西襄垣）知县，政绩卓越。历任刑部左、右侍郎。

二十五年五月，书疏陈天下安危，其略曰：

窃见元旦以来，天气昏黄，日光黯淡，占者以为乱征。今天下之势，乱象已形，而乱势未动。天下之人，乱心已萌，而乱人未倡。今日之政，皆播乱机使之动，助乱人使之倡者也。臣敢以救时要务，为陛下陈之。

【译文】万历二十五年（1597年）五月，吕坤上奏疏，论述国家的安危，大意是说：

臣私下以为今年从元旦以来，天气昏暗，日光暗淡，掌管天象的官员认为是将要发生祸乱的征兆。现在天下的形势，已经出现祸乱的迹象，只是还没爆发而已。天下的百姓，已经萌发祸乱之心，只是还没有人带头起事。现在的国政，都是播下祸乱的种子使之萌发，帮助祸乱的人使之发动。臣大胆将兴利除弊的要领，向陛下陈述。

自古幸乱之民有四。一曰无聊[①]之民。饱温无由，身家俱困，因怀逞乱之心，冀缓须臾之死。二曰无行之民。气高性悍，玩法轻生，居常爱玉帛子女而不得，及有变则淫掠是图。三曰邪说之民。白莲结社，遍及四方，教主传头，所在成聚。倘有招呼之首，此其归附之人。四曰不轨之民。乘衅蹈机，妄思雄长。惟冀目前有变，不乐天下太平。陛下约己爱人，损上益下，则四民皆赤子，否则悉为寇仇。

【注释】①无聊：生活穷困，无所依赖。

【译文】自古以来对祸乱感到庆幸的有四种人。一是无所依赖的人，温饱没有保证，自身和家庭都困窘，于是怀有骚乱的想法希望延缓自己的死亡。二是行为恶劣的人，傲慢强悍，蔑视法律，轻视生命，平常贪图财物美女不能得到，等到世道有变就图谋劫掠。三是邪教的信徒，白莲教建立的社团，遍及四方，教主与大小头目，聚集成群。倘若有人带头起事，他们就会成为附和闹事的人。四是行为不轨的人，乘混乱的时机，妄想称霸一方。只希望目前世道有变化，不喜欢天下太平。如果陛下能约束自己爱护别人，减损自己而使百姓受益，那么四种人都会成为顺服的良民，否则就会变成仇敌。

人心者，国家之命脉也。今日之人心，惟望陛下收之而已。关陇气寒土薄，民生实艰。自造花绒，比户困趣逼。提花染色，日夜无休，千手经年，不成一匹。他若山西之紬，苏、松之锦绮，岁额既盈，加造不已。至饶州磁器，西域回青[1]，不急之须，徒累小民敲骨。陛下诚一切停罢，而江南、陕西之人心收矣。

【注释】①回青：石青中之最珍贵者。产于云南，可作烧制瓷器原料。

【译文】人心是国家的命脉。现在对待人心，只希望陛下能收拢罢了。关陇的地区气候寒冷，土地贫瘠，百姓的生活确实艰难。自从织造花绒，户户人家陷于催逼之苦。提花染色，百姓日夜不得安息，千只手一年时间也完不成一匹。其他的如山西的紬，苏州、松江的锦绮，每年的定额完成后，又不断加造。至于饶州的瓷器，西域的回青，这些都是不急需的东西，白白使百姓受敲骨之害。陛下确实能停止这些负累，就可以收拢江南、陕西的民心。

法者所以平天下之情。其轻其重，太祖既定为律，列圣又增为例。如轻重可以就喜怒之情，则例不得为一定之法。臣待罪刑部三年矣，每见诏狱一下，持平者多拂上意，从重者皆当圣心。如往年陈恕、王正甄、常照等狱，臣等欺天罔人，已自废法，陛下犹以为轻，俱加大辟[①]。然则律例又安用乎？诚俯从司寇之平，勉就祖宗之法，而囹圄之人心收矣。

【注释】①大辟：死刑。

【译文】法律是用来安定天下的情势的。刑罚的轻重，太祖朱元璋已经定下律例，历代皇帝又增添条例。如果刑罚的轻重可以依照掌权者的喜怒来决定，那么律例就不能成为确定的法律。我在刑部任职多年，每次看到有人获罪下诏狱，主张公平处理的人大多违背皇上的旨意，主张严惩的人大多符合皇上的心意。像往年陈恕、王正甄、常照等人的案子，臣等原先的判决已经是欺骗上天哄骗百姓，自己违背了法令了，陛下还认为判决偏轻，全部处以死刑，这样处理要律例又有什么用呢？果真能遵从刑法官员的公平裁决，遵从祖宗的法规，就可以收拢刑狱之中囚犯的人心。

自古圣明之君，岂乐诽谤之语？然而务求言赏谏者，知天下存亡，系言路通塞也。比来驱逐既多，选补皆罢。天阍邃密，法座崇严，若不广达四聪，何由明照万里？今陛下所闻，皆众人之所敢言也，其不敢言者，陛下不得闻矣。一人孤立万乘之上，举朝无犯颜逆耳之人，快在一时，忧贻他日。陛下诚释曹学程①之系，还吴文梓等官，凡建言得罪者，悉分别召用，而士大夫之心收矣。

【注释】①曹学程（1563—1608年）：字希明，号心洛，全州西隅（即今广西全州县）人，万历二十年（1592年）日本侵略朝鲜，曹学程上疏反对议和，触怒万历皇帝，曹学程身陷囹圄十一年。后放归不久病逝，年仅45岁。

【译文】自古以来圣明的君主，难道就乐意听诽谤的话吗？然而寻求进言、奖赏劝谏的原因，是知道国家的存亡与言路的畅通息息相关。近来罢免的官员很多，选举和候补都罢除了。朝廷庄严，帝位崇高，如果不广开言路听取民意，怎么能让君主的圣明普照四方。现在陛下所听闻的言论，都是大家敢讲的事情，他们不敢讲的事情，陛下就听不到。君主一人孤立在万民之上，整个朝廷没有敢犯颜进谏和说逆耳忠言的人，一时的快活，却给他日留下忧患。陛下如果释放曹学程，恢复吴文梓的官职，凡是因进谏获罪的人，全部将他们召回录用，就收拢了士大夫的人心。

臣观陛下昔时励精为治，今当春秋鼎盛，曾无夙夜忧勤之意，惟孜孜以患贫为事。不知天下之财，止有此数，君欲富则天下贫，天下贫而君岂独富？今民生憔悴极矣，乃采办日增，诛求益广，敛万姓之怨于一言，结九重[1]之仇于四海，臣窃痛之。使六合[2]一家，千年如故，即宫中虚无所有，谁忍使陛下独贫？今禁城之内，不乐有君。天下之民，不乐有生。怨讟愁叹，难堪入听。陛下闻之，必有食不能咽、寝不能安者矣。臣老且衰，恐不得复见太平，吁天叩地，斋宿七日，敬献忧危之诚。惟陛下密行臣言，翻然若出圣心警悟者，则人心自悦，天意自回。苟不然者，陛下他日虽悔，将何及耶？

疏入，不报。坤遂称疾乞休，中旨许之。

【注释】①九重：指皇宫。

②六合：上下和四方，泛指天下。

【译文】臣看到陛下以往励精图治，现在正值人生鼎盛的年月，不曾有勤劳国事的想法，只是常常担忧国库不足。陛下不懂得天下的财富，就那么多，国君要想富裕，天下人就会贫困，天下人贫困，国君难道能独自富裕吗？现在百姓们疲敝到了极点，但是宫中的采办却一天天增加，索求无度，陛下的一人之言引发百姓的怨恨，把朝廷的是非波及全国，我暗自悲痛。使天下统一，千年不变，即使宫中物资匮乏，谁忍心让陛下独受贫困。

现在宫城之中，不以国君而快乐；天下百姓，不以活命而高兴，怨言叹息，不堪入耳。陛下听到这些怨言，必吃不下饭，睡不着觉。臣年老体衰，恐怕不能再看到盛世太平的景象了，臣拜祭天地，斋戒七天，恭敬地献上忧虑国家的诚挚之心，希望陛下能够施行臣的建议，翻然醒悟做出圣明的决断，那么百姓心中自然喜悦，天意自然也会回归。如果不这样做，陛下日后追悔，也来不及了。

吕坤的奏疏送入宫中，神宗没有答复。吕坤就称病致仕，神宗下旨准许了他的请求。

坤刚介峭直，留意正学。居家之日，与后进讲习。所著述，多出新意。（明史卷二百二十六）

【译文】吕坤刚强正直，关注正统儒学。在家闲居的时候，就与后辈宣讲学问。他的著作，多有新意。（明史卷二百二十六）

顾宪成

【题解】顾宪成（1550—1612年），字叔时，号泾阳，江苏无锡人，因创办东林书院而被人尊称“东林先生”。万历八年（1580年）进士，历任京官，授户部主事。后被削去官籍，革职回家。万历三十二年（1604年）农历十月，顾宪成会同顾允成、高攀龙、安希范、刘元珍、钱一本、薛敷教、叶茂才（时称东林八君子）等人，发起东林大会，制定《东林会约》。顾宪成等人在东林书院讲学之余，往往讽议朝政，逐渐聚合成一个政治集团“东林党”。东林党是明末以江南士大夫为主的官僚阶级政治集团。东林人士讽议朝政、评论官吏，他们要求廉正奉公，振兴吏治，开放言路，革除朝野积弊，反对权贵贪纵枉法。这些针砭时政的主张得到当时社会的广泛同情，同时也遭到宦官势力的激烈反对。两者之间因政见分歧发展成激烈的党争局面，对明朝末年的历史影响巨大。

顾宪成，字叔时，无锡人。万历八年成进士，授户部主事。居正卒，改吏部主事。二十一年京察。宪成举故大学士王家屏[①]，忤帝意，削籍归。

【注释】①王家屏：字忠伯，号对南，山阴县河阳堡人，曾以吏部左侍郎兼东阁大学士入予机务，以礼部尚书兼东阁大学士致仕归里，雁同、朔州地区民间以“王阁老”相称。

【译文】顾宪成，字叔时，无锡（今江苏无锡）人。万历八年（1580年）考中进士，被任命为户部主事。张居正去世后，改任吏部主事。万历二十一年（1593年），吏部考核京官。顾宪成推举前大学士王家屏，违背了神宗朱翊钧的旨意，被革职遣回家乡。

宪成姿性绝人，幼即有志圣学。暨削籍里居，益覃精研究，力辟王守仁“无善无恶心之体”之说。邑故有东林书院，宋杨时[①]讲道处也，宪成与弟允成[②]倡修之，常州知府欧阳东凤与无锡知县林宰为之营构。落成，偕同志高攀龙、钱一本、薛敷教、史孟麟、于孔兼辈讲学其中，学者称泾阳先生。当是时，士大夫抱道忤时者，率退处林野，闻风响附，学舍至不能容。宪成尝曰："官辇毂，志不在君父，官封疆，志不在民生，居水边林下，志不在世道，君子无取焉。"故其讲习之余，往往讽议朝政，裁量人物。朝士慕其风者，多遥相应和。由是东林名大著，而忌者亦多。（明史卷二百三十一）

【注释】①杨时：字中立，号龟山，南剑西镛州（今福建省三明市）人。先后学于程颢、程颐，是北宋哲学家、文学家。

②允成：即顾允成，字季时，号泾凡，江苏无锡人，顾宪成之弟。明末思想家，"东林八君子"之一。历任南京教授，礼部主事。

【译文】顾宪成天赋过人，幼年就有志于圣贤之学。等到被革职在家，更加潜心研究，力斥王守仁"无善无恶心之体"的学说。无锡本来就有东林书院，是宋代杨时讲道的地方，顾宪成与弟弟顾允成提出重修东林书院，常州知府欧阳东凤与无锡知县林宰为其建造。完工后，顾宪成与志同道合的高攀龙、钱一本、薛敷教、史孟麟、于孔兼等一同在书院讲学，学者称他为泾阳先生。当时，士大夫中有人坚持自己的理想，不愿意同流合污，于是退隐山林，很多人闻风响应归附，以致学舍容纳不下。顾宪成曾说："在京城做官，志向不在于匡正君父，在地方做官，志向不在于利益民生，归隐山林，志向不在于改变世道，君子不会这样做。”所以他在讲授学习的空闲时间，常常讽谏议论朝政，鉴别人物。朝廷之士中仰慕他风范的人，大多和他遥呼相应。从此东林的声名鼎盛，而忌恨的人也有很多。（明史卷二百三十一）

叶向高

【题解】叶向高（1559—1627年），字进卿，号台山，晚号福庐山人，福州府福清（今福建福清市）人。万历、天启年间两度出任内阁辅臣。

叶向高善于决断大事，在万历时期任首辅期间，他为明神宗出谋划策，调剂大臣之间的关系，更对维护太子正统、遏制魏忠贤的势力起到了不可替代的作用。但是，万历皇帝虽然器重他，却不能完全实行他的建议。叶向高因此而辞官。天启元年，他再次回朝担任内阁首辅，熹宗执政初期，满朝都是贤人，天下百姓都一心盼望国家得到治理。但明熹宗却不辨忠奸，朝政被魏忠贤把持，叶向高认为自己无力于时局，因此而辞职。之后明朝廷全是小人担任要职，朝中不再有贤良之人，明季政事从此衰败。“小人当道，君子在野”，每个朝代到了末期皆如是，想要不灭亡，能够做到吗？

叶向高，字进卿，福清人。举万历十一年进士，授庶吉士，进编修。三十五年五月，擢向高礼部尚书兼东阁大学士，与王锡爵、于慎行、李廷机[①]并命。十一月，向高入朝，慎行已先卒，锡爵坚辞不出。明年，首辅赓亦卒，次辅廷机以人言久杜门，向高遂独相。

【注释】①王锡爵（1534—1611年）：字元驭，苏州府太仓州（今江苏太仓）人。万历二十一年（1593年），官至太子太保、吏部尚书、建极殿大学士，为内阁首辅。于慎行（1545—1607年）：字可远，又字无垢。东阿县东阿镇（今山东平阴县东阿镇）人，万历三十三（1605年）年诏为詹事未上任，后朝中推出7位阁臣，首为于慎行，诏加太子少保兼东阁大学士，入参机务。李廷机（1542—1616年），字尔张：晋江浮桥（今福建泉州）人，万历十一年（1583年）中进士，授编修，累迁国子祭酒，迁南京吏部右侍郎。皇帝雅重廷机，累官礼部尚书兼东阁大学士，入参机务。万历四十年（1612年）致仕，加封太子太保。万历四十四年（1616年），卒，赠少保，谥号文节。

【译文】叶向高，字进卿，福清（今福建福清）人。万历十一年（1583年）考中进士，任职庶吉士，后提升为编修。万历三十五年（1607年）五月，叶向高被选拔为礼部尚书兼东阁大学士，与王锡爵、于慎行、李廷机一起接受任命。十一月，叶向高进入内阁，于慎行已经去世，王锡爵坚决辞让不肯出来任职。第二年，首辅朱赓也去世了，次辅李廷机因为别人的议论而长久以来闭门在家，于是叶向高就成为唯一的内阁首辅。

当是时，帝在位日久，倦勤，朝事多废弛，大僚或空署，士大夫推择迁转之命往往不下，上下乖隔甚。廷臣部党势渐成，而中官榷税、开矿，大为民害。帝又宠郑贵妃，福王[1]不肯之国。向高用宿望居相位，忧国奉公，每事执争效忠荩。帝心重向高，体貌优厚，然其言大抵格不用，所救正十二三而已。

【注释】①福王：指朱常洵（1586—1641年），亦称福忠王，万历皇帝第三子，母亲是郑贵妃。

【译文】那个时候，神宗在位已经很长时间了，疏于朝政，朝政荒废，一些重要的职位空缺，大臣升降转任的命令往往不能下达，君臣之间隔阂很深。朝廷大臣们逐渐形成各种派系，而太监们擅自征税、开矿，极大地损害了百姓的利益。神宗又宠幸郑贵妃，福王不肯就藩。叶向高因德高望重而居宰相之位，忧国忧民，一心为公，每次主持政事都尽忠尽力。神宗很看重叶向高，对他礼遇优厚，但对叶向高提出的建议却很少采用，十条意见只能采纳二、三条而已。

向高尝上疏言：“今天下必乱必危之道，盖有数端，而灾伤寇盗物怪人妖不与焉。廊庙空虚，一也。上下否隔，二也。士大夫好胜喜争，三也。多藏厚积，必有悖出之衅，四也。风声气习日趋日下，莫可挽回，五也。非陛下奋然振作，简任老成，布列朝署，取积年废弛政事一举新之，恐宗社之忧，不在敌国外患，而即在庙堂之上也。”其言绝痛切。帝知其忠爱，不能行。

【译文】叶向高曾上疏说："当今天下引发动乱祸害的根源，大概有几种，但还不包括天灾人祸、匪寇强盗、怪物妖人。朝廷缺乏贤人，这是第一点。君臣之间隔阂，这是第二点。大臣们争强好胜，这是第三点。大量积蓄财物，必然会有悖入悖出的事情发生，这是第四点。世风日下，难以挽回，这是第五点。除非陛下振作精神，选用稳重的大臣，充实朝廷官署，将积攒多年，荒废的政事一举革新，否则我担心国家的存亡，不在于外敌的入侵，而在于朝廷内部啊。"言语十分恳切。神宗知道他的忠心却不能实行他的建议。

初，向高入阁。未几，陈用人理财策，力请补缺官，罢矿税。见帝不能从，乃陈上下乖离之病。两疏乞罢，帝不允。向高自独相，即请增阁臣，帝不听。及吏部尚书孙丕扬①以荐贤不用求去，向高特疏请留，亦不报，遂引疾。屡谕，乃出视事。

四十二年二月，皇太后崩。向高乞归益数，章十余上。至八月，允其去。

【注释】①孙丕扬（1531—1614年）：陕西富平县人。明嘉靖三十五年（1556年）丙辰进士，历任应天府尹、南京都察院右佥都御史，大理寺卿、户部右侍郎；诏拜刑部尚书、吏部尚书，太子太保等职。

【译文】当初，叶向高进入内阁。没多久，就上奏选取人才、管理财政的对策，竭力请求补充空缺的官职，停止开矿和新增的赋税。看到神宗不能采纳他的建议，于是上奏陈述君臣之间隔阂的弊病。并且两次上疏乞求辞去首辅，神宗都没有答应。叶向高自从独自担任首辅以来，就请求增加内阁大臣，神宗不听从。等到吏部尚书孙丕扬因为举荐贤能不被任用而请求辞职时，叶向高特地上疏请求神宗留用他，神宗也不答复，叶向高就称病不上朝。神宗多次下诏，叶向高才出来执掌事务。

万历四十二年（1614年）二月，皇太后驾崩。叶向高乞求辞职的奏疏更加频繁，奏疏写了十几道。到了八月，神宗同意他辞职。

向高归六年，光宗[1]立，特诏召还。未几，熹宗立，复赐敕趣之。屡辞，不得命。天启元年十月还朝，复为首辅。熹宗初政，群贤满朝，天下欣欣望治。然帝本冲年，不能辨忠佞。魏忠贤、客氏渐窃威福，向高以时事不可为，乞归已二十余疏，至是请益力。乃命加太傅，遣行人护归，所给赐视彝典有加。

【注释】①光宗：指明光宗朱常洛（1582—1620年），明朝第十四位皇帝，在位仅仅一个月。

【译文】叶向高离职六年，光宗朱常洛即位，特别诏令召回他。不久，熹宗朱由校即位，又下诏催促他进京。叶向高多次推辞，都没有获准。天启元年（1621年）十月，叶向高回到朝廷，再次成为内阁首辅。熹宗执政初期，满朝都是贤人，天下百姓都一心盼望国家得到治理。然而天启皇帝正值年轻，不能辨别忠奸。魏忠贤和熹宗乳母客氏渐渐窃取了朝政大权，叶向高认为对时政已无能为力，乞求致仕的奏章已经上报二十多次，到此时请求致仕的愿望更加坚决。熹宗于是加封叶向高为太傅，派人护送回家，赏赐给他的财物比惯例要多。

向高既罢去，韩爌①、朱国祯相继为首辅，未久皆罢。居政府者皆小人，清流无所依倚。忠贤首诬杀涟，光斗等次第戮辱，贬削朝士之异己者，善类为一空云。熹宗崩，向高亦以是月卒，年六十有九。崇祯初，赠太师，谥文忠。（明史卷二百四十）

【注释】①韩爌（1566—1644年）：字虞臣，号象云，山西蒲州（今山西永济）人。东林党元老。对明朝后期的朝政有很大的影响力。

【译文】叶向高辞去职位后，韩爌、朱国祯相继担任内阁首辅，但没多久都被罢免了。占据要职的都是些小人，清廉的大臣们没有倚靠。魏忠贤首先诬陷杀害了杨涟，然后是左光斗等人被逐一地杀害，清除朝廷中的异己，朝堂之上没有贤良。熹宗去世时，叶向高也在当月去世，享年六十九岁。崇祯初年，追赠为太师，谥号为文忠。（明史卷二百四十）

周嘉谟

【题解】周嘉谟（1546—1629年），字明卿。庠籍汉川，世居天门。隆庆五年进士。任户部主事，韶州知府。后历任户部尚书、工部尚书、吏部尚书等职。万历末年，齐、浙、楚三党争权，官员的任免升降，吏部不能做主。他出任吏部尚书后，用人唯才，罢斥朋党之首及奸邪者。光宗继位后，他反对郑贵妃邀封皇后。熹宗即位时，与杨涟、左光斗等迫使李选侍移宫。终因触犯魏忠贤而被诬陷，乃辞官归籍。

周嘉谟，字明卿，汉川人。隆庆五年进士。拜吏部尚书。

【译文】周嘉谟，字明卿，汉川（今湖北汉川）人。隆庆五年（1570年）进士及第。官拜吏部尚书。

万历四十八年七月，神宗崩。八月丙午朔，光宗即位。二十九日，帝疾大渐，嘉谟偕大学士方从哲、刘一燝、韩爌等受顾命。其夕，帝崩。质明，九月乙亥朔，光宗遗诏皇长子嗣位。时大故频仍，国势杌陧，首辅从哲首鼠两端，一燝、爌又新秉政，嘉谟正色立朝，力持大议，中外倚以为重。

【译文】万历四十八年（1620年）七月，神宗朱翊钧驾崩。八月初一，光宗朱常洛即位。二十九日，光宗的病情加重。周嘉谟和大学士方从哲、刘一燝、韩爌等人一起接受遗命。当天晚上，光宗驾崩。第二天天刚亮，也就是九月初一，按照光宗的遗诏让皇长子继承皇位。当时朝廷重大变故接连发生，国家形势动荡不安，内阁首辅方从哲处事犹豫不决，刘一燝、韩爌又刚刚开始主持政务，全凭周嘉谟镇定从容，主持朝政，果断裁定重大事项，朝廷内外都很倚重他。

神宗末，齐、楚、浙三党为政，黜陟之权，吏部不能主。及嘉谟秉铨，惟才是任。光、熹相继践祚，嘉谟大起废籍，耆硕满朝。向称三党之魁及朋奸乱政者，亦渐自引去，中朝为清。已，极陈吏治敝坏，请责成抚、按、监司。上官注考，率用四六俪语，多失实，嘉谟请以六事定官评：一曰守，二曰才，三曰心，四曰政，五曰年，六曰貌。各注其实，毋饰虚词。帝称善，行之。（明史卷二百四十一）

【译文】神宗末年，齐、楚、浙三派把持朝政，任免官员的事情，吏部都不能做主。等到周嘉谟负责官员选拔的时候，只按照才能录用官员。光宗、熹宗相继即位后，周嘉谟大量起用曾被罢黜的官员，年高德重的大臣充满朝廷。以前三派的首领和朋比为奸，扰乱政局的人，也逐渐自行隐退，朝中气象一新。后来，又极力陈述吏治的败坏情况，要求巡抚、巡按、布政使、按察使等有监察权的官员负责整顿。以往长官批注下属考评结果，多采用四六骈文，评语多有失实，周嘉谟要求从六个方面来对官员进行评价：一是操守，二是才能，三是心术，四是政绩，五是年龄，六是相貌。每方面要据实记录，不许用虚夸的言词来修饰。皇上认为建议很好，予以实施。（明史卷二百四十一）

汪应蛟

【题解】汪应蛟（1550—1628年），字潜夫，号登原，婺源人。万历二年（1574年）中进士，初授南京兵部主事，累迁至南京户部尚书，天启元年改为北京户部尚书。明朝末期，战事频发，汪应蛟认为，在这个时候千万不能增加税赋，以激起民变。但是，崇祯年间，朝廷并不能贯彻这一点，百姓正是因为无法承受当政者的剥削，导致爆发农民起义，明朝因此灭亡。《续编》另节录了其著作《中诠》一书中关于治国理政思想的精华。

汪应蛟，字潜夫，婺源人。万历二年进士。光宗立，起南京户部尚书，天启元年改北部。东西方用兵，骤加赋数百万。应蛟在道，驰疏言："汉高帝称萧何之功曰：'镇国家，抚百姓，给饷馈不绝，吾不如萧何。'夫给馈饷而先以抚百姓，故能兴汉灭楚，如运诸掌也。今国家多难，经费不支，势不得缓催科，然弗爱养民力，而徒竭其脂膏，财殚氓穷，变乱必起，安得不预为计？"因列上爱养十八事，帝嘉纳焉。

应蛟为人，亮直有守，视国如家。谨出纳，杜虚耗，国计赖之。（明史卷二百四十一）

【译文】汪应蛟，字潜夫，婺源（今江西婺源）人。万历二年（1573年）中进士。光宗即位后，起用汪应蛟担任南京户部尚书。天启元年（1620年）改任北京户部尚书。当时国家东、西边都在打仗，因此骤然向百姓增加赋税几百万。汪应蛟在路上听说后，派人紧急上疏说："汉高祖刘邦称赞萧何的功劳说：'镇守国家，安抚百姓，供给粮饷不断绝，我比不过萧何。'保证粮饷供给前，要先安抚百姓，因而使汉朝兴盛而楚国灭亡这件事，做起来易如反掌。现在国家动乱多，经费不足，必定不能放缓催赋事项，但如果不爱惜民力，而只一味搜刮百姓的财富，财尽则民穷，必定会导致发生动乱，怎么能不预先作好谋划呢？"于是列出休养百姓的十八项措施。受到熹宗皇帝的赞许并采纳了。

汪应蛟为人，坚贞正直有操守，视国事为家事。他在户部尚书任上谨慎地管理收支，杜绝虚报浪费，当时国家经济大政全都仰仗他的操持。（明史卷二百四十一）

孙玮

【题解】孙玮，字纯玉，渭南（今陕西渭南）人。万历五年（1576年）进士，官至吏部尚书。天启四年，孙玮临终病笃，给明熹宗朱由校上疏，针对当时朝政内外堪忧的情况，他提出"欲图治平，莫如固结人心；欲固结人心，莫如登用善类"，语虽平常，实为至论。用人问题是治理朝政的第一要事，明季衰败，其根源正是用人的失败。

孙玮，字纯玉，渭南人。万历五年进士。天启三年冬，以吏部尚书再掌左都御史事，累以老疾辞，不允。明年秋，疾笃，上疏曰："今者天灾迭见，民不聊生。内而城社可忧，外而牖户未固。法纪凌迟，人心瓦解。陛下欲图治平，莫如固结人心；欲固结人心，莫如登用善类。旧辅臣刘一燝，宪臣邹元标，尚书周嘉谟、王纪、孙慎行、盛以弘、钟羽正等，侍郎曹于汴，词臣文震孟，科臣侯震旸，台臣江秉谦，寺臣满朝荐，部臣徐大相，并老成蹇谔，跧伏草野，良可叹惜。倘蒙简擢，必能昭德塞违，为陛下收拾人心。尤望寡欲以保圣躬，勤学以进主德，优容以广言路，明断以揽大权。臣遘疾危笃，报主无期，敢竭微忱，用当尸谏。"遂卒，赠太子太保。（明史卷二百四十一）

【译文】孙玮，字纯玉，渭南（今陕西渭南）人。万历五年（1576年）进士。天启三年（1622年）冬，孙玮以吏部尚书衔再次负责左都御史的事务，多次以年老有病为由辞职，但没被批准。第二年秋季，孙玮病情加重，上疏说："现在天灾频繁出现，民不聊生。内有社稷忧患，外则敌寇犯边。法纪败坏，民心不稳。陛下如果想治理好国家，首先应该聚拢民心；要想聚拢民心，就应该任用贤才。以前的辅臣刘一燝，御史邹元标，尚书周嘉谟、王纪、孙慎行、盛以弘、钟羽正等人，侍郎曹于汴，翰林修撰文震孟，吏科给事中侯震旸，御史江秉谦，太仆寺卿满朝荐，吏部徐大相，都是老成正直之人，赋闲家中，实在令人可惜。如果能被选用，必定能彰明圣德，杜绝弊病，为陛下聚拢民心。尤其希望陛下能减少欲望来保重圣体，勤于学问以增加德行，优厚宽容以广开言路，英明果断以统揽朝政。微臣病重危急，可能没有机会报答皇恩了，尽力献上微薄之言，以此当作尸谏。”后来孙玮就去世了。朝廷追赠孙玮太子太保。（明史卷二百四十一）

赵南星

【题解】赵南星（1550—1627年），字梦白，号侪鹤，别号清都散客，高邑（今河北高邑）人，万历二年（1574年）进士。历任汝宁推官，历户部主事、吏部考功郎中、吏部文选员外郎。官至吏部尚书，是东林党的首领之一。

《续编》辑录了他为吏部文选员外郎时，上疏陈述天下四大害——干进之害、倾危之害、州县之害、乡官之害的内容。他指出，四害不除，天下不可治。“四害之论”深刻反映了当时明朝的政治腐败，得到朝野的赞许。赵南星后来担任吏部尚书，用人不徇私情，朝廷日渐兴盛，眼看能够成治，但为魏忠贤不容，最终被贬谪到代州戍守。

赵南星，字梦白，高邑人。万历二年进士。

【译文】赵南星，字梦白，高邑（今河北高邑县）人。万历二年（1574年）考中进士。

起历文选员外郎。疏陈天下四大害，言："杨巍乞休，左都御史吴时来谋代之，忌户部尚书宋纁声望，连疏排挤。副都御史詹仰庇力谋吏、兵二部侍郎。大臣如此，何以责小臣，是谓干进之害。礼部尚书沈鲤、侍郎张位、谕德吴中行、南京太仆卿沈思孝相继自免，独南京礼部侍郎赵用贤在，词臣黄洪宪辈每阴谗之，言官唐尧钦、孙愈贤、蔡系周复显为诋诬。众正不容，宵人得志，是谓倾危之害。州县长吏[①]选授太轻，部寺之官计日而取郡守，不问才行。而抚按论人赃私有据，不曰未甚，则曰任浅，概止降调，其意以为惜才，不知此乃惜不才也。吏治日污，民生日瘁，是谓州县之害。乡官之权大于守令，横行无忌，莫敢谁何。如渭南知县张栋，治行无双，裁抑乡官，被谗不获行取[②]，是谓乡官之害。四害不除，天下不可得治。"疏出，朝论韪之。与邹元标、顾宪成，海内拟之"三君"。

【注释】①长吏：称地位较高的县级官吏。

②行取：明清时，地方官经推荐保举后调任京职成为行取。

【译文】朝廷起用赵南星担任文选员外郎。他上疏陈述天下四大害，说："杨巍自请退职，左都御史吴时来图谋代替杨巍，又忌惮户部尚书宋纁的声望，便接连上疏排挤他。副都御史詹仰庇竭力谋求吏、兵二部侍郎。大臣尚且如此，又用什么去责备小臣呢，这就是所说的钻营谋取的害处。礼部尚书沈鲤、侍郎张位、谕德吴中行、南京太仆卿沈思孝相继自请免职，惟独南京礼部侍郎赵用贤还在位，词臣黄洪宪之辈常在暗中以谗言诋毁他，言官唐尧钦、孙愈贤、蔡系周又公开诋毁诬陷。众多正直的大臣不被他们所容，小人得志，这是所谓的狡诈小人的害处。州县长吏选拔授职太过轻率，部寺官员在很短的时间就被提拔为郡守，不问才智德行如何。而巡抚和巡按核查州县官员贪赃营私证据确凿，不是说还不严重，就是说任职时间短，一概只是降级或调任。其意图本以为是爱惜人才，却不知道这爱惜的却是庸才。吏治日益败坏，民生日益困顿，这是州县的害处。乡官的权力比郡守、县令还要大，横行霸道无所顾忌，没有人敢把他们怎么样。像渭南知县张栋，政绩没有人能比得上，因裁撤抑制乡官，遭受谗言毁谤而没有机会调任京城，这是说乡官的害处。四害如果不除，天下不可能太平。”奏疏传出，朝中议论纷纷，对他赞许有加。天下人将赵南星、邹元标、顾宪成三人比作“三君”。

天启三年，为吏部尚书。当是时，人务奔竞，苞苴恣行，言路横尤甚。每文选郎出，辄邀之半道，为人求官，不得则加以恶声，或逐之去。选郎即公正无如何，尚书亦太息而已。南星素疾其弊，锐意澄清，独行己志，政府及中贵亦不得有所干请，诸人惮其刚严不敢犯。有给事为赀郎[①]求盐运司，即注赀郎王府，而出给事于外。知县石三畏素贪，夤缘[②]将行取，南星亦置之王府。时进士无为王官者，南星不恤也。

【注释】①赀郎：谓因家富资财而被朝廷任为郎官。后即称出钱捐官的人为“赀郎”。赀，通“资”。

②夤（yín）缘：本指攀附上升，后喻攀附权贵，向上巴结。

【译文】天启三年（1623年），赵南星任吏部尚书。这个时候，人们竞相为名利奔走争逐，贿赂之风恣意盛行，向朝廷进言的途径被闭塞得尤为严重。每次文选郎外出，总有人在半路将他拦住，替人求官，如果没有达到目的就会恶言相加，甚至赶他离开。选郎官即使公正也无可奈何，尚书也只是叹息罢了。赵南星一向痛恨这种弊病，下决心清除这种乱象，他坚持推行自己的主张，各级官员及宫中权贵也不得有所请托，众人都惧怕他的刚正严厉而不敢冒犯。有给事为出钱捐官的人求取盐运司的职位，赵南星就把出钱捐官的人送入王府，而将给事调出京城派往外地。知县石三畏素来贪婪，攀附权贵即将调任京职，赵南星也将他安置到王府。当时进士是没有在王府为官的，赵南星完全不顾及这些。

东林势盛，众正盈朝。南星益搜举遗佚，布之庶位。中外忻忻望治，而小人侧目，滋欲去南星。小人竞进，天下大柄尽归忠贤矣。忠贤及其党恶南星甚，每矫敕谕，必目为元凶。于是御史张讷劾南星十大罪，卒戍南星代州。（明史卷二百四十三）

【译文】东林党势力强盛，大批正直之臣充盈朝廷。赵南星更是尽力搜寻举荐隐士遗才，把他们安排到各个部门任职。朝廷内外一片兴盛之象，完全有希望将国家治理好，而小人则侧目而视，愈加想要除去赵南星。小人争相求进，天下大权最后全部归到魏忠贤手里。魏忠贤及他的党羽特别厌恶赵南星，每次假传皇帝诏谕，必定把他视为元凶。这时御史张讷弹劾赵南星的十大罪状，最终把他贬谪到代州戍守。（明史卷二百四十三）

邹元标

【题解】邹元标（1551—1624年），字尔瞻，号南皋。明代东林党首领之一，与赵南星、顾宪成号为“三君”。邹元标在天启元年给明熹宗的进言指出，国家现在的问题，都是过去二十年诸臣处事不当所导致的。明熹宗即位时才16岁，当时的明朝已经是民生凋敝、日薄西山，后金的威胁日益严重，但是朝中却是宦官干政，大臣之间拉帮结派、互相争斗。邹元标的进言虽然得到明熹宗的嘉奖，但是，当时朝中魏忠贤专权，明熹宗也不务正业，只知道制作木器，盖小宫殿，将国家大事抛在脑后不顾，成了名副其实的“木匠皇帝”。这样的君臣主持政事，明朝不可避免地只能走向败亡。

邹元标，字尔瞻，吉水人。举万历五年进士。观政刑部。

光宗立，召拜大理卿。未至，进刑部右侍郎。天启元年四月还朝，首进和衷之说，言："今日国事，皆二十年诸臣酝酿所成。往者不以进贤让能为事，日锢贤逐能，而言事者又不降心平气，专务分门立户。臣谓今日急务，惟朝臣和衷而已。朝臣和，天地之和自应。向之论人论事者，各怀偏见，偏生迷，迷生执，执而为我，不复知有人，祸且移于国。今与诸臣约，论一人当惟公惟平，毋轻摇笔端，论一事当惩前虑后，毋轻试耳食①，以天下万世之心，衡天下万世之人与事，则议论公，而国家自享安静和平之福。"因荐涂宗浚②、李邦华③等十八人。帝优诏褒纳。（明史卷二百四十三）

【注释】①耳食：轻信别人的话。

②涂宗浚（？—1621年）：字镜源。江西南昌人，官至兵部尚书，加太子太保。著有《阳和语录》《证学说》《延诗草》等。

③李邦华（1574—1644年）：字孟暗，江西吉水盘谷镇谷村人。明万历三十二年进士，授御史，能直言进谏。

【译文】邹元标，字尔瞻，江西吉水（今江西吉水）人。万历五年（1577年）考中进士，然后在刑部见习。

光宗朱常洛即位后，授任大理寺卿。还未到任，就被提升为刑部右侍郎。天启元年（1621年）四月，邹元标回到朝廷，首先进献"和衷"的谏议，说："现在国家的情况，都是二十年来众大臣处事不当造成的。过去不以推荐人才、让位贤能为正事，却天天嫉贤妒能，而进言的人又不能心平气和地议论事情，反而把精力放在拉帮结派上。所以臣认为当务之急，就是朝廷大臣彼此能和睦相待。朝廷大臣能和睦相待，天地之间的事情自然就和顺了。过去讨论人和事，各人都怀有偏见，偏见则导致迷惑，迷惑就导致固执，固执就执着自我，不再知道考虑别人，灾祸就会降临国家了。现在应与各大臣约定，议论一个人应该公平，不要轻易下结论；议论一件事应该惩前毖后，不要轻信传言。以传承社稷万世的用心，来衡量天下万世的人和事，那么议论就会出于公允，而国家能享受安定和平的福祉。”于是推荐涂宗浚、李邦华等十八人。熹宗颁下嘉奖的诏书并褒奖接受了建议。（明史卷二百四十三）

杨 涟

【题解】杨涟（1572—1625年），字文孺，号大洪，湖广应山（今属湖北广水）人。明末著名谏臣，东林党人，“东林六君子”之一。万历三十五年（1607年），杨涟登进士第。初任常熟知县，举全国廉吏第一，入朝任户科给事中、兵科给事中。明神宗病危时，杨涟力主太子朱常洛（明光宗）进宫服侍神宗。光宗即位后，他极力反对郑贵妃求封皇太后。光宗病重时，杨涟上疏力陈其过失，得以获光宗召见，受顾命之任。李选侍在光宗逝世后，欲挟太子朱由校（明熹宗）把持朝政。杨涟说服朝臣，挺身而出，闯进乾清宫，拥熹宗即位，并逼李选侍移出乾清宫，安定朝局。累迁至左副都御史。天启五年（1625年），因弹劾魏忠贤二十四大罪，被诬陷受贿二万两，历经拷打，惨死狱中。崇祯元年（1628年），杨涟获平反，追赠太子太保、兵部尚书，谥号忠烈。

杨涟为了挽救明末混乱的政局，他不惜牺牲自己的生命，最终被诬陷拷打而死，令人敬佩和感叹。

杨涟，字文孺，应山人。为人磊落负奇节。万历三十五年成进士，除常熟知县。举廉吏第一，擢户科给事中，转兵科右给事中。

【译文】杨涟，字文孺，应山（今湖北广水）人。为人光明磊落，节操高远。万历三十五年（1607年）考中进士，被授予常熟知县。在推举廉洁官吏方面，杨涟名列第一，后被提拔为户科给事中，又转任兵科右给事中。

天启二年，起涟礼科都给事中，旋擢太常少卿。明年冬，拜左佥都御史。又明年春，进左副都御史。而是时魏忠贤已用事，群小附之，惮众正盈朝，不敢大肆。涟益与赵南星、左光斗、魏大中辈激扬讽议，务植善类，抑憸邪[①]。忠贤及其党衔次骨，遂兴汪文言[②]狱，将罗织诸人。事虽获解，然正人势日危。其年六月，涟遂抗疏劾忠贤，列其二十四大罪。

【注释】①憸邪：奸邪的人。

②汪文言：狱吏出身，有侠气，东林党人，后被魏忠贤下狱，受严

刑拷打，想迫使其诬陷杨涟等人，不从，死于狱中。

【译文】天启二年（1622年），杨涟被任命为礼科都给事中，不久就被提拔为太常少卿。第二年冬天，被任命左佥都御史。又一年后的春天，杨涟被提升为左副都御史。这时候魏忠贤已经掌权，众多小人依附他，魏忠贤忌惮满朝都是正直的官员，不敢太过放肆。杨涟更加与赵南星、左光斗、魏大中等人积极进谏，议论朝政，培植贤良，抑制奸邪小人。魏忠贤及其党羽对杨涟等人恨之入骨，于是构陷了汪文言案件，想要罗织他们的罪名，事情后来虽然过去了，然而正直朝臣的形势一天比一天危急。这年六月，杨涟上疏弹劾魏忠贤，并列举出他的二十四条大罪。

忠贤初闻疏，惧甚。其党王体乾[①]及客氏力为保持，遂令魏广微[②]调旨切责涟。先是，涟疏就欲早朝面奏。值次日免朝，恐再宿机泄，遂于会极门上之，忠贤乃得为计。涟愈愤，拟对仗[③]复劾之，忠贤诇知，遏帝不御朝者三日。及帝出，群阉数百人衷甲夹陛立，敕左班官[④]不得奏事，涟乃止。

【注释】①王体乾：昌平（今北京）人，明代司礼监掌印太监，魏忠贤爪牙。

②魏广微（1576—1627年）：字显伯，河南大名府开州南乐县（今河南南乐）人。依附魏忠贤，迫害忠良，当时人们称魏忠贤为内魏公，魏广微为外魏公。

③对仗：即对着仪仗。古时候时朝堂设有仪仗，大臣奏事以及御史弹劾百官，都是对着仪仗上奏。

④左班官：明清上朝时文臣居左，武将居右。

【译文】魏忠贤刚听说杨涟的这道奏疏时，非常恐惧。他的党羽王体乾和客氏极力维护他，于是叫魏广微假拟圣旨斥责杨连。此前，杨涟已经写好奏疏准备在第二天早朝的时候交给皇帝。碰巧第二天天启皇帝不上朝，杨涟担心再耽搁一晚上会泄露机密，于是在会极门呈上奏疏，魏忠贤因此自以为得计，杨涟更加气愤，准备再次在朝堂上疏弹劾他。被魏忠贤探听到了，一连三天阻止天启皇帝朱由校上朝。等到天启皇帝出来上朝时，数百名太监内穿铠甲在皇帝两旁站立，下令大臣们不准上奏任何事情，杨涟只好作罢。

自是，忠贤日谋杀涟。至十月，吏部尚书赵南星既逐，廷推代者，涟注籍[①]不与。忠贤矫旨责涟大不敬，无人臣礼，偕吏部侍郎陈于廷、佥都御史左光斗并削籍。忠贤恨不已，再兴汪文言狱，将罗织杀涟。五年，其党大理丞徐大化劾涟、光斗党同伐异，招权纳贿，命逮文言下狱鞫之。许显纯[②]严鞫文言，使引涟纳熊廷弼[③]贿。文言仰天大呼曰："世岂有贪赃杨大洪哉！"至死不承。大洪者，涟别字也。显纯乃自为狱词，坐涟赃二万，遂逮涟。士民数万人拥道攀号，所历村市，悉焚香建醮，祈祐涟生还。比下诏狱，显纯酷法拷讯，体无完肤。其年七月遂于夜中毙之，年五十四。

【注释】①注籍：古代朝臣受弹劾，在家等候发落期间。在门上贴“注籍”两字，避免与人往来。

②许显纯：明朝河北定兴人。依附魏忠贤，成为阉党成员，曾杀害“六君子”、“七君子”等东林党领袖人物。

③熊廷弼（1569—1625年）：字飞白，湖广江夏（今湖北武汉市武昌）人，万历二十六年（1598年）进士。巡按辽东。后为阉党所害，崇祯二年（1629年），熊廷弼得以平反，谥号襄愍。

【译文】从此以后，魏忠贤每天都谋划如何杀害杨涟。到了十月，吏部尚书赵南星已经被罢职，朝廷讨论代替他的人，杨涟在家等候处理没有参与这件事。魏忠贤假传圣旨谴责杨涟大不敬，没有尽到臣子的礼节，与吏部侍郎陈于廷、佥都御史左光斗一起被削籍为民。魏忠贤还愤恨不已，又构陷汪文言案，准备罗织罪名杀害杨涟。天启五年（1625年），魏忠贤的党羽大理寺丞徐大化弹劾杨涟、左光斗党同伐异，利用职权收受贿赂，下令逮捕汪文言下狱进行审讯。许显纯严加拷问汪文言，逼迫他诬陷杨涟曾接受过熊廷弼的贿赂。汪文言仰天大呼：“世上难道有贪赃枉法的杨大洪吗！”到死都不招认，大洪是杨涟的别字，许显纯于是编造供词，诬告杨涟贪污二万两银子，于是下令逮捕杨涟进京。官吏百姓几万人站在道路两旁呼号哭喊。凡是经过的村镇，百姓都烧香祷告，祈求上天保佑杨涟可以活着回来。等到杨涟被投入诏狱，许显纯严刑拷打审问他，使杨涟体无完肤。这年七月的一个晚上将杨涟杀死在狱中，时年五十四岁。

涟素贫，产入官不及千金。母妻止宿谯楼，二子至乞食以养。征赃令急，乡人竞出赀助之，下至卖菜佣亦为输助。其节义感人如此。崇祯初，赠太子太保、兵部尚书，谥忠烈，官其一子。（明史卷二百四十四）

【译文】杨涟一向家贫，财产被没收充入官府，总共还不到一千两银子。杨涟的母亲、妻子只能住在城楼上，二个儿子也只能以乞讨为生。阉党追缴钱款的命令十分急迫，同乡的人争相出钱资助他，就连卖菜的人也出资帮助他。杨涟的节操、忠义就是如此感人。崇祯初年，朝廷追赠杨涟为太子太保、兵部尚书，谥号忠烈。荫封他的一子为官。（明史卷二百四十四 ）

左光斗

【题解】左光斗（1575—1625年），字遗直，先世为安徽安庆府桐城县（今安徽省枞阳县）人，其父左出颖移居桐城县城。明末东林党的重要成员，累官至左佥都御史，万历“六君子”（指杨涟、左光斗、袁化中、魏大中、周朝瑞、顾大章六人）之一。左光斗为官清正、磊落刚直，被誉为“铁面御史”，他敢于同邪恶作斗争，和杨涟一起弹劾魏忠贤，最后一同被杀。《续编》还辑录了方苞《左忠毅公逸事》一文，从侧面体现了左光斗高贵的品质和不屈的性格。

左光斗，字遗直，桐城人。万历三十五年进士。除中书舍人。选授御史，巡视中城。捕治吏部豪恶吏，获假印七十余，假官一百余人，辇下震悚。

【译文】左光斗，字遗直，安徽桐城（今安徽桐城）人。万历三十五年（1607年）考中进士，担任中书舍人一职。后被选拔担任御史，巡视宫城。逮捕并整治吏部蛮横作恶的官员，缴获假官印七十多枚，逮捕假官员一百多人，震动京师。

天启初，廷议起用熊廷弼，罪言官魏应嘉等。光斗独抗疏争之，言廷弼才优而量不宏，昔以守辽则有余，今以复辽则不足。已而廷弼竟败。三年秋，疏请召还文震孟①、满朝荐②、毛士龙、徐大相等，并乞召继春及范济世。济世亦论“移宫”事与光斗异者，疏上不纳。其年擢大理丞，进少卿。

【注释】①文震孟（1574—1636年）：南直隶长洲（今江苏苏州）人，文徵明曾孙，崇祯初拜礼部左侍郎，兼东阁大学士。崇祯九年卒，享年63岁。

②满朝荐（1561—1629年）：字震东，麻阳县人。明万历三十二年（1604年）进士，不畏权贵。因得罪阉党被削职为民。崇祯二年（1629年），恢复官职，未及上任就因病去世。

【译文】天启初年，朝廷商议起用熊廷弼，处罚言官魏应嘉等人，左光斗独自一人上疏反对，说熊廷弼有才干但气量狭小，过去任用他驻守辽东则能力有余，现在仍用他收复辽东则能力不足。没多久熊廷弼果然失败。天启三年（1623年）秋天，左光斗上疏请求召回文震孟、满朝荐、毛士龙、徐大相等人，并乞求召回贾继春和范济世。范济世在对待“移宫”一事上与左光斗意见不合，天启皇帝朱由校没有采纳。这一年左光斗被提升为大理寺丞，担任少卿。

明年二月，拜左佥都御史。是时，韩爌、赵南星、高攀龙[①]、杨涟、郑三俊、李邦华、魏大中诸人咸居要地，光斗与相得，务为危言核论，甄别流品，正人咸赖之，而忌者浸不能容。光斗与给事中阮大铖同里，招之入京。会吏科都给事中缺，当迁者，首周士朴，次大铖，次大中。大铖邀中旨，勒士朴不迁，以为己地。赵南星恶之，欲例转大铖，大铖疑光斗发其谋，恨甚。熊明遇、徐良彦皆欲得佥都御史，而南星引光斗为之，两人亦恨光斗。江西人又以他故衔大中，遂共嗾给事中傅櫆劾光斗、大中与汪文言比而为奸。光斗疏辨，且诋櫆结东厂理刑傅继教为昆弟。櫆恚，再疏讦光斗。光斗乞罢，事得解。

【注释】①高攀龙（1562—1626年）：字存之，江苏无锡人。明朝政治家、思想家，东林党领袖。天启六年（1626年），阉党诬告高攀龙等人贪污，高攀龙不堪受辱，投水自尽，时年六十四岁。

【译文】第二年（1624年）二月，左光斗担任左佥都御史一职。此时，韩爌、赵南星、高攀龙、杨涟、郑三俊、李邦华、魏大中等人都任职重要部门，左光斗与他们相处很好，务求做到直言进谏，甄别善恶，正人君子都依靠他们，而忌恨他们的人逐渐不能和他们相容。左光斗与给事中阮大铖是同乡，于是招他进入北京。正好吏科都给事中空缺，能够胜任这个职位的，首先是周士朴，其次是阮大铖，再次为魏大中。阮大铖结交宦官，下中旨命令周士朴不得补缺，将吏科都给事中的职位占为己有。赵南星厌恶他，想按惯例将阮大铖转任他职，阮大铖怀疑左光斗从中破坏，非常怨恨他。熊明遇、徐良彦都想当佥都御史，而赵南星却推荐左光斗，这二人也怨恨左光斗。江西人又因为其他事情怨恨魏大中，于是一起指使给事中傅櫆弹劾左光斗、魏大中与汪文言朋比为奸。左光斗上疏辨驳，还斥责傅櫆和东厂理刑傅继教结拜为兄弟。傅櫆知道后又恨又怒，再次上疏攻讦左光斗。直到左光斗上疏请求辞官，这件事情才算告一段落。

杨涟劾魏忠贤，光斗与其谋，又与攀龙共发崔呈秀[①]赃私，忠贤暨其党咸怒。及忠贤逐南星、攀龙、大中，次将及涟、光斗。光斗愤甚，草奏劾忠贤及魏广微三十二斩罪，拟十一月二日上之，先遣妻子南还。忠贤诇知，先二日假会推事与涟俱削籍。群小恨不已，复构文言狱，入光斗名，遣使往逮。父老子弟拥马首号哭，声震原野，缇骑亦为雪涕。至则下诏狱酷讯。许显纯诬以受杨镐、熊廷弼贿，涟等初不承，已而恐以不承为酷刑所毙，冀下法司，得少缓死为后图，诸人俱自诬服。光斗坐赃二万。忠贤乃矫旨，仍令显纯五日一追比，不下法司，诸人始悔失计。容城孙奇逢②者，节侠士也，与定兴鹿正以光斗有德于畿辅，倡议醵金，诸生争应之。得金数千，谋代输，缓其狱，而光斗与涟已同日为狱卒所毙，时五年七月二十有六日也，年五十一。

【注释】①崔呈秀（？—1627年）：蓟州（今天津市蓟县）人，明神宗万历四十一年（1613年）中进士。明末阉党"五虎"之首。崇祯帝即位后，下诏捉拿，崔呈秀自缢而死。

②孙奇逢（1584—1675年）：字启泰，号钟元，明末清初著名学者，理学大家。

【译文】杨涟弹劾魏忠贤，左光斗也参与了谋划，又和高攀龙一起揭发崔呈秀贪污营私，魏忠贤和他的党羽都发怒了。等到魏忠贤将赵南星、高攀龙、魏大中逐出朝廷，接下来就要对付杨涟、左光斗。左光斗很气愤，草拟奏章弹劾魏忠贤和魏广微三十二条死罪，准备在十一月初二上呈天启皇帝，先将妻子儿女送回南方老家。魏忠贤知道了，提前二天假借会商推举官员的机会将左光斗和杨涟一起削籍为民。阉党们还不解恨，又构陷汪文言案，将左光斗牵连其中，派使臣前去逮捕他，父老乡亲都拥堵在使臣马首前痛哭，哭声回荡在原野上，使臣也被感动得不停擦眼泪。到京师后，左光斗被下诏狱严刑拷问，许显纯诬陷他们收受杨镐、熊廷弼的贿赂。杨涟等人开始不招认，后来担心不招认会被严刑拷打致死，寄希望把案件交到刑部法司，就可以延缓一下死期再做打算，因此众人都认罪。左光斗被判定贪污二万两白银。魏忠贤假传圣旨，仍然让许显纯五天拷问一次，而不交给刑部法司，众人开始后悔失策。容城（今河北容城）人孙奇逢是一位侠义之士，与定兴（今河北定兴）人鹿正认为左光斗对京畿一带百姓有恩德，倡议大家凑钱营救，诸多书生争相响应。捐助了几千两白银，大家商议交给官府，来减缓对他的处罚，而左光斗和杨涟已于同一天被狱卒杀害了，这是天启五年（1625年）七月二十六日，时年五十一岁。

（《望溪先生文集》[①]载《书左忠毅公逸事》曰：先君子[②]尝言，乡先辈左忠毅公视学京畿，一日风雪严寒，从数骑出，微行入古寺。庑下一生伏案卧，文方成草，公阅毕，即解貂覆生，为掩户。叩之寺僧，则史公可法也。及试，吏呼名至史公，公瞿然注视，呈卷即面署第一。召入，使拜夫人，曰："吾诸儿碌碌，他日继吾志事，惟此生耳！"

【注释】①《望溪先生文集》：亦称《方望溪先生全集》。清方苞（号望溪）作。

②先君子：指方苞的父亲方仲舒。

【译文】（《望溪先生文集》中收录的《书左忠毅公逸事》一文中记载说："我的先父曾说过，同乡先辈左忠毅公督学京师，一天冒着严寒大雪，带着随从骑马出行，私服微行进入一座古庙。厢房里有一个书生伏案睡觉，桌上的文章刚刚写完，左光斗看完后，解下自己的貂裘大衣给书生盖上，并掩上门户。向寺里的和尚询问，得知这个人叫史可法。等到考试的时候，当考场官吏叫到史可法的名字时，左光斗惊喜地看着他，把他的试卷圈定为第一名。把他召入内室，让他拜见夫人，并对夫人说："我的儿子们碌碌无为，他日能继承我的志向的人，必定是这个人。"

及左公下厂狱，史朝夕狱门外。逆阉防伺甚严，虽家仆不得近。久之闻左公被炮烙，旦夕且死，持五十金，涕泣谋于禁卒，卒感焉。一日使史更敝衣，草屦背筐，手长镵①，为除不洁者。引入，微指左公处，则席地倚墙而坐，面额焦烂不可辨，左膝以下筋骨尽脱矣。史前跪，抱公膝而呜咽。公辨其声，而目不可开，乃奋臂以指拨眥，目光如炬，怒曰："庸奴！此何地也，而汝来前！国家之事糜烂至此，老夫已矣，汝复轻身而昧大义，天下事谁可支柱者？不速去，无俟奸人构陷，吾今即扑杀汝。"因摸地上刑械，作投击势。史噤不敢发声，趋而出。后常流涕述其事以语人，曰："吾师肺肝，皆铁石所铸造也！"

【注释】①镵：装有弯曲长柄的工具，用以掘土。

【译文】等到左光斗被投入东厂监狱，史可法朝夕等待在监狱门外。阉党防范非常严密，即使是家人和仆佣也难以接近。后来听说左光斗身受炮烙之刑，生命危在旦夕，史可法拿了五十两银子，哭泣着向狱卒请求探视，狱卒被感动了。有一天，狱卒让史可法穿上破旧的衣服，穿着草鞋，背着竹筐，手拿铲子，假装是清理垃圾的人，进入监狱。狱卒悄悄地指出左光斗的位置，左光斗席地靠墙而坐，面目模糊难以辨认，左膝盖以下的筋骨都脱落了。史可法向前跪下，抱着左光斗的腿呜咽而哭。左光斗听到是史可法的声音，虽然眼睛睁不开，仍然抬起手臂，用手指拨开眼睛，目光如炬，发怒说道："庸才，这是什么地方，你到这干什么，国家大事败坏到如此地步，我已经没有希望了，你却以身犯险，背弃大义，天下大事将依靠谁呢？如果不赶快离去，不用等奸人来陷害，我现在就扑杀你。"说着就摸起地上的刑具，作势要击打史可法。史可法闭口不敢说话，快速离开监狱。后来向别人说起这件事，还流泪不止，说："我老师的心肠，简直是铁石铸成的。"

崇祯末，流贼张献忠出没蕲黄潜桐间，史公以凤庐道[①]奉檄守御。每有警，辄数月不就寝，使将士更休，而自坐幄幕外。择健卒十人，令二人蹲踞，而背倚之；漏鼓移，则番代。每寒夜起立，振衣裳，甲上冰霜迸落，铿然有声。或劝以少休，公曰："吾上恐负朝廷，下恐愧吾师也。"史公治兵，往来桐城，必躬造左公第，候太公太母起居，拜夫人于堂上。余宗老涂山，左公甥也，与先君子善，谓狱中语乃亲得之于史公云。）

【注释】①道：明朝在省下设分巡道、兵巡道、兵备道等职位，分别管辖军政等事。史可法曾任安池兵备道右参议。

【译文】崇祯末年，贼寇张献忠在蕲州（今湖北蕲春）、黄州（今湖北黄冈）、潜山（今安徽潜山）、桐城（今安徽桐城）一带出没，史可法以兵备道的身份在凤阳、庐州一带奉命防御敌寇。每逢有敌寇进犯的警报，他总是一连几个月不回家休息，让将士们替换休息，自己却坐在营帐外。他选择十个身强力壮的兵士，每次叫他们两人蹲坐着，自己背靠着他们，每过一更，就让他们轮换一次。每当严寒的夜晚，史可法起身站立，抖振衣裳，铠甲上的冰霜跌落下来，发出响亮的声音。有人劝他稍微休息一下，史可法说："我上怕辜负了朝廷，下怕愧对我的老师啊。"史可法统帅军队，路过桐城，一定亲自拜访左光斗府第，向左光斗的父母请安，并到堂上拜见左夫人。我同宗的前辈方涂山，是左光斗的女婿，他和先父关系很好，左光斗和史可法在监狱里的对话，是亲耳从史可法那里听到的。）

赞曰：国之将亡也，先自戕其善类，而水旱盗贼乘之。故祸乱之端，士君子恒先被其毒。异哉，明之所称"三案"者！举朝士大夫喋喋不去口，而元恶大憝因用以剪除善类，卒致杨、左诸人身填牢户，与东汉季年若蹈一辙。国安得不亡乎？（明史卷二百四十四）

【译文】史官评论说：国家将要灭亡，先会残害自己的贤德之士，而后水、旱、盗贼等祸患才会趁机而入。所以祸乱的开始，贤士君子总是先受毒害。明朝所称的“三案”，真是让人奇怪啊！满朝士大夫喋喋不休，而罪大恶极的罪魁祸首却趁机剪除贤良，终于导致杨涟、左光斗等人身陷囹圄，与东汉末年如出一辙。国家怎能不灭亡呢？（明史卷二百四十四）

梅之焕

【题解】梅之焕（1575—1641年），字彬父，别号信天，湖广麻城人，明末大臣，官至甘肃巡抚。《续编》从《明史》梅之焕的本传中选取几个片段，从侧面反映了明朝末期朝廷的风气，也体现了梅之焕洁身自好、论事公道、心存仁义的高尚品格。

梅之焕，字彬父，麻城人。万历三十二年举进士，改庶吉士。居七年，授吏科给事中。东厂太监李浚诬拷商人，之焕劾其罪。寻上言：“今天下民穷饷匮，寇横兵疲。言官舍国事争时局，部曹舍职掌建空言，天下尽为虚文所束缚。有意振刷者，不曰生事，则曰苛求。事未就而谤兴，法未伸而怨集，豪杰灰心，庸人养拙，国事将不可为矣。请陛下严综核以责实事，通言路以重纪纲，别臧否以惜人才，庶于国事有济。”

时朝臣部党角立[①]，之焕廉觚自胜，尝言：“附小人者必小人，附君子者未必君子。蝇之附骥，即千里犹蝇耳。”时有追论故相张居正者，之焕曰：“使今日有综名实、振纪纲如江陵者，谂詉之徒敢若此耶？”其持平不欲傅会[②]人如此。

【注释】①角立：对峙，并立。

②傅会：附会。

【译文】梅之焕，字彬父，湖广麻城（今湖北麻城市）人。万历三十二年（1604年）进士及第，后改任庶吉士。担任职位七年之后，被任命为吏科给事中。东厂太监李浚诬陷并拷问商人，梅之焕就弹劾他的罪行。不久又上疏说：“现在国家的百姓贫穷，粮饷匮乏，盗寇横行，军队疲惫。言官不关心国家大计，却计较于人事之争，官员们不能尽职尽责而只进谏一些无用的言论。国家的事情都被繁文缛节所束缚了。当有人试图进行革新时，不是说他多事，就是对他分外苛刻。革新没有完成而诽谤却产生了，法令没得到伸张而怨恨却聚集了。豪杰灰心，庸人得意，国家将很难维持下去了。请求陛下严格考察，以求官员尽职尽责，疏通言路来重振纲纪，褒贬分明来爱惜人才，只有这样做国家才有希望。”

当时朝中大臣拉帮结派，彼此对立，梅之焕洁身自好，约束自己，曾经说：“附和小人的一定是小人，附和君子的未必是君子。附在千里马身上的苍蝇，即使走了千里路也还是苍蝇。”当时有人追究议论原来的首辅张居正，梅之焕说：“假使今天考核政绩、整顿纲纪能像张居正那样，那些诽谤诋毁别人的小人还敢像现在这样吗？”他就是这样论事公道不轻易附会别人。

庄烈帝即位，巡抚甘肃。大破套寇，斩首七百余级，生得部长三人，降六百余人。明年春，寇复大入，患豌豆创[1]，环大黄山而病。诸将请掩之，之焕不可，曰："幸灾不仁，乘危不武，不如舍之，因以为德焉。"遂不战。（明史卷二百四十八）

【注释】①豌豆创：即豌豆疮，也就是天花。

【译文】庄烈帝朱由检即位，任用他为甘肃巡抚。梅之焕大败河套地区的盗寇，斩首七百多人，活捉三名部落酋长，招降六百多人。第二年春天，盗寇又一次大规模入侵，此时正好爆发了天花，大黄山（在今甘肃山丹县）一带都感染了这种传染病。军中各将领请求乘势消灭他们，梅之焕不同意，说："幸灾乐祸不符合仁义，乘人之危算不上勇敢，不如放弃进攻他们，来树立我们的威德。"于是没有进攻。（明史卷二百四十八）

方岳贡

【题解】方岳贡，字四长，谷城（今湖北谷城）人。天启二年（1622年）中进士。崇祯十七年（1644年），任户、兵二部尚书兼文渊阁大学士，总督漕运、屯田、练兵诸务。《续编》辑录崇祯十六年方岳贡与崇祯皇帝的一段对话，崇祯皇帝问治理朝政应该以何为先。方岳贡指出核心在总宪得人。崇祯皇帝于是超擢方岳贡为左副都御史，后又命他以本官兼东阁大学士，开创了明代"阁臣带御史衔"的先河，可见崇祯帝用人心切，急于振国家于危难。但当时明朝积弊太深，已是千疮百孔，崇祯帝在用人上又犯了许多不可挽回的错误，明朝仅仅依靠一两个精英已经很难挽狂澜于不倒了。方岳贡“心忧天下，矢志为国”，他担任户、兵二部尚书才一个多月，明朝就亡国了，他拒绝为李自成写“诏书”，最终自缢而死。

方岳贡，字四长，谷城人。天启二年进士。吏部尚书郑三俊举天下廉能监司五人，岳贡与焉。帝趣使入对，见于平台，问为政何先，对曰：“欲天下治平，在择守令；察守令贤否，在监司①；察监司贤否，在巡方②；察巡方贤否，在总宪③。总宪得人，御史安敢以身试法？”帝善之。时十六年。（明史卷二百五十一）

【注释】①监司：有监察州县之权的地方长官。

②巡方：指出巡四方的大臣。

③总宪：明、清别称都察院左都御史为总宪，左副都御史为副宪，御史台古称宪台。

【译文】方岳贡，字四长，谷城（今湖北谷城）人。天启二年（1622年）中进士。吏部尚书郑三俊举荐天下廉洁又有才能的监司五人，方岳贡也名列其中。崇祯皇帝立即派人召他前来应对，在平台召见了他，问他治理朝政应以什么为先，方岳贡答道：“想要国家政治清明、社会安定，在于选择守令；察看守令是否贤德，在于负责监察州县掌管的监司；察看监司是否贤德，在于出巡四方的巡方大臣；察看巡方大臣是否贤德，在于总宪。总宪如果选人得当，御史又怎敢以身试法？”崇祯皇帝认为他应对的很好。当时是崇祯十六年。（明史卷二百五十一）

熊开元

【题解】熊开元（1599—1676年），明末清初嘉鱼（今属湖北）人，祖籍金溪（今属江西）。字玄年，号鱼山，法名正志，号檗庵，一作蘗庵。郑敷教、徐枋师。明天启五年（1625年）进士。授崇明知县，六年调吴江知县。崇祯四年（1631年）授吏科给事中，疏请将王化贞正法，贬秩外调未任。十年起山西按察司照磨，历迁光禄寺监事、行人司副。十五年以劾首辅周延儒被廷杖下狱。十七年正月遣戍浙江杭州卫。南明福王立，赦居吴江，召授吏科给事中，未任。入福建抗清，唐王起为工科左给事中，擢太常寺卿、左佥都御史，进东阁大学士兼右副都御史，权理院事。隆武二年（1646年）罢职，逃禅为僧。清顺治八年（1651年）隐居苏州华山灵岩寺，为高僧弘储的嗣法弟子。

《明史》中的这篇熊开元传从一个侧面反映了明朝末年崇祯朝时的政治生态。崇祯帝任用“狡诈欺君、丧师辱国”的周延儒为内阁首辅，他揽权壅蔽，谎报军情，最终导致明朝灭亡。熊开元弹劾周延儒，崇祯帝反而认为他是在诽谤首辅，等到崇祯帝后来了解到真相，赐死周延儒时，一切已经为时已晚。崇祯十六年，崇祯帝命人传诏，勒令周延儒自尽，两个月后，崇祯帝也自尽了，明王朝就此灭亡。实在令人唏嘘。

熊开元，字鱼山，嘉鱼人。天启五年进士。除崇明知县，调繁吴江。

【译文】熊开元，字鱼山，嘉鱼（今湖北嘉鱼县）人。天启五年（1625年）考中进士。授予熊开元崇明知县，后调任政务繁重的吴江知县。

崇祯四年，征授吏科给事中。王化贞[1]久系不决，奸人张应时等疏颂其功，请以身代死，俾戴罪立功。开元疏驳之，言："化贞家赀钜万，每会朝审，辄买燕市少年，杂立道旁，投熊廷弼瓦砾，嗟叹化贞不休，以此荧惑上听。今应时复敢为此请，宜立肆[2]化贞市朝。"化贞卒正法。

【注释】①王化贞（？—1632年）：字肖乾，山东诸城市人。初为东林党成员，后投奔魏忠贤。广宁之战惨败后，论罪下狱，崇祯五年（1632年），被处死。

②肆：古代指人处死刑后暴尸示众。

【译文】崇祯四年（1630年），熊开元授职吏科给事中，当时王化贞的事情久拖不决，奸臣张应时等人上疏为其歌功颂德，甚至愿意代替王化贞去死，使王化贞戴罪立功。熊开元上疏驳斥说："王化贞家财万贯，每次朝廷审理他的案件时，就会收买京城少年，站在道路两旁，向熊廷弼投掷瓦砾，不停为王化贞喊冤叫屈，以此来迷惑陛下。现在我请求立刻处理此事，将王化贞在闹市斩首于示众。”最后王化贞被处死。

十三年，迁行人司副。左降[1]官率骤迁，开元以淹久颇觖望[2]。会光禄丞缺，开元诣首辅周延儒述己困顿状。延儒适以他事辄命驾出，开元大愠。会帝以畿辅被兵求言，官民陈事者，报名会极门，即日召对。

【注释】①左降：贬官。

②觖望：因不满意而怨恨。

【译文】崇祯十三年（1640年），熊开元转任行人司副。看到原先被贬的官员都很快又升迁了，熊开元因为自己多年得不到提升颇有怨恨。正好当时光禄丞的职位有空缺，熊开元造访首辅周延儒，陈述自己很久没有得到提升的困顿。周延儒以有其他事要乘车出发，熊开元大为失望。正好崇祯帝因为后金入侵京郊地区的事广泛征求意见，官员和百姓有上奏事情的，在会极门报名，不久就会召见。

开元欲论延儒，次日即请见。帝召入文昭阁，开元请密论军事。帝屏左右，独辅臣在，开元不敢言，但奏军事而出。越十余日，复请见。帝御德政殿，秉烛坐，开元从辅臣入，奏言：“《易》称‘君不密则失臣，臣不密则失身’，请辅臣暂退。”延儒等引退者再，帝不许。开元遂言：“陛下求治十五年，天下日以乱，必有其故。”帝曰：“其故安在？”开元言：“今所谋画，惟兵食寇贼。不揣其本，而末是图，虽终日夜不寝食，求天下治无益也。陛下临御以来，辅臣至数十人，不过陛下曰贤，左右曰贤而已，未必诸大夫国人皆曰贤也。天子心膂股肱，而任之易如此。庸人在高位，相继为奸，人祸天殃，迄无衰止。迨言官发其罪状，诛之斥之，已败坏不可复救矣。”帝与诘问久之，疑开元有所为，曰：“尔意有人欲用乎？”开元辨无有，且奏且频目延儒。延儒谢，帝曰：“天下不治皆朕过，于卿等何与？”开元言：“陛下令大小臣工不时面奏，而辅臣在左右，谁敢为异同之论以速祸？且昔日辅臣，繁刑厚敛，屏弃忠良，贤人君子攻之。今辅臣奉行德意，释累囚，蠲逋赋[1]，起废籍，贤人君子皆其所引用。偶有不平，私慨叹而已。”帝责开元有私。开元辨，延儒等亦前为解。

【注释】①蠲：除去，免除。逋赋：未交的赋税。

【译文】熊开元准备向崇祯帝谈论周延儒的事情，第二天就被召见。崇祯帝召熊开元到文昭阁，熊开元说有机密军情汇报，崇祯帝屏退左右其他人，唯独首辅周延儒留了下来，熊开元不敢直说，只是针对军国大事提了一些建议就退出了。过了十天，又请求崇祯帝接见。崇祯帝驾临德政殿，秉烛而坐，熊开元跟在周延儒后面进见，上奏道：“《易经》说‘君主不机密则会失臣，大臣不机密则会失身’，臣请首辅大人回避。”周延儒等人两次请求回避，崇祯帝不允许，熊开元就说：“陛下治理国家十五年，而天下越发动乱，必有缘故。”崇祯帝问：“原因是什么呢？”熊开元说：“现在关注的，无非是军备粮草和敌寇入侵这些事。不治本，而只是谋划细枝末节，就算夜以继日，不眠不食，想要天下得到治理也是不可能的。陛下登基以来，辅佐的内阁大臣有数十人，不过都是陛下说好，身边的人也说好而已，不是所有的官员和天下人都认可。陛下的左右辅佐的大臣，如此轻易就得到职位，平庸之人占据要职，相继狼狈为奸，天灾人祸，没有休止。等到言官揭发他们的罪状后，再诛杀和责罚他们，朝纲已经败坏到不可收拾的地步了。”崇祯帝询问了他很久，疑心熊开元有什么启图，说：“你有人要推荐吗？”熊开元说没有，并且一边上奏一边频频用目光看周延儒。周延儒主动承担责任，崇祯帝说：“天下不能治理好都是朕的责任，与你们有什么关系？”熊开元说：“陛下让大小官员上书奏事，然而首辅在场，谁敢说不同的意见而为自己招来灾祸？以往的首辅，刑法繁重，重敛财物抛弃忠臣，贤良君子都为之诟病。现在的首辅奉行德行，释放冤狱，免除赋税，恢复户籍，贤人君子都被启用。即使心有不平，也只是私下议论而已。”崇祯帝责备熊开元有私心，熊开元为自己辩解，周延儒也为他解释。

开元复请遍召廷臣，问以辅臣贤否。“辅臣心事明，诸臣流品[1]亦别。陛下若不察，将吏狃情面贿赂，失地丧师，皆得无罪，谁复为陛下捐躯报国者？”延儒等奏情面不尽无，贿赂则无有。开元复言：“敌兵入口四十余日，未闻逮治一督、抚。”帝曰：“督、抚初推，人以为贤，数月后即以为不贤，必欲去之而后快。边方与内地不同，使人何以展布。”开元言：“四方督、抚，率自监司。明日廷推[2]，今日传单，其人姓名不列。至期，吏部出诸袖，诸臣唯唯而已。既推后，言官转相采访，而其人伎俩亦自露于数月间，故人得而指之。非初以为贤，继以为不贤也。”帝命之退。延儒等请令补牍，从之。

【注释】①流品：品类，等级。指官阶。

②廷推：明代任用高级官吏，凡由在朝大臣推荐，经皇帝批准任用的，称“廷推”。

【译文】熊开元又请崇祯皇帝召集朝臣，咨询首辅是否贤良。“首辅居心正大光明，群臣官职等级也就井然有序，陛下如果不加以体察，文武百官习惯于人情贿赂，丢失国土，损失军队，都不会有罪，谁又会为陛下献身报国？”周延儒上奏说人情的事情或许是有，但是贿赂的事情确实没有。熊开元又说：“敌兵进入关口四十多天了，不曾听说有一个总督、巡抚被治罪。”崇祯帝说：“总督、巡抚刚就任时，人们以为他们贤良，几个月后就不这样认为了，都想除去他们才感觉高兴。边疆与内地不同，使任职者如何施展身手？”熊开元说：“四方的总督、巡抚，应该由监司督查。明日举行廷推，今日拟定公告，但是名字不列出。到了时候，吏部拿出来名单来，群臣只是唯唯诺诺。廷推以后，言官进行考察，那个人的好坏贤良自然在几个月内有分晓，所以人们知道了就会给以褒贬。并不是初期以为贤良，继而认为不贤良。”崇祯帝命令他退下。周延儒等请求熊开元补充奏章来说明，崇祯帝批准了。

当是时，开元欲发延儒罪，以其在侧不敢言。而延儒虑其补牍，谋沮之。大理卿孙晋①、兵部侍郎冯元飙责开元："首辅多引贤者。首辅退，贤者且尽逐。"开元意动。大理丞吴履中至，亦以开元言为骤。礼部郎中吴昌时②者，开元知吴江时所拔士也，复致书言之。开元乃止述奏辞，不更及延儒他事。帝方信延儒，大清兵又未退，焦劳甚。得奏，大怒，令锦衣卫逮治。卫帅骆养性，开元乡人也，雅怨延儒，次日即以狱上。帝益怒，曰："开元谗谮辅弼，必使朕孤立于上，乃便彼行私，必有主使者。养性不加刑，溺职甚，其再严讯以闻。"十二月朔，严刑诘供主谋。开元坚不承，而尽发延儒之隐，养性具以闻。帝乃廷杖开元，系狱。（明史卷二百五十八）

【注释】①孙晋：号鲁山，安徽桐城人。明天启五年（1625年）进士，后升大理寺卿。因并致仕。

②吴昌时（1594—1643年）：字来之，明浙江嘉兴人。崇祯七年（1634年）进士，吴昌时在周延儒为首辅时，执掌朝政，最后被崇祯所杀。

【译文】当时，熊开元准备揭发周延儒的罪行，但因为他在旁边而不敢说。而周延儒考虑到熊开元会补充奏章，就谋划阻止他。大理卿孙晋、兵部侍郎冯元飙责备熊开元说："首辅周延儒提拔了很多贤良，如果他隐退，那些贤良就会被驱逐出朝廷。”熊开元犹豫了。大理丞吴履中，也说熊开元操之过急了，礼部郎中吴昌时是熊开元在吴江当县令时所提拔的，也给熊开元写信劝说。熊开元因此没有在奏章多说周延儒的其他事。崇祯帝正信任周延儒，当时大清兵还没有退走，十分焦虑。看到奏章，十分生气，命令锦衣卫逮捕治罪。锦衣卫统领骆养性是熊开元的同乡，素来对周延儒有意见，没有处罚熊开元，第二天即将案件回奏。崇祯帝更加生气，说：“熊开元诽谤首辅，意图孤立我，方便他徇私，必定有主谋。骆养性没有严刑拷问，十分失职，再以严刑拷问。”十二月初一，熊开元被严刑拷问主谋。熊开元坚决不承认，而是把周延儒的事情全部说出，骆养性据实上奏。崇祯帝廷杖熊开元，并将他收押在监狱。(明史卷二百五十八)

刘宗周

【题解】刘宗周(1578—1645年)，字起东，别号念台，绍兴府山阴(今浙江绍兴)人，因讲学于山阴蕺山，学者称蕺山先生。万历二十九年(1601年)进士，天启初，为礼部主事，历右通政。因劾魏忠贤、客氏，削籍归。崇祯初，起顺天府尹，奏请不报，谢疾归。再起授工部侍郎，累擢左都御史。又以论救姜采、熊开元，革职归。福王监国，起原官；痛陈时政，并劾马士英、刘孔昭、刘泽清、高杰，复争阮大铖必不可用，皆不听，乞骸骨归。杭州失守，绝食二十三日卒。

《续篇》自其本传辑录了两个部分的内容，一是崇祯二年他上书皇帝，指出求治不可太急，不要追求蝇头小利。纵观崇祯皇帝在位期间的行事，这一弊病是特别明显的，刘宗周所论，并非迂阔之谈，可惜崇祯帝没有采纳。二是他在崇祯十四年和崇祯皇帝在朝堂上的一段对话，刘宗周指出用人要以品格为先，而崇祯则认为，当时国事危急，用人要先讲才能后讲品行。后来的事实证明，崇祯所言实为大谬，其所用人也大为不当。从这一段对话可以看出，崇祯实非明智之君，明朝在他手中灭亡，不是没有原因的!

刘宗周，字起东，山阴人。万历二十九年进士。

崇祯元年冬，召为顺天府尹。辞，不许。明年九月入都，上疏曰："陛下励精求治，宵旰靡宁。然程效太急，不免见小利而速近功，何以致唐、虞之治？求治之心，操之太急。酝酿而为功利，功利不已，转为刑名；刑名不已，流为猜忌；猜忌不已，积为壅蔽。正人心之危，所潜滋暗长而不自知者。诚能建中立极，默正此心，使心之所发，悉皆仁义之良，仁以育天下，义以正万民，自朝廷达于四海，莫非仁义之化，陛下已一旦跻于尧、舜矣。"帝以为迂阔，然叹其忠。

【译文】刘宗周，字起东，山阴（今浙江绍兴）人。万历二十九年（1601年）考中进士。

崇祯元年（1628年）冬，刘宗周被召回任命为顺天府尹。推辞不就，没有被准许。第二年九月进入都城，上疏说："陛下励精图治，日夜操劳。然而谋求成效太过心急，不免只看见蝇头小利并且想快速得到短期的成效，如此一来如何能达到尧、舜时期那样的大治呢？陛下想要治理天下的心理，操之过急。逐渐变化成追求功利，追求功利不止，又变成刑名之术；刑名之术不止，就流变成猜忌臣下；猜忌不止，就会积聚成闭塞。正如同人心中的危险，是悄悄滋生暗暗增长而自己无法觉察到的。如果能建立中正之道确定最高准则，默默地端正本心，让心里所想的，都是符合仁义的好想法，用仁来化育天下，用义来端正百姓，从朝廷到四海，没有地方不是仁义的风俗，那么陛下就已经一下子跻身在尧、舜之间了。”崇祯帝认为太过迂腐粗疏，然而赞叹他的忠心。

十四年九月，吏部缺左侍郎，廷推不称旨。帝临朝而叹，谓大臣：“刘宗周清正敢言，可用也。”遂以命之。再辞不得，乃趋朝。道中进三札：一曰明圣学以端治本，二曰躬圣学以建治要，三曰重圣学以需治化，凡数千言。帝优旨报之。

【译文】崇祯十四年（1641年）九月，吏部缺左侍郎，朝廷推举不符合崇祯帝的心意。崇祯帝上朝时叹息，对大臣说：“刘宗周清廉正直敢于说话，可以任用。”就任命他为吏部左侍郎。多次推辞不被准许，于是前往朝廷。路途中进了三道上言书札：一是阐明圣贤之学来端正治国的根本，二是要亲自践行圣贤之学来建立治国的要点，三是重视圣贤之学以期待国家治理和教化人民。总共有几千字。皇帝颁发嘉奖的圣旨回答他。

冬十月，京师被兵。闰月晦日召见廷臣于中左门。时姜埰[①]、熊开元以言事下诏狱，宗周约九卿共救。入朝，闻密旨置二人死。宗周愕然谓众曰："今日当空署争，必改发刑部始已。"及入对，御史杨若桥荐西洋人汤若望[②]善火器，请召试。宗周曰："边臣不讲战守屯戍之法，专恃火器。近来陷城破邑，岂无火器而然？我用之制人，人得之亦可制我，不见河间反为火器所破乎？国家大计，以法纪为主。大帅跋扈，援师逗遛，奈何反姑息，为此纷纷无益之举耶？"因议督、抚去留，则请先去督师范志完。且曰："十五年来，陛下处分未当，致有今日败局。不追祸始，更弦易辙，欲以一切苟且之政，补目前罅漏，非长治之道也。"帝变色曰："前不可追，善后安在？"宗周曰："在陛下开诚布公，公天下为好恶，合国人为用舍，进贤才，开言路，次第与天下更始。"帝曰："目下烽火逼畿甸，且国家败坏已极，当如何？"宗周曰："武备必先练兵，练兵必先选将，选将必先择贤督、抚，择贤督、抚必先吏、兵二部得人。宋臣曰：'文官不爱钱，武官不惜死，则天下太平。'斯言，今日针砭也。论者但论才望，不问操守；未有操守不谨，而遇事敢前，军士畏威者。若徒以议论捷给，举动恢张，称曰才望，取爵位则有余，责事功则不足，何益成败哉？"帝曰："济变之日，先才后守。"宗周曰："前人败坏，皆由贪纵使然；故以济变言，愈宜先守后才。"帝曰："大将别有才局，非徒操守可望成功。”宗周曰：“他不具论，如范志完操守不谨，大将偏裨无不由贿进，所以三军解体。由此观之，操守为主。”帝色解曰：“朕已知之。”敕宗周起。翼日，宗周革职，斥为民。归二年而京师陷。

【注释】①姜埰：字如农，号敬亭山人、宣州老兵，山东莱阳人，明末清初学者。与弟姜垓明亡后居吴下以遗民终。

②汤若望：字道未，神圣罗马帝国科隆（今德国科隆）人，耶稣会传教士，天主教耶稣会修士、神父、学者。在中国生活四十七年，历经明、清两个朝代。

③范志完（？—1643年）：字叔恺，号成六，崇祯十四年（1641年）冬任兵部右侍郎兼右佥都御史，总督蓟州、永平、山海、通州、天津诸镇军务。崇祯十五年（1642年）八月，清兵侵占墙子岭、蓟州城，志完先胆怯，后率军与战不敌，所守州县相继失陷。崇祯十六年（1643年），清兵攻下海州、赣榆、沭阳、丰县之后北进，志完等观望不敢驰援。后议罪下狱。

【译文】冬季十月，京师遭受战祸。闰月最后一天，思宗朱由检在中左门召见朝内大官。当时姜埰、熊开元因为进言政事而被投入诏狱。刘宗周邀请九卿一起援救。入朝，听说有密旨要处死这二人。刘宗周惊讶地对众人说：“今天应当离开官署进行抗争，一定要等到将此案转交刑部才停止。”等到入宫回答思宗的提问，御史杨若桥举荐西洋人汤若望擅长火器，请求思宗召他来面试。刘宗周说：“驻守边疆的大臣不讲求攻守屯戍的方法，专门依靠火器。近来攻陷城池攻破城邑，难道是没有火器才造成的吗？我用它来制约别人，别人得到它也可以拿来制约我，没有看到河间（今河北河间）反而被火器所攻破吗？国家大计，是以法令纲纪为主。统帅专横暴戾，援军停留徘徊，为什么反而无原则地宽恕，却做这些杂乱的没有益处的事情呢？”因为议论总督、巡抚的去留问题，所以请求先把督师范志完调走。并且说：“十五年以来，陛下的处罚不妥当，才造成了今天的失败局势。不追究祸患的开端，改变方法，想用一切敷衍了事的政令来弥补眼前的疏漏，不是长治久安的方法。”思宗变了脸色说：“以前的事不可以追究，怎么才能妥善处理遗留的问题呢？”刘宗周说：“在于陛下能以诚待人，把天下人共同的好恶作为自己的好恶，把符合国人的意愿作为取舍的依据，选拔才智出众的人才，广开言路，依次对天下之事进行革新。”思宗说：“眼前战火已经逼近京师，而且国家已经败坏到了极点，应该怎么办呢？”刘宗周说：“军备一定要先训练士兵，训练士兵一定要先选拔将领，选拔将领一定要先选择有才能的总督、巡抚，选择有才能的总督、巡抚一定要先让吏部、兵部得到合适的人选。宋代有大臣曾说：‘文官不喜欢钱财，武官不害怕死亡，天下就会太平。’这种说法，是指出今日过失的良言。议论的人只知道谈论才能声望，却不询问品行志节；没有品行志节不严谨，而遇事却敢于上前，军士畏惧他声威的人。如果只是因为议论口才敏捷，举动张扬，才被称作是有才能声望，这种人获得爵位有余，要求取得功绩就不足了，这种人对于事情的成败又有什么益处呢？”思宗说：“在挽救危难的时期，要先讲才能后讲品行。”刘宗周说：“以前的人败坏国家，都是因为贪婪放纵而造成的；所以就挽救危难来说，更应该先讲品行后讲才能。”思宗说：“大将另有才能器局，不是只讲品行志节就可以希望成功的。”刘宗周说：“其他不详细谈论了，如范志完品行志节不严谨，大将和偏将没有不是因为贿赂才任命的，所以三军崩溃。由此看来，因以品行志节为主。”思宗的脸色缓和下来说：“朕已经知道了。”命刘宗周起身。次日，刘宗周被免官，贬为平民。在刘宗周回家的第二年，京师沦陷。

赞曰：刘宗周所指陈，深中时弊。其论才守，别忠佞，足为万世龟鉴。而听者迂而远之，则救时济变之说惑之也。（明史卷二百五十五）

【译文】史官评论说：刘宗周指明和陈述的事情，深深切中当时的弊端。他议论才学和操守，区别忠义奸佞的说法，足以成为万世的借鉴。然而听的人认为迂腐粗疏而远离，则是被挽救时局制止变乱的说法迷惑了啊。（明史卷二百五十五）

詹尔选

【题解】詹尔选，字思吉，抚安人。明朝崇祯四年（1631年）进士。授太常博士。八年，擢御史。朝廷让大臣推荐守令人选，詹尔选认为县令要得到贤德的人选，关键在于得到贤能的郡守，可谓懂得用人的关键。

詹尔选，字思吉，抚安人。崇祯四年进士。授太常博士。八年，擢御史。时诏廷臣举守令，尔选言："县令多而难择，莫若精择郡守。郡守贤，县令无不贤。"（明史卷二百五十八）

【译文】詹尔选，字思吉，抚安人。崇祯四年（1630年）考中进士。授予太常博士。崇祯八年，提升为御史。当时崇祯皇帝下诏大臣们推荐郡守县令人选，詹尔选说："县令人数众多且难以选择，不如精心挑选郡守。郡守贤良则县令不会不贤良。"（明史卷二百五十八）

袁崇焕

【题解】袁崇焕（1584—1630年），字元素，籍贯广东东莞石碣，通籍广西梧州。明朝末年蓟辽督师。袁崇焕万历四十七年（1619年）中进士，后通过自荐的方式在辽东边关任职，得到孙承宗的器重镇守宁远。在抗击清军（后金）的战争中先后取得宁远大捷、宁锦大捷，但因为不得魏忠贤欢心辞官回乡。明思宗朱由检即位后，袁崇焕得以重新启用，于崇祯二年（1629年）击退皇太极，解京师之围后，魏忠贤余党以"擅杀岛帅（毛文龙）""与清廷议和""市米资敌"等罪名弹劾袁崇焕，皇太极又趁机实施反间计。崇祯三年（1630年）八月，袁崇焕被朱由检认为与后金有密约而遭凌迟处死，家人被流徙三千里，并抄没家产，实则家无余财。《明史》中说："自崇焕死，边事益无人，明亡征决矣。"可见袁崇焕于明朝边防的重要性。但是，袁崇焕冤杀毛文龙，最后自己也被冤杀，难道真是造化弄人？

袁崇焕，字元素，东莞人。万历四十七年进士。授邵武知县。为人慷慨负胆略，好谈兵。遇老校退卒，辄与论塞上事，晓其厄塞[①]情形，以边才自许。

【注释】①厄塞：险要的地方。

【译文】袁崇焕，字元素，东莞（今广东东莞）人。万历四十七年（1572年）考中进士。被任命为邵武（今福建邵武）知县。为人慷慨有胆略，喜欢谈论兵法。遇到老军官和退伍的士卒，就同他们谈论边塞上的事情，因此了解边塞的险要关卡情况，自称有镇守边塞的才能。

天启二年正月，朝觐在都，御史侯恂[①]请破格用之，遂擢兵部职方主事。无何，广宁师溃，廷议扼山海关，崇焕即单骑出阅关内外。部中失袁主事，讶之，家人亦莫知所往。已，还朝，具言关上形势，曰："予我军马钱谷，我一人足守此。"廷臣益称其才，遂超擢佥事，监关外军，发帑金二十万，俾招募。时关外地悉为哈剌慎[②]诸部所据，崇焕乃驻守关内。

【注释】①侯恂（1590—1659年）：字大真，归德府（河南商丘）人。明万历四十四年（1616年）进士，东林党人。

②哈剌慎：明代东蒙古右翼部落。

【译文】天启二年（1622年）正月，袁崇焕去京师朝见熹宗，御史侯恂请熹宗朱由校任用他，于是袁崇焕被提拔为兵部职方主事。没过多久，广宁（今辽宁北宁）失守，朝廷商议防守山海关，袁崇焕独自一人骑马到山海关考察军情。兵部发现袁主事失踪都感到惊讶，他的家人也不知道他去了哪里。考察军情完毕后，袁崇焕回到朝廷，详细讲述了山海关一带的形势。说：“给我兵马军饷粮草，我一个人就足可以守住此地。”朝中的大臣也多称赞他的才干，于是越级提拔他为佥事，督管关外的军队，并从国库拨给他二十万两银子，让他招募士兵。当时关外的领地全被哈剌慎的各部落占领，袁崇焕于是驻守在山海关内。

三年九月，承宗[①]决守宁远。佥事万有孚、刘诏力阻，不听，命满桂[②]偕崇焕往。初，承宗令祖大寿筑宁远城，大寿度中朝不能远守，筑仅十一，且疏薄不中程。崇焕乃定规制：高三丈二尺，雉高六尺，址广三丈，上二丈四尺。大寿与参将高见、贺谦分督之，明年迄工，遂为关外重镇。桂，良将，而崇焕勤职，誓与城存亡；又善抚，将士乐为尽力。由是商旅辐辏，流移骈集，远近望为乐土。遭父忧，夺情[③]视事。

【注释】①承宗：即孙承宗（1563—1638年），字稚绳，号恺阳，北直隶保定高阳（今河北高阳）人。明熹宗朱由校的老师，明末军事家、教育家、学者和诗人，明末的文坛领袖。崇祯十一年（1638年），清军攻破高阳，孙承宗自缢而死，后追赠太师，谥号文忠。

②满桂：满桂（1594—1630年），宣府（今河北宣化）人，明末著名将领。崇祯二年，满桂在北京保卫战中殉国。

③夺情：中国古代官员遭父母丧，应弃官居家守制，称“丁忧”。特殊情况下，朝廷需要大臣继续留任而不辞职“丁忧”，称“夺情”。

【译文】天启三年（1623年）九月，孙承宗决定驻守宁远。佥事万有孚、刘诏极力劝阻，孙承宗不听，命令满桂和袁崇焕一同前往驻守。起初，孙承宗命令祖大寿修建宁远城墙，祖大寿考虑朝中官员不能到这么偏远的地方来驻守，所以仅仅修筑了十分之一的城墙，并且粗糙简陋不符合规格。袁崇焕重新确定了城墙的规格：高三丈二尺，雉堞高六尺，地基宽三丈，上面宽二丈四。祖大寿与参将高见、贺谦分别监督工程。第二年完工，宁远城就成为关外的军事要地。满桂是优秀的将领，而袁崇焕勤于职守，发誓与城共存亡，又善于安抚兵将，所以将士都愿意为他尽力效命。因此这个地方商旅车马往来，流民、移民聚集，远近地方的百姓都把这儿当作乐土。后来袁崇焕父亲去世，朝廷夺情仍命袁崇焕继续管理军务。

我大清①知经略②易与，六年正月举大军西渡辽河，二十三日抵宁远。崇焕闻，即偕大将桂，副将左辅、朱梅，参将大寿，守备何可刚等集将士誓死守。崇焕更刺血为书，激以忠义，为之下拜，将士咸请效死。乃尽焚城外民居，携守具入城，清野以待。令同知程维楧诘奸，通判启倧具守卒食，辟道上行人。檄前屯守将赵率教、山海守将杨麒，将士逃至者悉斩，人心始定。明日，大军进攻，载楯穴城，矢石不能退。崇焕令闽卒罗立，发西洋巨炮，伤城外军。明日，再攻，复被却，围遂解。

【注释】①我大清：因为明史是清朝史臣所编纂，所以有这样的称呼。

②经略：明清两代有重要军事任务时特设经略，掌管一路或数路军、政事务，职位高于总督。此时由高第接替孙承宗担任辽东经略。高第胆怯，放弃了孙承宗苦心经营得来的领土。

【译文】我大清知道高第容易对付，于天启六年（1626年）正月，发动大军，向西渡过辽河。二十三日抵达宁远城。袁崇焕听说后，马上同大将满桂，副将左辅、朱梅，参将祖大寿，守备何可刚等人聚集将士宣誓死守城池。袁崇焕又写下血书，激励士兵忠义报国，并为此向官兵下拜，将士们都请命决一死战。于是袁崇焕下令烧毁城外的全部民居，把守备器械运进城中，坚壁清野等待清军。命令同知程维楧严查奸细，通判官金启倧负责将士饮食，并让路上的行人回避，传檄前屯守将赵率教、山海关守将杨麒，如有宁远城将士逃跑过去，就全部斩首，此时，人心才安定下来。第二天，清军开始攻城，举着盾牌掘洞攻城，弓箭和滚石也不能打退清军。袁崇焕命福建士兵罗立，发射西洋大炮，击伤城外的清军。第二天，清军再次进攻，又被击退。于是宁远之围被解除了。

初，中朝闻警，兵部尚书王永光①大集廷臣议战守，无善策。中外谓宁远必不守。及崇焕以书闻，举朝大喜，立擢崇焕右佥都御史，玺书奖励，桂等进秩有差。

【注释】①王永光（1560—1638年）：字有孚，号射斗，东明县人。明万历二十年（1592年）进士。王永光忠于职守，勤于政事，历任工部尚书、户部尚书、吏部尚书等职。

【译文】起初，朝廷听到边境的告警，兵部尚书王永光召集朝中大臣讨论战守问题，没有提出什么好的策略。朝廷内外认为宁远必定守卫不住。等袁崇焕捷报上奏，满朝文武欢欣鼓舞，马上提升袁崇焕为右佥都御史，熹宗朱由校下诏奖励他，满桂等人也各有晋升。

我大清举兵，所向无不摧破，诸将罔敢议战守。议战守，自崇焕始。三月，复设辽东巡抚，以崇焕为之。魏忠贤遣其党刘应坤、纪用等出镇。崇焕抗疏谏，不纳。叙功，加兵部右侍郎，赉银币，世荫锦衣千户。

【译文】我大清进军，所到之处没有不攻克的，明朝将领不敢议论战守。敢议论战守就是从袁崇焕开始的。三月，朝廷重新设置辽东巡抚一职，任命袁崇焕来担任。魏忠贤派遣他的党羽刘应坤、纪用等与袁崇焕一起镇守。袁崇焕上疏反对，但不被采纳。后来给评定功绩，袁崇焕被加封兵部右侍郎，赏赐他不少银钱，并赏赐他世袭锦衣千户。

崇焕既解围，志渐骄，与桂不协，请移之他镇，乃召桂还。崇焕以之臣奏留桂，又与不协。中朝虑偾事，命之臣专督关内，以关外属崇焕画关守。崇焕虞廷臣忌己，上言："陛下以关内外分责二臣，用辽人守辽土，且守且战，且筑且屯。屯种所入，可渐减海运。大要坚壁清野以为体，乘间击瑕以为用；战虽不足，守则有余；守既有余，战无不足。顾勇猛图敌，敌必仇；奋迅立功，众必忌。任劳则必召怨，蒙罪始可有功。怨不深则劳不著，罪不大则功不成。谤书盈箧，毁言日至，从古已然，惟圣明与廷臣始终之。"帝优旨①褒答。

【注释】①优旨：颁发优待之诏命。

【译文】袁崇焕宁远解围以后，开始傲慢起来，与满桂也不和，请求朝廷把满桂调往别处，朝廷就召满桂回京。因为王之臣上书留任满桂，袁崇焕又与王之臣不和，朝廷担心因此会耽误大事，就命令王之臣专管关内的事情，关外的事情让袁崇焕执掌谋划。袁崇焕担心朝中大臣猜忌自己，上书熹宗皇帝说："陛下把关内外，分别委派给两个大臣负责，用辽人防守辽地，既要作战又要防守，既要筑城又要屯田。屯田的收获，可以减少海运输送粮食的负担。关外战略的要领在于坚壁清野为主，趁间隙袭击敌人为辅助。这样作战虽然不足，防守则有余。防守既然有余，作战则无不足。但是勇猛地进攻敌军，敌军必定仇视我；振奋精神，快速立功就会招致众人妒忌。辛劳地做事就会招致怨恨；蒙受罪名才能建立功勋。怨恨不深功劳就不显著，罪名不大功绩就不能成就。诽谤我的奏书可以装满箱子，诋毁我的言语陛下天天可以听到，自古以来就是这种状况，只有陛下和朝中大臣能对我始终如一。"熹宗皇帝特地下诏书安慰并褒奖了他。

八月中，我太祖高皇帝①晏驾，崇焕遣使吊，且以觇虚实。我太宗文皇帝②遣使报之，崇焕欲议和，以书附使者还报。我大清兵将讨朝鲜，欲因此阻其兵，得一意南下。七年正月，再遣使答之。

【注释】①太祖高皇帝：指清太祖努尔哈赤。

②太宗文皇帝：指清太宗皇太极。

【译文】八月中旬，清太祖高皇帝努尔哈赤驾崩，袁崇焕派遣使节前往吊唁，并且利用这个机会窥探清朝内部的虚实。我清朝太宗文皇帝皇太极派遣使者回访了他，袁崇焕想与清军议和，就写了一封信让使者带回，我们大清军队将要讨伐朝鲜，打算利用议和来阻止袁崇焕出兵，以便可以专心南下攻打朝鲜。天启七年（1627年）正月，皇太极又派使者回答了他。

崇焕初议和，中朝不知。及奏报，优旨许之，后以为非计，频旨戒谕。崇焕欲藉是修故疆，持愈力。而朝鲜及文龙被兵，言官因谓和议所致。

【译文】袁崇焕当初和清军议和的时候，朝廷还不知道。等到袁崇焕奏章呈上，熹宗皇帝下诏书表示同意，后来又认为议和不是好的策略，频繁下旨告诫他。袁崇焕打算借议和的机会来修整边疆战备，所以坚持要议和。等到朝鲜和毛文龙受到清军的进攻，朝中的谏官于是就说是因为袁崇焕议和而造成的。

未几，熹宗崩。庄烈帝即位，忠贤伏诛，削诸冒功者。廷臣争请召崇焕。其年十一月擢右都御史，视兵部添注[①]左侍郎事。崇祯元年四月，命以兵部尚书兼右副都御史，督师蓟辽、兼督登莱[②]、天津军务，所司敦促上道。七月，崇焕入都，先奏陈兵事，帝召见平台[③]，慰劳甚至，咨以方略。对曰："方略已具疏中。臣受陛下特眷，愿假以便宜，计五年，全辽可复。"帝曰："复辽，朕不吝封侯赏。卿努力解天下倒悬，卿子孙亦受其福。"崇焕顿首谢。帝退少憩，给事中许誉卿叩以五年之略。崇焕言："圣心焦劳，聊以是相慰耳。"誉卿曰："上英明，安可漫对。异日按期责效，奈何？”崇焕怃然自失。顷之，帝出，即奏言：“东事本不易竣。陛下既委臣，臣安敢辞难。但五年内，户部转军饷，工部给器械，吏部用人，兵部调兵选将，须中外事事相应，方克有济。”帝为饬四部臣，如其言。

【注释】①添注：添入注拟，即等候委用之意。

②登莱：为防备后金从海路南下，明朝天启元年（1621年），设置登莱巡抚，管理登州和莱州二府。

③平台：即平台召对，平台召对是明朝的一个制度，是皇帝向大臣咨询政务大吏，根据文献记载明朝建极殿（清保和殿）后有一个石阶，叫云台门，即为平台。

【译文】没过多久，熹宗朱由校驾崩，庄烈帝朱由检即位，魏忠贤伏诛，撤销了过去冒领军功人的官职。朝廷大臣争相请求召回袁崇焕，这年十一月，袁崇焕被提拔为右都御史，掌管兵部候补左侍郎。崇祯元年（1628年）四月，被任命做兵部尚书兼右副都御史，管辖蓟、辽两地的军队，兼管登莱、天津两地的军务，上司敦促他赶快上任。七月袁崇焕入京，先上疏陈述军事。崇祯帝在平台召见他，对他加以慰问，并向他咨询用兵辽东的策略。他回答说：“用兵的方法已经全部写在奏章中了。臣受陛下的特别恩宠，希望陛下给予我自主行事的权力，估计五年之内，就可以收复辽东。”崇祯帝说：“你如果能收复辽东，我决不吝惜封侯的赏赐。你努力平息天下的动乱，你的子孙也会因你而受福。”袁崇焕叩头谢恩。崇祯帝退朝稍微休息的时候，给事中许誉卿向袁崇焕询问五年内收复辽东的策略。袁崇焕说：“皇上内心忧虑辽东的事情，我这样说是安慰他罢了。”许誉卿说：“皇上英明，你怎能随便回答呢？以后五年期限到了，询问结果的时候，你该怎么办？”袁崇焕怅然若失。一会儿，崇祯皇帝出来，袁崇焕上奏说：“辽东军事本来就不容易成功。陛下既然交给我来处理，我怎么敢因为困难而推辞？只是在五年之内，户部拨给军饷，工部供给器械，吏部选派人员，兵部调兵遣将等事情，朝廷内外必须各种事情都照应到，事情才有可能成功。”崇祯帝下诏书命令四部大臣按袁崇焕所说的行事。

崇焕又言：“以臣之力，制全辽有余，调众口不足。一出国门，便成万里，忌能妒功，夫岂无人。即不以权力掣臣肘，亦能以意见乱臣谋。”帝起立倾听，谕之曰：“卿无疑虑，朕自有主持。”大学士刘鸿训[①]等请收还之臣、桂尚方剑，以赐崇焕，假之便宜。帝悉从之，赐崇焕酒馔而出。崇焕以前此熊廷弼、孙承宗皆为人排构，不得竟其志，上言：“恢复之计，不外臣昔年以辽人守辽土，以辽土养辽人，守为正着，战为奇着，和为旁着之说。法在渐不在骤，在实不在虚，此臣与诸边臣所能为。至用人之人，与为人用之人，皆至尊司其钥。何以任而勿贰，信而勿疑？盖驭边臣与廷臣异，军中可惊可疑者殊多，但当论成败之大局，不必摘一言一行之微瑕。事任既重，为怨实多，诸有利于封疆者，皆不利于此身者也。况图敌之急，敌亦从而间之，是以为边臣甚难。陛下爱臣知臣，臣何必过疑惧，但中有所危，不敢不告。”帝优诏答之，赐蟒玉、银币，疏辞蟒玉不受。

【注释】①刘鸿训(1565—1634年)：字默承，号青岳，长山(今山东邹平)人，刘一相之子。明万历四十一年(1613年)进士。后遭陷害，被贬代州。崇祯七年(1634年)五月，刘在防地去世。

【译文】袁崇焕又说：“按照我的能力，收复辽东有余，可让所有人都满意就不足了。我一出国门，就等于和陛下远隔万里。朝中嫉贤妒能的人，总是不乏其人。就算他们不能靠权力来掣肘，也能用不同的意见来扰乱我的谋略。”庄烈帝站起来倾听他的话，告诉他说：“你不必为此忧虑，我自有主张。”大学士刘鸿训等请求收回王之臣、满桂的尚方宝剑，赐给袁崇焕，并赐给他自主行事的权力。庄烈帝都同意了，并赐给袁崇焕酒食，然后离去。袁崇焕因为以前熊廷弼、孙承宗都被人诬陷、排挤，难以实现他们的抱负，上书说：“收复辽地的策略，不外乎以前我使用的辽人守辽土，以辽土养辽人的策略，防守为正招，出战为奇招，议和为旁招的说法。执行的方法在于逐步施行而不能求快，在于求实而不能务虚。这是我和各位守边大臣们所能做到的。至于任命官员的人和被任命的官员，都由陛下掌握。怎样才能用人不疑，信任不猜忌？大概是因为管理边臣与朝臣的方法不同，军队中能够引起惊疑的事很多，所以应当看他最后处理事情的成败，而没必要计较一言一行上的小过错。边臣的责任重大，对他们的埋怨确实很多。凡是有利于边疆的举动，对将领自己都不利。何况敌情紧急，敌人也会从中离间，所以担任边臣实在很艰难。陛下爱护我信任我，我何必过多疑虑害怕呢？但是边疆事务中的诸多风险，不敢不向陛下报告。”崇祯帝下诏书安慰他，并赐给他蟒袍玉带、财物布帛，他上书辞谢蟒袍玉带，没有接受。

崇焕始受事，即欲诛毛文龙[①]。文龙者，仁和人。以都司援朝鲜，逗留辽东，辽东失，自海道遁回，乘虚袭杀大清镇江守将，报巡抚王化贞，而不及经略熊廷弼，两人隙始开。用事者方主化贞，遂授文龙总兵，累加至左都督，挂将军印，赐尚方剑，设军镇皮岛如内地。皮岛亦谓之东江，在登、莱大海中，绵亘八十里，不生草木，远南岸，近北岸，北岸海面八十里即抵大清界，其东北海则朝鲜也。

【注释】①毛文龙（1576—1629年）：字振南，浙江杭州府仁和县人。明朝末期将领。率兵攻破后金镇江，占据皮岛，逐渐成为不受节制的海外势力。后被袁崇焕所杀。

【译文】袁崇焕一上任，就想杀掉毛文龙，毛文龙是仁和（今属浙江杭州）人。以都司的职位率兵援助朝鲜，停留在辽东，辽东失守后，从海路逃回，乘守备空虚杀死大清镇江（今辽宁丹东）的守将，报告给了巡抚王化贞，而没有向经略熊廷弼报告，因此两人之间有了嫌隙。当时朝廷正器重王化贞，于是提拔毛文龙为总兵，逐步提升到左都督的职位，赐给将军印和尚方宝剑，在皮岛（今朝鲜椵岛一带）上如同内地一样，设立军镇。皮岛又叫东江，在登州、莱州之外的大海中，全长八十里，不长草木，南岸面向大海，北岸靠近陆地，北岸与大清边界只相距八十里，海面东北方向就是朝鲜了。

顾文龙所居东江，形势虽足牵制，其人本无大略，往辄败衄[①]，而岁糜饷无算；且惟务广招商贾，贩易禁物，名济朝鲜，实阑[②]出塞，无事则鬻参贩布为业，有事亦罕得其用。工科给事中潘士闻劾文龙糜饷杀降，尚宝卿董茂忠请撤文龙，治兵关、宁。兵部议不可，而崇焕心弗善也，尝疏请遣部臣理饷。文龙恶文臣监制，抗疏驳之，崇焕不悦。及文龙来谒，接以宾礼，文龙又不让，崇焕谋益决。

【注释】①衄：损伤，挫败。

②阑：擅自。

【译文】毛文龙据守东江，虽然形成牵制清军的态势，但毛文龙本人没有大的谋略，经常打败仗，每年耗费的军饷巨大，并且只顾着招揽商贾，贩卖禁物，名义上援助朝鲜，实际上是擅自出境，没有军情的时候就以倒卖人参、布匹为事，有军情的时候也很少能发挥功用。工部给事中潘士闻弹劾毛文龙浪费军饷和滥杀俘虏，尚宝卿董茂忠请求撤回毛文龙，将军队布置在山海关、宁远一带。兵部讨论后认为不可行，袁崇焕心里很不满意，上疏请求派官员到毛文龙处清查军饷。毛文龙讨厌有文臣在身边监督，因此上疏反对，袁崇焕很不高兴。等到毛文龙来拜访时，袁崇焕以宾客之礼接待他，毛文龙又不谦让，袁崇焕除掉毛文龙的想法更加坚决了。

至是，遂以阅兵为名，泛海抵双岛，文龙来会。崇焕因诘文龙违令数事，文龙抗辩。崇焕厉色叱之，命去冠带縶缚[①]，文龙犹倔强。遂取尚方剑斩之帐前。乃出谕其将士曰：“诛止文龙，余无罪。”当是时，文龙麾下健校悍卒数万，惮崇焕威，无一敢动者，于是命棺敛文龙。明日，具牲醴拜奠曰：“昨斩尔，朝廷大法；今祭尔，僚友私情。”为下泪。

时崇祯二年五月也。帝骤闻，意殊骇，念既死，且方倚崇焕，乃优旨褒答。

【注释】①縶缚：捆绑。

【译文】这时，袁崇焕就以检阅部队为名，渡海到达双岛（今辽宁大连西南海中），毛文龙前来会见。袁崇焕责问毛文龙几件违法的事情，毛文龙极力辩解。袁崇焕高声斥责他，命人摘下他的官帽和袍带，并把他绑了起来，毛文龙仍然不服。于是袁崇焕取尚方宝剑在大帐前将毛文龙斩首。出来告诉毛文龙带来的将士说：“只诛杀毛文龙一人，不会牵连其他人。”当时，毛文龙麾下有凶悍的官兵数万人，但都忌惮袁崇焕的威严，没有一个敢乱动。袁崇焕命人用棺材收敛了毛文龙的尸首。第二天，袁崇焕准备了牺牲酒水祭拜他说：“昨天杀你，是维护朝廷的法律；今天祭奠你，是出于同僚的情谊。”并落下眼泪。

当时是崇祯二年（1624年）五月。崇祯帝突然听到这个消息，大吃一惊，但考虑到毛文龙已经被杀，当时正依靠袁崇焕，所以就下诏书褒奖他。

文龙既死，甫逾三月，我大清兵数十万分道入龙井关、大安口。崇焕闻，即督大寿、可刚等入卫。以十一月十日抵蓟州，所历抚宁、永平、迁安、丰润、玉田诸城，皆留兵守。帝闻其至，甚喜，温旨褒勉，发帑金犒将士，令尽统诸道援军。俄闻率教战殁，遵化、三屯营皆破，巡抚王元雅、总兵朱国彦自尽，大清兵越蓟州而西。崇焕惧，急引兵入护京师，营广渠门外。帝立召见，深加慰劳，咨以战守策，赐御馔及貂裘。崇焕以士马疲敝，请入休城中，不许。出与大军鏖战，互有杀伤。

【译文】毛文龙死后三个月，清兵数十万分路进入龙井关（今河北迁西县一带，长城关隘之一）、大安口（今河北遵化一带，长城关隘之一）。袁崇焕听说了，就带领祖大寿、何可刚等去防御。于十一月十日抵达蓟州（今天津蓟县），途中经过抚宁（今河北抚宁）、永平（今河北卢龙）、迁安（今河北迁安）、丰润（今河北丰润）、玉田（今河北玉田）等城，都留下部队守卫，崇祯帝听说袁崇焕到了，非常高兴，下诏书褒奖他，颁发赏金犒劳将士，并命令袁崇焕统帅各路援军。不久听说赵率教战死，遵化、三屯营都被攻克，巡抚王元雅、总兵朱国彦自杀，清兵越过蓟州向西而去。袁崇焕恐惧，火速领兵入关拱卫北京，在京师广渠门外扎营。崇祯帝立刻召见他，予以慰劳，向他咨询作战策略，赐给御用的食品和貂裘。袁崇焕诉说兵马疲惫，请求进城中休整，崇祯帝不同意，袁崇焕出去与清兵大战，互有伤亡。

时所入隘口乃蓟辽总理刘策所辖，而崇焕甫闻变即千里赴救，自谓有功无罪。然都人骤遭兵，怨谤纷起，谓崇焕纵敌拥兵。朝士因前通和议，诬其引敌胁和，将为城下之盟。帝颇闻之，不能无惑。会我大清设间，谓崇焕密有成约，令所获宦官知之，阴纵使去。其人奔告于帝，帝信之不疑。十二月朔再召对，遂缚下诏狱。大寿在旁，战栗失措，出即拥兵叛归。大寿尝有罪，孙承宗欲杀之，爱其才，密令崇焕救解。大寿以故德崇焕，惧并诛，遂叛。帝取崇焕狱中手书，往召大寿，乃归命。三年八月，遂磔①崇焕于市，兄弟妻子流三千里，籍其家。崇焕无子，家亦无余赀，天下冤之。

【注释】①磔：凌迟极刑。

【译文】当时清军所进入的隘口是总理蓟辽军务的兵部右侍郎刘策管辖的，袁崇焕听说变故后，就从千里之外赶来增援，所以自认为有功无罪。然而京师的人们突然遭遇兵乱，怨言纷起，流言说袁崇焕纵敌入关，拥兵自重。朝廷大臣因为袁崇焕曾经和清军议和，就诬蔑袁崇焕引来清军逼迫朝廷议和，来签订城下之盟。崇祯帝听了很多这样的传言，心中不能没有疑惑。恰好清军使用离间计，说袁崇焕与清军有密约，故意让清军抓获的宦官知道后，暗中放他逃走。这个宦官跑去告诉崇祯帝，崇祯帝深信不疑。十二月初一日又一次召见袁崇焕问话，就把他绑起来投入诏狱。祖大寿当时也在一旁，惊慌失措，退出后就率兵叛逃而去。祖大寿过去曾经触犯律法，孙承宗本来要杀他，但是爱惜他的才能，就密令袁崇焕解救他。祖大寿因此感恩袁崇焕，现在惧怕被一起诛杀，所以就叛逃了。崇祯帝派人到监狱中拿袁崇焕的亲笔信，去召回祖大寿，祖大寿这才肯听命回来。崇祯三年（1630年）八月，将袁崇焕在闹市凌迟处死。他的兄弟妻子都被流放三千里，家产充公。袁崇焕没有儿子，家中也没有余财，天下人都认为他冤屈。

崇焕既缚，大寿溃而去。武经略满桂以趣战急，与大清兵战，竟死，去缚崇焕时甫半月。初，崇焕妄杀文龙，至是帝误杀崇焕。自崇焕死，边事益无人，明亡征决矣。（明史卷二百五十九）

【译文】袁崇焕被捕入狱后，祖大寿叛逃而去。武经略满桂因为被崇祯帝催促急迫，只好与清军作战，最终战死，这时袁崇焕被捕下狱才半个月。当初袁崇焕擅自杀了毛文龙，现在崇祯帝又误杀了袁崇焕。自从袁崇焕死后，边疆的军事更加没有可靠的人了，明朝灭亡的征兆也就确定无疑了。（明史卷二百五十九）

范景文

【题解】范景文（1587—1644年），字梦章，号思仁，别号质公，河间府吴桥（今河北吴桥）人。万历四十一年（1613年）进士，官至工部尚书兼东阁大学士。

崇祯十七年（1644年），李自成起义军攻破宣府，烽火逼近京师，众臣请帝南幸，范景文劝帝“固结人心，坚守待援”，不久崇祯自缢。范景文留下遗书曰：“身为大臣，不能灭贼雪耻，死有余恨。”后赴双塔寺旁的古井自杀。赠太傅，谥文忠。

范景文，字梦章，吴桥人。登万历四十一年进士。天启五年二月，起文选郎中，魏忠贤暨魏广微中外用事，景文同乡，不一诣其门，亦不附东林，孤立行意而已。尝言：“天地人才，当为天地惜之。朝廷名器，当为朝廷守之。天下万世是非公论，当与天下万世共之。”时以为名言。（明史卷二百六十五）

【译文】范景文，字梦章，吴桥（今河北吴桥）人。考中万历四十一年（1613年）进士。天启五年（1625年）二月，起任为文选郎中。魏忠贤和魏广微掌握了朝廷内外的大权，范景文和他们是同乡，但是从不拜访他们，也不依附东林党，只是按照自己的想法行事而已。他曾经说：“天地之间的人才，应当为天地爱惜。朝廷的名器，应当为朝廷守护。天下万世流传的是非

公论，应当与天下万世共有。”在当时被认为是名言。（明史卷二百六十五）

马世奇

【题解】马世奇（？—1644年），字君常，号素修，江苏无锡人。崇祯四年进士，廉洁好义，官至左庶子。李自成破北京，世奇自缢死，清廷谥文忠。

崇祯帝曾多次召问廷臣除寇之策，世奇说：“闯、献二贼，除献易，除闯难。”指出当时的百姓为兵燹所苦，如果能够解决这一问题，明朝尚能有救。可惜当时朝中大臣面对流寇完全没有任何对策，马世奇由此预知国事很难有作为了。

马世奇，字君常，无锡人。登崇祯四年进士。十一年，帝遣词臣分谕诸藩。世奇使山东、湖广、江西诸王府，所至却馈遗。

【译文】马世奇，字君常，江苏无锡人。考中崇祯四年（1631年）进士。崇祯十一年（1638年），崇祯帝派遣文学侍从之臣分别告谕诸位藩王。世奇出使的是山东、湖广、江西等王府，所到之处都拒绝馈赠。

久之还朝，进左庶子。帝数召廷臣问御寇策。世奇言：

“闯、献二贼，除献易，除闯难。人心畏献而附闯，非附闯也，苦兵也。今欲收人心，惟敕督抚镇将严束部伍，使兵不虐民，民不苦兵，则乱可弭。”帝善其言，为下诏申饬。时寇警日亟，每召对，诸大臣无能画一策。世奇归邸，辄太息泣下，曰：“事不可为矣。”（明史卷二百六十六）

【译文】很久以后回到朝廷，升迁为左庶子。崇祯帝多次召集朝廷大臣询问抵御贼寇的策略。马世奇说：“李自成、张献忠二贼，除掉张献忠容易，消灭李自成困难。人心畏惧张献忠而依附李自成，不是民心真心依附李自成，而是百姓苦于兵燹。如今想要收取人心，只有命令总督、巡抚和镇将严格约束军队，让士兵不暴虐百姓，百姓不为兵燹所苦，那么叛乱就可以消除。”崇祯帝赞同他的话，因此下诏书告诫。当时贼寇的警报日益紧急，每次召见应对，诸大臣没办法想出一条计策。世奇回到住所，就叹息流泪，说：“事情至此难有作为了。”（明史卷二百六十六）

史可法

【题解】史可法（1601—1645年），字宪之，号道邻，汉族，明末抗清名将、民族英雄，祖籍河南郑州市，生于开封府祥符县（今开封市祥符区）。史可法考中崇祯元年（1628年）进士，任西安府推官。后转平各地叛乱。北京城被攻陷后，史可法拥立福王朱由崧

（弘光帝）为帝，继续与清军作战。官至督师、建极殿大学士、兵部尚书。弘光元年（1645年），清军大举围攻扬州城，不久后城破，史可法拒降遇害，当时正值夏天，尸体腐烂较快，史可法的遗骸无法辨认，其义子史德威与扬州民众随后便以史可法的衣冠代人，埋葬在城外的梅花岭。

史可法死后南明朝廷谥之为忠靖。清乾隆帝追谥为忠正。其后人收其著作，编为《史忠正公集》。史可法誓死不降清军，表现了威武不屈的民族气节，同时，他为官廉洁勤慎，这一点也值得赞许。但是，在弘光时期，他作为南明的重臣，在政治和军事上都犯了不少致命的错误，导致弘光朝廷迅速土崩瓦解，这方面他是要负不可推卸的责任的。

史可法，字宪之，大兴籍，祥符人。世锦衣百户。祖应元举于乡，官黄平知州，有惠政。语其子从质曰："我家必昌。"从质妻尹氏有身，梦文天祥入其舍，生可法。以孝闻。举崇祯元年进士，授西安府推官，稍迁户部主事，历员外郎、郎中。

【译文】史可法，字宪之，祖籍大兴（今河南郑州），祥符（今河南开封祥符区）人。世袭锦衣卫百户。他的祖父史应元乡试中举，在黄平做知州，有仁政之名。他曾对他的儿子史从质说："我们的家庭一定会昌盛的。"从质的妻子有身孕，梦见文天祥来到她屋里，生下了史可法。史可法从小因孝顺闻名于乡里。后考中崇祯元年（1628年）进士，被任命为西安府推官，稍后升为户部主事，又做过员外郎和郎中等。

八年，迁右参议，分守池州、太平。其秋，总理侍郎卢象升[1]大举讨贼。改可法副使，分巡安庆、池州，监江北诸军。

十年七月，擢可法右佥都御史，巡抚安庆、庐州、太平、池州四府，提督军务，设额兵万人。

十一年夏，以平贼逾期，戴罪立功。

可法短小精悍，面黑，目烁烁有光。廉信，与下均劳苦。军行，士不饱不先食，未授衣不先御，以故得士死力。

十二年夏，丁外艰去。服阕，起户部右侍郎兼右佥都御史。拜南京兵部尚书，参赞机务。因武备久弛，奏行更新八事。

【注释】①卢象升（1600—1639年）：字建斗，又字斗瞻、介瞻，号九台，南直隶常州府宜兴县（今江苏宜兴）人。天启二年（1622年）进士。崇祯十一年（1639年），率部在巨鹿贾庄被清军包围，终因炮尽矢绝，战死疆场，年仅三十九岁，追赠太子太师、兵部尚书。南明福王时，追谥忠烈。清朝，追谥忠肃。著有《卢忠肃公集》《卢象升疏牍》。

【译文】崇祯八年（1635年），他调任右参议，负责镇守池州（今安徽池州）、太平（今安徽黄山）两地。这年秋天，全面负责军事的侍郎卢象升开始大规模讨伐敌人，改史可法为副使，负责巡视安庆（今安徽安庆）、池州，监领长江以北的部队。

崇祯十年（1637年）七月，史可法被提升为右佥都御史，巡抚安庆、庐州（今安徽省合肥市）、太平、池州四府，负责督办军事，准予设立一万人的兵额。

崇祯十一年（1638年）夏季，因为未能按期平定叛军，朝廷责令他戴罪立功。

史可法身材短小精悍，面孔黝黑，双目炯炯有神。他品质廉洁守信，能与部下同甘共苦。行军途中，士兵没有吃饱自己就不先吃，士兵衣服没发下自己决不先穿，所以士兵都愿意为他以死效力。

崇祯十二年（1639年）夏季，因父去世离职。守丧期满后，出任户部右侍郎兼右佥都御史。调任南京兵部尚书，参赞机密政务，由于武备长期松弛，可法奏上八条改革意见。

十七年四月朔，闻贼犯阙，誓师勤王。渡江抵浦口，闻北都既陷，缟衣发丧。会南都议立君，张慎言①、吕大器②、姜曰广③等曰："福王由崧④，神宗孙也，伦序当立，而有七不可：贪、淫、酗酒、不孝、虐下、不读书、干预有司也。潞王常淓⑤，神宗侄也，贤明当立。"移牒可法，可法亦以为然。凤阳总督马士英⑥潜与阮大铖⑦计议，主立福王，咨可法，可法以七不可告之。而士英已与黄得功、刘良佐、刘泽清、高杰⑧发兵送福王至仪真，于是可法等迎王。五月朔，王谒孝陵、奉先殿，出居内守备府。群臣入朝，王色赧欲避。可法曰："王毋避，宜正受。"既朝，议战守。可法曰："王宜素服郊次，发师北征，示天下以必报仇之义。"王唯唯。明日再朝，出议监国事。张慎言曰："国虚无人，可遂即大位。"可法曰："太子存亡未卜，倘南来若何？”诚意伯刘孔昭[9]曰：“今日既定，谁敢复更？”可法曰：“徐之。”乃退。又明日，王监国，廷推阁臣，众举可法、高弘图[10]、姜曰广。当是时，士英旦夕冀入相。及命下，大怒，以可法七不可书奏之王。而拥兵入觐，拜表即行。可法遂请督师，出镇淮、扬。可法去，士英、孔昭辈益无所惮。

【注释】①张慎言（1577—1644年）：字金铭，号藐山，山西泽州阳城（今山西阳城）人。明代思想家、诗人，他官至南京吏部尚书，加太子太保，为一品重臣。在书法上与董其昌齐名，明有“南董北藐”之称，著有《洎水斋文钞》《洎水斋诗钞》。

②吕大器（1598—1650年）：字俨若，号东川，四川潼川州遂宁县北坝（今遂宁市船山区北固乡）人，军事家、诗人、民族英雄。吕大器历仕崇祯、弘光、隆武、永历四朝，官至永历朝兵部尚书、武英殿大学士，卒谥文肃。

③姜曰广（1583—1649年）：字居之，号燕及，晚号浠湖老人，江西南昌新建（今江西丰城市同田乡浠湖村）人。与史可法、高弘图并称“南中三贤相”。后从金声桓反清，兵败投水死。著有《石井山房文集》《皇华集》《輶轩纪事》《石井山房语录》《过江七事》等。

④由崧：即朱由崧（1607—1646年），字福八。北直隶顺天（今北京）人，南明政权第一任皇帝（1644—1645年在位）。弘光二年（1645年），兵败逃亡芜湖，押往北京处死。永历十一年（1657年），谥号奉天遵道宽和静穆修文布武温恭仁孝简皇帝，庙号安宗。

⑤常淓：即朱常淓（1607—1646年），河南汲县（今河南卫辉）人，明穆宗朱载垕之孙，神宗朱翊钧之侄，光宗朱常洛堂弟，潞简王朱翊镠之子。万历四十四年袭封潞王。

⑥马士英（约1591—1646年）：字瑶草，贵州贵阳人，官至内阁首辅。曾拥立福王朱由崧登基，抵抗清兵入侵，最终殉国而死，但世人对其死因存疑。夏允彝、夏完淳父子《幸存录》对其持论公允。有《永城纪略》（含《永牍》）及部分诗文、书画作品传世。

⑦阮大铖（1587—1646年）：字集之，号圆海、石巢、百子山樵。南直隶安庆府桐城县（今安徽省枞阳县）人。明亡后在福王朱由崧的南明朝廷中官至兵部尚书、右副都御史、东阁大学士，南京城陷后降于清，后病死于随清军攻打仙霞关的石道上。所作传奇今存《春灯谜》《燕子笺》《双金榜》和《牟尼合》，合称“石巢四种”。

⑧黄得功（？—1645年）：号虎山，明末开原卫人，官至太傅、左柱国，封靖国公。崇祯末年，封靖南伯。明朝灭亡后，因参与拥立福王朱由崧，晋为侯爵，与刘良佐、刘泽清、高杰并称为江北四镇。刘良佐（？—1667年）：字明辅，山西大同镇左卫人，因常骑一匹杂色马，人称花马刘。明末清初大臣，曾拥立福王朱由崧登基。1645年，多铎率军南下，刘良佐率部降清。刘泽清（？—1649年）：字鹤洲，山东曹县人，出身行伍，崇祯末年升至山东总兵。明朝灭亡后，在江南拥立福王朱由崧登基，被封为东平伯。顺治二年（1645年），刘泽清投降，其后清廷讨厌他反复无常，将其绞死。高杰（？—1645年）：字英吾，陕西米脂人。原为李自成部将，投降明政府后参加对农民军的追剿，升任总兵官。明朝灭亡后，在江南拥立福王朱由崧登基，被封为兴平伯。弘光元年（1645年），高杰在睢州被许定国诱杀。南明朝廷追赠其为太子太保。

⑨刘孔昭：号复阳，浙江人，明初功臣诚意伯刘基后人。

⑩高弘图（1583—1645年）：字子犹，一字研文，号硁斋，明胶州（今山东省胶州市）人。明末大臣，民族英雄。南明福王时任礼部尚书

兼东阁大学士，后加封太子太保。弘光元年（1645年），卒于会稽之竹园。有《太古堂集》。

【译文】崇祯十七年（1644年）四月初一，听说乱军进犯北京皇宫，史可法誓师北上救主。渡江抵达浦口（今江苏南京浦口区），听说北京陷落，崇祯帝谢世，身穿孝服，为崇祯帝祭奠。适逢南京讨论另立君主，张慎言、吕大器、姜曰广等说："福王朱由崧是神宗的孙子，按辈份、排行应当立为君，但是他有七大缺点：贪婪、好色、酗酒、不孝、虐待下属、不读书、干预官员。潞王朱常淓是神宗的侄子，贤良而且聪明，应当立为王。"用文书通报史可法，史可法也认为是这样。凤阳总督马士英暗地与阮大铖商议，主张立福王，询问史可法，史可法把福王不行的七点原因告诉他们。但马士英已经与黄得功、刘良佐、刘泽清、高杰发兵护送福王到仪真（今江苏仪征），于是史可法等人前往迎接福王。五月初一，福王拜谒孝陵、奉先殿，出外住在内守备府，群臣上朝拜见福王，福王忧惧，想避开。史可法说："王不要回避，应当认真接受臣子的朝见。"福王上朝后，开始讨论战守的问题。史可法说："福王您应当身穿孝服，住在郊外，发兵北征，来向天下表示您一定要报国家之仇的大义。"福王连声说是。第二天朝见之后，大臣们出来讨论福王监国的事，张慎言说："国虚无主，福王就此可以即皇位。"史可法说："太子生死不明，如果有一天太子到南边来了怎么办？"诚意伯刘孔昭说："今天已经说定了，谁敢再有更改？"史可法说："慢慢再说吧。"于是大家退朝。第三天，福王监国，朝廷推选内阁大臣，大家都推举史可法、高弘图、姜曰广。这个时候，马士英一天到晚想着当首辅大臣。等到朝廷的命令发布后，他非常恼怒，就把史可法以前列举福王不该立的七条理由进呈给福王。然后带兵入见福王，递上奏章就走了。可法于是请求统帅军队，外出镇守淮、扬两地。史可法离开后，马士英、刘孔昭等人更加肆无忌惮。

六月，大清兵击败贼李自成，自成弃京师西走。青州诸郡县争杀伪官，据城自保。可法请颁监国、登极二诏，慰山东、河北军民心。开礼贤馆，招四方才智，以监纪推官应廷吉领其事。八月出巡淮安，阅泽清士马。返扬州，请饷为进取资。士英靳不发，可法疏趣之。因言："迩者人才日耗，仕途日淆，由名心胜而实意不修，议论多而成功少。今事势更非昔比，必专主讨贼复仇。舍筹兵筹饷无议论，舍治兵治饷无人才。有摭拾浮谈、巧营华要者，罚无赦！"王优诏答之。

【译文】六月，大清军队打败了反贼头领李自成，李自成放弃北京率兵向西逃跑，青州（今山东青州）等各郡县开始争先恐后地杀死他设立的伪官，占据城堡自卫。史可法请求福王颁布监国、即位执政两个诏书，安抚山东、河北军队和百姓之心。并开设礼贤馆，招揽各地有才能智慧的人，让监纪推官应廷吉主管此事。八月，史可法外出巡视淮安（今江苏淮安），检阅刘泽清的兵马。返回扬州，向朝廷请求粮饷作为进取北方的费用。马士英吝惜不肯送发，史可法上疏让福王催促他。借此对福王说："近来人才日益减少，为官门路日益混乱，由此慕名之心多而务实之心少，议论的事情很多但成功的事情很少。现在的局势更和以往不同。一定要专心于讨伐乱贼，报复国仇才行。除却筹集兵饷不应有什么别的议论，除却治兵饷没有人才可言。如有捡拾空虚词句，谋取高官厚禄的人，应当严惩，不得宽免！"福王以鼓励的诏书回复他。

时自成既走陕西，犹未灭，可法请颁讨贼诏书，曰："先皇帝死于贼，恭皇帝亦死于贼，此千古未有之痛也。在北诸臣，死节者无多；在南诸臣，讨贼者复少。此千古未有之耻也。庶民之家，父兄被杀，尚思穴胸断脰，得而甘心，况在朝廷，顾可漠置？臣愿陛下速发讨贼之诏，责臣与诸镇悉简精锐，直指秦关，悬上爵以待有功，假便宜而责成效，丝纶[①]之布，痛切淋漓，庶海内忠臣义士，闻而感愤也。

【注释】①丝纶：《礼记·缁衣》："王言如丝，其出如纶。"孔颖达疏："王言初出，微细如丝，及其出行于外，言更渐大，如似纶也。"后因称帝王诏书为"丝纶"。

【译文】当时李自成已经逃往陕西，但还没有灭亡，史可法请求福王颁布讨伐乱贼的诏书，说道："先皇帝（朱由检）死于乱贼李自成手下，恭皇帝（朱常洵）也死于乱贼李自成手下，这是千古不曾有过的哀痛。当时在北边的大臣忠节死难的不多，在南方的大臣讨伐贼寇的又少，这真是千古不曾有过的耻辱啊！平民百姓的家里，父母兄弟被人杀了，还想穿胸断头为其报仇，杀了敌人方才甘心。对于朝廷来说，反而就这样漠然置之了吗？我请求陛下迅速发布讨贼的诏书，授权我和各镇军官都挑选精锐的部队，一直打向关中地区，并请悬上等的爵位用以封赏有功的大臣，给各位将领便宜行事的权力以责令成功。对天下发布的诏书，应当十分沉痛恳切，以便使海内的忠臣义士，听读之后感到愤慨。

“国家遘此大变，陛下嗣登大宝，与先朝不同。诸臣但有罪之当诛，曾无功之足录。今恩外加恩未已，武臣腰玉，名器滥觞。自后宜慎重，务以爵禄待有功，庶猛将武夫有所激厉。兵行最苦无粮，搜括既不可行，劝输亦难为继。请将不急之工程，可已之繁费，朝夕之燕衎，左右之进献，一切报罢。即事关典礼，亦宜概从节省。盖贼一日未灭，即有深宫曲房，锦衣玉食，岂能安享！必刻刻在复仇雪耻，振举朝之精神，萃万方之物力，尽并于送将练兵一事，庶人心可鼓，天意可回。”

【译文】“国家在遭了这次祸变后，陛下登上皇帝的宝位，所以与以前不同。大臣们只有该诛杀的罪过，没有什么值得记录的功劳。现在皇上您恩外又加恩典，使得武将腰缠宝玉，车服名位泛滥。今后应该慎重一些，务必用爵位、俸禄等待实有功劳的人，以便使猛将武夫有所激励。另外军队在外，最怕的是没有粮草，搜括百姓已经不可行，劝人捐助也很难维持。我请陛下把不紧要的工程，可以不花的费用，白日黑夜的晏乐，左右大臣的进贡，这一切都宣布停罢了吧。即使事关国家的典礼，也应该一概考虑节省。因为贼寇一日不灭亡，就是有幽静的宫殿和密室，锦绣的衣服，美味的饭菜，陛下您能心安理得地享用吗？所以一定得时时刻刻以报仇为念，振奋举朝文武的精神，集聚四面八方的物力，一齐集中在选将练兵这件事上，以期人心鼓舞，众志成城，老天爷的心会重新向着我大明王朝。”

可法每缮疏，循环讽诵，声泪俱下，闻者无不感泣。

比大清兵已下邳、宿，可法飞章报。士英谓人曰：“渠欲叙防河将士功耳。”慢弗省。而诸镇逡巡无进师意，且数相攻。明年，是为大清顺治之二年，正月，饷缺，诸军皆饥。命驻扬州。

【译文】史可法每次写好奏章，必定一遍又一遍地朗读，自己声泪俱下，身边的人听了也感动得流下眼泪。

等到大清兵已经打下邳州（今江苏邳州）、宿松（今安徽宿松）时，可法迅速递奏章向福王报告。士英对人说：“他不过是想为防河将士纪功罢了。”因此心下怠慢而未加思考。而各镇军队犹豫不决，都没有出兵救援的意思，而且相互之间几度开战。第二年，也就是大清顺治二年（1645年）正月，粮饷缺乏，各军兵士都不胜饥饿。命令驻守扬州。

二月，可法还扬州，未至。时大兵已取山东、河南北，逼淮南。可法一日夜奔还扬州。二十日，大清兵大至，屯班竹园。明日，总兵李栖凤①、监军副使高岐凤拔营出降，城中势益单。诸文武分陴拒守。旧城西门险要，可法自守之。作书寄母妻，且曰："死葬我高皇帝陵侧。"越二日，大清兵薄城下，炮击城西北隅，城遂破。可法自刎不殊，一参将拥可法出小东门，遂被执。可法大呼曰："我史督师也。"遂杀之。

【注释】①李栖凤（？—1664年）：字瑞梧，本籍甘肃凉州人，清初大臣。李栖凤早年以诸生身份降后金大汗皇太极，值文馆。八旗汉军制定后，隶镶红旗。康熙三年（1664年）正月病逝。

【译文】二月，史可法回扬州，还没到。当时，清兵已攻下山东、黄河南北的地区，逼近淮南。史可法一天一夜飞奔而回防守扬州。二十日，清军大举而来，驻扎在斑竹园。第二天，总兵官李栖凤、监军副使高岐凤率领全部军队投降了清军，城中力量更加单薄。文臣武将们分别登上城墙拒敌守城。扬州旧城的西门形势险要，史可法亲自把守。史可法又写信给母亲和妻子嘱咐说："我死后把我安葬在高皇帝的陵墓边侧。"过了两天，清兵逼近城下，用火炮轰炸西北角，扬州城陷落。史可法拔刀自杀未遂，一参将护他从小东门出去，被清军抓住，可法大声呼叫说："我是史督师。"于是被杀。

可法初以定策功加少保兼太子太保，以太后至加少傅兼太子太傅，叙江北战功加少师兼太子太师，擒剧盗程继孔功加太傅，皆力辞，不允。后以宫殿成，加太师，力辞，乃允。可法为督师，行不张盖，食不重味，夏不箑，冬不裘，寝不解衣。年四十余，无子，其妻欲置妾。太息曰："王事方殷，敢为儿女计乎？"岁除遣文牒，至夜半，倦索酒。庖人报殽肉已分给将士，无可佐者，乃取盐豉下之。可法素善饮，数斗不乱，在军中绝饮。是夕，进数十觥，思先帝，泫然泪下，凭几卧。比明，将士集辕门外，门不启，左右遥语其故。知府民育[①]曰："相公此夕卧，不易得也。"命鼓人仍击四鼓，戒左右毋惊相公。须臾，可法寤，闻鼓声，大怒曰："谁犯吾令？"将士述民育意，乃获免。尝孑处铃阁或舟中，有言宜警备者，曰："命在天。"可法死，觅其遗骸。天暑，众尸蒸变，不可辨识。逾年，家人举袍笏招魂，葬于扬州郭外之梅花岭。其后四方弄兵者，多假其名号以行，故时谓可法不死云。（明史卷二百七十四）

【注释】①民育：即任民育，明末名臣，民族英雄，"扬州十日"期间的扬州知府。字厚生，山东济宁人。天启年间中举人，崇祯十一年（1638年）、十五年（1642年），清兵两次掠山东，曾协助地方官守城。

【译文】史可法最初因扶立福王，制定国策有功封少保兼太子太保，又因太后南来封少傅兼太子太傅，排定在江北的战功又晋升少师兼太子太师，因捉拿盗贼大头目程继孔而加封太傅，他都竭力辞让，福王不准。后来因宫殿建成，加封太师，史可法奋力推辞，这次得到允许。史可法做督师时，外出不让人为他打顶盖，吃饭不用两样菜，夏天不用扇子，冬天不穿皮衣，睡觉不脱衣服。四十多岁时还没有儿子，他的妻子想为他娶妾，史可法叹息说："国事正让人忧虑，怎能为生儿育女的事操心？"有一年除夕夜签发文书，直到半夜，疲倦得想找点酒喝。厨师说肉菜都已分给将士，没有什么东西可以下酒。于是取了点咸豆豉下酒。史可法平时很能饮酒，喝上几斗也不会醉，在军中却滴酒不沾。这天晚上，连饮了几十杯，想到先帝，眼泪不觉掉下来，靠在案上睡着了。等到天明，将士都聚集在辕门外，而门未打开，史可法的侍卫官远远地告诉他们。知府任民育说："史相公这一夜睡下，很不容易。"命令报更的鼓手仍然敲报四更，告诫侍卫官不要惊动相公。不久，史可法醒来，听见鼓声，愤怒地说："谁违反了我的命令？"将士把任民育的话告诉了史可法，才得以免罪。史可法常独处于铃阁或战船中，有人劝他应加以警戒，他说："命运乃是上天决定的。"史可法死后，人们寻找他的尸体，因为天气炎热，许多尸体堆聚在一处都变了形，不能识别。过了一年，他的家人用他的官袍和笏板为他招魂，埋葬在扬州城外梅花岭上。史可法死后，各地带兵的将领都假借他的名号活动，所以当时人们都说史可法还没有死。（明史卷二百七十四）

方克勤

【题解】本篇选自《明史·循吏传》。方克勤（1326—1376

年），字去矜，号愚庵，宁海缑城人，因曾任山东济宁知府，故又称方济宁。方克勤任济宁知府，让官吏无法舞弊，田地得到开垦，百姓得到教化，减免百姓徭役，因此得到百姓的爱戴，让济宁户口增加，丰裕富足。方克勤治理地方，以道德教化为先，不重视名声，是一位真正为民的好官。

方克勤，字去矜，宁海人。洪武二年辟县训导，母老辞归。四年征至京师，吏部试第二，特授济宁知府。时始诏民垦荒，阅三岁乃税。吏征率不俟期，民谓诏旨不信，辄弃去，田复荒。克勤与民约，税如期。区田为九等，以差等征发，吏不得为奸，野以日辟。又立社学数百区，葺孔子庙堂，教化兴起。盛夏，守将督民夫筑城，克勤曰："民方耕耘不暇，奈何重困之畚锸①？"请之中书省，得罢役。先是久旱，遂大澍。济宁人歌之曰："孰罢我役？使君之力。孰活我黍？使君之雨。使君勿去，我民父母。"视事三年，户口增数倍，一郡饶足。

【注释】①畚锸：挖运泥土的器具。引申为土建之事。

【译文】方克勤，字去矜，宁海（今浙江宁海）人。洪武二年（1369年），方克勤被任命为县训导，后因母亲年老而辞职归家。洪武四年（1371年）被召至京师，吏部考试为第二名，破格任命为济宁知府。此时，朝廷下诏让百姓垦荒，三年后才征税。地方官吏却未到期就开始征税，百姓认为朝廷旨意言而无信，便弃地逃亡，田地又荒芜。方克勤与百姓约定，按照原定时间征税，并把田地分为九等，按等级征收田赋，官吏无法徇私舞弊，于是荒地开垦日益增多。同时，方克勤设立乡学数百所，修整孔庙，教化百姓。盛夏农忙时节，济宁守将督促百姓筑城，方克勤说："百姓正忙于耕种，为何还要增加繁重的劳役？"请示中书省后，予以免除。这时，大旱日久，突然大雨，济宁百姓歌颂他："谁免去了我们的徭役？是方知府。谁使庄稼不会枯死？是方知府求来的雨。方知府是我们父母，千万不要离去。"方克勤在济宁为官三年，户口增加数倍，整个济宁府丰裕富足。

克勤为治，以德化为本，不喜近名，尝曰："近名必立威，立威必殃民，吾不忍也。"自奉简素，一布袍十年不易，日不再肉食。太祖用法严，士大夫多被谪，过济宁者，克勤辄周恤之。永嘉侯朱亮祖尝率舟师赴北平，水涸，役夫五千浚河。克勤不能止，泣祷于天。忽大雨，水深数尺，舟遂达，民以为神。（明史卷二百八十一）

【译文】方克勤从政以德行教化为根本，不喜欢追求名声，曾经说："追求名声，必然会树立威名，树立威名必然会祸害百姓，我不忍心这样做。"他生活简朴，一件布袍穿了十年也不换，每天只吃一次肉食。太祖朱元璋法度严格，大臣多被贬谪，凡路过济宁者，方克勤都给予周济。永嘉侯朱亮祖率船队赶赴北平，运河干涸，征集民夫五千人来疏通河道，方克勤无力阻止，哭泣着向天祈祷，忽然天降大雨，运河水深数尺，舟船得

以通行，百姓把方克勤视为神。（明史卷二百八十一）

范祖干

【题解】本篇选自《明史·儒林传》。范祖干，字景先，金华（今浙江金华）人。范祖干早年跟从同乡许谦游学，朱元璋到婺州时，范祖干与叶仪一同被召见。明太祖问他如何治理国家，他回答说不出《大学》一书。《大学》虽然只有两千多字，但是却讲了修身、齐家、治国、平天下的大道理。孙中山先生称之为中国最有系统的政治哲学。确实，无论任何时代，《大学》中“修齐治平”的理论都是放之四海而皆准的。

范祖干，字景先，金华人。太祖下婺州，与叶仪并召。祖干持《大学》以进，太祖问治道何先，对曰：“不出是书。”太祖令剖陈其义，祖干谓帝王之道，自修身齐家以至治国平天下，必上下四旁，均齐方正，使万物各得其所，而后可以言治。太祖曰：“圣人之道，所以为万世法。吾自起兵以来，号令赏罚，一有不平，何以服众？夫武定祸乱，文致太平，悉是道也。”深加礼貌，命二人为谘议，祖干以亲老辞归。（明史卷二百八十二）

【译文】范祖干，字景先，金华（今浙江金华）人。太祖朱元璋攻下婺州（今浙江金华）后，范祖干与叶仪一同奉召进见，范祖干以《大学》一书进呈太祖。太祖询问治理国家以什么为优先，范祖干回答："都在这本书中。"太祖朱元璋让详细解释说明，范祖干说帝王的治国之道，从修身齐家开始，到治国平天下，必须对上下四方都要公平正直，使万物各有归附，然后才谈得上治理国家。太祖说："圣人治国之道，可以成为万世的法则。我自起兵以来，如果号令赏罚，有一项不公平，如何能令众人服气？以武力平定祸乱，靠文治达到太平，均是治国之道。"对范祖干特别优厚，于是命叶仪与范祖干同为谘议。范祖干为了奉养父母而推辞职位回到故里。（明史卷二百八十二）

叶　仪

【题解】本篇选自《明史·儒林传》。叶仪，字景翰，号南阳。金华（今浙江金华）人。从白云先生许谦学，研深探奥，卓有成就。明太祖朱元璋克婺州，召见授谘议，以老病辞。

叶仪，字景翰，金华人。受业于许谦①，谦诲之曰："学者必以五性人伦②为本，以开明心术、变化气质为先。"仪朝夕惕厉，研究奥旨。已而授徒讲学，士争趋之。其语学者曰："圣贤言行，尽于《六经》、《四书》，其微词奥义，则近代先儒之说备矣。由其言以求其心，涵泳从容，久自得之，不可先立己意，而妄有是非也。"太祖克婺州，召见，授为谘议，以老病辞。（明史卷二百八十二）

【注释】①许谦（1269—1337年）：字益之，号白云山人，浙江省东阳市人，元朝著名学者。

②五性人伦：人伦即君臣、父子、夫妇、长幼、朋友，谓之五伦。人性指仁、义、礼、智、信，谓之五性。

【译文】叶仪，字景翰，浙江金华人士，跟随许谦学习。许谦教导他说："学者必须以五性人伦为根本，以启发心智、变化气质为优先。"叶仪早晚都谨慎警惕来鞭策自己，探究深奥的学问。不久，他收徒讲学，士人争相拜他为师。他告诉弟子们说："圣贤的言行，都在《六经》《四书》之中，其精微语言中的深奥道理，近代先圣大儒的言论都包括在内了。考察他们的言语来探求他们的思想，深入领会，时间久了必有所领会，切不可先确立自己的主张，妄自评论是非。"太祖攻克婺州，召见叶仪，任命为谘议。叶仪以年老多病为由，推辞职位。

薛　瑄

【题解】本篇选自《明史·儒林传》。薛瑄（1389—1464年），字德温，号敬轩。河津（今山西运城）人。明代著名思想家、理学家、文学家，河东学派的创始人，世称"薛河东"。薛瑄为永乐十九年（1421年）进士，官至通议大夫、礼部左侍郎兼翰林院学士。天顺八年（1464年）去世，赠资善大夫、礼部尚书，谥号文清，故后世称其为"薛文清"。隆庆五年（1571年），从祀孔庙。薛瑄继曹端之后，在北方开创了"河东之学"，门徒遍及北方各地，蔚为大宗。清人视薛学为朱学传宗，称之为“明初理学之冠”，“开明代道学之基”。《续编》另有辑录其著作《读书录》精华。

薛瑄，字德温，河津人。举河南乡试第一，时永乐十有八年也。景帝嗣位，用给事中程信荐，起大理寺丞。英宗复辟，拜礼部右侍郎兼翰林院学士，入阁预机务。帝数见瑄，所陈皆关君德事。瑄学一本程、朱，其修己教人，以复性为主，充养邃密，言动咸可法。尝曰：“自考亭[①]以还，斯道已大明，无烦著作，直须躬行耳。”有《读书录》二十卷，平易简切，皆自言其所得，学者宗之。天顺八年六月卒，年七十有二。赠礼部尚书，谥文清。（明史卷二百八十二）

【注释】①考亭：指朱熹，字考亭。

【译文】薛瑄，字德温，河津（今山西运城）人。永乐十八年（1420年），参加河南乡试，考中第一名。景帝朱祁钰即位，由于给事中程信的推荐，任命薛瑄为大理寺丞。英宗朱祁镇复辟后，薛瑄官拜礼部右侍郎兼翰林院学士，进入内阁参预机要事务。英宗数次召见薛瑄，薛瑄陈述的都是有关君主修养德行的事情。薛瑄的学问源于程、朱，修身教人，以恢复人的本性为主，修养高深，言行都是典范。他曾说：“自朱熹以后，这种大道已经分明，无须再有什么著述，只要身体力行就可以了。”著有《读书录》二十卷，文辞简明扼要，都是讲述自己的心得，尤其被学者推崇。于天顺八年（1464年）六月去世，享年七十二岁。

朝廷赠礼部尚书称号，谥文清。（明史卷二百八十二）

胡居仁

【题解】本篇选自《明史·儒林传》。胡居仁（1434—1484年），字叔心，号敬斋，余干县梅港（现属江西）人，为明代著名理学家。幼时聪敏异常，时人谓之“神童”。他兴趣广泛，博览群书。及壮，师事崇仁硕儒吴与弼，而饱读儒家经典，尤致力于程朱理学，过于其师。常与友人陈献章、娄谅、谢复、郑侃等人交游，吟诗作赋。被人称之为“崇仁学派”，名闻当时，影响后世。曾经主持白鹿书院，以布衣终身。万历中，追谥文敬，从祀文庙。

胡居仁，字叔心，余干人。闻吴与弼讲学崇仁，往从之游，绝意仕进。其学以主忠信为先，以求放心为要，操而勿失，莫大乎敬，因以敬名其斋。端庄凝重，对妻子如严宾。手置一册，详书得失，用自程考。鹑衣箪食，晏如也。筑室山中，四方来学者甚众，皆告之曰：“学以为己，勿求人知。”语治世，则曰：“惟王道能使万物各得其所。”所著有《居业录》，盖取修辞立诚之义。尝作《进学箴》曰：“诚敬既立，本心自存。力行既久，全体皆仁。举而措之，家齐国治，圣人能事毕矣。”（明史卷二百八十二）

【译文】胡居仁，字叔心，余干（今江西余干）人。听说吴与弼在崇仁（今江西崇仁）讲学，便去跟随他学习，而完全没有做官的念头。他治学以忠信为先，以孟子的“求放失的本心”为要领，严毅自律而不违失正教，尤其注重恭敬，因此他的居室称为“敬斋”。他为人端正持重，和妻儿如同对待贵宾。身边经常准备一记事本，用来记录自己的言行得失，以便自我衡量和考察。他衣着简朴，粗茶淡饭，安宁恬适。在山谷中建屋而居，从四面八方前来求学的人很多。他告诫学生们：“学习是为了修养自己，而不是为了声名显赫。”谈到治国方略，他说：“唯有王道，才能使万物获得安定。”著作有《居业录》，是取“修辞立诚”的意思。曾作《进学箴》说：“一个人有了诚信恭敬之意，他的本心就自然存在，长期身体力行去实践，则自身内外都符合仁义，推而广之，家国都能得到治理，就能完成圣人的功业。”（明史卷二百八十二）

陈献章

【题解】陈献章（1428—1500年），字公甫，别号石斋，广东广州府新会县（今广东省江门市新会区）白沙里人，故又称白沙先生，世称为陈白沙。陈献章是广东唯一一位从祀孔庙的大儒，被后世称为“圣代真儒”“岭南一人”“岭学儒宗”，著作后被汇编为《白沙子全集》。《续编》有辑录其著作《白沙先生至言》精华。

陈献章，字公甫，新会人。举正统十二年乡试，再上礼部，不第。祭酒邢让试和杨时《此日不再得》诗一篇，惊曰："龟山[1]不如也。"飏言于朝，以为真儒复出。由是名震京师。

【注释】①龟山：即杨时（1053—1135年）字中立，号龟山。

【译文】陈献章，字公甫，新会（今广东江门新会区）人。正统十二年（1447年）乡试中举，两次礼部的会试都没有考中。国子祭酒邢让考陈献章和宋代杨时《此日不再得》诗一首，惊叹说："杨龟山不如也。"这些评价传扬到朝廷，大家以为有真儒再现，于是陈献章名震京师。

献章之学，以静为主。其教学者，但令端坐澄心，于静中养出端倪。或劝之著述，不答。尝自言曰："吾年二十七，始从吴聘君[1]学，于古圣贤之书无所不讲，然未知入处。比归白沙，专求用力之方，亦卒未有得。于是舍繁求约，静坐久之，然后见吾心之体隐然呈露，日用应酬随吾所欲，如马之御勒也。"其学洒然独得，论者谓有鸢飞鱼跃之乐，而兰溪姜麟至以为"活孟子"云。（明史卷二百八十三）

【注释】①吴聘君：即吴与弼（1391—1469年），崇仁县（今江西崇仁）人。明朝崇仁学派创立者，学者、诗人，著名理学家、教育家。

【译文】陈献章的学说以静修为主，教导学生端正而坐，使心绪清静澄明，在静中体悟出道的端绪来，有人劝他著书立说，他没有回答，他自己曾经说："我二十七岁时才拜吴与弼为师，吴先生对古代圣贤之书无所不讲，但是我也未能得其门而入，等到回到家乡白沙里，专心探求用功的方法，也还是无所收获。于是舍繁求简，长久静坐，然后才感到本心的显露，日常言行可以随心所欲而不逾矩，如同马配上嚼子一般。”他的学问有洒脱的特质。正如评价说的那样，陈献章的学问有鸢飞鱼跃的快乐。兰溪姜麟甚至称赞陈献章是“活孟子”。

王冕

【题解】本篇选自《明史·文苑传》，王冕的故事在历史上一直广为传颂，他从小家里贫穷，但是爱好读书、绘画，后来成为博学的儒者。元朝末年，他预感天下大乱，因此而隐居山中，种了许多梅花，而且擅长画梅花。他有一首脍炙人口的《墨梅》诗说：“不要人夸好颜色，只留清气满乾坤。”大概也是以此为志吧。

王冕，字元章，诸暨人。幼贫，父使牧牛，窃入学舍，听诸生诵书，暮乃返，亡其牛，父怒挞之，已而复然。母曰：“儿痴如此，曷不听其所为。”冕因去依僧寺，夜坐佛膝上，映长明灯读书。会稽韩性闻而异之，录为弟子，遂称通儒。性卒，门人事冕如事性。屡应举不中，弃去，北游燕都，客秘书卿泰不花家，拟以馆职荐，力辞不就。既归，每大言天下将乱，携妻孥隐九里山，树梅千株，桃杏半之，自号梅花屋主，善画梅，求者踵至，以幅长短为得米之差。尝仿《周官》[①]著书一卷，曰：

“持此遇明主，伊、吕事业不难致也。”太祖下婺州，物色得之，置幕府，授谘议参军，一夕病卒。（明史卷二百八十五）

【注释】①《周官》：也叫《周礼》，儒家十三经之一。

【译文】王冕，字元章，诸暨（今浙江绍兴）人。年幼家贫，父亲让他放牛，他偷偷跑到私塾去听书生读书，很晚才归，丢失了牛，遭到父亲的痛打，但没多久又变回老样子。母亲说：“儿子既然如此喜欢学问，不如就随他去吧。”于是王冕就进到庙里，夜间坐在佛像膝盖上，借佛前的长明灯读书。会稽人韩性听说后，非常惊叹，收王冕为弟子，王冕后来成为博学多闻的儒者。韩性去世后，诸位书生把王冕当作老师。王冕多次参加科举而没有考中，从此放弃功名。王冕北游燕京，在元秘书监泰不花家中当门客。泰不花准备推荐他做官，王冕极力推辞。回故里后，他常说天下将会大乱，于是带着妻子儿女隐居在九里山中，房屋周围种梅树千株，桃杏各五百株，自号“梅花屋主”。王冕擅长画梅，求画的人络绎不绝。王冕以画幅大小收取不同数量的米作为画资。他曾仿照《周官》著书一卷，认为“持此书辅助明主，就算是伊尹、吕尚之功业也不难达到了。”太祖朱元璋攻占婺州后，访问贤者，听说王冕，把他安置在幕府，授予谘议参军的职位，才一夜就病逝了。（明史卷二百八十五）

郑　濂

【题解】本篇选自《明史·孝义传》，郑濂的家族“郑义门”以孝友治家，至今在浙江浦江依旧传为佳话。当时，朱元璋知道郑氏家族累世同居几百年，特赐匾“江南第一家”。郑濂和兄弟还曾撰写《郑氏家范》一书，至今还在广播。

郑濂，字仲德，浦江人。其家累世同居，几三百年。郑氏家法，代以一人主家政。

【译文】郑濂，字仲德，浦江（今浙江浦江）人。他们这一家族历代居住在一起，已经三百年了。郑氏的齐家之道是每一代以一个人作为家主来管理家族。

濂受知[①]于太祖，昆弟由是显。濂以赋长诣京师，太祖问治家长久之道。对曰：“谨守祖训，不听妇言。”帝称善，赐之果，濂拜赐怀归，剖分家人。帝闻嘉叹，欲官之，以老辞。时富室多以罪倾宗，而郑氏数千指独完。会胡惟庸以罪诛，有诉郑氏交通者，吏捕之，兄弟六人争欲行，濂弟湜竟往。时濂在京师，迎谓曰：“吾居长，当任罪。”湜曰：“兄年老，吾自往辨。”二人争入狱。太祖召见曰：“有人如此，肯从人为逆耶？”宥之，立擢湜为左参议，命举所知。湜举同郡王应等五人，皆授参议。湜，字仲持，居官有政声。南靖民为乱，诖误者数百家，湜言于诸将，尽释免。居一岁，入觐，卒于京。

【注释】①受知：受人知遇。

【译文】郑濂受太祖朱元璋知遇，郑濂兄弟从此扬名天下。郑濂因为擅长词赋受诏进京，太祖朱元璋向他询问治家之道。郑濂说："谨遵祖训，不听妇言。"太祖很赞同。赐给郑濂水果，郑濂拜谢后揣在怀里回家，剖开分给家人。太祖听说后很赞许，准备赐给他官职，郑濂以年老为由拒绝了。当时富贵人家很多因获罪而全族倾覆，而郑氏家族数千人却能保全。后来胡惟庸获罪被诛，有人告发郑濂家与胡惟庸有勾结，官吏前往抓捕，郑家兄弟六人争相要去顶罪，最后郑濂的弟弟郑湜顶罪。当时郑濂正在京师，他拦住弟弟说："我是一家之长，应该我去顶罪。"郑湜说："兄长年纪大了，应该由我去。"二人争着入狱。太祖召见说："如此孝悌的人，怎会跟从别人叛逆呢？"宽恕了他们，立即提拔郑湜为左参议，并让他推荐贤才，郑湜推荐了同郡的王应等五人，都授予参议的职位。郑湜，字仲持，为官有擅于治政的名声。南靖县（今福建南靖）老百姓动乱，牵连到数百人家，郑湜向军队将领请求，释放了被牵连的人。一年后郑湜回京师后去世。

十九年，濂坐事当逮，从弟洧曰："吾家称义门，先世有兄代弟死者，吾可不代兄死乎？"诣吏自诬服，斩于市。洧，字仲

宗，受业于宋濂，有学行，乡人哀之，私谥贞义处士。（明史卷二百九十六）

【译文】洪武十九年（1386年），郑濂获罪被捕入狱，他的堂弟郑洧说："我们家号称义门，古代有哥哥代替弟弟受死的，我怎么不可以代哥哥去死呢？"然后去告诉官吏自己愿意认罪，结果被问斩于闹市。郑洧，字仲宗，跟从宋濂做学问，有学问有德行，他死后，同乡百姓很悲哀，私下为他做了谥号称作"贞义处士"。（明史卷二百九十六）

杨黼

【题解】本篇选自《明史·隐逸传》，讲述了杨黼一生耕读、孝亲的行迹。杨黼注释《孝经》，砚台水干了又忽然满了，实在是奇迹，大概也是他的至孝之心所感吧。历史上还有一个"杨黼活佛"的故事，据说杨黼要去参访当时的高僧无际大师，结果路上遇到一个和尚，告诉他去见无际大师还不如去见活佛，告诉他"披衿倒屣者"，结果回到家，发现母亲"披衿倒屣"而出，因此而竭力孝顺父母。

杨黼，云南太和人也。好学，读《五经》皆百遍。工篆籀，好释典。或劝其应举，笑曰："不理性命，理外物耶？"庭前有大桂树，缚板树上，题曰桂楼。偃仰其中，歌诗自得。躬耕数亩供甘臇[①]，但求亲悦，不顾余也。注《孝经》数万言，证群书，根性命，字皆小篆。所用砚干，将下楼取水，砚池忽满，自是为常，时人咸异之。父母殁，为佣营葬毕，入鸡足，栖罗汉壁石窟山十余年，寿至八十。子逊迎归，一日沐浴，令子孙拜，曰："明日吾行矣。"果卒。（明史卷二百九十八）

【注释】①甘臇：美味可口的食物。

【译文】杨黼，云南太和（今云南大理市北）人。喜好学问，《五经》等书都读了上百遍。擅于书写篆籀文，喜好佛经。有人劝他参加科举考试，他笑着说："不去考虑性命，而去考虑性命之外的东西吗？"庭院有棵大桂树，杨黼在树上绑了一块木板，题名"桂楼"，自己在上面俯仰休息，吟诗颂歌，怡然自得。杨黼自己耕种数亩田地，以供食用，只为了愉悦双亲，不考虑其他。杨黼注释《孝经》有几万字，旁征博引，基于理学，都用小篆书写。所用的砚台水干，准备下楼取水，砚台忽然水满，杨黼不以为然，而周围的人们都感到惊异。杨黼父母去世后，他去做佣工，用工钱来料理父母丧事。后来他进到鸡足山，居住在罗汉壁石窟十多年，直到八十岁时，子孙把他接回家中。有天沐浴完毕，令子孙向他叩拜。他说："明天我就要走了。"第二天果然去世。（明史卷二百九十八）

沈　周

【题解】沈周（1427—1509年），字启南，号石田、白石翁、玉田生、有竹居主人，长洲（今江苏苏州）人，明代绘画大师，吴门画派的创始人，与文徵明、唐寅、仇英并称“明四家”。有人评论沈周的画为明代第一，他有卓越的艺术成就，实际来自于他的高尚人品，可以说是“德艺双馨”的模范了。

沈周，字启南，长洲人。尤工于画，评者谓为明世第一。郡守欲荐周贤良，周筮《易》，得《遁》之九五，遂决意隐遁。有郡守征画工绘屋壁。里人疾周者，入其姓名，遂被摄。或劝周谒贵游以免，周曰：“往役，义也，谒贵游，不更辱乎？”卒供役而还。已而守入觐，铨曹[①]问曰：“沈先生无恙乎？”守不知所对，漫应曰：“无恙。”见内阁，李东阳曰：“沈先生有牍乎？”守益愕，复漫应曰：“有而未至。”守出，仓皇谒侍郎吴宽，问：“沈先生何人？”宽备言其状。询左右，乃画壁生也。比还，谒周舍，再拜引咎，索饭，饭之而去。周以母故，终身不远游。母年九十九而终，周亦八十矣。又三年，以正德四年卒。（明史卷二百九十八）

【注释】①铨曹：指主管选拔官员之长官。

【译文】沈周，字启南，长洲（今江苏苏州）人。尤其擅长绘画，世人评论他的画是明代第一。郡守准备向朝廷推荐沈周，沈周用《易》来占卜，得到遁卦的九五爻（爻辞是嘉遁，贞吉），于是决心归隐。有位郡守征集画工为自家房屋墙壁作画，同乡与沈周有过节的人，把他的名字报了上去，于是沈周被征去做画工。有人劝他去拜谒高官以免其役，沈周说："去承担差事，这是符合道义的，去拜谒高官，岂不更加耻辱？"最后还是去服役而还。后来，郡守进京朝见皇帝，吏部官员问郡守："沈先生还好吗？"郡守不知该说什么，便随口回答说："还好。"又见到内阁大臣，李东阳问郡守："沈先生有信吗？"郡守更加惊愕，又随口说："有信，但还未到。"郡守出来，仓皇地去拜谒侍郎吴宽，问："沈先生是何人？"吴宽详细地把沈周的情况告诉他。他询问左右随从，才知道是他家的画工。回郡之后便去拜谒沈周，向他表示歉意，并且在沈周家吃了饭才离去。沈周因为母亲在堂，终身不远游。母亲九十九岁时去世，此时沈周也是八十高龄，又过了三年，正德四年（1509年）沈周去世。（明史卷二百九十八）

袁 珙

【题解】袁珙（1335—1410年），元末明初人。字廷玉，号柳庄居士，鄞（今浙江宁波）人，明朝相术奇人。著有《柳庄相法》。永乐八年卒，年七十有六。赐祭葬，赠太常少卿。

本篇选自《明史·方伎传》，相术一般被人视为古代术数，实际上人往往是相由心生，心念改变，相也会变。袁珙相人因而劝人为善，可以说是懂得这个道理了。

袁珙，字廷玉，鄞人。珙在元时已有名，所相士大夫数十百，其于死生祸福，迟速大小，并刻时日，无不奇中。

【译文】袁珙，字廷玉，鄞县（今浙江宁波）人。袁珙在元朝时就非常有名，他给朝中大臣上百人看过相，言说各人生死祸福的迟早大小，并且能知道准确的时间，没有不应验的。

洪武中，遇姚广孝于嵩山寺，谓之曰："公，刘秉忠[①]之俦也，幸自爱。"后广孝荐于燕王，召至北平。王杂卫士类己者九人，操弓矢，饮肆中。珙一见即前跪曰："殿下何轻身至此？"九人者笑其谬，珙言益切。王乃起去，召珙宫中，谛视曰："龙行虎步，日角[②]插天，太平天子也。年四十，须过脐，即登大宝矣。"已见藩邸诸校卒，皆许以公侯将帅。王虑语泄，遣之还。及即位，召拜太常寺丞，赐冠服、鞍马、文绮、宝钞及居第。帝将建东宫，而意有所属，故久不决。珙相仁宗曰："天子也。"相宣宗曰："万岁天子。"储位乃定。

【注释】①刘秉忠（1216—1274年）：初名刘侃，法名子聪，字仲晦。邢州（今河北省邢台市）人，曾拜虚照禅师为师，元代初期政治家、文学家。

②日角：额骨中央部分隆起，形状如日。旧时相术家认为是大贵之相。

【译文】洪武年间，袁珙在嵩山寺院遇到姚广孝，对他说：“你将是元代刘秉忠一样的人，一定要自爱。”后来，被姚广孝推荐给燕王朱棣，被召到北平，燕王朱棣混杂在和自己相像的卫士九人中，佩戴弓矢，在酒馆中饮酒，袁珙一看见就跪下说：“殿下为何如此轻视自己？”九个人一齐笑他弄错了，但是袁珙还是坚持己见。燕王朱棣这才起身离去，把袁珙召到宫中，袁珙仔细地的审视了燕王，说：“燕王龙行虎步，日角插天，有太平天子相，四十岁，胡须长到肚脐时就会登基。”又给王府各位校尉和士兵相面，都说这些人将来是公侯将帅。燕王担心这些话泄露出去，让袁珙回乡。燕王登基后，召回袁珙拜为太常寺丞，赐冠服、鞍马、锦绣、宝钞以及宅院等。成祖打算立太子，但是心中已经有了人选，因此犹豫了很久，袁珙为仁宗相面，说：“是天子啊。”又为宣宗相面，说：“是万岁天子啊。”于是就这样确立了太子的人选。

珙相人即知其心术善恶。人不畏义，而畏祸患，往往因其不善导之于善，从而改行者甚多。为人孝友端厚，待族党有恩。所居鄞城西，绕舍种柳，自号柳庄居士，有《柳庄集》。永乐八年卒，年七十有六。（明史卷二百九十九）

【译文】袁珙看人相貌，就能知到此人内心的善恶。一般的人不畏惧道义，而害怕祸患。对于心术不正的人，袁珙就予以开导，劝他为善，因他的劝说而改过行善的人很多。袁珙为人厚道，能够周济同族、同乡。他的住所在鄞县城西，房屋周围栽种柳树。因此自称“柳庄居士”。著有《柳庄集》。永乐八年（1410年）卒，时年七十六岁。（明史卷二百九十九）

郑 和

【题解】郑和（1371？—1433年？），回族，本姓马，为明成祖朱棣赐姓郑，世称“三保太监”，云南昆阳州（今云南省昆明市）人。郑和年轻时从侍燕王朱棣，有智略，知兵习战。后在靖难之役中有功，升任为内官监太监。永乐三年（1405年）至永乐二十二年（1424年），郑和六次作为正使太监下西洋。洪熙元年（1425年）后，郑和任南京守备太监，宣德五年（1430年）受命第七次下西洋，一说在途中于宣德八年（1433年）卒于古里国，今南京牛首山南麓郑和墓或为其衣冠冢。

郑和是有明一代伟大的航海家和外交家，他七下西洋是十五世纪初叶世界航海史上的空前壮举，对中外经济、文化交往起到了积极作用，在中国和亚非国家建立起友谊的桥梁，进一步树立了中国的和平友好形象，展现了郑和杰出的外交才能、军事谋略和精神品质。

郑和，云南人，世所谓三保太监者也。初事燕王于藩邸，从起兵有功。累擢太监。成祖疑惠帝亡海外，欲踪迹之，且欲耀兵异域，示中国富强。永乐三年六月，命和及其侪王景弘①等通使西洋。将士卒二万七千八百余人，多赍金币。造大舶，修四十四丈、广十八丈者六十二。自苏州刘家河泛海至福建，复自福建五虎门扬帆，首达占城，以次遍历诸番国，宣天子诏，因给赐其君长，不服则以武慑之。五年九月，和等还，诸国使者随和朝见。和献所俘旧港酋长。帝大悦，爵赏有差。旧港者，故三佛齐国也，其酋陈祖义②，剽掠商旅。和使使招谕，祖义诈降，而潜谋邀劫。和大败其众，擒祖义，献俘，戮于都市。

【注释】①王景弘：福建漳平人，明朝航海家、外交家。洪武年间，入宫为宦官。永乐三年（1405年）六月，偕同郑和等人首下西洋。参加了第一、二、三、四、七次下西洋。宣德九年（1434年）六月，又单独受命率船队出使南洋诸国，第八次下西洋。

②陈祖义：明朝海盗王，其祖籍广东潮州人，明朝洪武年间，全家到南洋。在马六甲盘踞十多年，雄霸于日本、台湾、南海、印度洋等海面。劫掠过往船只达万艘，攻打50多座沿海镇城。

【译文】郑和，云南人，这就是世人所说的三保太监。最初在燕王府侍奉燕王朱棣，后来跟从燕王起兵有功，经过多次提拔而担任太监。成祖朱棣怀疑惠帝朱允炆逃到了海外，想按行踪追寻他，并想向海外炫耀兵威，展示中国的富强。永乐三年（1405年）六月，命令郑和与同僚王景弘等人出使西洋。他率领二万七千八百多名士兵，带着很多金币，同时为此修造六十二艘大船，长四十四丈、宽十八丈。从苏州刘家河出发，渡海到福建，又从福建五虎门启航，首先到达占城（今越南中南部地区），然后逐次走遍各番国，宣布天子的诏令，并向他们的首领赐赠礼物，如果不服从就以武力相威胁。永乐五年（1407年）九月，郑和等人回国，各番国使者跟随郑和回京朝见。郑和献上俘获的旧港酋长，成祖大为喜悦，分别给予了爵禄和赏赐。旧港（今印尼苏门答腊），就是原来的三佛齐王国。其酋长陈祖义，抢劫掠夺商旅。郑和派使者进行招抚，陈祖义假装投降，而暗中谋划拦路抢劫郑和船队。郑和将他们打得大败，擒获陈祖义，回京进献俘虏，将陈祖义在集市斩首示众。

和经事三朝，先后七奉使，所历占城、爪哇、真腊、旧港、暹罗、古里、满剌加、渤泥、苏门答剌、阿鲁、柯枝、大葛兰、小葛兰、西洋琐里、琐里、加异勒、阿拨把丹、南巫里、甘把里、锡兰山、喃渤利、彭亨、急兰丹、忽鲁谟斯、比剌、溜山、孙剌、木骨都束、麻林、剌撒、祖法儿、沙里湾泥、竹步、榜葛剌、天方、黎伐、那孤儿，凡三十余国。所取无名宝物，不可胜计，而中国耗废亦不赀。自宣德以还，远方时有至者，要不如永乐时，而和亦老且死。自和后，凡将命海表者，莫不盛称和以夸外番，故俗传三保太监下西洋，为明初盛事云。（明史卷三百四）

【译文】郑和历事三朝，先后七次奉命出使，足迹遍及占城、爪哇、真腊（今柬埔寨境内）、旧港、暹罗（今泰国）、古里（今印度卡利卡特）、满剌加（今马六甲）、渤泥（今加里曼丹岛北部文莱一带）、苏门答剌（今印尼苏门答腊岛一带）、阿鲁（近满剌加，今马六甲一带）、柯枝（今印度西南岸柯钦一带）、大葛兰（今印度西南沿岸奎隆一带）、小葛兰（今印度南端）、西洋琐里、琐里、加异勒（今印度南端）、阿拨把丹（今属印度）、南巫里（今印尼苏门答腊岛一带）、甘把里（今印度西部坎贝一带）、锡兰山（今斯里兰卡）、喃渤利、彭亨（今属马来西亚）、急兰丹（今马来西亚的哥打巴鲁）、忽鲁谟斯（今伊朗阿巴斯港）、比剌、溜山（今马尔代夫一带）、孙剌、木骨都束（今非洲东岸索马里的摩加迪沙一带）、麻林（今非洲东岸肯尼亚之马林迪一带）、剌撒（今索马里西北部的泽拉一带）、祖法儿（今阿拉伯半岛东南岸阿曼的佐法儿一带）、沙里湾泥（今印度南端东海岸）、竹步（今非洲索马里的朱巴河口一带）、榜葛剌（今孟加拉）、天方（今阿拉伯）、黎伐（今印尼苏门答腊岛一带）、那孤儿（今印尼苏门答腊岛一带），共三十多个国家，所拿回的没有名字的宝物，数也数不清，而中国所耗费也难以估计。自宣德以来，远方番国不时有来访的，但总体不如永乐时期，而郑和也已经年老去世。自郑和之后，凡是奉命出使海外的，无不极力称赞郑和，以此向外番夸耀，所以民间传说三保太监下西洋，是明初的一大盛事。（明史卷三百四）

全/注/全/译

群書治要續編

三

《群书治要续编》编辑编委会　编

郝时晋　梁光玉　萧祥剑　主编

团结出版社

目 录

群书治要续编卷第十四　旧唐书（八）

群书治要续编卷第十五　旧五代史

群书治要续编卷第十六　宋史(一)

群书治要续编卷第十七　宋史（二）

群书治要续编卷第十八　宋史（三）

群书治要续编卷第十九　宋史（四）

群书治要续编卷第十三　旧唐书（七）

赵　憬

【题解】赵憬（736—796年），字退翁，渭州陇西人。贞元八年（792年）四月，与陆贽一起出任中书侍郎、同中书门下平章事（宰相），赵憬辅政五年，所陈的建议，皇帝均认真采纳施行。赵憬为人正直，体恤同僚，胸襟开阔，不计嫌仇，具有高风亮节和开阔气度。虽身居相位，但其居所仆人很少，毫不奢华排场，如普通人家，时人称为贤相。

《续编》主要辑录了他在德宗时期所上的《审官六议》一文，针对当时官员的选拔任用提出了他自己的六点建议，文章呈上后，得到德宗的勉励。

赵憬，字退翁，天水陇西人也。宝应中，玄宗、肃宗梓宫未祔，有司议山陵制度。时西蕃入寇，天下饥馑，憬以褐衣上疏，宜遵俭制，时人称之。后连为州从事，试江夏尉。累迁监察御史，随牒[①]籓府，历殿中侍御史、太子舍人。

【注释】①随牒：授官的委任状。

【译文】赵憬，字退翁，天水陇西人。宝应年间，玄宗、肃宗的灵柩还没有下葬，有关官员讨论建造陵墓的事情，当时正好吐蕃入侵，天下又逢饥荒，赵憬以平民身份上疏朝廷，认为先皇陵墓的建造应当遵奉节俭的原则，受到当时人们的称赞。后来他连任州从事的职务，又担任江夏尉。多次升任至监察御史，后任职藩王府，历任殿中侍御史、太子舍人等官职。

贞元八年四月，窦参[①]罢黜，憬与陆贽并拜中书侍郎、同中书门下平章事。憬深于理道，常言："为政之本，在于选贤能，务节俭，薄赋敛，宽刑罚。"对扬之际，必以此为言，乃献《审官六议》。

其大指，议相，则曰："宜博采众贤，用为辅弼。今中外知其贤者，伏愿陛下用之，识其能者任之，求其全材，恐不可得。"

【注释】①窦参（733—792年）：字时中，雍州平陵（今陕西咸阳）人。唐德宗李适时期的宰相，为人狡诈刚愎，贪财恋权，屡次被贬，后被赐死。

【译文】贞元八年（792年）四月，窦参被罢免宰相职务，赵憬与陆贽一同担任中书侍郎、同中书门下平章事。赵憬深明治理之道，常常说："治理国家的根本，在于选用贤才，务求节俭，薄收赋敛，刑罚宽容。"面见皇上之时，必定把这些话作为建议，于是他作了《审官六议》的奏疏。

《审官六议》的主要意思是：讨论宰相人选时，就主张说：

“应当广泛选取贤才，任用他们辅佐朝廷。如今朝廷内外有名的那些贤人，希望陛下能任用他们，依据他们的才能授予相应的官职，要想得到完美无缺的人才，恐怕是难以办到的。”

议进用庶官，则曰：“异同之论，是非难辨。由考课难于实效，好恶杂于众声，所以访之弥多，得之弥少。选士古今为难，拔十得五，贤愚犹半。陛下谓臣曰：‘何必五也？十得二三斯可矣！’圣主思贤至是，而宰臣不能进之，臣之罪也。进贤在于广任用，明殿最，举大节，弃其小瑕，随其所能，试之以事，用人之大纲也。”

【译文】讨论选用百官时，就主张说：“不同的议论，是非难辨。由于考核政绩难有实效，好坏的标准众人众说不同，所以访求的人选越多，得到的贤才越少。选取人才是古今的难题，十个候选人中，贤才也只有五个，贤愚仍然对半。陛下对臣说：‘何必得到五个？十个人选中能得到二三个人就可以了。’圣主如此渴望贤才，如果宰相不能推荐人才，是臣的罪过。进贤关键在于扩大任用范围，辨明人才优劣，关注主要方面，抛开小的瑕疵，根据其人的能力，让他担任职务来考察他的能力，这是用人的大纲。”

议京诸司阙官，则曰：“当今要官多阙①，闲官十无一二。文武任用，资序递迁，要官本以材行，闲官多由恩泽。朝廷或将任，多拟要官则人少阙多，闲官则人多阙少；明当选拔者转少，在优容者转多，宜补阙员，务育材用。大厦永固，是栋梁榱桷[②]之全也；圣朝致理，亦庶官群吏之能也。”

【注释】①阙：古代用作“缺”字。

②榱桷：屋椽。与栋梁相对，喻指次要人物。

【译文】讨论京城各部门的缺官问题，就主张说：“现在的重要官职大多缺员，闲官职位则缺员很少。文武官员的任用，按资历依次递升，重要官职是量才适用，闲官职位多由恩泽进升。朝廷有时任用官员，多拟定重要官职则可用的人才少而缺额多，闲官职位则候选的人员多而缺额少；显然可用的人才在变少，处于优厚待遇的闲官职位在变多，所以应当补充急需的缺员，务必培育有用之才。大厦永远稳固，是因为栋梁榱桷的齐全；天下能够治理好，也是靠百官群臣的能力。”

议中外考课官，则曰：“汉以数易长吏，谓之弊政。其有能理者，辄增秩[①]赐金，或八九年、十余年，乃入为九卿，或迁三辅。功绩茂异，遂至丞相，其间不隔数官。今陛下内选庶僚，外委州府，课绩高者，不次超升，致理之法，无逾于此。臣愚以为黜陟且立年限，若所居要重，未当迁移，就加爵秩。其余进退，令知褒贬之必应，迟速之有常。如课绩在中，年考及限，与之平转。中外迭处，历试其能，使无苟且之心，又无滞淹之虑。”

【注释】①增秩：增加爵位，晋升官职。

【译文】讨论考核朝廷内外官员的政绩，就主张说："汉朝把多次改换官吏，称为弊政。那些有治国理政能力的人，就可以得到提升官阶和赏赐财物，有的八九年、十多年，就入朝做到九卿的职位，或者升任三辅长官，如果功绩卓著，于是就可以做到丞相，其间不隔数官。如今陛下内选百官，外任州府，考核成绩为优异的，就破格提拔，治国理政的方法，没有比这更好的。我认为官职升降应确立年限，如果职位重要，不方便迁移的，就应该增授爵位俸禄。其余官员的升降，要让他们知道与自己的政绩对应，官职升迁快慢有章可循。如果考核成绩中等，任职到期限，就给与同级平调，内外官员更替时，要考察他们的能力，使他们没有马虎草率之心，又没有滞留不得升迁的顾虑。"

议举遗滞，则曰："官司①既广，必委宰辅以举之；宰辅不能遍知，又询于庶官；庶官不能遍知，又访于众人。众声嚣然，互有臧否②，十人举之未信，一人毁之可疑，迨至于今，兹弊未改。其所以然者，非尽为爱憎也，苦于不审实而承声言之。大凡常人之心，以称人之善为清，以攻人之过为直，苟有除授，多生横议。由是宰臣每将荐用，亦自重难，日往月来，未副圣意。宜须采听时论，以所举多者先用，必非大故，皆不弃之。"

【注释】①官司：旧指官府。

【译文】讨论推举遗漏未用的人才，就主张说："官府既然已经扩大，必然托付给宰相来选拔贤才；宰相不能遍知贤才，又询问于百官，百官不能遍知贤才，又访问于众人。众说纷纭，褒贬不一，十人推举的贤才都未必可信，而有一人诋毁就会让人怀疑，直到如今，这一弊病仍未改变。之所以这样，不全是因为众人情感的爱恨，是由于不审核实情而随声附和的原因。大凡世人的心思，以称赞人的优点为清明，以规谏人的过错为正直，如有官职授任的事情，就会有许多非议。于是宰相大臣每次推荐任用人才，自己也感到困难重重，年复一年，难以符合圣上的意思。应该多听取当时大众的议论，以多数人所举荐的贤才，优先任用，如果没有犯什么大的过错，就不要轻易放弃所举荐的贤才。"

议擢用诸使府[①]僚属，则曰："诸使辟吏，各自精求，务于得人，将重府望。既经试效，能否可知，擢其贤能，置之朝列。或曰外使须才，固不可夺。臣知必不然也。属者使府宾介，每有登朝，本使殊以为荣，自喜知人，且明公选。大凡才能之士，名位未达，多在方镇。日月在上，谁不知之，思登阙庭，如望霄汉，宜须博采，无宜久滞。"上优诏答之。

【注释】①使府：指节度使府。

【译文】讨论提拔任用各级节度使府僚属的事情，就主张说："各节度使任用下属官吏，各自要尽心挑选，务必选拔贤才，以增加官府的声望。经过试用，能否胜任职位便可以知道，选拔其中的贤才，安置到朝廷任用。有人说节度使也需要人才，不可以把人才夺走。臣知道不是这样。过去节度使府的僚属，每当有人入朝做官，节度使就特别以此为荣，为自己能选拔人才而感到高兴，并且向百姓表明了公开选拔人才的意愿。凡是贤能人才，名声尚未显达的时候，多在方镇任职，日月高高在上，谁会看不见，贤才也十分渴望入朝为官，如同仰慕霄汉一样，所以朝廷应当拓展招揽贤才的途径，不宜让贤才长久滞留地方。"奏书呈上，德宗下诏勉励他。

憬性清俭，虽为宰辅，居第仆使，类贫士大夫之家，所得俸入，先置私庙[1]，而竟不立第舍田产。其年八月，遇暴疾，信宿[2]而卒，时年六十一。（旧唐书卷一百三十八）

【注释】①私庙：犹家庙或者私人所建的庙宇。

②信宿：连住两夜，也表示两夜。

【译文】赵憬生性清俭，虽然做了宰相，住宅仆佣，类似贫穷士人之家，他所得到的俸禄，优先用来修建祖庙，也不为自己置办宅第田产。这年（796年）八月，他突然患病，二天后去世，享年六十一岁。（旧唐书卷一百三十八）

陆　贽

【题解】陆贽（754—805年），字敬舆。苏州嘉兴（今浙江嘉兴）人。为唐代宗大历八年（773年）进士，中博学宏辞科。唐德宗即位，由监察御史召为翰林学士。“泾原兵变”后，随德宗出逃奉天，起草诏书，情词恳切，“虽武人悍卒，无不挥涕激发”。贞元七年（791年），拜兵部侍郎。贞元八年（792年），迁中书侍郎、同平章事。为相时，指陈弊政、废除苛税。贞元十年（794年），遭构陷后罢相。永贞元年（805年）在忠州去世，时年52岁。追赠兵部尚书，谥号宣。

陆贽为中唐贤相，其学养才能、品德风范，深得当时及后世称赞。权德舆比之为西汉名臣贾谊；苏轼认为他是“王佐”“帝师”之才，文辩智术超过西汉谋臣张良。曾国藩则评论他说：“陆敬舆事多疑之主，驭难驯之将，烛之以至明，将之以至诚，譬若御驽马登峻坂，纵横险阻，而不失其驰，何其神也！”

陆贽，字敬舆，苏州嘉兴人。年十八登进士第，以博学宏词登科①，授华州郑县尉。德宗在东宫时，素知贽名，乃召为翰林学士，转祠部员外郎。贽性忠尽，既居近密，感人主重知，思有以效报，故政或有缺，巨细必陈，由是顾待益厚。

【注释】①博学宏词科：唐开元年间始设一种科举考试制科，用以选拔学问渊博、文词卓越者。

【译文】陆贽，字敬舆，苏州嘉兴人。十八岁时考中进士，又考中博学宏词科，担任华州郑县尉。唐德宗李适在东宫为太子时，就知道陆贽的名气，于是召陆贽进入翰林院任翰林学士，后改任祠部员外郎。陆贽生性忠诚，担任皇帝的亲近职位后，感激皇帝的知遇之恩，常想着有所报答，所以朝廷政事如果有所缺失，不论事情大小都必定上奏，因此皇帝对他的照顾优待更加深厚。

（《新唐书》曰：帝问贽事切于今者，贽劝帝："群臣参日，使极言得失。若以军务对者，见不以时，听纳无倦。兼天下之智以为聪明。"帝曰："朕岂不推诚！然顾上封者，惟讥斥人短长，类非忠直。往谓君臣一体，故推信不疑，至憸人[①]卖为威福。今兹之祸，推诚之敝也。又谏者不密，要须归曲于朕，以自取名。朕嗣位，见言事多矣，大抵雷同道听，加质则穷。故顷不诏次对，岂曰倦哉！"贽因是极谏曰：

昔人有因噎而废食者，又有惧溺而自沈者，其为防患，不亦过哉！愿陛下鉴之，毋以小虞而妨大道也。臣闻人之所助在信，信之所本在诚。一不诚，心莫之保；一不信，言莫之行。故圣人重焉。传曰："诚者，物之终始，不诚无物。"物者事也，言不诚即无所事矣。匹夫不诚，无复有事，况王者赖人之诚以自固，而可不诚于人乎？陛下所谓诚信以致害者，臣窃非之。孔子曰："可与言而不与之言，失人；不可与言而与之言，失言。智者不失人，亦不失言。"陛下可审其言而不可不信，可慎其所与②而不可不诚。所谓民者，至愚而神。夫蚩蚩之伦，或昏或鄙，此似于愚也。然上之得失靡不辨，好恶靡不知，所秘靡不传，所为靡不效。驭以智则诈，示以疑则偷；接不以礼则其徇义轻，抚不以情则其效忠薄。上行则下从之，上施则下报之，若景附形，若响应声。故曰："惟天下至诚，为能尽其性。"不尽于己而责尽于人，不诚于前而望诚于后，必绐而不信矣。今方镇有不诚于国，陛下兴师伐之；臣有不信于上，陛下下令诛之。有司奉命而不敢赦者，以陛下所有责彼所无也。故诚与信不可斯须去己。愿陛下慎守而力行之，恐非所以为悔也。

【注释】①憸人：小人，奸佞的人。憸，奸邪。

②所与：友好，结交。

【译文】(《新唐书》说：德宗向陆贽询问切合现实的谋略，陆贽劝谏德宗说："群臣进见的时候，让他们尽力言说政事的得失。如果提出有关军务方面的对策，可以随时接见，听取和接受建议不要倦怠。兼收天下人的智慧，成为自己的才智。"德宗说："我对臣子哪有不用诚心对待的呢？然而呈给我奏章的人，只是讥讽别人的缺点短处，不是忠诚正直之类的人。以前说君臣一体，所以我对臣子信任不疑，致使奸人借以耀武扬威。现在的这些祸乱，就是对臣子真诚相待的弊端。进谏的人做事又不周密，总是把过失推到我身上，以此博得好名声。我继承皇位以来，向我进谏的政见很多，大多是相似的不实传言，如果加以质询就应对词穷，所以最近不召见大臣询问政事，怎么能说是厌倦了呢？”陆贽因此竭力劝谏说：

从前有因噎废食的人，又有惧溺自沉的人，他们防备灾祸的做法，不是太过度了吗？希望陛下引以为戒，不要因小的担忧而妨害常理正道。我听说百姓能扶助国家，原因在于皇帝有信用，信用的根本在于真诚，不能真诚，就难以保持真心；不守信用，诺言就不能兑现。所以圣人看重真诚和信用。经传上说：“真诚贯穿万物的始终，没有真诚就不会有万物。”这里的“物”就是事情，不讲真诚就无法成大事。一般老百姓没有真诚还不能成大事，何况皇帝要依靠真诚来巩固自己，能不以诚待人吗？陛下说对人诚信能招致祸害，我个人认为不对。孔子说：“应该说的话而没有说，是做人方面有过失。不应该说的话而对别人说了，是言语方面有过失。智慧的人在做人方面没有过失，言语方面也没有过失。”陛下可以审察他的言辞，但不能不信任，可以谨慎地来往，但不能不真诚待人。所谓百姓，最愚昧但又最明理。敦厚之人，表面上看好像昏聩，好像浅陋，这是类似愚昧的一面。但皇帝的对错他们没有不清楚的，喜好厌恶没有不知道的，秘密之事没有不宣扬的，所做的事没有不效仿的。用谋略来驾驭，他们就会变得欺诈；表露出对他们的疑心，他们就会苟且偷安。不以礼相待，那他们就不会为仁义而赴死；不用真情抚慰，那他们就不会誓死效忠。皇帝怎么做，臣民就跟着效仿，皇帝能施恩惠，臣民就报答他。这就像形影相随、声响相应一样。所以说：“只有至诚的人，才会尽力发挥他的本性。”不尽力反省自己而完全责备别人，不对人真诚在先，却希望别人对自己真诚在后，就一定会欺诈和不讲信用。现在方镇对国家不忠诚，陛下就发动军队讨伐他；大臣欺骗皇上，陛下就下令诛杀他。相关官吏接到命令而不敢赦免，是因为陛下会以先前所托付的职责来责备他们的失职。所以真诚、信用一刻也不能丢弃。希望陛下谨慎守护，勉力实行，否则担心陛下将来会后悔。

传曰：“人谁无过？过而能改，善莫大焉。”仲虺①歌成汤之德曰：“改过不吝。”吉甫②美宣王之功曰：“衮职③有阙，仲山甫④补之。”夫成汤圣君也，仲虺圣辅也，以圣辅赞圣君，不称其无过，称其改过；周宣中兴贤王也，吉甫文武贤臣也，歌诵其主，不美其无阙，而美其补阙。则圣贤之意，贵于改过，较然甚明。盖过差者，上智下愚所不免，惟智者能改而之善，愚者耻而之非也。中古以降，其臣尚谀，其君亦自圣，掩盛德，行小道，乃有入则造膝⑤，出则诡辞，奸由此滋，善由此沮，天子意由此惑，争臣罪由此生，媚道行而害斯甚矣。太宗有文武仁义之德、治致太平之功，可谓盛矣，然而人到于今以从谏改过为称首。是知谏而能从，过而能改，帝王之大烈也。陛下谓谏官论事，引善自予，归过于上者，信非其美，然于盛德，未有亏焉。纳而不违，传之适足增美；拒而违之，又安能禁之勿传？不宜以此梗进言之路也。

【注释】①仲虺：古时候薛方国（今山东滕州）君主，辅佐成汤灭夏，建立商王朝，成为一代名相。

②吉甫：指尹吉甫，是周宣王时的太师，西周时期著名的贤相，辅助周宣王中兴周朝。

③衮职：因天子服衮衣，故以衮职比喻天子。

④仲山甫：一作仲山父。周宣王卿士，位居百官之首，封地为樊，后以樊为姓，为樊姓始祖。

⑤造膝：膝盖对着膝盖，指相对近坐，后泛指关系亲近。

【译文】经传上说："人谁不会犯错呢？犯了错了只要能改正，就没有比这更好的善事了。"仲虺歌颂成汤的品德说："改正错误不吝啬。"吉甫赞美周宣王的功绩说："天子有过失，仲山甫帮他纠正。"成汤是圣明的国君，仲虺是圣明的辅臣，圣明的臣子辅佐圣明的国君，不说君主没有错误，而说君主能够改正错误；周宣王是周朝中兴的贤王，吉甫是文武双全的贤臣，吉甫歌颂他的君王，不赞美他没有缺失，而赞美他补救缺失。所以说圣贤的意思，是把改正过错看得可贵，这一点已经很明显。犯错误，是聪明人和愚人都难以避免的，只有智慧的人能改过而从善、愚昧的人耻于改过而走向邪恶。自中古以来，臣子们崇尚阿谀奉承，有的国君自称圣明，不行仁义，注重表面，才会有在朝廷就亲近、奉承皇帝、出朝廷就诡诈敷衍的臣子。奸恶由此滋生，良善在此败坏，天子的头脑因此而迷惑，直言进谏的大臣因此而获罪，谄媚讨好的伎俩盛行而危害巨大。太宗皇帝有文武仁义的美德，治国达到太平盛世的功绩，可以说是盛极一时，可是百姓到现在仍以他能听从进谏、善于改过为首要美德。由此可知能够听从劝谏、有错能改是帝王的盛德。陛下说谏官议论政事，把好事归功于自己，把过错推诿给皇上，这实在不是什么美事，但对于皇上的德行却没有亏损。听取劝谏而不避讳过错，传扬开来，正好增加陛下的美誉；拒绝进谏而避讳过错，又怎么能禁止过错不传扬呢？不应该用这些借口来阻塞进谏的途径。

圣人不忽细微，不侮鳏寡；奓言①无验不必用，质言当理不必违；逊于志不必然，逆于心不必否；异于人不必是，同于众不必非；辞拙而效迂者不必愚，言甘而利重者不必智。考之以实，惟善所在，则可以尽天下之心矣。夫人情蔽于所信，沮于所疑，忽于所轻，溺于所欲。信偏则听言不尽其实，故有过当之言；疑甚则虽实不听其言，故有失实之听。轻其人则遗可重之事，欲其事则存可弃之人。苟纵所私，不考其实，则是失天下之心矣。故常情之所轻，圣人之所重，不必慕高而好异也。

【注释】①奓言：夸大之言。

【译文】圣人不忽视细小的事情，不欺侮鳏夫寡妇。大话没有检验就不要采用，实话合乎道理就不要拒绝；顺乎心意的话不一定同意，逆耳的话不要否定；与众人不同的意见不一定对，与众人相同的意见不一定错；言辞笨拙，所建议之事见效慢的大臣不一定愚笨，言辞华丽，所建议之事利益丰厚的大臣不一定聪明；用实际情况来考察，只要是效果好的建议就保留，就可以获取天下的民心。人的情感容易被偏信所蒙蔽，被猜疑所阻碍，忽视看不起的事务，偏爱自己所嗜好的东西。偏信，听取意见就不会完全相信，所以会有不当的语言；疑心太重，即使是实话也不愿去听，所以会听取失实之辞。轻视某人就会遗漏理应重视的事情，嗜好某事就会接纳应当弃置的人。如果放纵私欲，不考察实情，就会失去天下的民心了。所以世人所轻视的，反而是圣人所重视的，不必好高骛远、偏爱奇异。

陛下又以雷同道说，加质则穷。臣谓陛下虽穷其辞而未穷其理，能服其口而未服其心。且下之情莫不愿达于上，上之情莫不求知于下。然而下常苦上之难达，上常苦下之难知。若是者何？九弊不去也。所谓九弊者，上有六，下有三：好胜人，耻闻过，骋辩给，炫聪明，厉威严，恣强愎，上之弊也；谄谀、顾望、畏懦，下之弊也。好胜而耻过，必甘佞辞，忌直言，则谄谀者进，而忠实之语不闻矣。骋辩而炫明，必折人以言，虞人以诈，则顾望者自便，而切摩[①]之益不尽矣。厉威而恣愎，必不能降情接物，引咎在己，则畏懦者至，而情理之说不申矣。人之难知，尧、舜所病，胡可以一酬一诘，而谓尽其能哉？夫欲治天下，而不务得人心，则固不治矣；务得人心，而不勤接下，则心固不得矣；务接下而不辨君子小人，则下固不可接矣；务辨君子小人，而恶直嗜谀，则君子小人固不可辨矣。趋和求媚，人之甚利存焉；犯颜冒祸，人之甚害存焉。居上者易其言而以美利利之，犹惧忠告之不暨，况疏隔而猜忌者乎？）

【注释】①切摩：切磨，切磋相正。

【译文】陛下又认为彼此类似而又道听途说的进谏，一旦加以质询就理屈词穷了。我认为，陛下虽然问得他无话可说，但未必使他道理上明白，能让他口服不一定让他心服。况且臣子的愿望没有不想表达给皇上的，皇上的心意也想让臣子们了解，但是臣子经常困惑于愿望难于向皇帝表达，皇帝也经常困惑于自己的意愿难以被臣子所理解。为什么会这样呢？这是因为九种弊端还没有除掉。我所说的九种弊端，皇上占有六种，臣子占有三种：喜欢胜过别人，耻于听到过错，卖弄辩才敏捷，炫耀聪明过人，展示威严强势，放纵刚愎固执，这是皇上可能有的弊端；阿谀奉承，瞻前顾后，胆小懦弱，这是臣子可能有的弊端。皇上如果好胜又以闻过为耻，一定喜欢花言巧语，忌讳正直之言；阿谀奉承者得以提升，忠诚真实的进谏就听不到了。皇上如果卖弄辩才又炫耀聪明，必定以言辞来折服人，以欺诈来骗人，那么瞻前顾后的人就明哲保身，君臣坦荡交流的好处就不可获得。威严强势而刚愎固执，一定不能礼贤下士和勇于承担错误，那么胆小懦弱的人就在朝廷占据主导，合乎情理的进言就不会听到了。连尧舜也忧虑难于了解一个人，怎么能凭一问一答就能断定他的才能呢？如果想治理天下，但不尽力获得民心，那么国家很难治理好；想尽力获得民心，但不勤于接近臣民，那民心依旧很难得到；勤于接近臣民，但分不清君子小人，那臣民也就很难接近了；努力分辨君子小人，但厌恶耿直的人，喜欢阿谀奉承的人，那君子小人就根本分辨不了。一团和气，奉承皇帝，可以从中得到极大利益；触犯龙颜，冒着灾祸给皇帝提意见，可能遭到大的祸害。作为皇帝鼓励奖赏臣子进谏，还怕不能听到忠诚正直的话，何况用疏远、阻隔和猜忌来对待进谏呢？）

贞元八年[①]四月，窦参得罪，以贽为中书侍郎、门下同平章事。贽久为邪党所挤，困而得位，意在不负恩奖，悉心报国，以天下事为己任。

【译文】贞元八年（792年）四月，窦参获罪被罢免，德宗任命陆贽为中书侍郎、门下同平章事。陆贽长期以来被奸党所排挤，在困难形势下得到宰相的位置，因此不愿辜负了皇上的恩典，尽职报国，以天下事为己任。

贽以中原之兵，不习边事，及捍虏战贼，多有败衄[①]，又苦边将名目太多，诸军统制不一，缓急无以应敌，乃上疏论其事曰：

臣历观前代书史，皆谓镇抚四夷，宰相之任，不揆闇劣[②]，屡敢上言。诚以备边御戎，国家之重事；理兵足食，备御之大经。兵不治则无可用之师，食不足则无可固之地。理兵在制置得所，足食在敛导有方。

【注释】①败衄：挫败损伤，多指战事失败。

②闒劣：愚昧无能。

【译文】陆贽认为中原士卒，不演练边防战事，待到抵御敌寇的时候，大多会失败，又由于边防将领职衔众多，各军的管辖统领不一，需要的时候难以及时调派，于是上疏论述此事说：

臣遍览前代的相关典籍，都说安抚四夷，是宰相的责任，臣虽然愚钝，也要屡次进言。实在是因为防备边境抵御外寇，是国家的重要事情；整治兵马粮草充足，是边防备战的根本。兵马不整治就没有可用之师，粮草不充足就没有巩固的根据地；整治兵马在于规划得法，粮草充足在于收支有方。

夫中夏有盛衰，夷狄有强弱，事机有利害，措置有安危，故无必定之规，亦无长胜之法。盖以中夏之盛衰异势，夷狄之强弱异时，事机之利害异情，措置之安危异便。知其事而不度其时则败，附其时而不失其称则成。形变不同，胡可专一！

【译文】中原朝代有盛有衰，夷狄各族有强有弱，事情时机牵扯利害，措施方法关系安危，所以没有必定的规矩，也没有常胜的法则。大概因中原朝代的盛衰有不同形势，夷狄各族的强弱有不同时期，事情时机的利害有不同情况，措施方法的安危有不同处置。了解事情但不揣度时机就会失败，时机合适而方法得当就能成功，形势变化不同，怎么可以按照单一的方法处理呢！

故夏之即序，周之于攘，太宗之翦乱，皆乘其时而善用其势也。古公[①]之避狄，文、景之和亲，神尧[②]之降礼，皆顺其时而不失其称也。秦皇之长城，汉武之穷讨，皆知其事而不度其时者也。向若遇孔炽之势，行即序之方，则见侮而不从矣！乘可取之资，怀畏避之志，则失机而养寇矣！有攘却之力，用和亲之谋，则示弱而劳费矣！当降屈之时，务翦伐之略，则召祸而危殆矣！故曰：知其事而不度其时则败，附其时而不失其称则成。是无必定之规，亦无长胜之法，得失著效，不其然欤！至于察安危之大情，计成败之大数，百代之不变易者，盖有之矣。其要在于失人肆欲则必蹶，任人从众则必全，此乃古今所同，而物理之所壹也。

【注释】①古公：即公亶父，姬姓，名亶。上古时期周部落的领袖，周文王祖父，周王朝的奠基人。古公亶父时期，为了避开戎狄的威胁，率领族人由豳（今陕西彬州）迁移到岐山（今陕西岐山北）。

②神尧：李渊的谥号为神尧大圣光孝皇帝，因此唐代对唐高祖李渊的尊称为神尧。

【译文】所以夏朝使西戎归顺，周朝的尊王攘夷，太宗的剪除暴乱，都是选择合适的时机而善于利用当时的形势。古公亶父避开狄人，汉文帝、汉景帝时期的和亲，唐高祖李渊的降礼突厥，都是顺应时机而不失时宜的；秦始皇修建长城，汉武帝征讨匈奴，都是了解事情的重要性而选择的时机不恰当。如果遇到危机的情势，而选择和缓的方法来处理，那么就会遭遇挫折而不顺利了；具备取得胜利的条件，但心怀畏难避险的念头，那么就失去时机而养虎为患了；有攘退敌寇的势力，却用和亲的计谋，那么就是向敌寇示弱而耗费国帑了；应当屈尊降贵的时候，而致力用讨伐的策略，那么就会召来灾祸而危险了。所以说：了解事情但不揣度时机就会失败，时机合适而方法得当就能成功。因此没有一定之规，也没有常胜之法，得失效果，不就是这样吗！至于观察安危的大概情况，计算成败的大概定数，历经百世而不变的道理，这些事情大概是有的。其要领在于失去人心，放纵欲望就一定失败，任用贤人顺从民众就会保全，这是古今共同遵循，事物发展所一致遵循的规律。

夫制敌行师，必量事势，势有难易，事有先后。力大而敌脆，则先其所难，是谓夺人之心，暂劳而永逸者也；力寡而敌坚，则先其所易，是谓固国之本，观衅而后动者也。顷属多故，人劳未瘳[1]，而欲广发师徒，深践寇境，复其侵地，攻其坚城，前有胜负未必之虞，后有馈运不继之患。倘或挠败，适所以启戎心而挫国威，以此为安边之谋，可谓不量事势而务于所难矣！

【注释】①瘳：病愈，恢复。

【译文】凡是打仗行军，必定要估量事情和形势，形势有难有易，事情有先有后。己方力量强大而敌方力量脆弱，就先处理困难的事情，这叫夺人之心，暂时劳累而长远安逸；自己力量弱小而敌方力量强大，就先处理容易的事情，这叫做巩固国家的根本，寻找机会而后再付诸实施。现在国家正值多事之秋，百姓疲敝还没有恢复，却想要征调大量军队，深入敌境讨伐，恢复被侵占的国土，攻打对方的坚固城池，前有胜负未定的忧虑，后有粮草不继的隐患。倘若再遭遇挫折失败，这就是有了征伐之心而挫伤国威，把这作为安定边疆的策略，可以说是不估量事情和形势而尽力于难以做到的事情了！

天之授者，有分事[①]，无全功；地之产者，有物宜，无兼利。是以五方[②]之俗，长短各殊。长者不可逾，短者不可企；勉所短而敌其所长必殆，用所长而乘其所短必安。

【注释】①分事：即职分。

②五方：中国与四夷。

【译文】上天授予的职责，也是各司其职，不会求备求全；地上出产的物品，也是各有特点，不会尽善尽美。所以各地方的习俗，各不相同。长处难以超越，短处不可企求，勉强用自己的短处去对抗别人的长处一定会危险，利用自己的长处去进攻别人的短处则一定安全。

夫赏以存劝，罚以示惩，劝以懋有庸，惩以威不恪。故赏罚之于驭众也，犹绳墨之于曲直，权衡之揣重轻，輗軏[①]之所以行车，衔勒[②]之所以服马也。驭众而不用赏罚，则善恶相混而能否莫殊；用之而不当功过，则奸妄宠荣而忠实摈抑。夫如是，若聪明可衒，律度无章，则用与不用，其弊一也。

【注释】①輗軏：车辕与衡轭联结处插上的销子。輗用于大车，軏用于小车。比喻事物的关键。

②衔勒：马嚼口和马络头。

【译文】大凡赏赐是用来劝勉，处罚是用来惩戒，劝勉是为了鼓励功劳，惩戒是为了震慑不敬。所以赏罚对于统领士众来讲，如同墨线度量曲直，用秤衡量轻重，輗軏能够使车子行驶，衔勒能够驾驭马匹。统率众人而不使用赏罚，那么就会善恶混淆，有能力的人和没有能力的人难以区别；使用官员而不按照政绩升迁，那么奸妄小人就会得到宠幸，而忠实之士受到排斥打压。如果聪明可以炫耀，法度没有章法，那么用贤人与不用贤人，其弊病都是一样的。

理戎之要，最在均齐，故军法无贵贱之差，军实[①]无多少之异，是将所以同其志而尽其力也。如或诱其志意，勉其艺能，则当阅其材，程其勇，校其劳逸，度其安危，明申练覆优劣之科，以为衣食等级之制。使能者企及，否者息心，虽有薄厚之殊，而无觖望[②]之衅。盖所谓日省月试，饩禀均事，如权量之无情于物，万人莫不安其分而服其平也。

【注释】①军实：军用的器械及粮食。

②觖望：因不满意而怨恨

【译文】治理军队的关键，最在乎平等，因此军法面前没有贵贱的差别，物资供给方面没有多少的区别，这是要使他们同心协力。如果要激发他们的意志，发挥他们的特长，则应当审视他们的才能，鼓励他们的勇气，考较他们的劳逸，揣度他们的安危，明确能力优劣的科别，作为衣食等级的依据。使有能力的人有奋斗的目标，没能力的人可以安下心来，虽然待遇薄厚有所不同，却没有怨恨的嫌隙。大概所谓日省月试，物资俸禄公平分配，如同用秤称量物品一样无情，众人就没有不安分而佩服其公平的。

理兵而措置乖方，驭将而赏罚亏度，制用[①]而财匮，建兵而力分，养士而怨生，用师而机失，此六者，疆场之蠹贼，军旅之膏肓也。蠹贼不除，而但滋之以粪溉，膏肓不疗，而唯啖之以滑甘，适足以养其害，速其灾，欲求稼穑丰登，肤革充美，固不可得也。

【注释】①制用：费用的收支管理。

【译文】治理士卒而措置失当，统率将帅而赏罚失度，管理收支而财政匮乏，建立军队而力量分散，畜养人才而产生怨恨，调兵遣将而丢失时机，这六个方面，是边疆治理方面的大害，是军队中的顽疾。不除大害，却只用肥料滋养，不治疗顽疾，却只用美食供养，恰恰是滋养弊害，加速灾祸，想要求得庄稼丰收，肌肤完美，当然不能达到。

赞在中书，政不便于时者，多所条奏。德宗虽不能皆可，而心颇重之。（旧唐书卷一百三十九）

【译文】陆贽在中书省，发现政令有不便于时事的，大多会逐条上奏，德宗虽不能全都认可，但心里很看重陆贽的意见。（旧唐书卷一百三十九）

裴 垍

【题解】裴垍（？—811年），字弘中。绛州闻喜（今山西闻喜县）人。裴垍二十岁时中进士，补美原县尉，历任监察御史、殿中侍御史、考功员外郎等职。他为官好直，深得宪宗信任，元和三年（808年）迁中书侍郎、同平章事。元和四年（809年），加集贤院大学士、监修国史。元和五年（810年），裴垍身患中风，唐宪宗只好免去了他的宰相职务，而改任兵部尚书，不久又迁任太子宾客。裴垍于当年去世，朝廷特赠他为太子少傅。裴垍任宰相以后，严明法治，考课吏绩，分清良恶，种种做法，正大光明，使唐宪宗也折服。由于宪宗对裴垍信任看重，在朝廷常称其官号，而不直呼其名。裴垍为相后，尽力完善朝廷制度，年方四十四岁，为国操劳，须发尽白。为相期间，裴垍提拔了许多能人贤士，包括裴度、李绛、崔群、韦贯之等。这些人后来都相继入相。

裴垍，字弘中，河东闻喜人。垂拱[①]中宰相居道七代孙。垍弱冠举进士。贞元中，制举贤良极谏，对策第一，授美原县尉。元和[②]初，召入翰林为学士。

【注释】①垂拱：唐睿宗李旦的年号（685—688年）。

②元和：唐宪宗李纯的年号（806—820年）。

【译文】裴垍，字弘中，河东闻喜（今山西闻喜县）人。是垂拱年间宰相裴居道的七世孙。裴垍二十岁时进士及第。贞元年间，参加制举贤良极谏科，对策部分得第一，因此授予美原县尉一职。元和初年，被召入翰林院任翰林学士。

初，垍在翰林承旨，属宪宗[①]初平吴、蜀，励精思理，机密之务，一以关垍。垍小心敬慎，甚称中旨。及作相之后，恳请旌别[②]淑慝，杜绝蹊径，齐整法度，考课吏理，皆蒙垂意听纳。

【注释】①宪宗：指唐宪宗李纯（778—820年），唐朝第十一位皇帝。

②旌别：识别，区别。

【译文】起初，裴垍在翰林院任职，当时唐宪宗李纯刚刚平定吴、蜀，励精图治，国家要事一概交给裴垍处理。裴垍做事小心谨慎，非常符合皇上意思。等到担任宰相以后，恳请分辨善恶，杜绝请托，整肃法纪，考核吏治，这些建议都被皇上采纳。

先是，天下百姓输赋于州府：一曰上供，二曰送使，三曰留州①。建中初定两税时，货重钱轻；是后货轻钱重，齐人所出，固已倍其初征。而其留州送使，所在长吏又降省估使就实估②，以自封殖而重赋于人。及垍为相，奏请："天下留州、送使物，一切令依省估。其所在观察使，仍以其所莅之郡租赋自给；若不足，然后征于支郡。"其诸州送使额，悉变为上供，故江淮稍息肩。

【注释】①上供送使留州：唐代后期赋税收入在中央与地方之间的分配有三部分：交给中央政府的叫"上供"，分配给节度使、观察使府的叫"送使"，留在本州使用的叫"留州"。

②省估：唐朝的"一贯"或"一缗"，按规定为千钱，但在习惯流行中并不足千钱，称省估。官吏为了中饱私囊，让百姓以足额交钱，称为实估。

【译文】先前，天下百姓交到州府赋税，分为三部分：一叫上供，二叫送使，三叫留州。建中年间刚刚制定两税法的时候，物贵而钱贱；这之后物贱而钱贵，百姓的支出，就比刚开始征收时增加了一倍。而其中留州、送使的部分，各地的官吏又改省估为实估，以此来中饱私囊而加重百姓的负担。等到裴垍担任宰相时，上奏宪宗说："天下留州、送使的赋税，都按照省估来征收。各地观察使，还是征用所在州郡的租赋来供给，如果不够，然后再向其管辖的其他州郡征收。”于是各州的送使部分，全部改成上供，所以江淮地区负担略微减轻。

垍虽年少，骤居相位，而器局峻整，有法度，虽大僚前辈，其造请不敢干以私。谏官言时政得失，旧事，操权者多不悦其举职。垍在中书，有独孤郁、李正辞、严休复自拾遗转补阙，及参谢之际，垍廷语之曰：“独孤与李二补阙，孜孜献纳，今之迁转，可谓酬劳愧矣。严补阙官业，或异于斯，昨者进拟，不无疑缓。”休复悚恧而退。垍在翰林，举李绛、崔群同掌密命；及在相位，用韦贯之、裴度知制诰，擢李夷简为御史中丞，其后继踵入相，咸著名迹。其余量材赋职，皆叶人望，选任之精，前后莫及。议者谓垍作相，才与时会，知无不为，于时朝无幸人，百度浸理；而再周遘疾[①]，以至休谢，公论惜之。（旧唐书卷一百四十八）

【注释】①遘疾：害病，生病。

【译文】裴垍虽然年少，突然间位居相位，却能够器度严峻庄重，有法度，即使高官前辈，和他见面都不敢以私事相求。谏官经常上陈时政得失，按照过去的惯例，掌权之人多不喜欢提拔他们。裴垍在中书省的时候，独孤郁、李正辞、严休复从拾遗的官职补阙其他官职，他们朝见谢恩的时候，裴垍在朝堂上对他们说：“独孤郁与李正辞二人的补阙，是因为他们进谏不倦，今天的升迁，可以称得上当之无愧。严休复的补阙，与他们有所不同，前日拟定提拔时，不能说没有疑虑。”颜休复惶恐惭愧地退下。裴垍在翰林院时，举荐李绛、崔群一同掌管机密诏令，等到位居宰相，又任用韦贯之、裴度主管制诰，任命李夷简为御史中丞，这几个人日后相继入朝为相，声望卓著。其余官职都量才而用，都很得人心，裴垍善于选拔任用官员，在这一点上他的前辈与后人都比不上他。有评论说，裴垍做宰相，才干与机遇相会，智慧无所不能，当时朝廷没有宠幸之臣，各种法度逐步治理，可他任宰相才两年就病倒了，以至于辞职休养，公众舆论都很惋惜。(旧唐书卷一百四十八)

李吉甫

【题解】李吉甫(758—814年)，字弘宪，赵郡赞皇(今河北赞皇)人。御史大夫李栖筠之子，宰相李德裕之父。早年以门荫入仕，补左司御率府仓曹参军。贞元初年，迁太常博士，转户部屯田员外郎，治理明州、忠州、柳州、饶州，入为吏部考功郎中，迁中书舍人。元和年间，两次拜相，期间一度担任淮南节度使，封为赵国公，策划平定西川和镇海二个藩镇，削弱藩镇割据，裁汰冗官、巩固边防，辅佐唐宪宗开创“元和中兴”。元和九年(814年)去世，追赠司空，谥号忠懿。

李吉甫，字弘宪，赵郡人。年二十七，为太常博士，该洽多闻，尤精国朝故实，沿革折衷，时多称之。迁屯田员外郎，博士如故，改驾部员外。宰臣李泌、窦参推重其才，接遇颇厚。及陆贽为相，出为明州员外长史；久之遇赦，起为忠州刺史。时贽已谪在忠州，议者谓吉甫必逞憾于贽，重构其罪；及吉甫到部，与贽甚欢，未尝以宿嫌介意。

【译文】李吉甫，字弘宪，赵郡人。二十七岁时，就担任太常博士一职，博学多闻，尤其熟悉本朝旧事，叙述沿革旧制恰当合理，当时很多人称赞他。升任屯田员外郎的职位后，依旧兼任太常博士，后改任驾部员外郎。宰相李泌和窦参很看重他的才干，对他很优厚。等到陆贽为宰相后，他被赶出朝廷，出任明州员外长史，过了很长一段时间后遇到大赦，又担任忠州刺史。这时陆贽已经被贬到忠州，有议论认为李吉甫定会报复陆贽，罗织他的罪状；等到李吉甫到任，与陆贽相处非常融洽，从不把以前的嫌隙放在心上。

宪宗嗣位，转中书舍人，赐紫①。元和二年春，杜黄裳②出镇，擢吉甫为中书侍郎、平章事。吉甫性聪敏，详练物务，自员外郎出官，留滞江淮十五余年，备详闾里疾苦。及是为相，患方镇贪恣，乃上言使属郡刺史得自为政。叙进群材，甚有美称。

【注释】①赐紫：唐宋时三品以上官公服为紫色，五品以上官为绯色，官位不及而有大功，皇帝特加赐紫或赐绯，作为一种荣誉性赏赐。

②杜黄裳（738—808年）：字遵素，京兆万年（今陕西西安）人，唐宪宗时期的宰相，主张削弱藩镇，元和三年（808年），杜黄裳病逝，享年71岁，谥号宣。

【译文】宪宗继位后，李吉甫改任中书舍人，获得赐紫。元和二年（807年）春，杜黄裳出到方镇就职，李吉甫被提拔为中书侍郎、平章事。李吉甫天生聪明机敏，熟知事务，从员外郎一职到地方为官，在江淮地区任职十五年多，深知民间疾苦。等到此时升为宰相，忧虑方镇贪婪的祸害，于是上疏皇帝请求允许各方镇下辖州郡的刺史可以各自为政。李吉甫提拔了众多人才，获得很高的赞誉。

三年秋，吉甫以裴垍久在翰林，宪宗亲信，必当大用，遂密荐垍代己，因自图出镇。其年九月，拜检校兵部尚书，兼中书侍郎、平章事，充淮南节度使，上御通化门楼饯之。在扬州，每有朝廷得失，军国利害，皆密疏论列。又于高邮县筑堤为塘，溉田数千顷，人受其惠。

【译文】元和三年（808年）秋，李吉甫认为裴垍在翰林院任职已经很久了，而且宪宗亲近信任他，必定会受到重用，于是暗中推荐裴垍代替自己，自己想到方镇去任职。这年九月，朝廷正式任命他为检校兵部尚书，兼中书侍郎、平章事，担任淮南节度使，皇上亲自到通化门城楼为李吉甫饯行。在扬州，每当看到朝廷施政上的得失和军备上的利弊，他都秘密上疏一一指出。又在高邮县（今江苏高邮市）修筑堤坝围成水塘，灌溉田地数千顷，百姓受到很大的恩惠。

五年冬，裴垍病免。明年正月，授吉甫金紫光禄大夫、中书侍郎、平章事、集贤殿大学士、监修国史、上柱国、赵国公。及再入相，请减省职员并诸色出身胥吏等，及量定中外官俸料①，时以为当。

【注释】①俸料：唐宋官员除俸禄外，又给食料、厨料等（折成钱钞谓之料钱），二者合称“俸料”。

【译文】元和五年（810年）冬，裴垍因病辞官。第二年正月，朝廷任命李吉甫为金紫光禄大夫、中书侍郎、平章事、集贤殿大学士、监修国史、上柱国、赵国公。等到李吉甫再次担任宰相的时候，请求裁减多余官员以及各种胥吏，并重新核定各种官员的俸禄，当时舆论认为李吉甫的措施十分正确。

元和九年冬，暴病卒，年五十七。吉甫初为相，颇洽时情，及淮南再征，中外延望①风采。秉政之后，视听时有所蔽，人心疑惮之。时负公望者虑为吉甫所忌，多避畏。宪宗潜知其事，未周岁，遂擢用李绛，大与绛不协；而绛性刚讦，讦于上前，互有争论，人多直绛。然性畏慎，虽其不悦者，亦无所伤。服物食味，必极珍美，而不殖财产，京师一宅之外，无他第墅，公论以此重之。（旧唐书卷一百四十八）

【注释】①延望：引颈远望，形容盼望或仰慕之切。

【译文】元和九年（814年）冬，李吉甫突然得病去世，享年五十七岁。李吉甫起初担任宰相的时候，处理政务很符合实际，等到从淮南再次被召回，朝廷中外都对他期望很高。执掌政事以后，时常蒙蔽皇上视听，人们都猜忌畏惧他。当时声望高的人怕被李吉甫所嫉妒，多敬畏远避他。宪宗私下知道这件事后，过了不到一年，就提拔任用李绛，李吉甫与李绛非常合不来；而李绛又性格刚直，当皇上面批评李吉甫，两人互有争论，人们大多认为李绛正直。然而李吉甫历来小心谨慎，即使对待不喜欢的人，也不会去伤害他们。平时服饰用度饮食，必定追求华美，但从不添置财产，除京城有一所宅院外，再无其它府邸房产，舆论因此很推崇他。（旧唐书卷一百四十八）

李　藩

【题解】李藩（754—811年），字叔翰，赵郡高邑（今河北高邑）人。宪宗时宰相，湖南观察使李承之子。李藩出身赵郡李氏南祖房，四十多岁时，由节度使幕僚起家，唐宪宗时拜门下侍郎、同平章事（宰相）。官至华州刺史兼御史大夫，卒年58岁，册赠户部尚书，谥号贞简。

李藩，字叔翰，赵郡人。父承，为湖南观察使，亦有名。藩少恬淡修检，雅容仪，好学。父卒，家富于财，亲族吊者，有挈去不禁，愈务散施，不数年而贫。年四十余未仕，读书扬州，困于自给，妻子怨尤之，晏如也。

【译文】李藩，字叔翰，赵郡人。父亲李承，曾任湖南观察使，也很有名望。李藩年轻时生性淡泊，仪态优雅，喜好学问。李藩的父亲死后，家中财产丰裕，亲族中有人来吊祭时，随手拿走东西他也从不加以禁止，反而更加施舍钱财，不到几年的时间，家境就贫穷了。李藩四十多岁时还没有出仕为官，只是在扬州读书，家里生计困难，妻子儿女都埋怨他，他却泰然处之。

张建封[1]在徐州，辟为从事，居幕中，谦谦未尝论细微。杜兼为濠州刺史，带使职[2]，建封病革，兼疾驱到府，阴有冀望。藩与同列省建封，出而泣语兼曰："仆射公奄忽如此，公宜在州防遏，今弃州此来，欲何也？宜疾去！不若此，当奏闻。"兼错愕不虞，遂径归。建封死，兼悔所志不就，怨藩甚。既归扬州，兼因诬奏藩建封死时摇动军中。德宗大怒，密诏杜佑[3]杀之。佑素重藩，怀诏旬日不忍发，因引藩论释氏，曰："因报之事，信有之否？"藩曰："信然。"曰："审如此，君宜遇事无恐。"因出诏。藩览之，无动色，曰："某与兼信为报也。"佑曰："慎勿出口，吾已密论，持百口保君矣。"德宗得佑解，怒不释，亟追藩赴阙。及召见，望其仪形，曰："此岂作恶事人耶！"乃释然，除秘书郎。

【注释】①张建封（735—800年）：字本立，邓州南阳县（今河南南阳）人。唐朝中期名臣、诗人，贞元四年（788年），授徐泗节度使，贞元十六年（800年）去世，时年66岁，谥号襄。

②使职：唐代临时派遣官员去执行各种使命称为差遣。差遣官一般由君主或宰相直接任命，后来这些差遣官逐渐由临时性质向固定性质转变。固定的差遣官通常都带使职，称为某某使，如节度使、盐铁使、采访使等。

③杜佑（735—812年）：字君卿，京兆万年（今陕西西安）人，唐代政治家、史学家。历任岭南节度使、淮南节度使等职，元和七年（812年）病逝，谥号安简。

【译文】张建封在徐州任节度使的时候，任用李藩为幕僚，在幕府之中办事，李藩待人谦逊从不计较细节。当时杜兼任濠州刺史，兼有节度使职衔，张建封病重，杜兼急忙赶到府中，暗中有代替张建封的企图。李藩与同僚前往探视张建封，出来后哭泣着对杜兼说："张公这样病重，刺史应在州中镇守，现在放弃本州之事来到这里，意欲何为？请马上离开！否则一定会上奏朝廷。"杜兼没料到李藩会这样说，惊慌失措，只好返回州里。后来张建封病故，杜兼后悔自己的图谋没有得逞，非常怨恨李藩。返回扬州以后，杜兼就诬告李藩在张建封去世的时候动摇军心。唐德宗李适大怒，下密诏命令杜佑杀掉李藩。杜佑一向看重李藩，接到诏书后十多天不忍心执行命令，就叫李藩一起谈论佛教，说："因果报应的事，你相信有吗？"李藩说："确实相信。"杜佑说："果真如此，君遇到祸事应无所畏惧。”于是就拿出密诏。李藩看后，不动声色，说：“我与杜兼之间确实存在因果报应啊。”杜佑说：“千万不要对外宣扬，我已经秘密上疏为你辩解，用身家性命为你担保了。”德宗看到杜佑的解释后，怒气仍未消，立刻要求李藩入京。待到召见李藩时，看到他的仪态，说：“这怎么会是做恶事的人呢？”于是就放心下来，任李藩为秘书郎。

元和初，裴垍言于帝，以为有宰相器，属郑絪[①]罢免，遂拜藩门下侍郎、同平章事。藩性忠荩，事无不言，上重之，以为无隐。

【注释】①郑絪（752—829年）：字文明，荥阳人。唐宪宗时宰相。太和三年（829年）卒，享年78岁，谥号宣。

【译文】元和初年，裴垍告诉宪宗李纯，他认为李藩有宰相的器度，当时正好郑絪被罢相，于是就任命李藩为门下侍郎、同平章事。李藩忠诚正直，遇到当奏之事就会上奏，宪宗很器重他，认为李藩忠诚可信。

四年冬，顾谓宰臣曰：“前代帝王理天下，或家给人足，或国贫下困，其故何也？”藩对曰：“古人云：‘俭以足用。’盖足用系于俭约。诚使人君不贵珠玉，唯务耕桑，则人无淫巧，俗自敦本，百姓既足，君孰与不足！自然帑藏充羡，稼穑丰登。若人君竭民力，贵异物，上行下效，风俗日奢，去本务末，衣食益乏，则百姓不足！君孰与足！自然国贫家困，盗贼乘隙而作矣！今陛下永鉴前古，思跻富庶，躬尚勤俭，自当理平。伏愿以知之为非艰，保之为急务，宫室舆马，衣服器玩，必务损之又损，示人变风，则天下幸甚。”帝曰：“俭约之事，是我诚心；贫富之由，如卿所说。唯当上下相勖[1]，以保此道，似有逾滥，极言箴规，此固深期于卿等也。”藩等拜贺而退。

【注释】①勖：勉励。

【译文】元和四年（809年）冬，宪宗询问宰臣说：“前代帝王治理天下，有的能使国富民足，有的却导致国贫民穷，这是什么原因？”李藩回答说：“古人说：‘节俭能让财物足够使用。’因此财物丰足是因为节俭的缘故。假使国君不看重财宝，关注农桑耕稼，那么百姓不追求浮华狡诈，民风自然敦厚，等到百姓富足以后，国君怎么可能不富足！自然国库充盈，五谷丰登。如果国君耗尽民力，爱好奇珍异宝，上行下效，风俗日渐奢靡，本末倒置，衣食日益匮乏，那么百姓就不能富足，国君又怎么可能富足！自然国贫家穷，盗贼伺机而起。如今陛下以古人为借鉴，一心想让国家富强，亲自推行勤劳俭朴，天下自然会大治。我真诚地希望陛下不要把这件事看得太困难，当务之急在于实施，宫室车马，衣服器具，力求减省，向国人显示改变风气的决心，那么天下的百姓就幸运了。”宪宗说：“节俭一事，也是我的本意；贫富的由来，正如爱卿所说。只愿君臣上下互相勉励，保持这些倡导，若有违背，就直言进谏，朕就依靠诸位了。”李藩等人参拜退下。

帝又问曰：“禳灾祈福之说，其事信否？”藩对曰：“臣窃观自古圣达，皆不祷祠。故楚昭王有疾，卜者谓河为祟，昭王以河不在楚，非所获罪，孔子以为知天道。仲尼病，子路请祷，仲尼以为神道助顺，系于所行，己既全德，无愧屋漏①。故答子路云：‘丘之祷久矣。’《书》云：‘惠迪②吉，从逆凶。’言顺道则吉，从逆则凶。《诗》云：‘自求多福。’则祸福之来，咸应行事，若苟为非道，则何福可求？是以汉文帝每有祭祀，使有司敬而不祈，其见超然，可谓盛德。若使神明无知，则安能降福；必其有知，则私己求媚之事，君子尚不可悦也，况于明神乎！由此言之，则履信思顺，自天祐之，苟异于此，实难致福。故尧、舜之德，唯在修己以安百姓。管仲云：‘义于人者和于神。’盖以人为神主，故但务安人而已。虢公求神，以致危亡，王莽妄祈，以速汉兵，古今明诫，书传所纪。伏望陛下每以汉文、孔子之意为准，则百福具臻。”帝深嘉之。（旧唐书卷一百四十八）

【注释】①屋漏：古代室内西北隅施设小帐，安藏神主，为人所不见的地方称作“屋漏”。

②惠：顺应。迪：道，天道。

【译文】宪宗又问道：“禳去灾祸祈求福佑的说法，这些事可信吗？”李藩回答说：“臣私下考察自古以来的圣贤，他们都不祈神祷告。因此楚昭王生病，占卜者认为是黄河河神在作祟，楚昭王认为黄河不在楚国境内，因此不会是黄河河神在降罪，孔子认为自己通晓天道。孔子生病，子路请求为他祈神祛病，孔子认为神灵保佑正道，祸福取决于自己的行为，自己既然德行具备，自然无愧于鬼神。因此回答子路说：'我自己祈祷已经很久了。'《尚书》说：'惠迪吉，从逆凶。'说的是顺应正道则吉利，违背大道则凶险。《诗经》说：'自己就能求来福气。'所以祸福的来临，都应验于自身的行为，假如行为违背天理，那么什么福分可以祈求到呢？因此汉文帝每当祭祀的时候，只派祭司恭敬祭拜而不会有所祈求，超出一般人的见识，可以称作德行深厚。假使神灵不存在，又怎么可能降下福来；肯定神灵存在，那么满足私欲奉承讨好的事，君子尚且不喜欢，何况神明！由此可知，遵守诚信，奉行常理，上天自会保佑，如果不是这样，很难招来福气。因此尧、舜的德行，只关注修养自身来安抚百姓。管仲说：'对人有仁义，就符合神灵的要求。'这是把人作为神灵的主人，因此使百姓安定就可以了。虢公求神，导致国家危亡，王莽妄自祈福，促使汉军到来，古今的借鉴，都记载载典籍里。臣希望陛下能以汉文帝、孔子的见解作为标准，那么百福俱到。"宪宗非常赞赏李藩的话。（旧唐书卷一百四十八）

薛　放

【题解】薛放是浙东观察使薛戎之弟，登进士第。累佐藩府，莅事干敏。官至试大理评事，擢拜右拾遗，转补阙，历水部、兵部二员外，迁兵部郎中。《续编》辑录了他和唐穆宗关于学习经史的一段对话，薛放认为学习《六经》应当从《论语》和《孝经》开始，尤其肯定《孝经》对治理国家的作用，得到穆宗的认可。

放，登进士第，累佐藩府，莅事干敏。遇宪宗以储皇好书，求端士辅导经义，选充皇太子侍读。及穆宗嗣位，未听政间，放多在左右，密参机命。

【译文】薛放进士及第，他多次在藩王幕府任职，处事练达。适逢宪宗李纯因皇太子喜好读书，寻求正派端直之士辅导学习经史，薛放被选中担任皇太子侍读。等到穆宗李恒即位，还未临朝处理政事时，薛放时常随侍左右，参预机密政事。

穆宗①常谓侍臣曰："朕欲习学经史，何先？"放对曰："经者，先圣之至言，仲尼之所发明，皆天人之极致，诚万代不刊之典也。史记前代成败得失之迹，亦足鉴其兴亡。然得失相参，是非无准的，固不可为经典比也。"帝曰："《六经》所尚不一，志学之士，白首不能尽通，如何得其要？"对曰："《论语》者《六经》之菁华，《孝经》者人伦之本。穷理执要，真可谓圣人至言。是以汉朝《论语》首列学官②，光武令虎贲之士皆习《孝经》，玄宗亲为《孝经》注解，皆使当时大理，四海乂宁。盖人知孝慈，气感和乐之所致也。”上曰：“圣人以孝为至德要道，其信然乎！”转兵部侍郎、礼部尚书，判院事。（旧唐书卷一百五十五）

【注释】①穆宗：指唐穆宗李恒（795—824年），唐朝第十二位皇帝，谥号为睿圣文惠孝皇帝。

②学官：指学校。

【译文】穆宗曾经对侍臣说：“我想要学习经史，先从什么方面开始？”薛放回答说：“经书，是先圣的至理名言，是孔子所阐发的言论，都是上天和世人的最高道理，实在是万代不变的经典。史书记载的是前代成败得失的事迹，也足以借鉴朝代兴亡的经验教训，然而得失混杂，是非没有固定的标准，所以不能同经书相比。”穆宗说：“《六经》所崇尚的东西也不一致，立志求学的士人，就算学到头发白了也未必能全部精通，怎样才能把我其中的要点？”薛放回答说：“《论语》是《六经》的精华，《孝经》是人伦的根本，深明义理得其精髓，真是圣人的至理名言了。所以汉朝将《论语》列为太学的第一教材，光武帝刘秀命令武将也都学习《孝经》，玄宗又亲自给《孝经》作注释，都使得当时社会得到治理，四海安宁。原因在于人们懂得孝敬仁慈后，社会风气受此和睦快乐气氛的影响，所以带来太平。”李恒说：“圣人把孝道作为最高的道德标准，确实应该这样啊！”薛放后来转任兵部侍郎、礼部尚书，负责集贤院事务。（旧唐书卷一百五十五）

韦处厚

【题解】韦处厚（773—828年），本名韦淳，字德载。京兆府万年县（今陕西西安）人。监察御史韦万之子。

韦处厚元和初年，举进士第，授集贤校书郎，出为开州刺史。后举贤良方正科异等，为宰相裴垍引直史馆，补咸阳县尉。历仕宪宗、穆宗、敬宗、文宗四朝，忠厚宽和，耿直无私，颇受爱重。官至中书侍郎、同平章事，监修国史，封灵昌郡公。太和二年（828年）因急病薨逝，年56岁。获赠司空。

韦处厚，字德载，京兆人。元和初，登进士第，应贤良方正，擢居异等，授秘书省校书郎。宝历[①]季年，急变中起。文宗[②]底绥内难，以佐命功，旋拜中书侍郎、同中书门下平章事、监修国史，加银青光禄大夫，进爵灵昌郡公。处厚在相位，务在济时，不为身计。中外补授，咸得其宜。

【注释】①宝历（824—826年）：唐敬宗李湛年号。

②文宗：指唐文宗李昂（809—840年），原名李涵，唐朝第十四位皇帝，在位初年，励精图治，试图消灭宦官势力。事败遭到软禁，开成五

年（840年）逝世，时年仅31岁，谥号元圣昭献孝皇帝，庙号文宗。

【译文】韦处厚，字德载，京兆人。元和初年（806年），韦处厚进士及第，又参加贤良方正科考试，被选拔为优等，任命为秘书省校书郎。宝历末年，宫中突然发生了动乱。文宗李昂平定动乱后，韦处厚因为拥立文宗李昂即位的功劳，随即被任命为中书侍郎、同中书门下平章事、监修国史，加银青光禄大夫，进爵灵昌郡公。韦处厚担任宰相期间，专心于济世救时，从不为自己打算，他对朝廷内外官员的选拔任用，都很恰当。

文宗勤于听政，然浮于决断，宰相奏事得请，往往中变。处厚常独论奏曰："陛下不以臣等不肖，用为宰相，参议大政。凡有奏请，初蒙听纳，寻易圣怀。若出自宸衷①，即示臣等不信；若出于横议，臣等何名鼎司②？且裴度元勋宿德，历辅四朝，孜孜竭诚，人望所属，陛下固宜亲重。窦易直③良厚，忠事先朝，陛下固当委信。微臣才薄，首蒙陛下擢用，非出他门，言既不从，臣宜先退。"即趋下再拜陈乞。上矍然曰："何至此耶！卿之志业，朕素自知，登庸作辅，百职斯举。纵朕有所失，安可遽辞，以彰吾薄德？"处厚谢之而去，出延英门，复令召还。谓曰："凡卿所欲言，并宜启论。"处厚因对彰善瘅恶，归之法制，凡数百言。又裴度勋高望重，为人尽心切直，宜久任，可壮国威。帝皆听纳。自是宰臣敷奏，人不敢横议。

【注释】①宸衷：指帝王的心意。

②鼎司：指重臣之职位。

③窦易直：字宗玄，京兆始平（今陕西兴平）人，长庆四年（824年）拜同平章事。太和七年（833年）病卒，谥号恭惠。

【译文】文宗处理着朝政十分勤奋，但是缺乏果断，宰相所请示的事情批准以后，又会半途改变主意。韦处厚曾单独上奏说：“陛下不认为我等愚笨，任命为宰相，参与朝廷大事。臣等的奏疏，起初承蒙陛下接纳，但是很快态度又改变了。如果这是陛下自己的想法，那就表明陛下不信任臣等；如果是因为流言蜚语，臣等的宰相之位有何威严可言呢？况且裴度是德高望重的元老，曾辅佐四朝皇帝，勤勉忠诚，众望所归，陛下应该亲近重用。窦易直贤良忠厚，忠心侍奉先帝，陛下也应该信任他。臣下才能浅薄，第一次受到陛下提拔任用，不是由于其他原因，而不采纳臣的建议，臣应当及早辞职才对。”随即退下再三叩拜祈求批准。文宗惊讶地说：“何至于此啊！你的人品志向，我一向了解，选拔你为宰相后，百废待举。即使我有什么过失，你怎么能够即刻辞职，以彰显我的德行浅薄呢？”韦处厚拜谢皇上后离去，走到延英门的时候，文宗又将他召回，并对他说：“凡是你想要上奏的，一并都说出来吧。”韦处厚因而上奏惩恶扬善，遵守法制之类的事情，总共有几百言。又上奏说裴度功劳卓越，德高望重，为人忠心正直，理应长期担任要职，这样可以壮大国威。这些建议文宗都听从采纳了。从此宰相治国理政，旁人不敢随便议论。

处厚居家循易，如不克任。至于廷诤[1]敷启，及驭辖待胥吏，劲确嶷然不可夺。质状非魁伟，如甚懦者；而庶僚请事，畏惕相顾，虽与语移晷[2]，不敢私谒。雅信释氏因果，晚年尤甚。太和二年十二月，因延英奏对，造膝之际，忽奏“臣病作”，遽退。归第一夕而卒，年五十六，赠司空。（旧唐书卷一百五十九）

【注释】①廷诤：朝臣对国君的公开谏诤。

②移晷：日影移动。犹言经过了一段时间。

【译文】韦处厚在家随易近人，好像不能承担责任。但在朝廷进谏和上奏，以及管辖下属，气势威严不可侵犯。他外貌并不魁伟，好像非常懦弱的样子，但僚属请示事情时，都敬畏地看着他，即使和他长时间交谈，也不敢以私事相托。他崇信佛家的因果论，晚年更加相信。大和二年（828年）十二月，百官在延英殿依次上奏，轮到韦处厚时，他突然说“臣病发作”，说完便急忙退下。回家后，第二天便去世了，终年五十六岁，追赠司空称号。（旧唐书卷一百五十九）

李　绛

【题解】李绛（764—830年），字深之。赵郡赞皇县（今河北赞皇）人。李绛出身赵郡李氏东祖房。唐德宗贞元八年（792年），登进士第。初授校书郎，补渭南县尉，拜监察御史。唐宪宗元和二年（807年），授翰林学士。任职勤勉，屡有匡补。元和六年（811年），升任中书侍郎、同平章事，成为宰相。后与权贵有隙，托称足疾，请求去职，被罢为礼部尚书，转兵部尚书。唐穆宗、敬宗时，两任东都留守，又拜尚书右仆射。唐文宗时，被召为太常卿，出任山南西道节度使，累封赵郡公。大和四年（830年），山南兵变，李绛为乱军所害，年六十七岁。册赠司徒，谥号贞。《续编》辑录了他和宪宗君臣之间一段对话，他对玄宗前后期治绩完全不同的原因进行了分析，指出了任用贤人、广开言路对治国理政的重要。

李绛，字深之，赵郡赞皇人也。举进士，登宏辞科，授秘书省校书郎。贞元末，拜监察御史。元和二年，以本官充翰林学士。五年，迁本司①郎中、知制诰。皆不离内职，孜孜以匡谏为己任。

【注释】①本司：此指吏部司勋司。

【译文】李绛，字深之，赵郡赞皇人。李绛参加进士考试，考取博学宏辞科，担任秘书省校书郎一职。贞元末年，官拜监察御史。元和二年（807年），以原先官职，充任翰林院学士。元和五年（810年），升任吏部司勋司郎中、知制诰。一直没有在朝任职，孜孜不倦以匡正进谏为己任。

他日延英，上曰："朕读《玄宗实录》，见开元致理，天宝兆乱。事出一朝，治乱相反，何也？"绛对曰：臣闻理生于危心，乱生于肆志。玄宗自天后朝出居藩邸，尝莅官守，接时贤于外，知人事之艰难。临御之初，任姚崇、宋璟，二人皆忠鲠上才，动以致主为心。明皇乘思理之初，亦励精听纳，故当时名贤在位，左右前后，皆尚忠正。是以君臣交泰，内外宁谧。开元二十年以后，李林甫、杨国忠相继用事，专引柔佞之人，分居要剧，苟媚于上，不闻直言。嗜欲转炽，国用不足，奸臣说以兴利，武夫说以开边。天下骚动，奸盗乘隙，遂至两都覆败，四海沸腾，乘舆播迁，几至难复。盖小人启导，纵逸生骄之致也。至今兵宿两河，西疆削尽，甿户[1]凋耗，府藏空虚，皆因天宝丧乱，以至于此。安危理乱，实系时主所行。陛下思广天聪[2]，亲览国史，垂意精赜，鉴于化源[3]，实天下幸甚。

【注释】①甿户：民户。

②天聪：对天子听闻的美称。

③化源：教化的本源。

【译文】一日在延英殿，宪宗李纯说道："我读《玄宗实录》，见开元年间天下大治，而天宝年间出现动乱。事情都发生在玄宗朝，出现大治和动乱两种截然相反的局面，是什么原因？"李绛回答道："臣听说治理产生于居安思危，动乱产生于肆意放纵。玄宗自天后朝开始出任藩王，曾经在朝廷担任官职，可以接触到朝廷以外的当代贤才，了解任用人才处理政事的艰难。即位以后，任用姚崇、宋璟二人为相，二人都是忠诚耿直的优秀人才，做事情都心怀报国之心。玄宗治国之初，也能励精图治接纳进谏，因此当时贤能得到任用，皇上左右前后的大臣，都是崇尚忠诚正直之人。因此君臣融洽，朝廷内外安宁。开元二十年以后，李林甫、杨国忠相继担任宰相，专门任用伪善谄媚之人，让他们分别担任要职，阿谀谄媚上司，不能听取正直之言。他们的贪欲日趋高涨，国家财力日渐不足，奸臣说用要为国谋利，武夫说为国开边。结果天下骚动，奸盗乘机而起，以至于长安洛阳沦陷，纷乱四起，皇帝也出外避难，险遭不测。皆因小人引起，放纵安逸滋生骄奢所造成的。现在两河地区仍屯兵防备，西疆国土丧失，人口凋敝，府库空虚，都是因天宝年间的动乱，才造成现在的局面。国家平定危机和治理动乱，实在是现今君主的当务之急。陛下欲广开言路，亲自了解本朝历史，思虑精深，探寻治国理政之本源，实为天下大幸。”

上又曰：“凡人行事，常患不通于理，已然之失，追悔诚难。古人处此，复有道否？”绛对曰：“行事过差，圣哲皆所不免，故天子致诤臣以匡其失。故主心理于中，臣论正于外，制理于未乱，销患于未萌。主或过举，则谏以正之，故上下同体，犹手足之于心膂，交相为用，以致康宁。此亦常理，非难遵之事。但矜得护失，常情所蔽。古人贵改过不吝，从善如流，良为此也。臣等备位，无所发明，但陛下不废刍言，则端士贤臣，必当自效。”帝曰：“朕擢用卿等，所冀直言。各宜尽心无隐，以匡不逮。无以护失为虑也！”（旧唐书卷一百六十四）

【译文】玄宗又说："世人做事，常忧虑事理不通，对于已经造成的过失，往往追悔莫及。古人遇到这种情况，有什么好办法吗？"李绛回答道："做事出现差错，圣人也在所难免，故天子任用诤臣以补救自己的过失。因此圣上决策于内，大臣实施于外，治理国家于未乱之际，消除祸患于未萌之时。圣主偶有过失，则规劝纠正，故君臣上下同心，犹如手足之于身体，相互作用，使行动协调。这也是常理，并非困难之事。但炫耀长处庇护过失，则与常情不相容。古人推崇勤于改过、从善如流，确实是这样呀。臣等处于重要职位，未能对圣上有所启发，但陛下不废弃我等的进言，那么端正贤良之臣，必定会主动报效陛下。"玄宗说："我任用诸位，正希望诸位能尽忠直言。诸位应当尽心竭力无所隐瞒，以补救朝政的缺失。不用担心我会文过饰非！"（旧唐书卷一百六十四）

柳公绰

【题解】柳公绰（765—832年），字宽，小字起之。京兆府华原县（今陕西铜川）人。柳公权之兄。柳公绰为人庄重严谨，喜交豪杰，又聪敏好学，才略过人。唐德宗贞元元年（785年）登第，授校书郎，补渭南县尉，历任开州刺史、侍御史、御史中丞等职。唐宪宗即位，出任鄂岳观察使。唐穆宗时拜京兆尹，迁尚书左丞。宝历元年（825年），又拜检校左仆射。唐文宗即位后，出任河东节度使，镇抚沙陀。后因年迈入朝为兵部尚书。太和六年（832年），柳公绰去世，时年六十八。获赠太子太保，谥号元。

《续编》辑录了他元和初年进献给宪宗的《太医箴》，劝谏宪宗不要放纵游猎，应当节制嗜欲，防患于未然。得到宪宗嘉许。

柳公绰，字起之，京兆华原人也。为侍御史，再迁吏部员外郎。

元和初，宪宗颇出游畋，锐意用兵；公绰欲因事讽谏。五年十一月，献《太医箴》一篇，其辞曰：

【译文】柳公绰，字起之，京兆华原人。担任侍御史的职位，再次升迁为吏部员外郎。

元和初年，宪宗李纯很爱打猎，而且崇尚武功，柳公绰打算针对这些事情劝谏。五年十一月，他进献了一篇《太医箴》给宪宗，其内容为：

天布寒暑，不私于人。品类既一，崇高以均。惟谨好爱，能保其身。清净无瑕，辉光以新。寒暑满天地之间，浃肌肤于外；好爱溢耳目之前，诱心知于内。清洁为堤，奔射犹败，气行无间，隙不在大。睿圣之姿，清明绝俗；心正无邪，志高寡欲。谓天高矣，氛蒙晦之；谓地厚矣，横流溃之。圣德超迈，万方赖之。饮食所以资身也，过则生患；衣服所以称德也，侈则生慢。唯过与侈，心必随之，气与心流，疾亦伺之。圣心不惑，孰能移之？畋游恣乐，流情荡志；驰骋劳形，咤叱伤气。惟天之重，从禽为累。不养其外，前修所忌。圣心非之，孰敢违之。人乘气生，嗜欲以萌，气离有患，气凝则成。巧必丧真，智必诱情，去彼烦虑，在此诚明。医之上者，理于未然，患居虑后，防处事先。心静乐行，体和道全，然后能德施万物，以享亿年。圣人在上，各有攸处。庶政有官，群艺有署。臣司太医，敢告诸御。

【译文】天气的寒暑，对每个人都没有偏爱。众人品类既然一样，那性情品德也应该相同。惟有谨慎对待喜好，才能保有其身。内心清净没有瑕疵，品德才能光耀如新。寒暑充满天地之间，可以从外面侵入肌肤；爱好充斥于耳目之前，能从内部诱惑人的心灵。内心清洁如果是堤防，物欲奔流也会使它溃败，而气息随处流动，不在乎缝隙的大小。睿智圣明的品质，那是清新明礼而超出世俗，内心正直而没有奸邪，志向高大而清心寡欲。虽然天空高远，但雾气笼罩也会使它昏暗。虽然大地厚重，如果大水泛滥也会使它毁坏。帝王圣德不同凡响，是天下百姓的依赖。饮食是为了滋养身体，过度反而会对人有害；服饰是为了符合德行，奢侈反而会使人怠慢。过度和奢侈，都会使人心受到诱惑，习气与内心是相关联的，疾病等也就伺机而入。圣上的内心若不迷惑，又有什么东西能改变他呢？打猎游乐，是放纵自己而丧失志向，骑马驰骋则疲劳身体，喧嚣呵斥则损伤元气。身负天子的重任，却因追逐禽兽而受拖累。不修养自身的行为，这是先前圣贤所忌讳的。陛下自己内心不认同这些道理，大臣们谁又敢直言进谏呢？人凭借元气而生长，嗜好与欲望也跟着萌发，元气离散人就有病患，元气聚集人就会健壮。追求技巧必丧失纯真，追求聪明必被情感诱惑，去掉那些烦恼和忧虑，关键在于真诚明智。高明的医生，治病于未发之时，这是因为忧患往往发生在思虑之后，所以防备应该在事发之前。内心清静而乐施善行，身体调和而道德完备，然后就能德被天下，既寿永昌。陛下在上治理国家，臣民应各有职责。各种政务由百官处理，各种技艺有专人负责。臣负责主管太医事务，所以冒昧向皇上禀告这些建议。

宪宗深嘉之。翌日，降中使奖劳之，曰：“卿所献之文云：‘气行无间，隙不在大。’何忧朕之深也？”逾月，拜御史中丞。

子仲郢，弟公权、公谅。仲郢，子珪、璧、玭。（旧唐书卷一百六十五）

【译文】宪宗非常赞同柳公绰的观点。第二天，派宦官褒奖并慰劳他说：“你所进献的奏章说：‘气息随处流动，不在乎缝隙的大小。’对我的担忧是何等关切啊。” 一个月后，拜柳公绰为御史中丞。

柳公绰的儿子名叫柳仲郢，弟弟是柳公权、柳公谅。柳仲郢的儿子是柳珪、柳璧、柳玭。（旧唐书卷一百六十五）

柳 玭

【题解】柳玭（？—895），京兆华原（今陕西耀县）人，天平军节度使柳仲郢之子，兵部尚书、太子太保柳公绰之孙，历任谏议大夫和给事中等官职，官位做到御史大夫。《续编》辑录了他给子弟的诫子文，他在文中告诫子孙不要依靠门第，应该立身修己，不要败坏名声祸害自己，侮没祖先家族，值得治家者学习效法。

玭，历谏议给事中，位至御史大夫。

玭尝著书诫其子弟曰：

夫门地高者，可畏不可恃。可畏者，立身行己，一事有坠先训，则罪大于他人。虽生可以苟取名位，死何以见祖先于地下？不可恃者，门高则自骄，族盛则人之所嫉。实艺懿行，人未必信；纤瑕微累，十手争指矣。所以承世胄者，修己不得不恳，为学不得不坚。夫人生世，以无能望他人用，以无善望他人爱，用爱无状，则曰“我不遇时，时不急贤”。亦由农夫卤莽而种，而怨天泽之不润，虽欲弗馁，其可得乎！

【译文】柳玭，历任谏议大夫和给事中等官职，官位做到御史大夫。

柳玭曾撰文告诫自家子弟们说：

出身门第高贵，是应该畏惧而不是可以依仗的事。所说的应该畏惧，是指修身立德方面，有一件事违背了祖先的训诫，那么罪过会比其他人大。即使活着的时候可以欺世盗名，但死后有什么面目去见祖先于地下呢？所说的不可依仗，是指门第高贵就会自满骄奢，家族兴盛就会招人妒嫉。即使确实有才能德行，人们也未必相信；一旦有丝毫过失，众人就会争相指责了。所以承袭官职的人家，修养自身不能不恳切，研究学问不能不坚实。生活在世间，有些人没有才能却希望被他人任用，没有善行却希望被他人尊敬，缺少被别人尊敬的依据，却说“我生不逢时，而当世也不需要贤才”。这就好比农夫卤莽耕种，却埋怨雨水不足，虽不想受饿，怎么能做到呢！

予幼闻先训，讲论家法。立身以孝悌为基，以恭默为本，以畏怯为务，以勤俭为法，以交结为末事，以气义为凶人。肥家以忍顺，保交以简敬。百行备，疑身之未周；三缄密，虑言之或失。广记如不及，求名如傥来[①]。去吝与骄，庶几减过。莅官则洁己省事，而后可以言守法；守法而后可以言养人。直不近祸，廉不沽名。廪禄虽微，不可易黎氓之膏血；榎楚[②]虽用，不可恣褊狭之胸襟。忧与福不偕，洁与富不并。比见门家子孙，其先正直当官，耿介特立，不畏强御；及其衰也，唯好犯上，更无他能。如其先逊顺处己，和柔保身，以远悔尤；及其衰也，但有暗劣，莫知所宗。此际几微，非贤不达。

【注释】①傥来：意外得来，偶然得到。

②榎楚：分别是灌木的名称，古代用来做刑具。

【译文】我自幼听闻祖先的训导，讨论家规家法。立身要把孝悌做为基础，以恭敬寡言为根本，以小心谨慎为主旨，以勤劳节俭为法则，把交游当作不重要的事，把意气用事当作祸害。要富强家庭就得忍耐和顺，要保持来往就得简单恭敬。各种德行完备，仍怀疑自己做得不周全；已经守口如瓶，还担心话语上有失言。虽然博闻强记，但仍要像学问远远不够，虽然声名鹊起，但仍要像偶然得到一样。能够去掉吝啬和骄傲的毛病，差不多可以减少过错了。做官则要自身廉洁并精简政事，而后才可以谈论遵守法制，遵守法制而后才可以谈论养育百姓。正直就不会靠近灾祸，廉洁就不会沽名钓誉。为官廉洁则俸禄微薄，但不可搜刮民脂民膏；审狱断案刑具虽然可用，但不可放纵自己的偏狭之性。忧虑和福禄不在一起，廉洁和富贵不会并存。近来见到世家子弟，他们的先祖为官正直，耿直坚定，不畏强权；等到子孙衰落后，只是一味冒犯圣上，更没有其他的才能。他们的先祖为人谦逊和顺，处事和睦善良，因而远离怨恨责难；等到子孙衰落后，只有愚昧顽劣，不知道该遵循什么原则。其中的道理很精微，不是贤明之人就不能通晓。

夫坏名灾己，辱先丧家。其失尤大者五，宜深志之。其一，自求安逸，靡甘澹泊，苟利于己，不恤人言。其二，不知儒术，不悦古道：懵前经而不耻，论当世而解颐[①]；身既寡知，恶人有学。其三，胜己者厌之，佞己者悦之，唯乐戏谭，莫思古道。闻人之善嫉之，闻人之恶扬之。浸渍颇僻，销刻德义，簪裾[2]徒在，厮养何殊。其四，崇好慢游，耽嗜曲蘖[3]，以衔杯为高致，以勤事为俗流，习之易荒，觉已难悔。其五，急于名宦，昵近权要，一资半级，虽或得之；众怒群猜，鲜有存者。兹五不是，甚于痤疽。痤疽则砭石可瘳，五失则巫医莫及。前贤炯戒，方册具存，近代覆车，闻见相接。

【注释】①解颐：颐，下巴。解颐指笑得下巴脱落。形容人开怀大笑。

②簪裾：古代显贵者的服饰。借指显贵分别是灌木的名称。

③曲蘖：指酒。

【译文】凡是败坏名声祸害自己，辱没祖先败坏家族的人，其最大的过失有五点，应牢牢记住。其一，自己追求安逸，不愿意淡泊名利，事情如果对自己有利，就不顾及世人的议论。其二，不了解儒家经典，不喜欢古人的道理，不懂前世经典却不以为耻，议论当前世事却妄自取笑，自己既然无知，又厌恶别人有学问。其三，厌恶胜过自己的人，喜欢讨好自己的人，只钟意游戏玩乐，不思考古人道理，听到别人的优点就妒嫉，听到别人的缺点就宣扬，渐渐地邪佞不正，慢慢地丧失德义，徒具华贵外表，实际上与厮役没有区别。其四，崇尚游乐放荡，沉溺嗜好饮酒，以举杯饮酒为高雅，以勤于政事为俗务，习惯了这些那就容易荒废正事，发觉不对时也后悔晚矣。其五，急于获得官职权力，亲近权贵，一官半职，虽然可以获得，但招致众人的愤怒与猜疑，任职很少能长久的。这五种毛病，比痈疮还要严重。痈疮还可以用针砭治好，而染上这五种毛病连巫祝医生也没有办法。前代圣贤的深切教诲，书册典籍中都有记载，近代倾覆的事例，也不断能听到和看到。

夫中人已下，修辞力学者，则躁进患失，思展其用；审命知退者，则业荒文芜，一不足采。唯上智则研其虑，博其闻，坚其习，精其业，用之则行，舍之则藏。苟异于斯，岂为君子？

初公绰理家甚严，子弟克禀诫训，言家法者，世称柳氏云。（旧唐书卷一百六十五）

【译文】中等智慧以下的人，研究文辞并致力学问，却急躁冒进而患得患失，一心想着施展才能；谨慎小心知道退让的人，却学业荒废而学问杂乱，结果一无是处。惟有上智之人能提升他的思虑，增长他的见闻，坚定他的学问，精通他的学业，任用他就称职，舍弃他就隐居。假若做不到这一点，哪能算得上是君子呢？

起初柳公绰治家非常严格，子弟能够秉承教导，世人一说起治家有方的人，就都称道柳氏家族。（旧唐书卷一百六十五）

柳公权

【题解】柳公权（778—865年），字诚悬。京兆华原（今陕西铜川耀州区）人。柳公绰之弟。

柳公权二十九岁时进士及第，早年曾任秘书省校书郎，并入李听幕府。于穆宗、敬宗、文宗三朝官居侍书，长在朝中。共历仕七朝，官至太子少师，封河东郡公，以太子太保致仕，故世称“柳少师”。咸通六年（865年），柳公权去世，享年88岁。获赠太子太师。

柳公权的书法以楷书著称，自创独树一帜的“柳体”，以骨力劲健见长，后世有“颜筋柳骨”的美誉。与颜真卿齐名，人称“颜柳”，又与欧阳询、颜真卿、赵孟頫并称“楷书四大家”。

公权，字诚悬。元和初，进士擢第，释褐秘书省校书郎。历穆、敬、文三朝，侍书中禁。累换司封、兵部二郎中、弘文馆学士。

【译文】柳公权，字诚悬。元和初年，进士及第，担任秘书省校书郎一职。柳公权历经穆宗、敬宗、文宗三朝，都在宫中担任翰林院侍书。累官至司封郎中和兵部郎中，弘文馆学士。

文宗便殿对六学士，上语及汉文恭俭，帝举袂曰：“此浣濯者三矣。”学士皆赞咏帝之俭德，唯公权无言。帝留而问之，对曰：“人主当进贤良，退不肖，纳谏诤，明赏罚。服浣濯之衣，乃小节耳。”时周墀[①]同对，为之股栗，公权辞气不可夺。帝谓之曰：“极知舍人不合作谏议，以卿言事有诤臣风彩，却授卿谏议大夫。”翌日降制，以谏议知制诰，学士如故。（旧唐书卷一百六十五）

【注释】①周墀（793—851年）：字德升，唐中后期政治家、历史学家、书画家。大中五年（851年）逝世，时年59岁，追赠司徒。

【译文】文宗在便殿与六位学士对答谈话时，文宗谈到汉文帝的恭俭节约，举起自己的衣袖说：“这件衣服都浣洗过三次了。”学士们都称赞文宗的节俭美德，惟独柳公权不说话，文宗留下他询问缘故，柳公权回答说：“君主应当选用贤良，斥退奸佞之人，接纳谏言，申明赏罚。穿浣洗过的衣服，这是小节。”当时周墀也一起答对，吓得浑身战栗，但柳公权却理直气壮。文宗对他说：“以前觉得中书舍人不适合担任谏议的职位，没想到你议论政事颇有诤臣的风采，就任命你为谏议大夫之职吧。”第二天文宗降制诏，让柳公权担任谏议大夫兼知制诰，仍然为翰林院学士。（旧唐书卷一百六十五）

元稹

【题解】元稹（779年—831年），字微之，别字威明，河南洛阳人。北魏宗室鲜卑拓跋部后裔。元稹聪明过人，少有才名。贞元九年（793年），明经及第，授左拾遗，进入河中幕府，擢校书郎，迁监察御史。一度拜相，在李逢吉的策划下，出任同州刺史，入为尚书右丞。太和四年，出任武昌军节度使。太和五年（831年），去世，时年五十三，追赠尚书右仆射。元稹与白居易同科及第，结为终生诗友，共同倡导新乐府运动，世称“元白”，形成“元和体”，诗词言浅意哀，扣人心扉，动人肺腑。元稹虽有才华，但是其品行不端，《新唐书》评价其：“信道不坚，乃丧所守。附宦贵得宰相，居位才三月罢。晚节弥沮丧，加廉节不饰云。”《续编》本着不因人废言的编辑原则，辑录了他上给宪宗的这道奏疏，主要提出君主应该鼓励臣子进谏，并对宪宗提出了十条建议，在当时还是有其积极意义的。

元稹，字微之，河南人。二十八应制举才识兼茂明于体用科①，登第者十八人，稹为第一，元和元年四月也。制下，除右拾遗。性锋锐，见事风生。既居谏垣，不欲碌碌自滞，事无不言。（《新唐书》曰：稹自以职谏诤，不得数召见，上疏曰：

【注释】①才识兼茂明于体用科：唐朝制举考试设置的科目之一。

【译文】元稹，字微之，河南人。二十八岁时参加制举才识兼茂明于体用科的考试，十八人及第，元稹名列第一，这是元和元年（806年）四月的事。不久制诏颁布，任命元稹为右拾遗。元稹生性锋芒毕露，遇事雷厉风行。等到担任谏官的职位后，不想碌碌无为而阻碍仕途，因此遇事就会进谏。（《新唐书》说：“元稹认为自己担任进谏的职务，还没有得到皇上的召见，就上奏唐宪宗李纯说：

臣闻治乱之始，各有萌象。容直言，广视听，躬勤庶务，委信大臣，使左右近习不得蔽疏远之人，此治象也。大臣不亲，直言不进，抵忌讳者杀，犯左右者刑，与一二近习决事深宫中，群臣莫得与，此乱萌也。人君始即位，萌象未见，必有狂直敢言者。上或激而进之，则天下君子望风曰：“彼狂而容于上，其欲来天下士乎？吾之道可以行矣！”其小人则竦利曰：“彼之直，得幸于上，吾将直言以徼利乎！”由是天下贤不肖各以所忠贡于上，上下之志，霈然而通。合天下之智，治万物之心，人人乐得其所，戴其上如赤子之亲慈母也，虽欲诱之为乱，可得乎？及夫进计者入，而直言者戮，则天下君子内谋曰：“与其言不用而身为戮，吾宁危行言逊以保其终乎！”其小人则择利曰：“吾君所恶者拂心逆耳，吾将苟顺是非以事之。”由是进见者革而不内，言事者寝而不闻，若此则十步之事不得见，况天下四方之远乎！故曰：聋瞽之君非无耳目，左右前后者屏蔽之，不使视听，欲不乱，可得哉？

【译文】臣听说天下大治和动乱的初始，都会有各种迹象显现出来，例如接纳进谏，广开言路，勤勉政事，信任大臣，皇帝的左右亲近之人不得排斥皇帝不喜欢的大臣，这些都是天下大治的迹象。疏远大臣，听不到忠言，抵触皇上所忌讳的就会被杀，冒犯皇帝的左右亲近侍从就会被处罚，皇帝与一两个亲信在深宫就可以决定大事，而朝廷群臣皆不得参与，这些就是动乱开始的征兆。君主刚刚即位的时候，各种迹象还未显现出来，必定会有犯颜直谏的大臣，君主能够鼓励并接受进谏，天下的贤能看到了则会说："此人犯言直谏而被皇上容纳，难道朝廷准备招贤纳士吗？我可以实现自己的抱负了。"小人则会害怕谋取私利而说："此人以正直而被皇上宠信，我也应该直言进谏以获得好处。"因此天下人不论贤愚都极力进谏皇帝，君臣之间，心意相通。集合天下人的智慧，治理天下，众人各得其所，对待君主就像子女孝顺父母一样，即使有人诱惑作乱，能办到吗？如果进献奸计就被重用，直言进谏就被杀戮，天下的贤能看到了则会说："此人进谏不被采纳反而自己被杀戮，我宁可谨慎言行而保全自身！"小人则会谋划私利而说："君主既然讨厌违背心意的事情和逆耳忠言，我将会曲意奉承来侍奉君主。"从此直言进谏的人被革职而不接纳，谈论政事的人减少而听不到忠言，就像这样，眼跟前的事情都很难知道，更不用说天下四方远处的事情了！所以说："昏庸的君主并非没有耳目，只不过是左右亲信蒙蔽了他，使君主看不到也听不到，要想不混乱，可能吗？"

太宗初即位，天下莫有言者，孙伏伽以小事持谏，厚赐以勉之。自是论事者唯惧言不直、谏不极、不能激上之盛意，曾不以忌讳为虞。于是房、杜、王、魏议可否于前，四方言得失于外，不数年大治。岂文皇独运聪明于上哉？盖下尽其言，以宣扬发畅之也。夫乐全安，恶戮辱，古今情一也，岂独贞观之人轻犯忌讳而好戮辱哉？盖上激而进之也。喜顺从，怒謇犯[1]，亦古今情一也，岂独文皇甘逆耳、怒从心哉？盖以顺从之利轻，而危亡之祸大，思为子孙建永安计也。为后嗣者，其可顺一朝意，而蔑文皇之天下乎？

【注释】①謇犯：正直敢言而触犯别人。

【译文】太宗皇帝刚刚即位的时候，天下臣民很少有进谏的，孙伏伽从小事方面开始进谏，太宗重重赏赐并勉励他。从此以后，进谏论事的人只担心进言不正直，谏言不够激烈，不能引起皇上的注意，不会担心触犯皇上忌讳。房玄龄、杜如晦、王圭、魏徵等人在朝廷直言进谏，四方之民也可以在朝堂外议论朝政的得失，不过数年天下大治。难道是文皇帝特别聪明吗？大概是臣下可以尽力进谏，无所顾忌吧。喜欢保全安逸，厌恶祸害侮辱，是古往今来的人之常情，难道是贞观年间的大臣愿意轻易触怒皇上而自取其辱吗？大概是因为皇帝鼓励而群臣才会进言吧。喜欢顺耳的话，憎恨违逆的话，这也是古往今来的人之常情，难道是文皇帝喜欢逆耳的话，讨厌顺耳的话吗？大概是因为顺耳的话没有多少好处，反而会带来巨大的祸害，为子孙后代长远考虑的原因吧。太宗的子孙后代，哪能只顾自己一时的快活，而危害到太宗辛苦建立起来的基业呢？

陛下即位已一岁，百辟卿士、天下四方之人，曾未有献一计进一言而受赏者；左右前后拾遗补阙，亦未有奏封执谏而蒙劝者。设谏鼓，置匦函，曾未闻雪冤决事、明察幽之意者。以陛下睿博洪深，励精求治，岂言而不用哉？盖下不能有所发明耳！承顾问者，独一二执政，对不及顷而罢，岂暇陈治安、议教化哉？它有司或时召见，仅能奉簿书计钱谷登降耳。以陛下之政，视贞观何如哉？贞观时，尚有房、杜、王、魏辅翊之智，日有献可替否者。今陛下当致治之初，而言事进计者岁无一人，岂非群下因循窃位之罪乎？辄昧死条上十事：一、教太子，正邦本；二、封诸王，固磐石；三、出宫人；四、嫁宗女；五、时召宰相讲庶政；六、次对群臣，广聪明；七、复正衙奏事；八、许方幅[①]纠弹；九、禁非时贡献；十、省出入游畋。

太和三年，召为尚书左丞，务振纲纪，出郎官尤无状者七人。然稹素无检，望轻，不为公议所右。王播卒，谋复辅政甚力，讫不遂。俄拜武昌节度使。卒，年五十三，赠尚书右仆射。

所论著甚多，行于世。在越时，辟窦巩。巩，天下工为诗，与之酬和，故镜湖秦望之奇益传，时号"兰亭绝唱"。稹始言事峭直，欲以立名，中见斥废十年，信道不坚，乃丧所守。附宦贵得宰相，居位才三月罢。晚节弥沮丧，加廉节不饰云。）（旧唐书卷一百六十六）

【注释】①方幅：公开，公然。

【译文】陛下登基已经一年了，百官卿士，天下四方的贤良，还没有人因为进言有功而获得奖赏的，左右前后拾遗补阙的官员也没有上奏疏劝谏皇上的，设立进谏之鼓，安置献计的铜匦，却未曾听说有昭雪冤情，查明隐晦的事情，以陛下的睿智广博的能力，励精图治的精神，能有进言而不用吗？大概是臣下不能上奏有用的进言吧。能够咨询的人，仅仅是一两个执政的宰相而已，彼此还没有问答几句就结束了，那里有时间细细陈述治理政事，教化百姓的事情？其他官员只是偶尔召见，只能进献账册，记录钱粮收支罢了。陛下治理国政的状况，同贞观年间相比如何呢？贞观年间还有房玄龄、杜如晦、王圭、魏徵等人辅佐，经常可以进献良策纠正不当政策。现在陛下刚刚开始治国理政，一年之中进言献计的人几乎没有，大概是百官不能尽职吧？臣冒死进谏十件事：一、教导太子，以稳定国家根本；二、分封诸王，以巩固江山社稷；三、发遣宫女；四、出嫁宗室女眷；五、经常召集宰相讨论时政；六、轮流咨询群臣百官，增进治理能力；七、复核各级部门所上奏的事务；八、允许臣民公开议论国事；九、禁止不符合时宜的进贡；十、尽量减少游乐打猎。

大和三年，朝廷召元稹入朝任尚书左丞，他致力于振兴纲纪，罢免没有政绩的郎官七人。然而元稹自己行为从来不检点，声望又轻，所以不受舆论的赞扬。王播死后，元稹图谋恢复相位很卖力，最终也未能如愿。不久拜授武昌节度使。去世，终年五十三岁，追赠尚书右仆射。

元稹论著很多，流行于世。他在越州做官时，征用窦巩。

窦巩，是当时天下的大诗人，与他酬答唱和，镜湖、秦望山的奇观因为他们的诗的传播更加广为流传，当时号称“兰亭绝唱”。元稹开始时议论政事严峻刚正，打算藉此建立功名，中间有十一年被废弃不受重用，他由于不能始终如一坚守道义，于是失去自己做人的原则。元稹依附宦官权贵做了宰相，在位才三个月就被罢免了。晚年更加灰心丧气，加上他不太注重自己的品行等，后人对他的评价多有诟病。）（旧唐书卷一百六十六）

群书治要续编卷第十四　旧唐书（八）

李德裕

【题解】李德裕（787—850年），字文饶，赵郡赞皇（今河北赞皇县）人。中书侍郎李吉甫次子。出身于赵郡李氏西祖房，胸怀大志，饱读经史。以门荫入仕，起家校书郎，迁监察御史，转翰林学士、中书舍人，历任浙西观察使、兵部侍郎、郑滑节度使、西川节度使、兵部尚书、山南西道节度使、中书侍郎、镇海节度使、淮南节度使等职。经历宪宗、穆宗、敬宗、文宗四朝，一度入朝为相，受到牛李党争倾轧，多次被排挤出京。唐武宗即位后，入朝为相，执政五年。外攘回纥、内平泽潞，裁汰冗官、制驭宦官，功绩显赫，拜为太尉，封为赵国公。唐武宗与李德裕的君臣相知，成为晚唐绝唱。不过，由于李德裕晚年专权，唐宣宗素来厌恶他，宣宗继位后，将其五贬为崖州司户。大中三年十二月（850年），病逝于崖州。唐懿宗即位，追复官爵，加赠尚书左仆射。历朝历代对李德裕评价甚高，李商隐誉之为“万古良相”。近代梁启超将他与管仲、商鞅、诸葛亮、王安石、张居正并列，称为中国六大政治家之一。但是，其晚年的过失也是非常显著的。

李德裕，字文饶，赵郡人。父吉甫，赵国恭懿公，元和初宰相。穆宗即位，召入翰林，充学士。帝在东宫，素闻吉甫之名，既见德裕，尤重之。禁中书诏大手笔，多诏德裕草之。

【译文】李德裕，字文饶，赵郡人。父亲是李吉甫，被封为赵国忠懿公，宪宗和初年担任过宰相。穆宗李恒登基即位后，召入翰林院任学士之职。穆宗当太子的时候，已久闻李吉甫大名，见到李德裕后，对他格外器重。宫中的诏令和重要文书，大多由李德裕起草。

昭愍皇帝即位，荒僻日甚，游幸无恒；疏远贤能，昵比群小。坐朝月不二三度，大臣罕得进言。海内忧危，虑移宗社。德裕身居廉镇，倾心王室，遣使献《丹扆箴》六首，曰：

其《宵衣箴》曰："先王听政，昧爽①以俟。鸡鸣既盈，日出而视。伯禹大圣，寸阴为贵。光武至仁，反支②不忌。无俾姜后③，独去簪珥。彤管记言，克念前志。"

【注释】①昧爽：拂晓，黎明。

②反支：指反支日，为凶日。

③姜后：汉刘向《列女传·周宣姜后》中记载周宣王有一段时间不上朝，姜王后脱簪珥，待罪于永巷，向王请罪："妾之不才……使君王失礼而晏朝……敢请婢子之罪。"

【译文】昭愍皇帝敬宗李湛即位后，荒废朝政日甚一日，游乐无度，疏远贤人，亲近小人。每月上朝处理政务不过二三次，大臣罕有能够进言议事的。天下忧虑不安，担心危害社稷。李德裕当时身居观察使的职位，心系朝廷社稷。派遣使臣进献《丹扆箴》六首。

其中的《宵衣箴》说："先王处理政事，天刚亮就开始准备。雄鸡报晓已毕，太阳升起就临朝听政。夏禹是大圣人，珍惜点滴光阴。光武皇帝仁义，凶日也不禁忌。不要再发生宣王晏起，姜后脱簪的事情。史书会记载君王的事迹，应该铭记前代的范例。"

其《正服箴》曰："圣人作服，法象可观。虽在宴游，尚不怀安。汲黯庄色，能正不冠。杨阜[①]毅然，亦讥缥纨[②]。四时所御，各有其官。非此勿服，惟辟所难。"

【注释】①杨阜：三国时期魏国大臣，能直言时弊。

②缥纨：缥，青白色的丝织物。纨，白色细绢。

【译文】《正服箴》篇说："圣人制作服饰，样式效法天象。虽然宴饮游乐，仍不敢贪图安乐。汲黯面色庄重，能够纠正汉武帝着冠的不合礼；杨阜性格刚毅，讥刺魏明帝服色不合礼制。帝王四季所用的衣物，各有一定规章。不合法度的不能用，以避免灾祸。"

其《罢献箴》曰："汉文罢献，诏还騄耳[①]。銮辂徐驱，焉用千里？厥后令王，亦能恭己。翟裘既焚，筒布[②]则毁。道德为丽，慈仁为美。不过天道，斯为至理。"

【注释】①騄耳：良马名。周穆王八骏之一。

②筒布：古代细布的一种，多卷作筒形。

【译文】《罢献箴》篇说："西汉文帝取消进贡，下令把骏马退还原主人。君王的銮驾徐徐而行，何必用千里马？此后历代君主，亦能约束自己。既然皮裘羽衣已经焚毁，细布美服也应放弃。道德高尚为美好，慈爱仁义为美丽。不违背天道法则，这是至上的道理。"

其《纳诲箴》曰："惟后纳诲，以求厥中。从善如流，乃能成功。汉骜流湎[1]，举白浮钟[2]。魏睿侈汰，凌霄作宫。忠虽不忤，善亦不从。以规为瑱[3]，是谓塞聪。"

【注释】①流湎：沉溺于酒。

②举白：举杯告尽，犹干杯。浮钟：谓斟酒满杯。

③瑱：古人冠冕上垂在两侧的装饰物。

【译文】《纳诲箴》篇说："君主纳言，惟求中庸。从善如流，才会成功。汉成帝刘骜酗酒，喝酒推杯换盏。魏明帝曹睿奢侈，宫殿高耸入云。虽然不反对忠言，但也不奉行善举。把纳谏视为装饰，这就是闭塞视听。"

其《辩邪箴》曰："居上处深，在察微萌。虽有谗慝，不能蔽明。汉之有昭，德过周成。上书知伪，照奸得情。燕、盖既折[1]，王猷洽平。百代之后，乃流淑声。"

【注释】①燕、盖既折：西汉燕王刘旦和鄂邑盖主等人阴谋杀霍光，废昭帝，立燕王刘旦为天子。事败，燕王、盖主皆自杀。

【译文】《辨邪箴》篇说："居于帝位，身处深宫，贵在能知微见著。纵有奸邪之人，也不能蒙蔽圣听。西汉的昭帝，德行胜过周成王。年十四岁就可以辨别奏章的真伪，明察奸邪获取实情。燕公、盖主谢罪自杀后，王室稳定天下太平。虽然经历百代，至今美名流传。"

其《防微箴》曰："天子之孝，敬遵王度。安必思危，乃无遗虑。乱臣猖蹶，非可遽数。玄黄莫辨，触瑟始仆[①]。柏谷微行[②]，豺豕塞路。睹貌献飧，斯可诫惧。"

【注释】①触瑟始仆：据《汉书·金日磾传》记载马何罗行刺武帝，误触宝瑟，堕地有声，因而被发觉。

②柏谷微行：汉武帝微服出行柏谷，路遇强盗险遭不测，幸得老妇看汉武帝相貌不俗，出手相助才得以脱险。

【译文】《防微箴》篇说："天子的孝顺，在于恭敬的遵循法度。居安思危，才会没有遗漏危险的苗头。乱臣贼子猖狂，一时难以计数。忠奸难于分辨，事到临头才会败露。汉武帝微服出行柏谷，强盗挡路。老妇人察觉汉武帝仪表不凡才进献饮食，助汉武帝脱险，类似这些事应引起警觉。"

德裕意在切谏，不欲斥言，托箴以尽意。《宵衣》，讽坐朝稀晚也；《正服》，讽服御乖异也；《罢献》，讽征求玩好也；《纳诲》，讽侮弃谠言也；《辨邪》，讽信任群小也；《防微》，讽轻出游幸也。帝虽不能尽用其言，命学士韦处厚殷勤答诏，颇嘉纳其心焉。

【译文】李德裕意在诚恳规劝皇上，不想直接讲明，因此假借箴言尽抒心意。《宵衣》暗示敬宗上朝既稀少又经常晚到；《正服》暗示敬宗服饰乖张怪异；《罢献》暗示敬宗征求玩物；《纳诲》暗示敬宗不能听取进谏；《辨邪》暗示敬宗信任众多小人；《防微》暗示敬宗轻率外出游乐。敬宗虽然不能完全听取他的意见，仍命学士韦处厚代草拟诏书殷切答复，非常嘉奖李德裕的用心。

（《新唐书》曰：武宗①立，召为门下侍郎、同中书门下平章事。既入谢，即进戒帝："辨邪正，专委任，而后朝廷治。臣尝为先帝言之，不见用。夫正人既呼小人为邪，小人亦谓正人为邪，何以辨之？请借物为谕，松柏之为木，孤生劲特，无所因倚。萝茑则不然，弱不能立，必附它木。故正人一心事君，无待于助。邪人必更为党，以相蔽欺。君人者以是辨之，则无惑矣。"又谓治乱系信任，引齐桓公问管仲所以害霸者，仲对琴瑟笙竽、弋猎驰骋，非害霸者；惟知人不能举，举不能任，任而又杂以小人，害霸也。"太、玄、德、宪四宗皆盛朝，其始临御，自视若尧、舜，浸久则不及初，陛下知其然乎？始一委辅相，故贤者得尽心。久则小人并进，造党与，乱视听，故上疑而不专。政去宰相则不治矣。在德宗最甚，晚节宰相惟奉行诏书，所与图事者，李齐运[②]、裴延龄、韦渠牟[③]等，讫今谓之乱政。夫辅相有欺罔不忠，当亟免，忠而材者属任之。政无它门，天下安有不治？先帝任人，始皆回容，积纤微以至诛贬。诚使虽小过必知而改之，君臣无猜，则谗邪不干其间矣。"又言："开元初，辅相率三考辄去，虽姚崇、宋璟不能逾。至李林甫，秉权乃十九年，遂及祸败。是知亟进罢宰相，使政在中书，诚治本也。"

【注释】①武宗：指唐武宗李炎（814—846年），原名李瀍，陇西成纪（今甘肃秦安）人。唐朝第十五位皇帝，会昌六年（846年）驾崩，时年32岁，谥号至道昭肃孝皇帝，庙号武宗。

②李齐运：唐代大臣。初为长安（今陕西西安）令，后任京兆（今陕西西安）少尹、陕府长史。德宗初，任京兆尹，兼御史大夫，不学无术，不顾大体，只是讨好奉承皇帝。裴

③韦渠牟（749—801年）：京兆万年（今陕西西安）人，初为道士，后为僧。为人轻佻，志向浮浅，不崇尚道义，善于揣摩皇帝心意。

【译文】（《新唐书》记载：唐武宗李炎登基后，任命李德裕为门下侍郎、同中书门下平章事。李德裕入朝谢恩时，就进谏皇上说："分辨正邪，职责分明，然后朝廷才可以治理好。微臣曾经进言先帝，但是不被采纳。君子称呼小人为奸邪，小人也称呼君子为奸邪，如何分辨呢？请我以物来比喻，松柏之类的

树木，独立生长，遒劲有力，不用依靠他物。而萝和茑则不是这样，柔弱不能自立，必须依附其它树木。所以君子一心侍奉君主，不会希望有所依靠。奸邪之人必定拉帮结伙，以互相为非作歹。君主以上述原则来分辨，就不会迷惑了。”又进言说治理动乱，始于信任，引用齐桓公询问管仲有那些事情妨碍称霸，管仲回答说歌舞音乐，游乐打猎这些事不会妨碍称霸；唯有知道贤才不能任用，任用了却不能信任，信任了却被小人进谗言，这些事情会妨碍称霸。“太宗、玄宗、德宗、宪宗四朝都是盛世，四位先帝开始当朝听政的时候，把自己视为尧舜，时间长了就不及当初，陛下知道其中的原因吗？开始的时候能够委任宰相处理政事，故而贤能可以尽心辅佐，时间久了则小人得到任用，结党营私，蒙蔽视听，因此君主疑惑不敢专用宰辅，没有了宰相的辅佐，政事就难以治理。德宗时期最为明显，后来的宰相只是按照皇上旨意办事，能够共同商议国事的人，只有李齐运、裴延龄、韦渠牟等人，直到现在仍被称作乱政。如果宰相有欺上瞒下，不忠诚的，应当立即罢免。忠诚而且才能称职的就可以任用他。政令统一，天下哪会不治理呢？先帝任用大臣，开始能够包容，但是小的嫌隙积累多了，大臣就可能会遭到杀戮和贬谪。如果小过错的时候就能纠正，君臣无猜，则谗言小人就不能离间了。”又说：“开元初年，宰相任职经过三次考核后就会离职，即使是姚崇、宋璟也不能例外。到了李林甫时期，执掌相位长达十九年，所以引发了祸患。由此可以知道应该限制宰相的在位时间，中书省也应负责政事，这才是治本的方法。”

帝尝从容谓宰相曰："有人称孔子其徒三千亦为党，信乎？"德裕曰："昔刘向云：'孔子与颜回、子贡更相称誉，不为朋党；禹、稷与皋陶转相汲引，不为比周。无邪心也。'臣尝以共、鲧、驩兜①与舜、禹杂处尧朝，共工、驩兜则为党，舜、禹不为党。小人相与比周，迭为掩蔽也。贤人君子不然，忠于国则同心，闻于义则同志，退而各行其己，不可交以私。赵宣子、随会②继而纳谏，司马侯、叔向比以事君，不为党也。公孙弘③每与汲黯请间，黯先发之，弘推其后，武帝所言皆听。黯、弘虽并进，然廷诘齐人少情，讥其布被为诈，则先发后继，不为党也。太宗与房玄龄图事，则曰非杜如晦莫能筹之。及如晦在焉，亦推玄龄之策。则同心图国，不为党也。汉硃博④、陈咸相为腹心，背公死党。周福⑤、房植各以其党相倾，议论相轧，故朋党始于甘陵二部。及甚也，谓之钩党，继受诛夷。以王制言之，非不幸也。周之衰，列国公子有信陵、平原、孟尝、春申，游谈者以四豪为称首，亦各有客三千，务以谲诈势利相高；仲尼之徒，唯行仁义。今议者欲以比之，罔矣。臣未知所谓党者，为国乎？为身乎？诚为国邪，随会、叔向、汲黯、房、杜之道可行，不必党也。今所谓党者，诬善蔽忠，附下罔上，车马驰驱，以趋权势，昼夜合谋，美官要选，悉引其党为之，否则抑压以退。仲尼之徒，有是乎？陛下以是察之，则奸伪见矣。"

【注释】①共、鲧、驩兜：共工和驩兜、三苗、鲧并称为"四凶"，古史传说尧时期的人物，后被流放于幽州。

②赵宣子、随会：赵宣子和随会以及后面提到的司马侯、叔向，都是春秋时期晋国贤大夫。

③公孙弘：公孙弘和汲黯都是汉武帝时期的重要大臣。

④硃博：即，朱博，汉元帝时朱博帮助陈咸作伪证，逃脱罪责。

⑤周福：周福与房植都是西汉甘陵郡人，二人各自为派，互相讥讽，各自树立朋徒，甘陵郡从此分为南北两派。

【译文】武宗李炎曾经和李德裕说："有人说孔子的三千门徒，也是互相结党，可信吗？"李德裕说："刘向曾说过：'孔子与颜回、子贡互相赞誉，但不是结党；夏禹、后稷与皋陶互相推荐，也不是结党。因为他们都没有私心。'臣认为共工和驩兜、鲧与同处唐尧时代，共工和驩兜则为结党，而虞舜和夏禹则不是结党。小人结党，是为了互相掩藏罪恶。贤人君子则不是这样，都忠心于国家则是心意相同，都崇尚道义则是志同道合，退朝则各行其是，没有私交。赵宣子和随会相继进谏，司马侯和叔向共同辅佐国君，都不曾结党。公孙弘和汲黯每次私下上奏，汲黯先说，公孙弘随后，汉武帝对于他们两个人的意见都能采纳。公孙弘和汲黯虽然一同进言，然而汲黯在朝堂上讽刺公孙弘'齐人少情'，讽刺公孙弘盖布被是欺世盗名，所以他们两人虽然先后进言，但不是结党。太宗与房玄龄谋划事情，房玄龄则一定会说非杜如晦不能筹划好这件事。等到太宗和杜如晦商量事情的时候，杜如晦也会推举房玄龄参与谋划。两个人同心报国，不会结党。汉朝时朱博和陈咸互相为心腹，背弃公义，结为死党。周福与房植各自以其朋党互相倾轧，讥讽打压，所以朋党的说法就开始于甘陵郡的南北两派。更有甚者，称为钩党，互相勾连做坏事，进而相继被诛灭。从君王治国来说，小人得诛并非是坏事。周朝衰落后，诸侯国有四大公子，信陵君、平原君、孟尝君和春申君，纵横游说之类的事以这四家为最多，这四家也各有门客三千，崇尚机诈权谋；而孔子的门徒，奉行仁义。现在有人将这两者作比较，岂不是很迷惘吗？臣不知道结党的人，是为了国家，还是为了自己？如果是诚心为国，那么随会、叔向、汲黯、房玄龄和杜如晦的做法就可行，不必结党。现在结党的那些人，诬陷贤良，摒弃忠臣，袒护下属，欺瞒皇上，结交权贵，趋炎附势，暗中策划，高官要职，都为其党羽占据，与他们合不来的人，就被压制。孔子的门徒，有这些行为吗？陛下从这些方面考察，忠奸就可以分辨出来了。”

又尝谓：“省事不如省官，省官不如省吏，能简冗官，诚治本也。”乃请罢郡县吏凡二千余员，衣冠去者皆怨。时天下已平，数上疏乞骸骨，而星家言荧惑犯上相①，又恳丐去位，皆不许。当国凡六年，方用兵时，决策制胜，它相无与，故威名独重于时。

【注释】①荧惑犯上相：荧惑运行到哪颗星，就不利于那颗星所主的分野或者该星所对应的人，荧惑犯上相即荧惑犯相星，不利于宰相。

【译文】李德裕又曾说："减少政事不如减少官员，减少官员不如减少小吏，能裁减多余官吏，实在是治理国家的根本。"于是上奏请求裁减郡县小官吏二千余人，被裁减的官员都有怨言。当时天下已经太平，李德裕数次上书请求退休，而且占卜天象的官员说荧惑犯相星，李德裕又恳切地请求辞去相位，皇上都没有准许。李德裕当宰相六年，用兵打仗的时候，制定策略，克敌制胜，其他宰相都比不上他，因此名望威信在当时都很高。

德裕性孤峭，明辩有风采，善为文章。虽至大位，犹不去书。其谋议援古为质，衮衮可喜。常以经纶天下自为，武宗李炎知而能任之，言从计行，是时王室几中兴。）

【译文】李德裕性格孤僻，善于辩论，很有风采，擅于写文章。虽然身为宰相，还亲自写公文。文章援引古人，议论政事滔滔不绝。常常以治理天下为己任，武宗李炎知人善任，对李德裕言听计从，那时候王室几乎可以中兴。）

（《资治通鉴》卷二百四十八曰：会昌五年，秋，七月。上恶僧尼耗蠹天下，欲去之，道士赵归真等复劝之。乃先毁山野招提、兰若[①]，至是，敕上都、东都两街各留二寺，每寺留僧三十人；天下节度、观察使治所及同、华、商、汝州各留一寺，分为三等：上等留僧二十人，中等留十人，下等五人。余僧及尼并大秦穆护[②]、祆僧[③]皆勒归俗。寺非应留者，立期令所在毁撤，仍遣御史分道督之。财货田产并没官，寺材以葺公廨驿舍，铜像、钟磬以铸钱。

【注释】①招提：招提和兰若都指寺庙。

②大秦穆护：景教传教士。景教即唐代时传入中国的基督教聂斯脱里派。

③祆僧：祆教教徒。祆教是古代波斯帝国的国教，中国史称祆教、火祆教、拜火教。

【译文】(《资治通鉴》卷二百四十八记载：会昌五年(845年)，秋天七月。武宗李炎厌恶天下僧尼耗费巨大，想要去除佛教，道士赵归真等人也劝说武宗李炎禁止佛教。于是拆毁山野寺院、庙宇，长安和洛阳各保留两寺，每寺留僧三十人；天下各地节度使、观察使所在治所以及同州、华州、商州、汝州各保留一寺，分为三个等级，上等寺院留僧二十人，中等寺院留僧十人，下等寺院留僧五人。其余僧尼以及景教教徒、祆教教徒皆被要求还俗。不在保留范围内的寺院，就地拆毁，并派遣御史到各地督查。财产田地没收充公，寺院拆下来的材料用以修理公房驿站，铜像、钟磬则用来铸钱。

八月，李德裕等奏："东都九庙神主二十六，今贮于太微宫小屋，请以废寺材复修太庙。"五台僧多亡奔幽州。李德裕召进奏官[①]谓曰："汝趣白本使，五台僧为将必不如幽州将，为卒必不如幽州卒，何为虚取容纳之名，染于人口！独不见近日刘从谏[2]招聚无算闲人，竟有保益！”张仲武乃封二刀付居庸关曰：“有游僧入境则斩之！”主客郎中韦博以为事不宜太过，李德裕恶之，出为灵武节度副使。

【注释】①进奏官：唐宋时官名。唐代藩镇在京设置官署，称上都留后院。后改为上都进奏院，为各州镇官员入京时之寓所，并掌章奏、诏令及各种文书的投递、承转。

②刘从谏（803—843年）：幽州昌平（今北京昌平）人。唐朝中后期藩镇将领，昭义节度使，招纳亡命，修整兵械，企图割据一方，对抗朝廷，刘从谏忧病死后，其侄刘稹叛乱被平定，刘从谏被暴尸。

【译文】八月，李德裕上奏说：“洛阳有太庙九座，神主牌位二十六个，现在全部储存于太微宫小屋，请求用寺庙拆下来的材料修理太庙。”五台山僧徒多拒绝还俗，逃奔幽州。李德裕向进奏官说：“你告诉你们的节度使，五台山僧人为将必不如幽州将，为卒必不如幽州卒，为何为了虚名，混杂人口。难道没有看见昭义节度使刘从谏聚集闲散人等，最后有好下场吗？”幽州节度使张仲武只得把两把刀封好，送给居庸关守将，下令说“若有游僧进入幽州，一律斩首。”主客郎中韦博认为禁止佛教不宜太过度，李德裕厌恶他，把他贬出京城担任灵武节度副使。

李德裕秉政日久，好徇爱憎，人多怨之。自杜悰[1]、崔铉[2]罢相，宦官左右言其太专，上亦不悦。给事中韦弘质上疏，言宰相权重，不应更领三司钱谷。德裕奏称："制置职业，人主之柄。弘质受人教导，所谓贱人图柄臣③，非所宜言。"十二月，弘质坐贬官，由是众怒愈甚。

【注释】①杜悰（794—873年）：字永裕，京兆万年（今陕西长安）人。唐朝宰相，在位时碌碌无为。乾符元年（873年）去世，享年八十岁。

②崔铉：字台硕，博州（今山东聊城）人，在武宗、宣宗年间两次拜相。

③柄臣：执掌政权的大臣。

【译文】李德裕执政时间很长了，喜欢按照自己的爱憎做事，众人大多怨恨他。自从杜悰、崔铉被罢免宰相以来，宦官和左右侍从都说李德裕太专断，武宗李炎也开始不喜欢李德裕。给事中韦弘质上疏说宰相的权力过大，不应该再掌管钱粮的事情。李德裕上奏说："财政钱粮事务，是君主的重要事情，韦弘质受他人教唆，以下犯上，所说的事不合时宜。"十二月，韦弘质被贬官，于是众人的怨恨更加强烈。

会昌六年，三月。甲子，上崩。丁卯，宣宗①即位。宣宗素恶李德裕之专，即位之日，德裕奉册。既罢，谓左右曰："适近我者非太尉邪？每顾我，使我毛发洒淅。"

【注释】①宣宗：唐宣宗李忱（810—859年），初名李怡，唐朝第十六位皇帝。大中十三年（859年）驾崩，年50岁，谥号圣武献文孝皇帝，庙号宣宗。

【译文】会昌六年（846年），三月二十三日，武宗李炎驾崩。丁卯日，宣宗李忱即位。宣宗李忱一向厌恶李德裕的专断，即位之日，李德裕主持册封大典。典礼完成后，宣宗李忱对左右内侍道："刚才我旁边的人是不是李太尉？他每看我一眼，都让我紧张得毛发竖起。"

四月壬申，以李德裕充荆南节度使。德裕秉权日久，位重有功，众不谓其遽罢，闻之莫不惊骇。）

【译文】四月初二，将李德裕外放为荆南节度使。李德裕掌权多年，位高权重，众人没想到他这么快就被罢相，听说后没有不惊讶的。

德裕既贬，大中[①]二年，自洛阳水路经江、淮赴潮州。其年冬，至潮阳，又贬崖州司户。至三年正月，方达珠崖郡。十二月卒，时年六十三。（旧唐书卷一百七十四）

【注释】①大中：唐宣宗李忱的年号（847—860年），共计14年。

【译文】李德裕被贬官后，在大中二年（848年），从洛阳由水路经江、淮赴潮州。这年冬季，抵达潮阳，又被贬为崖州

司户。至大中三年（849年）正月，才到达珠崖郡。这年十二月去世，享年六十三岁。（旧唐书卷一百七十四）

魏　謩

【题解】魏謩（793—858年），字申之，同州澄城（今陕西澄城北）人，祖籍钜鹿郡曲阳（今河北晋州），魏徵五世孙。太和七年进士，历官左拾遗、谏议大夫、判弘文馆事、汾州刺史、给事中、同中书门下平章事、兼礼部尚书，监修《文宗实录》四十卷，户部、吏部尚书，言论切直，无所畏避，有其先祖魏徵之遗风。官终守太子少保，享年66岁，赠司徒。

魏謩，字申之，钜鹿人。五代祖文贞公徵，贞观朝名相。太和[①]七年登进士第。杨汝士牧同州，辟为防御判官，得秘书省校书郎。汝士入朝，荐为右拾遗。文宗以謩魏徵之裔，颇奇待之。

【注释】①太和：唐文宗李昂的年号（827—835年）。

【译文】魏謩，字申之，钜鹿人。他的五世祖文贞公魏徵，是太宗贞观朝的名相。太和七年（833年）魏謩考中进士。杨汝士主管同州时，征召魏謩担任防御判官，获得秘书省校书郎职位。杨汝士入朝任职后，举荐魏謩为右拾遗。文宗因为魏謩是魏徵的后代，对待他很特别。

御史中丞李孝本[①]，皇族也，坐李训[②]诛，有女没入掖廷。蕃谏曰：

臣闻治国家者，先资于德义；德义不修，家邦必坏。故王者以德服人，以义使人。服使之术，要在修身；修身之道，在于孜孜。夫一失百亏之戒，存乎久要之源。前志曰："勿以小恶而为之，勿以小善而不为。"斯则惧于渐也！臣又闻，君如日焉，显晦之微，人皆瞻仰；照临之大，何以掩藏？前代设敢谏之鼓，立诽谤之木，贵闻其过也。陛下即位以来，诞敷文德，不悦声色，出后宫之怨妇，配在外之鳏夫。洎今十年，未尝采择。自数月已来，天睠[③]稍回，留神妓乐，教坊百人、二百人，选试未已；庄宅司[④]收市，亹亹[⑤]有闻。昨又宣取李孝本之女入内。宗姓不异，宠幸何名？此事深累慎修，有亏一篑。陛下九重之内，不得闻知。凡此之流，大生物议，实伤理道之本，未免尘秽之嫌。夫欲人不知，莫若勿为。谚曰："止寒莫若重裘，止谤莫若自修。"伏希陛下照鉴不惑；崇千载之盛德，去一旦之玩好。教坊停息，宗女遣还，则大正人伦之风，深弘王者之体。

【注释】①李孝本：唐朝宗室，依附宰相李训，甘露政变后李训被杀，李孝本被抓后也被诛杀。

②李训（？—835年）：字子垂，陇西姑臧（今甘肃武威市）人。唐文宗时宰相，策划"甘露之变"，谋划诛杀宦官未遂，行动失败被杀。

③天睠：皇帝的眷爱。

④庄宅司：玄宗时置，主管两京地区朝廷所有庄田及碾硙、邸店、菜园、车坊等。

⑤亹亹：形容向前推移、行进。

【译文】御史中丞李孝本，是皇族宗亲，因李训之事而受连累被处死，他有个女儿被罚没收进后宫。魏謩上疏劝谏说：

臣听说治理国家，首先要施行义，不施行仁义，家国必然败坏。因此帝王依靠德行归顺人心，按照仁义使用众人。统帅臣民的方法，关键在修养自己；修养自己的方法，在于勤勉勤奋。一失而百亏的警戒，来源于平时的自我约束。先前的史书记载说：'不要以为恶小就去做，不要认为善小就不做。'这就是防微杜渐呀！臣又听说：君主如同太阳，明暗稍有变化，人们都会看到；君主的光彩照如此耀眼，如何能掩藏过失？前代的圣君，设置鼓励进言的谏鼓，竖立议论政事的木牌，是重视知道自己的过失。陛下即位以来，遍施德行教化，不喜好声色娱乐，发遣后宫幽怨的宫女，婚配民间无妻的鳏夫。近十年以来，从未选取宫女。自近数月以来，皇上性情有所改变，开始留意歌舞音乐，教坊已经一二百人了，还在不断扩充，庄宅司的采购，也接连不断。日前又将李孝本女儿充公进宫。陛下与她同宗同姓，以何名分宠爱她？这件事情非常有损陛下的德行修养，使陛下的德行修养功亏一篑。陛下身在皇宫大内，听不到外面的种种议论。凡是这类事情，易遭众人非议，实在有伤道德的根本，难免使名声受到玷污。要想不被人知道，自己就不要去做。谚语说：'抵御寒冷不如穿着皮裘，平息诽谤不如修养自身。’希望陛下借鉴前车之鉴，不受迷惑，崇尚流传千载的大德，摒弃一时的嗜欲。停止扩充教坊，放还宗室之女，就能极大地纠正社会风气，弘扬帝王的本意。

疏奏，帝即日出孝本女，迁謩右补阙。诏曰：“昔乃先祖贞观中谏书十上，指事直言，无所避讳。每览国史，未尝不沉吟伸卷，嘉尚久之。尔为拾遗，其风不坠，屡献章疏，必道其所以。至于备洒扫于诸王，非自广其声妓也；恤髫龀之宗女，固无嫌于征取也。虽然，疑似之间，不可家至而户晓。尔能词旨深切，是博我之意多也。噫！人能匪躬謇谔[1]，似其先祖；吾岂不能虚怀延纳，仰希贞观之理欤？而謩居官日浅，未当叙进，吾岂限以常典，以待直臣！可右补阙。”帝谓宰臣曰：“昔太宗皇帝得魏徵，裨补阙失，弼成圣政。我得魏謩，于疑似之间，必能极谏。不敢希贞观之政，庶几处无过之地矣。”（旧唐书卷一百七十六）

【注释】①匪躬：忠心耿耿，不顾自身。謇谔：正直敢言。

【译文】魏謩的奏疏到了皇帝那里，文宗当日就放出了李孝本的女儿，任命魏謩为右补阙。任命他的诏书说：“当年你的先祖魏徵在贞观年间十次直言进谏，议论时政，没有任何顾忌避讳。我每次浏览本朝史书，没有不沉吟深思的，久久感慨于魏徵的进谏。你现在担任拾遗的职务，做事风格不次于你的先祖，屡次进献奏疏，必定指明应该纠正的事情。至于我从各藩王府中选取洒扫庭院的宫女，不是为了扩充歌舞教坊；体恤尚在童年的同宗之女，确实没有征召为嫔妃的打算。尽管如此，似是而非之间，百姓不可能都知道其中真正的原因。你言辞恳切的进言，能深刻领会我的心意。噫，你能不顾自身安危，尽忠直言，酷似你的先祖魏徵；我岂能不虚心采纳进言，恭敬的效仿太宗的贞观之治呢？虽然魏謩做官时间尚短，按常例还不能提升，我怎么能死守常规，对待忠诚正直之臣？他可以担任右补阙。”文宗对宰相说：“当年太宗皇帝得到魏徵，来纠正自己的不足与过失，辅佐成就盛世王朝。我得到魏謩，在对错功过之际，他必定能极力劝谏。我不敢奢求达到贞观之治的程度，或许可以达到不犯过失的境界了。”（旧唐书卷一百七十六）

崔彦昭

【题解】崔彦昭，字思文，清河（今河北清河）人，出身清河崔氏小房，父崔岂。大中三年（849年）进士擢第。咸通初，累迁兵部员外郎，转郎中、知制诰，拜中书舍人，再迁户部侍郎，判本司事。彦昭长于经济，儒学优深，精于吏事。他治理数郡，都很有政绩，得到百姓爱戴。大中十年（856年），检校礼部尚书、孟州刺史、河阳怀节度使，进阶金紫。大中十二年（858年）正月，加检校刑部尚书、太原尹、北都留守、河东节度管内观察等使。大中十五年（861年）三月，被召入朝任吏部侍郎，充任诸道盐铁转运使。乾符初年，以本官任同平章事，掌管度支。

崔彦昭，字思文，清河人。大中三年进士擢第，迁户部侍郎，判本司事。

【译文】崔彦昭，字思文，清河人。大中三年（849年）进士及第，后担任为户部侍郎，掌管本司政事。

彦昭长于经济，儒学优深，精于吏事。前治数郡，所莅有声，动多遗爱。十年，检校礼部尚书、孟州刺史、河阳怀节度使，进阶金紫[①]。十二年正月，加检校刑部尚书、太原尹、北都留守、河东节度管内观察等使。

【注释】①金紫：指金紫光禄大夫。

【译文】崔彦昭擅长经世济民，尤其精通儒家学说，熟悉为官治政的事情。先前治理过几个州郡，任职之处都有好名声，离职以后人们都追怀他的德行。大中十年，担任检校礼部尚书、孟州刺史、河阳怀节度使等职务，晋升为金紫光禄大夫。大中十二年正月，加授检校刑部尚书、太原尹、北都留守、河东节度管内观察等使。

时徐、泗用兵之后，北戎多寇边，沙陀诸部动干纪律。彦昭柔以恩惠，来以兵威，三年之间，北门大治，军民歌之。考满受代，耆老数千诣阙乞留。诏报曰：“彦昭早著令名，累更剧任。入司邦计[①]，开张用经纬之文；出统藩维，抚驭得韬钤[②]之术。自临并部，隐若长城。但先和众安人，不欲恃险与马。遂致三军百姓，沥恳同词，备述政能，唯恐罢去。顾兹重镇，方委长材。既获便安，未议移替，想当知悉。”

【注释】①邦计：国家大计。

②韬钤：指用兵谋略。

【译文】当时正值徐、泗地区战事之后，北戎时常侵犯边界，沙陀各部落也经常进犯边疆。崔彦昭用怀柔来安抚，用武力来征讨，三年时间，北方边疆大治，受到军民的颂扬。任职到期后离职，几千名父老联名上书朝廷乞求让他留任，朝廷下诏答复说：“崔彦昭早已贤名远播，历任要职。在朝管理国家政事，能采用安邦定国的方法；出朝治理藩镇，能深谙用兵制胜的谋略。自从就任并州，犹如长城。首先和睦众人安定百姓，不想依赖险要和兵马。于是使三军百姓，极尽诚恳众口一词，详述崔彦昭政绩才干，惟恐他离任。考虑到这个地方是边疆重镇，应该委派贤才，现在此地既然已经获得安宁，就不要轻易替换官员。希望众人知道。”

僖宗[1]即位，就加检校吏部尚书。时赵隐、高璩知政事，与彦昭同年进士，荐彦昭长于治财赋。十五年三月，召为吏部侍郎，充诸道盐铁转运使。乾符初，以本官同平章事、判度支。

【注释】①僖宗：即唐僖宗李儇（862—888年），初名李俨，唐懿宗李漼第五子，母惠安皇后王氏，唐朝第十八位皇帝。文德元年（888年）驾崩，年27岁，谥号为惠圣恭定孝皇帝，庙号僖宗。

【译文】僖宗即位，就原官加授检校吏部尚书。当时赵隐、高璩执掌政事，他们与崔彦昭是同年考中的进士，举荐说崔彦昭擅长管理财赋。十五年三月，被召入朝任吏部侍郎，充任诸道盐铁转运使。乾符初年，以本官任同平章事，掌管度支。

先是，杨收①、路岩②、韦保衡③皆以朋党好赂得罪。萧倣秉政，颇革前弊。而彦昭辅政数月，百职斯举，察而不烦，士君子称之。二年，因其转官，僖宗诫曰：

彦昭历试有劳，佥谐无愧。涉于六月，秉是一心。修乃文可以兴文教，励乃武可以成武功。重整前规，两司大计，清能壁立，政乃风行。奸欺屏绝于多歧，请托销摧于正议。不烦内库，有助涓毫；不假外藩，有进丝发。军食所入，余剩于明年；郊庙所供，克办于今岁。颇符神化，真谓庙谋。不有良臣，安能富国？宜酬勋于黄阁，俾正位于紫垣。敬服诫词，永坚茂业，呜呼！秉钧之道，何所难哉；覆军之涂，近已多矣！与其树党，不若修身；与其收恩，不如秉直。买暂胜者；贻其永败，沽小智者，囊其大愚。不贵及人，唯争自我；初诚润屋，寻以危家。金玉满堂，莫之能守，纵经营而得位，用枉挠而当辜。唯尔选自朕心，采于人望。宣诏既毕，闲门未知，来遂奔车，退无私谢。独推元老，曾请急征；以守道而自臻，实荣亲之最重。尔其坚持正直，允执规程。但畏幽阴，必归公当。甘言可惮，叙往可嗤。奖善须明，惩奸须锐。利于人者，虽难必举；利于己者，虽易勿为。频念孤寒，每思耕织，常自勤于数事，便有望于中兴。彰朕知臣，在卿匡国，必使恩从下布，法自上行。但立直标，终无曲影。苟致我于尧、舜，亦比尔于皋、夔。可中书侍郎，依前判度支事。

彦昭事母至孝，虽位居宰辅，退朝侍膳，与家人杂处，承奉左右，未尝高言。岁时庆贺，公卿拜席，时人荣之。累迁门下侍郎，兼刑部尚书，充太清宫使、弘文馆大学士。与郑畋、李蔚同知政事，三加兼官，皆领度支如故。进阶特进，累兼尚书右仆射。罢相，历方镇，以太子太保分司卒。（旧唐书卷一百七十八）

【注释】①杨收（816—869年）：字藏之，唐懿宗朝宰相。祖籍华阴（今陕西华阴）。做宰相后性好奢侈，被人弹劾受贿，被皇帝下诏赐死。

②路岩：字鲁瞻，路群之子，魏州冠氏（今山东冠县）人，唐代大中间进士。后因权位之争，被贬出京城，后因为有“异图”获罪，被赐死。

③韦保衡：字蕴用，娶唐懿宗女儿同昌公主为妻，持宠而骄，唐僖宗登基后，韦保衡因为罪行被人揭发，被贬赐死。

【译文】在这之前，杨收、路岩、韦保衡都因勾结朋党收受贿赂而被治罪，萧倣执政时期，极力革除从前的弊病。而崔彦昭担任宰相数月，各项政事都得到治理，考察官吏而不烦琐，受到士大夫们的称赞。乾符二年，因为他转任他官，僖宗告诫说：

崔彦昭屡次任官很有劳绩，都称职而无愧。任相已经六月，始终一心一意。修治文德可以兴盛文教，努力武事可以成就武功。重新整顿以往的法度规章，以及盐铁、度支两司的重大谋划，露出卓越超群的才干，推行政令雷厉风行。众善擅绝了奸邪倡诈，正义摧毁了私相嘱托。不需烦费国库，加以点滴的助益；不用藉重外藩，而有丝毫的进纳。收入的军粮，可剩余到明年；郊庙祭祀的供奉，能够在本年内备足。深合神机，堪称妙算。没有良臣，怎能富国？应于相府酬报他的功绩，要使他在朝廷禁要获得正位，恭敬地听从朕的训诫，永远巩固昌盛的功业。呜呼！执掌朝政之道，是多么困难；覆车的教训，近来已太多了！与其树立朋党，不如修养身心；与其以恩德收买人心，不如坚守正直之道。求取短暂成功的人会留下长久的失败，卖弄浅薄智谋的人会落下巨大的愚昧。不注重他人，只争夺己利，最初确能使自身获益，不久就会败亡家族，金玉满堂，无人能守，即使投机钻营而取得权位，也会因触犯纲纪而招致罪罚。仅有你是出于朕的意愿所选拔，根据众人的仰望，所录用诏命已经宣示，闲居家中尚不知晓，奉命后便兼程赶来，受任退朝不因私情而谢恩。你是最受推重的元老之臣，曾经有人请求迅速予以征召任用，你因恪守道义而达致完美，实在应享有最隆重的荣耀和宠信。你要坚持正直，公平执法。只要畏避阴暗，定能合于公正。甜言蜜语可畏，叙用故旧令人鄙视。奖善必须显明，罚恶必须严厉。有利于人，虽然困难也要推行；有利于己，即使简便也不能做。经常顾念孤寒百姓，时刻思虑耕织辛劳。念念不忘勤恳操劳众务，就有希望成就中兴大业。昭示朕的知遇之臣，匡扶国运就在于卿，定要使恩惠广施于下，法令自上而推行。只要标杆立直，总不会有弯曲的影子。假如能够辅佐我成为尧、舜那样的圣主，你也可以与皋陶、夔那样的贤臣相比拟。可任中书侍郎，依旧掌管度支事。

崔彦昭奉事母亲极为孝顺，虽然官居宰相，退朝后侍奉母亲吃饭，与家人相处，谈笑说话，从不高声。每逢年节庆贺，公卿在他母亲席前拜见，当时人认为是非常荣耀的事。崔彦昭多次迁任为门下侍郎，兼刑部尚书，充太清宫使、弘文馆大学士。与郑畋、李蔚共同执政，三次加授兼官，都依旧掌管度支。进阶特进，多次兼官为尚书右仆射。后来被罢去宰相，历任方镇，在太子太保于东都任职位上去世。（旧唐书卷一百七十八）

鱼朝恩

【题解】鱼朝恩（722—770年），泸州泸川（今四川泸县）人。天宝末年，净身入宫，供职小黄门。“安史之乱”发生后，护送唐玄宗出逃，侍奉唐肃宗李亨，颇得信用，历任三宫检责使、左监门卫将军，主管内侍省，统率神策军。永泰年间，封为郑国公，权倾朝野。大历五年，唐代宗联合宰相元载，谋划除掉他，后自杀而卒。鱼朝恩的出现，加强了宦官势力范围，为唐朝中晚期的宦官专权局面埋下了伏笔。

鱼朝恩，天宝末以宦者入内侍省，初为品官，给事黄门。性黠惠，善宣答，通书计。

【译文】鱼朝恩，天宝末年以宦官的身份进入内侍省，开始成为有品秩的官员，任给事黄门。鱼朝恩生性聪明，善于宣旨应答，通晓文字计算。

至德[①]中，常令监军事。九节度讨安庆绪于相州，不立统帅，以朝恩为观军容宣慰处置使。观军容使名，自朝恩始也。以功累加左监门卫大将军。时郭子仪频立大功，当代无出其右；朝恩妒其功高，屡行间谍[②]；子仪悉心奉上，殊不介意。肃宗英悟，特察其心，故朝恩之间不行。

【注释】①至德：唐肃宗李亨的年号（756—758年），共计3年。

②间谍：挑拨、离间。

【译文】至德年间，唐肃宗李亨常让鱼朝恩监督军队。九位节度使在相州讨伐安庆绪，大军不设置统帅，而以鱼朝恩作为观军容宣慰处置使。观军容使这一官职，就是从鱼朝恩开始的。因功劳累官至左监门卫大将军。当时郭子仪屡立大功，无人能比，鱼朝恩妒忌郭子仪功高，屡次挑拨离间他和皇帝的关系。郭子仪悉心侍奉圣上，毫不介意。幸好肃宗英明聪慧，特别明察郭子仪的心意，所以鱼朝恩的离间计未能得逞。

朝恩性本凡劣，恃勋自伐，靡所忌惮。时引腐儒及轻薄文士于门下，讲授经籍，作为文章，粗能把笔释义，乃大言于朝士之中，自谓有文武才干，以邀恩宠。上优遇之，加判国子监事，光禄、鸿胪、礼宾、内飞龙、闲厩等使。朝恩恣横，求取无厌，凡有奏请，以先允为度，幸臣未有其比。

【译文】鱼朝恩生性平庸顽劣，依恃功劳自夸，无所忌惮。时常招引迂腐儒生和轻薄文士到其门下，讲授经书典籍，写作文章，粗略能提笔阐述大意，就在朝中百官中大言不惭，说自己有文武才干，以此博得皇帝恩宠。肃宗对待鱼朝恩十分优厚，任命担任国子监事，及光禄、鸿胪、礼宾、内飞龙、闲厩等职位。鱼朝恩专横跋扈，贪得无厌，凡是他的奏章，未上奏就已经知道可以被批准了，皇帝宠幸的大臣中无人可以和他相比。

后尝释奠于国子监。宰臣百僚皆会，朝恩讲《易》，征鼎卦“覆餗①”之义，以讥元载。载心衔之，阴图除去之。上以朝恩太横，亦恶之。载欲伺其便，巧中伤之；乃用腹心崔昭为京兆尹，伺朝恩出处。昭不吝财赂，潜与朝恩党陕州观察使皇甫温相结，温与昭协。自是朝恩动静，载皆知之，巨细悉以闻。上益怒，朝恩未之察，日以骄横。载奏加朝恩实封，又加皇甫温权位，以肆其欲。

【注释】①覆餗：餗，鼎中的食物。覆餗，即倾覆鼎中的事务。后以“覆餗”比喻力不胜任而败事。

【译文】鱼朝恩后来曾经在国子监主持祭祀先师的仪式，宰相百官都在场，鱼朝恩讲解《易经》，引用鼎卦“覆餗”之意，讽刺宰相元载。元载怀恨在心，暗中谋划除掉他。代宗李豫因为鱼朝恩太专横，也非常讨厌他。元载想等待便利时机，巧妙伤害他，就任用心腹崔昭为京兆府尹，窥探鱼朝恩的纰漏。崔昭不惜财物，暗中与鱼朝恩的党羽陕州观察使皇甫温结交，两人相处亲密，从此鱼朝恩的一举一动，元载都会知道，事无巨细均禀告皇上。皇上也更加愤怒，鱼朝恩却未曾察觉，日益骄横。元载奏请增加鱼朝恩实际的食邑封户，又加封皇甫温的权势地位，以放纵他们的奢欲。

五年，朝恩所昵武将刘希暹[1]微有过忤，上讽之。诏罢朝恩观军容使，加实封通前一千户。朝恩始疑，然每朝谒，恩顾如常，亦不以载为意。会寒食宴近臣，朝恩入谒。先是，每宴罢，必出还营，是日有诏留之。朝恩始惧，言颇悖慢，上亦以旧恩不之责。是日朝恩还第，雉经而卒。刘希暹亦下狱赐死。（旧唐书卷一百八十四）

【注释】①刘希暹：担任神策军都虞侯，是鱼朝恩的心腹。

【译文】大历五年（770年），鱼朝恩所亲近的武将刘希暹稍有过失，代宗予以斥责，下诏免去鱼朝恩观军容使的职务，增加食邑封户至一千户，鱼朝恩开始起疑，然而每次上朝谒见，圣上的恩宠一如既往，也就不把元载放在心上。适逢寒食节代宗大宴群臣，鱼朝恩入宫进见。在此之前，每次宴会完毕，必定出宫回营，这天皇上却有下诏留他。鱼朝恩开始害怕，出语颇为违逆傲慢，代宗仍顾念旧日恩情没有责备。这天鱼朝恩回到自己的府邸，自缢身亡。刘希暹也被下狱赐死。（旧唐书卷一百八十四）

韦景骏

【题解】韦景骏（？—732年），雍州万年（今陕西西安）人，考中明经举人，神龙中，担任肥乡县令。他担任县令期间，一心为民，以孝化民，遗泽后人，深得百姓爱戴，实为亲民之官的模范。

景骏明经举，神龙中，累转肥乡令。县北界漳水，连年泛溢。旧堤迫近水漕，虽修筑不息，而漂流相继。景骏审其地势，拓南数里，因高筑堤。暴水至，堤南以无患，水去而堤北称为腴田。漳水旧有架柱长桥，每年修葺，景骏又改造为浮桥。自是无复水患，至今赖焉。时河北饥，景骏躬抚合境村闾，必通赡恤，贫弱独免流离。及去任，人吏立碑颂德。

【译文】韦景骏考中明经科进入仕途，神龙年间，任肥乡县令。该县的北界是漳水，连年泛滥。旧的河堤过于接近于河流，虽然不停地修筑，而河流冲刷导致溃堤不断。韦景骏察看地势，把河堤向南拓展了几里，在地势高的地方修筑河堤。洪水到来，河堤以南不会有水患，洪水退去则河堤以北就是丰腴的良田。漳水上过去有用木柱支撑的长桥，每年都要加以修葺，韦景骏把桥改造为浮桥，从此水患平息，至今依旧使用此桥。当时黄河以北发生饥荒，韦景骏亲自安抚全境的乡村，必定给予抚恤，老弱病残都能避免流离失所。等到韦景骏离任的时候，百姓官吏都为他立碑颂德。

开元中，为贵乡令。县人有母子相讼者，景骏谓之曰："吾少孤，每见人养亲，自恨终天无分，汝幸在温清之地，何得如此？锡类[①]不行，令之罪也。"因垂泣呜咽，仍取《孝经》付令习读之。于是母子感悟，各请改悔，遂称慈孝。

【注释】①锡类：善施及众人。

【译文】开元年间，韦景骏担任贵乡县令。县里有人家母子互相诉讼，韦景骏对他们说："我少年时失去双亲，每次看到别人赡养双亲时，自恨终身再无这样的缘分。你如今有幸开元冬温夏清的侍奉母亲，怎么能到现在这种地步呢？善事不能推行，这是我这个县令的罪过。"说完呜咽哭泣，于是取出《孝经》交给他们，让他们学习诵读。母子二人因此被感动醒悟，各自请求改悔，于是母子又重新慈孝。

累转赵州长史，路由肥乡，人吏惊喜，竞来犒饯，留连经日。有童稚数人，年甫十余岁，亦在其中，景骏谓曰：“计吾为此令时，汝辈未生，既无旧恩，何殷勤之甚也？”咸对曰：“此间长宿传说，县中廨宇[①]、学堂、馆舍、堤桥，并是明公遗迹。将谓古人，不意亲得瞻睹，不觉欣恋倍于常也。”其为人所思如此。（旧唐书卷一百八十五上）

【注释】①廨宇：古代官署的房屋。

【译文】韦景骏后转任赵州长史，途经肥乡，百姓官吏都非常惊喜，争相前来宴请他，停留了一整天都不能离去。有几个幼童，年龄刚刚十多岁，也挤在人群中，韦景骏对他们说：“计算我在这儿做县令的时间，那时你们还没出生呢，既没有旧日的恩惠，如何这样热情殷切？”幼童们都回答说：“据我们这儿的长辈们相传，县里的官舍、学堂、客馆、堤桥，都是明公您修建的。我们还以为是古人的遗迹，没想到能够亲眼见到，不觉倍加欣喜。”韦景骏就是被百姓们如此爱戴。（旧唐书卷一百八十五上）

来俊臣

【题解】来俊臣（651—697年），雍州万年（今陕西西安）人。唐朝武周时期著名酷吏。来俊臣为无赖出身，善于告密，得到武则天信任，先后任侍御史、御史中丞、太仆卿，组织数百名无赖专事告密，设立推事院，联合党羽朱南山等撰写《罗织经》，制造各种残酷刑具，大兴刑狱，采取刑讯逼供手段，任意捏造罪状致人死地，大臣和李唐宗室遭到枉杀灭族者达数千家。最后，他企图陷害武氏诸王、太平公主、张易之等武则天最亲信的人物，诬告皇嗣李旦和庐陵王李显谋反，遭到卫遂忠告发。万岁通天二年（697年），武氏诸王与太平公主等乘机揭露来俊臣种种罪恶。武则天下令处死来俊臣，其党徒全部流放岭南，武则天时期长达14年的恐怖“酷吏政治”终于宣告结束。

来俊臣，雍州万年人也。凶险不事生产，反覆残害，举无与比。则天以为忠，累迁侍御史，加朝散大夫。按制狱，少不会意者，必引之，前后坐族千余家。

【译文】来俊臣，雍州万年人。他为人凶狠恶毒不从事劳作，经常伤害他人，没有人的残暴能与他相比。武则天认为他忠诚，累官后升任侍御史，加授朝散大夫的职位。在审讯武则天交给的案件时，凡是不符合他意思的人，必定要牵连其家族，前后因受牵连而被连坐诛杀的有一千余家。

二年，擢拜左台御史中丞。朝廷累息，无交言者，道路以目。与侍御史侯思止、王弘义、郭霸、李仁敬，司刑评事康暐、卫遂忠等，同恶相济。招集无赖数百人，令其告事，共为罗织，千里响应。欲诬陷一人，即数处别告，皆是事状不异，以惑上下。仍皆云：“请付来俊臣推勘，必获实情。”则天于是于丽景门别置推事院，俊臣推勘必获，专令俊臣等按鞫[1]，亦号为新开门。但入新开门者，百不全一。弘义戏谓丽景门为“例竟门”，言入此门者，例皆竟也。

【注释】①按鞫：审问。

【译文】天授二年（691年），来俊臣升任左台御史中丞。朝廷官员惧怕得不敢喘息，没人敢聚集在一起交谈，路上碰到都用目光打招呼示意。来俊臣与侍御史侯思止、王弘义、郭霸、李仁敬，司刑评事康暐、卫遂忠等人，一同作恶。招集无赖数百人，让他们揭发告密，共同编造罪名，内外响应。如果打算诬陷一个人，就分散在几处分别诬告，都是事实和证据对应，用来迷惑朝廷上下。其他人都会说：“请交付来俊臣审问吧，一定可以得到实情。”武则天在丽景门专门设置推事院，而来俊臣审案问罪必有收获，所以专门让来俊臣审讯案件，也称作新开门。只要进入新开门的人，一百个人中也没有一个人生还的。王弘义戏称丽景门是“例竟门”，意思是说进入这道门的人，按例都走到人生尽头了。

俊臣与其党朱南山辈造《告密罗织经》一卷，皆有条贯支节，布置事状由绪。俊臣每鞫囚，无问轻重，多以醋灌鼻，禁地牢中，或盛之瓮中，以火圜绕炙之，并绝其粮饷，至有抽衣絮以啖之者。又令寝处粪秽，备诸苦毒。自非身死，终不得出。每有赦令，俊臣必先遣狱卒尽杀重囚，然后宣示。

【译文】来俊臣和他的党羽朱南山等人写成《告密罗织经》一卷，里面有系统有条理地分列细节，以及如何罗织事实和缘由。来俊臣每当审讯囚犯，不问罪行轻重，大多先用醋灌入鼻子，囚禁在地牢之中，或装到瓮中，用火环绕四周炙烤，并且断绝他们的口粮，以致有的犯人掏取衣中棉絮来吃。又命令犯人坐在粪便中，受尽各种痛苦。除非死了，否则始终不能出去。每当朝廷有大赦令下来，来俊臣必定先派遣狱卒杀光重要囚犯，然后才宣布大赦令。

则天重其赏以酬之，故吏竞劝为酷矣。由是告密之徒，纷然道路；名流僶俛[①]阅日而已。朝士多因入朝，默遭掩袭[②]，以至于族，与其家无复音息。故每入朝者，必与其家诀曰："不知重相见不？"

【注释】①僶俛：勉强。

②掩袭：遭遇厄运。

【译文】武则天则重重赏赐来俊臣，所以执掌刑狱的官吏争相使用酷刑。因此告密的人，充塞道路，高官显贵只是勉强度日而已。朝廷大臣很多在上朝以后，突然遭到逮捕，以至于灭族，与家里不能再通音讯。所以每当入朝的时候，官员必定要和家人诀别说："不知道还能不能再见面？"

（《新唐书》曰：如意[①]初，诬告大臣狄仁杰、任令晖、李游道、袁智弘、崔神基、卢献等下狱。后遣通事舍人周綝往视，遽假仁杰幞带②立西厢，周綝惧俊臣，东视唯唯去，莫敢闻。先是，宰相乐思晦为俊臣夷其家，有子九岁隶司农，上变，得召见，言："俊臣凶惨，罔上不道，若陛下假条反状③付之，无大小皆如诏。臣父死族夷，不求生，但惜陛下法为俊臣所弄耳！"后意寤，由是仁杰六族皆免。

【注释】①如意：武则天称帝后的第二个年号（692年4月—692年10月），使用时长约半年。

②幞带：头巾衣带。

③反状：谋反的情况。

【译文】（《新唐书》说："如意元年（官员692年），来俊臣诬告大臣狄仁杰、任令晖、李游道、袁智宏、崔神基、卢献等六人，并把六人逮捕下狱。武则天派遣通事舍人周綝前去视察，来俊臣就让狄仁杰戴上头巾衣带站立在西厢，周綝惧怕来俊臣，只是面向东面唯唯诺诺应对而已，不敢去倾听狄仁杰的意见。宰相乐思晦被来俊臣灭族，他的儿子九岁，在司农寺当差役，武则天后来改变了心意，乐思晦的儿子因此得到召见，说："来俊臣凶残无比，欺骗圣上，背弃道义，假若陛下把那些所谓谋反的供状拿来复核，会发现不分事情大小都是同一套格式。臣下父亲被杀害，亲族被灭，不想独活，只可惜陛下所立的法被来俊臣愚弄了。"武则天这才觉悟，狄仁杰六族于是都被免去刑罚。

久之，俊臣纳贾人金，为御史纪履忠所劾，下狱当死。后忠其上变[1]，得不诛，免为民。长寿[2]中，还授殿中丞，坐赃贬同州参军事，暴纵自如，夺同僚妻，又辱其母。）

【注释】①上变：向朝廷告发谋反等非常事变。

②长寿：武则天称帝后的第三个年号（692—694年）。

【译文】一段时间后，来俊臣收受商人的贿赂，被御史纪履忠所弹劾，被捕下狱本该处死，武则天考虑到来俊臣能揭发朝臣，就没有杀他，削职为民。长寿年间，来俊臣复职担任殿中丞一职，由于贪赃枉法被贬为同州参军事，依然凶暴异常，曾经抢夺同僚的妻子，又侮辱了他的母亲。）

俊臣先逼妻太原王庆诜女。俊臣与河东卫遂忠有旧。遂忠行虽不著，然好学，有词辩。尝携酒谒俊臣，俊臣方与妻族宴集，应门者绐云："已出矣。"遂忠知妄，入其宅，慢骂毁辱之。俊臣耻其妻族，命殴击反接[1]，既而免之，自此构隙。

【注释】①反接：把双手在背后捆绑起来。

【译文】来俊臣强娶了太原王庆诜的女儿。来俊臣与河东卫遂忠是朋友，卫遂忠的名望虽不高，但是好学，而且很有辩才。卫遂忠曾经带着酒去来俊臣家。来俊臣正和妻子的族人宴乐聚会。看门人欺骗卫遂忠说："来俊臣已经出去了。"卫遂忠知道是说谎，便进到宅院，谩骂羞辱来俊臣一顿。来俊臣耻于在妻子的族人面前遭人谩骂，便叫人殴打卫遂忠并把他反绑起来，继而又放了他，但是从此两人结下怨恨。

俊臣将罗告武氏诸王及太平公主、张易之等，遂相掎摭[①]，则天屡保持之。而诸武及太平公主恐惧，共发其罪。（《新唐书》曰：有诏斩于西市，年四十七，人皆相庆，曰："今得背著床瞑矣！"争抉目、擿肝、醢其肉，须臾尽，以马践其骨，无孑余，家属籍没。）（旧唐书卷一百八十六上·新唐书卷二百九）

【注释】①掎摭：指摘、批评。

【译文】来俊臣想罗织罪名诬告武氏诸王及太平公主、张易之等人，于是就逐一指摘弹劾这些人，武则天则屡次维护他。武氏诸王及太平公主等人恐惧，共同揭发他的罪行。（《新唐书》记载说：最后武则天下诏将来俊臣在闹市斩首，时年来俊臣四十七岁，人们拍手相庆，说："从今天以后可以后背挨着席子睡觉了！"众人争相挖其眼，摘其肝，把他剁成肉酱，不一会就被众人分光，并用马践踏他的骨头，没有一点剩余，家眷被罚没入官。）（旧唐书卷一百八十六上·新唐书卷二百九）

周 兴

【题解】周兴（？—691年），雍州长安人，武则天重用的酷吏之一，官至尚书左丞。周兴滥杀无辜达数千人，创造多种刑法，用刑残酷。天授二年（691），他自己也被人告发谋反，被来俊臣用请君入瓮之计制服，武则天将其流放，在路上被仇家所杀。

周兴者，雍州长安人也。少以明习法律，为尚书省都事。累迁司刑少卿、秋官侍郎。自垂拱已来，屡受制狱，被其陷害者数千人。（《新唐书》云：武后夺政，拜尚书左丞，上疏请去唐宗正属籍。是时左史江融有美名，兴指融与徐敬业同谋，斩于市。临刑，请得召见，兴不许，融叱曰："吾死无状，不赦汝。"遂斩之，尸奋而行，刑者蹴之，三仆三作。天授中，人告子珣①、兴与丘神勣②谋反，诏来俊臣鞫状。初，兴未知被告，方对俊臣食，俊臣曰："囚多不服，奈何？"兴曰："易耳，内之大甕，炽炭周之，何事不承。"俊臣曰："善。"命取甕且炽火，徐谓兴曰："有诏按君，请尝之。"兴骇汗，叩头服罪。诏诛神勣而宥兴岭表，在道为雠人所杀。）（旧唐书卷一百八十六上·新唐书卷二百九）

【注释】①子珣：即来子珣（？—692年），雍州长安（今陕西西安）人，武则天时期的酷吏之一，长寿元年（692年），被流放爱州（今越南清化）去世。

②丘神勣（？—691年）：原籍河南洛阳，武则天时期酷吏。天授二年（691年），被武则天下令处斩。

【译文】周兴，雍州长安人。青年时期因为非常熟悉刑法和律令，担任尚书省都事。累官担任司刑少卿、秋官侍郎。从垂拱年间以来，屡次受命审理皇帝钦命的案件，被他陷害的人有数千之多。（《新唐书》记载：武则天夺取政权以后，周兴官拜尚书左丞，上奏疏请求剥夺唐朝宗室的皇族身份。左史江融为官很有名望，周兴指责他与徐敬业是同谋，在闹市被斩首。行刑前，江融请求进见武则天，周兴不准许，江融怒斥周兴说："我无辜被杀，不会放过你的。"于是把江融斩首，江融的尸体不倒，直立而行，行刑的人用脚踢他，踢倒三次，又三次爬起。天授年间，有人密告周兴、来子珣与丘神勣谋反，武则天让来俊臣审理此案。起初，周兴不知道自己被告发，周兴与来俊臣一起吃饭，来俊臣说："囚犯很多都不认罪，该怎么办？"周兴说："这个容易，把犯人装进大瓮里，用炭火在四周炙烤，什么事不会招认呢？"来俊臣说："这个办法好。"命令手下取来大瓮并且四周烧火，对周兴说："皇帝有诏书要审查你，请你尝试一下吧"周兴惊恐得汗如雨下，叩头认罪。武则天下诏书诛杀丘神勣，而宽恕周兴改为发配岭南，结果周兴在路上被仇家所杀。）（旧唐书卷一百八十六上·新唐书卷二百九）

张志宽

【题解】张志宽，生卒年月不详，蒲州安邑人。张志宽其心纯孝，所以能够和母亲感应，他的纯孝之心也感动了高祖李渊，因此而表彰他，并任命他为员外散骑常侍。

张志宽，蒲州安邑人。隋末丧父，哀毁骨立，为州里所称。贼帅王君廓[①]屡为寇掠，闻其名，独不犯其闾，邻里赖之而免者百余家。后为里正，诣县称母疾，急求归。县令问其状，对曰：“母尝有所苦，志宽亦有所苦。向患心痛，知母有疾。”令怒曰：“妖妄之辞也！”系之于狱。驰验其母，竟如所言。令异之，慰喻遣去。及丁母忧，负土成坟，庐于墓侧，手植松柏千余株。高祖闻之，遣使就吊，授员外散骑常侍，赐物四十段，表其门闾。（旧唐书卷一百八十八）

【注释】①王君廓（？—627年）：并州石艾（今山西平定县）人。唐朝初年名将。早年为盗，后归附唐朝，为人骄纵，贞观元年（627年），叛逃突厥，途中为人所杀。

【译文】张志宽，蒲州安邑（今山西夏县）人。隋朝末年丧父，悲伤孤独而形销骨立，被州里所称颂。贼寇头领王君廓屡次前来抢掠，听说他的名声后，惟独不侵犯他所在的闾里，邻居依赖他而免除灾祸的有一百余家。后来张志宽担任里正，到县里声称母亲有病，很着急地请求允许回家，县令问他原因，他回答说：“母亲曾经生病难受，我也有同样的难受，我刚才感到心痛，所以就知道母亲生病了。”县令发怒说：“这纯粹是妖言！”就把他收押在监狱。派人骑马去察验他母亲的情况，果然同他说得一样。县令觉得很奇异，就抚慰他，让他回家了。为母亲守丧时，他亲自背土堆成坟墓，并在墓旁的筑庐守丧，亲手种植千余棵松柏。高祖李渊听说他的事迹，就派使臣来慰问凭

吊，任命张志宽为员外散骑常侍，赏赐布帛四十段，在他居住的里门立表劳表彰他。（旧唐书卷一百八十八）

宋兴贵

【题解】宋兴贵，雍州万年人。宋兴贵通过务农来孝养双亲，几代人都没有分家，可以说是做到《孝经》里的“庶人之孝”了，高祖下诏嘉许他，可以说是懂得先王以孝治国的大道了。

宋兴贵者，雍州万年人。累世同居，躬耕致养，至兴贵已四从矣。高祖闻而嘉之，武德二年，诏曰：人禀五常，仁义为重；士有百行，孝敬为先。自古哲王，经邦致治，设教垂范，皆尚于斯。叔世浇讹①，人多伪薄，修身克己，事资诱劝。朕恭膺灵命，抚临四海，愍兹弊俗，方思迁导。宋兴贵立操雍和，志情友穆，同居合爨②，累代积年，务本力农，崇谦履顺。弘长名教，敦励风俗，宜加褒显，以劝将来。可表其门闾，蠲免课役。布告天下，使明知之。兴贵寻卒。（旧唐书卷一百八十八）

【注释】①叔世：末世。衰乱的时代。浇讹：风俗浮薄多诈伪。

②爨：灶。

【译文】宋兴贵，是雍州万年县（今陕西西安市东北）人。其家族几代人居住在一起没有分家，宋兴贵亲自务农来奉养父母，其家族到宋兴贵已是四代了。高祖李渊听说后非常高兴，武德二年，下诏说：“人们奉行五常的道理，尤其以仁义为重；士人有百种德行，而以孝敬父母为先。自古圣明的君主治理国家，推行教化，垂示范例，都对这些事情很推崇。道德衰乱的年代，风气浮薄欺诈，人们也多诈伪浮薄，能够修养自身约束自己的人，可以劝导世人。我承受上天之命，治理国家，我哀怜世俗的败坏，正想进行改变和引导。宋兴贵树立融洽和睦的操守，性情友好和善，家人住在一起同用一个锅灶做饭，已维持几代人好多年了，致力于做人的根本，以农耕为主业，崇尚谦让履行恭顺。使教化发扬光大，使风俗敦厚纯朴，应加以表彰，用来勉励后人。可以在他的里门立牌表彰，并免除他的赋税和徭役。此事公告天下，使人们都明了他的善行。”宋兴贵不久就去世了。（旧唐书卷一百八十八）

萧德言

【题解】萧德言（557—654年），字文行，南兰陵（今江苏常州）人，后落籍雍州长安（今陕西西安）。南朝陈亡，徙关中，后至京师。隋文帝仁寿间授校书郎。唐太宗贞观中除著作郎，兼弘文馆学士。时李治为晋王，诏德言授经讲业，及升春宫，仍兼侍读，寻以年老请致仕，太宗不许，寻赐爵封阳县侯。贞观十七年（643年）拜秘书少监，两宫礼赐甚厚。贞观二十三年（649年）累表请致仕，许之。高宗嗣位，以师傅恩，加银青光禄大夫。永徽五年（654年）卒于家，享年97岁，赠太常卿，谥博。

萧德言博涉经史，尤精《春秋左氏传》。晚年尤笃志于学。清代学者阮元认为《群书治要》一书实成于德言之手。另撰有《括地志》，著有《萧德言集》三十卷，均已佚。曾孙萧至忠曾为中宗时期宰相。

萧德言，雍州长安人，齐尚书左仆射思话玄孙也。本兰陵人，陈亡，徙关中。德言博涉经史，尤精《春秋左氏传》，好属文。贞观中，除著作郎，兼弘文馆学士。

【译文】萧德言，是雍州长安县人，北齐尚书左仆射萧思话的玄孙。原本是兰陵人，陈朝灭亡后，迁徙到关中。萧德言广泛涉猎经史，尤其精通《春秋左氏传》，喜欢写文章。贞观年间，萧德言担任著作郎的职位，兼任弘文馆学士。

（《新唐书》曰：太宗欲知前世得失，诏魏徵、虞世南、褚亮及德言裒次经史百氏帝王所以兴衰者上之，帝爱其书博而要，曰："使我稽古临事不惑者，公等力也！"赉赐尤渥。）

【译文】（《新唐书》记载：太宗李世民想要了解以前朝代执政的得失，下诏令让魏徵、虞世南、褚亮及萧德言选取经书史籍中各代帝王兴衰的事例编纂成书上奏（即《群书治要》），太宗喜欢所编纂的书籍内容广泛而且精要，说："能够使我借鉴古人，遇事不会迷惑，全都是诸位的努力啊。"其中对萧德言的赏赐尤其丰盛。）

德言晚年尤笃志于学，自昼达夜，略无休倦。每欲开《五经》，必束带盥濯，危坐对之。妻子候间请曰：“终日如是，无乃劳乎？”德言曰：“敬先圣之言，岂惮如此！”时高宗为晋王，诏德言授经讲业。及升春宫，仍兼侍读。寻以年老，请致仕，太宗不许。寻赐爵封阳县侯。十七年，拜秘书少监。两宫礼赐甚厚。二十三年，累表请致仕，许之。高宗嗣位，以师傅恩，加银青光禄大夫。永徽五年，卒于家，年九十七。高宗为之辍朝，赠太常卿。（旧唐书卷一百八十九上）

【译文】萧德言晚年尤其专注于钻研学问，从白天到夜晚，一点不知疲倦。每次准备打开五经阅读，一定要整肃衣服，洗手，正襟危坐对着书。妻儿在他空闲的时候问他说：“整天这样，不怕劳累吗？”萧德言说：“恭敬地对待先圣的话，怎能嫌劳累呢。”当时高宗李治还是做晋王的时候，诏令萧德言教授学业。后来进入春宫做太子，萧德言仍兼任侍读。不久以年纪老了为理由，请求退休，太宗不准许。不久萧德言被赐爵封阳县侯。贞观十七年（643年），担任秘书少监一职。皇帝和太子两宫对他的礼遇、赏赐都很丰厚。贞观二十三年（649年），萧德言多次上表请求退休，太宗同意了他的请求。高宗即位后，因为萧德言有师傅之恩，加封银青光禄大夫。永徽五年（654年），在家中逝世，时年九十七岁。高宗为他停止朝会，追赠太常卿的职

位。(旧唐书卷一百八十九上)

张蕴古

【题解】张蕴古(？—631年),相州洹水人。性聪敏,博涉群书,善缀文,强记忆,尤晓时务,为州闾所称。《续编》辑录其贞观初年上给太宗李世民的《大宝箴》一文,论述为君之道,得到太宗的嘉许。

张蕴古,相州洹水人也。太宗初即位,上《大宝箴》以讽,其词曰:

今来古往,俯察仰观,惟辟作福,为君实难。主普天之下,处王公之上;任土贡其所求,具僚和其所唱。是故竞惧之心日弛,邪僻之情转放,岂知事起乎所忽,祸生乎无妄。固以圣人受命,拯溺亨屯,归过于己,推恩于民。大明无偏照,至公无私亲。故以一人治天下,不以天下奉一人。礼以禁其奢,乐以防其佚。左言而右事,出警而入跸。四时同其惨舒,三光同其得失。故身为之度,而声为之律。勿谓无知,居高听卑;勿谓何害,积小成大。乐不可极,极乐生哀;欲不可纵,纵欲成灾。壮九重于内,所居不过容膝;彼昏不知,瑶其台而琼其室。罗八品于前,所食不过适口;唯狂罔念,丘其糟而池其酒。勿内荒于色,勿外荒于禽,勿贵难得之货,勿听亡国之音。内荒伐人性,外荒荡人心,难得之货侈,亡国之声淫。勿谓我尊而傲贤侮士，勿谓我智而拒谏矜己。闻之夏王②，据馈频起；亦有魏帝③，牵裾不止。安彼反侧，如春阳秋露，巍巍荡荡，恢汉高大度；抚兹庶事，如履薄临深，战战栗栗，用周文小心。

【注释】①“闻之夏王”句：《鬻子》记载“禹尝据一馈而七十起，日中而不暇饱食”。

③“亦有魏帝”句：《三国志·魏书·辛毗传》记载辛毗劝谏曹丕，曹丕怒而入内宫，辛毗随后而拉住曹丕衣襟（裾）继续劝谏。

【译文】张蕴古，是相州（今河南安阳）洹水人。太宗李世民刚刚即位的时候，上奏《大宝箴》以讽谏，其内容说：

古往今来，俯仰观察历代政事，惟有君主可以执行赏罚，作为君主实在不易。统率整个天下，处于王公之上，任用士人来满足君主处理政事的要求，设置百官与他共同治理国家。因而谦恭敬畏之心日见松弛，懈怠懒散之情开始放纵，哪里知道坏事会产生于疏忽，祸乱会产生于意外的道理。君主承受天命，拯救危难，归过于己，施恩于民。圣明而无偏袒，公正而不私亲，所以虽然是一人来统治天下，但是不以天下来侍奉一人。礼法用来禁止奢侈，音乐用来预防放荡。有左史记录言语而有右史记录行为，出行有人清道返回有人警戒。四季和他一起忧乐，三光同他一起得失。所以君主自身就是法度，说话就成为音律。不要说不知道，身居高位应该倾听下属；不要认为没有伤害，积小害可以成大过。快乐不能过度，乐极就会生悲；欲望不可以放纵，放纵欲望就会导致灾祸。在宫廷内造九重大殿，自己居住的地方不过容身大小，却昏聩无知，建造琼楼瑶台。在面前罗列珍馐百味，所食用的无非几口饭食，却放纵口腹之欲，享受酒池肉林。内荒不要沉溺于女色，外荒不要流连于游猎，不要珍爱难得之宝物，不要聆听亡国的靡靡之音。内荒会妨害人性，外荒会动摇人心，难得之物使人奢侈，亡国之声使人淫逸。不要认为自己尊贵而怠慢贤士，不要认为自己聪明而拒绝纳谏。听说夏禹王，吃一顿饭中间中断多次；也有魏文帝，被辛毗拉住衣襟而进谏不止。安抚惶恐的人，如同春阳秋露，巍巍荡荡，继承汉高祖的恢弘大度；处理众多政事，如同履冰临渊，战战栗栗，效仿周文王的谨慎小心。

《诗》云："不识不知"，《书》曰："无偏无党"。一彼此于胸臆，捐好恶于心想。众弃而后加刑，众悦而后命赏。弱其强而治其乱，申其屈而直其枉。故曰："如衡如石，不定物以数，物之悬者，轻重自具；如水如镜，不示物以情，物之鉴者，妍媸①自生。"勿浑浑而浊，勿皎皎而清，勿没没而暗，勿察察而明。虽冕旒②蔽目而视于未形，虽黈纩③塞耳而听于无声。纵心乎湛然之域④，游神于至道之精。扣之者应洪纤而效响，酌之者随深浅而皆盈。故曰：天之清，地之宁，王之贞。四时不言而代序，万物无为而受成。岂知帝有其力，而天下和平。

【注释】①妍：美。媸：丑。

②冕旒：帝王垂在冠冕前的玉串，用以蔽明。

③黈纩：古代冕制用黄色锦球悬挂在冕的两旁耳际，以示不听无益之言。

【译文】《诗经》说“不自见不自傲”，《尚书》说“不偏私不结党”。容纳彼此的思想，丢开好恶的成见。众人抛弃的才施以刑罚，众人喜欢的才给与奖赏。削弱强暴而治理动乱，申诉冤屈而纠正冤枉。所以说：如秤如砣，不用人为估计物体的重量，物体悬挂上去，轻重自然知道；如水如镜，不掺杂个人对事物的感受，事物照映上去，美丑自然分明。不要昏昏然而使自己昏聩，不要太清明而使水至清无鱼，不要太糊涂而使自己暗于事理，不要太苛刻而自以为精明。虽然冕旒蔽目而能见于无形，虽然黈纩塞耳而能听于无声。集中心思于精深之领域，集中精神于道义之精华。处理政事就像敲钟一样不论事情大小都有响应，事情轻重的掌握就像斟酒一样随酒杯深浅都能斟满。所以说：天的清明，地的和宁，王的圣明。四季无言而交替运行，万物无为而自然生成，靠的是圣王的力量，而使天下和平。

吾王拨乱，戡以智力，民惧其威，未怀其德。我皇抚运，扇以淳风，民怀其始，未保其终。爰述金镜，穷神尽圣；使人以心，应言以行。包括治体，抑扬词令，天下为公，一人有庆。开罗起祝，援琴命诗，一日二日，念兹在兹。唯人所召，自天祐之。争臣司直，敢告前疑！

太宗嘉之，赐以束帛，除大理丞。（旧唐书卷一百九十上）

【译文】臣的圣上拨乱反正，用智谋平定天下，百姓畏惧圣上的威严，而没有感受到圣上的恩德。圣上应当顺应时运，用淳厚朴实的风气教化百姓，百姓虽开始接受教化，还不一定能保持下去。因此陈述纳谏之理，穷尽神思以达至圣，用人以诚，言行一致。概括治国的大要，配以优美的言词，能使天下为公，则君主得福。商汤张网祝告而悲悯禽兽，虞舜持琴吟诗而天下教化，一日二日，念不离此。唯有世人自己向善，上天才会保祐，诤臣在此直言，大胆进献建议。

文章呈上，张蕴古受到太宗的嘉奖，赏赐给他束帛，担任大理丞的职位。（旧唐书卷一百九十上）

陈子昂

【题解】陈子昂（661—702年），字伯玉，梓州射洪（今四川射洪）人，24岁举进士，以上书论政得到女皇武则天重视，授麟台字。后升右拾遗，直言敢谏，曾因“逆党”反对武后而株连下狱。在26岁、36岁时两度从军边塞，对边防事务颇有远见。38岁时，因父老解官回乡，不久父死。陈子昂居丧期间，权臣武三思指使射洪县令罗织罪名，加以迫害，最终冤死狱中。

《续编》辑录其《谏用刑书》，核心内容为劝谏武则天要减轻刑罚。当时，武则天正任用来俊臣等酷吏，大行严刑峻法，他作为一个疏远小臣，上书劝谏是非常危险的。因此明代申涵煜评价说："子昂以疏贱小臣，批鳞触忌，上疏力诤，事虽不行，具大菩提心，不当仅作才人观。"

陈子昂，梓州射洪人。家世富豪。子昂独苦节读书，尤善属文。初为《感遇诗》三十首，京兆司功王适见而惊曰："此子必为天下文宗矣！"由是知名。举进士。

【译文】陈子昂，梓州射洪人。家中世代富有，但是陈子昂仍旧刻苦读书，尤其善长写作文章。起初写了《感遇诗》一组三十八首，京兆府司功王适看到后惊叹说："此人必将成为天下的文坛领袖啊！"陈子昂因此闻名天下。后来他考中进士。

（《全唐文》载陈子昂《谏用刑书》曰：将仕郎①守麟台正字臣陈子昂谨顿首冒死诣阙上疏：臣本蜀之匹夫，宦不望达，陛下过意，擢臣草莽之下，升在麟台之阁，光宠自天，卓若日月，微臣固陋，将何克负？然臣闻忠臣事君，有死无二，怀佞不谏，罪莫大焉。况在明圣之朝，当不讳之日，方复钳口下列，俛仰偷荣，非臣之始愿也。不胜愚惑。辄奏狂昧之说，伏惟陛下少加察焉。

【注释】①将仕郎：唐代官署名，从九品文散官。麟台：唐武后改秘书省为"麟台"。正字为正九品下，掌刊正文字。

【译文】（《全唐文》记载陈子昂的《谏用刑书》说：在秘书

省担任麟台正字的将仕郎陈子昂斗胆向皇上进谏：臣原本是蜀地的百姓，不期望为官显达，陛下十分看重我，把我从百姓中提拔上来，安排在秘书省任职，对我来说无比荣耀，像承受日月光明一样，微臣鄙陋，如何承受得起？但是我听说忠诚事奉君主，有冒死进谏的决心而没有二心，心怀机诈不能进言，罪过实在是太大了。何况身在圣明的朝代，适逢没有忌讳的时期，如果沉默不言，窃取荣禄，并不是我一贯的愿望。我虽然愚钝，但是想把我的这些狂妄之说上奏给陛下，希望陛下稍加体察。

臣闻古之御天下者，其政有三：王者化之，用仁义也；霸者威之，盛权智也；强国胁之，务刑罚也。是以化之不足，然后威之；威之不变，然后刑之。故至于刑，则非王者所贵矣，况欲光宅天下，追功上皇，专任刑杀，以为威断，可谓策之失者也。臣伏睹陛下圣德聪明，游心太古，将制静宇宙，保乂黎人，发号施令，出于诚慊。天下苍生，莫不想望圣风，冀见神化，道德为政，将待于陛下矣。且臣闻之，圣人出治，必有驱除，盖天人之符应休命也。日者东南微孽，敢谋乱常[①]，陛下顺天行诛，罪恶咸服，岂非天意欲彰陛下神武之功哉？而执事者不察天心，以为人意，恶其首乱倡祸，法合诛屠，将息奸源，穷其党与，遂使陛下大开诏狱，重设严刑，冀以惩创。观于天下，逆党亲属，及其交游，有迹涉嫌疑，辞相逮引，莫不穷捕考讯，枝叶蟠拏，大或流血，小御魑魅[②]；至有奸人荧惑，乘险相诬，纠告疑似，冀图爵赏，叫于阙下者，日有数矣。于时朝廷偟偟，莫能自固，海内倾听，以相惊恐。赖陛下仁慈，悯斯危惧，赐以恩诏，许其大功已上，一切勿论。时人获泰，谓生再造。愚臣窃亦欣然，贺陛下圣明，得天下之机也。不谓议者异见，又执前图，比者刑狱纷纷复起，陛下不深思天意，以顺休期，尚以督察为理，威刑为务，使前者之诏，不信于人，愚臣昧焉，窃恐非三皇五帝伐罪吊人之意也。

【注释】①日者东南微孽，敢谋乱常：指武则天临朝称制后，李敬业等人，在光宅元年（684年）起兵扬州反对武则天一事。

②魑魅：指荒凉、边远的地区。

【译文】臣听说古时候管理天下的君主，治国的方法有三种：王道是教化百姓，依靠的是仁义；霸道是威慑诸侯，依靠的是权谋；强国威胁天下，依靠的是刑罚。所以说教化不能施行，然后就会使用武力威慑，武力威慑达不到目的，就会使用刑罚惩治。所以使用刑罚惩治不是崇尚王道的君主所看重的，何况想光耀天下，想功绩能与先皇相比，而一味依靠刑罚，还以为是果断，可以说是失策之举。微臣目睹陛下圣明聪慧，崇尚古人，将安定天下，安抚百姓，发布诏令，出于赤诚。天下百姓，都想感受陛下的德行，实现教化，以道德作为治国之本，这些事情都有待陛下来完成。况且臣听说，圣明君主治理天下，必定革除弊病，来与上天的降下的祥瑞呼应。目前李敬业等人在扬州反叛，扰乱朝纲，陛下顺天意诛灭这些人，铲除罪恶，这不正是上天准备彰显陛下的文治武功吗？然而具体执行的官员，主观臆断，反叛的主谋造成祸乱，理应诛杀，可以平息叛乱的源头，然而一味扩大株连其残余党羽，使得陛下刑狱大开，严刑重典，希望可以惩处叛党。天下凡是叛党亲属，以及朋友，稍有嫌疑，就予以抓捕，严刑拷问，牵连甚广，严重的被杀头，轻微的也被流放；至于有奸人蛊惑，乘机诬告，捕风逐影，以谋取官爵，大臣遭受刑狱的事情，一日之内有好几起。一时之间，朝廷人心惶惶，不能自保，天下震动，无不惊恐。全凭陛下仁心慈悲，怜悯臣民面临的危难恐惧，颁布恩旨，告诉下面官吏，平定叛乱的功劳已经记下，其余细枝末节不必再追究。百姓安定，重获新生。微臣也欣然高兴，称颂陛下圣明，占得天下治理的先机。不曾想有官员持有不同意见，又重新提议追究叛党，天下再次大开，陛下现在不体察天意，来减轻刑狱，而是崇尚监督，看重刑罚，违背前面所下的诏书，失信于民，微臣愚钝，认为这不是三皇五帝时期吊民伐罪的做法。

臣窃观当今天下百姓，思安久矣。曩属北胡侵塞，西戎寇边，兵革相屠，向历十载。关河自北，转输幽燕，秦、蜀之西，驰骛湟海：当时天下疲极矣。重以大兵之后，屡遭凶年，流离饥饿，死丧略半。幸赖陛下以至圣之德。抚宁兆人，边境获安，中国无事，阴阳大顺，年谷累登，天下父子始得相养矣。故扬州构祸，殆有五旬，而海内晏然，纤尘不动，岂非天下蒸庶厌凶乱哉？臣以此卜之，知百姓思安久矣。今陛下不务元默，以救疲人，而反任威刑，以失其望，欲以察察为政，肃理环区，臣愚暗昧，窃有大惑。且臣闻刑者，政之末节也，先王以禁暴整乱，不得已而用之。今天下幸安，万物思泰，陛下迺以末节之法，察理平人。臣愚以为非适变随时之议也。顷年以来，伏见诸方告密囚累百千辈，大抵所告皆以扬州为名，及其穷究，百无一实。陛下仁恕，又屈法容之，傍讦他事，亦为推核。遂使奸恶之党，决意相雠，睚眦之嫌，即称有密，一人被讼，百人满狱，使者推捕，冠盖如云。或谓陛下爱一人而害百人，天下遑遑，莫知宁所。

【译文】微臣看到现在天下的百姓，渴望安定已经很久了。过去北边胡人入侵，西边戎人犯境，战火四起，已经十多年了。关河以北，幽燕地区；秦蜀之西，湟海一带，大军征伐多年，百姓转运粮食，后勤补给军队，使得天下百姓疲敝不堪。战乱之后，又遇到灾年，百姓流离失所，死亡过半。幸好陛下圣明，抚慰百姓，安定边境，中原无事，阴阳调和，连年丰收，天下百姓可以休养生息了。所以扬州叛乱，前后历经五十多天，而天下安定，没有骚动，难道不是天下百姓厌恶动乱吗？微臣由此推知，天下的百姓渴望安定已经很久了。现在陛下不无为而治，以拯救疲敝的百姓，反而大兴刑罚，使百姓失望，实行苛刻的治理手段，来整顿天下，微臣愚昧，实在迷惑不解。微臣听说使用刑罚，是最差的执政方法，先前的君主用来禁止暴乱，不得已而为之。而如今天下太平，人心思安，陛下以最差的执政方法，苛刻的治理百姓，微臣虽然愚钝，也认为不是符合现实的适宜方法。近年以来，看到各地被告密下狱的人有成百上千，大多和扬州叛乱有关，仔细推究，没有一个符合事实。陛下仁慈，又量刑从轻，然而诽谤告密之事，也十分鼓励。致使奸恶小人，打击报复，与人有微小过节，就举报告密，往往一人被举报，连累全族人坐监牢，官吏推行抓捕，受害的朝廷官员不计其数。或者可以说陛下喜欢一个人而损害了千百人，天下百姓翘首期盼，不知何时能太平。

臣闻自非圣人，不有外患，必有内忧，物理之自然也。臣不敢以远古言之，请借随而况。臣闻长老言：隋之末代，天下犹平，炀帝不龚，穷毒威武，厌居皇极，自总元戎，以百万之师，观兵辽海，天下始骚然矣。遂使杨元感[①]挟不臣之势，有大盗之心，欲因人谋以窃皇业，迺称兵中夏，将据洛阳，哮阚[②]之势，倾宇宙矣。然乱未簖月，而首足异处，何者？天下之弊，未有土崩，蒸人之心，犹望乐业。炀帝不悟，暗忽人机，自以为元恶既诛，天下无巨猾也，皇极之任，可以刑罚理之。遂使兵部尚书樊子盖专行屠戮，大穷党与，海内豪士，无不罹殃，遂至杀人如麻，血流成泽，天下靡然，始思为乱矣。于是萧铣、朱粲起于荆南，李密、窦建德乱于河北，四海云摇，遂并起而亡隋族矣，岂不哀哉！长老至今谈之，委曲[③]如是，臣窃以此上观三代夏、殷、周兴亡，下逮秦、汉、魏、晋理乱，莫不皆以毒刑而致败坏也。

【注释】①杨元感：又作杨玄感（？—613年），弘农华阴（今陕西华阴市）人，隋朝大臣、将领，司徒杨素长子，为隋炀帝所猜忌，策划谋反，兵败，命其弟将自己杀死。

②哮阚：猛兽咆哮。多用以比喻震怒。

③委曲：事情的原委。

【译文】微臣听说如果不是圣人，没有外患，必定有内忧，这是很自然的道理。微臣不敢言说上古时期的事情，只借用隋朝的事情来说明。微臣听老人说：隋朝末年，天下还算太平，隋炀帝杨广不安分，穷兵黩武，厌烦做皇帝，自任统帅，以百万雄兵，征讨高句丽，天下才开始骚动。即使杨元感心怀二意，有窃国的妄念，意欲造反，于是进兵中原，想占据洛阳，狂暴的气势，震动天下。然而不足一月，杨元感身首异处，为什么呢？因为当时天下的弊病，还没有积累到爆发的程度，百姓的心思，还盼望安居乐业。隋炀帝杨广还不醒悟，疏忽民心，自以为首恶已除，天下再无大奸大恶的人，自己身居皇位，可以用刑罚处理叛乱。就让兵部尚书樊子盖大开杀戒，追捕杨元感的党羽，天下的豪杰，无不遭殃，乃至杀人如麻，血流成河，天下震动，开始骚乱。于是有萧铣、朱粲起兵于荆南，李密、窦建德动乱于河北，四海动荡，群雄蜂起继而灭亡隋朝，岂不悲哀！老人们至今说起，告知是如此的原因，微臣认为上观夏、殷、周三代的兴盛衰亡，下察秦、汉、魏、晋各朝的治理动乱理乱，无不是因为苛政酷刑导致国家败亡。

夫大狱一起，不能无滥，何者？刀笔之吏，寡识大方，断狱能者，名在急刻，文深纲密，则共称至公，爰及人主，亦谓其奉法，于是利在杀人，害在平恕。故狱吏相戒，以杀为词，非憎于人也，而利在己，故上以希上主之旨，下以图荣身之利。徇利毁多，则不能无滥，滥及良善，则淫刑逞矣。夫人情莫不自爱其身，陛下以此察之，岂能无滥也？冤人吁嗟，感伤和气，和气悖乱，群生疠疫，水旱随之，则有凶年，人既失业，则祸乱之心，憷然而生矣。顷来亢阳僭候[①]，密云不雨，农夫释耒，瞻望嗷嗷，岂不由陛下之有圣德，而不降泽于下人也？倘旱遂过春，废于时种，今年稼穑，必有损矣。陛下何不敬承天意，以泽恤人？臣闻古者明王，重慎刑罚，盖惧此也。《书》不云乎："与其杀不辜，宁失不经。"陛下奈何以堂堂之圣，犹务强霸之威哉？愚臣窃为陛下不取也。

【注释】①亢阳僭候：亢阳指干旱。僭候：代替了正常气候。

【译文】一旦刑狱大开，就会滥用刑罚，为何呢？刀笔小吏，不懂得道义，擅长审案断狱的人，急功近利，罗织罪名，严密确凿，还称自己一心为公，君主也以为这些人奉公守法，结果是害人有利，宽恕有害。所以掌管刑狱的官员明哲保身，宁枉勿纵，这些做法不是憎恨谁，而是为了对自己有利，上官为了迎合君主的意旨，下属为了谋取荣华富贵，基于利益则弊端很多，不可能不滥用刑罚，以致冤枉无辜，使刑罚过度。人之常情是爱惜自身，陛下用这种方法考察群臣，岂能不导致滥用刑罚？

受冤枉的人号呼悲叹，有伤天地和气，和气混乱，则疾病瘟疫四起，水涝旱灾也紧随其后，就会有凶年，百姓失去生计，则动乱之心，就会产生。最近气候干旱异常，彤云密布却滴雨未下，农民放下锄头，急切盼望下雨，这岂不是由于陛下的盛德没有恩泽到百姓的结果吗？如果干旱一直延续过了春天，使春耕荒废，今年的庄稼收成，一定会有损失。陛下为何不顺应天意，来抚恤百姓？臣听说古时候的贤明君王，谨慎使用刑罚，大概也是出于这个原因。《尚书》也记载说："与其滥杀无辜，宁可承担执法错误的责任。"陛下怎可以堂堂君主的身份，而执行强霸的威风？微臣私下认为陛下的做法不可取。

且愚人安则乐生，危则思变，故事有招祸，而法有起奸。倘大狱未休。支党日广，天下疑惑，相恐无辜，人情之变，不可不察。昔汉武帝时，巫蛊狱起[1]，江充行诈，作乱京师，致使太子奔走，兵交宫阙，无辜被害者以千万数，刘氏宗庙，几倾覆矣。赖武帝得壶关三老上书，廓然感悟，夷江充三族，余狱不论，天下少以安尔。臣读《汉书》至此，未尝不为戾太子流涕也。古人云："前事之不忘，后事之师。"伏愿陛下念之。臣不避汤镬之罪，以蝼蚁之命，轻触宸严，臣非不恶死而贪生也，诚恐釜幂下恩遇。臣不敢以微命蔽塞聪明，亦非敢欲陛下顿息刑罚，望在恤刑尔，乞与三事大夫图其可否。往者不可谏，来者犹可追，无以臣微而忽其奏，天下幸甚。臣子昂诚惶诚恐，死罪死罪。）（旧唐书卷一百九十中）

【注释】①巫蛊狱起：征和二年（前91年），汉武帝得知有人用巫蛊咒汉武帝，于是命宠臣江充调查巫蛊案，江充用滥用酷刑迫使人认罪，数万人受株连而死。江充与太子刘据有过节，趁机陷害太子，太子刘据恐惧，起兵诛杀江充，结果被汉武帝镇压，太子刘据自杀。后壶关三老和田千秋等人上书为太子鸣冤，使汉武帝醒悟诛杀江充三族。

【译文】如果世道稳定普通百姓则能安居乐业，世道危难则人心思变，所以政事繁多必定招来祸害，法律严峻反而会引起奸党。倘若严刑峻法不停止，牵连越来越广，天下百姓内心不安，生怕自己被无辜牵连，百姓心思的变化，不可不察。汉武帝的时候，巫蛊之案兴起，江充大行骗术，扰乱京师，致使太子刘据出走，引发动乱，无辜被害者数以千万计，刘氏江山，差一点倾覆。幸好汉武帝得到了壶关三老的上书，幡然醒悟，诛杀江充及其族人，不再追究其他人，天下才稍微获得了安定。臣读《汉书》看到此处的时候，都会为太子刘据流泪。古人说："前事之不忘，后事之师。"祈求陛下予以思考。臣不逃避直言进谏可能带来的危险，以身家性命，犯颜进谏，不是微臣不怕死，不留恋生命，而是担心不能回报笔下的知遇之恩。所以不敢吝惜性命闭塞陛下的视听，也没想要求陛下停止刑罚，只是希望慎用刑罚，祈求陛下与诸位大臣商议是否可行。过去的事情已经不可挽回，未来的事情还可以改变，希望陛下不因为臣官职卑微就忽略了我的奏疏，那将是天下百姓的幸运。臣陈子昂诚惶诚恐地冒然上书，实在是犯了死罪。）（旧唐书卷一百九十中）

元德秀

【题解】元德秀（约695—约754年），字紫芝，唐朝河南（今河南洛阳）人。举进士，曾经担任鲁山县令，调授邢州南和尉，召补龙武录事参军，后归隐庐山。《旧唐书》将其收入《文苑传》，《新唐书》将其收入《卓行传》。《续编》从两书中辑录了相关文字，内容主要包含三个方面：一是他担任鲁山县令时义释大盗；二是在五凤楼下带乐工唱《于蔿于》之歌，借歌舞之机巧妙讽喻、为民请命；三是他仗义疏财，扶危济困。他去世后，族弟元结恸哭不已，以此告诫那些荒淫贪佞、奢靡纨绔之徒。表现了元德秀超乎常人的眼光、胆略、气魄和高尚的品格。

元德秀者，河南人，字紫芝。开元二十一年登进士第。德秀少孤贫，事母以孝闻。为鲁山令。部人为盗，吏捕之，系狱。会县界有猛兽为暴，盗自陈曰："愿格杀猛兽以自赎。"德秀许之。胥吏曰："盗诡计苟免，擅放官囚，无乃累乎？"德秀曰："吾不欲负约，累则吾坐，必请不及诸君。"即破械出之。翌日，格猛兽而还。诚信化人，大率此类。

【译文】元德秀，河南（今河南洛阳）人，字紫芝。开元二十一年（733年）考中进士。德秀年少时孤苦贫寒，侍奉母亲非常孝顺。担任鲁山县令。县境有人做盗贼，县吏抓到后将其关进监狱。正好遇到县界内有猛兽为患，盗贼自己陈请说：“我愿意去击杀猛兽来给自己赎罪。”德秀许可了。有一位小吏说：“盗贼想用诡计来逃脱罪行，您擅自放走官府囚犯，不是要受牵累吗？”德秀说：“我不想违背约定，若我真被牵累，也甘愿受罚，定会请求不连累各位。”随即打开枷锁放出盗贼。第二天，盗贼击杀猛兽后返回。德秀以诚信感化人，大多诸如此类。

（《新唐书》曰：玄宗在东都，酺[①]五凤楼下，命三百里县令、刺史各以声乐集。是时颇言帝且第胜负，加赏黜。河内太守辇优伎数百，被锦绣，或作犀象，瑰谲光丽。德秀惟乐工数十人，联袂歌《于蔿于》。《于蔿于》者，德秀所为歌也。帝闻，异之，叹曰：“贤人之言哉！”谓宰相曰：“河内人其涂炭乎？”乃黜太守，德秀益知名。

【注释】①酺（pú）：欢聚饮酒。

【译文】（《新唐书》说：玄宗在东都的时候，在五凤楼下举行盛宴，命令三百里以内的县令、刺史各自带上声乐参加聚宴。当时有传言说玄宗皇帝要举行声乐大赛，按照胜负排出优劣后，给予赏赐和贬黜。河内太守用车载来数百名优伎，身披锦绣，有的扮作犀牛大象，奇特怪异又光彩华丽。元德秀只带来数十名乐工，联袂唱起了《于蔿于》。《于蔿于》是元德秀所作的歌。玄宗听后，很讶异，感叹道：“这首歌里唱的都是贤人说的话啊！”对宰相说：“河内百姓生活都很艰苦吗？”于是罢免了太守，元德秀更加出名了。

所得奉禄，悉衣食人之孤遗者。岁满，笥余一缣，驾柴车去。天宝十三载卒，家惟枕履箪瓢而已。族弟结[1]哭之恸，或曰：“子哭过哀，礼欤？”结曰：“若知礼之过，而不知情之至。大夫弱无固，性无专，老无在，死无余，人情所耽溺、喜爱、可恶者，大夫无之。生六十年未尝识女色、视锦绣，未尝求足，无苟辞、佚色，未尝有十亩之地、十尺之舍、十岁之僮，未尝完布帛而衣，具五味之餐。吾哀之，以戒荒淫贪佞、绮纨粱肉之徒耳。”）（旧唐书卷一百九十下）

【注释】①结：元结（719—772年），字次山，号漫叟、聱叟、浪士、漫郎，唐代道家学者。元延祖子，元德秀族弟。天宝十二年（753年）进士及第。乾元二年（759年），任山南东道节度使史翙幕参谋。代宗时，任道州刺史，调容州，加封容州都督充本管经略守捉使，约大历七年（772年）入朝，后卒于长安。元结有吏才，颇有政绩。原有著作多部，均佚。

【译文】元德秀所得的俸禄，全部用于给孤儿提供衣食。任职期满，他的箱中只余下一匹细绢，自己驾着柴车离去。天宝十三年（754年）元德秀去世，家里只有枕头、鞋子、饭箪及水瓢等。族弟元结恸哭不已，有人说：“您哭得太过悲哀，这符合礼节吗？”元结说：“你只知道我的悲哀超过了礼节，却不知我这是情之所至啊！大夫体弱多病，没有一心向往的事物，老了没有特别在意的，死后也没有余物，人之常情上，大家所沉溺、喜爱的事物，厌恶的东西，大夫都没有。他活着的六十年中未曾接近女色、正视锦绣，不曾追求满足、无谄媚之言、不贪恋美色，未曾有十亩大的土地、十尺长的房屋、十岁的僮仆，未曾有完整的布料做衣服，也未曾有五味俱全的餐食。我哀悼他，是为了告诫那些荒淫贪佞、奢靡纨绔之徒啊。”（旧唐书卷一百九十下）

孙思邈

【题解】孙思邈（541年—682年），京兆华原（今陕西铜川）人，唐代医药学家、道士，被后人尊称为“药王”。

孙思邈从小就聪明过人，长大后开始爱好道家老庄学说，隋开皇元年（581年），见国事多端，隐居陕西终南山中，并渐渐获得了很高的声名。唐朝建立后，孙思邈接受朝廷的邀请，与朝廷合作开展医学活动。唐高宗显庆四年（659年），完成了世界上第一部国家药典《唐新本草》。唐高宗上元元年（674年），孙思邈年高有病，恳请返回故里。永淳元年（682年）去世。

《续编》从《旧唐书》及《新唐书》中辑录了他和卢照邻之间的对话，从中医治病的道理谈到圣人治理天下和修身之要，体现了中国传统文化中的医道相通的思想。

孙思邈，京兆华原人也。善谈庄、老及百家之说，兼好释典。当时知名之士宋令文、孟诜、卢照邻[①]等，执师资之礼以事焉。思邈尝从幸九成宫，照邻留在其宅。

【注释】①宋令文：唐虢州弘农（今河南灵宝）人，宋之问的父亲。唐高宗时为骁卫郎将，东台详正学士。有勇力，工书，善属文。孟诜（621—713年）：唐代汝州梁县人（今河南汝州），其著作《食疗本草》是世界上现存最早的食疗专著。孟诜被誉为世界食疗学的鼻祖。卢照邻（约635—685年）：字升之，号幽忧子，幽州范阳县（今河北涿州）人，唐朝时期大臣、著名诗人。

【译文】孙思邈，京兆府华原县（今陕西铜川）人。善于谈论老子、庄子以及先秦诸子百家的学说，同时喜好佛教经典。当时的知名人士宋令文、孟诜、卢照邻等人，按照尊师之礼侍奉他。孙思邈曾随高宗李治到九成宫避暑，卢照邻就为其看守宅第。

照邻有恶疾，医所不能愈，乃问思邈："名医愈疾，其道何如？"思邈曰：吾闻善言天者，必质之于人，善言人者，亦本之于天。天有四时五行[①]，寒暑迭代，其转运也，和而为雨，怒而为风，凝而为霜雪，张而为虹蜺，此天地之常数也。人有四支五藏，一觉一寝，呼吸吐纳，精气往来，流而为荣卫[②]，彰而为气色，发而为音声，此人之常数也。阳用其形，阴用其精，天人之所同也。及其失也，蒸则生热，否则生寒，结而为瘤赘，陷而为痈疽[3]，奔而为喘乏，竭而为焦枯，诊发乎面，变动乎形。推此以及天地亦如之。故五纬盈缩[4]，星辰错行，日月薄蚀，孛彗[5]飞流，此天地之危诊[6]也。寒暑不时，天地之蒸否也；石立土踊，天地之瘤赘也；山崩土陷，天地之痈疽也；奔风暴雨，天地之喘乏也；川渎竭涸，天地之焦枯也，良医导之以药石，救之以针剂，圣人和之以至德，辅之以人事，故形体有可愈之疾，天地有可消之灾。

【注释】①五行：指金、木、水、火、土，古人认为这五种物质构成世界万物，中医用五行说明生理、病理上的种种现象。

②荣卫：中医学名词。荣指血的循环，卫指气的周流。荣气行于脉中，属阴，卫气行于脉外，属阳。荣卫二气散布全身，内外相贯，运行不已，对人体起着滋养和保卫作用。这里指气血。

③痈疽：常见的毒疮。多由于血液运行不良，毒质淤积而生。大而浅的为痈，深的为疽，多长在脖子、背部或臀部等地方。

④五纬：金、木、水、火、土五星。

⑤孛彗：孛星和彗星。亦特指彗星。

⑥危诊：不祥的征兆。

【译文】卢照邻患有痛苦难治的疾病，多方医治也不能痊愈，就向孙思邈请教："名医是凭借什么治好疾病的？"孙思邈答："我听说善于谈论自然规律的，必会以人情事理为依据；善于谈论人情事理的，也要以自然法则为根本。大自然有四时五行的变化，寒暑更替，就是它运转的规律，天气平和就会下雨，气势旺盛就会刮风，水汽凝结就成为霜雪，光照云舒就现出彩虹，这些都是天地间的正常现象。人有四肢五脏，一睡一醒，呼吸吐纳之间，精气衰旺循环，流动就生成气血，显现出来就是气色，振动就发出声音，这些就是人的正常现象。从显露在外的表象，看隐藏于内的实质，这是研究自然和人体共同适用的方法。一旦阴阳失和，气血向上升腾就会发热，遇到阻隔就会发冷，充塞就长肉瘤，匮乏就生毒疮，气血奔流就会喘息困乏，气血枯竭就会干燥枯萎，症状显露于面部，病情改变人的形貌。如此类推，天地的自然现象也是如此。因此金、木、水、火、土五星消长，群星运行错乱，日月相掩，彗星疾飞，这是大自然的反常之兆。冷热不合时令，是天地之气发生滞塞；石块耸立，土地隆起，这是天地生出的瘤赘；山崩地陷，是天地生出的毒疮；狂风暴雨，就是天地的喘息困乏；河流枯竭，就是天地的干燥枯萎。针对疾病的医治，高明的医生以药石做疏导，用针灸来治疗；对于自然灾害，圣人以至德来理顺天心民意，那么人体就有可以治愈的疾病，天地也有可以消除的灾害。”

又曰：胆欲大而心欲小，智欲圆而行欲方。《诗》曰：“如临深渊，如履薄冰”，谓小心也；“纠纠武夫，公侯干城”，谓大胆也。“不为利回，不为义疚”，行之方也；“见机而作，不俟终日”，智之圆也。

【译文】孙思邈又说：治病时要胆大心细，思虑周密而行动坚定。《诗经》上说："好像到了深潭的边缘，如同踩在极薄的冰上"，这是说要小心；"你是雄壮威武的军人，你是捍卫家国的猛将"，这是说要大胆；"不为谋取私利而违反原则，不做无义之事而感到内疚"，这是行为端方；"能够见机行事，不必等到最后"，这是思虑周密。"

（《新唐书》曰：复问养性之要，答曰："天有盈虚，人有屯危，不自慎，不能济也。故养性必先知自慎也。慎以畏为本，故士无畏则简仁义，农无畏则堕稼穑，工无畏则慢规矩，商无畏则货不殖，子无畏则忘孝，父无畏则废慈，臣无畏则勋不立，君无畏则乱不治。是以太上畏道，其次畏天，其次畏物，其次畏人，其次畏身。忧于身者不拘于人，畏于己者不制于彼，慎于小者不惧于大，戒于近者不侮于远。知此则人事毕矣。"）

【译文】（《新唐书》说：卢照邻又问修身养性的要点，孙思邈回答说："天有盈缺，人有危难，不谨慎自重，就不会成功。因此修身养性一定要先从谨慎自重开始。谨慎以敬畏为根本，因此士人没有敬畏就会缺少仁义，农民没有敬畏就会疏于耕种，工匠没有敬畏就会轻慢规矩，商人没有敬畏就无法获利，儿子没有敬畏就会忘掉孝道，父亲没有敬畏就会抛弃慈爱，臣下没有敬畏就不能建立功勋，君主没有敬畏就不能治理动乱。

因此第一是敬畏道，其次是敬畏天，再其次是敬畏物，又其次是敬畏人，最后是敬畏自身。常忧虑自身的人不会被他人束缚，对自己敬畏的人不会受制于他人，谨小慎微的人不会酿成大错，从眼前做起，时刻提醒自己在小事上不犯错误，将来才不会追悔莫及。充分了解这些道理，人情事理也就明白得差不多了。”）

思邈自云开皇辛酉岁生，至今年九十三矣；询之乡里，咸云数百岁人。话周、齐间事，历历如眼见。以此参之，不啻百岁人矣。然犹视听不衰，神采甚茂，可谓古之聪明博达不死者也。（旧唐书卷一百九十一）

【译文】孙思邈说自己出生于开皇辛酉年（601年），至今有九十三岁了；问他的乡亲，都说他是几百岁的人了。他谈起北周、南齐年间的事情，历历分明，如同亲眼所见。以此作参考，他应该不止一百岁了。然而视力听觉都没有衰退，神采奕奕，可说是耳聪目明博闻通达的不死之人。（旧唐书卷一百九十一）

玄 奘

【题解】玄奘（602—664年），本名陈祎，洛州缑氏（今河南洛阳）人，其先颍川人。唐代著名高僧，法相宗创始人，被尊称为“三藏法师”，后世俗称“唐僧”，与鸠摩罗什、真谛并称为中国佛教三大翻译家。玄奘于于贞观元年（627年）一人西行五万里，历经艰辛到达印度佛教中心那烂陀寺取真经，前后17年，遍学了当时大小乘各种学说。贞观十九年（645年），玄奘自天竺归来，一共带回佛舍利150粒、佛像7尊、经论657部，并长期从事翻译佛经的工作。玄奘归来时，唐太宗派遣大臣房玄龄等亲自迎接，并大力支持其译经事业。贞观二十二年（647年），唐太宗还亲自作《大唐三藏圣教序》，歌颂玄奘法师的佛学成就，这篇文章在历史上广为传颂，体 现了一代明君对佛教的高度认识。

僧玄奘，姓陈氏，洛州偃师人。大业末出家，博涉经论。尝谓翻译者多有讹谬，故就西域，广求异本以参验之。贞观初，随商人往游西域。玄奘既辩博出群，所在必为讲释论难，蕃人远近咸尊伏之。在西域十七年，经百余国，悉解其国之语，仍采其山川谣俗，土地所有，撰《西域记》①十二卷。贞观十九年，归至京师。太宗见之，大悦，与之谈论。于是诏将梵本六百五十七部于弘福寺翻译，仍敕右仆射房玄龄、太子左庶子许敬宗，广召硕学沙门五十余人，相助整比。显庆六年卒，时年五十六，归葬于白鹿原，士女送葬者数万人。（旧唐书卷一百九十一）

【注释】①《西域记》：又名《大唐西域记》，系玄奘奉唐太宗敕命而著的地理史籍，共十二卷。由玄奘口述，辩机撰文。记述玄奘求经途中所历诸国的风土，是了解古代印度的重要典籍，也是研究佛教史学、遗迹的重要文献。

【译文】僧人玄奘，姓陈，洛州偃师县（今河南偃师）人。他在隋炀帝大业末年出家，广泛涉猎佛教经论。玄奘曾说当时翻译的佛经译本有很多差错谬误，所以到西域，广泛寻求不同版本来参考验证。太宗贞观初年，跟随商人前往西域。玄奘博学多才、卓越出众，所到之处都会讲解经义，答疑解惑，远近的外国人对他都无比敬佩。他在西域十七年，一共遍访了上百个国家，对于这些国家的语言他全都懂得，于是收集各地山川河流、风土人情、特产信息，撰写出十二卷《西域记》。贞观十九年（645年），玄奘回到京城长安。太宗李世民见到他，非常高兴，与他相谈甚欢。于是诏令在弘福寺翻译六百五十七部梵文佛经原本，还命令右仆射房玄龄、太子左庶子许敬宗，广泛征聘五十余位知识渊博的出家人，帮助玄奘整理考校。玄奘于显庆六年（661年）去世，享年五十六岁，安葬在白鹿原（今陕西蓝田），前来送葬的男女有数万人。（旧唐书卷一百九十一）

司马承祯

【题解】司马承祯（639—735年），字子微，法号道隐，自号白云子，河内温县（今河南温县）人，道教上清派第十二代宗师。司马承祯少时笃学好道，无心做官。拜师嵩山道士潘师正，学习上清经法、符箓、导引、服饵等道术，隐居天台山玉霄峰。开元二十三年（735年）羽化，时年96岁，追赠银青光禄大夫，追赠正一先生。《续编》辑录了司马承祯和睿宗的一段对话，他向睿宗提出要采用无为之道来修身治国。

道士司马承祯，字子微。河内温人，尝遍游名山，乃止于天台山。则天闻其名，召至都，降手敕以赞美之。及将还，敕麟台监李峤饯之于洛桥之东。

【译文】道士司马承祯，别名子微，河内温县人，司马承祯曾经游览天下名山之后，停留在天台山。武则天听说他以后，把他召到京都，颁下手诏称赞他。即将返回的时候，武则天令麟台监李峤在洛桥东边为他饯行。

景云[①]二年，睿宗令其兄承祎就天台山追之至京，引入宫中，问以阴阳术数之事。承祯对曰："道经之旨：'为道日损，损之又损，以至于无为。'且心目所知见者，每损之尚未能已，岂复攻乎异端，而增其智虑哉！"帝曰："理身无为，则清高矣！理国无为，如何？"对曰："国犹身也。《老子》曰：'游心于澹，合气于漠，顺物自然而无私焉，而天下理。'《易》曰：'圣人者，与天地合其德。'是知天不言而信，不为而成。无为之旨，理国之道也。"睿宗叹息曰："广成之言，即斯是也！"承祯固辞还山，仍赐宝琴一张，及霞纹帔而遣之，朝中词人赠诗者百余人。开元九年，玄宗又遣使迎入京，亲受法箓，前后赏赐甚厚。（旧唐书卷一百九十二）

【注释】①景云：唐睿宗李旦的年号（710—711年）。

【译文】景云二年（711年），唐睿宗李旦命令他的哥哥司马承祎到天台山诏他入京，引入皇宫，询问关于阴阳五行术数的事情。司马承祯回答说："道教经书的主旨是：'学道就要每天减少奢欲，一再减少，以致达到无为的境界。'纷扰人内心和耳目的事物，就是有意减少尚且不能做到，怎么还能追求异端之说，来增加自己的精神负担啊！"睿宗说："无为用来修身养性，就会清静高洁了。用无为来治理国家，如何做呢？"司马承祯回答说："治理国家像修养自身一样。《老子》说：'内心淡泊，精神宁静，顺其自然而没有个人私欲，那么天下就得到治理了。'《易经》说：'圣人，他的德性与天地配合。'这就可知上天没有言语而行为诚信，上天不刻意有为却始生万物。无为的主旨，也同样是治国理政之道。"睿宗赞叹说："广成子的话，也是这个意思。"司马承祯坚决要求返回天台山，睿宗就赐给他宝琴和服饰后而让他离去，朝廷中为他做诗送别的人就有一百多名。开元九年（721年），玄宗又派使者接他入京，亲自向他学习符箓方面的知识，前后赏赐的东西非常优厚。（旧唐书卷一百九十二）

群书治要续编卷第十五　旧五代史

【提要】“五代十国”是我国历史上唐、宋之间的一个承前启后的过渡时期。自唐朝灭亡开始，至宋朝建立为止，也可以定义为到宋朝统一十国剩余政权为止，这一时期是中国历史上一个大分裂时期。

五代是指唐朝灭亡后依次定都于中原地区的五个朝代，即后梁、后唐、后晋、后汉和后周。907年，唐朝灭亡后，朱温在中原地区建立后梁，定都东京开封府（今河南开封），五代十国开始。之后，李存勖灭掉后梁建立后唐政权，石敬瑭灭掉后唐建立后晋，刘知远灭掉后晋建立后汉，郭威又灭掉后汉，建立后周。960年，赵匡胤发动陈桥兵变，黄袍加身，篡后周建立北宋，五代结束。在唐末、五代及宋初，中原地区之外还同时存在过许多割据政权，其中前蜀、后蜀、南吴、南唐、吴越、闽、楚、南汉、南平（荆南）、北汉、武平等十余个割据政权被《新五代史》及后世史学家统称十国。所以，这个历史时期称为“五代十国”。

记录“五代十国”时期的史书，在现行“二十四史”中有两部，一部是薛居正的《旧五代史》，一部是欧阳修的《新五代史》。

《旧五代史》，原名《五代史》，也称《梁唐晋汉周书》，是由宋太祖诏令编纂的官修史书。宋太祖开宝六年（973年）四月，卢多逊、扈蒙、张澹、李穆、李昉、刘兼、李九龄等人奉命开始撰修

《五代史》，以参政（副宰相）薛居正监修。由于当时有五代各朝的实录以及范质所撰的编年体史书《五代通录》作为基础，《五代史》的修撰非常顺利，仅仅用了一年半的时间，到开宝七年（974年）闰十月，150卷的《五代史》就修成了。

北宋初年修成《五代史》后，过了几十年，朝廷中有人对它感到不满意，因为纂修者大多是从五代旧臣，书中没能体现北宋统治者的观念，而且内容繁芜，文笔平淡，于是提出重修新的《五代史》。宋代古文大家欧阳修曾经负责过《新唐书》的修撰，他通过十几年的努力，修成一部《五代史记》，共计74卷。宋神宗熙宁五年（1072年）欧阳修去世，这部书被征入朝廷，到熙宁十年（1077年），朝廷将其正式颁行。后世为了区别这两部《五代史》，因此把薛居正等纂修的叫《旧五代史》，而把欧阳修后修成的就叫《新五代史》。

当然，这两部五代史各有优劣长短，这里不作详细分析。但是，有一点要说明的是，由于《新五代史》对《旧五代史》原有的史料进行了大量删削，因此，《新五代史》虽然在《旧五代史》的基础上增加了一些新史料，但是对史实的记录远远没有《旧五代史》完整翔实。因此，我们在编撰《续编》时，辑录内容还是以《旧五代史》为主，个别地方采录《新五代史》的相关文字以作补充。

因为《旧五代史》在南宋后流传渐微，到明清时期已经亡佚。因此，现存“二十四史”中的《旧五代史》版本，实际是清朝乾隆时学者邵晋涵从明朝类书《永乐大典》等书中辑录出来的，是“二十四史”中唯一的辑佚书。

《续编》从现行《旧五代史》中辑录了后唐庄宗李存勖、后周世宗柴荣两位君主的本纪及敬翔、郭崇韬等15人的列传中的精华内容，以供读者借鉴和参考。

敬　翔

【题解】敬翔（？—923年），字子振，同州冯翊人（今山西大荔县），唐朝侍中敬晖之后，五代时期后梁大臣。敬翔好读书，唐末赶赴长安参加进士考试，未中。黄巢入长安，敬翔逃至汴州，投靠同乡王发。后为朱温所识，敬翔跟随朱温前后共三十余年，朱温对其言听计从，敬翔本人也“尽心勤劳，昼夜不寐，自言惟马上得休息”。唐昭宗封敬翔为检校右仆射、太府卿，赐号“迎銮叶赞功臣”。朱温称帝后，改枢密院为崇政院，任命敬翔为知枢密院事。为光禄大夫、行兵部尚书、金銮殿大学士，封平阳郡侯。乾化二年（912年）六月，朱温病重，召敬翔至病榻前受顾托命。朱友贞即位，赵岩及妻族张汉鼎、张汉杰等人用事，敬翔与李振受到排挤。李存勖攻进后梁都城，敬翔全家自杀。敬翔不事二姓，堪称后梁忠臣。

敬翔，字子振，同州冯翊人。翔好读书，尤长刀笔，应用敏捷。时太祖①初镇大梁，补右职，每令从军。

【注释】①太祖：此处指后梁创建者朱温，开平元年（907年）到乾化二年（912年）在位。五代时期梁朝第一位皇帝。唐僖宗曾赐名“朱全忠”，即位后改名朱晃。

【译文】敬翔，字子振，同州冯翊（今山西大荔县）人。敬翔喜欢读书，尤其擅长撰写文书，各种文书应用都很敏捷。当时后梁太祖朱温刚镇守大梁，让敬翔补任右职，经常让他一起随军出征。

太祖受禅①，改枢密院为崇政院，以翔知院事。开平②三年夏四月，太祖以邠、岐侵扰，遣刘知俊西讨鄜、延，深忧不济，因宴顾翔，以问西事。翔剖析山川郡邑虚实，军粮多少，悉以条奏，如素讲习，左右莫不惊异，太祖叹赏久之。

【注释】①太祖受禅：天祐四年（907年），朱温通过禅让的形式夺取了唐哀帝的帝位，代唐称帝，建国号梁，改年号为开平，史称“后梁”。

②开平：后梁太祖朱温第一个年号（907年4月—911年4月），共计5年。

【译文】太祖朱温登上帝位后，改枢密院为崇政院，让敬翔掌管院中事务。开平三年（909年）夏四月，太祖朱温因为邠州、岐下受到侵扰，派遣刘知俊率军西征鄜州、延州（，很是担忧无法取得胜利，因此设宴待见敬翔，以询问西征之事。敬翔认真分析了敌我双方所处的地理形势、城邑的虚实、军粮的多少，把这些全都条分缕析上奏，就像平常讲议研习时一样，周围的人无不惊异，太祖朱温看了也是赞叹不已。

翔自释褐东下，遭遇霸王，怀抱深沉，有经济之略，起中和[①]岁，至鼎革大运，其间三十余年，扈从征伐，出入帷幄，庶务丛委，恒达旦不寝，惟在马上稍得晏息。每有所裨赞，亦未尝显谏，上俯仰顾步间微示持疑尔，而太祖意已察，必改行之，故裨佐之迹，人莫得知。及太祖大渐，召至御床前受顾托之命，且深以并寇为恨，翔呜咽不忍，受命而退。庶人友珪[②]之篡位也，以天下之望，命翔为宰相。友珪以翔先朝旧臣，有所畏忌，翔亦多称病，不综政事。

【注释】①中和：唐僖宗的年号（881年7月—885年3月）。

②庶人友珪：指朱友珪，又名朱友球（884—913年），小字遥喜，后梁太祖朱温次子，后梁末帝朱友贞之兄，五代十国时期后梁第二位皇帝，史称“废帝”。朱友珪因荒淫无度，为朱友贞所杀，朱友贞继位后，追废朱友珪为庶人。

【译文】敬翔自从出仕为官东下以后，便遇到了朱温。他胸怀远大志向，又有经国济世之略，从中和年间开始，到太祖朱温登上帝位，其间三十多年，一直跟随太祖朱温南征北伐，出入帷幄之中，集众事务于一身，经常整夜睡不成觉，只能在马背上稍作休息。每有补益之言，敬翔也不直说，而是婉言劝谏；只要皇上对于某事在行为举止上表现得稍有疑虑，敬翔就会领略其意图，因此必定会加以纠正并执行。所以，他辅佐皇上的行为都很难被人觉察。当太祖朱温病情加重时，将敬翔召到御床前接受遗命嘱托，并且对未能平定并州（今太原一带）贼寇而感到非常遗憾。敬翔听后哽咽不止，不忍心再看这场景，领命退出。朱温次子朱友珪篡夺了帝位后，因为敬翔名满天下，所以朱友珪任命他为宰相。因为敬翔是太祖的旧臣，朱友珪害怕他谋害自己，对他有所畏忌，而敬翔也总是推托有病，不去过问政事。

末帝[①]即位，赵、张之族[②]皆处权要，翔愈不得志。及刘鄩失河朔，安彦之丧杨刘，翔奏曰："国家连年遣将出征，封疆日削，不独兵骄将怯，亦制置未得其术。陛下处深宫之中，与之计事者皆左右近习，岂能量敌之胜负哉！先皇时，河朔半在，亲御虎臣骁将，犹不得志于敌人。今寇马已至郓州，陛下不留圣念，臣所未谕一也。臣闻李亚子[③]自墨缞[④]统众，于今十年，每攻城临阵，无不亲当矢石。昨闻攻杨刘，率先负薪渡水，一鼓登城。陛下儒雅守文，未尝如此，俾贺瑰[⑤]辈与之较力，而望攘逐寇戎，臣所未喻二也。陛下所宜询于黎老，别运沉谋，不然，则忧未艾也。臣虽驽怯[⑥]，受国恩深，陛下必若乏材，乞于边陲效试。"

【注释】①末帝：即朱友贞（888—923年），又名朱锽、朱瑱，后梁末代皇帝，太祖朱温第三子，朱友珪的异母弟弟。

②赵、张之族：指太祖朱温女婿赵岩，以及末帝朱友贞德妃的兄弟张汉鼎、张汉杰等人。他们依势弃权，卖官鬻爵，离间旧日将相。敬翔、李振等虽为执政大臣，所言多不用，政事日紊，以至于亡。

③李亚子：即后唐庄宗李存勖（885—926年），后唐开国皇帝。

④墨缞：黑色丧服。缞（cuī），古代丧服，用麻布制成，披在胸前。

⑤贺瑰（858—919年）：字光远，濮阳人。曾承太祖朱温数立战功，平定庆州叛乱，后因病去世，时年62岁。诏令追赠为侍中。

⑥驽怯：指资质驽钝，才能低下，又胆小怯弱。

【译文】末帝朱友贞即位后，赵岩、德妃张氏家族等人职掌权位要职，敬翔等人更加不得志。当刘鄩兵败丢失河朔，安彦之失杨刘城后，敬翔上书对末帝朱友贞说："国家连年派军出征，而国土却日渐减少，这不仅仅是士兵骄慢、将领胆怯的缘故，也有朝廷决策谋划不当的原因。陛下住在深宫之中，与您一起谋划议论大事的人，不是近侍就是亲戚，又怎么能预料战争的胜败呢？先皇在世时，河朔地区一半在我们手里，先皇亲自指挥着勇猛如虎的臣子和骁勇的战将出征，尚且不能消灭敌人。现在敌军兵马已经打到了郓州，陛下却对此毫不在意，这是我所不能理解的第一点。我听说李亚子从服丧期间统兵征战开始，至今已有十年，每次攻城对阵，无不亲自冒着弓矢炮石，身先士卒。臣昨天听说在进攻杨刘城（今山东东平）时，李亚子背着柴草泅水渡河，身先士卒，一鼓登上城墙。陛下温文儒雅，未曾有过这样的经历，又派出贺瑰这样的人来担任主将，却期望能够驱除贼寇，这是我不能理解的第二点。陛下应当向那些旧日老臣征询计策，另外再谋划周密详尽的策略，否则，忧患将会永远存在啊。臣虽然资质愚钝而又懦弱，但却深受皇恩，如果陛下确实是缺乏合适的将才，就请让我去镇守边疆以接受考验吧。”

末帝虽知其恳恻，竟以赵、张辈言翔怨望，不之听。及晋主陷都城，有诏赦梁氏臣僚，李振[①]谓翔曰：“有制洗涤，将朝新君。”翔曰：“新君若问，其将何辞以对！”乃自经而卒。（旧五代史卷十八）

【注释】①李振（？—923年）：后梁太祖朱温的谋臣，唐朝司空李抱真曾孙，曾鼓动朱温在天祐二年（905年）发动“白马驿之变”。后梁建立后，李振官居高位，为后梁的重要大臣。后梁灭亡后，李振投降了后唐，后又被李存勖处死。

【译文】梁末帝朱友贞虽然知道敬翔所说非常诚恳，但终因赵岩、张汉鼎等人谄言说这是敬翔的埋怨责备之词，而没有听从他的意见。当晋王李存勖攻陷都城汴京（今开封）后，他下令赦免梁朝大臣。李振对敬翔说：“诏令已赦免了我们的罪，准备朝见新君吧。”敬翔说：“新君如果问起我们，将要怎么回答呢？”于是上吊自杀而死。（旧五代史卷十八）

庄宗本纪

【题解】后唐庄宗李存勖（885—926年），小字亚子，代北沙陀人，生于晋阳（今山西太原），后唐开国皇帝，晋王李克用之子。李存勖在唐末官至检校司空，遥领晋州刺史，后袭父位为河东节度使、晋王。他骁勇善战，长于谋略，在王位十五年，南击后梁、北却契丹、东取河北、西并河中，使得晋国逐渐强盛，中兴唐朝霸业。同光元年（923年）四月在魏州称帝，定国号为唐，史称后唐，并于同年十二月灭亡后梁，尽取河南、山东等地，定都于洛阳。

李存勖在位期间，并岐国，灭前蜀，得凤翔、汉中及两川之地，震动南方割据诸国，“五代领域，无盛于此者”。但他沉缅于声色，治国乏术，用人无方，纵容皇后干政，重用伶人、宦官，疏忌杀戮功臣，横征暴敛，又吝惜钱财，以致百姓困苦、藩镇怨愤、士卒离心，同光四年（926年）四月死于兴教门之变，时年42岁。在位3年，庙号庄宗，谥号光圣神闵孝皇帝，葬于雍陵。

庄宗皇帝，讳存勖，武皇帝①之长子也。

【注释】①武皇帝：即李克用（856—908年），后唐开国皇帝李存勖之父。神武川之新城（今山西雁门）人。李存勖建立后唐后，追谥为武皇帝，庙号太祖。

【译文】庄宗皇帝，讳名存勖，是武皇帝李克用的长子。

天祐①五年春正月，武皇疾笃，召监军张承业、大将吴珙②谓曰：“吾常爱此子志气远大，可付后事，惟卿等所教。”及武皇厌代③，帝乃嗣王位于晋阳，时年二十有四。

【注释】①天祐：是唐昭宗李晔开始使用的年号，天祐元年（904年）八月唐哀帝李柷即位沿用。天祐四年（907年）三月李柷禅位于朱温。从904年闰四月至907年三月，共计四年。后来前蜀王建、南汉刘隐、南吴、晋李克用、岐李茂贞、吴越钱镠等割据政权仍沿用唐天祐年号。碑刻中有用至天祐二十年。

②张承业、吴珙：晋王李克用手下心腹臣子，后又共同辅助李存勖。张承业（846—922年），本姓康，字继元，太原府交城（今山西交城县）人，唐末五代宦官。辅佐了李克用、李存勖两代晋王，被后世视为贤宦的代表，常与东汉时期的宦官吕强并称。李存勖称其为七哥。吴珙，晋王李克用手下大将，后与张承业、李存璋一起辅佐李存勖。

③厌代：即厌世。特指帝王逝世。唐人因避太宗李世民讳，改“世”为“代”。后遂沿用下来。

【译文】天祐五年（908年）春正月，武皇帝李克用病危，召见监军张承业、大将吴珙，说：“我向来喜爱存勖这孩子志气远大，可继承我的事业，只是还请你们多加教导才是。”武皇帝李克用死后，庄宗李存勖便在晋阳（今山西太原）继承了晋王之位，时年二十四岁。

时振武节度使克宁[①]，即帝之季父也，为管内蕃汉马步都知兵马使，典握兵柄。时李存颢[②]以阴计干克宁曰：“兄亡弟立，古今旧事，季父拜侄，理所未安。”克宁妻素刚狠，因激怒克宁，阴图祸乱。存颢欲于克宁之第谋害张承业、李存璋[③]等，以并、汾九州归附于梁，送贞简太后[④]为质。克宁意将激发，乃擅杀大将李存质，请授己云州节度使，割蔚、朔、应三州为属郡，帝悉俞允，然知其阴祸有日矣。克宁俟帝过其第，则图窃发。时幸臣史敬熔⑤者，亦为克宁所诱，尽得其情，乃来告帝。帝谓张承业曰："季父所为如此，无犹子之情，骨肉不可自相鱼肉，予当避路，则祸乱不作矣！"承业曰："臣受命先王，言犹在耳。存颢辈欲以太原降贼，王欲何路求生？不即诛除，亡无日矣。"因召吴珙、李存璋、李存敬、朱守殷⑥谕其谋，众咸愤怒。

【注释】①克宁：即李克宁（？—908年），五代十国时期后唐奠基人李克用的幼弟，后唐开国皇帝李存勖的叔父。其阴谋夺李存勖之位，被李存勖设计诱杀。

②李存颢：庄宗李存勖的兄长，李克用的养子，也是李存勖叔父李克宁的心腹。其挑拨李存勖与叔父李克宁的关系，阴谋叛乱，后被李存勖发觉，设计铲除。

③李存璋（？—922年）：五代时期军事将领，字德璜，代州云中（今山西大同）人，晋王李克用养子。受顾命，拥立庄宗。后以疾卒，庄宗追赠太尉。天福初年，追赠太师。

④贞简太后（？—925年）：后唐太祖李克用的宠妾曹氏，后唐庄宗李存勖的母亲。

⑤史敬熔：晋王李克用的侍者，太原人，年轻时侍奉李克用，为其亲信。

⑥李存敬、朱守殷：均为忠心辅助庄宗李存勖的臣子。

【译文】当时的振武军节度使李克宁是晋王李存勖的叔父，是管内蕃汉马步军都知兵马使，总理兵权。李存勖继承晋王之位后，其兄李存颢私下蛊惑李克宁说："兄长过世弟弟继位，这是古今已成的惯例。现在叔叔要跪拜侄儿，于理心安吗？”李克宁的妻子孟氏性格向来刚强蛮横，也因这话多次激迫李克宁，阴谋叛乱夺位。李存颢建议李克宁趁着晋王李存勖到他的家来探望时除掉张承业、李存璋等人，然后率河东所属并、汾九州（今山西太原一带）归附后梁，将太夫人曹氏贞简太后送往大梁作为人质。李克宁因此有意激化事情，擅自将大将李存质杀害，要求庄宗李存勖封授自己为云州节度使，并把蔚州（今河北张家口蔚县）、朔州（今山西省西北部）、应州（今山西大同一带）三地划归自己。庄宗李存勖都答应了，也因此知道了李克宁阴谋叛乱应该谋划有一段日子了。李克宁准备按照李存颢的建议，趁庄宗李存勖到他家探访时悄悄发动叛乱。当时幸好有个叫史敬熔的太原人是后唐太祖李克用的亲信，受李克宁的诱惑，因此知道了李克宁阴谋叛乱的所有计划，于是将其全部告诉了庄宗李存勖。庄宗李存勖对张承业说：“叔叔这样做，没有一点叔侄之情，至亲不可以自相残杀，我如果让位退避，祸乱就不会发生了。”张承业说：“我受先王嘱托，话还犹在耳边。李存颢等人想要率所属太原等地投敌，皇上想要如何求得生存呢？如果不马上诛杀他们，灭亡也就指日可待了。”因此召来吴珙、李存璋、朱守殷等人，将李克宁等人想要叛乱的阴谋告诉了他们，大家听后都非常愤怒。

二月壬戌，命存璋伏甲以诛克宁，遂靖其难。是月，唐少帝[①]崩于曹州，梁祖使人鸩之也。帝闻之，举哀号恸。

【注释】①唐少帝：指唐哀帝李柷（892—908年），原名李祚，唐昭宗李晔第九子，唐朝末代皇帝。天祐元年（904年）即位，一切政事皆由朱温定夺。在位3年后被朱温废黜，次年被鸩杀，葬于温陵，终年16岁。

【译文】二月二十一日，庄宗李存勖命李存璋率人埋伏在王府，诱杀了李克宁等人，最终平定了变乱。当月，唐哀帝李柷死于曹州，是梁太祖朱温派人毒死的。庄宗李存勖听到消息后天，哀痛号哭。

三月，周德威[①]尚在乱柳，梁将李思安[②]屡为德威所败，闭壁不出。是时，梁祖自将兵至泽州。

【注释】①周德威（？—919年）：字镇远，小字阳五，朔州马邑（今山西朔州）人，唐末五代时期河东名将，辅佐李克用、李存勖两代晋王，以骁勇著称，919年战死于胡柳陂。后唐建立后，追赠太师，配享庄宗庙庭。后晋石敬瑭即位，追封燕王。

②李思安（861—912年）：字贞臣，河南陈留（今河南开封市）人。五代时期后梁大将，开国功臣之一。

【译文】三月，晋军大将周德威正率军驻扎在乱柳，后梁大将李思安因多次被周德威打败，所以闭城不出。这时，后梁太祖朱温亲自带兵到了泽州。

四月，帝召德威军归晋阳。汴人[①]既见班师，知我国祸，以为潞州必取，援军无俟再举，遂停斥候。梁祖亦自泽州归洛。帝知其无备，乃谓将佐曰："汴人闻我有丧，必谓不能兴师，人以我少年嗣位，未习戎事，必有骄怠之心。若简练兵甲，倍道兼行，出其不意，以吾愤激之众，击彼骄惰之师，拉朽摧枯，未云其易，解围定霸，在此一役。"甲子，军发自太原。己巳，至潞州北黄碾下营。

【注释】①汴人：即开封人。当时后梁实行两京制，开封为东都，洛阳为西都。

【译文】四月，庄宗李存勖让周德威率军回到晋阳。汴人见晋军回师，知道晋国国内肯定发生祸患了，以为可以乘机攻下潞州，没有必要再派军援助了，于是撤回了侦察人员，太祖朱温也从泽州回了洛阳。庄宗李存勖明白后梁军队这时肯定没有防备，便对将领及佐吏们说："汴人听说我国有丧事，一定会认为我们不会出兵，他们认为我年轻又刚刚即位，不熟悉军事，因此他们必定会产生傲慢懈怠之心。如果我们轻装快速行军，出其不意，凭借我们的愤激之众，攻击他们的骄纵之师，就算是拉朽摧枯，也不一定比这个容易。解除潞州之围，鼎定我国霸位，就在这一仗了。"二十四日，晋军从太原发兵。二十九日，晋军到达潞州，在北边的黄碾扎营。

五月，帝率亲军三道齐进。李嗣源[1]坏夹城[2]东北隅，率先掩击，梁军大恐，南向而奔，投戈委甲，噎塞行路，斩万余级，获其将副招讨使符道昭[③]洎大将三百人，刍粟百万。梁招讨使康怀英[④]得百余骑，出天井关而遁。梁祖闻其败也，既惧而叹曰："生子当如是，李氏不亡矣！吾家诸子乃豚犬尔。"

【注释】①李嗣源（867—933年）：晋王李克用养子，以骁勇知名，后辅佐庄宗李存勖建立后唐。926年，李嗣源镇压邺都兵变，却与变兵合流，率军攻回洛阳，结束了李存勖的统治。他初称监国，不久即位为帝，改元天成，成为后唐第二位皇帝。他原名邈佶烈，称帝后更名李亶。

②夹城：犹夹寨（隔河相对、互为犄角的营寨），用以加固城防。

③符道昭（？—908年）：淮西蔡州（今河南汝南县）人。唐末梁初军事将领。唐天复年间任神策指挥使，后任梁相、大将、秦州节度使。

④康怀英（？—916年）：原名康怀贞，山东兖州人，后梁名将。

【译文】五月，庄宗李存勖率亲军三道并进。李嗣源率帐下亲军攻破了梁军所建夹城东北角，率先掩杀过去，梁军大乱，恐慌不已，向南逃窜，丢了武器，弃了盔甲，道路堵塞，斩杀梁军一万多人，俘虏了后梁副招讨使符道昭及大将约三百人，粮草百万。梁朝招讨使康怀英聚拢一百多名骑兵，从天井关（今山西晋城市境内）逃离。梁太祖朱温得知军队失败，既恐慌又赞叹："生儿子就应当生李亚子这样的啊！李氏不会灭亡了呀！我家这几个儿子比起来就像猪狗一样啊。"

是月，周德威乘胜攻泽州。帝遂班师于晋阳，告庙饮至，赏劳有差。乃下令于国中，禁贼盗，恤孤寡，征隐逸，止贪暴，峻堤防，宽狱讼，期月之间，其俗丕变。帝每出，于路遇饥寒者，必驻马而临问之，由是人情大悦，王霸之业，自兹而基矣。

【译文】这个月，晋军大将周德威率军乘胜攻打泽州。庄宗李存勖于是领军回到晋阳，祭告祖庙，畅饮庆贺，按照军功奖赏部下。因此下令全国，严禁偷盗抢劫，抚恤孤儿寡妇，征召隐逸之士，杜绝贪污强暴，加固堤防，宽松刑律，短短一月之内，国家民风大变。庄宗李存勖每次外出，只要是在路上遇见饥寒之人，必定会停期下马来上前慰问，国内百姓因此人心大悦，其王霸之业从此便有了基础。

（《纲鉴易知录》①曰：唐主②幼善音律，或时自傅粉墨，与优人共戏于庭，以悦刘夫人③，优名谓之“李天下”。尝自呼曰“李天下，李天下”，优人敬新磨④遽前批其颊。唐主失色，新磨徐曰：“理天下者只有一人，尚谁呼邪！”唐主悦，厚赐之。诸伶出入宫掖，侮弄搢绅，群臣愤疾，莫敢出气。唐主性刚好胜，不欲权在臣下，信伶官之谗，颇疏忌宿将。）

【注释】①《纲鉴易知录》：清代学者吴乘权编辑的一部记载从传说时代至明末历史的纲目体通史。全书共107卷，180多万字。上起盘古开天辟地的神话时代，下迄明王朝灭亡，其间重大的历史事件，重要的历史人物，都有简略的记载。由于纪事简明，头绪清楚，使人一看了然，所以叫做《易知录》。

②唐主：指后唐庄宗李存勖。

③刘夫人：指后唐太祖李克用之妻。

④敬新磨：五代后唐人，庄宗李存勖宠爱的优伶之一。

【译文】（《纲鉴易知录》中记载：后唐庄宗李存勖从小就喜欢音乐，有时候便自己涂上粉墨，和优伶一起在宫庭里玩，以此来讨刘夫人高兴，他还给自己取了个艺名叫“李天下”。曾经在演戏时，他自己喊自己“李天下，李天下”，有个叫敬新磨的戏子急忙上前打他的脸。庄宗李存勖变了脸色，敬新磨慢慢地说：“治理天下的人只有一个，您还呼叫谁呢？”庄宗李存勖听了非常高兴，赏赐给了他丰厚的礼物。优伶们出入皇宫，经常捉弄和欺负那些官宦，大臣们非常愤恨，但又不敢对他们生气。庄宗李存勖性格刚强好胜，不想权力被朝臣们把控，于是听信伶官的谗言，很是疏忌朝中老臣大将。）

（欧阳修《新五代史》[①]曰：呜呼，盛衰之理，虽曰天命，岂非人事哉！原庄宗之所以得天下，与其所以失之者，可以知之矣。世言晋王[②]之将终也，以三矢赐庄宗而告之曰：“梁，吾仇也，燕王吾所立，契丹与吾约为兄弟，而皆背晋以归梁。此三者，吾遗恨也。与尔三矢，尔其无忘乃父之志！”庄宗受而藏之于庙。其后用兵，则遣从事以一少牢告庙，请其矢，盛以锦囊，负而前驱，及凯旋而纳之。方其系燕父子以组，函梁君臣之首，入于太庙，还矢先王而告以成功，其意气之盛，可谓壮哉！及仇雠已灭，天下已定，一夫夜呼，乱者四应，苍皇东出，未及见贼而士卒离散，君臣相顾，不知所归，至于誓天断发，泣下沾襟，何其衰也！岂得之难而失之易欤？抑本其成败之迹而皆自于人欤？《书》曰：“满招损，谦得益。”忧劳可以兴国，逸豫可以亡身，自然之理也。故方其盛也，举天下之豪杰莫能与之争；及其衰也，数十伶人困之，而身死国灭，为天下笑。夫祸患常积于忽微，而智勇多困于所溺，岂独伶人也哉！

【注释】①《新五代史》：宋欧阳修撰，原名《五代史记》，后世为区别于薛居正等官修的五代史，称为《新五代史》。

②晋王：指庄宗李存勖之父李克用。

【译文】（欧阳修在《新五代史》中写道：唉！国家兴亡的道理，虽然说是天命，难道不也是由于人事吗？推究后唐庄宗李存勖之所以得天下，和他又为什么失天下的原因，就可以明白这个道理。世人说晋王李克用将死的时候，拿出三支箭来赐给庄宗，告诉他说：“梁国，是我的仇敌；燕王，是我扶持建立起来的；契丹和我订立了盟约，结为了兄弟，但他们却都背叛了晋而归顺了梁。这三件事，是我的遗恨。给你这三支箭，请你一定不要忘记为父的愿望。”李存勖接了箭，把它收藏在祖庙里。此后每次出兵，他就会派随从官员用猪、羊各一头祭告祖庙，请出那三支箭，用锦囊装着背在背上走在前面，等凯旋时再把箭收放于祖庙。当庄宗李存勖用绳子绑着燕王父子，用木匣装着后梁君臣的首级，进入太庙，把三支箭还给先王并向先王禀告已完成其遗愿时，其意气之盛，可以说真是雄壮啊。等到仇敌被灭，天下平定了，一个人突然在夜间振臂一呼，作乱的人便四方响应，他只得匆忙向东出逃，还没有看到叛军时士卒就已经四散逃离了，君臣相对而视，不知该回到哪里去，以至于断发向天发誓，大家的泪水打湿了衣襟，这又是多么衰颓啊！难道是得天下艰难而失天下容易吗？还是说他的成功与失败本来就都是由于人事呢？《尚书》上说："自满招来损害，谦虚得到好处。"忧虑辛劳可以让国家兴盛，安闲享乐可以使自己灭亡，这都是自然的道理。因此，当后唐庄宗李存勖强盛的时候，普天之下的豪杰，都无法跟他抗争；等到他衰败的时候，几十个伶人便迷惑了他，让他自己丧了命，国家灭亡，被天下人讥笑。祸患常常是从细微的事情积累起来的，人的才智勇气往往被溺爱的事物困扰，又哪里只是伶人呢！

庄宗既好俳优，又知音，能度曲，至今汾、晋之俗，往往能歌其声，谓之"御制"者皆是也。其小字亚子，当时人或谓之亚次。又别为优名以自目，曰李天下。自其为王，至于为天子，常身与俳优杂戏于庭，伶人由此用事，遂至于亡。）

【译文】后唐庄宗李存勖既喜欢看戏，又通晓音乐，还能谱曲。到现在，在汾州、晋州地区，还有很多人能唱他的歌，被称为"皇帝亲自制作"的歌，到处都能听到。他的小名叫亚子，当时也有人叫他亚次。另外他还给自己取了个艺名，叫李天下。从他继承晋王，到后来称帝成为后唐之主，他常常与伶人一起在庭院里表演杂戏，伶人也从此开始当权，最终导致灭亡。）

同光[1]四年，四月丁丑朔，乱兵焚兴教门，缘城而入。帝为流矢所中，亭午，崩于绛霄殿之庑下，时年四十三。

【注释】①同光：后唐庄宗李存勖的年号（923—926年）。

【译文】同光四年（926年）四月初一，叛军焚烧兴教门，从城墙上翻越而入。庄宗李存勖被乱箭射中，中午，驾崩于绛霄殿的亭廊下，享年四十三岁。

史臣曰：庄宗以雄图而起河、汾，以力战而平汴、洛，家仇既雪，国祚中兴，虽少康之嗣夏配天，光武之膺图受命，亦无以加也。然得之孔劳，失之何速？岂不以骄于骤胜，逸于居安，忘栉沐之艰难，徇色禽之荒乐。外则伶人乱政，内则牝鸡司晨。靳吝货财，激六师之愤怨；征搜舆赋，竭万姓之脂膏。大臣无罪以获诛，众口吞声而避祸。夫有一于此，未或不亡，矧咸有之，不亡何待！静而思之，足以为万代之炯诫也。（旧五代史卷二十七—三十四）

【译文】史官评论说：后唐庄宗李存勖凭借雄才大略从黄河、汾水一带崛起，通过力战而平定了汴京、洛阳，父亲的仇已经得报，国家也中兴，即使是夏朝少康恢复夏朝政权，与天相配，东汉光武肩负恢复汉室使命，成就光武中兴，也不过如此而已。然而天下得来虽然很难，但要失去却是多么迅速啊！这难道不是因为突然获得了胜利而变得骄狂，贪图享受安逸，忘记了打天下时栉风沐雨的艰难，沉溺于声色犬马吗？朝廷有伶人干预政治，宫内有女流之辈当权；吝惜钱财，激怒六军将士；横征暴敛，大肆搜刮民财；大臣们无罪却无辜被杀，百姓们为了避祸而闭口不言。只要有这其中一条存在，国家很少有不灭亡的。况且这几条都有，不亡国还有别的结果吗？冷静下来仔细想想，庄宗李存勖的一生真的足以成为后世万代明显的鉴戒啊。（旧五代史卷二十七—三十四）

郭崇韬

【题解】郭崇韬（约865—926年），字安时，代州雁门（今山西代县）人。五代时期后唐宰相、名将。郭崇韬历仕两代三主，唐僖宗后期，作为昭义节度使李克修亲信，累典事务，廉洁干练。大顺元年（890年），李克修死后，改任李克用典谒。天佑十四年（917年），李存勖以为中门副使，和孟知祥、李绍宏一起参与机要。天佑二十年（923年），李存勖称帝，建立后唐，拜兵部尚书、枢密使。同年，郭崇韬献计奇袭汴州，梁晋对峙四十年，一战八天灭梁，他以佐命之臣之功加授侍中、冀州节度使，封赵郡公，食邑二千户，赐铁券，恕十死。同光三年（925年），李存勖以长子李继岌为都统，郭崇韬为招讨使，率军六万讨伐前蜀。同年十一月二十六日，率军抵达成都，王衍出降，前蜀灭亡。不久，郭崇韬遭到宦官李从袭、向延嗣、马彦珪和神闵敬皇后刘氏联手构陷，在成都被铁檛打死，所生五子全部遇难，仅两个孙子幸存。

郭崇韬的一生是一个悲剧。他对于李克用和李存勖父子忠贞无二，而且屡建奇功，其他人难有比过他的，西平蜀地，更是功高盖世。但是，他权势过大，功劳过高，不能够谨慎行事，加上性格刚暴，气量狭小，刚愎自用，所以最后不能保全自己。

郭崇韬，字安时，代州雁门人也。初为李克修[①]帐下亲信。克修卒，武皇用为典谒，奉使凤翔称旨，署教练使。崇韬临事机警，应对可观。庄宗嗣位，尤器重之。

【注释】①李克修（？—890年），字崇远，唐末五代后唐将领，李克用堂叔李德成之子。先后任奉诚军使、检校刑部尚书、左营军使、昭义节度使等职。

【译文】郭崇韬，字安时，代州雁门（今山西代县）人。最初为李克修帐下的亲信。李克修死后，武皇帝李克用任命郭崇韬为典谒，奉命出使凤翔符合旨意，任为教练使。郭崇韬遇事机警，应对自如。庄宗李存勖即位后，尤为器重他。

天祐十四年，用为中门副使，与孟知祥[①]、李绍宏[②]俱参机要。俄而绍宏出典幽州留事，知祥恳辞要职。自是崇韬专典机务，艰难战伐，靡所不从。庄宗即位于魏州，崇韬加检校太保，守兵部尚书，充枢密使。

【注释】①孟知祥（874—934年）：字保胤，邢州龙冈县（今河北邢台县）人。五代十国时期后蜀开国皇帝。最初因为姻亲之故，深得晋王李克用赏识。李存勖嗣位后，历任中门使、马步军都虞候、北京留守。后出任西川节度使，后不听朝令，举兵反叛。长兴四年（933年），拜成都尹，加封蜀王。应顺元年（934年）正月，正式称帝，建立后蜀，改元明德。同年去世，终年61岁，庙号高祖，谥号文武圣德英烈明孝皇帝，葬于和陵。

②李绍宏（？—932年）：阉官。初与孟知祥同为中门使，及周德威死后，后唐庄宗李存勖令其权知州事。

【译文】天祐十四年（917年），郭崇韬被任用为中门副使，和孟知祥、李绍宏一起参与机要事务。不久李绍宏出任幽州留事一职，孟知祥也恳切辞去机要职务。从此郭崇韬专门管理机要事务，凡是艰难的战事，没有不跟随参与的。庄宗李存勖在魏州即位后，加封郭崇韬为检校太保，兼兵部尚书，担任枢密使。

崇韬既位极人臣，权倾内外，谋猷献纳，必尽忠规，士族朝伦，颇亦收奖人物，内外翕然称之。初收汴、洛，稍通赂遗，亲友或规之，崇韬曰："余备位将相，禄赐巨万，但伪梁之日，赂遗成风，今方面藩侯，多梁之旧将，皆吾君射钩斩袪[①]之人也。一旦革面，化为吾人，坚拒其请，得无惧乎！藏余私室，无异公帑。”及郊禋[②]，崇韬悉献家财，以助赏给。

【注释】①射钩斩袪：射钩，指管仲曾为公子纠射中齐桓公小白的衣钩。斩袪，斩断其袖，借指旧怨。说的是晋文公重耳的父亲派人追杀他，砍下重耳的袖口，被重耳挣脱跑了。

②禋（yīn）：古代烧柴升烟以祭天，为大礼。

【译文】这时郭崇韬已是位极人臣，权倾内外，献计纳策，必定竭尽忠诚，对士族阶层和朝臣中的人才也常常奖掖提拔，获得朝廷内外的一致称赞。刚刚收复汴都、洛阳时，他略微接受了一些贿赂礼物，有亲友规劝他，郭崇韬说：“我位居将相，俸禄赏赐上万，但从伪梁朝时代开始，贿赂送礼便已成风，如今的藩侯大将，许多都是梁时旧臣，是我们君王过去的敌人，一旦归顺了，成为我们的人，如果坚决拒绝他们送的礼物，他们能不害怕吗？这些礼物收藏在我的私室，和公家的财物没什么不同。”到郊祭时，郭崇韬拿出全部家财，充入国库用来帮助朝廷赏赐。

时近臣劝庄宗以贡奉物为内库，珍货山积，公府赏军不足。崇韬奏请出内库之财以助，庄宗沉吟有靳惜之意。是时天下已定，寇仇外息，庄宗渐务华侈，以逞己欲。洛阳大内宏敞，宫宇深邃，宦官阿意顺旨，以希恩宠，声言宫中夜见鬼物，不谋同辞。庄宗骇异其事，且问其故。宦者曰：“见本朝长安大内，六宫嫔御，殆及万人，椒房兰室，无不充牣[①]。今宫室大半空闲，鬼神尚幽，亦无所怪。”由是景进②、王允平③等于诸道采择宫人，不择良贱，内之宫掖。

【注释】①充牣(rèn)：充仞，充足之意。

②景进：五代时后唐伶人。籍贯、字号均不详。唐庄宗时官至银青光禄大夫、检校左散骑常侍兼御史大夫、上柱国等。

③王允平：五代时期后唐太监。籍贯、字号均不详。后唐庄宗李存勖时曾任宫苑使。

【译文】当时近臣劝庄宗李存勖将贡奉来的财物充实皇家自己的内库，珍宝财物堆集得像山一样，而国库用来犒赏军队的珠宝财物却不够。郭崇韬因此上奏，请求将内库的财物拿出来资助犒赏将士，庄宗沉吟支吾，有吝惜的意思。这时天下已平定，外面的贼寇仇敌也已清除，庄宗李存勖逐渐开始追求奢华，以满足自己的欲望。洛阳的皇宫宏大宽敞，宫殿深幽，宦官们阿谀奉承，迎合庄宗李存勖心意，以求得恩宠。有人声称夜里在宫中见到了鬼，其他人也都异口同声这么说。庄宗听后觉得很是惊异，便问其中缘故。宦官说：“以前在本朝长安(今陕西西安)的皇宫，六宫嫔妃，将近有一万多人，椒房兰室，都住满了人。现在我们这里的宫室大半都空闲着，鬼神喜欢幽静，所以有鬼出现也没什么奇怪的。”于是景进、王允平等人便到各地挑选宫女，不管好坏，都送入宫中。

三年夏，雨，河大水，坏天津桥。是时，酷暑尤甚。庄宗常择高楼避暑，皆不称旨。宦官曰："今大内楼观，不及旧时长安卿相之家，旧日大明、兴庆两宫，楼观百数，皆雕楹画栱，干云蔽日，今官家纳凉无可御者。"庄宗曰："余富有天下，岂不能办一楼！"即令宫苑使经营之，犹虑崇韬有所谏止，使谓崇韬曰："今年恶热，朕顷在河上，五六月中，与贼对垒，行宫卑湿，介马战贼，恒若清凉。今晏然深宫，不耐暑毒，何也？"崇韬奏："陛下顷在河上，汴寇未平，废寝忘食，心在战阵，祁寒溽暑，不介圣怀。今寇既平，中原无事，纵耳目之玩，不忧战阵，虽层台百尺，广殿九筵[1]，未能忘热于今日也。愿陛下思艰难创业之际，则今日之暑，坐变清凉。"庄宗默然。王允平等竟加营造，崇韬复奏曰："内中营造，日有縻费，属当灾馑，且乞权停。"不听。

【注释】①九筵：筵，竹席，长九尺。九筵，即八十一尺。后以"九筵"借指明堂。

【译文】同光三年（925年）夏，下大雨，黄河涨大水，冲坏了天津桥。此时，天气显得尤其炎热。庄宗李存勖经常选择到高楼避暑，都不称心意。宦官们说："现在皇宫的楼台殿宇，还不如以前长安卿相家的。过去大明、兴庆两宫，楼台宫殿上百，都是雕梁画栋，高耸入云，遮天蔽日，现在却连皇上纳凉的地方几乎都没有。"庄宗李存勖说："我富有天下，难道还无法建造一栋楼！"于是下令让宫苑使办理这事，但又担心郭崇韬会谏言劝阻，便派人对郭崇韬说："今年天气酷热，我前不久在黄河上，五、六月间，和敌军对阵，行营的位置低湿，骑马披甲与敌人作战，常感觉到清凉。现在安居在深宫，却受不了这暑热之毒，是为什么呢？”郭崇韬上奏：“皇上以前在黄河边，汴州的敌寇还没平定，废寝忘食，心思全在作战上，严寒酷暑，全不在意。现在贼寇已平定，中原已无战事，纵情于声色玩物，不用考虑布阵作战，所以即使是楼高百尺，广殿明堂，今天也会觉得酷热。希望陛下您能想想艰难创业的时候，那么今天的酷暑，自然就会马上变得清凉。”庄宗听了默不出声。王允平等人最后还是开始施工建造，郭崇韬再次上奏说：“宫中的建造，每天都要大量的耗费，现在正值灾荒，请求暂时停止建造。”庄宗没有听。

崇韬自以有大功，河、洛平定之后，权位熏灼，恐为人所倾夺，乃谓诸子曰：“吾佐主上，大事了矣，今为群邪排毁，吾欲避之，归镇常山，为菟裘①之计。”其子廷说等曰：“大人功名及此，一失其势，便是神龙去水，为蝼蚁所制，尤宜深察。”门人故吏又谓崇韬曰：“侍中勋业第一，虽群官侧目，必未能离间。宜于此时坚辞机务，上必不听，是有辞避之名，塞其谗慝之口。魏国夫人刘氏②有宠，中宫未正，宜赞成册礼，上心必悦。内得刘氏之助，群阉其如余何！”崇韬然之，于是三上章坚辞枢密之位，优诏不从。崇韬乃密奏请立魏国夫人为皇后，复奏时务利害二十五条，皆便于时，取悦人心；又请罢枢密院事，各归本司，以轻其权，然宦官造谤不已。三年，坚乞罢兼领节钺③，许之。

【注释】①菟裘（tú qiú）：古邑名，春秋鲁地，在今山东泰安东南楼德镇。后世因称士大夫告老退隐的处所为“菟裘”。

②魏国夫人刘氏：指刘玉娘（？—926年），后唐庄宗李存勖皇后（第二任嫡妻），魏州成安（今河北成安）人。庄宗正室为卫国夫人韩氏，其次是燕国夫人伊氏，再次为刘氏，初封魏国夫人，绝色，善歌舞，深得李存勖宠爱。924年被立为皇后，谥号神闵敬皇后。

③节钺：符节和斧钺。古代授予将帅，作为加重权力的标志。

【译文】郭崇韬自以为有大功，河、洛平定之后，更是权势熏天，他担心被人夺去，因此对几个儿子说：“我辅佐君主，大事已经完成了，现在被一群坏人排挤诋毁，我想避开他们，回去镇守常山，做好告老还乡的打算。”他的儿子郭廷说等人说：“父亲大人的功名已经到了这一步，一旦失去权势，就是神龙离开水，将被蚂蚁制服，尤其要多加考虑。”他的门下旧吏又对郭崇韬说：“侍中您功勋第一，纵使官员们对您斜视不满，也未必能挑拨离间。您应当在这时坚决辞去职务，皇上一定不会答应，这样您就有了避让的名声，可以堵住那些进谗之人的嘴。魏国夫人刘氏受皇上宠爱，现在宫中皇后的位置还空着，应当帮助册成大礼，皇上心中一定会高兴。这样宫内有刘氏的帮助，那些宦官们又能拿您怎么样呢？”郭崇韬听信了他的话，于是三次上奏表章坚决辞去枢密职位，庄宗李存勖特意下诏不得辞职。郭崇韬于是秘密奏请册立魏国夫人为皇后，又奏报了二十五条时事利害，都对时事有利，且可取悦人心，接着又奏请罢免枢密院事，让他们各归本司，以减轻他们手中的权力，然而宦官们仍旧不停诽谤他。同光三年（925年），郭崇韬坚决请求辞去兼领的节度使之职，庄宗同意了。

会客省使李严[①]使西川回，言王衍[②]可图之状，庄宗与崇韬议讨伐之谋，方择大将。以继岌[③]为都统，崇韬为招讨使。崇韬将发，奏曰："臣以非才，谬当戎事，仗将士之忠力，凭陛下之威灵，庶几克捷。若西川平定，陛下择帅，如信厚善谋，事君有节，则孟知祥有焉，望以蜀帅授之。如宰辅阙人，张宪[④]有披榛之劳，为人谨重而多识。其次李琪、崔居俭[⑤]，中朝士族，富有文学，可择而任之。"庄宗御嘉庆殿，置酒宴征西诸将，举酒属崇韬曰："继岌未习军政，卿久从吾战伐，西面之事，属之于卿。"

【注释】①李严（？—927年）：幽州人，初名让坤。先事刘守光为刺史，后事庄宗李存勖时为客省使。其为人明敏而多艺能，习骑射，颇知书而辩。

②王衍：本名王宗衍（899—926年），字化源，许州舞阳（今河南舞阳县）人。五代十国时期前蜀的最后一位皇帝。王衍即位后，荒淫无道，后为后唐庄宗李存勖所灭，时年二十八岁，后被封为通正公。王衍很有文才，能作浮艳之词，著有《甘州曲》《醉妆词》等，流传于世。

③继岌：即李继岌（？—926年），五代时期后唐宗室大臣，庄宗李

存勖长子。同光三年，晋封魏王。

④张宪（？—926年）：字允中，五代时期后唐大臣。官至太原尹、北京留守。

⑤崔居俭（870—939年）：清河人。祖蠡、父荛皆为唐名臣。少举进士。梁贞明中，为中书舍人、翰林学士、御史中丞。唐庄宗时，为刑部侍郎、太常卿。

【译文】这时碰上客省使李严出使西川返回，说起可以攻灭前蜀王衍的情况，庄宗李存勖与郭崇韬商讨攻打王衍的计划，准备挑选大将。商议后决定任命李继岌为都统，郭崇韬为招讨使。郭崇韬在军队将要出发时，上奏说："我是个没有才能的人，却被错误地授以军权，依靠将士的忠诚尽力，仰仗陛下的威严神灵，或许能够获得胜利。如果西川平定，陛下选择主帅时，忠诚、宽厚、善谋、事奉君主有节制的，孟知祥是一个，希望能让他担任蜀帅。如果宰相缺人，张宪有披荆斩棘的功劳，为人谨慎而且见识也多；其次如李琪、崔居俭，都是朝中士族，富有才学，也可以选用他们。"庄宗来到嘉庆殿，摆酒设宴招待西征的各位将领，举酒敬郭崇韬说："李继岌没有治理军政的经验，你长期随我征伐，西征的事，就全托付给您了。"

军发，其招怀制置，官吏补置，师行筹画，军书告谕，皆出于崇韬，继岌承命而已。庄宗令内官李廷安、李从袭、吕知柔为都统府纪纲，见崇韬幕府繁重，将吏辐辏，降人争先赂遗，都统府唯大将省谒，牙门索然，由是大为诟耻。及六军使王宗弼[①]归款，行赂先招讨府。王衍以成都降，崇韬居王宗弼之第。宗弼选王衍之妓妾珍玩以奉崇韬，求为蜀帅，崇韬许之。又与崇韬子廷诲谋，令蜀人列状见魏王[②]，请奏崇韬为蜀帅。继岌览状谓崇韬曰："主上倚侍中如衡、华，安肯弃元老于蛮夷之地，况余不敢议此。"李从袭等谓继岌曰："郭公收蜀部人情，意在难测，王宜自备。"由是两相猜察。

【注释】①王宗弼（880—925年）：本名魏弘夫，前蜀开国者王建的养子，为顾彦晖效力时改名顾琛，五代十国前蜀大将、齐王。925年，前蜀军屡次大败于来伐的后唐，王宗弼迫使王衍降唐，希望可以维持自己在西川的势力。但后唐招讨使郭崇韬认为王宗弼不可靠，杀了他。

②魏王：即李继岌。

【译文】大军出发后，军队的招抚安置，官吏补设，行军筹划，军书通告，都由郭崇韬决定，李继岌只是顺承而已。庄宗任命内官李廷安、李从袭、吕知柔为都统府纪纲，他们见郭崇韬幕府事务繁多，将吏聚集，投降的人争先贿赂送礼，而都统府却只有大将拜访，牙门清冷，因此觉得很是耻辱。当六军使王宗弼归顺时，先行贿给了招讨府，王衍率成都城投降后，郭崇韬住在了王宗弼的家里。王宗弼挑选了王衍的妓妾珍宝献给郭崇韬，请求任命他为蜀帅，郭崇韬答应了。王宗弼又和郭崇韬的儿子郭廷诲商量，令蜀人上书给魏王李继岌，请奏任命郭崇韬为蜀帅。李继岌看了蜀人奉书后对郭崇韬说："皇上倚重侍中就有如衡山、华山，怎么会把元老弃留在这蛮夷之地呢！何况我不敢议论这事。”宦官李从袭等人对李继岌说：“郭公收买蜀地人心，意图难测，大王您要做好防备啊。”因此两家开始相互猜疑。

庄宗令中官向延嗣赍诏至蜀，促班师，诏使至，崇韬不郊迎，延嗣愤愤。从袭谓之曰：“魏王，贵太子也，主上万福，郭公专弄威柄，旁若无人。昨令蜀人请己为帅，郭廷诲拥徒出入，贵拟王者，所与狎游，无非军中骁果，蜀中凶豪，昼夜妓乐欢宴，指天画地，父子如此，可见其心。今诸军将校，无非郭氏之党，魏王悬军孤弱，一朝班师，必恐纷乱，吾属莫知暴骨之所！”因相向垂涕。延嗣使还具奏，皇后[①]泣告庄宗，乞保全继岌。

【注释】①皇后：即神闵敬皇后刘氏刘玉娘，庄宗李存勖的皇后。

【译文】后来，庄宗李存勖下了道诏书让中官向延嗣带到蜀地，催促班师回朝。向延嗣到达蜀地时，郭崇韬没有到郊外迎接，向延嗣因此愤愤不平。宦官李从袭对他说：“魏王贵为太子，皇上万福，郭公却专门玩弄权柄，旁若无人。先前郭公让蜀人上书请求任他为帅，其子郭廷诲进出前呼后拥，如同尊贵的王子，与他在一起游玩的，都是军中骁勇果敢之人，以及蜀中的凶豪。他们昼夜妓乐欢宴，指天划地，父子都是这样，可见其心。现在各军将校，都是郭氏的党羽。魏王孤军远征在外，势单力薄，一旦班师回朝，恐怕会产生变乱啊！我们也将不知暴尸何处啊！”因而相视垂泪。向延嗣出使回来后详细奏报，皇后听后哭着告诉庄宗李存勖，请求后他保全李继岌。

庄宗初闻崇韬欲留蜀，心已不平，又闻全有蜀之妓乐珍玩，怒见颜色。即令中官马彦珪驰入蜀视崇韬去就，如班师则已，如实迟留，则与继岌图之。皇后乃自为教与继岌，令杀崇韬。时蜀土初平，山林多盗，孟知祥未至，崇韬令任圜①、张筠②分道招抚，虑师还后，部曲不宁，故归期稍缓。

【注释】①任圜（？—927年）：五代十国时期后唐大臣，陕西京兆三原人。年少时英俊潇洒，能言善辩，得晋王李克用见爱，以侄女嫁他为妻。后唐明宗时因受猜疑，饮药自尽。后唐愍帝即位后，追赠太傅。

②张筠（？—938年）：海州人。后梁时曾为节度使。梁亡事唐，为京兆尹。从郭崇韬伐蜀，为剑南两川安抚使。蜀平，拜河南尹，徙镇兴元。明宗时为左骁卫上将军。

【译文】庄宗李存勖最初听说郭崇韬想留在蜀地时，心中已经是很不高兴，又听说他将蜀地妓乐珍玩全部占为己有，脸上露出了怒容，于是立即下令让中官马彦珪骑马飞奔到蜀地监督郭崇韬的行动。如果郭崇韬马上班师回朝就算了，如果他确实是想滞留在蜀地，就和李继岌想办法对付他。这时皇后刘氏自作主张传令给李继岌，要他杀掉郭崇韬。此时蜀地刚刚平定，山林中还有很多盗贼，孟知祥又还没有到，于是郭崇韬令任圜、张筠分路招抚，担心回师后，地方部队不安宁，因此稍微延缓了归期。

四年正月六日，马彦珪至军，出皇后教以示继岌。诘旦，从袭以继岌之命召崇韬计事，继岌登楼避之，崇韬入，左右楇杀之。

【注释】①楇：击打之意。

【译文】同光四年（926年）正月初六，马彦珪到达军中，拿出皇后的手令给李继岌看。天亮时，李从袭以李继岌的命令让郭崇韬前来商讨事情，李继岌上楼回避，郭崇韬进来后，被左右的人乱棒打死。

崇韬服勤尽节，佐佑王家，草昧艰难，功无与比，西平巴蜀，宣畅皇威，身死之日，夷夏冤之。然议者以崇韬功烈虽多，事权太重，不能处身量力，而听小人误计，欲取泰山之安，如急行避迹，其祸愈速。性复刚戾，遇事便发，既不知前代之成败，又未体当时之物情，以天下为己任，孟浪之甚也。及权倾四海，车骑盈门，士人谄奉，渐别流品。援引薄徒，委之心腹；佐命勋旧，一切鄙弃。内则伶官巷伯[①]，怒目切齿；外则旧僚宿将，戟手痛心。掇其族灭之祸，有自来矣。

【注释】①巷伯：宦官，太监。因居宫巷，掌宫内事，故称。

【译文】郭崇韬辅佐李氏王朝勤勤恳恳，尽忠尽节，艰难创业，功大无比，向西平定了巴蜀，宣扬了皇家的威严，身死之日，天下人都认为他冤枉。然而评论者认为郭崇韬功劳虽多，但权势太大，不能根据自己的处境量力行事，又听取小人错误的策略，想谋求泰山般的安稳，这就如同想用快速奔跑来掩盖脚印，灾祸只会来得更快。他性格又刚强暴烈，一遇到事情便会发作，既不知道前代的成败，又不能体察当前的情形，就以天下为己任，实在是太草率了。等到权倾四海，车骑挤满了府第，士人谄媚趋奉，渐渐有了门第家世的分别。因此提拔了浅薄之人，委以为心腹，对于过去辅佐他的有功之臣，却全部弃用。在朝廷时，伶官宦臣对他恨得怒目切齿；出任外职时，过去的下属将官对他痛心疾首。导致他遭受灭族之灾，自然是有原因的。

史臣曰：夫出身事主，得位遭时，功不可以不图，名不可以不立。洎[①]功成而名遂，则望重而身危，贝锦[②]于是成文，良玉以之先折，故崇韬之诛，盖为此也。是知强吴灭而范蠡去，全齐下而乐生[③]奔，苟非其贤，孰免于祸。明哲之士，当鉴于斯！（旧五代史卷五十七）

【注释】①洎（jì）：本义是往锅里添水。此处是到、及之意。

②贝锦：像贝壳花纹一样美丽的锦缎。这里形容奸人罗织罪状，进行谗毁。后以此形容罗织罪状，谮毁他人。比喻谗言。

③乐生：指战国时期燕国的大将军乐毅。生卒年不详，战国后期杰出的军事家，拜燕上将军，受封昌国君。公元前284年，他统帅燕国等五国联军攻打齐国，连下70余城，创造了中国古代战争史上以弱胜强的著名战例。后因受燕惠王猜忌，投奔赵国，被封于观津，号为望诸君。

【译文】史臣说：一个人委身侍奉国君，得到了高位而又正好有机遇，不能不追求功业，不能不建立名望。但当功成名就时，如果名望过高便会让自己身处险境，小人们会因此不断罗织罪状进言谗毁，良玉因此而折断。所以郭崇韬被杀，大概就是这个原因吧。由此也可以知道，强大的吴国被灭后范蠡便离开了越国，在攻下齐国全境后燕国上将军乐毅离开了燕国。如果不像他们这样贤良，谁又能避免刑祸呢！所以明哲之士，应当以此作为镜鉴呀！（旧五代史卷五十七）

李　琪

【题解】李琪，字台秀，敦煌人。他少年时中进士、博学宏辞，累迁殿中侍御史，与其兄李珽都以文章知名。唐灭亡后，事奉梁太祖。后唐庄宗灭梁后，以其为太常卿，迁吏部尚书。长兴年中，于福善里家中去世，享年60岁。《续编》辑录了他在同光三年给后唐庄宗李存勖所上的一道奏疏，主要内容为陈述治国之道，重点提出要重视农业生产，得到庄宗的认可。

李琪，字台秀。同光初，历太常卿、吏部尚书。三年秋，天下大水，国计不充，庄宗诏百僚许上封事，陈经国之要。琪因上疏曰：

【译文】李琪，字台秀。同光初年（923年），历任太常卿、吏部尚书。同光三年（925年）秋，天下发大水，国家收入不足，国库空虚，庄宗李存勖下诏让官员们上疏陈述治国策略，李琪因而上书说：

"臣闻王者富有兆民，深居九重，所重患者，百姓凋耗而不知，四海困穷而莫救，下情不得上达，群臣不敢指言。今陛下以水潦之灾，军食乏阙，焦劳罪己，迫切疚怀，避正殿以责躬，访多士而求理，则何思而不获，何议而不臧？止在改而行之，足以择其善者。

【译文】"臣听说君王富有亿万百姓，深居在重重宫殿之中，深为忧虑的是百姓凋耗却不知道，天下穷困却不能救助，下面的情况不能向上反映，群臣不敢进言。现在陛下因为水涝灾害，军粮缺乏，焦虑劳累责备自己，迫切想表达内疚之情，离开正殿来责罚自己，访求众人以寻求治理之策。这样，还有什么想法不能获得呢，还有什么建议不能表达呢？只要改正施行，便足以选出其中好的建议。

"臣闻古人有言曰：谷者，人之司命也；地者，谷之所生也；人者，君之所理也。有其谷则国力备，定其地则人食足，察其人则徭役均，知此三者，为国之急务也。轩黄[1]已前，不可详记。自尧湮洪水，禹作司空，于时辨九等之田，收什一之税，其时户一千三百余万，定垦地约九百二十万顷，最为太平之盛。及商革夏命，重立田制，每私田十亩，种公田一亩，水旱同之，亦什一之义也。洎乎周室，立井田之法[2]，大约百里之国，提封[3]万井，出车百乘，戎马四百匹。畿内兵车万乘，马四万匹，以田法论之，亦什一之制也。故当成、康之世[4]，比尧、舜之朝，户口更增二十余万，非他术也，盖三代以前，皆量入以为出，计农以立军，虽逢水旱之灾，而有凶荒之备。

【注释】①轩黄：即黄帝。因其名为轩辕，故称。

②井田之法：即井田制，是中国古代的一种土地国有制度。西周时期，道路和渠道纵横交错，把土地分隔成方块，形状像“井”字，因此称做“井田”。春秋时期瓦解。

【译文】“臣下听古人说：谷物，是维持人类生存的东西；土地，是谷物生长的地方；百姓，是由君王管理的。有了谷物，国力就会富强；稳定了土地量，人民的粮食就会充足；查清了人口，徭役就能均衡。明白这三点，是当前治理国家的急务。轩辕黄帝以前的事，没能详细记述。自从尧堵塞洪水，禹做司空后，在当时便把田分做了九等，收取十分之一的税，当时一千三百多万户民众，耕种的土地约有九百二十万顷，是最太平的时代。到商汤推翻了夏朝后，重新制定了田税制度，规定每有私田十亩，须种公田一亩，水田旱地相同，也是十分之一税的意思。到了周朝时，设立了井田制，大约方圆百里的国家，疆域内分成一万井田，交纳车乘一百辆，战马四百匹；王都千里之内的地区，交纳兵车一万辆，马四万匹，按田税法衡量，也是十分之一的税。所以到了成康时期，比尧舜时期，户口增加了二十多万户，不是有别的方法，是因为在夏、商、周三代以前，都是根据估量的收入来安排支出，根据农户的数量来建立军队，即使碰上了水旱灾害，也有度过荒年的储备。

“降及秦、汉，重税工商，急关市之征，倍舟车之算，人户既以减耗，古制犹以兼行，按此时户口，尚有千二百余万，垦田亦八百万顷。至乎三国并兴、两晋之后，则农夫少于军众，战马多于耕牛，供军须夺于农粮，秣马必侵于牛草，于是天下户口，只有二百四十余万。洎隋文之代，两汉比隆，及炀帝之年，又三分之一。

【译文】“到了秦、汉时期，工商税收加重了，急迫地征收关口市场税收，加倍征收车船费用，人口已经减少，但过去的制度仍然还在一起施行，按这时的户口，还有一千二百多万，耕地也有八百多万顷。到了三国鼎立、两晋之后，农民比军人还少，战马比耕牛还多，供应军需必然要从农户口粮中掠夺，战马的喂养必定要侵占耕牛的牧草，这时天下的民户已经只有二百四十多万户了。到了隋文帝时期，与两汉时情况差不多，隋炀帝时，又失去了三分之一的民户。

我唐太宗文皇帝，以四夷初定，百姓未丰，延访群臣，各陈所见，惟魏徵独劝文皇力行王道，由是轻徭薄赋，不夺农时，进贤良，悦忠直，天下粟价，斗直两钱。自贞观至于开元，将及一千九百万户，五千三百万口，垦田一千四百万顷，比之尧、舜，又极增加，是知救人瘼[1]者，以重敛为病源；料兵食者，以惠农为军政。仲尼云：'百姓足，君孰与不足。'臣之此言，是魏徵所以劝文皇也，伏惟深留宸鉴[2]。如以六军方阙，不可轻徭，两税之余，犹须重敛，则但不以折纳为事，一切以本色输官，又不以纽配为名，止以正耗加纳，犹应感悦，未至流亡。况今东作[3]是时，羸牛将驾，数州之地，千里运粮，有此差徭，必妨春种，今秋若无粮草，何以赡军。

【注释】①瘼（mò）：疾苦。

②宸鉴：指皇帝审阅，鉴察。

③东作：谓春耕。泛指农事。

【译文】"我大唐太宗文皇帝，看到四夷刚刚平定，百姓不富足，因此向群臣询问，让他们各自陈述见解，只有魏徵独自劝文皇力行王道，因此轻徭薄赋，不耽误农时，引进贤良人才，推崇忠直之人，天下的粮价，每斗价值两钱。从贞观到开元年间，全国有民将近一千九百万户，共计五千三百多万人，耕地有一千四百多万顷，与尧舜时代相比，又大大增加。由此可知，救治百姓疾病，其根在于税赋过重；收缴军粮，要以让农民得到实惠为前提。孔老夫子说：'百姓富足了，君王怎么会不富足呢？'臣这些话，是魏徵用来劝谏太宗皇帝的话，臣伏身请求陛下留意。如果因为军队正缺粮食，不能减轻徭役，在两税之外，还必须加重税赋，那么只要不用折纳之法，一切都按本来税种缴纳，也不要以纽配搭配，只用正常耗损增加税额，这样百姓应该还会感到高兴，不至于流亡。况且现在正是春耕时节，瘦弱的耕牛也要用上，在各个州境内，运粮千里，有这种徭役，必然会妨碍春天耕种。今年秋天如果没有粮草，又拿什么来供给军队？

"臣伏思汉文帝时，欲人务农，乃募人入粟，得拜爵及赎罪，景帝亦如之。后汉安帝时，水旱不足，三公奏请，富人入粟，得关内侯及公卿以下散官。本朝乾元中，亦曾如此。今陛下纵不欲入粟授官，愿明降制旨下诸道，合差百姓转仓之处，有能出力运官物到京师，五百石以上，白身授一初任州县官，有官者依资迁授，欠选者便与放选。千石以上至万石，不拘文武，明示赏酬。免令方春农人流散，斯亦救民转仓赡军之一术也。"

【译文】"臣伏身思考汉文帝时期，希望人们务农，于是招募人缴纳粮食，得以授官拜爵和赎免罪行，景帝时期也是如此。后来汉安帝时，因水旱灾害粮食欠收，三公上奏请求说，如果富人能缴纳粮食，可以授予关内侯及公卿以下的闲散官职。本朝乾元年间，也曾这样做过。现在陛下即使不想采用纳粮授官的办法，也希望能明确颁发制书给各地，及该差使百姓转运粮草的地方，有能力运送官物到首都，超过五百石的，平民授予初任州县官，原有官职的按照资历升迁，候选的官便授以实职；运送官物达千石以上到万石的，不论文官武职，公开给予奖赏。避免正好春耕时农民流散，这也是拯救百姓运送粮草供养军队的一个办法。”

庄宗深重之，寻命为国计使，垂为辅相，俄遇萧墙之难而止。（旧五代史卷五十八）

【译文】庄宗很重视李琪的这个建议，马上任命他为国计使，即将为副相，不久因为同室兄弟内乱而作罢。（旧五代史卷五十八）

张全义

【题解】张全义（852—926年），字国维。濮州临濮（今山东鄄城）人。唐末至五代时期将领。张全义出身田农之家，曾参与黄巢起义，被授为吏部尚书、充水运使。后投降河阳节度使诸葛爽，屡立战功，被表为泽州刺史，累授忠武军节度使、守中书令，封东平王。历仕后梁、后唐二朝，累官守太尉、中书令、河南尹并兼领河阳节度使，封齐王。后唐同光四年（926年），张全义去世，年七十五。后册赠太师，谥号忠肃。张全义历经三朝，位极人臣，尽管沾染了官僚们圆滑世故的习气，但仍保留了农民的一些传统品德和淳朴本色。他任洛阳地方长官长达四十年之久，注意安抚百姓，发展生产，使这个地区在战乱年代在人口上有所增加，生产得到一定恢复和发展，这在当时不能不说是个奇迹。有人把他的明哲保身和冯道相提并论，是不公道的。

张全义，字国维，濮州临濮人。乾符[①]末，黄巢起冤句，全义亡命入巢军。巢入长安，以全义为吏部尚书，充水运使。巢败，依诸葛爽[②]于河阳，累迁至裨校，屡有战功，爽表为泽州刺史。

【注释】①乾符：唐僖宗李儇的年号（874年11月—879年12月），共计6年。

②诸葛爽（？—886年），青州博昌（今山东博兴县）人。唐朝末年割据军阀，官至河阳节度使。

【译文】张全义，字国维，濮州临濮（今山东鄄城）人。乾符末年（879年），黄巢在冤句（今山东菏泽西南）起义，张全义逃亡时加入了黄巢的队伍。黄巢攻入长安后，任命张全义为吏部尚书，充任水运使。黄巢失败后，张全义前往河阳依附诸葛爽，逐渐升迁至裨校，多次立下战功，诸葛爽上书朝廷推荐他为泽州刺史。

全义性勤俭，善抚军民，虽贼寇充斥，而劝耕务农，由是仓储殷积。

【译文】张全义生性勤俭，善于安抚军民，虽然当时到处都有贼寇，但他仍旧鼓励百姓耕种务农，因此仓库中粮食充实。

文德[①]元年，梁祖以全义为河南尹、检校司空。初，蔡贼孙儒[②]、诸葛爽争据洛阳，迭相攻伐，七八年间，都城灰烬，满目荆榛。全义初至，惟与部下聚居故市，井邑穷民，不满百户。全义善于抚纳，课部人披榛种艺，且耕且战，以粟易牛，岁滋垦辟，招复流散，待之如子。每农祥劝耕之始，全义必自立畎亩，饷以酒食，政宽事简，吏不敢欺。数年之间，京畿无闲田，编户五六万。乃筑垒于故市，建置府署，以防外寇。（旧五代史卷六十三）

【注释】①文德：唐僖宗李儇的年号（888年2月—12月），约计1年。

②孙儒（？—892年）：河南蔡州人。唐末军阀，兵势强盛，为人残暴，曾横行于江淮地区。

【译文】文德元年（888年），梁太祖朱温任命张全义为河南尹、检校司空。先前，蔡州贼人孙儒、诸葛爽争夺洛阳，双方反复攻伐，七八年间，都城化为了灰烬，满目尽是荒芜。张全义刚到任，只得和部下聚居在原来的街市，街市间的穷苦百姓不到一百家。张全义善于安抚接纳，他督促部下铲除荒草，播种庄稼，边耕地边作战，用粮食换耕牛，每年开垦的耕地都在增加，招收流亡失散的人口，像子女一样对待他们。每当到了进行春耕勉励之日，张全义必定会亲自站在田边，给农夫送上酒食犒劳，政法宽厚，政务清简，官吏们都不敢欺瞒。数年之间，京城附近没有荒田，编入名册的人户达到了五六万，于是在过去的街市筑起了营垒，建置了府署，以防外寇。

安重诲

【题解】安重诲（？—931年），河东应州（今山西应县）人，沙陀族人。其父安福迁，事晋王李克用为将。安重诲少事后唐明宗李嗣源，随从征战，颇见亲信，为人明敏谨恪。明宗即位，以拥戴功充任左领军卫大将军、枢密使，兼领山南东道节度使，累加侍中兼中书令，护国节度使，总揽政事。由于安重诲不通文墨，刚愎专断，力主削藩，诬杀宰相任圜等，在处理李从珂的问题上与后唐明宗发生了意见分歧，渐生嫌忌，遂罢枢密使之职，以太子太师致仕。长兴二年（931年），以离间孟知祥、董璋、钱镠罪，李从璋赴河东将其诛杀。

安重诲作为后唐明宗重臣，有一定政治才能，他辅佐明宗，使明宗在位的七年里战事稀少，屡有丰年，人民得到一定的休养生息。但他志大才疏，得势后不能礼贤下士，回避权宠，反而欺君蔽主，刚愎自用，因此给自己招来灾祸。

安重诲，其先本北部豪长。明宗[1]践祚，领枢密使，俄迁左领军卫大将军充职。

【注释】①明宗：指后唐明宗李嗣源（867—933年），晋王李克用的养子，原名邈佶烈，称帝后更名李亶，五代十国时期后唐第二位皇帝，926—933年在位。

【译文】安重诲，其先祖本是北部豪强的首领。明宗李嗣源即位后，安重诲任枢密使，不久升迁为左领军卫大将军。

重诲为枢密使，四五年间，独绾大任，臧否自若，环卫、酋长、贵戚、近习，无敢干政者。弟牧郑州，子镇怀、孟，身为中令，任过其才，议者谓必有覆餗之祸。无何，有吏人李虔徽弟扬言于众云："闻相者言其贵不可言，今将统军征淮南。"时有军将密以是闻，颇骇上听。明宗谓重诲曰："闻卿树心腹，私市兵仗，欲自讨淮南，有之否？"重诲惶恐，三上表乞解机务，诏不允。复面奏："乞与臣一镇，以息谤议。"明宗不悦。重诲奏不已，明宗怒，谓曰："放卿出，朕自有人！"即令武德使孟汉琼[1]至中书，与宰臣商量重诲事。冯道[2]言曰："诸人苟惜安令公，解枢务为便。"赵凤[3]曰："大臣岂可轻动，公失言也。"道等因附汉琼奏曰："此断自宸旨，然重臣不可轻议移改。"由是兼命范延光[4]为枢密使，重诲如故。

【注释】①孟汉琼（？—934年）：后唐时期宦官大臣。本是镇州王镕节度使旗下小竖，秉性通黠，善于交构，初侍李嗣源。李嗣源即位，授诸司使，累迁宣徽南院使。服事秦王李从荣，迎立后唐闵帝嗣位，拜开府仪同三司、骠骑大将军。西军叛乱时，投奔潞王李从珂，坐罪被杀。

②冯道（882—954年）：字可道，号长乐老，瀛州景城（今河北沧州西北）人，五代宰相。早年曾效力于燕王刘守光，历仕后唐、后晋、后汉、后周四朝，先后效力于后唐庄宗、后唐明宗、后唐闵帝、后唐末帝、后晋高祖、后晋出帝、后汉高祖、后汉隐帝、后周太祖、后周世宗十位皇帝，期间还向辽太宗称臣，始终担任将相、三公、三师之位。

③赵凤（？—935）：幽州人也。少为儒，五代后唐官员。生性豁达，轻财重义。

④范延光（？—940年）：字子环，相州安阳（今河南安阳市）人。五代时期后唐、后晋时期将领。天福五年（940年），为河阳节度使杨光远所害，追赠太傅。

【译文】安重诲担任枢密使，四五年的时间里，独掌大权，赏罚全由自己一人决断，禁军将领、部落酋长、贵人外戚、皇上近臣，没有人敢干预朝政。他弟弟掌管着郑州（今郑州），他的儿子镇守怀州（今河南焦作、济源一带）、孟州（河南省焦作孟州市），自己身为中书令，担任的职务已超过了他的才干。私下议论的人认为他会有倾覆之祸。没过多久，有个吏人李虔徽的弟弟公开向大家说：“听看相的说他将来会贵不可言，现在将要率领大军征讨淮南（今安徽淮南）。”这时有军将秘密将这报告给了明宗李嗣源，明宗听后很吃惊。他对安重诲说：“听说你私自培养心腹，购置兵械，想自己征讨淮南，有这回事吗？”安重诲听后很惶恐，三次上书请求解除机枢大权，明宗李嗣源下诏不允许。安重诲又当面上奏说：“请给我一个管理州镇的职务，来平息这些诽谤的言论吧。”明宗李嗣源听了不高兴，安重诲不停地上奏，明宗李嗣源发怒了，说道：“放你离开，我自有人！”马上便令武德使孟汉琼到中书省，与宰相商量安重诲的事情。冯道说：“大家爱惜安令公，还是解除他的机要职务为好。”赵凤说：“怎么可以轻易撤换大臣呢！您这话失策了。”冯道等人于是附和孟汉琼上奏说：“这事请皇上亲自决断，但是国家重臣不能轻易变动。”于是命范延光兼任枢密使，安重诲的职务照旧。

时以东川帅董璋[①]恃险难制，乃以武虔裕[②]为绵州刺史，董璋益怀疑忌，遂絷虔裕以叛。及石敬瑭[③]领王师伐蜀，峡路艰阻，粮运不继，明宗忧之，而重诲请行。翌日，领数骑而出，日驰数百里，西诸侯闻之，莫不惶骇。所在钱帛粮料，星夜辇运，人乘㲦踣[④]于山路者不可胜纪，百姓苦之。重诲至凤翔，节度使朱宏昭[⑤]延于寝室，令妻子奉食器，敬事尤谨。重诲坐中言及：“昨有人谗构，几不保全，赖圣上保鉴，苟获全族。”因泣下。重诲既辞，宏昭遣人具奏：“重诲怨望出恶言，不可令至行营，恐夺石敬瑭兵柄。”而宣徽使孟汉琼自西回，亦奏重诲过恶。重诲已至三泉，复令归阙。再过凤翔，朱宏昭拒而不纳，重诲惧，急骑奔程，未至京师，制授河中帅。既至镇，心不自安，遂请致仕。制初下，其子崇赞、崇绪走归河中。二子初至，重诲骇然曰；“渠安得来？”家人欲问故，重诲曰：“吾知之矣，此非渠意，是他人教来。吾但以一死报国家，余复何言！”翌日，中使至，见重诲，号泣久之。重诲曰：“公但言其故，勿过相愍。”中使曰：“人言令公据城异志矣！”重诲曰：“吾一死未塞责，已负君亲，安敢辄怀异志，遽劳朝廷兴师，增圣上宵旰，则仆之罪更万万矣！”

【注释】①董璋（？—932年）：籍贯不详，原为后梁太祖朱温的亲信将领，后归附后唐，任东川节度使。

②武虔裕：生卒年不详，五代后唐将领，安重诲的表兄。

③石敬瑭（892—942年）：山西太原市人，沙陀族。五代十国时期后晋开国皇帝。曾隶属于后唐明宗李嗣源帐下，迎娶李嗣源之女。后唐末帝李从珂即位后，拜为河东节度使，封为赵国公，赐号“扶天启运中正功臣”，然而君臣相互猜忌。清泰三年（936年），起兵造反，坐困于太原，遂向契丹求援，割让幽云十六州，甘做“儿皇帝”。随后，在契丹援助下，灭了后唐，正式即位，定都汴梁，建立后晋。

④蹉跎：倒跪之意。

⑤朱宏昭：太原人，祖玟，父叔宗，皆为本府牙将。宏昭事明宗，历任大内留守、检校太傅、左武卫上将军、宣徽南院使、平章事、中书令。后投井自杀。

【译文】这时因为东川统帅董璋凭借天险难以管制，明宗李嗣源便任命武虔裕为绵州刺史，这使得董璋更加疑心顾忌，于是便绑架了武虔裕而反叛。当石敬瑭率领王师讨伐蜀时，峡谷中道路艰险，粮食运输跟不上，明宗李嗣源对此很是忧虑，而安重诲请求让自己前去处理。第二天，安重诲带领几名骑兵就出发了，每天奔驰几百里，西边各地的诸侯听说，无不感到惊恐。各地所有的钱帛、粮草，连夜装车运走，人与车马倒毙在山路上的不计其数，百姓为此深感痛苦。安重诲到了凤翔，凤翔节度使朱弘昭将他请入寝室，让妻子、儿子奉上食物，伺候得很周到。安重诲在座位上谈到："前不久有人诬陷我，差点不能保全性命，全靠皇上明察，幸运得以保住了家族。"说着流下了眼泪。安重诲告辞后，朱弘昭派人详细上奏说："安重诲心有怨恨，口出恶言，不可让他到行营，恐怕会夺了石敬瑭的兵权。"而宣徽使孟汉琼从西部回朝后，也奏报了安重诲的过恶。安重诲已经到了三泉（今陕西省宁强县），又诏令他回京城。当他再次经过凤翔时，朱弘昭拒不接纳他，安重诲害怕了，急忙骑马往回赶，还没到京城，便有诏令授他为河中（今山西永济市）军帅。到任后，安重诲心中感到不安，便上书请求退休。诏书刚刚颁下，他的儿子安崇赞、安崇绪便回到了河中。两个儿子刚到时，安重诲便惶恐地说："他们怎么能够来？"家人想问其中原因，安重诲说："我知道了，这不是他们的意愿，是别人指使他们来的。我只有以死来报答国家了，其他还有什么可说的！"第二天，宫中使者到来，见到安重诲，便大哭了很久。安重诲说："你只管说明其中的缘故，不要太为我伤心。"使者说："有人说您占据城池心怀异心了。"安重诲说："我一死不能抵除我的罪过，已是辜负了君王，又怎么敢妄怀异心，招致朝廷费力兴兵，让皇上更加劳累呢！那样我的罪过更是万死难辞了。”

时遣翟光鄴[①]使河中，如察重诲有异志，则诛之。既至，李从璋[②]自率甲士围其第，仍拜重诲于其庭，重诲下阶迎拜曰：“太傅过礼。”俯首方拜，从璋以檛击其首，其妻惊走抱之，曰：“令公死亦不迟，太傅何遽如此！”并击重诲妻首碎，并剥其衣服，夫妻裸形踣于廊下，血流盈庭。

【注释】①翟光鄴：翟光鄴字化基，濮州鄄城（今山东菏泽）人也。少时为晋兵所掠，明宗爱其颖悟，常以自随，官至耀州团练使。后死于任上。

②李从璋（887—937年）：字子良，后唐明宗皇帝侄子。少善骑射，从明宗历战河上，有平梁之功。后授威胜军节度使，降封陇西郡公，终于任，时年51岁，诏赠太师。

【译文】这时明宗李嗣源派翟光邺出使河中，如果觉察到安重诲有二心，就杀掉。翟光邺到后，李从璋亲自率兵士包围了安重诲的府宅，仍在庭院中拜见安重诲，安重诲下阶迎拜说：“太傅礼节过了。”说完低头正要下拜，李从璋用檛击打他的头部，安重诲的妻子吓得赶紧跑过去抱住他，说：“令公死也不迟，太傅为什么要这么急！”李从璋连安重诲妻子的头一起击碎了，并脱掉了他们的衣服，夫妻俩裸体倒在屋廊下，血液流满了庭院。

议者以重诲有经纶社稷之大功，然志大才短，不能回避权宠，亲礼士大夫，求周身辅国之远图，而悉自恣胸襟，果贻颠覆。（旧五代史卷六十六）

【译文】议论的人认为，安重诲有治理国家社稷的巨大功劳，但是却志大才疏，不懂得回避权贵宠臣，礼遇亲近士大夫，求得自我保全、辅助国家的长远谋略，而是全凭自己的意志率性而为，果然招来了覆灭之灾。（旧五代史卷六十六）

张延朗

【题解】张延朗（？—937年），汴州开封人，他是后唐末帝李从珂时期的重臣，担任部尚书，兼任中书侍郎、平章事、判三司。末帝李从珂任命他后，他上表推辞，但最后还是不得以受命。《续编》主要辑录了他的这篇表文，针对时政他提出要减轻赋税，节省开支，充实国库，同时还提出要去除苛政，任用贤良。此表得到李从珂的褒美。石敬瑭攻入洛阳后被杀。

张延朗，汴州开封人也。末帝[①]即位，授礼部尚书，兼中书侍郎、平章事、判三司。延朗上表辞曰：

【注释】①末帝：李从珂（885—937年），本姓王，小字二十三，镇州平山（今河北平山）人，五代时期后唐末代皇帝，明宗李嗣源养子。自幼随李嗣源征战，在后唐灭后梁之战中屡立战功。应顺元年（934年）四月，废黜后唐愍帝后即帝位，改元清泰。清泰三年（936年），因无力抵挡石敬瑭与大辽军队的进攻，自焚于洛阳，终年51岁，葬于徽陵。

【译文】张延朗，汴州开封人。末帝李从珂即位后，任他为礼部尚书，兼任中书侍郎、平章事、判三司。张延朗上表推辞说：

“臣滥承雨露，擢处钧衡，兼叨选部①之衔，仍掌计司②之重。况中省文章之地，洪炉陶铸之门，臣自揣量，何以当处。是以继陈章表，叠贡情诚，乞请睿恩，免贻朝论。岂谓御批累降，圣旨不移，决以此官，委臣非器，所以强收涕泗，勉遏怔忪，重思事上之门，细料尽忠之路。窃以位高则危至，宠极则谤生，君臣莫保于初终③，分义难防于毁誉。臣若保兹重任，忘彼至公，徇情而以免是非，偷安而以固富贵，则内欺心腑，外负圣朝，何以报君父之大恩，望子孙之延庆。臣若但行王道，惟守国章，任人必取当才，决事须依正理，确违形势，坚塞幸门，则可以振举弘纲，弥缝大化，助陛下含容之泽，彰国家至理之风，然而谗邪者必起憾词，憎嫉者宁无谤议，或虑至尊未悉，群谤难明，不更拔本寻源，便俟甘瑕受玷，臣心可忍，臣耻可消。只恐山林草泽之人，称量圣制；冠履轩裳④之士，轻慢朝廷。

【注释】①选部：官署名。东汉末年，选部即是吏部，吴、蜀汉也设置过该官署。

②计司：古代掌管财政、赋税、贸易等事务官署的统称。

③初终：指人生最后一项“通过礼仪”，即葬礼。

④轩裳：指车服。借指官位爵禄，代称有高位的人。用为对人的敬称。

【译文】“臣无才却承陛下雨露般深恩，掌管国家政务重任，又兼任选部之衔，还掌管着财政、税务、贸易等事务的重职。何况中书省是制定典章、发布政令的地方，吏部、户部就像洪炉一样，是培养和锻炼人才的部门。臣私下揣量，自己凭什么可以担当如此重任呢？因此再次呈上章表，多次表达真情实意，乞求陛下宽恩，以免造成朝臣非议。哪知陛下多次下达批文，圣意不改，一定要将这些重要官职，委任给没有才干的微臣，所以微臣强收眼泪，勉强平复惊恐不安的心情，重新思虑效力皇上的途径，仔细考量尽忠报国的方法。臣私下以为，身居高位则会有危机降临，恩宠太厚则会有诽谤产生，这样君臣关系将难以保持到最终，名分和道义难以提防诋毁。臣如果保有这些重任，忘掉那些最公正的东西，徇私情而因以免除是非，求得自身安宁而因此保持富贵，那会内欺自己良心，外负国家朝廷，又怎么能报答陛下的大恩，求得子孙后代的福泽呢！臣如果坚持实行王道，只有坚守国家章程，任用人必须取能够胜任的人才，决定事情必须依据正确的情理，坚定拒绝权势之家，坚决堵塞侥幸之门，这样便可以振举朝廷大纲，补救天下教化，帮助陛下完成恩泽天下之任，彰显国家政治清明的风貌。

然而那些喜欢进谗的人必定会发出怨言，那些怀恨嫉妒他人的人难道会没有诽谤之议？或考虑到陛下不知道详情，众人的诽谤难以明察，所以不再追寻事情的本源，便甘愿受小人的玷污。臣子的心可以忍受，臣子的耻辱可以消除。只是担心山林草泽中的人，以此来衡量皇上的法制；戴冠穿履的官爵之士，因此而轻慢了朝廷。

“臣又以国计一司，掌其经费，利权二务，职在捃收①。将欲养四海之贫民，无过薄赋；赡六军之劲士，又藉丰储。利害相随，取与难酌，若使罄山采木②，竭泽求鱼，则地官③之教化不行，国本之伤残益甚，取怨黔首，是黩皇风。况诸道所征赋租，虽多数额，时逢水旱，或遇虫霜，其间则有减无添，所在又申逃系欠。乃至军储官俸，常汲汲于供须；夏税秋租，每悬悬于继续。况今内外仓库，多是罄空；远近生民，或闻饥歉。伏见朝廷尚添军额，更益师徒，非时之博籴难为，异日之区分转大。窃虑年支有阙，国计可忧。望陛下节例外之破除，放诸项以俭省，不添冗食，且止新兵，务急去繁，以宽经费，减奢从俭，渐俟丰盈，则屈者知恩，叛者从化，弭兵有日，富俗可期。

【注释】①捃（jùn）收：收集。捃，拾取之意。

②罄山采木：把山上的树木全部采光。比喻残酷剥削。

③地官：指司徒。《周官》：分设天、地、春、夏、秋、冬六官，地官使帅其属而掌邦教，以佐王安扰邦国。

【译文】“臣又认为财政这一部门，掌管国家经费，利与权二者，职责在于征收。要想养育国内的贫民，没有比减轻赋税更好的办法；要想供养六军的猛士，又需凭藉丰富的储备。利与害相随，取和给难以斟酌，如果让人把山上的树木全部采光，把池中的水全部排尽来捕鱼，那么将导致地官的教化无法实行，国家的根本所受的伤害将会更严重，致使百姓怨恨，这是玷污皇上的声誉。何况各地所征收的赋税租金，虽然数额巨大，但如果是碰上水旱灾害，或者是遇到虫灾霜害，其间数额便会减少而不会增加，所在地又有申报人户逃亡而赋税登记欠缴。至于军储官俸，常常需要马上供给；夏税秋租，总是担心会收不上。何况现在国家和地方的仓库，大多空虚无物；远近的百姓，听说都处饥饿缺食的境地。臣却见朝廷现在还在增加军费，增员军士，不定时的大量采购难以办理，将来的安排处理难度加大。臣私下考虑到国家年度开支有缺，国家的财政让人忧虑啊。希望陛下能节约例外的开支，放弃一些事项以俭省费用，不增添坐吃闲饭的人员，暂且停止新兵的招纳，处理急需的而去除烦琐的，以节省支出宽松经费，减少侈奢而从节俭，使国库逐渐充实，那么受了委屈的人将感受到陛下的恩德，反叛的人从而得到感化，休兵停战将指日可待，国家富裕将可期望。

“臣又闻治民尚清，为政务易，易则烦苛并去，清则偏党无施。若择其良牧，委在正人，则境内蒸黎，必获苏息，官中仓库，亦绝侵欺。伏望诫见在之处官，无乖抚俗；择将来之莅事，更审求贤。傥一一得人，则农无所苦；人人致理，则国复何忧。但奉公善政者，不惜重酬；昧理无功者，勿颁厚俸。益彰有道，兼绝徇情。伏望陛下，念臣布露之前言，闵臣惊忧于后患，察臣愚直，杜彼谗邪，臣即但副天心，不防人口，庶几万一，仰答圣明。

【译文】“臣又听闻治理百姓崇尚清静，处理政务力求简洁。简洁则政务中的烦琐严苛将一并去除，清静则将使偏私结党的行为无法实施。如果选择优秀的地方官员，将政务托付给正人君子，那么国境内黎民百姓，必将获得休养生息的机会，国家的仓库，也将会杜绝侵盗欺瞒的现象。臣伏身期望告诫现在在职的官员，不要违背抚恤百姓的政策；选择将来的行政官员，更要认真寻求贤良之人。如果每个职位都能获得贤能之人，那么百姓将不再会受苦；如果人人都能做到政治清明，那么国家还会有什么样的忧虑呢！只要是奉公而且政绩突出的，应当不惜重酬；如果是不明道理且处理政务没有功效的，不要发放优厚的俸禄。这样将更能突显出政治的清明，且可以杜绝徇私舞弊。臣伏身请求陛下，考虑臣前面所陈述的话，怜惜臣对于后患的担忧，体察臣的愚昧忠直，杜绝那些谗邪之言。臣只求这些能符合陛下的心意，不必防范他人的口舌，希望能够有一点点成绩，以报答陛下的厚爱。

末帝优诏答之，召于便殿，谓之曰：“卿所论奏，深中时病，形之切言，颇救朕失。国计事重，日得商量，无劳过虑也。”延朗不得已而承命。

【译文】末帝李从珂用一褒美嘉奖的诏书答复张延朗，把他召到便殿，对他说：“卿所陈述的奏论，深刻地切中了当前国家的弊病，用直切的语言表达出来，很好地补救了朕的过失。国家财政大计是重要的政务，得每天认真商量，不必过多地劳神忧虑。”张延朗不得已而接受了任命。

延朗有心计，善理繁剧。晋高祖在太原，朝廷猜忌，不欲令有积聚，系官财货留使之外，延朗悉遣取之，晋高祖深衔其事。及晋阳起兵，末帝议亲征，然亦采浮论，不能果决；延朗独排众议，请末帝北行，识者韪之。晋高祖入洛，送台狱以诛之。其后以选求计使，难得其人，甚追悔焉。（旧五代史卷六十九）

【译文】张延朗是个做事有计划的人，善于处理纷乱繁重的事。当时后晋高祖石敬瑭还在太原任职，受朝廷猜忌，不想让他有积储，凡是官方财物除留足政府用度之外，其他的张延朗派人都取走了，晋高祖石敬瑭对这事深恨在怀。当石敬瑭在晋阳（今太原）起兵造反时，末帝李从珂准备亲自出征，但又听信浮言，不能果断决定；张延朗独排众议，请求末帝李从珂北行，有识之士对此很支持。晋高祖石敬瑭攻入洛阳（今洛阳）

后，将张延朗送往台狱并杀掉了他。其后在挑选三司使时，很难找到合适的人，晋高祖石敬瑭才非常后悔杀了他。（旧五代史卷六十九）

许 寂

【题解】许寂（？—936年），字闲闲，是五代时期的隐逸之士，唐昭宗李晔召见他，但是却先和乐师调试乐器，许寂由此看出君道衰败，因此而归隐山林，堪称一位超然物外的智者。

许寂，字闲闲。少有山水之好，泛览经史，穷三式①，尤明《易》象。久栖四明山，不干时誉。昭宗闻其名，征赴阙②，召对于内殿。会昭宗方与伶人调品筚篥③，事讫，方命坐赐果，问《易》义。既退，寂谓人曰："君淫在声，不在政矣。寂闻君人者，将昭德塞违，以临照百官，百官或象之。今不厌贱事，自求其工，君道替矣。"寻请还山，寓居于江陵，以茹芝绝粒，自适其性。清泰④三年六月卒，时年八十余。（旧五代史卷七十一）

【注释】①三式：古代黄老道家模拟大道运行的工具。指遁甲、太乙、六壬。

②赴阙：入朝。指陛见皇帝。

③筚篥：一种古代管乐器，即觱篥，也称管子，多用于军中和民间音乐。流行于我国各地，为汉族、维吾尔族、朝鲜族等多民族所喜爱。

④清泰：后唐末帝李从珂的年号（934年4月—936年闰11月），共计三年。

【译文】许寂，字闲闲。从小就喜欢游山玩水，广泛阅览儒学经典史籍，钻研遁甲、太乙、六壬三种占卜之法，尤其精通《易经》卦象。他长期居住在四明山中，不求取一时的声誉。唐昭宗李晔听说了他的名声，于是征召他入朝，在内殿询问他有关政事、经义等方面的问题。恰好当时昭宗正与乐师一起在调试一种叫筚篥的乐器。调试完后，唐昭宗李晔才命他坐下赐予果品，并询问《易经》的奥义。退下后，许寂对人说："君主的心沉浸在声乐，而不在政务啊。我听说为人君王者，将昭明道德杜绝邪恶，以此来统领百官，百官或许会效法他。如今君王不厌烦这些低贱的事，并寻求自己精通其事，君王之道衰败了啊。"不久请求归隐山林，寓居在江陵（今湖北荆州），以道家只吃芝草不吃饭的辟谷之法，过着悠然自得的随性生活。清泰三年（936年）六月去世，终年八十多岁。（旧五代史卷七十一）

景延广

【题解】景延广（892—947年）五代时后晋大臣。字航川，是陕州（今河南三门峡）人。后晋是契丹扶立的政权，开国君主石敬瑭因割让北方疆土甘愿做契丹的儿皇帝而落下了千古恶名，然而身居相位的景延广却能对契丹硬起来，说出"晋朝有十万口横磨剑，翁若要战则早来"的豪言壮语，似乎挺有气节。可以，等到契丹大军压境，他却畏敌如虎，不敢出战，最终只好向契丹乞降，自己成为俘虏，落下个自杀而死的结局。景延广的例子告诉我们，只说空话，不干实事是一定会失败的。

景延广，字航川，陕州人也。高祖即位，授侍卫步军都指挥使、检校司徒，天福[①]七年，转侍卫亲军都指挥使、检校太尉。

【注释】①天福：后晋高祖石敬瑭开始使用的年号（936年11月—944年6月），后晋出帝石重贵即位后沿用到944年，前后共计9年。

【译文】景延广，字航川，陕州人。晋高祖石敬瑭登上皇位后，任命他为侍卫步军都指挥使、检校司徒。天福七年（942年），转任侍卫亲军都指挥使、检校太尉。

其年夏，高祖晏驾，延广与宰臣冯道等承顾命，以少帝[①]为嗣。既发丧，都人不得偶语，百官赴临，未及内门，皆令下马，由是有骄暴之失。少帝既嗣位，延广独以为己功，寻加同平章事，弥有矜伐之色。朝廷遣使告哀契丹，无表致书，去臣称孙。契丹怒，遣使来让，延广乃奏令契丹回图使乔荣[②]（《契丹国志》云：先是，河阳牙将乔荣从赵延寿入辽，辽帝以为回国使，置邸大梁。至是，景延广说帝囚荣于狱，凡辽国贩易在晋境者，皆杀之，夺其货。大臣皆言辽国不可负，乃释荣，慰赐而遣之。）告荣王曰：“先帝则北朝所立，今上则中国自策，为邻为孙则可，无臣之理。”且言：“晋朝有十万口横磨剑，翁若要战则早来，他日不禁孙子，则取笑天下，当成后悔矣。”由是与契丹立敌，干戈日寻。

【注释】①少帝：石重贵（914—964年），石敬瑭养子，942年至946年在位，史称少帝或出帝。后因不肯向契丹称臣，被契丹所灭。他在位只有4年，能力一般，但很有骨气，敢于同契丹开战。国破后被俘送往契丹，北宋乾德二年（964年）病死，终年51岁。

②乔荣：契丹人，时任回图使，负责契丹与中原地区的贸易。

【译文】这年（942年）夏天，高祖石敬瑭去世，景延广与宰相冯道等遵承其临终托付，立少帝石重贵为继承人。在高祖石敬瑭去世的消息公布后，命令京城的人不准交谈接耳，文武百官赶来哀悼，还没有到内廷宫门，便令他们都下马，因此景延广犯下了骄横暴虐的过错。少帝石重贵即位以后，景延广认为这都是自己的功劳，不久加官同平章事，更加有骄横得意的神色。朝廷派使臣到契丹去报丧，没有上表章节而是用的书信，没有称臣子，而是称晚辈。契丹人大怒，派使臣来斥问，景延广于是奏请让契丹回图使乔荣（《契丹国志》记载：之前，河阳牙将乔荣跟随赵延寿进入辽国，辽国帝王任命他为回国使，设其府邸于大梁。到了这时，景延广便游说少帝将乔荣囚禁在了监狱，并下令凡是在晋国境内的辽国的走商小贩，都抓住杀了，并抢夺掉他们的货物。大臣们都认为不能得罪辽国，于是释放了乔荣，赏赐慰劳之后便送他回国了。）回去禀告契丹国主说："先帝是北朝契丹册立的，但现在的皇上则是中原国家自己册立的，作为邻邦作为晚辈都可以，但决无作臣子的道理。"又道："晋朝有十万口磨亮的宝剑，祖父您如果想打仗就早点来，他日挡不住孙辈，将被天下时耻笑，那时就后悔莫及了。"因此与契丹国成为敌国，战争时时都有可能发生。

天福八年十二月，契丹乃南牧。九年正月，陷甘陵，河北储蓄悉在其郡。少帝大骇，亲率六师，进驻澶渊。延广为上将，凡六师进退，皆出胸臆，少帝亦不能制，众咸惮而忌之。契丹既至城下，使人宣言曰："景延广唤我来相杀，何不急战！"一日，高行周[1]与蕃军相遇于近郊，以众寡不敌，急请济师，延广勒兵不出，是日行周幸而获免。及契丹退，延广犹闭栅自固，士大夫曰："昔与契丹绝好，言何勇也；今契丹至若是，气何惫也。"

【注释】①高行周（885—952年）：字尚质，妫州怀戎军（今河北怀来县）人。五代时期将领，顺州刺史高思继之子。

【译文】天福八年（943年）十二月，契丹开始南下进攻。天福九年（944年）正月，攻陷了甘陵，黄河以北地区的粮草储备等全在甘陵郡内。少帝石重贵非常惊慌，亲自统率六军，进驻到澶渊城，任命景延广为上将，凡是六军的进退行止，都由他一人决断，少帝石重贵也没办法约束他，大家都害怕并忌妒他。契丹人到了澶渊城下后，派人扬言说："景延广让我们来相杀，怎么还不赶快出来交战！"一天，高行周与契丹军在城外近郊相遇，因敌众我寡不敌，急忙请求增派援军，但是景延广按兵不动，这天高行周侥幸逃脱免于一死。等契丹军退去后，景延广还紧闭栅栏保护自己。士大夫都说："以前与契丹人断绝友好关系时，言词显得是多么豪壮勇敢啊！现在当契丹人到了时便成了这个样子，气势怎么显得这么羸弱呢？"

少帝还京，尝幸其第，进献锡赉[①]，有如酬酢，权宠恩渥，为一朝之冠。俄与宰臣桑维翰[②]不协，少帝亦惮其难制，遂罢兵权，出为洛都留守兼侍中。由是郁郁不得志，亦意契丹强盛，国家不济，身将危矣，但纵长夜饮，无复以夹辅为意。

【注释】①锡赉：赏赐；指赏赐之物。

②桑维翰（898—947年）：字国侨，后晋大臣，石敬瑭卖国的帮凶。936年石敬瑭建立后晋以后，桑维翰两度出任宰相，广受贿赂，权倾朝野。契丹灭晋时，被后晋降将张彦泽缢杀。

【译文】少帝石重贵回到京城后，曾经到过景延广的府第，进献礼品、赏赐礼物，就像主客相互敬酒一般，权势恩宠，为当朝第一。不久景延广与宰相桑维翰闹不和，少帝石重贵也担心他难以控制，于是便解除了他的兵权，担任洛都留守兼侍中。景延广因此郁郁不得志，也意识到契丹强盛，国家衰弱难以成事，自己也将身临险境，于是放纵自己日夜饮酒玩乐，不再有辅佐君王的意愿。

开运[1]三年冬，契丹渡滹水。诏遣屯孟津。及王师降契丹，延广狼狈而还。时契丹主至安阳，遣别部队长率骑士数千，与晋兵相杂，趋河桥入洛，以取延广。戒曰："如延广奔吴走蜀，便当追而致之。"时延广顾虑其家，未能引决。契丹既奄至，乃与从事阎丕轻骑谒契丹主于封丘，与丕俱见絷焉。延广曰："丕，臣之从事也，以职相随，何罪而亦为缧囚？"契丹释之。因责延广曰："致南北失欢，良由尔也。"乃召乔荣质证前事，凡有十焉。每服一事，则受牙筹一茎，此契丹法也。延广受至八茎，但以面伏地，契丹遂咄之，命锁延广臂，将送之北土。是日，至于陈桥民家草舍，延广惧燔灼之害，至夜分伺守者怠，则引手自扼其吭，寻卒焉。时年五十六。（旧五代史卷八十八）

【注释】①开运：后晋少帝石重贵的年号（944—946年）。

【译文】开运三年（946年）冬，契丹军渡过滹水（即滹沱河），少帝石重贵下诏让景延广屯守孟津。后来当少帝石重贵的军队投降契丹时，景延广狼狈逃回朝廷。当时的契丹国主到了安阳，派遣另外一部队长率领数千骑兵，与晋兵混杂在一起，奔往河桥进入洛阳，来捉拿景延广。并告诫说："假如景延广逃往吴国或跑往了蜀地，也要追去将他抓回来。"当时景延广担心他的家人，没能够自尽。大量契丹军已经追上来了，于是他便和随从阎丕乘着轻骑一起来到封丘拜见契丹国主，和阎丕一并都被抓了起来。景延广说："阎丕，只是我的随从，因为职责而跟随我，有什么罪过也要被抓起来呢？"契丹人放掉了阎丕。契丹国主于是责问景延广说："导致南北两国失去交好关系，确实都是因为你啊。"于是召来乔荣以之前发生的事进行对证，共有十条。每承认一条，就受一根牙筹的烧灼，这是契丹的刑罚。景延广挨到第八根时，便只能趴在地上了。契丹国主斥骂他，下令用枷锁锁住他的肩膀，将他押送往北方。这天，他们来到了陈桥一家农户的草屋里，景延广害怕再受到烧灼的酷刑，等到晚上趁着看守大意时，用手扼住自己的咽喉，没一会儿便死了。时年五十六岁。（旧五代史卷八十八）

史匡翰

【题解】史匡翰（903—942年），字元辅，五代雁门（今山西代县）人，事后唐、后晋两朝，为五代名将。史匡翰虽为武将，但却好文，尤其喜欢《春秋左氏传》。他性格刚毅、有胆识、有谋略，治军严明，但同时又宽厚待人，礼贤下士。幕僚关彻酒后冒犯他，他不但不怒，反而罚己一杯，能如此宽容部下，真是稀世少有。

史匡翰，字元辅，雁门人也。高祖有天下也，授检校司空、怀州刺史。

【译文】史匡翰，字元辅，雁门（今山西代县）人。后晋高祖石敬瑭即位后，授予他检校司空、怀州刺史之职。

匡翰刚毅有谋略，御军严整，接下以礼，与部曲语，未尝称名，历数郡皆有政声。陶谷[①]碑文云："斋坛峻而金鼓严，麻案宣而油幢出。控梁苑之西郊，殷乎威望；抚国侨之遗俗，绰有政声。"尤好《春秋左氏传》，每视政之暇，延学者讲说，躬自执卷受业焉。时发难问，穷于隐奥，流辈或戏为"史三传"。既自端谨，不喜人醉。幕客有关彻者，狂率酣鋋[②]。一日使酒，怒目谓匡翰曰："明公昔刺覃怀，与彻主客随至，事无不可，今领节钺[③]，数不相容。且书记赵砺，险诐之人也，胁肩谄笑，黩货无厌，而明公待之甚厚，彻今请死。近闻张彦泽[④]脔张式[⑤]，未闻匡翰斩关彻，恐天下谈者未有比类。"匡翰不怒，引满自罚而慰勉之，其宽厚如此。（旧五代史卷八十八）

【注释】①陶谷（903—970年）：本姓唐，字秀实，邠州新平（今陕西彬县）人，北宋大臣。早年历仕后晋、后汉、后周，曾先后担任单州判官、著作佐郎、监察御史、知制诰、仓部郎中、中书舍人、给事中、户部侍郎、兵部侍郎、吏部侍郎、翰林学士承旨等官职。

②鋋：古代一种铁柄短矛，也泛指短矛。也有刺杀之意。

③节钺：符节和斧钺。古代授予将帅，作为加重权力的标志。

④张彦泽（？—947年）：祖先为突厥人，河东太原人。少有勇力，为人骁悍残忍。后晋高祖石敬瑭的姻亲，累官护圣右厢都指挥使、曹州

刺史。因主持讨伐范延光，授为镇国军节度使，改任彰义军节度使，迁右武卫大将军。后投降契丹，祸乱中原，为人所不齿，后因故被契丹皇帝耶律德光所杀。

⑤张式：张彦泽的下属，因劝阻张彦泽杀害自己的儿子得罪张彦泽，出逃被抓回剖心、决口、砍断手足，然后斩首而死。

【译文】史匡翰性格刚毅却是又富于谋略，管理军队严肃整齐，对下属也是以礼相待，与部下说话时，从来没有直接称呼过对方名字，在几个郡任职时都有好的政绩声望。陶谷曾刻碑文称赞他说："斋坛峻而金鼓严，麻案宣而油幢出。控梁苑之西郊，殷乎威望；抚国侨之遗俗，绰有政声。"他尤其喜欢读《春秋左氏传》，每次处理完政务后的闲暇时间，便邀请学者来讲说此书，亲自捧着书本听讲，不时发出疑问质难，探究隐晦深奥的大义，同辈中有的人戏称他为"史三传"。既然自己端正谨慎，所以也就不喜欢醉酒的人。幕下宾客中有个叫关彻的人，豪放率性且喜欢刺杀搏斗。一天他借酒耍性子，怒瞪着眼对史匡翰说："明公您过去做覃州（今四川黑水县）、怀州（今河南沁阳市）刺史时，与彻主客随意，没有什么事是不能通融的，现在您大权在手，却多次与我过不去。况且书记赵砺，是个阴险卑鄙的小人，缩肩假笑阿谀奉迎，贪婪无厌，而明公您对待他却很优厚，彻现在请您赐我一死。最近听闻张彦泽支解了张式，没有听说史匡翰斩杀关彻，恐怕天下人谈论的事没有能与这相比的了。"史匡翰没有发怒，喝下了满满的一杯酒自罚来安慰关彻，其待人宽厚到了这种境界。（旧五代史卷八十八）

皇甫遇

【题解】皇甫遇（？—947年），后晋名将。年少时勇武，后在唐明宗手下任职，屡立战功，官至龙武都指挥使，清泰年间任邓州刺史。开运元年（944年），皇甫遇在郓州胜契丹军，契丹军溺死数千人。开运二年（945年），于榆林店之战与安审琦胜契丹军。开运四年（947年），契丹再次南侵，晋军主帅杜重威投降，皇甫遇心中悲愤，不从，绝食而死。刘知远即位后，追赠其中书令。皇甫遇面对契丹的劝降，一口推辞，并以死尽忠，他的忠义令人感动。

皇甫遇，常山人也。唐明宗在藩时，隶于麾下，累从战有功。高祖入洛，移领中山。

【译文】皇甫遇，常山（今河北正定）人。后唐明宗李嗣源还在藩镇任职时，皇甫遇便在他部下任职，多次跟随作战立有军功。晋高祖石敬瑭进入洛阳后，皇甫遇调任主管中山（今河北定州）。

开运二年，契丹南寇，从至澶州，战于郓州北津，契丹众大败，溺死者数千人，以功拜滑州节度使。三年，契丹率众屯邯郸，遇与安审琦[1]、慕容彦超[2]等御之。遇将渡漳河，契丹前锋大至，遇引退，转斗二十里至鄴南榆林店。遇谓审琦等曰："彼众我寡，走无生路，不如血战。"遂自辰及未，战百余合，所伤甚众。遇所乘马中镝而毙，遇有纪纲杜知敏[3]以马授遇，遇得马复战，久之稍解。杜知敏已为所获，遇谓彦超曰："知敏苍黄之中，以马授我，义也，安可使陷于贼中！"遂与彦超跃马取知敏而还，敌骑壮之。俄而生军复合，遇不能解。时审琦已至安阳河，谓首将张从恩[4]曰："皇甫遇等未至，必为敌骑所围，若不急救，则成擒矣。"从恩曰："敌甚盛，无以枝梧，将军独往何益？"审琦曰："成败命也。设若不济，则与之俱死。假令失此二将，将何面目以见天子！"遂率铁骑北渡赴之。契丹见尘起，谓救军并至，乃引去。遇与彦超中数创得还，时诸军叹曰："此三人皆猛将也！"遇累官至检校太师、同中书门下平章事。

【注释】①安审琦（897—959年）：字国瑞。五代时后唐至后周名将。出身世代边将之家，后唐振武军节度使安金全之子。生性骁果，累官至平卢节度使、守太师兼中书令，封陈王。显德六年（959年），为仆人所杀，时年六十三岁。获赠尚书令、齐王，谥号恭惠。

②慕容彦超（？—952年）：曾冒姓阎，号阎昆仑，吐谷浑人，后汉大将，刘知远同母异父弟。初事后唐明宗李嗣源，为军校，累迁至刺史。后任镇宁军节度使，徙镇泰宁，因智诈而为郭威所忌。郭威起兵后，败逃兖州。后周广顺二年（952年），联络南唐、北汉反周，兵败投井而死。

③杜知敏：五代后晋时人，皇甫遇的仆人。

④张从恩（898—966年）：并州太原人。后晋初，以外戚擢为右金吾卫将军，不久，迁北京副留守。历枢密副使、宣徽南院使、行营兵马都监。投后汉，拜右卫上将军。后周初，迁左金吾卫上将军，加检校太师，封褒国公。入宋，改封许国公。乾德四年（966），卒。

【译文】开运二年（945年），契丹南下侵犯中原，皇甫遇跟随少帝石重贵前往澶州，在郓州（今山东东平县）北渡口与契丹军发生大战，契丹军大败，被水淹死的人有好几千，皇甫遇因功被任命为滑州节度使。开运三年（946年），契丹国主率军进驻邯郸，皇甫遇与安审琦、慕容彦超等率军抵御。当皇甫遇等准备渡过漳河时，大量的契丹军先头部队冲杀了过来，皇甫遇率军后撤，转战二十余里来到鄴南部的榆林店。皇甫遇对安审琦等人说："敌众我寡，没有活路，不如浴血奋战一场。"于是双方从辰时战到未时，战了一百多个回合，伤亡的人很多。皇甫遇所骑的马也中箭而死，他的随从纪纲官杜知敏将自己的战马给了皇甫遇，皇甫遇得到马后又投入了战斗，战了很久之后形势才逐渐有所缓解。杜知敏已经被敌军所俘，皇甫遇对慕容彦超说："知敏在危急之中，将战马交给了我，这是义气呀！哪能让他落在敌人手中呢！"于是与慕容彦超一起骑马冲入敌军将杜知敏救了回来，就连敌人的骑兵都觉得他们很勇武。不一会儿敌军的生力军再次包围过来，皇甫遇无法冲出重围。当时安审琦已经到了安阳河（今河南境内），他告诉统帅张从恩说："皇甫遇等还没有回来，一定是被敌人的骑兵包围了，如果不赶快去援救，则要被敌军俘虏了。”张从恩说：“敌军的气势正旺盛，没有办法可抵挡，将军独自前去又有什么用呢？”安审琦说：“成败是命中注定的，假若不能成功，就和他们死在一起。如果失去了这两员大将，又有什么脸面去见皇上呢！”于是率领铁骑向北渡河前去救援。契丹军见到尘土飞扬，以为是援军都来了，于是领兵退去。皇甫遇与慕容彦超身上多处受伤得以生还，当时各军将士都感叹说：“这三人都是猛将啊！”皇甫遇多次因功官至检校太师、同中书门下平章事。

四年，契丹复至，从杜重威[①]营滹水，重威送款于契丹，遇不预其议，及降，心不平之。时契丹欲遣遇先入汴，遇辞之，因私谓人曰：“我身荷国恩，位兼将相，既不能死于军阵，何颜以见旧主！更受命图之，所不忍也。”明日，行至赵郡，泊其县舍，顾从者曰：“我已信宿不食，疾甚矣，主辱臣死，无复南行。”因绝吭而殒，远近闻而义之。（旧五代史卷九十五）

【注释】①杜重威（？—948年）：又名杜威，五代十国时期后晋大臣。迎娶后晋高祖石敬瑭之妹，封为舒州刺史，掌管禁军。先后讨平张从宾、范延光、安重荣，拜为潞州节度使、同平章事，迁侍卫亲军都指挥使，出任成德军节度使。契丹南下时，率十万兵马投顺，授为太傅。后汉高祖刘知远称帝后，拜太尉、归德军节度使，不敢受命，固守城池，最后被迫举城投降，拜检校太师、守太傅、中书令。乾祐元年（948年），刘知远死后，全家被后汉众臣所杀。

【译文】开运四年（947年），契丹人又南下侵犯，皇甫遇跟随杜重威在滹水边安营，杜重威向契丹人求和，皇甫遇没有参与计议，当投降后他心中愤愤不平。当时契丹君主准备派皇甫遇先进入汴京，皇甫遇推辞了，他私下对别人说："我身受国恩，官职兼任将相，既然不能死在战场上，还有什么脸面去见旧主呢！还要奉命去攻打旧主，我不忍心这样做。"第二天，走到赵郡（今河北赞皇县），驻扎在县舍中，他回头对随从人员说："我已经两天两夜没吃东西了，病已经很重了，君王受辱则为臣子的应当以死尽忠，我不再向南走了。"因此扼断咽喉而死，远近听说此事的人都认为他忠义。（旧五代史卷九十五）

刘 铢

【题解】刘铢，陕州人，五代时期后汉大臣。后汉建国初年，高祖刘知远升任他为永兴军节度使，跟随刘知远平定了汴京、洛阳、调任青州节度使，加授同平章事。隐帝刘承祐即位后，加封检校太师、兼侍中。刘铢为人残酷好杀，因此自己最后也落下一个被杀的下场。

刘铢，陕州人也。铢性惨毒好杀，高祖①以为勇断类己，深委遇之。国初，授永兴军节度使，从定汴、洛，移镇青州，加同平章事。隐帝②即位，加检校太师、兼侍中。铢立法深峻，令行禁止，吏民有过，不问轻重，未尝贷免。每亲事，小有忤旨，即令倒曳而出，至数百步外方止，肤体无完者。每杖人，遣双杖对下，谓之“合欢杖”；或杖人如其岁数，谓之“随年杖”。在任擅行赋敛，每秋苗一亩率钱三千，夏苗一亩钱二千，以备公用，部内畏之，胁肩重迹。

【注释】①高祖：指刘知远（895—948年），五代十国时期后汉开国皇帝（947—948年在位），称帝后改名为刘暠。曾事后唐明宗及后晋高祖。开运四年（947年）称帝，复为天福十二年。乾祐元年（948年）正月，因病崩于万岁殿，庙号高祖，谥号睿文圣武昭肃孝皇帝，葬于睿陵。

②隐帝：指刘承祐（930—951年），五代时期后汉最后一位皇帝（948—950年在位），后汉高祖刘知远之子。乾祐元年（948年），刘知远去世后，正式即位，沿用乾祐年号。在位时大权旁落，诛杀权臣，引发了郭威叛乱。乾祐三年（950年），叛军攻破开封，乱中被杀，时年21岁，谥号隐，入葬于颍陵（今河南禹州）。

【译文】刘铢，陕州人。其为人残酷好杀，后汉高祖刘知远却认为他勇敢果断，与自己有些类似，因此对他特别信任和重用。建国初年，高祖刘知远升任刘铢为永兴军节度使，跟随刘知远平定了汴京、洛阳、调任青州节度使，加授同平章事。隐帝刘承祐即位后，加封检校太师兼侍中。刘铢立法严峻，令行禁止，不论官吏还是百姓犯了过错，不问轻重，从不宽容免罪。每次自己处理事务，只要稍稍违背自己的意愿，便令人将其倒拖出去，直到好几百步以外才罢休，从来没有皮肤肢体保存完好的。每次用杖打人，都是派人用双杖对打，称之为“合欢杖”；或者是按照受刑之人的年龄岁数来杖打，称之为“随年杖”。在任职期间擅自横征暴敛，秋税每亩一律收钱三千，夏税一亩收钱二千，用作官府开支。管辖境内的人都害怕他，缩肩叠脚的样子。

铢权知[①]开封府事，周太祖[②]亲族及王峻[③]家，并为铢所害。周太祖入京城，执之下狱。铢谓妻曰：“我则死矣，君应与人为婢耳！”妻曰：“明公所为如是，雅合[④]为之。”周太祖遣人让铢曰：“昔日与公常同事汉室，宁无故人之情，家属屠灭，公虽奉君命，加之酷毒，一何[⑤]忍哉！公家亦有妻子，还顾念否？”铢但称死罪。遂启太后[⑥]，并一子诛之，而释其妻。（旧五代史卷一百七）

【注释】①权知：暂代之意。“知”为主持之意。其暂时代者称权知。

②周太祖：指后周太祖郭威（904—954年），五代十国时期后周王朝建立者（951—954年在位）。出仕后汉，累有大功，拜邺都留守、枢密使。后汉隐帝刘承祐厌为大臣所制，派人前往邺都处死他。乾祐三年（950年）冬，他发动兵变，向南攻破开封，推翻后汉。次年，建立后周，年号广顺。显德元年（954年），因病驾崩，时年51岁，谥号圣神恭肃文武孝皇帝，庙号太祖，葬于嵩陵。遗诏令养子柴荣即位。

③王峻（902—953年）后周大臣。刘知远称帝后，拜王峻为客将，

官兵马都监。948年，河中节度使李守贞等反叛，被郭威与王峻的大军击败，王峻以功升至宣徽北院使。后周建国后，封王峻为枢密使，兼同中书门下平章事。郭威想把柴荣调到京师时，王峻等群起反对。953年，王峻被贬商州，不久以腹疾卒于商州。

④雅合：正好相合。

⑤一何：指何其，多么。

⑥太后：即李三娘（约913—954年），后汉高祖刘知远的皇后。出身农家女儿，与刘知远的婚姻充满传奇色彩。951年郭威称帝，建立后周。李太后因反对杀郭威，因而没有被杀，直到954年死去，时年42岁左右。

【译文】刘铢暂时代领开封府事，周太祖郭威的亲族以及王峻的家人，一起都被刘铢所杀害。周太祖郭威进入京城后，将刘铢捉拿关进了监狱。刘铢对妻子说："我死就死了，想必你也应当会给人当奴婢了吧！"妻子说："你这样的所作所为，我就应当有这样的下场啊。"周太祖郭威派人责备刘铢说："过去我与你曾一起共同为汉室效劳，难道没有一点故人之情？我的家属被你屠害，你虽说是奉了君主之命，但对他们采用酷毒之刑，何其残忍啊！你家中也有妻儿子女，还眷恋吗？"刘铢无话可说，只称自己死罪。周太祖郭威于是上奏请示太后李三娘，将刘铢与他的一个儿子一起处死，但释放了他的妻子。（旧五代史卷一百七）

世　宗

【题解】后周世宗柴荣（921—959年），字号不详，邢州尧山（今河北隆尧县）人。五代时期后周第二位皇帝（954—959年在位）。柴荣从小在郭威家长大，谨慎笃厚，成为郭威养子。显德元年（954年），郭威驾崩，柴荣登基为帝。显德六年（959年），商议攻取幽州病倒。不久去世，年仅39岁，庙号世宗，谥号睿武孝文皇帝，葬于庆陵。

周世宗心怀统一大志，立下了三十年的宏志，“以十年开拓天下，十年养百姓，十年致太平”。他在位期间，整军练卒、裁汰冗弱、招抚流亡、减少赋税。后周政治清明、百姓富庶，中原经济开始复苏。南征北战，西败后蜀，夺取秦、凤、成、阶等四州；南摧南唐，尽得江北淮南十四州；北破契丹，连克二州三关。

周世宗在位短短五年，清吏治，选人才，修订刑律和历法，做出了许许多多超越前人、启迪后世的非凡之举。被史家称为“五代第一明君”。柴荣做好了扫平天下、开创盛世的一切准备，却英年早逝、功败垂成；宋太祖赵匡胤延续了其策略，统一天下，结束五代乱世，迎来了文化灿烂的赵宋之世。

世宗皇帝，讳荣，太祖之养子，盖圣穆皇后①之侄也。本姓柴氏，父守礼，太子少保致仕。年未童冠，因侍圣穆皇后，在太祖左右。时太祖无子，家道沦落，然以帝谨厚，故以庶事委之。帝悉心经度，资用获济，太祖甚怜之，乃养为己子。

【注释】①圣穆皇后：柴氏，后周太祖郭威之妻。郭威贫贱时，柴氏便陪伴在他身侧，把郭威照顾得很好。郭威即位时，柴氏已经去世，于是追封柴氏为皇后，谥号圣穆。

【译文】后周世宗皇帝，讳名荣，是后周太祖郭威的养子，也是圣穆皇后柴氏的侄子。其本姓姓柴，父亲名叫守礼，在太子少保的官位上退休。世宗柴荣还没成年时，因为侍奉圣穆皇后，常在周太祖郭威身边。当时太祖郭威没有儿子，家道也沦落了，但因为世宗皇帝谨慎厚重，所以太祖郭威将很多事务交给他处理。世宗用心管理经营，物品资费得到了补充。太祖很是疼爱他，于是收他为养子。

广顺[①]元年正月，太祖践祚，帝恳求入觐，忽梦至河而不得渡，寻授澶州节度使、检校太保，封太原郡侯。帝在镇，为政清肃，盗不犯境。

【注释】①广顺：五代时期后周太祖郭威的年号（951—953年），共计3年。

【译文】后周广顺元年（951年）正月，太祖郭威登上帝位，世宗柴荣恳请入京朝见，夜里忽然梦见到了黄河边时没有办法渡河，不久他就被太祖授予澶州节度使、检校太保，封为太原郡侯。世宗镇守澶州时，为政清明严肃，盗贼不敢侵犯边境。

显德[①]二年，二月戊申，诏曰：“善操理者不能有全功，善处身者不能无过失。虽尧、舜、禹、汤之上圣，文、武、成、康之至明，尚犹思逆耳之言，求苦口之药，何况后人之不逮哉！

【注释】①显德：后周太祖郭威开始使用的年号（954—960年正月），后周世宗柴荣在元年正月继位沿用。前后共计7年。

【译文】显德二年（955年）二月初九，世宗柴荣颁布诏令说："善于安排管理的人不能达到完美无缺的效果，善于修养身心的人不能避免过错失误，就算是尧、舜、禹、汤这样的上古圣人，文、武、成、康这样的圣明君主，都还想听取逆耳的忠言，寻求苦口的良药，何况是不如他们的后来人呢？

"朕承先帝之灵，居至尊之位，涉道犹浅，经事未深，常惧昏蒙，不克负荷。自临宸极[①]，已过周星，至于刑政取舍之间，国家措置之事，岂能尽是，须有未周，朕犹自知，人岂不察。而在位者未有一人指朕躬之过失，食禄者曾无一言论时政之是非，岂朕之寡昧不足与言耶？岂人之循默未肯尽心耶？岂左右前后有所畏忌耶？岂高卑疏近自生间别耶？

【注释】①宸极：即北极星。借指帝王或帝位。

【译文】"朕托先帝的福，身居至高的帝位，经历的阅历还浅，经历见识不深，经常担心蒙昧昏庸，不能担负重任。自从登上帝位以来，已经过了一年时间，对于刑法政令的取舍，国家大事的安排处理，哪能全都是对的呢？一定有不周全的地方，我自己都能了解，其他人哪能没有察觉！然而在职的官员没有一个人指出我的过失，领官禄的人竟然没有一句话是谈及朝政是非的。难道是因为我寡陋愚昧不值得与我商议吗？难道是因为人们因循守旧不肯尽心吗？难道是在朕身边的人有所畏惧和顾忌吗？难道是因地位高低亲疏而自然产生隔阂吗？

“古人云：‘君子大言受大禄，小言受小禄。’又云：‘官箴王阙。’则是士大夫之有禄位，无不言之人。然则为人上者，不能感其心而致其言，此朕之过也。得不求骨鲠之辞，询正直之议，共申裨益，庶洽治平。朕于卿大夫，才不能尽知，面不能尽识，若不采其言而观其行，审其意而察其忠，则何以见器量之深浅，知任用之当否？若言之不入，罪实在予；苟求之不言，咎将谁执！

【译文】“古人说：‘君子进谏重大建议便给予优厚的俸禄，提供次要的建议就授予小官。’又说：‘为官的要对君王的过失进行规劝。’这样看来，凡是有禄位的士大夫，就应当没有不进诤言的人。然而作为百官的君王，不能感动臣下的心而使他们进言，这是我的过失啊。得到主动劝进的刚正的谏言，听取正直的建议，相互取长补短，方能使国家和睦安定太平。朕对于卿大夫，不能全部了解他们的才能，不能全部认识他们的面目，如果不听取他们的言论而观察他们的行为，了解他们的心意而考察他们的忠贞，那么又怎能得知他们才识谋略的深浅，任用的是否合适呢？如果有人进言而我不听，罪过在我；如果征求谏言而无人进言责任将由谁来承担呢？

“应内外文武臣僚，今后或有所见所闻，并许上章论谏。若朕躬之有阙失，得以尽言；时政之有瑕疵，勿宜有隐。方求名实，岂尚虚华，苟或素不工文，但可直书其事。辞有谬误者，固当舍短，言涉伤忤者，必与留中[①]，所冀尽情，免至多虑。诸有司局公事者，各宜举职，事有不便者，革之可也，理有可行者，举之可也，勿务因循，渐成讹谬。臣僚有出使在外回者，苟或知黎庶之利病，闻官吏之优劣，当具敷奏，以广听闻。班行[②]职位之中，迁除改转之际，即当考陈力之轻重，较言事之否臧，奉公切直者当议甄升，临事蓄缩者须期抑退。翰林学士、两省官、职居侍从，乃论思谏诤之司；御史台官，任处宪纲，是击搏纠弹之地。论其职分，尤异群臣，如逐任官内，所献替启发弹举者，至月限满合迁转时，宜令中书门下先奏取进止。”

【注释】①留中：指将臣子上的奏章留置宫禁之中，不交办。

②班行：朝班的行列；朝官的位次。泛指朝官、朝廷等。

【译文】“凡朝廷内外文武官员，今后如有所见所闻，都允许上章议论谏言。如果我有了过失，希望大家可以充分发表意见；时政有了差错，不应该有所隐瞒。只求名副其实，怎么能追求虚无浮华；假如不擅文笔，尽管直接描述其事；语句有不当的，自然应当舍短求长；言语有所伤害抵触的，必将其留在宫禁之中，所寄望的只是希望大家能畅所欲言，避免出现过多的顾虑。凡是在各部门任职的官员，应各尽其责，如果碰到有不可行的事，革除它便是了；有可行之法，可以推行，不要因循守旧，渐渐酿成大错。从外地出使归来的官员，如果有了解到百姓的利弊，听到官吏的优劣，应当详尽陈奏，以便增加我的见闻。朝官的职位，在升迁调职之时，应考核贡献的大小，核察论事谏言的好坏，一心奉公言论切直的应当提职，遇事隐瞒退缩的人必须降职罢官。翰林学士、中书门下两省的官员是君王身边的重要职位，属于讨论国事、监督得失的部门；御史台的官员，责任在于维护法纪，是打击犯罪分子、检举违法行为的地方。从他们的职责范围来说，与群臣差别很大。至如逐任的官员中，凡是能兴利除弊、创新发挥、弹劾检举的，在任期月限满后应改授官职时，应当让中书门下先行向我报告，等候我的裁决。”

（《历代君鉴》曰：显德二年，夏四月，谓宰相曰：“朕每思致治之方，未得其要，寝食不忘。又自唐晋以来，吴蜀幽并，皆阻声教，未能混一，宜命近臣著《为君难为臣不易论》及《开边策》各一篇，朕将亲览焉。”比部郎中王朴献策，欣然纳之。

【译文】（《历代君鉴》中记载说：显德二年（955年）夏四

月，世宗柴荣对宰相说："朕每次在思考致治知方时，总是得不到其中的要领，连睡觉吃饭时都无法忘记。另外自从后唐、后晋以来，吴地、蜀地、幽州、并州都被隔断了政令教化，不能统一，应该让左右大臣们撰写《为君难为臣不易论》和《开边策》各一篇，朕将一一阅览。"比部郎中王朴进献了一篇策言，世宗非常高兴地接受了。）

十一月，世宗与侍臣论刑赏曰："朕必不因怒刑人，因喜赏人。"先是，大梁城中民侵街衢为舍，通大车者盖寡，至是命悉直而广之，广者至三十步，又迁坟墓于标外，因曰："近广京城，于存殁扰动诚多，怨谤之语，朕自当之。他日终为人利。"

【译文】这年十一月，世宗柴荣与侍从大臣谈论刑赏时说："我一定不会因为自己发怒而惩处他人，因为自己喜欢而奖赏他人。"在这之前，大梁城的居民侵占了街道修建房屋，能够让大车通行的路很少，因此世宗命令将街道全部取直并且拓宽，最宽的地方有三十步宽；又命令将坟墓迁移到划定的标记外。世宗因此说道："近日来拓宽京城，给在世之人及过世之带来的扰乱确实很多，怨恨诽谤的言语，我自己来承担。日后终究会给百姓带来益处。"

三年，世宗伐唐[1]，至永宁镇，谓侍臣曰："闻寿州围解，农民多归村落。今闻大军至，必复入城。怜其聚为饿殍，宜先遣使存抚，各令安业。”

【注释】①唐：指五代十国中江南地区的南唐国。939年由李昪建立，史称南唐。他即南唐烈祖。943年李昪去世后，其子李璟继位，即南唐元宗。李璟在位初期，南唐国力仍然强盛，对外联和辽朝压制后周。南唐连年用兵使国力受到很大消耗，所得之地也大半丧失。后周趁机于957年发兵南征南唐。南唐元宗战败，割让江北十四州给后周，并且去掉自己的帝号，只称江南国主。

【译文】显德三年（956年），世宗柴荣率军攻打南唐，到达永宁镇。他对待从大臣说：“听说寿州的围困已经解除，农民大多数回到了村落。现在听到大军到达，必定会再次挤入城中。可怜他们聚在一起必定会有人饿死，应当先派遣使者前往安抚，让他们各自安心务农。”

十二月，唐陈觉[①]使自周还，矫以世宗命，谓唐主[②]曰：“闻江南连岁拒命，皆宰相严续[③]之谋，当为我斩之。”唐主知觉素与续有隙，固未之信。钟谟[④]请覆之于周，唐主乃因谟复命，上言久拒王师，皆臣愚迷，非续之罪。世宗闻之，大惊曰：“审如此，则续乃忠臣。朕为天下主，岂教人杀忠臣乎。”宋儒胡寅[⑤]曰：“敌国谋臣，我所恶也。盖有设间用计而去之者矣，或有因而自相疑忌而幸之者矣。未闻称奖其忠。谕使勿杀如世宗者。用心如此，天下有不服乎？”

【注释】①陈觉：五代十国时期南唐大臣，在紫金山之战中任南唐水师监军，与齐王李景达率水军与后周军队交战。

②唐主：指南唐国主李璟（916—961年），即南唐元宗，初名景通，曾更名瑶，字伯玉。徐州彭城（今江苏徐州）人，南唐烈祖李昪长子，五代十国时期南唐第二位皇帝，于943年嗣位。后因受到后周威胁，削去帝号，改称国主，史称南唐中主。

③严续（912—1006年）：南唐中主、后主两朝同平章事。字兴宗，同州（今陕西大荔）人。南唐李璟时累官司空、同平章事，然学识寡陋，不能称职。罢为镇海军节度使。卒年五十七，谥懿。

④钟谟：字仲益。祖籍会稽（今绍兴）人，后徙崇安（今属福建），最后侨居金陵（今南京）。南唐李璟时为翰林学士，进礼部侍郎，判尚书省，坐事被贬耀州司马。

⑤胡寅（1098—1156年）：字明仲，学者称致堂先生，宋建州崇安（今福建武夷山市）人，后迁居衡阳。与弟胡宏一起倡导理学，继起文定，一代宗师，对湖湘学派的发展，起了巨大作用。著作还有《论语详说》《读史管见》《斐然集》等。

【译文】显德五年（958年）十二月，南唐的使臣陈觉从后周回来，假传后周世宗的命令，对南唐国主李璟说："听说江南连续多年抗拒我朝诏令，都是宰相严续的主意，应当替我斩了他。"李璟知道陈觉向来与严续有矛盾，本来就不相信他的话。钟谟请求前去后周核对，唐主李璟于是通过钟谟回复命令，上言说长时间抗拒王师，都是自己愚昧糊涂，并不是严续的过错。世宗柴荣听说后，大为惊讶，说道："如果真是这样的话，那严续乃是忠臣啊！我作为天下共主，怎么能教唆人杀害忠臣呢！"

（宋代大儒胡寅评论说："敌国的谋士大臣，是我所厌恶的。大概有的人会采取计谋而设法将其除去，或许有的人会因为相互猜疑顾忌而侥幸免除了灾祸，却从没听说过夸奖其忠诚的。像世宗这样下诏让人不要杀害敌国谋士，其爱才爱民用心如此，天下有不服的吗？"）

六年，二月，淮南饥，世宗命以米贷之。或曰："民贫，恐不能偿。"曰："民吾子也，安有子倒悬而父不为解兮？安在责其必偿也。"

【译文】显德六年（959年）二月，淮南一带闹饥荒，世宗柴荣下令将粮食借贷给老百姓。有人对他说："百姓贫穷，恐怕没办法偿还。"世宗说："百姓都是我的子民啊，怎么会有子女倒挂着而父亲不去解救的道理？谁又要求他们一定要偿还呢！"

六月，唐主遣其子纪公从善[①]与钟谟俱入贡。世宗问谟曰："江南亦治兵修守备乎？"对曰："既臣事大国，不敢复尔。"世宗曰："不然，向时则为仇敌，今日则为一家。吾与汝国大义已定，保无他虞。然人生难期，至于后世，则事不可知。归，语汝主，可及吾时，完城郭，缮甲兵，据守要害，为子孙计。"谟以告唐主，唐主乃城金陵，凡诸州城之不完者葺之，戍兵少者益之。宋儒司马光曰："或问，五代帝王，唐庄宗、周世宗皆称英武，二主孰贤？光应之曰：‘夫天子所以统治万国，讨其不服，抚其微弱，行其号令，壹其法度，明信义以兼爱兆民者也。’”庄宗既灭梁，海内震动。湖南马氏[②]遣子希范[③]入贡，庄宗曰：“比闻马氏之业，终为高郁[④]所夺。今有儿如此，郁岂能夺之哉！”郁，马氏之良佐也。希范兄希声[⑤]闻庄宗言，卒矫其父命而杀之。此乃市道商贾之所为，岂帝王之体哉。盖庄宗，善战者也，故能以弱晋胜强梁。既得之，曾不数年，外内离叛，置身无所。诚由知用兵之术，不知为天下之道故也。世宗以信令御群臣，以正义责诸国，王环[⑥]以不降受赏，刘仁赡[⑦]以坚守蒙褒，严续以尽忠获存，蜀兵以反复就诛，冯道以失节被弃，张美[⑧]以私恩见诛，江南未服，则亲犯石矢，期于必克。既服，则爱之如子，推诚尽言，为之远虑，其宏规大度，岂得与庄宗同日语哉！《书》曰：“无偏无党，王道荡荡。”又曰：“大邦畏其力，小邦怀其德。”世宗近之矣。

【注释】①纪公从善：指李从善（940—987年），字子师，祖籍陇西郡成纪县（今甘肃省天水市），五代时南唐诗人，元宗李璟第七子。

②湖南马氏：指马殷（852—930年），字霸图，许州鄢陵（今河南鄢陵县）人，一说上蔡人（《三楚新录》），五代十国时期南楚开国君主。930年去世，时年七十九岁，谥号武穆王。次子马希声继位。

③希范：即马希范（899—947年），字宝规，许州鄢陵（今河南鄢陵）人，楚武穆王马殷第四子，衡阳王马希声异母弟，五代十国时期南楚第三任君主，在位16年（932—947年）。

④高郁（？—929）：唐末五代扬州（今属江苏）人。五代十国楚国谋臣。乾宁二年（895年）马殷为湖南留后，用为谋主，署都军判官。劝殷对中原政权修藩镇之礼，训卒厉兵，以图霸业。

⑤希声：指马希声（898—932年），字若讷，许州鄢陵（今河南鄢陵）人，楚武穆王马殷次子，五代十国时期南楚第二任君主，930年至932年在位。马殷在位时任武安节度副使。后唐长兴元年（930年），马殷去世，马希声继。长兴三年（932年）马希声去世，其弟马希范继立。

⑥王环：后周右饶卫大将军（卫军第六军），曾在汴水训练后周水军，参加柴荣的第二次南征。

⑦刘仁赡（900—957）：字守惠，彭城（今江苏徐州）人，五代时期南唐大将。仕南唐，累官武昌节度使，徙清淮军节度使，镇寿州。后周军队入淮，仁赡坚守不下。会病甚，其副使孙羽以城降，世宗命舁至帐前，赐以玉带御马，拜检校太尉兼中书令天平军节度使。是日卒，年五十八，追封彭城郡王。

⑧张美（917—985年）：字玄圭，贝州清河人，五代末年至北宋初年将领。后周时期，担任左监门卫上将军，充任宣徽北院使，主管三司。

【译文】显德六年（959年）六月，南唐国主李璟派他的儿子纪公李从善与钟谟一起入朝进贡，世宗柴荣问钟谟：“江南也在训练军队修整城防进行战备吗？”钟谟回答说：“既然已经臣事大国，不敢再这样做了。”世宗说：“不对。过去我们是仇敌，现在已经成了一家人，我朝与你们国家在名分大义上已经确定，保证不会有其他变故；然而人生难料，至于后世，则事情更难以知晓了。回去后，告诉你们君主，可以趁着我还在的时候，完善城防，修缮盔甲武器，据守要塞，要为子孙后代着想。”钟谟回国后将世宗的话告诉了李璟。李璟于是加固了金陵城墙，凡是各州城池不完善的地方都加以整治修理，士兵少的地方便招纳补充。宋代名家大儒司马光曾说：“有人问我，五代君王之中，后唐庄宗李存勖、后周世宗柴荣都号称英武，那他们中谁更贤明呢？我回答说：‘天子之所以能统治万国，要讨伐那些不肯降服的，安抚那些小而弱的，实行全国号令，统一全国法度，讲求信用和大义而兼爱亿万百姓。’”后唐庄宗李存勖灭了后梁之后，天下为之震动，南楚马殷派其儿子马希范入朝进贡，庄宗说：“近来听人说马氏的基业，终将被高郁所夺。现在他有这样的儿子，高郁又怎么能夺得了呢？”高郁是马氏的优秀辅臣。马希范的哥哥马希声听说唐庄宗的话后，假传父亲马殷的命令杀死了高郁。这是街市道路上的商人们所做的事，怎么是帝王的风范呢！后唐庄宗李存勖是个善于行军打仗之人，所以能凭借弱小的晋国战胜强大的后梁，但是在夺得梁国江山后，不出几年，却内外叛离，没有了安身之所，实在是因为只懂得用兵打仗，而不懂得治理天下之术的缘故啊。后周世宗柴荣以信用美誉来统御群臣，以正义来责让各国，王环因为不降而受到奖赏，刘仁赡因为坚守而受到褒扬，严续因为尽忠为国而得以生存，后蜀军队因为反复无常而被诛杀，冯道因为丧失臣节而被遗弃，张美因受私人恩惠而被疏远。江南没有臣服时，世宗便亲自冒着飞箭流石，抱着必胜的信念；南唐归降之后，世宗又像对待子女一样爱护，推心置腹地把话说尽，为他们作长远考虑。他宏伟的规制，博大的襟怀，又怎么是唐庄宗能同日而语的呢！《尚书》中说：“不偏袒、不结党，圣王之道浩浩荡荡。”又说：“大国畏惧他的实力，小国感念他的恩德。”后周世宗可以说是接近《尚书》上所说的了。

世宗欲相枢密使魏仁浦①，议者以仁浦不由科第，不可为相。世宗曰：“自古用文武才略者为辅佐，岂尽由科第邪。”又尝问大臣可为相者于兵部尚书张昭②，昭荐李涛③。世宗愕然曰：“涛轻薄无大臣体，朕问相，而卿首荐之，何也？”对曰：“陛下所责者细行，臣所举者大节也。昔晋高祖之世，张彦泽虐杀不辜，涛累疏请诛之，以为不杀，必为国患。汉隐帝④之世，涛亦上疏请解先帝⑤兵权。夫国家安危未形而能见之，真宰相器也。臣以是荐之。”世宗曰：“卿言甚善，且至公。然如涛者，终不可置之中书。”盖涛喜诙谐，不修边幅，与弟瀚俱以文学著名，虽甚友爱而多谑浪，无长幼体，世宗以是薄之。）

【注释】①魏仁浦（911—969年）：字道济。卫州汲县（今河南卫辉市）人。五代后周至北宋初年宰相。历官后晋小吏、后周枢密都承旨、中书侍郎、平章事，居高位而不念私怨，为人清静俭朴、宽容大度，能言善辩、足智多谋、与人为善、左右逢源。为后周统一北方立下了汗马功劳。宋初，进位右仆射，从征太原中途病死。

②张昭（894—972年）：本名张昭远，字潜夫。濮州范县（今河南范县）人。五代至北宋初年官员、藏书家。历仕后唐、后晋、后汉、后

周，官至任吏部尚书，进封为郑国公，后改封陈国公。

③李涛（898—961年）：字信臣。京兆万年（今陕西西安）人。五代至北宋初年大臣、文学家，唐敬宗李湛之后。历仕后晋、后汉两朝，官至中书侍郎兼户部尚书、平章事。后汉隐帝时被罢相。后周时起复为太子宾客，历刑部、户部尚书，封莒国公。北宋建立后，出任兵部尚书。建隆二年（961年）去世，时年64岁。获赠右仆射。

④汉隐帝：后汉隐帝刘承祐。

⑤先帝：指后周创建者郭威。

【译文】后周世宗柴荣准备让枢密使魏仁浦担任宰相，但参与商议的人都认为魏仁浦不是经过科举及第选拔的，不可以担任宰相。世宗说："自古以来都是任用有文才武略的人来辅佐朝政，怎么能够要求都是科举及第选拔的呢？"世宗又曾经向兵部尚书张昭询问大臣中谁人可担任宰相，张昭举荐了李涛。世宗听后惊讶地说："李涛为人轻薄没有大臣的样子，我问你宰相的人选，而你却首先举荐了他，这是为什么？"张昭回答说："陛下所指责的是他的小事，而臣所举荐的是他的大节。过去晋高祖石敬瑭在位时，张彦泽滥杀无辜，李涛多次上书要除掉他，认为不杀他的话，必定会成为国家的祸患；到后汉隐帝刘承祐时期，李涛也曾上书请求解除先帝的兵权。国家的安危还没有发生便能预见未来，真的是宰相之材啊。所以臣下举荐他。"世宗说："你这话说得很好，而且很是公正。但是像李涛这样的人，终究是不可以安置在中书省啊。"李涛喜欢说笑逗乐，不修边幅，与弟弟李瀚都以文章博学而闻名，虽然相互很友爱，却常常戏谑放浪，没有长幼的规矩，世宗因此而轻视他。）

显德六年，六月癸巳，帝崩于万岁殿，圣寿三十九。

【译文】显德六年（959年）六月十九日，后周世宗柴荣在万岁殿驾崩，圣寿三十九岁。

史臣曰：世宗顷在仄微①，尤务韬晦，及天命有属，嗣守鸿业，不日破高平之阵，逾年复秦、凤之封，江北、燕南，取之如拾芥，神武雄略，乃一代之英主也。加以留心政事，朝夕不倦，摘伏辩奸，多得其理。臣下有过，必面折之，常言太祖养成二王之恶②，以致君臣之义，不保其终，故帝驾驭豪杰，失则明言之，功则厚赏之，文武参用，莫不服其明而怀其恩也。所以仙去之日，远近号慕。然禀性伤于太察，用刑失于太峻，及事行之后，亦多自追悔。逮至末年，渐用宽典，知用兵之频并，悯黎民之劳苦，盖有意于康济矣。而降年不永，美志不就，悲夫！（旧五代史卷一百一十四——一百一十九）

【注释】①仄微：指社会地位低下。

②二王之恶：二王指王峻、王殷二人。王峻：本卷前《刘铢传》有注。王殷（？—953年）：瀛州人。后汉时与郭威共事，郭威称帝后授天雄军节度使，加同平章事。为人骄横，于民间多方聚敛，居功自傲，出入

部众不下数百人，有震主之势。后终父子被杀。

【译文】史官评论说：世宗过去地位还低时，特别注意韬光养晦，当天命降临于他时，他继承大业守护河山，没多久便攻破了敌军高平的战阵，第二年便又收复了秦州、凤州的疆域，江北、燕南等地，收取就像弯腰拾草一样简单，英明神武又有雄才大略，真是一代英明圣主啊。再说他留心政事，朝夕不倦，消除隐患，辨忠识奸，大多都符合事理。臣子有了过失，必定全当面指出。他经常说因太祖姑息，养成了王峻、王殷二人的骄纵，以致君臣的情义无法保持到最终。所以世宗驾驭英雄豪杰，他们有了过失就明明白白地指出来，立了功劳则重重奖赏，文武并用，没有不服他的英明而感怀他的恩德。所以世宗去世之时，远近的人都大哭哀悼。然而世宗性格中的缺陷在于太过苛求细节，用刑太过于严峻无情，等到事后，他也常常自悔。等到他在位的末年，才渐渐实行宽仁政策，知道用兵太过频繁，怜悯老百姓的辛劳和艰苦，大概是有了安民济世的心思了吧。然而寿命不长，美志没能实现，真是悲哀啊！（旧五代史卷一百一十四——一百一十九）

郑仁诲

【题解】郑仁诲（？—955年），字日新，晋阳（今山西太原）人。年轻时曾跟随唐骁将陈绍光，后来退归乡里，不问政事。随后跟随郭威。郭威建立后周后，先后任检校司空、客省使兼大内都点检、检校太保、枢密使、同平章事。周世宗即位后，郑仁诲仍受重用，后周显德二年（955年）病逝。郑仁诲为人端厚谨慎，言谈举止必遵于礼。任枢务时，他虽然权重位高，但却能平易近人，从不骄傲自大，所以去世之后，满朝文武都为之惋惜。

郑仁诲，字日新，晋阳人。仁诲幼事唐骁将陈绍光，恃勇使酒，尝乘醉抽佩剑，将剸刃于仁诲，左右无不奔避，唯仁诲端立以俟，略无惧色。绍光因掷剑于地，谓仁诲曰："汝有此器度，必当享人间富贵。"及绍光典郡，仁诲累为右职。后退归乡里，以色养为乐。汉高祖之镇河东也，太祖累就其第，与之燕语，每有质问，无不以正理为答，太祖深器之。汉有天下，太祖初领枢务，即召为从职。及太祖西征，尝密赞军机，西师凯旋，累迁至检校吏部尚书。太祖践阼，旌佐命功，授检校司空、客省使兼大内都点检、恩州团练使，寻为枢密副使。逾年转宣徽北院使、右卫大将军，出镇澶渊，转检校太保，入为枢密使，加同平章事。世宗之北征也，以仁诲为东京留守，调发军须，供亿无所阙，驾回，加兼侍中。寻丁内艰[①]，未几起复。显德二年冬，疾亟，世宗幸其第，亲加抚问，欷歔久之。及卒，世宗亲临其丧，哭逾数举。仁诲为人端厚谦损，造次必由于礼。及居枢务，虽权位崇重，而能孜孜接物，无自矜之色，及终，故朝廷咸惜之。（旧五代史卷一百二十三）

【注释】①内艰：旧时称遭母丧为"内艰"。

【译文】郑仁诲，字日新，晋阳（今山西晋阳）人。郑仁诲年轻时曾在后唐猛将陈绍光的手下效力。陈绍光自恃勇猛，借着酒劲耍性子，曾经乘喝醉酒时抽出佩剑，正要刺向郑仁诲，身边的人无不奔跑躲避，只有郑仁诲端正地站在那等待，没有一点害怕的神色。陈绍光因此把剑扔在地上，对郑仁诲说："你有这样的胆识和器量，必定会享有人间的富贵。"到陈绍光镇守州郡时，郑仁诲一直担任他身边的重要职位。后来郑仁诲退隐回到乡里，以孝顺奉养父母为乐。当后汉高祖刘知远镇守河东时，后周太祖郭威多次到郑仁诲的家里，与他一起聊天闲谈，每次碰到问题请教时，郑仁诲都用正理来回答，太祖郭威很是欣赏和器重他。后汉取得天下后，郭威刚管理机要事务，就召郑仁诲为随从官员。当郭威率军西征时，郑仁诲曾参与秘密军机事务，当西征军队胜利凯旋后，郑仁诲的职位一直升到检校吏部尚书。郭威称帝建立后周后，奖励他跟随攻打天下的功绩，任他为检校司空、客省使兼大内都点检、恩州团练使之职，不久又升为枢密副使。过了一年转任宣徽北院使、右卫大将军，离京前往镇守澶渊，转任检校太保，又入朝为枢密使，加同平章事。世宗柴荣北征时，任命郑仁诲为东京留守，调拨军需用品，供应没有一点短缺。柴荣回来后，加授郑仁诲兼任侍中。不久郑仁诲因母丧回家守孝，不久又起用复职。显德二年（955年）冬，郑仁诲病得很重，世宗柴荣来到他府上，亲自安抚慰问，叹息了很久很久。郑仁诲病逝后，世宗亲自参加了他的丧礼，哭了很多次。郑仁诲为人正直厚道且谦虚克己，行为举止一定符合礼节。当他身居机要职务之时，虽然权高位崇，却能做到接人待物从不懈怠，没有一丝骄傲自大的神色。所以，当他去世时，朝廷中的官员都为他惋惜。（旧五代史卷一百二十三）

刘　词

【题解】刘词（891—955年），字好谦。大名元城（今河北大名）人。五代时期名将。早年隶属后梁名将杨师厚麾下，后转仕前晋（后唐）。后晋、后汉时，刘词随军出征，相继平定张从宾、范延光、李金全、安重荣及杜重威叛乱，以战功建节，并随枢密使郭威平河中之乱。后周建立后，累官至永兴节度使兼侍中。后周显德二年（955年）去世，时年65岁。获赠中书令，谥号忠惠。刘词为将有勇，为政奉公，从不以苛政扰民。不仅如此，他还能够知人善任，出任永兴军节度使时，刘词相继征辟赵普、楚昭辅、王仁赡等人为幕僚，这些人后来都成为北宋重臣。

刘词，字好谦，元城人。晋初，从侯益[①]收汜水关，佐杨光远[②]平鄴都，累迁奉国第一军都虞候。时王师方讨襄阳，寻命词兼行营都虞候，襄阳平，迁本州团练使。在郡岁余，临事之暇，必被甲枕戈而卧，人或问之，词曰："我以勇敢而登贵仕，不可一日而忘本也。若信其温饱，则筋力有怠，将来何以报国也！"

【注释】①侯益（885—965年）：山西平遥人，唐末五代到北宋时期将领。先后效力李嗣源、李从珂、石敬瑭。后汉建立后，拜开封尹、中书令，封鲁国公。郭威起兵反叛，归降郭威，参与建立后周，拜太师、齐国公。以本官致仕，闲居于洛阳。965年去世，享年80岁。

②杨光远（？—944年）：五代将领，小字阿檀，及长，止名檀，唐天成中，以明宗改御名为亶，以偏傍字犯之，始改名光远，字德明。

【译文】刘词，字好谦，元城人。后晋建国初，跟随侯益攻收汜水关，辅佐杨光远平定了鄴都，官职一直升迁到奉国第一军都虞候。当时朝廷军队正在攻打襄阳，不久便任命刘词兼行营都虞候，襄阳平定后，升任本州团练使。在郡州一年多，除了处理政务，之余的闲暇时光，必定身披盔甲头枕兵器而卧，有的人问他，刘词说：“我是因为勇敢才登上了如此高位，不可以有一天忘了根本。如果只讲求温饱，那么身体就会出现懈怠，将来又以什么来报效国家呢！”

乾祐[①]初，李守贞[②]叛于河中，太祖征之，朝廷以为侍卫步军都指挥使，遥领宁江军节度使，充行营马步都虞候，命分屯于河西。二年正月，守贞遣敢死之士数千，夜入其营。皆怖惧不知所为，惟词神气自若，令于军中曰：“此小盗耳，不足惊也。”遂免胄横戈，叱短兵以击之，贼众大败而退。自是守贞丧胆，不复有奔突之意。

【注释】①乾祐：后汉高祖刘知远开始使用的一个年号（948—

950年)，乾祐元年二月后汉隐帝刘承祐即位沿用，一直到后汉灭亡。共计3年。

②李守贞(?—949年)：孟州河阳(今河南省孟州市)人。五代十国时期后晋大臣。初为河阳牙将，得后晋高祖石敬塘器重。出帝石重贵时，平定杨光远叛乱，拜为同平章事、兵马都监。后汉建立后，拜为河中节度使。后汉隐帝刘承祐时，割据陕西反叛，自封为秦王。乾祐二年(949年)，为枢密使郭威所败，举家自焚而亡。

【译文】乾祐初年(948年)，李守贞在河中发动叛乱，后周太祖郭威率军征讨，朝廷任命刘词为侍卫步军都指挥使，并挂名宁江军节度使，充行营马步都虞候，命他在黄河西岸建立分营。乾祐二年(949年)正月，李守贞派出数千敢死之士，乘夜攻入刘词营地。营地官兵都因害怕恐慌而不知所措，只有刘词神态自若，向军中将士下令道："这些只是一些小盗贼而已，不值得大惊小怪。"于是脱下甲胄，横握武器，叱令士兵与敌人进行搏斗，敌人大败而退。从这以后李守贞闻风丧胆，不再敢有突袭的想法。

二年冬，以疾卒于镇，年六十有五。词发身军校，亟历戎事，常以忠勇自负。洎领藩镇，能靖恭为治，无苛政以挠民，谥以忠惠，议者韪之。(旧五代史卷一百二十四)

【译文】显德二年(955年)冬，刘词因为疾病在军镇，去世时年六十五岁。刘词起家于一名军校，历经无数战争，常常以忠诚勇敢而自负。当他掌管藩镇时，能够奉公守职谨慎理政，没有实行严苛的政令来挠民，以“忠惠”为他的谥号，议论的人都认为很恰当。（旧五代史卷一百二十四）

王　朴

【题解】王朴（906—959年），字文伯。东平（今山东东平）人。五代时后汉、后周名臣。后汉乾祐三年（950年），擢进士第，拜秘书郎，依附枢密使杨邠。其后见政局日乱，便审势东归，避乱免难。广顺元年（951年），担任镇宁节度使柴荣（后周世宗）的节度掌书记。柴荣即位后，王朴献《平边策》，并规划开封、修订历法、考证雅乐，深受柴荣重用，累官枢密使。显德六年（959年），王朴猝逝，年54岁。柴荣闻讯，大哭不止，追赠侍中，祀其画像于宫中功臣阁。

《续编》主要辑录其《平边策》一文，该文展现了他杰出的军政才能。他提出的先近后远、先易后难的军事战略和避实就虚的进攻战术，采用扰敌令其疲惫的方法而扩展后周版图，最终成就了后来宋朝的统一。

王朴，字文伯，东平人也。汉乾祐中，擢进士第，解褐授校书郎，依枢密使杨邠[①]，馆于邠第。世宗嗣位，授比部郎中，赐紫。二年夏，世宗命朝廷文学之士二十余人，各撰策论一首，以试其才。时朴献《平边策》，云：

【注释】①杨邠（？—950年）：五代时后汉大臣，今山东冠县人。后汉高祖（刘知远）即位，他官拜枢密使、中书侍郎兼吏部尚书、同平章事。其为政俭静、不收贿赂，不能拒者，收之交给皇帝。任贤荐能，直言敢谏。后遭诬陷被杀。后周太祖即位后，被追封为“弘农王”。

【译文】王朴，字文伯，东平（今山东东平县）人。后汉乾祐年间，考中进士，进入仕途，被任命为校书郎，依附于枢密使杨邠，并住在杨邠的府里。世宗柴荣即位后，授予他比部郎中之职，并赏赐了紫色衣服给他。显德二年（955年）夏天，世宗柴荣命令朝廷中掌管文学的官员二十多人，各自撰写一篇策论，以测试他们的才学。当时王朴呈献的叫《平边策》，策论中说：

唐失道而失吴、蜀，晋失道而失幽、并，观所以失之由，知所以平之术。当失之时，莫不君暗政乱，兵骄民困，近者奸于内，远者叛于外，小不制而至于大，大不制而至于僭。天下离心，人不用命，吴、蜀乘其乱而窃其号，幽、并乘其间而据其地。平之之术，在乎反唐、晋之失而已。必先进贤退不肖以清其时，用能去不能以审其材，恩信号令以结其心，赏功罚罪以尽其力，恭俭节用以丰其财，徭役以时以阜其民。俟其仓廪实、器用备、人可用而举之。彼方之民，知我政化大行、上下同心、力强财足、人和将和、有必取之势，则知彼情状者愿为之间谍，知彼山川者愿为之先导。彼民与此民之心同，是与天意同，与天意同则无不成之功。

【译文】后唐因为违背了道义而失去了吴、蜀等地，后晋因为违背了道义而失去了幽州、并州等地，考察他们之所以会失去这些地方的原因，便应当明白收复边疆的策略。当国土丧失的时候，国家莫不是君王昏暗政务混乱，士兵骄纵百姓穷困，在内朝廷官员狼狈为奸，在外边远将帅反叛作乱，当祸乱刚刚出现时不加以制止以致酿成了大患，当祸乱形成了大患时不加以制止便导致了叛乱。天下人心离散，大家不愿尽力效忠，吴、蜀等地乘着混乱而自立国号，幽州、并州等地乘此机会而占据一方。平定这些叛乱的策略，就在于纠正后唐、后晋这些君臣的过失。必须先引进贤德之才而清除那些邪恶小人，以净化社会风气，起用贤能之才而罢免无能之人，以获得真正的人才，以恩德诚信的政令来凝聚臣民之心，以赏功罚罪的政策让臣民尽忠效力，以奉公俭约节省开支而使国家财力丰足，根据农时合理安排劳役而使百姓富裕。当国家仓廪充实、器用齐备、人力可用之时便可发动进攻收复边疆了。敌国之百姓，得知我国的政教风化大行、君民上下同心、国力强盛财用丰足、百姓团结将相和睦、有必胜的趋势，那么了解对方情状的人将愿意充当间谍，熟悉对方山川地理的人也愿意成为我们的向导。边疆的民众与内地的民众心意相同，也就是与天意相同；民心与天意相同，那么将没有无法成功的事。

攻取之道，从易者始，当今吴国，东至海，南至江，可挠之地二千里。从少备处先挠之，备东则挠西，备西则挠东，必奔走以救其弊，奔走之间，可以知彼之虚实、众之强弱，攻虚击弱，则所向无前矣。勿大举，但以轻兵挠之。彼人怯，知我师入其地，必大发以来应，数大发则必民困而国竭，一不大发则我获其利，彼竭我利，则江北诸州，乃国家之所有也。既得江北，则用彼之民，扬我之兵，江之南亦不难而平之也。如此，则用力少而收功多。得吴，则桂、广皆为内臣，岷、蜀可飞书而召之，如不至，则四面并进，席卷而蜀平矣。吴、蜀平，幽可望风而至。唯并必死之寇，不可以恩信诱，必须以强兵攻之，然其力已丧，不足以为边患，可为后图，候其便则一削以平之。

【译文】攻取之道，先从容易的地方开始。当今的吴国，东至大海，南到长江，可以扰乱的地方达二千里。先从防备薄弱的地方攻击，他们防备东部那么我们就进攻西部，他们防备西部那我们就进攻东部，他们必定来回奔走来解救其危机，在他们奔走的过程中，我们就可以知晓他们的虚实、兵力的强弱，只要攻击他们虚弱的地方，那么我们将所向无敌了。不要大举进攻，只要用少量部队骚扰他们。吴国人胆怯，知道我军攻入了他们的地境，必定会率大军来抵御，出动大军则必定会使百姓穷困而国力衰竭，如果吴国不出动大军则我军可以就此获利，对方衰竭而我军获利，那么长江以北的各州郡，就必定会为国家所有了。得到了长江以北的地盘，就可以利用当地的民力，宣扬我军的兵威，那么江南地区也就不难平定了。这样，只要用少量的代价就能取得大的收获了。如果攻下了吴国，那么桂州、广州等地也都将臣服，岷州、蜀州等地可以传书招降，如果他们不从，则可以四面发兵齐进，就像卷席子一样平定蜀地。吴地、蜀地平定后，那么幽州地区可能会闻风而降。只有并州人为死敌，不可能用恩义诚信劝降，必须出动强兵攻打，但是现在他们军力已丧失，不足以成为边境隐患了，可以作为后一步攻打的对象，等方便之时一举将他们消灭。

方今兵力精练，器用具备，群下知法，诸将用命。一稔之后，可以平边，此岁夏秋，便可于沿边贮纳。臣书生也，不足以讲大事，至于不达大体，不合机变，望陛下宽之。

世宗览之，愈重其器识。未几，迁左谏议大夫，知开封府事。

【译文】当前我军兵力精练，军用器械等齐备，臣属知晓法纪，众将忠诚效命。当一季丰收之后，便可以平定边疆，今年夏秋季节，便可以在沿边地区收藏储存。臣只是一个书生，不足以谈论国家大事，因此没能样样俱到，不符灵活战术的地方，希望陛下能够宽恕。

世宗柴荣看了这篇论策后，更加重视他的器量见识。没多久，便升任左谏议大夫，知开封府事。

初，世宗以英武自任，喜言天下事，常愤广明[①]之后，中土日蹙，值累朝多事，尚未克复，慨然有包举天下之志。而居常计事者，多不谕其旨，唯朴神气劲峻，性刚决有断，凡所谋画，动惬世宗之意，由是急于登用。寻拜左散骑常侍，充端明殿学士，知府如故。是时，初广京城，朴奉命经度，凡通衢委巷，广袤之间，靡不由其心匠。六年三月，疾作而卒，时年四十有五。（旧五代史卷一百二十八）

【注释】①广明：唐僖宗李儇的年号（880年正月—881年），共计2年。

【译文】先前，世宗柴荣认为自己英明神武，喜欢谈论天下大事，常常愤慨僖宗广明年间之后，中原领土日益缩减，又碰上众朝正经历众多事变，还无法收复失地，在激愤之情下立下了统一天下的大志。而平常一起商议事情的人大多不能明白他的心愿，只有王朴神态气势刚劲雄伟，性格刚强果断，凡是所谋划的事，都能符合世宗的心意，因此世宗急于提拔他。不久任王朴为左散骑常侍，充端明殿学士，任开封知府之职不变。那时，京城刚刚进行扩建，王朴奉命进行谋划管理，不论是宽敞的大街还是偏僻的小巷，扩展规模的大小宽广，都是他精心设计的。显德六年（959年）三月，疾病发作去世，时年四十五岁。（旧五代史卷一百二十八）

段希尧

【题解】段希尧（878—956年），河内人。五代后晋、后汉、后周大臣。后晋时，辅佐过石敬瑭。出帝石重贵即位后，先后任检校司空，户部、兵部侍郎。后汉初，迁吏部侍郎，判东西两铨事。后周建国初，拜工部尚书。世宗即位后，转礼部尚书。显德三年（956年）夏，卒于洛阳，时年79岁，赠太子少保。

段希尧，河内人也。希尧少有器局，累历州县。天福中，稍迁右谏议大夫，寻命使于吴越。及乘舟泛海，风涛暴起，楫师仆从皆相顾失色，希尧谓左右曰：“吾平生履行，不欺暗室，昭昭天鉴，岂无祐乎！汝等但以吾为托，必当无患。”言讫而风止，乃获利涉。（旧五代史卷一百二十八）

【译文】段希尧，是河内（今河南泌阳）人。他年轻时便有器量，多次出任州县职务。天福年间，慢慢升迁为右谏议大夫，不久受命出使吴越。当乘坐舟船航行过海时，突然风浪大起，船师和仆从们你看看我、我看看你，吓得脸色都变了，段希尧对身边的人说：“我平生做事哪怕是在没人的地方也从来没有过恶念恶行，上天的明镜高高在上，又怎么会不护佑呢！你们只管以我为靠山，必定会没有灾祸。”话刚说完风便停止了，最终顺利到达目的地。（旧五代史卷一百二十八）

群书治要续编卷第十六　宋史（一）

【提要】《宋史》是记录宋代史实的官修史书，被列为“二十四史”之一。全书共有496卷，包括本纪40卷，志162卷，表32卷，列传255卷，是“二十四史”中篇幅最大的一部史书。《宋史》记载了宋太祖赵匡胤建隆元年（960年）到宋帝昺祥兴二年（1279年）间的历史，比较系统、全面地记录两宋政治、经济、军事、文化、科技以及社会风俗。《宋史》署名是“脱脱等撰”，实际上脱脱仅仅是由于官居宰相而担任了编修《宋史》的都总裁，全书的编修工作是由汉、蒙古、回鹘、西夏等族数十名学者集体完成的。其中汉族史学家欧阳玄起了主要作用，是实际的总负责人。

宋代是我国历史上一个非常重要的时代，这一时期，我国的政治、经济、文化、科技等各个方面都得到很大的发展，出现了许多在历史上非常有影响的人物，而宋代的政治可以说是最为开明的。因此，历史学家陈寅恪曾说：“华夏民族之文化，历数千载之演进，造极于赵宋之世。”

960年，后周诸将发动“陈桥兵变”，拥立殿前都点检、宋州归德军节度使赵匡胤为帝，建立宋朝。赵匡胤目睹了五代时期的乱世，为了避免出现晚唐藩镇割据和宦官专权乱象，他开国后采取了重文抑武方针，加强中央集权，并剥夺武将兵权。宋太宗赵光义继位后统一全国，宋真宗与辽国缔结“澶渊之盟”后逐渐步入治世。1125年，金国大举南侵，导致“靖康之耻”，北宋灭亡。康王赵构于南京应天府即位，建立了南宋。南宋在“绍兴和议”后与金国以秦岭、淮河为界，1234年，南宋联合蒙古灭金，1235年，宋元战争爆发，1276年，元军攻占临安，崖山海战后，南宋灭亡。两宋共历18帝，享国319年。

宋代的经济高度繁荣。英国经济历史数据考证与分析专家安格斯·麦迪森（Angus Maddison）在《世界经济千年史》中指出，咸平三年（1000年）中国GDP总量为265.5亿美元，占世界经济总量的22.7%，人均GDP为450美元，超过当时西欧的400美元。尽管后世不少史学家认为宋朝“积贫积弱”，但宋朝时期，民间的富庶与社会经济的繁荣实远超过盛唐。

宋代的文化科技发展也十分兴盛，这一时期出现了宋明理学，儒学得到复兴，科技发展迅速，而且没有严重的宦官专权和军阀割据，兵变、民乱次数与规模在中国历史上也相对较少。宋朝立国三百余年，二度倾覆都是因为外敌入侵，是中国历史上唯一没有亡于内乱的王朝。

《宋史》于元顺帝至正三年（1343年）三月开始修纂，完成于至正五年（1345年）十月成书，时间总共只有两年半，由于成书时间短促，当时又处于元朝即将崩溃的历史时期，编纂者工作不免匆忙草率，因此《宋史》存在不少的缺陷，最大的缺点就是比较粗糙，编纂者对史料缺乏认真鉴别考订，资料也没有精心裁剪，书的结构有些混乱，编排失当，从整体来看，北宋详而南宋略，列传人物虽然不少，但是缺漏的人物依然很多。此外，《宋史》完全否定王安石变法，尊崇道学，将变法派吕惠卿、曾布、章惇等人列入奸臣传，而南宋权奸史弥远祸国殃民，却未被列入奸臣传。这也反映了史官认识问题有一定局限性。

尽管《宋史》疏漏较多，但它卷帙浩繁，比《旧唐书·列传》多出一倍；叙事详尽，就史料的学术价值而言详胜于略。同时《宋史》的主要材料是宋代的国史、实录、日历等书，这些史籍如今几乎全部佚失了，而《宋史》是保存宋代官方和私家史料最有系统的一部书，是我们现在了解和研究两宋历史的重要史书。

明清以来，不少人对《宋史》加以纠正或补充，成书的有明朝柯维骐的《宋史新编》200卷，合宋、辽、金史为一编，以宋为正统。《宋史新编》订正了《宋史》的一些错误，但史料的丰富远不及《宋史》。此外，还有王洙的《宋史质》100卷，王维俭的《宋史记》250卷，钱士升的《南宋书》60卷等。清代陈黄中编写成《宋史稿》219卷，陆心源的《宋史翼》40卷，根据历代碑文及私人笔记，增补《宋史》列传783人，附传64人。

《续编》自《宋史》本纪、志、传中辑录文字共计6卷，基本反映了两宋兴亡的历史轨迹，有助于当今读者从中学习和汲取宋代三百年历史留给我们的"修齐治平"的经验智慧及其衰亡的教训。

太　祖

【题解】赵匡胤（927—976年），字元朗，涿郡人。后周护圣都指挥使赵弘殷（宋宣祖）次子，母为杜氏（昭宪太后），宋朝开国皇帝（960—976年在位）。赵匡胤在后汉时投奔枢密使郭威，投身行伍。他很受后周世宗柴荣器重，在征伐南唐时屡建战功。柴荣病重时，被任命为殿前都点检，掌管殿前禁军。显德七年（960年），在“陈桥兵变”中被拥立为帝。同年，赵匡胤登基为帝，改元建隆，国号“宋”。他在位期间，采纳宰相赵普的策略，“先南后北、先易后难”，致力于统一全国，先后消灭荆南、武平、后蜀、南汉及南唐等南方割据政权，完成了全国大部分地区的统一，使用“杯酒释兵权”，罢去禁军将领及地方藩镇的兵权，解决了自唐朝中叶以来地方节度使拥兵自擅的局面。除此之外，还设立“封桩库”贮藏钱、帛、布匹，以期赎回被后晋高祖石敬瑭献给契丹的燕云十六州。他在位期间进行政治、经济、军事改革，革除了五代弊政，使国家呈现出和平、安定的局面，开创了大宋三百年基业。

《续编》所节选的内容着重体现了宋太祖心地清正，嫉恶如仇，宽仁大度，虚怀若谷，好学不倦，勤政爱民，严于律己，不近声色，崇尚节俭，以身作则等品质。比如在即帝位前，嘱咐众将不能惊扰后周太后、恭帝，在伐江南时嘱咐众将不要大肆杀戮，以及宽容对待吴越钱俶、南汉刘鋹，乾德改元、传位太宗等内容。

太祖皇帝讳匡胤，姓赵氏，涿郡人也。后唐天成[①]二年，生于洛阳夹马营。汉初，会周祖以枢密使征李守真，应募居帐下。广顺[②]初，补东西班行首，拜滑州副指挥。世宗尹京[③]，转开封府马直军使。世宗即位，复典禁兵。

显德六年，世宗北征，为水陆都部署。时张永德为点检，世宗不豫，还京师，拜太祖检校太傅、殿前都点检，以代永德。恭帝[④]即位，改归德军节度、检校太尉。

【注释】①天成：后唐明宗李嗣源的年号（926—930年），共计5年。

②广顺：后周太祖郭威的年号（951—953年），共计3年。

③世宗：即后周世宗柴荣（921—959年），字号不详。五代时期后周第二位皇帝（954—959年在位）。显德元年（954年），后周太祖郭威驾崩，柴荣即位。他心怀统一大志，立下了三十年的宏志，“以十年开拓天下，十年养百姓，十年致太平”。他在位期间，整军练卒、裁汰冗弱、招抚流亡、减少赋税。使得后周政治清明、百姓富庶，中原经济开始复苏。显德六年（959年）去世，年仅39岁，庙号世宗，谥号睿武孝文皇帝，葬于庆陵。尹京：治理京畿。

④恭帝：即后周恭帝柴宗训（953—973年），959—960年在位。他是后周世宗柴荣第四子，后周最后一位皇帝。柴宗训在位期间，特别重用殿前都点检赵匡胤。显德七年（960年），被迫禅位给赵匡胤，后周灭亡。赵匡胤登基后，降封柴宗训为郑王，迁往房州。赵匡胤颁布圣旨优待恭帝母子，赐柴氏“丹书铁券”，保证柴氏子孙永享富贵，即使犯罪也不得加刑。

【译文】宋太祖讳名匡胤，姓赵氏，涿郡人（今河北涿州）。后唐天成二年（927年），出生于洛阳夹马营（今河北）。后汉初年，正好周太祖郭威以后汉枢密使的身份征讨李守真，太祖应募在周太祖军帐下供职。后周广顺初年，太祖补任东西班行首，担任滑州副指挥。后周世宗治理京畿，太祖转任开封府马直军使。后周世宗即位后，太祖又掌管禁军。

显德六年（959年），世宗北伐契丹，太祖担任水陆都部署。当时张永德担任点检，世宗身体不舒服，返回京城，授予太祖检校太傅、殿前都点检，以代替张永德。后周恭帝即位后，改任太祖归德军节度、检校太尉。

七年春，北汉结契丹入寇，命出师御之。次陈桥驿，军中知星者苗训引门吏楚昭辅视日下复有一日，黑光摩荡[①]者久之。夜五鼓，军士集驿门，宣言策点检为天子，或止之，众不听。迟明，逼寝所，太宗入白，太祖起。诸校露刃列于庭，曰："诸军无主，愿策太尉为天子。"未及对，有以黄衣加太祖身，众皆罗拜，呼万岁，即掖太祖乘马。太祖揽辔谓诸将曰："我有号令，尔能从乎？"皆下马曰："唯命。"太祖曰："太后、主上，吾皆北面事之，汝辈不得惊犯；大臣皆我比肩，不得侵凌；朝廷府库、士庶之家，不得侵掠。用令有重赏，违即孥戮[②]汝。"诸将皆载拜，肃队以入。副都指挥使韩通谋御之，王彦升遽杀通于其第。太祖进登明德门，令甲士归营，乃退居公署。有顷，诸将拥宰相范质等至，太祖见之，呜咽流涕曰："违负天地，今至于此！"质等未及对，列校罗彦环按剑厉声谓质等曰："我辈无主，今日须得天子。"质等相顾，计无从出，乃降阶列拜。召文武百僚，至晡[③]，班定。翰林承旨陶谷出周恭帝禅位制书于袖中，宣徽使引太祖就庭，北面拜受已，乃掖太祖升崇元殿，服衮冕，即皇帝位。迁恭帝及符后于西宫，易其帝号曰郑王，而尊符后为周太后。

【注释】①摩荡：摩擦振荡。

②孥戮：诛及妻子、儿女。孥，妻子与儿女的统称。

③晡：即午后三点至五点，泛指下午。

【译文】显德七年（960年）春季，北汉勾结契丹侵犯，后周恭帝命令太祖率领军队抵御他们。太祖率部在陈桥驿驻军，军队中通晓星象的人苗训带着门吏楚昭辅看见太阳底下又有一个太阳，发出黑色亮光互相摩擦摇动了很久。当晚五更，军队士兵在陈桥驿门前集合，宣称要让点检赵匡胤做天子，有人阻止他们，但大家没有听从。黎明时分，士兵逼近太祖睡觉的地方，宋太宗赵光义进去禀告情况，太祖起身。校官们露出刀刃排列在厅堂上，说：“各军没有主心骨，我们愿意谋划让太尉作天子。”还没来得及回答，有人就把黄袍加在太祖的身上，大家都围着他跪拜，呼万岁，马上扶着太祖上马。太祖挽着马辔对各位将军说：“我有号令，你们能够听从吗？”众将都下马说：“唯命是从。”太祖说：“太后、主上，我们都曾经侍奉过他们，你们不得惊动触犯他们；大臣都和我情同手足，不得侵犯欺凌他们；朝廷府库、士庶人家，不得侵犯抢夺。你们遵从命令会有重赏，违反命令就逮捕杀了你们并及子孙。”将军们都拥护跪拜，整顿军队进入京城。副都指挥使韩通谋划抵抗他们，王彦升很快把韩通杀死在他的府邸里。太祖进入宫城登上明德门，命令武装军队返回军营，才退回去居住在官署。过了一会，将军们簇拥着宰相范质等人来到，太祖见过他们后，就声音哽咽流着眼泪说：“违背辜负天地道义，现在我到了这种地步！”范质等人还没来得及回答，队列中校官罗彦环按着剑厉声地对范质等人说："我们没有君主，今天必须得有天子。"范质等人相互对视，估量着没有出路了，就走下台阶排队跪拜。召集文武百官，到下午晡时，朝班确定。翰林承旨陶谷从袖中拿出后周恭帝的禅位制书，宣徽使带着太祖进入朝堂，向北面跪拜受礼完毕，就扶着太祖登上崇元殿，穿上龙袍皇冠，即皇帝位。让恭帝、符皇后搬到西宫居住，改换他的帝号为郑王，尊符皇后为后周太后。

建隆元年春正月乙巳，大赦，改元，定有天下之号曰宋。

开宝[①]七年，九月癸亥，命宣徽南院使、义成军节度使曹彬为西南路行营马步军战棹都部署，山南东道节度使潘美为都监，颍州团练使曹翰为先锋都指挥使，将兵十万出荆南，以伐江南。将行，召曹彬、潘美，戒之曰："城陷之日，慎无杀戮。设若困斗，则李煜[②]一门，不可加害。"

【注释】①开宝：宋太祖赵匡胤的第三个年号（968年11月—976年12月），共计9年。开宝九年十月宋太宗即位沿用。

②李煜（937—978年）：南唐元宗（南唐中主）李璟第六子，字重光，号钟隐、莲峰居士，南唐最后一位国君。北宋建隆二年（961年），李煜继位。开宝四年（971年）十月，宋太祖灭南汉，李煜去除唐号，改称"江南国主"。开宝八年（975年），李煜兵败降宋，被俘至汴京（今河南开封），授右千牛卫上将军，封违命侯。太平兴国三年（978年）七月七日，李煜死于汴京，追赠太师，追封吴王。世称南唐后主、李后主。

【译文】建隆元年（960年）春季正月初五，大赦天下，改年号，确定拥有天下的国号是宋。

开宝七年（974年），九月十八日，太祖命令宣徽南院使、义成军节度使曹彬担任西南路行营马步军战棹都部署，山南东道节度使潘美担任都监，颍州团练使曹翰担任先锋都指挥使，率领十万军队从荆南出发，去讨伐江南。即将出发，太祖召见曹彬、潘美，告诫他们说："攻陷城池的那一天，小心不要杀戮。如果遇到有被围困仍不肯投降的，那么李煜一家，不能加以杀害。"

帝性孝友节俭，质任自然，不事矫饰[①]。受禅之初，颇好微行[②]，或谏其轻出[③]。曰："帝王之兴，自有天命，周世宗见诸将方面大耳者皆杀之，我终日侍侧，不能害也。"既而微行愈数，有谏，辄语之曰："有天命者任自为之，不汝禁也。"

【注释】①矫饰：造作夸饰。

②微行：帝王或高官便服私访。

③轻出：随便外出。

【译文】太祖本性孝友节俭，做事任其自然，不矫揉造作。接受禅位之初，非常喜欢微服私行，有人对他随便外出进行劝谏。他说："帝王的兴衰，自然有其天命，后周世宗看见将军中有方脸大耳的都杀死，我整天侍奉在他身边，却没有被杀。"而后微服私行更加频繁，有人劝谏，就对他们说"有天命的人听任自己的想法去做，不是你们能禁止得了的。”

一日，罢朝，坐便殿[①]，不乐者久之。左右请其故。曰：“尔谓为天子容易耶？早作乘快[②]误决一事，故不乐耳。”汴京新宫成，御正殿坐，令洞开诸门，谓左右曰：“此如我心，少有邪曲，人皆见之。”吴越钱俶[③]来朝，自宰相以下咸请留俶而取其地，帝不听，遣俶归国。及辞，取群臣留俶章疏数十轴，封识[④]遗俶，戒以途中密观，俶届途启视，皆留己不遣之章也。俶自是感惧，江南平，遂乞纳土。

南汉刘鋹在其国，好置鸩以毒臣下。既归朝，从幸讲武池，帝酌卮酒赐鋹。鋹疑有毒，捧杯泣曰：“臣罪在不赦，陛下既待臣以不死，愿为大梁布衣，观太平之盛，未敢饮此酒。”帝笑而谓之曰：“朕推赤心于人腹中，宁肯尔耶？”即取鋹酒自饮，别酌以赐鋹。

【注释】①便殿：别殿。古时皇帝休息宴饮的宫殿。

②乘快：趁一时快意。

③吴越钱俶：即吴越忠懿王（929—988年），原名钱弘俶，因犯宋太祖之父赵弘殷名讳，入宋只称俶。五代十国吴越国最后一位国王。钱元瓘第九子，钱倧之弟。947年，钱弘俶继承吴越国王位，继承了祖先留下的繁荣，同时也继承了祖先留下的遗训，对中原诸王朝贡奉之殷勤，海内罕有。赵匡胤建立北宋后，为保一方平安，钱弘俶更是倾国所有来贡献。

④封识：封缄并加标记。

【译文】一天，太祖退朝以后，坐在便殿，心里不开心很久。左右侍臣请问缘由。他说："你们认为做天子很容易吗？早晨趁着一时高兴错误地决定了一件事，因此不开心。"汴京的新宫建成，太祖坐在正殿上，命令敞开诸门，对左右侍臣说："这就好比我的内心，稍有邪曲，人人都可以看见。"吴越国钱俶前来朝见，从宰相以下都请求扣留钱俶而夺取他的领土，太祖没有听从，反而遣送钱俶返回吴越。等到辞别的时候，太祖取出群臣扣留钱俶的几十轴奏章，封缄标记送给钱俶，告诫他在路上秘密地观看，钱俶在途中拆开一看，都是请求扣留自己不让遣送回国的奏章。钱俶从此既感激又惶恐，江南平定以后，就请求献纳土地归附。

南汉刘鋹在自己的国家里，喜欢用鸩酒来毒杀臣下。归顺宋朝以后，跟随太祖巡幸讲武池，太祖斟了一杯酒赐予刘鋹。刘鋹怀疑酒中有毒，手捧着酒杯哭着说："臣的罪行极重，不能得到赦免，陛下既然以不死待臣，我愿意做大梁平民，观看太平盛世，不敢喝下这杯酒。"太祖笑着对他说："朕对你推心置腹，怎肯这样对待你呢？"太祖就拿来刘鋹的酒自行喝下，另倒一杯赐给刘鋹。

王彦升①擅杀韩通②，虽预佐命，终身不与节钺③。王全斌④入蜀，贪恣杀降，虽有大功，即加贬绌。

宫中苇帘，缘用青布；常服之衣，浣濯至再。魏国长公主襦[⑤]饰翠羽，戒勿复用，又教之曰："汝生长富贵，当念惜福。"见孟昶[⑥]宝装溺器[⑦]，擿而碎之，曰："汝以七宝饰此，当以何器贮食？所为如是，不亡何待！"

【注释】①王彦升（917—974年）：字光烈，蜀地（在今四川）人，后迁洛阳，北宋开国功臣。历官后唐、后晋、后汉、后周。王彦升参与陈桥兵变，拥立宋太祖，并诛杀后周大将韩通。因敲诈宰相王溥，被贬出京城。开宝七年（974年），王彦升在乾州病逝。

②韩通（？—960年）：并州太原（今山西）人。历仕后晋、后汉、后周三朝。后周时官至检校太尉、同平章事，充侍卫亲军马步军副都指挥使。在陈桥驿兵变时，组织军队抵抗，为王彦升所杀。宋太祖追赠其为中书令。

③节钺：符节和斧钺。古代授予将帅，作为加重权力的标志。

④王全斌（908—976年）：并州太原（今山西）人。历仕后唐、后晋、后周三朝。入宋后，屡有战功。乾德初年，率军攻灭后蜀，歼蜀军万余。因其好杀，导致后蜀叛乱。百官议定王全斌死罪，后宋太祖宽宥，得授崇义军节度观察留后。开宝九年（976年）去世，终年六十九岁。追赠中书令

⑤襦：指短衣、短袄。

⑥孟昶：初名孟仁赞，字保元。五代十国时期后蜀高祖孟知祥第三子，后蜀末代皇帝（934—965年在位）。在位期间有所作为，但本性奢侈淫靡。后降宋，拜检校太师兼中书令，封秦国公。逝世后追赠尚书令、楚王，谥号恭孝。

⑦溺器：盛尿的器具。

【译文】王彦升擅自杀死韩通，虽然有参与辅佐太祖即位之功，但是太祖终身不赐予他符节和斧钺。王全斌攻入蜀地，贪婪恣意杀害投降的人，虽然拥有大功，也立即加以贬黜。

太祖皇宫中的帐帷门帘，一直使用青布；平常穿的衣服，漂洗几次后仍然穿着。魏国长公主的短袄装饰着翠羽，太祖告诫她不要再用，又教导她说："你生长在富贵之中，应当想到爱惜福分。"太祖看见孟昶使用珍宝装饰溺器，就把它打碎，并说："你利用七宝装饰它，又用什么器物来储存食物呢？像你这样做，国家不灭亡还等什么！"

晚好读书，尝读二典，叹曰："尧、舜之罪四凶[①]，止从投窜，何近代法网之密乎！"谓宰相曰："五代诸侯跋扈，有枉法杀人者，朝廷置而不问。人命至重，姑息藩镇，当若是耶？自今诸州决大辟[②]，录案闻奏，付刑部覆视之。"遂著为令。

乾德改元，先谕宰相曰："年号须择前代所未有者。"三年，蜀平，蜀宫人入内，帝见其镜背有志"乾德四年铸"者，召窦仪等诘之。仪对曰："此必蜀物，蜀主尝有此号。"乃大喜曰："作相须读书人。"由是大重儒者。

受命杜太后，传位太宗。太宗尝病亟，帝往视之，亲为灼艾[③]，太宗觉痛，帝亦取艾自灸。每对近臣言："太宗龙行虎步[④]，生时有异，他日必为太平天子，福德吾所不及云。"

【注释】①四凶：相传由舜帝流放的四个凶神——混沌、穷奇、梼杌、饕餮。

②大辟：即死刑，是中国古代五刑之一。

③灼艾：中医疗法之一。燃烧艾绒熏灸人体一定的穴位。

④龙行虎步：形容仪态威武轩昂，气度不凡。常用以形容帝王之相。

【译文】太祖晚年爱好读书，曾经读到《尚书》中的《尧典》《舜典》，感叹说："帝尧、帝舜处罚四凶，仅是听从流放为止，为何近代法网这么严密呢！"对宰相说："五代诸侯专横暴戾，有违法杀人的，朝廷搁置不问罪。人命最重要，姑息藩镇坐大势力，要到如此地步吗？从今以后各州判决死刑，要记录在案，上报朝廷，交付刑部查核。"从此定成了法令。

乾德改元，太祖先告诉宰相说："年号必须选择前代所没有的。"乾德三年（965年），蜀地被平定，蜀国宫人进入大内，太祖看到她的镜子背面写有"乾德四年铸"的字样，召见窦仪等人询问。窦仪回答说："这一定是蜀地的物品，蜀国君主曾经有这个年号。"太祖于是高兴地说："选任丞相必须是读书人。"从此非常重视儒生。

太祖接受杜太后的遗命，传位给太宗。太宗曾经病情危急，太祖前往探视，亲自为他用艾草灼灸，太宗感到疼痛，太祖也拿艾草灼灸自己。太祖经常对近臣说："太宗龙行虎步，出生时有异常征象，他日必定是太平天子，他的福德不是我能比得上的。"

赞曰：昔者尧、舜以禅代，汤、武以征伐，皆南面而有天下。四圣人者往，世道升降，否泰推移。当斯民涂炭之秋，皇天眷求民主，亦惟责其济斯世而已。使其必得四圣人之才，而后以行其行事畀[①]之，则生民平治之期，殆无日也。

五季乱极，宋太祖起介胄[②]之中，践九五之位，原其得国，视晋、汉、周亦岂甚相绝哉？及其发号施令，名藩大将，俯首听命，四方列国，次第削平，此非人力所易致也。建隆以来，释藩镇兵权，绳赃吏重法，以塞浊乱之源。州郡司牧，下至令录、幕职，躬自引对。务农兴学，慎罚薄敛，与世休息，迄于丕平。治定功成，制礼作乐。在位十有七年之间，而三百余载之基，传之子孙，世有典则。遂使三代而降，考论声明文物之治，道德仁义之风，宋于汉、唐，盖无让焉。呜呼，创业垂统之君，规模若是，亦可谓远也已矣！（宋史卷一——卷三）

【注释】①畀：给与。

②介胄：铠甲和头盔。这里指甲胄之士，即武士。

【译文】史官评论说：以前帝尧、帝舜用禅让替代，商汤、武王用征战讨伐，都能面向南坐而拥有天下。这四位圣人以后，世道盛衰轮回，有乱世有太平之世。正当生灵涂炭的时候，皇天殷切寻求君主，也是让他拯救世道而已。如果一定让他拥有四位圣人那种才能，然后把拯救世道的大业交给他，那么人民期盼太平盛世，大概是遥遥无期了。

唐末五代混乱到极点，太祖出身于军士，登上九五至尊之位，探寻他得到国家的原因，和后晋、后汉、后周相比，难道有非常大的不同吗？等到他发号施令，藩镇大将，都俯首听命，四方列国，依次被消灭平定，这不是人力容易做到的事情。建隆以来，解除各方藩镇兵权，用重法惩治贪官污吏，以堵塞浑浊混乱的根源。州郡司牧，下至县令录事、幕府职官，都亲自询问对答。振兴农业兴建学校，谨慎刑罚减轻赋税，与民休养生息，达到太平。政治安定，大功完成，制定礼法创作音乐。太祖在位十七年之间，打下宋朝三百多年的基业，传给后世子孙，世世代代都有典章制度。使得三代以来，考察评论声教文明、礼乐制度的治理，道德仁义的风尚，宋代和汉、唐相比，大概不会逊色。呜呼，开创帝业而留传后代的君主，规模像这样的，也可以说是远大的了！（宋史卷一—卷三）。

太 宗

【题解】宋太宗赵光义（939—997年），字廷宜，宋朝第二位皇帝（976—997年在位）。本名赵匡义，后因避其兄宋太祖名讳改名赵光义，即位后又改名赵炅。赵光义即位后，继续加强统一事业，鼓励垦荒，发展农业生产，扩大科举取士规模，设考课院、审官院，加强对官员的考察与选拔，进一步限制节度使权力……为宋朝的稳定做出了重要贡献。

《续编》主要节选了《宋史》对宋太宗的论赞，赞颂宋太宗以慈俭为宝，服浣濯之衣，毁奇巧之器，却女乐之献，悟畋游之非，勤于政务，欲自焚以答天谴……旨在说明国家最高统治者具有了这些品质，国家才能政治清明，国泰民安。

太宗皇帝讳炅，初名匡义，改赐光义，即位之二年改今讳。开宝九年冬十月癸丑，太祖崩，帝遂即皇帝位。

淳化二年，三月己巳，以岁蝗旱祷雨弗应，手诏宰相吕蒙正等："朕将自焚，以答天谴。"翌日而雨，蝗尽死。

【译文】太宗皇帝讳名炅，起初名匡义，改赐为光义，即位的第二年改成现在的名讳。开宝九年（976年）冬季十月癸丑日，太祖去世，太宗于是即皇帝位。

淳化二年（991年），三月三十日，因蝗灾、旱灾祈祷下雨没有应验，太宗亲手写诏书给宰相吕蒙正等人说："朕打算自焚，来回应上天的谴责。"第二天便下雨，蝗虫全部都死了。

赞曰：帝沈谋英断，慨然有削平天下之志。既即大位，陈洪进、钱俶相继纳土。未几，取太原，伐契丹，继有交州、西夏之役。干戈不息，天灾方行，俘馘日至，而民不知兵；水旱螟蝗，殆遍天下，而民不思乱。其故何也？帝以慈俭为宝，服浣濯之衣，毁奇巧之器，却女乐之献，悟畋游之非。绝远物，抑符瑞，闵农事，考治功。讲学以求多闻，不罪狂悖以劝谏士，哀矜恻怛，勤以自励，日旻忘食。至于欲自焚以答天谴，欲尽除天下之赋以纾民力，卒有五兵不试、禾稼荐登之效。是以青、齐耆耋之叟，愿率子弟治道请登禅者，接踵而至。君子曰："得乎丘民而为天子"，帝之谓乎？故帝之功德，炳焕史牒，号称贤君。若夫太祖之崩不逾年而改元，涪陵县公之贬死，武功王之自杀，宋后之不成丧，则后世不能无议焉。（宋史卷五）。

【译文】史官评论说：太宗谋划周密，英明果断，慨然有平定天下的志向。登上皇位以后，陈洪进、钱俶相继献土归附。不久，攻取太原，征伐契丹，接着有交州、西夏的战役。战争不息，天灾横行，俘虏每天都有，然而民众却安然无事；水灾、旱灾和螟蝗虫害，几乎遍及天下，然而民众却不想叛乱。当中的原因是什么呢？太宗把仁爱节俭作为宝物，身穿浣洗的衣物，毁坏奇技淫巧的器物，退却美女乐伎的进献，明白打猎游玩的错误。拒绝远方的贡品，贬抑符命祥瑞，怜悯农业生产，考核治理政绩。讲求学术以增加知识，不惩治狂妄悖逆来劝勉进谏的士人，体恤不幸、恻隐痛苦，用勤奋激励自己，日落黄昏都来不及进食。甚至想要进行自焚来回应上天的谴责，想要全部除去天下的赋税来缓解民众的劳力，最终兵器不被使用、庄稼丰收。所以青州、齐州的高龄老人，愿意率领子弟修理道路来请求皇帝登泰山举行封禅的接踵而至。君子说："得到民心者成为天子"，太宗正是这样的人。因此太宗的功业德行，在史册上彪炳焕发，称号贤君。至于太祖去世没有一年就改变年号，涪陵县公赵廷美的贬斥而死，武功郡王赵德昭的自杀身死，宋后的不成丧葬，这些是后世不能没有议论的。（宋史卷五）。

真　宗

【题解】宋真宗赵恒（968—1022年），宋太宗赵光义第三子，母亲为元德皇后李氏。初名赵德昌，后改赵元休、赵元侃，宋朝第三位皇帝（997—1022年在位），宋真宗初即位，任用李沆等为相，勤于政务。景德元年（1004年），在主战派寇准等人的劝说下，北上亲征，与入侵的辽军会战于澶渊。当时局势有利于北宋，但因真宗惧于辽的声势，并虑及双方交战已久，互有胜负，以每年给辽一定银绢（"岁币"）为条件，于澶渊定盟和解，约为兄弟之国，即为"澶渊之盟"。此后，北宋进入经济繁荣期，史称"咸平之治"。

《续编》主要辑录了真宗命宰臣讲经，鼓励群臣直言进谏，减免百姓赋税等事迹，说明这些对于治国理政的重要性。但是宋真宗在位后期，任王钦若、丁谓为相，二人常以天书、符瑞之说蛊惑朝野，而真宗也沉溺于封禅之事，广建宫观，劳民伤财，致使社会矛盾加深，应当予以批判。

真宗皇帝，讳恒，太宗第三子也。三年三月，太宗崩，奉遗制即皇帝位于柩前。

咸平元年春正月辛酉，诏改元。丁丑，召学官崔颐正①讲《书》，因命宰臣选明经术者以闻。

二年，三月丙辰，江、浙发廪振饥。

【注释】①崔颐正：开封封丘人。与弟崔偓佺并举进士，明经术。

崔颐正雍熙中为高密尉，秩满，国子祭酒孔维荐之，以为国学直讲，迁殿中丞。崔颐正年老步趋艰蹇，表求致仕，上命坐，问恤甚至，赐器币，听以本官致仕，仍充直讲，改国子博士。咸平三年（1000年），卒，年七十九岁。

【译文】真宗皇帝，讳名恒，是太宗第三子。至道三年（997年）三月，太宗去世，奉太宗的遗诏在灵柩前即位。

咸平元年（998年）春季正月初一，下诏改年号。十七日，召集学官崔颐正讲解《尚书》，因命宰相选任精通经术者奏报。

咸平二年（999年），三月初三日，江、浙开仓放粮赈济饥民。

闰月丁亥，以久不雨，帝谕宰相曰："凡政有阙失，宜相规以道，毋惜直言。"诏天下系囚非十恶[①]、枉法及已杀人者，死以下减一等。庚寅，罢有司营缮之不急者。诏中外臣直言极谏。

七月甲辰，幸国子监，召学官崔偓佺讲《尚书·大禹谟》。

四年，六月癸卯，有司言减天下冗吏凡十九万五千余人。丁巳，诏东川民田先为江水所害者除其租。丁卯，诏州县学校及聚徒讲诵之所，并赐《九经》。

【注释】①系囚：指在押的囚犯。十恶：俗称"十恶不赦"。中国古代十种为常赦所不原的重大犯罪。一为谋反，二为谋大逆，三为谋叛，四为恶逆，五为不道，六为大不敬，七为不孝，八为不睦，九为不义，十为内乱。

【译文】闰三月初四，因为很久不下雨，真宗告谕宰相说：“凡是朝政有过失，理应以道义劝勉，不要吝惜直言相。”随后，下诏天下在押囚犯，如果不是十恶不赦、枉法及杀人的，死刑以下减去一等。初七日，停止相关部门不急的营建工程。下诏令内外臣子直言极谏。

七月二十四日，巡幸国子监，召见学官崔偓佺讲解《尚书·大禹谟》。

咸平四年（1001年），六月初三，相关部门建议裁减天下多余的官吏总共十九万五千多人。十七日，下诏让东川之前遭受长江水灾的百姓免除租税。廿七日，下诏令州县学校以及聚集门徒讲诵的场所，一并赐予《九经》。

大中祥符二年，春正月戊辰，诏：“诱人子弟析家产，或潜举息钱[1]，辄坏坟域者，令所在擒捕流配。”

五年，冬十月辛酉，作《崇儒术论》，刻石国学。

乾兴元年，二月戊午，帝大渐，遗诏皇太子于柩前即皇帝位。帝是日崩于延庆殿，年五十五，在位二十六年。

【注释】①息钱：有息贷款。

【译文】大中祥符二年（1009年），春季正月十二日，下诏说：“诱导他人子弟分家产的，或者暗地发放有息贷款的，擅自毁坏坟墓的，命令所在官府予以捉拿追捕、流放发配。”

大中祥符五年（1010年），冬十月十六日，作《崇儒术论》，刻在石碑上并立于国子监。

乾兴元年（1022年），二月十九日，真宗病情危急，遗诏让皇太子赵祯在灵柩前即位。真宗这天在延庆殿驾崩，享年五十五岁，在位二十六年。

赞曰：真宗英晤[①]之主。其初践位，相臣李沆虑其聪明，必多作为，数奏灾异以杜其侈心，盖有所见也。及澶洲既盟，封禅事作，祥瑞沓臻，天书屡降，导迎奠安[②]，一国君臣如病狂然，吁，可怪也。他日修《辽史》，见契丹故俗而后推求宋史之微言焉。宋自太宗幽州之败，恶言兵矣。契丹其主称天，其后称地，一岁祭天不知其几，猎而手接飞雁，鸨自投地，皆称为天赐，祭告而夸耀之。意者宋之诸臣，因知契丹之习，又见其君有厌兵之意，遂进神道设教之言，欲假是以动敌人之听闻，庶几足以潜消其窥觎之志欤？然不思修本以制敌，又效尤焉，计亦末矣。仁宗以天书殉葬山陵，呜呼贤哉！（宋史卷六一八）。

【注释】①英晤：聪明，思路敏捷。

②奠安：安定。

【译文】史官评论说：真宗是英明颖悟的君主。当初即位时，相臣李沆担心他十分聪明，一定会有所作为，多次上奏灾异来杜绝他的夸耀自大之心，原来是有所预见了。等到澶渊之盟后，行封禅泰山大典，祥瑞之兆纷至沓来，天书多次降临，得来安定，君臣就像病得发狂一样，吁，真是奇怪。他日修撰《辽史》，看见契丹的旧俗而后推求宋朝历史的精妙言论。宋朝从太宗在幽州战败以后，厌恶提及军事。契丹的君主称天，王后称地，一年祭祀上天不知有多少次，打猎时张弓迎射燕，鸨鸟自己掉在地上，都称作上天的赏赐，用来祭祀祈祷而炫耀。猜想宋朝大臣，由于知晓契丹的习俗，又明白君主有厌恶军事的意思，便进言借着神道设教之言，想要假托这个办法来麻痹敌人，希望能够用来消除他们夺取宋朝的野心吧？但是他们不思治理根本来抗敌，又效法他们的恶习，这样的计策是本末倒置。仁宗把天书殉葬在他的陵墓，真是贤明啊！（宋史卷六—八）。

仁　宗

【题解】宋仁宗赵祯（1010—1063年），初名赵受益，宋真宗赵恒第六子，母为李宸妃。仁宗是宋朝第四位皇帝（1022—1063年在位），在位42年，为宋朝在位时间最长的皇帝。

宋仁宗在位期间，经济繁荣，科学技术和文化均得到了很大的发展。《宋史》赞曰："《传》曰：'为人君，止于仁。'帝诚无愧焉。"后人将其在位及亲政治理国家的时期概括为"仁宗盛治"。

《续编》主要辑录其数则诏令，内容涉及减免赋税、宽恤民力，以及鼓励各级官员恪忠职守、不畏权贵、不扰民众等内容，旨在说明这些对于治国理政的重要性。

仁宗皇帝，讳祯，初名受益，真宗第六子。乾兴元年二月戊午，真宗崩，遗诏太子即皇帝位，尊皇后为皇太后，权处分军国事。

天圣九年，十二月甲寅，诏吏部铨：选人父母年八十以上者，权注近官。

景佑二年春正月癸丑，置迩英、延义二阁，写《尚书·无逸》篇于屏。

庆历三年春正月，辛巳，诏辅臣议蠲减天下赋役。

庆历四年，三月己卯，出御书治道三十五事赐讲读官。

庆历七年，三月癸未，诏：天下有能言宽恤民力之事者，有司驿置以闻，以其副上之转运司，详其可行者辄行之。毁后苑龙船。丁亥，以旱罢大宴。癸巳，诏：避正殿，减常膳；许中外臣僚实封条上三事。

嘉祐三年，夏四月，丙辰，诏：守令或贪恣耄昏，以弛为宽，以苛为察，以增赋敛为劳，以出入刑罚为能，而部使者莫之举劾。自今其各思率职，毋挠权幸，毋纵有罪，以称朕意。

嘉祐六年，八月戊寅，诏：州县长吏有清白不扰而实惠及民者，令本路监司保荐再任，政迹尤异，当加奖擢。

【译文】仁宗皇帝，讳名祯，起初名受益，是真宗第六子。乾兴元年（1022年）二月戊午日，真宗去世，遗诏让太子即位，尊皇后为皇太后，暂且处理军国事务。

天圣九年（1031年），十二月十一日，下诏让吏部流内铨：选父母年龄在八十岁以上的官员，暂且就近任官。

景祐二年（1035年）春季正月廿八日，建造迩英、延义二阁，在屏风上书写《尚书·无逸》篇章。

庆历三年（1043年）春季正月十二日，诏令辅佐大臣讨论蠲免减轻全国赋税徭役。

庆历四年（1044年），三月十七日，仁宗拿出亲自书写的治政之道三十五件事赐予讲读官。

庆历七年（1047年），三月初九，下诏：天下有人能够讨论宽恤民力的，相关部门安排驿站传递奏章上报，把副本交给转运司，仔细审查当中可行的予以施行。毁掉后苑的龙船。十三日，因为干旱停止大宴会。十九日，下诏：避开正殿，减少日常膳食；准许朝廷内外大臣密封分条上奏三件事。

嘉祐三年（1058年），夏季四月，十六日，下诏：郡守县令有贪婪恣肆年老昏庸的，以放任为宽厚，把苛刻当做明察，把聚敛赋税当做功劳，把刑罚处置不当当做能干，而各部使臣没有检举弹劾。从今以后，各个部门都要尽忠职守，不要屈服权贵宠官，不要放纵有罪的官员，以符合朕的心意。

嘉祐六年（1061年），八月廿八日，诏令：州县长官当中有清白不打扰民众而实际恩惠民众的，让本路监司保荐再任一期，政绩特别优异的，应当加以奖励擢升。

赞曰：仁宗恭俭仁恕，出于天性，一遇水旱，或密祷禁庭，或跣立殿下。有司请以玉清旧地为御苑，帝曰："吾奉先帝苑囿，犹以为广，何以是为？"燕私常服浣濯，帷帟衾裯，多用缯絁。宫中夜饥，思膳烧羊，戒勿宣索[①]，恐膳夫自此戕贼物命，以备不时之须。大辟疑者，皆令上谳[②]，岁常活千余。吏部选人，一坐失入死罪，皆终身不迁。每谕辅臣曰："朕未尝詈人以死，况敢滥用辟乎！"至于夏人犯边，御之出境；契丹渝盟[③]，增以岁币。在位四十二年之间，吏治若偷惰，而任事蔑残刻之人；刑法似纵弛，而决狱多平允之士。国未尝无弊幸，而不足以累治世之体；朝未尝无小人，而不足以胜善类之气。君臣上下恻怛之心，忠厚之政，有以培壅宋三百余年之基。子孙一矫其所为，驯致于乱。传曰："为人君，止于仁。"帝诚无愧焉。（宋史卷九—十二）。

【注释】①宣索：皇帝下旨，向有司索取钱财用物，泛指索取。

②上谳：呈报朝廷，请求定案。

③渝盟：背叛盟约。

【译文】史官评论说：仁宗恭谨俭约仁爱宽恕，出于他的天性，一旦遭遇水灾旱灾，他或者在宫中秘密祈祷，或者赤脚站在殿堂下。相关部门请求把玉清宫原址作为御苑，仁宗说："我已经拥有先帝的园林牧场，还觉得很宽广，为什么还要这个？"宴饮居家经常身穿浣洗过的衣服，帷幔被褥等，大多使用缯絁织物裁质。有时，在宫中夜里感到饥饿，想吃烧羊肉，但告诫宦官不要去取，害怕厨师从此残害动物的性命，以供皇帝随时需要。对死刑犯有怀疑的，都命令将案件上报，每年经常赦免一千多人。吏部的候选官员，一旦误判他人死罪，都将终身不被升迁。仁宗常常告谕辅佐大臣说："朕从不用死来责骂人，何况滥用死刑呢！"至于西夏人侵犯边境，只是抵抗让他们离开边境；契丹背弃盟约，反而增加岁币给契丹。在位四十二年，吏治似乎太宽松，而少有残暴苛刻的官员；刑法似乎太过宽松，而判决刑狱大多公平允当。国家不曾没有弊病奸佞，然而不足以拖累治世的根本；朝廷不曾没有小人，然而不足以压倒君子。君臣上下都有恻隐的心，忠诚淳厚的政治，可以用来奠定宋代三百多年的基业。后代子孙因为违背他的所作所为，因此很快招来祸乱。《大学》上说："为人君，止于仁。"仁宗的确无愧于此。（宋史卷九—十二）。

英　宗

【题解】宋英宗赵曙（1032—1067年），原名赵宗实，后改名赵曙，宋太宗赵光义曾孙，商王赵元份之孙，濮王赵允让第十三子，宋仁宗赵祯养子，宋朝第五位皇帝（1063一1067年在位）。赵曙即位之后，任用旧臣韩琦等人，在位期间与辽国、西夏没有发生大规模的战争。治平三年（1066年），赵曙命司马光设局专修《资治通鉴》。治平四年（1067年），赵曙因病驾崩于宫中福宁殿，享年35岁，在位4年。

《续编》所选内容，主要体现了宋英宗孝德闻名、恭敬老师等德行。因遇水灾，他自责说这是因为自己德行有缺，处理政事能够援引古制，以寻求适当的措施。《宋史》论赞说，正是因为拥有这些品质，英宗虽不能大有所为，然而却使百世之后，钦佩仰慕他的高尚风范，歌颂赞叹他的至高品德。说明这些德行对于为君者是何等重要。

英宗皇帝，讳曙，濮安懿王允让第十三子。

帝天性笃孝，好读书，不为燕嬉亵慢①，服御俭素如儒者。每以朝服见教授②，曰：“师也，敢弗为礼？”时吴王宫教授吴充进《宗室六箴》，仁宗付宗正，帝书之屏风以自戒。

嘉祐八年，仁宗崩。夏四月壬申朔，皇后传遗诏，命帝嗣皇帝位。百官入，哭尽哀。韩琦宣遗制。帝御东楹见百官。帝欲亮阴③三年，命韩琦摄冢宰④，宰臣不可，乃止。

【注释】①燕嬉：亦作“燕娭”。宴饮嬉戏。亵慢：轻慢，不庄重。比喻人随随便便，没有教养。

②教授：官名。宋元以后府、州、县学的学官，后泛称教书先生。

③亮阴：古代指帝王守丧，指派大臣掌管朝政。

④冢宰：即太宰。周公曾以冢宰之职摄政。

【译文】英宗皇帝，讳名曙，是濮安懿王赵允让第十三子。

英宗天性忠厚孝顺，喜好读书，不喜宴饮嬉戏等不庄重的活动，服饰器用节俭朴素如同儒生。常常身穿朝服拜见教授，说："面见老师，胆敢不依照礼法？"当时吴王宫中的教授吴充进献《宗室六箴》，仁宗交给宗正，英宗抄写在屏风上用来警诫自己。

嘉祐八年（1063年），仁宗去世。夏季四月初一，曹皇后颁发仁宗的遗诏，命英宗即位。百官来到朝堂，哭泣以表哀思。韩琦宣读遗诏。英宗在东楹接见百官朝见。英宗想要为仁宗守孝三年，命令韩琦担任冢宰摄政，宰相们都不同意，于是作罢。

治平二年，八月乙未，以雨灾，诏责躬乞言[①]。初，学士草诏曰："执政大臣，其惕思天变。"帝书其后曰："雨灾专以戒朕不德，可更曰'协德交修'。"

三年，五月戊辰，谓宰相曰："朕欲与公等日论治道，中书常务有定制者，付有司行之。"

四年春，正月丁巳，帝崩于福宁殿，寿三十六。庙号英宗。

【注释】①乞言：古代帝王及其嫡长子养一些德高望重的老人，以便向他们求教，谓乞言。

【译文】治平二年（1065年），八月初八日，因为大雨成灾，英宗下诏责自责，求进谏忠言。开始时，学士草拟诏令说："执政大臣，要警惕天象异常。"英宗在后边写道："大雨成灾是用来告诫朕没有德行，可以改为'协德交修'。"

治平三年（1066年），五月十五日，英宗对宰相说："朕每天想和你们探讨为政之道，中书省日常事务有规定的，交付给相关部门办理就可以了。”

治平四年(1067年),春季正月初八日,英宗在福宁殿驾崩,享年三十六岁。庙号英宗。

帝自居睦亲宅,孝德著闻。濮安懿王薨,以所服玩物分诸子,帝所得悉以与王府旧人既葬而辞去者。宗室有假金带而以铜带归,主吏以告,帝曰:“真吾带也。”受之。命殿侍鬻犀带[1],直钱三十万,亡之,帝亦不问。初辞皇子,请潭王宫教授周孟阳[2]作奏,孟阳有所劝戒,即谢而拜之。奏十余不允,始就召,戒舍人曰:“谨守吾舍,上有适嗣,吾归矣。”既为皇子,慎静恭默,无所猷为,而天下阴知其有圣德。即位,每命近臣,必以官而不以名,大臣从容以为言,帝曰:“朕虽宫中命小臣,亦未尝以名也。”一日,语神宗曰:“国家旧制,士大夫之子有尚帝女,皆升行以避舅姑之尊,义甚无谓。朕尝思此,寤寐不平,岂可以富贵之故,屈人伦长幼之序也?可诏有司革之。”会疾不果,神宗述其事焉。

【注释】①犀带:饰有犀角的腰带。

②周孟阳:字春卿。其先成都人,徙海陵。醇谨夷缓。第进士,为潭王宫教授、诸王府记室。宋神宗时,官终拜天章阁待制。

【译文】英宗自从住进睦亲宅,孝德的名声就显著了。濮安懿王赵允让去世后,就把他的服装、玩赏器物分给子女们,英宗把所得的物品都送给濮安懿王府那些安葬濮安懿王后离开的旧人。宗室有借金衣带却用铜衣带归还的，主管的官吏来禀告，英宗说：“这个真的是我的衣带。”就收下了。曾命令殿侍卖掉犀带，价值三十万钱，殿侍带着东西逃跑了，英宗也不追问。当初，想辞掉太子之位，请求潭王宫的教授周孟阳撰写奏章，周孟阳劝诫他，英宗马上向周孟阳拜谢请求他。上奏十多次都不被允许，才入宫接受召见，告诫家中仆役说：“小心看守我的房舍，皇上有了嫡生子，我就会回来的。”被立为皇太子后，恭敬沉静庄重寡言，没有建立功业，然而天下都知道他的圣明德行。即位以后，每次命令近臣，必然用官职来称呼而不是用名字来称呼，大臣因此都能从容不迫地谏言，英宗说：“朕即使在宫中命令小臣，也不曾用他们的名字来称呼。”有一天，对神宗赵顼说：“国家旧制，士大夫的儿子有娶了皇帝的女儿作为妻子的，都提高行辈用来回避公婆之尊，非常没有意义。朕曾思考这个问题，日夜不能平静，难道可以因为富贵，就能够歪曲人伦长幼的顺序了吗？可以诏令相关部门革除这种弊端。”恰好他患病不能施行，神宗继承革除了此规定。

赞曰：昔人有言，天之所命，人不能违。信哉！英宗以明哲之资，膺继统之命，执心固让，若将终身，而卒践帝位，岂非天命乎？及其临政，臣下有奏，必问朝廷故事与古治所宜，每有裁决，皆出群臣意表。虽以疾疹不克大有所为，然使百世之下，钦仰高风，咏叹至德，何其盛也！彼隋晋王广、唐魏

王泰窥觎神器，矫揉夺嫡，遂启祸原。诚何心哉！诚何心哉！（宋史卷十三）

【译文】史官评论说：以前的人说过，上天的安排，人不能违背。的确是这样的！英宗依靠英明通达的天资，担负继承帝统的天命，心里执着地坚持推让，就像终身都不会变，然而最终登上了帝位，难道不是天命的安排吗？等到他亲自处理朝政，臣下有所上奏，必然询问朝廷旧例和古时的治理之道，每次有裁决，都出乎大臣们的意料之外。即使是因为患有疾病而不能大有所为，然而却使百世之后，人们依然钦佩仰慕他的高尚风范，歌颂赞叹他的至高品德，是多么伟大啊！隋朝晋王杨广、唐朝魏王李泰觊觎皇帝宝座，矫揉造作夺取嫡子的皇位，于是开启了灾祸的根源。这是什么居心！这是什么居心！（宋史卷十三）

神　宗

【题解】宋神宗赵顼（1048—1085年），宋英宗长子，北宋第六位皇帝（1067—1085年在位）。治平元年（1064年），进封颍王。治平三年（1066年）十二月，被立为皇太子。治平四年（1067年）正月继位。

宋神宗在东宫读书时，就十分崇尚法家学说。在法家之中，他尤其喜欢韩非子，对法家“富国强兵”之术颇感兴趣。面对北宋严重的“积贫积弱”局面，为了富国强兵，缓和矛盾，挽救危机，他不治宫室，不事游幸，废去元老，起用王安石主持变法。在新法推行的十几年中，国家财政收入有所增加，军事力量亦有增强。但是社会矛盾并没有得到缓和，反而日益加剧，新法遭到保守派强烈反对。因此，王安石先后两次被迫辞职，以后就一直没有出来做官。王安石辞官后，宋神宗还把大部分新法维持了近十年，直到他去世。在对西夏的战争中，他前期任用王韶，获得了熙河战役的胜利，收复了两千里故汉地。后期任用宦官李宪，因指挥失当在灵武遭致惨败。

元丰八年（1085年）正月初，宋神宗赵顼由于对西夏战事的惨败，精神上受到沉重的打击，病情恶化。同年三月去世，享年38岁，庙号神宗，谥号为英文烈武圣孝皇帝，葬于永裕陵，子赵煦（即宋哲宗）嗣位。

《续编》主要节选神宗劝勉农耕、减少赋税、召集讲经、整治官吏、讨论施行新法等事迹。论赞中称颂神宗孝亲敬师，请求直言进谏，考察民间疾苦，体恤孤寡，赈济贫困，不修建宫室，不嗜好游玩巡幸，励精图治，值得称赞。同时也指出，他任用王安石推行新法，罢免放逐元老重臣，斥退劝谏的士人，直接导致“邪佞日进，人心日离，祸乱日起”，为北宋的灭亡埋下了祸根。

神宗皇帝，讳顼，英宗长子。治平四年正月丁巳，英庙崩，帝即皇帝位。闰月乙巳，诏以孟夏农劳之时，令监司戒饬州县省事，劝民力田，民有艰食者振之。

六月辛未，诏天下官吏有能知徭役利病可议宽减者以闻。乙亥，诏中书、枢密细务归之有司。

冬十月己酉，初御迩英阁，召侍臣讲读经史。甲寅，制《资治通鉴序》赐司马光。

十二月丙寅，诏：州县吏并缘[①]为奸，致狱多瘐死[②]，岁终会死者多寡，以制其罪。著为令。

【注释】①并缘：相互依附勾结。

②瘐死：古代指囚犯在狱中因饥寒而死，后来也泛指在狱中病死。

【译文】神宗皇帝，讳名顼，是英宗长子。治平四年（1067年）正月初八日，英宗去世，宋神宗赵顼登上皇位。闰三月廿七日，诏令因孟夏是农忙的时节，各路监司应告诫所属州县减少事务，劝诫民众努力耕种，民众有粮食匮乏的予以救济。

六月廿五日，神宗下诏让天下官吏有知晓徭役利害可以探讨从宽减免的上报朝廷。廿九日，下诏让中书省、枢密院的细小事务划归相关部门处理。

冬季十月初四，神宗首次亲临迩英阁，召集侍臣讲读经史。初九日，撰写《资治通鉴序》赐予司马光。

十二月廿二日，神宗下诏：州县官吏相互勾结作奸犯科，导致监狱犯人病死的，年末统计人数，判定官吏的罪行。写成律法条文。

熙宁元年，三月丙戌，诏恤刑。

二年。二月己亥，以富弼同中书门下平章事。庚子，以王安石参知政事。

秋七月癸未，诏：自今文臣换右职[1]者，须实有谋勇，曾著绩效，即得取旨。

三年，三月丙申，孙觉、吕公著、张戬、程颢、李常上疏极言新法，不听。戊申，李常言青苗敛散不实，有旨具析，翰林学士兼知通进、银台司范镇封还诏书，以为不当，坐罢职，守本官。

八年春正月，乙卯，诏出使廷臣，所至采吏治能否以闻。

【注释】①右职：古时以右为尊。右职即重要的职位，宋代则指武官。

【译文】熙宁元年（1068年），三月十四日，神宗下诏慎用刑法。

熙宁二年（1069年）。二月初二，神宗让富弼担任同中书门下平章事。初三，让王安石担任参知政事。

秋季七月十九日，诏令：从今以后文臣调任武职的，必须确实有智勇，且曾经建立显赫的政绩，才可以上报朝廷批准。

熙宁三年（1070年），三月初五，孙觉、吕公著、张戬、程颢、李常上疏极力议论新法，神宗没有听从。十七日，李常上奏说青苗法敛散不实，神宗下令要具体分析，翰林学士兼知通进、银台司范镇封还诏书，认为这样做不恰当，因触犯皇上被罢职，只守本官。

熙宁八年（1075年）春季正月，廿二日，神宗下诏让外出巡察地方的朝廷大臣，收集所到之处官吏政绩、才能大小的情况上报朝廷。

赞曰：帝天性孝友，其入事两宫，必侍立终日，虽寒暑不变。尝与岐、嘉二王读书东宫，侍讲王陶[①]讲论经史，辄相率拜之，由是中外翕然称贤。其即位也，小心谦抑，敬畏辅相，求直言，察民隐，恤孤独，养耆老，振匮乏。不治宫室，不事游幸，历精图治，将大有为。未几，王安石入相。安石为人，悻悻自信，知祖宗志吞幽蓟、灵武，而数败兵，帝奋然将雪数世之耻，未有所当，遂以偏见曲学起而乘之。青苗、保甲、均输、市易、水利之法既立，而天下汹汹骚动，恸哭流涕者接踵而至。帝终不觉悟，方断然废逐元老，摈斥谏士，行之不疑。卒致祖宗之良法美意，变坏几尽。自是邪佞日进，人心日离，祸乱日起。惜哉！（宋史卷十四—十六）

【注释】①王陶（1020—1080年）：字乐道，京兆万年（今陕西西安）人。庆历二年（1042年）进士，调岳州军事判官。嘉祐四年（1059年）为监察御史里行。神宗即位，权御史中丞。出知陈州、许州，入权三司使。元丰三年（1080年）移汝州，卒于道，终年61岁。追赠吏部尚书，谥号文恪。

【译文】史官评论说：神宗天性孝敬友爱，他进入宫中侍奉英宗和皇太后，必定是站立整天，即使酷寒、炎热都不会改变。曾经和岐王赵颢、嘉王赵頵两位王子在东宫读书，侍讲王陶讲论经史，总是和他们一起去拜见王陶，因而朝廷内外一致称赞他贤明。神宗即位后，小心谦恭，敬畏辅佐的宰相大臣，请求直言进谏，考察民间疾苦，体恤孤寡，赡养老人，赈济贫困的家庭。不修建宫室，不嗜好游玩巡幸，励精图治，打算大有作为。不久，王安石入朝担任宰相。王安石为人，刚愎固执，十分自信，知道先帝祖宗志在吞并幽蓟、灵武之地，多次出兵，然而多次兵败，神宗奋然计划洗雪几代的耻辱，但是没有恰当的举措，于是让偏狭的见解和歪曲的学说乘机兴起。青苗法、保甲法、均输法、市易法、水利法等相继颁布，使得天下扰乱不安，痛哭流涕述说新法弊端的人接踵而至。但是神宗始终没有觉悟，并且断然罢免放逐元老重臣，斥退劝谏的士人，继续实行新法而不迟疑。最终导致祖宗治国的良法美意几乎全部被损坏和改变。从此以后，奸邪小人日益擢升，人心日益远离朝廷，灾祸混乱日益兴起。可惜啊！（宋史卷十四—十六）

徽　宗

【题解】宋徽宗赵佶（1082—1135年），号宣和主人，宋神宗第十一子、宋哲宗之弟。先后被封为遂宁王、端王，宋朝第八位皇帝（1100—1126年在位）。

宋徽宗即位之后启用新法，但是被宋徽宗重用的奸臣蔡京等打着绍述新法的旗号无恶不作，政治形势一落千丈。他过分追求奢侈生活，在南方采办“花石纲”，在汴京修建“艮岳”。此时宋朝政治腐朽，农民起义风起云涌，梁山起义和方腊起义先后爆发，北宋统治危机四伏。靖康元年（1126年），金军兵临城下，受李纲之言，禅让给太子赵桓，靖康二年（1127年）三月，与钦宗赵桓被金人掳去。金天会十三年（1135年）死于五国城，时年54岁。

作为一位亡国之君，《宋史》论赞说，自古以来，国君玩物丧志，放纵欲望败坏法度，很少有不灭亡的，其中徽宗是最严重的。故而《续编》特别辑录他的例子作为警戒。

徽宗皇帝，讳佶，神宗第十一子也。

元符三年正月己卯，哲宗崩，皇太后垂帘，哭谓宰臣曰：“国家不幸，大行皇帝[①]无子，天下事须早定。”章惇厉声对曰：“在礼律当立母弟简王。”皇太后曰：“神宗诸子，申王长而有目疾，次则端王当立。”惇又曰：“以年则申王长，以礼律则同母之弟简王当立。”皇太后曰：“皆神宗子，莫难如此分别，于次端王当立。”知枢密院曾布曰：“章惇未尝与臣等商议，如皇太后圣谕极当。”尚书左丞蔡卞、中书门下侍郎许将相继曰：“合依圣旨。”皇太后又曰：“先帝尝言，端王有福寿，且仁孝，不同诸王。”于是惇为之默然。乃召端王入，即皇帝位，皇太后权同处分军国事。

【注释】①大行皇帝：对刚去世而未有谥号的皇帝的敬称。这里指宋哲宗。

【译文】徽宗皇帝，讳名佶，是神宗第十一子。

元符三年（1100年）正月十二日，宋哲宗赵煦去世，皇太后高氏垂帘听政，哭着对宰相大臣说："国家不幸，大行皇帝没有子嗣，天下大事必须早些确定。"章惇厉声回答说："按照礼法律令应当立哲宗的同母弟简王赵似。"皇太后高氏说："神宗的各位皇子，申王赵佖年长但是患有眼病，那么次子端王应当立为皇帝。"章惇又回答说："依照年龄申王赵佖年长，依照礼法律令那就是哲宗的同母弟简王应当立为皇帝。"皇太后说："都是神宗的儿子，没有比这个更难以分开区别了，按照顺序端王赵佶应当立为皇帝。"知枢密院曾布说："章惇不曾和我等商量过，遵照皇太后的圣谕极为恰当。"尚书左丞蔡卞、中书门下侍郎许将相继附和说："理应按照圣旨。"皇太后又说："先帝曾经说过，端王赵佶有福寿之相，而且仁爱孝顺，和各位王子不同。"这时，章惇不再说话了。于是召见端王赵佶进宫，登上皇帝之位，皇太后高氏暂且与他共同处理国家军务大事。

（《历代君鉴》曰：殿中侍御史陈师锡[①]上疏言：蔡京、蔡卞同恶，迷国误朝，而京好大喜功，锐于改作，日夜交结内侍戚里[②]以觊大用，若果用之，天下治乱自是而分，祖宗基业自是而坠矣。皆未报。会中丞丰稷论京奸状，帝犹未纳。台谏陈瓘、江公望等相继言之，帝亦不听。稷曰：京在朝，吾辈何面目居此。复力论之，始出知永兴军，言者不已，乃夺职居杭州。

【注释】①陈师锡（1057—1125年）：字伯修，时称闲乐先生，建州建阳（今福建）人。熙宁九年（1076年）进士。为临安知县，为监察御史。徽宗立，召拜殿中侍御史，俄出知颍、庐、滑三州。坐党论，监衡州酒，又削籍安置郴州。卒年69岁。

②戚里：古代指帝王外戚居住的地方，代指外戚。

【译文】（《历代君鉴》说：殿中侍御史陈师锡上疏说：蔡京、蔡卞共同作恶，使国家迷乱、朝事耽误，而且蔡京好大喜功，锐意改革，日夜勾结内侍和外戚觊觎被重用的机会，如果重用他，天下的治乱由此分界，祖宗基业从此丧失。这些话都不被上报到朝廷。恰逢中丞丰稷议论蔡京作奸犯科的罪状，徽宗依然不采纳。台谏陈瓘、江公望等人接连议论他，徽宗也不听从。丰稷说：蔡京在朝廷做官，我们有什么面目站在这里。于是又极力进谏，既而离京知永兴军，但仍接连不断地进言，蔡京才被夺去官职居住在杭州。

供奉官童贯性巧媚，善策人主微旨，先事顺承，以故得幸。及旨三吴，访书画奇巧，留杭月余，蔡京与之游，不舍昼夜，凡所画屏幛扇带之属，贯日以达禁中，且附语言论奏于帝所，由是帝属意用京。左阶道录徐知常①以符水出入元符皇后所，太学博士范致虚②与之厚，因荐京才可相，知常入宫言之，由是宫妾宦官众口一词誉京，遂起京。会韩忠彦与曾布交恶，布谋引京自助，乃召为翰林学士承旨。

【注释】①徐知常（1069—1154年）：字子中，北宋道士，福建建阳人。得到徽宗赏识，赐号冲虚大夫。

②范致虚(？—1137年)：字谦叔，福建建阳人。元祐三年(1089年)，中进士，为太学博士，因为邹浩饯行而获罪停官。徽宗立，召为左正言，出郢州通判。崇宁初年，召为中书舍人，改兵部侍郎。卒赠银青光禄大夫。

【译文】供奉官童贯机灵谄媚，善于揣度君主隐而未露的旨意，事先顺从奉承君主，因此获得宠幸。等到童贯带着旨意到达三吴，访求书画和奇巧制品，在杭州停留一个多月，蔡京陪他交游，夜以继日，凡是所画的屏风、扇带之类，童贯每天都送到宫中，而且另附言论在徽宗的住所里上奏议论，因此徽宗便起意任用蔡京。左阶道录徐知常因符水的原因得以在元符皇后的住所里进出，太学博士范致虚和他交往深厚，趁机谏言蔡京的才能可以担任宰相，徐知常入宫提到这些，从此宫中的婢女和宦官众口一词赞誉蔡京，于是起用蔡京。恰逢韩忠彦和曾布相互仇视，曾布谋划招来蔡京作为自己的辅助，于是召他为翰林学士承旨。

崇宁元年。复追贬元祐党籍司马光等四十四人官。诏籍元祐、元符及今党人，不得与在京差遣。以蔡京为尚书右仆射。制下之日，赐坐延和殿，命之曰：“神宗创法立制，先帝继之，两遭变更，国是未定。欲上述父兄之志，卿何以教之？”京顿首谢曰：“敢不尽死”。焚元祐法，诏司马光等二十一人子弟毋得官京师。

二年。诏党人子弟毋得擅到阙下。令天下监司长吏厅各立元祐奸党碑。以元祐学术、政事聚徒传授者，委监司察举，必罚无赦。

三年。诏："重定元祐、元符党人及上书邪等者何为一籍，通三百九人，刻石朝堂，余并出籍，自今毋得复弹奏"。

【译文】崇宁元年（1102年）。徽宗再次追加贬谪元祐党籍司马光等四十四人的官职。诏令登记元祐、元符以及现在的朋党名单，不能允许他们在京听候差遣。任命蔡京为尚书右仆射。制书下达的那天，徽宗赏赐蔡京坐在延和殿，命令他说："神宗创立法令建立制度，先帝哲宗继承神宗之旨，却两次遭到变更，所以国家大事还没确定。我想要向上追述父亲、兄长的志向，你会用什么来教导我？"蔡京叩首谢罪说："我等胆敢不以死报效。"于是，徽宗焚毁元祐年间的法规，诏令司马光等二十一人的子弟不得在京城担任官职。

崇宁二年（1103年）。徽宗诏令朋党人员的子弟不得擅自入宫。命令天下监司长吏厅各自建立元祐奸党石碑。用元祐年间的学术、政事聚集生徒传授知识的人，委任监司纠察举报，一定重罚，决不赦免。

崇宁三年（1104年）。徽宗诏令："重新审定元祐、元符年间党人以及上书邪等等人，登记造册，合为一籍，总共三百零九人，在朝堂上刻下石碑，其余的一并出籍，今后不得再弹劾上奏。"

四年。以内侍童贯为熙河兰湟、秦凤路经略安抚制置使。以朱勔[①]领应奉局及花石纲于苏州。初，蔡京过苏州，欲建僧寺阁，会费巨万，僧言“必欲集此缘，非郡人朱冲不可”。京即召冲语之。居数日，冲请京诣寺度地，至则大木数千章积庭下，京器其能。逾年，京还朝，遂挟冲子勔偕来，窜其父子姓名于童贯军籍中，皆得官。帝时垂意花石，京讽冲密取浙中珍异以进。初致黄杨三本，帝嘉之。后岁岁召贡五六品，至是渐盛，舳舻相衔于淮、汴，号“花石纲”，置应奉局于苏州，命勔总其事。勔指取内帑如囊中物，每取以数十百万计。于是搜岩剔薮，幽隐不置。凡士庶之家，一石一木稍堪玩者，即领健卒直入其家，用黄封表识，指为御前之物，使护视之。微不谨，即被以大不恭罪。及发行，必撤屋抉墙以出。人不幸有一物小异，共指为不祥，惟恐芟夷之不速。民预是役者，中家破产，或鬻卖子女以供其须。斸[②]山辇石，程督惨刻，虽在江湖不测之渊，百计取之，必得乃止。至截诸道粮饷纲，旁罗商船，揭所贡，暴其上。舟人倚势贪横，凌轹州县，道路以目。

【注释】①朱勔(1075—1126年)：苏州(今江苏苏州)人。为北宋“六贼”之一。其父朱冲谄事蔡京、童贯，父子得以任官。逢迎徽宗，又巧取豪夺，广蓄私产，生活糜烂。方腊起义就以诛杀朱勔为旗号。钦宗即位，将他削官放归田里，后又流放到循州关押，后将他斩首处死。

②斸(zhú)：挖掘。

【译文】崇宁四年（1105年）。徽宗任命内侍童贯为熙河兰湟、秦凤路经略安抚制置使。任命朱勔在苏州掌管应奉局以及花石纲事务。起初，蔡京路过苏州，想建造僧寺阁，花费极大，僧人说"若一定要集这笔款项，非找本州朱冲不可"。蔡京立即召见朱冲讨论这件事。过了几天，朱冲邀请蔡京到寺庙度量土地，到了以后，蔡京看见几千根巨木已经堆放在庭下，蔡京因此器重他的能干。一年之后，蔡京返回朝廷，携带朱冲的儿子朱勔一起进京，把他们父子的姓名篡改进童贯的军籍中，都得了官职。徽宗当时喜爱花石，蔡京暗示朱冲秘密地取来浙江当地的珍奇的花石来进献。起初送上黄杨三本，徽宗嘉许了他。后来年年召贡五六品，从此渐渐兴盛，运送奇花异石的船只在淮河、汴河上首尾相接，号称"花石纲"，徽宗在苏州设置应奉局，任命朱勔总管这些事务。朱勔挪用国库的钱财犹如囊中取物，每次挪用的数目都达到几十万、几百万。于是搜刮岩石剔除湖泽，就连最隐蔽的地方也不放过。凡是士人百姓的家中，一石一木稍稍能够把玩的，立刻率领健壮的士兵直接进入家中，用黄封表标记，指明是御前的物件，派遣护卫看管。如果不恭谨，立即被戴上"大不恭"的罪名。到出发时，一定拆除房屋推倒墙壁运出。人们不幸拥有了一件稍稍奇异的物品，就一起告知那是不祥之物，只怕除去它不够迅速。百姓参与这些劳役的，一般的家庭会破产，有些卖子女来供他们的需要。挖掘山崖拉着石头，监督的官员凶狠苛刻，即使在江河湖泊以及不可测的深渊，也要千方百计地取出它，必须得到才停止。甚至拦截各路的粮饷纲，广泛搜罗商船，揭开他们所上贡的东西，并且暴露在船板上。船中的人倚仗权势贪婪凶横，欺凌虐待州县官员，百姓对此痛恨不已。

大观五年。以童贯领六路边事，于是西兵之柄皆属于贯。

【译文】大观五年（1111年）。徽宗任命童贯总管六路边事，于是西部军队的权柄都属于童贯。

宣和四年，朝廷既与金人约夹攻辽，以复燕云，蔡京、童贯主之，郑居中力陈不可，谓蔡京曰："公为大臣，不能守两国盟约，辄造事端，诚非庙算。"京曰："上厌岁币五十万故尔。"居中曰："公独不思汉世和戎用兵之费乎？使百万生灵肝脑涂地，公实为之。"由是议寝。及金数败辽兵，童贯乃复乞举兵，居中又言："不宜幸灾而动，待其自毙可也。"不听。乃以童贯为宣抚使，蔡攸副之，勒兵十五万巡北边以应金，且招谕幽燕。攸童騃[①]不习事，谓功业可唾手致，入辞之日，二美嫔侍帝侧，攸指而请曰："臣成功归，乞以是赏。"帝笑而弗责。

【注释】①童騃：年幼无知，泛指愚昧。

【译文】宣和四年（1122年），朝廷已经和金人约定夹攻辽国，来恢复燕云之地，蔡京、童贯两人总管这件事，郑居中极力陈述不能这样做，对蔡京说："您作为大臣，不能遵守宋辽两国的盟约，常常捏造事端，确实不是为国家谋划。"蔡京说："是皇上厌恶给辽国五十万岁币的原因。"郑居中说："唯独您没有考虑到汉代和戎人进行战争的费用吗？让一百万人生灵涂地，实际上是您安排的。"从此，议论搁置了。等到金国多次打败辽国军队，童贯于是再次请求起兵攻打辽国，郑居中又上言说："不应该幸灾乐祸而出动军队，等待他自行灭亡就可以了。"徽宗不听。于是任命童贯为宣抚使，蔡攸为副宣抚使，指挥军队十五万巡察北部边境来呼应金国，而且招抚幽燕地区的百姓。蔡攸年幼无知不通军事，认为功业唾手可得，进宫向徽宗辞别那天，有两位美丽的嫔妃陪侍徽宗的身旁，蔡攸指着她们请求说："如果我成功归来，请求把她们赏赐给我。"徽宗笑笑并没有责怪他。

朝散郎宋昭上书，极言"辽不可攻，金不可邻。异时金必败盟，为中国患。乞诛王黼、童贯、赵良嗣等"。且曰："两国之誓，败盟者祸及九族。陛下以孝理天下，其忍忘列圣之灵乎？陛下以仁覆天下，其忍置河北之民于涂炭之中，而使肝脑涂地乎？"王黼大恶之，除昭名，编管[①]海州。

童贯使刘延庆及郭药师帅师伐辽，药师败绩于燕山，延庆退保雄州，燕人知宋之无能，为作赋及歌诗以诮之。

【注释】①编管：指宋代官员得罪，被放逐在边远地区，编入该地的户籍，并由该地官员加以管束。

【译文】朝散郎宋昭上书，直言规劝“不能去攻打辽国，金国不能作为邻国。将来金国必然背弃盟约，成为中原的祸害。请求诛杀王黼、童贯、赵良嗣等人”。而且说：“宋辽两国盟誓，背弃盟约的要殃及九族。陛下用孝治理天下，难道忍心忘记列祖列宗的在天之灵吗？陛下用仁爱恩泽天下，难道忍心放弃河北的百姓，让他们陷入困苦，使他们生灵涂地吗？”王黼非常憎恶他，除去宋昭的官职，贬他到海州接受编管。

童贯派遣刘延庆以及郭药师率领军队攻打辽国，郭药师在燕山打了败仗，刘延庆退守雄州，燕山的百姓知道宋朝的无能，于是创作歌赋来讥讽它。

童贯再举伐燕，不克成功，惧得罪，乃密遣王怀如金，以求如约夹攻，金主遂分三道进兵，于是辽五京皆为金有，金主遣骑兵送赵良嗣还，且献辽俘。

金人既遂所欲，乃使杨朴以誓书及燕京六州来归，而营平滦三州不预焉。诏童贯蔡攸入燕交割，贯攸入城，时燕之金帛子女职官富民皆为金人所掠而去，唯存空城而已，至是率百官表贺，诏以收复燕云，宰执皆进位，而赐王黼玉带，郑居中自陈无功，不拜。

七年。帝以金师日迫为忧，时东幸计已定，命李棁先出守金陵。吴敏退，诣都堂言曰：“朝廷便为弃京师计，何理也？此命果行，须死不奉诏。”宰执以为言，棁遂罢行，而以太子为开封牧。寻下诏，禅位于太子。）

【译文】童贯再次起兵讨伐燕山，却不能成功，害怕获罪，于是秘密派遣王怀去金国，请求金国按照约定夹攻辽国，金主分三路进兵，于是辽国五京都归金国所有，金国君主派遣骑兵送赵良嗣回到宋朝阵地，而且献上辽国的俘虏。

金人已经达到他们所想要的，于是派遣杨朴带着誓书以及燕京所属六州归还宋朝，然而营、平、滦三州不在其中。徽宗诏令童贯、蔡攸进入燕京办理移交手续，童贯、蔡攸进入燕京城中，当时燕京的金帛、子女、职官、富民都被金人掠夺而去，只有留下一座空城而已，但是仍然率领百官上表祝贺，徽宗诏令因为收复燕云地区，宰执大臣都能晋升官位，并赏赐王黼一条玉带，郑居中自称没有功劳，不接受赏赐。

宣和七年（1125年）。徽宗因为金国军队天天进逼京城而忧心不已，当时东幸计划已经确定，命令李棁事先离京驻守金陵。吴敏退回去后，到都堂上言说：“朝廷想要放弃京城，这是什么道理呢？这个命令果真被执行，我必须到死都不能奉诏。”宰执大臣认同他的话，李棁于是停止去金陵，而徽宗任命太子赵桓为开封府尹。不久徽宗下诏，禅位于太子赵桓。）

靖康元年正月己巳，诣亳州太清宫，行恭谢礼，遂幸镇江府。四月己亥，还京师。明年二月丁卯，金人胁帝北行。绍兴五年四月甲子，崩于五国城，年五十有四。

【译文】靖康元年（1126年）正月初三，徽宗前往亳州太清宫，举行恭谢礼，于是巡幸镇江府。四月初三，返回京城。次年二月初七，金人裹挟徽宗撤回北方。绍兴五年（1135年）四月廿一日，徽宗在金国五国城驾崩，享年五十四岁。

赞曰：宋中叶之祸，章、蔡首恶，赵良嗣厉阶。然哲宗之崩，徽宗未立，惇谓其轻佻不可以君于下。辽天祚之亡，张觉举平州来归，良嗣以为纳之失信于金，必启外侮。使二人之计行，宋不立徽宗，不纳张觉，金虽强，何衅以伐宋哉？以是知事变之来，虽小人亦能知之，而君子有所不能制也。迹徽宗失国之由，非若晋惠之愚、孙皓之暴，亦非有曹、马之篡夺，特恃其私智小慧，用心一偏，疏斥正士，狎近奸谀。于是蔡京以獧薄巧佞之资，济其骄奢淫佚之志。溺信虚无，崇饰游观，困竭民力。君臣逸豫，相为诞谩，怠弃国政，日行无稽。及童贯用事，又佳兵勤远，稔祸速乱。他日国破身辱，遂与石晋重贵同科，岂得诿诸数哉？昔西周新造之邦，召公犹告武王以不作无益害有益，不贵异物贱用物，况宣、政之为宋，承熙、丰、绍圣椓丧之余，而徽宗又躬蹈二事之弊乎？自古人君玩物而丧志，纵欲而败度，鲜不亡者，徽宗甚焉，故特著以为戒。（宋史卷十九—二十二）

【译文】史官评论说：宋朝中期的灾祸，章惇、蔡京是首恶，赵良嗣是祸端。然而哲宗驾崩之时，徽宗还没立为皇帝，章惇称他性格轻浮不庄重，不可以君临天下。辽天祚帝耶律延禧逃亡时，张觉献上平州前来归顺，赵良嗣认为接纳他会失信于金国失，一定会开启外敌欺侮的祸端。如果这二人的计策得到施行，宋朝不立徽宗为皇帝，不接纳张觉，金国即使强大，又有什么理由来讨伐宋朝呢？由此可知，事变来临，即使小人也能预知，但是连君子也无法控制。探究徽宗丧失国家的原因，不像晋惠帝司马衷的愚蠢、吴国孙皓的残暴，也没有魏晋曹氏、司马氏那样篡夺政权，只是依仗他的小聪明，用心褊狭，疏远排斥正直之士，亲近奸诈谄媚的人。于是蔡京凭借轻薄奸佞的性格，实现了他骄奢淫佚的志向。沉迷于虚无，粉饰游览之地和宫廷楼观，使得民力困乏枯竭。君臣追求闲适安乐，互相放诞傲慢，荒废国家政务，每天都做无稽之事。等到童贯掌管朝政，又爱好兴兵远征，促成了灾祸。后来国亡身俘，落得和后晋石重贵一样的下场，怎么能够推诿于命数呢？以前西周作为刚刚建立的国家，召公告诫周武王不要做无益之事损害有益之事，不看重奇异的器物而轻视朴素的器物，何况政和、宣和年间的宋朝，继承熙宁、元丰、绍圣变革混乱后的余绪，而徽宗又亲自重蹈这些弊端呢？自古以来，国君玩物丧志，放纵欲望败坏法度，很少不被消灭的，其中徽宗是最严重的，故而特别撰写出来作为警戒。（宋史卷十九—二十二）

孝　宗

【题解】宋孝宗赵昚（1127—1194年），宋朝第十一位皇帝（1162—1189年在位），南宋第二位皇帝，也是南宋最强的皇帝。共用隆兴、乾道、淳熙三个年号。淳熙十六年（1189年），下诏传位于皇太子赵惇。之后退居重华宫。绍熙五年（1194年）病逝，享年68岁。

后世普遍认为赵昚是南宋最有作为的皇帝。他即位初期，雄心勃勃，矢志收复失土，力图改革积弊，但因高宗的掣肘，无法实现志愿。他在位期间，平反岳飞冤案，起用主战派人士，锐意收复中原；内政上，加强集权，积极整顿吏治，裁汰冗官，惩治贪污，重视农业生产，百姓生活安康，史称“乾淳之治”。后世称其“卓然为南渡诸帝之称首”，是南宋名副其实的中兴之主。孝宗朝是南宋国力最强的时候。可惜赵昚碰上了金世宗这样的明君。宋和金此时属于绝对的均势，平衡没有被打破。所以都无法消灭对方。南宋在此期间，由消沉走向振兴，积累起一定的军事力量和物质基础，也为南宋后期的抗蒙斗争打下了物质基础。

孝宗皇帝，讳昚，字元永，太祖七世孙也。绍兴[①]三十二年五月甲子，立为皇太子，改名昚。初，高宗久有禅位之意，尝以谕帝，帝流涕固辞，会有边事不果。六月乙亥，内降御札[②]：“皇太子可即皇帝位。朕称太上皇帝，退处德寿宫；皇后称太上皇后。”丙子，遣中使召帝入禁中，面谕之，帝又推逊不受，即趋侧殿门，欲还东宫，高宗勉谕再三，乃止。顷之，内侍掖帝至御榻前，侧立不坐，内侍扶掖至七八，乃略就坐。宰相率百僚称贺，帝遽兴。辅臣升殿固请，帝愀然曰：“君父之命，出于独断。然此大位，惧不克当。”班退，太上皇帝即驾之德寿宫，帝服袍履，步出祥曦殿门，冒雨掖辇以行，及宫门弗止。上皇麾谢再三，且令左右扶掖以还，顾曰：“吾付托得人，吾无憾矣。”左右皆呼万岁。

【注释】①绍兴：宋高宗的第二个年号（1131—1162年），共用32年。

②御札：旧指帝王的书札、手诏。

【译文】孝宗皇帝，名昚，字元永，是太祖的七世孙。绍兴三十二年（1162年）五月二十八日，被立为皇太子，改名昚。起初，高宗很早就有禅位之意，曾经告诉过孝宗，孝宗流着泪坚决推辞，适逢边事没有结果。六月初九，内降御札：“皇太子可以即皇帝之位。朕称太上皇帝，退居德寿宫，皇后称太上皇后。”这月十一日，派遣内廷宦官召孝宗到宫廷中面谕，孝宗又推辞不受，即趋侧殿门，想回东宫，高宗再三劝谕，孝宗才停止回东宫。不久，内侍扶孝宗到御榻前，只是侧立不坐，内侍扶了七八次，才稍稍就座。宰相率百官称庆拜贺，孝宗突然站起来。辅臣升殿一再请求，孝宗忧愁地说：“君父之命，出于英明独断。然而这个大位，恐怕不能胜任。”朝班退下去后，太上皇帝即退到德寿宫，孝宗穿上衣服，步行走出祥曦殿门，冒雨扶辇送行，到德寿宫门仍不停止。太上皇帝向孝宗挥谢再三，且令左右侍从扶掖孝宗回朝，回头说："我已经将皇位托付给合适的人，我没有遗憾了。"左右侍从都向他山呼万岁。

乾道二年，三月戊午，殿中侍御史王伯庠①请裁定奏荐，诏三省、台谏集议，具条式以闻。诏县令非两任，毋除监察御史；非任守臣，毋除郎官。著为令。

【注释】①王伯庠（1106—1173年），字伯礼。王次翁之子。高宗绍兴二年进士。充明州教授，累擢侍御史。历知阆州、夔州、温州，以治绩闻。平生博览载籍，至老未尝释卷。

【译文】乾道二年（1166年），三月十五日，殿中侍御史王伯庠请求裁定所上奏被举荐之人，孝宗下诏令中书门下、枢密院和尚书三省、台谏官一起讨论，定好格式上报。诏令县令若没有连续两任以上的，不得授为监察御史；没有担任过地方长官的，不得授为郎官。并写成书面的规章制度。

四年，冬十月乙未，臣僚言："天下之事，必历而后知，试而后见。为县令者必为丞簿，为郡守者必为通判，为监司者必为郡守，皆有等差。自今职事官及局务官，必任满方许求外，未历亲民任使，即未得拟州郡，且授通判。"诏从之。

【译文】乾道四年（1168年），冬季十月初八，有一位臣僚建议说："天下的事情，只有经历后才能知晓，尝试后才能有所表现。为县令者必须先做县丞或主簿，为郡守者必须先做通判，为监司者必须先做郡守，这样才能都有等级次序。从今以后职事官和局务官，必须任期年满才允许另外任职，没有做过地方长官的，就不得任职州郡长官，暂且授为通判。”孝宗下诏采纳。

六年，二月壬寅，诏谕大臣：均役法，严限田，抑游手，务农桑。

【译文】乾道六年（1170年），二月二十一日，孝宗下诏令指示大臣：要平均劳役，严格限制私人占用耕田，抑制游手好闲之人，致力于耕作农田和养蚕桑。

淳熙六年，十一月十乙卯朔，帝著论数百言，深原用人之弊，因及诛赏之法，命宰执示从臣于都堂。

【译文】淳熙六年（1179年），十一月初一，孝宗著论数百言，深深考究用人的弊政，且涉及责罚与奖赏的法令，并命令宰执大臣拿到政事堂给臣属看。

七年，三月壬戌，诏举贤良方正能直言极谏者。冬十月丙戌，诏：“限田太宽，民役烦重，其令台谏、给舍[1]同户部长贰详议以闻。”是岁，江、浙、淮西、湖北旱，蠲租，发廪贷给，趣州县决狱，募富民振济补官。故岁虽凶，民无流殍。

【注释】①给舍：给事中及中书舍人的并称。

【译文】淳熙七年（1180年），三月初十，孝宗诏令推举贤良方正能直言极谏的人。这年冬十月初七，孝宗又下诏说："限田太宽，民役繁重，命令台谏、给事中及中书舍人各官同户部正副长官一起详细讨论后再上报朝廷。"这年，江、浙、淮西、湖北发生旱灾，孝宗下诏令免除这些灾区百姓的租赋，打开粮仓或借贷粮食赈济百姓，督促州县地方官员判决狱讼等案件，招募富民以赈济程度补授他们官职。因此年成即使不好，但百姓没有因流亡而饿死。

八年，闰月辛巳，命诸路帅臣、监司分州郡臧否为三等，岁终来上。五月戊寅，诏监司、守令劝课农桑，以奉行勤怠为赏罚。八月壬子，诏绍兴府诸县夏税、和市、折帛、身丁钱绢之类，不以名色，截日并令住催。戊辰，言者请自今歉岁蠲减，经费有亏，令户部据实以闻，毋得督趣已蠲阁[①]之数。从之。罢诸路补葺经界簿籍。

【注释】①蠲阁：指免征赋税。阁，通"搁"。

【译文】淳熙八年（1181年），闰三月初五，孝宗命令各路帅臣、监司就州郡官员好坏分为三等，岁终上报朝廷。五月初三，孝宗诏令监司、守令各官劝课农桑，按奉行勤政懒政作为赏罚的依据。八月初八，孝宗下诏令绍兴府各县夏税、和市、折帛、身丁钱绢之类，不论是什么名目，从今日起一律停止催征。

二十四日，言官请求从此以后歉收年份免除赋税，而导致经费亏损的，命令户部据实上报，不得督促征收已经免征赋税的数目。孝宗采纳了这个建议。过后又罢废各路补修田地经界簿册。

九年，夏四月癸亥，帝览陆贽奏议，谕讲读官曰："今日之政，恐有如德宗之弊者，卿等条陈来上，无有所隐。"五月，丙子，诏辅臣择监司、郡守，必先才行。

【译文】淳熙九年（1182年），夏季四月二十三日，孝宗阅览陆贽的奏议，告诉讲读官说："现在的政治，恐怕有像唐德宗时一样的弊病，你们分条陈述上奏，不要有所隐瞒。"五月初七，孝宗诏令辅臣选拔监司、郡守官员，一定要把才智和德行放在首位。

十四年，秋七月，丙午，诏群臣陈时政阙失及当今急务。己酉，诏监司条上州县弊事、民间疾苦。辛亥，避殿减膳[①]彻乐。

【注释】①避殿减膳：旧指国家有灾异急难之事，帝王避离正殿，并损减常膳，表示责罚自己的过失，以期消灾除难。

【译文】淳熙十四年（1187年），秋季七月初七，孝宗下诏令群臣陈述时政缺失和当今急务。初十，下诏令监司上奏陈述州县弊事、民间疾苦。十二日，避离正殿损减常膳撤去音乐。

冬十月辛未，以太上皇不豫，赦。壬申，诣德寿宫问疾。乙亥，诣德寿宫侍疾，太上皇崩于德寿殿，辛巳，诏曰：“大行太上皇帝奄弃至养，朕当衰服三年，群臣自遵易月[①]之令，可令有司讨论仪制以闻。”

【注释】①易月：古代丧礼，父母之丧，服丧三年，自汉文帝始以日易月，缩短丧期，谓之“易月”。

【译文】这年冬十月初五，因为太上皇染病，孝宗大赦天下。初七，到德寿宫慰问太上皇的病情。初八，到德寿宫侍候太上皇，太上皇在德寿殿驾崩，十四日，孝宗下诏说：“高宗皇帝逝世，朕应当服丧三年，大臣自行遵守易月的古制，可以让有关部门讨论仪制后再上报。”

十五年，夏四月壬申，帝亲行奉迎虞主[①]之礼。丙戌，祔高宗神主于太庙，诏曰：“朕比下令欲衰绖三年，群臣屡请御殿易服，故以布素视事内殿。虽诏俟过祔庙，勉从所请，然稽诸典礼，心实未安，行之终制，乃为近古。宜体至意，勿复有请。”

【注释】①虞主：古代葬后虞祭时所立的神主。虞祭，古祭名。既葬之后的祭祀。

【译文】淳熙十五年（1188年），夏四月初六，孝宗亲自实行奉迎神主之礼。二十日，将高宗神主牌位送到太庙里配享，下诏说：“朕最近下诏想要为高宗服丧三年，群臣多次请求改换丧服上殿听政，所以朕穿素衣在内殿听政。即使下诏说等高宗牌位附祭太庙后尽量听从大臣请求，然而参考各种典礼规定，内心实在不安，服完三年丧制，才算是符合近古典制。大臣应该体谅朕的诚意，不要再有请求。”

十六年，二月壬戌，下诏传位皇太子。是日，皇太子即皇帝位。帝素服驾之重华宫。辛未，上尊号曰至尊寿皇圣帝。

【译文】淳熙十六年（1189年），二月初二，孝宗下诏传位于皇太子赵惇。这天，皇太子即皇帝位，是为光宗。孝宗穿着素服到重华宫居住。十一日，光宗上尊号称孝宗为至尊寿皇圣帝。

绍熙五年五月壬戌，寿皇圣帝不豫。六月戊戌，崩于重华殿，年六十有八。

【译文】绍熙五年（1194年）五月初二，寿皇圣帝染疾。六月初九，孝宗在重华殿驾崩，终年六十八岁。

赞曰：高宗以公天下之心，择太祖之后而立之，乃得孝宗之贤，聪明英毅，卓然为南渡诸帝之称首，可谓难矣哉。即位之初，锐志恢复，符离邂逅失利，重违高宗之命，不轻出师，又值金世宗之立，金国平治，无衅可乘，然易表称书，改臣称侄，减去岁币，以定邻好，金人易宋之心，至是亦寝异于前日矣。故世宗每戒群臣积钱谷，谨边备，必曰：“吾恐宋人之和，终不可恃。”盖亦忌帝之将有为也。天厌南北之兵，欲休民生，故帝用兵之意弗遂而终焉。

【译文】史官评论说：宋高宗以对国家大公无私的胸怀，选择了宋太祖的后代立为太子，这样才得到了孝宗的贤才，他英明坚毅，卓然超群，可立为宋室南渡后各位皇帝之首，可以说是十分难能可贵的啊！孝宗刚登上皇位的时候，决心挥师北伐收复失地，可是在符离之战不幸失败之后，两次违逆高宗的命令，不再轻易出兵。与此同时，又适逢金世宗即位为金主，金国太平安宁，没有间隙可乘。然而能把对金国的“奏表”改称“书信”，把对金国称臣改为称侄，削减了每年奉送给金国的钱财，确定了与邻国的友好关系，金人轻视宋人的心思，至此也就渐渐不同于往日了。所以金世宗每每告诫大臣们蓄积钱谷，认真加强边防，一定要说：“我担心宋人的和议，最终是靠不住的。”大概也是害怕孝宗皇帝将有收复国土的作为。上天厌恶南北交战不断，想让百姓休养生息，所以孝宗用武力恢复故土的意愿最终没有达到就终止了。

然自古人君起自外藩，入继大统，而能尽宫庭之孝，未有若帝。其间父子怡愉，同享高寿，亦无有及之者。终丧三年，又能却群臣之请而力行之。宋之庙号，若仁宗之为“仁”，孝宗之为“孝”，其无愧焉，其无愧焉！（宋史卷三十三—三十五）

【译文】然而自古以来人君起自外藩，入继大统，登上至位，而能尽宫廷之孝，没有像孝宗皇帝这样的。这期间父子和悦欢喜，同享高寿，后来者也没有达到这样的程度。孝宗坚持服丧三年，又能够拒绝大臣的请求而努力地身体力行。宋朝皇帝的庙号，像仁宗的“仁”，孝宗的“孝”，他们都当之无愧啊！当之无愧啊！（宋史卷三十三—三十五）

选举志·学校

【题解】《礼记》云：“建国君民，教学为先。”教育，是古代任何一个明君都极为重视的。《续编》辑录仁宗关于兴建学校一则诏令。这则诏令指出了当时取试的弊病，有美德的士人没有培养造就他们的方法，以致让他们和品行不端的人一同晋升。所以，仁宗要兴建学校，倡导良善，尊崇士大夫的品行，改变制度革除弊端，选拔品学兼优之士来参与国家治理。诏令下达后，各州郡奉诏兴建学校，士人得到了劝勉。

仁宗时，士之服儒术者不可胜数。即位初，赐兖州学田，已而命藩辅皆得立学。庆历四年，诏曰：“儒者通天、地、人之理，明古今治乱之原，可谓博矣。然学者不得骋其说，而有司务先声病章句以拘牵之，则吾豪隽奇伟之士，何以奋焉？士有纯明朴茂之美，而无斅学养成之法，使与不肖并进，则夫懿德敏行，何以见焉？此取士之甚敝，而学者自以为患。夫遇人以簿者，不可责其厚也。今朕建学兴善，以尊子大夫之行；更制革敝，以尽学者之才。有司其务严训导、精察举，以称朕意。学者其进德修业，无失其时。其令州若县皆立学，本道使者选部属官为教授，员不足，取于乡里宿学有道业者。”由是州郡奉诏兴学，而士有所劝矣。（宋史卷一百五十七）

【译文】仁宗时，士人学习儒学的不可胜数。在他即位之初，赐予兖州州学学田，后来命令各地藩镇都要建立学校。庆历四年（1044年），下诏说：“儒者通晓天、地、人的道理，明白古今治乱之道，可以说是博学了。但是学习的人不能发挥他的学说，而相关部门致力于先用声律章句来约束他们，那么我们的豪杰不凡的人才，用什么来奋发呢？士人拥有纯朴贤明、诚实厚道的美德，但是没有培养造就他们的方法，让他们和品行不端的人一起晋升，那么美德和修身，用什么来体现呢？这是取士的严重弊病，而学习的人自己也把它当做是忧虑。那些用刻薄来对待他人的人，是不能要求他们宽厚待人的。现在朕兴建学校倡导良善，来尊崇士大夫的品行；改变制度革除弊端，来完全发挥治学者的才能。相关部门务必严加教导训练、仔细观察推举，以符合朕的心意。学子们要改善德行提高学业，不要丧失时机。命令各州各县都建立学校，本道派遣使者选拔属官担任教授，人员不够的，选用各地享有美德的饱学之士补任。”因此各州郡奉诏兴建学校，士人得到了劝勉。（宋史卷一百五十七）

选举志·保任

【题解】“保任”，不论是在察举制时代还是在科举时代，在选官中都被广泛运用。由于实行保任制，荐举得人与否及被荐人任职后的功过优劣，举主与之同其赏罚，所以就能比较有效地防止滥举现象发生。北宋元祐初年，朝廷恢复内外举官法。《续编》辑录的内容大致反映了北宋“保任”的情形和实行这一措施的益处。

太宗听政之暇，每取两省、两制清望官名籍，择其有德誉者，悉令举官。所举之人，须析其爵里及历任殿最以闻，不得有隐。如举状[①]者有赏典，无验者罪之。又尝谓宰臣曰：“君子小人，趣向不同。君子畏慎，不欺暗室，名节造次靡渝；小人虽善谈忠信，而履行颇僻，在官黩货，罔畏刑罚。如薛智周以侍御史守婺，政以贿成，聚敛无已，其土产富于罗，州民谓之‘罗端公’，则为治可知矣。卿等职在抡材，今令朝臣举官，已是逐末，更不择举主，何由得人也？”供奉官刘文质尝入奏，察举两浙部内官高辅之、李易直、艾仲孺、梅询、高鼎、高贻庆、姜屿、戚纶八人有治迹，并降玺书褒谕。帝曰：“文质所举，皆良吏也。”特迁文质为西京作坊副使。

【注释】①举状：宋代制度，推举人向朝廷推举人才时，为被推举人所撰写的推举书称为举状。

【译文】宋太宗在处理完政务的空暇时间，时常取出两省、两制清望官的名册，选择其中有德行声誉的官员，全部命令推荐任官。所推荐的人，必须列举他的官爵籍贯以及历次任职的最佳政绩上报朝廷，不得有所隐瞒。和举状相符的有赏赐，不符合的判罪。又曾经对宰相大臣说："君子小人，志向不同。君子敬畏小心，不欺暗室，名节遇到异常情况也不会改变；小人即使善于谈论忠诚信义，而行为颇乖戾，在任时贪污，不畏惧刑罚。就像薛智周凭借侍御史镇守婺州，政务依靠贿赂而办理，聚敛财物没有止境，那里的土产最多的是罗，州里民众称他为'罗端公'，那么他的治理情况就可以知道了。你们的职责在于选拔人才，现在命令朝中大臣推举官员，已经是舍本逐末了，再不选择推举人，又有什么渠道得到人才呢？"供奉官刘文质曾经入朝上奏，考察推举两浙所辖官员高辅之、李易直、艾仲孺、梅询、高鼎、高贻庆、姜屿、戚纶八人有政绩，一起颁发诏书褒奖。太宗说："刘文质所推举的，都是很好的官吏啊。"特别擢升刘文质担任西京作坊副使。

元祐初，复内外举官法。及司马光为相，奏曰：为政得人则治。然人之才，或长于此而短于彼，虽皋、夔、稷、契，各守一官，中人安可求备？故孔门以四科论士，汉室以数路得人。若指瑕掩善，则朝无可用之人；苟随器授任，则世无可弃之士。臣备位宰相，职当选官，而识短见狭，士有恬退滞淹，或孤寒遗逸，岂能周知？若专引知识，则嫌于私；若止循资序，未必皆才。莫若使有位达官，各举所知，然后克叶至公，野无遗贤矣。

【译文】元祐初年，恢复朝廷内外推举官员的法规。到了司马光担任宰相，他进呈奏章说：管理国家得到合适的人才就会安定。但是人的才能，有的擅长这方面而欠缺那方面，即使是皋陶、夔、后稷、契，都是各自治理一个官署，一般人怎么能追求完美呢？因此，孔子门下依照四科评论士人，汉朝依靠多种渠道获得人才。如果指出缺点掩盖优点，那么朝中就没有可以任用的人才；如果依据才能授官任职，世上便没有可以舍弃的士人。我官居宰相的位置，职责理当选拔官员，然而见识短浅，士人中有的恬淡谦让滞淹不进，有的孤独贫寒隐居山野，怎能全面了解他们？如果专门引进了解认识的，那么就有自私的嫌疑；如果仅是按照资历擢升，不一定都是人才。不如让有地位的显赫官员，各自举荐他们所知道的，然后就能够做到完全公正，乡野就没有遗漏的人才了。

嘉祐六年，下诏曰："朕观古者治世，牧民之吏，多称其官，而百姓安其业。今求材之路非不广，责善之法非不详，而吏多失职，非称所以为民之意。岂人材独少而世变殊哉？殆不得久于其官故也。盖智能才力之士，虽有兴利除害、禁奸劝善之意，非假以岁月，则亦偷不为用，欲终厥功，其路无由。自今诸州县守令，有清白不扰、政迹尤异而实惠及民者，本路若州连书同罪保举，将政迹实状以闻，中书门下察访得实，许令再任。”（宋史卷一百六十）

【译文】嘉祐六年（1061年），宋仁宗下诏说：“朕看古代治理国家，管理百姓的官吏，大多称职，因而百姓安居乐业。现在寻求人才的渠道不是不宽广，要求善政的律法不是不详备，然而官吏大多失职，不符合为民的意图。难道是人才缺乏而且世道变得不同了？大概是官员不能久于其任的原因。有智慧才能的士人，即使有兴利除害、禁奸劝善的意图，不给他时间，也会苟且不去施行，想要完成这份功业，也没有渠道去实现。从今以后各州县的知州县令，有清白不骚扰百姓、政绩特别突出而确实施惠到民众的，本路和知州一同书写结罪保举书，把政绩的实际情况上报朝廷，中书门下考察访求得到了实际情况，允许连任一个任期。”（宋史卷一百六十）

绍兴二年，初诏监司、守臣举行考课之法。时郡县数罹兵燹，又命以“户口增否”别立守令课，分上、中、下三等，每等分三甲置籍。守倅[①]考县令，监司考知州，考功会其已成，较其优劣而赏罚之。五年，立县令四课：曰纠正税籍，团结民兵，劝课农桑，劝勉孝悌。三岁，就绪者加旌赏，无善状者汰之。

【注释】①守倅：郡守及其副职。宋代官制，通判兼有考察所在地官吏的职责，故而此处指通判。

【译文】绍兴二年（1132年），宋高宗首次下诏监司、守臣实行考课之法。当时郡县多次遭受战祸，又命令用“户口增加与否”另外列举知州县令的考核项目，分为上、中、下三等，每等划分三甲设置簿册。知州通判考核县令，监司考核知州，考功司汇总考核结果，比较他们的优劣进行赏罚。绍兴五年（1135年），立县令的四项考核项目：纠正税籍，团结民兵，劝课农桑，劝勉孝悌。三年之间，治理得当的加以表扬奖励，没有良好政绩的予以淘汰。

臣僚上言：“守令之治，其略有七：一曰宣诏令，二曰厚风俗，三曰劝农桑，四曰平狱讼，五曰理财赋，六曰兴学校，七曰实户口。得人，则七者皆举。今之监司，实古刺史。比年守令奸贪，监司未尝按发，玩弛之弊日甚。”而户部侍郎张致远亦言之。乃下诏戒饬监司，考察守令而举按焉。顷之，有请令江、淮官久任，而课其功过者。帝曰：“朕昔为元帅时，见州县官以三年为任，犹且一年立威信，二年守规矩，三年则务收人情，以为去计。今止以二年为任，虽有葺治之心，盖亦无暇矣，可如所奏。”是时，岁以十五事考校监司，四善、四最考校县令，违限不实者有罪。又诏监司，一岁再具所部知县有无“善政显著”“缪懦不职”，上之省。（宋史卷一百六十）

【译文】有大臣上言说："知州县令的治理，大概有七种：一是宣布诏令，二是使得风俗淳厚，三是劝勉农桑，四是公平判决诉讼案件，五是管理财政赋税，六是兴建学校，七是充实户口。用人得当，那么这七种都能做好。现在的监司，实际上是古代的刺史。近年以来知州县令奸诈贪污，监司不曾审查揭发，轻忽废弛的弊端日益严重。"而且户部侍郎张致远也上言这种情况。于是宋高宗下诏告诫整饬监司，考察知州县令并推行举报审查。不久之后，有人请求让江、淮的官员长期任职，以考核他们的功过。高宗说："朕以前担任元帅时，看见州县官以三年作为一个任期，尚且在第一年树立威信，第二年遵守规矩，第三年就致力于收买人情，作为离任的资本。现在把两年作为一个任期，即使州县官有整治地方的心思，大概也没有时间吧，可以按照奏章所说的进行。"在这时，每年利用十五件事考核评定监司，利用四善、四最考核评定县令，违背期限和不真实的有罪。又下诏监司，一岁两次提供属下知县有无"善政显著""缪懦不职"的情况，上报到中书省。（宋史卷一百六十）

食货志·农田

【题解】《食货志》是中国纪传体史书中专述经济史的篇名。语出《尚书·洪范》"八政：一曰食、二曰货……"。《史记·平准书》开食货志先河，《汉书》始称食货志。食货志一般主要记述田制、户口、赋役、漕运、仓库、钱法、盐法、杂税、矿冶、市籴、会计等等制度，为了解历代政府的经济政策和当时社会经济状况提供了重要史料。

《续编》节录了《宋史·食货志》中一段关于“农田”方面的文字，主要论述“农用八政”问题，总结出农业是食货的根本，同时也是历朝历代统治者应该注意的重要问题。

昔武王克商，访箕子以治道，箕子为之陈《洪范》九畴，五行五事之次，即曰“农用八政”，八政之目，即以食货为先。五行，天道也；五事，人道也。天人之道治，而国家之政兴焉。是故食货而下，五卿之职备举于是矣：宗伯掌邦礼，祀必有食货而后仪物备，宾必有食货而后委积丰；司空掌邦土，民必有食货而后可奠于厥居；司徒掌邦教，民必有食货而后可兴于礼义；司寇掌邦禁，民必有食货而后可远于刑罚；司马掌邦政，兵必有食货而后可用于征戍。其曰“农用八政”，农，食货之本也。（宋史卷一百七十三）

【译文】以前周武王攻克商朝时，向箕子询问治理国家的方法，箕子为他陈述了《洪范》九畴，五行五事的顺序，就是“农用八政”，八政的目次，就是把食货作为第一条。五行，是天道；五事，是人道。如果天道、人道得到治理，那么国家的政务就会兴盛了。所以食货的下面，五卿的职责列举如下：宗伯掌管国家的礼仪，祭祀一定有食货然后才详备礼仪用的器物，朝聘一定有食货然后才有丰裕的储备粮食；司空掌管国家的土地，百姓一定有食货然后才能安居；司徒掌管国家的教育，百姓一定有食货然后才能宣扬礼仪；司寇掌管国家的禁令，百姓一定有食货然后才能远离刑罚；司马掌管国家的军政事务，士兵一定有食货然后才能用于征伐戍守。他说的“农用八政”，是因为农业就是食货的根本。（宋史卷一百二十六）

刑法志

【题解】《刑法志》主要介绍法律刑罚的情况。《续编》节选了《宋史·刑法志》的这段文字，主要说明宋仁宗时四方安定，户口增长，朝廷使用刑法特别谨慎，劝诫官吏不要滥用刑罚，并且官员一旦有误判情况便不再任用。这也是仁宗朝能够繁荣安定的一个原因，有着重要的借鉴意义。

在仁宗时，四方无事，户口蕃息，而克自抑畏，其于用刑尤慎。即位之初，诏内外官司，听狱决罪，须躬自阅实，毋枉滥淹滞。刑部尝荐详覆官，帝记其姓名，曰：“是尝失入人罪不得迁官者，乌可任法吏？”举者皆罚金。（宋史卷一百九十九）

【译文】仁宗时，天下四方没有战事，户口繁衍增长，但是仁宗克制自己保持敬畏，对于使用刑法特别谨慎。仁宗即位之初，下诏让中央和地方官员在处理案件、判决罪行时，必须亲自查对核实，不要滥用刑罚、拖延搁置。刑部曾推荐详覆官，仁宗记得他的姓名，说："这个人曾经触犯误判人罪的过失而不能被擢升官职，怎能担任司法官员？"推举的人都被处以罚金。（宋史卷一百九十九）

艺文志序

【题解】纪传体史书将历代有关图书典籍，汇编成目录，谓之"艺文志"。艺文志的编纂，对研究历代图书文献，考订学术源流，颇具参考价值。《续编》节录《宋史·艺文志序》的这段文字，主要论述了文章学术和世运的关系，有宋以来君主和臣子对道艺努力求取，辅佐大臣都把经术作为首要任务，道德性命之学不绝于口，文章认为这和宋朝能拥有三百年基业有很大关系。

《易》曰："观乎天文，以察时变；观乎人文，以化成天下。"文之有关于世运，尚矣。然书契以来，文字多而世代日降；秦火而后，文字多而世教日兴，其故何哉？盖世道升降，人心习俗之致然，非徒文字之所为也。然去古既远，苟无斯文以范防之，则愈趋而愈下矣。故由秦而降，每以斯文之盛衰，占斯世之治忽焉。

宋有天下先后三百余年，考其治化之污隆，风气之离合，虽不足以拟伦三代，然其时君汲汲于道艺，辅治之臣莫不以经术为先务，学士搢绅先生，谈道德性命之学，不绝于口，岂

不彬彬乎进于周之文哉!宋之不竞,或以为文胜之弊,遂归咎焉,此以功利为言,未必知道者之论也。(宋史卷二百二)

【译文】《周易》说:“观乎天文,以察时变;观乎人文,以化成天下。”文章关系到世运,由来已久了。但是从文字出现以来,文字越发增多而世代日益衰微;秦朝焚书以后,文字越发增多而世教日益兴旺,原因是什么呢?大概因为世道衰微和兴旺,是人心习俗导致的,不单是文字所造成的。但是距离古代已经遥远,如果没有这些文章来规范防备,那么世道就会越发走向衰微了。因此,从秦朝以后,每每凭借这些文章的盛衰,来验证这个朝代的治理和混乱。

宋朝拥有天下前后三百余年,考察它治化的盛衰,风气的分散聚合,即使不足以比拟三代,但是那时的君主对道艺努力求取,辅佐治理的大臣没有不把经术作为首要任务,学士、搢绅、先生,谈论道德性命之学,不绝于口,难道不是文雅有礼地向周代的文化前进吗!宋朝的不振,有人认为是崇尚文治过了头的弊端造成的,于是归咎于它,这是用功利的观点来说的,不一定是明白大道的人的论断。(宋史卷二百二)

石守信

【题解】石守信(928—984年),开封浚仪(今河南开封)人。仕后周官至亲卫都虞候,加领义成军节度。入宋后,迁侍卫马步军副都指挥使，改领归德军节度。建隆二年（961年），移镇郓州，兼侍卫亲军马步军都指挥使。乾德元年（963年），被宋太祖杯酒释兵权。宋太宗时，官至中书令兼西京留守。太平兴国九年（984年）去世，享年57岁。赠尚书令，追封威武郡王，谥武烈。石守信历官两朝，曾与宋太祖结为异姓兄弟，是宋代开国功勋。《续编》辑录的内容，主要为说明北宋初年宋太祖“杯酒释兵权”这一重要历史事件。

石守信，开封浚仪人。事周祖，得隶帐下。广顺初，累迁亲卫都虞候。恭帝即位，加领义成军节度。

【译文】石守信，开封浚仪（今河南开封）人。奉事后周太祖，得以隶属后周太祖的帐下。广顺年间初年，累次官至亲卫都虞候。恭帝即位，加任石守信为义成军节度使。

太祖即位，迁侍卫马步军副都指挥使，改领归德军节度。建隆二年，移镇郓州，兼侍卫亲军马步军都指挥使，诏赐本州宅一区。

【译文】宋太祖即位，升石守信为侍卫马步军副都指挥使，改任归德军节度使。建隆二年（961年），石守信移镇郓州，兼任侍卫亲军马步军都指挥使，太祖诏令赐给他在郓州住宅一栋。

乾德初，帝因晚朝与守信等饮酒，酒酣，帝曰："我非尔曹不及此，然吾为天子，殊不若为节度使之乐，吾终夕未尝安枕而卧。"守信等顿首曰："今天命已定，谁复敢有异心，陛下何为出此言耶？"帝曰："人孰不欲富贵，一旦有以黄袍加汝之身，虽欲不为，其可得乎。"守信等谢曰："臣愚不及此，惟陛下哀矜之。"帝曰："人生驹过隙尔，不如多积金、市田宅以遗子孙，歌儿舞女以终天年。君臣之间无所猜嫌，不亦善乎。"守信谢曰："陛下念及此，所谓生死而肉骨也。"明日，皆称病，乞解兵权，帝从之，皆以散官就第，赏赍甚厚。（宋史卷二百五十）

【译文】乾德初年，太祖因晚朝与石守信等人一起饮酒，酒酣之时，太祖说："我要是没有你们就不能登上皇位，但我身为天子，还不如做节度使快乐，我整晚不能安然入睡。"石守信等叩头说："现在天命已定，谁还敢有异心，陛下为什么说出这样的话来呢？"太祖说："谁人不想要富贵，一旦有人把黄袍加在你们身上，你们虽然不想这样，但能够做得到吗？"石守信等人拜谢说："臣愚笨但不至于此，希望陛下哀悯我们。"太祖说："人生在世好像白驹过隙，不如多积累些金钱，买些田地住宅传给子孙，伴随歌儿舞女以安享天年。君臣之间没有猜疑间隙，这样不是很好吗？"石守信拜谢说："陛下替臣子们想得周到，真是给死人以生路，使骨骼长肌肉啊！"第二天，石守信等人都称患病，请求解除兵权，太祖全都依从他们的要求，都被

授以散官在家闲居，赏赐十分优厚。（宋史卷二百五十）

赵 普

【题解】赵普（922—992年），字则平。幽州蓟州（今天津蓟州）人，后徙居洛阳。五代至北宋初年著名政治家，北宋开国功臣。他早年曾被刘词辟为从事，后担任赵匡胤（宋太祖）的掌书记。后周显德七年（960年），参与发动陈桥兵变，帮助赵匡胤建立宋朝。乾德二年（964年）拜相，协助赵匡胤削夺藩镇、罢禁军宿将兵权，实行更戍法、改革官制、制定守边防辽等许多重大措施。淳化三年（992年），赵普病逝，年七十一。赐谥忠献，并配飨太祖庙庭。为昭勋阁二十四功臣之一。赵普虽读书少，但喜读《论语》。其"半部《论语》治天下"之说对后世很有影响，成为以儒学治国的名言。

赵普字则平，幽州蓟人。周显德初，永兴军节度刘词[①]辟为从事，词卒，遗表荐普于朝。世宗用兵淮上，太祖拔滁州，宰相范质奏普为军事判官。宣祖卧疾滁州，普朝夕奉药饵，宣祖由是待以宗分。

太祖北征至陈桥，被酒卧帐中，众军推戴，普与太宗排闼入告。太祖欠伸徐起，而众军擐甲露刃，喧拥麾下。及受禅，以佐命功，授右谏议大夫，充枢密直学士。

开宝二年冬，普尝病，车驾幸中书。三年春，又幸其第抚问之。赐赉加等。六年，帝又幸其第。时钱王俶遣使致书于普，及海物十瓶，置于庑下。会车驾至，仓卒不及屏，帝顾问何物，普以实对。上曰："海物必佳。"即命启之。皆瓜子金也。普惶恐顿首谢曰："臣未发书，实不知。"帝叹曰："受之无妨，彼谓国家事皆由汝书生尔！"

【注释】①刘词（891—955年）：字好谦，五代元城（今河北大名县）人，以勇悍闻名，历官梁、唐、晋、汉、周武职。但从不苛政扰民，知人善任。显德二年（955）去世，终年65岁，追赠中书令，谥号忠惠。

②瓜子金：一种砂金。形如瓜子的小金块。

【译文】赵普字则平，幽州蓟州（今天津）人。后周显德初年，永兴军节度刘词征召他担任从事，刘词去世后，留下奏章向朝廷推荐赵普。后周世宗在淮上发动战争，太祖攻下滁州，宰相范质奏请赵普担任军事判官。宣祖赵弘殷在滁州卧病在床，赵普早晚亲奉汤药，宣祖因此用宗族的名分对待他。

太祖北伐契丹进军到陈桥，醉酒卧在帐中，众将士高喊拥戴他为皇帝，赵普和太宗进去禀报情况。太祖打着哈欠、伸着懒腰缓缓起来，而众将身穿铠甲露出剑刃，喧嚷地簇拥在大旗下。等到接受禅让时，凭借辅佐太祖登上皇位的功劳，赵普被授任右谏议大夫，充任枢密直学士。

开宝二年（969年）冬，赵普曾经患病，太祖亲临中书省。开宝三年（970年）春，太祖又亲自到他家慰问，赐赉加等。开宝六年（973年），太祖又亲自到他的家中。当时吴越王钱俶派遣使者给赵普送书信，顺便送了十瓶海产品，放置在他的走廊下。恰逢宋太祖驾到，仓卒之际来不及藏好，太祖问他这是什么东西，赵普如实回答。太祖说：“海产必定是佳品。”马上命令赵普打开它，全是形似瓜子的黄金。赵普惶恐不安，叩头谢罪说：“臣还没打开书信，确实不知道。”太祖叹息说：“接受了没关系，但那些人会说国家大事都由你们书生决定罢了！”

普为政颇专，廷臣多忌之。时官禁私贩秦、陇大木，普尝遣亲吏诣市屋材，联巨筏至京师治第，吏因之窃货大木，冒称普市货鬻都下。权三司使赵玭廉得之以闻。太祖大怒，促令追班，将下制逐普，赖王溥奏解之。未几，出为河阳三城节度、检校太傅、同平章事。

太平兴国初入朝，改太子少保，迁太子太保。颇为卢多逊所毁，奉朝请数年，郁郁不得志。会柴禹锡、赵镕等告秦王廷美骄恣，将有阴谋窃发。帝召问，普言愿备枢轴①以察奸变，退又上书，自陈预闻太祖、昭宪皇太后顾托之事，辞甚切至。太宗感悟，召见慰谕。俄拜司徒兼侍中，封梁国公。先是，秦王廷美班在宰相上，至是，以普勋旧，再登元辅，表乞居其下，从之。及涪陵事败②，多逊南迁，皆普之力也。

【注释】①备枢轴：担任宰相。备，充数，自谦之词。枢轴，机关运转的中轴。喻指相位。

②涪陵事败：即赵廷美谋反事件失败。太平兴国七年（982年），

魏王赵廷美谋划篡夺皇位的阴谋泄露，起初被贬谪任西京留守，后再贬为涪陵县公。

【译文】赵普处理政务很专断，朝廷大臣大多忌恨他。当时的官府禁止私自贩卖秦、陇两地的大木材，赵普曾经派遣亲信官吏去买建造房屋的木材，联结成巨大的木筏运到京城修建住宅，官吏趁机偷买大木材，冒称赵普买来到都城出售。权三司使赵玭廉得到这个消息上报朝廷。太祖大怒，督促百官上朝列班，打算下达诏令放逐赵普，幸亏王溥上奏解救了他。不久，赵普出任河阳三城节度、检校太傅、同平章事。

太平兴国初年入京朝见太宗，改任太子少保，擢升太子太保。很是被卢多逊所毁谤，奉朝请多年，赵普郁郁不得志。恰逢柴禹锡、赵镕等人控告秦王赵廷美骄恣无度，即将暗中发动阴谋。太宗召见赵普询问情况，赵普说希望以宰相的身份来核查他的奸诈阴谋，退朝后又上书，为自己陈述参与太祖、昭宪皇太后临终受托的事情，言辞非常诚恳。太宗感激顿悟，召见他进行安慰。不久授予他司徒兼侍中，封梁国公。之前，秦王赵廷美排在宰相之上，到这时，因为赵普是开国元勋，再次位列朝班之首，上奏请求处于秦王赵廷美之下，太宗听从了他。等到涪陵事败，卢多逊被贬到南方，这都是赵普的计谋啊。

八年，出为武胜军节度、检校太尉兼侍中。淳化三年，七月卒，年七十一。

初，太祖侧微，普从之游，既有天下，普屡以微时所不足者言之。太祖豁达，谓普曰：“若尘埃中可识天子、宰相，则人皆物色之矣。”自是不复言。普少习吏事，寡学术，及为相，太祖常劝以读书。晚年手不释卷，每归私第，阖户启箧取书，读之竟日。及次日临政，处决如流。既薨，家人发箧视之，则《论语》二十篇也。

【译文】太平兴国八年（983年），赵普出任武胜军节度、检校太尉兼侍中。淳化三年（992年），七月去世，享年七十一岁。

起初，太祖地位卑贱，赵普和他交友，太祖拥有天下以后，赵普多次将太祖微贱时的不足进言劝谏。太祖心胸开阔，对赵普说：“如果在尘埃之中可以辨识天子、宰相，那么人们都去访求他们了。”赵普从此以后不再上言。赵普年轻时学习官场事务，没有什么学问，等到他担任宰相，太祖时常用读书来劝说他。从此，赵普晚年手不释卷，每次回到家中，关上门打开箱子拿出书，阅读一整天。等到第二天处理政务，处理判决就像流水一般。去世以后，家人打开箱子查看，却发现仅有《论语》二十篇。

普性深沈有岸谷，虽多忌克，而能以天下事为己任。宋初，在相位者多龌龊循默，普刚毅果断，未有其比。尝奏荐某人为某官，及太祖不用。普明日复奏其人，亦不用。明日，普又以其人奏，太祖怒，碎裂奏牍掷地，普颜色不变，跪而拾之以归。他日补缀旧纸，复奏如初。太祖乃悟，卒用其人。又有群臣当迁官，太祖素恶其人，不与。普坚以为请，太祖怒曰："朕固不为迁官。卿若之何？"普曰："刑以惩恶，赏以酬功，古今通道也。且刑赏天下之刑赏，非陛下之刑赏，岂得以喜怒专之。"太祖怒甚，起，普亦随之。太祖入宫，普立于宫门，久之不去，竟得俞允[①]。

太宗入弭德超[②]之谗，疑曹彬不轨，属普再相，为彬辨雪保证，事状明白。太宗叹曰："朕听断不明，几误国事。"即日窜逐德超，遇彬如旧。

【注释】①俞允：允许、允可。俞，应诺之词。后即称允诺为"俞允"。多用于君主。

②弭德超：沧州清池（今河北沧州）人。给事太宗晋邸。太宗即位，补供奉官。先谮曹彬事成，期得枢密使，乃为副使；又柴禹锡与德超官同，先授，班在其上。一日诟王显及柴禹锡。王显告之，太宗怒，命膳部郎中、知杂滕中正就第鞫德超，具伏，下诏夺官职，与其家配隶琼州禁锢，未几死。

【译文】赵普性格深沉而高傲，即使多有妒忌刻薄，然而能够以天下事为己任。宋朝建国初期，在相位的人大多气量狭小因循缄默，赵普刚毅果断，没有谁能和他相比。曾经奏请推荐某人担任某官，太祖没有任用。赵普第二天再次奏请那个人，也没有被任用。第三天，赵普又举奏这个人，太祖发怒，把奏章撕碎扔在地上，赵普神态没有改变，跪下拾起带了回去。后来将那些旧纸修补拼凑起来，像原来一样再次上奏。太祖这才明白过来，最终用了那个人。又有群臣理应擢升官职，太祖向来厌恶当中一个人，没授予他。赵普坚持为他请求，太祖生气地说：“朕坚持不为他擢升官职。爱卿你能对我怎样？”赵普说：“刑罚用来惩治罪恶，赏赐用来回报功劳，这是古往今来共同的治国之道啊。而且刑罚赏赐是国家的刑罚赏赐，不是陛下的刑罚赏赐，怎么能够依靠个人喜怒来决定。”太祖更加生气，站起身，赵普也跟随着他。太祖进入寝宫，赵普站在寝宫的门口，很久不肯离去，最终获得了允许。

太宗听信弭德超的谗言，怀疑曹彬有不法的行为，赵普再次担任宰相，为曹彬辩白昭雪担保，事情最终得以澄清。太宗感叹说：“朕听取判断不明，几乎耽误国家大事。”当日放逐弭德超，对待曹彬像以前一样。

论曰：自古创业之君，其居潜旧臣，定策佐命，树事建功，一代有一代之才，未尝乏也。求其始终一心，休戚同体，贵为国卿，亲若家相，若宋太祖之于赵普，可谓难矣。陈桥之事，人谓普及太宗先知其谋，理势或然。事定之后，普以一枢密直学士立于新朝数年，范、王、魏三人罢相，始继其位，太祖不亟于酬功，普不亟于得政。及其当揆，献可替否，惟义之从，未尝以勋旧自伐。偃武而修文，慎罚而薄敛，三百余年之宏规，若平昔素定，一旦举而措之。太原、幽州之役，终身以轻动为戒，后皆如其言。家人见其断国大议，闭门观书，取决方册，他日窃视，乃《鲁论》耳。昔傅说告商高宗曰：“学于古训乃有获，事不师古，以克永世，匪说攸闻。”普为谋国元臣，乃能矜式往哲，蓍龟圣模，宋之为治，气象醇正，兹岂无助乎。晚年廷美、多逊之狱，大为太宗盛德之累，而普与有力焉。岂其学力之有限而犹有患失之心欤？君子惜之。（宋史卷二百五十六）

【译文】史官评论说：自古以来开创王业的君主，登基前的旧臣，策立天子辅佐皇帝，建立事业功勋，一代又一代的人才，不曾有缺乏。他们始终一心，休戚与共，贵为国家公卿，亲若家庭辅弼，像太祖对待赵普那样，可以说是很难了。陈桥驿兵变的事情，人们说赵普和太宗预先知道，从事情的发展趋势上看或许是这样。事情成功之后，赵普作为一个枢密直学士在新朝多年，范质、王溥、魏仁浦三人被罢免宰相，才接替他们的职位，太祖不急于奖赏有功劳的人，赵普不急于掌管朝政。等到他总揽朝政时，献上可行方案，废除不可行方案，都遵循道义，不曾以元勋旧臣自我夸耀。偃息武备而提倡文教，宽刑而减轻赋税，三百多年的宋朝规模，就像早已确定下来一样，很快就被施行。自从太原、幽州的战役后，终身把轻率发动战争作为警戒，后来都像他所说的一样。家人看见他决断国家大事，关上门读书，取决于典籍之中，后来看到，原来是《论语》。以前傅说告诉商高宗武丁说：“学习古代的教训会有收获，做事情不效法古代，而能够安定永久，这不是我傅说所知道的。”赵普作为开国元勋，能够取法先哲，借鉴圣人，宋朝的政治、气象淳正，这难道没有帮助吗？晚年时期，赵廷美、卢多逊的案件，损害了太宗的盛德，而赵普在其中出了力。难道他的学力有限而有患得患失之心吗？君子为他觉得惋惜。（宋史卷二百五十六）

群书治要续编卷第十七　宋史（二）

曹　彬

【题解】曹彬（931—999年），字国华，真定灵寿（今河北灵寿）人。宋初名将，开国功臣。五代时历任成德军牙将、潼关监军、西上阁门使等职。归宋后，官至枢密使、同平章事。咸平二年（999年）去世，追赠中书令，封济阳郡王，谥号武惠。

曹彬和太祖在后周共事时，中立不倚，不结党营私，公事公办。后在平定蜀乱和收复江南时，秋毫无犯，足见曹彬严于治军，军纪严明，真是一名仁义之将。曹彬历经数朝，犹能深受重任，可见曹彬有能力之外，待人处事亦有高明之处。

曹彬字国华，真定灵寿人。汉乾祐[①]中，为成德军牙将。

显德[②]三年，改潼关监军，迁西上阁门使。五年，使吴越，致命讫即还。私觌之礼，一无所受。吴越人以轻舟追遗之，至于数四，彬犹不受。既而曰："吾终拒之，是近名也。"遂受而籍之以归，悉上送官。

【注释】①乾祐：后汉高祖刘知远的年号（948—850年），后汉隐帝刘承祐沿用。

②显德：后周太祖郭威开始使用的年号，后周世宗柴荣和后周恭帝郭宗训沿用，前后共计七年（954—960年）。

【译文】曹彬字国华，真定灵寿（今河北灵寿）人。后汉乾祐年间，担任成德军牙将。

显德三年（953年），改任潼关监军，擢升为西上阁门使。显德五年（955年），出使吴越，传达命令完毕后马上返回。私人会见赠予的礼物，他一样都没接受。吴越人驾轻快的小船追上赠送给他，如此多次，曹彬依旧不接受。然后说：“我始终拒绝接受，是追求名声啊。”于是，接受下来登记带回，悉数上交官府。

初，太祖典禁旅，彬中立不倚，非公事未尝造门，群居晏会，亦所罕预，由是器重焉。建隆二年，自平阳召归，谓曰：“我畴昔常欲亲汝，汝何故疏我？”彬顿首谢曰：“臣为周室近亲，复忝内职，靖恭守位，犹恐获过，安敢妄有交结？”迁客省使，与王全斌、郭进领骑兵攻河东平乐县，降其将王超、侯霸荣等千八百人，俘获千余人。既而贼将敓进率兵来援，三战皆败之。遂建乐平为平晋军。乾德初，改左神武将军。时初克辽州，河东召契丹兵六万骑来攻平晋，彬与李继勋等大败之于城下。俄兼枢密承旨。

【注释】①周室近亲：指曹彬是后周太祖郭威张贵妃的外甥。

【译文】起初，太祖掌管禁军，曹彬保持中立没有偏倚，不是公事不曾登门拜访，大臣们进行宴饮，也很少参与，所以他被器重。建隆二年（961年），从平阳被召回朝廷，太祖对曹彬说："我以前经常想要亲近你，你为什么疏远我？"曹彬叩头拜谢说："我作为后周皇室的近亲，又担任朝廷官职，恭敬地守奉官职，依然害怕犯错，怎么敢轻率地结交？"擢升为客省使，和王全斌、郭进带领骑兵攻打河东平乐县，降服了那里的将领王超、侯霸荣等一千八百人，俘获一千多人。后来叛贼将领孜进率领军队前来增援，三次作战都打败了他。于是将乐平设置为平晋军。乾德初年，改任左神武将军。当时刚刚攻下辽州，河东请求契丹六万骑兵前来攻打平晋，曹彬和李继勋等在城下大败他们。不久兼任枢密承旨。

乾德二年冬，伐蜀，平蜀乱。时诸将多取子女玉帛，彬橐中唯图书、衣衾而已。及还，上尽得其状，谓彬清介廉谨，授宣徽南院使、义成军节度使。

开宝七年，将伐江南。十月，诏以彬为升州西南路行营马步军战棹都部署，分兵由荆南顺流而东，破峡口寨，进克池州，连克当涂、芜湖二县，驻军采石矶。

八年，金陵受围，至是凡三时，居人樵采路绝，频经败衄[①]，李煜危急，遣其臣徐铉奉表诣阙，乞缓师，上不之省。

【注释】①败衄（nǜ）：挫败，多指战败。

【译文】乾德二年（964年）冬季，曹彬率军讨伐蜀地，后来平定蜀地叛乱。当时各位将领大多收取蜀地的子女玉帛，曹彬的行囊中唯有图书、衣服被褥而已。等到班师回朝时，太祖完全得知这些情况，认为曹彬清高正直、廉洁谨慎，授予他宣徽南院使、义成军节度使。

开宝七年（974年），太祖打算讨伐江南。十月，下诏让曹彬担任升州西南路行营马步军战棹都部署，分兵从荆南顺流向东，攻破峡口寨，进军攻克池州，连着攻下当涂、芜湖二县，驻军在采石矶。

开宝八年（975年），金陵受围，到这时总共三季，居民采伐木材的道路被隔绝，多次遭遇失败，李煜感到危急，派遣大臣徐铉进呈奏表朝见宋廷，请求延缓进军，太祖没有理会。

长围中，彬每缓师，冀煜归服。十一月，彬又使人谕之曰：“事势如此，所惜者一城生聚，若能归命，策之上也。”城垂克，彬忽称疾不视事，诸将皆来问疾。彬曰：“余之疾非药石所能愈，惟须诸公诚心自誓，以克城之日，不妄杀一人，则自愈矣。”诸将许诺，共焚香为誓。明日，稍愈。又明日，城陷。煜与其臣百余人诣军门请罪，彬慰安之，待以宾礼，请煜入宫治装，彬以数骑待宫门外。左右密谓彬曰：“煜入或不测，奈何？”彬笑曰：“煜素懦无断，既已降，必不能自引决。”煜之君臣，卒赖保全。自出师至凯旋，士众畏服，无轻肆者。及入见，刺称“奉敕江南干事回”，其谦恭不伐如此。

【译文】在长期围困南唐期间，曹彬时常延缓进军，希望李煜归顺投降。十一月，曹彬又派人劝告他说：“形势到了这种地步，我所爱惜的是一座城池的生命，如果你能够归顺王命，是上策啊。”金陵城将要被攻破，曹彬忽然声称患病不处理军务，各位将领都前来询问病情。曹彬说：“我的疾病不是药物所能治愈的，只是需要各位将军真诚恳切地发誓，在破城之日，不要随意杀一个人，那么我的病自然会痊愈了。”各位将领都许诺，一起焚香发誓。第二天，病情稍微痊愈。第三天，金陵城被攻陷。李煜和他的臣子一百多人到军营门前请罪，曹彬安慰他们，用宾客的礼仪来接待，邀请李煜入宫整理服装，曹彬率领几位骑兵等在宫门外面。身边的人秘密地告诉曹彬说：“李煜入宫或许会遇到意外，怎么办呢？”曹彬笑着说：“李煜向来软弱没有果断，既然已经投降，一定不会自杀。”李煜君臣，最终依赖曹彬得以保全。从出兵到凯旋归来，士兵敬畏服从曹彬，没有轻率放纵的人。等到入朝拜见皇帝，曹彬的名贴上自称“奉命从江南办事归来”，他的谦让恭敬不自夸到了这种地步。

初，彬之总师也，太祖谓曰：“俟克李煜，当以卿为使相。”副帅潘美预以为贺。彬曰：“不然，夫是行也，仗天威，遵庙谟，乃能成事，吾何功哉，况使相极品乎！”美曰：“何谓也？彬曰：“太原未平尔。”及还，献俘。上谓曰：“本授卿使相，然刘继元未下，姑少待之。”既闻此语，美窃视彬微笑。上觉，遽诘所以，美不敢隐，遂以实对。上亦大笑，乃赐彬钱二十万。彬退曰："人生何必使相，好官亦不过多得钱尔。"未几，拜枢密使、检校太尉、忠武军节度使。

【译文】当初，曹彬统帅军队，宋太祖对他说："等到战胜李煜，应当任爱卿为枢密使相。"副帅潘美提前为他祝贺。曹彬说："不是这样的，这次征伐南唐，依仗天威，遵循朝廷的计谋，才能获得成功，我有什么功劳啊，况且枢密使相是最高的官位！"潘美说："为什么这么说？曹彬说："太原还没平定罢了。"等到返回朝廷，献上俘虏。太祖对他说："原本要授予爱卿枢密使相的官职，但是刘继元尚未攻下，姑且等一等吧。"听到这些话后，潘美偷偷看着曹彬微笑。太祖发觉，立即追问原因，潘美不敢隐瞒，于是以实情回答。太祖也大笑，于是赐予曹彬钱二十万。曹彬退朝说："人活着为什么一定要担任枢密使相，好官职也不过多得钱而已。"不久，授予他枢密使、检校太尉、忠武军节度使。

彬性仁敬和厚，在朝廷未尝忤旨，亦未尝言人过失。伐二国，秋毫无所取。位兼将相，不以等威自异。遇士夫于途，必引车避之。不名下吏，每白事，必冠而后见。居官，奉入给宗族，无余积。平蜀回，太祖从容问官吏善否，对曰："军政之外，非臣所闻也。"固问之，唯荐随军转运使沈伦廉谨可任。为帅知徐州日，有吏犯罪，既具案，逾年而后杖之，人莫知其故。彬曰："吾闻此人新娶妇，若杖之，其舅姑必以妇为不利，而朝夕笞詈之，使不能自存。吾故缓其事，然法亦未尝屈焉。”北征之失律也，赵昌言表请行军法。及昌言自延安还，被劾，不得入见。彬在右府[①]，为请于上，乃许朝谒。

【注释】①右府：宋代枢密使和枢密院的别称。

【译文】曹彬性情仁爱恭敬、温和忠厚，在朝廷不曾违背旨意，也不曾提及他人的过失。讨伐蜀国、南唐，秋毫不取。官位兼任将帅宰相，不以高官而与众不同。在道路遇见士大夫，他一定会调转回避。不知姓名的下属官吏，每次报告事情时，曹彬一定戴上官帽然后接见。他把担任官职的俸禄收入供给宗族，自己没有多余的积蓄。平定蜀地返回，太祖从容地询问官吏好否，曹彬回答说：“军政之外的事情，不是臣所知道的。”太祖坚持问他，唯独推荐随军转运使沈伦廉洁谨慎可以任用。担任元帅暂代徐州知州时，有一个官吏犯罪，已经结案了，过了一年之后才处以杖刑，人们不明白当中的原因。曹彬说：“我听说这个人刚刚娶妻，如果杖责他，她的公婆必然认为这个妇人是不好的，而日夜打骂她，使她不能保全自己。我故意拖延这件事，而律法也不曾受到损害。”北征时失利，赵昌言上表奏请行军法。等赵昌言从延安归来，被弹劾，不能入朝拜见。曹彬在枢密院，为他向皇上请求，才允许他朝见。

论曰：曹彬以器识受知太祖，遂膺柄用。平居，于百虫之蛰犹不忍伤，出使吴越，籍上私馈，悉用施予，而不留一钱；

则其总戎专征，而秋毫无犯，不妄戮一人者，益可信矣。（宋史卷二百五十八）

【译文】史官评论说：曹彬凭借气度、才识受到太祖的知遇，于是被委任执掌大权。日常生活中，对于各种蛰伏休眠的动物尚且不忍伤害，出使吴越，登记上报私人馈送的礼物，悉数用来施舍，不留一文钱；他总揽军政受命征伐，而秋毫不犯，不随意杀戮一个人，就更加可信了。（宋史卷二百五十八）

窦偁

【题解】窦偁（924—982年），字日章，蓟州渔阳（今天津蓟州区）人。后汉乾祐二年（949年）进士，历经后汉、后周、北宋三代，官至宋初参知政事。太平兴国七年（982年）去世，享年五十八岁，追赠工部尚书。

因宴上直斥推官贾琰巧言令色，出为彰义军节度判官。宋太宗不避窦偁为前朝旧臣，且因他的公正直言，将他提拔至参知政事。《管子》云："知子莫若父，知臣莫若君。"此言不虚。

偁字日章，汉乾祐二年举进士。开宝六年，太宗领开封尹，选偁判官。时贾琰[1]为推官，偁不乐其为人。太宗尝宴诸王，偁、琰与会，琰言矫诞，偁叱之曰："巧言令色，心不独愧乎。"上愕然，因罢会，出偁为彰义军节度判官。

太平兴国七年，参知政事。上谓偁曰："汝何能臻此？"偁曰："陛下不忘旧臣。"太宗曰："非也，卿能以公正责贾琰，朕旌直臣尔。"是秋卒，年五十八。车驾临哭，赠工部尚书。（宋史卷二百六十三）

【注释】①贾琰：字季华，后晋中书舍人、给事中贾纬之子。宋太宗尹京，奏以为开封府推官，加左赞善大夫。宋太宗即位，超拜左正议大夫、枢密直学士。未几，擢三司副使。太平兴国二年（977年），卒。

【译文】窦偁字日章，后汉乾祐二年（949年）举进士及第。开宝六年（968年），太宗领开封府尹，选用窦偁为判官。当时贾琰担任推官，窦偁不喜欢他的为人。太宗曾宴请诸王，窦偁、贾琰参与宴会，贾琰的言辞虚妄荒诞，窦偁呵斥他说："巧言令色，心中难道不觉得羞愧吗？"太宗感到很吃惊，因而停止了宴会，出任窦偁为彰义军节度判官。

太平兴国七年（982年），担任参知政事。太宗对窦偁说："你为什么能够达到这个地位？"窦偁说："是陛下没有忘记旧臣的原因。"太宗说："不是，爱卿能够公正斥责贾琰，朕表彰正直之臣罢了。"这年秋季去世，享年五十八岁。太宗亲自前来哀悼，追赠工部尚书。（宋史卷二百六十三）

薛居正

【题解】薛居正（912—981年），字子平，开封浚仪（今河南开封）人，后唐清泰二年（935年）进士，历官后周谏议大夫、刑部郎中，宋初户部侍郎、兵部侍郎、参知政事、左仆射、司空等职。太平兴国六年（981年）因服丹砂中毒而死，享年70岁，追赠太尉、中书令，谥号文惠。

薛居正性孝行纯，居家俭约。自参政至为相，共18年，在任宽简，不好苛察。勤修政事，以符旨意，故而恩遇始终不被替代。同时，他关心民情，治狱严明，是古代官员的模范。

薛居正字子平，开封浚仪人。清泰[①]初，登第。晋天福[②]中，桑维翰为开封府尹，奏署判官。

汉乾祐初，史弘肇[③]领侍卫亲军，威权震主，残忍自恣，无敢忤其意者。其部下吏告民犯盐禁[④]，法当死。狱将决，居正疑其不实，召诘之，乃吏与民有私憾，因诬之，逮吏鞫之，具伏抵法。弘肇虽怒甚，亦无以屈。

【注释】①清泰：后唐潞王李从珂的年号（934—936年），共计3年。

②天福：后晋高祖石敬瑭的年号，出帝石重贵继续沿用。

③史弘肇（？—950年）：字化元，郑州荥泽（今河南郑州西北）人，五代时期后汉名将。后汉时历任归德军节度使、同中书门下平章事、中书令等职。后汉隐帝时，以军令警卫京师，务行杀戮，罪无大小皆死，用刑残酷。不喜宾客，常言："文人难耐，呼我为卒。"因专横震主，为隐帝所杀。

④盐禁：古时禁止私人制作贩卖盐的法令。

【译文】薛居正字子平，开封浚仪（今河南开封）人。清泰初年，登进士及第。后晋天福年间，桑维翰担任开封府尹，奏请薛居正任判官。

后汉乾祐初年，史弘肇领侍卫亲军，威势权力震动君主，且残忍放纵，没人敢违背他的意愿。他的部下官吏控告平民犯盐禁，依法理应处死。案件即将判决，薛居正怀疑案情不实，招来追问，原来是这个官吏和平民存有私怨，所以诬告他，于是逮捕了这个官吏来审问，全部伏罪并按照律法处理。史弘肇虽然非常生气，也无法让薛居正屈服。

宋初，迁户部侍郎。建隆三年，入为枢密直学士，权知贡举。初平湖湘，以居正知朗州。会亡卒数千人聚山泽为盗，监军使疑城中僧千余人皆其党，议欲尽捕诛之。居正以计缓其事，因率众剪灭群寇，擒贼帅汪端，诘之，僧皆不预，赖以全活。

乾德初，加兵部侍郎。车驾将亲征太原，大发民馈运。时河南府饥，逃亡者四万家，上忧之，命居正驰传招集，浃旬[①]间民尽复业。以本官参知政事。五年，加吏部侍郎。开宝五年，监修《五代史》，逾年毕，锡以器币。六年，拜门下侍郎、平章事。八年二月，上谓居正等曰："年谷方登，庶物丰盛，若非上天垂祐，何以及斯。所宜共思济物，或有阙政，当与振举，以成朕志。"居正等益修政事，以副上意焉。

【注释】①浃旬：十天，一旬。浃，整个。

【译文】宋朝初年，擢升为户部侍郎。建隆三年（965年），入朝担任枢密直学士，权知贡举。刚平定湖湘时，任薛居正为朗州知州。恰逢几千个逃亡士兵聚集在山林湖泊成为盗匪，监军使怀疑城中一千多僧人都是他们的党羽，商议想要将其全部逮捕诛杀掉。薛居正利用计策延缓了这件事，接着率领军队剿灭了群寇，抓住贼帅汪端，追问他，得知僧人全都没有参与，最终僧人依靠他得以保全性命。

乾德初年，加兵部侍郎。太祖打算亲自讨伐太原，因此大量征调民夫运输粮草。当时河南府遭遇饥荒，逃亡的百姓有四万家，太祖忧虑这件事，命薛居正驾驿车快速前去招募集结，十天之内民众全部返回务农。薛居正以本官兼任参知政事。乾德五年（967年），加吏部侍郎。开宝五年（972年），监督编修《旧五代史》，一年后完成，赏赐给他器币。开宝六年（973年），授予他门下侍郎、平章事。开宝八年（975年）二月，太祖对薛居正等人说："年成很好粮食丰收，各种物品丰富充裕，如果不是上天护佑，怎么能够这样。理应共同考虑对万物有益的事情，或许政治有缺漏之处，应当及时整顿，以完成朕的志向。"薛居正等人越发努力治理政事，以符合皇帝的心意。

居正气貌瑰伟，饮酒至数斗不乱。性孝行纯，居家俭约。为相任宽简，不好苛察，士君子以此多之。自参政至为相，凡十八年，恩遇始终不替。

先是，太祖尝谓居正曰：“自古为君者鲜克正己，为臣者多无远略，虽居显位，不能垂名后代，而身陷不义，子孙罹殃，盖君臣之道有所未尽。吾观唐太宗受人谏疏，直诋其非而不耻。以朕所见，不若自不为之，使人无异词。又观古之人臣多不终始，能保全而享厚福者，由忠正也。”开宝中，居正与沈伦并为相，卢多逊参知政事，九年冬，多逊亦为平章事。及居正卒，而沈伦责授，多逊南流，论者以居正守道蒙福，果符太祖之言。（宋史卷二百六十四）

【译文】薛居正气度仪容魁梧美好，饮酒数斗而心智不乱。天性孝顺行为端正，居家勤俭节约。担任宰相处事宽大，不喜欢苛刻繁琐，士人君子因为这些很赞许他。从参知政事到担任宰相，总共十八年，皇帝对他的恩遇始终不衰。

之前，太祖曾对薛居正说：“自古以来，做君主的很少有人能端正自我，做臣子的大多没有深谋远略，即使是位居显赫的官位，也不能名留青史，而且身陷不义，子孙遭殃，大概是君臣之道有未尽之处。我看到唐太宗接受人的劝谏奏疏，直言斥责他的过错也不当作耻辱。在朕看来，不如自己不要做那些事情，让人无话可说。又看到古代的臣子大多不能做到始终如一，能保全性命而享受厚福的，都是来自忠诚正直。”开宝年间，薛居正与沈伦一起担任宰相，卢多逊担任参知政事，开宝九年（976年）冬季，卢多逊也担任平章事。等到薛居正去世，而沈伦被责罚贬官，卢多逊被流放南方，评论的人认为薛居正谨守

臣道享受厚福，果然符合太祖的言论。（宋史卷二百六十四）

沈　伦

【题解】沈伦（909—987年），字顺仪，又作顺宜，原名义伦，避宋太宗赵光义讳改。后周显德初，为赵匡胤幕属。入宋，历户部郎中、给事中、陕西转运使。开宝六年（973年），拜中书侍郎、平章事，兼提射兼门下侍郎。太平兴国七年（982），卢多逊事发，以未先觉察而被罢相。雍熙四年（987年）病死，终年79岁。追赠侍中，谥号恭惠。

沈伦居官清正，为民请命，不以权谋私，即使居第卑陋，也处之泰然。宋灭后蜀，沈伦为随军转运使，诸将多以贿败，他洁身自好，仅以图书数卷返京。因此沈伦迁至枢密副使。

沈伦，字顺仪，开封太康人。旧名义伦，以与太宗名下字同，止名伦。汉乾祐中，白文珂①镇陕，伦往依之。

【注释】①白文珂（876—954年）：字德温，太原人。历官后唐、后晋、后汉、后周。后汉高祖平定两京，白文珂改任天平军节度使，加同平章事。不久，镇守陕州，为检校太师。显德元年（954年），卒于西京，终年79岁。

【译文】沈伦，字顺仪，开封太康（今河南开封）人。原名义伦，因为与宋太宗名字最后一字相同，故只名为伦。后汉乾祐年间，白文珂镇守陕州，沈伦前往投靠。

周显德初，太祖领同州节度，宣徽使昝居润[1]与伦厚善，荐于太祖，留幕府。太祖继领滑、许、宋三镇，皆署从事，掌留后财货，以廉闻。及受周禅，自宋州观察推官召为户部郎中。奉使吴越归，奏便宜十数事，皆从之。道出扬、泗，属岁饥，民多死，郡长吏白于伦曰："郡中军储尚百余万斛，傥贷于民，至秋复收新粟，如此则公私俱利，非公言不可。"还具以白。朝论沮之曰："今以军储振饥民，若荐饥无征，孰任其咎？"太祖以问，伦曰："国家以廪粟济民，自当召和气，致丰稔，岂复有水旱耶？此当决于宸衷。"太祖即命发廪贷民。

【注释】①昝居润（908—966）：宋代文士，博州高唐（今山东高唐）人。历仕后晋、后汉、后周，均受重用。和赵匡胤同事柴荣，情感甚洽。入宋后，官至开封知府。乾德四年（966年）卒。追赠太师。

【译文】后周显德初年，宋太祖兼任同州节度使，宣徽使昝居润与沈伦交情很深，把他推荐给宋太祖，宋太祖留他在幕府。宋太祖继而兼任滑、许、宋三州节度，都署任他为从事，掌管军国财产，以清廉闻名。到宋太祖接受后周的禅位，沈伦从宋州观察推官任上被召回京任户部郎中。后来，奉诏出使吴越回京，上奏十几件对国家有利的政事，太祖都采纳了。途经扬州、泗州时，正好那里发生饥荒，百姓多有饿死，郡中官吏告诉沈伦说："郡中军队还储有粮食数百万斛，如果借贷给百姓，到秋后再收回新粮储存，这样则对公家、百姓两方都有利，不过，非你向朝廷陈述不可。"沈伦回京后全部告诉太祖。朝廷议论阻止他说："现在以军中储粮救济饥民，如果连年灾荒却不能征回，谁负这个责任？"太祖问沈伦，沈伦回答说："国家以军粮救济百姓，自然会召来和气，从而获得丰收，哪里会再有水旱发生呢？当然，这要取决于皇上的心意。"太祖立即下令发放军粮借贷给百姓度过灾年。

建隆三年，迁给事中。明年春，为陕西转运使。王师伐蜀，用为随军水陆转运使。先是，王全斌、崔彦进之入成都也，竞取民家玉帛子女，伦独居佛寺饭疏食，有以珍异奇巧物为献者，伦皆拒之。东归，箧中所有，才图书数卷而已。太祖知之，遂贬全斌等，以伦为户部侍郎、枢密副使。亲征太原，领大内都部署、判留司三司事。

【译文】建隆三年（962年），沈伦升任给事中。次年春天，沈伦任陕西转运史。宋军攻打四川，任命他为随军水陆转运使。在此之前，王全斌、崔彦进攻入成都后，都争相强取百姓的玉帛子女，只有沈伦住在佛寺吃菜蔬谷食，有人拿珍异奇巧的物品献给他，他都拒绝了。军队班师回朝后，沈伦的箱中所有物品，只有几卷图书而已。太祖知这些情况，于是贬谪王全斌等人，任命沈伦为户部侍郎、枢密副使。太祖率兵亲自征伐太原，任命沈伦兼任大内都部署、判留司三司事。

先是，伦第庳陋，处之晏如。时权要多冒禁市巨木秦、陇间，以营私宅，及事败露，皆自启于上前。伦亦尝为母市木营佛舍，因奏其事。太祖笑谓曰："尔非逾矩者。"知其未葺居第，因遣中使按图督工为治之。伦私告使者，愿得制度狭小，使者以闻，上亦不违其志。

【译文】在此之前，沈伦的住宅矮小简陋，沈伦却处之泰然。当时权要大臣多有违背禁令在秦、陇之间购买巨木，以营造私宅，等到事情败露后，都向太祖面前自述。沈伦也曾经为母亲买木材营造佛舍，于是他也奏明这件事。太祖笑着对他说："你没有超出规矩。"知道他没有修理住宅，于是派内廷宦官按图督促工匠替他修理。沈伦私下告诉使者，希望将规模营造狭窄一些，使者将这些情况回去上报太祖，太祖也不违背他的心意。

太平兴国初，加右仆射兼门下侍郎，监修国史。六年，加开府仪同三司。是岁疾作，自是多请告。雍熙四年，卒，年七十九。赠侍中。

【译文】太平兴国初年，太宗加任沈伦为右仆射兼门下侍郎、监修国史。太平兴国六年（981年），加任沈伦为开府仪同三司，这年沈伦疾病发作，从此常常请求休假。雍熙四年（987年），去世，终年七十九岁。追赠侍中。

伦清介醇谨，车驾每出，多令居守。好释氏，信因果。尝盛夏坐室中，恣蚊蚋嚼其肤，童子秉箑至，辄叱之，冀以徼福。在相位日，值岁饥，乡人假粟者皆与之，殆至千斛，岁余尽焚其券。（宋史卷二百六十四）

【译文】沈伦清介严谨，皇帝每次出京，常令他留守京城。他爱好佛教，崇信因果。曾在盛夏时坐在房中，任蚊子叮咬他的皮肤，仆人拿扇子来，就叱骂他，希望能求到福报。任宰相时，遇上年岁灾荒，乡里人借粮时他都给予，几乎借出一千斛，一年后却把借券都烧了。（宋史卷二百六十四）

宋　琪

【题解】宋琪（917—996年），字俶宝，幽州蓟（今北京大兴）人。契丹会同四年（941年）中进士，署寿安王耶律璟侍读。历仕后汉、后周、北宋三朝。宋太宗时，官至刑部尚书、门下侍郎、昭文馆大学士、同平章事。至道二年（996年）去世，享年80岁。追赠司空，谥号惠安。宋琪一年之内连升四级，由七品员外郎升至三品宰相，令人惊叹不已。《续编》辑录了他和宋太宗之间的几则对话，其中蕴含深刻的治国理政的智慧。

宋琪，字俶宝，幽州蓟人。太平兴国八年春正月，擢拜右谏议大夫、同判三司。三月，改左谏议大夫、参知政事。是秋，上将以工部尚书李昉参预国政，以琪先入，乃迁琪为刑部尚书。十月，赵普出镇南阳，琪遂与昉同拜平章事。自员外郎岁中四迁至尚书为相。上谓曰："世之治乱，在赏当其功，罚当其罪，即无不治；谓为饰喜怒之具，即无不乱。卿等慎之。"

【译文】宋琪，字俶宝，幽州蓟（今北京大兴）人。太平兴国八年（983年）春正月，提拔宋琪任右谏议大夫、同判三司。三月，改为左谏议大夫、参知政事。这年秋，太宗将要任用工部尚书李昉参预国政，因宋琪先入，就调任宋琪为刑部尚书。十月，赵普离京镇守南阳，宋琪于是与李昉一同任平章事。从员外郎一年中四次提升到尚书担任宰相。太宗对他们说："治理乱世、在于奖赏与功劳相称，被罚与罪过相当，国家就不会治理不好；如果是作为自己粉饰喜怒的工具，国家就无法不混乱。你们应当谨慎。"

九年九月，上幸景龙门外观水硙，因谓侍臣曰："此水出于山源，清冷甘美，凡近河水味皆甘，岂非余润之所及乎？"琪等对曰："实由地脉潜通而然，亦犹人之善恶以染习而成也。"其年冬，郊祀礼毕，加门下侍郎、昭文馆大学士。

【译文】太平兴国九年（984年）九月，太宗到景龙门外观看水磨，因而对侍臣说："这条河自山中流出，清凉甘美，凡靠近河边之处水味都是甜的，难道不是浸润所致吗？"宋琪等人回答说："确实因地脉暗通而导致如此，也就像人的善恶是因为熏染熟习而形成的啊。"这年冬，郊祀礼完毕，宋琪被加官至门下侍郎、昭文馆大学士。

一日，上谓琪等曰："在昔帝王多以崇高自处，颜色严毅，左右无敢质言者。朕与卿等周旋款曲，商榷时事，盖欲通上下之情，无有壅蔽。卿等但直道而行，无得有所顾避。"琪谢曰："臣等非才，待罪相府，陛下曲赐温颜，令尽愚恳，敢不倾竭以副圣意。"（宋史卷二百六十四）

【译文】一天，太宗对宋琪等人说："从前帝王多数高高在上，面色严肃，身边的人没有敢于直言的。朕与你们殷勤应酬，商量时政，是想要沟通上下世情，没有壅塞遮蔽。你们只需按照正道去做，不要有所顾忌回避。"宋琪谢恩说："臣等并非贤才，在相府充任官职，陛下曲意赐予温和的态度，让我们尽显愚忠，怎敢不竭尽全力以求符合圣意。"（宋史卷二百六十四）

李　昉

【题解】李昉（925—996年），字明远，深州饶阳（今河北衡水）人。后汉乾祐年间（948年）进士。仕后汉、后周归宋，宋初官至参知政事、平章事。至道二年（996年）去世，追赠司徒，谥号文正。他典诰命共三十余年，曾参与编写宋代四大类书中的三部（《太平御览》《文苑英华》《太平广记》）。

李昉和厚多恕，不念旧恶，如屡遭卢多逊攻击，尚为其解释。官居中书舍人时，引才举荐而不掠美市恩，即使才不堪用也温语相待。他在位期间，无赫赫之名，兢兢业业，如履薄冰。宋太宗评价他说："可谓善人君子矣。"

李昉字明远，深州饶阳人。汉乾祐举进士，为秘书郎。宰相冯道引之，与吕端同直弘文馆，改右拾遗、集贤殿修撰。

宋初，加中书舍人。建隆三年，罢为给事中。太宗即位，加昉户部侍郎。淳化二年，复以本官兼中书侍郎、平章事，监修国史。

昉和厚多恕，不念旧恶，在位小心循谨，无赫赫称。为文章慕白居易，尤浅近易晓。好接宾客，江南平，士大夫归朝者多从之游。雅厚张洎①而薄张佖②，及昉罢相，洎草制深攻诋之，而佖朔望必诣昉。或谓佖曰："李公待君素不厚，何数诣之？"佖曰："我为廷尉日，李公方秉政，未尝一有请求，此吾所以重之也。"

【注释】①张洎（934—997年）：字师黯，一字偕仁，滁州全椒（今安徽全椒）人。南唐举进士，起家上元尉。入宋后，累迁给事中、参知政事，与寇准同列。卒，终年64岁，追赠刑部尚书。

②张佖：五代南唐文臣，常州人，祖籍淮南。入宋后屡有升迁，官终右谏议大夫史馆修。

【译文】李昉字明远，深州饶阳（今河北衡水）人。后汉乾祐年间举进士及第，担任秘书郎。宰相冯道举荐他，和吕端一同入直弘文馆，改任右拾遗、集贤殿修撰。

宋朝初年，加中书舍人。建隆三年（962年），被罢为给事中。太宗即位后，加封李昉为户部侍郎。淳化二年（991年），再次以本官兼任中书侍郎、平章事，监修国史。

李昉温和宽厚，不记旧恶，在相位时小心谨慎承袭旧制，没有显赫的政绩。写文章追慕白居易，特别浅近易懂。喜好结交宾客，江南平定以后，归顺宋廷的士大夫大多和他交往。李昉非常看重张洎而轻视张佖，等到李昉被罢免宰相时，张洎写文章大力攻击诋毁他，然而张佖每逢初一、十五一定会去拜见李昉。有人对张佖说："李公对您向来不厚，为什么还多次看望他呢？"张佖说："我担任廷尉的时候，李公正掌管大权，不曾有过一次请求，这就是我看重他的原因了。"

昉素与卢多逊善，待之不疑，多逊屡谮昉于上，或以告昉，不之信。及入相，太宗言及多逊事，昉颇为解释。帝曰："多逊居常毁卿一钱不直。"昉始信之。上由此益重昉。

昉居中书日，有求进用者，虽知其材可取，必正色拒绝之，已而擢用；或不足用，必和颜温语待之。子弟问其故，曰："用贤，人主之事；若受其请，是市私恩也，故峻绝之，使恩归于上。若不用者，既失所望，又无善辞，取怨之道也。"（宋史卷二百六十五）

【译文】李昉向来和卢多逊交好，对他毫不怀疑，卢多逊多次向皇上中伤李昉，有人把这些事告知李昉，李昉不相信。等到入朝担任宰相，太宗提及卢多逊的事情，李昉颇为他解释。太宗说："卢多逊平时诋毁爱卿你一钱不值。"李昉才相信这些事。太宗因此越发重视李昉。

李昉官居中书时，有人请求得到晋升任用，李昉即使是知道他的才能可以任用，也一定严肃地拒绝，然后擢升任用；有的人不值得任用，李昉一定是温和地对待他。子弟询问当中的原因，说："任用贤能，是君主的事情；如果接受他们的请求，是用私人恩惠做交易啊，因此严厉地拒绝他们，让恩情归于皇上。如果是不能任用的人，既然已经让他失望了，又没有好言好语，这是带来怨恨的途径啊！"（宋史卷二百六十五）

吕蒙正

【题解】吕蒙正（944—1011年），字圣功，河南（今河南洛阳）人。宋初名相。吕夷简之伯。太平兴国二年（977年）进士第一名，为将作监丞、升州通判。官至宰相。景德二年（1005年），辞官归隐。大中祥符四年（1011年）去世，享年68岁，追赠中书令，谥号文穆。

宋朝历史上三度拜相的仅有吕蒙正和赵普。他为政宽简，对上直言敢谏，对下宽容雅量，器量弘深，不记人过，堪称贤相。《续编》辑录的内容，正是其高尚品格的体现。

吕蒙正字圣功，河南人。祖梦奇，户部侍郎。父龟图，起居郎。蒙正，太平兴国二年擢进士第一，授将作监丞，通判升州。五年，亲拜左补阙、知制诰。

初，龟图多内宠，与妻刘氏不睦，并蒙正出之，颇沦踬窘乏，刘誓不复嫁。及蒙正登仕，迎二亲，同堂异室，奉养备至。龟图旋卒，诏起复[①]。未几，迁都官郎中，入为翰林学士，擢左谏议大夫、参知政事，赐第丽景门。上谓之曰："凡士未达，见当世之务戾于理者，则怏怏于心；及列于位，得以献可替否，当尽其所蕴，虽言未必尽中，亦当佥议而更之，俾协于道。朕固不以崇高自恃，使人不敢言也。"蒙正初入朝堂，有朝士指之曰："此子亦参政耶？"蒙正阳为不闻而过之。同列不能平，诘其姓名，蒙正遽止之曰："若一知其姓名，则终身不能忘，不若毋知之为愈也。"时皆服其量。

【注释】①起复：古代指官吏遭父母之丧，服丧未满而被起用。

【译文】吕蒙正字圣功，河南（河南洛阳）人。祖父吕梦奇，官至户部侍郎。父亲吕龟图，官至起居郎。吕蒙正在太平兴国二年（977年）提升为进士第一，授予将作监丞，升州通判。太平兴国五年（980年），太宗亲授吕蒙正为左补阙、知制诰。

起初，吕龟图有很多宠妾，与妻子刘氏不和，连同吕蒙正一起赶出了家门，让他们母子陷入困窘的境地，刘氏发誓不再嫁。等到吕蒙正当官以后，迎接双亲，在同一间房分开居住，奉养非常周到。吕龟图很快就去世了，朝廷诏令吕蒙正在守丧期间起复官职。不久，擢升为都官郎中，入朝担任翰林学士，升任左谏议大夫、参知政事，在丽景门赏赐住宅。太宗对他说："但凡士人尚未显达时，看见当世之务违背情理的，心中便感到不高兴；等登上官位，得以献可替否，应当将心中所想全都说出来，即使所说的不一定完全适合，也应当共同商议更改，让它合于道义。朕一定不会自恃高位，让人不敢进言。"吕蒙正刚进入朝堂，有朝士指着他说："这个人也是参政吗？"吕蒙正假装没听见从他身旁走过去。同僚心中感到不平，追问其人的姓名，吕蒙正马上阻止他说："如果一旦知道他的姓名，那我会终身不能忘记，不如不知道为好。"当时的人都佩服他的器量。

李昉罢相，蒙正拜中书侍郎兼户部尚书、平章事，监修国史。蒙正质厚宽简，有重望，以正道自持。遇事敢言，每论时政，有未允者，必固称不可，上嘉其无隐。赵普开国元老，蒙正后进，历官一纪，遂同相位，普甚推许之。俄丁内艰[①]，起复。

先是，卢多逊为相，其子雍起家[②]即授水部员外郎，后遂以为常。至是，蒙正奏曰："臣忝甲科及第，释褐[③]止授九品京官。况天下才能，老于岩穴，不沾寸禄者多矣。今臣男始离襁褓，膺此宠命，恐罹阴谴，乞以臣释褐时官补之。"自是宰相子止授九品京官，遂为定制。

【注释】①内艰：古代指母丧。

②起家：起之于家而任官职。指由平民身份晋升为官。也指第一次为官。

③释褐：脱去平民所穿的布衣，喻指初次任官。

【译文】李昉被罢免宰相，吕蒙正被授予中书侍郎兼户部尚书、平章事，监修国史。吕蒙正质朴宽厚，有很高的声望，以正道自持。遇事敢于谏言，每次谈论时政，有不恰当的，必然坚称不行，太宗因此嘉许他毫无隐瞒。赵普是开国元老，吕蒙正是后提升的，做官十二年，同居相位，赵普非常推崇赞许他。不久母亲去世服丧，但是服丧未满皇帝便下诏恢复官职。

之前，卢多逊担任宰相，其子卢雍初次就被授予水部员外郎，后来成为惯例。到这时，吕蒙正上奏说："我进士甲科及第，初次为官只是授予九品京官。况且天下拥有才能，终老于山野，不能有一毫官禄的太多了。现在臣的孩子还很小，受到这样的宠幸，恐怕遭受冥冥之中的惩罚，请求用我当初任官的职位补任他。"从此以后，宰相的儿子只授九品京官，成为定制。

上尝欲遣人使朔方，谕中书选才而可责以事者，蒙正退以名上，上不许。他日，三问，三以其人对。上曰："卿何执耶？"蒙正曰："臣非执，盖陛下未谅尔。"固称："其人可使，余人不及。臣不欲用媚道妄随人主意，以害国事。"同列悚息不敢动。上退谓左右曰："蒙正气量，我不如。"既而卒用蒙正所荐，果称职。

蒙正初为相时，张绅知蔡州，坐赃免。或言于上曰："绅家富，不至此，特蒙正贫时勾索不如意，今报之尔。”上命即复绅官，蒙正不辨。后考课院得绅实状，复黜为绛州团练副使。及蒙正再入相，太宗谓曰：“张绅果有赃。”蒙正不辨亦不谢。在西京日，上数遣中贵人①将命至，蒙正待之如在相位时，不少贬，时人重焉。（宋史卷二百六十五）

【注释】①中贵人：受宠显贵的宦官，泛指宦官。

【译文】太宗曾经想派遣人出使朔方，告知中书选择有才能可以胜任的人，吕蒙正退朝以后把姓名上报，太宗没允许。后来，太宗三次询问，吕蒙正三次以这个人对答。太宗说：“爱卿为什么这么固执？”吕蒙正说：“我不是固执，大概是陛下不肯相信而已。”坚持说：“这个人可以出使，其他人都比不上。我不是想用谄媚之术随意附和太宗的心意，妨害国家大事。”同僚屏住呼吸不敢动。太宗退朝以后跟身边人说：“吕蒙正的气量，我比不上。”后来最终任用吕蒙正所推荐的人出使，果然很称职。

吕蒙正初次担任宰相时，张绅担任蔡州知州，因贪赃被免职。有人对太宗说：“张绅家中富裕，不至于这样，只是吕蒙正贫困时索求财物不如意，现在报复他而已。”太宗命令立刻恢复张绅的官职，吕蒙正不辨解。后来考课院查到张绅的真实罪状，又被贬为绛州团练副使。等到吕蒙正再次入朝担任宰相，太宗对他说：“张绅果然有贪赃的事实。”吕蒙正不辨解也不道谢。在西京河南府时，太宗多次派遣宦官携带诏令前来，吕蒙

正接待他们就像任宰相时一样，毫无自我贬低，当时人很敬重他。（宋史卷二百六十五）

张齐贤

【题解】张齐贤（942—1014年），字师亮，曹州冤句（今山东菏泽）人。太平兴国元年（976年），中进士，授为衡州通判。官至同中书门下平章事。大中祥符七年（1014年）去世，追赠司徒，谥号文定。

张齐贤为布衣时，曾献上"画地十策"，宋太祖大为赞叹，但不急任用他，留待宋太宗使用，足见其贤能。张齐贤先后为相二十余年，为宋朝立下汗马功劳。太平兴国四年（979年），宋太宗当政之初，气满志骄，亲征北汉，张齐贤却上疏直言，认为人民是国家的根本，北伐晋阳是本末倒置，应先固根本再图疆土，显示了他重民、贵民、安民、恤民、爱民的思想。

张齐贤，曹州冤句人。太祖幸西都，齐贤以布衣献策马前，召至行宫，齐贤以手画地，条陈十事：曰下并、汾，曰富民，曰封建，曰敦孝，曰举贤，曰太学，曰籍田，曰选良吏，曰慎刑，曰惩奸。内四说称旨，齐贤坚执以为皆善，上怒，令武士拽出之。及还，语太宗曰："我幸西都，唯得一张齐贤尔。我不欲爵之以官，异进可使辅汝为相也。"

【译文】张齐贤，曹州冤句（今山东菏泽）人。太祖巡幸西京河南府，张齐贤以布衣的身份到马前献计策，被召到行宫，张齐贤用手画地，分条陈述十件事：攻下并地、汾地，藏富于民，分封诸侯，和睦重孝，举荐贤能，兴办太学，重视籍田，选拔良吏，谨慎刑罚，惩罚奸恶。当中有四项论述符合旨意，张齐贤固执地认为都很好，太祖发怒，命令武士把他拖出去。等到返回京城，对太宗说："我巡幸西都，只得到了一个张齐贤而已。现在我不想赐予官爵给他，以后可以让他辅佐你担任宰相。"

太平兴国四年，会亲征晋阳，齐贤上谒，迁秘书丞。明年召还，改著作佐郎，直史馆，改左拾遗。冬，车驾北征，议者皆言宜速取幽蓟，齐贤上疏曰：

臣闻家六合者以天下为心，岂止争尺寸之事，角强弱之势而已乎？是故圣人先本而后末，安内以养外。人民，本也；疆土，末也。五帝三王，未有不先根本者也。尧、舜之道无他，在乎安民而利之尔。民既安利，则远人敛衽[①]而至矣。陛下爱民人、利天下之心，真尧、舜也。臣虑群臣多以纤微之利，克下之术，侵苦穷民，以为功能。至于生民疾苦，见之如不见，闻之如不闻，敛怨速尤，无大于此。伏望慎择通儒，分路采访两浙、江南、荆湖、西川、岭南、河东，凡前日赋敛苛重者，改而正之，因而利之，使赋税课利通济，可经久而行，为圣朝定法；除去旧弊，天下诸州有不便于民者，委长吏以闻。敢循故常者，重置之法。使天下耳目皆知陛下之心，戴陛下之

惠，以德怀远，以惠利民，则远人之归，可立而待也。（宋史卷二百六十五）

【注释】①敛衽：整理衣服，表示恭敬。

【译文】太平兴国四年（979年），恰逢太宗亲征晋阳，张齐贤晋见他，被升任秘书丞。第二年被召回，改任著作佐郎，入直史馆，改任左拾遗。这年冬季，太宗亲自北征，议论的人都说理应快速夺取幽蓟之地，张齐贤上疏说：

我听说以六合为家的人心怀天下，难道只为争夺尺寸之地的小事，角逐强弱之势吗？所以圣人先治本后治末，安定国内来养外族。人民，是根本；疆土，是末节。五帝三王，没有不是以根本为先的。帝尧、帝舜的治国之道没有其他途径，就在于安抚民众让他们受益罢了。民众安定获益后，远方的人就会恭敬地到来。陛下爱护民众、让天下人受益的心意，真是帝尧、帝舜那样的人啊。我担心群臣多用细小的利益，克扣下属的方法，侵害贫苦的百姓作为功绩。至于百姓的疾苦，便视若不见，听而不闻，积聚怨恨加深罪责，没有比这个更大的。我希望谨慎选择通儒之才，分路查访两浙、江南、荆湖、西川、岭南、河东，凡是以前赋税征收苛刻繁重的地区，要进行改正，因势利导，让赋税征收得法，可以长久施行，成为朝廷的固定法制；除去旧弊，天下各州有对民众不利的，委任长官如实上报。敢于因循守旧的，依法严惩。让天下人都知道陛下的心意，拥戴陛下的恩德，用恩德感化远方的人，用恩惠让民众受益，那么远方的人归附

便指日可待了。（宋史卷二百六十五）

王化基

【题解】王化基（944—1010年），字永图，真定（今河北正定）人。太平兴国二年（977年），举进士，为大理评事、常州通判。累官至参知政事。卒于大中祥符三年（1010年），享年67岁。追赠右仆射，谥号惠献。

《续编》辑录了宋太宗与王化基关于边事的一则对话。王化基认为治理天下犹如植树，根本稳固，则天下安定，朝堂大治，则边境安宁，这在宋太宗执政之初志在收复燕云十六州之时，提出这样的谏言是难得可贵的，同时也提示了后世为国者应先安内后攘外，稳固根本，则边境宁谧的治国之道。

王化基字永图，真定人。太平兴国二年，举进士，为大理评事，通判常州。迁太子右赞善大夫、知岚州。时赵普为相，建议以骤用人无益于治，改淮南节度判官，入为著作郎，迁右拾遗，抗疏自荐。太宗览奏曰："化基自结人主，慷慨之士也。"召试，知制诰，以右谏议大夫权御史中丞。一日，侍便殿，问以边事，对曰："治天下犹植木焉，所患根本未固，固则枝干不足忧。朝廷治，则边鄙何患乎不安？"（宋史卷二百六十六）

【译文】王化基字永图，真定（今河北正定）人。太平兴国二年（977年），举进士及第，任大理评事，常州通判。擢升太子右赞善大夫、岚州知州。当时，赵普担任宰相，王化基建议骤然用人对治理没有益处，改任淮南节度判官，入朝担任著作郎，擢升右拾遗，上疏直言自荐。太宗看了奏疏说："王化基主动向朕自荐，是慷慨之士啊！"召见考试，任知制诰，以右谏议大夫代掌御史中丞。一天，在便殿陪侍，太宗询问他边境事务，王化基回答说："治理天下犹如植树一样，所担忧的是根本不稳固，根本稳固那么枝干就不值得担忧了。朝廷事务得到治理了，那么边境还有什么不安定的呢？"（宋史卷二百六十六）

王　祐

【题解】王祐（923—986年），字景叔，大名莘县（今山东聊城）人。宰相王旦之父，三槐王氏始祖。仕后周，官至左拾遗。入宋后，历任监察御史、知制诰、户部员外郎、中书舍人等职。雍熙三年（986年），卒于开封知府任上，享年64岁。

王祐历仕后周、北宋两朝，为人正直忠厚，因手植三槐而闻名，被后人称为三槐王氏始祖。其子王旦为北宋名臣。

王祐，字景叔，大名莘人。仕周，历魏县、南乐二令。太祖受禅，拜监察御史，由魏县移知光州，迁殿中侍御史。

太祖征太原，已济河。诸州馈集上党城中，车乘塞路，上闻之，将以稽留罪转运使。赵普曰：“六师方至，而转运使以获罪闻，敌必谓储峙①不充，有以窥我矣，非威远之道也。俾能治剧者，往莅其州足矣。”即命祐知潞州。及至，馈饷无乏，路亦无壅。班师，召还。

【注释】①储峙：即储备，特指存储物资以备需用。

【译文】王祐，字景叔，大名莘县（今山东聊城市）人。在后周做官，历任魏县、南乐两县县令。宋太祖接受禅让后，授王祐为监察御史，从魏县移为光州知州，升为殿中侍御史。

太祖征伐太原，已经渡过黄河。各州的军粮聚集在上党城中，车辆堵塞道路，太祖听说这件事，打算按耽搁行程来处罚转运使。赵普说：“六军刚刚到达，而转运使以获罪传出去，外敌必定说我们储备不充足，因此便会窥伺我们了，这不是威震远方的方法。让能够处理繁重事务的人，前往掌管此州就足够了。”于是立即命令王祐任潞州知州。王祐到达潞州后，军粮银饷没有缺乏的，道路也没有堵塞的。大军班师回朝，太祖征召王祐回京。

会符彦卿镇大名，颇不治，太祖以祐代之，俾察彦卿动静，谓曰：“此卿故乡，所谓画锦者也。”祐以百口明彦卿无罪，且曰：“五代之君，多因猜忌杀无辜，故享国不永，愿陛下以为戒。”彦卿由是获免，故世谓祐有阴德。

太平兴国初，移知河中府。未几，知开封府，以病请告。太宗谓祐文章、清节兼著，特拜兵部侍郎。月余卒，年六十四。

【译文】恰逢符彦卿镇守大名府，治理很是不当，太祖用王祐代替他，让他观察符彦卿的动静，对他说："这是爱卿你的故乡，你这前去，就是所说的衣锦还乡了。"王祐用全家一百人口来担保符彦卿无罪，而且说："五代的君主，大多因为猜忌而枉杀无辜，因此他们的国祚都不长，希望陛下引以为戒。"符彦卿因此得以赦免，因此世人都说王祐有阴德。

太平兴国初年，改任河中知府。不久，任开封知府，因病请求告老辞官。太宗说王祐的文章和高尚的节操都著名，特授他为兵部侍郎。一个多月后去世，享年六十四岁。

初，祐掌诰，会卢多逊为学士，阴倾赵普，多逊累讽祐比己，祐不从。一日，以宇文融排张说事[①]劝释[②]之，多逊滋不悦。及普再入，多逊果败，与宇文融事颇类，识者服其先见。

祐子三人：曰懿，曰旦，曰旭。旦自有传。初，祐知贡举，多拔擢寒俊，毕士安、柴成务皆其所取也。后与其子旦同入两制，居中书。（宋史卷二百六十九）

【注释】①宇文融排张说事：指唐代时期宇文融排挤张说的事件。时任御史中丞的宇文融就农民流亡问题曾向唐玄宗上疏，提出可行的办法，获得唐玄宗批准，得以任勾当租庸地税使。而且他精明能干，知人善任，使得政令得到广大农民拥护。由此深受唐玄宗的宠信。时任中书令的张说素来憎恶宇文融的为人，对他的建议多有抵触反驳。宇文融联合御史大夫崔隐甫反击张说。唐玄宗意识到两人并非实心用事，而是闹起朋党之争，最终勒令张说致仕，崔隐甫离任归家，宇文融出任魏州刺史。

②劝释：劝解。

【译文】起初，王祐掌管诏诰，恰逢卢多逊担任学士，暗中排挤赵普，卢多逊多次婉言劝说王祐依附自己，王祐不同意。一天，王祐用唐代宇文融排挤张说的事情劝解卢多逊，卢多逊更加不高兴。等到赵普再次入朝，卢多逊果然身败，和宇文融的事情十分相似，有见识的人佩服他的先见之明。

王祐有三个儿子：王懿，王旦，王旭。王旦在本书有列传。起初，王祐知贡举，经常选拔寒门俊才之人，毕士安、柴成务都是他选用的人。后来和其子王旦一同入朝任知制诰，官居中书省。（宋史卷二百六十九）

王　质

【题解】王质（1001—1045年），字子野。王祐之孙。以父荫补为太常寺奉礼郎。后献文召试，赐进士及第，被荐为馆阁校勘，改集贤校理，累迁尚书祠部员外郎。庆历五年（1045年），卒于陕州知州任上，享年45岁。

王质虽出身官宦家庭，家世富贵，但能克己好善，不喜蓄财，告诫家人崇尚俭约的风尚。范仲淹因庆历新政失败遭贬谪，王质不避嫌疑，毅然为其饯行，足见其识才尊贤。

质字子野。少谨厚淳约，力学问，师事杨亿，亿叹以为英妙。伯父旦见其所为文，嗟赏之。以荫补太常寺奉礼郎。后献文召试，赐进士及第，被荐为馆阁校勘，改集贤校理，累迁尚书祠部员外郎。

尝摄①江陵府事，或诉民约婚后期，民言贫无赀以办，故违约。质问其费几何，出私钱予之。吏捕盗人衣者，盗叩头曰："平生不为过，迫饥寒而至于此。"质命取衣衣之，遣去。

【注释】①摄：代理，暂时掌管。

【译文】王质字子野。少年时谨慎忠厚、淳朴节约，致力于学问，拜杨亿为师，杨亿赞叹他是少年英俊。伯父王旦看见他所撰写的文章，十分赞赏他。王质以恩荫补任太常寺奉礼郎。后来进献文章被召见考试，赐进士及第，被举荐为馆阁校勘，改任集贤校理，多次升官为尚书祠部员外郎。

王质曾经代行江陵府事，有人控告百姓约定婚期却拖延时间，这位百姓说贫困没钱办理婚事，因此违背婚约。王质问这个花费是多少，便取出自己的钱给他。官吏抓捕偷盗他人衣服的人，盗贼叩头说："我平生不做错事，受饥寒逼迫才到这种地步。"王质命令属下取来衣服给他穿上，让他离开了。

质家世富贵，兄弟习为骄侈，而质克己好善，自奉简素如寒士，不喜畜财，至不能自给。初，旦为中书舍人，家贫，与昆弟贷人息钱，违期，以所乘马偿之。质阅书得故券，召子弟示之曰："此吾家素风，尔曹当毋忘也。"范仲淹贬饶州，治朋党方急，质独载酒往饯。或以诮质，质曰："范公贤者，得为之党，幸矣。"世以此益贤之。（宋史卷二百六十九）

【译文】王质家世代富贵，兄弟习惯于骄纵奢侈，但是王质克制自己、喜好行善，自己奉行简约朴素如同寒士，不喜欢积聚财物，以至于不能自给。起初，王旦担任中书舍人，家境贫穷，和兄弟借贷他人有利息的钱，违背还钱期限，用他所乘的马匹来偿还。王质阅读书籍得到以前的债券，召集子弟给他们看，说："这是我们家淳朴的风尚，你们这一辈应当不要忘记。"范仲淹被贬到饶州，朝廷惩治朋党正急，王质独自带着酒前去饯行。有人因此责备王质，王质说："范公是贤能的人，能够成为他的同党，是幸运的事啊！"世人因此更加敬重他。（宋史卷二百六十九）

杨　业

【题解】杨业（？—986年），并州太原（今山西太原）人。一名继业，本名重贵，北宋名将，官至云州观察使、通判代州。雍熙三年（986年），随军北伐，战败被俘，后绝食三日而死。追赠太尉、大同军节度使。杨业是家喻户晓的人物，史称他虽不知书，但忠烈武勇，素有智谋，以勇猛著称，深受宋太宗所倚重。然而却受人嫉恨，导致功败垂成。

杨业，并州太原人。业幼倜傥任侠，善骑射，好畋猎，所获倍于人。弱冠事刘崇，为保卫指挥使，以骁勇闻。累迁至建雄军节度使，屡立战功，所向克捷，国人号为“无敌”。

【译文】杨业，并州太原（今山西太原）人。杨业幼年洒脱不羁，好行侠义，擅长骑马射箭，喜好打猎，所猎之物比他人多一倍。他二十岁左右追随北汉刘崇，任保卫指挥使，以勇猛著称。累次官至建雄军节度使，屡立战功，所向披靡，克敌制胜的捷报接连而来，国人由此称他为“无敌”。

太宗征太原，素闻其名，尝购求之。既而孤垒甚危，业劝其主继元降，以保生聚。继元既降，帝遣中使召见业，大喜，以为右领军卫大将军。师还，授郑州刺史。帝以业老于边事，复迁代州兼三交驻泊兵马都部署，帝密封橐装，赐予甚厚。会契丹入雁门，业领麾下数千骑自西陉而出，由小陉至雁门北口，南向背击之，契丹大败。以功迁云州观察使，仍判郑州、代州。自是，契丹望见业旌旗即引去。主将戍边者多忌之，有潜上谤书斥言其短，帝览之皆不问，封其奏以付业。

【译文】太宗征讨太原，常听到杨业的威名，曾悬赏想得到他这个人。不久，太原成为一座孤城，形势危急，杨业劝他的北汉末帝刘继元投降，以保全百姓的生命财产。刘继元投降后，太宗派宦官传旨召见杨业，一见大喜，任命他为右领军卫大将军。班师后，授杨业郑州刺史之职。太宗认为杨业对边疆事务很有经验，又升他任代州兼三交驻泊兵马都部署，太宗密封珠宝玉器，赏赐给他极为丰厚。正值契丹入侵雁门关，杨业率领部下数千名骑兵从西陉出发，由小陉赶到雁门北口，再转向南下从敌人背后攻击，契丹大败。杨业因战功升任云州观察使，仍兼郑州和代州的刺史及驻泊兵马都部署。从此，契丹军队一望见杨业的旗帜就退去。守边的主将大多妒忌他，有的人暗中向太宗诬告指责他的缺点，太宗见了都不追问杨业，反把这些奏章封好转交给杨业。

雍熙三年，大兵北征，以忠武军节度使潘美为云、应路行营都部署，命业副之，以西上阁门使、蔚州刺史王侁，军器库使、顺州团练使刘文裕护其军。诸军连拔云、应、寰、朔四州，师次桑乾河，会曹彬之师不利，诸路班师，美等归代州。

【译文】雍熙三年（986年），宋军北伐，以忠武军节度使潘美为云州、应路行营都部署，命杨业为他的副职。派西上阁门使、蔚州刺史王侁，军器库使、顺州团练使刘文裕监护这支军队。各路宋军接连攻下云、应、寰、朔四州，大军进驻桑乾河，恰逢曹彬这路军战事不利，各路宋军只得班师回朝，潘美这些人回到代州。

未几，诏迁四州之民于内地，令美等以所部之兵护之。时契丹国母萧氏与其大臣耶律汉宁、南北皮室及五押惕隐领众十余万，复陷寰州。业谓美等曰：“今辽兵益盛，不可与战。朝廷止令取数州之民，但领兵出大石路，先遣人密告云、朔州守将，俟大军离代州日，令云州之众先出。我师次应州，契丹必来拒，即令朔州民出城，直入石碣谷。遣强弩千人列于谷口，以骑士援于中路，则三州之众，保万全矣。”侁沮其议曰：“领数万精兵而畏懦如此。但趋雁门北川中，鼓行而往。”文裕亦赞成之。业曰：“不可，此必败之势也。”侁曰：“君侯素号无敌，今见敌逗挠不战，得非有他志乎？”业曰：“业非避死，盖时有未利，徒令杀伤士卒而功不立。今君责业以不死，当为诸公先。”将行，泣谓美曰：“此行必不利。业，太原降将，分当死。上不杀，宠以连帅，授之兵柄。非纵敌不击，盖伺其便，将立尺寸功以报国恩。今诸君责业以避敌，业当先死于敌。”因指陈家谷口曰：“诸君于此张步兵强弩，为左右翼以援，俟业转战至此，即以步兵夹击救之，不然，无遗类矣。”美即与侁领麾下兵阵于谷口。自寅至巳，侁使人登托逻台望之，以为契丹败走，欲争其功，即领兵离谷口。美不能制，乃缘交河西南行二十里。俄闻业败，即麾兵却走。业力战，自午至暮，果至谷口。望见无人，即拊膺大恸，再率帐下士力战，身被数十创，士卒殆尽，业犹手刃数十百人。

马重伤不能进，遂为契丹所擒，其子延玉亦没焉。业因太息曰："上遇我厚，期讨贼捍边以报，而反为奸臣所迫，致王师败绩，何面目求活耶！"乃不食，三日死。帝闻之，痛惜甚。

【译文】没过多久，太宗下诏迁移上述四州的百姓到内地，命令潘美等人以所统领的士兵护送这些移民。这时，契丹国辽圣宗的母亲萧太后与她的大臣耶律汉宁、南北皮室和五押惕隐领兵十多万，又攻占了寰州。杨业对潘美等人说："现在辽兵更加强盛，不可与他们对战。朝廷只命令我们移取几个州的百姓，只需领军从大石路出，先派人暗中告诉云州、朔州的守将，等大军离开代州的日子，命令云州的百姓先出。我们的军队驻在应州，契丹兵必定来抵抗，此时立即命令朔州的百姓出城，直接进入石碣谷。我们派弓箭手一千人列在谷口，用骑兵增援中路部队，这样，三州的百姓，可确保安全了。"王侁反对这个建议说："率领数万精兵却害怕、软弱到这样程度。我军只管直奔雁门北川中，击鼓前进。"刘文裕也赞成这个意见。杨业说："不能这样，这是必定失败的形势。"王侁说："君侯你向来号称无敌，如今看见敌人就停止不前、屈服不战，莫非你还有别的打算吗？"杨业说："我杨业不是躲避战死，只因为此时对我们有不利之处，白白地被人杀伤士卒而得不到成功。现在你用怕死来责备我杨业，我应当在各位的前面作战。"快要出发时，杨业哭着对潘美说："此次行动必定不利。杨业，是太原的降将，死应是分内的事。皇上不杀我，信任地任我为连帅，授给我兵权，我并不是放掉敌人而不打，只是为了等待便于攻敌的条件，打算立尺寸之功以报答国恩。今天各位用躲避敌人的名义来责备我杨业，我杨业应当先战死在敌人中。”于是杨业指着陈家谷口说：“各位在那里摆下步兵弓箭手，作为左右翼用来增援，等我杨业转战到这里，立即用步兵夹击敌人救援我，不这样，就没有活着的人了。”潘美与王侁率领部下的士兵在谷口布下阵势。从凌晨寅时到上午巳时，王侁派人登上托逻台观望，以为契丹兵已经逃跑，想争这场战争的功劳，就领军离开谷口。潘美没能制止，于是沿灰河往西南走二十里。不久听说杨业战败，潘美立即领兵退走。杨业奋力战斗，自中午杀到日落，果然到达谷口。看到这里没有人，就拍着胸脯大哭，再率领帐下的将士奋力战斗，身受数十处创伤，而身边的士兵都快战死，杨业还亲手杀死几十人到上百人。他的马受重伤不能前进，于是他被契丹兵捉住，他的儿子杨延玉也战死在这里。杨业因而叹息说：“皇上对我很看重，我本打算用讨伐贼寇保卫边疆来报答他，却反被奸臣所迫害，致使国家的军队战败，还有什么脸求活着呢！”于是杨业绝食三日而死。太宗听说杨业的死讯后，十分痛惜。

业不知书，忠烈武勇，有智谋。练习攻战，与士卒同甘苦。代北苦寒，人多服毡罽，业但挟纩露坐治军事，傍不设火，侍者殆僵仆，而业怡然无寒色。为政简易，御下有恩，故士卒乐为之用。朔州之败，麾下尚百余人，业谓曰：“汝等各有父母妻子，与我俱死，无益也，可走还，报天子。”众皆感泣不肯去。淄州刺史王贵杀数十人，矢尽遂死，余亦死，无一生还者。闻者皆流涕。（宋史卷二百七十二）

【译文】杨业没读过书，但忠烈勇猛，有才智和谋略。他带兵训练攻击作战，能与士卒同甘共苦。代北之地极其寒冷，人们大多习惯用毡和毛毯防寒，杨业只是用胳膊夹住棉絮，坐在露天处理军事，身旁又不生火，侍候的人几乎冻僵倒下，而杨业却怡然自得没有怕冷的样子。他处理政事简练，对部下有情义，所以士卒心甘情愿为他所用。在朔州兵败时，他的部下还有一百多人，杨业对他们说：“你们这些人各有自己的父母妻子儿女，同我一起死没有益处，可以逃走，回去报效天子。”将士都感动得哭着不肯离去。淄州刺史王贵杀敌数十人，箭用完了最终战死。其余的人也都战死，没有一个活着回来的。听说这事的人都感动得流下眼泪。（宋史卷二百七十二）

张　观

【题解】张观（943—995年），字仲宾，常州毗陵（今江苏常州）人。五代南唐时进士，归宋后为彭原主簿。官至三司河东道判官，出知道州，移任广南西路转运使。至道元年（995年），卒于桂州，享年五十三岁。

《续编》辑录了张观的一篇奏疏。该奏疏从三司使言及剑门关以外的赋税征收说起，认为宋朝立国之初百废待兴，应解决当务之急，而不是急于征收赋税，扰动百姓。同时劝谏宋太宗在听政之暇，礼待大臣，采纳谏言，清静无为治国，方能传世千秋。

张观，字仲宾，常州毗陵人。太平兴国初，召拜监察御史，充桂阳监使。会三司言剑外赋税轻，诏观乘传按行诸州，因令稍增之。观上疏言："远民不宜轻动挠，因而抚之，犹虑其失所，况增赋以扰之乎？设使积粟流衍，用输京师，愈烦漕輓，固不可也。或以分兵就食，亦非安存之策，徒敛怨于民，未见国家之利。"太宗深以为然，因留不遣。

【译文】张观，字仲宾，常州毗陵（今江苏常州）人。太平兴国初年，召任监察御史，充任桂阳监使。恰逢三司说剑门关以外地区的赋税轻，太宗诏令张观奉命出巡各州，因此下令稍微增加赋税。张观上疏说："边远的百姓不应该轻意扰乱他们，继续安抚他们，依然担心做得不恰当，何况增加赋税来扰乱他们呢？如果积聚的粮食充裕，运往京城，会更加劳烦水路运输的劳役，本来是不可以的。或者分兵就食，也不是安抚存恤的计策，白白招致百姓的怨恨，还不见对国家有什么利益。"太宗十分认同，因此扣留了诏令没有发出去。

其后，复上疏曰：

"臣凭借光宠，备位风宪[1]，每遇百官起居[2]日，分立于庭，司察不如仪者举之。因见陛下天慈优容，多与近臣论政，德音往复，颇亦烦劳。至于有司职官，承意将顺，簿书丛脞[3]，咸以上闻，岂徒亵黩至尊，实亦轻紊国体。况帝王之道，言则左史书之，动则右史书之，列于缃素[4]，垂为轨范，不可不慎也。若夫方今之急者，远人未服，边鄙不宁，阴阳未序，仓廪犹虚。淳朴未还，奢风尚炽。县道未治，逋逃尚多。刑法未措，禁令犹密。坠典未复，封祀犹阙。凡此数者，皆朝廷之急务也。诚愿陛下听断之暇，宴息之余，体貌大臣，以之扬榷，使沃心造膝，极意论思，则治体化源，何所不至？

【注释】①风宪：掌管风纪的官吏，代指御史。

②起居：向尊长问候。此处指宰相。

③丛脞：细碎；烦琐。

④缃素：浅黄色的绢帛，古时常用来书写。代指书卷。

【译文】过后，张观又上疏说：

“我依靠皇上的恩典，充任御史，每次遇到百官随同宰相入朝时，分别排列在朝堂上，监督不按照礼仪的官员而检举他们。因看见陛下慈爱优厚宽容，经常和近臣讨论时政，往来对答，也很是烦劳。至于有关部门的官员，奉承圣意随声附和，官署文书繁琐细碎，都拿来上报，何止是亵黩至尊，实际上也是轻视扰乱国家根本。况且帝王之道，言语由左史记载，行动则由右史记载，然后列在书卷上，留传后代而被效法，所以不可不谨慎啊！至于当今最急切的事务，就是边远的人尚未归顺，边境不安宁，阴阳尚未协调，府库依旧空虚。淳朴的民风尚未恢复，奢侈的风气尚且盛行。各县尚未治理，欠税逃跑的民众尚且很多。刑法尚未完善，禁令依旧密布。荒废的典章制度尚未恢复，封禅祭祀依旧有缺失。凡是这几个方面的，都是朝廷的急务。诚恳地希望陛下在处理政务的闲暇，宴会休息的空余，礼待大臣，商榷这些事情，使得圣上内心受到启发而促膝长谈，尽心尽意谈论思考，那么治理国家、教化天下，有什么不能达到的呢？

“臣又尝读唐史，见贞观初始置崇文馆，命学士、耆儒更直互进，听朝之际，则入内殿讲论文义，商榷时政。或日旰忘倦，或宵分始罢，书诸信史，垂为不朽。况陛下左右前后，皆端士伟人，伏望释循常之务，养浩然之气，深诏近臣，阐扬玄风，上为祖宗播无疆之休，下为子孙建不拔之业。与夫较量金谷，剖析毫厘，以有限之光阴，役无涯之细务者，安可同年而语哉！”

上览而称之，召赐绯鱼①，以为度支判官。（宋史卷二百七十六）

【注释】①绯鱼：指绯衣与鱼符袋。唐宋时期五品以上朝官的服饰。

【译文】“臣又曾经阅读唐史，看到唐太宗在贞观初年设置崇文馆，命令学士、硕儒到宫廷轮流当值，在太宗处理政务的时候，就进入内殿讲论文章，商榷时政。有时到天黑了忘记疲倦，有时到半夜才停下，这些都写在翔实可靠的史书上，永垂不朽。况且陛下的左右前后，都是正直之士和伟大之人，希望陛下放下平常的事务，培养浩然之气，诏令大臣，阐明宣扬清静无为的教化，上为祖宗传播没有穷尽的恩德，下为子孙建立牢不可破的功业。至于计较钱粮，剖析其中的一毫一厘，以有限的时光，做没有边际的琐碎事务，怎么能和这些同日而语呢？”

太宗看完后十分称赞他，召见赏赐给他绯鱼袋，任命他为度支判官。（宋史卷二百七十六）

吕　端

【题解】吕端（935—1000年），字易直，幽州安次（今河北廊坊）人。仕于五代，入宋后，官至参知政事。咸平元年（998年），因病请告，宋真宗不许。咸平三年（1000年），病卒，享年66岁。追赠司空，谥号正惠。

《续编》主要辑录了吕端的几则事例，表现了他为政清简，为人谦让，宽厚多恕，对荣辱进退不形于色的高尚品格，凸显其为人处事的出色才能。宋太宗曾评价他说：“端小事糊涂，大事不糊涂。”

吕端，字易直，幽州安次人。历国子主簿、太仆寺丞、秘书郎、直弘文馆，换著作佐郎、直史馆。太祖即位，迁太常丞、知浚仪县，同判定州。八年，知成都府，赐金紫[①]。为政清简，远人便之。

会秦王廷美尹京，召拜考功员外郎，充开封府判官。

【注释】①金紫：金鱼袋及紫衣，是唐宋时期显贵官员的官服和佩饰。

【译文】吕端，字易直，幽州安次（今河北廊坊）人。历任国子监主簿、太仆寺丞、秘书郎、直弘文馆，改任著作佐郎、直史馆。太祖即位后，擢升太常丞、浚仪县知县，同判定州。开宝八年（975年），任成都府知府，赐予金紫。为政清廉简明，远方的人都得到他的益处。

恰逢秦王赵廷美任开封府尹，征召吕端授予考功员外郎，充任开封府判官。

许王元僖[①]尹开封，又为判官。王薨，有发其阴事者，坐裨赞无状，遣御史武元颖、内侍王继恩就鞫于府。端方决事，徐起候之，二使曰："有诏推君。"端神色自若，顾从者曰："取帽来。"二使曰："何遽至此？"端曰："天子有制问，即罪人矣，安可在堂上对制使？"即下堂，随问而答。左迁卫尉少卿。会置考课院，群官有负谴置散秩者，引对，皆泣涕，以饥寒为请。至端，即奏曰："臣前佐秦邸，以不检府吏，谪掾商州，陛下复擢官籍辱用。今许王暴薨，臣辅佐无状，陛下又不重谴，俾亚少列，臣罪大而幸深矣！今有司进退善否，苟得颍州副使，臣之愿也。"太宗曰："朕自知卿。"无何，复旧官，为枢密直学士，逾月，拜参知政事。

【注释】①元偓：即赵元偓（966—992年）。初名赵德明、赵元祐，宋太宗赵光义次子。雍熙年间，任开封尹兼侍中，进封许王，加中书令。病卒，追赠皇太子，谥号恭孝。为开封府尹五年，政事无失。

【译文】许王赵元偓担任开封府尹，吕端又任判官。许王赵元偓去世，有人揭发他的隐私，吕端因辅助不力，太宗派遣御史武元颖、内侍王继恩在府中审问他。吕端正在办案，就缓缓站起来等着，两位使者说："有诏令审讯您。"吕端神色自若，回头跟随从说："拿帽子来。"两位使者说："何必慌张成这样？"吕端说："天子有诏令责问我，就是罪人了，怎能在大堂上和奉命审问的使者对质？"随即下堂，随问而答。被贬为卫尉少卿。恰逢设置考课院，群官中有获太宗谴责而置于没有固定职位和俸禄的官员，他们被召来对答，都悲伤流泪，因为饥寒上奏请求解决。询问到吕端，吕端立即上奏说："臣从前辅佐秦王赵廷美，因为是行为失检的府吏，被贬到商州做掾属，承蒙陛下重新擢升任用我。现在许王暴病而亡，我辅助他却没有功绩，陛下又不重重地谴责我，只是让我附列官职，臣已是罪过大而被宠幸很深了！现在有关部门考虑妥当安排，如果能够得到颍州副使，这是臣的希望。"太宗说："朕自然知道你。"不久，官复原职，担任枢密直学士，过了一个月，授予他参知政事。

时赵普在中书，尝曰："吾观吕公奏事，得嘉赏未尝喜，遇抑挫未尝惧，亦不形于言，真台辅之器也。"岁余，左谏议大夫寇准亦拜参知政事。端请居准下，太宗即以端为左谏议大夫，立准上。每独召便殿，语必移晷。擢拜户部侍郎、平章事。

时吕蒙正为相，太宗欲相端，或曰："端为人糊涂。"太宗曰："端小事糊涂，大事不糊涂。"决意相之。

端为相持重，识大体，以清简为务。虑与寇准同列，先居相位，恐准不平，乃请参知政事与宰相分日押班知印，同升政事堂，太宗从之。时同列奏对多有异议，惟端罕所建明。一日，内出手札戒谕："自今中书事必经吕端详酌，乃得闻奏。"端愈谦让不自当。

【译文】当时赵普在中书省，曾经说："我看到吕公上奏言事，得到嘉赏不曾欢喜，遇到挫折不曾恐惧，也不把喜怒哀乐表现出来，真是做台辅的人才啊。"一年多后，左谏议大夫寇准也被授予参知政事。吕端请求位居寇准之下，太宗即任吕端为左谏议大夫，位居寇准之上。每次在便殿单独召见吕端，一定会交谈很长时间。后又提升为户部侍郎、平章事。

当时吕蒙正担任宰相，太宗想让吕端担任宰相，有人说："吕端为人糊涂。"太宗说："吕端小事糊涂，大事不糊涂。"于是拿定主意让吕端担任宰相。

吕端担任宰相行事谨慎，识大体，把清明简要作为处理政事的目标。吕端考虑到和寇准同班而列，自己先居相位，害怕寇准心有不平，于是奏请参知政事和宰相分日押班管印，同在政事堂处理政务，太宗听从了他的建议。当时同僚奏报对答多有异议，唯独吕端很少提出建议或主张。一天，从宫内传出太宗的手谕："从今以后，中书省奏报的事，必须经过吕端详细斟酌，才能上报奏请。"吕端更加谦让而不自以为是。

太宗不豫，真宗为皇太子，端日与太子问起居。太宗崩，李皇后命继恩召端，端知有变，锁继恩于阁内，使人守之而入。皇后曰："宫车已晏驾，立嗣以长，顺也，今将如何？"端曰："先帝立太子正为今日，今始弃天下，岂可遽违命有异议邪？"乃奉太子至福宁庭中。真宗既立，垂帘引见群臣，端平立殿下不拜，请卷帘，升殿审视，然后降阶，率群臣拜呼万岁。

【译文】太宗患病，真宗为皇太子，吕端每日和太子问候太宗的起居状况。太宗驾崩后，李皇后命令王继恩召见吕端，吕端知道有变故，把王继恩锁在阁内，派人看守而后觐见李皇后。李皇后说："皇帝已经去世，以长子继承皇位，是合乎顺序的，现在打算怎样？"吕端说："先帝立太子正是为了今天这样的情况，现在先帝刚刚离开，怎能立即违背皇命而有异议呢？"于是保护太子到福宁殿大堂上。真宗即位后，垂帘接见群臣，吕端直立在殿下却没有跪拜，请求真宗卷起帘升殿接见，然后吕端走下台阶，率领群臣跪拜并呼万岁。

真宗每见辅臣入对，惟于端肃然拱揖，不以名呼。又以端躯体洪大，宫庭阶戺稍峻，特令梓人①为纳陛。尝召对便殿，访军国大事经久之制，端陈当世急务，皆有条理，真宗嘉纳。加右仆射，监修国史。明年夏，被疾，卒，年六十六。

【注释】①梓人：木工、工匠。

【译文】真宗每次接见辅佐大臣入朝问答，唯独对吕端肃然拱手作揖，不直呼他的姓名。又因为吕端身体庞大，宫庭台阶有些陡峻，特别命令木匠为他增加了台阶。真宗曾经在便殿召见吕端对答，询问他关于军国大事和长治久安的计策，吕端陈述了当务之急，都很有条理，真宗赞许并采纳了他的意见。加任右仆射，监修国史。第二年夏季，吕端染上疾病，去世，享年六十六岁。

端姿仪瑰秀，有器量，宽厚多恕，善谈谑，意豁如也。虽屡经摈退，未尝以得丧介怀。善与人交，轻财好施，未尝问家事。李惟清自知枢密改御史中丞，意端抑己，及端免朝谒，乃弹奏常参官①疾告逾年受奉者，又构人讼堂吏过失，欲以中端。端曰："吾直道而行，无所愧畏，风波之言不足虑也。"

【注释】①常参官：日常参见皇帝的官吏。常参，定期入朝拜见。

【译文】吕端容貌伟岸秀美，有器量，宽厚仁爱，善于谈笑，胸襟宽广。即使多次遭到贬退，不曾因失意耿耿于怀。他善与人结交，轻财好施，不曾过问家事。李惟清从知枢密改任御史中丞，怀疑吕端排挤自己，等到吕端免于入朝觐见，于是弹劾上奏有些常参官因病告假但是多年领取俸禄，又诬陷有人控告堂吏的过失，想要借此中伤吕端。吕端说：“我是按道理办事，没有什么可畏惧的，这种风言不值得担忧。”

端祖兖，尝事沧州节度刘守文为判官。守文之乱，兖举族被害。时父琦方幼，同郡赵玉冒锋刃[①]给监者曰：“此予之弟，非吕氏子也。”遂得免。玉子文度为耀帅，文度孙绍宗十余岁，端视如己子，表荐赐出身。故相冯道，乡里世旧，道子正之病废，端分奉给之。端两使绝域[②]，其国叹重之，后有使往者，每问端为宰相否，其名显如此。（宋史卷二百八十一）

【注释】①锋刃：锋利的剑刃，代指危险之处。

②绝域：极其遥远的地方。绝，隔绝，遥远。

【译文】吕端的祖父吕兖，曾经在沧州节度刘守文处担任判官。刘守文叛乱后，吕兖全族被杀害。当时父亲吕琦正年幼，同郡的赵玉冒着被杀的危险欺骗监斩官说：“这是我的弟弟，不是吕家的子弟。”于是吕琦得以免难。赵玉的儿子赵文度担任耀帅，赵文度的孙子赵绍宗才十多岁，吕端视如己出，上表举荐赐予出身。前任宰相冯道，是吕端的同乡，有世交旧谊，冯道的儿子冯正之因病残废，吕端分俸禄供给他。吕端两次出使偏远的国家，那些国家的君主都赞叹、看重他，后来有使者再前往的，每次都询问吕端是否担任宰相，他的声名就是如此地显赫。（宋史卷二百八十一）

毕士安

【题解】毕士安（938—1005年），本名士元，字仁叟，代州云中（今山西大同）人。乾德四年（966年）进士。邠帅杨廷璋辟为幕府，掌书奏。官至参知政事、平章事。景德二年（1005年），因病而亡。追赠太傅、中书令，谥号文简。

毕士安知人善任，为人正直，力劝宋真宗拜寇准为相，且为寇准解围。他治学严谨，年迈以后，依旧读书不辍，亲力亲为校书写字，可为后代学习者的楷模。

毕士安，字仁叟，代州云中人。乾德四年，举进士。

咸平初，辞府职，拜礼部侍郎，复为翰林学士。诏选官校勘《三国志》《晋》《唐书》。或有言两晋事多鄙恶不可流行者。真宗以语宰相，士安曰："恶以戒世，善以劝后。善恶之事，《春秋》备载。"真宗然之，遂命刊刻。

【译文】毕士安，字仁叟，代州云中（今山西大同）人。乾德四年（966年），考中进士。

咸平初年，毕士安辞去王府的官职，被授予礼部侍郎，又任翰林学士。真宗下诏让他选官校勘《三国志》《晋书》《旧唐书》。当中有人说两晋时期的记事大多粗俗低劣不可流行于世。真宗把这件事告诉宰相，毕士安说："罪恶用来警戒世人，善良用来劝勉后代。善恶的事，《春秋》全部记录。"真宗认同他的建议，于是命令雕刻刊行《晋书》。

李沆卒，进士安吏部侍郎、参知政事。入谢，真宗曰："未也，行且相卿。"士安顿首。真宗曰："朕倚卿以辅相，岂特今日。然时方多事，求与卿同进者，其谁可？"对曰："宰相者，必有其器，乃可居其位，臣驽朽，实不足以胜任。寇准兼资忠义，善断大事，此宰相才也。"真宗曰："闻其好刚使气。"又对曰："准方正，慷慨有大节，忘身徇国，秉道疾邪，此其素所蓄积，朝臣罕出其右者，第不为流俗所喜。今天下之民虽蒙休德，涵养安佚，而西北跳梁为边境患，若准者正所宜用也。"真宗曰："然，当藉卿宿德[1]镇之。"未阅月，以本官与准同拜平章事。士安兼监修国史，居准上。

准为相，守正嫉恶，小人日思所以倾之。有布衣申宗古告准交通安王元杰，准皇恐，莫知所自明。士安力辩其诬，下宗古吏，具得奸罔，斩之，准乃安。

【注释】①宿德：年老且有威望。宿，年老。

【译文】李沆去世后，毕士安晋升吏部侍郎、参知政事。入朝道谢，真宗说："还没有完，将要授予爱卿宰相。"毕士安叩首跪拜。真宗说："朕倚重爱卿为辅政大臣，何止是今天开始。然而时下正是多事之秋，想要寻求和爱卿一样可进朝为相的人，谁可以呢？"毕士安回答说："做宰相的人，一定要拥有做宰相的器量，才可以居其位，我愚钝年迈，实在是不足以胜任宰相之位。寇准有才能兼有忠义，善于决断大事，正是做宰相的人才。"真宗说："我听说他刚愎自用，任性而为。"毕士安又回答说："寇准刚正不阿、慷慨激昂有大节，舍身为国，坚守正义嫉恶如仇，这是他平生积聚所表现出的品行，朝中大臣很少有比得上他的，所以不受平庸世俗的人喜欢。现在天下的百姓虽然承蒙陛下的恩德，休养生息安居乐业，然而西北那些跳梁小丑竟然成为边境的祸患，像寇准这样的正是应该任用为宰相的人才。"真宗说："好的，不过要用爱卿的德望来约束他。"没过一个月，毕士安以本官和寇准一同被授予平章事。毕士安兼任监修国史，位居寇准之上。

寇准担任宰相，恪守正道、嫉恶如仇，奸邪小人日夜想要排挤他。有个平民申宗古状告寇准私下勾结安王赵元杰，寇准惶恐不安，不知道怎么为自己辩明。毕士安极力为他辩解是诬陷，抓捕申宗古审问，得到了他欺诈诬罔的供辞，斩杀了他，寇准才安心。

士安端方沉雅，有清识，醖藉，美风采，善谈吐，所至以严正称。年耆目眊[①]，读书不辍，手自雠校，或亲缮写。又精意词翰，有文集三十卷。尝谓人曰："仆仕宦无赫赫之誉，但力自规检，庶几寡过尔。"凡交游无党援，唯王祐、吕端见引重，王旦、寇准、杨亿相友善，王禹偁、陈彭年皆门人也。禹偁，济州人。幼时以事至士安官舍，士安识其非常童，留之，教以学，举业日显。后遂登科进用，更在士安前。及士安知制诰，其命乃禹偁词也。

士安没后，真宗谓寇准等曰："毕士安，善人也，事朕南府[②]、东宫，以至辅相。饬躬慎行，有古人之风，遽此沦没，深可悼惜。"及王旦为相，面奏："陛下前称毕士安清慎如古人，在位闻之感叹。仕至辅相，而四方无田园居第，没未终丧，家用已屈，真不负陛下所知。然使其家假贷为生，宜有以周之者，窃谓当出上恩，非臣敢为私惠。"真宗感叹，赐白金五千两。（宋史卷二百八十一）

【注释】①目眊：眼睛看不清的样子，此处指老花眼。

②南府：宋代把开封府当作南府。宋真宗赵恒曾做过开封府尹。

【译文】毕士安端方儒雅，有高见卓识，宽和包容，风度翩翩，善于谈吐，所到之处有严正的声明。年迈昏花，但是读书没有停止过，亲手校对文字，或者亲自抄写誊录。又精通作词写文，有文集三十卷。曾经对人说："我做官没有赫赫的功名，不过是力求自我约束，希望少些过错罢了。"他和人结交，但并不结党，只看重王祐、吕端，与王旦、寇准、杨亿相互友善，王禹偁、陈彭年都是他的门徒。王禹偁，是济州（今山东）人。小时因为有事到毕士安的官署，毕士安看出他不是一般的儿童，就留下他，并教他学习，其声名和学业日益突出。后来就考中科举被提升任用，官职在毕士安之前。等到毕士安任知制诰，那个命令还是王禹偁草拟的。

毕士安去世后，真宗对寇准等人说："毕士安，是一个好人，在南府、东宫侍奉朕，直至做到辅政宰相。他修身正己、行为谨慎，有古人的风范，突然去世，令朕觉得十分哀悼惋惜。"等到王旦担任宰相，当面启奏真宗说："陛下之前称赞毕士安清廉谨慎宛如古人，在位的人听见了都十分感叹。他官至宰相，却在四方之内没有自己的田园住宅，去世的丧礼尚未办完，家庭开支已经缺乏了，真正不幸负陛下的知遇。但是让他家借贷度日，应该有人周济他们，我认为这些应该出于皇上的恩惠，不是臣下敢给予私惠的。"真宗听完后十分感叹，赏赐他家白金五千两。（宋史卷二百八十一）

寇 准

【题解】寇准（961—1023年），字平仲，华州下邽（今陕西渭南）人。与白居易、张仁愿并称"渭南三贤"。太平兴国五年（980年），时年十九岁举进士中第，授大理评事，归州巴东知县、大名府成安知县。仅三十二岁就官至参知政事。景德元年（1004年），出任宰相。天圣元年（1023年），病逝于雷州。追赠中书令，谥号忠愍。

寇准刚正直言，不畏强御，宋太宗称他为“魏徵”。他力主抗辽，在澶渊之盟时立下了汗马功劳，致使他声望达到了顶峰。但最后终因刚愎自用、目中无人而导致仕途坎坷，死在异乡。

寇准，字平仲，华州下邽人也。年十九，举进士。累迁殿中丞、通判郓州。会诏百官言事，而准极陈利害，帝益器重之。擢尚书虞部郎中、枢密院直学士，判吏部东铨。尝奏事殿中，语不合，帝怒起，准辄引帝衣，令帝复坐，事决乃退。上由是嘉之，曰：“朕得寇准，犹文皇之得魏徵也。”

淳化二年，准与知院[①]张逊数争事上前。帝怒，谪逊，准亦罢知青州。帝顾准厚，既行，念之，常不乐。明年，召拜参知政事。真宗即位，迁尚书工部侍郎。

【注释】①知院：宋朝枢密院有时不置枢密使，就以他官知枢密院事，因称知院。后泛称枢密使。

【译文】寇准，字平仲，华州下邽（今陕西渭南）人。年方十九岁，考中进士。累迁至殿中丞、郓州通判。恰逢宋太宗下诏百官讨论时政，而寇准极力陈述利弊，太宗更加器重他。擢升他为尚书虞部郎中、枢密院直学士，判吏部东铨。寇准曾经在殿中上奏事情，言语不合太宗的心意，太宗大怒，起身走开，寇准就拉住他的衣服，让他再坐回去，议完政事才退朝。太宗因此嘉许他，说：“朕得到寇准，就像文皇得到了魏徵。”

淳化二年（991年），寇准和枢密使张逊多次在太宗面前争论政事。太宗大怒，贬谪张逊，寇准也被罢免官职任青州知州。太宗非常顾念寇准，寇准离开以后，太宗想念他，时常闷闷不乐。第二年，召回他并授予参知政事。真宗即位后，擢升寇准为尚书工部侍郎。

帝久欲相准，患其刚直难独任。景德元年，以毕士安参知政事，逾月，并命同中书门下平章事，准以集贤殿大学士位士安下。是时，契丹内寇，纵游骑掠深、祁间，小不利辄引去，徜徉无斗意。准曰："是狃[①]我也。请练师命将，简骁锐据要害以备之。"是冬，契丹果大入。急书一夕凡五至，准不发，饮笑自如。明日，同列以闻，帝大骇，以问准。准曰："陛下欲了此，不过五日尔。"因请帝幸澶州。同列惧，欲退，准止之，令候驾起。帝难之，欲还内，准曰："陛下入则臣不得见，大事去矣，请毋还而行。"帝乃议亲征，召群臣问方略。

【注释】①狃（niǔ）：拘泥，习以为常。

【译文】真宗很久就想委任寇准为宰相，但担忧他刚直难以独当其任。景德元年（1004年），任毕士安为参知政事，过了一个月，一起任命毕士安和寇准为中书门下平章事，寇准以集贤殿大学士的身份位居毕士安之下。这时，契丹侵犯边境，放纵游动的骑兵在深州、祁州之间掠夺，稍有不利就退回去，来回徘徊却没有战斗的意图。寇准说："这是让我们习以为常然后放松警惕啊。请训练军队任命将领，选择勇猛敏锐的战士占据要害之地以防备他们。”这年冬季，契丹果然大规模入侵。告急的文书一夜之间来了五次，寇准扣住文书不采取行动，饮酒谈笑犹如平常。第二天，同僚把此事上报朝廷，真宗大惊，询问寇准。寇准说：“陛下想要解决这件事，不超过五天。”因而请求真宗巡幸澶州。同僚感到恐惧，想要退出，寇准阻止了他们，命令他们等候真宗的起驾。真宗感到为难，想返回宫内，寇准说：“陛下进入后宫，臣下不得见，国家大事也就完了，请不要回宫而是去前线。”真宗于是商议御驾亲征的事情，召集群臣询问对敌策略。

既而契丹围瀛州，参知政事王钦若，江南人也，请幸金陵。陈尧叟，蜀人也，请幸成都。帝问准，准心知二人谋，乃阳若不知，曰：“谁为陛下画此策者，罪可诛也。”遂请帝幸澶州。

及至南城，契丹兵方盛，众请驻跸[①]以觇军势。准固请曰：“陛下不过河，则人心益危，敌气未慑，非所以取威决胜也。”帝遂渡河，御北城门楼，远近望见御盖，踊跃欢呼，声闻数十里。契丹相视惊愕，不能成列。

【注释】①驻跸：皇帝后妃外出，途中暂停小住或帝王出行时，开路清道，禁止通行。泛指跟帝王行止有关的事情。

【译文】不久，契丹围困瀛州（今河北河间），参知政事王钦若是江南人，请求真宗巡幸金陵（今南京）。陈尧叟是蜀地人，请求真宗巡幸成都。真宗询问寇准，寇准心里知道这是王钦若、陈尧叟二人的计谋，于是假装不知道，说："谁替陛下谋划的这种计策，其罪可以诛杀。"于是，请求真宗巡幸澶州（今河南濮阳）。

刚到澶州南城，契丹兵势正旺盛，众人请求真宗停下休息，观察军事形势。寇准坚持请求说："陛下不渡过黄河，那么军心更加恐慌，不能震慑敌人气势，这不是依靠威势来决胜负的办法。"真宗于是渡过黄河，站在澶州北城门楼上，远近士兵遥望到真宗的御盖，欢呼雀跃，呼声传到几十里外。契丹军士面面相觑，感到恐惧，摆不成阵。

帝尽以军事委准，准承制专决，号令明肃，士卒喜悦。敌数千骑乘胜薄城下，诏士卒迎击，斩获大半，乃引去。

帝厌兵，欲羁縻①不绝而已。有谮准幸兵以自取重者，准不得已，许之。帝遣曹利用如军中议岁币②，曰："百万以下皆可许也。"准召利用至幄，语曰："虽有敕，汝所许毋过三十万，过三十万，吾斩汝矣。"利用至军，果以三十万成约而还。河北罢兵，准之力也。

【注释】①羁縻：原指控制，此处指笼络，怀柔。

②岁币：宋朝称每年输给辽国的钱币，后来也输送金朝等国。

【译文】真宗把军事全部委托给寇准，寇准奉旨独自决断，号令清明严肃，士兵欢喜。敌人几千骑兵乘胜追击到城下，诏令士兵迎敌痛击，杀死、俘获一大半，敌人才退回。

真宗厌恶战争，想不断笼络契丹。有人诬陷寇准希望通过征战来抬高自己的地位，寇准不得已同意结盟。真宗派遣曹利用到军中商议给契丹的岁币，说："一百万以下都可以同意。"寇准召见曹利用到军帐中，对他说："即使有敕令，你答应契丹的数目不能超过三十万，超过三十万，我斩杀你。"曹利用到敌军中，果然以三十万钱达成和约返回。河北得以消除战祸，这是寇准的功劳。

准在相位，用人不以次，同列颇不悦。它日，又除官，同列因吏持例簿以进。准曰："宰相所以进贤退不肖也，若用例，一吏职尔。"二年，加中书侍郎兼工部尚书。准颇自矜澶渊之功，虽帝亦以此待准甚厚。王钦若深嫉之。一日会朝，准先退，帝目送之，钦若因进曰："陛下敬寇准，为其有社稷功邪？"帝曰："然。"钦若曰："澶渊之役[①]，陛下不以为耻，而谓准有社稷功，何也？"帝愕然曰："何故？"钦若曰："城下之盟，《春秋》耻之。澶渊之举，是城下之盟也。以万乘之贵而为城下之盟，其何耻如之！"帝愀然为之不悦。钦若曰："陛下闻博乎？博者输钱欲尽，乃罄所有出之，谓之孤注。陛下，寇准之孤注也，斯亦危矣。"由是帝顾准浸衰。明年，罢为刑部尚书、知陕州，遂用王旦为相。

乾兴元年，再贬雷州司户参军。天圣元年，徙衡州司马。

【注释】①澶渊之役：即宋辽在澶州发生的战争，但是在宋朝有利的情况下，和辽达成和议，即澶渊之盟。

【译文】寇准官居相位时，用人不分资格，同僚很不高兴。有一天，又任命官员，同僚拿着相关官员按照旧例收集的簿册呈送上去。寇准说："宰相是用来进用贤能贬退无德无能之人的，如果遵循旧例，只是一个官职罢了。"景德二年（1005年），加任寇准为中书侍郎兼工部尚书。寇准以澶渊之功自夸，即使如此真宗也因此对寇准非常优厚。王钦若十分妒忌他。一天上朝，寇准先行退朝，真宗目送他退出去，王钦若趁机进言说："陛下敬重寇准，是因为他有功于社稷吗？"真宗说："是的。"王钦若说："澶渊之战，陛下不认为是耻辱，却认为寇准有功于社稷，为什么呢？"真宗惊愕地说："有什么缘故吗？"王钦若说："在自己城下结盟，《春秋》认为这是耻辱的。澶渊之举，就是城下之盟。陛下以万乘之尊却和敌人结城下之盟，还有什么耻辱比得上这个！"真宗听完脸色骤变，因此不高兴。王钦若说："陛下听说过赌博吗？赌徒快把钱输完时，就倾尽所有去赌，这叫孤注一掷。陛下，就是寇准的一个赌注，这也太危险了。"从此，真宗对寇准日益疏远。第二年，寇准被降为刑部尚书、陕州知州。于是任用王旦为宰相。

乾兴元年（1022年），寇准再次被贬为雷州司户参军。天圣元年（1023年），被调任到衡州司马。

初，张咏在成都，闻准入相，谓其僚属曰："寇公奇材，惜学术不足尔。”及准出陕，咏适自成都罢还，准严供帐[①]，大为具待。咏将去，准送之郊，问曰：“何以教准？”咏徐曰：“《霍光传》不可不读也。”准莫谕其意，归取其传读之，至“不学无术”，笑曰：“此张公谓我矣。”在雷州逾年。既卒，衡州之命乃至，遂归葬西京[②]。（宋史卷二百八十一）

【注释】①供帐：亦作“供张”。陈设供宴会使用的帷帐等物，也称举行宴会。

②西京：五代时期，后晋从东都河南府迁都汴州，以汴州为东京开封府，改东都河南府为西京，北宋沿袭未改。

【译文】当初，张咏在成都，听说寇准入朝担任宰相，对他的僚属说：“寇公是奇才，可惜学问不够罢了。”等到寇准出任陕西，张咏刚好从成都罢官返回，寇准恭敬地陈设帷帐等物，热情地招待他。张咏即将离去，寇准送他到郊外，问他说：“您有什么教寇准的？”张咏慢慢地说：“《霍光传》不可不读。”寇准不明白他的意思，回来后拿出《霍光传》来读，读到“不学无术”时，笑着说：“这是张公说我了。”寇准在雷州一年多。去世以后，调任衡州司马的命令才到达，于是运回西京安葬。（宋史卷二百八十一）

群书治要续编卷第十八　宋史（三）

李　沆

【题解】李沆（947—1004年），字太初，洺州肥乡（今河北邯郸）人。太平兴国五年，举进士甲科，为将作监丞、潭州通判，迁右赞善大夫，转著作郎。官至尚书右仆射。景德元年（1004年），因病而亡，享年五十八岁，追赠太尉、中书令，谥文靖。

李沆生活在相对太平的时代，仕途几乎平坦，以清静无为治国，但注重吏治，且能预知"他日四方宁谧，朝廷未必无事"，尤其注重戒除宋真宗骄奢之心，有识人之明，能见微知著，被誉为"圣相"，王夫之称之为"宋一代柱石之臣"。

李沆，字太初，洺州肥乡人。太平兴国五年，举进士甲科，为将作监丞、通判潭州，迁右赞善大夫，转著作郎。

咸平初，以本官平章事，监修国史，改中书侍郎。

【译文】李沆，字太初，洺州肥乡（今河北邯郸）人。太平兴国五年（980年），李沆考中进士甲科，任将作监丞、潭州通判，擢升右赞善大夫，转任著作郎。

咸平初年，李沆以本官平章事，监修国史，改任中书侍郎。

会契丹犯边，真宗北幸，命沆留守，京师肃然。真宗还，沆迎于郊，命坐置酒，慰劳久之。累加门下侍郎、尚书右仆射。真宗问治道所宜先，沆曰："不用浮薄新进喜事之人，此最为先。"问其人，曰："如梅询①、曾致尧②等是矣。"

帝尝语及唐人树党难制，遂使王室微弱，盖奸邪难辨尔。沆对曰："佞言似忠，奸言似信，至如卢杞蒙蔽德宗，李勉以为真奸邪，是也。"真宗曰："奸邪之迹，虽曰难辨，然久之自败。"

【注释】①梅询（964—1041）：字昌言，端拱二年（989）进士，授利丰监判官。宋真宗咸平三年（1000），梅询作为进士考官受到召见，谈论天下大事，极合真宗之意，把他视作奇才，升任集贤院，梅询也以真宗为知己。

②曾致尧（947—1012）：字正臣，南丰（今江西）人。太平兴国八年（983年）进士。迁著作佐郎、直史馆。改秘书丞，出为两浙转运使。后历知寿、泰、泉、苏、扬、鄂等州。性刚率，好言事，前后屡上章奏，辞多激讦。

【译文】恰逢契丹侵犯边境，真宗亲自北征，命令李沆留守京城（开封），京城安宁无事。真宗返回京城，李沆在郊外迎接，真宗命令李沆坐下摆好酒，慰劳他许久。李沆多次被提升为门下侍郎、尚书右仆射。真宗询问治理国家应该先采取的方法，李沆说："不任用那些浮华浅薄、喜好多事的人，这是最先要做的事情。"真宗询问是哪些人，李沆说："像梅询、曾致尧等人就是这样的了。”

真宗曾经提及唐朝人结党难以制约，于是使得王室衰微，大概是奸诈邪恶难以分辨吧。李沆回答说：“谄媚之人说话似乎忠诚，奸诈之人说话似乎可信，至于像卢杞欺骗隐瞒唐德宗，李勉认为他是真的奸诈邪恶的人，就是这样。”真宗说：“奸邪之人的踪迹，即使很难分辨，但是时间久了也会自己败露。”

帝以沆无密奏，谓之曰：“人皆有密启，卿独无，何也？”对曰：“臣待罪[①]宰相，公事则公言之，何用密启？夫人臣有密启者，非谗即佞，臣常恶之，岂可效尤？”

沆为相，王旦参政事，以西北用兵，或至旰食。旦叹曰：“我辈安能坐致太平，得优游无事耶？”沆曰：“少有忧勤，足为警戒。他日四方宁谧，朝廷未必无事。”后契丹和亲，旦问何如，沆曰：“善则善矣，然边患既息，恐人主渐生侈心耳。”旦未以为然。沆又日取四方水旱盗贼奏之，旦以为细事不足烦上听。沆曰：“人主少年，当使知四方艰难。不然，血气方刚，不留意声色犬马，则土木、甲兵、祷祠之事作矣。吾老，不及见此，此参政他日之忧也。”沆没后，真宗以契丹既和，西夏纳款[②]，遂封岱、祠汾，大营宫观，蒐讲坠典[③]，靡有暇日。旦亲见王钦若、丁谓等所为，欲谏则业已同之，欲去则上遇之厚，乃以沆先识之远，叹曰：“李文靖真圣人也。”当时遂谓之“圣相”。

【注释】①待罪：古时官吏害怕因渎职而获罪，故而用待罪表示从事谋职的谦词。

②纳款：归顺，降服。

③坠典：指亡佚的典章制度。

【译文】真宗认为李沆没有密奏，对他说："人人都有密奏，爱卿唯独没有，为什么呢？"李沆回答说："我担任宰相，如果是公事就公开说它，为什么用密奏？一般上书密奏的大臣，不是谄媚之人就是奸佞之人，我平时就憎恶他们，怎么能效仿他们呢？"

李沆担任宰相，王旦任参知政事，因为西北边境有战事，有时因政务繁忙而无暇吃饭。王旦叹息说："我们这帮人怎么才能轻易得到太平，得以悠游自在没有事务呢？"李沆说："略有忧虑辛劳，足以作为警戒。将来天下安宁祥和，朝廷不一定没有事故发生。"后来契丹与宋和亲，王旦问这怎么样，李沆说："好是好的，但是边境的忧患平息以后，恐怕君主会逐渐产生奢侈之心。"王旦不这样认为。李沆又每天拿国家水旱灾害、盗贼叛乱上奏真宗，王旦认为琐碎的事情不值得劳烦皇上处理。李沆说："皇上年少，理当让皇上知道国家的艰难。如果不是这样，皇上血气方刚，不是留心声色犬马，那么土木、甲兵、求福祭祀的事情就会发生了。我年迈了，来不及看到这些，这是参知政事你将来的忧虑啊。"李沆去世以后，真宗认为契丹已经修和，西夏降服，于是封禅泰山、祭祀汾阴，大肆营造宫观，搜罗讲解旧典，没有停止的时候。王旦目睹王钦若、丁谓等人的所作所为，想要劝谏真宗自己却又已经和他们一起共事，想要离开真宗却又念及真宗非常礼遇他，王旦才明白李沆的先见之明，感叹说：“李文靖真是圣人啊！”当时就称呼李沆为“圣相”。

寇准与丁谓善，屡以谓才荐于沆，不用。准问之，沆曰：“顾其为人，可使之在人上乎？”准曰：“如谓者，相公终能抑之使在人下乎？”沆笑曰：“他日后悔，当思吾言也。”准后为谓所倾，始伏沆言。

【译文】寇准和丁谓交好，多次认为丁谓有才能而向李沆举荐他，李沆却不任用。寇准询问他，李沆说：“看他的为人，怎么可以让他位居他人之上？”寇准说：“像丁谓这样的人，宰相您始终能压制他让他位居别人之下吗？”李沆笑着说：“将来你后悔了，应当会想起我的话。”寇准后来被丁谓排挤，才信服李沆的话。

沆为相，常读《论语》。或问之，沆曰：“沆为宰相，如《论语》中‘节用而爱人，使民以时’，尚未能行。圣人之言，终身诵之可也。”

景德元年七月，沆待漏[①]将朝，疾作而归，诏太医诊视，抚问之使相望于道。明日，驾往临问，赐白金[②]五千两。方还宫而沆薨，年五十八。上闻之惊叹，趣驾再往，临哭之恸，谓左右曰："沆为大臣，忠良纯厚，始终如一，岂意不享遐寿[3]！"言终又泣下。废朝五日，赠太尉、中书令，谥文靖。

【注释】①待漏：古代大臣听漏刻入朝。后喻指讲要上朝的时刻。漏，即铜壶滴漏，古代计时器，此处代指时间。

②白金：银的别名。

③遐寿：高寿。遐，长久。

【译文】李沆担任宰相，常常阅读《论语》。有人问及他此事，李沆说："我作为宰相，像《论语》中说的'节用而爱人，使民以时'，还没能践行。因此，圣人的话，终身诵读就可以了。"

景德元年（1004年）七月，李沆在等待上朝的时候，因病情发作返回家中，真宗下诏让太医前往诊断李沆的病情，前来抚慰的使者在道路上络绎不绝。第二天，真宗亲自慰问，赐予李沆白银五千两。真宗刚回到宫中，李沆便去世了，享年五十八岁。真宗听说这件事后很震惊，急忙起驾再去李沆家中，哭丧哀悼非常地悲伤，对身边的人说："李沆作为大臣，忠诚善良、纯朴厚道，始终如一，怎么会想到他不长寿呢！"真宗说完又流下眼泪。罢朝五天，追赠李沆为太尉、中书令，谥号文靖。

沆性直谅，内行修谨，言无枝叶，识大体。居位慎密，不求声誉，动遵条制，人莫能干以私。公退，终日危坐，未尝跛倚。治第封丘门内，厅事[1]前仅容旋马。或言其太隘，沆笑曰："居第当传子孙，此为宰相厅事诚隘，为太祝、奉礼厅事已宽矣。”至于垣颓壁损，不以屑虑。堂前药阑[②]坏，妻戒守舍[③]者勿葺以试沆，沆朝夕见之，经月终不言。妻以语沆，沆曰：“岂可以此动吾一念哉！”家人劝治居第，未尝答。弟维因语次及之，沆曰：“身食厚禄，时有横赐，计囊装亦可以治第，但念内典[④]以此世界为缺陷，安得圆满如意，自求称足？今市新宅，须一年缮完，人生朝暮不可保，又岂能久居？巢林一枝，聊自足耳，安事丰屋哉？”（宋史卷二百八十二）

【注释】①厅事：原指官署处理事务的厅堂，后亦指私家的厅堂。

②药阑：芍药之栏，泛指花栏。

③守舍：看守房屋，指守门人。

④内典：僧人称佛经为内典。

【译文】李沆性格正直诚信，在家修身严谨，言语没有空话，识大体。任职时谨慎细致，不追求声名荣誉，行动遵循典章制度，没有人能求他徇私做事。公务完毕后，李沆整天正襟危坐，不曾斜靠着。在封丘门内营造住宅，大厅前仅能容马打转。有人说这太狭窄了，李沆笑着说：“这所住宅理当传给子孙，这里作为宰相的大厅的确是狭窄了，但是作为太祝、奉礼官的大厅已经够宽了。”甚至对于残垣断壁，李沆也不屑担忧。堂屋前的花栏毁坏了，他的妻子告戒守门人不要修补用来试探李沆，李沆早晚都看见，但是经过一个月却始终不提及。他的妻子把这件事告诉李沆，李沆说：“怎么能用这件事来动摇我一贯的想法呢？”家人劝说他修治住宅，李沆不曾回答。弟弟李维顺着话提及这件事，李沆说：“吃穿朝廷给予的厚禄，不时还有意外的赏赐，估计口袋装的钱也可以用来修缮住宅，只是想着佛家内典认为这个世界是有缺陷的，怎么会有圆满如意，靠自己能求得如意吗？如果买新的住宅，需要一年修缮好，但是，人生早晚都没法保全，又怎么能长久住在这里呢？鸟在林中的树枝上搭窝暂且感到满足，哪里需要建造华美的房屋呢？”（宋史卷二百八十二）

王　旦

【题解】王旦（957—1017年），字子明，大名莘（今山东聊城）人。太平兴国五年（980年）进士及第，为大理评事、平江知县。其父王祐手植三槐于庭，曾说后代必有三公之人，果然王旦官至同中书门下平章事。天禧元年（1017年）去世，追赠太师、尚书令兼中书令、魏国公，谥号文正。

王旦掌权十八载，为相十二年，深受宋真宗信任，但对天书封禅之事始终有愧。他的雅量令人敬佩，寇准多次揭其短处，始终不以为意，且推荐寇准为相。王旦在评品人物上，慧眼识人，当政期间，选贤举能、公忠体国，正直无私，真不愧于“平世宰相”这一称号。

王旦，字子明，大名莘人。父祐，尚书兵部侍郎，以文章显于汉、周之际，事太祖、太宗为名臣。尝谕杜重威[①]使无反汉，拒卢多逊害赵普之谋，以百口明符彦卿无罪，世多称其阴德。祐手植三槐[②]于庭，曰："吾之后世，必有为三公者，此其所以志也。"

旦幼沉默，好学有文，祐器之曰："此儿当至公相。"太平兴国五年，进士及第，为大理评事、知平江县。

【注释】①杜重威：后晋高祖石敬瑭的妹婿，因避讳后晋出帝石重贵，改名杜威。投降契丹后，镇守邺城。后汉高祖刘知远前来攻打，粮尽投降。后因反叛无常，被后汉大臣诛杀。

②槐：周代朝廷上种有三槐九棘，公卿大夫分坐其下，后因以"槐棘"喻指三公或三公之位。

【译文】王旦，字子明，大名府莘县（今山东聊城）人。父亲王祐，官至尚书兵部侍郎，凭借文章显于后汉、后周之际，侍奉宋太祖、太宗时成为名臣。曾经告诫杜重威让他不反叛后汉，抵御卢多逊杀害赵普的谋划，竭力辨明符彦卿无罪，世人大多称赞他的阴德。王祐亲手在庭院种下三棵槐树，说："我的后代，一定有做三公的人，这就是用来表明志向的。"

王旦年幼时沉默寡言，好学有文才，王祐器重他，说："这个孩子理当官至公卿、宰相。"太平兴国五年（980年），王旦进士及第，担任大理评事、平江知县。

淳化初，王禹偁荐其才，任转运使，驿召至京，旦不乐吏职，献文召试，命直史馆。二年，拜右正言、知制诰。

真宗即位，拜中书舍人，数月，为翰林学士兼知审官院、通进银台封驳司。帝素贤旦，尝奏事退，目送之曰："为朕致太平者，必斯人也。"

契丹犯边，从幸澶州。雍王元份留守东京，遇暴疾，命旦驰还，权留守事。旦曰："愿宣寇准，臣有所陈。"准至，旦奏曰："十日之间未有捷报时，当如何？"帝默然良久，曰："立皇太子。"旦既至京，直入禁中，下令甚严，使人不得传播。

【译文】淳化初年，王禹偁举荐王旦的才能，任转运使，通过驿使被征召到京城（开封），但他不喜欢吏员的职务，进献文章，被太宗召见考试，命入直史馆。淳化二年（991年），王旦被授予右正言、知制诰。

真宗即位，授予王旦中书舍人，几个月后，又任翰林学士兼知审官院、通进银台封驳司。真宗向来认为王旦贤能，王旦曾经上奏事情后退回，真宗目送他离开说："帮朕达到太平之世的，一定是这个人。"

契丹侵犯边境，王旦跟从真宗前往澶州。雍王赵元份留守东京（开封），遭遇突发疾病，真宗命令王旦急速赶回，代掌留守事务。王旦说："希望宣见寇准，我有事情要陈奏。"寇准到达后，王旦奏请说："如果十日之内没有捷报，那时应当怎么办？"真宗沉默了很久，才说："立皇太子。"王旦到达京城后，直接进入宫中，下达的命令非常严厉，让人不得散布消息。

契丹既受盟，寇准以为功，有自得之色，真宗亦自得也。王钦若忌准，欲倾之，从容言曰："此《春秋》城下之盟也，诸侯犹耻之，而陛下以为功，臣窃不取。"帝愀然曰："为之奈何？"钦若度帝厌兵，即谬曰："陛下以兵取幽燕，乃可涤耻。"帝曰："河朔生灵始免兵革，朕安能为此？可思其次。"钦若曰："唯有封禅泰山，可以镇服四海，夸示外国。然自古封禅，当得天瑞希世绝伦之事，然后可尔。"既而又曰："天瑞安可必得？前代盖有以人力为之者，惟人主深信而崇之，以明示天下，则与天瑞无异也。"帝思久之，乃可，而心惮旦，曰："王旦得无不可乎？"钦若曰："臣得以圣意喻之，宜无不可。"乘间为旦言，旦黾勉而从。帝犹尤豫①，莫与筹之者。会幸秘阁，骤问杜镐②曰："古所谓河出图、洛出书，果何事耶？"镐老儒，不测其旨，漫应之曰："此圣人以神道设教尔。"帝由此意决，遂召旦饮，欢甚，赐以尊③酒，曰："此酒极佳，归与妻孥共之。"既归发之，皆珠也。由是凡天书、封禅等事，旦不复异议。

【注释】①尤豫：即犹豫。尤，通"犹"。

②杜镐（938—1013年）：字文周，无锡（今江苏无锡）人。博闻强记，治史谨严，为士论推重，称其为"杜万卷"。历官直秘阁、郎中、右谏议大夫、龙图阁直学士、给事中、礼部侍郎等职。

③尊：通"樽"。

【译文】契丹接受盟约以后，寇准把这当做是功劳，有自得之色，真宗也自觉得意。王钦若嫉妒寇准，想排挤他，从容进言说：“这是《春秋》中所说的城下之盟，诸侯尚且当作是耻辱，而陛下认为是功劳，我私下觉得不可取。”真宗脸色骤变，说：“有什么办法呢？”王钦若揣度真宗厌恶战争，故意说：“陛下利用军队夺取幽燕地区，才可以雪耻。”真宗说：“河朔百姓才摆脱战争，朕怎么能这样做？可想别的方案。”王钦若说：“那么，唯独有封禅泰山，可以使四海顺服，向外国夸耀显示。然而自古以来的封禅，应当得到上天无与伦比的祥瑞之事，然后才可以做。”接着又说：“上天的祥瑞怎能一定得到？前代大概有依靠人力而得到的，只要皇上深信而推崇，向天下公开宣布，那么就和上天的祥瑞没有区别了。”真宗考虑了很久才认可，但是心中忌惮王旦，说：“王旦要是不认可呢？”王钦若说：“臣可以用圣意明白告知他，应该没有什么不可以的。”王钦若趁机向王旦说，王旦只好勉强听从了。真宗依旧迟疑不决，没有和他一起谋划的人。正好巡幸秘阁，真宗突然问杜镐，说：“古代所谓河出图、洛出书，果真有这种事吗？”杜镐是位老儒，没有揣测到他的意思，随便应付道：“这是圣人用神道设教罢了。”真宗因此有了决断，于是召见王旦宴饮，很是高兴，把一樽酒赐予他，说：“这酒非常佳美，回去和妻子儿女一起享用吧。”王旦回去以后打开，发现都是珠宝。因此凡是天书、封禅等事，王旦不再有异议。

大中祥符初，为天书仪仗使，从封泰山，为大礼使，进中书侍郎兼刑部尚书。

旦为天书使，每有大礼，辄奉天书以行，恒邑邑不乐[①]。凡柄用十八年，为相仅一纪。

寇准数短旦，旦专称准。帝谓旦曰：“卿虽称其美，彼专谈卿恶。”旦曰：“理固当然。臣在相位久，政事阙失必多。准对陛下无所隐，益见其忠直，此臣所以重准也。”帝以是愈贤旦。

寇准罢枢密使，托人私求为使相[②]，旦惊曰：“将相之任，岂可求耶！吾不受私请。”准深憾之。已而除准武胜军节度使、同中书门下平章事。准入见，谢曰：“非陛下知臣，安能至此？”帝具道旦所以荐者。准愧叹，以为不可及。

【注释】①邑邑不乐：即“悒悒不乐”，内心忧愁不快乐。邑，通“悒”，忧愁。

②使相：宋时称加同中书门下平章事等官衔的节度使为使相。

【译文】大中祥符初年，王旦任天书仪仗使，跟从真宗封禅泰山，任大礼使，提升中书侍郎兼刑部尚书。

王旦任天书使，每次遇到大礼，就奉天书来办理，常常闷闷不乐。王旦被真宗信任而掌权十八年，担任宰相仅十二年。

寇准多次说王旦的短处，王旦却专门称赞寇准。真宗对王旦说：“爱卿虽然称赞他的长处，他却专门谈论爱卿你的短处。”王旦说：“照理应当这样。我官居宰相之位很久了，政事的失误一定很多。寇准对陛下没有隐瞒，更加见其忠贞正直，这是我之所以敬重寇准的原因。”真宗因此更加认为王旦贤能。

寇准被罢免枢密使，托人私下请求担任使相，王旦惊讶地说：“将相的任命，怎么可以求取呢！我不接受私下请托。”寇准十分怨恨他。不久朝廷授予寇准武胜军节度使、同中书门下平章事。寇准入朝觐见，道谢说：“不是陛下了解我，怎么能得到这些任职？”真宗详细地说出王旦推荐他的原因。寇准羞愧感叹，认为自己比不上王旦。

帝欲相王钦若，旦曰：“钦若遭逢陛下，恩礼已隆，且乞留之枢密，两府[①]亦均。臣见祖宗朝未尝有南人当国者，虽古称立贤无方，然须贤士乃可。臣为宰相，不敢沮抑人，此亦公议也。”真宗遂止。旦没后，钦若始大用，语人曰：“为王公迟我十年作宰相。”

旦尝与杨亿评品人物，亿曰：“丁谓久远当何如？”旦曰：“才则才矣，语道则未。他日在上位，使有德者助之，庶得终吉；若独当权，必为身累尔。”后谓果如言。

【注释】①两府：亦称二府，宋代指掌管政务的中书门下（东府）和掌管军事的枢密院（西府）。

【译文】真宗想任命王钦若为宰相，王旦说：“王钦若遇见陛下，恩典礼遇已经很优厚了，暂且把他留在枢密院，两府之间也都可以。我见太宗朝不曾有南方人执掌国政的，虽然古时称推举贤人不拘一格，然而必须是贤能的人才才可以。我作为宰相，不敢阻遏抑制人才，这也是公议啊。”真宗于是停止任用王钦若的想法。王旦去世后，王钦若才被重用，对人说：“王公使我推迟十年担任宰相啊。”

王旦曾经和杨亿评品人物，杨亿说：“丁谓以后会怎样？”王旦说：“才能是有才能，说明白大道就未必。将来他位居高位，让有德行的人帮助他，可得以一生平安；如果他独掌大权，一定会被自身拖累。”后来丁谓的下场果真是像王旦说的一样。

旦为相，宾客满堂，无敢以私请。察可与言及素知名者，数月后，召与语，询访四方利病，或使疏其言而献之。观才之所长，密籍其名，其人复来，不见也。

旦任事久，人有谤之者，辄引咎不辨。至人有过失，虽人主盛怒，可辨者辨之，必得而后已。素羸多疾，天禧[①]初，进位太保。旦复求避位，帝睹其形瘁，悯然许之。以太尉领玉清昭应宫使，给宰相半奉。

【注释】①天禧：宋真宗赵恒第四个年号（1017—1021年），共计五年。

【译文】王旦担任宰相，宾客满堂，没人敢以私情请托。王旦考察可与交谈以及向来有名望的人，几个月后，召来与他交谈，询问访求四方的利弊，或者让他分条陈述其议论进献。观察有才能者的长处，秘密地记下名字，那个人再来拜访，王旦却不再接见。

王旦任职时间长，有人毁谤他，他通常反省自己而不争辩。至于别人有过失，即使是皇上非常生气，可以争辩的就争辩，一定得到皇帝的认可然后才停止。王旦向来羸弱多病，天禧初年，擢升太保。王旦再次请求辞官，真宗看见他身体有病，就怜悯地同意了他的请求。王旦以太尉的身份领玉清昭应宫使，给予宰相一半的俸禄。

初，旦以宰相兼使，今罢相，使犹领之，其专置使自旦始焉。寻又命肩舆入禁，使子雍与直省吏挟扶，见于延和殿。帝曰："卿今疾亟，万一有不讳，使朕以天下事付之谁乎？"旦曰："知臣莫若君，惟明主择之。"再三问，不对。时张咏、马亮皆为尚书，帝历问二人，亦不对。因曰："试以卿意言之。"旦强起举笏曰："以臣之愚，莫如寇准。"帝曰："准性刚褊，卿更思其次。"旦曰："他人，臣所不知也。臣病困，不能久侍。"遂辞退。后旦没岁余，竟用准为相。

【译文】当初，王旦以宰相的身份兼任使臣，现在罢免宰相，依旧兼任使臣的职务，朝廷专门设置使臣是从王旦开始的。不久真宗又命令王旦坐轿子进入宫中，让他儿子王雍和直省吏扶着，在延和殿觐见真宗。真宗说："爱卿你现在病重，万一有不测，让朕把天下事托付给谁呢？"王旦说："知臣莫若君，皇上圣明，自然知道选择。"真宗再三询问，王旦却不回答。当时张咏、马亮都任尚书，真宗问他二人，王旦也不回答。真宗因而说："试以爱卿的心意说说。"王旦勉强起身举着朝笏说：“以臣的愚见，没有人比得上寇准。”真宗说：“寇准性情刚愎，爱卿重新考虑其他人吧。”王旦说：“其他人，是我所不知道的。我为疾病困扰，不能侍奉陛下很久。”王旦于是辞别退下。后来王旦去世一年多后，真宗最终任用寇准担任宰相。

旦事寡嫂有礼，与弟旭友爱甚笃。家人未尝见其怒，饮食不精洁，但不食而已。尝试以少埃墨[①]投羹中，旦惟啖饭，问何不啜羹，则曰：“我偶不喜肉。”后又墨其饭，则曰：“吾今日不喜饭，可别具粥。”旦不置田宅，曰：“子孙当各念自立，何必田宅，徒使争财为不义尔。”（宋史卷二百八十二）

【注释】①埃墨：烟灰。

【译文】王旦侍奉守寡的嫂嫂有礼节，和弟弟王旭非常亲密。家人不曾看见王旦发怒，如果饮食不精致洁净，只是不吃而已。家人曾经试着把少量烟灰放到肉汤之中，王旦只是吃饭，问他为什么不喝肉汤，王旦就说：“我偶尔不喜欢吃肉。”后来又把烟灰放到饭里，王旦就说：“我今天不喜欢吃饭，可以另外准备稀饭。”王旦不购置田地房宅，说：“子孙应当各自想办法自立，何必要有父母留下的田地房宅，仅仅是让他们争夺财产变为不义之人罢了。”（宋史卷二百八十二）

鲁宗道

【题解】鲁宗道（966—1029年），字贯之，亳州谯县（今安徽亳州）人。举进士，历任濠州定远尉、海盐令、户部员外郎兼右谕德、参知政事等职。天圣七年（1029年）去世，享年64岁，追赠兵部尚书，谥号肃简。

鲁宗道为人刚正，不畏权贵，秉公无私，直言敢谏，被称为"鱼头参政"。曾在酒肆喝酒，来不及奉诏，就如实禀告原因。《续编》辑录的内容，充分体现了他的这些高贵品格。

鲁宗道，字贯之，亳州谯人。举进士，为濠州定远尉，再调海盐令。天禧元年，始诏两省置谏官六员，考所言为殿最，首擢宗道与刘烨为右正言。谏章由阁门始得进而不赐对，宗道请面论事而上奏通进司，遂为故事。尝言："守宰去民近，而无以区别能否。今除一守令，虽资材低下，而考任应格，则左司[①]无摈斥，故天下亲民者黩货害政，十常二三，欲裕民而美化，不可得矣。汉宣帝除刺史守相[②]，必亲见而考察之。今守佐虽未暇亲见，宜令大臣延之中书，询考以言，察其应对，设之以事，观其施为才不肖，皆得进退之。吏部之择县令放此，庶得良守宰宣助圣化矣。"真宗纳之。

宗道风闻，多所论列，帝意颇厌其数。后因对，自讼曰："陛下用臣，岂欲徒事纳谏之虚名邪？臣窃耻尸禄，请得罢去。”帝抚谕良久，他日书殿壁曰：“鲁直”，盖思念之也。寻除户部员外郎兼右谕德。逾年，迁左谕德、直龙图阁。

【注释】①左司：职官名。隋炀帝大业三年（607年），尚书都省置左、右司郎，掌都省事务，唐、宋皆置左、右司郎中、员外郎，分掌副尚书左、右丞处理都省各司事务。明初沿袭，旋废。

②守相：郡守和诸侯国之相。相，诸侯国辅政之臣。

【译文】鲁宗道，字贯之，亳州谯县（今安徽亳州）人。考中进士，担任濠州定远尉，再调任海盐令。天禧元年（1017年），真宗下诏在中书、门下两省开始设置谏官六名，考查他们的谏言分为殿和最等次，考后首次升鲁宗道和刘烨为右正言。谏章必须从阁门才得以进奏而且不赐对，鲁宗道请求当面论事进而上奏通进司，于是成为常例。鲁宗道曾经说：“地方官员不去和民众接近，就没有办法区别他们能力的大小。如果任命一名地方官员，即使资质才能都很低下，但是应对考试都合格，那么左司就无法排斥他们，因此天下所谓的亲民者却都贪污纳贿危害国政，常常有十分之二三的地方官员都是这样，想让他们教导民众向善，那是不可能实现的。汉宣帝任用刺史、郡守、国相，一定亲自接见考察他们。现在选任守令佐贰这些官员，即使皇帝无暇亲自接见，也应该命令大臣邀请他们到中书省，询问考查他们的言谈，观察他们的应对，再安排事情给他们，观察他们处理得当与否，就能得知是否可以任用了。吏部如果按这种办法选择县令，就可以得到好的地方官佑助圣明的教化了。”真宗采纳了他的建议。

鲁宗道有时听到传闻，就不顾场合地反复议论评判，真宗心里很是厌恶他不顾礼数的做法。后来在一次君臣应对中，鲁宗道自责说：“陛下任用我，难道想让我白白地担任纳谏这个虚名吗？我以尸位素餐而感到羞耻，请罢免我吧。”真宗听后安抚了他很久，过了些天在殿堂的墙壁上写了“鲁直”二字，表示思念鲁宗道此人此事。不久授予鲁宗道户部员外郎兼右谕德。过了一年，鲁宗道被擢升左谕德、直龙图阁。

宗道为人刚正，疾恶少容，遇事敢言，不为小谨。为谕德时，居近酒肆，尝微行就饮肆中，偶真宗亟召，使者及门久之，宗道方自酒肆来。使者先入，约曰：“即上怪公来迟，何以为对？”宗道曰：“第以实言之。”使者曰：“然则公当得罪。”曰：“饮酒，人之常情；欺君，臣子之大罪也。”真宗果问，使者具以宗道所言对。帝诘之，宗道谢曰：“有故人自乡里来，臣家贫无杯盘，故就酒家饮。”帝以为忠实可大用，尝以语太后，太后临朝，遂大用之。（宋史卷二百八十六）

【译文】鲁宗道为人刚正，疾恶如仇而缺少宽容，遇到事情敢于说话，不会处处小心谨慎。他担任右谕德时，住宅靠近酒肆，曾经穿着便服到酒肆饮酒，偶尔真宗即刻召见他，使者到他家等了很久，鲁宗道才从酒肆回来。使者要先回宫复命，跟鲁宗道约定说：“假如皇上怪罪鲁公来迟，该怎么回答？”鲁宗道说："只管如实回答。"使者说："那么鲁公理当获罪了。"鲁宗道说："饮酒，是人之常情；但是欺骗君主，就是臣子的大罪。"真宗果然询问，使者完全按照鲁宗道所说的来回答。真宗追问鲁宗道，鲁宗道谢罪并解释说："有故人从故乡里来，臣家境贫困，没有多余的酒杯盘子，所以就到酒家招待他们饮酒。"真宗认为他忠厚诚实可重用，曾经把这件事告诉太后，太后临朝后，于是重用鲁宗道。（宋史卷二百八十六）

狄　青

【题解】狄青（1008—1057年），字汉臣，汾州西河（今山西汾阳）人。嘉祐二年（1057年）抑郁而终，追赠中书令，谥号武襄。

狄青出身寒门，起于行伍，擅长骑射，一生征战二十余次，每逢作战，皆身先士卒，最著名之战是皇祐五年（1053年）夜袭昆仑关，平定侬智高。因脸上有刺字，人称"面涅将军"。狄青一生，战功赫赫，后官至枢密使。

狄青，字汉臣，汾州西河人。善骑射。初隶骑御马直，选为散直。宝元①初，赵元昊②反，诏择卫士从边，以青为三班差使、殿侍、延州指使。

尹洙为经略判官，青以指使见，洙与谈兵，善之，荐于经略使韩琦、范仲淹曰："此良将材也。"二人一见奇之，待遇甚厚。仲淹以《左氏春秋》授之曰："将不知古今，匹夫勇尔。"

青折节读书，悉通秦、汉以来将帅兵法，由是益知名。以功累迁西上阁门副使，擢秦州刺史、泾原路副都总管、经略招讨副使，又加捧日天武四厢都指挥使、惠州团练使。

【注释】①宝元：宋仁宗赵祯的第四个年号（1038—1040年），共计3年。

②赵元昊：即西夏开国君主李元昊，先世曾被宋朝赐予赵姓，故而亦称赵元昊。

【译文】狄青，字汉臣，汾州西河（今山西）人。擅长骑马射箭。当初担任骑御马直，被选为散直。宝元初年，赵元昊反叛，仁宗下诏挑选卫士参加边疆军队，任命狄青为三班差使、殿侍、延州指使。

尹洙担任经略判官，狄青以指使的身份拜见他，尹洙和他谈论军事，称赞他，向经略使韩琦、范仲淹举荐说："这是良将之才。"韩琦、范仲淹二人一看见他就觉得不凡，对待他非常优厚。范仲淹把《左氏春秋》送给他说："将领不了解古今之事，只是匹夫之勇罢了。"狄青改变旧有的志向而专心读书，全部通晓秦、汉以来将帅的兵法，因此更加知名。狄青凭借功劳，累迁至西上阁门副使，提拔为秦州刺史、泾原路副都总管、经略招讨副使。仁宗又加任狄青为捧日天武四厢都指挥使、惠州团练使。

青奋行伍，十余年而贵，是时面涅[①]犹存。帝尝敕青傅药[②]除字，青指其面曰："陛下以功擢臣，不问门地，臣所以有今日，由此涅尔，臣愿留以劝军中，不敢奉诏。”以彰化军节度使知延州，擢枢密副使。

皇祐[3]中，广源州蛮侬智高[4]反。青上表请行，翌日入对，自言：“臣起行伍，非战伐无以报国。愿得蕃落[5]骑数百，益以禁兵，羁贼首致阙下。”帝壮其言，遂除宣徽南院使、宣抚荆湖南北路、经制广南盗贼事，置酒垂拱殿以遣之。

【注释】①面涅：脸上刺有墨字。涅，以墨涂物。

②傅药：涂上药物。傅，通“敷”。

③皇祐：宋仁宗赵祯的第七个年号（1049—1054年），共计六年。

④侬智高：北宋中期广西少数民族首领，后反叛宋朝，自立为帝，后被平定。

⑤蕃落：指外族人。蕃，通“番”，此处指吐蕃骑兵。

【译文】狄青在行伍奋起，十多年就显贵了，这时脸上的刺字还在。仁宗曾经命令狄青涂些药物除去刺字，狄青指着他的脸说：“陛下依据功劳提拔我，不问门第，臣之所以有今天，因为有这个刺字罢了，我希望留着来劝勉军中将士，所以不敢奉行这个诏令。”仁宗任命狄青以彰化军节度使的身份担任延州知州，升枢密副使。

皇祐年间，广源州蛮侬智高反叛。狄青呈上奏表请求前去镇压，第二天入朝应对，他说：“臣出身于行伍之间，不是征战讨伐便没有报效国家的途径。希望得到几百名蕃落骑兵，加上禁军，绑着叛贼的头目送到朝中。”仁宗认为他的话很豪壮，于是授予狄青宣徽南院使、宣抚荆湖南北路、经官节制广南盗贼的事务，在垂拱殿摆酒宴来为狄青送行。

青大败之，斩首数千级，生擒贼五百余人，智高夜纵火烧城遁去。枭黄师宓等邕州城下，敛尸筑京观[①]于城北隅。时贼尸有衣金龙衣者，众谓智高已死，欲以上闻。青曰："安知非诈邪？宁失智高，不敢诬朝廷以贪功也。"

复为枢密副使，迁护国军节度使、河中尹。还至京师，帝嘉其功，拜枢密使，赐第敦教坊，优进诸子官秩。初，青既行，帝每忧之曰："青有威名，贼当畏其来。左右使令，非青亲信者不可；虽饮食卧起，皆宜防窃发。"乃驰使戒之。及闻青已破贼，顾宰相曰："速议赏，缓则不足以劝矣。"

【注释】①京观：古代战争中，战胜者为了炫耀武功而收集战败者的尸首建筑成的高冢。

【译文】狄青战胜敌军，斩杀叛贼几千颗首级，活捉叛贼五百多人，侬智高夜里放火烧城逃走。把黄师宓等人在邕州城下枭首示众，收集敌人尸体在邕州城北角筑起高冢夸耀武功。当时叛贼尸体中有一个身穿金龙衣的，众人都认为侬智高已经死亡，想要以此上报朝廷。狄青说："怎么知道不是侬智高诈死呢？宁愿错过打死侬智高的功劳，也不敢欺骗朝廷来贪图功劳。"

狄青再次担任枢密副使，迁护国军节度使、河中尹。狄青回到京城，仁宗嘉许他的功劳，授予枢密使，在敦教坊赐予他住宅，优厚地提升他儿子们的官位等级。起初，狄青走后，仁宗时常担忧他说："狄青拥有威名，叛贼应当会畏惧他的到来。他身边听候差遣的人，非狄青亲信的人不可；即使是饮食睡觉起床，都应该防备暗中发生意外。"于是，派遣使者去告诫狄青。等到听说狄青已经打败叛贼，仁宗对宰相说："速速商议封赏，迟缓了就不足以劝勉了。"

青为人慎密寡言，其计事必审中机会而后发。行师先正部伍，明赏罚，与士同饥寒劳苦，虽敌猝犯之，无一士敢后先者，故其出常有功。尤喜推功与将佐。始，与孙沔[①]破贼，谋一出青，贼既平，经制余事，悉以诿沔，退若不用意者。沔始叹其勇，既而服其为人，自以为不如也。尹洙以贬死，青悉力赒其家事。

熙宁元年，神宗考次近世将帅，以青起行伍而名动夷夏，深沈有智略，能以畏慎保全终始，慨然思之，命取青画像入禁中，御制祭文，遣使赍中牢[②]祠其家。（宋史卷二百九十）

【注释】①孙沔：字元规。中进士第，补赵州司理参军。跌荡自放，不守士节，然才猛过人。

②中牢：祭祀时只用羊、猪二牲。

【译文】狄青为人谨慎缜密、沉默寡言，他考虑事情必定看清机会然后才行动。出动军队时首先整顿队伍，明确赏罚，和士兵共同忍受饥寒劳苦，即使敌人突然进犯，没有一位士兵敢落后于前面的人，因此他出征大都有战功。狄青特别喜欢把功劳推给偏副将领。开始，狄青和孙沔打败叛贼，计谋全部出自狄青一人，叛贼被平定后，经营统制的很多事务，全部委托给孙沔，退出职务就像没有用过心意一般。孙沔起初赞叹他的勇敢，不久又佩服他的为人，自认为比不上狄青。尹洙被贬而去世，狄青全力救济他家。

熙宁元年（1068年），神宗考核排列近代的将帅，因为狄青出身于行伍却名震各族，深沉并有谋略，能够凭借敬畏、谨慎保全一生，非常感慨地怀念他，命令取出狄青的画像放到宫中，亲自撰写祭文，派遣使者带着中牢送到他家祭祀。（宋史卷二百九十）

吴　育

【题解】吴育（1004—1058年），字春卿，建安（今福建建瓯）人。举进士，试礼部第一，中甲科。历任临安、诸暨、襄城三县知县，翰林学士，礼部郎中，参知政事等职。嘉祐三年（1058年），因病而逝，追赠吏部尚书，谥正肃。

吴育忠诚干练，仗义执言。宋仁宗认为："吴育刚正可用，第嫉恶太过耳。"在任开封府知府期间，检举揭发大奸大盗之人，全境肃然。

吴育，字春卿，建安人也。举进士，试礼部第一，中甲科。迁礼部侍郎、知永兴军，召兼翰林侍读学士。

帝语大臣曰："吴育刚正可用，第嫉恶太过耳。"一日，侍读禁中，帝因语及："臣下毁誉，多出爱憎，卿所当慎也。"育曰："知而形之言，不若察而行之事。圣主之行，如日月之明。进一人，使人皆知其善，出一人，使人皆晓其恶，则阴邪不能构害，公正可以自立，百王之要道也。"（宋史卷二百九十一）

【译文】吴育，字春卿，建安（今福建建瓯）人。参加进士科考试，为礼部第一，考中甲科。迁礼部侍郎、知永兴军，应召兼任翰林侍读学士。

仁宗对大臣说："吴育刚直方正可以任用，只是嫉恶太过了。"一天，在宫中陪侍仁宗读书，仁宗顺便提及："臣下的毁谤和赞誉，大多出于个人的喜好和憎恶，爱卿应当谨慎。"吴育说："知道而且表现在言语上，不如明察而付出行动。圣明的君主做事，就像日月一样光明。提升一人，让人都知道他的长处，贬退一人，让人都知晓他的过失，那么阴邪就不能形成危害，公正可以自持自守，这就是百代帝王的治国要道。"（宋史卷二百九十一）

宋 绶

【题解】宋绶（991—1040年），字公垂，赵州平棘（今河北石家庄）人。大中祥符元年（1008年），赐同进士出身。历任大理寺丞、翰林学士、参知政事、司徒兼侍中等职。康定元年（1040年）去世，享年50岁，追赠司徒兼侍中，谥号宣献。

宋绶，字公垂，赵州平棘人。年十五，召试中书，真宗爱其文，迁大理评事，听于秘阁①读书。大中祥符元年，复试学士院，为集贤校理。后赐同进士出身。

始置端明殿学士，以命绶，绶固辞。又言："朋党之为朝廷患，古今同之。或窥测帝旨，密令陈奏；或附会己意，以进退人。大官市恩以招权，小人趋利以售进，此风浸长，有蠹邦政。太宗尝曰：'国家无外忧必有内患。外忧不过边事，皆可预防；奸邪共济为内患，深可惧也。'真宗亦曰：'唐朋党尤盛，王室遂卑。'愿陛下思祖宗之训，念王业艰难，整齐纲纪，正在今日。"

【注释】①秘阁：宋太宗赵光义在崇文院中堂建阁，称为秘阁，收藏昭文馆、集贤院、史馆三馆书籍真本及宫廷古画、墨迹等。泛指古代宫中收藏珍贵图书的地方。

【译文】宋绶，字公垂，赵州平棘（今河北石家庄）人。年方十五岁，应召到中书省考试，真宗喜欢他的文章，于是擢升大理评事，听任他在秘阁中读书。大中祥符元年（1008年），宋绶再次在学士院参加考试，担任集贤校理。后被赐同进士出身。

仁宗始设端明殿学士，就把这个职务授予宋绶，宋绶坚持推辞。又说："朋党成为朝廷的祸患，古今相同。有的窥探揣测陛下的旨意，密令同党向陛下陈述上奏；有的依据自己的意愿，用来提升或贬退他人。大臣以私惠取悦他人来揽权，小人因追逐名利而谋求官爵，这种风气日益兴盛，有害于国家政治。太宗曾经说过：'国家无外忧必有内患。外忧不过是边境事端，可以预防；奸邪互相勾结成为内患，就十分可怕了。'真宗也说过：'唐代朋党尤其兴盛，王室因此衰微。'希望陛下思考祖宗的训示，顾念王业的艰难，整顿朝廷纲纪，正在今天。"

帝春秋富[①]，天下久无事，绶虑宴乐有渐，乃言："人心逸于久安，而患害生于所忽。故立防于无事，销变于未萌。事至而应，不亦殆欤？臣愿饬励群司，不以承平自怠。"又上："驭下之道有三：临事尚乎守，当机贵乎断，兆谋先乎密。能守则奸不能移，能断则邪不能惑，能密则事不能挠。愿陛下念之！至若深居燕间，声味[②]以调六气[③]，节宣以顺四时，保养圣躬，宗社之休也。"再迁吏部侍郎。（宋史卷二百九十一）

【注释】①春秋富：正值少壮时期。春秋，指年龄。富，充裕。

②声味：声音和滋味，喻指习性爱好。

③六气：指人的好、恶、喜、怒、哀、乐六情。

【译文】仁宗正值年轻壮盛，天下很久没有战事发生，宋绶担忧仁宗贪图享乐之心日益增长，于是进言："人心放纵于久安长治，而祸患产生于疏忽懈怠。因此在没有战事发生时设立防备措施，在没有萌芽时便将变乱消灭。事情发生了才做出应对措施，不是很危险的吗？臣希望陛下整顿、劝勉各级部门，不因天下太平而懈怠。”又上奏说：“统御臣子之道有三点：遇事重在坚守节操，当机贵在果断决定，最初的谋划首先要周密。能够坚守节操那么奸人便不能让他动摇，能够果断决定那么邪人便不能让他迷惑，能够周密谋划那么事情便不能被扰乱。希望陛下记住这三点！至于在深居燕闲时的习性爱好能用与六气调和，节制宣泄顺应四时，保养圣体，这就是国家社稷的福德。”宋绶又被擢升为吏部侍郎。（宋史卷二百九十一）

丁　度

【题解】丁度（990—1053年），祖籍恩州清河（今河北清河）人，后徙居祥符（今河南开封）。大中祥符四年（1011年），登服勤词学科，为大理评事、通州通判，官至参知政事。皇祐五年（1053年）去世，追赠吏部尚书，谥号文简。

丁度性情纯朴，不故作威仪之态，独居十余年，身边并无姬妾侍从。丁度认为任用人才要因时而变，主张“承平时用资，边事未平宜用才”。《续编》辑录其和仁宗关于用人问题的对话，体现了丁度对于国家用人的思考。

丁度，字公雅，庆历中，迁端明殿学士、知审刑院。

帝尝问，用人以资与才孰先？度对曰：“承平时用资，边事未平宜用才。”时度在翰林已七年，而朝廷方用兵，故对以此。谏官孙甫论度所言，盖自求柄用，帝谕辅臣曰：“度在侍从十五年，数论天下事，顾未尝及私，甫安从得是语。”

度性淳质，不为威仪，居一室十余年，左右无姬侍。然喜论事，在经筵岁久，帝每以学士呼之而不名。尝问蓍龟占应之事，乃对：“卜筮虽圣人所为，要之一技而已，不若以古之治乱为监。”又尝示以欹器①曰：“朕欲临天下以中正之道。”度对曰：“臣等亦愿无倾满以事陛下。”因奏太宗尝作此器，真宗亦尝著论，于是帝制《后述》以赐之。（宋史卷二百九十二）

【注释】①欹器：古代一种倾斜易覆的盛水器。水少则倾，中则正，满则覆。

【译文】丁度，字公雅，庆历年间，擢升端明殿学士、主管审刑院。

仁宗曾经问丁度，任用人时资历和才能哪一个优先考虑？丁度回答说：“在天下太平时任用有资历的人，国家边境还没平定时应该任用有才能的人。”当时丁度在翰林已经任职七年，然而朝廷正在用兵，所以这样来回答。谏官孙甫评论说，丁度大概是在为自己谋求重用和掌权，仁宗对辅政大臣说：“丁度任职侍从已经十五年，多次评论天下大事，不曾发现他提及私人的事情，孙甫从哪里得来这些话。”

丁度性情淳厚质朴，不故作威仪之态，独居一室达十多年，身边没有姬妾侍从。但喜欢谈论时事，长年侍奉皇帝讲解经史，仁宗每次都用学士来称呼他而不称呼他的名字。仁宗曾经问他关于蓍龟占卜的事情，丁度回答说："卜筮虽然是圣人所做的事，但总体来说不过一种技艺而已，不如用古代的治乱兴衰作为借鉴。"仁宗又曾经拿着欹器给丁度看说："朕想用中正之道来君临天下。"丁度回答说："臣等也愿意不会自满地来侍奉陛下。"趁机上奏说太宗曾经制作这种器物，真宗也曾撰文论述，于是仁宗撰写《后述》赐给了丁度。（宋史卷二百九十二）

田　锡

【题解】田锡（940—1003年），字表圣，嘉州洪雅（今四川眉山）人。太平兴国三年（978年）进士，官至右谏议大夫。咸平六年（1003年）去世，享年六十四岁，特赠工部侍郎。

《续编》辑录了田锡于太平兴国六年（981年）在河北转运副使任上上疏所言边事的疏文，他认为动静、安危、利害等关系到国家的存亡。因为此时正是宋太宗当政初期，意满志得，志在收复燕云十六州。就在前两年，在宋辽高梁河之战，宋代大败，太宗乘驴车仓惶撤离，一段时间不敢再提边事。田锡以边事劝谏，足以说明不计个人得失，始终以国家为重，范仲淹由此高度评价他："呜呼田公！天下正人也。"就连司马光也由衷地敬仰，说"公稽古以鉴今，私心慕仰，想见其为人"。

田锡，字表圣，嘉州洪雅人。太平兴国三年，进士高等[①]。

六年，为河北转运副使，驿书言边事曰：

臣闻动静之机，不可妄举；安危之理，不可轻言。利害相生，变易不定；取舍无惑，思虑必精。夫动静之机，不可妄举者，动谓用兵，静谓持重。应动而静，则养寇以生奸；应静而动，则失时以败事。动静中节，乃得其宜。

诚愿考古道，务远图，示绥怀万国之心，用驾驭四夷之策，事戒辄发，理贵深谋，所谓安危之理，不可轻言者。国家务大体，求至治则安；舍近谋远，劳而无功则危。为君有常道，为臣有常职，是务大体也。上不拒谏，下不隐情，是求至治也。汉武帝躬秉武节②，登单于之台；唐太宗手结雨衣，伐辽东之国：则是舍近谋远也。沙漠穷荒，得之无用，则是劳而无功也。在位之臣，敢言者少，言而见听，未必蒙福，言而不从，方且虞祸，欲下不隐情得乎？恶③在其务大体而求至治也。

【注释】①高等：考试的等次。上等或高的等级。

②武节：古代凭以掌管军事的符节。

③恶：古同“乌”，哪，何。

【译文】田锡，字表圣，是嘉州洪雅（今四川眉山）人。太平兴国三年（978年），以优异的成绩考中进士。

太平兴国六年（981年），田锡担任河北转运副使，通过驿站递送的文书提及边防事务说：

我听说军队动静的关键，是不要轻举妄动；国家安危的道理，在于不要轻易谈论。利弊相生，变化不定；取舍没有疑惑，思虑必定精密。所谓动静的关键，不能轻举妄动之言，动是说用兵，静是说慎重。应该动的时候却静，便会姑息纵容贼寇滋生奸恶；应该静的时候却动，便会丧失时机使得事情败坏。动静适宜，才会得到理想的效果。

诚恳地希望陛下考察古代的治国之道，致力于长远的计划，显示安抚万国之心，使用驾驭四方之策，谋划事情忌讳突然发动，道理贵在能深远周密地谋划，这就是所说的安危之理，是不能轻易谈论的。国家致力于根本大计，追求最好的治理，就可安定；舍弃国内大事而谋划远方事情，劳而无功，就将危险。做君主的有一定的原则，做臣下的有固定的职责，这就是致力于国家的根本大计。皇上不拒绝谏言，臣下不隐瞒实情，这就是追求最完善的治理了。汉武帝亲自拿着符节，登上匈奴的单于台；唐太宗手结雨衣，征讨辽东诸国，这就是舍近求远了。沙漠贫瘠荒凉，得到它没有用处，这就是劳而无功了。在位之臣，敢于进言的很少，进言而被听从的，不一定蒙受福德，进言而不被听从的，将要遭遇灾祸，那么想要下面不隐瞒实情可以吗？这哪里是致力于国家的大政方针而追求最好的治理呢？

臣又谓利害相生，变易不定者，兵书曰："不能尽知用兵之害者，则不能尽知用兵之利。"盖事有可进而退，则害成之事至焉；可退而进，则利用之事去焉。可速而缓，则利必从之而失；可缓而速，则害必由之而致。可诛而赦，则奸宄之心，或有时而生害；可赦而诛，则忠勇之人，或无心于利国。可赏而罚，则有以害勤劳之功；可罚而赏，则有以利僭逾之幸。能审利害，则为聪明。以天下之耳听之则聪，以天下之目视之则明。故《书》曰“明四目、达四聪”，此之谓也。臣又谓取舍不可以有惑者，故曰“孟贲①之狐疑，不如童子之必至”。思虑不可以不精者，故曰“差若毫厘，缪以千里”。自国家图燕以来，连兵未解，财用不得不耗，人心不得不忧，愿陛下精思虑，决取舍，无使旷日持久，穷兵极武焉。

书奏，上嘉之。（宋史卷二百九十三）

【注释】①孟贲：战国时期的勇士，据传力大无穷，能生拔牛角。

【译文】臣又说过利害相生，变化不定的话。兵书上说：“不能完全知道用兵打仗的害处的人，也不能完全知道用兵打仗的好处。”大概是事情有可进之处却退却，那么妨碍成功的事情就会来到；本该退却却进取，那么原来可利用的事情就会失去。可速之处却迟缓，那么好处一定从此失去；可缓之处而快速，那么害处一定由此而来。可诛之人却被赦免，那么奸恶之心，便会不时地产生祸害；可赦之人却被诛杀，那么忠诚勇敢的人，便会不关心国家利益。可以赏赐反而被惩罚，那么就会损害有勤劳之功的人；可以惩罚反而被赏赐，那么就会利于越轨侥幸的人。能够审视利弊，就是聪明。用天下人的耳朵去听就会聪，用天下人的眼睛去看就会明。因此《尚书》说“明四目、达四聪”，就是这个意思。臣又说过取舍不可以有疑惑的话。因此说“孟贲的犹豫不决，不如童子的勇往直前”。思虑不可以不精密，因此说“差之毫厘，失之千里”。自从国家谋取燕地以来，交战不止，国家的财物不得不耗费，人心不得不忧虑，希望陛下仔细考虑，决定取舍，不要使得战事旷日持久，穷兵黩武。

田锡的文书上奏后，太宗很是嘉许。（宋史卷二百九十三）

王嘉祐

【题解】王嘉祐，济州巨野（今山东巨野）人，著名直臣王禹偁之子。《续编》辑录王嘉祐和寇准的对话，表现了王嘉祐有识人之明，能洞察其中的利害关系。因是小辈，对寇准只是委婉劝告他的性格会和宋真宗搞不好关系。寇准为相后，果然和真宗关系不好，被贬到雷州，并病逝于任上。

嘉祐为馆职①，寇准曰：“吾尹京，外议云何？”对曰：“人言丈人②且入相。”准曰：“于吾子意何如？”嘉祐曰：“以愚观之，不若不为相之善也，相则誉望损矣。自古贤相，所以能建功业、泽生民者，其君臣相得，如鱼之有水，故言听计从，而臣主俱荣。今丈人负天下重望，中外有太平之责焉，丈人于明主，能若鱼之有水乎？”准大喜，执其手曰：“元之虽文章冠天下，至于深识远虑，或不逮吾子也。”嘉祐官不显。（宋史卷二百九十三）

【注释】①馆职：唐宋时期在昭文馆（唐时又称弘文馆）、史馆、集贤院等处任职，统称馆职，即供职于“馆阁”。

②丈人：古代对老年男子的尊称。

【译文】王嘉祐担任馆职时，寇准问他说：“我担任东京开封府尹时，外界的舆论是怎样评论我的？”王嘉祐回答说：“人们说您将要入朝担任宰相了。”寇准说：“对于我这件事你意下如何？”王嘉祐曰：“按照我的浅见来看，您不如不去做宰相为好，做了宰相声誉威望就会减损。自古以来的贤良宰相，之所以能够建立功业、福泽生民的原因，在于君臣和睦，如鱼得水，所以言听计从，而且君臣一同荣盛。现在您背负着天下人的重望，朝廷内外都把太平盛世的期望寄托于您，您对于圣明的君主来说，能像是如鱼得水吗？”寇准大为高兴，握着他的手说：“元之即使文章冠绝天下，至于深识远虑，或许还是比不上你啊。”但是，王嘉祐做官没有显贵。（宋史卷二百九十三）

张　咏

【题解】张咏（946—1015年），字复之，濮州鄄城（今山东菏泽）人。太平兴国五年（980），登进士乙科，为大理评事、鄂州崇阳知县。真宗时官至礼部尚书。大中祥符八年（1015）去世，追赠左仆射，谥号忠定。

张咏所说的“廉不言贫，勤不言苦，忠不言己效，公不言己能”，可作为后世为官者的座右铭。他为民谋利，为国尽忠，不抱怨付出，是一位品格高尚的官员。

张咏，字复之，濮州鄄城人。太平兴国五年，郡举进士，议以咏首荐。有夙儒[①]张覃者未第，咏与寇准致书郡将，荐覃为首，众许其能让。是岁，咏登进士乙科，大理评事、知鄂州崇阳县。太宗闻其强干，召还，超拜虞部郎中，赐金紫。出知益州。初，蜀士知向学，而不乐仕宦。咏察郡人张及、李畋、张逵者皆有学行，为乡里所称；遂敦勉就举，而三人者悉登科，士由是知劝。咏尝曰：“询君子得君子，询小人得小人，各就其党询之，则无不审矣。”其为政，恩威并用，蜀民畏而爱之。

【注释】①夙儒：也作“宿儒”，老成博学的读书人。

【译文】张咏，字复之，濮州鄄城（今山东菏泽）人。太平兴国五年（980年），濮州推举进士，众议首先举荐张咏。当地有个叫张覃的宿儒还没考中进士，张咏便和寇准写信给本州守将，推荐张覃做首选，众人称赞他们能够谦让。这一年，张咏考中进士乙科，授大理评事、鄂州崇阳知县。太宗听说他精明干练，召他回京，越级授予他虞部郎中，赐予金印紫绶。出任益州知州。起初，蜀中士人知道读书向学，但是不喜欢做官。张咏考察本州人张及、李畋、张逵等人都有学问品行，被乡里称赞；于是敦促劝勉他们参加科举考试，这三人果然全部登科，士子们因此知道了上进。张咏曾经说："向君子询问可以得到君子的情况，向小人询问可以得到小人的情况，各自向他们的同类询问，就无不清楚他们的情况了。"张咏处理州中政事，恩威并施，蜀地百姓既敬畏又爱戴他。

真宗即位，加左谏议大夫。大中祥符初，加左丞。三年，转工部尚书。

初，咏与青州傅霖少同学。霖隐不仕。咏既显，求霖者三十年不可得，至是来谒。阍吏[1]白傅霖请见，咏责之曰："傅先生天下贤士，吾尚不得为友，汝何人，敢名之！"霖笑曰："别子一世[2]尚尔邪，是岂知世间有傅霖者乎？"咏问："昔何隐，今何出？"霖曰："子将去矣，来报子尔。"咏曰："咏亦自知之。"霖曰："知复何言。"翌日别去。后一月而咏卒，年七十。

尝谓其友人曰："张咏幸生明时，读典坟[3]以自律，不尔，则为何人邪？"故其言曰："事君者廉不言贫，勤不言苦，忠不言己效，公不言己能，斯可以事君矣。"（宋史卷二百九十三）

【注释】①阍吏（hūn lì）：古时守门的小吏。

②一世：三十年。

③典坟："三坟五典"的略称，泛指各种典籍。

【译文】真宗即位后，加任张咏为左谏议大夫。大中祥符初年，加任左丞。大中祥符三年（1010年），转任工部尚书。

起初，张咏和青州傅霖小时是同学。傅霖隐居不做官。张咏显赫以后，访求傅霖三十年都没找到，到这时来拜见张咏。守门人报告张咏说傅霖请求拜见，张咏责备他说：“傅先生是天下贤士，我尚不能和他成为朋友，你是何人，竟敢直呼他的姓名！”傅霖笑着说：“和你分别三十年还这样，他人怎么知道世间还有个叫傅霖的人呢？”张咏问：“以前为什么归隐，现在为什么出来？”傅霖说：“你即将离开了，前来告诉你罢了。”张咏说：“我自己也知道了。”傅霖说：“你已经知道了，我还能再说什么。”第二天傅霖就辞别离开了。一个月后张咏去世，享年七十岁。

张咏曾经对他的友人说：“我幸亏生在圣明的年代，阅读典籍来自我约束，不然的话，就不知道自己会成为什么样的人了。”所以他说道：“侍奉君主的人清廉不说贫困，勤劳不说劳苦，忠诚不说自己有功，公正不说自己有能，这样就可以侍奉君主了。”（宋史卷二百九十三）

赵师民

【题解】赵师民，生卒年不详，字周翰，青州临淄（今山东淄博）人。天圣年间进士，历任天章章阁侍讲、同知贡举、同判宗正寺、刑部郎中等职。擅长将《诗经》和《论语》中的微言大义阐释明白，以此劝谏。

赵师民为人淳静刚敏，志尚清远，举止庄重。勤于吏治，政有惠爱。《续编》辑录的主要内容，为其讲解《诗》和《论语》的片段，体现了他对经义的熟悉和善于讽谏。

赵师民，字周翰，青州临淄人。举进士第，迁天章章阁侍讲、同知贡举，进待制、同判宗正寺。

尝讲《诗》“如彼泉流”，曰：“水之初出，喻王政之发。顺行则通，通故清洁；逆乱则壅，壅故浊败。贤人用，则王政通而世清平；邪人进，则王泽壅而世浊败。幽王失道，用邪绌正，正不胜邪，虽有善人，不能为治，亦将相牵而沦于污浊也。”帝曰：“水何以喻政？”对曰：“水者，顺行而润下，利万物，故以喻政，此于比兴[①]，义最大。”

【注释】①比兴：古代诗歌的常用技巧。比，譬喻，以彼物比此物，有象征的效果。兴，寄托，因事寄兴，有暗示的效果。这是两种不同的手法，儒生常用作描写和反映现实，进而表现社会政治内容。

【译文】赵师民，字周翰，青州临淄（今山东淄博）人。考中进士，迁天章章阁侍讲、同知贡举，进待制、同判宗正寺。

曾经讲解《诗经》中的“如彼泉流”，说：“水流的源头，可以比喻为君王政令的施行。顺行则水流就会通畅，因此水流便清澈洁净；逆行则水流就会堵塞，因此水流便浑浊。贤能之人被任用，那么君王的政令通畅而世间太平；奸恶之人被进用，那么君王的恩泽堵塞而世风浑浊。周幽王失道，任用奸邪而罢黜公正，公正不能战胜邪恶，即使有贤能的人，也不能治理国家，也将相互牵累而沦陷于污浊之中。”仁宗问他说：“水流为何用来比喻政令？”赵师民回答说：“所谓的水，顺行而滋润大地，利于万物，因此用来比喻政令，所以以此比兴，意义最大。”

后讲《论语》，问“修文德”，曰：“文者，经天纬地之总称。君人之道，抚之以仁，制之以义，接之以礼，讲之以信，皆是。”帝曰：“然其所先者，无若信也。”曰：“信者，天下之大本，仁义礼乐，皆必由之，此实至道之要。”复问“钻燧改火”，曰：“古之圣王，举动必顺天时，所以四时变，火随木色。近世渐务苟简，以为非治具而遂废之，至其万事皆不如古。”又问：“子夏、子张所言交道孰胜？”曰：“圣哲之道，含覆广大，与天地参。善者有以进德，恶者俾之改行。子张之言为优。”

他日读《汉记》，问长安城，众莫能知，共推师民。因陈自古都雍年世，旧址所在，若画诸掌。帝悦曰：“何其所记如此！”在经筵十余年，甚见器异。（宋史卷二百九十四）

【译文】赵师民后来讲解《论语》，仁宗问到“修文德”，他回答说：“所谓的文，是经营天下治理朝政的总称。君主治人之道，用仁爱来安抚，用道义来制约，用礼仪来接纳，讲求诚信，这些都是文德了。”仁宗说：“然而在这当中最首要的事，都不如诚信为先。”赵师民说：“诚信，是国家的根本，仁义礼乐，都必定从这产生，这实在是至道之要。”仁宗再次问他“钻燧改火”，赵师民说：“古代的圣明君王，一举一动必定顺应天时，所以四季变化，火随木色变化。近代以来渐渐追求草率简略，认为不是治理国家的措施就废弃了，以至于万事都比不上古代。”仁宗又问：“子夏、子张所说的交友之道哪个更好？”赵师民说：“圣哲之道，包容覆盖广大，与天地相同。贤能的人由此使品德精进，奸邪的人由此改变行为。子张所说的更为美好。”

有一天，赵世民阅读《汉记》，仁宗问到长安城的事情，众人都不知道，于是共同推荐赵师民来回答。赵师民于是从古都雍的年代开始陈述，其旧址所在之地，都了如指掌。仁宗高兴地说：“你怎么记得这么清楚！”赵师民在御前讲解经史十多年，深受仁宗器重。（宋史卷二百九十四）

尹　洙

【题解】尹洙（1001—1047年），字师鲁，河南（今河南洛阳）人。史称河南先生。天圣二年（1024年）登进士及第，历任绛州正平县主簿、馆阁校勘、太子中允、渭州知州等职。庆历七年（1047年）病故于贬所。

范仲淹因庆历新政失败被贬，尹洙自称与其义兼师友，理当一同被贬，不因宦海沉浮而自求保全，表现了他富有情义的一面。

《续编》辑录了他所论当时朝廷在命令、爵赏、赐予等方面的弊端的奏疏，直言宋王朝江河日下的政治局面，“非独四夷之为患，朝政日弊而陛下不寤，人心日危而陛下不知。”希望能借鉴秦隋史事，效法汉代不避讳谈论国家存亡的先例，这样国家才能长治久安，人心稳定。

尹洙，字师鲁，河南人。举进士，调正平县主簿。用大臣荐，召试，为馆阁校勘，迁太子中允。会范仲淹贬，敕榜朝堂，戒百官为朋党。洙上奏曰：“仲淹忠亮有素，臣与之义兼师友，则是仲淹之党也。今仲淹以朋党被罪，臣不可苟免。”宰相怒，落校勘，复为掌书记、监唐州酒税。

【译文】尹洙，字师鲁，河南人。考中进士，调任正平县主簿。因为大臣的举荐，被朝廷召见考试，担任馆阁校勘，升太子中允。当时正值范仲淹被贬，在朝堂上宣读诏令，告诫百官不要结党。尹洙上奏说：“范仲淹向来忠诚坚贞，臣和他是师生兼朋友的关系，那么也就是范仲淹的同党了。现在范仲淹因为朋党被治罪，臣不能苟且免罪。”宰相发怒，革去他馆阁校勘的职务，再去担任掌书记、监唐州酒税。

韩琦知秦州，辟洙通判州事，加直集贤院。上奏曰：

汉文帝盛德之主，贾谊论当时事势，犹云可为恸哭。孝武帝外制四夷，以强主威，徐乐、严安尚以陈胜亡秦、六卿篡晋①为戒。二帝不以危乱灭亡为讳，故子孙保有天下者十余世。秦二世时，关东盗起。或以反者闻，二世怒，下吏；或曰逐捕今尽，不足忧，乃悦。隋炀帝时，四方兵起，左右近臣皆隐贼数，不以实闻，或言贼多者，辄被诘。二帝以危乱灭亡为讳，故秦、隋宗社数年为丘墟。陛下视今日天下之治，孰与汉文？威制四夷，孰与汉武？国家基本仁德，陛下慈孝爱民，诚万万于秦、隋矣。至于西有不臣之虏，北有强大之邻，非特闾巷盗贼之势也。

【注释】①六卿篡晋：春秋末年，晋国的韩、赵、魏、范、智及中行等六卿日益强大，侵夺晋国宗室权力，最终韩、赵、魏三分晋国。

【译文】韩琦担任秦州知州，征召尹洙为秦州通判，加任直集贤院。他上奏说：

汉文帝是一个盛德的君主，但是贾谊评论当时的事情形势，还说可为此恸哭。汉武帝对外制服四方夷族，加强君主的威严，但是徐乐、严安尚且利用陈胜灭亡秦朝、六卿篡夺晋国作为告诫。这两位帝王不把国家危乱灭亡作为忌讳，因此他们的子孙能够保有天下十多代。秦二世胡亥时，关东强盗兴起。有人把百姓谋反的事情上报给他，秦二世大怒，将报告人交给官吏治罪；有人说已经将谋反的人全部抓捕了，不值得担忧，秦二世才高兴。隋炀帝杨广时，天下四方起兵作乱，身边亲近的大臣都隐瞒叛贼的数目，不把实情告知他，有人说叛贼已经很多了，就受到问罪。这两位帝王把国家危乱作为忌讳，因此秦、隋的国家社稷不出几年就变为废墟。陛下认为今日天下的政治，和汉文帝时期相比怎样？用武力制服四方外族，和汉武帝相比又怎样？国家的根本是仁义道德，陛下仁慈孝友爱护百姓，的确是秦、隋两朝的万万倍。而现在西边有不肯臣服的外族，北边有强大的邻国，不只是平日街巷中盗贼的形势。

自西夏叛命四年，并塞苦数扰，内地疲远输。兵久于外而休息无期，卒有乘弊而起。兵法所谓“虽有智者，不能善其后”。当此之时，陛下宜夙夜忧惧，所以虑事变而塞祸源也。陛下延访边事，容纳直言，前世人主，勤劳宽大，未有能远过者。然未闻以宗庙为忧，危亡为惧，此贱臣所以感愤于邑而不已也。何者？今命令数更，恩宠过滥，赐与不节。此三者，戒之慎之，在陛下所行尔，非有难动之势也。而因循不革，弊坏日甚。臣谓陛下不以宗庙为忧、危亡为惧者，以此。

【译文】自从西夏背叛王命四年以来，边塞的百姓苦于频繁侵扰，内地的百姓疲于长途运输军粮。军队长期在外而不知何时能休养生息，最终会有人趁着军队疲困而起兵作乱。这就是兵法所说的“虽有智者，不能善其后”。当这个时候，陛下应该日夜忧虑警惕，以防突然的变故、杜绝祸根。陛下向臣下寻求关于边境的事务，能够接纳直言劝谏，前代的君主，在勤劳宽大方面，没有能超越陛下的。但是没有听说陛下为宗庙担忧，为国家危亡恐惧，这就是微臣感到愤慨、忧愁不已的原因。为什么呢？因为现在命令多次更改，恩宠过于泛滥，赏赐没有节制。这三点，应该警戒谨慎，事情都在于陛下的行动，并不是有难以变动的形势。但是因循守旧不改革，那么形势日益衰败。臣说陛下不为宗庙担忧、不为国家危亡恐惧，就是因为这个。

夫命令者，人主所以取信于下也。异时民间，朝廷降一命令，皆竦视之；今则不然，相与窃语，以为不久当更，既而信然，此命令日轻于下也。命令轻，则朝廷不尊矣。又闻群臣有献忠谋者，陛下始甚听之，后复一人沮之，则意移矣。忠言者以信之不能终，颇自诎其谋，以为无益，此命令数更之弊也。

【译文】命令，是君主用来取信于臣下的。以往在民间，朝廷颁布一道命令，百姓都会恭敬地观览；现在不是这样，而是相互私下议论，认为不久就会变更，不久果然是这样，这就使得命令日益被百姓轻视。命令被轻视，那么朝廷就没有人尊重了。又听说群臣中有人进献忠诚的谋划，陛下开始很是听信，后来有一个人阻扰，陛下就改变了主意。进献忠言的人认为陛下的信任不能贯彻始终，于是压抑自己的计谋，认为没有益处，这就是命令多次变更的弊端了。

夫爵赏，陛下所持之柄也。近时外戚、内臣以及士人，或因缘以求恩泽，从中而下谓之“内降”。臣闻唐氏政衰，或母后专制，或妃主擅朝，树恩私党，名为“斜封”。今陛下威柄自出，外戚、内臣贤而才者，当与大臣公议而进之，何必袭“斜封”之弊哉。且使大臣从之，则坏陛下纲纪；不从，则沮陛下德音。坏纲纪，忠臣所不忍为；沮德音，则威柄轻于上。且尽公不阿，朝廷所以责大臣。今乃自以私昵挠之，而欲责大臣之不私，难矣。此恩宠过滥之弊也。

【译文】爵位封赏，是陛下所拥有的权柄。近些年来，外戚、内臣以及士人，有的趁机来索求皇上的恩泽，这种从宫中向下施予赏赐称为“内降”。我听说唐朝政治衰败时，有时母后独掌国政，有时后妃把持朝政，滥施恩泽培植私党，名为“斜封”。现在陛下威势权力出于自身，外戚、内臣当中有才能的，应当与大臣们共同商议后提拔他，何必沿袭唐朝“斜封”的弊端呢？况且假若大臣顺从这种现象，便会败坏陛下的纲纪；假若不顺从，便会阻碍陛下的声名。败坏纲纪，是忠臣所不忍心做的；阻碍陛下的声名，威势权力就被轻视。况且公正不阿为国尽力，是朝廷用来要求大臣的。现在皇上自己因为私情阻扰他们，又要求大臣不徇私情，难啊！这就是恩宠太滥的弊端。

夫赐予者，国家所以劝功也。比年以来，嫔御及伶官、太医之属，赐予过厚。民间传言，内帑[①]金帛，皆祖宗累朝积聚。陛下用之，不甚爱惜，今之所存无几。疏远之人，诚不能知内府丰匮之数，但见取于民者日烦，即知畜于公帑者不厚。臣亦知国家自西方宿兵，用度浸广，帑藏之积，未必悉为赐予所费，然下民不可家至而户晓，独见陛下行事感动尔。往岁闻边将王珪，以力战赐金，则无不悦服；或见优人[②]所得过厚，则往往愤叹。人情不可不察，此赐予不节之弊也。

【注释】①内帑（nèi tǎng）：国库。

②优人：古代以乐舞、戏谑为业的艺人

【译文】赐予，是国家用来劝勉建立功业的手段。近年以来，对于嫔妃、伶官、太医之类，赏赐他们过于优厚。民间传言，国库中的金银玉帛，都是祖宗代代积聚而成的。陛下使用它们，不很爱惜，现在已经所剩无几。远离朝廷的人，的确不能知道国库充裕或匮乏的数量，只是看见向民间索取日益频繁，就知道国库的储存不充裕。臣也知道自从在西边驻扎军队，国家用度日益增加，国库的积蓄，未必全部用作赏赐，但是百姓不能家喻户晓，唯独看见陛下的行为处事而被触动罢了。往年听说边关将领王珪，因为奋力作战被赏赐黄金，百姓没有不心悦诚服的；有时看见优人所得到的赏赐过于优厚，就往往愤慨叹息。百姓的情感不可不考察，这就是赏赐不加以节制的弊端。

臣所论三事，皆人人所共知，近臣从谀而不言，以至今日。方今非独四夷之为患，朝政日弊而陛下不寤，人心日危而陛下不知。故臣愿先正于内，以正于外。然后忠谋渐进，纪纲渐举，国用渐足，士心渐奋。边境之患，庶乎息矣。惟深察秦、隋恶闻忠言所以亡，远法汉王不讳危乱所以存，日新盛德，于民更始，则天下幸甚。

仁宗嘉纳之。（宋史卷二百九十五）

【译文】臣所论述的这三件事，都是人人所共知的，陛下的亲近大臣只会奉承而不提及这些，直至今日。当今不但四方外夷为患边境，而且朝政日益衰败而陛下不能察觉，人心日益危险而陛下不能了解。因此我希望先改正朝廷内部，再改正朝政外部。然后忠诚的计谋就会逐渐进献，朝廷纲纪渐渐树立，国家费用渐渐充足，军心渐渐奋起。边境的祸患，也就可以平息了。只有深入考察秦、隋两代厌恶听闻忠言而被灭亡的原因，效法汉朝君主不忌讳国家危乱因而维持统治的经验，日益革新仁德，让百姓改变原先的看法，那么天下就非常有幸了。

仁宗嘉许并采纳了他的建议。（宋史卷二百九十五）

谢　绛

【题解】谢绛（994—1039年），字希深，富阳（今浙江富阳）人。大中祥符八年（1015年），登进士甲科，为汝阴知县。历任祠部员外郎、开封府判官、知制诰等职。宝元二年（1039年）去世，享年45岁。善议论，喜谈时事。时称“文中虎”。

《续编》辑录了谢绛在开封府判官任上时，蝗灾遍布，他据此上书言事，认为：“为国在养民，养民在择吏，吏循则民安，气和而灾息。”请求廉政减役，与民休息，审慎择吏，刑狱从宽等，体现了他一心为民的为政思想。

谢绛，字希深，其先阳夏人。举进士中甲科，授太常寺奉礼郎、知汝阴县。仁宗即位，迁太常博士。还权开封府判官，言：

蝗亘田野，坌入郛郭[①]，跳掷官寺，井匽皆满。鲁三书螟，《谷梁》以为哀公用田赋虐取于民。朝廷敛弛之法，近于廉平，以臣愚所闻，似吏不甚称而召其变。凡今典城牧民，有颛[②]方面之执：才者掠功取名，以严急为术，或辩伪无实，数蒙奖录；愚者期会簿书，畏首与尾。二者政殊，而同归于弊。

【注释】①坌入郛郭（bèn rù fú guō）：指大量蝗虫涌入城镇。坌，集聚，聚积。郛郭，原指外城，泛指城镇。

②颛：通“专”，专制。

【译文】谢绛，字希深，祖先是阳夏人。考中进士甲科，授予太常寺奉礼郎、汝阴知县。仁宗即位后，擢升太常博士。返京后暂代开封府判官，上奏说：

蝗虫遍布田野，大量飞入城镇，在官衙寺庙上下飞跳，井傍沟中都布满了。《春秋》里三次记载鲁国的螟灾，《谷梁传》认为是因为鲁哀公征收田赋，残酷剥削百姓所导致的。朝廷关于赋税征收施惠于民的律法，近乎公平，但是据臣所知，似乎是官吏不很称职而招来灾害的。但凡今天掌管城镇、管理人民的官员，都有独掌一方面的威势：有才的掠取功名，把严厉逼迫作为治理方法，有的仅凭口说而没有真实的政绩，却多次受到奖赏和任用；愚蠢的官员到期统计簿册，畏首畏尾。这两种官员的政务处理虽然不同，但是同样有害于人民。

夫为国在养民，养民在择吏，吏循则民安，气和而灾息。愿先取大州邑数十百，诏公卿以下，举任州守者，使得自辟属县令长，务求术略，不限资考。然后宽以约束，许便宜从事。期年条上理状，或徙或留，必有功化风迹，异乎有司以资而任之者焉。汉时，诏问京房[①]灾异可息之术，房对以考功课吏。臣愿陛下博访理官，除烦苛之命；申敕计臣，损聚敛之役。勿起大狱，勿用躁人，务静安，守渊默。《传》曰：“大侵之礼，百官备而不制。言省事也。”如此而沴气不弭，嘉休不至，是灵意謾谰，而圣言罔惑欤。（宋史卷二百九十五）

【注释】①京房：字君平，生卒年不详，西汉顿丘（今河北清丰）人。师从焦延寿学易，擅长谈论灾变，后被石显等人罗织罪名而死。

【译文】治理国家在于养育人民，养育人民在于选拔官吏，官吏守法，人民就安定，社会和谐，灾祸就平息。希望首先挑选多个大州县，下诏公卿以下，被推举任知州的人，让他们自行征召所属县的县令和下属官吏，务必要求有治理的谋略，不限资格和考绩。然后放松约束，允许他们根据时势自行处理。期满一年后，分条上报治理的成绩，依据他们的政绩或撤职或留任，这样一定会有利于改变风气，和朝廷依照资历任职官员会有不同的效果。在汉代，皇帝下诏向京房询问关于平息灾异的方法，京房用考核官员的政绩作为对策来回答。所以我希望陛下广泛地访求司法官员，废除繁杂苛刻的命令；告诫财政大臣，减少赋税聚敛。不要兴起大的刑事诉讼，不要任用急躁的人，务必要求清静安宁，保持深沉静默。经传上说："大灾的时候，百官都设置但不勉强办事。是说应该省事。"现在灾害、不祥之气不停止，美好的时刻总是不到来，这是皇上的灵意被歪曲，皇上的圣言被篡改。（宋史卷二百九十五）

查 道

【题解】查道（955—1018年）字湛然，歙州休宁（今安徽黄山）人。北宋著名孝子。端拱元年（988年），举进士高第，任馆陶尉。历任遂州通判、果州知州、左正言、刑部郎中等职。天禧二年（1018年），在任上去世，享年64岁。

查道为人纯孝笃义，正直诚信，知恩图报。吃枣留钱，至今称颂。《礼记》有云："莫见乎隐，莫显乎微，故君子慎其独也。"查道可谓一名君子啊。

查道，字湛然，歙州休宁人。端拱初，举进士高第，解褐①馆陶尉。淳化中，蜀寇叛，命道通判遂州。时寇党尚有伏岩谷依险为栅者，其酋何彦忠集其徒二百余，止西充之大木槽，彀弓露刃。诏书招谕之，未下，咸请发兵殄之。道曰："彼愚人也，以惧罪，欲延命须臾尔。其党岂无诖误邪？”遂微服单马数仆，不持尺刃，间关②林壑百里许，直趋贼所。初悉惊畏，持满外向。道神色自若，踞胡床而坐，谕以诏意。或识之曰：“郡守也，尝闻其仁，是宁害我者。”即相率投兵顺罗拜，号呼请罪，悉给券归农。加赐袍带驿奏，玺书褒谕。

大中祥符元年，归直史馆，迁刑部员外郎。三年，进右司郎中。

【注释】①解褐：脱下布衣，穿上官服，意指做官。褐，平民所穿的粗布。

②间关：道路崎岖，难以行走。

【译文】查道，字湛然，歙州休宁（今安徽黄山）人。端拱初年，考中进士高第，任馆陶县尉。淳化年间，蜀地贼寇反叛，太宗命令查道任遂州通判。当时，贼寇余党尚有藏身在岩谷中依据险要位置作为栅栏的，其酋长何彦忠招集他的部众二百多人，停留在西充的大木槽，张弓露刃。朝廷有诏书招谕他们，但没有成功，大臣都请求发兵前往消灭。查道说：“他们都是愚蠢的人，因为畏罪，只想多活一阵子而已。那些余党内部没有被连累的吗？”于是查道穿上便服自己带着几位随从，不持尺刃，不畏道路艰难，穿过林壑一百余里，直奔叛贼所在地。叛贼开始都惊惧，张弓持刀而外向。查道神色自若，踞坐胡床，把朝廷的诏意晓谕给他们。有人认出查道说：“这不是郡守吗？曾经听说他仁爱，怎么会是伤害我们的人呢？”随即都投降归顺，围着查道跪拜，大声呼喊请罪，查道全部发给凭证让他们回乡务农。上司加赐查道袍带并将此事上报，查道因此获得朝廷的玺书褒谕。

大中祥符元年（976年），查道归直史馆，迁刑部员外郎。大中祥符三年（978年），擢升右司郎中。

天禧元年，以耳聩难于对问，表求外任，得知虢州。将行，上御龙图阁饮饯之。秋，蝗灾民歉，道不候报，出官廪米赈之，又设粥糜以救饥者，给州麦四千斛为种于民，民赖以济，所全活万余人。二年五月，卒，讣闻，真宗轸惜之。

道性淳厚，有犯不较，所至务宽恕，胥吏有过未尝笞罚，民讼逋负者，或出己钱偿之，以是颇不治。尝出按部，路侧有佳枣，从者摘以献，道即计直挂钱于树而去。儿时尝戏画地为大第，曰："此当分赡孤遗。"及居京师，家甚贫，多聚亲族之茕独者，禄赐所得，散施随尽，不以屑意。与人交，情分切至，废弃孤露者，待之愈厚，多所周给。

【译文】天禧元年（1017年），查道因为耳聋难以对问，上表请求外任，任虢州知州。即将出发，真宗亲自在龙图阁为他摆酒饯行。这年秋季，虢州发生蝗灾，导致百姓粮食歉收，查道没有等候报批，就取出官仓米赈济百姓，又设粥棚来救济饥饿的百姓，而且给州里四千斛麦作为种子施予百姓，百姓依赖他的赈济渡过灾荒，因他保全性命的有一万多人。天禧二年

（1018年）五月，查道去世，讣告上报到朝廷，真宗为他感到哀痛惋惜。

查道性情淳朴宽厚，有人冒犯他而不计较，务求宽恕，属下胥吏有过但不曾笞罚，民间争讼有拖欠债务的，查道有时拿出私钱来偿还，因此不追究。曾经外出巡察属县，道路旁有美味的枣子，随从摘下来献给他，查道立即估算价格然后在树上挂钱而离开。查道儿时曾经戏称画地作为大宅第，说："这应当分赡给无父无母的儿女。"等到居住在京城，查道的家境非常贫困，但却聚集很多亲族中孤独无依的人，俸禄赏赐所得的东西，全部散发施予，查道并不在意。查道与人结交，情谊恳切周到，对于被抛弃、孤独露宿的人，查道对待他们更加优厚，大多有所周济救助。

初，赴举，贫不能上，亲族裒[1]钱三万遗之。道出滑台，过父友吕翁家。翁丧，贫窭无以葬，其母兄将鬻女以襄事。道倾褚中钱与之，且为其女择婿，别加资遣。又故人卒，贫甚，质女婢于人。道为赎之，嫁士族。搢绅服其履行。好学，嗜弈棋，深信内典。平居多茹蔬，或止一食，默坐终日，服玩极于卑俭。尝梦神人谓曰："汝位至正郎，寿五十七。"而享年六十四，论者以为积善所延也。（宋史卷二百九十六）

【注释】①裒（póu）：集聚，积聚。

【译文】起初，查道参加科举，因为贫困不能前去，亲族聚集金钱三万送给他帮助前行。经过滑台，路过父亲的好友吕翁家。吕翁去世，家境贫困无力安葬，吕翁的母兄打算卖女儿来办丧事。查道把口袋中所有的钱给他，而且为那个女孩选择夫婿，另外资遣。又有故人去世，非常贫困，把女儿质押给人做婢。查道为他赎回，并把她嫁给士族之人。缙绅都佩服查道的操守和品行。查道好学，喜爱对弈，深信佛家内典。查道平时闲居多食蔬菜，或者一日一餐，默坐终日，衣物器具极其简陋。查道曾经梦到有一位神人对他说："你位至正郎，寿年五十七岁。"但是他享年六十四岁，议论的人认为这是查道平时积善所延长寿命的。（宋史卷二百九十六）

司马池

【题解】司马池（980—1041年），字和中，陕州夏县（今山西夏县）人。司马光之父。景德二年（1005年）进士，任永宁主簿。累迁尚书兵部员外郎，兼侍御史知杂事。官至天章阁待制。康定二年（1041年），卒于晋州知府任上。

《续编》辑录的内容，从几个方面体现了司马池忠厚的人品。第一，他为人孝顺。在殿试时感知其母有患，即刻返乡，可见其孝顺之至。第二，他不畏权贵，秉公无私，直言劝曹利用偿还所欠进马钱，但在曹利用落难时不落井下石，并为其喊冤。第三，他有知人之明，认为陕西刘平好自用而少智谋，必定败坏国家大事，后果如其言。最后，他为人忠厚，对弹劾他的人也不报私仇。他的身教对二子司马光和司马旦影响深远。

司马池，字和中，自言晋安平献王孚后，征东大将军阳葬安邑澜洄曲，后魏析安邑置夏县，遂为县人。举进士，当试殿庭而报母亡，友匿其书。池心动，夜不能寐，曰：“吾母素多疾，家岂无有异乎？”行至宫城门，徘徊不能入。因语其友，而友止以母疾告，遂号恸而归。后中第，授永宁主簿。

【译文】司马池，字和中，自称是晋朝安平献王司马孚的后裔，征东大将军司马阳安葬在安邑澜洄曲，后魏时分安邑设置夏县，于是成为夏县人。司马池考中进士，正当殿试时，家中来信报知母亲去世，好友藏匿他的家信。司马池心悸不安，夜不能寐，说：“我母亲向来多病，家中难道有什么异常吗？”走到宫城门前，徘徊很久没有进去。就告诉他的好友，然而好友只是把他母亲生病的情况告知他，司马池于是痛哭返还家乡。后来进士中榜，司马池被授任永宁主簿。

枢密使曹利用奏为群牧判官[①]，辞不就，朝廷固授之。利用尝委括大臣所负进马价，池曰：“令之不行，由上犯之。公所负尚多，不先输，何以趣他人。”利用惊曰：“吏给[②]我已输矣。”亟命送官，数日而诸负者皆入。利用贬，其党畏罪，徒而毁短者甚众，池独扬言于朝，称利用枉，朝廷卒不问。

【注释】①群牧判官：群牧司（主管国家公用马匹的机构）的判官。

②绐：古同“诒”，欺骗，欺诈。

【译文】枢密使曹利用上奏朝廷保举司马池任群牧判官，司马池推辞不就任，朝廷坚持授予他。曹利用曾委托他搜求大臣所欠朝廷的进马价，司马池说：“律令不被执行，是因为上司触犯规定。您所欠的还多，不首先交还，用什么去催促他人。”曹利用惊愕地说：“属吏骗我已经归还了。”连忙命令人送缴官府，几日后欠款的人都交付了。曹利用被贬，他的党羽害怕受到牵连，诋毁他的人非常多，唯独司马池在朝廷大声呼喊，声称曹利用是冤枉的，朝廷最终没有追究曹利用。

累迁尚书兵部员外郎，遂兼侍御史知杂事。尝言：“陕西用兵无宿将，刘平[①]好自用而少智谋，必误大事。”后平果败。更户部度支、盐铁副使。岁满，中书进名，帝曰：“是固辞谏官者。”擢天章阁待制、知河中府，徙同州，又徙杭州。

池性质易，不饰厨传[②]，剸剧非所长，又不知吴俗，以是谤讥闻朝廷。转运使江钧、张从革劾池决事不当十余条，及稽留德音，降知虢州。初，转运使既奏池，会吏有盗官银器，械州狱，自陈为钧掌私厨，出所卖过半；又越州通判载私物盗税，乃从革之姻，遣人私请。或谓池可举劾以报仇，池曰：“吾不为也。”人称其长者。徙知晋州，卒。子旦、光。（宋史卷二百九十八）

【注释】①刘平：宋代名将。曾在康定元年（1040年），刘平与石元孙奉命增援延州抵抗西夏李元昊。后因刘平不听劝阻，恃勇轻敌，贸然轻进，遭遇三川口之战大败，遂被俘。

②厨传：古代供应过客食宿、车马的驿站。此处指接待宾客。

【译文】司马池累迁尚书兵部员外郎，兼任侍御史知杂事。曾经说："陕西用兵作战没有经验丰富的老将，刘平喜欢自以为是，缺乏智谋，必然耽误大事。"后来刘平果然战败。司马池改任户部度支、盐铁副使。任满以后，中书呈报姓名，仁宗说："这是坚决推辞担任谏官的人。"于是擢升司马池为天章阁待制、河中府知府，调任同州知州，又调任杭州知州。

司马池性情质朴平易，不喜宴请宾客，判决繁杂事务不是他所擅长的，又不了解吴地风俗，因此朝廷听到很多关于他的非议。转运使江钧、张从革弹劾司马池处理公务不当有十多条，以及扣留朝廷诏令，因此司马池被降任虢州知州。当初，转运使已经上奏弹劾司马池，恰逢有官吏偷盗官府的银器，绑送州狱，自己供认替江钧掌管私人财物，供出所卖已超一半；又有越州通判携带私物逃税，是张从革的姻亲，派人来委托人情。有人对司马池说可以举报弹劾以报仇，司马池说："我不做这种事。"人们称赞他为忠厚的长者。司马池被调任晋州知州，不久去世。儿子有司马旦、司马光。（宋史卷二百九十八）

司马旦

【题解】司马旦（1006—1087年），字伯康，司马池之子，司马光之兄。以其父司马池的原因，为秘书省校书郎，历郑县主簿。历官十七，迁至太中大夫。元祐二年（1087年）去世，享年82岁。

司马旦为人恬淡寡欲，与弟弟司马光始终友爱，旁引大义劝司马光出山，为天下人所称赞。

旦字伯康。以父任，为秘书省校书郎，历郑县主簿。

知祁县，天大旱，人乏食，群盗剽敚[①]，富家巨室至以兵自备。旦召富者开以祸福，于是争出粟，减直以粜，犹不失其赢，饥者获济，盗患亦弭。

旦澹薄无欲，奉养苟完，人不见其贵。与弟光尤友爱终始，人无间言。光居洛，旦居夏县，皆有园沼胜概。光岁一往省旦，旦亦间至洛视光。凡光平时所与论天下事，旦有助焉。及光被门下侍郎召，固辞不拜。旦引大义语之曰："生平诵尧、舜之道，思致其君，今时可而违，非进退之正也。"光幡然就位。方是时，天下惧光之终不出，及闻此，皆欣然称旦曰："长者之言也。"（宋史卷二百九十八）

【注释】①剽敚（duó）：掠夺，掳掠。敚，古同"夺"。

【译文】司马旦字伯康。依靠父亲司马池的恩荫，任秘书省校书郎，历任郑县主簿。

司马旦任祁县知县，天大旱，百姓粮食匮乏，群盗到处抢劫，以致富家大族用武器自行防备。司马旦召集富人用祸福厉害来开导他们，于是富人争相捐出粮食，减低价格出售，还能有所盈利，饥民得以救济，盗贼也平息了。

司马旦恬淡寡欲，饮食起居大致备全，人们看不出他的尊贵。他和弟弟司马光始终友爱，人们没有关于他们的闲话。司马光住在洛阳，司马旦住在夏县，两人都有园林胜景。司马光每年探望一次司马旦，司马旦也有时也到洛阳看望司马光。但凡司马光平时参与讨论的天下大事，司马旦对他都有所帮助。等到司马光被朝廷征召为门下侍郎，司马光坚持推辞不去就任。司马旦援引大义劝他说："生平诵读尧、舜之道，就是想为君王出力，现在遇到机会却推辞，这不符合进退的正途。"司马光幡然醒悟，前往就任。那时，天下人害怕司马光始终不出山，等到听了这个消息，都很愉快地称赞司马旦说："这是长者的话啊。"（宋史卷二百九十八）

群书治要续编卷第十九　宋史（四）

张　傅

【题解】张傅，字岩卿，进士及第，历任秘书省著作佐郎、知奉符县，楚州知州、提点江西刑狱、任应天府知府等职。他七为监司，所到之处审核簿书，勾擿奸隐，州县官员十分畏惧。张傅却认为这样做不是针对他们，而是事事致察，正是因为爱护州县官员才要这么做。对今天的领导干部而言，张傅的做法依然值得效法学习。

张傅，字岩卿，唐初功臣公谨之裔。进士及第，稍迁秘书省著作佐郎、知奉符县。傅强力治事，七为监司，所至审核簿书，勾擿奸隐，州县惮之。傅曰：“奚为我惮哉。吾所以事事致察者，正所以爱州县也。吏不敢慢，则州县不复犯法矣。”人亦以为然。（宋史卷三百）

【译文】张傅，字岩卿，唐朝初年功臣张公谨的后裔。张傅进士及第，逐渐升迁秘书省著作佐郎、奉符知县。张傅处理政务强健能干，七次担任监司，所任之处都要审核簿册，揭发欺瞒隐伏的坏人坏事，州县中的官员都惧怕他。张傅说：“为什么要惧怕我呢。我之所以事事仔细考察，正是因为爱护州县。官吏不敢怠慢，那么各州县官员就不再犯法了。”人们都认为他说的对。(宋史卷三百)

贾　黯

【题解】贾黯(1022—1065年)，字直孺，邓州穰县(今河南邓州)人。庆历六年(1064年)，举进士，名列状元，起家将作临丞、通判襄州。贾黯不记私仇地举荐人才，推荐吕诲担任御史。他认为天下从不缺乏人才，而在于怎么分辨人才。所上奏的五事对当下发现和选拔人才亦有现实意义。

贾黯，字直孺，邓州穰人。擢进士第一，起家将作临丞、通判襄州。英宗即位，迁中书舍人。

迁给事中、权御史中丞。未几，以吕诲知杂事，诲尝弹治黯，逡巡引避。黯言尝荐诲为御史，知其方正谨厚，一时公言，非有嫌怨，愿终与共事，诲乃就职。

帝尝从容谓黯曰：“朕欲用人，少可任者。”黯对：“天下未尝乏人，顾所用如何尔。”退而上五事：一、知人之明，二、养育以渐，三、材不求备，四、以类荐举，五、择取自代。(宋史卷三百二)

【译文】贾黯，字直孺，邓州穰县(今河南邓州)人。贾黯考中进士第一名，初次任职将作临丞、襄州通判。英宗即位后，迁中书舍人。

后来，贾黯升至给事中、权御史中丞。不久，朝廷任命吕诲为知杂事，吕诲曾经弹劾贾黯，于是他犹豫退避。贾黯说他曾经推荐吕诲担任御史，了解他为人刚正谨厚，一时为公论事，并不是有个人私怨，希望能和他一起共事，吕诲才就职。

英宗曾经从容地对贾黯说："朕想任用人才，然而缺乏可胜任的人。"贾黯回答说："天下不曾缺乏人才，就看怎么任用而已。"退朝后，上奏五件事说：一、知人之明，二、养育人才，三、用才不求全责备，四、按类举荐，五、选拔人才代替。（宋史卷三百二）

晏殊

【题解】晏殊（991—1055年），字同叔，抚州临川（今江西抚州）人。自幼聪慧，有神童之称。历任秘书省正字、太常寺奉礼郎、集贤殿学士、同平章事，兼枢密使等职。

晏殊为人刚简威猛，待人以诚，虽然贵至宰相，但生活十分简朴。他善于发现人才，且乐于提拔人才，范仲淹、孔道辅、欧阳修等人皆出其门，又能识别身处寒门的富弼，把女儿嫁给他。晏殊执政时期，范仲淹、韩琦、富弼皆受重用，台阁也多一时之贤，所为皆利国利民，史家所称的"庆历新政"，主导者正是晏殊。

晏殊，字同叔，抚州临川人。庆历中，拜集贤殿学士、同平章事，兼枢密使。

殊平居好贤，当世知名之士，如范仲淹、孔道辅皆出其门。及为相，益务进贤材，而仲淹与韩琦、富弼皆进用，至于台阁，多一时之贤。帝亦奋然有意，欲因群材以更治，而小人权幸①皆不便。

殊性刚简，奉养清俭。累典州，吏民颇畏其悁急。善知人，富弼、杨察，皆其婿也。殊为宰相兼枢密使，而弼为副使，辞所兼，诏不许，其信遇如此。

论曰：殊喜荐拔人物，乐善不倦，方之诸人，殊其最优乎！（宋史卷三百十一）

【注释】①权幸：指有权势而得到帝王宠爱的奸佞之人。

【译文】晏殊，字同叔，抚州临川（今江西抚州）人。庆历年间，被授任集贤殿学士、同平章事，兼任枢密使。

晏殊平时喜好贤才，当世知名之士，如范仲淹、孔道辅都出自他的门下。等到晏殊担任宰相，更加致力于选拔贤才，范仲淹、韩琦和富弼都得到选拔任用，甚至官至台阁，多是一时之贤士。仁宗奋发图志，想凭借众多贤才来改革政治，然而小人、权贵、投机之人都不支持改革。

晏殊性格刚正简练，日常生活清廉节俭。多次担任州官，官员百姓都有点惧怕他的急进。他特别善于识别人，富弼、杨察，都是他的女婿。晏殊担任宰相兼枢密使，而富弼担任枢密副使，晏殊推辞所兼的枢密使一职，仁宗下诏不许，其得到仁宗的信任和知遇就是这样。

史官评论说：晏殊喜欢推荐提拔人才，乐于为善而没有厌倦，在这些大臣中，晏殊可以说是最优秀的了！（宋史卷三百十一）

韩　琦

【题解】韩琦（1008—1075年），字稚圭，相州安阳（今河南安阳）人。天圣五年（1027年），年仅20岁考中进士，名列榜眼。官至宰辅。

韩琦以敢于直言进谏著称。宰相王随、陈尧佐，参知政事韩亿、石中立无所作为，他接连弹劾此四人，四人同日罢职，名震京城。和范仲淹经略陕西，抵御西夏，名重一时，时称“韩范”。韩琦虽在朝为相，但时时关注边事，不断向英宗陈述整修边备的重要性，与富弼齐名，号称贤相，人们称他们为“富韩”。

韩琦为相十载、辅佐三朝，为北宋的繁荣发展做出了贡献。欧阳修赞其“临大事，决大议，垂绅正笏，不动声色，措天下于泰山之安，可谓社稷之臣”。他虽然名重一时，但不因此骄傲自大，而是屈己待人，无论贵贱，礼之如一，始终保持着谦恭的态度，终得善终。

韩琦，字稚圭，相州安阳人。弱冠举进士。历开封府推官、三司度支判官，拜右司谏。时宰相王随、陈尧佐，参知政事韩亿、石中立，在中书罕所建明，琦连疏其过，四人同日罢。又请停内降，抑侥幸。凡事有不便，未尝不言，每以辨明得失、匡正纲纪、亲近忠直、远离邪佞为急，前后七十余疏。王曾为相，谓之曰："今言者不激，则多畏顾，何补上德？如君言，可谓切而不迂矣。"曾闻望方崇，罕所奖与，琦闻其语，益自信。权知制诰。

【译文】韩琦，字稚圭，相州安阳（今河南安阳）人。二十岁考中进士。历任开封府推官、三司度支判官，任右司谏。当时宰相王随、陈尧佐，参知政事韩亿、石中立，在中书很少建树，韩琦接连上疏弹劾他们的过失，这四人同日被罢官。又请求停止由宫内直接发出诏令，抑制乞求侥幸之人。凡事有不当之处，未曾不上奏提及，每每以明得失、正纪纲、亲忠直、远邪佞作为紧切之务，前后七十次多上疏。王曾担任宰相，对韩琦说："现在的言事者不是偏激，就是多有畏惧顾虑，对皇上的德行有什么帮助？像你所上言的，可以称为恳切而不迂腐了。"王曾名誉与声望正高，很少夸奖他人，韩琦听见这些话，更加自信。后来韩琦权知制诰。

益、利岁饥，为体量安抚使。异时郡县督赋调繁急，市上供绮绣诸物不予直，琦为缓调蠲给之，逐贪残不职吏，汰冗役数百，活饥民百九十万。

会四路置帅，以琦兼秦凤经略安抚、招讨使。庆历二年，与三帅皆换观察使，范仲淹、庞籍、王沿不肯拜，琦独受不辞。未几，还旧职，为陕西四路经略安抚、招讨使，屯泾州。琦与范仲淹在兵间久，名重一时，人心归之，朝廷倚以为重，故天下称为“韩范”。

【译文】益州、利州连年饥荒，韩琦任体量安抚使。往时州县官员督促赋调繁迫，市场上供应的绮绣等物不给价钱，韩琦放缓征调甚至免除供给他们，驱逐贪婪凶残不称职的官吏，淘汰繁杂劳役百项，救活饥民一百九十万人。

适逢四路设置元帅，朝廷任命韩琦兼任秦凤经略安抚、招讨使。庆历二年（1042年），与其他三帅都换成观察使，范仲淹、庞籍、王沿不肯接受，唯独韩琦接受没有推辞。不久，韩琦官复旧职，任陕西四路经略安抚、招讨使，屯守泾州。韩琦与范仲淹在军队中时间长了，名重一时，人心归依，朝廷倚重他们，因此天下称他们为“韩范”。

时二府合班奏事，琦必尽言，虽事属中书，亦指陈其实。同列或不悦，帝独识之，曰：“韩琦性直。”琦与范仲淹、富弼皆以海内人望，同时登用，中外跂想其勋业。仲淹等亦以天下为己任，群小不便之，毁言日闻。仲淹、弼继罢，琦为辨析，不报。尹洙与刘沪争城水洛事，琦右洙，朝论不谓然。乃请外，以资政殿学士知扬州，徙郓州、成德军、定州。兼安抚使，进大学士，又加观文殿学士。

嘉祐元年，召为三司使，未至，迎拜枢密使。神宗立，拜司空兼侍中。

【译文】当时中书门下和枢密院一起上朝奏事，韩琦必定会尽力陈述，即使事情属于中书管辖，他也要指陈事实。同僚中有人不高兴，唯独仁宗赏识他，说："韩琦性格忠直。"韩琦与范仲淹、富弼都为海内众人所仰望，同时入朝任用，朝廷内外都企望他们的功业。范仲淹等人也以天下为己任，由此群小不利，诋毁的言论日益增多。范仲淹、富弼相继被罢官，韩琦为他们辩解，朝廷没有回复。尹洙与刘沪争论在水洛筑城的事情，韩琦袒护尹洙，朝中议论认为韩琦不对。于是韩琦请求外任，以资政殿学士的身份担任扬州知州，后来调任郓州、成德军、定州。兼任安抚使，进为大学士，又加任观文殿学士。

嘉祐元年(1056年)，召为三司使，韩琦还没到任，就被授任枢密使。神宗即位后，授任韩琦为司空兼侍中。

琦蚤有盛名，识量英伟，临事喜愠不见于色，论者以重厚比周勃[①]，政事比姚崇[②]。其为学士临边，年甫三十，天下已称为韩公。嘉祐、治平间，再决大策，以安社稷。当是时，朝廷多故，琦处危疑之际，知无不为。或谏曰："公所为诚善，万一蹉跌，岂惟身不自保，恐家无处所。"琦叹曰："是何言也。人臣尽力事君，死生以之。至于成败，天也，岂可豫忧其不济，遂辍不为哉。"闻者愧服。在魏都[③]久，辽使每过，移牒必书名，曰："以韩公在此故也。"忠彦使辽，辽主问知其貌类父，即命工图之，其见重于外国也如此。

【注释】①周勃：沛郡丰邑（今江苏丰县）人。西汉初期著名将领，刘邦认为他"厚重少文"，后平定诸吕之乱，拥立汉文帝刘恒为帝，官至右丞相。

②姚崇：字元之，陕州硖石（今河南陕县）人，与房玄龄、杜如晦、宋璟并称唐朝"四大贤相"。

③魏都：即北宋都城汴京开封府。因战国时期魏国在此建都，称大梁，故而也称汴梁。

【译文】韩琦早负盛名，见识器量英伟，处事喜怒不形于色，评论的人认为韩琦持重淳厚，可以比肩汉代的周勃，处理政事可以比肩唐代的姚崇。韩琦以学士的身份巡察边境，年仅三十岁，天下已称他为韩公。嘉祐、治平年间，两次决定大策，以安社稷。就在这时，朝廷多有变故，韩琦处在危疑之际，知道的没有不去做的。有人劝谏他说："您所做的确实很好，万一出现失误，不只是自身难保，恐怕家人也无处安身。"韩琦叹息说："这是什么话呢？如果臣下尽力侍奉君王，就该把死生置之度外。至于成败，是天意，怎么可以预先担忧事情不成功，就停止不做呢？"听见的人都惭愧心服。在魏都时间长了，辽国使者每次经过，移送文书必定书写姓名，说："是因为韩公在这里的原因啊。"韩琦的儿子韩忠彦出使辽国，辽国君主得知他的长相像他父亲，马上命令画工画图，他在外国也被如此敬重。

琦天资朴忠，折节下士，无贱贵，礼之如一。尤以奖拔人才为急，傥公论所与，虽意所不悦，亦收用之，故得人为多。选饬群司，皆使奉法循理。其所建请，第顾义所在，无适莫心。在相位时，王安石有盛名，或以为可用，琦独不然之。及守相，陛辞，神宗曰："卿去，谁可属国者，王安石何如？"琦曰："安石为翰林学士则有余，处辅弼之地则不可。"上不答。其镇大名也，魏人为立生祠①。相人爱之如父母，有斗讼，传相劝止，曰："勿挠吾侍中也。"与富弼齐名，号称贤相，人谓之"富韩"云。（宋史卷三百十二）

【注释】①生祠：对还活着的人立祠奉祀，以表示内心的感戴和钦敬之意。

【译文】韩琦天资质朴忠贞，屈己待人，无论贵贱，都同样以礼相待。特别以嘉奖提拔人才为急务，假如是众人议论赞成的，即使是自己觉得不喜欢，也会任用他，因此深得人心。挑选整顿各个部门，都让他们依法循理。他所建议请求的，只考虑道义所在，不分厚薄，没有偏向。担任宰相时，王安石负有盛名，有人认为可以任用，唯独韩琦认为不是这样的。等到镇守相州，韩琦去辞别神宗，神宗说："爱卿离开，谁可以嘱托国家大事，王安石怎么样？"韩琦说："王安石担任翰林学士绰绰有余，处于辅弼大臣的地位就不可以。"神宗没有回答。他镇守大名府时，魏地百姓为他建立生祠祭祀。相州百姓爱戴他犹如父母，如果有争斗诉讼，就互相劝阻，说："不要打扰我们的侍中。"与富弼齐名，号称贤相，人们称他们为"富韩"。（宋史卷三百十二）

富 弼

【题解】富弼（1004—1083年），字彦国，河南人（今河南洛阳）人。举茂材异等科及第，授将作监丞、签书河阳判官。庆历三年（1043年），位列宰辅。

富弼为相顺从公论，不夹带私心，遵循典章制度，时称贤相。他天性至孝，恭俭好修，好善嫉恶。告老还乡，功成身退，但依然心系国家，临终时上书神宗割地于西夏，以求休兵息民。元丰六年（1083年），富弼去世，享年80岁。神宗追赠他为太尉，谥号文忠。

富弼，字彦国，河南人。三年，拜枢密副使，辞之愈力，改授资政殿学士兼侍读学士。七月，复拜枢密副使。

弼为相，守典故，行故事，而傅以公议，无容心于其间。当是时，百官任职，天下无事。

时有为帝言灾异皆天数，非关人事得失所致者。弼闻而叹曰："人君所畏惟天，若不畏天，何事不可为者！此必奸人欲进邪说，以摇上心，使辅拂谏争之臣，无所施其力。是治乱之机，不可以不速救。"即上书数千言，力论之。又言："君子小人之进退，系王道之消长，愿深加辨察，勿以同异为喜怒、喜怒为用舍。陛下好使人伺察外事，故奸险得志。又多出亲批，若事事皆中，亦非为君之道；脱十中七八，积日累月，所失亦多。今中外之务渐有更张，大抵小人惟喜生事，愿深烛其然，无使有悔。”是时久旱，群臣请上尊号及用乐，帝不许，而以同天节契丹使当上寿，故未断其请。弼言此盛德事，正当以此示之，乞并罢上寿。帝从之，即日雨。弼又上疏，愿益畏天戒，远奸佞，近忠良。帝手诏褒答之。

【译文】富弼，字彦国，河南府（今河南洛阳）人。庆历三年（1043年），授枢密副使，富弼坚决推辞，后改授资政殿学士兼侍读学士。七月，再次授枢密副使。

富弼担任宰相，遵守典章制度，奉行惯例，而且参考公众舆论，不掺杂私心。当时，百官各司其事，天下太平无事。

当时有人向仁宗说灾祸异象都是天数，和人事得失所导致的无关。富弼听到后叹息说：“君王所畏惧的只有上天，如果不畏惧上天，还有什么是不能做的呢？这一定是奸人想进邪说，来扰乱陛下的心智，使得辅弼谏诤之臣不能施展才力。这是国家治乱的关键，不可以不尽快拯救。”富弼立即上书几千字，尽力辩论。又上言：“君子小人的进用贬退，关系到王道的兴盛和衰败，希望皇上深加辨别考察，不要依据同异而喜怒、依据喜怒而任用或舍弃。陛下喜欢派人侦察朝外的事情，因此奸诈阴险的人得志。又多次发布亲笔批示，如果事事都切中，也不是为君之道；如果十分之七八，日积月累，所遗失的事情也多。现在朝廷内外的事务渐渐有变革，多数小人只喜欢制造事端，希望陛下深明其中的情况，不要将来后悔。”这时，长久干旱，群臣请求加封尊号以及奏乐，仁宗没有同意，而且因为同天节契丹使者会前来祝寿，因此没有请求作出决断。富弼说这是盛德之事，正应当用这些显示出来，乞求一同停止祝寿。仁宗听从了他的意见，当天下雨。富弼又上呈奏疏，希望更加敬畏上天的警戒，远离奸佞，亲近忠良。仁宗亲手下诏褒奖并答复他。

王安石用事，雅不与弼合。弼度不能争，多称疾求退，章数十上。神宗将许之，问曰：“卿即去，谁可代卿者？”弼荐文彦博，神宗默然，良久曰：“王安石何如？”弼亦默然。

弼性至孝，恭俭好修，与人言必尽敬，虽微官及布衣谒见，皆与之亢礼，气色穆然，不见喜愠。其好善嫉恶，出于天资。常言：“君子与小人并处，其势必不胜。君子不胜，则奉身而退，乐道无闷。小人不胜，则交结构扇，千岐万辙，必胜而后已。迨其得志，遂肆毒于善良，求天下不乱，不可得也。”其终身皆出于此云。（宋史卷三百十三）

【译文】王安石当权执政，素来和富弼不合。富弼推测不能和他相争，多次称病请求离去，上了几十次奏章。神宗即将答应他，问他说：“爱卿即将离开，谁可以替代你？”富弼推荐文彦博，神宗默然不语，很久才说：“王安石怎样？”富弼也默然不语。

富弼性情极尽孝道，恭敬节俭注重修身，与人说话一定十分恭敬，即使是小官以及平民拜见，都和他们以平等的礼节相待，神情严肃，不露喜怒。富弼好善嫉恶，出于天性。常说："君子与小人共处，那势必不获胜。君子不能获胜，就会抽身退隐，乐于行道不觉烦闷。小人不能获胜，就会结交朋党诬陷煽动，千方百计，必然获胜才停止。等到他得志，于是大肆陷害善良之人，这样却要求天下不混乱，不可能得到的。"富弼终身都奉行这一点。（宋史卷三百十三）

范仲淹

【题解】范仲淹（989—1052年），字希文，苏州吴县（今江苏苏州）人。自幼丧父，改姓继父朱文翰，名为说。大中祥符八年（1015年），登进士及第，广德军司理参军，迎母归养，调任集庆军节度推官后，归宗复姓。庆历三年（1043），范仲淹提出明黜陟、抑侥幸等十项改革方案，实行新政，以求改革积弊、整顿吏治、富国强兵。但新政受到保守派抵制，范仲淹被贬离京。皇祐四年（1052年），调任颍州知州，病逝于途中，享年64岁，追赠兵部尚书，谥号文正。

范仲淹被放逐时依然高呼："先天下之忧而忧，后天下之乐而乐。"这一名言，千百年来激励着无数仁人志士。

范仲淹，字希文，唐宰相履冰之后。其先邠州人也，后徙家江南，遂为苏州吴县人。仲淹二岁而孤，母更适长山朱氏，从其姓，名说。少有志操，既长，知其世家，乃感泣辞母，去之应天府，依戚同文学。昼夜不息，冬月惫甚，以水沃面；食不给，至以糜粥继之，人不能堪，仲淹不苦也。举进士第，为广德军司理参军，迎其母归养。改集庆军节度推官，始还姓，更其名。

以殊荐，为秘阁校理。仲淹泛通六经，长于《易》，学者多从质问，为执经讲解，亡所倦。尝推其奉以食四方游士，诸子至易衣而出，仲淹晏如也。每感激论天下事，奋不顾身，一时士大夫矫厉尚风节，自仲淹倡之。

【译文】范仲淹，字希文，唐代宰相范履冰的后裔。他的先祖是邠州（今陕西）人，后来迁居江南，所以是苏州吴县（今江苏苏州）人。范仲淹两岁时丧父，母亲改嫁长山人朱氏，跟随朱姓，名说。范仲淹自小就有志向节操，长大后，知道自己的身世，于是感动哭泣辞别母亲，离家到应天府，跟着戚同文学习。昼夜不息，冬季很疲惫的时候，以冷水洗脸；没有吃的，以至用粥度日，他人不能忍受的，范仲淹却不觉得苦。后来范仲淹考中进士，任广德军司理参军，迎接他的母亲来赡养。改任集庆军节度推官后，才改回原姓，更改名字。

因为晏殊的推荐，担任秘阁校理。范仲淹博通六经，擅长《周易》，读书人大多向他请教疑问，范仲淹拿着书为他们讲解，不知疲倦。他曾经拿出自己的俸禄来供养四方云游之士，以至于他的儿子们要换着穿衣服才能出去，自己却安然自若。范仲淹每每感奋激昂地评论天下大事，奋不顾身，一时士大夫振奋崇尚风度节操，是从范仲淹开始提倡的。

除参知政事。帝方锐意太平，数问当世事，仲淹语人曰："上用我至矣，事有先后，久安之弊，非朝夕可革也。"帝再赐手诏，又为之开天章阁，召二府条对，仲淹皇恐，退而上十事：

一曰明黜陟。二府非有大功大善者不迁，内外须在职满三年，在京百司非选举而授，须通满五年，乃得磨勘[①]，庶几考绩之法矣。二曰抑侥幸。罢少卿、监以上乾元节[②]恩泽；正郎以下若监司、边任，须在职满二年，始得荫子；大臣不得荐子弟任馆阁职，任子[③]之法无冗滥矣。三曰精贡举。进士、诸科请罢糊名法，参考履行无阙者，以名闻。进士先策论，后诗赋，诸科取兼通经义者。赐第以上，皆取诏裁。余优等免选注官，次第人守本科选。进士之法，可以循名而责实矣。四曰择长官。委中书、枢密院先选转运使、提点刑狱、大藩知州；次委两制、三司、御史台、开封府官、诸路监司举知州、通判；知州通判举知县、令。限其人数，以举主多者从中书选除。刺史、县令，可以得人矣。五曰均公田。外官廪给不均，何以求其为善耶？请均其入，第给之，使有以自养，然后可以责廉节，而不法者可诛废矣。六曰厚农桑。每岁预下诸路，风吏民言农田利害，堤堰渠塘，州县选官治之。定劝课之法以兴农利，减漕运。江南之圩田，浙西之河塘，隳废者可兴矣。七曰修武备。约府兵法，募畿辅强壮为卫士，以助正兵。三时务农，一时教战，省给赡之费。畿辅有成法，则诸道皆可举行矣。八曰推恩信。赦令有所施行，主司稽违者，重置于法；别遣使按视其所当行者，所在无废格上恩者矣。九曰重命令。法度所以示信也，行之未几，旋即厘改。请政事之臣参议可以久行者，删去烦冗，裁为制敕行下，命令不至于数变更矣。十曰减徭役。户口耗少而供亿滋多，省县邑户少者为镇，并使、州两院为一，职官白直[4]，给以州兵，其不应受役者悉归之农，民无重困之忧矣。

【注释】①磨勘：唐宋时期勘察官吏政绩升迁的制度。

②乾元节：旧时指皇帝的诞日。历代名称各有不同。

③任子：古代因父亲兄长的功绩，得以保任授予官职。

④白直：原指在官当值无固定月薪的小吏。后泛指官府额外吏役。

【译文】朝廷授予范仲淹参知政事。仁宗正当意志坚决想创太平之世，多次询问时务，范仲淹对人说："皇上任用我极其信任，但事有先后，长久安定形成的弊端，不是一朝一夕可以革除的。"仁宗两次下达手诏，又为此开天章阁，召中书门下和枢密院二府分条奏对，范仲淹惶恐不安，退朝后上奏十件事：

一是严明官员的升降。二府官员如果没有大功大善不得升迁，朝廷内外官员必须在职任满三年，在京官员不经选举而授官的，必须任满五年，才可以勘察政绩得以擢升，这才是考核政绩的办法。二是裁抑侥幸投机的官员。废除少卿、监以上乾元节的恩泽；正郎以下像监司、边任，必须在职任满二年，才能恩荫子孙得官；大臣不得举荐子弟担任馆阁官职，任子之法就不会冗滥了。三是精于贡举。进士、诸科请废除糊名法，考察、检验品行没有欠缺的，把姓名上报朝廷。进士科先策论，后诗赋，诸科录取兼通经义的。赐予及第以上的，都由陛下裁断。其余优等的免于候选注入官册，次等的按照原科候选。进士之法，就可以依照其名来责求其实了。四是挑选长官。委任中书、枢密院先挑选转运使、提点刑狱、大藩知州；其次委任两制、三司、御史台、开封府官、各路监司举知州、通判；知州、通判推举知县、县令。规定人数，以推举人多的由中书挑选任官。刺史、县令，就可以有适当的人才了。五是平均公田。地方官员俸禄不均，怎能要求他们为善一方呢？请求平均他们的俸禄，依次供给他们，让他们能够供养自己，然后可以责求他们清廉有节操，依然触犯法令的就可以诛杀罢免了。六是重视农桑。每年预先下达各路，劝告官吏、百姓陈说农田的利弊，堤堰渠塘，州县选任官吏治理。制定劝课之法振兴农业，减少漕运。江南的圩田，浙西的河塘，毁坏的便可以得到兴修了。七是整修军事装备。约定府兵法，招募京城地区强壮的百姓为卫士，辅助正规军队。三季从事农业，一季教导作战，节省供给费用。京城地区有成法，那么各道便可以实行了。八是推广恩信。赦令一经施行，主管官员耽误违反的，依法严办；另外派遣使者巡察他所实行的情况，所到之处就没有搁置不行皇上的恩泽了。九是注重命令。法度是用来显示信用的，实行还没有多久，立即就厘订改革。请求政事大臣参议可以长久实行的，删去繁琐庞杂的，裁定成制敕推行到下面，这样命令便不至于多次改动了。十是减少徭役。户口减少而按照原先需要供给数量逐渐增多，把县邑户数少的降为镇，合并使、州两院为一处，各个官府的额外吏役，拨给所在州的军队，其中不愿意服役的全部返乡务农，这样百姓就没有加重困苦的担忧了。

天子方信向仲淹，悉采用之，宜著令者，皆以诏书画一颁下；独府兵法，众以为不可而止。

仲淹内刚外和，性至孝，以母在时方贫，其后虽贵，非宾客不重肉。妻子衣食，仅能自充。而好施予，置义庄里中，以赡族人。泛爱乐善，士多出其门下，虽里巷之人，皆能道其名字。死之日，四方闻者，皆为叹息。为政尚忠厚，所至有恩，邠、庆二州之民与属羌，皆画像立生祠事之。及其卒也，羌酋数百人，哭之如父，斋三日而去。四子：纯祐、纯仁、纯礼、纯粹。（宋史卷三百十四）

【译文】仁宗正信任范仲淹，全部予以采用，应该公布下令的，都用诏书统一颁布下来；唯独府兵法一项，众人认为不能实行就停止了。

范仲淹内刚外柔，性情至孝，因母亲在世时家境贫困，以后即使显贵了，没有宾客来就不吃两种以上的肉食。妻子儿女的衣服饮食，仅能自给。然而喜好施舍，在里巷中设置义庄，用来供养族人。博爱乐于善行，士人大多出自他的门下，即使是里巷百姓，都能说出他的名字。去世那天，四方的百姓听说，都为之叹息。范仲淹治理政事崇尚忠实宽厚，所到之处有恩惠，邠、庆两州的百姓和归顺的羌人，都画像建立生祠祭祀他。等到他去世后，羌族首领几百人，为他恸哭如同丧父，斋戒三天才离开。范仲淹有四子：范纯祐、范纯仁、范纯礼、范纯粹。（宋史卷三百十四）

范纯仁

【题解】范纯仁（1027—1101年），字尧夫，范仲淹次子。北宋大臣，人称“布衣宰相”。皇祐元年（1049年），举进士及第。范纯仁因父母皆在，不曾出仕。范仲淹去世后，才以著作佐郎知襄城县。官至尚书右仆射兼中书侍郎。建中靖国元年（1101年）去世，享年75岁，追赠开府仪同三司，谥忠宣。

范纯仁虽和司马光同属保守派阵营，但不主张因人废言，废除王安石变法中对百姓不利的事情。曾说：“以责人之心责己，恕己之心恕人”，就不用担忧不到圣人的境界。即使在被贬途中落水，亦不怨天尤人，真是一位纯仁之士。

纯仁字尧夫。中皇祐元年进士第，调知武进县，以远亲不赴；易长葛，又不往。仲淹曰：“汝昔日以远为言，今近矣，复何辞？”纯仁曰：“岂可重于禄食，而轻去父母邪？虽近，亦不能遂养焉。”

仲俺没，始出仕，以著作佐郎知襄城县。兄纯祐有心疾，奉之如父，药膳居服，皆躬亲时节之。

治平中，擢江东转运判官，召为殿中侍御史，迁侍御史。神宗切于求治，多延见疏逖小臣，咨访阙失。纯仁言：“小人之言，听之若可采，行之必有累。盖知小忘大，贪近昧远，愿加深察。”

移齐州。齐俗凶悍，人轻为盗劫。或谓：“此严治之犹不能戢，公一以宽，恐不胜其治矣。”纯仁曰：“宽出于性，若强以猛，则不能持久；猛而不久，以治凶民，取玩之道也。”期岁，盗减比年大半。

【译文】范纯仁字尧夫。皇祐元年进士及第，调任武进知县，范纯仁因为远离双亲不去就任；改任长葛知县，又不去就任。范仲淹说：“你以前因为路远作为托辞，现在离家近了，还有什么托辞？”范纯仁说：“怎么可以看重俸禄，而轻易离开父母呢？即使离家近，也不能遂愿赡养了。”

范仲俺去世后，范纯仁才出仕，以著作佐郎的身份担任襄城知县。兄长范纯祐患有心病，范纯仁侍奉他如同父亲，喂药进食住宿穿着，范纯仁都亲自按时调理。

治平年间，朝廷提拔范纯仁为江东转运判官，召他为殿中侍御史，升为侍御史。神宗迫切希望治理国家，多次邀请接见疏远的地位低下的臣子，询问商议政治得失。范纯仁说：“小人的话，听起来似乎可以采纳，但是实行起来必然有牵累。这就是知小忘大，贪近昧远，希望陛下加以深察。”

范纯仁被调任齐州知州。齐地民风凶悍，百姓轻易地进行盗窃或抢劫。有人对他说：“这种民风严加惩治还不能制止，您一向施以宽政，恐怕不能胜任这里的治理。”范纯仁说：“宽厚出于本性，如果强加上严猛，那么就不能持久；严猛而不持久，来治理凶悍的百姓，这是招致轻慢之道啊！”一年之后，盗贼比往年减少了一大半。

哲宗立，复直龙图阁、知庆州。召为右谏议大夫，以亲嫌辞，改天章阁待制兼侍讲，除给事中。时宣仁后垂帘，司马光为政，将尽改熙宁、元丰法度。纯仁谓光：“去其太甚者可也。差役一事，尤当熟讲而缓行，不然，滋为民病。愿公虚心以延众论，不必谋自己出；谋自己出，则谄谀得乘间迎合矣。役议或难回，则可先行之一路，以观其究竟。”光不从，持之益坚。纯仁曰：“是使人不得言尔。若欲媚公以为容悦，何如少年合安石以速富贵哉。”

【译文】哲宗即位后，范纯仁再次入直龙图阁、担任庆州知州。朝廷召范纯仁为右谏议大夫，因亲戚关系避嫌推辞，于是改任天章阁待制兼侍讲，授任给事中。当时宣仁太后高氏垂帘听政，司马光当权执政，打算全部变革熙宁、元丰时制定的法度。范纯仁对司马光说：“去除其中太过分的就可以了。关于差役这一件事，特别应当详细研究后才慢慢实行，不然，就会滋生为百姓的祸端。希望您虚心地听取众人的议论，不一定计策全由自己提出；如果计策由自己提出，那么阿谀奉承的人就能乘机迎合了。差役计划或许难以收回，那么可以先在某一路实行，以观后效。”司马光没有听从他的建议，更加固执己见。范纯仁说：“这是让人不得劝谏罢了。如果我想谄媚取悦于您，哪比得上在少年时依附王安石来速取富贵呢？”

纯仁凡荐引人材，必以天下公议，其人不知自纯仁所出。或曰：“为宰相，岂可不牢笼天下士，使知出于门下？”纯仁曰：“但朝廷进用不失正人，何必知出于我邪？”哲宗既召章惇为相，纯仁坚请去，遂落职知随州。明年，又贬武安军节度副使，永州安置①。时疾失明，闻命怡然就道。或谓近名，纯仁曰：“七十之年，两目俱丧，万里之行，岂其欲哉？但区区之爱君，有怀不尽，若避好名之嫌，则无为善之路矣。”每戒子弟毋得小有不平，闻诸子怨章惇，纯仁必怒止之。江行赴贬所，舟覆，扶纯仁出，衣尽湿。顾诸子曰：“此岂章惇为之哉？”既至永，韩维责均州，其子诉维执政日与司马光不合，得免行。纯仁之子欲以纯仁与光议役法不同为请，纯仁曰：“吾用君实荐，以至宰相。昔同朝论事不合则可，汝辈以为今日之言，则不可也。有愧心而生者，不若无愧心而死。”其子乃止。

【注释】①安置：宋代官吏被贬谪，轻者送某州居住，重者称安置，更重者称编管。

【译文】范纯仁凡是引荐人才，必定采用天下公论，那人不知道自己被推荐是由范纯仁提出的。有人说："你担任宰相，哪能不笼络天下士人，让他们知道是出自你的门下？"范纯仁说："只要朝廷进用的都是正直的人才，何必让他们知道出自我的门下呢？"哲宗召章惇担任宰相后，范纯仁坚决请求离职，因为和章惇不合所以降任随州知州。第二年，范纯仁又被贬为武安军节度副使，在永州安置。当时生病导致眼睛失明，听到朝廷任命欣然就任。有人说他为了追求名誉，范纯仁说："我七十岁，双目失明，万里奔走，难道是我想要的吗？只是区区爱君之心，有感不尽，如果回避追求名誉的嫌疑，那么没法做好事了。"常常告诫子弟，不得有丝毫忿忿不平，如果听见儿子们怨恨章惇，范纯仁必然会愤怒地加以制止。乘船从江上赶去被贬之地，船翻了，家人搀扶范纯仁出来，他的衣服都湿透了。但是范纯仁回头对儿子们说："这难道是章惇做的吗？"到达永州后，韩维被责罚到均州任职，他的儿子上诉韩维执政时和司马光不合，得以免于出行。范纯仁的儿子想用范纯仁与司马光商议差役法意见不同替他请求，范纯仁说："我因为司马光（字君实）的推荐，以至官至宰相。以前同朝论事不合是可以的，你们今天用这个来上言，就不可以了。有愧于心而活着，不如无愧于心而死去。"他的儿子才停止上言。

纯仁性夷易宽简，不以声色加人，谊[①]之所在，则挺然不少屈。自为布衣至宰相，廉俭如一，所得奉赐，皆以广义庄；前后任子恩，多先疏族。没之日，幼子、五孙犹未官。尝曰："吾平生所学，得之'忠恕'二字，一生用不尽。以至立朝事君，接待僚友，亲睦宗族，未尝须臾离此也。"每戒子弟曰："人虽至愚，责人则明；虽有聪明，恕己则昏。苟能以责人之心责己，恕己之心恕人，不患不至圣贤地位也。"又戒曰："《六经》，圣人之事也。知一字则行一字。要须'造次颠沛必于是[②]'，则所谓'有为者亦若是'尔。岂不在人邪？"（宋史卷三百十四）

【注释】①谊：古同"义"，道义。

②造次颠沛必于是：出自《论语·里仁》，原文为"君子无终食之间违仁，造次必于是，颠沛必于是。"

【译文】范纯仁性情平易宽简，对人不露声色，义之所在，就挺身而出不会屈服。从布衣到宰相，始终清廉节俭如一，所得俸禄赏赐，都被用来扩大义庄，先后因功绩得以恩荫子弟，大多先照顾远亲。范纯仁去世之时，小儿子、五个孙子还没得官。他曾经说："我平生所学，得到的只有'忠恕'二字，但是一生受用不尽。用来在朝廷上侍奉君王，迎接招待同僚朋友，使得宗族亲近和睦，不曾片刻离开这一点。"每每告诫子弟说："人即使极为愚蠢，但是责求他人就很严明；即使有些聪明，宽恕自己就会迷惑。如果能把责求他人之心来责求自己，宽恕自己之心来宽恕他人，就不担心不能达到圣贤的境界了。"又告诫说："六经，是圣人的事。知道一个字就践行一个字。关

键必须‘仓促困顿之时也能如此要求自己’，就是所说的‘有所为的人也就如此’而已。难道是不在于人为吗？”（宋史卷三百十四）

韩　维

【题解】韩维（1017—1098年），字持国，开封雍丘（今河南杞县）人。韩亿第五子。受父荫入官，父死后，闭门不仕。后富弼征辟为河东幕府，史馆修撰欧阳修举荐为检讨、知太常礼院。

韩维公忠体国，刚正不阿，对不符合礼制规定的，他极力劝谏。如太祖温成后立庙用乐，认为不符合礼制，请求一切裁去。对建立功名也有自己的一番见解，认为“圣人功名，因事始见，不可有功名心”。

韩维，字持国。以进士奏名[①]礼部，方亿辅政，不肯试大廷，受荫入官。熙宁二年，迁翰林学士、知开封府。明年，为御史中丞，以兄绛在枢府，力辞之。王安石罢，会绛入相，加端明殿学士、知河阳，复知许州。

帝崩，赴临阙庭。宣仁后手诏劳问，维对曰：“人情贫则思富，苦则思乐，困则思息，郁则思通。诚能常以利民为本，则民富；常以忧民为心，则民乐；赋役非人力所堪者去之，则劳困息；法禁非人情所便者蠲之，则郁塞通。推此而广之，尽诚而行之，则子孙观陛下之德，不待教而成矣。”（宋史卷

三百十五）

【注释】①奏名：古代科举考试，礼部将拟录取的进士名册送呈皇帝审核，即奏名。

【译文】韩维，字持国。以进士的身份奏名到礼部，正当其父韩亿辅佐朝政，韩维不愿在朝堂上应试，于是受恩荫得官。熙宁二年（1069年），迁至翰林学士、开封知府。第二年，任御史中丞，因兄长韩绛在枢密院，韩维极力推辞。王安石被罢免，适逢韩绛入朝担任宰相，韩维被加任端明殿学士、河阳知州，又担任许州知州。

神宗驾崩，韩维赶赴朝廷。宣仁太后高氏亲手下诏慰问韩维，韩维回答说："人心贫穷就思索富裕，愁苦就思索快乐，困顿就思索平息，郁塞就思索通达。如果能常把利民作为根本，那么百姓就会富足；常把忧民作为己任，那么百姓就会安乐；赋役不是人力所能承受的便废除，那么劳苦困顿就会平息；法律禁令不是方便人情的便免除它，那么郁塞就会通达。将这些推而广之，竭诚加以施行，那么后代子孙看到陛下的恩德，不用教导就能完成功业了。"（宋史卷三百十五）

包　拯

【题解】包拯（999—1062年），字希仁，庐州合肥（今安徽合肥）人。天圣五年（1027年），登进士及第。因父母年迈不就任，后双亲相继逝世后，才出任天水知县。庆历元年（1041年），包拯调任端州知府，端州盛产端砚，任满后只命造贡品数目，不持一砚归。嘉祐七年（1062年），因病逝世，追赠礼部尚书，谥号孝肃。

包拯廉洁公正、铁面无私，因此被人称为“包青天”。他不畏权贵，朝中官员和世家望族因构筑亭台楼榭而侵占惠民河，包拯趁着京城开封发大水尽数毁去，如此等等。“包青天”的名号，由此妇孺皆知。中国历代不乏有像包拯这样的人，正是有他们，才形成了中国的脊梁，中华民族才能傲立世界五千年之久。

包拯，字希仁，庐州合肥人也。始举进士，除大理评事，出知建昌县。以父母皆老，辞不就。徙知端州，迁殿中丞。端土产砚，前守缘贡，率取数十倍以遗权贵。拯命制者才足贡数，岁满不持一砚归。

除天章阁待制、知谏院。数论斥权幸大臣，请罢一切内除曲恩。又列上唐魏郑公三疏，愿置之坐右，以为龟鉴。又上言天子当明听纳，辨朋党，惜人才，不主先入之说，凡七事；请去刻薄，抑侥幸，正刑明禁，戒兴作，禁妖妄。朝廷多施行之。

【译文】包拯，字希仁，庐州合肥人（今安徽合肥）。最初考中进士，朝廷授任他大理评事，出京任建昌知县。包拯因为父母年迈，推辞不去就任。后调任端州知州，升殿中丞。端州当地出产砚，前任太守趁着进贡，通常索取几十倍来送给权贵。包拯命令制砚者仅仅制造足以进贡的数量，任职期满没有拿一块砚回去。

除天章阁待制、知谏院。多次论述斥责权贵得宠大臣，请求免去一切由宫内授予的曲意恩赐。又依次上奏唐代郑国公魏徵的三条奏疏，希望仁宗置为座右铭，作为借鉴。又上言天子应当明于听取采纳，辨别朋党，爱惜人才，不坚持先入为主的说辞，一共七件事；请求革去苛刻严峻的做法，抑制侥幸投机得官，厘正刑法申明禁令，戒除兴建劳作，禁止妖言妄说。朝廷大多加以施行。

拯立朝刚毅，贵戚宦官为之敛手，闻者皆惮之。人以包拯笑比黄河清，童稚妇女，亦知其名，呼曰“包待制”。京师为之语曰：“关节不到，有阎罗包老。”旧制，凡讼诉不得径造庭下。拯开正门，使得至前陈曲直，吏不敢欺。中官势族筑园榭，侵惠民河，以故河塞不通，适京师大水，拯乃悉毁去。或持地券自言有伪增步数者，皆审验劾奏之。

【译文】包拯在朝中刚直坚毅，贵戚宦官为之收敛，听说的人都畏惧他。人们把包拯的笑和黄河变清相比，孩童妇女，也都知道他的名字，称呼他为“包待制”。京城为此传言说：“请托不到，有阎罗包老。”旧时规定，凡是诉讼不得径直来到庭下。但是，包拯打开正门，使得诉讼的人来到庭前陈述事情的是非对错，府吏不敢欺瞒。朝内官员和权势大族建造园林亭榭，侵夺惠民河，因此河道堵塞不通，适逢京城发生洪水，包拯就把这些全部拆除。有人拿着地契自己陈述有伪造增加尺度的，包拯都拿来审查核实上奏罪状加以弹劾他们。

迁谏议大夫、权御史中丞。（作《乞不用赃吏疏》曰：臣闻：廉者，民之表也；贪者，民之贼也。今天下郡县至广，官吏至众，而赃污擿发，无日无之。洎具案来上，或横贷以全其生，或推恩以除其衅；虽有重律，仅同空文，贪猥之徒，殊无畏惮。昔两汉以赃私致罪者，皆禁锢子孙，矧自犯之乎！太宗朝尝有臣僚数人犯罪，并配少府监隶役，及该赦宥，谓近臣曰："此辈既犯赃滥，只可放令逐便，不可复以官爵。"其责贪残，慎名器若此。皆先朝令典，固可遵行。欲乞今后应臣僚犯赃抵罪，不从轻贷，并依条施行，纵遇大赦，更不录用，或所犯若轻者，只得授副使上佐。如此，则廉吏知所劝，贪夫知所惧矣。）

【译文】迁谏议大夫、权御史中丞。（包拯撰写《乞不用赃吏疏》说：臣听说：清廉的官员，是百姓的表率；贪污的官员，是百姓的盗贼。现在国家郡县分布广泛，官员府吏众多，但是受贿贪污的情况，哪一天没有。等到具结案卷呈报朝廷，有的枉法宽恕使得罪犯得以保全，有的施予私恩使得罪犯消除罪名；即使有严厉的律法，也如同一纸空文，那些贪婪卑鄙之人，没有一点感到畏惧害怕。两汉时，因为贪赃肥己而致罪的，都禁止、限制他们的子孙做官，况且他们自己还犯罪呢！太宗执政时，曾经有几位臣僚犯罪，就一起发配到少府监去服役，等到应该赦免的时候，太宗对亲近的大臣说："这些人已经犯了贪污受贿罪，只可释放他们回去听其自便，但决不能再恢复他们的官位。"惩办贪官酷吏、慎重授予官职，就是这样。前朝的典章制度本应遵行。我请求今后但凡贪赃枉法的官吏被判刑服罪，都不再从轻发落，应依律条行事。即便遇上大赦，他们的罪刑被减免，也不再录用。那些罪责较轻的，最多只可授予副使、上佐之类无实际权力的官职。这样一来，既劝奖了廉吏，也警示了贪官。）

拯性峭直，恶吏苛刻，务敦厚，虽甚嫉恶，而未尝不推以忠恕也。与人不苟合，不伪辞色悦人，平居无私书，故人、亲党皆绝之。虽贵，衣服、器用、饮食如布衣时。尝曰："后世子孙仕宦，有犯赃者，不得放归本家，死不得葬大茔中。不从吾志，非吾子若孙也。"（宋史卷三百十六）

【译文】包拯性情刚直严厉，厌恶官吏行政苛刻，追求宽宏厚道，即使很痛恨恶行，但不曾不推之以忠恕之心。与人不随意附合，不伪装言辞、神情取悦于人，平时没有私人书信来往，和故友、亲戚都断绝往来。即使地位显贵后，衣服、器用、饮食如同平民时一样。包拯曾经说："后代子孙出仕任官，有犯贪污罪的，不得放回到同宗姓的本家里，死后不得安葬在家族的坟地中。不听从我的意愿的，就不是我的子孙。"（宋史卷

三百十六）

赵　抃

【题解】赵抃（1008—1084年），字阅道，号知非子，衢州西安（今浙江衢州）人。举进士及第，为武安军节度推官。曾被翰林学士曾公亮举荐为殿中侍御史，赵抃弹劾不避权贵，时人称为“铁面御史”，与包拯齐名。

赵抃为政清简，以一琴一鹤自随而出任成都知府，以宽为治，蜀民大悦，受到英宗的赞赏。元丰七年（1084）逝世，追赠太子少师，谥清献。

赵抃，字阅道，衢州西安人。进士及第，为武安军节度推官。翰林学士曾公亮未之识，荐为殿中侍御史，弹劾不避权幸，声称凛然，京师目为“铁面御史。”其言务欲朝廷别白君子小人，以谓：“小人虽小过，当力遏而绝之；君子不幸诖误，当保全爱惜，以成就其德。”

神宗立，召知谏院。未几，擢参知政事。成都以戍卒为忧，遂以大学士复知成都。元丰七年，薨，年七十七。

抃长厚清修，人不见其喜愠。平生不治赀业，不畜声伎，嫁兄弟之女十数、他孤女二十余人，施德茕贫，盖不可胜数。日所为事，入夜必衣冠露香以告于天，不可告，则不敢为也。其为政，善因俗施设，猛宽不同，在虔[①]与成都，尤为世所称道。神宗每诏二郡守，必以抃为言。要之，以惠利为本。晚学道有得，将终，与屼诀，词气不乱，安坐而没。宰相韩琦尝称抃真世人标表，盖以为不可及云。（宋史卷三百十六）

【注释】①虔：即虔州，北宋时的行政区划单位之一，1153年改名赣州，今江西赣州。

【译文】赵抃，字阅道，衢州西安（今浙江衢州）人。进士及第，任武安军节度推官。翰林学士曾公亮不认识赵抃，就推荐他为殿中侍御史，赵抃弹劾不避权贵宠臣，声名严正，京城称他为"铁面御史"。他的言论致力于想要朝廷辨别君子和小人，认为："小人即使犯了小的过错，也应当极力遏制阻绝他；君子不幸受到牵连，也应当保全爱惜，来成就他的德行。"

神宗即位后，召为知谏院。不久，提升赵抃为参知政事。成都以戍边士卒为忧，朝廷就让赵抃以大学士的身份复任成都知府。元丰七年（1084年），赵抃去世，享年七十七岁。

赵抃恭谨宽厚、操行洁美，人们看不出他的喜怒。平生不经营产业，不畜养歌伎舞女，帮助兄弟的女儿十几人、他人的孤女二十几人出嫁，施予恩惠给孤独贫苦之人，不可胜数。白天所做的事，到了晚上必然整顿衣冠焚香告诉上天，不能告诉的，就不敢去做。他处理政务，善于按照习俗施行，刚猛宽大各不同，在虔州和成都时，特别为世人称道。神宗每次下诏给这两地郡守，必然提及赵抃。总之，赵抃把施惠利民作为根本。晚年学道有成，临终时，和其子赵屼诀别，说话语气不乱，安然

坐着去世。宰相韩琦曾经称赵抃是真正的世人表率，认为没人能与之匹敌。（宋史卷三百十六）

唐淑问

【题解】唐淑问，生卒年不详，字士宪，江陵（今湖北江陵）人。中进士，官至殿中丞。因其是御史中丞唐介长子，神宗将其提拔为监察御史里行，告诫他谨家法、务大体。

《续编》辑录唐淑问作为讲读侍臣所说的一则言论，指出为君之学在于学习圣人治理天下之道，而非章句、文辞之学。

淑问，字士宪。第进士，至殿中丞。神宗以其家世，擢监察御史里行，谕以谨家法、务大体。

初，诏侍臣讲读。淑问言："王者之学，不必分章句、饰文辞。稽古圣人治天下之道，历代致兴亡之由，延登正人，博访世务，以求合先王，则天下幸甚。（宋史卷三百十六）

【译文】唐淑问，字士宪。进士及第，官至殿中丞。神宗因为他的家世，提拔他为监察御史里行，晓谕他谨守家法、注重大体。

起初，唐淑问被诏为侍臣讲读官。唐淑问说："君王的学问，不必区分章句、修饰文辞。而是要研究古代圣人治理天下之道，寻求历代招致兴亡的原由，延揽擢用正直之人，广泛访求

当世时务，以求得合乎先王，那么天下就非常有幸了。（宋史卷三百十六）

胡 宿

【题解】胡宿（995—1067年），字武平，常州晋陵（今江苏常州）人。天圣二年（1024年），举进士及第，历任扬子尉、宣州通判、湖州知州、两浙转运使、知制诰、翰林学士、枢密副使。前任太守滕宗谅因大兴学校而耗费巨万，胡宿接任之后，继续出力兴办，湖州州学由此成为东南之最。治平四年（1067年），因病而逝，享年72岁，追谥文恭。

《续编》辑录了胡宿的《论台官言事有旨诘责》。这篇奏疏就仁宗下旨诘责台谏官因事涉后宫之事而上书劝谏，通过举出一些事例，论证了自古以来“纳谏昌，拒谏亡”的道理。从而劝谏仁宗要“鉴观前史，开纳至言”。

胡宿，字武平，常州晋陵人。登第，为扬子尉。县大水，民被溺，令不能救，宿率公私船活数千人。

知湖州，前守滕宗谅大兴学校，费钱数十万。宗谅去，通判、僚吏皆疑以为欺，不肯书历。宿诮之曰：“君辈佐滕侯久矣，苟有过，盍不早正？乃阴拱以观，俟其去而非之，岂昔人分谤之意乎？”坐者大惭谢。其后湖学为东南最，宿之力为多。筑石塘百里，捍水患，民号曰胡公塘，而学者为立生祠。

【译文】胡宿，字武平，常州晋陵（今江苏常州）人。考中科举，担任扬子县尉。扬子县发大水，百姓被淹，县令不能挽救，胡宿带领公私船救活了几千人。

胡宿任湖州知州，前知州滕宗谅大兴学校，花费钱几十万。滕宗谅离任，通判、僚吏都怀疑当中有诈，不愿意写账目。胡宿责备他们说："你们这些人辅佐滕侯很长时间了，如果有过失，为什么不尽早加以纠正？居然暗中拱手观望，等到他离任却非议他，哪里是前人分担诽谤的意思呢？"在座的人很惭愧地谢罪。此后湖学为东南之最，胡宿最有功劳。修筑石塘百里，防御水灾，百姓称它为胡公塘，读书人为他建立生祠。

拜枢密副使。治平三年，罢为观文殿学士、知杭州。明年，以太子少师致仕，未拜而薨，年七十二。（《宋朝诸臣奏议》载其文《论台官言事有旨诘责》曰：臣闻圣主悦至言，好崇谏，所以广治道，防一切之未然也。臣以蝼蚁窃观陛下，特禀：

上睿之德能听大度之言，数赏谏臣，比擢台职，推诚含垢，美尽君人之量，尧舜之用也。近日闻台官言事，事涉后宫之亲，出于风闻，有旨诘责。臣愚以谓：谏官御史，朝廷纪纲所寄，虽有过谬，可且优容。

【译文】胡宿后拜枢密副使。治平三年（1066年），胡宿被罢为观文殿学士、杭州知州。第二年，胡宿以太子少师的身份辞官还乡，没有拜官就去世了，享年七十二岁。(《宋朝诸臣奏议》记载胡宿的奏章《论台官言事有旨诘责》，文章说：臣听说圣明的君主喜欢直言，崇尚谏言，增广治国之道，防范忧患于未然。臣以卑微的身份观察陛下，特别禀报：

陛下甚有恩德能听取大度之言，多次赏赐劝谏之臣，提升他们的官职，推诚布公含垢弃瑕，使君主的器量得以完美，这是尧舜的治国之道了。近日听说御史台官议论政事，事情涉及到后宫的亲戚，这是出于传闻，却下旨责备他们。臣愚蠢地认为：谏官御史，是维护朝廷纲纪所寄托的人，即使有失当的行为，可以暂且宽容他们。

昔汉文，贤主也；袁盎，直臣也，帝所幸慎夫人。盎常谏争，言涉不逊，初虽怒，终不加罪。后慎夫人闻之，复赐盎金五百斤。慎夫人所以能保荣宠者，以能赏袁盎之直言也。汉元帝时，冯野王，昭仪之兄也，德行高妙，推为第一。时御史大夫缺，公卿多荐野王为之，帝曰："吾若用野王为之，天下必以我私后宫之亲。"昔德宗谓李绛比谏官，论奏不实，欲出其尤，绛曰："此非陛下意，必憸人以此营误上心。"

自古纳谏昌，拒谏亡。君尊如天，臣卑如地，干不测之祸，虽开纳奖励，尚恐不至。直士杜口，非社稷福。臣愿陛下鉴观前史，开纳至言，臣不胜区区之情。)（宋史卷三百十八）

【译文】以前汉文帝，是一代贤明的君主；袁盎，是一位正直之臣，汉文帝宠幸慎夫人。袁盎常常直言规劝他，谏言有不恭敬之语，汉文帝起初虽然愤怒，但最终不曾加罪于他。后来慎夫人听说这件事，又赏赐袁盎黄金五百斤。慎夫人之所以能保持君王的恩宠，是因为能够赏识袁盎的直言。汉元帝刘奭时，冯野王是冯昭仪的兄长，德操品行至善，被世人推崇为第一。当时御史大夫的位置空缺，公卿大臣多举荐冯野王担任，汉元帝说："我如果任用冯野王担任这官职，天下一定认为朕在偏私后宫的亲戚。"以前唐德宗李适对李绛评论谏官，说奏陈有的不切实际，想废除其中错误的谏言，李绛说："这不是陛下的意思，一定是小人用来惑乱皇上的心志的。"

自古以来，接纳谏言的君主就会昌盛，拒绝谏言的君主就会灭亡。君王尊贵像上天，臣子卑微像大地，臣子进谏会遇到想不到的灾祸，因此君主即使广泛接纳谏言奖赏、勉励他们，尚且害怕他们不直言进谏。正直之士闭口不言，不是国家的福气。我希望陛下鉴察前代历史，广泛接纳正直之言，臣区区之心不胜感激。）（宋史卷三百十八）

欧阳修

【题解】欧阳修（1007—1072年），字永叔，号醉翁，晚号六一居士，庐陵（今江西吉安）人。唐宋八大家之一，北宋文学家。欧阳修幼年丧父，家境贫寒，经过寒窗苦读，天圣八年（1030年），举进士，入朝任馆阁校勘。官至翰林学士、枢密副使、参知政事。熙宁五年（1072年），病逝家中，追赠太子太师，谥号文忠。

《续编》辑录了欧阳修的《朋党论》，这是欧阳修就保守派攻击庆历新政以及革新派官员为“朋党”而上奏的章疏，文章不讳言朋党，而且开头直接指出朋党是有原则的，“君子以同道为朋，小人以同利为朋”。并引证历代的事例来说明，劝谏君王“退小人之伪朋，用君子之真朋”，这样天下才会达到大治。

欧阳修，字永叔，庐陵人。举进士，入朝，为馆阁校勘。范仲淹以言事贬，在廷多论救，司谏高若讷独以为当黜。修贻书责之，谓其不复知人间有羞耻事。若讷上其书，坐贬夷陵令，稍徙乾德令、武成节度判官。仲淹使陕西，辟掌书记。修笑而辞曰：“昔者之举，岂以为己利哉？同其退不同其进可也。”久之，复校勘，进集贤校理。庆历三年，知谏院。时仁宗更用大臣，杜衍、富弼、韩琦、范仲淹皆在位，增谏官员，用天下名士，修首在选中。每进见，帝延问执政，咨所宜行。既多所张弛，小人翕翕不便。修虑善人必不胜，数为帝分别言之。初，范仲淹之贬饶州也，修与尹洙、余靖皆以直仲淹见逐，目之曰“党人”。自是，朋党之论起，修乃为《朋党论》以进。其略曰：

“君子以同道为朋，小人以同利为朋，此自然之理也。臣谓小人无朋，惟君子则有之。小人所好者利禄，所贪者财货，当其同利之时，暂相党引以为朋者，伪也。及其见利而争先，或利尽而反相贼害，虽兄弟亲戚，不能相保，故曰小人无朋。君子则不然，所守者道义，所行者忠信，所惜者名节。以之修身，则同道而相益，以之事国，则同心而共济，终始如一，故曰：惟君子则有朋。纣有臣亿万，惟亿万心，可谓无朋矣，而纣用以亡。武王有臣三千，惟一心，可谓大朋矣，而周用以兴。盖君子之朋，虽多而不厌故也。故为君但当退小人之伪朋，用君子之真朋，则天下治矣。"

【译文】欧阳修，字永叔，庐陵（今江西）人。考中进士，进入朝廷，任馆阁校勘。范仲淹因为议论政事被贬，在朝官员大多上书救他，唯独司谏高若讷认为应当罢免范仲淹。因而欧阳修写信责备他，说他不知道人间还有羞耻之事。高若讷把他的书信上报朝廷，欧阳修因此获罪被贬为夷陵县令，不久调任乾德县令、武成节度判官。范仲淹到陕西任职，聘请欧阳修担任书记官。欧阳修笑而推辞说："我之前的举动，难道是为了一己之私吗？我们虽然同时被贬退，但也不必同时升官。"过了很久，欧阳修官复馆阁校勘，被提升为集贤校理。庆历三年（1043年），兼任谏院。当时仁宗调任在朝大臣，杜衍、富弼、韩琦、范仲淹都在任上，增设进谏官员，任用天下名士，欧阳修在选用官员中居首位。他每次觐见皇上，仁宗都请教关于治国执政的事情，咨询哪些是可以施行的政务。因国家政事大多兴废，一些小人纷纷觉得不利。欧阳修担忧善良的人必然不能战胜他们，多次就相关问题向仁宗上奏进言。起初，范仲淹被贬到饶州，欧阳修和尹洙、余靖都因范仲淹事件被贬逐，天下都视他们为“党人”。从此，关于朋党的言论兴起，欧阳修于是撰写了《朋党论》，用来进呈仁宗。文中主要说：

“君子以志同道合结为朋党，小人以相同利益结为朋党，这是自然的道理。我认为小人是没有朋党的，只有君子才有。小人所喜好的是利益荣禄，所贪图的是金钱财物，当他们利益相同时，就暂且勾结为朋党，这是假的朋党。等到他们看见利益时就会争先抢夺，或者利益没有了反而互相残害，即使是兄弟亲戚，都不能相互保全性命，因此说小人没有朋党。君子就不这样，他们坚守道义，践行忠信，爱惜名节。把这些用作修身，那么能够志同道合而相互得益，以此效力国家，就能同心共济，终始如一，因此说只有君子才有朋党。商纣王拥有臣民亿万，却也有亿万颗心，可以说没有朋党了，但是商纣王却因此消亡了。周武王拥有臣民三千，却只有一条心，可以说是大朋党了，但是周武王却因此兴盛起来了。原来是君子的朋党不厌多的原因啊。所以，作为君王应当屏退小人的假朋党，任用君子的真朋党，那么天下就得到治理了。”

修论事切直，人视之如仇，帝独奖其敢言，面赐五品服。顾侍臣曰：“如欧阳修者，何处得来？”

修始在滁州，号醉翁，晚更号六一居士。天资刚劲，见义勇为，虽机阱[1]在前，触发之不顾。放逐流离，至于再三，志气自若也。方贬夷陵时，无以自遣，因取旧案反覆观之，见其枉直乖错不可胜数，于是仰天叹曰：“以荒远小邑，且如此，天下固可知。”自尔，遇事不敢忽也。学者求见，所与言，未尝及文章，惟谈吏事，谓文章止于润身，政事可以及物。凡历数郡，不见治迹，不求声誉，宽简而不扰，故所至民便之。或问：“为政宽简，而事不弛废，何也？”曰：“以纵为宽，以略为简，则政事弛废，而民受其弊。吾所谓宽者，不为苛急；简者，不为繁碎耳。修幼失父，母尝谓曰：“汝父为吏，常夜烛治官书，屡废而叹。吾问之，则曰：‘死狱也，我求其生，不得尔。’吾曰：‘生可求乎？’曰：‘求其生而不得，则死者与我皆无恨。夫常求其生，犹失之死，而世常求其死也。’其平居教他子弟，常用此语，吾耳熟焉。”修闻而服之终身。（宋史卷三百十九）

【注释】①机阱：原指设有机关的捕兽陷阱。后喻指坑害人的圈套。

【译文】欧阳修论事恳切率直，人们把他看作仇人，唯独仁宗勉励他敢言，当面赐予他五品官服。对侍臣说：“像欧阳修这样的人，到哪里去找啊？”

欧阳修当初在滁州任职时，自号醉翁，晚年改号六一居士。欧阳修性格刚劲，见义勇为，即使是陷害的圈套在前，一触即发，他也会奋不顾身。以至于多次被放逐流离，但他的志气依然如故。当被贬为夷陵县令时，欧阳修没有什么可以排遣心中的烦闷，就拿出旧案反复查看，结果发现案件中是非颠倒、违法曲断的错误不可胜数，于是欧阳修仰天长叹说："这个遥远的小县，尚且如此，那么天下可想而知了。"从此以后，欧阳修遇事不敢疏忽。当读书人请求拜见他时，和他们谈话，不曾提及文章，只是谈论官吏治事，因为他认为文章只在于润泽自身，政事可以涉及万物。凡是欧阳修任职的几个郡，不显露治理的政绩，不追求声名荣誉，为政宽简而不扰民，因此所到之处百姓受益。有人问欧阳修："为政宽简，然而政事不松弛废弃，这是为什么呢？"欧阳修回答说："把放纵当作是宽，把省略当作是简，那么政事就松懈荒废了，而且百姓也深受其弊。我所谓的宽，是不做苛刻急迫的事；所谓的简，是不作繁冗细碎的事而已。欧阳修幼年丧父，母亲曾经对他说："你父亲当官的时候，常常在夜里点着蜡烛处理官府公文，多次停下来叹息。我问他原因，他就回答说：'是死刑案件，我想寻求保全犯人性命的方法，但没能找到。'我说：'生路可以寻求吗？'他说：'寻求生路却不能找到，那么死者和我都没有遗憾了。经常为死囚寻求生路，依然有失误而造成处死的犯人，但是世间官员却常常寻求处死他们的理由。'他平时教导子弟，常常引用这些话，我都听熟悉了。"欧阳修听到后终身践行。（宋史卷三百十九）

王安石

【题解】王安石（1021—1086年），字介甫，号半山，抚州临川（今江西抚州）人。庆历二年（1042年），举进士及第，历任扬州签判、参知政事、镇南军节度使等职。熙宁三年（1070年），同中书门下平章事，位同宰相，开始推行新政。熙宁七年，罢免相职，改任观文殿大学士、知江宁府。元祐元年（1086年），病逝于江宁，享年66岁，追赠太傅，谥号文。

仁宗朝时，王安石在《上仁宗皇帝万言书》里指出必须改革的原因，直陈北宋王朝面临的严峻局面："今天下之财力日以困穷，风俗日以衰坏。"万言书的核心思想是整顿官场，改革吏治，这是对范仲淹"庆历新政"精神的沿袭，但是史书上没有记载仁宗对此的态度。直到神宗熙宁年间，在宋神宗的支持下，王安石才得以推行新政，史称"王安石变法"。"新法"在当时引起巨大的争议，后世褒贬不一，最终以失败告终。王安石变法之所以失败，根本在于他把一切政事的成败因素归结于"法"，而不明白人才是政治的核心，他不能深刻体会"有治人，无治法"的古训，所以注定他的变法会失败。但是，他的改革精神依然是值得后人学习的。

王安石，字介甫，抚州临川人。擢进士上第，签书[①]淮南判官。文彦博为相，荐安石恬退，乞不次进用，以激奔竞之风。寻召试馆职[②]，不就。修荐为谏官，以祖母年高辞。修以其须禄养言于朝，用为群牧判官，请知常州。移提点江东刑狱，入为度支判官，时嘉祐三年也。

安石议论高奇，能以辨博济其说，果于自用，慨然有矫世变俗之志。于是上万言书，以为："今天下之财力日以困穷，风俗日以衰坏，患在不知法度，不法先王之政故也。法先王之政者，法其意而已。法其意，则吾所改易更革，不至乎倾骇天下之耳目，嚣天下之口，而固已合先王之政矣。因天下之力以生天下之财，收天下之财以供天下之费，自古治世，未尝以财不足为公患也，患在治财无其道尔。在位之人才既不足，而闾巷草野之间亦少可用之才，社稷之托，封疆之守，陛下其能久以天幸为常，而无一旦之忧乎？愿监苟且因循之弊，明诏大臣，为之以渐，期合于当世之变。臣之所称，流俗之所不讲，而议者以为迂阔而熟烂者也。”后安石当国，其所注措，大抵皆祖此书。

【注释】①签书：官职名，本为签署，后因避讳宋英宗赵曙，改为签书。宋代各州府选派京官充任通判时称签书判官厅公事，简称签判，掌官诸案文移事务。

②馆职：统称唐宋于昭文馆（唐时又称弘文馆）、史馆、集贤院等处担任修撰、编校等工作的官职。

【译文】王安石，字介甫，抚州临川（今江西抚州）人。后考中进士，名列上等，任签书淮南判官。文彦博担任宰相，向仁宗推荐王安石，说他淡泊谦让，请求破格提拔任用他，以抑制为名利奔走竞争的风气。不久朝廷召他试任馆职，王安石没有就任。欧阳修推荐他为谏官，他以祖母年事已高推辞。欧阳修对朝廷说，王安石需要俸禄养家，于是任用他为群牧判官，但王安石请求担任常州知州。调任提点江东刑狱，入朝担任度支判官，当时是嘉祐三年（1058年）。

王安石议论高深新奇，善于辩论以旁征博引来维护他的说法，敢于按照自己的意愿办事，满怀激情有纠正世风、改变风俗的志向。于是他向仁宗上万言书，认为："当今天下的财力日益困难贫乏，风俗日益衰败毁坏，症结在于不知律法制度，不效法先王之政。效法先王之政，在于效法它的精神而已。效法它的精神，那么我们所实行更改变革，不至于惊骇天下人的视听，引起天下人哗然，就必然合乎先王之政了。依靠天下的人力物力来生产天下的财富，获取天下的财富来供养天下的花费，自古以来的太平之世，不曾因为财富不足而造成国家的忧患，忧患在于理财没有恰当的方法而已。居官在任的人才既然不足，而且闾巷也缺乏可供使用的人才，国家社稷的重托，封疆地方的镇守，陛下能够以长久依靠上天的宠幸为常法，却没有一旦发生忧患的考虑吗？我希望陛下明察朝中苟且守循的弊病，明文诏令大臣，逐渐革除这些弊病，以期合乎当世的变化。我所说的，流于世俗的人是不讲的，但是议论国家大事的人认为这是不合时宜的陈词滥调。"后来王安石当朝执政，他所施行的政策措施，大多是依据这份万言书而来的。

熙宁元年四月，始造朝。入对，帝问为治所先，对曰："择术为先。"帝曰："唐太宗何如？"曰："陛下当法尧、舜，何以太宗为哉？尧、舜之道，至简而不烦，至要而不迂，至易而不难。但末世学者不能通知，以为高不可及尔。"帝曰："卿可谓责难于君，朕自视眇躬，恐无以副卿此意。可悉意辅朕，庶同济此道。”

一日讲席，群臣退，帝留安石坐，曰：“有欲与卿从容论议者。”因言：“唐太宗必得魏徵，刘备必得诸葛亮，然后可以有为，二子诚不世出之人也。”安石曰：“陛下诚能为尧、舜，则必有皋、夔、稷、卨；诚能为高宗，则必有傅说。彼二子皆有道者所羞，何足道哉？以天下之大，人民之众，百年承平，学者不为不多。然常患无人可以助治者，以陛下择术未明，推诚未至，虽有皋、夔、稷、卨、傅说之贤，亦将为小人所蔽，卷怀而去尔。”帝曰：“何世无小人，虽尧、舜之时，不能无四凶。”安石曰：“惟能辨四凶而诛之，此其所以为尧、舜也。若使四凶得肆其谗慝，则皋、夔、稷、卨亦安肯苟食其禄以终身乎？”

【译文】熙宁元年（1068年）四月，王安石才到朝廷。入宫答对神宗的询问时，神宗问治理国家应当首先做什么事，他回答说：“首先要选择推行政策的方法。”神宗说：“唐太宗怎样？”王安石说：“陛下应当效法尧、舜，为什么要效法唐太宗？尧、舜之道，极其简明而不烦杂，扼要而不曲折，极其容易而不繁难。只是后代学者不能通晓，认为高不可及而已。”神宗说：“爱卿可以说是非难我了，我以我的能力，恐怕无法与爱卿的好意相合。但是你可以尽心尽意辅佐朕，希望共同成就这先王之道。”

一天讲学，群臣都退朝了，神宗留下王安石，让他坐在身旁，说：“有些事情想和爱卿慢慢讨论。”因此说：“唐太宗必须得到魏徵，刘备必须得到诸葛亮，然后可以有所作为，这两个人确实不是世世代代都有的杰出人物。”王安石说：“陛下如果能够成为尧、舜，那么必然会有皋陶、后夔、后稷、禼；如果能够成为高宗，那么必然会有傅说。魏徵、诸葛亮都是有道之士所羞耻的，有什么值得称道的呢？凭借天下之大，人民之多，百年太平，学者不是不多。但是常常担忧无人可以辅佐陛下治理国家，这是因为陛下选择人才的方法不明确，求得贤才的诚心还未到极点，即使有皋陶、后夔、后稷、禼、傅说那样的贤才，也会被小人所蒙蔽，藏身退隐而离开。”神宗说：“哪个时代没有小人，即使是在尧、舜的时代，也不能避免四凶。”王安石说：“只有能够辨别四凶而惩罚他们，这才所以成为尧、舜了。如果让四凶得以大肆谗害忠良，那么皋陶、后夔、后稷、禼难道也愿意苟且食俸禄而虚度一生吗？”

二年二月，拜参知政事。上谓曰：“人皆不能知卿，以为卿但知经术，不晓世务。”安石对曰：“经术正所以经世务，但后世所谓儒者，大抵皆庸人，故世俗皆以为经术不可施于世务尔。”上问：“然则卿所施设以何先？”安石曰：“变风俗，立法度，最方今之所急也。”上以为然。于是设制置三司条例司，命与知枢密院事陈升之[①]同领之。安石令其党吕惠卿任其事。而农田水利、青苗、均输、保甲、免役、市易、保马、方田诸役相继并兴，号为新法，遣提举官四十余辈，颁行天下。

【注释】①陈升之（1011—1079年）：字旸叔，初名旭。建州建阳（今福建建阳）人。“四相簪花”人物之一。景祐元年（1034年）进士，历知封州、汉阳军，入为监察御史。吕诲等弹劾其阴结宦官，遂出知定州。熙宁元年（1068年），任知名院事枢密。时王安石实行变法，设制置三司条例司，他在该机构名称问题上与王安石相忤，乃称疾不朝。元丰二年（1079年）病逝，终年69岁。追赠太保、中书令，谥号成肃。

【译文】熙宁二年（1069年）二月，王安石担任参知政事。神宗对他说：“人们都不能了解爱卿，认为爱卿只知道经学，不通晓世间事务。”王安石回答说：“经学正可以用来治理世间的事务，只是后世所谓的读书人，大多都是庸人，因此世俗就认为经学不可施于世间的事务而已。”神宗接着问：“那么爱卿首先要颁布的政策是哪些呢？”王安石说：“改变风俗，确立法度，是当务之急。”神宗认为很对。于是设立制置三司条例司，命王安石和知枢密院事陈升之共同掌管。王安石命令他的同党吕惠卿参与管理日常事务。从此农田水利、青苗、均输、保甲、免役、市易、保马、方田等法相继兴起，称为新法，并且派遣提举官员四十多人，颁行新法于天下。

七年春，天下久旱，饥民流离，帝忧形于色，对朝嗟叹，欲尽罢法度之不善者。安石曰：“水旱常数，尧、汤所不免，此不足招圣虑，但当修人事以应之。”帝曰：“此岂细事，朕所以恐惧者，正为人事之未修尔。今取免行钱[1]太重，人情咨怨，至出不逊语。自近臣以至后族，无不言其害。两宫泣下，忧京师乱起，以为天旱更失人心。”安石曰：“近臣不知为谁，若两宫有言，乃向经、曹佾所为尔。”冯京②曰：“臣亦闻之。”安石曰：“士大夫不逞者以京为归，故京独闻其言，臣未之闻也。”监安上门郑侠③上疏，绘所见流民扶老携幼困苦之状，为图以献，曰：“旱由安石所致。去安石，天必雨。”侠又坐窜岭南。慈圣、宣仁二太后流涕谓帝曰：“安石乱天下。”帝亦疑之，遂罢为观文殿大学士、知江宁府，自礼部侍郎超九转为吏部尚书。

八年二月，复拜相，安石承命，即倍道来。安石之再相也，屡谢病求去，及子雱死，尤悲伤不堪，力请解几务。上益厌之，罢为镇南军节度使、同平章事、判江宁府。元祐元年，卒，年六十六，赠太傅。

【注释】①免行钱：宋代除向工商行户收取商税以外，官府需要的物料人工，都向各商行勒索摊派，行户不堪其苦。熙宁六年（1073年）改为用钱折算，称为免行钱。

②冯京（1021—1094年）：字当世。鄂州江夏（今湖北武昌）人。皇祐元年（1049年）己丑科状元。为宋朝最后一位三元及第的状元。历官翰林学士、扬州、江宁知府，枢密副使、参知政事。因反对王安石变法，罢知亳州、成都等地。后以太子少师致仕。绍圣元年（1094年）去世，终年七十四岁。追赠司徒，谥号文简。

③郑侠（1041—1119年）：字介夫，号一拂居士，福州福清（今福建）人。治平四年（1067年）进士，历任秘书省校书郎、光州司法参

军、监安上门、泉州教授等职。因与当朝不合，屡遭贬职。后从不出任官职，家居终老。死后追封为朝奉郎，赐其谥号为“介”。

【译文】熙宁七年（1074年）春季，全国一直干旱，饥民流离失所，神宗面带愁容，对着朝臣哀叹不止，想要完全罢黜不利的法令。王安石说：“水灾旱灾是经常发生的事情，尧、汤时代都不能避免，这些不值得让陛下担忧，只是应当管理好人事来应付天灾。”神宗说：“这怎么是小事，朕之所以感到恐惧，正是因为人事没有做好。现在收取免行钱太重，人们嗟叹怨恨，以至于有人说出不尊敬朝廷的话。从亲近大臣到皇后亲族，没有不说免行钱有害的。两宫太后声泪俱下，担忧京城的祸乱会兴起，认为天旱更加失去了人心。”王安石说：“亲近大臣不知是谁，如果两宫太后有这样的话，那肯定是向经、曹佾所做的。”冯京说：“我也听说了。”王安石说：“士大夫当中失意的都归附冯京，因此只有冯京听到这些话，我没有听过这些话。”监安上门郑侠上呈奏疏，把所见到的流民扶老携幼的困苦情状描绘下来做成图册，进献给神宗，说：“旱灾是由王安石所招致的。罢免王安石，上天必然会下雨。”郑侠又因为这件事被放逐到岭南。慈圣、宣仁两位太后流着泪对神宗说：“王安石扰乱天下。”神宗也开始怀疑王安石，于是罢免他为观文殿大学士、江宁知府，从礼部侍郎越级提拔九次转官至为吏部尚书。

熙宁八年（1075年）二月，朝廷再次授任王安石为宰相，王安石接受命令，立即兼程奔赴京城。王安石再次担任宰相后，多次托病请求离任，等到儿子王雱去世后，王安石更加悲伤得不能忍受，极力请求解除宰相职务。由此，神宗更加厌恶他，罢免他相职后任命为镇南军节度使、同平章事、判江宁府。元祐元年（1086年），王安石去世，享年六十六岁，追赠太傅。

安石未贵时，名震京师，性不好华腴，自奉至俭，或衣垢不浣，面垢不洗，世多称其贤。蜀人苏洵独曰："是不近人情者，鲜不为大奸慝。"作《辩奸论》以刺之，谓王衍、卢杞合为一人。

安石性强忮，遇事无可否，自信所见，执意不回。至议变法，而在廷交执不可，安石傅经义，出己意，辩论辄数百言，众不能诎。甚者谓"天变不足畏，祖宗不足法，人言不足恤。"罢黜中外老成人几尽，多用门下儇慧[①]少年。久之，以旱引去，洎复相，岁馀罢，终神宗世不复召，凡八年。

论曰：朱熹尝论安石"以文章节行高一世，而尤以道德经济为己任。被遇神宗，致位宰相，世方仰其有为，庶几复见二帝三王之盛。而安石乃汲汲以财利兵革为先务，引用凶邪，排摈忠直，躁迫强戾，使天下之人，嚣然丧其乐生之心。卒之群奸嗣虐，流毒四海，至于崇宁、宣和之际，而祸乱极矣"。此天下之公言也。昔神宗欲命相，问韩琦曰："安石何如？"对曰："安石为翰林学士则有余，处辅弼之地则不可。"神宗不听，遂相安石。呜呼！此虽宋氏之不幸，亦安石之不幸也。

（宋史卷三百二十七）

【注释】①儇（xuān）慧：浮浅慧黠。

【译文】王安石还没显赫时，就已经名震京城，他天性不好华衣美食，平常需求最为节俭，有时衣服脏了也不浣洗，脸上脏了也不洗，世人大多称赞他的贤能。唯独蜀地人苏洵说："这是不近人情的做法，这种人很少有不奸诈邪恶的。"并且撰写了《辩奸论》来讽刺他，说他和王衍、卢杞是一类人。

王安石性格固执，遇事不论对错，非常相信自己，他所决定的事从不改变。至于讨论变法时，在朝堂上和大臣们争吵得不可开交，王安石引经据典，提出自己的主张，辩论数百言，众人不能驳倒他。王安石甚至声称"天变不足畏，祖宗不足法，人言不足恤"。他在当权执政期间，几乎把朝廷内外德高望重的大臣都罢免了，而大多任用他门下浮浅慧黠的年轻人。很久之后，因为旱灾引咎离职，自从第二次担任宰相，一年多之后又被罢免，终神宗一朝再没有召用他，他为相执政长达八年。

评论说：朱熹曾经评论王安石"文采、品行高于世人，而且特别以品德修养、经世济民为己任。蒙受神宗的恩遇，官拜宰相，朝廷正是仰仗他的所作所为，几乎再次看见二帝三王的盛世。然而王安石却急于把财利、兵革作为首要任务，引荐任用邪恶之徒，排挤舍弃忠直之人，急躁强横凶暴，让天下之人，纷纷丧失安居乐业之心。最终导致奸诈小人相继肆虐，流毒四海，以至于崇宁、宣和之际，祸乱到达了极点"。这是天下的公论啊。以前神宗想要任命王安石为宰相，问韩琦说："王安石怎样？"韩琦回答说："王安石担任翰林学士就绰绰有余，处在辅弼的位置上就不能胜任。”神宗没有听从他的意见，最终还是委任王安石为宰相。呜呼！这虽然是宋朝的不幸，也是王安石的不幸。（宋史卷三百二十七）

吕夏卿

【题解】吕夏卿（1015—1068年），字缙叔，泉州晋江（今福建泉州）人。与吕惠卿是堂兄弟。庆历二年（1042年），举进士，历任江宁尉、史馆检讨、同修起居注、知制诰。宋仁宗曾向诸大臣征求治国之道，吕夏卿认为“天下之势，不能常安”，所以应当防患于未然，如果事情临头再防备，已经来不及了。这一观点，对于现代国家的治理也有现实意义。

吕夏卿，字缙叔，泉州晋江人。举进士，为江宁尉。编修《唐书》成，直秘阁、同知礼院。仁宗选任大臣，求治道，夏卿陈时务五事，且言：“天下之势，不能常安，当于未然之前救其弊；事至而图之，恐无及已。”朝廷颇采其策。（宋史卷三百三十一）

【译文】吕夏卿，字缙叔，泉州晋江（今福建泉州）人。考中进士，担任江宁县尉。编修《唐书》完成后，任直秘阁、同知礼院。仁宗选任大臣，访求治国之道，吕夏卿陈述当世要务五件事，说：“天下的形势，不可能长治久安，应当在事故没有发

生之前补救它的弊病；事故已到来再来考虑，恐怕已经来不及了。”朝廷大多采纳他的建议。（宋史卷三百三十一）

滕元发

【**题解**】滕元发（1020—1090年），原名甫，字达道。东阳（今浙江金华）人。举进士，廷试名列第三，授为大理评事，湖州通判。元祐五年（1090年），复知扬州，未至而卒，追赠左银青光禄大夫，谥章敏。

《续编》辑录的内容，为他回答宋神宗的关于治乱之道和朋党问题的言论，针对当时朝廷的朋党之争，他提出了自己的见解，论述了朋党的危害，神宗以为名言。

滕元发，初名甫，字元发。东阳人。举进士。

召试，为集贤校理、开封府推官、盐铁户部判官、同修起居注。英宗书其姓名藏禁中，未及用。神宗即位，召问治乱之道，对曰：“治乱之道如黑白、东西，所以变色易位者，朋党汩之也。”神宗曰：“卿知君子小人之党乎？”曰：“君子无党，辟之草木，绸缪相附者必蔓草，非松柏也。朝廷无朋党，虽中主可以济；不然，虽上圣亦殆。”神宗以为名言，太息久之。（宋史卷三百三十二）

【**译文**】滕元发，起初名甫，字元发。东阳（今浙江金华）

人。考中进士。

征召入朝考试，担任集贤校理、开封府推官、盐铁户部判官、同修起居注。英宗写下他的姓名藏在宫中，没来得及起用。神宗即位后，召见滕元发询问治乱之道，滕元发回答说："治乱之道就像黑与白、东与西，之所以会有颜色变动、位置交换，是因为朋党扰乱了朝廷。"神宗说："爱卿知道君子和小人各自的朋党吗？"滕元发说："君子没有朋党，就像草木，互为缠绕依附的必然是蔓草，不是松柏。朝廷当中没有朋党，即使是一般的君主同样可以做好事情；如果不是这样，即使是圣明的君主也会有危险。"神宗认为这是名言，赞叹了很久。（宋史卷三百三十二）

司马光

【题解】司马光（1019—1086年），字君实，号迂叟，陕州夏县（今山西夏县）人。宝元元年（1038年），中进士甲科。历任奉礼郎、大理评事、并州通判、开封府推官、尚书左仆射兼门下侍郎。因反对王安石变法，上疏请求外任，请求判西京御史台，自此居洛阳15年，完成了294卷三百余万字的《资治通鉴》，以资北宋统治者遍览和借鉴历代史事。元祐元年（1086年），担任尚书左仆射兼门下侍郎，尽废王安石新法，罢黜新党，史称"元祐更化"。同年九月去世，享年68岁，追赠太师、温国公，谥文正。

司马光虽出身官宦家庭，但天生不喜奢华。幼年时，听闻人讲《左传》，归家后复述，已经掌握了其中大概，自此手不释卷。他主持编撰的《资治通鉴》，历代深受欢迎，被视为领导者必读的政治教科书。

司马光，字君实，陕州夏县人也。父池，天章阁待制。光生七岁，凛然如成人，闻讲《左氏春秋》，爱之，退为家人讲，即了其大指。自是手不释书，至不知饥渴寒暑。群儿戏于庭，一儿登瓮，足跌没水中，众皆弃去，光持石击瓮破之，水迸，儿得活。其后京、洛间画以为图。仁宗宝元初，中进士甲科。年甫冠，性不喜华靡，闻喜宴①独不戴花，同列语之曰："君赐不可违。"乃簪一枝。

神宗即位，擢为翰林学士，光力辞不获。御史中丞王陶以论宰相不押班②罢，光代之。遂上疏论修心之要三：曰仁，曰明，曰武；治国之要三：曰官人，曰信赏，曰必罚。其说甚备。且曰："臣获事三朝，皆以此六言献，平生力学所得，尽在是矣。"

【注释】①闻喜宴：唐宋时期，朝廷宴请新科进士及诸科及第者的宴席。宋代曾在琼林苑设宴，因此也称琼林宴。

②押班：古代百官朝会时的领班，管理百官朝会的位次。宋代制度，由宰相、参知政事分日押班。

【译文】司马光，字君实，陕州夏县（今山西夏县）人。父亲是司马池，任天章阁待制。司马光七岁时，气势凛然就像大人一样，他听人讲解《左氏春秋》，非常喜欢书中的内容，司马光回去跟家人讲述，就明白了当中的大意。从此手不释卷，以至于不知道饥渴冷热。一群孩子在庭院中嬉戏，其中一个孩子爬上水缸，不慎跌入水缸中，众小孩丢下他离开了，司马光拿着石头打破水缸，水溅射了出来，小孩得以活下来。此后，京城、洛阳之间把这件事画成图画。仁宗宝元初年，司马光考中进士甲等。那时他刚二十岁，天性不喜欢豪华奢侈，在闻喜宴上唯独他不戴花，同时中举的人对他说："君主赏赐的不能违背。"司马光才戴上一枝。

神宗即位后，提升司马光为翰林学士，他竭力推辞但没被批准。御史中丞王陶因为议论宰相在朝会时没有领押班事被罢官，司马光代替他。于是司马光上疏，论修心的主要方面有三个：仁、明、武；治理国家的主要方面有三个：任用官员、有功必赏、有罪必罚。他说得很详备。而且说："臣得以侍奉仁宗、英宗、神宗三朝，都用这六句话进献，平生努力学习所得，完全在这里了。"

光常患历代史繁，人主不能遍鉴，遂为《通志》八卷以献。英宗悦之，命置局秘阁，续其书。至是，神宗名之曰《资治通鉴》，自制序授之，俾日进读。

安石得政，行新法，光逆疏其利害。安石以韩琦上疏，卧家求退。帝乃拜光枢密副使，光辞之。安石起视事，光乃得请，遂求去。

元丰五年，忽得语涩疾，疑且死，豫作遗表置卧内，即有缓急，当以畀所善者上之。官制行，帝指御史大夫曰：“非司马光不可。”又将以为东宫师傅。蔡确曰：“国是方定，愿少迟之。”《资治通鉴》未就，帝尤重之，以为贤于荀悦《汉纪》，数促使终篇，赐以颍邸①旧书二千四百卷。及书成，加资政殿学士。凡居洛阳十五年，天下以为真宰相，田夫野老皆号为司马相公，妇人孺子亦知其为君实也。

【注释】①颍邸：即宋神宗赵顼即位前的颍王潜邸。治平元年（1064年），赵顼进封颍王。

【译文】司马光常常担忧历代史书过于繁杂，君王不能全部读完，于是写了《通志》八卷进献皇帝。英宗很是高兴，命令在秘阁设书局，让他继续完成这部书。到这时，神宗命名它为《资治通鉴》，自己亲自撰写序给司马光，并且让司马光每日进读。

王安石执掌朝政，实行新法，司马光预先上疏陈述新法的利弊。王安石因为韩琦上疏，就托词卧病在家而请求辞官。神宗于是任司马光为枢密副使，司马光推辞。王安石出来管理政务，司马光的请求才得以允许，于是他请求离京。

元丰五年（1082年），司马光忽然得了说话困难的病，他怀疑自己将要去世，就预先撰写了遗表放在卧室内，如果遇到紧急情况，应当交给和他友好的人上奏朝廷。新定官制实行时，神宗指着御史大夫说：“非司马光不可。”神宗又打算任命司马光为东宫太子师傅。蔡确说：“国家的大政方针刚刚确定，希望稍稍推迟一些。”《资治通鉴》还没完成，神宗特别重视它，认为比荀悦《汉纪》写得更好，多次催促司马光完成，把颍王府旧书二千四百卷赏赐给他。等到这部书完成后，朝廷加任司马光为资政殿学士。司马光共在洛阳居住了十五年，天下人却认为他是真宰相，农夫村野老人都称呼他为司马相公，妇人小孩也知道他是司马君实。

帝崩，赴阙临，卫士望见，皆以手加额曰：“此司马相公也。”哲宗幼冲，太皇太后临政，起光知陈州，过阙，留为门下侍郎。元祐元年，拜尚书左仆射兼门下侍郎。罢青苗钱，复常平粜籴法。两宫虚己以听。辽、夏使至，必问光起居，敕其边吏曰：“中国相司马矣，毋轻生事、开边隙。”光自见言行计从，欲以身徇社稷，躬亲庶务，不舍昼夜。是年九月薨，年六十八。

光孝友忠信，恭俭正直，居处有法，动作有礼。在洛时，每往夏县展墓，必过其兄旦，旦年将八十，奉之如严父，保之如婴儿。自少至老，语未尝妄，自言：“吾无过人者，但平生所为，未尝有不可对人言者耳。”诚心自然，天下敬信，陕、洛间皆化其德，有不善，曰：“君实得无知之乎？”（宋史卷三百三十六）

【译文】神宗驾崩后，司马光奔赴朝廷哭拜，卫士们看见他，都额手相庆，然后说：“这是司马相公。”哲宗年幼，太皇太后高氏垂帘听政，起用司马光担任陈州知州，经过朝廷时，把他留下担任门下侍郎。元祐元年（1086年），朝廷授任司马光为尚书左仆射兼门下侍郎。司马光废除青苗钱，恢复常平粜籴法。太后和皇帝都虚心听他的话。辽国、西夏的使者到来，一定会询问司马光的日常生活作息，两国告诫他们的边疆官员说："中原任用司马光为宰相，不要轻易发生事端、开启边疆冲突。"司马光自认为朝廷对自己言听计从，想以身殉国，亲自处理各种政务，不分昼夜地操劳。这年九月，司马光去世，享年六十八岁。

司马光孝顺友爱、忠贞诚信，恭敬节俭、公正刚直，平常生活有法度，动作合乎礼节。住在洛阳时，每到夏县扫墓，必然会看望他的兄长司马旦，司马旦年近八十岁，司马光侍奉他像严父一样，护养他像婴儿一样。司马光从小到老，从不胡言乱语，自己说："我没有超过他人的长处，只是平生所做的事，不曾有不可以对他人讲的而已。"他的真心诚意出于天性，因此天下人敬重、信任他，陕州、洛阳之间的百姓都被他的道德所感化，如果有不好的事情，人们会说："司马君实能不知道它吗？"（宋史卷三百三十六）

吕公著

【题解】吕公著（1018—1089年），字晦叔，寿州（今安徽凤台）人。北宋名相吕夷简之子。登进士及第，历任颍州通判、崇文院检讨、天章阁待制兼侍读、开封知府、定州安抚使、尚书右仆射兼中书侍郎等职。元祐四年（1089年）去世，享年72岁。追赠太师、申国公，谥曰正献。

吕公著自幼嗜学，至忘寝食，讲学以治心养性为本，语约而理尽。王安石固执己见，擅长雄辩，但唯独吕公著能用精确简明的话说服他，

吕公著，字晦叔，幼嗜学，至忘寝食。父夷简器异之，曰："他日必为公辅。"登进士第。

熙宁初，知开封府。二年，为御史中丞。时王安石方行青苗法，公著极言曰："自古有为之君，未有失人心而能图治，亦未有能胁之以威、胜之以辩而能得人心者也。昔日之所谓贤者，今皆以此举为非，而生议者一切诋为流俗浮论，岂昔皆贤而今皆不肖乎？"安石怒其深切。帝使举吕惠卿为御史，公著曰："惠卿固有才，然奸邪不可用。"帝以语安石，安石益怒，诬以恶语，出知颍州。

【译文】吕公著，字晦叔，幼时喜爱学习，以至废寝忘食。父亲吕夷简看重他，说："这个孩子将来一定能成为三公辅佐大臣。"后来，吕公著进士及第。

熙宁初年（1068年），吕公著担任开封府知府。熙宁二年（1069年），吕公著担任御史中丞。当时王安石刚刚实行青苗法，吕公著直言规劝他说："自古以来，有作为的君主，没有失

去人心而能治好国家的，也没有能利用威势来裹胁、用强辩来取胜而能得到人心的。之前的贤能之人，如今都认为这些举动是不对的，而提出这建议的人把一切的舆论诋毁成流俗空虚不实的言论，难道这些反对者之前都是贤能的而现在都是不贤能的了吗？”王安石对他的深刻激切感到愤怒。神宗让他举荐吕惠卿担任御史，吕公著说：“吕惠卿固然有才能，但是他为人奸邪，不能被任用。”神宗把这些话告诉王安石，王安石更加愤怒，用诽谤的话诬陷他，所以吕公著离京赴任颍州知州。

八年，彗星[①]见，诏求直言。公著上疏曰：“陛下临朝愿治，为日已久，而左右前后，莫敢正言。使陛下有欲治之心，而无致治之实，此任事之臣负陛下也。夫士之邪正、贤不肖，既素定矣。今则不然，前日所举，以为天下之至贤；而后日逐之，以为天下至不肖。其于人材既反覆不常，则于政事亦乖戾不审矣。古之为政，初不信于民者有之，若子产治郑，一年而人怨之，三年而人歌之。陛下垂拱仰成，七年于此，然舆人之诵，亦未有异于前日，陛下独不察乎？”

起知河阳，召还，提举中太一宫，迁翰林学士承旨，改端明殿学士、知审官院。帝从容与论治道，遂及释、老，公著问曰：“尧、舜知此道乎？”帝曰：“尧、舜岂不知？”公著曰：“尧、舜虽如此，而惟以知人安民为难，所以为尧、舜也。”帝又言唐太宗能以权智御臣下。对曰：“太宗之德，以能屈己从谏尔。”帝善其言。

【注释】①彗星：古代认为彗星的出现常被视为灾祸、战争的不祥之兆。亦称帚星、欃枪、扫星、扫帚星。

【译文】熙宁八年（1078年），出现彗星，神宗下诏征求直言。吕公著上疏："陛下亲自处理朝政希望治好国家，为时已久，但是左右前后的大臣，没有敢于发表正直之言的人。使得陛下有想治好国家的心愿，却没有达到太平的事实，这是担任大事的官员辜负了陛下。士人的邪恶与正直、贤能与不肖，早已确定了。现在就不是这样的，前些日子所提拔的，认为是天下最贤能的人；然而后些日子即被放逐，认为是天下最不肖的人。对于人才的态度反复无常，那么对政事也就相互抵触不加审察。古代处理政务，开始时不取信于民的事例是有的，像子产治理郑国，过了一年人们怨恨他，过了三年人们又歌颂他。陛下听凭大臣去治理以求治理好国家，至今七年了，然而百姓的舆论，也没有和之前有什么不同，陛下难道还不察觉吗？"

朝廷起用吕公著为河阳知府，召还京城，提举中太一宫，擢升翰林学士承旨，改任端明殿学士、知审官院。神宗从容地和他讨论治国之道，谈到了佛教、道教，吕公著问道："尧、舜知道这些学说吗？"神宗说："尧、舜怎能不知道这些？"吕公著说："尧、舜即使知道这些，但是只把知人善任和治国安民作为难事，所以他们成为了尧、舜。"神宗又说唐太宗能够利用权术智谋驾驭臣下。吕公著回答说："唐太宗的德行，是能够屈尊听从谏言而已。"神宗认为他的话说得很好。

哲宗即位，以侍读还朝。至则上言曰：“人君初即位，当正始以示天下，修德以安百姓。修德之要，莫先于学。学有缉熙于光明，则日新以底至治者，学之力也。谨昧死陈十事，曰畏天、爱民、修身、讲学、任贤、纳谏、薄敛、省刑、去奢、无逸。”又乞备置谏员，以开言路。拜尚书左丞、门下侍郎。

元祐三年四月，恳辞位，拜司空、同平章军国事。宋兴以来，宰相以三公平章重事者四人，而公著与父居其二，士艳其荣。

明年二月薨，年七十二。始与王安石善，安石兄事之，安石博辩骋辞，人莫敢与亢，公著独以精识约言服之。安石尝曰：“疵吝每不自胜，一诣长者，即废然而反，所谓使人之意消者，于晦叔见之。”又谓人曰：“晦叔为相，吾辈可以言仕矣。”后安石得志，意其必助己，而数用公议，列其过失，以故交情不终。于讲说尤精，语约而理尽。司马光曰：“每闻晦叔讲，便觉己语为烦。”其为名流所敬如此。（宋史卷三百三十六）

【译文】哲宗即位后，吕公著以侍读的身份返回朝廷。到达朝廷后上奏说：“皇上刚即位，应当有一个好的开始来显示给天下人看，修养德行来安抚百姓。修养德行的要点，没有比学习更重要。不断学习就能渐趋光明的境界，因此德行日益更新以达到太平之世，这是学习的效果。因此我冒着死罪陈奏十件事：即敬畏上天、爱护百姓、修养身心、讲究学问、任用贤能、接纳谏言、减少赋税、减轻刑罚、除去奢华、不贪安逸。”吕公著又请求设置谏员，以广开言路。朝廷授任他尚书左丞、门下侍郎。

元祐三年（1088年）四月，吕公著恳求辞去官位，朝廷任他司空、同平章军国事。宋朝建国以来，宰相以三公平章军国重事的有四人，而吕公著与其父吕夷简占其中两人，士人们都十分羡慕他们的荣耀。

第二年二月，吕公著去世，享年七十二岁。吕公著起初和王安石友好，王安石像兄长一样对待他，王安石善于雄辩逞显口才，人们没有敢和他相交锋的，唯独吕公著用精确简明的话说服他。王安石曾经说：“我的缺点常常不能克服，一旦拜访长者，就立即自觉改正了，可以让人的错误消除的人，在吕晦叔身上可以看到。”又对人说：“吕晦叔担任宰相，我们就可以去做官了。”后来王安石实现志向，猜测吕公著必定会帮助自己，但是吕公著多次用公正的议论，列举他的过失，因此他们两人的交情没有善终。吕公著对讲说道理特别精通，言语简明而能穷尽道理。司马光说：“每次听吕晦叔讲学，便觉得自己的话太繁琐。”他就是如此为当时名流所敬佩。（宋史卷三百三十六）

全/注/全/译

群書治要續編

六

《群书治要续编》编辑编委会　编

郝时晋　梁光玉　萧祥剑　主编

团结出版社

目 录

群书治要续编卷第三十一　清史稿（一）

【提要】《清史稿》是民国初年由北洋政府设馆编修，记载清朝正史——“清史”的未定稿。它按照历代“正史”的体例，也分纪、志、表、传四个部分，一共536卷。记载了上起1616年清太祖努尔哈赤在赫图阿拉建国称汗，下至1912年清朝灭亡，共计296年间的历史。

清朝是中国历史上最后一个封建王朝，共传12帝，统治者为满洲爱新觉罗氏。从努尔哈赤建立后金起，总计296年。从皇太极改国号为清起，国祚276年。从清兵入关，建立全国性政权算起则为268年。

1616年，建州女真首领努尔哈赤建立后金。1636年，皇太极改国号为大清。1644年，驻守山海关的明将吴三桂降清，多尔衮率领清兵入关，至1659年平定大顺、大西、南明等政权。后又平定三藩之乱、统一台湾，完成全国统一。

清朝在康熙、雍正、乾隆三朝走向鼎盛，在此期间，中国的传统社会取得了前所未有的发展成就。清初人口增殖，土地增垦，物产盈丰，边境无事，小农经济的社会生活繁荣稳定，综合国力强盛。1840年，鸦片战争发生后，各国列强入侵，开始了中国人民备受屈辱的近代史。在这期间，清朝政府进行了“洋务运动”和“戊戌变法”等近代化的探索和改革，但是最终都没能改变清朝衰落的命运。1911年，辛亥革命爆发，1912年2月12日，北洋大臣袁世凯诱使清帝溥仪逊位，颁布了退位诏书，清朝从此结束。

清朝作为中国历史上最后一个封建王朝，在这一时期，中国作为一个统一多民族国家得到进一步巩固和发展，清朝统治者统一了蒙古诸部，将新疆和西藏重新纳入版图，积极维护了国家领土主权的完整。乾隆年间，中国作为统一的多民族世界大国的格局最终确定。极盛时期的清朝，疆域西抵葱岭和巴尔喀什湖，西北包括唐努乌梁海，北至漠北和西伯利亚，东到太平洋（包括库页岛），南达南沙群岛，包括五十多个民族，国家空前统一。清朝前期农业和商业发达，江南出现了密集的商业城市，并在全国出现了大商帮。在此基础上，人口突破四亿大关，约占当时世界总人口的一半。

清朝是中国历史发展的一个非常重要的关键时期。鸦片战争后，中国就沦为半殖民地、半封建社会。从世界历史的趋势来看，清朝鸦片战争的失败是不可避免的。清朝建立时，中国已经处于封建社会末期，社会矛盾十分尖锐。清朝作为一个少数民族入主中原，对广大的汉族人民采取的是歧视和压迫的政策，这在清朝统治前期体现得尤其明显。清军入关初期的掠夺和残杀，对社会的发展明显起到了阻碍的作用。顺治、康熙等皇帝虽然为安定社会做出了努力，但是基本上还停留在中国传统理想社会的模式。这个时候西方社会已经发生了革命性的变化，尤其在科技方面，已经远远领先于中国。但是，清朝建立后的很长一段时间里，还是采用传统的重农抑商政策，在对外关系上，采取自大和抵御相结合的策略，对外来文化的抵斥十分强烈。尤其是乾隆皇帝时期，更是大兴文字狱，挟制中国人的思想发展。这些因素导致的结果就是延缓了当时的社会发展进程，和当时世界上的先进国家相比，中国在文化、经济、科技上的差距要大于明末时期。在这种情况下，清朝鸦片战争的失败自然是必然的。

清朝以前，“中国”的词义基本上为地理、民族、政治区域和文化意义。自清朝入主中原之后，清朝皇帝正式以“中国”称呼全境。

1689年，清朝康熙帝在与俄国签订的具有现代国际法性质的边界条约——《中俄尼布楚条约》中，首次将“中国”作为正式国家名称使用，与“俄罗斯”相对，该“中国”指包括蒙古以及中国东北等地在内的整个清帝国。可以说，现代“中国”的概念，正是来自于清朝所塑造的中国观。

清朝灭亡以后，1914年，北洋政府设立“清史馆”，开始了“清史”的纂修工作。由赵尔巽担任馆长，先后参加编写的有柯劭忞等一百多人，编修工作历时14年。至1927年，主编赵尔巽见全稿已初步成形，担心时局多变及自己时日无多，遂决定以《清史稿》之名将各卷刊印出版，以示其为未定本。赵尔巽在《发刊缀言》中指出，本书是“作为史稿披露”的“急救之章”，并非视为成书。

应该说，《清史稿》确实是存在不少缺点和问题的。一部好的清朝“正史”，应该客观地描述清代统治者在这一历史时期的作为，既要显示明末清初社会在大破坏之后的复兴，也要显示出清朝逐渐落后于世界，中国沦落为半封建、半殖民地社会的衰落原因。在这个过程中，清朝统治集团确实起了很大的负面作用。这些应该在史书中得到很好的体现，但是《清史稿》并没有达到以上要求。

导致《清史稿》问题众多的主要原因有两个：第一，由于修纂《清史稿》的参与者大多为清朝遗老，在修史时，采取了对清朝统治者歌功颂德、隐恶扬善的态度。很多清朝统治者的凶残事件在《清史稿》中都没有记录。比如清军入关后南下时的烧杀抢掠，乾隆时期的文字狱，《四库全书》纂修过程中大规模禁毁、抽毁、篡改书籍等历史事件，都没有记载。这些历史事件的史料很容易得到，但是《清史稿》中却都没有记载，说明修史者并未能秉笔直书。第二个原因就是《清史稿》纂修时，因为经费不足，工作时常停顿，编修出于众人之手，没有进行过认真细致的统一加工，导致出现体例不一、史事抵牾、繁简失当、译名互歧等问题。加之在刊印的时候，校勘有欠认真，更是增加了书中的错误。

尽管《清史稿》中存在各种问题，但由于《清史稿》的修纂者对大量清史资料如《清实录》《国史列传》《清会典》《上谕八旗》《雍正朱批谕旨》等汇集起来作了综合整理，大致勾勒了清朝从兴起到衰亡的历史轨迹，对读者了解清朝历史提供了方便。因此，《清史稿》依然不失为"正史"中的一部重要著作。

《续编》从《清史稿》中辑录了五卷内容，选取其中裨益治道的文字，希望对读者有所启发。和其他诸朝史书相比，《清史稿》中选编的内容还不足以体现清朝近三百年兴衰治乱的历史轨迹，但是其中不少经验教训，依然值得我们学习和思考。

圣　祖

【题解】爱新觉罗·玄烨（1654—1722年），清朝第四位皇帝（1661—1722年在位），清定都北京后第二位皇帝。年号康熙，庙号圣祖，谥号合天弘运文武睿哲恭俭宽裕孝敬诚信中和功德大成仁皇帝，葬于景陵。

康熙帝八岁登基，14岁亲政，在位61年，是中国历史上在位时间最长的皇帝。康熙执政初期，国内国际形势非常严峻。面对严峻局势，他坚持大规模用兵，以实现国土完整和统一。他在少年时就挫败了权臣鳌拜，完全夺回朝廷大权，开始亲政。成年后，康熙帝坐镇北京，取得了对三藩、沙俄的战争胜利；消灭在台湾的明郑政权；三征噶尔丹，并取得胜利；创立“多伦会盟”取代战争，联络蒙古各部……他奠定了清朝兴盛的根基，开创出“康乾盛世”的大局，有学者尊之为“千古一帝”。康熙六十一年（1722年）驾崩，终年68岁。

《续编》所选文字着重体现康熙治国理政的重要思想，比如他勤于政事，爱养百姓，治学严谨，重视教化，注重军事，善听谏言等。文中还节选了他亲政不久颁布的《圣谕十六条》，这十六条对清代的国家治理有着非常重要的影响！

圣祖皇帝，讳玄烨，世祖第三子也。顺治[①]十八年正月丙辰，世祖崩，帝即位，年八岁，改元康熙。遗诏索尼、苏克萨哈、遏必隆、鳌拜四大臣辅政。

【注释】①顺治：清朝第三位、清军入关后的第一位皇帝清世祖爱新觉罗·福临（1638—1661年）的年号，该年号共使用18年。顺治十八年（1661年），清圣祖康熙帝登基后沿用。

【译文】圣祖皇帝，名玄烨，是清世祖的第三个儿子。顺治十八年（1661年）正月初六，顺治帝驾崩，圣祖即位，时年八岁，改年号康熙，定第二年为康熙元年（1662年）。顺治帝在遗诏中任命索尼、苏克萨哈、遏必隆、鳌拜为顾命大臣，辅佐国政。

八年，夏四月丁丑，上幸太学，释奠先师孔子，讲《周易》《尚书》。

五月戊申，诏逮辅臣鳌拜[①]交廷鞫[②]。上久悉鳌拜专横乱政，特虑其多力难制，乃选侍卫、拜唐阿[③]年少有力者为扑击之戏。是日，鳌拜入见，即令侍卫等掊而絷之。于是有善扑营[④]之制，以近臣领之。庚申，王大臣议鳌拜狱上，列陈大罪三十，请族诛。诏曰："鳌拜愚悖无知，诚合夷族。特念效力年久，迭立战功，贷其死，籍没拘禁。"其弟穆里玛、塞本得，从子讷莫，其党大学士班布尔善，尚书阿思哈、噶褚哈、济世，侍郎泰璧图，学士吴格塞皆诛死。余坐谴黜[⑤]。

六月丁卯，诏曰："朕夙夜求治，念切民依。迩年水旱频仍，盗贼未息，兼以贪吏朘削[⑥]，民力益殚，朕甚悯焉。部院科道诸臣，其以民间疾苦，作何裨益，各抒所见以闻。"

【注释】①鳌拜（约1610—1669年）：瓜尔佳氏，满洲镶黄旗人。清朝三代元勋、权臣，苏完部落首领索尔果之孙，后金开国元勋费英东之侄，八门提督卫齐第三子。出身将门，精通骑射。跟随皇太极征战四方，攻克皮岛，参加松锦之战，平定农民起义，立下赫赫战功，成为皇太极最信任的武将，号称“满洲第一勇士”。皇太极病逝后，拥戴皇九子福临即位，成为议政大臣，位极人臣。顺治帝去世后，接受遗诏成为顾命辅政大臣，操握权柄、结党营私。康熙帝在索额图、黄锡衮、王弘祚等人支持下，逮捕鳌拜下狱论罪，囚死于牢中。康熙五十二年（1713年），念其旧劳，恢复名爵。雍正时期，赐予祭葬，追封一等超武公，世袭罔替。

②廷鞫（jū）：亦作“廷鞠”，在朝廷上审讯。

③拜唐阿：清各衙门管事而无品级者。在京文官三品以上、武官二品以上，在外文官按察使以上、武官总兵以上，其兄弟子孙年满十八岁者，包括现任六品以下及候补五品以上官员，均须呈报本旗，造册汇报军机处，以备挑补为拜唐阿。

④善扑营：由康熙帝建立的一支清廷内卫部队。设立原因是剪除乱党，职责是安保、表演、培训。

⑤谴黜（qiǎn chù）：谪降贬黜。

⑥朘（juān）削：剥削、盘剥。。

【译文】康熙八年（1669年），夏季四月十五日，康熙帝到太学，祭拜大成至圣先师孔子，命讲《周易》《尚书》。

五月十六日，下诏逮捕辅臣鳌拜，交给大臣审讯。康熙帝早已知道鳌拜专横乱政，只是考虑到他权势太大难以制服，于是挑选侍卫、拜唐阿中的年少力壮者练习摔跤。当日，鳌拜入宫觐见，康熙帝立即命侍卫等将其击倒捆绑起来。于是，从此设立了善扑营制度，由亲近之臣率领。二十八日，王公大臣议处鳌拜之罪，罗列其三十条大罪，建议处以灭族之刑。康熙帝下诏说："鳌拜愚悖无知，本应诛其九族。但念在他为国家效力多年，屡立战功，免其死罪，没收家产，予以拘禁。"鳌拜的弟弟穆里玛、塞本得，侄子讷莫，他的党羽大学士班布尔善，尚书阿思哈、噶褚哈、济世，侍郎泰壁图，学士吴格塞都被处以死刑。其余党羽皆谪降贬黜。

六月初六，康熙帝下诏说："朕日夜寻求大治之道，关切民生。近年来，水旱灾害连绵不断，盗贼时有发生，更有贪官污吏剥削百姓，民力日益穷困，朕甚为忧悯！各部、院、科、道之臣，对解决民间疾苦有什么好的见解，各抒己见上报给朕。"

九年，冬十月，颁《圣谕十六条》。谕曰："朕惟至治之世，不以法令为亟，而以教化为先。盖法令禁于一时，而教化维于可久。若徒恃法令而教化不先，是舍本而务末也。朕今欲法古帝王，尚德缓刑，化民成俗。举凡敦孝弟，以重人伦；笃宗族，以昭雍睦；和乡党，以息争讼；重农桑，以足衣食；尚节俭，以惜财用；隆学校，以端士习；黜异端，以崇正学；讲法律，以儆愚顽；明礼让，以厚风俗；务本业，以定民志；训子弟，以禁非为；息诬告，以全良善；诫窝逃，以免株连；完钱粮，以省催科；联保甲，以弭盗贼；解仇忿，以重身命。以上诸条，作何训迪劝导，及作何责成内外文武该管各官督率举行，尔部详察典制，定议以闻。"（《清圣祖实录》卷三四）

【译文】康熙九年（1670年），冬季十月，颁布《圣谕十六条》。

圣谕说："朕思考在安定昌盛的时代，不以制定法令为急务，而以教化为先行。因为法令只能禁于一时，而教化可以维持长久。如果仅仅依靠法令而教化不先行，这是舍本逐末！朕现在想效法古圣帝王，尚德缓刑，化民成俗。概括起来便是，敦促孝悌之道，使人们遵守伦常道德；巩固宗族关系，使人们和睦相处；调和乡邻关系，以平息诉讼争端；重视农业发展，使百姓丰衣足食；崇尚节俭，使百姓爱惜财物；大力兴办学校，以端正士人之风；废除异端学说，使儒学等得到尊崇；宣讲法律，以警醒愚昧顽固之人；申明礼让之德，使风俗淳厚；致力于农业，使民心安定；教导子弟，使他们不敢违法乱纪；平息诬告，使百姓能保持良善；劝诫百姓不要窝藏逃犯，以免受到株连；按时缴纳钱粮，以免催收租税；编联保甲，以消除盗贼；化解仇忿，以保重身命。以上诸条，如何教诲启发、鼓励引导，以及如何责成内外文武官员掌管的各级官吏监督率领实行，你们要详细考察典章制度，议定上报。"（《清圣祖实录》卷三四）

十一年，八月癸丑，诏曰："帝王致治，在维持风化，辨别等威。比来官员服用奢僭，竞相效尤。其议禁之。"

十二月戊午，上召讲官谕曰："有人请令言官风闻言事①。朕思切中事理之言，患其不多。若借端生事，倾陷扰乱，深足害政。与民休息，道在不扰。虚耗元气，则民生蹙矣。"

十四年，夏四月辛亥，上谕："侍臣进讲，朕乃覆讲，互相讨论，庶有发明。"

【注释】①风闻言事：古代御史等任监察职务的官员可以根据传闻进谏或弹劾官吏。

【译文】康熙十一年（1672年），八月十一日，康熙帝下诏说："帝王要实现天下大治，在于维持风俗教化，辨别等级威仪。近来官员吃穿用度奢侈越礼，竞相效仿。廷议如何加以禁止。"

十二月十七日，康熙帝召见讲官说："有人请求给言官以风闻言事的特权，朕考虑这是切中事理之言，惟恐其不多。但若有人借此生事，倾轧陷害，扰乱朝纲，对朝政是大大有害的。让百姓休养生息，重在不扰民。白白耗费元气，那么百姓的生活就会变得穷困。"

康熙十四年（1675年），夏季四月二十三日，康熙帝颁布上谕："侍臣进讲经义，朕又反复讲读，相互讨论，这样才会有新见解。"

十七年，春正月乙未，诏曰："一代之兴，必有博学鸿儒振起文运，阐发经史，以备顾问。朕万几余暇，思得博通之士，用资典学。其有学行兼优、文词卓越之士，勿论已仕未仕，中外臣工各举所知，朕将亲试焉。"于是大学士李霨等荐曹溶等七十一人，命赴京齐集请旨。

二月，已未，上御经筵，制《四书讲疏义序》。

【译文】康熙十七年（1678年），春季正月二十三日，康熙帝下诏说："一个朝代的兴盛，一定要有博学多才的大儒振兴文化，阐发经史，以充当治国经邦的顾问。朕日理万机之余，一心想得到博学通识之士，以求得经典学问方面的帮助。若有品学兼优、文辞卓越之人，不管为官与否，朝廷内外诸臣各尽所知倾力举荐，朕将亲自考查。"于是大学士李霨等推荐曹溶等七十一人，康熙帝命他们进京一同候旨。

二月十八日，康熙帝听经筵进讲，写成《四书讲疏义序》。

十八年，六月辛未，诏曰："盛治之世，余一余三。盖仓廪足而礼教兴，水旱乃可无虞。比闻小民不知积蓄，一逢歉岁，率致流移。夫兴俭化民，食时用礼，惟良有司是赖。督抚等其选吏教民，用副朕意。"

秋七月庚申，京师地震，诏发内帑[①]十万赈恤，被震庐舍官修之。壬戌，召廷臣谕曰："朕躬不德，政治未协，致兹地震示警。悚息靡宁，勤求致灾之由。岂牧民之官苛取以行媚欤？大臣或朋党比周引用私人欤？领兵官焚掠勿禁欤？蠲租给复不以实欤？问刑官听讼或枉平民欤？王公大臣未能束其下致侵小民欤？有一于此，皆足致灾。惟在大法而小廉，政平而讼理，庶几仰格穹苍，弭消沴戾[②]。用是昭布朕心，原与中外大小臣工共勉之。"

【注释】①内帑(tǎng)：泛指内库，指皇帝、皇室的私财、私产。②沴戾(lì lì)因气不和而生的灾害。引申为妖邪或瘟疫。

【译文】康熙十八年（1679年），六月初八，康熙帝下诏说：“国家大治之时，所获得的收成三年积储一年，九年积储三年以备荒。仓廪富足，礼乐教化才能兴盛，遇到水旱灾害才可无忧。现在听说民众不知道积蓄，每逢歉收之年，大多四处流亡。提倡节俭教化民众，吃穿有度、行为循礼，这要靠优秀的官员来实施。总督、巡抚要选拔优秀的官吏教化民众，以托付朕的意愿。”

秋季七月二十八日，北京发生地震，康熙帝下诏从内库拨钱十万用以赈灾，损坏的房屋由官府负责修缮。三十日，康熙帝召集群臣谕告说：“朕自己无德，治理政事不能协允，致使上天降下地震以示警告。朕心中十分惊恐，不能安宁，一直思考致灾的原因。难道是因为官员苛取民众以取悦上司？或是因为有的大臣结党营私排斥异己、互相援引，任用亲朋为官？带兵将领焚杀劫掠没能加以禁止？免除租赋执行不实？问刑官审理案件时冤枉百姓？还是因为王公大臣没有约束属下以致侵犯平民？只要有一项，都足以导致灾害发生。只有高级官吏更遵守法纪，低级官吏为政廉洁，政事处理公正，讼案审断合理，才能感动上天，消除灾祸。现在颁布此诏，用以表明朕的心意，愿与朝廷内外大小官员共勉。”

十九年，夏四月己巳，命南书房[1]翰林每日晚讲《通鉴》。

己卯，颁行《尚书讲义》。

二十二年，十二月乙卯，《易经日讲》成，上制序颁行。

夏四月乙丑，谕讲官："讲章②以精切明晰为尚，毋取繁衍。朕阅张居正《尚书》《四书》直解，义俱精实，无泛设之词，可为法也。"

十一月癸亥，诣明陵致奠。乙丑，回銮。泊舟燕子矶，读书至三鼓。侍臣高士奇请曰："圣躬过劳，宜少节养。"上曰："朕自五龄受书，诵读恒至夜分，乐此不为疲也。"己卯，上诣先师庙，入大成门，行九叩礼。至诗礼堂，讲《易经》。上大成殿，瞻先圣像，观礼器。至圣迹殿，览图书。至杏坛③，观植桧④。入承圣门，汲孔井水尝之。顾问鲁壁⑤遗迹，诣孔林墓前酹酒⑥。书"万世师表"额。

【注释】①南书房：是清代皇帝文学侍从值班之所。设于康熙十六年（1677年），光绪二十四年（1898年）撤销。

②讲章：为学习科举文或经筵进讲而编写的五经、四书讲义。

③杏坛：为纪念孔子讲学而建，孔子第四十五代孙孔道辅监修孔庙时，将正殿后移，除地为坛，环植以杏，名曰"杏坛"。

④植桧：即"先师手植桧"，是位于孔庙大成门内东侧石栏围护的桧树，树东的石碑乃明万历年间杨光训手书。古桧高耸挺拔，树冠如盖。据记载，古桧本是孔子亲手所植，如今的桧树为清雍正十年（1732年）于古树桩下复生的新枝长成。它被视为孔子思想和孔子后裔兴衰的象征，倍受敬仰。古桧至今约有2400年树龄，依然保存完好。

⑤鲁壁：在山东曲阜孔庙诗礼堂后，故井以东。秦始皇焚书时，孔子九代孙孔鲋将《论语》《尚书》《礼记》《春秋》《孝经》等儒家经典，藏于孔子故宅墙壁中。明代为纪念孔鲋保藏儒家经典的功绩而刻制鲁壁碑。

⑥酹（lèi）酒：以酒浇地，表示祭奠。

【译文】康熙十九年（1680年），夏四月初十，康熙帝命南书房翰林每晚为他进讲《资治通鉴》。二十日，颁行《尚书讲义》。

康熙二十二年（1683年），十二月十八日，《易经日讲》修订完成，康熙帝亲自作序，颁布发行。

夏四月三十日，谕告日讲官："讲章应崇尚精当、明晰，不要烦琐衍义。朕阅读张居正《尚书》《四书》直解，觉得释义都精深朴实，没有泛泛空言，可以作为效法的榜样。"

十一月初二，到明太祖陵祭奠。初四，开始返回。在燕子矶停船休息，读书到夜半时分。侍臣高士奇请奏说："皇上事必躬亲，过多劳累，应当有所节制，注意休养。"康熙帝说："朕自五岁开始接受教育，经常读书至深夜，乐此不疲。"十八日，康熙帝到达孔庙，从大成门进，行九叩首的大礼。到诗礼堂，讲解《易经》。进入大成殿，瞻仰孔子圣像，观看礼器。到圣迹殿，阅览图书。到杏坛，观赏植桧。进入承圣门，汲取孔井水品尝。询问鲁壁遗迹，到孔林墓前酹酒，亲书"万世师表"匾额。

二十四年，六月癸卯，诏曰："鄂罗斯[①]入我边塞，侵扰鄂伦春[2]、索伦[3]、赫哲[4]、飞牙喀[5]等处人众，盘踞雅克萨[6]四十年。今克奏厥绩，在事人员，咸与优叙。应于何地永驻官兵，即会议具奏。”

【注释】①鄂罗斯：即俄罗斯。

②鄂伦春：世居东北部地区的人口最少的民族之一。

③索伦：出自满语。鄂温克族的古称。清代称鄂温克族、达斡尔、鄂伦春等族为索伦部，属八旗。

④赫哲：东北地区一个历史悠久的少数民族。“赫哲”作为族称最早出现于康熙二年（1663年）三月。

⑤飞牙喀：即费雅喀族，又称非牙喀。

⑥雅克萨：东北边疆古城，位于黑龙江上游左岸，今漠河县境内。

【译文】康熙二十四年（1685年），六月十四日，康熙帝下诏说：“俄罗斯犯我边境，侵扰鄂伦春、索伦、赫哲、飞牙喀等地百姓，占据雅克萨四十年。现在终于将其打败，夺回失地，凡参与人员，都从优叙功，晋升官职。应在何地长期驻守官兵，立刻讨论详细上奏。”

二十六年，三月癸卯，上御太和门视朝，谕大学士等详议政务阙失，佥以无弊可陈对。上曰：“尧、舜之世，府修事和，然且兢兢业业，不敢谓已治已安。汉文帝亦古之贤主，贾谊犹指陈得失，直言切谏。今但云主圣臣贤，政治无阙，岂国家果无一事可言耶？大小臣工，各宜尽心职业，视国事如家事，有所见闻，入陈无隐。”

五月庚辰，诏曰：“今兹仲夏，久旱多风，阴阳不调，灾孰大焉。用是减膳撤乐，斋居默祷。虽降甘霖，尚未霑足。皆朕之凉德[①]，不能上格天心。政令有不便于民者更之。罪非常赦不原者咸赦除之。”戊子，上召陈廷敬、汤斌十二人各试以文。谕曰：“朕闲与熊赐履讲论经史，有疑必问。继而张英、陈廷敬以次进讲，大有裨益。德格勒每好评论时人学问，朕心以为不然，故兹召试[⑧]，兹判然矣。”

【注释】①凉德：薄德，少德。

【译文】康熙二十六年（1687年），三月二十五日，康熙帝到太和门听理朝政，谕令大学士等详细讨论政务缺失，众人都说没有什么弊端可以上报。康熙帝说：“尧、舜的时代，政事治理得井井有条，百姓生活祥和安乐，然而尧、舜仍然兢兢业业，不敢说已经达到长治久安。汉文帝也是古代的贤能君主，贾谊还指责他的过失，直言切谏。现在只说君主圣明、臣下贤能，政务没有失误，难道整个国家真的就没一件事情可说吗？大小官员都应各自尽心职守，对待国事要像对待家事一样。有所见闻，都要毫无隐瞒地上报。”

五月初三，下诏说：“现在已到仲夏，久旱无雨而且多风，阴阳不能调和，灾情非常严重。因此，朕减少膳食、撤去舞乐，斋戒别居、默默祈祷。虽然降下甘霖，但雨量依然不足。这都是因为朕缺乏德行，不能顺和上天的意志。但凡政令不便于百姓的都予以改正。除了不在一般赦免范围内的囚犯，其他都予以赦免减罪。”十一日，康熙帝召见陈廷敬、汤斌等十二人，以文章来考核他们。谕告说：“朕闲来与熊赐履谈论经史，有疑必问。后来又有张英、陈廷敬依次讲解，有很大的益处。德格勒喜好评论当前人物的学问，朕心中认为他说的不对，所以召集你们来面试，现在情况已经分明了。”

三十年，十一月己未，诏曰：“朕崇尚德教，蠲涤烦苛，大小诸臣，咸被恩礼。即因事罢退，仍令曲全[1]乡里。近来交争私怨，纠结不已，颇有党同伐异之习，岂欲酿明季门户之祸[2]耶？其各蠲私忿，共矢公忠。有怙终者，朕必穷治之。”是时徐元文、徐乾学、王鸿绪既罢，而傅腊塔等抉摘琐隐，钩连兴狱，故特诏儆饬焉。

【注释】①曲全：委曲成全。

②明季门户之祸：指明末党争。明万历时起，朝政日趋腐败，党派林立，党争迭起。明末党争指明末东林党与宦党、浙党之争。

【译文】康熙三十年（1691年），十一月初九，下诏书说：“朕崇尚道德教化，清除烦琐苛刻的法令，朝廷群臣，都受到特别的礼遇。即使因过失被罢免退职的，仍然可以全身退居乡里。但近来官员因私怨而互相纷争，纠集结党屡禁不止，颇有党同伐异之风，难道想酿成明朝晚期党争的大祸吗？各级官员要除去心中的私人恩怨，同心效忠报国。如果有人坚持不改，朕一定彻底严治。”当时徐元文、徐乾学、王鸿绪都被罢免，而傅腊塔等人却肆意指摘别人琐屑隐晦之事，广为株连，兴起冤狱，所以康熙帝特此下诏警告。

三十二年，冬十月丁酉，鄂罗斯察汉汗来贡。上谕大学士曰：“外藩朝贡，固属盛事，传至后世，未必不因而生事。惟中国安宁，则外患不生，当培养元气为根本耳。”

四十年，十一月甲午，诏：“朕详阅秋审[①]重案，字句多误。廷臣竟未察出一二，刑部尤为不慎，其议罚之。”

四十三年甲申春正月辛酉，诏曰：“朕谘访民瘼，深悉力作艰难。耕三十亩者，输租赋外，约余二十石。衣食丁徭，取给于此。幸逢廉吏，犹可有余。若诛求无已，则民无以为生。是故察吏所以安民，要在大吏实心体恤也。”

【注释】①秋审：古时复审死刑案件的一种制度，在秋季举行，故称。清制，各省在每年的四月，对判处死刑但尚未执行的案犯，再次进行审议，最后分“情实”“缓决”“可矜”“可疑”“留养承祀”呈报刑部。秋八月，刑部连同大理寺等，对以上原判死刑的案件集中审核，最后奏请皇帝裁决。

【译文】康熙三十二年（1693年），冬十月二十七日，俄罗斯察汉汗来进贡。康熙谕告大学士说：“外藩入朝进贡，固然属于盛事，但传到后世，未必不因而惹出事端。只有中国内部安宁，外患才不会生起，应当以培养国家元气为根本。”

康熙四十年（1701年），十一月十一日，下诏说：“朕仔细审阅秋审重案，字句有很多错误。朝廷大臣竟然一点儿都没有发现，刑部尤其不够谨慎，建议议罪处罚。”

康熙四十三年（1704年），春季正月二十一日，下诏说：“朕曾经仔细访查过人民的疾苦，亲身体会到百姓劳作的艰辛。一户有三十亩土地的人家，一年的收成，除去交纳地租和赋税，剩下的粮食大概仅有二十石左右。而一家人一年的衣食费用和徭役负担，全都靠这二十石粮食。如果有幸遇上比较清廉的地方官吏，或许生活还稍微宽裕一点儿；如果地方官吏贪得无厌，想方设法敲诈，那么就会民不聊生。因此，考察官吏清廉与否，目的就是让百姓生活安定，而最重要的是看各省封疆大吏是否能真正体恤百姓疾苦。”

四十五年，冬十月庚寅，武殿试。谕曰：“今天下承平日久，曾经战阵大臣已少，知海上用兵者益少。他日台湾不无可虑。朕甲子南巡，由江宁登舟，至黄天荡，江风大作，朕独立船头射江豚，了不为意。迨后渡江，渐觉心动。去岁渡江，则心悸矣。皆年为之也。问之宿将亦然。今使高年奋勇效命，何可得耶？”

四十九年，冬十月甲子，诏曰：“朕临御天下垂五十年，诚念民为邦本，政在养民。迭次蠲租数万万，以节俭之所余，为涣解之弘泽。惟体察民生，未尽康阜，良由生齿日繁，地不加益。宜沛鸿施，藉培民力。自康熙五十年始，普免天下钱粮，三年而遍。直隶、奉天、浙江、福建、广东、广西、四川、云南、贵州九省地丁钱粮①，察明全免。历年逋赋②，一体豁除。其五十一年、五十二年应蠲省分，届时候旨。地方大吏以及守令当体朕保乂③之怀，实心爱养，庶几升平乐利④有可征矣。文到，其刊刻颁布，咸使闻知。"

【注释】①地丁钱粮：指田赋与丁银。清康熙七年(1668年)规定，一切钱粮皆系地丁所出，凡催科、提调、征收、解运，均称地丁钱粮。其他像盐课、茶税、芦课，以及漕粮、白粮、各仓米谷等，和地丁钱粮有别，仍照本名。

②逋赋(bū fù)：未交的赋税。

③保乂(yì)：亦作"保艾"，治理使之安定太平。

④升平：太平。乐利：使之得到快乐与利益。

【译文】康熙四十五年(1706年)，冬季十月初六，举行武进士殿试。康熙帝颁发谕旨说："现在天下太平已经很长时间了，那些经历过战争考验的大臣已经不多了，而懂得海上用兵的大臣更是寥寥无几。以后台湾的形势还很值得担忧。朕在甲子年(1684年)南巡的时候，从江宁坐船到黄天荡，江面忽然刮起大风，朕当时独自站在船头射江豚，对大风毫不在意。可是以后再渡江，便渐渐有些心跳。去年再次渡江，心中已有惧意了。这都是年纪大的原因造成的。朕询问久经沙场的将领，他们也是如此。如今即使还让上了年纪的人去疆场拼杀，为国效忠，又怎么能做得到呢？"

康熙四十九年（1710年），冬季十月初三，下诏说："朕治理天下近五十年，一直信奉百姓是国家的根本，治理国家要以体恤百姓为要旨。朕多次免除各地租赋，不下几万万两，用节俭下来的钱粮，为百姓缓解贫困。体察到百姓生活尚未完全达到富足，很大程度上是因为人口逐渐增多，而土地却并未增加。还应该加大对百姓的荫泽，以用于积累百姓的财力。自康熙五十年（1711年）开始，全面减免各地赋税，三年内实现各地减负。直隶、奉天、浙江、福建、广东、广西、四川、云南、贵州九省的地丁钱粮，查明后全部免除。历年所拖欠的赋税，也一并豁免。康熙五十一年（1712年）、五十二年（1713年）应该免予征收的省份，到时候再公布。地方总督、巡抚等大员和知府、县令等，应当体察朕要使天下安定的心意，真心爱护百姓，这样，才能实现天下太平、百姓安居乐业。旨意收到后，应立即刊刻颁布，使天下官员、百姓都能知晓。"

五十二年，二月乙卯，编修戴名世以著述狂悖弃市。进士方苞以作序干连，免死入旗，旋赦出之。

三月戊寅朔，谕王大臣："朕昨还京，见各处为朕保厘[①]乞福者，不计其数，实觉愧汗。万国安，即朕之安，天下福，即朕之福，祝延者当以兹为先。朕老矣，临深履薄之念，与日俱增，敢满假乎？"

五十三年，甲午春正月癸亥，户部请禁小钱。上曰："凡事必期便民，若不便于民，而惟言行法，虽厉禁何益。"

【注释】①保厘：治理百姓，保护扶持使之安定。

【译文】康熙五十二年（1713年），二月初七，翰林院编修戴名世因为著作中多有狂妄叛逆之辞而被公开处斩。进士方苞也因为给戴名世的诗集作序而受到牵连，免去死罪，收入旗下为奴，不久被赦免。

三月初一，颁布上谕给诸王大臣说："朕昨天回到京城，看见到处为朕祈福、为一方安定祈福的人，不计其数，实在感到惭愧。全国百姓平安无事，就是朕的平安，人民都能生活幸福，就是朕的幸福，祝福的人应当把这两件事放在头等位置。朕现在年纪大了，那种如临深渊、如履薄冰的感觉与日俱增，怎么敢自满自大呢？"

康熙五十三年（1714年），春季正月二十一日，户部请求禁止小钱流通。康熙帝说："凡事一定要先考虑方便百姓，如果不利于百姓，而只空谈依法行事，即使严厉禁止又有什么好处。"

五十六年，十一月乙丑，皇太后不豫，上省疾慈宁宫。辛未，诏曰："帝王之治，必以敬天法祖为本。合天下之心以为心，公四海之利以为利，制治于未乱，保邦于未危，夙夜兢兢，所以图久远也。朕八龄践祚，在位五十余年，今年近七旬矣。当二十年时，不敢逆计至三十。三十年时，不敢逆计至四十。赖宗社之灵，今已五十七年矣，非凉德所能致也。齿登耆寿，子孙众多。天下和乐，四海乂安。虽未敢谓家给人足，俗易风移，而欲使民安物阜之心，始终如一。殚竭思虑，耗敝精力，殆非劳苦二字所能尽也。古帝王享年不永，书生每致讥评。不知天下事烦，不胜其劳虑也。人臣可仕则仕，可止则止，年老致仕而归，犹得抱子弄孙，优游自适。帝王仔肩无可旁委，舜殁苍梧，禹殂会稽，不遑宁处，终鲜止息。洪范五福，终于考终命，以寿考之难得也。易遯六爻，不及君主，人君无退藏之地也。岂当与臣民较安逸哉！朕自幼读书，寻求治理。年力胜时，挽强决拾[①]。削平三藩，绥辑[②]漠北，悉由一心运筹，未尝妄杀一人。府库帑金，非出师赈饥，未敢妄费。巡狩行宫，不施采缋[③]。少时即知声色之当戒，佞倖之宜远，幸得粗致谧安。今春颇苦头晕，形渐羸瘦。行围塞外，水土较佳，体气稍健，每日骑射，亦不疲乏。复以皇太后违和，头晕复作，步履艰难。倘一时不讳，不得悉朕衷曲。死者人之常理，要当于明爽之时，举平生心事一为吐露，方为快耳。昔人每云帝王当举大纲，不必兼综细务。朕不谓然，一事不谨，即贻四海之忧；一念不谨，即贻百年之患。朕从来莅事无论巨细，莫不慎之又慎。惟年既衰暮，祗惧五十七年忧勤惕励之心，隳于末路耳。立储大事，岂不在念。但天下大权，当统于一，神器至重，为天下得人至难，是以朕垂老而惓惓不息也。大小臣工能体朕心，则朕考终之事毕矣。兹特召诸子诸卿士详切言之。他日遗诏，备于此矣。”

【注释】①挽强：拉引硬弓。决：通“抉”，古代射箭用具。拾：套袖，革制，套在左臂上，用以护臂。

②绥辑(suí jí):安抚集聚。

③采缋(huì):彩色的修饰。

【译文】康熙五十六年(1717年),十一月十五日,皇太后身体欠安,康熙帝到慈宁宫探望。二十一日,下诏说:“君王治理国家,一定要以敬顺天意、效法祖先为本。把全国百姓的心意当作自己的心意,把百姓的共同利益作为自己的利益,保持天下大治,避免发生动乱,保卫国家免于危亡,因此时刻兢兢业业,正是为了实现国家的长治久安。朕八岁登基,已在位五十多年,今年快七十岁了。在位二十年时,朕不敢预料能做到三十年。到三十年时,又不敢预料能做到四十年。依赖祖先之灵的庇佑,到现在已在位五十七年了,这不是只有一般的德行就能达到的。现在国家人口繁盛,老人长寿,子孙众多。天下太平,百姓和乐,四海安宁。虽不敢说家家丰裕、人人富足,风俗变得仁厚淳朴,但让百姓安康、经济繁荣的心愿,却是始终如一的。为此,朕殚精竭虑,耗损精力,不是用‘劳苦’二字就能概括的。古代的帝王往往在位时间不长,读书人经常予以讥讽批评。他们不知道治理国家事务繁重,实在是不胜辛劳。做臣子的能做官就做官,做官久了不愿做了也可以不做,年老就可以辞官回乡,享受子孙绕膝的天伦之乐。而做君主的则不同,身上的重担没有人可以分担。舜死在苍梧,禹在会稽辞世,一生都无法安定,直到生命终止,也很少有休息的时候。《尚书·洪范》上讲五福,最后讲到“考命终”,就是因为长寿最难得。《易经》遯卦的六爻,没有提到君主,因为他们没有隐退之地,哪还能与臣民们比较谁活得更安逸呢？朕从小读书，寻求治理天下之道。年轻力壮的时候，能够拉开十五力弓，发十三握箭。平定三藩之乱，讨伐安抚漠北，都是朕一心筹划，从未错杀过一人。对于官府储存的银两，如果不是用来调动军队或赈灾，从来不会妄加使用。出巡时所居住的行宫，也不设华丽的饰品。朕小时候就知道声色应当戒除，奸佞的小人应当远离，所幸使国家基本上实现了安定和平。今年春天开始，朕深受头晕之苦，身体日渐瘦弱。到塞外打猎时，因为那里水土很好，身体和气色稍微有所好转，每天骑马射箭，也不感到疲倦。后来因为皇太后身体不佳，我的头晕病又犯了，连走路都觉得十分艰难。万一辞世，你们就无法知晓朕的心意了。死亡是人生的常理，应当在自己还清醒的时候，把自己的平生心事说出来，这样才痛快。古人说，君主只需掌握纲领，不必在一些细小的事务上费神，这一点我不同意。如果一件事不谨慎处理，就可能给整个国家留下忧患。一个想法不谨慎，就会给后世留下隐患。因此，朕在处理国事时，无论大小，无不慎之又慎。只因年岁大了，一直担心五十七年来勤勉、忧虑的良苦用心所获得的成果，在生命快结束时因为不慎而毁于一旦。册立太子是一件大事，朕怎能不时时记挂？但是天下的权力，应当集中起来统于一人之手，江山社稷最为重要，为了治理好国家而挑选合适的人选也是最难的，因此朕虽然已经垂垂老矣，仍然孜孜不倦不敢松懈。如果大小官员都能体察朕的苦心，那么朕即使离开人世，也没有什么不放心的了。为此，朕特地召集诸位皇子和大臣详尽恳切地说了这些话。

以后留下遗诏，主要意思也都在这里了。”

五十八年，春正月甲戌朔，日有食之。诏曰：“日食三始[①]，垂象维昭。宜修人事，以儆天戒。臣工其举政事阙失以闻。”

六十一年，九月甲申，上驻热河。乙酉，谕大学士曰：“有人谓朕塞外行围，劳苦军士。不知承平日久，岂可遂忘武备？军旅数兴，师武臣力，克底有功，此皆勤于训练之所致也。”

十一月戊子，上不豫，甲午，上大渐，日加戌，上崩，年六十九。

论曰：圣祖仁孝性成，智勇天锡。早承大业，勤政爱民。经文纬武，寰宇一统，虽曰守成，实同开创焉。圣学高深，崇儒重道。几暇格物，豁贯天人，尤为古今所未觐。而久道化成，风移俗易，天下和乐，克致太平。其雍熙景象，使后世想望流连，至于今不能已。传曰：“为人君，止于仁。”又曰：“道盛德至善，民之不能忘。”于戏，何其盛欤！（清史稿卷四—卷八）

【注释】①三始：三朝，指正月一日。

【译文】康熙五十八年（1719年），春季正月初一，出现日食。下诏说：“正月初一发生日食，这是上天警示的预兆。应该整治人事，以上天的告诫为警戒。大臣们要上报政事缺失，让朕了解。”

康熙六十一年（1722年），九月初二，康熙帝暂驻热河。初三，诏谕大学士们说："有人说我在塞外打猎，使士兵们劳苦不堪。你们不知道，如果天下太平太久，就会把军备忘了吗？我在位期间多次发生战争，士兵作战英勇，大臣尽心竭力，最终打败敌人，取得胜利，这都是日常训练严格的结果啊！"

十一月初七，康熙帝身体不适，初九，病情加重，戌时驾崩，终年六十九岁。

史官评论说：圣祖康熙皇帝仁爱孝顺，生性如此，智勇双全，上天所赐。圣祖年幼时就继承大业，勤于政事，爱养百姓。用他的文治武功，统一了中国全境，虽然是一个守成的君主，但实际上却同开国君主一样。他学问渊博，尊崇儒学，敬重天道。在日理万机之余，能够穷究事物的原理，通晓天道人事，更是古今从未有过的。由于长期奉行教化，以致天下移风易俗，祥和安乐，成为太平盛世。这种祥和安乐的景象，使后人眷恋不已，到现在依然被传颂。《大学》说："做君主的，首先要讲求仁义。"又说："如果道义兴盛，德行至善，人们终究不会忘记他。"啊！康熙盛世是多么宏伟啊！（清史稿卷四—卷八）

世　宗

【题解】爱新觉罗·胤禛（1678—1735年），清朝第五位皇帝（1722—1735年在位），定都北京后第三位皇帝。年号雍正。庙号世宗。

雍正帝在位期间做了一系列改革：为加强对西南少数民族

的统治，实行改土归流；废除贱籍制度，实行摊丁入亩，减轻了无地、少地农民的经济负担，促进了人口增长；大力整顿财政，实行耗羡归公；建立养廉银制度，实行官绅一体当差一体纳粮；整顿吏治，创立密折制度监视臣民，设立军机处以专一事权等。

雍正皇帝是历史上少有的勤政天子，自诩“以勤先天下”“朝乾夕惕”。后人收集他在位十三年中朱批过的折子就多达360卷。他的一系列社会改革对于康乾盛世的连续具有关键性作用。

《续编》选取了雍正帝在位期间的代表性事件，体现了他勤政爱民等诸多品质，说明了“康乾盛世”之所以出现的原因。

世宗皇帝讳胤禛，圣祖第四子也。六十一年十一月，圣祖崩。辛丑，上即位，以明年为雍正元年。

十二月癸亥，诏《古今图书集成》一书尚未竣事[①]，宜速举渊通之士编辑成书。

雍正二年，二月丙午，御制《圣谕广训》，颁行天下。

三月乙亥朔，上诣太学释奠，御彝伦堂讲《尚书》《大学》。

【注释】①竣事：了事，完事。

【译文】世宗皇帝名胤禛，是康熙帝第四子。康熙六十一年（1722年）十一月，康熙帝驾崩。二十日，胤禛即位，决定以第二年为雍正元年。

十二月十二日，下诏说《古今图书集成》一书尚未完成，应尽快荐举学问渊博的人，编辑成书。

雍正二年(1724年)，二月初二，将所著《圣谕广训》颁行全国。

三月初一，雍正帝到太学行释奠礼，在彝伦堂讲习《尚书》《大学》。

雍正三年，三月辛酉，年羹尧表贺日月合璧[①]，五星联珠[②]，将"朝乾夕惕[③]"写作"夕惕朝乾"。诏切责之曰："年羹尧非粗心者，是直不以朝乾夕惕许朕耳。则年羹尧青海之功，亦在朕许与不许之间，未可知也。显系不敬，其明白回奏。"

九月甲寅，以朱轼为大学士，改蔡珽为吏部尚书，仍管兵部、都察院事。丙辰，逮系[④]年羹尧下刑部。

十二月丁卯，降郡王胤禵为贝子。甲戌，廷臣议上年羹尧罪九十二款。得旨："年羹尧赐死，其子年富立斩，余子充军，免其父兄缘坐[⑤]。"

【注释】①日月合璧：太阳和月亮同时出现在天空上。因为是天文上罕见的异象，所以古人认为是祥瑞的征兆。

②五星连珠：又叫"五星聚"。指水、金、火、木、土五个行星同时出现在天空同一方的现象，这种现象不常发生，所以古人认为它是祥瑞之兆。后来只要五行星各居一宫相连不断时就叫作"连珠"。

③朝乾夕惕：语本《周易·乾》："终日乾乾，夕惕若，厉，无咎。"形容一天到晚都很勤奋谨慎，没有一点疏忽懈怠。

④逮系：逮捕，拘囚。

⑤缘坐：连坐，因牵连而获罪。

【译文】雍正三年（1725年），三月二十三日，年羹尧上表祝贺日月合聚，五星如联珠，将“朝乾夕惕”写作“夕惕朝乾”。雍正帝下诏斥责年羹尧道：“年羹尧不是粗心的人，只不过是对朕的“朝乾夕惕”不认可罢了。那么，年羹尧的青海之功，也在我认可与否之间，结果不可知。显然是‘不敬’，你要明白地回答。”

九月二十日，任命朱轼为大学士，改任蔡珽为吏部尚书，仍掌管兵部、都察院事务。二十二日，逮捕年羹尧交刑部议罪。

十二月初四，降郡王胤禵为贝子。十一日，朝臣讨论上报年羹尧的九十二条罪状。圣旨如下：“年羹尧赐死，他的儿子年富立即斩首，其余的儿子充军，赦免他的父、兄，不连坐。”

四年，冬十月戊辰，诏廷臣：“皇考临御[①]六十余年，躬节行俭。宫廷地毯用至三四十年，犹然整洁。服御之物，一惟质朴，绝少珍奇。昨检点旧器，及取回避暑山庄陈设，思慕盛德，实无终已。用特书此，以诏我子孙。”

五年，十二月辛丑，范时绎奏太仓州属之七浦士民原自行修濬[②]。上不许，曰：“民间之生计，即国计也。国用不敷之时，不得不藉资民力。方今国用充裕，仍发帑银给之。”

十一年，二月，上见沿道安设水缸，蓄水洒道。上谕之曰：“跸路[③]所经，虽有微尘何碍。地方官当以牧养生民为重。若移奉上之心以抚百姓，岂不善乎？”

【注释】①临御：谓君临天下，治理国政。

②修濬（jùn）：疏通河道。

③跸（bì）路：帝王车驾行经之路。

【译文】雍正四年（1726年），冬季十月初十，下诏给朝臣：“父皇在位六十余年，躬行节俭。宫廷的地毯用了三四十年，仍然那么整洁。服饰车马之类，一概朴素，极少珍奇之物。昨天检视陈旧器具，并取回避暑山庄的摆设之物，思慕先皇，觉得他的盛德，实在没有终极。因此特地写下来，以诏示我的子孙。”

雍正五年（1727年），十二月二十日，范时绎奏报太仓所属的七浦士民愿意自行疏通河道。雍正帝不许，说：“百姓的生计，就是国家之事。国家费用不足之时，不得不借助于民力。如今国家费用充足，仍要调拨国库银子支付。”

雍正十一年（1733年），二月，雍正帝看见沿路安放水缸，蓄水洒扫路面。便训示说：“车驾经过的地方，即便有点儿尘土有什么关系？地方官应以治理百姓为主。如果把奉迎君上的心思转用于抚慰百姓，不是很好吗？”

十二年，三月戊戌，尹继善奏剿平普思叛苗，招抚投诚人众。得旨：“凡事懈于垂成，忽于既定。勉之。”

十三年，三月，上亲耕耤田。戊子，诏曰：“地方编立保甲，必须俯顺舆情，徐为劝导。若过于严急，则善良受累矣。为政以得人为要，不得其人，虽良法美意，徒美观听，于民无济也。”

论曰：圣祖政尚宽仁，世宗以严明继之。论者比于汉之文、景。独孔怀[①]之谊，疑于未笃。然淮南暴伉[②]，有自取之咎，不尽出于文帝之寡恩也。帝研求治道，尤患下吏之疲困。有近臣言州县所入多，宜釐剔[③]。斥之曰："尔未为州县，恶知州县之难？"至哉言乎，可谓知政要矣！（清史稿卷九）

【注释】①孔怀：兄弟的代称。

②暴伉（kàng）：横暴傲慢。

③釐（lí）剔：清理剔除，革除。

【译文】雍正十二年（1734年），三月二十二日，尹继善奏报剿平普思叛乱的苗人，招抚投诚的众人。得到圣旨："凡事在将要成功时容易松懈，将要有结果时容易疏忽。尽力为之。"

雍正十三年（1735年），三月，雍正帝亲自耕种藉田。十八日，下诏说："地方编制设立保甲，必须顺从百姓的意愿，慢慢加以劝导。如果过于严急，那么善良的人就受牵连了。治理要以用人得当为上，如果用人不当，即便有良好的措施和动机，也不过是悦人耳目罢了，对百姓没有帮助。"

史官评论说：康熙帝为政崇尚宽大仁厚，雍正帝随后以严明治理。评论者把他们比之为汉代的文帝、景帝。只是对兄弟的情谊，似乎还不够深厚。但是淮南王骄横犯上，咎由自取；不完全是由于文帝缺少亲情所致。雍正帝探研治理之道，尤其忧虑下层官吏的难处。有的近臣说州县官进账多，应该有所剔除。他训斥道："你没做过州县官，怎知州县官的难处？"这话说得

太好了，可谓是了解政务的关键啊！（清史稿卷九）

礼　志

【题解】本篇文字辑录自《清史稿·礼志》。一个国家兴衰的重要标志在于“礼乐”，中国历朝历代对此都十分重视，因此也都沿袭礼乐的精神内涵来治理国家。礼乐思想是中国古代政治思想的重要组成部分，中华民族的“礼乐文化”，奠定了中国成为“礼乐之邦”的根本。《续编》节录的文字，体现了清世祖、清圣祖、清高宗等对礼法的重视，说明了礼制沿革的重要性及在国家治理上的重要作用。

自虞廷修五礼，兵休刑措。天秩虽简，鸿仪实容。沿及汉、唐，讫乎有明，救敝兴雅，咸依为的。煌煌乎，上下隆杀以节之，吉凶哀乐以文之，庄恭诚敬以赞之。纵其间淳浇世殊，要莫不弘亮天功，雕刻人理，随时以树之范。故群甿蒸蒸，必以得此而后足于凭依，洵品汇之玑衡也。斟之酌之，损之益之，修明而讲贯之，安见不可与三代同风！

【译文】从虞舜开始修订五礼，停止战争、废置刑罚。礼法制度虽然简单，但盛大的典仪却非常适宜。延续到汉、唐，一直到明朝，挽救衰败的世风、兴起典雅的礼制，都按照这样的目的来行动。光明啊，用上下尊卑的秩序节制它，用吉凶哀乐的礼制修饰它，用庄恭诚敬的态度赞扬它。纵使风俗的淳厚与浇薄各个时代有所不同，但其纲要无不光大天功，雕刻人理，顺应时势以树立典范。所以百姓宽厚孝顺，一定要有礼才足以有所依靠，就像玑衡那样给人以指引。再三斟酌，几番增减，阐发弘扬并且讲习礼制，怎见得不能像三代那样民风淳厚呢？

世祖入关，顺命创制，规模闳远。顺治三年，诏礼臣参酌往制，勒成礼书，为民轨则。圣祖岁御经筵，纂成日讲礼记解义，敷陈虽出群工，阐绎悉遵圣训。高宗御定三礼义疏，网罗议礼家言，折衷至当，雅号巨制。若皇朝三通、大清会典，其经纬礼律，尤见本原。（清史稿卷八十二）

【译文】世祖入关后，顺应天命创建礼制，规模博大深远。顺治三年，下诏让礼部官员参考以往制度，制成礼书，作为百姓的日常行为准则。圣祖每年开设御前进讲，纂成《日讲礼记解义》，其中的论述文字虽然出自群臣，但都是遵循圣训进行阐述演绎的。高宗御定《三礼义疏》，搜罗议礼家的言论，折中采用使之恰当，称之为钜制。像《皇朝三通》《大清会典》，它们在规划礼法与刑律方面，尤其能看到根本。（清史稿卷八十二）

选举志

【题解】本篇文字辑录自《清史稿·选举志》，主要辑录康熙和雍正关于选举人才的两份诏书。诏书中两位皇帝都表示出对人才的渴求，不限资历，不论满汉，只要贤能都可予以任用。说明发现人才、任用人才对治国理政的重要性。

康熙十七年，诏曰："自古一代之兴，必有博学鸿儒，备顾问著作[①]之选。我朝定鼎以来，崇儒重道，培养人才。四海之广，岂无奇才硕彦、学问渊通、文藻瑰丽、追踪前哲者？凡有学行兼优、文词卓越之人，不论已仕、未仕，在京三品以上及科、道官，在外督、抚、布、按，各举所知，朕亲试录用。其内、外各官，果有真知灼见，在内开送吏部，在外开报督、抚，代为题荐。"嗣膺荐[②]人员至京，诏户部月给廪饩[③]。明年三月，召试体仁阁。凡百四十三人，赐燕，试赋一、诗一，帝亲览试卷，取一等彭孙遹等三十人。（清史稿卷一百九）

【注释】①顾问：谘商询问。多指执政者对于近臣的谘询。著作：撰述。东汉末始置著作郎，为编修国史之任。

②膺荐：承受荐举。

③廪饩（lǐn xì）：科举时代由公家发给在学生员的膳食津贴。

【译文】康熙十七年（1678年），下诏说："自古以来，一个朝代的兴起，一定要有博学的鸿儒，作为顾问、著作的候选人才。我朝自创立以来，崇尚儒学，推重儒道，培养人才。天下之大，怎会没有才学出众、学问渊博通达、文辞瑰丽、追寻前代圣哲的人呢？凡是学问品行兼优、文辞卓越的人，不管是否已经做官，在京三品以上及科、道官员，京外总督、巡抚、布政使、按察司等，各自推举所了解的人才，朕将亲自考试录用。朝廷内、外各官吏，确实有真知灼见的，在朝廷内开送吏部，在外地开报总督、巡抚，代为推荐。”等到推荐的人员到达京城，下诏户部每月供给膳食津贴。第二年三月，在体仁阁召见面试。共一百四十三人，赐宴，考试内容为作赋、诗各一篇，康熙帝亲自阅览考卷，录取一等彭孙遹等三十人。（清史稿卷一百九）

六十一年，世宗嗣位。谕曰：“知人则哲，自古为难。朕临御之初，简用人才，或品行端方，或操守清廉，或才具敏练，诸大臣密奏所知。勿避嫌徇私，沽名市恩，有负谘询。”又以道、府、州、县，亲民要职，敕总督举三员，巡抚举二员，布、按各举一员，将军、提督亦得举一员，密封奏闻。雍正四年，以各省所举未能称旨，诏切责之。令各明举一人，不得雷同。时荐贤诏屡下，帝综覈[①]名实，赏罚必行。七年，以督、抚、布、按，为全省表率，命京官学士、侍郎以上，外官藩、臬以上，各密保一人，不拘满、汉，不限资格，即府、县中有信其可任封疆大僚，亦许列荐剡[②]。（清史稿卷一百九）

【注释】①综覈（hé）：也作“综核”，聚总而考核之。

②荐剡（yǎn）：推荐。

【译文】康熙六十一年（1722年），雍正帝继位。颁布圣谕说：“能鉴察人的品行才能，可谓明智，自古以来这就很难。朕刚治理国家时，选用人才，或者品行端正，或者操行清廉，或者才能敏捷干练，众位大臣秘密上奏你们所知道的人才。不要避嫌，也不要徇私，更不要沽名钓誉，有负朕对你们的期望。”另外对于道、府、州、县中和百姓息息相关的重要职位，命令总督举荐三人，巡抚推举二人，布政使、按察司各自推举一人，将军、提督也可以推举一人，密封上奏。雍正四年（1726年），因各省所举荐未能符合圣意的，下诏严厉责备他们。让他们各自公开推举一人，不能有雷同。当时荐举贤能的诏书多次下发，雍正帝聚总考核他们是否名实相副，赏罚必行。雍正七年（1729年），以总督、巡抚、布政使、按察司为全省表率，命令京官学士、兵部侍郎以上，朝外官布政使、按察使以上，各自秘密保举一人，不管满族、汉族，不限资历，即使府、县中有相信自己可以胜任封疆大员的，也允许推荐。（清史稿卷一百九）

刑法志

【题解】本篇节录自《清史稿·刑法志》，这段文字主要讨论刑法和礼教的相互配合，指出适当的法律制度会对礼教有辅助作用，两者相辅相成才能让国家长治久安。

中国自书契以来，以礼教治天下。劳之来之而政出焉，匡之直之而刑生焉。政也，刑也，凡皆以维持礼教于勿替。故尚书曰：“明于五刑，以弼五教。”又曰：“士制百姓于刑之中，以教祇德。”古先哲王，其制刑之精义如此。周衰礼废，典籍散失。魏李悝著《法经》六篇，流衍至于汉初，萧何加为九章，历代颇有增损分合。至唐永徽律出，始集其成。虽沿宋迄元、明而面目一变，然科条所布，于扶翼世教之意，未尝不兢兢焉。君子上下数千年间，观其教化之昏明，与夫刑罚之中不中，而盛衰治乱之故，綦可睹矣。（清史稿卷一百四十二）

【译文】中国自有文字以来，以礼教治理天下。慰劳民众，安抚民众，政事因此而产生；开导民众，纠正民众，刑罚因此而产生。政教、刑罚，都是用来维持礼教不衰退的。所以《尚书》说：“懂得用五刑，来辅助五教。”又说：“士人用适中的刑法制止百姓犯罪，以教百姓敬重德行。”古代的先王哲人，他们制定刑法的精义在此。周朝衰落礼义废弃，典籍散失。魏国李悝著《法经》六篇，传播到汉初，萧何增加为《九章律》，历代都有增减、分合。到了唐代永徽律产生，开始逐渐完备。虽然延续到宋直至元、明时期，面目一度发生变化，但是所公布的条文，在辅助世教的意义上，何尝不是小心谨慎的！君子在上下几千年的时间里，观察其间教化的昏明，以及刑罚是否适当，进而对于盛衰治乱的原因，也基本可以看到了。（清史稿卷一百四十二）

孝庄文皇后

【题解】孝庄文皇后（1613—1688年），博尔济吉特氏，名布木布泰（亦作本布泰，意为“天降贵人”），蒙古科尔沁部贝勒博尔济吉特·布和之次女，孝端文皇后之侄女，敏惠恭和元妃之妹。

孝庄文皇后是中国历史上有名的贤后，她一生培养、辅佐顺治、康熙两代皇帝，是清初杰出的女政治家。她对扭转当时中国的分裂局面，使中国归于统一发挥了重要作用，更为难能可贵的是她没有像后来的慈禧那样垂帘听政，而是始终处于幕后。《续编》节录的文字，主要是她对康熙帝的两段警诫，文辞简短而全面，寥寥数语，却直指政治、军事等诸多方面的要害，足以说明她具有极高的政治智慧。

孝庄文皇后，博尔济吉特氏，科尔沁贝勒寨桑女，孝端皇后侄也。崇德元年，封永福宫庄妃。三年正月甲午，世祖生。世祖即位，尊为皇太后。圣祖即位，尊为太皇太后。

太后不预政，朝廷有黜陟[①]，上多告而后行。尝勉上曰：“祖宗骑射开基，武备不可弛。用人行政，务敬以承天，虚公[②]裁决。”又作书以诫曰：“古称为君难。苍生至众，天子以一身临其上，生养抚育，莫不引领，必深思得众得国之道，使四海咸登康阜，绵历数于无疆，惟休。汝尚宽裕慈仁，温良恭敬，慎乃威仪，谨尔出话，夙夜恪勤，以祗承祖考遗绪，俾予亦

无疚于厥心。”（清史稿卷二百十四）

【注释】①黜陟（chù zhì）：官职的升迁或降黜。

②虚公：无私而公正。

【译文】孝庄文皇后，姓博尔济吉特氏，是蒙古科尔沁部贝勒寨桑的女儿，孝端文皇后的侄女。崇德元年（1636年），封博尔济吉特氏为永福宫庄妃。崇德三年（1638年），正月三十日，顺治帝出生。顺治帝即位，尊生母庄妃为皇太后。康熙帝即位，尊孝庄太后为太皇太后。

孝庄太后不干预朝政，朝廷擢升或贬黜官员时，康熙帝往往先禀告太皇太后之后再实施。太皇太后曾勉励康熙帝：“祖宗凭借骑射创业开基，军备不可松弛。用人行政，一定要敬承上天之意，公正无私地判决。”太后又写文章来告诫康熙帝：“自古就说皇帝难当。百姓众多，天子以一人统治万民，百姓养家糊口，没有不殷切盼望皇帝施恩的，皇帝定要深思得民心得天下之道，使四海之内都达到安乐富庶，使朝运绵延无期，惟有让百姓得到休养生息。你要崇尚宽厚仁慈、温和善良、谦恭有礼，慎用你的仪仗、权威，对于说出的话要谨慎小心，从早到晚都要恭谨勤勉，以继承皇祖、皇考留下的基业，使我也能无愧于心。”（清史稿卷二百十四）

蒋赫德

【题解】蒋赫德(1615—1670年),初名元恒,字九贞,直隶遵化人,清初大臣,隶汉军镶白旗。天聪三年(1629年),清太宗伐明,克遵化,选儒生俊秀者入文馆,元恒与焉,赐名赫德。《续编》节选了他的一段关于如何惩治贪官污吏,以肃清朝政,改善百姓生活的奏疏。奏疏中,蒋赫德对于朝廷吏治给出了具体有效的建议,具有一定的借鉴意义。

蒋赫德,遵化人。十一年,擢国史院大学士。十二年,诏诸大臣陈时务,疏言:"察吏乃可安民,除害乃可兴利。今百姓大害,莫甚于贪官蠹吏。惩治之法,惟恃督抚纠劾,以其确知属吏之贤不肖也。近每见各督抚弹章,指事列款,赃迹累累;及奉旨勘谳,计赃科罪,不及十之二三。不曰'事属子虚',则曰'衙役作弊'。即坐衙役者,又多引杂犯律例,听其赎免,何所惩惮而不肆行其志乎?其始官胥朋比,虐取瓜分;事败,官嫁名于吏以觊燃灰,吏假赀于官以成展脱。究之官吏优游,两获无恙,纠劾虽行,竟成故事。请严饬各督抚,纠劾勘谳覆奏时,必全述原参疏语,某款不实,或开报虚构,或承问故纵,穷源质讯,是非不容并立;实系衙役诈骗,按律坐以应得之罪,不许折赎,则贪蠹清而民苏矣。"得旨,下所司严饬行。旋加太子太保。(清史稿卷二百三十八)

【译文】蒋赫德，遵化人。顺治十一年（1654年），擢任国史院大学士。顺治十二年（1655年），诏令大臣陈述时务，蒋赫德上疏说：“清察官吏才可安抚百姓，革除弊害方可兴利。如今对百姓危害最大的莫过于贪官污吏。惩治他们的办法，只有依靠总督巡抚进行纠劾，因为他们确切知道属下官吏是贤良还是不肖。近来经常看见各总督巡抚的弹劾奏章，指出事实列出供状，赃迹累累；等到奉旨查处时，按贪赃罪给予惩处的，却不到十分之二三。不是说‘事属虚无’，就是说‘衙役作弊’。即使处罚衙役，也多引用杂犯律例，听任他们赎罪或免予处罚，这怎么能警戒官吏而使之不敢肆行其私愿呢？最初官吏和胥役相勾结，暴取瓜分；事情暴露时，官员将责任转嫁给胥吏以图了结，胥吏更依靠官员以求脱身。最终官员和胥吏都优游自在，双方都未受到损害，官员举发弹劾，竟然成了例行公事。请严肃告诫各省总督、巡抚，纠劾查处复奏时，必须全文引述原来参劾的奏疏言语，某款不实，或开报虚构，或承问故意放纵，查究根源、质对讯问，不容许有是非并存；如果真的是衙役诈骗，按法律给以应得的惩罚，不许折金赎罪。那么贪赃害民的行为就会被彻底清除，百姓的生活也就可以好转了。”顺治帝降旨，诏命下发交相关部门严加整治。不久，加授蒋赫德为太子太保。（清史稿卷二百三十八）

成　性

【题解】成性（？—1679年），字我存，江南和州（今安徽和县）人，顺治六年（1649年）进士，官至工科给事中。

《续编》主要节选了他陈述“民生十害”的奏疏，他关切民生，详细列举了危害百姓的十种问题，涉及范围较广，对政治的清明、稳固有着非常积极的意义！

成性，字我存，江南和州人。顺治六年进士，授中书科中书。康熙七年，始出就官。十一年，授工科给事中。疏陈民生十害，谓：“州县胥役挟持长吏，为衙蠹[①]之害；官吏私交旧识，关说曲直，为抽丰[②]之害；乡民钱粮讼狱，必投在城所主之户，听其侵蚀唆使，为歇家[③]之害；大奸巨猾武断乡曲[④]，为奸豪[⑤]之害；督抚及司道胥吏干讬[⑥]有司，为上官胥吏之害；丞簿佐贰滥受讼牒，为佐贰之害；奸民诪张上控，株连蔓衍，为越诉之害；颜料本色，缘时价低昂，不载由单[⑦]，任意苛敛，为杂派之害；百姓十室九空，无藉乘急取利，逐月合券，俗谓‘印子钱’，利至十之七八，折没妻孥，为放债之害；邮传往来，强捉人夫，挽舟负舆，为纤夫之害。请下所在有司，每季书状，不蹈十害，申大吏按验。”（清史稿卷二百四十四）

【注释】①衙蠹（dù）：对衙门中贪赃吏役的蔑称。

②抽丰：亦作“秋风”，旧时利用各种关系和借口向人索取财物。

③歇家：旧时的一种职业，专营生意经纪、职业介绍、作媒作保、代打官司等业务。亦指从事这种职业的人。

④武断乡曲：指凭借势力在民间横行霸道。

⑤奸豪：指地方上有势力而横行不法之人。

⑥干讬：请托，走门路。

⑦由单：赋税定额的凭证。

【译文】成性，字我存，江南和州（今安徽和县）人。顺治六年（1649年）进士，授中书科中书。康熙七年（1668年），成性开始出来做官。康熙十一年（1672年），授工科给事中。他上疏陈述为害民生的十个方面，说：州县衙门里的胥吏、衙役挟持长官，这是胥吏之害；官吏私交故友，在衙门里托关系、说人情，混淆曲直，谋取私利，这是抽丰之害；乡民纳粮钱、打官司，必然投靠在城里他所能寄居的旅馆中，听凭勒索盘剥和唆使，这是歇家之害；财大势粗的奸猾之徒凭借势力横行乡里，这是奸豪之害；总督巡抚及布政司道台手下的胥吏请托州县官员，以谋私利，这是上级衙门胥吏之害；县里的县丞、主簿、佐贰官员滥受诉讼，这是佐贰官员之害；奸民欺诈上告，株连的人到处都是，这是越级上诉之害；官府收取颜料时，由于时价有高有低，因此不写在“由单”之上，任意苛敛，这是杂派之害；老百姓十室九空，无赖之人乘着别人急用钱来牟利，每个月都收利钱，俗称“印子钱”，利息甚至达到十之七八，如果没有钱，则将妻子、儿女来做抵押，这是放债之害；邮递往来，强行抓百姓充当劳役，拉纤抬轿，这是纤夫之害。请求朝廷下令，命有关官员和衙门，每季度立下状令，发誓决不让百姓再受此十害之苦，同时申令督抚查验。”(清史稿卷二百四十四)

杜立德

【题解】杜立德(1610—1692年)，字纯一，号敬修，谥号文端。他是经历明清两代三朝的老臣，顺治年间，破格提拔为工部、兵部、吏部三部侍郎，加封太子少保衔，擢刑部尚书。从康熙亲政开始，连任十四年大学士兼礼部尚书，康熙二十五年(1686年)，加封太子太师。在朝期间，辅佐康熙皇帝治国平天下，建树了很大的功勋。

《续编》节录了杜立德的一封奏疏，奏疏从敬天、法古、爱人三方面论述国家的治平之道，体现了他对治国理政的思考和主张。

杜立德，字纯一，直隶宝坻人。明崇祯进士。顺治元年，以顺天巡抚宋权荐，授中书科中书。二年，考选户科给事中。疏陈：“治平之道有三：一曰敬天。君为天之子，当修省以迓天休。今秦、晋、燕畿水旱风雹，天心示警。凡开诚布公，懋德敦行，皆敬天事也。一曰法古。古者事之鉴，是非定于一时，法则昭于百代。故合经而后能权，遵法而后能创。凡建学明伦，立纲陈纪，皆法古事也。一曰爱人。自大臣以至百姓，宜一视同仁。且无论新旧，悉存弃短取长之心。凡亲贤纳谏，尚德

缓刑，皆爱人事也。”上以其有裨治理，深嘉纳之。（清史稿卷二百五十）

【译文】杜立德，字纯一，直隶宝坻（今天津）人。他是明朝崇祯年间的进士。顺治元年（1644年），因为顺天巡抚宋权的推荐，被授予中书科中书。顺治二年（1645年），经考试被选为户科给事中。他上疏陈述：“治平之道有三点：一是敬天。君王是上天的儿子，应当加强修养、反省自己，以迎接天赐的德泽。现今秦、晋、京畿地区水旱、风雹之灾不断，这些都是上天发出的警示。凡是开诚布公，盛德敦行，都是尊敬上天的事情。二是效法古代。古时发生的事是当今的一面镜子，是非在当时已有定论，但法则经验却昭示百代。因此做事情首先要符合经书所示之正道，然后才能加以权变，首先要遵行过去的法则，而后才可以创立新法则。凡是建学明伦、立纲陈纪之事，都是效法古代的事。三是爱人。从大臣到平民百姓，应该一视同仁。无论新旧，都应该心存扬长避短的思想。凡是亲近贤良，善纳谏言，崇尚道德，放宽刑罚之举，都是爱人的事。”顺治帝认为他在治理政务上的建议对国家有益，大大褒奖了他，并采纳了他的建议。（清史稿卷二百五十）

黄　机

【题解】黄机（1612—1686年），字次辰，一字澄斋，号雪台。

浙江钱塘（今属杭州）人。顺治四年（1648年）进士，选庶吉士，授弘文院编修，迁弘文院侍读。顺治末，诏辑太祖、太宗《圣训》，充纂修官。累迁国史院侍读学士，擢礼部侍郎。康熙初，进礼部尚书。上疏陈述民穷之由，主张严察各级地方官吏。后调任户部、吏部尚书。因以疏通铨法、议降补官对品除用，被人弹劾。后以迁葬乞归。康熙十八年（1679年）特召还朝，以吏部尚书衔管刑部事。次年，授光禄大夫、文华殿大学士兼吏部尚书。

《续编》节录了黄机关于"祖述前谟，以昭一代文明之治"的谏议，说明吸取前代经验教训的重要性。

黄机，字次辰，浙江钱塘人。顺治四年进士，选庶吉士，授弘文院编修。十二年，机疏言："自古仁圣之君，必祖述前谟，以昭一代文明之治。今纂修太祖、太宗《实录》告成，乞敕诸臣校定所载嘉言嘉行，仿《贞观政要》《洪武宝训》诸书，辑成治典，颁行天下。尤原万几之暇，朝夕省览。法开创之维艰，知守成之不易，何以用人而收群策之效？何以纳谏而宏虚受之风？何以理财而裕酌盈剂虚之方？何以详刑而无失出失入之患？力行身体，则动有成模，绍美无极。"上俞之，诏辑太祖、太宗圣训，以机充纂修官。累迁国史院侍读学士，擢礼部侍郎。（清史稿卷二百五十）

【译文】黄机，字次辰，浙江钱塘人。他是顺治四年（1647年）的进士，选授庶吉士，被授予弘文院编修。顺治十二年（1655年），黄机上疏说："自古以来，仁圣之君，必定会效法前人的经验策略，以昭示一代文明之治。现在《太祖实录》《太宗实录》已纂修完毕，请求皇上敕令各大臣校定其中所记载的嘉言嘉行，仿照《贞观政要》《洪武宝训》各书，汇辑成治国经典，颁行天下。尤其希望皇上在日理万机之余，能朝夕阅览以自省。体会开创基业时的举步维艰，知道守成是多么不易，学习怎样使用人材才可收到群策群力的效果？怎么纳谏才能弘扬虚怀若谷的风气？怎么理财才可以做到斟酌丰盈的分配？怎么审理案件才可以没有失误的忧虑？陛下身体力行，则会有一个榜样，这样的好处是无限的。”顺治帝认为他所奏极是，下诏编辑《太祖、太宗圣训》，让他充任纂修官。黄机多次升迁至国史院侍读学士，又被提拔为礼部侍郎。（清史稿卷二百五十）

宋德宜

【题解】宋德宜（1626—1687年），字右之，江南长洲（今江苏苏州）人，顺治十二年（1655年）成进士，选庶吉士，授编修。累迁国子监祭酒。圣祖亲政，迁翰林院侍读学士，擢内阁学士。他风度端重，每每奏事，都能称合皇上之意。

《续编》选取了他的一段奏疏，他建议康熙帝应注重劳逸结合，集中精力讨论有关政治和有益于身心的学问。这些谏言对于君主有着切实的借鉴意义。

宋德宜，字右之，江南长洲人。顺治十二年，成进士，选庶吉士，授编修。

孝昭皇后崩，德宜上疏请秉礼节哀，并言："宵旰[①]忧勤，天颜清减。昔唐太宗锐意勤学，刘洎谏以多记损心。宋儒程颐亦曰：'帝王之学，与儒生不同。'伏原紬绎[②]篇章，略方名象数[③]之繁，择其有关政治、裨益身心者而讨论之。稍节耳目之劳，用葆中和之德。"上嘉纳焉。迁刑部尚书，调兵部。（清史稿卷二百五十）

【注释】①宵旰："宵衣旰食"的省略语。天不亮就穿衣起床，天黑了还不休息，比喻勤于政事。

②紬绎（chōu yì）：也作"抽绎"，引出头绪寻究事物的原因。

③方名：四方之名。象数：《易经》的象与数。《易经》以天、日、山、泽等为象，初、上、九、六类为数。

【译文】宋德宜，字右之，江南长洲（今江苏苏州）人。顺治十二年（1655年），登进士，被选为庶吉士，授予编修。

孝昭皇后驾崩，宋德宜上疏请求康熙帝依礼节哀，并说："皇上日夜操劳忧虑，天颜日见清瘦。过去唐太宗锐意勤学，刘洎进谏，认为记事太多会损累心神。宋儒程颐也说：'帝王之学，与儒生之学不同。'我请求陛下选择一些篇目，省略掉那些方名、象数等繁杂学问，选择有关政治、有益于身心健康的篇章讨论学习。稍微减少一些耳目的辛劳，用以保持中和的德行。"康熙帝嘉奖他并采纳了他的谏议。后来他升迁至刑部尚书，调任兵部。（清史稿卷二百五十）

徐元文

【题解】徐元文(1634—1691年),字公肃,号立斋,江西昆山人。顺治十六年(1659年)进士第一,顺治帝称徐元文为“佳状元”,赐冠带、蟒服、乘御马等,授翰林院修撰。康熙十八年(1669年),出任修《明史》总裁,荐万斯同入史局。升国子监祭酒,充经筵讲官。后任左都御史,官至文华殿大学士兼翰林院掌院学士。

《史记·商君列传第八》:“赵良曰‘千羊之皮,不如一狐之腋;千人之诺诺,不如一士之谔谔。武王谔谔以昌,殷纣墨墨以亡。”当云南平定,朝廷上下一致赞颂康熙帝时,徐元文提出了不同意见,劝诫康熙帝更应谨慎治政,并指出了培养国家元气、端正教化、提倡节俭等当务之急。《续编》主要节选了他的这段上奏,有着很强的借鉴意义!

徐元文,字公肃,江西昆山人。少沉潜好学,与兄乾学、弟秉义有声于时,称为“三徐”。举顺治十六年进士第一。十三年,迁内阁学士,改翰林院掌院学士,充日讲起居注官,教习庶吉士。

云南平,告庙肆赦,廷臣多称颂功德。元文独言:“圣人作易,于泰、丰、既济诸卦,垂戒尤切。景运方新,原皇上倍切咨儆。兼谕大小臣工,洗心涤虑,毗赞大业。勿狃目前之浅图,务培国家之元气。振纪纲以崇大体,核名实以课吏材,崇清议以定国是,厉廉耻以正人心,端教化以图治本,抑营竞以

儆官邪，敦节俭以厚风俗，正名分以绝奸萌，并当今急务。”上俞之。（清史稿卷二百五十）

【译文】徐元文，字公肃，江西昆山人。他年少时沉潜好学，和哥哥徐乾学、弟弟徐秉义在当时都很有声誉，时称“三徐”。徐元文考中了顺治十六年（1659年）的进士第一名。康熙十三年（1674年），升迁为内阁学士，改任翰林院掌院学士，充任日讲起居注官，教习庶吉士。

云南平定后，康熙帝到祖庙祭告并大赦天下，廷臣多称颂皇上的功德。只有徐元文说：“圣人撰写《易经》，在泰、丰、既济各卦中，告诫之语尤其恳切。美好的前景刚刚开始，希望皇上加倍谨慎，并且要告诫大小臣子，洗心涤虑，共成大业。不要只限于目前的一点利益，务必要培养起国家的元气。振兴国家纲纪以崇尚大体，核查名实是否相符来考察官吏，推崇清议来定下国家大事，砥砺廉耻以匡正人心，端正教化来谋求治世之本，压抑营私竞求来惩治官风邪恶，提倡节俭之风以使风俗淳厚，提倡名正言顺而杜绝歪门邪道，这些都是当务之急。”康熙帝认为他所言极是。（清史稿卷二百五十）

熊赐履

【题解】熊赐履（1635—1709年），字敬修，又字青岳，号素九，别号愚斋，湖广汉阳府孝感人，世籍南昌。顺治十五年（1658

年）进士，选为庶吉士，任职检讨，迁任国子监司业，进弘文院侍读，以直言论事著称于时。康熙七年（1668年）任秘书院侍读学士，又上书论政，两次均为权臣鳌拜所忌，后升为国史院学士，改任翰林院学士，经筵讲官。

《续编》节选了他的一封万言奏疏，主要论述了朝政出现的几个问题，比如政事变更纷繁，国体日益受损，他建议参考古今沿革，修订会典，让百姓能够有法可守；比如学校废弛，士人把学习仅仅当作科举提名的工具，而不知道读书讲学、追求圣贤真理之所在……他对这些问题的论述非常透彻，对治国理政有着积极意义。

熊赐履，字敬修，湖北孝感人。顺治十五年进士，选庶吉士，授检讨。

康熙六年，圣祖诏求直言。时辅臣鳌拜专政，赐履上疏几万言，略谓："民生困苦孔亟，私派倍于官征，杂项浮于正额。一旦水旱频仍，蠲豁则吏收其实而民受其名，赈济则官增其肥而民重其瘠。然非独守令之过也，上之有监司，又上之有督抚。朝廷方责守令以廉，而上官实纵之以贪；方授守令以养民之职，而上官实课以厉民之行。故督抚廉则监司廉，守令亦不得不廉；督抚贪则监司贪，守令亦不得不贪。此又理势之必然者也。伏乞甄别督抚，以民生苦乐为守令之贤否，以守令贪廉为督抚之优劣。督抚得人，守令亦得人矣。虽然，内臣者外臣之表也，本原之地则在朝廷。其大者尤在立纲陈纪、用人行政之间。

【译文】熊赐履，字敬修，湖北孝感人。顺治十五年（1658年）考中进士，被选为庶吉士，授予检讨。

康熙六年（1667年），圣祖皇帝下诏求取直言。当时辅政大臣鳌拜专政，熊赐履上疏几万言，大意说："百姓的生活极为困苦，而私下摊派却倍于官方所征之税，杂项超过了正式规定的数额。一旦水旱灾害频繁发生，朝廷予以豁免，那么官吏就会收取实利，而老百姓只能得到名义上的救援，朝廷予以赈济，那么官吏就会肥私，而百姓更加贫困。但这种情况并不只是地方官吏的过错，因为在他们之上有监司，再上面还有督抚。朝廷刚刚责成守令廉洁爱民，而上司实际上却在放纵他们，使他们养成贪婪之性；朝廷正要授予守令抚养百姓的职责，而上司实际上又要他们严厉控制人民。依此而言，督抚廉则监司廉，守令也就不能不廉；而督抚贪则监司贪，如此守令也就不能不贪了。这其实是一种必然的道理。因此，恳求陛下仔细甄别督抚，将地方百姓的苦乐作为考察守令是否贤能的标准，又以守令的贪廉作为督抚才能优劣的标准。只要督抚任人得当，守令也就会任人得当了。虽然如此，京内大臣是京外大臣的表率，因此国家的本原之地还是在朝廷。一个国家最重要的事情在于树立纲纪、任用人才处理政务等方面。

今朝廷之可议者不止一端，择其重且大者言之：一曰，政事极其纷更，而国体因之日伤也。国家章程法度，不闻略加整顿，而急功喜事之人又从而意为更变，但知趋目前尺寸之利以便其私，而不知无穷之患已潜滋暗伏于其中。乞敕议政王等详议制度，参酌古今，勒为会典，则上有道揆、下有法守矣。

【译文】而现在朝廷中的事情值得商讨的不止一两件，现在仅挑其中重要而且影响较大的来说，有以下几条：一是政事变更纷繁，国体因此日益受损。国家的章程法度并没听说有任何整顿，而那些急功近利、喜好事功的人又随自己的意愿变更，他们只知道追逐眼前的蝇头小利，以便为自己谋求私利，却不知道无穷之患已经潜滋暗伏在其中了。请敕令议政王等详细议定国家制度，比照参考古今沿革，修订之后制成会典，那么就会上有标准法度，下能按法度自守其职了。

一曰，职业极其隳窳，而士气因之日靡也。部院臣工大率缄默瞻顾，外托老成慎重之名，内怀持禄养身之念。忧愤者谓之疏狂，任事者目为躁竞，廉静者斥为矫激，端方者诋为迂腐。间有读书穷理之士，则群指为道学，诽笑诋排，欲禁锢其终身而后已。乞申饬满、汉诸臣，虚衷酌理，实心任事，化情面为肝胆，转推诿为担当。汉官勿阿附满官，堂官勿偏任司员。宰执尽心献纳，勿以唯诺为休容，台谏极力纠绳，勿以钳结为将顺，则职业修举，官箴日肃而士气日奋矣。

【译文】一是社会职业衰败，民众变得懒惰，士气也因此日益萎靡。各部院大臣大都缄默不言、左右瞻顾，表面上假托老成慎重的名义，内心实际上怀有持禄养身的私虑。忧国忧民、痛恨奸宄之人被称为疏狂；任劳任怨、勤于职守之人被视为躁竞；廉洁自律、洁身自好之人被斥为矫激；品行端正、刚正不阿之人被诋毁为迂腐。偶尔有些研读诗书、穷究事理的士人，也被这些人认为是道学之士，对其百般嘲笑、恶意诋诽，一定要禁锢其终身才罢手。请皇上申斥满、汉众臣，虚心思考义理，实心为国办事，将情面之交化为肝胆相照，将推诿怕事转化为勇于担当。汉族官吏不要阿附满族官吏，堂官不要全部任用各部属员。宰执大臣尽心尽力、献计纳策，不要把唯诺顺从当作优雅从容；台谏官要极力纠正错误，加以改正，而不要把闭口不言当作温良恭顺，这样就会使各项职责得到改善，官场风气就会日益肃整，而且士气也会日益振奋了。

一曰，学校极其废弛，而文教因之日衰也。今庠序之教缺焉不讲，师道不立，经训不明。士子惟揣摩举业，为弋科名掇富贵之具，不知读书讲学、求圣贤理道之归。高明者或泛滥于百家，沉沦于二氏，斯道沦晦，未有甚于此时者也。乞责成学院、学道，统率士子，讲明正学，特简①儒臣使司成均，则道术以明，教化大行，人才日出矣。

【注释】①特简：皇帝对官吏的破格选用。

【译文】一是学校极其废弛，文化教育因此日渐衰退。现在学校教育缺乏，无人给学生讲授解惑，师道不立，经训不明。士子们只能自己揣摩、探索学业，把它当作科举题名、求取富贵的工具，却不知道读书讲学、追求圣贤真理之所在。那些较为优秀的人，有的却不加选择地涉猎诸子百家，或沉溺于佛道之学而不能超越其中，大道之沉沦晦暗，再也没有比此时更严重的了。请责成各学院、学道，统率士人学子，讲解合乎正道的学说，破格选取儒臣，令他们负责教化，那么伦理道德就会大白于天下，社会风气就会日益好转，人才也就会逐渐出现了。

一曰，风俗极其僭[①]滥，而礼制因之日坏也。今一裘而费中人之产，一宴而糜终岁之粮，舆隶被贵介之服，倡优拟命妇之饰，习为固然。夫风俗奢、礼制坏，为饥寒之本原，盗贼、讼狱、凶荒所由起也。乞明诏内外臣民，一以俭约为尚，自王公以及士庶，凡宫室、车马、衣服，规定经制，不许逾越，则贪风自息、民俗渐醇矣。虽然，犹非本计也。根本切要，端在皇上。皇上生长深宫，春秋方富，正宜慎选左右，辅导圣躬，薰陶德性，优以保衡之任，隆以师傅之礼；又妙选天下英俊，使之陪侍法从，朝夕献纳。毋徒事讲幄之虚文，毋徒应经筵之故事，毋以寒暑有辍，毋以晨夕有间。于是考诸六经之文，监于历代之迹，实体诸身心，以为敷政出治之本。若夫左右近习，必端其选，缀衣虎贲，亦择其人。佞幸不置于前，声色不御于侧。非圣之书不读，无益之事不为。内而深宫燕闲之间，外而大廷广众之地，微而起居言动之恒，凡所以维持此身者无不备，防闲此心者无不周，主德清明，君身强固。由是直接二帝三王之心法，自足措斯世于唐虞三代之盛，又何吏治之不清，民生之不遂哉？”疏入，鳌拜恶之，请治以妄言罪，上勿许。

【注释】①僭：同“僣”，超越本分，过分。

【译文】一是社会风俗极其僭越、泛滥无序，因此礼制也日益衰坏。现在一领狐裘竟可抵耗一户中产之家的财产，一次宴会竟耗费了一年的粮食收入，抬轿的奴仆竟穿上贵族才允许穿的服饰，唱戏的伶优却打扮成朝廷命妇的妆饰，而且人们已经习以为常见怪不怪了。社会风俗奢侈，礼制败坏，这是造成老百姓饥饿受冻的根本原因，也是盗贼、讼狱、灾荒、战乱之所以产生的根源。请陛下明令内外臣民，一切以俭朴节约为上，从王公贵族直到士子百姓，凡是宫室、车马、衣服，均为之规定相应的制度，不允许有任何越轨行为，如此一来，贪婪之风自然会止息，民风民俗也就日益淳朴了。即使这样，却还不是根本之计。这一切的根本和关键，其实在于陛下。陛下生长于深宫之中，恰当年富力强之际，正应该小心谨慎地选择大臣，用他们来辅佐、协助皇上，引导、陶冶皇上的品德习性，让他们担当起皇上的股肱大臣之重任，并给他们以帝者之师的隆重礼遇；同时又精选天下才智杰出之士，让他们陪侍在皇上左右，早晚为皇上献计纳策。不要去追求御前讲席上的虚假文辞，也不必追随以前举办经筵的成例；不要因为严寒或酷暑而有所中止，也不能因为早晚变化而有所放松。考稽六经文理，借鉴历代兴衰的经验，通过自身进行体验理解，以作为施政求治的根本。至于左右近侍诸臣，一定要仔细挑选，御驾左右的侍卫，也要选择合适之人。不要将那些巧言谄媚以邀宠的小人安排在御驾之前，不要将荒靡之音与美色置于御驾两侧。不是圣贤之书不读，没有益处的事情不做。至于在宫廷宴会和闲暇娱乐的时候，在朝堂外大庭广众的地方，或者是细小到起居言行的坚持不懈等等，只要是能够维护自己身心的，无不一一具备，防止邪端侵蚀的事情，无不一一考虑周全，那么君王的德行就会如日月般照耀大地，君王的身体也会强健安康。从此直接承袭上古二帝、三王治国的义理方法，足以使本朝跻身于唐尧、虞舜和夏、商、周三代这样的盛世之列，又怎么会有吏治不清、民生不安的情况呢？”奏疏进呈后，鳌拜得知，对熊赐履怀恨在心，请康熙帝治熊赐履妄言之罪，但康熙帝没有答应。

方鳌拜辅政擅威福，大臣稍与异同，立加诛戮。赐履以词臣论事侃侃无所避，用是著直声。

赐履论学，以默识笃行为旨，其言曰：“圣贤之道，不外乎庸，庸乃所以为神也。”（清史稿卷二百六十二）

【译文】当时正值鳌拜辅政掌权，他的权势极大，作威作福，大臣们只要对他稍有异议，就会立即受到诛杀。而熊赐履却以言官身份直言上疏，侃侃而谈，无所避讳，因此以耿直忠诚而闻名。

熊赐履论学，以心中领会、诚心实践为宗旨，他说道：“圣贤之道，不外乎中庸，中庸才是最为神妙的。”（清史稿卷二百六十二）

姚文然

【题解】姚文然(1620—1678年)，字弱侯，号龙怀，江南桐城(今安徽桐城）人，明崇祯十六年（1643年）进士，顺治三年（1646年），授庶吉士，历任兵部侍郎、钦命左都御史、刑部尚书，封光禄大夫，康熙十七年（1678年）去世，谥端恪。

《续编》主要节录了姚文然任刑部尚书时关于刑罚方面的建言，他说：“刃杀人一时，例杀人万世”，指出制定刑律一定要谨慎，这对后世的法律制定很有借鉴意义。

姚文然，字弱侯，江南桐城人。明崇祯十六年进士，改庶吉士。顺治三年，以安庆巡抚李犹龙荐，授国史院庶吉士。十五年，授刑部尚书。时方更定条例，文然曰：“刃杀人一时，例杀人万世，可无慎乎？”乃推明律意，钩稽揅①讨，必剂于宽平，决狱有所平反，归辄色喜。尝疑狱有枉，争之不得，退，长跪自责。又以明季用刑惨酷，奏除廷杖及镇抚司诸非刑。（清史稿卷二百六十三）

【注释】①钩稽：查考审核。揅（yán）：同“研”。

【译文】姚文然，字弱侯，江南桐城人。明朝崇祯十六年（1643年）考中进士，改任庶吉士。顺治三年（1646年），因为安庆巡抚李犹龙的举荐，被授予国史院庶吉士之职。康熙十五年（1676年），受任刑部尚书。这时朝廷正在更定法令条例，姚文然上疏说："刀只是杀人于一时，条例却能杀人于万世，怎么能不小心谨慎呢？"于是仔细推究阐释各条例的意思，与人共同考研，一心想使这些条例以宽仁公平为适中，每当断案中对犯人的冤假错案有所平反，姚文然回府就会面有喜色。有一次，姚文然怀疑案件有冤枉不实之处，与同僚力争却没有如愿，退堂以后，他在地上跪了很长时间，以示自责。姚文然又因明朝用刑残酷，便上奏请求废除廷杖和镇抚司所使用的各种非法酷刑。（清史稿卷二百六十三）

魏象枢

【题解】魏象枢（1617—1687年），字环极（一作环溪），号庸斋，又号寒松，蔚州（今河北蔚县）人。进士出身，官至左都御史、刑部尚书。魏象枢作为言官，敢讲真话；作为能臣，为平定三藩之乱立下大功；作为廉吏，他"誓绝一钱"，甘愿清贫；作为学者，注重真才实学。后人以"好人、清官、学者"六字，对他的一生进行了概括。《续编》所选他的奏言，以及冯溥对他的评论，都证明这六字评价真实不虚。

魏象枢，字环极，山西蔚州[1]人。顺治三年进士，选庶吉士。十七年，授左都御史。疏言："国家根本在百姓，百姓安危在督抚。愿诸臣为百姓留膏血，为国家培元气。臣不敢不为朝廷正纪纲、为臣子励名节。"因上申明宪纲十事，上嘉其切中时弊。

十八年，迁刑部尚书。象枢疏言："臣忝司风纪，职多未尽，敢援汉臣汲黯自请为郎故事，留御史台，为朝廷整肃纲纪。"上可其奏，以刑部尚书留左都御史任。

象枢以冯溥[2]荐再起。象枢见溥，问何以见知？溥曰："昔余为祭酒，故事，丁祭不得陪祀者，当于前一日瞻拜。君每期必至，敬慎成礼。一岁直大雨，君仍至，肃然瞻拜而去，此外无一人至者。余以是知君笃诚。"（清史稿卷二百六十三）

【注释】①蔚州：在康熙三十二年（1694年）以前隶属于山西大同府治，今则隶属于河北蔚县。

②冯溥（1609—1691年）：清初大臣。字孔博，号易斋，益都（今山东青州）人，冯裕六世孙。清顺治三年（1646年）进士，初授编修，后擢吏部侍郎。康熙年间为刑部尚书，拜文华殿大学士，加太子太傅，卒谥文毅。

【译文】魏象枢，字环极，山西蔚州（今河北蔚县）人。顺治三年（1646年），考中进士，被选为庶吉士。顺治十七年（1660年），授任左都御史。他上疏朝廷说："国家的根本在于百姓，而百姓的安危则在于地方督抚大臣。希望各位大臣为百姓保留一点劳动成果，为国家培植元气。微臣不敢不为朝廷端正纲纪、为臣子激励名节。”于是乘机呈上关于申明宪政纲纪的十件事情，康熙帝认为这些都切中时弊而对他进行了嘉奖。

康熙十八年（1679年），迁刑部尚书。魏象枢上疏道：“微臣有幸司职国家风纪之事，但职责还有许多未尽之处，希望可以援引汉代名臣汲黯自请为郎官的故事，留在御史台任职，好为朝廷整肃纲纪。”康熙帝批准了这一奏疏，命魏象枢以刑部尚书的身份留在御史台任左都御史。

魏象枢由于冯溥的举荐而再次被起用。有一次魏象枢拜见冯溥，问他为什么对自己如此了解？冯溥答道：“从前我担任祭酒时，按照以往的惯例，在丁祭日不能陪同参加祭祀者，应当在前一天前往瞻拜。您每次祭祀时都去，非常恭敬谨慎，合乎礼制。有一年祭祀时正值下大雨，而你也来了，恭恭敬敬地瞻拜之后才离去，此外却没有一人前来。我是通过这些才了解您的忠厚诚恳的。”（清史稿卷二百六十三）

朱之弼

【题解】朱之弼（1610—1683年），字右君，顺天大兴（今北京大兴）人，顺治三年（1646年）进士，授礼科给事中，转工科都给事中，官至工部尚书。

《续编》辑录了朱之弼的一封奏疏，主要讨论国家典章制度、考核官员、任用人才等问题，以求天下大治。他的奏疏有着很强的实践性，至今仍旧具有现实意义。

朱之弼，字右君，顺天大兴人。顺治三年进士，授礼科给事中，转工科都给事中。

十二年，疏言："国家章制大备，部臣实心任事，利自知举，弊自知革。今乃尽若事外，遇事至，才者不肯决，无才者不能决，稍重大即请会议。不然，行外察报，迁延岁月而已；不然，听督抚参奏，科道指纠而已；不然，苟且塞责，无容再议而已；上下相诿，彼此相安。国家事安得不废，百姓安得不困？欲致太平，必无之事也。臣愚谓今日求治，首在择人。上面召诸大臣，亲试才品，因能授任；复考其历事后兴利几何，除弊几何，定功罪，信赏罚，则法行而事举矣。"上纳之弼言，谕六部去怠忽旧习。（清史稿卷二百六十三）

【译文】朱之弼，字右君，顺天大兴（今北京大兴区）人。顺治三年（1646年）考中进士，被任命为礼科给事中，又转任工科都给事中。

顺治十二年（1655年），朱之弼上疏说："如果国家的典章制度十分完善，各部院大臣诚心实意为国家办事，那么利益天下的事情自然会产生，危害天下的弊病也自然会被革除。而现在满朝文武全都像事外之人，一遇到事情发生，有才能的人不肯做出决断，无才能的人却又不能解决，稍微有些重要的就只能请求廷臣会议。不然，就是到地方巡察汇报，拖延时间；再不然，就是听任地方督抚参奏，科道官吏指责纠举；又或者是苟且塞责，得过且过，不想再次讨论；上下相互推诿，彼此却只求相安无事。这样，国家大事又怎能不被废置，老百姓又怎能不受穷困？要想达到太平盛世，是无论如何都不可能的。微臣以为现在要求得天下大治，首要的是择人得当。在朝廷中召集诸大臣，由皇上亲自测试他们的才能品性，根据才能授予相应的官职；然后再考察他们在任职之后做了什么有利于国计民生的事，革除了多少于国于民不利的弊端，并依据其兴利除弊的多少来评定功罪，确实施行赏赐、惩罚，那么法令就会畅行无阻，事情也就会办成了。”顺治帝采纳了朱之弼的谏言，下令六部务必革除怠惰疏忽的旧毛病。（清史稿卷二百六十三）

群书治要续编卷第三十二　清史稿（二）

任克溥

【题解】任克溥（1618—1703年），字海眉，山东聊城人。清顺治四年（1647年）进士，康熙十二年（1673年）任刑部侍郎。

任克溥为官清正，世人有“一文不妄取，贿赂不入门”的评价。他所担任的吏部给事中、通政使两项职务，都有参与国家大政、大狱及会推文武大臣的职责。在如此重要的位置上，只要任克溥稍一放松警惕，就会有人行贿。但是，任克溥自有清廉自守的定力，使得行贿者无一得逞。在任克溥的影响下，十几个后代人物或任知府或任知县，无不清正廉明，尽力国事。

对于当时社会的政治腐败，任克溥认识得很清楚，难能可贵的是，他不仅提出了问题，还指明了办法：惩于弊后，不若杜于弊先。《续编》节选他的奏疏恰恰证明了这些。

任克溥，字海眉，山东聊城人。顺治四年进士，授南阳府推官。卓异行取①，十三年，授吏科给事中。疏言：“上励精图治，知亲民之官莫过守令，特择各府繁剧难治者，许三品以上各举一人，破格任用。使保举得当，一人贤则一郡安，人人贤则各省安，太平何难立致。乃为时未久，以贪庸劾罢者已有数人，前此保举不能秉公慎选可知。乞敕部察处。”

【注释】①行取：明清时，地方州县官员若治绩良好，才能出众者，由朝廷行文调职京师，称为“行取”。

【译文】任克溥，字海眉，山东聊城（今山东聊城市）人。顺治四年（1647年）中进士，被任命为南阳府推官。由于政绩出众，顺治十三年（1656年）被任命为吏科给事中。期间，任克溥上疏说：“陛下励精图治，熟知与百姓最亲近的官职莫过于郡守和县令，所以特意挑选各府事务繁杂难治之地，准许三品以上官员各自推举一人，破格任用。如果保举之人得当，那么一人贤能就能使得一郡得以安宁，人人都贤能那么各省也就都安宁了。这样的话，想要快速实现太平盛世又有何难呢？这项措施实行没多久，因贪婪昏庸而遭弹劾罢退的已有好几人了。由此可知，此前对这些人的保举工作没能做到秉公慎选。请陛下让相关部门查处。”

康熙三年，起补原官。六年，疏言：“朝廷欲薄赋，有司反加赋；朝廷欲省刑，有司反滥刑，皆由督抚不得其人。今方有诏令部院纠察，部院肯纠极贪大恶之督抚一人，天下为督抚者警；督抚肯纠极贪大恶之司道一人，天下为司道者警。督抚、司道廉洁，则有司不苦诛求，轻徭薄赋，政简刑清，自宽然有余地矣。”

【译文】康熙三年（1664年），任克溥服丧期满后补为原职。康熙六年（1667年），他上疏道："朝廷想减轻百姓的赋税，但相关部门却反而增加了赋税；朝廷想要减轻刑罚，相关部门却反而滥用刑罚，这都是因为督抚等职用人不当。现有诏命令各部院进行纠察，如果部院能够纠察出一个大贪大恶的督抚，那么全国的督抚都将因此警醒；督抚如果能纠察出一个极贪大恶的司道，则天下的司道都将因此而警醒。如果督抚、司道都能做到廉洁奉公，那么有关部门也就不会想着到处去搜刮勒索，而轻徭薄赋、政务简明、刑罚公正的目标就会实现，朝廷在治理百姓时自然就会宽松自如而有回旋的余地了。"

四十二年，以克溥年将九十，赐刑部尚书衔。是岁卒，赐祭葬。乾隆①四十七年，高宗②览克溥条奏诸疏，善之，谕："克溥逮事两朝，抒诚建白，无愧直言謇谔之臣。"并命录诸疏宣示。（清史稿卷二百六十四）

【注释】①乾隆：清朝清高宗爱新觉罗·弘历（1711—1799年）的年号（1736—1795年），前后共60年。

②高宗：指乾隆皇帝。

【译文】康熙四十二年（1703年），任克溥以年近九十的高龄，被赐予刑部尚书官衔。这一年，任克溥去世，朝廷为他举行了追悼、安葬仪式。乾隆四十七年（1782年），乾隆帝看过任克溥所上的各道奏疏，认为很好，于是对大臣们说："任克溥历事世祖、圣祖两朝，奉献忠诚，献策献计，不愧是敢于直言的忠正之臣。”并下令让人将任克溥的所有奏疏抄录宣示天下。（清史稿卷二百六十四）

陆陇其

【题解】陆陇其（1630—1692年），原名龙其，因避讳改名陇其，谱名世穮，字稼书，浙江平湖人，学者称其为当湖先生。清代理学家，被清廷誉为“本朝理学儒臣第一”，与陆世仪并称“二陆”。康熙三十一年（1692年）去世。乾隆元年（1736年），追谥为清献，加赠内阁学士兼礼部侍郎衔，从祀孔庙。

《续编》主要节选了他做县令时治理政事、劝导百姓、移风易俗的事迹，其治民之道值得后世执政者学习和效法。

陆陇其，初名龙其，字稼书，浙江平湖人。康熙九年进士。十四年，授江南嘉定知县。嘉定大县，赋多俗侈。陇其守约持俭，务以德化民。或父讼子，泣而谕之，子掖父归而善事焉；弟讼兄，察导讼者杖之，兄弟皆感悔。恶少以其徒为暴，校于衢，视其悔而释之。豪家仆夺负薪者妻，发吏捕治之，豪折节为善人。为县崇实政，嘉定民颂陇其，迄清季未已。（清史稿卷二百六十五）

【译文】陆陇其，初名龙其，字稼书，浙江平湖人。康熙九年（1670年）进士。康熙十四年（1675年）被任为江南嘉定县知县。嘉定县是个大县，赋税多而民间习俗又崇尚奢侈浮华。陆陇其一直保持俭约的生活方式，希望能以德行教化百姓。当时有父亲状告儿子的，陆陇其便含着泪进行劝说，最后儿子搀扶着父亲回家并很好地侍奉；遇到有弟弟状告哥哥的，陆陇其便将挑唆者施以杖刑，最后兄弟二人都因受到触动而悔改。有些品行恶劣的年轻人，他们相互勾结作恶，陆陇其便给他们戴上枷锁在路口示众，看到他们悔过后才释放。有个富豪家的仆人强抢了一个砍柴人的妻子，陆陇其派差役将他逮捕治罪，使富豪改变了以往的行为变成善人。陆陇其做县官时崇尚实政，嘉定县百姓歌颂，一直到清末也没有停止。（清史稿卷二百六十五）

张　英

【题解】张英（1638—1708年），字敦复，又字梦敦，号乐圃，又号倦圃翁，安徽桐城人。清朝大臣，名相张廷玉之父。康熙六年（1667年），考中进士，选为庶吉士，官至文华殿大学士、礼部尚书。

张英晚年著有《聪训斋语》等书，曾国藩曾在家书中说："张文端所著《聪训斋语》，皆教子之言。其中言养身、择友、观玩山水花竹，纯是一片太和生机，尔宜常常省览。"《续编》所选文字对张英的为人、从政做了简要的总结，对后人有很大启发。

张英，字敦复，江南桐城人。康熙六年进士，选庶吉士。三十八年，拜文华殿大学士，兼礼部。

【译文】张英，字敦复，江南桐城（今安徽桐城）人。康熙六年（1667年）进士，被选为庶吉士。康熙三十八年（1699年），担任文华殿大学士，兼任礼部尚书。

英性和易，不务表襮①，有所荐举，终不使其人知。所居无赫赫名。在讲筵，民生利病，四方水旱，知无不言。圣祖尝语执政："张英始终敬慎，有古大臣风。"英自壮岁即有田园之思，致政后，优游林下者七年。为《聪训斋语》《恒产琐言》，以务本力田、随分知足诰诫子弟。四十七年，卒，谥文端。（清史稿卷二百六十七）

【注释】①表襮（bó）：指自炫，暴露，显露。

【译文】张英性情温和平易近人，从不炫耀，举荐有才能的人，始终不让那人知道，他做官没有赫赫的声名。在讲解经筵学的时候，有关民生、水旱灾害的事情，他都知无不言。康熙帝曾经对身边执政的官员说："张英为人处世始终恭敬谨慎，有古大臣的风范。"张英在青年时期就有归隐田园的想法，退休后，徜徉山水，咏吟自娱地生活了七年。著有《聪训斋语》《恒产琐言》等作品，以"务本力田、随分知足"的处世之道告诫子弟。康熙四十七年（1708年），去世，谥号文端。（清史稿卷

二百六十七）

陈廷敬

【题解】陈廷敬（1638—1712年），字子端，号说岩，晚号午亭，山西泽州府阳城（今山西晋城）人，顺治十五年（1658年）进士，改庶吉士，授秘书院检讨。康熙十四年（1675年），擢内阁学士兼礼部侍郎，充经筵讲官，后历任左都御史、工部尚书、户部尚书。康熙四十二年（1703年），拜文渊阁大学士兼吏部尚书，康熙四十九年（1710年）任《康熙字典》总修官。康熙五十一年（1712年）病逝，时年75岁，谥号文贞。

陈廷敬为政清廉，《清史稿》给予他“清勤”之评。在官居吏部尚书时，陈廷敬曾严饬家人，有行为不端者、有送礼贿赂谋私者，不得放入。他到礼部上任，曾立下规矩：“自廷敬始，在部绝请托，禁馈遗。”《续编》主要选取了一道充分体现他政治思想的奏疏。疏中他不但提出许多切中时政要害的问题，同时也给出了有效的解决措施，对当时和后世都有借鉴意义。

陈廷敬，初名敬，字子端，山西泽州人。顺治十五年进士，选庶吉士。

【译文】陈廷敬，起初名为陈敬，字子端，山西泽州（今山西晋城）人。顺治十五年（1658年）进士，选庶吉士。

擢左都御史。疏言："古者衣冠、舆马、服饰、器用，贱不得逾贵，小不得加大。今等威[①]未辨，奢侈未除，机丝所织，花草虫鱼，时新时异，转相慕效。由是富者黩货无已，贫者耻其不如，冒利触禁，其始由于不俭，其继至于不廉。请敕廷臣严申定制，以挽颓风。"又言："方今要务，首在督抚得人。为督抚者，不以利欲动其心，然后能正身以董[②]吏。吏不以曲事上官为心，然后能加意于民，民可徐得其养；养立而后教行。宜饬督抚凡保荐州县吏，必具列无加派火耗[③]、无黩货词讼、无朘削富民。每月吉集众讲解《圣谕》，使知功令之重在此。而皇上考察督抚，则以洁己教吏，吏得一心养民教民为称职，庶几大法而小廉。"又言："水旱凶荒，尧、汤之世所不能尽无，惟备及于豫而周当其急，故民恃以无恐。山东去年题报水灾，户部初议行令履勘，继又行令分晰地亩高下，今年四月始行覆准蠲免。如此其迟回者，所行之例则然耳。臣愚以为被灾分数既有册结可据，即宜具覆豁免，上宣圣主勤民之意，下慰小民望泽之心，中不使吏胥缘为弊窦。"疏并议行。

【注释】①等威：与身份、地位相应的威仪。

②董：监督管理。

③火耗：碎银经火镕铸成银锭或元宝过程中，所生的损耗。亦指明清时州县官府为弥补铸币损耗而征收的附加税。

【译文】陈廷敬升任左都御史。他上疏说："古时候，从衣冠、车马到服饰、器用都有严格规定，地位低贱的不得超过地位尊贵的，年纪小的不可以超越年纪大的。现在与身份、地位相应的威仪没有分清，奢侈之风没有根除，布匹、花草、鱼虫，时新时异，人们竞相仿效攀比。因此富有的人便贪财无度，贫穷的人为自己比不上他们而感到羞耻，因此追逐利益，触犯法令，他们起初从不节俭开始，继而到了贪得无厌的地步。希望朝廷大员严格申明制度，挽救颓靡的风气。”又说：“当今要务，首先是总督巡抚的人选要合格。作为总督巡抚，不能因为利欲而动心思，然后才能使自己身正从而管理好官员。官员不能整天想着如何曲意逢迎、巴结上司，这样才能留心为百姓办事，百姓才能休养生息；老百姓得到休养生息，教化才能实行。应当饬令督抚，凡是保荐州府县官吏，必须明确规定他们不许加派火耗税收，不许贪赃受贿，不许搜刮百姓。每月要选定吉日召集众官讲解皇上的《圣谕》，让他们知道做官的重任在于落实《圣谕》所讲的内容。而皇上考察总督巡抚，应以其洁身自律教化官吏，使官吏能全心全意教化百姓为称职，这样或许可以让大臣守法，小吏廉洁。”陈廷敬又说：“水旱灾荒，即使在尧、汤时代也无法完全避免，只有做好预防工作并且救济急需之事，这样百姓才能有依赖而不会恐慌。山东去年上报发生了水灾，户部起初让人进行实地勘察灾情，接着又下令让人分辨田地遭受灾情的大小，今年四月才开始实行免除租税的行动。进度之所以如此缓慢，是因为办事的条例流程就是这样。臣认为受灾情况既然有簿册登记为依据，就应当据此一一批复免除。这样对上能宣扬圣主的爱民之意，对下可以满足百姓期望恩泽的心愿，在中则可以避免官吏从中做违法乱纪之事。”这些奏疏一并被采纳实施。

四十二年，拜文渊阁大学士，兼吏部。上御门召九卿举廉吏，诸臣各有所举，语未竟，上特问廷敬，廷敬奏：“知县陆陇其、邵嗣尧皆清官，虽治状不同，其廉则一也。”乃皆擢御史。始廷敬尝亟称两人，或谓曰：“两人廉而刚，刚易折，且多怨，恐及公。”廷敬曰：“果贤欤，虽折且怨，庸何伤？（清史稿卷二百六十七）

【译文】康熙四十二年（1703年），陈廷敬被任命为文渊阁大学士，兼任吏部尚书。康熙帝在御门召见九卿令他们举荐廉洁官员，众臣都各有所荐，不等他们说完，康熙帝特意问陈廷敬，陈廷敬说：“知县陆陇其、邵嗣尧都是清官，虽然两人治理的情况不同，但清廉是一样的。”于是二人都被提升为御史。当初陈廷敬曾多次推荐这两人，有人说：“这两人廉洁且刚直，刚直便易受挫折，并且容易招致怨恨，恐怕会连累您。”陈廷敬说：“如果他们真的是贤才，就算是遭受挫折招人怨恨，又有什么担心的呢？”（清史稿卷二百六十七）

王骘

【题解】王骘（1613—1695年），字辰岳（或作人岳），又字相居。山东福山（今山东烟台）人，累官至闽浙总督、户部尚书，以操守清廉，为政有方，闻名于时。

《续编》所选文字是王骘任封疆大吏前，向康熙帝辞行时与他的对话，说明了做臣子应具备的品质和处世原则，同时也体现了他清廉的操守和品格。

王骘，字辰岳，山东福山人。顺治十二年进士，授户部主事。二十六年，授江西巡抚。陛辞，上谕曰："大吏以操守为要，大法则小廉，百姓蒙福。"骘对曰："臣向在四川，不取民间粒米束草，日费取给于家。"上曰："身为大臣，日费必取给于家，势有所不能。但操守廉洁，念念爱民，便为良吏，且亦须安静。贪污属吏，先当训诫；不悛，则纠劾。"濒行，赐帑金千。（清史稿卷二百七十四）

【译文】王骘，字辰岳，山东福山（今山东烟台）人。顺治十二年（1655年）考中进士，被授予户部主事。康熙二十六年（1687年），授任江西巡抚。离京前向康熙帝辞行，康熙帝告谕他说："封疆大吏要以操守为重，大事若能遵循法令，那么小事就能做到廉洁，百姓就会因此受福。"王骘答道："以前在四川，不拿百姓一粒米、一束草，每天所需花费都来于自家。"康熙帝说："身为大臣，每天的费用一定来于自家，这恐怕很难做到。但只要操守廉洁，一心想着爱护百姓，便是好官，并且也要自身安静。对于下属中的贪官污吏，首先应当教育告诫；

如果不改，就应弹劾。”临行前，赏赐他白银千两。（清史稿卷二百七十四）

于成龙

【题解】于成龙（1617—1684年），字北溟，号于山，山西永宁州（今山西吕梁）人。清顺治十八年（1661年）被任命为罗城县知县，于成龙在任时明确保甲制度，百姓安居乐业，全力耕作土地。康熙六年（1667年）升任四川合州知州。后迁任湖广黄州府的同知和知府，历任代理武昌知府，福建按察使，布政使、巡抚和总督等职。康熙二十年（1681年）入京觐见，升任江南江西总督。康熙二十三年（1684年），朝廷命令于成龙兼管江苏、安徽两地巡抚政事，不久便在任上去世，赐谥清端。于成龙在二十余年的宦海生涯中，三次被举“卓异”，以卓著的政绩和廉洁刻苦的一生，深得百姓爱戴，被康熙帝誉为“清官第一”。

《续编》所辑录文字概括了于成龙一生的主要事迹和政绩，突出体现了他的清廉节操，为后世所有为政者树立了一个难能可贵的榜样！

于成龙，字北溟，山西永宁人。明崇祯间副榜贡生。顺治十八年，谒选，授广西罗城知县，年四十五矣。罗城居万山中，盛瘴疠，瑶、僮犷悍，初隶版籍。方兵后，遍地榛莽[①]，县中居民仅六家，无城郭廨舍[②]。成龙到官，召吏民拊循之，申明保甲。盗发即时捕治，请于上官，谳实即处决，民安其居。邻瑶岁来杀掠，成龙集乡兵将捣其巢，瑶惧，誓不敢犯罗山境。民益得尽力耕耘。居罗山七年，与民相爱如家人父子。

【注释】①榛莽：丛杂的草木，喻艰危，荒乱。

②廨舍（xiè shè）：指廨署，旧时官吏办公处所的通称。

【译文】于成龙，字北溟，山西永宁（今山西吕梁）人，明朝崇祯年间的副榜贡生。顺治十八年（1661年），赴吏部应选，被选任为广西罗城知县，这年他已四十五岁了。罗城县处在万山之中，流行瘴气瘟疫，瑶、僮（壮）等少数民族民风粗犷凶悍，并且才纳入朝廷版图。当时战争刚刚结束，遍地荒草荆棘，县城中仅有六户居民，县城也没有城墙和官署。于成龙到任后，招来官吏百姓安抚他们，明确实施保甲制度。有盗贼出现，就即时捉拿惩治，向上级报告，审判清楚后立即处决，这样百姓得以安居乐业。周边的瑶民每年都来罗山杀掠抢劫，于成龙召集民兵准备捣毁他们的老巢，瑶民恐惧，发誓再也不敢侵犯罗山县境。从此百姓得以竭力耕种土地。于成龙在罗山住了七年，与百姓相亲相爱就如同父子、家人一样。

康熙六年，迁四川合州知州。四川大乱后，州中遗民裁百余，正赋仅十五两，而供役[①]繁重。成龙请革宿弊，招民垦田，贷以牛种，期月户增至千。

【注释】①供役：服役，执役。

【译文】康熙六年（1667年），于成龙迁任四川合州知州。四川在经历大乱之后，合州所剩下的百姓才一百多人，地丁税仅十五两，但是徭役繁重。于成龙因此上书请求革除长期以来形成的弊病，招拢流民开垦田地，借贷给他们耕牛、种子，一个月后百姓便增加到了上千户。

十七年，迁福建按察使。时郑成功[①]迭犯泉、漳诸郡，民以通海获罪，株连数千人，狱成，当骈戮。成龙白康亲王杰书[②]，言所连引多平民，宜省释。王素重成龙，悉从其请。遇疑狱，辄令讯鞫[③]。判决明允，狱无淹滞。军中多掠良民子女没为奴婢，成龙集资赎归之。巡抚吴兴祚[④]疏荐廉能第一，迁布政使。

【注释】①郑成功（1624—1662年）：本名森，又名福松，字明俨、大木。福建泉州南安人。明末清初军事家，抗清名将，民族英雄。顺治二年（1645年）清军攻入江南，郑成功率领父亲郑芝龙旧部在中国东南沿海抗清，成为南明后期的主要军事力量之一。顺治十八年（1661年）率军横渡台湾海峡，第二年击败荷兰东印度公司在台湾大员的驻军，收复台湾，开启郑氏在台湾的统治。

②康亲王杰书：即爱新觉罗·杰书（1645—1697年），满洲正红旗人。清朝宗室、重要将领，清代六大亲王之一。三藩之乱起，拜正白旗都统，授征南大将军。康熙十三年（1674年），率军前往浙江，围剿耿精忠。康熙十五年（1676年），平定浙江，直捣福州，平定耿精忠叛乱。

同时，台湾郑经令部将许耀率军万兵攻打福州，为杰书所败。康熙十九年（1680年），郑经溃败后，清军收复沿海厦门、金门、铜山等地。康熙三十六年（1697年）逝世，谥号为良。

③讯鞫（xùn jū）：亦作“讯鞠”，审讯之意。

④吴兴祚（1632—1697年）：字伯成，号留邨，绍兴府山阴州山（今浙江绍兴）人，后入汉军正红旗。顺治七年（1650年）以贡生的身份授为江西萍乡知县。顺治十八年（1661年），迁任山东沂州知州。康熙十四年（1675年）四月，进为福建按察使。康熙十七年（1678年），被提升为福建巡抚，率部屡败郑经军队。因功进秩正一品，后又进为两广总督。康熙三十六年（1697年）逝世。

【译文】康熙十七年（1678年），于成龙升任福建按察使。当时郑成功多次率军进攻泉州、漳州等地，当地百姓因私通海盗的罪名获刑，被株连的多达数千人，定案后，他们应当全部处死。于成龙向康亲王杰书上报此事，说所牵连的多数是平民，应当核实释放无罪之人。康亲王素来看重于成龙，便答应了他的请求。凡是遇到有疑问的案件，于成龙便下令再审。他的判决严明公允，案件从不积压。军中常会抢掠平民子女作为奴婢，于成龙便筹集资金将她们赎回遣送回家。巡抚吴光祚上疏举荐于成龙，称其廉洁才干当属第一，因此升任布政使。

十九年，擢直隶巡抚，二十年，入觐，召对，上褒为“清官第一”。未几，迁江南江西总督。成龙至江南，进属吏诰诫之。革加派[①]，剔积弊，治事尝至达旦。好微行，察知民间疾苦、属吏贤不肖。自奉简陋，日惟以粗粝蔬食自给。江南俗侈丽，相率易布衣。士大夫家为减舆从、毁丹垩②，婚嫁不用音乐，豪猾率家远避。居数月，政化大行。势家惧其不利，构蜚语。明珠③秉政，尤与忤。二十二年，副都御史马世济④督造漕船还京，劾成龙年衰，为中军副将田万侯⑤所欺蔽。命成龙回奏，成龙引咎乞严谴，诏留任，万侯降调。二十三年，江苏巡抚余国柱⑥入为左都御史，安徽巡抚涂国相⑦迁湖广总督，命成龙兼摄两巡抚事。未几，卒于官。

【注释】①加派：正项以外增收的赋税。

②丹垩：指油漆粉刷。喻指豪华府第。

③明珠：即纳兰明珠（1635—1708年），叶赫那拉氏，字端范，满洲正黄旗人，清代康熙朝重臣。起家蓝翎侍卫、治仪正，迁为内务府郎中，历任内务府总管、刑部尚书、兵部尚书、都察院左都御史、武英殿大学士、太子太傅等要职。康熙二十七年（1688年），因朋党之罪被罢黜，恢复内大臣、光禄大夫原职，但不再受到重用。康熙四十七年（1708年），病故，葬于今北京海淀区上官村。

④马世济（1650—1714年）：字符恺，汉军镶红旗人。历任大理少卿、光禄正卿、刑部侍郎、兵部侍郎、吏部侍郎、贵州巡抚，直至漕运总督。期间参与了吏制改革、监理钱法、要案重审、纾缓贵州地方民力、漕运管理及平定噶尔丹叛乱等康熙朝前期若干重大历史事件的处置。

⑤田万侯：生平不详，于成龙任江南总督时的下属中军副将。

⑥余国柱（1624—1697年）：字两石，号佺庐，湖北大冶人，清朝名臣。顺治九年（1652年）进士，康熙年间官至武英殿大学士、吏部尚

书。

⑦涂国相：生平不详，曾任安徽巡抚等职，康熙二十三年（1684年）任湖广总督。

【译文】康熙十九年（1680年），于成龙升任直隶巡抚。康熙二十年（1681年），于成龙入朝觐见康熙帝，康熙帝召见了他，令他回答有关政事及经文方面的问题，称赞他是“清官第一”。不久，于成龙升任江南、江西总督。于成龙到达江南任上后，便召集下属官员告诫他们。他革除了对百姓的加派，剔除积弊，经常通宵达旦处理政务。他喜欢微服私访，考察民间疾苦、属下官员政绩品行的好坏。他自己穿着朴素、生活简单，每天只以粗粮蔬菜为食。江南民风奢华，铺陈浪费，但在于成龙的影响下，大家先后都换上了布衣，士大夫家减少了车辆、随从，拆除了朱漆的豪华府第，结婚嫁娶不再请用乐师，那些强横违法乱纪之徒举家迁徙远避。于成龙上任短短几月，江南的民风便得到很大改善。因此，权势之家害怕于成龙对他们不利，于是编造出一些流言蜚语。当时纳兰明珠执掌朝政，与于成龙特别不和。康熙二十二年（1683年），督造漕船的副都御史马世济回到北京后，上奏弹劾于成龙，认为他年老糊涂，被他的中军副将田万侯所欺蒙。康熙帝下旨命于成龙回奏。于成龙主动认错请求严惩自己。康熙帝命于成龙留任，田万侯降职调任。康熙二十三年（1684年），江苏巡抚余国柱入朝任左都御史，安徽巡抚涂国相迁任湖广总督，命于成龙兼理江苏、安徽两地巡抚事务。没多久，于成龙在任上去世。

成龙历官未尝携家属，卒时，将军、都统及僚吏入视，惟笥中绨袍一袭、床头盐豉数器而已。民罢市聚哭，家绘像祀之。赐祭葬，谥清端。内阁学士锡住勘海疆还，上询成龙在官状，锡住奏甚清廉，但因轻信，或为属员欺罔。上曰："于成龙督江南，或言其变更素行，及卒后，始知其始终廉洁，为百姓所称。殆因素性鲠直，不肖挟仇谗害，造为此言耳。居官如成龙，能有几耶？"是年冬，上南巡至江宁，谕知府于成龙①曰："尔务效前总督于成龙正直洁清，乃为不负。"又谕大学士等曰："朕博采舆评，咸称于成龙实天下廉吏第一。"（清史稿卷二百七十七）

【注释】①于成龙：此为小于成龙（字振甲）。为了区分，将于成龙（字北溟）称为大于成龙。清代还有喻成龙（字武功）。三人皆为清官廉吏。

【译文】于成龙做官从没携带过家属，他去世的时候，将军、都统以及同僚下属入内察视，看到竹箱中只装着一件袍子，床头放着几罐食盐、豆豉等日用品罢了。百姓听到噩耗后罢市，聚在一起痛哭，每家都绘制他的画像祭祀他。康熙帝赏赐公祭安葬的礼遇，谥号清端。内阁学士锡住勘察海疆回到京城，康熙帝向他询问于成龙为官的情况，锡住回奏说他很清廉，只是因为轻信别人，有时候被下属欺骗。康熙帝说："于成龙在江南任总督，有人说他改变了以往朴素的作风，等他去世后，才知道他始终廉洁，被百姓称颂。大概因为他一向秉性耿直，那些不肖之徒挟私仇诬陷他，特意编造了这些话罢了。做官能像于成龙这样的，能有几个呢？”这年冬天，康熙帝南巡到了江宁，对江宁知府于成龙说：“你一定要效仿前任总督于成龙的正直清廉，这样才不负我的期望。”又对大学士等人说：“朕广泛听取各方舆论，都称于成龙确实是天下廉吏中的第一人。”(清史稿卷二百七十七)

姜希辙

【题解】姜希辙(？—1698年)，字二滨，浙江会稽(今浙江绍兴)人，明崇祯间举人。顺治初，除温州教授；顺治九年(1652年)，迁直隶元城知县；顺治十五年(1658年)，授工科给事中；康熙九年(1670年)，复授户科都给事中；康熙十七年(1678年)，授奉天府丞；乞养母归，康熙三十七年(1698年)，卒于家。

《续编》节选了他的一封简短奏言，讨论“君臣同心同德”的问题，指出当时很多官员或者巧于推脱责任，或者害怕担当重任。所选奏言虽短，但所谈论的问题却很重要。

姜希辙，字二滨，浙江会稽人。十五年，授工科给事中。十七年，上诏求言，希辙疏言：“臣闻君臣一德，原未尝以忧劳之任独归之君父，为人臣诿卸责地也。臣观今日积习病根，大要有二：巧于卸肩者，假详慎以行推诿；畏于任事者，饰持重以蹈委靡。请进一德之箴，为中外诸臣诫。”(清史稿卷

二百八十二)

【译文】姜希辙,字二滨,浙江会稽(今浙江绍兴)人。顺治十五年(1658年),姜希辙被任命为工科给事中。顺治十七年(1660年),顺治帝下诏征求建议,姜希辙上疏说:“臣听说君臣应该同心同德,原本不该把忧虑劳累的责任独推于陛下,而有的为人臣者却到了推卸责任的地步。据臣观察,现在朝廷积习的病根,主要在两个方面:巧于推脱责任的,假借审慎之名来行推诿之实;害怕担当事务的人,假装老成持重来掩饰意志的消沉。臣请求献上君臣同心同德的箴言,作为对中外大臣的告诫。”(清史稿卷二百八十二)

任弘嘉

【题解】任弘嘉,生卒年不详,字葵尊,江南宜兴县(今江苏宜兴)人。康熙十五年(1676年)进士,由进士任监察御史,直言敢谏。康熙十八年(1679年),考选江南道御史。康熙三十三年(1694年),迁奉天府府丞,兼学政,转通政司参议,署通政使,丁母忧归,丧期满卒于家。

《续编》节选了他的《十渐疏》,其中讨论的问题非常广泛,比如朋党问题,社会风俗奢侈僭越问题,贪污腐败问题,刑罚失当问题,并且给与了相应的解决办法,对治国理政很有意义。

任弘嘉，字葵尊，江南宜兴人。康熙十五年，成进士。十八年，考选江南道御史。寻掌山东道，兼江南道如故。上《十渐疏》：“一曰，朋党交结之渐。始因交际为馈遗，渐以爱憎成水火。二曰，奢侈僭逾之渐。物力既殚，等威亦紊。三曰，文武讦讪之渐。督、抚、提、镇[①]挟私互讦，小吏效尤，何以使民无讼？四曰，绅士吹求之渐。有司视如仇雠，奸民以为鱼肉。五曰，上下奉违之渐。国家良法美意，奉行者徒有虚文，过当者反成弊政。六曰，名器混淆之渐。为生养万民计，守令宜用正途[②]。七曰，常平侵渔之渐。贮谷久易浥损，又难盘察，不若听民输钱，数易稽而无朽蠹。八曰，河工兴建之渐。从古无不徙之河，治河惟去其太甚，不必议开议塞，借一劳永逸之辞，为逐利幸功之术。九曰，情罪过当之渐。如逃人止于鞭刺，过宿反至窜流，轻重不平，枉诬尤甚。十曰，积习胶固之渐。升迁则赶缺压缺，处分则忽重忽轻，视为故常，营竞特甚。”复疏论铨政不平，并下部议行。（清史稿卷二百八十二）

【注释】①提、镇：清代提督与总兵的合称。提，即提督。镇，总兵的别称。

②正途：清制，官吏由进士、举人出身者称科甲，与恩贡、拔贡、副贡、岁贡、优贡生及恩优监生、荫生出身者皆为正途，其由捐纳或议叙等得官者则称异途出身。异途经保举，亦同正途，但不得考选科、道。非科甲正途，不得为翰林院、詹事府及吏、礼二部官，满族官员不拘此例。

【译文】任弘嘉，字葵尊，江南宜兴（江苏宜兴市）人。康熙十五年（1676年），考中进士。康熙十八年（1679年），经过考察被选任为江南道御史。不久又担任山东道御史，并兼任江南道御史。上奏《十渐疏》说：“一是朋党营私拉帮结派的现象加剧。开始交往时大家互相馈赠，逐渐便形成朋党，互相爱憎，势如水火。二是过度奢侈僭越规制的现象加剧。物力因过度消费而耗尽，上下等级的威仪也因此变得混乱。三是文武官员之间相互攻讦讪谤的现象加剧。总督、巡抚、提督、总兵因为私利相互攻讦，小官也争相效仿，这样又怎能让百姓之间不产生诉讼呢？四是对绅士名流吹毛求疵的现象加剧。有关官员对他们像仇人，奸猾刁民则把他们当作可敲诈的鱼肉。五是阳奉阴违，上下政令不畅的现象加剧。国家的良法美意，执行的人却把它们视为虚文，而执行过当却又成了扰政害民的弊政。六是尊卑贵贱的等级混淆现象加剧。为了达到万民生养的国家大计，郡守县令等各级官员应该从科举正途中选拔。七是国家为平抑物价的物资遭到贪污侵夺的现象加剧。储粮存储时间久了易受潮损坏，又难以核检是否有贪腐发生，不如让百姓以钱代粮，这样容易查核数量又可以避免腐朽。八是水利兴建铺张的现象加剧。自古以来就没有不改道的河流，治河主要是防止河水泛滥侵害沿河地域，不用整天讨论是开流还是堵塞，借着一劳永逸防治之辞，把兴修水利变成谋求私利，邀功希宠的手段。九是案件惩处、量刑定罪过当的现象加剧。如逃犯只处以鞭罚的轻刑，而给予留宿过夜的人却受到流放的重惩，轻重不当，很不公平，被冤枉诬陷的便更多了。十是长期形成的各种官僚作风相互交结的现象加剧。升迁时不守规程，或是赶缺或是压缺，处分时则忽轻忽重，将这些视为常事，导致钻营奔竞的现象特别严重。”任弘嘉又再次上疏陈述了官吏选拔任用不公平的现象，康熙帝将此一并批交部院研究实施。（清史稿卷二百八十二）

朱 轼

【题解】朱轼（1665—1736年），字若瞻，一字伯苏，号可亭，瑞州府高安县（今江西高安）人。清朝中期名臣，著名史学家，乾隆帝的师傅。他历仕康熙、雍正、乾隆三朝，官至太子太傅、文华殿大学士，兼吏兵二部尚书。朱轼居官廉洁，刚正不阿，颇具惠政，世人颂其“束其励行，通经史百家”。

《续编》主要节选了他的一封遗疏，劝诫君主要注意用人和理财两件事，此为治国之要。

朱轼，字若瞻，江西高安人。康熙三十二年，举乡试第一。三十三年，成进士，改庶吉士，散馆[①]授湖北潜江知县。五十六年，授浙江巡抚。六十一年，乞假葬父，归。世宗即位，召诣京师，充圣祖实录总裁，赐第。雍正元年，命直南书房。二年，兼吏部尚书。

【注释】①散馆：明、清时翰林院设庶常馆，新进士朝考得庶吉士资格者入馆学习，三年期满举行考试后，成绩优良者留馆，授以编修、检讨之职，其余分发各部为给事中、御史、主事，或出为州县官，谓之“散馆”。

【译文】朱轼，字若瞻，江西高安人。康熙三十二年（1693年），乡试考取第一名。康熙三十三年（1694年），考中进士，被选为庶吉士，散馆后被任命为湖北潜江知县。康熙五十六年（1717年），被任命为浙江巡抚。康熙六十一年（1722年），朱轼请假安葬父亲，回到老家。雍正帝即位后，下旨将朱轼召回京师，担任《清圣祖实录》总裁，并赏赐给他府第。雍正元年（1723年），命朱轼在南书房当值。雍正二年（1724年），兼任吏部尚书。

乾隆元年，充世宗实录总裁。九月，病笃，上亲临视疾。轼力疾服朝服，令其子扶掖，迎拜户外。翌日，卒。遗疏略言：“万事根本君心，用人理财，尤宜慎重。君子小人，公私邪正，判在几微，当审察其心迹而进退之。至国家经费，本自有余，异日倘有言利之臣①，倡加赋之税，伏祈圣心乾断，永斥浮言，实四海苍生之福。”上震悼辍朝，复亲临致奠，发帑治丧。

【注释】①言利之臣：为政府谋利益的策臣。

【译文】乾隆元年（1736年），朱轼担任《清世宗实录》总裁。九月，朱轼病重，乾隆帝亲自前来探视。朱轼勉强撑起身体穿上朝服，命他的儿子扶着，到户外跪拜迎接。第二天，朱轼便去世了。他在遗疏中简要说道："处理国事的根源在于君主的意志，用人与理财尤其要慎重。君子与小人、公与私、邪与正，都可以从一些非常小的细节上判断出来，应当认真审查他们的心迹来决定进退。至于国家的经费，本来就有富余，但日后如果有言利之臣，提倡加收赋税，恳请皇上慎重裁决，不要轻信流言，这样便是四海苍生的福气了。"乾隆帝对朱轼的去世感到非常震惊，深痛哀悼，并为之缀朝，又亲自前往祭奠，从国库拨出银两为他治丧。

轼朴诚事主，纯修清德，负一时重望。高宗初典学，世宗命为师傅，设席懋勤殿，行拜师礼。轼以经训进讲，亟称贾、董、宋五子[①]之学。高宗深重之，怀旧诗称可亭朱先生，可亭，轼号也。（清史稿卷二百八十九）

【注释】①贾、董、宋五子：贾，即贾谊；董，即董仲舒；宋五子，即北宋的周敦颐、邵雍、张载、程颢、程颐。

【译文】朱轼对君主朴实忠诚，品性纯正，德行高洁，在当时享有很高的声望。乾隆帝刚开始学习时，雍正便命朱轼做他的师傅，在懋勤殿设立教席，让他向朱轼行拜师礼。朱轼向乾隆帝讲授经义，极力称颂贾谊、董仲舒及北宋五子的学说。乾隆帝非常重视朱轼，在《怀旧诗》中称朱轼为"可亭朱先生"，可亭，是朱轼的号。（清史稿卷二百八十九）

蔡世远

【题解】蔡世远（1682—1733年），字闻之，号梁村。清漳浦县（今福建漳浦）人。因世居漳浦梁山，学者称之为“梁山先生”。他生于世代书香之家，是宋代理学家蔡元鼎的后裔。蔡世远从小便熟读四书五经，康熙四十八年（1709年），得中进士，雍正元年（1723年），奉特诏入京，侍诸皇子读书，其中就包括后来的乾隆皇帝。史称蔡世远“谦恭自持，淡泊为怀”，所得俸禄，多为赞助他人以及办学，以至于“妻子仅免寒饥，敝衣粗食，视窭人或甚焉”。

《续编》节选了他对“设立福建观风整俗使”的谏议，说明导正风俗对于社会安定、国家治理的重要性。

蔡世远，字闻之，福建漳浦人。康熙四十八年进士，改庶吉士。六年，迁礼部侍郎。七年，上将设福建观风整俗使，谘世远，命与同籍京朝官议之。佥谓：“福建自海疆平定后，泉、漳将吏因功骤擢通显，子弟骄悍，无所懔畏。皇上饬官方，兴民俗，上年学政程元章[①]奏以泉、漳风俗未醇，责成巡道整饬，自此益加儆戒。但人有贤愚，士或鄙劣薄行，民又多因怒互争，未必洗心涤虑。应请设观风整俗使，防范化导，于风俗人心有益。”得旨允行。

世远侍诸皇子读，讲四子、五经及宋五子书，必引而近之，发言处事，所宜设诚而致行者；于诸史及他载籍，则即兴亡治乱，君子小人消长，心迹异同，反覆陈列。十余年来，寒暑无或间。（清史稿卷二百九十）

【注释】①程元章（1683—1763年）：字冠文，号坦斋，祖籍登封。康熙六十年（1721年）进士，任翰林院编修，雍正二年（1724年）到顺天上任做乡试同考官，雍正四年（1726年）管理福建学政，后提升为翰林院侍读学士、詹事府少詹事，雍正七年（1729年）任浙江布政使，雍正十年（1732年）提升为浙江总督并兼管巡抚并两浙盐政事务。乾隆元年（1736年），补授漕运总督，代礼部侍郎，后调补吏部左侍郎、兵部侍郎。

【译文】蔡世远，字闻之，福建漳浦人。康熙四十八年（1709年）考中进士，被选为庶吉士。雍正六年（1728年），迁任礼部侍郎。雍正七年（1729年），雍正准备设立福建观风整俗使，向蔡世远咨询，让他与同在京师的福建籍官员共同研究此事。他们一起上奏说："福建自从沿海疆域平定以来，泉州、漳州等地的将吏因为功绩迅速提拔到显赫的地位，他们的子弟骄狂蛮横，无所畏惧。皇上下令官员，振兴民俗，去年学政程元章奏报说泉州、漳州等地风俗不淳，皇上责成巡抚道台加以整饬，此后官员们更加儆戒。但是人有贤愚之分，有的士人品行鄙劣行为轻薄，百姓又多因愤怒和怨恨互相争斗，他们未必能够涤除私心杂念彻底改悔。应该设立观风整俗使，防范教化，加以引导，这对风俗、人心的教化都有好处。"他们的建议得到批准并下旨颁行。

蔡世远陪侍众皇子读书，讲授四书、五经以及北宋五子的著述，每次讲授时都会援引近事加以阐发，发言处事，都遵循心存忠厚而又切实可行的原则；对于历代史书和其他史籍，则从国家的安定、祸乱、兴盛、衰亡，君子与小人的消长变化，思想的异同等方面，反复举例讲述。十多年来，无论寒暑从不间断过。（清史稿卷二百九十）

路振扬

【题解】路振扬（？—1736年），陕西西安人，入伍从军，历官四川松潘总兵、陕西固原提督、銮仪使。康熙末抚绥松潘土司；雍正中，曾上疏请严饬行贿营私，得雍正帝赞赏。授兵部尚书，不受。乾隆初年去世。

《续编》节选了他的一封关于讨论贪污腐败问题的奏疏，提出了切实可行的治理措施。从奏疏中不仅可以看出他的清廉节操，也可看出他的政治才能。所以，奏疏一经上奏，便得到雍正帝的称颂及嘉奖。

路振扬，陕西长安人。初入伍，拔补把总。累迁汉中副将。康熙五十一年，擢四川松潘总兵。雍正元年，调重庆总兵。四年，迁陕西固原提督。疏言：“国家设禄以养廉，立法以惩贪。例定以财行赇，及说事过钱人，审实计赃同科。罪未发而自首者免罪，犹征正赃。窃思官吏营私，彼此容隐，不易败露，或有告发，犹必互相掩饰。臣请开自首之路，凡上司保题[①]属吏，并大计[②]军政卓异，荐举人员，以财行赇，彼此皆应治罪。如受者自首，免追赃及应得之罪。如与者自首，则照原赃倍追给主，亦免应得之罪。或说事过钱人自首，免罪给赏。如是，庶彼此皆存顾虑，未事则畏惧不敢为，既事则争首惟恐后。是或除贪之一法。”奏入，上嘉之，曰：“向闻振扬操守廉洁，今览此奏，非一尘不染者不敢言也。”下部议行，并命优叙。（清史稿卷二百九十九）

【注释】①保题：向上推荐，以使其得到提拔任用。

②大计：过去对地方官员考核的一种制度，每三年举行一次。从州县官至府、道、司层层考察属官。而后汇送督抚，判定后题报吏部。考核标准与京察相同，只是优等者叫“卓异”。凡荐举卓异者，经吏部复核后，进京引见，注册，加官一级，以待升迁。

【译文】路振扬，陕西长安（今陕西西安市）人。刚入伍，便被提拔补录为把总。因军功迁任汉中副将。康熙五十一年（1712年），被升为四川松潘总兵。雍正元年（1723年），调任重庆总兵。雍正四年（1726年），调升陕西固原提督。期间上疏说：“国家给官员俸禄来养廉，建立法度来惩治贪腐。律例规定，凡是以财物行贿的，以及为人说情并送人钱财的，如果审查属实，将按受贿罪论处。罪行没有暴露就自首的免于处罚，但是赃物还得收缴。臣私下认为，官吏们结党营私，彼此包庇隐瞒，罪行将难以败露，也许有人告发，但他们还是会相互掩饰。因此，臣建议开自首之路，凡是上司保举属下官吏，以及在三年一次‘大计’考核中因军功政绩卓越的举荐官员，如果存在以财物行贿的，彼此都应该治罪；如果收受贿赂之人自首，可免于追缴赃物及应追究的罪行。如果行贿之人自首，则按照原来贿赂财物的二倍追回还给行贿者，并免于追究应得之罪。如果是送钱财为人说情之人自首，可免于追究罪行并给予奖赏。这样，或许会让他们彼此心存顾虑，犯罪之前有畏惧感因而不敢行犯罪之事，已经做了犯罪之事的也会争先恐后地自首。这或许是扫除贪污蠹腐的一个办法。”奏疏上呈后，雍正帝嘉奖了他，说：“向来听说路振扬操守廉洁，现在看了这份奏折，如果不是一尘不染的清廉之人不敢说这样的话呀。”因此，将奏折批交给部院商议施行，并下令对路振扬从优叙功加以提拔。（清史稿卷二百九十九）

孙嘉淦

【题解】孙嘉淦（1683—1753年），字锡公，又字懿斋，号静轩，山西兴县人，历经康熙、雍正、乾隆三朝。康熙五十二年（1713年）中进士，初任翰林院庶吉士、检讨等小官，此后历任国子监司业、工部侍郎、刑部侍郎、吏部侍郎、都察院左都御史、刑部尚书、吏部尚书、直隶总督、工部尚书、协办大学士等职。乾隆十八年（1753年）十二月因病去世，享年71岁，谥号文定。他在任直隶总督期间，体察民间疾苦，主要致力于解除酿酒禁令，并奏请修改调整有关法规，安定民生，兴修水利，治理河流，发展生产，并取得了较为明显的效果。

孙嘉淦以敢于直言进谏而著名，他在乾隆帝即位之初上疏《三习一弊疏》，这篇奏疏被誉为清代“奏议第一”。他从理性、人性的角度，把小人、君子和当权者之间的关系问题做了一个很好的总结，值得借鉴。史家总结的他的“为官八约”，可为后世为政者学习参考。

孙嘉淦，字锡公，山西兴县人。康熙五十二年，成进士，改庶吉士，授检讨。雍正十三年八月，高宗即位，九月，授吏部侍郎。十一月，迁都察院左都御史，仍兼吏部。

【译文】孙嘉淦，字锡公，山西兴县（今山西兴县）人。康熙五十二年（1713年）考中进士，任庶吉士，后任翰林院检讨。雍正十三年（1735年）八月乾隆帝即位，九月任命孙嘉淦为吏部侍郎。十一月，升任都察院左都御史，仍兼任吏部侍郎。

嘉淦以上初政，春秋方盛，上疏言：臣本至愚，荷蒙皇上圣恩，畀以风纪重任。日夜悚惶，思竭一得之虑；而每月以来，捧读圣训，剀切周详，仁政固已举行，臣愚更无可言。所欲言者，皇上之心而已。皇上之心，仁孝诚敬，明恕精一，岂复尚有可议？而臣犹欲有言者，正于心无不纯、政无不善之中，窃鳃鳃私忧过计而欲预防之也。治乱之循环，如阴阳之运行。阴极盛而阳生，阳极盛而阴始。事当极盛之地，必有阴伏之机。其机藏于至微，人不能觉；及其既著，积重而不可返。此其间有三习焉，不可不慎戒也。

【译文】孙嘉淦因为乾隆帝刚刚即位，正值春秋盛年，因此上疏说：臣本是愚笨之人，承蒙皇上圣恩，委臣以整顿风纪的重任。臣日夜惶恐，战战兢兢，竭尽思虑希望将一得之见都呈给皇上；但是每月以来，我认真捧读圣训，其中所述切实周详，仁政本来就已经在实行了，以臣的愚钝就更没什么可说的了。而勉强还想说点什么的话，便是皇上的心而已。皇上的心，仁孝诚敬，明恕精一，哪里还有什么可议论的呢？而臣还是有话想说，正在于皇上用心纯厚、政事完善的时候，臣心里这点忧虑，过分的担心，只是想防患于未然而已。国家的安定与动乱周而复始，就像阴阳的运行变化，阴到了极点就会生阳，阳到了极点阴就开始生发。事物发展到了极点，一定有危机的苗头潜伏于此。这种苗头潜藏于幽微难辨之处，人们通常无法察觉；当它到了非常明显的时候，便已经积习深重难以改变了。这其中有三种习气，不能不慎重警惕。

主德清则臣心服而颂，仁政行则民身受而感，出一言而盈廷称圣，发一令而四海讴歌，在臣民本非献谀，然而人主之耳则熟于此矣。耳与誉化，非誉则逆，始而匡拂者拒，继而木讷者厌，久而颂扬之不工者亦绌矣。是谓耳习于所闻，则喜谀而恶直。

【译文】一是君主若仁德清明，那么臣子就会衷心佩服而颂扬，仁政推行，那么百姓身受恩泽就会心怀感恩。这样，皇上说一句话朝廷内外就会颂扬皇上的圣明，颁布一条政令举国上下就会赞美皇上的仁德，臣子、百姓说这些话并不是奉承阿谀，但是君主的耳朵逐渐习惯了听这些好话。耳朵被这些赞美之词长期熏染，听到不是赞美的声音就会感到逆耳。所以开始时对那些匡正您过失的人不满，接着便对那些朴素内敛不善辞令的人感到厌烦，时间久了，对那些赞扬得不够精妙得体的人也觉得不满了。这就是说，如果耳朵习惯了听好话，就会喜欢阿谀奉承之人而讨厌那些直言不讳的人。

上愈智则下愈愚，上愈能则下愈畏，趋跄谄胁，顾盼而皆然，免冠叩首，应声而即是。此在臣工以为尽礼，然而人主之目则熟于此矣。目与媚化，非媚则触，故始而倨野者斥，继而严惮者疏，久而便辟之不巧者亦忤矣。是谓目习于所见，则喜柔而恶刚。

【译文】二是皇上越聪明，臣下就会越愚笨；主上越能干，臣下就会越畏缩。看到皇上便阿谀奉承，左右环视都说皇上对，个个免冠叩首，对皇上说的话都回应说是。臣子们认为这是遵守礼法，但是皇上的眼睛已经习惯这样的情形了。眼睛被这些谄媚的情景长期熏染，看到不献媚的就会感到被触犯，所以刚开始时只是排斥那些不懂礼貌的人，然后开始疏远那些严肃的、令人畏惧的人，时间久了，对那些侍候得不够好的人也觉得不恭敬了。这说的就是如果眼睛已经习惯了讨好的行为，就会喜欢那些柔和恭顺的人而讨厌刚正耿直的人。

敬求天下之事，见之多而以为无足奇也，则高己而卑人；慎辨天下之务，阅之久而以为无难也，则雄才而易事；质之人而不闻其所短，返之己而不见其所失。于是乎意之所欲，信以为不逾，令之所发，概期于必行矣。是谓心习于所是，则喜从而恶违。

【译文】三是诚恳恭敬地学习治理天下之事，世面见多了，对这些事也就不觉为奇了，于是便觉得自己很高明而别人水平很低；刚开始小心翼翼地处理天下的事务，时间长了便会觉得天下没有什么难事了，于是以为自己才能出众而天下的事也很容易处理了；询问别人时也因为都是阿谀之词而听不到自己的缺点，自己也因自以为是而找不到自己的过失。于是觉得自己的想法，都是别人所想不到的；只要号令一出，便希望一定能去实施。这说的就是如果习惯了良好的自我感觉，那么就会喜欢顺从而讨厌违抗了。

三习既成，乃生一弊。何谓一弊？喜小人而厌君子是也。今夫进君子而退小人，岂独三代以上知之哉？虽叔季之君，孰不思用君子？且自智之君，各贤其臣，孰不以为吾所用者必君子而决非小人？乃卒之小人进而君子退者，无他，用才而不用德故也。

【译文】这三个习惯养成之后，就会形成一个弊端。一个什么样的弊端呢？就是喜欢小人而讨厌君子。现在所说的进用君子而摒弃小人，这个道理难道只有夏、商、周三代以上的贤君才知道吗？即使是末世的君主，谁不想任用君子呢？况且，自认为高明的君主，都会认为自己的臣子很贤良，谁不认为自己任用的臣子一定是君子而绝不是小人呢？可是最终还是出现了小人拔擢、君子疏离的现象，没有别的原因，就在于君主用人只重视才能而不重视德行的缘故。

德者君子之所独，才则君子小人共之，而且小人胜焉。语言奏对，君子讷而小人佞谀，则与耳习投矣。奔走周旋，君子拙而小人便辟，则与目习投矣。即课事考劳，君子孤行其意而耻于言功，小人巧于迎合而工于显勤，则与心习又投矣。小人挟其所长以善投，人主溺于所习而不觉，审听之而其言入耳，谛观之而其颜悦目，历试之而其才称乎心也，于是乎小人不约而自合，君子不逐而自离。夫至于小人合而君子离，其患可胜言哉？而揆厥所由，皆三习为之蔽焉。治乱之机，千古一辙，可考而知也。

【译文】德行是君子所独有的，而才能则是君子和小人都有的，而且在小人那里往往显得更强一些。口才方面，君子往往内敛含蓄、辞令无华，而小人则伶牙俐齿、奉承讨巧，这就与耳朵习惯阿谀的特性相投合。处理事务方面，君子往往显得笨拙呆板而小人则谄媚逢迎，这就与眼睛习惯谄媚的特性相投合。即便是考核功劳时，君子也是专心致志办事而耻于言功，小人则琢磨主上的喜好，把心思放在如何展示自己勤勉能干上，这就与内心的习性相投合。小人凭借自己的才能琢磨着如何投合君主，而君主则沉湎于自己的耳目习惯，没能察觉他们的意图，仔细听小人的话，无不觉得动听入耳，认真观察小人的行为，无不觉得一举一动都很顺眼，多次考验小人的能力，无不感觉他们的才能都符合自己的心意。于是，小人不用招揽就自然聚集到了君主的身边，君子不用驱逐就自然离开了君主。等到小人包围君主而君子离去的境况，它的后患又怎能用言语说得清楚？考察这种情况出现的缘由，就会发现都是因为被这“三习”所遮蔽而造成的。治世或乱世的迹象，几千年来都基本相似，可以因此推究而知。

我皇上圣明临御，如日中天，岂惟并无此弊，抑且并无此习。然臣正及其未习也而言之，设其习既成，则或有知之而不敢言，抑或言之而不见听者矣。今欲预除三习，永杜一弊，不在乎外，惟在乎心，故臣原言皇上之心也。

【译文】我朝皇上圣明，临御天下，如日中天，不但没有上面所讲的这些问题，甚至连那些不良习气也没有。然而我正是想趁皇上还没有这三种习气的时候说这番话，假如万一养成了这三种习气，就会出现即有人知道了也不敢说，或者即便说了也听不进去的现象。现在想要预防这三种习气的形成，永远杜绝‘小人合、君子散’的弊端，其根本不在于外力，只在于皇上的内心，所以我讲一讲皇上的‘心’。

语曰："人非圣人，孰能无过？"此浅言也。夫圣人岂无过哉？惟圣人而后能知过，惟圣人而后能改过。孔子谓五十学易，可无大过。文王视民如伤，望道如未之见。是故贤人之过，贤人知之，庸人不知也。圣人之过，圣人知之，贤人不知也。欲望人绳愆纠谬而及于其所不知，难已。故望皇上圣心自懔之也。反之己真知其不足，验之世实见其未能，故常欿然不敢自是。此不敢自是之意，流贯于用人行政之间，夫而后知谏争切磋，爱我良深，而谀悦为容者，愚己而陷之阱也；夫而后知严惮匡拂，益我良多，而顺从不违者，推己而坠之渊也。

【译文】俗话说："只要不是圣人，谁能做到不会犯错？"这话说得还是不够全面，圣人难道就没有过错了吗？只是圣人犯了错后能够知道自己的过失，也只有圣人知道自己的过失后能够勇于改正。孔子说，五十岁后学好《易经》，可以不让自己犯大错。周文王视民如伤，已经接近了“道”却仍然像没有找到。因此，贤良的人犯了过失，贤良的人自己心里清楚，但是庸人却没法觉察。圣人犯的过错，只有圣人自己清楚，贤良的人看不到。希望别人对他所不知道的东西进行劝谏，这太难了。所以希望皇上以圣明之心，多加自省、警惕。反省自己的内心，知道自己真正的不足，在实践中验证，发现自己的不足之处，如此便可时常保持警惕，不敢自以为是了。当不敢自以为是的心念，贯彻于任用官员、行使政令当中，才能真正明白那些犯颜进谏、提出不同意见的人，是出自真心地爱护皇上，而那些阿谀奉承、卖力讨好的人，是在愚弄蒙骗皇上，把皇上往陷阱里推。只有这样才知道，对皇上的过失严肃指正、抵制，并且匡正，对皇上是极大的助益，而对皇上一味顺从，毫不违抗，其实是在把皇上推向万丈深渊啊！

耳目之习除，取舍之极定，夫而后众正盈朝，太平可睹矣。不然，自是之根不拔，则虽敛心为慎，慎之久而觉其无过，则谓可以少宽；厉志为勤，勤之久而觉其有功，则谓可以少慰。此念一转，初亦似于天下无害，而不知嗜欲燕安功利之说，渐入耳而不烦，而便辟善柔便佞者，亦熟视而不见其可憎。久而习焉，或不自知而为其所中，则黑白可以转色，而东西可以易位。所谓机伏于至微而势成于不可返者，此之谓也。

【译文】如果耳朵和眼睛喜欢谄媚的习惯戒除了，就会明白君子、小人的取舍，那么胸怀正义的君子就会充盈朝廷，太平盛世也就指日可待了。不然，自以为是的思想根源不拔除，那么即使收敛心神谨慎处事，日子一久觉得自己没犯什么过失，就以为可以适当放松警惕；磨砺斗志，勤恳工作，日子一久感觉自己很有功劳，就以为可以稍微安逸享受一下。这些念头稍一产生，开始好像对天下政事也没什么危害，却不知这会使人对那些追求奢靡享乐的邪说渐渐习惯，对那些讨好巴结、奉承逢迎的佞臣渐渐熟视无睹，不觉得其面目可憎。时间久了就会成习惯，不知不觉被邪说击中，于是黑白混淆，分辨不清东西南北了。所谓的转机藏伏在细微之处、态势形成于不可逆转之境，指的就是这个了。

《大学》言“见贤而不能举，见不贤而不能退”，至于好恶拂人之性；而推所由失，皆因于骄泰，骄泰即自是之谓也。由此观之，治乱之机，转于君子小人之进退；进退之机，握于人主之一心；能知非则心不期敬而自敬，不见过则心不期肆而自肆。敬者君子之招而治之本也，肆者小人之媒而乱之阶也。然则沿流溯源，约言蔽义，惟望我皇上时时事事常守此不敢自是之心，而天德王道举不外乎此矣。

疏上，上嘉纳，宣示。迁刑部尚书，总理国子监事。

【译文】《大学》里说“发现贤能的人不能推荐，发现不称职的人不能黜退”，就到了个人好恶与人性相悖的地步了。而追究造成这种过错的根源，都是因为骄恣放纵，也就是凡事都自以为是。由此看来，世道治乱的关键，就蕴涵在君子和小人的进退之间；而进退的关键，就在于君主的起心动念；如果能明辨是非，那么心不需刻意去追求恭肃也能做到敬事一切；如果对错误的东西熟视无睹，那么当心还没意识到‘放纵’时便已经在恣意妄为了。恭敬严肃，这是君子治世之基，也是政治安定之本；放纵身心，这是招引小人的媒介，也是政治混乱的开端。因此，归根到底，一言以蔽之，只是希望皇上时时刻刻、事事处处都能经常保持这颗不敢自以为是的本心，那么上天的仁德、天下王道的畅行，大致就不会偏离了。

当孙嘉淦的奏疏上呈后，乾隆帝看了很是赞赏，采纳了他的建议并公布实施。孙嘉淦也升任刑部尚书，全面主持国子监事务。

河南郑州有疑狱，命使者往勘，仍不得实。上命嘉淦往讯，得其冤状十余人尽脱之。十七年，进吏部尚书、协办大学士。十八年十二月，卒，年七十有一，谥文定。

【译文】河南郑州有疑案难以决断，朝廷派使臣前往调查，但仍旧没能查出实情。乾隆帝命令孙嘉淦前往审讯，他发现这是件冤案，于是将案件中受冤屈的十多个人都释放了。乾隆十七年（1752年），孙嘉淦升任吏部尚书、协办大学士。乾隆十八年(1753年)十二月去世，终年七十一岁，谥号文定。

嘉淦居官为八约，曰：“事君笃而不显，与人共而不骄，势避其所争，功藏于无名，事止于能去，言删其无用，以守独避人，以清费廉取。”用以自戒。既以直谏有声，乾隆初，疏匡主德，尤为时所慕。(清史稿卷三百三)

【译文】孙嘉淦做官有八条原则：“侍奉君主忠诚而不求自己声名显耀；与人共事友善而不骄横；不与人争权夺势；不追逐功名利禄；办事必求兴利除弊；说话力求简明扼要；不与人结党营私；勤俭节约以保持清正廉明。”他将这八条原则作为自己为官的戒律。他因敢于直谏而出名，乾隆初年，他上疏匡正乾隆帝的德行，尤为时人所仰慕。(清史稿卷三百三)

陈德华

【题解】陈德华(1696—1779年)，字云倬，直隶安州(今河北安新)人。雍正二年(1724年)一甲一名进士，授修撰，再迁侍读学士。提督广东肇高学政，旋调广韶学政。雍正十一年(1733年)，母丧回乡丁忧。雍正十二年，特命陈德华来京，充任《一统志》馆副总裁。次年，陈德华出任浙江乡试正考官。

《续编》辑录的文字，突出体现了他生活简约、为官清正、讲操守、循礼法的品质，是后世官员难得之榜样。

陈德华，字云倬，直隶安州人。雍正二年一甲一名进士，授修撰，再迁侍读学士。乾隆二十三年，迁礼部尚书。二十九年，致仕。德华性笃俭，缊袍蔬食，萧然如寒素[①]。立身循礼法，而不自居道学。尝谓：“士大夫之患，莫大于近名。求以立德名，则必有迂怪不情之举而实行荒；求以立言名，则必有异同胜负之论而正理晦；求以立功名，则必务见所长，纷更旧制。立一法反生一弊，而实行无所裨。”方为尚书时，京师富民俞民弼死，诸大臣皆往吊。上闻，察未往者，德华与焉。（清史稿卷三百四）

【注释】①寒素：既指门第寒微、地位低下，又指清苦简朴。

【译文】陈德华，字云倬，直隶安州（今河北安新县）人。雍正二年（1724年）考中一甲一名进士，被任命为翰林院修撰，后又升为侍读学士。乾隆二十三年（1757年），调任礼部尚书。乾隆二十九年（1764年），结束仕宦生涯。陈德华性情笃实、简朴，常年身穿布袍、餐食蔬菜，节俭得就像家世清贫的书生一样。他为人处世处处遵循礼法，却又不以道学家自居。他曾说：“士大夫的隐患，莫过于追求名利。如果追求‘立德’，则一定会做出迂阔怪诞而不合情理的荒唐之事；如果追求‘立言’，则一定会有因观念不同而争胜论负，导致真理被掩盖；如果追求‘立功’，便一定会竭力凸显自己的长处，因此不断改变过去的制度和做法。这样新立一法规却又产生了一个新的弊端，对于解决实际问题没有一点帮助。”陈德华刚任尚书时，京城的

富豪俞民弼去世，很多朝廷大臣都去吊唁。乾隆帝知道这件事后，查探没有去的人员，发现陈德华就是其中一个。（清史稿卷三百四）

柴潮生

【题解】柴潮生，字禹门，浙江仁和（今浙江杭州）人。雍正二年（1724年）举人，授内阁中书，充军机处章京。累迁工部主事。乾隆七年（1742年），考选山西道监察御史。不久，迁任兵科给事中。后辞官回家孝养母亲，态度诚恳真挚之极。因为贫困，以医自给。久之，卒。

《续编》节选了他的一篇关于国家财政的重要奏疏。康乾之际是清朝最辉煌的时期，社会经济的发展取得了很大的成就。但柴潮生依然能从乾隆盛世之时透彻分析时弊，上陈《理财三箽疏》，对国家财政收支中已经开始显现的问题提出了有效的解决方案，同时提出减轻国家财政负担、缓解地方公费紧张的建议。

柴潮生，字禹门，浙江仁和人。雍正二年举人，授内阁中书，充军机处章京。累迁工部主事。乾隆七年，考选山西道监察御史。是岁旱，上降诏求言。潮生疏言："君咨臣儆，治世之休风；益谦亏盈，检身之至理。臣伏读上谕有云：'尔九卿中能责难于君者何人？陈善闭邪[①]者何事？'此诚我皇上虚怀若谷、从谏弗咈[②]之盛心也。今岁入春以来，近京雨泽未经霑足[③]，宵旰焦劳，无时或释。惟是天时雨旸，难以窥测；而人事修省，不妨过为责难。修省于事为者，一动一言，纯杂易见；修省于隐微者，不闻不见，朕兆难窥。君心为万化之源，普天率土，百司万姓，皆于此讬命焉。皇上万几余暇，岂无陶情适兴之时？但恐一念偶动，其端甚微，而自便自恕之机，或乘于不及觉，遂致潜滋暗长而莫可遏。则俄顷间之出入，即为皇功疏密所关。伏乞皇上于百尔臣工所不及见，左右近习所不及窥，朝夕愈加劼毖[④]，岂特随时修省致感召之休征已哉？”

【注释】①陈善闭邪：指臣下对君主陈述善法美政，借以堵塞君主的邪心妄念。

②弗咈：不违之意。

③霑足：指雨水充分浸润土壤。

④劼毖（jié bì）：谨慎之意。

【译文】柴潮生，字禹门，浙江仁和（今浙江杭州）人。雍正二年（1724年）考中举人，授予内阁中书之职，担任军机处章京。累迁工部主事。乾隆七年（1742年），经考核选任山西道监察御史。当年天下大旱，乾隆帝下诏征询意见。柴潮生上疏说：“君主向臣下咨询应引以为戒的地方，这是治世的好风气；谦受益，满招损，这是检点自身的至理名言。臣拜读皇上的诏书，诏书中说：‘你们九卿之中谁能够指出君主的过失？陈奏了哪些让君主杜绝邪心妄念的善法美政之事？’这实在是皇上虚怀若谷、从谏如流的真切之心啊！今年入春以来，京城周边都没有过充沛的雨水，皇上日夜辛劳，深感忧虑，从来没有轻松过。只是上天什么时候下雨，什么时候天晴，难以预测；但是人事任命、政务处理及修身反省，不妨严格要求。对事务的处理和反省，其一言一行，是纯是杂都容易看到；对隐微事情的处理和反省，既听不见也看不见，征兆难以觉察。君王之心是各种变化的源头，普天之下，率土之滨，各级官吏，亿万百姓，他们的命运都托付于此。皇上在日理万机的闲暇之余，难道没有怡悦情性，抒发情怀的时间？只是恐怕偶然有的一个念头，开始时还很细小，但在自我放纵、自我宽恕的时候，或许趁着还没觉察时便悄悄滋长，再也无法遏止。那么这片刻之间的变化，便与皇上的功德大小有了关系。臣请求皇上在诸位臣工看不见的时候，在左右近侍看不到的时候，也能早晚更加谨慎地反省，难道只是随时进行修身反省来感召到吉祥的征兆就能了吗？”

十年，疏陈理财三策，言：治天下要务，惟用人、理财两大事。承平日久，供亿[①]浩繁，损上益下，日廑宸衷[②]；而量入为出，似尚未筹至计。《礼》曰：“财用足故百志成。”若少有窘乏，则蠲征平赋、恤灾厚下之大政俱不得施。迟之又久，则一切苟且之法随之以起。此非天下之小故也。顷见台臣请定会计疏，言每年所入三千六百万，出亦三千六百万。就今日计之，所入仅供所出。就异日计之，所入殆不足供所出。以皇上之仁明，国家之闲暇，而不筹一开源节流之法，为万世无弊之方，是为失时。臣等荷恩，备官台省，不能少竭涓埃[③]，协赞远谟④，是为负国。以臣之计，一曰开边外之屯田以养闲散，一曰给数年之俸饷散遣汉军⑤，一曰改捐监之款项以充公费，三者行而后良法美意可得而举也。

【注释】①供亿：供给，供应。

②廑：同“勤”。宸衷：天子的心意。

③涓埃：细小的水流和尘埃，比喻微小。

④协赞远谟：协赞，协助，辅佐。远谟，深远的谋略。

⑤汉军：汉军八旗的简称。清代军事组织名称，也是清朝旗籍的一种。

【译文】乾隆十年（1745年），柴潮生上疏有关理财的三条策略，他说：治理天下的要务，主要在于用人和理财这两件大事。太平的日子一长，供给便会浩大、繁重，皇上损上益下，日夜操劳；但是要做到量入为出，目前似乎还没有什么最好的办法。《礼记》上说：“财用充足，所以各种愿望便可以实现。”假如稍有一点短缺，那么免征赋税、赈济灾民等厚待臣民的大政都将无法实施。时间拖久了，那么一些敷衍了事的做法便会随之出现。这对治理国家来说不是小事啊。我刚看到宰辅大臣请求落实国家会计制度的奏疏，说到每年的收入是三千六百万两白银，而支出也是三千六百万两白银。就今天开始算起，财务收入仅够费用支出。从以后的日子来算，收入估计不足以供给费用支出。以皇上的仁爱英明，在处理国事的闲暇之余，如果不能谋划一个开源节流的办法，作为万世通行且没有弊端的方略，便是错失良机。臣子们蒙受皇恩，担任台省官员，如果不能稍尽微薄之力，协助筹划一条深远的谋略，这便是辜负国家的行为。按照微臣的策略，一是在边远地区开荒屯田以安置那些闲散之人；一是发给几年的俸饷遣散汉军八旗；一是将监生捐监的款项充作公费，这三条计策要是能够推行，那么一些良法美意就都可以实施了。

满洲、蒙古、汉军各有八旗，丁口蕃昌，视顺治时盖一衍为十，而生计艰难，视康熙时已十不及五，而且仰给于官而不已。局于五百里之内而不使出，则将来上之弊必如北宋之养兵[①]，下之弊亦必如有明之宗室[②]，此不可不筹通变者也。臣闻奉天沿边诸地，水泉肥美，请遣干略大臣，分道经理。视可屯之处，发帑建堡墩，起屋庐，置耕牛农具，令各旗满洲除正身披甲在京当差，其次丁、余丁[③]力能耕者前往居住。所耕之田，即付为永业[④]，分年扣完工本，更不升科。惟令农隙操演，数年之后皆成劲卒。逐年发往军台之人，令其分地捐赀效力，此后有原往者，令其陆续前往。此安顿满洲闲散之法也。

【注释】①北宋之养兵：北宋王朝立国治军的一个基本政策。北宋为了缓和阶级矛盾，防止破产农民铤而走险，每逢荒年，便把成千上万的流亡农民招募为禁军或厢军。因此，职业兵人数直线上升。北宋初年，军队不足20万人，到宋仁宗时，军队总数达140万人之多，这就使

“冗官”“冗兵”情况日益严重，致使财政开支猛增。

②明之宗室：指明朝的宗室制度。明朝建立后，以前朝为鉴，决定建藩，于洪武三年（1370年）开始实行封藩制度。设有宗人府，专门管理皇族本家宗室事宜。皇子封亲王，授以金宝、金册，亲王子封郡王，授以镀金银印、银册。皇姑为大长公主，皇姊妹为长公主，皇女为公主，亲王女为郡主，并能世袭罔替。这种制度掐死了有上进心和报国心的宗室上进报国的所有路子。其次，它不加甄别的为所有宗室提供俸禄也为国家背上了极大的负担，使得国家后期钱粮年年亏空。第三，大量的钱粮赏赐以及各种特权给宗室带来的钱财很容易滋生他们不必要的野心。于是自从靖难之役后，王爷起兵造反屡见不鲜。

③次丁：承担部分赋役的未成年或老年的男女。余丁：军中编外人员。

④永业：永业田的简称，也称世业田。隋唐两代，自诸王以下，至于都督或散官五品以上，按等级分授永业田，子孙世袭，皆免课役。

【译文】满洲、蒙古、汉军各有八旗，人口繁衍昌盛，与顺治时期相比大概增加了十倍；但是他们生计艰难，与康熙时期相比，生活水平达不到那时的一半，而且还得依靠官府不停地供给。如果将他们局限在京城周边五百里地之内而不让他们出去，那么将来最好的结果就与北宋养兵政策的结果一样，而最坏的结果将会像明朝的宗室制度一样，对此不能不筹划变通。臣听说奉天等沿边各地，水泉肥美，请选派有才干谋略的大臣，分道进行治理。在可以屯田的地方，发放官银修建堡垒，建造房屋，准备耕牛和农具，命令各旗满洲人，本人在京城当差的除外，那些次丁、余丁有劳动能力的前去居住。所耕种的田地，立即交付作为永业田，分年扣还工本，不另外增加赋税。只是命他们在农忙的间隙进行操演，几年之后，便都能成为强健的士兵。每年被发往军台的人，命他们分地捐资为国效力，此后有愿意前往的，让他们陆续前往。这是安置满洲八旗闲散人员的方法。

汉军八旗已奉听其出旗之旨，以定例太拘，故散遣寥寥。今请不论出仕与否，概许出旗。其家现任居官者给三年俸饷，无居官者给六年俸饷。其家产许之随带，任其自便。则贫富各不失所，而五年以后国帑节省无穷。即一时不能尽给，分作数年以次散遣，都统以下、章京以上各官，改补绿旗提镇将弁。此安顿汉军之法也。

【译文】汉军八旗已经奉有听任出旗的圣旨，但因所定制度限制太多，所以被遣散的人很少。现请求不论是否为官，一律允许他们出旗。家中有人现在任官职的发给三年俸饷，没有担任官职的发给六年俸饷。家产允许他们随身带走，任其自便。这样不管是穷人还是富人都不会失去安身之所，而五年之后，国家节省下来的钱财将无法估算。即使一时间不能全部发给俸饷，也可分作几年依次遣散，都统以下、章京以上的各级官员，改补为绿旗兵的提督、总兵等武官。这是安顿汉军旗人的方法。

臣又按：耗羡归公[1]，天下之大利，亦天下之大弊也。康熙间，法制宽略，州县于地丁外私征火耗，其陋规匿税亦未尽釐剔。自耗羡归公，一切弊窦悉涤而清之，是为大利。然向者本出私征，非同经费，其端介有司，不肯妄取，上司亦不敢强，贤且能者则以地方之财治地方之事，故康熙间循吏多实绩可纪，而财用亦得流通。自耗羡归公，输纳比于正供，出入操于内部，地丁公费，除官吏养廉无余剩；官吏养廉，除分给幕客[2]家丁修脯工资，及事上接下之应酬，舆马蔬薪之繁费，亦无余剩。地方有应行之事、应兴之役，一丝一忽取公帑，有司上畏户、工二部之驳诘，下畏身家之赔累，但取其事之美观而无实济者，日奔走之以为勤。故曰天下之大弊也。

【注释】①耗羡归公：即火耗归公。火耗是地方官征收钱税时，会以耗损为由，多征钱银。雍正二年（1724年）七月推广全国，将明朝以来的"耗羡"附加税改为法定正税，并制定养廉银，用意在打击地方官吏的任意摊派行为。此举集中了征税权利，减轻了人民的额外负担，增加了外官薪给，对整顿吏治、减少贪污有积极作用。但州县于额征火耗之外，又暗中加派，未能从根本上改善吏治。

②幕客：古代做家塾教师和官僚们私人秘书的人。

【译文】臣又认为：火耗归公制度，对天下来说，既有大利也有大弊。康熙年间，法制宽松，各州县在地丁银之外私下征收火耗银，这些隐瞒税收的陋规也没有被完全厘清。自从实行火耗归公后，一切陋规被全部清除了，这就是火耗归公的大利。但是过去的火耗本就是私自征收，与经费不同，那些方正清廉的官员不肯胡乱收取，其上司也不敢强收，那些贤良能干的人则以地方财富来处理地方上的事务，所以康熙年间那些奉公守法的官吏大多有实际的政绩可以记录，而财用也得以流通。自从实行火耗归公制度后，火耗的缴纳就像正税的缴纳一样，其收入与支出掌握在朝廷手中，而地丁税等公费，除了给官吏发放养廉银便没有什么剩余了；官吏的养廉银，除了分给幕客、家丁、教师作为酬金工资，以及招待上司和接见下级等应酬，再支出一些车马、菜蔬、柴禾等日常杂费，也就没有什么剩余了。地方上有必须要做的事、必须要建的工程，所有的费用全部取自国库，相关部门官员对上怕遭到户部、工部的驳斥诘问，对下担忧自己的身家财富受损，便只选取一些好看却没有实际意义的事项，天天为之奔走来突显自己的勤勉。所以说火耗归公也是天下一大弊端。

夫生民之利有穷，故圣人之法必改。今耗羡归公之法势无可改，惟有为地方别立一公项，俾任事者无财用窘乏之患，而后可课以治效之成。臣请将常平仓储仍照旧例办理，捐监一项留充各省公用，除官俸兵饷动用正项，余若灾伤当拯恤，孤贫当养赡，河渠水利当兴修，贫民开垦当借给工本，坛庙、祠宇、桥梁、公廨[①]当修治，采买仓谷价值不敷，皆于此动给，以地方之财，治地方之事。如有大役大费，则督抚合全省而通融之；又有不足，则移邻省而协济之。稽察属司道，核减属督抚，内部不必重加切核，则经费充裕，节目疏阔[2]，而地方之实政皆可举行。设官分职，付以人民，只可立法以惩贪，不可因噎而废食。唐人减刘晏[3]之船料，而漕运不继；明人以周忱[4]之耗米归为正项，致逋负百出，路多饥殍。大国不可以小道治，善理财者，固不如此。此捐监之宜充公费也。

【注释】①公廨：旧时官府衙门的别称。廨，官署。

②疏阔：此处指粗略，不周密。

③刘晏（716—780年）：字士安。曹州南华（今山东东明县）人，唐代经济改革家、理财家。他实施了改革榷盐法、改革漕运和改革常平法等一系列的财政改革措施，为"安史之乱"后的唐朝经济发展做出了重要的贡献。

④周忱（1381—1453年）：字恂如，号双崖，江西吉水人。明朝初年名臣，以善理财知名。曾负责督运南北畿郡的赋税，总督税粮。他整顿田赋，与苏州知府况钟一同进行经济改革，调整官田税率，减轻了百姓的负担；又创"平米法""济农仓"，平均农民赋役，赈济贫苦百姓。他的改革触及了地方豪强利益，在朝廷也遭到一些人的反对。周忱被迫致仕，其提出的改革措施也遭到破坏。

【译文】天下养育百姓的利源是有限的，所以圣人的规范也需改变。当今火耗归公的政策已不可更改，只有为地方政府另立一公立项目，使办事人员没有财政窘乏的忧虑，才能考核他们处理事情的成效。臣请求将常平仓储之法仍旧按照原来的成例处理，捐监的款项留作各省的公共经费支出，除了官员俸禄和军饷动用正项开支，余下的如果有灾害、伤亡等需要救济的，孤寡、贫穷应当抚育赡养的，修建河渠水利需要支出的，贫民开垦荒地需要借给工本的，坛庙、祠宇、桥梁、公廨需要整修的，采买仓谷时经费不够的，都从这些公共经费中开支，做到用地方收入处理地方事务。如果有大的工程或大笔支出费用，那么由总督、巡抚集中全省的公费进行融通；如果还是不够，就从邻省进行调剂。由司道官员对这些经费进行稽查，由督抚负责核减，朝廷不必再进行复核了，这样将使地方经费充裕，各类事项处理过程中所受的限制也会减少，地方上需要处理的事项也都可以进行了。国家设立各种官职，把百姓交给他们治理，只能通过立法来惩治贪污，不可因噎废食。唐朝人因减少了刘晏船料的供给，而使漕运之法无法接续；明代人把周忱提出的'耗米'归入正税，致使各地拖欠赋税、债务的现象层出不穷，路上常有饿死的人。大国不可以采用小道来治理，善于理财的人原本就不会这样。这就是捐监款项适合充作公费的理由。

三法既行，则度支[①]有定，经费有资，当今要务，无急于此者。伏乞皇上深留睿虑[②]，敕公忠有识大臣，详议施行。

寻迁兵科给事中，巡视北城。（清史稿卷三百六）

【注释】①度支：古代官署名。掌管全国财赋的统计和支调，故名。②睿虑：指皇帝的思考。

【译文】上述三条理财之法施行之后，户部的收支情况便可以确定了，经费也有了保障，现在最应该抓紧办理的事项中，没有比这更紧急的了。臣叩请皇上认真思考，命令忠诚且有见识的大臣仔细商议，然后付诸施行。

不久，柴潮生升任兵科给事中，巡视北城。（清史稿卷三百六）

陈宏谋

【题解】陈宏谋（1696—1771年），字汝咨，曾用名弘谋，因避乾隆帝"弘历"之名讳而改名宏谋。广西临桂（今桂林）人。雍正进士，历官布政使、巡抚、总督，至东阁大学士兼工部尚书。外任三十余年，任经十二行省，官历二十一职，所至颇有政绩，得乾隆帝信任。革新云南铜政，兴少数民族地区教育；经理天津、河南、江西、南河等处水利，疏河筑堤，修圩建闸。先后两次请禁洞庭湖滨私筑堤垸，与水争地。治学以薛瑄、高攀龙为宗，为政计远大，辑有《五种遗规》。乾隆三十六年（1771年）卒。谥文恭。

《续编》选录文字，详细记录了陈宏谋一生的政绩，他经学致用，所任之处皆能为百姓考虑，使百姓得到真实利益，安定社会，改善风俗，是后世为官者的楷模。

陈宏谋，字汝咨，广西临桂人。为诸生，即留心时事，闻有邸报[①]至，必借观之。自题座右，谓"必为世上不可少之人，为世人不能作之事"。雍正元年恩科，世所谓春乡秋会。宏谋举乡试第一，成进士，改庶吉士，授检讨。

【注释】①邸报：也叫邸抄、邸钞。中国古代抄发皇帝谕旨、臣僚奏议和有关政治情报的抄本。

【译文】陈宏谋，字汝咨，广西临桂（今广西桂林）人。还是诸生时，便开始关心时事，只要一听到有邸报来了，必定会去借阅。他自题座右铭，说："一定要成为世上不可缺少的人，做世人没能做到的事。"雍正元年（1723年）举行恩科考试，也就是世人所说的春乡秋会。陈宏谋在乡试中考取第一名，并考中进士，被选为庶吉士，授予检讨官。

四年，授吏部郎中。七年，考选浙江道御史，仍兼郎中。监生旧有考职，多以人代。世宗知其弊，令自首，而州县吏藉察访为民扰。宏谋疏请禁将来，宽既往。召见，征诘再三，申论甚晰，乃允其奏，以是知其能。授扬州知府，仍带御史衔，得便宜奏事。十一年，擢云南布政使。

【译文】雍正四年（1726年），授吏部郎中。雍正七年（1729年），通过考试任浙江江道御史，仍兼郎中之职。过去监生进行考职时，往往以人代考。雍正帝知道了这个弊端，命令他们自首，而州县官吏却借查访为由扰民。陈宏谋因此上疏，请求严禁以后代考，不再追究以前代考的行为。雍正帝召见了陈宏谋，再三询问，陈宏谋论述明晰，雍正帝采纳了他的建议，也因此知道了陈宏谋的才能，授他为扬州知府，仍保留御史之衔，以便上奏言事。雍正十一年（1733年），陈宏谋被提升为云南布政使。

乾隆三年，授宏谋直隶天津道。五年，迁江苏按察使。六年，迁江宁布政使，甫到官，擢甘肃巡抚，未行，调江西。九年，调陕西。十一年，复调回江西。寻又调湖北。十二年，川陕总督庆复[①]劾宏谋在陕西爱憎任情，好自作聪明，不持政体。部议夺官，上命留任。未几，复调陕西。上谕曰："此汝驾轻就熟之地，当秉公持重，毋立异，毋沽名。能去此结习，尚可造就也。"署陕甘总督。十五年，加兵部侍郎。其冬，河决阳武。调河南巡抚。十七年，调福建。十九年，复调陕西。二十年，调甘肃。再调湖南，疏劾布政使杨灏[②]侵扣谷价。上嘉其不瞻徇，论灏罪如律。二十一年，又调陕西。

【注释】①庆复（？—1749年）：佟佳氏，字瑞园，镶黄旗人，佟国维第六子，隆科多之弟。清朝雍正、乾隆时期名臣、外戚。

②杨灏（？—1757年）：直隶曲阳人，清朝官吏。乾隆中，官至湖南布政使。当时以湖南仓谷济江南当籴补，杨灏发谷值百取一二，得金三千有奇。巡抚陈宏谋疏劾，谳实，坐斩。乾隆帝以炳意在沽誉，尚未尝受贿，改戍军台。

【译文】乾隆三年（1738年），陈宏谋调任直隶天津道。乾隆五年（1740年），升任江苏按察使。乾隆六年（1741年），升任江苏布政使，刚刚到任，又被提升为甘肃巡抚，还没去上任，又被调任江西巡抚。乾隆九年(1744年),调任陕西巡抚。乾隆十一年(1746年),又调任江西巡抚。不久又调任湖北巡抚。乾隆十二年(1747年),川陕总督庆复弹劾陈宏谋在陕西任职时感情用事,喜欢自作聪明,不遵守施政纲领。部院商议后决定免除他的职务,但乾隆帝命他留任。不久,再次调任陕西巡抚。乾隆帝在给他的诏书中说:"这是你驾轻就熟的地方,你应当秉持公正,慎重行事,不要标新立异,不要沽名钓誉。如果你能去掉这些积习,还是可造之才。"代理陕甘总督一职。乾隆十五年(1750年),加授兵部侍郎。这年冬天,黄河阳武段发生决口。陈宏谋调任河南巡抚。乾隆十七年(1752年),调任福建巡抚。乾隆十九年(1754年),再次调任陕西巡抚。乾隆二十年(1755年),陈宏谋调任甘肃巡抚,接着又再次调任湖南巡抚,期间他上疏弹劾布政使杨灏侵吞克扣谷价。乾隆帝赞扬他不徇私,依律将杨灏按罪处置。乾隆二十一年(1756年),陈宏谋再次调任陕西巡抚。

二十八年,迁兵部尚书,署湖广总督,仍兼巡抚。召入京,授吏部尚书,加太子太保。

【译文】乾隆二十八年(1763年),陈宏谋升为兵部尚书,代理湖广总督,仍兼任湖南巡抚。这一年,他奉召进京,被授为吏部尚书,加封太子太保。

宏谋外任三十余年，历行省十有二，历任二十有一。莅官无久暂，必究人心风俗之得失，及民间利病当兴革者，分条钩考，次第举行。诸州县村庄河道，绘图悬于壁，环复审视，兴作皆就理。察吏甚严，然所劾必择其尤不肖者一二人，使足怵众而止。学以不欺为本，与人言政，辄引之于学，谓："仕即学也，尽吾心焉而已。"故所施各当，人咸安之。

【译文】陈宏谋在外任职三十多年，走遍行省十二个，历任二十一个官职。任职时间无论长短，必定会探究人心风俗的得失，以及民间改革政策的利弊，并分步分条考察，依次办理。各州县的村庄、河道，被他绘成图挂在墙上，反复观察，采取的措施都很科学。对官吏的考察很严格，但所弹劾的一定是其中最不好的一、二人，足以让其他人警醒而不敢再胡作非为。做学问以不欺人欺己为本，与别人讨论政事时，经常引用所学知识，他说："仕即是学，只是尽自己的心力而已。"因此他采取的措施都比较妥当，人们生活因此安定下来。

在扬州值水灾，奏请遣送饥民回籍，官给口粮，得补入赈册，报可。盐政令淮商于税额外岁输银助国用，自雍正元年始，积数千万，率以空数报部。及部檄移取，始追征，实阴亏正课，宏谋奏停之。

【译文】在扬州任职时曾发生水灾，陈宏谋上奏请求将流民遣送回原籍，由官方发给口粮，能够补入赈济名册的，一律批复照准。盐政制度规定，淮商在税额外每年还需上缴银两供国家使用，从雍正元年（1723年）开始，到现在已经累积了几千万，但都以空白数目上报给了部院。等到部院下文移取时，才开始追征，这实际上亏损了需征收的正式赋税，陈宏谋因此上奏建议停止这种做法。

在云南，方用兵倮夷，运粮苦道远，改转搬递运[①]，民便之。增铜厂工本，听民得鬻余铜[②]，民争趋之。更凿新矿，铜日盛，遂罢购洋铜。立义学七百余所，令苗民得就学，教之书。刻《孝经》《小学》及所辑《纲鉴》《大学衍义》，分布各属。其后边人及苗民多能读书取科第，宏谋之教也。

【注释】①递运：驿站运输，转运。

②余铜：铜政名。清代运解铜铅制度。即每起运解铜斤于额定数额之外准予多带之铜。

【译文】陈宏谋在云南任职时，正用兵倮夷，运输粮草苦于道路遥远，因此将其改由驿站运输，这样百姓感到很方便。增加铜厂的工本，让百姓自愿买卖余铜，结果百姓争相买卖。又新开铜矿，铜的产量日益增加，于是停止进口洋铜采买。陈宏谋还建立了七百多所义学，使苗民得以入校上学，教他们读书。陈宏谋刻印了《孝经》《小学》及自己编辑的《纲鉴》《大学衍义》等书，分发到所属各地。之后大多数边疆百姓和苗民能够读书考取科第，都是陈宏谋的功劳。

在天津，屡乘小舟咨访水利，得放淤法，水涨挟沙行，导之从堤左入、堤右出。如是者数四，沙沉土高，沧、景诸州悉成沃壤。按察江苏，设弭盗之法，重诬良之令，严禁淹亲柩及火葬者。

【译文】任职天津期间，陈宏谋多次乘坐小船勘察水利，摸索出了放淤法，涨水时让水挟带着泥沙，从河堤的左边导入、右边导出。这样三四次后，泥水流经的地方沙子下沉，地势增高，沧州、景州等地都因此成了良田沃土。在担任江苏按察使时，他制定了平息盗贼的办法，严厉处罚诬告良民的行为，并严禁水葬和火葬。

在江西，岁饥，告籴于湖广。发帑缮城垣，筑堰埭[①]，修圩堤闸坝，以工代赈[②]。南昌城南罗丝港为赣水所趋，善冲突，建石堤捍之。左蠡朱矶当众水之冲，亦筑堤百丈，水患以平。又以钱贵，奏请俟云南铜解京过九江，留五十五万五千斤，开炉鼓铸；并以旧设炉六，请增炉四，诏并许之。又以仓储多亏缺，请令民捐监，于本省收谷，以一年为限。限满，上命再收一年。又以民俗尚气[③]好讦讼，请令各道按行[④]所属州县，察有司，自理词讼，毋使延阁滋累。上命实力督率，毋徒为具文。

【注释】①堰埭(dài):壅水的土坝。用于提高上游水位,以便水运或灌溉。

②以工代赈:让由于失业或受灾等原因而造成生活困难的人参加工作,获得一定的收入,以代替政府对他们的救济。

③尚气:意气用事,好胜,赌气。

④按行:巡行,巡视。

【译文】在江西任职期间,发生饥荒,陈宏谋因此请求到湖广籴粮。他拨发银两修缮城墙,建筑堰埭及圩堤闸坝,以工代赈。南昌城南的罗丝港因受赣江影响,容易发生灾害,他便修建石堤来加强堤防。左蠡城的朱矶处于各条河流的交汇处,陈宏谋在这里也修筑了百丈长的堤岸,水患因此得以平息。又因钱币紧张,陈宏谋上奏请求等云南送往京城的铜经过九江时,截留五十五万五千斤,开炉铸币以缓解钱币紧张;并在原来旧设的六个熔炉基础上,请求增设四个,这些建议都得到了乾隆帝许可。又因仓库储存大多空虚,陈宏谋建议让百姓捐献,在本省收取谷物,以一年为限。期满后,乾隆帝又命再收一年。又因当地百姓好胜且喜欢打官司,陈宏谋便上奏请求令各地道员巡视所属州县,审察有关部门,自行处理相关案件,不要拖延积压。乾隆帝便命陈宏谋全力督办,不要让这些措施成为一纸空文。

在陕西,募江、浙善育蚕者导民蚕,久之利渐著。高原恒苦旱,劝民种山薯及杂树,凿井二万八千有奇,造水车,教民用以灌溉。陕西无水道，惟商州龙驹寨通汉江，滩险仅行小舟。宏谋令疏凿，行旅便之。又以陕西各属常平仓多空廒，亦令以捐监纳谷。并请开炉铸钱，如江西例。户部拨运洋铜，铸罄，采云南铜应用，钱价以平。请修文、武、成、康四王及周公、太公陵墓，即以陵墓外余地召租得息，岁葺治。皆下部议行。

【译文】在陕西任职期间，陈宏谋从江浙一带招募了一些养蚕能手来指导当地人养蚕，时间一久成效逐渐显著。高原地区经常干旱，他便劝导百姓多种山薯和杂树，并开凿了二万八千多口井，建造水车，指导百姓用来灌溉田地。陕西没有水路航运，只有商州的龙驹寨连通汉江，但是滩险只能容小舟航行。陈宏谋便命人开凿疏通，以方便出行。又因陕西各地的常平仓储大多空虚，陈宏谋便让当地人捐监献粮。并请求开炉铸造铜钱，就像在江西时一样。户部为此拨运了洋铜，这些洋铜铸完后，便采用云南的铜来铸钱，钱价得以平衡。陈宏谋又请求修筑周朝文、武、成、康四王及周公旦、姜太公的陵墓，并用陵墓外围的余田召租收取利息，每年对陵墓加以修葺。这些建议都经部院商议后通过，并得以实行。

在河南，请修太行堤。又以归德地洼下，议疏商丘丰乐河、古宋河，夏邑响河，永城巴沟河，民力不胜，请发帑濬治。

【译文】在河南任职期间，陈宏谋请求修筑了太行堤。又因归德府所在地势低洼，便建议疏通商丘的丰乐河、古宋河，夏邑的响河，永城的巴沟河，但因民力不足无法完成，因此请求由国库拨发银两来梳理。

既至福建，岁歉米贵，内地仰食台湾，而商舶载米有定额，奏弛其禁以便民。又疏言福建民嚣竞多讼，立限月为稽核，以已未结案件多寡，课州县吏勤惰。又言福建地狭民稠，多出海为商，年久例不准回籍。请令察实内地良民或已死而妻妾子女原还里者，不论年例，许其回籍，从之。

【译文】到福建后，因当年歉收导致米价昂贵，内地粮食要依靠台湾，但商船运米有数额限定，陈宏谋因此上奏请求放开限制以方便百姓。他又上疏说，福建人喜欢争斗、打官司，因此建议限定按月进行稽察，根据案件审结的多少来考核州县官员的勤与惰。他又上言说福建地域狭窄而百姓稠密，且大多出海经商，如果长年在外，按照现有规定，是不准再回原籍的。因此请求派人察实内地百姓，或是已经死了但其妻子、儿女愿意回家的，不论时间长短，都允许他们返回原籍。朝廷采纳了这个建议。

在湖南，禁洞庭滨湖民壅水为田，以宽湖流，使水不为患，岁大熟。江南灾，奏运仓谷二十万石济之，仍买民谷还仓。

【译文】在湖南任职时，陈宏谋下令禁止洞庭湖边的居民围湖造田，以保持湖水流通宽松无阻，不至于造成水患，当年获得了丰收。江南遭灾时，陈宏谋上奏从湖南救济仓谷二十万石，但仍然从百姓手中购买谷粮归还仓中。

再至陕西，闻甘肃军需缺钱，拨局钱①二百万贯济饷，上嘉其得大臣任事体。疏请兴关外水利，濬赤金、靖逆、柳沟、安西、沙州诸地泉源，上命后政议行。又以准噶尔既内附，请定互市地，以茶易马充军用，诏从之。

【注释】①局钱：此指甘肃铸钱局储存的钱币。

【译文】再到陕西任职时，陈宏谋听说甘肃军需缺钱，便分拨了二百万贯局钱进行接济，乾隆帝表扬他有大臣办事的风范。陈宏谋上疏请求兴建关外水利工程，疏通赤金、靖逆、柳沟、安西、沙州等地的泉源水流，乾隆帝命后勤部门商议实行。又因准噶尔已经归附，陈宏谋请求建立互市贸易地点，用茶叶换取战马充实军需，乾隆帝下诏同意了。

其治南河，大要因其故道，开通淤浅，俾畅流入海。督民治沟洫，引水由支达干，时其蓄泄。徐、海诸州多弃地，遇雨辄淫溢，课民开沟，即以土筑圩，多设涵洞为旱潦备；低地则令种芦苇，薄其赋。其在江苏，尤专意水利，疏丁家沟，展金湾坝，濬徐六泾白茆口，泄太湖水，筑崇明土塘御海潮，开各属城河。又疏言:“苏州向设普济、育婴、广仁、锡类诸堂,收养茕独老病,并及弃婴。请将通州、崇明滨海淤滩,除附近民业著听升科,余拨入堂。又通州、崇明界新涨玉心洲,两地民互争,请并拨入,以息争竞。”上谕曰:“不但一举而数善备,汝亦因此得名也。”

【译文】陈宏谋在治理黄河南段时,主要是顺着原来的水道,疏通那些淤浅的地方,使河水顺利流入大海。他监督百姓修理田间水道,从支流将水引向干涸之处,并不时加以储蓄或泄放。徐州、海州等地荒弃的土地较多,遇到下雨天便雨水泛滥,陈宏谋便招募百姓开挖沟渠,用泥土垒筑堤岸,堤岸上大多建了涵洞以防备旱涝;低洼地段则种上芦苇,减免他们的部分赋税。陈宏谋在江苏时,特别注意水利工程建设,疏通了丁家沟,拓宽了金湾坝,疏浚了徐六泾的白茆口,排放太湖水,在崇明修筑土塘来抵挡海潮,开挖所属城市的护城河。陈宏谋又再次上疏说:“苏州以前一直设有普济堂、育婴堂、广仁堂、锡类堂等组织,收养孤寡、老弱、病残,以及弃婴。臣请把通州、崇明临海的淤滩,除附近民众从事的事业可根据情况征收一定赋税外,其余都拨归各堂管理。此外,通州、崇明交界处新形成的玉心洲,两地百姓互相争夺,建议一并划拨给各堂,以平息争端。”乾隆帝在诏书中批示说:“这样做不但一举多得,你也因此获得了名声。”

及督湖广，疏言：“洞庭湖滨居民多筑围垦田，与水争地，请多掘水口，使私围尽成废壤，自不敢再筑。”上谕曰：“宏谋此举，不为煦妪[①]小惠，得封疆之体。”

【注释】①煦妪（xù yù）：抚育，爱抚，长养。

【译文】陈宏谋任湖广总督时，上疏说：“洞庭湖周边居民大多围湖造田，与水争地，请求多挖出水口，使私自围造的农田变成废弃之地，这样他们自然就不敢再围湖造田了。”乾隆批示说：“陈宏谋这种办法，不是施舍小恩小惠，而是有了封疆大臣的器局。”

逮入长吏部，疏言：“文武官弁，均有捕盗之责。乃州县捕役，平时豢盗，营兵捕得，就谳[①]时任其狡展，或且为之开脱。嗣后应令原获营员会讯。”上嘉其所见切中事理。又疏言：“河工办料，应令管河各道亲验。加结失事，例应文武分偿，而参游例不及，应酌改画一。”下河督议行。又言：“匿名揭帖，循例当抵罪，所告款内有无虚实，仍应按治[②]。则宵小不得逞奸，有司亦知所警。”上亦韪之。

【注释】①谳：审判定案。

②按治：查问惩办。

【译文】陈宏谋成为吏部尚书后，上疏说：“文武官员，都有抓捕盗贼的责任。那些州县的捕役，平时豢养着盗贼，当盗贼被士兵抓获后，审判时又任其狡辩，甚至还为他们开脱。以后应当让原来捕获的士兵共同参与审讯。”乾隆帝看后表扬他的见解正好抓到了事情的关键。陈宏谋又上疏说：“河工施工用料时，应该让管理河务的官员亲自验查。如果发生事故，按例应当由文武官员分别赔偿，而参将、游击按例不用承担责任，以后应当酌情共同承担责任。”乾隆帝将这个办法交给河督商议实行。陈宏谋又说：“匿名检举揭发的行为，按例应当论罪，但所公告的内容是真还是假，仍然要查问惩办。这样，那些小人便无法肆意行奸邪之事，有关部门也会因此警醒。”乾隆帝也认为他说的对。

二十九年，命协办大学士。三十二年，授东阁大学士，兼工部尚书。三十六年春，病甚，六月，卒，年七十六。

【译文】乾隆二十九年（1764年），陈宏谋被任命为协办大学士。乾隆三十二年（1767年），被授为东阁大学士，兼任工部尚书。乾隆三十六年（1771年）春，陈宏谋病情加重，同年六月去世，享年七十六岁。

宏谋早岁刻苦自励，治宋五子之学，宗薛瑄、高攀龙[①]，内行修饬。及入仕，本所学以为设施。莅政必计久远，规模宏大，措置审详。尝言：“是非度之于己，毁誉听之于人，得失安之于数。”辑古今嘉言懿行，为《五种遗规》，尚名教，

厚风俗，亲切而详备。奏疏文檄，亦多为世所诵。（清史稿卷三百七）

【注释】①高攀龙（1562—1626年）：字存之，又字云从，江苏无锡人，世称“景逸先生”。东林党领袖，“东林八君子”之一。著有《高子遗书》等。

【译文】陈宏谋早年便刻苦勤奋，常自我鼓励。他研究北宋周敦颐、邵雍、张载、程颢、程颐五人的学说，尊崇薛瑄、高攀龙等人，注意自身修养。出仕为官后，根据所学来为人处事。处理政事定会从长远考虑，规模宏大，安排详细周密。他曾说：“是非对错由个人来判断，至于是毁损还是赞誉则由别人来说，是得是失则要靠计划。”他辑录古今嘉言懿行，取名为《五种遗规》，该书崇尚孔孟之道，注重民风民俗，内容亲切而详备。他的奏疏文书，也多为世人称颂。（清史稿卷三百七）

王　恕

【题解】王恕（1681—1742年），字中安，号楼山，铜梁县安居乡（今重庆铜梁）人。康熙六十年（1721年）进士，官至福建巡抚。为官廉洁，治事不苟。

《续编》主要节录了他在奏疏中论述的救灾之法。他指出救灾主要有三种方法，即赈济、粜粮和借贷，并详细分析了它们的具体实施办法，杜绝实施过程中出现的贪污等不良现象，对后世救灾工作有着积极的借鉴意义。

王恕，字中安，四川铜梁人。康熙六十年进士，改庶吉士。乾隆五年，署福建巡抚。上谕之曰："勉力务实，勿粉饰外观。封疆大吏不可徒自立无过之地，遂谓可保禄全身也。"旋奏："臣到任数月，官方民俗，积储兵防，已得其大略。漳、泉素刁悍，已严谕有司勤为听断，力行整刷。民俗尚华靡，督臣德沛①以俭朴化民，臣更当倡导为助。合省常平仓谷，至四年岁终，共存一百三十四万，又收捐监谷十五万，委道府切实察核。"报闻。

【注释】①德沛：即爱新觉罗·德沛（1688—1752年），和硕简亲王福存第八子。时任闽浙总督。

【译文】王恕，字中安，四川铜梁（今重庆铜梁县）人。康熙六十年（1721年）进士，改庶吉士。乾隆五年（1740年），代理福建巡抚，乾隆帝对他说："工作要勤奋务实，不能粉饰做表面功夫。封疆大吏不能只图自己不犯过错，就以为可以保全俸禄和自身了。"上任后不久王恕就上奏说："臣到任几个月以来，当地官吏状况、民间风俗、仓储积蓄、军事防备，已有大概了解。漳州、泉州等地民风素来刁蛮强悍，臣已严令有关部门加快断案速度，大力整治。当地民俗追求铺张浪费，浮华奢侈，总督德沛以俭朴之风教化百姓，臣更应该积极倡导并全力辅助。全省常平仓储的存谷，到乾隆四年（1739年）末为止，共计有一百三十四万石，此外又收有捐监谷十五万石，请求委派道府官员前往准确核查。”奏疏得以呈报。

江苏布政使安凝条奏赈务，上发各督抚察阅。恕疏言：“救灾之法有三：曰赈，曰粜，曰借。此三者，实心办理则益民，奉行不善则害政。以赈而论，地方有司于仓猝查报时，分极贫、次贫。一有差等，便启弊端。里甲于此酬恩怨，胥役于此得上下，而民之冀幸而生觖望[①]者，更不待言。盖贫富易辨，极次难分。如以有田为次贫，无田为极贫，一遇旱涝，颗粒皆无，有田与无田等也。如以有家为次贫，无家为极贫，则无从得食，相忍守饥，完聚与茕独同也。与其仓猝分别开争竞之门，莫如一视同仁绝觊觎之望。臣愚以为初赈似应一律散给，加赈再行分别，庶杜争端。以粜而论，定例石减时价一钱，俾小民升斗易求，牙商居奇无望，诚接济良法。乃有司每多请过减，倘轻听准行，势必希图多粜，规利[②]者云集喧嚣。且米价太贱，商贩不前。臣请嗣后平粜，仍照定例斟酌办理，使灾民实沾升斗之惠，而棍徒囤户难行冒滥[③]之奸。以借而论，动公家之银，为百姓谋有无、通匮乏，此周官恤贫遗法也。然使办理未协，则官民交累。假如荒年田土无力耕种，有司借给籽种，犹可获时即偿。若告贷银米以给口食，则必计其能还而后与之，狡黠之流遂谓官有偏私，不免造谤生事。有司不得已略为变通，而无力还官，差拘征比[④]，民无安息。是始则借不能遍，因争哄而被刑；继则还不能清，迫追呼而更困。名为利民，实为病民。且年久不清，蒙恩豁免，帑项终归无著。臣以为与其借而无偿，莫如赈而不借。此皆当先事而熟筹者也。”报闻。

【注释】①觖（jué）望：因不满意而怨恨。

②规利：指谋求利益。

③冒滥：指不合格而滥予任用。

④征比：指征收钱粮而比较其多寡之数。

【译文】江苏布政使安凝逐条上奏赈济灾情的事，乾隆帝将其分发给各省督抚审阅。王恕上疏说：“救灾的办法有三种：赈济、粜粮和借贷。这三种办法，如果能够真心实意去办理百姓就会受益；如果实施不当就会有害国家治理。以赈济为例，地方官员在短时间内调查情况时，通常分为非常贫穷和一般两种。一旦分成了等级，便会产生弊端。里长甲首可能借机报恩了怨，胥吏与差役则借机上下两端获利，至于百姓有庆幸的、有绝望的，就更不必说了。因为贫与富容易分辨，但是极贫与次贫却难以判定。如果以有田为次贫，没有田为极贫，一旦遇上旱涝灾害颗粒无收，那么有田和没田就没有区别了。如果以有家为次贫，以没家为极贫，一旦无处找到吃的时，大家都忍饥挨饿，那么有家人团聚与独身一人也就没有什么不同了。与其仓促之间分级别而造成大家相互争执计较，不如一视同仁以便杜绝这种情况产生。臣私下认为初次赈济时应当平等对待，一律发放，加赈时再根据情况区分发放，或许可以杜绝争端。以粜米来说，按规定每石应减去当时价格一钱，使普通百姓也能轻易买到粮食，同时可使中间商无法囤积居奇而获利，这确实是接济百姓救急的好办法。有关部门每次都请求多减，如果轻易听信而准允，那么百姓势必会希望能多卖一点，而趋机牟利的人也必定会云集吵闹。而且如果米价太低，商贩也不愿意前往。臣请求以后平价卖米时，仍按规定处理，使受灾百姓得到实实在在的好处，而让囤积居奇的无赖商户难以以次充好、牟取暴利。拿借贷来说，动用公家银两，为百姓谋有无，解决匮乏，这是《周官》抚恤贫民的方法。然而，如果办理时不能协调好，那么官民双方都会遭受牵累。假如歉收年份百姓无力耕种田地，有关部门借给百姓种子，还可在收获后及时偿还。但如果借贷银米只是为了购买食粮，则必然要估计对方的偿还能力后才会借贷，那么那些奸猾的人便会说官府偏私枉法，不免会有人造谣毁谤，生出事端。有关部门如果不得以稍作变通发放借贷，但很多人最后却无力偿还，官府必然会拘传催还，使得百姓不得安宁。这样最初借贷时因为没能照顾周全，因而引起争哄犯罪；接着因为无法还清借债，索要紧迫以至陷入更加困窘的境地。这在名义上是利民，实际上却是给百姓添麻烦。况且如果长年不能厘清借贷而蒙皇恩免除，那么国库的银两终将没有着落。臣以为与其借出却不能偿还，还不如赈济而取消借贷。这些问题都应当事先深思熟虑并计划妥当。”奏疏最后呈报给了乾隆帝。

旋以官按察使时删改囚供，下吏部，召诣京师。上以恕居官贤否询闽浙总督策楞[①]，又命新任巡抚刘于义[②]考察。策楞言“恕操守廉洁，老成持重，惟识力不能坚定”；于义亦言“恕廉洁，百姓俱称安静和平，绝无扰累。惟不能振作”。上谓两奏皆至公之论。寻补浙江布政使。旋卒。（清史稿卷三百八）

【注释】①策楞：即钮祜禄·策楞（？—1756年），满洲镶黄旗。乾隆初为御前侍卫。累迁为广州将军，授两广总督，四川总督，加太子少傅，移两江总督。乾隆二十一年（1756年）被叛军准噶尔兵杀害。

②刘于义（1675—1748年）：字喻旃，号蔚冈，江苏武进（今江苏常州市）人。侍雍正、乾隆两朝。历任署理直隶布政使、福建巡抚、户部尚书、吏部尚书兼协办大学士、署理直隶总督。乾隆十三年（1748年）去世，年73岁，谥文恪。

【译文】不久，王恕因任按察使时删改囚徒口供，被吏部收押，送到京师。乾隆帝向闽浙总督策楞询问王恕为官是否廉洁，又让新上任的巡抚刘于义察考实情。策楞回答说：“王恕操守廉洁，老成稳重，只是辨别力不够坚定。”刘于义也回复说：“王恕为官廉洁，百姓都称赞他气度沉稳，心性和平，绝无扰乱迫害百姓的行为。只是做事不够果断振作。”乾隆帝认为这两份奏言都说得特别公道。不久王恕被补录为浙江布政使。没过多久他便去世了。（清史稿卷三百八）

群书治要续编卷第三十三　清史稿（三）

阿　桂

【题解】阿桂（1717—1797年），章佳氏，字广廷，号云崖，满洲正蓝旗人（后以新疆战功改隶正白旗），大学士阿克敦之子。乾隆三年（1738年）中举，后授镶红旗蒙古副都统，长期戍守西北边疆。乾隆十三年（1748年），参加大小金川之役。乾隆二十四年（1759年），参加平定大小和卓叛乱。事平后，移师驻伊犁，提出新疆屯田建策并获采纳。回朝数年间，历任内大臣、汉军镶蓝旗都统、军机大臣、满洲正红旗都统、四川总督等职。嘉庆二年（1797年）卒，年81岁，谥号文成。

阿桂是乾隆朝出将入相的少数重臣之一，他屡次统领大军东征西讨，为巩固多民族统一国家立下了重大功勋。他知人善任，发现才能胆识之士，即使是“散僚卒伍”，也“即登荐牍”。

阿桂不仅是清代著名武将，而且是一代名臣。他经常参与国家重大政务决策，勤慎善断，处理问题细致周到。《续编》所选文字便体现了他作为武将所具有的谋略胆识，以及作为文臣思考政务的细致周到。

阿桂，字广庭，章佳氏。初为满洲正蓝旗人，以阿桂平回部驻伊犁治事有劳，改隶正白旗。父大学士阿克敦。

乾隆三年举人。初以父荫授大理寺丞，累迁吏部员外郎，充军机处章京。十三年，从兵部尚书班第参金川军事。三十五年，兼镶红旗汉军都统。

【译文】阿桂，字广庭，姓章佳氏。起初是满洲正蓝旗人，因为阿桂平定回部以及驻守伊犁办理事务有功劳，改隶正白旗。父亲是大学士阿克敦。

阿桂在乾隆三年（1738年）考中举人。起初依靠父亲的庇荫授任大理寺丞，累迁吏部员外郎，充任军机处章京。乾隆十三年（1748年），阿桂随同兵部尚书班第参与平定金川的军务。乾隆三十五年（1770年），兼任镶红旗汉军都统。

阿桂屡将大军，知人善任使。诸将有战绩，奖以数语，或赉酒食，其人辄感激效死终其身。临敌，夜对酒，深念得策，辄持酒以起，且必有所号令。方温福败，受命代将。一日日欲暮，率十数骑升高阜[1]觇贼砦。贼望见，犷骑数百环阜上。阿桂令从骑皆下马，解衣裂悬林木，乃令上马徐下阜。贼迫阜，从落日中睹旂帜，疑我师众，方遣骑出侦，阿桂已还军矣。师薄噶拉依，索诺木约以明日降，城栅尽毁。日暮，诸将谒阿桂，谓："今日必生致索诺木，不然，虑有他。"阿桂不答，入帐卧。明旦，索诺木自缚诣帐下。阿桂谓诸将曰："诸君昨日语，盖虑索诺木他窜，或且死。我已得险要，窜安之？且能死，岂至今日？故吾以为无虑。"诸将皆谢服。及执政，尤识大体。康熙中，诸行省提镇以次即有空名坐粮，雍正八年著为例。乾隆四十七年诏补实额，别给养廉[2]。阿桂疏言："国家经费骤加不觉其多，岁支则难为继。此新增之饷，岁近三百万，二十余年即需七千万。请除边省外，无庸概增。"上不从。是时帑藏盈溢，其后渐至虚匮。此其一端也。乾隆末，和珅势渐张，阿桂遇之不稍假借。不与同直庐，朝夕入直，必离立数十武[3]。和珅就与语，漫应之，终不移一步。阿桂内念位将相，受恩遇无与比，乃坐视其乱政，徒以高宗春秋高，不敢遽言，遂未竟其志。（清史稿卷三百十八）

【注释】①高阜：高的土山。阜，土山。

②养廉：即养廉银。清代制度规定，在正常发放的俸禄外，官员可以按照职务等级每年领取另外的银钱，称为养廉银。

③武：长度单位，古以六尺为步，半步为武。

【译文】阿桂多次统领大军，知人善任。各位将领有了战绩，阿桂只要夸奖他们几句，或赏赐酒食，那些将领就会感激得愿终身以死相报。临阵杀敌时，阿桂夜里对着面前的酒，经过深思熟虑后想到计策，就会端起酒杯站起来，第二天早上必定有所号令。温福刚打了败仗，阿桂奉命代替他担任将军。一天天将黑时，阿桂率领十几个骑兵登上山坡观察敌寨，被敌人望见，几百名彪悍的骑兵围着山坡攻上来。阿桂命令随从的骑兵全部下马，脱下衣服撕裂后悬挂在树上，才命令上马慢慢走下山坡。敌人逼近山坡，从落日中看见旗帜，怀疑官方军队人数众多，正当他们派遣骑兵去侦察时，阿桂已经回到军营中了。军队逼近噶拉依寨时，索诺木约定第二天投降，把围墙和栅栏都毁坏了。天黑时，各位将领拜见阿桂，都说："今天定要生擒索诺木，不然的话，担心会有其他变故。"阿桂没有回答，走入帐中躺下。第二天早上，索诺木自缚来到帐下。阿桂对众位将领说："各位昨天说的话，大概是担忧索诺木逃窜他处，或者自杀。我们已经占据了险要之地，他能逃窜到哪里去？如果要自杀，怎会等到今天？因此我认为不用担忧。"各位将领听了都自愧不如，很是佩服。阿桂担任执政大臣后，更加懂得顾全大体。康熙中期，各行省提督和总兵依次按空名领取固定的粮饷，雍正八年（1730年）著为定例。乾隆四十七年（1782年），乾隆帝下诏补上实额，另外给予养廉银。阿桂上疏说："国家经费突然增加不觉得多，但是岁支就难以为继了。这些新增的粮饷，每年将近三百万，二十多年就需要七千万。请求除了边疆省份以外，不需一概增加。"乾隆帝没有听从他的意见。此时国库充裕，但此后就渐渐变得空虚匮乏了。这是其中一个原因。乾隆末年，和珅的势力渐渐扩张，阿桂遇到他没有丝毫宽容，不和他同在一个屋檐下，早晚入宫值班，一定在离和珅几十步远的地方站立。和珅靠过来和他说话，阿桂只是随便应付，始终不移动一步。阿桂念及和珅官居将相之位，所受皇恩无人能比，却坐视其扰乱朝政，只因乾隆帝年岁已高，不敢直接进言，最终也没能实现弹劾和珅的愿望。（清史稿卷三百十八）

和 珅

【题解】和珅（1750—1799年），姓钮祜禄氏，原名善保，字致斋，自号嘉乐堂、十笏园、绿野亭主人，满洲正红旗，清朝中期权臣、史上著名的大贪官。

和珅初为官时，精明强干，通过李侍尧案巩固自己的地位。乾隆帝对其宠信有加，并将幼女十公主嫁给和珅长子丰绅殷德，使和珅不仅大权在握，而且成为皇亲国戚。随着权力增大，他的私欲也日益膨胀，不断利用职务之便，结党营私，聚敛钱财，打击政敌。和珅曾担任和兼任了清王朝中央政府众多关键要职，封一等忠襄公，官拜文华殿大学士，其职务主要包括内阁首席大学士、领班军机大臣、吏部尚书、户部尚书、刑部尚书、理藩院尚书，还兼任内务府总管、翰林院掌院学士、《四库全书》正总裁官、领侍卫内大臣、步军统领等数十个重要职务。

嘉庆四年（1799年），嘉庆帝下旨将和珅革职下狱。和珅所聚敛的财富，约值八亿两至十一亿两白银，所拥有的黄金和白银加上其他古玩、珍宝，超过了清政府十五年财政收入的总和。乾隆帝死后十五天，嘉庆帝赐和珅自尽。

《续编》对和珅结党营私、聚敛钱财、以权谋私、欺瞒皇帝、打压政党之事都有详细节录，他的罪行最终被揭发，并被赐以自尽，对后世治理贪腐有很大借鉴意义，为官者要以之为鉴。

和珅，字致斋，钮祜禄氏，满洲正红旗人。少贫无藉，为

文生员[1]。乾隆三十四年，承袭三等轻车都尉。四十年，直乾清门，擢御前侍卫，兼副都统。次年，遂授户部侍郎，命为军机大臣，兼内务府大臣，骎骎乡用。又兼步军统领，充崇文门税务监督，总理行营事务。四十五年，命偕侍郎喀凝阿往云南按总督李侍尧贪私事。侍尧号才臣，帝所倚任。和珅至，鞫其仆，得侍尧婪索状，论重辟，奏云南吏治废弛，府州县多亏帑，亟宜清厘。上欲用和珅为总督，嫌于事出所按劾，乃以福康安代之。命回京，未至，擢户部尚书、议政大臣。及复命，面陈云南盐务、钱法、边事，多称上意，并允行。授御前大臣兼都统。赐婚其子丰绅殷德为和孝公主额驸[2]，待年行婚礼。又授领侍卫内大臣，充四库全书馆正总裁，兼理藩院尚书事，宠任冠朝列矣。

【注释】①文生员：即文库生员。文库是明清时期的官办学校，各府州县都有设置。

②额驸：清朝对驸马的称呼。

【译文】和珅，字致斋，钮祜禄氏，满洲正红旗人。年少时贫穷，无所依靠，是一名文库生员。乾隆三十四年（1769年），承袭三等轻车都尉。乾隆四十年（1775年），在乾清门值班供职，被提拔为御前侍卫，兼任副都统。次年，授户部侍郎，被任命为军机大臣，兼任内务府大臣，节节高升。又兼任步军统领，充任崇文门税务监督，总理行营事务。乾隆四十五年（1780年），朝廷命他偕同侍郎喀凝阿前往云南调查总督李侍尧贪墨之事。

李侍尧号称才臣，被乾隆帝所倚重信任。和珅到达云南后，审问他的仆人，得到李侍尧贪婪索贿的情况，和珅建议对李侍尧处以死罪，并上奏云南吏治荒废懈怠，各府州县大多亏欠公款，急需尽快清查。乾隆帝想任用和珅担任云南总督，但不愿让和珅接替他自己调查弹劾的人，就以福康安代替他。命令和珅回京，还没到京城，就被提拔为户部尚书、议政大臣。回京复命时，和珅当面陈奏云南盐务、钱币制度、边疆事务，大多都符合乾隆帝的心意，并且准予施行。被授为御前大臣兼都统。赐婚和珅之子丰绅殷德为和孝公主的额驸，到成年后再举行婚礼。又授和珅领侍卫内大臣，充任《四库全书》馆正总裁，兼理藩院尚书事，乾隆帝对他的宠爱和信任处于群臣之首。

四十六年，甘肃撒拉尔番回苏四十三等叛，逼兰州，额驸拉旺多尔济、领侍卫内大臣海兰察、护军额森特等率兵讨之。命和珅为钦差大臣，偕大学士阿桂往督师。阿桂有疾，促和珅兼程先进。至则海兰察等已击贼胜之，即督诸将分四路进兵，海兰察逼贼山梁，歼其伏。贼掘沟坎深数丈，并断小道，不能度。总兵图钦保阵亡。后数日，阿桂至，和珅委过诸将不听调遣。阿桂曰："是宜诛！"明日，同部署战事，阿桂所指挥，辄应如响。乃曰："诸将殊不见其慢，当谁诛？"和珅恚甚。上微察之，诏斥和珅匿图钦保死事不上闻，赴师迟延，而劾海兰察、额森特先战颠倒是非；又谓自阿桂至军，措置始有条理，一人足办贼，和珅在军事不归一，海兰察等久随阿桂，易节制，命和珅速回京。和珅用是衔阿桂，终身与之龃龉。寻兼署兵部尚书，管理户部三库。

【译文】乾隆四十六年（1781年），甘肃撒拉尔番回苏四十三等人反叛，进逼兰州，额驸拉旺多尔济、领侍卫内大臣海兰察、护军额森特等人率兵讨伐。朝廷任命和珅为钦差大臣，偕同大学士阿桂前去监军。阿桂患病，就催促和珅日夜兼程先行。和珅到达时，海兰察等人已对叛贼发动攻击并取得了胜利，阿桂立即督促诸将分四路进兵，海兰察把叛贼逼到山梁，歼灭了他们的伏兵。叛贼挖掘几丈深的沟坎，并且切断小路，官军不能通行。总兵图钦保阵亡。几天后，阿桂到达军营，和珅推诿诸将不听调遣。阿桂说："这应该被诛杀！"次日，他们一同部署战事，只要是阿桂所指挥的，将领都随声答应。阿桂于是说："根本没见诸将怠慢，谁应当被诛杀？"和珅非常气愤。乾隆帝暗中调查战事，下诏斥责和珅隐瞒图钦保阵亡之事不上报朝廷，奔赴军中动作迟缓，而在弹劾海兰察、额森特先前的战斗时颠倒是非；又说自从阿桂到军中之后，举措部署才有条理，他一人足以处理平定叛贼之事，和珅在军中使事权不能归于一人，海兰察等跟随阿桂很久了，容易听从阿桂指挥，命令和珅火速回京。和珅因此怨恨阿桂，终身与阿桂意见不合。不久和珅兼任兵部尚书，管理户部三库。

四十七年，御史钱沣劾山东巡抚国泰、布政使于易简贪纵营私，命和珅偕都御史刘墉按鞫，沣从往。和珅阴袒国泰，既至，盘库，令抽视银数十封无缺，即起还行馆。沣请封库，明日尽发视库银，得借市银充抵状，国泰等罪皆鞫实。会加恩中外大臣，加太子太保，充经筵讲官。四十八年，赐双眼花翎，充国史馆正总裁、文渊阁提举阁事、清字经馆总裁。

【译文】乾隆四十七年（1782年），御史钱沣弹劾山东巡抚国泰、布政使于易简贪纵营私，朝廷任命和珅偕同都御史刘墉调查审问此事，钱沣跟从前去。和珅暗中袒护国泰，到达后，盘查仓库，命令抽查几十封银两均无亏缺，就立即起身返回行馆。钱沣请求封库，第二天全部取出库银来验看，查清了国泰等人借市银充抵国库银两的情况，国泰等人的罪行都审查属实。适逢乾隆帝加恩朝廷内外大臣，和珅加封为太子太保，充任经筵讲官。乾隆四十八年（1783年），赐予他双眼花翎，充任国史馆正总裁、文渊阁提举阁事、清字经馆总裁。

五十一年，御史曹锡宝劾和珅家奴刘全奢僭，造屋逾制，帝察其欲劾和珅，不敢明言，故以家人为由。命王大臣会同都察院传问锡宝，使直陈和珅私弊，卒不能指实。和珅亦预使刘全毁屋更造，察勘不得直，锡宝因获谴。逾月，授和珅文华殿大学士。诏以其管崇文门监督已阅八年，大学士不宜兼榷务，且锡宝劾其家人，未必不因此，遂罢其监督。部员湛露擢广信知府，上见其年幼，不胜方面，斥和珅滥保。又两广总督富勒浑纵容家人婪索，和珅请调回富勒浑，不兴大狱。京师米贵，和珅请禁囤积，逾五十石者交厂减粜，商民以为不便。廷臣迁就原议，上并切责之。五十三年，以台湾逆匪林爽文平，晋封三等忠襄伯，赐紫缰。五十五年，赐黄带、四开禊袍。上八旬万寿，命和珅偕尚书金简专司庆典事。内阁学士尹壮图疏论各省库藏空虚，上为动色，和珅请即命壮图往勘各省库，以侍郎庆成监之。庆成每至一省辄掣肘，待挪移既足，然后启権，迄无亏绌，壮图以妄言坐黜。

【译文】乾隆五十一年（1786年），御史曹锡宝弹劾和珅家奴刘全违例僭妄，建造的房屋超出礼制规定，乾隆帝察觉曹锡宝想弹劾和珅，却不敢明说，故意以弹劾家人为借口。乾隆帝命亲王大臣会同都察院传问曹锡宝，让他直说和珅徇私舞弊之事，曹锡宝最终不能指出和珅的实际罪行。和珅也预先让刘全毁掉房屋重新建造，经过实地调查没有发现和珅的过错，曹锡宝因此受到谴责。一个月后，授任和珅文华殿大学士。在诏书中认为和珅任崇文门监督已有八年，位居大学士之职不宜兼管榷场事务，而且曹锡宝弹劾和珅家人，未必不是因此而起，于是罢免了和珅的崇文门监督之职。部员湛露被和珅提拔为广信知府，乾隆帝见湛露年纪尚小，不能胜任一方大员，斥责和珅胡乱保荐。而且两广总督富勒浑纵容家人贪婪索贿，和珅请求调回富勒浑，不要严惩他。京城米价昂贵，和珅请求禁止囤积，有超过五十石米的必须交厂减粜，商户百姓都认为不方便。廷臣迁就和珅原议，乾隆帝一并将他们严厉斥责。乾隆五十三年（1788年），因平定台湾天地会林爽文的反叛，晋封和珅为三等忠襄伯，赐予紫缰。乾隆五十五年（1792年），赐予黄带、四开褉袍。乾隆帝八旬万寿，命和珅偕同尚书金简专门办理庆典之事。内阁学士尹壮图上疏指出各省库藏空虚，乾隆帝为之动色，和珅请求立即命令尹壮图前往调查各省库藏，让户部侍郎庆成督查。庆成每到一省便掣肘尹壮图，等到挪移充足后，才打开库藏，最终没有查出亏缺，尹壮图因妄言之罪被罢免。

五十六年，刻《石经》于辟雍，命为正总裁。时总裁八人，尚书彭元瑞独任校勘，敕编《石经考文提要》，事竣，元瑞被优赉。和珅嫉之，毁元瑞所编不善，且言非天子不考文。上曰："书为御定，何得目为私书耶？"和珅乃使人撰《考文提要举正》以攻之，冒为己作进上，訾《提要》不便士子，请销毁，上不许。馆臣疏请颁行，为和珅所阻，中止，复私使人磨碑字，凡从古者尽改之。

【译文】乾隆五十六年（1791年），朝廷在辟雍刻《石经》，命和珅为正总裁。当时总裁共有八人，尚书彭元瑞专任校勘，奉命编写《石经考文提要》，事情告竣，彭元瑞被从优赏赐。和珅嫉妒他，便诋毁彭元瑞编得不好，而且说不是天子不能写考文。乾隆帝说："这书就是御定的，怎能看成是私书呢？"和珅就指使人撰写《考文提要举正》以攻击彭元瑞，并冒称是自己所作进呈乾隆帝，诋毁《提要》不便于士子学习，请予以销毁，乾隆帝不准。馆臣上疏请求颁行天下，被和珅阻挠，这件事便半途而废了，和珅又私自派人去磨掉石碑上的文字，凡是遵从古书的全部改窜。

五十七年，廓尔喀平，予议叙，兼翰林院掌院学士。六十年，充殿试读卷官，教习庶吉士。时朝审[①]停勾，情重者请旨裁定。和珅管理藩院，于蒙古重狱置未奏，镌级留任。又廷试武举发策，上命检《实录》。故事，《实录》不载武试策问，和珅率对不以实，诏斥护过饰非，革职留任。先是京察[②]屡邀议叙，是年特停罢之。嘉庆二年，调管刑部。寻以军需报销，仍兼管户部。三年，教匪王三槐就擒，以襄赞功晋公爵。

【注释】①朝审：明清时期由朝廷选派官员复审死刑案件的一种制度。

②京察：明清时定期考核京官的制度。明代时六年一次，清代则为三年一次。

【译文】乾隆五十七年（1792年），平定廓尔喀，和珅因功被予以议叙，兼任翰林院掌院学士。乾隆六十年（1795年），和珅充任殿试读卷官，教习庶吉士。当时朝审停止勾决罪犯，情节严重的请旨裁定。和珅掌管理藩院，对于蒙古重大案件搁置不上奏，被降级留任。又在廷试武举策问时，乾隆帝命和珅检视《实录》。按例，《实录》不记载武试策问，和珅没有核实就轻率回答，乾隆帝下诏斥责他文过饰非，将他革职留任。之前京察多次请求对和珅进行议叙，当年乾隆帝特地命令停止议叙。嘉庆二年（1797年），调和珅掌管刑部。不久因军需报销用度，仍让和珅兼管户部。嘉庆三年（1798年），白莲教首领王三槐被生擒，和珅以协办之功被晋升为公爵。

和珅柄政久，善伺高宗意，因以弄窃作威福。不附己者，伺隙激上怒陷之；纳贿者则为周旋，或故缓其事，以俟上怒之霁。大僚恃为奥援①，剥削其下以供所欲。盐政、河工素利薮，以征求无厌日益敝。川、楚匪乱，因激变而起，将帅多倚和珅，糜饷奢侈，久无功。阿桂以勋臣为首辅，素不相能，被其梗轧。入直治事，不与同止直庐。阿桂卒，益无顾忌，于军机寄谕独署己衔。同列嵇璜年老，以谗数被斥责。王杰持正，恒与忤，亦不能制。朱珪旧为仁宗傅，在两广总督任，高宗欲召为大学士，和珅忌其进用，密取仁宗贺诗白高宗，指为市恩。高宗大怒，赖董诰谏免；寻以他事降珪安徽巡抚，屏不得内召。言官惟钱沣劾其党国泰得直，后论和珅与阿桂入直不同止直庐，奉命监察，以劳瘁死。曹锡宝、尹壮图皆获谴，无敢昌言其罪者。高宗虽遇事裁抑，和珅巧弥缝，不悛益恣。仁宗自在潜邸知其奸，及即位，以高宗春秋高，不欲遽发，仍优容之。

【注释】①奥援：内援，多指有力而可靠的后援。

【译文】和珅执掌朝政的时间很长，善于窥伺乾隆帝的心意，因此能用玩弄手段、窃取权力的办法作威作福。对不依附自己的人，他伺机激怒乾隆帝而加以陷害；对向他贿赂的人则从中斡旋，或故意拖延处理其事，以待乾隆帝怒气消散。大官把和珅作为奥援，剥削下属来满足他的欲望。盐政、河工素来是财利之渊薮，因征求无厌而日益毁坏。四川、湖南土匪作乱，是因激变而起，将帅大多倚仗和珅，挥霍军饷，却长期没有功绩。阿桂以勋臣担任首辅，素来与和珅不和，和珅便处处从中作梗，对阿桂进行打压，虽然都供职于军机处，但两人不会同在一个地方办事。阿桂去世后，和珅更加无所顾忌，在军机处传递的谕旨中只署自己的官衔。同僚嵇璜年迈，因为和珅的谗言多次被乾隆帝斥责。王杰为人持正，常与和珅发生冲突，也不能压制住和珅。朱珪之前担任嘉庆帝的老师，在两广总督任上时，乾隆帝想召回他担任大学士，和珅忌恨朱珪被进用，秘密取出嘉庆帝的贺诗告诉乾隆帝，指责这是买卖恩情。乾隆帝大怒，朱珪依赖董诰的劝谏才得以幸免；不久因其他事把朱珪降为安徽巡抚，由于和珅阻挠不能内召。言官中只有钱沣弹劾和珅的党羽国泰查证属实，后来钱沣论及和珅与阿桂不同在一处办事，奉命监察这两人，因辛劳过度而猝死。因为曹锡宝、尹壮图都被谴责，没有人敢直言不讳地指出和珅的罪行。乾隆帝虽然遇事自己决断，但和珅巧为弥缝，不思悔改而更加放纵。嘉庆帝在做太子时就清楚他的奸行，即位之后，因乾隆帝年纪已高，不想立即处置和珅，仍对他优厚宽容。

嘉庆四年正月，高宗崩，给事中王念孙首劾其不法状，仁宗即以宣遗诏日传旨逮治，命王大臣会鞫，俱得实。诏宣布和珅罪状，内外诸臣疏言和珅罪当以大逆论，上犹以和珅尝任首辅，不忍令肆市，赐自尽。（清史稿卷三百十九）

【译文】嘉庆四年（1799年）正月，乾隆帝驾崩，给事中王念孙首先弹劾和珅违法的罪状，嘉庆帝当即在宣读遗诏那天传旨将和珅逮捕治罪，命令王公大臣会同审问，全部查证属实。嘉庆帝下诏宣布和珅的罪状，朝廷内外诸臣上疏议论和珅应以大逆罪论处，嘉庆帝还是以和珅曾经担任首辅，不忍心让他死于闹市，于是赐予他自尽。（清史稿卷三百十九）

纪　昀

【题解】纪昀（1724—1805年），字晓岚，别字春帆，号石云，道号观弈道人、孤石老人，清朝直隶献县（今河北献县）人，乾隆十九年（1754年），考中进士，官至礼部尚书、协办大学士，太子少保。一生学宗汉儒，博览群书。曾任《四库全书》总纂官。著有《阅微草堂笔记》等著作。

《续编》主要节选了他总纂《四库全书》的事迹。这是他一生最大的功绩，他于乾隆三十八年（1773年）任总纂官，“始终其事，十有余年”。这一旷世工程篇帙浩繁，凡3503种，79337卷，分经、史、子、集四部，广泛而系统地整理了我国清代中叶以前的大量古籍。纪晓岚去世后嘉庆帝亲笔题写墓志铭曰：“敏而好学可为文，授之以政无不达。”

纪昀，字晓岚，直隶献县人。乾隆十九年进士，改庶吉士。散馆授编修。三十八年，开四库全书馆，大学士刘统勋举昀及郎中陆锡熊为总纂。从永乐大典中搜辑散逸，尽读诸行省所进书，论次为提要上之，擢侍读。上复命辑简明书目。

四库全书成，表上。上曰：“表必出昀手！”命加赉。迁左都御史。再迁礼部尚书。复为左都御史。嘉庆元年，移兵部尚书。复移左都御史。

昀学问渊通。撰《四库全书提要》，进退百家，钩深摘隐，各得其要指，始终条理，蔚为巨观。惩明季讲学之习，宋五子书功令所重，不敢显立异同；而于南宋以后诸儒，深文诋諆，不无门户出入之见云。（清史稿卷三百二十）

【译文】纪昀，字晓岚，直隶献县（今河北献县）人。乾隆十九年（1754年）考中进士，后改任庶吉士。后授翰林院编修。乾隆三十八年（1773年），朝廷开设四库全书馆，大学士刘统勋举荐纪昀以及郎中陆锡熊担任总纂。纪昀从《永乐大典》中搜辑散逸的书籍，并通读各行省所进献的书籍，根据各书论定次序撰写《四库全书提要》上报乾隆帝，被擢升侍读。乾隆帝又命令他编辑《四库全书简明书目》。

《四库全书》完成后，纪昀呈上表章。乾隆帝说：“这表章一定出自纪昀之手！”命令即刻赏赐纪昀。纪昀升任左都御史。又升任礼部尚书。再任左都御史。嘉庆元年（1796年），嘉庆帝调纪昀任兵部尚书。再调纪昀任左都御史。

纪昀学问渊博通达。他撰写的《四库全书提要》，广引百家学说，钻研深奥之学，探索隐秘之事，尽得其中要旨，条理清晰，可谓蔚为大观。他批评明末讲学陋习，因为两宋五子学说思想被朝廷推崇，就不敢显扬树立不同的主张；而对于南宋以后诸儒，则批评他们互相毁谤攻讦，有着严重的门户偏见。（清史稿卷三百二十）

金　溶

【题解】金溶，生卒年不详，字广蕴，顺天大兴（今北京大兴区）人，雍正八年（1730年）进士，以刑部员外郎擢山东道监察御史。《续编》简短节录了他的一封奏疏，主要讨论国家与百姓的紧密联系，说明百姓富足社会才能安定的道理。

金溶，字广蕴，顺天大兴人。雍正八年进士，以刑部员外郎擢山东道监察御史。高宗即位，当是时，上命翰詹科道各进经史摺子，溶上疏曰："头会箕敛①以裕囊橐者，匹夫之富也；轻徭薄税使四海咸宁者，天子之富也。《易》卦：损下益上，上益矣而反名损；损上益下，上损矣而反名益。盖谓百姓足君孰与不足，百姓不足君孰与足，圣人制卦之意可深长思也。"（清

史稿卷三百三十六）

【注释】①头会箕敛：按人头征税搜刮百姓的财富。头会，按人头征税。箕敛，以箕收取，即搜刮民财。

【译文】金溶，字广蕴，顺天大兴（今北京大兴区）人。雍正八年（1730年）考中进士，从刑部员外郎被提拔为山东道监察御史。乾隆帝即位后，命令翰林院、詹事府、各科道官员各自呈上关于讲解经史的摺子，金溶上疏说："按人头征税搜刮民财来让府库充裕，这是匹夫的富裕；轻徭薄税使得四海安宁，这是天子的富裕。《周易》卦象说：使在下位者受损而在上位者得益，在上位者得益却反而命名为"损卦"；使在上位者受损而在下位者得益，在上位者受损却反而命名为"益卦"。这大概是说百姓富足了，君主还有什么不富足的呢？百姓不富足，君主又有什么富足的呢？圣人制卦的用意真是值得深思啊！"（清史稿卷三百三十六）

王 杰

【题解】王杰（1725—1805年），字伟人，号惺国，陕西韩城人。清朝状元、名臣，有清一代陕西第一名臣。初在南书房当值，后经多次升迁，官至内阁学士。乾隆三十九年（1774年）任刑部侍郎，后又转调吏部，擢升右都御史，乾隆五十一年（1786年）出任军机大臣，上书房总师傅，第二年又出任东阁大学士，总理礼部。

嘉庆帝即位，仍为首辅。王杰在朝四十余年，忠清劲直，老成端谨，不结党营私，不趋炎附势。《续编》辑录文字正体现了他的这些品格，是后世为政者很好的榜样。

王杰，字伟人，陕西韩城人。历佐两江总督尹继善、江苏巡抚陈宏谋幕，皆重之。

乾隆二十六年，成进士，殿试进呈卷列第三。高宗熟视字体如素识，以昔为尹继善缮疏，曾邀宸赏，询知人品，即拔置第一。及引见，风度凝然，上益喜。

五迁至内阁学士。三十九年，授刑部侍郎，调吏部，擢左都御史。四十八年，丁母忧，即家擢兵部尚书。服阕，还朝。五十一年，命为军机大臣、上书房总师傅。

【译文】王杰，字伟人，陕西韩城人。先后担任两江总督尹继善、江苏巡抚陈宏谋的幕僚，二人都很器重他。

乾隆二十六年（1761年），王杰考中进士，殿试进呈乾隆帝看的试卷中，他名列第三。乾隆帝仔细观看字体感觉似曾相识，原来是王杰以前为尹继善誊录过奏疏，曾得到皇帝赏识，乾隆帝通过询问得知他的人品，立即把他提拔为第一名。到引见他的时候，王杰风度翩翩、眼神坚定，让乾隆帝更加喜欢。

经过五次升迁，王杰官至内阁学士。乾隆三十九年（1774年），被授任刑部侍郎，调任吏部，提拔为左都御史。乾隆四十八年（1783年），母亲去世，在家中服丧的他被提拔为兵部尚书。服丧期满后，王杰返回朝廷。乾隆五十一年（1786年），王杰奉命担任军机大臣、上书房总师傅。

杰在枢廷[1]十余年，事有可否，未尝不委曲陈奏。和珅势方赫，事多擅决，同列隐忍不言，杰遇有不可，辄力争。上知之深，和珅虽厌之而不能去。杰每议政毕，默然独坐。一日，和珅执其手戏曰："何柔荑[2]乃尔！"杰正色曰："王杰手虽好，但不能要钱耳！"和珅赧然。嘉庆元年，以足疾乞免军机、书房及管理部事，允之。有大事，上必谘询，杰亦不时入告。

【注释】①枢廷：亦作"枢庭"，即政权中枢，清朝时特指军机处。

②柔荑：原指植物初生的嫩芽，古时常比喻女子柔嫩洁白的手。

【译文】王杰在军机处十多年，事情可行与否，从来没有不详细陈奏的。当时和珅的势力正如日中天，政事大多擅自裁决，同僚隐忍不言，王杰遇到有不可行的事，就极力争辩。乾隆帝非常了解他，和珅虽然厌恶他却也不能除去他。王杰每当议论完政事后，便默然独坐。一天，和珅拿起他的手开玩笑说："怎会有如此柔嫩洁白的手呢！"王杰态度严肃地说："我王杰之手虽好，也不会向人要钱！"和珅听后羞愧不已。嘉庆元年（1796年），王杰因脚病请求免去军机处、上书房以及管理部事，嘉庆帝准许了。每逢有国家大事，嘉庆帝一定会向他咨询，王杰也不时入宫奏告。

洎仁宗亲政，杰为首辅，遇事持大体，竭诚进谏，上优礼之。七年，固请致仕，晋太子太傅，在籍食俸。八年春，濒行上疏，略谓："各省亏空之弊，起于乾隆四十年以后，州县营求馈送，以国帑为夤缘，上司受其挟制，弥补无期。至嘉庆四年以后，大吏知尚廉节，州县仍形拮据，由于苦乐不均，贤否不分，宜求整饬之法。又，旧制，驿丞专司驿站，无可诛求。自裁归州县，滥支苛派，官民俱病。宜先清驿站，以杜亏空。今当军务告竣，朝廷勤求治理，无大于此二者。请睿裁独断，以挽积重之势。"所言切中时弊，上嘉纳之。陛辞日，赐高宗御用玉鸠杖、御制诗二章，以宠其行，有云："直道一身立廊庙，清风两袖返韩城。"时论谓足尽其生平。既归，岁时颁赏不绝，每有陈奏，上辄亲批答，语如家人。

杰体不逾中人，和蔼近情，而持守刚正，历事两朝，以忠直结主知。（清史稿卷三百四十）

【译文】自从嘉庆帝亲政后，王杰担任首辅，遇事能以大局为重，竭诚进谏，嘉庆帝对他优待有加。嘉庆七年（1802年），王杰坚决请求辞官退休，被晋封为太子太傅，在原籍依旧领取俸禄。嘉庆八年（1803年）春季，王杰即将启程时上疏，大致说："各省财政亏空的弊端，始于乾隆四十年（1775年）以后，州县官员苦心钻营，把国库财物当成馈赠之礼作为向上攀附的手段，上司接受礼物却被他们要挟控制，所以弥补亏空就遥遥无期了。到嘉庆四年（1799年）以后，封疆大吏都知道崇尚清廉的节操，但是州县仍然拮据，而且由于各州县苦乐不均，官员贤愚不一，应该寻求整饬之法。另外，按照旧例，驿丞专门管理驿站，没有可以索求经费的借口。自从驿站划归州县管理后，驿站就过度开支，严苛摊派，官吏、百姓都深受其害。应当首先清查驿站，杜绝亏空。如今正当军事告竣，朝廷勤于访求治理国家的方法，没有比这两方面更重要的了。请求皇上英明决断，来挽救积重难返的形势。”王杰所说都切中时弊，嘉庆帝赞许并采纳了他的意见。王杰入宫辞别嘉庆帝那天，嘉庆帝赐予他乾隆皇帝御用的玉鸠杖和自己撰写的诗两章，以赞许他的行为，诗中有“直道一身立廊庙，清风两袖返韩城”一句，当时的人议论说这足以概括王杰的生平。王杰回到家乡后，朝廷每年依旧不断地犒赏他，每当王杰有陈奏的事情，嘉庆帝便亲自批阅答复，语气亲切如同家人。

王杰身材不超过常人，和蔼可亲很有人情味，但是处事有操守为人刚强正直，历任两朝，因忠贞正直都受到皇帝的赏识。（清史稿卷三百四十）

觉罗桂芳

【题解】觉罗桂芳（？—1814年），爱新觉罗氏，满洲镶蓝旗人，字香东，总督图思德孙。嘉庆四年（1799年）进士，多次主持顺天府和江南乡试。林清之变，他写文章切入时弊，警示朝政。历任户部右侍郎、内务府大臣。嘉庆十三年（1808年）十月，桂芳入直军机处。嘉庆十九年（1814年）三月，桂芳改漕运总督，在到广西办差的路上去世。嘉庆帝称叹他“良才难得”。《续编》主要辑录了他的一段奏疏，针对当时的政治弊病，他提出了意义深远的解决方案，并且详细探讨了朝廷任用贤才的重要性和辨认贤才的方法，至今仍有借鉴意义。

觉罗桂芳，字香东，隶镶蓝旗，总督图思德孙。嘉庆四年进士，选庶吉士，授检讨。尝召对，仁宗曰：“奇才也！”不数年，累擢内阁学士。

【译文】觉罗桂芳，字香东，隶属镶蓝旗，是总督图思德的孙子。嘉庆四年（1799年）考中进士，被选为翰林院庶吉士，后被授任翰林院检讨。曾经应召答策，嘉庆帝说：“真是奇才啊！”没几年时间，累迁内阁学士。

十八年，教匪林清①逆党阑入禁城，上遇变修省，训诫臣工，颁御制文七篇，示内廷诸臣，命各抒所见，书以进御。桂芳书《行实政论》后曰：“实心者何？忠是也。忠者一于为国，而不亟亟于求上之知。其所以急于公者如急于己，一政而便于民，其行之而恐不及也；一政而不便于民，其去之恐不速也。不以避疑谤而易其是非之公，不以处疏逖而违其夙夜之志。故其于政也，筹之至审，而不为旦夕之谋；行之务当，而不揣诏旨之合；惟力是视，不必其事之谅于人；惟善之从，不必其谋之出于己。若是者谓之实政。夫为臣之道，畴不当忠，然而忠之实盖如此。非然者，初无寸劳，而已为见功之地；未必加谴，而已存巧避之心。取容于唯诺，而不以国事为忧；快意于爱憎，而不以人才为惜。如斯人者，虽我皇上日讨而训之，尚望其能行实政乎？夫政者，上所以治天下之具。然而行之以实，乃能有功，不则文具而已。官无实政，民乃不治，非细故也。皇上震动恪恭，求贤纳谏，敕中外诸臣，改虑易志。稍有人心者，畴敢不勉；而臣所欲言者，则又在陛下之心矣。臣昨岁恭录乾隆朝臣孙嘉淦《三习一弊疏》于《御制养心殿记》册末，伏原万几之暇，时赐观览。用其说以考诸臣之政，因以识诸臣之心，则贤才不患其不思奋，庶绩不患其不咸熙。较臣管蠡[2]之见，似更有助于高深焉。”

【注释】①林清：嘉庆年间河北、河南、山东农民起义首领，在1813年领导天理教反清，攻入京城，因这年是癸酉年，故而史称“癸酉之变”。

②管蠡：管窥蠡测的略称，喻指见识短浅。

【译文】嘉庆十八年（1813年），天理教林清率领部众擅自闯入紫禁城，嘉庆帝遇见这次事变后修身反省，教导劝诫群臣百官，颁发七篇御制文，给内廷各位大臣看，命令他们各抒己见，写好后进献御前。觉罗桂芳在《行实政论》后面说：“什么是实心？它就是忠。忠就表现在一心为国上，而不是急于谋求上司的赏识。那些人之所以急于公务如同急于己务，一种是为了与民方便，所以他处理公务唯恐有做不到的地方；一种不是为了与民方便，所以他远离公务唯恐不及。不因要避开他人的猜疑诽谤而改变他对事情是非公正的立场，不因处在疏远之地而违背他一贯的志向。因此这样的人对待政事，筹划起来非常审慎，而不仅仅是为了眼前考虑；实行起来也务求稳当，而不是为了揣摩迎合诏令旨意；量力而行，不必每件事都得到别人的谅解；择善而行，不必每个计谋都出于自己。像这样的人做的事才能称为实政。为臣之道，在于每个人都应尽忠，而忠的实际含义大致就是上面所说的了。如果不是这样，起初虽没见成效，但是已经陷入功名利禄之场；虽然未必对他加以谴责，但他已经怀有取巧躲避之心。用唯唯诺诺来取悦上司，而不知以国事为忧；用爱憎来任人行事，使得自己称心，而不知道爱惜人才。像这样的人，即使皇上天天查究、劝导他们，还能奢望他们力行实政吗？所谓的政治，是皇上用来治理天下的工具。然而只有用实政推行政治，才能有成效，不然的话就是空有条文罢了。官员没有实政，百姓就不能安居乐业，这不是一件小事啊。皇上发愤图强、恭谨恪守，求贤若渴、虚心纳谏，命令朝廷内外大臣，让他们改变以前的心思和志向。稍有仁爱之心的人，谁人敢不勉励；然而臣所要讲的，则又在于陛下的内心想法了。去年臣从《御制养心殿记》的篇末抄录了乾隆朝大臣孙嘉淦的《三习一弊疏》，希望陛下在日理万机之余，抽空看看这篇文章。用文中的主张来考核百官政绩，通过它来了解百官的心志，那么贤才就不用担心他们不思进取了，各种政绩就不用担心它们不兴盛了。比起臣狭小浅陋的见识，孙嘉淦的奏疏似乎更有助于高明深刻的理解。”

又论致变之源，由于民穷，民穷由于币轻，币轻则国与民交病。论刑用重典而不得其平，则不能格奸定乱。因事纳规，所言多切中时弊。于是复条陈时事，或见之，谓其未必尽合上意。桂芳慨然曰：“此何时，尚以迎合为言耶？”及上，嘉纳之。未几，授军机大臣。（清史稿卷三百五十三）

【译文】觉罗桂芳又论及招致事变的根源，是源于百姓穷困，百姓穷困源于铜钱和白银的比价低，银贵钱贱则国家和百姓交相受损。论及刑罚从重而不能公平，就不能惩治奸人平定叛乱。觉罗桂芳根据不同的事情提出规劝，所说的大多切中时弊。于是他又逐条陈述时事，有人看见就劝阻他，认为这些不一定符合嘉庆帝的心意。觉罗桂芳情绪激昂地说：“现在是什么时候了，还要迎合皇上的心意才上言吗？”等到他呈上去后，嘉庆帝赞许并采纳了他的意见。不久，朝廷授予他军机大臣一职。（清史稿卷三百五十三）

洪亮吉

【题解】洪亮吉（1746—1809年），初名洪莲，又名礼吉，字君直，一字稚存，号北江，晚号更生居士。江苏阳湖（今江苏常州）

人。乾隆五十五年（1790年），高中榜眼，授翰林院编修。嘉庆四年（1799年），上书军机大臣言事，极论时弊，免死戍守伊犁。次年，诏以“罪亮吉后，言事者日少”，释还家中，居家十年而卒。

《续编》节录了他的奏疏《乞假将归留别成亲王极言时政启》，直言朝政之弊，言辞激烈，不避锋芒，刺到了嘉庆帝的痛处，后被流放戍边。此后京城大旱，朝廷进言之人日益减少，嘉庆帝反省自躬，将这封《乞假将归留别成亲王极言时政启》公之于众，并赦免了洪亮吉，京城即降大雨。说明君主处理朝政应该广开言路，善于纳谏，如此才能国泰民安。

洪亮吉，字稚存，江苏阳湖人。乾隆五十五年，成一甲第二名进士，授翰林院编修，年已四十有五。长身火色，性豪迈，喜论当世事。未散馆，分校顺天乡试。督贵州学政，以古学教士，地僻无书籍，购经、史、《通典》《文选》置各府书院，黔士始治经史。嘉庆三年，大考翰詹，试《征邪教疏》，亮吉力陈内外弊政数千言，为时所忌。以弟丧陈情归。

【译文】洪亮吉，字稚存，江苏阳湖（今江苏常州）人。乾隆五十五年（1790年），考中第一甲第二名进士，被授予翰林院编修，那时已经四十五岁了。身材高大，面色红润，性情豪迈，喜好谈论时事。还未授职，就分派到顺天乡试校阅考卷。后来主持贵州学政工作，洪亮吉用古代的学问来教导士子，贵州地处偏僻，没有书籍，洪亮吉就购买经、史、《通典》《文选》放到各府书院，贵州士子们至此才能研习经史。嘉庆三年（1798年），朝廷对翰林院、詹事府官员进行大考，试题是《征邪教疏》，洪亮吉力陈朝廷内外存在的弊政，洋洋洒洒数千言，被时人所忌恨。后来，因弟弟的丧事，他陈述衷情并返回家中。

嘉庆四年，高宗崩，仁宗始亲政。大学士朱珪书起之，供职，与修《高宗实录》，第一次稿本成，意有不乐。将告归，上书军机王大臣言事，略曰：

【译文】嘉庆四年（1799年），乾隆帝驾崩，嘉庆帝开始亲政。大学士朱珪上书请求起用洪亮吉，于是他开始任职，参与编修《高宗实录》，第一次稿本编成后，洪亮吉心有不乐之意。即将告假回家，启程时，向军机王大臣上书言事，大略说：

“今天子求治之心急矣，天下望治之心孔迫矣，而机局未转者，推原其故，盖有数端。亮吉以为励精图治，当一法祖宗初政之勤，而尚未尽法也。用人行政，当一改权臣当国之时，而尚未尽改也。风俗则日趋卑下，赏罚则仍不严明，言路则似通而未通，吏治则欲肃而未肃。……尧、舜之主，亦必询四岳，询群牧。盖恐一人之聪明有限，必博收众采，庶无失事。请自今凡召见大小臣工，必询问人材，询问利弊。所言可采，则存档册以记之。倘所举非人，所言失实，则治其失言之罪。然寄耳目于左右近习，不可也；询人之功过于其党类，亦不可也。盖人材至今日，销磨殆尽矣。以模棱为晓事，以软弱为良图，以钻营为取进之阶，以苟且为服官之计。由此道者，无不各得其所欲而去，衣钵相承，牢结而不可解。夫此模棱、软弱、钻营、苟且之人，国家无事，以之备班列可也；适有缓急，而欲望其奋身为国，不顾利害，不计夷险，不瞻徇情面，不顾惜身家，不可得也。至于利弊之不讲，又非一日。在内部院诸臣，事本不多，而常若猝猝不暇，汲汲顾影，皆云多一事不如少一事。在外督抚诸臣，其贤者斤斤自守，不肖者亟亟营私。国计民生，非所计也，救目前而已；官方吏治，非所急也，保本任而已。虑久远者，以为过忧；事兴革者，以为生事。此又岂国家求治之本意乎？……国体之尊，在诸臣各知廉耻。夫下之化上，犹影响也。士气必待在上者振作之，风节必待在上者奖成之。举一廉朴之吏，则贪欺者庶可自愧矣；进一恬退之流，则奔竞者庶可稍改矣；拔一特立独行、敦品励节之士，则如脂如韦、依附朋比之风或可渐革矣。……亮吉以为今日皇上当法宪皇帝①之严明，使吏治肃而民乐生；然后法仁皇帝②之宽仁，以转移风俗，则文武一张一弛之道也。”

【注释】①宪皇帝：即雍正皇帝，清朝入关后第三位皇帝，庙号世宗，谥号敬天昌运建中表正文武英明宽仁信毅睿圣大孝至诚宪皇帝。

②仁皇帝：即康熙皇帝，清朝入关后第二位皇帝，庙号圣祖。

【译文】“如今天子追求治理天下的心情十分急切，天下百姓盼望政治稳定的心情也十分紧迫，但是社会的治理情况并没有发生转变，推其原因，大概有几个方面。我认为励精图治，应当效法祖宗当初为政时的勤奋，然而如今却没有完全效法祖宗。用人行政，应当一改权臣执掌朝政的局面，然而如今依旧没有完全改正过来。世风日下，赏罚仍不严明，言路看似通畅而实际上并不通畅，想整肃吏治而吏治并未整肃。……古代像唐尧、虞舜这样的君主，也必须询问四岳，询问百官。大概是害怕一个人的聪明有限，必须集思广益，或许不至于误事。请求皇上从今以后凡是召见大小臣工，一定向他们询问人才，询问利弊。他们的言论如有可采纳的，就把它们存在档册中记下来。如果所举荐的不是人才，所说的与事实不符，那就处治他们失言之罪。然而将耳目视听寄托在左右亲近的人身上，这样是不可行的；向他的同类党羽询问一个人的功过，这样也是不可行的。人才到了今天，已经消磨殆尽了。将处事模棱两可看作是明晓事理，将软弱畏怯看作是良策，将钻营当作进取功名利禄的台阶，将苟且偷安作为做官之道。走这条路的人，无不各得其所而离去，衣钵相承，他们的势力牢牢地盘结在一起无法解开。像这样的模棱两可、为人软弱、钻营苟且之人，国家若太平无事，让他们充数于朝班是可以的；万一遇到紧急事务，打算指望他们奋身为国，不顾个人利益，不计艰难险阻，不徇私废公，不顾身家性命，是不可能办到的。至于群臣不敢议论时政的利弊，又不是一两天了。在京各部院诸臣，要办理的事情本来就不多，却常常表现出匆匆忙忙的样子，急于顾惜自己，都说多一事不如少一事。在地方的各总督巡抚诸臣，称得上贤良的官员，谨小慎微，自求无过；不贤良的官员则是急于钻营谋私。国计民生，不是他们所考虑的事情，只要能挽救目前的现状就行；官方吏治，不是他们所着急的事情，只要能保住本职官任就行。对于那些考虑长远的人，他们认为过于担忧；从事改革的人，他们又认为是在生事。这难道又是国家求治的本意吗？……维护国体的尊严，在于各位大臣都知廉耻。在下的被在上的感化，就如影之随形、响之应声。士气必须有待于上级官僚来振作，风节必须有待于上级官僚来辅助形成。举荐一名清廉朴实的官吏，那么那些贪婪欺诈的官吏或许会问心自愧；擢升一名恬淡谦退的官员，那么那些奔竞功名的官员或许会稍稍改正一些；提拔一名特立独行、人品敦厚做事勤奋的士人，那么那些圆滑如油脂、依附如柔皮、朋比为奸之风或许会渐渐变革。……我认为皇上现在应当效法雍正帝的严明作风，使吏治整肃而百姓安居乐业；然后效法康熙帝的宽仁，以便移风易俗，这就是一张一弛的文武之道了。”

书达成亲王，以上闻，上怒其语戆，落职下廷臣会鞫，面谕勿加刑，亮吉感泣引罪，拟大辟，免死遣戍伊犁。明年，京师旱，上祷雨未应，命清狱囚，释久戍。未及期，诏曰：“罪亮吉后，言事者日少。即有，亦论官吏常事，于君德民隐休戚相关之实，绝无言者。岂非因亮吉获罪，钳口不复敢言？朕不闻过，下情复壅，为害甚巨。亮吉所论，实足启沃朕心，故铭诸座右，时常观览，勤政远佞，警省朕躬。今特宣示亮吉原书，使内外诸臣，知朕非拒谏饰非之主，实为可与言之君。诸臣遇可与言之君而不与言，负朕求治苦心。”即传谕伊犁将军，释亮吉回籍。诏下而雨，御制诗纪事，注谓：“本日亲书谕旨，夜子时甘霖大沛。天鉴捷于呼吸，益可感畏。”亮吉至戍甫百日而赦还，自号更生居士。后十年，卒于家。所著书多行世。（清史稿卷三百五十六）

【译文】洪亮吉这封书奏送到成亲王永瑆那里，并转达给嘉庆帝，嘉庆帝对他的直言快语感到愤怒，削去他的官职交给廷臣会审，并当面谕令不得对他用刑，洪亮吉感恩泣涕且承认罪过，廷臣拟定处以大辟，嘉庆帝开恩下令免死，流放戍守伊犁。次年，京城大旱，嘉庆帝亲自祈雨没有应验，就命令清查狱囚，并把他们释放出来，长期戍边。洪亮吉服刑还没到期，嘉庆帝下诏说：“自从惩治洪亮吉以后，上奏言事的人日益减少。就算有，也只是议论官吏寻常之事，对于君主恩德、民间疾苦休戚相关的实质性问题，绝对没人言及。这岂不是由于洪亮吉因言获罪，大家都钳口不敢再说了？朕听不到过失，下情上达之路就再次堵塞了，这将对国事带来极大的危害。洪亮吉所论及的事情，实足以开导辅佐朕心，因此我将它铭刻在座之右，时常观览，以时刻警醒我勤于政事、远离奸佞。如今特地宣示出洪亮吉的原书，使得朝廷内外诸臣，知道朕不是拒谏饰非的君主，实为可以进言劝谏的君主。诸臣遇上一位可以进言劝谏的君主却不向他进言，真的辜负了朕寻求治国之道的苦心。”随即传谕伊犁将军，释放洪亮吉返回原籍。诏书下达后大雨立即降下，嘉庆帝亲自写诗记下这件事，注释说：“本日亲书谕旨，是夜子时天降甘霖。上天的反应竟如此神速，更令人可畏。”洪亮吉到戍守之地刚一百天就遇赦而归，于是自号为更生居士。十年之后，在家中去世。他所著述的书籍很多都刊行于世。（清史稿卷三百五十六）

朱方增

【题解】朱方增（？—1830年），字虹舫。浙江海盐人。嘉庆进士。历官国子监司业，翰林院侍读学士，内阁学士。先后主持云南、山东乡试；督广西、江苏学政。嘉庆中，上疏论用人理财，请除三弊，裁冗费。熟悉朝章典故，参与编纂《石渠宝芨》《秘殿珠林》；辑名臣事迹成《从政观法录》。道光十年（1830年）卒。《续编》辑录了他的一封上疏，主要讨论用人和理财方面的问题，论述直指时弊，条分缕析，比如如何能让群臣放下顾虑推举贤才，又怎样去辨别人才，怎样更合理的利用国家钱款等，他都给出了切实可行的实施策略。

朱方增，字虹舫，浙江海盐人。嘉庆六年进士，选庶吉士，授编修。应诏陈言，论用人理财，略曰：“近今大臣中，罕有以进贤为务者。盖荐举之事，易于徇私，党援交结，不得不防，而大臣亦遂引嫌自避。夫大臣避徇私之名，而忘以人事君之责，所谓因噎废食，非公忠体国者所宜有也。至于任用之方，则无过于考言询事。皇上博访周谘，徐为印证。于召对时，各就所长，谕使面陈，果能洞悉原委，又当试之以事，以观其能践与否。如或敷奏并无条理，则其人固不足用，而大臣之识见优绌，心地公私，亦可见矣。抑臣思臣工居职，苟非阘茸[①]龌龊者流，孰不思自效？况蒙皇上训饬至再至三，而犹故习相仍，骤难振拔者，良有数端：条例过繁，文案琐屑，虽有强敏之吏，而精神疲于具文，其实关于政治民生，转致不能详核。一也。差务络绎，公私赔累，身家之恤不遑，民物之怀渐恝。二也。讦告之风，至今益甚。尝有以田土、斗殴细故而叩阍京控者，有司畏其挟制，不得不姑息委蛇。虽有急公自好者，其寻常琐屑之事，岂皆一一可达圣聪？甚至匿名揭帖[②]，无主名之可指。蠹吏猾胥[③]，奸民恶仆，求谋不遂，惩治过严，皆可造作飞语，讦及阴私。足使任事之心，不寒而栗，委曲隐忍。奸宄横行，大都由此。三也。今皇上欲整饬因循积习，臣愚以为必先除此三者之弊，庶廓然无所疑畏，而得专精实政矣。经国之方，理财尤要。古者以三十年之通制国用，斟酌盈虚，量入为出，用能经常不匮。今户部岁入岁出，年一汇奏。惟中外未合为一，条绪繁赜，极难釐剔。且凡拨解即谓之出，并未实计所用。新旧牵溷，凌杂益甚，而出纳诸款，又因有无定之款，盈朒[④]参差。以故一岁之中，所出几何，核之所入，赢余若干，不能得其实数。请旨敕下户部，岁入岁出，宜合中外为一。核计赢余总数，仍取前一二岁所赢余，确实比较，然后审其轻

重缓急，举一切例内例外诸用款，有可裁省停缓者，酌加撙节。庶合于古人通年制用之法，而度支充裕矣。”（清史稿卷三百五十四）

【注释】①阘茸（tà róng）：细毛，喻指地位卑微。

②揭帖：古代指张贴文告。

③蠹吏猾胥：蠹害百姓和刁滑的官吏。

④盈朒（nǜ）：即盈亏。朒，不足，亏缺。

【译文】朱方增，字虹舫，浙江海盐人。嘉庆六年（1801年）考中进士，被选为翰林院庶吉士，授予翰林院编修。朱方增接受诏令陈述言论，探讨用人、理财问题，节略如下：“如今大臣之中，很少有以举荐贤才为己务的。大概是举荐人才这件事，容易徇私，结党为援，因此不得不防，而且大臣也就此引嫌自避。大臣避开了徇私的恶名，却忘记了作为人臣侍奉君主的责任，就是所谓的因噎废食，并不是公正、忠诚为国的大臣所应该有的。至于任用人才的方法，不过是查核他所说的话以及考核他所做的事。皇上广泛访求意见，就会逐渐印证他贤能与否。在他应召答对时，皇上谕令他根据自己所长当面陈奏，如果他能洞悉事情原委，再让他试着去做事，通过做事成效来观察他是否有能力。如果有人陈奏事情都没有条理，那么这个人肯定不足以任用，而大臣见识的优劣，用心的公私，也可以从中看见了。不过臣想群臣身居官职，如果不是地位卑微、品行龌龊之流，谁不想为国效力？况且承蒙皇上一而再、再而三地教训戒勉，却依旧沿袭旧习，短时间内难以振奋自拔，确实有以下几个方面的原因：条例过于烦琐，文案工作琐屑，即使聪明干练的官吏，都会被公文形式搞得精疲力尽，对于那些与政治民生息息相关之事，反而不能详细考核。这是第一个原因。公差杂务络绎不绝，公家私人都因亏损而受到牵累，身家性命尚且无暇顾及，对于民间事务的管理也就无动于衷。这是第二个原因。揭发控告之风，至今愈演愈烈。曾经有人为了田地、斗殴等琐事而叩击宫门进京控告的，相关部门害怕被他们要挟控制，不得不姑息顺从。虽然有努力从事公务、洁身自好的人，那些日常生活琐碎之事，怎能一一报知皇上？甚至有人匿名张贴，官府也无处查证。贪官污吏，奸民恶仆，如果用法不当，惩治过严，他们都会制造流言蜚语，揭发个人隐私。这足以让那些办事官员心里不寒而栗，因而不得不委曲隐忍。所以违反作乱之徒横行于世，大多都是源于这一点。这是第三个原因。当今皇上想要整饬因循守旧的积习，臣认为一定先除去这三方面的弊端，这样办事官员才能放心而不会迟疑畏惧，从而得以专心致志地推行实政。治国的方略，理财尤为关键。古代以三十年为期通盘制定国库开支费用，斟酌盈亏，量入为出，所以财政能够维持开支而不匮乏。如今户部岁入岁出，一年一次汇总上奏。只是朝廷内外还没合一，条绪繁多深奥，极难厘清剔除。而且凡是拨解就称为支出，并没有核实计算它的用处。新账、旧账牵连混杂，杂乱无序的现象更加严重，出纳的各种款项，再加上无定项的用款，盈亏参差不齐。因此，一年之中，开支多少，核实收入，盈余若干，不能得出确切的数目。请求皇上降旨敕令户部，每年应该把中央和地方的收支合而为一。核计盈余总数，再取前一二年所盈余的数目，确实比较一下，然后审定事情的轻重缓急，列出一切规定内和规定外的各项用款，当中有可裁减、可节省、可停止、可延缓的，斟酌加以控制。或许能符合古人通年制定财政用费的方略，而度支部就能充裕了。”（清史稿卷三百五十四）

穆彰阿

【题解】郭佳·穆彰阿（1782—1856年），字子朴，号鹤舫，别号云浆山人，满洲镶蓝旗人。穆彰阿进士出身，历任庶吉士、刑部侍郎、左都御史、理藩院尚书、漕运总督、军机大臣、翰林院掌院学士、文华殿大学士等职。他担任军机大臣二十余年，善于揣摩上意，深受宠信，权倾内外。鸦片战争期间，穆彰阿主张议和，诬陷林则徐等主战派，并主持一系列不平等条约的签订。咸丰帝继位后，重新起用林则徐等人，将穆彰阿革职，永不叙用。咸丰六年（1856年），穆彰阿病死。《续编》辑录穆彰阿揣摩圣意、排斥异己、弄权徇私之事，并节录了咸丰帝列举他罪状的文字，对后世为政者具有深刻的警醒意义。

穆彰阿，嘉庆十年进士，选庶吉士，授检讨。道光十八年，晋文华殿大学士。

时禁烟议起，宣宗意锐甚，特命林则徐为钦差大臣，赴广东查办。英吉利领事义律初不听约束，继因停止贸易，始缴烟，尽焚之，责永不贩运入境，强令具结，不从，兵衅遂开。则徐防御严，不得逞于广东，改犯闽、浙，沿海骚然。英舰抵天津，投书总督琦善，言由则徐启衅。穆彰阿窥帝意移，乃赞和议，罢则徐，以琦善代之。琦善一徇敌意，不设备，所要求者亦不尽得请，兵衅复起。先后命奕山、奕经督师，广东、浙江皆挫败。英兵且由海入江，林则徐及闽浙总督邓廷桢、台湾总兵达洪阿、台湾道姚莹以战守为敌所忌，并被严谴，命伊里布、耆英、牛鉴议款。二十二年，和议成[①]，偿币通商，各国相继立约。国威既损，更丧国权，外患自此始。

【注释】①二十二年，和议成：指1842年中英双方于南京签订《南京条约》，也称《江宁条约》。这标志着第一次鸦片战争的结束，是中国近代签订的第一个不平等条约，中国开始从封建社会逐步沦为半殖民地半封建社会。

【译文】穆彰阿，嘉庆十年（1805年）考中进士，被选为翰林院庶吉士，授予翰林院检讨。道光十八年（1838年），晋升为文华殿大学士。

当时禁烟的议论纷纷兴起，道光帝意志坚决严禁鸦片，特旨任命林则徐为钦差大臣，赶赴广东查办鸦片。英军领事义律起初不听约束，直到林则徐下令停止和英国贸易，才缴纳鸦片，林则徐将它们全部焚毁，并责令英商永远不得将鸦片贩入中国境内，强制命令义律写下保证书，义律没有听从，随即挑起战端。林则徐防御严密，英军在广东不能得逞，于是改为进犯福建、浙江，沿海地区骚动不安。英国军舰抵达天津，写信给直隶总督琦善，声称是因为林则徐才挑起战端。穆彰阿窥察到道光帝意志动摇，趁机提出和议，朝廷罢免了林则徐，以琦善代替林则徐驻守广东。琦善一味顺从英军心意，不设防备，但对英军的要求也没有完全答应，于是战端再起。朝廷先后任命奕山、奕经前去督军，广东、浙江都遭受失败。英军从海上进入长江，林则徐以及闽浙总督邓廷桢、台湾总兵达洪阿、台湾道姚莹都因主张抗战坚守被英军所忌恨，并且被朝廷严厉谴责，朝廷任命伊里布、耆英、牛鉴商洽和议条款。道光二十二年（1842年），中英和议达成，签订《南京条约》，赔偿英国白银并与之通商，各国相继和朝廷签订条约。大清国威已被损害，又丧失了国权，外患从此开始。

穆彰阿当国，主和议，为海内所丛诟。上既厌兵，从其策，终道光朝，恩眷不衰。自嘉庆以来，典乡试三，典会试五。凡覆试、殿试、朝考、教习庶吉士散馆考差、大考翰詹，无岁不与衡文之役。国史、玉牒、实录诸馆，皆为总裁。门生故吏遍于中外，知名之士多被援引，一时号曰“穆党”。文宗自在潜邸深恶之，既即位十阅月，特诏数其罪曰：“穆彰阿身任大学士，受累朝知遇之恩，保位贪荣，妨贤病国。小忠小信，阴柔以售其奸；伪学伪才，揣摩以逢主意。从前夷务之兴，倾排异己，深堪痛恨！如达洪阿、姚莹之尽忠尽力，有碍于己，必欲陷之；耆英之无耻丧良，同恶相济，尽力全之。固宠窃权，不可枚举。我皇考大公至正，惟以诚心待人，穆彰阿得肆行无忌。若使圣明早烛其奸，必置重典，断不姑容。穆彰阿恃恩益纵，始终不悛。自朕亲政之初，遇事模棱，缄口不言。迨数月后，渐施其伎俩。英船至天津，犹欲引耆英为腹心以遂其谋，欲使天下群黎复遭荼毒。其心阴险，实不可问！潘世恩等保林则徐，屡言其'柔弱病躯，不堪录用；及命林则徐赴粤西剿匪，又言'未知能去否'。伪言荧惑，使朕不知外事，罪实在此。若不立申国法，何以肃纲纪而正人心？又何以不负皇考付托之重？第念三朝旧臣，一旦置之重法，朕心实有不忍，从宽革职永不叙用。其罔上行私，天下共见，朕不为已甚，姑不深问。朕熟思审处，计之久矣，不得已之苦衷，诸臣其共谅之！"诏下，天下称快。（清史稿卷三百六十三）

【译文】穆彰阿执掌朝政，力主和议，被海内人士所诟病。道光帝已经厌倦战争，就听从他的策略，直到道光一朝结束，道光帝对穆彰阿的恩宠眷顾始终没有衰减。自从嘉庆以来，穆彰阿主持过三次乡试、五次会试。凡是复试、殿试、朝考、教习庶吉士散馆考差、大考翰林院和詹事府，他没有一年不参加主持科举考试的。国史馆、玉牒馆、实录各馆，都是穆彰阿担任总裁。他的门生故吏遍布朝廷内外，知名之士大多为他提拔引荐，当时的人把他们称为"穆党"。咸丰帝自从在潜邸做皇子时就非常憎恶他，即位十个月后，就特别下诏列举他的罪行：

“穆彰阿身为大学士，受到几代皇帝的知遇之恩，只顾保全官位、贪图荣华富贵，妨碍贤才，损害国家。小忠小信，性情阴险，行事狡诈；假装有学问有才能，揣摩圣心以逢迎圣意。之前在处理洋人事务时，排除异己，实在令人深恶痛绝！像达洪阿、姚莹这样尽忠尽力的人，穆彰阿认为他们妨碍了自己，必定要陷害他们；耆英这样无耻丧尽天良的人，他们同恶相济，穆彰阿尽力保全他。巩固宠信、盗窃权势的事，不可枚举。我皇考大公无私，只用诚心待人，穆彰阿却借此肆意横行。如果先帝早点洞察他的奸诈，必然处以极刑，绝对不会姑息纵容。穆彰阿倚仗恩宠更加放纵，始终不思悔改。自朕亲政之初，他遇事便模棱两可，闭口不言。几个月后，又渐渐施展他的伎俩。英国船只到达天津，还想引荐耆英作为心腹来实现他的阴谋诡计，想让天下百姓再遭荼毒之苦。他内心阴险，实在令人不能再去了解！潘世恩等人保荐林则徐，他却多次说林则徐‘体弱多病，不堪重任’；到命令林则徐前往广西围剿太平军时，又说‘不知他能不能去’。伪言荧惑，让朕不知朝廷外的事务，他的罪行实际在于此。如果不立即申明国法，又用什么来整肃纲纪端正人心？又怎能不辜负皇考的重托？只是念及他是三朝旧臣，一旦处以极刑，朕确实于心不忍，因此从宽处置，革去官职，永不叙用。他欺瞒皇上谋求私利，天下人心共见，朕不能做得太过分，姑且不深究追问。朕深思熟虑，计划这件事很久了，有不得已这样做的苦衷，希望得到各位大臣的谅解！”诏书颁布后，天下人拍手称快。（清史稿卷三百六十三）

汪廷珍

【题解】汪廷珍（1757—1827年），字瑟庵，江苏山阳（今江苏淮安）人。乾隆五十一年（1786年）中举，乾隆五十四年（1789年）考中己酉科一甲第二名进士，与阮元、伊秉绶同年，授编修。历官礼部侍郎。嘉庆二十二年（1817年）署翰林院掌院学士。任大椿很看重他，称他是国士。官至礼部尚书，卒谥文端。著有《实事求是斋诗文集》。

汪廷珍为人严峻正派，举止有分寸，待人以礼，始终谨守母教，保持俭朴的生活作风，他的“学约五则”对后世学者影响深远。

汪廷珍，字瑟庵，江苏山阳人。成乾隆五十四年一甲二名进士，授编修。累迁侍读学士、太仆寺卿、内阁学士。

廷珍学有根底，初为祭酒，以师道自居，选《成均课士录》，教学者立言以义法，力戒摹拟剽窃之习。及官学政，为学约五则以训士：曰辨涂，曰端本，曰敬业，曰裁伪，曰自立。与士语，谆谆如父兄之于子弟。所刻试牍，取《易》修辞之旨曰《立诚编》。士风为之一变。

廷珍风裁严峻，立朝无所亲附。出入内廷，寮寀见之，莫不肃然。自言生平力戒刻薄，凡贪冒谄谀有不忍为，皆守母教。大学士阮元服其多闻渊博，劝著书，廷珍曰：“六经之奥，昔人先我言之，更何以长语相溷？读书所以析义，要归于中有所主而已。”服用朴俭，或以公孙弘[①]拟之，笑曰：“大丈夫不以曲学阿世为耻，而徒畏布被之讥乎？”后进以文谒，言不宗道，曰：“异日恐丧所守。”属官有例送御史者，持不可，曰：“斯人华而不实，何以立朝？”后皆如所言，人服其精鉴。（清史稿卷三百六十四）

【注释】①公孙弘（前200—前121年）：字季，一字次卿，西汉时期人。少时家境贫寒，养成简朴的习惯，后来官至三公，也依然朴素如故，一餐不食两种以上的肉菜。

【译文】汪廷珍，字瑟庵，江苏山阳（今江苏淮安）人。乾隆五十四年（1789年）考中第一甲第二名进士，被授予翰林院编修。累迁至侍读学士、太仆寺卿、内阁学士。

汪廷珍学问有根底，起初担任祭酒时，就以弘扬师道为己任，选刻《成均课士录》，教导学生以儒家义法著书立说，力戒模仿剽窃的陋习。官居学政时，汪廷珍制定五条学约来训导士子：即辨涂、端本、敬业、裁伪、自立。他与士子交谈，谆谆教诲如同父兄对待子弟。他所刊刻的考试文书，选取《周易》著书的宗旨，名为《立诚编》。当时读书人的风气为之一变。

汪廷珍性情刚直严峻，在朝为官从不亲近依附权贵。出入内廷，官员看见他，无不肃然起敬。他说自己生平极力避免待人刻薄，凡是贪图冒功、谄媚阿谀之事，他不忍去做，行事遵循母亲的教诲。大学士阮元敬服他学识渊博，劝他著书，汪廷珍说："六经的深奥之处，前人都已在我之前讲解过了，我又何必用长篇大论混杂其中？读书是为了辨析经义，关键是要内化于心并有所主见而已。"他穿衣用度朴素节俭，有人把他比作汉代的公孙弘，汪廷珍笑着说："大丈夫不以学识浅陋、奉承世俗为耻，却仅以衣着简朴而害怕被人讥笑吗？"文坛后进带着文章来拜见他，文章言论没有遵守儒家道统，汪廷珍说："日后恐怕他会失去操守。"有下属官员按例要被保送担任御史，汪廷珍坚持认为不行，说："这个人华而不实，怎么能在朝为官？"后来果然都应验了，人们都敬服他的敏锐洞察力。（清史稿卷三百六十四）

汤金钊

【题解】汤金钊（1772—1856年），字敦甫，一字勖兹，浙江萧山人。乾隆五十九年（1794年）举乡试第一，即称解元。嘉庆四年（1799年）中进士，选庶吉士，授编修。道光七年（1827年）任左都御史，礼部尚书，不久充上书房总师傅，调任吏部尚书、工部尚书、户部尚书之职。道光十八年（1838年）以协办大学士调回吏部。咸丰四年（1854年），值汤金钊中进士六十周年之际，朝廷特地加封他太子太保衔，并赐御书"庆衍恩荣"匾额，恩宠有加。终年85岁，谥为文端。

《续编》主要辑录了他的《积善积不善说》，文章透彻地论说了善恶因果的道理，对后世的风俗教化有着积极意义。

汤金钊，字敦甫，浙江萧山人。嘉庆四年进士，选庶吉士，授编修。二十一年，复直上书房。典江南乡试，留学政，诏勉以训士不患无才，务培德，经学为本，才藻次之。金钊阐扬诏旨，通诫士子。会匪以祸福煽惑乡愚，金钊著《福善辨》，刊发晓谕。（汤金钊撰《积善积不善说》曰：世有为善不得福，而善念旋隳①者；有为不善不得祸，而恶念遂肆者，皆未明乎积之义也。积，非一朝一夕之故，以渐而成。如积钱然，一日一钱，千日千钱。当其初未尝有富名，久之始成为富。善、不善之积亦然。惟积斯久，非久不足以见诚。偶行善，谁则不能，偶犯一不善，贤者不免，所判在积耳。或积之数年、数十年而后验，或横之数世、数十世而后验。报速者小，报迟者大。故为一小善勿谓无益，此即受庆之基，特患不积耳。为一小不善勿谓无伤，此即受殃之本，特幸不积耳。明乎积之义，而善者可以勉矣，为不善者可以畏矣。）（清史稿卷三百六十四）

【注释】①隳：通“惰”，懒惰，怠慢。

【译文】汤金钊，字敦甫，浙江萧山（今浙江杭州萧山区）人。嘉庆四年（1799年）考中进士，被选为翰林院庶吉士，后被授予翰林院编修。嘉庆二十一年（1816年），入直上书房。主持江南乡试，并留在该地担任学政，嘉庆帝下诏勉励他说训导士子不必担心他们没有才华，但致力于培养他们的德行，以学习经学为本，才情和文采是次要的东西。汤金钊阐发诏旨，通告士子。恰逢邪教教徒用祸福之说煽动迷惑乡下愚蠢的百姓，汤金钊著写《福善辨》，将它刊刻分发并明白告知其中的是非之道。（汤金钊撰写的《积善积不善说》中说：世上有行善却不获得福报，而善念立即懈怠的人；有行不善却不招致灾祸，而恶念肆意妄为的人，他们都是不明白积累的含义。积累，不是一朝一夕的，需要渐渐形成。就像积蓄钱财一样，一天积存一钱，一千天就有一千钱。当初不曾有富人的名声，久而久之就成为富人。对善、不善的积累也是这样。只有积累得长久才行，时间不长不足以见到效果。偶尔行善，谁不能做？偶尔犯一次恶行，贤能的人都在所难免，所评定的在于积累多少而已。有的积累几年、几十年然后才应验，有的横行几代、几十代然后才遭报。报应快的小，报应慢的大。因此行一次小善不要认为是无益，这是承受福庆的基础，只是担心不能日积月累而已。行一次小恶不要认为没有关系，这是遭受灾殃的根本，只是庆幸没有积累而已。明白积累的含义，行善的人可以因此勉励，行不善的人可以因此畏惧了。）（清史稿卷三百六十四）

林则徐

【题解】林则徐（1785—1850年），字元抚，又字少穆、石麟，福建侯官县人，官至一品，曾任湖广总督、陕甘总督和云贵总督，两次受命钦差大臣。因其主张严禁鸦片，被称为“民族英雄”。

1839年，林则徐于广东禁烟时，派人明察暗访，强迫外国鸦片商人交出鸦片，并将没收鸦片于1839年6月3日在虎门销毁。虎门销烟使中英关系陷入极度紧张状态，成为英国入侵中国的借口，第一次鸦片战争爆发。

尽管林则徐一生力抗西方入侵，但对于西方的文化、科技和贸易则持开放态度，主张学其优而用之。根据文献记载，他至少略通英、葡两种外语，且着力翻译西方报刊和书籍。1839年主持编译《四洲志》后，又让魏源于1844年编撰《海国图志》，此书对晚清的洋务运动乃至日本的明治维新都具有启发作用。

《续编》辑录文字基本体现了林则徐一生的政迹，着重记录了他在“禁烟”中的果断与胆略，体现了他的“民族英雄”气节。他的事迹鼓舞着后世无数的爱国志士！

林则徐，字少穆，福建侯官人。少警敏，有异才。年二十，举乡试。嘉庆十六年进士，选庶吉士，授编修。

道光二年，起授淮海道，未之任，署浙江盐运使。迁江苏按察使，治狱严明。四年，大水，署布政使，治赈。寻丁母忧，命赴南河修高家堰堤工，事竣回籍。六年，迁江宁布政使，父忧归。

【译文】林则徐，字少穆，福建侯官（今福建福州）人。少年时机警聪明，才能与众不同。二十岁时，在乡试中举。嘉庆十六年（1811年）考中进士，被选为翰林院庶吉士，后被授予翰林院编修。

道光二年（1822年），林则徐被起用为淮海道道员，还没到任，转为代理浙江盐运使。后被升为江苏按察使，审理案件严格分明。道光四年（1824年），黄河发大水，代理江苏布政使，办理赈灾事务。不久母亲去世，林则徐奉命赶赴南河修建高家堰的河堤工程，工程告竣才回籍服丧。道光六年（1826年），升为江宁布政使，因父亲去世再次回家服丧。

十二年，调江苏巡抚。吴中洊饥，奏免逋赋，筹抚恤。前在藩司①任，议定赈务章程，行之有效，至是仍其法，宿弊一清。赈竣，乃筹积谷备荒。清釐交代，尽结京控诸狱。考核属吏，疏言："察吏莫先于自察，必将各属大小政务，逐一求尽于心，然后能以验群吏之尽心与否。如大吏之心先未贯彻，何从察其情伪？臣惟持此不敢不尽之心，事事与僚属求实际。"诏嘉之，勉以力行。

【注释】①藩司：明清时期布政使的别称。主管一省民政与财政的地方长官。藩，原指诸侯王的封地、属国，后指地方辖区。

【译文】道光十二年（1832年），调任江苏巡抚。江苏连年饥荒，林则徐奏请免除积欠的赋税，筹划抚恤百姓。林则徐之前在江苏布政使任上，商议制定的赈务章程，行之有效，到这时仍用这个章程，长久以来的弊端为之一清。赈灾告竣，林则徐开始筹划储存粮食防备灾年。清查犯人口供，将进京控告的诸多案件全部结案。关于考核下属官吏的事情，林则徐上疏说："考察属吏不如先考察自己，一定要将各属大小政务，在自己的心中逐一审视，然后才能验证属吏是否尽心。如果大官心中首先没有透彻的理解，又凭什么审察属吏情况的真伪？臣只是抱着不敢不尽心的态度，事事与同僚、属吏寻求真实情况。”道光帝下诏嘉奖他，勉励他努力实行。

先是总督陶澍奏濬三江，则徐方为臬司[①]，综理其事，旋以忧去。至是黄浦、吴淞工已竣，则徐力任未竟者，刘河工最要，拨帑十六万五千有奇，白茆次要，官绅集捐十一万两，同时开濬，以工代赈。两河旧皆通海，易淤，且凿河工巨，改为清水长河，与黄浦、吴淞交汇通流。各于近海修闸建坝，潮汐泥沙不能壅入，内河涨，则由坝泄出归海。复就原河逢湾取直，节省工费三万余两，用濬附近刘河之七浦河，及附近白茆之徐六泾、东西护塘诸河。又濬丹徒、丹阳运河，宝带桥泖淀诸工，以次兴举，为吴中数十年之利。两署两江总督。

【注释】①臬司：是对宋代各路提点刑狱司、元代肃政廉访使司与明清各省提刑按察使司的简称。臬司掌管一省司法，故而也借称按察使。臬，标准，法式。

【译文】先前两江总督陶澍奏请疏通黄浦江、吴淞江、刘河等三江，林则徐时任江苏按察使，总理其事，不久因服丧离任。到这时黄浦江、吴淞江的工程已经告竣，林则徐尽力完成未完之事，刘河工程最为重要，林则徐拨出官银十六万五千多两，白茆江工程次之，官员士绅集体捐有十一万两，刘河、白茆江同时开始疏通，通过以工代赈的方式完成了工程。这两条河以前都流向大海，容易淤积，而且开凿新河工程耗费巨大，于是改为清水长河，与黄浦江、吴淞江交汇通流。各河近海处修建水闸、堤坝，使海水涨潮退汐时带来的泥沙不能壅塞海口，如果河流涨高，就开坝泄水流入大海。又将原来弯曲的河道改为直道，节省下来的工费有三万多两，并用于疏浚临近刘河的支流七浦河，以及临近白茆河的支流徐六泾、东西护塘等河流。又疏浚丹徒、丹阳的运河，宝带桥的浅水泖湖等工程，按次兴举，这些工程对江苏地区有着几十年的好处。林则徐先后两次代理两江总督。

十七年，擢湖广总督。荆、襄岁罹水灾，大修堤工，其患遂弭。整顿盐课，以减价敌私无成效，专严缉私之禁，销数大增。湖南镇筸兵悍，数肇衅，巡阅抚驭，密荐总兵杨芳，擢为提督，移驻辰州，慎固苗疆屯防。

【译文】道光十七年（1837年），林则徐擢升湖广总督。荆州、襄阳年年遭受水灾，林则徐就任后大举修建堤防工程，于是水患得以消除。他整顿盐课，先用减价的手段来对抗私盐但没有成效，就专门严格执行缉查私盐的禁令，结果官盐销量大增。湖南镇筸士兵强悍，多次挑起争端，林则徐用巡视、安抚的方法对他们加以控制，秘密地举荐镇筸总兵杨芳，提拔他为提督，让他去驻守辰州，告诫他加强对苗疆屯兵的驻防。

十八年，鸿胪寺卿黄爵滋请禁鸦片烟，下中外大臣议。则徐请用重典，言："此祸不除，十年之后，不惟无可筹之饷，且无可用之兵。"宣宗深韪之，命入觐，召对十九次。授钦差大臣，赴广东查办，十九年春，至。总督邓廷桢已严申禁令，捕拏烟犯，洋商查顿先避回国。则徐知水师提督关天培忠勇可用，令整兵严备。檄谕英国领事义律查缴烟土，驱逐趸船，呈出烟土二万余箱，亲莅虎门验收，焚于海滨，四十余日始尽。请定洋商夹带鸦片罪名，依化外有犯之例，人即正法，货物入官，责具甘结。他国皆听命，独义律枝梧未从。于是阅视沿海炮台，以虎门为第一门户，横档山、武山为第二门户，大小虎山为第三门户。海道至横档分为二支，右多暗沙，左经武山前，水深，洋船由之出入。关天培创议于此设木排铁练二重，又增筑虎门之河角炮台，英国商船后至者不敢入。义律请令赴澳门载货，冀囤烟私贩，严斥拒之，潜泊尖沙嘴外洋。

【译文】道光十八年（1838年），鸿胪寺卿黄爵滋请求禁止鸦片，道光帝就把他的意见下交给朝廷内外大臣商议。林则徐请求用重刑禁止鸦片，说："鸦片不禁，十年之后，不仅没有可筹集的粮饷，而且没有可用的士兵。"道光帝十分赞成他的意见，命令他入京觐见，林则徐先后十九次应召奏对。授任钦差大臣，奔赴广东查禁鸦片，道光十九年（1839年）春季，林则徐到达广东。总督邓廷桢已严申禁令，抓捕烟贩，洋商查顿已事先回国躲避。林则徐了解到水师提督关天培忠贞勇敢，可以任用，就命令他整兵严备。继而命令英国领事义律缴出烟土，驱逐贩运鸦片的趸船，义律交出二万多箱烟土，林则徐亲临虎门验收，将它们全部在海滨进行焚毁，用了四十多天才焚毁完毕。之后他请求朝廷制定洋商夹带鸦片的罪名，遵循化外之地有人犯罪的定例，夹带鸦片的洋商就地正法，鸦片充官，责令洋商写下保证书。其他国家都听从命令，唯独义律托词不从。于是林则徐检阅视察沿海炮台，以虎门炮台作为广东的第一门户，横档山、武山二炮台作为第二门户，大小虎山炮台作为第三门户。海路到横档山分为两路，右路多暗沙，左路经过武山前面，水深，洋船会从这条水路出入。关天培提议在横档山水面设立木排和铁链两道防线，又在虎门增建河角炮台，后到的英国商船不敢深入。义律请求到澳门贩运鸦片，企图囤积鸦片偷偷贩卖，林则徐严厉斥责并拒绝他的要求，英国商船暗中停泊在尖沙嘴外的洋面。

会有英人殴毙华民，抗不交犯，遂断其食物，撤买办、工人以困之。七月，义律藉索食为名，以货船载兵犯九龙山炮台，参将赖恩爵击走之。疏闻，帝喜悦，报曰："既有此举，不可再示柔弱。不患卿等孟浪，但戒卿等畏葸。"御史步际桐言出结徒虚文，则徐以彼国重然诺，不肯出结，愈不能不向索取，持之益坚。寻义律浼澳门洋酋转圜，原令载烟之船回国，货船听官查验。九月，商船已具结进口，义律遣兵船阻之，开炮来攻，关天培率游击麦廷章奋击败之。十月，又犯虎门官涌，官军分五路进攻，六战皆捷。诏停止贸易，宣示罪状，饬福建、浙江、江苏严防海口。先已授则徐两江总督，至是调补两广。府尹曾望颜请罢各国通商，禁渔船出洋。则徐疏言：“自断英国贸易，他国喜，此盈彼绌，正可以夷制夷。如概与之绝，转恐联为一气。粤民以海为生，概禁出洋，其势不可终日。”时英船寄椗外洋，以利诱奸民接济销烟。二十年春，令关天培密装炮械，雇渔船蛋户出洋设伏，候夜顺风纵火，焚毁附夷匪船，接济始断。五月，再焚夷船于磨刀洋。谍知新来敌船扬帆北乡，疏请沿海各省戒严。又言夷情诡谲，若迳赴天津求通贸易，请优示怀柔，依嘉庆年间成例，将递词人由内地送粤。

【译文】恰逢有英国水手将当地一名华人殴打致死，义律违抗命令拒不交出凶手，林则徐就下令断绝供应英船食物，撤回受他们雇用的中国买办、工役，将英船困在海上。这年七月，义律借以索取食物为名，率领载有士兵的货船进犯九龙山炮台，参将赖恩爵击退来犯英人。此事上疏报知朝廷，道光帝很高兴，回报说：“英人既然有这种行动，不能再向他们示弱。朕不担心你们做事草率，只是告诫你们不要胆怯。”御史步际桐说英商写下的保证书只是一纸空文，林则徐则认为外国都看重承诺，如果他们不愿写下保证书，那更不能不向他们索取，更加坚决地坚持自己的意见。不久义律恳托在澳门的洋人首领出面调解，愿意让装载鸦片的船只返回英国，货船听任清朝官员查看检验。这年九月，商船已经写下保证书与中国正常贸易，义律派遣兵船阻碍他们，并开炮来攻，关天培率领游击麦廷章奋勇击退英船。这年十月，义律又率军进犯虎门官涌，清军分成五路进攻，六战六捷。道光帝下诏停止和英人贸易，宣布英人的罪状，命令福建、浙江、江苏严防出海口。之前已经授任林则徐为两江总督，到这时将林则徐调任两广总督。顺天府尹曾望颜请求停止和各国的通商活动，禁止渔船出洋。林则徐上疏说："自从断绝和英国的贸易以来，其他国家心中窃喜，他国有余而英国不足，正可以用洋人制服洋人。如果一概断绝和外国贸易，恐怕他们反而沆瀣一气，一致对抗我国。广东百姓以出海打鱼为生，一概禁止出海，他们势必惶惶不可终日。"当时英船停泊在外洋，用利益诱导奸诈之人驾船到外洋英船上运鸦片销售。道光二十年（1840年）春季，林则徐命令关天培秘密装载大炮和枪械，雇佣渔民出洋埋伏，等到夜里乘顺风放火，焚毁依附英人的匪徒船只，对英人的接济才断绝。这年五月，在磨刀洋再次焚毁英船。探访得知新来英船扬帆北上，林则徐上疏请求沿海各省戒严，防范英人进犯。又上言英人性情诡诈，如果他们径直奔赴天津请求通商贸易，请用怀柔的手段优待他们，按照嘉庆年间已成的定例，将传话人从内地押送到广东。

六月，英船至厦门，为闽浙总督邓廷桢所拒。其犯浙者陷定海，掠宁波。则徐上疏自请治罪，密陈兵事不可中止，略曰："英夷所憾在粤而滋扰于浙，虽变动出于意外，其穷蹙实在意中。惟其虚憍性成，愈穷蹙时，愈欲显其桀骜，试其恫喝，甚且别生秘计，冀售其奸；一切不得行，仍必帖耳俯伏。第恐议者以为内地船炮非外夷之敌，与其旷日持久，不如设法羁縻。抑知夷情无厌，得步进步，威不能克，患无已时。他国纷纷效尤，不可不虑。”因请戴罪赴浙，随营自效。七月，义律至天津，投书总督琦善，言广东烧烟之衅，起自则徐及邓廷桢二人，索价不与，又遭诟逐，故越境[1]呈诉。琦善据以上闻，上意始动。

【注释】①越境：乾隆年间实行海禁，仅将广州作为全国唯一的海上对外贸易通商口岸，任何外国商人不得跨过广州在他处进行贸易，跨过广州即称为越境。

【译文】这年六月，英船到达厦门，被闽浙总督邓廷桢击退。进犯浙江的英船攻陷定海，抢掠宁波。林则徐上疏请求将自己治罪，并秘密报告不能中止军事行动，节略如下："英人在广东无机可乘转而在浙江挑起事端，即使这一变动出乎意料，但他们处境困窘实是意料之中。只是英人性情骄傲自大，越是处境困窘，他们越是要表现出桀骜不驯的性格，试图以此虚张声势恫吓他人，甚至另外生出阴谋诡计，企图实现他们的奸计；倘若这一切不能得逞，他们必然是俯首帖耳唯命是从。只是恐怕议论的人认为国内的船炮敌不过英人，与其旷日持久地相持，不如设法笼络他们并以此降服他们。但是要知道英人性情贪得无厌，得寸进尺，如果用威势不能制服他们，那么将会后患无穷。其他国家纷纷效尤,这种情况不得不令人担忧。”于是,林则徐请求戴罪奔赴浙江,随军效力。这年七月,义律到达天津,写信给直隶总督琦善,声称广东销烟挑起的战端,是由林则徐和邓廷桢二人引起,英人索要赔偿但他们不给,而且又遭到他们的诟骂驱逐,故而才越境递呈诉状。琦善把这封书信上奏朝廷,道光帝的意志开始动摇。

时英船在粤窥伺,复连败之莲花峰下及龙穴洲。捷书未上,九月,诏曰:“鸦片流毒内地,特遣林则徐会同邓廷桢查办,原期肃清内地,断绝来源,随地随时,妥为办理。乃自查办以来,内而奸民犯法不能净尽,外而兴贩来源并未断绝,沿海各省纷纷征调,糜饷劳师,皆林则徐等办理不善之所致。”下则徐等严议,饬即来京,以琦善代之。寻议革职,命仍回广东备查问差委。琦善至,义律要求赔偿烟价,厦门、福州开埠通商,上怒,复命备战。

【译文】当时,英船在广东暗中观望,又先后在莲花峰下及龙穴洲被清军打败。报捷的文书还未上奏,这年九月,道光帝下诏说:“由于鸦片在国内流散祸害,所以特地派遣林则徐会同邓廷桢查办,原先期望他们肃清国内鸦片,断绝鸦片来源,因地因时,妥善办理。然而自从查办鸦片以来,国内奸诈之人犯法不能被除尽,国外猖獗贩运鸦片的来源也未断绝,沿海各省纷纷征收赋税、调兵遣将,劳师动众,空费军饷,这都是林则徐等人办理不善导致。”下令将林则徐等人交给刑部严加议处，饬令林则徐立即回京，以琦善取代他。不久议定革去林则徐的官职，命令他仍回广东以备查问差遣使用。琦善到广东后，义律要求赔偿被焚毁的烟价，将厦门、福州两地开辟为商埠和英国通商，道光帝知道后大为震怒，又命令琦善备战。

二十一年春，予则徐四品卿衔，赴浙江镇海协防。时琦善虽以擅与香港逮治，和战仍无定局。五月，诏斥则徐在粤不能德威并用，褫卿衔，遣戍伊犁。会河决开封，中途奉命襄办塞决。二十二年，工竣，仍赴戍，而浙江、江南师屡败。是年秋，和议遂成。

【译文】道光二十一年（1841年）春季，道光帝授予林则徐四品卿衔，让他奔赴浙江镇海协助防守。当时琦善虽然因为擅自将香港割给英国被逮捕治罪，但是和战还没形成定局。这年五月，道光帝下诏斥责林则徐在广东不能德威并用，命令革去他的四品卿衔，将他流放到伊犁戍守。流放途中遇到黄河开封段决口，林则徐奉命协助办理堵塞决口一事。道光二十二年（1842年），工程告竣后，林则徐仍然赶赴伊犁戍守，而这时浙江、江南的军队多次战败。这年秋天，与英国的和议达成，中英双方签订《南京条约》。

二十四年，新疆兴治屯田，将军布彦泰请以则徐综其事。

周历南八城，濬水源，辟沟渠，垦田三万七千余顷，请给回民耕种，改屯兵为操防，如议行。二十五年，召还，以四五品京堂候补。寻署陕甘总督。二十六年，授陕西巡抚，留甘肃，偕布彦泰治叛番，擒其酋。

【译文】道光二十四年（1844年），新疆兴办屯田，将军布彦泰请求让林则徐总理这件事。林则徐遍历新疆南八城，疏通水源，开挖沟渠，开垦田地三万七千多顷，请求把屯田交给回民耕种，将屯田的士兵改为操练防守，朝廷同意依照他的建议实行。道光二十五年（1845年），林则徐被召回京城，任命为四五品京堂候补。不久署理陕甘总督。道光二十六年（1846年），授任陕西巡抚，留驻甘肃，偕同布彦泰平定反叛的番人，擒获番人头领。

二十七年，授云贵总督。云南汉、回互斗焚杀，历十数年。会保山回民控于京，汉民夺犯，毁官署，拆澜沧江桥以拒，镇道[①]不能制。则徐主止分良莠，不分汉、回。二十八年，亲督师往剿，途中闻弥渡客回滋乱，移兵破其巢，歼匪数百。保山民闻风股栗，缚犯迎师，诛其首要，散其胁从，召汉、回父老谕以恩信。遂搜捕永昌、顺宁、云州、姚州历年戕官诸重犯，威德震洽，边境乃安。加太子太保，赐花翎。二十九年，腾越边外野夷滋扰，遣兵平之。以病乞归。逾年，文宗嗣位，叠诏宣召，未至，中道遽殁，天下惜之。遗疏上，优诏赐恤，赠太子太傅，谥文忠。云南、江苏并祀名宦，陕西请建专祠。

【注释】①镇道：总兵和道员。道员亦称道台，清代时是介于省与府之间的地方长官。

【译文】道光二十七年（1847年），林则徐被授任云贵总督。云南汉人、回民互相斗殴焚杀，已有十几年。恰逢保山的回民到京控诉，汉民夺回罪犯，焚毁官府衙门，拆掉澜沧江桥梁来抗拒官军，当地总兵、道员不能制止。林则徐主张只分良民和奸民，不分汉人、回民。道光二十八年（1848年），林则徐亲自率军前往围剿，途中听说弥渡的客回滋事生乱，于是调兵攻破客回老巢，歼灭几百客回人。保山汉民闻风丧胆，绑上罪犯迎接官军，林则徐处死了带头闹事的人，遣散那些被胁迫的跟随者，召集汉人、回民当中德高望重的老人让他们明白朝廷的恩德与信义。随后搜捕永昌、顺宁、云州、姚州历年杀害官员的重犯，威德兼施，边境才安定下来。林则徐因功被加封为太子太保，赐予花翎。道光二十九年（1849年），腾越境外的野夷滋事生乱，林则徐派军队将他们平定。后来，林则徐因病请求辞官回家。过了一年，咸丰帝即位，多次下诏宣召林则徐，还没到京城，林则徐就在途中突然去世，天下人都感到惋惜。林则徐的遗疏上奏后，咸丰帝下诏对他从优抚恤，追赠太子太傅，赐“文忠”谥号。云南、江苏都把他的牌位放到名宦祠里供人祭祀，陕西请求为他建立专祠。

则徐才识过人，而待下虚衷，人乐为用，所莅治绩皆卓越。道光之季，东南困于漕运，宣宗密询利弊，疏陈补救本原诸策，上《畿辅水利议》，文宗欲命筹办而未果。海疆事起，时以英吉利最强为忧，则徐独曰："为中国患者，其俄罗斯乎！"后其言果验。（清史稿卷三百六十九）

【译文】林则徐才识过人，却能虚心真诚对待下属，人们都乐于为他所用，所任官职治理政绩都很卓越。道光末年，东南地区由于漕运而困顿，道光帝秘密向林则徐询问漕运利弊，林则徐上疏陈述从根本上挽救漕运的策略，进献《畿辅水利议》，咸丰帝计划任命他筹办漕运事务但最终没能实现。自海疆出现危机后，当时因为英国最强大而使国人担忧，唯独林则徐说："能成为中国祸患的，一定是俄罗斯啊！"后来他的话果然应验了。（清史稿卷三百六十九）

群书治要续编卷第三十四 清史稿（四）

耆 英

【题解】耆英（1787—1858年），姓爱新觉罗氏，字介春，隶满洲正蓝旗，清朝宗室。以荫生授宗人府主事，迁理事官。历任内阁学士、护军统领、内务府大臣、盛京将军、钦差大臣兼两广总督等职。因欺谩之迹，为王大臣论劾，于咸丰八年（1858年）被赐自尽。耆英与伊里布是签订《南京条约》的中方代表。

《续编》选录耆英的一段应诏陈言，其中他对“用人、理财、行政”的独特见解，在当时的确难能可贵，同样对今天治国亦有现实意义。

宗室耆英，字介春，隶正蓝旗。父禄康，嘉庆间官东阁大学士。耆英以荫生授宗人府主事，迁理事官。累擢内阁学士，兼副都统、护军统领。道光二十二年正月，粤事急，琦善①既黜，调耆英广州将军，授钦差大臣，督办浙江洋务。

【注释】①琦善：即博尔济吉特·琦善（1786—1854年），字静庵，博尔济吉特氏人，满洲正黄旗人，清朝大臣，鸦片战争时主和派的代表人物。

【译文】皇族爱新觉罗·耆英，字介春，隶属满洲正蓝旗。他的父亲禄康，嘉庆年间官至东阁大学士。耆英因先世有功而被任命为宗人府主事，迁任宗人府理事官。累迁内阁学士，兼任副都统、护军统领。道光二十二年(1842年)正月，广东战事危急，琦善已被罢免，就调任耆英担任广州将军，任命其为钦差大臣，督率处理浙江的外国事务。

三十年，文宗①即位，应诏陈言，略曰："求治莫先于用人、理财、行政诸大端。用人之道，明试以功。人有刚柔，才有长短。用违其才，君子亦恐误事；用得其当，小人亦能济事。设官分职，非为众人藏身之地。实心任事者，虽小人当保全；不肯任怨者，虽君子当委置。行政在于得人，迂腐之说，无裨时务，泥古之论，难合机宜，财非人不理。今赋额四千余万，支用有余，不能如额，以致短绌。致绌之由，非探本穷源，不能通盘清釐。与其正赋②外别费经营，不如于正赋中核实筹画。"疏入，特谕曰："身为端揆③，一言一动，举朝所矜式。耆英率意敷陈，持论过偏，显违古训，流弊曷可胜言。"传旨申饬。耆英不自安，屡称病。(清史稿卷三百七十)

【注释】①文宗：即清文宗爱新觉罗·奕詝(1831—1861年)，即咸丰皇帝。

②正赋：主要的赋税。指地丁税。

③端揆：指相位。宰相居百官之首，总揽国政，故称。

【译文】道光三十年（1850年），咸丰帝即位，耆英接受诏命陈述言辞，大略内容是："想要国家安定，没有比任用人才、治理财政、管理国家事务更加重要的事情了。选拔人才的途径，在于公开考核其政绩。人的性情有刚有柔，才能有大有小。如果用人不适其才，恐怕君子也会误事；如果用人适其才，小人也能成事。设立官府，各授其职，并不是为了方便众人有藏身之地。凭借真实才能任命理事的人，即使是小人也应当被保护使其免受伤害；不能忍受别人怨言的人，即使是君子也应当被抛弃。管理国家事务的关键在于能否任用德才兼备的人，不切实际的学说，不利于当今形势发展，拘守古代陈规，难以符合时代需要。财政不是合适的人才不能治理，如今赋税数额是四千多万，花费使用后虽有结余，但由于不能按实际数额征收，因此造成了短缺。导致短缺的缘由，不探求根本，就不能彻查清楚。与其在地丁税之外另外增加费用筹划营造，不如在地丁税中核实筹划。"奏疏呈上，咸丰帝特意下旨说："耆英身居相位，一言一行，都应该是全朝的楷模。但是耆英随意陈述，立论过于偏激，明显有违古训，流弊怎么能够说尽呢？"于是传旨斥责耆英。耆英心中不安，多次借口生病不上朝。（清史稿卷三百七十）

关天培

【题解】关天培（1781—1841年），字滋圃，江南山阳（今江苏淮安）人。鸦片战争时期著名抗英将领，民族英雄。关天培出身行伍，因军功累官至太湖营水师副将。道光十四年（1834年），授广东水师提督。在任期间，积极配合林则徐的禁烟运动，加强军备防务，积极防御英人。道光二十一年（1841年），英人对虎门发起总攻，关天培亲自督战，终因寡不敌众，中弹牺牲。追谥忠节，世袭骑都尉。

关天培，字滋圃，江苏山阳人。道光十四年，授广东水师提督。时英吉利通商渐萌跋扈，兵船阑入内河，前提督李增阶[①]以疏防黜，天培代之。至则亲历海洋阨塞，增修虎门、南山、横档诸炮台，铸六千斤大炮四十座，请筹操练犒赏经费。十八年，英人马他伦至澳门，托言稽察商务，投函不如制，天培却之。禁烟事起，偕总督邓廷桢[②]侦缉甚力。

【注释】①李增阶（1774—1835年）：厦门市翔安区马巷镇后滨村人。字益伯，号谦堂。名将忠毅公李长庚从子。

②邓廷桢（1776—1846年）：字维周，又字嶰筠，晚号妙吉祥室老人、刚木老人，南京人。鸦片战争名将之一，民族英雄。

【译文】关天培，字滋圃，江苏山阳县（今江苏淮安）人。道光十四年（1834年），被任命为广东水师提督。当时，在广东进行贸易的英国商人变得专断强横、粗暴乖戾，擅自将战船驶入内河，前任水师提督李增阶因为疏于防备被革职，关天培接替他。到广东后，关天培亲自巡视海洋险要，增修虎门、南山、横档等地炮台，铸造四十座六千斤的大炮，请求筹集操练、犒赏军队的经费。道光十八年（1838年），英国人马他伦到澳门，借口检查商务，投送的公函没有按照规定办理，关天培拒绝了马他伦的要求。禁烟之事开始后，关天培与两广总督邓廷桢对于侦查缉捕工作非常尽力。

十九年，林则徐莅广东，檄天培勒趸船①缴烟二万余箱焚之，于是严海防，横档山前海面较狭可扼，铸巨铁练横系之二重，阻敌舟不能迳过，炮台乃得以伺击。则徐倚天培如左右手，常驻沙角，督本标②及阳江、碣石两镇师船排日操练。七月，英舰突犯九龙山口，为参将赖恩爵③击退。九月，二舰至穿鼻洋，阻商船进口，挑战。天培身立桅前，拔刀督阵，退者立斩。有击中敌船一炮者，立予重赏，发炮破敌船头鼻，敌纷纷落海，乃遁。

【注释】①趸（dǔn）船：大型驳船。亦专指驳运、贩卖鸦片的船。

②本标：清代指总督、巡抚、提督、总兵本署直接统辖的兵队。

③赖恩爵（1795—1848年）：字简廷，新安县大鹏城（今广东深圳）人，汉族客家人，是赖氏“三代五将”之一。

【译文】道光十九年（1839年），林则徐到达广州，传檄关天培勒令趸船缴出贩卖的二万多箱鸦片焚毁，于是关天培严密戒备海防，横档山前海面比较狭窄，正好可以扼守，铸造巨大铁链横系两道，阻止敌船使其不能直接通过，横档山炮台才得以趁机炮轰对方船只。林则徐倚重关天培如同自己的左右手，关天培常驻沙角，督促率领本部以及阳江、碣石两镇兵船每天排练。七月，英国兵舰突然进犯九龙山口，被参将赖恩爵击退。九月，英国两艘兵舰驶入穿鼻洋，阻止商船驶进海关口岸，挑起战争。关天培亲自站在船桅前，拔刀督战，有退后的立即斩首，有击中敌船一炮的，便给予重赏，发炮轰破了敌船前部，英人纷纷落海逃跑。

敌舰久泊尖沙嘴，踞为巢穴。迤北山梁曰官涌，俯视聚泊之所，攻击最便，天培增炮驻营，敌屡乘隙来争，不得逞。十月，敌以大舰正面来攻，小舟载兵从侧乘潮扑岸，歼之于山冈；复于迤东胡椒角窥伺，炮击走之。乃调集水陆兵守山梁，参将陈连升①、赖恩爵、张斌，游击伍通标、德连等为五路，合同进攻。敌乘夜来犯，五路大炮齐击，敌舟自撞，灯火皆灭。侵晓瞭望，逃者过半，仅存十余舟远泊。次日，复有二敌舰潜进，随者十数，复诸路合击，毁其头船，遂散泊外洋。捷闻，诏嘉奖，赐号法福灵阿巴图鲁。二十年春，英舰虽不敢复进，犹招奸民分路载烟私售。天培沿海搜捕，一日数起，复饬渔船蟹艇乘间焚毁敌舟，英人始改计他犯。

【注释】①陈连升（1775—1841年）：又名连陞，原籍湖北鹤峰县，寄居恩施，土家族，出身行伍，久历川楚戍行之老将，爱国将领。

其坐骑被掳至香港，不食而死，被誉“节马”。

【译文】英国兵舰长期停泊在尖沙嘴，盘踞于此并作为据点。向北的山脊叫作官涌，在这里俯视敌舰集中停泊的地方，攻击英船最是方便，关天培增设炮台、驻扎部队，英军屡次趁机进攻，都不能得逞。十月，英军用大战舰从正面进攻，士兵乘小船从侧面乘涨潮时攻击海岸，清军在山冈上将其歼灭；英军又在东面的胡椒角暗中观察，遭到炮击后逃走。于是关天培调集水陆军队守卫山脊，参将陈连升、赖恩爵、张斌，游击伍德标、德连等人分为五路，齐心协力进攻英军。英军乘夜进犯，五路大炮一齐轰击，英船互相撞击，船上灯火全部熄灭。天快亮时登高远望，逃走的英军超过一半，仅剩十多艘船在远处停泊。第二天，又有两艘英舰偷偷靠近，跟随的船只有数十艘，再次五路合击，击毁了为首的舰船，于是英舰分散停泊在外洋。捷报上奏后，道光帝下诏嘉奖关天培，赐号“法福灵阿巴图鲁”。道光二十年（1840年）春，英国兵舰虽然不敢再进攻，但是仍然招收一些不务正业的人分道带着鸦片，私下销售。关天培沿海搜捕，一天便搜捕到数起，又命令渔船蟹艇趁夜间焚毁英军船只，英国人只好改变策略，到别处进犯。

及林则徐罢，琦善代之，一意主抚，至粤，先撤沿海防御，仅留水师制兵[①]三分之一，募勇尽散，而英人要索甚奢，久无定议，战衅复起。十二月，英船攻虎门外沙角炮台，副将陈连升死之，大角炮台随陷，并为敌踞，虎门危急。天培与总兵李廷钰[②]分守靖远、威远两炮台，请援，琦善仅遣兵二百。二十一年正月，敌进攻，守台兵仅数百，遣将恸哭请益师，无应者。天培度众寡不敌，乃决以死守，出私财饷将士，率游击麦廷章[③]昼夜督战。敌入三门口，冲断椿练，奋击甫退，南风大作，敌船大队围横档、永安两炮台，遂陷。进攻虎门，自巳至酉，杀伤相当，而炮门透水不得发，敌自台后攒击，身被数十创。事急，以印投仆孙长庆，令去，行未远，回顾天培已殒绝于地，廷章亦同死，炮台遂陷。长庆缒崖出，缴印于总督，复往寻天培尸，半体焦焉，负以出。优恤，予骑都尉兼一云骑尉世职，谥忠节，入祀昭忠祠，建立专祠。（清史稿卷三百七十二）

【注释】①制兵：清代称绿营编制的地方常备军为“制兵”。

②李廷钰（1792—1861年）：福建省厦门市人，中国名将李长庚之子，字润堂，号鹤樵。死守威远炮台，被誉为“鸦片战争名将”。

③麦廷章（?—1841年）：广东鹤山人。爱国将领。行伍出身。协助水师提督关天培驻守靖远炮台，坚持到最后，壮烈牺牲。林则徐把他和关天培并称为“双忠”。

【译文】等到林则徐被罢官，琦善接替林则徐的职位，一意主张议和，到广东后，首先撤除了沿海防御，仅保留三分之一水师制兵，遣散招募的全部乡勇，然而英国人的要挟勒索非常过分，久久不能决议，引发战争的事端又频频发生。十二月，英国战船进攻虎门外的沙角炮台，副将陈连升战死，大角炮台也随之沦陷，被英军占据，虎门情形十分紧急。关天培与总兵李廷钰分别镇守靖远、威远两座炮台，请求增援，琦善仅派了两百士兵。道光二十一年（1841年）正月，英军进攻虎门炮台，守卫炮台的只有几百清兵，派去求援的将领痛哭请求增兵，无人回应。关天培估计敌众我寡，不能抵挡，于是决心拼死防守，拿出自己的钱财招待将士，率领游击麦廷章日夜督率士兵作战。英军攻入三门口，冲断桩链，关天培率军奋起反击，刚刚击退英军，突然刮起了猛烈的南风，敌船乘风大队围攻横档、永安炮台，两处炮台失陷。英军接着进攻虎门，从巳时到酉时，两军死伤人数相当，然而清军炮门因透水不能发炮，英军从炮台后围攻，关天培身受几十处创伤，战事危急，关天培将官印交给仆人孙长庆，让他逃走，孙长庆没走多远，回头看时关天培已仆倒在地，麦廷章一同战死，虎门炮台也失陷了。孙长庆缒崖逃出，将官印交给总督后，又回去寻找关天培的尸首，尸体半边已经烧焦，孙长庆将关天培的尸体背了出来。道光帝下诏从优抚恤，授予他骑都尉兼一等世袭云骑尉，谥号忠节，牌位奉入昭忠祠祭祀，建立专门的祠堂。（清史稿卷三百七十二）

朱　琦

【题解】朱琦（1803—1861年），字伯韩，广西临桂（今广西桂林）人。道光十五年（1835年），举进士及第，选庶吉士，授翰林院编修。官至御史。咸丰十一年（1861年），太平军攻入杭州后被杀。追赠太常寺卿，世袭骑都尉。

《续编》辑录了朱琦的《名实说》，文章主要论辩名实之别，有独特见解之处。认为“谨厚、廉静、退让”有时会成为一些人明哲保身、贪图权位的伪装法宝，此三者并非全无用处，倘若是对有真才干、能建功立业的人来说，亦能起到“镇薄俗，保晚节”的作用。

朱琦，字伯韩，广西临桂人。道光十五年，成进士，选庶吉士，授编修。慕同里陈宏谋之为人，以气节自励。迁御史，值海疆事定，祸机四伏，而上下复习委靡，言路多容默，深以为忧。著《名实说》，略曰：“天下有乡曲之行，有大人之行。乡曲、大人，其名也，考之其行，而察其有用与否，其实也。世之称者，曰谨厚，曰廉静，曰退让，三者名之至美也，而不知此乡曲之行也，非所谓大人者也。大人之职，在于经国家、安社稷，有刚毅之大节，为人主畏惮；有深谋远虑，为天下长计。合则留，不合以义去。身之便安，不暇计也；世之指摘，不敢逃也。今也不然。曰：吾为天下长计，则天下之衅必集于我；吾为人主畏惮，则不能久于其位；不如谨厚、廉静、退让，此三者可以安坐而无患，而名又至美也。夫无患而可久于其位，又有天下美名，士何惮而不争趋于此？故近世所称公卿之贤者，此三者为多矣。当其峨冠襜裾，从容正步，趋于廊庙之间，上之人不疑，而非议不加，其沉深不可测也。一旦遇大利害，抢攘无措，钳口挢舌[①]而莫敢言，而所谓谨厚、廉静、退让，至此举无可用，于是始思向之为人主畏惮而有深谋远虑者，不可得矣。且谨厚、廉静、退让三者，非果无用也。古有负盖世之功而思持其后，挟震主之威而唯恐不终，未尝不斤斤于此，故又于镇薄俗、保晚节。后世无其才而冒其位，安其乐而避其患，假于名之至美，僩然自以为足。是藏身之固，莫便此三者。孔子之所谓鄙夫也，其究乡愿[②]也。是张禹[③]、胡广[④]、赵戒[⑤]之类也，甚矣其耻也！”于是数上疏切论时务，皆留中不报。时咸推其抗直，称为名御史。（清史稿卷三百七十八）

【注释】①钳口挢舌：闭口翘舌。形容因惊讶害怕而说不出话来的样子。

②乡愿：乡中貌似谨厚，而实与流俗合污的伪善者。

③张禹（?—前5年）：字子文，通经学，好音乐。其说《论语》独成一家，号“张侯论”。

④胡广（91—172年）：字伯始，南郡华容（今湖北监利）人。博学多闻，史称其“学究五经，古今术艺毕览之”。性格圆滑，柔媚宦官，以奉行中庸之道著称，京城洛阳为其作谚语道：“万事不理问伯始，天下中庸有胡公。”

⑤赵戒（?—约154年）：字志伯，蜀郡人。东汉末年名臣。慑于梁冀权势，定策立桓帝。屡居公辅，免忧患于无妄之世。

【译文】朱琦，字伯韩，广西临桂（今广西桂林）人。道光十五年（1835年）中进士，选为庶吉士，授任翰林院编修。仰慕同乡陈宏谋的为人，以志气节操勉励自己。朱琦迁任御史，正值沿海海域战事刚刚平定，到处潜伏着祸患，然而朝廷上下长期颓唐不振，本该言路大开却允许各处保持沉默，朱琦对此深感忧虑。撰写《名实说》，大略内容是："天下有见识鄙陋者的行为，有德行高尚者的行为。见识鄙陋、德行高尚，是他们的声名，验证他们的行为，察看他们是否有用，才是实在。世人称赞的，是谨慎笃厚，谦逊沉静，谦退礼让，这三者是最好的名声，然而却不知这正是见识鄙陋者的品行，不是所谓德行高尚者的。德行高尚者的职事，在于治理国家、安定社稷，有刚强果决的品行，让君王敬服；深谋远虑能为天下谋取之计。意见一致，就在一起共事，反之就以道义离去。自身的便利安稳，则来不及考虑；世人的指责批评，则不敢逃避。如今却不是这样。而是说：我为天下谋取长远之计，那么天下的争端必定会集中在我身上；我被君主敬畏，那么就不能长久担任职务；还不如表现得谨慎笃厚、谦逊沉静、谦退礼让，用这三种品行可以平安任职而没有忧患，又可以收获至高无上的美名。没有忧患又可以长久做官，在天下还有美好的声名，士人还有什么畏惧而不争着追求这个呢？所以近代所谓贤明的公卿之中，信奉这三条的占了大多数。当他们戴着高帽，穿着华服，不慌不忙地按照礼仪走路，趋进朝廷之间，君上不怀疑他们，而且没有受到指责，他们的沉着、周密真是深不可测啊！一旦遭遇大的利害，他们就纷乱得不知如何应付，闭口翘舌不敢说话，所谓的谨慎笃厚、谦逊沉静、谦退礼让，到此时完全没有用处，于是才想着成为让君王敬畏而且深谋远虑的人，然而却无法做到了。况且谨慎笃厚、谦逊沉静、谦退礼让这三者，不是真的没有用处。古时候具有盖世之功的人却想着维持以后的名节，有人有震主的威势而唯恐不得善终，他们不曾不对此着意谨慎，所以又用来压制轻薄之风、保持晚年节操。后世之人没有他们的才能却贪图他们的地位，安享他们的快乐却逃避应负的忧患，利用最美好的名声，俨然间让自己获得满足。因此没有比这三者更能稳固地保全性命了。孔子所说的庸俗浅陋的小人，实际上就是貌似谨厚，实则与流俗合污的伪善者。就如同张禹、胡广、赵戒这类人，他们的耻辱很严重啊！”于是，朱琦数次上疏激切议论时务，道光帝把他的奏章都留置在宫中不予批复。当时的人都推重他的刚强正直，尊称他为名御史。（清史稿卷三百七十八）

文　祥

【题解】文祥（1818—1876年），字博川，号文山，姓瓜尔佳氏，满洲正红旗人。道光二十五年（1845年）中进士，授工部主事。官至军机大臣及总理衙门大臣。光绪二年（1876年），病逝。追赠太傅，谥号文忠。文祥是“洋务运动”的主要参与者和领导人之一，他在吏、户、礼、兵、刑、工六部都有任职履历，历经道光、咸丰、同治、光绪四朝，在外交、教育、练兵、海防、塞防等方面均有建树，尤其对同治年间的政局产生了重大影响。

《续编》辑录了文祥同治十三年(1874年）上书的奏疏，其内容切中时弊，表达了他的拳拳爱国之心和作为一个政治家的远见卓识。

文祥，字博川，瓜尔佳氏，满洲正红旗人，世居盛京。道光二十五年进士，授工部主事，累迁郎中。

【译文】文祥，字博川，瓜尔佳氏，满洲正红旗人，世代居住在盛京（今辽宁沈阳）。道光二十五年（1845年）考中进士，授任工部主事，累迁工部郎中。

同治①十三年，穆宗②崩，德宗③继统即位，晋武英殿大学士。以久病请罢，温诏慰留，解诸兼职，专任军机大臣及总理各国事务。时国家渐多故，文祥深忧之，密陈大计疏曰："洋人为患中国，愈久愈深，而其窥伺中国之间，亦愈熟愈密。从前屡战屡和，迄无定局，因在事诸臣操纵未宜。及庚申定约，设立衙门专司其事，以至于今，未见决裂。就事论事，固当相机尽心办理，而揣洋人之用心，求驭外之大本，则不系于此，所系者在人心而已矣。溯自嘉庆年间，洋人渐形强悍，始而海岛，继而口岸，再及内地，蓄力厉精习机器，以待中国之间，一逞其欲。道光年间，肆掠江、浙，自江宁换约以后，觊觎观望。直至粤匪滋事，以为中国人心不一，得其间矣。于是其谋遂泄，闯入津门，虽经小挫，而其意愈坚，致有庚申之警。然其时势局固危，民心未二，勤王之师虽非劲旅，而闻警偕来；奸细之徒虽被诱胁，而公愤同具，以是得受羁縻，成此和局。十余年来，仰赖皇太后、皇上励精图治，宵旰勤劳，无间隙之可寻；在事诸臣始得遇事维持，未至启衅，偶有干求，尚能往返争持，不至太甚，非洋务之顺手，及在事者折冲之力，皆我皇太后、皇上朝乾夕惕，事事期符民隐，人心固结，有以折外族之心，而杜未形之患也。然而各国火器技艺之讲求益进，彼此相结之势益固。使臣久驻京师，闻我一政之当则忧，一或不当则喜，其探测愈精。俄人逼于西疆，法人计占越南，紧接滇、粤，英人谋由印度入藏及蜀，蠢蠢欲动之势，益不可遏。所伺者中国之间耳，所惎[④]者中国大本之未摇，而人心之难违耳。说者谓各国性近犬羊[⑤]，未知政治，然其国中偶有动作，必由其国主付上议院议之，所谓谋及卿士也；付下议院议之，所谓谋及庶人也。议之可行则行，否则止，事事必合乎民情而后决然行之。自治其国以此，其观他国之废兴成败亦以此。傥其国一切政治皆与民情相背，则各国始逞所欲为，取之恐后矣。如土耳其、希腊等国，势极弱小，而得以久存各大国之间者，其人心固也。强大如法国，而德国得以胜之者，以法王穷侈任性，负国债之多不可复计，虽日益额饷以要结兵心，而民心已去，始有以乘其间也。夫人必自侮而后人侮之，物必先自腐而后虫生焉。理之所在，势所必至。中国之有外国，犹人身之有疾病，病者必相证用药，而培元气为尤要。外国无日不察我民心之向背，中国必求无事不惬于民心之是非。中国天泽分严，外国上议院、下议院之设，势有难行，而义可采取。凡我用人行政，一举一动，揆之至理，度之民情，非人心所共惬，则急止勿为；事系人心所共快，则务期于成。崇节俭以裕帑需，遇事始能有备，纳谏诤以开言路，下情藉以上通。总期人心永结，大本永固，当各外国环伺之时，而使之无一间可乘，庶彼谋不能即遂，而在我亦堪自立。此为目前犹可及之计，亦为此时不能稍缓之图。若待其间之既开，而欲为斡旋补苴[6]之法，则和与战俱不可恃。即使仍可苟安，而大局已不堪复问，则何如预防其间之为计也。咸丰六年王茂荫[7]奏陈夷务，谓：'海外诸国日起争雄，自人视之，虽有中外之分，自天视之，殆无彼此之意。'引《书》言'皇天无亲，惟德是辅'，及《大学》平天下章三言得失，首人心、次天命、而终以君心为证。何其言之危且切欤！欲戢夷心，莫要于顺民心，能顺民心，斯足以承天心，固不待蓍蔡[8]而昭然若睹耳。臣受恩最重，办理洋务最久，实有见于洋人居心积虑之处，而现时尤为迫切紧要之关。外国之求间在此，中国之弥间亦在此。在事诸臣，仅谋其末，我皇上实操其本。用敢直陈，伏乞俯鉴刍言[9]，将此摺时置左右，力求端本之治，以回隐患之萌。天下幸甚！"（清史稿卷三百八十六）

【注释】①同治：清朝清穆宗爱新觉罗·载淳的年号（1862—1874年），共计13年。

②穆宗：清穆宗爱新觉罗·载淳（1856—1875年），清朝第十位皇帝，也是清军入关以来第八位皇帝，年号"同治"。

③德宗：清德宗爱新觉罗·载湉（1871—1908年），清朝第十一位皇帝，也是清军入关后第九位皇帝，年号“光绪”。

④惎（jì）：憎恨。

⑤犬羊：旧时对外敌的蔑称。

⑥补苴：补缀，缝补。典出汉刘向《新序·刺奢》：“今民衣敝不补，履决不苴。”引申为弥补缺陷。

⑦王茂荫（1798—1865年）：字椿年，号子怀，安徽省徽州府歙县杞梓里人。清朝货币理论家、财政学家。王茂荫是唯一一个被《资本论》提到的中国人。

⑧蓍蔡：犹蓍龟，筮卜。

⑨刍言：浅陋的言论；卑贱者的言论。多用为自谦之词。

【译文】同治十三年（1874年），同治帝驾崩，光绪帝即位，文祥晋升为武英殿大学士。但是文祥因长期生病请求辞官，光绪帝以词情恳切的诏令劝慰挽留，解除其他兼职，专门担任军机大臣以及全面管理各国外交事务。当时国家变故逐渐增多，文祥非常忧虑，于是秘密上奏有关大局的谋略，说：“外国人在中国制造祸端，时间越长祸患越深，而且他们暗中窥视有利时机，对我国形势越来越熟悉也越来越机密。从前屡次打仗屡次和解，始终没有形成稳定的局面，原因在于主事大臣处理不当。到庚申年（1860年）订立盟约，设立总理衙门专门负责有关事务，直到现在，也没有出现关系破裂的情况。就事论事，固然应根据情况、尽心办理与外国有关的事务，然而揣测外国人的居心，探求驾驭外国的根本，关键不在此，关键在于人心。

回溯从嘉庆年间开始，外国人逐渐变得强横勇猛，开始是占据海岛，接着是口岸，再后来就是内地，积聚力量、振奋精神、精习机器，以等待中国出现间隙，从而施展他们的欲求。道光年间，外国大肆抢掠江苏、浙江，自从签订《江宁条约》后，便怀着非分之想觊觎中国。直到太平天国事起，外国人认为中国人心不统一，他们有机可乘。于是他们的阴谋就显露出来，闯入天津，虽然经历了小的失败，然而他们侵略的意图却更加坚定，以至于入侵京城。然而那个时候的局势固然危险，但是百姓没有二心，救援京城的军队虽然不是精锐部队，但是听到侵略的消息都一同前来；奸诈的人虽然被诱骗胁从，然而同样都怀有公愤，外国人因此受到约束，形成和解的局面。十多年来，依仗皇太后、皇上励精图治，日夜辛劳，让外国人没有间隙可寻；主持外事的官员才能够碰到事情维持和局，不至于引起争端，偶尔有不合理的索求，尚且能够来回争持，不至于太过分，这不是处理外国事务顺手，以及主管官员谈判、交涉的功劳，都是由于皇太后、皇上整天勤奋谨慎，事事期望符合民情，人心牢固团结，有折服外国的决心，进而杜绝没有形成的祸患。然而各国的火器技艺日益改进，彼此结交的形势日益坚固。他们的使臣长期驻扎在京城，听到我国恰当的政令则忧虑，不恰当的就欢喜，他们探求我们的想法越来越精确。俄国人在西部边疆进逼，法国人设计侵占越南，紧接着是云南、广西，英国人谋划由印度进入西藏及四川，蠢蠢欲动的形势，更加不能够遏制。他们等候的是中国出现间隙，憎恨的是中国的根本没有动摇，而且中国的人心难以违背。有人认为各国的性情近似狗和羊，不知道政治，然而他们国家偶然有举动，必定由他们的国君交付上议院讨论，相当于中国的向卿士咨询；交付下议院讨论，相当于中国的向百姓咨询。讨论可以施行就施行，否则就停止，事事必定符合民情然后坚决施行。按这样来治理自己的国家，那么观察其他国家的兴废成败也是这样。倘若国家的一切政治都与民情相背离，那么各国就会实现他们的企图，这时候取消与民情相违背的政治恐怕就迟了。例如土耳其、希腊等国家，国势极其弱小，然而能够长久存在于各个大国之间，是因为人心团结啊。国力强大如同法国，然而德国能够战胜它，是因为法国国王过于骄侈、恣意放纵，负担的国债多得难以计算，虽然每天增加军饷以笼络军心，然而民心已经背离，才让德国有可乘之机。人必定是先自辱而后才遭到别人的侮辱，事物必定先自己腐烂然后才会生虫。道理所在，趋势也必定是这样。中国有外国祸患，如同人身上有疾病，疾病必须对症下药，而培固元气尤为重要。外国没有哪一天不察看我国民心向背，中国必须要求所有事情都符合民心所向。中国等级森严，外国上议院、下议院的设立，在中国势必难以施行，然而其中正确的思想值得采纳。凡是我国任用人才、管理国家事务，一举一动，用根本之道去权衡，用民情去度量，不是人心共同期望的，就立即停止不要做；事情都是人心共同欢喜的，就务必期望成功。崇尚节俭以充裕府库，遇到事情才能有所准备，虚心纳谏才能广开言路，下面的情况才能被上面知道。人们都心向天子，国家根本永远牢固，在外国环顾窥伺的时候，让他们没有一丝间隙可乘，让他们的阴谋不能立即成功，而我国也能够自立。这是目前尚且可以考虑的计策，也是现在刻不容缓的谋略。如果等到中国的间隙出现，却想采取周旋弥补的方法，那么和与战都是不能依恃的。即使仍可苟且偷安，然而大局已经不可能再干预了，哪里比得上预防间隙的策略呢。咸丰六年（1856年），王茂荫向皇帝陈述外国事务，说：‘海外各国日益争胜，从人的角度来看，虽然有中外之别，从上天的角度来看，大概不分彼此。’援引《尚书》的记载‘上天对人没有亲疏远近，只辅助有德行的人’，以及《大学》“平天下”中的三句关于得失的话，首先是人心、其次是天命、而最后以君王的心作为验证。这话听起来令人危惧却又恳切！想要外国人收敛他们的野心，没有比依顺民心更重要的了，能够依顺民心，这就足以承顺天心，当然不用筮卜就昭然若睹了。臣下受皇恩最重，办理洋务时间最长，确实有看到外国人处心积虑的地方，而此时尤其是迫切紧要的关键。外国寻求机会在此时，中国弥补间隙也在此时。主管事务的官员，谋划的仅仅是末端，皇上实际上操纵的是根本。臣下大胆直说，恳求圣上下察臣浅陋的言论，将这奏折时常放置左右，尽力谋求从根本上治理国家，以避免产生祸患的萌芽。如此便天下大幸了！”（清史稿卷三百八十六）

曾国藩

【**题解**】曾国藩（1811—1874年），初名子城，字伯涵，号涤生，湖南湘乡（今湖南双峰）人。道光十八年（1838年），曾国藩登进士及第。与胡林翼并称“曾胡”，与李鸿章、左宗棠、张之洞并称“晚清中兴四大名臣”。同治十三年（1874年），曾国藩在两江总督任上去世，享年63岁。朝廷追赠他为太傅，谥号文正。

曾国藩自从创建湘军以来，以军事相始终，镇压太平天国运动，追剿捻军，挽救江河日下的清王朝。同时关注时势变化，支持和主办洋务运动。他深知东西方实力悬殊，力持和局，主张稳妥处理天津教案，尽量避免和列强开战。曾国藩承继程朱理学，且注重学习西方，并主张派遣留学生留美。毛泽东曾由衷地称赞道：“予于近人，独服曾文正。”

曾国藩，初名子城，字涤生，湖南湘乡人。道光十八年进士。二十三年，以检讨典试四川，再转侍读，累迁内阁学士、礼部侍郎，署兵部。时太常寺卿唐鉴①讲学京师，国藩与倭仁、吴廷栋、何桂珍严事之，治义理之学。兼友梅曾亮及邵懿辰、刘传莹诸人，为词章考据，尤留心天下人材。

【**注释**】①唐鉴（1778—1861年）：字镜海，号翕泽，湖南善化（今湖南长沙）人，晚清著名理学家。

【译文】曾国藩，初名子城，字涤生，湖南湘乡（今湖南双峰）人。道光十八年（1838年）进士。道光二十三年（1843年），以翰林院检讨之职主持四川省乡试，再转任翰林院侍读，累迁至内阁学士、礼部侍郎，代理兵部尚书。时任太常寺卿的唐鉴在北京讲学，曾国藩与倭仁、吴廷栋、何桂珍拜他为师，研究义理之学。还同友人梅曾亮以及邵懿辰、刘传莹等人，钻研辞章与考据之学，特别注意留心天下的人才。

咸丰初，广西兵事起，诏群臣言得失。奏陈今日急务，首在用人，人才有转移之道，有培养之方，有考察之法。上称其剀切明辨。寻疏荐李棠阶、吴廷栋、王庆云、严正基、江忠源五人。寇氛益炽，复上言："国用不足，兵伍不精，二者为天下大患。于岁入常额外，诚不可别求搜刮之术，增一分则民受一分之害。自古开国之初，兵少而国强，其后兵愈多则力愈弱，饷愈多则国愈贫。"又深痛内外臣工谄谀欺饰，无陈善责难之风。因上《敬陈圣德预防流弊》一疏，切指帝躬，有人所难言者，上优诏答之。

【译文】咸丰初年，洪秀全领导的太平天国运动爆发，咸丰帝诏令群臣进言朝政得失。曾国藩应诏上奏陈述当务之急，首先在于任用人才，而任用人才，就要注重引导、培养和考察之法。咸丰帝称曾国藩的建议切中事理、明白透彻。不久曾国藩上疏举荐李棠阶、吴廷栋、王庆云、严正基、江忠源五人。太平天国运动愈演愈烈，曾国藩又上言："国家财用不足，军队战斗力不强，这两者是国家的大患。在每年征收固定赋税之外，实在不能另外寻求搜刮百姓的方法，增加一分赋税则百姓遭受一分祸害。自古以来大凡开朝之初，军队人数少而国家强大，之后军队人数愈多而战斗力反而愈弱，军饷耗费愈多国家愈贫穷。"他还痛感朝廷内外群臣百官对咸丰帝极尽谄媚阿谀、欺瞒掩饰之能事，没有陈善责难的风气。因而奏上《敬陈圣德预防流弊》一疏，直接批评咸丰帝，言人所不敢言，咸丰帝下诏褒奖了他。

二年，典试江西，中途丁母忧归。三年，粤寇破江宁，据为伪都，分党北犯河南、直隶，天下骚动，而国藩已前奉旨办团练于长沙。初，国藩欲疏请终制，郭嵩焘曰："公素具澄清之抱，今不乘时自效，如君父何？且墨绖①从戎，古制也。"遂不复辞。取明戚继光遗法，募农民朴实壮健者，朝夕训练之。将领率用诸生，统众数不逾五百，号"湘勇"。腾书遐迩，虽卑贱与钧礼。山野材智之士感其诚，莫不往见，人人皆以曾公可与言事。

【注释】①墨绖：即黑色丧服。古时居家服丧穿白色丧服，如遇战争或其他重大事情，则以黑色丧服代替，以示服丧。

【译文】咸丰二年（1852年），曾国藩主持江西省乡试，行至中途因母亲去世而回籍守制。咸丰三年（1853年），太平军攻破江宁（今南京），据为国都，改南京为天京，然后分兵北伐，一路向北攻打河南、直隶，天下震动不安，而曾国藩之前已经奉旨在长沙督办团练，以抗击太平军。起初，曾国藩接到这道诏书时，打算上疏请求为母服丧三年，并以此推辞朝廷的任命，郭嵩焘说："曾公素来怀有澄清天下的抱负，今天不利用这个机会为国报效，将君父置于何地？而且带丧从军，出来平定祸乱，也符合古代的礼制。"曾国藩便不再推辞，即刻赴任。在督办团练过程中，他取法明代戚继光流传下来的方法，招募性情朴实、体格健壮的农民当兵，早晚严格训练。将领由地位不高的秀才充任，每位将领统率的队伍人数不超过五百人，建立了一支号称"湘勇"的军队。曾国藩还远近传书，即使是地位卑微的人都待以平等之礼。民间有才有智之士都感受到他的真诚，无不前去拜见，人人都认为可以和曾公讨论国家大事。

尝与嵩焘、忠源论东南形势多阻水，欲剿贼非治水师不可，乃奏请造战舰于衡州。募水陆万人，水师以褚汝航、杨载福、彭玉麟领之，陆军以塔齐布、罗泽南领之。贼扰湖南。国藩锐欲讨贼，率水陆军东下。舟师初出湖，大风，损数十艘。陆师至岳州，前队溃退，引还长沙。贼陷湘潭，邀击靖港，又败，国藩愤投水，幕下士章寿麟掖起之，得不死。而同时塔齐布大破贼湘潭，国藩营长沙高峰寺，重整军实，人人揶揄之。或请增兵，国藩曰："吾水陆万人非不多，而遇贼即溃。岳州之败，水师拒战者惟载福一营；湘潭之战，陆师塔齐布、水师载福各两营，以此知兵贵精不贵多。故诸葛败祁山，且谋减兵损食，勤求己过，非虚言也。且古人用兵，先明功罪赏罚。今世乱，贤人君子皆潜伏，吾以义声倡导，同履危亡。诸公之初从我，非以利动也，故于法亦有难施，其致败由此。”诸将闻之皆服。

【译文】曾国藩曾与郭嵩焘、江忠源进行过探讨，认为东南的地理特点是江河纵横，可作为险阻，如果要围剿太平军非建立水师不可，于是他奏请在衡州建造战舰，成立水师。招募水陆军一万人，水师由褚汝航、杨载福、彭玉麟领导，陆军则由塔齐布、罗泽南领导。太平军侵扰湖南。曾国藩急切想讨伐太平军，率领水陆湘军向东而下。水师刚驶出湖进入长江，突然大风，摧毁了几十艘战舰。陆军到达岳州时，前锋部队和太平军相遇，大败而退，曾国藩不得不率部退回长沙。太平军攻陷湘潭，在靖港拦阻截击，又打败湘军，曾国藩愤而投水自杀，被幕僚章寿麟救起，才没有死成。同时塔齐布率部在湘潭大败太平军，曾国藩在长沙的高峰寺扎下营寨，重整军队，在长沙城里几乎人人都嘲弄他。有人请求扩充湘军兵力，曾国藩说：“我部水陆湘军有一万人，兵力不是不多，但遇到太平军就一触即溃。在岳州之战中，水师当中能够迎敌拒战的只有杨载福带领的一营；在湘潭之战中，也只有陆军塔齐布、水师杨载福各自统领的两营军队能够抗击太平军，由此可知兵贵在精而不在多。所以诸葛亮出祁山失败后，考虑要裁减军队、节省军粮，认真反思自己的错误，这不是没道理的。况且古人用兵，首先明确赏功罚罪的军法。如今世道混乱，贤人君子都藏身在民间，我举起维护大义的旗号，号召大家出来共同救难。大家当初之所以追随我，并不是为了追求个人的名利，因此对一些人处以军法也有一定难处，军纪不严，赏罚不明，导致失败的大概是这些原因。”诸将听后，都认为曾国藩分析准确，很佩服他。

陆师既克湘潭，巡抚、提督上功，而国藩请罪。上诘责提督鲍起豹，免其官，以塔齐布代之。受印日，士民聚观，叹诧国藩为知人，而天子能明见万里也。贼自岳州陷常德，旋北走，武昌再失。国藩引兵，遂复二郡。国藩以前靖港败，自请夺官，至是奏上，诏署湖北巡抚，寻加兵部侍郎衔，解署任，命督师东下。

【译文】湘军陆军攻克湘潭后，湖南巡抚、提督上表请功，而曾国藩却请求降罪。咸丰帝诘责绿营提督鲍起豹，罢免其官，以塔齐布代替。塔齐布接受印信之日，士绅百姓群聚观看，惊叹曾国藩知人善任以及天子能够在万里之外明辨是非。太平军从岳州攻陷常德，不久向北进发，武昌再次失守。曾国藩率领军队，攻陷常德、武昌两地。曾国藩因之前的靖港之败，曾自行请求削去官职，至此收复失地的奏疏呈上后，朝廷诏令他代理湖北巡抚之职，不久加封兵部侍郎的虚衔，撤销他署理湖北巡抚的任命，命他督师东下。

当是时，水师奋厉无前，大破贼田家镇，毙贼数万，至于九江，前锋薄湖口。攻梅家洲贼垒不下，驶入鄱湖，贼乘夜袭营，掷火烧坐船，国藩跳而免，水师遂大乱。上疏请罪，诏旨宽免，谓于大局无伤也。

【译文】那时，水师奋勇无前，在田家镇大败太平军，杀死太平军几万人，到达九江，前锋部队已逼近湖口。湘军在攻打梅家洲的太平军时却久攻不下，战舰被太平军诱入鄱阳湖，太平军乘夜偷袭湘军营地，投掷火器焚烧湘军船只，并蔓延到曾国藩的座船，曾国藩跳入水中才免于难，湘军水师由此乱作一团。曾国藩上疏请求降罪，朝廷下发诏旨宽免了他，不予以追究，说这事对于大局来说并没有什么妨碍。

五年，贼再陷武汉，扰荆襄。国藩遣胡林翼等军还援湖北，塔齐布留攻九江，而躬至南昌抚定水师之困内湖者。泽南从征江西，复弋阳，拔广信，破义宁，而塔齐布卒于军。国藩在江西与巡抚陈启迈不相能，泽南奔命往来，上书国藩，言东南大势在武昌，请率所部援鄂，国藩从之。幕客刘蓉谏曰：“公所恃者塔、罗。今塔将军亡，罗又远行，脱有急，谁堪使者？”国藩曰：“吾计之熟矣，东南大局宜如是，俱困于此无为也。”嵩焘祖饯泽南曰：“曾公兵单，奈何？”泽南曰：“天苟不亡本朝，公必不死。”九月，补授兵部侍郎。

【译文】咸丰五年（1855年），太平军再次攻陷武汉，侵扰荆襄地区。曾国藩派遣胡林翼等人率部回师救援湖北，塔齐布留下继续攻打九江，而曾国藩亲自到南昌安抚被困在鄱阳湖中的湘军水师。罗泽南跟从他征伐江西的太平军，收复弋阳，攻破广信，打下义宁，但塔齐布此时却死于军中。曾国藩在江西与巡抚陈启迈相处得极不融洽，罗泽南往来征战疲于奔命，于是写信给曾国藩，认为东南战局的关键在于武昌，请求率领所部救援湖北，曾国藩听从他的意见。幕宾刘蓉劝谏说："您所倚仗的是塔齐布、罗泽南二人。如今塔将军已经离世，罗泽南又远行湖北，倘若遇到紧急情况，谁能胜任受您差遣呢？"曾国藩说："我早已深思熟虑过了，对东南战局的谋划应该是正确的，都坐困在江西是没有什么用处的。"郭嵩焘为罗泽南饯行说："你这一走，曾公兵力就单薄了，怎么办呢？"罗泽南说："如果上天不灭亡大清朝，曾公必然不会死。"同年九月，曾国藩补任兵部侍郎。

六年，贼酋石达开由湖北窜江西，连陷八府一州，九江贼踞自如，湖南北声息不相闻。国藩困南昌，遣将分屯要地，羽檄交驰，不废吟诵。作《水陆师得胜歌》，教军士战守技艺、结营布陈之法，歌者咸感奋，以杀贼敢死为荣。顾众寡，终不能大挫贼。议者争请调泽南军，上以武汉功垂成，不可弃。泽南督战益急，卒死于军。玉麟闻江西警，芒鞋走千里，穿贼中至南昌助守。林翼已为湖北巡抚，国藩弟国华、国葆用父命乞师林翼，将五千人攻瑞州。湖南巡抚骆秉章亦资国荃兵援吉安，兄弟皆会行间。而国藩前所遣援湖北诸军，久之再克武汉，直下九江，李续宾八千人军城东。续宾者，与弟续宜皆泽南高第弟子也。载福战船四百泊江两岸，江宁将军都兴阿马队、鲍超步队驻小池口，凡数万人。国藩本以忧惧治军，自南昌迎劳，见军容甚盛，益申儆告诫之。而是时江南大营溃，督师向荣退守丹阳，卒。和春为钦差大臣，张国樑总统诸军攻江宁。

【译文】咸丰六年（1856年），太平军翼王石达开由湖北窜扰江西，接连攻陷八府一州，九江仍为太平军牢牢盘踞着，鄱阳湖南北两岸的湘军交通都被太平军切断，不能相互传递信息。曾国藩被困在南昌，派遣将领分驻要地，在信函交驰的战守之际，依旧没荒废吟诵诗句。曾国藩创作了《水陆师得胜歌》，以歌唱的形式教授军士学习作战和防守技艺、结营和布阵方法，唱歌的人都感到激扬奋发，以奋勇杀敌、英勇捐躯为荣。因为兵微将寡，始终不能重创太平军。许多人都争相请求调回罗泽南的军队，咸丰帝认为夺取武汉之功即将实现，不可轻易放弃，致使功败垂成。罗泽南见此，指挥战斗愈发急切，以便及早回援江西，但最终战死于军中。彭玉麟听到曾国藩被围困在江西的警报，穿着芒鞋徒行千里，穿越太平军的辖区来到南昌协助防守。这时，胡林翼已经是湖北巡抚，曾国藩之弟曾国华、曾国葆以父亲的名义向胡林翼请求增援，胡林翼便令他们率领五千人攻打瑞州。湖南巡抚骆秉章也向曾国藩之弟曾国荃提供军队去支援吉安，这样曾氏兄弟都投身到这场战争中来。而曾国藩之前所派去救援湖北的各路军队，很久才从太平军手中再次夺回武汉，并顺流直下攻取九江，李续宾率领八千人驻扎在城东。李续宾与其弟李续宜都是罗泽南的高足。杨载福率领水师四百艘战船停泊在长江两岸，江宁将军都兴阿所率马队、鲍超所部陆师驻扎在小池口，共有几万人。曾国藩向来以忧惧、谨慎治军，自从经历过南昌之困后，如今看见湘军军容盛壮，更加告诫士兵务必谨慎稳妥。而在这时，江南大营溃败，督师向荣退守丹阳，后来在那里去世。和春被任命为钦差大臣，张国樑负责指挥各军攻打江宁。

七年二月，国藩闻父忧，迳归。给三月假治丧，坚请终制，允开侍郎缺。林翼既定湖北，进围九江，破湖口，水师绝数年复合。载福连拔望江、东流，扬帆过安庆，克铜陵泥汊，与江南军通。由是湘军水师名天下。林翼以此军创始国藩，杨、彭皆其旧部，请起国藩视师。会九江克复，石达开窜浙江，浸及福建，分股复犯江西，朝旨诏国藩出办浙江军务。国藩至江西，屯建昌，又诏援闽。国藩以闽贼不足虑，而景德地冲要，遣将援赣北，攻景德。国荃追贼至浮梁，江西列城次第复。时石达开复窜湖南，围宝庆。上虑四川且有变，林翼亦以湖北饷倚川盐，而国藩又久治兵，无疆寄，乃与官文合疏请国藩援蜀。会贼窜广西，上游兵事解，而陈玉成再破庐州，续宾战殁三河，林翼以群盗蔓庐、寿间，终为楚患，乃改议留国藩合谋皖。军分三道，各万人。国藩由宿松、石牌规安庆，多隆阿、鲍超出太湖取桐城，林翼自英山乡舒、六。多隆阿等既大破贼小池，复太湖、潜山，遂军桐城。国荃率诸军围安庆，与桐城军相犄角。安庆未及下，而皖南贼陷广德，袭破杭州。

【译文】咸丰七年（1857年）二月，曾国藩得知父亲去世的讣闻，就径直回籍服丧。朝廷只批给他三个月的假期置办丧事，曾国藩坚决要求守丧三年，朝廷允许他辞去侍郎官职。胡林翼平定湖北后，派兵围攻九江，攻破湖口，被隔绝长达数年之后的湘军水师此时才会合。杨载福率领湘军水师接连攻下望江、东流，并扬帆起航驶过太平军据守的安庆，攻克铜陵泥汊，与江南大营的清军打通了联系。从此湘军水师名扬天下。胡林翼认为这支军队是由曾国藩创建的，杨载福、彭玉麟等都是他的旧部，就向朝廷请求起用曾国藩出山督率湘军。正值九江被清军收复，石达开部进浙江，波及福建，分兵几路再次侵犯江西，因而朝廷诏令曾国藩出山督办浙江军务。曾国藩行至江西，就屯守在建昌，朝廷又诏令他救援福建。曾国藩认为福建的太平军不足为虑，而景德镇地处要冲，历来是兵家必争之地，就派遣将领救援江西北部，攻打景德镇。曾国荃追击太平军到浮梁，江西各城依次被湘军收复。此时石达开又进入湖南，围攻宝庆。咸丰帝担心四川将会有变故，胡林翼也认为湖北的军饷大都倚仗四川的盐税供应，曾国藩又带兵多年，却没有自己的根据地，于是与湖广总督官文联名上疏，请求让曾国藩救援四川。适逢太平军进入广西，长江上游的战事危机得以缓解，而太平军英王陈玉成再次攻破庐州，李续宾在三河战死，胡林翼感到太平军的势力在庐州、寿州一带蔓延，始终会成为湖北大患，就改而向朝廷建议留曾国藩与他合谋夺取安徽。两人商议后，湘军兵分三路，每路各一万人。曾国藩从宿松、石牌进取安庆，多隆阿、鲍超出兵太湖攻取桐城，胡林翼从英山向舒城、六安进发。多隆阿等人在小池大败太平军后，收复太湖、潜山，于是驻扎在桐城。曾国荃率领诸军围攻安庆，与桐城的湘军互为犄角，夹击太平军。这时，安庆还没被湘军攻下，而皖南的太平军却攻陷广德，袭破杭州。

李秀成大会群贼建平，分道援江宁，江南大营复溃，常州、苏州相继失，咸丰十年闰三月也。左宗棠闻而叹曰："此胜败之转机也！江南诸军，将蹇兵疲久矣。涤而清之，庶几后来可藉手乎？"或问："谁可当者？"林翼曰："朝廷以江南事付曾公，天下不足平也。"于是天子慎选帅，就加国藩兵部尚书衔，署理两江总督，旋即真，授钦差大臣。是时江、浙贼氛炽，或请撤安庆围先所急。国藩曰："安庆一军为克金陵张本[①]，不可动也。"遂南渡江，驻祁门。江、浙官绅告急书日数十至，援苏、援沪、援皖、援镇江诏书亦叠下。国藩至祁门未数日，贼陷宁国，陷徽州。东南方困兵革，而英吉利复失好，以兵至。僧格林沁败绩天津，文宗狩热河，国藩闻警，请提兵北上，会和议成，乃止。

【注释】①张本：原由，基础。

【译文】太平军忠王李秀成在建平大会各路太平军，分路救援江宁，江南大营再次被太平军打败，常州、苏州相继失守，此时为咸丰十年（1860年）闰三月。左宗棠听到江南大营被打败的消息叹息地说："这是军事胜败的转机啊！江南各路军队，将领无能、士兵疲于奔命很久了。现在被一举消灭，这样后来者差不多可以有所作为了吧？"有人问胡林翼："谁可以担当今后的重任？"胡林翼说："朝廷如果将江南之事都交付曾公，那么天下不愁不太平。"在这种情况下，咸丰帝谨慎地简选将帅，把镇压太平天国的重担交给曾国藩，加封曾国藩兵部尚书衔，署理两江总督，不久实授，任命他为钦差大臣。这时，江苏、浙江的太平军势力迅速发展，有人请求撤出围困安庆的湘军去救援江浙。曾国藩说："攻克安庆是夺取金陵的基础，这支军队不能乱动。"于是曾国藩南渡长江，驻军祁门。江苏、浙江的官绅每天送来的告急文书有数十次之多，救援苏州、上海、安徽、镇江的诏书也不断下达。曾国藩到祁门没几天，太平军就攻陷了宁国、徽州。正当清军和太平军在东南地区激烈鏖战时，英国又发动第二次鸦片战争，率领军队进攻京畿地区。僧格林沁的蒙古马队在天津被英法联军打败，咸丰帝到热河避难，曾国藩听到朝廷的警报后，请求率军北上勤王，正值这时清廷和英法等国侵略者达成和议，签订了一系列条约，曾国藩这才作罢。

其冬，大为贼困，一出祁门东陷婺源；一出祁门西陷景德；一入羊栈岭攻大营。军报绝不通，将吏惵然有忧色，固请移营江干就水师。国藩曰：“无故退军，兵家所忌。”卒不从，使人间行檄鲍超、张运兰亟引兵会。身在军中，意气自如，时与宾佐酌酒论文。自官京朝，即日记所言行，后履危困无稍间。国藩驻祁门，本资饷江西，及景德失，议者争言取徽州通浙米。乃自将大军次休宁，值天雨，八营皆溃，草遗嘱寄家，誓死守休宁。适宗棠大破贼乐平，运道通，移驻东流。多隆阿连败贼桐城，鲍超一军游击无定居，林翼复遣将助之。十一年八月，国荃遂克安庆。捷闻，而文宗崩，林翼亦卒。穆宗即位，太后垂帘听政，加国藩太子少保衔，命节制江苏、安徽、江西、浙江四省。国藩惶惧，疏辞，不允，朝有大政，咨而后行。

【译文】这年冬天，曾国藩几次被太平军所困，一支太平军在祁门东面攻陷婺源；一支太平军在祁门西面攻陷景德镇；一支太平军侵入羊栈岭攻打曾国藩的祁门大营。来往军情被太平军切断不能通达，湘军上下都忧心忡忡，他们坚决请求转移营地驻扎在江边以靠近水师。曾国藩说：“无缘无故撤退军队，这是兵家大忌。”最终没有听从部下的请求，派人从小道去告知鲍超、张运兰尽快率军前来会师。曾国藩虽身在军中，却能神态自若，意气风发，常与幕宾佐吏饮酒点评文章。自从在京城做官起，曾国藩就每日记录自己的言行思想，写成日记，后来即使身处险境也没有稍稍懈怠。曾国藩驻扎在祁门时，湘军的军饷都由江西供应，等到景德镇失守，大家都争相主张攻取徽州以打通浙江的粮道。曾国藩于是亲自率领大军进驻休宁，不巧正值天降大雨，湘军八营都战败，曾国藩草草写下一封遗书寄回家乡，表示誓死守住休宁。适逢左宗棠在乐平大败太平军，运粮的通道终于被打通，曾国藩于是移驻东流。多隆阿在桐城接连打败太平军，鲍超一军因打游击而居无定所，胡林翼又派遣将领协助他。咸丰十一年（1861年）八月，曾国荃率部终于攻克安庆。捷报奏知朝廷，而这时咸丰帝驾崩，胡林翼也因病逝世。同治皇帝即位，两宫太后垂帘听政，加封曾国藩太子少保衔，命令他节制江苏、安徽、江西、浙江等四省军务。曾国藩惶恐不安，上疏请辞，没有得到朝廷的允许，每当朝廷有大政方针出台，事先都向曾国藩咨询而后再施行。

江宁平，天子褒功，加太子太傅，封一等毅勇侯，赏双眼翎。开国以来，文臣封侯自是始。朝野称贺，而国藩功成不居，粥粥如畏。穆宗每简督抚，辄密询其人，未敢指缺疏荐，以谓疆臣既专征伐，不当更分黜陟之柄，外重内轻之渐，不可不防。

【译文】（太平天国运动被镇压）江宁平定后，同治帝褒奖有功者，加封曾国藩为太子太傅，进封一等毅勇侯，赏戴双眼花翎。自从清朝开国以来，文臣得以封侯从曾国藩开始。朝野人士都向曾国藩祝贺，然而曾国藩却功成不居，反而更加谨慎小心。同治帝每次选任地方督抚，就暗中向曾国藩咨询其人是否能胜任，曾国藩从来不敢指着缺额而上疏举荐，认为自己身为封疆大臣既然专主征伐之事，就不应再分掌官员升降的权柄，从而造成地方权重、中央权轻的现象发生，这种现象不能不防。

初，官军积习深，胜不让，败不救。国藩练湘军，谓必万众一心，乃可办贼，故以忠诚倡天下。其后又谓淮上风气劲，宜别立一军。湘勇利山径，驰骋平原非所长，且用武十年，气亦稍衰矣，故欲练淮士为湘勇之继。至是东南大定，裁湘军，进淮军，而捻匪事起。

【译文】起初，官军腐败的积习很深，战胜时互抢功劳，战败时互不相救。曾国藩训练的湘军，认为必须要万众一心，才可以镇压太平军，因此以“忠诚”二字号召天下人。之后曾国藩又认为淮上民风坚韧，应该另外建立一支军队。湘军擅长山地作战，驰骋平原不是他们所擅长的，况且用兵已经十年，湘军的士气也稍稍削弱了，因此想训练淮河流域的士兵作为湘军的后继。至此，东南地区已经稳定，曾国藩就裁减湘军，扶持淮军，而这时捻军的活动兴盛起来。

捻匪者，始于山东游民相聚，其后剽掠光、固、颍、亳、淮、徐之间，捻纸燃脂，故谓之“捻”。有众数十万，马数万，蹂躏数千里，分合不常。捻首四人，曰张总愚、任柱、牛洪、赖文光。自洪寇、苗练尝纠捻与官军战，益悉攻斗，胜保、袁甲三不能御。僧格林沁征讨数年，亦未能大创之。国藩闻僧军轻骑追贼，一日夜三百余里，曰："此于兵法，必蹶上将军。"未几而王果战殁曹州，上闻大惊，诏国藩速赴山东剿捻，节制直隶、山东、河南三省，而鸿章代为总督。

【译文】所谓的捻军，开始是由山东游民相聚而成，之后光山、固始、颍州、亳州、淮泗、徐州之间往来抢掠，捻纸燃烧油脂，因此称之为"捻"。捻军有几十万人，战马几万匹，在数千里的平原上往来出没，时分时合，踪迹不定。捻军首领共有四人，分别是张总愚、任柱、牛洪、赖文光。自从洪秀全领导的太平军、苗沛霖的团练曾纠合捻军与官军交战起，捻军便日益与朝廷作对，攻击官军，连胜保、袁甲三都不能控制局面。僧格林沁征讨他们数年，也不能重创他们。曾国藩听到僧格林沁率军轻装追击捻军，一个日夜就奔袭三百多里，说："按照兵法，这必然会折损上将军。"不久，僧格林沁果然在曹州战死，同治帝听后大惊，诏令曾国藩火速赶赴山东围剿捻军，统一指挥直隶、山东、河南三省军务，而李鸿章代替他为两江总督。

时议颇咎国藩计迂阔，然亦无他术可制捻也。或又劾其骄妄，于是国藩念权位不可久处，益有忧谗畏讥之心矣。丐病假数月，继请开缺，以散员留军效力；又请削封爵，皆不许。

【译文】（由于剿捻不力）当时的舆论对曾国藩剿捻无功颇多指责，然而他们也没有其他方法可以镇压捻军。有人又趁机弹劾曾国藩骄纵狂妄，曾国藩考虑到不能长期身居权位，不然会成为众矢之的，便对别人对他的指责更加敏感。在休完病假几个月后，他请求辞去正式官职，以散员的身份在军营中效力，又请求朝廷削去他的封爵，这些请求朝廷都没有允许。

五年冬，还任江南，而鸿章代督军，捻平。策皆国藩本谋也。国藩为政务持大体，规全势。自西人入中国，交涉事日繁。每定约章，辄诏问可许不可许，国藩以为争彼我之虚仪者可许，其夺吾民生计者勿许也。既至直隶，以练兵、饬吏、治河三端为要务，次第兴革，设清讼局、礼贤馆，政教大行。

【译文】同治五年（1866年）冬季，曾国藩回到他的两江总督任上，而李鸿章代为督军，继续指挥剿捻战事，捻军终于被平定。平捻谋略都是曾国藩提出的。曾国藩处理政务向来注重从大处着手，善于规划全局。自从西方人进入中国以后，东西双方交涉之事日益频繁。清廷每次与外国订立条约或章程，都要下诏询问曾国藩的意见，曾国藩认为对一些表面上的虚仪大可不必与对方争执，但那些关乎我国百姓生计之事绝不能答应。到直隶总督任上以后，曾国藩以训练军队、整顿吏治、修治河患三事作为为政要务，有步骤、有秩序地加以改革，并且设立清讼局、礼贤馆，使政教民风得到很大转变。

九年四月，天津民击杀法领事丰大业，毁教堂，伤教民数十人。通商大臣崇厚议严惩之，民不服。国藩方病目，诏速赴津，乃务持平保和局，杀十七人，又遣戍府县吏。国藩之初至也，津民谓必反崇厚所为，备兵以抗法。然当是时，海内初定，湘军已散遣，天津咫尺京畿，民、教相哄，此小事不足启兵端，而津民争怨之。平生故旧持高论者，日移书谯让，省馆至毁所署楹帖，而国藩深维中外兵势强弱，和战利害，惟自引咎，不一辩也。丁日昌因上奏曰："自古局外议论，不谅局中艰苦，一唱百和，亦足以荧上听，挠大计。卒之事势决裂，国家受无穷之累，而局外不与其祸，反得力持清议之名，臣实痛之！"

【译文】同治九年（1870年）四月，天津百姓打死法国领事丰大业，焚毁教堂，打伤教徒几十人。通商大臣崇厚建议严惩天津百姓，天津百姓不服。这时，曾国藩正患眼疾，朝廷却诏令他火速奔赴天津处理案件，曾国藩向来主张保持和平局面，力求不和外国起冲突，为了平息外国愤怒，曾国藩杀死天津民众十七人，又将天津府县地方官员流放到边疆戍守。曾国藩刚到天津时，天津百姓认为他必然一反崇厚的做法，整顿军备来抵抗法国。然而在这时，海内初定，湘军早已遣散，天津与北京仅有咫尺之远，百姓、教堂发生冲突，这种小事不足以开启战端，但曾国藩的这些做法，必然引起天津百姓的极大怨恨。那些平常爱唱爱国高调的人，每天写信责骂曾国藩，更有甚者，曾国藩在京城湖南会馆所写的楹联也被打毁，曾国藩之所以这样做，是因为他深知中外兵力悬殊，和、战利弊高下立判，只有引咎自责，并不一一辩解。丁日昌就此事上奏说：“自古以来局外旁观者不体谅局中办事之人的艰苦，动不动就发表议论，一唱百和，也足以起到迷惑皇上，阻挠大计的作用。最终导致局势败坏，国家遭受无穷无尽的拖累，然而局外旁观者不会受到这些灾祸的伤害，反而获得力持清议的美名，对此，臣实在感到痛心！”

国藩既负重谤，疾益剧，乃召鸿章治其狱，逾月事定，如初议。会两江缺出，遂调补江南，而以鸿章督直隶。江南人闻其至，焚香以迎。以乱后经籍就燹，设官书局印行，校刊皆精审。礼聘名儒为书院山长，其幕府亦极一时之选，江南文化遂比隆盛时。

【译文】曾国藩受到社会舆论的强烈谴责，目疾更加严重，于是清廷召见李鸿章代替他处理天津教案，一个月后事情才平息下来，李鸿章仍是遵照曾国藩原先的处理主张。正值两江总督之任空缺出来，于是调任曾国藩为两江总督，而以李鸿章为直隶总督。江南百姓听到曾国藩到任，焚香迎接。曾国藩认为江南经过战乱之后经书典籍早已被焚毁，于是设立官书局印制刊行书籍，校对刊刻工作都十分精密详实。礼聘名儒担任书院山长，他的幕府中也是网罗了当时杰出的人才，由此江南文化得以复兴，可与太平盛世相媲美。

国藩为人威重，美须髯，目三角有棱。每对客，注视移时不语，见者竦然，退则记其优劣，无或爽者。天性好文，治之终身不厌，有家法而不囿于一师。其论学兼综汉、宋，以谓先王治世之道，经纬万端，一贯之以礼。晚年颇以清静化民，俸入悉以养士。老儒宿学，群归依之。尤知人，善任使，所成就荐拔者，不可胜数。一见辄品目其材，悉当。时举先世耕读之训，教诫其家。遇将卒僚吏若子弟然，故虽严惮之，而乐为之用。居江南久，功德最盛。

【译文】曾国藩为人威严庄重，有漂亮的长胡须，一双三角眼棱角分明。每次接待客人，双目注视对方却长时间不说话，拜见他的人都恐惧不安，客人走后就记下其长处短处，从不出错。曾国藩天生喜好文章，终身爱好不倦，有自己的独特风格并博采众家。曾国藩在学术上兼采汉学、宋学两派，认为古代先王治世的方法，虽然是千头万绪，但是中心内容还是“礼”。曾国藩晚年很注重以清静无为教化民众，把自己的俸禄都投入到培养人才上。许多有才华的知识分子，纷纷投到他的门下。曾国藩特别知人善任，他所造就和举荐的人才，不可胜数。他往往见一次面就可了解其才能大小，非常确当。曾国藩时常列举先祖耕读传家的训示，来告诫和教导家人。他对待手下将士属官就像对待子弟一样，因此将士属官虽然敬畏他，但都乐于为他所用。曾国藩久居江南，贡献最多。

同治十三年，薨于位，年六十二。百姓巷哭，绘像祀之。事闻，震悼，辍朝三日。赠太傅，谥文正。

【译文】同治十三年（1874年），曾国藩死在两江总督任上，享年六十二岁。百姓在里巷中哭泣，并描绘他的画像来祭祀他。他的死讯传到京城，朝廷十分震惊、悲悼，罢朝三日。追赠他为太傅，谥号文正。

论曰：国藩事功本于学问，善以礼运。公诚之心，尤足格众。其治军行政，务求蹈实。凡规画天下事，久无不验，世皆称之，至谓汉之诸葛亮、唐之裴度、明之王守仁，殆无以过，何其盛欤！国藩又尝取古今圣哲三十三人，画像赞记，以为师资，其平生志学大端，具见于此。至功成名立，汲汲以荐举人才为已任，疆臣阃帅[①]，几遍海内。以人事君，皆能不负所知。呜呼！中兴以来，一人而已。（曾文正公幕僚赵烈文《能静居日记》同治六年六月二十日壬寅记云：初鼓〔一更〕后，涤师〔曾国藩〕来畅谭。言得京中来人所说，云都门〔京城也〕气象甚恶明火执仗〔白日抢劫〕之案时出，而市肆乞丐成群，甚至妇女亦裸身无裤，民穷财尽，恐有异变，奈何？余云：“天下治安，一统久矣，势必驯至分剖，然主威素重，风采未开，若非抽心一烂〔朝廷崩溃〕，则土崩瓦解之局不成。以烈〔赵烈文〕度之，异日之祸，必先根本颠仆，而后方州无主人自为政，殆不出五十年矣。”师蹙额良久，曰：“然则当南迁乎？”余云：

“恐遂陆沉，未必能效晋、宋也。”师曰：“本朝君德正，或不至此。”余曰：“君德正矣，而国势之隆，食报已不为不厚。国初创业太易，诛戮太重，所以有天下者太巧。天道难知，善恶不相掩，后君之德泽，未足恃也。”师曰：“吾日夜望死，忧见宗祏〔朝廷〕之陨，君辈得毋以为戏论？”余曰：“如师身分，虽善谑何至以此为戏。然生死命定，不可冀求，乐死之与幸生，相去无几。且师亦当为遗民计，有师一日，民可苟延一日，所关甫大而恝然乎？）（清史稿卷四百五）

【注释】①阃帅：指地方上的军事统帅。

【译文】史官评论说：曾国藩的事业源于他深厚的学问，擅长运用礼。他的公正忠诚之心，尤其能够影响众人。无论治军还是行政，他都务求脚踏实地。他所规划的政策，后来无不应验，对此世人无不称颂，以至于说他与汉末的诸葛亮、唐代的裴度、明代的王守仁相比，也毫不逊色，多么伟大啊！曾国藩又曾在他所敬仰的古今圣贤三十三人的画像上写下赞语，把他们作为自己学习的榜样，从中可以看到，他一生所追求的最高理想。到他功成名立之时，孜孜不倦地以举荐人才为己任，被他举荐的人担任封疆大臣、军事统帅的，几乎遍及四海之内。曾国藩对君主如此忠心耿耿，做到了不辜负朝廷的知遇之恩。唉！同光中兴以来，仅出现曾国藩这么一个人物啊。（曾国藩幕僚赵烈文《能静居日记》同治六年（1867年）六月二十日壬寅记录说：晚上一更之后，涤师〔曾国藩〕来和我畅谈，说到京城来人，说京城的风气非常恶劣，白天公然抢劫的案件时有发生，而市场上更是乞丐成群，甚至有的妇女赤身裸体连裤子都没有穿，百姓穷困财用竭尽，恐怕会产生异变，怎么办呢？我说：“天下平治安定，大一统的时间已经很久了。势必会导致分崩瓦解之态势，然而主上威严向来隆重，只是乱世纷争的风气尚未开启，如果不是从朝中开始腐烂，那么土崩瓦解之势必然难以形成。以我揣度，将来的灾祸，必然是从根本上开始，然后地方群龙无首而人各自为政，这种情形不会超出五十年之内。”涤师皱了很久眉头，才说：“既然这样，可以南下迁都吗？”我回答：“恐怕国土沦丧，不一定能成功仿效东晋和南宋啊。”涤师继续说道：“本朝君主德行端正，或许不至于到这种地步。”我回答说：“君主德行是端正，但是国家的昌隆，天下万民受到的福报已经不算不丰厚。我朝立国之时，创立基业太容易，诛杀顽抗之人太严酷，因此得到天下时太过于巧合。但是，天道难以预测，善恶之义不相掩盖，后来嗣立之君的德行恩泽，不一定能够承受这些。”涤师说：“我日夜盼望早点离世，但担忧的就是国家沦丧，你们不能把这当成戏言。”我回答说：“依照老师的身份，我虽善于戏言，又怎会拿这当戏言呢？然而生死有命，不可强求，乐死和幸生，它们的含义相差无几。况且老师也应当为自己成为前朝遗民做考虑，那么有老师在世一日，百姓就能苟活一日，这所关重大，老师能对此漠不关心吗？”）（清史稿卷四百五）

胡林翼

【题解】胡林翼（1812—1861年），字润之，湖南益阳人。晚清中兴四大名臣之一。道光十六年（1836年），举进士及第，被选为庶吉士，授翰林院编修。历任安顺、镇远、黎平知府、四川按察使、湖北按察使等职。咸丰十一年（1861年），咯血而死。追赠他为总督，谥号文忠。

胡林翼是湘军重要将领之一，因镇压太平军，由曾国藩推为首功，加封太子太保，世袭骑都尉。他曾创建箴言书院，教人务于经世之学。毛泽东对他倾慕不已，亦取字润之，于是就有天下先有胡润之，遂有毛润之。蔡锷曾如此评价他和曾国藩："曾胡两公，中兴名臣中铮佼者也，其人其事距今仅半个世纪，遗型不远，口碑犹存。"

胡林翼，字润之，湖南益阳人。道光十六年，成进士，选庶吉士，授编修。

【译文】胡林翼，字润之，湖南益阳人。道光十六年（1836年），考中进士，被选为庶吉士，授任翰林院编修。

咸丰四年，调湖北。曾国藩既克武昌，檄林翼与罗泽南会攻九江，屯湖口，破贼梅家洲。五年春，擢湖北布政使。总督杨霈师溃黄梅，林翼率所部回援武昌，未至，汉阳陷，武昌复陷。

【译文】咸丰四年（1854年），胡林翼被调到湖北任职。曾国藩攻克武昌后，传命胡林翼与罗泽南联合进攻九江，胡林翼屯兵湖口，在梅家洲大败太平军。咸丰五年（1855年）春季，胡林翼被提升为湖北布政使。湖广总督杨霈所率领的部队在湖北黄梅被太平军打败，胡林翼率领自己所统率的部队回援武昌，但还未赶到武昌，汉阳就失陷了，武昌再次被太平军攻陷。

六年，三月，诏以武汉久不克，督战急。林翼疏陈，略曰："臣顿兵城下五月余矣。血肉之躯，日当炮石，伤亡水陆士卒三千余，丧将领罗泽南、周得魁百余人，李续宾中丸堕马者数矣。夫兵易募而将难求，臣观前史，李左车告韩信，以顿兵城下，情见事绌为戒。战易攻难，自昔已然。故臣自四月后乃禁仰攻，分兵咸、蒲以取义宁，四战皆捷。分水师以清下游，直达九江。臣自率兵五千扼武昌南路，李续宾率六千三百扼洪山东，分剿北路。水师六营下驻沙口。贼由九江、兴国分路来援，臣豫拨三千余人战于百里之外。微臣之志，誓与兵事相终始。万一变生意外，决不敢退怯苟且，自取羞辱。"文宗览奏，特慰勉之。

【译文】咸丰六年（1856年），三月，朝廷因武汉久攻不下，诏令胡林翼加紧指挥军队攻取。胡林翼上疏陈述情况，奏章大概说："臣率军驻扎城下已经五个多月了。每天以血肉之躯阻挡太平军的炮火滚石，已有三千多名水陆士卒伤亡，折损的将领就有罗泽南、周得魁等一百多人，李续宾已多次中弹落马。士兵容易招募而良将难以寻求，臣考察前代的历史，李左车曾告诉韩信，在不占优势的情况下屯兵坚城之下为兵家大忌。交战容易攻城艰难，自古以来都是如此。因此臣从四月以后就禁止士兵仰攻城池，而是分派兵力从咸宁、蒲圻去攻取义宁，四战四捷。然后分派水师清除下游的太平军，顺流直达九江。臣亲自率领五千人扼守武昌南路，李续宾率领六千三百人扼守洪山以东，分兵围剿武昌北路。派六营水师下驻沙口。太平军由九江、兴国兵分几路前来救援，臣事先派三千多人在百里之外迎敌。微臣的志向，就是誓与太平军血战到底。即使万一发生意外，也绝不敢苟且偷生，自取羞辱。"咸丰帝看完胡林翼的奏章，特别下诏抚慰鼓励了他一番。

十一月，咨会官文克期大举，复武昌。诏实授[①]林翼湖北巡抚，加头品顶戴。

【注释】①实授：以额定之官职，正式除授实缺。

【译文】同年十一月，胡林翼通过信函与湖广总督官文约定日期发动大举进攻，打败太平军，收复了武昌。朝廷下诏实授林翼为湖北巡抚，赏戴头品顶戴。

九年，进屯上巴河，与李续宜整饬部伍，日夜训练，谋大举。

【译文】咸丰九年（1859年），胡林翼率部进屯上巴河，与李续宜整顿军队，日夜训练，准备大举进攻。

十一年八月朔，克安庆。曾国藩推林翼为首功，诏加太子太保，予骑都尉世职。林翼久病，闻文宗崩于热河行在[①]，大恸呕血，八月，卒。诏赠总督，祀贤良祠。

【注释】①行在：也称行在所。指天子所在的地方，或天子巡行所到之地。

【译文】咸丰十一年（1861年）八月初一，攻克安庆。曾国藩推许胡林翼为首功，朝廷下诏加封他为太子太保，赐予骑都尉的世袭爵位。胡林翼长期患病，听说咸丰帝在热河行宫驾崩，极其悲恸以至于大量吐血，八月，胡林翼因病去世。朝廷下诏追赠他为总督，把他的牌位放进贤良祠供人祭祀。

林翼貌英伟，目岩岩，威棱慑人。事至立断，无留难。尤长综核，釐正湖北漕粮积弊，以部定漕折为率，因地量加轻重，民岁减钱百余万缗，岁增帑四十余万两，提存节省银亦三十余万两。两湖自淮盐阻绝，率食川盐，于宜昌、沙市、武穴、老河口设局征税，视旧课增至倍蓰。时东南各省皆抽釐助饷，惟湖北多用士人司榷，核实无弊。其治军务明纪律，手订营制，留意将才。尝曰：“兵之嚣者无不罢，将之贪者无不怯；观将知兵，观兵知将。为统将必明大体，知进退缓急机宜；其次知阵法，临敌决胜；又其次勇敢，此大小之分也。”驭将以诚，因材而造就之，多以功名显。察吏严而不没一善，手书褒美，受者荣于荐剡，故文武皆乐为之用。士有志节才名不乐仕进者，千里招致，于武昌立宝善堂居之，以示坊表①。尝曰：“国之需才，犹鱼之需水，鸟之需林，人之需气，草木之需土。得之则生，不得则死。才者无求于天下，天下当自求之。”荐举不尽相识，无一失人。曾国藩称其荐贤满天下，非虚语。尝自以闻道晚，刻自绳检，欿然常若不足。家有田数百亩，初筮仕，誓先墓，不以官俸自益。父著《弟子箴言》行世，承其志为箴言书院，教人务实学。病革，曰：“吾死，诸君赙吾，惟修书院，无赡吾家。”所著《读史兵略》《奏议》《书牍》，皆经世精言。（清史稿卷四百六）

【注释】①坊表：古代指具有纪念、表彰等作用的建筑物。

【译文】胡林翼的相貌生得英俊伟岸，目光炯炯，威风凛凛，棱角分明，令人敬畏。处事果断，决不刁难。尤其擅长综合核实各种政务，他整顿改革湖北漕粮征收中存在的积弊，以部定的漕粮折耗为标准，根据各地情况不同而酌量加以增减，使百姓每年减轻负担达一百多万缗，而为国家每年增收四十多万两，提存的节省银也达三十多万两。两湖地区的淮盐运输自从因战争受阻后，百姓只食用川盐，胡林翼在宜昌、沙市、武穴、老河口等地设局征收盐税，比原来的税率增加了几倍。当时东南各省都靠收取厘金筹集军饷，弊端丛生，只有湖北厘金局多用士绅掌管，根据实际进行征收，没有产生弊端。胡林翼治军向来纪律严明，亲手制定营制，留心发现将才。曾说："气焰嚣张的士兵打仗一定会懈怠，贪生怕死的将领无不胆怯；观察将领就会知道他所带领的士兵，观察士兵就会知道带领他们的将领。为将者必须明白大体，知道何时该进，何时该退，何时该缓，何时该急；其次要知道排兵布阵，临阵杀敌以决胜负；再次要有勇敢精神，这是将领素质的大小次序。"胡林翼以诚心对待部将，根据部将的不同情况进行培养，那些部将大多因功名而扬名显姓。胡林翼考察官吏十分严格，却从不埋没他们的每一次功劳，他常亲笔写信褒奖部下的优点和功劳，接到信的人往往感到比受到推荐还荣耀，因此文武官员都乐于为他所用。对那些有志向、有节操、有才能、有声望但不愿做官的读书人，往往是不远千里地请来，把他们安置在武昌的宝善堂居住，以示对人才的尊重。胡林翼曾说："国家需要人才，犹如鱼需水，鸟需林，人需空气，草木需土壤。这种需要只有得到满足才能生存下去，不能得到满足就会死亡。人才对天下没有什么需求，天下应当自己寻求人才。"胡林翼举荐的人才他不一定全都认识，但尽量做到不让一个人得不到举荐。曾国藩称赞胡林翼举荐的人才遍布天下，这话不是空话啊。胡林翼曾经自认明白大道较晚，对自己要求很严格，时常对自己的状况感到不满足。胡林翼家有几百亩田产，刚入仕途时，就在先祖墓前发誓，绝不把做官的俸禄用来填充个人的欲望。其父胡达源曾写过《弟子箴言》流传于世，胡林翼继承其父的志愿建立了一所箴言书院，教人追求经世致用的学问。胡林翼病情危急以后，说：“我去世后，各位给我送丧礼的钱，只能用来修缮书院，不能用来养活我的家人。”胡林翼所著的《读史兵略》《奏议》《书牍》，都是经世精言。（清史稿卷四百六）

群书治要续编卷第三十五　清史稿（五）

彭玉麟

【题解】彭玉麟（1816—1890年），字雪琴，号退省庵主人、吟香外史，祖籍衡州府衡阳县（今湖南衡阳），生于安徽省安庆府（今安徽安庆）。与曾国藩、左宗棠、胡林翼并称“中兴四大名臣”，湘军水师创建者、中国近代海军奠基人。官至两江总督兼南洋通商大臣，兵部尚书，封一等轻车都尉。

彭玉麟一生不慕名利、不避权贵、不治私产、不御姬妾。虽然一生六辞高官，却在国家危难之时，抱着年迈多病之躯，临危受命，抵御外敌。这些在《续编》辑录的文字中都有体现。

彭玉麟，字雪琴，湖南衡阳人。咸丰三年，曾国藩治水师，成十营，辟领一营。其九营多武员，白事悉倚玉麟，隐主全军，草创规制多所赞画。

【译文】彭玉麟，字雪琴，湖南衡阳人。咸丰三年（1853年），曾国藩创建湘军水师，共有十个营，任命彭玉麟率领一营。因为其他九个营的官员多是武将，所以向上汇报时都倚仗彭玉麟，实际上，彭玉麟算是主持了湘军水师的整体工作，在草创湘军水师的规制方面起了很大的辅助作用。

十一年，授广东按察使。擢安徽巡抚，累疏固辞，谓："久居战舰，草衣短笠，日与水勇、舵工驰逐于巨风恶浪之中。一旦身膺疆寄，进退百僚，问钱谷不知，问刑名不知，勉强负荷，贻误国家。"又谓："从军八年，专带水师，弃舟而陆，无一旅一将供其指挥，仓猝召募，必致偾事。"诏嘉其不欺，以李续宜代之，改职水师提督。

【译文】咸丰十一年（1861年），朝廷授彭玉麟为广东按察使。不久，朝廷提拔他为安徽巡抚，于是他多次上疏请辞，说："臣下久居战舰，每天身穿草衣，头戴斗笠，与那些水兵、舵工一起驰逐于狂风恶浪中。一旦被任命为封疆大吏，肩负开疆守土的重任，指挥百官，既不懂钱粮等事，也不明白刑律赏罚之事，勉强任职，恐怕会贻误国家大事。"又说："从军八年以来，专门指挥水军，一旦弃船登陆，将无一兵一将可供指挥，仓促间去招募，必会招致覆败。"朝廷下诏嘉奖彭玉麟坦诚磊落诚实不欺，于是任命李续宾代替他任安徽巡抚，彭玉麟改任水师提督。

同治元年，授兵部右侍郎，节制镇将。四年，命署漕运总督，再疏辞，允之，命筹商水师善后事宜。七年，会同曾国藩奏定长江水师营制，以盐票犒诸将有大功者。

【译文】同治元年（1862年），朝廷授任彭玉麟为兵部右侍郎，指挥、管辖各提督、总兵。同治四年（1865年），任命彭玉麟代理漕运总督，他两次上疏推辞，朝廷批准，命他负责筹划商议水师善后事宜。同治七年（1868年），彭玉麟会同曾国藩将商定的长江水师营制上奏给朝廷，用盐票来稿赏立下大功的众将。

事既竣，疏请回籍补行终制，略曰："臣墨绖从戎，创立水师，治军十余年，未尝营一瓦之覆，一亩之殖；受伤积劳，未尝请一日之假；终年风涛矢石之中，未尝移居岸上求一日之安。诚以亲服未终，而出从戎旅，既难免不孝之罪，岂敢复为身家之图乎？臣尝闻士大夫出处进退，关系风俗之盛衰。臣之从戎，志在灭贼，贼已灭而不归，近于贪位；长江既设提镇，臣犹在军，近于恋权；改易初心，贪恋权位，则前此辞官，疑是作伪；三年之制，贤愚所同，军事已终，仍不补行终制，久留于外，涉于忘亲。四者有一，皆足以伤风败俗。夫天下之乱，不徒在盗贼之未平，而在士大夫之进无礼，退无义。伏惟皇上中兴大业，正宜扶树名教，整肃纪纲，以振起人心。况人之才力聪明，用久则竭，若不善藏其短，必致转失所长。古来臣子，往往初年颇有建树，而晚节末路陨越错谬，固由才庸，亦其精气竭也。臣每读史至此，窃叹其人不能善藏其短，又惜当日朝廷不知善全其长。知进而不知退，圣人于易深戒之，固有由矣。臣本无经济之学，而性情褊躁，思虑忧伤。月积年累，怔忡眴晕，精力日衰，心气日耗。若再不调理，必致贻误国事。

恳请天恩开臣兵部侍郎本缺，回籍补行终制。报国之日正长，断不敢永图安逸也。”优诏从之。

【译文】事情都办完后，彭玉麟上疏请求回乡补行母亲去世时未服满的三年之丧，大略说：“臣在守孝期间从军，创立水师，指挥军队十余年，从未给自己谋过一片瓦、一亩地的利益；受伤或劳累过度时也未曾给自己请过一天假；终年生活在风浪滔天以及箭矢垒石之中，从未因此而移居到岸上以求得一日安稳。臣确实是感到母丧尚未服完就离家从军，已经免不了背上不孝的罪名，又怎敢再图谋自身及家庭的安乐呢？臣曾听闻士大夫无论出仕还是隐退，都关系到风俗的盛衰。臣之所以投身军旅，志在消灭太平军，现在太平军已被消灭而臣却不解甲归田，这就近于贪恋官位了；长江水师已经设置了提督与总兵，臣却还滞留军中，这就近于贪恋权势；改变初心，贪恋权位，那么臣之前要辞官的行为，就会被人疑为弄虚作假；三年的守丧制度，无论贤愚都要共同遵行，现在军务已经结束，臣若仍然不补行守丧三年的终制，久居在外，这就近于忘记父母了。犯了上述四项罪名中的任何一种，都足以伤风败俗。天下之所以大乱的原因，不只是因为盗贼未被平定，而在于士大夫的进退不合礼义。臣俯身思考，想到皇上要振兴大业，正应该提倡名教，整肃纪纲，以振奋人心。况且一个人的聪明才力，长久使用就会枯竭，如果不善于隐藏短处，定会导致失去所长的后果。从古至今，有多少臣子刚开始时往往颇有建树，却晚节不保，因失职导致败绩连连，这固然是因为才力平庸，但也是因为他的精气已逐渐枯竭的缘故。臣每读到这方面的历史，都会私下感叹这样的人不善于隐藏自己的短处，又叹惜当时的朝廷不懂得令他完善保全长处。只知一味前进却不知适时隐退，圣人已在《易经》中对此有了深刻的劝诫，这本来就是有缘由的。臣本来没有治国安民的才干，而性情又偏于急躁，常因思虑过度而导致忧伤。日积月累，常会惊恐不安头晕目眩，精力日渐衰退，心气日益耗损。如若再不调理，必会贻误国家大事。恳请皇上开恩，撤销臣兵部侍郎的官职，让臣回乡补行终制。臣报效国家的日子还很长，断然不敢永图安逸。”朝廷下诏嘉奖，并接受彭玉麟的请求。

八年春，还衡阳，作草楼三重，布衣青鞋，时往母墓，庐居三年不出。十一年，诏起玉麟简阅，疏陈整顿事宜，讽提督黄翼升①自退，荐李成谋、彭楚汉②二人，即以成谋代之，劾罢营哨官百数十人。入觐，命署兵部侍郎，复陈请开缺，仍命巡阅长江，专摺奏事。别饬两江、湖广为筹经费，玉麟力辞不受。自筑别业于杭州西湖，曰退省庵。每巡阅下游，事毕，居之。自是水师皆整肃，沿江盗踪敛戢，安堵者数十年。朝廷有大政，及疆吏重案，辄谘询，命按治。光绪九年，擢兵部尚书，以衰病辞。

【注释】①黄翼升（1818—1894年）：字昌岐，湖南长沙人。累功擢都司、营官、江南水师提督、长江水师提督。太平天国运动被镇压后，加一等轻车都尉世职；西捻平，加云骑尉世职，合并为三等男爵；慈禧万寿庆典，加尚书衔。

②李成谋（？—1892年）：字与吾，湖南芷江人。咸丰年间，投效水师充哨长。累功擢守备、参将、总兵、福建水师提督、长江水师提督。赐号锐勇巴图鲁。不久，加太子少保。彭楚汉（1830—1912年）：字习之，号纪南，湖南湘乡（今湖南双峰县）人。历任长江水师提督、直隶大名镇总兵、福建水师提督、轮船统领诸要职，恩赏一品。

【译文】同治八年（1869年）春季，彭玉麟回到衡阳，盖了三重草楼，穿上布衣草鞋，按时前往母亲的墓地，在墓旁结庐服丧三年没有外出。同治十一年（1872年），朝廷下诏起用彭玉麟为检阅，彭玉麟上疏陈述应当整顿水师的相关事宜，用含蓄的话语劝告长江水师提督黄翼升自请辞职，推荐李成谋、彭楚汉二人，当即让李成谋取代黄翼升任长江水师提督一职，彭玉麟弹劾罢免的水师营官及哨官就有一百多人。他入京觐见皇帝，朝廷命他暂代兵部侍郎一职，他又上疏请求免职另用他人，朝廷仍命他巡阅长江，可以专门上折奏事。另外敕令两江、湖广为其筹措经费，彭玉麟极力推辞不愿接受。他在杭州西湖另建了一处别业，名为“退省庵”。每次巡行视察完长江下游，就住在那里。从此，长江水师全部整齐严明，沿江的盗匪都开始自我克制、收敛行迹，百姓安居了几十年。朝廷要制定重大政策，以及守护边疆的官吏犯罪的重案，都会向彭玉麟咨询，命他查问惩办。光绪九年（1883年），朝廷擢升彭玉麟为兵部尚书，他以体弱多病推辞了。

玉麟刚介绝俗，素厌文法，治事辄得法外意。不通权贵，而坦易直亮，无倾轧倨傲之心。历奉命按重臣疆吏被劾者，于左宗棠、刘坤一、涂宗瀛、张树声等①，皆主持公道，务存大体，亦不为谿刻。每出巡，侦官吏不法辄劾惩，甚者以军法斩之然后闻，故所至官吏皆危栗。民有枉，往往盼彭公来。朝廷倾心听之，不居位而京察屡加褒奖，倚畀盖过于疆吏。生平奏牍皆手裁，每出，为世传诵。（清史稿卷四百十）

【注释】①刘坤一（1830—1902年）：字岘庄，湖南新宁人。湘军宿将。涂宗瀛（1812—1894年）：安徽六安人。清道光二十四年（1844年）中举。同治元年（1862年）大挑一等，历任江宁知府、苏松太道员、湖南按察使、湖南布政使。光绪三年（1877年），任广西巡抚，后改任河南巡抚，调任湖南巡抚，后升湖广总督。张树声（1824—1884年）：字振轩，安徽合肥人，廪生出身，清末淮军将领。历任道台、按察使、布政使、巡抚、总督、通商事务大臣等职。提倡“采西人之体，以行用”。

【译文】彭玉麟刚强正直，远离世俗，他向来讨厌那些死板的法令条文，处事看起来不合规则但又没有违反法纪的本意。他不与权贵往来，为人坦率平易、正直信实，从来没有毁谤、排挤他人及存有骄慢不恭之心。曾多次奉命查处那些受到弹劾的重臣及封疆大吏，如左宗棠、刘坤一、涂宗瀛、张树声等人，都能主持公道，心存大局，从不会过于苛刻。每次出巡，如果探察到官吏有不法之行就会对其弹劾惩戒，甚至会依据军法将不法者先行处斩后再上报给朝廷，所以彭玉麟所到之处，官吏们都惊惶不安。百姓若有冤屈，往往都盼望彭公到来。朝廷对彭玉麟的建议都会倾心听从，彭玉麟没有处于高位，却屡次在京察中受到褒奖，朝廷对他的倚靠和信任超过了守疆官吏。彭玉麟生平所上奏章都是亲手写成，每篇奏章流出，都会广传于世。（清史稿卷四百十）

李鸿章

【题解】李鸿章（1823—1901年），本名章铜，字渐甫、子黻，号少荃，晚年自号仪叟，别号省心，安徽合肥人，晚清洋务运动主要领导人之一。世人多称“李中堂”。

作为晚清重臣，李鸿章是淮军和北洋水师的创始人和统帅、洋务运动领袖之一，建立了中国第一支西式海军——北洋水师，官至东宫三师、文华殿大学士、北洋通商大臣、直隶总督，爵位一等肃毅伯。一生参与了一系列重大历史事件：包括镇压太平天国运动、镇压捻军起义、洋务运动、甲午战争等，代表清政府签订了《越南条约》《马关条约》《中法简明条约》《辛丑条约》等一系列不平等条约。他与曾国藩、张之洞、左宗棠并称为“中兴四大名臣”。死后追赠太傅，晋封一等肃毅侯，谥号文忠。

《续编》所选文字，详细叙述了他操练淮军、参与平定太平天国运动、提倡洋务运动、积极倡建近代海军、建立北洋水师、签订《马关条约》《辛丑条约》等重要历史事件。正如评论中所说，李鸿章一生以天下为己任，忍辱负重，确是国之栋梁；但他恃才傲物，喜好以功名利禄驱使众人，以致有志之士大多不喜欢为他所用，在国家危急之时没有可用之才，最终导致一系列的失败。

李鸿章，字少荃，安徽合肥人。道光二十七年进士，改庶吉士，授编修。从曾国藩游，讲求经世之学。

咸丰十一年，国藩既克安庆，谋大举东伐。会江苏缺帅，奏荐鸿章可大用，江、浙士绅亦来乞师。同治元年，遂命鸿章召募淮勇七千人，率旧部将刘铭传、周盛波、张树声、吴长庆，曾军将程学启，湘军将郭松林，霆军①将杨鼎勋，以行。又奏调举人潘鼎新、编修刘秉璋，檄弟鹤章总全军营务。时沿江贼屯林立，乃赁西国汽舟八，穿贼道二千余里，抵上海，特起一军，是为淮军。贼平，封一等肃毅伯，赏戴双眼花翎。

六年正月，授湖广总督。

【注释】①霆军：晚清时期湘军主力之一，由湘军将领鲍超于1856年创立。后因鲍超回川养病，霆军被撤销或改隶。鲍超（1828—1886年），字春霆，四川奉节人，湘军名将。

【译文】李鸿章，字少荃，安徽合肥人。道光二十七年（1847年）进士，改任翰林院庶吉士，授任翰林院编修。向曾国藩求学，注重讲求经世致用的学问。

咸丰十一年（1862年），曾国藩率军攻克太平军占据的安庆，计划大举东下讨伐太平天国的中心。恰逢江苏缺乏统帅，上奏举荐李鸿章可被重用，江苏、浙江的士绅也来请求进军苏浙。同治元年（1862年），曾国藩命令李鸿章在淮河流域招募士兵七千人，率领旧部将领刘铭传、周盛波、张树声、吴长庆等人的部队，以及曾国藩麾下将领程学启，湘军主将郭松林，霆军主将杨鼎勋，出发前去上海。又奏请调来举人潘鼎新、编修刘秉璋辅助自己，命令弟弟李鹤章总揽全军营务。当时长江沿岸太平军营垒林立，李鸿章租赁八艘外国汽船，穿越太平军防线二千多里，抵达上海，李鸿章拥有了一支属于自己的军队，这就是淮军。太平天国被平定后，李鸿章被封为一等肃毅伯，赏戴双眼花翎。

同治六年（1867年）正月，李鸿章被授任湖广总督。

九年七月，调直隶总督兼北洋通商事务大臣。十月，日本请通商，授全权大臣，与定约。

十二年五月，授大学士，仍留总督任。六月，授武英殿大学士。

十三年，调文华殿大学士。

【译文】同治九年（1870年）七月，朝廷调李鸿章任直隶总督兼北洋通商事务大臣。这年十月，日本请求和清朝通商，朝廷授任李鸿章为全权大臣，负责和日本议定通商条约。

同治十二年（1873年）五月，朝廷授任李鸿章为大学士，仍留在直隶总督任上。同年六月，朝廷授任李鸿章为武英殿大学士。

同治十三年（1874年），朝廷调任李鸿章为文华殿大学士。

国家旧制，相权在枢府。鸿章与国藩为相，皆总督兼官，非真相。然中外系望，声出政府上，政府亦倚以为重。其所经画，皆防海交邻大计。思以西国新法导中国以求自强，先急兵备，尤加意育才。初，与国藩合疏选幼童送往美国就学，岁百二十人。期以二十年学成岁归为国效用，乃未及终学而中辍。鸿章争之不能得，随分遣生徒至英、德、法诸国留学。及建海军，将校尽取才诸生中。初在上海奏设外国学馆，及莅天津，奏设武备海陆军，又各立学堂，是为中国讲求兵学之始。尝议制造轮船，疏言："西人专恃其炮轮之精利，横行中土。于此而曰攘夷，固虚妄之论。即欲保和局，守疆土，亦非无具而能保守之也。士大夫囿于章句之学，苟安目前，遂有停止轮船之议。臣愚以为国家诸费皆可省，惟养兵设防、练习枪炮、制造兵轮之费万不可省。求省费则必屏除一切，国无与立，终无自强之一日矣。"

【译文】按照清朝旧例，所谓相权是指国家中枢机构的权力。李鸿章和曾国藩都做过相当于宰相的大学士之职，他们二人都是以地方总督兼任大学士，这种大学士和供职中枢的大学士相比，并不是真正意义上的宰相。然而，由于他们都是闻名中外的人物，声望远在政府六部之上，政府也非常倚重他们。他们所经营和谋划的，都是海防、外交等国家大计。他们都考虑到凭借引进西方的先进技术来引导中国走向自强，他们最先发展的是国内的军事力量，尤其注意培养新式人才。起初，李鸿章与曾国藩联名上疏奏请挑选幼童送往美国学习，每年输送一百二十人。预期用二十年的时间学成归国并为国效力，但因各种原因，留学幼童还没完成学业就中途辍学了。李鸿章据理力争但没能成功，随后分派学生到英国、德国、法国等国家留学。等到筹建海军，将校级军官绝大多数是从这些留学生中挑选出来的。当初李鸿章在上海奏请设置外国学馆，等李鸿章任职天津时，奏请设置海陆军武备学堂，这是中国最早的军事学校。李鸿章曾建议制造轮船，上疏说："西方人依仗他们的坚船利炮，故而能横行中国。在这种情况下高谈抵抗外国侵略，当然是荒诞无稽的言论。即使想保持和平的局面，守住祖宗留下的疆土，也不是两手空空，没有什么装备就能保得住的。士大夫局限于研习章句的学问，不清楚当前的世界潮流，只想苟安眼前，他们发出停止建造轮船的建议。臣认为国家各项费用都可以节省，唯独养兵设防、练习枪炮、制造轮船的费用万万不能节省。如果在这方面贪图节省就必然导致丧失一切，国家不能立足世界，最终也不会有自强的一天。"

光绪元年，台湾事变，王大臣奏筹善后海防六策。鸿章议曰："历代备边多在西北，其强弱之事，主客之形，皆适相埒，且犹有中外界限。今则东南海疆万余里，各国通商传教，往来自如。阳讬和好，阴怀吞噬，一国生事，诸国构煽，实为数千年来未有之变局。轮船电报，瞬息千里，军火机器，工力百倍，又为数千年来未有之强敌。而环顾当世，饷力人才，实有未逮，虽欲振奋而莫由。《易》曰：'穷则变，变则通。'盖不变通，则战守皆不足恃，而和亦不可久也。近时拘谨之儒，多以交涉洋务为耻，巧者又以引避自便。若非朝廷力开风气，破拘挛之故习，求制胜之实际，天下危局，终不可支；日后乏才，且有甚于今日者。以中国之大，而无自强自立之时，非惟可忧，抑亦可耻。"

【译文】光绪元年（1875年），日本出兵台湾，台湾事变爆发，王公大臣奏请筹办善后海防的六条措施。李鸿章对此议论说："中国历代筹划边防的重点大多在西北，西北和中原在力量强弱，主动被动等方面，都相差无几，况且还有正统观念形成的中外界限。现在却不相同，东南海岸线长达一万多里，各国来华通商传教，往来自如。他们表面上虽然表示和中国友好，但暗中怀着吞噬中国的阴谋，一个国家挑起事端，其他国家都会从中挑拨煽动，这实在是中国几千年从未遇到过的大变局。外国拥有的轮船、电报速度之快，瞬间可以达到千里之外，他们制造的军火机器，功能效率远超我们百倍以上，这又是我们数千年来从未面对过的强敌。而环顾当前中国，资金和人才，实在比不上西方，即使想发愤图强却又不知该从何处着手。《周易》说：‘穷则变，变则通。’如果我们不谋求变通，那么是战是守都毫无把握，而且维持和平的局面也不能长久。最近一段时间以来，那些拘泥旧制、顽固不化的读书人，大多都以办理和洋人有关的事务为耻，那些巧诈狡猾的人又纷纷躲避洋务以避开麻烦。如果不是朝廷力主改变风气，打破拘守古法的旧习，寻求克敌制胜的有效方法，那么中国面临的这种危险局面，终有一天难以支撑下去；将来缺乏人才的问题，会比现在还要严重。以中国这样一个幅员辽阔、人口众多的大国，却没有自强自立的一天，不但令人担忧，而且也让人感到可耻。”

鸿章持国事，力排众议。在畿疆[①]三十年，晏然无事。独究讨外国政学、法制、兵备、财用、工商、艺业。闻欧美出一新器，必百方营购以备不虞。尝设广方言馆、机器制造局、轮船招商局；开磁州、开平煤铁矿，漠河金矿；广建铁路、电线及织布局、医学堂；购铁甲兵舰；筑大沽、旅顺、威海船炮台垒；遴武弁送德国学水陆军械技艺；筹通商日本，派员往驻；创设公司船赴英贸易。凡所营造，皆前此所未有也。初，鸿章办海防，政府岁给四百万。其后不能照拨，而户部又奏立限制，不令购船械。鸿章虽屡言，而事权不属，盖终不能竟厥功焉。

【注释】①畿疆：国都附近的地区。此处指直隶总督管辖的范围，代指直隶总督。李鸿章先后于1870年至1882年、1883年至1895年担任直隶总督，一共二十四年。

【译文】李鸿章在主持国家大事时，即使需要竭力排除各种议论也要坚持完成。他担任直隶总督三十年，中国基本太平无事。在那样一个闭目塞听的时代里，唯独他研讨外国的政治、法律、军事、财政、工商、科技超越同时代人。听说欧美国家出现了一件新的机器或科技发明，李鸿章必定会千方百计设法买来进行研究，以备将来紧急需要时使用。李鸿章曾主持设立广方言馆、机器制造局、轮船招商局；主持开办磁州、开平煤铁矿，漠河金矿；大规模修建铁路、电线及织布局、医学堂；购买铁甲兵舰；修筑大沽炮台、旅顺船坞、威海卫军港；挑选军官送去德国学习先进的水陆军械技术；筹划和日本通商贸易，派官员去日本驻节；创办轮船公司开展远洋贸易，远赴英国进行贸易活动。凡是李鸿章开展和进行的这些事业，在中国历史上都是前所未有的创举。起初，李鸿章奉命筹备海防，政府每年给予四百万两白银的经费。后来因财政空虚不能照旧拨给这笔经费，而且户部又奏请对海军经费设立许多限制，不让北洋海军再购买船只弹药。李鸿章虽多次据理力争，但由于他本人没有这方面的职权，最终不能实现这些功业。

十九年正月，鸿章年七十，两宫赐“寿”。二十年，赏戴三眼花翎，而日朝变起。

【译文】光绪十九年（1893年）正月，李鸿章七十岁生辰，慈善太后和光绪帝都亲笔写了“寿”字，赐予李鸿章以示祝贺。

光绪二十年（1894年），李鸿章被朝廷赏戴三眼花翎，然而这时日本侵略中国的藩属国朝鲜，导致中日甲午战争爆发。

初，鸿章筹海防十余年，练军简器，外人震其名，谓非用师逾十万，不能攻旅顺，取天津、威海。故俄、法之警，皆知有备而退。至是，中兴诸臣及湘淮军名将皆老死，鲜有存者。鸿章深知将士多不可恃，器械缺乏不应用，方设谋解纷难，而国人以为北洋海军信可恃，争起言战，廷议遂锐意用兵。初败于牙山，继败于平壤，日本乘胜内侵，连陷九连、凤凰诸城，大连、旅顺相继失。复据威海卫、刘公岛，夺我兵舰，海军覆丧殆尽。于是议者交咎鸿章，褫其职，以王文韶代督直隶，命鸿章往日本议和。二十一年二月，抵马关，与日本全权大臣伊藤博文、陆奥宗光议，多要挟。鸿章遇刺伤面，创甚，而言论自若，气不少衰。日皇遣使慰问谢罪，卒以此结约解兵。会订条款十二，割台湾畀之，日本悉交还侵地。七月，回京，入阁办事。

【译文】起初，李鸿章筹备海防事业十多年，编练新军，购买武器，由此声威大震，令外国人刮目相看，都认为不动用超过十万以上的军队，不能攻打李鸿章苦心经营的旅顺、天津、威海。所以俄国人在中俄伊犁交涉过程中，法国人在中法战争中，都知道中国有防备而有所退缩，不敢坚持过于苛刻的要求。到这时，同光中兴的名臣以及湘、淮军名将大多或老或死，没有几个在世了。李鸿章深知当前清军将士大多不能依赖，枪支弹药也十分缺乏，不敷应用，所以他千方百计企图用外交手段解决国际纷争，然而当时的中国人大多认为北洋海军是一支可以倚仗的力量，争相力主和日本交战，朝廷经过一番讨论后也决定对日作战。最终中日甲午战争爆发，一开始清军在牙山战败，接着又在平壤战败，日本乘胜攻入中国内地，连续攻陷九连城、凤凰岭等地，大连、旅顺也相继失守。日军又占据威海卫、刘公岛的北洋海军基地，掠夺北洋海军残余军舰，就这样，北洋海军全军覆没。于是议论的人都争相责备李鸿章，朝廷夺去李鸿章的官职，让王文韶代理直隶总督，命李鸿章以全权大臣的身份前往日本议和。光绪二十一年（1895年）二月，李鸿章抵达日本马关，与日本全权大臣伊藤博文、陆奥宗光进行谈判，日方极尽要挟之能事。在谈判期间，李鸿章遭到一名日本浪人开枪击中面部，受伤很重，但是李鸿章言论依旧锋利，镇定自若，气势没有丝毫衰弱。日本天皇派遣使者为李鸿章遇刺之事表示慰问道歉，最终中国借这一起事件与日本签订条约，解除战争。中日双方签订的《马关条约》共有十二款，其中规定中国将台湾割给日本，而日本将它占领的中国其他地区归还中国。同年七月，李鸿章回到京城，进入内阁办事。

十二月，俄皇加冕，充专使致贺，兼聘德、法、英、美诸国。二十二年正月，陛辞，上念垂老远行，命其子经方、经述侍行。外人夙仰鸿章威望，所至礼遇逾等，至称为东方毕士马克[①]。与俄议新约，由俄使经总署订定，世传“中俄密约”。七阅月，回京复命。两宫召见，慰劳有加，命直总理各国事务衙门。

【注释】①毕士马克（1815—1898年）：今译为俾斯麦，德意志首任宰相。为了德意志的统一，发动了三次王朝战争，对德意志帝国的建立有不可磨灭的功劳。

【译文】光绪二十一年（1895年）十二月，俄国沙皇尼古拉一世举行加冕典礼，李鸿章被任命为中方专使赶去致贺，同时周游德、法、英、美等国进行外交活动。光绪二十二年（1896年）正月，李鸿章向光绪皇帝辞别，光绪帝考虑到李鸿章以垂暮之年出使异国远行，命令其子李经方、李经述陪伴出行。外国人向来仰慕李鸿章的威望，所到之处都超规格给予极高的礼遇，甚至称他为东方俾斯麦。李鸿章与沙俄议定了一项新的条约，由俄国驻华公使交总理衙门后签订，这就是世人相传的《中俄密约》。七个月后，李鸿章回京复命。慈禧太后和光绪皇帝都召见了他，对他慰劳有加，并命令他主持总理各国事务衙门。

二十三年，充武英殿总裁。二十四年，命往山东查勘黄河工程。疏称迁民筑堤，成工匪易，惟择要加修两岸堤埝，疏通海口尾闾，为救急治标之策。下其奏，核议施行。

十月，出督两广。二十六年，赏用方龙补服。拳匪肇乱，八国联军入京，两宫西狩[①]。诏鸿章入朝，充议和全权大臣，兼督直隶，有“此行为安危存亡所系，勉为其难”之语。鸿章闻警兼程进，先以兵剿畿甸匪，孑身入京，左右前后皆敌军，日与其使臣将帅争盟约，卒定和约十二款。二十七年七月，讲成，相率退军。

【注释】①西狩：原指帝王到西边狩猎。此处指慈禧太后和光绪皇帝因八国联军入侵北京而逃到西安之事。

【译文】光绪二十三年（1897年），李鸿章充任武英殿总裁。光绪二十四年（1898年），朝廷命李鸿章前往山东查验黄河工程。李鸿章上疏称迁移居民来修筑堤坝，这样的工程很难完成，只有选择关键之处加固兴修两岸堤坝，疏通黄河入海口，才是救急和治标的良策。朝廷将李鸿章的上奏下达给相关部门审核商议后决定施行。

这年十月，李鸿章出任两广总督。光绪二十六年（1900年），朝廷赏赐李鸿章穿用绣有方龙图案的补服。义和团运动兴起，八国联军侵入北京，慈禧太后和光绪皇帝逃到西安。朝廷下诏让李鸿章进京，充任议和全权大臣，兼任直隶总督，诏书中有“此行关系到国家的安危存亡，你勉为其难”的话语。李鸿章听到朝廷的警报后日夜兼程向北京进发，并先派遣军队围剿京城附近的义和团，他孤身一人进京，左右前后都是敌对的外国军队，每天和外国使臣与将领们为条约内容进行争辩，最后达成了十二款和约。光绪二十七年（1901年）七月，签订丧权辱国的《辛丑条约》，外国列强相继从中国撤走。

大乱之后，公私荡然。鸿章奏陈善后诸务。开市肆，通有无，施粥散米，中外帖然。并奉诏行新政，设政务处，充督办大臣，旋署总理外务部事。积劳呕血薨，年七十有九。事闻，两宫震悼，赐祭葬，赠太傅，晋封一等侯，谥文忠。

【译文】经过这场大乱之后，无论是国家还是人民的财产，都荡然无存。李鸿章奏请善后各项事宜，开放市场以互通有无，施粥散米以赈济灾民，朝廷内外基本上恢复了秩序。他又奉诏实行新政，设立政务处，充任督办大臣，不久他又总理外务部的事务。最后积劳成疾，吐血而死，享年七十九岁。他的死讯报知朝廷，慈禧太后和光绪皇帝都十分震惊悲悼，亲赐祭葬，追赠他为太傅，晋封一等侯，赐谥号文忠。

鸿章长躯疏髯，性恢廓，处荣悴显晦及事之成败，不易常度，时以诙笑解纷难。尤善外交，阴阳开阖，风采凛然。外国与共事者，皆一时伟人。及八国定盟，其使臣大将多后进，视鸿章皆丈人行也，故兵虽胜，未敢轻中国。闻其薨，咸集吊唁，曰："公所定约不敢渝。"其任事持大体，不为小廉曲谨。自壮至老，未尝一日言退，尝以曾国藩晚年求退为无益之请，受国大任，死而后已。马关定约还，论者未已，或劝之归。鸿章则言："于国实有不能恝然之谊，今事败求退，更谁赖乎？"其忠勤皆类此。居恒好整以暇，案上置宋搨兰亭，日临摹百字，饮食起居皆有恒晷。长于奏牍，时以曾、李并称云。

【译文】李鸿章身材高大，胡须稀疏，秉性宽宏博大，无论身处荣显顺达还是挫折困顿，都能宠辱不惊，不改常度，常在诙谐谈笑中化解纠纷和为难之事。李鸿章尤其擅长外交事务，机警善变，纵横捭阖，风度翩翩，正气凛然。和他打交道的外国要人，都是一时的伟人。等到八国联军入侵北京，李鸿章和他们签订条约时，那些使臣和大将已大多是后进之辈了，他们都把李鸿章看作是政坛长辈，所以他们即使在军事上战胜中国，却不敢因此轻视中国。然而他们听到李鸿章的死讯后，都集体来吊唁，说："李公所签订的条约我们不敢违背。"李鸿章做事向来把握大体，不拘小节。从壮年到晚年，从来没有一天说过要辞官退休，他曾认为曾国藩晚年请求辞官是对国家没有益处的事情，深受国家倚重的大任，只能是鞠躬尽瘁，死而后已。《马关条约》签订以后返回京城，国人对他的责备还没停止，有人劝他辞官退休。李鸿章则回答："对于国家的事情，我实在不能有视而不见、袖手旁观之心，现在事情失败了却请求辞官，那么国家还能依赖谁呢？"李鸿章就是这样的忠诚和勤恳。他在日常生活中忙里偷闲，几案上放着一本宋朝拓印的《兰亭序》，每天临摹一百字，饮食起居都有固定的时刻。李鸿章擅长写奏章和公文，时人都把他和曾国藩并称。

论曰：中兴名臣，与兵事相终始，其勋业往往为武功所掩。鸿章既平大难，独主国事数十年，内政外交，常以一身当其冲，国家倚为重轻，名满全球，中外震仰，近世所未有也。

生平以天下为己任，忍辱负重，庶不愧社稷之臣；惟才气自喜，好以利禄驱众，志节之士多不乐为用，缓急莫恃，卒致败误。疑谤之起，抑岂无因哉？（清史稿卷四百十一）

【译文】史官评论说：清代几位中兴名臣，都与军事相始终，他们的功勋事业往往被军事上的胜利所掩盖。李鸿章在平定太平天国以后，独掌国家大权几十年，当时国家的内政外交等一切事务，常常是李鸿章负责，国家对他十分倚重，因此李鸿章名满全球，成为中外仰望的焦点人物，这是近代以来从未有过的事。李鸿章一生以天下为己任，忍辱负重，不愧是扶持社稷的栋梁之臣；但是李鸿章恃才傲物，沾沾自喜，喜欢用功名利禄来驱使众人，有志之士大多不喜欢为他所用，因而在国家遇到紧急情况时，李鸿章手中没有可用的人才，最终导致一系列的挫败和失误。人们对他的猜疑和诋毁纷纷兴起，难道事出无因吗？（清史稿卷四百十一）

左宗棠

【题解】左宗棠（1812—1885年）字季高，一字朴存，号湘上农人。湖南湘阴人。湘军著名将领，洋务派代表人物之一，与曾国藩等人并称“晚清中兴四大名臣”。

左宗棠曾就读于长沙城南书院，二十岁乡试中举，虽此后在会试中屡试不第，但留意农事，遍览群书，钻研舆地、兵法。后由幕友而起，参与平定太平天国运动、兴办洋务运动、镇压捻军，平定陕甘同治回乱，收复新疆，推动新疆置省。历任闽浙总督、陕甘总督、两江总督，官至东阁大学士、军机大臣，封二等恪靖侯。中法战争时，自请赴福建督师，1885年（光绪十一年）在福州病逝，享年73岁。

左宗棠一生为中华民族的统一做出了不可磨灭的伟大贡献，其见识和坚持都超出常人，这在《续编》辑录的文字中均有体现。

左宗棠，字季高，湖南湘阴人。道光十二年举人，三试礼部不第，遂绝意仕进，究心舆地、兵法。喜为壮语惊众，名在公卿间。尝以诸葛亮自比，人目其狂也。胡林翼亟称之，谓横览九州，更无才出其右者。年且四十，顾谓所亲曰："非梦卜[①]夐求，殆无幸矣！"

咸丰初，广西盗起，张亮基巡抚湖南，礼辟不就。林翼敦劝之，乃出。叙守长沙功，由知县擢同知直隶州。亮基移抚山东，宗棠归隐梓木洞。骆秉章至湖南，复以计劫之出佐军幕，倚之如左右手。僚属白事，辄问："季高先生云何？"由是忌者日众，谤议四起，而名日闻。同里郭嵩焘[②]官编修，一日，文宗召问："若识举人左宗棠乎？何久不出也？年几何矣？过此精力已衰，汝可为书谕吾意，当及时出为吾办贼。"林翼闻而喜曰："梦卜夐求时至矣！"

【注释】①梦卜：相传古代殷高宗武丁因梦见傅说，周文王姬昌占卜得吕尚。

②郭嵩焘（1818—1891年）：学名先杞，后改名嵩焘，字筠仙，号云仙、筠轩，别号玉池山农、玉池老人，湖南湘阴城西人。湘军创建者之一，晚清官员。因1875年云南发生马嘉理事件，英国要挟清朝派员赴英道歉，郭嵩焘担任出使英国大臣出使英国，这是中国历史上首位驻外使节。后因副使兼驻德公使刘锡鸿的诋毁和弹劾，黯然回国，称病回籍。

【译文】左宗棠，字季高，湖南湘阴人。道光十二年（1832年）考中举人，其后三次进京参加礼部主持的会试，但都没有考中，于是就放弃了靠科举考取功名的念头，专心研究古今地理、兵法。他喜欢出豪言壮语惊动众人，许多王公大臣都知道他很有才学。他曾自比诸葛亮，世人都把他看作狂妄之人。唯独胡林翼十分赞赏他，认为当今天下的人才，没有谁能超越他的。左宗棠年近四十的时候，对亲近的人说："如果没有意外的良机，我这辈子都没有出头的希望了！"

咸丰初年，太平天国起义在广西爆发，张亮基任湖南巡抚，礼聘左宗棠任职，左宗棠没有赴任。胡林翼恳切地劝说他，左宗棠才出任。就任后，左宗棠因守长沙有功，被朝廷由知县提升为直隶州同知。张亮基调任山东巡抚，左宗棠也辞官回到家乡的梓木洞隐居。新任巡抚骆秉章到湖南，见左宗棠隐居不出，就设计胁迫左宗棠出山辅佐自己谋划军事，把他当作自己的左膀右臂。每当下属向骆秉章汇报工作，骆秉章就会问："季高先生怎么说？”因此妒忌左宗棠的人越来越多，对左宗棠的非议和诋毁也越来越多，而左宗棠的名声也越来越大。他的同乡郭嵩焘官居翰林院编修，一天，咸丰帝召见郭嵩焘，问道：“你认识举人左宗棠吗？为什么他长久不出山呢？他有多大年龄了？如果再出山任职精力就会衰减了，你最好给他写信，把我的意思明白地告诉他，他应该及时出来为我镇压叛贼。”胡林翼听到这个消息后十分高兴地说：“意外的良机来了！”

六年，曾国藩克武昌，奏陈宗棠济师、济饷功，诏以兵部郎中用，俄加四品卿衔。

初，国藩创立湘军，诸军遵其营制，独王珍不用。宗棠募五千人，参用珍法，号曰“楚军”。十年八月，宗棠既成军而东，伪翼王石达开窜四川，诏移师讨蜀。国藩、林翼以江、皖事急，合疏留之。时国藩进兵皖南，驻祁门，伪侍王李世贤、忠王李秀成纠众数十万围祁门。宗棠率楚军道江西，转战而前，遂克德兴、婺源。贼趋浮梁景德镇，断祁门饷道。宗棠还师击之，大战于乐平、鄱阳，僵尸十余万，世贤易服逃，而徽州贼亦遁浙江。自是江、皖军势始振。

【译文】咸丰六年（1856年），曾国藩率军攻克武昌，在给朝廷的奏疏中表示左宗棠在增援兵力、接济军饷等方面立有功劳，朝廷下诏任用左宗棠为兵部郎中，不久又加封四品卿衔。

起初，曾国藩创立湘军，有统一制定的营制，唯独王珍统帅的一支军队不使用曾国藩制定的营制。左宗棠招募士兵五千人，参考王珍的方法，组建了一支号称“楚军”的部队。咸丰十年（1860年）八月，左宗棠的“楚军”已经建成，并率部东进镇压太平军，太平天国翼王石达开率部进入四川，朝廷诏令左宗棠率部前去四川围剿。曾国藩、胡林翼认为江西、安徽战事紧急，联合上疏奏请朝廷，将左宗棠留下。当时曾国藩进兵皖南，驻扎在祁门，太平天国侍王李世贤、忠王李秀成调集几十万大军围攻祁门。左宗棠率楚军取道江西，一路转战前进，攻下德兴、婺源。太平军直奔浮梁的景德镇，切断了祁门的饷道。左宗棠回师进攻，与太平军在乐平、鄱阳展开大战，杀死十多万太平军，李世贤化装逃脱，而徽州的太平军也逃到浙江。从此清军开始扭转了在江苏、安徽的军事形势。

十一年，诏授太常寺卿，襄办江南军务，乃率楚军八千人东援浙。朝命国藩节制浙江，国藩荐宗棠足任浙事。宗棠部将名者，刘典、王开来、王文瑞、王沐，数军单薄，不足资战守；乃奏调蒋益澧于广西，刘培元、魏喻义于湖南，皆未至，而宗棠以数千人策应七百余里，指挥若定，国藩服其整暇。已而杭州陷，复疏荐之，遂授浙江巡抚。

同治三年，六月，曾国荃克江宁，洪秀全子福瑱[①]奔湖州，俄复溃走，磔于南昌。七月，克湖州，尽定浙地。论功，封一等恪靖伯。

【注释】①福瑱：即洪天福贵，太平天国的幼天王。登基后，玉玺于名下横刻有“真主”二字，故清军误称是福瑱。太平天国首都南京被攻陷时，曾出逃到浙江湖州，但最终被俘，后在南昌被凌迟处死。

【译文】咸丰十一年（1861年），朝廷授任左宗棠为太常寺卿，令他帮办江南军务，于是左宗棠率领八千名楚军东援浙江。朝廷命曾国藩节制浙江，曾国藩举荐左宗棠足以担得起浙江的军事指挥任务。左宗棠部下有名的将领有刘典、王开来、王文瑞、王沐，但是这几支部队兵力单薄，难以担得起一个省的战守任务；于是左宗棠奏请从广西调来蒋益澧部，从湖南调来刘培元、魏喻义部，但他们都没赶到，左宗棠指挥这支几千人的部队在方圆七百多里的省境内来回策应，仍能指挥若定，曾国藩越发佩服他的从容不迫。不久杭州被太平军攻陷，曾国藩又上疏举荐左宗棠，于是朝廷授任左宗棠浙江巡抚。

同治三年（1864年），六月，曾国荃率部攻克太平天国首都江宁，洪秀全的儿子洪天福贵逃往湖州，不久又兵败逃走，最后在江西南昌被凌迟处死。同年七月，左宗棠率部攻克湖州，将浙江境内的太平军全部肃清。朝廷评定左宗棠的功劳，封他为一等恪靖伯。

五年，宗棠以粤寇既平，首议减兵并饷，加给练兵。又以海禁开，非制备船械不能图自强，乃创船厂马尾山下，荐起沈葆桢主其事。会王师征西陲回乱久无功，诏宗棠移督陕、甘。

六年，十二月，入觐，天语褒嘉，且询西陲师期。宗棠对以五年，后卒如其言焉。

十三年，晋东阁大学士，留治所。自咸丰初，天下大乱，粤盗最剧，次者捻逆，次者回。宗棠既手戡定之，至是陕、甘悉靖，而塞外平回，朝廷尤矜宠焉。

【译文】同治五年（1866年），左宗棠认为太平天国已被镇压，就首次提出裁减军队，合并军饷，加紧训练精兵。又认为海禁已经放开，若不制造和装备轮船火器就不能达到自强的目的，于是他在福州马尾山下创设一座造船厂，并向朝廷举荐沈葆桢主持造船厂工作。恰逢清军讨伐西北地区回族叛乱久不见成效，朝廷诏令左宗棠出任陕甘总督，率部前去镇压叛乱。

同治六年（1867年），十二月，左宗棠入京觐见同治帝，同治帝对他亲口加以褒奖和称赞，并且询问他平定陕甘回族叛乱的日期。左宗棠说要用五年时间，后来结果果然如他所料。

同治十三年（1874年），左宗棠晋升为东阁大学士，继续留任陕甘总督，驻扎在治所兰州。自从咸丰初年以来，天下大乱，混战不断，其中太平天国的声势最大，其次是捻军叛乱，再次是陕甘回族叛乱。左宗棠亲手平定了陕甘回族叛乱后，陕甘地区从此完全稳定下来，而左宗棠收复新疆的巨大功绩，更得到了朝廷特别的赏识器重。

塞外回酋曰帕夏，本安集延部之和硕伯克也。安集延故属敖罕[①]，敖罕为俄罗斯所灭，安集延独存。帕夏畏俄逼，阑入边。据喀什噶尔，稍蚕食南八城，又攻败乌鲁木齐所踞回妥明。妥明者，西宁回也，初以新教游关外。同治初，乘陕甘汉、回构变倡乱，据乌城。帕夏既攻败妥明降之，遂并有北路伊犁诸城，收其赋入。妥明旋被逐，走死，而白彦虎窜处乌城，仍隶帕夏。帕夏能属役回众，通使结援英、俄，购兵械自备。英人阴助之，欲令别立为国，用捍蔽俄。当是时，俄以回数扰其边境，遽引兵逐回，取伊犁，且言将代取乌鲁木齐。

【注释】①敖罕：因音译不同，有浩罕、霍罕、敖罕、郭酣、蒿汉之称。部落名、国名，18世纪初由乌兹别克明格部落建立，后曾为清朝藩属，国力渐强，不受清朝羁縻，于1876年被清朝灭国，置费尔干纳省。

【译文】塞外回部首领称为帕夏，本来是安集延部的和硕伯克。安集延以前属于中亚的敖罕，敖罕被沙俄所灭，唯独安集延部保存了下来。帕夏畏惧俄罗斯进逼而威胁自己的生存，于是擅自闯入中国境内。占据喀什噶尔城，并渐渐蚕食新疆南八城，又打败了据守在乌鲁木齐的回族妥明。所谓的妥明，就是西宁回民首领，起初在关外以传教为名四处游历。同治初年，妥明乘陕甘回汉两族互斗之机发动叛乱，占据乌鲁木齐。帕夏打败妥明以后，妥明就投降了他，于是帕夏又吞并了天山北路伊犁等城，并在那里征收赋税。妥明不久被驱逐出城，死在出走途中，而白彦虎率部逃到乌鲁木齐，归顺了帕夏。帕夏在广大的新疆地区进行殖民统治，并派使节和英国、沙俄进行勾结，储备购买枪支弹药。英国政府暗中帮助帕夏，企图让他建立一个独立国家，用以阻挡沙俄南下势力。那时候，沙俄借口回人多次侵扰其边境，为了维护边境安全，便出兵驱逐回人，攻占伊犁，并声称要代清廷攻取乌鲁木齐。

光绪元年，宗棠既平关陇，将出关，而海防议起。论者多言自高宗定新疆，岁糜数百万，此漏卮也。今至竭天下力赡西军，无以待不虞，尤失计。宜徇英人议，许帕夏自立为国称藩，罢西征，专力海防。鸿章言之尤力。宗棠曰："关陇新平，不及时规还国家旧所没地，而割弃使别为国，此坐自遗患。万一帕夏不能有，不西为英并，即北折而入俄耳。吾地坐缩，边要尽失，防边兵不可减，糜饷自若。无益海防而挫国威，且长乱。此必不可。"军机大臣文祥独善宗棠议，遂决策出塞，不罢兵。授宗棠钦差大臣，督军事，金顺副之。

【译文】光绪元年（1875年），左宗棠平定陕甘回部叛乱后，即将西出嘉峪关，而这时塞防、海防的争论在朝廷内部兴起。议论的人大多认为乾隆皇帝为了平定新疆，一年就耗费几百万两白银，这是国库的漏斗啊。如今耗尽天下财力来负担西征军的费用，国家再无能力防范其他不测之事，这尤其是大的失策。应该听从英国建议，允许帕夏在新疆建立一个中国的藩属国，取消西征新疆计划，并全力建设东部海防。其中，李鸿章极力主张这种观点。左宗棠说："陕甘回部叛乱刚平定，如果不及时收复国家原有疆土，而割弃给他人另立一个国家，这是给自己留下祸患而坐视不理。万一帕夏不能统治该地，那么新疆不是向西并入英国的殖民地，就是向北被并入沙俄。我国的疆域就由此大为缩小，边防要地全部丧失，但保卫边防的军队并不会由此减少，依然会耗费军饷。这对于东部海防没有益处却极大地损害了国家的声威，而且会助长叛乱。这样的办法万万不可行。”唯独军机大臣文祥极为赞赏左宗棠的建议，于是清廷做出决定让左宗棠率部出塞收复疆土，不取消西征的计划。授任左宗棠为钦差大臣，负责指挥收复新疆的军事行动，金顺担任副手，辅助左宗棠。

二年三月，次肃州。五月，锦棠北逾天山，会金顺军先攻乌鲁木齐，克之。白彦虎遁走托克逊。九月，克玛纳斯南城，北路平，乃规南路。令曰：“回部为安酋[①]驱迫，厌乱久矣。大军所至，勿淫掠，勿残杀。王者之师如时雨，此其时也。”三年三月，锦棠攻克达坂城，悉释所擒缠回[②]，纵之归。南路惋惧，翼日，收托克逊城，而占彪及孙金彪两军亦连破诸城隘，合罗长祜等军收吐鲁番，降缠回万余。帕夏饮药死，其子伯克胡里戕其弟，走喀什噶尔。

【注释】①安酋：即浩罕安集延部之阿古柏。阿古柏为穆罕默德·雅霍甫的汉译名称。在英俄的暗中支持下，阿古柏盘踞在新疆，后被左宗棠所灭。

②缠回：是清朝到民国中期对维吾尔族的旧称。

【译文】光绪二年（1876年）三月，左宗棠率部驻扎在肃州。同年五月，刘锦棠率部向北翻越天山，联合金顺所率部队首先进攻乌鲁木齐，攻下城池。白彦虎逃到托克逊。同年九月，攻下了玛纳斯南城，天山北路被平定，于是进而收复天山南路。左宗棠下令说："新疆地区的人民群众长期遭受安集延部首领阿古柏的欺压驱使，人民厌恶战乱很久了。我们的大军所到之处，不许奸杀淫掠，不许残害百姓。帝王的军队就像是久旱后的及时雨，现在正是我们解救他们的时候。"光绪三年（1877年）三月，刘锦棠率部攻克达坂城，将俘获的维吾尔族人全部释放，让他们回家。天山南路的叛军惊惧不安，次日，收复托克逊城，而徐占彪及孙金彪所率领的两支清军也接连攻破各个城池堡垒，联合罗长祐等部军队收复吐鲁番，投降的维吾尔族人有一万多人。帕夏服毒自杀，帕夏的儿子伯克胡里杀死自己的弟弟海古拉，逃到喀什噶尔。

白彦虎走开都河，宗棠欲遂擒之，奏未上，适库伦大臣上言西事宜画定疆界，而廷臣亦谓西征费巨，今乌城、吐鲁番既得，可休兵。宗棠叹曰："今时有可乘，乃为画地缩守之策乎？"抗疏争之，上以为然。时俄方与土耳其战，金顺请乘虚袭伊犁。宗棠曰："不可。师不以正，彼有辞矣。"八月，锦棠会师曲会，遂由大道向开都河为正兵，余虎恩等奇兵出库尔。白彦虎走库车，趋阿克苏，锦棠遮击之，转遁喀什噶尔。大军还定乌什，遂收南疆东四城，何步云以喀什汉城[1]降。伯克胡里既纳白彦虎，乃效力攻汉城。大军至，复遁走俄。西四城相继下，宗棠露布②以闻，诏晋二等侯。布鲁特十四部争内附。

【注释】①喀什汉城：全称为喀什噶尔汉城，也称徕宁城，位于喀什噶尔（今新疆喀什）回城西北二里许。

②露布：指一种写有文字并用以通报全国的帛制旗帜，多指军队捷报。

【译文】白彦虎败走开都河，左宗棠计划追击活捉他，这一计划还未奏呈，这时，驻扎库伦的大臣上言认为新疆战事应该停止，到了划定疆界的时候，而廷臣也认为西征耗费巨大，如今乌鲁木齐、吐鲁番既然收复，可以休兵停战了。左宗棠听后叹息说："现在正可以趁机扩大战果，怎么竟然做出画地缩守这样的决策呢？"左宗棠直言上疏，极力争辩，光绪皇帝认同他的看法。当时，沙俄正和土耳其交战，金顺请求乘沙俄兵力空虚偷袭伊犁。左宗棠说："不行。我们如果不堂堂正正地出兵，那沙俄就有借口了。"同年八月，刘锦棠率部和左宗棠在曲会会师，于是左宗棠命刘锦棠率部作为正面进攻部队从大道向开都河奔袭，派余虎恩等部作为奇兵攻占库尔。白彦虎败走库车，又直奔阿克苏，刘锦棠率部截击，白彦虎只能逃向喀什噶尔。大军回师平定了乌什，至此收复南疆东四城，喀什汉城的何步云献城投降。伯克胡里接纳白彦虎后，两支部队合力攻打喀什汉城。清军大部队赶来，两人又逃入沙俄境内。这样，南疆西四城相继被攻下，左宗棠将捷报上奏朝廷，清廷下诏晋升他为二等侯。至此，新疆的布鲁特十四部争相归附。

四年正月，条上新疆建行省事宜，并请与俄议还伊犁、交叛人二事。诏遣全权大臣崇厚使俄。俄以通商、分界、偿款三端相要。崇厚遽定约，为朝士所纠，议久不决。宗棠奏曰："自俄踞伊犁，蚕食不已，新疆乃有日蹙百里之势。臣维俄人包藏祸心，妄忖吾国或厌用兵，遂以全权之使臣牵制疆臣。为今之计，当先之以议论，委婉而用机，次决之以战阵，坚忍而求胜。臣虽衰慵无似，敢不勉旃。"上壮其言，嘉许之。崇厚得罪去，命曾纪泽使俄，更前约。于是宗棠乃自请出屯哈密，规复伊犁。

【译文】光绪四年（1878年）正月，左宗棠上疏，逐条列出在新疆设置行省的各项事宜，并请求清廷与沙俄就归还伊犁、交出叛徒两件事进行谈判。清廷下诏派遣全权大臣崇厚出使沙俄。沙俄以通商、划分疆界、赔款三件事要挟中国。崇厚受沙俄威逼，匆忙之下与之签订条约，受到朝中官员检举，清廷商议很久也没做出决定。左宗棠上奏说："自从沙俄盘踞伊犁，不断蚕食中国疆土，新疆的国土每天都有收缩百里的势头。臣认为沙俄包藏祸心，妄图利用我国中有些人厌恶战争的机会，借朝廷派出的全权使臣来牵制主战的守疆大臣。为今之计，我们应当首先为国家主权而与之谈判，不露声色但要看准时机，其次是通过战争以决胜负，用坚忍不拔的态度去争取胜利。臣虽年老无能，但也不敢不尽力而为。”光绪帝觉得左宗棠这番话无比雄壮豪迈，嘉奖赞许了他。崇厚获罪被免去全权大臣之职，改命曾纪泽出使沙俄，重新和沙俄谈判，修改崇厚签下的条约。这时左宗棠也请求出兵并驻守哈密，准备以武力收复伊犁。

六年四月，宗棠舆榇[①]发肃州。俄闻王师大出，增兵守伊犁、纳林河，别以兵船翔海上，用震撼京师，同时天津、奉天、山东皆警。七月，诏宗棠入都备顾问，以锦棠代之。而俄亦慑我兵威，恐事遂决裂。明年正月，和议成，交还伊犁，防海军皆罢。

【注释】①舆榇（chèn）：用车载着棺木，表示誓死。榇，原指空棺，后泛指棺木。

【译文】光绪六年（1880年）四月，左宗棠命部队抬着棺材从肃州出发，以示与沙俄决一死战。沙俄听闻清军大举出兵，增援部队加强守卫伊犁、纳林河，另外派军舰在中国海面上游弋，企图用以震慑京城，同时天津、奉天、山东各地都有战争警报。同年七月，朝廷诏令左宗棠入京以备顾问，以刘锦棠代替他指挥新疆战事。但是沙俄也震慑于中国的军队实力，担心谈判决裂导致两国交战。次年正月，中俄双方达成和议，签订《中俄伊犁条约》，沙俄将伊犁交还中国，边防军和海军都解除了战争状态。

宗棠用兵善审机，不常其方略。初议西事，主兴屯田，闻者迂之；及观宗棠奏论关内外旧屯之弊，以谓挂名兵籍，不得更事农，宜画兵农为二，简精壮为兵，散愿弱使屯垦，然后人服其老谋。

十年七月，卒于福州，年七十三，赠太傅，谥文襄。

【译文】左宗棠在用兵作战时审时度势，把握战机，不固定使用一种谋略，多有变化。起初筹划收复新疆战事时，主张大兴屯田以解决军粮问题，听到的人都认为迂阔难行；等看到左宗棠上奏评论嘉峪关内外原有屯田的种种弊端，指出原先挂名兵籍的士兵不得从事农业生产，应该将兵农分开，简选精壮的人作为士兵，从事专一作战，让那些老弱残兵屯田垦地，这时众人才佩服他的老谋深算。

光绪十年（1884年）七月，左宗棠在福州去世，享年七十三岁，追赠为太傅，谥号文襄。

宗棠为人多智略，内行甚笃，刚峻自天性。穆宗尝戒其褊衷。始未出，与国藩、林翼交，气陵二人出其上。中兴诸将帅，大率国藩所荐起，虽贵，皆尊事国藩。宗棠独与抗行，不少屈，趣舍时合时不合。国藩以学问自敛抑，议外交常持和节；宗棠锋颖凛凛向敌矣，士论以此益附之。然好自矜伐，故出其门者，成德达材不及国藩之盛云。

【译文】左宗棠为人足智多谋，内在修行很有操守，天性刚正严峻。光绪帝曾告诫左宗棠不要心胸狭隘。起初还未出山时，左宗棠就与曾国藩、胡林翼相结交，但是身为布衣的左宗棠的气势常常凌驾于曾、胡二人之上。同光中兴的将帅，大多是由曾国藩举荐而被起用的，即使显贵以后，都非常恭敬曾国藩。唯独左宗棠与他分庭抗礼，一点也不退让，两人的主张时而合，时而不相合。曾国藩学问深厚，谦恭退让，在外交上主张和外国维持和局；左宗棠则主张在外交上与侵略者针锋相对，所以士林舆论更加趋附于他。然而左宗棠喜好自夸，性情高傲，因此出自他门下的德才兼备的人才远不如曾国藩多。

论曰："宗棠事功著矣，其志行忠介，亦有过人。廉不言贫，勤不言劳。待将士以诚信相感。善于治民，每克一地，招徕抚绥，众至如归。论者谓宗棠有霸才，而治民则以王道行之，信哉。宗棠初出治军，胡林翼为书告湖南曰："左公不顾家，请岁筹三百六十金以赡其私。"曾国藩见其所居幕狭小，为别制二幕贻之，其廉俭若此。初与国藩论事不洽，及闻其薨，乃曰："谋国之忠，知人之明，自愧不如。"志益远矣。（清史稿卷四百十二）

【译文】史官评论说："左宗棠功勋卓著，他的志向和品行忠贞耿介，也有过人之处。清廉自守，不言清贫，勤政但不抱怨劳苦。以诚信对待将士，将士也以诚信相待。他善于治理百姓，每攻克一座城池，都要在当地招徕流亡、妥当安抚，让在外流亡的百姓好像回家一样。评论者说左宗棠有霸才，但是治理百姓却以王道的方法来实行，的确是这样啊。左宗棠刚出山统帅军队时，胡林翼就写信告诉湖南同乡说："左公不顾念家庭，请求每年筹措三百六十两银子赡养他的家属。"曾国藩看见左宗棠居住的军帐狭小，为他另外建造两座军帐送给他，左宗棠就是这样廉洁节俭。起初左宗棠与曾国藩讨论某些事情时并不融洽，但是，等得知曾国藩的死讯时，左宗棠说："谋国之忠，知人之明，自愧不如。"从这可以看出左宗棠更远大的志向。（清史稿卷四百十二）

刘铭传

【题解】刘铭传（1836—1896年），字省三，安徽合肥（今安徽肥西县）人。系台湾省首任巡抚，洋务派骨干之一。1864年，授直隶提督。无锡之战中，率中路淮军俘太平军黄子隆以下两万余人。先后于黄陂、潍县、寿光等地败东捻军。后向李鸿章献计，将西捻军引到黄河、运河、徒骇河之间的狭长地带，铭军在西捻军被围后与之决战，致西捻军全军覆没。以收平西捻军的全功而晋爵一等男。1884年，以弱胜强、以少胜多，于淡水等地率军击败法国舰队进犯。

1885年，任台湾巡抚。在台任职期间，进行编练新军，修建铁路等一系列洋务改革；开煤矿，创办电讯，改革邮政，发展航运事业，促进台湾贸易，发展教育事业，促进了台湾近代工商业发展，台湾防务亦日益巩固，为台湾的现代化奠定了深远基础。后加兵部尚书衔，帮办海军军务，1891年辞职。其治台策略与理念，后来由日据时期台湾总督府承续，是推动台湾现代化建设的先驱者，有台湾洋务运动之父和台湾近代化之父之誉。

《续编》节选了一段他论述兵事的奏疏，主要讨论了修建铁路对于作战的重要性。

刘铭传，字省三，安徽合肥人。少有大志。咸丰四年，粤匪陷庐州，乡团筑堡自卫。其父惠世为他堡豪者所辱，铭传年十八，追数里杀之，自是为诸团所推重。同治元年，李鸿章募淮军援江苏，铭传率练勇从至上海，号铭字营。李鸿章代国藩督师，铭传专剿东捻，东至郓城，西至京山，大小数十战。

【译文】刘铭传，字省三，安徽合肥人。从小便胸怀大志。咸丰四年（1854年），太平军攻陷庐州，当地乡团修筑堡垒自卫。刘铭传的父亲刘惠世被其他堡垒的豪强侮辱，刘铭传当时只有十八岁，追赶数里后杀死了那个豪强，从此便被各乡团推重。同治元年（1862年），李鸿章招募淮军以支援江苏，刘铭传率领练勇跟随到上海，号称“铭字营”。李鸿章代替曾国藩统率全军，刘铭传专门负责围剿东捻军，东至郓城，西至京山，刘铭传率众与捻军在此展开了大小数十次战斗。

光绪六年，俄罗斯议还伊犁，有违言，急备边。召铭传至京，疏陈兵事，略谓："练兵造器，固宜次第举行，其机括则在铁路。铁路之利，不可殚述，于用兵尤为急不可缓。中国幅员辽阔，防不胜防，铁路一开，南北东西呼吸相通，无征调仓皇之虑，无转输艰阻之虞，从此裁兵节饷，并成劲旅，一兵可得十兵之用。权操自上，不为疆臣所牵制，立自强之基础，杜外人之觊觎，胥在于此。"疏上，虽格未行，中国铁路之兴，实自铭传发之。（清史稿卷四百十六）

【译文】光绪六年（1880年），俄罗斯在与清廷商议归还伊犁问题时，因言语冲突而失和，清廷紧急加强边境防守。朝廷召刘铭传进京，他上疏陈说军事，奏疏大致说："训练士兵，制造兵器，本应按照次第进行，其关键就在于铁路。铁路的好处叙述不尽，在用兵作战上更为紧急，不能延缓。中国幅员辽阔，防不胜防，铁路一旦开通，南北东西呼吸相通，不会再有仓皇征调的忧虑，也没有运输艰难的担心，从此可以裁减兵力节省开支，将军队合并，成为精锐之师，使士兵起到以一当十的作用。大权由皇上操纵，不再被驻疆官吏所牵制，这就打下了自强的基础，杜绝了外国人的非分之想，一切都在于此。"奏疏呈上后，虽被搁置没能实行，但中国铁路的兴起，实际上是刘铭传发起的。（清史稿卷四百十六）

戴鸿慈

【题解】戴鸿慈（1853—1910年），字光孺，号少怀，晚号毅庵，广东南海县（今广东南海区）人。清末出国考察五大臣之一，近代中国第一位司法部长。戴鸿慈身历咸丰、同治、光绪、宣统四朝，官至礼部尚书、法部尚书、军机大臣、协办大学士，正一品官阶。是清末具有爱国思想，享有“知新”时誉， 成为朝中官僚立宪派的一品重臣。

光绪三十一年（1905年），清政府特派大臣到欧美考察政治，即著名的“五大臣出洋”。戴鸿慈为五大臣之一，出使美、英、法、德和丹麦、瑞士、荷兰、比利时、意大利等国。欧美考察，使戴鸿慈大开眼界，认识到中国只有改革才有出路，归国后奏请立宪和中央官制改革。改刑部为法部，戴鸿慈首任尚书，由此终结了中国数千年司法和行政不分的状况，揭开了实行司法独立的制度架构。这些在《续编》中都有节选。

戴鸿慈，字少怀，广东南海人。光绪二年进士，改庶吉士，以编修督学山东。二十年，大考一等，擢庶子。擢刑部侍郎。

【译文】戴鸿慈，字少怀，广东南海（今广东南海区）人。光绪二年（1876年）进士，后改为庶吉士，以翰林院编修到山东督学。光绪二十年（1894年），戴鸿慈在朝廷举办的翰詹大考中名列一等，被擢升为庶子。后又擢升刑部侍郎。

三十一年，命五大臣出使各国考求政治，鸿慈与焉。将发，党人挟炸药登车狙击，从者或被创，人情惶惧。鸿慈从容诣宫门取进止，两宫慰谕，至泣下，遂行。历十五邦，凡八阅月，归国。与载泽[①]、端方[②]、尚其亨[③]、李盛铎[④]等裒辑《列国政要》百三十三卷、《欧美政治要义》十八章，会同进呈。并奏言："各国治理大略，以为观其政体：美为合众，而专重民权；德本联邦，而实为君主；奥、匈同盟，仍各用其制度；法、义同族，不免偏于集权；唯英人循秩序而不好激进，其宪法出于自然之发达，行之百年而无弊。反乎此者，有宪法不联合之国，如瑞典、挪威则分离矣；有宪法不完全之国，如土耳其、埃及则衰弱矣；有宪法不平允之国，如俄罗斯则扰乱无已时矣。种因既殊，结果亦异。故有虽革改而适以召乱者，此政体之不同也。觇其国力，陆军之强莫如德，海军之强莫如英，国民之富莫如美，此国力之不同也。窥其政略，则俄、法同盟，英、日同盟，德、奥、义同盟，既互相倚助以求国势之稳固；德、法摩洛哥之会议，英、俄东亚之协商，其对于中国者，德、美海军之扩张，美、法屯军之增额，又各审利害以为商业之竞争。盖列强对峙之中，无有一国孤立可以图存者，势使然也。况人民生殖日繁，智识日开，内力亦愈以澎涨。故各国政策，或因殖民而造西伯利亚之铁路，或因商务而开巴拿马之运河，或因国富而投资本于世界，均有深意存焉。此政略之不同也。验其民气，俄民志伟大而少秩序，其国失之无教；法民好美术而流晏逸，其国失之过奢；德民性倔强而尚武勇，其国失之太骄；美民喜自由而多放任，其国失之复杂；义民尚功利而近贪诈，其国失之困贫；惟英人富于自治自营之精神，有独立不羁之气象，人格之高，风俗之厚，为各国所不及。此民气之不同也。臣等观于各国之大势既如此，又参综比较，穷其得失之源，实不外君臣一心，上下相维，然后可收举国一致之益。否则，名实相悬，有可以断其无效者，约有三端：一曰，无开诚之心者国必危。西班牙苛待殖民，致有斐律宾、古巴之败。英鉴于美民反抗，而于澳洲、坎拿大两域予人民以自治之权，致有今日之强盛，开诚故也。俄灭波兰而用严法以禁其语言，今揭竿而起要求权利者，即波兰人也。又于兴学练兵，皆以专制为目的，今满洲之役，不战先溃。莫斯科、圣彼得堡之暴动，即出于军人与学生也。防之愈密，而祸即伏于所防之中，患更发于所防之外，不开诚故也。二曰，无虑远之识者国必弱。俄以交通之不便，而用中央集权，故其地方之自治，日以不整。美以疆域之大，而用地方分权，故其中央与地方之机关，同时进步。治大国与治小国固不侔也。德以日尔曼法系趋于地方分权，虽为君主之国，而人民有参与政治之资格。法以罗马法系趋于中央集权，虽为民主之国，而政务操之官吏之手，人民反无自治之能力。两相比较，法弱于德，有由来矣。三曰，无同化之力者国必扰。美以共和政体，重视人民权利，虽人种复杂，而同化力甚强，故能上下相安于无事。土耳其一国之中，分十数种族，语言宗教各不相同，又无统一之机关，致有今日之衰弱。俄则种族尤杂，不下百数，语言亦分四十余种，其政府又多歧视之意见，致有今日之纷乱。奥、匈两国虽同戴一君主，而两族之容貌、习尚、语言、性情迥殊，故时起事端，将来恐不免分离之患。盖法制不一，畛域不化，显然标其名为两种族之国，未有能享和平、臻富强者矣。此考察各国所得之实在情形也。窃惟学问以相摩而益善，国势以相竞而益强。中国地处亚东，又为数千年文化之古国，不免挟尊己卑人之见，未尝取世界列国之变迁而比较之。甲午以前，南北洋海陆军制造各厂同时而兴，声势一振。例之各省，差占优胜矣。然未尝取列国之情状而比较之也。故比较对于内，则满盈自阻之心日长；比较对于外，则争存进取之志益坚。然则谋国者亦善用其比较而已。”

【注释】①载泽（1868—1929年）：即爱新觉罗·载泽，初名载蕉，字荫坪。晚清宗室大臣，立宪派的重要人物，满洲正黄旗人。清圣祖爱新觉罗·玄烨六世孙。

②端方（1861—1911年）：即托忒克·端方，字午桥，号陶斋，清末大臣，金石学家。满洲正白旗人，官至直隶总督、北洋大臣。

③尚其亨（1859—1920年）：字惠丞，一字伯恒，号会臣，晚号达庵，海城人，清朝官员。平南敬亲王尚可喜第七子，和硕额驸尚之隆八世孙。光绪十八年（1892年）进士。1905年为清政府公派出洋考察。

④李盛铎（1859—1934年）：字义樵，又字椒微，号木斋，别号

师子庵旧主人，师庵居士等，晚号鹿嘉居士。江西省德化县（今江西九江）人。历任清朝翰林院编修、国史馆协修、江南道监察御史、内阁侍读大学生、京都大学堂京办、顺天府府丞、太常侍卿、出使各国政治考察大臣、山西布政司、陕西巡抚等职。1934年因病逝世。

【译文】光绪三十一年（1905年），朝廷命五位大臣出使各国考察政治，戴鸿慈也与他们一同出访。将要出发时，革命党人挟带炸药登上列车埋伏在暗处伺机袭击，跟随出使的人有的被炸伤，一时间人心惶惶。戴鸿慈从容镇定地来到宫门前请示进退去留，慈禧太后和光绪帝对其进行安慰，戴鸿慈热泪盈眶，毅然出行。大臣们一共游历了十五个国家，历时八个多月后回国。戴鸿慈与载泽、端方、尚其亨、李盛铎等汇编《列国政要》一百三十三卷及《欧美政治要义》十八章，一同进呈给朝廷。并上奏说："各个国家治国的大概情况，应该从各国的政体上来观察：美国为合众国，对民权特别重视；德国本为联邦制国家，而实际上却是君主制；奥地利、匈牙利两国是同盟国，但它们都有各自的制度；法国和意大利是同一民族，两国不免偏于集权；只有英国人最遵守秩序，不喜欢激进，英国的宪法是根据本国情况发展演变而来的，已实行了上百年仍然没什么弊端。与英国相反，有的国家有宪法却没有统一的国家，如瑞典、挪威就一直处于分崩离析的状态；有的国家有宪法，而国家却不完整，如土耳其和埃及就已开始走向衰弱；有的国家有宪法但并不完善，如俄罗斯的动荡纷争就一直没有停止。各个国家都有自己特殊的发展原因，其结果也就各不相同。所以，有的国家虽然进行改革，却反而招致内乱，这是因为它们的政体各不相同。再来看看各国的国力，陆军中最强大的莫过于德国，海军中最强大的莫过于英国，国民最富有的莫过于美国，这是国力各不相同。再来观察一下它们的政治策略，俄国与法国是同盟国，英国与日本是同盟国，德国、奥匈帝国和意大利是同盟国，它们都互相倚靠协助，以求国势稳固；德国、法国曾为争夺摩洛哥举行谈判；英国与俄国为争夺东亚而进行协商，尤其是针对中国的；德、美两国的海军不断扩张，美、法两国驻军数量不断增加，这都是各自权衡利害关系后为本国争夺商业利益而开展的竞争。在列强对峙的关系中，没有任何一个国家能在孤立的情况下以求存在，这是由目前严峻的世界形势所决定的。而且世界人口不断增加，人们的智慧识见也日益开阔，各个国家内部的压力也日渐膨胀。所以，有的国家因殖民扩张而修建西伯利亚大铁路，有的国家因拓展商务而开凿巴拿马运河，有的国家因为富裕而到世界各地投资，都有深意蕴含其中。这是各国在政治策略上的不同。再去查验一下各国民众的精神气概，俄国民众志气伟大但缺少秩序，因此在国民教育上还有欠缺；法国民众喜欢美术而乐享安逸，因此国家过于奢华；德国民众性格倔强而崇尚威武勇猛，因此国家过于骄慢；美国民众喜好自由且放任无羁，因此国家常处于纷乱复杂的局面；意大利人崇尚功利而贪婪狡诈，因此其国处于贫困之中；只有英国人富于自律、自治、自营的精神，因此具有独立不羁的气象，其国人格之高尚，风俗之淳厚是其他国家所无法企及的。这是各国民众精神气概的不同。臣等视察各国的大略情况就是这些，对这些情况进行参考综合、比较分析，发现各国得失的根源，实不外乎君臣一心，上下互相维护，然后就可以收到举国上下目标一致的利益。否则，如果名实相距甚远，将会使国家无法继续发展，大致有三个方面：一是，如果执政者没有开诚布公之心，则国家必会处于危险境地。西班牙苛刻对待殖民地百姓，导致在菲律宾、古巴出现败绩。英国鉴于美洲民众的反抗，而在澳大利亚、加拿大两个区域给予当地民众以高度自治权，所以才有今日的强盛，这都是因为英国的坦诚相待。俄国吞并波兰而使用严酷的法令禁止波兰自己国家的语言，因此现在波兰人要求自治，为恢复本民族语言，揭竿而起，反抗俄罗斯。俄罗斯也曾兴办自己的学校，训练军队，但都以维护专制为目的，以至于在日俄战争中，不战先败。莫斯科、圣彼得堡发生的暴动，就是出自军人和学生。防范越严密，就越有灾祸潜伏，祸患也会爆发于防范之外，这都是国家不能坦诚相待的缘故。二是，不具备长远发展眼光的国家必然会走向衰弱。俄国因为交通不便，实行中央集权，因此俄国地方自治日益紊乱。美国因为疆域广大，而采用地方分权制，所以中央与地方机构得以共同进步。治理大国和小国在根本上来说是不一样的。德国因属于日耳曼而趋于地方分权，虽然是君主国家，但人民有参与政治的资格。法国因属于罗马法系而趋于中央集权，虽为民主国家，但政权却操纵在官吏手中，民众反倒没有自治能力。将这两个国家相比较，可以看到法国弱于德国，这是有其原因的。三是，没有同化力的国家必然会有困扰。美国因为实行共和政体，重视人民权利，虽然人种复杂，但由于国家的同化力特别强，所以能使上下相安无事。在土耳其，一国之中有十多个种族，彼此语言、宗教各不相同，又没有统一的国家机构，以致出现今日的衰弱之象。俄国种族尤其繁杂，不下上百种，语言也有四十余种，而俄国政府又有很强的民族歧视偏见，以致造成今日的纷乱局面。奥地利、匈牙利两个国家虽然共同尊奉一位君主，但两族人民的容貌、习俗、语言、性情迥然不同，所以时常挑起事端，将来恐怕难免会有分离之患。大概因为法制不一，地域不同，民众之间还有分别，甚至明显标明为两个种族的国家，没有能享受和平、使国家趋于富强的。这就是我们出国考察而得到的各国实际情况。我们私下认为学问要经过反复揣摩才能不断完善，国势要经过相互竞争才能日益强大。中国地处亚洲东部，又是拥有数千年文明的古国，就不免挟带尊己卑人的偏见，却没有从世界各国的变迁中吸取经验教训，加以比较。甲午战争之前，南北洋海陆军及各制造工厂同时兴起，一时间声势大振。与各省相比，他们占有很大优势。然而他们却没与各国的发展情况作比较。所以，如果只是在国内进行比较的话，自满之心就会日益滋长，将会阻碍国家发展；如果与国外进行比较，就会使争先占优、进取求存的意志更加坚定。所以，善于为国家利益谋划的人也不过是善用比较罢了。”

又奏：“臣等旷观世界大势，深察中国近情，非定国是，无以安大计。国是之要，约有六事：一曰举国臣民立于同等法制之下，以破除一切畛域；二曰国是采决于公论；三曰集中外之所长，以谋国家与人民之安全发达；四曰明宫府之体制；五曰定中央与地方之权限；六曰公布国用及诸政务。以上六事，拟请明降谕旨，宣示天下以定国是，约于十五年或二十年颁布宪法，召集国会，实行一切立宪制度。”

【译文】戴鸿慈等人还上奏：“臣等纵观世界发展的大趋势，再深入考察中国近年的情形，如果不确定一个长远重大的国策，就无法实现安定天下的大计。确定长远国策的重点，大致包括以下六事：第一，全国臣民处在同等法律制度之下，以破除一切地域、民族界限；第二，长远重大国策的制定、采用要取决于公众的意见；第三，要集合中外所长于一身，以谋求国泰民安；第四，明确宫廷及政府各自的体制；第五，确定中央与地方的权限；第六，公布国家的财政收支及各种政务。以上六事，请求皇上能明确降旨，宣告天下以确定长远国策，大约用十五或二十年的时间来颁布宪法，召集国会，实行君主立宪制度。”

又奏：“实行立宪，既请明定期限，则此十数年间，苟不先筹预备，转瞬届期，必至茫无所措。今欲廓清积弊，明定责成，必先从官制入手。拟请参酌中外，统筹大局，改定全国官制，为立宪之预备。”均奉俞旨采纳，遂定立宪之议。（清史稿卷四百三十九）

【译文】戴鸿慈等人又上奏："如果实行君主立宪制度，就必须明确期限，那么在这十几年间，如果不预先筹划，时间转瞬即逝，到时必会茫然失措。如今要想肃清沿袭已久的弊病，明确完成具体任务的时间，就必须先从革新官制入手。请求朝廷参考斟酌中外具体情况，统筹大局，更改、修定官制，以为立宪做准备。"戴鸿慈等人上奏的内容，都得到光绪帝赞许并下旨采纳执行，于是立宪之议自此确定下来。（清史稿卷四百三十九）

冯子材

【题解】冯子材（1818—1903年）字南干，号萃亭，生于广东廉州府钦州沙尾村（今属广西钦州沙尾村），晚清抗法名将，民族英雄。

冯子材自幼父母双亡，流落江湖，历任广西、贵州提督。咸丰年间从向荣、张国樑镇压太平军，中法战争时，已年近七十，被起用为广西关外军务帮办，取得了镇南关之战胜利，攻克文渊、谅山，重创法军司令尼格里，法军被歼灭的有千余人，法国内阁总理茹费里因此倒台，授云南提督。甲午战争期间奉调驻守镇江，官终贵州提督。治军四十余年，寒素如故。

因为指挥震惊中外的镇南关大捷，冯子材创造了中国近代史上抵抗外国侵略者的奇迹。《续编》便详细节录了他领导军队取得镇南关大捷的战绩。

冯子材,字翠亭,广东钦州人。初从向荣①讨粤寇,补千总。改隶张国樑麾下,从克镇江、丹阳,尝一日夷寇垒七十余。国樑拊其背曰:"子勇,余愧弗如!"积勋至副将。国樑殁,擢总兵。

【注释】①向荣(1792—1856年):字欣然。四川大宁(今重庆巫溪县)人,晚清名将,官至四川提督、固原提督、广西提督、湖北提督,卒授一等轻车都尉世袭,谥号忠武。

【译文】冯子材,字翠亭,广东钦州(今广西钦州)人。起初跟随向荣讨伐太平军,补任千总。后改隶到张国樑麾下,跟随张国樑攻克镇江、丹阳,曾在一天之内扫平太平军七十多处堡垒。张国樑拍着冯子材的后背说:"你真是勇猛啊,我自愧不如!"冯子材不断积累战功,官至副将。张国樑死后,冯子材擢升为总兵。

同治初,将三千人守镇江。时江北诸将多自置卡榷釐税,子材曰:"此何与武人事?"请曾国藩遣官司之。所部可二万,饷恒诎,无怨言。莅镇六载,待士有纪纲,士亦乐为所用。寇攻百余次,卒坚不可拔。事宁,擢广西提督,赏黄马褂。七年,还广西。明年,称疾归。

越二年,法越事作,张树声蕲其治团练。适张之洞至,礼事之,请总前敌师干卫粤、桂。逾岁,朝命佐广西边外军事。其时苏元春①为督办,子材以其新进出己右,恒悒悒。闻谅山警，亟赴镇南关，而法军已焚关退。龙州危棘，子材以关前隘跨东西两岭，备险奥，乃令筑长墙，萃所部扼守，遣王孝祺②勤军军其后为犄角。敌声某日攻关，子材逆料其先期至，乃决先发制敌。潘鼎新③止之，群议亦不欲战。子材力争，亲率勤军袭文渊，于是三至关外矣。宵薄敌垒，斩虏多。

【注释】①苏元春（1844—1908年）：字子熙，广西永安人。清末湘军将领。同治二年（1863年），由武童投效湘军，随席宝田镇压太平军，累擢为参将。后率部镇压贵州苗民，官至提督。中法战争中，助冯子材御法军。和议成，留镇广西。晚年因治军渐弛被劾夺职，戍新疆。

②王孝祺（？—1898年）：本名德胜，安徽合肥人，清朝将领。

③潘鼎新（1828—1888年）：字琴轩，安徽省庐江县广寒乡人，清道光二十九年（1849年）中举，次年春闱会试至国史馆承修臣传。后在家乡办团练，参与镇压太平军，受曾国藩赏识，令募勇立“鼎”字营。后迁居肥西三河。中法战争时，率部入越南与法军作战。

【译文】同治初年，冯子材率三千人驻守镇江。当时江北各位将领大多自设关卡收税，冯子材说：“这征税的事情与军人有何相干？”便请曾国藩派遣官员专门处理此事。冯子材率领的士兵约有二万人，军饷常常中断，冯子材对此毫无怨言。在镇江为官六年，冯子材总是按法度对待士兵，士兵们也乐于被冯子材所用。太平军攻打镇江上百次，而镇江依然坚不可摧。战事平定后，冯子材擢升为广西提督，赏赐黄马褂。光绪七年（1881年），冯子材回到广西。第二年，冯子材告病回乡。

过了两年，法国在越南生事，张树声请求让冯子材治理团练。适逢张之洞到来，对冯子材以礼相待，请冯子材担任前敌总指挥，以保卫广东、广西。过了一年，朝廷命冯子材辅佐广西边境军事。当时苏元春是督办，冯子材认为苏元春不过是新进之人，而自己却要听从他的命令，常为此闷闷不乐。一听到谅山警报，便迅速开赴镇南关，而法军却在放火焚关后撤退了。龙州处在危急之中，冯子材认为镇南关前面的隘口横跨东西二岭，地势极为深险，于是下令修筑长墙，聚集部队在那里扼守，同时派王孝祺的勤军驻扎在此部后面，形成犄角之势。敌军扬言某日要攻打镇南关，冯子材预料到敌人会早于扬言之日到来，就决定先发制敌。潘鼎新阻止冯子材采取行动，众将领商议的结果也是不想开战。冯子材极力争取，亲自率领勤军袭击文渊城，这时已是他第三次领兵到镇南关外了。冯子材率军在夜间迫近敌军营垒，斩杀、俘虏众多敌军。

法悉众分三路入，子材语将士曰："法军再入关，何颜见粤民？必死拒之！"士气皆奋。法军攻长墙亟，次黑兵，次教匪，炮声震山谷，枪弹积阵前厚寸许。与诸军痛击，敌稍却。越日复涌至，子材居中，元春为承，孝祺将右，陈嘉、蒋宗汉[①]将左。子材指麾诸将使屹立，遇退后者刃之。自开壁持矛大呼，率二子相荣、相华[②]跃出搏战。诸军以子材年七十，奋身陷阵，皆感奋，殊死斗。关外游勇客民亦助战，斩法将数十人，追至关外二十里而还。越二日，克文渊，被赏赉。连复谅城、长庆，乘胜悉返侵地。

【注释】①陈嘉（1839—1885年）：字庆余，原籍福建诏安县。陈嘉毕生与法军作战抗敌，殁后被清廷谥勇烈，世袭骑都尉兼一云骑尉。蒋宗汉（1836—1898年）：云南鹤庆人，清末参与镇压杜文秀起义，官至参将，腾越厅总兵，贵州提督。

②相荣：即冯相荣（1865—1919年），字仁卿，监生，抗法名将冯子材之子。相华：即冯相华（1866—1929年），字鞠卿，监生，抗法名将冯子材之子。清光绪四年（1878年）随父冯子材出关追剿李扬才，事平，隶属萃军部下。光绪十年（1884年）率左右卫队一营，随父从钦州开赴南关抗法。

【译文】法军全部出动，兵分三路而来，冯子材对将士们说："若让法军再次攻下镇南关，我们还有什么脸面去见广东百姓？定要誓死抵抗！"军士们的士气都为之大振。法军猛攻长墙，黑兵、教匪轮番上阵，炮声震撼山谷，阵前累积的枪弹近一寸厚。冯子材与各军拼力痛击，敌军稍稍退却。第二天法军蜂拥而至，冯子材居中，苏元春在其后接应，王孝祺率军居右翼，陈嘉、蒋宗汉率军居左翼。冯子材指挥众将屹立于阵地之上，遇有退后者立即斩杀。当敌人打开长墙时，冯子材手持长矛大喝一声，带领两个儿子冯相荣、冯相华跃出长墙，与敌军搏杀。众军士被年近七十却仍奋勇杀敌的冯子材所感动，都与敌人拼死搏斗。镇南关外的散兵游勇也来助战，斩杀法军将领数十人，将敌军追至关外二十里才返回。过了两天，冯子材率军攻克文渊，得到赏赐。冯子材又接连收复谅城、长庆，乘胜将失地完全收复。

越民苦法虐久，闻冯军至，皆来迎，争相犒问。越人争立团，树冯军帜，愿供粮运作乡导。北宁、河内、海阳、太原竞响，子材亦毅然自任。于是率全军攻郎甲，分兵袭北宁，而罢战诏下，子材愤，请战，不报，乃挈军还。去之日，越人啼泣遮道，子材亦挥涕不能已。命督办钦、廉防务，会办广西军务，晋太子少保，改三等轻车都尉。

【译文】越南百姓很久以来一直苦于受到法军虐待，听说冯子材的军队到来，都来欢迎，争先恐后地犒劳慰问。越南人争相创建民团，树立起冯子材的军旗，都愿意帮助冯子材的军队运送粮草，并作向导。北宁、河内、海阳、太原等地竞相响应，冯子材也毅然担当起剿灭法军的大任。于是冯子材率领全军将士进攻郎甲，并且分兵袭击北宁，然而朝廷却在此时颁布了停战诏书，冯子材悲愤不已，力请出战，却没有得到朝廷回应，冯子材于是率军返回。离去之日，越南百姓挡在道路中间痛哭流涕，冯子材也是涕泪挥洒，不能自已。朝廷命令冯子材督办钦州、廉州防务，并且协助办理广西军务，晋升冯子材为太子少保，后又改任三等轻车都尉。

光绪十三年，讨平琼州黎匪，降敕褒嘉。调云南提督，称疾暂留。二十二年，赴本官。二十六年，调贵州。二十八年，病免。明年，遘疾困笃。未几，卒，年八十六。

【译文】光绪十三年（1887年），冯子材征讨平定了琼州黎族叛匪，光绪帝为此敕令嘉奖冯子材。冯子材调任云南提督，他以身患疾病为由暂不赴任。光绪二十二年（1896年），冯子材赴任原官云南提督。光绪二十六年（1900年），冯子材调任贵州提督。光绪二十八年（1902年），因病免职。第二年，病情危急。不久，冯子材去世，享年八十六岁。

子材躯干不逾中人，而朱颜鹤发，健捷虽少壮弗如。生平不解作欺人语，发饷躬自监视，偶稍短，即罪司军糈者。治军四十余年，寒素如故。言及国樑，辄涔涔泪下，人皆称为良将云。（清史稿卷四百五十九）

【译文】冯子材身材不过中等之人，然而到老年时鹤发朱颜，健壮敏捷的程度超过青壮年。冯子材平生不作欺人之语，发放军饷时会亲自监督视察，偶尔发现军饷稍有短缺，就会责罚军中负责粮饷的官员。冯子材治军四十余年，素来清贫。每当谈及张国樑，他都会潸然泪下，人们都说冯子材是一名良将。（清史稿卷四百五十九）

汪辉祖

【题解】汪辉祖(1731—1807年),字焕曾,号龙庄,浙江萧山人。清代乾、嘉时期良吏。早年多次应试未中,随入幕僚为绍兴师爷。

汪辉祖名闻江南,除了体恤民情之外,还学识渊博,通晓经书,常能从中找出评判依据,因此断了不少疑案,从这一点来说,汪辉祖不愧是一流的刑名祖师。这些在《续编》所节录的文字中都有体现。

汪辉祖,字龙庄,浙江萧山人。少孤,继母王、生母徐教之成立。习法家言,佐州县幕,持正不阿,为时所称。乾隆二十一年成进士,授湖南宁远知县。县杂瑶俗,积逋而多讼,前令被讦去,黠桀益肆挟持;又流丐多强横。辉祖下车,即捕其尤,驱余党出境。民纳赋不及期,手书谕之曰:“官民一体,听讼责在官,完赋责在民。官不勤职,咎有难辞;民不奉公,法所不恕。今约每旬以七日听讼,二日较赋,一日手办详稿。较赋之日亦兼听讼。若民皆遵期完课,则少费较赋之精力,即多听讼之功夫。”民感其诚,不逾月而赋额足。

【译文】汪辉祖,字龙庄,浙江萧山(今浙江杭州萧山区)人。幼时就失去了父亲,继母王氏、生母徐氏教养他成人。汪辉祖学习法家言论，担任州县长官的幕僚，因持守公正正派，不迎合阿谀，而被当时的人们所称道，乾隆二十一年（1756年）考中进士，被任命为湖南宁远知县。县里汉民和瑶民杂居，百姓习惯积欠赋税、打官司，前任县令因被攻击而离职，那些狡诈凶险之徒更加肆无忌惮；另外流浪乞食的人大多蛮不讲理。汪辉祖到任后，就追捕带头的人，并将剩余党羽驱逐出境。百姓不按期交纳赋税，他就亲笔书写榜文晓谕他们说："官民一体，听理诉讼的职责在于官府，交纳赋税的职责在于百姓。官吏不忠于职守，过失难以推脱；百姓不奉行公事，法律也无法宽恕。如今约定每十天中用七天时间来处理诉讼，用两天时间来检查赋税完成情况，用一天时间亲手写报告向上级汇报。检查赋税完成情况的那些天同时也处理诉讼。如果百姓都按时完成赋税，就会少花费检查赋税完成情况的精力，也就会多出处理诉讼的时间。"百姓被他的诚意所感动，不超过一个月赋税的数额就交足了。

治事廉平，尤善色听，援据比附，律穷者，通以经术，证以古事。据《汉书·赵广汉传》钩距法，断县民匡学义狱；据《唐书·刘蕡传》断李、萧两氏争先陇狱，判决皆曲当，而心每欿然。遇匪人当予杖，辄呼之前曰："律不可逭，然若父母肤体，奈何行不肖亏辱之？"再三语，罪人泣，亦泣。或对簿者，反代请得免，卒改行为善良。每决狱，纵民观听。又延绅耆问民疾苦、四乡广狭肥瘠、人情良莠，皆籍记之。

【译文】汪辉祖处理案件清廉公平，尤其善于察言观色，引证比照法律，法律没有规定到的，就援引经书，用过去的事来佐证。他曾根据《汉书·赵广汉传》中辗转推问、究得情实的钩距法，来审判县民匡学义的狱案；根据《唐书·刘蕡传》审判李、萧两姓争夺祖先坟墓的狱案，判决都很恰当，但他并不沾沾自满。遇到匪徒应当施以杖刑，汪辉祖常把他们叫到面前说："法律不可逃避，但是你的身体是父母给的，为什么要做坏事来侮辱他们呢？"并再三重复，罪犯流泪，汪辉祖也跟着流泪。有人受审问，汪辉祖反而代他请求得以免罪，那人最终弃恶从善。汪辉祖每次判决诉讼案件，听任百姓随便观看。他还邀请乡绅和年老有声望的人询问百姓疾苦、各乡面积大小和土地肥沃贫瘠情况、社会风气好坏，都将它们记录在簿册上。

辉祖少尚气节，及为令，持论挺特不屈，而从善如转圜。所著《学治臆说》《佐治药言》，皆阅历有得之言，为言治者所宗。初通籍在京师待铨，主同郡茹敦和[①]，论治最契。同时朱休度[②]并以慈惠称。（清史稿卷四百七十七）

【注释】①茹敦和：字三樵，号逊来，浙江会稽人，清代《易经》学家。

②朱休度：字介斐，浙江秀水（今嘉兴）人。乾隆十八年（1753年）举人。充嵊县训导，升山西广灵知县，招徕流亡，督劝垦荒。善于理讼断案，颇得民心，被举为政绩卓异。嘉庆元年（1796年）以病离官。

【译文】汪辉祖自小崇尚气节，等到做了县令，坚持原则，不为权势所屈服，从善如流。他所写的《学治臆说》《佐治药言》，都是根据亲身经历而得到的言论，被做官的人所尊崇。汪辉祖最初记名于门籍，在京师等待铨选授官的时候，和同郡的茹敦和讨论研究治国之道最为默契。他们和同时期的朱休度一起被百姓称作是宽仁慈爱之人。（清史稿卷四百七十七）

陆世仪

【题解】陆世仪（1611—1672年），明末清初著名理学家、文学家，被誉为江南大儒。字道威，号刚斋，晚号桴亭，别署眉史氏，江苏太仓人。明亡，隐居讲学，与陆陇其并称二陆。他一生为学不立门户，志存经世，博及天文、地理、河渠、兵法、封建、井田无所不通。其理学以经世为特色，这既是对晚明理学空疏学风的批判，也适应明清之际社会变革的需要。著有《思辨录》《论学酬答》《性善图说》《淮云问答》，及诗文杂著等40余种、100余卷。《续编》节选了他的《论治邑》，对治理乡邑做了科学而有可操作性的论述和建议。

陆世仪，字道威，太仓州人。少从刘宗周[①]讲学。归而凿池十亩，筑亭其中，不通宾客，自号桴亭。

【注释】①刘宗周（1578—1645年）：字起东，明朝绍兴府山阴

（今浙江绍兴）人，明代儒学大师。

【译文】陆士仪，字道威，太仓州（今江苏太仓）人。年轻时跟随刘宗周做学问。回家后开挖十亩见方的池塘，在池塘中间建一个亭子、不接待客人，自己取名叫“桴亭”。

世仪之学，主于敦守礼法，不虚谈诚敬之旨，施行实政，不空为心性之功。于近代讲学诸家，最为笃实。其言曰：“天下无讲学之人，此世道之衰；天下皆讲学之人，亦世道之衰。嘉、隆之间，书院遍天下，呼朋引类，动辄千人，附影逐声，废时失事，甚有借以行其私者，此所谓处士横议也。”又曰：“今所当学者不止六艺[①]，如天文、地理、河渠、兵法之类，皆切于世用，不可不讲。”所言深切著明，足砭虚憍之弊。其于明儒薛、胡、陈、王[②]，皆平心论之。又尝谓学者曰：“世有大儒，决不别立宗旨。”故全祖望谓国初儒者，孙奇逢、黄宗羲、李颙最有名，而世仪少知者。

【注释】①六艺：儒家所谓的礼、乐、射、御、书、数等六种技艺。

②薛、胡、陈、王：指明代理学大家薛瑄、胡居仁、陈献章、王阳明等人。

【译文】陆世仪的学说，主要在恭守礼法方面，不空谈恭敬的主旨，而是要真正去实践，不只是在内省方面下功夫。在近代研究理学的各家之中，陆世仪的学说最为淳厚朴实。他说过这样的话：“天下没有宣讲学问的人，这说明世道衰落；天下到处都是宣讲学问的人，也说明世道衰落。明嘉靖以及隆庆年间，天下到处是书院，众人呼朋唤友，动不动就聚集上千人，说些捕风捉影的事情，浪费时间耽误事情，甚至有人借机来图谋私利，这就是所谓的布衣之士妄发议论。”又说：“现在所要学习的内容，应不限于儒家六艺，像天文、地理、河渠、兵法等方面的知识，都切合社会的实际需要，不能不讲。”陆世仪的话，深刻而明了，足以针砭学术虚假的时弊。他对于明代理学大家薛瑄、胡居仁、陈献章、王阳明等人，都能给予客观评价。又曾对学生说：“世上已有大儒，我决不会另立宗派。”因此全祖望说清朝初年的大儒，以孙奇逢、黄宗羲、李题最为有名，而知道陆世仪的人很少。

（《皇朝经世文编》①载陆世仪《论治邑》曰：治天下必自治一国始。治一国必自治一乡始。治一乡必自五家为比十家为联始。予尝作治乡三约。先按地势。分邑为数乡。然后什伍其民。条分缕析。令皆归于乡约长。凡讼狱师徒户口田数徭役。一皆缘此而起。颇得治邑贯通之道。

【注释】①《皇朝经世文编》：道光七年（1827年）刊行，作者贺长龄，实为魏源。主要内容为清前期和中期经世致用和改革图治方面的文章汇编。

【译文】（《皇朝经世文编》收录了陆世仪的《论治邑》：“治理天下必定从治理一国开始，治理一国必定从治理一乡开始。治理一乡必定从治理五家为比十家为联开始。我曾制定治理乡里的三条规定。先根据地形，划分一邑为几个乡。然后将民户按照五家为比，十家为联进行编排。编排妥当后，让他们都归乡约长管辖。凡是百姓诉讼、征兵、户籍、徭役等事情，都应基于这种划分进行管理。这确实是治理乡邑的好方法。

今之为治者，动行乡约社仓保甲社学①，纷纷杂出。此不知为治之要也。乡约是纲。社仓保甲社学是目。乡约者。约一乡之人而共为社仓保甲社学也。社仓是足食事。保甲是足兵事。社学是民信事。许多条理曲折都在此一日讲究。不然。徒聚一日。说几句空言。何补益之有。

【注释】①社仓：储粮备荒的一种习俗。保甲：带有军事目的的户籍管理制度。社学：元、明、清三代的地方学校。

【译文】现在负责治理的官员，处理乡约、社仓、保甲、社学的事情时，一拥齐上。这是不知道治理的要领。乡约是纲领，社仓、保甲、社学是其次。乡约是约束一乡之人共同处理好社仓、保甲、社学等方面的事情。社仓是保障一乡丰衣足食。保甲是保障一乡的军事事项，社学是教导百姓忠诚守信。许多事情的处理都要统一考量，不然的话，一群人聚集在一起，说几句空话，于事无补。

治天下须用得几贤督抚。贤督抚古牧伯也。治一省须用

得几贤县令。贤县令古诸侯也。治州县须用得几好乡长。好乡长古乡大夫也。得其人则治。不得其人则乱。）（清史稿卷四百八十）

【译文】治理天下需要有几个贤良的总督、巡抚。贤良的总督、巡抚也就相当于古代的牧伯。治理一省需要有几个贤良的县令。贤良的县令也就相当于古代的诸侯。治理州县需要有几个贤良的乡长。贤良的乡长也就相当于古代的大夫。得到贤良之人则天下大治，得不到则天下动乱。）（清史稿卷四百八十）

张履祥

【题解】张履祥（1611—1674年），字考夫，又字渊甫，号念芝，浙江桐乡人，世居清风乡炉镇杨园村（今浙江桐乡市杨园村），故学者称杨园先生，明末清初著名理学家，清初朱子学说的倡导者。

张履祥生于下层知识分子家庭，少孤家贫，母以孔孟皆无父之儿教之。年十一，就馆于陆昭仲，十五应童子试，补弟子员。后以教馆谋生。又往藏山和靖书院，受业刘宗周。闻京师有变，遂弃诸生，隐居教授。

张履祥立身端直，律己极严，勤劳俭朴，终生布衣蔬食，从不奢侈放诞。热心社会公益，有关乡梓利弊兴革者无不日夜萦怀，勉力成事。

张履祥，字考夫，桐乡人。明诸生①。世居杨园村，学者称为杨园先生。尝以为圣人之于天道，“庸德之行，庸言之谨②”，尽之矣。来学之士，一以友道处之。谓门人当务经济之学，著《补农书》。岁耕田十余亩，草履箬笠，提筐佐馌。尝曰：“人须有恒业。无恒业之人，始于丧其本心，终于丧其身。许鲁斋③有言：‘学者以治生为急。’愚谓治生以稼穑为先。能稼穑则可以无求于人，无求于人，则能立廉耻；知稼穑之艰难，则不妄求于人，不妄求于人，则能兴礼让。廉耻立，礼让兴，而人心可正，世道可隆矣。”（清史稿卷四百八十）

【注释】①诸生：古代经考试录取而进入中央、府、州、县各级学校的学生。

②庸德之行，庸言之谨：平常的德行努力实践，平常的言谈尽量谨慎。语出《中庸》。

③许鲁斋（1209—1281年）：即许衡，字仲平，号鲁斋，人称“鲁斋先生”。怀庆路河内县（今河南沁阳）人。元朝初年著名理学家。

【译文】张履祥，字考夫，桐乡（今浙江桐乡）人。明朝生员。世代居住在杨园村，学生们称他为“杨园先生”。曾经认为圣人对于上天之道“庸德之行，庸言之谨”，君子为人处事的道理尽在其中了。张履祥对于来求学的人，一概以朋友之道对待。他认为学生应当了解经世济民的学问，编纂了《补农书》。张履祥亲自耕种十几亩地，脚穿草鞋，头戴斗笠，手提竹筐到田间吃饭。曾说：“人必须要有一个稳定的谋生手段。没有稳定谋生手段的人，初期是丧失他的善良本性，最终是毁丧自身。许鲁斋曾说：‘做学问的人以获得谋生方法最为紧要。’我认为谋生应该把耕田种地放在首位。能耕种则衣食无忧，就可以不去求人，不求人就能树立起廉耻之心；了解耕田种地的艰辛，就不会轻易去求人，不轻易求人，就可以懂得礼义谦让。知廉耻，懂礼义，那么人心就可以归正，世道就可以兴盛了。”（清史稿卷四百八十）

龚巩祚（自珍）

【题解】龚自珍（1792—1841年），字璱人，号定庵。浙江仁和（今浙江杭州）人。晚年居住昆山羽琌山馆，又号羽琌山民。清代思想家、诗人、文学家和改良主义的先驱者。

龚自珍曾任内阁中书、宗人府主事和礼部主事等官职。主张革除弊政，抵制外国侵略，曾全力支持林则徐禁除鸦片。四十八岁辞官南归，次年卒于江苏丹阳云阳书院。他的诗文主张“更法”“改图”，揭露清朝统治者的腐朽，洋溢着爱国热情，被柳亚子誉为“三百年来第一流”。

《续编》主要节选了他的一篇关于财富分配问题的文章《平均篇》。作于嘉庆二十一年（1816年）。龚自珍认为“三代”之时，财富分配各有其分，有如饮水，“君取盂焉，臣取勺焉，民取后焉”，差距不大；以后上下侵凌，才导致“浮”与“不足”，或“贫富不相齐”，致使天下不安或兵灾疫病发生。而“浮不足之数相去愈远，则亡愈速”“大不相齐，即至丧天下”。他建议采用《诗经》

“挹彼注兹”之法，以逐步缩小贫富差距。认为只要试之以法，齐之以刑，则“有天下者，不十年几于平矣”。

龚巩祚，原名自珍，字瑟人，仁和人。初由举人援例为中书。道光时成进士，归本班。洊擢宗人府主事，改礼部。谒告归，遂不出。官中书时，上书总裁论西北塞外部落源流、山川形势，订一统志之疏漏，凡五千言。后复上书论礼部四司政体宜沿革者，亦三千言。其文字骜桀，出入诸子百家，自成学派。所至必惊众，名声藉藉，顾仕宦不达。年五十，卒于丹阳书院。

【译文】龚巩祚，原名龚自珍，字瑟人，仁和（今浙江杭州）人。最初由举人引荐为内阁中书。道光时期考中进士，归入本班。后荐举提拔为宗人府主事，后改为礼部主事。告假回乡后，便不再任职。做内阁中书时，上书总裁陈述西北塞外部落的起源与发展、山川地形的走势，修订《一统志》的疏漏之处，总共五千字。后来又上书陈述礼部下辖礼部司、祠部、膳部、主客四司政体中应该沿用革除的，也有三千字。他的文章桀骜不驯，出入于诸子百家之中，自成一派。所到之处必然惊动众人，声名赫赫，反而仕途不顺。享年五十岁，在安徽丹阳书院去世。

（龚自珍撰《平均篇》曰，龚子曰：有天下者，莫高于平之之尚也，其邃初乎！降是，安天下而已；又降是，与天下安而已；又降是，食天下而已。最上之世，君民聚醵然。三代之极其犹水。君取盂焉，臣取勺焉，民取卮焉。降是，则勺者下侵矣，卮者上侵矣。又降，则君取一石，民亦欲得一石，故或涸而踣。石而浮，则不平甚；涸而踣，则又不平甚。有天下者曰吾欲为邃初，则取其浮者而挹之乎？不足者而注之乎？则桑然喙之矣。大略计之，浮不足之数相去愈远，则亡愈速，去稍近，治亦稍速。千万载治乱兴亡之数，直以是券矣。

【译文】（龚自珍撰写的《平均篇》中说：龚子说：治理天下的，没有什么能超过平均财富这个理想，这是最原始的。降一等，就是安天下；再降一等，就是与天下相安；再降一等，就是蚕食天下。最远古的时候，君民不分高低，相聚在一起饮酒。夏、商、周三代的分配准则犹如饮水，君主取一盂，大臣取一勺，百姓取一卮。降一等，大臣侵犯百姓，百姓侵犯大臣。再降一等，君主想得到一石，百姓也想得到一石，所以有的人会渴死。本来多又给他增加，那么就很不公平；本来少又给他减少，那么就更不公平了。治理天下的人说我想回到最原始的状态，那么取多的拿出来，给少的放进去行不行？则摇头否定他。大概谋划一下，超出与不足之间的差数越大，那么就灭亡的越快，相差稍小，治理也就会稍快些。千万年治乱兴亡的定数，一直以这个为规律。

人心者，世俗之本也；世俗者，王运之本也。人心亡，则世俗坏；世俗坏，则王运中易。王者欲自为计，盍为人心世俗计矣。有如贫相轧，富相耀；贫者阽，富者安；贫者日愈倾，富者日愈壅。或以羡慕，或以愤怨，或以骄汰，或以啬吝，浇漓诡异之俗，百出不可止，至极不祥之气，郁于天地之间，郁之久乃必发为兵燧，为疫疠，生民噍类，靡有孑遗，人畜悲痛，鬼神思变置。其始，不过贫富不相齐之为之尔。小不相齐，渐至大不相齐；大不相齐，即至丧天下。呜呼！此贵乎操其本源，与随其时而剂调之。上有五气，下有五行，民有五丑，物有五才，消焉息焉，渟焉决焉，王心而已矣。

【译文】人心，是世俗的根本；世俗，是王运的根本。人心丧失，那么世俗就会败坏；世俗败坏，那么统治者的运数就会中途改变。统治者想要为自己谋划，为什么不为人心和世俗谋划呢？好比贫穷的相互侵轧，富裕的相互炫耀；贫穷的人危险，富裕的人安全；贫穷的人越来越衰败，富裕的人越来越富有。于是有人羡慕，有人怨恨，有人骄恣放纵，有人吝啬，浮薄诡异的风俗，多的没法制止，不祥之气充满天地之间，郁积的太久一定会变为兵火，变为疫病。百姓及其他活物，没有一点遗留；人畜悲伤哀痛，鬼神就会考虑改易更置。刚开始不过是贫富不相等而已。小的不相等，渐渐变为大的不相等；大的不相等，直到丧失天下。唉！这事最重要的是调控它的本源，并随着时机调剂它。天上有五气，地上有五行，人有五丑，物有五才，消失停止，堵塞溢出，王道之心就停止了。

是故古者天子之礼：岁终，太师执律而告声；月终，太史候望而告气。东无陼水，西无陼财，南无陼粟，北无陼土，南无陼民，北无陼风，王心则平，听平乐，百僚受福。其《诗》有之曰：“秉心塞渊，騋牝三千。”王心诚深平，畜产且腾跃众多，而况于人乎？又有之曰：“皇之池，其马喷沙，皇人威仪。”其次章曰：“皇之泽，其马喷玉，皇人受谷。”言物产蕃庶，故人得肆威仪，茹内众善，有善名也。太史告曰：东有陼水，西有陼财，南有陼粟，北有陼土，南有陼民，北有陼风，王心则不平，听倾乐，乘欹车，握偏衡，百僚受戒，相天下之积重轻者而变易之。

【译文】所以古时候天子的礼仪是：每年年末，太师执掌六律来告知五声；每月月末，太史观天象来告知气运。东边没有水流堵塞，西边没有财物匮乏，南边没有人民稀少，北边没有风暴肆虐，那么帝王之心平顺，听平顺的音乐，百官有福。《诗经》有言说：“忠心耿耿是仁君，为民深谋更远虑，且养马儿三千匹。”王道之心忠诚平顺，那么牲畜就会众多，何况是人呢？又有言说：“皇池边，众马鼻息有如沙鸣，天子威风凛凛。”它的下句说：“皇泽边，众马鼻息有如金玉之声，天子承受福禄。”是说物产丰饶，所以人们才能学习庄严的容止仪态，杂糅在众多好人中间，有好人的名声。太史禀报说：东边水流堵塞，西边财物匮乏，南边人民稀少，北边风暴肆虐，那么帝王心情不好，听不正的音律，乘坐倾斜不正的车马，做出不正确的考虑，百官受到训诫，所以天下积蓄多和积蓄少的就会变更。

其《诗》有之曰：“相其阴阳，观其流泉。”又曰：“度其夕阳。”言营度也。故积财粟之气滞，滞多雾，民声苦，苦伤惠；积民之气淫，淫多雨，民声嚣，嚣伤礼义；积土之气耗，耗多日，民声浊，浊伤智；积水积风，皆以其国瘥昏；官所掌也。且夫继丧亡者，福禄之主；继福禄者，危迫之主。语百姓曰：尔惧兵燹乎？则将起其高曾于九京[1]而问之。惧荒饥乎？则有农夫在。上之继福禄之盛者难矣哉！龚子曰：可以虑矣！可以虑，可以更，不可以骤。且夫唐、虞之君，分一官，事一事，如是其谆也，民固未知贸迁，未能相有无，然君已惧矣。曰：后世有道吾民于富者，道吾民于贫者，莫如我自富贫之，犹可以收也。其《诗》曰：“不识不知，顺帝之则。”夫尧固甚虑民之识知，莫如使民不识知，则顺我也。

【注释】①九京：犹九泉。指地下。

【译文】《诗经》有言说：“山南山北测一周，勘明水源与水流。”又说：“再到西山仔细看。”这是说如何经营。所以积聚钱财粮食的气运阻滞，阻滞就会多雾，那么人民就会困苦，人民有困苦就会伤到仁爱；百姓积聚的怨气就会沸腾，民怨沸腾就会导致多雨，百姓多争吵，争吵就会伤到礼义；积聚地脉之气损耗，损耗久了就会天气炎热，那么民声就会浑浊，浑浊就会伤到智慧；积聚水和风，都是因为国家政治黑暗；这是官员所应负的责任。而且那丧亡之后的开国之君，是福禄之主；继承福禄的，是危迫之主。对百姓说：你们怕战争吗？于是到九泉之下挖出他的先祖来询问。害怕饥饿吗？然而有农夫在劳作。向上想要继承宽厚的福禄是很难的！龚子说：可以考虑啊！可以考虑，可以改变，但是不可以急迫。而且尧、舜分封一个官员，就让他专职做一件事，像这样是恳切的，人民本来不懂贸易，不知是否可做，然而君王就已经害怕了。说：后世有说我的子民富有的，有说我的子民贫穷的，不如我自己来说富有或贫穷，这样还可以约束。《诗经》有言说："你要做到不声不响，天帝意旨遵循莫忘。"尧本来很担忧百姓的见识，那还不如让百姓没有见识，那么就会顺从我了。

水土平矣，男女生矣，三千年以还，何底之有？彼富贵至不急之物，贱贫者犹且筋力以成之，岁月以靡之，舍是则贱贫且无所托命。然而五家之堡必有肆，十家之村必有贾，三十家之城必有商；若服妖之肆，若食妖之肆[①]，若玩好妖之肆，若男子咿唔求爵禄之肆，若盗圣贤市仁谊之肆，若女子鬻容之肆；肆有魁，贾有枭，商有贤桀，其心皆欲并十家、五家之财而有之，其智力虽不逮，其号既然矣。然而有天下者更之，则非号令也。有四挹四注：挹之天，挹之地，注之民；挹之民，注之天，注之地；挹之天，注之地；挹之地，注之天。其《诗》曰："挹彼注兹，可以餴饎。""岂弟君子，民之父母。"有三畏：畏旬、畏月、畏岁。有四不畏：大言不畏，细言不畏，浮言不畏，挟言不畏。而乃试之以至难之法，齐之以至信之刑，统之以至澹之心。龚子曰：有天下者，不十年几于平矣。)(清史稿卷四百八十六)

【注释】①食妖之肆：指鸦片烟馆。国人视外国人为妖，遂以外来毒品鸦片烟为食中之妖。

【译文】财富平均，百姓乐业，三千年以来，何曾达到？如果不把富贵当作迫切要做的事情，贫贱的人还可以通过辛勤劳动来获得，或者通过长时间去积累，如果不是这种情况，贫贱的人将无所依靠。然而五户人家的地方就会有小商铺，十户人家的村子就会有小贩，三十户人家的城邑就会有商人。比如外国奇装商铺，外国鸦片商铺，新奇玩物商铺，卖官鬻爵商铺，欺世盗名商铺，女子卖身商铺；肆铺有头目，小贩有首领，商人有领袖，他们都想占有百姓的财富归为己有，虽然能力还达不到，但是目的已经明确。然而君主要改变这种状况，不能只靠号令。有“四挹四注”的方法：取于天，取于地，用于民；取于民，用于天，用于地；取于天，用于地；取于地，用于天。《诗经》说：“舀取积水，注满容器，可以煮饭，可以酿酒。”“高尚君子，民之父母。”有三种情况可畏：畏禁忌之日、畏禁忌之月、畏太岁。有四不畏：夸大之词不畏，琐碎之词不畏，浮夸之词不畏，怨恨之词不畏。然后就用最难的方法验证，用最使人信服的刑罚调剂，用最平缓的心情统御。龚子说：拥有天下的人，用不了多少年就接近太平盛世了。(清史稿卷四百八十六)

魏　源

【题解】魏源（1794—1857年），名远达，字默深、墨生、汉士，号良图，湖南隆回县人。道光二年（1822年）举人，道光二十五年（1845年）始成进士。官高邮知州，晚年弃官归隐，潜心佛学，法名承贯。是近代中国“睁眼看世界”的首批知识分子代表。

魏源认为论学应以“经世致用”为宗旨，提出“变古愈尽，便民愈甚”的变法主张，倡导学习西方先进科学技术。并提出了“师夷长技以制夷”的主张，开启了了解世界、向西方学习的新潮流，这是中国思想从传统转向近代的重要标志。

《续编》主要节录他所撰的《海国图志》序言。《海国图志》是一部介绍西方国家科学技术和世界地理历史知识的综合性图书。全书详细叙述了世界各地和各国历史政治、风土人情，主张学习西方国家的科学技术，提出“师夷长技以制夷”的中心思想。是一部具有划时代意义的巨著。

魏源，字默深，邵阳人。道光二年，举顺天乡试。宣宗阅其试卷，挥翰褒赏，名藉甚。会试落第，至二十四年成进士。以知州发江苏，权兴化。二十八年，大水，河帅将启闸。源力争不能得，则亲击鼓制府，总督陆建瀛[①]驰勘得免，士民德之。补高邮，坐迟误驿递免。副都御史袁甲三[②]奏复其官。咸丰六年，卒。

【注释】①陆建瀛（1792—1853年）：字立夫，仲白，湖北沔阳人，道光二年（1822年）进士。道光二十六年（1846年）擢升云南巡抚，同年调为江苏巡抚。道光二十九年（1849年）四月任两江总督，任内遇上太平军进军江宁（今南京），咸丰三年（1853年）江宁城破时被杀。

②袁甲三（1806—1863年）：字午桥，河南项城市人。袁耀东次子，袁世凯叔祖。官至漕运总督兼江南河道总督，提督八省军事，赐号“伊勒图巴图鲁”。同治二年（1863年）病故，享年五十八，谥号端敏，著有《端敏公遗著》传于世。

【译文】魏源，字默深，邵阳（今湖南邵阳隆回县）人。道光二年（1822年），在顺天乡试中中举。道光帝读到他的试卷，挥毫予以赞赏，魏源因此名声极盛。会试时落第，到道光二十四年（1844年）成为进士。以知州之职被派往江苏，管理兴化。道光二十八年（1848年），黄河发洪水，河督正打算开启水闸泄洪。魏源据理力争却不被接受，他便亲自到总督衙署击鼓告急，总督陆建瀛飞驰前往勘察水情才免掉了开闸泄洪给百姓带来的灾难，因此百姓都很感激魏源。后来魏源补任高邮知州，因为耽误了驿站递送任务而被免职。副都御史袁甲三上奏恢复了他的官职。咸丰六年（1856年），魏源去世。

源兀傲有大略，熟于朝章国故。论古今成败利病，学术流别，驰骋往复，四座皆屈。尝谓河宜改复北行故道，至咸丰五年，铜瓦厢决口，河果北流。源以我朝幅员广，武功实迈前古，因借观史馆官书，参以士大夫私著，排比经纬，成《圣武记》四十余万言。晚遭夷变，谓筹夷事必知夷情，复据史志及林则徐所译西夷四州志等，成《海国图志》一百卷。（其序曰：是书何以作？曰：为以夷攻夷而作，为师夷以技以制夷而作。《易》曰："爱恶相攻而吉生凶，远近相取而悔吝生，情伪相感而利害生。"故同一御敌，而知其形与不知其形，利害相百焉；同一款敌，而知其情与不知其情，利害相百焉，古之驭外夷者，诹以敌形，形同几席；诹以敌情，情同寝馈。

【译文】魏源孤傲却有雄才大略，谙熟朝廷典章、国家历史。评论古今成败利弊，学术流派，能够纵横其间，自由来去，使在座之人全都为之倾倒。他曾说黄河应改回原先向北流的故道，到咸丰五年（1855年），河南铜瓦厢决口，黄河果然改向北流。魏源认为清朝幅员辽阔，军事实在超过了以前各代，便借阅国史馆藏书，参照士大夫们的私人著作，排列比较，编辑组织，写成四十余万字的《圣武记》。晚年遇到西洋外敌入侵的变故，他认为筹划对付外敌事宜必须了解外敌的情况，便又依据史志以及林则徐所翻译的西洋《四州志》等著作，编写成《海国图志》一百卷。（《海国图志》序中说："为什么要写这本书呢？回答说：为了用外敌来攻击外敌而作，为了学习外敌的技术来制约外敌而作。"《易经》中说："对事物的喜爱与厌恶互相争斗就会有吉凶产生；对远近不同的事物进行选择，就会有后悔或难舍的结果产生；符合实情还是虚假不实相互作用，就会有得利或受害的不同结果产生。”所以同样是抵御敌人，知道敌情与不知道敌情，利害会相差百倍；同样是与敌人讲和，而知道敌情与不知道敌情，利害也会相差百倍。古时候驾驭外国的人，向他询问敌人的形势，就好像是自己家中的茶几、席子一样熟悉；向他询问敌人的情况，就好像平常吃饭、睡觉一样的熟悉。

然则，执此书即可驭外夷乎？曰：唯唯，否否。此兵机也，非兵本也；有形之兵也，非无形之兵也。明臣有言：“欲平海上之倭患，先平人心之积患。”人心之积患如之何？非水，非火，非刃，非金，非沿海之奸民，非吸烟、贩烟之莠民。故君子读《云汉》《车攻》，先于《常武》《江汉》，而知二《雅》诗人之所发愤；玩卦爻内外消息，而知大《易》作者之所忧患。愤与忧，天道所以倾否而之泰也，人心所以违寐而知觉也，人才所以革虚而之实也。

【译文】那么，拿着这本书就可以驾驭外敌吗？回答说：是的，但也不尽然。这本书是用兵的机宜，但不是用兵的根本；这是有形的战略，不是无形的战略。明代大臣曾说过：“想要平定沿海的倭寇之乱，先要平定人心中累积的忧患。”人心中累积的忧患是什么？不是水，不是火，不是刀剑，不是火器，不是沿海的汉奸刁民，不是吸烟卖烟的不良国民，所以君子读《云汉》与《车攻》这两首歌颂先王勤修内政的诗，要先于读《常武》和《江汉》这两首歌颂先王显赫武功的诗，从而懂得《大雅》《小雅》诗人作诗的发愤之处；玩味《易经》各卦、各爻的内外枢纽，就可以明白《易经》作者的忧患意识。发愤和忧患，是天道由闭塞变为亨通的原因，是人心告别蒙昧到达醒觉的原因，也是人才革除虚浮变为朴实的原因。

昔准噶尔跳踉于康熙雍正之两朝，而电扫于乾隆之中叶。夷烟流毒，罪万准夷。吾皇仁勤，上符列祖；天时人事，倚伏相乘。何患攘剔之无期，何患奋武之无会？此凡有血气者所宜愤悱，凡有耳目心知者所宜讲画也。去伪，去饰，去畏难，去养痈①，去营窟②，则人心之寐患祛，其一。以实事程实功，以实功程实事，艾三年而蓄之，网临渊而结之，毋冯河，毋画饼，则人材之虚患祛，其二。寐患去而天日昌，虚患去而风雷行。传曰："孰荒于门，孰治于田？四海既均，越裳是臣。"叙《海国图志》。）（清史稿卷四百八十六）

【注释】①养痈：比喻姑息坏人坏事。

②营窟：比喻经营藏身避患之地。

【译文】过去准噶尔曾在康熙、雍正两朝嚣张跋扈，最终在乾隆中叶被迅速扫平。今天洋烟鸦片流毒，罪过超过准噶尔部万倍。我们的皇上仁德勤政，上合于列祖；天时人事，福祸是相生相克的，何必忧虑攘除外敌遥遥无期，何必担心没有展现我们武力的时机？这些情况，凡是有血性的人都应该激愤，凡是有感官和心思的人都应该去议论和筹划。去伪，去饰，去畏难，去养痈，去营窟，那样人心的蒙昧之病便可以去除了，这是其一。凭实际所做之事来考核应得的功绩，让实得的功绩考核实际所做的事，艾草存蓄三年药效更强，到了水边便开始织网，不要徒步过河，不要画饼充饥，那样人才虚而不实的弊病就去除了。人心的蒙昧之病去除了就会阳光灿烂，人才虚而不实的弊病去除了就能雷厉风行。韩愈《越裳操》说："谁会家门毁坏不修，而去田里劳作？四海都平定了，远方的国家也会臣服。"叙《海国图志》。）（清史稿卷四百八十六）

群书治要续编卷第三十六　金楼子　刘　子　颜氏家训　中　说

金楼子

【提要】《金楼子》，南梁元帝萧绎撰。

梁元帝萧绎（508—555年），字世诚，小字七符，自号金楼子，南兰陵（今江苏常州）人。南北朝时期南朝梁第三位皇帝（552—554年在位）。梁武帝萧衍第七子，梁简文帝萧纲之弟。

萧绎早年封湘东王，因病导致一眼失明。526年出任荆州刺史、使持节、都督九州诸军事、镇西将军。侯景之乱时，梁武帝遣人至荆州宣读密诏，授萧绎为侍中、假黄钺、大都督中外诸军事、司徒，承制行事。然而，萧绎拥据实力却坐观国祸不理，暗藏私心，首先故意放纵侯景作乱，造成老父亲梁武帝被侯景逼死。梁武帝饿死台城后，萧绎先后发兵攻灭自己的侄儿、河东王萧誉与兄长、邵陵王萧纶，并击退襄阳都督萧詧的来犯；之后再命王僧辩率军东下消灭侯景。552年侯景死后，萧绎拒绝返回建康的建议，于江陵即帝位。萧绎即帝位之后，派兵往益州消灭擅自称帝的弟弟、武陵王萧纪，同时也请求西魏出兵。此举给了西魏可乘之机，益州因此沦落敌手。554年，萧绎给西魏宇文泰写信，要求按照旧图重新划定疆界，言辞又极为傲慢。宇文泰大为不满，命令常山公于谨、大将军杨忠等率军五万进攻江陵。萧绎战败投降，不久为萧詧以土袋闷死，后葬于颍陵。庙号世祖，谥号孝元皇帝。南梁的灭亡，萧绎负有主要责任。他借助“侯景之乱”的机遇走上历史前台，登极为帝，却做出很多被后人所诟病的举动。

萧绎一生勤奋读书，并辛苦聚书四十余载，收集古代罕见的十四万卷图书，登帝位后，因没有处理好与北方西魏的矛盾，招来强敌寇境，因此兵败。失败之余，他命人将这十四万卷藏书焚烧，并说“读书太多，以致有今日之祸”，引发中国历史上继秦始皇“焚书坑儒”之后最大的文化破坏事件，可以说是中华文明遭受巨大破坏的千古罪人。

《金楼子》一书由萧绎一人撰写而成，他自青年时代起就亲自动手搜集材料逐年撰写，曾自号金楼子，因以名书。全书采用札记、随感的形式，或前引名言成句，后加自己的看法；或借题发挥以阐发自己的思想；或记述史实以劝诫子女；或追叙往事，聊以自慰；或转志奇事，欲广闻见；或记东交游，以叙友情等。该书现存六卷十四篇，《四库全书总目提要》列入子部杂家。今人许逸民整理有《金楼子校笺》，陈志平、熊清元整理有《金楼子疏证校注》等书。《续编》辑录了其中的《戒子》《立言上》《立言下》《杂记》四篇中的部分内容，以为今人借鉴。

戒　子

陶渊明言曰：“天地赋命，有生必终。自古圣贤，谁能独免？但恨室无莱妇[①]，抱兹苦心，良独惘惘。汝辈既稚小，虽不同生，当思四海皆为兄弟之义。鲍叔敬仲[②]，分财无猜。归生

伍举[3]，班荆道旧。遂能以败为成[4]，因丧立功[5]。他人尚尔。况共父之人哉？颍川韩元长[6]，汉末名士，身处卿佐，八十而终，兄弟同居，至于没齿。济北氾稚春[7]，晋时积行人也，七世同居，家人无怨色。《诗》云：‘高山仰止，景行行止。’汝其慎哉！”

【注释】①莱妇：老莱子的妻子。春秋时楚国的老莱子，在蒙山之南隐居躬耕。楚王用重礼聘请他做官。他的妻子竭力劝止说：“今先生食人酒肉，受人官禄，为人所制也，能免于患乎？”老莱子便与妻子一起逃隐于江南。事见《高士传》《列女传》。

②鲍叔敬仲：指鲍叔牙和管仲。

③归生、伍举：战国时楚国人，二人为好友。伍举因罪逃往郑国，再奔晋国；在去晋国的路上与出使晋国的归生相遇。两人便在地上铺荆草，席地而坐，叙说昔日情谊。归生回到楚国后对令尹子木说，楚国人才为晋国所用，对楚国不利。楚国于是召回伍举。事见《左传·襄公二十六年》《国语·楚语》。

④以败为成：指管仲因得鲍叔帮助而在失败中转向成功。起初，管仲辅佐公子纠，鲍叔辅佐公子小白，后来公子小白打败了公子纠，即位为齐桓公，管仲被囚禁，鲍叔向齐桓公极力推荐管仲。管仲被起用为相，辅佐齐桓公成就了霸业。事见《史记·管晏列传》。

⑤因丧立功：指伍举在逃亡之中因得归生的帮助而回到楚国立下功劳。《左传·昭公元年》载：伍举回到楚国后，辅佐公子围继承了王位，这就是楚灵王。

⑥韩元长：名融，字元长，东汉时人。年轻时不为章句而善辨事

理，声名甚盛，曾受到大傅，太尉、司徒、司空、大将军等五府的同时征召；汉献帝时官至太仆为九卿之一。事见《后汉书·韩韵列传》

⑦汜稚春：名毓，字稚春，西晋时人。《晋书·儒林传》说他家累世儒素，九族和睦，到汜毓时已经七代。当时人们称赞其家“儿无常父，衣无常主”。

【译文】陶渊明说：“天地赋予人类生命，有生必定有死。自古至今，即便是圣贤之人，谁又能独自幸免呢？我只遗憾家中没有像老莱子妻那样的贤妇，怀着这样的苦心，内心很是伤感失意。你们年纪幼小，虽然不是一母所生，但应当理解普天下的人都是兄弟的道理。鲍叔牙和管仲在分钱财时，互不猜忌。公孙归生和伍举久别重逢，便在路边铺上荆条坐下畅叙旧情。于是才使得管仲在失败之中转向成功，伍举在逃亡之后回国立下功劳。他们并非亲兄弟尚且能够这样，何况你们是同一父亲的儿子呢？颍川的韩元长，是汉末的一位名士，身居卿佐的官职，享年八十岁，兄弟在一起生活，直到去世。济北的汜稚春，是晋代一位品行高尚的人，他们家七代没有分家，共同居住在一起，全家人没有一个不满意的。《诗经》上说：‘对古人崇高的道德要敬仰若高山，对古人的高尚行为则效法和遵行。’你们要谨慎做人啊！”

颜延年①云：“喜怒者，性所不能无。常起于褊量，而止于宏识。然喜过则不重，怒过则不威。能以恬漠为体，宽裕为器，善矣。大喜荡心，微抑则定；甚怒倾性，小忍则歇。故动无响容，举无失度，则为善也。欲求子孝，必先为慈；将责弟悌，务念为友。虽孝不待慈，而慈固植孝；悌非期友，而友亦立悌。夫和之不备，或应以不和，犹信不足焉，必有不信。倘知恩意相生，情理相出，可以使家有参柴[②]，人皆由损[③]。枚叔[④]有言：“欲人不闻，莫若不言；欲人不知，莫若勿为。御寒莫如重裘，止谤莫若自修。”《论语》云：“内省不疚，夫何忧何惧？”

【注释】①颜延年：即颜延之，字延年，琅琊临沂（今属山东）人。少好读书，文章为当时之冠。初为后将军行参军，宋文帝时为太子中庶子，以得罪权贵免官。复为国子祭酒、秘书监。与陈郡谢灵运俱以文章齐名，时称“颜、谢”。官至金紫光禄大夫。卒，谥宪子。所著文章传于世。事见《南史》。

②参柴：参，曾参；柴，高柴。二人皆孔子弟子。

③由损：由，仲由；损，闵损。二人亦孔子弟子。

④枚叔：即枚乘，字叔，西汉淮阴（今属江苏）人。初为吴王刘濞郎中。刘濞欲反汉，他上书劝止，濞不听，遂与邹阳等去吴，到梁国为梁孝王客。吴楚七国之乱时，再次上书吴王，劝其罢兵，濞又不听，终遭覆灭，枚乘由此知名于时，景帝任为弘农都尉，他不乐为郡吏，以病去官。武帝即位，慕其名，以安车蒲轮征召入京，死于途中。善辞赋，著有赋九篇，今部分尚存。

【译文】颜延年说：“喜怒是人不能没有的天性。常起于狭小的心量，而止于广博的见识。然而过度喜悦就会不稳重，过于愤怒就会丧失威严。能以宁静淡泊为禀性，以宽容为器量，就很好了。过于喜悦会惑乱心志，稍微抑制一下就会安定下来；极度愤怒会使心性扭曲，忍一忍就会消失。所以脸上的神情不要太夸张，举止不要失去分寸，就表现很好了。想要儿女孝顺，一定要先爱护儿女；想让幼弟敬爱兄长，务必先对他亲近友爱。虽然不应该因父母慈爱才孝顺他们，但慈爱确实可以培养孝顺；不应该因兄长对自己亲近友爱才敬爱他们，但亲近友爱确实可以促使弟弟敬爱兄长。自己不能和睦待人，别人也会反过来这样对待自己，如同自己不能以信待人，将来一定知道也会有人失信于己。如果知道情意恩情是相互促进的，人情与道理是互相制约融洽的，就可以使家里也有曾参和高柴，人人都是仲由和闵损了。枚乘有句话说："如果不想让别人听到，不如自己不去说；如果不想让别人知道，不如自己不去做。要驱除严寒，没有比穿上厚袄更好的办法；要制止别人诽谤，没有比加强自身修养更好的办法。"《论语》上说："自己问心无愧，哪会有什么可以值得忧愁和恐惧的呢？"

向朗[①]遗言戒子曰："贫非人患，以和为贵。汝其勉之，以为深戒。酒酌之设，可乐而不可嗜。声乐之会，可简而不可违。淫华怪饰，奇服丽食，慎毋为也。

【注释】①向朗：三国蜀襄阳宜城人，字巨达。初从刘表，后归刘备。为巴西太守。刘禅时迁步兵校尉，领丞相长史。随诸葛亮出屯汉中，坐马谡事免官。累官左将军，封显明亭侯。及免官，潜心典籍，讲论古义，为时所称。

【译文】向朗留下遗言告诫子女说："贫穷不是人为的祸患，要以和为贵。你一定要努力啊，把我说的话当成警戒，管好自己。饮酒设宴，确实可以让人感受到欢愉，但不可嗜酒贪杯。歌舞宴会，可以简省一点，不可违背世俗人情。那些浮华怪异的装饰、新奇的服装和奢华的食物，无论如何都不要尝试。

任彦升①云："人皆有荣进之心，政复有多少耳。然口不及，迹不营，居当为胜。"

王文舒曰："人或毁己，当退而求之于身。若己有可毁之行，则彼言当矣；若己无可毁之行，则彼言妄矣。当则无怨于彼，妄则无害于身。又何反报焉。且闻人毁己而忿者，恶丑声之加己，反报者滋甚，不如默而自修也。"

颜延年言："流言谤议，有道所不免。况在阙薄②，难用算防。应之之方，必先本己。或信不素积，嫌间所为；或性不和物，尤怨所聚。有一于此，何处逃之。日省吾躬，月料吾志，斯道必存，何恤人言。任嘏③每献忠言，辄手怀草，自在禁省，归书不封，何其美乎！入仕之后，此其勖哉！昔孔光④有人问温室之树⑤，笑而不答，诚有以也。"

【注释】①任彦升：即任昉，字彦升，乐安博昌（今山东博兴东南）人。幼而好学，早知名，十六即为丹阳主簿，累迁至司徒右长史。萧衍起兵，召为记室参军。梁国建立，迁吏部郎中，掌著作。天监六年卒，谥敬子。所著《杂传》《地记》及文章数十万言，盛行于世。事见《南史》。

②阙薄：指道德修养欠缺，浅薄。

③任嘏：三国魏乐安博昌人，字昭先。夙慧，博览群籍，时称神童。修身履义，能移风俗。曹操召海内至德，嘏应其选，为临菑侯庶子、相国东曹属、尚书郎。魏文帝时，累迁河东太守，有善政。

④孔光：西汉鲁人，字子夏。孔子后裔，孔霸少子。明经学，举议郎。成帝即位，举博士，以高第为尚书。绥和二年累擢为丞相。后以毁谮免。

⑤温室之树：孔光官至御史大夫，曾主掌枢密十余年，为人谨慎周密，持重不泄事。即使家人问温室殿旁种的是什么树，光也缄口不答。后因以“温树”“温室树”用为居官谨慎、言语不泄的典故，也常用为赞人谨慎之词。

【译文】任彦升说：“人人都盼望荣升高位，即使只是或多或少，总还是有的。但要以言语上不主动提及，行为上也不会去钻营，只是凭自己的德行和能力，当进则进，当退则退，这才是最正确的态度”

王文舒说：“别人如果诋毁自己，应当退一步反省自己。如果自己确有可被别人诋毁的行为，那么别人的诋毁就是恰当的了；如果自己没有什么可被诋毁的行为，那么别人的话就是荒谬的。如果所言恰当，就不能埋怨别人，如果所言荒谬，对自己也没有什么危害。何必反转去报复呢？再说，听见别人诋毁自己便发怒，是憎恶别人败坏自己的名声，与其让人家更起劲地诋毁你，还不如默默地去修养自身。”

颜延年说："即便是道德高尚的人，也难免遭受流言蜚语的诽谤、非议，何况因为自己道德修养不够，就更加难以算计防范。应对这个问题的办法，一定是从自己身上找原因。有的人平素经常不讲信用，他的所作所为就会被猜疑，使他人产生厌恶；有的人本性不愿随俗，埋怨就会聚集到他身上。若有很多人怨恨他有上述缺点之一，那对他的诽谤、非议就怎么也逃不脱。每天都自我反省，每月都审视自己的德行，一定会提升自己的道德品质，还会担心别人的诽谤、议论吗？任蝦每次向魏文帝进献忠言的时候，往往亲自手写，身在宫中，回家前也不封存文稿，不怕被别人看到，多么贤良啊！入朝做官之后，可要时常以他勉励自己啊！曾有人问孔光中书省中都有什么树，孔光笑了笑却不作答，这的确是有他自己的道理。"

立言上

与人善言，暖于布帛；伤人以言，深于矛戟。赠人以言，重于金石珠玉；观人以言，美于黼黻[①]文章；听人以言，乐于钟鼓琴瑟。

【注释】①黼黻：泛指礼服上所绣的华美花纹。

【译文】友好地和别人说一些善意之言，会让人感觉比布帛还要温暖；尖酸刻薄地讲话，恶语伤人，会给对方的心理带来很大的伤害，比用长矛利戟刺人的伤害还要严重。君子把善言赠送给别人，觉得比赠送金石珠玉还要贵重；考察别人的善言，觉得比看到礼服上的彩色花纹还要华美；倾听别人的善言，觉得比听钟鼓琴瑟还要快乐。

明月之夜，可以远视，不可以近书；雾露之朝，可以近书，不通以远视。人才性亦如是，各有不同也。

【译文】月色明朗之夜，可以远望，但难以书写；有大雾的早晨，可以书写，但难以远望。人的才能品性也是这样，各有各的不同。

君子无邑邑于穷，无勿勿于贱。誉之而不加劝，非之而不加沮，定外内之分，夷荣辱之心，立不易方，斯有恒也。

【译文】君子不会因为困窘不得志而愁闷，也不会因为地位低下而忧愁。得到赞美不会更加激励他，被责难了也不会让他沮丧，能够认清自我与外物的分际，消除心中荣辱的区别，立身处世不改变自己的原则，才会得到恒久之道。

夫言行在于美，不在于多。出一美言美行，而天下从之，或见一恶意丑事，而万民违之，可不慎乎？《易》曰：“言行，君子之枢机。”枢机之发，荣辱之主也。昔成汤教民去三面之网，而诸侯向之；齐宣王活衅钟之牛，而孟轲以王道求之；周文王掘地得死人骨，哀悯而收葬，而天下嘉之也。

【译文】言行在于美好而不在于多。君子如果有一句美好的言辞或有一个美好的行为，天下的人都会效仿他，如果出现一句不好的言论或是丑恶的事，万民都会背弃他，怎么可以不谨慎呢？《易经》上说："言论和行为，对君子来说好比是门户的转轴和箭弩的机关一样。门轴和机关的发动，关系到个人是被称赞还是被羞辱。"过去成汤让百姓把捕禽的网撤去三面，只留一面，宽容地对待猎物，因而诸侯都向他称臣；齐宣王不忍屠杀用于血祭新钟的牛，因而孟轲向他推荐以仁义治天下的政治主张；周文王令人挖掘土地，发现死人骸骨，心生同情，命人将其收殓埋葬，因而得到天下人的嘉许。

君子以宴安为鸩毒，富贵为不幸。故溺于情者忘月满之亏，在乎道者知日损之为贵。斯固诽谤之木，唐虞之道兴，兴琼瑶之台，辛癸之祚亡。酣歌终日，求数刻之欢，耽淫长夜，骋亡归之乐。而或四知必显，五美常在，譬金舟不能凌阳侯之波，玉马不能偶骐騽之迹。是犹炙冰使燥，清柹[1]令炽，不可得也。夫骄奢者众，纵逸者多，如轻埃之应风，似宵蠹之赴烛也。玉不琢，不成器；人不学，不知道。若虽有天纵，曾无学术，犹若伯牙空弹，无七弦则不悲；王良失辔，处驷马则不疾。

【注释】①柹：《说文》："削木朴也。"段玉裁注：朴者，木皮也。

【译文】君子把耽于逸乐当成毒酒，把富贵当作不幸的事。所以沉溺于感情的人会忘记月圆则缺的道理，寻求天地间大道的人，知道为道日损是可贵的。树立诽谤之木，唐尧、虞舜的治国之道就兴隆，因而建立起政治清平的世代。兴建琼瑶之台，商纣和夏桀的国运因此断绝。整天沉湎于饮酒歌舞，求得短时间的欢乐，整夜沉溺于享乐，不过是奏响灭亡的前奏。有时候即使如东汉杨震所说的"四知"常在，具备孔子所说的五种美德，也如同金制的船不能横渡水神阳侯掀起的大波，玉雕的马赶不上奔跑的骏马一样。就如同想把冰块烘干，想让积灰燃烧起来，都是不可能的事情。骄横奢侈和恣纵放荡的人很多，就像尘埃随风而起，蚊虫飞向烛台一样。玉石不打磨雕琢，就不会成为精美的器物；人不学习，就不了解道理。如果拥有天赋，但不学无术，就像伯牙没有琴瑟而空弹，就弹不出悲伤的音乐；也像王良失去了缰绳，即使驾驭四匹马的车也跑不快。

晋平公问师旷曰："吾年已老，学将晚耶？"对曰："少好学者如日盛阳，老好学者如炳烛夜行。"追味斯言，可为师也。《淮南》言："萧条者形之君，寂寞者身之主。"又云："教者生于君子，以被小人；利者兴于小人，以润君子。"孟子言："禹恶旨酒而乐善言。"又云："若我得志，不为食前方丈，妾数百人。"斯言至矣。故原宪之缊袍贤于季孙之狐貉，赵宣之肉食旨于智伯之刍豢，子思之银佩美于虞公之垂棘。娇淫之理，岂可恣欤！人非有柳下延陵之才，蒙庄柱史之志，其以此者，盖有以焉。虽复拔山盖世之雄，回天倒地之力，玉几为樽，金汤设险，骊山无罪之囚，五岭不归之戍，一有骄奢，三代同灭。镌金石者难为力，摧枯朽者易为功，居得其势也。

【译文】晋平公问师旷说："我年纪老了，还来得及学习吗？"师旷回答说："年轻时喜欢学习如同正午的太阳，年老了学习如同秉烛夜行。"细细品味这句话，可以作为老师了。《淮南子》上说："清静无为是身形的主宰。"又说："教导产生于君子，而施行在小人身上；利益产生于小人，而最终真正受益的却是君子。"孟子说："大禹厌恶美酒而喜欢有道德的言语。"又说："如果我身处高位，必定不会珍馐罗列，侍妾成群。"这话很有道理。原宪的破旧袍子要胜过季孙的狐裘。赵宣子吃鱼贤于智伯吃肉，子思的银佩要比虞公的美玉光彩照人。狂傲不羁的思想，岂能放纵！人除非有柳下惠、延陵季子那样的才能，庄周、老子那样的志向，大概可以做到。哪怕是（如秦始皇一般）力可拔山的盖世英雄，有翻天覆地的能力，坐享荣华富贵，依靠江山险峻，奴役百姓修建骊山陵墓，派出士兵戍守南方五岭，一旦开始骄奢，秦朝历经三代就灭亡了。让历史刻碑铭记很困难，摧枯拉朽走向失败却很容易，是因为趋势使然。

鸟与鸟遇则相躅，兽与兽遇则相角，马与马遇则趹踶，愚与愚遇则相伤。天之生此物，多其力而少其智。智者之谋，万有一失；狂夫之言，万有一得。是以君子取狂夫之言，补万得之一失也。

【译文】飞鸟与飞鸟相遇则互相打架，野兽与野兽相遇则互相顶角，马匹与马匹相遇则互相踢踏，愚人与愚人相遇则互相伤害。上天生出他们，赋予其力量而没有赋予其智慧。聪明的人谋划事情，总会有疏漏；莽撞的人说话，也会有说对的时候。所以君子能够听取莽撞人的建议，来弥补自己万分之一的疏漏。

行人不休息于松柏而止于杨柳者，以松柏有幽僻之穷，杨柳有路侧之势故也。

【译文】行人赶路的时候不会在松柏树下休息而会在杨柳树下休息，大概是因为松柏大多生长在偏僻的地方，故有此不足，而杨柳一般生长在路边，所以才占有优势。

周公没五百年有孔子，孔子没五百年有太史公。五百年运，余何敢让焉？但水至清则无鱼，人至察则无徒，斯言至矣。正当不穷似智，正谏似直，应谐似优，秽德似隐。尝谓人曰："诸葛武侯桓宣武并翼赞王室，宣威遐外，此鄙夫之所以慕也；董仲舒刘子政深精《洪范》，妙达《公羊》，鄙夫之所以希也；荣启期[①]击磬纵酒行歌，斯为至乐，鄙夫之所以重也。何者？请试论之：夫以武侯之贤，宣武之智，自天佑之，盖有以然也。假使逢文明之后，值则哲之君，不足为鄙夫扶毂，岂青紫之可望邪？东方鼠虎之谕，斯得之矣。及仲舒之学术，子政之探微，见重元光之初声，高建始之末，通宵忘寐，终日下帷，不有学术，何以成器？川溜决石，可不勉乎？驰光不留，逝川倏忽。尺璧非宝，寸阴可惜。文武二途，并得俦匹。启期击磬，彼独何人，甯止伯鸾[②]之诗，将同威辇[③]之咏。一以我为马，一以我为牛，庄周往矣，嗣宗[④]长逝。吾知宇宙之内，更有人哉。

【注释】①荣启期：字昌伯，春秋时期隐士，自言有三乐。后世常用为知足自乐之典。

②伯鸾：指梁鸿，字伯鸾，东汉人，与妻孟光隐居霸陵山中，耕织为业，咏诗书弹琴以自娱。

③威辇：指董京，字威辇，不知何郡人也。初与陇西计吏俱至洛阳，被发而行，逍遥吟咏，常宿白社中。时乞于市，得残碎缯絮，结以自覆。

④嗣宗：指阮籍，字嗣宗，西晋时期诗人，文学家。

【译文】周公去世五百年后出现了孔子，孔子去世五百年后出现了太史公司马迁。大圣大贤五百年出现一次，我如何敢当？但是水太清鱼儿就不能成活，君主太明察就没有人跟随，这些话很有道理。如同东方朔那样计谋百出好似有智慧，直言进谏好像正直之臣，诙谐幽默如同倡优，特立独行又类似隐士。我曾对人说："诸葛亮和桓温都能辅佐王室，威名远播，这是一般人所羡慕的；董仲舒和刘向精通《洪范》和《公羊春秋》，这是一般人所盼望的；荣启期击磬饮酒高歌，自得其乐，这是一般人所推重的。为什么呢？请让我来试着论述一下：以诸葛亮的贤能和桓温的才智，再加上上天的庇佑，自然会有这样的功绩。如果他们身逢治世，遇到明君，作为一个普通的劳动者，他们的体力还不如常人，又怎么会企望有朝一日能够封侯拜相呢？得势为虎失势为鼠的比喻，真是再恰当不过了。再譬如董仲舒学问高深，刘向能深入研究精深的道理，所以董仲舒能在元光初年向汉武帝提出一系列重大主张，而刘向能在汉成帝建始年间校阅群书，撰成《别录》。而且他们废寝忘食，教导学生，桃李满天下，没有学问如何能成大器？人生如同水流滚石一样短暂，自己能不勤奋吗？时光不停，河流奔逝。玉璧不算珍贵，光阴才值得珍惜。周文王和周武王治国理政之道不一样，效果却可以相比。荣启期击磬而歌，却独得其乐。希望像梁鸿那样隐居作诗，像董京那样逍遥吟咏。一会儿以为自己是马，一会儿以为自己是牛，逍遥超脱的庄周已经离去了，"竹林七贤"之一的阮籍也去世了。但我知道天地之间，还有贤人。"

饱食高卧，立言何求焉？修德履道，身何忧焉？居安虑危，戚也；见险怀惧，忧也。纷纷然，荣枯宠辱之动也，人其能不动乎？仲尼其人也，抑吾其次之。有佞而进，有直而退，其宁退乎？予不喜游宴淹留，每宴辄早罢，不复沽酌矣。

【译文】吃饱睡足，如何树立高尚言论？修养德行，躬行正道，何必担心忧患？居安而思危，是忧伤的表现；见到险阻而害怕，是忧愁的表现。世人纷纷扰扰，是为了荣华富贵，世人能够不被扰动吗？孔子这样的人，或许我能跟随他。如果必须学会奸佞才能荣进，坚守忠直就会被贬退，他宁可选择被贬退吧？我不喜欢游乐宴会，每次宴会都会早早停止，不会贪杯不止。

居家治理，可移于官，何也？治国须如治家，所以自家刑国。石奋之为家可矣，若谓治国异治家者，则条章不治，民无依焉。故治国者亲民，若治家也。心不可欺物，不可示物。不欺不示，得其衷也。欺之则物不信，示之则民骄矣。自家刑国，自国刑家，可无失矣。

【译文】一个人能够把家治理的井井有条，就可以让他出来为官，为什么呢？因为治理国家如同管理家事，所以可以用管理家事的方法治理国家。石奋管理家族的方法就很好，如果说治理国家与管理家事不一样，则会没有章法，百姓无所依靠。所以治理国家必须亲近百姓，如同管理家事一样。内心不可以欺瞒别人，也不能让别人完全知道自己的想法，不隐瞒也不显露，这就对了。欺瞒别人，会失信于人，完全袒露自己的想法会让百姓轻视君主。用管理家事的方法治理国家，用治理国家的方法管理家事，这样就没有失误了。

见善则喜，闻恶则忧，民之情也。苟无忧喜，其惟圣人乎！若无喜而不喜，无忧而不忧，盖何足称也？

【译文】碰到好事就欢天喜地，遇到不好的事就忧愁苦恼，这是人之常情。无忧无虑，只有圣人才能做到啊！如果只是在没有高兴事的时候才不喜欢，没有烦心事的时候才不忧虑，这又算得了什么呢？

夫斗者，忘其身也，忘其亲者也。行须臾之怒，而斗终身之祸，然而为之，是忘其身也。

【译文】好斗的人，忘记了自身安危，忘记了亲人的担忧。发泄一时的愤怒，而导致终身的祸患，明知故犯，是忘记了自身安危。

入是国也，言信乎群臣，则可留也；行忠乎群臣，则可仕也；泽乎百里，则富可安也。

【译文】进入一国，言语可以取信于群臣，则可以留任；行为忠诚于群臣，则可以出仕为官；恩惠遍及方圆百里，就可以保有富贵了。

古语云：“不鉴于镜而鉴于人，鉴镜则辨形，鉴人则悬知善恶。”是知鉴于人胜鉴乎镜矣。

【译文】古语说：“为人不应该只对照镜子，也应该对照别人来反省自己，对照镜子可以看到形体，对照别人可以知道善恶。”由此可知，通过别人对照自己胜过用镜子对照自己啊。

楚王之食楚也，故爱楚四境之民；越王之食越也，故爱越四境之民。天子之食天下也，吾是以知兼爱天下之民矣。

【译文】楚王的供养来自楚国，因此慈爱楚国的四方百姓；越王的供养来自越国，因此慈爱越国的四方百姓；天子的供养来自天下，因此我知道要慈爱天下的百姓。

君子有三患：未之闻，患弗得闻。既闻之，患弗能学。既学之，患弗能行。

君子有四耻：有其位无其言，君子耻之；无其行，君子耻之；既得之又失之，君子耻之；地有余而民不足，君子耻之。

【译文】君子有三种隐患：对于未曾听说的道理，担心自己不能知道；知道以后，又担心学不到；学到后，又担心不能去实践它。

君子有四种耻辱：拥有地位，却没有与之相称的言论，君子觉得这是耻辱；没有与之相称的行为，君子觉得这是耻辱；拥有地位却又失去，君子觉得这是耻辱；疆域广大而百姓不富足，君子觉得这是耻辱。

夫聪明疏通者戒于太察，寡闻少见者戒于壅蔽，勇猛刚强者戒于太暴，仁爱温良者戒于无断也。

【译文】聪明洞察的人忌讳太过明察，孤陋寡闻的人忌讳太过闭塞，勇猛刚强的人忌讳太过逞强，仁爱温和的人忌讳优柔寡断。

刘　子

【提要】《刘子》，北齐刘昼撰。

刘昼（514—565年），字孔昭，渤海阜城（今河北交河）人。《北齐书》《北史》皆将其列入《儒林传》，其生平事迹不可详知。他一生没有进仕，在家中去世，享年52岁。

《刘子》是南北朝时期的一部重要子书。全书内容宏富，涉及范围广泛。针对南北朝时期国家分裂、民族矛盾异常尖锐等弊端，刘昼在书中提出了治国安民的政治主张和希望施展自我才能的政治抱负。全书共计55章，内容涉及儒道两家之学，内容从个人修身到治国理政，几乎无所不包。《四库全书总目提要》将其列入子部杂家类。今人傅亚杰整理有《刘子校释》等书。《续编》从全书中辑录了《清神》《防欲》等21篇精华，以供今人学习借鉴。

清　神

圣人清目而不视，静耳而不听，闭口而不言，弃心而不虑，贵身①而忘贱。故尊势不能动，乐道而忘贫，故厚利不能倾。容身而处，适情而游，一气浩然，纯白于衷。故形不养而性自全，心不劳而道自至也。

【注释】①贵身：谓贵惜自身。

【译文】圣人目光清明不随便看，耳根清净不随便听，闭口沉默不随便言语，听任本心不随便思虑，贵惜自身不做卑贱之事。所以尊贵的权势不能动摇内心，乐于道而忘其贫。因此，丰厚的利禄不能引诱他们。去可安心的地方居住，顺适性情出游，一身正大之气，内心纯白洁净。所以，身形不用保养而自性自然完备，内心不用劳累而大道自然会来到。

防　欲

林之性静，所以动者，风摇之也；水之性清，所以浊者，土浑之也；人之性贞，所以邪者，欲眩之也。身之有欲，如树之有蝎；树抱蝎则还自凿，身抱欲则还自害。故蝎盛则树折，欲炽则身亡。将收情欲，先敛五关①。五关者，情欲之路，嗜好之府也。

【注释】①五关：指耳、目、口、鼻、身。

【译文】树林的本性是安静的，之所以会动，是因为有风的摇动；水的本性是明净的，之所以会变得混浊，是因为泥沙的混合；人的本性是贞洁的，之所以会邪恶，是因为欲望的迷惑。身体有欲望，就像树上长有毒虫；树上长毒虫便是挖凿自己，身体有欲望便是伤害自身。所以毒虫一多树木便会折断，欲望炽盛人便会死亡。想要收敛情欲，先要收敛五关。五关是情欲生发的道路，嗜好滋生的府邸。

目爱彩色，命曰伐性之斤[①]；耳乐淫声，命曰攻心之鼓；口贪滋味，命曰腐肠之药；鼻悦芳馨，命曰熏喉之烟；身安舆驷[②]，命曰召蹶[③]之机。此五者，所以养生，亦以伤生。

【注释】①斤：古代砍伐树木的工具。

②舆：车辆，尤指马车。驷：古代同驾一辆车的四匹马；或套着四匹马的车。

③蹶：跌倒。比喻失败或受挫折。

【译文】眼睛喜欢观看色彩，这是伤害本性的斧斤；耳朵喜欢听萎靡的声音，这是攻伐心灵的战鼓；嘴巴贪婪美味的佳肴，这是腐烂肠道的毒药；鼻子喜欢闻芬芳的香气，这是熏染咽喉的浓烟；身体喜欢乘坐马车，这是导致失败的机由。这五者，可以养生，但也可以伤害身体。

将收情欲，必在脆微。情欲之萌，如木之将蘖[①]，火之始荧[②]，手可掣而断，露可滴而灭。及其炽也，结条凌云，煽熛章华[③]，虽穷力运斤，竭池灌火，而不能禁，其势盛也。嗜欲之萌，耳目可关，而心意可钥；至于炽也，虽襞[④]情卷欲，而不能收，其性败也。如不能塞情于未形，禁欲于脆微，虽求悔吝[⑤]，其可得乎？

【注释】①蘖：被砍去或倒下的树木再生的枝芽。

②荧：光亮微弱的样子。

③熛（biāo）：本意为迸飞的火焰，引申为形容迅疾的样子。章华：即章华台，是楚灵王六年（前535年）修建的离宫，后毁于兵乱。史载章华台“台高10丈，基广15丈”，曲栏拾级而上，中途得休息三次才能到达顶点，故又称“三休台”；又因楚灵王特别喜欢细腰女子在宫内轻歌曼舞，不少宫女为求媚于王，少食忍饿，以求细腰，故亦称“细腰宫”。

④襞：折叠。

⑤悔吝：灾祸。

【译文】要想收敛情欲，一定要在情欲刚刚萌发的时候下手。情欲一旦生发，就像树木刚刚发芽，大火刚冒火星，用手就可以将树芽折断，用露水就可以将火星滴灭。等到它们兴旺起来，弯曲的枝条耸入云天，煽起的火焰烧到了章华台，即便用尽气力挥动大斧去砍，竭尽池塘中的水去浇灌，也不能禁止，因为它们的威势太强盛了。嗜欲刚萌芽，耳朵眼睛可以关闭，心志可以锁闭；等到它们旺盛，即使想将情欲折叠、卷起，但是却无法收敛，这是因为本性败坏了。如果不能将情欲堵塞在未成形之前，在情欲刚刚萌发便禁止，即使想请求化解灾祸，又怎么可能呢？

韬　光

古之有德者，韬迹隐智，以密[1]其外；澄心[2]封情，以定其内。内定则神府不乱；处密则形骸[3]不扰。以此处身，不亦全乎？

【注释】①密：通“谧”。安宁，安定，安静。

②澄心：使心情清静。

③形骸：人的躯体。

【译文】古代有德行的人，藏匿踪迹，不露才智，以使外表安静；内心清静，限制私情，以使内在安定。内在安定精神就不会混乱，外表安静身体就不会受到干扰。用这个方法来安身，难道还不能保全吗？

崇　学

至道无言，非立言无以明其理；大象无形，非立形无以测其奥。道象[1]之妙，非言不传；传言之妙，非学不精。未有不因学而鉴道[2]，不假学以光身者也。

【注释】①道象：表达对道的认识。

②鉴道：明察道理。

【译文】最高的道自己不说话，如果不借助语言便不能明白其中的道理；宏大的气象没有明确的形象，如果不借助形象就不能探测其中的奥妙。大道的真谛如果不说出来，后人便无法体会；讲解辨析的精髓如果不去细细研究，就无法精通。没有不是因为学习而明察道理的，没有不是通过学习而让自身显耀的。

履 信

信者行之基，行者人之本。人非行无以成，行非信无以立。故行之于人，辟济之须舟也。信之于行，犹舟之待楫也。将涉大川，非舟何以济之？欲泛方舟，非楫何以行之？今人虽欲为善而不知立行，犹无舟而济川也；知欲立行而不知立信，犹无楫而行舟也。是适郢土而首冥山，背道愈远矣。

【译文】诚信是行动的基础，行动是人的根本。人不行动便不会有成就，行动没有诚信便不能立足。所以，行动对于人而言，就好比渡河需要舟船；诚实守信对行动来说，就好比有了舟船仍需要船桨。将要渡过大河，没有舟船怎么能渡过？想要让舟船在水上移动，没有船桨怎么能行驶？现在的人虽然想要做善事，但不知积德行善，就像没有舟船而要去渡过河川；知道积德修善但不知诚实守信，就像没有船桨而要行驶舟船一样。这正是想要去南方郢都但却遥望北方冥山，这是背道而驰离目的地更远啊！

自古皆有死，人非信不立。故豚鱼著，信之所及也，允矣哉。言非信不成。齐桓不背曹刿之盟，晋文不弃伐原之誓，吴起不亏移辕之赏，魏侯不乖虞人之期。用能德光于宇宙，名流于古今，不朽者也。

【译文】自古以来人都要死，但没有信用就没有立足之地。因此，信用都会遍及小猪和游鱼那样的微贱之物，真是信实啊！言语没有信用做基础就不会有所成。齐桓公不视曹刿为敌，不违背柯邑之盟，晋文公讨伐原国不违弃事先的约定，吴起不毁坏自己移辕受赏的承诺，魏文侯不扰乱与管理苑囿的官员约定的打猎时间。让诚信的德泽能够光耀万物，名声流传古今，永垂不朽。

故春之得风，风不信则花萼不茂，花萼不茂，则发生之德废。夏之得炎，炎不信则卉木不长，卉木不长则长嬴之德废。秋之得雨，雨不信则百谷不实，百谷不实则收成之德废。冬之得寒，寒不信则水土不坚，水土不坚则安静之德废。以天地之灵，气候不信，四时犹废，而况于人乎？

【译文】所以，春季时令顺应，就会吹起温风，温风没有应时出现，花萼就不会茂盛，花萼不茂盛，那么滋生萌发的最佳时节就会废止。夏季时令顺应，就会炎热，炎热没有应时出现，草木就不会生长，草木不生长，那么茁壮生发的最佳时节就会废止。秋季时令顺应，就会降雨，降雨没有应时出现，那么谷物就不会成熟，谷物不成熟，那么庄稼收成就会废止。冬季时令顺应，就会寒冷，寒冷没有应时出现，那么水流土壤就不会坚固，水流土壤不坚固，安定平静的最佳状况就会废止。以天地的灵秀，气候没有在相应的时节发生，一年四季就会废止，更何况是人呢？

思 顺

后稷虽善播植，不能使禾稼冬生，逆天时[①]也。禹善治水，凿山穴川，不能回水西流，逆地势也。人虽才艺卓绝，不能悖理成行，逆人道也。故循理处情，虽愚蠢可以立名；反道为务，虽贤哲[②]犹有祸害。君子如能忠孝仁义，履信思顺，自天祐之，吉无不利也。

【注释】①天时：宜于做某事的自然气候条件。泛指自然规律。

②贤哲：贤明睿智的人。

【译文】后稷善于种植农作物，但他不能让农作物在冬天生长，这是因为违逆了自然规律。大禹善于整治水利，开凿穴川，但不能让河流向西流，这是因为违逆了自然地势。人虽然有着高超的才艺，但不能违背规律而成事，这是违逆人道。所以，遵循规律来处理事情，即使愚昧无知也可以树立名声；违逆规律以求奇特，即使是贤明睿智的人也会有祸患。君子若能做到忠孝仁义，笃守信用，思念和顺，自然会有上天护佑，没有不是吉利的。

贵 农

衣食者，民之本也；民者，国之本也。民恃衣食，犹鱼之须水；国之恃民，如人之倚足。鱼无水，则不可以生；人失足，必不可以步；国失民，亦不可以治。先王知其如此，而给民衣食。

【译文】衣服饮食，是百姓的根本；百姓，是国家的根本。百姓依赖衣服饮食，就像鱼儿需要水；国家依赖百姓，就像人们依赖双足。鱼儿如果没有水，就不能维持生命；人们失去双足，必然不可能行走；国家失去百姓，就不可能大治：上古的贤君懂得这一道理，所以满足百姓衣服饮食的需求。

是以先王敬授民时①，劝课农桑，省游食②之人，减傜役之费，则仓廪充实，颂声作矣。虽有戎马之兴，水旱之沴③，国未尝有忧，民终无害也。

【注释】①敬授民时：指将历法付予百姓，使知时令变化，不误农时。后以之指颁布历书。

②游食：不务农而食。

③沴：灾害。

【译文】所以，上古的贤君将历法交给百姓，督促勉励百姓耕作、养蚕，减少不务农而食的人，减少劳役费用，那么米仓谷廪就充足殷实，赞颂的声音就会兴起。虽然有战争发生，有洪荒干旱之灾，国家不曾有忧患，百姓最终会免除祸患。

爱　民

夫足寒伤心，民劳伤国。足温而心平，人佚[①]而国宁。是故善为理者，必以仁爱为本，不以苛酷为先。宽宥刑罚，以全民命；省彻徭役，以休民力；轻约赋敛，不匮人财，不夺农时，以足民用；则家给国富，而太平可致也。

【注释】①佚：通“逸”，安逸。

【译文】足部受寒会伤害心脏，百姓过于辛劳就会损伤国家；足部温暖心脏就会平和，百姓安逸国家就会安定。所以，善于治理国家的人，必然会以仁爱为根本，不以苛刻残酷为先导。施行宽容的刑罚，以保全更多的生命；裁剪劳役，使民力得以休整；减省赋税，不使百姓财物匮乏；不侵夺农作物的播种时节，使百姓财用充足；那么就会家家充裕，国家富足，太平之世就会到来了。

赏　罚

治民御下，莫正于法；立法施教，莫平于赏罚。赏罚者，国之利器，而制人之柄也。

善赏者，因民所喜以劝善；善罚者，因民所恶以禁奸。故赏少而善劝，刑薄而奸息。赏一人而天下喜之，罚一人而天下畏之。用能教狭而治广，事寡而功众也。

【译文】治理百姓，驾驭下属，莫过于使法度公正；建立法度，施行教化，没有比严明赏罚更重要的了。赏赐处罚是治理国家的有效工具，是制驭百姓的根本。

善于赏赐的，依据百姓的喜好来劝勉善行；善于处罚的，依据百姓的厌恶来惩治奸邪。所以，赏赐不多却可以达到劝勉善行的效果，刑罚微薄却可以让犯罪停息。赏赐一人而天下人都欢喜，惩罚一人而天下人都戒畏；因而能够做到虽然直接教导的人不多，但治理的范围却很广，任用的人少而功效却很大。

荐 贤

人臣竞举所知，争引其类。才苟适治，不问世胄[①]，智苟能谋，奚妨秕行[②]。昔时人君拔奇于囚虏，擢能于屠贩，内荐不避子，外荐不避仇，身受进贤之赏，名有不朽之芳。

昔子贡问于孔子曰："谁为大贤？"子曰："齐有鲍叔，郑有子皮。"子贡曰："齐岂无管仲，郑岂无子产乎？"子曰："吾闻进贤为贤，排贤为不肖。鲍叔荐管仲，子皮荐子产，未闻二子有所举也。"进贤为美逾身之贤，矧复抑贤者乎？故为国入宝，不如能献贤。进贤受上赏，蔽贤蒙显戮。斯前识之良规，后代之明镜矣。

【注释】①世胄：贵族后裔。

②秕行：意指身份为平民阶层、贱民等辈。秕，原义为不饱满的谷子。行，这里是排行、等级的意思。

【译文】古人竞相推举自己所了解的人，争相引荐自己的伙伴。如果才能足以治理国家，便不论他是不是贵族后裔，如果智慧能足以谋划大事，即便他只是一个普通的平民百姓又何妨？以前的君主，在俘虏中选拔奇特出众的人才，在屠者贩夫中选拔贤能之士；举荐内部人时不回避自己的儿子，举荐外人时不回避自己的仇人；自己因推荐贤士受到奖赏，美好的名声万古流芳。

以前，子贡问孔子说："谁是大贤之人？"孔子说："齐国有鲍叔牙，郑国有子皮。"子贡说："难道齐国的管仲，郑国的子产不算吗？"孔子说："我听说向国家推荐贤人的才算是贤，否则都算是不肖。鲍叔牙推荐了管仲，子皮推荐了子产，我没有听说过管仲、子产推荐什么贤人。"以引荐贤能为美，甚至超过自身贤能，何必又要抑制贤能的人呢？所以，为国家进献宝物，不如为国家引荐贤才。引荐贤才受上等的奖赏，埋没贤才则蒙受杀戮。这是前代留下的良规，可作为后世人的明鉴。

适 才

夫柽柏之断也，大者为之栋梁[①]，小者为之椽桁[②]，直者中绳，曲者中钩，随材所施，未有可弃者。是以君子善能拔士，故无弃人；良匠善能运斤[③]，故无弃材。贤能人物交泰，各尽其分而立功焉。《诗》云："虽有丝麻，无弃菅蒯[④]；虽有姬姜，无弃憔悴[⑤]。"此之谓也。

【注释】①栋梁：建造房屋的大材。

②椽：放在檩上架着屋顶的木条。桁：梁上或门框、窗框上的横木，泛指横木。

③运斤：挥动斧头砍削。比喻技艺高超。

④菅蒯：类似粗布等粗糙的织品。

⑤憔悴：这里指贱陋之人。

【译文】区分柽柏，大的用来做栋梁，小的用来做椽桁，直的和绳子一般，弯的和钩一样，根据木材的特点来使用，没有可以废弃的。所以，君子善于选拔人才，在他们眼里没有可被遗弃的人；好的工匠技艺高超，所以在他们眼里没有可废弃的木材。所以，人和物同心，各自尽到自己的职责便可以建立功勋了。《诗经》上说："即使有了丝麻，也不要舍弃菅蒯；即使有了姬姜这样的美色，也不要舍弃贱陋的女子。"说的就是这个道理。

均 任

器有宽隘，量有巨细，材有大小，则任有轻重，所处之分，未可乖也。是以万硕[①]之鼎，不可满以盂水；一钧之钟[②]，不可容于泉流；十围之木，不可盖以茅茨；榛棘之柱，不可负于广厦。即小非大之量，大非小之器，重非轻之任，轻非重之制也。以大量小，必有枉分之失；以小容大，则致倾溢之患；以重处轻，必有伤折之过；以轻载重，则致压覆之害。是以君子量才而授任，量任而授爵，则君无虚授，臣无虚任。故无负山之累、折足之忧也。

【注释】①硕：同“石”，古代容量单位。

②钟：一种圆形的壶。

【译文】器物有宽窄，量度有巨细，材料有大小，那么所担负的就有轻重，所处的本分，不可以背离。因此，能够盛下万石的大鼎，只用一小盂水是无法将其灌满的；只能盛一钧的小钟，是盛不下源源不断的泉流的；十围粗的木头，不可用来盖茅草屋；荆棘那样的小柱子，不可用来盖宽广的大厦。小不是测量大的工具，大不是盛小的器具，重不是轻所能负担的，轻不是重的制约。以大来测量小，必定会有错误；以小容纳大，就会有倾倒流溢的担忧；以重压载轻，一定会有伤亡的祸患；以轻承载重，就会有压覆的危害。所以，君子衡量才能而后授予职位，根据职位而后授予爵位，那么君主不会授职给德才不相称的人，臣子不会上任自己能力不相称的职位。所以，没有像背负一座大山那样沉重的负累，也没有能力不能胜任而导致失败的忧患。

慎 言

口舌者，祸患之官，亡灭之府也；语言者，性命之所属，而形骸之所系也。言出患入，语失身亡。身亡不可复存，言出不可复追。其犹射也，悬机未发，则犹可止，矢一离弦，虽欲返之，弗可得也。

【译文】口舌，是祸患和灭亡的主宰。语言，是生命所属，身体所牵。不好的话说出口祸患就进入，言语有失身体就会灭亡。身体灭亡便不复存在，话说出来就无法再追回。这就像射箭：箭还在弦上未发出，尚可以阻止；箭一旦离弦，即使想追回来，也是不可能的。

《易》诫枢机①，《诗》刺言玷。斯言一玷，非礛诸②所磨；枢机既发，岂骇电③所追？皆前圣之至慎，后人之埏镕④。明者慎言，故无失言；暗者轻言，身致害灭。

【注释】①枢机：比喻言语。

②礛诸：打磨玉石用的青色磨石。

③骇电：惊人的电光。常形容快速无比。

④埏镕：指培育，栽培。

【译文】《周易》告诫人们要谨慎言语，《诗经》讥刺语言的瑕疵。语言一旦有瑕疵，不像玉石那样可以琢磨干净；语言一旦说出口，即使电光之速也难以追回。这是前代圣人慎之又慎的，是后来人应当培育的美德。明智的人谨慎说话，所以不会说错话；愚蠢的人说话轻率，从而导致身亡。

昔智伯失言于水灌，韩魏蹑其肘足①；魏武漏语于英雄，玄德遗其匕箸②。是以头为秽器，师驰徐州；地分三晋，土割岷蜀。亡败长衅，为天下笑，不慎言也。韩昭侯与棠豀公谋而终夜独寝，虑梦言露于妻妾也；孔光不对温室之树，恐言之泄于左右也。

【注释】①智伯失言于水灌，韩魏蹑其肘足：前453年，智伯引汾水灌晋阳城，智伯看见水攻的效果非常好，得意地说："起初，我不知道水可以灭亡他人国土，现在我已知道了。绛水很容易淹没安邑，而汾水很容易淹没平阳。"韩康子、魏桓子两人听闻此语非常恐慌，魏桓子用胳膊碰了一下韩康子，韩康子踩了一下魏桓子的脚后跟。后来赵氏派谋臣张孟谈，说服韩、魏两家倒戈，三方密约，决定共同攻灭智氏。前453年，赵襄子派人杀掉智军守堤官吏，决开堤防反灌，擒杀了智伯，并将智伯的首级当作秽器。韩、赵、魏联手攻陷智氏封邑，智氏一族两百多人惨遭杀戮，智氏遭受灭族之灾。智伯（前506—前453年）：姬姓，智氏，名瑶，即智瑶，又称智伯、智伯瑶。谥号“襄”，史称智襄子。是春秋末期晋国执政大臣。

②魏武漏语于英雄，玄德遗其匕箸：典出《三国志·先主传》：曹公自出东征，助先主围布于下邳，生擒布。先主复得妻子，从曹公还许。表先主为左将军，礼之愈重，出则同舆，坐则同席。袁术欲经徐州北就袁绍，曹公遣先主督朱灵、路招要击术。未至，术病死。先主未出时，献帝舅车骑将军董承辞受帝衣带中密诏，当诛曹公。先主未发。是时曹公从容谓先主曰：“今天下英雄，唯使君与操耳。本初之徒，不足数也。”先主方食，失匕箸，遂与承及长水校尉种辑、将军吴子兰、王子服等同谋。会见使，未发。事觉，承等皆伏诛。魏武：即魏武帝曹操。

【译文】从前，智伯在水灌赵国的时候失言，韩康子、魏桓子的手肘和脚相互碰撞；曹操失语论英雄，刘备吓得筷子掉在地上。因此，智伯的头被做成了秽器，军队溃散，晋国被一分为三；曹魏的土地被割去了岷蜀，以致长期引发争端，被天下人耻笑，是因为出言不谨慎啊！韩昭侯和棠磎公谋划，而整晚独自睡觉，害怕做梦时在妻妾那里说漏嘴。孔光不说长乐宫温室殿前种的树木，害怕说的话泄露给身边的人。

言者，风也；无足而行，无翼而飞，不可易也。是以圣人当言而惧，发言而忧，如蹈水火，临危险也。礼然后动，则动如春风，人不厌其动；时然后言，则言如金石[①]，人不厌其言。故身无失行，口无过言也。

【注释】①金石：金和美石之属。常用以比喻诗文音调铿锵，文辞优美。

【译文】言语，就像风；无足却可以行走，无翅却可以飞翔，说出后便不可改变。因此，圣人要说话时会害怕，话说出后便会担忧，像踩在水火中，像面临着危险。遵照礼法然后行动，那么行动就如春风，人们不厌恶他的行动；认真思考然后再说，那么言语就像金石，人们不厌恶他的言语。所以，身体没有错误的行为，口中也没有失误的言语了。

慎　隙

过者，怨之梯也；怨者，祸之府也。祸之所生，必由积怨；过之所始，多因忽小。小过之来，出于意表；积怨之成，在于虑外。故其来也，不可防；其成也，不可悔。防怨不密，而祸害臻焉。

【译文】过失，是怨恨的阶梯；抱怨，是灾难的源泉。祸患的产生，必定由于积聚怨恨；错误的开始，必定因为忽略细小。小过的出现，积怨的产生，常在意料之外。所以它们出现时，不可防范；它们成功了，不可悔恨。防范怨恨不严密，祸害就要来临了！

诫 盈

夫知进而不知退，则践盈满之危；处存而不忘危，必履泰山之安①。故雷在天上曰大壮，山在地中曰谦，谦则裒多益寡，壮则非礼勿履。处壮而能用礼，居谦而能益寡，降高以就卑，抑强而同弱。未有挹损而不光，骄盈而不毙者也。

【注释】①泰山之安：像泰山一样稳固。形容十分稳固安定。

【译文】一个人知道前进而不知道后退，就会满盈而招致危险；居安而思危，一定会十分安稳。所以说，雷在天上是大壮的卦象，山在地中是谦卦的卦象，谦虚是减多余以补不足，大壮是不超越准则和规律去做非分之事。处在大壮而能依礼行事，降低尊贵的身份以就低下，压制强暴扶助弱小，没有谦卑恭敬而不光大，骄傲盈满而不自毙的。

《易》曰：以贵下贱，大得民也①。是以君子高而能卑，富而能俭，贵而能贱，智而能愚，勇而能怯，辩而能讷，博而能浅，明而能暗，是谓损而不穷也。

【注释】①以贵下贱，大得民也：语出《周易·屯卦》。

【译文】《周易》说：身份尊贵而能下居卑位，可以大得民心。因此，君子处高而能卑下，富有而能节俭，尊贵而能处贱，聪明而能处愚，勇敢而有所畏惧，善辩而懂得沉默，广博而能浅陋，明而能暗，就是所谓的"损而不穷"啊。

明 谦

天道下济而光明[1]，江湖善下而为王。故山在地中成谦，王侯以孤寡为损。谦则荣而逾高，损则显而弥贵。高必以下为基，贵则以贱为本。在贵而忘贵，故能以贵下民；处高而遗高，故能以高就卑。

【注释】①天道下济而光明：出自《周易·谦卦》。

【译文】天的体性是降下济物，日月就能愈显光明；江湖善于处在低下的位置，所以能成为百川之王。所以，山在地中为谦，王侯孤寡为损。谦卑则会光荣而愈加高大，损益则会显耀而更为高贵。高必定以下为基础，贵则以微贱为根本。身处富贵而忘记富贵，所以能以百姓为贵；处在高位而忘记高位，所以能降低尊贵的身份以就低下。

《易》称：谦尊而弥光。《老子》云：不伐故有功。谦者在于降己，以高从卑，以圣从鄙。不伐在于有功不矜，有德不言，归于冲退[1]，谦挹[2]之流也。好盈自贤，矜功伐善者，俗之常情，圣人之恶也。必矜其功，虽赏之而称劳，情犹不足；苟伐其善，虽与之赏多，必怨其少；则慊望之情生，躁竞[3]之色见，矜伐之路开，患难之衅作矣。君子则不然，在荣以挹损[④]为基，有功而不矜，有善而不伐，遗其功而功常存，忘其善而善自全。情常忘善，故能以善下物，情恒存善，故能以善胜人。

【注释】①冲退：谦让。

②谦挹：谦卑退让。

③躁竞：急于进取而争竞。

④挹损：减少，缩小。

【译文】《周易》说：尊者谦虚而愈发显出其美德。《老子》说：不自我夸耀，所以能成就功业。谦卑，在于降低自己，处于高位而能谦卑对下，自己圣明却能听取鄙陋之人的意见。不自我夸耀表现为有功绩不骄傲，有功德不言语，最终归于谦让，说的就是有谦卑品行的人。喜好盈满，自认为高尚，夸耀自己的功劳和才能，这是凡人之常情，而圣人却不喜欢。一定要自夸其功，即使得到奖赏，称赞他的功劳，依然会觉得不满足；如果夸耀自己的长处，即使给他的赏赐很多，仍然会抱怨太少；那么期望满足的心情就会生发，争权进取的景象就会出现，自我夸耀的途径就会打开，灾难祸患也就会出现了。君子就不是这样，身处荣耀但却以减损为处事根本，有功劳而不骄傲，有长处而不自夸。遗忘他的功劳但功劳却长久存在，忘记他的长处但长处却一直都有。常常忘记自己的长处，所以能用自己的长处帮助人；长处一直都存在，所以能以自己的长处胜人。

随 时

时有淳浇[①]，俗有华戎，不可以一道治，不得以一体齐也。故无为以化，三皇之时；法术以御，七雄[②]之世。德义以柔中国之心，政刑以威四夷[③]之性。故《易》贵随时，《礼》尚从俗，适时而行也。

【注释】①淳浇：指风俗的淳厚与浇薄。

②七雄：即战国七雄。春秋末期，韩赵魏灭掉智氏后，进而瓜分晋国建立赵国、魏国、韩国，三晋与秦国、齐国、楚国、燕国七个国家亦称战国七雄，持续时间是前403—前221年。

③四夷：为对中国边区文化较低各族的泛称。即东夷、南蛮、北狄和西戎的合称。

【译文】时势有繁盛和战乱之分，风俗有淳厚和浇薄之别，不能用同一方法治理，不能以同一标准要求。所以，三皇时代用无为之治来教化；战国混乱之世用法术来驾驭；治理中原国家应以德行来安抚；治理四方夷民应以刑罚来威慑。所以，《易经》看重跟随时俗，《礼记》崇尚顺从风俗，不过是在恰当的时候行动罢了。

风 俗

风者，气也；俗者，习也。土地水泉，气有缓急，声有高下，谓之风焉；人居此地，习以成性，谓之俗焉。风有厚薄，俗有淳浇。明王之化，当移风使之雅，易俗使之正。是以上之化下，亦为之风焉；民习而行，亦为之俗焉。先王伤风俗之不善，故立礼教以革其弊，制雅乐以和其性，风移俗易，而天下正矣。

【译文】风，就是气；俗，就是习。田地、土壤、河泉，其气有缓急之分，其声有高低之别，这就是风；人居住在这个地方，时间一久，养成习惯即成本性，这就是俗。风有厚薄，俗有淳浇，圣明的君主教化百姓，让风气变得美好，使风俗变得纯正。因此，在上位的教化在下位的，也称之为风；百姓依顺习惯而行事，也称之为俗。古圣先王感叹风俗的不善，所以确立礼仪教化来革除弊端，制定礼乐以调和百姓的习性，转移风气，改良习俗，天下因此得以治理了！

利 害

利害者，得失之本也；得失者，成败之源也。故就利而避害，爱得而憎失，物之恒情也。人皆知就利而避害，莫知缘害而见利；皆识爱得而憎失，莫识由失以至得。有知利之为害，害之为利，得之成失，失之成得，则可与谈利害而语得失矣。

【译文】利害，是得失的根本；得失，是成败的根源。所以，趋利避害，喜爱得到而厌恶失去，这是人之常情。人们都知道趋利避害，却不知在有害的因素中寻找有利的条件；人们都喜爱得到而厌恶失去，却不知道探索由失到得的途径。假如知道利中有害，害中有利，得中有失，失中有得，就可以和他谈论利害、得失的道理了。

昔齐有货美锦于市者，盗于众中而窃之。吏执而问之曰："汝何盗锦于众中？"对曰："吾但见锦，不见有人，故取之耳。"若斯人者，眩于利而忘于害。黄口[①]以贪饵而忘害，故擒于罗者；异鹊以见利而忘身，且怵于庄周[②]。

【注释】①黄口：雏鸟的嘴。借指雏鸟。

②"异鹊"二句：典见《庄子·山木》。庄周游于雕陵之樊，睹一异鹊自南方来者，翼广七尺，目大运寸，感周之颡而集于栗林。庄周曰："此何鸟哉，翼殷不逝，目大不睹？"蹇裳躩步，执弹而留之。睹一蝉，方得美荫而忘其身；螳螂执翳而搏之，见得而忘其形；异鹊从而利之，见利而忘其真。庄周怵然曰："噫！物固相累，二类相召也！"捐弹而反走，虞人逐而谇之。

【译文】从前，齐国有人在市场卖精美锦缎，盗贼在人群中公然偷窃。官吏捉拿了他，问道："你为什么在人群中公然盗取别人的锦缎？”盗贼答道：“我只看见了锦缎，没有看到人，所以拿了它。”像这样的人，被利益迷惑，而忘了祸患。雏鸟贪图诱饵而忘却危害，所以被网罗所擒；异鹊看见利益而忘记自身，庄周看到这种情景尚且还会恐惧。

是以智者见利而思难，暗者见利而忘患。思难而难不至，忘患而患反生。以是观之，利害之道，去就之理，亦以明矣。

【译文】因此，有智慧的人看见有利便思考其中隐藏的灾祸，愚昧的人看见有利而忘却祸患。思考灾祸而灾祸不会来临，忘却灾祸而灾祸反而发生。由此看来：利害之道、取舍之理，应该很明显了。

祸　福

祸福同根，妖祥共域。祸之所倚，反以为福；福之所伏，还以成祸。

【译文】祸患与福祉根源相同，邪恶与祥瑞共处一地。祸患所依靠的，反而可能是福祉；福祉所隐藏的，反过来也许成为祸患。

昔宋人有白犊之祥，而有失明之祸。虽有失明之祸，以至获全之福。北叟有胡马之利，卒有奔坠之患，虽有奔坠之患，而至保身之福。

【译文】从前，有个宋国人，家里的黑牛生了只白色牛犊，孔子说是吉祥之兆。后来却有了父子眼睛失明的祸患。他们虽然有眼睛失明的祸患，但在战乱时没去当兵，就得了家人得以保全的福祉。北方边塞一位老者得到了胡人马匹的意外利益，后来有儿子从奔马上坠落摔断大腿而酿成终身残疾的祸患。虽然老者的儿子有了坠马致残的祸患，但因此没有去打仗，因而得到保全性命、安度余生的福祉。

人有祸必惧，惧必有敬，敬则有福，福则有喜，喜则有骄，骄则有祸。是以君子祥至不深喜，逾敬慎以俭身；妖见不为戚，逾修德以为务。故招庆于神祇，灾消而福降也。

【译文】人们遇到祸患就会畏惧，有了畏惧之心就一定会有所敬重，有了敬重之心就会有福祉，有了福祉就会有喜庆的事，有了喜庆的事就会产生骄傲，有了骄傲就会产生祸患。因此，有道德的人，吉祥来临时不过分欢喜，只会更加谦敬谨慎，以此来让自己简朴诚信；凶兆出现时不为之忧愁，而更加把修养德行作为自己重要的事情。所以把这些向天地神灵昭示，以消除灾祸、降临福祉。

惜　时

昔之君子，欲行仁义于天下，则与时竞驰，不悋[①]盈尺之璧，而珍分寸之阴。故大禹之趋时，冠挂而不顾；南荣之访道，踵趼[②]而不休；仲尼栖栖，突不暇黔[③]；墨翟遑遑，席不及煖。皆行其德义，拯世救溺，立功垂模，延芳百世。

【注释】①悋：同"吝"，吝啬。

②踵趼：脚生胼胝。

③突：烟囱。黔：黑。

【译文】从前的君子，想要在天下施行仁爱正义，就与时间争逐，不吝惜一尺长的璧玉，而珍惜分寸的光阴。所以，大禹为了抓住机遇（治水），冠帽挂落而不去管；南荣趎为找寻真理，脚生胼胝都不休息；孔子四处奔波，每到一地，烟囱没熏黑就离开了；墨子匆匆忙忙，每次座席都来不及坐暖。他们都是为了施行道德仁义，解救世人于危难之中，创立功勋树立楷模，名垂青史流芳百世。

今人退不知臭腐荣华，划绝嗜欲，被丽弦歌，取媚泉石。进不能披策树勋，毗赞明时，空蝗粱黍，枉没岁华。生为无闻之人，殁成一棺之土，亦何殊草木自生自死者哉！

【译文】现在的人都不知道放弃臭腐的富贵荣华，断绝贪婪的欲望，沉迷于弦歌，热衷于游山玩水；进不能献言立功，匡正辅助明君，像蝗虫一样浪费粮食，荒废光阴。活着时是个籍籍无名的人，死去成为一座坟冢，那和草木自生自灭有什么两样啊！

岁之秋也，凉风鸣条，清露变叶，则寒蝉抱树而长叫，吟烈悲酸，萧瑟于落日之际，何也？哀其时命，迫于严霜，而寄悲于菀柳①。今日向西峰，道业未就，郁声于穷岫②之阴，无闻于休明③之世。已矣夫！亦奚能不沾衿于将来，染意于松烟者哉！

【注释】①菀柳：枝叶茂盛的柳树。

②穷岫：高山，深山。

③休明：美好清明。

【译文】到了秋季，苍凉的秋风卷起枝条瑟瑟发响，晶莹的露水挂满叶子，寒蝉抱树长鸣，声音悲凉酸楚，在西边日落之时凄瑟不已，为什么呢？它们哀叹自己的际遇与命运，遭受严寒霜冻的逼迫，把悲伤寄托于垂柳。现在夕阳即将下山，善行美德未能成就，在幽深的山林中抑郁发声，在美好清明的时代却默默无闻。算了吧！怎能不为将来泪湿衣襟，而失意于松烟之间呢！

颜氏家训

【提要】《颜氏家训》，北齐颜之推撰。

颜之推（531—591年），字介，生于江陵（今湖北江陵），祖籍琅琊临沂（今山东临沂）。颜之推少年时博览群书，且得到南朝梁湘东王萧绎赏识，19岁便任国左常侍；后于“侯景之乱”中险遭杀害，得王则相救而幸免于难，乱平后奉命校书；在西魏攻陷江陵时被俘，遣送西魏，受李显庆赏识而得以到弘农掌管李远书翰；得知陈霸先废梁敬帝而自立后留居北齐并再次出仕，历20年，官至黄门侍郎；北齐灭后被北周征为御史上士，北周被取代后仕隋，于开皇年间被召为学士，大约在开皇十七年（597年）因病去世。颜之推一生历仕四朝，“三为亡国之人”。一生著述甚丰，所著书大多已亡佚，今存《颜氏家训》和《还冤志》两书，《急就章注》《证俗音字》和《集灵记》有辑本。其著名后裔有颜师古、颜真卿等人。

《颜氏家训》共7卷20篇，颜之推在书中以其生平经历、个人思想、学识来告诫子孙为人、为学的道理。该书深受后世推崇，甚至被认为“古今家训，以此为祖”，故而历经千年而不衰。《四库全书总目提要》将其列入子部杂家类，今人王利器整理有《颜氏家训集解》等书。《续编》自全书中辑录了《教子》《兄弟》《慕贤》《勉学》《涉务》五篇中的精华，以供今人镜鉴。

教子篇

上智不教而成，下愚虽教无益①，中庸之人②，不教不知也。古者，圣王有胎教之法：怀子三月，出居别宫，目不邪视，耳不妄听，音声滋味，以礼节之。书之玉版，藏诸金匮③。生子咳提④，师保⑤固明孝仁礼义，导习之矣。

【注释】①上智，下愚：出自《论语·阳货》篇："子曰：'唯上智与下愚不移。'"上智之人以自己的本性为师，自我勉励，自我督促，所以不教而成；下愚之人则恰好相反，即便有人教诲，也因私欲太强而无法改变，所以虽教无益。

②中庸之人：智力中等的平常人。

③金匮：铜制的柜子，古代用以收藏重要文献或文物。

④咳提：指小儿啼哭、笑闹，代指孩提之时。提，通"啼"。

⑤师保：古代担任教导皇室贵族子弟的官员，有师有保，统称师保。

【译文】上根利智的人，不用教也能成才；下根迟钝的人，即使教也教不会；中等根器的普通人，若不教就不能明理。古时候，圣王有所谓"胎教"的方法：妃后怀孕三个月，就要住到专门的宫殿，不看不该看的东西，不听不该听的声音，日常生活中的所听所食，都严格按照礼法去做。这种胎教的方法，都写在玉版上，藏在金匮里。待孩子到了孩提之时，负责教导这些贵族子弟的师保开始对他进行孝、仁、礼、义的教育训练。

凡庶[①]纵不能尔，当及婴稚，识人颜色，知人喜怒，便加教诲，使为则为，使止则止。比及数岁，可省笞罚。父母威严而有慈，则子女畏慎而生孝矣。吾见世间，无教而有爱，每不能然；饮食运为[②]，恣其所欲，宜诫翻奖，应诃反笑，至有识知，谓法当尔。骄慢已习，方复制之，捶挞至死而无威，忿怒日隆而增怨，逮于成长，终为败德。孔子云："少成若天性，习惯如自然"是也。俗谚曰："教妇初来，教儿婴孩。"诚哉斯语！

【注释】①凡庶：普通人。

②运为：行为。

【译文】普通人家的孩子纵然不能如此，也应当在孩子知道辨识大人的脸色，明白大人的喜怒时，及时加以教诲，使他懂得该做的就及时去做，不该做的就绝不能做。这样，等他长大几岁时，就可不必使用打竹板的方式来使其反省了。父母平时威严且慈爱，子女就会敬畏谨慎，从而产生孝心。我看人世间，许多父母不知教育而只是溺爱子女，往往做不到这些。他们对子女的吃喝玩乐，任意放纵，本应告诫的，反而奖励，本应斥责的，反而面露笑容加以赞赏，等孩子懂事后，还以为道理本当如此。等到孩子骄横傲慢的习气已经养成，父母才去制止，就是把子女鞭抽棍打至死也树立不起威信，父母火气一天天增加，招致子女的怨恨也日日积累，等到子女长大成人，终究会成为一个道德败坏的人。这就是孔子所说的"少成若天性，习惯如自然"的道理。俗话又说："教妇初来，教儿婴孩。"这话一点不假啊！

齐武成帝子琅邪王，太子母弟也，生而聪慧，帝及后并笃爱之，衣服饮食，与东宫相准。帝每面称之曰：“此黠儿也，当有所成。”及太子即位，王居别宫，礼数优僭，不与诸王等；太后犹谓不足，常以为言。年十许岁，骄恣无节，器服玩好，必拟乘舆①；常②朝南殿，见典御③进新冰，钩盾④献早李，还索不得，遂大怒，訽⑤曰：“至尊已有，我何意无？”不知分齐⑧，率皆如此。识者多有叔段、州吁之讥。后嫌宰相，遂矫诏斩之，又惧有救，乃勒麾下军士，防守殿门；既无反心，受劳而罢，后竟坐此幽薨⑥。

【注释】①乘舆：皇帝的车子，后用以代指皇帝。

②常：通“尝”，曾经。

③典御：古代主管帝王饮食的官员。

④钩盾：古代官署名，主管皇家园林等事项。

⑤訽：通“诟”，骂。

⑥幽薨（hōng）：指王侯被囚禁而死。

【译文】齐武成帝的三儿子琅邪王高俨，是太子高纬的同母弟弟，他天生聪慧，武成帝和皇后都非常喜欢他，吃的穿的，与太子一样。武成帝经常当面称赞他说：“这个聪明的孩子，将来肯定会成大器。”等到太子即位，琅邪王被迁到北宫去住，太后给予他的礼遇超过他的级别，与他的兄弟们都不一样。即便是这样，太后还说优待不够，常挂在嘴上。琅邪王十几岁时，骄横放肆，毫无节制，穿的用的玩的，一律要与当皇帝的哥哥相比拟。一次，他到南殿朝拜皇帝，正碰上典御官、钩盾令向皇上进献刚从地窖里取出的冰块及早熟的李子，就派人去索取，没得到，便大发脾气，骂道："皇上有的东西，我凭什么就没有？"不懂得谨守为臣的本分，他的行为大抵都是如此。许多有识之士已经看出这是古代叔段、州吁事件的再现。之后，琅邪王厌恶宰相和士开，就假传圣旨将他杀了，又担心有人来救，就命令手下军士把守皇帝所在的宫殿大门。其实他也没有谋反之心，受安抚后就罢了兵，但皇帝还是因为这件事把他关了起来，一直幽禁到死。

人之爱子，罕亦能均；自古及今，此弊多矣。贤俊者自可赏爱，顽鲁者亦当矜怜，有偏宠者，虽欲以厚之，更所以祸之。共叔之死，母实为之。赵王之戮，父实使之。刘表之倾宗覆族，袁绍之地裂兵亡，可为灵龟明鉴也。

【译文】人们喜爱自己的孩子，却少有能够一视同仁的。从古到今，这其中的弊端太多了。那聪慧漂亮的孩子，当然值得赏识喜爱；那愚笨迟钝的孩子，也应该怜悯同情才是。被父母偏宠的孩子，虽然父母是想以自己的爱厚待他，反而因此害了他。共叔段的死，实际是他母亲造成的。赵王如意被杀，实际是他父亲刘邦造成的。其他像刘表的宗族倾覆，袁绍的兵败地失，这些事例都像灵龟、明镜一样可供借鉴啊。

兄弟篇

夫有人民而后有夫妇，有夫妇而后有父子，有父子而后有兄弟：一家之亲，此三而已矣。自兹以往，至于九族，皆本于三亲焉，故于人伦为重者也，不可不笃。

【译文】有了人民然后才有夫妇，有了夫妇然后才有父子，有了父子然后才有兄弟：一个家庭中的亲人，就这三种关系而已。由此再衍生出去，直至产生九族，其实都来源于这三种关系，所以对于人伦来说，这三种关系是最为重要的，不能不努力做到敦伦尽分。

慕贤篇

古人云："千载一圣，犹旦暮也；五百年一贤，犹比髆[①]也。"言圣贤之难得，疏阔如此。傥遭不世明达君子，安可不攀附景仰之乎？吾生于乱世，长于戎马，流离播越[②]，闻见已多；所值名贤，未尝不心醉魂迷向慕之也。人在年少，神情未定，所与款狎[③]，熏渍陶染，言笑举动，无心于学，潜移暗化，自然似之；何况操履艺能[④]，较明易习者也[⑤]？是以与善人居，如入芝兰之室，久而自芳也；与恶人居，如入鲍鱼之肆，久而自臭也。墨子悲于染丝，是之谓矣。君子必慎交游焉。孔子曰："无友不如己者。"颜、闵[6]之徒，何可世得！但优于我，便足贵之。

【注释】①髆（bó）：肩胛。

②播越：离散，流亡。

③款狎：款洽狎习，指相互间关系亲密。

④操履：操守、德行。艺能：本领，技能。

⑤较：通"皎"，明显的意思。也：读"耶"，表疑问语气词。

⑥颜、闵：指孔子的著名弟子颜回、闵损，都是有名的贤人。

【译文】古人说："千年出一个圣人，就像时间从早到晚那么快了；五百年出一个贤士，已经密得像肩并肩一样了。"这是说圣贤难遇，相隔那么长时间才能出现一位。如果碰到了世间罕有的明达君子，哪能不仰慕、亲近他呢？我出生在乱世，成长于战争年代，四处漂泊，听到、看到的够多了。但只要遇到有名望的贤人，未尝不心醉神迷、向往钦慕。人在年轻的时候，精神性情尚未定型，与一些情投意合的朋友朝夕相伴，受其熏陶濡染，一言一笑，一举一动，即使没有存心去学，但不断地潜移默化，自然而然地就跟朋友相似了。何况操守德行和本领技能，都是明显易学的东西呢？因此，与善人相处，就像进入满是芝草、兰花的屋子一样，时间一长自己也会变得芬芳起来；与恶人相处，就像进入满是鲍鱼的店铺一样，时间一长自己也变得腥臭起来。墨子看见人们染丝的事就叹惜，说的也是这个道理。君子结交朋友，一定要慎重。孔子说："没有朋友是不如自己的。”像颜回、闵损那样的贤人，哪能时时遇见呢？但只要比我强，就值得敬重了。

世人多蔽，贵耳贱目，重遥轻近。少长周旋[1]，如有贤哲，每相狎侮，不加礼敬；他乡异县，微藉风声，延颈企踵，甚于饥渴。校其长短，核其精麤，或彼不能如此矣。所以鲁人谓孔子为东家丘。昔虞国宫之奇，少长于君，君狎之，不纳其谏，以至亡国，不可不留心也。

【注释】①少长：此指从年少到长大。周旋：交往。

【译文】世间人大多有一种偏见：对听到的东西很看重，对亲眼所见的东西则很轻视；对远处的事物很感兴趣，对近处的事物则不怎么放在心上。从小一起长大的人，如果有谁是贤能之士，人们也往往对他轻慢侮辱，而不是以礼相待；他乡异土的人，稍有那么点名气，就能使许多人伸长脖子、踮起脚跟去朝思暮盼，想与之一见，那种心情似乎比饥渴还难以忍受。其实比较两人的长短，审查两人，很有可能远方的人还不如身边的。所以，鲁国人称孔子为“东家丘”，而不认为他是个圣人。从前，虞国的宫之奇很年轻，只是稍长于国君，国君就很轻视他，不肯采纳他的意见，以致亡了国。这个教训不可不牢记于心啊。

用其言，弃其身，古人所耻。凡有一言一行，取于人者，皆显称之，不可窃人之美，以为己力；虽轻虽贱者，必归功焉。窃人之财，刑辟之所处；窃人之美，鬼神之所责。

【译文】采纳了某人的意见却抛弃这个人，这种行为在古人看来是很可耻的。凡采纳一个建议、办理一件事情，如果得到了别人的帮助，就应该赞扬人家，不可窃取他人成果，当成自己的功劳。即使是地位低下的人，也一定要肯定他的功劳。窃取别人的钱财，会遭到法律的制裁；窃取别人的功绩，必然会遭到鬼神的谴责。

勉学篇

夫所以读书学问，本欲开心明目，利于行耳。未知养亲者，欲其观古人之先意承颜[①]，怡声下气，不惮劬劳，以致甘腝[②]，惕然惭惧，起而行之也；未知事君者，欲其观古人之守职无侵，见危授命，不忘诚谏，以利社稷，恻然自念，思欲效之也；素骄奢者，欲其观古人之恭俭节用，卑以自牧，礼为教本，敬者身基，瞿然自失，敛容抑志也；素鄙吝者，欲其观古人之贵义轻财，少私寡欲，忌盈恶满，赒穷恤匮，赧然悔耻，积而能散也；素暴悍者，欲其观古人之小心黜己，齿弊舌存[③]，含垢藏疾，尊贤容众，苶然[④]沮丧，若不胜衣[⑤]也；素怯懦者，欲其观古人之达生委命[⑥]，强毅正直，立言必信，求福不回[⑦]，勃然奋厉，不可恐慑也：历兹以往，百行皆然。纵不能淳，去泰去甚[⑧]。学之所知，施无不达。世人读书者，但能言之，不能行之，忠孝无闻，仁义不足；加以断一条讼，不必得其理；宰千户县，不必理其民；问其造屋，不必知楣横而棁竖也；问其为田，不必知稷早而黍迟也；吟啸谈谑，讽咏辞赋，事既优闲，材增迂诞，军国经纶，略无施用：故为武人俗吏所共嗤诋，良由是乎！

【注释】①先意承颜：指孝子先父母之意而顺承其志。

②腝(ruǎn)：形容食物鲜嫩柔软。

③齿弊舌存：意思是说物之刚者易亡折而柔者常存。

④苶(nié)然：疲惫的样子，谓精神颓丧。

⑤不胜衣：谦虚退让的样子。

⑥达生：不受世务牵累。委命：听任命运支配。

⑦不回：不违祖先之道。

⑧去泰去甚：去其过甚，谓事宜适中。

【译文】人之所以要读书学习，本来只是为了开发自己的心智，提高认识能力，以利于自己的行动。对那些不知道如何奉养父母的人，我想让他们看看古人如何体察父母心意，按父母的愿望办事；怎样轻言细语、和颜悦色地与父母谈话；怎样不怕劳苦，为父母弄到美味可口的食物；怎样使他们感到畏惧惭愧，起而效法古人。对那些不知如何侍奉国君的人，我想让他们看看古人如何坚守职责，不滥用职权；在危急关头，不惜献出生命；如何以国家利益为重，不忘自己忠心劝谏的职责；使他们痛心地对照自己，进而想去效仿古人。对那些平时骄横奢侈的人，我想让他们看看古人如何恭谨俭朴，节约费用；如何以谦卑自守、以礼让为政教之本，以恭敬为立身之根，使他们震惊变色，自感若有所失，从而使骄横之态有所收敛，抑制骄奢的心性。对那些向来浅薄吝啬的人，我想让他们看看古人如何贵义轻财，少私寡欲，忌盈恶满；如何体恤救济穷人。这样他们可能就会脸红，产生懊悔羞耻之心，从而做到既能积财又能散财。对那些平时暴虐凶悍的人，我想让他们看看古人如何小心恭谨自我约束，懂得齿亡舌存的道理；如何宽仁大度，尊重贤士，容纳众人，使他们的嚣张气焰有所消减，显出谦恭退让的样子来。对那些平时胆小懦弱的人，我想让他们看看古人如何无牵无累，听天由命，如何强毅正直，说话算数，如何祈求福运，不违祖道。这样能使他们奋发振作，无所畏惧。由此类推，各方面的品行都可采取以上方式来培养，即使不能使风气醇正，也可去掉那些过分行为。从学习中所获取的知识，没有哪里不可运用。然而现在的读书人，只知空谈，不能行动，忠孝谈不上，仁义也欠缺，再加上他们审断一桩官司，不一定了解其中的道理，主管一个千户小县，不一定亲自管理过百姓；问他们怎样造房子，不一定知道楣是横着放棁是竖着放；问他们怎样种田，不一定知道谷子要早下种而黄米要晚下种。整天只知吟咏歌唱，谈笑戏谑，写诗作赋，悠闲自在，迂阔荒诞，对治军治国则毫无办法，所以他们被那些武官小吏嗤笑辱骂，确实也是事出有因啊！

古之学者为己，以补不足也；今之学者为人，但能说之也。古之学者为人，行道以利世也；今之学者为己，修身以求进也。夫学者犹种树也，春玩其华，秋登其实；讲论文章，春华也，修身利行，秋实也。

【译文】古人求学，纯粹是为了充实自己，弥补自身的不足；现在许多人求学，却是为了向别人炫耀，只能夸夸其谈；古人求学是为了推行圣人之道以奉献社会，现在人求学是为了自身学问以谋求官爵。学习就像种果树一样，春天可以赏玩它的花朵，秋天可以摘取它的果实。讲论文章，这就好比赏玩春花；而修身利行，就好比摘取秋果。

涉务篇

士君子之处世，贵能有益于物耳，不徒高谈虚论，左琴右书，以费人君禄位也。国之用材，大较不过六事：一则朝廷之臣，取其鉴达治体①，经纶②博雅；二则文史之臣③，取其著述宪章，不忘前古；三则军旅之臣，取其断决有谋，强干习事；四则藩屏之臣④，取其明练风俗，清白爱民；五则使命之臣⑤，取其识变从宜，不辱君命；六则兴造之臣，取其程功节费，开略有术，此则皆勤学守行者所能辨也。人性有长短，岂责具美于六涂⑥哉？但当皆晓指趣⑦，能守一职，便无愧耳。

【注释】①治体：指政治法度。

②经纶：原指整理丝缕，引申为规划处理国家大事。博雅：学识渊博纯正。

③文史之臣：指在中央负责主管文书档案，起草诏令、典章以及修撰国史的官员。

④藩屏之臣：指地方上的高级长官，可为中央藩屏。

⑤使命之臣：指奉朝廷之命办理内政外交的官员。

⑥涂：通“途”。六途：指上文所指的“六事”。

⑦指趣：宗旨，意义。

【译文】君子立身处世，贵在有益于人，不能只是高谈空论，弹琴练字，以此耗费君主的俸禄。国家任用的人才，大概不外六种：第一种是朝廷之臣，他们通晓政治法度，规划处理国家大事，学问广博，品德高尚；第二种是文史之臣，他们能撰述典章，阐释彰明前人兴衰治乱之由，使今人不忘前代的经验教训；第三种是军旅之臣，他们多谋善断，强悍干练，熟悉战阵之事；第四种是藩屏之臣，他们能通晓当地民风民俗，清政爱民；第五种是使命之臣，他们能洞察情况变化，择善而行，不辜负国君交付的种种使命；第六种是兴造之臣，他们效率较高，做事节约费用，懂得开源节流。以上种种，都是勤于学习、有道德操行的人所能办到的。人的资质各有高下，哪能要求一个人把以上“六事”都办得完美呢？只不过人人都应明白其要旨，能够在某个职位上尽自己应尽的职责，也就问心无愧了。

中　说

【提要】《中说》，隋王通撰。

王通（584—617年），字仲淹，河东郡龙门县（今山西万荣）人，道号文中子。隋代著名教育家、思想家、道家。据传，王通年少便有四方之志，游历访学，刻苦读书，“不解衣者六岁，其精志如此。”因此学问大有长进。隋文帝仁寿三年（603年）考中秀才后西游长安，见隋文帝，奏上《太平十二策》，主张“尊王道，推霸略，稽古验今，运天下于指掌。”深得文帝赞赏，但下议公卿时却被冷落排挤，遂作《东征之歌》，抒发怀才不遇之情。此后虽被任命为蜀郡司户书佐、蜀王侍读，但不久便因对朝廷失去信心而辞官归乡，只将兴王道之志付诸续述《六经》和聚徒讲学的文教事业。回乡后，王通首先确定了续述《六经》的计划，决心以古代隐逸贤才为榜样，“退而求诸野”，以著述和教学来为弘扬儒学做贡献。就这样，王通用了九年的时间著成《续六经》（亦称《王氏六经》），包括《续诗》《续书》《礼论》《乐经》《易赞》《元经》等，共80卷，惜在唐代已全书失传。

《中说》又名《文中子说》，是王通和门人的问答笔记，为王通的弟子仿照《论语》编辑而成。分为王道篇、天地篇、事君篇、周公篇、问易篇、礼乐篇、述史篇、魏相篇、立命篇和关朗篇等十篇。书中基本反映了王通的思想，其核心为恢复王道政治，倡导施行仁政，主张“三教合一”。《四库全书总目提要》将其列入子部儒家类，今人张沛整理有《中说校注》。《续编》自全书各篇中辑录精华，以供今人镜鉴。

王道篇

文中子曰："天下无赏罚三百载矣，《元经》可得不兴乎？"薛收曰："始于晋惠，何也？"子曰："昔者明王在上，赏罚其有差乎？《元经》褒贬，所以代赏罚者也，其以天下无主而赏罚不明乎？"薛收曰："然则《春秋》之始周平、鲁隐，其志亦若斯乎？"子曰："其然乎！而人莫之知也。"薛收曰："今乃知天下之治，圣人斯在上矣；天下之乱，圣人斯在下矣。圣人达而赏罚行，圣人穷而褒贬作。皇极所以复建而斯文不丧也。不其深乎？"再拜而出，以告董生。董生曰："仲尼没而文在兹乎？"

【注释】①薛收（591—624年）：字伯褒，蒲州汾阴（今山西万荣）人。唐朝初年大臣，王通的弟子。

【译文】文中子说："天下赏罚不明的情况已经持续存在三百年了，《元经》怎么能不兴起呢？"薛收问："《元经》从晋惠帝开始记事，这是为什么呢？"文中子回答："从前圣明的君王执政，怎么会出现赏罚偏差不明的情况呢？《元经》里面的褒贬主要针对晋惠帝以后的君主，以此代替赏罚。这是因为在晋惠帝后天下再无明君，所以赏罚不明，才是从晋惠帝开始的啊！”薛收又问，“既然如此，那么《春秋》从周平王、鲁隐公开始记事，也是出于这样的目的吗？”文中子答道：“确实如此，只是没有人能明白这些。”薛收说：“现在才知道天下能够大治，是因为有圣人在执掌政权；而天下大乱，是因为没有圣人执政了。圣人在上执掌政权，赏罚的制度才得以实行；圣人如果无缘执政，就会编写关于褒贬的著述。以这些著作来使帝王统治天下的准则规范得到重建，同时礼乐教化也不至于丧失。这样的治国之道难道还不够深刻吗？”薛收向老师拜谢后退出，把与老师的谈话内容告诉给董常。董常说：“孔子虽已不在世上，但他的思想至今还产生着深远的影响啊！”

文中子曰：“卓哉，周、孔之道！其神之所为乎？顺之则吉，逆之则凶。”

【译文】文中子说：“周公和孔子的思想，真是远识卓见啊！他们的思想难道是神灵所创造的吗？遵循他们的思想行事则会带来吉祥，违逆他们的思想行事则会遭遇不幸。”

天地篇

子曰：“士有靡衣鲜食而乐道者，吾未之见也。”

李靖问任智如何，子曰：“仁以为己任。小人任智而背仁为贼，君子任智而背仁为乱。”

【译文】文中子说："那些追求锦衣玉食、生活极度奢侈而能乐于行道的士人，我还没有看过。"

李靖问文中子，如果凭借聪明来行事会怎么样？文中子说："应该以仁义为己任。小人只凭借聪明而违背仁义就会成为盗贼，君子只凭聪明而违背仁义就会作乱。"

文中子曰："二帝三王，吾不得而见也，舍两汉将安之乎？大哉，七制之主！其以仁义公恕统天下乎？其役简，其刑清，君子乐其道，小人怀其生。四百年间，天下无二志，其有以结人心乎？终之以礼乐，则三王之举也。"

【译文】文中子说："唐尧、虞舜、夏禹、商汤、周文王等二帝三王，我没能见到，如果舍弃两汉又将向哪里寻找君主的榜样呢？汉代的七朝君主真是太伟大了！他们是用仁义公正和宽恕来统治天下吗？他们精简徭税，刑罚公正清明，君子拥护他们的道义，百姓也因此可以安生。四百年间，天下没有二心，他们是如何将人心聚在一起的呢？是因为他们始终用礼乐来治理天下，就是沿袭了三王的政教结果。"

子曰："唐、虞之道直以大，故以揖让终焉，必也。有圣人承之，何必定法？其道甚阔，不可格于后。夏、商之道直以简，故以放弑终焉，必也。有圣人扶之，何必在我？其道亦旷，不可制于下。如有用我者，吾其为周公所为乎？"

【译文】文中子说："唐尧、虞舜的治国之道公正而宽大，所以最终产生了禅让之举。圣人以位相让，必然会有圣人继承，何必再用那些定法去要求他们呢？他们的治国之道恢弘广阔，是后人难以企及的。夏桀、商纣王的治国之道简单粗暴，所以有了被放逐和弑杀的结果。他们认为既然有圣人扶助，又何必再指望君王？他们的治国之道过于空泛，无法用来治理天下。如果有用我的人，我也会如周公一样有所作为吧！"

子燕居，董常、窦威①侍。子曰："吾视千载已上，圣人在上者，未有若周公焉。其道则一而经制大备，后之为政，有所持循。吾视千载而下，未有若仲尼焉，其道则一而述作大明，后之修文者，有所折中矣。千载而下，有申周公之事者，吾不得而见也；千载而下，有绍宣尼之业者，吾不得而让也。"

【注释】①窦威（？—618年）：字文蔚，岐州平陵（今陕西咸阳）人，唐朝宰相、外戚，隋朝太傅窦炽之子，太穆皇后堂叔。

【译文】文中子在家闲居，董常、窦威在旁陪侍。文中子说："我看千年以前的圣人，为政治国者没有比得上周公的。他将先王们的治国之道融汇到一起，制定出完备的典章制度，使后世执政者们能有所依循。我看千年以后，没有比得上孔子的，他将前人的思想融会贯通，他的著述对后世影响深远，使后世修治典章制度、提倡礼乐教化的人有所参照。千年以来，有阐扬周公之道的人，我还没有见过；但千年以来继承弘扬孔子思想的人，我会当仁不让。”

事君篇

房玄龄问事君之道。子曰：“无私。”问使人之道。曰：“无偏。”曰：“敢问化人之道。”子曰：“正其心。”问礼乐。子曰：“王道盛则礼乐从而兴焉，非尔所及也。”

【译文】房玄龄向文中子请教事君之道。文中子说：“没有私心。”房玄龄又向他请教用人之道。文中子说：“公正不偏。”房玄龄说：“请教一下有什么感化人的方法。”文中子说：“要使人心归于正。”房玄龄又请教关于礼乐教化的方法。文中子说：“王道如果兴盛，礼乐教化便会随之兴盛，这不是凭你一个人的力量就能达到的事情。”

子曰：“古之为政者，先德而后刑，故其人悦以恕；今之为政者，任刑而弃德，故其人怨以诈。”

乡人有穷而索者，曰：“尔于我乎取，无扰尔邻里乡党为也，我则不厌。”乡人有丧，子必先往，反必后。子之言应而不唱，唱必有大端。子之乡无争者。或问人善，子知其善则称之，不善则曰：“未尝与久也。”

【译文】文中子说：“古时的执政者，是先推行德政然后再辅以刑罚，所以百姓都愉悦而宽容；如今的执政者，却是滥用刑罚而放弃德政，所以百姓大多怨恨而欺诈。”

乡里有因穷困而向文中子索要东西的人。文中子说：“你有什么需要就到我这里来取吧，不要打扰了邻里乡党，我是不会厌烦的。”乡里有办丧事的，文中子一定最先到达，却最后离开。文中子与人说话只是随问随答，从不大声喧哗，若是大声说话时一定是发生了大事。文中子的乡里没有互相争斗的人。如果有人向他打听某人的人品好坏，他若知道这个人的优点，就会加以称赞；如果此人品行不好，他就会说：“我和他交往不多，不是很了解。”

芮城府君[①]起家为御史，将行，谓文中子曰：“何以赠我？”子曰：“清而无介，直而无执。”曰：“何以加乎？”子曰：“太和为之表，至心为之内。行之以恭，守之以道。”退而谓董常曰：“大厦将颠，非一木所支也。”

【注释】①芮城府君：文中子之兄王度，因做过芮城县令，所以人称芮城府君。隋唐之际龙门（今山西河津）人。隋末唐初官员。

【译文】文中子的哥哥芮城府君王度将要离家出任御史时，对文中子说：“有什么话要赠给我吗？”文中子说：“清廉而不介怀，正直而不执着。”王度又问：“还有什么补充的吗？”文中子说：“外表平和，内心诚挚。行动恭敬，坚守道德。”他出来后对董常说：“大厦将要倾倒，并不是一根木头就能支得住的。”

子曰：“恶衣薄食，少思寡欲，今人以为诈，我则好诈焉。不为夸炫，若愚似鄙，今人以为耻，我则不耻也。”

子曰：“古之仕也，以行其道；今之仕也，以逞其欲。难矣乎！”

子曰：“吏而登仕，劳而进官，非古也，其秦之余酷乎？古者士登乎仕，吏执乎役，禄以报劳，官以授德。”

【译文】文中子说：“生活简朴，少思寡欲，现在人都以为这是伪装，我就喜欢这种伪装。不炫耀，看起来似乎愚笨鄙陋，现在人都以之为耻，而我却不会这样。”

文中子说：“古人为官，是为了推行他的德政；现在人为官，是为了满足自己的私欲。难以相提并论啊！”

文中子说：“让负责办理具体事务的人也有资格做官，有点功劳就可以升迁，并非古制，大概是秦朝遗留下来的弊政吧？古时有道德学问的贤人才可以为官，只有办事能力的人只能负责具体的劳役事务，俸禄回报有功之人，官职授予有德之人。”

子曰：“美哉，公旦之为周也！外不屑天下之谤而私其迹。曰：‘必使我子孙相承，而宗祀不绝也。’内实达天下之道而公其心，曰：‘必使我君臣相安，而祸乱不作。’深乎！深乎！安家者，所以宁天下也；存我者，所以厚苍生也。故迁都之义曰：‘洛邑之地，四达而平，使有德易以兴，无德易以衰。’”

【译文】文中子说：“周公旦执政时的周朝，真是完美啊！对外，不屑于天下人的毁谤而执意担起大任。说：‘一定要使我的子孙继承大业，让宗祀延续下去。’内心真正通达治国理政的大道并确实做到大公无私。说：‘一定要使我们君臣上下相安无事，祸乱不兴。’真是深刻啊！真是深刻啊！只有内部和谐安定，才会使天下太平，只要我能生存下去就会厚待天下的苍生百姓。所以在解释迁都之义时说：‘洛邑这个地方，四通八达而又平坦，使有德之人迈向昌盛，使无德之人走向衰亡。’”

周公篇

子谓：“史谈善述九流[①]，知其不可废而知其各有弊也，安得长者之言哉？”

子曰：“通其变，天下无弊法；执其方，天下无善教。故曰：‘存乎其人。’”

李密[②]问英雄，子曰：“自知者英，自胜者雄。”问勇，子曰：“必也义乎？”

贾琼[③]曰：“甚矣，天下之不知子也！”子曰：“尔愿知乎哉？姑修焉，天将知之，况人乎？”

【注释】①史谈：司马迁之父司马谈的别称。司马谈（约前165—前110年），左冯翊夏阳（今陕西韩城）人。为汉初五大夫，建元、元封年间任太史令、太史公。九流：先秦至汉初的九大学术流派。包括儒家、道家、阴阳家、法家、名家、墨家、纵横家、杂家、农家。

②李密（582—619年）：字玄邃，小字法主，辽东襄平（今辽宁辽阳）人。隋末唐初群雄之一。

③贾琼：隋朝人，受教于王通，曾治《礼记》。

【译文】文中子说："司马谈善于论述九流，对此很有研究。懂得其中的道理不可废弃，也懂得其中各有弊端，如何理解司马谈关于九流的论述呢？"文中子说："通晓事物的变化规律，适时加以变通，天下就没有不合时宜的法度；若只知道墨守成规，无论多么好的理论都会成为无益的说教。所以说：如何掌握运用这些道理都取决于个人。"

李密问文中子什么是英雄？文中子回答说："有自知之明者称为'英'，能战胜自我者称为'雄'。"李密又问什么是"勇"？文中子答道："能够坚持内心的道义而不为物欲所动摇，大概只有这样的人才称得上这个'勇'吧？"

贾琼说："唉，天下不了解您的人有这么多啊。"文中子说："你希望全天下的人都知道你贾琼吗？姑且好好地修养自身的德行吧，等到将来上天都知道你的时候，还怕天下人不知道你吗？"

问易篇

文中子曰："事者，其取诸仁义而有谋乎？虽天子必有师，然亦何常师之有？唯道所存。以天下之身，受天下之训，得天下之道，成天下之务，民不知其由也，其惟明主乎？"

【译文】文中子说："成就大事者，他们都是取之于仁义及谋略吗？即使是天子也必然要有老师，然而选择老师怎能只是拘泥于一成不变？只有遵循自然规律，以与天下百姓为一体的身份，接受所有民众的教导，得到拥有天下的大道，把天下治理好，让百姓在不知不觉中安享生活，这不正是英明的君主所做的吗？"

子曰："事之于命也，犹志之有制乎？非仁义发中，不能济也。"子曰："达制命之道，其知王公之所为乎？其得变化之心乎？达志事之道，其知君臣之所难乎？其得仁义之几乎？"

子曰："处贫贱而不慑，可以富贵矣；僮仆称其恩，可以从政矣；交游称其信，可以立功矣。"

【译文】文中子说："成事在于天命，犹如个人的意志也有一定之规吗？如果不是发自于内心的仁义，就会无济于事。"又说："通达国家制度和天命之道，便能知天子与诸侯的所作所为，进而能看出变化的核心吗？通晓君主的意志和成事之道，便能知晓君臣的难处吗？就能掌握仁义的细微之处吗？”

文中子说：“身处贫贱却不畏惧，这样的人就可以富贵了；家僮与仆役都感其恩德，这样的人就可以从政了；往来的朋友都认为他有诚信，这样的人就可以建立功勋了。”

贾琼为吏以事楚公①。将行，子饯之。琼曰：“愿闻事人之道。”子曰：“远而无介，就而无谄。泛乎利而讽之，无斗其捷。”琼曰：“终身诵之。”子曰：“终身行之可也。”

【注释】①楚公：即杨玄感（？—613年），弘农华阴（今陕西华阴）人。隋朝将领，司徒楚国公杨素长子。

【译文】贾琼要到楚公杨玄感手下为官。将去赴任时，文中子为其饯行。贾琼问道：“想听先生为我讲讲为人下属要注意的事项。”文中子说：“远离却没有嫌隙，靠近而不谄媚。一般情况下，对百姓及国家有利的事情要进行讽谏，不要与其争论以显示你的辩才。”贾琼说：“对于先生的这番话，我将铭记终身。”文中子说：“要终身力行才行啊。”

礼乐篇

或曰：“君子仁而已矣，何用礼为？”子曰：“不可行也。”或曰：“礼岂为我辈设哉？”子不答，既而谓薛收曰：“斯人也，旁行而不流矣，安知教意哉？有若[1]谓‘先王之道，斯为美也。’”

【注释】①有若：字子有，春秋时鲁国人，孔子弟子。记性佳，好古道，貌极似孔子，孔子卒后，弟子思慕孔子，乃共立有若为师，侍之如夫子生时。也称“有子”。

【译文】有人说：“作为君子，只要有仁义就足够了，何需用到‘礼’呢？”文中子说：“这是行不通的。”有人说：“‘礼’，难道是给我们这些人设置的吗？”文中子没有回答，不久他对薛收说：“这个人行的是旁门左道，不入君子之流，他哪里知道圣教的深义呢？孔子的学生有若曾说过，先王的治国之道，就是因为有“礼”才显得完美啊！”

文中子曰：“议，天子所以兼采而博听也，唯至公之主为能择焉。”

文中子曰：“诫其至矣乎？古之明王，敬慎所未见，悚惧所未闻，刻于盘盂，勒于几杖，居有常念，动无过事，其诫之功乎！”

【译文】文中子说：“广开言路，天子才能多方面听取意见，只有大公无私的贤明君主才能选择这种方法。”

文中子说：“时刻警惕自己的行为，真的做到至善至美了吗？古时圣明的君王，虽然看不到他们恭敬而戒慎的形象，也听不到他们忧国忧民的悚惧之言；但他们会将“诚”字刻于盘盂、几杖之上；在所居之处时刻提醒自己，做事没有过失。这就是‘诚’的功效啊！”

子游汾亭，坐鼓琴，有舟而钓者过，曰：“美哉，琴意！伤而和，怨而静。在山泽而有廊庙之志，非太公之都磻溪，则仲尼之宅泗滨也。”子骤而鼓《南风》。钓者曰：“嘻！非今日事也。道能利生民，功足济天下，其有虞氏之心乎？不如舜自鼓也，声存而操变矣。”子遽舍琴，谓门人曰：“情之变声也如是乎？”起将延之，钓者摇竿鼓枻而逝。门人追之，子曰：“无追也。播鼗武[①]入于河，击磬襄[②]入于海，固有之也。”遂志其事，作《汾亭操》焉。

【注释】①播鼗武：《论语·微子》：“大师挚适齐，亚饭干适楚，三饭缭适蔡，四饭缺适秦，鼓方叔入于河，播鼗武入于汉，少师阳、击磬襄入于海。”“播鼗武”指殷时摇小鼓的名武的乐师。后以“鼗武”借指精于本职工作的能人。

②磬襄：古人名。掌教击磬钟等乐器，相传名襄，故称。因避世出居海边。事见《论语·微子》。

【译文】文中子在汾亭游览时，坐在那里弹琴，有小舟驶过，在船上钓鱼的人说：“琴声中寄托的情意真美啊！曲境伤感而又和缓，哀怨又静谧。身处山野却有担负朝廷重任的志向。这样的人，不是在磻溪（今陕西省宝鸡市东南）垂钓的姜太公，就是住在泗滨的孔子。”文中子骤然弹起《南风》。垂钓者又说：“嘻！琴声所表达的不是现在的事啊。道理有益于百姓，功德足以济世，实乃有虞氏的心声。还是不如舜自己弹琴啊，琴音虽然犹存，但是意境已经改变了。”听到此话，文中子立刻停止弹琴，对他的门人说：“情绪会使声音改变，确实是这样吧？”文中子站起身来想去延请垂钓者，垂钓者却已摇桨划船离开了。他的门人要去追赶，文中子说：“不要追了。播鼗武隐居在河边，击磬钟的襄因避世迁居海边，原本就有这样的事。”于是把这件事记录下来，并创作了《汾亭操》这支新的琴曲。

子在绛。出于野，遇陈守。曰：“夫子何之乎？”子曰：“将之夏。”陈守令劝吏息役。董常闻之曰：“吾知夫子行国矣，未尝虚行也。”

【译文】文中子在绛州（今山西新绛县），有一次走到野外时，遇到陈太守。太守问：“夫子这是要到哪里去啊？”文中子说：“准备去夏城（今山西夏县西北）。”陈太守便请文中子劝谏当地官吏减轻农民的徭役负担。董常听闻后说：“我就知道夫子去一个新地方，定会不虚此行。”

贾琼事楚公，困谗而归。以告子。子曰：“琼，汝将闭门却扫[①]欤？不知缄口[②]而内修也。琼，未达古人之意焉。”

仲长子光[③]曰：“在险而运奇，不若宅平而无为。”文中子以为知言。

文中子曰："其名弥消，其德弥长；其身弥退，其道弥进。此人其知之矣。"

子曰："知之者不如行之者，行之者不如安之者。"

【注释】①却扫：不再扫径迎客。谓闭门谢客。

②缄口：《孔子家语·观周》："孔子观周，遂入太祖后稷之庙，庙堂右阶之前，有金人焉，三缄其口，而铭其背曰：'古之慎言人也。'"后因谓闭口不言为"缄口"。

③仲长子光：字不耀，隋洛阳人，隐士。仲长是复姓。

【译文】贾琼事奉楚公，因被小人谗言所害而归家。回来后将事情经过告诉给文中子。文中子说："贾琼，你应该闭门谢客，在家反省才对啊！这是不懂得闭口不言、提高自我修养所造成的后果啊。贾琼你还没有领会到古人的意思啊。"

仲长子光说："处于危险的环境中能做到出奇制胜，不如平安地待在家中过清静无为的生活。"文中子认为仲长子光的话很有见地。文中子说："一个人的名利心越减少，他的德行就越增长；越能在功成名就后全身而退，他的道行就会更进一步，有此经历的人才能懂得这其中蕴含的道理。"

文中子又说："懂得道理的人不如践行道理的人，践行的人不如安于天命去行事的人。"

述史篇

子曰："可与共乐，未可与共忧；可与共忧，未可与共乐，吾未见可与共忧乐者也。二帝三王可与忧矣。"

贾琼请绝人事，子曰："不可。"请接人事。子曰："不可。"琼曰："然则奚若？"子曰："庄以待之，信以从之，去者不追，来者不拒，泛如也，斯可矣。"

【译文】文中子说："有的君王你可以与他共享乐，却不能与他同患难；有的君王你可以与他同患难，但却不可与他共享乐。我还没有见过既可以同患难，又可以共享乐的君王呢。像二帝、三王那样的古代圣王，是可以同患难的人。"

贾琼向文中子请教是否可以谢绝难以推脱的应酬以及各种拜请。文中子说"不可以。"贾琼又问：是否可以接受拜请和赠送？文中子说："不可以。"贾琼问："那要如何做呢？"文中子说："恭敬地对待每一个人，并做到言而有信。离开的不去追赶，来的也不拒绝，以平常心去对待。这样也就可以了。"

魏相篇

房玄龄问正主庇民之道，子曰："先遗其身。"曰："请究其说。"子曰："夫能遗其身，然后能无私；无私，然后能至公；至公，然后以天下为心矣，道可行矣。”玄龄曰：“如主何？”子曰：“通也不可究其说，萧、张其犹病诸？噫！非子所及。姑守尔恭，执尔慎，庶可以事人也。”

子曰：“多言不可与远谋，多动不可与久处。吾愿见伪静诈俭者。”

【译文】房玄龄问文中子关于匡正君主庇护百姓的方法。文中子说：“首先要忘掉自身。”房玄龄说：“请您说得更透彻一些。”文中子说：“首先要能忘掉自身，然后才能做到无私；做到无私，然后才能做到极其公正；做到公正无私，然后才能心怀天下，这样大道就可行了。”房玄龄又问：“如果由您来匡正君主，您将如何做呢？”文中子答道：“关于这个问题，我也不便与你深说，因为面对这类问题时，就算萧何、张良有时也会无可奈何。噫！这样的事情不是你力所能及的，姑且坚守你的恭敬，执着你的谨慎，这样或许就可以事奉好君主了。”

文中子说：“对于多言的人不能和他作长远的谋划，对于多动的人不能与他长久相处。我情愿与那些假装平和貌似俭朴的人相处。”

仇璋[①]谓薛收曰：“子闻三有七无乎？”收曰：“何谓也？”璋曰：“无诺责，无财怨，无专利，无苟说，无伐善，无弃人，无畜憾。”薛收曰：“请闻三有。”璋曰：“有慈，有俭，有不为天下先。”收曰：“子及是乎？”曰：“此君子之职也，璋何预焉？”子闻之曰：“唯其有之，是以似之。”

【注释】①仇璋：隋朝人，王通的门人。

【译文】仇璋对薛收说：“你听说过‘三有’和‘七无’吗？”薛收回答：“这些说的是什么呢？”仇璋说：“‘七无’说的是：不为信守承诺而自责，不为钱财产生不满，不独占利益，不随口乱说，不夸耀自己的才能，不遗弃人才，不心存怨恨。”薛收问：“愿意听闻何为‘三有’？”仇璋说：“有慈爱，有节俭，有不为天下先。”薛收问：“您能做到这些吗？”仇璋回答：“这些都是君子的职责，我仇璋哪有机会参与呢？”文中子听到这件事后说：“正因为他有这样的美德，所以他看上去也不比君子差到哪里。”

子曰：“君子先择而后交，小人先交而后择。故君子寡尤，小人多怨，良以是夫！”

叔恬[①]曰：“凝于先王之道，行思坐诵常若不及，临事往来常若无悔，道果艰哉！”子曰：“吾亦然也。”叔恬曰：“天下恶直丑正，凝也独安之乎？”子悄然作色曰：“神之听之，介尔景福。君子之于道也，死而后已。天不为人怨咨而辍其寒暑，君子不为人之丑恶而辍其正直。然汝不闻《洪范》之言乎？‘平康正直。’夫如是，故全。今汝屑屑焉，三德[②]无据，而心未树也。无挺、无讦、无固、无抵，斯之谓‘侧僻’‘民用僭忒’，无乃汝乎？”叔恬再拜而出。

【注释】①叔恬：即王凝，字叔恬，隋、唐之间绛州龙门（今山西河津）人。王通的弟弟，史学家，隋著作郎，撰《隋书》未成而卒。

②三德：三种品德。《尚书·洪范》："三德，一曰正直，二曰刚克，三曰柔克。"

【译文】文中子说："君子交友的原则是先选择，认为适合自己的才去结交；小人则是先结交然后看是否对自己有利再进行选择。所以君子在交友上就少犯错误，而小人在交友上则会招致很多怨恨，事情的确是这样啊！"

王凝说："我对于古圣先王的治国之道，苦思冥想，常感觉自己还是领悟得不够透彻；遇到事情发生时，常感到难以把古人的教导进行实际应用，要想真正体会先王之道确实很难啊！"文中子说："我也和你一样。"王凝说："全天下都憎恨、排挤正直的人，我也只能选择独善其身了吧？"文中子面带忧愁，正色说道："神明在听，但愿他会赐福给你。君子在正道的践行上，一直抱持死而后已的态度。上天不会因为人的怨恨嗟叹就舍弃严寒酷暑，君子也不会因为人们的丑秽邪恶而放弃自己的正直。你难道没听过《书经·洪范》中的话吗？'世事平安，正直无邪。'就如这样，所以得以保全。现在，你不屑于这样去做，那么正直、刚克、柔克这三种品德便无所依凭，而心志也不会坚定。不能做到坚挺不动摇，不能做到不攻击别人的短处，不能做到不固守陈规，不能做到敢于抵制他人的恶行，这就是邪僻。百姓因此变得越礼踰制，心志不一，要你还有何用？"叔恬再拜离开。

立命篇

贾琼问："'富而教之'何谓也？"子曰："仁生于歉，义生于丰。故富而教之，斯易也。古者圣王在上，田里相距，鸡犬相闻，人至老死不相往来，盖自足也。是以至治之代，五典①潜，五礼②措，五服③不章。人知饮食，不知盖藏；人知群居，不知爱敬。上如标枝，下如野鹿④。何哉？盖上无为、下自足故也。"贾琼曰："淳漓朴散，其可归乎？"子曰："人能弘道，苟得其行，如反掌尔。昔舜、禹继轨而天下朴，夏桀承之而天下诈，成汤放桀而天下平，殷纣承之而天下陂，文、武治而幽、厉散，文、景宁而桓、灵失，斯则治乱相易，浇淳有由。兴衰资乎人，得失在乎教。其曰太古不可复，是未知先王之有化也。《诗》《书》《礼》《乐》复何为哉？"董常闻之，谓贾琼曰："孔孟云亡，夫子之道行，则所谓'绥之斯来，动之斯和'乎？孰云淳朴不可归哉？"

【注释】①五典：少昊、颛顼、高辛、唐、虞之书，谓之五典。

②五礼：古代吉、嘉、宾、军、凶五种礼仪。

③五服：五等丧服。分为斩衰、齐衰、大功、小功、缌麻五种，以亲疏为差等。

④标枝野鹿：《庄子·天地》："至治之世，不尚贤，不使能，上如标枝，民如野鹿。"标枝，树梢之枝，比喻上古之世在上之君恬淡无

为；野鹿，比喻在下之民放而自得。后因以“标枝野鹿”指太古时代。

【译文】贾琼问文中子说：“富而教之，是说的什么意思呢？”文中子回答：“仁产生于大灾之年歉收后对受灾百姓的怜悯及恻隐之心，义产生于丰年对修身立德者进行的鼓励。所以说富裕之时对其加强教导，就容易产生效果。古代圣明的君王在位时，百姓相距很近，鸡犬之声可以互相听到，却从来没有发生争斗和摩擦，大概都乐于自给自足吧。因此，到天下大治之时，五典这些书籍都已不见，古代的五礼也已废弃，五等丧服也已不存在。人们只知道饮食，却不知道储藏食物；人们只知道群居，却不知道亲爱恭敬。在上之君恬淡无为，在下之民放而自得，为什么会这样呢？大概是因为在上位的帝王不干预百姓生活，百姓自然就会自给自足的缘故吧。”贾琼问：“淳朴之风消散后，还可以回归吗？”文中子说：“人如果能够一心弘道，将道法认真实行，民风要恢复淳朴简直是易如反掌之事。从前舜和禹接继前人之道而使天下人变得淳朴，夏桀继承帝位却使天下变得伪诈；成汤俘获并放逐夏桀使得天下得以太平，殷纣承袭帝位却使天下倾覆；文王和武王使乱世得到治理，幽、厉二王却使国家分崩离析；文、景二帝使天下平定，恒帝和灵帝却失去统治。这就是治世和乱世相互更替，浮薄之俗破坏了淳厚之风的缘由。兴衰在于人为，得失在于教化。有人说标枝野鹿的太古时代无法恢复，是他们不了解圣明的先王还有独特的教化。不然，还要《诗经》《尚书》《礼记》《乐经》有什么用？”董常听后，对贾琼说：“孔子和孟子虽然已不在人世，但有文中子先生的道法盛行于世，就是所说的安定就会随之而来了，只要行动，便会带来和美，谁说淳朴之风不能再回归了呢？”

关朗篇

子曰：“罪莫大于好进，祸莫大于多言，痛莫大于不闻过，辱莫大于不知耻。”

子曰：“政猛，宁若恩；法速，宁若缓；狱繁，宁若简；臣主之际，其猜也宁信。执其中者，惟圣人乎？”

【译文】文中子说：“罪过没有大过逞强冒进的；祸害没有大过言语过多、胡乱讲话的；最大的痛楚莫过于不愿听到自己的过错，最大的羞辱莫大于恬不知耻。”

文中子说：“用苛政对待百姓，不如给百姓施与恩德；法令过于急迫，不如轻缓；刑罚过于繁复，不如简单；臣子和君王之间，与其猜忌不如互相信任。能把这些事情处理得不偏不倚、妥当适宜，只有圣人了吧？”

群书治要续编卷第三十七 帝　范 李卫公问对 亢仓子　长短经

帝　范

【提要】《帝范》，唐太宗李世民撰。

唐太宗李世民（598—649年），唐高祖李渊次子，唐朝第二位皇帝。李世民生于武功别馆（今陕西武功），少年从军，擅长骑射，首倡晋阳起兵，封为敦煌郡公，善于用兵。进入长安后，拜为尚书令、右武候大将军，封为秦国公。唐朝建立后，官至天策上将、司徒，封为秦王。为唐朝的建立与统一立下赫赫战功。武德九年（626年），他发动“玄武门之变”，杀死太子李建成、齐王李元吉等，随后被册立为太子。不久，唐高祖李渊退位，李世民正式即位，年号贞观。唐太宗在位初期，听取群臣意见，虚心纳谏。对内文治天下，厉行节约，劝课农桑，实现休养生息、国泰民安，开创了“贞观之治”。对外开疆拓土，攻灭东突厥与薛延陀，征服高昌、龟兹、吐谷浑，重创高句丽，设立安西四镇，让各民族融洽相处，被北方各族共同尊称为“天可汗”，为后来唐朝一百多年的盛世奠定重要基础。贞观二十三年驾崩，享年52岁，在位23年，庙号太宗，葬于昭陵。

《帝范》是唐太宗李世民论述君道的一部论政著作。全书共十二篇，分别为君体、建亲、求贤、审官、纳谏、去谗、诫盈、崇俭、赏罚、务农、阅武、崇文等，是李世民一生治国理政经验的高度总结。《四库全书总目提要》将其列入子部儒家类。《四库全书》收录底本为《永乐大典》辑本。此书在日本留存有日本庆长年间（1596—1615年）和宽文时期（1661–1673年）的钞本，《续编》所辑录正文，依据日本庆长年间钞本为基础，并参考宽文本和四库本，选录了其中十一篇的精华和后序的内容。

君　体

夫民者国之先，国者君之本。人主之体，如山岳焉，高峻而不动；如日月焉，贞明而普照。亿兆之所瞻仰，天下之所归往。宽大其志，足以兼包；平正其心，足以制断。非威德无以致远，非慈厚无以怀民。抚九族以仁，接大臣以礼。奉先思孝，处后思恭。倾己勤劳，以行德义。此为君之体也。

【译文】人民，是国家存在的基础。国家，是君主统治的根本。人主的体统，如同山岳一样高峻而稳重，如同日月一样光明而普照。为黎民百姓所瞻仰，是天下之人心所向、众望所归。人主应该有宽广的胸怀和远大的志向，这样他的心才能兼容并包世间万物。人主还应该端正自己的内心，那样才能当机立断。没有威严和仁德，就不能实现远大的理想；没有慈悲和宽厚的爱心，就不能安定民心。靠仁义来安抚亲人，依礼节来对待大臣，侍奉长辈要懂得孝敬，身处下位要懂得恭顺，用尽全力辛勤劳作，以践行做人的道德信义，这正是为君者的大体了。

求 贤

夫国之匡辅，必待忠良。任使得其人，天下自治。故尧命四岳[①]，舜举八元[②]，以成恭己之隆，用赞钦明之道。士之居代，贤之立身，莫不戢翼隐鳞，俟风云之运；怀奇蕴异，思会遇之秋。

是以明君傍求俊乂，博访英才，搜扬仄陋，不以卑而不用，不以辱而不尊。昔伊尹，有莘之媵臣；吕望，渭滨之贱老；夷吾，困于缧绁；韩信，弊于逃亡。然而商汤不以鼎俎为羞，姬文不以屠钓为耻，卒能献规景亳[③]，光启殷朝，执旌牧野，会昌周室。齐成一匡之业，实资仲父之谋；汉以六合为家，实赖淮阴之策。故舟航之绝海也，必假桡楫之功；鸿鹤之凌云也，必因羽翮之用；帝王之治国也，必藉匡弼之资。故求之斯劳，任之则逸。虽照车十二，黄金累千，岂如多士之隆，一贤之重。此求人之贵也。

【注释】①四岳：相传为唐尧臣、羲和四子。分管四方的诸侯，所以叫四岳。汉孔安国，宋孔平仲，明杨慎均以四岳为一人。

②八元：上古高辛氏有才子八人，世称“八元”。

③景亳：即北亳。商三亳之一。在今河南商丘县北。商汤在此告命天下，征伐四方，最终灭夏。

【译文】匡正辅佐君王，必定依靠忠臣良将。如果用人得当，天下自然可以得到治理。所以尧任命“四岳”，舜选用“八元”，以此成就恭谨律己的兴盛，用来辅佐敬肃明察的治国方略。士人、贤人之立身处世，无不隐匿鳞甲、收敛翅膀，静待天下局势的变化。他们身怀奇才而不显露，等待圣主贤臣相会之时，一展抱负。

所以贤明的君主广泛搜求才德出众的治世英才，连身处僻陋之处的贤人都要想方设法寻找出来。不因为他出身卑贱而不任用他，不因为他受过折辱而不尊重他。过去辅佐成汤建商灭夏的伊尹，最初只是有莘氏的随嫁臣仆；辅佐周武王灭商建周的吕望，曾经只是渭水之滨的卑贱老人。管仲曾因所遇非人，而陷入监牢之中；韩信因长期不受重用，而心灰意冷逃离刘邦的军营。商汤不因伊尹只是个厨子而嫌弃他，最终能为自己出谋划策，统一天下，光启殷朝；周文王不因吕望只是个卑贱的钓叟而引以为耻，最终在牧野之战击溃商纣，建立周朝。齐桓公之所以能匡正天下、称霸诸侯，实际上靠的是管仲的谋略；汉代把整个天下变为一家，是有赖于淮阴侯韩信的策略。所以说，如果要乘船渡海，必须要借助船桨的力量；鸿鹄要直上云霄，必须要依靠翅膀的帮助；帝王治理国家，必须要依靠匡正辅佐之才。所以，搜求人才时要不辞劳苦，一旦任用，就可以一劳永逸。即便拥有能够照亮前后十二辆车子的宝珠，即便拥有成千上万的黄金，又怎么比得上拥有一群贤能之士更重要呢？这就是求贤的可贵之处啊。

审 官

夫设官分职，所以阐化宣风。故明主之任人，如巧匠之制木，直者以为辕，曲者以为轮，长者以为栋梁，短者以为栱桷。无曲直长短，各有所施。明王之任人，亦犹如是也。智者取其谋，愚者取其力，勇者取其威，怯者取其慎，无愚、智、勇、怯，兼而用之。故良匠无弃材，明主无弃士。不以一恶忘其善，勿以小瑕掩其功。割政分机，尽其所有。然则函牛之鼎，不可处以烹鸡；捕鼠之狸，不可使以搏兽。一钧之器，不能容以江汉之流；百石之车，不可满以斗筲①之粟。何则？大非小之量，轻非重之宜。

【注释】①斗筲：形容量小。斗，量器，容十升。筲，竹器，容一斗二升。

【译文】一个国家设立百官各授其职，是用来阐明德化，宣扬风教的。所以圣明的君主任人选官，就像能工巧匠处理木料一样，笔直的就让它做车辕，弯曲的就让它做车轮，长的就用它做栋梁，短的就用它做栱桷。不论曲直长短，都能派上用场。贤明的君主任人选官，也是这个道理。有智慧的人就发挥他的谋略，愚笨的人就发挥他的蛮力；勇敢的人就利用他的威猛，胆小的人就利用他的谨慎，如果既不聪明也不笨，既不勇敢也不胆小，就综合起来任用他。所以，对于一个能工巧匠来说，没有可丢弃的木材；对于一个贤明的君主来说，没有无用之人。不能因为一个人做了一件坏事，就忘记他做过的好事；不能因为一个人有一点小过错，就掩盖他过去的功劳。作为君主，应该根据不同的政务，分设不同的职能部门来管理，这样就可以做到人尽其用。然而能容纳一头牛的大鼎，是不可以用来煮鸡的；能捕鼠的狸猫，是不可以让它去和猛兽搏斗的；能容纳一钧的容器，是无法容纳江汉的巨流的；能装几百石粮食的车辆，是不能用来装斗筲之粟的。为什么呢？大的东西不能用小的容器来衡量，轻的东西不适合用重车来装载。

今人智有长短，能有巨细，或充百而尚少，或统一而已多。有轻材者，不可委以重任；有劣智者，不可责以大功。君择臣而授官，臣量己而受职。则委任责成，不劳而化，此设官之审也。斯二者，治乱之源。

【译文】人的智力有长短，才能有大小。有的人统领百人还嫌少，有的人带一个人都嫌多。才能低下的人，不可以把重要任务交付给他；智力低下的人，不可依靠他建立大的功勋。君主选择臣子授予适当的官职，臣子依据才能接受合适的官职。这样君主委任得当，臣子的才能足以担当符合的职责，那么君主不用操劳就可以把国家治理好，这就是要审慎选择官员的原因了。用人是否得当是国家治理混乱局面的根源。

立国制人，资股肱以合德；宣风导俗，俟贤明而寄心。是以列宿腾天，助阴光之夕照；百川决地，添溟渤之深源。海月之凝朗，犹假物而为大。况君人御下，统极理时，独运方寸之心，以括九区之内，不资众力，何以成功？必须明职审贤，择才分禄。得其人则风行化洽，失其用则亏教伤民。《书》曰：“则哲惟难。”良可慎也！

【译文】建立国家，统治百姓，需要辅佐帝王的重臣同心同德；宣扬风教德化，引导风俗向善，要寄托在贤能之人身上。众星宿布满天空，可以给月光增加光芒；地上的小河流水，却是浩瀚大海的源头。大海深不可测，月亮那么明朗，也需要借助别的东西来壮大自己。君主统治天下，按照四时的规律进行治理，独自用心治理整个天下，如果不依靠众人的力量，怎么会成功呢？所以君主必须明辨职责，审察贤能，选择人才，合理地赐予他们爵禄。如果用人得当，就会使教化普沾；如果用人失当，就会有负于教化，伤害百姓。《尚书》说：“知人则哲，惟帝其难。”一定要谨慎选官啊！

纳　谏

夫王者，高居深视，亏聪阻明，恐有过而不闻，惧有阙而莫补，所以设鼗树木，思献替之谋；倾耳虚心，伫忠正之说。言之而是，虽在仆隶刍荛，犹不可弃；言之而非，虽在王侯卿相，未必可容。其议可观，不责其辨；其理可用，不责其文。至若折槛坏疏[①]，标之以作戒；引裾却坐[②]，显之以自非。故忠者沥其心，智者尽其策。臣无隔情于上，君能遍照于下。

【注释】①折槛怀疏：指汉代的朱云谏汉成帝一事。朱云，字游。为人狂直，多次上书抨击朝廷大臣。汉成帝时，朱云进谏攻击丞相张禹为佞臣，帝怒，欲斩之，他死抱殿槛，结果殿槛被折断。后因左将军辛庆忌力争，才获赦，成帝亦下令不换断槛，留下"折槛"的典故。

②引裾却坐：指三国时辛毗拉住魏文帝衣襟坚持谏诤一事。辛毗，字佐治，颍川阳翟人。东汉末及三国时期人，原属袁绍部下，后归顺曹操，为魏国重臣。

【译文】做君主的，处在深宫之中，与民隔绝，听不到百姓的诉求，看不到百姓的疾苦。担心自己有过错却不知道，害怕自己有过失却无法补救。所以专门设鼓悬钟，听天下之音，希望臣下能够对国君劝善规过或议兴议革；侧着耳朵虚心静听，期盼能听到忠诚正直的言论。如果谏言是正确的，即使进言的是奴仆或割草打柴的人，也不能不听；如果谏言是不正确的，即使是王侯卿相进言，也不一定采纳。如果他所说的合乎道义，就不会责备他的言词不动听而拒绝接受；如果他的建议可以采用，就不会苛求他的表达是否有文采。至于汉朝的朱云为了进谏将殿槛都折断了，汉成帝把断槛保留下来引以为戒。三国时辛毗为了进谏敢冒犯龙颜，拉住魏文帝的衣襟，魏文帝升了他的官以此承认自己的过错。所以说，如果君主能容忍这样的规劝，就可以使忠诚正直的臣子竭尽其心，让那些有谋略的臣子献尽良策。只有这样，大臣对君主才不会掩盖真情，君主的恩泽才能普照天下。

昏主则不然，说者拒之以威，劝者穷之以罪。大臣惜禄而莫谏，小臣畏诛而不言。恣暴虐之心，极荒淫之志。其为雍塞，无由自知。以为德超三皇，材过五帝，至于身亡国灭，岂不悲矣！此拒谏之恶也。

【译文】那些昏庸的君主就不一样了，对劝说他的人，他会用天子的威严拒绝，会想方设法治其罪。这样一来，大臣害怕丢了官位就不敢进谏，小臣担心引来杀身之祸也不敢说话。于是君主放纵暴虐之心，荒淫无度。自己蒙蔽自己，没有机会认识自我。以为自己的德行超过了三皇，才能高过了五帝，直到身亡国灭，难道不可悲吗？这就是拒绝劝谏的恶果。

去　谗

夫谗佞之徒，国之蟊贼也。争荣华于旦夕，竞势利于市朝。以其谄谀之姿，恶忠贤之在己上。怀其奸邪之志，恐富贵之不我先。朋党相持，无深而不入；比周相习，无高而不升。令色巧言，以亲于上；先意承旨，以悦于君。是以朝有千臣，昭公去国而不悟；弓无九石，宣王终身而不知。

【译文】谗邪奸佞之人，是国家的害虫。他们时时刻刻都在争夺荣华富贵，在朝堂争名逐利。以其谄媚阿谀的姿态，不满忠诚贤明之人地位在自己之上；他们怀着奸诈邪恶的用心，害怕自己不先于别人大富大贵。他们结党营私，相互勾结，无孔不入；来往密切，相沿成习，即使身处高位也没有到不了的地方。他们花言巧语，卖弄姿态，想方设法亲近地位在自己之上的人；察言观色，阿谀逢迎，以求取悦于君主。鲁昭公由于受到谗言蒙蔽，未能处理好国内大夫之间的关系，最终小事酿成大祸，被群起而攻之，弃国出逃；齐宣王被手下人蒙蔽，终身不知道自己不可能拉开九石的弓，一直把三石弓当成九石弓。

以疏间亲，宋有伊戾之祸①；以邪败正，楚有郤宛②之诛。斯乃暗主庸君之所迷惑，忠臣孝子之所可泣冤。

【注释】①伊戾之祸：指太监惠墙伊戾设计诱使宋平公相信太子要造反，逼死太子。后遂用为阉臣祸国之典。

②郤宛：又称伯宛、伯郤宛，字子恶，春秋时期楚国大夫。祖父伯宗是晋国郤氏的别支，父亲为伯州犁。因正直被奸臣费无极陷害而死，其子伯嚭逃往吴国。

【译文】关系疏远的人离间关系亲近的人，宋国有伊戾之祸；奸邪小人打败忠直之臣，楚国有郤宛之诛。这都是那些昏庸不明的君主被奸佞小人所迷惑，导致忠臣孝子被无辜冤枉的例子。

故蘪兰欲茂，秋风败之；王者欲明，谗人蔽之。此奸佞之危也。斯二者，昏明之本。

【译文】所以丛生的兰花一旦长得茂盛，就会被凄冷无依的秋风吹落；君王想要明辨是非，却总是被进谗言之人所蒙蔽。这就是奸邪谄媚之徒的危害。君主被小人离间疏远至亲，忠直之臣被奸邪小人迫害，这两个方面正是危害国家的根本隐患。

砥躬砺行，莫尚于忠言；毁德败心，莫逾于谗佞。今人颜貌同于目际，犹不自瞻，况是非在于无形，奚能自睹？何则？饰其容者，皆能窥于明镜；修其德者，不知访于哲人。拒善自愚，何迷之甚！良由逆耳之辞难受，顺心之说易从。彼难受者，药石之苦喉也；此易从者，鸩毒之甘口也！故明主纳谏，病就苦而能消；暗主从谀，命因甘而致殒。可不诫哉！

【译文】君主如果想磨砺自己的操守和品行，没有比倾听忠直之言最好的办法了；君主如果想败坏德义、败坏国政，没有比接近谗邪奸佞之人更快的了。一个人的容颜相貌就长在眼睛附近，尚且无法自我审视，更何况是非得失这样的无形之物，怎么能够轻易分辨明得了？为什么呢？人们在打扮自己的时候，都懂得去照镜子，但修养自己德行的时候，却不懂得去请教哲人。这是何等的愚昧和迷惑！这大概是因为忠言逆耳之辞难以接受，而奉承的话更容易听从。那些不好听的话正是苦口良药，而那些奉承的甜言蜜语却是裹着糖衣的剧毒啊！因此，贤明的君主采纳臣下的进谏，就像人有病虽然吃了苦药，但是不久就能治好；昏庸的君主听从阿谀奉承的话，就好像喝味道甘甜的剧毒一样，马上送命。为人君者，一定要引以为戒啊！一定要引以为戒啊！

诫　盈

夫君者，俭以养性，静以修身。俭则民不劳，静则下不扰。民劳则怨起，下扰则政乖。人主好奇伎淫声、鸷鸟猛兽，游幸无度，田猎不时。如此则徭役烦，徭役烦则人力竭，人力竭则农商之业废焉。人主好高台深池，雕琢刻镂，珠玉珍玩，黼黻缔绤。如此则赋敛重，赋敛重则民财匮，民财匮则饥寒之患生焉。

乱世之君，极其骄奢，恣其嗜欲。土木衣缇绣，而民短褐不全；犬马厌刍豢，而民糟糠不足，故人神愤怨，上下乖离，佚乐未终，倾危已至。此骄奢之忌也。

【译文】对君主来说，奉行节俭可以涵养天性，淡泊宁静可以修养身心。君主节俭可以使百姓不至于辛劳苦累，君主淡泊宁静可以使百姓免受骚扰。辛劳苦累，百姓就会生出怨恨之心；不断被骚扰，百姓就会扰乱政事。君主如果喜好过度新奇的技艺和靡靡之音，玩鸟斗兽，声色犬马，到处游乐没有节制，不按照四时规律狩猎，这样一定会造成徭役繁重，徭役繁重就会造成民力枯竭，民力枯竭就会造成农耕荒废。君主如果追求高台深池，雕刻琢磨，古玩玉器，喜欢华美艳丽的衣服，这样一定会造成百姓的赋税沉重，赋税沉重就会造成百姓的财力匮乏，财力匮乏就会产生百姓饥寒交迫的忧患。

身处乱世的昏君，极其骄横奢侈，放纵自己的嗜好与欲望。连土木建筑都用锦绣绸缎裱糊，而老百姓却连粗布衣裳也穿不起；狗、马的精美食物多得吃不完，而老百姓却连糟糠都吃不饱。因此人神共愤，民怨沸腾，君臣上下离心。悠闲安乐的好日子还没有过完，倾覆败亡的命运就已经来了。骄横奢侈正是治理国家的大忌。

崇 俭

夫圣代之君，为乎节俭。富贵广大，守之以约；睿智聪明，守之以愚。不以身尊而骄人，不以德厚而矜物。茅茨不剪，采椽不斫，舟车不饰，衣服无文，土阶不崇，大羹不和。非憎荣而恶味，乃处薄而行俭。故风淳俗朴，比屋可封。此节俭之德也。

【译文】身处太平盛世的君主，都心存节俭之心。在富有四海、贵为天子之后，更应该坚守节俭；虽然聪颖明智，但更要大智若愚。不能因为身份尊贵就傲视他人，也不能因为自己德泽深厚就恃才傲物。茅草盖的屋顶都不加修剪，栎木做的椽子都不加砍削，乘坐的车、船都不加装饰彩绘，穿的衣服也一点都不华丽，还不会建造高大豪华的厅堂，而且吃饭的时候只求饱腹，不求味美。他们之所以这样做，不是因为憎恨荣华而讨厌美味，而是希望保持淡泊、节俭的作风，成为天下百姓的榜样。所以风俗纯正朴实，德行高尚的人随处可见。这就是躬行节俭的好处了。

斯二者，荣辱之端。奢、俭由人，安、危在己。五关近闭，则令德远盈；千欲内攻，则凶源外发。是以丹桂抱蠹，终摧曜明之芳；朱火含烟，遂郁凌云之焰。故知骄出于志，不节则志倾；欲生于身，不遏则身丧。故桀、纣肆情而祸结，尧、舜约己而福延，可不务乎？

【译文】因此，骄奢还是节俭，正是荣辱的开端。奢侈和节俭是由人决定的，安定和危亡也在于自己。君主如果能清心寡欲，就会使自己道德的光辉映射很远；如果放纵欲望，就会引发凶灾在外发生。所以，美艳芬芳的丹桂如果生了虫，最终也会变成朽木；红色的火苗如果被细微的烟尘所覆盖，终究会熄灭冲天的火焰。由此可知，骄奢出于心志，如果不加节制，就会消磨志向；欲望生于内心，如果不加制止，就会害人身死。所以夏桀、商纣因为放纵私欲而带来无穷的灾祸，唐尧、虞舜因为约束自己而福泽绵长，难道我们不应该崇尚节俭吗？

赏　罚

夫天之育物，犹君之御众。天以寒暑为德，君以仁爱为心。寒暑既调，则时无疾疫；风雨不节，则岁有饥寒。仁爱下施，则民不凋弊；教令失度，则政有乖违。防其害源，开其利本。显罚以威之，明赏以化之。威立则恶者惧，化行则善者劝。适己而妨于道，不加禄焉；逆己而便于国，不施刑焉。故赏者不德君，功之所致也；罚者不怨上，罪之所当也。故《书》曰："无偏无党，王道荡荡。"此赏罚之权也。

【译文】上天孕育了万物，就像君主统治万民。如果说上天把严寒和酷暑作为德行，那么君主就应该把宽仁慈爱作为心愿。寒暑如果能调节，那么百姓四季都不会有疾病；风雨如果不加节制，那么一年之间百姓就可能会挨饿受冻。如果君王能宽仁慈爱，爱惜百姓，那么百姓就不会生活困苦；如果君主的政令不合法度，那么政治就会混乱。从源头上预防危害，使百姓不触犯法律；从根本上疏导，使百姓安居乐业。公开处罚来树立威严，赏赐得当来教化百姓。威严树立起来后，就足以震慑恶人；教化得以施行，就可以劝勉好人向善。有的人虽然能顺应君主，但他的行为不符合治国之道，君主就不应该给他加官进爵；有的人虽然常常触怒龙颜，但他的行为对国家有益，君主就不应该对他滥施刑罚。因此受奖赏的人不必感激君主，因为赏赐都是由自己的功劳换来的；受惩罚的人也不必怨恨君主，因为他是咎由自取。所以《尚书》说："没有偏向，不结党营私，治国为政的道路就会宽广而平坦。"这说的就是赏罚的重要意义。

务　农

夫食为人天，农为政本。仓廪实则知礼节，衣食乏则忘廉耻。故躬耕东郊，敬授民时。国无九岁之储，不足备水旱；家无一年之服，不足御寒温。然而莫不带犊佩牛，弃坚就伪，求技巧之利，废农桑之基。以一人耕而百人食，其为害也，甚于秋螟。莫不禁绝浮华，劝课耕织，使民还其本，俗反其真。则竞怀仁义之心，永绝贪残之路，此务农之本也。斯二者，制俗之机。

【译文】粮食是人民赖以生存的基础，而农业生产是执政的根本。粮仓充足百姓才能懂得礼节，缺衣少食百姓则会忘记廉耻。所以我每年都要亲自到东郊下田耕种，并颁布历书，引导百姓知时令变化，不误农时。一国之中如果没有九年的粮食储备，就不足以防备水旱灾害；一家之中如果没有准备好一年所穿的衣服，就不足以抵抗严寒和酷暑。但是民众无不持带刀剑，弃农经商，以便求得蝇头小利，从而荒废了农耕，动摇了国家的根本。让一人耕种去供养百口人的吃食，就势必会造成损害，比秋螟更可怕。要想治理好国家，不如彻底禁止浮华的风气，劝课农桑，使百姓重返本业，社会风俗才会重新变得真朴淳厚。这样，人人都心怀仁义，永远断绝贪婪凶残之路，这就是务农的根本所在。用严威去抑制势利之徒和用仁惠去抚爱忠直之士，这两个方面是纠正社会风俗的关键。

子育黔黎，惟资威、惠。惠可怀也，则殊俗归风，若披霜而照春日；威可惧也，则中华慑轨，如履刃而戴雷霆。必须威、惠并施，刚柔两用，画刑不犯，移木无欺。赏罚既明，则善恶斯别；仁信并著，则遐迩宅心。劝穑务农，则饥寒之患塞；遏奢禁丽，则农厚之利兴。且君子之化下，如风偃草。上不节心，则下多逸志。君不约己，而禁人为非，是犹恶火之燃，添薪望其止焰；忿池之浊，挠浪欲澄其流，不可得也。莫若先正其身，则人不言而化矣。

【译文】养育黎民百姓，需要严威和仁惠的帮助。施仁惠可以使人们做善事，也可以使风俗变得纯正，就像在严冬时沐浴在春光中一样温暖；严威可以使人畏惧，普天之下的臣民可以变得像车辕之中的牛马一般驯服，就像脚踩着刀、头顶着雷。必须恩威并施，刚柔并济。即便只在犯罪人的衣服上画上标志，并不真的执行刑罚，受刑之人也不敢再犯。像商鞅那样，用搬移圆木获得奖赏的办法使天下人信服自己。赏罚分明，那么善、恶就会分辨出来了；多行仁爱诚信，那么远近之人自然就诚心归服。劝说百姓从事农业生产，那么饥寒就不会发生；杜绝奢侈，禁止华丽，就会获得丰厚的利润。况且君主推行教化，就像风一吹草就倒下一样顺理成章。上位者如果放纵私欲，下边的人就会为所欲为；君子如果不能严于律己，反倒要求别人不做坏事，就会像燃起恶火，却用添加木柴的办法希望把火扑灭；也会像讨厌池水浑浊，就动手不断搅动，期望它能停止流动一样，是绝对不可能的。不如先端正自身，不用说什么，百姓也会不约而同地向你学习。

阅　武

夫兵甲者，国之凶器也。土地虽广，好战则民凋；邦境虽安，忘战则民殆。凋非保全之术，殆非拟寇之方，不可以全除，不可以常用，故农隙以讲武，习威仪也；三年训兵，辨等列也。是以勾践轼蛙[①]，卒成霸业；徐偃弃武，终以丧邦。何则？越习其威，徐忘其备。孔子曰：“不教人战，是谓弃之。”故知弧矢立威，以利天下。此用兵之机也。

【注释】①勾践轼蛙：相传越王勾践为报仇雪耻，将出兵伐吴，途中见怒蛙，即凭轼为敬。从者问他为什么，勾践说：“蛙见敌而有怒气，故为之轼。”意在借以激励士卒的锐气。轼，古代车厢扶手横木，古人立乘，扶轼表示敬意。

【译文】武器装备，是国家用来应对凶乱暴虐的工具。一个国家虽然土地广阔，如果喜好征战，那么就会使民生凋敝；一个国家虽然安定和平，如果频繁动武，百姓就会有危险。民生凋敝就难以保证国家的长治久安，处在危险境地的百姓难以抗击敌寇。因此，武器装备既不能没有，也不能常用，所以做君王的要在农闲时讲习武事，让他们熟悉军事威仪。所以，越王勾践对怒蛙行轼礼，最终成就了灭吴的霸业；西周穆王时，徐偃王放弃武功，依赖文德，终被楚文王所灭。为什么呢？因为勾践注意激发越国士兵的斗志，而徐偃王却忘记了做好军备。孔子说："用未经训练的民众去作战，就等于白白地牺牲他们。"因此要知道，用兵树立威信是为了安定天下。这就是重视用兵的真正意义。

崇　文

夫功成设乐，治定制礼。礼乐之兴，以儒为本。弘风导俗，莫尚于文；敷教训人，莫善于学。因文而隆道，假学以光身。不临深溪，不知地之厚；不游文翰，不识智之源。然则质蕴吴竿，非括羽不美；性怀辨慧，非积学不成。是以建明堂，立辟雍。博览百家，研精六艺，端拱而知天下，无为而鉴古今。飞英声，腾茂实，光于不朽者，其唯为学乎！此崇文之术也。斯二者，递为国用。

【译文】君主功业已就，然后制订礼乐以化天下。礼乐的兴起，要以儒学为根本。弘扬礼教，移风易俗，没有比道德文章更合适的了；布施教化，教导民众，没有比学校教育更合适的了。通过道德文章而使礼教兴盛，借助学校教育而使民众身显名扬。不驾临深溪，就不会知道地有多厚；不认真学习，就不能知道智慧的源头在哪里。但是质地优良的吴地竹竿，如果不用羽毛做箭尾，也就没法显出其威力；一个人天生聪明而富有辩才，如果不积累学习，也就终究难成大器。所以君主设立明堂，建立学校。博览群书，专研六艺，这样就能端坐拱手而知晓天下之事，什么都不做就能洞鉴古今。要想传扬美名，树立盛美的德业，从而使自己能不朽于世，不靠学习怎么能行呢？这就是崇尚文治的方术。文治武功两个方面要互为补充，交替为国家使用。

至若长气亘地，成败定乎锋端；巨浪滔天，兴亡决乎一阵。当此时，则贵干戈，而贱庠序。及乎海岳既晏，波尘已清，偃七德之余威，敷九功之大化。当乎此际，则轻甲胄，而重《诗》《书》。是知文、武二途，舍一不可。与时优劣，各有其宜。武士儒人，焉可废也？

【译文】至于兵妖的长气遍地之时，成与败全看谁的军事实力更强；天下鼎沸，巨浪滔天之时，兴盛和衰亡可能一次战事就决定了。在此时，君主应当重视军事，暂时搁置学校教育。等到四海安定，兵尘不起，君主就应放弃武功而专修文治。在此时，百姓自然就会丢开兵器而钻研诗书了。因此可知，文、武之道，缺一不可。结合时事考虑优缺点，各有益处。既要有武艺忠勇之士，也要有儒学贤德之人，怎么能偏废呢？

后　序

此十二条者，帝王之大纲也。安危兴废，皆在兹乎！古人有言，非知之难，唯行不易；行之可勉，唯终实难。是以暴乱之君，非独明于恶路；圣哲之主，岂独见于善途？良由大道，远而难遵，邪径近而易践。小人皆俯从其易，不能力行其难，故祸败及之；君子劳处其难，不能逸居其易，故福庆流之。是知祸福无门，唯人所召。欲悔非于既往，唯慎过于将来。择哲王以为师焉，无以吾为前鉴。取法于上，仅得为中；取法于中，故其为下。自非上德，不可效焉。吾在位已来，所制多矣。奇丽服翫，锦绣珠玉，不绝于前，此非防欲也；雕楹刻桷，高台深池，每兴其役，此非俭志也；犬马鹰鹘，无远必不致，此非节心也；数有行幸，以亟人劳，此非屈己也。斯数事者，吾之深过也，勿以兹为是，而后法焉。但我济育苍生其益多矣，平定寰宇其功大矣。益多损少，民不以为怨；功大过微，德未以之亏。然犹尽美之踪，于焉多愧；尽善之道，顾此怀惭。况汝无纤毫之功，直缘基而履庆。若崇善以广德，则业泰而身安；若肆情以纵非，则业倾身丧。且成迟败速者，国之基也；失易得难者，天之位也。可不惜哉？可不慎哉？

【译文】以上讲的十二篇，是帝王治国安邦的纲领。国家是安定兴盛还是危乱衰亡，其中的道理都包括在其中了。古代有人说，并不是说明白一个道理是难得的，而真正难得的是在实践中运用这个道理；并不是说会运用这个道理是难得的，真正难得的是始终坚持按照这个道理做下去。所以暴乱之君并不是只懂得作恶，圣哲之主也不是只知道行善。由于大道遥远且难走，而歪门邪道近在眼前且容易走。小人因为只选择容易的事来做，不愿意做那些难事，所以灾祸与失败常常跟随他们；君子因为在困难面前无所畏惧，不愿意做投机取巧的事，所以幸福总是围绕着他们。因此，无法知道是福还是祸，一切都是由人的主观努力所造成的。要忏悔以前所犯的过错，就只能谨慎走好将来的路。应当选择那些圣明的君主作为学习的榜样，不要拿我作为参考。跟最好的学习，只能做到中等的水平；跟中等水平的学习，结果只能做到下等的水平。而我没有圣德，不可向我学习。我自即位以来，建树应该算是有很多了。但锦衣华服，奇珍异宝，甚至比以往的帝王有过之而无不及，并没有控制好自己的私欲；雕梁画栋，高台深地，经常大兴土木，并没有心怀节俭；犬马鹰鹘，无论多远都要设法弄来，并没有约束好自己；多次出外游赏玩乐，极度劳民伤财，并没有严格要求自己。以上这些事，都是我犯的大错，你（指高宗李治）千万不要认为就该这样而重蹈覆辙了。我虽然有许多过错，但对救济抚育苍生做了很多好事，平定天下的功劳也很大，总体来说，对人的好处多于坏处，所以百姓并没有抱怨；平定天下的功劳大，犯的错误微乎其微，所以德行不算有亏。然而离尽善尽美的境界还差得很远，深感惭愧。更何况你不曾有一丝一毫的功劳，却直接从父祖这里继承皇位，又怎么能不更加勤勉呢？如果你能追求善道，广施恩德，就可以做到基业稳固，高枕无忧；如果你放纵私欲去作恶，那就会基业倾危，身败名裂。而且国家的基业，形成很慢而败亡却很快；天子之位，失去很容易而得到却很难。自己怎么能不珍惜呢？

李卫公问对

【提要】《李卫公问对》，唐李靖撰。

李靖（571—649年），字药师，雍州三原（今陕西三原）人。李靖仪表魁伟，善于用兵，长于谋略。初仕隋朝，拜马邑郡丞。李渊晋阳起兵后，从平王世充和窦建德，南平萧铣和辅公祏，北灭东突厥，西破吐谷浑，为唐王朝的建立及发展立下赫赫战功，成为凌烟阁二十四功臣之一。历任检校中书令、兵部尚书、尚书右仆射等职，封卫国公，世称“李卫公”。贞观二十三年（649年），李靖病逝，年79岁。册赠司徒、并州都督，赐谥“景武”，陪葬昭陵。

《李卫公问对》又称《唐太宗李卫公问对》，是唐太宗李世民与李靖讨论军事问题的言论辑录。后世因新旧《唐书》并无记载此书，疑为北宋阮逸托名之作，但尚未有确凿证据。该书在北宋时期列入《武经七书》，为古代兵学的代表著作。《四库全书总目提要》将其列入子部兵家类。曾简明扼要地点评说“其书分别奇正，指画攻守，亦易主客，于兵家微言，时有所得。”《李卫公问对》现存有多种辑本，今人吴如嵩、王显臣整理有《李卫公问对校注》，《续编》依据该版本辑录了其中精华。

卷　上

太宗曰：“儒者多言管仲霸臣而已，殊不知兵法乃本于王制也。诸葛亮王佐之才，自比管、乐，以此知管仲亦王佐也。但周衰时，王不能用，故假齐兴师尔。”

【译文】唐太宗李世民说：“尊崇儒学的人大多觉得，管仲不过是一个佐助建立王霸之业的臣子罢了，殊不知兵法乃立足于王道之治。诸葛亮是辅佐君主的贤才，他曾将自己比作管仲和乐毅，由此可知管仲也是辅佐帝王的贤才。只是那时周王室已经衰败，周王不能任用管仲，因此他只能利用齐国的力量来发兵匡正天下。”

靖再拜曰：“陛下神圣，知人如此，老臣虽死，无愧昔贤也。臣靖言管仲制齐之法：三分齐国，以为三军；五家为轨，故五人为伍；十轨为里，故五十人为小戎；四里为连，故二百人为卒；十连为乡，故二千人为旅；五乡为一师，故万人为军。亦由犹《司马法》‘一师五旅，一旅五卒’之义焉。其实皆得太公之遗法。”

【译文】李靖再拜说：“陛下神武圣明，能够如此知人，老臣我就算竭力而死，也无愧于先贤了。请允许臣谈谈管仲治理齐国的方法：他把全国百姓分成三部分，建立三军；以五家为一轨，每家出一人当兵，所以五人为一伍；以十轨为一里，因此以五十人为一个小戎；以四里为一连，因此二百人为一卒；以十连为一乡，因此两千人为一旅；以五乡为一师，因此一万人为一军。这也是由兵书《司马法》中所说的‘一师下面分为五旅，一旅下面分为五卒’之义演变而来。这其实都来源于姜太公的遗法。”

太宗曰：“诸葛亮言：‘有制之兵，无能之将，不可败也；无制之兵，有能之将，不可胜也。’朕疑此谈非极致之论。”

【译文】唐太宗说：“诸葛亮说过：‘一支训练有素、纪律严明的部队，即使将领无能，也不会失败；一支缺乏严格训练、纪律松散的部队，即使将领再有才能，也不能取胜。’朕怀疑这种说法并不是高明的见解。”

靖曰：“武侯有所激云尔。臣案《孙子》曰：‘教道不明，吏卒无常，陈兵纵横，曰乱。’自古乱军引胜，不可胜纪。夫教道不明者，言教阅无古法也；吏卒无常者，言将臣权任无久职也；乱军引胜者，言己自溃败，非敌胜之也。是以武侯言：兵卒有制，虽庸将未败；若兵卒自乱，虽贤将危之，又何疑焉？”

【译文】李靖说：“诸葛亮这是有感而发。臣看《孙子兵法》有讲：‘教导不明确，就会导致官兵混乱没有规矩，排兵布阵杂乱无章，这称为乱。’自古以来，自乱其军，失去胜利机会的例子，不可胜数。教导不明确，说的是军队训练没有遵循古时好的做法；官兵混乱没有规矩，说的是武臣的权力职责经常变更；乱军引胜，说的是自己的军队先自溃败，而不是被敌人战胜了。因此诸葛亮说：一支训练有素、纪律严明的部队，即使由庸将指挥，也不会失败；要是士兵不战自乱，虽有贤将率领，也将出现危险，这又有什么可置疑的呢？”

太宗曰：“教阅之法，信不可忽。”

靖曰：“教得其道，则士乐为用；教不得法，虽朝督暮责，无益于事矣。臣所以区区古制，皆纂以图者，庶乎成有制之兵也。”

【译文】唐太宗说：“军队训练的方法，确实不可忽视。”

李靖回答说：“教习有方，士兵则乐于听令；教习无方，即使早晚不停督责，也无济于事啊。臣之所以一心研究古人的练兵制度，并把它们逐条编纂成图，就是希望利用古法将军队训练成有制之师。”

卷　中

太宗曰：“朕观诸兵书，无出孙武；孙武十三篇，无出《虚实》。夫用兵，识虚实之势，则无不胜焉。今诸将之中，但能言背实击虚，及其临敌，则鲜识虚实者。盖不能致人，而反为敌所致故也。如何？卿悉为诸将言其要。”

【译文】唐太宗说："朕所看过的各种兵书中，没有高于《孙子》的；在《孙子》十三篇中，又没有高于《虚实》篇的。用兵作战，要是能了解敌我双方的虚实形势，就没有不取得胜利的。如今众将领中，只会在口头上讲避实击虚，等到真正临阵对敌，便很少有人能看清现场的虚实了。这大概就是他们不能制敌，却反被敌人所制的原因吧。你认为我这个看法如何？你要为众将领详细讲解一下识别虚实的要点。"

靖曰："先教之以奇正①相变之术，然后语之以虚实之形可也。诸将多不知以奇为正，以正为奇，且安知虚是实，实是虚哉？"

【注释】①奇正：古时兵法术语。古代作战以对阵交锋为正，设伏掩袭等为奇。

【译文】李靖说："首先要教会将领们奇正相互变化的方法，然后再告诉他们如何识别虚实的各种情形就可以了。众将领大多不了解以奇为正及以正为奇的道理，又怎会知道敌人虚是实，实是虚的情况呢？"

太宗曰："'策之而知得失之计，作之而知动静之理，形之而知死生之地，角之而知有余不足之处。'此则奇正在我，虚实在敌欤？"

【译文】唐太宗说："'通过周密的谋划，分析敌情，就会知道敌人的利害得失；调动敌人，就会知道敌人的动静活动规律；侦察敌军，就会知道敌人生死攸关之地；试探性地与敌人交锋，就会知道敌军的虚实强弱所在。'这就是以奇正在我来探知敌人虚实的方法吗？"

靖曰："奇正者，所以致敌之虚实也。敌实，则我必以正；敌虚，则我必以奇。苟将不知奇正，则虽知敌虚实，安能致之哉？臣奉诏但教诸将以奇正，然后虚实自知焉。"

【译文】李靖回答说："所说的奇正，是为了对付敌人的虚实。敌兵若强大，那我就用正兵；敌兵若虚弱，那我就用奇兵。如果将领不了解奇正的变化，那么即使知道了敌人的虚实，又怎能战胜敌人呢？臣奉您的诏令，只要教会众将奇正之法的运用，然后他们自会明白如何辨识敌人的虚实了。"

太宗曰："以奇为正者，敌意其奇，则吾正击之；以正为奇者，敌意其正，则吾奇击之。使敌势常虚，我势常实。当以此法授诸将，使易晓耳。"

靖曰："千章万句，不出乎'致人而不致于人'而已。臣当以此教诸将。"

【译文】唐太宗说："我把奇兵变为正兵运用时，敌人还在认为我是奇兵，这时我就以正兵去打击它；我把正兵变为奇兵运用时，敌人还在认为我是正兵，这时我就用奇兵去打击它。这样，就会使敌军常处于虚弱不利的形势，而我军则常处于坚实有利之势。你应当把此法传授给将领们，使他们容易明白。”

李靖回答道：“兵法虽有千章万句，也不外乎《孙子兵法》上所说的‘我能制敌却不为敌所制’罢了。臣当以此来教导众将领。”

太宗曰：“李勣[①]言牝牡、方圆伏兵法。古有是否？”

靖曰：“牝牡之法，出于俗传，其实阴阳二义而已。臣按范蠡云：‘后则用阴，先则用阳。尽敌阳节，盈吾阴节而夺之。’此兵家阴阳之妙也。范蠡又云：‘设右为牝，益左为牡，早晏以顺天道。’此则左右早晏，临时不同，在乎奇正之变者也。左右者，人之阴阳；早晏者，天之阴阳；奇正者，天人相变之阴阳。若执而不变，则阴阳俱废，如何？守牝牡之形而已。故形之者，以奇示敌，非吾正也；胜之者，以正击敌，非吾奇也。此谓奇正相变。兵伏者，不止山谷草木伏藏所以为伏也，其正如山，其奇如雷，敌虽对面，莫测吾奇正所在。至此，夫何形之有焉？”

【注释】①李勣（jì）（594—669年）：原名徐世勣、李世勣，字懋功，曹州离狐（今山东菏泽东明县）人。唐朝初年名将，与卫国公李靖并称。

【译文】唐太宗说："李勣说雌雄、方圆之中都含藏着很多兵法。古人有这种说法吗？"

李靖回答道："雌雄之法，出自于民间传说，事实上说的就是阴阳二义罢了。我依据范蠡所说：'实力明显不如对方时要后发制人，实力明显强于对方时要先发制人。把敌人的锐气挫尽，使自己的潜能最大限度地发挥出来，从而消灭敌人。'这就是兵家阴阳之道的妙义所在。范蠡还说过：'布设在右方的为牝阵，增设在左方的为牡阵，行动的早晚要顺应天时。'这便是说布阵的左右方位，行动的早晚，都会因当时的情形而有所不同，它们都在于奇正的变化。左右，说的是人的阴阳；早晚，说的是天的阴阳；奇正，说的是天与人相互变化的阴阳。要是拘泥于此而不知变通，那么阴阳都将不存在了。这会怎么样呢？只会剩下牝牡之形罢了。所以，以佯动的假象来迷惑敌人的，是以奇兵示敌，实际上并不是我的正兵；以真实行动战胜敌人的，是以正兵击敌，实际上并不是我的奇兵。这就是所谓的奇正之间的相互变化。至于伏兵，不仅指利用山谷草木等有利条件隐藏设伏来说，真正的伏兵，是指使用正兵时如大山一般伟岸沉稳，使用奇兵时能像雷电般迅猛犀利。敌人即使就在对面，也无法判定我方奇、正各自在什么方位。如果能将奇正之法运用到这种妙境，哪儿还有什么奇正形迹可寻呢？"

太宗曰："兵贵为主，不贵为客。客速，不贵久。何也？"

靖曰："兵，不得已而用之，安在为客且久哉？《孙子》曰：

‘远输则百姓贫。’此为客之弊也。又曰：‘役不再籍，粮不三载。’此不可久之验也。臣较量主客之势，则有变客为主，变主为客之术。”

【译文】唐太宗说：“用兵贵在主动，要避免被动。贵在速战速决，要避免打持久战，这是为什么呢？”

李靖说：“战争，只是在不得已的情况下才会发动，怎么还能被动作战又持久不停呢？《孙子》上说：‘长途运输，就会使百姓陷入贫困。’这便是被动作战的弊端。《孙子》又说：‘士兵不二次征集，军粮不多次运送。这是不可久战的经验。臣仔细分析主客双方的形势，找到了变客为主以及变主为客的战术。”

太宗曰：“何谓也？”

靖曰：“‘因粮于敌’，是变客为主也；‘饱能饥之，佚能劳之’，是变主为客也。故兵不拘主客迟速，惟发必中节，所以为宜。”

【译文】唐太宗问道：“此话是什么意思？”

李靖回答说：“通过敌方而获得军粮等补给”，这是变我方的被动为主动；‘敌人若饱食终日，我们便设法让他们饥饿；敌人若很安逸，我们便设法让他们疲劳’，这是变敌方的主动为被动。因此用兵不必拘泥于是防御还是进攻、是拖延战事还是速战速决，只要做到一发中的，便是适宜的。”

太宗曰：“古人有诸？”

靖曰：“昔越伐吴，以左右二师军鸣鼓而进，吴分兵御之。越以中军潜涉不鼓，袭败吴师，此变客为主之验也。石勒与姬澹战，澹兵远来，勒遣孔苌为前锋，逆击澹军。孔苌退而澹来追，勒以伏兵夹击之，澹军大败，此变劳为佚之验也。古人如此者多。”

【译文】唐太宗问：“古人有关于这方面的例子吗？”

李靖回答说：“以前越王勾践讨伐吴国，以左右两军鸣鼓进攻，吴军兵分两路抵抗。当时越王却让中军偃旗息鼓，向吴军发起突袭，最终击败吴军。这是变客为主的例证。西晋末年石勒同姬澹发生战争，姬澹率军远道而来，石勒派遣孔苌为前锋，迎击姬澹的军队。孔苌佯装退却，姬澹率军奋力追赶，石勒以伏兵夹击姬澹，姬澹大军最后惨败。这是变疲劳为安逸的例子。古人像这样的例子很多。”

卷　下

太宗曰：“兵有分有聚，各贵适宜。前代事迹，孰为善此者？”

靖曰：“苻坚总百万之众，而败于淝水，此兵能合［而］

不能分之所致也。吴汉讨公孙述，与副将刘尚分屯，相去二十里，述来攻汉，尚出合击，大破之，此兵分而能合之所致也。太公曰：'分不分，为縻军；聚不聚，为孤旅。'"

【译文】唐太宗说："在兵力的运用上，有分散有集中，贵在依据各自的具体情况选择适宜的策略。从前代的历史事件来看，哪位领兵者更擅长做到这些呢？"

李靖回答道："从前苻坚曾统领百万大军，却在淝水被打败，这是他用兵能合而不能分所导致的。东汉将领吴汉讨伐公孙述时，与副将刘尚相距二十里分兵屯驻，公孙述前来攻打吴汉时，刘尚则出兵与吴汉合击公孙述，大败公孙述军，这是用兵既能分又能合才取得的胜利。姜太公说：'当分却不分，便会成为受牵制而不能灵活机动的军队；当聚却不聚，便会成为孤立无援的军队。'"

太宗曰："然。苻坚初得王猛，实知兵，遂取中原。及猛卒，坚果败，此縻军之谓乎？吴汉为光武所任，兵不遥制，汉果平蜀，此不陷孤旅之谓乎？得失事迹，足为万代鉴。"

太宗曰："朕观千章万句，不出乎'多方以误之'一句而已。"

靖良久曰："诚如圣语。大凡用兵，若敌人不误，则我师安能克哉？譬如奕棋，两敌均焉，一著或失，竟莫能救。是古今胜败，率由一误而已，况多失者乎！"

【译文】唐太宗说："确实是这样。苻坚最初得到王猛，由于王猛深知用兵之道，所以取得中原之地。等到王猛去世，苻坚就真的失败了。这就是所说的'縻军'吧？吴汉深得光武帝的信任，用兵时没有受到朝廷的遥控，因此吴汉果真平定了西蜀。这就是所说的没有陷入孤立无援的境地吧？那些得失成败的历史事件，足以成为万世用兵者的借鉴。"

唐太宗说："朕看兵书上那些千章万句，不外乎'千方百计使敌人失误'这一句罢了。"

李靖沉思良久说："确实如陛下所言。大凡用兵，如果敌人没有失误，那么我军怎能克敌呢？这就如同下棋，双方势均力敌，这时只要有一招失误，最后将会导致全盘皆输，无法挽救。因此从古至今战争的胜败，大都是由一次失误造成的，更何况是多次失误呢？"

太宗曰："攻守二事，其实一法欤？《孙子》言：'善攻者，敌不知其所守；善守者，敌不知其所攻。'即不言敌来攻我，我亦攻之；我若自守，敌亦守之。攻守两齐，其术奈何？"

靖曰："前代似此相攻相守者多矣，皆曰：'守则不足，攻则有余。'便谓不足为弱，有余为强，盖不悟攻守之法也。臣按《孙子》云：'不可胜者，守也；可胜者，攻也。'谓敌未可胜，则我且自守；待敌可胜，则攻之尔，非以强弱为辞也。后人不晓其义，则当攻而守，当守而攻。二役既殊，故不能一其法。"

【译文】唐太宗说："进攻与防守这两种方式，其实算是一种方法吧？《孙子》上说：'善于进攻的，能使敌人不知如何防守；善于防守的，能使敌人不知如何进攻。'却没谈到敌人来进攻我，我也去进攻它；或者我若防守，敌人也防守这样的问题。在这种攻守两齐的情况下，又该采用什么样的战术呢？"

李靖回答说："以前的朝代像此类相攻相守的例子太多了，都说：'防御，是因为兵力不足；进攻，是因为兵力有余。'有人便认为这里的不足是力量薄弱，这里的有余是力量强大。大概是还没有领悟到攻守的方法。臣按《孙子》上所说：'想要不被战胜，重在防守；想要战胜对方，在于攻击。'这是说，还不能战胜敌人时，我方暂时采取防守的策略；等到可以战胜敌人的机会来临时，便开始进攻，可见，攻防并不是专指强弱来说的。后人不懂得其中的含义，便在该进攻时防守，该防守时进攻。攻守两种做法被对立起来，所以不能统一成一法。"

太宗曰："信乎！有余不足，使后人惑其强弱。殊不知守之法，要在示敌以不足；攻之法，要在示敌以有余也。示敌以不足，则敌必来攻，此是敌不知其所攻者也；示敌以有余，则敌必自守，此是敌不知其所守者也。攻守一决法，敌与我分而为二事。若我事得，则敌事败；敌事得，则我事败。得失成败，彼我之事分焉。攻守者，一而已矣，得一者百战百胜。故曰：'知彼知己，百战不殆。'其知一之谓乎！"

靖再拜曰："深乎！圣人之法也。攻是守之机，守是攻之策，同归乎胜而已矣。若攻不知守，守不知攻，不惟二其事，抑又二其官，虽口诵孙吴，而心不思妙，攻守二齐之说，其孰能知其然哉？”

【译文】唐太宗说：“真是这样！有余及不足使不少后人迷惑，都认为是指兵力的强弱。殊不知防守的方法，关键是在敌人面前佯装兵力不足；进攻的方法，关键是在敌人面前显示兵力有余。向敌人佯示兵力不足，那么敌人必会前来攻打，这是敌人不了解他所进攻的对象；向敌人显示兵力有余，那么敌人必会加紧防守，这是敌人不了解他所防守的对象。进攻与防守是既对立又统一的方法，但是对敌我双方来说，就分为攻、守两个方面了。要是我方的攻守方略运用得当，那么敌方就会失败；要是敌人的方略运用得当，那么我方就会失败。从得失成败上，就能分出敌我双方的作战能力。进攻与防守，其实就是战胜敌人的一种方法，若能掌握这种方法，就可以百战百胜。所以说：‘知彼知己，百战不殆。’说的就是这个掌握攻守一体的方法吧。”

李靖再拜说：“圣人的兵法真是深奥啊！进攻是防守的先机，防守是进攻的策略，二者都是为了取得战争的胜利罢了。若在进攻中不知防守，在防守中不知进攻，这不仅是把攻守当成两件事分裂开，又是把它们各自孤立起来，如果这样，虽然能口诵《孙子》《吴子》，但心里却思维不出它们的妙处，不懂攻守相辅相成之说，那又怎能知道其真正意义呢？”

太宗曰："《司马法》言：'国虽大，好战必亡；天下虽平安，亡忘战必危。'此亦攻守一道乎？"

靖曰："有国有家者，曷尝不讲乎攻守也？夫攻者，不止攻其城、击其阵而已，必有攻其心之术焉。守者，不止完其壁、坚其阵而已，必也守吾气而有待焉。大而言之，为君之道；小而言之，为将之法。夫攻其心者，所谓知彼者也；守吾气者，所谓知己者也。"

【译文】唐太宗说："《司马法》上说道：'国家虽然强大，若是好战就一定灭亡；天下虽然安定，忘记战争必然会有危险。'这说的也是攻守统一的道理吗？"

李靖回答说："有国有家者，何尝能不讲究攻守之道呢？进攻，不只是指攻打敌人的城池、阵营，必会有攻破敌军心理的战术；防守，也不只是指完善城池的壁垒，巩固营阵，必定要保存我军士气，等待时机大破敌军。从大的方面来说，这是为君之道；从小的方面来说，这是为将之法。能够攻破敌军的心理防线，这就是所谓的知彼；能够守住我军的士气，这就是所谓的知己。"

太宗曰："诚哉！朕常[尝]临阵，先料敌之心与己之心孰审，然后彼可得而知焉；察敌之气与己之气孰治，然后我可得而知焉。是以知彼知己，兵家大要。今之将臣，虽未知彼，苟能知己，则安有失利者哉？"

靖曰：“孙武所谓‘先为不可胜’者，知己者也；‘以待敌之可胜’者，知彼者也。又曰：‘不可胜在己，可胜在敌。’臣斯须不敢失此诫。”

【译文】唐太宗说：“确实是这样！朕常在临阵对敌时，先对敌我双方的作战心理及意图进行分析比较，看谁的更周密，然后就知道敌方是否会取胜了；详察敌我双方的士气哪个更旺盛，然后就会知道我方能否取胜了。因此说知彼知己是兵家必须掌握的要旨。如今的武臣，即使不了解敌人，若是能了解自己，哪里还会有失利的情况发生呢？”

李靖说：“孙武所说的‘先创造出不会被人战胜的条件’的，就是知己；‘等待可以战胜敌人的时机’的，就是知彼。孙武又说：‘不被敌人战胜取决于我方的努力，能够战胜敌人取决于敌人是否出现失误，让我军有机可乘。’臣片刻都不敢违背这些警诫。”

太宗曰：“《孙子》言三军可夺气之法：‘朝气锐，昼气惰，暮气归。善用兵者，避其锐气，击其惰归。’如何？”

靖曰：“夫含生禀血，鼓作斗争，虽死不省者，气使然也。故用兵之法，必先察吾士众，激吾胜气，乃可以击敌焉。吴起‘四机’，以气机为上，无他道也。能使人人自斗，则其锐莫当，所谓朝气锐者，非限时刻而言也，举一日始末为喻也。凡三鼓，而敌不衰不竭，则安能必使之惰归哉？盖学者徒谓诵空文，而为敌所诱。苟悟夺之之理，则兵可任矣。”

【译文】唐太宗说：“《孙子》上说挫败敌军士气的方法是：‘军队刚开始战斗时士气旺盛，一段时间后，士气便产生怠惰，到了最后，士气便已衰竭。善于用兵者，会避开敌人初时的锐气，在敌人士气怠惰衰竭时再去打击它。’你认为这种说法如何？”

李靖回答道：“凡是有生命有血气的动物，为了鼓起勇气进行斗争，即使死亡来临也不理会，是‘气’使他们这样做的。因此用兵之法，一定要先察看我军的士气，激起他们必胜的勇气，这样才可以去攻击敌人。吴起所说的气机、地机、事机、力机等‘四机’，其中以‘气机’为上，没有别的道理。气机能让每个士兵都自发战斗，这样便会锐不可当。所谓的朝气锐猛，并不仅限于对一天中的某个时刻来说的，而只是以一天的开始与结束做比喻。但凡经过先后‘三鼓’的激战，而敌军士气却依然不衰不竭，又怎能使他们的士气一定产生怠惰直至衰竭呢？大概那些学习兵法的人，只知道诵读兵书上空泛的文字，而最终却会被敌人所诱骗。如果能领悟挫败敌军士气的道理，那他就可以领兵作战了。”

太宗曰：“兵法孰为最深者？”

靖曰：“臣尝分为三等，使学者当渐而至焉。一曰道，二曰天地，三曰将法。夫道之说，至精至微；《易》所谓‘聪明睿智神武而不杀’者是也。夫天之说阴阳，地之说险易，善用兵者，能以阴夺阳，以险攻易。《孟子》所谓‘天时地利’者是也。夫将法之说，在乎任人利器，《三略》所谓‘得士者昌’，《管子》所谓‘器必坚利’者是也。”

【译文】唐太宗问道：“你认为哪家兵法最为精深？”

李靖回答说：“臣曾把兵法分为三等，以使学习的人能够循序渐进，逐渐掌握。这三等一是道，二是天地，三是将法。道的说法，是至为精深微妙的，《周易》中所说的‘聪颖明智、英明勇武而不乱杀’就是这种精妙的智慧。所说的天，是指阴阳；所说的‘地’，是指险易。善于用兵作战的人，能以阴制阳，以险攻易。这就是《孟子》上说的‘天时地利’。所说的将法，在于任用贤人与配备精良的武器相结合，就是《三略》里所说的‘得到贤能之士便可昌盛’，《管子》里所说的‘武器一定要坚固锋利’也是说的这个道理。”

太宗曰：“然！吾谓不战而屈人之兵者，上也；百战百胜者，中也；深沟高垒以自守者，下也。以是较量，孙武著书，三等皆具焉。”

靖曰：“观其文，迹其事，亦可差别矣。若张良、范蠡、孙武，脱然高引，不知所往，此非知道，安能尔乎？若乐毅、管仲、诸葛亮，战必胜，守必固，此非察天时地利，安能尔乎？其次王猛之保秦，谢安之守晋，非任将择才，缮完自固，安能尔乎？故习兵之学，必先由下以及中，由中以及上，则渐而深矣。不然，则垂空言，徒记诵，无足取也。”

【译文】唐太宗说：“确实是这样。我认为不经过战斗便使敌人投降的，是上等；百战百胜的，是中等；利用深沟高垒来自守的，是下等。依此考量，在孙武的著作中，这三等全都具备了。”

李靖说：“细观古人的著述，追寻古人的踪迹，也还是可以看出差别来的。就像张良、范蠡、孙武等人，在功成名就之后能够超然退隐，不知所踪。他们如果不是懂得‘道”的微妙，又怎能做到这一步呢？像乐毅、管仲、诸葛亮等人，战必胜，守必固，他们要是不能明察天时地利，又怎能做到这些呢？其次还有王猛保全前秦，谢安坚守东晋，他们如果不是善任良将善选贤才，修缮防御设施以求自固，又怎会做到这些呢？所以学习兵法，必须先从下等到中等，再由中等达到上等，这样才能循序渐进，逐渐由浅入深啊。否则，就只能留下一些不切实际而又空泛的言论，徒然死记硬背，那是不足取的。”

太宗曰：“道家忌三世为将者，不可妄传也，亦不可不传也。卿其慎之。”

靖再拜出，尽传其书与李勣。

【译文】唐太宗说：“道家忌讳祖孙三代都为将帅带兵打

仗，这是说兵法不可妄传，但是也不能不传。你要慎重对待这个事情。”

李靖再拜而退，把他的兵书全都传给了李勣。

亢仓子

【题解】《亢仓子》，传为春秋时期亢仓子所撰，实为唐人王士源伪作。

亢仓子，又名亢桑子、庚桑子。据《历世真仙体道通鉴》记载："本姓庚桑，名楚，陈国人。"后得太上老君之道，能以耳视目听，隐居毗陵孟峰，登仙而去。唐天宝年间，追尊为"洞灵真人"，并把该书尊为《洞灵真经》。唐人刘肃在《大唐新语》中认为此书为献书之人王士元伪作。高似孙在《子略》中指出本书杂采诸书，尤多采《吕氏春秋》，联缀成篇。王士元，唐宜城（今湖北宜城）人。玄宗开元末，于终南山撰《亢仓子》，以《庄子·庚桑楚》为主，参取诸子而成。天宝四年，诏征至京。又曾编次孟浩然遗诗。

《亢仓子》共有全道、用道、政道、君道、臣道、贤道、训道、农道、兵道9篇。全书以历代道家思想为宗，且兼取儒法兵农各家思想。《四库全书总目提要》将其列入子部道家类。《续编》自全书中辑录了《用道》《政道》《君道》《臣道》《贤道》等5篇中的部分内容，作为修身理政之镜鉴。

用　道

天不可信，地不可信，人不可信，心不可信，惟道可信，贤主秀士岂知哉。昔者桀信天与其祖四海，己不勤于道，天夺其国以授殷。纣亦信天与其祖四海，己不龚于道，天夺其国以授周。今夫惰农信地实生百谷，不力于道，地窃其果稼而荒翳之。齐后信人之性酧让，不明于其道，举全境以付人，人实鸱义而有其国。凡人不修其道，随其心而师之，营欲茂滋，灾疾朋衅，戕身损寿，心斯害之矣。故曰：惟道可信。

【注释】①酧：同"酬"，报答。

【译文】天是不可以相信的，地是不可以相信的，人是不可以相信的，心也是不可以相信的，只有道是可以相信的。贤明的君主，优秀的士人，怎么会不知道这个道理呢？从前夏桀相信上天将四海给予他的祖先，于是残暴天下，不致力于道，上天便夺回他的国家并将其授予殷。商纣也相信上天将四海给予他的祖先，于是残暴天下，对道不恭，上天便夺回他的国家并将其授予周。现在那些懒惰的农夫相信土地一定会生长百谷，而不努力耕耘，土地便将果实庄稼盗走，从而让田地荒芜。齐侯相信人的天性就是知恩图报、谦和礼让，而不懂为君之道，将整个国家交付他人，结果自己的国家被人如鸱枭食母一样霸占。凡人不用道来修养自己，随心所欲地学习，结果欲望不断滋长繁盛，灾难疾病纷至沓来，伤身又折寿，这是被心所害。所以说：只有道可以相信。

夫用道之人，不露其用，福滋万物，归功无有，神融业茂，灵庆悠长。知而辩之谓之识，知而不辨谓之道。识以理人，道以安人。

剸情端想，毕志所事，伦揆忘寝，谋效位司，人臣之道也。清心省念，察验近习，务求才良，以安万姓，人主之道也。

【译文】懂得运用道的人，人们看不到他如何用道，但是他却能够用福滋养万物，把一切功劳都归于无，因此心神和乐，德业繁茂，喜庆长久。知道事物的道理并能分辨，叫作“识”，知道事物的道理却不去分辨，叫作“道”。“识”用来治民，“道”用来安民。

情志专一，思想端正，尽心尽力从事自己的工作，有条不紊地谋划管理以致废寝忘食，想方设法做好自己的本职工作，这是人臣之道。摒除内心的杂念，检验亲近之人，定要求得贤良之才，以安百姓，这是君王之道。

道德盛则鬼神助，信义敦则君子合，礼义备则小人怀。有识者自是，无识者亦自是；有道者静默，喑钝者亦静默。物固有似是而非，似非而是，先号后笑，始吉终凶，身可亲而才不堪亲，才可敬而身不堪敬。敬甚则不亲，亲甚则不敬。亲之而疏，疏之而亲，恩甚则怨生，爱多则憎至。有以速为贵，有以缓为贵，有以直为贵，有以曲为贵，百事之宜，其由甚微，不可不知。是富则身通，理势然也。同道者相爱，同艺者相嫉；同与者相爱，同取者相嫉；同病者相爱，同壮者相嫉，人情自然也。才多而好谦，贫贱而不谄，处劳而不为辱，贵富而益恭勤，可谓有德者也。

【译文】道德深厚就能得到鬼神佑助，信义敦厚就能使君子和于礼仪，礼义完备就能让小人感怀。有见识的人常自以为是，见识浅薄的人也自以为是；有道者安静沉默，愚钝者也安静沉默。事物本来就有似是而非，似非而是的情况。有的人先哭后笑，有的人开始好运最终凶险。有的人有德行，让人乐于亲近，但是才能不足以让人亲近；有的人才能令人敬佩，但是德行却不能令人起敬。人对于敬重的人，关系往往不够亲近；对于过于亲近的人，又难以产生恭敬。任何人相处，太亲近了就会变得疏远，稍微疏远一些反而会变得更亲近。对人恩宠太过了就会产生怨恨，对人宠爱太多了反而会导致憎恨。有的事情以迅速为贵，有的事情以缓慢为贵，有的事情以正直为贵，有的事情以婉转为贵。各种事情都有其适宜之处，其由来却很细微，对这不可不知。因此生活富足则周身通畅，事情的道理和形势本来就是如此。志同道合的人互相敬爱，技艺相同的人互相嫉妒；共同付出的人互相敬爱，共同索取的人互相嫉妒；疾病相同的人互相怜爱，同样强壮的人互相嫉妒，人的常情本来就是这样。多才而喜好谦虚，贫贱而不谄媚，身处劳苦之境而不感到耻辱，身处富贵而更加恭谨勤勉，可以称得上是有德行的人了。

政　道

信全则天下安，信失则天下危。夫百姓勤劳，则物殚尽，则争害之心生，而不相信矣。人不相信，由政之不平也，政之不平，吏之罪也，吏之有罪，刑赏不齐也，刑赏不齐，主不勤明也。夫主勤明则刑赏一，刑赏一则吏奉法，吏奉法则政下宣，政下宣则人人得其所，而交相信矣。是知天下不相信者，由主不勤明也。

【译文】保持诚信天下就会安定，失去诚信天下就会危亡。百姓虽然辛勤劳作，却财物空竭，那么争斗残害之心便会产生，互相之间就失去信任。人们互不相信，是因为政令不公。政令不公，是官吏的罪过。官吏有罪，是因为刑赏不均。刑赏不均，是因为君主不勤勉于政事、不能明察是非。君主若能勤勉政事、明察是非，那么刑赏就会公平。刑赏公平，官吏就会奉公守法。官吏奉公守法，政令就能下达。政令能够下达，百姓就能各得其所，而相互之间就能信任了。由此可知，天下人互不信任的原因，是因为君主不能勤勉政事、明察是非。

人之情，欲生而恶死，欲安而恶危，欲荣而恶辱。天下之人得其欲则乐，乐则安；不得其欲则苦，苦则危。若人主放其欲，则百吏庶长具展其欲，百吏庶长具展其欲，则天下之人，贫者竭其力，富者竭其财，四人失其序，皆不得其欲矣。天下之人不得其欲，则相与携持保抱，逋逃隐蔽，漂流捃采，以祈性命。吏又从而捕之，是故不胜其危苦，因有群聚背叛之心生。若群聚背叛之心生，则国非其国也。

勿贪户口，百姓汝走；勿壮城池，百姓汝疲。赋敛不中，穷者日穷；刑罚且贰，贵者日贵；科禁不行，国则以倾。官吏非才，则宽猛失所，或与百姓争利，由是狡诈之心生。所以百姓奸而难知。

【译文】人的本性，是想要生存而厌恶死亡，想要安定而讨厌危险，想要荣耀而讨厌耻辱。天下人都是满足了自己的欲望就会快乐，天下人快乐了，天下也就安定了；人若满足不了自己的欲望就会痛苦，天下的人都感到痛苦，那么天下也就危险了。如果君主放纵自己的欲望，那么大小官吏都会放纵他们的欲望。如果大小官吏都放纵自己的欲望，那么全天下的人，贫穷的就要竭尽他们的力气，富裕的就要竭尽他们的财物，士、农、工、商四种人将会失去正常的生活秩序，他们都不能满足自己的欲望了。天下人的欲望不能得到满足，就会一同扶老携幼，逃亡躲藏，漂流四方，采集野果野菜，以求活命。官吏又跟随追捕他们，他们无法忍受这种危险痛苦，于是聚众反叛之心油然而生。如果聚众反叛之心产生，那么国家就不是他们的国家了。

不要贪敛户口，否则百姓会因你而逃跑；不要加固城池，否则百姓会因你而疲劳。赋税不适中，穷人将会越来越穷。刑罚不一致，富贵的人将会越来越富贵。禁令不行，国家将会因此而倾覆。官吏没有才能，政令就会宽严失当，有的官吏甚至与百姓争利。狡诈之心就会由此产生，那么百姓就会变得奸诈而不可预料。

天下难知则上人疑，上人疑则下益惑，下既惑则官长劳，官长劳则赏不足劝、刑不能禁，易动而难静。此由官不得人故也。政术至要，力于审士。士有才行比于一乡，委之乡才；行比于一县，委之县才；行比于一州，委之州才；行比于一国，委之国政，而后乃能无伏士矣。人有恶戾于乡者，则诲之；不改，是为恶戾于县，则挞之；不改，是为恶戾于州，则移之；不改，是为恶戾于国，则诛之，而后乃能无逆节矣。诚如是，举天下之人，一一畏怀无有干背谄慢之萌矣。此之谓靖人。凡为天下之务，莫大求士。士之待求，莫善通政。通政之善，莫若靖人。靖人之才，盖以文章考之，百不四五；以言论考之，十或一二；以神气靖作态度考之，十全八九。是皆贤王庆代、明识裁择所能尔也。夫下王危世，以文章取士，则翦巧绮滥益至，而正雅素实益藏矣；以言论取士，则浮掞游饰益来，而謇谔诤直益晦矣；以神气靖作态度取士，则外正内邪益尊，而清修明实益隐矣。若然者，贤愈到，政愈僻，令愈勤，人愈乱矣。夫天下至大器也，帝王至重位也，得士则靖，失士则乱。人主劳于求贤，逸于任使。于呼，守天聚人者，其胡可以不事诚于士乎！人情失宜，主所深恤。失宜之大，莫痛刑狱。夫明达之才，将欲听讼，或诱之以诈，或胁之以威，或贿之以情，或苦之以戮，虽作设权异，而必也公平。故使天下之人，生无所于德，死无所于怨。夫秉国建吏，持刑若此，可谓至官。至官之代，群情和正，诸产咸宜，爱敬交深，上下条固，不可摇荡，有类一家。苟违顺陵逆，安得动哉？

【译文】天下百姓一旦变得不可预料，处于上位的统治者就会感到疑惑。上层统治者感到疑惑，下层的百姓就会更加困惑。下层百姓一旦产生困惑，官吏就会长期劳累。官吏长期劳累，奖赏就不能起到劝勉之功、刑罚就不能起到禁止之用，百姓容易冲动而难以安静，这都是任用官吏没有选择合适人选的缘故。为政至关重要的一点，就是要在审核士人方面下大力气。士人的才智德行，能胜任一乡的，就把一乡的政务委托给他；能胜任一县的，就把一县的政务委托给他；能胜任一州的，就把一州的政务委托给他；能胜任一国的，就把一国的政务委托给他。如此做之后，才能使世上没有隐居不仕之人。一个人在乡里凶恶乖戾，就应该对他实行教育；如果不知悔改，就相当于是在县里犯罪，要对他实行鞭挞；还不知悔改，就相当于是在州里犯罪，就要将他流放；仍然不知悔改，就相当于在国家犯罪，朝廷就要杀掉他，这样做之后，才能杜绝违反礼节法令的现象发生。如果真能如此，那么全天下的人，将个个心存畏惧，就不会再萌生违背法令、谄谀傲慢的想法了，这就是治民。大凡治理天下的要务，没有比寻求贤士更重要的了。而贤士希望为国所用，没有比通晓政治更好的方法了。通晓政治的好方法，没有比使百姓安定更好的了。能使百姓安定的人才，若用文章来考察，一百人中不到四五个，若用言论来考察，十人中或许能有一二个，用神气、动静、仪态、气度来考察，十人中必定有八九个。这都是盛世明君明察细选的结果。而在庸君乱世，若用文章来选取士人，那么虚伪、巧诈、绮靡、华而不实的人就会越来越多，而正直、高尚、朴素、诚实的人就越来越难以见到；用言论取用士人，那么浮夸巧饰的人就越来越多，而直言敢谏的人却会日益隐匿起来；用神气、动静、仪态、气度取用士人，那么外表正派、内心邪恶的人就越来越受尊重，而操行洁美、明达诚实的人就越来越隐藏不出了。如果这样，所谓的贤人来得越多，政事就愈加乖僻；政令颁布得越勤，百姓就越混乱。天下是最大的宝器，帝王处于至高无上之位，得到贤士天下就会安定，失去贤士天下就会大乱。所以君王总是不辞辛劳地去寻求贤才，而安闲地任用官吏。唉，那些恪守天命聚集百姓的人，怎么可以不以诚对待贤士呢？人情失当，君主会深加体恤。而人情失当，没有比受刑罚惩处更痛苦的了。明达之才，在审案断狱时，或用巧诈引诱，或用威势胁迫，或用真情打动，或用羞辱使其痛苦。虽然使用各种权变之术，但执法断案一定是公正的。所以使得天下百姓生时无需感恩戴德，死时也没有怨恨。那些执掌朝政、设置官吏、执行刑罚的人要都能这样的话，那就可以称得上是最好的官吏了。最好的官吏执政的时代，民意和顺端正，适合各类产业发展，大家互爱互敬，交往深厚，上下团结一心，不可动摇，就如一家人一样。如若有人想违抗叛逆，又如何能发动起来呢？

至理之代，舆服纯素，宪令宽简，禁网疏阔。夫舆服纯素则人不胜羡，宪令宽简则俗无忌讳，禁网疏阔则易避难犯。若人不胜羡则嗜欲希微，而服役乐业矣。俗无忌讳则抑闭开舒，而欢欣交通矣。易避难犯则好恶分明，而贵德知耻矣。夫服役乐业之谓顺，欢欣交通之谓和，贵德知耻之谓正，浮堕之人不胜于顺，逆节之人不胜于和，奸邪之人不胜于正，顺和正三者，理国之宗也。

【译文】天下大治的时代，车舆冠服纯朴，法令宽大，法网过于宽松。车舆冠服纯朴，人们就不互相羡慕；法令宽大，世俗就没有忌讳；法网过于宽松，百姓就容易规避而难以触犯。如果人们不互相羡慕，那么嗜好欲望就会很微小，百姓就会愿服徭役、乐于本业。世俗没有忌讳，那么压抑束缚就得以舒解，人们就会心情愉悦、心意相通了。法网宽松易避难犯，就会好恶分明，从而就能重视德行知道羞耻了。愿服徭役乐于本业叫作“顺”，心情愉悦、心意相通叫作“和”，重视德行知道羞耻叫作“正”。轻浮堕落的人，做不到“顺”；叛逆的人，做不到“和”；奸诈邪恶的人，做不到“正”。顺、和、正三者，是治理国家的根本。

衰末之世，舆服文巧，宪令禳祈，禁网颇僻。夫舆服文巧则流相炎慕，宪令禳祈则俗多忌讳，禁网颇僻则莫知所逭[①]。若流相炎慕则人不忠洁，而耻朴贵华矣。俗多忌讳则情志不通，而上下胶戾矣。莫知所逭则谗祸繁兴，而众不惧死矣。夫耻朴贵华之谓浮，上下胶戾之谓塞，众不惧死之谓冒，真正之士不官于浮，公直之士不官于塞，器能之士不官于冒，浮塞冒三者，乱国之梯也。

【注释】①逭（huàn）：逃避。

【译文】到了衰乱的末世，车舆冠服华丽奇巧，法令像禳祈仪式一样烦琐，法律偏邪不正。车舆冠服华丽奇巧，人们就互相热慕；法令像禳祈仪式一样烦琐，世俗就多忌讳；法律偏邪不正，人们就不知如何规避。如果互相热慕，人们就不会忠诚高洁，反而会以纯朴为耻，以华丽为贵；世俗多忌讳，人们的情感心志就难以相通，从而导致君臣上下乖戾。不知怎样规避法律，陷害忠良的灾祸就会频繁出现，那么百姓就都不惧怕死亡了。以纯朴为耻，以华丽为贵叫作“浮”；君臣上下乖戾叫作“塞”；人们都不怕死叫作“冒”。淳朴正直的人不会在“浮”时做官；公正直率的人不会在“塞”时做官；有才能的人不会在“冒”时做官。浮、塞、冒这三者，是国家大乱的缘由。

荆君熊圉问水旱理乱，亢仓子曰：水旱由天，理乱由人。若人事和理，虽有水旱，无能为害。尧汤是也。故周之秩官云，人强胜天。若人事坏乱，纵无水旱，日益崩离，且桀纣之灭，岂惟水旱？荆君北面遵循，稽首曰：天不弃不谷，及此言也。乃以弘璧十朋为亢仓子寿，拜为亚尹，曰：庶吾国有瘳[1]乎？亢仓子不得已，中宿微服，违之他邦。

【注释】①瘳：病愈。

【译文】楚君熊围询问水旱灾害与国家治乱的关系。亢仓子说："水旱灾害是由上天决定的，国家的治乱是由人决定的。如果人世间的事情都处理得和洽得当，即使有水旱灾害，也不会造成危害，尧、汤的时代就是这样。所以周朝的《秩官》上说，人力强大，可以战胜自然。如果人世间的事情败坏混乱，纵使没有水旱灾害，国家也会日益分崩离析。况且桀、纣的灭亡，难道仅仅是因为水旱灾害吗？"楚君面朝北走了几步，行稽首礼说道："上天没有抛弃我，让我听到这番话。"于是献上十对弘璧，为亢仓子祝寿，拜他为亚尹，说："我的国家或许可以消灾免难了。"亢仓子推辞不掉，半夜换上平民的衣服，离开楚国到别的国家去了。

至理之代，山无伪隐，市无邪利，朝无佞禄。

国产[1]问：何由得人俗醇朴？亢仓子曰：政烦苛则人奸伪，政省一则人醇朴。夫人俗随国政之方圆，犹蝼屈[2]之于叶也，食苍则身苍，食黄则身黄。

曰：何为则人富？亢仓子曰：赋敛以时，官上清约，则人富；赋敛无节，官上奢纵，则人贫。

【注释】①国产：即春秋时郑国的公孙侨（？—前522年）。姬姓，公孙氏，名侨，字子产，又字子美，谥成。他是郑穆公之孙，先后辅佐郑简公、郑定公。

②蠖（huò）屈：形容像尺蠖一样的屈曲之形。比喻人不遇时，屈居下位或退隐。

【译文】天下大治的时代，山中没有假冒的隐士，集市上没有靠歪门邪道来谋利的人，朝廷中没有以巧言谄媚骗取俸禄的人。

子产问："怎样做才能让民风淳朴？"亢仓子说："政令烦琐苛杂，百姓就会变得诡诈虚伪；政令简洁统一，百姓就会敦厚淳朴。民俗是随着国政的变化而变化的，就如尺蠖的屈伸与树叶的关系一样，它吃绿树叶时，身子就变绿，吃黄树叶时，身子就变黄。"

子产又问："怎样做才能使百姓富足？"亢仓子回答说："按时收取赋税，官吏崇尚清廉简约，那么百姓就会富足；收取赋税没有节制，官吏崇尚奢侈放纵，那么百姓就会贫穷。

作法贵于易避而难犯，救弊贵于省事而一令，除去豪横则官人安，刑禁必行则官人不敢务私利。官人不敢务私利而百姓富。史刑曰：眚灾[1]肆赦，赦不欲数。赦数则恶者得计，平人生心，而贤良否塞矣。人有大为贼害，官吏捕获，因广条引，诬陷贞良，阔远牵率，冀推时序，卒蒙赦宥。遇贼害者讫无所快，自毒而已。由是平人递生黠计，吏劳政酷，莫能镇止。此由数赦之过也。夫人之所以恶为无道不义者，为其有罚也；所以勉为有道行义者，为其有赏也。今无道不义者赦之，而有道行义者被妎[2]而不赏，欲人之就善也，不亦难乎？代有贤主秀士肯察此论，人怨者非不接人也，神怒者非不事神也。巧佞甚人愈怨，淫祀盛神益怒。

【注释】①眚（shěng）灾：亦作“眚裁”。因过失而造成灾害。

②妎（hài）：嫉害。

【译文】制定法令贵在容易避开而难以触犯，纠正弊端贵在精简事务统一法令。铲除仗势欺人者，官吏就能安定；刑罚禁令严格施行，官吏就不敢谋求私利；官吏不敢谋求私利，百姓就会富足。”史刑说：“因过失而造成危害的，可以得到赦免宽恕。但是赦免的次数不宜过多，赦免的次数多了，就会正中恶人心意，平民百姓也会心生邪念，那么贤良之士就会处于困厄之中。有人做了许多迫害他人的事，官吏将他捕获，于是他便广征博引相关法令条文为自己开脱，诬陷忠良之士，四处拉拢官员，希望推迟时间，最终获得宽赦。而那些受到伤害的人，心中一直不得快意，只能自己悔恨罢了。因此，平民百姓不断生出狡黠的计谋，即使官员疲惫，政令残酷，也无法抑止他们。这都是由于赦免次数过多而导致的过错。人们之所以讨厌做没有道义的事，是因为那样会受到惩罚；人们之所以努力做有道义的事，是因为那样会得到奖赏。如果做无道义之事的人得到赦免，而做有道义之事的人却被嫉害而得不到奖赏，想要人心向善，不也是很难的事吗？世上的贤君良士，愿意考察一下这番言论吗？人们有怨恨，并不是因为在上位者不亲近百姓；神灵愤怒，并不是因为不敬奉神灵。过度虚伪浮滑，巧言谄媚，就会更增加百姓的怨恨，不合礼制的祭祀越盛大，神灵就会越愤怒。

君　道

始生之者天也，养成之者人也。能养天之所生，而勿撄[①]之，谓之天子。天子之动也，以全天气故，此官之所以自立也。立官者以全生也。今代之惑主多官而反以害生，则失所以为立官之本矣。草郁则为腐，树郁则为蠹，人郁则为病，国郁则百慝并起，危乱不禁。所谓国郁者，主德不下宣，人欲不上达也。是故圣王贵忠臣正士，为其敢直言而决郁塞也。克已复礼，贤良自至；君耕后蚕，苍生自化。由是言之，贤良正可待不可求，求得非贤也；苍生正可化不可刑，刑行非理也。尧舜有为人主之勤，无为人主之欲，天下各得济其欲；有为人主之位，无为人主之心，故天下各得肆其心。士有天下人爱之而主不爱者，有主独爱之而天下人不爱者，用天下人爱者，则天下安。用主独爱者则天下危，人主安可以自放其爱憎哉？由是重天下爱者，当制其情。所谓天下者，谓其有万物也；所谓邦国者，谓其有人众也。夫国以人为本，人安则国安，故忧国之主，务求理人之材。玉之所以难辨者，谓其有怪石也；金之所以难辨者，谓其有鍮石②也。

【注释】①撄：扰乱。

②鍮石：指直接得到的铜（即不必经过人工冶炼的黄铜矿石）。

【译文】最初创造出生命的是天，将它养成的是人。能够养育天所创造的生命而不扰乱它，这样的人称为天子。天子的一举一动，都是为了保全天的创造，这就是设立官员的原因。设立官员，正是为了保全生命。当今世上的昏君，设置众多官员却反而妨害生命，这就失去了设立官员的本意。野草郁积就会腐烂，树木郁积就会生长蛀虫，人的情志郁结就会生病，国政烦琐停滞，各种邪恶之事就会同时发生，危乱将无法禁止。所谓国政烦琐停滞，就是君主的恩德无法流布到下层百姓中，百姓的愿望也不能上达朝廷。所以圣明的君王尊重忠臣和正直之士，就是因为他们敢于直言进谏，才能疏通国政的郁积滞塞。国君如果能克己复礼，贤良之士就会自己到来。君主率先耕种，皇后带头养蚕，百姓自然被化育。由此说来，贤良之士只可等待，不可强求，求来的就不是贤良之士；百姓只可化育，不可处以刑罚，施与刑罚就不合常理。尧、舜有作为君主的勤谨，却没有为人君的奢欲，因此天下人都能各得其所；有为人君的高位，却没有为人君的私心，所以天下人都能满足各自的意愿。士人有受天下人爱戴却不受君主喜欢的，也有君主独自宠爱而天下人却不喜欢的。任用广受天下人爱戴的贤士，那么天下何需君主亲自治理；如果任用独受君主宠爱之人，天下就会危乱。君主怎可以任意放逸自己的爱憎呢？因此，以受天下百姓爱戴为重的君主，应当控制自己的宠爱之情。所说的天下，是因为它拥有万物；所说的邦国，是因为它拥有民众。国家应以百姓为根本，百姓安定，国家就会安定。所以，为国家担忧的君主，务必要寻求能够治理百姓的人才。玉石之所以难以分辨，是因为有像玉一样的怪石。黄金之所以难以分辨，是因为有像金子一样的黄铜。

人主诚明，以言取人理也，以才取人理也，以行取人理也；人主不明，以言取人乱也，以才取人乱也，以行取人乱也。

夫圣主之用人也，贵耳不闻之功，目不见之功，口不可道之功，而百姓畅然自理矣。若人主贵耳闻之功，则天下之人运货逐利而市誉矣；贵目见之功，则天下之人恢形异艺而争进矣；贵可道之功，则天下之人习舌调吻而饰辞矣。使天下之人市誉争进饰辞见达者，政败矣。人主皆知镜之明己也，而恶士之明己也。镜之明己也功细，士之明己也功大，知其细失其大，不知类矣。

【译文】君主如果确实贤明，以言论选用人才可以治理好天下，以才能选用人才可以治理好天下，以行为选用人才可以治理好天下；如果君主昏庸，以言论选用人才，天下会大乱，以才能选用才人，天下会大乱，以行为选用人才，天下会大乱。

圣明的君主任用人才时，看重那些耳朵听不到的功绩、眼睛看不见的功绩、口不能称道的功绩，那么百姓就会欢欣自治了。如果君主看重耳朵能听得到的功绩，那么，天下人就会贩运财货追逐利益来求取名誉；如果君主看重眼睛能看得见的功绩，那么，天下人就会用病态的形貌、奇特的技艺来争抢着做官；如果君主看重可以称道的功绩，那么，天下人就会用耍嘴皮子，卖弄口才来修饰自己的言辞。假如天下人都求取名誉、争相谋取、巧饰言辞，即便有贤达之人理政，也会失败。君主都知道镜子可以照清自己，却厌恶贤士指出自己的缺点。镜子照清自己的作用小，而贤士指出自己缺点的功劳却很大。因小而失大，这就是不明事理啊。

人主清心省事，人臣恭俭守职，太平立致矣。而代或难之，吾所不知也！若人主方寸之地不明不断，则天地之宜，四海之内，动植万类，咸失其道矣！以耳目取人者，官多而政乱；以心虑取人者，官少而政清。是知循理之世，务求不可见不可闻之材；浇危之世，务取可闻可见之材。呜呼，人主岂知哉！以耳目取人，人皆勦敚[1]以买誉；以心虑取人，人皆静正以勤德。吏静正以勤德，则不言而自化；吏勦敚以买誉，则刑之而不畏，世主岂知哉！

【注释】①敚：古同“夺”，强取。

【译文】君主清静内心，精简事务，臣子恭敬节俭，恪守职责，太平盛世很快就会到来了。而有的人却认为这样做很难，这是我所不能理解的！如果君主的内心不能明断，那么天地间所适宜的，四海之内的百姓，各种动植物都会失去它的常道。以耳闻目见的功劳任用人，就会使官吏众多而政治混乱；以心思意念任用人，则官吏减少而政治清明。由此可知，遵循自然之道行事的时代，务必要寻求那些不能有耳闻目见之功的人才；世风衰颓的时代，务必任用有可见可闻之功的人才。唉！君主哪里知道这些呢！以耳闻目见之功来任用人，人们就会急切奔走巧取豪夺以获取名誉；以心思意念来任用人，人们就会清静正直而勤于修养德行。官吏清静正直，勤于修德，那么，无需言语的说教百姓自然会被化育；官吏互相侵夺以获取名誉，那么，即使处以刑罚，他们也不会畏惧。君主怎会知道这些呢？

臣　道

夫国之将兴也，朝廷百吏，或短或长，或丑或美，或怡或厉，或是或非。虽听其言，观其貌，有似不同，然察其志、征其心，尽于为国，所以刚讦不怨，黜退不愕，议其中无违乎理。故天不惑其时，坠不乏其利，人不乱其事，鬼神开赞，蛮夷柔同，保合太和，万物化育。

【译文】国家将要兴盛时，朝廷里的百官，身材有矮有高，外貌有丑有美，神态有和悦有严厉，办事有对有错，虽然听他们的言论，看他们的外貌，似乎有所不同，但是仔细观察他们的志向，验证他们的内心，便会知道他们都在为国尽心尽力。因此，他们刚直而不怨恨，受到贬斥也不会愕然，评论中肯，不违事理。所以，天不扰乱四时之序，地不使物产匮乏，人民不扰乱政事，鬼神给予帮助，蛮夷和柔同化，天地间的冲和之气得以保全会合，万物得以化育。

国之将亡也，朝廷百吏姿貌多美，颜色谐和，词气华柔，动止详润，虽观其貌、听其言，有若欢洽，然察其志、征其心，尽在竞位。所以闻奇则怪，见异必愕，狙嫉相蒙，遂丧其道。故天告灾时，坠生反物，人作凶德，鬼神间祸，戎狄交侵，丧乱弘多，万物不化。夫不伤货财、不妨人力、不损官吏而功成政立，下阜百姓，上滋主德，如此者忠贤之臣也。若费财烦人危官，苟效一时功利，规赏于主，不顾过后，贻灾于国，如此者奸臣也。至理之世，官得人；不理之世，人得官。

【译文】国家将要灭亡时，朝廷里的百官，大多姿貌俊美，和颜悦色，言语华丽柔美，举止安详温和，尽管看他们的外貌，听他们的言论，好像欢欣融洽，但是观察他们的志向，验证他们的内心，才知道原来他们全都在争夺权位。因此，他们听说有奇才就会感到奇怪，看见有异术之人必定会吃惊，暗中嫉妒，互相蒙骗，于是就丧失了道义。所以，上天会显示灾变的时间，地上会生出反常之物，人们做出违背仁德的恶行，鬼神也乘机兴起祸端，戎狄交相入侵，丧亡祸乱甚多，万物不得化育。不妨害财物，不嫉妒人力，不损害官吏，就能成就功业、确立政治制度，对下能让百姓富有，对上能扩大君主的恩德，像这样的人，就是忠诚贤良之臣。如果耗费财物、劳烦百姓、危害官吏，追求一时的功利，谋求君主的赏赐，不顾将来后果，会给国家留下祸患，这样的人，就是奸臣。天下治理得最好的时代，各个官职都能找到合适的人选；天下治理得不好的时代，人人都在抢着做官。

贤　道

祭公[①]曰：夫子云贤人不求而自至，亦有非贤不求而自至者乎？

亢仓子曰：夫非贤不求而自至者，固众矣。夫天下有道，则贤人不求而自至；天下无道，则非贤不求而自至。人主有道者寡，无道者众，天下贤人少，不肖者多。是知非贤不求而自至者多矣。

【注释】①祭（zhài）公：周公之后人祭公谋父的省称。曾以“先王耀德不观兵”谏止周穆王伐犬戎。事见《国语·周语上》及《史记·周本纪》。

【译文】祭公说：“您说贤人会不求自来，是否也有不贤的人不求而自来的呢？”

亢仓子说："不求自来的不贤者，本来就很多。天下有道，贤能的人就会不求自来；天下无道，不贤的人就会不求自来。君主有道的少，无道的多，天下贤人少，不贤的人多。由此可知，不求自来的不贤者是有很多的。"

祭公曰：贤固济天下，材亦能济天下，俱济天下，贤与材安异耶？

亢仓子曰：窘乎哉，其问也夫！功成事毕，不徇封誉，恭退朴俭之谓贤；功成事毕，荣在禄誉，光扬满志之谓材。贤可以镇国，材可以理国。所谓镇者，和宁无为，人不知其力；所谓理者，勤率其事，人知所于德。一贤统众材则有余，众材度一贤犹不足。

【译文】祭公又问："贤能的人本来可以匡扶天下，有才之人也可以匡扶天下。二者都能匡扶天下，那贤者与有才之人有什么不同呢？"

亢仓子回答："你这话问得好糊涂啊！事业成功之后，不追求爵位声誉，谦恭而退，朴实节俭的称为"贤"。事业成功之后，追求爵位声誉，神采飞扬，志得意满的称为"材"。贤者可以使国家安定，有才之人可以妥善处理政事。使国家安定的人，和顺宁静而又顺其自然，人们不知道他如何用力。处理政事的人，勤勉行事，人们都知道他的恩德。一个贤者统领众多有才之人都显绰绰有余，众多有才之人合在一起与一个贤者相比尚显不足。

训　道

孝者善事父母之名也。夫善事父母，敬顺为本，意以承之，顺承颜色，无所不至，发一言举一意不敢忘父母，营一手措一足不敢忘父母。事君不敢不忠，朋友不敢不信，临下不敢不敬，向善不敢不勤。虽居独室之中，亦不敢懈其诚，此之谓全孝。故孝诚之至，通乎神明，光于四海，有感必应，善事父母之所致也。

【译文】孝就是好好侍奉父母的称谓。好好地侍奉父母，以恭敬顺从为本，顺从父母的想法，看他们的脸色行事，对他们照顾得无微不至；言行举止，甚至一个想法都不敢忘记父母；举手投足也不敢忘记父母。事奉君主不敢不忠诚，与朋友交往不敢不诚信，管理下属不敢无礼，一心向善不敢不勤勉。即使独居一室之内，也不敢丝毫放松真诚之心，这叫作全孝。因此，孝顺真诚达到最高境界时就能和神明感通，光耀四海，心里有感，上天必定有所回应，这都是因为善事父母才能达到这种境界。

长短经

【**提要**】《长短经》，又名《反经》，唐赵蕤撰。

赵蕤（659—742年），字大宾，又字云卿，号东岩子。梓州盐亭（今四川盐亭）人。赵蕤博通百家，博于韬略，长于经世，且任侠有气，善为纵横学。与李白共称为“蜀中二杰”，时称“赵蕤术数，李白文章”。唐玄宗屡次征召，赵蕤辞而不就，隐居山林。其生平刘煦《旧唐书》和欧阳修《新唐书》皆未立传。唯北宋孙光宪《北梦琐言》和清代纪晓岚《四库全书总目提要》对他的事迹略有介绍。

《长短经》集诸子百家学说，以唐以前的历史为论证材料，记述国家兴亡，核心是“论王霸机权，正变长短之术”，汇集王霸谋略，是一部逻辑严密，涵盖文韬武略的谋略著作。《四库全书总目提要》说：“此书辨析事势，其言盖出于纵横家，故以‘长短’为名。”将其列入子部杂家类。今人梁运华整理有《长短经》（校注本）。全书共9卷64章，《续编》辑录了其中《大体》《知人》《德表》《理乱》《惧诫》《钓情》《难必》《诡俗》《出军》《道德》等章中有关治国理政的内容，以供今人学习与借鉴。

大 体

知人者，王道也；知事者，臣道也。无形者，物之君也；无端者，事之本也。鼓不预五音[①]，而为五音主；有道者，不为五官[②]之事，而为理事之主。君守其道，官知其事，有自来矣。先王知其如此也，故用非其有如己有之，通乎君道者也。议曰：《淮南子》云："巧匠为宫室，为圆必以规，为方必以矩，为平直必以准绳。功已就矣，而不知规矩准绳，而赏巧匠。宫室已成，不知巧匠，而皆曰某君某王之宫室也。"孙卿[③]曰："夫人主欲得善射中微，则莫若使羿[④]；欲得善御致远，则莫若使王良[⑤]；欲得调一天下，则莫若聪明君子矣。其用智甚简，其为事不劳，而功名甚大。"此能用非其有如己有者也。

【注释】①五音：指五声音阶中的角、徵、宫、商、羽。

②五官：泛指百官。

③孙卿：即荀子，名况，字卿，后避汉宣帝讳，改称孙卿。

④羿：古人名，传说夏代有穷国的君主，善于射箭，也称"后羿""夷羿"。

⑤王良：本名孙阳，乃赵简子御者，善相马，字子良，又称王良。

【译文】了解他人，是君道；通晓事理，是臣道。无形的东西，才是万物的主宰；看不见尽头的东西，才是事物的根本。鼓不参与到五音中，却能当五音的主帅；掌握了君道真谛的人，不去做百官该做的具体事情，才可以成为处理国家大事的君主。

君主严守君道，百官知道做好自己的事情，这是有由来的。先代贤明的君王明白这一道理，所以用他人擅长而自己不具备的能力时得到的效果就像是自己也有这种能力一样。懂得这样做的人，才算是真正通晓君道的人。评论：《淮南子》中说："技艺精巧的工匠在建造宫室的时候，做圆的东西一定会用圆规，做方的东西一定会用矩尺，做平而直的东西一定会用准绳。精巧的东西做成后，人们不知道圆规、矩尺、准绳等测量工具，只是奖赏工匠的技艺高明。宫室造成后，人们也再不会去管那些技艺精巧的工匠了，而只是说，这是某君某王的宫室。"荀子说："做君主的射箭想要做到百发百中，就不如用后羿；驾驶车马想要做到驰骋万里，就不如用王良；治国想要做到一统天下，就不如任用明察事理的君子。这样做要运用到的智谋很简单，要办的事也不辛苦，但能成就的功名却很大。"这就是用他人擅长而自己不具备的能力时得到的效果就像是自己也有这种能力一样的意思。

人主不通主道者，则不然。自为之则不能任贤，不能任贤则贤者恶之，此功名之所以伤，国家之所以危。议曰：《申子》①云："君知其道也，臣知其事也。十言十当，百言百当者，人臣之事也，非人君之道也。"《尸子》②云："人臣者，以进贤为功也；君者，以用贤为功也。"贾谊云："臣闻圣主言问其臣，而不自造事，故使人臣得必尽其愚忠，唯陛下财幸。"由是言之，夫君不能司契委任，而妒贤恶能，取败之道也。

【注释】①《申子》：战国时期法家代表人物申不害的著作。书早佚。唯《群书治要》中尚残存部分佚文。

②《尸子》：战国时期尸佼的著作，书早佚。唯《群书治要》中尚残存十三篇佚文。

【译文】不懂得君道的君主，就不是这样做了。他们往往事无巨细，都要亲力亲为，因此就无法委用贤德之人。不能委用贤德之人，那么贤德之人就会讨厌他，这就是功名受损、国家危亡的原因所在。评论：《申子》中说："君主应当知道他治国的方法，群臣应当知道他们应该担负的职责。每次说的话都很得当，是群臣的职责，并不是君主应当遵循的原则。"《尸子》中说："群臣把能举荐贤能作为功绩，君主就应该把能善用贤能作为功绩。"贾谊说："我曾听说，英明的君主说过，但凡有事应该先询问群臣的意见，而不应该擅自行事，这样才能让群臣可以竭尽他们的忠诚，让陛下量情采纳他们的建议。"这样说来，君主如果不能根据才能委任官员，而只是对品德、才能比自己强的人心怀怨恨，这是在自取灭亡。

故称设官分职，君之体也；委任责成，君之体也；好谋无倦，君之体也；宽以得众，君之体也；含垢藏疾[1]，君之体也。君有君人之体，其臣畏而爱之，此帝王所以成业也。

【注释】①含垢藏疾：包容污垢，藏匿恶物。形容宽仁大度。

【译文】所以说，设立官位，分派职务，是做君主的本分；委派任命官吏，让他们各自知道自己的职责，是做君主的本分；喜好谋划而不知倦怠，是做君主的本分；用宽容大度的心，以此获得百姓的拥护，是做君主的本分；包容臣子的问题和缺点，也是做君主的本分。君主懂得这些为人之君的本分，他的臣子们就会对他既畏惧又爱戴，这就是帝王成就大业的根本所在。

知　人

《庄子》曰：**远使之，而观其忠**；又曰：远使之，以观其不二。**近使之，而观其敬**；又曰：近之以昵，观其不狎。**烦使之，而观其能**；又曰：烦之以事，以观其理。**卒然问焉，而观其智**；又曰：设之以谋，以观其智。太公曰：事之而不穷者，谋。**急与之期，而观其信**；太公曰：使之而不隐者，谓信也。**杂之以处，而观其色**。又曰：纵之以视，观其无变。

【译文】《庄子》中说：**派人到遥远的地方办事，能观察他是否忠诚**；又说：派人到遥远的地方办事，观察他有没有二心。**让他在身边办事，能观察他是否尽职**。又说：让他在身边办事，与他亲近，观察他的态度是否会不庄重；**不断地让他做繁杂的工作，能观察他有没有办事才能**。又说：不断地让他做繁杂的工作，以此观察他处理烦杂事务的本领；**突然提问他，能观察他是否机智**。又说：对他用计谋，以此观察他是否机智。姜太公说：能够应对连续不断的事，就是有谋略的人。**在仓促之间和他约定某事，观察他是否讲信用**。姜太公说：在办事过程中不向你隐瞒情况，就是讲信用的人。**让不同的人和他待在一起，观察他的神色**。又说：让他随意看各种各样的事物，观察他是否没有改变神色。

德　表

孔子曰："性相近也，习相远也。"言嗜欲之本同，而迁染之途异也。夫刻意则行不肆，牵物则其志流。是以圣人导人理性，裁抑流宕，慎其所与，节其所偏。故传曰：审好恶，理情性，而王道毕矣。治性之道，必审己之所有余，而强其所不足。盖聪明疏通者，戒于太察；寡闻少见者，戒于拥蔽；勇猛刚强者，戒于太暴；仁爱温良者，戒于无断；湛静安舒者，戒于后时；广心浩大者，戒于遗忘。

【译文】孔子说："性相近也，习相远也。"意思是说，人的嗜好、欲望从根本上讲，是相同的，只因为环境、教育途径的不同，所以每个人的个性、志趣才会各有区别。总的来说，刻意修炼意志的人，他的行为就不会过分放肆；追求物质享受，容易被周围环境影响的人，他的意志就显得软弱，随波逐流。所以圣人在引导人理智的时候，就会帮助人克服、抑制他的放荡任性，对他来往的对象慎重选择，努力节制他的偏好。所以《左传》中说：审察人的好恶，理顺人的本性，王道就圆满了。治理人性情的办法，关键是一定要看清自己的长处，克服自己的不足。总的来说，聪明通达的人，要警惕过于明察；孤陋寡闻的人，要避免闭塞无知；勇猛刚强的人，要警惕遇事急躁粗暴；善良温和的人，要警惕对人对事优柔寡断；淡泊宁静的人，要警惕错过时机；心胸宽广的人，要警惕因事情过多而有所遗忘。

《玉钤经》[1]曰：夫以明示者浅，有过不自知者弊，迷而不反者惑，以言取怨者祸，令与心乖者废，后令缪前者毁，怒而无威者犯，好众辱人者殃，戮辱所任者危，慢其所敬者凶，貌合心离者孤，亲佞远忠者亡，信谗弃贤者惛，私人以官者浮，女谒公行者乱，群下外恩者沦，凌下取胜者侵，名不胜实者耗，自厚薄人者弃，薄施厚望者不报，贵而忘贱者不久，用人不得其正者殆，为人择官者失，决于不仁者险，阴谋外泄者败，厚敛薄施者凋。此自理之大体也。孙卿曰："口能言之，身能行之，国宝也；口不能言，身能行之，国器也；口能言之，身不能行之，国用也；口言善，身行恶，国妖也。"

【注释】①《玉钤经》：即《素书》，另名《钤经》《玉钤经》。类似语录体，相传为秦末黄石公作，民间视为奇书、天书。黄石公，秦末时人，后得道成仙，被道教纳入神谱。

【译文】《玉钤经》说：一个人把自己的本事动不动就显示出来，只能证明这个人很浅薄；有了过错自己还不知道，只能证明他很愚蠢；执迷不悟、不知悔改的人，注定要被淘汰；出言不逊、招人怨恨的人，灾祸就要临头；言行不一、口是心非的人，大家肯定会抛弃他；文过饰非、挖空心思想掩盖自己过失的人，定会自毁前程；即使发怒但并没有威慑力的人，将会受到别人的侵犯；喜欢当众欺辱别人的人，必定遭殃；杀戮、污辱自己重用的人，他的处境就危险了；对自己敬重的人轻视怠慢，将会带来凶险；与别人相处貌合神离、阳奉阴违的人，最后将被别人孤立；亲信奸邪、疏远忠心的人，这种人必然灭亡；听信谗言、远离贤良的人，这种人很糊涂；暗地里封官许愿的人，政治就会出现乱象；女子干预政治，必然要引起混乱；部下暗中施惠于人的人，就快倒霉了；用欺凌部下的办法邀功请赏的人，早晚要被赶下台；名声与实际不相称的人，必然会受到损害；肥了自己，克扣下属的人，最终要被人唾弃；给别人带来微薄的好处而希望得到重重报答的人，到头来必定落空；富贵忘记自己贫贱之时的人，好景不会长久；任用不正派的人，必定会有危险；因人而设立机构和职务，将会失败；让不仁不义的人出谋划策，是非常危险的；阴谋被泄露于外的人，肯定要失败；向百姓征收的多，用在百姓身上的少，这将导致民生凋敝。以上几点，是自我修养的主体。荀子说："口能言说大道，又能依道而行的人，这是国家的珍宝；口不能讲，但能依道而行的人，这是国家的人才；口能言说大道，行动上不能做到的人，还可以为国所用；口里言说大道，行动上却为非作歹的人，这种人就是国家的妖孽。"

理　乱

论曰：夫能匡世辅政之臣，必先明于盛衰之道，通于成败之数，审于治乱之势，达于用舍之宜，然后临机而不惑，见疑而能断，为王者之佐，未有不由斯者矣。

【译文】评论说：能够匡扶世道人心、辅佐国家大政的大臣，务必要首先明白盛衰的道理，精通成败的规律，审察社会治乱的形势，通晓任用和罢免官员的机宜，然后才能面临纷繁复杂的时局而不被迷惑，遇到疑难、棘手的问题才能决断，作为君王的辅佐之臣，古往今来，都要首先从这些做起。

惧 诫

《易》曰："汤武革命，顺乎天而应乎人。"《书》曰："抚我则后，虐我则仇。"《尸子》曰："昔周公反政，孔子非之曰：'周公其不圣乎！以天下让，不为兆人也。'"议曰：昔尧称："吾以天下授舜，则天下得其利而丹朱病；授丹朱，则天下病而丹朱得其利。吾终不以天下之病而利一人，遂禅于舜。"今周公不以天下为务，而自取其让名，非为圣达节者也，故孔子非之。董生曰："虽有继体守文之君，不害圣人之受命。"古语曰："穷鼠啮狸，匹夫奔万乘。"故黄石公曰："君不可以无德，无德则臣叛。"孙卿曰："能除患则为福，不能则为贼。"孙卿子曰："昔者天子初即位。上卿进曰：'能除患则为福，不能则为贼。'授天子一策。中卿进曰：'先事虑事谓之接，接则事优成；先患虑患谓之豫，豫则祸不生；事至而后虑者谓之后，后则事不举；患至而后虑者谓之困，困则祸不御。'授天子二策。下卿进曰：'庆者在堂，吊者在闾，祸与福邻，莫知其门。豫哉！豫哉！'授天子三策。此诫之至也。"

【译文】《周易》中说：商汤和武王的革命，是顺应天命合乎人情的。《尚书》中说：安抚关心我的，我把他当作君王，残暴虐待我的，我把他当作仇人。《尸子》说：当初周公将国家政权还给周成王时，孔子认为他做的不对，说："周公难道不圣明吗？却把天下大权让给周成王，不为天下百姓着想。"评论：当初尧说："我把天下大权交给舜，那么天下人就获得了利益，但是对丹朱就会有害；把天下大权交给丹朱，那么就是丹朱获得利益，对百姓有害。我终是不能使天下人的利益受到损害而只为了一人获利，于是就禅位给舜。"如今周公不以天下的利益作为责任，而是只顾自己获得美名，不是不拘常规而合于节义的圣人，所以孔子认为他不对。董仲舒说："即使有继承帝位，遵循先王法度的君王，也不妨碍圣人受命于天，取而代之。"古语说："把老鼠逼急了也会咬猫，把百姓逼急了也会反抗。"所以黄石公说："君王不能没有德行，没有德行就会遭到臣子的背叛。"荀子说："能免除祸患的就能享福，不能免除祸患的就会受到伤害。"荀子说："当初天子刚刚登基，上卿就说：'能够免除祸患的就能享福，不能免除祸患的就会受到伤害。'然后向天子献了一个计策。中卿说：'在事情还没有发生的时候，先考虑到事情的发展走向，这叫作超前，超前考虑事情，事情就会获得成功；在祸患还没有发生的时候就先开始考虑，这叫作预见，有预见就不会发生祸患；事情发生了才开始考虑，这叫作善后；祸患到了才开始考虑，这叫作因循，因循考虑，那么祸患就不能阻挡了。'然后向天子献了第二个计策。下卿说：'庆祝的人还在厅堂，凭吊的人就已经走到大门那里了，好事与坏事相邻，没有人知道它们在哪里。做事情前要先考虑啊。'然后向天子献了第三个计策，这的确是至理名言啊。"

天下者，非一人之天下也，天下之天下也。所以王者必通三统[①]，明天命所受者博，非独一姓也。昔孔子论《诗》，至于"殷士肤敏，灌将于京"，喟然叹曰："富贵无常，不如是，王公其何以诫慎，民萌其何以劝勉？"《易》曰：安不忘危，存不忘亡。是以身安而国家可保也。故知惧而思诫，乃有国之福者矣。

【注释】①三统：本指夏、商、周三代的正朔。夏正建寅为人统，商正建丑为地统，周正建子为天统。这里是指三统更替变化，指王朝兴衰更迭。

【译文】天下不是某一个人的天下，而是全天下人的天下。所以做帝王的一定要明白王朝更迭的道理，认清天命所授予的人很多，并不是只有一个姓氏。从前孔子在评论《诗经》时，讲到"殷朝的士人聪慧机敏，看出殷商将亡，纷纷去扶助周室"这一句时，感叹道："荣华富贵有如云烟，如果不是这样的话，王公贵族还怎么会小心谨慎，老百姓又怎么会积极进取呢？"《周易》中说：平安的时候不能忘记危难，国家生存时不可忘掉灭亡的危机。能做到这些，自身就能长保平安，国家也不会沦丧。因此知道畏惧，就会常常心存警觉，这才是国家的福气。

钓　情

孔子曰："未见颜色而言，谓之瞽。"又曰："未信，则以为谤己[1]。"孙卿曰："语而当，智也；默而当，知也。"尸子曰："听言，耳目不惧，视听不深，则善言不往焉。"是知将语者，必先钓于人情，自古然矣。

【注释】①未信，则以为谤己：此话应为孔子的弟子子夏所说，非孔子所说。原文出自《论语·子张》。

【译文】孔子说："不看对方脸色就贸然开口说话，这样的人就如瞎子一样。"又说："还没取得对方的信任，就贸然提出意见，会被对方认为是毁谤自己。"荀子说："该说话的时候，说得恰到好处，这是智慧，不该说话的时候就保持沉默，这也是智慧。"尸子说："听他人说话的时候，眼耳不专注，看到和听到的就不深刻，这时，就不要跟他讲什么有益之言了。"从这些先贤智者的话中，我们会明白一个道理，就是凡要游说劝说君主的人，一定要先掌握对方的情况和态度，自古以来游说成功的人都是这样做的。

难　必

魏文侯问狐卷子曰："父子、兄弟、君臣之贤足恃乎？"对曰："不足恃也。何者？父贤不过尧，而丹朱放；子贤不过舜，而瞽叟顽[1]；兄贤不过舜，而象敖；弟贤不过周公，而管叔诛；臣贤不过汤、武，而桀、纣伐。望人者不至，恃人者不久。君欲理，亦从身始，人何可恃乎？”

【注释】①顽：愚钝。

【译文】魏文侯问狐卷子说：“父子、兄弟、君臣之间，可以依恃对方的贤德吗？”狐卷子回答说：“不可以。为什么呢？要说做父亲的贤德，没有人能比得上尧，可是尧的儿子丹朱却被父亲放逐；要说做儿子的贤德，没有人能比得上舜，可是舜的父亲瞽叟却愚钝无比，把他囚拘甚至陷害；要说做哥哥的贤德，没有人能比得上舜，可是舜的弟弟象却游手好闲又傲慢无礼；要说做弟弟的贤德，没有人能比得过周公，可是周公的哥哥管叔却被周公诛杀；要说做臣子的贤德，没有人能比得上商汤和周武王，可是夏桀、商纣两位君主正是被商汤和周武王这两位臣子所灭。所以，期望某人时那人偏偏不来，依赖别人的人不可能长久。君主若要治理天下，就要从自身做起，又怎么能依赖他人呢？”

诡　俗

夫事有顺之而为失义，有爱之而为害，有恶于己而为美，有利于身而损于国者。

【译文】事情有顺势而为却不合道义的，有原本出于爱却反而害了对方的，有令自己厌恶却对自己有好处的，有利于自身却有损于国家利益的。

韩子曰："为故人行私，谓之不弃；以公财分施，谓之仁人；轻禄重身，谓之君子；枉法曲亲，谓之有行；弃官宠交，谓之有侠；离俗遁世，谓之高悫；交争逆令，谓之刚材；行惠取众，谓之得人。不弃者，吏有奸也；仁人者，公财损也；君子者，人难使也；有行者，法制毁也；有侠者，官职旷也；高悫者，人不事也；刚材者，令不行也；得人者，君上孤也。此八者，匹夫之私誉，而人主之大败也。"人主不察社稷之利害，而用匹夫之私誉，家国无危乱，不可得也。由是观之，夫俗之好恶，与事相诡，唯明者能察之。韩子曰："君臣之利异，故人臣莫忠，故臣利立而主利灭。"此之谓异利者也。

【译文】韩非子说："为了老朋友可以徇私枉法，被认为是看重友情；把公家的财物分给他人，被认为是有爱心；轻忽职守只重视自身利益，被称为君子；不顾法律规定而庇护违法的亲人，被称为有德行；为私人交情而抛弃官职，被称为侠肝义胆；遁世隐居被称为清高诚谨；互相争斗，违抗命令，被称为刚烈；施与恩惠，收买人心，被称为得民心。但是，这所谓的看重友情，一定是为官者有奸私；所谓有爱心，却使公家的财物受到了损失；所谓的君子，人们却很难得到他的帮助；所谓的有德行，却使国家法制遭到破坏；所谓的有侠肝义胆，却会使官位出现空缺；所谓的清高诚谨，却会使人不愿意侍奉上级；所谓的刚烈，却会使政令无法执行；所谓得民心，却会使君主处于完全被孤立的地位。这八种称誉实际上只是满足了个人的私誉，但是对君主的利益却是极大的破坏。君主如果不能明察国家利害得失，却一味盲目地相信个人的私誉，要想使国家不陷入危险、混乱的局面，那是不可能的。”由此看来，世俗的好恶往往与事理相反，只有明智的人才能觉察、看清这一点。韩非子说：“君臣之间的利益是不同的，所以有臣子不忠于君主的，臣子的利益一旦得到满足，君主的利益就会随之消失、破灭。”这说的就是君臣利益不同的道理。

出　军

夫将者，国之辅也，人之司命也。故曰：“将不知兵，以其主与敌也；君不择将，以其国与敌也。”将既知兵，主既择将，天子居正殿而召之，曰：“社稷安危，一在将军。今某国不臣，愿烦将军应之。”乃使太史卜斋择日，授以釜钺。君入太庙，西面而立，将军北面而立。君亲操钺，持其首，授其柄，曰：“从是以上至天者，将军制之。”乃复操柄，授与刃，曰：“从是以下至渊者，将军制之。”将既受命，拜而报曰：“臣闻：国不可从外理，军不可从中御。二心不可以事君，疑志不可以应敌。臣既受命，专釜钺之威，臣不敢还诸。”乃辞而行，凿凶门[①]而出。故《司马法》曰：“进退唯时，无曰寡人。”《孙子》曰："将在军，君命有所不受。"古语曰："阃以内，寡人制之；阃以外，将军制之。"《汉书》曰："唯闻将军之命，不闻天子之诏。"故知合军聚众，任于阃外，受推毂②之寄，当秉旄③之重。无天于上，无地于下，无敌于前，无君于后，乃可成大业矣。故曰："将能而君不御者胜。"此之谓也。

【注释】①凶门：古代将军出阵时，从北门出发，并以丧礼处之，以示必死的决心。故后称北门为"凶门"。

②推毂：指推车前进，古代帝王任命将帅时的隆重礼遇。

③秉旄：持握旄旗。借指掌握兵权。

【译文】将帅，是国家的辅佐，负有保护百姓生命的职责。所以说，作为将领的如果不了解士兵，就相当于把自己的君主交给了敌人；作为君主的如果不懂得选择将领，就等于把自己的国家交给了敌人。将帅已经了解了士兵，君主也已选好了将帅，天子在正殿召见准备任命的大将，说："我们国家的安危，都寄托在将军您的身上了。现在某国不愿意臣服，还要烦劳将军前去讨伐。"于是命令太史占卜、斋戒，选择吉日，把斧钺授给将军。君主进入太庙，面西而立，将军面北而立。这时，君主亲手拿起斧钺，持着斧钺的首端，而将柄端交给将军，说："从这里往上直到天宇，都由将军管理。"接着又拿起斧柄，将斧刃授予将军，说："从这里往下直到深渊，都由将军您管理。"将军接受任命，向君主拜谢说："臣听说国家大事，要靠君王全权处理，不能受外面的干扰；军队中的事务，变化多端，要将领决断、处理，君王不能坐在朝堂上控制将军作战。如果臣下怀有二心，就不能报效君王；如果臣下犹豫不决，便不能迎敌应战。臣既已接受任命，专门负责指挥此次战事，臣不敢无功而活着回来。”于是，辞别君主上路，凿通凶门出发。所以兵书《司马法》上说：“进攻退守要看时机，不能总是考虑君主的意见。”《孙子》上说：“将在外，君主的命令可以不听。”古语说：“城门以内，由君主控制；城门以外，由将军控制。”《汉书》说：“只听将军的命令，不必在意天子的诏令如何。”由此可知，集结军队，负责城外战事，接受君主的隆重任命，手握兵权，定当不负君主和百姓的重托。在此，全军将士要一致做到上不受天时所限，下不受地势所阻，前不拒敌军阻挡，后没有君王牵制，只是唯军令是从，义无反顾，这样，才可以成就大业。所以说，任凭将军自由地发挥自己的才能，而国君不去随意干涉，这样才能取得胜利。说的就是这个意思。

道　德

夫兵不可出者三：不和于国，不可以出军；不和于军，不可以出阵；不和于阵，不可以出战。故孙子曰：“一曰道。道者，令人与上同意者也。故可与之死，可与之生，而人不畏危。危，疑也。言主上素有仁施于下，则士能致前赴敌，故与处存亡之难，不畏倾危之败。若晋阳之围，沉灶生蛙[①]，而民无叛疑也。

【注释】①沉灶生蛙：灶没入水中，产生青蛙。形容水患严重。

【译文】不可以出兵的情况有三种：国中不和睦，不可以出军；军中不和睦，不可以出阵；阵中不和睦，不可以出战。所以孙子说："用兵最重要的是'道'。所谓'道'，就是使民众与君主上下一心，意愿一致。这样，民众在战争中才可以为君主出生入死而不惧危险。这句话是说主上平素对下级施行仁义，那么士卒就能勇往直前奔赴战场，与主上共赴生死存亡的危难之境，即使有倾覆之败，也无所惧。就如当年赵襄子败走晋阳，被晋军围困，晋军引晋水灌晋阳城，沉于水中的炉灶，日久都生出了青蛙，但是老百姓却没有一个背叛、动摇的。"

全/注/全/译

群書治要續編

四

《群书治要续编》编辑编委会 编

郝时晋 梁光玉 萧祥剑 主编

团结出版社

目 录

群书治要续编卷第二十一　宋史（六）

群书治要续编卷第二十二　辽　史　金　史

群书治要续编卷第二十三　元史（上）

群书治要续编卷第二十四　元史（下）

群书治要续编卷第二十　宋史（五）

范　镇

【题解】范镇（1007—1088年），字景仁，成都华阳（今四川成都）人。宝元元年（1038年）举进士，历任知谏院、翰林学士等。反对王安石青苗法，直言变法是残民之术。范镇、范祖禹、范冲三代参与编撰史学名著，史称“三范修史”。元祐三年（1088年），逝世，赠银青光禄大夫，谥忠文。范镇为人清白坦荡，待人以诚，恭俭慎默，从不褒贬他人。

范镇，字景仁，成都华阳人。举进士，礼部奏名第一。神宗即位，为翰林学士兼侍读、知通进银台司。

王安石改常平为青苗，镇言：“常平之法，起于汉盛时，视谷贵贱发敛，以便农末，最为近古，不可改。而青苗行于唐之衰世，不足法。且陛下疾富民之多取而少取之，此正百步、五十步之间耳。今有两人坐市贸易，一人故下其直以相倾，则人皆知恶之，可以朝廷而行市道之所恶乎？”吕惠卿在迩英言：“今预买䌷绢，亦青苗之比。”镇曰：“预买，亦敝法也。若府库有余，当并去之，岂应援以为比。”韩琦极论新法之害，送条例司疏驳，李常乞罢青苗钱，诏命分析，镇皆封还。

诏五下，镇执如初。

镇清白坦夷，遇人必以诚，恭俭慎默，口不言人过。临大节，决大议，色和而语壮，常欲继之以死，虽在万乘前，无所屈。（宋史卷三百三十七）

【译文】范镇，字景仁，成都华阳（今四川成都）人。考中进士，礼部奏为第一名。神宗即位后，范镇担任翰林学士兼侍读、知通进银台司。

王安石改常平法为青苗法，范镇说："常平之法，起源于汉朝盛世之时，根据谷价贵贱进而买进或卖出，是为了有利于农民和商人，它是最接近古代的制度，不可改变。然而青苗法兴起于唐代衰微之时，不值得效仿。况且陛下恨富人收取利息太多而用少收利息的办法来代替，这正是一百步、五十步之间的差别而已。如果有两个人在集市上交易，一个故意压低价格来排挤他人，那么人们都知道厌恶他，朝廷怎么能实行市场上令人厌恶的做法？"吕惠卿在迩英殿说："如果预先买进绸绢，也和青苗法一样。"范镇说："预先买进，也是有弊端的法令。如果府库富余，应当一同除去，怎能援引它来比附。"韩琦竭力陈述新法的害处，奏疏被送到制置三司条例司辩驳，李常请求废除青苗钱，神宗下诏要求分解辨析，范镇都封还诏令。诏令下达了五次，范镇依旧像当初一样坚持封还。

范镇品行纯洁、坦率平易，待人诚恳，恭敬节俭、谨慎沉默，不评论他人的过失。遇事大节不折，决定重大政策，态度

温和而说话大胆，常常想着冒死罪来继续进谏，即使是在皇帝面前，都不会屈服。（宋史卷三百三十七）

范祖禹

【题解】范祖禹（1041—1098年），字淳甫，一字梦得。自幼是孤儿，由叔祖父范镇抚养。终日闭门读书，不参预人事。嘉祐年间，中进士甲科。历任秘书省正字、右正言、祠部员外郎、著作郎兼侍讲、武安军节度副使等职。曾参与司马光《资治通鉴》的编撰，在洛阳十五年，不图进取，只为修书。真是“板凳要坐十年冷，文章不写一句空。”

范祖禹认为帝王“学与不学，系他日治乱”，深知“上有所好下必甚焉”的道理，值得为君者借鉴。

祖禹字淳甫，一字梦得。进士甲科。从司马光编修《资治通鉴》，在洛十五年，不事进取。书成，光荐为秘书省正字。

哲宗立，迁著作郎兼侍讲。夏暑权罢讲，祖禹言：“陛下今日之学与不学，系他日治乱。如好学，则天下君子欣慕，愿立于朝，以直道事陛下，辅佐德业，而致太平；不学，则小人皆动其心，务为邪谄，以窃富贵。且凡人之进学，莫不于少时，今圣质日长，数年之后，恐不得如今日之专，窃为陛下惜也。”

祖禹平居恂恂，口不言人过。至遇事，则别白是非，不少借隐。在迩英守经据正，献纳尤多。尝讲《尚书》至“内作色荒，外作禽荒”[1]六语，拱手再诵，却立云：“愿陛下留听。”帝首肯再三，乃退。每当讲前夕，必正衣冠，俨如在上侧，命子弟侍，先按讲其说。开列古义，参之时事，言简而当，无一长语，义理明白，粲然成文。苏轼称为讲官第一。

祖禹尝进《唐鉴》十二卷，《唐鉴》深明唐三百年治乱，学者尊之，目为“唐鉴公”云。（宋史卷三百三十七）

【注释】①内作色荒，外作禽荒：出自《尚书·五子之歌》。古时用来形容昏乱的国君。

【译文】范祖禹字淳甫，一字梦得。考中进士名列甲等。跟从司马光编修《资治通鉴》，在洛阳居住十五年，不进取官职。书完成后，司马光举荐他担任秘书省正字。

哲宗即位后，升范祖禹为著作郎兼侍讲。夏季炎热时暂停讲解经书，范祖禹进言说：“陛下今天的学习和不学习，关系到将来国家太平或混乱。如果陛下好学，那么天下的君子们喜悦向慕，愿意在朝廷做官，用正直之道侍奉陛下，辅佐陛下的德行功业，进而达到太平之世；如果陛下不好学，那么小人都萌动他们的歪心思，专门做邪恶谄谀的事情，来窃取富贵。况且大凡人的学问增进，没有不在年少的时候，圣上眼下年龄日益增长，几年之后，恐怕就不像现在这样专心，臣为陛下觉得惋惜。”

范祖禹平常温和恭敬，不评论他人过失。遇到事情，就辨别是非，不会借口隐瞒。在迩英殿固守常法主张正道，进献忠言甚多。他曾经讲《尚书》讲到“内作色荒，外作禽荒”这六句，拱着手诵读两次，退后一步站立说：“希望陛下留心静听。”哲宗再三点头同意，范祖禹才退下。每当讲书的前一天晚上，范祖禹必定端正衣冠，恭敬地像在皇帝身边，命令子弟陪侍左右，预先讲论他的观点。逐条列出古人的释义，联系当时政事，言语简要而准确，没有一句多余的话语，道理明白，文采可观，自成文章。苏轼称他为讲官第一。

范祖禹曾进呈《唐鉴》十二卷，《唐鉴》深刻地说明唐朝三百年的治乱兴衰，学者非常尊崇他，称他为“唐鉴公”。（宋史卷三百三十七）

苏　轼

【题解】苏轼（1037—1101年），字子瞻，又字和仲，号东坡居士。眉州眉山（今四川眉山）人。北宋文学家，名列唐宋八大家之一。嘉祐二年（1057年），参加科举考试，所作《刑赏忠厚论》，深受欧阳修赏识。后因反对王安石变法，被迫离京，出任杭州通判、密州知州、徐州知州。元丰二年（1079年），任湖州知州，因上奏《湖州谢表》而被纠劾，乌台诗案爆发，这一打击成为苏轼一生的转折点。

苏轼一生宦海浮沉，历经坎坷，但他没有因此潦倒失意，而是始终保持积极进取、有所作为的精神，并创作了大量脍炙人口的诗文名篇。

《续编》辑录的内容，为其于元祐八年出京担任定州知州出发后的上书。此时的他虽遭贬官，依然忠心进谏，正义直言，劝谏君主要关心和了解民情，允许下情上达。可见其忠君爱民的赤子之心。

苏轼，字子瞻，眉州眉山人。嘉祐二年，试礼部。方时文磔裂诡异之弊胜，主司欧阳修思有以救之，得轼《刑赏忠厚论》，惊喜，欲擢冠多士，犹疑其客曾巩所为，但置第二；复以《春秋》对义居第一，殿试中乙科。后以书见修，修语梅圣俞[①]曰："吾当避此人出一头地。"闻者始哗不厌，久乃信服。

元祐八年，宣仁后崩，哲宗亲政。轼乞补外，以两学士出知定州。时国事将变，轼不得入辞。既行，上书言："天下治乱，出于下情之通塞。至治之极，小民皆能自通；迨于大乱，虽近臣不能自达。陛下临御九年，除执政、台谏外，未尝与群臣接。今听政之初，当以通下情、除壅蔽为急务。臣日侍帷幄，方当戍边，顾不得一见而行，况疏远小臣欲求自通，难矣。然臣不敢以不得对之故，不效愚忠。古之圣人将有为也，必先处晦而观明，处静而观动，则万物之情，毕陈于前。陛下圣智绝人，春秋鼎盛。臣愿虚心循理，一切未有所为，默观庶事之利害，与群臣之邪正。以三年为期，俟得其实，然后应物而作。使既作之后，天下无恨，陛下亦无悔。由此观之，陛下之有为，惟忧太蚤，不患稍迟，亦已明矣。臣恐急进好利之臣，辄劝陛下轻有改变，故进此说，敢望陛下留神，社稷宗庙之福，天下幸甚。”建中靖国元年，卒于常州，年六十六。

自为举子至出入侍从，必以爱君为本，忠规谠论，挺挺大节，群臣无出其右。但为小人忌恶挤排，不使安于朝廷之上。（宋史卷三百三十八）

【注释】①梅圣俞：即梅尧臣（1002—1060年）。字圣俞，宣城（今安徽宣城）人，世称宛陵先生。北宋著名诗人。少年时乡试不第，随叔父至洛阳，为洛阳主簿。中年后，始得宋仁宗召试，赐同进士出身，后任授国子监直讲，迁尚书屯田都官员外郎，故人称“梅直讲”“梅都官”。与欧阳修为挚友。嘉祐五年（1060年）病逝于开封，享年59岁。

【译文】苏轼，字子瞻，眉州眉山（今四川眉山）人。嘉祐二年（1057年），苏轼参加礼部考试。当时文章破碎怪僻的陋习很严重，主考官欧阳修想改正文风，看到苏轼的《刑赏忠厚论》，大为惊喜，欲想让他在众多士人当中登第夺魁，但是怀疑这是他的学生曾巩所作的，只放在了第二名；又以《春秋》经义策问取得第一名，在殿试上考中乙科。后来以书信拜见欧阳修，欧阳修对梅圣俞说：“我应当回避他好让他出人头地。”听见的人开始时哗然不服，过了很久才信服这句话。

元祐八年（1093年），宣仁太后高氏去世，哲宗亲政。苏轼请求补任外地官职，以端明殿学士和翰林侍读学士身份出京担任定州知州。当时国家政事即将改变，苏轼不能入朝辞别皇帝。出发以后，苏轼上书说：“天下的太平和混乱，出于民情的通畅或阻塞。最太平的时候，小百姓都能自己向朝廷表达意见；到天下大乱时，即使是亲近大臣都不能表达自己的意见。陛下君临天下九年，除了执政大臣、御史谏官外，不曾和群臣接触。现在刚开始亲政，应当以通晓民情、除去壅塞为急务。我每天在朝廷侍奉，正要戍守边疆，却不能见上陛下一面就出发，何况疏远小臣想表达意见，就更难了。然而臣不敢因不能觐见皇帝的缘故，就不尽愚忠。古代的圣人将要有所作为，必定先在暗处观察明处，处在静态观察动态，那么万物的情况，就完全呈现在面前了。陛下圣明智慧超越常人，正值壮年。臣希望陛下虚心地研究事理，一切还没有做的时候，静观事物的利弊，与群臣的邪正。用三年的时间，等掌握实情，然后根据事物实际而作出行动。使既有行动之后，天下人没有怨恨，陛下也没有悔恨。从这来看，陛下的有所作为，只怕是担心行动太早，不怕稍微推迟一些，也很明白了。臣害怕急进好利的大臣，动辄劝说陛下轻易有所改变，所以我进呈此说，敢求陛下留神这些事，这是社稷宗庙的福气，天下的大幸了。”建中靖国元年（1101年），苏轼在常州去世，享年六十六岁。

苏轼自从成为科场举人到出入侍从皇帝，必定把爱君作为根本，忠诚地规劝，卓越的议论，正直有大节，群臣没有超出他的。只是多次被小人忌恨排挤，不让他安心处于朝廷之中。（宋史卷三百三十八）

苏　辙

【题解】苏辙（1039—1112年），字子由，一字同叔，晚号颍滨遗老。苏轼胞弟。北宋文学家，与父亲苏洵、兄长苏轼齐名，合称“三苏”，是唐宋八大家之一。十九岁，与兄长苏轼同登进士科。因反对王安石新法，与苏轼同进退，被贬出任河南府留守推官。

苏辙，字子由，年十九，与兄轼同登进士科。神宗立已二年，辙上书言事，召对延和殿。

时王安石以执政与陈升之领三司条例，命辙为之属。吕惠卿附安石，辙与论多相牾。安石出《青苗书》使辙熟议，曰：“有不便，以告勿疑。”辙曰：“以钱贷民，使出息二分，本以救民，非为利也。然出纳之际，吏缘为奸，虽有法不能禁，钱入民手，虽良民不免妄用；及其纳钱，虽富民不免逾限。如此，则恐鞭箠必用，州县之事不胜烦矣。唐刘晏掌国计，未尝有所假贷。有尤之者，晏曰：‘使民侥幸得钱，非国之福；使吏倚法督责，非民之便。吾虽未尝假贷，而四方丰凶贵贱，知之未尝逾时。有贱必籴，有贵必粜，以此四方无甚贵、甚贱之病，安用贷为？’晏之所言，则常平法耳。今此法见在而患不修，公诚能有意于民，举而行之，则晏之功可立俟也。”安石曰：“君言诚有理，当徐思之。”自此逾月不言青苗。

【译文】苏辙，字子由，年仅十九岁时，与兄长苏轼同时考中进士科。神宗即位已过两年，苏辙上书议论政事，在延和殿被神宗召见对问。

当时王安石以执政的身份与陈升之兼管制置三司条例司，命令苏辙成为他的属下。吕惠卿依附王安石，苏辙和他议论大多相抵触。王安石拿出《青苗书》让苏辙仔细议论，说："有不便之处就告诉我，不要有顾虑。"苏辙说："官府把钱借给百姓，使出利息二分，本意是在救济百姓，不是求利。然而在出入之间，官吏趁机勾结成奸，即使有律法也不能禁止，钱到百姓手中，即使良民也难免胡乱使用；到交还欠钱时，即使富民也难免超过期限。这样，就恐怕要使用鞭子抽打催促他们了，州县官员的事务就不胜其烦了。唐代刘晏掌管国家财政，不曾有借钱给百姓。有怨恨他的人，刘晏说：'让百姓侥幸得到金钱，不是国家的福气；让官吏凭借律法催促还债，不是百姓的福利。我即使不曾借钱给百姓，但是四方稻谷的丰歉和谷价的贵贱，从来可以及时了解。谷价低贱时一定会收购，谷价昂贵时一定会出售，因此四方的谷价没有太贵、太贱的弊病，怎么要用借贷的方法？'刘晏所说的，就是常平仓法了。现在这种办法依然还在使用，但是毛病在于不整顿，您确实有意于百姓的生计，就应该整顿而实行它，那么刘晏的功效便可以立马实现了。"王安石说："您说的确实有理，我应当慢慢考虑。"从此王安石一个月不提及青苗法。

哲宗立，以秘书省校书郎召。元祐元年，为右司谏。进户部侍郎。辙因转对[1]，言曰：“财赋之原，出于四方，而委于中都。故善为国者，藏之于民，其次藏之州郡。州郡有余，则转运司常足；转运司既足，则户部不困。唐制，天下赋税，其一上供，其一送使，其一留州。比之于今，上供之数可谓少矣。然每有缓急，王命一出，舟车相衔，大事以济。祖宗以来，法制虽殊，而诸道蓄藏之计，犹极丰厚。是以敛散及时，纵舍由己，利柄所在，所为必成。自熙宁以来，言利之臣，不知本末之术，欲求富国，而先困转运司。转运司既困，则上供不继；上供不继，而户部亦惫矣。两司既困，故内帑别藏，虽积如丘山，而委为朽壤，无益于算也。”

【注释】①转对：指宋代百官每隔几日，就会轮流上殿指陈政事得失。

【译文】哲宗即位后，以秘书省校书郎召苏辙进京。元祐元年（1086年），苏辙担任右司谏。不久，擢升为户部侍郎。苏辙趁着在朝廷指陈时政得失时，上言说：“财政赋税的来源，出于天下四方，而聚集在京城。因此善于治理国家的人，藏富于民，其次是藏在州县之中。州县财政富余，那么转运司就常能充裕；转运司既充裕，那么户部就不会困乏。唐代制度，天下赋税，一份上供朝廷，一份送往节度使，一份留在州县自用。比起今天来，上供朝廷的数目可以说很少了。然而每次遇到紧急情况，皇帝的命令一旦发出，车船运输的粮草前后相接，大事就完成了。太祖太宗以来，律法制度即使不同，但是各路储存的数目，还是极为丰厚。所以能及时收取散发，开支可以自主，财政大权在手，要做的事情一定会成功。从熙宁年间以来，讲求财政的大臣，不知道本末的道理，想要使国家富裕，然而首先让转运司困乏。转运司困乏之后，上供朝廷的就不能连续不断；上供朝廷的不能连续不断，户部也就极为困乏了。户部和度支使困乏之后，那么内府另外的积蓄，即使堆积如山，而腐朽成土壤，这对于国家财政也丝毫没有益处。”

寻又言：盖国之有财，犹人之有饮食。饮食之道，当使口司出纳，而腹制多寡。然后分布气血，以养百骸，耳目赖之以为聪明，手足赖之以为力。若不专任口腹，而使手足、耳目得分治之，则虽欲求一饱不可得矣，而况于安且寿乎！今户部之在朝廷，犹口腹也，而使他司分治其事，何以异此？自数十年以来，群臣每因一事不举，辄入建他司。利权一分，用财无艺。他司以办事为效，则不恤财之有无；户部以给财为功，则不问事之当否。彼此各营一职，其势不复相知，虽使户部得材智之臣，终亦无益，能否同病，府库卒空。今不早救，后患必甚。

哲宗从之。（宋史卷三百三十九）

【译文】不久苏辙又说：大概国家有财富，就像人有饮食。饮食的道理，应当让嘴巴掌管出入，而由肚子控制多少。然后分布全身气血，来养育身体上的各个器官，耳朵眼睛依赖它而能看见听清，手脚依赖它有力气。如果不是嘴巴肚子专门负责，而是让手脚、耳朵眼睛都来分管饮食，那么即使想要吃饱也不能实现，何况要求平安长寿呢！现在户部在朝廷里，就像是嘴巴和肚子的关系，而让其他部门分管这些事情，和这个比喻有什么不同？几十年以来，群臣每次因为一件事没能实行，就分到其他部门里。财政大权一旦分散，使用财富就没有节制。其他部门以办成事情作为功效，就不会担心财力的有无；户部以供给财力作为功绩，就不去问这件事情应办不应办。彼此各自掌管一个职责，他们的形势不能互相了解，即使让户部得到有才能智慧的大臣，最终也无益于事，有无能力都一样有弊病，府库最终空虚。现在不尽早补救，后患必然更加严重。

哲宗听从了他的意见。（宋史卷三百三十九）

吕大防

【题解】吕大防（1027—1097年），字微仲，祖籍汲郡（今河南卫辉），后移居京兆府蓝田（今陕西蓝田）。皇祐元年（1049年）进士，任冯翊主簿、永寿县令。哲宗时，官至尚书左仆射兼门下省侍郎，封汲郡公。绍圣四年（1097年）去世，享年71岁。宋高宗时，追赠太师，谥号正愍。

吕大防朴厚惷直，不植党朋；自少持重，无甚嗜好；为政宽民，爱惜民力。每逢朝会，威仪翼如。历仕三朝，忠心不减。曾应诏上言“三说九宜”，劝谏神宗。

吕大防，字微仲，其先汲郡人。神宗立，通判淄州。熙宁元年，知泗州，为河北转运副使。

【译文】吕大防，字微仲，他的先祖是汲郡（今河南卫辉）人。神宗即位，吕大防任淄州通判。熙宁元年（1068年），任泗州知州，为河北转运副使。

（熙宁四年）数月，徙知华州。华岳摧，自山属渭河，被害者众。大防奏疏，援经质史，以验时事。其略曰：“‘畏天之威，于时保之。’先王所以兴也；‘我生不有命在天’，后王所以坏也。《书》云：‘惟先格王，正厥事。’愿仰承天威，俯酌时变，为社稷至计。”除龙图阁待制、知秦州。元丰初，徙永兴。神宗以彗星求言，大防陈三说九宜：曰治本，曰缓末，曰纳言。养民、教士、重谷，治本之宜三也；治边、治兵，缓末之宜二也；广受言之路，宽侵官之罚，恕诽谤之罪，容异同之论，此纳言之宜四也。累数千言。时用兵西夏，调度百出，有不便者辄上闻，务在宽民。及兵罢，民力比他路为饶，供亿军须亦无乏绝。进直学士。居数年，知成都府。

【译文】熙宁四年（1072年）几个月后，移知华州。华岳发生山体滑坡，泥石从山下倾注渭河，被害的人很多。吕大防上奏分条陈述，援引经典质以史实，以验当时之事。其大略说："'敬畏上天的威命，保佑我大功告成。'这是先王所以兴盛的原因；'我生不有命在天'，这是后来王者所以败坏的原因。《尚书》说：'惟有先纠正国王，才能端正此事。'希望仰承天威，俯身斟酌时事的变化，为社稷做出最好的决策。"随后，吕大防被任命为龙图阁待制、秦州知州。元丰初年，移任永兴军。神宗因彗星出现而要求进言，吕大防陈述三说九宜：治本，缓末，纳言。休养百姓、教化士人、重视农业，这三者是治本之宜；重视边备、训练士兵，这二者是缓末之宜；广开受言之路，宽大侵官的惩罚，宽恕诽谤的罪行，容纳不同的意见，这四者是纳言之宜。累计数千言。当时对西夏用兵，调度百出，有不方便的吕大防往往向朝廷报告，务在宽民。等到兵事解除，华州民力比其他路富饶，军需供应也不缺乏。进官直学士。居位数年，任成都府知府。

元祐元年，拜尚书右丞，进中书侍郎，封汲郡公。

三年，超拜大防尚书左仆射兼门下侍郎，提举修《神宗实录》。大防见哲宗年益壮，日以进学为急，请敕讲读官取仁宗迩英御书解释上之，置于坐右。又摭乾兴以来四十一事足以为劝戒者，分上下篇，标曰《仁祖圣学》，使人主有欣慕不足之意。

【译文】元祐元年（1086年），吕大防被授予尚书右丞，进中书侍郎，封汲郡公。

元祐三年（1088年），越级提拔吕大防为尚书左仆射兼门下侍郎，提举修撰《神宗实录》。吕大防见哲宗年纪日大，每天以进学为急务，请敕令讲读官取仁宗迩英殿御书解释呈上，放在哲宗座位的右边。又摘录乾兴以来足以作为劝戒的四十一事，分为上下两篇，标题叫《仁祖圣学》，想使哲宗有欣慕不满足的进取之意。

大防朴厚惷直，不植党朋，与范纯仁并位，同心戮力，以相王室。立朝挺挺，进退百官，不可干以私，不市恩嫁怨以邀声誉，凡八年，始终如一。

【译文】大防朴实厚道憨直，不树朋党，与范纯仁同时为相，同心协力，来辅佐王室。他在朝正直，进用贬退百官，不以私心干预，不讨好转嫁怨恨，以希求声誉，为相一共八年，始终如一。

大防身长七尺，眉目秀发，声音如钟。自少持重，无嗜好，过市不左右游目，燕居如对宾客。每朝会，威仪翼如，神宗常目送之。与大忠及弟大临同居，相切磋论道考礼，冠昏丧祭，一本于古，关中言《礼》学者推吕氏。尝为《乡约》曰："凡同约者，德业相劝，过失相规，礼俗相交，患难相恤，有善则书于籍，有过若违约者亦书之，三犯而行罚，不悛者绝之。"（宋史

卷三百四十）

【译文】大防身高七尺，眉目秀发，声如洪钟。从小端肃稳重，没有不良嗜好，经过街市眼睛不斜视，闲居像接待宾客一样庄重。每次朝会，威容仪表敬肃，神宗常常目送他。与吕大忠及弟弟吕大临同住，相与切磋论道考礼，加冠婚姻服丧祭祀之礼，一切本于古制，关中地区言《礼》学的当推吕氏。吕大防曾为《乡约》说："凡是遵守本约的，都应当德业相劝，过失相规，礼俗相交，患难相恤，有善行就写在册上，有过失如违背乡约的也写上，三次犯过就实行惩罚，不思悔改的人就远离他。"（宋史卷三百四十）

吕大临

【题解】吕大临（1040—1092年），字与叔，京兆蓝田（今陕西蓝田）人。宋代金石学家。与谢良佐、游酢、杨时并称程门四先生，与胞兄吕大忠、吕大防、吕大钧并称"蓝田四吕"。早年师从张载，后随二程。朱熹极力称赞他，甚至有"只如吕年，亦不见得到此田地"之叹。

《续编》辑录的内容，为其对人才选举的议论。吕大临认为"为国之要，不过得人以治其事。"通过古今用人作对比，建议发现人才，使用人才，并任用真才实学的人才担任各级部门，使得名副其实。

大临，字与叔。学于程颐，与谢良佐、游酢、杨时在程门，号“四先生”。

其论选举曰：“古之长育人才者，以士众多为乐；今之主选举者，以多为患。古以礼聘士，常恐士之不至；今以法待士，常恐士之竞进。古今岂有异哉。盖未之思尔。夫为国之要，不过得人以治其事，如为治必欲得人，惟恐人才之不足，而何患于多？如治事皆任其责，惟恐士之不至，不忧其竞进也。今取人而用，不问其可任何事；任人以事，不问其才之所堪。故入流①之路不胜其多，然为官择士则常患乏才；待次之吏历岁不调，然考其职事则常患不治。是所谓名实不称，本末交戾。如此而欲得人而事治，未之有也。今欲立士规以养德厉行，更学制以量才进艺，定试法以区别能否，修辟法以兴能备用，严举法以核实得人，制考法以责任考功②，庶几可以渐复古矣。”（宋史卷三百四十）

【注释】①入流：古代将官员分为九品（即九个等级），九品以内称为流内，九品以外称为流外。官员由流外进入流内，称为入流。泛称做官。

②考功：官名。全称为考功司郎中。隶属吏部，掌管考察朝廷内外官吏的官职。始于三国时期魏国，清末废除。

【译文】吕大临，字与叔。从学于程颐，和谢良佐、游酢、杨时在程氏门下，号称“四先生”。

吕大临论述选拔人才时说：“古代培育人才的人，以人多为乐；现在主持选拔人才的人，以人多为患。古代以礼聘请士人，常常担心士人不来；现在依律法对待士人，常常担心士人争相进取。古今怎么会有不同？都是没有细细地考虑而已。治理国家的纲要，不过是得到人才来治理国家政事，如果想治理好国家必然想要得到人才，就只恐人才不够用，怎么会害怕人才多呢？如果治理政事都各尽其职，就只恐士人不来，不是担心他们争相进取了。现在选拔人才，却不问他们可以担任什么职事；委任人才，却不问他们的才能是否胜任。因此入流做官的途径不可胜数，但是选拔人才的官员却常常担心缺乏人才；候补的官吏多年不被调任，但是考核他们的政绩却常常担心治理不好。这就是所谓名实不符，本末倒置。这样却想要得到人才、让政事得到治理，是没有的事。现在如果想办法确立用人法规以修养道德激励品行，改变学制来衡量才能选拔人才，制定考试的方法来区别有无才能，修订征辟的办法来提拔人才以备使用，严格举荐的办法来核实得到真正的人才，制订考核的办法来加强考核官的责任，这样差不多可以逐渐恢复古代选拔人才的制度了。”（宋史卷三百四十）

刘　挚

【题解】刘挚（1030—1097年），字莘老，永静军东光（今河北沧州）人。嘉祐四年（1059年），中进士甲科，任冀州南宫令。官至尚书右仆射。刘挚一生围绕变法而升降不定，宦海浮沉，但从不计较个人得失，忠诚爱国，关心民情。

刘挚将人才分为三种，他认为："人才难得，能否不一。性忠实而才识有余，上也；才识不逮而忠实有余，次也；有才而难保，可借以集事，又其次也。怀邪观望，随时势改变，此小人也，终不可用。"这对于当今用人有很大现实意义。朱熹评价他："第登黄甲，官侍紫宸。出则循吏，入者良臣。忠悃已摅，谠论亦陈。光照前烈，如公几人。"

刘挚，字莘老，永静东光人。嘉祐中，擢甲科，历冀州南宫令。徙江陵观察推官，用韩琦荐，得馆阁校勘。王安石一见器异之，擢检正中书礼房，默默非所好也。才月余，为监察御史里行，欣然就职，归语家人曰："趣装，毋为安居计。"

【译文】刘挚，字莘老，永静军东光（今河北沧州）人。嘉祐年间，考中进士甲科，历任冀州南宫县令。不久，调任江陵观察推官，经由韩琦举荐，担任馆阁校勘。王安石一见到他就看重他，提升他为检正中书礼房，但默默无为却不是他所喜欢的。仅一个多月，就担任监察御史里行，他欣然就任，回去对家人说："尽快准备行装，不要为安居打算。"

及入见，神宗面赐褒谕。因问："卿从学王安石邪？安石极称卿器识。"对曰："臣东北人，少孤独学，不识安石也。"退而上疏曰："君子小人之分，在义利而已。小人才非不足用，特心之所向，不在乎义。故希赏之志，每在事先；奉公之心，每在私后。陛下有劝农之意，今变而为烦扰；陛下有均役之意，今倚以为聚敛。其有爱君之心，忧国之言者，皆无以容于其间。今天下有喜于敢为，有乐于无事。彼以此为流俗，此以彼为乱常。畏义者以进取为可耻，嗜利者以守道为无能。此风浸成，汉、唐党祸必起矣。惟君子为能通天下之志。臣愿陛下虚心平听，审察好恶，前日意以为是者，今更察其非；前日意以为短者，今更用其长。稍抑虚哗轻伪、志近忘远、幸于苟合之人，渐察忠厚慎重、难进易退、可与有为之士。收过与不及之俗，使会于大中之道，则施设变化，惟陛下号令之而已。”

【译文】等到进入朝廷觐见皇帝，神宗当面褒奖他。并问他：“你从学于王安石吗？王安石极力赞赏你的器量胆识。”刘挚回答说：“我是东北地方的人，自小丧父而独自学习，不认识王安石。”退朝后上疏说：“君子和小人的区别，在于道义和利益而已。小人的才能不是不足以任用，只是心中所想的，不在于道义。因此小人常常事先就有希望得到恩赏的想法；奉公之心，常常在私利之后。陛下原有劝农的心意，现在却变成烦忧；陛下有平均徭役的心意，现在却依靠它成为聚敛的途径。那些有爱护君王之心，有担忧国家的人，都不为他们所容纳。如今天下有喜欢敢作敢为的，有以平安无事为乐的。前者认为后者流于世俗，后者认为前者破坏纲常。怕失道义的人认为进取官职是可耻的行为，贪求私利的人认为坚守正道是无能的表现。这种风气渐渐形成，汉、唐两代那样的党祸就必然兴起了。只有君子能够通达天下的志向。我希望陛下虚心公正地听取劝谏，审慎地考察好坏，之前认为是正确的，现在更要考察他的错误之处；之前认为是有缺陷的，现在更要任用他的长处。逐渐抑制那些虚浮吹嘘、志近忘远、侥幸苟且之人，察觉忠厚慎重、难进易退、可以有作为的士人。停止过分与不及的风俗，使其会聚于大中之道，那么天下的行事变化，惟听陛下号令而已。”

挚明日复上疏曰：“陛下起居言动，躬蹈德礼，夙夜厉精，以亲庶政。天下未至于安且治者，谁致之耶？陛下注意以望太平，而自以太平为己任，得君专政者是也。二三年间，开阖动摇，举天下无一物得安其所者。盖自青苗之议起，而天下始有聚敛之疑；青苗之议未允，而均输之法行；均输之法方扰，而边鄙之谋动；边鄙之祸未艾，而助役之事兴。至于求水利，行淤田，并州县，兴事起新，难以遍举。其议财，则市井屠贩之人，皆召至政事堂。其征利，则下至历日，而官自鬻之。推此而往，不可究言。轻用名器，淆混贤否：忠厚老成者，摈之为无能；狭少儇辩者，取之为可用；守道忧国者，谓之流俗；败常害民者，谓之通变。凡政府谋议经画[①]，除用进退，独与一掾属决之，然后落笔。同列预闻，反在其后。故奔走乞丐之人，其门如市。今西夏之款未入，反侧[②]之兵未安，三边疮痍，流溃未定。河北大旱，诸路大水，民劳财乏，县官减耗。圣上忧勤念治之时，而政事如此，皆大臣误陛下，而大臣所用者，误大臣也。”疏奏，安石欲窜之岭外，神宗不听，但谪监衡州盐仓。

【注释】①经画：经营筹划。

②反侧：反叛。

【译文】刘挚次日再次上疏说：“陛下的饮食起居、言语行动，都尊崇道德礼义，昼夜操劳不息，亲理政务。天下还没有达到安定和治理，这是谁导致的？陛下殚精竭虑以望太平，而那些专擅君权的大臣，也自以致太平之世为己任。二三年之间，国家开放关闭动摇不定，天下无一事可以安得其所。自从谈论青苗法开始，天下百姓开始有聚敛疑虑；青苗之议还没得到应允，均输法就实行了；均输法正纷乱不清，又起了对边疆作战的计划；边疆的祸患还没停止，助役法又兴起了。至于谋求水利，施行淤田，合并州县，兴事起新，难以一一列举。谈论钱财，就把市井屠贩之人，都召集到政事堂。征收利税，就下至日历中，都由官府自己卖。以此类推，不可尽数。轻率地使用朝廷的爵位仪制，淆混贤能与不肖：忠厚老成的人，被认为是无能；狭隘巧辩的人，被认为可以取用；守道忧国的人，被认为是流俗；败坏纲常危害百姓的人，被认为擅长通变。凡是政府的谋议筹划，官员的升迁进退，王安石独自和下属官吏决定，然后落笔而就。和他等级相同的官员，反而之后才知道。所以奔走乞求官职之人，其门庭若市。现在西夏还没有平定，反叛的军队还没有安定，三边的疮痍，流移未定。河北大旱，各路发大水，百姓财力匮乏，县官减耗。在陛下忧国勤政以求治理的时候，政事却是这样的状况，这都是大臣耽误了陛下，而大臣所任用的官吏，又耽误了大臣。”奏章上达朝廷，王安石想要放逐他到岭外，神宗没有听从，只是贬刘挚为监衡州盐仓。

元祐元年，擢御史中丞。拜尚书右丞，连进左丞、中书侍郎，迁门下侍郎。挚与同列奏事论人才，挚曰：“人才难得，能否不一。性忠实而才识有余，上也；才识不逮而忠实有余，次也；有才而难保，可借以集事，又其次也。怀邪观望，随时势改变，此小人也，终不可用。”哲宗及宣仁后曰：“卿常能如此用人，国家何忧！”六年，拜尚书右仆射。（宋史卷三百四十）

【译文】元祐元年（1086年），刘挚被擢升御史中丞。授尚书右丞，接连升任尚书左丞、中书侍郎，升门下侍郎。刘挚和同僚奏事议论人才，刘挚说：“人才难得，贤能不肖不一。性格忠贞诚实而才华学识有余的人，是上等人才；才华学识不足而忠贞诚实有余的人，是次一等人才；有才华而难以保持，可以借着他们才华完成事情，是又次一等人才。心怀奸邪四处观望，跟随时势改变立场，这就是小人了，始终不能使用他们。”哲宗以及宣仁太后高氏说：“你常能这样任用人才，国家还有什么担忧的！”元祐六年（1091年），刘挚担任尚书右仆射。（宋史卷

三百四十）

苏　颂

【题解】苏颂（1020—1101年），字子容，泉州南安（今福建泉州）人。庆历二年（1042年）中进士，历任宿州观察推官、江宁知县。官至刑部尚书，后任吏部尚书，晚年入阁拜相。建中靖国元年（1101年）去世，终年82岁。

苏颂为政宽简，体恤百姓。宋哲宗冲龄登基，苏颂上奏劝谏借鉴唐代史事，且“每进读至弭兵息民，必援引古今，以动人主之意。”苏颂器局闳远，不与人校短长，以礼法自持。精通百家，熟稔典故，喜为人言。

苏颂，字子容，泉州南安人。第进士，历宿州观察推官、知江宁县。凡民有忿争，颂喻以乡党宜相亲善，若以小忿而失欢心，一旦缓急，将何赖焉。民往往谢去，或半途思其言而止。时监司王鼎、王綽、杨纮于部吏少许可，及观颂施设，则曰：“非吾所及也。”

【译文】苏颂，字子容，泉州南安（今福建泉州）人。考中进士，历任宿州观察推官、江宁知县。凡是百姓有纠纷，苏颂给他们讲明乡党之间应该亲近友善，如果因为小的争端而失去和气，一旦有了紧急情况，将依赖谁呢。百姓往往道歉离去，有的在半路想起了他的话就停止诉讼。当时监司王鼎、王綽、杨纮对于部下的官吏很少许可，看了苏颂制订的办法，却说：“不是我所能比得上的。”

调南京留守推官，留守欧阳修委以政，曰：“子容处事精审，一经阅览，则修不复省矣。”时杜衍[①]老居睢阳，见颂，深器之，曰：“如君，真所谓不可得而亲疏者。”衍又自谓平生人罕见其用心处，遂自小官以至为侍从、宰相所以施设出处，悉以语颂，曰：“以子相知，且知子异日必为此官，老夫非以自矜也。”故颂后历政，略似衍云。

【注释】①杜衍（978—1057年）：字世昌。越州山阴（今浙江绍兴）人。北宋名臣，唐朝名相杜佑之后。大中祥符元年（1008年）登进士第，补扬州观察推官，历知乾、扬、天雄、永兴、并等州军，以善于治狱闻名。宋仁宗特召其为御史中丞，兼判吏部流内铨。历任知审官院、知永兴军、枢密使等职。庆历四年（1044年），拜同平章事，支持“庆历新政”，为相百日而罢，出知兖州。庆历七年（1047年），以太子少师致仕，累加至太子太师，封祁国公。杜衍寓居南都十年后，于嘉祐二年（1057年）去世，年八十。获赠司徒兼侍中，谥号“正献”。

【译文】苏颂调往南京任留守推官，留守欧阳修把政事交给他处理，说：“子容办事精细，一经他阅览，我就不用看了。”当时杜衍在睢阳养老，看见苏颂，非常器重他，说：“像你这样，真是所说的不可得而亲疏的人。”杜衍又自述他平生人们难以看见的用心之处，把自己由小官一直做到侍从、宰相所治政的方法，都告诉苏颂，说道："因为和你知心，并且知道你以后一定会做到这个官位，老夫不是以此夸耀自己。"所以苏颂后来处理政事，和杜衍大略相似。

元祐初，拜刑部尚书，迁吏部兼侍读。奏："国朝典章，沿袭唐旧，乞诏史官采新、旧《唐书》中君臣所行，日进数事，以备圣览。"遂诏经筵官遇非讲读日，进汉、唐故事二条。颂每进可为规戒、有补时事者，必述己意，反复言之。又谓："人主聪明，不可有所向，有则偏，偏则为患大矣。今守成之际，应之以无心，则无不治。"每进读至弭兵息民，必援引古今，以动人主之意。

【译文】元祐初年，苏颂为刑部尚书，升吏部尚书兼翰林侍读。上奏说："本朝的典章制度，沿袭唐朝的旧制，请求下诏史官采用《新唐书》《旧唐书》中君臣的行事，每天呈上几件事，以备皇上阅览。"哲宗于是下诏经筵官在不是讲读日，进呈汉、唐的旧事二条。苏颂每次进呈可以作为规劝、有补于时政的事，必定阐述自己的意见，反复论说。又说：皇上聪明，不能有所倾向，有就会偏，偏造成的祸患就大了。现在是守成的时候，应该无为而治，就没有治理不好的。"每次进读到停止战争使人民休养生息的史事，必定援引古今的事，以打动哲宗。

七年，拜右仆射兼中书门下侍郎。颂为相，务在奉行故事，使百官守法遵职。量能授任，杜绝侥幸之原，深戒疆场之臣邀功生事。论议有未安者，毅然力争之。贾易除知苏州，颂言："易在御史名敢言，既为监司矣，今因赦令，反下迁为州，不可。"争论未决。谏官杨畏、来之邵谓稽留诏命，颂遂上章辞位，罢为观文殿大学士、集禧观使，继出知扬州。徙河南，辞不行，告老，以中太一宫使居京口。绍圣四年，拜太子少师致仕。建中靖国元年夏至，自草遗表，明日卒，年八十二。诏辍视朝二日，赠司空。

【译文】元祐七年（1092年），苏颂为右仆射兼中书门下侍郎。苏颂任宰相，务求在于奉行旧制，使百官守法遵职。根据能力授予职务，杜绝投机做官的源头，戒备战场上的大臣邀功生事。对那些不妥当的意见，果断力争。贾易为苏州知州，苏颂上言说："贾易在御史中以敢直言而著名，既然已经是监司了，现在因为赦令，反而下调到州里任职，不能这样做。"争论始终没有结果。谏官杨畏、来之邵说他是滞留诏命，苏颂于是上书辞职，被罢为观文殿大学士、集禧观使，不久出任扬州知州。后来，调到河南任职，苏颂没有去上任，告老还乡，以中太一宫使之职住在京口。绍圣四年（1097年），苏颂以太子少师身份退休。建中靖国元年（1101年）夏至，他自己草拟了遗表，次日去世，终年八十二岁。徽宗下诏休朝二日，追赠司空。

颂器局闳远，不与人校短长，以礼法自持。虽贵，奉养如寒士。自书契以来，经史、九流、百家之说，至于图纬、律吕、星官、算法、山经、本草，无所不通。尤明典故，喜为人言，亹亹不绝。朝廷有所制作，必就而正焉。

【译文】苏颂器识宏远，不和别人计较短长，用礼仪法度自守。即使地位显贵，却像一般的士人那样奉养如旧。自从有了书籍以来，无论经史百家、三教九流之说，以至图纬、律吕、星官、算法、山经、本草，无所不通。尤其熟悉典故，喜欢给人讲解，滔滔不绝。朝廷有所制作，他必定去指正。

尝议学校，欲博士分经；课试诸生，以行艺为升俊之路。议贡举，欲先行实而后文艺，去封弥、誊录之法，使有司参考其素，行之自州县始，庶几复乡贡里选之遗范。论者韪之。（宋史卷三百四十）

【译文】苏颂曾经讨论学校的事情，想让博士分经；对诸生的课程加以考试，以品行学问作为升官之路。讨论贡举，苏颂认为要先考察行为再看文章，取消封弥、誊录之法，使考官参考他平时的表现，从州县开始实行，这也许能恢复乡贡里选的遗范。议论的人认为他的观点是对的。（宋史卷三百四十）

梁　焘

【题解】梁焘（1034—1097年），字况之，郓州须城（今山东东平）人。进士及第后，历任集贤校理、明州通判、尚书左丞等职。曾坐元祐党籍，黜知鄂州。梁焘始终以引荐提拔人才为己任，撰写了《荐士录》，为国家举荐了不少人才，但他依然觉得“负愧多矣”。

梁焘，字况之，郓州须城人。举进士中第，编校秘阁书籍，迁集贤校理、通判明州。为翰林学士（作《论守治至难》，其言曰：臣闻论者曰：“致天下之治难，守天下乏治易。”臣独曰：“致之为易，而守之为难也。”盖自古人主图治之初，莫不急于求贤，渴于闻谏，得善，惟恐未能行；见一不善，惟恐不能去。潜心于万事幽微之无形，用意于众人思虑之不到。兢兢业业不敢暇豫，终至于安乐而无事。此天下之治所以致之为易也。亦既治矣，而放其心，气日益骄，志日益怠。谓贤者得矣，而忽于求；谓善言尽矣，而厌于听。谓事之微者为不足虑；谓患之隐者为不足防。奸生而不察；祸萌而不悟。故终致于败乱，而莫之救。此天下之治所以守之为难也。《易》曰：“君子安不忘危，治不忘乱。”又“既济”卦之象曰：“君子以思患而豫防之。”盖安有危之理，治有乱之机。既济而犹思祸患之潜伏。此皆圣人戒惧于治安无患之时者也）。

元祐七年，拜尚书右丞，转左丞。

焘自立朝，一以引援人物为意。在鄂作《荐士录》，具载姓名。客或见其书，曰：“公所植桃李，乘时而发，但不向人开耳。”焘笑曰：“焘出入侍从，至位执政，八年之间所荐，用之

不尽，负愧多矣。”其好贤乐善如此。（宋史卷三百四十二）

【译文】梁焘，字况之，郓州须城（今山东东平）人。考中进士及第，任编校秘阁书籍，升任集贤校理、明州通判。后来，梁焘担任翰林学士（他撰写的《论守治至难》，文章中说：臣听到议论的人说：“要想让天下达到大治很难，守住缺乏治理的天下容易。”唯独臣说：“达到太平之世是容易的事情，然而守天下则是很难的事情。”原来自古以来君王想治理好国家之初，无不急于访求贤才，迫切地想听到谏言，得到好的建议，惟恐不能被实行；看见一个不好的，惟恐不能除去。静心专注于万事幽暗不显的时候，留心关注于众人思虑不到的地方。兢兢业业不敢偷闲，最终达到天下安乐无事。这就是太平之世所以容易达到的原因。既然已经太平，便放纵心志，日益骄慢，志向日益懈怠。认为贤能的人已经得到，便忽视继续访求；认为好的谏言已经全部听到，便厌恶继续听取。认为事情微小的不值得担忧；认为祸患隐秘的不值得预防。奸邪产生而不被察觉；祸患萌生而没有觉悟。因此最终招致国家混乱败亡，而不能挽救。这就是天下太平难守的原因。《易经》中说：“君子在国家安定的时候不忘记危险，在太平的时候不忘记动乱。”又在“既济”卦的《象传》中说：“君子应该思虑忧患而预先防备。”因为安定包含着危险的道理，太平包含着动乱的契机。渡过难关之后仍然应该考虑祸患的潜伏。这都是圣人在太平没有祸患之时所警惕恐惧的）。

元祐七年（1092年），授任尚书右丞，转任尚书左丞。

梁焘自从在朝廷做官，始终以引荐提拔人才为己任。在鄂州任职时撰写了《荐士录》，详细记载了他们的姓名。有宾客看见他在记载，说："您所种植的桃李，随着时势而开放，只是不向人开放而已。"梁焘笑着说："我出入侍从皇帝，官至执政之位，八年之间所举荐的人才，已经任用不完了，但辜负的人仍很多。"他爱好贤能、乐于行善到如此地步。（宋史卷三百四十二）

王岩叟

【题解】王岩叟（1043—1093年），字彦霖，大名府清平（今山东高唐）人。王岩叟年方十八，乡举、省试、廷对都得第一，时称"三元榜首"。官至中书省中书舍人、枢密院直学士。

王岩叟主张节用需日积月累，才能"国用自饶"。同时认为正直、柔克、刚克是"人君之大本，得之则治，失之则乱，不可须臾去者也。"对《尚书·洪范》中的"乂用三德"作出了最精彩的诠释。其"勇于救天下之弊，果于断天下之疑"更是振聋发聩之语，激励着历代的有志之士。

王岩叟，字彦霖，大名清平人。仁宗患词赋致经术不明，初置明经科，岩叟年十八，乡举、省试、廷对皆第一。

哲宗即位，用刘挚荐，为监察御史。

尝侍迩英讲，进读《宝训》，至节费，岩叟曰：“凡言节用，非偶节一事，便能有济。当每事以节俭为意，则积久累日，国用自饶。”读仁宗知人事，岩叟曰：“人主常欲虚心平意，无所偏系，观事以理，则事之是非，人之邪正，自然可见。”

【译文】王岩叟，字彦霖，大名府清平（今山东高唐）人。仁宗担心因词赋导致经术不明，开始设置明经科，王岩叟年仅十八岁，乡试、省试、廷对都名列第一。

哲宗即位后，因为刘挚的举荐，王岩叟担任监察御史。

王岩叟曾经在迩英殿侍讲，进读《宝训》，读到节约费用时，王岩叟说：“凡是说节约费用，不是偶尔节约某一件事的费用就能得到效果的。应当每件事都留意节俭，那么长时间这样做，国家财政自然就富裕了。”读到仁宗知人善任，王岩叟说：“君王常常需要虚心平意，无所偏袒，按照道理观察事物，那么事情的是非对错，人的奸邪正直，自然可以看见了。”

司马康讲《洪范》，至“乂用三德[①]”，哲宗曰：“止此三德，为更有德。”盖哲宗自临御，渊默不言，岩叟喜闻之，因欲风谏，退而上疏曰：“三德者，人君之大本，得之则治，失之则乱，不可须臾去者也。臣请别而言之。夫明是非于朝廷之上，判忠邪于多士之间，不以顺己而忘其恶，不以逆己而遗其善，私求不徇于所爱，公议不迁于所憎。竭诚尽节者，任之当勿二；罔上盗宠者，弃之当勿疑。惜纪纲，谨法度，重典刑，戒姑息，此人主之正直也。远声色之好，绝盘游之乐，勇于救天下之弊，果于断天下之疑，邪说不能移，非道不能说，此人主之刚德也。居万乘之尊而不骄，享四海之富而不溢，聪明有余而处之若不足，俊杰并用而求之如不及，虚心以访道，屈己以从谏，惧若临渊，怯若履薄，此人主之柔德也。三者足以尽天下之要，在陛下力行何如耳。”岩叟因侍讲，奏曰：“陛下退朝无事，不知何以消日？”哲宗曰：“看文字。”对曰：“陛下以读书为乐，天下幸甚。圣贤之学，非造次可成，须在积累。积累之要，在专与勤。屏绝它好，始可谓之专；久而不倦，始可谓之勤。愿陛下特留圣意。”哲宗然之。（宋史卷三百四十二）

【注释】①乂用三德：出自《尚书·洪范》。三德，即正直、刚正、柔顺。

【译文】司马康讲解《洪范》，讲到“乂用三德”时，哲宗说：“不应只有正直、刚正、柔顺这三个品德，应该还有其他的品德。”哲宗自从亲政以来，沉默不言，王岩叟高兴地听到这些话，趁势想要委婉地劝谏，退朝后上疏：“所谓的三德，是君王的根本，得到它就能治好国家，失去它国家就会动乱，不能片刻离开它。请让我分开论述。在朝廷中明辨是非，在众多士人之间判断忠奸，不因顺从自己的意见而忘记他的过错，不因违背自己的意见而遗忘他的好处，私下求取不曲从于所喜爱，公正时不迁怒所憎之人。竭尽忠诚保全志节的人，任用他们应当没有二心；欺瞒皇上盗取恩宠的人，抛弃他们应当不用犹豫。珍惜朝廷纲纪，严谨法度，重视刑法，警惕苟且偷安，这就是君王的正直了。远离声色的喜好，杜绝游乐的趣事，勇于补救天下的弊病，果断地裁决天下的疑虑，不被异端学说而动摇改变，不欣赏不合正道的事情，这是君王的刚正。居于帝王之尊而不骄慢，享有四海的财富而不过分，聪明有余而处之好像不足，贤能豪杰并用而求之好像不及，虚心来访求治国之道，屈己来听从劝谏，像如临深渊般恐惧，像如履薄冰般怯弱，这就是君王的柔顺。这三者足以说尽治理天下的纲要，就看陛下身体力行怎样而已。”王岩叟趁着侍讲时，上奏说：“陛下退朝以后没有事做，不知怎么消遣时光？”哲宗说：“看文字。”王岩叟回答说：“陛下把读书作为乐趣，天下人非常有幸了。圣贤的学问，不是轻易就可以学成的，必须积累。积累的关键，在于专心和勤奋。戒除其他爱好，才可以称为专心；时间长而不觉疲倦，才可以称为勤奋。希望陛下加以留心。”哲宗认为他说得很对。（宋史卷三百四十二）

陆　佃

【题解】陆佃（1042—1102年），字农师，号陶山，越州山阴（今浙江绍兴）人。师从王安石。熙宁三年（1070年），登进士。官至尚书左丞。陆佃认为青苗法初衷是为了便民，但在推行过程中发生改变，同时建议王安石虚心纳谏。而且主张修史时，为王安石隐晦，展现了其正直的人品。

陆佃，字农师，越州山阴人。熙宁三年，应举入京。适安石当国，首问新政，佃曰：“法非不善，但推行不能如初意，还为扰民，如青苗是也。”安石惊曰：“何为乃尔？吾与吕惠卿议之，又访外议。”佃曰：“公乐闻善，古所未有，然外间颇以为拒谏。”安石笑曰：“吾岂拒谏者？但邪说营营，顾无足听。”佃曰：“是乃所以致人言也。”明日，安石召谓之曰：“惠卿云：‘私家取债，亦须一鸡半豚。’已遣李承之使淮南质究矣。”既而承之还，诡言于民无不便，佃说不行。迁吏部侍郎，以修撰《神宗实录》徙礼部。数与史官范祖禹、黄庭坚争辨，大要多是安石，为之晦隐。庭坚曰：“如公言，盖佞史[①]也。”佃曰：“尽用君意，岂非谤书[②]乎！”（宋史卷三百四十三）

【注释】①佞史：用以讥讽史书或史家的纪事带有太多阿谀的文词。

②谤书：有直言指斥或毁谤内容的史传。

【译文】陆佃，字农师，越州山阴（今浙江绍兴）人。熙宁三年（1070年），应举来到京城。适逢王安石执掌朝政，首先问他对新政的看法，陆佃说：“新法不是不好，只是推行以后不能像当初的意愿那样，还增添了百姓的负担，像青苗法就是这样。”王安石惊讶地说：“为什么是这样的？我和吕惠卿商议过，又访求了外界的意见。”陆佃说：“您喜欢听从好的意见，是前所未有的，但是外界都认为您拒绝劝谏。”王安石笑着说：“我怎么会拒绝劝谏呢？只是不当的议论太多，没有值得听取采纳的。”陆佃说：“这就是招致别人议论您的原因。”第二天，王安石召见他，对他说：“吕惠卿说：‘私人收债，也需要一只鸡半只猪。’已经派李承之到淮南调查了。”不久，李承之回来了，谎称新法对百姓无不便利，陆佃所说的意见没被采纳。后来，陆佃升为吏部侍郎，因为修撰《神宗实录》调任礼部侍郎。多次和史官范祖禹、黄庭坚争辩，内容大多是关于王安石的，主张替王安石隐晦。黄庭坚说：“像您这样说，几乎是佞史了。”陆佃说：“如果完全采用您的意见，难道不是谤书吗！”（宋史卷三百四十三）

孙　觉

【题解】孙觉（1028—1090年），字莘老，高邮（今江苏高邮）人。登进士及第，调任合肥主簿。曾任湖州等七地知州，后又任右谏议大夫、吏部侍郎兼右选、龙图阁学士兼侍讲。宋神宗将实行新法，大革积弊，孙觉认为：“弊政固不可不革，革而当，其悔乃亡。”反对盲目改革，而要改革确当，才不会追悔莫及。而且对于人才的甄别，也有自己的见解，主张“知人之要，在于知言”。

孙觉，字莘老，高邮人。登进士第，调合肥主簿。神宗即位，擢右正言。

神宗将大革积弊，觉言：“弊政固不可不革，革而当，其悔乃亡。”神宗称其知理。尝从容语及知人之难，觉曰：“尧以知人为难，终享其易。盖知人之要，在于知言。人主用臣之道，任贤使能而已。贤能之分既殊，任使之方亦异。至于所知有限量，所能有彼此，是功用之士也，可以处外而不可以处内，可以责之事而不可责之言。陛下欲兴太平之治，而所擢数十人者，多有口才，而无实行。臣恐日浸月长，汇征墙进，充满朝廷之上，则贤人日远，其为患祸，尚可以一二言之哉。愿观《诗》《书》之所任使，无速于小利近功，则王道可成矣。”

王安石早与觉善，骤引用之，将援以为助。时吕惠卿用事，神宗询于觉，对曰：“惠卿即辩而有才，过于人数等，特以为利之故，屈身于安石，安石不悟，臣窃以为忧。”神宗曰：“朕亦疑之。”其后王、吕果交恶。（宋史卷三百四十四）

【译文】孙觉，字莘老，高邮（今江苏高邮）人。进士及第，调任合肥主簿。神宗即位，擢升右正言。

神宗打算大力改革积久已深的弊病，孙觉说：“弊政固然不能不变革，变革得当，悔恨才会消亡。”神宗称赞他懂得道理。神宗曾经从容地提及知人的困难，孙觉说：“尧认为知人是难事，最终享受到了得到人才的容易。知人的关键，在于知言。君王任用臣子的方法，是任用贤才使用有才能的人而已。贤才和有才能的人既然不同，任命使用的方法也不相同。至于所知道的有限，所能做到的各有千秋，这是有功用之士，可以处在朝廷外而不可以处在朝廷内，可以要求他做事而不可以要求他进言。陛下想要达到国家太平，而所提拔的几十个人，大多有口才，而没有实际的政绩。臣害怕日积月累，类聚征聘进用，充满朝廷之上，贤人日益疏远，造成的祸患，这不是一二句话可以说完的。希望陛下观览圣贤经典中任命使用人才的方法，不要急于求得微利和近功，那么王道就可以成就了。”

王安石很早和孙觉相友善，立即引用他，打算援引他来帮助自己。当时吕惠卿当权，神宗向孙觉询问，孙觉回答说：“吕惠卿善辩而有才能，超过常人几个等次，只是因为利益的缘故，屈身于王安石，王安石没有觉悟，臣私下为他担忧。”神宗说：“朕也怀疑这件事。”之后王安石、吕惠卿果然互相仇视。（宋史卷三百四十四）

李　周

【题解】李周，生卒年不详，字纯之，是冯翊（今陕西）人。考中进士后，历任长安尉、洪洞令、太常少卿、秘书少监等职。其为人正直，品行高洁，爱民利民。其“利民，所以利国”之语，值得为政者谨记于心。

李周，字纯之，冯翊人。登进士第，调长安尉。转洪洞令。民有世绝而官录其产者，其族晚得遗券，周取以还之。郡吏咎周，周曰：“利民，所以利国也。”

司马光将荐为御史，欲使来见，周曰："司马公之贤，吾固愿见，但闻荐而往，所谓'呈身御史②'也。"卒不往。

周自为小官，沉晦自匿，未尝私谒执政，有公事，公诣中书白之。薛向使三司，欲辟为属，及相见，卒不敢言，退而叹曰："若人未易屈也。"以是不偶①于世。（宋史卷三百四十四）

【注释】①不偶：不被知遇，不合。引申为命运不好。偶，即偶数，古人认为偶数代表好运。

②呈身御史：《旧唐书·韦澳传》："（韦澳登第后十年不仕。）伯兄温，与御史中丞高元裕友善。温请用澳为御史，谓澳曰：'高二十九持宪纲，欲与汝相面，汝必得御史。'……澳曰：'然恐无呈身御史'，竟不诣元裕之门。"呈身，意指自荐求仕。

【译文】李周，字纯之，冯翊（今陕西）人。进士及第，调任长安尉。后来，转任洪洞县令。百姓有断绝后代而官府没收他们财产的，他们的族人后来得到遗嘱文书，李周取出被没收的财产退还给他们。郡吏都怪罪李周，李周说："利民就是利国啊。"

司马光打算举荐他担任御史，想让他来拜见，李周说："司马公的贤能，我固然愿意去拜见，只是听到举荐我就前往拜见，这就是所谓的'呈身御史'了。"李周最终没有前往拜见司马光。

李周自从担任小官后，便深沉自隐，不曾私自拜访当朝执政，如果有公事，就公开到中书说明白。薛向任三司使，想征辟他作为僚属，等到两人相见后，薛向最终不敢提及此事，薛向

回去后感叹说："这样的人不容易屈服于人。"因此李周不被当时所知遇。（宋史卷三百四十四）

马　默

【题解】马默（1020—1100年），字处厚，单州成武（今山东成武）人。上疏所奏陈之事，在当时挽救积弊是有效的方法。在任御史时，正直敢言，不畏权贵，刚严疾恶。《续编》辑录其上疏所陈十事，可资为君者借鉴。

马默，字处厚，单州成武人。登进士第。

神宗即位，以论欧阳修事，通判怀州。上疏陈十事：一曰揽威权，二曰察奸佞，三曰近正人，四曰明功罪，五曰息大费，六曰备凶年，七曰崇俭素，八曰久任使，九曰择守宰，十曰御边患。揽威权，则天子势重，而大臣安矣；察奸佞，则忠臣用，而小人不能幸进矣；近正人，则谏诤日闻，而圣性开明矣；明功罪，则朝廷无私，而天下服矣；息大费，则公私富，而军旅有积矣；备凶年，则大恩常施，而祸乱不起矣；崇俭素，则自上化下，而民朴素矣；久任使，则官不虚授，而职事举矣；择守宰，则庶绩有成，而民受赐矣；御边患，则四远畏服，而中国强矣。（宋史卷三百四十四）

【译文】马默，字处厚，单州成武（今山东成武）人。进士及第。

神宗即位，马默因为议论欧阳修的事情，被贬为怀州通判。之后，上疏陈述十件事：一是总揽威势权力，二是觉察奸邪谄媚之人，三是亲近正直之人，四是严明功劳与罪过，五是停止大的费用消耗，六是防备灾年，七是崇尚节俭朴素，八是长期任用大臣，九是选拔地方长官，十是防御边疆祸患。总揽威势权力，那么天子权势加重，而大臣安心；觉察奸邪谄媚之人，那么忠臣被任用，而小人不能侥幸被提升；亲近正直之人，那么劝谏天天能听到，皇上便会日益开明；严明功劳与罪过，朝廷就没有偏私，天下便感服了；停止大的费用，那么公私都富足，军队费用就有积蓄了；防备灾年，大的恩泽经常施予，祸乱就不会兴起了；崇尚节俭朴素，从上面感化下面，百姓就朴素了；长期任用大臣，官职便不虚授，而职事就能推行；选拔出守长官，政绩就有所成就，百姓就受到赏赐了；防御边疆祸患，四方边远的人就害怕服从，中原就强大了。（宋史卷三百四十四）

燕　达

【题解】燕达（1030—1088年），字逢辰，开封（今河南开封）人。燕达虽起身于行伍之间，但是喜爱读书。燕达主张把仁爱放在用兵之首，并且恩威并施，就是掌握用兵之道了。

燕达，字逢辰，开封人。元丰中，超授副都指挥使。

达起行伍，喜读书，神宗以其忠实可任，每燕见，未尝不从容。尝问：“用兵当何先？”对曰：“莫如爱。”帝曰：“威克厥爱可乎？”达曰：“威非不用，要以爱为先耳。”帝善之。（宋史卷三百四十九）

【译文】燕达，字逢辰，开封（今河南开封）人。元丰年间，朝廷越级提拔他为副都指挥使。

燕达起于行伍之中，喜爱读书，神宗认为他忠贞诚实可以任用，每次接见燕达，没有不是从容交谈的。神宗曾经问他：“用兵应当把什么放在首位？”燕达回答说：“没有比爱士兵更重要的。”神宗说：“从严治军胜过对士兵的爱惜，可以吗？”燕达说：“用兵不是不要用威，但要把爱放在首位而已。”神宗很认可他说的话。（宋史卷三百四十九）

上官均

【题解】上官均（1038—1115年），字彦衡，邵武（今福建邵武）人。考中策论进士，名列第二。公正严明，一生清廉。上官均认为治天下之道只有两种方法，即宽政和猛政，过宽过猛，都会蠹政害民，只有宽不纵恶、猛不伤惠，才能兴起中和之风。

上官均，字彦衡，邵武人。神宗熙宁亲策进士，擢第二。哲宗即位，擢开封府推官。元祐初，复为监察御史。议者请兼用诗赋取士，宰相遂欲废经义。均言：“经术以理为主，而所根者本也；诗赋以文为工，而所逐者末也。今不计本末，而欲袭诗赋之敝，未见其为得也。”

又言：“治天下道二，宽与猛而已。宽过则缓而伤义，猛过则急而伤恩。术虽不同，其蠹政害民，一也。间者，监司务为惨核，郡县望风趣办，不暇以便民为意。陛下临御，务从宽大，为吏者又复苟简纵弛，猛宽二者胥失。愿明诏四方，使之宽不纵恶，猛不伤惠，以起中和之风。”诏下其章。（宋史卷三百五十五）

【译文】上官均，字彦衡，邵武（今福建邵武）人。神宗熙宁年间亲自策试进士，上官均名列第二。

哲宗即位，上官均擢升开封府推官。元祐初年，上官均再次担任监察御史。有人请求兼用诗赋选取士人，宰相就想废除考试经义。上官均说：“经术以理为主，使人得到的是根本；诗赋以文为主，使人追逐的是末端。现在不考虑本末的区别，而要沿袭考试诗赋的弊端，不知道这样做能得到什么？”

上官均又进言说：“治理天下之道有两条，即宽政和猛政。宽容过分就会懈怠，从而伤害道义，猛烈过分就会急进，从而伤害恩泽。方法虽然不相同，但是败坏朝廷、伤害百姓，却是一致的。近来，监司一味严厉追究，州县官员望风也就催促急办，无暇顾及把便利百姓放在心上。陛下亲政，全力追求宽大，而官员们又草率马虎、放纵恣肆，猛烈和宽容这两个方面都丧失了。希望陛下公开宣告天下，使官吏们政令宽松而不放纵邪恶，猛烈而不损害恩惠，兴起中正平和的风气。”哲宗诏令下发他的奏章。（宋史卷三百五十五）

李　纲

【题解】李纲（1083—1140年），字伯纪，号梁溪先生，邵武（今福建邵武）人。与赵鼎、李光和胡铨合称“南宋四名臣”，两宋之际抗金名臣。政和二年（1112年），举进士及第，累官至监察御史兼权殿中侍御史。靖康元年（1126年），就任亲征行营使，积极组织军民抵抗，最终击退金兵入侵。建炎元年（1127年），南渡后宋高宗委任他为尚书右仆射兼中书侍郎。但因始终极力主战，被主和派排挤，为相不到百天，被罢免。

李纲，字伯纪，邵武人也。登政和[①]二年进士第，积官至监察御史兼权殿中侍御史，以言事忤权贵，改比部员外郎，迁起居郎。

七年，为太常少卿。时金人渝盟，边报狎至。

【注释】①政和：宋徽宗赵佶年号（1111—1118年），共计8年。

【译文】李纲，字伯纪，邵武（今福建邵武）人。政和二年（1112年）进士及第，累官至监察御史兼权殿中侍御史，李纲因为议论政事忤逆权贵，改任比部员外郎，调任起居郎。

政和七年（1117年），任太常少卿。当时金国人背弃盟约，边疆警报接连而来。

靖康[1]元年，以吴敏为行营副使，纲为参谋官。金将斡离不[2]兵渡河，徽宗东幸[3]，宰执议请上暂避敌锋。纲曰："道君皇帝挈宗社以授陛下，委而去之可乎？"上默然。太宰白时中谓都城不可守，纲曰："天下城池，岂有如都城者，且宗庙社稷、百官万民所在，舍此欲何之？"上顾宰执曰："策将安出？"纲进曰："今日之计，当整饬军马，固结民心，相与坚守，以待勤王之师。"上问谁可将者，纲曰："朝廷以高爵厚禄崇养大臣，盖将用之于有事之日。白时中、李邦彦等虽未必知兵，然籍其位号，抚将士以抗敌锋，乃其职也。"时中忿曰："李纲莫能将兵出战否？"纲曰："陛下不以臣庸懦，傥使治兵，愿以死报。"乃以纲为尚书右丞。

【注释】①靖康：宋钦宗赵桓年号（1126—1127年），共计二年。

②斡离不：即完颜宗望，金太祖完颜阿骨打第二子。

③东幸：古代指皇帝亲临东方。此处指宋徽宗赵佶逃到东南。

【译文】靖康元年（1127年），朝廷任命吴敏担任行营副使，李纲担任参谋官。金国将领斡离不领兵渡过黄河，徽宗逃到东南，宰执大臣请求钦宗暂且避开敌人的前锋部队。李纲说："道君皇帝把宗庙社稷交给陛下，陛下抛下它而离开，这样做可以吗？"钦宗沉默不语。太宰白时中认为京城不可守，李纲说：“天下城池，哪里有比得上京城险要的，况且宗庙社稷、满朝文武百官及天下万民都在这里，抛弃他们想要到哪里去？”钦宗回头对宰执大臣说：“还有什么好计策？”李纲进言说：“为今之计，应当整顿军队，团结民心，跟他们共同坚守京城，来等待勤王的救援军队。”钦宗问谁可以担任将领，李纲说：“朝廷以高官厚禄资养着诸多大臣，是要在有战事的时候用他们为国出力。白时中、李邦彦等人即使不一定通晓用兵，但是他们正当其职，正在其位，安抚将士抵抗敌人的锋芒，就是他们的职责所在。”白时中忿忿地说：“李纲不能率领军队出战吗？”李纲说：“陛下不认为臣平庸怯懦，让臣带领军队，臣愿意以死报效。”钦宗最终任命李纲为尚书右丞。

未几，复决意南狩①，纲趋朝，则禁卫擐甲②，乘舆已驾矣。纲急呼禁卫曰：“尔等愿守宗社乎，愿从幸乎？”皆曰：“愿死守。”纲入见曰：“陛下已许臣留，复戒行何也？今六军父母妻子皆在都城，愿以死守，万一中道散归，陛下孰与为卫？敌兵已逼，知乘舆未远，以健马疾追，何以御之？”上感悟，遂命辍行。纲传旨语左右曰：“敢复有言去者斩！”禁卫皆拜伏呼万岁，六军闻之，无不感泣流涕。

【注释】①南狩：古代帝王向南巡幸。此处指宋钦宗赵桓为避开金国进攻而南下。

②擐（huàn）甲：穿上盔甲，指即将出发。

【译文】不久，钦宗再次决定南下，李纲连忙赶赴朝堂，禁卫士兵已经整装待发，皇上的龙舆已经准备好了。李纲急忙高呼禁卫士兵说：“你们愿意坚守宗庙社稷，还是愿意跟从皇上南下？”禁卫士兵都说：“愿意死守京城。”李纲入朝觐见钦宗，说：“陛下已经答应我留下，又准备出发南下这是为什么？现在六军将士的父母妻子都在京城，他们都愿意死守京城，万一他们中途逃散回到京城，陛下由谁来护卫呢？敌人军队已经逼近，知道陛下的龙舆还没走远，骑着健壮的马加鞭快追，用什么来防御他们呢？”钦宗听后幡然醒悟，于是命令停止南下。李纲传旨告诉身边的人说：“胆敢再提离开京城的人杀头！”禁卫士兵都跪拜于地，高呼万岁，六军将士听说这件事后，无不感动得恸哭流涕的。

命纲为亲征行营使，以便宜从事。纲治守战之具，不数日而毕。敌兵攻城，纲身督战，募壮士缒城而下，斩酋长十余人，杀其众数千人。金人知有备，又闻上已内禅[①]，乃退。求遣大臣至军中议和，纲请行。上遣李棁，纲曰：“安危在此一举，臣恐李棁怯懦而误国事也。”上不听，竟使棁往。棁受事目，不措一辞，还报。所求皆与之，以皇弟康王、少宰张邦昌为质。

未几，以纲专主战议，丧师费财，谪宁江。金兵再至，上悟和议之非，除纲资政殿大学士，领开封府事。纲行次长沙，被命，即率湖南勤王之师入援，未至而都城失守。

【注释】①内禅：指古代帝王将皇位禅让给既定的继承人。

【译文】朝廷任命李纲为亲征行营使，根据形势自行斟酌处理事务。李纲设置坚守作战的装备，没过几天就完成了。敌军攻打城池，李纲亲自督战，招募英勇强壮的士兵顺着绳子来到城下攻击敌人，斩杀敌军首领十几人，杀死敌军几千人。金国人知道宋军有防备，又听说徽宗已经禅让皇位给钦宗，于是就退军了。朝廷请求派遣大臣到金军中议和，李纲请求前去。钦宗派遣李棁前去，李纲说："国家安危在此一举，我怕李棁胆小懦弱，耽误了国家大事。"钦宗没听从李纲的劝谏，最终还是派遣李棁前往金营议和。李棁接受金国列出的各项要求，没有说一句辩驳的话，就返回报告朝廷。金国所有的无理要求宋朝都满足，以钦宗的弟弟康王赵构、少宰张邦昌作为人质送往金国。

不久，朝廷因为李纲一心主张抗金，导致丧失军队、耗费财政，贬他到宁江。金军再次入侵，钦宗明白了之前和议的错误，任命李纲为资政殿大学士，兼管开封府事。李纲行至长沙，接到朝廷的任命，立即率领湖南勤王的军队进京救援，军队还没到达京城就失守了。

高宗即位，拜尚书右仆射兼中书侍郎，趣赴阙。一日，论靖康时事，上曰："渊圣[①]勤于政事，省览章奏，至终夜不寐，然卒致播迁，何耶？"纲曰："人主之职在知人，进君子而退小人，则大功可成，否则衡石程书[②]，无益也。"因论靖康初朝廷应敌得失之策，且极论金人两至都城，所以能守不能守之故；因勉上以明恕尽人言，以恭俭足国用，以英果断大事。上皆嘉纳。

未几，有诏欲幸东南避敌，纲极论其不可。初，纲每有所论谏，其言虽切直，无不容纳，至是，所言常留中不报。遂求去。后有旨，纲落职居鄂州。

九年，除知潭州、荆湖南路安抚大使，纲具奏力辞。次年薨，年五十八。讣闻，上为轸悼。

纲负天下之望，以一身用舍为社稷生民安危。虽身或不用，用有不久，而其忠诚义气，凛然动乎远迩。每宋使至燕山，必问李纲、赵鼎安否，其为远人所畏服如此。

【注释】①渊圣：宋钦宗赵桓的尊号。

②衡石程书：要用秤和秤锤来计算奏章。衡石，秤和秤锤。喻指君主政务繁忙。

【译文】宋高宗赵构即位，任命李纲为尚书右仆射兼中书侍郎，李纲接到任命赶赴朝廷。一天，朝廷论及靖康之变时的事情，高宗说："渊圣皇帝勤于政事，审阅奏章，到深夜不眠，但最终还是被掳去北方，这是为什么呢？"李纲说："君主的职责在于知人善任，提拔君子而斥退小人，那么大事业就可以完成，否则就算整日处理繁忙的政务，这对事情没有一点益处。"进而议论靖康初年朝廷应对敌人政策的得失，而且着重分析了金国人两次攻到京城，宋军能够坚守而最终失城的原因；李纲因而劝勉高宗要明察宽大让人言无不尽，要以恭敬节俭使得国库充足，英明果断地处理国家大事。高宗都高兴地采纳了他的建议。

不久，有诏令说高宗想要到东南地区去躲避敌人，李纲极力论述这个办法不可行。当初，李纲每次劝谏高宗时，他的言辞即使恳切直率，高宗也无不包容地接受，到这时，李纲的进言常常扣留在中书不上报。于是李纲请求离任。后来朝廷有旨，李纲被贬职居住在鄂州。

绍兴九年（1139年），朝廷任命李纲为潭州知州、荆湖南路安抚大使，李纲备文上奏极力推辞。第二年李纲去世，享年五十八岁。讣告上报到朝廷，高宗痛切哀悼。

李纲背负着天下百姓的期望，舍弃自身性命为宗庙社稷、天下万民的安危而努力奋斗。即使有时不被任用，就算任用了也不长久，但是他的忠诚义气、大义凛然对国家的影响长久深远。每次宋朝使者出使到燕山，必然会被问及李纲、赵鼎平安还是不平安，他们被金人畏惧到如此地步。

论曰：以李纲之贤，使得毕力殚虑于靖康、建炎间，莫或挠之，二帝何至于北行，而宋岂至为南渡之偏安哉？夫用君子则安，用小人则危，不易之理也。人情莫不喜安而恶危。然纲居相位仅七十日，其谋数不见用，独于黄潜善、汪伯彦、秦桧之言，信而任之，恒若不及，何高宗之见，与人殊哉？纲虽屡斥，忠诚不少贬，不以用舍为语默，若赤子之慕其母，怒呵犹嗷嗷焉挽其裳裾而从之。呜呼，中兴功业之不振，君子

固归之天，若纲之心，其可谓非诸葛孔明之用心欤？（宋史卷三百五十八、九）

【译文】史官评论说：以李纲的贤能，如果让他在靖康、建炎年间殚精竭虑地主持朝廷政事，不要去干扰他，徽、钦二帝何至于被掳向北方，而大宋朝廷怎能会南渡长江而偏安一隅呢？因此，任用君子国家就安定，任用小人国家就危险，这是不变的道理。人们无不喜欢安定而憎恶危险。然而李纲官居相位仅有七十天，他的计谋多次不被采用，高宗唯独对黄潜善、汪伯彦、秦桧的建议深信不疑，对他们予以重用，承诺一般没有不答应的，为什么高宗的见识，和他人不同呢？李纲即使多次当面指斥，因忠诚多次被贬官，但他不因为朝廷任用他与否而沉默不语。对国家怀有赤子之心就像孩子敬爱自己的母亲一样，被生气的母亲怒斥依旧挽着母亲的衣裙跟随其后。可惜啊！复兴大宋江山的功业不振作，君子固然是归咎于天数，像李纲之心，不正是诸葛孔明的用心吗？（宋史卷三百五十八、九）

宗　泽

【题解】宗泽（1060—1128年），字汝霖，婺州义乌（今浙江义乌）人。两宋抗金名臣。元祐六年（1091年），举进士及第。靖康元年（1126年），宗泽就任兵马副元帅，起兵勤王，救援开封。但最终和康王赵构意见不合，独自开拔军队前行救援。建炎元年（1127

年），任东京（开封）留守，与金兵分拒黄河两岸。建炎二年（1128年），击退大举入侵的金兵，宗泽名声大震，金人遂称他为“宗爷爷”。宗泽一生以北复中原为己任，自高宗登基以来，接连上疏二十四次《乞回銮殿疏》，力劝高宗还都开封，以振士气。但总为奸佞所阻，始终不得志，后忧愤成疾，疽发于背。临终之际，三呼“过河”而逝。

宗泽，字汝霖，婺州义乌人。登元祐六年进士第。靖康元年，中丞陈过庭等列荐，假宗正少卿，充和议使。议者谓泽刚方不屈，恐害和议，上不遣，命知磁州。

磁经敌骑蹂躏之余，人民逃徙，帑廪枵然。泽至，缮城壁，浚隍池，治器械，募义勇，始为固守不移之计。

【译文】宗泽，字汝霖，婺州义乌（今浙江义乌）人。元祐六年（1091年）进士及第。靖康元年（1126年），中丞陈过庭等人一起举荐宗泽，宗泽被借以宗正少卿的名义，充任和议使。议论的人认为宗泽刚正不屈，恐怕损害了和议大事，因此钦宗不派遣他去了，任命他担任磁州知州。

磁州经过金兵铁骑践踏之后，人民都逃散迁居了，粮仓空虚。宗泽到任后，修缮城墙，疏浚护城河，办理作战器械，招募义勇士兵，开始为固守城池不转移的战略打算。

康王再使金，行至磁，泽迎谒曰：“肃王一去不反，今敌又诡辞以致大王，愿勿行。”王遂回相州。

有诏以泽为副元帅，从王起兵入援。时康王开大元帅府，檄兵会大名。泽履冰渡河见王，谓京城受围日久，入援不可缓。汪伯彦等难之，劝王遣泽先行，自是泽不得预府中谋议矣。

二年正月，泽至开德，十三战皆捷，以书劝王檄诸道兵会京城。又移书北道总管赵野、河东北路宣抚范讷、知兴仁府曾楙合兵入援。三人皆以泽为狂，不答。泽以孤军进，都统陈淬言敌方炽，未可轻举。泽怒，欲斩之，诸将乞贷淬，使得效死。泽命淬进兵，遇金人，败之。金人攻开德，泽遣孔彦威与战，又败之。泽度金人必犯濮，先遣三千骑往援，金人果至，败之。金人复向开德，权邦彦、孔彦威合兵夹击，又大败之。

【译文】康王赵构再次出使金国，路过磁州，宗泽迎接而谒见他说：“肃王（赵枢）出使金国后一去不返，现在敌人又设诡计来害大王，希望您不要前去。”康王于是返回相州。

朝廷下诏任命宗泽为副元帅，跟随康王起兵勤王进京救援。当时康王设置大元帅府，发布檄文命令宋军会集大名府。宗泽踏着冰渡过黄河拜见康王，认为京城受到围困的日子太久了，进京救援不能拖延。汪伯彦等人阻难他，劝康王派宗泽先行出发，从此以后宗泽不能参与大元帅府的商议对策了。

靖康二年（1127年）正月，宗泽到达开德府，十三次和金军交战都获胜，他写信劝康王发布檄文命令各路救援军会集京城。又写信给北道总管赵野、河东北路宣抚范讷、知兴仁府曾楙请他们联合军队进京救援。这三人都认为宗泽是狂妄之人，不予回复。宗泽只能孤军进京，都统陈淬说敌人锋芒正盛，不可轻率出动。宗泽大怒，要杀陈淬，各将领请求宽恕陈淬，让他能够以死报效。宗泽命令陈淬进军，遇到金军，陈淬打败了金军。金军攻打开德，宗泽派孔彦威和金军交战，金军又战败了。宗泽估计金军必定去侵犯濮阳，事先派遣三千骑兵前往支援，金军果然入侵濮阳，被宋军打败了。金军再次进军开德，权邦彦、孔彦威联合起来夹击金军，又大败金军。

泽兵进至卫南，度将孤兵寡，不深入不能成功。先驱云前有敌营，泽挥众直前与战，败之。转战而东，敌益生兵至，王孝忠战死，前后皆敌垒。泽下令曰："今日进退等死，不可不从死中求生。"士卒知必死，无不一当百，斩首数千级。金人大败，退却数十余里。泽计敌众十倍于我，今一战而却，势必复来，使悉其铁骑夜袭吾军，则危矣。乃暮徙其军。金人夜至，得空营，大惊，自是惮泽，不敢复出兵。

【译文】宗泽进军到卫南，考虑到兵微将寡，不深入敌军就不能获得成功。先锋部队说前面有敌营，宗泽指挥军队径直向前和金军交战，打败了金军。又向东转移和金军交战，敌人不断派军增援，王孝忠战死，前后到处都是敌军的营垒。宗泽下令说："今天进军或退缩都是战死，我们不能不从死里求生。"

士兵们知道必定会战死，无不以一当百奋勇杀敌，斩杀金军首级几千颗。金军大败，后退几十里。宗泽估计敌人比己方军队多出十倍，现在经过一次交战就后退了，他们势必会再来攻打，如果他们派出全部铁骑在夜里偷袭，那宋军就危险了。于是趁天黑调走了军队。金军果然在夜里偷袭，但是得到的是一座空的营寨，金军大惊失色，从此非常畏惧宗泽，不敢再出兵。

王即帝位于南京，泽入见，涕泗交颐，陈兴复大计。时与李纲同入对，相见论国事，慷慨流涕，纲奇之。上欲留泽，潜善等沮之。除龙图阁学士、知襄阳府。改知青州，时年六十九矣。

开封尹阙，李纲言绥复旧都，非泽不可。寻徙知开封府。

秉义郎岳飞犯法将刑，泽一见奇之，曰："此将材也。"会金人攻汜水，泽以五百骑授飞，使立功赎罪。飞大败金人而还，遂升飞为统制，飞由是知名。

二年，金人自郑抵白沙，去汴京密迩，都人震恐。僚属入问计，泽方对客围棋，笑曰："何事张皇，刘衍等在外必能御敌。"乃选精锐数千，使绕出敌后，伏其归路。金人方与衍战，伏兵起，前后夹击之，金人果败。

【译文】康王在南京府登上皇位，是为高宗，宗泽入朝觐见，眼泪鼻涕流满脸颊，陈述复兴大宋江山的大计。当时他与李纲一同入朝廷奏对，在朝堂上相见共同讨论国家大事，宗泽慷慨激昂痛哭流涕，李纲感到很惊奇。高宗想留下宗泽，黄潜善等人阻碍。于是，就任命宗泽为龙图阁学士、襄阳知府。后来，改任青州知州，当时宗泽已经六十九岁了。

开封府尹的位置空缺，李纲说要安定和收复旧都，非宗泽不可。不久调任宗泽为开封府尹。

秉义郎岳飞因触犯律法将被刑法处置，宗泽一见到他就感到惊奇，说："这是做将领的人才啊。"适逢金军攻打汜水，宗泽把五百骑兵交给岳飞，让他戴罪立功。岳飞一举大败金军而返，于是宗泽提拔岳飞为统制，岳飞从此闻名。

建炎二年（1128年），金军从郑州抵达白沙，离汴京十分接近了，汴京城里的人都感到害怕。同僚和部属都来询问对策，宗泽正和客人下围棋，笑着说："什么事值得这么慌张，刘衍等人在外必然能抵御住敌人。"于是选出精锐士兵几千人，让他们绕到敌人后方，潜伏在他们的退路上。金军正和刘衍交战，潜伏的士兵突然出现，宋军前后夹击，金军果然战败了。

泽威声日著，北方闻其名，常尊惮之，对南人言，必曰宗爷爷。

泽前后请上还京二十余奏，每为潜善等所抑，忧愤成疾，疽发于背。诸将入问疾，泽矍然曰："吾以二帝蒙尘，积愤至此。汝等能歼敌，则我死无恨。"众皆流涕曰："敢不尽力！"诸将出，泽叹曰："'出师未捷身先死，长使英雄泪满襟。'"翌日，风雨昼晦。泽无一语及家事，但连呼"过河"者三而

薨。都人号恸。（宋史卷三百六十）

【译文】宗泽威望名声日益显著，金国人听到他的名字，常常既尊敬又害怕，而对宋人提到他时，一定称他为“宗爷爷”。

宗泽前后二十多次奏请高宗返回旧都，每次都被黄潜善等人所扣留，忧愤成疾，在背上长出了疽。各位将领入府探望病情，宗泽双目注视着他们说：“我因为徽、钦二帝蒙受灾难流亡在外，积愤变成这样的。如果你们能够歼灭敌人，那么我就可以死而无憾了。”众将领流着眼泪说：“我们怎敢不尽力杀敌！”诸将出来后，宗泽叹息说：“‘出师未捷身先死，长使英雄泪满襟。’”第二天，风雨大作，天色灰暗。宗泽没有说一句关于家事的话，只是连呼三声“过河”而去世。汴京城里的人都大哭哀痛他。（宋史卷三百六十）

赵　鼎

【题解】赵鼎（1085—1147年），字元镇，号得全居士，解州闻喜（今山西闻喜）人。与李纲、胡铨、李光并称为南宋四名臣。崇宁五年（1106年）登进士第，累官洛阳令。绍兴年间，几度拜相。力主抗战，为秦桧所忌恨，屡遭贬斥，最终移置吉阳军。绍兴十七年（1147年），因以为秦桧必杀自己，绝食而亡。孝宗时，获赠太傅，谥为忠简，追封丰国公。

赵鼎居官时尽忠劝谏，多有建议，曾举荐岳飞收复襄阳。贬职在潮州时，闭门谢客，不论时事。后被诬陷，移置吉阳军，于是潜居深处。他自料躲不过秦桧的迫害，临终写下：“身骑箕尾归天上，气作山河壮本朝。”其浩气长存，值得后世万代称颂。

赵鼎，字元镇，解州闻喜人。登崇宁五年进士第，累官为河南洛阳令，宰相吴敏知其能，擢为开封士曹。高宗即位，除权户部员外郎。知枢密院张浚荐之，除司勋郎官。

【译文】赵鼎，字元镇，解州闻喜（今山西闻喜）人。考中崇宁五年（1106年）进士，累次官至河南洛阳令，宰相吴敏知道他的才能，提升他为开封士曹。高宗即帝位，任命他为代理户部员外郎。知枢密院张浚推荐他，授任为司勋郎官。

久雨，诏求阙政。鼎言：“自熙宁间王安石用事，变祖宗之法，而民始病。假辟国之谋，造生边患；兴理财之政，穷困民力；设虚无之学，败坏人才。至崇宁初，蔡京托绍述之名，尽祖安石之政。凡今日之患始于安石，成于蔡京。今安石犹配享庙廷，而京之党未除，时政之阙无大于此。”上为罢安石配享。擢右司谏，旋迁殿中侍御史。

【译文】因天久雨不晴，高宗下诏要求上言朝政得失。赵鼎说：“从熙宁年间王安石执政，改变祖宗法度以来，百姓开始贫困。借开辟国土之名，造成边患开启；兴起理财之政，使百姓穷困；设立虚无之学，败坏人才。到崇宁初年，蔡京假托绍述之名，尽行王安石之政。凡是现在的忧患均开始于王安石，而形成于蔡京。现在王安石还配享庙廷里，而蔡京的朋党未除，时政的缺失莫大于此。”高宗因此罢去王安石的配享，提升赵鼎为右司谏，又迁升为殿中侍御史。

北兵至江上，上幸会稽，召台谏议去留，鼎陈战、守、避三策，拜御史中丞。又言：“经营中原当自关中始，经营关中当自蜀始，欲幸蜀当自荆、襄始。吴、越介在一隅，非进取中原之地。荆、襄左顾川、陕，右控湖湘，而下瞰京、洛，三国所必争，宜以公安为行阙，而屯重兵于襄阳，运江、浙之粟以资川、陕之兵，经营大业，计无出此。”

【译文】金兵到了江边，高宗逃到会稽，召台谏官员商议去留问题，赵鼎上言陈述战、守、避三策，授任御史中丞。又说：“经营中原应当从经营关中开始，经营关中应当从经营巴蜀开始，经营巴蜀应当从荆、襄开始。吴、越位在一角，不是进取中原的根据地。荆、襄左顾川、陕，右控湖南，而下俯开封、洛阳，是当年三国所必争之地。应该以公安为行宫，而把重兵驻扎在襄阳，转运江、浙的粮食以供四川、陕西的军队，经营大业，计策没有比这更好的。”

金人攻楚州，鼎奏遣张俊往援之。俊不行，山阳遂陷，金人留淮上，范宗尹奏敌未必能再渡，鼎曰：“勿恃其不来，恃吾有以待之。三省常以敌退为陛下援人才、修政事，密院常虞敌至为陛下申军律、治甲兵，即两得之。”上曰：“卿等如此，朕复何忧。”鼎以楚州之失，上章丐去。会辛企宗除节度使，鼎言企宗非军功，忤旨，出奉祠，除知平江府，寻改知建康，又移知洪州。

【译文】金人进攻楚州，赵鼎建议派张俊前去救援。张俊没前去救援，山阳于是被攻陷。金兵留在淮河边，范宗尹认为敌人未必能再次渡河，赵鼎说：“不要寄希望于敌人不来，要依靠自己有准备以待之。三省官员常以敌人退去为陛下援引人才，整修政事，枢密院常考虑到敌人进犯为陛下申明军纪、修治兵器，就可以两方面都得以兼顾。”高宗说：“你们能够这样，我还有什么可忧虑呢？”赵鼎因为楚州的失陷，上疏请求去职。正好辛企宗被授任节度使，赵鼎认为企宗没有军功，忤逆旨意，出京奉祠，授任平江知府，不久改任建康知府，又调任洪州知州。

京西招抚使李横欲用兵复东京，鼎言：“横乌合之众，不能当敌，恐遂失襄阳。”已而横战不利走，襄阳竟陷。召拜参知政事。宰相朱胜非言：“襄阳国之上流，不可不急取。”上问：“岳飞可使否？”鼎曰：“知上流利害无如飞者。”签枢徐俯不以为然。飞出师竟复襄阳。

【译文】京西招抚使李横打算用兵恢复东京开封，赵鼎说：“李横部队是乌合之众，不能阻挡敌人，恐怕最终会失去襄阳。”不久李横因作战不利而逃走，襄阳最终陷落。召赵鼎入京任参知政事。宰相朱胜非说：“襄阳是国家的重镇，不可不赶快夺取。”高宗问：“岳飞可以胜任吗？”赵鼎说：“知道重镇利害的没有超过岳飞的。”签书枢密院徐俯却不以为然。岳飞出师后最终收复襄阳。

九月，拜尚书右仆射、同中书门下平章事兼知枢密院事。制下，朝士相庆。

绍兴五年，上还临安，制以鼎守左仆射知枢密院事、张浚守右仆射兼知枢密院事，都督诸路军马。鼎以政事先后及人才所当召用者，条而置之座右，次第奏行之。

【译文】同年九月，授任赵鼎为尚书右仆射、同中书门下平章事兼知枢密院事。诏令一下，朝中大臣互相庆贺。

绍兴五年（1135年），高宗回到临安，诏令任命赵鼎为左仆射知枢密院事，张浚以右仆射兼知枢密院事，都督诸路军马。赵鼎把政事先后及应当召用的人才，分条列出放在座位边，依次上奏实行。

七年，上幸建康，入对，拜尚书左仆射、同中书门下平章事兼枢密使，进四官。

【译文】绍兴七年（1137年），高宗到建康，赵鼎入宫奏对，授他任尚书左仆射、同中书门下平章事兼枢密使，进升四官。

鼎既再相，或议其无所施设，鼎闻之曰："今日之事如人患羸，当静以养之。若复加攻砭[1]，必伤元气矣。"

【注释】①攻砭：石针刺病称为"砭"。攻砭泛指医家治病诊疗。

【译文】赵鼎再次任相后，有人指责他无所行动，赵鼎听见后说："今日事势就像人患了重病，应当静下来养护。如果再加以攻砭，必定伤了元气。"

金人遣使议和，鼎尝辟和议，与桧意不合，桧乘间挤鼎，诋鼎结台谏及诸将。上闻益疑，鼎引疾求免，以忠武节度使出知绍兴府，寻加检校少傅，改奉国军节度使。桧率执政往饯其行，鼎不为礼，一揖而去，桧益憾之。

【译文】金人遣使议和，赵鼎曾经驳斥议和，与秦桧意见不合，秦桧乘机排挤赵鼎，诋毁赵鼎勾结台谏官员和主战诸将。高宗听见后越是疑心，赵鼎称病请求免相，于是以忠武节度使出任绍兴知府，不久加官检校少傅，改任奉国军节度使。秦桧率领执政大臣前去送行，赵鼎对他不礼遇，仅作一揖就离去了，秦桧愈加怨恨他。

始，浚荐秦桧可与共大事，鼎再相亦以为言。然桧机阱深险，外和而中异。浚初求去，有旨召鼎。鼎至越丐祠，桧恶其逼己，徙知泉州，又讽谢祖信论鼎尝受张邦昌伪命，遂夺节。御史中丞王次翁论鼎治郡废弛，命提举洞霄宫。鼎自泉州归，复上书言时政，桧忌其复用，讽次翁又论其尝受伪命，乾没都督府钱十七万缗，谪官居兴化军。论者犹不已，移漳州，又责清远军节度副使，潮州安置。

【译文】当初，张浚推荐秦桧可共兴大事，赵鼎再次任相时也以为是这样。但是秦桧心机深险，外表随和而心中持异见。张浚当初请求离任，有圣旨召赵鼎。赵鼎到了越丐祠，秦桧讨厌他逼迫自己，改任他为泉州知州，又劝谢祖信指责赵鼎曾接受张邦昌的伪命，于是夺去赵鼎的节钺。御史中丞王次翁指责赵鼎治理泉州政务废弛，于是高宗任命他为提举洞霄宫。赵鼎从泉州归来，又上书议论时政，秦桧怕他重新被起用，劝王次翁又指责他曾接受伪命，贪污都督府十五万缗钱，于是赵鼎被贬官住在兴化军。指责的人仍不罢休，朝廷命他调到漳州，又责令他为清远军节度副使，安置在潮州。

在潮五年，杜门谢客，时事不挂口，有问者，但引咎而已。中丞詹大方诬其受贿，属潮守放编置人移吉阳军，鼎谢表曰：“白首何归，怅余生之无几，丹心未泯，誓九死以不移。”桧见之曰：“此老倔强犹昔。”

【译文】在潮州五年，赵鼎闭门谢客，不谈时事，有人询问，只引咎自责而已。中丞詹大方诬蔑他受贿，嘱令潮州郡守把他编在移民中迁移到吉阳军，赵鼎上谢表说："白首何归，怅余生之无几；丹心未泯，誓九死以不移。"秦桧见后说："这个老头还像以往那样倔强。"

在吉阳三年，潜居深处，门人故吏皆不敢通问，惟广西帅张宗元时馈醪米。桧知之，令本军月具存亡申。鼎遣人语其子汾曰："桧必欲杀我。我死，汝曹无患；不尔，祸及一家矣。"先得疾，自书墓中石，记乡里及除拜岁月。至是，书铭旌云："身骑箕尾归天上，气作山河壮本朝。"遗言属其子乞归葬，遂不食而死，时绍兴十七年也，天下闻而悲之。

【译文】在吉阳军三年，赵鼎隐居深处，门生故吏都不敢通信问候，只有广西主将张宗元时时送些醪米。秦桧知道后，命令本军每月开其存亡申报。赵鼎派人告诉他的儿子赵汾说："秦桧一定要杀掉我。我死了，你们没有忧患；不然，祸及我们赵氏一家。"染病后，自己书写墓中碑文，记载乡里及任职年月。到这时，自书墓铭说："身骑箕尾归天上，气作山河壮本朝。"遗言嘱咐他的儿子请求归葬故乡，于是绝食而死，这时是绍兴十七年（1147年），天下人听说后十分悲痛。

论曰：夫谋国用兵之道，有及时乘锐而可以立功者，有养威持重而后能有为者，二者之设施不同，其为忠一而已。方金人逼二帝北行，宗社失主，宗泽一呼，而河北义旅数十万众若响之赴声，实由泽之忠忱义气有以风动之，抑斯民目睹君父之陷于涂淖，孰无愤激之心哉。使当其时泽得勇往直前，无或龃龉牵制之，则反二帝，复旧都，特一指顾间耳。黄潜善、汪伯彦嫉能而惎功，使泽不得信其志，发愤而薨，岂不悲哉！

【译文】史官评论说：为国家谋划用兵的道理，有及时趁着大好时机立功的人，有养精蓄锐而后有所作为的人。这两种人的做法不同，但他们的忠心是一致的，当年金人俘虏徽、钦二帝北行，国家社稷失去了主人，宗泽振臂一呼，而河北的义军几十万人一起响应，实是因为宗泽的忠心义气感动了大家，抑或是天下百姓看到一国之主陷在困境中，怎么能没有愤慨的心情呢？假使在当时的宗泽得以勇往直前，或许是没有那些肮脏见不得人的勾当牵制他，重新奉迎二帝回归，收复旧都，都能立即做到。黄潜善、汪伯彦嫉贤妒能夺他人功绩，使得宗泽不能完成他的大志，悲愤而死，不很悲哀吗！

及赵鼎为相，则南北之势成矣。两敌之相持，非有灼然可乘之衅，则养吾力以俟时，否则，徒取危困之辱。故鼎之为国，专以固本为先，根本固而后敌可图、雠可复，此鼎之心也。惜乎一见忌于秦桧，斥逐远徙，卒赍其志而亡，君子所尤痛心也。

【译文】到了赵鼎当丞相时，南北对峙的局面已形成，两方敌对相峙，没有十分明显的可乘之机，只能休战养息等待时机，不然的话，将白白地遭受危困的耻辱。所以赵鼎执政治国，力主以巩固自己的力量为首要，只有自己的根本巩固了才能消灭敌人、报仇雪恨。这是赵鼎的用心。可惜他的一切都被秦桧所忌恨，赵鼎被斥责流放远方，最终赍志而殁，君子特别痛心这些事呀！

窃尝论泽、鼎之终而益有感焉。泽之易箦也，犹连呼“渡河”者三；而鼎自题其铭旌，有“气作山河壮本朝”之语。何二臣之爱君忧国，虽处死生祸变之际，而犹不渝若是！而高宗惑于憸邪之口，乍任乍黜，所谓“善善而不能用”，千载而下，忠臣义士犹为之扼卷扼腕，国之不竞，有以哉！（宋史卷三百六十）

【译文】我私下曾议论宗泽、赵鼎之死颇有所感。宗泽病重临终，依然连呼三声“渡河”；而赵鼎自写墓志铭，有“气作山河壮本朝”之语。为什么这二人爱君忧国，即使身处生命祸变的关头，却仍然如此始终不渝，而高宗却迷惑于险恶之人的诽谤，一会儿任用一会儿贬黜。这正是“善善而不能用”。千年以来，忠臣义士特别为此感到困惑和叹息，国家的丧败，是必然原因啊！（宋史卷三百六十）

陈　禾

【题解】陈禾，生卒年不详，字秀实，明州鄞县（今浙江宁波）人。元符三年（1100年）进士。历任辟雍博士、监察御史、殿中侍御史、左正言、给事中等职，因上疏弹劾童贯，反而遭诬陷，被谪监信州酒税，遇赦还里。后又受他事牵连罢官，遇赦复起，知广德军，历知和州、秀州，改知舒州，命下而卒。追赠中大夫，谥文介。

陈禾敢于直言进谏，为人有风骨，《续编》辑录的其相关言行，体现了其高尚的品格。

陈禾，字秀实，明州鄞县人。举元符三年进士。累迁辟雍博士。入对契旨，擢监察御史、殿中侍御史。迁左正言，俄除给事中。

【译文】陈禾，字秀实，明州鄞县（今浙江宁波）人。考中元符三年（1100年）进士。累次升至辟雍博士。入宫对答时符合皇上心意，被提升为监察御史、殿中侍御史。后来，升任左正言，不久被授任给事中。

时童贯权益张，与黄经臣胥用事，御史中丞卢航表里为奸，搢绅侧目。禾曰："此国家安危之本也。吾位言责，此而不言，一迁给舍，则非其职矣。"未拜命，首抗疏劾贯。复劾经臣：“怙宠弄权，夸炫朝列。每云诏令皆出其手，言上将用某人，举某事，已而诏下，悉如其言。夫发号施令，国之重事，黜幽陟明，天子大权，奈何使宦寺得与？臣之所忧，不独经臣，此涂一开，类进者众，国家之祸，有不可遏，愿亟窜之远方。”

【译文】当时童贯权势熏天，与黄经臣共掌朝政，御史中丞卢航与他们狼狈为奸，百官都侧目而视。陈禾说：“这关乎国家安危的根本。我身居言官之位，对此不发表意见，一旦升为给事中或中书舍人，就不是职权之内的事了。”还没有接受任命，首先上疏弹劾童贯。又弹劾黄经臣说：“依恃恩宠玩弄权势，在朝官们面前夸耀。常常自言诏令都出自他的手，说皇上打算任用某人，要办某件事，不久诏书下达，都像他所说的那样。发号施令，是国家重大政事，升降官吏，是皇帝的大权，为什么让宦官得以参与其中？我所忧虑的，不仅是黄经臣一人，这条途径一开，类似的进用者就会多起来，是国家的祸患，有了开始便不能遏制其发展，希望赶紧把他贬逐到远方。”

论奏未终，上拂衣起。禾引上衣，请毕其说。衣裾落，上曰：“正言碎朕衣矣。”禾言：“陛下不惜碎衣，臣岂惜碎首以报陛下？此曹今日受富贵之利，陛下他日受危亡之祸。”言愈切，上变色曰：“卿能如此，朕复何忧？”内侍请上易衣，上却之曰：“留以旌直臣。”翌日，贯等相率前诉，谓国家极治，安得此不详语。卢航奏禾狂妄，谪监信州酒。遇赦，得自便还里。

【译文】奏论还未结束，徽宗拂衣而起。陈禾拉着徽宗的衣服，请求让自己说完。由于陈禾紧紧拉住，徽宗衣边就被扯下了，徽宗说："正言扯碎我的衣服了。"陈禾说："陛下不惜衣服被扯碎，我怎能不肝脑涂地来报答陛下？他们这类人今天蒙受富贵之利，陛下日后遭受危亡之祸。"言辞愈是激烈，徽宗变色说："你能做到这样，我还忧虑什么呢？"内侍请徽宗换衣，徽宗推辞说："留着表彰忠直之臣。"第二天，童贯等人相继在皇上面前诉说，认为国家大治，陈禾怎么能说出这样不吉祥的话。卢航劾奏陈禾狂妄，这样陈禾被贬为监信州酒税。遇到赦免，陈禾才得以自由回到家乡。

初，陈瓘①归自岭外，居于鄞，与禾相好，遣其子正汇从学。后正汇告京罪，执诣阙，瓘亦就逮。经臣莅其狱，檄禾取证，禾答以事有之，罪不敢逃。或谓其失对，禾曰："祸福死生，命也，岂可以死易不义耶？愿得分贤者罪。"遂坐瓘党停官。

【注释】①陈瓘（1060—1124年）：字莹中，号了斋，沙县（今福建）人。以正直敢谏著称。元丰二年（1079年）探花，授官湖州掌书记。官至左司谏。与奸臣蔡京势不两立，屡遭贬谪。宣和六年（1124年），陈瓘病逝于楚州，终年六十五岁。

【译文】当初，陈瓘从岭外归来，住在鄞州，与陈禾关系亲密，送他的儿子陈正汇跟陈禾学习。后来陈正汇上告蔡京之罪，被绑送到朝廷，陈瓘也被捕。黄经臣主管此案，传令陈禾取证，陈禾回答有这件事，不敢逃罪。有人认为他回答失误，陈禾说："祸福死生，都是命运，怎么可以因为怕死而置自己于不义之地呢？我愿意分担贤者的罪责。"于是被指为陈瓘的同党而被罢官。

遇赦，复起知广德军，移知和州。寻遭内艰，服除，知秀州，力辞。久之，知舒州，命下而卒，赠中大夫，谥文介。禾性不苟合，立朝挺挺有风操。（宋史卷三百六十三）

【译文】后来，遇到赦免，陈禾被调任知广德军，改任和州知州。不久遭母丧，守丧期满，被任为秀州知州，陈禾极力推辞。很久以后，才被授任舒州知州，诏命下达时陈禾已经去世了，随后追赠中大夫，赐谥号为文介。陈禾为人不苟合，在朝任职挺挺有风骨。（宋史卷三百六十三）

韩世忠

【题解】韩世忠（1089—1151年），字良臣，延安（今陕西绥德）人。中兴名将之一。早年勇猛无比，能骑生马驹。年仅十八岁，应募从军，战功赫赫。建炎三年（1129年），平定苗刘之变，解救高宗，因功任武胜军节度使、御营左军都统制。建炎三年（1129年），金兵南下势如破竹，在北返时，遭遇韩世忠拦击并被其打败，即著名的以少胜多的黄天荡之战。绍兴二十一年（1151年）病故，追赠太师、通义郡王。

韩世忠为官清正，处事清楚，曾为岳飞冤狱鸣不平。眼见大好抗金形势被奸佞断送，只好无奈辞官自娱以避祸，晚年自号“清凉居士”。

韩世忠，字良臣，延安人。建炎三年，授检校少保、武胜昭庆军节度使。

兀术[①]将入侵，帝召诸将问移跸之地，张俊、辛企宗劝自鄂、岳幸长沙，世忠曰：“国家已失河北、山东，若又弃江、淮，更有何地？”于是以世忠为浙西制置使，守镇江。既而兀术分道渡江，诸屯皆败，世忠亦自镇江退保江阴。杜充以建康降敌，兀术自广德破临安，帝如浙东。世忠以前军驻青龙镇，中军驻江湾，后军驻海口，俟敌归邀击之。帝召至行在[②]，奏：“方留江上截金人归师，尽死一战。”帝谓辅臣曰：“比吕颐浩在会稽，尝建此策，世忠不谋而同。”赐亲札，听其留。

【注释】①兀术：即完颜宗弼，女真族，金国著名将领，金太祖完颜阿骨打第四子。多次率兵攻宋。

②行在：古代帝王的临时驻地。

【译文】韩世忠，字良臣，延安（今陕西绥德）人。建炎三年（1129年），授任检校少保、武胜昭庆军节度使。

金兀术即将入侵宋朝，高宗召见诸将询问移驾之地，张俊、辛企宗劝高宗从鄂州、岳州到长沙，韩世忠说："国家已经丧失了河北、山东，如果又抛弃长江、淮河，还有什么地方呢？"于是任命韩世忠为浙西制置使，镇守镇江。不久兀术分路渡过长江，各地屯守的军队都被打败了，韩世忠也从镇江退守江阴。杜充以建康城投降敌人，兀术从广德攻破临安，高宗前往浙东。韩世忠以前军驻守青龙镇，中军驻守江湾，后军驻守海口，等敌人回撤时拦阻袭击。高宗召见韩世忠到皇帝驻地，韩世忠奏报说："臣正留在长江边拦截回撤的金军，决心和他们拼死一战。"高宗对辅政大臣说："之前吕颐浩在会稽时，曾经提出这个计策，韩世忠和他不谋而合。"高宗赐予他亲笔书信，听任他留下拦截金军。

会上元节，就秀州张灯高会，忽引兵趋镇江。及金兵至，则世忠军已先屯焦山寺。金将李选降，受之。兀术遣使通问，约日大战，许之。战将十合，梁夫人亲执桴鼓，金兵终不得渡。尽归所掠假道，不听；请以名马献，又不听。挞辣在潍州，遣孛堇[①]太一趋淮东以援兀术，世忠与二酋相持黄天荡者四十八日。太一孛堇军江北，兀术军江南，世忠以海舰进泊金山下，预以铁绠贯大钩授骁健者。明旦，敌舟噪而前，世忠分海舟为两道出其背，每缒一绠，则曳一舟沉之。兀术穷蹙，求会语，祈请甚哀。世忠曰："还我两宫，复我疆土，则可以相全。"兀术语塞。

【注释】①孛堇：女真语，意为长官，为金国一般的部落首领。

【译文】恰逢元宵节，韩世忠到秀州张灯挂彩大会宾客，然后突然率领军队奔赴镇江。等金兵来到时，韩世忠的军队已经首先驻扎在焦山寺了。金将李选投降，韩世忠接受了他的投降。兀术派遣使者互通音讯，约定日期举行大会战，韩世忠同意了。双方交战将近十个回合，韩世忠夫人梁红玉亲自拿槌击打战鼓，金军始终不能渡过长江。兀术表示愿意全部归还所掠夺的地方以求借道退回金国，韩世忠没有听从；兀术请求把名马献给他，韩世忠也没有听从。挞辣在潍州，派遣孛堇太一奔赴淮东援助兀术，韩世忠和金国两位首领在黄天荡相持四十八天。太一孛堇驻扎在江北，兀术驻扎在江南，韩世忠用海舰进港停泊在金山下，预先用铁索贯连着大钩交给勇猛强健的士兵，在船舰上等候。第二天早上，敌人船只叫嚷着前进，韩世忠把海船分为两路绕到敌人背后，用铁索大钩钩套敌船，每放下一根铁索，就钩沉一只敌船。兀术走投无路处境困窘，请求和谈，祈求的态度十分悲哀。韩世忠说："归还我两位皇帝，恢复我原有的疆土，宋金两国就可以互为保全了。"兀术无言以对。

又数日求再会，言不逊，世忠引弓欲射之，亟弛去，谓诸将曰："南军使船欲如使马，奈何？"募人献破海舟策。闽人王某者，教其舟中载土，平版铺之，穴船版以棹桨，风息则出江，有风则勿出。海舟无风，不可动也。又有献谋者曰："凿大渠接江口，则在世忠上流。"兀术一夕潜凿渠三十里，且用方士计，刑白马，剔妇人心，自割其额祭天。次日风止，我军帆弱不能运，金人以小舟纵火，矢下如雨。孙世询、严允皆战死，敌得绝江遁去。世忠收余军还镇江。

【译文】又过了几天，兀术再次请求和谈，但他出言不逊，韩世忠张弓想射死他，兀术急忙骑马逃走，对各位将领说：“宋军驾驶船只就像骑马一样，怎么办？”兀术招募人才进献攻破海船的计策。闽地人有位名为王某的，教他们在船中载上泥土，平铺在船板上，船穴铺上木桨，风停时就驶出长江，有风时就不出。但是海船没有风，是不能开出。又有进献计谋的人说：“开凿一条大河渠连接长江江口，让船只行驶在韩世忠的上游。”兀术一夜之间暗中凿开河渠三十里，并且使用方士的计策，杀白马，挖出妇人的心，割破自己的额头祭祀上天。第二天风停了，韩世忠的军队因为风力不够，船只不能张开帆，金军驾驶小船放火，箭如雨下。孙世询、严允都战死，敌人得以渡过长江逃走。韩世忠收集残军返回镇江。

初，世忠谓敌至必登金山庙，观我虚实。乃遣兵百人伏庙中，百人伏岸浒，约闻鼓声，岸兵先入，庙兵合击之。金人果五骑闯入，庙兵喜，先鼓而出，仅得二人。逸其三，中有绛袍玉带、既坠而复驰者，诘之，乃兀术也。是役也，兀术兵号十万，世忠仅八千余人。

【译文】当初，韩世忠认为敌人到达后必定登上金山庙，来观察我方虚实。于是派兵一百人埋伏在庙中，一百人埋伏在岸边，约定听到鼓声，埋伏在岸边的士兵首先攻入，埋伏在金山庙中的士兵合力夹击。金军果然有五位骑兵闯入庙中，埋伏在金山庙中的士兵大喜，首先击鼓出击，仅获两人。三人逃掉，当中有一个穿着绛袍玉带、坠马后又骑上马飞快逃走的人，审问俘虏，得知居然是兀术。这场战役，兀术军队号称十万，韩世忠仅有八千多人。

绍兴十一年，秦桧收三大将权，四月，拜枢密使。世忠既不以和议为然，为桧所抑。十月，罢为醴泉观使。自此杜门谢客，绝口不言兵，时跨驴携酒，从一二奚童①，纵游西湖以自乐，平时将佐罕得见其面。二十一年八月薨。

世忠尝戒家人曰："吾名世忠，汝曹毋讳'忠'字，讳而不言，是忘忠也。"性戆直，勇敢忠义，事关庙社，必流涕极言。岳飞冤狱，举朝无敢出一语，世忠独撄桧怒。

【注释】①奚童：指未成年的男性童仆。

【译文】绍兴十一年（1141年），秦桧收回韩世忠、张俊、岳飞三大将的兵权，这年四月，朝廷任韩世忠为枢密使。韩世忠不赞同和金国和议，被秦桧阻抑。这年十月，韩世忠被罢免为醴泉观使。从此，韩世忠闭门谢客，绝口不谈军事，时常骑着驴提着酒，由一二个童仆跟从，纵游西湖怡然自乐，平时将官很少能见到他的面。韩世忠在绍兴二十一年（1151年）八月去世。

他曾劝诫家人说："我的名字是世忠，你们不用避讳'忠'字，讳而不言，就是忘忠了。"韩世忠性情憨厚刚直，勇敢忠义，事关宗庙社稷的，必定流涕极言。岳飞蒙受冤狱，满朝没有人敢说一句话，唯独韩世忠直言触怒秦桧。

嗜义轻财，锡赉悉分将士，所赐田输租与编户等。持军严重，与士卒同甘苦，器仗规画，精绝过人，今克敌弓、连锁甲、狻猊鍪，及跳涧以习骑，洞贯以习射，皆其遗法也。尝中毒矢入骨，以强弩括取之，十指仅全四，不能动，刀痕箭瘢如刻画。然知人善奖用，成闵、解元、王胜、王权、刘宝、岳超起行伍，秉将旄，皆其部曲云。解兵罢政，卧家凡十年，澹然自如，若未尝有权位者。晚喜释、老，自号清凉居士。（宋史卷三百六十四）

【译文】韩世忠好义轻财，得来的赏赐全部分给将士，所受赐的田地和编户同等交租纳税。治军严谨整肃，和士兵同甘共苦，武器装备规划，精绝过人，现在的克敌弓、连锁甲、狻猊鍪，以及通过跳涧来练习骑马，通过穿洞来练习射箭，都是他遗留下来的方法。韩世忠曾经中毒箭入骨，用强弩括取，十个手指仅剩下四个完好，不能动，在他身上刀痕箭伤如同刻画一样繁密清晰。他知人善任，奖励能干的人，成闵、解元、王胜、王权、刘宝、岳超起身于行伍，直到挥将旗指挥，都是他的部属。

他被解除兵权免去官职，赋闲在家共十年，恬淡自如，就像不曾拥有权位。晚年喜欢佛教、老子学说，自号清凉居士。（宋史卷三百六十四）

群书治要续编卷第二十一　宋史（六）

岳　飞

【题解】岳飞（1103—1142年），字鹏举，相州汤阴县（今河南汤阴县）人，南宋抗金名将，著名主战派。与韩世忠、张俊、刘光世并称南宋中兴四将。历任荆湖东路安抚都总，河南、北诸路招讨使、枢密副使等职。他出身普通家庭，好读《左传》，孙武、吴起的兵书。曾向周同学习骑射，能左右开弓。后拜陈广为师，学习刀枪之法，武艺“一县无敌”。天生神力，不到二十岁能挽弓三百斤，开弩八石。宣和四年（1122年），刘韐招募“敢战士”以御辽，岳飞应征从军，凭着出色的武艺，担任一名分队长，由此开始了他的军戎生涯。靖康元年（1126年），金兵两次南下围困开封，赵构任河北兵马大元帅，召集各路人马起兵勤王。时岳飞正赋闲在家，看见金兵屠戮百姓，蹂躏国土，意欲投军，又担忧老母年迈，妻儿力弱，无法在战乱中保全。岳母为了支持岳飞从军报国，在其背上刺上“尽忠报国”四字。后来，宗泽在开德府与金兵交战，十三战皆捷，初次成为宗泽部下的岳飞身先士卒，英勇奋战，以军功迁为修武郎。岳飞先后四次进行北伐。绍兴十年（1140年），岳飞最后一次挥师北伐，先后于郾城、颍昌大败金军，逼近离旧都开封四十五里的朱仙镇。但是宋高宗、秦桧一味求和，连发十二道金牌催促岳飞班师回朝，岳飞接到命令后，愤惋泣下，悲愤地喊出：

“十年之力，废于一旦。”绍兴十一年十二月二十九日，即1142年1月27日，岳飞以“莫须有”的罪名被害。宋孝宗时平反了岳飞的冤狱，追谥为武穆。后又追封为鄂王，改谥为忠武。

据说岳飞曾在壮志未酬的悲愤心情下创作了《满江红》，表现他矢志抗金、收复中原的强烈爱国精神，成为一篇脍炙人口的名篇，千百年来深受人们的喜爱。

岳飞，字鹏举，相州汤阴人。少负气节，沉厚寡言，家贫力学，尤好《左氏春秋》、孙吴兵法。生有神力，未冠，挽弓三百斤，弩八石。学射于周同，尽其术，能左右射。同死，朔望设祭于其冢。父义之，曰：“汝为时用，其徇国死义乎！”

宣和四年，飞应募。迁秉义郎，隶留守宗泽。战开德、曹州皆有功，泽大奇之，曰：“尔勇智才艺，古良将不能过，然好野战，非万全计。”因授以阵图。飞曰：“阵而后战，兵法之常，运用之妙，存乎一心。”泽是其言。

绍兴五年，除荆湖南北、襄阳路招讨使。

【译文】岳飞，字鹏举，相州汤阴（今河南汤阴）人。早年就怀有气节，性情朴实稳重沉默寡言，家境贫寒而努力向学，尤其喜欢《左氏春秋》、孙吴兵法等书。天生有神力，岳飞还不到二十岁，就能拉开三百斤的强弓，八石的强弩。向周同学习射箭，学到了周同的所有本领，能够左右开弓射箭。周同去世后，岳飞每逢初一、十五日在他的坟前摆上贡品祭祀。他的父亲认为他很有义气，说："你将来为国所用，是会为国捐躯为义而死的人啊！"

宣和四年（1122年），岳飞应征入伍。岳飞因战功升为秉义郎，隶属于东京（开封）留守宗泽。在开德、曹州与敌人交战都建立战功，宗泽感到十分惊奇，说："你的勇敢智慧才能武艺，就算是古代的良将也不能超过你，但是你喜欢不按常规作战，这并不是万全之计。"因而把作战阵图传授给岳飞。岳飞说："摆好阵型后再作战，这是兵法的常规，但是用兵作战的巧妙，在于用心思考运用。"宗泽听后觉得岳飞说得是对的。

绍兴五年（1135年），朝廷任命岳飞为荆湖南北、襄阳路招讨使。

六年，张浚至江上会诸大帅，独称飞与韩世忠可倚大事，命飞屯襄阳，以窥中原，曰："此君素志也。"

十年，金人攻拱、亳，刘锜告急，命飞驰援。将发，密奏言："先正国本以安人心，然后不常厥居，以示无忘复仇之意。"帝得奏，大褒其忠，授少保。

兀术大惧，会龙虎大王议，以为诸帅易与，独飞不可当，欲诱致其师，并力一战。中外闻之，大惧，诏飞审处自固。飞曰："金人伎穷矣。"乃日出挑战，且骂之。兀术怒，合龙虎大王、盖天大王与韩常之兵逼郾城。飞遣子云领骑兵直贯其阵，戒之曰："不胜，先斩汝！"鏖战数十合，贼尸布野。

【译文】绍兴六年（1136年），张浚到长江边上会见各路大帅，唯独称赞岳飞和韩世忠二人可以托付大事，命令岳飞屯守襄阳，伺机恢复中原，说：“这是你一贯的志向。”

绍兴十年（1140年），金军攻打拱州、亳州，刘锜向朝廷告急，朝廷命令岳飞火速救援。大军即将出发，岳飞秘密上奏说：“首先确立国家的根本来安定人心，然后不使太子之位长期空缺，以此表示没有忘记复仇雪恨的意志。”宋高宗赵构得到他的奏疏后，大为褒奖他的忠心，授予他为太子少保。

听到消息后，兀术十分害怕，于是会见龙虎大王共同商议对策，认为其他宋军将领都容易对付，唯独岳飞难以阻挡，打算诱导岳家军前来，集中兵力和他决战。朝廷内外听说这件事，十分恐惧，朝廷下诏给岳飞仔细审察处理自行保全。岳飞说：“金人的伎俩已经用完了。”于是每日出阵挑衅，而且叱骂金军。兀术发怒，联合龙虎大王、盖天大王和韩常的军队逼近郾城。岳飞派其子岳云率领骑兵直穿金军阵地，告诫岳云说：“若不能获胜，我必先杀你！”岳云和金军苦战几十个回合，金军横尸遍野。

先是，绍兴五年，飞遣梁兴等布德意，招结两河豪杰，山寨韦铨、孙谋等敛兵固堡，以待王师，李通、胡清、李宝、李兴、张恩、孙琪等举众来归。其所揭旗以“岳”为号，父老百姓争挽车牵牛，载糗粮①以馈义军，顶盆焚香迎候者，充满道路。自燕以南，金号令不行，兀术欲签军②以抗飞，河北无一人从者。乃叹曰："自我起北方以来，未有如今日之挫衄[③]。"金将军韩常欲以五万众内附。飞大喜，语其下曰："直抵黄龙府，与诸君痛饮尔！"

【注释】①糗粮：干粮。

②签军：金元两代凡是遇到战事，就签发所占有的汉族壮丁当兵，但不是正规军，只服苦役，称为签军。泛指被强行征调而组成的军队。签，古代颁发的片状凭证。

③挫衄：挫败，失败。衄（nǜ），损伤，失败。

【译文】在此以前，绍兴五年（1135年），岳飞派遣梁兴等人广布朝廷的恩德，招纳结交两河地区的英雄豪杰，山寨中的韦铨、孙谋等人收缩兵力固守碉堡，来等待宋军的到来，李通、胡清、李宝、李兴、张恩、孙琪等人率领军队前来归附。他们所举起的旗帜都是以"岳"字为号，父老百姓争相拉车牵牛，运输干粮送给义军，顶盆焚香迎候宋军的百姓，充满了道路。从燕山以南的地区，金国的号令不能推行，兀术想强行征调壮丁组成军队来抵抗岳飞，河北地区没有一个服从的人。兀术于是叹息说："自从我朝在北方建立以来，没有像今天这样的挫败。"金国将军韩常想率领五万部众前来归附。岳飞非常高兴，对他的部下说："长驱直入金国都城黄龙府后，我和你们一同尽兴地喝酒！"

方指日渡河，而桧欲画淮以北弃之，风台臣[①]请班师。飞奏："金人锐气沮丧，尽弃辎重，疾走渡河，豪杰向风，士卒用命，时不再来，机难轻失。"桧知飞志锐不可回，乃先请张俊、杨沂中等归，而后言飞孤军不可久留，乞令班师。一日奉十二金字牌，飞愤惋泣下，东向再拜曰："十年之力，废于一旦。"飞班师，民遮马恸哭，诉曰："我等戴香盆、运粮草以迎官军，金人悉知之。相公去，我辈无噍类②矣。"飞亦悲泣，取诏示之曰："吾不得擅留。"哭声震野，飞留五日以待其徙，从而南者如市，亟奏以汉上六郡闲田处之。

方兀术弃汴去，有书生叩马③曰："太子毋走，岳少保且退矣。"兀术曰："岳少保以五百骑破吾十万，京城日夜望其来，何谓可守？"生曰："自古未有权臣在内，而大将能立功于外者，岳少保且不免，况欲成功乎？"兀术悟，遂留。飞既归，所得州县，旋复失之。

【注释】①风台臣：暗示台谏官。风，通讽，委婉劝告。台臣，元代行御史台的长官，泛指谏官。

②噍类：原指吃东西的动物，泛指有生命的人。

③叩马：勒住马，喻指劝谏。叩，通扣，拉住。

【译文】正当岳飞不日渡过黄河向北进发时，然而秦桧打算抛弃淮河以北的地区，婉言劝告台谏官请求命令岳飞班师回朝。岳飞上奏说："金军士气沮丧，抛弃全部辎重物资，匆忙渡过黄河北逃，两岸地区的英雄豪杰闻风响应，我军士兵誓死效命，这样的时机不会再来，这样的机遇很难轻易放弃。"秦桧知道岳飞的北伐意志坚决不可改变，于是先请求高宗让张俊、杨沂中等人班师回朝，然后再说岳飞孤军深入不能长期逗留，请求下令班师回朝。一天之间接连颁布十二道金牌，命令岳飞班师回朝，岳飞愤恨惋惜以致流泪，面向东方拜了两拜说：“十年北伐之力，今天毁于一旦。”岳飞于是班师南撤，百姓拦住他的马头放声痛哭，诉苦说：“我们头顶香盆、运送粮草来迎接官军，这些事情金人全都知道。岳相公一旦离开，我们不会有活着的人了。”岳飞也悲伤地哭泣，拿出朝廷的诏令给他们看而说：“我不能擅自留下。”哭声震动荒野，但是岳飞停留五天来等待百姓的迁移，跟从岳飞南下的百姓像集市上的人群，岳飞连忙上奏把汉水以上六个州府的闲置土地来安置他们。

正当兀术放弃汴京城而离开时，有一位书生拉住他的马说：“太子不要走，岳少保将要退兵了。”兀术说：“岳少保利用五百骑兵打败我十万大军，汴京城里的百姓日夜盼望他前来，怎能说还可以留守？”书生说：“自古以来没有权臣在朝内把持朝政，而大将能够在朝外建立功业的，岳少保尚且不能避免这些祸害，何况想恢复中原成就功业呢？”兀术醒悟过来，于是留守汴京。岳飞班师回朝后，原来所收复的州县，不久就又沦陷了。

初，桧逐赵鼎，飞每对客叹息，又以恢复为己任，不肯附和议。兀术遗桧书曰：“汝朝夕以和请，而岳飞方为河北图，必杀飞，始可和。”桧亦以飞不死，终梗和议，己必及祸，故力谋杀之。

桧遣使捕飞父子，证张宪[1]事，使者至，飞笑曰："皇天后土，可表此心。"初命何铸鞫之，飞裂裳以背示铸，有"尽忠报国"四大字，深入肤理。岁暮，狱不成，桧手书小纸付狱，即报飞死，时年三十九。

狱之将上也，韩世忠不平，诣桧诘其实，桧曰："飞子云与张宪书虽不明，其事体莫须有。"世忠曰："'莫须有'三字，何以服天下？"

【注释】①张宪（？—1142年）：南宋抗金名将，岳飞最为倚重的将领之一。官至龙神卫四厢都指挥使、阆州观察使、高阳关路马步军副都总管。宋廷连发十二道金牌催促岳飞班师回朝，张宪亦在其中。后秦桧收买曾因过失受到岳飞惩处的王贵等人，利诱威逼其诬告岳飞谋反，诬告岳飞之子岳云写信给张宪，让张宪向朝廷假报金人入寇，以助岳飞夺回兵权。由于没有证据，便对张宪严刑拷打。张宪备受酷刑，体无完肤，始终不屈。随后万俟卨、罗汝缉等诬陷岳飞写给张宪等人的谋反信，已被张宪等焚毁灭证。绍兴十二年（1142年），张宪和岳云同时被害。后得以沉冤得雪。

【译文】起初，秦桧驱逐赵鼎离开朝廷后，岳飞每次对着客人叹息，又以恢复中原为己任，不肯附和与金国和议的主张。兀术送给秦桧的书信说："你日夜都在请求和议，然而岳飞正在河北图谋恢复失地，所以必须杀掉岳飞，才能议和。"秦桧也认为岳飞不死，终究会阻碍和议，自己最终必然遭到灾祸，因而极力用计杀死岳飞。

秦桧派遣使者逮捕岳飞父子，来证实张宪的事情，使者来到，岳飞笑着说："皇天后土，可以表明我的心迹。"秦桧起初命令何铸审问岳飞，岳飞撕开衣服露出后背给何铸看，上面刺有"尽忠报国"四个大字，字迹深入皮肤肌理之中。这年年底，岳飞的案件还没成立，秦桧亲自写一张小纸条交给监狱，监狱立即上报岳飞死亡的消息，岳飞当时年仅三十九岁。

岳飞的冤案即将上报朝廷，韩世忠为此愤愤不平，到秦桧那里质问案件的真实情况，秦桧说："岳飞的儿子岳云写信给张宪这件事即使不明确，然而这件事却涉及'莫须有'的罪状。"韩世忠说："'莫须有'三个字，怎能让天下人信服？"

飞至孝，母留河北，遣人求访，迎归。母有痼疾，药饵必亲。母卒，水浆不入口者三日。家无姬侍。吴玠素服飞，愿与交欢，饰名姝遗之。飞曰："主上宵旰，岂大将安乐时？"却不受，玠益敬服。少豪饮，帝戒之曰："卿异时到河朔，乃可饮。"遂绝不饮。帝初为飞营第，飞辞曰："敌未灭，何以家为？"或问天下何时太平，飞曰："文臣不爱钱，武臣不惜死，天下太平矣。"

张俊尝问用兵之术，曰："仁、智、信、勇、严，阙一不可。"好贤礼士，览经史，雅歌投壶[①]，恂恂如书生。每辞官，必曰："将士效力，飞何功之有？"然忠愤激烈，议论持正，不挫于人，卒以此得祸。（宋史卷三百六十五）

【注释】①雅歌投壶：吟咏雅诗以及作投壶游戏。常指作武将的儒雅行为。雅歌，歌唱高雅之诗。投壶，古代宴会时的娱乐活动，主客依次投箭到壶中，投中次数多者为胜，胜者斟酒败者喝。

【译文】岳飞极为孝顺，岳母留在河北时，派人寻觅探访，迎接母亲南归。岳母患有痼疾，服用的药物岳飞必定亲自敬奉。岳母去世后，他三天不喝水不吃饭。家中没有姬妾侍奉。吴玠向来敬服岳飞，愿意和他结交，就把一名名媛打扮得漂漂亮亮送给他。岳飞说："皇上宵衣旰食，现在难道是大将享受安乐的时候吗？"岳飞把美女退回去没有接受，吴玠更加敬服他。岳飞年轻时纵情喝酒，高宗告诫他说："爱卿将来进军到了河朔地区，才可以饮酒。"岳飞从此戒酒不喝。高宗当初想为岳飞营造宅第，岳飞推辞说："敌人还没消灭，怎能为家庭谋划呢？"有人问他天下什么时候能够太平，岳飞说："文官不贪图钱财，武官不吝惜生命，天下就太平了。"

张俊曾经询问岳飞用兵的方法，岳飞说："仁义、智谋、信用、勇敢、严厉，缺一不可。"岳飞喜好贤才礼待士人，阅读经书史籍，歌唱雅诗爱玩投壶游戏，温和恭敬像一个书生。每次推辞朝廷的加官进爵时，岳飞一定说："全军将士为国效力，我又有什么功劳呢？"岳飞性情忠诚义愤慷慨激昂，议论事情秉持正道，不向人屈服，最终因此遭受被害。（宋史卷三百六十五）

胡　铨

【题解】胡铨（1102—1180年），字邦衡，庐陵（今江西吉安）人。庐陵“五忠一节”之一，与李纲、赵鼎、李光并称“南宋四名臣”。建炎二年（1128年）进士，授抚州军事判官，转承直郎。绍兴八年（1138年），秦桧主和，胡铨抗疏力斥，乞斩秦桧与参政孙近、使臣王伦，声震朝野。但遭除名，编管昭州，移谪吉阳军。秦桧死后，内移衡州。孝宗即位，复任奉议郎，知饶州。历国史院编修官、兵部侍郎，晚年以资政殿学士致仕。淳熙七年（1180年）去世，追谥忠简。

《续编》辑录了胡铨因宰相秦桧力主和议而抗疏上言一事。胡铨直言劝谏高宗斩杀秦桧等奸臣，拒绝与金和议，认为：“异时豺狼无厌之求，安知不加我以无礼如刘豫也哉？”若不采纳他的谏言，他宁愿跳入东海也不苟全于偏安一隅的小朝廷。胡铨忠心可嘉，其言行足以让他彪炳史册。

胡铨，字邦衡，庐陵人。建炎二年，高宗策士淮海，见而异之，将冠之多士，有忌其直者，移置第五。绍兴五年，兵部尚书吕祉以贤良方正荐，赐对，除枢密院编修官。

【译文】胡铨，字邦衡，庐陵（今江西吉安）人。建炎二年（1128年），高宗在淮海对策取士，高宗看到胡铨而感到惊异，打算把他列为众多进士中的第一名，有人忌恨他的耿直，被调到第五名。绍兴五年（1135年），兵部尚书吕祉以贤良方正科推荐他，高宗召见他对答问题，任胡铨为枢密院编修官。

八年，宰臣秦桧决策主和，金使以“诏谕江南”为名，中外汹汹。铨抗疏言曰：

臣谨案，王伦本一狎邪小人，市井无赖，顷缘宰相无识，遂举以使虏。专务诈诞，欺罔天听，骤得美官，天下之人切齿唾骂。今者无故诱致虏使，以“诏谕江南”为名，是欲臣妾我也，是欲刘豫我也。刘豫臣事丑虏，南面称王，自以为子孙帝王万世不拔之业，一旦豺狼改虑，捽而缚之，父子为虏。商鉴不远[①]，而伦又欲陛下效之。夫天下者祖宗之天下也，陛下所居之位，祖宗之位也。奈何以祖宗之天下为金虏之天下，以祖宗之位为金虏藩臣之位！陛下一屈膝，则祖宗庙社之灵尽污夷狄，祖宗数百年之赤子尽为左衽，朝廷宰执尽为陪臣，天下士大夫皆当裂冠毁冕，变为胡服。异时豺狼无厌之求，安知不加我以无礼如刘豫也哉？

【注释】①商鉴不远：即殷鉴不远。宋人讳太祖父弘殷之名，改殷作商。原意是殷人灭夏，殷人的子孙应该以夏的灭亡作为鉴戒。后来泛指可以作为后人鉴戒的往事。

【译文】绍兴八年（1138年），宰相秦桧决定力主和议，金国使者以“诏谕江南”为名南下，朝廷内外群情激愤。胡铨抗疏上言说：

臣谨案，王伦本是一个放荡无赖的小人，市井无赖，由于宰相无知，于是推举他出使敌国。专门从事欺诈虚妄之事，欺骗蒙蔽皇上的视听，骤然得到高官美差，天下之人对此都切齿唾骂。现在无故引诱敌使前来，以“诏谕江南”为名，是想让我朝臣服它，是想让我朝充当伪齐刘豫的角色。刘豫以臣子之礼侍奉敌人，南面称王，自以为奠定子孙万代不变的大业，而一旦豺狼改变主意，便突然揪住绑缚他们，父子都成为阶下之囚。殷鉴不远，而王伦又想让陛下仿效刘豫。天下，是祖宗的天下，陛下所居的皇位，是祖宗的皇位，怎么能以祖宗的天下送给金人，将祖宗的皇位变成金朝藩臣的位子！陛下一旦屈膝顺从，那么祖宗在天之灵蒙受夷狄的污辱，祖宗数百年赤子臣民，全部沦为奴隶，朝廷宰执全部成为陪臣，天下士大夫都会撕毁冠冕，变穿胡服。以后豺狼的欲求将更加贪得无厌，怎么能知道它不会像无礼对待刘豫那样对待我朝呢？

虽然，伦不足道也，秦桧以腹心大臣而亦为之。陛下有尧、舜之资，桧不能致君如唐、虞，而欲导陛下为石晋，近者礼部侍郎曾开①等引古谊以折之，桧乃厉声责曰：“侍郎知故事，我独不知！”则桧之遂非愎谏，已自可见，而乃建白令台谏、侍臣佥议可否，是盖畏天下议己，而令台谏、侍臣共分谤耳。有识之士皆以为朝廷无人。吁，可惜哉！

【注释】①曾开：字天游，曾几之兄，赣州（今江西赣州）人。崇宁年间登进士第，历任真州司户、国子监司业、起居舍人、中书舍人等职。多次反对秦桧，屡遭贬斥。

【译文】即使如此，王伦不值一提，而秦桧凭着朝廷心腹大臣的身份也做出这样的事。陛下有唐尧、虞舜那样的天资，秦桧不能辅助皇上如同唐尧、虞舜一样，却打算诱导陛下成为后晋石敬瑭那样的儿皇帝。近来礼部侍郎曾开等引用古代教训来阻止他，秦桧竟然厉声斥责他们说："侍郎了解过去的事例，难道只有我不知道！"那么秦桧坚持己见拒绝谏言，从这件事上就自然可以看清楚，而又奏请命令台谏、侍臣计议能否和议，大概是害怕天下议论自己，而让台谏、侍臣共同分担舆论的指责罢了。有识之士都认为朝廷没有人才。哎，可惜啊！

孔子曰："微管仲，吾其被发左衽矣。"夫管仲，霸者之佐耳，尚能变左衽之区，而为衣裳之会。秦桧，大国之相也，反驱衣冠之俗，而为左衽之乡。则桧也不唯陛下之罪人，实管仲之罪人矣。孙近[①]傅会桧议，遂得参知政事，天下望治有如饥渴，而近伴食中书，漫不敢可否事。桧曰虏可和，近亦曰可和；桧曰天子当拜，近亦曰当拜。臣尝至政事堂，三发问而近不答，但曰："已令台谏、侍从议矣。"呜呼！参赞大政，徒取充位如此。有如虏骑长驱，尚能折冲御侮耶？臣窃谓秦桧、孙近亦可斩也。

【注释】①孙近：字叔诣，无锡（今江苏）人。崇宁进士。1106年，复中宏词科。历任绍兴知府、吏部侍郎、直学士院、参知政事等职。后因胡铨弹劾，于绍兴十一年（1141年），罢政。责漳州居住，移赣州。

【译文】孔子说："没有管仲，我们都会披发左衽，被异族同化了！"管仲，不过是霸主齐桓公的辅佐之臣罢了，尚能改变身穿左衽的地方，协助主持各国诸侯的会盟。秦桧，是大国的宰相，反而驱使衣冠之俗，变成左衽之乡。这样秦桧不仅是陛下的罪人，实际上也是管仲的罪人。孙近附和秦桧的意见，于是官至参知政事，天下希望得到治理如同饥渴，而孙近位居重位，议事时不敢对事情持否定意见。秦桧说与金国可和，孙近也说与金国可和；秦桧说皇上当拜领金朝国书，孙近也说当拜。臣曾到政事堂，三次质问而孙近避而不答，只是说："已令台谏、侍从计议。"哎呀！参赞国家大政，却只是这样空居要位。假如敌骑长驱直入，还能抗拒敌人抵御外侮吗？臣个人认为秦桧、孙近也应当斩首。

臣备员枢属，义不与桧等共戴天，区区之心，愿断三人头，竿之藁街，然后羁留虏使，责以无礼，徐兴问罪之师，则三军之士不战而气自倍。不然，臣有赴东海而死尔，宁能处小朝廷求活邪！

【译文】我充当枢密院一名属员，誓与秦桧等人不共戴天。我的心，就是希望将秦桧、王伦、孙近三人斩首，把他们的头颅悬挂在竹竿上到藁街上去示众。然后拘留金国使者，责备他们违背礼义，再从容地派出讨伐金国的军队，那么三军将士不待作战就已勇气倍增。不这样的话，我只有跳入东海一死了之，岂能留在小朝廷里苟且偷生吗?

书既上，桧以铨狂妄凶悖，鼓众劫持，诏除名，编管昭州，仍降诏播告中外。

【译文】奏疏上报之后，秦桧认为胡铨狂妄自大凶暴悖逆，鼓动众人要挟圣意，高宗诏令将胡铨削籍为民，贬送昭州管制，并降诏传告朝廷内外。

孝宗即位，复奉议郎、知饶州。召对，言修德、结民、练兵、观衅，上曰："久闻卿直谅。"除吏部郎官。隆兴元年，迁秘书少监，擢起居郎。

时旱蝗、星变，诏问政事阙失，铨应诏上书数千言，始终以《春秋》书灾异之法，言政令之阙有十，而上下之情不合亦有十，且言："尧、舜明四目，达四聪，虽有共、鲧，不能塞也。秦二世以赵高为腹心，刘、项横行而不得闻；汉成帝杀王章，王氏移鼎而不得闻；灵帝杀窦武、陈蕃，天下横溃而不得闻；梁武信朱异，侯景斩关而不得闻；隋炀帝信虞世基，李密称帝而不得闻；唐明皇逐张九龄，安、史胎祸而不得闻。陛下自即位以来，号召逐客，与臣同召者张焘[①]、辛次膺[②]、王大宝[③]、王十朋④，今焘去矣，次膺去矣，十朋去矣，大宝又将去，惟臣在尔。以言为讳，而欲塞灾异之源，臣知其必不能也。”上曰：“非卿不闻此。”

【注释】①张焘（1092—1166年）：字子公，饶州德兴人，秘阁修撰张根之子。政和八年（1118年）进士，尝为辟雍录、秘书省正字。绍兴九年（1139年），出知成都府兼本路安抚使。在蜀四年，戢贪吏，薄赋敛，安抚雅州少数族，赈济灾民，颇有政绩。自蜀归，闲居十三年。秦桧死后，知建康府兼行宫留守。隆兴元年（1163年），迁参知政事，以老病推辞不就。隆兴四年（1166年）在家中去世，终年75岁，追谥忠定。

②辛次膺（1091—1170年）：字起季，宋莱州（今山东）人。政和进士。曾见高宗于建康行宫，首言救世之弊。擢右正言。主张抗金，力斥和议，为秦桧所诬陷，奉祠十六年。秦桧死后，起知婺州，擢权给事中。孝宗即位，除御史中丞。隆兴元年（1163年），同知枢密院事。不久，拜参知政事，以疾力辞。为官清正，敢于直言。乾道六年（1170年）逝世，享年79岁。

③王大宝（1094—1170年）：字元龟。原籍温陵（今福建泉州），后徙潮州（今广东潮州）。建炎二年（1128年）廷试第二，中榜眼，授南雄州教授。隆兴元年（1163年）张浚北伐失利，王大宝因力主抗金，于次年被罢职。乾道元年（1165年），起用为礼部尚书。乾道六年（1170年）病逝，赠谥大中大夫。

④王十朋（1112—1171年）：字龟龄，号梅溪，温州乐清（今浙江乐清）人。绍兴二十七年（1157年）进士第一。官秘书郎。做官期间有治绩，时人绘像而祠之。隆兴元年（1163年）北伐失利，王十朋上疏不被

采纳，出知饶、湖等州。乾道四年（1168年），起用为泉州知州。乾道七年（1171年），王十朋逝世，终年60岁。后追谥忠文。

【译文】孝宗即位后，胡铨恢复官职任奉议郎、饶州知州。召他入对，胡铨上奏修养德行、团结百姓、训练士兵、静观边衅等四件事。孝宗说："我很早就听说你耿直诚实。"任命他为吏部郎官。隆兴元年（1163年），胡铨升至秘书少监、擢任起居郎。

当时发生旱灾、蝗灾和星变，孝宗下诏垂询政事得失，胡铨应诏上书数千言，全篇引用《春秋》记载灾异的方法，论述政令缺失的情况有十种，而上下之情不合的情况也有十种，并说："唐尧、虞舜目察四方，耳听四方，虽有共工、鲧之乱，也不能堵塞。秦二世以赵高为腹心，刘邦、项羽驰骋纵横而不曾得闻；汉成帝杀死王章，王凤移鼎而不曾得闻；灵帝杀死窦武、陈蕃，天下崩溃而不曾得闻；梁武帝信任朱异，侯景斩关夺隘而不曾得闻；隋炀帝信任虞世基，李密称帝而不曾得闻；唐明皇驱逐张九龄，安禄山、史思明包藏祸胎而不曾得闻。陛下自从即位以后，号召延揽宾客，与我同时召来的张焘、辛次膺、王大宝、王十朋，现在张焘已离开朝廷了，辛次膺也离开朝廷了，王十朋离开朝廷了，王大宝也将离去，只有臣还在。以言论为避讳，而想堵塞灾异的根源，臣知道必然不能做到。"孝宗说："不是你，我听不到这些。"

二年，兼国子祭酒，寻除权兵部侍郎。八月，上以灾异避

殿减膳，诏廷臣言阙政急务。铨以振灾为急务，议和为阙政。七年，以资政殿学士致仕。薨，谥忠简。（宋史卷三百七十四）

【译文】隆兴二年（1164年），胡铨兼任国子监祭酒，不久任兵部侍郎。八月，孝宗因灾异避离正殿减少常膳，诏令廷臣议论政事缺失和当前急务。胡铨认为赈灾是当务之急，议和是失策。淳熙七年（1180年），胡铨以资政殿学士身份退休。去世后，谥号忠简。（宋史卷三百七十四）

王居正

【题解】王居正（1087—1151年），又名王悦，字刚中，号瑞凤，江苏扬州人。入太学，穷困失意十几年，后被宰相范宗尹举荐于朝，入朝奏对时，对建炎初年的天下形势，有自己的看法，认为“今日之事，朝廷皆曰难，则当有易为之理”，只要尽力去解决难事，难事就会得到解决。如果不及时不尽力去解决，最终也会招致祸患。宋高宗嘉许了他，认为王居正是不可多得的人才。因力主抗金，为秦桧所忌，指使中丞何铸劾居正为赵鼎汲引，欺世盗名，夺职奉祠。历任太常博士、礼部员外郎、婺州知州、温州知州等职。多有著述，不行于世。

王居正，字刚中，扬州人。入太学，流落十余年，司业黄齐得其文，曰：“王佐才也。”及同知贡举，欲擢为首，以风多士，他考官持之，置次选。

范宗尹荐于朝，召至，入对，奏：“昔人有云：‘君以为难，易将至矣。’今日之事，朝廷皆曰难，则当有易为之理。然国势日弱，敌气日骄，何邪？盖昔人于难者勉强为之，今以为难，不复有所为，以俟天意自回，强敌自毙也。宣和末，以为难者十五六，至靖康与宣和孰难？靖康末，以为难者十八九，至建炎与靖康孰难？由此而言，今日虽难于前日，安知他日不难于今日？盖宣和以为难，故有靖康之祸；靖康以为难，故有今日之忧。今而亦云，臣有所不忍闻。”高宗嘉之，谕宗尹曰：“如王居正人才，岁月间得一人亦幸矣。”除太常博士，迁礼部员外郎。（宋史卷三百八十一）

【译文】王居正，字刚中，扬州（今江苏扬州）人。进入太学研习，穷困失意十多年，司业黄齐看到他的文章，说：“这是一位辅佐帝王的人才啊。”等到黄齐为同知贡举时，想提他为第一名，来劝勉众多士人，后来因和其他考官相持不下，最终把他放在次一等的名次里。

范宗尹向朝廷举荐了王居正，召他来到朝廷，进宫回答质询，王居正上奏说：“前人有这样的说法：‘君主认为艰难的时候，容易就即将到来了。’今天的事情，朝廷全部人都说难办，那就应当有容易处理的道理。然而国家势力日益衰弱，敌人士气日益骄横，这是为什么呢？因为前人在艰难时就尽力去做，现在认为是难事，却不再有所作为，以此坐等天意自行挽回，强劲的敌人自行灭亡。宣和末年，认为艰难的事情中十件有五六件，那么到靖康年间与宣和年间比起来哪个更艰难？靖康末年，认为艰难的事情中十件八九件，那么到建炎年间和靖康年间比起来哪个更艰难？从这方面来说，今天即使比前天艰难，怎么知道将来不比今天更艰难？大概是宣和年间认为艰难，因此有靖康之乱；靖康年间认为艰难，因此有今天的忧愁。今天也这样说，我不忍心听下去了。”高宗嘉奖他，告诉范宗尹说：“像王居正这样的人才，隔段时间得到一个也感到幸运了。”后来，朝廷任命他为太常博士，迁礼部员外郎。（宋史卷三百八十一）

虞允文

【题解】虞允文（1110—1174年），字彬父，一作彬甫，隆州仁寿（今四川眉山）人，抗金名将，著名主战派，官至左丞相兼枢密使。六岁诵《九经》，七岁能属文。绍兴二十三年（1153年），考中进士。但由于秦桧当权，未获重用。秦桧死后，由中书舍人赵达举荐于朝，就任秘书丞。绍兴三十一年（1161年），金主完颜亮南下攻宋，渡过淮河，进逼长江。两淮宋军前线溃败，金军如入无人之境。时任督视江淮军马府参谋军事的虞允文，前往采石（今安徽马鞍山市）犒师。恰逢金军谋从采石渡江，宋军群龙无首，虞允文见形势危急，亲自督师，在采石与金军决战，以少胜多，取得了采石大捷。绍兴三十二年（1162年），虞允文任川陕宣谕使，企图北伐，恢复中原，后因宋宁宗听信谗言，要求前线宋军退兵，事败垂成。乾道元年（1165年）虞允文被召回临安，任参知政事兼知枢密院事。淳熙元年（1174年）因病而亡。淳熙四年（1177年），宋孝宗追赠虞允文为太傅，谥忠肃。毛泽东曾在批阅《续通鉴纪事本末》时高度评价他“伟哉虞公，千古一人”。

虞允文，字彬甫，隆州仁寿人。绍兴二十三年始登进士第。秦桧当国，蜀士多屏弃。桧死，高宗欲收用之，中书舍人赵达首荐允文，召对，谓人君必畏天，必安民，必法祖宗。又论士风之弊，以文章进必抑其轻浮，以言语进必黜其巧伪，以政事进必去其苛刻，庶可任重致远。且极论四川财赋科纳之弊。上嘉纳之。（宋史卷三百八十三）

【译文】虞允文，字彬甫，隆州仁寿（今四川眉山）人。绍兴二十三年（1153年）才考中进士及第。秦桧执掌朝政，蜀地士人大多被屏弃。秦桧死后，宋高宗赵构打算收纳任用他们，中书舍人赵达第一个举荐虞允文，召见他入朝策问，虞允文认为君主一定要敬畏上天，一定要安定百姓，一定要效法祖宗。又评论士人风气的弊端，依靠文章提拔的一定要抑制其中轻率浮躁的人，依靠议论提拔的一定要罢黜其中的巧诈奸伪的人，依靠政绩提拔的一定要除去其中刻薄严厉的人，这或许可以担当重任并且能长期坚持下去。而且竭力论述四川财务贡赋缴纳收取存在的弊端。高宗嘉奖他并采纳他的意见。（宋史卷三百八十三）

施师点

【题解】施师点（1124—1192年），字圣与，上饶（今江西上饶广丰）人。自幼聪慧，十岁通六经，十二岁能文。二十岁游学太学，考试每次都名列前茅。乾道八年（1172年），施师点兼权礼部侍郎，拜官给事中。绍熙二年（1191年），施师点拜官隆兴府知府、江西安抚使。曾告诫儿子们说："人穷达有命，不在巧图，惟忠孝乃吾事"。绍熙三年（1192年），得病去世，宋光宗追赠他为金紫光禄大夫。

施师点，字圣与，上饶人。除端明殿学士、签书枢密院事。一日，入对后殿，上曰："朕前饮冰水过多，忽暴下，幸即平复。"师点曰："自古人君当无事时，快意所为，忽其所当戒，其后未有不悔者。"上深然之。

绍熙二年，除知隆兴府、江西安抚使。师点尝谓诸子曰："吾平生仕宦，皆任其升沉，初未尝容心其间，不枉道附丽，独人主知之，遂至显用。夫人穷达有命，不在巧图，惟忠孝乃吾事也。"三年，得疾薨，年六十九。（宋史卷三百八十五）

【译文】施师点，字圣与，上饶（今江西上饶）人。朝廷任命他为端明殿学士、签书枢密院事。一天，施师点到后殿回答孝宗的问题，孝宗说："朕之前喝的冰水太多，突然猛烈地拉肚子，幸亏很快就恢复了。”施师点说：“自古以来君主在没事的时候，为一时痛快做出一些事情，就忽视了他所应当警惕的事情，但是过后没有不后悔的。”孝宗深以为然。

绍熙二年（1191年），朝廷任命施师点为隆兴府知府、江西安抚使。施师点曾经对儿子们说：“我平生做官，都听任它升降，当初我不曾留心在这方面上，不违背正道阿谀奉承，唯独皇上了解我，因此最终得到重用。人的困顿和显达是由命运决定的，不在于取巧谋取，唯有忠诚和孝顺才是我们应当做的事。”绍熙三年（1192年），施师点因病去世，享年六十九岁。（宋史卷三百八十五）

黄洽

【题解】黄洽（1122—1200年），字德润，号东里，晚号绍英，福州侯官（今福建福州）人。隆兴元年（1163年），参加春官考试得第二。授绍兴府观察判官。继为太学国子博士，枢密院编修官，通判福州。后任右谏议大夫，婉言进谏，宋孝宗说：“卿如良金美玉，浑厚无瑕，天其以卿为朕弼耶？”庆元二年（1196年），致仕。庆元六年（1200年）七月，黄洽去世，被赠为金紫光禄大夫。黄洽质直端重，有大臣体，被孝宗、光宗两朝推为名臣。

黄洽，字德润，福州侯官人。隆兴元年，以太学生试春官[1]第二。

除右谏议大夫。上方锐志肄武，洽因风谏，言：“《颐》之大象：‘君子以慎言语，节饮食。’言语饮食犹谨节之，况其他乎？凡筋力喘息之间，一有过差，皆非所以养其身也。”上曰：“卿言无非仁义忠孝，可为万世臣子之法，朕常念之。”洽在经筵，言：“宰相代天理物，要在为国得人。人主之命相，任则勿疑。宰相重则朝廷尊，朝廷尊则庙社安。宰相抡才任职，当尽公心。君子进则庶职举，庶职举则天下治。”上首肯再三，乃曰：“卿如良金美玉，浑厚无瑕，天其以卿为朕弼耶？”

除参知政事。上曰：“卿每告朕用人，今卿居用人之地，不可不勉。”上因商榷除目，洽罄谒无所顾避，上大喜曰：“五十年无此差除。”除知枢密院事。洽累章求去，许之，除资政殿大学士、知隆兴府。

光宗受禅，特诏言事，洽奏：“用人为万世不易之论，臣前以此纳忠寿皇③，今复告于陛下。”屡乞归田，寻畀提举洞霄宫。方未得请也，人劝之治第，洽曰：“吾书生，蒙拔擢至此，未有以报国，而先营私乎？使吾一旦罪去，犹有先人敝庐可庇风雨，夫复何忧。”庆元二年致仕。

洽常言：“居家不欺亲，仕不欺君，仰不欺天，俯不欺人，幽不欺鬼神，何用求福报哉！”六年七月，薨，年七十九。（宋史卷三百八十七）

【注释】①春官：礼部的别称。因唐代光宅年间曾把礼部改为春官。

②寿皇：宋孝宗赵昚的尊号。他在1189年传位与其子宋光宗赵惇，宋光宗赵惇上宋孝宗赵昚尊号为“至尊寿皇圣帝”，简称“寿皇”。

【译文】黄洽，字德润，福州侯官（今福建福州）人。隆兴元年（1163年），以太学生的身份参加春官考试得第二名。

朝廷任命黄洽为右谏议大夫。孝宗正意志坚决地扩充军力，黄洽趁机委婉劝谏，说：“《颐》卦的《大象传》说：‘君子以慎言语，节饮食。’这是说明，言语饮食都要谨慎节制，何况其他事情呢？但凡身体筋力呼吸之间，一旦有点过失误差，都不是用来修养身心的做法。”孝宗说：“你说的无非是仁义忠孝，这可以作为万世臣子的法则，朕常常思考这些。”黄洽在经筵侍讲，说：“宰相代替天子处理政事，关键在于为国家获得人才。君主任命宰相，任用了就不要猜疑。宰相被尊重而朝廷就有尊严，朝廷有尊严宗庙社稷就安定。宰相选拔人才各任其职，应当竭力出于公心。君子被提拔万事就能被推行，万事推行天下就大治。”孝宗多次点头同意，才说：“你就像是真金美玉一样，纯朴老实没有缺点，是上天派你来做我的辅佐吧？”

朝廷任命黄洽为参知政事。孝宗说：“你每次告诫朕要善于任用人才，现在你官居任用人才的宰相之位，不可以不努力。”孝宗在商议任命名单时，黄洽竭尽所知没有回避地举荐人才，孝宗十分高兴地说：“五十年没有这样委任官员了。”于是，朝廷任命黄洽为知枢密院事。然而，黄洽多次上呈奏章请求离职，孝宗答应他，任命他为资政殿大学士、知隆兴府。

光宗接受禅让，登上皇位，特别诏令黄洽上言论事，黄洽上奏说：“任用人才是万世不变的道理，我之前依靠这个效忠于寿皇，现在又来告诉陛下。”黄洽多次辞官归田，不久任他为提举洞霄宫。还没获得准许，有人劝说他营造宅第，黄洽说：“我是一介书生，蒙受恩泽被提拔到这个官位，没有什么用来报效国家，却要首先谋求私利吗？如果我一旦得罪离职，依然有先人的破房子可以遮挡风雨，那还有什么可担忧的。”庆元二年（1196年）黄洽辞官退休。

黄洽时常说：“在家里不欺瞒亲人，做官时不欺瞒君主，仰望时不欺瞒上天，俯身时不欺瞒众人，黑暗中不欺瞒鬼神，何必祈求福德报应呢！”庆元六年（1200年）七月，黄洽去世，享年七十九岁。（宋史卷三百八十七）

黄 裳

【题解】黄裳（1146—1194年），字文叔，号兼山，隆庆府普成（今四川广元）人。乾道五年（1169年），考中进士及第，调任巴州通江县尉。历任国子博士、中书舍人、侍讲、礼部尚书等职。绍熙五年（1194年），黄裳逝世，享年49岁，宋光宗追赠为资政殿学士，宋理宗嘉定年间谥封为“文忠公”。

黄裳一生极力规谏，尽职尽忠，鞠躬尽瘁，死而后已。绍熙五年（1194年），宋宁宗即位，黄裳病不能朝。改任礼部尚书兼侍读，力疾入谢，上奏劝谏宁宗：“笃于孝爱，勤于学问，薄于嗜好。”直到临终，还口占遗表而卒。

黄裳，字文叔，隆庆府普成人。登乾道五年进士第，调巴州通江尉。绍熙二年，迁起居舍人。奏曰：“自古人君不能从谏者，其蔽有三：一曰私心，二曰胜心，三曰忿心。事苟不出于公，而以己见执之，谓之私心；私心生，则以谏者为病，而求以胜之；胜心生，则以谏者为仇，而求以逐之。因私而生胜，因胜而生忿，忿心生，则事有不得其理者焉。如潘景珪，常才也，陛下固亦以常人遇之，特以台谏攻之不已，致陛下庇之愈力，事势相激，乃至于此。宜因事静察，使心无所系，则闻台谏之言无不悦，而无欲胜之心，待台谏之心无不诚，而无加忿之意矣。”（宋史卷三百九十三）

【译文】黄裳，字文叔，隆庆府普成（今四川广元）人。考中乾道五年进士及第，调任巴州通江县尉。绍熙二年（1191年），黄裳升为起居舍人。上奏说：“自古以来君主不能听从劝谏的，他的蒙蔽有三个：第一叫做私心，第二叫做好胜心，第三叫做忿恨心。事情如果不出于公心，而因自己的偏见固执，称为私心；私心一旦产生，那就把劝谏的人当作是心病，进而想办法超过他；好胜心一旦产生，那就把劝谏的人当作是仇家，进而想办法驱逐他。因私心而产生好胜心，因好胜心而产生忿恨心，忿恨心一旦产生，那事情就不能得到正确的处理了。比如潘景珪，是一个普通的人才，陛下本来也当一个普通的人才恩遇他，只是因为台谏官不断地攻击他，致使陛下庇护他更加卖力，事态情势相互激荡，才至于这种地步。应该根据事情静心观察，使得心中没有挂碍，那么听到台谏官的谏言就无不欢心了，进而没有好胜的心思，对待台谏官的心意就无不诚恳，进而没有忿恨的心理了。”（宋史卷三百九十三）

罗　点

【题解】罗点（1151—1195年），字春伯，号此庵，抚州崇仁（今江西崇仁）人。淳熙三年（1176年），考中进士第二名，授定江节度推官。累迁校书郎兼国史院编修官。淳熙十二年（1185年），罗点升至秘书郎兼皇太子宫小学教授，挑选古代可以劝戒的事例，编成《鉴古录》，并教授宋室诸皇子。后因病而亡，宰相赵汝愚对宁宗说：“黄裳、罗点相继沦谢，二臣不幸，天下之不幸也。”追赠他为太保周国公，谥文恭。

罗点字春伯，抚州崇仁人。登淳熙三年进士第，授定江节度推官。

高宗崩，孝宗在谅暗[1]，皇太子参决庶务，点时以户部员外郎兼太子侍讲。上尝谓点：“卿旧为宫僚，非他人比，有所欲言，毋惮启告。”点言：“君子得志常少，小人得志常多。盖君子志在天下国家，而不在一己，行必直道，言必正论，往往不忤人主，则忤贵近，不忤当路，则忤时俗。小人志在一己，而不在天下国家，所行所言，皆取悦之道。用其所以取忤者，其得志鲜矣；用其所以取悦者，其不得志亦鲜矣。若昔明主，念君子之难进，则极所以主张而覆护之；念小人之难退，则尽所以烛察而堤防之。”

点天性孝友，无矫激崖异之行，而端介有守，义利之辨皎如。或谓天下事非才不办，点曰：“当先论其心，心苟不正，才虽过人，果何取哉！”宰相赵汝愚②尝泣谓宁宗曰：“黄裳、罗点相继沦谢，二臣不幸，天下之不幸也。”（宋史卷三百九十三）

【注释】①谅暗：亦作“谅阴”，特指古代帝王居丧。

②赵汝愚（1140—1196年）：字子直，饶州余干（今江西余干）人，宋太宗八世孙。早有大志。擢进士第一，签书宁国事节度判官。召试职馆，除秘书省正字。历迁集英殿修撰，帅福建。孝宗卒，适光宗疾，不能执丧。赵汝愚遣韩侂胄以内禅意请于宪圣太后，奉嘉王赵扩即皇帝位，是为宁宗，即丧次命朱熹待制经筵，悉收召士君子之在外者进右丞相。韩侂胄忌之，诬以谋危社稷，谪宁远军节度副使。至衡州，为守臣钱鍪所窘，于庆元二年（1196年）暴卒。赐谥忠定，追赠太师，追封沂国公。

【译文】罗点字春伯，抚州崇仁（今江西崇仁）人。考中淳熙三年（1176年）进士及第，朝廷任命他为定江节度推官。

高宗驾崩，孝宗在服丧，皇太子赵惇参与决策国家事务，罗点当时以户部员外郎的身份兼任太子侍讲。孝宗曾经对罗点说：“你原是王宫的僚属，受到的宠幸，不是他人能够比肩的，有想要说的话，不必害怕启奏。”罗点因此说：“君子得志的常常很少，小人得志的常常很多。大概是君子的志向在于天下国家，而不在于个人，行为必定遵循正道，发言必定遵守正直的议论，常常是不忤逆君主，就是忤逆权贵宠臣，不忤逆当权者，就是忤逆世俗的人。小人的志向在于个人，而不在于天下国家，所做的所说的，都是取悦于人的方法。用忤逆他人的方法，那他们得志的就很少了；用那取悦他人的方法，那他们不得志也很少了。像以前的圣明的君主，考虑到君子难以被提拔，就会极力推行他们所主张的而庇护他们；考虑到小人难以被贬退，就会尽力洞察他们而提防他们。”

罗点天性孝顺友爱，没有怪异偏激反常的行为，而方正耿介有操守，对道义和利益的辨别十分清楚。有人说天下万事不是人才就不能办理，罗点说：“应当首先评论他的内心，内心如果不公正，才能即使超越常人，到底有什么可取之处呢！”宰相赵汝愚曾经哭着对宁宗说：“黄裳、罗点相继去世，既是这两位臣子的不幸，又是天下人的不幸啊。”（宋史卷三百九十三）

张　虙

【题解】张虙，生卒年不详，字子宓，慈溪（今浙江宁波）人。庆元二年（1196年），考中进士，历任太常博士、国子博士、国子监丞、秘书丞等职。想为皇帝提供一个治政纲领，张虙于端平年间撰写了《月令解》，后行于世。《四库全书提要》认为此书可以“裁成天地之道，辅相天地之宜”。

张虙继承了儒家民本思想，认为统治者“缮城郭，聚米粟，恃此而不恤乎民，则其策下矣。”即使城墙坚不可摧，军备精良，却不体恤民众，这是本末倒置的做法，国家也不会由此长治久安。

张虙，字子宓，慈溪人。庆元二年进士。迁太常博士，又迁国子博士。时金垂亡，因论自治之道，谓：“天下之治，必有根本。城郭所以御敌也，使沟壑有转徙之民，则何敌之能御？储峙所以备患也，使枵腹盻盻不得食，则何患之能备？今日之吏，能知守边之务者多，而能明立国之意者少。缮城郭，聚米粟，恃此而不恤乎民，则其策下矣。”（宋史卷四百七）

【译文】张虙，字子宓，慈溪（今浙江宁波）人。考中庆元二年（1196年）进士。升任为太常博士，又升任为国子博士。当时金国即将消灭，张虙趁机论述宋朝自保的道理，说：“天下的治理，必然有根本的规则。城郭用来防御敌人，如果沟壑之中有辗转迁移的百姓，那还能防御什么敌人？储备物资用来防备灾患，如果空腹干活却不能吃饭，那还能防备什么灾患？现在的官吏，能够知道守卫边疆事务的人很多，然而能够明确治理国家大意的人很少。修缮城郭，积聚粮食，依靠这些而不体恤百姓，那么这个计策就是下策了。”（宋史卷四百七）

文天祥

【题解】文天祥（1236—1283年），初名云孙，字宋瑞，一字履善，吉之吉水（今江西吉安）人，抗元名臣，南宋文学家，与陆秀夫、张世杰并称为“宋末三杰”。宝祐四年（1256年），文天祥考中状元。德祐初年，元军渡江，宋廷诏令天下起兵勤王，文天祥纠集部众准备北上勤王，有人劝阻他，文天祥认为国家有难，匹夫有责，并大义凛然地说：“义胜者谋立，人众者功济，如此则社稷犹可保也。”后宋廷降元，文天祥继续在江西领导反元。景炎三年（1278年），文天祥仓促之间被元军千户王惟义抓住，随后被押至元大都。元至元十九年（1282年），面向南方从容就义，诠释了他写的诗句“臣心一片磁针石，不指南方不肯休”。

文天祥用自己的生命诠释了“人生自古谁无死，留取丹心照汗青”，他的爱国精神成为中华民族宝贵的精神财富，激励着一代又一代的爱国志士。

文天祥，字宋瑞，又字履善，吉之吉水人也。年二十举进士，对策集英殿。时理宗在位久，政理浸怠，天祥以法天不息为对，其言万余，不为稿，一挥而成，帝亲拔为第一。

【译文】文天祥，字宋瑞，又字履善，吉之吉水（今江西吉安）人。年仅二十岁就考中进士，在集英殿进行对策。当时理宗在位时间已经很久，政务渐渐懈怠，文天祥用效法天道的不止息来作答，他的文章长达一万多字，不打草稿，一挥而就。理宗亲自选拔他为第一名。

开庆初，大元兵伐宋，宦官董宋臣说上迁都，人莫敢议其非者。天祥时入为宁海军节度判官，上书“乞斩宋臣，以一人心”。不报，即自免归。后稍迁至刑部郎官。

【译文】开庆初年，大元军队攻打宋朝，宦官董宋臣游说理宗迁都，人们都不敢议论他的不对。文天祥当时进京担任宁海军节度判官，上书“乞求杀董宋臣，来使人心一致”。朝廷没有回复，文天祥就自行免职归乡。后来出任官职，逐渐升至刑部郎官。

咸淳九年，起为湖南提刑，因见故相江万里。万里素奇天祥志节，语及国事，愀然曰：“吾老矣，观天时人事当有变，吾阅人多矣，世道之责，其在君乎？君其勉之。”十年，改知赣州。

【译文】咸淳九年（1273年），朝廷起用文天祥为湖南提刑，因而见到前任宰相江万里。江万里向来为文天祥的志向节操感到惊奇，跟他谈及国事，忧伤地说：“我已经老了，观察天时人事应当会有所变故，我看过的人很多，挽救世道的责任，或许落在你的身上了？你要努力啊。”咸淳十年（1274年），文天祥改任赣州知州。

德祐初，江上报急，诏天下勤王。天祥捧诏涕泣，使陈继周发郡中豪杰，并结溪峒蛮，使方兴召吉州兵，诸豪杰皆应，有众万人。事闻，以江西提刑安抚使召入卫。其友止之，曰：“今大兵三道鼓行，破郊畿，薄内地，君以乌合万余赴之，是何异驱群羊而搏猛虎。”天祥曰：“吾亦知其然也。第国家养育臣庶三百余年，一旦有急，征天下兵，无一人一骑入关者，吾深恨于此，故不自量力，而以身徇之，庶天下忠臣义士将有闻风而起者。义胜者谋立，人众者功济，如此则社稷犹可保也。”

【译文】德祐初年，长江上游告急，朝廷诏令天下起兵勤王。文天祥捧着诏书流泪哭泣，派遣陈继周征发州中英雄豪杰，并且联合溪峒各族，派遣方兴征召吉州军队，各位英雄豪杰都响应号召，拥有军队一万人。把这件事情上报朝廷，朝廷任命文天祥为江西提刑安抚使并召见他进京护卫。他的朋友阻止他说，说：“当今元朝大军分三路击鼓行军南下，攻破京城的郊外地区，逼近内地，你以仓促集合一万多人奔赴京城，这和驱赶羊群去搏击猛虎有什么不同。”文天祥说：“我也知道其中的情况。只是国家养育群臣百姓三百多年，一旦有紧急情况，征发天下军队，却没有一个人一匹马进京的，我对此感到十分的痛恨，因此我不自量力，要以身殉国，希望天下忠臣义士将会有闻风而起的。道义占优势计谋才能实现，人员众多功业才能成功，这样宗庙社稷才有可能保住。”

天祥性豪华，平生自奉甚厚，声伎满前。至是，痛自贬损，尽以家赀为军费。每与宾佐语及时事，辄流涕，抚几言曰：“乐人之乐者忧人之忧，食人之食者死人之事。”八月，天祥提兵至临安，除知平江府。

【译文】文天祥天性喜欢富丽奢华，平常自己的享用很丰厚，歌姬舞女遍布眼前。到这时，自己彻底地对本性加以贬抑，把全部家产当作军费。每次和宾客幕僚提及时事，就流泪，拍着几案说道：“把他人的快乐当作自己快乐就要把他人的忧愁当做自己的忧愁，吃他人的俸禄就要为他人效死。”这年八月，文天祥率领军队到达临安，朝廷任他为平江府知府。

十月，天祥入平江，大元兵已发金陵入常州矣。大元兵破常州，天祥弃平江，守余杭。

明年正月，除知临安府。未几，宋降，宜中、世杰皆去。仍除天祥枢密使。寻除右丞相兼枢密使，使如军中请和，与大元丞相伯颜抗论皋亭山。丞相怒拘之。天祥与其客杜浒十二人，夜亡入真州，泛海至温州。闻益王未立，乃上表劝进，以观文殿学士、侍读召至福，拜右丞相。

【译文】这年十月，文天祥进驻平江，大元兵已经从金陵出发进入常州了。大元军队攻破常州，文天祥放弃平江，镇守余杭。

次年正月，朝廷任文天祥为临安知府。不久，宋廷投降，陈宜中、张世杰都逃出去。朝廷依然任文天祥为枢密使。不久任右丞相兼枢密使，派遣他到元军中请求议和，和大元丞相伯颜在皋亭山直言争论。丞相伯颜大怒而拘捕了他。文天祥和他的门客杜浒等十二人，在夜里逃入真州，乘海船到达温州。听说益王赵昰还没即位，文天祥于是上表劝进，文天祥以观文殿学士、侍读的身份被召到福州，朝廷任他为右丞相。

至元十四年正月，大元兵入汀州，天祥遂移漳州，乞入卫。七月，天祥收残兵奔循州，驻南岭。至元十五年三月，进屯丽江浦。十一月，进屯潮阳县。十二月，趋南岭。元帅张弘范兵济潮阳。天祥方饭五坡岭，张弘范兵突至，众不及战，皆顿首伏草莽。天祥仓皇出走，千户王惟义前执之。天祥吞脑子[①]，不死。

【注释】①脑子：指龙脑香。龙脑香树树干中所含的油脂的结晶。俗称冰片。味香，其可用于闭证神昏、目赤肿痛、喉痹口疮、疮疡肿痛、溃后不敛、心绞痛等。

【译文】至元十四年(1277年)正月，大元军队进驻汀州，文天祥于是转移到漳州，请求进入福州保卫。这年七月，文天祥收集残兵奔赴循州，驻守南岭。至元十五年（1278年）三月，进驻丽江浦。这年十一月，文天祥进驻潮阳县。这年十二月，文天祥率部直奔南岭。元军统帅张弘范兵到达潮阳。文天祥正在五坡岭吃饭，张弘范的军队突然来到，众人来不及抵抗，都低头埋伏在草丛中。文天祥急忙出逃，千户王惟义上前抓住他。文天祥吞食龙脑香，但没死。

天祥至潮阳，见弘范，左右命之拜，不拜，弘范遂以客礼见之，与俱入厓山①，使为书招张世杰。天祥曰："吾不能捍父母，乃教人叛父母，可乎？"索之固，乃书所《零丁洋诗》与之。其末有云："人生自古谁无死，留取丹心照汗青。"弘范笑而置之。厓山破，军中置酒大会，弘范曰："国亡，丞相忠孝尽矣，能改心以事宋者事皇上，将不失为宰相也。"天祥泫然出涕，曰："国亡不能救，为人臣者死有余罪，况敢逃其死而二其心乎。"弘范义之，遣使护送天祥至京师。

【注释】①厓山：也作崖山，地名，在今广东新会县南海中。

【译文】文天祥被抓到潮阳，看见张弘范，左右之人命令他下拜，文天祥没有下拜，张弘范于是用客礼见他，与他一同进入厓山，让他写书信招降张世杰。文天祥说："我不能捍卫父母，却教人背叛父母，这可能吗？"张弘范坚持向他索要招降信，文天祥于是写下所作的《零丁洋诗》给他。诗文末尾说道："人生自古谁无死，留取丹心照汗青。"张弘范笑着放过了他。

厓山被攻破，元军中举行酒宴大会，张弘范说："国家灭亡了，丞相的忠孝尽到了，能改变心志用侍奉宋廷的态度侍奉皇上，那么你将不会失去担任丞相的机会。"文天祥悲伤地流泪，说："国家灭亡不能拯救，为人臣者死有余辜，哪里还胆敢偷生避死而怀有二心呢？"张弘范觉得他很忠义，派遣使者护送文天祥到达京城大都（今北京）。

天祥在道，不食八日，不死，即复食。至燕，馆人[①]供张甚盛，天祥不寝处，坐达旦。遂移兵马司，设卒以守之。时世祖皇帝多求才南官，王积翁言："南人无如天祥者。"遂遣积翁谕旨，天祥曰："国亡，吾分一死矣。傥缘宽假，得以黄冠[②]归故乡，他日以方外备顾问，可也。若遽官之，非直亡国之大夫不可与图存，举其平生而尽弃之，将焉用我？"积翁欲合宋官谢昌元等十人请释天祥为道士，留梦炎不可，曰"天祥出，复号召江南，置吾十人于何地！"事遂已。天祥在燕凡三年，上知天祥终不屈也，与宰相议释之，有以天祥起兵江西事为言者，不果释。

【注释】①馆人：古代掌管宾客食宿的人，代指驿站官员。

②黄冠：黄色的冠帽，大多为道士戴用。代指道士。

【译文】文天祥在途中，绝食八天，没能死去，就又进食。到达燕山，驿站为他提供食物很丰富，文天祥不睡，坐到天亮。于是被转移到兵马司，派遣士兵看守他。当时元世祖忽必烈常常在南方官员中寻找人才，王积翁说："南方人没有比得上文天祥的。"世祖于是派遣王积翁宣示圣旨，文天祥说："国家已经灭亡了，我应当以死殉国了。假如因为元帝的宽恕原谅，让我能够以道士的身份回到故乡，将来以方外的身份充任顾问，这是可以的。如果马上任命我做官，不但是亡国的士大夫不能和我共存，而且我将自己一生的努力全部抛弃，又将怎么任用我呢？"王积翁想要联合宋朝降官谢昌元等十人请求释放文天祥让他做道士，只有留梦炎一个人不同意，说"文天祥一旦出去，再号召江南士兵，把我们十个人放在什么地方！"这件事就此作罢。文天祥在燕山一共三年，世祖知道文天祥终究不会屈服，和宰相商议释放他，有人把文天祥在江西起兵的事情上言元廷，最终世祖没有释放他。

至元十九年，召入谕之曰："汝何愿？"天祥对曰："天祥受宋恩，为宰相，安事二姓？愿赐之一死足矣。"然犹不忍，遽麾之退。言者力赞从天祥之请，从之。俄有诏使止之，天祥死矣。天祥临刑殊从容，谓吏卒曰："吾事毕矣。"南乡[①]拜而死。数日，其妻欧阳氏收其尸，面如生，年四十七。其衣带中有赞曰："孔曰成仁，孟曰取义，惟其义尽，所以仁至。读圣贤书，所学何事，而今而后，庶几无愧。"

【注释】①南乡：向南方。乡，通向，面向。

【译文】至元十九年（1282年），世祖召见他进宫问他：

“你有什么愿望？”文天祥回答说：“文天祥蒙受宋朝的恩泽，担任宰相，怎能侍奉第二个朝廷？希望赐我一死就足够了。”世祖还是不忍心，急忙挥手让他退下。谏官极力赞成文天祥的请求，世祖同意了他们。一会儿持有诏书的特使来阻止他们，文天祥已经死了。文天祥临刑时特别从容，对吏卒说：“我的事完成了。”朝向南方下拜而死。几天后，其妻欧阳氏收他的尸体，面色如生，享年四十七岁。他的衣带中写有赞文说：“孔子说成全仁德，孟子说就义而死，只有该担负的道义尽完了，所以仁爱就到来了。读圣贤之书，所学的不就是仁义之事吗？从今以后，我或许可以于心无愧了。”

论曰：自古志士，欲信大义于天下者，不以成败利钝动其心，君子命之曰“仁”，以其合天理之正，即人心之安尔。商之衰，周有代德，盟津之师不期而会者八百国。伯夷、叔齐以两男子欲扣马而止之，三尺童子知其不可。他日，孔子贤之，则曰：“求仁而得仁。”宋至德祐亡矣，文天祥往来兵间，初欲以口舌存之，事既无成，奉两孱王[①]崎岖岭海，以图兴复，兵败身执。我世祖皇帝以天地有容之量，既壮其节，又惜其才，留之数年，如虎兕在柙，百计驯之，终不可得。观其从容伏质[②]，就死如归，是其所欲有甚于生者，可不谓之“仁”哉。宋三百余年，取士之科，莫盛于进士，进士莫盛于伦魁。自天祥死，世之好为高论者，谓科目不足以得伟人，岂其然乎！（宋史卷四百十八）

【注释】①两孱王：即端宗赵昰、末帝赵昺，即位时都年幼。元朝认为宋朝到恭帝赵显德祐年间亡国了，不承认他们，只是称为二王。

②质：通“锧”，砧板，古代行斩刑时用的垫板。

【译文】史官评论说：自古以来的有志之士，想要在天下伸张大义的，不因成功失败顺利挫折而动摇他们的心志，君子命名它为“仁”，因为它符合天理的正义，契合人心的安定。商朝的衰落，周朝有取代它的德行，盟津的军队没有约定日期就来集会的有八百诸侯国。伯夷、叔齐凭着两位男子的力气想要拉住马头而阻止他们，三尺小孩都知道这样不行。后来，孔子认为他们贤能，就说：“求仁而得仁。”宋朝到德祐年间就亡国了，文天祥来回奔波军队之中，起初想凭借口舌劝说他们保存宋廷，事情没有成功之后，护送两位孱弱的王子在两广地区过着颠沛流离的生活，来谋求恢复故土，但是兵败被俘。我世祖皇帝因为有天地般宽宏的气量，既认为他的节操很高尚，又爱惜他的才能，留他好几年，就像是老虎和犀牛关在笼子里，千方百计驯服他，始终不能成功。看他从容就义，视死如归，这是因为他认为有比生命还更重要的东西，这能不称为“仁”吗。宋朝享国三百多年，选拔士人的考试科目，没有比进士科更多的，考中进士没有比考中状元更荣耀的。自从文天祥死后，世上那些喜欢发表高论的人，认为科举不足以获得伟大的人物，难道是这样吗！（宋史卷四百十八）

程　颢

【题解】程颢（1032—1085年），字伯淳，学者称明道先生。北宋理学的奠基者，哲学家。与胞弟程颐合称“二程”。嘉祐二年（1057年），考中进士后，历任主簿、太子中允、监察御史、监汝州酒税、镇宁军节度判官等职。程颢反对王安石变法，认为“天下事非一家私议，愿平气以听”。王安石虽然与之政见不合，但仍敬其忠信。元丰八年（1085年），程颢逝世。嘉定十三年（1220年），赐谥程颢为纯公，追封程颢为河南伯，并从祀孔子庙庭。

程颢，字伯淳，世居中山，后从开封徙河南。颢举进士，调鄠、上元主簿。

王安石执政，议更法令，中外皆不以为便，言者攻之甚力。颢被旨赴中堂议事，安石方怒言者，厉色待之。颢徐曰：“天下事非一家私议，愿平气以听。”安石为之愧屈。自安石用事，颢未尝一语及于功利。居职八九月，数论时政，最后言曰：“智者若禹之行水，行其所无事也；舍而之险阻，不足以言智。自古兴治立事，未有中外人情交谓不可而能有成者，况于排斥忠良，沮废公议，用贱陵贵，以邪干正者乎？正使徼幸有小成，而兴利之臣日进，尚德之风浸衰，尤非朝廷之福。”遂乞去言职。安石本与之善，及是虽不合，犹敬其忠信，不深怒，但出提点京西刑狱。颢固辞，改签书镇宁军判官。司

马光在长安，上疏求退，称颢公直，以为己所不如。（宋史卷四百二十七）

【译文】程颢，字伯淳，世代居住在中山府（今河北定州），后来从开封移居河南。程颢考中进士，调任鄠、上元二县主簿。

王安石执掌朝政后，商议变更法令，朝廷内外都不认为这是便利的事，谏官攻击他非常卖力。程颢奉旨到政事堂议论政事，王安石正对谏官发怒，以严厉的态度对待他。程颢慢慢地说："天下大事不是一家私自商议的，希望平心静气地倾听。"王安石于是感到惭愧而理屈。自从王安石主持国事以来，程颢不曾一句话提及功利。在职八九个月，程颢多次议论时政，最后他上言说："智者行事就像大禹疏导水流，让水在没有阻碍的地方流动；如果舍弃它而到险阻的地方流动，不足以称为智者。自古以来兴治立国的事情，没有朝廷内外都说不行而能有成功的，何况是对于排斥忠良之臣，阻遏公众的舆论，任用低贱欺凌高贵，以奸邪超过正气的人呢？即使侥幸得到有些小成绩，而好利之臣日益被提拔，崇尚道德的风气渐渐衰落，尤其不是朝廷之福了。"程颢于是乞求辞去谏官之职。王安石本来和他关系友好，到这时即使政见不合，依然敬佩他的忠贞诚信，没有十分愤怒，只是让他离京担任提点京西刑狱。程颢坚持推辞，于是改任签书镇宁军判官。司马光在长安，上疏请求辞官，他称赞程颢公平正直，认为自己在这方面比不上他。（宋史卷

四百二十七）

张　载

【题解】张载（1020—1077年），字子厚，长安（今陕西西安）人，北宋思想家、理学创始人之一，世称横渠先生。与周敦颐、邵雍、程颐、程颢合称“北宋五子”。张载的名言“为天地立心，为生民立命，为往圣继绝学，为万世开太平”，成为后世儒者的目标和追求。张载认为治政之道在于效法三代，不然就是“终苟道也”。熙宁十年（1077年），病逝于归家途中。嘉定十三年（1220年），宋宁宗赐谥明公，后从祀孔庙。

张载，字子厚，长安人。举进士，为祈州司法参军，云岩令。政事以敦本善俗为先，每月吉[①]，具酒食，召乡人高年会县庭，亲为劝酬。使人知养老事长之义，因问民疾苦，及告所以训戒子弟之意。

熙宁初，御史中丞吕公著言其有古学，神宗方一新百度，思得才哲士谋之，召见问治道，对曰：“为政不法三代者，终苟道也。”帝悦，以为崇文院校书。他日见王安石，安石问以新政，载曰：“公与人为善，则人以善归公；如教玉人琢玉，则宜有不受命者矣。”载学古力行，为关中士人宗师，世称为横渠先生。（宋史卷四百二十七）

【注释】①月吉：即每月初一。

【译文】张载，字子厚，长安（今陕西西安）人。张载考中进士，担任祈州司法参军，云岩县令。治理政事以敦厚根本完善民俗为首要任务，每月初一，备好酒菜，召集乡里年纪大的人聚集在县衙大厅，亲自为他们劝酒让菜。意在使百姓知道赡养老人尊奉长辈的道理，趁机询问百姓的疾苦，以及告诉他们之所以教导劝诫子弟的意义。

熙宁初年，御史中丞吕公著上言张载具备古人的学识，神宗正全部改革各种制度，盼望着得到才智卓越的士人来帮助他治理国家，召见他询问治国之道，张载回答说："治理政事不效法上古三代的，终究是苟且之道。"神宗很是高兴，任命他为崇文院校书。有一天见到王安石，王安石询问他关于新政的事情，张载说："您与人为善，那么人就用善回报您；如果政令像教导玉工雕琢玉石一样频繁，那就应当有不接受命令的人。"张载学习古道且身体力行，是关中士人的宗师，世人称他为横渠先生。（宋史卷四百二十七）

朱　熹

【题解】朱熹（1130—1200年），字元晦、仲晦，晚称晦翁，又称紫阳先生。徽州婺源（今江西婺源）人。南宋理学家，程朱理学集大成者。绍兴十八年（1148年），考中进士及第。历任左迪功郎、泉州同安县主簿、知南康军兼管内劝农事、漳州知州、荆湖南路安抚、漳州知州等职。庆元六年（1200年）因病逝世，追谥为文公，赠宝谟阁直学士，又追封徽国公等。南宋辛弃疾称赞他：“所不朽者，垂万世名。孰谓公死，凛凛犹生。”

《续编》辑录了他在乾道五年的上疏，朱熹认为天下最大的政务就是体恤百姓，以民为本，要求统治者爱养民力，存恤百姓，主张对百姓轻徭薄赋，同时继承和发展孟子“君仁，莫不仁；君义，莫不义；君正，莫不正”的正君说，反对君主的专断独裁，表现了他强烈的民本主义思想。

朱熹，字元晦，徽州婺源人。中进士第。

乾道五年，除知南康军，明年夏，大旱，诏监司、郡守条其民间利病，遂上疏言：

天下之务莫大于恤民，而恤民之本，在人君正心术以立纪纲。盖天下之纪纲不能以自立，必人主之心术公平正大，无偏党反侧之私，然后有所系而立。君心不能以自正，必亲贤臣，远小人，讲明义理之归，闭塞私邪之路，然后乃可得而正。

今宰相、台省、师傅、宾友、谏诤之臣皆失其职，而陛下所与亲密谋议者，不过一二近习之臣。上以蛊惑陛下之心志，使陛下不信先王之大道，而说于功利之卑说，不乐庄士之谠言，而安于私亵①之鄙态。下则招集天下士大夫之嗜利无耻者，文武汇分，各入其门。所喜则阴为引援，擢置清显。所恶则密行訾毁，公肆挤排。交通货赂，所盗者皆陛下之财。命卿置将，所窃者皆陛下之柄。陛下所谓宰相、师傅、宾友、谏诤之臣，或反出入其门墙，承望其风旨；其幸能自立者，亦不过龊龊自守，而未尝敢一言以斥之；其甚畏公论者，乃能略警逐其徒党之一二，既不能深有所伤，而终亦不敢正言以捣其囊橐窟穴之所在。势成威立，中外靡然向之，使陛下之号令黜陟不复出于朝廷，而出于一二人之门，名为陛下独断，而实此一二人者阴执其柄。

且云："莫大之祸，必至之忧，近在朝夕，而陛下独未之知。"上读之，大怒曰："是以我为亡也。"熹以疾请祠[②]，不报。（宋史卷四百二十九）

【注释】①替：古同"亵"，轻慢。

②祠：祠禄的简称。祠禄，官名，宋代制度规定大臣被罢职，令其管理道教宫观，以示优礼，无实际职事，但是借名领取俸禄，称之为祠禄。

【译文】朱熹，字元晦，徽州婺源（今江西婺源）人。考中进士及第。

乾道五年（1169年），朝廷任他为南康知军，次年夏季，发生大旱，朝廷诏令监司、郡守分条上报民间的利弊，朱熹于是上疏说：

天下的政务没有比体恤百姓更重要了，然而体恤百姓的根本，在于君主端正思想来确立纲纪。因为天下的纲纪不能自行确立，必定要君主的思想公平正大，没有偏袒反覆的私情，然后依赖这些才能确立。君主的内心不能自发地端正，必定要亲近贤臣，远离小人，讲解说明道德公理的归宿，关闭堵塞私欲邪念的途径，然后才能得到端正。

现在宰相、台谏省官、师傅、宾客朋友、负责谏诤的大臣都失职不负责任，而陛下所能亲密谋划的，不过是一两个宠爱亲信的大臣。他们对上蛊惑陛下的心志，使陛下不信先王的大道，而对功利的卑劣之说感到愉悦，不喜欢正直之士的直言，而对近侍的鄙陋之态感到安逸。对下则是招集天下士大夫中的贪图利益没有廉耻的人，文人武士各以道分，各自加入他们的门下。他们所喜欢的就暗中举荐提拔，提升到清要显赫的官位。他们所厌恶的就秘密非议诋毁，公开肆意地排挤。相互勾结以财物贿赂，但是他们所盗窃的都是陛下的财物。任命公卿安排将领，他们所盗窃的都是陛下的权柄。陛下所谓的宰相、师傅、宾客朋友、负责谏诤的大臣，有的反而出入其门，希望按照他们的意图行事；那些侥幸能独立的人，也不过是谨慎自守，而不曾敢说一句话来斥责他们；那些十分畏惧公论的人，只是稍稍地警告他们的一两个党徒，既不能对他们造成很大的妨碍，而最终也不敢直言来捣毁他们包庇隐藏的地方。他们的权势形成淫威，朝廷内外闻风而动倒向他们，使得陛下发布的号令、官员升降任命不再出自于朝廷，而是出自于这一两个人的门下，名义上是陛下乾纲独断，而实际上是他们一两个人在暗中操纵权柄。

而且说："莫大的灾祸，必然会来的担忧，已经近在朝夕之间，而唯独陛下一个人不知道。"孝宗阅读之后，非常愤怒地

说："这是以为我宋朝将要灭亡了。"朱熹因病请求担任闲职，朝廷没有答复他。（宋史卷四百二十九）

李 燔

【题解】李燔（1163—1232年），字敬子，南康建昌（今江西永修）人。绍熙元年（1190年），考中进士及第。淳熙六年（1179年），师从朱熹。绍熙元年（1190年），朱熹宣布李燔为衣钵传人。从此李燔以弘扬朱熹学说为己任，入仕凡四十二年，而历官不过七考，一心将老师朱熹的学说发扬光大。嘉定十一年（1218年），李燔任白鹿洞书院堂长，白鹿洞书院达到鼎盛，学者辐辏，"讲学之盛，它郡无比"。

李燔字敬子，南康建昌人。中绍熙元年进士第，授岳州教授，未上，往建阳从朱熹学。熹告以曾子弘毅之语，且曰："致远固以毅，而任重贵乎弘也。"燔退，以"弘"名其斋而自儆焉。

燔尝曰："凡人不必待仕宦有位为职事，方为功业，但随力到处有以及物，即功业矣。"又尝曰："仕宦至卿相，不可失寒素体。夫子无入不自得者，正以磨挫骄奢，不至居移气、养移体。"因诵古语曰："分之所在，一毫跻攀不上，善处者退一步耳。"故燔处贫贱患难若平素，不为动，被服布素，虽贵不易。入仕凡四十二年，而历官不过七考。居家讲道，学者宗

之。（宋史卷四百三十）

【译文】李燔字敬子，南康建昌（今江西永修）人。考中绍熙元年（1190年）进士及第，朝廷任他为岳州教授，还没就任，李燔就去建阳跟从朱熹学习。朱熹把曾子关于“士不可以不弘毅”的话告诉他，而且说：“实现远大的目标固然需要毅力，而担当重任贵在胸怀宽广。”李燔退回去以后，以“弘”字命名他的斋舍，以此警醒自我。

李燔曾经说：“大凡人不一定等到做官居位有职事时，才开始建功立业，只要量力而行随时随地做有利于万物的事情，就算是功业了。”又曾经说：“就算是官至公卿宰相，都不能丧失寒苦朴素的根本。孔子所到之处无不怡然自得，正是用磨炼来减损他骄奢的习气，不至于因安居而改变气节、因休养而改变本质。”他于是诵读古语说：“事情分寸所在的地方，即使差一毫都攀登不上，善于处理事情的人只是在做事时善于后退一步而已。”因此李燔处在贫贱患难像在平常之中，不为所动，身穿布衣素服，即使官位显赫了都没有改变。李燔入仕一共四十二年，而历任官职不超过七次。他在家乡讲解道学，为读书人所推崇。（宋史卷四百三十）

王　回

【题解】王回（1048—1101年），字深父，福州侯官（今福建闽侯）人。曾经考中进士及第，担任卫真主簿，和自己的理想不相符合，因而称病自请免职。

《续编》辑录其《告友》一文，文中王回将儒家主张的天下达道即君臣、父子、夫妇、兄弟、朋友伦理关系进一步阐明和发扬，他尤其将朋友一伦提升到很高的高度，认为朋友可以“举天下之人莫不可同，亦举天下之人莫不可异”。

王回，字深父，福州侯官人。尝举进士中第，为卫真簿，有所不合，称病自免。

作《告友》曰：古之言天下达道者，曰君臣也，父子也，夫妇也，兄弟也，朋友也。五者各以其义行而人伦立，其义废则人伦亦从而亡矣。

然而父子兄弟之亲，天性之自然者也；夫妇之合，以人情而然者也；君臣之从，以众心而然者也。是虽欲自废，而理势持之，何能斩也。惟朋友者，举天下之人莫不可同，亦举天下之人莫不可异，同异在我，则义安所卒归乎？是其渐废之所繇[①]也。

君之于臣也，父之于子也，夫之于妇也，兄之于弟也，过且恶，必乱败其国家，国家败而皆受其难，被其名，而终身不可辞也。故其为上者不敢不诲，为下者不敢不谏。世治道行，则人能循义而自得；世衰道微，则人犹顾义而自全。间有不若，则亦无害于众焉耳。此所谓理势持之，虽百代可知也。

亲非天性也，合非人情也，从非众心也，群而同，别而异，有善不足与荣，有恶不足与辱。大道之行，公与义者可至焉，下斯而言，其能及者鲜矣。是以圣人崇之，以列于君臣、父子、夫妇、兄弟而壹为达道也。圣人既没，而其义益废，于今则亡矣。

夫人有四肢，所以成身；一体不备，则谓之废疾。而人伦缺焉，何以为世？呜呼，处今之时而望古之道，难矣。姑求其肯告吾过也，而乐闻其过者，与之友乎！

退居颍州，久之不肯仕，在廷多荐者。（宋史卷四百三十二）

【注释】①繇：古同“由”，原由，缘故。

【译文】王回，字深父，福州侯官（今福建闽侯）人。王回曾经考中进士及第，担任卫真主簿，因和自己的理想不相符合，而称病自请免职。

王回撰写《告友》的文章说：古人说天下公认的准则，就是君臣，父子，夫妇，兄弟，朋友。这五个方面都各自按照它们的义理遵行而人伦关系就确立了，它们的义理荒废了那么人伦关系也跟从它们而消亡了。

然而父子兄弟的亲情，是天性而自然形成的；夫妇的结合，依据人情顺乎自然而形成的；君臣的相从，依据众人心理顺乎自然而形成的。这些人伦关系即使自己想废止，然而情势维持着，怎能斩断它们。唯有朋友这伦理关系，全天下之人无不可以结为同志，全天下之人无不可以成为陌生人，认同和不认同都在于我，那么义理最终归向哪里呢？这就是朋友之义渐渐荒废的原因了。

君对于臣，父对于子，夫对于妇，兄对于弟，有过错且有恶行，必定会败坏国家，国家败亡而他们都会受到灾难，背负着这样的罪名，而终身不能洗脱。因此在上的不敢不教诲在下的，在下的不敢不劝谏在上的。世代太平大道畅行，那么人们就能遵循道义而自得其乐；世代衰弱大道衰微，人们依旧能够顾念道义而自我保全。偶尔有不这样做的，那么对于众人也没有损害。这就是所谓的情势维持着这些伦理关系，即使百代以后的情况也能知道。

朋友之间，亲近不是出自天性，结合不是出自人情，相从不是出自众人心理，相聚在一起而认同彼此，分开之后可各有异见，拥有善行不足以和他们共享荣誉，犯有恶行不足以和他们分担耻辱。大道的推行，公道和义理可以达到极点的，唯有朋友一伦可以做到。朋友这一伦以下，能够达到的就很少了。因此圣人推崇朋友之道，把它与君臣、父子、夫妇、兄弟列在一起而一同成为天下公认的伦常大道。圣人去世以后，而它的义理日益荒废，到今天差不多已消亡了。

人有四肢，用来组成身体；如果缺少一个肢体，就称之为残疾。但是人伦关系残缺，用什么来称作人世呢？呜呼，处在这样的时代而期望恢复古代的大道，实在很难啊。姑且寻求那些愿意告诉我的过失，而且喜欢听取他自己过失的人，来和他成为朋友吧！

王回引退闲居颍州，很久不肯出仕，在朝官员多有举荐他的人。（宋史卷四百三十二）

陆九渊

【题解】陆九渊（1139—1193年），字子静，抚州金溪（今江西抚州金溪县）人。与兄长陆九韶、陆九龄并称“金溪三陆”。南宋理学家、教育家。与理学家朱熹并称为“朱陆”。乾道八年（1172年），考中进士及第。后历任隆兴靖安县主簿、建宁崇安县知县、国子正等职。绍熙四年（1193年）逝世。嘉定十年（1217年），追谥文安。曾和朱熹在鹅湖开展辩论，史称“鹅湖之会”。这次相会双方就中心论点“教人之法”各抒己见，互不相让，虽然没有解决理学和心学的分歧，却成为一次影响中国历史的哲学讨论会。陆九渊认为“本无欠阙，不必它求，在乎自立而已”，主张从内心寻求，就能知晓事物的本质，与朱熹主张的“格物致知”有极大的区别。

陆九渊，字子静。生三四岁，问其父天地何所穷际，父笑而不答。遂深思，至忘寝食。

他日读古书，至“宇宙”二字，解者曰“四方上下曰宇，往古来今曰宙”，忽大省曰：“宇宙内事乃己分内事，己分内事乃宇宙内事。”又尝曰：“东海有圣人出焉，此心同也，此理同也。至西海、南海、北海有圣人出，亦莫不然。千百世之上有圣人出焉，此心同也，此理同也。至于千百世之下有圣人出，此心此理，亦无不同也。”

【译文】陆九渊，字子静。在三四岁时，他问父亲哪里是天地的边际，他的父亲笑而不答。陆九渊于是深入考虑，以至于废寝忘食。

有一天阅读古书，陆九渊读到“宇宙”二字，注解的人说“四方上下叫做宇，古往今来叫做宙”，陆九渊忽然大为醒悟地说：“宇宙内的事就是自己分内的事，自己分内的事就是宇宙内的事。”陆九渊又曾经说：“东海如果有圣人出世，他们的内心与之相同，他们的道理与之相同。至于西海、南海、北海有圣人出世，也无不是这样的相同。千百世之上有圣人出世，他们的内心与之相同，他们的道理与之相同。至于千百世之下有圣人出世，他们的内心和道理，也无不与之相同。”

后登乾道八年进士第。除将作监丞，为给事中王信所驳，诏主管台州崇道观。还乡，学者辐凑①，每开讲席，户外屦②满，耆老扶杖观听。自号象山翁，学者称象山先生。尝谓学者曰：“汝耳自聪，目自明，事父自能孝，事兄自能弟，本无欠阙，不必它求，在乎自立而已。”又曰：“此道与溺于利欲之人言犹易，与溺于意见之人言却难。”或劝九渊著书，曰：“《六经》注我，我注《六经》。”又曰：“学苟知道，《六经》皆我注脚。”（宋史卷四百三十四）

【注释】①辐凑：亦作辐辏，形容人聚集得就像车辐集中于车毂一样。

②屦（jù）：古代用麻葛制成的一种鞋，泛指鞋。

【译文】后来陆九渊于乾道八年（1172年）考中进士及第。朝廷任他为将作监丞，被给事中王信所驳回，孝宗诏令他主管台州崇道观。返回故乡后，读书的人云集在他家门前，每次举行讲座，门外脱下的鞋子都满满的，年老的人都拄着拐杖听。陆九渊自号为象山翁，读书的人由此称他为象山先生。陆九渊对读书的人说："你们的耳朵自然灵敏，眼睛自然明辨，侍奉父亲自然能孝顺，侍奉兄长自然能敬爱，本来就没有缺乏，不一定到其他地方寻求，在于自立而已。"又说："这种道理和陷于利欲之中的人讲解还容易，和陷于固执己见的人讲解却很难。"有人劝说陆九渊撰写著作，陆九渊说："《六经》注释我，我注释《六经》。"又说："学习如果能知晓道理，《六经》都是我的注脚。"（宋史卷四百三十四）

胡安国

【题解】胡安国（1074—1138年），字康侯，号青山，建宁崇安（今福建崇安）人，学者称武夷先生。师从程学门人，主张以心为本。在靖康年间，入朝奏对，认为"心者万事之宗，正心者揆事宰物之权"。提倡修身治学，主张经世致用，这一将心性之学和经世致用结合起来的学风，对后世影响深远。

胡安国，字康侯，建宁崇安人。中绍圣四年进士第。靖康元年，除太常少卿，辞；除起居郎，又辞。朝旨屡趣行，至京师，以疾在告。一日方午，钦宗亟召见，安国奏曰："明君以务学为急，圣学以正心为要。心者万事之宗，正心者揆事宰物之权。愿擢名儒明于治国平天下之本者，虚怀访问，深发独智。"又言："为天下国家必有一定不可易之计，谋议既定，君臣固守，故有志必成，治功可立。"钦宗曰："比留词掖①相待，已命召卿试矣。"语未竟，日昃暑甚，汗洽上衣，遂退。既试，除中书舍人，赐三品服。

【注释】①词掖：泛指词臣的官署。

【译文】胡安国，字康侯，建宁崇安（今福建崇安）人。考中绍圣四年（1097年）进士及第。靖康元年（1126年），朝廷再任他为太常少卿，胡安国推辞；朝廷任他为起居郎，胡安国又推辞。朝廷下旨多次催促他就任，胡安国无可奈何，便到达京城后，因病告假在家。一日中午，钦宗急忙召见他，胡安国上奏说："贤明的君主把致力于学作为急务，圣道学问把端正本心作为纲要。心是万事的宗主，端正本心的人有掌管万事主宰万物的权力。希望提拔明白治国平天下根本的名儒，虚心宽广地访求询问，深入挖掘独特的智慧。"又进言说："治理天下国家必然有一个固定而不能改易的原则和方针，谋议一旦确定之后，君臣坚定的遵守，如此有志向必然能达成，治理的功绩就可以建立。"钦宗说："你的建议姑且留待词臣研究，已经命令人对你的提议进行考察了。”谈话还没结束，太阳偏西暑热非常，汗水浸湿钦宗的衣服，便退朝了。词臣对胡安国的建议考察之后，觉得可行，就任胡安国为中书舍人，赐予他三品官服。

绍兴元年，除中书舍人兼侍讲，遣使趣召，安国以《时政论》二十一篇先献之。论入，复除给事中。安国尝谓：“虽诸葛复生，为今日计，不能易此论也。”

安国强学力行，以圣人为标的，志于康济时艰，见中原沦没，遗黎涂炭，常若痛切于其身。虽数以罪去，其爱君忧国之心远而弥笃，每有君命，即置家事不问。然风度凝远，萧然尘表，视天下万物无一足以婴[1]其心。自登第迄谢事，四十年在官，实历不及六载。（宋史卷四百三十五）

【注释】①婴：缠绕。

【译文】绍兴元年（1131年），朝廷任胡安国为中书舍人兼侍讲，派遣使者急召他，胡安国先把《时政论》二十一篇进献。论文送到，又授任他为给事中。胡安国曾经说：“即使是诸葛再生，为当今之事谋划，都不能改变这些议论。”

胡安国一生勤勉，治学身体力行，以圣人为榜样，志在安定救助时局艰苦，看见中原沦陷，亡国之民涂炭，常常像切身一样痛楚。即使多次因为获罪离职，他爱君忧国之心却随着远离朝廷而加深，每当有君主命令征召时，胡安国立即放下家事不顾。然而他的风度凝重深远，萧然物外，视作天下万物没有一件事

足以缠绕他的心志。自从考中进士及第到辞官，一共四十年在职为官，但实际上在任不到六年。（宋史卷四百三十五）

苏 洵

【题解】苏洵（1009—1066年），字明允，自号老泉，眉州眉山（今四川眉山）人。与其子苏轼、苏辙著称于世，世称“三苏”，名列“唐宋八大家”，北宋文学家。嘉祐二年（1057年），“三苏”进京考试，二子同榜应试及第，名动京师。苏洵撰写的《心术》，以治心为核心，分节论述用兵治兵之道，层次分明，为千古嘉文。

苏洵，字明允，眉州眉山人。年二十七始发愤为学，岁余举进士。至和、嘉祐间，与其二子轼、辙皆至京师，翰林学士欧阳修上其所著书二十二篇，既出，士大夫争传之，一时学者竞效苏氏为文章。

【译文】苏洵，字明允，眉州眉山（今四川眉山）人。二十七岁才发愤向学，一年多后考中进士。至和、嘉祐年间，和他的两个儿子苏轼、苏辙一起到京城，翰林学士欧阳修献上他父子三人所著述的二十二篇文章，文章传播出来以后，士大夫争相传诵，一时求学的人竞相仿效苏氏写文章的特点。

所著《心术》曰：

为将之道，当先治心，太山[①]覆于前而色不变，麋鹿[②]兴于左而目不瞬，然后可以待敌。凡兵上义，不义虽利不动。夫惟义可以怒士，士以义怒，可与百战。凡战之道，未战养其财，将战养其力，既战养其气，既胜养其心。谨烽燧，严斥堠，使耕者无所顾忌，所以养其财。丰犒而优游之，所以养其力。小胜益急，小挫益厉，所以养其气。用人不尽其所为，所以养其心。故士当蓄其怒、怀其欲而不尽。怒不尽则有余勇，欲不尽则有余贪，故虽并天下而士不厌兵，此黄帝所以七十战而兵不殆也。

【注释】①太山：即泰山，位于山东泰安境内。

②麋鹿：古人叫为四不像，角似鹿，尾似马，蹄似牛，颈似骆驼。

【译文】苏洵所撰写《心术》的文章说：

为将之道，应当首先休养内心，做到泰山崩于前而神色不变，麋鹿突然出现在旁边而眼睛不眨，这样才可以对付敌人。凡是用兵推崇正义，不合正义的即使有利可图都不能使其振作。唯有正义可以激励士兵，士兵因为正义士气奋发，可以进行反复作战。凡是战争的道理，还没发生战争时积蓄财物，即将发生战争时增强士兵体力，交战时鼓励士气，战胜后安养身心。谨守烽火台，严密侦查瞭望，让耕田的农夫不用担惊受怕，从而发展生产积蓄财物。优厚犒赏而使得士兵悠闲，从而养精蓄锐增强体力。小胜（要让士兵感到）更加紧迫，要更加地激励士兵，从而鼓励士气。用人不竭尽他的所作所为，从而保持正常的身心。所以士兵应当积蓄他们的怒气，怀有欲望而不能让他们全部发泄或满足。怒气不全部发泄就还有未尽的勇气，欲望不全部满足就还有不满的贪念，因此即使吞并天下而士兵并不厌烦战争，这就是黄帝发动七十次战争而士兵仍不懈怠的原因。

凡将欲智而严，凡士欲愚。智则不可测，严则不可犯，故士皆委己而听命，夫安得不愚？夫惟士愚而后可与之皆死。凡兵之动，知敌之主，知敌之将，而后可以动于崄。邓艾缒兵于穴中，非刘禅之庸，则百万之师可以坐缚，彼固有所侮而动也。故古之贤将，能以兵尝敌，而又以敌自尝，故去就可以决。

【译文】凡是将领要有智谋而威严的，凡是士兵要憨厚而刚直的。将帅有智谋就深不可测，威严就不可侵犯，因此士兵都愿意追随他并听从命令，怎能不要憨厚而刚直的？唯有士兵憨厚而刚直才能和将领一起出生入死。凡是调兵遣将，要知道敌军的主帅，知道敌军的将领，然后可以在危险之地突发奇兵。三国时，魏将邓艾在悬崖峭壁上用绳索拴住士兵进攻蜀国，如果不是刘禅的昏庸，那么邓艾纵有百万之师也能轻易地被他们打败俘获，邓艾之所以敢这样出奇兵，是因为他本来就知道刘禅可欺侮。因此古代的良将，能够用士兵试探敌军情况，而且能通过对其将帅情况的分析试探而摸清敌军的底细，所以进退就可以自决。

凡主将之道，知理而后可以举兵，知势而后可以加兵，知节而后可以用兵。知理则不屈，知势则不沮，知节则不穷。见小利不动，见小患不迁，小利小患不足以辱吾技也，夫然后有以支大利大患。夫惟养技而自爱者无敌于天下，故一忍可以支百勇，一静可以制百动。

【译文】凡是担任主将之道，知晓道理然后可以发动战争，知晓形势然后可以增加兵力，知晓节制然后可以调兵遣将。知晓道理就不会屈服，知晓形势就不会沮丧，知晓节制就不会困穷。将领看见小利不动摇心志，看见小患不改变志向，小利小患不足以玷污我们的战术和本领，然后有应对大利大患的策略。唯有培养战术和本领而自爱的人能够无敌于天下，所以一时忍让可以应对百人英勇，一时沉静可以控制百次动乱。

兵有长短，敌我一也。敢问："吾之所长，吾出而用之，彼将不与吾校；吾之所短，吾敛而置之，彼将强与吾角。奈何？"曰："吾之所短，吾抗而暴之，使之疑而却；吾之所长，吾阴而养之，使之狎而堕其中。此用长短之术也。"

【译文】军队常有长短之分，敌我双方是一致的。冒昧地问："我的长处，我发动而使用出来，敌军当然不和我们较量；我的短处，我掩饰而隐藏起来，敌军却硬和我们战斗。这怎么办？"我回答说："我的短处，我反而表现出顽强抗暴的精神，让敌军猜疑而退却；我的长处，我暗中培养起来，让敌军轻视而堕入陷阱中。这就是使用军队长短的战术了。”

善用兵者使之无所顾，有所恃。无所顾则知死之不足惜，有所恃则知不至于必败。尺箠当猛虎，奋呼而操击，徒手遇蜥蜴，变色而却步，人之情也，知此者可以将矣。袒裼[①]而按剑，则乌获[②]不敢逼；冠胄衣甲据兵而寝，则童子弯弓杀之矣。故善用兵者以形固，夫能以形固，则力有余矣。（宋史卷四百四十三）

【注释】①袒裼：脱去外衣，露出里衣。

②乌获：人名。生卒年不详。战国时大力士。秦武王好多力之士，乌获前往投效。尝于洛阳举周鼎，两目出血，腕脱而不任。后为力士的泛称。

【译文】善于用兵的人要使得士兵无所顾忌，同时有所依仗。无所顾忌就明知战死都不会爱惜，有所依仗就知道不至于必败。用一尺之棰阻挡猛虎，却能大声呼喊而向前搏击，如果赤手空拳即使遇到蜥蜴，神情骤变而向后退却，这是人之常情，知晓这些道理就可以担任将领了。穿着内衣而以手扶剑，时时保持警惕的态势，那么乌获都不敢进逼；穿戴盔甲靠着兵器而睡觉，却不加以警惕，那么童子都能弯弓杀死他。所以善于用兵的人依据形势固守，能够依据形势固守，那么战斗力就绰绰有余了。（宋史卷四百四十三）

陆秀夫

【题解】陆秀夫（1236—1279年），字君实，一字宴翁，别号东江，楚州盐城（今江苏建湖）人。南宋抗元名臣，与文天祥、张世杰并称为“宋末三杰”。景定元年（1260年）进士。官至左丞相。后因崖山兵败，背赵昺跳海而亡。

陆秀夫受任于败军之际，奉命于危难之间。南宋恭帝降元后，陆秀夫追随二王，先后拥戴他们为帝，誓不肯降元。最终兵败宁愿赴海而死，亦不苟全，为中国历史上著名的忠烈之臣。

陆秀夫，字君实，楚州盐城人。景定元年，登进士第。李庭芝[①]镇淮南，闻其名，辟置幕中。时天下称得士多者，以淮南为第一，号“小朝廷”。

【注释】①李庭芝（1219~1276年）：字祥甫，随州（今湖北随州）人。南宋名将。淳祐元年（公元1241年），中进士。宝祐年间，知真州，累迁两淮安抚制置大使兼知扬州。后益王派遣使者以太子少保、左丞相的职务召回朝廷，随从姜才一起转战泰州。德祐二年（公元1276年），突围失败，被执殉难。

【译文】陆秀夫，字君实，楚州盐城（今江苏建湖）人。景定元年（1260年），考中进士及第。李庭芝镇守淮南时，听说了陆秀夫，就将他罗致到自己的幕府中。当时天下人称搜罗人才最多的，以淮南李庭芝为第一，号称“小朝廷”。

咸淳十年，庭芝制置淮东，擢参议官。

【译文】咸淳十年（1274年），李庭芝任淮东制置使，提升陆秀夫为参议官。

德祐二年正月，以礼部侍郎使军前请和，不就而反。二王走温州，秀夫与苏刘义追从之，使人召陈宜中、张世杰等皆至，遂相与立益王于福州。进端明殿学士、签书枢密院事。宜中以秀夫久在兵间，知军务，每事咨访始行，秀夫亦悉心赞之，无不自尽。旋与议宜中不合，宜中使言者劾罢之。张世杰让宜中曰：“此何如时，动以台谏论人？”宜中皇恐，亟召秀夫还。

【译文】德祐二年（1276年）正月，陆秀夫以礼部侍郎身份到前线与蒙古讲和，还没有到达，敌人就又反悔了。益王赵昰、卫王赵昺二王逃到温州，陆秀夫与苏刘义追随二王而去，派人召回了陈宜中、张世杰等人，于是大家在福州共同拥立益王，是为宋端宗。陆秀夫晋升为端明殿学士、签发枢密院事。陈宜中因为陆秀夫长期在军队里，熟知军务，每当有事都征求陆秀夫的意见然后办理，陆秀夫也全心全意为他参谋，言无不尽。不久因议事与陈宜中产生矛盾，陈宜中指使谏官上奏弹劾陆秀夫并罢免了他。张世杰责备陈宜中说：“这都是什么时候了，还动辄让台谏官弹劾人？”陈宜中非常惶恐不安，急忙召回了陆秀夫。

时君臣播越海滨，庶事疏略，杨太妃垂帘，与群臣语犹自称奴。每时节朝会，秀夫俨然正笏立，如治朝，或时在行中，凄然泣下，以朝衣拭泪，衣尽浥，左右无不悲动者。属井澳风，王以惊疾殂，群臣皆欲散去。秀夫曰：“度宗皇帝一子尚在，将焉置之？古人有以一旅一成中兴者，今百官有司皆具，士卒数万，天若未欲绝宋，此岂不可为国邪？”乃与众共立卫王。时陈宜中往占城，以与世杰不协，屡召不至。乃以秀夫为左丞相，与世杰共秉政。时世杰驻兵崖山，秀夫外筹军旅，内调工役，凡有所述作，又尽出其手。虽匆遽流离中，犹日书《大学章句》以劝讲。

【译文】当时君臣流亡海滨，大小政事都疏于治理，杨太妃垂帘听政，与臣下说话还自称为奴。每当群臣朝会的时候，陆秀夫仍端持着手笏，俨然像过去上朝一样，有时在行程途中，凄然泪下，用朝衣拭泪，衣服都湿透了，左右之人为他所感染无不悲痛欲绝。因井澳大风的原因，益王惊惧而死，群臣都想借此机会离开。陆秀夫说：“度宗皇帝有一个儿子还在，将他置于何地呢？古人中曾有过仅凭借一旅即成就中兴的，而我们现今群臣百官相关部门都在，还有数万军队，上天如果还没想灭绝大宋，难道就不能凭此振兴国家吗？”于是与众大臣共同拥立卫王。当时陈宜中前往占城去了，因与张世杰不合，所以屡次征召他都不到。于是以陆秀夫为左丞相，与张世杰共掌朝政。那时张世杰领兵驻守崖山，陆秀夫则既要筹措军旅，又要调集工役，而且凡是有什么需要写的，也都由他亲自动手。虽然在颠沛流离之中，事务繁多，时间匆忙，他每天都还是要书写《大学章句》以劝讲卫王。

至元十六年二月，崖山破，秀夫走卫王舟，而世杰、刘义各断维去，秀夫度不可脱，乃杖剑驱妻子入海，即负王赴海死，年四十四。（宋史卷四百五十一）

【译文】至元十六年（1279年）二月，崖山被攻破，陆秀夫保护卫王的船一起逃走，而张世杰、苏刘义则割断绳子各自逃生去了，陆秀夫考虑到难以逃脱，于是举着剑将自己的妻子儿女赶下海，自己背着卫王赴海而死，当时他年仅四十四岁。（宋史卷四百五十一）

陈 抟

【题解】陈抟（871—989年），字图南，自号扶摇子，赐号希夷先生，亳州真源（今安徽亳州）人。后唐长兴年间，考试落榜，遂寄情山水。隐居华山四十多年，后太平兴国九年（984年）再次朝见宋太宗。朝臣向他询问黄白等方术，陈抟虽是世外之人，但盛赞了宋太宗，冲淡了赵廷美谋反事件带来的政治阴霾，主张“君臣协心同德、兴化致治之秋，勤行修炼，无出于此”。成了一次赞誉现实政治且无形之中传道的成功事例，巧妙地避开了形而上的问题，表现了他的高明之处。

陈抟，字图南，亳州真源人。后唐长兴中，举进士不第，遂不求禄仕，以山水为乐。

太平兴国中来朝，太宗待之甚厚。九年，复来朝，上益加礼重，谓宰相宋琪等曰："抟独善其身，不干势利，所谓方外之士也。抟居华山已四十余年，度其年近百岁。自言经承五代离乱，幸天下太平，故来朝觐。与之语，甚可听。"因遣中使送至中书，琪等从容问曰："先生得玄默修养之道，可以教人乎？"对曰："抟山野之人，于时无用，亦不知神仙黄白①之事、吐纳养生之理，非有方术可传。假令白日冲天，亦何益于世？今圣上龙颜秀异，有天人之表，博达古今，深究治乱，真有道仁圣之主也。正君臣协心同德、兴化致治之秋，勤行修炼，无出于此。"琪等称善，以其语白上。上益重之，下诏赐号希夷先生，仍赐紫衣一袭，留抟阙下，令有司增葺所止云台观。上屡与之属和诗赋，数月放还山。

【注释】①黄白：原指黄金和白银，后指道士炼丹化成金银的法术。

【译文】陈抟，字图南，亳州真源（今安徽亳州）人。后唐长兴年间，考进士落第，于是不追求居官食禄，以山水为乐。

陈抟在太平兴国年间前来朝见，宋太宗赵光义待他非常优厚。太平兴国九年（984年）再次前来朝见，太宗对他更加礼敬尊重，对宰相宋琪等人说：“陈抟独善其身，不被权势利禄所干扰，这就是所说的方外之士了。陈抟住在华山已经四十多年，估计他年近百岁。陈抟自称遭受到五代离乱，庆幸遇到天下太平之世，因此前来朝覲。和他谈话，很值得听一听。”因而派遣宦官送陈抟到中书，宋琪等人从容地问道：“先生修得清静无为修养身心之道，可以教给他人吗？”陈抟回答说：“我是山野之人，对于当下没用，也不知道神仙点金化银黄白术的事情以及吐气养生的道理，没有方术可以传授。如果白日升天，对于当世又有什么益处？如今圣上龙颜伟秀俊异，拥有天人的仪表，博通古今，深通治乱，真是有道仁圣的君主。正是君臣齐心同德、振兴教化治理天下的时代，勤奋修炼，没有比这个更重要了。”宋琪等人都称赞他，把这些话告诉太宗。太宗更加器重他，下诏赐号为希夷先生，还赐紫衣一件，挽留陈抟在朝廷里，命令相关部门增建修葺所住的云台观。太宗多次与他唱和诗赋，几个月后放他还山。

抟好读《易》，手不释卷。能逆知人意，斋中有大瓢挂壁上，道士贾休复心欲之，抟已知其意，谓休复曰：“子来非有他，盖欲吾瓢尔。”呼侍者取以与之，休复大惊，以为神。有郭沆者，少居华阴，夜宿云台观。抟中夜呼令趣归，沆未决；有顷，复曰：“可勿归矣。”明日，沆还家，果中夜母暴得心痛几死，食顷而愈。（宋史卷四百五十七）

【译文】陈抟喜欢阅读《周易》，手不释卷。能够预知他人的想法，斋舍中有个大瓢挂在墙壁上，道士贾休复心里想要这个大瓢，陈抟早已得知他心中所想，对贾休复说："你来不是为了其他事情，原来是想要我的大瓢而已。"叫侍从取下来送给他，贾休复大为惊叹，认为陈抟是神人。有一位郭沆的人，年少时住在华阴，夜里住在云台观。陈抟半夜呼喊他让他赶紧回家，郭沆犹豫不决；过了一会儿，陈抟又说："可以不用回去了。"次日，郭沆回到家中，果然半夜里他母亲突然心绞痛得几乎死去，然而吃一顿饭所用的时间就痊愈了。（宋史卷四百五十七）

吴瑛

【题解】吴瑛（1021—1104年），字德仁，蕲州蕲春（今湖北蕲春）人。吴瑛出自官宦世家，因父亲关系补任太庙斋郎，官至池州通判、黄州通判、郴州知州、虞部员外郎等职。后中年辞官归隐。吴瑛为人真率旷达，不计较得失。

吴瑛，字德仁，蕲州蕲春人。通判池州、黄州，知郴州，至虞部员外郎。治平三年，官满如京师，年四十六，即上书请致仕。公卿大夫知之者相与出力挽留之，不听，皆叹服以为不可及，相率赋诗饮饯于都门，遂归。

蕲有田，仅足自给。临溪筑室，种花酿酒，家事一付子弟。宾客至必饮，饮必醉，或困卧花间，客去亦不问。有臧否人物者，不酬一语，但促奴益行酒，人莫不爱其乐易而敬其高。尝有贵客过之，瑛酒酣而歌，以乐器扣其头为节，客亦不以为忤。视财物如粪土，妹婿辄取家财数十万贷人，不能偿，瑛哀之曰："是人有母，得无重忧！"召而焚其券。门生为治田事历岁，忽谢去，曰："闻有言某簿书为欺者，谊不可留。"瑛命取前后文书示之，盖未尝发封也。盗入室，觉而不言，且取其被，乃曰："他物唯所欲，夜正寒，幸舍吾被。"其真率旷达类此。

哲宗朝有荐之者，召为吏部郎中，就知蕲州，皆不起。崇宁三年感疾，即闭閤谢医药，至垂绝不乱。卒，年八十四。（宋史卷四百五十八）

【译文】吴瑛，字德仁，蕲州蕲春（今湖北蕲春）人。任池州、黄州通判，郴州知州，官至虞部员外郎。治平三年（1066年），吴瑛任职期满来到京城，年仅四十六岁，就上书请求辞官退休。公卿大夫知道这件事后相互努力挽留他，吴瑛没听从，众人都赞叹敬服认为比不上他，相继在都门赋诗为他饯行，吴瑛便返回故乡。

吴瑛在蕲春有田地，仅能自给自足。吴瑛靠近溪水边建筑房屋，种花酿酒，家事全部交给子弟处理。宾客前来必定饮酒，饮酒必定喝醉，有时酒后困乏就睡在花间，宾客离去也不问。有褒贬人物的人，他不回答一句话，只是催促奴仆多斟酒，人们无不喜爱他的安乐平易而敬重他的高尚。曾经有一位贵客路过他家，吴瑛饮酒尽兴时而唱歌，用乐器扣贵客的头打节拍，贵客也不认为这是冒犯。吴瑛视财物如粪土，妹夫擅自取了家财几十万借贷给他人，那人无力偿还，吴瑛怜悯他而说："这个人有母亲，不要加重他的忧愁！"召唤他来而焚烧了债券。门生为他管理田地事务多年，忽然辞谢离开，说："我听说有人说我记账时有欺骗的行为，从道义上说我不能留下。"吴瑛命令人拿来前后告发的文书给他看，原来吴瑛不曾打开封条。有盗贼进入室内，吴瑛发觉却没说话，盗贼将要拿走他的被褥，吴瑛才说："其他东西随便拿，夜里正寒冷，希望放下我的被褥。"他真诚坦率心胸豁达就像这样。

哲宗朝有人举荐他，召任他为吏部郎中，就地让他担任蕲州知州，吴瑛都不出山赴任。吴瑛在崇宁三年（1104年）患病，就闭门谢绝医治，到临终时都不慌乱。后来吴瑛去世，享年八十四岁。（宋史卷四百五十八）

松江渔翁

【题解】松江渔翁，姓名不详，生卒年不详，大概是宋哲宗绍圣年间人。他泛舟江上，往来自如，扣弦饮酒，酣歌自得。闽人潘裕从京城返回，路过吴江，曾遇见过他，见他并"非渔钓之流"，便"愿丐绪言，以发蒙陋"。松江渔翁邀请潘裕上船饮酒，赐他良言，认为"君子之道，或出或处"，追慕超脱世俗之人，更进一步说明“养志者忘形，养形者忘利，致道者忘心，心形俱忘，其视轩冕如粪土”。

松江渔翁者，不知其姓名。每棹小舟游长桥，往来波上，扣舷饮酒，酣歌自得。绍圣中，闽人潘裕自京师调官回，过吴江，遇而异焉，起揖之曰：“予视先生气貌，固非渔钓之流，愿丐绪言，以发蒙陋。”翁瞪视曰：“君不凡，若诚有意，能过小舟语乎？”裕欣然过之。翁曰：“吾厌喧烦，处闲旷，遁迹于此三十年矣。幼喜诵经史百家之言，后观释氏书，今皆弃去。唯饱食以嬉，尚何所事？”裕曰：“先生澡身浴德[①]如此。今圣明在上，盍出而仕乎？”笑曰：“君子之道，或出或处，吾虽不能栖隐岩穴，追园、绮[②]之踪，窃慕老氏曲全之义。且养志者忘形，养形者忘利，致道者忘心，心形俱忘，其视轩冕如粪土耳，与子出处异趣，子勉之。”裕曰：“裕也不才，幸闻先生之高义，敢问舍所在。”曰：“吾姓名且不欲人知，况居室耶！”饮毕，长揖[③]使裕反其所，鼓枻[④]而去。（宋史卷四百五十八）

【注释】①澡身浴德：修养身心，使纯洁清白。语出《礼记·儒行》。

②园、绮：即东园公、绮里季，和角里先生、夏黄公并称汉初“商山四皓”。都是汉初著名的隐士。

③长揖：古代拱手高举自上而下的敬礼。

④鼓枻：划桨，摇动木桨行船。枻（yì），短木桨。

【译文】有一位松江渔翁，不知道他的姓名。每次驾驶小船游览长桥，往来于波浪之上，敲打船舷饮酒，尽兴歌唱怡然自得。绍圣年间，闽人潘裕从京城调官回乡，路过吴江，遇到他而觉得他是异人，起身向他作揖说："我看先生的气质相貌，肯定不是渔夫钓翁之类的人，希望送给我一些良言，来启发我的蒙昧浅陋。"渔翁瞪着他说："你不平凡，如果确实有心，能上来我的小船说话吗？"潘裕高兴地登上了小船。渔翁说："我厌倦了喧嚣烦扰，过着悠闲阔达的生活，隐居在这里已经三十年了。年幼时喜欢诵读经史百家之书，后来看到佛家典籍，现在都抛弃了。只有饱食嬉戏，还有什么事情呢？"潘裕说："先生修身养德如此。当今圣明君主在上，为什么不出山而做官呢？"渔翁笑着说："君子之道，有的出世有的入世，我即使不能栖身隐居在山洞之中，追随汉代东园公、绮里季的踪迹，但也暗中向慕老子委曲求全的要义。而且培养志向的人忘记形骸，修养形骸的人忘记利益，获得道行的人忘记心智，心智、形骸都能忘记，就把车马冠冕看作粪土了，我和你的出世入世是不同的志趣，你自己努力吧。"潘裕说："我是不成才的人，幸亏听到先生的高论，敢问你的住处所在何处。"渔翁说："我的姓名尚且不想要让人知道，更何况我的住处呢！"饮完酒后，渔翁长揖让潘裕返回他的船中，就摇桨而去了。（宋史卷四百五十八）

刘庭式

【题解】刘庭式，生卒年不详，字得之，齐州（今山东济南）人。刘庭式中举以后，不改既定婚约，坚持与盲女成婚，体现了他高尚的人格操守，他自己也高寿而终。南宋吴曾《能改斋漫录》和苏东坡对此亦有记载。

刘庭式，字得之，齐州人，举进士。苏轼守密州，庭式为通判。初，庭式未第时，议娶乡人之女，既约，未纳币①。庭式乃及第，女以病丧明，女家躬耕贫甚，不敢复言。或劝纳其幼女，庭式笑曰："吾心已许之矣，岂可负吾初心哉。"卒娶之。生数子，后死，庭式丧之逾年，不肯复娶。轼问之曰："哀生于爱，爱生于色。今君爱何从生，哀何从出乎？"庭式曰："吾知丧吾妻而已。吾若缘色而生爱，缘爱而生哀，色衰爱弛，吾哀亦忘，则凡扬袂倚市，目挑而心招者，皆可以为妻也耶？"轼深感其言。庭式后监太平观，老于庐山，绝粒不食，目奕奕有紫光，步上下峻坂如飞，以高寿终。（宋史卷四百五十九）

【注释】①纳币：古代婚礼六礼之一。纳吉之后，择日具书，送聘礼至女家，女家受物复书，婚姻乃定。亦称文定，俗称过定。

【译文】刘庭式，字得之，齐州（今山东济南）人，考中进士。苏轼担任密州太守时，刘庭式担任通判。起初，刘庭式没考中进士时，商议娶同乡人的女儿，约定婚期以后，还没送聘礼。刘庭式在考中进士时，女子因病失明，女方家里以耕作度日而非常贫困，不敢再向刘庭式提及婚事。有人劝刘庭式娶女方家的小女儿，刘庭式笑着说："我心里早已答应约定婚期的那个女人了，现在怎能辜负我的初心呢。"最终还是娶了那个女人。生育了几个儿子，后来妻子去世，刘庭式为她服丧一年多，不愿意再娶。苏轼问他说："哀痛在爱慕中产生，爱慕在美色中产生。现在你的爱慕从何而生，哀痛从何而生呢？"刘庭式说："我只知道失去了我的妻子而已。我如果因为美色而产生爱慕，因为爱慕而产生哀痛，那美色衰老而爱慕就消退了，我的哀痛也被忘却了，那么凡是扬袖倚门卖笑，眼睛挑逗而心神招引的女子，都可以当做我的妻子吗？"苏轼非常感叹他的话。刘庭式后来管理太平观，终老于庐山，断绝饮食不再吃饭，眼神奕奕明亮有紫光，上下陡坡健步如飞，以高寿而去世。（宋史卷四百五十九）

蔡　京

【题解】蔡京（1047—1126年），字元长，兴化仙游（今福建仙游）人。北宋权相，被太学生称为"六贼"之首。熙宁三年（1070年），考中进士。任钱塘县尉、舒州推官，累迁起居郎。官至太师，先后四次任相共有十七年之久。蔡京天资凶谲，舞智御人，为人反复，周旋各派，以图进取。蔡京的巧言偏辞，助长了宋徽宗追求奢侈淫逸之风，从而加速了北宋的灭亡。

蔡京，字元长，兴化仙游人。登熙宁三年进士第，累迁起居郎。

元丰末，司马光秉政，复差役法，为期五日，同列病太迫，京独如约，悉改畿县雇役，无一违者。诣政事堂白光，光喜曰："使人人奉法如君，何不可行之有！"已而台谏言京挟邪坏法，出知成德军，改瀛州，徙成都。谏官范祖禹论京不可用，乃改江、淮、荆、浙发运使，又改知扬州。历郓、永兴军，迁龙图阁直学士，复知成都。

【译文】蔡京，字元长，兴化仙游（今福建仙游）人。考中熙宁三年进士及第，累迁至起居郎。

元丰末年，司马光执掌朝政，恢复差役法，以五天作为期限，同僚认为时间太紧迫而为难，唯独蔡京如期完成，把京城附近县份的雇役全部改回来，没有一个违抗的。蔡京亲自到政事堂告诉司马光，司马光高兴地说："如果人人都像你一样遵行法令，还有什么不能推行的！"不久台谏官说蔡京怀挟奸邪败坏法纪，于是蔡京离京出任成德军知事，改任瀛州知州，调任成都知府。谏官范祖禹评论蔡京不能被任用，于是改任蔡京为江、淮、荆、浙发运使，又改任扬州知州。历任郓州知州、永兴军知事，升任为龙图阁直学士，又任成都知府。

绍圣初，入权户部尚书。章惇复变役法，置司讲议，久不决。京谓惇曰："取熙宁成法施行之尔，何以讲为？"惇然之，雇役遂定。差雇两法，光、惇不同。十年间京再莅其事，成于反掌，两人相倚以济，识者有以见其奸。

卞拜右丞，以京为翰林学士兼侍读，修国史。徽宗即位，罢为端明、龙图两学士，夺职，提举洞霄宫，居杭州。

【译文】绍圣初年，蔡京入朝暂代户部尚书。章惇再次改变役法，放到相关部门讨论商议，很久不能决定。蔡京对章惇说："采取熙宁年间的成法施行而已，还讨论什么呢？"章惇认为他说得对，雇役法于是确定下来了。差役、雇役两法，司马光、章惇两人推行不同。但是，十年之间蔡京两次莅任这些事，他的成功就像翻手掌一样简单，蔡京倚仗司马光、章惇两人来帮助自己加官进爵，有见识的人由此看出他的奸诈。

蔡卞（蔡京的弟弟）被任命为右丞，让蔡京担任翰林学士兼侍读，监修国史。宋徽宗赵佶即位，罢免蔡京而任端明、龙图两学士，后来他被免职，提举洞霄宫，居住在杭州。

童贯以供奉官诣三吴访书画奇巧，留杭累月，京与游，不舍昼夜。凡所画屏幛、扇带之属，贯日以达禁中，且附语言论奏至帝所，由是帝属意京。崇宁元年，徙大名府。徽宗有意修熙、丰政事，起居舍人邓洵武党京，撰《爱莫助之图》以献，徽宗遂决意用京。拜尚书左丞，俄为右仆射。崇宁二年正月，进左仆射。

【译文】童贯以供奉官的身份到三吴地区访求书画奇珍异宝，逗留在杭州多月，蔡京和他交往，不舍昼夜。凡是蔡京所画的屏风、扇带之类的东西，童贯每天都送到宫中，而且附带蔡京的言论论奏送到徽宗的住所，从此徽宗注意到蔡京。崇宁元年（1102年），蔡京被调任大名府知府。徽宗想要推行王安石在熙宁、元丰年间所推行的新法，起居舍人邓洵武勾结蔡京，撰写《爱莫助之图》来进献徽宗，徽宗于是决定任用蔡京。蔡京被任命为尚书左丞，不久担任右仆射。崇宁二年（1103年）正月，蔡京被提升为左仆射。

京起于逐臣，一旦得志，天下拭目所为，而京阴托“绍述”之柄，箝制天子，用条例司故事，即都省置讲议司，自为提举，以其党吴居厚、王汉之十余人为僚属，取政事之大者，如宗室、冗官、国用、商旅、盐泽、赋调、尹牧，每一事以三人主之。凡所设施，皆由是出。用冯澥、钱遹之议，复废元祐皇后。罢科举法，令州县悉仿太学三舍考选[①]，建辟雍外学于城南，以待四方之士。推方田于天下。榷江、淮七路茶，官自为市。尽更盐钞法，凡旧钞皆弗用，富商巨贾尝赍持数十万缗，一旦化为流丐，甚者至赴水及缢死。提点淮东刑狱章縡见而哀之，奏改法误民，京怒，夺其官。

擢童贯领节度使。凡寄资[②]一切转行，祖宗之法荡然无余矣。又欲兵柄士心皆归己，禁卒干掫[3]月给钱五百，骤增十倍以固结之。威福在手，中外莫敢议。累转司空，封嘉国公。

【注释】①太学三舍考选：亦称太学三舍选察升补法，为熙宁新政之一。王安石改革旧的科举方法，创立太学三舍选察升补法，将太学生分为上舍、内舍、外舍三等。并按照一定的年限和条件，外舍生得升入内舍，内舍生得升入上舍。

②寄资：宋代近侍预支俸禄的名目之一，此处指进侍。

③禁卒干掫：禁卒，牢房看守。干掫，亦作干陬，原指夜间巡逻击捕。

【译文】蔡京起身于被贬谪放逐的大臣之中，忽然有一天得志，天下人殷切期待他的作为，然而蔡京暗中托名“绍述”的把柄，箝制天子，利用制置三司条例司的旧例，立即在尚书省、枢密院设置讲议司，自任提举，把他的同党吴居厚、王汉之等十多人作为僚属，选出政事中重大的，如宗室、冗官、国用、商旅、盐泽、赋调、尹牧，每一事由三个人主管。凡是所设置施行的，都从这里产生。采用冯澥、钱遹的建议，再次废掉元祐皇后孟氏。罢除科举法，命令州县都仿照太学三舍考选法，在城南修建辟雍外学，来接待四方的士子。在天下推行方田法。专营江、淮七路的茶叶，官方自行售卖。把盐钞法完全变更，凡是旧钞都不能使用，富商巨贾曾经拥有几十万缗钱，一日之间变为流民乞丐，甚至有人跳河以及自缢而死的。提点淮东刑狱章綡见状而哀怜他们，上奏朝廷说修改法令妨害百姓，蔡京发怒，削去他的官职。

蔡京提拔童贯任节度使。凡是内侍升迁都依外官例归于吏部，使祖宗的法度荡然无存。蔡京又想把兵权军心都归属于自己控制，禁卒干掫每月给钱五百，蔡京突然提高十倍来巩固勾结他们。他作威作福，朝廷内外没人敢于议论的。蔡京累迁至司空，被赐封为嘉国公。

京既贵而贪益甚，已受仆射奉，复创取司空寄禄钱，如粟、豆、柴薪与傔从粮赐如故，时皆折支，亦悉从真给，但入熟状①奏行，帝不知也。

时承平既久，帑庾②盈溢，京倡为丰、亨、豫、大之说，视官爵财物如粪土，累朝所储扫地矣。帝尝大宴，出玉盏、玉卮示辅臣曰："欲用此，恐人以为太华。"京曰："臣昔使契丹，见玉盘盏，皆石晋时物，持以夸臣，谓南朝无此。今用之上寿，于礼无嫌。"帝曰："先帝作一小台财数尺，上封者甚众，朕甚畏其言。此器已就久矣，倘人言复兴，久当莫辨。"京曰："事苟当于理，多言不足畏也。陛下当享天下之奉，区区玉器，何足计哉！"

【注释】①熟状：宋代制度，不是重大军国事务，有关官员草拟施行办法，以白纸书写，宰相签名，其他执政大臣联名，送请皇帝批示，画"可"后执行，称为熟状。

②帑庾（tǎng yǔ）：储存钱财、粮食的仓库。此处指国库。

【译文】蔡京显赫以后而贪婪更加严重，已经领受仆射的俸禄，又创立领取司空的寄禄钱，像粟、豆、柴薪和侍从的口粮依旧赏赐给他，当时都是折合支付的，也悉数给他实物，只是写入熟状上奏施行，徽宗不知道。

当时天下太平很长时间了，国库充裕，蔡京提倡丰、亨、豫、大的主张，把官爵财物看作是粪土，历朝历代所储积的被他扫地一空。徽宗曾经举行大宴会，拿出玉盏、玉卮给辅政大臣看后说："朕想使用这些东西，害怕他人认为这太奢华。"蔡京说："我之前出使到契丹，看到的玉盘玉盏，都是后晋高祖石敬瑭时期的物品，契丹人拿着向我夸耀，说南方国家没有这些。现在用它来祝寿，对于礼仪没有妨碍。"徽宗说："先帝建造一座小台仅有几尺，上呈封事的大臣非常多，朕非常畏惧他们的言论。这件器物已经搁置很久了，如果有人说又使用它，时间长了就百口莫辩了。"蔡京说："事情如果合乎道理，多言不值得畏惧。陛下应当享用天下的供奉，区区玉器，哪能值得顾虑！"

大观三年，台谏交论其恶，遂致仕。太学生陈朝老追疏京恶十四事，曰：渎上帝、罔君父、结奥援、轻爵禄、广费用、变法度、妄制作、喜导谀、箝台谏、炽亲党、长奔竞、崇释老、穷土木、矜远略。乞投畀远方，以御魑魅。其书出，士人争相传写，以为实录。四年五月，贬太子少保，出居杭。

政和二年，召还京师，复辅政，徙封鲁国，三日一至都堂治事。

【译文】大观三年（1109年），台谏官交相争论蔡京的恶行，蔡京于是辞官退休。太学生陈朝老追疏蔡京十四件恶事，说：亵渎上帝、欺瞒君父、勾结内援、轻视爵禄、增加费用、改变法度、妄意制作、喜欢导谀、箝制台谏、炽结亲党、助长奔竞、崇尚佛老、穷尽土木、矜夸远略。请把他放逐到远方，来抵御魑魅。陈朝老的封事发出以后，士人争相传写，作为实录。大观四年五月（1110年），蔡京被贬为太子少保，离京住在杭州。

政和二年（1112年），召见蔡京返回京城，再次辅佐朝政，徙封为鲁国公，三天一次到都堂处理政事。

京每为帝言，今泉币所积赢五千万，和足以广乐，富足以备礼，于是铸九鼎，建明堂，修方泽，立道观，作《大晟乐》，制定命宝。又欲广宫室求上宠媚，召童贯辈五人，风以禁中逼侧之状。贯俱听命，各视力所致，争以侈丽高广相夸尚，而延福宫、景龙江之役起，浸淫及于艮岳矣。

【译文】蔡京每次向徽宗进言，认为现在钱币所积存盈余有五千万，和谐足以增广享乐，富裕足以完备礼仪，于是铸造九鼎，建筑明堂，修整方泽，创立道观，制作《大晟乐》，制造定命宝。又想扩建宫室而求取徽宗的宠媚，召集童贯辈五人，把宫中拥挤的情形委婉地告诉他们。童贯完全听从他的命令，各自按照力量建造，争相以奢侈华丽高大宽广相互夸耀攀比，而延福宫、景龙江的徭役兴起后，使徽宗等更奢靡，渐渐发展到建造艮岳了。

子攸、儵、絛，攸子行，皆至大学士，视执政。宣和二年，令致仕。六年，以朱勔为地，再起领三省。京至是四当国，目昏眊不能事事，悉决于季子絛。凡京所判，皆絛为之，且代京入奏。每造朝，侍从以下皆迎揖，呫嗫耳语，堂吏数十人，抱案后从，由是恣为奸利，窃弄威柄，骤引其妇兄韩梠为户部侍郎，媒蘖[①]密谋，斥逐朝士，创宣和库式贡司，四方之金帛与府藏之所储，尽拘括以实之，为天子之私财。宰臣白时中、李邦彦惟奉行文书而已，既不能堪，兄攸亦发其事，上怒，欲窜之，京力丐免，特勒停侍养，而安置韩梠黄州。未几，褫絛侍读，毁赐出身敕，而京亦致仕。

【注释】①媒蘖：亦作“媒孽”，本指酒母，后指嫁祸他人，酿成其罪。

【译文】蔡京的儿子蔡攸、蔡儵、蔡絛，蔡攸的儿子蔡行，都官至大学士，等同执政大臣。宣和二年（1120年），朝廷命令蔡京辞官退休。宣和六年（1124年），因为朱勔的占地事件，蔡京再被起用掌管三省。蔡京至此四次执掌朝政，眼睛昏花不能处理事情，全部由小儿子蔡絛决定。凡是蔡京所裁决的，都是蔡絛替他完成的，而且代替蔡京入朝上奏。蔡絛每次到朝廷上，侍从以下的官员都向他迎接作揖，在背后窃窃私语，堂吏几十人，抱着案卷在他后面跟随，蔡绦从此恣意谋取奸利，暗中操纵威权，突然提拔他妻子的兄长韩梠担任户部侍郎，嫁祸构陷暗中谋划，排斥放逐朝中官员，创建宣和库式贡司，把四方的金帛与府藏的所储存的，全部搜刮来充实它，作为天子的私人财产。宰臣白时中、李邦彦只是奉行文书而已，他们不能忍受蔡绦的做法，他的兄长蔡攸也揭发他的事情，徽宗发怒，想流放他，蔡京极力乞求才能免罪，特别勒令停止他的侍养，而把韩梠安置在黄州。不久，夺去蔡绦侍读的官职，毁掉赏赐给他的出身敕告，而且蔡京也辞官退休。

钦宗即位，边遽日急，京尽室南下，为自全计。行至潭州死，年八十。

京天资凶谲，舞智御人，在人主前，颛狙伺为固位计，始终一说，谓当越拘挛之俗，竭四海九州之力以自奉。帝亦知其奸，屡罢屡起，且择与京不合者执政以枨之。京每闻将退免，辄入见祈哀，蒲伏扣头，无复廉耻。燕山[①]之役，京送攸以诗，阳寓不可之意，冀事不成得以自解。见利忘义，至于兄弟为参、商[②]，父子如秦、越[③]。暮年即家为府，营进之徒，举集其门，输货僮隶得美官，弃纪纲法度为虚器。患失之心无所不至，根株结盘，牢不可脱。卒致宗社之祸，虽谴死道路，天下犹以不正典刑为恨。（宋史卷四百七十二）

【注释】①燕山：即燕山府。公元1122年，宋朝和金朝约定夹击辽国，也为了表示收复燕京的决心，将其改为燕山府。

②参、商：即参星、商星。参星位于西方，商星位于东方，两者不同时出现在天空。喻指彼此隔绝，感情不和。

③秦、越：即春秋时期的秦国和越国。秦国位居北方，越国位居南方，相隔甚远，不大往来。喻指关系疏远，互不关心。

【译文】宋钦宗赵桓即位，边关警报日益紧急，蔡京全家南下，为保全自身作打算。蔡京走到潭州而死，终年八十岁。

蔡京天资凶狠狡诈，摆弄才智控制他人，在君主面前，专门暗中窥伺，只是为了巩固自己的官位，始终坚持这一种主张，称应当超越拘束的风俗，竭尽四海九州的力量来为供奉皇帝。徽宗也知道他的奸诈，多次罢免他而又多次起用他，而且选择与蔡京不合的执政来牵制他。蔡京每次听到被免职，就入朝觐见乞求哀怜，伏地叩头，不再顾忌廉耻。发生燕山府之战时，蔡京把自己的诗作送给蔡攸，表面上寄寓了不能出战的意图，却是希望事情不成功时得以自我摆脱。为人见利忘义，以至于兄弟如同参星、商星一般感情不和，父子如同秦国、越国一般关系疏远。晚年把家作为官府，谋求仕进的人，全部聚集在他的门前，运输货物的童仆奴隶都能得到好的官职，舍弃纲纪法度成为虚设的器物。患得患失的顾忌体现在任何事情上，盘根错节，牢不可脱。最终导致宗庙社稷的灾祸，即使被贬而死在道路之上，天下仍然认为不把他依法处决是遗恨之事。（宋史卷四百七十二）

秦 桧

【题解】秦桧（1090—1155年），字会之，江宁（今江苏南京）人。南宋初年奸相。政和五年（1115年），秦桧举进士及第。绍兴元年（1131年），除参知政事。秦桧为人阴险，深不可测。先后两次拜相，长达19年之久，威制君主，包藏祸心，倡和误国，忘仇败伦。向宋高宗进谗言，致使接连发十二道金牌召回抗金前线的岳飞，导致岳飞前功尽弃，十年之功，废于一旦。

秦桧以“莫须有”三字，冤杀岳飞，千百年来深受国人的诟骂，永远被钉在耻辱柱上。清代状元秦大士游西湖时曾路过岳飞墓，写下“人从宋后羞名桧，我到坟前愧姓秦”的诗句。

秦桧，字会之，江宁人。登政和五年第。绍兴元年二月，除参知政事。

二年，黄龟年[①]始劾桧专主和议，沮止恢复，植党专权，渐不可长，至比桧为莽、卓。八月，桧罢，乃为观文殿学士，提举江州太平观。

【注释】①黄龟年（1083—1145年）：字德邵，永福县（今福建永泰县）人。崇宁五年（1106年）进士，初任洺州司理参军，转河北西路提举，荐为太常博士。绍兴二年（1132年）七月，任殿中侍御史，与刘棐共谋驱逐秦桧。绍兴十四年（1144年）秦桧指使詹大方再劾黄龟年。高宗遂罢免黄龟年官职，遣返原籍，翌年病卒。

【译文】秦桧，字会之，是江宁（今江苏南京）人。考中政和五年（1115年）进士及第。绍兴元年（1131年）二月，朝廷任秦桧为参知政事。

绍兴二年（1132年），黄龟年首先弹劾秦桧专门主张与金国和议，阻止恢复国土，培植党羽专断独权，这种苗头不能助长，甚至把秦桧比作汉代的王莽、董卓。八月，秦桧被免职，于是担任观文殿学士，提举江州太平观。

七年，九月，浚求去，帝问："谁可代卿？"浚不对。帝曰："秦桧何如？"浚曰："与之共事，始知其暗。"帝曰："然则用赵鼎。"鼎于是复相。始，浚、鼎相得甚，浚先达，力引鼎。尝共论人才，浚剧谈桧善，鼎曰："此人得志，吾人无所措足矣！"浚不以为然，故引桧，共政方知其暗，不复再荐也。桧因此憾浚，反谓鼎曰："上欲召公，而张相迟留。"盖怒鼎使挤浚也。桧在枢府惟听鼎，鼎素恶桧，由是反深信之，卒为所倾。鼎与浚晚遇于闽，言及此，始知皆为桧所卖。

八年三月，拜右仆射、同中书门下平章事兼枢密使。吏部侍郎晏敦复有忧色，曰："奸人相矣。"

【译文】绍兴七年（1137年），九月，张浚请求离职，宋高宗赵构问："谁可以代替你？"张浚没有回答。高宗说："秦桧怎样？"张浚说："和他共事，才能知道他的阴险。"高宗说："那么就任用赵鼎。"赵鼎于是再任宰相。当初，张浚、赵鼎相处非常好，张浚先显达，极力向朝廷举荐赵鼎。曾经在一起评论人才，张浚提到了很多关于秦桧的好话，赵鼎说："如果这个人得志，我们就没有立足之地了！"张浚不认为他是对的，因此举荐秦桧，共同处理政务才知道他的阴险，就不再举荐他了。秦桧因此怨恨张浚，反而对赵鼎说："皇上想召见你，然而张相却扣留了诏令。"大概是想激怒赵鼎使他排挤张浚吧。秦桧在枢密院只听从赵鼎，赵鼎向来憎恶秦桧，由此反而十分信任他，最终被秦桧所倾轧。赵鼎和张浚晚年在闽地相遇，提到这些事情，才知道两人都被秦桧所出卖了。

绍兴八年（1138年）三月，朝廷任秦桧为右仆射、同中书门下平章事兼枢密使。吏部侍郎晏敦复面带忧愁的神情，说："奸人担任宰相了。"

二十五年，十月丙申，卒，年六十六。

桧两据相位者，凡十九年，劫制君父，包藏祸心，倡和误国，忘仇斁伦。一时忠臣良将，诛锄略尽。其顽钝无耻者，率为桧用，争以诬陷善类为功。其矫诬也，无罪可状，不过曰谤讪，曰指斥，曰怨望，曰立党沽名，甚则曰有无君心。凡论人章疏，皆桧自操以授言者，识之者曰："此老秦笔也。"察事之卒，布满京城，小涉讥议，即捕治，中以深文。又阴结内侍及医师王继先，伺上动静。郡国事惟申省，无一至上前者。桧死，帝方与人言之。

【译文】绍兴二十五年（1155年），十月十九日，秦桧死去，终年六十六岁。

秦桧两次窃据相位，先后总共十九年，胁制君父，包藏祸心，倡和误国，忘仇败伦。一时忠臣良将，被他诛灭殆尽。那些愚笨无耻之徒，大多被秦桧所用，他们争相以诬陷善人为功。诬陷无辜，无罪可状，不过是谤讪，指斥，怨望，立党沽名，甚至是有无君心。凡论人的章疏，都是秦桧亲自操纵并授意言官，知情的人说："这是老秦的手笔。"察事之卒，布满京城，稍涉讥议，立即被逮捕治罪，更有甚者就胡乱罗织罪名，置人于死地。又暗中勾结内侍及医师王继先，窥伺皇上的动静。地方上的国事只申报到尚书省，没有一件事上报到御前的。秦桧死后，高宗才对人说起这些。

桧立久任之说，士淹滞失职，有十年不解[①]者。附己者立与擢用。自其独相，至死之日，易执政二十八人，皆世无一誉。柔佞易制者，如孙近、韩肖胄、楼炤、王次翁、范同、万俟卨、程克俊、李文会、杨愿、李若谷、何若、段拂、汪勃、詹大方、余尧弼、巫伋、章夏、宋朴、史才、魏师逊、施钜、郑仲熊之徒，率拔之冗散，遽跻政地。既共政，则拱默而已。又多自言官听桧弹击，辄以政府报之，由中丞、谏议而升者凡十有二人，然甫入即出，或一阅月，或半年即罢去。惟王次翁阅四年，以金人败盟之初持不易相之论，桧德之深也。开门受赂，富敌于国，外国珍宝，死犹及门。人谓熺[②]自桧秉政无日不锻酒具，治书画，特其细尔。

【注释】①解：即解褐，脱下布衣，换上官服，喻指做官。

②熺：即秦熺（1117—1161年），字伯阳。秦桧的养子，本为秦桧妻兄王唤之子。绍兴十二年（1142年）进士。为行秘书郎、秘书少监。绍兴二十五年（1155年）秦桧去世，秦熺则以少师致仕。绍兴三十一年（1161年）卒。

【译文】秦桧设立长期任职的主张，士人常年被拖延没有职位，甚至有十年不被委任的人。依附他的人就立即被提拔任用。自从他独自执掌相位以来，到死去那天，改换执政大臣二十八人，都是世人没有一丝赞誉的人。优柔奸佞容易控制的人，像孙近、韩肖胄、楼炤、王次翁、范同、万俟卨、程克俊、李文会、杨愿、李若谷、何若、段拂、汪勃、詹大方、余尧弼、巫伋、章夏、宋朴、史才、魏师逊、施钜、郑仲熊之类的，这些大概都是被提拔的冗散官员，他们迅速跻身朝廷。共同执政以后，他们就是拱手沉默而已。又大多自称处理官事时听从秦桧弹劾攻击他们，常常就用政府的名义上报事情，由中丞、谏议而提拔的一共有十二人，然而才进去就离任了，有时过一个月，有时过半年就被罢免。只有王次翁过了四年，是因为当初金人背叛盟约时王次翁坚持不改换宰相的观点，秦桧非常感激他。秦桧打开大门接受贿赂，富可敌国，外国进献的奇珍异宝，秦桧死后依旧送到家门。人们说其子秦熺自从秦桧执掌权柄以来没有一天不锻炼酒具，整理书画，这只是其中一件小事罢了。

桧阴险如崖阱，深阻竟叵测。同列论事上前，未尝力辨，但以一二语倾挤之。李光尝与桧争论，言颇侵桧，桧不答。及光言毕，桧徐曰："李光无人臣礼。"帝始怒之。凡陷忠良，率用此术。晚年残忍尤甚，数兴大狱，而又喜谀佞，不避形迹。然桧死熺废，其党祖述余说，力持和议，以窃据相位者尚数人，至孝宗始荡涤无余。（宋史卷四百七十三）

【译文】秦桧的阴险就像悬崖陷阱，深沉不外露，难以预测。同僚在皇上面前议论政事，他不曾极力辩解，只是利用一两句话倾轧排挤他们。李光曾经和秦桧争论，言辞很是侵犯秦桧，秦桧没有回答。等到李光说完，秦桧慢慢地说："李光没有做人臣的礼仪。"高宗才开始对李光生气。凡是陷害忠良，秦桧几乎都是使用这个招数。晚年残暴狠毒更加严重，多次兴起大案件，而又喜欢阿谀奉承奸佞的小人，不避嫌他们的行为举止。但是秦桧死后秦熺才被罢废，他的党羽效法遵循他遗留的主张，极力坚持对金和议，以之来窃据相位的还有数人，这样的遗毒，直到孝宗亲政才清洗干净没有剩余。（宋史卷四百七十三）

群书治要续编卷第二十二　辽　史　金　史

辽　史

【提要】《辽史》为元脱脱等人所撰之纪传体史书，是元代官修的三史之一，与《宋史》《金史》并入“二十四史”。元修《辽史》共116卷，包括本纪30卷，志32卷，表8卷，列传45卷，以及国语解1卷。主要记载了上自辽太祖耶律阿保机，下至辽天祚帝耶律延禧的辽朝历史（907—1125年），兼及耶律大石所建立的西辽历史。

辽朝是中国历史上由契丹族建立的朝代，共传9帝，享国219年。契丹的名字，最早见于《魏书》，它的含意，据《金史》上说是“辽以宾铁为号，取其坚也。”现代史学界虽有不同看法，但多数仍持此说。契丹族的祖先属东胡的一支，后又为鲜卑一部分。契丹族原居辽河上游一带，基本上从事畜牧业。从东晋到隋唐之际，契丹有八个部落；到唐朝末年，契丹势力开始强大起来。907年，辽太祖耶律阿保机成为契丹部落联盟首领，916年始建年号，建国号“契丹”，定都上京临潢府（今内蒙古赤峰市巴林左旗南波罗城）。947年，辽太宗率军南下中原，攻占汴京（今河南开封），耶律德光于汴京登基称帝，改国号为“大辽”，改年号为“大同”。983年复更名“大契丹”。1007年辽圣宗迁都中京大定府（今内蒙古赤峰市宁城县）。1066年辽道宗耶律洪基复国号“辽”。1125年被金国所灭。辽国亡后，耶律大石西迁到中亚楚河流域建立西辽，定都虎思斡耳朵，1218年被蒙古所灭。辽强盛时期疆域东到日本海，西至阿尔泰山，北到额尔古纳河、大兴安岭一带，南到河北中部的白沟河。

契丹族本是游牧民族。为了保持民族性，辽朝将游牧民族与农业民族分开统制，主张因俗而治，开创出两院制的政治体制。并且创造契丹文字，保存自己的文化。此外，吸收渤海国、五代、北宋、西夏以及西域各国的文化，有效地促进辽国政治、经济和文化各个方面的发展。

辽朝和历代王朝一样，十分重视史书的编纂。在太宗会同四年（941年），就曾下令编撰《始祖奇首可汗事迹》。此后，辽曾四次撰修实录。第一次是在圣宗时，枢密使、监修国史室防和翰林学士承旨邢抱朴同修《实录》20卷，于统和九年（991年）修成。第二次在兴宗重熙十三年（1044年），下诏让南院大王耶律谷欲、翰林都林牙耶律庶成、翰林都林牙兼修国史萧韩家奴编集先世事迹及诸帝实录，共成20卷进上。第三次是在道宗大安元年（1085年），史臣进呈太祖以下七帝《实录》。第四次是在天祚帝乾统三年（1103年），监修国史耶律俨编修《皇朝实录》70卷。这些实录成为后人编修《辽史》的主要依据。

金灭辽后，曾两次纂修《辽史》。第一次在金熙宗皇统八年（1148年）完成，由广宁府尹耶律固编修，萧永棋续成，共有纪30卷，志5卷、传40卷。第二次在金章宗泰和七年（1207年）完成，主要由耶律履、党怀英等编修，参照辽时实录及民间进献的碑铭墓志及诸家文集等，由陈大任最后完成，后人称之为陈大任《辽史》。这两部《辽史》都因为所谓“义例”，即金朝继承哪一朝的“帝统”问题没有解决，未能刊行。

元代《辽史》的编写是从元世祖中统二年（1261年）开始的。元世祖中统二年（1261年）七月，原金朝状元，时任元朝翰林学承旨的王鹗，向元世祖忽必烈建议修辽、金二史，忽必烈接受了这一建议，但因军事繁忙，时局未稳，没能实行。至元元年（1264年），王鹗再次建议修辽、金二史，时元翰林国史院也建立起来，但这一次也未见诸行动。以后仁宗延佑、文宗天历曾多次诏修辽、宋、金三史，都因正统问题的争论未决，义例未定，因而都未成功。直至元顺帝至正三年三月（1343年），在右丞相脱脱、平章也先帖木儿、铁睦尔达世、右丞太平、参议长仙、郎中孛里不花、员外郎老老等人的奏请下，诏修辽、金、宋三史，在君臣同心、而且由脱脱裁定三史各为正统、从而彻底解决正统、义例问题的前提下，《辽史》才最后纂修成功。当时以脱脱为辽、金、宋三史都总裁官。

元代《辽史》的修撰只用了十一个月的时间，从元顺帝至正三年四月开始，到四年三月已经全部完成。由于修纂的时间很短，《辽史》前后矛盾、错误的地方很多，而且记事过于疏漏，受到后人的指责。因此，自《辽史》问世后，一些学者针对它的不足，作了一些补正工作，其中清人厉鹗《辽史拾遗》（二十四卷），引书三百多种，加以考订甄别，纠正了《辽史》不少错误。此外，清人杨复吉《辽史拾遗补》、近人陈汉章《辽史索隐》等也是研究辽史的重要参考资料。当然，《辽史》也并非全无优点，《辽史》中占了大量篇幅的表、志，后世评价还是很高的，清人赵翼就评价《辽史》“立表最善”。此外，由于历史上耶律俨编纂的《皇朝实录》和陈大任编纂的《辽史》等早已失传，元修《辽史》成了唯一较为系统、全面地记载辽朝历史的文献，尽管存在诸多不足，但是它的价值也无可替代。

《续编》从《辽史》本纪中辑录了辽圣宗、天祚帝两位君主，从列传中辑录了高模翰、耶律屋质等人纪传的精华内容，主要着眼于体现辽朝二百余年兴衰留给后人的历史经验教训。

圣　宗

【题解】辽圣宗耶律隆绪（971—1031年），辽朝第六位皇帝（983—1031年在位），契丹名文殊奴。景宗耶律贤长子。乾亨四年（982年）嗣位为皇帝，改元统和，改国号契丹。母承天皇太后萧绰奉遗诏摄政。室昉、韩德让及耶律斜轸、耶律休哥等以为辅佐。统和四年（986年）辽军大败宋北伐之师，统和二十二年（1004年），圣宗亲征，屡败宋军，和宋朝订立“澶渊之盟”。两朝各守旧界。此后一百多年，辽宋未大战。统和二十七年（1009年），圣宗正式亲政，他在位期间，对内实行改革，大力整顿吏治，任贤去邪，仿唐制，开科取士。加强汉人在统治集团中的成分和作用。使契丹达到鼎盛。对外实行联合党项抗击宋朝之策，向周邻扩张。

在辽朝的诸位皇帝中，圣宗之前，太祖、太宗忙于对外征战，开疆拓土；世宗在位仅五年，没有大的作为；穆宗沉湎于享乐，又是个暴君；景宗援助北汉，竭尽国力，得不偿失。因此，辽朝的安邦治国，基本是由圣宗来完成的，他在位的时期，是辽的全盛时期。因此《辽史》称赞“辽之诸帝，在位长久，令名无穷，其唯圣宗乎”，的确是有道理的。

在辽朝的诸位帝王中，圣宗的汉文化修养颇高，他还精射法，晓音律，好绘画，所作曲达百余首。他还深入学习宗教教义，史称“道、佛二教，皆洞彻其宗旨”。1031年驾崩，葬庆陵。

《续编》从《辽史·圣宗本纪》中辑录数事，体现了辽圣宗的治国思想和策略。

圣宗皇帝，讳隆绪，小字文殊奴。景宗皇帝长子，乾亨四年秋九月壬子，景宗崩。癸丑，即皇帝位于柩前，时年十二。

【译文】圣宗皇帝，名隆绪，乳名文殊奴。景宗皇帝耶律贤长子，乾亨四年（982年）秋季九月二十四日，景宗驾崩。二十五日，圣宗在景宗灵柩前即位，时年十二岁。

统和[①]元年，十一月庚辰，上与皇太后祭乾陵，下诏谕三京左右相、左右平章事、副留守判官、诸道节度使判官、诸军事判官、录事参军等，当执公方，毋得阿顺。诸县令佐如遇州官及朝使非理征求，毋或畏徇。恒加采听，以为殿最[②]。民间有父母在，别籍异居者，听邻里觉察，坐之。有孝于父母，三世同居者，旌其门闾。

【注释】①统和：辽圣宗耶律隆绪的第一个年号（983—1012年），共计30年。

②殿最：古代考核政绩或军功，下等称为“殿”，上等称为“最”。泛指等级的高低上下。

【译文】统和元年（983年），十一月二十九日，圣宗与皇太后萧氏祭祀乾陵，下诏令指示三京左右相、左右平章事、副留守判官、诸道节度使判官、诸军事判官、录事参军等，应当公正方直地做事，不许阿谀随顺。各县令、佐吏假如遇到州官及朝廷特派使者不合常理的要求，不可因心中畏惧而徇私枉法。朕会时常探听情况，进行考核评比。民间如果有人父母尚在，但与父母另立籍册、分开居住，被邻里觉察并检举揭发，便对其治罪。如果有人对父母孝顺，三代同堂，在乡里进行表扬。

二年，三月乙卯，划离部[1]请今后详稳[2]止从本部选授为宜，上曰：“诸部官惟在得人，岂得定以所部为限。”不允。

【注释】①划离部：辽代部落名。

②详稳：辽国官名。诸官府监制长官。

【译文】统和二年（984年），三月初五，划离部请求今后最好只从本部选授详稳一职，圣宗说：“各部官的选用，只在于用人是否得当，怎么可以局限于只在本部挑选！”因此没有答应他们的请求。

九年，秋七月乙巳，诏诸道举才行、察贪酷、抚高年、禁奢僭，有殁于王事者官其子孙。

【译文】统和九年（991年），秋季七月初八，圣宗下令命各道推荐有才智和德行的人才、察举贪婪残酷的人、安抚德高望重的人、禁止极端奢侈和奸诈狡猾的行为，授官给因王事而丧身者的子孙。

十二年，诏州县长吏有才能无过者，减一资考任之。

【译文】统和十二年（994年），下令命州县长吏中有才能而无过失的人，减少一次资格考试给予任用。

太平[①]六年，十二月辛巳，诏北南诸部廉察州县及石烈、弥里[②]之官，不治者罢之。诏大小职官有贪暴残民者，立罢之，终身不录；其不廉直，虽处重任，即代之；能清勤自持者，在卑位亦当荐拔；其内族受赂，事发，与常人所犯同科。

【注释】①太平：辽圣宗耶律隆绪的第三个年号（1021—1031年），共计11年。

②石烈：女真语，指县以下的行政机构，相当于乡。弥里：契丹语，小乡。

【译文】太平六年（1026年），十二月初九，圣宗下令命北南各部考察州县及石烈、弥里的官员，治理不善的官员予以罢免。下令命大小官员如有贪婪暴虐、残害百姓的，立即罢免，终身不得录用；如不清廉正直，即使担当重任，也要让人取代他；

如能清廉勤恳、自我克制，即使身处低位，也应当越级提拔；皇家宗室如有接受贿赂的，一旦败露，与普通人一样判处同罪。

十一年，六月己卯，帝崩于行宫，年六十一，在位四十九年。

赞曰：圣宗践阼四十九年，理冤滞，举才行，察贪残，抑奢僭，录死事之子孙，振诸部之贫乏，责迎合不忠之罪，却高丽女乐之归。辽之诸帝，在位长久，令名无穷，其唯圣宗乎！（辽史卷十一十七）

【译文】太平十一年（1031年），六月初三，圣宗在行宫驾崩，享年六十一岁，在位四十九年。

史官评论：圣宗登基四十九年，审理滞留未申的冤狱，举荐德才兼备的人才，察举贪官污吏，抑止极端奢侈和奸诈狡猾的行为，授官给因征战而丧身者的子孙，救济各贫困部族，责罚阿谀逢迎、不忠于君的罪行，婉拒高丽国献上的乐妓。辽代的各位皇帝，在位长久，美名传扬，唯独圣宗一人做到了！（辽史卷十一十七）

天祚皇帝

【题解】辽天祚帝耶律延禧（1075—1128年），字延宁，小字阿果。辽朝最后一位皇帝，辽道宗耶律洪基之孙，辽顺宗（追封）

耶律浚之子，母为贞顺皇后萧氏。太康元年（1075年）出生，大安七年（1091年）成为皇位继承人。寿昌七年（1101年），正式继位，年号乾统。

天祚皇帝在位期间，信用萧奉先、萧德里底等佞臣，一味游猎，生活荒淫奢侈，不理国政，致使宗室贵族之间的争斗愈演愈烈，人民起义此伏彼起，各部族首领也纷纷起兵反辽，辽国陷入内外交困的局面。天庆四年（1114年），金太祖完颜旻起兵反辽，大败辽军，最终灭亡辽国。耶律延禧为金兵所俘，最终客死异国，葬于显陵（今辽宁省北镇县境内）。

《续编》从《辽史》和《历代君鉴》中辑录了描述天祚帝荒政失德的相关内容，希望通过其覆国亡家的教训，令人产生警惕。

天祚皇帝，讳延禧，字延宁，道宗①之孙。寿昌②七年，道宗崩，奉遗诏即皇帝位于柩前。群臣上尊号曰天祚皇帝。（《历代君鉴》曰：天祚皇帝畋猎淫酗，怠于政事。乾统③二年，始发乙辛④等墓，剖棺戮尸，诛其子孙余党，如耶律挞不也⑤、萧达鲁古⑥等。党人之尤凶狡者，皆以赂免。行军将军耶律涅里三人有禁地射鹿之罪，皆弃市。其职官诸局人有过者镌降⑦，决断之外，悉从军。赏罚无章，怨讟日起，剧盗相挻⑧，叛亡接踵。天祚大恐，益务绳以严酷，由是投崖、砲掷、钉割、脔杀之刑兴，或有分尸五京，甚者至取其心以献祖庙。

【注释】①道宗：即辽道宗耶律洪基（1032—1101年），字涅邻，小字查剌，辽兴宗耶律宗真长子，母为仁懿皇后萧挞里。耶律洪基为人昏庸，忠奸莫辨，迷于酒色，好汉文化，多作诗赋。

②寿昌：辽道宗耶律洪基的最后一个年号（1095—1101年），共计近7年。

③乾统：或作乾通，即辽天祚帝耶律延禧的第一个年号（1101—1110年），共计10年。

④乙辛：即耶律乙辛（?—1083年），字胡睹衮，五院部人。辽道宗朝权相奸臣。以"鬻禁物于外国"罪名被捕，试图逃奔北宋，坐罪缢死。天祚帝即位后，将其开棺戮尸。

⑤耶律挞不也（?—1077年）：辽皇族，字撒班。知耶律乙辛谋害太子事，欲杀乙辛及其党人。反遭诬陷，谓参与废立之谋，被害。

⑥萧达鲁古：辽遥辇嘲古可汗宫分人。道宗时，以附耶律乙辛得奖拔。天祚帝乾统间，大索乙辛党人，竟以赂获免。

⑦镌降：免官降职。

⑧挻（shān）：引发，延及。

【译文】辽天祚帝，名耶律延禧，字延宁，是辽道宗耶律洪基的孙子。寿昌七年（1101年），辽道宗驾崩，耶律延禧奉遗诏在道宗的灵柩前即皇帝位。群臣上尊号称为天祚皇帝。（《历代君鉴》上说：天祚皇帝沉迷于打猎、饮酒无度，懈怠政事。乾统二年（1102年），掘开耶律乙辛等人的坟墓，剖开棺材、陈尸示众，并且诛杀他们的子孙以及其他同伙，例如耶律挞不也、萧达鲁古等。同党中凶恶狡猾的人，都因为贿赂得到赦免。行军将军耶律涅里等三人犯有在皇家园林射鹿的罪行，都被判处了死刑。其他有过失的各级官员予以免官降职，判决之外的，全部发配充军。天祚帝赏罚没有章程，导致怨恨诽谤日益兴起，悍匪贼寇连续作乱，背叛逃亡的人连续不断。天祚帝非常惊恐，更加用严酷的刑罚来惩罚人，设立投崖、砲掷、钉割、脔杀各种酷刑，有人被分尸五京，甚至被挖取心脏祭献祖庙。

女真阿骨打[①]使习古乃[②]使辽归，具言辽主骄肆废弛之状，阿骨打乃召其所属使备冲要，建城堡，修戎器，数辽之罪告于天地，进军宁江州，填堑攻城。宁江人自东门出。阿骨打使温痕阿徒罕[③]邀击，尽殪之。辽统军司以闻，时辽主射鹿于庆州，略不介意，唯遣海州刺史高仙寿[④]应援而已。

【注释】①阿骨打：即完颜阿骨打（1068—1123年），汉名完颜旻，虎水（今黑龙江哈尔滨市阿城区）人。金朝开国皇帝，金世祖完颜劾里钵之子。

②习古乃（?—1213年）：金初女真人。曾使辽，见辽政事荒怠，建言阿骨打攻辽。为上京路军帅，攻黄龙府，败辽天祚帝于白马泊（在今吉林农安附近）。

③温痕阿徒罕（1056—1120年）：金初将领。温迪罕（痕）部人。女真族。温迪罕氏。17岁即跟随完颜撒改、完颜斡带等统一女真诸部，皆身先力战。

④高仙寿：辽朝官员。渤海族人。仕辽，官至海州刺史。天庆四年（1114年）七月，阿骨打集女真诸部兵攻宁江州（今吉林扶余县），时

任海州刺史，被遣统渤海军应援。

【译文】女真族的完颜阿骨打派遣习古乃出使辽国，习古乃回国后详细地报告了天祚帝骄纵放肆、荒废懈怠的情况，阿骨打于是召集部属，让他们提前完备军事要地，营建城堡，修治武器，向天地禀告、列举辽国的罪行，向宁江州（今吉林扶余县）发动进攻，填充壕沟、攻城。宁江人从东门逃出。阿骨打命令温痕阿徒罕拦击，将他们全部杀死了。辽国统军司上奏给天祚帝，当时天祚帝正在庆州（今内蒙古巴林右旗）打猎，丝毫不把这事放在心上，只是派遣海州刺史高仙寿接应救援。

萧嗣先帅师伐女真，败绩于混同江。枢密使萧奉先，嗣先兄也。惧嗣先得罪，辄奏东征溃军所至劫掠，若不肆赦，恐惧为患。辽主从之。嗣先但免官而已，自是凡军溃败，遂止免官而不加罪。于是诸军相谓曰："战则有死而无功，退则有生而无罪。"故士庶无斗志，遇敌辄溃散矣。

【译文】萧嗣先率军讨伐女真，在混同江遭遇兵败。枢密使萧奉先，是萧嗣先的兄长。他担心萧嗣先会因为兵败获罪，就谎报说东征的军队溃败后，到处抢劫，如果不赦免他们，恐怕他们会制造祸患。天祚帝依从了。萧嗣先只是被解除官职而已，从此凡是军队被打败，就只是解除官职而不加罪。于是士兵们互相说："英勇作战就只有死而没有功劳，后退则能生还而没有罪过。"所以士兵丝毫没有斗志，遇到敌军就溃败逃散了。

女真日见侵迫，辽主畋游不恤，忠臣多被疏斥。文妃萧氏[①]作歌讽谏。其词曰：“勿嗟塞上兮暗红尘，勿伤多难兮畏夷人，不如塞奸邪之路兮选取贤臣，直须卧薪尝胆兮激壮士之捐身，可以朝清漠北兮夕枕燕云。”又歌曰：“丞相来朝兮剑佩鸣，千官侧目兮寂无声，养成外患兮嗟何及，祸尽忠臣兮罚不明，亲戚并居兮藩屏位，私门潜畜兮爪牙兵，可怜往代兮秦天子，犹向宫中兮望太平。”辽主见而御之。诸皇子晋王敖卢斡[②]最贤，素有人望。元后[③]兄萧奉先深忌之，诬南军都统余睹[④]谋立晋王。以妃与闻，赐死。

【注释】①文妃萧氏（?—1122年）：小名瑟瑟，国舅大父房女。乾统三年（1103年），立为文妃。生蜀国公主及晋王敖卢斡，甚受宠幸，加号“承翼”。善歌诗。女真来逼，天祚不理政事，忠臣多被疏斥，妃作歌以讽谏。

②敖卢斡：即耶律敖卢斡（?—1122年），天祚帝长子。善骑射，过继大丞相耶律隆运，封晋王。

③元后：辽天祚帝皇后萧氏（?—1132年），小字夺里懒，宰相萧继先五世孙。乾统初年，册封为皇后。性闲淑，有仪则。

④余睹：耶律余睹（?—1132年），辽朝大臣。又名余都姑。天庆（1111—1120年）年间，为金吾卫大将军、东路都统。1121年叛辽降金，后反金而亡。

【译文】女真一天天侵犯逼近，天祚帝却打猎游乐，对此毫不忧虑，忠臣大多被疏远排斥。文妃萧氏作歌咏唱以婉言相谏。歌词是："不要叹息塞上的阴云迷漫了红尘，不要感伤多灾多难而畏惧外族人，不如堵塞奸邪小人的升迁之路，挑选任用贤臣辅佐国家，应当卧薪尝胆，激励壮士们为国捐躯，这样就可以早上清除漠北的迷雾，傍晚荡平燕、云安枕于寝宫。"又咏唱道："丞相来上朝啊，宝剑和垂佩叮当作响，众多的官员不敢正视，朝堂上面寂静无声，养成外患啊，来不及感叹，忠臣都被残杀，刑罚不分明，亲戚们都占据着捍卫国家的重要职位，权贵之家暗地里蓄养着勇武的士兵，可惜前代统一天下的秦始皇，仍然面对着宫门期望太平。"天祚帝看到后便禁止她再唱。众多皇子中晋王耶律敖卢斡最贤明，素有声望。元后的兄长萧奉先非常忌恨他，诬陷南军都统耶律余睹密谋拥立晋王。因为文妃也知情，天祚帝便命文妃自杀。

金斜也[①]陷中京及泽州，辽主田于鸳鸯泺。余睹以金人袭之。萧奉先曰："余睹此来，欲立甥晋王耳。若为社稷计，不惜一子。明其罪诛之，可不战而余睹自回矣。"会耶律撒八等复谋立敖卢斡事觉，辽主乃遣人缢杀之。或劝敖卢斡亡，敖卢斡曰："安忍为蕞尔之躯而失臣子之节。"遂就死。诸军闻之，无不流涕，由是人心解体。余睹引金兵逼辽主行宫[②]，辽主率卫士五千余骑自鸳鸯泺幸云中。党项小斛禄遣人请临其地，趋天德，过沙漠，金兵忽至。辽主徒步出走。近侍进珠帽，却之。乘张仁贵马得脱。至天德遇雪，无御寒具，术者以貂裘帽进，途次绝粮，术者进麨[3]与枣，欲憩，术者即跪坐倚之假寐。术者辈惟齧冰雪以济饥。过天德，至夜将宿民家，给曰侦骑，其家知之。乃叩马首跪而大恸，潜宿其家。居数日，嘉其忠，遥授[4]以节度使，遂趋党项。以小斛禄为西南面招讨使，总知军事。仍赐其子及诸校爵赏有差。三月，至应州，为金人完颜娄室[5]所获，至金将封海滨王。以疾终。辽主在位二十四年，年五十有四。）

【注释】①斜也：完颜杲（?—1130年），字斜也，虎水（今黑龙江哈尔滨市阿城区）人。金朝宗室大臣，金世祖完颜劾里钵第五子，金太祖完颜阿骨打同母弟。

②行宫：古代京城以外供帝王出行时居住的宫室。

③麨（chǎo）：炒的米粉或面粉，一种干粮。

④遥授：授予官衔，而不须到任。

⑤完颜娄室（1078—1130年）：字斡里衍，女真族完颜部人。在灭辽攻宋的战争中。统率大军，从东北战场一直打到西北，驰骋在大半个中国的土地上，所向无敌，战功累累，以其大智大勇而名闻天下。成为金朝的开国功臣和开疆拓土的一代名将。

【译文】金国的完颜斜也攻陷中京以及泽州，天祚帝在鸳鸯泺（今河北张北县）狩猎。耶律余睹带领金国军队袭击。萧奉先说："耶律余睹这次来，是想拥立外甥晋王。陛下如果为社稷考虑，不要吝惜一个儿子。确定他的罪行而诛杀他，可以不用交战耶律余睹自己就回去了。"恰巧碰上耶律撒八等人又密谋拥立耶律敖卢斡的事情被发觉，天祚帝于是派人缢杀了他。有人劝耶律敖卢斡逃亡，他说："怎么忍心为了微小的身躯而丧失做臣子的节操呢。"于是就死。诸军听说后，没有不流泪的，因此人心离散。耶律余睹引领金兵逼近天祚帝的行宫，天祚帝率领五千多骑兵卫士从鸳鸯泺巡幸云中。党项小斛禄派人请天祚帝驾临他的辖地，于是天祚帝前往天德，经过沙漠时，金兵忽然赶到。天祚帝步行出逃。近侍进献珠帽，天祚帝没有接受，乘坐张仁贵的马才得以脱逃。到天德遇到下雪，没有御寒的衣物，术人进献貂裘帽，路上没有粮食，术人进献炒米粉和大枣，天祚帝想休息，术人就跪坐着让天祚帝依靠着和衣打盹。术人们只是啃食冰雪以缓解饥饿。经过天德，到晚上，将要借宿在百姓家中，就谎称说是侦察敌情的骑兵，借宿的百姓知道是天祚帝。于是在天祚帝的马前跪拜痛哭，天祚帝偷偷在他家里住了好几天，嘉许他的忠诚，授予他不用赴任的节度使官职，于是赶往党项。任命小斛禄为西南面招讨使，总管军事。又赐予他的儿子以及众位将校爵位赏赐，各有等级差别。三月，到达应州，被金人完颜娄室俘获，到了金国降封为海滨王。因病去世。在位二十四年，终年五十四岁。）

赞曰：辽起朔野①，兵甲之盛，鼓行皞外，席卷河朔②，树晋植汉，何其壮欤！太祖③、太宗④乘百战之势，辑新造之邦，英谋睿略，可谓远矣。虽以世宗⑤中才，穆宗⑥残暴，连遘弑逆，而神器⑦不摇，盖由祖宗威令犹足以震叠其国人也。圣宗以来，内修政治，外拓疆宇。既而申固邻好，四境乂安。维持二百余年之基，有自来矣。降臻天祚，既丁末运，又觖人望，崇信奸回，自椓[8]国本，群下离心。金兵一集，内难先作，废立之谋，叛亡之迹，相继蜂起。驯致土崩瓦解，不可复支，良可哀也！耶律与萧，世为甥舅，义同休戚，奉先挟私灭公，首祸构难，一至于斯。天祚穷蹙，始悟奉先误己，不几晚乎！（辽史卷三十）

【注释】①朔野：北方荒野之地。

②河朔：古代泛指黄河以北的地区。

③太祖：耶律阿保机（872—926年），姓耶律，名亿，乳名啜里只，辽朝开国君主，契丹迭剌部霞濑益石烈乡耶律弥里人，辽德祖耶律撒剌的长子，庙号太祖。

④太宗：耶律德光（902—947年），字德谨，小字尧骨，上京临潢府（今内蒙古阿鲁科尔沁旗）人，契丹族。辽朝第二位皇帝，辽太祖耶律阿保机次子。庙号太宗。

⑤世宗：耶律阮（917—951年），字兀欲，上京临潢府（今内蒙古阿鲁科尔沁旗）人，契丹族。辽朝第三位皇帝，辽太祖耶律阿保机长孙，追封辽义宗耶律倍长子，辽太宗耶律德光侄子。庙号世宗。

⑥穆宗：耶律璟（931—969年），契丹名述律，又名明，上京临潢府（今内蒙古阿鲁科尔沁旗）人，契丹族。辽朝第四位皇帝，辽太宗耶律德光长子。天禄五年（951年）九月，耶律察割发动火神淀之乱，弑杀辽世宗耶律阮。耶律璟随征军中，诛杀耶律察割后，正式即位，尊号天顺皇帝，年号应历，使得帝位再次回归辽太宗一脉。庙号穆宗。

⑦神器：代表国家政权的实物，如玉玺、宝鼎。借指帝位、政权。

⑧椓（zhuó）：毁坏，伤害。

【译文】史官评论：辽国兴起于北方的荒野地带，军队的兴盛，风行广漠之外，占领黄河以北，树立后晋、扶植北汉，多么雄壮啊！辽太祖、辽太宗乘着百战百胜的形势，整治新建立的国家，英明、通达的谋略，可以说深远了。虽然辽世宗只是中等的才能，辽穆宗残忍凶暴，接连遭遇弑君叛逆，然而国家政权还没有动摇。大概是由于辽朝祖宗的威严、政令仍然能够震慑国内的百姓。辽圣宗即位以来，对内修明政治，对外开拓疆土，不久就巩固疆土睦邻友好，四方边境安定。能够维持二百多年的基业，是有原因的。等到天祚帝即位，既遭逢将要衰亡的命运，又得不到百姓的支持，宠信奸恶邪僻的人，自己毁坏国家的根本，群臣不团结。金兵刚刚集结，内乱就先开始了，废旧立新的密谋，背叛逃亡的形迹，纷然并起。逐渐招致国家彻底崩溃，不能够支撑下去，确实值得悲哀呀！耶律氏与萧氏，世代都是甥舅关系，按理应当休戚与共，萧奉先心怀私念、废弃公事，开启祸端、结成怨仇，竟然到了这个地步。天祚帝身处绝境时，才醒悟到是萧奉先贻误了自己，不是太晚了吗？（辽史卷三十）

高模翰

【题解】高模翰（?—959年），一名高松，渤海忽汗城（今黑龙江宁安市）人。辽朝大将。他原本是渤海人，契丹灭渤海之后，他逃到高丽，还娶了高丽公主为妻，后因犯罪逃回契丹，为辽太祖所重用。后随辽太宗南下，击败后唐军，扶植石敬瑭为儿皇帝，因功封为上将军。后随辽太宗南下平灭后晋，以统军副使的身份担当全军的先锋，受命兼统左、右铁鹞子军，在与后晋军决战时献计，迫降了后晋军。辽太宗入汴梁之后，高模翰加特进检校太师，封悊郡开国公。辽世宗即位后，加封高模翰开府仪同三司，辽穆宗即位，征召高模翰入京，担任中台省右相。应历九年（959年）正月，高模翰迁升中台省左相，同年病卒。

高模翰是辽国的功臣，辽太宗曾经对他说："朕自起兵，百余战，卿功第一，虽古名将无以加。"

高模翰，一名松，渤海人。有膂力，善骑射，好谈兵。

【译文】高模翰，又名松，渤海（今黑龙江宁安市）人。有体力，擅长骑马和射箭，喜欢谈论军事。

天显①十一年七月，唐遣张敬达②、杨光远③帅师五十万攻太原，势锐甚。石敬瑭④遣人求救，太宗许之。九月，征兵出雁门，模翰与敬达军接战，败之，太原围解。

【注释】①天显：辽太祖耶律阿保机的最后一个年号（926—938年），共计13年。

②张敬达（?—936年）：字志通，小字生铁，代州（今山西代县）人，五代时期后唐的将领。因为善于骑射，被李存勖收在身边任职，

屡立战功，逐渐升迁为节度使，多次率军在塞下阻击南下劫掠的契丹人。

③杨光远（?—944年）：五代将领，小字阿檀，及长，止名檀。唐天成中，以明宗改御名为亶，以偏傍字犯之，始改名光远，字德明。

④石敬瑭（892—942年）：山西太原人，沙陀族。五代十国时期后晋开国皇帝。清泰三年（936年），起兵造反，坐困于太原，遂向契丹求援，割让幽云十六州，甘做“儿皇帝”。随后，在契丹援助下，灭亡后唐，正式即位，定都汴梁，建立后晋。

【译文】天显十一年（937年）七月，后唐派遣张敬达、杨光远率兵五十万攻打太原，军队勇往直前。石敬瑭派人求救，辽太宗同意了。九月，征调军队出雁门，高模翰与张敬达的军队交战，打败了张敬达，太原的困境解除。

会敬瑭自立为晋帝，光远斩敬达以降，诸州悉下。上谕模翰曰：“朕自起兵，百余战，卿功第一，虽古名将无以加。”乃授上将军。会同[1]元年，册礼告成，宴百官及诸国使于二仪殿。帝指模翰曰：“此国之勇将，朕统一天下，斯人之力也。”群臣皆称万岁。

【注释】①会同：辽太宗耶律德光的年号（938—947年），共计10年。

【译文】恰巧石敬瑭自立为后晋皇帝，杨光远斩杀张敬达来投降，各州都被高模翰。辽太宗耶律德光告诉高模翰说：

"朕自从起兵，历经一百多战，爱卿的功劳第一，即使是古代的名将也没有超过你的。"于是授任高模翰为上将军。会同元年（938年），册封的礼仪完成，在二仪殿宴请百官以及各国的使臣。辽太宗指着高模翰说："这位是国家的勇将，朕统一天下，是这个人的功劳。"群臣都呼万岁。

及晋叛盟，出师南伐。模翰为统军副使，晋以魏府节度使杜重威[1]领兵三十万来拒，模翰谓左右曰："军法在正不在多。以多陵少，不义必败。其晋之谓乎！"诘旦，以麾下三百人逆战，杀其先锋梁汉璋[2]，余兵败走。手诏褒美，比汉之李陵[3]。

【注释】①杜重威（?—948年）：因避后晋出帝讳，又名杜威，朔州（今山西省朔县）人，五代后晋大臣。晋高祖石敬瑭的妹婿。

②梁汉璋（895—943年）：字国宝，应州（今山西应县）人。屡有战功，随杜重威北征，与契丹战于浮阳，为流矢所中，阵亡。

③李陵（前134—前74年）：字少卿，陇西成纪（今甘肃秦安县）人。西汉名将，匈奴名将，飞将军李广长孙，李当户的遗腹子。善骑射，爱士卒，颇得美名。天汉二年（前99年）奉汉武帝之命出征匈奴，率五千步兵与八万匈奴兵战于浚稽山，最后因寡不敌众兵败投降。

【译文】等到后晋背叛盟约，辽朝出兵南伐。高模翰担任统军副使，后晋派遣魏府节度使杜重威率领三十万士兵来迎战，高模翰对左右的人说："行军布阵之道在正确而不在人多。以多欺少，不合道义的军队一定会失败。说的就是后晋吧！”第二天早晨，高模翰率领麾下三百人迎战，斩杀后晋先锋梁汉璋，其他士兵战败逃跑。辽太宗亲自写诏书褒奖赞美，把他比作汉代的李陵。

天禄[1]二年，加开府仪同三司，赐对衣、鞍勒[2]、名马。应历[3]初，召为中台省右相。至东京，父老欢迎曰：“公起戎行，致身富贵，为乡里荣，相如、买臣辈不足过也。”九年正月，迁左相，卒。（辽史卷七十六）

【注释】①天禄：辽世宗耶律阮的年号（947—951年），共计5年。

②鞍勒：鞍子和套在马头上带嚼口的笼头。

③应历：辽穆宗耶律璟的年号（951—969年），共计19年。

【译文】天禄二年（948年），加封开府仪同三司，赏赐对衣、鞍勒、名马。应历初年，征召为中台省右相。到了东京（今辽宁辽阳），父老欢迎说：“公出身行伍，凭借军功获得富贵，实在是乡里的荣耀，即使是司马相如、朱买臣他们都比不上您。”应历九年（959年）正月，迁任左相，在任上去世。（辽史卷七十六）

耶律屋质

【题解】耶律屋质（917—973年），字敌辇，契丹皇族，辽朝初期大臣，前后历经五朝（辽太祖、辽太宗、辽世宗、辽穆宗、辽景宗），在契丹皇族两次争夺皇位的斗争中，他都起到了决定性作用。

大同元年（947年）四月，辽太宗去世后，辽军南征诸将拥立随军出征的永康王耶律阮为帝，即辽世宗。留守京都的太后述律平则欲立耶律李胡。双方大军隔着河岸互相拒战，辽朝面临政权交接的危机，耶律屋质在紧急关头置自身安危于不顾，以大局为重，充分发挥其调停和斡旋的能力使辽朝顺利渡过了这道难关，帮助辽世宗最终登上帝位。

951年（天禄五年、应历元年），泰宁王耶律察割发动政变，杀害了耶律阮，辽朝的统治顿时陷入混乱之中。耶律屋质再一次挽救了这个政权。他率领大臣同心合力讨伐叛臣察割，同时决定立耶律德光长子寿安王耶律璟为帝。叛乱平定以后，耶律璟即位，即辽穆宗。穆宗命他总管国事，将逆党的财产全部赐给耶律屋质，但耶律屋质坚辞不受。

耶律屋质同时也是领兵征战的将领，是个能文能武的全才。为耶律曷鲁之后辽朝“以于越（于越：官名。契丹最尊之职）得重名者”第二人。《辽史》评价他“姿简静，有器识，重然诺。遇事造次，处之从容，人莫能测。博学，知天文。”

耶律屋质，字敌辇，系出孟父房①。姿简静，有器识，重然诺。遇事造次，处之从容，人莫能测。

【注释】①孟父房：契丹皇族三父房之一。是对辽太祖耶律阿保机二伯父耶律岩木后裔的称呼（所称“孟”者，因大伯父耶律麻鲁无后）。连同三伯父释鲁后裔（仲父房）和诸弟后裔（季父房，以阿保机父排行而论）合称三父房，或皇族三父帐。再加阿保机后裔（大横帐），合为皇族四帐。专置北面皇族帐官以治理。“孟父族帐常衮司，掌蜀国王岩木房族之事。”

【译文】耶律屋质，字敌辇，世系出自孟父房。秉性简约沉静，有器量与见识，重视对他人的承诺。遇到仓促发生的事情，处置得不慌不忙，他人都不能预料。

会同间，为惕隐。太宗崩，诸大臣立世宗，太后[1]闻之，怒甚，遣皇子李胡[2]以兵逆击，遇安端[3]、刘哥[4]等于泰德泉，败归。李胡尽执世宗臣僚家属，谓守者曰：“我战不克，先殪此曹！”军次潢河横渡，隔岸相拒。

【注释】①太后：此指述律太后述律平（879—953年），字月里朵，回鹘述律部人。耶律阿保机皇后。果断有智谋，多权变。史称辽应天后。耶律阿保机即将下葬时，砍下右手，装入棺木里，作为陪葬品。

②李胡：即耶律李胡（911—960年），汉名耶律洪古，字奚隐，辽太祖耶律阿保机第三子，辽义宗耶律倍和辽太宗耶律德光同母弟，母淳钦皇后述律平。耶律李胡勇武强悍，力大无比，生性残忍酷虐，能力远不及他的两位兄长。但深受母亲述律平的钟爱。

③安端：即耶律安端（?—952年），辽太祖耶律阿保机的弟弟。

④刘哥：即耶律刘哥，字明隐，辽太祖弟弟耶律寅底石之子。

【译文】会同年间，担任惕隐。辽太宗驾崩，众大臣拥立辽世宗耶律阮，述律太后听说后，非常愤怒，派遣皇子耶律李胡率兵迎击，在泰德泉遇上了耶律安端、耶律刘哥等人，兵败后回来了。耶律李胡把辽世宗的臣僚家属都抓起来，对看守的人说："我如果没有获胜，就先杀了他们！"军队驻扎在潢河两岸，两军隔着河岸对峙。

时屋质从太后，世宗以屋质善筹，欲行间，乃设事奉书，以试太后。太后得书，以示屋质。屋质读竟，言曰："太后佐太祖定天下，故臣愿竭死力。若太后见疑，臣虽欲尽忠，得乎？为今之计，莫若以言和解，事必有成；否即宜速战，以决胜负。然人心一摇，国祸不浅，惟太后裁察。"太后曰："我若疑卿，安肯以书示汝？"屋质对曰："李胡、永康王[①]皆太祖子孙，神器非移他族，何不可之有？太后宜思长策，与永康王和议。"太后曰："谁可遣者？"对曰："太后不疑臣，臣请往。万一永康王见听，庙社之福。"太后乃遣屋质授书于帝。

【注释】①永康王：辽世宗耶律阮（917—951年），字兀欲，上京临潢府（今内蒙古阿鲁科尔沁旗）人，契丹族。辽朝第三位皇帝，辽太祖耶律阿保机长孙，追封辽义宗耶律倍长子，辽太宗耶律德光之侄。仪表魁梧，擅长骑射。曾跟从辽太宗攻打后晋，封永康郡王。

【译文】当时耶律屋质追随述律太后，辽世宗忌惮耶律屋质善于筹划，想施行离间计，于是写了封想要事奉太后的书信，来试探太后。太后收到书信，拿给耶律屋质看。耶律屋质读完信后，说道："太后辅佐太祖皇帝平定天下，所以臣下愿意誓死报效。如果太后对我有所怀疑，臣下即使想要尽忠，能做到吗？从目前的情况来看，没有比通过言谈和解更好的办法，这样事情必定能成功；否则就应该迅速作战，以决定胜负。然而人心一旦动摇，会对国家造成不浅的祸患，希望太后裁断明察。"述律太后说："我如果怀疑爱卿，怎么会把书信给你看呢？"耶律屋质回答说："耶律李胡、永康郡王都是太祖皇帝的子孙，江山社稷没有转移到外族，有什么不可以的呢？太后应该考虑一个长远之计，与永康王进行和谈。"述律太后说："谁能够出使呢？"耶律屋质回答说："太后不怀疑臣下，臣下请求前往。万一永康王听从劝解，就是宗庙社稷的福气。"述律太后于是派遣耶律屋质携带书信给辽世宗。

帝遣宣徽使耶律海思[①]复书，辞多不逊。屋质谏曰："书意如此，国家之忧未艾也。能释怨以安社稷，则臣以为莫若和好。"帝曰："彼众乌合，安能敌我？"屋质曰："即不敌，奈骨肉何！况未知孰胜。借曰幸胜，诸臣之族执于李胡者，无噍类[②]矣。以此计之，惟和为善。"左右闻者失色。帝良久，问曰："若何而和？"屋质对曰："与太后相见，各纾忿恚，和之不难；不然，决战非晚。"帝然之，遂遣海思诣太后约和。往返数日，议乃定。

【注释】①耶律海思：字铎衮，隋国王释鲁庶子。性机警，有口才。辽穆宗即位，与冀王敌烈谋反，死于狱中。

②噍（jiào）类：能吃东西的动物，特指活着的人。

【译文】辽世宗派遣宣徽使耶律海思回复书信，言辞多有不恭敬。耶律屋质劝谏说："书信内容如果这样，那么国家将会有不尽的忧患。假设能够消除怨忿以安定社稷，那么臣下认为没有比议和更好的了。"辽世宗说："他们只是一群乌合之众，怎么能抵挡我？"耶律屋质说："即使他们不能抵挡，您又能把骨肉至亲怎么样呢！况且还不知道谁胜谁负。假如您侥幸获胜，那么被耶律李胡抓捕的诸位大臣的亲族，就不能活命了。这样看来，惟有和解是上策。"左右的人听到这话都吓得变了脸色。过了很久，辽世宗问他："和解要怎样做呢？"耶律屋质回答说："与太后相见，各自消除怨恨，和解就不难了；如果不这样，那么决战也还不迟。"辽世宗同意了，于是派遣耶律海思到述律太后那里约定和好。来回几天，和议才确定下来。

始相见，怨言交让，殊无和意。太后谓屋质曰："汝当为我画之。"屋质进曰："太后与大王若能释怨，臣乃敢进说。"太后曰："汝第言之。"屋质借谒者筹执之，谓太后曰："昔人皇王[①]在，何故立嗣圣[②]？"太后曰："立嗣圣者，太祖遗旨。"又曰："大王何故擅立，不禀尊亲？"帝曰："人皇王当立而不立，所以去之。"屋质正色曰："人皇王舍父母之国而奔唐，子道当如是耶？大王见太后，不少逊谢，惟怨是寻。太后牵于偏爱，托先帝遗命，妄授神器。如此何敢望和，当速交战！"掷筹而退。太后泣曰:“向太祖遭诸弟乱,天下荼毒,疮痍未复,庸可再乎!”乃索筹一。帝曰:“父不为而子为,又谁咎也!”亦取筹而执。左右感激,大恸。太后复谓屋质曰:“议既定,神器竟谁归?”屋质曰:“太后若授永康王,顺天合人,复何疑?”李胡厉声曰:“我在,兀欲安得立!”屋质曰:“礼有世嫡,不传诸弟。昔嗣圣之立,尚以为非,况公暴戾残忍,人多怨讟。万口一辞,愿立永康王,不可夺也。”太后顾李胡曰:“汝亦闻此言乎?汝实自为之!”乃许立永康。帝谓屋质曰:“汝与朕属尤近,何反助太后?”屋质对曰:“臣以社稷至重,不可轻付,故如是耳。”上喜其忠。

【注释】①人皇王:耶律倍(899—937年),又名耶律突欲,赐名李赞华,是辽太祖耶律阿保机的长子,辽太宗耶律德光的长兄,辽世宗耶律阮的父亲。自幼聪颖好学,深得耶律阿保机的喜爱和器重,916年被立为皇太子。926年被封为东丹国王、称“人皇王”。947年,耶律德光去世。耶律倍长子耶律阮夺回皇位,追谥耶律倍为让国皇帝,庙号义宗。

②嗣圣:新继位的皇帝。此处指辽太宗耶律德光,谥号孝武惠文嗣圣皇帝。

【译文】开始见面的时候,双方互相指责,丝毫没有和解的意思。述律太后对耶律屋质说:“你应当为我谋划。”耶律屋质进言说:“太后与大王如果能够消除怨恨,臣下才敢进言。”太后说:“你尽管说。”耶律屋质于是借用谒者的签筹拿在手上，对太后说：“从前人皇王在世的时候，为什么要册立太宗嗣圣皇帝？”述律太后说：“册立太宗嗣圣皇帝，是太祖皇帝的遗旨。”耶律屋质又对辽世宗说：“大王为什么专擅自立，不禀告祖母大人？”辽世宗说：“人皇王应当册立却没有册立，这是我不禀告祖母的原因。”耶律屋质态度严肃地说：“人皇王抛弃父母之国而投奔后唐，为子之道应当是这样的吗？大王见到太后之后，丝毫没有道歉谢罪，只是重申往日的怨仇。述律太后被偏心牵累，假托先帝遗命，胡乱传授皇位。像这样怎么能奢望和解，应当速速交战！”说罢掷下筹签告退。述律太后哭着说：“从前太祖遭受诸位弟弟的叛乱，天下百姓受到残害，创伤还没有平复，怎么能再出现这样的情况呢！”于是抽了一支筹签。辽世宗说：“父亲没有做的由儿子来做，又有谁会怪罪呢！”也抽了一支筹签拿在手上。左右的人都很激动，失声痛哭。述律太后又对耶律屋质说：“和议已经确定，皇位究竟该由谁来继承呢？”耶律屋质说：“太后如果传授给永康王，顺天意、合人心，又有什么值得迟疑的呢？”耶律李胡高声说：“有我在，怎么能够册立耶律阮！”耶律屋质说：“按照礼制皇位应该传给嫡长子，不传给弟弟。从前嗣圣皇帝继位，人们尚且认为不合法，何况您残暴酷虐，人们对您多有怨恨诽谤。众口一辞愿意拥立永康王，是不能改变的。”述律太后回过头对耶律李胡说：“你也听说过这话吗？实际上这是你自己造成的呀！”于是答应册立永康王。辽世宗对耶律屋质说：“你与朕的属下更亲近一些，为什么反而辅助述律太后呢？”耶律屋质回答说：“臣下把社稷看得至关重要，皇位不能够轻易授受，因此这样做。”辽世宗欣喜他的忠心。

天禄三年，表列泰宁王察割[①]阴谋事，上不听。五年，为右皮室详稳。秋，上祭让国皇帝于行宫，与群臣皆醉，察割弑帝。屋质闻有言“衣紫者不可失”，乃易衣而出，亟遣人召诸王，乃喻禁卫长皮室等同力讨贼。时寿安王[②]归帐，屋质遣弟冲迎之。王至，尚犹豫。屋质曰：“大王嗣圣子，贼若得之，必不容。群臣将谁事，社稷将谁赖？万一落贼手，悔将何及？”王始悟。诸将闻屋质出，相继而至。迟明整兵，出贼不意，围之，遂诛察割。

【注释】①泰宁王察割：指耶律察割（?—951年），字欧辛，明王耶律安端之子，辽太祖耶律阿保机之侄，辽国宗室。耶律察割擅长骑射。大同元年（947年），因辅立辽世宗之功，被封为泰宁王。天禄五年（951年），与耶律盆都谋反，弑杀辽世宗。不久，寿安王耶律璟诱骗耶律察割前来，将其割肉碎杀。

②寿安王：耶律璟（931—969年），契丹名述律，又名明，上京临潢府（今内蒙古阿鲁科尔沁旗）人，契丹族。天禄五年（951年）即位，为辽穆宗。辽朝第四位皇帝，辽太宗耶律德光长子。会同二年（939年），受封寿安郡王。

【译文】天禄三年（949年），耶律屋质上表列举泰宁王耶律察割暗中策划谋反的事情，辽世宗没有采纳。天禄五年（951

年），担任右皮室详稳。这年秋天，辽世宗在行宫祭祀让国皇帝，与群臣都喝醉了，耶律察割弑杀辽世宗。耶律屋质听说“不能让贵官逃走”，于是换了衣服逃出去，急忙派人召集诸王，又号召禁卫长皮室等人齐心协力讨伐贼寇。当时寿安王耶律述律回到帐中，耶律屋质让弟弟耶律冲去迎接寿安王。寿安王到了以后，还有些犹豫。耶律屋质说：“大王您是嗣圣皇帝的儿子，贼寇如果抓住了您，一定不会容纳您。群臣将去事奉谁呢，社稷将去依赖谁呢？皇位万一落入叛贼之手，后悔哪里来得及呢？”寿安王这才醒悟。诸将听说耶律屋质出面，都陆续赶到。黎明整顿军马，行动之快出乎贼寇的意料，很快包围了他们，于是诛杀了耶律察割。

乱既平，穆宗即位，谓屋质曰：“朕之性命，实出卿手。”命知国事，以逆党财产尽赐之，屋质固辞。应历五年，为北院大王，总山西事。

【译文】叛乱被平定后，辽穆宗即位，对耶律屋质说：“朕的性命，实在是由爱卿你保全的。”任命耶律屋质主管国事，把逆党的财产全部赏赐给他，耶律屋质坚决不肯接受。应历五年（955年），担任北院大王，总管山西事务。

保宁[①]初，宋围太原，屋质率兵往援，宋兵以为大军至，惧而宵遁。以功加于越。五年五月薨，年五十七。帝痛悼，辍

朝三日。后道宗诏上京立祠祭享，树碑以纪其功云。（辽史卷七十七）

【注释】①保宁：辽景宗耶律贤的年号（969—979年），共计11年。

【译文】保宁初年，宋军围困太原，耶律屋质率兵前去救援，宋兵以为是辽国大军到来，十分害怕，乘夜逃走了。耶律屋质凭借功劳加号于越。保宁五年（973年）五月去世，终年五十七岁。辽景宗沉痛哀悼，罢朝三日。后来辽道宗耶律洪基下诏在上京（今内蒙古自治区巴林左旗）建立祠堂祭祀他，立碑记录他的功绩。（辽史卷七十七）

张　俭

【题解】张俭（962—1053年），字仲宝，宛平（今北京）人，辽朝大臣，统和十四年（996年），举进士第一，调任云州幕官。节度使把他推荐给辽圣宗，历任枢密使、节度使、左丞相等要职，并受遗诏辅立辽兴宗，兴宗即位之后，加太师、中书令、尚父，先后受封为韩王、陈王。重熙二十二年（1053年）正月二十九日，张俭逝世，终年91岁。

张俭作为宰相，深谙谋身治世之道，办事明智干练，自身生活节俭，内心体恤百姓。因此，《辽史》称赞他“俭在相位二十余年，裨益为多”。

张俭，宛平人。统和十四年，举进士第一，调云州幕官。故事，车驾经行，长吏当有所献。圣宗猎云中，节度使进曰："臣境无他产，惟幕僚张俭，一代之宝，愿以为献。"先是，上梦四人侍侧，赐食人二口，至闻俭名，始悟。召见，容止朴野。访及世务，占奏三十余事。由此顾遇特异，践历清华[①]，号称明干。

【注释】①清华：谓门第或职位清高显贵。

【译文】张俭，宛平（今北京）人。统和十四年（996年），考中进士第一名，调任云州幕官。按照旧例，皇帝车辇经过的地方，地方官长应当有所进献。辽圣宗到云中一带狩猎，节度使进言道："臣下管辖的境内没有什么特产，只有幕僚张俭，称得上是一代宝物，希望能作为进献。"在这之前，圣宗梦到有四个人侍奉在身边，赏赐他们每人食物两口，等到听说张俭的"俭"字，才有所领悟。等到召见他时，张俭仪容举止质朴。询问他世情时势，张俭随口上奏三十多件事。因此被赏识而受到特殊优遇，历任清高显贵的职位，以明智干练著称。

开泰[①]中，累迁同知枢密院事。太平[②]六年，拜左丞相，封韩王。帝不豫，受遗诏辅立太子，是为兴宗[③]。

【注释】①开泰：辽圣宗耶律隆绪的年号（1012年11月—1021年11月），共计10年。

②太平：辽圣宗耶律隆绪的年号（1021—1031年），共计11年。

③兴宗：耶律宗真（1016—1055年），契丹名只骨，字夷不堇，辽圣宗耶律隆绪长子，辽国第七位皇帝。庙号兴宗。

【译文】开泰年间，累迁同知枢密院事。太平六年（1026年），授左丞相，赐封韩王。圣宗患病，张俭接受遗诏辅立太子，就是辽兴宗耶律宗真。

重熙[①]五年，帝幸礼部贡院及亲试进士，皆俭发之。进见不名，赐诗褒美。俭衣唯紬[②]帛，食不重味，月俸有余，赒[③]给亲旧。方冬，奏事便殿[④]，帝见衣袍弊恶，密令近侍以火夹[⑤]穿孔记之，屡见不易。帝问其故，俭对曰："臣服此袍已三十年。"时尚奢靡，故以此微讽喻之。上怜其清贫，令恣取内府物，俭奉诏持布三端而出，益见奖重。俭弟五人，上欲俱赐进士第，固辞。有司获盗八人，既戮之，乃获正贼。家人诉冤，俭三乞申理。上勃然曰："卿欲朕偿命耶！"俭曰："八家老稚无告，少加存恤，使得收葬，足慰存没矣。"乃从之。俭在相位二十余年，裨益为多。二十二年薨，年九十一，敕葬宛平县。（辽史卷八十）

【注释】①重熙：或作重和、崇熙，辽兴宗耶律宗真的年号（1032年11月—1055年8月），共计24年。

②紬（chóu）：古同"绸"。一种薄而软的丝织品。

③赒（zhōu）：接济，救济。

④便殿：正殿以外的别殿，古时帝王休息消闲之处。

⑤火夹：亦作“火筴”。亦作“火挟”。夹炭火的用具。有圆者，今称火箸、火筷子；有扁平形似剪刀者，今称火钳、火剪。

【译文】重熙五年（1036年），辽兴宗亲临礼部贡院并亲自考试进士，这都是张俭安排的。张俭进见时辽兴宗不直呼他的名字，赐诗褒奖赞美他。张俭穿衣服只用绸帛布料，吃饭没有两种以上的菜肴，每月的俸禄有节余，就接济给亲朋旧友。这年冬天，在偏殿启奏事务，辽兴宗看到他的袍子破旧，秘密地命令近侍用火夹穿孔做记号，多次见他没有更换。辽兴宗问他其中的缘故，张俭回答说：“臣下穿这件袍子已经三十年了。”当时的风尚奢侈靡费，所以张俭以这种方式暗中劝谏辽兴宗。辽兴宗怜悯他生活清寒贫苦，让他随意取用内府的物财，张俭只是拿了三匹布出来，因而更加受到辽兴宗的嘉奖重用。张俭有五个弟弟，辽兴宗想都赐他们进士及第，张俭坚决推辞。官府捕获了八名盗贼，已经诛杀后，才又抓到真正的盗贼。冤死者的家人申诉冤情，张俭多次乞求为他们昭雪。辽兴宗勃然大怒说：“爱卿难道是想让朕偿命吗！”张俭说：“八家冤死者，老小孤苦无处投诉，稍微加以救济，让他们能够收殓埋葬，就足够抚慰活着和死去的人了。”辽兴宗依从了他的建议。张俭担任丞相职位二十多年，对国家做了很多好事。重熙二十二年（1053年）去世，终年九十一岁，辽兴宗敕令安葬在宛平县。（辽史卷八十）

马得臣

【题解】马得臣（？—989年），又名马德诚，辽朝南京析津府（今北京）人，好学博古，善属文，尤长于诗。辽景宗保宁间，累迁政事舍人、翰林学士，常预朝议，以正直称。《续编》主要辑录了他上给辽圣宗的一道奏疏，当时辽圣宗击鞠没有节制，他劝谏辽圣宗要和睦亲族、专心典籍，减少击鞠游戏，得到辽圣宗的赞叹。

马得臣，南京人，好学博古，善属文。保宁间，累迁政事舍人、翰林学士，常预朝议，以正直称。

【译文】马得臣，南京析津府（今北京）人，喜爱学习、通晓古事，善于撰写文章。保宁年间，累迁政事舍人、翰林学士，常常参与朝廷中的决议，以正直著称。

圣宗即位，皇太后称制①，兼侍读学士。上阅唐高祖、太宗、玄宗三《纪》，得臣乃录其行事可法者进之。及扈从②伐宋，进言降不可杀，亡不可追，二三其德③者别议。诏从之。俄兼谏议大夫，知宣徽院事。时上击鞠④无度，上书谏曰：

【注释】①称制：代行皇帝的职权。

②扈从：随从皇帝出巡。泛指跟随、陪从。

③二三其德：谓人心意不专，反覆无常。二三，不专一。

④击鞠：亦作“击蹴”“击掬”。我国古代一种在马上打球的运动，盛行于唐宋。

【译文】辽圣宗耶律隆绪即位，皇太后萧绰奉遗诏代行皇帝的职权，马得臣兼任侍读学士。辽圣宗阅览唐高祖、唐太宗、唐玄宗三人的《本纪》，马得臣于是择录他们值得效法的政事进呈。等到跟随辽圣宗讨伐宋国，马得臣进言说不要杀害投降的人，不要追击逃亡的人，反复无常的人另当别论。辽圣宗下诏同意了。不久兼任谏议大夫，知宣徽院事。当时辽圣宗击鞠没有节制，马得臣上书劝谏说：

“臣窃观房玄龄、杜如晦，隋季书生，向不遇太宗，安能为一代名相？臣虽不才，陛下在东宫，幸列侍从，今又得侍圣读，未有裨补圣明。陛下尝问臣以贞观、开元之事，臣请略陈之。

【译文】微臣浅显地认为房玄龄、杜如晦，他们是隋末的书生，假设没有遇到唐太宗，怎么能成为一代名相？臣下虽然缺少才干，陛下在东宫时，侥幸被列为侍从，如今又能够陪伴圣上读书，对您的圣明没有什么裨益。陛下曾经询问臣下贞观、开元时期的事情，微臣请求大略陈述。

臣闻唐太宗侍太上皇宴罢，则挽辇至内殿；玄宗与兄弟欢饮，尽家人礼。陛下嗣祖考之祚，躬侍太后，可谓至孝。臣更望定省之余，睦六亲，加爱敬，则陛下亲亲之道，比隆二帝矣。

【译文】微臣听闻唐太宗侍奉太上皇高祖结束宴饮，就拉着车辇到内殿；唐玄宗与兄弟欢乐宴饮，极尽家人的礼节。陛下继承祖先的皇位，亲自侍奉太后，可以说是极尽孝道。臣下更加希望陛下在早晚向亲长问安之外，能够和睦六亲，加倍爱敬，那么陛下爱护自己的亲属，就超过唐太宗、唐玄宗两位皇帝了。

臣又闻二帝耽玩经史，数引公卿讲学，至于日昃。故当时天下翕然向风[1]，以隆文治。今陛下游心典籍，分解章句[2]，臣愿研究经理，深造而笃行之，二帝之治，不难致矣。

【注释】①向风：谓仰慕其人之品德或学问。

②章句：剖章析句。经学家解说经义的一种方式。亦泛指书籍注释。

【译文】臣下又听闻唐太宗、唐玄宗两位皇帝专心研习经史，多次招引公卿讲学，直到傍晚。因此当时天下一致称颂、仰慕，文治兴隆。如今陛下潜心典籍，剖章析句，臣下希望陛下能够研究经书义理，进一步研习，专心实行，像唐太宗、唐玄宗两位皇帝那样的治世，就不难达到了。

臣又闻太宗射豕，唐俭[①]谏之；玄宗臂鹰，韩休[②]言之；二帝莫不乐从。今陛下以球马为乐，愚臣思之，有不宜者三，故不避斧钺[③]言之：窃以君臣同戏，不免分争，君得臣愧，彼负此喜，一不宜；跃马挥杖，纵横驰骛，不顾上下之分，争先取胜，失人臣礼，二不宜；轻万乘之尊，图一时之乐，万一有衔勒[④]之失，其如社稷、太后何？三不宜。傥陛下不以臣言为迂，少赐省览，天下之福，群臣之愿也。”

书奏，帝嘉叹良久。未几卒，赠太子太保，诏有司给葬。（辽史卷八十）

【注释】①唐俭（579—656年）：字茂约，并州晋阳（今山西太原市）人。凌烟阁二十四功臣之一。北齐尚书左仆射唐邕之孙，隋朝戎州刺史唐鉴之子。

②韩休（673—740年）：字良士，京兆长安（今陕西西安市）人，唐朝宰相，凤阁舍人韩大敏之侄，洛州司户韩大智之子。

③斧钺：亦作“斧戉”。斧与钺。泛指兵器。亦泛指刑罚、杀戮。

④衔勒：马嚼口和马络头。

【译文】臣下又闻说唐太宗射杀野猪，唐俭劝谏；唐玄宗玩鹰，韩休进言；两位皇帝没有不乐意改正的。如今陛下以击球和骑马为乐，愚臣考虑，有三不宜，因此不躲避刑罚而进言：臣下认为君臣一同游戏，免不了有争夺，君王得胜那么臣下会羞惭，彼方失败此方会欢喜，这是一不宜；跃马挥杖，纵横奔走，不顾上下的分别，争先取胜，丧失人臣的礼节，这是二不宜；轻视帝王的尊贵，贪图一时的快乐，万一在马上有什么闪失，对江山社稷、太后怎么交代呢？这是三不宜。倘若陛下不认为臣下的言语迂腐，稍微抽出时间阅览，就是天下的福气，群臣的心愿了。”

奏书呈上后，辽圣宗赞叹了很久。不久马得臣去世，朝廷追赠他为太子太保，下诏让有关部门资助安葬。（辽史卷八十）

萧孝穆

【题解】萧孝穆（981—1043年），小字胡独堇，淳钦皇后述律平弟阿古只五世孙，国舅、详稳萧陶瑰之子。历任建雄军节度使、北府宰相、南京留守、北院枢密使等，先后被封为燕王、秦王、吴国王、楚王、齐王。

萧孝穆是辽圣宗、辽兴宗时期的重要人物，被时人称为“国宝臣”。辽兴宗时期，萧孝穆劝谏兴宗不要讨伐宋朝，是深具慧眼的。他经历了辽圣宗的繁荣时期，知道人民生活安定、经济发展和与宋的和平共处是分不开的。可惜辽兴宗不听劝谏，对外多次用兵西夏，并对宋施压，兵戈不息，使得辽朝日益衰落。

萧孝穆，小字胡独堇，淳钦皇后弟阿古只五世孙。

【译文】萧孝穆，乳名胡独堇，淳钦皇后之弟阿古只五世孙。

重熙六年，进封吴国王，拜北院枢密使。八年，表请籍天下户口以均徭役，又陈诸部及舍利军[①]利害。从之。由是政赋稍平，众悦。九年，徙王楚。时天下无事，户口蕃息，上富于春秋，每言及周取十县，慨然有南伐之志。群臣多顺旨。孝穆谏曰："昔太祖南伐，终以无功。嗣圣皇帝仆唐立晋，后以重贵叛，长驱入汴，銮驭始旋，反来侵轶。自后连兵二十余年，仅得和好，蒸民乐业，南北相通。今国家比之曩日，虽曰富强，然勋臣宿将，往往物故。且宋人无罪，陛下不宜弃先帝盟约。"时上意已决，书奏不报。十二年，薨。谥曰贞。

【注释】①舍利军：辽代军种之一。由贵族子弟组成，凡缴牛、驼10头，马100匹以上者，则授舍利官。军队战斗力不强。

【译文】重熙六年（1037年），加封吴国王，授予北院枢密使。重熙八年（1039年），上奏请求登记天下户口以平均徭役，又陈述各部及舍利军的利害关系。辽兴宗采纳了他的建议。从此征收赋税渐渐平均，百姓十分高兴。重熙九年（1040年），迁任楚王。当时天下太平，户口繁衍，辽兴宗又年轻有为，每次谈到后周夺取了十县，总是感慨激愤，有南伐的志向。群臣大多曲意逢迎。萧孝穆劝谏说："从前太祖南伐，最终无功而返。太宗灭唐立晋，后来因后晋出帝石重贵叛盟，长驱直入汴京（今河南开封），太宗刚刚回师，南方反过来侵袭我们，从此以后连续交战二十多年，现在刚刚才和好，百姓安居乐业，南北互通贸易。如今国家与从前相比，虽然说富强了，然而功臣老将大多已经过世，况且宋人并没有罪过，陛下不应当背弃先帝所订立的盟约。”当时辽兴宗已下定决心伐宋，对萧孝穆的奏书不作批复。重熙十二年（1043年），萧孝穆去世。谥号为贞。

孝穆虽椒房亲，位高益畏。太后有赐，辄辞不受。妻子无骄色。与人交，始终如一。所荐拔皆忠直士。尝语人曰：“枢密选贤而用，何事不济？若自亲烦碎，则大事疑滞矣。”自萧合卓[①]以吏才进，其后转效，不知大体。叹曰：“不能移风易俗，偷安爵位，臣子之道若是乎？”时称为“国宝臣”。

【注释】①萧合卓：字合鲁隐，突吕不部人。始为本部吏。统和初，以谨恪，补南院侍郎。善于应对，熟悉典故，当时人都认为他操行不够完美。

【译文】萧孝穆虽然是皇帝的姻亲，然而他官位越高，内心越是畏惧。太后有赏赐，总是推辞不肯接受。即使在妻子儿女面前也没有骄矜的神色。他与人交往，态度始终如一。他所推荐提拔的都是忠诚正直的人。曾对人说：“枢密选拔贤能之人任用，什么事不能成功？假如亲自去处理繁杂琐碎的事情，那么大事反而会停滞。”自从萧合卓因为熟悉官场规则而得以任用，从此官员都争相仿效，而不懂得为政的大体。萧孝穆感叹说：“不能移风易俗，贪图爵位的安逸，为臣之道能像这样吗？”当时被称为“国宝臣”。

论曰：不有君子，其能国乎？萧孝穆之谏南侵，其意防何其弘远欤，是岂瞋目语难者所能知哉！至论移风俗为治之本，亲烦碎为失大臣体，又何其深切著明也。为“国宝臣”，宜矣。（辽史卷八十七）

【译文】史官评论：如果没有有德行的君子，难道能治理好国家吗？萧孝穆劝谏辽兴宗不要南侵，他的意图是多么深远，难道是那些瞪大眼睛、气喘语塞的人所能明白的吗？至于论及移风易俗是治国的根本，亲自处理繁杂琐碎之事有失大臣的风范，道理又是多么深刻而显著。他被称为“国宝臣”，不是很恰当吗？（辽史卷八十七）

杨佶

【题解】杨佶，字正叔，辽代南京析津府（今北京）人，辽圣宗统和二十四年（1006年）状元，生卒年不详。杨佶曾经出任易州知州，治理政事崇尚清廉简约。重熙十五年（1046年），他出任武定军节度使，境内大旱，他到任后就立即下雨，而且雨水充足，可见其德足以感天。他不仅善于治理地方，后来官居相位，能够举荐贤能，抓大放小，堪称懂得为相之道。

杨佶，字正叔，南京人。统和二十四年，举进士第一，历校书郎、大理正。开泰六年，出知易州，治尚清简，征发期会必信。

【译文】杨佶，字正叔，南京析津府（今北京）人。统和二十四年（1006年），考中进士第一，历任校书郎、大理正。开泰六年（1017年），出任易州知州，治理政事推崇清廉俭约，对征发的期限必定言信行果。

重熙十五年，出为武定军节度使。境内亢旱，苗稼将槁。视事之夕，雨泽沾足。百姓歌曰："何以苏我？上天降雨。谁其抚我？杨公为主。"滦阳水失故道，岁为民害，乃以己俸创长桥，人不病涉。及被召，郡民攀辕泣送。上御清凉殿宴劳之，即日除吏部尚书，兼门下侍郎、同中书门下平章事。上曰："卿今日何减吕望之遇文王！"佶对曰："吕望比臣遭际有十年之晚。"上悦。其居相位，以进贤为己任，事总大纲，责成百司，人人乐为之用。（辽史卷八十九）

【译文】重熙十五年（1046年），出任武定军节度使。境内大旱，庄稼快要枯干。他到职的当天晚上，便雨水充足。百姓作歌说："用什么拯救我们呢？上天降下大雨。谁能安慰我们呢？杨公做我们的主。"滦阳河水改道，百姓每年都受此祸害，于是他用自己的俸禄建造长桥，人们不再因涉水而苦恼。等到杨佶被朝廷征召，郡中百姓拉住车辕哭着为他送行。辽兴宗亲临清凉殿设宴慰劳他，当天就任命他为吏部尚书，兼任门下侍郎、同中书门下平章事。兴宗说:“卿今日与吕望遇周文王相比,有什么比不上的呢?”杨佶回答说:“吕望比臣在受到明主赏识方面晚了十年。”兴宗大喜。当他身居相位时,把荐举贤能之人看作是自己的责任,凡事由自己统管大纲,交给百官办理具体事务,人人乐意被他所差遣。(辽史卷八十九)

萧韩家奴

【题解】萧韩家奴(975—1046年),字休坚。早年勤奋好学,博览经史,兼通契丹文和汉文,是辽国著名的学者,有“为时大儒”之称。《续编》从其传中辑录了他在重熙四年上给辽兴宗的一篇对策的部分内容,指出君主应该知民之困,“节盘游,简驿传,薄赋敛,戒奢侈”,这样才能富民强国。同时分析了盗贼形成的原因,指出轻徭薄赋才是消除盗贼的根本之道。疏文上奏后,他被提升为翰林都林牙,兼修国史。他还敢于向辽兴宗直言进谏,用辽穆宗的例子劝谏辽兴宗应该轻徭薄赋,关心民生疾苦。

萧韩家奴,字休坚,涅剌部人,少好学,弱冠入南山读书,博览经史,通辽、汉文字。统和十四年始仕。家有一牛,不任驱策,其奴得善价鬻之。韩家奴曰:“利己误人,非吾所欲。”乃归直取牛。

【译文】萧韩家奴,字休坚,涅剌部人,年少时喜好学习,成年后到南山读书，广泛地阅读经史，通晓辽、汉文字。统和十四年（996年）开始做官。家中有一头牛，不听他驱使，他的仆人得到高价而将它卖了。萧韩家奴说："自己得利，耽误别人，不是我想要做的。"于是退还了钱，又把牛牵了回来。

重熙四年，迁天成军节度使，徙彰愍宫使。时诏天下言治道之要，韩家奴对曰：

"如欲均济天下，则当知民困之由，而窒其隙。节盘游，简驿传，薄赋敛，戒奢侈。期以数年，则困者可苏，贫者可富矣。

【译文】重熙四年（1035年），升任天成军节度使，后迁任彰愍宫使。当时辽兴宗下令命天下百官进言治理国家的要道，萧韩家奴进言说：

"如果想要均济天下，那么应当了解民众困苦的原因，并且塞住这些缝隙。应该限制游乐，精简驿站，减轻赋税，禁止奢侈。几年过后，则困苦的人能被解救，贫穷的人可望富裕。

臣又闻，自昔有国家者，不能无盗。比年以来，群黎凋弊，利于剽窃，良民往往化为凶暴。甚者杀人无忌，至有亡命山泽，基乱首祸。所谓民以困穷，皆为盗贼者，诚如圣虑。今欲芟夷本根，愿陛下轻徭省役，使民务农。衣食既足，安习教化，而重犯法，则民趋礼义，刑罚罕用矣。臣闻唐太宗问群臣治盗之方，皆曰：'严刑峻法。'太宗笑曰：'寇盗所以滋者，由赋敛无度，民不聊生。今朕内省嗜欲，外罢游幸，使海内安静，则寇盗自止。’由此观之，寇盗多寡，皆由衣食丰俭，徭役重轻耳。

【译文】臣又听说，从前统治国家的人，都做不到让国内没有盗贼。近年以来，民生凋敝，助长抢劫偷盗之事，良民常常变为凶狠残暴之徒。更严重的是杀人不再忌讳，甚至有在山泽之中逃亡的人，倡导肇乱，祸及百姓。所说的百姓因为穷困，都变为盗贼，确实像圣上所担心的那样。如今要想消灭盗根，希望陛下减轻徭役，让百姓专心从事农业生产。百姓衣食都充足了，就会安心礼仪教化，再从重处罚犯法之人，那么百姓就会追求礼义，就可以少动用刑罚了。我听说唐太宗李世民向群臣询问治盗的方法，都说：‘施行严厉的刑法。’太宗笑着说：‘盗贼之所以不断出现，是因为没有节制地征收赋税，致使老百姓无法生活下去。如今我在内约束嗜欲，在外停止游乐，使天下安定，那么盗贼自然就没有了。’由此看来，盗贼的多少，都是由衣食的丰俭、徭役的轻重所决定的。”

擢翰林都林牙，兼修国史。他日，帝问韩家奴：“我国家创业以来，孰为贤主？”韩家奴以穆宗对。帝怪之曰：“穆宗嗜酒，喜怒不常，视人犹草芥，卿何谓贤？”韩家奴对曰：“穆宗虽暴虐，省徭轻赋，人乐其生。终穆之世，无罪被戮，未有过今日秋山伤死者。臣故以穆宗为贤。”帝默然。（辽史卷

一百三）

【译文】辽兴宗提拔他为翰林都林牙，兼修国史。一天，辽兴宗问萧韩家奴："我国建国以来，谁可以称得上是贤明的君主呢？"萧韩家奴回答说是辽穆宗。兴宗奇怪地问："穆宗贪酒，喜怒无常，视人如草芥，你为什么说他是贤明的君主呢？"萧韩家奴回答说："穆宗虽然凶狠残暴，但是能轻徭薄赋，百姓生活得很安乐。总归穆宗一朝，无罪而被杀的，还没有超过如今秋山围猎的死伤人数。所以我认为穆宗是贤明的君主。"兴宗沉默不语。（辽史卷一百三）

大公鼎

【题解】大公鼎（1043—1121年），渤海族，中京大定府（今内蒙古宁城县）人，世居于辽阳率宾县。咸雍年间中进士，任沈州观察判官，改良乡令，迁兴国节度副使，进拜大理寺卿。天祚帝即位，历长宁军节度使、南京副留守，改东京户部使，进拜东京留守。他清正爱民，多有惠政，入选《辽史·能吏传》。他为官期间，奏请罢免兴修河堤之役以保护民力，请求禁止鹰坊司官吏扰害百姓以发展生产，拒绝公主的借贷，平息东京的骚乱，的确称得上能吏。辽天祚皇帝虽能任用大公鼎这样有能力的官员，但他更信任的是萧奉先等小人，他本人一味游猎，生活荒淫奢侈，不理国政，导致百姓起义，加上当时的女真族已经很强大，辽的灭亡也就是历史必然了。

大公鼎，渤海人，先世籍辽阳率宾县。公鼎幼庄愿，长而好学。咸雍[1]十年，登进士第，调沈州观察判官。时辽东雨水伤稼，北枢密院大发濒河丁壮以完堤防。有司承令峻急，公鼎独曰："边障甫宁，大兴役事，非利国便农之道。"乃疏奏其事。朝廷从之，罢役，水亦不为灾。濒河千里，人莫不悦。改良乡令，省徭役，务农桑，建孔子庙学，部民服化。累迁兴国军节度副使。

【注释】①咸雍：辽道宗耶律洪基的第二个年号（1065—1074年），共计10年。

【译文】大公鼎，渤海人，他的先祖原籍辽阳率宾县。大公鼎幼年时严肃恭谨，成年后好学不倦。咸雍十年（1074年），考中进士，调任沈州观察判官。当时辽东雨水太多伤了庄稼，北枢密院大举征发靠近河边百姓家的男丁来修河堤防御工事。有关官员接到旨令后十分严苛，只有公鼎说："边境刚刚安宁，又大兴徭役，这不是利国便农之道。"于是上疏陈奏此事。朝廷采取了他的意见，停止征发劳役，而雨水也没有酿成灾害。靠近河边一千里的百姓没有不喜悦的。他还改良乡间政令，减少徭役，致力于农桑，修建孔庙和学校，部民顺服归化。累迁至兴国军节度副使。

时有隶鹰坊者，以罗毕为名，扰害田里。岁久，民不堪。公鼎言于上，即命禁戢。会公鼎造朝，大臣谕上嘉纳之意，公鼎曰："一郡获安，诚为大幸；他郡如此者众，愿均其赐于天下。"从之。徙长春州钱帛都提点。车驾如春水，贵主例为假贷，公鼎曰："岂可辍官用，徇人情？"拒之。颇闻怨詈语，曰："此吾职，不敢废也。"俄拜大理卿，多所平反。

【译文】当时有隶属鹰坊的人，以张网捕鸟为名，扰乱祸害百姓田地。时间久了，百姓难以承受。大公鼎陈报给辽道宗，辽道宗立即下令禁止。恰逢大公鼎朝觐，大臣们告知大公鼎辽道宗嘉许并采纳了他的意见，大公鼎说："一郡获得安宁，实在是大幸；别的郡像这样的事也很多，希望天下各郡都能得到这样的恩赐。"辽道宗听从他的意见。升迁为长春州钱帛都提点。辽道宗巡幸春水，随从贵族按例要从州里要钱，大公鼎说："怎么能中止官府开支，来顺从私情？"拒绝了贵族。因此听到许多怨恨咒骂的话，大公鼎说："这是我的职责，不敢渎职。"不久被授予大理卿之职，平反了很多冤假错案。

天祚即位，历长宁军节度使、南京副留守，改东京户部使。时盗杀留守萧保先，始利其财，因而倡乱。民亦互生猜忌，家自为斗。公鼎单骑行郡，陈以祸福，众皆投兵而拜曰："是不欺我，敢弗听命。"安辑如故。拜中京留守，赐贞亮功臣，乘传赴官。时盗贼充斥，有遇公鼎于路者，即叩马乞自新。

公鼎给以符约，俾还业，闻者接踵而至。不旬日，境内清肃。天祚闻之，加赐保节功臣。时人心反侧，公鼎虑生变，请布恩惠以安之，为之肆赦。公鼎累表乞归，不许。会奴贼张撒八率无赖啸聚，公鼎欲击而势有不能。叹曰："吾欲谢事久矣，为世故所牵，不幸至此，岂命也夫！"因忧愤成疾。保大[①]元年卒，年七十九。（辽史卷一百五）

【注释】①保大：辽天祚帝耶律延禧的年号（1121—1125年），共计5年。

【译文】天祚帝即位后，大公鼎历任长宁军节度使、南京副留守，改任东京户部使。当时盗贼杀了东京留守萧保先，刚开始只是贪图他的财物，杀他以后乘机爆发动乱。百姓也互生猜忌，各家之间互相争斗。大公鼎一个人来到郡中，把事情的利害陈述给众人，众人均放下兵器拜伏说："大公鼎先生是不会欺骗我们的，我们怎么敢不从命呢。"于是大家都像以前一样安居乐业。后来大公鼎被任命为中京留守，赐贞亮功臣，乘坐驿站的传车前往官府。当时盗贼遍地都是，其中有人在路上遇到大公鼎，当即便在马前叩首请求改过自新。大公鼎发给他凭证，让他回家恢复旧业，盗贼听说后接踵前来请求改过自新。不到十天，辖境以内便安定下来了。天祚帝知道后，加赐保节功臣。当时人心动荡不安，大公鼎担心会发生变乱，请天祚帝降下恩惠加以安抚，天祚帝因此颁布了特赦令。大公鼎多次上表请求辞官归田，天祚帝不同意。恰逢奴贼张撒八率领无赖聚众闹事，大公鼎想攻打他们却没有力量。叹息说："我想辞官已经好久了。却被世间之事所牵累，不幸到了这一步，难道真的是命吗？"因而忧愤成疾。保大元年（1121年）去世，年七十九岁。（辽史卷一百五）。

耶律常哥

【题解】耶律常哥是太师耶律适鲁之妹，她是辽国历史上的一个奇女子，一生没有结婚，但是聪明伶俐，诗文做得很好。她在辽道宗咸雍年间，写了一篇文章规劝当时政府。从其文章来看，她不仅懂得圣贤治国的大道，而且对于当时政事的得失也分析得很透彻。辽道宗虽然对她的文章很赞赏，但是并没有将之付诸治国实践，甚至采取的是与之相反的政策，从而导致了辽朝的衰落。

耶律氏，太师适鲁之妹，小字常哥。幼爽秀，有成人风。及长，操行修洁，自誓不嫁。能诗文，不苟作。读《通历》，见前人得失，历能品藻。咸雍间，作文以述时政。其略曰："君以民为体，民以君为心。人主当任忠贤，人臣当去比周，则政化平，阴阳顺。欲怀远则崇恩尚德，欲强国则轻徭薄赋。四端五典[①]为治教之本，六府三事[②]实生民之命。淫侈可以为戒，勤俭可以为师。错枉则人不敢诈，显忠则人不敢欺。勿泥空门，崇饰土木；勿事边鄙，妄费金帛。满当思溢，安必虑危。刑罚当罪，则民劝善。不宝远物，则贤者至。建万世磐石之业，制

诸部强横之心。欲率下则先正身，欲治远则始朝廷。”上称善。（辽史卷一百七）

【注释】①四端五典：四端，是指仁、义、礼、智四种道德观念的开端，即恻隐、羞恶、辞让、是非之心。五典，是指五种伦理道德，即五伦关系。

②六府三事：六府，是指水、火、金、木、土、谷。三事，是指倡德、和乱、终齐三件事。

【译文】耶律常哥，太师耶律适鲁的妹妹，小字常哥。年幼时聪明俊秀，有成年人的风范。等到成年，品行高尚纯洁，发誓终身不嫁。能写诗文，但不轻率写作文章。曾读《通历》，知道前人的得失，能够鉴别流品及其文质。咸雍年间，写文章来论述时政。大概是说：“君主当以百姓为根本，百姓应以君主为核心。君主应当任用忠贤之人，臣子应当去除结党营私，像这样政治教化就能太平，阴阳就能和顺。想要安抚边远之人就要崇尚恩德，想要使国家强大就要轻徭薄赋。四端五典是治理教化的根本，六府三事攸关人民的性命。淫侈的事情要引以为戒，勤俭节约的事情可以效法。摈斥邪恶那么人就不敢虚伪，彰显忠良那么人就不敢诓骗。不要泥于空门，不要大兴土木；不要做边远地区的工事，那是白白浪费钱财。水满则溢，居安思危。罚当其罪，就可以劝勉百姓向善。不以远方所产之物为宝，那么贤良之人就会到来。要建立万世磐石般的基业，必须制服诸部族的强横之心。想要统率下属要先端正自己，想要治理边远之地

要先治理好朝廷。”辽道宗看了非常赞叹。（辽史卷一百七）

耶律奴妻萧氏

【题解】耶律奴妻萧氏，本名萧意辛，是辽国人耶律奴之妻，父亲是驸马都尉陶苏斡，母亲是胡独公主。萧意辛貌美且知书达理，二十岁时嫁给耶律奴。丈夫耶律奴因受奸人诬告，被流配异地，她毅然决然的和丈夫同行，一起到发配的地方，而且对丈夫更加爱护和尊重。她事亲睦族，重礼重义，体现了中国传统女性的美好德行。

耶律奴妻萧氏，小字意辛，国舅驸马都尉陶苏斡[①]之女。母胡独公主。意辛美姿容，年二十始适奴。事亲睦族，以孝谨闻。尝与娣姒会，争言厌魅以取夫宠，意辛曰：“厌魅不若礼法。”众问其故，意辛曰：“修己以洁，奉长以敬，事夫以柔，抚下以宽，毋使君子见其轻易，此之为礼法，自然取重于夫。以厌魅获宠，独不愧于心乎！”闻者大惭。

【注释】①陶苏斡：萧陶苏斡，字乙辛隐，突吕不部人。

【译文】耶律奴的妻子萧氏，小字意辛，是国舅驸马都尉萧陶苏斡的女儿。她的母亲是胡独公主。萧意辛容貌俊美，二十岁时，嫁给了耶律奴。侍奉亲长团结宗族，以孝顺恭谨闻名。曾与妯娌聚会，争论如何祈求鬼神来获取丈夫宠爱，萧意辛说："祈求鬼神不如懂得礼法。"众妯娌问她原因，萧意辛说："洁身自好，尊敬亲长，温和对待丈夫，宽和对待下人，不要让丈夫看到自己的轻忽怠慢，这就是礼法，这样自然就得到丈夫的尊重了。靠祈求鬼神来获得宠爱，难道不会有愧于心吗？"听到这些话的人很惭愧。

初，奴与枢密使乙辛有隙。及皇太子废，被诬夺爵，没入兴圣宫，流乌古部。上以意辛公主之女，欲使绝婚。意辛辞曰："陛下以妾葭莩①之亲，使免流窜，实天地之恩。然夫归之义，生死以之。妾自笄年②从奴，一旦临难，顿尔乖离，背纲常之道，于禽兽何异？幸陛下哀怜，与奴俱行，妾即死无恨！"帝感其言，从之。

意辛久在贬所，亲执役事，虽劳无难色。事夫礼敬，有加于旧。寿隆中，上书乞子孙为著帐郎君③。帝嘉其节，召举家还。（辽史卷一百七）

【注释】①葭莩：芦苇中的薄膜。比喻关系疏远的亲戚。

②笄年：古代女子年满十五须束发插簪，故女子十五岁称为"笄年"。

③著帐郎君：官称。辽朝北面官，辽凡内族、外戚及世官之家犯罪者，皆没入瓦里，成为皇家奴隶，这些人在宫中任职服役，称著帐郎君。

【译文】起初，耶律奴与枢密使耶律乙辛有嫌隙。等到皇太子耶律浚被废黜，耶律奴因被诬陷失了爵位，户籍被没入兴圣宫，流放到乌古部。辽道宗因为萧意辛是胡独公主的女儿，想让她和耶律奴解除婚约。萧意辛推辞说："陛下因为我是亲戚的缘故，让我免除流放，实在是天大的恩德。然而夫妻情义，应该生死与共。我从成年就嫁给了耶律奴，一旦有了灾难，就马上背离，这就违反了纲常之道，那么跟禽兽有什么区别呢？希望陛下怜悯，让我和耶律奴一起前去，我虽死无憾！"辽道宗被她的言语所感动，便依顺了她。

萧意辛长期在流放之地，亲自干奴役的杂活，虽然劳累却不会感到为难。侍奉丈夫合乎礼义，比起过去更加尊敬。寿隆年间，上书请求任命子孙为著帐郎君。辽道宗赞许她的品节，将她全家召了回来。（辽史卷一百七）

萧奉先

【题解】萧奉先（？—1122年），契丹族，辽天祚帝耶律延禧皇后萧夺里懒、元妃萧贵哥之兄，官至枢密使，封兰陵郡王。萧奉先为人外表宽仁，内心狭隘，因是外戚而受到天祚帝的宠爱和倚重。

萧奉先对辽国国运的主要影响有两次：一次是在头鱼宴上劝天祚帝不杀阿骨打；二是诬陷耶律余睹迫其投降女真，又劝天祚帝杀害晋王耶律敖卢斡，使得人心更加离散，加速了辽国的灭亡。所以《辽史》说："奉先沮天祚防微之计，陷晋王非罪之诛，夹山之祸已见于此矣。"

萧奉先，天祚元妃之兄弟也。外宽内忌。因元妃为上眷倚，累官枢密使，封兰陵郡王。

【译文】萧奉先，是天祚帝元妃的哥哥。外表宽仁内心狭隘。因为元妃被皇上宠爱倚重，萧奉先累迁至枢密使，被封为兰陵郡王。

天庆[①]二年，上幸混同江钓鱼。故事，生女直[②]酋长在千里内者皆朝行在[③]。适头鱼宴，上使诸酋次第歌舞为乐，至阿骨打，但端立直视，辞以不能。再三旨谕，不从。上密谓奉先曰："阿骨打跋扈若此，可托以边事诛之。"奉先曰："彼粗人，不知礼义，且无大过，杀之伤向化心。设有异志，蕞尔小国，亦何能为！"上乃止。

【注释】①天庆：辽天祚帝耶律延禧的年号（1111—1120年），共计10年。

②生女直：即生女真，指没有编入辽国户籍的女真人，与熟女真相对应。

③行在：旧时帝王巡幸所居之地。

【译文】天庆二年（1112年），天祚帝巡幸混同江钓鱼。按照旧制，在千里以内的生女真酋长都要前往行在朝见。恰逢举办头鱼宴，天祚帝让各位酋长依次唱歌跳舞为乐，到了完颜阿骨打，他只是端坐正视，以不会推辞。天祚帝再三下令，阿骨打就是不听从。天祚帝私下对萧奉先说："阿骨打居然这么跋扈！可以边事为借口诛杀他。"萧奉先说："阿骨打是个粗人，不懂礼义，而且也没有大的过错，杀了他将会伤害各部族归化之心。假如他有异心，弹丸小国，又能有什么作为呢！"天祚帝便停止了这件事。

四年，阿骨打起兵犯宁江州，东北路统军使萧挞不也[①]战失利。上命奉先弟嗣先为都统，将番、汉兵往讨，屯出河店。女直乃潜渡混同江，乘我师未备来袭。嗣先败绩，军将往往遁去。奉先惧弟被诛，乃奏："东征溃军逃罪，所至劫掠，若不肆赦，将啸聚为患。"从之。嗣先诣阙待罪，止免官而已。由是士无斗志，遇敌辄溃，郡县所失日多。

初，奉先诬耶律余睹结驸马萧昱谋立其甥晋王，事觉，杀昱。余睹在军中闻之，惧，奔女直。保大二年，余睹为女直监军，引兵奄至，上忧甚。奉先曰："余睹乃王子班之苗裔，此来实无亡辽心，欲立晋王耳。若以社稷计，不惜一子，诛之，可不战而退。"遂赐晋王死。中外莫不流涕，人心益解体。

【注释】①萧挞不也：字斡里端，国舅郡王萧高九之孙。萧挞不也性刚直。受耶律乙辛诬陷被杀。辽天祚帝乾统年间，追封兰陵郡王，绘像宜福殿。

【译文】天庆四年（1114年），阿骨打发兵进攻宁江州，东北路统军使萧挞不也与阿骨打交战失利。天祚帝便命萧奉先的弟弟萧嗣先担任都统，统领番、汉军队前往讨伐阿骨打，军队在出河店驻扎。于是女真偷偷渡过混同江，乘辽军没有防备前来偷袭。萧嗣先战败，将士们纷纷逃走。萧奉先害怕他弟弟被杀，便上奏谎称说："东征溃败的军队带罪逃亡，所到之处便烧杀抢掠，如果不宽赦这些人，恐怕他们会聚众为患。"天祚帝听从了他。萧嗣先到官中等候处罚，然而只是罢免了官职而已。由此将士便没了斗志，遇到敌人就溃散而逃，失陷的郡县一天比一天多。

起先，萧奉先诬陷耶律余睹勾结驸马萧昱（与下文萧昱非同一人）阴谋扶立他的外甥晋王耶律敖卢斡。事情被察觉，于是萧昱被杀。耶律余睹在军中听说后，很害怕，于是出逃投奔女真。保大二年（1122年），耶律余睹担任女真监军，突然率兵来到，天祚帝十分担忧。萧奉先说："耶律余睹是宗室后裔，此次前来实际上没有灭辽之心，只是为了扶立晋王而已。如果为社稷着想，就不应该吝惜一个儿子，杀了他，就可以让敌人不战而退。"于是就赐死了晋王。朝廷内外没有不伤心流泪的，自此人心更加瓦解。

当女直之兵未至也，奉先逢迎天祚，言："女直虽能攻我上京，终不能远离巢穴。"而一旦越三千里直捣云中，计无所出，惟请播迁夹山。天祚方悟，顾谓奉先曰："汝父子误我至此，杀之何益！汝去，毋从我行。恐军心忿怒，祸必及我。"奉先父子恸哭而去，为左右执送女直兵。女直兵斩其长子昂，送奉先及次子昱于其国主。道遇我兵，夺归，天祚并赐死。

【译文】当时女真军队还没有到来，萧奉先谄媚逢迎天祚帝，说："女真虽然能攻打国都上京，但最终还是不能远离自己的巢穴。"然而金兵一日之间进军三千里直捣云中，萧奉先无计可施，只好请天祚帝逃往夹山。天祚帝方才醒悟，回头对萧奉先说："你们父子二人妨害我到了这一步，杀掉你们又有什么好处！你们离开吧，不要跟着我前去。恐怕军心愤怒，出了祸乱一定会牵连到我。"萧奉先父子大哭着离开，被身边的人抓住送给女真士兵。女真兵杀了萧奉先的长子萧昂，送萧奉先及其次子萧昱到他们国主那里。半路遇到辽国士兵，将萧奉先父子抢了回来，天祚帝将他们一并赐死。

论曰：辽之亡也，虽孽降自天，亦柄国之臣有以误之也。当天庆而后，政归后族。奉先沮天祚防微之计，陷晋王非罪之诛，夹山之祸已见于此矣。（辽史卷第一百二）

【译文】史官评论说：辽国的灭亡，虽然是上天降下的罪孽。但也是操持国家权柄的大臣所耽误的。自从天庆年之后，政权落入外戚手中。萧奉先阻遏天祚帝防微的计划，又陷害晋王死于非命，天祚帝逃亡夹山的祸患从这里就已经显现了。（辽史卷第一百二）

金　史

【提要】《金史》是“二十四史”之一。元代脱脱等撰，全书135卷，其中本纪19卷，志39卷，表4卷，列传73卷，是反映金朝兴衰始末的重要史籍。

金朝是中国历史上由女真族建立的统治中国北方和东北地区的王朝，由完颜阿骨打所建，西与西夏、蒙古等接壤，南与南宋对峙。女真的先世，可以上溯到肃慎。历史上的挹娄、勿吉、靺鞨，都与女真人有渊源。五代时，靺鞨人的一支——黑水靺鞨南迁，契丹人称这些黑水靺鞨为女真。在南者隶属辽籍，号熟女真；在北者不在辽籍，号生女真。建立金王朝的完颜部就属于生女真。辽朝晚期朝政混乱，天祚帝昏庸无能，辽廷不停地索求贡品，并且鱼肉女真百姓。辽天祚帝天庆二年（1112年），天祚帝赴长春州与女真各族的酋长聚会时对完颜阿骨打等酋长肆行侮辱，使完颜阿骨打决意反抗辽廷。天庆四年（1114年），完颜阿骨打统一女真诸部后起兵反辽。于翌年在上京会宁府（今黑龙江哈尔滨阿城）立国，国号“大金”，建元“收国”。并于天会三年（1125年）灭辽朝，天会五年（1127年）又发动“靖康之变”灭北宋。天会八年（1130年），宋高宗赵构向金帝上降表称臣，南宋成为金朝属国。贞元元年（1153年），海陵王完颜亮迁都中都（今北京）。金世宗、金章宗统治时期政治文化达到巅峰，金章宗在位后期急剧由盛转衰。金宣宗继位后，内部政治腐败、民不聊生，外受大蒙古国南侵，被迫迁都汴京（今河南开封）。天兴三年（1234年），金在南宋和蒙古南北夹击下覆亡于蔡州。金共传10帝，享国120年。

金作为少数民族建立的王朝，其部落制度的性质浓厚。初期采取贵族合议的勃极烈制度，后吸收辽朝与宋朝制度后，逐渐由二元政治走向单一汉制。军事上采行军民合一的猛安谋克制度，其铁骑兵与火器精锐，先后打败周边诸国。金的经济方面多继承自宋朝，陶瓷业与炼铁业兴盛，对外贸易的榷场还掌控西夏的经济命脉。金朝在文化方面也快速汉化，杂剧与戏曲在金朝得到相当的发展，金代院本为后来元曲的杂剧打下了基础。金朝鼎盛时期统治疆域包括今天的中国大陆秦岭淮河以北华北平原、东北地区和俄罗斯联邦的远东地区，疆域辽阔。

在元代官修三史当中，《金史》是编撰得最好的一部，具体参加修纂的有沙剌班、王理、伯颜、赵时敏、费著、商企翁，铁木尔塔识、张起岩、欧阳玄、王沂、杨宗瑞等人，其中欧阳玄的贡献最为突出，他制订了《金史》撰修的发凡举例，书中的论、赞、表、奏都由他来完成，表现出了他的杰出史才。

《金史》编纂始于元顺帝至正三年（1343年）三月，到次年十一月成书。初由丞相脱脱任都总裁官，到修成时脱脱已罢相，由新相阿鲁图奏上。在不到两年时间里，修成这样一部巨著，这首先是由于金代史料保存较为完备，有很好的文献基础。其次，元世祖时，刘秉忠、王鄂已先后请求修《金史》，仁宗时，袁桷请求征集金代史料，英宗时，虞集又请修《金史》。有了这几次修撰基础，顺帝时成书就比较容易了。

元修《金史》资料来源极为丰富。首先，金代官修的实录比较完备。从太祖阿骨打以下至宣宗诸帝基本都有实录，此外还有大量起居注、国史，包括历代皇帝本纪和功臣列传等。其次，有关金代历史、文化的大量著述当时完整地保存了下来。如宇文懋昭《大金国志》40卷，杨廷秀《金四朝圣训》，史公奕《大定遗训》，杨云翼《大金礼仪》，张暐《大金集礼》40卷，《大金吊伐录》等等。尤其是元好问的《壬辰杂编》（已佚）和刘祁的《归潜志》保留了大量金代的史料，不少被《金史》所采纳。

正因为资料十分充足，所以《金史》的编撰易于成功。历代对《金史》的评价很高，认为它不但超过了《宋史》《辽史》，还比《元史》高出一筹。清代史学家赵翼评论说："《金史》叙事最详略，文笔亦极老洁，迥出宋、元二史之上。"（《廿二史札记》卷二十七）《四库全书总目提要》也说："元人之于此书，经营已久，与宋、辽二史仓促成书者不一样，所以本书首尾完备、条例整齐、简约而无疏漏、周赡而不繁芜，在宋、辽、金三史之中，是最为完善的。"

《续编》自全书中辑录了纪、志、传中的精华内容，体现了金朝一百多年历史兴衰成败的经验教训。

熙　宗

【**题解**】金熙宗完颜亶（1119—1150年），字合剌，虎水（今黑龙江哈尔滨市）人。金朝第三位皇帝，金太祖完颜阿骨打嫡长孙，景宣皇帝完颜宗峻之子，母为蒲察氏。金熙宗自幼随辽代进士韩昉学习汉文经史，时常到皇家图书馆稽古殿研读中原典籍，汉化程度很深，他还常常同韩昉等人"执射赋诗"。天会十年（1132年），在完颜宗干、完颜宗翰、完颜宗辅、完颜希尹等诸宗亲勋贵的支持下，受任为谙版勃极烈，确定为皇位继承人。天会十三年（1135年），金太宗驾崩后，登基为帝。此后，宗翰、宗干、宗弼等开国功臣相继秉政，完颜亶临朝听政。皇统八年（1148年）十月，宗弼去世，完颜亶正式亲政。但悼平皇后裴满氏个性泼辣，干预政事，无所忌惮。皇太子济安、魏王道济相继去世，导致帝位失嗣。开始嗜酒如命，不理朝政，滥杀无辜。

皇统九年（1149年）十二月初九丁巳日，公历1150年1月9日，被右丞相海陵王完颜亮所弑，终年31岁。

金熙宗执政初期国家太平无事，他礼敬宗室大臣，将国政委任给他们，实行继体守文之治，值得一观。但是，他后来因为沉溺于饮酒，为海陵王所弑，实在是自取的。他前后截然不同的经历，令人唏嘘，也让人警惕。正如《周易》里所说，"不恒其德，无所容也"，难道不是这样吗？

熙宗皇帝，讳亶，本讳合剌，太祖孙，景宣皇帝①子。十三年正月己巳，太宗②崩。庚午，即皇帝位。

【注释】①景宣皇帝：完颜宗峻（?—1124年），女真名完颜绳果，是金太祖嫡长子（第二子）、金熙宗完颜亶生父。金熙宗完颜亶即位后，追上谥号为景宣皇帝，庙号徽宗。

②太宗：此处指金太宗完颜晟（1075—1135年），女真名吴乞买，金太祖完颜阿骨打四弟，金朝第二位皇帝。后代全被海陵王完颜亮所

杀，庙号太宗。

【译文】金国熙宗皇帝，名叫完颜亶，原名叫合剌，是金太祖完颜阿骨打的孙子，景宣皇帝完颜宗峻的儿子。天会十三年（1135年）正月二十五日，金太宗驾崩。二十六日，完颜亶即皇帝位。

天眷[1]二年，六月己未，上从容谓侍臣曰："朕每阅《贞观政要》，见其君臣议论，大可规法。"翰林学士韩昉[2]对曰："皆由太宗温颜访问，房、杜辈竭忠尽诚。其书虽简，足以为法。"上曰："太宗固一代贤君，明皇何如？"昉曰："唐自太宗以来，惟明皇、宪宗可数。明皇所谓有始而无终者。初以艰危得位，用姚崇、宋璟，惟正是行，故能成开元之治。末年怠于万机，委政李林甫，奸谀是用，以致天宝之乱。苟能慎终如始，则贞观之风不难追矣。"上称善。又曰："周成王何如主？"昉对曰："古之贤君。"上曰："成王虽贤，亦周公辅佐之力。后世疑周公杀其兄，以朕观之，为社稷大计，亦不当非也。"

【注释】①天眷：金熙宗完颜亶的第二个年号（1138—1140年），共计3年。

②韩昉（1082—1149年）：字公美，燕京（今北京）人，辽金时代大臣。辽天祚帝天庆二年（1112年）壬辰科状元，补右拾遗，转史馆修撰，累迁少府少卿、乾文阁待制。辽朝灭亡后，降金。金太宗授

昭文馆直学士，改礼部尚书，迁翰林学士，兼太常卿，修国史，官至卫尉卿、知制诰，充高丽信使。天眷二年，任济南尹，拜参知政事。皇统六年，表乞致仕，迁汴京留守，封郓国公。天德元年（1149年），加开府仪同三司，后病逝于家中，享年68岁。

【译文】天眷二年（1139年），六月十一日，金熙宗从容地对侍奉的廷臣说："朕每次阅读《贞观政要》，发现他们君臣的议论，大多值得摹仿效法。"翰林学士韩昉回答说："这都是由于唐太宗面色温和地求教，房玄龄、杜如晦这些人竭尽忠诚。记载虽然简要，却值得效法。"金熙宗说："唐太宗固然是一代贤君，唐明皇怎么样呢？"韩昉说："唐代从唐太宗以来，惟有唐玄宗、唐宪宗可数。唐玄宗可以说是善始不能善终。当初在艰难危急中得到皇位，任用姚崇、宋璟，施行正确的国策，所以能够成就开元之治。到了晚年懈怠国家事务，政权委任给李林甫，李林甫任用的都是奸诈谄媚的人，因此导致天宝之乱。如果唐玄宗能够慎始慎终，那么贞观时期的风气就不难追随了。"金熙宗说很好。金熙宗又问："周成王是个怎样的君主呢？"韩昉回答说："是古时候的贤君。"金熙宗说："周成王虽然贤明，也是由于周公的辅佐之功。后世有人怀疑周公杀了他的兄长，以朕看来，为了社稷大计，也不能说不对。"

皇统[①]元年，二月戊子，上亲祭孔子庙，北面再拜。退谓侍臣曰："朕幼年游佚，不知志学，岁月逾迈，深以为悔。孔子虽无位，其道可尊，使万世景仰。大凡为善，不可不勉。"自是颇读《尚书》、《论语》及《五代》、《辽史》诸书，或以夜继焉。

【注释】①皇统：金熙宗的第三个年号（1141—1149年），共计9年。

【译文】皇统元年（1141年），二月十九日，金熙宗亲自祭祀孔庙，面向北拜了又拜。退下后对侍奉的廷臣说："朕幼年优游安逸，不知道专心求学，如今岁月消逝，深深地感到后悔。孔子无君位名分，但是他的大道值得尊崇，让万世景仰。大凡做善事，不能够不勉励。"从此深入研读《尚书》《论语》以及《五代史》《辽史》等书，有时候日夜不停。

三月己未，上宴群臣于瑶池殿，适宗弼①遣使奏捷，侍臣多进诗称贺。帝览之曰："太平之世，当尚文物②，自古致治③，皆由是也。"

【注释】①宗弼：完颜宗弼（?—1148年），本名斡啜，又作兀术、斡出、晃斡出，女真族，金太祖完颜阿骨打第四子，金朝名将、开国功臣。皇统元年（1141年），利用宋朝宰相秦桧除掉大将岳飞，迫宋称臣，签定皇统和议。

②文物：礼乐制度。古代用文物明贵贱，制等级，故云。

③致治：使国家在政治上安定清平。

【译文】三月二十日，金熙宗在瑶池殿宴请群臣，恰巧赶上完颜宗弼派遣使者向他报捷，侍奉的廷臣大多进献诗篇道贺。金熙宗阅览后说："太平时代，应当崇尚礼乐制度，自古国家安定清平，都是这样的。"

二年，五月癸巳朔，不视朝。上自去年荒于酒，与近臣饮，或继以夜。宰相入谏，辄饮以酒，曰："知卿等意，今既饮矣，明日当戒。"因复饮。辛酉，宴群臣于五云楼，皆尽醉而罢。

【译文】皇统二年（1142年），五月初一，金熙宗没有临朝听政。金熙宗自从去年开始沉溺于饮酒，与亲近大臣饮酒，有时候日夜不停。宰相入宫劝谏，就让他一同饮酒，说："我知道爱卿们的心意，今天已经饮酒了，明日应当戒掉。"于是接着饮酒。二十九日，在五云楼宴请群臣，大家都完全喝醉了才结束。

九年，十二月丁巳夜，忽土[①]、阿里出虎[②]弑帝。帝崩，时年三十一。

【注释】①忽土：仆散忽土（?—1161年），亦名师恭、思恭。上京（今黑龙江阿城县）人。女真族。皇统九年（1149年）十二月初九，乘值宿之机，导海陵王等入寝殿，弑金熙宗。首倡立海陵王为帝。

②阿里出虎：徒单阿里出虎（?—1154年），金会宁府女真人，徙懿州。为护卫十人长。海陵王杀熙宗时为内应。与仆散忽土入寝殿刺杀熙宗，拥立海陵王。

【译文】皇统九年（1149年），十二月初九夜，仆散忽土、徒单阿里出虎弑杀金熙宗。金熙宗驾崩，时年三十一岁。

赞曰：熙宗之时，四方无事，敬礼宗室大臣，委以国政，其继体守文[①]之治，有足观者。末年酗酒妄杀，人怀危惧。所谓前有谗而不见，后有贼而不知。驯致其祸，非一朝一夕故也。（金史卷四）

【注释】①守文：本谓遵循文王法度，后泛指遵循先王法度。

【译文】史官评论：金熙宗时期，天下没有战事，尊敬礼待宗室大臣，委派给他们国家政事，熙宗皇帝继位遵循先王法度治理国家，值得一观。但是他末年嗜酒无度、胡乱杀人，人人心怀忧虑恐惧。所谓的前面有奸臣进谗言却看不见，后面有奸贼作乱却不知道，逐渐招致这样的灾祸，也不是一朝一夕的缘故。（金史卷四）

海　陵

【题解】海陵王即金废帝完颜亮（1122—1161年），字元功，女真名迪古乃，虎水（今黑龙江哈尔滨市阿城区）人。金朝第四位皇帝，金太祖完颜阿骨打庶孙，太师完颜宗干次子，母为大氏。

皇统九年（1149年），年仅27岁的完颜亮弑君而篡位称帝，改元天德。他在位12年，为人残暴狂傲，荒淫好色，杀人无数。正隆六年（1161年），完颜亮意图统一华夏，兴国百业，发大军南征南宋，然而却在瓜洲渡江作战时死于完颜元宜等人手中，时年40岁。死后先被追废为海陵炀王，不久又被废为庶人。蔡东藩说：“历代无道之主，莫如金亮，亮之罪上通于天，大举伐宋，正天益之疾而夺其魄耳。”

废帝海陵庶人亮，字元功，辽王宗干[①]第二子也。天眷三年，年十八，以宗室子为奉国上将军。初，熙宗以太祖嫡孙嗣位，亮意以为宗干太祖长子，而己亦太祖孙，遂怀觊觎。皇统八年六月，拜平章政事。

【注释】①宗干：完颜宗干（1096—1141年），女真名斡本，金太祖完颜阿骨打的庶长子，金熙宗完颜亶的养父，海陵王完颜亮的生父。封辽王。

【译文】废帝海陵庶人完颜亮，字元功，是辽王完颜宗干的第二个儿子。天眷三年（1140年），完颜亮十八岁，凭借皇族子孙的身份担任奉国上将军。当初，金熙宗以金太祖嫡孙的身份继承皇位，完颜亮私下认为父亲完颜宗干是金太祖的庶长子，而且自己也是金太祖的庶孙，因此心怀非分的企图。皇统八年（1148年）六月，授平章政事。

九年，熙宗尝以事杖左丞唐括辩[①]及右丞相秉德[②]，辩及与大理卿乌带[③]谋废立，而乌带先以此谋告海陵。他日，海陵与辩语及废立事，曰："若举大事，谁可立者？"辩曰："公岂有意邪？"海陵曰："果不得已，舍我其谁！"于是旦夕相与密谋。十二月丁巳，忽土、阿里出虎弑熙宗。秉德等未有所属。忽土曰："始者议立平章，今复何疑。"乃奉海陵坐，皆拜，称万岁。己未，大赦。改皇统九年为天德④元年。六年十一月，遇弑，崩，年四十。

【注释】①唐括辩（?—1150年）：本名斡骨剌。娶熙宗女代国公主为妻，为驸马都尉。与平章政事完颜秉德、海陵王密谋废立。皇统九年（1149年），谋杀熙宗于寝殿，拥立海陵王。后被指为与完颜宗本谋反，被杀。

②秉德：完颜秉德（?—1150年），金宗室，本名乙辛。完颜宗翰孙。廷议忤旨受杖，遂与唐括辩、海陵王密谋废立。谋杀熙宗于寝殿，拥立海陵王，后又与海陵王有隙，被杀。

③乌带：完颜乌带（?—1152年），金神隐水完颜部人，又名言。完颜阿鲁补子。与完颜秉德等同杀熙宗。妻唐括氏旧与海陵王私通，因而被杀，妻被海陵王纳为贵妃。

④天德：金朝海陵王完颜亮的年号（1149—1153年），共计5年。

【译文】皇统九年（1149年），金熙宗曾经因事杖责左丞相唐括辩和右丞相完颜秉德，唐括辩于是与大理卿完颜乌带谋划废旧君立新君，然而完颜乌带预先把这个计谋告诉了海陵王。一天后，海陵王与唐括辩谈话涉及废旧立新的事情，海陵王说："如果举行大事，谁是可以拥立的人呢？"唐括辩说："您难道有意向吗？”海陵王说：“果真一定要这样做，除了我还有谁呢！”于是早晚和唐括辩密谋策划。十二月初九，仆散忽土、徒单阿里出虎弑杀金熙宗。完颜秉德等人没有归附。仆散忽土说：“开始商议的是拥立平章政事，现在为什么又迟疑呢。”于是尊奉海陵王上坐，都跪拜，称呼万岁。十一日，海陵王大赦天下。改年号皇统九年为天德元年。正隆六年（1161年）十一月，海陵王被弑杀，驾崩，终年四十岁。

海陵在位十余年，每饰情貌以御臣下。却尚食进鹅以示俭，及游猎顿次，不时需索，一鹅一鹑，民间或用数万售之，有以一牛易一鹑者。或以弊衾覆衣，以示近臣。或服补缀，令记注官见之。或取军士陈米饭与尚食同进，先食军士饭几尽。或见民车陷泥泽，令卫士下挽，俟车出然后行。与近臣燕语，辄引古昔贤君以自况。显责大臣，使进直言。使张仲轲辈为谏官，而祁宰竟以直谏死。比昵群小，官赏无度，左右有旷僚者，人或以名呼之，即授以显阶。常置黄金裀褥间，有喜之者，令自取之。而淫嬖不择骨肉，刑杀不问有罪。至营南京宫殿，运一木之费至二千万，牵一车之力至五百人。宫殿之饰，遍傅黄金而后间以五采，金屑飞空如落雪。一殿之费以亿万计，成而复毁，务极华丽。其南征造战舰江上，毁民庐舍以为材，煮死人膏以为油，殚民力如马牛，费财用如土苴，空国以图人国，遂至于败。

【译文】海陵王在位十多年，常常掩饰自己的真情来统御臣下。他不接受尚食官进献的鹅来显示自己的节俭，但到他出游打猎驻扎的时候，又时时求取，一只鹅、一只鹌鹑，民间有的要售卖数万钱，有用一头牛交换一只鹌鹑的。海陵王有时候把破败的被子盖在衣服上面，给近臣看。有时候穿着缝补的衣服，让起居注官看到。有时候取来军士吃剩下的米饭与尚食官一同进食，抢先吃军士的剩饭几乎吃完。有时候看到百姓的车子陷入泥泞沼泽，就让卫士下去拉车，等车推出然后再起行。与近臣闲谈，就援引古时候的贤君以自比。当面斥责大臣，让他们说实话。让张仲轲这类人担任谏官，然而祁宰竟然因为直言规谏而死。对亲近他的一帮小人，授官和赏赐没有节制，左右有缺员的，有的人直接称呼他的名字，就授予显耀的官位。他常常置备黄金在坐卧的垫具之间，有喜欢的人，就让他们自己去拿这些金子。然而他滥施宠幸不避骨肉关系，处以死刑不论是否有罪。到营造南京宫殿的时候，运送一根木料的费用要二千万，牵引一车的人力达到了五百人。宫殿的装饰，全部敷贴黄金然后间隙镶嵌五彩，金屑在空中飞舞如同下雪。一座宫殿的费用以亿万计算，建成后不满意就又毁掉，一定要极尽华丽。海陵王南征时在长江上建造战舰，毁坏百姓的房屋作为材料，熬煮死人的脂肪炼油，竭尽民力如同使唤马牛，浪费财物如同泥土草芥，用空国去图谋人国，于是导致败亡。

都督府以其柩置之南京班荆馆。大定[1]二年，降封为海陵郡王，谥曰炀。二月，世宗使小底娄室[2]与南京官迁其柩于宁德宫。四月，葬于大房山鹿门谷诸王兆域中。二十年，熙宗既祔庙[3]，有司奏曰："炀王之罪未正。准晋赵王伦[4]废惠帝[5]自立，惠帝反正，诛伦，废为庶人。炀帝罪恶过于伦，不当有王对，亦不当在诸王茔域。"乃诏降为海陵庶人，改葬于山陵西南四十里。

【注释】①大定：金世宗完颜雍的年号（1161—1189年），共计29年。

②娄室：粘割娄室，粘割韩奴子。世宗嘉其父忠烈，擢武器署直长。

③祔庙：祔祭后死者于先祖之庙。

④赵王伦：司马伦（?—301年），字子彝，晋宣帝司马懿第九子，晋景帝司马师、文帝司马昭异母弟，晋武帝司马炎的叔叔，西晋宗室，藩王，八王之乱的参与者之一。逼惠帝退位，自立为帝。

⑤惠帝：晋惠帝司马衷（259—307年），字正度，河内温县（今河南温县）人。西晋王朝第二位皇帝，晋武帝司马炎次子，晋怀帝司马炽异母兄。八王之乱时，赵王司马伦篡位，以为太上皇，幽禁于金墉城。光熙元年（306年），被东海王司马越迎回洛阳。

【译文】都督府把海陵王的灵柩安放在南京班荆馆。大定二年（1162年），封号被降为海陵郡王，谥号炀。二月，金世宗派遣内侍粘割娄室与南京官把海陵王的灵柩迁移到宁德宫。四月，安葬在大房山鹿门谷诸王墓地群中。大定二十年（1180年），金熙宗已经在先祖之庙祔祭，有关部门启奏说："炀王的罪行没有治办。比照西晋赵王司马伦废黜晋惠帝司马衷自即王位，晋惠帝复位后，诛杀司马伦，废贬为庶人。炀帝的罪恶超过司马伦，不应当有王爵的封号，也不应当葬在诸王的墓葬群里。”金世宗于是下诏把他降为海陵庶人，改葬在山陵西南四十里。

赞曰：海陵智足以拒谏，言足以饰非。欲为君则弑其君，欲伐国则弑其母，欲夺人之妻则使之杀其夫。三纲绝矣，何暇他论。至于屠灭宗族，剪刈忠良，妇姑姊妹尽入嫔御。方以三十二总管之兵图一天下，卒之戾气感召，身由恶终，使天下后世称无道主以海陵为首。可不戒哉！可不戒哉！（金史卷五）

【译文】史官评论：海陵王的智慧足以拒绝规劝，言语足以粉饰错误。想当皇帝就弑杀君王，想征伐别国就弑杀嫡母，想要强夺他人的妻子就让妻子杀了丈夫。三纲断绝，哪里还谈得上其他呢。至于杀尽宗族，剪除忠良，妇姑姊妹全部被收为侍妾与宫女。正准备以三十二总管的军队图谋一统天下，最终受戾气感应，自身因为恶行而结束。被天下后世称为第一不行正道的暴君。能不以他为戒吗！能不以他为戒吗！（金史卷五）

世　宗

【题解】世宗完颜雍（1123—1189年），原名完颜褎（yòu），字彦举，女真名完颜乌禄。金朝第五位皇帝（1161—1189年在位），金太祖完颜阿骨打之孙，金睿宗完颜宗辅之子，母为贞懿皇后李氏。

海陵王完颜亮攻打南宋时，金世宗是东京辽阳府留守，后被拥立为帝。金世宗即位后，平息北部契丹起义，击退南宋隆兴北伐，签署《隆兴和议》，开启双方四十余年的和平局面，推动金朝转入和平发展轨道。在内政和经济方面，他勤政节俭，选贤治吏，轻赋重农，尊崇儒学，堪称仁德之治，他崇尚简朴，杜绝奢靡，使得金朝国库充盈，百姓富裕，天下小康，实现"大定盛世"，金世宗也被称为"小尧舜"。大定二十九年（1189年），驾崩，终年67岁，谥号光天兴运文德武功圣明仁孝皇帝，庙号世宗，葬于兴陵。

在金朝君主中，后世对金世宗评价最高。清人赵翼评价说："金代九君，世宗最贤。"金世宗善于吸收中国文化的优点，又能屏弃当时汉人奢靡之俗，融合中华民族各种文化的优点，从而开创了金朝的盛世之治。

《续编》辑录了其在位期间的三十余则言论，体现了他作为一位励精图治的盛世之君的贤德与治世韬略。

世宗皇帝，讳雍，本讳乌禄，太祖孙，睿宗[1]子也。（《历代君鉴》曰：海陵南伐，天下骚动，为众所推戴，遂即帝位。）

【注释】①睿宗：完颜宗辅（1096—1135年），后改为完颜宗尧，女真名讹里朵，是金太祖第三子，金世宗的父亲。金世宗即位，追上尊谥立德显仁启圣广运文武简肃皇帝，庙号睿宗。

【译文】世宗皇帝，名叫完颜雍，原名叫乌禄，是金太祖完颜阿骨打的孙子，金睿宗完颜宗辅的儿子。（《历代君鉴》说：海陵王南下征宋，天下动荡，世宗被众人推举拥戴，于是即皇帝位。）

大定元年，十一月壬午，诏曰："凡宫殿张设毋得增置，无役一夫以扰百姓，但谨围禁，严出入而已。"

【译文】大定元年（1161年），十一月十四日，金世宗下诏说："凡是宫殿的陈设不要增置，不要支配一个役夫以打扰百姓，只需谨慎围禁，严格出入就可以了。"

二年正月庚午，上谓宰相曰："进贤退不肖，宰相之职也。有才能高于已者，或惧其分权，往往不肯引置同列，朕甚不取。卿等毋以此为心。"

【译文】大定二年（1162年）正月初三，金世宗对宰相说："举荐贤才、退黜不贤的人，是宰相的职责。有才能高于自己的，有时候担心他会分散自己的权力，往往不肯引荐他们到与自己相等的职位，朕非常不赞成。爱卿你们不要有这种想法。”

闰(二)月甲戌，上谓宰臣曰：“比闻外议言，奏事甚难。朕于可行者未尝不从。自今敷奏[1]勿有所隐，朕固乐闻之。”

【注释】①敷奏：陈奏，向君上报告。

【译文】闰(二)月初七，金世宗对宰臣们说：“最近听到外面议论说奏事非常困难。朕对于可以实行的建议没有不依从的。从现在开始奏报事情不要隐瞒，朕本来就乐意听到这些。”

八月癸酉，上谓宰臣曰：“百姓上书陈时政，其言犹有所补。卿等位居机要，略无献替，可乎？夫听断狱讼，簿书[1]期会[2]，何人不能？唐、虞之圣，犹务兼览博照，乃能成治。正隆[3]专任独见，故取败亡。朕早夜孜孜，冀闻谠论，卿等宜体朕意。”诏：“百司官吏，凡上书言事或为有司所抑，许进表以闻，朕将亲览，以观人材优劣。”

【注释】①簿书：记录财物出纳的簿册。

②期会：在规定的期限内实施政令。多指有关朝廷或官府的财物出入。

③正隆：是金朝海陵王的第三个年号（1156—1161年），共计6年。

【译文】八月初九，金世宗对宰臣说："百姓上书陈说当前的政治措施，其中的言论还是有所补益的。爱卿们处在机密重要的职位，丝毫没有进献好的建议，代替不好的意见，难道可以吗？听讼断狱，记载书写日期，什么人不会做呢？唐尧、虞舜那样圣明，还务求明察四方，才能成就大治。正隆年间海陵王依靠一己之见，所以导致灭亡。朕早晚勤勉不懈怠，希望能听到直言，爱卿们应该体会到朕的用意。"下诏令说："各级官吏，凡是上书议论国事而被有关部门压制的，允许进表奏报，朕将亲自阅览，用来考察人才的优劣。"

四年，八月壬申，上谓宰臣曰："卿每奏皆常事，凡治国安民及朝政不便于民者，未尝及也。如此，则宰相之任谁不能之？"

【译文】大定四年（1164年），八月十九日，金世宗对宰臣说："爱卿每次奏报的都是平常的事情，凡是治理国家、安定人民以及朝廷政令不利于百姓的，都没有涉及。像这样，宰相的职位谁不能担任呢？"

七年，十月丁巳，上谓宰臣曰："海陵不辨人才优劣，惟徇己欲，多所升擢。朕即位以来，以此为戒，止取实才用之。近闻蠡州同知移剌延寿在官污滥，询其出身，乃正隆时鹰房子。如鹰房、厨人之类，可典城牧民耶？自今如此局分，不得授以临民职任。”

【译文】大定七年（1167年），十月二十三日，金世宗对宰臣说：“海陵王不辨别人才的优劣，只是顺从自己的欲望就给予提拔晋升。朕从即位以来，把这作为警戒，只选拔任用有真实才能的人。最近听说蠡州同知移剌延寿在任上贪污没有节制，询问他的出身，乃是正隆时期鹰房的儿子。像鹰房捕猎者、厨师这样的人，可以统辖城邑、管理百姓吗？从今以后像这样的，不能够授予他们管理百姓的职位。”

八年正月，乙丑，上谓宰臣曰：“朕治天下，方与卿等共之，事有不可，各当面陈，以辅朕之不逮，慎毋阿顺取容。卿等致位公相，正行道扬名之时，苟或偷安自便，虽为今日之幸，后世以为何如？”群臣皆称万岁。

【译文】大定八年（1168年）正月，初二，金世宗对宰臣说：“朕治理天下，才与爱卿们共事，政事有不能够施行的，应该各自当面陈说，来辅助朕的不足，切记不要阿谀随顺来取悦朕。爱卿们官位做到公侯宰相，正是践行大道、名声传播的时候，如果只图眼前的安逸、自己便利，虽然是今日的侥幸，但是后世的人将怎样看待你们呢？”群臣都称万岁。

七月戊辰，上谓平章政事完颜思敬①等曰：“朕思得贤士，寤寐不忘。自今朝臣出外，即令体访外任职官廉能者，及草莱②之士可以助治者，具姓名以闻。”

【注释】①完颜思敬（?—1173年）：本名撒改，押懒河人，金源郡王完颜石土门之子，完颜习室弟。体貌雄伟，美须髯，纯直有材干。

②草莱：布衣，平民。

【译文】七月初九，金世宗对平章政事完颜思敬等人说：“朕渴望得到才能杰出的人，日夜思念不曾忘怀。从现在开始朝臣外出，就让他们察访清廉能干的地方官，以及平民百姓中可以辅助政治的，把他们的姓名全部告诉我。”

九年，四月己丑，谓宰臣曰：“朕观在位之臣，初入仕时，竞求声誉以取爵位，亦既显达，即徇默苟容为自安计，朕甚不取。宜宣谕百官，使知朕意。”

【译文】大定九年（1169年），四月初三，金世宗对宰臣说：“朕观察在位的大臣，起初进入仕途的时候，竞相追求声望名誉以博取爵位，等到已经获得显达的地位，就把沉默、容忍作为自己安身的计策，朕非常不认可这种做法。应该告示百官，让他们知道朕的心意。”

九月甲寅朔，上谓台臣曰：“比闻朝官内有揽中官物以规贷利者，汝何不言？”皆对曰：“不知。”上曰：“朕尚知之，汝有不知者乎？朕若举行，汝将安用！”

【译文】九月初一，金世宗对宰辅重臣说：“近来听说朝官中有强揽中官的财物以分划贷利的，你们为什么不禀报呢？”宰辅重臣都回答说：“不知道这件事。”金世宗说：“朕尚且知道，你们怎么会不知道呢？朕如果主持处理，那要你们有什么用呢？”

十一年，八月癸卯朔，太白[①]昼见。诏朝臣曰：“朕尝谕汝等，国家利便，治体遗阙，皆可直言。外路官民亦尝言事，汝等终无一语。凡政事所行，岂能皆当？自今直言得失，毋有所隐。”

【注释】①太白：太白金星与荧惑火星，古人都认为是罚星。《开元占经》援引《荆州占》：“太白昼见于午，名曰经天，是谓乱纪。天下乱，改政易王，人民流亡，弃其子，去其乡里。”

【译文】大定十一年（1171年），八月初一，太白星在白天出现。金世宗于是诏令朝臣说：“朕曾经告诉过你们，对国家有利的建议，治国的纲领有遗漏缺失的地方，你们都可以直言。地方官员、百姓都曾有谏言，但是你们始终没有禀告过。朝廷所施行的政务，哪里能全部恰当呢？从今以后你们要直言政事得失，不要有所隐瞒。”

十月，甲寅，上谓宰臣曰：“朕已行之事，卿等以为成命不可复更，但承顺而已，一无执奏。且卿等凡有奏，何尝不从。自今朕旨虽出，宜审而行，有未便者，即奏改之。或在下位有言尚书省所行未便，亦当从而改之，毋拒而不从。”

【译文】十月十三日，金世宗对宰臣说：“朕已经下令施行的事情，爱卿们认为是已经作出的决定就不能够再更改，只是遵奉顺从而已，完全没有表章上奏。况且大凡爱卿们有奏章，朕何常有不听从的呢。从现在开始朕的旨意即使下达了，但是应该审查后再施行，有不妥当的，就上奏更改。有在下位的官员提出尚书省的措施有不妥当的，也应该听从进而改正，不要拒绝听从。”

十五年，闰九月己酉朔，上谓左丞相良弼①曰：“今之在官者，须职位称惬所望，然后始加勉力。其或稍不如意，则止以度日为务，是岂忠臣之道耶？”

【注释】①良弼：纥石烈良弼（1119—1178年），金朝大臣。本名娄室，回怕川人，纥石烈太宇子。聪明睿智，博涉群书，善文章词赋。

【译文】大定十五年（1175年），闰九月初一，金世宗对左丞相纥石烈良弼说：“如今做官的人，职位必须满足他的期望，然后他才会勤勉尽力。如果稍微有一点不如意，就只是以混日子为公务，这难道是忠臣的道义吗？”

十六年正月，丙寅，上与亲王、宰执、从官从容论古今兴废事，曰：“经籍之兴，其来久矣，垂教后世，无不尽善。今之学者，既能诵之，必须行之。然知而不能行者多矣，苟不能行，诵之何益？女直旧风最为纯直，虽不知书，然其祭天地，敬亲戚，尊耆老，接宾客，信朋友，礼意款曲，皆出自然，其善与古书所载无异。汝辈当习学之，旧风不可忘也！”

【译文】大定十六年（1176年）正月二十日，金世宗与亲王、重臣、随从从容地谈论古今兴亡之事，说：“经书典籍的兴盛，由来很久了，垂示教训后世，没有不尽善尽美的。如今的读书人，不光要能诵读，还必须要能够践行。但是知道却不能够践行的人有很多，如果不能够践行，诵读又有什么益处呢？女真族的传统风俗最是纯朴正直，虽然不明了书中的道理，然而他们祭祀天地、敬爱亲戚、尊重老人、迎接宾客、信任朋友、恭谨接待、殷勤酬应，都出于自然，好的风俗与古书中的记载没有什么不同。你们应该学习，传统的好风俗不能忘记！”

十七年，三月乙丑，尚书省奏，三路之粟，不能周给。上曰：“朕尝语卿等，遇丰年即广籴以备凶歉。卿等皆言天下仓廪盈溢。今欲赈济，乃云不给。自古帝王皆以蓄积为国家长计，朕之积粟，岂欲独用之耶？今既不给，可于邻道取之以济。自今预备，当以为常。”

【译文】大定十七年（1177年），三月二十五日，尚书省上奏，三路的粮食，不能够满足赈济。金世宗说：“朕曾经对爱卿们说过，在丰收之年就要多多买进粮食以防备歉收之年。爱卿们都说天下的粮仓充裕。如今想要救济，却说不能够满足赈济。自古以来帝王都把积聚储存财物作为国家的长久之计，朕贮存谷物，难道是要独自享用吗？如今三路不能满足赈济，可以在邻近各道借取接济。从今以后存粮预备灾荒，应当作为常事。”

六月乙卯，谓宰臣曰：“朕年老矣！恐因一时喜怒，处置有所不当，卿等即当执奏，毋为面从，成朕之失。”

【译文】六月十一日，金世宗对宰臣说：“朕年纪老了！恐怕会因为一时的喜怒，处置事情有所不当，爱卿们应当立即奏报，不要当面顺从，造成朕的过失。”

七月壬子，尚书省奏，岁以羊三万赐西北路戍兵，上问如何运致，宰臣不能对。上曰：“朕虽退朝，留心政务，不遑安宁。卿等勿谓细事非帝王所宜问，以卿等于国家之事未尝用心，故问之耳。”

【译文】七月十五日，尚书省上奏，每年赏赐三万头羊给西北路戍守边疆的士兵，金世宗问是如何运送到那里的，宰臣回答不上来。金世宗说："朕虽然退朝，但是仍然留心政务，没有闲暇安宁之时。爱卿们不要说这些小事不是帝王应该询问的，因为爱卿们对于国家的事务不曾用心，所以朕才要询问这些小事。"

八月庚辰，上谓宰臣曰："今之在官者，同僚所见，事虽当理，必以为非，意谓从之则恐人谓政非己出。如此者多，朕甚不取。今观大理寺所断，虽制有正条，理不能行者别具情见，朕惟取其所长。夫为人之理，他人之善者从之，则可谓善矣。"壬午，上谓宰臣曰："今在下僚岂无人材，但在上者不为汲引，恶其材胜己故耳。"

【译文】八月十三日，金世宗对宰臣说："如今在任的官员，同僚的意见，虽然意见在理，也必定认为不该那样，意思是顺从他们，就担心他人说政非己出。像这样的人很多，朕非常不赞同。如今观察大理寺裁断的案件，虽然都依据法律，情理上说不过去的，另外有处理意见，朕只选取所长。做人的道理是，跟随他人好的方面，就可以说是善了。"十五日，金世宗对宰臣说："如今职位低微的官吏中难道就没有人才吗，只是在上位的人不引荐提拔，嫌恶他们的才能超过自己的缘故罢了。"

十月辛巳，上谓宰臣曰："今在位不闻荐贤，何也？昔狄仁杰起自下僚，力扶唐祚，使既危而安，延数百年之永。仁杰虽贤，非娄师德[①]何以自荐乎？”癸未，更护送罪人逃亡制。上谓宰臣曰：“近观上封章[②]者，殊无大利害。且古之谏者既忠于国，亦以求名，今之谏者为利而已。如户部尚书曹望之[③]、济南尹梁肃[④]皆上书言事，盖觊觎执政耳，其于国政竟何所补。达官如此，况余人乎！昔海陵南伐，太医使祁宰[⑤]极谏，至戮于市，此本朝以来一人而已。”

【注释】①娄师德（630—699年）：字宗仁，郑州原武（今河南原阳）人，唐朝宰相、名将，曾推荐狄仁杰给武则天。

②封章：言机密事之章奏皆用皂囊重封以进，故名封章。

③曹望之：字景萧，先祖临潢（今内蒙巴林左旗）人。历任西京教授、户部员外郎。平撒八之乱和伐宋军需有功，迁户部郎中，赐进士及第。大定初，以功进阶兼同修国史。出为德州防御使，除同知西京留守事，上疏言事，多被采纳，入为户部尚书。卒于官，年56岁。

④梁肃：字孟容，金奉圣州（今河北涿鹿县）人。天眷初年，擢进士及第，调平遥主簿，迁绛县令。官拜参知政事。大定二十八年（1188年）逝世，谥号正宪。

⑤祁宰：字彦辅，江淮人。北宋末，以晓医术入官。汴京破，为金兵俘获，入太医。后因上谏阻止海陵王伐宋，被海陵王杀害。

【译文】十月十五日，金世宗对宰臣说：“如今朕在位听不到举荐贤人，这是为什么呢？昔日狄仁杰出身于职位低微的官吏，全力辅佐唐朝帝王，使唐朝转危为安，延续数百年之久。狄仁杰虽然贤明，如果不是娄师德，他凭什么自荐呢？”十七日，更订护送罪人逃亡的条例。金世宗对宰臣说："看最近上书言事的封奏，都没有大的利害。古时候的谏臣忠于国家，又通过这来谋求名声，如今的谏臣只是为了个人私利。像户部尚书曹望之、济南府尹梁肃都上书言事，大概是企图执掌国政，他们的建议对于国家政务丝毫没有补益。高官如此，何况其他的人呢！昔日海陵王南下伐宋，太医使祁宰极力劝谏，以至于在集市上被杀，这是本朝开国以来的第一人。"

十八年，正月庚戌，修起居注移剌杰[①]上书言："每屏人议事，虽史官亦不与闻，无由纪录。"上以问平章政事石琚[②]、左丞唐括安礼[③]，对曰："古者，天子置史官于左右，言动必书，所以儆戒人君，庶几有所畏也。"

【注释】①移剌杰：金代学者。契丹族。曾任翰林修撰。

②石琚（1111—1182年）：定州（今河北定县）人，字子美。出污泥而不染，保持清廉，对非己之物，虽一毫而不取。

③唐括安礼（?—1181年）：金女真人。本名斡鲁古，字子敬。好学，通经史，工词章，知为政大体。

【译文】大定十八年（1178年），正月十五日，修起居注官移剌杰上书说："皇帝常常屏退旁人讨论国事，即使是史官也不能听闻，没有事情记录。"金世宗用这件事询问平章政事石琚、左丞相唐括安礼，二人回答说："古时候，天子把史官安排在自己的身边，说话必定会记录，这是用来儆戒君王的，希望他能够有所畏惧。”

十一月丙子，尚书省奏，崇信县令石安节买车材于部民，三日不偿其直，当削官一阶，解职。上因言：“凡在官者，但当取其贪污与清白之尤者数人黜陟[①]之，则人自知惩劝矣。夫朝廷之政，太宽则人不知惧，太猛则小玷亦将不免于罪，惟当用中典[②]耳。”

【注释】①黜陟：人才的进退，官吏的升降。

②中典：宽严适中、可以常行的法典。

【译文】十一月十七日，尚书省上奏，崇信县令石安节从治下的百姓处购买车材，三天后还没有付钱，应当削除一级官位，解除职务。金世宗于是说：“凡是在任的官员，应当在其中挑选贪污与清白尤其突出的人，或者罢黜或者升迁，那么人人就知道惩戒、劝勉了。朝廷的政令太宽厚那么人们就不知道畏惧，太峻猛那么小污点也会遭罪，应当选用宽严适中的法典。”

二十年，十月戊戌，上谓宰臣曰：“凡人在下位，欲冀升进，勉为公廉，贤、不肖何以知之。及其通显，观其施为，方见本心。人心险于山川，诚难知也。”壬寅，上谓宰臣曰：“近览《资治通鉴》，编次累代废兴，甚有鉴戒，司马光用心如此，古之良史无以加也。”

【译文】大定二十年（1180年），十月十九日，金世宗对宰臣说："大凡人处在下位的时候，想要晋升官位，勉励自己为公廉洁，那贤与不贤怎么知道呢。等到他通达显赫，观察他的作为，才能看到他的真心。人心比山川还要险恶，实在是难以知晓。"二十三日，金世宗对宰臣说："朕近来阅览《资治通鉴》，这部书按照顺序编写各个朝代兴衰的事，非常值得借鉴，司马光这样用心，古代优秀的史官也没有超过他的。"

十二月辛巳，上谓宰臣曰："岐国[①]用人，但一言合意便升用之，一言之失便责罚之。凡人言辞，一得一失，贤者不免。自古用人咸试以事，若止以奏对之间，安能知人贤否？朕之取人，众所与者用之，不以独见为是也。"

【注释】①岐国：五代时期割据凤翔（今陕西）的藩镇。岐王李茂贞（856—924年），唐乾符年间，因败黄巢将领尚让，以功擢神策军指挥使。光启元年（885年），李克用率军逼长安，唐僖宗出奔，文通护驾有功，擢武定军节度使，赐姓李，名茂贞，字正臣。唐僖宗回长安途中，李茂贞杀凤翔节度使李昌符，代为节度使。大顺二年（891年），他胁迫唐昭宗杀宰相，任命他为凤翔和山南西道两镇节度使，封秦王，成为关中最强大的藩镇。

【译文】十二月初三，金世宗对宰臣说："岐国任用人才，只要一句话符合君王的心意就提升任用他，只要一句话不符合心意就斥责惩罚他。只要是人的言辞，就会有得失，贤明的人也不能够避免。自古以来任用人才都用事情测试，如果只是通过当面回答皇帝提出的问题来考核，哪里能知道这个人是不是贤明呢？朕选取人才，众人都同意授予官职的才任用，不把一己之见作为标准。”

二十一年，闰三月，乙未，上谓宰臣曰：“朕观自古人君多进用谗谄，其间蒙蔽，为害非细，若汉明帝[①]尚为此辈惑之。朕虽不及古之明君，然近习[②]谗言，未尝入耳。至于宰辅之臣，亦未尝偏用一人私议也。”

【注释】①汉明帝：指刘庄（28—75年），初名刘阳，光武帝刘秀第四子，东汉第二位皇帝。

②近习：亲近。指君主宠爱亲信的人。

【译文】大定二十一年（1181年），闰三月十九日，金世宗对宰臣说：“朕观察自古以来的君王大多选拔任用谗谮谄谀的人，其间受到欺骗，造成的危害不小，像汉明帝尚且被这类人迷惑。朕虽然比不上古代的明君，然而宠爱亲信之人的谗言，倒不曾入耳。至于宰辅重臣，也不曾偏用某一人的个人看法。”

四月庚戌，上谕宰臣曰：“朕之言行岂能无过？常欲人直谏而无肯言者。使其言果善，朕从而行之，又何难也。”

【译文】四月初五，金世宗告诉宰臣说：“朕的言行怎么会没有过失呢？常常希望有人能够直言劝谏，然而没有肯进言的人。假使他的进言是好的，朕听从后施行，又有什么难的呢。”

二十六年，六月己巳，上谓宰执曰：“齐桓中庸主也，得一管仲，遂成霸业。朕夙夜以思，惟恐失人。朕既不知，卿等又不荐，必俟全才而后举，盖亦难矣！如举某人长于某事，朕亦量材用之。朕与卿等俱老矣！天下至大，岂得无人？荐举人材，当今急务也。”又言：“人之有干能，固不易得，然不若德行之士最优也。”上谓右丞相原王[①]曰：“尔尝读《太祖实录》乎？太祖征麻产[②]，袭之，至泥淖马不能进，太祖舍马而步，欢都[③]射中麻产，遂擒之。创业之难如此，可不思乎。”

【注释】①右丞相原王：金章宗完颜璟（1168—1208年），小字麻达葛，虎水（今黑龙江省哈尔滨市阿城区）人。金朝第六位皇帝，金世宗完颜雍之孙，金显宗完颜允恭之子，金宣宗完颜珣之弟。初封金源郡王，进封原王、判大兴府事，官至尚书右丞相，册立为皇太孙。

②麻产：纥石烈部首领之一。女真族。居活剌浑水（今呼兰河）诃邻乡。腊醅之弟。

③欢都（1051—1113年）：完颜部人。祖石鲁，与昭祖同时同部同名，交相得。土人呼昭祖为勇石鲁，呼石鲁为贤石鲁。

【译文】大定二十六年（1186年），六月二十三日，金世宗对宰辅重臣说：“齐桓公只是中等才能的君王，得到了一个管仲就成就了霸业。朕日夜思考，只是担心错失人才。朕既不知道，爱卿们又不推荐，必定要等到发现全才然后再举荐，这也是很难的了！如果举荐某人有某方面的特长，朕也会根据才能任用他们。朕与爱卿们都老了！天下如此之大，怎么会得不到人才？荐举人才，是目前急需要办的事。”又说道：“有才能的人，固然难得，然而还是没有有德行的人珍贵啊。”金世宗对右丞相原王完颜璟说：“你曾经读过《太祖实录》吗？太祖皇帝征讨麻产，麻产袭击他，以至于陷到泥淖中马不能前进，太祖舍弃马而步行，欢都射中麻产，因此擒获了他。创业这样艰难，能够不认真思考（如何治理国家）吗？”

十一月，丙寅，上谓侍臣曰：“朕于圣经不能深解，至于史传，开卷辄有所益。每见善人不忘忠孝，检身廉洁，皆出天性。至于常人多喜为非，有天下者苟无以惩之，何由致治。孔子为政七日而诛少正卯，圣人尚尔，况余人乎？”

【译文】十一月二十三日，金世宗对侍臣说：“朕对于儒家经典不能深入了解，至于史书，开卷阅读就有所获益。每每见到有道德的人不忘忠孝，检点自身、立身清白，都是出自天性。至于平常人大多以作恶为乐，君王如果没有手段惩罚他们，怎么能达到大治呢？孔子执掌国政才七天就诛杀了少正卯，圣人尚且如此，何况是其他的人呢？”

二十七年，十月庚寅，上谓宰臣曰：“朕观唐史，惟魏徵善谏，所言皆国家大事，甚得谏臣之体。近时台谏[1]惟指摘一二细碎事，姑以塞责，未尝有及国家大利害者，岂知而不言欤？无乃[2]亦不知也。”宰臣无以对。

【注释】①台谏：唐宋时以专司纠弹的御史为台官，以职掌建言的给事中、谏议大夫等为谏官。两者虽各有所司，而职责往往相混，故多以“台谏”泛称之。明初废谏院，以给事中兼领监察与规谏，两者开始合流。至清雍正元年，又使之同隶都察院，于是台谏完全合二为一。

②无乃：亦作“无迺”。相当于“莫非”“恐怕是”，表示委婉测度的语气。

【译文】大定二十七年（1187年），十月二十三日，金世宗对宰臣说：“朕阅览唐朝历史，惟有魏徵善于进谏，上奏的都是国家大事，非常符合谏臣的身份。最近台谏只是批评一两件琐碎的小事，姑且敷衍自己应尽的职责，不曾有涉及国家大利害的事情，难道是知道却不说吗？恐怕也是由于不知道吧。”宰臣们无言以对。

十一月甲子，上谓宰臣曰：“卿等老矣，殊无可以自代者乎，必待朕知而后进乎？”顾右丞张汝霖[1]曰：“若右丞者亦石丞相所言也。”平章政事襄[2]及汝霖对曰：“臣等苟有所知，岂敢不言，但无人耳！”上曰：“春秋诸国分裂，土地褊小，皆称有贤。卿等不举而已。今朕自勉，庶几致治，他日子孙，谁与共治者乎？”宰臣皆有惭色。

【注释】①张汝霖（?—1190年）：字仲泽，辽阳（今辽宁辽阳）人。曾师从王庭筠，善墨竹。

②平章政事襄：即完颜襄（1140—1202年），金朝大将，金昭祖五世孙。善骑射、多勇略。大定二十三年（1183年），拜平章政事，封萧国公。大定二十八年（1188年）进尚书右丞相。

【译文】十一月二十七日，金世宗对宰臣说："爱卿们都老了，难道没有可以替代你们的人吗，必定要等到朕知道了然后才举荐吗？"回头看着右丞相张汝霖说："像右丞者也是石丞相推荐的。"平章政事完颜襄和张汝霖回答说："臣等如果有知道的，怎么敢不推荐，只是没有合适的人罢了！"金世宗说："春秋时期各国分裂，土地狭小，都有贤能的人。爱卿们只是不举荐罢了。如今朕自我勉励，希望国家安定清平，他日朕的子孙，谁与他们共同管理国家呢？"宰臣们都面露羞愧之色。

二十八年，十一月庚戌，上谓宰臣曰："朕近读《汉书》，见光武[①]所为，人有所难能者。更始[②]既害其兄伯升[③]，当乱离之际，不思报怨，事更始如平日，人不见戚容，岂非人所难能乎？此其度量盖将大有为者也，其他庸主岂可及哉。"

【注释】①光武：汉世祖光武皇帝刘秀（前6—57年），字文叔，南阳郡蔡阳县人，出生于陈留郡济阳县（今河南兰考），东汉开国皇帝，中国历史上著名的政治家、军事家。庙号世祖、谥号光武皇帝。

②更始：指刘玄（？—25年），南阳舂陵人，自称是"西汉皇裔，汉

景帝刘启之子长沙定王刘发之后，东汉光武帝刘秀的族兄”。23年，刘玄被绿林军在淯水之滨拥立为皇帝，年号更始，成为历史上著名的更始帝。同年新朝灭亡，刘玄入主长安，成为天下之主。

③伯升：指刘縯（前16—23年），字伯升，西汉末年暨新朝南阳郡蔡阳县人，汉高祖九世孙，汉景帝之子长沙定王刘发之后，东汉光武帝刘秀的长兄，汉更始帝刘玄的从弟。新朝末年著名人物，起义军将领。因战功威名日盛，被更始帝刘玄猜忌，地皇四年（23年）被刘玄设计杀害。

【译文】大定二十八年（1188年），十一月十九日，金世宗对宰臣说：“朕最近品读《汉书》，看到汉光武帝刘秀的作为，有平常人难以做到的。更始帝刘玄已经杀害了刘秀的兄长刘伯升，处于政治混乱的时候，刘秀不想着报复仇怨，事奉更始帝刘玄如同平时一样，人们看不到他忧伤的面容，难道不是常人难以做到的吗？这是他的器量能够将有大作为的表现，哪里是其他庸碌的君主能比得上的呢。”

二十九年，正月壬辰朔，上大渐，不能视朝。癸巳，上崩于福安殿，寿六十七。

【译文】大定二十九年（1189年），正月初一，金世宗病危，不能临朝听政。初二，金世宗在福安殿驾崩，享寿六十七岁。

赞曰：世宗之立，虽由劝进，然天命人心之所归，虽古圣贤之君，亦不能辞也。世宗久典外郡，明祸乱之故，知吏治之得失。即位五载，而南北讲好，与民休息。于是躬节俭，崇孝弟，信赏罚，重农桑，慎守令之选，严廉察之责，却任得敬①分国之请，拒赵位宠②郡县之献，孳孳为治，夜以继日，可谓得为君之道矣！当此之时，群臣守职，上下相安，家给人足，仓廪有余，刑部岁断死罪，或十七人，或二十人，号称“小尧舜”，此其效验也。然举贤之急，求言之切，不绝于训辞，而群臣偷安苟禄，不能将顺其美，以底大顺。惜哉！（金史卷六一八）

【注释】①任得敬（?—1170年）：西夏大臣。

②赵位宠（?—1176年）：高丽王朝文臣。

【译文】史官评论说：金世宗的拥立，虽然是被劝登帝位，然而天命人心都归附于他，即使是古代的圣贤君主，也不能够因此推辞。金世宗长期治理外郡，明了祸乱造成的根源，知道官吏作风的得失。即位五年，南北和解，让百姓休养生息。于是亲身致力节俭，推崇孝顺友爱，赏罚有信，重视农业生产，谨慎选用地方官，严格考察他们的职责，推却西夏任得敬分国的请求，拒绝高丽西京留守赵位宠郡县的进献，勤勉地治理国家，日夜都不停歇，可以说是深明君王大道了！在当时，群臣恪守职责，上下相安无事，家家富足，人人饱暖，贮藏米谷的仓库有余粮，刑部每年判处死罪的人数，有时候是十七人，有时候是二十人，金世宗号称“小尧舜”，这就是他治国的效验。然而他急迫要求举荐贤能，恳切征求意见，在诏令训辞中不断出

现，但是群臣却只图眼前的安逸、无功而受俸禄，不能顺从君上的美善，进而达到大治。可惜啊！（金史卷六一八）

食货志序

【题解】本篇节录自《金史·食货志序》，是元代史臣对金代财经制度和政策的一个总评，归纳了金代租税、铜钱、交钞三种最重要的财经制度。指出金代中叶以后抛弃了辽的简朴和宋的宽柔的有效传统，却继承了辽的操切和宋的繁缛，等于丢掉了两国的优点，而继承了两国的缺点，最后导致了国家的败亡。

国之有食货，犹人之有饮食也。人非饮食不生，国非食货不立。然燧人[①]、庖牺能为饮食之道以教人，而不能使人无饮食之疾。三王能为食货之政以遗后世，而不能使后世无食货之弊。唯善养生者如不欲食啖，而饮食自不阙焉，故能适饥饱之宜，可以疾少而长寿。善裕国者初不事货殖，而食货自不乏焉，故能制丰约之节，可以弊少而长治。

【注释】①燧人：风姓，名允婼，燧明国（今河南商丘市）人。他钻木取火，成为华夏人工取火的传播者，教人熟食，结束了远古人类茹毛饮血的历史，开创了华夏文明，被后世奉为“火祖”。

【译文】食货对于国家来说，就像饮食对于人。人没有饮食就无法生存，国家没有食货就无法建立。然而燧人、伏羲能教人饮食的方法，却不能让人没有饮食的疾病。三王能给后世留下食货的政策，却不能让后世没有食货的弊病。只有擅长养生的人就像他们不嗜欲饮食，而饮食自然不会缺少，所以能够饥饱适中，可以少病而长寿。善于使国家富足的人开始并不专注于货殖，而食货自然不会短缺，所以能够按照规定调节丰约，可以少弊病而获长期安定。

金于食货，其立法也周，其取民也审。太祖肇造，减辽租税，规模远矣。熙宗、海陵之世，风气日开，兼务远略，君臣讲求财用之制，切切然以是为先务。虽以世宗之贤，储积之志曷尝一日而忘之。章宗弥文熠兴，边费亦广，食货之议不容不急。宣宗南迁，国土日蹙，污池数罟，往往而然。考其立国以来，所谓食货之法，荦荦大者曰租税、铜钱、交钞三者而已。

【译文】金代的食货，立法周密，向百姓征取也很小心谨慎。太祖完颜阿骨打刚建立国家的时候，减轻辽代的租税，规模远大。熙宗完颜亶、海陵炀王完颜亮时期，奢靡之风渐渐开启，再加上致力于扩展疆域，君臣讲求财务制度，急切地以此为首要事务。即使世宗完颜雍那样的贤君，储存积聚的想法一日也不曾忘记。章宗完颜璟弥加文饰，呈现一派兴盛的景象，边防费用也大，对食货的讨论不容许不急迫。宣宗完颜珣南迁后，国土面积一天比一天减缩，就像用细密的网在水池里捞鱼，往往都是食货这个原因。推究金代建国以来，所说的食货之法，显著的方面不过是租税、铜钱、交钞三种罢了。

法之初行，唯恐不密，言事者谓其厉民，即命罢之。罢之未久，会计者告用乏，又即举行。其罢也志以便民，而民未见德。其行也志以足用，而用不加饶。一时君臣节用之言不绝告诫。尝自计其国用，数亦浩瀚，若足支历年者，郡县稍遇岁侵，又遽不足，竟莫诘其故焉。

【译文】法令推行之初，只担心不够周密，讨论政事的人说它苛待百姓，就会立即下令停止施行。废除不久，管理财政的人报告说财用匮乏，又会马上推行。它的废除是为了方便百姓，而百姓却没有受到恩惠。它的推行是为了让财用充足，而财用却并没有增多。一时之间君臣不断相互告诫要节约开支。曾自己估量国家的费用，数目也很庞大，大约够支撑多年的经费，但郡县如果稍有饥荒，又马上不够用了，竟无法查究它的原因所在。

历观自古财聚民散，以至亡国，若鹿台、钜桥[①]之类，不足论也。其国亡财匮，比比有之，而国用之屈，未有若金季之甚者。金之为政，常有恤民之志，而不能已苛征之令，徒有聚敛之名，而不能致富国之实。及其亡也，括粟、阑籴，一切掊克之政靡不为之。加赋数倍，豫借数年，或欲得钞则豫卖下年差科。高琪为相，议至榷油。进纳滥官，辄售空名宣敕，或欲与以五品正班。僧道入粟，始自度牒[②]，终至德号、纲副威仪、寺观主席亦量其赀而鬻之。甚而丁忧鬻以求仕，监户鬻以从良，进士出身鬻至及第。又甚而叛臣剧盗之效顺，无金帛以备赏激，动以王爵固结其心，重爵不蔵[③]，则以国姓赐之。名实混淆，伦法飙坏，皆不暇顾，国欲不乱，其可得乎？

【注释】①鹿台：商纣王所建之宫苑建筑，在今河南淇县附近。钜桥：商纣王时的粮仓名。仓址在今河北省曲周县东北。

②度牒：官府发给出家僧尼的凭证。

③蔵：至。

【译文】纵观古今，钱财集中、人心离散，以至于亡国，像鹿台、钜桥那类的，不值一谈。国家灭亡，财政匮乏，极其常见，而国家财政的不足，还没有像金代末年那样严重的。金代的施政方针，总有忧虑百姓疾苦的志向，却不能废除横征暴敛的政令，空有聚敛之名，却不能造成国家富足的效果。到了亡国的时候，括粟、阑籴，一切聚敛民财的办法都用上了。几倍地增加赋税，预先借贷几年的租税，有时想获得交钞就预先贩卖下一年的差役和赋税。术虎高琪任宰相的时候，讨论到油料专卖的问题。交纳钱粮买取官职，官吏贪赃枉法，总是出售空白委任文书，有时甚至想出售五品正班的官职。僧人道士交纳金钱捐取功名，最初是出卖度牒，最后到了德号、纲副威仪、寺观住持也根据出钱的多少而进行买卖。甚至居丧守孝的人卖做官的资格，监户卖脱离奴籍的资格，出身进士的人卖进士及第的资格。更甚的是叛臣大盗表示归顺朝廷，不是用金银布帛来进行赏赐激励，而是动用爵位来巩固他们的心，如果给高位还不归顺，就赐给他们国姓。虚实混淆，伦常法度败坏，都没有时间顾及，要想国家不混乱，这可能做得到吗？

迨夫宋绝岁币而不许和，贪其淮南之蓄，谋以力取，至使枢府武骑尽于南伐。讹可、时全之出，初志得粮，后乃尺寸无补，三军偾亡，我师压境，兵财俱困，无以御之。故志金之食货者，不能不为之掩卷而兴慨也。传曰："作法于凉，其弊犹贪。作法于贪，弊将若何。"

【译文】等到南宋停止交纳岁币并不同意讲和，金贪图南宋淮南的积蓄，谋划用武力夺取，以致枢府的勇武骑卒全部踏上南伐之路。讹可、时全出兵，原本的志愿是想夺得粮食，后来却一点也没有得到，三军将士反而覆没，元军逼近边境，金国的兵力财力都很匮乏，没有办法进行抵抗。所以记录金代食货的人，不能不为它合上书而感慨万千。《左传》说："在物质淡薄的基础上制定法令，它的不良后果尚且是贪婪。在贪婪的基础上制订法令，其不良后果又会怎么样呢？"

金起东海，其俗纯实，可与返古。初入中夏，兵威所加，民多流亡，土多旷闲，遗黎惴惴，何求不获。使于斯时，纵不能复井地沟洫之制，若用唐之永业、口分以制民产，仿其租庸调之法以足国计，何至百年之内所为经画纷纷然，与其国相终始耶！其弊在于急一时之利，踵久坏之法，及其中叶，鄙辽俭朴，袭宋繁缛之文；惩宋宽柔，加辽操切之政。是弃二国之所长，而并用其所短也。繁褥胜必至于伤财，操切胜必至于害民，讫金之世，国用易匮，民心易离，岂不由是欤？作法不慎厥初，变法以救其弊，只益甚焉耳。（金史卷四十六）

【译文】金朝兴起于东海，他们的风俗纯朴诚实，几乎可以和古代相媲美。刚入中原时，兵威所到之地，百姓大多逃亡，土地多空闲，残留的百姓又发愁又害怕，女真人有什么求不到的。假若在此时，即使不能恢复井田水利制度，如果用唐代的永业田和口分田来掌握控制民产，仿照唐代的租庸调法来满足国家财政，何至于百年之内所做的经营筹划多而杂乱，与他们的国运同终始呢！它的弊病在于贪图一时的利益，追随早已败坏的法令。到了它的中叶，鄙视辽代的节俭朴实，继承宋朝烦琐而不必要的礼节；警戒宋朝宽柔的教训，加上辽代苛刻严厉的政策。这是抛弃了宋辽二国的长处，却用了它们的短处。烦琐而不必要的礼节过多必然会耗费钱财，严厉苛刻的政策过多必然会伤害百姓，整个金代，国家财政容易匮乏，民心容易离散，难道不是这个原因造成的吗？开始创制法令时不够谨慎，想用变革法令来挽救它的弊病，只能让弊病更加严重罢了。（金史卷四十六）

世宗昭德皇后

【题解】昭德皇后乌林荅氏是金世宗完颜雍的皇后，金显宗完颜允恭的母亲。完颜雍与乌林荅氏五岁订婚，18岁时结婚。乌林荅氏知书达礼，文采超群，侍夫教子，贤良无比。《金史》上说她“事舅姑孝谨，治家有叙，甚得妇道”。

金熙宗晚期，肆酒发狂，喜怒无常，贤德的乌林荅氏帮助完颜雍免受猜忌，保住了兵部尚书之职。后来海陵王即位，一直想除掉世宗这位文武双全、口碑极好的弟弟，因为乌林荅氏依旧用前策，让世宗躲过危机。海陵王久闻乌林荅氏贤德而美丽，在完颜雍当济南尹的时候，诏乌林荅氏去中都。乌林荅氏知道，如果不去，丈夫必遭其害；如果在去中都的途中而死，丈夫既无罪责，自己又可保持贞节。于是她毅然前往中都。在行至良乡时，乌林荅氏投湖自杀。世宗后来二十九年间不再立皇后，就是为了怀念深明大义的贤德之妻乌林荅氏。

世宗昭德皇后。乌林荅氏。后聪敏孝慈，容仪整肃，在父母家，宗族皆敬重之。既归世宗，事舅姑孝谨，治家有叙，甚得妇道。睿宗伐宋，得白玉带，盖帝王之服御也。睿宗没后，世宗宝畜之。后谓世宗曰：“此非王邸所宜有也，当献之天子。”世宗以为然，献之熙宗，于是悼后大喜。熙宗晚年颇酗酒，独于世宗无间然。

【译文】金世宗昭德皇后。姓乌林荅氏。昭德皇后聪明敏捷、孝顺仁慈，仪表端庄，在父母家的时候，亲族都敬重她。嫁给金世宗后，侍奉公婆孝顺谨慎，管理家事有条理，非常符合妇道。金睿宗完颜宗辅征伐宋朝，获得一条白玉带，大概是帝王使用的。金睿宗去世后，金世宗把白玉带珍藏起来。昭德皇后对金世宗说："这不是王府应该有的，应当进献给天子。"金世宗认为很对，进献给金熙宗，于是悼平皇后非常欢喜。金熙宗晚年嗜酒非常没有节制，惟独对金世宗没有嫌隙。

海陵篡立，深忌宗室。乌带[①]谮秉德[②]以为意在葛王。秉德诛死，后劝世宗多献珍异以说其心，如故辽骨睹犀佩刀、吐鹘良玉茶器之类，皆奇宝也。海陵以世宗恭顺畏己，由是忌刻之心颇解。

【注释】①乌带：指完颜乌带（？—1152年），汉名宗言，虎水（今黑龙江省哈尔滨市阿城区）人。金朝宗室大臣，名将完颜阿鲁补之子。

②秉德：指完颜秉德，字乙辛。虎水（今黑龙江省哈尔滨市阿城区）人。金朝宗室大臣，秦国王完颜宗翰之孙。

【译文】海陵王篡位自立，非常记恨同宗族之人。完颜乌带诬陷完颜秉德，说他的心意向着葛王完颜雍。完颜秉德因此被诛杀，昭德皇后劝金世宗多多进献奇珍异宝以讨海陵王的欢心，例如原本属于辽国的骨睹犀佩刀、束带、良玉、茶器之类，都是奇珍异宝。海陵王认为金世宗恭谨顺从、畏惧自己，于是对金世宗的忌恨之心减轻了许多。

世宗在济南，海陵召后来中都。后念若身死济南，海陵必杀世宗，惟奉诏，去济南而死，世宗可以免。后既离济南，从行者知后必不肯见海陵，将自为之所，防护甚谨。行至良乡，去中都七十里，从行者防之稍缓，后得间即自杀。

【译文】金世宗在济南，海陵王召昭德皇后前往中都。昭德皇后想到如果死在济南，那么海陵王必定会杀死金世宗，只得接受命令，离开济南后再死，这样金世宗就可以免死。昭德皇后已经离开济南，随行的人知道昭德皇后必定不肯面见海陵，将会自己寻找归宿，因此对她的防护很谨慎。来到良乡，距离中都只有七十里，随行的人防护稍有松懈，昭德皇后趁着机会就自杀了。

世宗自济南改西京留守，过良乡，使鲁国公主葬后于宛平县土鲁原。大定二年，追册为昭德皇后。（金史卷六十四）

【译文】金世宗从济南改任西京留守，经过良乡，派遣鲁国公主把昭德皇后安葬在宛平县土鲁原。大定二年（1162年），追封为昭德皇后。（金史卷六十四）

张 浩

【题解】张浩(1102—1163年),字浩然,籍贯辽阳(今辽宁辽阳市),渤海人。历仕太祖、太宗、熙宗、海陵王、世宗五朝,官至尚书令。他在海陵王和世宗时期,任宰相十余年,是当时朝廷的重臣。

张浩,字浩然,辽阳渤海人。天会[①]八年,赐进士及第,授秘书郎。海陵召为户部尚书,拜参知政事。

【注释】①天会:金太宗完颜晟的年号(1123—1137年),金熙宗完颜亶沿用3年,共计15年。

【译文】张浩,字浩然,辽阳渤海(今辽宁辽阳)人。天会八年(1130年),赐进士及第,授任秘书郎。海陵王召为户部尚书,授参知政事。

正隆二年,改封鲁国公。表乞致仕。海陵曰:“人君不明,谏不行,言不听,则宰相求去。宰相老病不能任事则求去。卿于二者何居?”浩对曰:“臣羸病不堪任事,宰相非养病之地也,是以求去。”不许。

【译文】正隆二年(1157年),改封为鲁国公。上表乞求告老还乡。海陵王说："如果君王不英明，劝谏不被采纳，进言不能听从，那么宰相就可以请求辞职。宰相年老多病不能任职理事就可以请求辞职。爱卿你是属于两者中的哪一种？"张浩回答说："臣下衰弱生病不能够任职理事，宰相不是养病的官，所以请求辞职。"海陵王没有准许。

海陵至汴，累月不视朝，日治兵南伐，部署诸将。浩欲奏事，不得见。会海陵遣周福儿至浩家，浩附奏曰："诸将皆新进少年，恐误国事。宜求旧人练习兵者，以为千户谋克。"而海陵部署已定，恶闻其言，乃杖之。海陵自将发汴京，皇后、太子居守。浩留治尚书省事。

【译文】海陵王到达汴京（今河南开封）后，好几个月没有临朝听政，每天训练军队南伐，部署各路将士。张浩想要奏事，却不能觐见他。恰逢海陵王派遣周福儿到张浩家，张浩于是附上奏章说："各路将军都是新提拔的少年，恐怕会耽误国家大事。应该选用老将训练军队，作为千户谋克。"然而海陵王的部署已经确定，嫌恶他说这样的话，因此杖打他。海陵王亲自带兵从汴京出发，徒单皇后、太子完颜光英留置守护。张浩留下管理尚书省的事务。

世宗即位于辽阳，扬州军变，海陵遇害。明年二月，浩朝京师，入见。俄拜太师、尚书令，封南阳郡王。世宗曰："卿在正隆时为首相，不能匡救，恶得无罪。营建两宫，殚竭民力，汝亦尝谏，故天下不以咎汝，惟怨正隆。而卿在省十余年，练达政务，故复用卿为相，当自勉，毋负朕意。”浩顿首谢。居数日，世宗谓浩曰：“卿为尚书令，凡人材有可用者，当举用之。”浩举纥石烈志宁[①]等，其后皆为名臣。

【注释】①纥石烈志宁（?—1172年）：本名撒曷辇。以“沉毅有大略”著称，是金世宗时的一员名将。

【译文】金世宗在辽阳即皇帝位，扬州发生军事变乱，海陵王被害。第二年（1162年）二月，张浩朝拜京师，入朝拜见。不久拜任太师、尚书令，册封南阳郡王。金世宗说：“爱卿在正隆时期担任首相，不能匡正补救君王的过失，能没有罪过吗？营建两宫，耗尽百姓的财力、人力，你也曾经劝谏过，因此天下人不认为是你的过错，只是怨恨海陵王。然而爱卿在尚书省十多年，熟练通达国家事务，所以再次任命爱卿为宰相，你应当自勉，不要辜负朕的心意。”张浩叩头拜谢。过了几天，金世宗对张浩说：“爱卿担任尚书令，凡是有可以任用的人才，应当举荐任用他们。”张浩举荐了纥石烈志宁等人，后来他们都成了名臣。

初，近侍有欲罢科举者，上曰：“吾见太师议之。”浩入见，上曰：“自古帝王有不用文学者乎？”浩对曰：“有。”曰：“谁欤？”浩曰：“秦始皇。”上顾左右曰：“岂可使我为始皇

乎！”事遂寝。是岁，薨。（金史卷八十三）

【译文】起初，金世宗身边的侍臣中有人想要废除科举制度，金世宗说：“我召见太师商量一下这件事情。”张浩入宫觐见，金世宗说：“自古以来帝王中有不任用读书人的吗？”张浩回答说：“有。”金世宗问：“是谁呢？”张浩说：“秦始皇。”金世宗回头看着左右近臣说：“难道你们是想让我成为秦始皇那样的人吗！”于是废除科举的事就停止了。这一年，张浩去世。（金史卷八十三）

耨碗温敦思忠

【题解】耨碗温敦思忠（1089—1161年），阿补斯水人。女真族。初为太祖谋划攻辽，后随宗翰、宗弼伐宋，授谋克、同知西京留守事。天德中，迁左丞相兼侍中，封沂国公。历太傅、领三省事、尚书令，进封齐国王。思忠历事四朝，位至公相，自谓太祖旧臣，颇为自负，曾谏阻海陵王攻宋，不为所纳，海陵王起兵攻宋，致使国内义军蜂起。正隆六年卒，海陵亲临奠。

耨碗温敦思忠，本名乙剌补，阿补斯水人。拜左丞相兼侍中，封沂国公。

【译文】耨碗温敦思忠，原名乙剌补，阿补斯水人。授左丞相兼任侍中，赐封沂国公。

海陵将伐宋，问诸大臣，皆不敢对。思忠曰："不可。"海陵不悦，谓思忠曰："汝勿论可否，但云何时克之。"思忠曰："以十年为期。"海陵曰："何久也？期月耳。"思忠曰："太祖伐辽，犹且数年。今百姓愁怨，师出无名。江、淮间暑热湫湿，不堪久居，未能以岁月期也。"海陵怒，顾视左右，若欲取兵刃者。思忠无所畏恐，复曰："老臣历事四朝，位至公相，苟有补于国家，死亦何憾。"有顷，海陵曰："自古帝王混一天下，然后可为正统。尔耄夫①固不知此。"

【注释】①耄夫：年老昏庸之人。

【译文】海陵王将要征伐宋朝，询问众位大臣，大臣们都不敢应对。耨碗温敦思忠说："不可以。"海陵王不高兴，对耨碗温敦思忠说："你不要说可不可以，只说什么时候可以攻克。"耨碗温敦思忠说："以十年为期限。"海陵王说："为什么要这么久？一个月就够了。"耨碗温敦思忠说："太祖皇帝讨伐辽国，尚且需要几年。如今百姓忧愁怨恨，出兵而没有正当理由。长江、淮河之间暑热潮湿，不能长期居住，因此不能用一年一月来计算。"海陵王大怒，回头看着左右，好像要拿兵器的样子。耨碗温敦思忠无所畏惧，接着说："老臣经历四朝，位到公卿、宰相，如果对国家有所补益，死又有什么遗憾呢。"过了一会，海陵王说："自古以来帝王统一天下，然后才可以成为正统。

你是年老昏庸之人固然不知道这些。”

海陵既不用思忠言，运四方甲仗于中都。思忠曰：“州郡无兵，何以备盗贼？”海陵尽籍丁壮为兵，思忠曰：“山后契丹诸部，恐未可尽起。”皆不听。其后，州郡盗起，守令不能制。契丹撒八[①]、窝斡[②]果反，期年乃克之。

【注释】①撒八（?—1161年）：金代契丹人起义首领。

②窝斡：移剌窝斡（?—1162年），金代西北路招讨司契丹部族人，金代契丹人反金首领。

【译文】海陵王既然不能听取耨碗温敦思忠的谏言，于是调运四方的军队到中都。耨碗温敦思忠说：“州郡没有军队，用什么防备盗贼呢？”海陵王按照户籍征召壮丁为兵，耨碗温敦思忠说：“山后契丹各部，恐怕不能全部出师。”海陵王都没有采纳。后来，州郡盗贼兴起，州郡守令不能够抵制。契丹的撒八、窝斡果然造反，经过一年才打败他们。

当是时，海陵伐宋，祁宰谏而死，张浩进言被杖，思忠见疏，孔彦舟[①]画策先取两淮，他无及者。正隆六年，思忠薨，年七十三。（金史卷八十四）

【注释】①孔彦舟（1106—1160年）：南宋叛将，金朝将领。字巨济。相州林虑（今河南林县）人。原为无赖，杀人为盗。曾随完颜宗弼军攻陷郑州等地，临死时，仍上表劝金帝完颜亮夺宋淮南。

【译文】正当这个时候，海陵王讨伐宋朝，祁宰因为劝谏而被杀，张浩因为进言被杖责，耨碗温敦思忠被疏远，孔彦舟筹划首先攻取两淮，其他地方先不要考虑。正隆六年（1161年），耨碗温敦思忠去世，终年七十三岁。（金史卷八十四）

石琚

【题解】石琚（1111—1182年），字子美，中山府（今河北定州市）人。金熙宗天眷二年（1139年）己未科状元。中状元后，任弘政县、邢台县县令，为政勤勉清廉。当时郡守大多贪暴，惟独石琚廉洁自守。后历任左谏议大夫、吏部尚书、尚书右丞兼太子少保。大定十七年（1177年），石琚升为平章政事，封莘国公。大定十八年（1178年），又官拜右丞相等职。在吏部任职期间，政绩显著，知人善用，政名播于朝野。他曾上书“正纪纲，明赏罚，近忠直，远邪佞，省不急之务，罢无名之役”，均得采纳。石琚深得金世宗赏识，不论大小政事，必先咨询石琚而后定。金世宗常言：“知人为难事，惟石琚为相，往往举能为官。”石琚举荐贤才，整顿吏治有功，金世宗以为“知人”，“唯有石琚能知人善任”。大定二十二年（1182年），病逝。谥文宪。

石琚，字子美，定州人。天眷二年，中进士第一，再调弘政、邢台县令。邢守贪暴属县，掊取民财，以奉所欲，琚独一物无所与。既而守以赃败，他令佐皆坐累，琚以廉办，改秀容令。

累迁吏部郎中、侍郎。大定二年，擢左谏议大夫，顷之，拜参知政事，丁母忧，寻起复，进拜尚书右丞。久之，进拜左丞，兼太子少师。上问宰相："古有居下位能忧国为民直言无忌者，今何以无之？"琚对曰："是岂无之，但未得上达耳。"上曰："宜尽心采擢之。"

【译文】石琚，字子美，定州（今河北定州市）人。天眷二年（1139年），考中进士第一名，先后调任弘政、邢台县令。邢台郡守在管辖的郡县里贪婪暴虐，搜刮百姓的钱财，以满足自己的贪欲，石琚没有进献过他任何东西。不久郡守因为贪污获罪，其他县令都受到连累，石琚由于办事廉明，改任秀容县令。累迁至吏部郎中、侍郎。大定二年（1162年），擢升为左谏议大夫，不久，官拜参知政事，为母亲守丧，不久又应召任职，加升为尚书右丞。后来，又加升为左丞相，兼任太子少师。金世宗问宰相："古时候有人虽然身居下位，但是能忧劳国事、为百姓直言进谏而没有顾忌，如今为什么没有呢？"石琚回答说："怎么会没有呢，只是没有上达于君上罢了。"金世宗说："应该尽心选拔他们。"

上谓琚曰："女直人往往径居要达，不知闾阎[1]疾苦。卿尝为丞簿，民间何事不知，凡利害极陈之。"上与宰臣议铸钱，或以铸钱工费数倍，欲采金银坑冶[2]，上曰："山泽之利可以与民，惟钱币不当私铸。若财货流布四方，与在官何异。"琚进曰："臣闻天子之富藏于天下，正如泉源欲其流通耳。"上问琚曰："古亦有百姓铸钱者乎？"对曰："使百姓自铸，则小人图厚利，钱愈薄恶，古所以禁也。"

【注释】①闾阎：里巷内外的门。后多借指里巷。

②坑冶：唐宋以来称金属矿藏的开采与冶炼。亦泛指矿藏。

【译文】金世宗对石琚说："女真人往往居住在交通便利的地方，不知道居住在里巷的困苦。爱卿曾经担任县丞主簿，民间的事都知道，凡是涉及利害的事要积极上报。"金世宗与宰臣讨论铸钱的事，有人认为铸钱耗费数倍，想选用开采、冶炼金银的方法，金世宗说："山泽的好处可以给予百姓，惟独不能够私自铸造钱币。如果财物流散四方，与在官府有什么差异呢？"石琚进言说："臣下听说天子的财富藏于天下，就如同希望水的源头流通一样。"金世宗问石琚说："古时候也有百姓铸钱的吗？"石琚回答说："如果让百姓私自铸钱，那么小人就会贪图厚利，钱财更加轻薄，令人讨厌，这是古代禁止百姓铸钱的原因。"

以年老衰病固辞，上曰："朕知卿年老，勉为朕留，俟一二年，朕将思之。"上谓宰臣曰："朕为天子，未尝敢专行独断，每事遍问卿等，可行则行之，不可则止也。"琚与平章政事唐括安礼奏曰："好问则裕，自用则小，陛下行之，天下幸甚。"居一年，复表致仕，乃许。诏以一孙为阁门祗候。即命驾归乡里。久之，世宗谓宰臣："知人最为难事，近来左选[1]多不得人。惟石琚为相时，往往举能其官，左丞移剌道[2]、参政粘割斡特剌举右选，颇得之。朕常以不能遍识人材为不足。此宰相事也，左右近侍虽常有言，朕未敢轻信。"又曰："近日刺史县令多阙员，当择干济[3]者除之，资级不到庸何伤。"又曰："惟石琚最为知人。"二十二年，以疾薨于家，年七十二。（金史卷八十八）

【注释】①左选：宋朝吏部铨叙官吏，以文选为左选，武选为右选。

②移剌道（？—1184年）：本名移剌按，契丹族。金国大臣。因才干出众受到完颜宗弼的赏识，曾随金军南征宋朝。

③干济：谓办事干练而有成效。

【译文】石琚以年老衰弱身体抱病为由坚决辞官，金世宗说："朕知道爱卿年老，请勉强为朕留任，等一、二年过后，朕再考虑这件事。"金世宗对宰臣说："朕为天子，不曾敢只凭自己的意志行事，每每有事都广泛地征求爱卿们的意见，可行就施行，不可行就停止。"石琚与平章政事唐括安礼上奏说："勤于向人请教，思路就会开阔，不接受别人的意见，思路就狭小了，陛下好问，是天下极大的幸运。"居官一年，石琚又上表请求辞职，金世宗才准许。并下诏任命石琚的一个孙子担任阁门祗候。石琚立即遵命回到乡里。很久之后，金世宗对宰臣们说："了解他人是最难的事，近来文选大多用人不当。惟有石琚担任丞相时，常常能举荐适当的人选，左丞相移剌道、参政粘割斡特剌选举武选，能用人得当。朕常常把不能遍识人才作为不足。这是宰相分内的事，左右近侍即使常常有进言，然而朕不敢轻易相信。”金世宗又说：“近来刺史、县令多有缺额，应当选择办事干练的人除授，资历、级别不到有什么影响呢？”又说：“惟有石琚最是善于鉴察他人。”大定二十二年（1182年），石琚因病在家中去世，终年七十二岁。（金史卷八十八）

孟 浩

【题解】孟浩，字浩然，泺州人。辽国末年考中进士。金世宗时期担任参知政事。《续编》辑录的内容，一是孟浩和金世宗关于社会风俗的谈话，金世宗感叹当时金的风俗已经不如早期质朴，因此产生忧虑。确实，社会风俗对人心治乱的影响巨大。金世宗时期是金的兴盛时期，但是经济的发展，也会带来奢靡之风的兴起。所以，在物质繁荣时期，端正社会风俗，崇尚简朴是非常重要的。此外，孟浩还和金世宗谈到史官记载历史应该秉笔直书、国家要重视赏罚等问题。

孟浩，字浩然，泺州人。辽末年登进士第。大定七年，起为御史中丞，而浩已年老，世宗以不次用之，再阅月，拜参知政事。

【译文】孟浩，字浩然，泺州人。辽国末年考中进士。大定七年（1167年），起用他为御史中丞，而孟浩已经年老，金世宗越级提拔任用他，又过一个月，任命他为参知政事。

世宗尝曰："女直本尚纯朴，今之风俗，日薄一日，朕甚悯焉。"浩对曰："臣四十年前在会宁，当时风俗与今日不同，诚如圣训。"上曰："卿旧人，固知之。"上谓宰臣曰："宋前废帝呼其叔湘东王为'猪王'，食之以牢，纳之泥中，以为戏笑。书于史策，所以劝善而惩恶也。海陵以近习掌记注，记注不明，当时行事，实录不载，众人共知之者求访书之。"浩对曰："良史直笔，君举必书。帝王不自观史，记注之臣乃得尽其直笔。"浩复奏曰："历古以来，不明赏罚而能治者，未之闻也。国家赏善罚恶，盖亦多矣，而天下莫能知。乞自今凡赏功罚罪，皆具事状颁告之，使君子知劝以迁善，小人知惧以自警。"从之。（金史卷八十九）

【译文】金世宗曾说："女真原本推崇朴实，如今的风俗一天不如一天，朕非常忧愁。"孟浩回答说："我四十年前在会宁，当时的风俗与现在不同，确实像圣上所训释的那样。"世宗说："你是年高德劭的旧臣，所以知道这些。"世宗对宰臣说："宋朝前废帝刘子业叫他叔叔湘东王为'猪王'，让他从木槽中取食，养于坑中，当作玩笑。把这些事写进史书里，是为了勉励为善而惩罚恶人。海陵王命亲信掌管记录史实，不能清楚的记录，对于当时所行之事实，实录并没有记载，大家都知道的要寻觅探访写入史书中。”孟浩回答说：“良史直言书写，国君的举动必定要书于史策。帝王不能自己看史书，修起居注的官员才能完全地秉笔直书。”孟浩又上奏说：“自古以来，不明确赏罚而能治理好国家的，还从没有听说过。国家赏赐善人善事，惩罚恶人恶事，大概也有很多了，而天下人却什么都不知道。请求从现在开始凡是赏功罚罪，都把事情的具体情况公布出去，让君子们知道勤勉而改过向善，让小人们知道害怕而自我警示。”世宗听从了孟浩的建议。（金史卷八十九）

徒单克宁

【题解】徒单克宁（？—1191年），本名习显，女真族，汾阳军节度使徒单况者之子，左丞相完颜希尹之甥。

徒单克宁从熙宗朝就开始入仕为官，到世宗、章宗两朝更是官居宰相，作为四朝元老，他对金朝的政治、文化、军事建设都发挥了重要作用。

徒单克宁作为大臣，功高位盛，但是却能够谦虚节制，因此《金史》对他评价非常之高。

徒单克宁，本名习显，其先金源县人。左丞相希尹①，克宁母舅。熙宗问希尹表戚中谁可侍卫者，希尹奏曰：“习显可用。”以为符宝祗候。十九年，拜右丞相，徙封谭国公。

【注释】①希尹：完颜希尹（?—1140年），本名谷神，又译作兀室、悟室、胡舍，女真完颜部人，金朝宰相，女真文字的创制者。

【译文】徒单克宁，本名徒单习显，他的祖先是金源县人。左丞相完颜希尹，是徒单克宁的舅舅。金熙宗问完颜希尹表亲中谁可以担任侍卫，完颜希尹启奏说："徒单习显可以任用。"于是任命徒单克宁为符宝祗候。大定十九年（1179年），拜任右丞相，迁封谭国公。

克宁为相，持正守大体，至于簿书期会，不屑屑然也。世宗尝曰："习显在枢密，未尝有过举。"谓克宁曰："宰相之职，进贤为上。"克宁谢曰："臣愚幸得备位宰辅，但不能明于知人，以此为恨耳。"二十一年，左丞相守道①为尚书令，克宁为左丞相，徙封定国公，恳求致仕。上曰："汝立功立事，乃登相位，朝廷是赖，年虽及，未可去也。"后三日，与守道奏事，俱跪而请曰："臣等齿发皆衰，幸陛下赐以余年。"上曰："上相坐而论道，不惟其官惟其人，岂可屡改易之邪？"顷之，克宁改枢密使，而难其代。复以守道为左丞相，虚尚书令位者数年，其重如此。

【注释】①守道：即完颜守道（1120—1193年），字习尼列，以祖谷神功，擢应奉翰林文字。皇统九年，同知卢龙军节度使事，历献、祁、滨、蓟四州刺史。进拜太尉、尚书令，改授尚书左丞相。明昌四年卒，年七十四，谥号简靖。。

【译文】徒单克宁担任丞相，操守正派、坚持纲领，对于簿书期会，轻视不以为然。金世宗曾经说："徒单习显在枢密任上，不曾有过举荐。"金世宗对徒单克宁说："宰相的职责，以进荐贤能为上。"徒单克宁谢罪说："臣下愚昧侥幸担任宰辅，但是不能够了解他人，常常为此悔恨。"大定二十一年（1181年），左丞相完颜守道担任尚书令，徒单克宁担任左丞相，迁封定国公，他恳切地请求辞职。金世宗说："你凭着建立功业，才登上宰相职位，朝廷依赖你，即使到了退休年龄，但是不能够辞职。"三天过后，徒单克宁与完颜守道向金世宗陈述事情，都跪着奏请说"臣等已经牙齿脱落、头发变白，希望陛下能让臣下等安享晚年。"金世宗说："君王与宰相议论政事，不是考虑他的官职而是看重他的德行，怎么可以多次改变呢？"不久，徒单克宁改任枢密使，但是难以找到替代的人。于是仍然任命完颜守道担任左丞相，空置尚书令这个职位好几年，徒单克宁就是如此被看重。

二十四年，世宗幸上京，皇太子守国，诏左丞相守道与克宁俱留中都辅太子。上谓克宁曰："朕巡省之后，万一有事，卿必躬亲之，毋忽细微，图难于其易可也。"

【译文】大定二十四年（1184年），金世宗巡视上京会宁府（今内蒙古巴林左旗），皇太子完颜允恭掌管国政，诏令左丞相完颜守道与徒单克宁都留守中都辅佐太子。金世宗对徒单克宁说："朕巡行视察之后，万一有变故，爱卿一定要亲身从事，不要忽略细微，想着把困难变成容易，就可以了。"

二十九年正月癸巳，世宗崩于福安殿。是日，克宁等宣遗诏，立皇太孙为皇帝，是为章宗。

【译文】大定二十九年（1189年）正月初二，金世宗在福安殿驾崩。这一天，徒单克宁等人宣读遗诏，册立皇太孙完颜璟为皇帝，就是金章宗。

明昌①二年，克宁属疾，章宗往视之。是岁二月，薨，遗表，其大概言："人君往往重君子而反疏之，轻小人而终昵之。愿陛下慎终如始，安不忘危。而言不及私。"

【注释】①明昌：金章宗的第一个年号（1190—1196年），共计7年。

【译文】明昌二年（1191年），徒单克宁生病，金章宗前往探视。这年二月去世，遗留的表章，大概内容是："君王开始的时候常常重视君子，后来反而疏远他们，开始的时候轻视小人，后来却宠爱他们。希望陛下慎终如始，安不忘危。"言语中完全没有谈到自己的私利。

赞曰：徒单克宁可谓大臣矣，功高而身愈下，位盛而心愈劳。经曰“在上不骄，高而不危，制节谨度，满而不溢”，所以长守富贵。故曰忠信匪懈，不施其功，履盛满而不忘，德之上也。孜孜勉勉，恪守职业，不居不可成，不事不可行，人主知之，次也。谏期必行，言期必听，为其事必有其功者，又其次也。（金史卷九十二）

【译文】史官评论说：徒单克宁可以说是官职尊贵的大臣了，功勋越大而自身越谦卑，职位越高而内心越操劳。《孝经》上说：“在上不骄，高而不危，制节谨度，满而不溢”，这是能够长久保有富贵的原因。所以说忠信不懈怠，不夸耀自己的功劳，处在极高的地位而不忘谦虚，这是最高的德行。勤勉不懈怠，恭谨地遵守职责，不处于不可成的位置，不做不可行的事情，君主知道，这是次一等的德行。劝谏期望必定能施行，言论期望必定会听从，行事必有功，是又次一等的德行。（金史卷九十二）

移剌履

【题解】移剌履，又名耶律履（1131—1191年），契丹人，辽太祖耶律阿保机长子耶律倍之七世孙。他起初曾经考中进士，多次升迁成为参知政事，官终尚书右丞。

移剌履本是辽朝宗室后裔，出继给叔父兴平军节度使耶律德元为后，世宗推广儒学，才使他逐渐崭露头角，耶律履升任国史院编修官，后来尽管被提升为参知政事、尚书右丞，身居相位，但是金章宗却不能真正任用他来施政，他治理天下的愿望最终由他的儿子实现，帮助成吉思汗父子平定天下的耶律楚材就是他的儿子。他们父子两人都以正直、忠诚著称。

移剌履，字履道，辽东丹王突欲七世孙也。

【译文】移剌履，字履道，是辽国东丹王耶律突欲（又名耶律倍）的七世孙。

世宗方兴儒术，诏译经史，擢国史院编修官，兼笔砚直长。一日，世宗召问曰："朕比读《贞观政要》，见魏徵嘉谋①忠节，良可称叹。近世何故无如征者？"履曰："忠嘉之士，何代无之，但上之人用与不用耳。"世宗曰："卿不见刘仲诲②、张汝霖耶，朕超用二人者，以尝居谏职，屡有忠言故也。安得谓之不用，第人材难得耳。"履曰："臣未闻其谏也。且海陵杜塞言路，天下缄口，习以成风。愿陛下惩艾③前事，开谏诤之门，天下幸甚。"（金史卷九十五）

【注释】①嘉谋：高明的经国谋略。

②刘仲诲（?—1179年）：字子忠，大兴宛平人。刘彦宗之孙，刘筈（kuò）之子，金代大臣。

③惩艾：亦作"惩乂""惩刈"。谓吸取过去教训，以前失为戒。

【译文】金世宗正准备复兴儒术，下诏翻译经书史籍，提拔移剌履为国史院编修官，兼任笔砚直长。有一天，金世宗传召询问他："朕近来阅读《贞观政要》，看到魏徵高超的治国谋略、忠贞的节操，实在是值得赞叹。近代为什么没有像魏徵这样的人呢？"移剌履说："忠厚善良的人，哪一代没有呢，只是在上位的人用与不用罢了。"金世宗说："爱卿没看到刘仲诲、张汝霖吗，朕破格启用这两个人，是因为他们曾经担任谏职，多次上奏忠言的缘故。怎么能说不用呢，是由于人才难得啊。"移剌履说："臣下没有听说他们的谏言。况且海陵王堵塞臣子进言的途径，天下人都闭口不言，习惯了就形成了风气。希望陛下吸取过去的教训，广开直言规劝之门，那么就是天下的大幸了。"（金史卷九十五）

张万公

【题解】张万公（？—1207年），字良辅。今东阿（今山东东阿县）人。从小聪明有悟性，喜读书。金正隆二年（1157年），登进士第，调新郑主簿，丁忧离职，服丧毕，除费县主簿。大定四年（1164年），为东京辰渌盐副使，迁长山令。久之，补尚书省令史，擢河北西路转运司都勾判官，改大理评事、侍御史、尚书右司员外郎。万公敷奏明敏，金世宗对他十分赏识，不久，迁刑部侍郎。金章宗即位，初置九路提刑司，选为南京路提刑使。以治最，迁御史中丞。

《续编》主要辑录了张万公和金章宗的一段对话，张万公劝谏章宗面对天灾，应崇俭省费，金章宗于是按照他说的引咎自省。

张万公，字良辅，东平东阿人也。登正隆二年进士第，调新郑簿。

【译文】张万公，字良辅，是东平东阿（今山东东阿县）人。正隆二年（1157年）进士及第，调任新郑主簿。

明昌二年，知大兴府事，拜参知政事。逾年，以母老乞就养，诏不许，赐告省亲。还，上问山东、河北粟贵贱，今春苗稼，万公具以实对。上谓宰臣曰："随处虽得雨，尚未沾足，奈何？"万公进曰："自陛下即位以来，兴利除害，凡益国便民之事，圣心孜孜，无不举行。至于旱灾，皆由臣等，若依汉典故，皆当免官。"上曰："卿等何罪，殆朕所行有不逮者。"对曰："天道虽远，实与人事相通，唯圣人言行可以动天地。昔成汤引六事自责，周宣遇灾而惧，侧身修行，莫不修饬人事。方今宜崇节俭，不急之务、无名之费，可俱罢去。"上曰："灾异不可专言天道，盖必先尽人事耳，故孟子谓'王无罪岁'。"左丞完颜守贞[①]曰："陛下引咎自责，社稷之福也。"上由是以万公所言下诏罪己。（金史卷九十五）

【注释】①完颜守贞（？—1200年）：金朝大臣。女真人，本名左腦。完颜希尹之孙。通晓法律，熟悉当代典故。

【译文】明昌二年（1191年），张万公知大兴府事，任参知政事。一年后，张万公因为母亲年老乞求回家奉养母亲，朝廷诏令不许，只是赐告假回家探亲。张万公回来后，金章宗问他关于山东、河北粮食的贵贱，今春庄稼怎么样，张万公都如实回答。金章宗对宰臣说："各处虽然都下了雨，但是还没有下透，该怎么办呢？"张万公进言说："自从陛下即位以来，兴办有利的事情，消除有害的事情，凡是利益国家、便利百姓的事情，陛下都勤勉不懈怠，没有不施行的。至于旱灾，都是我们大臣导致的，如果按照汉代的典章制度，我们都应该被罢免官职。"金章宗说："爱卿们有什么罪过呢，大概是朕的德行、作为还不够吧。"张万公说："天道虽然高远，实际上与人情事理连通，唯有圣人的言行可以感动天地。昔日成汤援引六事自责，周宣王遇旱灾而感到忧惧，所以修正言行，莫不是以整治人事、施行善政来消除灾难。如今应该崇尚节俭，不紧急的事务、没有正当理由的花费，都可以除去。"金章宗说："自然灾害不能只说是天道，都是必定要先尽人力所能为的事罢了。所以孟子说'君王不要归罪于年岁天灾'。"左丞相完颜守贞说："陛下承认过失，责备自己，是社稷的福气。"金章宗于是按照张万公说的下诏引咎自责。（金史卷九十五）

粘割斡特剌

【题解】粘割斡特剌（1129—1197年），盖州别里卖猛安奚屈谋克人（今辽宁盖县）也。贞元初，以习女直字试补户部令史，转尚书省令史。大定七年（1167年），选授吏部主事，历右补阙、修起居注。大定九年（1169年），授左司员外郎。大定十七年（1177年），授昌武军节度使，兼领前职。明年，入为刑部尚书，拜参知政事。大定二十三年（1183年），进尚书右丞，兼枢密副使，大定二十六年（1186年），转尚书左丞。承安二年（1197年）去世。

《续编》辑录了他和金世宗的一段对话。粘割斡特剌谈到“有始有终”的话题，金世宗则举了即使是一代英主的唐太宗也不能始终如一，从而说明君王要做到有始有终非常不容易。

粘割斡特剌，盖州别里卖猛安奚屈谋克人也。大定二十六年，转尚书左丞，世宗谓曰：“朕于天下事无不用心，一如草创时。”斡特剌曰：“自古人君，始勤终怠者多矣，有始有终，惟圣人能之。”上曰：“唐太宗，至明之主也，然魏徵谏以十事，谓其不能有终，是则有终始者，实为难矣。”（金史卷九十五）

【译文】粘割斡特剌，盖州别里卖猛安奚屈谋克（今辽宁盖县）人。大定二十六年（1186年），转任尚书左丞，金世宗对他说:“朕对于天下的事情没有不用心的,和建国的时候一样。”粘割斡特剌说:“自古以来的君王,开始勤勉、最后懈怠的有很多,做事能贯彻始终,惟有圣人能做到。”金世宗说:“唐太宗是极贤明的君主,然而魏徵用十件事进谏,说他不能坚持到底,那么有始有终,实在是很难了。”(金史卷九十五)

李仲略

【题解】李仲略(1140—1205年),字简之,自号丹源钓徒,高平人。累官户部郎中,充经义读卷官,终山东西路按察使。卒,谥襄献。

《续编》辑录了他为户部郎中时期给金世宗的一道进言,提出治理政事要务本,并提出要以经义取士,得到金世宗的许可。

仲略,字简之。登大定十九年词赋进士第,为户部郎中。

【译文】李仲略,字简之。大定十九年(1179年)词赋科进士及第,担任户部郎中。

时上命六品以上官,十日以次转对[①],乃进言曰:“凡救其末,不若正其本。所谓本者厚风俗,去冗食[②],养财用而已。厚风俗在乎立制度,禁奢僭[③]。去冗食在乎宠力农,抑游堕[④]。养财用在乎广储蓄,时敛散。商贾不通难得之货,工匠不作无用之器，则下知重本。下知重本，则末息矣。”又条陈制度之宜，上嘉纳之。俄授翰林直学士，兼前职，因命充经义读卷官。上问曰：“有司以谓经义不若词赋，罢之何如？”仲略奏曰：“经乃圣人之书，明经所以适用，非词赋比。乞自今以经义进士为考试官，庶得硕学之士。”上可其奏。（金史卷九十六）

【注释】①转对：朝臣定期轮流上殿指陈时政得失，谓之“转对”。

②冗食：谓吃闲饭。亦指坐食官禄的人。

③奢僭：奢侈逾礼，不合法度。

④游堕：亦作“游惰”。游荡懒惰。

【译文】当时金世宗命令六品以上的官员，每十天按照顺序转对，李仲略于是进言说：“凡事救末，不如正本。所谓正本就是淳厚风俗，裁除坐食官禄的人，积累财用而已。淳厚风俗在于订立制度，禁止奢侈逾礼。裁除坐食官禄的人在于表彰努力劳作的人，打压游手好闲的人。积累财用在于增广储蓄，按时聚散。商人不贩卖难得的货物，工匠不制作无用的器物，那么在下位的人就知道重视根本。在下位的人知道重视根本，那么末节也就停止了。”又分别陈述应该施行的制度，金世宗赞赏采纳了。不久授任翰林直学士，兼任前职，又让他充任经义读卷官。金世宗对他说：“有关官员认为经义比不上词赋，废除经义会怎么样呢？”李仲略启奏说：“经籍是圣人的著作，以经义取士是为了适用，不是词赋能够相比的。自今以后任命经义进士为考试官，希望能够得到博学的读书人。”金世宗同意了他的

奏请。(金史卷九十六)

徒单镒

【题解】徒单镒(? —1214年),本名按出(或称安春)。上京路速速保子猛安人。大定十三年(1173年)考中进士,被授予中都路教授。大定十五年(1175年),被选拔为国子助教。随后被任用为国史院编修官。金章宗即位,历任左谏议大夫兼任吏部侍郎、御史中丞、参知政事、尚书右丞。至宁元年(1213年),胡沙虎造反杀卫绍王,徒单镒建议迎立完颜珣(即金宣宗)。贞祐元年(1213年),升任左丞相,封广平郡王,授予中都路迭鲁都世袭猛安蒲鲁吉必剌谋克。贞祐二年(1214年)去世。

《续编》辑录了徒单镒在金章宗即位初期给金章宗的两次上疏内容,第一次是劝谏金章宗要能听取意见,考察古道,发扬盛德。第二次是针对金章宗宠信李氏,金章宗因为天变而询问原因,徒单镒指出要端正伦常道德、治理人伦、改善学风、尊崇道义。他还引用汉光武帝和汉高祖的例子,以劝谏金章宗不要过分宠爱李氏,不过这点并未得到金章宗的采纳,导致外戚小人多参与政事,金章宗即位后期,金朝国势开始衰落。

徒单镒本名按出,上京路速速保子猛安①人。十三年八月,诏策②女直进士,问以求贤为治之道。镒等二十七人及第。

【注释】①猛安：金代初期军政合一的基层政权单位。亦用作该基层政权单位的武官名。

②诏策：封建社会科举取士的制度，即由皇帝亲自在殿廷主持考试，以录取人才。

【译文】徒单镒本名按出，上京路速速保子猛安人。大定十三年（1173年）八月，金世宗诏策女真进士，询问访求贤人、治理国家的途径。徒单镒等二十七人进士及第。

章宗即位，迁左谏议大夫，兼吏部侍郎。明昌元年，为御史中丞。无何，拜参知政事，兼修国史。镒言："人生有欲，不限以制，则侈心无极。今承平日久，当慎行此道，以为经久之治。"

【译文】金章宗即位，徒单镒迁任左谏议大夫，兼任吏部侍郎。明昌元年（1190年），担任御史中丞。不久，授参知政事，兼编修国史。徒单镒说："人生来就有欲望，如果不用制度加以限制，那么奢侈之心就没有穷尽。如今太平的时间久了，应当谨慎地推行这个措施，以期达到长久的治理。"

章宗锐意于治平，镒上书，其略曰："臣窃观唐、虞之书，其臣之进言于君曰'戒哉''懋哉'，曰'吁'，曰'都'。既陈其戒，复导其美。君之为治也，必曰：'稽于众，舍己从人。'既能听之，又能行之，又从而兴起之。君臣上下之间相与如此。

陛下继兴隆之运，抚太平之基，诚宜稽古崇德，留意于此，无因物以好恶喜怒，无以好恶喜怒轻忽小善，不恤人言。夫上下之情有通塞，天地之运有否泰[①]。唐陆贽尝陈隔塞之九弊，上有其六，下有其三。陛下能慎其六，为臣子者敢不慎其三哉！上下之情既通，则大纲举而群目张矣。”进尚书右丞，修史如故。

【注释】①否泰：《易》的两个卦名。天地交，万物通谓之“泰”；不交闭塞谓之“否”。后常以指世事的盛衰，命运的顺逆。

【译文】金章宗迫切地致力于社会安定，徒单镒上书，大略内容是：“臣下私下阅览唐尧、虞舜时期的书，他的臣子向君王进言说‘防备啊’，‘勤勉啊’，呼为‘吁’，称作‘都’。已经陈述他们的告诫，又引导君王的美德。君王治理国家，必定说：‘查核众人，放弃自己的成见、听从别人的正确意见。’既能听从，又能施行，进而使他们振兴。君臣上下之间相交这样密切。陛下承继兴隆的国运，拥有太平的基业，实在应该考察古事、发扬盛德，留意于此，不要因为外物而有好恶喜怒之心，不要因为好恶喜怒之心而轻视小善，不体恤人言。上下之间的实情有通达、壅塞，天地的运行有闭塞、通泰。唐代的陆贽曾经陈述阻塞的九种弊端，君上有六，臣下有三。陛下能谨慎其六，臣子敢不慎重其三吗？上下之间的实情已经通达，抓住主要环节，那么就会带动其他的了。”升任尚书右丞，依旧兼修国史。

淑妃李氏擅宠，兄弟恣横，朝臣往往出入其门。是时烈风昏曀[①]连日，诏问变异之由。镒上疏略曰："仁、义、礼、智、信谓之五常，父义、母慈、兄友、弟敬、子孝谓之五德。今五常不立，五德不兴，缙绅[②]学古之士弃礼义，忘廉耻，细民违道畔义，迷不知返，背毁天常，骨肉相残，动伤和气，此非一朝一夕之故也。今宜正薄俗，顺人心，父父子子夫夫妇妇，各得其道，然后和气普洽，福禄荐臻[③]矣。"因论："为政之术，其急有二。一曰正臣下之心。窃见群下不明礼义，趋利者众，何以责小民之从化哉。其用人也，德器为上，才美为下，兼之者待以不次[④]，才下行美者次之，虽有才能，行义无取者，抑而下之，则臣下之趋向正矣。其二曰导学者之志。教化之行，兴于学校。今学者失其本真，经史雅奥[⑤]，委而不习，藻饰虚词，钓取禄利，乞令取士兼问经史故实，使学者皆守经学，不惑于近习之靡，则善矣。"又曰："凡天下之事，丛来者非一端，形似者非一体，法制不能尽，隐于近似，乃生异论。孔子曰：'义者天下之制也。'《记》曰：'义为断之节。'伏望陛下临制万机，事有异议，少凝圣虑，寻绎其端，则裁断有定，而疑可辨矣。"镒言皆切时弊，上虽纳其说，而不能行。上问汉高帝、光武优劣。平章政事张万公对曰："高祖优甚。"镒曰："光武再造汉业，在位三十年，无沈湎[⑥]冒色[⑦]之事。高祖惑戚姬，卒至于乱。由是言之，光武优。"上默然。镒盖以元妃李氏隆宠过盛，故微谏[⑧]云。（金史卷九十九）

【注释】①昏曀（yì）：昏暗，晦暗。

②缙绅：插笏于绅带间，旧时官宦的装束。亦借指士大夫。

③荐臻：接连到来；屡次降临。荐，通"洊"。

④不次：不依寻常次序。犹言超擢，破格。

⑤雅奥：典雅深奥。

⑥沈湎：亦作"沈沔""沉湎"。犹沉溺。多指嗜酒。

⑦冒色：贪恋女色。

⑧微谏：以隐约委婉的话进谏。

【译文】淑妃李氏独受宠幸，她的兄弟放纵专横，朝中大臣常常出入他们的门庭。这时连续几天出现暴风，金章宗询问产生变异的原因。徒单镒上呈奏章，大略内容是："仁、义、礼、智、信称为五常，父义、母慈、兄友、弟敬、子孝称为五德。如今五常没有树立，五德没有兴起，士大夫、研究古代典籍的读书人背弃礼义，忘却廉耻，平民百姓违背道义，犯了错误不知道悔改，背弃毁坏天理伦常，骨肉互相残害，行动伤害了上天的和顺之气，这不是一朝一夕的缘故。如今应该纠正轻薄的坏习俗，和顺人心，父亲要像父亲，儿子要像儿子，丈夫要像丈夫，妻子要像妻子，各自遵循自己的规章去做，然后上天的和顺之气就会普遍融洽，福气禄利就会陆续到来了。"接着又论述说："治理国家的手段，迫切的有两种。一是端正臣下的心志。臣私下看到许多大臣不知晓礼义，很多人都趋附利益，凭什么要求百姓顺从教化呢？选拔任用人才，以道德修养为上，才能为下，德才兼备的人破格录用，才能低德行高尚的次之，即使有才能，如果德行道义不值得选取，就降为下等，那么臣下的趋附方向就会正确了。二是引导学者的志向。教化的推行，兴起于学校。如今学者失去了本真，经史典雅深奥，抛弃不去研习，修饰文词、空话，钓取利禄，请求下令选取士人的时候兼带涉及经史典故，使学者都能够坚守经学，不被近代奢华的风气迷惑，就好了。”又说：“大凡天下的事情，纷纷而来的不是一个方面，外形相似的不是同一个实体，法令制度不能全部囊括，隐藏在类似之中，就会产生不同的议论。孔子说：‘道义是天下必须遵循的法度。’《礼记》说：‘道义是裁断的准则。’希望陛下处理日常政务，遇到事情有不同意见时，稍加考虑，推求事情的头绪，那么就能确定如何裁决，并且能分辨疑问。”徒单镒的言论都切中了当世的弊病，金章宗虽然采纳了他的说法，但是没有施行。金章宗询问汉高祖刘邦、光武帝刘秀的优劣。平章政事张万公回答说：“高祖刘邦要优秀很多。”徒单镒说：“光武帝刘秀重新缔造汉室基业，在位三十年，没有嗜酒、贪图美色的事情。高祖刘邦受戚姬迷惑，最终导致祸乱。从这一点来说，是光武帝优秀。”金章宗沉默不语。徒单镒大概是由于元妃李氏受到金章宗过分的厚爱，所以委婉地进谏金章宗。（金史卷九十九）

完颜承晖

【题解】完颜承晖（1149—1215年），本名福兴，字维明，虎水（今黑龙江哈尔滨市阿城区）人。金朝宗室大臣，金世祖完颜劾里钵曾孙，完颜郑家之子。

完颜承晖从小勤奋好学，博通经史。起家符宝祗候，迁侍局长。金章宗即位，历任近侍局使、大名知府事、东路统军使。金宣宗贞祐初年，授平章政事兼都元帅，封邹国公。迁尚书右丞相兼都元帅，留守中都。完颜承晖在守卫中都的时候，受命而忘其家，竭尽心力，坚守待援。贞祐三年（1215年），中都将要攻破的时候，他以死殉国，千古流芳。和他一同守城的另一位大臣抹捻尽忠却在这个时候不顾国家安危，为了自家性命，最后弃城逃跑，后被以谋逆罪处死，令人唾弃。

承晖，字维明，本名福兴。好学，淹贯经史。袭父益都尹郑家塔割剌讹没谋克。及伐宋，迁山东路统军使。是时，行限钱法[①]。承晖上疏，略曰：“货聚于上，怨结于下。”不报。

【注释】①限钱法：金时货币制度。限制官民贮钱多不过二万贯。凡所余，则当以钱易物贮之。有告发者则以十之一为赏，余皆没入。

【译文】完颜承晖，字维明，本名福兴。爱好学习，博览经史。继承父亲益都尹郑家塔割剌讹没谋克。等到讨伐宋朝的时候，升任山东路统军使。此时，推行限钱法。完颜承晖上奏书，大意说：“上面的人聚敛货币，与下面的人结下怨仇。”朝廷没有答复。

贞祐[①]初，召拜尚书右丞。承晖即日入朝，妻子留沧州。沧州破，妻子皆死。纥石烈执中[②]伏诛。进拜平章政事，兼都元帅，封邹国公。

【注释】①贞祐：金宣宗完颜珣的第一个年号（1213—1217年），共计5年。

②纥石烈执中：即胡沙虎，女真人。金朝权臣，在1213年发动政变，杀金帝完颜永济，改立完颜珣，官至太师、尚书令、都元帅、监修国史，封泽王。后为部将术虎高琪所杀。

【译文】贞祐初年，被任命为尚书右丞。完颜承晖当天入朝，将妻儿留在了沧州。沧州城被攻破，妻儿都被杀死了。纥石烈执中伏法。完颜承晖升任平章政事，兼都元帅，封邹国公。

中都被围，承晖出议和事。宣宗迁汴，进拜右丞相，兼都元帅，徙封定国公，与皇太子留守中都。承晖以尚书左丞抹捻尽忠久在军旅，知兵事，遂以赤心委尽忠，悉以兵事付之，己乃总持大纲，期于保完都城。顷之，庄献太子去之，右副元帅蒲察七斤以其军出降，中都危急。诏以抹捻尽忠为平章政事，兼左副元帅。三年二月，诏元帅左监军永锡将中山、真定兵，元帅左都监乌古论庆寿将大名军万八千人、西南路步骑万一千、河北兵一万，御史中丞李英运粮，参知政事、大名行省孛术鲁德裕调遣继发，救中都。承晖间遣人以矾写奏曰："七斤既降，城中无有固志，臣虽以死守之，岂能持久。伏念一失中都，辽东、河朔皆非我有，诸军倍道来援，犹冀有济。"诏曰："中都重地，庙社在焉，朕岂一日忘也。已趣诸路兵与粮俱往，卿会知之。”及诏中都官吏军民曰：“朕欲纾民力，遂幸陪都，天未悔祸，时尚多虞，道路久梗，音问难通。汝等朝暮矢石，暴露风霜，思惟报国，靡有贰心，俟兵事之稍息，当不愆地旌赏。今已会合诸路兵马救援，故兹奖谕，想宜知悉。”永锡、庆寿等军至霸州北。三月乙亥，李英被酒，军无纪律，大元兵攻之，英军大败。

【译文】中都被包围，完颜承晖出城议和。宣宗完颜珣迁都汴京，承晖升任右丞相，兼都元帅，改封定国公，与皇太子完颜守忠留守中都。完颜承晖认为尚书左丞抹捻尽忠长期在军队，熟知军事，于是真心诚意地委托抹捻尽忠，把军事指挥权全权授予他，而自己只是总揽大纲，希望能保全中都。不久，庄献太子完颜守忠离开了中都，右副元帅蒲察七斤率领他的军队投降，中都情势危急。宣宗下令命抹捻尽忠担任平章政事，兼左副元帅。贞祐三年（1215年）二月，诏令元帅左监军完颜永锡率领中山府、真定府的军队，元帅左都监乌古论庆寿率领大名府军队一万八千人、西南路步骑兵一万一千人、河北军队一万人，御史中丞李英运送粮草，参知政事、大名行省孛术鲁德裕调遣军队相继出发，救援中都。完颜承晖派人用明矾书写奏折说：“蒲察七斤已经投降了，城内没有坚定的心志，臣即使以死来守护中都，哪能维持长久呢？想到一旦失去中都，辽东、河朔都不会属于我朝所有了，各路军队日夜兼程来救援，仍希望可以成功。”宣宗下诏说：“中都重地，宗庙所在，朕哪会一时忘记呢？已经催促各路军队与粮草一同前往中都，卿总归要知道的。”又诏令中都官吏军民说：“朕想宽缓民力，于是临幸陪都，只是上天还没有撤去所加的灾祸，时势还多忧患，道路长期阻塞，音信受阻。你们早晚冒着箭石的袭击，暴露在风霜雨雪之中，只是想着报效祖国，没有二心，等到战事稍微平息，应当无过错地表彰奖赏。如今已经会合各路军马前去救援，所以特此表彰，想来你们应该知道。”完颜永锡、乌古论庆寿等军队抵达霸州以北。三月十六日，李英喝醉了酒，军中全无纪律，元军攻打他们，李英的军队被打得大败。

是时，高琪居中用事，忌承晖成功，诸将皆顾望，终无一兵至中都者。

承晖与抹捻尽忠会议于尚书省。承晖约尽忠同死社稷。尽忠谋南奔，承晖怒，即起还第，亦无如尽忠何。召尽忠腹心元帅府经历官完颜师姑至，谓曰：“始我谓平章知兵，故推心以权畀平章，尝许与我俱死。今忽异议，行期且在何日，汝必知之。”师姑曰：“今日向暮且行。”曰：“汝行李办未？”曰：“办矣。”承晖变色曰：“社稷若何？”师姑不能对。叱下斩之。

【译文】此时，术虎高琪执掌朝政，嫉妒完颜承晖的功绩，各将领都犹豫观望，最终没有一路兵马来到中都救援。

完颜承晖与抹捻尽忠在尚书省聚会论议。完颜承晖约抹捻尽忠一同为了国家社稷而死。抹捻尽忠预谋向南逃奔，完颜承晖大怒，立即动身返回家中，也对抹捻尽忠没有任何办法。召来抹捻尽忠的心腹元帅府经历官完颜师姑，对他说："最初我以为平章政事熟知军事，所以真心诚意地将大权交给了平章政事。他曾答应与我一起以死报效，如今忽然有不同意见，出行的日期定在哪一天，你一定知道。"完颜师姑说："今天傍晚准备出行。"完颜承晖说："你的行李准备好了吗？"完颜师姑回答说："已经准备好了。"完颜承晖脸色大变，说："国家社稷怎么办呢？"完颜师姑回答不出来，完颜承晖呵斥他下去并将他斩首。

承晖起，辞谒家庙，召左右司郎中赵思文与之饮酒，谓之曰："事势至此，惟有一死以报国家。"作遗表付尚书省令史师安石。其表皆论国家大计，辨君子小人治乱之本，历指当时邪正者数人，曰："平章政事高琪，赋性阴险，报复私憾，窃弄威柄，包藏祸心，终害国家。"因引咎以不能终保都城为谢。复谓妻子死于沧州，为书以从兄子永怀为后。从容若平日，尽出财物，召家人，随年劳多寡而分之，皆与从良书。举家号泣，承晖神色泰然，方与安石举白引满，谓之曰："承晖于《五经》皆经师授，谨守而力行之，不为虚文。"既被酒，取笔与安石诀，最后倒写二字，投笔叹曰："遽尔谬误，得非神志乱邪？"谓安石曰："子行矣。"安石出门，闻哭声，复还问之，则已仰药薨矣。家人匆匆瘗庭中。是日暮，尽忠出奔，中都不守。贞祐三年五月二日也。师安石奉遗表奔赴行在奏之。宣宗设奠于相国寺，哭之尽哀。

【译文】完颜承晖起身，拜别家庙，召左右司郎中赵思文，和他一起喝酒，对他说："形势已经到了如此地步，只能用一死来报效国家了。"撰写临死前的章表交给尚书省令史师安石，这封章表都是在论述国家大计，分辨君子小人、治理祸乱的根本，一一指出了当时奸邪与正直的几位大臣，说："平章政事术虎高琪，生来阴险，报复私怨，玩弄权柄，包藏祸心，最终是要危害国家的。"又把过错归到自己身上，因最终不能保全中都而谢罪。又因为妻儿都死在了沧州，写信让堂兄的儿子完颜永怀作他的后嗣。他像平日一样神色自若，拿出全部财物，召集家人，按照任职的年数和劳绩的多少分给他们，把脱离奴籍的文书都给了他们。全家号啕大哭，完颜承晖神色从容，便与师安石大杯斟满酒，对他说："我完颜承晖学习《五经》都是经过师父传授的，谨慎遵守并身体力行，没有把它当作空洞的说教。"他已经有了醉意，拿来笔与师安石辞别，最后写倒了两个字，放下笔叹息说："突然之间出了这样的差错，莫非是神志已经混乱了吗？"对师安石说："你走吧！"师安石出了门，听到哭声，又回来问，完颜承晖已经服毒自杀了。家人匆忙将他埋葬在庭院中。当天傍晚，抹捻尽忠出逃，中都失守。当日是贞祐三年（1215年）五月二日。师安石带着遗表奔向行都奏报。宣宗在相国寺为他祭奠，哭得非常伤心。

承晖生而贵富，居家类寒素，常置司马光、苏轼像于书室，曰：“吾师司马而友苏公。”平章政事完颜守贞素敬之，与为忘年交。（金史卷一百一）

【译文】完颜承晖出身富贵，但是家中的日常生活像贫寒百姓，经常把司马光、苏轼的画像放在书房中，说：“我把司马公当作老师，把苏公当作朋友。”平章政事完颜守贞一向敬重他，与他是忘年交。（金史卷一百一）

杨伯雄

【题解】杨伯雄（1103—1172年），字希云，汉族，真定藁城人（今河北正定县）。杨伯雄出身官宦世家，父亲曾是完颜亮的属官。皇统二年（1142年），杨伯雄考中进士，任韩州军事判官、应奉翰林文字。皇统九年（1149年）十二月，完颜亮弑君自立，杨伯雄任右补阙、兵部员外郎、翰林待制、直学士、右谏议大夫兼任著作郎，并一直兼修起居注。因与完颜亮是旧识，深得信任，杨伯雄则多次利用各种机会直言进谏，越发得到完颜亮的赏识。后因劝谏完颜亮不要亲征南宋，被免去起居注的官职。金世宗即位后，杨伯雄先任大兴府少尹，后任少詹事、左谏议大夫、翰林直学士、太子詹事兼谏议大夫、沁南军节度使、翰林学士承旨、代理詹事。后出京任定武军节度使、平阳府尹、河中府尹。因广施仁政，被平阳百姓称颂为“前有张，后有杨。”于65岁时去世，谥号庄献。

杨伯雄，字希云，真定藁城人。登皇统二年进士，海陵留守中京，丘行在幕府，伯雄来省视，海陵见之，深加器重。久之，调韩州军事判官。

【译文】杨伯雄，字希云，真定藁城（今河北正定县）人。皇统二年（1142年）考中进士，海陵炀王留守中京（今河南洛阳）时，杨丘行是海陵炀王幕府官员。杨伯雄前来看望父亲杨丘行，海陵炀王见到杨伯雄之后，十分器重他。不久，他被调任韩州军事判官。

海陵篡立，数月，迁右补阙，改修起居注。海陵锐于求治，讲论每至夜分。尝问曰："人君治天下，其道何贵？"对曰："贵静。"海陵默然。明日，复谓曰："我迁诸部猛安①分屯边戍，前夕之对，岂指是为非静邪？"对曰："徙兵分屯，使南北相维，长策也。所谓静者，乃不扰之耳。"乙夜，复问鬼神事。伯雄进曰："汉文帝召见贾生，夜半前席，不问百姓而问鬼神，后世颇讥之。陛下不以臣愚陋，幸及天下大计，鬼神之事，未之学也。"海陵曰："但言之，以释永夜倦思。"伯雄不得已，乃曰："臣家有一卷书，记人死复生，或问冥官何以免罪，答曰，汝置一历，白日所为，暮夜书之，不可书者是不可为也。"海陵为之改容。

【注释】①猛安：金代女真族的军事和社会组织单位。有时作为女真人户的代称，或作官称猛安。又译萌眼、谋克；又译毛毛可、毛克。《金史·兵志》记女真初起时，“其部长曰孛堇，行兵则称曰猛安，谋克，从其多寡以为号。猛安者，千夫长也；谋克者，百夫长也”。

【译文】海陵炀王篡位自立，几月之后，升迁他担任右补阙，又改任修起居注。海陵炀王锐意改革，经常和他谈论到半夜。曾经问他说：“皇帝治国之道，以什么最为重要呢？”杨伯雄回答说：“以静最为重要。”海陵炀王听后沉默不语。第二天，又对杨伯雄说：“我迁徙了诸部猛安分别驻守边境，前夜的回答，难道是指这种做法不是静吗？”回答说：“分兵驻守边境，让南北之间能够相互联系，这是国家的长久之计。所谓的静，是指不扰乱民生。”二更时分，又询问杨伯雄有关鬼神的事情。杨伯雄进言说：“汉文帝刘恒召见贾谊，只是空谈半夜，不问百姓民生而问鬼神之事，颇被后世讥笑。陛下不因为我才疏学浅，有幸问及天下大计，但是鬼神之事我却不曾学过。”海陵炀王说：“你但说无妨，只不过为了减轻长夜的困倦而已。”杨伯雄没办法，于是说：“臣家里有一卷书，记载了人死后复活的故事。有人就问地狱官员如何免罪。回答说，你放置一本历书，把白天所做的事情，在夜里写下来，不能写上去的就是不能做的事情。”海陵炀王因此变了脸色。

海陵议征江南，伯雄奏：“晋武平吴，皆命将帅，何劳亲总戎律？”不听。乃落起居注，不复召见。

【译文】海陵炀王商议征讨江南，杨伯雄上奏说："晋武帝平定吴国，都是让将帅出征，何必亲自统管军务呢？"海陵炀王不听。于是免除了杨伯雄修起居注的官职，也不再召见他。

大定初，除太子詹事兼谏议。六年，上幸西京，欲因往凉陉①避暑，伯雄率众谏官入谏。上曰："朕徐思之。"伯雄言之不已，同列皆引退，久之乃起。是年，至凉陉①，徼巡果有疏虞。上思伯雄之言，及还，迁礼部尚书，谓近臣曰："群臣有干局者众矣，如伯雄忠实，皆莫及也。"上谓伯雄曰："龙逄、比干皆以忠谏而死，使遇明君，岂有是哉？"伯雄对曰："魏徵愿为良臣，正谓遇明君耳。"因顾谓宰相曰："《书》曰：'汝无面从，退有后言。'朕与卿等共治天下，事有可否，即当面陈。卿等致位卿相，正行道扬名之时，偷安自便，徼幸一时，如后世何？"群臣皆称万岁。（金史卷一百五）

【注释】①凉陉：辽代山名。又作陉头、炭山。在今河北省张家口地区沽源县南。一说即今赤城县独石口外东黑龙山；一说在今万全县南之炭山。为有辽一代契丹皇帝避暑游猎常往之地。

【译文】大定初，担任太子詹事兼谏议。大定六年（1166年），金世宗巡幸西京，想要顺道到凉陉去避暑，杨伯雄带领众多谏官一起进宫劝谏。金世宗说："让我再考虑考虑。"杨伯雄仍然不停地劝说。同僚都已告退，杨伯雄过了很久才起身告退。这一年到了凉陉，金世宗巡察过程中果然出现了疏漏。金世宗回想起杨伯雄的话，等到回去以后，升迁杨伯雄为礼部尚书，并对身边的臣子说："群臣之中有才干器局的人很多，却都比不上像杨伯雄那样忠实。"金世宗对杨伯雄说："龙逄、比干都是因为忠谏而死的，如果让他们遇到明君，难道会有这样的下场吗？"杨伯雄回答说："魏征情愿成为良臣，正是所谓的遇到了明君啊。"金世宗顺道回头对宰相说："《尚书》上说：'你们不要当面表示听从，离开后又有别的说法。'我和你们一起治理天下，事情可行与否，就应该当面说出来。你们位居卿相，正是实践正义扬名立万之时，如果苟且偷安任意行事，一时侥幸，像这样后代怎么办呢？"群臣都高呼万岁。

程 寀

【题解】程寀（1086—1148年），字公弼，汉族，析津人。程寀出身世家，祖父、父亲都是辽国高官，程寀考中进士后逐渐升任殿中丞。天辅七年（1123年）正月，程寀归顺金国，历任尚书都官员外郎、锦州安昌县令、起居郎、史馆修撰、少府少监。完颜亶登基后，程寀历任翰林待制、翰林待制兼右谏议大夫、翰林侍讲学士。皇统八年（1148年）十二月，程寀出京，历任横海军节度使、彰德军节度使，病卒任内，终年62岁。

《续编》辑录了他为右谏议大夫上书言事的内容，通过人身体的健康来比喻国家的安宁，指出法度是国家安定的关键，朝廷应该勉力百官各尽其职，订立法度，举荐贤能，罢黜无才之人，这样国家就能得到治理。

程寀，字公弼，燕之析津人。熙宗时，历翰林待制，兼右谏议大夫。

【译文】程寀，字公弼，燕京析津府（今北京）人。金熙宗时期，程寀历任翰林待制，兼任右谏议大夫。

上疏言事曰："臣闻，善医者不视他人之肥瘠，察其脉之病否而已；善计天下者不视天下之安危，察其纪纲理否而已。天下者人也，安危者肥瘠也，纪纲者脉也，脉不病虽瘠不害，脉病而肥者危矣。是故，四肢虽无故，不足恃也，脉而已矣。天下虽无事，不足矜也，纲纪而已矣。尚书省，天子喉舌之官，纲纪在焉。臣愿诏尚书省，戒励百官，各扬其职，以立纲纪。如吏部天官以进贤退不肖为任，诚使升黜有科，任得其人，则纲纪理而民受其赐，前代兴替，未始不由此者。"疏奏，上嘉纳之。（金史卷一百五）

【译文】程寀上疏谈及国事说："臣听说，高明的医生不看他人身体胖瘦，而是诊察他的脉络是否有病而已。善于谋划天下的人不看天下是否安宁，而是看法度是否合理而已。天下就像人，安危就像人身体的胖瘦，法度就如同人的血脉，血脉无病虽然长得瘦也没灾祸，血脉有病即使长得胖也很危险。

所以，人的四肢虽然没有病痛，但不足以有恃无恐，主要看血脉方面。天下虽然无事，也不足以夸耀，主要看法度如何。尚书省，是天子的重要机关，法度都在这里。臣希望陛下下令尚书省官员，让他们告诫勉励百官，各尽其职，来订立国家法度。如果吏部众官以举荐贤能，黜退无才之人为己任，就能让升迁罢黜有纪可循，选任合适官员，那么法度确立，百姓就能受益，前代的兴亡，未尝不是因此造成的。”奏章上呈之后，金熙宗赞赏并采纳了他的意见。(金史卷一百五)

萧　贡

【题解】萧贡，字真卿，京兆咸阳人。大定二十二年进士，调镇戎州判官，泾阳令，泾州观察判官，历同知大兴府事、德州防御使、御史中丞等职，最终以户部尚书的身份退休。萧贡是金代著名的文人，金章宗泰和年间曾主持修撰《泰和律令》，赢得章宗的大力褒扬和赞叹。金章宗曾得意地夸赞：“汉有萧相国，我有萧贡，刑狱吾不忧矣。”

《续编》辑录了他为翰林修撰时陈述当时治政方面的弊端，并提出了自己的四条意见的上书内容。

萧贡，字真卿，京兆咸阳人。大定二十二年进士，左丞董师中①、右丞杨伯通②荐其文学，除翰林修撰。上书论：“比年之弊，人才不以器识、操履，巧于案牍，不涉吏议者为工。用人不务因才授官，惟泥资叙。名器不务慎与，人多侥幸。守令不务才实，民罹其害。伏望擢真才以振浇俗，核功能以理职业，慎名器以抑侥幸，重守令以厚邦本。然后政化可行，百事可举矣。”（金史卷一百五）

【注释】①董师中（1129—1202年）：字绍祖，洺州（今河北永年县）人。少敏赡，好学强记。擢皇统九年（1150年）进士第，调泽州军事判官。累迁坊州刺史。

②杨伯通：字吉甫，弘州人。擢大定三年（1163年）进士第，由尚书省令史为吏部主事、顺义军节度副使，以忧去。承安四年（1150年），进尚书左丞，致仕，卒。

【译文】萧贡，字真卿，京兆咸阳（今陕西咸阳市）人。大定二十二年（1182年）的进士。左丞董师中、右丞杨伯通举荐萧贡学问精深，授职翰林修撰。萧贡上书谈论说：“近年的弊端，在于人才不以器量被赏识，不以操守被任用，而是以善于写文书、不涉及吏议为功绩。用人时不一定因才授予官职，而只是以等级来授予官职。爵位和车服仪制不一定慎重授予，人们常常心怀侥幸。守令不一定有真才实学，百姓常常遭受他们的迫害。衷心希望朝廷提拔有真才实学的人来挽救浮薄的社会风气，考核才能来授官职，慎重赐予爵位和车服仪制来抑止百官侥幸之心，注重守令的选用来巩固国本。然后政令和教化就能推行，各种事物就能实行了！”（金史卷一百五）

高汝砺

【题解】高汝砺（1154—1224年），字岩夫，应州金城（今山西应县）人。大定十九年中进士，为官有治绩。明昌中，章宗亲点为石州刺史。入为左司郎中，由左谏议大夫渐迁户部尚书。当时钞法不能流转，汝砺随事上言，多所更定，百姓甚便。贞祐二年（1214年），随宣宗南迁，授参知政事。历尚书左右丞、平章政事。累迁右丞相，封寿国公，忠厚廉正，规守格法，为相十余年，于朝政多有匡弼。屡上表乞致仕不许。不过，关于这一点，《金史》上也说他贪恋权位，为当时人所讥。正大元年去世，享年71岁。

《续编》主要辑录了他和金宣宗的两次对话，内容涉及为君之道和用人问题。

高汝砺，字岩夫，应州金城人。登大定十九年进士第，莅官有能声。兴定[①]四年三月，拜平章政事，俄而进拜尚书右丞相。

【注释】①兴定：金宣宗完颜珣的第二个年号（1217—1222年）。共计6年。

【译文】高汝砺，字岩夫，应州金城（今山西应县）人。大定十九年（1179年）考中进士，为官以才能著称。兴定四年（1220年）三月，拜为平章政事，不久又升任为尚书右丞相。

元光[1]元年，七月，上谓宰臣曰："昔有言世宗太俭者，或曰不尔则安得广畜积。章宗时用度甚多，而得不阙乏者，盖先朝有以遗之也。"汝砺因进言曰："俭乃帝王大德，陛下言及此，天下福也。"

【注释】①元光：金宣宗完颜珣第三个年号（1222—1223年），共计2年。

【译文】元光元年（1222年）七月，金宣宗对宰辅们说："以前有人说世宗太过节俭，有的人说不这样怎么能够扩充积蓄。章宗时期开支很多，却没有觉得匮乏，是因为前朝有积蓄遗留下来。"高汝砺顺势进言说："勤俭是帝王的大德，陛下谈及这些事，实在是天下的福气啊！"

二年三月，上谓群臣曰："人有才堪任事，而处心不正者，终不足贵。"汝砺对曰："其心不正而济之以才，所谓虎而翼者也，虽古圣人亦未易知。"上以为然。他日复谓宰臣曰："凡人处心善良而行事忠实，斯为难得。若言巧心伪，亦复何用。然善良者，人又多目为平常。"汝砺对曰："人材少全，亦随其所长取之耳。"上然之。（金史卷一百七）

【译文】元光二年（1223年）三月，金宣宗对群臣说："人有才干能够担任事情，但心术不正，终究不值得重视。"高汝砺回答说："他心术不正却用才能补益，就是所说的如虎添翼，即使是古代圣人也难以轻易知晓的。”金宣宗赞同他的看法。不久又对宰辅们说：“一般人心地善良而且做事忠厚老实，就很难得了。如果言语虚伪心怀奸诈，又有什么用呢？然而心地善良，往往又被人们看成平常无奇。”高汝砺回答说：“人才难以有十全十美的，还是根据他所擅长的加以任用吧！”金宣宗表示赞同。（金史卷一百七）

张行信

【题解】张行信（1163—1231年），字信甫，大臣张行简之弟。大定二十八年（1188年）登进士第，任铜山县令，官至尚书左丞，正大八年（1231年）病故，享年69岁。

《续编》辑录了他在贞祐初年给金宣宗的两次上疏，一次是针对朝廷任用没有才能、不懂军事的王守信、贾耐儿担任将领，张行信担心他们贻误国家大事而劝谏金宣宗不要任用小人，金宣宗罢免了这些人。另一次是针对代理元帅右都监皇族讹可遇到敌兵逃散，张行信上疏金宣宗要对讹可问责，金宣宗因此而治罪于讹可。这两次上疏，均表现了张行信对国家安危的关心和作为朝中大臣的担当。

张行信，字信甫，先名行忠，避庄献太子讳改焉。行简弟也。登大定二十八年进士第，累官铜山令。

【译文】张行信，字信甫，原名行忠，为避庄献太子完颜守忠名讳而改名行信。是张行简的弟弟。大定二十八年（1188年）考中进士，多次升官做到铜山县令。

崇庆[1]二年，为左谏议大夫。是岁九月，宣宗即位，改元贞祐。时方擢任王守信、贾耐儿者为将，皆鄙俗不材、不晓兵律。行信惧其误国，上疏曰："《易》称'开国承家，小人勿用'。圣人所以垂戒后世者，其严如此。今大兵纵横，人情汹惧，应敌兴理，非贤智莫能。狂子庸流，猥蒙拔擢，参预机务，甚无谓也。"于是上皆罢之。权元帅右都监内族讹可率兵五千护粮通州，遇兵辄溃，行信上章曰："御兵之道，无过赏罚，使其临敌有所慕而乐于进，有所畏而不敢退，然后将士用命而功可成。若讹可败衄，宜明正其罪，朝廷宽容，一切不问，臣恐御兵之道未尽也。"诏报曰："卿意具悉，讹可等已下狱矣。"

【注释】①崇庆：卫绍王完颜永济年号（1212—1213年），共计2年。

【译文】崇庆二年（1213年），任左谏议大夫。这年九月，金宣宗即位，改年号为贞祐。当时刚刚提拔任用王守信、贾耐儿担任将领，他们都是鄙俗不堪没有才能、不懂军队法纪的人，张行信害怕他们贻误国家大事，于是上疏说："《易经》中写道：'创建国家继承家业，不可以任用小人。'这是圣人用来警戒后人的，郑重到了这种地步。如今元军纵横，人心惶恐不安，抵抗敌军兴国理政，不是贤能之人不能担任。狂谬庸俗之辈，辱没圣上承蒙提拔，参预机要事务，实在毫无意义。”于是，宣宗把他们全部罢免了。代理元帅右都监皇族讹可率兵五千人护送粮草到通州，遇到敌军就溃散而逃。张行信上疏说：“领兵之道，不过赏和罚，让士兵对敌时有所期望就乐于前进，有所畏惧就不敢后退，然后将士效命那么就可以成就功业。像讹可这样挫败损伤，就应当公开明确他的罪责，朝廷如果宽容他，一点都不过问的话，我担心领兵之道就不能尽其用了。”朝廷下诏说：“你的意思已全部清楚，讹可等人已经下狱治罪了。”

正大八年二月乙丑，薨于嵩山崇福宫，年六十有九。为人纯正真率，不事修饰，虽两登相位，殆若无官然。遇事辄发，无所畏避，每奏事上前，旁人为动色，行信处之坦如也。及薨之日，虽平昔甚娼忌者，亦曰正人亡矣。（金史卷一百七）

【注释】①正大：金哀宗的第一个年号（1224年—1232年），共计9年。

【译文】正大八年（1231年）二月初八，张行信在嵩山的崇福宫去世，享年六十九岁。张行信为人纯粹、正直坦率，不喜欢粉饰自己，虽然两次登上丞相大位，却像没有当官一样。遇事就发表看法，无所畏惧和避讳，每次在皇帝面前奏事时，别人都很紧张，而张行信坦然自若。到他去世之后，即使是平日非常

嫉妒他的人，也在说一位正直之人去世了。（金史卷一百七）

杨云翼

【题解】杨云翼（1170—1228年），字之美，乐平赵壁（今山西昔阳县）人。金章宗明昌五年（1194年）甲寅科状元。金宣宗兴定二年（1218年）拜礼部尚书，转吏部尚书、御史中丞，金哀宗即位，复任礼部尚书、翰林学士，正大五年（1228年）卒，时年59岁，谥文献。

杨云翼天性雅重，练达吏事，直言敢谏。主持科举三十年，与赵秉文共掌文柄，世称“杨、赵”。元好问曾盛赞其“惟其视千古而不愧，是以首一代而绝出”。

《续编》辑录了他在一次御前讲席后对金哀宗的进言，核心为臣子事奉君主的虚礼和大义，强调臣子要懂得事君的大义。

杨云翼，字之美，其先赞皇檀山人。登明昌五年进士第一。

【译文】杨云翼，字之美，祖籍是赞皇檀山（今河北赞皇县）人。考中明昌五年（1194年）进士第一名。

正大二年二月，为礼部尚书，兼侍读。明年，设益政院，云翼为选首[①]，每召见赐坐而不名。时讲《尚书》，云翼为言帝王之学不必如经生分章析句，但知为国大纲足矣。因举“任贤”“去邪”“与治同道”“与乱同事”“有言逆于汝心”“有言逊于汝志”等数条，一皆本于正心诚意，敷绎详明。上听忘倦。

【注释】①选首：首先选拔任用的人。

【译文】正大二年（1225年）二月，担任礼部尚书，兼任侍读。第二年，设立益政院，杨云翼为第一批被任用的人，金哀宗每次召见赐坐而不直呼姓名。当时讲解《尚书》，杨云翼认为帝王学习不必要像研治经学的书生那样分析章句，只要知道治国的大纲就足够了。于是选取“任贤”“去邪”“与治同道”“与乱同事”“有言逆于汝心”“有言逊于汝志”等数条，全部都以正心诚意为根本，铺陈讲解得十分详细明了。金哀宗听得忘记了疲倦。

一日，经筵[①]毕，因言：“人臣有事君之礼，有事君之义。礼，不敢齿君之路马[②]，蹴其刍者有罚，入君门则趋，见君之几杖则起，君命召不俟驾而行，受命不宿于家，是皆事君之礼，人臣所当尽者也。然国家之利害，生民之休戚，一一陈之，则向所谓礼者特虚器耳。君曰可，而有否者献其否；君曰否，而有可者献其可。言有不从，虽引裾[③]、折槛[④]、断鞅[⑤]、轫轮[⑥]有不恤焉者。当是时也，姑徇事君之虚礼，而不知事君之大义，国家何赖焉。”上变色曰：“非卿，朕不闻此言。”云翼尝患风痹[⑦]，至是稍愈，上亲问愈之之方，对曰："但治心耳。心和则邪气不干，治国亦然，人君先正其心，则朝廷百官莫不一于正矣。"上矍然，知其为医谏也。五年卒，年五十有九。（金史卷一百十）

【注释】①经筵：汉唐以来帝王为讲论经史而特设的御前讲席。宋代始称经筵，置讲官以翰林学士或其他官员充任或兼任。

②路马：古代指为君主驾车的马。因君主之车名路车，故称。

③引裾：拉住衣襟。指三国魏辛毗拉住文帝衣襟坚持诤谏的故事。典出《三国志·魏志·辛毗传》。后以"引裾"喻人臣能据理直谏。

④折槛：汉槐里令朱云朝见成帝时，请赐剑以斩佞臣安昌侯张禹。成帝大怒，命将朱云拉下斩首。云攀殿槛，抗声不止，槛为之折。经大臣劝解，云始得免。后修槛时，成帝命保留折槛原貌，以表彰直谏之臣。典出《汉书·朱云传》：后世殿槛正中一间横槛独不施栏干，谓之折槛。后用为直言谏诤的典故。

⑤断鞅：砍断马鞅。鞅，夹贴在马颈两旁的皮条。典出《左传·襄公十年》："齐侯驾，将走邮棠。太子与郭荣扣马，曰：'师速而疾，略也。将退矣，且社稷之主不可以轻，轻则失众，君必待之！'将犯之，太子抽剑断鞅，乃止。"杨伯峻注："太子砍断马鞅，则居中两马与衡离，不能持车矣。"后用作强谏之典。

⑥轫轮：阻止车轮转动。

⑦风痹：中医指因风寒湿侵袭而引起的肢节疼痛或麻木之症。

【译文】有一天，御前讲席结束后，杨云翼乘机说："臣子有事奉君上的礼节，有事奉君上的大义。礼节，是不敢触及君上的路马，踩踏到喂牲畜的草就要受到责罚，进入君王的门庭就要小步快走，看到君王的坐几和手杖就要肃立，君王有召见不等待车驾就起行，接受命令后不在家中住宿，这都是事奉君上的礼节，臣子应该尽力遵守的。然而国家的利益与损害，百姓的喜乐和忧虑，都要一一陈述意见，那么从前所说的礼就都是虚设的。君上说可以，那么认为不可以的人要说出不可以的理由；君上说不可以，那么认为可以的人要说出可以的理由。进言君上不肯听从，即使是拉住衣襟、折断殿槛、砍断马鞅、阻止车轮转动也不顾惜。在这个时候，如果只是屈从事奉君上的虚礼，而不知道事奉君上的大义，国家还有什么依赖呢？”金哀宗改变脸色说：“不是爱卿你，朕听不到这样的话。”杨云翼曾经患有风痹病，后来稍微缓和一点，金哀宗亲自询问他治病的方法，杨云翼回答说：“只要治心就可以了。心地平和那么邪气就不能冲犯，治国也是这样，君上首先端正了自己的心，那么百官也就都端正了。”金哀宗很震惊，知道他这是通过以治病来劝谏自己。杨云翼在正大五年（1228年）去世，终年五十九岁。（金史卷一百十）

张天纲

【题解】张天纲，字正卿，霸州益津人，至宁元年词赋进士。在金哀宗时期担任御史中丞，代理参知政事。蔡州城被宋军攻破，张天纲为宋军将领孟珙擒获，作为亡国之臣的张天纲并不惧怕死亡，而是“祈死不已”，他身上所表现的忠义，让宋人都深感同情。史书没有记载宋主最后是否杀了他，而是说其不知下落。无论如何，张天纲身上所表现的气节，足以令人钦佩。

张天纲，字正卿，霸州益津人也。至宁元年词赋进士。累官咸宁、临潼令，入补尚书省令史，拜监察御史，以鲠直闻。哀宗东幸，擢天纲权参知政事。及从上迁蔡，转御史中丞，仍权参政。蔡城破，为宋将孟珙得之，槛车械至临安，备礼告庙。既而，命临安知府薛琼问曰：“有何面目到此？”天纲对曰：“国之兴亡，何代无之。我金之亡，比汝二帝何如？”琼大叱曰：“曳去。”明日，遂奏其语，宋主召问曰：“天纲真不畏死耶？”对曰：“大丈夫患死之不中节尔，何畏之有。”因祈死不已。宋主不听。初，有司令供状必欲书虏主，天纲曰：“杀即杀，焉用状为！”有司不能屈，听其所供，天纲但书故主而已。闻者怜之。后不知所终。（金史卷一百十九）

【译文】张天纲字正卿，霸州益津（今河北霸州）人。至宁元年（1213年）考中词赋科进士。累官担任咸宁、临潼县令，后入朝补任尚书省令史，再任监察御史，以为人耿直著称于世。金哀宗完颜守绪东迁时，提拔张天纲担任参知政事，后随从金哀宗到达蔡州，改任御史中丞，仍代理参知政事。蔡州城被攻破时，张天纲被宋将孟珙擒获，用囚车解押到临安，宋人依照礼制举行了告宗庙的仪式。随后，宋理宗命临安知府薛琼责问张天纲说："你还有什么脸面来这里？"张天纲回答说："国家兴亡，哪个朝代能避免。我金国的灭亡，与你朝的徽、钦二帝的结局相比如何？"薛琼大声责骂说："拉下去。"第二天，薛琼就上奏了张天纲所说的话，宋理宗召见张天纲，责问他说："张天纲果真不惧死吗？"张天纲回答说："大丈夫只担心死得不符合节操罢了，除此之外还有什么可担心的。"因而不停求死，但宋理宗不理睬他的要求。当初，有关衙门命令俘虏的供状一定把本国君主写成"虏主"，张天纲说："要杀就杀，还用写什么供状吗？"有关衙门不能使他屈服，听由他按照自己意愿书写，张天纲在提到金帝的时候都写"故主"。听说这件事的人都同情他。后来不知他的下落。（金史卷一百十九）

忠义传序

【题解】本段辑录自《金史·忠义传序》，指出一个人只要是道义所在，为之赴死是可以的。体现了中国人自古以来大义凛然的生死观。

栾共子[①]曰："民生于三，事之如一，唯其所在，则致死焉。"公卿大夫居其位，食其禄，国家有难，在朝者死其官，守郡邑者死城郭，治军旅者死行阵，市井草野之臣发愤而死，皆其所也。故死得其所，则所欲有甚于生者焉。（金史卷一百二十一）

【注释】①栾共子：春秋时期晋哀侯的大夫，晋武公杀晋哀侯，劝降栾共子，不从，死战而亡。

【译文】栾共子说："百姓由君、父、师三者生养，为他们效劳应始终如一，只要是道义所在，就能为三者慷慨赴死。"公卿大夫身居官位，享有朝廷俸禄，当国家有难的时候，在朝的官员应当尽忠而死，郡县的地方官应当死守城郭，掌管军队的将领应当死战于敌阵，致仕下野的臣子也应当拼死一搏，这些都是符合道义的。因此他们死得其所，他们为道义赴死的决心超过求生的愿望。（金史卷一百二十一）

完颜陈和尚

【题解】本篇选自《金史·忠义传》，完颜陈和尚（1192—1232年），本名彝，字良佐，金末名将。为金忠孝军提控。他严于治军，信赏明罚，使令行禁止，在历次战争中屡立战功。兵败城破之时，他没有苟且逃生，而是主动求见敌军主帅，以表明自己为国献身的心迹，遭受敌军酷刑折磨，顽强不屈而死。直到金国灭亡之时，忠孝军无一人投降，最终全部战死。这支区区四百人的军队和首领完颜陈和尚在金国没落之时，仍能有如此表现，不得不让人感到敬佩。陈和尚视死如归的英雄气概，更是体现了志士仁人在国家危难之时的大无畏精神。

完颜陈和尚，名彝，字良佐，亦以小字行，丰州人。正大三年转忠孝军提控。

【译文】完颜陈和尚名彝，字良佐，世人以其小名陈和尚称呼，丰州（今内蒙古呼和浩特）人。正大三年（1226年），调任忠孝军提控官。

五年，北兵入大昌原，平章合达问谁可为前锋者，陈和尚出应命。先已沐浴易衣，若将就木然者，擐甲上马不反顾。是日，以四百骑破八千众，三军之士踊跃思战，盖自军兴二十年始有此捷。奏功第一，手诏褒谕，授定远大将军、平凉府判官，世袭谋克。一日名动天下。

【译文】正大五年（1228年），蒙古大军进攻大昌原，平章政事完颜合达询问有谁愿意担任前锋，完颜陈和尚出列愿意领命出战，他事先就已经沐浴更衣，如同就要去死一样，披上铠甲骑上战马，头也不回就出战了。这一天，完颜陈和尚率领四百骑兵大破蒙古军八千之众，金国三军将士欢欣鼓舞，都想奋战杀敌，大概金国与蒙古发生战争二十年以来，首次有这样的大捷。战后上报战功完颜陈和尚被排在第一名，金哀宗亲笔书写诏书予以褒奖鼓励，任命他为定远大将军、平凉府判官，世袭谋克的官职。一时之间，威名震动天下。

九年正月，三峰山之败，走钧州。城破，大兵入，即纵军巷战。陈和尚趋避隐处，杀掠稍定乃出，自言曰："我金国大将，欲见白事。"兵士以数骑夹之，诣行帐前。问其姓名，曰："我忠孝军总领陈和尚也。大昌原之胜者我也，卫州之胜亦我也，倒回谷之胜亦我也。我死乱军中，人将谓我负国家，今日明白死，天下必有知我者。"时欲其降，斫足胫折不为屈，豁口吻至耳，噀血而呼，至死不绝。大将义之，酹以马湩，祝曰："好男子，他日再生，当令我得之。"时年四十一。（金史卷一百二十三）

【译文】正大九年（1232年）正月，金军在三峰山战败，完颜陈和尚撤退到钧州。钧州城后被攻破，蒙古军涌入城中，完颜陈和尚就率领士兵与蒙古军队进行巷战。战事不利，完颜陈和尚隐蔽在角落里，等到战斗稍微停息的时候才出来，自称："我是金国大将，要见你们大帅有事情要说。"士卒们用几个骑兵将他夹在中间，带到主帅营帐前。蒙古主帅询问他的姓名，回答说："我是金国忠孝军总领完颜陈和尚。大昌原之战打败你们的人就是我，卫州之战打败你们的人也是我，倒回谷之战打败你们的人还是我。我要是死在乱军之中，人们会说我背叛了国家，今天我堂堂正正地赴死，天下必定有人知道我的为人。"当时蒙古主帅想迫使完颜陈和尚投降，就砍掉他的脚，折断他的腿，也不能让他屈服，完颜陈和尚的嘴被刀割开，一直豁到耳朵边，他仍然喷血大喊，至死也不停息。蒙古主帅认为他很忠义，把马奶酒洒在地上祭奠他，祈祷说："你是好男

儿，将来再生，应当让我得到你。”当时完颜陈和尚四十一岁。（金史卷一百二十三）

刘从益

【题解】本篇辑录自《金史·文艺传》。刘从益（1179—1222年），字云卿，应州浑源人，大安元年（1209年）进士。子刘祁，著有私家史书《归潜志》以纪金事，修《金史》多有采用。刘从益曾担任叶县令，他担任县令期间，善于治理，为叶县减去一万石的贡赋，让流亡的百姓回归，离任时为百姓所挽留，去世后百姓立石颂德，实有古良吏之风。

刘从益，字云卿，浑源人。登大安元年进士第，为叶县令，修学励俗，有古良吏风。叶自兵兴，户减三之一，田不毛者万七千亩有奇，其岁入七万石如故。从益请于大司农，为减一万，民甚赖之，流亡归者四千余家。未几，被召，百姓诣尚书省乞留，不听。入授应奉翰林文字，逾月以疾卒，年四十四。叶人闻之，以端午罢酒为位而哭，且立石颂德，以致哀思。（金史卷一百二十六）

【译文】刘从益，字云卿，浑源（山西浑源县）人。大安元年（1209年）进士及第，担任叶县县令，他兴办乡学，教化民风，有古代贤人的遗风。叶县自从战事爆发以来，户籍减少了三分之一，田地荒废了一万七千多亩，但每年上交朝廷的七万石粮食没有减少。刘从益向大司农请求，使叶县减去一万石的贡赋，这项措施使百姓的生计得到了很大程度的改善，流亡异乡的四千多家百姓返回县里。没过多久，刘从益被召入朝，叶县百姓向尚书省请求留任刘从益，但尚书省没有同意。刘从益入朝任应奉翰林文字一职，一个月后因病去世，享年四十四岁。叶县的百姓听到他的死讯，就在端午那天停止酒宴，设置灵位痛哭祭奠他，并且刻石立碑颂扬他的功德，表达人们的哀思。（金史卷一百二十六）

元好问

【题解】元好问（1190—1257年），字裕之，号遗山，世称遗山先生。太原秀容（今山西忻州）人。金末至蒙古国时期著名文学家、历史学家。

元好问自幼聪慧，有“神童”之誉。金宣宗兴定五年（1221年），元好问进士及第。正大元年（1224年），又以宏词科登第后，授权国史院编修，官至知制诰。金朝灭亡后，元好问被囚数年。晚年重回故乡，隐居不仕，于家中潜心著述。元宪宗七年（1257年），元好问逝世，享年68岁。

元好问是宋金对峙时期北方文学的主要代表，被尊为“北方文雄”“一代文宗”。他擅作诗、文、词、曲。其中以诗作成就最高，其“丧乱诗”尤为有名；其词为金代一朝之冠，可与两宋名家媲美。但是，一般人却不太知道他还是一位历史学家，他所留下的金国史料对后人修撰《金史》起了很大作用。

好问，字裕之。从陵川郝晋卿学，不事举业[①]，淹贯经传百家，六年而业成。晚年尤以著作自任，以金源氏[②]有天下，典章法度几及汉、唐，国亡史作，己所当任。时金国实录在顺天张万户家，乃言于张，愿为撰述，既而为乐夔所沮而止。好问曰："不可令一代之迹泯而不传。"乃构亭于家，著述其上，因名曰"野史"。凡金源君臣遗言往行，采摭所闻，有所得辄以寸纸细字为记录，至百余万言。纂修《金史》，多本其所著云。（金史卷一百二十六）

【注释】①举业：为应科举考试而准备的学业。

②金源氏：金国的别称。《金史·地理志上》："上京路即海古之地，金之旧土也。国言'金'曰'按出虎'，以按出虎水源于此，故名金源。建国之号，盖取诸此。"

【译文】元好问，字裕之。跟从陵川的郝晋卿学习，不做为了应考的科举学问，深通广晓经传百家，六年后就完成了学业。晚年尤其把著书立说作为自己的责任，认为金国能够取得天下，是由于金国的典章法度几乎接近汉、唐的标准，国家灭亡后应该记录历史，这是自己应该承担的责任。当时金国实录在顺天张万户的家里，元好问于是对张万户说，希望把金国实录撰写成书，不久被乐夔阻止而只能停止。元好问说："不可以让一个朝代的事迹泯灭得不到流传。”于是在家里建了一座亭子，在亭子里著书，命名为“野史”。凡是金国君臣留传下来的话、过去的行为，采集摘录所听说的，有所收获就用短纸小字进行记录，达到一百多万字。后人编辑修撰《金史》，大多依据他的著作。（金史卷一百二十六）

孝友传序

【题解】本篇辑录自《金史·孝友传》的序，指出孝友是人之天性，但是要完全做到也不容易。历代明君都重视伦理道德的教育，而劝勉兴孝正是伦理教育的核心，也是古圣先王和谐天下的法宝，在任何时候也不能够废弃。

孝友者，人之至行也，而恒性存焉。有子者欲其孝，有弟者欲其友，岂非人之恒情乎？为子而孝，为弟而友，又岂非人之恒性乎？以人之恒情责人之恒性，而不副所欲者恒有焉。有竭力于是，岂非难乎。天生五谷以养人，五谷之有恒性也。服田力穑以望有秋，农夫之有恒情也。五谷熟，人民育，岂异事乎。然以唐、虞之世，“黎民阻饥”不免以命稷，“百姓不亲、五品不逊”不免以命契，以是知顺成之不可必，犹孝友之不易得也。是故“有年”、“大有年”以异书于圣人之经，孝友以至行传于历代之史，劝农兴孝之教不废于历代之政，孝弟力田自汉以来有其科。章宗尝曰：“孝义之人，素行已备，

虽有希觊，犹不失为行善。”庶几帝王之善训矣。（金史卷一百二十七）

【译文】孝顺、友爱是人们的至高品行，是人所固有的天性。有子女的人期望子女孝顺，有弟弟的人期望弟弟友爱，这难道不是人之常情吗？身为人子就应该孝顺父母，身为弟弟就应该敬爱兄长，又难道不是人所固有的天性吗？以人之常情来要求人所固有的天性，其中难于达成期望的情况也是常有的。有人终身竭力奉行孝友之道，孝友之道很难做到吗？天生五谷来养活世人，这是五谷固有的特性。在田间辛勤耕种而期望有好的收成，这是农夫的人之常情。五谷成熟，百姓赖以为生，哪算是特别的事情呢？但在唐尧、虞舜的时代，因“百姓饱受饥饿之苦”，不免要任命后稷去负责农事，因“百姓不相亲近，家中父、母、兄、弟、子五伦不互相敬爱”，不免要任命契去教化百姓，由此可知正当的事情也不能保证必然顺利成功的，如同孝顺、友爱的品行不能轻易做到一样。所以“有收成”、“五谷丰登”被当作特别吉祥的事件而记录在圣人的经典中，孝顺、友爱被看作至高品行而记载于历代史书中，劝农桑、兴孝道的教导一直作为历代的施政重点，孝悌、农事自汉代以来就是选举人才的名目。金章宗完颜璟曾说：“孝顺仁义的人，良好的品行已经具备，就算有别的打算，也算得上是做好事。”可以说是帝王中好的训导了。（金史卷一百二十七）

隐逸传序

【题解】本篇辑录自《金史·隐逸传》的序，历代史书均有“隐逸传”，这些人物与世无争，与人无求，看似没有什么作为，却往往能够得到品行高洁的君子的赞颂，就是在于他们志向高远，不为名利所束缚。世人往往为名利所困扰，他们能够放下，不正可以觉醒世人，令人赞叹吗？

古之仕者，其志将以行道，其为贫而仕下列者，犹必先事而后食焉。后世干禄者多，其先人尚人之志与叹老嗟卑之心，能去是者鲜矣。故君子于士之远引高蹈者特称述之，庶闻其风犹足以立懦廉顽也。（金史卷一百二十七）

【译文】古时做官的人，他们的志向是要将大道推行于天下，其中那些贫困并在低等官位的人，也必定先行其事，待有功绩后才领受俸禄。后世追求禄位的人很多，他们有高人一等的志向和感叹年已老大而犹未显达的心思，很少有人能抛开这些。所以德行高尚的人对于那些远游隐居的人特别称道，只要听到他们的消息，仍足以使怯弱的人能够自立，使贪婪的人能够廉洁。（金史卷一百二十七）

郝天挺

【题解】郝天挺（1161—1217年），字晋卿，金代泽州陵川人。元好问曾经跟随他学习，他教导人治学应该从修养自身的德行入手，而不是为了考取功名，强调求学要去除功利心，指出读书不是为了艺文，做官不是为了利养，有古士人的风骨。

郝天挺，字晋卿，泽州陵川人。太原元好问尝从学进士业，天挺曰："今人赋学以速售为功，六经百家分磔缉缀，或篇章句读不之知，幸而得之，不免为庸人。"又曰："读书不为艺文，选官不为利养，唯通人能之。"又曰："今之仕多以贪败，皆苦饥寒不能自持耳。丈夫不耐饥寒，一事不可为。子以吾言求之，科举在其中矣。"或曰："以此学进士无乃戾乎？"天挺曰："正欲渠不为举子尔。"为人有崖岸①，耿耿自信，宁落魄困穷，终不一至豪富之门。（金史卷一百二十七）

【注释】①崖岸：引申为操守，节概。

【译文】郝天挺，字晋卿，泽州陵川（今山西晋城市）人。太原人元好问曾跟他学习考取进士的学业，郝天挺说："当今的人从事学业是把尽快成功作为目的，把六经和诸子百家的著述分开割裂、编辑缀合，有的连篇章句读都不了解，侥幸达到目的，免不了成了庸俗的人。"又说："读书不是为了修饰文章，选任官职不是为了财利，只有学识渊博通晓古今的人才能做到。”又说：“如今做官的大多因贪图财利而败坏法度，都是受饥寒之苦而不能自我克制罢了。大丈夫忍受不了饥寒，什么事都做不成。你按我说的话去求学，考中科举就在眼前了。”有人问：“像这样学习考取进士的学业，不是离经叛道吗？”郝天挺说：“正是希望他不作那样的举子。”郝天挺为人有操守，胸怀坦荡，胸有成竹，宁可落魄穷困，始终也不进豪富人家的门。（金史卷一百二十七）

王　政

【题解】本篇辑录自《金史·循吏传》。王政，辰州熊岳人，生活在辽朝末期，被金太祖完颜阿骨打授任为卢州渤海军谋克。金兵讨伐宋朝时，滑州投降后，留下王政担任安抚使，后来就掌管军资，天眷元年，迁保静军节度使，致仕卒，享年66岁。王政为官清廉，懂得会计，管理物资没有差错，还勇于担当，爱护民众，曾说“苟利国家，虽死何避”，体现了他为国家利益不惜献身的宝贵精神。

王政，辰州熊岳人也。政当辽季乱，浮沈州里。吴王阇母[1]言于太祖，授卢州渤海军谋克。从破白霫，下燕云。及金兵伐宋，滑州降，留政为安抚使。前此，数州既降，复杀守将反为宋守，及是人以为政忧。政曰：“苟利国家，虽死何避。”宋王宗望②壮之，曰："身没王事，利及子孙，汝言是也。"政从数骑入州。是时，民多以饥为盗，坐系。政皆释之，发仓廪以赈贫乏，于是州民皆悦，不复叛。傍郡闻之，亦多降者。宋王召政至辕门，抚其背③曰："吾以汝为死矣，乃复成功耶。"慰谕者久之。

【注释】①阇母：完颜阇母（1090—1129年），虎水（今黑龙江哈尔滨市阿城区）人。金朝宗室将领，金世祖劾里钵第十一子，太祖完颜阿骨打异母弟。勇猛善战，每战突前。带领金兵，攻取辽国"五京"。随军攻破北宋首都开封，制造"靖康之变"。追封吴国王。

②宗望：完颜宗望（？—1127年），字斡鲁补，虎水（今黑龙江哈尔滨市阿城区）人。金朝宗室名将，金太祖完颜阿骨打次子。宗望英勇善战，跟从金太祖征伐，屡建殊功，世称"二太子"。一次攻辽，两次攻宋，制造"靖康之变"，俘虏宋徽宗、宋钦宗二帝。一生战功赫赫，改封宋国王。

③抚背：抚摩脊背。表示安慰、关切。

【译文】王政，是辰州熊岳人。王政生活在辽末动乱时期，埋没乡里。吴王完颜阇母对金太祖完颜阿骨打进言推荐，授任王政为卢州渤海军谋克。随军打败白霫部，攻下燕云地区。等到金兵讨伐宋朝，滑州投降后，留下王政担任安抚使。之前有几个州已经投降，但是他们又杀害金国守将反过来为宋朝守城，这时人们都为王政担忧。王政说："只要对国家有利，即使是死也不会回避。"宋王完颜宗望赞赏他说："为国家事业献身，利益延及子孙，你的话是对的。”王政率领几个骑兵入州。那个时候，百姓大多因为饥寒而沦为盗贼，被逮捕。王政把他们都释放了，发放粮仓里的粮食赈济贫民，于是州里的百姓都很高兴，不再叛乱。附近的州郡听说后，也多有来归顺的。宋王完颜宗望把王政召到辕门，抚摩着他的脊背说：“我以为你死掉了，没想到还建立了功业。”宽慰了他很长时间。

天会四年，兼掌军资。是时，军旅始定，管库纪纲未立，掌吏皆因缘为奸。政独明会计，严扃鐍[1]，金帛山积而出纳无锱铢之失。吴王阇母戏之曰：“汝为官久矣，而贫不加富何也？”对曰：“政以杨震四知自守，安得不贫。”吴王笑曰：“前言戏之耳。”以黄金百两、银五百两及所乘马遗之。

【注释】①扃鐍（jué）：门闩锁钥之类。

【译文】天会四年（1126年），王政兼职掌管军用物资。那时候，战争刚刚停止，管理仓库的制度没有建立，掌管的官吏都趁机从中得利。王政惟独能明白核计，严格保管，黄金、丝帛堆积如山，然而出入没有丝毫差错。吴王完颜阇母开玩笑说：“你做官很久了，但是为什么还没有由贫变富呢？”王政说：“我以杨震‘天知地知，你知我知’的四知坚持操守，怎么会不贫困呢？”吴王完颜阇母笑着说：“刚才说的是玩笑话。”并把一百两黄金、五百两白银以及自己所骑的马都送给他。

天眷元年，迁保静军节度使，致仕卒，年六十六。（金史卷一百二十八）

【译文】天眷元年（1138年），王政迁任保静军节度使，退休后去世，终年六十六岁。（金史卷一百二十八）

群书治要续编卷第二十三　元史（上）

【提要】《元史》是“二十四史”之一，是一部系统记载元朝兴亡过程的纪传体断代史，成书于明朝初年，由宋濂、王祎主编。全书210卷，记述了从蒙古族兴起到元朝建立再到元朝北逃蒙古高原的历史。

元朝是中国历史上首次由少数民族建立的大一统王朝，统治者为蒙古孛儿只斤氏。定都大都（今北京），传5世11帝。从1206年成吉思汗建立蒙古政权到1368年朱元璋建立明朝，元朝的历史为162年，从忽必烈定国号元开始则为98年。元朝退出中原后，北元政权还一直持续到1402年。

1206年，成吉思汗统一蒙古各部，建立大蒙古国。先后攻灭西辽、西夏、花剌子模、金朝等政权。蒙哥汗去世后，引发了阿里不哥与忽必烈的汗位之争，促使大蒙古国分裂。1260年忽必烈即汗位，建元“中统”。1271年，忽必烈取《易经》“大哉乾元”之意，改国号为“大元”，次年定都大都。1279年，彻底灭亡南宋流亡政权，结束了自唐末以来长期的混乱局面。之后元朝持续对外扩张，进攻日本、缅甸、越南、爪哇等，但均遭失败。元朝中期，皇位继承紊乱、政变频繁，导致元朝的政治始终未上正轨，而且由于其汉化迟滞，发展不前，到了元朝后期，朝廷政治腐败，权臣干政，民族矛盾与阶级矛盾日益加剧，导致元末农民起义纷起。1368年，朱元璋建立明朝，随后北伐驱逐元廷攻占大都。此后元廷退居漠北，史称北元。1402年，元臣鬼力赤篡夺政权建立鞑靼，北元灭亡。

在中国历代的大一统王朝中，元朝存在的历史是较为短暂的。但是，元朝时期，中国作为一个统一多民族国家进一步巩固，疆域超越历代。元朝还废除尚书省和门下省，保留中书省与枢密院、御史台分掌政、军、监察三权，地方实行行省制度，开创了中国行省制度的先河。元朝时期，商品经济和海外贸易较繁荣，与各国外交往来也十分频繁，各地派遣的使节、传教士、商旅等络绎不绝。在文化方面，则出现了元曲等文化形式，更接近世俗化。

明太祖朱元璋十分重视修史工作，他即位当年（1368年）就下诏编修《元史》。

洪武二年（1369年）二月丙寅（初一），《元史》在南京正式开局编写，以左丞相李善长为监修，宋濂、王祎为总裁，征来山林隐逸之士汪克宽、胡翰、赵埙等16人参加纂修。宋濂是主要负责人。这次编写至秋八月癸酉（十一日）结束，仅用了188天的时间，便修成了除元顺帝一朝以外的本纪37卷，志53卷，表6卷，传63卷，共159卷。这次修史的资料，主要以大将徐达从元大都缴获的《元十三朝实录》和元代修的典章制度史《经世大典》为基础。

由于编纂时间太仓促，缺乏顺帝时代的资料，全书没有完成，于是又派欧阳佑等人到全国各地调集顺帝一朝资料，于洪武三年二月六日重开史局，仍命宋濂、王祎为总裁，率领赵埙，朱右、贝琼等十五人继续纂修，经过143天，七月初一书成，增编顺帝纪10卷，增补元统以后的《五行》《河渠》《祭祀》《百官》《食货志》各1卷，三公和宰相表的下卷，《列传》36卷，共计53卷。然后合前后二书，按本纪、志、表、列传厘分后，共成210卷，也就是现在的卷数。两次纂修，历时仅331天。在“二十四史”中，《元史》所费时间之少，成书之快，仅次于《宋书》。

由于《元史》的修纂距离元朝灭亡太近，很多史事还未来得及记载，也有许多史料没有被挖掘整理出来，加上修纂之速，不可避免地带来各种各样的问题。比如：随得随抄，前后重复，失于剪裁；又不彼此互对，考定异同，时见抵牾。此外，由于当时的编纂者不懂蒙古文，考订的功夫也不够，这也造成《元史》中出现了不少问题，如有的应立传而无传，甚至开国勋臣的传记也有缺略；有的一个人立有两传。至于史实错误，译音不统一等，就更多了。基于这些原因，导致后世对《元史》的批评很多，也让许多人开始对《元史》进行修订改作。

《元史》的修订改作起始于明成祖时期。明成祖曾命解缙改修《元史》，整理成《元史正误》一书。后来，参加纂修《元史》的朱右又写了《元史拾遗》，许浩作《元史阐微》等，这些著作都是对《元史》的订正和补充。到了清朝，对《元史》的研究又有许多新作，如邵远平的《元史类编》、魏源的《元史新编》、洪钧的《元史译文证补》、曾廉的《元书》、屠寄的《蒙兀儿史记》等；还有从《永乐大典》中辑出的《元朝秘史》。这些书籍对《元史》作了不少增补考证，但仍有许多遗漏。

到了民国时期，柯劭忞利用明清时期有关元史研究的新成果，又吸收了西方有关元史的资料和书籍，如法国人多桑著的《蒙古史》等书，对元史进行系统的研究。在此基础上，前后用了30年时间，于1920年编撰成《新元史》。第二年，北洋军阀政府总统徐世昌下令把《新元史》列入正史，1922年刊行于世。这样，原来中央政府承认的官修史书“二十四史”就成了“二十五史”。

尽管《元史》的问题众多，虽然改作很多，但是《元史》六百多年来一直没有被废弃，也没有哪一部著作能够替代它，说明《元史》依旧是有其可取之处的。其原因在于，《元史》修撰的基本史料元十三朝实录和《经世大典》两书保存了大量元史的第一手史料，但是这两本书已经遗失，这些资料都借《元史》得以保存下来，这是《元史》所以长期不废、专美于前的重要原因。同时，《元史》的大部分志的内容是很充实的，清代史学家赵翼对此颇为称赞，说“一朝制度，亦颇详瞻”。

《续编》从《元史》的本纪、志、列传中共辑录了两卷，内容基本反映了元朝的历史兴衰，有助于读者从中汲取元代政治兴衰成败的经验教训。

世　祖

【题解】元世祖即孛儿只斤·忽必烈（1215—1294年），蒙古族，监国托雷第四子，元宪宗蒙哥弟。大蒙古国的末代可汗，同时也是元朝的开国皇帝。蒙古尊号“薛禅汗”。1251年，蒙哥任忽必烈为总理漠南汉地军国庶事，南驻瓜忽都。他先后任汉族儒士整饬邢州吏治，立经略司于汴梁，整顿河南（今洛阳）军政，并屯田唐、邓，收到积极效果。1253年，受京兆（今陕西西安）封地。同年，忽必烈受命与大将兀良合台远征云南，灭大理国。1258年蒙哥兴师伐南宋，授命忽必烈代总东路军。1259年9月，蒙哥在合州前线病逝。1260年3月，忽必烈在部分诸王的推戴下，即汗位于开平，建元中统。忽必烈以汉地丰富的人力、物力为依托，出兵击败阿里不哥。1271年（至元八年），取《易经》“大哉乾元”之义，建国号为大元，确定以大都为首都。1274年（至元十一年），命伯颜大举伐宋。1279年（至元十六年）最后消灭了流亡在崖山的南宋残余势力，完成全国的大统一。1294年（至元三十一年），忽必烈病逝，庙号世祖。

元世祖是一位征服者，在他的指挥下，元朝军队消灭了南宋，统一中国，建立了中国历史上第一个由少数民族建立的大一统王朝——元朝。元世祖曾给被征服者带来浩劫，但是他在历史上依然得到不错的评价，原因在于他比较成功地建立了新秩序。元世祖重视汉文化，采用儒学治国，他虽然来自游牧民族，但是重视中原的农业生产，推动了中华民族的大融合，由此而获得历史的肯定。

世祖皇帝，讳忽必烈，睿宗皇帝①第四子。岁甲辰，帝在潜邸②，思大有为于天下，延藩府旧臣及四方文学之士，问以治道。

【注释】①睿宗皇帝：指孛儿只斤·拖雷（1193—1232年），成吉思汗第四子，尊号“也可那颜”。其长子蒙哥即位后追上尊号，谥英武皇帝，庙号睿宗。

②潜邸：皇帝即位前的住所。

【译文】世祖皇帝，名忽必烈，是睿宗皇帝拖雷的第四子。

甲辰年（1244年），世祖还未即位时，就想着要大有为于天下，于是延请藩王府的旧臣以及四方精通儒学的人，向他们询问治国之道。

岁辛亥，六月，宪宗[①]即位，同母弟惟帝最长且贤，故宪宗尽属以漠南汉地军国庶事，遂南驻瓜忽都[②]之地。

【注释】①宪宗：指孛儿只斤·蒙哥（1209—1259年），大蒙古国的大汗，史称“蒙哥汗”。为元太祖成吉思汗之孙、拖雷长子，四弟即元世祖忽必烈。

②瓜忽都：有多种解释，一说是指金莲川（今河北沽源县西南七十里莲花滩），一说是指燕京一带的汉人地区。

【译文】辛亥年（1251年），六月，元宪宗蒙哥即皇帝位，宪宗的同母弟中惟有世祖最年长且贤明，因此宪宗就把大漠以南汉族地区的军国事务交给世祖管理，于是世祖南下驻扎在瓜忽都地区。

岁己未，九月壬寅朔，亲王穆哥[①]自合州钓鱼山遣使以宪宗凶问[②]来告，且请北归以系天下之望。帝曰：“吾奉命南来，岂可无功遽还？

【注释】①穆哥：又译为末哥，成吉思汗孙，拖雷子。

②凶问：死讯，噩耗。

【译文】己未年（1259年），九月初一，亲王穆哥从合州钓鱼山（今合川市东）派人来报告宪宗驾崩的噩耗，并且请求世祖回北方，以稳定天下大局。世祖说："我奉圣命南下，怎么可以没有功劳就突然回去呢？

中统[①]元年春三月戊辰朔，诸大臣劝进，帝三让[②]，诸王大臣固请，辛卯，帝即皇帝位。

【注释】①中统：元世祖忽必烈的年号（1260年5月—1264年7月），也是大蒙古国（后来的元朝）的首个年号，取义自"中华开统"。共计4年两个月。

②三让：指古代帝王登位、大臣就封的谦让之礼。

【译文】中统元年（1260年）春三月初一，众多大臣劝世祖登皇帝位，世祖多次谦让，亲王大臣坚持劝请，二十四日，世祖即皇帝位。

二年，夏四月乙卯，诏十路宣抚使量免民间课程[①]。命宣抚司官劝农桑，抑游惰，礼高年，问民疾苦，举文学才识可以从政及茂才异等，列名上闻，以听擢用；其职官污滥及民不孝悌者，量轻重议罚。

【注释】①课程：古代依物价高低而订的税额。

【译文】中统二年（1261年），夏四月二十四日，世祖忽必烈诏令十路宣抚使审度减免民间的赋税。命令宣抚司的主管官员鼓励农业生产，压制游荡懒惰，礼敬老年人，关心民间疾苦，举荐有学问、才能，可以从政以及德才突出的人，列出名单上报，等候选拔任用；各级官员中行为卑劣、不守正道以及百姓中不孝顺父母、不敬爱兄长的人，根据罪行轻重进行处罚。

八年，十一月乙亥，建国号曰大元，盖取《易经》“乾元”之义。

【译文】至元八年（1271年），十一月十五日，定国号为大元，这是取自《易经》中“至哉乾元”的意思。

十一年，七月乙未，伯颜等陛辞[1]（领兵伐宋），帝谕之曰：“古之善取江南者，唯曹彬一人。汝能不杀，是吾曹彬也。”

【注释】①陛辞：朝官离开朝廷，上殿辞别皇帝。

【译文】至元十一年（1274年），七月二十一日，大将伯颜等人（率领军队讨伐宋朝），上殿向世祖辞行，世祖告诉他们说：“宋初善于攻取江南的，唯有曹彬一个人。你能不滥杀，就是我的曹彬了。”

十三年，二月，帝既平宋，召宋诸将问曰：“尔等何降之易耶？”对曰：“宋有强臣贾似道[1]擅国柄，每优礼文士，而独轻武官。臣等久积不平，心离体解，所以望风而送款②也。”帝命董文忠答之曰：“借使似道实轻汝曹，特似道一人之过耳，且汝主何负焉？正如所言，则似道之轻汝也固宜。”

【注释】①贾似道（1213—1275年）：字师宪，号悦生，浙江天台人，南宋晚期权相。

②送款：投诚，归降。

【译文】至元十三年（1276年），二月，世祖已经平定宋朝，召见宋朝诸多将领问他们：“你们为什么这么容易就投降了？”宋朝将领回答说：“宋朝有贾似道独揽国家大权，只是优待礼遇文人，而惟独轻视武官。臣下等心中长期积压不平，已经内心离散、身体懈怠了，这就是我们望风而降的原因。”世祖让董文忠回复他们说：“假使贾似道确实轻视你们，也只是贾似道一个人的过错，况且你们的君主哪里有对不起你们呢？如果确实像你们所说的，那么贾似道轻视你们也是应该的。”

（《历代君鉴》曰：世祖度量弘广，知人善任使，信用儒术，用能以夏变夷①，立经陈纪，所以为一代之制者，规模宏远矣。）（元史卷九）

【注释】①以夏变夷：以诸夏文化影响中原地区以外的其他民族。夏，诸夏，古代中原地区周王朝所分封的各诸侯国，后泛指中国。夷，指中原地区以外的各族。

【译文】(《历代君鉴》说：元世祖忽必烈器量弘大，能知人善任，崇信并采用儒学治理国家，任用贤能，能够用华夏文化来影响其他各族，建立制度，宣示法度，开创了一个朝代的规制，规模宏大而深远。)(元史卷九)

仁 宗

【题解】元仁宗孛儿只斤·爱育黎拔力八达（1285—1320年），元朝第四位皇帝（1311—1320年在位），蒙古帝国第八位大汗。元武宗海山之弟，元英宗硕德八剌之父。

元仁宗早年跟随太常少卿李孟学习儒家典籍。大德九年（1305年）出居怀州，后助其兄元武宗海山登基。元武宗即位后封他为皇太子，相约兄终弟及，叔侄相传。于武宗死时嗣位，年号皇庆和延祐。

元仁宗在位期间，大力进行改革，进用汉族文臣，减裁冗员，整顿朝政，实行科举制度，推行"以儒治国"的政策，复兴元朝。他在位九年，但是死后并未传位武宗之子和世瓎，而是传位其子元英宗硕德八剌。但他的这一做法导致后来元朝长达二十年的政治混乱及宫廷斗争。庙号仁宗，谥号圣文钦孝皇帝，汗号"普颜笃可汗"。

仁宗皇帝，讳爱育黎拔力八达，顺宗①次子，武宗②之弟也。

【注释】①顺宗：孛儿只斤·答剌麻八剌（1264—1292年），元世祖忽必烈太子真金之次子，元武宗、元仁宗之父。元武宗追尊答剌麻八剌为皇帝，上庙号顺宗。

②武宗：孛儿只斤·海山（1281—1311年），元朝第三任皇帝，元世祖忽必烈的曾孙、裕宗真金之孙、顺宗答剌麻八剌之子、成宗铁穆耳之侄、仁宗爱育黎拔力八达之兄。庙号武宗。

【译文】仁宗皇帝，名叫爱育黎拔力八达，是元顺宗的第二个儿子，元武宗的弟弟。

至大[1]四年春正月庚辰，武宗崩。三月庚寅，即皇帝位。

【注释】①至大：元武宗孛儿只斤·海山的年号（1308—1311年），共计4年。

【译文】至大四年（1311年）春正月初八，元武宗驾崩。三月十八日，元仁宗即皇帝位。

六月己巳，帝览《贞观政要》，谕翰林侍讲阿林铁木儿[1]曰："此书有益于国家，其译以国语刊行，俾蒙古、色目人[2]诵习之。"

【注释】①阿林铁木儿：又译阿邻帖木儿。元畏兀儿人。善蒙古文，多闻识，仁宗时，奉诏译《贞观政要》《大学衍义》为蒙古文。

②色目人：元代称外族诸姓，如钦察、回回、唐古特等为色目人，

地位次于蒙古人而优于汉人。

【译文】六月二十九日，仁宗阅览《贞观政要》，告诉翰林侍讲阿林铁木儿说："这部书对国家有益处，应该翻译成蒙古文发行，让蒙古人、色目人都诵读学习。"

皇庆[①]二年，六月己卯，河东廉访使赵简[②]言："请选方正博洽之士，任翰林侍读、侍讲学士，讲明治道，以广圣听。"从之。

【注释】①皇庆：元仁宗爱育黎拔力八达的第一个年号（1312—1313年），共计2年。

②赵简：元大名路元城（今河北大名县东）人，字敬甫。

【译文】皇庆二年（1313年），六月二十一日，河东廉访使赵简进言："奏请朝廷挑选品行端正、学识广博的读书人，充任翰林院侍读、侍讲学士，讲解阐明治理国家的政策，以扩大皇上的听闻。"仁宗听从了。

十一月甲辰，行科举。帝谓侍臣曰："朕所愿者，安百姓以图至治，然匪用儒士，何以致此。设科取士，庶几得真儒之用，而治道可兴也。"

【译文】十一月十八日，举行科举。仁宗对侍奉的廷臣说："朕希望安定百姓进而达到天下大治，如果不任用儒士，怎么能实现这样的大治？开设科举、选取士人，希望能任用有真才实学的儒士，那么治国之道就可以兴起了。”

延祐[①]元年，夏四月己酉，帝以《资治通鉴》载前代兴亡治乱，命集贤学士忽都鲁都儿迷失[②]及李孟[③]择其切要者译写以进。

【注释】①延祐：元仁宗爱育黎拔力八达的第二个年号（1314—1320年），共计7年。

②忽都鲁都儿迷失：又译忽都笃鲁弥实。元畏兀儿人。精通汉文和畏兀儿字蒙文，曾选译《资治通鉴》《大学衍义》等书为蒙文。

③李孟（？—1321年）：字道复，潞州上党（今山西上党）人。博学强记，通贯经史。宇量闳廓，材略过人，三入中书，民间利益，知无不言，士无贵贱，贤者进拔。为文有奇气。

【译文】延祐元年（1314年）夏，四月二十六日，仁宗认为《资治通鉴》记载前代的兴衰治乱，于是下令集贤学士忽都鲁都儿迷失以及李孟选择其中的要领翻译成蒙古文进呈。

二年，十一月甲戌，左丞相合散等言：“彗星之异，由臣等不才所致，愿避贤路[①]。”帝曰：“此朕之愆，岂卿等所致？其复乃职，苟政有过差，勿惮于改。凡可以安百姓者，当悉言之，庶上下交修[②]，天变可弭也。”

【注释】①避贤路：避位让贤。典出《史记·万石张叔列传》："愿归丞相侯印，乞骸骨归，避贤者路。"。

②交修：典出《尚书·说命下》："尔交修予，罔予弃，予惟克迈乃训。"孔传："交，非一之义。"孔颖达疏："令其交更修治己也。"后用为天子要求臣下匡助之词。

【译文】延祐二年（1315年），十一月三十日，左丞相合散等人进言说："出现彗星这样的异象，是由于臣等没有才能导致的，臣等希望能避位让贤。"仁宗说："这是朕的过失，哪里是爱卿们导致的呢？回到你们的职位上去，如果政事有什么差错，不要害怕改正。凡是可以安定百姓的事务，都应该进言，希望我们君臣上下互相修德，那么天变就会消除了。"

四年，夏四月乙丑，常尝夜坐，谓侍臣曰："雨旸[①]不时，奈何？"萧拜住[②]对曰："宰相之过也。"帝曰："卿不在中书耶？"拜住惶愧。顷之，帝露香默祷。既而大雨，左右以雨衣进，帝曰："朕为民祈雨，何避焉！"

【注释】①雨旸（yáng）：典出《尚书·洪范》："曰雨，曰旸。"谓雨天和晴天。

②萧拜住（？—1320年）：祖先是契丹人，原为石抹氏部落人，祖上曾为金朝大臣，后来易姓为萧。哈剌帖木儿之子。

【译文】延祐四年（1317年）夏，四月二十九日，仁宗曾经常常夜坐，对侍奉的廷臣说："天气雨晴不定，怎么办呢？"大臣萧拜住回答说:“这是宰相的过失。”仁宗说:“爱卿不是在中书省吗?”萧拜住惶恐羞愧。不久,仁宗在露天焚香、心中祷告。之后就下了大雨,左右侍从进上雨衣,仁宗说:“朕是为了百姓祈雨,遮避什么呢!”

六年,春正月己卯,谓侍臣曰:“卿等以朕居帝位为安邪?朕惟太祖[①]创业艰难,世祖混一[②]疆宇,兢业守成,恒惧不能当天心,绳祖武[③],使万方百姓乐得其所,朕念虑在兹,卿等固不知也。”

【注释】①太祖:孛儿只斤·铁木真(1162—1227年),蒙古帝国可汗,尊号“成吉思汗”,意为“拥有海洋四方的大酋长”。世界史上杰出的政治家、军事家。庙号太祖。

②混一:亦作“混壹”。齐同,统一。

③祖武:先人的遗迹、事业。

【译文】延祐六年(1319年)春,正月二十三日,仁宗对侍奉的廷臣说:“爱卿们认为朕处在帝位很安逸吗?朕思念太祖开创基业艰难,世祖皇帝统一国家,兢兢业业地保持前人的基业,常常担心自己不能够符合天意,继承先人的事业,使全国百姓都安居乐业,这是朕所挂念的事情。爱卿们还不能知道啊。”

仁宗天性慈孝,聪明恭俭,通达儒术,妙悟释典,尝曰:

“明心见性，佛教为深；修身治国，儒道为切。”又曰：“儒者可尚，以能维持三纲五常之道也。”平居服御[①]质素，澹然无欲，不事游畋，不喜征伐，不崇货利。事皇太后，终身不违颜色；待宗戚勋旧，始终以礼。大臣亲老，时加恩赉；太官进膳，必分赐贵近。有司奏大辟[②]，每惨恻移时[③]。其孜孜为治，一遵世祖之成宪云。（元史卷二十四—二十六）

【注释】①服御：亦作“服驭”。指服饰车马器用之类。

②大辟：古五刑之一，谓死刑。

③移时：经历一段时间。

【译文】仁宗天性仁慈孝顺，聪明、恭谨、谦逊，通晓儒家学说，妙悟佛家经典，曾经说：“屏弃杂念，了悟本性，以佛教的教义为深广；修养德行，治理国家，以儒家学说为切要。”又说：“尊崇儒家，因为他们能够维持三纲五常的大道。”仁宗平日的服饰、车马、器用都很俭朴，清静淡泊，没有欲望，不出游打猎，不喜好征伐，不推重货物财利。事奉皇太后，终身能和颜悦色；对待皇室亲族、功勋旧臣，始终能遵从礼节。大臣亲老，时常加以恩赐；太官奉上食物，必定分赐给显贵和近臣。有关部门奏报死刑，常常会悲痛一段时间。仁宗勤勉努力治理国家，全部遵照世祖时期的成制。（元史卷二十四—二十六）

食货志

【题解】《续编》从《元史·食货志》中辑录了两段，第一段主要指出治理国家不能不向百姓征收赋税，但是征收赋税应该根据收入确定，指出政府应该减省费用，这样百姓的赋税负担就轻，而每个朝代到了后期，都是因为骄奢之风盛行，国家搜刮百姓钱财，导致百姓穷困而国家灭亡。第二段则指出农桑是国家政治之本，元朝统治者虽然是游牧民族，但是对于中原农业也非常重视，因此朝廷颁布了《农桑辑要》，这是元朝司农司撰写的一部农业科学著作，是我国现存最早的官修农书。

《洪范》八政，食为首而货次之，盖食货者养生之源也。民非食货则无以为生，国非食货则无以为用。是以古之善治其国者，不能无取于民，亦未尝过取于民，其大要在乎量入为出而已。《传》曰："生财有大道，生之者众，食之者寡，为之者疾，用之者舒。"此先王理财之道也。后世则不然，以汉、唐、宋观之，当其立国之初，亦颇有成法，及数传之后，骄侈生焉，往往取之无度，用之无节。于是汉有告缗①、算舟车之令，唐有借商、税间架②之法，宋有经、总③制二钱，皆掊民以充国，卒之民困而国亡，可叹也已。

【注释】①告缗：告发富户隐匿财产，逃漏税款。

②税间架：唐代征收房屋税法。

③经、总：经总制钱，宋代杂税经制钱和总制钱的合称。

【译文】《洪范》记载的八政，粮食居首位而财货居第二，这是因为粮食、财货是维持生计的本源。百姓没有粮食、财货就不能维持生计，国家没有粮食、财货就不能满足耗费。所以古时候善于治理国家的人，不能不向百姓征收赋税，也不会过分征收，大的原则是根据收入确定支出。《礼记·大学》记载："增加财富有大道，应该是生产财富的人多，消耗财富的人少，生产要勤奋，用度要节省。"这是先王治理财物的方法。后世则不是这样，通过观察汉、唐、宋，在他们建立国家的初期，也很有章法，等到传接几代过后，骄纵奢侈就产生了，往往征收没有法度，花费没有节制。于是汉代有告缗、核算舟车税的法令，唐代有向商人借钱、征收房屋税的法度，宋代有经制钱、总制钱制度，都是通过搜刮百姓来充实国家，最终导致百姓穷困而国家灭亡，实在是令人感慨啊。

农桑，王政之本也。太祖起朔方，其俗不待蚕而衣，不待耕而食，初无所事焉。世祖即位之初，首诏天下，国以民为本，民以衣食为本，衣食以农桑为本。于是颁《农桑辑要》之书于民，俾民崇本抑末[①]。其睿见英识，与古先帝王无异，岂辽、金所能比哉？（元史卷九十三）

【注释】①崇本抑末：注重根本，轻视枝末。古代"本"多指农业，“末”多指工商业。

【译文】农耕与养蚕，是施行王道、仁政的根本。太祖在北方兴起，北方的习俗，穿衣不依靠养蚕，吃饭不依靠农耕，起初蒙古人没有发展农桑。世祖即位初期，首次诏告天下，国家以百姓为根本，百姓以衣服和食物为根本，衣服和食物以农耕与养蚕为根本。于是颁布《农桑辑要》这部书给百姓，使百姓注重农业，轻视工商业。世祖高明的见识，与古代的帝王没有差别，哪里是辽、金时期的君主能够相比的呢？（元史卷九十三）

高智耀

【题解】高智耀（1206—1271年），字显达，中兴府（今宁夏银川）人。世代在西夏做官。西夏亡后，隐居贺兰山。元太宗寻找西夏世家大族后代中的贤才，众人推荐了高智耀，元太宗召见并要任用他，高智耀却推辞回家了。元世祖忽必烈早就对高智耀的才学有所闻，继承帝位后，马上召见他。高智耀在元世祖面前，再三强调儒士对于治国的重要性，力主请用儒士，力陈儒术有利于治国，请免儒者之徭役及释放为奴的淮蜀儒士，去各地释放为奴之儒户，建立“御史台”专门处理这项事务。高智耀也因此被任命为翰林学士。

高智耀，河西人，世仕夏国。太宗①访求河西故家子孙之贤者，众以智耀对，召见将用之，遽辞归。宪宗即位，智耀入见，言："儒者所学尧、舜、禹、汤、文、武之道，自古有国家者，用之则治，不用则否，养成其材，将以资其用也。宜蠲免徭役以教育之。"帝问："儒家何如巫医？"对曰："儒以纲常治天下，岂方技[②]所得比。"帝曰："善。前此未有以是告朕者。"诏复海内儒士徭役，无有所与。世祖在潜邸已闻其贤，及即位，召见，又力言儒术有补治道，反覆辩论，辞累千百。帝异其言，铸印授之，命凡免役儒户，皆从之给公文为左验[③]。时淮、蜀士遭俘虏者，皆没为奴，智耀奏言："以儒为驱，古无有也。陛下方以古道为治，宜除之，以风厉天下。"帝然之，即拜翰林学士，命循行郡县区别之，得数千人。贵臣或言其诡滥，帝诘之，对曰："士，譬则金也，金色有浅深，谓之非金不可，才艺有浅深，谓之非士亦不可。"帝悦，更宠赉[④]之。（元史卷一百二十五）

【注释】①太宗：孛儿只斤·窝阔台（1186—1241年），蒙古帝国大汗，史称"窝阔台汗"。元太祖成吉思汗第三子。元世祖忽必烈追尊窝阔台庙号为太宗。

②方技：亦作"方伎"。泛指医、卜、星、相等术。

③左验：证人，证据。

④宠赉（lài）：帝王的赏赐。

【译文】高智耀，河西（今宁夏银川）人，世代在西夏国做官。元太宗窝阔台探访寻求河西世家大族子孙中的贤能，大家都推荐高智耀，元太宗召见他后将要予以任用，高智耀却谢绝了任用回家。元宪宗即皇帝位，高智耀入宫进见，说：“儒生学习的是尧、舜、禹、汤、文、武治国的道理，自古以来的君王，任用儒生国家就会安定，不然国家就会衰败，通过培养他们的才能，以备将来任用。那么应该免除儒生的劳役并且教育他们。”宪宗问：“儒家与巫医相比怎么样？”高智耀回答说：“儒家通过纲常治理天下，哪里是方技能够相比的。”宪宗说：“很好。在你之前没有人告诉过我这些。”于是下令免除国内儒生的一切劳役。世祖在王府的时候就听说过他的贤能，等到即位后，召见高智耀，他又极力言说儒学对治国理政的益处，反复言说，滔滔不绝。世祖认为他的论述很新奇，就铸造官印交给他，下令凡是免除劳役的儒生家，都必须要有他的公文作为凭证。当时淮、蜀一带被俘虏的儒生，都被收没为奴隶，高智耀上奏说：“把儒生作为奴隶，从古以来是没有的。陛下正准备以古道作为治国方针，应该去除这种现象，以勉励天下的儒生。”世祖认为他说的很对，当即授任高智耀为翰林学士，让他巡视郡县选拔儒生，得到几千人。有的显贵大臣说高智耀虚夸失实，世祖责问他，高智耀回答说：“读书人，就好比是金子，金子的颜色有深浅，因为颜色的深浅就说不是金子，这是不对的；士人的才能有高低，因为才能的高低就说他不是士人，也是不对的。”世祖很高兴，赏赐了他。（元史卷一百二十五）

廉希宪

【题解】廉希宪（1231—1280年），一名忻都，字善甫，号野云。畏兀儿族。祖籍西域高昌（今新疆吐鲁番），大蒙古国至元朝初年名臣，燕南诸路廉访使布鲁海牙之子。

廉希宪自幼不凡。成年后，爱好经史。十九岁时，入侍忽必烈于藩邸，被称为“廉孟子”。元宪宗四年（1254年），任京兆宣抚使，首请用许衡提举学校，教育人才。从攻南宋鄂州，请尽释军中所俘士人。宪宗死，劝忽必烈北归即位。任京兆、四川宣抚使，平定刘太平等叛乱。旋以中书右丞行秦蜀省事，力拒阿里不哥将浑都海进攻。任中书平章政事时，他刚正不阿、直言敢谏。至元七年（1270年），罢相。至元十一年（1274年），起为北京行省平章政事。次年，元军取南宋江陵，忽必烈令廉希宪行省荆南。他至镇后，禁剽掠，录用故宋官吏，发仓粟赈饥，兴学校、选教官。后因病召还。至元十六年（1279年），复受命领中书事。伯颜曾赞他为“男子中真男子，宰相中真宰相”。至元十七年（1280年），廉希宪病逝，时年50岁，谥号文正。

廉希宪，字善甫，布鲁海牙①子也。世祖为皇弟，希宪年十九，得入侍，见其容止议论，恩宠殊绝。希宪笃好经史，手不释卷。一日，方读《孟子》，闻召，急怀以进。世祖问其说，遂以性善义利仁暴之旨为对，世祖嘉之，目曰廉孟子，由是知名。

【注释】①布鲁海牙（1197—1265年）：西州高昌（今新疆吐鲁番市）人，畏兀儿族。执法平允，慎于用刑，为官清廉，封魏国公。

【译文】廉希宪，字善甫，是布鲁海牙的儿子。世祖忽必烈还是皇弟的时候，廉希宪十九岁，进入王府侍奉，世祖见他的仪容、举止、谈吐都不同寻常，对他特别恩宠。廉希宪十分爱好经典史籍，勤读不倦。一天，正在读《孟子》，听闻世祖召见，急忙把书揣到怀里觐见。世祖询问《孟子》一书中的内容，廉希宪于是以性善、义利、仁暴作为主旨来回答，世祖嘉奖他，称他为廉孟子，于是廉希宪的声名为世所知。

岁甲寅，世祖以京兆分地命希宪为宣抚使。京兆控制陇蜀，诸王贵藩分布左右，民杂羌戎，尤号难治。希宪讲求民病，抑强扶弱。暇日从名儒若许衡、姚枢辈谘访治道，首请用衡提举京兆学校，教育人材，为根本计。

【译文】宪宗四年（1254年），世祖任命廉希宪为京兆地区的宣抚使。京兆地区控制陇、蜀，诸王贵藩的封地分布在周围，百姓中羌、戎杂居，特别难以管理。廉希宪重视百姓的苦难，打击强暴，扶助弱小。空闲的时候跟从名儒许衡、姚枢这些人咨询治国之道，首先奏请世祖任命许衡掌管京兆的学校，把教育人才作为国家的根本大计。

宪宗崩，讣音至，希宪启曰："殿下太祖嫡孙，先皇母弟，前征云南，克期抚定，及今南伐，率先渡江，天道可知。且殿下收召才杰，悉从人望，子惠[①]黎庶，率土归心。今先皇奄弃[②]万国，神器无主，愿速还京，正大位以安天下。”世祖然之，且命希宪先行，审察事变。

【注释】①子惠：慈爱，施以仁惠。

②奄弃：忽然舍弃。犹永别，谓死亡。

【译文】元宪宗驾崩，报丧的信息传来，廉希宪启奏说：“殿下您是太祖的嫡孙，先皇的同胞弟弟，之前征讨云南，已在期限内安抚平定了，如今南下征讨宋朝，您又率先过江，由此可以知道天意归属殿下。而且殿下您招收杰出人才，顺从众人的愿望，对百姓施以仁惠，境内的人都诚心归附。如今先皇突然舍弃天下，国家没有君王，希望殿下您迅速回到京城，正式登帝位以安定天下。”世祖同意了，并且命令廉希宪先出发，仔细考察事态的变化。

庚申，至开平，宗室诸王劝进，谦让未允，希宪复以天时人事进言。且曰：“阿里不哥[①]于殿下为母弟，居守朔方，专制有年，或觊望神器，事不可测，宜早定大计。”世祖然之。明日即位，建元中统。

【注释】①阿里不哥：孛儿只斤·阿里不哥（1219—1266年），又译作阿里布哥，蒙古贵族。元睿宗拖雷第七子，元宪宗蒙哥及元世祖忽必烈之弟。

【译文】中统元年（1260年），世祖到达开平（今内蒙古开平县），宗室诸王劝世祖早登帝位，世祖因为谦让没有答应，廉希宪又以天命所归、人心所向进言。并且说："阿里不哥与殿下您是同胞弟弟，镇守北方，控制一方已多年，可能也在图谋继承皇位，事情不能够预测，应该趁早确定大计。"世祖同意了。第二天就即位，建立年号中统。

诏以希宪为中书右丞，行秦蜀省事。进拜平章政事，赐宅一区。时希宪年三十矣。希宪在中书，振举纲维，综劾名实，汰逐冗滥，裁抑侥幸，兴利除害，事无不便，当时翕然称治，典章文物，粲然可考。

【译文】世祖下诏任命廉希宪为中书右丞，负责陕西、四川的事务。又晋升为平章政事，赏赐一所宅院。当时廉希宪才三十岁。廉希宪在中书省，整顿法度，考察政绩是否名实相符，淘汰多余的官员，削减心存侥幸之人，兴利除害，国事便利，当时国家大治，章程法则、礼乐制度都成绩斐然。

奸臣阿合马领左右部，专总财赋，会其党相攻击，帝命中书推覆，众畏其权，莫敢问。希宪穷治其事，以状闻，杖阿合马，罢所领归有司。帝谕希宪曰："吏废法而贪，民失业而逃，工不给用，财不赡费，先朝患此久矣。自卿等为相，朕无此忧。”对曰：“陛下圣犹尧、舜，臣等未能以皋陶、稷、契之道赞辅治化，以致太平，怀愧多矣。今日小治，未足多也。”因论及魏徵，对曰：“忠臣良臣，何代无之，顾人主用不用尔。”有内侍传旨入朝堂，言某事当尔，希宪曰：“此阉宦预政之渐，不可启也。”遂入奏，杖之。

【译文】奸臣阿合马管理中书省左右部，独揽全国的财政赋税大权，正好赶上他的党羽互相攻击，世祖下令中书省重新审问，中书省的大臣畏惧他的权势，都不敢审问。廉希宪彻查此事，具表上报，朝廷下诏杖打阿合马，罢免他的职务分归有关部门管理。世祖告诉廉希宪说：“官吏废弛法令而贪污，百姓失去生计而逃亡，生产不能满足用度，财政不能供给耗费，先朝担忧这些事情已经很久了。自从爱卿们担任宰相，朕就没有了这样的忧虑。”廉希宪回答说：“陛下圣明如同尧舜，臣下等不能以皋陶、后稷、契的臣道辅佐您治理国家、教化人民，进而达到天下太平，已经深感愧疚了。如今国家只是稍微有些治理，还有很多事情没做好。”谈到魏徵，廉希宪回答说：“忠臣良臣，每个朝代都有，主要看君王任用不任用。”有内侍进入朝堂传令，说某件事应该做，廉希宪说：“这是宦官干预朝政的开始，不能够开启这种不正之风。”于是进宫上奏世祖，杖责了内侍。

希宪每奏议帝前，论事激切，无少回惜。帝曰：“卿昔事朕王府，多所容受，今为天子臣，乃尔木强[1]耶？”希宪对曰：“王府事轻，天下事重，一或面从，天下将受其害，臣非不自爱也。”

【注释】①木强：质直刚强。

【译文】廉希宪在世祖跟前上书言事，言辞都激烈直率，没有丝毫回旋余地。世祖说：“爱卿昔日在王府供事的时候，多有容纳接受，如今成为天子的大臣，为什么反而变得刚强倔强了？”廉希宪回答说：“王府的事轻，天下的事重，一旦当面顺从，那么天下将会受到危害，臣下不是不自重。”

十六年春，希宪称疾笃。皇太子遣侍臣问疾，因问治道，希宪曰：“君天下在用人，用君子则治，用小人则乱。臣病虽剧，委之于天。所甚忧者，大奸专政，群小阿附，误国害民，病之大者。殿下宜开圣意，急为屏除，不然，日就沉痼，不可药矣。”戒其子曰：“丈夫见义勇为，祸福无预于己，谓皋、夔、稷、契、伊、傅、周、召为不可及，是自弃也。天下事苟无牵制，三代可复也。”又曰：“汝读《狄梁公[1]传》乎？梁公有大节，为不肖子所坠，汝辈宜慎之！”十七年，卒，年五十。（元史卷一百二十六）

【注释】①狄梁公：指狄仁杰（630—700年），字怀英，并州太原（今山西太原市）人。唐武周时期名臣。

【译文】至元十六年（1279年）春，廉希宪称自己病重。皇太子派遣侍臣探问病情，并且询问治国之道，廉希宪说："治理天下在用人，任用君子则治，任用小人则乱。臣下的病虽重，只凭天意的安排。现在非常值得忧虑的事情，是大奸之人独揽政权，小人阿谀归附，误国害民，这是国家的大病。殿下应该广开圣意，急切地屏除国家大病，不然，国家的弊病就会一天天沉重，不可救药了。"廉希宪告诫他的儿子说："有作为的人看到正义的事就勇敢地去做，不预先考虑自己的祸福，认为自己比不上皋陶、夔、后稷、契、伊尹、傅说、周公、召公这样的贤臣，这是自甘堕落。天下的事情如果没有祸患牵制，那么三代的盛世就可以恢复了。"又说："你读过《狄梁公传》吗？狄梁公高风亮节，却被不肖子孙败丧，你们应该谨慎啊！"至元十七年（1280年），廉希宪去世，终年五十岁。（元史卷一百二十六）

伯　颜

【题解】伯颜（1236—1295年），蒙古八邻部人。元朝初年名臣。伯颜从小在伊利汗国长大，以深略善断著称。至元初年，奉伊儿汗旭烈兀命奉使入朝，受元世祖忽必烈赏识，拜中书左丞相，后升任同知枢密院事。他在至元十一年（1274年），统兵伐南宋，至元十三年（1276年），攻陷临安，俘宋恭帝、谢太后等北还。南宋灭亡后，又出镇和林，屡次讨平诸王叛乱。忽必烈驾崩后，受顾命拥戴元成宗铁穆耳即位，拜太傅、录军国重事。至元三十一年（1295年）伯颜病逝，年五十九，谥号忠武。

伯颜有着超人的智略，深明大义，用兵筹谋，出神入化。在带兵、用兵、治军方面都值得称道。统二十万大军伐宋，如统一人。讨伐宋朝胜利还朝，口不言功，行囊仅有随身衣被。

伯颜，蒙古八邻部人。至元二年七月，拜光禄大夫、中书左丞相。诸曹白事[①]，有难决者，徐以一二语决之。众服曰："真宰辅也。"四年，改中书右丞。七年，迁同知枢密院事。

【注释】①白事：禀告公务，陈说事情。

【译文】伯颜，蒙古八邻部人。至元二年（1265年）七月，授光禄大夫、中书左丞相。各个部门禀告公务，有难以决断的，伯颜只用一、两句话就解决了。大家钦佩地说："真是宰辅之才啊。"至元四年（1267年），改任中书右丞。至元七年（1270年），迁任同知枢密院事。

十八年，伯颜之取宋而还也，诏百官郊迎[①]以劳之，平章阿合马先百官半舍[②]道谒，伯颜解所服玉钩绦遗之，且曰："宋宝玉固多，吾实无所取，勿以此为薄也。"阿合马谓其轻己，思中伤之，乃诬以平宋时取其玉桃盏，帝命按之，无验，遂释之，复其任。阿合马既死，有献此盏者，帝愕然曰："几陷我忠良！"别吉里迷失尝诬伯颜以死罪，未几，以它罪诛，敕伯颜临视，伯颜与之酒，怆然不顾而返。世祖问其故，对曰："彼自有罪，以臣临之，人将不知天诛之公也。”

【注释】①郊迎：古代出郊迎宾，以示隆重、尊敬。

②半舍：一舍之半，即十五里。

【译文】至元十八年（1281年），伯颜攻占宋朝后回来，世祖下诏百官出郊外迎接慰劳他，平章政事阿合马在百官前面十五里的地方拜见他，伯颜解下穿戴的玉钩绦送给他，并且说：“宋朝的宝玉固然很多，但是我确实没有掠取，请不要认为这个玉钩绦微薄。”阿合马认为伯颜轻视自己，想着中伤他，于是诬陷伯颜在平定宋朝的时候取走了玉桃盏，世祖下令审查此事，但是没有查到证据，就释放了他，恢复了他的职务。阿合马死后，有人进献玉桃盏，世祖惊讶地说：“差点诬陷了我的忠良之臣！”别吉里迷失曾经诬陷伯颜犯有死罪，不久，别吉里迷失因为其它罪行将要被诛杀，世祖敕令伯颜亲临省视，伯颜递给别吉里迷失酒，悲伤地不看他就回来了。世祖问伯颜其中的原因，伯颜回答说：“他自己有罪，让臣来监斩，人们将不能知道帝王诛罚的公道了。”

二十九年秋，宗王明理铁木儿[①]挟海都[②]以叛，诏伯颜讨之，相值于阿撒忽秃岭，矢下如雨，众军莫敢登，伯颜令之曰：“汝寒君衣之，汝饥君食之，政欲效力于此时尔。于此不勉，将何以报！”麾诸军进，后者斩，伯颜先登陷阵，诸军望风争奋，大破之。明里铁木儿挺身走，命速哥、梯迷秃儿等追之。

伯颜引军夜还，至必失秃，卒遇伏兵，伯颜坚壁不动，黎明，遂引去。伯颜轻骑追至别竭儿，速哥、梯迷秃儿等兵亦至，乃夹击之，斩首二千级，俘其余众以归。诸将言：古礼，兵胜必祃[③]旗于所征之地。欲用囚虏为牲，伯颜不可，众皆叹服。军中获谍者，忻都欲杀之，伯颜不许，厚赐之，遣赍书谕明里铁木儿以祸福，明里铁木儿得书感泣，以众来归。未几，海都复犯边，伯颜留拒之。廷臣有谮伯颜久居北边，与海都通好，仍保守，无尺寸之获者，诏以御史大夫玉昔帖木儿[④]代之，居伯颜于大同，以俟后命。玉昔帖木儿未至三驿，会海都兵复至，伯颜遣人语玉昔帖木儿曰："公姑止，待我翦此寇而来，未晚也。"伯颜与海都兵交，且战且却，凡七日，诸将以为怯，愤曰："果惧战，何不授军于大夫！"伯颜曰："海都县军[⑤]涉吾地，邀之则遁，诱其深入，一战可擒也。诸军必欲速战，若失海都，谁任其咎？"诸将曰："请任之。"即还军击败之，海都果脱去。乃召玉昔帖木儿至军，授以印而行。时成宗[⑥]以皇孙奉诏抚军北边，举酒以饯曰："公去，将何以教我？"伯颜举所酌酒曰："可慎者，惟此与女色耳。军中固当严纪律，而恩德不可偏废。冬夏营驻，循旧为便。"成宗悉从之。

【注释】①明理铁木儿：又作灭里帖木儿、明里帖木儿、明里铁木儿、明理帖木儿、灭里铁木儿、灭里铁木尔，阿里不哥之子。

②海都：孛儿只斤·海都（1235—1301年），蒙古帝国窝阔台汗之孙，孛儿只斤·合失之子。曾支持阿里不哥与忽必烈争汗位。

③祃(mà)：古代行军在军队驻扎的地方举行的祭礼。

④玉昔帖木儿(1242—1295年)：元世祖忽必烈时期的大臣。又译玉速帖木儿，阿鲁剌氏。成吉思汗“四杰”之一、右手万户那颜博尔术的嫡孙。

⑤县军：深入敌方缺乏后援之孤军。

⑥成宗：即元成宗铁穆耳。元世祖太子真金子。庙号成宗，谥钦明广孝皇帝。

【译文】至元二十九年(1292年)秋，宗王明理铁木儿挟持海都叛乱，世祖下诏伯颜讨伐他们，两军在阿撒忽秃岭(今蒙古国西南巴彦洪戈尔省北部)相逢，敌军的飞箭像雨一样落下，众军不敢再登山，伯颜对他们说：“你们寒冷君上给你们衣服穿，饥饿君上给你们食物吃，正是希望这个时候你们能效力。这个时候不努力，将在什么时候报答呢！”于是指挥军队前进，退后的斩首，伯颜率先登山攻陷敌军阵地，众多军士看到后都奋勇争先，大败敌军。明里铁木儿独自脱身逃走，伯颜命令速哥、梯迷秃儿等人追击。伯颜率领军队夜里回来，到达必失秃，突然遇到了伏兵，伯颜固守壁垒不出战，黎明时分，敌军才退走。伯颜的轻装骑兵追到别竭儿，速哥、梯迷秃儿等人的军队也赶到，于是夹击敌军，斩获敌首二千，俘虏剩下的士兵归来。众位将领说：古时候的礼节，打了胜仗后必须在征战的地方举行祭旗礼。因此想把囚禁的俘虏作为祭品祭旗，伯颜没有同意，众军都赞叹佩服他。军队中抓住了一个间谍，忻都想要杀了他，伯颜不同意，丰厚的赏赐了那个间谍，并派他送信告知明里铁木儿其中的利害祸福，明里铁木儿看到书信后感动得流泪，率领军队来归降。不久，海都又来侵犯边境，伯颜留守抵御他。廷臣中有人诬陷伯颜长久镇守在北边，与海都往来交好，不思进取，没有寸尺的功劳，世祖下诏让御史大夫玉昔帖木儿代替伯颜，把伯颜安置在大同，等待任命。玉昔帖木儿还差三个驿站的距离才到目的地，就碰上海都的军队又来进攻了，伯颜派人告诉玉昔帖木儿说："明公您暂且止步，等我剿灭这个贼寇您再来，也不迟。"伯颜与海都的军队交战，边战边退，七天都是这样，众将认为伯颜胆怯，气愤地说："如果您害怕战争，为什么不把军队交给御史大夫呢！"伯颜说："海都孤军深入我地，一旦拦截他们就会逃遁，引诱他们深入，一战就可以抓住他们。诸位将军一定要迅速交战，如果让海都逃脱，谁来承担这个过失？"诸将都说："愿意承担罪责。"诸将立即回军打败了海都，但是海都果真逃脱了。伯颜于是召请玉昔帖木儿到军队，交付帅印后就离开了。当时元成宗以皇孙的身份奉皇帝的诏令在北边从军出征，皇孙端起酒杯为伯颜饯行说："明公您将要离开，有什么可以教授我的？"伯颜举起斟满的酒杯说："您应该谨慎的，只有酒与女色了。军队中固然应当严明纪律，然而恩德也是不能忽视的。冬夏的止行暂住，最好依循旧例。"元成宗都遵从了。

三十年冬十二月，驿召至自大同，世祖不豫。明年正月，世祖崩，伯颜总百官以听。成宗即位于上都之大安阁，亲王有违言，伯颜握剑立殿陛，陈祖宗宝训，宣扬顾命，述所以立成宗之意，辞色俱厉，诸王股栗，趋殿下拜。冬十二月，薨，年五十九。（元史卷一百二十七）

【译文】至元三十年（1293年）冬季十二月，世祖患病，朝廷通过驿马传召把伯颜从大同召回京城。第二年正月，世祖驾崩，伯颜总领百官、处理朝政。元成宗在上都的大安阁即皇帝位，亲王中有人说不合情理的话，伯颜手持宝剑站在宫殿的台阶上，陈说祖宗的言论诏谕，对众人说明世祖的临终遗命，述说册立成宗的原因，言辞和神色都很严厉，诸王非常恐惧，小步快走上殿参拜成宗。冬季十二月，伯颜去世，终年五十九岁。（元史卷一百二十七）

阿里海牙

【题解】阿里海牙（1227—1286年），畏兀儿人（今维吾尔族）。西域北庭（今新疆吉木萨尔）人。阿里海牙是元朝进攻南宋政权的急先锋，在蒙古灭宋过程中战功显赫，为元朝江山立下了汗马功劳。《续编》从其本传中辑录了他注重招降、不重视杀戮，因此而得民心的相关内容。不过，根据《元史》记载，阿里海牙在攻取荆湖南北路战争中，将降民三千八百户没入为私奴，自置官吏治之，岁责其纳租赋。他在取湖广后，罢宋夏税，按中原例改科门摊，每户一贯二钱，比夏税增钞五万余锭，造成湖广赋税比江浙更重的后果。他因此受到御史的弹劾，他本人不久后去世，最后被抄家。

阿里海牙，畏吾儿人也。用荐者得事世祖于潜邸。世祖即位，渐见擢用，由左右司郎中迁参议中书省事。至元二年，立诸路行中书省，进佥河南行省事。

【译文】阿里海牙，畏吾儿（今维吾尔族）人。因为别人的推荐而能够在世祖的王府里做事。世祖即位后，逐渐被提拔任用，由左右司郎中升迁为参议中书省事。至元二年（1265年），设立诸路行中书省，阿里海牙被提升为佥河南行省事。

五年，命与元帅阿术[①]、刘整[②]取襄阳，又加参知政事。始，帝遣诸将，命毋攻城，但围之，以俟其自降。然城中粮储多，围之五年，终不下。九年三月，破樊城外郛[③]，其将复闭内城守。阿里海牙以为襄阳之有樊城，犹齿之有唇也，宜先攻樊城，樊城下，则襄阳可不攻而得。乃入奏。帝始报可。会有西域人亦思马因[④]献新炮法，因以其人来军中。十年正月，为炮攻樊，破之。

【注释】①阿术：兀良哈·阿术（1234—1287年），元朝初期大将，蒙古族，大蒙古国开国功臣速不台之孙，都元帅兀良合台之子。

②刘整（1212—1275年）：字武仲，邓州穰城（今河南邓州市）

人，宋末元初著名将领，元朝水军的创始人之一。金末时投奔南宋，隶属于南宋名臣赵方麾下。由于受到吕文德的陷害，被迫降元，提出“欲灭南宋，先取襄阳”的关键战略。

③郛（fú）：古代城圈外围的大城。

④亦思马因：西域（今新疆）回回人。原籍旭烈（今伊拉克纳杰夫）或说木发里（今伊拉克摩苏尔）。元代“回回炮”制造家。

【译文】至元五年（1268年），世祖命令阿里海牙与元帅阿术、刘整攻取襄阳，又加任他为参知政事。当初，世祖命令诸将，不要攻城，只要围困，等待他们自己投降。然而城中粮草储备充足，围困了五年，最终还是没有攻下。至元九年（1272年）三月，攻破樊城的外城，樊城的守将又紧闭内城坚守。阿里海牙认为襄阳有樊城，就犹如牙齿有嘴唇一样，应该先攻下樊城，樊城攻克了，那么襄阳可以不攻自破了。于是入宫启奏。世祖同意了他的建议。正巧一个名叫亦思马因的西域人献上新炮制法，于是把他带到军中。至元十年（1273年）正月，铸造火炮攻打樊城，成功了。

阿里海牙既破樊，移其攻具以向襄阳。刘整欲立碎其城，执文焕[①]以快其意。阿里海牙独不欲攻，乃身至城下，与文焕语曰：“君以孤军城守者数年，今飞鸟路绝，主上深嘉汝忠。若降，则尊官厚禄可必得，决不杀汝也。”文焕狐疑未决。又折矢与之誓，如是者数四，文焕感而出降。遂与入朝。

【注释】①文焕：吕文焕（？—1298年），中国南宋后期将领。号常山，小名吕六，安丰军霍丘县（今安徽霍邱县）人。吕文焕在宋蒙襄樊之战后期任宋朝守将，与蒙元相持达六年之久。1273年，襄阳兵尽粮绝，吕文焕投降元朝，并为元朝策划攻打鄂州，自请为先锋。

【译文】阿里海牙已经攻破樊城，转移攻城火炮对着襄阳。刘整想要立即攻下襄阳城，抓住吕文焕才痛快。惟独阿里海牙不主张强攻，于是亲身来到城下，对吕文焕说："您孤军守城已经多年了，如今飞鸟的路都断绝了，主上深深嘉奖您的忠诚。如果投降，那么高官厚禄必然可以得到，一定不会杀害您。"吕文焕犹豫不能决定。阿里海牙又折箭与他盟誓，像这样反复四次，吕文焕深受感动而出城投降。于是和阿里海牙一起入朝。

阿里海牙奏曰："襄阳自昔用武之地也，今天助顺而克之，宜乘胜顺流长驱，宋可必平。"平章阿术亦赞其说。帝命丞相史天泽议之。天泽曰："朝廷若遣重臣，如丞相安童①、同知枢密院事伯颜者一人，都督诸军，则四海混同，可立待也。"帝曰："伯颜可。"乃大征兵，拜伯颜为行中书省左丞相，阿术为平章。阿里海牙进行省右丞，赏钞二百锭。

【注释】①安童（1248—1293年）：蒙古札剌亦儿部人，木华黎四世孙。祖孛鲁，父霸突鲁；母弘吉剌氏，世祖察必皇后之姊。

【译文】阿里海牙启奏说："襄阳自古以来是兵家必争之

地，如今上天帮助顺利地攻克了，应该乘胜顺流向前奔驰，宋朝必定可以平定。”平章政事阿术也赞同他的说法。世祖命令丞相史天泽讨论。史天泽说：“朝廷如果派遣重臣，比如丞相安童、同知枢密院事伯颜其中的一个人，统领军队，那么四海统一，可以马上做到了。”世祖说：“伯颜可以。”于是大规模地征调军队，授伯颜为行中书省左丞相，阿术为平章政事。阿里海牙进升行省右丞，赏赐钱钞二百锭。

十一年九月，会师襄阳，十二月，伯颜与诸将会鄂城下，遣阿里海牙戍鄂，而与阿术将大兵以东。阿里海牙集鄂民，宣上德惠，禁将士毋侵掠。其下恐惧，无敢取民之菜者，民大悦。遣人徇寿昌、信阳、德安诸郡，皆下。进徇江陵。

【译文】至元十一年（1274年）九月，在襄阳会师，十二月，伯颜与诸将在鄂州城下会合，派遣阿里海牙戍守鄂州，而与阿术率领大部队向东前进。阿里海牙集合鄂州百姓，宣扬世祖的德行恩惠，禁令将士不要侵占掠夺百姓。将士们都有所畏惧，没有人敢拿取百姓的蔬菜的，百姓们非常高兴。阿里海牙派遣军队攻占寿昌、信阳、德安各郡，都攻下了。进一步攻占江陵。

遣使徇郴、全、道、桂阳、永、衡、武冈、宝庆、袁、韶、南雄诸郡，其守臣皆率其民来迎，曰：“闻丞相体皇帝好生之德，毋杀虏，所过皆秋毫无犯，民今复见太平，各奉表来降。”

丞相，称阿里海牙也。奏官其降官，皆如江陵。

【译文】阿里海牙派遣使臣攻占郴、全、道、桂阳、永、衡、武冈、宝庆、袁、韶、南雄各郡，各郡的守臣都率领百姓来迎接，说："听闻丞相体悟皇帝好生之德，不杀害俘虏，军队经过的地方都是纪律严明，百姓现在又看到了太平，各自上表来投降。"丞相，指的是阿里海牙。阿里海牙奏请世祖授予降官官职，如同在江陵一样。

十八年，奏请徙省鄂州。所定荆南、淮西、江西、海南、广西之地，凡得州五十八，峒夷山僚不可胜计。大率以口舌降之，未尝专事杀戮。又其取民悉定从轻赋，民所在立祠祀之。

【译文】至元十八年（1281年），阿里海牙奏请迁徙行省到鄂州。平定的荆南、淮西、江西、海南、广西等地，总共五十八个州，峒夷山僚的人口不可胜数。阿里海牙大多是通过言语说服他们投降，不曾特意进行杀戮。同时又向归顺的百姓征收很轻的赋税，有百姓的地方都设立祠堂祭祀他。

二十三年，入朝，加光禄大夫、湖广行省左丞相；卒，年六十。（卷一百二十八）

【译文】至元二十三年（1286年），阿里海牙入朝，加授光禄大夫、湖广行省左丞相；后来去世，终年六十岁。（卷一百二十八）

拜住

【题解】拜住即札剌亦儿·拜住（1298—1323年），成吉思汗开国功臣木华黎之后，名相安童之孙。元英宗硕德八剌大臣，拜住好儒学，通汉族传统礼仪，曾担任右丞相，君臣着手改革，推行新政，起用儒士，访求人才；罢徽政院及冗官冗职；行助役法，减轻徭役；岁减江南海运粮二十万石；制定和颁行《大元通制》。由于其改革措施触动了原有贵族的利益，导致至治三年（1323年）在南坡之变中与元英宗一起被奸臣所杀。

拜住，安童孙也。至大二年，袭为宿卫长。仁宗即位，延祐二年，拜资善大夫、太常礼仪院使。四年，进荣禄大夫、大司徒。五年，进金紫光禄大夫。六年，加开府仪同三司，余并如故。每议大政，必问曰："合典故否？"同官有异见者，曰："大朝止说典故耶？"拜住微笑曰："公试言之，国朝何事不依典故？"同官不能对。太常事简，每退食[①]必延儒士谘访古今礼乐刑政、治乱得失，尽日不倦。尝曰："人之仕宦，随所职司，事皆可习。至于有本，施于事业，此儒者之能事，宰相之资也。"英宗[②]登极，拜中书平章政事。

【注释】①退食：典出《诗经·召南·羔羊》："退食自公，委蛇委蛇。"朱熹集传："退食，退朝而食于家也。自公，从公门而出也。"后因以指官吏节俭奉公，退朝就食于家或公余休息。

②英宗：孛儿只斤·硕德八剌（1303—1323年），即元英宗，元朝第五位皇帝，蒙古帝国第九位大汗。元仁宗嫡子。自幼受儒学熏陶，登基后推行"以儒治国"政策。庙号英宗。

【译文】拜住，是安童的孙子。至大二年（1309年），世袭担任宿卫长。元仁宗即位，延祐二年（1315年），授资善大夫、太常礼仪院使。延祐四年（1317年），进升荣禄大夫、大司徒。延祐五年（1318年），进金紫光禄大夫。延祐六年（1319年），加任开府仪同三司，原来官职依旧担任着。每次议论重大政事，拜住必定询问："是否符合典制和成例？"同僚中有不同意见的人说："朝廷难道只说典制和成例吗？"拜住微笑着说："您试着说一下，国朝有什么事情不是依照典制和成例的？"同僚不能回答。太常的职事简单，每次公余休息的时候，拜住必定会延请儒士询问古今的礼乐刑政、治乱得失，一整天不知道疲倦。曾经说："人做官，随着职务主管的变化，从事的工作都可以学习。至于把根本运用到具体事务中，这是儒者擅长的事情，是宰相的依托。"元英宗即位后，任拜住为中书平章政事。

二年春正月，孟享[1]。议行祫禘[2]配享[3]等礼。帝从容谓拜住曰："朕思天下之大，非朕一人思虑所及，汝为朕股肱，毋忘规谏，以辅朕之不逮。"拜住顿首谢曰："昔尧、舜为君，每事询众，善则舍己从人，万世称圣。桀、纣为君，拒谏自贤，悦人从己，好近小人，国灭而身不保，民到于今称为无道之主。臣等仰荷洪恩，敢不竭忠以报。然事言之则易，行之则难。惟陛下力行，臣等不言，则臣之罪也。”帝嘉纳之。

【注释】①孟享：亦作“孟飨”。帝王宗庙祭礼。因于每年的四孟（孟春、孟夏、孟秋、孟冬）举行，故称。

②祫禘（xiá dì）：古代王者祭先祖之大礼。

③配享：亦作“配飨”。享，通“飨”。指合祭，祔祀。古帝王祭天，以先祖配祭。

【译文】至治二年（1322年）春季正月，举行孟春祭礼。讨论举行祫禘配享等祭礼。英宗从容和缓地对拜住说：“朕想着天下这么大，不是朕一个人能考虑周到的，你是朕的辅佐大臣，不要忘了劝诫谏诤，以辅助朕考虑不到的地方。”拜住叩头拜谢说：“昔日尧、舜作为君王，每件国事都询问众人，意见合理的就舍弃自己的而依从别人，万世称颂他们的圣明。桀、纣作为君王，拒绝劝谏自以为贤明，喜欢别人顺从自己，亲近小人，国家灭亡而且不能保全自身，百姓到现在还称他们是无道的君主。臣下等承受陛下的大恩，不敢不竭尽忠心回报。然而事情说着容易，做起来却很难。希望陛下您竭力而行，臣下等不进言，就是臣下的罪过。”英宗嘉奖采纳了他的意见。

时右丞相铁木迭儿[①]贪滥谲险，屡杀大臣，鬻狱卖官，广立朋党，凡不附己者必以事去之，尤恶平章王毅[②]、右丞高昉[③]，因在京诸仓粮储失陷，欲奏诛之。拜住密言于帝曰：“论道经邦，宰相事也，以金谷细务责之可乎？”帝然之，俱得不死。铁木迭儿复引参知政事张思明[④]为左丞以助己。思明为尽力，忌拜住方正，每与其党密语，谋中害之。左右得其情，乘间以告，且请备之。拜住曰：“我祖宗为国元勋，世笃忠贞，百有余年。我今年少，叨受宠命，盖以此耳。大臣协和，国之利也。今以右相雠我，我求报之，非特吾二人之不幸，亦国家之不幸。吾知尽吾心，上不负君父，下不负士民而已。死生祸福，天实鉴之，汝辈毋复言。”未几，奉旨往立忠宪王碑于范阳。铁木迭儿久称疾，闻拜住行，将出莅省事，入朝，至内门，帝遣速速赐之酒，且曰：“卿年老宜自爱，待新年入朝未晚。”遂怏怏而还。然其党犹布列朝中，事必禀于其家，以拜住故，不得大肆其奸，百计倾之，终不能遂。

【注释】①铁木迭儿（？—1322年）：身历元朝五代君主（元世祖、元成宗、元武宗、元仁宗、元英宗），贪财有术，行贿有方，敛财聚货，中饱私囊，陷害忠良，最后身败名裂，死有余辜。

②王毅：元东平汶上人，字栗夫。尝劾铁木迭儿营私蠹政，伏阙极谏。

③高昉：元右名元城（今河北大名县）人，字显卿。因忤权臣铁木迭儿，险遭杀害。

④张思明：元辉州人，字士瞻。英宗时，因拜住与铁木迭儿二相

各树朋党，惧祸，欲去不得，竟被诬罢官。

【译文】当时右丞相铁木迭儿贪欲无度、诡诈阴险，屡次杀害大臣，贪污受贿而枉断官司、买卖官位，广泛树立朋党，凡是不依附自己的必定借机驱逐他们，尤其嫌恶平章政事王毅、右丞相高昉，由于在京城的仓粮储备有损失，铁木迭儿上奏请求诛杀他们。拜住秘密地对英宗说："谋虑治国的政令、治理国家，是宰相的职事，因为钱财和粮食这样的琐碎小事责罪他们，是可以的吗？"英宗认为他说得对，王毅、高昉都因此得以免死。铁木迭儿又引荐参知政事张思明担任左丞相来辅助自己。张思明为铁木迭儿尽心竭力，忌惮拜住的正直无私，常常与同党密谈，图谋中伤陷害拜住。拜住身边的人知道这样的情况，就抓住机会告诉他，并且请他防备。拜住说："我的祖先是国家的元勋，世代忠实坚贞，有一百多年了。我如今年纪轻轻，就承受皇帝加恩特赐的任命，大概是因为这了。大臣之间配合得当，是国家的利益。如今由于右相仇恨我，我就寻求报复，不只是我们的不幸，也是国家的不幸。我只知道竭尽我的忠心，在上不辜负君父，对下不辜负百姓罢了。死生祸福，上天自会鉴察，你们不用再说了。"不久，拜住奉旨前往范阳树立忠宪王安童的碑。铁木迭儿长期称病，听说拜住出行，想要出来省察政事，入朝，到宫殿内门，英宗派遣速速赐给他酒，并说："爱卿年老应该自己爱护自己，等到新年再入朝不迟。"铁木迭儿于是闷闷不乐地回去了。然而他的党羽仍然遍布在朝中，凡是国家大事必定去他家禀告，由于拜住的缘故，铁木迭儿不能没有顾忌地进行奸邪之事，他用尽一切办法排挤打击拜住，但是始终不能够得逞。

拜住每以学校政化大源，似缓实急，而主者不务尽心，遂致废弛，请令内外官议拯治之。有言佛教可治天下者，帝问之，对曰："清净寂灭，自治可也。若治天下，舍仁义，则纲常乱矣。"又尝谓拜住曰："今亦有如唐魏徵之敢谏者乎？"对曰："盘圆则水圆，盂方则水方。有太宗纳谏之君，则有魏徵敢谏之臣。"帝并善之。

【译文】拜住常常把学校作为政治教化的本源，看似和缓实际很紧急，然而主管的人不尽心尽力，于是导致教学废弃懈怠，拜住奏请下令朝廷内外的官员讨论整治的办法。有人说佛教可以治理天下，英宗问拜住，拜住回答说："佛教提倡清净无为、涅槃寂灭，修持自我是可以的。如果要治理天下，舍弃仁义之道，那么纲常就会混乱了。"英宗曾经又对拜住说："如今还有像唐代魏徵这样敢劝谏的大臣吗？"拜住回答说："盘子是圆的那么装的水就是圆的，盂器是方的那么装的水就是方的。有唐太宗这样接受规劝的君王，就会有魏徵这样敢进谏的大臣。"英宗赞赏了他。

冬十二月，进右丞相、监修国史。帝欲爵以三公，恳辞，遂不置左相，独任以政。

【译文】冬季十二月，拜住进升右丞相、监修国史。英宗想授予他三公的爵位，拜住恳切地推辞，于是不设置左相，单独委任他处理政事。

帝幸五台，拜住奏曰："自古帝王得天下以得民心为本，失其心则失天下。钱谷民之膏血，多取则民困而国危，薄敛则民足而国安。"帝曰："卿言甚善。朕思之，民为重，君为轻，国非民将何以为君？今理民之事，卿等当熟虑而慎行之。"

【译文】英宗巡幸五台，拜住启奏说："自古以来帝王得到天下把得民心作为根本，失去民心就会失去天下。赋税是百姓的膏血，过多的征收赋税，百姓就会贫困而且国家危险，减轻赋税，百姓就会富足而且国家安定。"英宗说："爱卿说得很对。朕想着，百姓为重，君王为轻，国家没有百姓，君王将怎么成为君王呢？如今管理百姓的事，爱卿们应当周密地考虑而谨慎地施行。"

三年，夏六月，拜住以海运粮视世祖时顿增数倍，今江南民力困极，而京仓充满，奏请岁减二十万石。帝遂并铁木迭儿所增江淮粮免之。时铁木迭儿过恶日彰，拜住悉以奏闻。帝悟，夺其官，仆其碑。奸党铁失①等甚惧，乃生异谋，铁失与赤斤铁木儿②等杀拜住，遂弑帝于行幄③。晋王④即位，铁失等伏诛。

【注释】①铁失（？—1323年）：元英宗即位，为宣徽院使、太医院使。至治三年（1323年）八月，乘英宗自上都南还，驻跸南坡之机，勾结也先铁木儿等人，杀右丞相拜住，又亲手杀死英宗。

②赤斤铁木儿（？—1323年）：也先铁木儿，又译作也先帖木儿。英宗至治三年（1323年），与御史大夫铁失等图谋杀英宗，立晋王为帝。以弑君罪被诛于行在所。

③行幄：古代帝王外出时的临时营帐。

④晋王：孛儿只斤·也孙铁木儿（1293—1328年），元朝第六位皇帝，蒙古帝国第十位大汗。元世祖忽必烈的曾孙、元裕宗真金之孙，元显宗甘麻剌之子。被视为“自立”的非法君主，没有得到汉文庙号、谥号与蒙古汗号，一般以其第一个年号而通称为“泰定帝”。

【译文】至治三年（1323年），夏季六月，拜住认为海运的粮食比世祖时期增加了好几倍，如今江南的百姓财力困顿，然而京城的仓储充满，因此奏请每年减少征收二十万石。英宗于是把铁木迭儿所增加的江淮粮税一并免除。当时铁木迭儿的罪恶一天天显露，拜住全部奏报给英宗知道。英宗醒悟后，追夺铁木迭儿的官位，推倒他的墓碑。他的同党铁失等人非常恐惧，于是心生反叛的意念，铁失与赤斤铁木儿等人谋杀拜住，又在临时营帐中弑杀了英宗。晋王即位后，铁失等人被处死。

拜住忧国忘家，常直内庭，知无不言。太官以酒进，则忧形于色。有盗其家金器百余两，他宝直巨万，继而获盗得金，家僮来告，色无喜愠。自延祐末，水旱相仍，民不聊生。及拜住入相，振立纪纲，修举废坠，裁不急不务，杜侥幸之门，加惠兵民，轻徭薄敛。英宗倚之，相与励精图治。时天下晏然[①]，国富民足，远夷有古未通中国者皆朝贡[②]请吏[③]，而奸臣畏之，卒构祸难云。（元史卷一百三十六）

【注释】①晏然：安宁，安定。

②朝贡：古时谓藩属国或外国使臣入朝，贡献方物。

③请吏：请求为臣。谓愿意臣服。

【译文】拜住忧劳国事、忘记家事，常常在宫禁以内当值，只要知道没有不说的。太官奉进酒，拜住就露出忧愁的脸色。有人盗窃他家里的金器有一百多两，其他宝贝价值巨万，不久捕获了盗贼，找回了被盗的金器，家仆来禀告，拜住听后脸上没有喜怒的表情。从延祐末年，水灾旱灾接连不断，民不聊生。等到拜住入朝为相，振兴确立法度，复兴各种衰败的事物，裁撤各种不紧急不必要的事务，杜绝侥幸求利的门径，增加恩惠给军士百姓，减轻徭役，降低赋税。英宗倚重他，共同尽力治理国家。当时天下安宁，国家富裕、百姓富足，远方从古以来没有与中国往来的外国都入朝进贡、愿意臣服，然而奸臣却畏惧他，最终难免招致了杀身之祸。（元史卷一百三十六）

脱　脱

【题解】脱脱（1314—1356年），亦作托克托、脱脱帖木儿，蔑里乞氏，字大用，蒙古族蔑儿乞人。脱脱从小聪慧，跟随老师学习儒学。元统二年（1334年），任同知宣政院事，迁中政使、同知枢密院事、御史大夫、中书右丞相。至元六年（1340年），为中书右丞相，大改伯颜旧政，复科举取士。至正三年（1343年），主编《辽史》《宋史》《金史》，任都总裁官。至正九年（1349年），复出为中书左丞相，至正十年（1350年），改任中书右丞相，发行新钞票“至正交钞”，并派贾鲁治理黄河，成绩斐然卓著，赢得水患灾民的民心，被赞誉为“贤相”。至正十一年（1351年），镇压抗元红巾军。至正十五年（1355年），脱脱被革职流放云南，中书平章政事哈麻矫诏，于十二月初八（即1356年1月10日）令其自尽，时年42岁。至正二十二年（1362年）昭雪复官。

脱脱为元末贤相，最后却被小人陷害至死。因此，后世有人指出，若脱脱不死，元朝不会灭亡的那么快。贤人不用，小人擅权，最后加速了国家的灭亡，元末政事，正是如此。

脱脱，字大用，生而岐嶷①，异于常儿。及就学，请于其师浦江吴直方②曰：“使脱脱终日危坐读书，不若日记古人嘉言善行服之终身耳。”

【注释】①岐嶷（yí）：典出《诗经·大雅·生民》：“诞实匍匐，克岐克嶷。”朱熹集传：“岐嶷，峻茂之状。”后多以“岐嶷”形容幼年聪慧。

②吴直方（1275—1356年）：字行可，婺州浦江人，元代官员、名儒，元末著名学者吴莱之父，名臣脱脱的启蒙恩师，作为脱脱的顾问，

对元后期政局颇有影响。

【译文】脱脱，字大用，生来就很聪慧，与平常的孩子不一样。等到从师学习，老师浦江人吴直方说："让脱脱整天端坐读书，不如让他每天记录古人美善的言行而终身遵循实践。"

元统[①]二年，同知宣政院事，六月，迁同知枢密院事。

【注释】①元统：元惠宗的第二个年号（1333—1335年），共计3年。

【译文】元统二年（1334年），脱脱担任同知宣政院事，六月，迁任同知枢密院事。

至元[①]四年，进御史大夫，仍提调前职，大振纲纪，中外肃然。扈从[②]上都还，至鸡鸣山之浑河，帝将畋于保安州，马蹶。脱脱谏曰："古者帝王端居九重之上，日与大臣宿儒讲求治道，至于飞鹰走狗，非其事也。"帝纳其言，授金紫光禄大夫，兼绍熙宣抚使。

【注释】①至元：是元顺帝妥欢帖睦尔的年号（1335—1340年），因为元世祖忽必烈已使用过至元年号，为了加以区别，将元顺帝所使用的至元年号称为"后至元"。共计6年。

②扈从：随从皇帝出巡。泛指跟随、陪从。

【译文】后至元四年（1338年），脱脱进升御史大夫，仍管领原来的职务，大力振兴朝廷纲纪，朝廷内外都畏惧。随从顺帝出巡上都回来，到达鸡鸣山的浑河，顺帝将要在保安州狩猎，马跌倒了。脱脱于是劝谏说："古时候帝王平常居处在皇位上，每天与大臣宿儒修习研究治国之道，至于打猎，不是帝王的职事。"顺帝采纳了他的谏言，授任金紫光禄大夫，兼任绍熙宣抚使。

是时，其伯父伯颜为中书右丞相，既诛唐其势①，益无所忌，擅爵人，赦死罪，任邪佞，杀无辜，诸卫精兵收为己用，府库钱帛听其出纳。帝积不能平。脱脱虽幼养于伯颜，常忧其败，私请于其父曰："伯父骄纵已甚，万一天子震怒，则吾族赤矣。曷若于未败图之。"其父以为然，复怀疑久未决。质之直方，直方曰："《传》有之，'大义灭亲'。大夫但知忠于国家耳，余复何顾焉。"当是时，帝之左右前后皆伯颜所树亲党，独世杰班、阿鲁为帝腹心，日与之处。脱脱遂与二人深相结纳。

【注释】①唐其势（？—1335年）：元朝大臣，钦察人，燕铁木儿之子。妹妹伯牙吾氏立为元顺帝皇后。伯颜以迎立顺帝为功，专权跋扈，唐其势与其妹伯牙吾氏联合谋叛，后被伯颜处死。

【译文】当时，脱脱的伯父伯颜担任中书右丞相，诛杀唐其势后，更加没有顾忌，擅自授予他人爵位，赦免别人的死罪，任用邪佞之人，滥杀无辜，诸卫精兵都收归自己使用，府库里的钱财丝帛任凭他收入支出。元顺帝心中积愤不能平静。脱脱幼年虽然在伯颜家抚养，但是常常担忧伯父会衰败，于是私下里请教他的父亲说："伯父骄傲放纵已经很严重了，万一天子震怒，那么我们家族就会被诛灭了。为什么不在伯父没有衰败的时候提前谋划呢。"脱脱的父亲认为他说的对，但是心中疑虑长久没有决定。询问吴直方，吴直方说："《左传》里说，'大义灭亲'大夫只是知道对国家忠诚罢了，其他又有什么顾虑的呢。"在那时，顺帝身边都是伯颜树立的亲信同党，惟独世杰班、阿鲁是顺帝的心腹，每天和脱脱在一起。脱脱于是和他们深交来往。

六年二月，脱脱与世杰班、阿鲁合谋拒伯颜，数伯颜罪状。伯颜遂南行。事定，诏以马扎儿台①为中书右丞相；脱脱知枢密院事。十月，马扎儿台移疾②辞相位，诏以太师就第③。

【注释】①马扎儿台（1284—1347年）：伯颜之弟。所到之处不以苛察为精明，不以显赫为威严，手下官员各自尽力效劳。

②移疾：犹如移病。旧时官员上书称病。多为居官者求退的婉辞。

③就第：指免职回家。

【译文】后至元六年（1340年）二月，脱脱与世杰班、阿鲁共同谋议抵抗伯颜，列数伯颜的罪状。伯颜于是被免职并诏徙往南方。事情已经平定后，元顺帝下诏任命马扎儿台担任中书右丞相；脱脱知枢密院事。十月，马扎儿台称病辞去相位，顺帝下诏马扎儿台以太师的身份免职回家。

至正[①]元年，遂命脱脱为中书右丞相、录军国重事，诏天下。脱脱乃悉更伯颜旧政，复科举取士法，复行太庙四时祭，雪郯王彻彻秃[②]之冤，召还宣让、威顺二王，使居旧藩，以阿鲁图[③]正亲王之位，开马禁，减盐额，蠲负逋[④]，又开经筵，遴选儒臣以劝讲，而脱脱实领经筵事。中外翕然称为贤相。

【注释】①至正：是元惠宗孛儿只斤·妥欢帖睦尔的年号（1341—1368年）。共计27年。

②彻彻秃：元朝宗王。又译彻彻笃、阇阇秃、薛彻秃。蒙古孛儿只斤氏。蒙哥汗曾孙，完泽之子。遭中书右丞相伯颜诬陷，以谋叛罪，处死。至正元年（1341年），受昭雪。

③阿鲁图：即阿尔拉·阿鲁图，蒙古阿儿剌部人。元朝末期重臣。继脱脱之后，主持了纂修辽、金、宋三史，颁《至正条格》等工作，特别是三史中的《宋史》部分，是由阿尔拉·阿鲁图主持的。

④负逋：拖欠。亦指拖欠的钱财。

【译文】至正元年（1341年），元顺帝任命脱脱担任中书右丞相、录军国重事，诏告天下。脱脱于是全部更改伯颜时期的旧政，恢复科举取士的做法，恢复举行太庙四季的祭祀，昭雪郯王彻彻秃的冤屈，召回宣让、威顺二位宗王，让他们居住在原来的属地，以阿鲁图正式登任亲王之位，放开马禁，削减产盐定额，免除拖欠的钱财，又开启经筵，挑选有学问的大臣讲学，并且脱脱实际上担领经筵的事务。朝廷内外一致称颂脱脱为贤相。

三年，诏修辽、金、宋三史，命脱脱为都总裁官。又请修《至正条格》颁天下。帝尝御宣文阁，脱脱前奏曰："陛下临御以来，天下无事，宜留心圣学。颇闻左右多沮挠者，设使经史不足观，世祖岂以是教裕皇[①]哉？"即秘书监取裕宗所授书以进，帝大悦。

【注释】①裕皇：即孛儿只斤·真金（1243—1285年），元朝第一位皇帝元世祖忽必烈嫡长子，第二位皇帝元成宗铁穆耳之父。真金自幼深受汉文化影响，当政后亦作为汉法派之领袖与阿合马等理财派对立。1285年因禅让事件而忧郁成疾，同年十二月病逝，元世祖赐谥号明孝太子。元成宗登基后，追尊其父真金为皇帝，上庙号裕宗。

【译文】至正三年（1343年），顺帝下诏编修辽、金、宋三代的史书，任命脱脱担任都总裁官。脱脱又奏请编修《至正条格》颁布天下。顺帝曾经驾临宣文阁，脱脱上前启奏说："陛下您治理国家以来，天下没有意外的变故，现在应该留心圣人的学问。臣下听闻陛下的近臣多有阻挠，假使经典史籍不值得看，世祖皇帝怎么会用这学问教导裕宗皇帝呢？"脱脱于是即刻去秘书监取来元裕宗读过的书进献给顺帝，顺帝非常高兴。

七年，别儿怯不花[①]为右丞相，以宿憾谮其父马扎儿台。

诏徙甘肃。脱脱力请俱行，在道则阅骑乘庐帐，食则视其品之精粗。及至其地，马扎儿台安之。十一月，马扎儿台薨。帝念脱脱勋劳，召还京师。

【注释】①别儿怯不花（约1300—1350年）：字大用，燕只斤氏，元朝丞相，在任救济灾荒，竭力安抚地方百姓，后被贬。

【译文】至正七年（1347年），别儿怯不花担任右丞相，因为往日的仇恨诬陷脱脱的父亲马扎儿台。顺帝下诏把马扎儿台流放到甘肃。脱脱极力请求一同前往，在路上就察看车马、帐篷，进食就察看食物的粗细。等到达目的地，安顿好马扎儿台。十一月，马扎儿台去世。顺帝感念脱脱的功劳，召他回到京城。

十四年，张士诚[①]据高邮，屡招谕之不降。诏脱脱总制诸王诸省军讨之。十一月，至高邮。辛未至乙酉，连战皆捷。分遣兵平六合，贼势大蹙。俄有诏罪其老师费财，以河南行省左丞相太不花[②]、中书平章政事月阔察儿、知枢密院事雪雪代将其兵，削其官爵，安置淮安。

【注释】①张士诚（1321—1367年）：原名张九四。泰州兴化白驹场人。因受不了盐警欺压，率盐丁起兵反元，袭据高邮，在高邮自称诚王，建国号大周，建元天佑。最后亡于朱元璋政权。

②太不花（？—1358年）：弘吉剌氏，世代为元朝外戚。

【译文】至正十四年（1354年），张士诚占据高邮，屡次招抚都没有投降。顺帝诏令脱脱统率诸王诸省的军队讨伐他。十一月，到达高邮。从十四日到二十八日，连续交战都告捷。脱脱分别派兵平定六合，叛贼的气势大大缩减。不久顺帝下诏指责他劳累军队、耗费钱财，派遣河南行省左丞相太不花、中书平章政事月阔察儿、知枢密院事雪雪代替他统领军队，削去他的官爵，安置在淮安。

先是，脱脱之西行也，别儿怯不花欲陷之死。哈麻屡言于帝，召还近地，脱脱深德之，至是引为中书右丞。而是时脱脱信用汝中柏，由左司郎中参议中书省事，平章以下见其议事莫敢异同，惟哈麻①不为之下。汝中柏因谮之脱脱，改为宣政院使，位居第三，于是哈麻深衔之，遂谮脱脱于皇太子及皇后奇氏，脱脱亦有淮安之命。

【注释】①哈麻（？—1356年）：元末权臣，康里人，字士廉。

【译文】在此之前，脱脱随父流放甘肃，别儿怯不花想要陷害他至死。哈麻屡次对顺帝进言，顺帝于是将脱脱召回到京城近地，脱脱深深感激他，被提升到中书右丞。然而那个时候脱脱信任、委用汝中柏，汝中柏由左司郎中改任参议中书省事，平章政事以下的官员看他议事时没有敢表示不同意见的，惟有哈麻不屈从他。汝中柏因此在脱脱面前陷害他，于是哈麻被改任为宣政院使，居第三位，因此哈麻十分痛恨脱脱，在皇太子以及皇后奇氏面前中伤脱脱，脱脱也就有了被安置到淮安的诏令。

十二月辛亥，诏至军中，即出兵甲及名马三千，分赐诸将，俾各帅所部以听月阔察儿、雪雪节制。客省副使哈剌答曰：“丞相此行，我辈必死他人之手，今日宁死丞相前。”拔刀刎颈而死。

【译文】十二月二十四日，诏令到达军中，脱脱即刻拿出兵器铠甲以及名马三千匹，分别赏赐给众位将领，让他们率领部下听从月阔察儿、雪雪的指挥。客省副使哈剌答说：“丞相您这一离开，我们这些人必定会死在他人的手中，今日宁愿死在丞相您面前。”于是拔刀自杀而死。

十五年，十二月己未，哈麻矫诏遣使鸩之，死，年四十二。

【译文】至正十五年（1355年），十二月初八，哈麻假传诏令派遣使者鸩杀脱脱，终年四十二岁。

脱脱仪状雄伟，颀然出于千百人中，而器宏识远，莫测其蕴。功施社稷而不伐，位极人臣而不骄，轻货财，远声色，好贤礼士，皆出于天性。至于事君之际，始终不失臣节，虽古之有道大臣，何以过之。惟其惑于群小，急复私仇，君子讥焉。（元史卷一百三十八）

【译文】脱脱仪容形态高大雄壮，风姿挺秀超出千百人之中，而且器量宏大、见识高远，深不可测。对国家有功劳而不夸耀，身为重臣，官位很高而不骄傲，轻视财物，远离淫声与女色，礼敬贤德的人，这些都是出自天性。在事奉君王的时候，始终不丧失为人臣子的节义，即使是古代有才能、有道德的大臣，怎么能超过他呢。只是他被众多小人迷惑，急着报复私人仇恨，而受到君子的讥讽。（元史卷一百三十八）

阿鲁图

【题解】阿鲁图，蒙古阿儿剌部人，元末重臣。元顺帝执政时期，中书右丞相脱脱于元至正四年（1344年）因病辞职，阿鲁图继脱脱之后，主持纂修辽、金、宋三史，颁《至正条格》等工作，特别是三史中的《宋史》部分，是由阿鲁图主持的。

虽然在参与修纂《宋史》的人之中，阿鲁图名为都总裁，但他素不识汉字，因而并没有参与实际编修，但他在财政、管理、史料提供上给予了莫大支持。至正五年（1345年）农历十月，三史皆修成，中书右丞相阿鲁图奏进。《宋史》在三史中虽然是最后完成，但只历时两年半。阿鲁图为人忠厚正直，别儿怯不花让他一起陷害脱脱，他始终不从。别儿怯不花指使监察御史弹劾他，他也不向元顺帝申诉。

阿鲁图，博尔术①四世孙。至正四年，脱脱辞相位，顺帝问谁可代脱脱为相者，脱脱以阿鲁图荐。

【注释】①博尔术（1162—1226年）：蒙古名将、成吉思汗“四俊”开国元勋之首。原名孛儿楚。蒙古阿儿剌氏。由于相助少年成吉思汗夺回被盗的爱马，成为其属下。最早加入蒙古军，为蒙古的发展作出巨大贡献。参加统一蒙古诸部战争，志意沉雄，善战知兵，多立战功。

【译文】阿鲁图，是博尔术的四世孙。至正四年（1344年），脱脱辞去丞相职位，元顺帝问谁可以代替脱脱担任丞相，脱脱推荐了阿鲁图。

时诏修辽、金、宋三史，阿鲁图为总裁。五年，三史成。十月，阿鲁图等既以其书进，帝御宣文阁，阿鲁图复与平章政事帖木儿塔识①、太平②上奏：“太祖取金，世祖平宋，混一区宇，典章图籍皆归秘府。今陛下以三国事绩命儒士纂修，而臣阿鲁图总裁。臣素不读汉人文书，未解其义。今者进呈，万机之暇，乞以备乙览③。”帝曰：“此事卿诚未解，史书所系甚重，非儒士泛作文字也。彼一国人君行善则国兴，朕为君者宜取以为法；彼一朝行恶则国废，朕当取以为戒。然岂止儆劝人君，其间亦有为宰相事，善则卿等宜仿效，恶则宜监戒。朕与卿等皆当取前代善恶为勉。朕或思有未至，卿等其言之。”阿鲁图顿首舞蹈④而出。

【注释】①帖木儿塔识（1302—1347年）：字九龄，康国王脱脱之子。资禀宏伟，读书颖悟绝人。

②太平：字允中，初姓贺氏，名惟一，后赐姓蒙古氏，名太平，仁杰的孙子。曾参与编纂辽、金、宋三史和《后妃传》《功臣传》。因不愿参与二皇后奇氏与皇太子阴谋废帝的活动，受到诬陷、排挤，而至东胜，赋诗一篇，后自杀。

③乙览：典出唐苏鹗《杜阳杂编》卷中："文宗皇帝……谓左右曰：'若不甲夜视事，乙夜观书，何以为人君耶？'"后称皇帝阅览文书为乙览。

④舞蹈：臣下朝见君上时的礼节。

【译文】当时顺帝下诏编修辽、金、宋三国的史书，阿鲁图担任总裁。至正五年（1345年），三国的史书编成。十月，阿鲁图等人把三国的史书进呈，顺帝驾临宣文阁，阿鲁图又与平章政事帖木儿塔识、太平上奏说："太祖战胜金国，世祖平定宋朝，统一天下，制度法令、文籍图书全部收归禁中秘府。如今陛下以三国的事迹下令读书人纂修，而任命臣下阿鲁图为总裁。臣下平时不读汉人的书籍文章，不能理解其中的含义。如今进呈给陛下您，希望陛下在处理政务的空暇时间里予以阅览。"顺帝说："这件事爱卿还没有真正理解，史书关系重大，不是读书人空泛撰作的文字。那一国的君王实行仁政那么国家就会兴盛，朕身为君王应该选取作为成法；那一朝施行暴政那么国家就会衰败，朕当引以为戒。然而何止是告诫、劝勉君王呢，这其中也有做宰相的事迹，美善的爱卿们就应该模仿效法，奸邪的就应该鉴察警戒。朕与爱卿们都应该选取前代的善恶作为劝勉。朕有考虑不周到的地方，爱卿们应该说出来。”阿鲁图叩头施礼后告退。

先是，别儿怯不花尝与阿鲁图谋挤害脱脱。阿鲁图曰：“我等岂能久居相位，当亦有退休之日，人将谓我何？”别儿怯不花屡以为言，终不从。

【译文】在这之前，别儿怯不花曾经想与阿鲁图谋划陷害脱脱。阿鲁图说：“我们难道能长久的待在丞相任上吗，终当也有退休的时候，到时候别人将会怎么评论我们呢？”别儿怯不花屡次对他说，阿鲁图始终不同意。

六年，别儿怯不花乃讽监察御史劾奏阿鲁图不宜居相位，阿鲁图即避出城。其姻党皆为之不平，请曰：“丞相所行皆善，而御史言者无理，丞相何不见帝自陈，帝必辩焉。”阿鲁图曰：“我博尔术世裔，岂丞相为难得耶？但帝命我不敢辞，今御史劾我，我宜即去。盖御史台乃世祖所设置，我若与御史抗，即与世祖抗矣。尔等无复言。”阿鲁图既罢去，明年，别儿怯不花遂为右丞相，不久亦去。十一年，阿鲁图复起为太傅，出守和林边，薨，无嗣。（元史卷一百三十九）

【译文】至正六年（1346年），别儿怯不花指使监察御史上奏弹劾阿鲁图不适合担任丞相，阿鲁图就回避离开京城。他的姻亲都为他感到不平，劝他说："丞相所做的都是善行，而且御史所说的没有道理，丞相为什么不面见皇帝为自己申辩呢，皇帝必定会分辨是非的。"阿鲁图说："我是博尔术的后代子孙，难道丞相职位难以得到吗？只是皇帝的诏命我不敢违背，如今御史弹劾我，我应该立即离去。因为御史台是世祖设置的，我如果与御史对抗，就是与世祖对抗了。你们不要再说了。"阿鲁图被罢免离开后，第二年，别儿怯不花就担任右丞相，不久也被免去。至正十一年（1351年），阿鲁图再次起用担任太傅，离开朝廷去镇守和林边境，不久去世，没有子嗣。（元史卷一百三十九）

巎　巎

【题解】巎巎（1295—1345年），字子山，康里部人。幼年就读于国学，博通群书。曾为文宗、顺帝讲诵经书。先后任监察御史、集贤直学士、礼部尚书、翰林学士承旨、江浙行省平章政事等职。他最早提出编纂辽、宋、金三史。巎巎是元代著名书法家，善真行、草书，时人谓为得晋人笔意，所书片纸，争相宝藏。后病逝。巎巎推崇以儒学治国，《续编》辑录了他劝谏文宗的言论和他对以儒治国的论说。

巎巎字子山，康里氏。父不忽木①。幼肄业②国学③，博通群书，其正心修身之要得诸许衡及父兄家传。始授承直郎、集贤待制，迁兵部郎中，转秘书监丞。

【注释】①不忽木（1255—1300年）：元朝康里人。又名时用，字用臣。元世祖侍从燕真之子，不忽木跟王恂、许衡学习儒学。受汉化较深，主张兴建学校，重视儒学，反对任用敛财之臣阿合马、桑哥等，是张养浩的恩师。

②肄业：修习课业。古人书所学之文字于方版谓之业，师授生曰授业，生受之于师曰受业，习之曰肄业。

③国学：指国家设立的学校。

【译文】巎巎字子山，是康里部人。父亲是不忽木。巎巎幼年在国学修习课业，广泛地通晓各类经典，他正心修身的要旨得自于许衡以及父兄的家传。最初被授任承直郎、集贤待制，迁任兵部郎中，转任秘书监丞。

先是，文宗[①]励精图治，巎巎尝以圣贤格言讲诵帝侧，裨益良多。顺帝即位之后，剪除权奸，思更治化。巎巎侍经筵，日劝帝务学，帝辄就之习授，欲宠以师礼，巎巎力辞不可。凡《四书》《六经》所载治道，为帝紬绎[②]而言，必使辞达感动帝衷敷畅旨意而后已。

【注释】①文宗：孛儿只斤·图帖睦尔（1304—1332年），即元文宗，蒙古帝国大汗、元朝第八位皇帝，两次在位。元武宗孛儿只斤·海山次子，元明宗孛儿只斤·和世㻋之弟。自幼成长于汉地，有较好的文化修养，是元朝各帝中颇有建树的一位。庙号文宗。

②紬(chōu)绎：引出端绪。引申为阐述。

【译文】在此之前，元文宗励精图治，巎巎曾经在元文宗跟前讲授圣贤格言，元文宗受益很多。元顺帝即位之后，剪除弄权作恶的奸臣，想要变革政治教化。巎巎侍奉经筵，每天劝勉元顺帝致力学习，元顺帝就跟随他学习，想要用对待老师的礼节尊崇他，巎巎极力推辞说不可以。凡是《四书》《六经》所记载的治国之道，都为元顺帝阐述论说，必定要使言辞表述得明白畅达，感动元顺帝的内心，且对主旨融会贯通才停止。

帝暇日欲观古名画，巎巎即取郭忠恕[①]《比干[②]图》以进，因言商王受不听忠臣之谏，遂亡其国。帝一日览宋徽宗画称善，巎巎进言，徽宗多能，惟一事不能。帝问何谓一事。对曰：“独不能为君尔。身辱国破，皆由不能为君所致。人君贵能为君，它非所尚也。”

【注释】①郭忠恕(？—977年)：五代末期至宋代初期的画家，字恕先，又字国宝，洛阳(今属河南)人。兼精文字学、文学，善写篆、隶书和“八分体”，以楷书最为著名。尤其“界画”为世人推重。《圣朝名画评》中评他的界画，为“一时之绝”，列为“神品”。

②比干(gàn)：子姓，名干，沫邑(今河南卫辉市)人，因封于比地，故称比干。商王文丁庶子，商王帝乙之弟，商纣王帝辛之叔，殷商王室的重臣。忠君爱国，为民请命，敢于直言劝谏，被称为“亘古忠臣”。

【译文】元顺帝空闲的时候想要观赏古代的名画，巙巙就取出郭忠恕的《比干图》进呈，并且说商纣王不采纳忠臣的劝谏，因而导致国家灭亡。元顺帝有一天观赏宋徽宗的画认为很好，巙巙进言说，宋徽宗有多方面的才能，只有一件事不能。元顺帝问是什么事。巙巙回答说："他惟独不会做君王。自身受辱、国家灭亡，都是由于不会做君王导致的。君王贵在会做君王，其他没有值得推崇的。"

一日，进读司马光《资治通鉴》，因言国家当及斯时修辽、金、宋三史，岁久恐致阙逸[1]。后置纂修，实由巙巙发其端。

【注释】①阙逸：亦作"阙佚""阙轶"。残缺散失。

【译文】一天，巙巙在元顺帝前朗读司马光的《资治通鉴》，于是说国家应当趁现在就编修辽、金、宋三国的史书，时间长了恐怕会有缺失。后来元顺帝安排纂修三国的史书，实际上是由巙巙提出的。

巙巙以重望居高位，而雅爱儒士，甚于饥渴，以故四方士大夫翕然宗之，萃于其门。达官有怙势者，言曰："儒有何好，君酷爱之。"巙巙曰："世祖以儒足以致治，命裕宗学于赞善王恂[1]。今秘书所藏裕宗仿书，当时御笔于学生之下亲署御名习书谨呈，其敬慎若此。世祖尝暮召我先人坐寝榻下，陈说《四书》及古史治乱，至丙夜[②]不寐。世祖喜曰：‘朕所以令卿从许仲平学，正欲卿以嘉言入告朕耳，卿益加懋敬以副朕志。’今汝言不爱儒，宁不念圣祖神宗笃好之意乎？且儒者之道，从之则君仁、臣忠、父慈、子孝，人伦咸得，国家咸治；违之则人伦咸失，家国咸乱。汝欲乱而家，吾弗能御，汝慎勿以斯言乱我国也。儒者或身若不胜衣，言若不出口，然腹中贮储有过人者，何可易视也。”达官色惭。（元史卷一百四十三）

【注释】①王恂（1235—1281年）：字敬甫，中山唐县（今河北唐县）人，元代数学家、文学家。跟刘秉忠学习数学、天文，后与郭守敬一道从刘秉忠学习数学和天文历法，精通历算之学，在《授时历》的编制工作中，其贡献与郭守敬齐名。

②丙夜：三更时候，为晚上十一时至翌日凌晨一时。

【译文】巎巎凭借崇高的声望处在高位，然而素来爱好读书人，如饥似渴一般，因此天下的士大夫一致推崇他，汇聚在他的门下。高官中有依仗权势的人说：“读书人有什么好，您这样厚待他们。”巎巎说：“世祖认为儒学能够达到天下大治，命令裕宗向赞善王恂学习。如今秘书所收藏的裕宗摹写的字，是裕宗当时亲笔在学生栏下签署自己的名字，把摹写的字敬呈给赞善王恂，他就是如此恭敬谨慎。世祖曾经在晚上召见我的祖先坐在卧榻下，讲述《四书》以及古代史书中关于治乱兴亡的道理，到三更都没有睡觉。世祖高兴地说：‘朕让爱卿跟从许衡学习，正是想爱卿把善言告诉朕，爱卿应该更加勉励戒慎以符合朕的心愿。’如今你说不爱好读书人，难道是不感念圣祖、神宗爱好、亲善读书人的用意吗？而且儒学的大道，如果依从了，那么君上仁爱、臣下忠诚、父亲慈祥、子女孝顺，人伦就都能够具备，国家能够得到治理；违反了那么人伦就都丧失了，家国就都混乱了。你想混乱自己的家，我不能够阻止你，你千万不要用这种言论来扰乱我们的国家。有的读书人给人身体瘦弱，言语木讷的感觉，然而他们腹中有过人的学问，怎么可以轻视他们呢。”高官面露愧色。（元史卷一百四十三）

耶律楚材

【题解】耶律楚材（1190—1244年），字晋卿，号玉泉老人、湛然居士，契丹族，辽朝东丹王耶律倍八世孙、金朝尚书右丞耶律履之子。在金仕至左右司员外郎。蒙古军攻占金中都时，成吉思汗收耶律楚材为臣。耶律楚材先后辅弼成吉思汗父子三十余年，担任中书令14年之久。他提出以儒家思想治国并制定了各种施政方略，为后来忽必烈依靠汉人，推行汉法，建立统一的元朝奠定了基础。乃马真后称制时，耶律楚材遭到排挤，渐失信任，他因此抑郁而死，谥号文正。

蒙古统治者通过战争征服进入中原地区，逐渐改变屠杀和迁民漠北的野蛮方式，采用在被征服地设官置戍，改变抢劫和勒索，采用适用中原的生产方式和赋税制度，耶律楚材从中起了巨大作用。

耶律楚材，字晋卿，辽东丹王突欲八世孙。父履，以学行事金世宗，终尚书右丞。楚材试进士科，所对独优，遂辟为掾，后仕为开州同知。太祖定燕，闻其名，召见之。曰："辽、金世仇，朕为汝雪之。"对曰："臣父祖尝委质事之，既为之臣，敢仇君耶！"帝重其言，处之左右。

【译文】耶律楚材，字晋卿，是辽国东丹王耶律突欲（又名耶律倍）的八世孙。父亲耶律履，以有学问、德行事奉金世宗，最终担任尚书右丞。耶律楚材应试进士科，答对最为优秀，于是征辟他为属官，后来又担任开州同知。元太祖铁木真平定燕地，听说耶律楚材的名声，召见他说："辽、金是世代的仇敌，朕将为你雪恨。"耶律楚材回答说："臣下的父祖曾经臣服金国，已经是金国的臣子，怎么敢仇恨君上呢！"太祖铁木真看重他说的话，把他安排在自己身边。

丙戌冬，从下灵武，诸将争取子女金帛，楚材独收遗书及大黄药材。既而士卒病疫，得大黄辄愈。帝自经营西土，未暇定制，州郡长吏，生杀任情，至孥人妻女，取货财，兼土田。燕蓟留后长官石抹咸得卜①尤贪暴，杀人盈市。楚材闻之泣下，即入奏，请禁州郡，非奉玺书②，不得擅征发，囚当大辟者必待报，违者罪死，于是贪暴之风稍戢。

【注释】①石抹咸得卜：蒙古国大臣。又作石抹咸得不、石抹憨塔卜。契丹族。太傅石抹明安长子。性贪暴，多杀人。

②玺书：古代以泥封加印的文书。秦以后专指皇帝的诏书。

【译文】丙戌年（1226年）冬天，耶律楚材跟随军队攻下灵武，其他将领都争相抢夺子女钱财，惟独耶律楚材收集散佚的书籍以及药材大黄。不久士兵患了瘟疫，服用大黄后就痊愈了。太祖铁木真自从规划营治西土，没有时间设定制度，州郡的长官，任意决定人的生死，甚至抢夺他人的妻女作为奴婢，抢夺财物，兼并土地。燕蓟留后长官石抹咸得卜尤其贪婪暴虐，杀的人塞满了市场。耶律楚材听说后流下眼泪，随即入宫上奏太祖铁木真，请求禁令州郡，如果不是奉守皇帝的诏令，不能够擅自征集调遣人力或物资，罪犯应当判处死刑的必须等待朝廷的报批，违反的人处以死罪，因此贪婪暴虐的风气有所收敛。

己丑秋，太宗将即位，宗亲咸会，议犹未决。时睿宗为太宗亲弟，故楚材言于睿宗曰：“此宗社大计，宜早定。”睿宗曰：“事犹未集，别择日可乎？”楚材曰：“过是无吉日矣。”遂定策[①]，立仪制。

【注释】①定策：亦作“定册”。古时尊立天子，书其事于简策，以告宗庙，因称大臣等谋立天子为“定策”。

【译文】己丑年（1229年）秋天，太宗窝阔台将要即位，同宗的亲属都在一起聚会，讨论还没有做出决定。睿宗拖雷是太宗的亲弟弟，因此耶律楚材对睿宗说：“这是国家的重大谋略，应该早做决定。”睿宗说：“事情还没有准备充分，另外选个日子可以吗？”耶律楚材说：“错过了就没有吉日了。”于是谋立太宗，确立了礼仪制度。

中原甫定，民多误触禁网，而国法无赦令。楚材议请[①]肆宥，众以为迂，楚材独从容为帝言。诏自庚寅正月朔日前事勿治。且条便宜一十八事颁天下，其略言：“郡宜置长吏牧民，设万户总军，使势均力敌，以遏骄横。中原之地，财用所出，宜存恤其民，州县非奉上命，敢擅行科差[②]者罪之。贸易借贷官物者罪之。蒙古、回鹘、河西诸人，种地不纳税者死。监主自盗官物者死。应犯死罪者，具由申奏待报，然后行刑。贡献礼物，为害非轻，深宜禁断。”帝悉从之，唯贡献一事不允，曰：“彼自愿馈献者，宜听之。”楚材曰：“蠹害之端，必由于此。”帝曰：“凡卿所奏，无不从者，卿不能从朕一事耶？”

【注释】①议请：有特殊身份者犯罪时，可原其罪情奏请予以减罪。

②科差：官府向民户征收财物或派劳役。

【译文】中原刚刚平定，百姓多有无意中触犯禁令法律的，然而国法没有赦免的命令。耶律楚材奏请太宗予以赦免，众人都认为他迂腐，惟独耶律楚材从容地对太宗言明。太宗窝阔台下诏从庚寅年（1230年）正月初一以前的事不处罚。而且耶律楚材分条陈述有利国家的十八件事颁布天下，大略内容是：“郡应该设置长吏管理百姓，设置万户总理军队，使双方力量相当，用来遏制骄傲专横。中原地区，是国家财物的来源，应该体恤那里的百姓，州县没有上方的命令，胆敢擅自安排劳役、征收财物的要处罚他们。借用公家的财物进行交易买卖的要予以处罚。蒙古人、回鹘人、河西地区的人，种地不缴纳赋税的要处死。监守的官员盗窃自己经管的公家财物要处死。犯罪应该处死的人，都要上报说明理由等待报批，然后才能执行死刑。进贡的礼物，造成的祸害不小，应该深深地禁止。”太宗窝阔台都采纳了，只有进贡礼物这一件事没有应允，说：“那些自愿奉送礼物的人，应该听任他们。”耶律楚材说：“祸害的开端，必定是由这开始的。”太宗窝阔台说：“凡是爱卿上奏的，朕没有不采纳的，爱卿就不能依从朕一件事吗？”

太祖之世，岁有事西域，未暇经理中原，官吏多聚敛自私，赀至巨万，而官无储偫。近臣别迭等言：“汉人无补于国，可悉空其人以为牧地。”楚材曰：“陛下将南伐，军需宜有所资，诚均定中原地税、商税、盐、酒、铁冶、山泽之利，岁可得银五十万两、帛八万匹、粟四十余万石，足以供给，何谓无补哉？”帝曰：“卿试为朕行之。”乃奏立燕京等十路征收课税使，凡长贰[1]悉用士人，如陈时可、赵昉等，皆宽厚长者，极天下之选，参佐皆用省部旧人。辛卯秋，帝至云中，十路咸进廪籍及金帛陈于廷中，帝笑谓楚材曰：“汝不去朕左右，而能使国用充足，南国之臣，复有如卿者乎？”对曰：“在彼者皆贤于臣，臣不才，故留燕，为陛下用。”帝嘉其谦，赐之酒。即日拜中书令，事无巨细，皆先白之。

【注释】①长贰：官吏的正副职。

【译文】元太祖铁木真时期，连年对西域用兵，没有空暇时间治理中原地区，官吏大多搜刮财货归个人私有，数目之多难以计量，然而公家没有储备。近臣别迭等人说：“汉族人对国家没有补益，可以把他们赶走，空出的土地作为牧地。”耶律楚材说：“陛下将要南下征讨，军中所需应该要有人提供，实在应该均衡确定中原地区的地税、商税、盐税、酒税、铁冶税以及山泽的出产，这样每年可以得到白银五十万两、丝帛八万匹、粟米四十多万石，完全可以满足供给，怎么可以说没有补益呢？”太宗窝阔台说：“爱卿试着为朕施行。”于是奏请设立燕京等十路征收课税使，凡是正、副职都任用读书人，例如陈时可、赵昉等，都是宽容厚道、德高望重的人，极尽天下的选任，部下任用的都是省部旧人。辛卯年（1231年）秋天，太宗窝阔台到达云中，十路进献的仓廪、籍田以及金银、丝帛摆放在廷中，太宗窝阔台笑着对耶律楚材说：“你不离开朕的身边，却能够让国家的费用充足，南方国家的大臣，还有像爱卿这样的吗？”耶律楚材回答说：“在那边的人都比臣下贤能，臣下没有才能，因此留在燕地，被陛下任用。”太宗窝阔台嘉奖他的谦虚，赐酒给他。当天就拜授他担任中书令，事情无论大小，都事先告诉他。

壬辰春，汴梁将下，大将速不台①遣使来言：“金人抗拒持久，师多死伤，城下之日，宜屠之。”楚材驰入奏曰：“将士暴露数十年，所欲者土地人民耳。得地无民，将焉用之！”帝犹豫未决，楚材曰：“奇巧之工，厚藏之家，皆萃于此，若尽杀之，将无所获。”帝然之，诏罪止完颜氏，余皆勿问。时避兵居汴者得百四十七万人。

【注释】①速不台（1176—1248年）：蒙古兀良哈部人，蒙元帝国名将，成吉思汗的“四獒”之一。早年辅佐成吉思汗统一诸部，常任先锋，以骁勇善战著称，享有“巴特尔”（勇士）称号。是古代世界征战范围最广的将领之一。

【译文】壬辰年（1232年）春天，汴梁城将要被攻下的时候，大将速不台派遣使者报告说：“金人抵抗了很长时间，军队多有死伤，攻破城池的时候，应该屠城。”耶律楚材飞驰入宫启奏说：“将士在外征战几十年，想要得到的是土地和百姓。得到土地却没有百姓，将怎么使用呢！”太宗窝阔台犹豫没有决定，耶律楚材说：“巧妙的工匠，富裕的人家，都汇集在这里，如果全部杀害，将没有什么收获。”太宗窝阔台认为他说得对，下诏只对完颜氏论罪，其余的都不追究。当时躲避战乱，居住在汴梁一百四十七万的人得以幸免。

丁酉，楚材奏曰：“制器者必用良工，守成者必用儒臣。儒臣之事业，非积数十年，殆未易成也。”帝曰：“果尔，可官其人。”楚材曰：“请校试之。”乃命宣德州宣课使刘中随郡考试，以经义、词赋、论分为三科，儒人被俘为奴者，亦令就试，其主匿弗遣者死。得士凡四千三十人，免为奴者四之一。

【译文】丁酉年（1237年），耶律楚材上奏说：“制造器具必须选用技艺高超的人，保持前人的成就必须任用儒臣。儒臣，没有几十年的累积，大概是不容易成就的。”太宗窝阔台说：“果真是这样，可以授予他们官职。”耶律楚材说：“请考校试验他们。”于是下令宣德州宣课使刘中到各个郡考试，按照经义、词赋、策论分为三科，被俘虏作为奴隶的读书人，也让他们应试，他们的主人如果隐匿，不让他们应试的就处死。录取读书人四千零三十人，免除奴隶身份的人占四分之一。

有二道士争长，互立党与，其一诬其仇之党二人为逃军，结中贵及通事杨惟忠，执而虐杀之。楚材按收惟忠。中贵复诉楚材违制，帝怒，系楚材；既而自悔，命释之。楚材不肯解缚，进曰：“臣备位公辅，国政所属。陛下初令系臣，以有罪也，当明示百官，罪在不赦。今释臣，是无罪也，岂宜轻易反覆，如戏小儿？国有大事，何以行焉！”众皆失色。帝曰：“朕虽为帝，宁无过举耶？”乃温言以慰之。楚材因陈时务十策，曰：“信赏罚，正名分，给俸禄，官功臣，考殿最，均科差，选工匠，务农桑，定土贡①，制漕运。皆切于时务，悉施行之。

【注释】①土贡：典出《尚书·禹贡》："禹别九州，随山浚川，任土作贡。"古代臣民或藩属向君主进献的土产。

【译文】有两个道士竞争道长，互相网罗同党，其中一个诬陷对方的同党中有两个人是逃军，于是勾结中贵人以及通事杨惟忠，抓住他们并残忍地杀害了。耶律楚材查验后把杨惟忠收监。中贵人又控诉耶律楚材违反制度，太宗窝阔台大怒，逮捕了耶律楚材；不久自己又后悔了，下令释放他。耶律楚材不肯解除束缚，进言说："臣下身居三公、四辅的职位，是国家政事的归属。陛下当初下令逮捕臣下，是因为有罪，应当明确告知百官，罪行不能够赦免。如今释放臣下，是没有罪，怎么能够轻易反复，如同戏耍小孩子一样呢？国家遇到大事，又将怎么处理呢！"众人都吓得变了脸色。太宗窝阔台说："朕虽然是皇帝，难道就不能有过错吗？"于是用温和的言语宽慰他。耶律楚材因此陈说当前十件重大的事情，分别是："赏罚有信，端正名分，给予俸禄，授官功臣，考核殿最，均衡科差，选拔工匠，督促农桑，确定土贡，规划漕运。全部切合当前的实际，全部都施行了。

富人刘忽笃马、涉猎发丁、刘廷玉等以银一百四十万两扑买[①]天下课税，楚材曰："此贪利之徒，罔上虐下，为害甚大。"奏罢之。常曰："兴一利不如除一害，生一事不如省一事。任尚以班超[②]之言为平平耳，千古之下，自有定论。后之负谴者，方知吾言之不妄也。"

【注释】①扑买：宋元的一种包税制度。宋代对酒、醋、陂塘、墟市、渡口等税收，由官府核计应征数额，招商承包。承包者按定额向官府纳税，超额的归承包人。元沿宋制，但包税范围更扩大。

②任尚（？—118年）：东汉将领。接替班超继任西域都护。班超（32—102年）：字仲升，扶风郡平陵县（今陕西咸阳市）人。史学家班彪的幼子，其长兄班固、妹妹班昭也是著名史学家。班超为人有大志，不修细节，但内心孝敬恭谨，审察事理。他口齿辩给，博览群书。封定远侯，世称“班定远”。

【译文】富人刘忽笃马、涉猎发丁、刘廷玉等人用一百四十万两白银承包天下的赋税，耶律楚材说：“这些都是贪求利益的人，对上隐瞒，对下欺压，造成的危害非常大。”上奏太宗窝阔台请求停止。耶律楚材常常说：“兴一利不如除一害，生一事不如省一事。任尚认为班超的这话很平常，但是千年之后，自然会有定论。以后获罪的人，才知道我说的话不虚妄。”

楚材当国日久，得禄分其亲族，未尝私以官。行省刘敏从容言之，楚材曰：“睦亲之义，但当资以金帛。若使从政而违法，吾不能徇私恩也。”甲辰夏五月，薨于位，年五十五。（元史卷一百四十六）

【译文】耶律楚材长期主持国事，得到的俸禄都分给他的亲族，但是不曾私下授予他们官职。行省刘敏从容地劝说他，耶律楚材说：“和睦宗亲的大义，只能是资助他们金钱、丝帛。如果让他们从政而违法，我是不会屈从私恩的。”甲辰年（1244年）夏季五月，在任上去世，终年五十五岁。（元史卷一百四十六）

董文忠

【题解】董文忠（1231—1281年），字彦诚，藁城人，元朝名将董俊第八子。元世祖忽必烈时，官居中书省符郎，为官正直，清廉自爱，为人所尊重。《续编》辑录其与元世祖关于儒学的一段对话，指出学儒要崇尚实学，讲求经义，落实在修身治国上，而不是空谈道学。

文忠字彦诚，俊[①]第八子也。世祖即位，置符宝局，以文忠为郎，授奉训大夫。八年，侍讲学士徒单公履欲奏行贡举，知帝于释氏重教而轻禅，乃言儒亦有之，科举类教，道学类禅。帝怒，召姚枢、许衡与宰臣廷辨。文忠自外入，帝曰：“汝日诵《四书》，亦道学者。”文忠对曰：“陛下每言：士不治经讲孔孟之道而为诗赋，何关修身，何益治国！由是海内之士，稍知从事实学。臣今所诵，皆孔孟之言，焉知所谓道学！而俗儒[②]守亡国余习，欲行其说，故以是上惑圣听，恐非陛下教人修身治国之意也。”事遂止。（元史卷一百四十八）

【注释】①俊：董俊（1186—1233年），字用章，金真定藁城（今河北正定县)人，元朝大将。出身农家，长大习读史书，尤善骑射。

②俗儒：浅陋而迂腐的儒士。和“大儒”“通儒”相对。

【译文】董文忠字彦诚，是董俊的第八子。元世祖即位后，设置符宝局，任命董文忠担任符宝郎，授任奉训大夫。至元八年（1272年），侍讲学士徒单公履想上奏施行贡举，知道世祖对于佛教重视教义而轻视禅理，于是说儒学也有这种情况，科举类似教义，道学类似禅理。世祖很生气，召令姚枢、许衡与宰臣在朝廷讨论。董文忠从外面入宫，世祖说：“你每天读诵《四书》，也是一个道学家。”董文忠回答说：“陛下常常说：读书人不研究经典，讲论孔孟的学说而写诗作赋，与修养身心有什么关系，对治理国家有什么益处！于是天下的读书人，逐渐知道致力于切实有用的学问。臣下如今读诵的，都是孔孟的文章，哪里知道所谓的道学呢！然而浅陋而迂腐的读书人固守灭亡国家遗留的风尚，想推行自己的学说，因此上奏迷惑圣上，恐怕不是陛下您教人修身治国的本意。”贡举的事情于是停止了。（元史卷一百四十八）

史天泽

【题解】史天泽（1202—1275年），字润甫。燕京永清（今属河北）人。少善骑射，勇力过人。元太祖八年（1213年），随父史秉直归降木华黎。元太祖二十年（1225年），接替其兄史天倪都元帅职，率军击败金将武仙，又俘杀抗蒙红袄军将领彭义斌。历授五路万户、河南等路宣抚使、中书右丞相、枢密副使、中书左丞相等职。至元十一年（1274年），奉命与伯颜等统军出征南宋，至郢州时因病北还。次年，病逝于真定，享年74岁。谥号忠武。

史天泽“出入将相五十年，上不疑而下无怨”，被人比作郭子仪、曹彬一类的人物。他一生谨慎，多谋善断，料敌用兵，主张攻心为上，力戒杀掠。为元朝的统治立下功劳，是忽必烈推行汉法的主要大臣之一。

史天泽，字润甫，秉直[①]季子[②]也。从其兄天倪[③]帅真定。既而天倪为武仙[④]所害，天泽摄行[⑤]军事。

【注释】①秉直：史秉直，金永清（今属河北）人，字正道。世为土豪。元初名将史天泽之父。

②季子：泛指年龄最小的儿子。

③天倪：史天倪（1187—1225年），字和甫，燕京永清（今河北永清县）人，蒙元将领。

④武仙（？—1234年）：威州（今河北井陉旧威州）人，金末地主武装首领，封建九公之一。

⑤摄行：代理行使职权。

【译文】史天泽，字润甫，是史秉直的小儿子。跟从兄长史天倪率军驻扎在真定。不久史天倪被武仙杀害，史天泽代理行使军事职权。

己丑，太宗即位，议立三万户，分统汉兵。天泽适入觐，

命为真定、河间、大名、东平、济南五路万户。

【译文】己丑年（1229年），太宗即皇帝位，商议设立三员万户，分别统率汉族军队。史天泽刚巧入宫觐见，被任命为真定、河间、大名、东平、济南五路的万户。

中统元年，世祖即位，首召天泽，问以治国安民之道，即具疏以对，大略谓："朝廷当先立省部以正纪纲，设监司以督诸路，沛恩泽以安反侧，退贪残以任贤能，颁奉秩①以养廉，禁贿赂以防奸，庶能上下丕应②，内外休息③。"帝嘉纳之。

【注释】①奉秩：俸禄。奉，通"俸"。

②丕应：很好地应和。

③休息：特指处于和平环境中，社会安定。

【译文】中统元年（1260年），世祖即皇帝位，首先召见史天泽，询问他治国之道，史天泽立即备文分条陈述应对，大略内容是："朝廷应当先设立中央政府以正法度，设立监察部门以监督各个地区，施行仁政用来安定反复无常的小人，斥退贪婪残暴的人以任用贤能的人，发放丰厚的俸禄以培养廉洁，禁止贿赂以防止奸邪，希望上下能够很好地应和，朝廷内外得到安定。"世祖嘉奖并采纳了他的意见。

二年夏五月，拜中书右丞相。天泽既秉政，凡前所言治国安民之术，无不次第举行。又定省规十条，以正庶务。

【译文】中统二年（1261年）夏季五月，授中书右丞相。史天泽执政后，凡是之前谈到的治国之道，没有不按顺序施行的。又确定十条中书省的规章制度，使各种政务都合乎法则。

初，天泽将行，帝临轩授诏，责以专征，俾诸将皆听节度。天泽未尝以诏示人，及还，帝慰劳之，悉归功于诸将，其慎密谦退如此。天泽在宪宗时尝奏："臣始摄先兄天倪军民之职，天倪有二子，一子管民政，一子掌兵权，臣复入叨寄遇，一门之内，处三要职，分所当辞，臣可退休矣。"帝曰："卿奕世忠勤，有劳于国，一门三职，何愧何嫌！"竟不许。至是，言者或谓李璮[2]之变，由诸侯权太重。天泽遂奏："兵民之权，不可并于一门，行之请自臣家始。"于是史氏子侄，即日解兵符者十七人。

【注释】①临轩：皇帝不坐正殿而御前殿。殿前堂陛之间近檐处两边有槛楯，如车之轩，故称。

②李璮（？—1262年）：字松寿，潍州北海（今山东潍坊）人。金末山东军阀李全之子。

【译文】当初，史天泽将要启程的时候，世祖在前殿给他下了一道诏书，让他全权负责征讨事宜，各个将领都听从他的指挥。史天泽不曾把诏书拿出给别人看过，等到回来后，世祖慰劳他们，史天泽把功劳全部归给各个将领，他的谨慎保密、谦让就是这样。史天泽在宪宗时期曾经启奏说："臣下初始代理先兄史天倪行使管理军队的职务，他有两个儿子，一个管理民政，一个掌管兵权，臣下又承蒙圣上的赏识，一家之中，担任三个要职，按照道理应该辞职，臣下可以退休了。"宪宗说："爱卿家世代忠心勤劳，对国家有功劳，一家人担任三个职务，有什么不妥的呢！"最终没有同意。到这个时候，有人说李璮叛变，是由于诸侯的权力太重。史天泽于是启奏说："掌管民政与军队的权力，不可以集中在一家，请从臣下家开始改变这种情况。"于是史家的子侄，当天就有十七人解除兵权。

至元十年春，与平章阿术[①]等进攻樊城，拔之，襄阳降。十一年，诏天泽与丞相伯颜总大军，自襄阳水陆并进。天泽至郢州遇疾，还襄阳，帝遣侍臣赐以药饵。天泽因附奏曰："臣大限有终，死不足惜，但愿天兵渡江，慎勿杀掠。"语不及它。以十二年二月七日薨，年七十四。

【注释】①阿术：兀良哈·阿术（1234—1287年），元朝初期大将，蒙古族，大蒙古国开国功臣速不台之孙，都元帅兀良合台之子。

【译文】至元十年（1273年）春天，与平章政事阿术等人进攻樊城，攻下后，襄阳投降。至元十一年（1274年），世祖诏令史天泽与丞相伯颜总领大军，从襄阳水路与陆路一起行进。史天泽到郢州患病，回到襄阳，世祖派遣侍臣赐给他药物。史天泽于是附带奏章上奏说："臣下终归有一死，死不值得吝惜，臣下只希望天兵渡过长江后，谨慎不要杀戮掳掠。"言语不涉及其它。史天泽在至元十二年（1275年）二月初七去世，终年七十四岁。

天泽平居，未尝自矜其能，及临大节、论大事，毅然以天下之重自任。年四十，始折节读书，尤熟于《资治通鉴》，立论多出人意表。拜相之日，门庭悄然。或劝以权自张，天泽举唐韦澳①告周墀②之语曰："愿相公无权。爵禄刑赏，天子之柄，何以权为！"因以谢之，言者惭服。当金末，名士流寓失所，悉为治其生理而宾礼之，后多致显达。破归德，释李大节不杀，而送至真定，署为参谋。卫为食邑，命王昌龄治之，旧人多不平，而莫能间，其知人之明、用人之专如此。是以出入将相五十年，上不疑而下无怨，人以比于郭子仪、曹彬云。（元史卷一百五十五）

【注释】①韦澳：字子斐，唐朝汉人。

②周墀（793—851年）：字德升，汝南郡（今湖北武汉市）人。唐朝中后期宰相、历史学家、书画家。出身汝南周氏，少孤好学。工于小篆，见称一时，字画颇佳，联合崔球、张次宗、孔温业等校雠经籍刊印《开成石经》。参与牛李党争，为"牛党"重要人物。

【译文】史天泽平时居处，不曾自夸自己的才能，每当遇到关系国家纲纪、谈论国家安危存亡的大事，就刚强果断以天下大事为己任。到四十岁的时候，开始改变平素的志行发奋读书，尤其熟读《资治通鉴》，提出的看法大多超出他人的意料之外。他被任命为宰相后，依然门户寂静。有人劝他凭借权势扩大自己的声望，史天泽举出唐代韦澳告诉周墀的话说："希望宰相您不要认为自己有权。爵位、俸禄、刑罚、奖赏，都是天子执掌的，你有什么权力呢！"因此谢绝了，劝说的人羞愧而心服。在金国末年，很多知士流落到他乡居住、没有存身之地，史天泽都为他们提供生活所需并以宾客之礼相待，后来很多人都显赫闻达。攻破归德后，释放了李大节，没有加以杀害，并且带到真定，让他担任自己的参谋。卫地是史天泽世禄的封地，他交给王昌龄管理，原有的人员大多不满，然而不能改变他的任命，可见他知人而用、用人不疑。因此他出将入相五十年，君上不怀疑而属下没有怨恨，人们把他比作唐代郭子仪、宋代曹彬。（元史卷一百五十五）

群书治要续编卷第二十四　元史（下）

刘秉忠

【题解】刘秉忠（1216—1274年），初名刘侃，法名子聪，字仲晦，号藏春散人。邢州（今河北邢台市）人。刘秉忠出身世宦之家，自幼聪颖，十三岁时入都元帅府为质子，十七岁为邢台节度府令史。之后一度弃官隐居，拜虚照禅师为师。后入大蒙古国忽必烈幕府，以布衣身份参预军政要务，被称为“聪书记”。至元元年（1264年），升任光禄大夫、太保，领中书省政事，自此愈加尽心于国事。至元十一年（1274年）逝世，时年59岁。谥号文正。

刘秉忠对元朝的建立有着重大贡献，由于他的建议，元朝才以大元为国号，元代政治体制、典章制度大都是由他奠定的。他对元大都的规划设计，奠定了北京市最初的城市雏形。他的一系列主张，对忽必烈采用汉法，起了有力的推动作用。

《续编》主要辑录了他给世祖的上书内容，提出“以马上取天下，不可以马上治”，并阐述治国大略，得到世祖的嘉许和采纳。

刘秉忠，字仲晦，其先瑞州人也，世仕辽，为官族。世祖在潜邸，海云禅师被召，过云中，闻其博学多材艺，邀与俱行。

既入见，应对称旨，屡承顾问。秉忠于书无所不读，论天下事如指诸掌。世祖大爱之，海云南还，秉忠遂留藩邸。后数岁，奔父丧，赐金百两为葬具，仍遣使送至邢州。服除，复被召，奉旨还和林。上书数千百言，其略曰：

【译文】刘秉忠，字仲晦，他的祖先是瑞州（今江西高安）人，世代在辽国做官，是官宦大族。元世祖在王府的时候，海云禅师被召见，路过云中，听说刘秉忠学问渊博、多才多艺，于是邀请他一同前往。不久入王府觐见，刘秉忠的答对都符合上意，因此屡次受到世祖的咨询。刘秉忠无书不读，谈论天下的事简直了如指掌。世祖非常宠信他，海云禅师回到南方后，刘秉忠就留在藩王府邸。几年后，回乡料理父亲的丧事，世祖赏赐百两黄金作为丧葬的费用，并派人把他送到邢州。丧期结束后，又被征召，奉旨回到和林。进呈了数千百字的奏书，大略内容是：

典章、礼乐、法度、三纲五常之教，备于尧、舜，三王因之，五霸败之。汉兴以来，至于五代，一千三百余年，由此道者，汉文、景、光武，唐太宗、玄宗五君，而玄宗不无疵也。然治乱之道，系乎天而由乎人。

【译文】典章、礼乐、法度、三纲五常的教化，尧、舜已经完备，夏、商、周三王沿袭不断，直到春秋五霸才破坏了它们。从汉代兴盛以来到五代，一千三百多年间，遵循此道的，有汉文帝、汉景帝、汉光武帝，唐太宗、唐玄宗五位君主，而唐玄宗不是没有过失。但是国家的治乱兴衰，和天意有关，更是由人为决定。

愚闻之曰：“以马上取天下，不可以马上治。”昔武王，兄也；周公，弟也。周公思天下善事，夜以继日，每得一事，坐以待旦，以匡周室，以保周天下八百余年，周公之力也。君上，兄也；大王，弟也。思周公之故事而行之，在乎今日。千载一时，不可失也。

【译文】我听人说：“可以在马上取得天下，但是不可以在马上治理。”昔日的周武王，是兄长；周公，是弟弟。周公思考天下的善政，日夜不停，常常想到一件事，就坐着等到天亮，用以匡扶周王室，保全周朝天下八百多年，都是周公的功劳。如今君上是兄长，大王您是弟弟。按照周公的先例而施行，就在现在。机会难得，不可以错过。

君之所任，在内莫大乎相，相以领百官，化万民；在外莫大乎将，将以统三军，安四域。内外相济，国之急务，必先之也。然天下之大，非一人之可及；万事之细，非一心之可察。当择开国功臣之子孙，分为京府州郡监守，督责旧官，以遵王法；仍差按察官守，治者升，否者黜。天下不劳力而定也。

【译文】君王任命的官员，在朝廷内没有比丞相更大的，丞相统领百官，教化万民；在朝廷外没有比将军更大的，将军统率三军，安定边境。内外互相帮助，是国家急需要做的事情，必须先处理好。然而天下很大，不是一个人可以做到的；事情繁琐，不是一个人可以全面考虑的。应当选择开国功臣的子孙，分派到京府州郡监察，督促在任的官员，让他们遵守王法；还要派人考查官吏的政绩，有政绩的提升，没有的罢免。那么就可以不耗费气力治理好天下了。

天下户过百万，差徭甚大，加以军马调发，使臣烦扰，官吏乞取，民不能当，是以逃窜。宜比旧减半，或三分去一。官无定次，清洁者无以迁，污滥者无以降。可比附古例，定百官爵禄仪仗，使家足身贵。有犯于民，设条定罪。威福者君之权，奉命者臣之职。今百官自行威福，进退生杀惟意之从，宜从禁治。

【译文】天下的户口超过百万，徭役非常大，加上军队的征调，使臣的搅扰，官吏勒索，百姓不能承受，因此都逃跑流窜。应该对比旧例减去一半，或者减去三分之一。官员奖惩没有固定的等次，清正廉明的不能升迁，贪污受贿的不能贬黜。应该比照旧例，确定百官的爵位、俸禄、仪仗，使他们家庭富足、身份显贵。有侵犯百姓的，按规定处罚。赏罚是君王的权力，遵奉上命是臣下的职份。如今百官自己决定赏罚，任免、生杀只是随意决定，应该禁止、整顿。

天下之民未闻教化，见在囚人宜从赦免，明施教令，使之知畏，则犯者自少也。教令既设，则不宜繁，因大朝旧例，增益民间所宜设者十数条足矣。教令既施，罪不至死者皆提察然后决，犯死刑者覆奏①然后听断，不致刑及无辜。

【注释】①覆奏：旧制规定对犯人执行死刑前应反复向皇帝报告的制度。

【译文】天下的百姓没有听闻政教风化，现在关押的囚犯应该赦免，朝廷推行教化，颁布政令，让他们知晓并畏惧，那么触犯的人自然就少了。教化政令已经设立，就不应该繁多，沿袭大朝的旧例，增加民间所应该设立的十数条就足够了。教化政令施行后，罪不至死的都提察后再作决断，判处死刑的犯人反复上奏皇帝然后听讼断狱，不至于使无辜的人受刑。

天子以天下为家，兆民为子，国不足，取于民，民不足，取于国，相须如鱼水。有国家者，置府库，设仓廪，亦为助民；民有身者，营产业，辟田野，亦为资国用也。今宜打算官民所欠债负，若实为应当差发①所借，宜依合罕②皇帝圣旨，一本一利，官司归还。凡陪偿无名，虚契所负，及还过元本者，并行赦免。

【注释】①差发：蒙元时指赋税徭役。

②合罕：即“可汗”。亦作“可寒”“合罕”。古代柔然、突厥、回纥、蒙古等政权最高统治者的称号。文献中常以“合罕皇帝”专指窝阔台。

【译文】天子以天下为家，百姓为子，国用不足，就从百姓处征取，民用不足就从国家处调取，互相依存如同鱼与水。君王，设置府库、仓廪，也是为了救助百姓；百姓自身，经营产业，开辟田野，也是资助国用。如今应该核算官吏和百姓所欠的债，如果确实是应当缴纳的赋税徭役所借款项，应该依照合罕皇帝的圣旨，一本一利，由官府归还。凡是没有正当明目的赔偿，虚假契约上的负债，以及偿还超过原来本钱的，一律免除。

纳粮就远仓，有一废十者，宜从近仓以输为便。当驿路州城，饮食祗待[①]偏重，宜计所费以准差发。关市津梁正税[②]十五分取一，宜从旧制。禁横取，减税法，以利百姓。仓库加耗[③]甚重，宜令权量度均为一法，使锱铢圭撮尺寸皆平，以存信去诈。珍贝金银之所出，淘沙炼石，实不易为，一旦以缠丝缕，饰皮革，涂木石，妆器仗，取一时之华丽，废为尘而无济，甚可惜也，宜从禁治。除帝胄功臣大官以下章服[④]有制外，无职之人不得僭越。今地广民微，赋敛繁重，民不聊生，何力耕耨以厚产业？宜差劝农官一员，率天下百姓务农桑，营产业，实国之大益。

【注释】①祗（zhī）待：侍奉，供奉。

②正税：旧指正额赋税。与“加耗”“子税”等附加税相对。

③加耗：古代在租税正额以外加收的损耗费。

④章服：绣有日月、星辰等图案的古代礼服。每图为一章，天子十二章，群臣按品级以九、七、五、三章递降。

【译文】缴纳税粮运送到遥远的仓库，所得利益抵偿不了所受损失的话，应该运送到近处的仓库为好。驿路附近的州城，饮食供奉过于繁重，应该核计实际花费以抵偿赋税徭役。关口市场、沿海海口正额赋税征收十五分之一，应该依从旧制。禁止勒索，减少税法，让百姓得利。仓库加收的损耗费非常繁重，应该让权量度有统一的标准，使锱铢圭撮尺寸都平准，以保存信用、去除欺诈。珍贝金银是通过淘沙炼石得来的，实在是不容易得到，一旦用来缠绕丝缕，装饰皮革，涂染木石，装扮器仗，取得一时的华丽，最后却废弃为尘。没有丝毫益处，非常可惜，应该加以禁止整治。除皇族功臣大官以下的礼服有规定外，没有职位的人不能够超越本分。如今土地广大，人烟稀少，田赋税收繁重，百姓无法生活下去，怎么会致力耕种以增加财产呢？应该派遣一名劝勉农桑的官员，率领天下的百姓从事农业生产，经营产业，实在是国家的大利益。

古者庠序学校未尝废，今郡县虽有学，并非官置。宜从旧制，修建三学[①]，设教授，开选择才，以经义为上，词赋论策次之。兼科举之设，已奉合罕皇帝圣旨，因而言之，易行也。开设学校，宜择开国功臣子孙受教，选达才任用之。

【注释】①三学：唐代称国子学、太学、四门学为三学，隶属国子监。文武三品以上官吏子孙得入国子学，五品以上子孙得入太学，七品以上子孙及平民之俊异者得入四门学。宋代称太学之外舍、内舍、上舍为三舍，亦称三学。

【译文】古时候，学校不曾废置，如今郡县虽然有学校，但并不是官府设置的。应该依从旧制，修建三学，设立教授，开科考选人才，以经书义理为上，词赋论策其次。综合科举考试的办法，已经遵奉合罕皇帝的圣旨，因而宣布，就容易推行了。开设学校，应该选择开国功臣的子孙接受教育，选拔贤达的人才任用。

天下莫大于朝省，亲民莫近于县宰。虽朝省有法，县宰宜择，县宰正，民自安矣。关西、河南地广土沃，以军马之所出入，治而未丰。宜设官招抚，不数年民归土辟，以资军马之用，实国之大事。移剌中丞拘榷[1]盐铁诸产、商贾酒醋货殖诸事，以定宣课，虽使从实恢办，不足亦取于民，拖兑不办，已不为轻。奥鲁合蛮[2]奏请于旧额加倍榷之，往往科取民间。科榷并行，民无所措手足。宜从旧例办榷，更或减轻，罢繁碎，止科征，无从献利之徒削民害国。鳏寡孤独废疾者，宜设孤老院，给衣粮以为养。使臣到州郡，宜设馆，不得于官衙民家安下。

【注释】①拘榷：亦作“拘确”，指专卖。

②奥鲁合蛮：奥都剌合蛮，是蒙古汗国时期的西域回回商人，曾在元太宗时期扑买中原银课，在乃马真后称制时期权倾一时。

【译文】天下没有比朝廷和行省更大的了，亲近百姓没有比县宰更密切的了。即使朝廷和行省有成法，还需要县宰具体执行，县宰清正，百姓自然就会安定。关西、河南地区土地宽广、肥沃，由于军队常常出入，虽然治理但是没有取得好收成。应该设置官员招抚百姓，不需要几年百姓就会回来开辟土地，以供给军队的费用，实在是国家的大事。移交中丞根据盐铁专卖、商人经商营利酒醋这些事，来确定赋税的标准，虽然是根据实际情况办理，不足的时候也向百姓征收，拖欠不缴纳，已经不算轻了。奥鲁合蛮奏请在原来的基础上增加一倍，往往在民间征收。税收和专卖同时施行，百姓不知道该怎么办。应该按照旧例办理专卖，或者减轻，罢除繁杂琐碎，停止征收赋税，不听任献利的人剥削百姓、危害国家。对于鳏寡孤独和残疾人，应该设立孤老院，供给他们衣服、粮食养育。派遣使臣到州郡，应该住在专门的馆舍，不应该住在官衙和百姓家。

孔子为百王师，立万世法，今庙堂虽废，存者尚多，宜令州郡祭祀，释奠[1]如旧仪。近代礼乐器具靡散，宜令刷会，征太常旧人教引后学，使器备人存，渐以修之，实太平之基，王道之本。今天下广远，虽成吉思皇帝威福之致，亦天地神明阴所祐也。宜访名儒，循旧礼，尊祭上下神祇，和天地之气，顺时序之行，使神享民依，德极于幽明，天下赖一人之庆。

【注释】①释奠：古代在学校设置酒食以奠祭至圣先师孔子的一种典礼。

【译文】孔子是历代帝王的老师，制定了万代的礼法，如今孔庙虽然废弃了，但是保存下来的还有很多，应该下令州郡祭祀，按照原来的仪式举行释奠礼。现代的礼乐器具凋敝，应该下令收集，征召年高德劭的太常旧臣教引学生，使器物具备、人才得以保存，逐渐加以普及，实在是太平之基，王道之本。如今天下广大辽远，即使是成吉思皇帝的威福成就的，也是天地神明在暗中护佑的。应该寻访名儒，依循旧礼，祭奠所有的神灵，和谐天地之气，顺应时序的运行，使鬼神有祭品享用、百姓有依靠，德行能够感动天地鬼神，天下人都将依赖皇帝一人的福德。

国家广大如天，万中取一，以养天下名士宿儒之无营运产业者，使不致困穷。或有营运产业者，会前圣旨种养应输差税，其余大小杂泛并行蠲免，使自给养，实国家养才励人之大也。明君用人，如大匠用材，随其巨细长短，以施规矩绳墨。孔子曰：“君子不可小知而可大受，小人不可大受而可小知。”盖君子所存者大，不能尽小人之事，或有一短；小人所拘者狭，不能同君子之量，或有一长。尽其才而用之，成功之道也。

【译文】国家像天一样广大，万中取一，用来奉养天下名士大儒中没有产业生计的人，使他们不至于艰难窘迫。有经营产业生计的人，根据以前的圣旨耕种养殖等农事应该缴纳赋税，其他大小杂多并行的赋税全部予以免除，让他们供给自己生活，实在是国家养育、勉励人才的大事。圣明的君王任用人才，如同技艺高超的木工处理木材，根据木材的粗细长短，给予规矩绳墨合理利用。孔子说："君子不可以让他们做小事，却可以让他们接受重任；小人不可以让他们接受重任，却可以让他们做小事。"大概是因为君子关注的是大事，不能穷尽小人的事情，这也许是他的短处；小人关心的事情狭小，没有君子一样的器量，但总有他们的长处。尽量发挥他们的才能任用他们，这是成功的途径。

君子不以言废人，不以人废言。大开言路，所以成天下、安兆民也。天地之大，日月之明，而或有所蔽。且蔽天之明者，云雾也；蔽人之明者，私欲佞说也。常人有之，蔽一心也；人君有之，蔽天下也。常选左右谏臣，使讽谕于未形，忖画于至密也。君子之心，一于理义，怀于忠良；小人之心，一于利欲，怀于谗佞。君子得位，有容于小人；小人得势，必排于君子。明君在上，不可不辨也。孔子曰"远佞人"，又曰"恶利口之覆邦家者"，此之谓也。

【译文】君子不因为言语的过失而废弃他人，也不会因为他人的不足而不采纳他正确的意见。扩大进言的道路，这样才能天下太平、万民安定。天地广大，日月光明，然而也会被遮蔽。遮蔽上天光明的，是云雾；掩蔽人们聪明的，是人的欲望和各种邪说。平常人有这样的缺陷，蒙蔽的是一个人的内心；君王有这样的不足，蒙蔽的就是天下了。应该常常选择左右劝谏的大臣，让他们在没有成形的时候就进行劝说，思虑谋划得十分周密。君子的用心，专注于公理与正义，心怀忠良；小人的用心，专注于对私利的欲望，心怀谗邪奸佞。君子身处官位，能够包容小人；小人得势，必定会排斥君子。明君在上，不能够不分辨。孔子说“要远离阿谀奉承的人”，又说“厌恶能说会道、倾覆国家的人”，说的就是这个啊。

今言利者众，非图以利国害民，实欲残民而自利也。宜将国中人民必用场冶①，付各路课税所，以定榷办，其余言利者并行罢去。古者明王不宝远物，所宝惟贤，如使贤者在位，能者在职，此皆一人之睿知，贤王之辅成也。古者治世均民产业，自废井田②为阡陌，后世因之不能复。今穷乏者益损，富盛者增加。宜禁行利之人勿恃官势，居官在位者勿侵民利，商贾与民和好交易，不生擅夺欺罔之害，真国家之利也。

世祖嘉纳焉。

【注释】①场冶：场，盐场。冶，冶炼，指炼铁的场所。

②井田：周代授田之法。以地一方里画成九区，由八家各占百亩，

称为私田，中间百亩为公田，因形如井字，故称为“井田”。

【译文】如今谈论利的人很多，他们不是想着利益国家而损害百姓，实际上是想着残害百姓而自己获利。应该将全国百姓生活必需的盐场和炼铁场，交付各路课税所，以实行专卖，其他牟利的名目全部罢去。古时候贤明的君王不把远物作为宝，只重视贤能的人，如果让贤德的人在位，能干的人在职，这都是帝王明智，贤臣辅佐的结果。古代的治世，均衡百姓的产业，自从废除井田制改为田界后，后世一直沿袭而不能恢复。如今贫困者的土地更加减少，富裕者的土地一直增加。，应该禁止谋利的人依仗官吏的权势，做官的人不要侵害百姓的利益，商人与百姓平等交易，不造成擅自抢夺、欺骗蒙蔽的危害，才真正是国家的利益。

世祖嘉奖并采纳了他的建议。

癸丑，从世祖征大理。明年，征云南。每赞以天地之好生，王者之神武[①]不杀，故克城之日，不妄戮一人。

【注释】①神武：原谓以吉凶祸福威服天下而不用刑杀。后沿用为英明威武之意，多用以称颂帝王将相。

【译文】癸丑年（1253年），刘秉忠跟随世祖征讨大理。第二年，征讨云南。常常称扬天地爱惜生灵，君王英明威武不嗜杀，因此世祖攻克城池的时候，没有胡乱杀害一个人。

中统元年，世祖即位，问以治天下之大经、养民之良法，秉忠采祖宗旧典，参以古制之宜于今者，条列以闻。于是下诏建元纪岁，立中书省、宣抚司。朝廷旧臣、山林遗逸之士，咸见录用，文物[1]粲然一新。十一年，扈从至上都，其地有南屏山，尝筑精舍居之。秋八月，秉忠无疾端坐而卒，年五十九。（元史卷一百五十七）

【注释】①文物：指礼乐制度。古代用文物明贵贱，制等级，故云。

【译文】中统元年（1260年），世祖即皇帝位，询问他治理天下的方针、养育百姓的措施，刘秉忠采集元朝祖宗的旧典，参考古代制度适合现在的，分条列举进呈。世祖在这时下诏建元纪岁，设立中书省、宣抚司。朝廷旧臣、山林中隐居的人，全部被录用，礼乐制度明白如同新的一样。至元十一年（1274年），刘秉忠随从世祖出巡到达上都，那个地方有一座南屏山，他曾经筑造精舍居住。这年秋天八月，刘秉忠没有疾病安坐着去世，终年五十九岁。（元史卷一百五十七）

姚　枢

【题解】姚枢（1203—1280年），字公茂，号雪斋、敬斋。洛阳（今河南洛阳市）人。姚枢自幼读书刻苦，自期甚高，当时闲居许州的名士宋九嘉对他倍加赏识，认为他有“王佐略”。1232年，蒙古军攻破许州，姚枢被迫出逃。这时，宋九嘉已出任蒙古官职，姚枢投靠他，宋九嘉将他推荐给了名臣杨惟中。杨惟中很快推荐姚枢前往漠北，觐见窝阔台，窝阔台“喜其来，甚重之”，留他在身边数年。1235年，皇子阔出统兵攻宋，姚枢从俘虏中访得名儒赵复，力劝其北上讲学，程朱理学在北方传播开来。由于姚枢、窦默、许衡等人的努力，元朝尊信程朱，将理学定为官学。此后，明清承续元代，也以程朱之学为官学。

1250年，忽必烈召姚枢至漠北。次年忽必烈总理漠南汉地军国庶事，他以藩府旧臣的身份预议朝政，参定一代制度，并向忽必烈陈述帝王之学、治国之道。曾任东平宣抚使、大司农、中书左丞、河南行省佥事、昭文馆大学士、翰林学士承旨等职，对忽必烈推动汉法起了巨大作用。

姚枢，字公茂，柳城人，后迁洛阳。世祖在潜邸，遣赵璧[①]召枢至，大喜，待以客礼。询及治道，乃为书数千言，首陈二帝三王之道，以治国平天下之大经，汇为八目，曰：修身，力学，尊贤，亲亲，畏天，爱民，好善，远佞。次及救时之弊，为条三十，曰：“立省部，则庶政出一，纲举纪张，令不行于朝而变于夕。辟才行，举逸遗，慎铨选[②]，汰职员，则不专世爵而人才出。班俸禄，则赃秽塞而公道开。定法律，审刑狱，则收生杀之权于朝，诸侯不得而专，丘山之罪不致苟免，毫发之过免罹极法，而冤抑有伸。设监司，明黜陟，则善良奸窳[③]可得而举刺[④]。阁征敛，则部族不横于诛求。简驿传[⑤]，则州郡不困于需索。修学校，崇经术，旌节孝，以为育人才、厚风俗、美教化之基，使士不媮[⑥]于文华。重农桑，宽赋税，省徭役，禁游惰，则民力纾，不趋于浮伪，且免习工技者岁加富溢，勤耕织者日就饥寒。肃军政，使田里不知行营往复之扰攘。周匮乏，恤鳏寡，使颠连无告者有养。布屯田以实边戍，通漕运以廪京都。停债负，则贾胡[⑦]不得以子为母，破称贷[⑧]之家。广储蓄、复常平以待凶荒，立平准以权物估，却利便以塞幸途，杜告讦以绝讼源。"各疏施张之方，其下本末兼该，细大不遗。世祖奇其才，动必召问，且使授世子经。

【注释】①赵璧（1220—1276年）：字宝臣，元朝政治家，云中怀仁县（今山西怀仁县）人。

②铨选：选才授官。古代举士与选官相一致。士获选，即为官。至唐，试士属礼部，试吏属吏部，以科目举士，以铨选举官。举官又分两途，吏部主文选，兵部主武选。

③窳（yǔ）：恶劣，粗劣。

④举刺：提拔与黜责。

⑤驿传：传舍，驿站。为我国历代封建政府供官员往来和递送公文用的交通机构，又为封建制度下对平民的一种徭役。

⑥媮（tōu）：古同"偷"，苟且敷衍。

⑦贾胡：经商的胡人。

⑧称贷：举债。向人告贷。

【译文】姚枢，字公茂，是柳城人，后来迁居到洛阳。世祖在藩王府的时候，派遣赵璧召唤姚枢前来，见了之后非常欢喜，用宾客的礼节对待他。询问他治国之道，他书写了数千字的建议进呈，首先陈述二帝三王的大道，把治国平天下的方针大略，归纳为八纲目，分别是：修身，力学，尊贤，亲亲，畏天，爱民，好善，远佞。其次为匡救时弊，列举三十条目，分别是："设立省部，那么所有的政令都出自一源，纲举纪张，让政令不至于朝令夕改。征辟有才智和德行的人，举荐隐居的人，慎重选才授官，裁汰职员，那么就不会只是权贵世袭官爵，进而有人才出现。颁布俸禄的等级，那么就能堵塞贪赃纳贿而发扬公道。制定法律，审察罪犯，那么生杀之权就收归朝廷，诸侯不能够独断专行，丘山大罪不至于苟且而免于处罚，毫发小过就能避免遭受极刑，而使冤屈得以伸张。设立监察机构，明确升降标准，那么善良和奸邪的人分别会得到升迁、贬黜。停止征税，那么氏族部落就不会强制征收。简化驿站、传舍，那么州郡就不会被敲诈勒索困扰。修建学校，推崇经学，旌表贞节和孝顺，作为教育人才、淳厚风俗、宣扬教化的基础，使读书人不苟且敷衍文章的华采。重视农桑，宽缓赋税，减省徭役，禁止游荡懒惰，那么百姓的负担就会解除，不追求虚伪，而且避免从事各种技艺的人一年年富裕，勤劳耕种织编的人一天天接近饥寒。严肃军中政事，使农业活动不遭受往来行军的骚乱。周济资财缺乏的人，怜恤老弱孤苦的人，使困顿不堪、孤苦无处投诉的人得到赡养。安排屯田以充实守边部队，开通漕运以供给京城的粮食。官府禁止（高利）借贷，那么经商的胡人不能够以子为母，耗尽举债人的家产。广泛储蓄、恢复常平仓以防备饥荒之年，确立平准以稳物价，节制商人利用不正当手段贪图暴利，杜绝揭人阴私以消除诉讼的根源。”各条施行的方法，本末枝节都兼备，大小没有遗漏。世祖诧异他的才能，有事情必定召他询问，并且让他教授世子经典。

壬子夏，从世祖征大理，至曲先脑儿之地。夜宴，枢陈宋太祖遣曹彬取南唐不杀一人、市不易肆事。明日，世祖据鞍呼曰：“汝昨夕言曹彬不杀者，吾能为之，吾能为之！”枢马上贺曰：“圣人之心，仁明如此，生民之幸，有国之福也。”

【译文】壬子年（1252年）夏天，姚枢跟从世祖征讨大理，到达曲先脑儿的领地。夜晚宴会的时候，姚枢陈说宋太祖赵匡胤派遣曹彬攻取南唐的时候没有乱杀一个人、市场上没有改变交易的事情。第二天，世祖在马上对姚枢呼喊道：“你昨晚说曹彬不乱杀一个人，我能够做到，我能够做到！”姚枢在马上恭贺说：“圣人之心，像这样仁爱明察，是百姓的幸运，国家的福气。”

世祖即位，立十道宣抚使，以枢使东平。二年，拜太子太师，改大司农。

【译文】世祖即位，设立十道宣抚使，任命姚枢担任东平宣抚使。中统二年（1261年），授太子太师，改任大司农。

李璮谋叛，帝问："卿料何如？"对曰："使璮乘吾北征之衅，濒海捣燕，闭关居庸，惶骇人心，为上策。与宋连和，负固持久，数扰边，使吾罢于奔救，为中策。如出兵济南，待山东诸侯应援，此成擒[①]耳。"帝曰："今贼将安出？"对曰："出下策。"初，帝尝论天下人材，及王文统[②]，枢曰："此人学术不纯，以游说干诸侯，他日必反。"至是，文统果因璮伏诛。

【注释】①成擒：被擒，就擒。

②王文统（？—1262年）：字以道。益都（今山东）人。少时喜读讲权谋的书，以所学权谋之术游说各地军阀。后来投靠割据益都行省的李璮，被留为幕僚，为李璮出谋划策。中统三年（1262年）二月，李璮反元，王文统被认定为李璮同谋，与其子王荛一同被处死。

【译文】李璮谋反，世祖问："爱卿料想结局会怎么样？"姚枢回答说："假使李璮乘我们北征的空隙，通过海路进攻燕地，占据居庸关，使人心惊骇，这是上策。如果李璮与宋军联手，依恃险阻长久对峙，多次骚扰边境，使我们因为奔救而劳累不堪，这是中策。如果李璮出兵济南，等待山东诸侯的响应救援，这样他会被我们活捉。"世祖说："如今贼寇将会怎么做呢？"姚枢说："会选择下策。"当初，世祖曾经谈论天下的人才，说到王文统，姚枢说："这个人学术不纯正，通过游说求取诸侯，以后必定会造反。"到如今，王文统果然因为李璮叛乱而被诛杀。

十三年，拜翰林学士承旨。十七年，卒，年七十八，谥曰文献。

【译文】至元十三年（1276年），授翰林学士承旨。至元十七年（1280年），姚枢去世，终年七十八岁，谥号文献。

枢天质含弘而仁恕，恭敏而俭勤，未尝疑人欺己。有负其德，亦不留怨。忧患之来，不见言色。有来即谋，必反复告之。（元史卷一百五十八）

【译文】姚枢天性包容博厚而仁爱宽容，谦恭勤勉而节约勤劳，不曾怀疑别人欺骗自己。有人辜负他的恩德，他也不心存怨恨。遇到困苦患难，也不表现在言语脸色上。有人来找他商议，必定为他谋划并且反复告诫他。（元史卷一百五十八）

许　衡

【题解】许衡（1209—1281年），字仲平，号鲁斋，世称“鲁斋先生”。怀庆路河内县（今河南沁阳市）人。许衡自幼勤读好学，之后为避战乱，常来往于河、洛之间，从姚枢得宋二程及朱熹著作，与姚枢及窦默相讲习。元宪宗四年（1254年），许衡应忽必烈之召出任京兆提学，授国子祭酒。至元六年（1269年），奉命与徐世隆定朝仪、官制。至元八年（1271年），拜集贤大学士兼国子祭酒。又领太史院事，与郭守敬修成《授时历》。至元十七年（1280年），因病归怀庆休养。至元十八年（1281年）去世，享年73岁，谥号文正。皇庆二年（1313年），从祭孔庙，为有元一代儒宗。

《续编》主要辑录了他给元世祖的一道上疏，论述治国理政的五大要点，得到元世祖的嘉奖采纳。

许衡，字仲平，怀之河内人也，世为农。幼有异质，七岁入学。

【译文】许衡，字仲平，怀庆路河内县（今河南沁阳）人，世代务农。幼年就有特异的资质，七岁进入学校读书。

时兵乱中，衡夜思昼诵，身体而力践之，言动必揆诸义而后发。尝暑中过河阳，渴甚，道有梨，众争取啖之，衡独危坐①树下自若。或问之，曰："非其有而取之，不可也。"人曰："世乱，此无主。"曰："梨无主，吾心独无主乎？"

【注释】①危坐：古人以两膝着地，耸起上身为"危坐"，即正身而跪，表示严肃恭敬。后泛指正身而坐。

【译文】当时处在战乱时期，许衡夜间思考、白天诵读，亲身体验而努力实行，言行必定揣测书中的义理然后践行。曾经在酷暑中经过河阳，非常口渴，路上有棵梨树，众人都争着摘梨吃，许衡独自镇静自如地正身坐在树下。有人问他为什么不摘梨吃，许衡说："不是自己的却擅自取用，是不可以的。"有人说："世道混乱，这梨树没有主人。"许衡说："梨树没有主人，难道我心中也无主吗？"

居苏门，与枢及窦默①相讲习。慨然以道为己任。尝语人曰："纲常不可一日而亡于天下，苟在上者无以任之，则在下之任也。"

【注释】①窦默（1196—1280年）：初名杰，字汉卿，后改名，字子声，元初理学家，金针灸医家。

【译文】许衡居住在苏门，与姚枢以及窦默互相讲议研习学问。感情激昂地把弘道作为自己的责任。曾经对人说："天下不能够一天没有三纲五常，如果在上位的人没有担起这个责任，那么我们在下位的人就应该负起这个责任。"

甲寅，世祖出王秦中，以姚枢为劝农使，教民耕植。又思所以化秦人，乃召衡为京兆提学。

【译文】甲寅年（1254年），世祖受封管理秦中，任命姚枢担任劝农使，教导百姓耕田种植。又想着教化秦人，于是征召许衡担任京兆提学。

中统元年，世祖即皇帝位，召至京师。时王文统以言利进为平章政事，衡、枢辈入侍，言治乱休戚，必以义为本。文统患之。且窦默日于帝前排其学术，疑衡与之为表里，乃奏以枢为太子太师，默为太子太傅，衡为太子太保，阳为尊用之，实不使数侍上也。未几，衡谢病归。

【译文】中统元年（1260年），世祖即皇帝位，召许衡到京城。当时王文统通过谈论利益进升为平章政事，许衡、姚枢等人入朝奉侍，言说天下的治乱安危，必定以大义为根本。王文统很憎恶他们。而且窦默时常在世祖面前批评他的学术不正，王文统怀疑许衡与窦默串通互为表里，于是上奏让姚枢担任太子太师，窦默担任太子太傅，许衡担任太子太保，名义上是重用他们，实际上是不让他们经常见到世祖。不久，许衡就托病辞职回乡了。

至元二年，帝以安童为右丞相，欲衡辅之，复召至京师，命议事中书省。衡乃上疏曰：

【译文】至元二年（1265年），世祖任命安童为右丞相，想让许衡辅助他，又把他召回京城，让他到中书省参议政事。许衡于是上疏说：

臣性识愚陋，学术荒疏，不意虚名，偶尘圣听。陛下好贤乐善，舍短取长，虽以臣之不才，自甲寅至今十有三年，凡八被诏旨，中怀自念，何以报塞。又日者面奉德音，叮咛恳至，中书大务，容臣尽言。臣虽昏愚，荷陛下知待如此其厚，敢不罄竭所有，裨益万分。孟子以“责难于君谓之恭，陈善闭邪谓之敬”；孔子谓“以道事君，不可则止”。臣之所守，大意盖如此也。伏望陛下宽其不佞，察其至怀，则区区之愚，亦或有小补云。

【译文】臣下天性愚钝浅陋，学术荒废生疏，没想到虚名偶然被您听说。陛下您爱好贤士、乐与为善，舍人所短，用人所长，即使臣下这样没有才能的人，从甲寅年（1254年）到现在十三年间，总共八次被您召见，臣下心中考虑怎么能报答您的知遇之恩呢。而且日前又当面聆听到您的谈话，叮咛非常诚恳，中书省的重大事务，让臣下尽情谈论。臣下虽然昏愦愚昧，承受陛下如此深厚的知遇、优待，怎么敢不竭尽全力，助益政事呢。孟子认为“以难为之事勉励君王叫作恭，陈述善法德政去除君主的邪思邪见就叫作敬”；孔子说“用正道辅佐君王，如果君王不推行正道不听从就停止”。臣下坚守的，大体上就是这样。希望陛下您宽恕我的不才，体察我的诚心，那么臣下小小的愚见，也或许能对您有点帮助。

其一曰：自古立国，皆有规模。循而行之，则治功可期。否则心疑目眩，变易分更，未见其可也。昔子产相衰周之列国，孔明治西蜀之一隅，且有定论，终身由之；而堂堂天下，可无一定之说而妄为之哉？考之前代，北方之有中夏者，必行汉法乃可长久。故后魏、辽、金历年最多，他不能者，皆乱亡相继，史册具载，昭然可考。使国家而居朔漠，则无事论此也。今日之治，非此奚宜？夫陆行宜车，水行宜舟，反之则不能行；幽燕食寒，蜀汉食热，反之则必有变。以是论之，国家之当行汉法无疑也。然万世国俗，累朝勋旧，一旦驱之下从臣仆之谋，改就亡国之俗，其势有甚难者。窃尝思之，寒之与暑，固为不同。然寒之变暑也，始于微温，温而热，热而暑，积百有八十二日而寒始尽。暑之变寒，其势亦然，是亦积之之验也。苟能渐之摩之，待以岁月，心坚而确，事易而常，未有不可变者。此在陛下尊信而坚守之，不杂小人，不责近效，不恤流言，则致治之功，庶几可成矣。

【译文】其一是：自古以来建立国家，都有规范与模式。依循而施行，那么治理国家的政绩可以期望。不然疑心眼花，多次变更，这是不可以的。从前子产在衰落的周朝列国中担任相国，孔明治理西蜀狭小的地区，都有确定的规章制度，终身奉守；现在如此盛大的天下，能够没有一定的规程而胡乱行事的吗？考察前代的历史，北方的民族占领中原，必定要施行汉族的制度才可以长久。所以北魏、辽、金统治的时间最长，其他没有施行汉族制度的，都相继发生动乱灭亡，史书都有记载，可以明白考证。假使国家居住在北方沙漠地带，那么就不需要讨论此事。现在的治理措施，不采用这种又有哪种合适呢？在陆地上行走适宜驾车，在水上行走适宜划舟，反之就不能行动；幽燕地区吃冷的食物，蜀汉地区吃热的食物，反之就会有变故。从这来说，国家应施行汉族的治理措施是没有疑问的。然而国家万世的风俗，历朝有功勋的旧臣，让他们一下子就听从臣下的建议，改从已经灭亡之国的风俗，形势是非常艰难的。臣下曾经私下考虑，寒冷与暑热，固然不同。然而寒冷变为暑热，是从微温开始的，温变热，热变暑，累积一百八十二天寒冷就完全退尽了。暑热变成寒冷，形势也是一样的，这也是累积的验证。如果能逐渐推行，等待时日，心意坚定而明确，事情简易而长久，没有不能够改变的。关键在于陛下您尊重信奉且坚定地遵守，不掺杂小人，不责求近时可见的功效，不考虑流言，那么要达到安定清平的功绩，差不多就可以做到了。

二曰：中书之务不胜其烦，然其大要在用人、立法二者而已矣。近而譬之：发之在首，不以手理而以栉理；食之在器，不以手取而以匕取。手虽不能，而用栉与匕，是即手之为也。上之用人，何以异此。然人之贤否，未知其详，固不可得而遽用也。然或已知其孰为君子，孰为小人，而复患得患失，莫敢进退，徒曰知人，而实不能用人，亦何益哉！人莫不饮食也，独膳夫为能调五味之和；莫不睹日月也，独星官为能步亏食之数者，诚以得其法故也。古人有言曰：“为高必因丘陵，为下必因川泽，为政必因先王之道。”今里巷之谈，动以古为诟戏，不知今日口之所食，身之所衣，皆古人遗法而不可违者，岂天下之大，国家之重，而古之成法反可违邪？其亦弗思甚矣！夫治人者法也，守法者人也。人法相维，上安下顺，而宰执优游于廊庙之上，不烦不劳，此所谓省也。夫立法用人，今虽未能遽如古昔，然已仕者当给俸以养其廉，未仕者当宽立条格，俾就叙用①，则失职之怨少可舒矣。外设监司以察污滥，内专吏部以定资历，则非分之求渐可息矣。再任三任，抑高举下，则人才爵位略可平矣。至于贵家之世袭，品官之任子，版籍之数，续当议之，亦不可缓也。

【注释】①叙用：分等级进用。

【译文】其二是：中书省的政务非常烦琐，然而其中的要旨是在用人、立法这两项。就近打个比方：头发在脑袋上，不用手梳理而用梳子梳理；食物在食器里，不用手抓取而用勺匙取食。虽然不是手直接做，用的是梳子和勺匙，实际上也是手做的。君上用人，与这没有什么区别。然而人的贤能与否，了解得不是很清楚，固然不能得到而仓促地任用。然而如果已经了解到谁是君子，谁是小人，却又患得患失，不敢进贤退佞，只是了解人，实际上却不能用人，又有什么用处呢！人没有不饮食的，惟独膳夫能调和五味；人没有不见到日月的，惟独星官能够推算天象，实在是由于他们掌握了其中方法的缘故。古人曾经说过：“到高处必定要借助丘陵，到低处必定要借助川泽，治理国家必定要沿袭先王的法度。”如今街头巷尾的谈论，动不动就笑骂古代，却不知道今日嘴里吃的，身上穿的，都是古人遗留下来不能够违背的，难道因为天下之大，国家之重，古时候的既定之法反而可以违背吗？这也是很不加以考虑了！管理人的是法纪，遵守法纪的是人。人法相连，朝廷安定、百姓顺从，那么宰相就可以在朝堂之上悠然自得，不烦恼伤神，这就是所谓的省。立法和用人，即使现在不能立刻就像古时候一样，然而已经做官的人应当给予他们俸禄用来培养廉洁，没有做官的人应当放宽条规，让他们得到分级进用，那么未尽职责的怨恨就会减少了。在外设立监察部门用来监察贪污受贿，对内专门设立吏部用来排定官员的资历，那么不合本分的要求逐渐就可以平息了。可以在一个官职上连续两任或者三任，抑制高位、选拔下位，那么人才爵位就大致可以平齐了。至于高门大族人家的子孙世袭爵位，有品级官员的子孙担任官职，分封的人数，还应当再作讨论，也是不能够迟缓的。

其三曰：民生有欲，无主乃乱，上天眷命[①]，作之君师，此盖以至难任之，非予之可安之地而娱之也。是以尧、舜以来，圣帝明王，莫不兢兢业业、小心畏慎者，诚知天之所畀[②]至难之任，初不可以易心处之也。知其为难而以难处，则难或可为；不知为难而以易处，则他日之难有不可为者矣。孔子曰：“为君难，为臣不易。”为臣之道，臣已告之安童矣。至为君之难，尤陛下所当专意也。臣请言其切而要者：

【注释】①眷命：亦作“睠命”。垂爱并赋予重任。

②畀（bì）：给与。

【译文】其三是：百姓生来就会有欲望，没有君王就会混乱，上天垂爱并赋予重任，为他们设立了君主和师傅，这是把极难的事情交给君王，不是给予君王一个安乐的地方供他们享受。所以从尧、舜以来，圣明的帝王，没有不勤恳认真、小心谨慎的，诚然是知道上天给予了他们极难的事情，不可以用轻易的心来对待它们。知道艰难就按照艰难的事情处理，那么艰难也许可以克服；不知道艰难而按照简单的事情处理，那么以后遇到艰难的事情就很难克服了。孔子说：“为君难，为臣不易。”做臣下的方法，臣下已经告诉安童了。至于做君主的难处，尤其是陛下您应当专注留意的。臣下请求说一说其中迫切紧要的：

夫人君不患出言之难，而患践言之难。知践言之难，则其出言不容不慎矣。昔刘安世[①]行一不妄语，七年而后成。夫安世一士人也，所交者一家之亲、一乡之众也，同列之臣不过数十百人而止耳，而言犹若此，况天下之大，兆民之众，事有万变，日有万机，人君以一身一心而酬酢之，欲言之无失，岂易能哉？故有昔之所言而今日忘之者，今之所命而后日自违者，可否异同，纷更变易，纪纲不得布，法度不得立，臣下无所持循，奸人因以为弊，天下之人疑惑惊眩，且议其无法无信一至于此也。此无他，至难之地不以难处，而以易处故也。苟从

《大学》之道，以修身为本，凡一言一动，必求其然与其所当然，不牵于爱，不蔽于憎，不因于喜，不激于怒，虚心端意，熟思而审处之，虽有不中者盖鲜矣。奈何为人上者多乐舒肆，为人臣者多事容悦。容悦本为私也，私心盛则不畏人矣；舒肆本为欲也，欲心盛则不畏天矣。以不畏天之心，与不畏人之心，感合无间，则其所务者皆快心事耳。快心则口欲言而言，身欲动而动，又安肯兢兢业业，以修身为本，一言一动，熟思而审处之乎？此人君践言之难，而又难于天下之人也。

【注释】①刘安世（1048—1125年）：字器之，号元城、读易老人，大名府（今河北大名县）人，北宋后期大臣。以直谏闻名，被时人称之为“殿上虎”。

【译文】身为君王做出承诺不难，难的是履行承诺。知道履行诺言的困难，那么许诺就不能够不慎重了。从前刘安世为了践行完全不说虚妄不实的话，七年后才做到。刘安世只是一个读书人，所结交的只是一家的亲族、一乡的百姓，同班的大臣不超过几十到一百人罢了，然而言语尚且如此慎重，何况天下这么大，百姓这么多，事情有千变万化，每天有各种政务，君王一个人应对，想要说话没有错误，难道容易做到吗？所以有过去说过而现在忘记的，现在命令而后来自相违背的，可否异同，反复变换，纪纲不能够颁布，法度不能够确立，臣下没有什么遵循，奸人因此能够作弊，天下的人疑惑惊惧而眩晕，而且议论无法无信都到了这种地步。没有其他的原因，是由于处在极难的境地却不用对待极难境地的态度来处理，反而用轻视的态度处置的缘故。如果依从《大学》当中的道理，把修身作为根本，凡是一言一行，必定寻求事物的原因和道理与事物发展的规律，不受喜爱的牵累，不被憎恶蒙蔽，不依顺喜悦，不受刺激而发怒，虚心专意，周密思考而审慎处理，即使有不合适，大概也是很少的了。没有办法的，君王大多乐于舒适肆意，臣子大多事奉取悦君上。取悦君上原本是为了私利，私心盛就不畏惧人了；舒适肆意原本是为了欲望，欲望盛就不敬畏天了。以不敬畏天的心，与不畏惧人的心，感应契合没有空隙，那么他致力的都是只图痛快的事情了。只图痛快那么嘴巴想说就说，身体想动就动，又哪里肯勤恳认真，把修身作为根本，一言一行，周密思考而审慎处理呢？这是君王履行诺言的困难，而且又比天下其他的人更困难。

人之情伪，有易有险，险者难知，易者易知，此特系夫人之险易者然也。然又有众寡之分焉。寡则易知，众则难知，故在上者难于知下，而在下者易于知上，其势然也。处难知之地，御难知之人，欲其不见欺也难矣。昔包拯刚严峭直，号为明察，然一小吏而能欺之。然拯一京尹耳，其见欺于人，不过误一事、害一人而已。人君处亿兆之上，操予夺进退赏罚生杀之权，不幸见欺，则以非为是，以是为非，其害有不可胜既也。人君惟无喜怒也，有喜怒，则赞其喜以市恩，鼓其怒以张势。人君惟无爱憎也，有爱憎，则假其爱以济私，藉其憎以复怨。甚至本无喜也，诳之使喜，本无怒也，激之使怒，本不足爱也，而诳誉之使爱，本无可憎也，而强短之使憎。若是，则进者未必为君子，退者未必为小人，予者未必为有功，夺者未必为有罪，以至赏之、罚之、生之、杀之，鲜有得其正者。人君不悟其受欺也，而反任之以防天下之欺，欺而至此，尚可防邪？大抵人君以知人为贵，以用人为急。用得其人，则无事于防矣。既不出此，则所近者争进之人耳，好利之人耳，无耻之人耳。彼挟其诈术，千蹊万径，以蛊君心，欲防其欺，虽尧、舜不能也。

【译文】人的真诚与虚伪，有平易有深险，深险的难以知道，平易的容易知道，这与个人品性的深险、平易有关。然而又有多少的区别。少则容易了解，多则难以知晓，所以在上位的人难以了解在下位的人，而在下位的人容易了解在上位的人，这是情势导致的。处在难以知晓的境地，驾御难以了解的人，想不被欺骗是很难的了。从前包拯严峻刚正，号称明察，然而一个小吏却能欺骗他。但包拯只是京城的一个府尹，他被人欺骗，只不过是耽误一件事、伤害一个人罢了。君王身处在亿万百姓之上，掌握生杀予夺、进退赏罚的权力，如果不幸被欺骗，那么以非为是，以是为非，危害就不能数尽了。君王最好不要有喜怒，有了喜怒，那么别人就会称赞迎合喜好来获得恩宠，激发怒气来扩张威势。君王最好不要有爱憎，有了爱憎，那么别人就会假借喜爱以使自己得益，假借憎恶以报复仇怨。甚至君王原本没有可喜的事，却欺瞒使君王欢喜，原本没有可怒的事，却刺激使君王发怒，本来不值得喜爱，却欺骗称誉使君王喜爱，本来没有憎恶，却故意揭短使君王憎恶。如果是这样，那么提拔的未必是君子，屏退的未必是小人，赐予的未必有功劳，惩罚的未必为有罪失，以至于赏、罚、生、杀，少有合乎原则的。君王没有觉悟自己受到欺骗，却反而任用他们以防止天下人的欺骗，欺骗到了这种地步，还怎么防止呢？大抵上君王以了解人、任用人最为急切。任用合适的人，那么就不需要预防了。如果不这样，那么亲近的都是为仕宦而相争、好利、无耻的人了。那些人依仗欺诈的策略，用尽各种手段，来蛊惑君心，想要防止他们的欺骗，即使是尧、舜也不能做到了。

夫贤者以公为心，以爱为心，不为利回，不为势屈，置之周行，则庶事得其正，天下被其泽，其于人国，重固如此也。夫贤者遭时不偶，务自韬晦，世固未易知也。虽或知之，而无所援引，则人君无由知也。人君知之，然召之命之，泛如厮养[①]，贤者有不屑也。虽或接之以貌，待之以礼，然而言不见用，贤者不处也。或用其言也，而复使小人参之，责小利，期近效，有用贤之名，无用贤之实，贤者亦岂肯尸位素餐以取讥于天下哉！此特难进者也，而又有难合者焉。人君处崇高之地，大抵乐闻人过，而不乐于闻己之过，务快己之心，而不务快民之心。贤者必欲匡而正之，扶而安之，如尧、舜之正、尧、舜之安而后已，故其势恒难合。况夫奸邪佞幸，丑正而恶直，肆为诋毁，多方以陷之，将见罪戾之不免，又可望其庶事得其正，而天下被其泽邪！自古及今，端人雅士所以重于进而轻于退者，盖以此耳。大禹圣人，闻善即拜，益犹戒之以“任贤勿贰，去邪勿疑”，后世人主宜如何也？此任贤之难也。

【注释】①厮养：犹厮役。旧称干杂事劳役的奴隶。后泛指受人驱使的奴仆。

【译文】贤明的人以公益为心，以仁爱为心，不为私利改变，不为权势屈服，委任他们推行善道，那么所有的事情都能够合乎规则，天下受到他的恩泽，这些人对于国家，就是这样的重要。贤明的人没有遇到好的时势，就会隐藏他们的才能和行迹，世人固然不容易了解他们。即使有人了解，然而如果没有人引荐他们，那么君王就没有途径知道。君王知道他们后，然后召见任用他们，如同对待取薪造食者一样，贤德的人不以为屑。即使用礼节接待他们，然而建言不被采用，贤明的人不愿意居位。有的虽然采用他的建言，然而又让小人一起参与，责求小利，期望近时可见的功效，有任用贤人的名声，没有任用贤人的实质，贤人又怎么肯居位食禄而不尽职进而被天下人取笑呢！这就是贤人为何难以被推荐，又难以符合君王心意的原因。君王处在崇高的地位，往往乐于听他人的过失，而不乐于听自己的过失，追求自己称心，而不追求百姓称心。贤明的人必定想通过匡扶而端正，通过辅佐君王天下太平，如同尧、舜那样端正、安定然后才停止，所以他的形势常常难以一致。况且奸邪佞幸的人，丑化厌恶正直，任意毁谤，用多种方法陷害他，贤人将被处罚而不能够赦免，又怎么可以指望他公正地处理好各种事情，让天下人受到他的恩泽呢！从古到今，正直、品格高尚的人做官慎重而轻易退隐的原因，大概是因为这个了。大禹是圣人，听到善言就拜谢，伯益尚且用“任用贤人不能有二心，摒弃奸邪不要迟疑”来告诫他，后世的君王应该怎么做呢？这是任用贤人的困难。

奸邪之人，其为心也险，其用术也巧。惟险也，故千态万状而人莫能知；惟巧也，故千蹊万径而人莫能御。其谄似恭，其讦似直，其欺似可信，其佞似可近。务以窥人君之喜怒而迎合之，窃其势以立己之威，济其欲以结主之爱。爱隆于上，威擅于下，大臣不敢议，近亲不敢言，毒被天下而上莫之知，至是而求去之，亦已难矣。虽然，此特人主之不悟者也，犹有说焉。如宇文士及之佞，太宗灼见其情而不能斥；李林甫妒贤嫉能，明皇洞见其奸而不能退。邪之惑人，有如此者，可不畏哉！

【译文】奸邪的人，用心也险恶，用术也机巧。因为用心险恶，所以千变万化而他人不能知道；因为用术机巧，所以千蹊万径而他人不能够防御。谄媚好似恭敬，攻讦好似正直，欺诈好似可以信任，巧言好似可以亲近。他们致力窥探君王的喜怒而迎合，窃取君王的威势用来树立自己的威信，满足君王的欲望用来讨君王的喜欢。在上受到宠爱，在下独揽威势，大臣不敢议论，近亲不敢言说，毒害天下然而君上不能够知道，到这时候而想远离他们，就已经难了。即使这样，君王没有醒悟的，还情有可原。例如宇文士及的巧言谄媚，唐太宗洞察其中的情况却不能斥退；李林甫妒贤嫉能，唐玄宗清楚地知道他的奸诈却不能屏退。奸邪之徒蛊惑他人，到了这种地步，能够不畏惧吗！

夫上以诚爱下，则下以忠报上，感应之理然也。然考之往昔，有不可以常情论者。禹抑洪水以救民，启又能敬承继禹之道，其泽深矣，然一传而太康失道，则万姓仇怨而去者，何邪？汉高帝起布衣，天下影从，荥阳之难，纪信[①]至捐生以赴急，则人心之归可见矣。及天下已定，而沙中[②]有谋反者，又何邪？窃尝思之，民之戴君，本于天命，初无不顺之心，特由使之失望，使之不平，然后怨怒生焉。禹、启爱民如赤子，而太康逸豫以灭德，是以失望；汉高以宽仁得天下，及其已定，乃以爱憎行诛赏，是以不平。古今人君，凡有恩泽于民，而民怨且怒者，皆类此也。夫人君有位之初，既出美言而告天下矣，既而实不能副，故怨生焉。等人臣耳，无大相远，人君特以己之私而厚一人，则其薄者已疾之矣，况于薄有功而厚有罪，人得不怒于心邪？必如古者《大学》之道，以修身为本，一言一动，举可以为天下之法，一赏一罚，举可以合天下之公，则亿兆之心，将不求而自得，又岂有失望不平之累哉！

【注释】①纪信（？—前204年）：赵人。曾参与鸿门宴，随刘邦起兵抗秦。由于身形及样貌恰似刘邦，在荥阳城危时假装刘邦的样貌，向西楚诈降，被俘。项羽见纪信忠心，有意招降，但纪信拒绝。最终被项羽用火刑处决。《汉书·高帝本纪》作纪成。

②沙中：《史记·留侯世家》记载，西汉初年，刘邦封赏功臣，部下争功，一些人担忧平时过失遭害，便商量办法，甚至相聚在沙地上筹划谋反。借指人心浮动。

【译文】君上以诚心爱护臣下，那么臣下会以忠心回报君上，感动响应的道理就是这样。然而考证以往，也有不能够用常情讨论的。大禹治理洪水以救助百姓，夏启又能恭敬地继承大禹治国的宗旨，他的恩泽很深厚了，然而传到太康时却违背仁道，被百姓怨恨而驱逐，这是为什么呢？汉高帝出身低微，天下人像影子一样跟随他起义，荥阳危难，以至于纪信舍弃生命往救急难，那么人心的归附可以看到了。等到天下已经安定，沙中却有人谋反，又是为什么呢？臣下曾经考虑过，百姓拥戴君上，本于天命，起初没有心不归顺的，只是由于让他们失望，让他们不平，然后怨怒就产生了。大禹、夏启爱护百姓如同婴儿，然而太康贪图安乐、丧失德行，所以百姓失望；汉高祖由于宽仁得到天下，等到天下已经安定，却根据喜爱、憎恶施行责罚与奖赏，所以人们感到不平。古今的君王，凡是有对百姓有恩泽，而百姓却怨怒的，都与这类似。君王开始即位的时候，已经许下了嘉言来告慰天下，不久言行不能相符，所以怨怒就产生了。同等的大臣，相差不是太远，君王只是因为个人的私心而厚爱某一个人，那么受冷落的大臣就有怨恨心了，何况是冷落有功而厚爱有罪的人，人们怎么能不心生怨恨呢？必定要像古时候《大学》所记载的那样，把修养身心作为根本，一言一行，全部值得天下效法，一赏一罚，全部符合天下的公论，那么百姓民心，将不用强求就能够得到，又怎么会有失望不平的牵累呢！

三代而下，称盛治者，无如汉之文、景，然考之当时，天象数变，山崩地震，未易遽数，是将小则有水旱之灾，大则有乱亡之应，非徒然而已也。而文、景克承天心，一以养民为务，今年劝农桑，明年减田租，恳爱如此，宜其民心得而和气应也。臣窃见前年秋孛①出西方，彗出东方，去年冬彗见东方，复见西方。议者谓当除旧布新，以应天变。臣以为曷若直法文、景之恭俭爱民，为理明义正而可信也。天之树君，本为下民。故孟子谓“民为重，君为轻”，《书》亦曰“天视自我民视，天听自我民听”。以是论之，则天之道恒在于下，恒在于不足也。君人者，不求之下而求之高，不求之不足而求之有余，斯其所以召天变也。其变已生，其象已著，乖戾之几已萌，犹且因仍故习，抑其下而损其不足，谓之顺天，不亦难乎？

【注释】①孛（bèi）：古书上指光芒强盛的彗星。

【译文】夏、商、周三代以后，称昌明政治的，没有比得上汉文帝、汉景帝的，然而考证那个时候，天象多次变化，山崩地震，难以遽然计数，这就是在小处有水灾、旱灾，大处就有败乱灭亡的感应，不是偶然这样的。然而汉文帝、汉景帝能够秉承天意，一心以休养百姓为要务，今年劝课农桑，明年减免田租，如此诚恳仁爱，他们应该得到民心而与祥和之气相应了。臣下暗中看到前年秋天孛星出现在西方，彗星出现在东方，去年冬天彗星出现在东方，又出现在西方。奏议的人认为应当革除旧的，建立新的，来顺应天象的变异。臣下认为不如直接效法汉文帝、汉景帝的恭谨俭约、爱护百姓，明察事理、正义而值得信赖。上天设立君王，原本是为了百姓。所以孟子说“百姓为重，君上为轻”，《尚书》也说“上天看到的源自百姓看到的，上天听到的源自百姓听到的”。由这来说，上天之道永远在百姓身上，常在于不足之人。君王，不寻求下而追求高，不寻求不足而寻求有余，这是他招致天象异变的原因。异变已经产生，乱象已经显著，抵触的苗头已经萌生，仍然沿袭原来的习俗，抑制百姓而减损他们的不足，称为遵循天道，不也是很困难的吗？

此六者，皆难之目也。举其要，则修德、用贤、爱民三者而已。此谓治本。本立，则纪纲可布，法度可行，治功可必。否则爱恶相攻，善恶交病，生民不免于水火，以是为治，万不能也。

【译文】这六点，都是为君难的类目。举其大要，就是修德、用贤、爱民三条而已。这叫作治理的根本。根本确立，那么纪纲可以颁布，法度可以施行，治理国家的政绩可以实现。否则爱恶相攻，善恶交害，百姓就处在水深火热之中，按这样治理天下，是万万不能的。

其四曰：语古之圣君，必曰尧、舜；语古之贤相，必曰稷、契。盖尧、舜能知天道而顺承之，稷、契又知尧、舜之心而辅赞之，此所以为法于天下，可传于后世也。夫天道好生而不私，尧与舜亦好生而不私。若“克明俊德”，至于“黎民于变”，“敬授人时”，至于“庶绩咸熙”，此顺承天道之实也。稷播百谷以厚民生，契敷五教以善民心，此辅赞尧、舜之实也。臣尝复熟推衍，思之又思，参之往古圣贤之言无不同，验之历代治乱之迹无不合。盖此道之行，民可使富，兵可使强，人才可使盛，国势可使重，夙夜念之至熟也。今国家徒知敛财之巧，而不知生财之由；徒知防人之欺，而不欲养人之善；徒患法令之难行，而不患法令无可行之地。诚能优重农民，勿扰勿害，驱游惰之人而归之南亩[①]，课之种艺，恳喻而督行之，十年之后，仓府之积，当非今日之比矣。自都邑而至州县，皆设学校，使皇子以下至于庶人之子弟，皆入于学，以明父子君臣之大伦，自洒扫应对以至平天下之要道，十年已后，上知所以御下，下知所以事上，上下和睦，又非今日之比矣。二者之行，万目斯举，否则他皆不可期也。是道也，尧、舜之道也。孟子曰：“我非尧、舜之道，不敢以陈于王前。”臣愚区区，窃亦愿学也。

【注释】①南亩：谓农田。南坡向阳，利于农作物生长，古人田土多向南开辟，故称。

【译文】其四是：说到古代圣明的君主，必定会说尧、舜；说到古代贤能的辅相，必定会说后稷、契。大概是由于尧、舜能够知晓天道而顺承天道，后稷、契又知晓尧、舜的心意而且辅佐襄助他们，这是他们被天下效法，流传后世的原因。天道爱惜生灵而不自私，尧、舜也爱惜生灵而不自私。例如“能够彰显美德”，以至于“天下的百姓跟着变化”，“敬慎地告诉人们天时”，以至于“所有的功绩都兴办起来”，这是顺承天道的实例。后稷播种百谷以丰厚百姓的生计，契敷陈五教以改善民心，这是辅佐襄助尧、舜的实例。臣下曾经反复推演引申，想了又想，参照古代圣贤的言论没有不同，查验历代的治乱轨迹没有不符合的。此道能够施行，那么百姓可以富足，军队可以强大，人才可以兴盛，国势可以强盛，臣下日夜考虑得非常成熟了。如今国家只是知道搜刮钱财的机巧，却不知道增加财富的缘由；只是知道防备别人的欺诈，却不想着培养人的善心；只是忧虑法令的难以推行，却不担心法令没有可以推行的地方。如果能够优待敬重农民，不侵扰危害他们，驱逐游荡懒惰的人而让他们回到农田上，教给他们种植技术，诚恳告喻而督促施行，十年之后，仓府的储积，应该不是现在可以比拟的。从都城而到州县，都设置学校，让皇子以下至于百姓的子弟，都进入学习，以明了父子君臣的基本伦理道德，从洒扫应对以至于平天下的重要道理，十年以后，君上知道怎样驾御臣下，臣下知道怎样事奉君上，上下和睦，又不是现在能够比拟的。这二者能够施行，其他就都好办了，否则其他都不能够期待了。这个方法，是尧、舜的治国之道。孟子说："不是尧、舜的治道，我不敢在大王面前陈说。"臣下虽然愚昧微不足道，但是私下也想效法孟子。

其五曰：天下所以定者，民志定，则士安于士，农安于农，工商安于为工商，则在上之人有可安之理矣。夫民不安于白屋①，必求禄仕；仕不安于卑位，必求尊荣。四方万里，辐辏并进，各怀无厌无耻之心，在上之人可不为寒心哉！臣闻取天下者尚勇敢，守天下者尚退让。取也守也，各有其宜，君人者不可不审也。夫审而后发，发无不中，否则触事而遽喜怒，喜怒之色见于貌，言出于口，人皆知之。徐考其故，知其无可喜者则必悔其喜之失，无可怒者则必悔其怒之失，甚至先喜而后怒，先怒而后喜，号令数变，喜怒不节之故也。是以先王潜心恭默，不易喜怒，其未发也，虽至近莫能知其发也，虽至亲莫能移，是以号令简而无悔，则无不中节矣。夫数变，不可也；数失信，尤不可也。周幽无道，故不恤此，今无此，何苦使人之不信也。

【注释】①白屋：指不施彩色、露出本材的房屋。一说指以白茅覆盖的房屋。为古代平民所居。

【译文】其五是：天下安定的原因，是由于百姓心志安定，读书人就会安于做读书人，农民安于做农民，工人、商人安于做工人、商人，那么在上位的人就有能够安定的道理了。百姓不安于平民的地位，必定会追求居官食禄；官员不安于卑下的官位，必定会追求尊贵荣显。国家天下，集中并进，各自怀着不满足、没有羞耻的用心，在上位的人能够不感到寒心吗！臣下听说夺取天下的人崇尚勇敢，守卫天下的人崇尚退让。夺取、守卫，各自有其适宜，君王不能够不仔细思考。仔细思考然后决定，这样就没有不适当的，否则遇到事情而仓促表现出或喜或怒，喜怒的脸色表现在外貌上，言语从嘴巴说出，人人都知道。慢慢考察其中的缘故，知道没有值得欢喜的事就必定会后悔喜悦的过失，没有值得愤怒的事就必定会后悔愤怒的过失，甚至先喜悦而后愤怒，或者先愤怒而后喜悦，发布的命令多次改变，这是喜怒不节制的缘故。所以先王专心、庄敬而沉静寡言，不轻易喜怒，在没有决定的时候，即使是最亲近的人也不知道他的决定，即使是最亲近的人也不能够改变他的决定，所以号令简易却不会后悔，就会中正不变。多次改变，是不可以的；数次失信，尤其不可以。周幽王不行正道，所以不忧虑这些，如今没有这种情况，为什么还要让人不相信呢？

书奏，帝嘉纳之。衡自见帝，多奏陈，及退，皆削其草，故其言多秘，世罕得闻，所传者特此耳。

【译文】奏章呈上后，世祖嘉奖采纳了。许衡从见到世祖后，多次向世祖陈述意见，等到退朝后，都销毁底本，所以他的建言大多隐秘，世上少有听闻，流传下来的只有这一篇。

帝久欲开太学，会衡请罢益力，乃从其请。八年，以为集贤大学士，兼国子祭酒，亲为择蒙古弟子俾教之。衡闻命，喜曰："此吾事也。国人子大朴未散，视听专一，若置之善类中涵养数年，将必为国用。"

【译文】世祖长久以来想着开设太学，正赶上许衡坚决请求辞职，于是答应他的请求。至元八年（1271年），任命许衡为集贤大学士，兼任国子祭酒，亲自择取蒙古弟子让他教导。许衡闻听任命，欢喜的说："这是我份内的事。国人子弟原始质朴的本性没有消失，一味视听，如果把他们安置在良好的环境中培养几年，将必定会为国家任用。"

十八年，衡卒，年七十三。是日，大雷电，风拔木。

【译文】至元十八年（1281年），许衡去世，终年七十三岁。这一天，雷电大作，狂风拔起树木。

衡善教，其言煦煦，虽与童子语，如恐伤之。故所至，无贵贱贤不肖皆乐从之，随其才昏明大小，皆有所得，可以为世用。所去，人皆哭泣，不忍舍，服念其教如金科玉条，终身不敢忘。或未尝及门，传其绪余[1]，而折节力行为名世者，往往有之。听其言，虽武人俗士、异端之徒，无不感悟者。丞相安童一见衡，语同列曰："若辈自谓不相上下，盖十百与千万也。"翰林承旨王磐[2]气概一世，少所与可，独见衡曰："先生，神明也。"大德[3]元年，赠荣禄大夫、司徒，谥文正。（元史卷一百五十八）

【注释】①绪余：抽丝后留在蚕茧上的残丝。借指事物之残余或主体之外所剩余者。

②王磐（1202—1293年）：字文炳，号鹿庵。肆力于经史百氏，文辞宏放，浩无涯涘。资性刚方，每奏对，必以正，帝尝以古直称之。

③大德：元成宗孛儿只斤·铁穆耳的年号（1297—1307年），共计11年。

【译文】许衡善于教导，他说话温和，即使与孩童说话，也恐怕伤害到他们。所以他在的地方，无论贵贱贤不肖的人都乐意跟随他学习，不论他们才能的昏明大小，都能有所收获，成为有用的人才。许衡离开的时候，人们都哭泣，不忍心他的离去，人们反复考虑他的教导如同金科玉条，终身不敢忘怀。有人不曾亲身受教，间接地了解到他的教导，从而改变志向、努力实践成为名显于世的人，往往有很多。听他的言论，即使是武夫、见识浅陋的人、不同学派的人，都没有不感悟的。丞相安童一见到许衡，就对同朝的官员说："你们自认为不相上下，但与许衡相比就好像十百与千万的差距。"翰林承旨王磐气概天下，少有称许的人，惟独见到许衡后说："先生，您是神明。"大德元年（1297年），许衡被追赠为荣禄大夫、司徒，谥号文正。（元史卷一百五十八）

窦 默

【题解】窦默（1196—1280年），初名杰。字子声，又名汉卿，广平肥乡县（今河北肥乡县）人。元初名臣、名医、名儒，历任翰林院侍讲学士（即皇帝老师）、昭文馆大学士、正议大夫等职，累赠太师、魏国公，谥号文正。窦默还是我国针灸史上的名家，对针灸学的发展具有一定贡献。《续编》主要辑录了他和世祖之间的一些对话和言论，体现了他作为一位辅佐之臣的德行和才智。

窦默，字子声，初名杰，字汉卿，广平肥乡人。幼知读书，毅然有立志。隐于大名，与姚枢、许衡朝暮讲习，至忘寝食。继还肥乡，以经术教授，由是知名。

【译文】窦默，字子声，起初名叫窦杰，字汉卿，广平肥乡县（今河北肥乡县）人。幼年就知道读书，毅然立有大志。隐居在大名，与姚枢、许衡早晚讲议研习，以至废寝忘食，继而回到肥乡，传授儒家经典，因此而出名。

世祖在潜邸，遣召之，既至，问以治道，默首以三纲五常为对。世祖曰："人道之端，孰大于此。失此，则无以立于世矣。"默又言："帝王之道，在诚意正心，心既正，则朝廷远近莫敢不一于正。"一日凡三召与语，奏对皆称旨，自是敬待加礼，不令暂去左右。世祖问今之明治道者，默荐姚枢，即召用之。

【译文】世祖在藩王府的时候，派人召见他，到了后，询问他治理之道，窦默首先以三纲五常回答。世祖说："为人之道的开端，没有比这更大的了。失去了这个，那么就不能在世上立足了。"窦默又说："帝王之道，在于诚意正心，心端正了，那么朝廷内外就没有不端正的。"世祖一天内三次召见与他谈话，奏对都符合上意，从此更加恭敬对待，不让他暂时离开身边。世祖询问当今知晓治国之道的人，窦默推荐姚枢，世祖就召见任用了姚枢。

世祖即位，召至上都，问曰："朕欲求如唐魏徵者，有其人乎？"默对曰："犯颜谏诤，刚毅不屈，则许衡其人也。深识远虑，有宰相才，则史天泽其人也。"天泽时宣抚①河南，帝即召拜右丞相，以默为翰林侍讲学士。

【注释】①宣抚：朝廷派遣大臣赴某一地区传达皇帝命令并安抚军民、处置事宜，称为"宣抚"。

【译文】世祖即皇帝位，召窦默到了上都，询问他："朕想要寻求像唐代魏徵那样的大臣，有这样的人吗？”窦默回答说：“敢于冒犯君王的威严直言规劝，刚强果决不屈服，许衡就是这样的人。见识、计虑深远，有宰相的才能，史天泽是这样的人。”史天泽当时宣抚河南，世祖就召见史天泽拜任右丞相，任命窦默担任翰林侍讲学士。

默尝与刘秉忠、姚枢、刘肃[①]、商挺[②]侍上前，默言：“君有过举，臣当直言，都俞吁咈[③]，古之所尚。今则不然，君曰可，臣亦以为可，君曰否，臣亦以为否，非善政也。”明日，复侍帝于幄殿。猎者失一鹘，帝怒，侍臣或从旁大声谓宜加罪。帝恶其迎合，命杖之，释猎者不问。既退，秉忠等贺默曰：“非公诚结主知，安得感悟至此。”

【注释】①刘肃（1188—1263年）：字才卿，威州洺水（今河北邢台）人，邢州学派的代表人物之一。金兴定二年词赋进士。元中统二年，授左三部尚书。

②商挺（1209—1288年）：元散曲家。字孟卿，一作梦卿，号左山老人。曹州济阴（今山东菏泽）人。至元元年（1264年）入京拜参知政事。六年同签枢密院事，八年升副使。九年出为安西王相。十六年生事罢。二十年复枢密副使，以疾免。卒后赠太师鲁国公，谥文定。

③都俞吁咈（fú）：典出《尚书·益稷》：“禹曰：‘都！帝，慎乃在位。’帝曰：‘俞！’”又《尧典》：“帝曰：‘吁，咈哉！’”都、俞、吁、咈均为叹词。以为可，则曰都、俞；以为否，则曰吁、咈。后因用“都俞吁

啸”形容君臣论政问答，融洽雍睦。

【译文】窦默曾经与刘秉忠、姚枢、刘肃、商挺侍立在世祖面前，窦默说：“君上有错误的行为，臣下应当直率地说，君臣论政问答，融洽雍睦，是古时候所崇尚。如今就不是这样，君上说可以，臣下也认为可以，君上说不可以，臣下也认为不可以，这不是清明的政治。”第二天，窦默又在帐殿侍奉世祖。打猎的人丢失了一只鹘，世祖发怒了，侍臣有人在旁边大声地说应该治罪。世祖厌恶他们迎合自己，下令杖打他们，释放猎人没有追究。已经退出后，刘秉忠等人恭贺窦默说：“不是明公您诚挚地劝诫，皇上怎么会有现在这样的感悟呢。”

默为人乐易，平居未尝评品人物，与人居，温然儒者也。至论国家大计，面折廷诤，人谓汲黯无以过之。帝尝谓侍臣曰：“朕求贤三十年，惟得窦汉卿及李俊民[②]二人。”又曰：“如窦汉卿之心，姚公茂之才，合而为一，斯可谓全人矣。”（元史卷一百五十八）

【注释】①李俊民：（1176—1260年）或（1175—1260年）字用章，自号鹤鸣老人，泽州晋城（今属山西晋城）人。勤于经史百家，尤精通二程理学。能诗文，其诗感伤时世动乱，颇多幽愤之音。

【译文】窦默待人处世接物和乐平易，平时不曾评论人物的高低，与人相处，是一个温然儒生的形象。至于谈论国家大计，当面批评、在朝廷上向皇帝极力谏诤，人们说连西汉的汲黠也不能超过他。世祖曾经对侍臣说："朕寻求贤人三十年，惟独得到窦汉卿以及李俊民两个人。"又说："如果窦汉卿的用心，姚公茂的才能，合而为一，这样就可以称为全人了。"（元史卷一百五十八）

王　鹗

【题解】王鹗（1190—1273年），字百一，曹州东明（今山东东明县）人。金哀宗正大元年（1224年）状元，授翰林应奉，任职于归德（今河南）、汝阳（今河南汝阳）等地。累迁尚书省郎中。金哀宗天兴三年（1234年）蒙古军攻破蔡州（今河南汝南县），为张柔所俘。马真后称制三年（1244年），得到忽必烈召见，他进献治国之道。中统元年（1260年）任翰林学士承旨，制度典章多由其裁定。至元五年（1268年）致仕。至元十年（1273年）卒，谥文康。

王鹗，字百一，曹州东明人。金正大元年，中进士第一甲第一人出身。天兴①二年，金主迁蔡，诏尚书省移书恒山公武仙进兵。金主览书，问谁为之，右丞完颜仲德②曰："前翰林应奉王鹗也。"曰："朕即位时状元耶？"召见，惜擢用之晚，起复，授尚书省右司都事，升左右司郎中。三年，蔡陷，将被杀，万户张柔③闻其名，救之，辇归，馆于保州。

【注释】①天兴：金哀宗完颜守绪的第三个年号（1232—1234

年），共计3年。

②完颜仲德（？—1234年）：本名忽斜虎，合懒路人。聪颖博学，有文武才干。

③张柔（1190—1268年）：蒙古窝阔台汗、蒙哥汗时将领，字德刚，涿州定兴（今保定市定兴县）人，金末元初时期中国中原地方武装首领之一。

【译文】王鹗，字百一，是曹州东明县（今山东东明县）人。金哀宗正大元年（1224年），考中进士第一甲第一人出身。天兴二年（1233年），金哀宗逃到蔡州，诏令尚书省发送公文让恒山公武仙进兵。金哀宗阅览文书，问是谁起草的，右丞完颜仲德说："是前翰林应奉王鹗。"金哀宗说："是朕即位时的状元吗？"于是马上召见他，并惋惜提拔任用得晚了，重新起用后，授任尚书省右司都事，升迁左右司郎中。天兴三年（1234年），蔡州沦陷，王鹗将要被杀，万户张柔听说过他的名声，救下了他，用车辇把他带回来，住在保州的客馆里。

甲辰冬，世祖在藩邸，访求遗逸之士，遣使聘鹗。及至，使者数辈迎劳，召对。进讲《孝经》《书》《易》，及齐家治国之道，古今事物之变，每夜分乃罢。

【译文】甲辰年（1244年）冬天，世祖在藩王府邸，探访寻求隐居的读书人，派人聘请王鹗。等他到了，安排好几个使者迎接慰劳他，世祖召见答对。王鹗进讲《孝经》《尚书》《易经》，以及齐家治国的道理，古今事物的变化，常常到半夜才停止。

庚申，世祖即位，建元中统，首授翰林学士承旨，制诰典章，皆所裁定。至元元年，加资善大夫。上奏：“自古帝王得失兴废可考者，以有史在也。我国家以神武定四方，天戈所临，无不臣服者，皆出太祖皇帝庙谟①雄断所致，若不乘时纪录，窃恐久而遗亡，宜置局纂就实录，附修辽、金二史。”又言：“唐太宗始定天下，置弘文馆学士十八人，宋太宗承太祖开创之后，设内外学士院，史册烂然，号称文治。堂堂国朝，岂无英才如唐、宋者乎！”皆从之，始立翰林学士院。

【注释】①庙谟：犹庙谋、庙算。指朝廷或帝王对战事进行的谋划。

【译文】庚申年（1260年），世祖即皇帝位，改年号为中统，首先授任王鹗担任翰林学士承旨，世祖的诏令、制度法令，都由他斟酌决定的。至元元年（1264年），加授资善大夫。王鹗上奏说：“自古以来帝王得失兴废可以考证，是因为有史书存在。我们国家因为神明威武平定了天下，皇帝军队到达的地方，没有不臣服的，都是由于太祖皇帝英明的决断、谋划，如果不乘现在记录下来，恐怕时间久了会遗忘失传，应该设置机构编纂实录，附带修撰辽、金两国的历史。”又进言道：“唐太宗起初平定天下，设置了弘文馆学士十八人，宋太宗承继宋太祖开创基业以后，设立内外学士院，史书上的记载光辉灿烂，号称为文治。我盛大的蒙古王朝，怎么会没有像唐、宋时期那样的英才呢！”这些建言都被世祖采纳，于是开始设立翰林学士院。

有言事者，谓宰执非其人，诏儒臣廷议可任宰相者。时阿合马巧佞，欲乘隙取相位，大臣复助之，众知其非，莫敢言。鹗奋然掷笔曰：“吾以衰老之年，无以报国，即欲举任此人为相，吾不能插驴尾[①]矣。”振袖而起，奸计为之中止。十年，卒，年八十四，谥文康。鹗性乐易，为文章不事雕饰，尝曰：“学者当以穷理为先，分章析句，乃经生举子之业，非为己之学也。”（元史卷一百六十）

【注释】①驴尾：元代官服品级装饰。

【译文】有人向世祖进谏，说现任的丞相不称职，世祖下诏儒臣在朝廷上商议可以担任宰相的人。当时阿合马奸诈机巧，想利用这个机会谋取相位，部分大臣又帮助他，众人都知道他不合适，但没有人敢说。王鹗激奋地扔下笔说：“我年迈体衰，没有什么可以拿来报效国家，但不能做误国的事，假使一定要推荐这个人担任丞相，我可不愿倒插在驴尾。”振袖而起，阿合马的奸计因此中途停止。至元十年（1273年），王鹗去世，终年八十四岁，谥号文康。王鹗性格和乐平易，写文章不加雕琢文饰，曾经说：“做学问的人应当以穷究义理为先，雕琢推敲文章，是经生举子的事业，不是提高自身道德修养的学问。”

（元史卷一百六十）

李 治

【题解】李冶，字仁卿，真定栾城（今河北石家庄市栾城区）人。登金国进士及第，被征辟为钧州知事。壬辰年（1232年），钧州城破，流落民间。元世祖听闻其贤能，因此召见他。

《续编》辑录了他和世祖关于治道的一段对话，提出要确立法度、端正纲纪、任用贤人来治国。

李冶，字仁卿，真定栾城人。登金进士第，辟知钧州事。岁壬辰，城溃，冶微服北渡，流落忻、崞间，聚书环堵[1]，人所不堪，冶处之裕如也。

【注释】①环堵：四周环着每面一方丈的土墙。形容狭小、简陋的居室。

【译文】李冶，字仁卿，是真定栾城（今河北石家庄市栾城区）人。金国进士及第，被征辟为钧州知事。壬辰年（1232年），钧州城被攻破，李冶改换常服北上渡过黄河，流落在忻州、崞州一带，在狭小、简陋的居室聚书，常人不能忍受，李冶处之自如。

世祖在潜邸，闻其贤，遣使召之，问今之人材贤否，对曰：

“天下未尝乏材，求则得之，舍则失之，理势然耳。王诚能旁求于外，将见集于明廷矣。”又问天下当何以治之，对曰：“夫治天下，难则难于登天，易则易于反掌。盖有法度则治，控名责实则治，进君子退小人则治，如是而治天下，岂不易于反掌乎！无法度则乱，有名无实则乱，进小人退君子则乱，如是而治天下，岂不难于登天乎！且为治之道，不过立法度、正纪纲而已。纪纲者，上下相维持；法度者，赏罚示惩劝，今则大官小吏，下至编氓[①]，皆自纵恣，以私害公，是无法度也。有功者未必得赏，有罪者未必被罚，甚则有功者或反受辱，有罪者或反获宠，是无法度也。法度废，纪纲坏，天下不变乱，已为幸矣。”世祖嘉纳之。（元史卷一百六十）

【注释】①编氓：编入户籍的平民。

【译文】世祖在藩王府邸的时候，听说他的贤能，派人召见他，询问如今人才的贤能与否，李治回答说：“天下不曾缺乏人才，访求就会得到，舍弃就会失去，道理就是这样的。大王如果真能在外四处征求，人才就会汇集到您府上了。”世祖又询问天下应当如何治理，李治回答说：“治理天下，说困难就难于登天，说容易则是易于反掌。因为有法度就能够治理，不务虚名讲求实际就能够治理，进君子退小人就能够治理，像这样治理天下，难道不是易于反掌吗！没有法度就会混乱，有名无实就会混乱，进小人退君子就会混乱，像这样治理天下，难道不是难于登天吗！况且治理国家的手段，不过是确立法度、端正纪纲而已。纪纲，是用来维持上下关系的；法度，是用来赏罚示惩劝的，如今的大官小吏，下到平民百姓，都肆意放纵，因私害公，这是没有法度。有功劳的人不一定能得到赏赐，有罪的人不一定会被处罚，甚至有功的人反而受到侮辱，有罪的人反而获得宠信，这是没有法度。法度废弃，纪纲败坏，天下不发生变乱，已经是大幸了。”世祖嘉奖采纳了。（元史卷一百六十）

郭守敬

【题解】郭守敬（1231—1316年），字若思。邢州邢台县（今河北邢台市）人。元朝著名天文学家、数学家、水利工程专家。早年师从刘秉忠、张文谦，官至太史令、昭文馆大学士、知太史院事，世称“郭太史”。元仁宗延祐三年（1316年）逝世，享年86岁。

郭守敬在天文、历法、水利和数学等方面都取得了卓越的成就。他自至元十三年（1276年）起，奉命修订新历法，历时四年，制订出了通行三百六十多年的《授时历》，成为当时世界上最先进的一种历法。为修订历法，郭守敬还改制、发明了简仪、高表等十二种新仪器。至元元年（1264年），郭守敬奉命修浚西夏境内的古渠，更立闸堰，使当地农田得到灌溉。至元二十八年（1291年），郭守敬任都水监，负责修治元大都至通州的运河，耗时一年，完成了全部工程，定名通惠河，发展了南北交通和漕运事业。

《续编》辑录其上奏成宗关于开凿铁幡竿渠的建议，由于他的建议最后没得到采纳，导致后来山洪暴发，几乎冲犯到行宫。说明国家在兴办工程时，听取专家意见是非常重要的。

郭守敬，字若思，顺德邢台人。大父荣，通五经，精于算数、水利。时刘秉忠、张文谦[①]、张易[②]、王恂[③]同学于州西紫金山，荣使守敬从秉忠学。中统三年，文谦荐守敬习水利，巧思绝人。世祖召见，面陈水利六事。每奏一事，世祖叹曰：“任事者如此，人不为素餐[④]矣。”授提举诸路河渠。四年，加授银符、副河渠使。

【注释】①张文谦（1216—1283年）：字仲卿，邢州沙河（今河北邢台）人，元代大臣，元初紫金山学派的代表人物，与太保刘秉忠同学。在元初经济恢复发展、制订《授时历》等方面有重要贡献。

②张易（？—1282年）：字仲一，太原交城人，为学驳杂，洞究术数，学兼儒、佛、道三家，于天文地理，阴阳五行、律历等无不精通。1247年由刘秉忠推荐进入忽必烈幕府，任中书右丞、枢密副使等职。

③王恂（1235—1281年）：字敬甫，中山唐县（今河北唐县）人，元代数学家。跟刘秉忠学习数学、天文，后与郭守敬一道从刘秉忠学习数学和天文历法，精通历算之学。王恂任太史令期间，分掌天文观测和推算方面的工作，遍考历书四十余家。他在《授时历》的编制工作中，其贡献与郭守敬齐名。

④素餐：无功受禄，不劳而食。

【译文】郭守敬，字若思，是顺德邢台县（今河北邢台市）人。祖父郭荣，通晓五经，精通算数、水利。当时与刘秉忠、张文谦、张易、王恂等人一同在州西紫金山求学，郭荣让郭守敬跟从刘秉忠学习。中统三年（1262年），张文谦推荐说郭守敬熟习水利，构思灵巧过人。世祖召见他后，郭守敬当面陈述关于水利的六件事。每上奏一件事，世祖就感叹说："任职理事的人像这样，就不是空在其位了。"授任他提举诸路河渠。中统四年（1263年），加封授任银符、副河渠使。

大德二年，召守敬至上都，议开铁幡竿渠，守敬奏："山水频年暴下，非大为渠堰[1]，广五七十步不可。"执政吝于工费，以其言为过，缩其广三之一。明年大雨，山水注下，渠不能容，漂没人畜庐帐，几犯行殿。成宗谓宰臣曰："郭太史神人也，惜其言不用耳。"（元史卷一百六十四）

【注释】①渠堰：亦作"渠匽"。拦水或巩固堤防的建筑物。

【译文】大德二年（1298年），成宗召郭守敬到上都，商议开凿铁幡竿渠，郭守敬上奏说："山洪连年暴发，非要修建大的拦水坝，扩大到五十到七十步不可。"主管事务的人吝惜工费，认为他说的话过于严重，把宽度缩小到三分之一。第二年下大雨，山洪暴发，渠中不能容纳那么多水，漂没人畜帐篷，几乎冲犯到行宫。成宗对宰臣说："郭太史是神人，可惜没有采纳他的建议。"（元史卷一百六十四）

张养浩

【题解】张养浩（1270—1329年），汉族，字希孟，号云庄，又称齐东野人，济南（今山东济南市）人。张养浩一生经历了世祖、成宗、武宗、英宗、泰定帝和文宗数朝。历仕礼部、御史台掾属、太子文学、监察御史、官翰林侍读、右司都事、礼部侍郎、礼部尚书、中书省参知政事等。后辞官归隐，朝廷七聘不出。天历二年（1329年），关中大旱，出任陕西行台中丞。是年，积劳成疾，逝世于任 上，谥文忠，尊称为张文忠公。

张养浩，字希孟，济南人。天历[①]二年，关中大旱，饥民相食，特拜陕西行台中丞。既闻命，即散其家之所有与乡里贫乏者，登车就道，遇饿者则赈之，死者则葬之。道经华山，祷雨于岳祠，泣拜不能起，天忽阴翳，一雨二日。及到官，复祷于社坛[②]，大雨如注，水三尺乃止，禾黍自生，秦人大喜。时斗米直十三缗[③]，民持钞出籴，稍昏即不用，诣库换易，则豪猾党蔽，易十与五，累日不可得，民大困。乃检库中未毁昏钞文可验者，得一千八十五万五千余缗，悉以印记其背，又刻十贯、伍贯为券，给散贫乏，命米商视印记出粜，诣库验数以易之，于是吏弊不敢行。又率富民出粟，因上章请行纳粟补官之令。闻民间有杀子以奉母者，为之大恸，出私钱以济之。到官四月，未尝家居，止宿公署，夜则祷于天，昼则出赈饥民，终日无少怠。每一念至，即抚膺[④]痛哭，遂得疾不起，卒年六十。关中之人，哀之如失父母。（元史卷一百七十五）

【注释】①天历：是元文宗孛儿只斤·图帖睦尔的年号（1328—1330年），共计3年。

②社坛：古代祭祀土神之坛。

③缗：古代计量单位。一般每缗一千文。

④抚膺：抚摩或捶拍胸口。表示惋惜、哀叹、悲愤等。

【译文】张养浩，字希孟，济南（今山东济南市）人。天历二年（1329年），关中大旱，饥民人吃人，元文宗特意拜授张养浩担任陕西行台中丞。张养浩接到任命后，就立即散尽家中所有给予乡里贫乏的人，登车上路动身，遇到饥饿的人就救济他们，死去的人就安葬他们。路过华山，在山神庙求雨，哭泣跪拜不肯起来，天忽然阴下来，一场雨下了两天。等到任上，又在社坛祈祷，大雨像往下灌一样，水积三尺才停止，禾黍自己生长，秦地人非常欢喜。当时一斗米价值十三缗，百姓拿着钱钞出去买米，钱钞稍微模糊一点就不能使用，拿到国库去调换，那些强横狡猾而不守法纪的官吏合伙蒙骗百姓，换十给五，并且连日拿不到钱，百姓深受困扰。张养浩于是查验国库中没有销毁的、文字可以辨认的钱钞，挑得一千八十五万五千多缗，全部用印章印盖在背面，又刻十贯、伍贯作为代券，分散给贫乏的人，命令米商验看印记卖米，到国库验数后换正式的钱钞，于是官吏不敢再作弊。而且又率领富裕的百姓拿出粟米，呈上奏章请求施行捐粟补授官职的政令。闻听民间有人杀死儿子用来奉养母亲，张养浩为这件事十分悲恸，拿出个人的钱财救济他。张养浩到任四个月，不曾在家居住过，只是住在办公的处所，夜间就向上天祷告，白天就外出赈济饥民，整天没有丝毫懈怠。每每产生一个念头，就捶拍胸口痛哭，因而病不能

愈，终年六十岁。关中的百姓，哀痛得如同失去了父母。（元史卷一百七十五）

吴元珪

【题解】吴元珪（？—1323年），元代广平府人（今河北永年），父吴鼎曾任燕南提刑按察副使。元珪自幼稳重，深沉好思，深得其父征谋、法律、令章之学问。历仕世祖、成宗、武宗、仁宗、英宗朝，先后担任吏部尚书、燕南宣抚史、工部尚书、枢密副使、江浙行省左丞、甘肃行省左丞等职。至治三年（1323年）卒，谥号忠简。《续编》辑录其言论二则，分别为担任吏部尚书、工部尚书任上。

吴元珪，字君璋，广平人。大德元年，除吏部尚书。选曹铨注，多有私其乡里者，元珪曰："此风不可长，川党①、朔党②之兴，宋之所由衰也。"请谒悉皆谢绝。三年，宣抚燕南，劾贪吏若干人。迁工部尚书，河朔连年水旱，五谷不登，元珪言："《春秋》之义，以养民为本，凡用民力者必书，盖民力息则生养遂，生养遂则教化行而风俗美。"宰相嘉其言，土木之工稍为之息。（元史卷一百七十七）

【注释】①川党：宋哲宗时旧党三派（其余为洛党、朔党）之一。以苏轼为领袖。亦称蜀党。

②朔党：宋元祐三朋党之一。主要人物有刘挚、梁焘、王岩叟、刘安世等，皆北方人，故称。

【译文】吴元珪，字君璋，广平府（今河北邯郸市）人。大德元年（1297年），除授吏部尚书。当时选拔官吏，大多照顾自己的同乡，吴元珪说："这种风气不能够助长，川党、朔党的兴起，是宋朝衰落的原因。"他对于请托干谒的人全部都谢绝了。大德三年（1299年），吴元珪担任燕南宣抚使，弹劾了贪官污吏若干人。后来迁任工部尚书，河朔连年发生水灾、旱灾，五谷不丰盈，吴元珪说："《春秋》的大义，是把休养百姓作为根本，凡是使用民力的事情必定会记载，因为民力得到休养后，百姓的生活就有着落，百姓的生活有了着落，那么教化就会得到推行，进而风俗醇美。"宰相嘉奖他的建言，土木工程稍微得到停缓。（元史卷一百七十七）

王　结

【题解】王结，字仪伯，易州定兴（今河北定兴县）人。年二十余，撰《上中书宰相八事书》，元仁宗时先后任集贤直学士，顺德、扬州、东昌诸路总管。泰定元年（1324年），任集贤侍读学士，廷试进士，为读卷官。天历二年（1329年）拜中书参政知事。元统元年（1333年）官中书左丞，参与修撰泰定、天历两朝实录。晚年致力于《易经》研究。著有《文忠集》。

王结，字仪伯，易州定兴人。年二十余，游京师，上执政书，陈时政八事，曰：立经筵以养君德，行仁政以结民心，育英材以备贡举，择守令以正铨衡，敬贤士以厉名节，革冗官以正职制，辨章程以定民志，务农桑以厚民生。其言剀切[1]纯正，皆治国之大经大法，宰相不能尽用之。时仁宗在潜邸，或荐结充宿卫，乃集历代君臣行事善恶可为鉴戒者，日陈于前，仁宗嘉纳焉。

【注释】①剀（kǎi）切：切实、恳切，切中事理。

【译文】王结，字仪伯，易州定兴（今河北定兴县）人。二十多岁的时候，到京城游学，给当政者上书，陈述关于时政的八件事，分别是：设立经筵以培养君德，施行仁政以团结民心，教育英才以备荐举人才，选择太守、县令以端正选拔考核，礼敬贤士以激励名节，革除闲散的官吏以整顿官制，分辨章程以安定民志，致力农桑以富足民生。他的建言恳切纯正，都是治理国家的原则方法，但宰相未能全部采用。当时仁宗还在藩王府时，有人推荐王结充任宿卫，于是王结搜集历代君臣所做无论好坏可以作为鉴戒的事，每天呈送给仁宗阅读，仁宗赞许并采纳了。

仁宗即位，迁集贤直学士。出为顺德路总管，教民务农兴学、孝亲弟长、戢奸禁暴，悉登于书，俾朝夕阅习之。属邑巨鹿沙河有唐魏徵、宋璟墓，乃祠二公于学，表其言论风旨，以厉多士。

【译文】元仁宗即位后，王结升任集贤直学士。出任顺德路总管，教导百姓从事农业生产、兴办学校、孝顺父母、尊敬兄长、清除奸邪、禁止残暴，全部记录在书中，让他们早晚阅读学习。他管辖的巨鹿、沙河有唐代魏徵、宋璟的坟墓，于是在学校为魏徵、宋璟二公建立祠堂，宣扬他们的言论风度，以此劝勉众多的读书人。

至治①二年，参议中书省事。时拜住为丞相，结言："为相之道，当正己以正君，正君以正天下；除恶不可犹豫，犹豫恐生它变；服用不可奢僭，奢僭则害及于身。"丞相是其言。

【注释】①至治：元英宗孛儿只斤·硕德八剌的年号（1321—1323年），共计3年。

【译文】至治二年（1322年），王结担任参议中书省事。当时拜住担任丞相，王结说："作丞相的职责，应当端正自己然后再匡正君王，匡正君王后再归正天下；除恶不能够犹豫，犹豫恐怕会产生其他的变故；衣着器用不能够奢侈逾礼，奢侈逾礼就会危害到自身。"丞相认为他说的对。

结立言制行，皆法古人，故相张珪①曰："王结非圣贤之书不读，非仁义之言不谈。"识者以为名言。（元史卷

一百七十八）

【注释】①张珪（1263—1327年）：字公端，自号潜庵，河南卫州（今河南辉县）人，元朝大臣，名将张弘范之子。娴熟弓马，颇有武功。工书法，端重严劲，腕力尤健。

【译文】王结立言德行，都效法古人，曾任丞相的张珪说："王结不是圣贤的书不读，不是仁义的言语不谈论。"有见识的人认为这句话有道理。（元史卷一百七十八）

萧 𣂏

【题解】萧𣂏（1229—1307年），字惟斗，号勤斋。奉元（今陕西西安市）人。隐居于家读书，学者及门受业者极多。拜太子右谕德，扶病至京师，请求辞官，后去世。萧𣂏被称为一代醇儒，为文立意精深，言近而旨远。著有《勤斋集》。

萧𣂏字惟斗，其先北海人。侯均谓元有天下百年，惟萧惟斗为识字人。学者及其门受业者甚众。尝出，遇一妇人，失金钗道旁，疑𣂏拾之，谓曰："殊无他人，独翁居后耳。"𣂏令随至门，取家钗以偿。其妇后得所遗钗，愧谢还之。

【译文】萧𣂏，字惟斗，他的祖先是北海（今山东）人。侯均说元代能拥有天下一百年的时间，只有萧𣂏惟斗是识字的人。读书人到他家从师学习的人有很多。萧渼曾经外出，遇到一位妇人，在路旁丢失了金钗，怀疑是萧渼捡到的，妇人对萧渼说：“这里没有其他人，惟独您在我的身后。”萧渼让妇人跟随他到家里，拿出家里的金钗偿还给她。这位妇人后来拾得所丢失的金钗，于是羞愧地向萧渼道歉并还给他金钗。

世祖分藩在秦，辟渼与杨恭懿①、韩择侍秦邸，渼以疾辞，授陕西儒学提举，不赴。省宪大臣即其家具宴为贺，使一从史先诣渼舍，渼方汲水灌园，从史至，不知其为渼也，使饮其马，即应之不拒，及冠带迎宾，从史见渼，有惧色，渼殊不为意。后累授集贤直学士、国子司业，改集贤侍读学士，皆不赴。大德十一年，拜太子右谕德，扶病至京师，寻以病力请去职。人问其故，则曰：“在礼，东宫东面，师傅西面，此礼今可行乎？”俄除集贤学士、国子祭酒，疾作，固辞而归。卒年七十八。（元史卷一百八十九）

【注释】①杨恭懿：（1225—1294年）：奉元高陵（今陕西西安）人，字元甫。幼读《易》《礼》《春秋》诸书，后得朱熹《四书集注》研读。与郭守敬、王恂、许衡等，遍考历书四十余家，昼夜测验，创立新历。

【译文】世祖忽必烈曾在秦地分封自己的子弟，作为王朝的屏藩，征召萧渼与杨恭懿、韩择到秦王府邸侍奉，萧渼以病辞谢，后来被任命为陕西儒学提举，也没有去赴任。各行省的长官就到萧渼的家中设宴庆贺，大臣们派遣一名属吏先到萧渼家，萧渼正在打水浇灌园圃，属吏来到，不知道他就是萧渼，就让他给自己的马喂水，萧渼马上答应没有拒绝，等到他戴好帽子、束好腰带迎接属吏，属吏见到萧渼，非常害怕，但是萧渼丝毫没有放在心上。后来屡加升迁官至集贤直学士、国子司业，改任集贤侍读学士，都没有赴任。大德十一年（1307年），授太子右谕德，萧渼带病来到京师，不久因病极力请求辞官。有人问他其中的缘故，萧渼说："在礼节上，太子在东，师傅在西，这种礼仪如今可以施行吗？"不久被任命为集贤学士、国子祭酒，因为病情发作，坚决辞官回家。终年七十八岁。（元史卷一百八十九）

侯　均

【题解】侯均，奉元（今陕西西安市）人。侯均积学四十年，因此得到读书人的尊崇。他提出"人读书不至千遍，终于己无益"的主张，深合古人所说"读书百遍，其义自见"的道理，今人于圣贤之学，泛览而观，不明其理而随意批判，欲得实益难矣。

侯均，字伯仁，奉元人。积学四十年，群经百氏，无不淹贯，旁通释、老外典。每读书，必熟诵乃已。尝言："人读书不至千遍，终于己无益。"故其答诸生所问，穷索极探，如取诸箧笥[①]。名振关中，学者宗之。（元史卷一百八十九）

【注释】①箧笥（qiè sì）：藏物的竹器，在古代主要是用于收藏文书或衣物。

【译文】侯均，字伯仁，奉元（今陕西西安市）人。积累学问四十年，各家经典，没有他不深通广晓的，同时通晓佛家、道家的典籍。每次读书，必定会反复诵读后才停止。他曾说："人读书不到千遍，最终对自己是没有益处的。"所以他回答学生的请教，穷究思索，极尽探讨，如同在竹器拿取藏物。名振关中，读书人都尊崇他。（元史卷一百八十九）

杜 瑛

【题解】杜瑛（1204—1273年），元隐士、学者。字文玉，号缑山，霸州信安（今河北廊坊市）人。杜瑛于书无所不读，不仅老释之学，医药亦皆洞究。他虽然辞官不做，但对当政者还是提出了中肯的意见，体现了中国传统士人心怀天下的高尚人格。

杜瑛，字文玉，其先霸州信安人。金将亡，士犹以文辞规进取，瑛独避地河南缑氏山中。

【译文】杜瑛，字文玉，他的祖先是霸州信安（今河北廊坊市）人。金国将要灭亡，读书人仍然想通过文章力图追求功名，杜瑛独自躲在河南缑氏山中。

岁己未，世祖南伐至相，召见问计，瑛从容对曰："汉、唐以还，人君所恃以为国者，法与兵、食三事而已。国无法不立，人无食不生，乱无兵不守。今宋皆蔑之，殆将亡矣，兴之在圣主。若控襄樊之师，委戈下流，以捣其背，大业可定矣。"帝悦，曰："儒者中乃有此人乎！"瑛复劝帝数事，以谓事不如此，后当如彼。帝纳之，心贤瑛，谓可大用，命从行，以疾弗果。中统初，诏征瑛。时王文统方用事，辞不就。左丞张文谦宣抚河北，奏为怀孟、彰德、大名等路提举学校官，又辞，遗执政书，其略曰："先王之道不明，异端邪说害之也，横流奔放，天理不绝如线。今天子神圣，俊乂辐辏，言纳计用，先王之礼乐教化，兴明修复，维其时矣。若夫簿书期会，文法末节，汉、唐犹不屑也，执事者因陋就简，此焉是务，良可惜哉！夫善始者未必善终，今不能溯流求源，明法正俗，育材兴化，以拯数百千年之祸，仆恐后日之弊，将有不可胜言者矣。"人或勉之仕，则曰："后世去古虽远，而先王之所设施，本末先后，犹可考见，故为政者莫先于复古。苟因习旧弊，以求合乎先王之意，不亦难乎！吾又不能随时俯仰以赴机会，将焉用仕！"于是杜门著书，一不以穷通得丧动其志，优游道艺，以终其身。（元史卷一百九十九）

【译文】己未年（1259年），世祖忽必烈向南讨伐到了相州，召见杜瑛询问计策，杜瑛从容地回答说："汉、唐以来，君王所依赖治理国家的，只是法令与军队、粮食三件事而已。

国家没有法令不能建立，人没有粮食不能生存，动乱没有军队不能防守。如今宋朝都轻视这三件事，大概要灭亡了，兴盛这三件事靠圣主您了。如果能控制襄樊的军队，派遣军队顺流而下，从背后攻打它，那么帝业就可以成就了。”世祖很高兴地说：“读书人中竟然有这样有见识的人！”杜瑛又规劝了世祖几件事，认为事情如果不这样做，后果就会如何。世祖都接受了，心中认为杜瑛贤能，可以委以重用，让他同行，但是杜瑛因为生病未能同行。中统初年，世祖下诏征召杜瑛。当时王文统正当权，杜瑛推辞不就任。左丞张文谦宣抚河北，奏请杜瑛担任怀孟、彰德、大名等路提举学校官，他又推辞了，给执政官留下书信，大致内容是：“先王的大道不明，是由于异端邪说为害所造成的，动乱灾祸肆纵，天理像线一样没有断绝。如今天子神圣，贤良聚集，言听计从，先王的礼乐教化，恢复兴明，正在这个时候。至于登记簿籍，按期实施政令，法令细节，汉、唐尤其不屑于做，如今执政者沿袭原来的简陋，不求改进，这哪里是处理政务，实在是可惜啊！有好的开始不一定会有好的结局，如今不能够寻究事物的起始演变，明确法令、端正风俗，培育人才、振兴教化，以拯救千百年来的祸患，我担心以后的恶果，将会一言难尽了。”有人劝他做官，杜瑛就说：“后世离古代虽然久远，然而先王的所作所为，本末先后，仍然可以考察出来，所以当政者没有比恢复古制更应该先做的事了。如果沿袭旧的弊病，以求符合先王之意，不也是很难的吗！我又不能够随着时势周旋应付来追逐机会，将怎么去做官呢！”于是闭门著书，完

全不因为困厄显达、名利得失而动摇他的心志，悠闲地钻研学问，直到去世。（元史卷一百九十九）

丘处机

【题解】丘处机（1148—1227年），字通密，道号长春子，登州栖霞（今山东栖霞市）人，道教全真道掌教、真人。丘处机为南宋、金朝、蒙古帝国统治者以及广大人民群众所共同敬重，并因以七十四岁高龄而远赴西域劝说成吉思汗止杀爱民而闻名世界（行程35000里）。

1219年（兴定三年）五月，成吉思汗派使者刘仲禄等人携带诏书前往山东邀请丘处机前往蒙古帝国相见，1222年（兴定六年）四月，丘处机途经铁门关抵达“大雪山”（今兴都库什山）八鲁湾行宫觐见成吉思汗，实现了龙马相会（成吉思汗属马，丘处机属龙）。成吉思汗称他为“神仙”。同年秋冬，成吉思汗三次召见丘处机，询问治国和养生的方法，丘处机向他以“敬天爱民”、减少屠杀、清心寡欲等为回应。

丘处机，登州栖霞人，自号长春子。岁己卯，太祖命近臣持诏求之，处机乃与弟子同往见焉。

【译文】丘处机，登州栖霞（今山东栖霞市）人，自号长春子。己卯年（1219年），元太祖成吉思汗令近臣拿着诏书寻找他，丘处机于是与弟子一同前往觐见太祖。

太祖时方西征，日事攻战，处机每言欲一天下者，必在乎不嗜杀人。及问为治之方，则对以敬天爱民为本。问长生久视之道，则告以清心寡欲为要。太祖深契其言，曰：“天锡仙翁，以寤朕志。”命左右书之，且以训诸子焉。（元史卷二百二）

【译文】太祖当时正在向西征讨，每天忙于征战，丘处机每次都说想要统一天下的人，必定是不爱好杀人的人。等到太祖询问他治国之道，丘处机就回答说以敬天爱民为根本。询问他长生不老的方法，丘处机就说以清心寡欲为紧要。太祖与他话语相投，说：“上天赐给我仙翁，来理解朕的心志。”命令左右近臣记录丘处机说的话，并且拿来训导儿子们。（元史卷二百二）

阿合马

【题解】阿合马（？—1282年），费纳喀忒（今乌兹别克斯坦境内）人，元朝大臣，世祖忽必烈时期近臣之一。初为察必皇后之父按陈那颜的陪嫁奴隶。中统二年（1261年），出任上都同知。三年，领中书左右部，兼都转运使。至元元年（1264年），拜中书平章政事，之后担任制国用使、平章尚书省事等职。主要掌理财政，子侄均居要职，他专权横暴，打击异己，贪侵财赋，强占民田，屡遭朝官弹劾。最后导致武将王著联络僧人高和尚，趁世祖北往上都

（今内蒙古境内）时，假传真金太子之命召唤并刺杀。之后众大臣纷纷上书，力言阿合马不法事宜。元世祖忽必烈调查后，历数阿合马之罪，处以没收家产、肃清党羽、剖棺裂尸。

阿合马，回回人也。不知其所由进。世祖中统三年，始命领中书左右部，兼诸路都转运使，专以财赋之任委之。

【译文】阿合马，回回人。不知道他通过什么途径进入朝廷。元世祖忽必烈中统三年（1262年），开始任命他掌管中书左右部，兼任诸路都转运使，专门委任他管理财政赋税的事务。

至元元年秋八月，罢领中书左右部，并入中书，超拜阿合马为中书平章政事，进阶荣禄大夫。

【译文】至元元年（1264年）秋季八月，罢免他掌管中书左右部，并入中书省，越级升授阿合马为中书平章政事，进升官阶为荣禄大夫。

三年正月，立制国用使司，阿合马又以平章政事兼领使职。

【译文】至元三年（1266年）正月，设立制国用使司，阿合马又以平章政事的身份兼任该部门的长官。

七年正月，立尚书省，罢制国用使司，又以阿合马平章尚书省事。阿合马为人多智巧言，以功利成效自负，众咸称其能。世祖急于富国，试以行事，颇有成绩。又见其与丞相线真[①]、史天泽等争辨，屡有以诎之，由是奇其才，授以政柄，言无不从，而不知其专愎益甚矣。丞相安童含容久之，言于世祖曰："臣近言尚书省、枢密院、御史台，宜各循常制奏事，其大者从臣等议定奏闻，已有旨俞允。今尚书省一切以闻，似违前奏。"世祖曰："汝所言是。岂阿合马以朕颇信用，敢如是耶！其不与卿议非是，宜如卿所言。"又言："阿合马所用部官，左丞许衡以为多非其人，然已得旨咨请宣付，如不与，恐异日有辞。宜试其能否，久当自见。"世祖然之。

【注释】①线真：完泽的父亲。初为宿卫禁中，负责皇帝的膳食，中统初年随从忽必烈北征。中统四年（1263年），升为中书右丞相，与其他大臣一起议定朝制。

【译文】至元七年（1270年）正月，设立尚书省，撤销制国用使司，又任命阿合马为平章尚书省事。阿合马为人多智谋、会说好听而实际虚伪的话，凭借眼前的功效和利益而自以为了不起，众人都称赞他的才能。世祖急于富国，考核他办事，很有成效。又见到他与丞相线真、史天泽等人争辩，屡次有办法让他们无话可说，于是对他的才智感到惊讶，授予他政事权力，言语没有不听从他的，却不知道他的专擅执拗更加严重了。丞相安童容忍他很久了，对世祖进言说："臣下近来说过尚书省、枢密院、御史台，应当各自遵循通常的制度上奏议事，重大的事情由臣等商议决定然后向陛下您报告，圣旨已经允诺过这种情况。如今尚书省把一切都向您奏报，似乎违背了臣下之前的奏请。”世祖说：“你说的很对。难道阿合马因为朕对他非常信用，就敢这样做吗！他不与你商议是不对的，应该像你所说的那样做。”安童又说：“阿合马所任用的下属官吏，左丞相许衡认为大多不称职，但是已经得到圣旨具文呈请交付办理，如果不依从，恐怕以后有怨言。应该考核他们是否贤能，时间长了就知道了。”世祖认为他说的对。

九年，并尚书省入中书省，又以阿合马为中书平章政事。明年，又以其子忽辛为大都路总管，兼大兴府尹。右丞相安童见阿合马擅权日甚，欲救其弊，乃奏大都路总管以次多不称职，乞选人代之。寻又奏：“阿合马、张惠①，挟宰相权，为商贾以网罗天下大利，厚毒黎民，困无所诉。”阿合马曰：“谁为此言？臣等当与廷辩。”

【注释】①张惠（1222—1284年）：字廷杰，成都新繁（今四川成都附近）人。因精通各国文字，被蒙速速荐入侍忽必烈藩邸。赐名兀鲁忽讷特。曾用银赎俘囚二百余家为民。

【译文】至元九年（1272年），把尚书省并入中书省，又任命阿合马为中书平章政事。第二年，又任命他的儿子忽辛为大都路总管，兼任大兴府尹。右丞相安童看到阿合马专权一天比一天严重，想挽救他造成的弊病，于是上奏说大都路总管以下的官员大多不称职，请求选拔人才代替他们。不久又上奏说："阿合马、张惠，倚仗宰相的权力，做商人来搜罗天下的钱财，严重地损害百姓，贫困到无处可以诉说。"阿合马说："这话是谁说的？臣等应当在朝堂上与他辩论。"

十五年正月，世祖以西京饥，发粟万石赈之。又谕阿合马宜广贮积，以备阙乏。阿合马奏："自今御史台非白省，毋擅召仓库吏，亦毋究索钱谷数。及集议中书不至者，罪之。"其沮抑台察如此。四月，中书左丞崔斌[1]奏曰："先以江南官冗，委任非人，遂命阿里等澄汰之。今已显有征验，蔽不以闻，是为罔上。杭州地大，委寄非轻，阿合马溺于私爱，乃以不肖子抹速忽充达鲁花赤，佩虎符，此岂量才授任之道？"又言："阿合马先自陈乞免其子弟之任，乃今身为平章，而子若侄或为行省参政，或为礼部尚书、将作院达鲁花赤、领会同馆，一门悉处要津，自背前言，有亏公道。"有旨并罢黜之。然终不以是为阿合马罪。

【注释】①崔斌（1222—1278年）：字仲文，又名燕帖木耳，元初马邑（今山西朔州）人。警敏多智，魁岸雄伟，善骑射，特长于文学，且达于政术军事。每当大臣争执不决，常以数言决之。为人耿直，曾揭露权臣阿合马的奸险，海内称快。后被阿合马诬陷暗杀。

【译文】至元十五年（1278年）正月，世祖因为西京发生饥荒，拿出一万石米粟救济他们。又告诉阿合马应该扩大粮食储存量，以防备缺乏。阿合马上奏说："从今以后御史台如果不是报告过中书省，就不能擅自召唤管理仓库的官吏，也不能追究索取钱谷的数目。如果御史台不出席在中书省的集体商议，就处罚他们。"他阻遏抑制御史台的监察就是这样。四月，中书左丞崔斌上奏说："之前因为江南的官员闲散，委任了不称职的人，于是命令阿里等人拣选、淘汰他们。如今已经明显有应验，隐瞒不让陛下知道这种情况，这是欺骗君上。杭州疆土辽阔，委任不轻，阿合马沉溺于私爱，于是让不肖子抹速忽充任达鲁花赤，佩带虎符，这难道是根据才能授官任命的原则吗？"又进言说："阿合马先前自述乞求免除自己子弟的职务，但是如今他担任平章政事，他的子侄有的担任行省参政，有的担任礼部尚书、将作院达鲁花赤、领会同馆，一家人全部处在显要的职位上，自己违背了先前的言论，有损公正。"世宗下旨罢免了阿合马子侄全部的职务。然而始终不觉得这是阿合马的罪过。

时阿合马在位日久，益肆贪横，援引奸党郝祯、耿仁，骤升同列，阴谋交通，专事蒙蔽，逋赋不蠲，众庶流移，京兆等路岁办课至五万四千锭，犹以为未实。民有附郭美田，辄取为己有。内通货贿，外示威刑，廷中相视，无敢论列。有宿卫士秦长卿[①]者，慨然上书发其奸，竟为阿合马所害，毙于狱。

【注释】①秦长卿：洛阳人。以布衣征至京师。对阿合马专政不满，上书请诛杀。后被阿合马诬以折阅课额数万缗，被捕入狱，又没收其家产。不久被狱吏用濡纸塞其口鼻而死。

【译文】当时阿合马做官的时间已经很长了，更加放肆贪婪横暴，推荐奸党郝祯、耿仁，突然把他们提拔到同一班列，阴谋勾结，专门从事欺骗的事，百姓拖欠的赋税不予免除，众多百姓流亡，京兆等路每年纳税达到五万四千锭，他们却仍然认为没有征足。百姓有靠近城郭的肥沃田地，就强取占为己有。在内互通财货，对外显示严厉的刑法，朝廷官员互相对视，没人敢上书检举弹劾。有一个叫秦长卿的宿卫士，激昂地上书揭发他们的奸邪行为，最终却被阿合马陷害，死在狱中。

十九年三月，世祖在上都，皇太子从。有益都千户王著[①]者，素志疾恶，因人心愤怨，密铸大铜锤，自誓愿击阿合马首。会妖僧高和尚[②]，以秘术行军中。无验而归，诈称死，杀其徒，以尸欺众，逃去，人亦莫知。著乃与合谋，以戊寅日，诈称皇太子还都作佛事，自驰见阿合马，诡言太子将至，呼省官至前，责阿合马数语，著即牵去，以所袖铜锤碎其脑，立毙。

【注释】①王著（1254—1282年）：元代侠客，平生疾恶如仇，爱行侠仗义，因刺杀阿合马而被捕。

②高和尚（？—1282年）：又称高菩萨，僧人。自称有神术，以苦行名闻于朝。与王著合谋，假称皇太子还都作佛事，诱使丞相阿合马前来迎接，谋杀阿合马。

【译文】至元十九年（1282年）三月，世祖在上都，皇太子随从。有个叫王著的益都千户，平素疾恶如仇，由于人心愤怒怨恨，王著就秘密铸造大铜锤，自己发誓要击碎阿合马的脑袋。正好妖僧高和尚，在军中推行秘术。没有灵验而回来，假称死了，又杀了自己的徒弟，用尸体欺骗众人，自己则逃走了，人们也不知道。王著于是与高和尚合谋，在十八日这天，假说皇太子要回上都举行礼佛活动，自己骑着马去见阿合马，谎称太子马上要到，呼唤中书省的官员来到跟前，斥责了阿合马几句，王著就把阿合马拉走，用藏在袖子里的铜锤击碎他的脑袋，阿合马立即毙命。

高和尚等逃去，著挺身请囚。庚辰，获高和尚于高梁河。壬午，诛王著、高和尚于市。著临刑大呼曰："王著为天下除害，今死矣，异日必有为我书其事者。"

【译文】高和尚等人逃去，王著奋身而起请求囚禁。庚辰日，在高梁河抓获了高和尚。三月二十二日，在集市诛杀了王著、高和尚。王著临刑时大喊道："王著为天下人除害，如今要死了，以后必定会有为我记录这件事的人。"

阿合马死，世祖犹不深知其奸，令中书毋问其妻子。及询孛罗①，乃尽得其罪恶，始大怒曰："王著杀之，诚是也。"乃命发墓剖棺，戮尸于通玄门外，纵犬啖其肉。百官士庶，聚观

称快。子侄皆伏诛，没入其家属财产。（元史卷二百五）

【注释】①孛罗（？—1313年）：蒙古朵鲁班氏，人称孛罗丞相，元朝大臣。他曾出使伊儿汗国，帮助拉施特编辑《史集》。

【译文】阿合马死后，世祖仍然不十分了解他的奸诈，下令中书省不要追究他的妻儿。等到询问孛罗丞相后，才完全了解他的罪恶，大怒说：“王著杀他，实在是对的。”于是下令掘开阿合马的坟墓、剖开他的棺木，在通玄门外陈列他的尸体示众，放狗吃他的肉。百官士庶，都聚集观看拍手称快。阿合马的子侄都被处死，而且他家属的财产都被没收充公。（元史卷二百五）

全/注/全/译

群書治要續編

七

《群书治要续编》编辑编委会　编

郝时晋　梁光玉　萧祥剑　主编

团结出版社

目　录

群书治要续编卷第三十八　贞观政要

【提要】《贞观政要》，唐吴兢撰。

吴兢（670—749年），汴州浚仪（今河南开封）人。武周时入史馆，修国史，迁右拾遗内供奉。唐中宗时，改右补阙，累迁起居郎，水部郎中。唐玄宗时，为谏议大夫，修文馆学士，卫尉少卿兼修国史，太子左庶子，也曾任台、洪、饶、蕲等州刺史，加银青光禄大夫，迁相州，封长垣县子，后改邺郡太守，回京又任恒王傅。吴兢居史馆任职三十余年，以叙事简练、奋笔直书见称。曾认为梁、陈、齐、周、隋五代史繁杂；乃别撰《梁史》《齐史》《陈史》各10卷、《隋史》20卷。卒后，由其子呈上其未定稿《唐史》八十余卷，世称“良史”。曾从事官府藏书的整理、国家书目的编制工作。开元中，参与编撰国家图书总目《群书四部录》200卷。吴兢家收藏图书甚富，编撰有《吴氏西斋书目》1卷，著录图书13486卷，该书目影响颇大。所藏之书在他去世前后，赠送给外孙蒋乂。编著有《乐府古体要解》《唐春秋》《唐书备阙记》《太宗勋史》《睿宗实录》《中宗实录》《贞观政要》《则天实录》《唐高宗实录》（与刘知己合撰）等，仅《贞观政要》流传于今。

《贞观政要》是一部问答体政论性著作，全书以君臣对答的方式，分类编撰贞观年间唐太宗和身边大臣魏徵、王圭、房玄龄、杜如晦、虞世南、褚遂良、温彦博、刘洎、马周、戴胄、孔颖达、岑文本、姚思廉等45人的政论，旨在歌颂“贞观之治”，总结唐太宗治国得失，使后人从中得到有益的借鉴。书成后，在历史上影响巨大，历代帝王无不阅读，是中国古代重要的“政治教科书”。《四库全书总目提要》将其列入史部杂史类，《续编》按照成书时间，将其和子部著作依次列入。原书共计10卷40篇，《续编》辑录了其中《君道》《政体》《求谏》《纳谏》（附：直谏）、《君臣鉴戒》《择官》《尊敬师傅》《仁义》《忠义》《公平》《诚信》《俭约》《谦让》《慎言语》《贪鄙》《崇儒学》《务农》《辨兴亡》《征伐》《慎终》等二十篇的精华，作为今人治国理政的借鉴。

君　道

贞观初，太宗谓侍臣曰：“为君之道，必须先存百姓。若损百姓以奉其身，犹割股以啖腹，腹饱而身毙。若安天下，必须先正其身，未有身正而影曲，上治而下乱者。朕每思伤其身者不在外物，皆由嗜欲以成其祸。若耽嗜滋味，玩悦声色，所欲既多，所损亦大，既妨政事，又扰生民。且复出一非理之言，万姓为之解体，怨讟既作，离叛亦兴。朕每思此，不敢纵逸。”谏议大夫魏徵对曰：“古者圣哲之主，皆亦近取诸身，故能远体诸物。昔楚聘詹何[①]，问其治国之要，詹何对以修身之术。楚王又问治国何如，詹何曰：‘未闻身治而国乱者。’陛下所明，实同古义。”

【注释】①詹何：战国时道家，哲学家，楚国术士。继承杨朱的“为我”思想，认为“重生”必然“轻利”，反对纵欲自恣的行为。

【译文】贞观初年，唐太宗李世民对侍臣说：“为君之道，必须把百姓的生死存亡当作首要大事。如果损害百姓的利益来奉养自己，那就如同割下大腿上的肉来填饱自己的肚子一样。肚子虽然填饱了，但是人也死了。如果想使天下安定，必须先端正自身，从未有过身子端正而影子却扭曲的现象，也没有发生过朝廷安定而百姓却发生动乱的情况。我时常想，能伤及自身的其实并不是身外之物，恰恰都是因为自己的贪欲最终才酿成了大祸。如果一味地贪恋吃喝，沉溺声色，想要得到的越多，自身所受到的损害也就越大，既妨碍国家政事，又扰乱了百姓的生活。况且，要是再讲一些不合常理的话，就会导致民心涣散，怨声载道，众叛亲离。每当我想到这些，就不敢再有放纵自己、贪图安逸的念头。”谏议大夫魏徵回答道：“古时那些圣明的君王，也都是先就近从自身出发，因此才可以远推到其他事物。从前楚庄王礼聘詹何入朝，向他询问治国之道，詹何却用修身之术来对答。楚庄王又问他治理国家应该如何做，詹何回答道：‘还没听说过国君自己品德高尚却将国家治理得一塌糊涂的。’陛下您所明白的，实际上与古人的道理相符。”

贞观二年，太宗问魏徵曰：“何谓为明君暗君？”徵曰：“君之所以明者，兼听[①]也；其所以暗者，偏信也。《诗》云：‘先人有言，询于刍荛。’[②]昔唐、虞之理，辟四门，明四目，达四聪。是以圣无不照，故共、鲧之徒，不能塞也；靖言庸回[3]，不能惑也。秦二世则隐藏其身，捐隔疏贱[4]而偏信赵高[5]，及天下溃叛，不得闻也。梁武帝偏信朱异[6]，而侯景[7]举兵向阙，竟不得知也。隋炀帝偏信虞世基[8]，而诸贼攻城剽邑，亦不得知也。是故人君兼听纳下，则贵臣不得壅蔽，而下情必得上通也。”太宗甚善其言。

【注释】①兼听：指广泛听取意见。

②先人有言，询于刍荛：出自《诗经·大雅·板》。刍荛，指割草打柴的人。

③靖言庸回：语言善巧而行动乖违。犹言口是行非。

④捐隔疏贱：舍弃不亲近的臣子与百姓。

⑤赵高（？—前207年）：嬴姓，赵氏。秦朝二世皇帝时丞相，任中车府令，兼行符玺令事。秦始皇死后，赵高发动沙丘政变，逼秦始皇长子扶苏自杀，另立始皇幼子胡亥为帝，是为秦二世，并自任郎中令。前208年又设计害死李斯，继之为秦朝丞相。第三年他迫秦二世自杀，另立子婴为秦王。不久被子婴设计杀掉，诛夷三族。

⑥朱异（483—549年）：字彦和，吴郡钱唐（今浙江杭州）人。南朝梁奸臣、诗人，梁武帝萧衍的宠臣。

⑦侯景（503—552年）：本姓侯骨，字万景，朔州（今山西朔州）人，羯族。先被选为怀朔镇兵，后拜定州刺史。归顺东魏权臣高欢后，拜吏部尚书，迁河南尹。太清元年（547年），率部投降梁朝，拜豫州刺史，驻守寿阳。太清二年（548年），发动“太清之乱”，屠戮门阀世家。大宝二年（551年），在杀死梁武帝、简文帝和豫章王后，篡位自立，自

称大汉皇帝，建立伪汉。后被部下所杀。

⑧虞世基（？—618年）：字懋世，会稽余姚（今浙江慈溪）人。隋朝大臣。年轻时与虞世南同师事顾野王。南陈时，任太子中舍人、尚书左丞。在隋朝，任通直郎、直内史省、内史舍人，受到隋炀帝的器重，专典机密，参掌朝政。大业八年（612年），从隋炀帝出征高丽，以功进金紫光禄大夫。后数次劝谏均不纳，又见大臣相继诛戮，惧祸及己，遂唯诺取容，不敢忤帝，为时人所讥。大业十四年（618年），宇文化及于江都兵变，弑杀隋炀帝，虞世基同时遇害。

【译文】贞观二年（628年），唐太宗问魏徵："什么样的君主被称为明君？什么样的君主被称为昏君？"魏徵回答说："君主之所以英明，是因为他能广泛听取各方面的意见；君主之所以会昏庸，是因为他只会偏听、偏信单方面的意见。《诗经》中说：'古人曾说，要向割草砍柴的人请教。'从前唐尧和虞舜治理天下时，广开四方之门，招纳天下贤才；广开四方视听，体察各地民情，采纳各种意见。因此贤明的君王可以做到无所不知，所以即使是共工、鲧这样的奸佞之徒也不能蒙蔽他，阳奉阴违的花言巧语也不能使他丧失理智。秦二世胡亥深居宫中，与贤臣隔绝，又疏远自己的百姓，只偏信赵高一人，等到天下大乱、百姓背弃他的时候，他对此却仍然一无所知。梁武帝萧衍偏信朱异，等到侯景举兵叛乱，围攻都城的时候，他居然还浑然不知。隋炀帝杨广偏信虞世基，等到各路叛军攻城略地的时候，他竟然丝毫没有察觉。因此，君主只有广泛听取和采纳各方面的建议，那些权贵之臣才不能蒙上蔽下，百姓的呼声才能上达君王。”太宗对魏徵的话很是赞赏。

贞观十五年，太宗谓侍臣曰：“守天下难易？”侍中魏徵对曰：“甚难。”太宗曰：“任贤能，受谏诤，即可。何谓为难？”徵曰：“观自古帝王，在于忧危之间，则任贤受谏。及至安乐，必怀宽怠，言事者惟令兢惧，日陵月替①，以至危亡。圣人所以居安思危，正为此也。安而能惧，岂不为难？”

【注释】①日陵月替：指逐渐衰落、弛退。

【译文】贞观十五年（641年），太宗对侍臣说：“想要守住天下，这件事是困难还是容易呢？”侍中魏徵回答说：“这是一件特别难的事情。”唐太宗说道：“只要选拔、任用贤能之人，接受谏诤，就可以了。为什么会说这是难事呢？”魏徵回答说：“看自古以来的君王，当身处忧患危险时，就会选拔、任用贤才，接受劝谏；等到天下太平，百姓安居乐业的时候，就会变得松懈怠惰，使那些敢于直言相劝的人终日战战兢兢，惶恐不安，不再敢进言相劝。这样日积月累，国政逐渐衰落、驰退，就会陷入危亡的境地。古代圣贤之人之所以居安思危，正是因为这个原因。在太平无事的安逸环境中能做到心怀忧惧，这岂不是很难吗？”

政　体

贞观初，太宗谓萧瑀曰："朕少好弓矢，自谓能尽其妙。近得良弓十数，以示弓工。乃曰：'皆非良材也。'朕问其故，工曰：'木心不正，则脉理皆邪，弓虽刚劲而遣箭不直，非良弓也。'朕始悟焉。朕以弧矢定四方，用弓多矣，而犹不得其理。况朕有天下之日浅，得为理之意，固未及于弓，弓犹失之，而况于理乎？"自是诏京官五品以上，更宿中书内省，每召见，皆赐坐与语，询访外事，务知百姓利害、政教得失焉。

【译文】贞观初年，唐太宗对萧瑀说："我小的时候喜欢弓箭，自认为已完全掌握了它的奥妙。最近我得到十几张上好的弓，将它们拿给制作弓的工匠看。工匠说：'都不是好材质。'我询问匠人其中的原因，匠人回答说：'木料的中心不端正，那么木材的纹路就会歪斜，弓虽然刚劲有力，但是射出去的箭却不会是正的，因此算不上是好弓。'我从这件事中领悟到很多道理。我靠武力平定天下取得政权，使用过的弓已经够多了，但却仍然不能掌握弓的奥妙；更何况我取得天下的时间并不长，所掌握的治国之道，必定不会比我所掌握的弓的知识多。对于弓的了解我还尚有不足，更不必说治国之道了。"从此，唐太宗召见五品以上的京官，轮流在中书内省值宿，每次召见他们，都赐给他们座位，和他们一起交谈，询问宫外的事务，必定要了解百姓的疾苦和政教的得失。

贞观三年，太宗谓侍臣曰："中书、门下，机要之司，擢才而居，委任实重。诏敕如有不稳便，皆须执论[①]。比来惟觉阿旨顺情[②]，唯唯苟过，遂无一言谏诤者，岂是道理？若惟署诏敕、行文书而已，人谁不堪？何烦简择，以相委付？自今诏敕疑有不稳便，必须执言，无得妄有畏惧，知而寝默。"

【注释】①执论：提出异议或坚持某种意见。

②阿旨顺情：奉迎皇帝的旨意，顺从上情。

【译文】贞观三年（629年），唐太宗对身边的大臣说："中书省和门下省，是国家的重要部门，必须选拔有才能的人去担任官职，委托给他们的任务实在非常重要。皇上颁布的命令要是有什么不稳妥、不恰当之处，都应该大胆地提出异议。近日我却感觉他们只会阿谀逢迎，顺从上情，唯唯诺诺地草率通过诏令，没有一人敢于直言进谏，这难道是正常现象吗？如果只是签署诏令，颁发文书而已，什么人不可以担当此任？又何必要去费心费力选拔人才，委以重任呢？从今往后，颁布的诏书如果感觉有不妥之处，必须大胆地提出异议，不能因为担心冒犯权威，明知有错却又沉默不言。"

贞观五年，太宗谓侍臣曰："治国与养病无异也。病人觉愈，弥须将护，若有触犯，必至殒命。治国亦然，天下稍安，尤须兢慎，若便骄逸，必至丧败。今天下安危，系之于朕，故日慎一日，虽休勿休。然耳目股肱[①]，寄于卿辈，既义均一体，宜协力同心，事有不安，可极言无隐。傥君臣相疑，不能备尽肝膈[②]，实为国之大害也。”

【注释】①耳目股肱：指起到耳朵、眼睛、手臂的作用。比喻辅佐帝王的重臣。也比喻十分亲近且办事得力的人。股，大腿；肱，手臂从肘到腕的部分。

②肝膈：原意为肺腑，此处是指肺腑之言。

【译文】贞观五年（631年），唐太宗对侍臣们说：“治理国家和养病没什么区别。病人感觉自己痊愈的时候，就更需要细心护理，如果再次触犯病根，那么必定会导致死亡。治理国家也是同样的道理，在天下稍微稳定的时候，尤其需要小心谨慎。如果在这个时候骄奢淫逸，必然导致衰败灭亡。现在天下的安危，全部落在我的身上，因此我一天比一天谨慎，即使有条件享受也不去做。但是充分发挥耳目股肱作用的重任，就要全部寄托于你们身上了，既然君臣义同一体，就应齐心协力，如果事情有不稳妥的地方，就该尽力讲出来，不必有什么隐瞒。要是君臣之间互相猜疑，不能完全讲出真心话，实在是治国的大害啊！”

贞观六年，太宗谓侍臣曰：“看古之帝王，有兴有衰，犹朝之有暮，皆为敝其耳目，不知时政得失。忠正者不言，邪谄者日进，既不见过，所以至于灭亡。朕既在九重，不能尽见天下事，故布之卿等，以为朕之耳目。莫以天下无事，四海安宁，便不存意。'可爱非君，可畏非民。'天子者，有道则人推而为主，无道则人弃而不用，诚可畏也。"魏徵对曰："自古失国之主，皆为居安忘危，处治忘乱，所以不能长久。今陛下富有四海，内外清晏，能留心治道，常临深履薄①，国家历数，自然灵长。臣又闻古语云：'君，舟也；人，水也。水能载舟，亦能覆舟。'陛下以为可畏，诚如圣旨。"

【注释】①临深履薄：《诗经·小雅·小旻》："战战兢兢，如临深渊，如履薄冰。"谓面临深渊，脚踏薄冰。后因以"临深履薄"喻谨慎戒惧。

【译文】贞观六年（632年），唐太宗对身边的大臣说："我看古往今来的帝王们，有的兴盛有的衰败，就如同有早晨就必定会有夜晚一样。这都是因为他们的耳目被蒙蔽了，不能知悉当时政治上的得失。忠诚刚正的人不敢进言劝说，邪恶奸诈的小人一天天得势，君主看不到自己的过失，因而最终导致国家灭亡。既然我身居深宫，对天下的事情不可能全都看到，因此才要委托你们，作为我的耳目让我能够了解天下之事。千万不能认为天下无事、海内安宁，就不再注意。《尚书》上说，'可爱非君，可畏非民。'身为天子，如果有道，百姓就会拥护他做自己的君王；如果无道，百姓就会将他抛弃，这真是太可怕了！"魏徵回答道："自古以来那些失掉国家的君主，都是因为在国家安定的时候忘掉了危机的存在，在社会清平的时候忘掉了祸乱，因此不能长治久安。现在陛下您坐拥天下，内外清平安定，多留心关注治国之道，时刻保持那种如临深渊、如履薄冰的谨慎态度，这样的话，国家的运数自然广远绵长。我还听古语说：'君主是船，百姓是水，水不仅可以载船，也同样能把船掀翻。'陛下认为百姓的力量是值得敬畏的，实际也确实如您所说。"

贞观六年，太宗谓侍臣曰："古人云：'危而不持，颠而不扶，焉用彼相？'君臣之义，得不尽忠匡救乎？朕尝读书，见桀杀关龙逄，汉诛晁错[1]，未尝不废书叹息。公等但能正词直谏，裨益政教，终不以犯颜忤旨，妄有诛责。朕比来临朝断决，亦有乖于律令者，公等以为小事，遂不执言。凡大事皆起于小事，小事不论，大事又将不可救，社稷倾危，莫不由此。隋主残暴，身死匹夫之手，率土苍生，罕闻嗟痛。公等为朕思隋氏灭亡之事，朕为公等思龙逄、晁错之诛，君臣保全，岂不美哉！"

【注释】①晁错（前200—前154年）：颍川（今河南禹州）人，西汉政治家、文学家。汉文帝时，任太常掌故，后历任太子舍人、博士、太子家令；景帝即位后，任内史，后迁至御史大夫。后因进言削藩，损害了诸侯利益，以吴王刘濞为首的七国诸侯以"请诛晁错，以清君侧"为名，举兵反叛。汉景帝听从袁盎之计，腰斩晁错于东市。

【译文】贞观六年（632年），太宗对身边的大臣说："古人曾经说过：‘在国家危急的时候不去支持，在社稷快要颠覆的时候不去扶助，怎么可能让这样的人做宰相呢？’单从君臣大义这一方面来讲，臣下怎能不竭尽全力去匡正补救呢？我曾在读书时，每当读到夏桀杀害关龙逄，汉景帝诛杀晁错的时候，都会抛下书卷替他们叹息。你们只要能义正词严地直言相劝，对国家的政治教化有益，我绝不会因为你们冒犯我的尊严、违背我的旨意而滥施刑罚。近日里我亲临朝堂处理政事，也曾出现过违背法令的地方。你们认为这些都是小事，因此不再据理力争。但凡大事，都是从小事源起的，要是小事不去追究，等到发展成大事，就无法挽救了，国家的生死存亡都是由小事而起的。隋炀帝十分残暴，最终死在了匹夫手上，很少听到天下百姓为他感到痛惜。你们替我想想隋朝灭亡的历史教训，我为你们想想关龙逄、晁错被诛杀的历史教训，君臣之间相互保全，这不是很好嘛！”

贞观七年，太宗与秘书监魏徵从容论自古理政得失，因曰：“当今大乱之后，造次不可致理。”徵曰：“不然，凡人在危困，则忧死亡；忧死亡，则思理；思理，则易教。然则乱后易教，犹饥人易食也。”太宗曰：“善人为邦百年，然后胜残去杀[①]。大乱之后，将求致理，宁可造次而望乎？”徵曰：“此据常人，不在圣哲。若圣哲施化，上下同心，人应如响，不疾而速，期月而可，信不为难，三年成功，犹谓其晚。”太宗以为然。封德彝等对曰：“三代以后，人渐浇讹[②]，故秦任法律，汉杂霸道，皆欲化而不能，岂能化而不欲？若信魏徵所说，恐败乱国家。”徵曰：“五帝、三王，不易人而理。行帝道则帝，行王道则王，在于当时所理，化之而已。考之载籍，可得而知。昔黄帝与蚩尤七十余战，其乱甚矣，既胜之后，便致太平。九黎乱德，颛顼征之，既克之后，不失其理。桀为乱虐，而汤放之，在汤之代，既致太平。纣为无道，武王伐之，成王之代，亦致太平。若言人渐浇讹，不及纯朴，至今应悉为鬼魅，宁可复得而教化耶？”德彝等无以难之，然咸以为不可。太宗每力行不倦，数年间，海内康宁，突阙破灭，因谓群臣曰：“贞观初，人皆异论，云当今必不可行帝道、王道，惟魏徵劝我。既从其言，不过数载，遂得华夏安宁，远戎宾服。突厥自古以来，常为中国勍敌，今酋长并带刀宿卫，部落皆袭衣冠。使我遂至于此，皆魏徵之力也。”顾谓徵曰：“玉虽有美质，在于石间，不值良工琢磨，与瓦砾不别。若遇良工，即为万代之宝。朕虽无美质，为公所切磋，劳公约朕以仁义，弘朕以道德，使朕功业至此，公亦足为良工尔。”

【注释】①胜残去杀：语出《论语·子路》：“善人为邦百年，亦可以胜残去杀矣。”指感化凶残的人，使其去恶从善，则可以废除死刑。残，暴戾凶恶的人。杀，代指死刑。

②浇讹：浮薄诈伪。

【译文】贞观七年（633年），太宗与秘书监魏徵在讨论古往今来治国的得失时说：“目前天下大乱后，短时间内将无法实现国家政治上的安定。”魏徵说：“不是这样。人在危难困苦时，就会担忧性命不保；担忧性命不保，就会想着天下太平；想着天下太平，就容易进行教化。天下大乱之后的百姓容易教化，就如饥饿的人对食物更容易满足一样。”太宗说：“一个有才能的人治理好国家需要上百年的时间，这样才能感化凶残的人，使其去恶从善，废除死刑。天下大乱之后，想要达到大治，怎么可能在短时间内实现呢？”魏徵说：“这话用在一般人身上可以，却不能用在圣明之人的身上。如果圣明的人来实施教化，上下同心，百姓响应的速度就会像回声那样迅速，即使不求速度，也会很快推行下去，一年左右就会见到成效，这样来看并不是什么难事，要说三年左右就可以成功，这样都可以说用时很长了。”太宗认为魏徵说得很对。封德彝等人对太宗说：“夏、商、周三代以后，民风日渐浮薄奸诈，所以秦朝专门颁布了严厉的法律来治国，汉朝以仁义和刑罚并用来治国，这些朝代都是想教化好百姓，却没有成功，难道是有能力教化却没有去实行吗？如果听信魏徵所说，恐怕国家要衰落动乱了。”魏徵说：“五帝、三王治国并没有更换百姓，就把他们教化好了。他们施行帝道就成为帝，施行王道就成为王，至关重要的是他们作为当时的帝王是如何进行治理和教化罢了。大家参考典籍上的记载，便可以知晓其中的道理了。从前黄帝与蚩尤作战七十多次，局面特别混乱，然而黄帝战胜蚩尤后，天下很快就太平了。九黎作乱，颛顼出兵征讨，等到平定以后，仍不失为治世。夏桀昏乱残虐，商汤将其放逐并取而代之，在商汤统治之时就实现了太平之世。商纣在位时昏庸无道，周武王便起兵讨伐，到武王的儿子周成王继位时，也实现了天下太平。如果说民风日渐浮薄奸诈，不再淳朴，那么到如今百姓都应变得如鬼魅一般才是，怎么还能再施行教化呢？”封德彝等人无言以对，但是仍然认为魏徵的话行不通。太宗坚持推行教化，毫不松懈，几年过去了，天下安定，突厥被歼灭，因而太宗对群臣说：“贞观初年，人们对我采纳魏徵的建议都有异议，认为当时一定不能实行帝道、王道，只有魏徵鼓励我推行。我采纳他的建议，不过几年时间，就使中原安定、边远的少数民族也来归顺。突厥从古至今一直就是中原的强敌，如今突厥的首领却在我的宫禁中佩刀值宿守卫，部落里的人民也跟着穿戴中国服饰。都是魏徵的功劳才让我取得这样的成就。”太宗又回头对魏徵说：“玉即使有美好的质地，但藏在石头里，如果没有好的工匠去雕琢研磨，那它就和普通的瓦块碎石没有什么区别。如果遇上好的工匠，它就可以成为流传万代的珍宝。我虽没有美玉那样好的本质，被你雕琢研磨，但是劳烦你用仁义约束我，用道德光耀我，才使我建成今天这样的功业，你确实是一位技艺高超的良工巧匠啊。”

贞观十六年，太宗谓侍臣曰：“或君乱于上，臣理于下；或臣乱于下，君理于上。二者苟逢，何者为甚？”特进魏徵对曰：“君心理，则照见下非。诛一劝百，谁敢不畏威尽力？若昏暴于上，忠谏不从，虽百里奚、伍子胥之在虞、吴，不救其祸，败亡亦继。”太宗曰：“必如此，齐文宣①昏暴，杨遵彦②以正道扶之得理，何也？”徵曰：“遵彦弥缝暴主，救理苍生，才得免乱，亦甚危苦。与人主严明，臣下畏法，直言正谏，皆见信用，不可同年而语也。”

【注释】①齐文宣：指北齐文宣帝高洋。

②杨遵彦（511—560年）：即杨愔，字遵彦，小字秦王，弘农华阴（今陕西华阴市）人。南北朝时期北齐宰相，北魏司空杨津之子。乾明元年（560年），高演发动政变，杀死杨愔。

【译文】贞观十六年（642年），唐太宗对侍臣说：“有的君主在朝堂上昏庸，不理政务，而他的臣子却兢兢业业地料理国事；有的臣子犯上作乱，而君主清明。如果遇到这两种情况，哪一种的危害更大呢？”特进魏徵答道：“君主圣明，有心治理国家，就能明察秋毫，对臣子的是非曲直就能了如指掌。杀一儆百，又有谁敢不畏惧君威而尽心尽力地效忠朝廷呢？如果君主昏庸残暴，不听忠臣劝谏，即使在春秋时的虞、吴两国，虽有百里奚、伍子胥这样的忠臣，仍然无法挽救祸患，国家败亡也将紧随而至。”唐太宗说：“如果真如此，那么北齐文宣帝高洋昏庸残暴，大臣杨遵彦却能用正确的方法扶持他将北齐治理好，这又是怎么回事呢？”魏徵说：“杨遵彦弥补暴君之误，救助北齐百姓，使国家幸免于难，也是危难困苦的事。这与国君威严圣明，臣子敬畏守法、敢于直言进谏，正确的谏言都被君主听信采纳的情况是不可同日而语的啊。”

求　谏

太宗威容严肃，百僚进见者，皆失其举措。太宗知其若此，每见人奏事，必假颜色，冀闻谏诤，知政教得失。贞观初，尝谓公卿曰："人欲自照，必须明镜；主欲知过，必藉忠臣。主若自贤，臣不匡正，欲不危败，岂可得乎？故君失其国，臣亦不能独全其家。至于隋炀帝暴虐，臣下钳口，卒令不闻其过，遂至灭亡，虞世基等寻亦诛死。前事不远，公等每看事有不利于人，必须极言规谏。"

【译文】唐太宗仪容庄重，神态威严，前来觐见的百官都会紧张得不知所措。太宗了解到这些情况后，每次看到前来奏事的人，定会和颜悦色，希望听到臣子的直言谏诤，从而知晓国家政治教化的得失。贞观初年，太宗曾对众位公卿大臣说："人想要看见自己的样子，一定要有明镜；一国之主要想知道自己的过失，一定要借助忠臣。假如君主自以为贤明，臣子又不去匡正他的过失，要想国家不处于危亡的境地，又怎么能做到呢？所以君主失去他的国家，臣子也不能使他们自己的家单独保全下来。对于隋炀帝的暴虐，臣子们都闭口不谈，最终使他因为听不到自己的过失而导致灭亡，虞世基等人不久也被诛杀。前朝的事离我们不远，你们今后每当看到有不利于百姓的事情时，一定要直言进谏。"

贞观元年，太宗谓侍臣曰："正主任邪臣，不能致理；正臣事邪主，亦不能致理。惟君臣相遇，有同鱼水，则海内可安。朕虽不明，幸诸公数相匡救，冀凭直言鲠议，致天下太平。"谏议大夫王珪对曰："臣闻木从绳则正，后从谏则圣[1]。故古者圣主必有争臣七人，言而不用，则相继以死。陛下开圣虑，纳刍荛，愚臣处不讳之朝，实愿罄其狂瞽[2]。"太宗称善，诏令自是宰相入内平章国计，必使谏官随入，预闻政事。有所开说，必虚己纳之。

【注释】①木从绳则正，后从谏则圣：语出《尚书·商书·说命上》。是傅说劝说殷商高宗的话。以"木从绳则正"来说明圣明的君主要从谏如流。

②罄其狂瞽：说出愚妄无知的言论。

【译文】贞观元年（627年），唐太宗对侍臣们说："正道的君主如果任用了奸臣，就不可能治理好国家；忠直的臣子如果侍奉了昏庸的君主，也不可能治理好国家。只有正道的君主和忠直的大臣一起共事，就像鱼儿和水的关系一样，那么天下才可以安定。我虽然算不上什么明君，但是有幸遇到你们，多次纠正、补救我的过失，希望凭借你们的直言进谏，实现天下太平。"谏议大夫王珪回答说："臣听说木材弹上墨线就能锯得笔直，君主听从规谏就能成为圣君。所以古代圣明的君主一定要有七个诤臣，进谏如不被接受，就相继以死相谏。陛下开拓思路，采纳草野之民的建议，我等臣子正好遇上一个开明的圣朝，着实愿意把所有愚昧的建议都讲出来。”太宗称赞他说得好，下诏命令今后宰相入宫商量处理国家大事，必须让谏官跟随，让他们都来听一听如何处理政务。有什么建议就直言进谏，自己一定虚心采纳。

贞观二年，太宗谓侍臣曰：“明主思短而益善，暗主护短而永愚。隋炀帝好自矜夸，护短拒谏，诚亦实难犯忤。虞世基不敢直言，或恐未为深罪。昔箕子佯狂自全[①]，孔子亦称其仁。及炀帝被杀，世基合同死否？”杜如晦对曰：“天子有诤臣，虽无道，不失其天下。仲尼称：直哉史鱼，邦有道如矢，邦无道如矢。’[②]世基岂得以炀帝无道，不纳谏诤，遂杜口无言？偷安重位，又不能辞职请退，则与箕子佯狂而去，事理不同。昔晋惠帝贾后[③]将废愍怀太子[④]，司空张华竟不能苦争，阿意苟免。及赵王伦举兵废后，遣使收华，华曰：‘将废太子日，非是无言，当不被纳用。’其使曰：‘公为三公，太子无罪被废，言既不从，何不引身而退？’华无辞以答，遂斩之，夷其三族。古人有云‘危而不持，颠而不扶，则将焉用彼相？’故‘君子临大节而不可夺也。’张华既抗直不能成节，逊言不足全身，王臣之节固已坠矣。虞世基位居宰辅，在得言之地，竟无一言谏诤，诚亦合死。”太宗曰：“公言是也。人君必须忠良辅弼，乃得身安国宁。炀帝岂不以下无忠臣，身不闻过，恶积祸盈，灭亡斯及！若人主所行不当，臣下又无匡谏，苟在阿顺，事皆称美，则君为暗主，臣为谀臣，君暗臣谀，危亡不远。朕今志在君臣上下，各尽至公，共相切磋，以成理道。公等各宜务尽忠说，匡救朕恶，终不以直言忤意，辄相责怒。”

【注释】①箕子佯狂自全：箕子，名胥余，是殷纣王的叔父，官至太师。纣王无道，箕子屡次进谏纣王皆不听从，箕子被囚，乃佯狂为奴，终得以保全。

②“仲尼称”句：语出《论语》。是孔子称赞春秋时卫国大夫史鱼无论何时都能保持自己正直本性的话。

③贾后：即贾南风（257—300年），惠贾皇后，小名旹（shí），平阳襄陵（今山西襄汾东北）人。西晋时晋惠帝司马衷的皇后，贾充的女儿。貌丑而性妒，因惠帝懦弱而一度专权，是西晋时期“八王之乱”的罪魁祸首，后死于赵王司马伦之手。而随后的八王之乱则引发了历史上著名的五胡乱华。

④愍怀太子：司马遹（278—300年），字熙祖，小字沙门，晋武帝司马炎之孙，晋惠帝司马衷长子，西晋太子。司马遹自幼聪慧，有其高祖父司马懿之风。长大后，却不修德业，性刚且奢侈残暴，于宫中摆摊切肉卖酒，并在西园销售杂货，以收其利。又好算卦巫术，忌讳颇多。皇后贾南风以其非己出，性情暴虐，恐即位后自己地位难保，便诬陷司马遹谋反，将其囚于金墉城，后徙许昌宫，派黄门孙虑将其杀害。

【译文】贞观二年（628年），唐太宗对侍臣说：“圣明的君主能审思自己的过失，从而越来越好，然而昏庸的君主却极力掩饰自己的过失，从而更加昏庸。隋炀帝喜好骄矜自夸，隐藏自己的缺点，又拒绝直言进谏，这样就真的再没人敢直言不讳了。大臣虞世基不敢直言，大概也算不上什么大罪。从前商代的时候，箕子假装发疯来保全自己，孔子还评价他仁义。后来等到隋炀帝被杀，虞世基是否也该同他一起死去呢？”杜如晦回答说：“君主身边有敢于直言的大臣，虽然自己治国无道，却也不会失去天下。孔子说‘史鱼真是正直啊！国家有道，他的言行像箭一样直；国家无道，他的言行也像箭一样直。’难道就因为隋炀帝昏庸无道，不采纳谏言，虞世基就不去进谏、闭口不言了吗？他身居要职，却苟且偷生，又不肯辞官隐退，这和箕子装疯离去是两回事。从前晋惠帝司马衷与贾皇后要废掉愍怀太子，司空张华竟然没有力争，反而阿谀顺从，以求苟且偷生。等到赵王伦起兵废掉贾后，又派遣使者追捕张华，张华说：‘贾后打算废掉太子的时候，不是我不想劝阻，而是我的建议没有被采纳。’赵王伦的使者说：‘你贵为三公，太子没什么罪过却要被废掉，你的建议既然没被采纳，那你为什么不因此而辞退归隐呢？’张华无言以对，于是被斩杀，株连三族。古人说得好：‘有危难却不去扶助，将要倾倒却不去扶持，那么用这样的人做宰相有什么用呢？’所以‘君子虽然面临危难却依然能坚守节操。’既然身居高位的张华直言抗争却不能保全自己的节操，言语谦逊也没能保全自己的性命，其实他作为王室之臣的节操早已经不存在了。虞世基身为宰相，在该进言的场合却没有一句谏诤之言，他确实该死啊！”唐太宗说：“你说得极是。君主必须要有忠臣辅佐，这样才能安身立命，国家也能因此安宁。隋炀帝难道不是因为身边没有忠臣辅佐，自己又听不进他人的劝谏，导致恶贯满盈，最后才灭亡的吗？如果国君所做的事不对，臣子又不进言劝阻，只知道顺从圣意，阿谀奉承，凡事都说好，那么这样的君主就是昏庸的君主，臣子就是阿谀的臣子。君主昏庸，臣子阿谀，那么国家离灭亡就为期不远了。现在我的目标是要使朝廷上下恪尽职守，一心为公，彼此帮助，最后实现天下大治。你们一定要尽心尽责，及时指出并纠正我的过失，我终不会因你们直言相劝、违背我意，就怒责你们的。”

太常卿韦挺尝上疏陈得失，太宗赐书曰：“所上意见，极是谠言，辞理可观，甚以为慰。昔齐境之难①，夷吾有射钩之罪，蒲城之役②，勃鞮③为斩袂之仇，而小白不以为疑，重耳待之若旧。岂非各吠非主④，志在无二。卿之深诚，见于斯矣。若能克全此节，则永保令名。如其怠之，可不惜也。勉励终始，垂范将来，当使后之视今，亦犹今之视古，不亦美乎？朕比不闻其过，未睹其阙，赖竭忠恳，数进嘉言，用沃朕怀，一何可道！”

【注释】①齐境之难：是指齐桓公在齐国境内被管仲射中带钩之事。襄公十二年（前686年），公孙无知杀掉齐襄公，自立为君。次年，雍林人杀掉公孙无知，准备重立君主。这时在莒国的公子小白及在鲁国的公子纠争相回国争夺王位。鲁国派管仲带兵在莒国通往齐国的路上堵截公子小白，管仲一箭射中小白的带钩。小白假装倒地而死，管仲派人回鲁国报捷。鲁国于是不慌不忙地送公子纠回国，历时六天才到达齐国。这时小白早已日夜兼程赶回齐国继承了王位，是为齐桓公 。

②蒲城之役：晋献公二十二年（前655年），晋献公认定重耳与夷吾两位公子不辞而别是另有阴谋，于是派公使勃鞮去讨伐蒲城。重耳不愿违抗君令，便翻墙逃走，勃鞮追上后砍掉了他的袖口，重耳逃到母亲的故国翟国（又作“狄国”）。

③勃鞮：又名寺人披、履鞮，春秋时期晋国宦官（寺人）。曾两次追杀重耳（晋文公），晋文公回国即位后，为了将功折罪，又告诉晋文公吕省、郤芮谋反之事。

④各吠非主：狗对主人以外的人吠叫。语出《战国策·齐策六》：“跖之狗吠尧，非贵跖而贱尧也，狗固吠非其主也。”比喻人臣各为其主。

【译文】太常卿韦挺曾上书陈述国政得失，太宗给他写了一封回信说：“你呈上来的意见，都是慷慨正直之言，言辞和道理都很值得称道，我深感欣慰。从前齐国发生动乱，管仲有射中齐桓公带钩之罪；蒲城之役中，勃鞮曾用剑斩断晋文公的衣袖而引起了仇恨。但齐桓公没有因为之前的事情猜疑，仍然重用管仲；晋文公也待勃鞮如旧部般一视同仁。这难道不是臣子各为其主，没有二心吗？你的忠诚从行文中就可以看出来。如果你能一直这样保全你的节操，那么就可以永保美名了。如果你疏忽懈怠，岂不可惜！希望你始终都能自我勉励，成为后人的典范，使得后世之人看我们，就如我们看古人一样，不也是一件美好的事情吗？近来我都没听到有人批评我的过错，也没看到有人指出我在为政中的不足，以后还要继续仰仗你竭尽忠诚，不断提出好的建议，以此拓宽我的胸怀，这种心情真是无法用语言来表达啊！”

贞观十五年，太宗问魏徵曰：“比来朝臣都不论事，何也？”徵对曰：“陛下虚心采纳，诚宜有言者。然古人云：‘未信而谏，则以为谤己；信而不谏，则谓之尸禄。’但人之才器各有不同，懦弱之人，怀忠直而不能言；疏远之人，恐不信而不得言；怀禄之人，虑不便身而不敢言。所以相与缄默，俯仰过日。”太宗曰：“诚如卿言。朕每思之，人臣欲谏，辄惧死亡之祸，与夫赴鼎镬、冒白刃，亦何异哉？故忠贞之臣，非不欲竭诚。竭诚者，乃是极难。所以禹拜昌言[①]，岂不为此也！朕今开怀抱，纳谏诤。卿等无劳怖惧，遂不极言。”

【注释】①禹拜昌言：据《尚书·大禹谟》载，大禹听到善言就会向人拜谢。说明大禹乐于吸取别人的优点。

【译文】贞观十五年（641年），唐太宗问魏徵说：“近来朝臣都没什么政事议论了，这是为什么呢？”魏徵回答说：“陛下虚心纳谏，本来应有很多大臣进谏。然而古人说过：‘不被信任的人进谏，会被认为是毁谤；深受信任的人却不进谏，就是空食俸禄而未尽其职。’只是人的才能气度各自不同，胆小怕事的人，心怀忠直却不去进谏；被疏远的人，怕不被信任而无法进谏；贪恋功名利禄的人，担心不利于自身而不敢进谏。所以大家都保持沉默，左右周旋，应付着度日。”太宗说：“确实如你所言。我常想，如果人臣想要进谏，就会害怕遭遇杀身之祸，这和赴鼎镬遭烹杀、迎着刀剑被斩杀的危险，又有什么两样呢？因此忠诚的臣子，并不是不想尽忠报效朝廷。而是真正能做到竭尽忠诚，实在是太难了。所以大禹听到善意的建言都会拜谢，难道不是因为这个缘故吗？如今我敞开胸怀，广纳谏言。你们无需因为害怕，就不敢极言进谏了。”

纳　谏

贞观十八年，太宗谓长孙无忌等曰：“夫人臣之对帝王，多顺从而不逆，甘言以取容。朕今发问，不得有隐，宜以次言朕过失。”长孙无忌、唐俭等皆曰：“陛下圣化道致太平，以臣观之，不见其失。”黄门侍郎刘洎对曰：“陛下拨乱创业，实功高万古，诚如无忌等言。然顷有人上书，辞理不称者，或对面穷诘，无不惭退。恐非奖进言者。”太宗曰：“此言是也，当为卿改之。”

【译文】贞观十八年（644年），唐太宗对长孙无忌等人说：“臣子对于帝王，大多顺从而不敢忤逆，用甜言蜜语来获取圣心愉悦。现在我向你们提问，你们不得有所隐瞒，要依次说出我的过失。”长孙无忌、唐俭等人都说：“陛下以圣明教化，以致天下太平，在我们看来，没有什么过失。”黄门侍郎刘洎回答道：“陛下在天下大乱时能拨乱反正，创下这份基业，实在是功高万古，确实如长孙无忌等人所说。然而不久前有人上书进谏，话中有不合您心意的，有的受到您当面深究责问，上书言事之人因羞惭而退却。恐怕这不是在鼓励进言的臣子。”太宗说：“你说的对，我一定接受你的意见并改正错误。”

附：直谏

贞观三年，诏关中免二年租税，关东给复①一年。寻有敕：“已役已纳，并遣输纳，明年总为准折②。”给事中魏徵上书曰：“伏见八月九日诏书，率土皆给复一年，老幼相欢，或歌且舞。又闻有敕，丁已配役，即令役满折造③，余物亦遣输了，待明年总为准折。道路之人，咸失所望。此诚平分百姓，均同七子。但下民难与图始，日用不足，皆以国家追悔前言，二三其德。臣窃闻之，天之所辅者仁，人之所助者信。今陛下初膺大宝，亿兆观德。始发大号，便有二言，生八表④之疑心，失四时之大信。纵国家有倒悬之急，犹必不可，况以泰山之安，而辄行此事！为陛下为此计者，于财利小益，于德义大损。臣诚智识浅短，窃为陛下惜之。伏愿少览臣言，详择利益。冒昧之罪，臣所甘心。”

【注释】①给复：免除赋税徭役。

②准折：抵消，抵折。

③折造：折算租税。

④八表：又称八荒。指极远的地方。

【译文】贞观三年（629年），太宗下诏免除关中（位于陕西中部）两年租税，免除关东（函谷关以东地区）一年徭役。不久，又有敕令说："已经开始服徭役和缴纳租税的，都要继续完成，等到明年一起抵折。"给事中魏徵上书说："臣见八月九日的诏书上说，全国都免除一年徭役。百姓一听到这个消息，男女老少都欢呼雀跃，载歌载舞。臣又听说有诏书说，已开始服役的人，命令他们要服满徭役，然后再折算租税，已经缴了一部分的租税也要缴足，等到明年合在一起折算。全国百姓对此都大失所望。这种做法对天下百姓来说确实是平等又一视同仁的。但是百姓很难一开始就理解君主的意图，再加上他们现在缺吃少穿，日常生活都很困难，就会认为国家对之前的政策反悔了，又要实行新的政策，反复无常。我私下听人说，上天所辅佐的是仁慈的君主，百姓愿意帮助的都是守信之人。现在陛下刚登上天子宝座，亿万百姓都在观察您的德行。您刚颁布圣旨，便又出新的诏令改变，天下百姓对这种做法都产生了疑心，认为您就如四季失去顺序一样不守信用。即使国家处在最危急的时刻，都不应该这样做，更何况在国家安如泰山的情况下，却做出这样的事！为陛下出此计策的人，在财富上使您得到了小利，但在道德仁义上却让您受到了很大的损失！我确实才能不足，目光短浅，但却暗自为您惋惜。但愿陛下能花很少的时间稍微看一下我的奏章，仔细权衡利弊。对于臣冒昧上书的罪过，臣甘愿受罚。"

贞观六年，有人告尚书右丞魏徵，言其阿党亲戚。太宗使御史大夫温彦博案验其事，乃言者不直。彦博奏称，徵既为人所道，虽在无私，亦有可责。遂令彦博谓徵曰：“尔谏正我数百条，岂以此小事，便损众美。自今已后，不得不存形迹。”居数日，太宗问徵曰：“昨来在外，闻有何不是事？”徵曰：“前日令彦博宣敕语臣云‘因何不存形迹？’此言大不是。臣闻君臣同气，义均一体。未闻不存公道，惟事形迹。若君臣上下，同遵此路，则邦国之兴丧，或未可知！”太宗瞿然改容曰：“前发此语，寻已悔之，实大不是，公亦不得遂怀隐避。”徵乃拜而言曰：“臣以身许国，直道而行，必不敢有所欺负。但愿陛下使臣为良臣，勿使臣为忠臣。”太宗曰：“忠、良有异乎？”徵曰：“良臣使身获美名，君受显号，子孙传世，福禄无疆。忠臣身受诛夷，君陷大恶，家国并丧，独有其名。以此而言，相去远矣。”太宗曰：“君但莫违此言，我必不忘社稷之计。”乃赐绢二百匹。

【译文】贞观六年（632年），有人告发尚书右丞魏徵，说他结党营私，袒护亲戚。唐太宗便派御史大夫温彦博调查这件事，结果是检举揭发的人故意歪曲事实。温彦博上奏说，魏徵被人诬陷，虽然并无偏袒徇私之事，但也有值得追责的地方。太宗于是让温彦博向魏徵传话说：“你向我直言进谏了几百件事，我怎会因这点小事，就对你的优点全盘否定了呢？但是从今以后，你必须检点一下自己的言行举止了。”过了几天，太宗问魏徵说："最近你在外面，有没有听到什么不对的事情？"魏徵说："前天陛下让温彦博向我传达您的旨意，说'为什么不检点自己的举止言行？'这话说得很是不对。我听说君臣之间同气相求，按理说应是君臣一体。臣还没听过心里不存公道，却只去检点言行举止的。如果君臣上下，都沿着这条路走下去，那国家的兴亡，就无法预料了！"太宗幡然醒悟，忽然改变神色说道："之前我说了这话，没过多久就已经后悔了，实在讲得不对，你也不要因此产生了退隐之心。"魏徵于是叩拜说："我把身心都交给了国家，公正办事，绝不敢有欺上瞒下的行为，但愿陛下让我做一个良臣，不要让我去做忠臣。"太宗问道："忠臣、良臣有哪里不一样？"魏徵回答说："良臣是让自己收获好名声，君主也能光耀天下，流芳百世，福禄无穷。忠臣是使自身蒙受被诛戮的危险，也使圣上背上极大的恶名，家与国都没有了，只留下个忠臣的空名。从这点来说，忠臣与良臣相差太远了。"太宗说："你只要不背弃你所说的话，我定会谨记治国大计的。"于是赏赐给魏徵绢二百匹。

贞观十二年，太宗谓魏徵曰："比来所行得失政化，何如往前？"对曰："若恩威所加，远夷朝贡，比于贞观之始，不可等级而言。若德义潜通，民心悦服，比于贞观之初，相去又甚远。"太宗曰："远夷来服，应由德义所加。往前功业，何因益大？"徵曰："昔者四方未定，常以德义为心。旋以海内无虞，渐加骄奢自溢。所以功业虽盛，终不如往初。"太宗又曰："所行比往前何为异？”徵曰：“贞观之初，恐人不言，导之使谏。三年已后，见人谏，悦而从之。一二年来，不悦人谏，虽黾勉听受，而意终不平，谅有难色。”太宗曰：“于何事如此？”对曰：“即位之初，处元律师死罪，孙伏伽谏曰：‘法不至死，无容滥加酷罚。’遂赐以兰陵公主园，直钱百万。人或曰：‘所言乃常事，而所赏太厚。’答曰：‘我即位来，未有谏者，所以赏之。’此导之使言也。徐州司户柳雄于隋资妄加阶级。人有告之者，陛下令其自首，不首与罪。遂固言是实，竟不肯首。大理推得其伪，将处雄死罪，少卿戴胄奏法止合徒。陛下曰：‘我已与其断当讫，但当与死罪。’胄曰：‘陛下既不然，即付臣法司。罪不合死，不可酷滥。’陛下作色遣杀，胄执之不已，至于四五，然后赦之。乃谓法司曰：‘但能为我如此守法，岂畏滥有诛夷。’此则悦以从谏也。往年陕县丞皇甫德参上书，大忤圣旨，陛下以为讪谤。臣奏称上书不激切，不能起人主意，激切即似讪谤。于时虽从臣言，赏物二十段，意甚不平，难于受谏也。”太宗曰：“诚如公言，非公无能道此者。人皆苦不自觉，公向未道时，都自谓所行不变。及见公论说，过失堪惊。公但存此心，朕终不违公语。”

【译文】贞观十二年（638年），唐太宗问魏徵：“近来所推行的政治教化与以往相比怎么样？”魏徵回答说：“如果就朝廷的恩德和威信来说，现在远方的少数民族都来朝贡，这与贞观初年相比，简直不可同日而语。如果单从道德仁义的潜在影响，以及让百姓心悦诚服的程度来看，是远不及贞观初年的。”唐太宗听后非常诧异，说：“远方的少数民族前来归服，应源于朝廷实施仁德的结果。以往的功业，怎么反而更大了呢？”魏徵说：“从前，天下没有平定之时，陛下常把德义放在心上。不久之后，天下太平无事，陛下骄奢自满的习气便随之不断滋生。所以现在朝廷的功业虽然兴盛，但在道义上终究比不上从前。”唐太宗又问：“现在的所作所为和以前相比究竟有什么不同？”魏徵说：“贞观初年，陛下只怕没有人进谏，所以千方百计鼓励引导大臣。三年过后，陛下见有人进言，都能愉快地接受。可是近一两年来，陛下已经不高兴有人提意见了，虽然也能勉强接受，但心里终是有些不平，并且脸上常表现出为难之色。”唐太宗惊讶地问：“是什么事让你有这样的看法？”魏徵回答：“贞观初年，判处元律师死罪，孙伏伽进谏说：‘依照国家的法律元律师罪不至死，不应滥用酷刑。’当时陛下采纳了孙伏伽的意见，还赐给他价值百万的兰陵公主园。有人对此不解，问道：‘他所进言只不过是平常之事，而陛下的赏赐却太丰厚了。’陛下您却说：‘自我即位以来，还没有进谏的人，所以我要厚赏他。’这是陛下鼓励引导大臣提意见。徐州司户柳雄，私自加高自己在隋朝时的官阶。有人告发他，陛下下令让他自首，不自首就判罪。柳雄坚持说情况属实，终究不肯自首。大理寺审查此案，柳雄确实作伪，即将判处他死刑。大理寺少卿戴胄上奏说，按法律只能判处柳雄徒刑。而陛下却说：‘我已经决定了判死刑，就该以死罪论处。’戴胄坚持说：‘陛下既然不同意臣的意见，就应将臣交给相关司法部门依法处置。柳雄罪不至死，陛下不应滥用酷刑。’陛下面显怒容，下定决心要对柳雄处以死刑，戴胄也据理力争，争执了四五次，陛下才赦免了柳雄的死罪。事后陛下对司法部门说：‘如果你们能如戴胄一般为我严格执法，难道还用担心滥用死刑的事发生吗？’从这件事情可以看出陛下是愿意接受谏诤的。从前，陕县县丞皇甫德参上书，大大违背了圣意，陛下认为他是在造谣毁谤。我上奏说，奏书的语言如果不激烈率直，就不会引起君主的注意，而激烈率直的语言看起来就像是在毁谤。当时陛下虽然接受了我的意见，赏给皇甫德参丝绸二十段，可是陛下却是心怀不满，这是难以接受进谏的例子。”唐太宗听了，感叹道：“确实如你所言，如果不是你，恐怕没有人能说出这番话了。每个人都有苦于没有自知之明的时候，你不说这些话时，我总是自以为对于所行之事和过去相比，没有什么变化，听到你这么说，才认识到自己所犯的过失竟然这样严重，真是让人大惊失色啊！你只要长存此心，我定不会违背你说的话。”

君臣鉴戒

贞观三年，太宗谓侍臣曰：“君臣本同治乱，共安危，若主纳忠谏，臣进直言，斯故君臣合契，古来所重。若君自贤，臣不匡正，欲不危亡，不可得也。君失其国，臣亦不能独全其家。至如隋炀帝暴虐，臣下钳口，卒令不闻其过，遂至灭亡，虞世基等寻亦诛死。前事不远，朕与卿等可得不慎，无为后所嗤！”

【译文】贞观三年（629年），唐太宗对侍臣说：“君臣本应同治乱，共安危，如果君主能接受忠言，臣子就能直言进谏，这样君臣就会齐心协力，这是自古以来就深受重视的治国方略。如果君主自认为贤明，臣子又不给予匡正，想要不亡国，是不可能的。如果君主丧失了国家，那么臣子也就不能独保自己的家庭。就如面对隋炀帝的暴虐无道，臣下都闭口不敢言，直到最后令君主无法听到自己的过失，这样就导致了国破家亡，大臣虞世基等人不久也被杀死。这些事情距离我们并不遥远，我和各位大臣不得不谨慎行事，不要被后人所耻笑啊！”

贞观六年，太宗谓侍臣曰：“朕闻周、秦初得天下，其事不异。然周则惟善是务，积功累德，所以能保八百之基。秦乃恣其奢淫，好行刑罚，不过二世而灭。岂非为善者福祚延长，为恶者降年不永？朕又闻桀、纣，帝王也，以匹夫比之，则以为辱；颜、闵匹夫也，以帝王比之，则以为荣。此亦帝王深耻也。朕每将此事以为鉴戒，常恐不逮，为人所笑。”魏徵对曰：“臣闻鲁哀公谓孔子曰：‘有人好忘者，移宅乃忘其妻。’孔子曰：‘又有好忘甚于此者，丘见桀、纣之君乃忘其身。’愿陛下每以此为虑，庶免后人笑尔。”

【译文】贞观六年（632年），太宗对侍臣说：“我听说周朝与秦朝刚得到天下的时候，治理国家的方法并没有什么不同。然而周朝的君主推行仁政，只做对百姓有益的事，积累了很多功德，所以能使周朝保持八百年的基业。而秦朝恣意妄为，骄奢淫逸，对百姓施行严酷的刑罚，所以只经历了两代帝王就灭亡了。这难道不是为善者福禄久长，为恶者不能永享天年吗？我又听说桀、纣是帝王，然而凡夫俗子都以与他们相提并论为耻；颜回、闵损是普通百姓，但帝王与他们相比，都会引以为荣。这也是帝王深感羞惭的。我总是把这些事作为借鉴来指导自己的行为，经常担心自己的德行赶不上颜回、闵损，会被人耻笑。”魏徵听后，意味深长地说：“我听说鲁哀公对孔子说：‘有个人很健忘，他换了住宅就忘了自己的妻子。’孔子说：‘还有比这个人更健忘的，我觉得桀、纣这些君主他们连自己都给忘了。’希望陛下常常思维这些事，以免被后人耻笑。”

择　官

贞观元年，太宗谓房玄龄等曰：“致理之本，惟在于审。量才授职，务省官员。故《书》称：‘任官惟贤才。’又云：‘官不必备，惟其人。’若得其善者，虽少亦足矣；其不善者，纵多亦奚为？古人亦以官不得其才，比于画地作饼，不可食也。《诗》曰：‘谋夫孔多①，是用不就。’又孔子曰：‘官事不摄，焉得俭？’且‘千羊之皮，不如一狐之腋。’此皆载在经典，不能具道。当须更并省官员，使得各当所任，则无为而治矣。卿宜详思此理，量定庶官员位。”玄龄等由是所置文武总六百四十员。太宗从之，因谓玄龄曰：“自此倘有乐工杂类，假使术逾侪辈者，只可特赐钱帛以赏其能，必不可超授官爵，与夫朝贤君子比肩而立，同坐而食，遣诸衣冠以为耻累。

【注释】①谋夫孔多：《诗经·小雅·小旻》“谋夫孔多，是用不集。”指筹划计策的人很多。比喻谋事者虽多但都不是贤能人士。孔，很。

【译文】贞观元年（627年），唐太宗对房玄龄等人说：“治理国家的根本在于精审。要根据能力的大小授予官职，一定要精减官员人数。所以《尚书》有言：‘任用官员只选用贤才。’《尚书》又说：‘官员不一定要齐备，而在于用人得当。’如果任用贤才为官，即使人数不多也足以治理好国家；用了不贤之人为官，即使人数再多又有何用？古人也把没有选到合适的贤才为官比作在地上画饼，虽然形似却不能充饥。《诗经》有句话说：‘筹划计策的人很多，但都不是贤能之人，因此任用他们也无法使事情成功。’孔子又说：‘官员若不能兼理其他事务，如何谈得上精简呢？’孔子还说：‘一千张羊皮，也不如一只狐狸腋下的皮毛珍贵。’这些都记载在经典之中，不能一一道来。现在应当一并精简官员，使他们都能各司其职，那么国家就可以无为而治了。你应该仔细考虑一下这个道理，确定各个官位的人数。”房玄龄等人据此设置文武官员共计六百四十人。太宗采纳了这个建议，并对房玄龄说："从今以后，若有乐工及其他杂艺人员，假使技艺超过同辈的，也只能特别赏赐一些钱财丝帛以奖赏他们的技能，禁止过度奖赏及越等授官，如果让他们与朝中贤能的君子们并肩而立，同桌而食，会使士大夫因此感到羞耻。"

贞观二年，太宗谓侍臣曰："朕每夜恒思百姓间事，或至夜半不寐。惟恐都督、刺史堪养百姓以否。故于屏风上录其姓名，坐卧恒看，在官如有善事，亦具列于名下。朕居深宫之中，视听不能及远，所委者惟都督、刺史，此辈实理乱所系，尤须得人。"

【译文】贞观二年（628年），唐太宗对侍臣们说："我每天夜里都想着民间百姓的事情，有时到半夜都无法入睡，只是担心都督、刺史能否让百姓安居乐业。所以在屏风上记下他们的姓名，无论坐卧都可以看到，如果他们在任期间做了好事，也都一一记录在他们的名下。我住在深宫之中，所看所听都不会涉及太远，所委任的就是这些都督、刺史，这些地方长官实在是至关重要，他们关系到国家的治乱，尤其需要选择得力的人才。"

贞观二年，太宗谓右仆射封德彝曰："致安之本，惟在得人。比来命卿举贤，未尝有所推荐。天下事重，卿宜分朕忧劳，卿既不言，朕将安寄？”对曰：“臣愚岂敢不尽情，但今未见有奇才异能。”太宗曰：“前代明王使人如器[①]，皆取士于当时，不借才于异代。岂得待梦傅说，逢吕尚，然后为政乎？且何代无贤，但患遗而不知耳！”德彝惭赧而退。

【注释】①使人如器：使用人才就如同使用器物一样，要各取所长。

【译文】贞观二年（628年），唐太宗对右仆射封德彝说：“使天下太平的根本，是得到合适的人才。近来我下令让你为我举荐贤才，一直未见你有所推荐。治理天下事关重大，你应当为我分忧解难，连你都不为我推荐贤才，那我还能指望谁呢？”封德彝回答说：“臣下虽然不才，对您哪敢不尽心尽力呢？但是现在还没有发现出类拔萃的人才。”太宗说：“过去圣明的君主任用人才就如使用器物一样，用其所长，并且都是从当时众多的人才中选用，而不是依靠前朝的遗老遗少。难道我们非要等到像商代的国君武丁梦到他的丞相傅说，周文王找到贤臣姜太公，之后才开始治理国家吗？况且哪一个朝代没有贤才，就怕没有发现而被遗漏罢了。”封德彝听后，羞愧而退。

贞观三年，太宗谓吏部尚书杜如晦曰：“比见吏部择人，惟取其言词刀笔，不悉其景行。数年之后，恶迹始彰，虽加刑戮，而百姓已受其弊。如何可获善人？”如晦对曰：“两汉取人，皆行著乡闾，州郡贡之，然后入用，故当时号为多士。今每年选集，向数千人，厚貌饰词，不可知悉，选司但配其阶品而已。铨简之理，实所未精，所以不能得才。”太宗乃将依汉时法，令本州辟召，会功臣等将行世封事，遂止。

【译文】贞观三年（629年），太宗对吏部尚书杜如晦说：“我发现吏部选择官员，只根据他的辩才及文笔来选用，却没有全面了解他的德行是否高尚。几年之后，这些人的劣迹就开始彰显，虽然也对他们处以刑罚甚至诛戮，但是百姓却已深受其害。如何才能选拔到优秀的官员呢？”杜如晦回答道：“两汉所选官员，都是德行称著于乡闾的人，再由州郡举荐，然后才会得到朝廷的任用，所以两汉被称作人才众多的朝代。现在每年所选的人才汇集起来多达数千人，这些人用言语巧饰，来装出一副貌似忠厚的样子，由于对他们不能全面了解，吏部也只能授予他们一定的阶品。评量选拔官员的制度，实在不够精当，所以才得不到真正的人才。”太宗打算依照两汉时的法令，下令由所在州郡征召人才，恰逢对有功之臣实行世袭封爵，这件事就被搁置了。

贞观六年，太宗谓魏徵曰：“古人云，王者须为官择人，不可造次即用。朕今行一事，则为天下所观；出一言，则为天下所听。用得正人，为善者皆劝；误用恶人，不善者竞进。赏当其劳，无功者自退；罚当其罪，为恶者戒惧。故知赏罚不可轻行，用人弥须慎择。”徵对曰：“知人之事，自古为难，故考绩黜陟，察其善恶。今欲求人，必须审访其行。若知其善，然后用之，设令此人不能济事，只是才力不及，不为大害。误用恶人，假令强干，为害极多。但乱世惟求其才，不顾其行。太平之时，必须才行俱兼，始可任用。”

【译文】贞观六年（632年），太宗对魏徵说：“古人说过，君主必须根据官职来选择适当的人才，不可以仓促选用。现在我每办一件事，都会被天下人看到；每说一句话，都会被天下人听到。任用正直之人，做了好事的人就会得到劝勉；误用了恶人，不干好事的人就会争相求进。奖赏与功绩相当，无功者自然就会离开；刑罚与罪行相符，作恶之人自然就会戒慎恐惧。由此可知赏罚绝不可以随意滥用，用人更需要慎重选择。”魏徵回答道：“知人善任这件事，从古至今就是个难题，所以用考核官吏政绩的好坏来决定升降，观察善恶。如今想要寻找到合适的人才，必须审慎地察访他的品行。如果了解到他确实具备好的品行，然后才可任用。假如此人还不能成事，只是因为才能不够，这不是什么大害。如果错用了品行不端的人，再加上他又精明强干，那害处就真的太大了。但在乱世时，往往只对一个人的才能有要求，而忽略他的品行。天下安定之时，就必须德才兼备才可以任用。”

尊敬师傅

贞观六年，诏曰："朕比寻讨经史，明王圣帝，曷尝无师傅哉？前所进令，遂不睹三师①之位，意将未可，何以然？黄帝学大颠，颛顼学录图，尧学尹寿②，舜学务成昭③，禹学西王国，汤学威子伯，文王学子期，武王学虢叔④。前代圣王，未遭此师，则功业不著乎天下，名誉不传乎载籍。况朕接百王之末，智不同圣人，其无师傅，安可以临兆民者哉？《诗》不云乎：'不愆不忘，率由旧章。'夫不学，则不明古道，而能政致太平者，未之有也。可即著令，置三师之位。"

【注释】①三师：指太师、太傅、太保。

②尹寿：帝尧之师，传说为河阳(今河南孟县)人。尹寿要求尧讲求仁义道德，并对尧讲授无为之道，即以无为来治理天下，实行仁政，与民休息，以实现无为而无不为。

③务成昭：即务成子，又名巫成，又称务成昭，是上古诸侯国务国的国君。相传为舜师。

④虢叔：姬姓，周文王的弟弟，周武王的叔叔，和哥哥虢仲开始都是周文王的卿士。周武王伐纣灭商后，封两个叔叔为虢国国君。其中虢叔被封在雍地，称作西虢。

【译文】贞观六年（632年），唐太宗下诏说："我近来研讨经史，发现圣明的君王哪个没有好师傅呢？之前所呈上来的法令中竟然没有看到三师的职位，我觉得这样不妥，为什么这么说呢？黄帝曾向大颠求教，颛顼向录图求学，尧拜尹寿为师，舜向成昭学习，禹在西王国求学，汤向威子伯学习，文王学习子期，武王向虢叔学习。前代的圣明君王，如果没有遇到这些名师的扶助，那么他们就不会成就闻名天下的功业，自己的声望也不能名垂史册。何况我位列历代帝王之后，才智不如圣人，如果没有师傅指点，怎么能成为统领万民的天子呢？《诗经》上不是说：'如果想不犯错误，就一定不能忘记之前的教训，治理国家必须从之前的规章制度入手。'要是不学习，就不会明白前代的治国之道，不明治国之道就能统领天下的，还从未有过这样的人。应立即发布诏令，设立三师的职位。"

贞观八年，太宗谓侍臣曰："上智之人，自无所染，但中智之人无恒，从教而变，况太子师保，古难其选。成王幼小，周、召为保傅。左右皆贤，日闻雅训，足以长仁益德，使为圣君。秦之胡亥，用赵高作傅，教以刑法，及其嗣位，诛功臣，杀亲族，酷暴不已，旋踵而亡。故知人之善恶，诚由近习。朕今为太子、诸王精选师傅，令其式瞻礼度，有所裨益。公等可访正直忠信者，各举三两人。"

【译文】贞观八年（634年），唐太宗对侍臣们说："上等智慧之人，自然不会沾染恶习，但中等智慧之人就不稳定，他们会随着受教育的情况发生变化，况且在古代，太子的师傅就很难挑选。周成王即位时年纪幼小，周公、召公做他的太傅、太保，身边都是贤德之人，每天他都能听到有益的教诲，足够增长他的仁义道德，从而使他成为一位圣明的君主。秦二世胡亥，任用赵高做师傅，赵高以严刑峻法来教导他，等到胡亥继位，就开始诛戮功臣，屠杀亲族，残暴不已，结果没过多久秦朝就灭亡了。由此可知人的善恶确实受身边亲信之人的影响。我如今要给太子、诸王精心挑选师傅，让他们崇尚礼仪法度，以此来增进他们自身的修养。诸位大臣，你们可以寻访正直忠信之人，各自推荐两三个候选人。”

仁 义

贞观元年，太宗曰：“朕看古来帝王以仁义为治者，国祚延长，任法御人者，虽救弊于一时，败亡亦促。既见前王成事，足是元龟。今欲专以仁义诚信为治。望革近代之浇薄也。”黄门侍郎王珪对曰：“天下凋丧日久，陛下承其余弊，弘道移风，万代之福。但非贤不理，惟在得人。”太宗曰：“朕思贤之情，岂舍梦寐！”给事中杜正伦进曰：“世必有才，随时听用，岂待梦傅说，逢吕尚，然后为治乎？”太宗深纳其言。

【译文】贞观元年，太宗说：“我发现自古以来凡以仁义治国的帝王，国运都会长久，用严刑酷法来统治百姓的，虽能挽救一时的弊端，但国家衰败灭亡得也快。既然我们已经看到了前代帝王成败的例子，这些足以作为我们的借鉴。现在我们要专门用诚信、仁义作为治理国家的方法，希望能革除近代的浮薄之风。”黄门侍郎王珪回答说：“天下的仁义道德已经丧失很久了，陛下承袭了前朝残留下来的余弊，能够弘扬古代圣贤之道，移风易俗，这真是千秋万代的福祉。但若没有贤才是无法治理好国家的，关键在于用人得当。”太宗说：“我求贤若渴，即使在夜晚睡梦中，都会梦到有才能的人。”给事中杜正伦进言说：“世上必定有人才，随时听候陛下的任用，难道一定要梦到傅说，遇到吕尚，然后才能治理天下吗？”太宗对他的话深表赞同，并予以采纳。

贞观四年，房玄龄奏言：“今阅武库甲仗，胜隋日远矣。”太宗曰：“饬兵备寇虽是要事，然朕唯欲卿等存心理道，务尽忠贞，使百姓安乐，便是朕之甲仗。隋炀帝岂为甲仗不足，以至灭亡？正由仁义不修，而群下怨叛故也。宜识此心。”

【译文】贞观四年（630年），房玄龄上奏说：“近来，我检查武器库里的铠甲兵器，发现数量已远远超过了隋朝。”太宗说：“整顿军队防御寇乱，虽然是非常重要的事情，但我仍然希望你们把心思用在治国之道上，一定要忠心为国，报效朝廷，使百姓安居乐业，这些才是我真正要的铠甲兵器。难道隋炀帝是因为缺少铠甲兵器，最后才导致国家灭亡的吗？真正的原因是他不实行仁政，群臣自然就会怨恨并背叛他。你们应当理解我的想法啊！”

贞观十三年，太宗谓侍臣曰：“林深则鸟栖，水广则鱼游，仁义积则物自归之。人皆知畏避灾害，不知行仁义则灾害不生。夫仁义之道，当思之在心，常令相继，若斯须懈怠，去之已远。犹如饮食资身，恒令腹饱，乃可存其性命。”王珪顿首曰：“陛下能知此言，天下幸甚！”

【译文】贞观十三年（639年），太宗对侍臣们说：“树林广袤就会有鸟儿栖息，水域深广就有鱼儿畅游，广施仁政百姓自然会来归顺。人们都知道害怕、躲避灾害，却不知道如果施行仁义，灾害就不会发生。仁义之道，应当时刻谨记于心，让它持续不断地推行下去，如有片刻懈怠，就离仁义之道相去甚远了。这就像以饮食的方式来滋养身体，要一直让肚子吃饱，才能维持生命。”王珪叩头说：“陛下能知道这些道理，真是天下的大幸啊！”

忠　义

贞观十一年，太宗行至汉太尉杨震[①]墓，伤其以忠非命，亲为文以祭之。房玄龄进曰：“杨震虽当年夭枉，数百年后方遇圣明，停舆驻跸，亲降神作，可谓虽死犹生，没而不朽。不觉助伯起幸赖欣跃于九泉之下矣。伏读天文，且感且慰，凡百君子，焉敢不勖励名节，知为善之有效！”

【注释】①杨震（？—124年）：字伯起。弘农华阴（今陕西华阴东）人。东汉时期名臣，隐士杨宝之子。他为官正直，不屈权贵，屡次上疏直言时政之弊，因而为中常侍樊丰等所忌恨。延光三年（124年），被罢免又被遣返回乡，途中饮鸩而卒。

【译文】贞观十一年（637年），太宗行至汉太尉杨震的墓地，感伤他忠贞为国却死于非命，亲自为他撰文祭奠。房玄龄进言道：“杨震当年虽然死得冤枉，但数百年后恰逢英明的圣主，为他停车留驻，亲自撰写祭文，这真是虽死犹生，永垂不朽啊。他在九泉之下也会为有幸遇到天恩而欢跃。拜读陛下的祭文，既感动，又欣慰。天下所有的君子，怎敢不勉励名节，认识到做了好事终会有好报的道理！

公　平

太宗初即位，中书令房玄龄奏言：“秦府旧左右未得官者，并怨前宫及齐府①左右处分之先己。”太宗曰：“古称至公者，盖谓平恕无私。丹朱、商均，子也，而尧、舜废之。管叔、蔡叔，兄弟也，而周公诛之。故知君人者，以天下为公，无私于物。昔诸葛孔明，小国之相，犹曰‘吾心如称，不能为人作轻重’，况我今理大国乎？朕与公等衣食出于百姓，此则人力已奉于上，而上恩未被于下，今所以择贤才者，盖为求安百姓也。

用人但问堪否，岂以新故异情？凡一面尚且相亲，况旧人而顿忘也！才若不堪，亦岂以旧人而先用？今不论其能不能，而直言其嗟怨，岂是至公之道耶？”

【注释】①前宫及齐府：前宫指前太子李建成的东宫。齐府指齐王李元吉的王府。

【译文】唐太宗刚即位时，中书令房玄龄上奏说：“秦王府中没有封官的老部下，他们都在埋怨陛下，说前太子府和齐王府的部下都先于自己被陛下安排了官职。”太宗说：“古时所说的大公无私的人，是指宽容公正而无私心的人。丹朱、商均是尧、舜的儿子，而尧、舜却因他们的不肖而废黜了他们，管叔、蔡叔是周公的兄弟，而周公却因他们参与叛乱而杀掉了他们。由此可知，作为治理百姓的君主，要心怀天下，一心为公，不能存有偏私的心。从前诸葛孔明，只是小小蜀国的丞相，他却说‘我的心就如秤那样公平，不会因为不同的人而轻重不同’。更何况如今我要治理这么大一个国家呢？我和你们的衣食都来源于百姓，这就是说，百姓已经把人力都奉献上来，而我们却没有让恩泽遍及民间，如今朝廷之所以要选择贤才，就是要让百姓安心。用人只问是否有能力胜任，岂会因为亲疏、新旧关系就去区别对待呢？但凡见过一面的人尚且都会觉得亲近，何况是旧部，绝不会一下子就忘掉啊！如果才能不能胜任，又怎能因为是旧部就优先任用呢？如今你们不论他们的能力是否能胜任现在的官职，却直言不讳地说他们满嘴怨言，这难道是最为公正的原则吗？”

贞观二年，太宗谓房玄龄等曰：“朕比见隋代遗老，咸称高颎①善为相者，遂观其本传，可谓公平正直，尤识治体，隋室安危，系其存没。炀帝无道，枉见诛夷，何尝不想见此人，废书钦叹！又汉、魏已来，诸葛亮为丞相，亦甚平直，尝表废廖立②、李严③于南中，立闻亮卒，泣曰：‘吾其左衽矣！’严闻亮卒，发病而死。故陈寿④称：‘亮之为政，开诚心，布公道，尽忠益时者，虽仇必赏；犯法怠慢者，虽亲必罚。’卿等岂可不企慕及之？朕今每慕前代帝王之善者，卿等亦可慕宰相之贤者，若如是，则荣名高位，可以长守。”玄龄对曰：“臣闻理国要道，在于公平正直，故《尚书》云：‘无偏无党，王道荡荡。无党无偏，王道平平。’⑤又孔子称‘举直错诸枉，则民服’。今圣虑所尚，诚足以极政教之源，尽至公之要，囊括区宇，化成天下。”太宗曰：“此直朕之所怀，岂有与卿等言之而不行也？”

【注释】①高颎（541—607年）：隋朝著名宰相、军事谋臣。一名敏，字昭玄，鲜卑名独孤颎，渤海蓨（今河北景县）人。本书《隋书》部分有节录其传。

②廖立：字公渊，武陵临沅人，三国时期蜀汉重要谋臣，被诸葛亮评价为荆楚一带的奇才。刘备的荆州南部三郡被吕蒙偷袭后，廖立脱身奔归刘备，被任命为巴郡太守。但是廖立自恃奇才，公然刘备一再

失策、导致荆州覆灭、关羽身死、夷陵之败损兵折将等等，他还诽谤众臣，最终被废为民，最后在得知诸葛亮的死讯时，廖立郁郁而终。

③李严（？—234年）：后改名李平，字正方，南阳人。三国时期蜀汉重臣，与诸葛亮同为刘备临终前的托孤之臣。231年，蜀军北伐时，李严押运粮草因下雨道路泥泞延误时日，为推卸责任反而怪罪诸葛亮的北伐，使诸葛亮不得不退兵，因而获罪，最终被废为平民，迁徙到梓潼郡（治今四川梓潼）。234年，诸葛亮病逝，李严得知这个消息后，认为以后再也不会有人能够起用自己了，因此心怀激愤而病死。

④陈寿(233—297年)：西晋史学家。字承祚，安汉(今四川南充)人。晋时曾任著作郎、治书侍御史。搜集魏、蜀、吴三国的各种史料，著成《三国志》。

⑤无偏无党，王道荡荡；无党无偏，王道平平：语出《尚书·洪范》。这两句话，是刚从殷纣王的监狱里出来的萁子在回答周武王关于治国之道问题时所说的话。强调为政治国者要以公心为重，不能结党营私。

【译文】贞观二年（628年），唐太宗对房玄龄等人说："近来我见到隋朝的旧臣遗老，他们都称赞高颎是做宰相的好人才，于是我就去翻阅他的本传。此人可称得上公平正直，在治国方面尤其突出。隋室的安危，跟他的生死存亡息息相关。可惜被隋炀帝那个无道昏君所冤枉诛杀。我何尝不想亲眼见见这个人啊，不由自主就会放下书为他嗟叹。再者，汉、魏以来，诸葛亮做丞相，也很公平正直，他曾上表罢免廖立、李严的官职，并将他们放逐到南中（泛指川南及云南、贵州一带），后来廖立听到诸葛亮逝世的消息，哭着说：‘我们大概要亡国了！’李严听到诸葛亮逝世的消息，也生病死去了。所以陈寿称赞说：‘诸葛亮治理国家，尽忠职守，公平正直，在当时做了不少有益于国家的事，所以即使是仇人，也是该赏必赏；对违法犯罪玩忽职守的人，即使是最亲近的人也是该罚必罚。’难道你们就不仰慕他并想达到他的高度吗？我如今总会仰慕前代那些贤德的帝王，你们也可以仰慕那些贤德的宰相，如果能这样做，就可以一直保持美好的名声和高贵的地位了。”房玄龄回答道：“臣听说治理国家的关键，在于公平正直，所以《尚书》说：‘不结党营私，治国之路就会平坦宽广；不营私结党，治国之道就会推行得井然有序。’此外，孔子还说：‘推荐任用正直的人而舍弃那些邪恶的人，百姓就会心悦诚服。’如今圣上推崇的依法治国的原则，确实体现了政教的根本，尽力做到公平公正的核心，可以囊括宇宙，教化天下。”太宗说：“这就是我一直以来的想法，但我怎能只对你们说说而不去实行呢？”

贞观初，太宗谓侍臣曰：“朕今孜孜求士，欲专心政道，闻有好人，则抽擢驱使。而议者多称‘彼者皆宰臣亲故’，但公等至公行事，勿避此言，便为形迹。古人‘内举不避亲，外举不避仇’，而为举得其真贤故也。但能举用得才，虽是子弟及有仇嫌，不得不举。”

【译文】贞观初年，唐太宗对侍臣说：“我现在孜孜不倦地寻找贤才，把所有的心思都用在治理国家上，一听说哪里有贤能之人，就差遣使者去打探。但还是有人议论，说‘那些被我任用的官员都是朝廷重臣的亲友’。你们只需秉公行事，不要因此就有所忌讳和回避，古人说，‘内举不避亲，外举不避仇’，就是为了推举真正的贤才之故。只要能举荐贤才，即使是自己的子弟或是与自己有仇怨的人，也一定要推举。”

诚 信

贞观初，有上书请去佞臣者，太宗谓曰：“朕之所任，皆以为贤，卿知佞者谁耶？”对曰：“臣居草泽，不的知佞者，请陛下佯怒以试群臣，若能不畏雷霆，直言进谏，则是正人，顺情阿旨，则是佞人。”太宗谓封德彝曰：“流水清浊，在其源也。君者政源，人庶犹水，君自为诈，欲臣下行直，是犹源浊而望水清，理不可得。朕常以魏武帝多诡诈，深鄙其为人，如此，岂可堪为教令？”谓上书人曰：“朕欲使大信行于天下，不欲以诈道训俗，卿言虽善，朕所不取也。”

【译文】贞观初年，有人上书请太宗除去身边奸佞的臣子，太宗对他说：“我所任用的人，我都认为是贤明的，你知道奸佞之人是谁吗？”上书的人回答说：“我居住在乡野民间，并不知道谁是奸佞之人，希望陛下假装发怒来试探一下群臣，如有不怕龙颜大怒，冒死直言进谏的人，就是正直的人，如果只知道顺从陛下的心意，说一些虚情假意的话，那么这个人就是奸佞之人。”太宗对封德彝说：“水流是清澈还是浑浊，其根本在于它的源头。君主就像政治的源头，群臣就像水流，如果君主为人做事奸诈，那么想要群臣行为正直，就如源头是浑浊的却希望水流清澈一样，这种道理是说不通的。我一直认为魏武帝曹操行事诡诈多端，所以特别鄙视他的为人，如果我也这样做，还怎么制定颁发教令呢？”太宗对上书的人说：“我想使诚信遍及天下，不想用诡诈的方法教化民众，你说的方法虽然不错，但我是不会采纳的。”

俭约

贞观四年，太宗谓侍臣曰：“崇饰宫宇，游赏池台，帝王之所欲，百姓之所不欲。帝王所欲者放逸，百姓所不欲者劳弊。孔子云：‘有一言可以终身行之者，其恕乎！己所不欲，勿施于人。’劳弊之事，诚不可施于百姓。朕尊为帝王，富有四海，每事由己，诚能自节，若百姓不欲，必能顺其情也。”魏徵曰：“陛下本怜百姓，每节己以顺人。臣闻‘以欲从人者昌，以人乐己者亡。’隋炀帝志在无厌，惟好奢侈，所司每有供奉营造，小不称意，则有峻罚严刑。上之所好，下必有甚，竞为无限，遂至灭亡。此非书籍所传，亦陛下目所亲见。为其无道，故天命陛下代之。陛下若以为足，今日不啻足矣；若以为不足，更万倍过此，亦不足。”太宗曰：“公所奏对甚善。非公，朕安得闻此言？”

【译文】贞观四年（630年），唐太宗对侍从的大臣说：“将宫殿屋宇装饰得特别华丽，游览、观赏池苑楼台，这些都是帝王想做的事情，但却不是百姓所希望的。帝王想要的是放逸享乐，百姓不希望的是劳累疲敝。孔子说：‘如果说有一句话可以终身奉行的话，那就是‘恕’！自己不愿意做的事就不要强加给别人。’让人劳累疲敝的事情，确实不能强加给百姓。我被尊为帝王，富有四海，每件事都由我来决定，如果真能自我节制，凡是百姓不想做的事情，一定顺应他们的心意。”魏徵说：“陛下本来已经很怜惜百姓了，经常自我节制来顺应民心。我听说：‘让自己的欲望符合别人的愿望，这样的人就会昌盛；让众人来满足自己享乐的私欲，这样的人就会灭亡。’隋炀帝贪得无厌，只喜欢奢侈，主管官员在侍奉供养及大兴土木上，稍不合他的心意，就会受到严刑重罚。上面喜欢的，下面就会更加喜欢，竞相效仿，毫无节制，最终就会走上灭亡的道路，这不只是书中记载，也是陛下亲眼所见。因为隋炀帝的暴虐无道，所以陛下才能顺应天命，取而代之。如果陛下认为自己已经满足，那么今日的尊荣就不只是满足了；如果陛下认为这样还不算满足，那就算超过现在上万倍，也不会觉得满足。”太宗说：“你对答的太好了。如果不是你，我哪会听到这样一番忠言呢？”

谦　让

贞观二年，太宗谓侍臣曰："人言作天子则得自尊崇，无所畏惧，朕则以为正合自守谦恭，常怀畏惧。昔舜诫禹曰：'汝惟不矜，天下莫与汝争能；汝惟不伐，天下莫与汝争功。'又《易》曰：'人道恶盈而好谦。'凡为天子，若惟自尊崇，不守谦恭者，在身倘有不是之事，谁肯犯颜谏奏？朕每思出一言，行一事，必上畏皇天，下惧群臣。天高听卑，何得不畏？群公卿士，皆见瞻仰，何得不惧？以此思之，但知常谦常惧，犹恐不称天心及百姓意也。"魏徵曰："古人云：'靡不有初，鲜克有终。'①愿陛下守此常谦常惧之道，日慎一日，则宗社永固，无倾覆矣。唐、虞所以太平，实用此法。"

【注释】①靡不有初，鲜克有终：语出《诗经·大雅·荡》。凡事都有个开始，但经常不了了之，没个结果。后借此语讽喻持志不终的人。

【译文】贞观二年（628年），太宗对侍从的大臣们说："人们说，贵为天子的人就会自认为尊贵崇高，就会无所畏惧，而我则认为作为天子更应该自我保持谦恭之态，时常心怀畏惧。从前舜告诫禹说：'只要你不矜夸傲慢，天下是没有人与你争比贤能的；只要不夸耀自己，天下是没有人可以与你争夺功劳的。'《易经》上又说：'人们都喜欢谦逊而厌恶骄傲自满。'凡是做天子的，如果自认为尊贵崇高，不保持谦逊恭谨的态度，那当他犯了过失时，谁还敢冒着触犯龙颜的危险进谏呢？我常常在想，每说一句话，每做一件事，都一定要上畏苍天、下惧群臣。天虽然高远，却还在倾听着人世间的善恶，怎能不敬畏呢？百官群臣，都在下面仰视着我，怎能不让我有所畏惧呢？如此想来，时刻保持谦恭敬畏之心，还怕不能让苍天和百姓满意呢！”魏徵接着说：“古人说：‘没有不能善始，但却很少有能善终的。’希望陛下能时常保持这种谦逊敬畏之道，一天比一天谨慎，那么江山社稷就会永远巩固，不会倾覆了。唐尧、虞舜在位时天下之所以太平，实际上就是采用的这个方法。”

贞观三年，太宗问给事中孔颖达曰：“《论语》云：‘以能问于不能，以多问于寡，有若无，实若虚。’何谓也？”①颖达对曰：“圣人设教，欲人谦光。己虽有能，不自矜大，仍就不能之人求访能事。己之才艺虽多，犹病以为少，仍就寡少之人更求所益。己之虽有，其状若无，己之虽实，其容若虚。非惟匹庶，帝王之德，亦当如此。夫帝王内蕴神明，外须玄默，使深不可知。故《易》称‘以蒙养正’，‘以明夷莅众’。③若其位居尊极，炫耀聪明，以才陵人，饰非拒谏，则上下情隔，君臣道乖。自古灭亡，莫不由此也。”太宗曰：“《易》云：‘劳谦，君子有终，吉。’④诚如卿言。”诏赐物二百段。

【注释】①“以能”四句：语出《论语·泰伯》。意谓有才能的向没有才能的人请教，知识渊博的向知识浅薄的人请教；有学问的却像没有学问一样，知识充实的却像知识空虚的一样。

②谦光：语本《易经·系辞下》：“谦，尊而光。”意为尊者虽谦抑退让，但其德性更见光明磊落。后多用为谦退之意。

③以蒙养正：语出《周易·蒙卦》“蒙以养正，圣功也。”指从童年开始，就要施以正确的教育。以明夷莅众：出自《周易·明夷卦》，是指以明智治理百姓。

④“劳谦”三句：语出《周易·谦卦》。意谓勤劳而谦恭，君子终会有好结果，是吉利的。

【译文】贞观三年（629年），太宗问给事中孔颖达说：“《论语》里讲：‘有才能的人向没有才能的人请教，知识渊博的人向知识浅薄的人请教，有学问的却像没有学问一样，知识充实的却像知识空虚的一样。’这是什么意思呢？”孔颖达回答说：“圣人实行教化，是希望尊者能谦抑退让，使其德行更见光明磊落。自己虽然有才能却不骄傲自大，依然会向没有才能的人请教自己所不知道的事。虽然多才多艺，可仍然害怕自己懂得太少，还会向才艺少的人讨教以获得更多的裨益。自己虽然是有识之人，但却并不表现出来，虽然自己的内心已经非常充实，但外表上却更加呈现出虚怀若谷之态。这不只是要求庶民百姓做到，帝王的德行，也是如此。帝王的内心蕴藏着圣明之智，但表现出来的仍是沉默不语，这样才能让人感到高深莫测。所以《周易》上讲‘从童年开始，就要施以正确的教育’，‘以明智治理百姓’。如果身居至尊之位，却还向人们炫耀自己的聪明，倚仗自己有才能就盛气凌人，掩饰过错拒绝诤谏，那么上下之间的关系就会受到阻隔，君臣之道就会背离。自古以来国家灭亡，哪个不是因此导致的？”唐太宗很赞同地说：“《周易》上讲：‘如果君子能够一直保持勤劳谦逊的品质，那么终会有好运相伴，是吉利的。’这和你说的是一个意思啊。”于是，太宗下诏赏赐孔颖达绢帛二百段。

慎言语

贞观八年，太宗谓侍臣曰：“言语者，君子之枢机，谈何容易？凡在众庶，一言不善，则人记之，成其耻累，况是万乘之主？不可出言有所乖失。其所亏损至大，岂同匹夫？我常以此为戒。隋炀帝初幸甘泉宫，泉石称意，而怪无萤火，敕云‘捉取多少于宫中照夜’，所司遽遣数千人采拾，送五百舆于宫侧，小事尚尔，况其大乎？”魏徵对曰：“人君居四海之尊，若有亏失，古人以为如日月之蚀，人皆见之，实如陛下所戒慎。”

【译文】贞观八年（634年），唐太宗对侍从的大臣们说：“言语，是体现君子德行的关键，谈何容易？就是在庶民百姓中，一句话说不好，都会被他人记住，成为他的耻辱和烦累，更何况是一国之君呢？君主绝不可说出不妥之言。这样做的损害至关重大，君主哪能与一般人相比呢？我常以此为戒。隋炀帝刚到甘泉宫的时候，对那里秀丽的泉水山石感到满意，但他却责怪那里没有萤火虫，便下令说‘捕捉一些萤火虫拿到宫里，用来在晚上照明’，于是，主管官员马上派出数千人去捕捉，后来从各地运送了五百车萤火虫到甘泉宫两侧。小事尚且如此，更何况大事？”魏徵回答说：“君主是四海之内最尊贵的，如果行为有所亏失，古人认为这就如同日食和月食的亏损一样，每个人都能看见，确实要如陛下这般戒慎警惧啊。”

贞观十六年，太宗每与公卿言及古道，必诘难往复。散骑常侍刘洎上书谏曰：“帝王之与凡庶，圣哲之与庸愚，上下相悬，拟伦斯绝。是知以至愚而对至圣，以极卑而对极尊，徒思自强，不可得也。陛下降恩旨，假慈颜，凝旒[①]以听其言，虚襟以纳其说，犹恐群下未敢对扬，况动神机，纵天辩，饰辞以折其理，援古以排其议，欲令凡庶何阶应答？臣闻皇天以无言为贵，圣人以不言为德，老子称‘大辩若讷[②]’，庄生称‘至道无文’，此皆不欲烦也。是以齐侯读书，轮扁窃议[③]，汉皇慕古，长孺陈讥[④]，此亦不欲劳也。且多记则损心，多语则损气，心气内损，形神外劳，初虽不觉，后必为累。须为社稷自爱，岂为性好自伤乎？窃以今日升平，皆陛下力行所至。欲其长久，匪由辩博，但当忘彼爱憎，慎兹取舍，每事敦朴，无非至公，若贞观之初，则可矣。至如秦政[⑤]强辩，失人心于自矜，魏文宏材，亏众望于虚说。此才辩之累，皎然可知。伏愿略兹雄辩，浩然养气，简彼缃图[⑥]，淡焉怡悦，固万寿于南岳，齐百姓于东户[⑦]，则天下幸甚，皇恩斯毕。”太宗手诏答曰：“非虑无以临下，非言无以述虑。比有谈论，遂至烦多。轻物骄人，恐由兹道。形神心气，非此为劳。今闻谠言，虚怀以改。”

【注释】①凝旒：冕旒静止不动，形容君王态度肃穆专注。

②大辩若讷：语出《老子》“大直若屈，大巧若拙，大辩若讷。”意谓有口才、善于辩论的人，表面看来好像不善言辞的样子。

③“齐侯”二句：典出《庄子》。齐桓公在堂上读书，轮扁在堂下做车轮。轮扁走上堂问齐桓公读的是什么书。桓公答是圣人之言。轮扁又问圣人还活着吗？桓公答已经死掉了。轮扁说那您读的书不过是古人留下的糟粕罢了！意谓读书要真正领会言外之意，而不要被语言和文字所束缚。

④汉皇慕古，长孺陈讥：汉武帝时，汲黯敢于直言进谏。一次武帝说自己欲振兴政治，效法尧舜。长孺答道陛下您心里有那么多欲望，如何效法尧舜呢？武帝大怒，汲黯的官职从此再没升迁过。长孺，即汲黯（？—前112年），字长孺，濮阳（今河南濮阳）人。汉武帝时期，初为谒者，后来出京做官为东海太守，有政绩。被召为主爵都尉，列于九卿。汲黯为人耿直，好直谏廷诤，汉武帝刘彻称其为“社稷之臣”。主张与匈奴和亲。后犯小罪免官，居田园数年，召拜淮阳太守，卒于任上。

⑤秦政：即秦始皇，嬴姓，赵氏，名政。

⑥缃图：指书卷图籍。

⑦东户：即东户季子，是传说中的上古君主。《淮南子·缪称训》载“昔东户季子之世，道路不拾遗，耒耜、余粮宿诸晦首。”

【译文】贞观十六年（642年），唐太宗每次和大臣谈到古代的治国之道，都要反复提出各种问题诘问。散骑常侍刘洎上书进谏，说："帝王与平民，圣哲和凡夫，他们之间有天壤之别，是不能相提并论的。因此，拿极其愚笨的人与圣明之人相比，以地位卑下之人与极其尊贵之人相比，纵使前者一心想着自强不息，想要超越后者，也是不可能实现的。陛下即便降下恩典，面容和蔼、神态专注地听取臣下的意见，虚心采纳臣子的谏言，但还是担心群臣不敢当面对答。更何况陛下运用您奇特的思维，大展辩才，修饰言辞来挫败他人的说法，援古证今力排众议，这让一般的凡夫俗子如何应答？臣下听说上天把沉默看成尊贵，圣人把不言看作美德。老子认为'真正善辩的人看起来就像不善言辞的样子'，庄子认为'至高无上的道理不需要用文采修饰'。这都是不希望有太多烦琐的语言。所以齐桓公读书，轮扁私下议论；汉武帝仰慕古风尊崇儒学，汲黯对汉武帝提出了讥讽，这是不希望他们过分劳心劳神。况且过多记事就会损伤心神，多说话就会损耗元气。在内损耗了心神、元气，在外损伤了形体、精神，即使刚开始没有觉察，那么将来也会被其所累。陛下应该为国家爱惜自己，怎能因为兴趣爱好而伤了自己的身体呢？如今幸得天下太平，这些都是陛下努力治理国家的结果。想要让这种局面长久保持下去，不是由知识广博决定的，只是应该忘记那些爱憎之情，谨慎地对当下有所取舍，踏踏实实做好每一件事，一心为公，像贞观初年您做的那样就可以了。至于说到秦始皇的善于强辩，因为自傲自夸而失掉人心；魏文帝有杰出的才能，却因虚浮的言论而失去声望。这是口才和雄辩带来的祸患，其结局就可想而知了。希望陛下略为减少一些这样的雄辩，培养浩然正气，少看一些书卷图籍，保持淡然愉悦之心。您如南山一样长寿，把国家治理得像东户时代一样太平，就是天下的大幸了，皇恩也就遍及天下了。”太宗亲写诏书批复说：“不思虑就不能君临天下，不说话就不能阐述自己的想法。近来和臣子谈论，言语太过频繁。大概因此产生了轻视别人的骄傲态度。身体、精神、心思和元气，确实不应为此受到劳累。如今听到你忠诚正直的言论，我一定虚心接受并加以改正。”

贪　鄙

贞观初，太宗谓侍臣曰：“人有明珠，莫不贵重。若以弹雀，岂非可惜？况人之性命甚于明珠，见金钱财帛不惧刑网，径即受纳，乃是不惜性命。明珠是身外之物，尚不可弹雀，何况性命之重，乃以博财物耶？群臣若能备尽忠直，益国利人，则官爵立至。皆不能以此道求荣，遂妄受财物，赃贿既露，其身亦殒，实可为笑。帝王亦然。恣情放逸，劳役无度，信任群小，疏远忠正，有一于此，岂不灭亡？隋炀帝奢侈自贤，身死匹夫之手，亦为可笑。”

【译文】贞观初年，太宗对侍臣们说：“如果人们手中有一颗明珠，都会把它当作宝贵的东西，如果拿着它去弹射鸟雀，岂不可惜？何况人的性命比明珠珍贵得多，如果见到金银钱帛不畏惧法律的制裁，就立即收受，这种人就是不爱惜性命。明珠是身外之物，尚且不能用它弹射鸟雀，何况是更加珍贵的性命，怎能用它来换取财物呢？群臣如果能竭尽忠诚正直，做利国利民的好事，那么就可以马上得到高官厚禄。如果都不能用这种方法来求取荣华富贵，只是妄受财物，贪赃受贿的行为一旦被披露，自己也会性命不保，实在是可笑的事情。帝王也是这样，如果纵情放逸，无限度地征用劳役，信任小人，疏远忠诚正直的人，只要犯了其中的一项，又怎会不灭亡呢？隋炀帝奢侈无度，还自认为贤明，最后却死在一介匹夫手里，也确实可笑。”

贞观二年，太宗谓侍臣曰：“朕尝谓贪人不解爱财也。至如内外官五品以上，禄秩优厚，一年所得，其数自多。若受人财贿，不过数万。一朝彰露，禄秩削夺，此岂是解爱财物？视小得而大失者也。昔公仪休性嗜鱼，而不受人鱼，其鱼长存[①]。且为主贪，必丧其国；为臣贪，必亡其身。《诗》云‘大风有隧，贪人败类。’固非谬言也。昔秦惠王欲伐蜀，不知其径，乃刻五石牛，置金其后，蜀人见之，以为牛能便金。蜀王使五丁力士拖牛入蜀，道成。秦师随而伐之，蜀国遂亡。汉大司农田延年赃贿三千万，事觉自死。如此之流，何可胜记！朕今以蜀王为元龟，卿等亦须以延年为覆辙也。

【注释】①“公仪休”二句：鲁国相国公仪休喜欢吃鱼，有人送鱼给他，他却拒而不收。送鱼人问他不收的缘故。公仪休答：正因爱吃鱼，才不能接受。现在我做国相，自己买得起鱼吃；若因收鱼而违反了国家法律，成了罪人，以后还能吃得上鱼吗？所以决不能收。公仪休：春秋时鲁国人，官至鲁国宰相。因清正廉洁、遵纪守法而流传后世。

【译文】贞观二年（628年），太宗对侍臣说："我曾经说过，贪婪的人不懂得如何爱惜财物。就像五品以上的内、外朝官，他们享受着高官厚禄，一年所得的财物，数量自然很多。如果接受他人的贿赂，也不过几万。然而，一旦丑行暴露，就会被革去官职、剥夺俸禄，这哪里是懂得爱惜钱财呢？这是只看到了小便宜却失掉了大利益啊。从前，鲁国的丞相公仪休很喜欢吃鱼，但从不接受别人送给他的鱼，因此他能一直享受鱼的美味。如果一国之君贪婪，就一定会亡国；如果臣子贪婪，就会丧失自己的性命。《诗经》上写道'大风刮得迅猛，自有它的来路，贪婪的人会败坏同类。'真是所言不虚啊！从前，秦惠王要攻打蜀国，但不熟悉蜀国的道路，于是，他叫人刻了五头石牛，把金子放在石牛后面。蜀国人看见了，以为石牛可以便出金子来。蜀王就派了五个大力士把石牛拖到蜀国，从秦入蜀的道路就形成了。于是，秦国大军紧随其后攻打蜀国，蜀国就这样灭亡了。汉朝大司农田延年收受贿赂三千万，事发后他就自杀身亡了。这样的例子，不胜枚举。我现在用蜀王作为借鉴，你们也应该用田延年的例子警示自己，不要重蹈覆辙。"

贞观十六年，太宗谓侍臣曰："古人云'鸟栖于林，犹恐其不高，复巢于木末；鱼藏于水，犹恐其不深，复穴于窟下。然而为人所获者，皆由贪饵故也。'今人臣受任，居高位，食厚禄，当须履忠正，蹈公清，则无灾害，长守富贵矣。古人云：'祸福无门，惟人所召[①]。'然陷其身者，皆为贪冒财利，与夫鱼鸟何以异哉？卿等宜思此语为鉴诫。"

【注释】①"祸福"二句：语出《左传·襄公二十三年》"祸福无门，唯人所召。"意谓祸福本非命中注定，没有常规，都是人们自己造成的。

【译文】贞观十六年（642年），太宗对侍臣说："古人说：'飞鸟栖息在树林里，还担心树木不够高大，又把巢穴建在树梢上；鱼潜藏在水中，还担心水不够深，又到洞窟下做穴。然而它们还是被人捕获，这都是贪吃诱饵的缘故啊。'现在大臣接受任命，身居高位，享受厚禄，就应履行忠诚正直的品质，遵循清廉无私的准则，只有这样才会没有祸患，长守富贵啊！古人说：'祸福本非命中注定，没有常规，都是人们自己造成的。'那些以身试法的人都是因为贪图财利，他们与那些鱼、鸟又有什么不同呢？你们应当好好思考一下这些话，以此作为借鉴，时常告诫自己。"

崇儒学

太宗初践阼，即于正殿之左置弘文馆，精选天下文儒，令以本官兼署学士，给以五品珍膳，更日宿直，以听朝之隙，引入内殿，讨论坟典①，商略政事，或至夜分乃罢。又诏勋贤三品以上子孙为弘文学生。

【注释】①坟典：三坟、五典的并称，泛指古书。

【译文】太宗刚即帝位，就在正殿左侧设置了弘文馆，精心挑选天下通晓儒学之人，让他们以原来的官职兼任弘文馆学士，并享用五品以上官员才能享用的精美膳食，按日轮换在宫里值班。太宗在上朝听政的间隙，就将他们引入内殿，讨论古代典籍，商议谋划政事，有时到半夜才结束。后来，太宗又下诏让三品以上有功勋有才能的贤臣的子孙都到弘文馆做学生。

贞观二年，太宗谓侍臣曰："为政之要，惟在得人。用非其才，必难致治。今所任用，必须以德行、学识为本。"谏议大夫王珪曰："人臣若无学业，不能识前言往行①，岂堪大任？汉昭帝时，有人诈称卫太子②，聚观者数万人，众皆致惑。隽不疑③断以蒯聩④之事。昭帝曰：'公卿大臣，当用经术明于古义者，此则固非刀笔俗吏所可比拟。'"上曰："信如卿言。"

【注释】①前言往行：指前代圣贤的言行。

②卫太子：即刘据（前128—前91年），汉武帝刘彻嫡长子，汉昭帝刘弗陵异母兄，母为卫皇后。于元狩元年（前122年）夏，被立为皇太子。征和二年（前91年），刘据在巫蛊之祸中被江充等人诬陷，因不能

自明而起兵反抗诛杀江充等人，汉武帝误信谎情，遂发兵镇压，刘据兵败逃亡，最终因拒绝被捕受辱而自杀。据《汉书·昭帝纪》载：始元五年（前82年），夏阳男子张延年诣北阙，自称卫太子，后以诬罔之罪斩。而《资治通鉴》记载的冒充卫太子的人则为方遂。

③隽不疑：字曼倩，勃海郡（今河北沧县）人。初为郡文学。汉武帝末年，经暴胜之上表举荐，被汉武帝征召任命为青州刺史。后元二年（前87年），因察觉并击破齐孝王之孙刘泽勾结郡国豪杰的阴谋反叛，被提升为京兆尹。始元五年（前82年），因识破冒充卫太子之人，得到汉昭帝和大将军霍光的称赞。

④蒯聩（kuǎi kuì）：即卫后庄公（？—前478年），姬姓，名蒯聩，卫灵公之子，卫出公的父亲，春秋时卫国第三十任国君，前480—前478年在位。当时尚任卫国太子的蒯聩因违抗其父卫灵公而逃亡国外。等卫灵公死后，蒯聩的儿子蒯辄继位，这时蒯聩请求回到卫国，蒯辄为维护先王的意志而拒绝了蒯聩的要求。隽不疑就是根据《春秋》里关于卫出公蒯辄没有接纳蒯聩一事来审理假冒太子一案的。

【译文】贞观二年（628年），唐太宗对侍从的大臣们说："治国的关键在于任用合适的人才。用人不当，必然难以将国家治理好。如今任用人才，必须把德行和学识作为根本。"谏议大夫王珪说："臣子如果没有学问，就不能了解前代圣贤的言行，又怎能担当大任呢？汉昭帝时，有人冒充卫太子刘据，围观的人一时达到了数万人，当时在场的众人都被其所迷惑。后来，大臣隽不疑用古代蒯聩的先例来决断假冒太子一案。对此，汉昭帝刘弗陵说：'公卿大臣，本就应该选用精通经术、明晰古义的人来担任，这不是那些才智平庸的刀笔之吏可以比拟的。’”太宗说：“确实如你所说。”

务　农

贞观二年，太宗谓侍臣曰：“凡事皆须务本。国以人为本，人以衣食为本，凡营衣食，以不失时为本。夫不失时者，在人君简静乃可致耳。若兵戈屡动，土木不息，而欲不夺农时，其可得乎？”王珪曰：“昔秦皇、汉武，外则穷极兵戈，内则崇侈宫室，人力既竭，祸难遂兴。彼岂不欲安人乎？失所以安人之道也。亡隋之辙，殷鉴不远①，陛下亲承其弊，知所以易之。然在初则易，终之实难。伏愿慎终如始，方尽其美。”太宗曰：“公言是也。夫安人宁国，惟在于君。君无为则人乐，君多欲则人苦。朕所以抑情损欲，克己自励耳。”

【注释】①殷鉴不远：语出《诗·大雅·荡》“殷鉴不远，夏后之世。”原指殷的子孙要把夏的灭亡作为鉴戒。后泛指前人的教训就在眼前。

【译文】贞观二年（628年），唐太宗对侍从的大臣说：“凡事都必须重视它的根本。国家应以百姓为根本，百姓以衣食为根本，凡经营衣食，以不误农时为根本。不误农时，就需要君主施政不繁苛才可以达到。倘若国家连年征战，大兴土木，而又想不占用农时，这怎么可能办到呢？”大臣王珪说：“从前秦始皇、汉武帝，对外穷兵黩武，对内则大兴土木，建造豪华宫室，人力已经耗尽，灾祸随之而来。他们难道就不想让百姓安定吗？只是失去了使百姓安居乐业的办法。隋朝灭亡的教训就在眼前，应该引以为鉴。陛下亲自承受隋朝遗留下来的种种弊端，懂得其中的缘由，所以容易改变。然而刚开始实行起来确实比较容易，但要坚持到底确实很难。希望陛下能慎终如始，才能最终达到完美的境地。”太宗说：“你说得很对。要想国泰民安，关键在于君主。君主若能做到无为而治，那么百姓就会安乐；君主如果欲望过多，百姓就会苦不堪言。所以我要做的就是抑制感情、减少欲望，克制并不断勉励自己罢了。”

辨兴亡

贞观初，太宗从容谓侍臣曰：“周武平纣之乱，以有天下；秦皇因周之衰，遂吞六国。其得天下不殊，祚运长短若此之相悬也？”尚书右仆射萧瑀进曰：“纣为无道，天下苦之，故八百诸侯不期而会。周室微，六国无罪，秦氏专任智力吞食诸侯。平定虽同，人情则异。”太宗曰：“不然，周既克殷，务弘仁义；秦既得志，专行诈力。非但取之有异，抑亦守之不同。祚之修短，意在兹乎！”

【译文】贞观初年，太宗从容地对身边的大臣说：“周武王平定了商纣王的祸乱，从而拥有了天下；秦始皇借着东周的衰微之势，吞并了六国。他们取得天下的途径没有什么不同，为什么国运的长短却相差如此悬殊呢？”尚书右仆射萧瑀回答说：“商纣王暴虐无道，天下百姓都苦不堪言，所以八百诸侯不约而同聚集起来讨伐纣王。周朝虽然衰落，六国也没有罪过，秦始皇全靠才智与勇力，吞食掉各诸侯国。虽然都平定了天下，但百姓对待他们的态度却大不相同。”太宗说：“不是这样，周灭掉殷后，努力弘扬仁义；秦国达到目的以后，一直在施行欺诈与暴政。它们不但得天下的方法不同，而且守天下的方式也不一样。所以国运长短的原因，大概就在这里吧！”

贞观二年，太宗谓黄门侍郎王珪曰：“隋开皇①十四年大旱，人多饥乏。是时仓库盈溢，竟不许赈给，乃令百姓逐粮。隋文不怜百姓而惜仓库，比至末年，计天下储积，得供五六十年。炀帝恃此富饶，所以奢华无道，遂致灭亡。炀帝失国，亦此之由。凡理国者，务积于人，不在盈其仓库。古人云：‘百姓不足，君孰与足？’但使仓库可备凶年，此外何烦储蓄！后嗣若贤，自能保其天下；如其不肖，多积仓库，徒益其奢侈，危亡之本也。”

【注释】①开皇：隋文帝杨坚的年号（581年2月—600年12月），历时二十年。

【译文】贞观二年（628年），唐太宗对黄门侍郎王珪说：“隋文帝开皇十四年（594年）天下大旱，百姓大多饥饿困乏。当时国家粮仓储备充盈，竟不允许开仓赈济灾民，却令百姓自己寻找粮食。隋文帝不怜惜天下百姓却吝惜仓库里的粮食，到了隋朝末年，统计天下粮仓贮存的粮食，足够全国五、六十年的需求。隋炀帝倚仗国家富庶，便一味追求奢侈豪华，昏庸无道，最终导致国家灭亡。隋炀帝的亡国，也是因为这个原因。凡是治国的君主，务必要让百姓有所积蓄，而不在于充实粮仓。古人说：'百姓如果不富足，那么国君又怎会富足？'只要让仓库的储备能够应付灾年，除此之外又何需过多储蓄！后代子孙如果贤明，自然可以保有他的天下；如果昏庸，即使在仓库中积蓄再多，也不过是徒增他们奢侈浪费的习气罢了，但这却是国家危亡的根本。"

贞观五年，太宗谓侍臣曰："天道福善祸淫，事犹影响。昔启人①亡国来奔，隋文帝不吝粟帛，大兴士众，营卫安置，乃得存立。既而强富，子孙不思念报德，才至失脱②，即起兵围炀帝于雁门。及隋国乱，又恃强深入，遂使昔安立其国家者，身及子孙，并为颉利③破亡，岂非背恩忘义所至也？"群臣咸曰："诚如圣旨。"

【注释】①启人：即启民可汗（？—609年），亦称突利可汗，姓阿史那氏，名染干，阴山人，东突厥可汗。599年，突利可汗在塞下被都蓝可汗打败，此时，突利在降隋及投奔达头可汗之间犹豫不定。而隋朝正要利用他的名号，便设计挟突利可汗到长安归降。突利入塞降隋后，被封为意利珍豆启民可汗，定居朔州（今山西朔县）。

②失脱：即失脱可汗，也称始毕可汗（？—619年），姓阿史那氏，名咄吉世（一作咄吉、吐吉），启民可汗阿史那·染干之子，东突厥可汗，609—619年在位。

③颉利：即颉利可汗（579—634年），名咄苾，启民可汗第三子，东突厥可汗。颉利可汗初承父兄基业，依仗兵马强盛，阻挠唐朝统一。后又连年侵犯唐朝边地。626年，唐太宗亲临渭水，与颉利结渭水便桥之盟，东突厥军队方始退还。629年，唐太宗派李靖等夹攻颉利，次年于阴山大败颉利，东突厥前汗国亡。颉利至京，太宗赐以田宅，授右卫大将军。

【译文】贞观五年（631年），太宗对侍从的大臣说："天道是使善人获福、恶人遭祸，就如影子追随物体，敲打就有回声一样快速。从前突厥的启民可汗丧失了自己的国家，投奔隋朝，隋文帝不惜动用大量粟帛钱财，安排了大批兵士百姓，为他们守卫安置，才使其生存下来。没过多久突厥便富强起来，启民可汗的子孙却不知恩图报，到启民可汗的儿子失脱可汗时，就发兵将隋炀帝围困在雁门关（今山西代县北）。等到隋朝大乱，又依仗兵马强盛长驱直入，致使当年帮助启民可汗安家立国的人及其子孙，都被颉利杀害。如今东突厥灭亡，这难道不是忘恩负义导致的灾难吗？"大臣们都说："确实如陛下所说。"

贞观九年，北蕃归朝人奏："突厥内大雪，人饥，羊马并死。中国人在彼者，皆入山作贼，人情大恶。"太宗谓侍臣曰："观古人君，行仁义、任贤良则理；行暴乱、任小人则败。突厥所信任者，并共公等见之，略无忠正可取者。颉利复不忧百姓，恣情所为，朕以人事观之，亦何可久矣？”魏徵进曰：“昔魏文侯问李克[1]：‘诸侯谁先亡？’克曰：‘吴先亡。’文侯曰：‘何故？’克曰：‘数战数胜，数胜则主骄，数战则民疲，不亡何待？’颉利逢隋末中国丧乱，遂恃众内侵，今尚不息，此其必亡之道。”太宗深然之。

【注释】①魏文侯：魏文侯（前472—前396年），姬姓魏氏，名斯（一名都），安邑（今山西夏县）人，魏桓子之孙。前445年继承晋国魏氏领袖。是魏国百年霸业的开创者，战国时期魏国开国君主。李克：战国初魏国政治家。子夏弟子。魏文侯灭中山，以太子击为中山君，翟璜举克为中山相。李克对文侯时期魏国的发展壮大，做出了很大贡献。

【译文】贞观九年（635年），北方突厥归顺唐朝的人上奏说：“突厥境内遭遇大雪，百姓饥饿，羊、马也死掉很多。住在那里的汉人都进山做了山贼，民情大乱。”太宗对侍臣们说：“观察古代君王，实行仁义、任用贤良的，都使国家得到很好的治理；施行暴政、任用小人的，国家就会败亡。突厥所信任的人，就如我们大家所看到的一样，基本上没有可任用的忠诚正直之人。颉利又不关心百姓，胡作非为，我从人情道理的角度来分析，他的国家又怎能长久呢？”魏徵进言说：“从前魏文侯问李克说：‘诸侯之中谁会最先灭亡？’李克回答：‘吴国先亡。’魏文侯又问：‘为什么呢？’李克说：‘如果屡战屡胜，经常获胜的君主就会骄傲，再加上经常发动战争，百姓就会疲惫不堪，国家不灭亡，还等待什么呢？’颉利趁着隋末中原大乱，倚仗自己兵马众多而入侵中原，至今还没有停止的意思，这就是他必然会败亡的原因。”太宗对他的说法深表赞同。

贞观九年，太宗谓魏徵曰：“顷读周、齐史，末代亡国之主为恶多相类也。齐主深好奢侈，所有府库用之略尽，乃至关市无不税敛。朕常谓此犹如馋人自食其肉，肉尽必死。人君赋敛不已，百姓既弊，其君亦亡，齐主即是也。然天元、齐主若为优劣？”徵对曰：“二主亡国虽同，其行则别。齐主懦弱，政出多门[①]，国无纲纪，遂至亡灭。天元性凶而强，威福在己，亡国之事，皆在其身。以此论之，齐主为劣。”

【注释】①政出多门：语出《左传·成公十六年》：“鲁之有季孟，犹晋之有栾范也，政令于是乎成。今其谋曰：‘晋政多门，不可从也。’”意谓政令由许多部门发出。指领导无力，权力分散。

【译文】贞观九年（635年），太宗对魏徵说：“近来我研读北周、北齐的史书，发现末代亡国之君作恶的情况大体类似。齐后主高纬特别喜欢奢侈，府库所存几乎都被他挥霍殆尽，以至于在关隘和市集无不想方设法征收赋税。我常说，这就像嘴馋的人会吃自己身上的肉一样，肉吃完了自己也就必死无疑了。君主下令不停征敛赋税，等到百姓疲敝之后，他们的君主实际上已经名存实亡了，齐后主就是如此。然而北周天元皇帝宇文赟与齐后主相比，他们谁优谁劣呢？”魏徵回答说：“这两个君主虽然同为亡国之君，但是他们的做法还是不太一样。齐后主懦弱，朝廷政令由多个部门发出，权力分散，国家没有纲纪，所以才会导致亡国。天元帝生性凶狠强悍，作威作福又独断专行，国家灭亡的悲剧都是由他一手造成的。从这些情况来看，齐后主要更差一些。”

征　伐

武德九年冬，突厥颉利、突利二可汗以其众二十万，至滑水便桥之北，遣酋帅执矢思力①入朝为觇，自张声势云：“二可汗总兵百万，今已至矣。”乃请返命。太宗谓曰：“我与突厥面自和亲，汝则背之，我无所愧，何辄将兵入我畿县，自夸强盛？我当先戮尔矣！”思力惧而请命。萧瑀、封德彝等请礼而遣之，太宗曰：“不然。今若放还，必谓我惧。”乃遣囚之。太宗曰：“颉利闻我国家新有内难，又闻朕初即位，所以率其兵众直至于此，谓我不敢拒之。朕若闭门自守，虏必纵兵大掠。强弱之势，在今一策。朕将独出，以示轻之，且耀军容，使知必战。事出不意，乖其本图，制服匈奴，在兹举矣。”遂单马而进，隔津与语，颉利莫能测。俄而六军继至，颉利见军容大盛，又知思力就拘，由是大惧，请盟而退。

【注释】①执矢思力：突厥人，唐朝将领。原为东突厥执失部酋长，东突厥灭亡后，归降唐朝，担任左领军将军。后来奉命招降浑、斛萨等部族。并娶唐朝九江公主为妻，官拜驸马都尉，封安国公。此后多次随军征战，先后大败吐谷浑、吐蕃、薛延陀。永徽四年（653年），因受房遗爱谋反案牵连，被流放嶲州。后复任归州刺史。

【译文】武德九年（626年）冬季，突厥颉利、突利两位可汗率领二十万士兵，到达渭水（位于陕西省中部）便桥以北地区，派将领执失思力入朝打探虚实，执失思力自造声势说："两位可汗统领百万大军，如今已到了这里。"于是要求太宗给予答复好回去复命。太宗对他说："我曾亲自与突厥议定和亲一事，如今你们却背弃前约，我问心无愧，而你们为什么要大举进军我京城周边的县城，还自夸强盛？我要先把你杀了。"执失思力大惊失色，连忙请求饶命。萧瑀、封德彝等大臣急忙向太宗建议，请求按照相关礼节将他们遣返回突厥。唐太宗说："不能这样做。如果现在把他们放回去，突厥一定会认为我害怕他们。"于是太宗下令把执失思力囚禁起来。太宗说："颉利听说我国最近发生内乱，又听说我刚刚即位，所以率领军队直接打到这里，他们认为我不敢回击。我如果闭门自守，他们定会放纵兵士大肆抢掠。局势的强弱变化，就在当下的决策。我决定独自出城应战，以示轻视之意，正好也可以向他们展示我军阵容的强大，让他们知道我们必战到底的决心。此事出乎他们意料之外，将会使突厥原有的计划受挫，制伏匈奴，就在此一举了。"说完他就独自骑马奔向突厥驻地，隔着河向他们喊话，让颉利摸不清虚实。不久，大唐六军相继到达，颉利看到大唐军容如此强盛，又听说执失思力被囚禁，因而大为恐惧，请求与太宗订立盟约，撤兵离去。

贞观四年，有司上言："林邑[①]蛮国，表疏不顺，请发兵讨击之。"太宗曰："兵者，凶器，不得已而用之。故汉光武云：'每一发兵，不觉头须为白。'自古以来穷兵极武，未有不亡者也。苻坚自恃兵强，欲必吞晋室，兴兵百万，一举而亡。隋主亦必欲取高丽，频年劳役，人不胜怨，遂死于匹夫之手。至如颉利，往岁数来侵我国家，部落疲于征役，遂至灭亡。朕今见此，岂得辄即发兵？且经历山险，土多瘴疠，若我兵士疾疫，虽克剪此蛮，亦何所补？言语之间，何足介意！"竟不讨之。

【注释】①林邑：南海古国名。故地在今越南中南部。

【译文】贞观四年（630年），有官员上奏说："林邑这个蛮夷之国，所上奏章言辞不够恭顺，请陛下下令发兵讨伐他们。"太宗说："兵器，是凶器，只有在不得已的情况下才会使用它。所以汉光武帝说：'每次发兵，不知不觉间就须发皆白了。'自古以来穷兵黩武的人，没有不灭亡的。苻坚仗着自己兵力强大，一心想要吞并晋国，于是兴兵百万，结果一举灭亡。隋炀帝也下定决心夺取高丽，连年不断的劳役，使百姓怨声载道，最终隋炀帝死在了凡夫俗子的手里。说到突厥颉利，往年多次进犯我国，他的部落疲于征役，最终导致灭亡。我如今看到这些，又怎会轻易发兵？况且到南方作战，要翻山越岭，再加上那里又流行瘴疠，如果我们的士兵们被疾疫传染，就算消灭了南蛮，又有什么益处呢？再说，言语之间的不恭，又何必太在意呢！”太宗终究没有讨伐林邑。

慎 终

贞观五年，太宗谓侍臣曰：“自古帝王亦不能常化，假令内安，必有外扰。当今远夷率服，百谷丰稔，盗贼不作，内外宁静。此非朕一人之力，实由公等共相匡辅。然安不忘危，理不忘乱，虽知今日无事，亦须思其终始。常得如此，始是可贵也。”魏徵对曰：“自古已来，元首股肱不能备具，或时君称圣，臣即不贤，或遇贤臣，即无圣主。今陛下圣明，所以致理。向若直有贤臣，而君不思化，亦无所益。天下今虽太平，臣等犹未以为喜，惟愿陛下居安思危，孜孜不怠耳！”

【译文】贞观五年（631年），太宗对侍臣们说：“自古以来帝王也不能长期教化天下，假如国内安定，就必会有外乱骚扰。而今远方外族率臣民归顺我朝，天下五谷丰登，盗贼不起，国家内外安定。这不是我一个人的功劳，实在是仰仗各位齐心协力辅佐的结果。然而居安不能忘危，天下太平不能忘记混乱，虽然知道今日无事，也要思虑如何才能有始有终。要经常这样反省，才是难能可贵的。”魏徵回答说：“自古以来，君主和大臣不可能全都具备贤德之能，有时君主圣明，而臣下不贤；有时遇上贤臣，却没有明君。如今陛下圣明，天下才会太平。假如只有贤臣，而君主不思教化，也是无益。如今天下虽然太平，但是我们做臣子的还不能以此为喜，只希望陛下能居安思危，孜孜不倦！"

贞观六年，太宗谓侍臣曰："自古人君为善者，多不能坚守其事。汉高祖，泗上一亭长耳，初能拯危诛暴，以成帝业，然更延十数年，纵逸之败，亦不可保。何以知之？孝惠[①]为嫡嗣之重，温恭仁孝，而高帝惑于爱姬之子[②]，欲行废立，萧何、韩信功业既高，萧既妄系[③]，韩亦滥黜[④]，自余功臣黥布[⑤]之辈惧而不安，至于反逆。君臣父子之间悖谬若此，岂非难保之明验也？朕所以不敢恃天下之安，每思危亡以自戒惧，用保其终。"

【注释】①孝惠：即汉惠帝刘盈（前210—前188年），泗水郡沛县（今江苏徐州）人。西汉第二位皇帝，汉高帝刘邦嫡长子。

②"而高帝"二句：汉高帝刘邦十分宠爱戚夫人，戚夫人有一子刘如意，颇有其父之风。太子刘盈为人仁爱懦弱，高祖认为他不像自己，常打算废掉太子改立如意。戚夫人经常跟从皇上出征关东，日夜哭泣，希望册立自己的儿子为太子。幸亏众公卿大臣竭力反对，到了叔孙通进谏时，吕后采用留侯的计策，才没有更换太子。

③萧既妄系：西汉宰相萧何，因为百姓请命，惹怒汉高祖刘邦，被戴上刑具，拘禁起来，几天后高祖才派使者手持符节赦相国出狱。

④韩亦滥黜：曾辅佐汉高祖刘邦夺天下的韩信，因被人告发欲图谋造反，高祖将其贬为淮阴侯。

⑤黥布：即英布（？—前196年），偃姓，英氏，名布，九江郡六县（今安徽六安市）人。秦末汉初名将，早年坐罪，受到黥刑，俗称黥布。初随项梁起义，拥立楚怀王继位，封当阳君。项梁阵亡后，成为项羽帐下将领，屡破秦军，封九江王。受汉朝游说，叛楚归汉，为楚将龙苴所败。辅佐刘邦打败项羽，建立汉朝，封淮南王，与韩信、彭越并称汉初三大名将。汉高帝十一年（前196年），起兵反叛，兵败被杀。

【译文】贞观六年（632年），太宗对侍从的大臣们说："自古以来，做善事的君主大多不能坚持到底。汉高祖刘邦原本就是泗水亭的一个亭长罢了，最初还能除暴安良，所以成就了帝业，然而再让他延长十几年，定会因放纵逸乐而陷于衰败，也不能保住当初创下的基业了。根据什么这样说呢？汉惠帝刘盈本是嫡长子，他温和、恭敬、仁爱、孝顺，被立为太子是名正言顺的事情，但汉高祖却因爱姬的儿子刘如意而犹豫不决，想废黜太子而另立；萧何、韩信，是汉代的开国元勋，德高望重，可是萧何曾被无端打入大牢，韩信也无故遭到贬黜，其余功臣像黥布等人恐惧不安，终于叛逆谋反。君臣父子之间的关系悖逆荒谬到如此地步，难道不是难以保全功业的明证吗？所以我不敢依恃天下安定就掉以轻心，而是经常用历史上的危亡之事来警戒自己，以激励自己能将其保持到最终。"

贞观九年，太宗谓公卿曰："朕端拱无为，四夷咸服，岂朕一人之所致，实赖诸公之力耳！当思善始令终，永固鸿业，子子孙孙，递相辅翼。使丰功厚利施于来叶，令数百年后读我国史，鸿勋茂业粲然可观，岂惟称隆周、炎汉及建武、永平故事而已哉[①]！”房玄龄因进曰：“陛下撝挹[②]之志，推功群下，致理升平，本关圣德，臣下何力之有？惟愿陛下有始有卒，则天下永赖。”太宗又曰：“朕观古先拨乱之主，皆年逾四十，惟光武年三十三。但朕年十八便举兵，年二十四定天下，年二十九升为天子，此则武胜于古也。少从戎旅，不暇读书，贞观以来，手不释卷，知风化之本，见政理之源。行之数年，天下大理而风移俗变，子孝臣忠，此又文过于古也。昔周、秦以降，戎狄内侵，今戎狄稽颡[③]，皆为臣妾，此又怀远胜古也。此三者，朕何德以堪之？既有此功业，何得不善始慎终耶！”

【注释】①隆周：强盛的周朝。炎汉：传说炎帝为汉族祖先，故称中国或汉民族为“炎汉”。建武：是东汉皇帝汉光武帝刘秀的第一个年号，也是东汉的第一个年号。永平：汉明帝刘庄即位后沿用建武中元年号，次年改元永平。

②撝挹：谦抑，谦让。

③稽颡：古代一种跪拜礼，屈膝下拜，以额触地，表示极度的虔诚。

【译文】贞观九年（635年），唐太宗对公卿大臣们说：“自我继承皇位以来，庄严临朝，为政清简，无为而治，如今四方少数民族都来归服，这岂是我一人之功？实在是仰仗诸位的大力相助啊！如今我思考如何善始善终，以使大唐的江山社稷永远稳固，让我们的子子孙孙都能代代相辅。让丰功厚利都有利于后世，让数百年后的人读到我们的历史，也会为我们的丰功伟业而赞叹不已。岂止是称颂强盛的西周、西汉以及东汉光武帝、明帝的故事而已？”房玄龄于是进言道：“陛下以谦让之心，把治国之功都归于群臣，如今天下太平，本来就是陛下的圣明所致，我们做臣子的有什么功劳呢？只希望陛下能有始有终，那么天下就可以依赖您而保持太平了。”唐太宗又说：“我观察古时能够拨乱反正的君主，年龄一般都超过四十岁，只有光武帝年仅三十三岁。但是我十八岁就起兵征战，二十四岁时平定了天下，二十九岁登上皇位，这是因为如今的武功超过古代。我从少年时代就开始了戎马生涯，没有闲暇的时间读书，自我做皇帝以来，便手不释卷，明白了风俗教化的根本，治国理政的关键。而且按照其中的方法施行了几年，天下大治而且移风易俗，子孝臣忠，这又是因为文治胜过了古代。回顾周、秦以来的各朝各代，戎狄等外族常常侵犯中原，如今他们都已归顺了朝廷，成为我们的臣属，这又是因为怀柔远方的政策胜过了古代。这三个方面取得的功绩，我又有什么德行能承受得起呢？既然已经取得了如此功业，又怎能不善始慎终呢？”

贞观十二年，太宗谓侍臣曰：“朕读书见前王善事，皆力行而不倦，其所任用公辈数人，诚以为贤。然致理比于三、五之代，犹为不逮，何也？”魏徵对曰：“今四夷宾服，天下无事，诚旷古所未有。然自古帝王初即位者，皆欲励精为政，比迹于尧、舜；及其安乐也，则骄奢放逸，莫能终其善。人臣初见任用者，皆欲匡主济时，追踪于稷、契；及其富贵也，则思苟全官爵，莫能尽其忠节。若使君臣常无懈怠，各保其终，则天下无忧不理，自可超迈前古也。”太宗曰：“诚如卿言。”

【译文】贞观十二年（638年），太宗对侍臣说：“我在读书时发现之前的君王做善事，都亲力亲为，不知疲倦，他们所任用的很多大臣，确实是贤才。然而他们的治国方略与三皇五帝的时代相比，还是达不到那时的水平，这是什么原因呢？”魏徵回答说：“如今四方少数民族都臣服于我们，天下太平，这的确是千古难逢的盛世。然而，自古以来刚刚即位的帝王都想励精图治，勤于政务，与尧、舜并驾齐驱；然而等到太平安乐之时，就开始骄奢放逸，不能把善政进行到底。作为臣子，在开始被任用时，都想着匡扶君主，挽救时政，追赶古代良臣稷、契的功绩；等到他们富贵时，就开始想着要如何保全自己的官爵，不再尽忠职守。如果让君臣常无懈怠之意，始终都能永保初心，那么就不用担心天下会治理不好，这样自然可以超越前代古人了。”太宗说：“确实如你所说。”

贞观十六年，太宗问魏徵曰：“观近古帝王有传位十代者，有一代两代者，亦有身得身失者。朕所以常怀忧惧，或恐抚养生民不得其所，或恐心生骄逸，喜怒过度然不自知，卿可为朕言之，当以为楷则。”徵对曰：“嗜欲喜怒之情，贤愚皆同。贤者能节之，不使过度，愚者纵之，多至失所。陛下圣德玄远，居安思危，伏愿陛下常能自制，以保克终之美，则万代永赖。”

【译文】贞观十六年（642年），太宗问魏徵说：“我观察从古至今的帝王，有的传位十多代，有的传位一两代，也有的自己取得的天下又在自己手里失去。我之所以常常感到忧虑恐惧，有时是担心被自己治理的百姓不得其所；有时担心自己产生骄纵、放逸之情，喜怒过度。然而我自己没能觉察到的，就请你为我指出来，我一定会把它们作为行动的准则。”魏徵说：“贪欲以及喜怒之情，贤、愚之人都是一样的。贤者能够节制，不会过度，愚者就会放纵自己，大多导致没有安身立足之地。陛下圣德高远，能够居安思危，惟愿陛下常能克制私欲，以保全善始善终的美德，让子孙万代都有所依赖。”

群书治要续编卷第三十九　太白阴经　伸蒙子　素履子　无能子

太白阴经

【提要】《太白阴经》，唐李筌撰。

李筌，号达观子，唐陇西（今甘肃境内）人，隐士，唐代著名道家学者。约活动于唐玄宗至肃宗时。李筌少年时喜好神仙之道。曾经隐居于嵩山的少室山多年，修习《黄帝阴符经》。唐肃宗时出仕，先为荆南节度副使（或荆南节度判官；一说江陵节度副使），后为邓州刺史（或云仙州刺史）。杜光庭《神仙感遇传》中谓筌“时为李林甫所排，位不大愿意，入名山访道，后不知其所也”。其著作有《〈阴符经〉注疏》三卷，《骊山母传阴符玄义》《青囊括》各一卷，《太白阴经》《中台志》《阃外春秋》《六壬大玉帐歌》各十卷，《孙子注》二卷等。

《太白阴经》又称《神机制敌太白阴经》，是一部综合性的军事著作。《四库全书总目提要》将其列入子部兵家类。评价说：“筌此书先言主有道德，后言国有富强，内外兼修，可谓持平之论。其人终于一郡，其术亦未有所试，不比孙、吴、穰苴、李靖诸人。”全书十卷，分人谋、杂仪、战具、预备、阵图、祭文、捷书、药方、杂占、遁甲、杂式等篇。《续编》自人谋篇中辑录了十四段精华，以为今人学习借鉴。

地无险阻篇

天时不能佑无道之主，地利不能济乱亡之国。地之险易，因人而险，因人而易；无险、无不险，无易、无不易，存亡在于德，战守在于地。惟圣主智将能守之，地奚有险易哉？

【译文】天时不能庇佑不行正道的暴君，地利也不能帮助败乱灭亡的国家。地形是险阻还是平坦，是由人来决定的。地形没有绝对的险阻与不险阻、平坦与不平坦，国家的存亡在于君主的德行，攻守的成败在于地形。只有圣明的君主和足智多谋的将领才能守住国家和土地，地形本身哪里有什么险阻或是平坦的区别啊？

人无勇怯篇

勇怯在乎法，成败在乎智；怯人使之以刑，则勇；勇人使之以赏，则死。能移人之性、变人之心者，在刑赏之间。勇之与怯于人何有哉？

【译文】一个人勇敢还是怯懦在于法令是否严明，成功还是失败在于智谋的优劣。对怯懦的人动用刑罚，则会让他变得勇敢；对勇敢的人进行赏赐，则会使他奋勇拼死。能够改变人的性情，变化人的内心，方法就在于刑罚和奖赏。哪里有天生就是勇敢或是怯懦的人呢？

主有道德篇

人主知万物之情，裁而用之，则君子小人，不失其位。夫德厚而位卑者，谓之过；德薄而位尊者，谓之失。宁过于君子，无失于小人。过于君子，则人阙其理；失于小人，则物罹其殃。故曰："人不鉴于流水，而鉴于止水。"以其清且平也。人主之道清平，则任人不失其才，六官各守其职。四封之内，百姓之事，任之于相；四封之外，敌国之事，任之于将。语曰："将、相明，国无兵。"舜以干戚①而服有苗，鲁以泮宫②而来淮夷。以道胜者帝，以德胜者王，以谋胜者伯，以力胜者强。强兵灭，伯兵绝，帝王之兵前无敌人；人主之道，信其然矣。

【注释】①干戚：指古代盾和斧两种兵器，也指征战。

②泮（pàn）宫：指学宫，这里借指教育感化。

【译文】国君了解万物的本性，根据不同情况加以利用，那么君子和小人就不会失去他们应处的地位。德泽深厚而地位低下，这是君主的过错；德行浅薄而地位却尊贵，这是君主的失误。宁可用错了君子，也不要错用了小人。对君子任用不当，只是没有让天下得到更好的治理；如果错用了小人，就会给国家和人民带来祸殃。所以说:“当水流动的时候,不能反照到我们自己;当水静止澄清时,才可以做镜子用。”这是因为静水清澈而且平静。如果君主的治国之法清廉公平,那么用人就不会丧失其才能,各部官员也会各尽其职。四海之内,有关百姓的事情,都交给丞相去处理;四境之外,有关敌国的事情,都交给将军去处理。俗话说:“将军和丞相贤明,国家就不会发生战事。”舜用武力征服了有苗,鲁国兴办学宫,进行教育感化而使淮夷来归附。用道取胜的是帝,用德取胜的是王,用谋略取胜的是霸主,用暴力取胜的是强者。强者的军队终归要被消灭,霸主的军队也终会被灭绝,只有帝王的军队天下无敌。君主之道,确实是这样啊!

贤有遇时篇

经曰:贤人之生于世,无籍地,无贵宗,无奇状,无智勇;或贤或愚,乍醉乍醒,不可以事迹求,不可以人物得。其得之者,在明君之心,道合而志同,信符而言顺,如覆水于地,先流其湿;如燎火于原,先就其燥。故伊尹有莘之耕夫、夏癸之酒保,汤得之于鼎饪之间,升陑①而放桀。太公朝歌之鼓刀、棘津之卖浆,周得之于垂纶之下,杀纣而立武庚。伍员被发徒跣、挟弓矢乞食于吴,阖闾向风而高其义,下阶迎之,三日与语,无复疑者。范蠡生于五户之墟,为童时,内视若盲、反听若聋,时人谓之至狂;大夫种来观而知其贤,扣门请谒,相与归于地户。管夷吾束缚于鲁，齐桓任之以相。百里奚自鬻于虞，秦穆任之以政。韩信南郑之亡卒，淮阴之怯夫，汉高归之以谋。故曰："明君之心，如明鉴，如澄泉。"圆明于中，形物于外，则使贤任能，不失其时。若非心之见，非智之知，因人之视，借人之听，其犹眩耄叟以黼黻聒，聋夫以韶濩，玄黄宫徵无贯于心，欲求得人，而幸其伯，未之有也。故五帝得其道而兴，三王失其道而废。废兴之道，在人主之心、得贤之用，非在兵强、地广、人殷、国富也。

【注释】①升陑：伊尹，发迹于陑，终于助汤灭了夏桀，成为殷的开国元勋。后作为发迹、创业之始的典故。陑，古山名，在今山西省永济市境。

【译文】经典上说：有才德的人出现在世上，不靠官宦门第，不靠显赫的出身，没有奇特的外表，看不出有没有智谋和勇敢，有时候像个有才德的人，有时候又像个愚蠢的人，一会像个醉人，一会又像个清醒的人，从外表上是看不出明白的，也不能根据一个人的仪表气度来求得贤才。得到贤才的关键，在于圣明君主的内心。如果明君和贤才志同道合，信念一致，言谈投机，如同把水泼在地上，必定先流向潮湿的地方；如同在原野上点火，必定先从干燥的地方燃起火。因此伊尹曾是有莘氏的耕夫、夏桀的酒保，商汤从调鼎烹饪之际得到他，在陑山起兵伐夏，最终放逐了夏桀。姜太公本是朝歌的一个屠夫，在棘津（今河南省延津县东北）卖酒的一个老头，周文王在他垂钓时得到他，在他的辅佐下，最终周武王杀了商纣，而封武庚管理商朝旧地。伍子胥披头散发，光着脚，夹着弓箭，在吴国讨饭，吴王阖闾倾慕他的风采，钦佩他的节义，走下台阶迎接他，连着和他交谈了三天，不再对他有任何怀疑。范蠡生长在只有五户人家的小村子里，年幼的时候，向内看时好像个瞎子，听外面的人说话像个聋子，当时的人都说他是疯子；越国大夫文种见到他后，认为他是贤才，敲门请求拜见，最后与他一起回到越国。管仲从鲁国被绑回齐国，齐桓公任用他为丞相。百里奚在虞国自卖其身，秦穆公任用他主持国政。韩信在南郑当了逃兵，被视为淮阴城里的懦夫，汉高祖追他回来让他出谋划策。所以说：“圣明君主的内心，如同明亮的镜子，如同清澈的泉水。”内心清醒明智，用一定的标准来鉴别选择人才，那么任用有品德有才能的人，才能够不失时机。如果君主的内心不清醒，智慧不高明，只凭别人的眼睛看，只靠别人的耳朵说，那就会像老眼昏花的老人看衣服上绣的华美花纹，又会像聋子听雅正的古乐，再好的颜色和乐声都不会贯通于心。如果想得到贤才来成就君主的霸业，还从来没有听说过。所以，五帝因明白这些道理而兴盛，三王因违背这些道理而衰败。兴亡的关键在于君主的内心、得到贤才并任用他们，并不在于兵力强盛、地域广阔、百姓富裕、国家富足。

将有智谋篇

盖三皇之政以道，五帝之政以德。夏商衰，汤武废道德、任智谋。秦任商鞅、李斯之智，而并诸侯；汉任张良、陈平之智而灭项籍；光武任寇恂、冯异之智，而降樊崇；曹公任许攸、曹仁之智，而破袁绍；孙权任周瑜、鲁肃之智，而败魏武；刘备任诸葛亮之智，而王西蜀；晋任杜预、王濬之智，而平吴；苻坚任王猛之智，而定八表之众；石勒任张宾之智，而生擒王浚；拓拔任崔浩之智，而保河朔之师；宇文任李穆之智，而挫高欢之锐；梁任王僧辨之智，而戮侯景；隋任高颎之智，而面缚陈主；太宗任李靖之智，而败颉利可汗。有国家者，未有不任智谋而成王业也。故曰：将军之事，以静正理，以神察微，以智役物。见福于重关之内，虑患于杳冥之外者，将之智谋也。

【译文】三皇是用道德来统治，五帝是用德行来统治。自夏商起，用道德统治就衰落了，商汤和周武王废弃用道德统治而运用智谋来统治天下。秦国凭借商鞅、李斯的智谋而兼并了各诸侯国；汉高祖凭借张良、陈平的智谋而灭亡了项羽；汉光武帝刘秀凭借寇恂、冯异的智谋而降服了樊崇；曹操凭借许攸、曹仁的智谋而击破了袁绍；孙权凭借周瑜、鲁肃的智谋而打败了魏武帝曹操；刘备凭借诸葛亮的智谋而在西蜀称王；西晋凭借杜预、王濬的智谋而平定了东吴；苻坚凭借王猛的智谋而平定了八州；石勒凭借张宾的智谋而活捉了王浚，拓跋氏凭借崔浩的智谋而保全了河朔的军队；宇文泰凭借李穆的智谋而打败了高欢的精锐部队；梁帝凭借王僧辩的智谋而杀死了侯景；隋文帝凭借高颎的智谋而两手反绑了陈后主陈叔宝；唐太宗凭借李靖的智谋而打败了东突厥的颉利可汗。凡是统治国家的人，没有不凭借智谋而能成就帝王之业的。所以说：将军的本事，是以静止不动等待时机，以精神明察细微，以智谋役使外物。能在险关之内看到福祐，在高远之处忧虑祸患，这就是为将的智谋。

术有阴谋篇

经曰：古之善用兵者，必重天下之权，而研诸侯之虑。重权不审，不知轻重强弱之称；揣情不审，不知隐匿变化之动静。重莫难于周知，揣莫难于悉举，事莫难于必成，此三者，圣人能任之，故兵有百战百胜之术，非善之善者也；不如不战而屈人之兵，善之善者也。夫太上用计谋，其次用人事，其下用战伐。

【译文】经典上说：古代善于用兵的人，必定重视天下的权谋，并探求各诸侯的想法。重视权谋但审察不清，就不知道如何权衡轻重强弱；揣度实情但审察不清，就不知道全天下的时局变化。重视权谋没有比详细了解敌情更难的了，揣度实情没有比全面掌握敌情更难的了，做事情没有比一定成功更难的了。以上三个方面，只有圣人能做到。所以，用兵打仗虽然有每战必胜的策略，还不是高明中最高明的；不如不作战而迫使敌人屈服，这才是高明中最高明的。最高明的用兵之法是运用计谋，其次是运用外交手段，最下等的是运用攻伐。

善师篇

经曰：兵非道德仁义者，虽伯有天下，君子不取。故曰："善师者不阵，善阵者不战，善战者不败，善败者不亡。"

【译文】经典上说：不符合道德仁义的用兵，即使能够称霸于天下，也是君子不赞成的。所以说："善于统率军队的人，不一定要排兵布阵；善于排兵布阵的人，不必同别人作战；善于作战的人，不会被打败；善于应对失败的人，不至于灭亡。"

黄帝独立于中央而胜四帝，所谓善师者不阵也。汤武征伐，陈师誓众，放桀擒纣，所谓善阵者不战也。齐桓南服强楚，使贡周室；北伐山戎，为燕开路，所谓善战者不败也。楚昭王遭阖闾之祸，国灭出亡，父兄相与奔秦请救，秦人出兵，楚王反国，所谓善败者不亡也。凡兵，所以存亡继绝、救乱除害，故伊、吕之将，子孙有国，与殷周并，下至末代，苟任诈力贪残，孙、吴、韩、白之徒，皆身被诛戮，子孙不传于嗣。盖兵者，凶器；战者，危事。阴谋逆德，好用凶器，非道德、忠信不能以兵定天下之灾、除兆民之害也。

【译文】黄帝独自立国于中原而统一了其他四帝，这就是所说的善于统率军队的人不一定要排兵布阵。商汤、周武王出兵讨伐，陈列军队誓师出征，最后放逐夏桀、逼死商纣，这就是所说的善于排兵布阵的人不必同别人作战。齐桓公向南征服强楚，让楚国向周王室朝贡；又向北讨伐山戎，为燕国开辟了道路，这就是所说的善于作战的人不会被打败。楚昭王遭到吴王阖闾率军入侵的灾祸，国家破灭，出外逃亡，父兄一起逃奔到秦国请求救兵，秦人出兵，楚昭王归国，这就是所说的善于应对失败的人不至于灭亡。凡是军队，都是用来恢复灭亡的国家、延续断绝了的贵族，整治动乱、铲除祸害的。所以伊尹、吕尚这样的将帅，他们的子孙拥有封地，与商朝、周朝共盛衰。到了他们的末代，随便使用欺诈暴力、贪婪凶残的方法，孙武、吴起、韩信、白起等人，都是自身被诛杀，子孙也不能承继家业。所以说，兵器，是杀人的利器；作战，是危险的事情。搞阴谋、背弃仁德的人，喜欢用凶器，不讲道德、忠信，是不能用兵平定天下的灾祸，铲除万民的祸害的。

贵和篇

经曰：先王之道，以和为贵。贵和重人，不尚战也。

【译文】经典上说：古代圣君明王的治国之道，是以和为贵。崇尚和睦并重视人的生命，不推崇战争。

夫有道之主，能以德服人；有仁之主，能以义和人；有智之主，能以谋胜人；有权之主，能以势制人。见胜易，知胜难。语曰："先王耀德不观兵，兵戢而时动，动则威，观则玩，玩则无震。"故有衣冠之会，未尝有歃血之盟；有兵车之会①，未尝有战阵之事。兵者，不祥之器，不得已而用之。古先帝王所以举而胜人，成功出于众者，先文德以怀之；怀之不服，饰玉帛以啗之；啗之不来，然后命上将练军马、锐甲兵，攻其无备，出其不意。所谓叛而必讨，服而必柔。既怀既柔，可以示德。《书》曰："戒之用休，董之用威。"夫如是，则四夷不足吞，八戎不足庭也。

【注释】①兵车之会：春秋时齐桓公争霸，屡次与诸侯会盟，其中在鲁僖公年间的四次，齐国带有军队，称为"兵车之会"。兵车，古代作战用的车辆。

【译文】大凡有德行的君主，能够以良好的德行使百姓归顺；有仁义的君主，能够以仁义使百姓和顺；有才智的君主，能够用谋略战胜别人；有权势的君主，能够用威势控制他人。所以说，看到胜利很容易，但预知胜利却很难。俗话说："古代的君主显示德行而不炫耀武力，兵力收敛起来，等到一定时机才出动，一旦出动就使人畏惧，炫耀武力就会使人懈怠，懈怠了就失去了威力。"所以有过诸国之间和好的会议，却未曾有过歃血盟誓；有过武装会盟，却未曾有排兵布阵之事。兵器，是不祥之物，迫不得已的时候才会使用它。古代的先帝圣王之所以出兵就能战胜敌人，功绩超过众人，首先在于用礼乐教化来怀柔别人，不服从的，就用珠宝绸缎以利诱惑他们，利诱他们而不归附的，然后就任命上将军，操练好军马，准备好铠甲兵器，趁他们还没有防备时就采取行动。所说的只要是背叛就必定讨伐他，服从就必定要怀柔他。既笼络又安抚，这可以显示出君主的仁德。《尚书》说："用休庆来规劝，用威罚来监督。"如果能够这样做的话，那么就可以吞并四夷，八戎也不能与之抗争了。

庙胜篇

未战而庙算胜者，得算多矣。未战而庙算不胜者，得算少矣。多算者胜，少算者不胜，而况于无算乎？以此观之，胜负见矣。

【译文】还没有交战而预先制定克敌制胜谋略的人，是因为计算周密；还没有交战而预计到不能战胜敌人的，是因为计算不周密。作战前计算周密，胜利条件多，可能胜敌；计算不周，胜利条件少，就不能胜敌，更何况是作战前根本没有分析谋划的呢？从这些方面来判断，胜败就能看出来了。

沉谋篇

夫善战者，胜败生于两阵之间；其谋也，策不足验；其胜也，形不足观。能言而不能行者，国之害；能行而不能言者，国之用。故曰："至谋不说，大兵不言。微乎！神乎！故能通天地之理，备万物之情。"是故，贪者利之，使其难厌；强者卑之，使其骄矜；亲者离之，使其携贰。难厌则公正阙，骄矜则虞守亏，携贰则谋臣去。周文利殷，而商纣杀；勾践卑吴，而夫差戮；汉高离楚，而项羽亡。是故，屈诸侯者以言，役诸侯者以策。夫善兵者，攻其爱，敌必从；捣其虚，敌必随；多其方，敌必分；疑其事，敌必备。从随不得城守，分备不得并兵，则我佚而敌劳，敌寡而我众。夫以佚击劳者，武之顺；以劳击佚者，武之逆；以众击寡者，武之胜；以寡击众者，武之败。能以众击寡，以佚击劳，吾所以得全胜矣。夫竭三军气、夺一将心、疲万人力、断千里粮，不在武夫行阵之势，而在智士权算之中。弱兮柔兮，卷之不盈怀袖；沉兮密兮，舒之可经寰海。五寸之键，能制阖辟；方寸之心，能易成败。智周万物而不殆，曲成万物而不遗。顺天信人，察始知终，则谋何虑乎不从哉！

【译文】凡是擅长作战的人，他们的胜败产生于两军对战之间，他们的谋划策略是不足以在实战中检验的，他们获得的胜利也是微不足道的。能说会道但不能亲身实践的人是国家的祸害，能身体力行但不善言辞的人才能为国家所用。所以说："极好的谋略是不能说出来的，重大的军事行动也是不能言传的。它是这样的微妙！这样的神奇！所以能通晓天地变化的规律，全面了解万物的情状。"因此，对于贪婪的敌人，要拿利益去引诱他，使他难以满足；对于强大的敌人，要对他卑恭，使他骄傲自满；对于内部和睦的敌人，要离间他们，使他们有了二心。难以满足则缺少公平正义，骄傲自满则会放松守备，有了二心则善于出谋划策的人就会离去。周文王以利贿赂殷臣，导致商纣王被杀；越王勾践对吴王卑躬屈膝，导致夫差自刎而死；汉高祖刘邦用重金离间楚国的君臣，导致项羽兵败身亡。所以，屈服敌人时要用言辞，役使敌人时要用策略。善于用兵打仗的人，攻击敌人重视的地方，敌人一定会服从；进攻敌人空虚的地方，敌人一定会随之而来；多方面进攻敌人，敌人的兵力一定会分散；处处让敌人产生怀疑，敌人一定会有所防备。服从我方的调遣就无法防守城池，分散兵力处处设防就无法集中兵力，那样就会造成我方休整而敌人疲劳，敌寡而我众的局面。用休整好的军队攻击疲劳的敌军，就会打得顺利；用疲劳的军队攻击休整好的军队，就会打得费力；用众兵攻击寡军，这是用兵打仗的高明；用寡军攻击众兵，这是用兵打仗的失败。如果能够以众兵攻击寡军，用休整好的军队攻击疲劳的军队，我方就可以大获全胜了。使敌军耗尽士气、动摇敌军主帅的决心、万人精疲力竭、粮食千里断绝，不取决于武将行军布阵的形势，而取决于谋士的权衡筹算。看似柔弱，卷起来装不满怀抱；实则沉密，展开就可以统治四海。五寸长的开关，可以控制开合；方寸之心，可以改变胜负。智谋周全则万物都不会危险，随机应变则万物不会被遗漏，顺应自然，取信于人，观察事情的开始就能预料到它的结果，那么还怕什么谋略不能实现呢？

子卒篇

故国必有礼信亲爱之义，然后人以饥易饱；国必有孝慈廉耻之俗；然后人以死易生。人所以守战至死不衰者，上之所施者厚也。上施厚，则人报之亦厚。且士卒之于将，非有骨肉之亲，使冒锋镝、突干刃、死不旋踵者，以恩信养之、礼恕导之、小惠渐之，如慈父育爱子也。故能救其阽危、拯其涂炭，卑身下士，齐勉甘苦，亲临疾病，寒不衣裘，暑不操扇，登不乘马，雨不张盖。军幕未办，将不言坐；军井未通，将不言渴。妻子补绽于行间，身自分功于役作。箪醪之馈，必投于河；挟纩之言，必巡于军。是以，人喜金铎之声、勇鼓鼙之气者，非恶生而乐死，思欲致命而报之于将也。故曰：“视卒如婴儿，故可与之赴深溪；视卒如爱子，故可与之俱死。厚而不能使，爱而不能令，乱而不能理，譬如骄子，不可用也。是故令之以文，齐之以武，是谓必取。”语曰：夫妻谐，可以攻齐；小夫怒，可以攻鲁。王翦、李牧、吴起、田穰苴竟如此而兵强于诸侯也。

【译文】所以，一个国家必须有崇礼守信相亲相爱的风气，然后百姓才能忍饥挨饿克服困难；国家有孝顺慈爱廉洁知耻的习俗，然后百姓才能甘愿牺牲去捍卫国家。人们之所以能够坚守抗战，至死也不愿屈服的原因，在于统治者给予人们的恩赏厚重。统治者给予人们的恩赏多了，则人们回报他的也会多。而且，士卒对于将帅来说，没有骨肉的亲缘关系，要想让他们冒着利箭、冲向刀山、不避艰险，就必须用恩情和信义来教养他们，用礼义和忠恕来引导他们，用细致的关怀来感染他们，如同慈父养育爱子一般。因此，将帅要做到，在士卒面临危险时能够救助，在士卒遭遇困境时能够救济，礼贤下士，与士卒齐心协力、同甘共苦，亲自问候生病的士兵，天气寒冷时不穿毛皮衣服，天气炎热时不独自拿扇子，外出时不独自骑马，下雨时不独自打伞。士兵的帐篷没有搭好，将帅不说坐下休息；军井没有凿通，将帅不提口渴。将帅的妻子应该在军中给士兵缝补衣服，将帅应该亲自把功劳分给劳作的工役。即使有了别人馈赠的一点酒食，也一定要投入河中与全体士兵共饮，要让抚慰人的话语传遍全军上下。因此，人人喜闻金铎之声，听到战鼓的声音就士气高昂，这并不是因为士兵们厌恶生而喜好死，而是想要拼尽全力报答将帅的厚恩。所以说："如果将帅把士兵们当作婴儿一样爱护，士兵就能够和将帅一起赴汤蹈火；如果将帅把士兵当作爱子一样对待，士兵就能够与将帅同生共死。但是如果将帅厚待士兵，士兵却不听从调遣；爱护士兵，士兵却不遵守命令；军队秩序混乱，却不能治理，那就像过分宠爱的儿子一样，不可任用了。因此，一定要用教育等"文"的办法号令士兵，要用军纪等"武"的办法统一士兵的行动，这才会战无不胜。"俗话说："夫妻关系和谐，可以进攻强齐；宽恕别人的小过失，可以进攻鲁国。"王翦、李牧、吴起、穰苴等名将，就是用这样的办法而使自己的军队比其他诸侯国的军队更强大的。

刑赏篇

赏，文也；刑，武也。文武者，军之法，国之柄。明主首出，庶物顺时，以抚四方，执法而操柄，据罪而制刑，按功而设赏。赏一功而千万人悦，刑一罪而千万人慎；赏无私功，刑无私罪，是谓军国之法、生杀之柄。故曰："能生而能杀，国必强；能生而不能杀，国必亡。"能生死而能赦杀者，上也。刑赏之术无私，常公于世以为道。其道也，非自立于尧舜之时，非自逃于桀纣之朝；用得之而天下治，用失之而天下乱。

【译文】奖赏，是文明的方法；刑罚，是暴力的方法。文和武的方法结合在一起，就是治军的法令、治国的权柄。圣明的君主一出现，万物就会顺应天时，以便于安抚四方。他执掌法律并操持权柄，按照罪行来制定刑罚，按照功劳来设立奖赏。奖赏一个人的功劳而千万人都感到喜悦；处罚一个罪犯而千万人都谨慎起来。奖赏时没有靠私情而得到的功劳，刑罚时没有因私情而定下的罪名，这就是所说的军队和国家的法律、决定人生死的权柄。所以说："能让人活着同时又能诛杀人，国家必定会强盛；能让人活着却不能诛杀人，国家必定会灭亡。"能够让本来该死的人活下来，又能够赦免本该诛杀的人，这是用刑的最高境界。刑赏之法，要没有私心，经常公布于世，当作规范行为的准则。这种规范行为的准则，不是在尧舜时代就自己确立的，也不是在夏桀、商纣之朝就自己逃离的。正确地使用刑赏之法，天下就得到了大治；错误地使用刑赏之法，天下就会大乱。

攻守篇

善攻者，敌不知所守；善守者，敌不知所攻。微乎！微乎！至于无形。神乎！神乎！至于无声，故能为敌之司命。

【译文】善于进攻的人，敌人不知道该怎样防守；善于防守的人，敌人不知道该怎样进攻。微妙啊！微妙啊！微妙到看不出一点形迹。神奇啊！神奇啊！神奇到听不到一点声音，因此才能掌握敌人的命运。

鉴才篇

“将者，国之辅。辅周则国强，辅隙则国弱。”是谓人之司命、国家安危之主，不可不察也。明主所以择人者，阅其才通而周，鉴其貌厚而贵；察其心贞而明，居高而远望，徐视而审听，神其形，聚其精，若山之高不可极，若泉之深不可测。然后审其贤愚，以言辞；择其智勇，以任事，乃可任之也。夫择圣以道，择贤以德，择智以谋，择勇以力，择贪以利，择奸以隙，择愚以危。事或同而观其道，或异而观其德，或权变而观其谋，或攻取而观其勇，或货财而观其利，或捭阖而观其间，或恐惧而观其安危。故曰：欲求其来，先察其往；欲求其古，先察其今。先察而任者昌，先任而察者亡。

【译文】“将帅，是国家的辅佐。辅佐得周详则国家就强盛，辅佐得有缺陷则国家就衰弱。”这就是所说的将帅是掌握人民命运和国家安危的人，不能不认真进行考察选择。圣明的君主在选择人才时，审阅他的才能是否广博而周详，监察他的容貌是否忠厚而富贵，考察他的内心是否忠贞而明辨。站得高看得远，徐徐观察仔细聆听，监察他的容貌，聚集他的精神，就像高山一样不可到达，又像深泉一样不可测量。然后与他交谈来审察他的贤愚，让他办事来考察他的智勇，这样才可以任用他。依据大道辨择圣明，依据德行辨择贤能，依据谋略辨择才智，依据力量辨择勇武；透过利益来辨察贪婪，透过空隙来辨察奸佞，透过危难来辨察愚笨。或者用相同的事情来观察他们的方法，或者用不同的事情来考察他们的德行，或者通过随机应变来观察他们的智谋，或者通过进攻夺取来观察他们的勇敢，或者通过筹办财物来观察他们生产经营开发地利的能力，或者通过外交出使来观察他们分化瓦解敌对势力的能力，或者通过恐怖的经历来观察他们是否具备处变不惊的品格。所以说：要想预知他们的未来，首先是要考察他们的过去；要想了解他们的过去，首先是要考察他们的现在。就选拔任用人才而言，先考察清楚再任用，国家就会昌盛；先任用然后再考察，国家就会败亡。

昔市偷自鬻于晋，晋察而用之，胜楚。伊尹自鬻于汤，汤察而用之，放桀。智能之士，不在远近。仁人不因困厄，无以广其德；智士不因时弃，无以举其功。王者不因绝亡，无以立其义；霸者不因强敌，无以遗其患。明主任人，不失其能；直士举贤，不离于口。无万人之智者，不可据于万人之上。故曰：“不知军中之事，而同军中之政者，则军士惑矣。不知三军之权，而同三军之任者，则军士疑矣。三军既惑且疑，则诸侯之难至矣。”夫如是，则君不虚王，臣不虚贵。所谓君道知使臣，臣术知事君者。

【译文】从前有个市井窃贼将自己卖给晋国，晋国考察之后任用他，结果战胜了楚国。伊尹将自己卖给商汤，商汤考察之后任用他，结果放逐了夏桀。有智慧和才能的人，不在于跟国君的关系是疏远或是亲近；有仁爱的人不会因为自己贫困，就无法广布他们的德行；有才智的人不会因为被时代抛弃，就无法建功立业。称王的人不会因为灭亡，就无法建立他的道义；称霸的人不会因为遇到强敌，就无法免除祸患。圣明的君主任用人才，不会错过有才能的人；正直的人举荐贤才，会常常谈到被举荐者的才能。没有万人才智的人，不可居于万人之上。所以说："不了解军队内部的事务，而却要参与军队内部的行政，士兵就会产生疑惑。不懂得军事上的权衡机变，而却要干涉军队的指挥，士兵就会产生怀疑。三军将士既疑惑又怀疑，那么各诸侯国的灾难就会降临了。"如果按照上面所说的那样知人善任，则君主就不会愧对自己的王位，臣子也不会愧对自己的富贵。这就是所谓的君主的为君之道在于了解和任用臣子，臣子的为臣之术在于懂得事奉君主。

素履子

【题解】《素履子》，唐张弧撰。

张弧，生卒年不详，旧题其官为大理评事，而里贯已不可考。尽管张弧本人生平虽不可详考，其活动年代也不得而知，但其为唐人当确定无疑。

《素履子》是一部以儒家思想为主的典籍。《四库全书总目提要》云：（《素履子》）“唐张弧撰，以履道、履德、履忠、履孝等名分目，凡14篇。其书《新唐书·艺文志》、晁公武《读书志》、陈振孙《书录解题》、尤袤《遂初堂书目》，皆未著录。惟郑樵《艺文略》《宋史·艺文志》有之。”将其列入子部儒家类。此外《道藏》以及诸多丛书中皆收录有《素履子》。今人郝明朝整理有《素履子校注》。《续编》自全书中辑录了其中13篇的精华，以供今人学习。

履　道

素履子[①]曰：立身行道之本，未若君睦臣忠，父慈子孝，兄友弟恭，夫顺妻贞，勤俭于家，忠良于国。昔夏殷文武[②]得道而昌，桀纣幽厉失道而亡。夫如是道不可舍，得之则昌，失之则亡。故圣人爱人惠俗施德保位者也。人之于道，如鱼之在水。鱼失水则亡，人失道则丧③。牢笼④万象，以道治之，谓之大道，欲昌其身，宜履而行之，明矣。

【注释】①素履子："素履"语出《易经·履卦·初九》。素履，往，无咎。比喻人以朴素坦白之态度行事，此自无咎。后用以比喻质朴无华、清白自守的处世态度。"素履子"在本书中实际是作者的自称。

②夏殷文武：夏指夏禹；殷指成汤；文武指周文王、周武王。

③丧：读一声，指尸体。

④牢笼：引申为涵盖、包括。

【译文】素履子说：一个人立身行道的根本，莫过于领导者厚待下属，下属对领导者忠诚；父母对子女慈爱，子女对父母孝顺；兄长对弟弟亲近，弟弟对兄长恭敬；丈夫对妻子和顺，妻子对丈夫坚贞；持家勤劳简朴，为国竭尽忠良。从前夏禹、成汤、周文王、周武王正是因为行事合于正道，所以国家才昌盛发达；夏桀、商纣、周幽王、周厉王行事违反正道，因此导致亡国。由此可知，不能舍弃道，遵道而行才会兴旺，背道而行就会败亡。所以圣人都是在不违反道的原则下友爱他人且给予其所需的恩惠。道对于人来说，就如同水对于鱼一般。鱼离开水会死，人背离道就会丧失性命。世间的万事万物，都可用道来治理，修治大道，要想让自身吉祥，应该加以实践，就不言自明了。

履　德

素履子曰：太上贵德。德者，众善所归，百福所集。天若失德，寒暑不时；地若失德，万物不生；人若失德，身心将倾。故大禹谋九功[①]，皋陶谋九德[②]，天下是治。君以慈爱立德，臣以忠孝成名。德唯善政，政在养民。养民之本，在武则有七：禁暴[③]、戢兵[④]、保大、定功、安民、和众、丰财；文则有五：温、良、恭、俭、让。恭、宽、信、敏、惠[⑤]，皆归五德。德也者，能却水火，能感鬼神，狎[⑥]伏龙蛇，化敷[⑦]禽兽；亦能退舍[⑧]星象，亦能整复山河。桑谷[⑨]自枯，妖禽亦逝，座蛇之子，舍金之宾，遗药于敌人，驰酒于盗者，舍绝缨之过，成漆身之志，皆施之于阴功而获阳报。夫如是宜施之于万类，不可失之于一言。天道无亲，唯德是辅。有国有家，幸其履之，瞬息无倦，昌矣盛矣。

【注释】①九功：《尚书》中称六府、三事为九功，是养民、教民的九项事功。水、火、金、木、土、谷，谓之六府。正德、利用、厚生，谓之三事。

②九德：古人所具备的九种优良品格。《尚书·皋陶谟》中，皋陶曰:都，亦行有九德，亦言其人有德，乃言曰载采采。禹曰:何？皋陶曰:宽而栗、柔而立、愿而恭、乱而敬、扰而毅、直而温、简而廉、刚而实、强而义、彰厥有常，吉哉！

③禁暴：亦作“禁虣”。制止暴乱，制止强暴。

④戢兵：息兵、止兵不用。

⑤恭、宽、信、敏、惠：孔子关于“仁”的五个德目。“恭”，自敬自重；“宽”，与人宽厚；“信”，守信于令、于事；“敏”，治事敏疾；“惠”即“养民也惠”“因民之所利而利之”能行此五者于天下就能“恭则不侮，宽则得众，信则人任焉，敏则有功，惠则足以使人”。

⑥狎：驯养。

⑦敷：施。

⑧退舍：星辰后移位置。

⑨桑谷：二木名。古时迷信以桑谷生于朝为不祥。

【译文】素履子说：上古时期，人们崇尚德。有德之人，会令所有善良之人都会归附于他，所有福气也都会聚集于他。天如果失德，则一年的季节无序混乱；地如果失德，则万物无法生长；人如果失德，则身命危在旦夕。大禹追求九功，皋陶追求九德，所以天下被治理得很好。君主以慈悲仁爱树立德行，臣子以尽忠孝顺享有盛名。德政才是最好的政治，好的政治在于百姓生活得好。让百姓生活好的根本，武德有七种：制止暴乱、息兵不用、维护大局、建立功业、安抚百姓、和睦众人、资财丰裕；文德也有五种：温和、善良、恭敬、俭朴、谦让。恭、宽、信敏、惠，都属于五德。有德之人，能让水火退散，能感动鬼神，能驯服龙蛇，能化施禽兽；还能使星象更换位置，使山河恢复如初。不祥的桑谷自会干枯，作乱的禽兽也会死去。让见到两头蛇的公孙敖不仅不死，还做到了令尹，让过路的旅客都受到赏赐；让羊祜送药给敌人，敌人丝毫都不怀疑。秦缪公不杀盗马的百姓，后来百姓拼死保护他，楚庄王不计较拉下妾衣者的过失，豫让漆身为智伯报仇，这些都是施予阴功而得到阳报的例子。每个人都应该如此合时宜地对万物布施，不可失于一言。上天不偏护、亲近任何人，只会庇辅有德之人。有国有家之人，若能有幸如此践行，一点都不懈怠，国与家都将繁荣昌盛。

履　孝

素履子曰：夫人有百行①，不孝者如玉屑②盈匣，终无用也。能行孝道，自然神明上生，天帝添算，身安事吉，荣显于时。幸君子履之，保百福矣。

【注释】①百行：各种品行。

②玉屑：玉的碎末，谓华而不实。

【译文】素履子说：人有多种品行，不孝顺的人就如同玉的碎末般华而不实，终究不会有什么作为。能践行孝道的人，天上的神明自然会给他增加福报，让他身心安乐、处事吉祥，日后荣华显贵。君子如果有幸能够践行孝道，定会多福。

履　仁

素履子曰：天使人君①用仁守国，故罪己泣辜②，吞蝗咽蛭[3]，所以兴也。秦不仁，焚书坑儒[4]，身没[5]沙丘，不及二代，子婴[6]为刘项所竞。汉履仁约法，舍子婴而得天下；楚不仁暴物，杀子婴而失天下。是知履仁为兴国之本，故可履之。

【注释】①人君：指国君。

②罪己泣辜：罪己，以为是自己的罪过。泣辜，哀怜罪人。《说苑·君道》云："河间献王曰：'尧存心于天下，加志于穷民，痛万姓之罹罪，忧众生之不遂也。有一民饥，则曰此我饥之也；有一人寒，则曰此我寒之也；一民有罪，则曰此我陷之也。仁昭而义立，德博而化广；故不赏而民劝，不罚而民治。'"《君道》又云："禹出见罪人，下车问而泣之，左右曰：'夫罪人不顺道，故使然焉，君王何为痛之至于此也？'禹曰：'尧舜之人，皆以尧舜之心为心；今寡人为君也，百姓各自以其心为心，是以痛之。'书曰：'百姓有罪，在予一人。'"

③吞蝗咽蛭："吞蝗"出自《贞观政要》，贞观二年，京城长安大旱，蝗虫四起。唐太宗在查看粮食的损失情况时，为了将百姓的灾难转移给自己，吞下了蝗虫。"咽蛭"出自《新书·春秋》，一次楚惠王吃腌渍的菜蔬，发现里面有水蛭，为了避免做菜的人获罪，自己悄悄吞下了。后世用此二典故称颂领导者有宽仁待下、真诚爱民之心。

④焚书坑儒：指秦始皇焚烧典籍、坑杀儒生之事。

⑤没：同"殁"。

⑥子婴（？—前206年）：即秦三世，嬴姓，名子婴或婴，秦朝最后一位统治者，在位四十六天。初称皇帝，后改称秦王，史称秦王子婴。

【译文】素履子说：上天让国君用仁爱治理国家，大禹商汤看到民众有过失都归罪于自己，尧帝看到百姓犯罪而对犯人深加怜悯，唐太宗吞蝗，楚惠王咽蛭，如此才能使得国家兴盛。秦始皇不以仁爱治理国家，焚烧典籍、坑杀儒生，最终死在了沙丘宫，皇位传到第二代便保不住了，秦朝的最后一位统治者子婴也被刘邦项羽驱逐。汉朝履行仁德约法三章，不杀子婴最终得到了天下；楚王项羽不行仁德暴殄天物，杀死了子婴最终失掉了天下。由此可见，践行仁德为国家昌盛的根本，所以治国一定要施行仁德。

履　义

素履子曰：理财正辞，禁民为非，曰义①。所以义者，不竞于物，而物自归之。

孔子云：不义而富且贵，于我如浮云。先圣贱不义也。若不义而死，舍义而生，则浪②生死矣。是不贤也。能义和③骨肉昆弟④，在于以义履之，有何争哉。故君子义以为质，履而行之，固无乖矣。

【注释】①此句语出《易传·系辞下》："理财正辞，禁民为非。曰义。""辞"，言辞。孔颖达说："言圣人治理其财，用之有节，正定号令之辞，出之以礼。禁约甚为非作歹，勿使行严，是谓之义。义，宜也，言以此行之而得其宜也"。"理财"包括聚财和用财。聚之有理，用之有道。

②浪：轻率，随意。

③义和：彼此和睦，讲义气。

④昆弟：指兄弟。

【译文】素履子说：合理分配财富，言辞符合礼法，禁止民众为非作歹，叫作义。有道义的人，不争夺财物，而财物自来。

孔子说，用不正当手段得来的富贵，对我来说就像浮云一样毫无意义。古代的圣人轻视不义。如果人不讲道义而死，舍弃道义而生，就将生死看得太随意了。这是不贤德的。能对兄弟骨肉讲义气，面对财物也履行道义，有什么可争的呢。所以，君子将义当成自己的本质，一直践行它，就不会有不顺的事发生。

履　智

素履子曰：夫智者，五行之德水。水以润下为德，智以谋虑为能。智不能虑，无以为能，水不能润，无以为德。是以水流不止，智用无滞。水混则浊，智挠则乱；浊则不能鉴，乱则不能虑。未若止水而能清，定智而能明，水止智定则清且明矣。

夫贤者用智能周万类，若夫镜之鉴物，妍丑[①]俱见。其中如朗月之当空，泉沼皆临其内。观照遐迩，明辨是非，知众之苦辛，臧[②]己之逸乐，齐饱暖于一体，虑寒馁[③]于四人[④]。故能运智而佐帝王，设虑以防奸弊[⑤]。所以子房陈平[⑥]智周而成，商鞅苏秦[⑦]智讹而辑[⑧]。夫有国有家者，履智而能明能虑，则祸患弗可及也。

【注释】①妍丑:指美和丑。

②臧: 同藏, 指隐藏。

③寒馁: 饥寒。

④四人: 四民, 指士、农、工、商。

⑤奸弊: 诡诈舞弊。

⑥子房陈平: 子房, 西汉开国大臣张良的字。陈平, 汉初阳武人。幼嗜读书, 容貌俊美, 足智多谋, 事高祖屡出奇策。惠帝时, 官至左丞相。

⑦商鞅苏秦: 商鞅, 姓公孙, 名鞅, 战国时卫人。少好刑名法术之学, 初为魏相公叔痤家臣, 后入秦为相, 说服秦孝公推行新法, 秦国富强后, 受封于商。用法严苛, 树敌众多, 孝公卒, 遂被车裂而死。苏秦, 字季子, 洛阳人, 战国时纵横家。与张仪同学于鬼谷子。早年曾外出游说, 然穷困而归, 后佩六国相印, 为纵约长, 使秦不敢东出函谷关, 达十五年之久。后客于齐, 被杀。

⑧讹: 伪。辑: 敛, 不得伸展。

【译文】素履子说: 智, 从金木水火土五行的德行来说属于水。水以就下滋润万物为德行, 智以谋划思虑为能力。智缺少思虑就是无用的能力, 水不能润下就是无用的德行。所以水一直流动不止息, 智的功用没有凝滞和障碍。水若浑浊则不清静, 智多被搅乱则迷乱; 不清静则无法照见, 迷乱则不能思虑。不如止水能照见万物, 究竟的智慧能明察世事, 有止水定智的功夫, 智慧就能够看一切事物都清楚而明白了。

贤能的人运用智慧可以认识世间万物的道理, 如同镜子可照看万物, 美丑一览无余。里面就犹如明月悬挂夜空, 泉水沼泽也都在其中。观照远近，明辨是非，体谅大众的辛苦不易，不贪恋自己个人的安乐，将百姓的衣食饱暖当作自己的衣食饱暖一样看待，时刻惦念着他们的饥寒。如此才能运用智慧辅佐君主，谋划防备诡诈舞弊之人事。张良、陈平因智周而功成，商鞅、苏秦因智伪而不得施展抱负。有国有家的人，用智能明达远虑，就不会有灾祸。

履　信

素履子曰：信之为大人所重焉。天失信，三光不明；地失信，四时不成；人失信，五德[①]不行。故用人之智去其诈，用人之勇去其怒，用人之仁去其贪。用智者之谋，勇者之断，仁者之施，足以成治矣。诈害民信，怒害民恩，贪害民财，三害乱之原也。是知可终身而守约，不可斯须而失信。《易》云：天所助者顺也，人所助者信也。君子仗忠信而为甲胄[②]，履之无爽矣。

【注释】①五德：指仁义礼智信。

②甲胄：铠甲和头盔。

【译文】素履子说：诚信是有德行之人所重视的。老天如果不讲诚信，则日月星不会发光；大地如果不讲诚信，就会影响一年四季的农时；人如果不讲诚信，五德就无法施行。所以让人发挥其智慧时，要去掉伪诈；让人发挥其胆量时，要去掉愤怒；让人发挥其仁义时，要去掉贪婪。发挥智者的谋虑，勇者的决断，仁者的恩惠，拥有了这些就足够治理家国了。伪诈会失掉群众的信任，愤怒会丧失民众的感恩之心，贪婪会使民众失去财富，此三种做法为混乱的本源。知道后就要一生遵守信约，不可有丝毫疏忽、片刻失信。《易经》说：老天护佑的人，是顺应天道的人，民众所帮助的人，是诚实不欺的人。君子仰仗忠信就如同有了头盔和铠甲一样可以保护自己，如此做事，人生会鲜少差错。

履 礼

夫父慈子孝，兄良弟悌，夫义妇听，长惠幼顺，君仁臣忠之道，礼之本也。士唯履之，无暂乖失，无小大，无众寡，无敢慢。故君子正其衣冠，尊其瞻视[①]，望之俨然，即之也温，听其言也厉。无欺暗室，不愧屋漏[②]。明则有礼乐，幽则有鬼神。是以贤者昏行不变节，夜浴不改容，唯礼唯敬。履之则安，失之则危。《诗》曰：相鼠有体，人而无礼。人而无礼，胡不遄死。《易》曰："藉用白茅。"礼敬之至也。

【注释】①瞻视：指观看、顾盼。

②不愧屋漏：出自《诗经·大雅·抑》"相在尔室，尚不愧于屋漏。"原意是虽在宗庙里，但无愧畏之心。后比喻即使在暗中也不做坏事，不起坏念头 。

【译文】父亲慈爱子女孝顺，兄长善良弟弟敬爱，丈夫仁义妻子顺从，长辈恩惠晚辈服从，君王仁爱臣下尽心竭力的道理，是礼的根本。读书人就得要这样做，不可有一点违背，无论大事小事，无论是面对大众还是在人少的场合，都不敢有丝毫的怠慢。所以君子端正衣冠，一举一动都端严庄重，远望他庄严可畏，接近他温和可亲，听他讲话严厉不苟。君子在没人时也不做见不得人之事，在暗中也不起坏念头。白天用礼乐约束，晚上有鬼神约束。贤能的人即使在暗处做事也不改志向，夜晚沐浴也不改变白天的严谨和庄重，时刻礼敬。这样做了，就会身心安乐，不这样做则会招致危险。《诗经》说："你看这黄鼠还有肢体，人怎么可以不知礼义？人要不知礼义，还不如快快死去。"《易经》说："以白色茅草为垫。"说明敬慎到了极点。

履　乐

素履子曰：夫乐者，天地四时之和也，故律吕[①]调则阴阳和，五音调则四时叔。是故古昔帝王制礼作乐以化民也。

然五帝殊时不相沿乐，三王异代不相袭礼。至于礼情主敬，乐情主和，敬之与和，万代不易。是以礼节之于繁，乐节之于过。礼繁则乱，乐过则淫。节乐止淫，履之本也。

【注释】①律吕：古代用于校正乐律的器具。

【译文】素履子说：懂乐之人，一年四季都会身心和乐，乐器调好演奏出来才会阴阳和谐，五音配合适当则一年四季的农时才能依次有序进行。所以从前的君主才要制定礼乐制度来教化人民。

五帝所处时代不同，因此不相互沿袭其乐，三王所处时代不同，因此不相互沿袭其礼。礼的作用是敬，乐的作用是和，敬与和，无论时间多久都不会改变。因此制礼应当适度，不可流于烦琐，制乐也要恰到好处，以中正平和为度，不可过度追求情感和技巧的表现。礼节烦琐则容易让人不知所措，节律失去中正平和，就会令人心趋于放纵，难以约束。礼乐的精神是节制人的欲望，不让人有过分的行为，这是履乐的根本。

履富贵

素履子曰：富与贵是人之所欲，不以其道得之不处也。当修德而取富贵。修德业者，持盈守成[①]，恭俭谦让；节用而爱人，克己而复礼；施而不望报，惠而不费财[②]；不滥其居，不饰其服；遇凶年[③]不俭，遇丰岁不奢。是以管仲镂簋朱，弦山节藻税，君子以为滥；晏平仲祀其先人，豚肩[④]不掩豆，瀚衣弹冠以朝，君子以为隘。则君子当其位行其道，不逾越而奢侈，不俭陋而乖礼，不过淫于声色，不贪暴于货财，绝骄奢，去耽嗜，贬酒阙色，避嫌远疑，济物利人，安民和众，常守谦慎之心，不忘忠孝之志。《道经》云：知足者富。《孝经》曰：高而不危，所以长守贵；满而不溢，所以长守富。《易》曰：天道亏盈而益谦，地道变盈而流谦，鬼神害盈而福谦，人道恶盈而好谦。谦尊而光，卑而不可逾。又曰：劳谦君子，有终，吉。

【注释】①持盈守成：持盈，保守成业。守成，保持已成的事业，不使失坠。

②费财：耗费钱财。

③凶年：饥荒年，收成不好。

④豚肩：猪腿。

【译文】素履子说：富贵是人人想要的，若是非道得来的富贵不会长久。要先修养德行才能真正取得富贵。得到富贵后，要保守成业，恭谨谦逊；节约用度而仁爱他人，克制自己而实践礼义；布施后不求回报，给人钱财不觉得耗费钱财；不住过于好的住所，不穿装扮华贵的衣服；遇到饥荒年不必因毫无准备而过度节俭，遇到丰收年也不可因手头宽裕便过于奢侈。管仲使用刻有花纹的器具，红色的帽带，住宅上刻着山岳的斗栱，上边画着水藻的梁上的短柱，君子会觉得这种奢华的生活很无节制；晏子祭祀他的祖先供品用的猪腿并起来还不能掩盖豆器，穿着刚洗的衣服弹去冠上的灰尘就来朝拜了，君子会认为这种行为十分困窘。所以君子应当做与他身份地位匹配的事，不过分追求享乐，不俭朴到失了礼节，不沉浸于歌舞女色，不贪婪财物，禁绝骄横奢侈，去除深切的爱好，降低饮酒减少情欲，远避是非，常救济他人，为人可安抚百姓，使百姓和顺，常保持谦虚谨慎之心，不忘记忠孝的志向。《道德经》说：知道满足的人，才是富有的人。《孝经》说：居高位而没有倾覆的危险，所以能够长久保持自己的尊贵地位；财富充裕而不炫富，所以能够长久地守住自己的富足。《易经》说：上天的规律是亏损盈余的而利益不足；大地的规律是转变高耸的流向低洼的；鬼神的法则是祸害骄傲的而降福谦卑的；人类的特点是讨厌骄傲的而喜欢谦虚的。谦能使尊贵者更有光彩，让卑下者赢得尊重，故知君子应该始终保持谦虚的美德。又说：有功劳而又谦逊的君子，一直这样，将会有好的结果。

履贫贱

素履子曰：贫与贱是人之所恶，不以其道得之不去①也。士志于道而耻恶衣恶食②者，未足与议也。君子忧道不忧贫，不患贫而患不安。

孔宣父③云：不知命，无以为君子。命者，穷达之分，皆自乐天知命而已。若好勇疾贫，临财苟得④，非君子之人。欲慕贤哲之踪，则不耻缊弊之袍，筚门圭窦⑤者矣。

【注释】①不去：不弃，不丧失。

②恶衣恶食：恶衣，破旧或粗劣之衣。恶食，粗劣的食物。

③孔宣父：对孔子的尊称。

④苟得：不当得而得。

⑤筚门圭窦：泛指贫苦人家。筚门，柴门。圭窦，穿凿墙面的门(圭形，上尖下方)。

【译文】素履子说：贫贱是人们所憎恶的，但若是非道得来的荣贵宁可不要。有志于道却嫌恶粗劣的衣服与食物的人，不值得一提。君子只忧虑自己的道德学问，不忧虑是否贫穷，不担心生活贫穷，只担心生活不安定。

孔子说：不通达命运之理，不能称之为君子。命运，有困顿显达之分，都是顺天道之常数，知性命之始终而已。如果好逞勇武痛恨贫穷，取不当得之财，就不配被称为君子。如果仰慕贤德之人的印迹，就不会觉得破旧的棉袄衣物与贫困的出身有失体面。

履　平

素履子曰：秤之用也，取之于衡；车之行也，通之于辙。衡平则毫厘不差，辙通则辕毂[①]无滞。秤若失之于毫厘，则权衡[②]不正；车若亏[③]之于辕毂，则辙迹难通。欲秤之平则慎之于毫厘，欲辙之通宜治之于辕毂，毫厘不失，辕毂无亏，则谓天平地成。

【注释】①辕毂：辕，车前驾牲畜的两根直木。毂，车轮中心，有洞可以插轴的部分，借指车轮或车。

②权衡：称量物体轻重的器具。权，秤锤。衡，秤杆。

③亏：损坏。

【译文】素履子说：秤的功用，在于秤杆的称量；车的运行，在于车行进的路线通畅。秤杆平则不差斤两，路线通畅则车轮通行无阻。秤一旦差了毫厘，称量物体就不准确。若车的辕毂有损坏，车子行驶的痕迹很难是通畅的。若想要秤是公平的就要慎重于毫厘之间，若想要车行驶的痕迹是通畅的就要修理好辕毂，毫厘不差，辕毂无损，这就是古人所说的“天平地成”，能万事妥当，天下太平。

履危

君子福至不喜，祸至不惧；不缁不磷[①]，洁白之德益彰，不彫不衰，清贞之操弥盛。《诗》曰：我心匪石，不可转也，我心匪席，不可卷也。又曰：风雨如晦，鸡鸣不已。圣贤若是，所以长思《鸦鹊》之篇、《鵩鸟》[②]之赋。然而履虎尾，畏惧愬愬；涉险难，慎危兢兢。《易》曰：视履考祥，其旋元吉。又曰：进退不失其正者，其唯圣人乎。履道亨矣。

【注释】①不缁不磷：源见“磨而不磷，涅而不缁”。磨不薄，染不黑。比喻坚贞高洁的品质，不因外界影响而有所改变。宋叶适《提刑检详王公墓志铭》：“赵公得辠，门下士往往畏匿改事，独公不磷不缁，如赵公在时。”

②鵩鸟：为贾谊任长沙王太傅三年时所作。有一天有鵩鸟（俗称

猫头鹰）飞到贾谊的屋子里，其感觉自己命不久矣，有感而发。

【译文】君子有福运到来也不喜悦，有祸患到来也不恐惧；品行高洁，不因外界而改变，清白纯正的德行更加显著，志趣坚定，不因自身的伤残而衰退，清白坚定的操守更加深远。《诗经》说：我的心不是一块石头，不能任人随便转移。我的心不是一张席子，不能任人打开卷起。又说：尽管风雨交加，昏天黑地，窗外雄鸡报晓之声从未停止。圣贤都是如此，所以会经常想起《鸦鹊》、《鹏鸟》里所描述的情景。但是面对艰难险阻，我们不能不像踩着虎尾走路一样小心谨慎。《易经》上说：一举一动都要小心谨慎，才能平安吉祥。又说：进退都不离开正道，大概只有圣人才能完全做到吧。那么所到之处就没有不畅行无阻的了。

伸蒙子

【题解】《伸蒙子》，唐林慎思撰。

林慎思（844—880年），字虔中，号伸蒙子，福建福州人。唐懿宗咸通十年（869年）进士及第。咸通十一年（870年），再中博学宏词科第一。科举及第后，历任秘书省校书郎、兴平县尉、尚书水部郎中、万年县令。广明元年（880年），黄巢攻占长安，田令孜挟唐僖宗逃往成都，林慎思指挥官兵迎战，力尽被擒，委官不受而被杀。

《伸蒙子》是唐代不可多得的一部儒家著作。林慎思在书前《自序》中说："旧著《儒范》七篇，辞艰理僻，不为时人所知。复研精覃思，一旦斋沐祷心灵，是宵梦有异焉。明日召蓍祝之，得蒙之观，曰伸蒙入观，通明之象也。因感而有所述焉，自号伸蒙子。尝与二三子辩论兴亡，敷陈古今也。或引事以明理，或摛才以润词，录近万言，编成上、中、下三卷。上卷《槐里辨》三篇，象三才，叙天地人之事；中卷《泽国纪》三篇，象三辰，叙君、臣、人之事；下卷《时喻》二篇，象二教，叙文武之事焉。"上卷设为干禄先生、知道先生、求己先生问答。中卷设为弘文先生、如愚子、卢乳子问答。下卷则自抒己说。惟上卷喻时一篇，释仲尼小天下之义，词不近理。其余皆持论醇正，非唐时夭隐、无能诸子所可仿佛。"《四库全书总目提要》将其列入子部儒家类。《续编》自全书中辑录了

《槐里辨》《泽国纪》《时喻》三卷中有关修身理政的精华内容。

槐里辨

彰　变

干禄（槐里有干禄先生，始隐高山，独怀古节，不徇时态。尝语人曰：吾逢有道则出，无道则隐。今遇昭代，吾不能违，遂出。以干禄为字，然而栖迟、法度、进退、容仪未尝忘山，故字从山。）先生问："王道兴衰，由天之历数，有诸？"

仲蒙子曰："非天也，人也。"

曰："星有妖祥，天所示也。不使妖见唐虞，祥呈幽、厉，岂非天职？兴衰不乱，亦妖祥均耶？"

曰："里有良吏暴吏，损益于民也，不由牧政之心焉。然则政之不乱也，不使罚及忠信、赏归苛酷矣。是赏罚均于政也，而良暴岂由于政哉？是兴衰系乎君人，犹良暴系乎里吏，则天示妖祥，顾非均于赏罚邪？岂使妖见唐虞，祥呈幽、厉欤？则知化妖祥者由乎天，变兴衰者由乎人。故曰非天也，人也。"

【译文】干禄（槐里有一位干禄先生，开始隐藏于高山，独自怀有古人的节操，不追求时人的姿态。曾经对人说：我遇到有道就出来，无道则隐居，现在遇到明王的时代，我不能违背自己的志向，于是出来，以干禄为字，然而，游玩、休息、法度、举止仪表都不曾忘记其隐居时的样子，所以字从山。）先生问："王道的兴盛衰落，由上天的历数来决定，有这样的说法吗？”

仲蒙子说：“王道的兴衰不在天，在人。”问：“星象有凶兆和吉兆，皆是上天的示现。不让不祥之事出现在唐虞时期，不让吉祥之事出现在周幽王、周厉王的时期，难道不是上天的职责吗？兴盛与衰败不紊乱，难道不是凶吉调和的缘故吗？”

仲蒙子又说：“乡里有贤能的官吏，也有残酷的官吏，利益或损害一方百姓，不由守牧的主观愿望而定。然而，政事并未出现紊乱，不过就是不让忠信的人受到惩罚，不让严苛残酷的人受到奖赏而已。由此可见，政事可以做到赏罚公平，而吏卒的贤良或残暴又岂是通过政事就可以改变的呢？因此说，王道的兴衰决定于君主，就好比贤良或残暴决定于里吏。那么，上天显示灾妖和吉祥，看来不也是一种公平的赏罚吗？难道会让灾妖出现在唐虞的盛治，而祥瑞呈现于周幽王、周厉王的乱世吗？由此则可以知道化现妖祥是由于天，改变兴衰是由于人。所以说，王道兴衰不是天决定的，而是人决定的。”

辩　治

干禄先生曰：“治千乘之国，与十室之邑，孰难？”

仲蒙子曰：“国易。”

曰：“何以然哉？”

曰：“治大以智，治小以力。智役众人，力穷一身。然则劳众孰与劳己之难乎？夫工于材也，有绳墨焉，有斧斤焉，绳墨以智也，斧斤以力也。布绳墨岂不易于运斧斤之劳乎？矧绳墨误犹可移，斤斧误其可移哉？治国施教令，非布绳墨邪？治邑承教令，非运斤斧邪？则治国孰与于治邑之劳乎？”

【译文】干禄先生说：“治理千乘之国，与十室之邑，哪个难度大？”

仲蒙子说：“治理千乘之国要容易。”

干禄先生说：“为什么这么说呢？”

仲蒙子说：“治理大国是运用智慧，治理小邑要靠劳力。运用智慧役使众人，任用劳力就会辛劳自己。那么辛劳大家难道比劳累自己还要困难吗？工匠处理材料，可用布墨线、可以用斧斤，布墨线就是以智慧，用斧斤就是以力量。布墨线处理难道不比运用斧斤容易？况且墨线布错了还可以再布一次，用斧斤砍错了还可以再砍一次吗？治理国家实施教令，不就是布墨线吗？治理小邑顺承教令，难道不如同运用斧斤吗？那么治理国家哪里比治理城邑更劳苦呢？”

迁　善

知道（槐里有知道先生，自谓“进退有时吾不妄动”。是以自谓“知道”。盖有乐水之癖，凡居处视听，以泉源池沼为乐，故字从水，表德也。）先生曰：“吾闻伊尹放太甲于桐宫，有诸？”

仲蒙子曰：“于《书》有之。”

曰：“臣放君，忠乎？”

曰：“太甲始立不肖，伊尹放之可也。”

曰:“桀纣不肖,龙逢、比干恶不放欤?”

曰:“桀纣大不肖也,安能放哉?”

曰:“吾闻狸能捕鼠,不能捕狗,则伊尹其捕鼠邪?

仲蒙子莞尔而笑曰:“先生闻良马有害人者乎?良御必能维絷以驯伏其性也。闻猛虎有啖人者乎?武士安能囚拘以驯伏其性邪?太甲不肖,犹良马也,伊尹则可维絷以迁于善也。桀、纣不肖,犹猛虎也,龙逢、比干岂可囚拘以迁于善乎?”

知道先生释然曰:“诚哉,吾子可谓知言矣!”

【译文】知道(槐里有知道先生,声称自己进退有时,不会轻举妄动。因此给自己取名知道。大概有乐水的癖好,他住的地方,眼睛所到,耳朵所听的,都以泉水池沼为乐,所以字从水,表明他学习水的德行。)先生说:“我听说伊尹放逐太甲在梧宫,有这样一回事情吗?”

仲蒙子说:“这件事情在《尚书》上是有记载的。”

知道先生说:“放逐君主,这算是忠吗?”

仲蒙子说:“太甲刚被册立为君的时候没有君德,伊尹放逐他是可以的。”

知道先生说:“夏桀、商纣不贤德,龙逢、比干怎么不放逐他们呢?”

仲蒙子说:“夏桀、商纣品德太坏了,怎么能放逐呢?”

知道先生说:“我听说猫能捉老鼠,不能捕狗,伊尹放逐太甲难道就像是猫捕捉老鼠吗?”

仲蒙子微微一笑，然后说："先生听说过良马有伤害人的吗？好的骑马者一定能够对良马进行驯服，降伏马的烈性。你听说过猛虎会吃人吗？武士怎么能囚禁老虎对其进行训练来降服老虎的烈性吗？太甲不肖，依然还是良马，伊尹就可以让他向善；夏桀、商纣不贤，就像猛虎，龙逢、比干怎么能把他们囚禁起来让他们迁善呢？"

知道先生听了愉快地说："的确是这样啊，我的老师，您可以说是懂得言说大道了！"

明　化

求己（槐里有求己先生，陋巷固穷，学道无倦。尝曰："莫邪器成不磨砺，其刃安能刺犀截铁？君子晦迹不磨砺，其道安能显扬？"故号求己先生，字从石。）先生问："人之善恶能化而迁乎？"

仲蒙子曰："迁矣。"

曰："性有刚柔，天然也，犹火可迁于水邪？"

曰："善不在柔，恶不在刚也。火能炮燔亦能为灾，水能润泽亦能为渗。及其迁也，化灾为炮燔，化渗为润泽。岂在化火为水乎？人之善恶，随化而迁也，必能反善为恶，反恶为善矣。孟母正已以化于孟轲，及其迁也，非反恶为善邪？齐桓大功而化于竖刁，及其迁也，非反善为恶邪？所谓人之善恶随化而迁，不亦明乎？"

【译文】求己（槐里有一位求己先生，住在简陋的巷子里，固守穷困，学道却没有丝毫疲倦。他曾说：“莫邪器成不磨砺，他的剑怎么能刺犀截铁呢？君子隐匿行迹不磨砺，他的大道怎么可能得到显扬？所以号为求己先生，字从石）先生请问道：“人的善恶能通过教化的影响而改变吗？”

仲蒙子说：“是可以改变的。”

求己先生说：“人的性情有刚有柔，天然就是如此，好比火，难道可以变化为水吗？”

仲蒙子说：“人的善良不在于人的性情柔和，邪恶也不在于人的性情刚直。火能够燃烧也能够带来火灾，水能够滋润大地也能够渗透土地。等到其变迁，变化火灾为燃烧，变化渗透为润泽。怎么在于化水为火呢？人的善良邪恶，会随着教化的影响而改变，受到不好的教化，一定能够从善良变成邪恶，受到好的教化，一定能够从邪恶变为善良。孟子的母亲端正自己以感化孟子，等到孟子改变了，难道不是令邪恶变为善良吗？齐桓公建立大的功业而受到竖刁的迷惑，等到他产生变化以后，难道不是从善良变为邪恶吗？所谓人的善良邪恶跟随教化的影响而变迁，这难道不是很明显吗？”

广　贤

求己先生曰：“周公吐哺以急贤，然未闻贤肖周公，何为急邪？”

仲蒙子曰：“周公以急贤之心，要四方之心，不在肖周公而急之也。若必肖周公而方急之则无贤可急，何以要四方之心乎？夫贾者积金市物闻鬻者之声则必跃然而近之，虽物不合贾者，亦偿金而取焉，所以不阻四方之物也。不阻四方之物，则四方之心向焉。周公设礼以待士，闻有士之名，则必欣然而迎之，虽士不及周公，亦下礼而接焉，所以不阻四方之士也。不阻四方之士，则四方之心归焉，则知急贤之心要四方之心也。岂有肖周公而后急之邪？”

【译文】求己先生说：“周公因为急于求贤而一饭三吐哺，但却没有听到贤人有像周公这样的呢，为什么要这么急于求贤呢？”

伸蒙子说：“周公以急于求贤之心，以求得四方贤士的心，不在于要像周公这样的贤人才去急于求得。如果一定要等到像周公这样的贤人出现才急于去求取的话，那怎么能够求得四方贤士的心呢？商人积累金钱购买货物，听到叫卖的声音就一定会兴奋地去接近，虽然货物不一定完全符合商人的心意，商人也会支付金子而收购，这样是为了不阻止四方货物的流通。不阻止四方货物的流通，那么四方的人心就会向着商人了。周公制定礼仪来对待士人，听说贤士的名字，就一定会高兴地去迎接他，虽然士人不如周公这样有贤才，周公也放下身段以礼节和士人交往，就是为了不阻止四方贤士的归附。不阻止四方贤士的归附，那么四方的心就归附周公了。由此知道周公急于求贤之心就是希望得到四方人心的归附啊，怎么能要等到像周公这样贤德的人出现才急于去求贤呢？”

泽国纪

鉴 旨

弘文（泽国有弘文先生，当时兵寇入，皆负戈甲，独子嗜文。或曰：“方事甲戈，安用弘文？”对曰：“吾以弘文为甲戈。”故字从戈甲。）先生曰：“三代衰亡，垂鉴千古，何后代有踵其亡哉？”

仲蒙子曰：“三代之季，鉴于有道，不鉴于无道也。且居起欲奢，鉴之而反俭；威刑欲暴，鉴之而反仁；畋游欲纵，鉴之而反礼；声色欲荒，鉴之而反德。是犹鉴治国之政，而成有道之基矣。反是犹盗贼之类，昼观刑戮于市，暮行诛劫于卫。岂刑戮能使之鉴邪？盖盗贼之心不可移也，虽知夕必祸身而朝且杀人矣。是谓三代之季，鉴于有道，不鉴于无道也。”

【译文】弘文（泽国有一位弘文先生，当时军队入侵，人人都背着戈穿着铠甲，只有弘文先生喜好作文。有人说：“你怎么不带戈，不穿铠甲？”回答说：“我用宏文作为我的戈和铠甲。”所以他的字是戈甲。）先生说：“夏商周三代衰败灭亡的教训，垂鉴千古，为什么后来还是有不断追随其灭亡的朝代呢？”

仲蒙子说：“三代末期的教训，只能给有道之人提供镜鉴，而不能给无道之人提供镜鉴。如果放纵欲望，生活起居就会越来越追求奢侈，以之为鉴就会归于节俭；威势刑罚越来越变得残暴，以之为鉴就变得仁爱；狩猎越来越没有节制，以之为鉴就回归于礼；迷恋声色越来越荒于政事，以之为鉴就会回归道德。这是鉴于三代治理国政的教训，而成就一个人道德的基础。相反，如果像盗贼这一类人，白天观看刑戮于市场，晚上又去做诛杀抢劫的事情，难道是刑罚能使这种人以之为鉴吗？大概盗贼的心是不可以改变的，虽然知道晚上必定有祸患但是早上还是会去杀人。这就是三代末期的教训，只能给有道的人以镜鉴，不能给无道的人以镜鉴。”

辨　惑

如愚子（泽国有如愚子，生于田家，本农业，独子舍农而务学，慕颜渊德行，遂名如愚。亲族讥其忘本，乃曰：“吾张耒耜于教学，有无可待矣！故名，字从耒文也。）曰：“吾闻君子不惑，小人多惑有诸？”

伸蒙子曰：“人无不惑，盖君子知其所惑而不惑矣！小人不知其所惑而惑矣。”

曰：“吾闻古之帝王，蓄货财，淫酒色，未有不亡国丧身矣！所以桀、纣、幽、厉皆由是也，矧臣民士庶由是而亡家丧身多矣！得不为惑欤？”

曰：“是不知其所惑矣，而惑遂至丧亡焉。设使君如尧、舜，臣如夷、齐[①]，士如颜闵，前设糟邱[②]酒池之乐，后陈鹿台[③]铜山之货，左右列妲己、褒姒之容，安能乱尧、舜之德，污夷、齐之风，染闵、颜之行，而至丧亡乎？”如愚子崛然寤，曰:“诚哉,人无不惑,在知与不知耳!”

【注释】①夷、齐:即伯夷、叔齐。商末孤竹君之二子。相传其父遗命要立次子叔齐为继承人。孤竹君死后,叔齐让位给伯夷,伯夷不受,叔齐也不愿登位,二人先后逃到周国。周武王伐纣,二人叩马谏阻。武王灭商后,他们耻食周粟,采薇而食,饿死于首阳山。他们常被当作抱节守志的典范。

②糟邱:指酿酒后的酒糟堆积成的糟丘。形容酿酒之多,沉湎之深。酒池:以酒注满的水池。形容古代权贵生活淫奢无度。

③鹿台:古台名,别称南单之台。殷纣王贮藏珠玉钱帛的地方。故址在今河南省汤阴县朝歌镇南。铜山:指金钱,钱库。

【译文】如愚子问:“我听说君子不会迷惑,小人却常迷惑,有这样的事吗?”

仲蒙子答道:“人没有不迷惑的,大概君子知道自己迷惑在何处所以才叫作不迷惑!小人不知道自己的迷惑所在因此才叫作迷惑吧!”

如愚子说:“我听说古时的帝王,积蓄财货,沉湎于酒色,没有不亡国丧身的!所以夏桀、商纣、周幽王、周厉王都是因此亡国丧身的,况且臣子、百姓、士人因此而亡家丧身的也不少啊,不都是被这些所迷惑而导致的吗?”

仲蒙子接着说道:“这是不知自己所迷惑在何处,才使迷惑发展到丧亡的地步啊。假使君主如尧、舜,臣子如伯夷、叔齐,士如颜回和闵损,虽然前面酒糟堆积如山,可以以酒为池,以肉为林，长夜歌舞作乐，后面陈设着来自鹿台府库里的珍宝财货，左右两边有如妲己、褒姒的美貌妇人，但这些又怎能扰乱尧、舜的德行，玷污伯夷、叔齐的风节，熏染闵损、颜回的品行，而导致丧亡呢？”如愚子恍然大悟道：“确实是这样啊！人会不会迷惑，只在于有没有智慧罢了！”

时 喻

刺 奢

一树之花，人争盼焉；一株之棘，人争忌焉。且人皆爱花之鲜妍，不知鲜妍能诱人为骄奢之患矣；人皆忌棘之伤害，不知伤害能诫人行正直之路矣。呜呼！骄奢事极，则花为祸人之根者也；正直路存，则棘为利人之本者也。而人不知忌于花，而忌于棘。噫，其惑人也久矣！

【译文】一树艳丽的花朵，人们争相顾盼；一株带刺的荆棘，人们对它充满忌惮。况且人们都喜爱花的鲜妍，却不知鲜妍能诱人产生骄奢之患；人们都忌惮荆棘给人带来的伤害，却不知伤害能警诫人们要行走在正直的路上。唉！骄奢之事达到极致，就是因为花是给人们带来祸端的根源；正直的路一直存在，就是有荆棘作为利人的根本。人却不知道忌惮花的诱惑，只知道忌惮荆棘的伤害。唉，这种思想迷惑人的时间也太久了！

伺 难

舟行防覆溺之患，伺无风波，则越重溟如池沼矣；车行防卤掠之患，伺无寇盗，则踰修岭如康庄矣。君子行其道，则先防恶人，伺其善则交之。岂知有行善而蓄恶者？难伺甚于风波寇盗乎？及中路罹其谤谮，则何啻于舟车之遇溺掠邪？

【译文】舟船行于水上要预防沉没之患，观察水面没有风浪时再行驶，那么渡海就如穿越池沼一样简单了；车辆行驶在路上要预防贼人掳掠之患，观察没有寇盗出没时再行驶，那么越过高岭就如行驶在康庄大道上一样容易。君子行走在路上，就要先防恶人，仔细观察他确实善良才可以交往。怎知有人表面行善而内心却还积恶殊深？他们难以观察的程度岂不更甚于风浪、寇盗？等到中途遭受他们的诬陷毁谤，那又何止于舟车沉没和被掳掠那些祸患啊？

治 难

习幻惑[①]之徒，蓄其异术，每一呼吸，皆能变寒而为暑，变正为非矣。习焚鍊之徒，蓄其神方，每一施用，皆能变石为金，变土为银矣。然外物荣枯贵贱犹能变之，而己身荣枯贵贱不能变之，何邪？信知治外物之易，而治己身之难也。今有人行文行忠信之道，能言于人而不能行于己，与夫习幻惑焚鍊之徒何如？是知巧妇之手，不能饰丑为容，壮夫之力，不能拔贱为贵。

【注释】①幻惑：犹眩惑，谓迷乱人心以行诈骗。

【译文】修习幻惑之术的人，身怀异术，每一呼吸间，都能将寒冬变为酷暑，变正为反。修习焚鍊之术的人，拥有妙方，每次一施用，都能变石为金，变土为银。然而外在之物的荣枯贵贱尚能改变，但是人自身的荣枯贵贱却不能改变，这是为什么呢？确知治理外物容易，而管理自己却很难。现在有人推行文治教化，推行忠信之道，能给他人讲解而自身却不能实行，这与那些修习幻惑焚鍊之术的人又有什么区别呢？由此可知即使有双巧妇的手，也不能把丑陋的容颜修饰漂亮；即使有壮夫的力道，也不能拔贱为贵。

指　常

啖官之膳，以膳为常，虽叠岁饭之，而心无荷焉；啖人之馔，以馔为异，虽一旦饭之，而心长感焉。人在治代，则以聚乐为常也，叠岁受唐虞之化，孰有荷乎？人在乱代，则以聚乐为异也，一旦被汤武之德，孰无感乎？嗟夫！徒知感异恩于一旦，岂知荷常德于叠岁邪？

【译文】吃官府的饭食，已经习以为常，虽然连年食用，但心上却没什么负担；吃他人的饭食，就会觉得不同寻常，虽然只是一日之饭，而心里却长感一饭之恩。人生于太平时代，就以聚会宴乐为常态，连年受到唐尧、虞舜二帝的治化，哪里会有负担？人生于动乱年代，就会认为聚会宴乐是特别之事，一旦承受商汤与周武王的恩泽怎会不感存于心呢？唉！只知道感动于一朝一夕的特殊恩德，又怎知要时常感恩连年不断的德泽呢？

指　公

郡起虎狼之暴，虽隔他郡闻之，亦咸有惧心也；地产珠玉之珍，虽隔异地闻之，亦咸有嗜心也。一有能杀狼虎者，众闻之莫不喜；一有能得珠玉者，众闻之莫不嫉。盖杀者去众害，公其利也得者；夺众好，私其利也。且人心皆知喜公而嫉私也，使能得是公、去是私，而与众人喜而不嫉者，几人乎？

【译文】某郡有虎狼肆虐，虽然隔着其他郡听到这件事，大家也都生起恐惧之心；某地盛产珠玉等珍宝，虽然中间隔着其他地方，但是大家也都生起了贪求之心。一旦出现能杀掉虎狼的人，众人听闻后都会皆大欢喜；一旦有能得到珠玉的人，大家听闻后无不嫉妒不已。大概杀掉虎狼者为众人除去了祸害，这是出于公心做了利于大众的事情，所以大家听后都皆大欢喜；夺取众好，这是为一己私利。况且人们心里都是喜欢有公利心者而嫉妒自私自利者，让自己做到去私心、存公心，从而令众人欢喜而不嫉妒的，又有几人呢？

无能子

【题解】《无能子》，唐末无名氏撰。

无能子的姓名、籍贯、生卒年皆不详，只留下“无能子”别号。据本书原有的序言，可略知无能子生平。序言如下：“无能子，余忘形友也，少博学寡欲，长于穷理尽性，以至于命。黄巢乱，避地流转，不常所处，冻馁淡如也。光启三年（887年），天子在褒，四方犹兵，无能子寓于左辅景氏民舍，自晦也。民舍之陋，杂处其间，循循如也。昼好卧不寐，卧则笔札一二纸，兴则怀之，而不余示。自仲春壬申至季春己亥，盈数十纸，卷而囊之，似有所著者。余窃得之，多记所传所见，或尝与昆弟朋友问答之言。其旨归于明自然之理、极性命之端，自然无作、性命无欲，是以略礼教而外世务焉。知之者不待喻而信，不知者能无罪乎？余因析为品目，凡三十四篇，编上、中、下三卷。自与知之者共之尔。余盖具审无能子行止中藏，故不述其姓名、游宦焉。”

据序文，可以推测无能子是一个做过官的知识分子，因黄巢起义而颠沛流离，辗转于今天陕西一代，生活很不安定。

《无能子》是晚唐时期一部比较重要的道家著作。在历代史籍辑录中皆列入道家著作，《四库全书总目提要》列入子部道家类。其书旨在“明自然之理，极性命之端”，核心在于提倡顺应自然，作者善于用寓言故事来说明道理，有《庄子》的行文之风。

《续编》自全书中辑录了《文王说》《孔子说》《范蠡说》《商隐说》《孙登说》《答华阳子问》《鱼说》《答鲁问》《固本》等十篇中的精华内容。

文王说

吕望钓于渭滨。西伯将畋，筮之。其繇①曰："非熊非罴②，天遗尔师。"及畋得望，西伯再拜，望钓不辍。西伯拜不止，望箕踞③笑曰："汝何为来哉？"西伯曰："殷政荒矣，生民荼矣，愚将拯之，思得贤士。望曰："殷政自荒，生民自荼，胡与于汝？汝胡垢予？"西伯曰："夫圣人不藏用以独善于己，必尽智以兼济万物，岂无是耶？"望曰："夫人与鸟兽昆虫共浮于天地中，一气而已。犹乎天下城郭屋舍皆峙于空虚者也。尽坏城郭屋舍，其空常空。若尽杀人及鸟兽昆虫，其气常气。殷政何能荒耶？生民何谓荼耶？虽然，城郭屋舍已成不必坏，生民已形不必杀，予将拯之矣。"乃许西伯，同载而归。

【注释】①繇（zhòu）：古同"籀"，占卜的文辞。

②罴（pí）：熊的一种，即棕熊。

③箕踞：两腿舒展而坐，形如畚箕，是一种随意不拘礼节的坐法。

【译文】吕望在渭水边钓鱼。周文王准备去打猎，请人来占卜。卜辞说："打猎的收获不是熊也不是罴，是上天给予你的老师。”打猎时果然看到了吕望，周文王向他连拜了两拜，而吕望没有停止钓鱼，文王就在旁边不停地叩拜。吕望伸开双腿坐在那里笑着说：“你为什么来这里啊？”文王说：“殷商的统治荒淫无道，百姓民不聊生，我想拯救他们。希望得到贤士的帮助。”吕望说：“殷商荒淫无道是他们自己的事，百姓民不聊生也是他们自己的事，这与你有什么关系呢？你又为什么用此事玷污我呢？”文王说：“圣人是不会隐藏自己的才能来独善其身的，必会竭尽才智来使天下万物都受益，难道不是这样的吗？”吕望说：“人与鸟兽昆虫共同存在于天地之中，不过都是由气形成的罢了。就好比天下的城邑房舍，都耸立于虚空之中。尽管毁掉所有的城邑房舍，虚空仍是虚空；如果杀尽人和鸟兽昆虫，气仍是那些气。殷商的“荒淫无道”又从何谈起呢？百姓还有什么“民不聊生”可言呢？不过即便如此，城邑房舍已经修成就不必去毁坏它们，百姓已经形成了生命就不必再去杀死他们，我还是去救救他们吧。”于是答应了周文王，随他同车而归。

太颠、闳夭私于西伯曰：“公刘、后稷之积德累功，以及于王，王之德充乎祖宗矣。今三分天下，王有其二，亦可谓隆矣。吕望渔者尔，王何谓下之甚耶？”西伯曰：“夫无为之德，包裹天地；有为之德，开物成事。轩辕、陶唐之为天子也，以有为之德，谒广成子于崆峒，叩许由于箕山，而不获其一顾。矧吾之德未迨乎轩、尧，而卑无为之德乎？”太颠、闳夭曰：“如王之说，望固无为之德也，何谓从王之有为耶？”西伯曰：

“天地无为也，日月星辰运于昼夜，雨露霜雪零于秋冬，江河流而不息，草木生而不止，故无为则能无滞。若滞于有为，则不能无为矣。”吕望闻之，知西伯实于忧民，不利于得殷天下，于是乎卒与之兴周焉。

【注释】①太颠、闳夭：在武王伐纣时，二人皆执剑以卫武王，是西周的开国功臣。

②公刘、后稷：二人是周朝的先祖。

【译文】太颠和闳夭私下对文王说：“公刘、后稷不断地积累德行，积累的功绩到了大王这一代。大王的美德已经超过了先祖。如今天下分为三份，王拥有其中的两份，也可以说是十分强盛了。吕望不过是一个渔翁，王为什么要对他那样的恭敬呢？”文王说：“清静无为的德行，包裹着天地万物；奋发有为的德行，只能通晓万物的道理并按这道理行事。黄帝和唐尧成为天子的时候，用的是奋发有为的德行。黄帝在崆峒山拜见仙人广成子，唐尧在箕山把天下让给许由，广成子和许由对他们不屑一顾。更何况我的德行还没达到黄帝和唐尧那样的境界，怎能轻视清静无为的德行呢？”太颠和闳夭说：“按照王的说法，吕望固然具备了清静无为的德行，那又为什么跟随王去做奋发有为的事情呢？”文王说：“天地清静无为，却也让日月星辰在昼夜中运转，雨露霜雪在秋冬时节降落，江河湖海不停地流动，花草树木不停地生长，所以清静无为能做到没有阻碍，无所不为。如果执着于绝对不可以有所作为的话，就不能做到清静无为了。”吕望听说了之后，得知文王确实是在忧国忧民，并非贪图殷商的天下以谋取私利，于是最终同文王一起使周国变得更加兴盛。

孔子说

孔子围于匡，七日弦歌不辍。子路曰：“由闻君子包周身之防，无一朝之患。夫子圣人也，而饥于陈，围于匡，何也？然而夫子弦歌不辍，罔有忧色，岂有术乎？”孔子曰：“由来，语汝，夫是非邪正由乎人，厚薄悬乎分，通塞存乎时。日月之照，不能免薄蚀之患。圣贤之智，不能移厚薄通塞之数。君子能仁于人，不能使人仁于我；我能义于人，不能使人义于我。匡之围，非丘之罪也，丘亦不能使之不围焉。然而可围者，丘之形骸也。丘方惚无形于冲漠①，沦无情于杳冥②，不知所以忧，故偶谐于弦歌尔。”言未几，匡人解去。

【注释】①冲漠：虚寂恬静。

②杳冥：高深悠远之境。

【译文】孔子在匡地被围困，整整七天都在不停地弹琴唱歌。子路说：“我听说君子善于保护自身不受伤害，不会有突然发生的祸患。先生是一位圣人，却在陈国挨饿，在匡地被围困，这是为什么呢？然而先生不停地弹琴唱歌，没有忧愁的脸色，难不成有什么法术吗？”孔子说：“子路你过来，我告诉你，是非对错在于人本身，贵贱贫富取决于福分，境遇之顺逆取决于时运。日月能够普照万物，却也不能免除日月相掩食的灾祸；圣贤虽然有智慧，却也不能改变自己生活好坏的命数。君子能够对别人仁爱，却不能让别人对我仁爱。我能够对别人讲义气，却不能使别人对我讲义气。在匡地被围困，并非我的过错，我也不能使匡地的人不来围困我。然而他们围困的，不过是我的身体罢了。我的精神却处于无边无际虚寂恬静的状态里，不带任何感情地飘向高深悠远的地方，不知道为什么要忧愁，所以偶尔弹琴唱歌罢了。”孔子的话刚说完不久，匡地的人便解除围困并让他离开。

原宪[①]居陋巷，子贡方相鲁、卫[②]，结骑联驷访宪焉。宪摄弊衣。子贡曰：“夫子病耶？”宪曰：“宪闻德义不修谓之病，无财谓之贫。宪贫也，非病也。”子贡耻其言，终身不敢复见宪。

仲尼闻之曰：“赐也言失之也。夫拘于形者不虚，存于心者不淳，不虚则思之不清，不淳则其心不贞。赐近于骄欲，宪近于坚白，比之清浊，将去几何！”

【注释】①原宪：字子思，春秋末年宋国商丘人。孔子弟子，孔门七十二贤之一。

②子贡方相鲁、卫：据考证，子贡于孔子死后才任卫相，根据文意，“卫”字应当是衍文。

【译文】原宪居住在狭窄的街巷里，而子贡在鲁、卫两国当相国，子贡带着大队车马去看望原宪。原宪穿着破旧的衣服，出来迎接。子贡说："先生最近过得不好吗？"原宪说："我听说道德信义没有修养好才叫作过得不好，没有钱财叫作清贫。我只是清贫，并不是过得不好。"子贡听了这些话感到很羞愧，终生不敢再去见原宪。

孔子听说了这件事，说："子贡确是说错了话。局限于外形的人就不能做到内心虚静，心存世俗成见的人就不会具备淳朴的天性。内心不虚静而考虑问题就会不清楚，不具备淳朴的天性而他的心就会不坚定。子贡的行为接近于骄傲放纵，而原宪的行为接近于坚贞纯洁，二人就像清水与浊水，其中存在多大的区别啊！"

范蠡说

范蠡佐越王句践灭吴，杀夫差，与大夫种谋曰："吾闻阴谋人者，其祸必复。夫姑苏[①]之灭，夫差之死，由吾与子阴谋也。况王之为人也，可与共患，不可共乐。且功成、名遂、身退，天之理也。吾将退，子其偕乎？"

【注释】①姑苏：吴王夫差所筑的姑苏台，这里指吴国。

【译文】范蠡辅佐越王勾践灭了吴国、杀了吴王夫差，然后范蠡与大夫文种商议说："我听说用阴谋算计别人的人，也会受到相应的灾祸报应。姑苏台的毁灭、夫差的去世，都是我与您一同暗中策划的。况且越王的为人，只可与他共患难，不能与他共享乐。再说功成名就后隐退，这也是自然的法则。我准备隐退，您愿意与我一起吗？”

大夫种曰：“夫天地之于万物也，春生冬杀，万物岂于冬杀而反祸天地乎？吾闻圣人不贵乎独善，而贵乎除害成物。苟成于物，除害可也。是以黄帝杀蚩尤，舜去四凶①，我今除吴之乱，成越之霸，亦成物除害尔，何祸之复我哉？况王方以灭吴得②子与我，必相始终，子无遽于退也！”

【注释】①四凶：相传尧舜时四个凶恶的部族首领，即混沌、穷奇、梼杌、饕餮。

②得：通德，感激，感恩。

【译文】大夫文种说：“天地对于万物来说，春天让它们生长，冬天对它们肃杀，万物难道因为在冬天被肃杀反而就去祸害天地的吗？我听说圣人重视的不是独善其身，而重视的是清除有害的东西来养育万物。如果是为了养育万物，那么铲除祸害是完全可以的。因此黄帝杀死了蚩尤，虞舜流放了四凶，我们如今除掉了吴国之乱，成就了越国的霸业，也算是为成就万物铲除了祸害，怎么会有灾祸来报应我们呢？何况越王如今刚灭掉吴国，一定会自始至终善待我们，您不要着急隐退啊！”

范蠡曰："不然。夫天地无心，且不自宰，况宰物乎！天地自天地，万物自万物，春以和自生，冬以寒自杀，非天地使之然也。圣人虽有心，其用也体乎天地。天地虽无心，机动则应，事迫则顺，事过则逆，除害成物，无所憎爱。故害除而无祸，物成而无福。今王以怨吴之心，禄我与子以取其谋。我与子利其禄而谋吴，以灭人为功，以报禄我者。人之奸也，自谓天地之生杀，圣人之除害成物，不其欺耶？"大夫种不悦，疑之不决。范蠡竟辞勾践，泛扁舟于五湖，俄而越杀大夫种。

【译文】范蠡说："不是这样的。天地是没有思想的，它们连自己尚且不能主宰，何况去主宰万物呢！天地是天地，万物是万物，春天因温暖而万物生长，冬天因寒冷而万物肃杀，并非天地让万物春生冬死。圣人虽然有思想，体察天地，但他们的行为体现了天地无心无为的原则。天地虽然没有思想，却会随着事物的变化发展而随机应变，事物产生时就去顺从，事情过去了它们就弃置不顾，天地铲除祸害来养育万物，并没有带有憎恨与喜爱之情，因此天地除掉了祸害，自身也不会有什么灾祸，养育了万物而自身也不会感到幸福。如今越王怀着仇恨吴国的心，给我们爵禄来得到我们的计谋。我和您贪图他的爵禄而去算计吴国，把消灭别人当作自己的功劳，以此来报答给我们爵禄的越王。这是人性的狡诈，把自己的行为当成是天地生杀万物，圣人铲除祸害来养育万物，不是在自欺欺人吗？"大夫文种听了很不高兴，在是否隐退的问题上犹豫不决。范蠡最终辞官离开了勾践，乘小船在五湖中泛舟，不久后越王勾践杀死了大夫文种。

商隐说

汉高帝嬖于戚姬，欲以赵王如意易太子盈。大臣不能争。吕后危之，谋于留侯张良。良曰："夫有非常之人，然后成非常之事。良闻商洛山遁者四人，曰夏黄公、角里先生、东园公、绮里季[①]。上尝召不能致。今太子实能自卑以求之，四人且来。来而宾太子，此善助也。"吕后如良计，遣吕泽迎之。

四人始耻之，既而相谓曰："刘季大度，又知所以高我，求我不得，惭已而已矣。吕雉女子，性复惨忍，其子盈不立，必迫于危。危而求我，安危卜于我也。求我不得，必加祸于我，姑俞之可也。"乃来。

【注释】①夏黄公、角（lù）里先生、东园公、绮里季：四人因避秦乱而隐居商山，世称"商山四皓"。

【译文】汉高祖刘邦非常宠爱戚姬，想让她的儿子赵王如意取代太子刘盈，大臣们都无法劝阻。吕后十分担忧这件事，就去同留侯张良商议。张良说："只有不寻常的人，才能做成不寻常的事。我听说在商洛山有四位隐士，名为夏黄公、角里先生、东园公、绮里季。皇上曾召他们出山而未能成功，如今太子若能卑躬谦逊地去请求他们，他们四人就会来京，来京后便可做太子的门客，这对太子会是很好的帮助。”吕后按照张良的计策，派长兄吕泽去迎请他们。四人刚开始听到此事深感羞辱，后来相互商量说：“刘季胸怀开阔，又知道为何应该尊重我们，求请我们被我们拒绝，不过是自己惭愧一阵子而已。吕雉身为女子，生性狠毒残忍，她的儿子刘盈如果不能继承皇位，必定会陷入危险之中，陷入危险之中而来向我们求救，她的安危和我们的态度联系在一起。一旦求请我们而得不到，一定会加害于我们，姑且答应她吧。”于是四人应召来京。

一日偕太子进。高祖见而问之，四人咸自名。帝愕然曰：“吾尝求之而不从吾，何谓从太子？”四人曰：“陛下慢人，我义不受辱。太子尊人，我即以宾游。”帝谢之。指谓戚姬曰：“太子羽翼成矣，不可摇也。”

吕后德之，将尊爵之。四人相谓曰：“我之来，远祸也，非欲于心也。盈立则如意黜，吕雉得志则戚姬死。今我惧祸，成盈而败如意，欢吕后而愁戚姬，所谓废人而全己，殆非杀身成仁者也。复将忍耻，爵于女子之手，以立于廷，何异贼人夕入人室、得金而矜富者耶？”乃复隐商山，吕后不能留。张良亦悟，于是屏气绝谷而退居尔。

【译文】有一天，四位隐士同太子一起进宫。汉高祖见到后便询问他们是何人，四人都报上了自己的名字，汉高祖吃惊地说：“我曾经求请你们而你们却不肯跟随我，为何会跟从太子呢？”四人说：“陛下待人不礼貌，我等坚决不受人羞辱。太子待人很尊重，所以我等愿以宾客的身份同太子交往。”汉高祖听后向四人道歉，随后指着四人对戚姬说：“太子的羽翼已经丰满，不可动摇了。”

吕后很感激四人，想赐给他们很高的爵位。四人相互商议说：“我们此次前来，是为了逃避灾祸，并非出于本心。立了刘盈而刘如意就会被废掉，吕雉得志而戚姬就会被杀死，如今我们因恐惧灾祸，助刘盈成功而使刘如意失败，让吕后高兴而使戚姬忧愁，这就是所说的伤害别人而保全自我，我们大概也不是能为正义而牺牲生命的人吧。如果我们再忍受耻辱，从一个女子手中接受爵位，留在朝廷做官，这和盗贼夜间潜入别人家中，偷得财宝后又自我夸富的行为又有什么区别呢？”于是四人再次回到商山隐居，吕后没能挽留住他们。张良也醒悟过来，于是学习呼吸吐纳、辟谷养生之术而退位隐居。

孙登说

孙登先生隐苏门山，嵇康慕而往见之，曰：“康闻蜉蝣不能知龟龄，燕雀不能与鸿期。康之心实不足以纳真诲，然而日月之照，何限乎康庄墝埆[①]；雨露之润，罔择乎兰荪萧艾[②]。先生理身固命之余，愿以及康，俾康超乎有涯，遨乎无垠。”

【注释】①墝埆（qiào què）：（土地）瘠薄。地形险要处。

②兰荪：即菖蒲，一种香草。比喻具美德的贤士。萧艾：艾蒿，臭草。常用来比喻品质不好的人。

【译文】孙登先生隐居在苏门山中，嵇康十分仰慕他便前去拜访，说："我听说蜉蝣不知道龟的年龄，燕雀的眼界不能和鸿鹄相比。我生性愚笨，实在是没办法接受您的教诲，然而日月普照大地，不止局限于康庄大道和崎岖小道上；雨露滋润万物，无论是菖蒲还是艾蒿都受到恩泽。先生在修身养性之余，希望也能够关照一下我，使我能够超越有限的生命，遨游在广阔无边的天地间。"

登久而应之曰："夫杳杳冥冥，有精非精；浑浑淳淳，有神非神。精神甚真，离之不分，留之不存。孰谓固命？孰谓理身？孰为有涯？孰为无垠？然而虚无之中，绵绵相循，出入无迹，为天地之根。知之者明，得之者尊。凡汝所论，未窥其门。吾闻诸老聃曰：'良贾深藏若虚，君子盛德，容貌若愚。'且夫蚌以珠剖，象以齿焚，兰煎以膏，翠拔以文，常人所知也。汝有藻饰之才，亡冥蒙之机，如执明烛，煌煌光辉，穹苍所恶也。吾尝得汝《贻山巨源绝交书》，其间二大不可七不堪，皆矜己疵物之说，时之所憎也。夫虚其中者，朝市不喧；欲其中者，岩谷不幽。仕不能夺汝之情，处不能济汝之和。仕则累，不仕则已，而又绝人之交，增以矜己疵物之说，啅噪于尘世之中，而欲探乎永生，可谓恶影而走于日中者也。何足闻吾之诲哉！"康眩然如醒，后果以刑死。

【译文】孙登沉默了很久，才回答他说："天地深广悠远，包含了万物之精华，它可以演变万物，而其本身又不是一种独立的真实存在；宇宙混沌淳朴，却自具神光明彻，可以普照万方，而这种神明本身却又无迹可寻。这便是大自然的精神本具，浑然一体，从来不可以分离，又不断地演化万象，谁也不能让它停止。谁能知道什么是定数？什么是养生？什么是有限？什么是无限？然而在虚无之中，一切都在连续不断的循环变化，它的往来没有踪迹，它就是天地万物的本源。知道的人便睿智，得道的人便尊贵。你所说的那些论断，根本就没有看到其中的门道。我听说老子曾说：'善于经商的人深藏财货，君子有崇高的品德但容貌看起来却很愚笨。'蚌因为体内有珍珠而被人剖杀，大象因为象牙而被人烧死，香草因为有香气而被人制成油膏，翠鸟的羽毛因为漂亮而被人拔掉，这是平常人都知道的事情。你有写文章的才华，却不能和光同尘，就如同高举着明亮的烛火，炫耀着明亮夺目的光芒，却被苍天所厌恶。我曾经看过你写的《贻山巨源绝交书》，其中谈到你不愿做官的两大原因和做官后难以忍受的七件事，都展现出你夸耀自己和对别人的指责，这种行为是被世人所憎恶的。内心虚静的人即使处在早市上也不会觉得喧闹，心怀各种欲望的人即使住在深谷之中也不会感到幽静。做官不能使你的性情发生改变，当隐士也不能使你的心境变得平和。做官会让你觉得疲惫，不做官就是了，然而你又提出与人绝交，还增加了许多夸耀自己、贬低别人的话，你在尘世中如此喧嚣聒噪，却还想要追求长生不死，如同不喜欢影子却偏要在大太阳下奔跑不停啊。你哪里有资格来听我的教诲呢？”嵇康听得迷迷糊糊似乎有些明白，后来果真因受刑而死。

答通问

无能子贫，其昆弟之子且寒而饥，嗟吟者相从焉。一日，兄之子通谓无能子曰："嗟寒吟饥有年矣，夕则多梦禄仕，而丰乎车马金帛。梦则乐，寤则忧，何可获置其易哉？"无能子曰："昼忧夕乐，均矣。何必易哉！"通曰："夕乐梦尔。"

无能子曰："夫梦之居屋室、乘车马、被衣服、进饮食、悦妻子、憎仇雠，忧乐喜怒，与夫寤而所欲所有为者，有所异耶？"曰："无所异。""无所异，则安知寐而为之者梦耶？寤而为之者梦耶？且人生百岁，其间昼夕相半，半忧半乐，又何怨乎？夫冥乎虚而专乎常者，王侯不能为之贵，厮养不能为之贱，玉帛子女不能为之富，藜羹褴褛不能为之贫，则忧乐无所容乎其间矣。动乎情而属乎形者，感物而已矣。物者，所谓富贵之具也。形与物，朽败之本也，情感之而忧乐之无常也。以无常之情，萦朽败之本，寤犹梦也，百年犹一夕也。汝能冥乎虚而专乎常，则不知所以饥寒富贵矣；动乎情而属乎形，则昼夕寤寐俱梦矣。汝其思之！"

【译文】无能子生活贫困，他兄弟的儿子饥寒交迫，一边痛苦地呻吟一边跟随着他。有一天，无能子兄长的儿子通对无能子说："我们饥寒交迫呻吟哀叹已经有很多年了，晚上我多次梦见自己居官食禄，有很多车马和钱财。做梦时快乐无比，醒来就忧愁苦闷，怎样能交换一下梦境里和现实中的场景呢！"无能子说："白天忧愁梦中快乐与梦中忧愁白天快乐都是一样的，何必交换它们呢？"通说："晚上的快乐不过是一场梦。"

无能子说："你在梦中住房屋、乘车马、穿衣服、进饮食、喜欢自己的妻儿，憎恨自己的仇人，感觉到的喜怒哀乐，与你醒来后所想要感觉到的喜怒哀乐，有什么不同吗？"通说："没有什么不同。"无能子说："既然没有什么不同，你又怎么知道睡梦中的所作所为是一场虚幻的梦呢？还是醒来时的所作所为是一场虚幻的梦呢？再说人生百岁，其中白天夜晚各占一半，一半在忧愁一半在享乐，这又有什么值得抱怨的呢？那些处于清虚无欲境界之中并能一直保持这种境界的人，即使让他当王侯他也不会感到高贵，即使让他做杂役他也不会感到卑贱，即使拥有许多钱财儿女他也不会感到富有，即使让他吃粗劣的食物穿破烂的衣服他也不会感到贫穷，因此忧愁欢乐不会在他的心中产生。感情的起伏波动表现在容貌上，那不过是受到了外物的影响刺激而已。金银钱财这些身外之物，不过是所说的那些表现富贵的器具；容貌与身外之物，是腐朽破旧的根本，情感的喜怒哀乐，是变化无常的。用自己变化无常的情感，去牵挂这些腐朽破旧的根本，即使醒着也会像做梦一样，百年间也不过像一夜之梦。你若能处于清虚无欲的境界之中并能永远保持这种境界，那么你就会忘掉饥寒富贵了。如果让自己的心始终被情感和外物所左右，不管是白天还是黑夜，醒着还是睡着，都不过是一场梦而已。你还是好好思考下这其中的道理吧。”

答华阳子问

无能子形骸之友华阳子，为其所知迫以仕。华阳子疑，问无能子曰：“吾将学无心久矣，仕则违心矣，不仕则忿所知，如何其可也？”

无能子曰：“无心不可学，无心非仕不仕，心疑念深，所谓见瞽者临阱而教之前也。夫无为者，无所不为也；有为者，有所不为也。故至实合乎知常，至公近乎无为，以其本无欲而无私也。欲于中，渔樵耕牧有心也；不欲于中，帝车侯服无心也。故圣人宜处则处，宜行则行，理安于独善，则许由、善卷[①]不耻为匹夫；势便于兼济，则尧、舜不辞为天子，其为无心，一也。尧、舜在位，不以天子之贵贵乎身，是以垂衣裳[②]而天下治。及朱、均[③]不肖，则以之授舜，舜授禹，舍其子如疣赘，去天下如涕唾，是以历万祀而天下思。周公，文王之子，武王之弟，天下熟其德矣，以成王在，其势不便于己，故不为天子；以成王幼，其势宜于居摄，故不敢辞。是以全周之祀，活周之民，巍巍成功，其德不亏。此皆不欲于中，而无所不为也。子能达此，虽斗鸡走狗于屠肆之中，搴旗斩将于兵阵之间，可矣，况仕乎！

【注释】①善卷：为尧舜时隐士。

②垂衣裳：指定衣服之制，示天下以礼。后用以称颂帝王无为而治。

③朱、均：朱，尧的儿子，封于丹渊，故称为“丹朱”。因其不肖，故尧禅位于舜。均，舜之子。相传舜以商均不肖，乃使伯禹继位。

【译文】无能子有一位普通朋友叫华阳子，他的朋友逼他去做官。华阳子为此十分迟疑，就去向无能子请教说：“我学习无欲无求的境界已经很久了，当官就违背了我的意愿，不当官就会使我的朋友生气，怎么办才好呢？”

无能子说：“无欲无求不是通过学习就可以获得的，它也并非体现在是否当官的事情上。你正是因为心中充满了怀疑和执着，所以才会把朋友劝你做官这件事等同于看到盲人临近陷阱却还鼓励他向前走一样。所谓清静无为，换一个角度看，其实就是无所不为；所谓有所作为，其实也就是有所不为。所以注重真实天性才能够了解自然法则，大公无私才能接近于清静无为，因为他们本身就无欲无求没有私心。如果心中有欲望，那么即使让他去打鱼、砍柴、耕种、放牧，他也依然会有私心；如果心中没有欲望，即使让他乘坐帝王的车马、穿王侯的衣服，他依然不会有什么私心。因此圣人应当隐居时就去隐居，应当做官时就去做官。政治修明安定时可以进一步完善修养自身善行，那么许由和善卷就不会因为是平民百姓而感到羞愧；如果形势所趋应当出去救助天下，那么唐尧、虞舜就不会拒绝去当天子。他们在无欲无私这一点上是相同的。唐尧、虞舜在位的时候，不因为天子的身份显贵就使自己也变得高贵起来，因此他们能够做到无为而治而使天下太平安定。当发现儿子丹朱和商均没有才能的时候，唐尧就传位给虞舜，而虞舜也传位给了大禹，他们舍弃自己的儿子就像舍弃那些多余无用的东西一样，放弃天下就像擤鼻涕吐口水一样，因此过了上万年而天下人仍然思念他们。周公，是文王姬昌的儿子，武王姬发的弟弟，天下人都熟知他的德行。因为成王姬诵尚在，形势对自己不便，所以他不能当天子。因成王年幼不能亲政，他便代居其位处理政务，所以他也不敢辞官。因此他保全了周朝，拯救了周朝百姓，他建立了赫赫之功，他的德行也没有毁坏消减。这些人都因为无欲无求而能做到无所不为。你若能达到这样的境界，即使在屠宰场里斗鸡遛狗，或者在战场上拔取敌旗，斩杀敌将，都是可以的，更何况只是出去做官呢？”

鱼　说

河有龙门，隶古晋地，禹所凿也。悬水数十仞，淙其声，雷然一舍之间。河之巨鱼，春则连群集其下，力而上溯，越其门者则化为龙，于是拿云拽雨焉。河壖纤鳞望之，相谓曰：“彼亦鱼也，而超变如此，岂与我拨拨然壖而游，戢戢然穴而藏哉？”

其一曰："惑矣！汝之思也。夫天地之内，物之颁形者千万焉，形之巨细，分之大小相副焉，随其形，足其分，各适矣。彼超变者，河之时波则与之惊，澄则与之平，意顺力浑，沈浮安定。及其思变也，连群而妒，泝瀑而怒，意挠力困，乃云乃雨。夫云雨来随蒸润之气，自相感尔，于彼何有哉？彼若有心于云雨之间，有时而堕矣。无心自感，又何功乎？角其上，足其下，与吾鬐鬛一也。吾鬐鬛而游，彼角足而腾，未尝不顺也。岂以吾壖游之无争、穴藏之无虞，人不知而害不加之乐，易其角足云雨之劳乎？"

【译文】黄河有一个叫龙门的地方，属于古代晋国，是大禹治水时所开凿的水道。那里的瀑布有数十丈高，水流声像打雷一样，在很远的地方都听得到。黄河里的大鱼，到了春天就成群结队地聚集在瀑布下面，奋力地逆水而上。能够跃过龙门的鱼，就会变成龙，于是可以呼风唤雨了。河岸下边的鱼仰望着那些变成龙的鱼，聚在一起交谈说："它们也是鱼，却能有如此大的变化，哪里像我们一样只能在河岸下边游动，拥挤于洞穴里藏身呢？"

其中有一条鱼说："你们这些想法真是太糊涂了，在天地之间，事物的形体成千累万，形体的大小，与它们本领的大小是相符的。如果能够顺从于自己的形体，满足于自己所拥有的本领，就会感到顺心舒适。那些发生大变化的鱼，当黄河掀起波涛巨浪时，它们便跟着波浪一起翻腾，当黄河沉淀清澈时它们便随着河水安静下来。它们心情舒畅精力充沛，无论是沉入水底还是浮出水面，它们的生活都很安定。当它们要变为龙时，便成群结队地聚在一起相互忌妒，它们奋力向着瀑布逆水而上，百折不挠精疲力竭，然后才能呼云唤雨。然而云雨的产生，随着热气上升形成水蒸气，是自然界事物自相感应的结果，与它们又有什么关系呢？如果它们在云雨中还存有欲念和私心，有一天也会因此坠落。龙若是无欲无求，而云雨的形成是自然界事物自相感应的结果，那么它又有什么功劳可言呢？它们头上长角，身下长脚，与我们身上长的鱼鳍是一样的。我们靠鱼鳍来畅游，它们靠角足去飞腾，都不会感到有什么不顺畅的事情。我们畅游在河边与世无争，藏身于洞穴之中无忧无虑，人们不知道我们的存在也不会加害于我们。难道我们愿意拿这种快乐的生活而去与长出角足呼风唤雨的劳苦的龙相交换吗？”

答鲁问

无能子从父之弟鲁求学于无能子。无能子曰：“何学？”曰：“学行学文。”无能子曰：“吾不知所以行，所以文，然前志中所谓圣人者，吾尝偶观之。其言曰：‘行，行也，行其心之所善也。文，仪也，饰其所行之善也。’丧者本乎哀。哀，行也；齐縗之服，祭祀之具，文也。礼者本乎敬。敬，行也；升降揖让，文也。乐者本乎和。和，行也；陶匏[①]丝竹，文也。文出于行，行出于心，心出于自然。不自然则心生，心生则行薄，行薄则文缛，文缛则伪，伪则乱，乱则圣人所以不能救也。夫总其根者不求其末，专其源者不寻其流，汝能证以无心，还其自然，前无圣人，上无玄天，行与文在乎无学之中矣。”

【注释】①陶匏（páo）：古代一种陶质礼器。

【译文】无能子伯父的弟弟名叫鲁，鲁想要跟随无能子学习。无能子说：“你想学什么？”鲁说：“学习高尚的品行，学习礼节仪式。”无能子说：“我不知道什么是高尚的品行，什么是高雅的礼仪。然而前代史书记载所谓的圣人，我曾经偶尔阅读过他们的言行。他们说：‘所谓品行，就是思想行为，行为跟随自己的内心去做善事；所谓礼节仪式，就是去修饰他们所做的善事。’守丧的人主要是做到内心悲痛，内心悲痛就是品行，身着丧服，摆上各种祭祀用品，只是礼节仪式；礼的实质是恭敬，恭敬就是品行。而尊卑次序作揖谦让，就属于礼节仪式。音乐主要是使人平和，使人平和就是品行；演奏丝竹乐器，就属于礼节仪式。礼节仪式出于高尚的品行，高尚的品行出于崇高的精神思想，而崇高的精神思想则出于宇宙万物的本性。没有宇宙万物的本性就会产生私心，有了私心就会品行卑鄙，品行卑鄙就会礼节繁多，礼节繁多就会使人变得虚伪，人变得虚伪就会导致社会混乱，社会混乱就算圣人也不能挽救了。若能抓住事物的根本而不去追求它的细枝末节，能专注于事物的本源而不去探寻它的末流，如果你能真正做到无欲无求，回到自己的本然天性，那么在你面前就不再有不可逾越的圣人，在你的头顶也不再有高不可攀的苍天，高尚的品行和礼节仪式不去刻意地学习也能自然地具备了。”

鲁他日又问曰：“鲁尝念未得而忧，追已往而悲，得酒酣醉，陶然不知，今则不能忘乎酒矣。”无能子曰：“汝之忧，汝之悲，自形乎？自心乎？”曰：“自心。”曰：“心可睹乎？”曰：“不可睹。”无能子曰：“不可睹者，忧悲之所生也。求忧悲之所生，且不可睹，忧悲何寄哉？忧悲无寄，则使汝遂其未得，还其已往，又将谁付耶？今汝随而悲忧之，是欲系风擒影也。汝无忧悲之所寄，而有味酒之陶然，不能自得，反浸渍于曲蘖[1]，岂酿器乎！”

【注释】①曲蘖：指酒曲。

【译文】鲁在某一天又向无能子问：“我曾经因为一些不能实现的愿望而感到忧伤，因为追忆往事而感到哀痛，当我饮酒大醉后，便舒畅快乐忘却了现在的烦恼，如今再也忘不了酒了。”无能子问：“你的忧伤，你的哀痛，是来自于你的外形呢？还是来自于你的内心呢？”鲁说：“来自于我的内心。”无能子又问：“你的内心可以看到吗？”鲁说：“看不到。”无能子说：“看不到的内心，是忧伤哀痛产生的地方。产生忧伤哀痛的内心尚且看不到，那么你的忧伤哀痛又存放在哪里呢？既然忧伤哀痛没有一个可以存放的地方，即使你的愿望得到了实现，回到了过去，你又能把它们送到哪里去呢？如今你追随着这些外物而感到忧伤哀痛，这就像捕风捉影那样白费力气啊。你现在既然明白了忧伤哀痛本来就是一种并不存在的幻觉，却还要耽迷于同样虚幻的饮酒后所谓舒畅快乐的感觉，你不能做到自得其乐，反而将自己浸泡在酒曲中，难道你要把自己变成一个装酒的器具吗？”

固 本

棺椁者，济死甚矣。然其工之心，非乐于济彼也，迫于利也。欲其日售则幸死，幸死非怨于彼也，迫于利也。医者乐病，幸其必瘳，非乐于救彼而又德彼也，迫于利也。棺椁与医，皆有济救，幸死幸生之心，非有憎爱，各谐其所欲尔。故无为之仁天下也，无棺椁与医之利，在其济死瘳病之间而已。

【译文】棺材这种东西，对死者来说是很有帮助的。然而那些做棺材的工匠的本心，并不是乐于帮助死者，而是受到利益驱使才去做棺材。工匠们为了每天都能售出棺材而希望多死人。他们希望别人死并非因为仇恨别人，同样是受到利益驱使而产生这样的想法。医生乐于人们生病并希望自己的医术能让患者痊愈，也并非是乐于救治别人而施恩给别人，也是受到利益驱使才去治病救人。做棺材的工匠与医生，都对别人有所帮助，但他们希望人生存死亡的心，都不是出于对人的爱憎之情，而是为了实现自己的利益而已。因此只有用清静无为的思想去爱护天下之人，才不会像做棺材的工匠与医生为了谋取利益一样，其目的完全在于救死扶伤、拯救百姓这件事本身而已。

角触蹄踏，蛇首蝎尾，皆用其所长也。审其所用，故得防其所用而制之。是以所用长者，不如无用。食桑之虫，丝其肠者曰蚕，以丝自舍曰茧；茧伏而化，于是羽而蛾焉。其禀也宜如此，犹兽之胎，鸟之卵，俱非我由也。智者知其丝可缕，缕可织，于是烹而缕之，机杼以织之，幅而缯之，缯而衣之。

夫蚕自茧将为蛾也，非为乎人谋其衣而甘乎烹也。所以烹者，丝所累尔。烹之者，又非嫉其蚕也，利所系尔。夫兽之胎，鸟之卵，蚕之茧，俱其所禀也。蚕所禀独乎丝，丝必烹，似乎不幸也，不幸似乎分也。故无为者，无幸无不幸，何分乎！

【译文】长角的动物用角去攻击，有蹄的动物用蹄去踢踏，蛇用嘴去咬，蝎子用尾去螫，这些动物都善于利用自己的长处。知道它们利用的长处，因此能够防备它们的长处而去制服它们，所以利用自己长处的，倒不如不去使用。食用桑叶可以在肠内产丝的虫子叫作蚕，蚕用丝建造自己的住所叫作茧，茧在里面孵化后就会发生变化，于是长出翅膀变成蛾子。蚕的禀性大概就是如此吧，就像兽的幼崽、鸟的蛋一样，都不是它们自己所能决定的。聪明的人知道蚕的丝可以做成线，线可以制成绸缎，于是蒸煮蚕茧来抽出它们的丝，用织布机来织成线，制成绸缎后再进行刺绣，最后用这些丝织品做成衣服。

蚕吐丝作茧是为了让自己变成蛾子，并不是为了让人做成衣服而心甘情愿去被人蒸煮，之所以被蒸煮，是被丝所连累。蒸煮蚕茧的人也不是因为憎恨蚕，不过是为了追求利益罢了。兽的幼崽，鸟的蛋，蚕变的茧，这都是它们与生俱来的禀性。蚕所具有的禀性只有吐丝，吐丝就必定会被蒸煮，似乎是很不幸的事，而这种不幸又似乎是它命运中的一部分。所以对于那些清静无为的人来说，没有幸运，所以也就没有不幸，幸运和不幸哪里有什么区别？

群书治要续编卷第四十　两同书　谗书　化书　虎钤经

两同书

【提要】《两同书》，唐罗隐撰。

罗隐（833—910年），字昭谏，杭州新城（今浙江杭州）人。大中十三年（859年）底至京师，应进士试，历七年不第。咸通八年（867年）乃自编其文为《谗书》，为统治阶级所憎恶。后来又断断续续考了几年，总共考了十多次，自称“十二三年就试期”，最终还是没有考中，史称“十上不第”。黄巢起义后，罗隐避乱九华山，光启三年（887年），五十五岁时归乡依靠吴越王钱镠，历任钱塘令、司勋郎中、给事中等职。五代后梁开平三年（910年）去世，享年77岁。

《两同书》又称《太平两同书》，罗隐试图在书中提炼出一套供天下人使用的“太平匡济术”，全书一共十篇，“上卷五篇，皆终之以老氏之言。下卷五篇，皆终之以孔子之言。《崇文总目》谓以老子修身之说为内，孔子治世之道为外，会其指而同原。”《四库全书总目提要》将其列入子部杂家类。罗隐的著作，今人整理有《罗隐集校注》。《续编》自《两同书》中辑录了《贵贱》《强弱》《敬慢》《理乱》《真伪》《爱憎》六篇中的精华内容。

贵 贱

夫人主所以称尊者，以其有德也。苟无其德，则何以异于万物乎？是故明君者，纳陛[①]轸虑[②]，旰食[③]兴怀；劳十起而无疲，听八音而受谏。盖有由矣。且崆峒高卧，黄轩致顺风之情[④]；颍水幽居，帝尧发时雨之让[⑤]。夫以鳏夫独善之操，犹降万乘之尊，况天子厚载之恩，而为百姓所薄者哉！盖不患无位，而患德之不修也；不忧其贱，而忧道之不笃也。

《易》曰：圣人之大宝曰位。何以守位？曰：仁。苟无其仁，亦何能守位乎！是以古之人君朝乾而夕惕[⑥]，岂徒为名而已哉。实恐坠圣人之大宝，辱先王之余庆也。故贵者荣也，非有道而不能居；贱者辱也，虽有力而不能避也。苟以修德，不求其贵，而贵自求之；苟以不仁，欲离其贱，而贱不离之。故昔虞舜处于侧陋[⑦]，非不微矣，而鼎祚[⑧]肇建，终有揖让之美；夏桀亲御神器，非不盛矣，而万姓莫附，竟罹放逐之辱；古公[⑨]避难而迁居，岂求其贵也？行未辍策，邑成岐下；胡亥笑尧禹之陋，岂乐其贱也？死不旋踵，地分灞上。夫以虞舜之微，非有谷帛之利，以悦于众也；夏桀之盛，非无戈戟之防，以御于敌也；古公之兴，非以一人之力，自强于家国也；胡亥之灭，非以万乘之尊，愿同于黔首也。贵者愈贱，贱者愈贵；求之者不得，得之者不求。岂皇天之有私，惟德佑之而已矣。故老氏[⑩]曰："道尊德贵"，其是之谓乎！

【注释】①纳陛：古代帝王赐给有殊勋的诸侯或大臣的“九赐”之一。凿殿基为登升的陛级，纳之于檐下，不使尊者露而升，故名。

②轸虑：深入的思考谋划。

③旰食：晚食，指事忙不能按时吃饭，后指勤于政事。

④黄轩致顺风之请：黄帝闻风而至向广成子虚心请教大道之论。

⑤帝尧发时雨之让：帝尧想要让位给许由。

⑥朝乾而夕惕：《易·乾》：“君子终日乾乾。夕惕若，厉，无咎。”形容终日勤奋谨慎，不稍懈怠，多用以称颂帝王或大臣。

⑦侧陋：有才德而居于卑微地位的人。

⑧鼎祚：犹言国运。

⑨古公：即古公亶父，古代周族领袖。传为后稷第十二代孙，周文王的祖父。原居豳，因戎、狄族侵逼，迁于岐山（今陕西）下，建城郭，设官吏，开荒地，发展生产，使周逐渐强盛，周人追尊为太公王。

⑩老氏：即老聃，春秋战国时楚苦县人。曾为周藏书室史官，相传著《道德经》五千余言。

【译文】君主之所以能被人们尊重，是因为他有高尚的品德。如果君主无品德可言，那么他和世间的草木禽兽又有什么区别呢？所以圣明的君主能够选贤用能，深谋远虑、废寝忘食、勤于政事；特别辛苦劳累而不感到疲倦，听到丝竹之音都能受到规谏，这都是有原因的。广成子隐居在崆峒山中，黄帝都能闻风而至，虚心请教大道之论；许由出居在颍水的北面，尧帝也能及时发现他，并且还要禅位给他。试想，即使一个鳏夫具有了高尚的节操都能像天子一样受到尊重，更何况天子有厚德载物的德行，怎么会被百姓瞧不起呢？因此说不担心他没有地位，而担心他没有修养和德行；不担心他出身卑贱，而担心他的品行不笃厚啊。

《易经》中说：“圣人之大宝曰位。何以守位？曰：仁。”如果没有仁德，又怎么能够守住帝位呢？既然如此，古代的帝王终日勤奋谨慎，不敢有丝毫的懈怠，难道只是为了声誉吗？其实是害怕失去帝位，有辱先王留下来的余福。因此尊贵的人荣光加身，不是有道之人不能占有；卑贱的人受轻视，虽然有能力却不可避免。如果能够修身养德，即使不求尊贵，尊贵也会自己寻来；如果为人不仁义，就算想要摆脱卑贱，卑贱也不会离去的。因此，从前的舜帝居于卑微的地位，不能说不卑贱，然而却创立基业，最终有禅让的美谈；夏桀亲自执掌帝王的玉玺符印，居于帝位，不能说不显盛，然而百姓并不拥护依附他，最终遭受被流放驱逐的耻辱，古公亶父为避难而迁居，难道是为了追求富贵？没用多长时间，就已在岐山之下建立城池；胡亥曾讥笑尧禹不会享受，难道他愿意自己也会有卑贱莫名的一天吗？而最终的下场却是死无葬身之地，曾经拥有的国土瞬间都被他人瓜分。试想，舜帝地位卑微，并没有丰厚的财物去取悦百姓；夏桀地位显盛，也不是没有强大的军队来防御敌人的进攻；古公亶父的兴起，并非依靠个人的力量来使国家强大；胡亥的灭亡，也并非甘愿以帝王之尊贵等同于平民百姓。而最终的结果却是：原本显贵的人有一天却变得无比卑贱，而原本卑贱的人有一天却变得无比尊贵；拼命追求富贵的人并没有得到他想要的富贵，而得到富贵的人却偏偏是那些从没想过要得富贵的人。可见这哪里是上天有什么私心呢？只是他自己的德行操守在庇佑自己罢了。所以老子说："只有道与德才是天地间最尊贵的。"大概说的就是这个情况吧！

强　弱

古之明君，道济天下，知众心不可以力制，大名不可以暴成。故盛德以自修，柔仁以御下，用能不言而信洽①，垂拱②以化行，将见八极归诚，四方重译③，岂徒一邦从服，百姓与能④而已哉！嗟乎，古之暴君，骄酷天下，舍德而任力，忘己而责人，壮可行舟，不能自制其嗜欲⑤；材堪举鼎，不足自全其性灵。至令社稷为墟，宗庙无主，永为后代所笑，岂独当时之弱乎？悲夫！老氏曰："胜人者有力，自胜者强。"其是之谓乎！

【注释】①信洽：获得广泛的信任。

②垂拱，垂衣拱手，形容无所事事，不费力气。后多用以颂扬帝王无为而治。

③重译：辗转翻译。

④与能：跟从。

⑤嗜欲：嗜好与欲望。

【译文】古代圣明的帝王，用他的大道成就天下，知道民心不能用蛮力来制服，威名不可以用暴力来得到。于是他们用高尚的品德来修养自身，以仁爱之心来驾驭臣下，达到了不用言语就能彼此融洽信任，不费力气就能使教化普及天下的境界，最终使八方之人诚服归顺，四海之内的百姓辗转传颂其美德，这难道只是一个国家归顺，百姓依附那么简单吗！唉！古代的暴君，用他的骄奢残酷统治天下，废弃德行而使用蛮力，看不到自身的问题而只知道指责他人，虽强壮得可以推动舟船，却不能约束自身的嗜好欲望；即使有举鼎之力，却不能完善自己的心性；直至现在国家成为废墟，天下没有君主，永远被后人所嘲笑。这难道只是因为一时的软弱无力？可悲啊！老子说：“能够战胜别人，这是有能力的人；能够战胜自己内心私欲的人，才是真正的强者。”大概说的就是这种情况吧！

敬慢

礼之所先，莫大乎敬；礼之所弊，莫甚于慢。故以敬事天则神降，以敬理国则人和；以慢事天则神欺，以慢理国则人殆。下之不敬则不足以奉君，上之不敬则不足以御臣，是以地中有山，大易发谦尊[①]之旨；海下于水，老氏著谷王[②]之喻。相鼠有体[③]，风诗刺其失仪；飞鸟能言，古人记其无礼。则敬慢之间，美恶殊致。是故明主之于天下也，设坛授将，侧席求贤，贲[④]束帛于丘园，降安车于途巷，故得真龙就位，振鹭[⑤]来庭，天下荣之，愿从其化也。昧主之于天下也，披裳接士，露发朝人，视贤良若草芥，比黎庶为豕畜，是以白驹投谷，飞鸿逝云，天下恶之，愿逃其耻也。

然夫敬人者不必自贱，盖欲用其人也；慢人者不必增贵，适足怨其人也。何以言之？昔文侯[6]轼干木[7]之间，昭王[8]筑郭隗[9]之馆，故得群才必至，骏足攸归。何则？以敬之所致也。齐桓有葵丘之骄，汉祖轻过赵之骂，故有诸侯不附，大臣构逆[10]。何则？以慢之所致也。然夫向之所敬者，岂徒人而已哉？盖以自敬也。向之所谓慢者，岂徒慢人而已哉？盖以自慢也。故敬一人则千万人悦，慢一人则千万人怨，皆欲知好人之敬，而不知行其所以敬；皆欲知恶人之慢，而不知去其所以慢。此犹南望以求燕，北行以适越，诚有不可得也。且夫人主者，天下之表也。行书国策，言记史官。有一善，若庆云之浮辉，天下之所欣贺；有一恶，若朝日之带蚀，天下之所伤嗟；不可类于匹夫，不慎其敬慢也。

【注释】①谦尊：谦逊。

②谷王：谷，两山之间（即峡谷）的河流。谷王犹指百谷王，百谷之水汇入江海，故称江海为百谷王。

③相鼠：意思是看看老鼠尚且还有皮。旧指人须知廉耻，要讲礼义。出自《诗经·鄘风·相鼠》。

④贲：装饰。

⑤振鹭：《诗·周颂》有“振鹭”篇。本以鹭之洁白，比喻客之容貌修整，后因以振鹭喻操行纯洁的贤人。

⑥文侯：魏文侯，名斯，战国时期魏国的建立者。

⑦干木：段干木，战国魏文侯师，隐居魏国，不受官禄。魏文侯以礼事之，过其门，必伏轼致敬。

⑧昭王：指燕昭王（？—前279年）。燕昭王卑身厚币，以招贤者，遂成燕国最强盛时期。

⑨郭隗：战国燕人。昭王为其筑就官室以老师的礼节对待他。

⑩构逆：图谋叛乱。

【译文】礼的首要之事，莫过于恭敬；礼仪最忌讳的，莫过于怠慢。因此，以恭敬的态度来侍奉上天，天神就会降临赐福；用恭敬的心态来治理国家，国家就会政通人和。以怠慢的态度来侍奉上天，就将受到天神的惩罚；用傲慢的心态来治理国家，就会人心懈怠。臣下不恭敬，就不能侍奉君主；君上不恭敬，就不足以统治臣下。大地中包含着高山，《易经》从中发现了谦逊的道理；江海处于河水之下，老子写出了江海善于卑下所以能成为百谷之王的比喻。鼠有形体，《国风》却讥刺它有失礼仪；飞鸟能说话，《礼记》却讽刺它无礼。那么恭敬和傲慢，所导致的美与恶的差别就很明显了。因此，贤明的君主治理天下。设祭坛郑重授将，会客时不敢正坐，为的是访求天下贤才，并且装饰锦帛于丘园，把迎接贵宾的车辆就停在路旁，随时恭候。正因为有这样的恭敬，所以才能使真龙天子得以就位，贤人前来辅佐，天下以此为荣，百姓愿听从其教化。愚昧的君主对治理天下，披着衣裳接待贤士，散乱着头发召见士人，把贤良之士视为轻贱的草芥，把百姓看作牲畜，于是贤人都远离朝廷，归隐山林，天下都厌恶他，百姓宁愿逃离也不愿意忍受君主愚昧的耻辱。

其实，那些尊敬别人的人，并非真的就贬低了自己，反而更容易得到别人的重用；怠慢他人的人，并非真的就能抬高自己，反而更容易招致别人的怨恨。为什么这样来说呢？当年魏文侯经过段干木的家门，一定伏轼致敬，燕昭王为郭隗修筑馆驿，因此得以群才皆往，贤良归附。为什么呢？是尊敬所导致的。齐桓公自从召集过葵丘盟会便心生骄慢，汉高祖因为诋毁赵国而受到世人的轻视，所以会有诸侯不归附，大臣图谋叛逆。为什么呢？是轻慢所导致的。其实生活中对别人一如既往的恭敬，难道只是为了表达对别人的尊重吗？更是为了自尊自重啊！对待别人一贯的轻慢，难道只是怠慢了他人吗？更是自轻自贱的表现啊！因此，尊敬一人，会使千万人欢喜；轻慢一人，会遭到千万人的怨恨。人们都喜欢别人尊敬自己，却不知道去做让人尊敬的事；大家都厌恶他人怠慢自己。但是却不知道如何不受轻慢。这就相当于向南走却希望能到达燕国，向北走却希望能到达越国一样，实在是不可能实现的。况且君主是天下人的表率，他的一言一行都有可能直接关系到国家的方针政策，并被史官记载下来。君主行一善，就像祥云上浮现出光辉，天下人都为之欣喜庆贺；君主有一恶，就如同朝阳中带有日食，天下人都为之伤叹唏嘘。作为君主，切不可把自己等同于平民百姓，恭敬还是骄慢？不能不谨慎抉择啊？

理　乱

夫家国之理乱，在乎文武之道也。昔者圣人之造书契[①]以通隐情，剡弓矢以威不伏，二者古今之所存焉。然则文以致理[②]，武以定乱。文虽致理，不必止其乱；武虽定乱，不必适其理。故防乱在乎用武，勤理在乎用文。

然夫文者，道之以德，德在乎内诚，不在乎夸饰者也。武者示之以威，威在乎自全，不在乎强名也。苟以强名，则吴虽多利兵，适足彰其败也。苟以夸饰，则鲁虽尽儒服，不足救其弱也。是故始皇筑长城修战伐，劳役不休，人不堪命，遂使陈涉之流，坐乘其弊，祸起于强名也；王莽构灵台兴礼乐，赋敛无度，人不聊生，遂使圣公[③]之徒，行收其利，败始于虚饰也。故始皇用武于天下也，若陶者之埏器[④]，虽务欲求其大，而不知薄者之所以反脆也。王莽用文于天下也，若匠者之斫材[⑤]，虽志在矜其妙，而不知细者之所以速折也。二者皆以理之终以为乱也。此未得其大体也。

且夫文者，示人有章，必存乎简易[⑥]。简易则易从，将有耻且格[⑦]。武者示人有备，必在乎恬淡。恬淡则自守，恒以逸而待劳。恒以逸而待劳，则攻战无不利。有耻且格，则教化无不行。化行而众和，战利而寇息，然后澄[⑧]之以无事，濡[⑨]之以至仁，此圣主所以得其理也。然二子不求之于内，而索之于外，不抚之以性，而纵之以情，烦文以黩下[⑩]，暴武以困众，此不可以得意于天下也。

【注释】①书契：犹言文字。书者文字。契者，刻木而书其侧。

②致理：达到太平。

③圣公：即刘玄（？—25年），字圣公，也称更始帝，南郡蔡阳（今湖北枣阳）人，自称是西汉皇裔，汉景帝刘启之子长沙定王刘发之后，东汉光武帝刘秀的族兄。

④埏（yán）器：和泥制作陶器。

⑤斫材：砍削木材。

⑥简易：简略而便易。

⑦有耻且格：指人有羞耻之心，能自觉纠正错误。

⑧澄：安定。

⑨濡：浸渍，湿润。

⑩黩（dú）下：污辱臣下。

【译文】国家的安定与动乱，取决于文治武功之道。当年圣人伏羲氏造文字来互通隐秘之情，削制弓箭来威慑不服之人，这两种情况自古就有了。如此说来，文治可以使天下太平，武功可以平定动乱。单纯地依靠文治，虽然在宣扬道德伦理方面无可替代，但不一定能制止动乱；单纯地依靠武力，虽能平定动乱，但也不能使天下太平。因此防止动乱需要武功，成就天下太平在于文治。

然而，文治要依靠道德来达成，道德在于内心的真诚，而不在于外在的虚名。武功要通过威力来体现，威力来源于对自身的完善，而不在于逞强好勇，虚张声势。如果武力只是被用来扩大声威，那么吴国虽然拥有众多坚利的兵器，但是恰恰彰显了它的失败。假如文治只是被用来博取虚名，那么鲁国即使尽是儒服学士，也不足以拯救自身的弱小。因此，秦始皇修筑长城、发动战争，劳役不停，人们不能承受重负，于是导致陈涉等人因其弊政而起义。这时的灾祸，正是由当初追求强大的威名而引起。王莽建造灵台，大兴礼乐制度，赋税征收无度，民不聊生，于是导致刘玄等人坐收渔翁之利。此刻的败亡，也正是当初慕求虚名的结果。因此秦始皇对天下滥施武力，就像陶匠作陶器一样，虽然想要把它做得很大，但却不知道陶器愈加单薄反而愈加容易破碎。王莽虽然也想通过文治达到天下太平，却像木匠削刻木材一样，虽然一心想显示它的精妙，却不知道越是细的地方就越容易折断。这两种情况都是想治理国家却最终因此而导致国家动乱的，这是他们没有看透治理国家的关键。

文治的特点是通过以文化人来落实安邦定国的理念，文辞一定要简略且便易。文辞简略便易就容易遵照执行，好令普通百姓都能生起羞耻之心，在日常生活中自觉地约束自己的言行举止。武力的作用在于向世人表明自己拥有强大的军备。运用武力，务必要做到心地和平安定，淡泊宁静。和平淡泊，才能不贪功好利，安守本分，让自己长期处于一种以逸待劳的状态。只要能一直保持这种以逸待劳的状态，一旦国家有事，自然能够做到攻无不克，战无不胜。如果百姓都有了羞耻之心，能够自觉地约束自己的言行举止，那么教化就一定能普及天下。教化普及那么百姓的生活就会和美，战无不胜那么来自敌寇的战乱就能尽快地平息。然后用无为之道来安定天下，以至仁之政来润泽百姓，这就是圣明帝王能治理好国家的道理。然而秦始皇与王莽两位君主，不从自己的心地上去下功夫，而是一味地向身外去寻求解决问题的方法，不修养平和自己的心性，反而肆意放纵自己的私欲，弄出一大堆繁文缛节，目的只是为了好让自己凌驾于国人之上，将国家的武备演变成欺压国人的暴行，令大众困苦不堪，这就是他们不能如愿以偿得到天下的原因。

真　伪

真伪之际有数术[①]焉，不可不察也。何者？夫众之所誉者，不可必谓其善也；众之所毁者，不可必谓其恶也。我之所亲者，不可必谓其贤也；我之所疏者，不可必谓其鄙[②]也。何以明言？昔尧理洪水，伯鲧[③]为众所举，而洪水莫除；魏伐中山，乐羊[④]为众所慢，而中山卒拔；邓通[⑤]延梦于汉主，而非傅说[⑥]之才；屈原见逐于楚王，而无共工之罪。此则众议不必是，独见未为得也。是故明主畴咨[⑦]在位，详省已虑，先难而后易，考著以究微，使夫登用者不愧其赏，有罪者不逃其责，然后可为当矣。然则良马验之于驰骤，则驽骏可分，不藉孙阳[⑧]之举也；柔刃征之于断割，则利钝可见，不劳风胡[⑨]之谈也。苟有难知之人，试之以任事，则真伪自辩，以塞天下之讼也。

【注释】①数术：权术，谋略。

②鄙：庸俗浅薄。

③伯鲧：人名。相传为禹之父，封崇伯。治水无功，舜殛之于羽山。古史传说为四凶之一。

④乐羊：战国时魏将，封于灵寿。

⑤邓通：汉南安人。尝为文帝吮痈得宠，赐蜀严道铜山，可自铸钱，因之邓氏钱满天下。景帝立，尽没收入官。通奇死人家。

⑥傅说（yuè）：相传说曾筑于傅岩之野，武丁访得，举以为相，出现殷中兴的局面。因得说于傅岩，故命为傅姓。号傅说。

⑦畴咨：访问、访求之意。

⑧孙阳：古代善相马之人。春秋秦穆公时人，又名伯乐。

⑨风胡：春秋楚人，即风胡子，也作风湖，善识剑。

【译文】真假之间的辨别是有讲究的，不能不明察。为什么呢？大家众口称赞的人，不能说一定就是好人；大家都中伤的人，不能说一定就是坏人。自己所亲近的人，不能说一定就是贤能的；自己所疏远的人，不能说一定就是庸俗浅薄的。为什么这么说呢？当年尧帝治理水灾时，鲧被大家所推举治水，然而洪水没有被根除；魏国攻打中山国时，乐羊被众人所轻慢中伤，中山国却最终被其领军攻占；邓通也曾被汉文帝梦见过，但却没有傅说那样的治国之才；屈原被楚王放逐，然而他却没有共工那样的罪过；这是说众人所说的不一定都是对的，个人的见解也不一定令人满意。因此，明君访求为官之人，总是经过深思熟虑，先难而后易，由表及里的详加考察，仔细推敲，使被提升进用的人都能不愧对自己获得的荣誉，犯有罪过的人也都逃避不了他应得的惩罚。这样才算妥当。既然如此，那么马用疾驰来检验，是驽马还是骏马立刻就可以分辨出来，不需要等到孙阳、伯乐这样的人来推荐；剑刃用切割东西来证明，那么锋利与迟钝马上就能看出来，不必等到风胡子来了才下定论。如果有难以了解的人，就委任事务来考验他，那么其真假自然显现，就可以阻止天下人的议论。

故先王之用人也，远使之而观其忠节，近使之而察其敬勤；令之以谋可识其智虑，烦之以务足见其材能，杂之以居视以贞滥，委之以利详以贪廉。困穷要之以仁，危难思之以信。寻其行而探其性，听其辞而别其情；尽吕尚之八徵①，验皋陶之九德②，然后素丝③皆染，白璧投泥而不渝；黄叶并凋，青松凌霜而独秀。则伪者去而真者得矣。故孔子曰："众善者必察焉，众恶者必察焉。"其是之谓乎！

【注释】①八徵：从八个方面去检验、识别人才。《六韬·龙韬·选将》："知之有八征：一曰问之以言，以观其辞；二曰穷之以辞，以观其变；三曰与之间谋，以观其诚；四曰明白显问，以观其德；五曰使之以财，以观其廉；六曰试之以色，以观其贞；七曰告之以难，以观其勇；八曰醉之以酒，以观其态。八征皆备，则贤不肖别矣。"

②九德：古谓贤人所具备的九种优良品格。《书·皋陶谟》："皋陶曰：'都，亦行有九德，亦言其人有德，乃言曰：载采采。'禹曰：

‘何？’皋陶曰：‘宽而栗、柔而立、愿而恭、乱而敬、扰而毅、直而温、简而廉、刚而塞、彊而义、彰厥有常，吉哉！’”

③素丝：白色的蚕丝。

【译文】所以，先王用人之时，派他到远方任职来观察他的忠诚与操守，令他在身边供职来考验他的勤勉与恭敬；命他谋划政事，可以辨识他的思虑和智谋；让他身处繁重的公务之中，可以见识他的才华和能力：让他居住在复杂的环境之中，能审视他是坚贞还是放纵：给他利益好处，能知悉他是贪婪还是廉洁；于处境困窘时观察他的仁义之行，于处境危难时观察他是否能做到始终如一；观察他的行为就能了解他的个性，听他说话就能了解他的内心；从姜太公所说的八个方面来检验他，用皋陶提出的九种品德来验证他；最后的结果一定是：如果是白丝，一经浸泡必然全都被染污；如果是白玉，即使投入淤泥中也不会变色。如果是黄叶，一经秋风寒露必然都会凋零；如果是青松，即使处于霜雪之中也会傲然独秀。如此，虚假的最终都会被淘汰，而真正贤良的人才必得以存留。因此，孔子说：“如果人人都厌恶他，你必得仔细审察；如果人人都喜好他，你也必得仔细审察。”说的就是这种情况吧？

爱憎

汲黯、袁盎以忠谏而屡出，籍孺[①]、韩嫣[②]以佞幸而益重；孙通谀言而受赏，贾谊切直而见疏。甚矣哉，爱憎之惑人也如此！若夫忠臣之事君也，面诤君之恶，方欲成君之美，而君反以为憎己也；佞人之事主也，面谀主之善，方反长主之过，而主反以为爱己也。殊不知闻恶而迁善，永为有道之君；悦善而忘恶，长为不义之主。

【注释】①籍孺：汉高祖男宠。姓失考，名籍。

②韩嫣：名嫣，字王孙。韩王信子弓高侯颓当之孙。善骑射。武帝时，以亲佞得宠，后因淫乱罪被皇太后赐死。

【译文】汲黯和袁盎因忠言直谏而屡次被罢黜，籍孺与韩嫣却以献媚取宠而愈加得势；叔孙通阿谀奉承而得到封赏，贾谊恳切直言却被疏远。这太令人感叹啊！爱憎之情能使人迷惑到如此地步！忠臣侍奉君主，会当面直言规谏他的缺点不足，正是想成就明君之美名，君主反而认为他是在厌恶自己；奸佞小人侍奉君主，就当面阿谀奉承他的优点，正是助长了君主的过错，君主反而认为他是真正爱戴自己的人。却不明白经常接受别人的批评，不断发现自己的缺点，进而加以改正，才能永为有道之君；只喜欢听别人的赞叹而忘记自身的不足，就会沦为不义之主。

是则致君于有道者，岂得不为大爱乎？陷主于不义者，岂得不为大憎乎？而主不原[1]忠谄之情，轻肆向背[2]之志，以为爱己者己亦爱之，则宠光[3]加于三族[4]；以为憎己者己亦憎之，则夷灭被于五宗[5]。遂使剖心刎颈[6]之诚弃而莫用，舐痔吮痈⑦之类擢以殊级。且夫赏以劝善，名以爵贤，使天下不肖者有名，无功者受赏，则何以劝天下乎？

【注释】①原：推求本源，推究。

②向背：趋向和背弃，支持和反对。

③宠光：恩宠荣耀。

④三族：一说指父母、兄弟、妻子；一说指父族、母族、妻族；一说指父昆弟、己昆弟、子昆弟；一说指父、子、孙。

⑤五宗：五服内的亲人。

⑥剖心刎颈：指人之竭诚相见。

⑦舐痔吮痈：指（为了利益）舔吸别人疮痣上的脓血。比喻卑劣地奉承人。

【译文】既然如此，使君主成为有德行的圣明之君，难道不是对他最深的爱戴吗？让君主陷于不义的境地，难道不是对他最大的不敬吗？而做君主的还没弄清谁忠谁奸、谁敌谁友，就妄下定论，认为是爱戴自己的人，自己也要喜爱他们，将恩宠荣耀泽及他的三族亲人；认为是厌恶自己的人，自己也就厌恶他们，就将他的五宗同胞都消灭殆尽。于是，那些剖心刎颈的赤胆忠心之人，被废弃而不用；舐痔吮痈的无耻之辈，反而得到提拔重用。试想赏赐是用来劝勉人向善的，名望是用来爵赏贤良之士的，如果让天下品行不端之人也拥有名望，对社会没有突出贡献的人也受到封赏，那么还用什么来劝勉天下的百姓呢？

谗　书

【题解】《谗书》，唐罗隐撰。罗隐简介见之于前。

《谗书》是罗隐的一部文集。《续修四库全书》将其列入子部杂家类。全书共5卷60篇文章，现存59篇，内容都为匡政济世、发愤抒情之作。罗隐写作此书是为了自荐，而非自谗，面对当时社会的乱局，他认为只要君明臣贤，还是可以挽救时局的。他认为，一个士人，即使在乱世中，也应该保持个人的操守。其思想根源来自于提倡修齐治平的儒家思想。《续编》自全书中辑录了《三帝所长》《救夏商二帝》《吴宫遗事》《丹商非不肖》《圣人理乱》《君子之位》《天机》《善恶须人》《梅先生碑》等9篇，内容均和治道相关。

三帝所长

尧之时，民朴不可语，故尧舍其子而教之，泽未周而尧落；舜嗣尧理，迹尧以化之，泽既周而南狩。丹与均果位于民间，是化存于外者也。夏后氏得帝位，而百姓已偷①，遂教其子，是由内而及外者也。然化于外者，以土阶之卑、茅茨②之浅，而声响相接焉。化于内者，有宫室焉、沟洫焉，而威则日严矣。是以土阶之际万民亲，宫室之后万民畏。

【注释】①偷：浅薄，不厚道。

②茅茨：亦作“茆茨”，茅草盖的屋顶，亦指茅屋。

【译文】尧帝之时，百姓淳朴不可与言，因此尧帝舍弃自己的儿子而教导百姓，恩泽尚未周济而尧帝就去世了，舜帝继承帝位治理天下，遵循尧帝的治理之道以教化万民，恩泽既已周济便去巡守南方，丹朱与商均一直都生活在民间。那个时代，帝王的教化完全是大公无私，对天下百姓的关注和教导甚至超过了对自己的家人。夏朝建立后，人渐渐有了私心，帝王的教化也是选择首先教导自己的子女，这是由内而外的教化。不过早期那种大公无私的教化，帝王是没有特权的，低矮的土阶、窄小的茅屋，帝王之家和寻常百姓相邻而居，完全没有什么两样，各家有什么动静，彼此都能听到。到后来帝王的教化有了内外之别，渐渐就有了宫殿、护城河等等，而帝王的威严也日益隆重。因此当年居住土阶、茅屋的时候，帝王与百姓的关系是互亲互爱的；有了宫殿之后，百姓对帝王才渐渐有了畏惧之心。

救夏商二帝

夏之癸，商之辛[①]，虽童子妇人皆知其为不理矣。然不知皆当其时，则受其弊，居其后，则赖其名。夫能极善恶之名，皆教化之一端也。善者俾人慕之，恶者俾人惧之。慕之者必俟其力有余，惧之者虽寝食不忘之也。癸与辛，所谓死其身以穴过者也，极其名以横恶者也。故千载之后，百王有闻其名者，必缩项掩耳。闻尧舜者，必气跃心跳。慕之名与惧之名显然矣。而慕之者未必能及，惧之者庶几至焉。是故尧、舜以仁圣法天，而桀、纣以残暴为助。

【注释】①夏之癸，商之辛：指夏桀和商纣。桀（约前1654—前1600年），夏朝末代君主，帝发之子。姒姓，夏后氏，名癸，一名履癸，谥号桀，史称夏桀，是历史上有名的暴君。帝辛（约前1105—前1046年？），子姓，名受，商朝末代君主，世称“纣”、“商纣王”。

【译文】夏朝的暴君桀，商朝的暴君纣，即使孩子妇人都知道他们是不懂得治理天下的暴君。然而却不知道虽然活在他那个时代，都会深受其害；但要是活在他以后的时代，却又幸亏了他那极不好的声名。名声这个东西，一旦到了极善或极恶的程度，都可以成为教化人的一个方面。极好的名声令人仰慕，极恶的名声则让人害怕。仰慕美名就会起而效仿，因为榜样的力量是无穷的；惧怕沾惹上恶名就会小心谨慎并引以为戒，甚至连吃饭睡觉都不敢忘记。夏桀与商纣，就是身死也抵偿不了他们的罪恶，他们的恶名坏到了极点。因此千年之后，帝王们有听闻他们名声的人，一定会恐惧得缩头掩耳。听闻尧舜的声名的人，一定会心神踊跃。羡慕美好名声的与畏惧恶劣名声的区别就很显然了。而仰慕美名的人未必能比畏惧恶名的人更加接近于君子之行。因此尧舜二帝以仁德圣智效法上天，而夏桀与商纣是以他们的残暴之名来警戒后人，从另一个角度来看，也是一种促人向善的助力。

吴宫遗事

越心未平而夫差有忧色。一旦复筑台于姑苏之左，俾参政事者以听百姓之疾苦焉，以察四方之兵革焉。一之日视之以伍员[①]，未三四级且奏曰："王之民饥矣，王之兵疲矣，王之国危矣。"夫差不悦，俾嚭[②]以代焉。毕九层而不奏，且倡曰："四国畏王，百姓歌王，彼员者欺王。"员曰："彼徒欲其身之亟高，固不暇为王之视也，亦不为百姓谋也，岂臣之欺乎。"王赐员死，而嚭用事。明年越入吴。

【注释】①伍员：名员，字子胥，春秋时期楚国人，春秋末期吴国大夫、军事家。以封于申，也称申胥。

②嚭（pǐ）：即伯嚭，子姓，伯氏，名嚭，春秋后期吴国大夫。吴王夫差时任太宰，又称太宰嚭、太宰否。

【译文】一想到越国的民心还没有被完全收服，吴王夫差的脸上就会露出忧虑的神色。终于有一天，吴王下令在姑苏台的左边又建造了一座高台，让参与政事者在这里了解百姓的疾苦，观察四方的兵革之事。这年一月的一天，令伍子胥去登台视察，还没有上到三四层，伍子胥就回去奏请道："君王的百姓已有饥荒，君王的士兵已经疲惫，君王的国家已经很危险了！"夫差听后不高兴了，令伯嚭替换他重新登台视察，伯嚭登完了九层一直上到台顶，也没有向吴王夫差奏报民情，并且还唱道：

“四周的国家都畏惧我们的君王，百姓都歌颂我们的君王，那个伍子胥却在欺骗我们的君王。”伍子胥说：“他只想着自己要尽快爬到最高的地方，当然没有时间为君王去视察民情了，这种人也不会为百姓去作想，怎么是我伍子胥欺骗了君王呢？”吴王夫差最终还是将伍子胥赐死，让伯嚭当权理政。第二年越军就攻入了吴国。

丹商非不肖

理天下者必曰陶唐氏，必曰有虞氏，嗣天下者必曰无若丹朱，无若商均。是唐、虞为圣君，丹、商为不肖矣。天下知丹、商之不肖，而不知丹、商之为不肖，不在于丹、商也。不知唐、虞用丹、商于不肖也。夫唐、虞之理大无不周，幽无不照，远无不被，苟不能肖其子，而天下可以肖乎？自家而国者，又如是乎？盖唐、虞欲推大器于公共，故先以不肖之名废之，然后俾家不自我而家，而子不自我而子，不在丹、商之肖与不肖矣，不欲丹、商之蒙不肖之名于后也。其肖也，我既废之矣；其不肖也，不凌逼于人。是唐、虞之心示后代以公共，仲尼不泄其旨者，将以正唐、虞之教耳，而犹汤放桀、武王伐纣焉。

【译文】说到善于治理天下的人，人们一定会说陶唐氏尧帝，一定会说有虞氏舜帝。说到继承天下的人，一定会说千万不要学丹朱，不要学商均。这是因为大家都视唐尧虞舜为圣明的帝王，而把丹朱和商均都看作了不肖之人。天下人都知道丹朱和商均不肖，却不知道丹朱和商均之所以被视为不肖，不在于丹朱和商均。人们都不知道，正是尧帝和舜帝有意要让丹朱和商均蒙受不肖之名的。尧帝的教化周遍四方，无幽不照，无远不届，如果连自己的儿子都不能教育好，还能教得了天下的百姓吗？家齐而后国治，难道还有这样例外的情况出现吗？想必是尧帝想要把帝位推让给天下人，因此先用不肖之名把他们废弃掉，然后使家庭不以自己的家为家，而成为天下一家，也不只是以自己的儿子为儿子，天下人的儿子都是儿子，尧帝舜帝之所以这样做，与丹朱和商均的肖与不肖，没有一点关系。他们只是不想让丹朱和商均在自己去世后再背上不肖的骂名。纵然他们像自己的父辈一样优秀，我也已经废弃了他们；就算他们真的不肖，也不再有机会欺凌威逼于百姓了。这是尧帝和舜帝在向后世之人昭示天下为公的心意。孔子不泄漏他们的宗旨，是想要把陶唐氏尧帝和虞舜的教化树立为正统，犹如成汤流放夏桀，武王讨伐商纣一样。

圣人理乱

周公之生也天下理，仲尼之生也天下乱。周公圣人也，仲尼亦圣人也。岂圣人出，天下有济不济者乎？夫周公席[1]文武之教，居叔父之尊，而天又以圣人之道属之，是位胜其道，天下不得不理也。仲尼之生也，源流梗绝，周室衰替，而天以圣人之道属于旅人，是位不胜其道，天下不得不乱也。位胜其道者以之尊，以之显，以之跻[2]康庄，以之致富寿。位不胜其道者，泣焉，叹焉，围焉，厄焉。天所以达周公于理也，故相之于前。穷仲尼于乱也，故庙之于后。

【注释】①席：凭借，倚仗。

②跻（jī）：登，上升。

【译文】周公出生的时代是安定太平的盛世，而孔子出生的时代是天下大乱的末世。周公是圣人，孔子也是圣人。怎么能有圣人出现于世，而天下还有人得到周济有人得不到周济的呢？周公凭借文王武王的教化，身居成王叔父的尊贵，而上天又把圣人的大道相嘱托，这是他的地位能够胜任大道，天下当然不会得不到治理。孔子出生的时代，大道的源头和流脉阻断，周室衰微凌替，而上天把圣人之道嘱托给了一个羁旅之人，这是他的地位不能胜任大道，天下当然就不得不乱了。圣人所处的地位能够胜任大道的，就会因此而尊贵，因此而荣显，因此而走上宽阔平坦之大道，因此而得到富贵与长寿。圣人所处的地位不能胜任大道的，就会有悲泣、叹息、被围困、遭厄运等等的情况发生。是上天要让周公的教化通达无碍，所以在生前就授予他辅国大臣的地位；是上天要让孔子在乱世穷困潦倒，所以要等到他死后才建庙供奉他。

君子之位

禄于道，任于位，权也。食于智，爵于用，职也。禄不在道，任不在位，虽圣人不能阐至明。智不得食，用不及爵，虽忠烈不能蹈汤火。先王所以张轩冕[①]之位者，行其道耳，不以为贵。大舜不得位，则历山一耕夫耳。不闻一耕夫能翦四凶[②]而进八元[③]。吕望不得位，则刺津[④]一穷叟耳。不闻一穷叟能取独夫而王周业。故勇可持虎，虎不至则不如怯；力能扛鼎，鼎不见则不如羸。噫，栖栖而死者何人，养浩然之气者谁氏？

【注释】①轩冕：指官位爵禄。

②四凶：相传尧舜时驩兜、共工、三苗、鲧并称为“四凶”。

③八元：指古代传说中伯奋、仲堪、叔献、季仲、伯虎、仲熊、叔豹、季狸八个才子。后用以称颂有才德的人。

④刺津：古代黄河津渡名。地在今河南省延津县东北。相传吕尚未遇时曾卖食于此。

【译文】将俸禄加于有道的君子，并任命他以相应的官位，这是帝王之权；以才智取得食禄，通过效命君主获取爵位，这是臣下之职。俸禄给了不该给的人，或者任命了与其能力不相称的职位，即使是圣人也不能将治国之道阐述明白。有才智而得不到食禄，能效命而得不到爵位，即使是一个忠诚而刚直的人，也不会不避艰险地奋勇向前。先王之所以设立种种官位和爵禄，就是为了施行其治国之道罢了，并不觉得自己有什么特别尊贵之处。大舜没有官位，那么也只是历山一个农夫罢了。没听说过一个农夫能够剪除四凶而招进八元。吕尚没有官位，那么也只是渡口一个穷困的老头罢了，没听说过一个穷困的老头能够拿下无道之君而成就周朝之王业。因此一个人即使勇可擒虎，如果遇不到老虎，还不如那些胆小的人更受人欢迎；一个人力气强大到能够举起铜鼎，如果看不到铜鼎，还不如羸弱的人更让人同情。唉，那些整天忙碌不安、四处奔走而死的都是些什么人？能够养成浩然之气的人又是谁呢？

天　机

善而福，不善而灾，天之道也。用则行，不用则否，人之道也。天道之反，有水、旱、残、贼之事。人道之反，有诡、谲①、权、诈之事。是八者谓之机也。机者，盖天道、人道一变耳，非所以悠久也。苟天无机也，则当善而福，不善而灾，又安得饥夷、齐②而饱盗跖③？苟人无机也，则当用则行，不用则否，又何必拜阳货④而劫卫使？是圣人之变合于其天者，不得已而有也，故曰机。

【注释】①谲：欺诈。

②夷、齐：伯夷和叔齐的并称。

③盗跖：相传为古代的大盗，生性暴虐，横行天下。后用以形容残暴的人。

④阳货：孔子在政治上非常鄙视和反对的“乱臣贼子”，孔子不愿意与其交往，更不愿意去他手下做官。但是却屈于礼制的要求，不得不在接到阳货送来的礼物之后回拜他。

【译文】行善而得福，作恶而受灾，这是天道。被任用就施展抱负，兼济天下，不被任用就安守本分，独善其身，这是人道。天道反常之时，就会有洪水、旱灾、凶残、暴虐之事。人道反常之时，就会有诡诈、欺骗、弄权、诈伪之事。出现这八种情况就叫作变机。变机，是天道和人道在一定条件下演变出来的，但不会是很长久的。如果天道没有变机，那么行善得福，作恶受灾，又怎么会有伯夷叔齐被饿死而盗跖之徒却得以饱餐的情况出现呢？如果人道没有变机，那么被任用就施展抱负，时运不济就退隐山林，孔子又何必回拜阳货、使卫使被劫持呢？这是圣人的圆融变通、契合天道的地方，不得已而用之，因此称之为机变。

善恶须人

善不能自善，人善之然后为善。恶不能自恶，人恶之然后为恶。善恶之成，盖视其所适而已。用其正也则君子，用其不正也则小人。君子小人，宁有面貌哉？比干之生也与人无异，费无极[①]之生也亦与人无异。比干之言为谏诤，无极之言为毁佞，彼所出者皆言也。比干之言非不善也，以不用，故善不能自善；无极之言非不恶也，以可入，故恶得而为恶。譬刚劲之于朽蠹[2]也，刚劲者以不得地而屈折，朽蠹者幸蟠瘿[3]而入焉。其不可任也如是。

【注释】①费无极：亦作费无忌，春秋末年楚国佞臣，官至太子少师。

②朽蠹：朽腐虫蚀。

③蟠瘿（yǐng）：指树木上的囊状的赘生物。

【译文】善的东西无法自己证明它是善的，必须要通过别人才能证明它是善的。恶的东西无法自己证明它是恶的，必须要通过别人才能证明它是恶的。一个人善名和恶名的形成，就是看他身上的善或恶，究竟是哪个方面被证明了而已。若是他的身上善被证明了，就被称为君子；若是他的不善被证明了，就被称为小人。君子与小人，哪有什么外相可取呢？比干生来和别人没有什么区别，费无忌生来和别人也没有什么区别。比干的言论为直言规劝，费无忌的言论为毁谤奉承，他们发出的都是言论。比干的言论并非不善，由于它没有被采纳，所以即使是善的，却无法自己证明它是善的。费无忌的言论并非不恶，因为它被采纳了，所以它的恶才得到了证明。就像刚劲的和朽腐虫蚀的木材一样，刚劲的木材如果一直不被使用，一直到它弯曲折断也不能被证明是刚劲的；朽腐虫蚀的木材因为正好有囊状的赘生物得以侵入，所以才证明了它是不能当作正材使用的废材。

梅先生[1]碑

汉成帝时纲纽颓圮，先生以书谏天子者再三。夫火政虽失，而剑履[2]间健者犹数百，位尚能为国家出力，以断佞臣头，复何南昌故吏愤愤于其下？得非南昌远地也？尉下寮也？苟触天子网，突宰臣牙，特殛一狂人，噬一单族而已。彼公卿大臣，有生杀喜怒之任，有朋党蕃衍[3]之大，出一言作一事，必与妻子谋，苟不便其家，虽妾人婢子撄挽[4]相制，而况亲戚乎，况骨肉乎？故虽有忧社稷心，亦噤而不吐也。呜呼，宠禄[5]所以劝功，而位大者不语朝廷事。是知天下有道则正人在上，天下无道则正人在下。余读先生书，未尝不为汉朝公卿恨。今南游，复过先生里。吁，何为道之多也！遂碑之。

【注释】①梅先生：指梅福，字子真，九江郡寿春（今安徽寿县）人。西汉南昌县尉。汉成帝永始元年（前16年），皇太后之侄王莽封为新都侯，朝政日非，民怨四起。梅福忧国忧民，以一县尉之微官上书朝廷，指陈政事，并讽刺王凤，但被朝廷斥为“边部小吏，妄议朝政”，险遭杀身之祸。因此梅福挂冠而去。《汉书》有传。

②剑履：古代得到帝王特许的大臣，可以佩着剑穿着鞋上朝，被视为极大的优遇。

③蕃衍：繁盛众多。

④撄挽：纠缠。

⑤宠禄：谓给予宠幸和富贵。

【译文】汉成帝之时，朝纲腐败，梅先生再三上书对天子进行规谏。此时虽然大权已经旁落，但亲信大臣中健在的还有几百位，他们所处的地位尚且还能为国家出力而斩断奸臣的头颅，哪里轮到一个南昌郡的旧属吏在下面愤愤不平呢？莫非因为南昌郡距离京城遥远，都尉是个职位低微的属僚吗？假如他触犯了天子的法网，碰撞了奸臣的牙齿，只不过是杀掉一个不自量力的狂人，吞灭一支寒微的弱族罢了。而那些公卿大臣们，他们身居喜生怒杀的要职，有着盘根错节的众多朋党，每说一句话，每做一件事，都要和妻子儿女商量；如果有一点不利于家庭，即使小妾奴婢也要干扰拉扯相牵制，更何况父母呢？更何况骨肉儿女呢？因此，即使有为社稷担忧的心情，也只好把嘴闭起来不说话了。唉！尊位厚禄是勉励人们为国立功的，而那些位高权重的人却绝口不提朝廷之事。可见天下有道则贤人居上，天下无道则贤人居下。我读了梅先生当年给朝廷的上书，不能不替汉朝的公卿们感到羞愧和遗憾。这次南游又经过先生的故里，不禁再次感叹：这是多么难得的一位有道之士啊！于是就写了这篇碑文。

化　书

【提要】《化书》，五代谭峭撰。

谭峭（生卒年不详），字景升，五代泉州（今属福建）人。谭峭的父亲谭洙曾为唐国子司业。谭峭早年颇涉经史，但是他对功名却没有兴趣，因而没有参加科举。他酷好黄老之书，游历各地名山，入名山而不复返。著有《化书》6卷，曾被南唐主赐号紫霄真人。

《化书》是一部富有浓厚哲学思想的著作，是道教的一部重要经典，收入《道藏》。从北宋陈抟开始，直到元代，全真道十方丛林之规制都把《化书》作为必读的经书。《四库全书总目提要》将其列入子部杂家类。《提要》云："书凡六篇，曰《道化》《术化》《德化》《仁化》《食化》《俭化》，其说多本黄老道德之旨，文笔亦简劲奥质。"明代谢肇淛《文海披沙》云："（《化书》）文词简畅，义理灿然，其中虽有长生太上等语，而无龙虎刀圭之术、恍惚之语。《道德》《南华》之后，此其翘然者也。"可见后世人对《化书》的极高评价。今人丁祯彦、李似珍整理有《化书》点校本。《化书》共6卷110章，《续编》从全书中辑录了《稚子》《猛虎》《帝师》等32章的内容，内容涉及修心养性和治国理政等。

稚　子

稚子弄影，不知为影所弄；狂夫侮像，不知为像所侮。化家者不知为家所化，化国者不知为国所化，化天下者不知为天下所化。三皇，有道者也，不知其道化为五帝之德。五帝，有德者也，不知其德化为三王之仁义。三王，有仁义者也，不知其仁义化为秦汉之战争。醉者负醉，疥者疗疥，其势弥颠，其病弥笃，而无反者也。

【译文】小孩子戏弄自己的影子，却不知自己反被影子所戏弄；狂妄的人轻蔑镜中的形象，却不知自己也被镜中的形象所轻蔑。教化自己封地百姓的大夫，不知道自己反被封地的习俗所改变；教化自己封国百姓的诸侯，却不知道自己反被封国的习俗所改变；教化天下百姓的君主，却不知自己反被天下的习俗所改变。三皇是符合于“大道”的圣人，却不知道他们的“大道”到了五帝时代就变成了“德行”；五帝是有“德行”的人，却不知道他们的“德行”到了三王时代就变成了“仁义”；三王是有“仁义”的人，却不知道他们的“仁义”到了秦汉时代就变成了战争。喝醉的人自己都脚步不稳，还要去背负别的醉汉，得了疥疮的人自己都不能自愈却还要忙于为别人治疗疥疮，于是喝醉的人脚步越来越不稳，有病的人越来越病重，这种状况是无法改变的。

猛　虎

猛虎行，草木偃；毒鸩怒，土石揭。威之所烁，气之所搏，顽嚣为之作。小人由是知铗可使之飞，山河可使之移，万物可使之相随。夫神全则威大，精全则气雄。万惑不能溺，万物可以役。是故一人所以能敌万人者，非弓刀之技，盖威之至也；一人所以能悦万人者，非言笑之惠，盖和之至也。

【译文】猛虎走过，草木倒伏，毒鸩发怒，土石飞扬。威力波及之处，气势激荡之间，即使是冥顽不灵的人也被震惊，由此可以知道，气势强大可以使铁剑飞舞，可以使山河移动，可以使万物相随。因此神志完备就威势强大，精气充足则气势磅礴，万种诱惑不能使我沉沦，天下万物可以被我役使。所以一人能够敌万人，不是依靠武力，而是因为威势强大的原因；一人能使万人喜悦，不是依靠说笑，而是因为非常和睦友爱的原因。

帝　师

镜非求鉴于物，而物自投之；橐[①]非求饱于气，而气自实之。是故鼻以虚受臭，耳以虚受声，目以虚受色，舌以虚受味。所以心同幽冥，则物无不受；神同虚无，则事无不知。是以大人夺其机，藏其微，羽符至怪，阴液甚奇，可以守国，可以救时，可以坐为帝王之师。

【注释】①橐：古代的一种鼓风吹火器。

【译文】镜子并没有要求物体来映照，而是物体自己来投映，橐并没有要求气体来充实自己，而是气体自然来充实，所以鼻孔虚空才能感受气味，耳孔虚空才能感受声音，眼睛虚空才能感受颜色，舌头虚空才能感受味道，所以内心幽静，则万物都可以被感受，精神虚空则万事都可以被感知。因此德行高尚的人明白这些要领，隐藏他的行止，服饰与众不同，形质也异于常人，可以守护国家，可以救助时难，可以作为帝王的老师。

飞　蛾

天下贤愚，营营然若飞蛾之投夜烛，苍蝇之触晓窗。知往而不知返，知进而不知退。而但知避害而就利，不知聚利而就害。夫贤于人而不贤于身，何贤之谓也？博于物而不博于己，何博之谓也？是以大人利害俱忘，何往不臧？

【译文】天下的贤者和愚人，熙熙攘攘，像飞蛾夜间投入火烛，像苍蝇早晨触碰窗户。只知道去往而不知道返回，只知道前进而不知道后退。而且只知避开祸害而趋向有利，却不知道聚集利益就会产生祸害。能让别人贤明而不能让自己贤明，怎么能叫作贤明呢？对外物知道得多而对自己知道的少，怎么能算是有智慧呢？因此德行高尚的人做事，把利益和祸害都忘掉了，一切称性而为，哪里会有不吉祥呢？

异　心

虎踞于林，蛇游于泽，非鸱鸢之仇；鸱鸢从而号之，以其蓄异心之故也。牛牧于田，豕眠于圃，非乌鹊之驭；乌鹊从而乘之，以其无异心之故也。是故麟有利角，众兽不伏；凤有利觜，众鸟不宾；君有奇智，天下不臣。善驰者终于蹶，善斗者终于败。有数则终，有智则穷。巧者为不巧者所使，诈者为不诈者所理。

【译文】猛虎雄踞在山林，蛇类游走在水泽。它们都不是鸱鸢的仇敌。鸱鸢跟从它们而嚎叫，是因为鸱鸢不怀好意的原因。牛在田里放牧，猪在园圃里睡觉，牛猪不被乌鹊所驭使，乌鹊跟从而且可以站在它们背上，是因为乌鹊没有恶意的原因。所以麒麟若有利角，则众兽不会降服；凤凰若有利嘴，则众鸟不会宾服；君主智慧超群，则天下人不会臣服。擅长骑马的人最终会跌倒，善于打斗的人最终会失败，有定数就会有结束，有智慧就会有计穷。灵巧的人总是被不灵巧的人所驱使，机诈的人总是被不机诈的人所管理。

弓　矢

天子作弓矢以威天下，天下盗弓矢以侮天子。君子作礼乐以防小人，小人盗礼乐以僭君子。有国者好聚敛，蓄粟帛、具甲兵以御贼盗，贼盗擅甲兵、踞粟帛以夺其国，或曰：“安危德也。”又曰：“兴亡数也。”苟德可以恃，何必广粟帛乎？苟数可以凭，何必广甲兵乎？

【译文】天子作弓箭来威震天下，天下人就盗窃弓箭来对抗天子。君子作礼乐来防止小人，小人就盗用礼乐来冒充君子。有封国的诸侯喜好聚敛财富，积蓄粮食和布匹，准备甲兵来抵御贼盗。贼盗则召集甲兵，囤积粮食布匹来夺取国家。有人说：“社稷的安危在于君主的德行啊。”又有人说：“兴亡是命数啊。”如果德行可以作为治理天下依靠，又何必囤积粮食布匹呢？如果命数可以作为拥有天下的凭据，又何必积聚甲兵呢？

聪　明

无所不能者，有大不能；无所不知者，有大不知，夫忘弓矢然后知射之道，忘策辔然后知驭之道，忘弦匏然后知乐之道，忘智虑然后知大人之道。是以天下之主，道德出于人；理国之主，仁义出于人；亡国之主，聪明出于人。

【译文】无所不能的人，反而在大的方面有所不能；无所不知的人，反而在大的方面有所不知；所以忘记了弓矢的存在，然后才知道射箭的道理，忘记了使用策辔，然后才知道驾驭的道理；忘记了弦匏乐器，然后才知音乐的道理；忘了智慧和思虑，然后才知道高人的道理。因此天下的共主必定是道德出众的人，治理国家的人必定是仁义出众的人，灭亡国家的人必定是聪明出众的人。

常　道

仁义者常行之道，行之不得其术，以至于亡国。忠信者常用之道，用之不得其术，以至于获罪。廉洁者常守之道，守之不得其术，以至于暴民。财辩者常御之道，御之不得其术，以至于罹祸。盖拙在用于人，巧在用于身。使民亲稼则怨，诫民轻食则怒。夫饵者鱼之嗜，膻者蚁之慕，以饵投鱼鱼必以惧，以膻投蚁蚁必去，由不得化之道。

【译文】仁义是常行之道，如果行不好，就会导致亡国。忠信是常用之道，如果用不好，就会导致获罪。廉洁是常守之道，如果守不住，就会导致民怒。才辩是常御之道，如果驾驭不了，就会遭逢灾祸。不会的人总是处处拿这些道理要求别人，会的人明白其中的奥妙，都是从自己做起。督促百姓努力耕种会遭到怨恨，告诫民众节俭饮食会引起愤怒。饵料是鱼类所嗜好的，腥膻是蚂蚁所喜欢的，但是用鱼饵投击鱼，鱼必定被惊走，以腥膻投击蚂蚁，蚂蚁必定会逃走。这都是由于不懂得感化之道的原因。

太　医

太医之道，脉和而实者为君子，生之道也；挠而浮者为小人，死之道也。太卜之道，策平而慢者为君子，吉之道也；曲而利者为小人，凶之道也。以是论之，天下之理一也，是故观其国，则知其臣；观其臣，则知其君；观其君，则知其兴亡。臣可以择君而仕，君可以择臣而任。夫揖让可作而躁静不可作，衣冠可诈而形器不可诈，言语可文而声音不可文。

【译文】按照医术的道理，脉象平和而有力的人是君子，是生命生长的脉象，脉象杂乱而虚浮的人是小人，是生命灭亡的脉象。按照占卜的道理，摆放筹策平稳而且缓慢的人为君子，是吉祥的卦象。筹策弯曲而摆放急促的人为小人，是凶险的卦象。由此可以得知，天下的道理是一致的，因此观察国家的情况就可以了解他的大臣，观察大臣的情况就可以了解他的国君，观察国君的情况就可以知道王朝的兴亡。大臣可以选择合适的君主而事奉，君主也可以选择合适的大臣来任职。大凡礼仪可以虚假而性情的躁静难以虚假，衣冠可以伪装，而形貌器宇难以伪装，言语可以有假而声音难以作假。

恩　赏

侯者人所贵，金者人所重，众人封公而得侯者不美，众人分玉而得金者不乐。是故赏不可妄行，恩不可妄施。其当也由为争夺之渐，其不当也即为乱亡之基。故我自卑则赏不能大，我自俭则恩不得奇。历观乱亡之史皆骄侈，恩赏之所以为也。

【译文】封侯是人们所期盼的，财富也是人们所看重的，众人被封公爵，那么得到侯爵的人就不高兴。众人分到玉器，那么得到金子的人就不快乐。所以封赏不可以轻易赐给，恩惠不可以胡乱施予。这些事情做得恰当，尚且有可能成为将来发生争夺的起因，做得不恰当就会成为乱亡的根源，所以自己谦卑则赏赐不能令自己傲慢，自己俭点则恩宠不能令自己遭遇不测。纵览历代混乱灭亡的历史，都是由于骄慢奢侈，这都是恩赏所造成的。

养　民

民不怨火而怨使之禁火，民不怨盗而怨使之防盗。是故济民不如不济，爱民不如不爱。天有雨露，所以招其怨；神受祷祝，所以招其谤。夫禁民火不如禁心火，防人盗不如防我盗，其养民也如是。

【译文】百姓不埋怨火灾而埋怨让他们禁火，百姓不埋怨盗贼而怨恨让他们防盗，所以如果不从教化人心入手，那么救济百姓不如不救济，爱护百姓不如不爱护。天因为降下雨露而常常遭到人们的埋怨；神灵因为接受祷告而常常招来人们的诽谤，因而禁止百姓用火不如消除百姓心中的怒火，防范外来的盗贼不如防范自己内心的贪念，养育百姓也应如此。

得　一

旷然无为之谓道，道能自守之谓德，德生万物之谓仁，仁救安危之谓义，义有去就之谓礼，礼有变通之谓智，智有诚实之谓信，通而用之之谓圣。道，虚无也，无以自守，故授之以德。德，清静也，无以自用，故授之以仁。仁用而万物生，万物生必有安危，故授之以义。义济安拔危，必有臧否，故授之以礼。礼秉规持范，必有疑滞，故授之以智。智通则多变，故授之以信。信者，成万物之道也。

【译文】空旷无为称为道，能够守道称为德，德生万物称作仁，仁心救助称为义，义有取舍称为礼，礼有变通称为智，智有诚实称为信，能融会贯通并应用这些道理就称为圣。道是虚无的东西，没法持有，所以上天就授予德来回归于道。德崇尚清静，所以没法使用，所以上天就授予仁来符合于德。仁可以使万物生长，万物生长就会有安危，所以上天就授予义来辅佐仁。义可以扶危救困，必定会带来吉凶，所以上天就授予礼来规范义。礼有制度，必定会造成保守固执，所以上天就授予智来变通礼。智慧通达则多变，所以上天就授予信来约束智。信是最终成就万物的大道。

五 行

道德者，天地也。五常者，五行也。仁，发生之谓也，故均于木。义，救难之谓也，故均于金。礼，明白之谓也，故均于火。智，变通之谓也，故均于水。信，悫然[①]之谓也，故均于土。仁不足则义济之，金伐木也。义不足则礼济之，火伐金也。礼不足则智济之，水伐火也。智不足则信济之，土伐水也。始则五常相济之业，终则五常相伐之道，斯大化之往也。

【注释】①悫然：厚道，朴实。

【译文】道德，是天地的根本属性。它所包含的五种常态（仁义礼智信五常），就是天地运行的五种状态（金木水火土五行）。仁，说的是天地本具的生发万物的特性，即五行中所说的“金”性；礼，说的是天地造化自具光明彻照之性，即五行中所说的“火”性；智，说的是随机应变，即五行中的“水”性；信，说的是诚实无期，即五行中的“土”性。仁的特性是生发，太过则失去节制，需要义来加以调节，这是金可以克木的道理；义的特性是扶危救难，如果取舍不当，反而更增暴戾，所以要用礼来规范，这时火可以克金的道理；礼的特性是条理清晰，过细则流于刻板，所以要用智来加以变通，这是水可以克火的道理；智慧的特性是灵活多变，过于善变则易失初心，所以要用信来加以约束，这是土可以克水的道理。五常发挥作用从相生开始，最后又能相互制约，这就是大自然生生不息的大道啊。

太　和

非兔狡，猎狡也；非民诈，吏诈也。慎勿怨盗贼，盗贼惟我召；慎勿怨叛乱，叛乱禀我教。不有和睦，焉得仇雠；不有赏劝，焉得斗争。是以大人无亲无疏，无爱无恶，是谓太和。

【译文】不是兔子狡猾，而是猎人狡猾；不是百姓欺诈，而是官吏欺诈。千万不要去怨恨盗贼，盗贼是我们自己召来的，千万不要去怨恨叛乱，叛乱是我们自己没有把百姓教导好，没有和睦，哪会有仇恨，没有赏罚，哪会有斗争，因此道德高尚的人对百姓没有亲疏的分别，没有爱恶的分别，这就是所谓的太和。

神　弓

誉人者人誉之，谤人者人谤之，是以君子能罪己，斯罪人也；不报怨，斯报怨也。所谓神弓鬼矢，不张而发，不注而中。天得之以假人，人得之以假天下。

【译文】赞美别人的人也被人们所赞誉，诽谤他人的人也被人们所诽谤。因此君子与其归罪别人，不如反省自己，与其以牙还牙，不如放下自己心中的仇怨。所谓的神弓鬼矢不需要拉开就能发射，不需要瞄准就能射中，上天得神弓以宽容待人，人得神弓以宽容待天下。

救　物

救物而称义者，人不义之；行惠而求报者，人不报之。民之情也，让之则多，争之则少，就之则去，避之则来；与之则轻，惜之则夺。是故大义无状，大恩无象。大义成，不知者荷之；大恩就，不识者报之。

【译文】救助别人而认为自己是有道义的人，世人不会认为他真有道义。对别人施予恩惠而希望得到回报的人，世人不会去报答他。百姓的性情就是如此，能谦让百姓反而会获得利益，与民争利反而会失去利益。过多地去干预百姓的生活反而会让百姓离去，不去限制百姓反而会让百姓聚集过来。轻易给与的东西，百姓不会去重视，吝惜不给的东西反而百姓会去争夺。所以大义没有具体的行为，大恩没有具体的形象。大义的行为完成，人们虽然不知道但会感谢他，大恩的功劳成就，人们虽然不了解但会报答他。

知　人

观其文章，则知其人之贵贱焉；观其书篆，则知其人之情性焉；闻其琴瑟，则知其人之道德焉；闻其教令，则知其人之吉凶焉。小人由是知唐尧之容淳淳然，虞舜之容熙熙然，伯禹之容荡荡然，殷汤之容堂堂然，文王之容巍巍然，武王之容谔谔然，仲尼之容皇皇然。则天下之人，可以自知其愚与贤。

【译文】看一个人的文章则知道他人品的贵贱，看一个人的书法则知道他情性的好坏，听一个人弹奏琴瑟则知道他道德的高下，听一个人的教令则知道他事情的吉凶。由此可以知道唐尧的容貌是淳淳的样子，虞舜的容貌是熙熙的样子，伯禹的容貌是荡荡的样子，殷汤的容貌是堂堂的样子，文王的容貌是巍巍的样子，武王的容貌谔谔的样子，仲尼的容貌是皇皇的样子，以此类推，天下的人也可以知道自己的贤愚了。

善　恶

为恶者畏人识，必有识者；为善者欲人知，必有不知者。是故人不识者，谓之大恶；人不知者，谓之至善。好行惠者恩不广，务奇特者功不大，善博奕者智不远，文绮丽者名不久。是以君子惟道是贵，惟德自守，所以能万世不朽。

【译文】通常来说，作恶的人都害怕别人知道自己的恶行，然而总会有人知道；行善的人都想让别人知道自己的善行，然而总会有人不知道。所以说，没有人知道的恶行，定是大恶，不被人知道的善行才是至善。喜好施予恩惠的人，恩惠必定不广。追求丰功伟绩的人，功劳必定不大。擅长博弈的人，智慧必定不高远。文章绮丽的人，名声必定不长久。所以君子只把大道看作是最珍贵的东西，只把德行看作是最应该守护的东西，所以能万世不朽。

燔骨

嚼燔骨者，焦唇烂舌不以为痛；饮醇酎者，哕肠呕胃不以为苦。馋嗜者由忘于痛苦，饥穷者必轻于性命。痛苦可忘，无所不欺；性命可轻，无所不为。是以主者以我欲求人之欲，以我饥求人之饥。我怒民必怒，我怨民必怨。能知其道者，天下胡为乎叛？

【译文】吃烤肉的人，唇舌被烫也不觉得痛苦；喝醇酒的人，肠胃呕吐也不觉得难受。嗜好吃喝的人可以忘记痛苦，饥饿穷困的人必定轻视性命，如果痛苦都可以忘记，那就什么事情都可以欺骗他；如果性命都可以忽视，那他什么事情都会去做，因此统治者要推己及人，替百姓着想，将自己的欲望与百姓的欲望同等对待，将自己的饥饱与百姓的饥饱看作同等重要。我对百姓发怒，百姓也必然对我发怒。我怨恨百姓，百姓也必然怨恨我，能够了解这个道理的人，天下人又怎么会背叛他呢？

食　迷

民有嗜食而饱死者，有婪食而鲠死者，有感食而义死者①，有辱食而愤死者②，有争食而斗死者，人或笑之。殊不知官所以务禄，禄所以务食；贾所以务财，财所以务食。而官以矫佞谗讟而律死者，贾以波涛江海而溺死者，而不知所务之端，不知得死之由，而迁怨于辈流，归咎于江海，食之迷也。

【注释】①有感食而义死者：春秋时候孟尝君招待客人，客人以为自己的饭食不好，孟尝君将自己的饭食给客人看，更为粗糙，客人羞愧自刎。

②有辱食而愤死者：齐国饥荒，有人赠食于路，饥者不受嗟来之食，遂不食而死。

【译文】百姓有因好吃而撑死的，有因贪吃而噎死的，有感人赠食而负义而死的，有不受侮辱而愤然饿死的，有因争食打斗而死的，人们嘲笑这些现象，却不知人们当官是为了俸禄，有了俸禄是为了获得饭食。商人经商是为了获取钱财，有了钱财也是为了获取饭食。官员因为矫佞诽谤而违法被处死，商人因为出入江海而落水溺死，但是他们不知道这一切是从什么时候开始的。不知道让自己陷于死地的根本原因是什么，却迁怒于同辈的陷害，归责于江海的凶险，这都是象因贪食而撑死的人一样，被自己的欲望所迷惑了的缘故啊。

兴　亡

疮者人之痛，火者人之急，而民喻饥①谓之疮，比饿谓之火，盖情有所切也。夫鲍鱼与腐尸无异，鲢鳈与足垢无殊，而人常食之。饱犹若是，饥则可知。苟其饥也无所不食，苟其迫也无所不为。斯所以为兴亡之机。

【注释】①饥：短时间的没有饭吃。饿：长时间的没有饭吃。

【译文】患恶疮是让人痛苦的事，遭火灾是让人着急的事，而百姓把饥比喻为患疮，把饿比喻为着火，大概是因为两者之间确有相似之处。鲍鱼与腐尸没有什么不同，鲢鳈与足垢没有什么差别，而人们经常食用，人们不缺食物的时候尚且这种吃法，饥饿的时候就可想而知了。当人们饥饿的时候就会无所不吃，当受到环境逼迫的时候就会无所不做。这就是朝代兴亡的关键所在。

无　为

牛可使之驾，马可使之负，犬可使之守，鹰可使之击，盖食有所感也。猕猴可使之舞，鹦鹉可使之语，鸱鸢可使之死斗，蝼蚁可使之合战，盖食有所教也。鱼可使之吞钩，虎可使之入陷，雁可使之触纲，敌国可使之相援，盖食有所利也。天地可使之交泰，神明可使之掖卫，高尚可使之屈折，夷狄可使之委伏，盖食有所奉也。故自天子至于庶人，暨乎万族，皆可以食而通之。我服布素则民自暖，我食葵藿则民自饱。善用其道者，可以肩无为之化。

【译文】牛可以用来驾车，马可以用来负重，犬可以用来守门，鹰可以用来搏击，大概是因为通过食物对它们的感化吧。猕猴可以让它跳舞，鹦鹉可以让它说话，鸱鸢可以让它搏斗，蝼蚁可以让它合战，大概是因为通过食物对它们的训导吧。可以使鱼吞下钓钩，可以使虎进入陷阱，可以使雁触碰罗网，可以使敌国前来援救，大概是因为食物利益对它们的诱惑吧。可以使天地相互沟通，可以使神明前来护卫，可以使高尚的人屈折，可以使夷狄之族臣服，大概是因为对他们有所供奉吧，所以从天子到庶人，乃至天下万民，都可以通过飧食而沟通他们，君主服饰朴素则百姓自然温暖，君主以葵藿为食则百姓自然饱食，善于应用这些道理的人，可以承担无为而治的责任。

鸱　鸢

有智者悯鸱鸢之击腐鼠，嗟蝼蚁之驾毙虫，谓其为虫不若为人。殊不知当歉岁则争臭毙之尸，值严围则食父子之肉。斯豺狼之所不忍为，而人为之，则其为人不若为虫。是知君无食必不仁，臣无食必不义，士无食必不礼，民无食必不智，万类无食必不信。是以食为五常之本，五常为食之末。苟王者能均其衣，能让其食，则黔黎相悦，仁之至也；父子相爱，义之至也；饥饱相让，礼之至也；进退相得，智之至也；许诺相从，信之至也。教之善也在于食，教之不善也在于食。其物甚卑，其用甚尊；其名尤细，其化尤大。是谓无价之宝。

【译文】有些聪明人悲悯鸱鸢搜寻腐烂的老鼠充饥，嗟叹蝼蚁运输死去的虫子为食，感叹当虫子不如做人好，殊不知荒年歉收的时候人们争食发臭的死尸，被敌寇围城缺粮的时候父子互相被当作食物。这是连豺狼也不忍心做的事情而人会去做，这时候人恐怕连虫子都不如了。所以说君主没有了食物必定难以做到对百姓仁慈，大臣没有了食物必定无法和你在一起空谈道义，士人没有了食物必定无法做到处处守礼，百姓没有了食物必定无法做到保持理智，一切生命离开了食物必定无法保持诚信，因此食物供给为五常的根本，五常为食物供给的末端。如果君主谦让衣食，就能让百姓喜悦，这是最大的仁；就能让百姓父子相亲，这是最大的义；就能让百姓饥饱相让，这是最大的礼；就能让百姓做事进退有据，这是最大的智；就能让百姓信守承诺，这是最大的信。百姓教化得好也在于食物，百姓教化不好也在于食物。食物是很卑微的东西，作用却十分尊贵，食物的名称细微，食物的教化作用巨大，因此可以叫作无价之宝。

太　平

夫水火，常用之物，用之不得其道，以至于败家，盖失于不简也。饮馔，常食之物，食之不得其道，以至于亡身，盖失于不节也。夫礼失于奢，乐失于淫。奢淫若水，去不复返，议欲救之，莫过乎俭。俭者，均食之道也。食均则仁义生，仁义生则礼乐序，礼乐序则民不怨，民不怨则神不怒，太平之业也。

【译文】水火是人们经常会用到的东西，如果使用不当，就会危害自家，大概是因为使用太频繁的缘故。饮食是人们经常食用的东西，如果食用不当，就会危害自身，大概是因为不节制的原因。礼仪太过容易流于奢侈，音乐太过容易流于放纵。奢侈和放纵就像水一样，离去了就不复返。如果说有什么补救的方法，没有比节俭更好的了。节俭，是平均饮食的方法，饮食平均则产生仁义，仁义产生则礼乐就有秩序，礼乐有序那么百姓就不会抱怨，百姓不抱怨那么神灵就不发怒，这是使天下太平的基业。

君 民

君之于民，异名而同爱。君乐驰骋，民亦乐之；君喜声色，民亦喜之；君好珠玉，民亦好之；君嗜滋味，民亦嗜之。其名则异，其爱则同。所以服布素者，爱士之簪组；服士之簪组者，爱公卿之剑佩；服公卿之剑佩者，爱王者之旒冕，是故王者居兆民所爱之地，不得不虑也。况金根玉辂[①]夺其货，高台崇榭夺其力，是贾民之怨，是教民之爱。所以积薪聚米，一岁之计，而易金换玉，一日之费，不得不困，不得不俭。

【注释】①金根玉辂：金根，即金根车。以黄金为饰的根车。帝王所乘之车。玉辂，古代帝王所乘之车，以玉为饰。

【译文】君主对于百姓来说，只是名称不同，而爱好相同。君主喜欢骑马驰骋，百姓也同样喜欢；君主喜欢音乐美色，百姓也同样喜欢；君主喜好珠宝玉石，百姓也同样喜好；君主嗜好珍馐美味，百姓也同样嗜好。君主和百姓名称不同而爱好相同。所以穿朴素衣服的人喜欢士人的冠服，穿戴士人冠服的人，喜欢公卿的宝剑和垂佩；拥有公卿宝剑和垂佩的人喜欢君主的王冠，所以君主处在百姓所羡慕地位，不得不谨慎考虑。何况君主若是喜欢乘坐以玉石、黄金为饰的马车就必得从百姓那儿聚敛。喜欢亭台楼阁就必得役使百姓去建造，这是在引起百姓的怨恨，诱导百姓的嗜好。所以积累柴薪，聚积米粮本可以够一年的用度，如果用来买金置玉，一天就花完了，因此就会穷困，不得不节俭。

化　柄

俭于听可以养虚，俭于视可以养神，俭于言可以养气，俭于私可以获富，俭于公可以保贵，俭于门闼可以无盗贼，俭于环卫可以无叛乱，俭于职官可以无奸佞，俭于嫔嫱可以保寿命，俭于心可以出生死。是知俭可以为万化之柄。

【注释】养虚：道家的宗旨是人的本性虚空。

【译文】听觉方面有节制可以涵养本性，视觉方面节制可以涵养心神，言语方面节制可以涵养元气，个人生活节俭可以获得财富，处理公务节俭可以保有尊贵，门庭节俭可以不招盗贼，护卫精简可以不生叛乱，为官处事有节制可以远离奸佞，对待女色有节制可以延年益寿，不断减少心中的欲望可以让人超越生死。由此可以知道节俭是万物演化的关键。

御　一

王者皆知御一可以治天下也，而不知孰谓之一。夫万道皆有一：仁亦有一，义亦有一，礼亦有一，智亦有一，信亦有一。一能贯五，五能宗一。能得一者，天下可以治。其道盖简而出自简之，其言非玄而人自玄之。是故终迷其要，竟惑其妙。所以议守一之道，莫过乎俭；俭之所律，则仁不荡，义不乱，礼不奢，智不变，信不惑。故心有所主，而用有所本，用有所本而民有所赖。

【译文】君主都知道驾驭“一”可以治理天下，却不知道什么是“一”。万物都包含“一”，仁也包含“一”，义也包含“一”，礼也包含“一”，智也包含“一”，信也包含“一”。“一”贯穿在“仁”、“义”、“礼”、“智”、“信”五者之中，“仁”、“义”、“礼”、“智”、“信”五者又能回归于“一”。能得到“一”的人，就可以治理天下，它的道理简单而且它的演化也简单，它的道理不玄奥而人认为它玄奥，所以最终对它的要领迷惑不解，所以讨论守住“一”的方法，最好是用“俭”，有“俭”的约束，则“仁”不放荡，“义”不动乱，“礼”不奢侈，“智”不擅变，“信”不困惑，所以心中有主见，做事就有依据，做事有依据则百姓就有了依靠。

三　皇

君俭则臣知足，臣俭则士知足，士俭则民知足，民俭则天下知足。天下知足，所以无贪财，无竞名，无奸蠹，无欺罔，无矫佞。是故礼义自生，刑政自宁，沟垒自平，甲兵自停，游荡自耕，所以三皇之化行。

【译文】君主节俭则大臣知道满足，大臣节俭则士人知道满足，士人节俭则百姓知道满足，百姓节俭则天下人知到满足。天下人知足，就没人贪财，就没人逐名，就没有奸佞，就没有欺诈，就没有骄横，礼义就会自然产生，刑罚政令自然有条不紊，隔阂就会自然消除，甲兵就会自然停止，游荡的人就会自己回到田地里耕种，因此上古三皇的教化就可以施行。

天　牧

奢者三岁之计，一岁之用；俭者一岁之计，三岁之用。至奢者犹不及，至俭者尚有余。奢者富不足，俭者贫有余。奢者心常贫，俭者心常富。奢者好亲人，所以多过，俭者能远人，所以寡祸。奢者事君必有所辱，俭者事君必保其禄。奢者多忧，俭者多福，能终其俭者，可以为天下之牧。

【译文】奢侈的人三年的积累，一年就用完了，节俭的人一年的积累，可以使用三年。太奢侈的人，花费总是不够用，很节俭的人，花费总是有余留。奢侈的人富有却不足用，节俭的人贫困却有节余。奢侈的人内心贫困，节俭的人内心富有。奢侈的人好亲近别人，所以过错就多；节俭的人能远离众人，所以祸害就少。奢侈的人，事奉君主必定遭遇羞辱；节俭的人，事奉君主必定能保有他的福禄。奢侈的人多忧患，节俭人多福报。能够一直坚持节俭的人，可以成为天下的治理者。

清　静

奢者好动，俭者好静；奢者好难，俭者好易；奢者好繁，俭者好简；奢者好逸乐，俭者好恬淡。有保一器毕生无璺者，有挂一裘十年不毙者。斯人也，可以亲百姓，可以司粟帛，可以掌符玺，可以即清静之道。

【译文】奢侈的人喜欢动，节俭的人喜欢静。奢侈的人做事喜欢从难到易，节俭的人做事喜欢从易到难。奢侈的人喜欢烦琐，节俭的人喜欢简单。奢侈的人喜好玩乐，节俭的人喜欢恬淡。有人能谨慎保有一件器物而始终没有裂痕，有人能妥善使用一件毛皮衣服而十年不破损，这种人可以亲近百姓，可以掌管粮食布匹，可以掌管符玺，可以参悟领略清静之道。

损　益

夫仁不俭，有不仁；义不俭，有不义；礼不俭，有非礼；智不俭，有无智；信不俭，有不信。所以知俭为五常之本，五常为俭之末。夫礼者，益之道也；俭者，损之道也。益者损之旨，损者益之理。礼过则淫，俭过则朴。自古及今，未有亡于俭者也。

【译文】仁而不节俭，就会有不仁的事情发生；义而不节俭，就会有不义的事情发生；礼而不节俭，就会有非礼的事情发生；智而不节俭，就会有不智的事情发生；信而不节俭，就会有不诚信的事情发生。由此可知，节俭是五常的根本，五常为节俭的末端，大凡礼仪，就是要增加东西，节俭，就是要减少东西。礼仪要以节俭为宗旨，节俭要以礼仪为尺度。礼数过度则流于奢侈，节俭过度无非让人觉得过于朴素而已。从古至今，从来没有因为节俭而亡国的事例。

解　惑

谦者人所尊，俭者人所宝。使之谦必不谦，使之俭必不俭。我谦则民自谦，我俭则民自俭。机在此，不在彼，柄在君不在人。恶行之者惑，是故为之文。

【译文】谦虚的人会被人尊敬，节俭的人会受到重用。只是让别人谦虚，别人必定不会谦虚；只是让别人节俭，别人必定不会节俭。我谦虚，则百姓自然谦虚；我节俭，则百姓自然节俭。关键在我不在他人。关键在君主而不在百姓。感慨于世人不明白这一点，所以写了这篇文章。

虎钤经

【提要】《虎钤经》，宋许洞撰。

许洞（976—1015年）字洞夫，一作渊夫，北宋吴郡（今江苏苏州）人。太子洗马许仲容之子，科学家沈括二舅。宋真宗咸平三年（1000年）进士，任雄武军推官，擅长弓矢击刺之伎，精于兵学，有文才，尤精《左传》。景德二年（1005年），献所撰《虎钤经》二十卷，为均州（今湖北西北部）参军。恃才傲物，因忤逆知州马知节而被除名。大中祥符四年（1011年）献《三盛礼赋》，召试中书，任乌江（今安徽和县）主簿，时年42岁。《宋史》卷四四一有传。

《虎钤经》是宋代著名的兵书。“虎”意为“虎符”，即“兵符”，“钤”即“锁钥”，可见《虎钤经》是一部开启兵符锁钥之书，为掌兵权者应备之经。该书融汇了《孙子》和《太白阴经》的精华，使之更加通俗易懂；其中奇谋诡道，凡适于兵家需要，就广为搜罗，根据天时人事的变化加以推衍，既祖述古人，又有作者自己的见解。该书上言人谋，中言地利，下言天时，强调人是战争中的关键因素。《四库全书总目提要》将其列入子部兵家类。该书历代无注本。主要版本有明覆宋刻本、李盛铎明刻本、明抄本、《范氏奇书》丛本、《四库全书》丛本和《粤雅堂丛书》本。《续编》自全书中辑录了《天功》《三才应变》《辨将》《先谋》等篇的精华内容。

天　功

天道变化，消长万汇，契地之力，乃有成尔。天贵而地贱，天动而地静，贵者运机而贱者效力。上有其动，而下行其化矣。是以知天之施地匪专也，知地之应天有常也。生机动则应之以生，杀机动则应之以杀。机正则泰，机乱则否。万物列形而否泰交著，见之于地焉，岂止地之为乎？盖天道内而地道外者也。

【译文】天道的变化，使万物消长，但必须和大地的效力相结合，才能滋养万物。天在上而尊贵，地在下而卑微，上天的特性是运动而大地的特性是静止，尊贵的一方处于主导的地位，卑微的一方奉命效力。在上者有所运动，在下者随之变化。因此可知，上天对大地的影响并非一成不变，大地对上天的呼应则遵循一定的道理。上天萌发生机，大地就以万物生长相应；上天降下杀机，大地就以万物肃杀相应。天机运行正常，则万物安宁；天机运行紊乱，则万物混乱。万物陈列而吉凶交替出现，都表现在大地上，这些难道是大地导致的结果吗？其实是天道的内在作用，而对外显现于大地上。

王者，天也；将，地也。将者，天也；士卒，地也。我，天也；敌，地也。由此观其所动，故负胜可知矣。王之于将也，阃外[①]之寄，择贤授柄，举无所疑。将必内应其正，外务其顺。应以正则师律严，务以顺则臣节贞。举而御敌，讵有舆尸之患乎？君恃智以自用，倨礼而傲下，授柄匪人，任人不信，将不正应，内包犹豫之惑，外丧驭众之威矣。举而御敌，宁免失律之凶乎？师之成败见之于将焉，岂将之为乎？

【注释】①阃外：指京城或朝廷以外。

【译文】对于君主和将领而言，君主如同上天，将领如同大地。对于将领和士卒而言，将领如同上天，士卒如同大地。对于敌我而言，我方如同上天，敌方就是大地。从这些方面来观察形势的运动变化，就可以预知胜负。君主在委任将领出外作战时，如果能选择良将，授以权力，用人不疑，将领必定会对内端正思想，对外理顺军队的行动。将领端正思想部队就会军纪严明，理顺军队的行动就会保持大臣的忠贞。这样的军队出征御敌，怎么会有损兵折将的祸患呢？如果君主骄傲自满，对部下傲慢无礼，兵权所授非人，不信任将领，将领也不会正常的回应，将领内心犹豫困惑，对外失去统率部下的威严。这样的军队出征打仗，怎么能避免战败的结果呢？军队作战的胜败表面上看是将领的胜败，其实起根本的决定作用的难道是将领吗？

将之为任也，智敌万人，苟无万人之用，与愚者同矣；勇冠三军，苟无三军之用，与懦者同矣。善为将者，正而能变，刚而能恤，仁而能断，勇而能谋，以策驭吏士，未有不振拔勋业以戡祸乱者也。反是，则吏士外无攻，内多离散之势。勇怯见之吏士焉，岂吏士之为乎？

【译文】将领统帅军队，如果谋略在万人之上，却不能统帅万人之师，那他就和愚人无异；如果勇猛是三军之冠，却不让他统帅三军，那他就与懦夫相同。优秀的将领，既通晓一般规律又善于应变，既有威严又能体恤士卒，既有仁慈又能果断，既有勇猛又有谋略，以这样的方法统率士卒，一定能成就功业、平定祸乱。如果与此相反，士卒就会对外不能攻城拔寨，对内人心涣散。勇敢和怯懦表现在军队的士卒身上，难道是士卒自己造成的吗？

三才应变

《易》曰：“见机而作，不俟终日。”故用兵之术，知变为大。

军虽气锐时胜，而行列散溃，旌旗紊乱，金鼓不节，击之可也。或曰：“彼得天时，讵可破乎？”许洞曰：“天之所祐，正也。怙天时而戾军政，与天违也。天人相违，不凶何俟？故兵利以顺应顺也。顺而逆应之，必凶之兆也。”

【译文】《周易》中说：“见到事情的征兆就立即行动，不要等到一天结束。”因此用兵之道，最重要的是懂得变通。

敌军虽然士气旺盛，一时取胜，但是队伍不整，旗帜混乱，金鼓之声不遵法度，那么就可以进攻他。有人说："敌人占有天时，怎么会被打败呢？"许洞说："上天所保佑的是合乎道理的一方，依仗天时但是军政乖张，这是与天意相违背。天人互相违背，不出现危险难道还有什么可等的？因此用兵利在以顺应的姿态对待天时。天时虽然顺遂，但是用相反的人事去对待它，是必将遭遇凶险的兆头。"

或曰："军乘天时，夸有地利，将吏骄怠，谋画不精，军阵散乱，如之何？"洞曰："可击也。"曰："彼获天地之利，如何击之？"曰："人者，天地之心也，苟心不正，虽有其表，将焉用乎？"

【译文】有人说："敌军既占有天时，同时兼有地利，但是将军官吏骄傲怠惰，谋略计划都不周密，军队行伍散乱，像这样怎么办呢？"许洞说："可以进攻。"又说："敌人同时兼有天时地利，怎么能进攻呢？"许洞回答说："人是天地之心，如果心不正，虽然有同时获得天时地利的表象，又有什么用呢？

或曰："军违天时、逆地利，大将深谋沉毅，部伍清肃，进退有节，如之何？"许洞曰："未可击也。"曰："不获天地之利，奚谓未可乎？"曰："正则可以率天地之用，草寇可为王矣。"

【译文】有人说："敌军既不得天时又不得地利，但是大将深谋远虑、沉着坚毅，部队清正严明，前进后退都有节制，像这样要怎么办呢？"许洞说："不能攻击它。"又说："敌人既不得天时又不得地利，为什么不能攻击它呢？"许洞说："人心正，就可以顺应天时地利，即便是草寇也能成就大业。"

或曰："彼如是也，我之动将之如何？"许洞曰："先以人，次以地，次以天，然后攻之，必克敌也。"曰："先后如之何？"曰："利为'主'。""何谓'主'？"曰："动为'客'，静为'主'。观敌之动何如，乃应之。先胜而后举，神明之道也。"

【译文】有人说："敌军像这样的话，我们将要怎么办呢？"许洞说："先搞好人和，其次凭借地利，再顺应天时，然后进攻，一定能攻克敌军。"那人又说："先于敌人行动和后于敌人行动该怎么区分？"许洞说："以有利的情况为'主'。""什么叫作'主'呢？"许洞说："先动为'客'，静守为'主'。先观察敌人怎么样行动，然后做出应对。先占有优势，然后再行动，这就是用兵如神的方法。"

辨　将

国家行师授律，生杀之柄，大将所主。将者，国之腹心，三军之司命也，可不慎於选乎？苟欲命将，预以精诚，辨其可否者有四：一曰貌，二曰言语，三曰举动，四曰行事。

【译文】国家用兵授予律令，生杀大权由将领掌管。将领，是帝王的心腹，也是执掌三军命运的人，选择怎么可以不慎重呢？如果想任命将领，首先应该真心诚意，辨别他是否可以任命的方法有四种：第一种是看其形貌，第二种是听其言语，第三种是观其举动，第四种是睹其行事。

貌也者，神之聚也；言语也者，神之发也；举动也者，神之用也；行事也者，神之本也。察其神，则尽其为人之道也大矣。况国之命将，可不审于此乎？

【译文】一个人的相貌，是精神的凝聚；一个人的言辞，是精神的表达；一个人的行为举止，是精神的运用；一个人的行事，是精神的体现。假如能考察一个人的精神，就能在很大程度上判断这个人为人处事的方法了。况且国家派遣将帅这样的大事，能不反复审察吗？

先　谋

用兵之法，先谋为本。是以欲谋行师，先谋安民；欲谋攻敌，先谋通粮；欲谋疏阵[①]，先谋地利；欲谋胜敌，先谋人和；欲谋守据，先谋储蓄；欲谋强兵，先谋正其赏罚；欲谋取远，先谋不失其迩。苟有反是而用兵者，未有不为损利而趋害者也。是故圣王之兵，先务其本，本壮则末亦从而茂矣。苟能知利害之本，谋以御敌，虽有百万之众，可不劳而克矣。

【注释】①疏阵：古代作战时因己方兵力少而采取的一种疏散的战斗队形，是古代“十阵”之一。

【译文】用兵作战的法则，最根本的是先制定好谋略计策。因此，想谋划用兵，必先谋划安抚百姓；想谋划进攻敌人，必先谋划运送粮食；想谋划疏散布阵，必先谋划有利地势；想谋划战胜敌人，必先谋划民心和乐；想谋划固守，必先谋划储蓄；想谋划强兵，必先谋划端正赏罚；想谋划攻取远方，必先谋划不失近处。假如有人与此相反而用兵作战的，没有不损失利益、自取其害的。所以，圣明的君王用兵，首先是致力于根本，根本壮大了，末枝自然也就会跟着茂盛。假如能知晓利害的根本，谋划防御敌人，即使有百万的敌人，也可以轻而易举地克敌制胜了。

群书治要续编卷第四十一　太极通书
公是先生弟子记　近思录　象山语录　刍　言

太极通书

【提要】《太极通书》，宋周敦颐撰。

周敦颐（1017—1073年），又名周元皓，原名周敦实，字茂叔，谥号元公，道州营道楼田保（今湖南道县）人，世称濂溪先生。是北宋五子之一（另四位为邵雍、张载、程颢、程颐），宋朝儒家理学思想的开山鼻祖。周敦颐聪慧仁孝，十五岁时因父亲去世而投奔舅舅龙图阁学士郑向，后以恩荫入仕，先后担任洪州分宁县主簿、南安军司理参军、荆湖南路郴州郡郴州县县令、郴州桂阳令、大理寺丞、太子中舍、签书署合州判官、永州通判、虞部郎中、广南东路提点刑狱等官。熙宁六年（1073年）在庐山濂溪书堂病逝，终年五十七岁 。著有《太极图说》《通书》等，后人整理有《周元公集》和《周子全书》。

《太极通书》又称《通书》，是周敦颐读易经的心得。全书短短四十章，是周敦颐哲学思想的集中体现。朱熹曾经为此书作注解。《续编》自《周敦颐集》中辑录《太极通书》中的《诚》《诚几道》《道》《幸》等十四章的精华内容，相关经文中的朱熹注解也一并收录。

诚

诚者，圣人之本。

（诚者，至实而无妄之谓，天所赋、物所受之正理也。人皆有之，而圣人之所以圣者无他焉，以其独能全此而已。）

诚，五常之本，百行之源也。

（五常，仁、义、礼、智、信，五行之性也。百行，孝、弟、忠、信之属，万物之象也。实理全，则五常不亏，而百行修矣。）

【译文】诚，是圣人的根本。

（诚，就是非常真实而没有虚妄的称谓，是上天所赋予，万物所秉承的正理。人人都有诚，而圣人之所以能成为圣人，没有别的，是因为他能够保全这一念之诚罢了。）

诚是仁、义、礼、智、信五常的根本，也是我们一切行为的源头。

（五常，指仁、义、礼、智、信，是五行之性。百行，孝、悌、忠、信等行为，是天下万物之象。保全至诚之理，那么五常就不会有亏，而百行就可以修治了。）

诚几德

德：爱曰仁，宜曰义，理曰礼，通曰智，守曰信。

（道之得于心者，谓之德，其别有是五者之用，而因以名其体焉，即五行之性也。）

【译文】德：慈爱众生就叫仁，做事适宜就叫义，处事所遵循的道理就叫礼，事理通达无碍就叫智，忠贞不渝就叫信。

（大道得于自心，称之为德，其分别有这五者的功用，就以此称名其本体，就是五行之性。）

道

性焉、安焉之谓圣。圣人之道，仁义中正而已矣。

（中，即礼。正，即智。）

【译文】一个人本性自然地流露，内心安定，就称之为圣人。圣人之道，无非是仁义中正罢了。

（中，就是做事中规中矩，合乎于礼。正，就是顺理而行，无所不通。）

幸

人之生，不幸，不闻过；大不幸，无耻。

（不闻过，人不告也；无耻，我不仁也。）

必有耻，则可教；闻过，则可贤。

（有耻，则能发愤而受教；闻过，则知所改而为贤。然不可教，则虽闻过而未必能改矣。以此见无耻之不幸为尤大也。）

【译文】人生不知道自己的过失，这是不幸的；不懂得羞耻，那是最大的不幸。

（不听闻自己的过失，是没有人告诉我；没有羞耻心，是我没有仁德。）

一定要有羞耻心，才有接受教化的空间；能听闻自己的过失并加以改正，就可以成为贤人。

（有羞耻之心，就能够发愤而接受教诲；听闻自己的过失，就可以知道改过而成为贤人。然而有不能接受教化的人，就是虽然听闻自己的过失却未必能进行改过。由此可见没有羞耻之心是最大的不幸。）

志　学

圣希天，贤希圣，士希贤。

（希，望也。）

伊尹[①]、颜渊[②]，大贤也。伊尹耻其君不为尧、舜，一夫不得其所，若挞[③]于市。颜渊“不迁怒，不贰过”，“三月不违仁”。

（说见《书》及《论语》，皆贤人之事也。）

志伊尹之所志，学颜子之所学。

（此言“士希贤”也。）

过则圣，及则贤，不及则亦不失于令名。

（三者随其所用之浅深，以为所至之近远。不失令名，以其有为善之实也。胡氏曰：“周子患人以发策决科④、荣身肥家、希世取宠为事也，故曰‘志伊尹之所志’。患人以广闻见、工文词、矜智能、慕空寂为事也，故曰‘学颜子之所学’。人能志此志，而学此学，则知此书之包括至大，而其用无穷矣。”）

【注释】①伊尹：商汤大臣，名伊，一名挚，尹是官名。相传生于伊水，故名。是汤妻陪嫁的奴隶，后助汤伐夏桀，被尊为“阿衡”。

②颜渊：曹姓，颜氏，名回，字子渊，鲁国人，居陋巷（今山东省曲阜市旧城内的陋巷街，颜庙所在之地），尊称复圣颜子，春秋末期鲁国思想家，孔门七十二贤之首。

③挞：用鞭、棍等打人。

④发策决科：策，策问。科，等第。拆阅策问题目，以决定录取。旧指应试取中。

【译文】圣人希望做知天之人，贤人希望做圣人，士人希望成为贤人。

（希，就是希望的意思。）

伊尹、颜渊，都是大贤人。伊尹以他的君主不能成为尧舜那样的圣君而倍感羞耻，如果天下还有一人没有得到适当的安顿，自己就像受到鞭挞一样的羞辱。颜渊“不会迁怒于人，相同的错误不会犯两次”，“能够长期保持仁的状态”。

（这些言论在《尚书》和《论语》里面都有记载，都是贤人之事。）

我们要立志学习伊尹的志向，学习颜渊的圣贤之学。

（这就是所说的“士希贤”。）

比他们做得好就是圣人，赶上他们所做的就是贤人，即使比不上他们也不失有个好名声。

（这三种结果随世人用功的多少，而达到不同的程度。不失于好的名声，因为他有向善的实际功夫。胡宏说：“周敦颐担心人们把精力用在科举考试、经营持家、迎合世俗、哗众取宠上，把这些当成大事，因此说‘要像伊尹那样立志’。他又担心人们把精力用在广闻多见、工于文词、自夸智能、欣羡空寂上，也把这些当作大事，因此说‘要像颜回那样去学习圣贤之学’。一个人能树立这样的志向，而学习这样的学问，就懂得这本书包容广大，而他的功用就没有穷尽了。”）

治

十室之邑，人人提耳而教，且不及，况天下之广，兆民之众哉！曰：纯其心而已矣。

（纯者，不杂之谓；心，谓人君之心。）

仁、义、礼、智四者，动静、言貌、视听无违之谓纯。

（仁、义、礼、智，五行之德也。动静，阴阳之用，而言貌、视听，五行之事也。德不言信，事不言思者，欲其不违，则固以思为主，而必求是四者之实矣。）

心纯则贤才辅。

（君取人以身，臣道合而从也。）

贤才辅则天下治。

（众贤各任其职，则不待人人提耳而教矣。）

纯心要矣，用贤急焉。

（心不纯，则不能用贤；不用贤，则无以宣化。）

【译文】拥有十户人家的城邑，如果对每个人都耳提面命式地教化，肯定不能实现，更何况是广大的天下，数以兆计的众多百姓呢？要让万民受到教化，其实只要君主心思纯明就可以了。

（纯，就是所谓的心无杂念；心，就是君主的内心。）

仁、义、礼、智这四个方面，我们在起心动念、人际交往、行动安居、言谈举止、一闻一见中，全都没有违背就叫作纯明。

（仁、义、礼、智，是五行之德。动和静，是阴阳的功用，而言谈举止、一闻一见，是五行的具体表现。德行上不求有信，做事上不求反思，想要让他不会违背，那么就应该以思虑为关键，而一定要寻求这四者的实效。）

君王的心思纯明了贤人才会去辅佐他。

（君主选取人才以身作则，臣子才能合乎本分而服从他。）

有贤能之人的辅佐，那么天下才会大治。

（众位贤人各行其职，那么不用等到人人耳提面命，教化就能实现。）

君王的心思纯明是治国的关键，招纳贤人是为政的急务。

（君王的心思不纯明，就不能纳用贤人；不能纳用贤人，就没办法来宣明教化。）

爱　敬

“有善不及？”

（设问。人或有善，而我不能及，则如之何？）

曰：“不及，则学焉。”

（答言。当学其善而已。）

问曰：“有不善？”

（问人有不善，则何以处之？）

曰：“不善，则告之不善。”且劝曰：“庶几有改乎，斯为君子。”

（答言。人有不善，则告之以不善，而劝其改。告之者，恐其不知此事之为不善也；劝之者，恐其不知不善之可改而为善也。）

【译文】“有善不及？”

（设问。别人有善之处，而我赶不上，那该怎么办？）

答道：“赶不上，就向他学习啊！”

（答言。应当学习他好的一面罢了。）

问道：“别人有不善，该怎么办？”

（问别人有不善之处，我该怎么办呢？）

答道："别人有不善之处，就告诉他不善。"并且勉励他说："如果能改正，就能成为君子了。"

（答言。别人有不善之处就告诉他，并且勉励他改正。告诉他，是恐怕他不知道这样做就是不善；劝勉他，是恐怕他不知道不善能够改正而成为善。）

"有善一，不善二，则学其一，而劝其二"。

（亦答词也。言人有善恶之杂，则学其善，而劝其恶。）

有语曰："斯人有是之不善，非大恶也？"则曰："孰无过，焉知其不能改？改，则为君子矣；不改，为恶。恶者天恶之，彼岂无畏耶？乌知其不能改！"

（此亦答言。闻人有过，虽不得见而告劝之，亦当答之以此，冀其或闻而自改也。有心悖理谓之恶，无心失理谓之过。）

故君子悉有众善，无弗爱且敬焉。

（善无不学，故悉有众善；恶无不劝，故不弃一人于恶。不弃一人于恶，则无所不用其爱敬矣。）

【译文】"每个人有善的一面，有不善的一面，那么就学习他善的一面，而改正他不善的一面。"

（也是答词。说的是别人有善也有不善，就学习他的善，改正他的不善。）

有人说："这个人有非常不善之处，难道不是大恶吗？"那么就回答他说："谁能不犯过错，怎么知道他不能改正呢？能改正过错，就可以成为君子；不改正过错，那么就可能变为恶人。恶人连上天也会厌弃他，他自己又怎么会不担忧呢？又怎么知道他不能改正呢？”

（这也是答言。听到别人有过失，即使不能见到他进而规劝，也应当如此答复他，希望他听到后能自我改正。故意悖逆常理就叫作恶，做事不小心而失于常理就叫作过失。）

所以君子具备众人的善行，没有人不敬重而爱戴他的。

（没有善是君子不学习的，因此君子具备众多的善行；没有恶是君子不规劝的，所以君子不会丢弃一人于恶中。君子不丢弃一人于恶中，那么就没有谁不敬重不爱戴他的。）

乐

乐者，本乎政也。政善民安，则天下之心和。故圣人作乐，以宣畅其和心，达于天地，天地之气，感而太和焉。天地和，则万物顺，故神祇格，鸟兽驯。

（圣人之乐，既非无因而强作，而其制作之妙，又能真得其声气之元。故其志气天人交相感动，而其效至此。）

乐声淡则听心平，乐辞善则歌者慕，故风移而俗易矣。妖声艳辞之化也，亦然。

【译文】乐，根植于政教。政令好百姓安乐，那么天下人心和顺。因此圣人作乐，用来宣扬“和”的精神，以通达于天地，人内心的和气与天地之气，相互感通而成为太和之气。天地和，那么万物就会顺遂，因此感通神明，而鸟兽顺从。

（圣人之乐，既不是没有原因的故意做作，而且制作巧妙，又能够真的达到声乐气韵的精髓。因此他的心志精神天人交相感动，所以才达到如此的效果。）

乐声轻清那么听者的内心就平和，乐辞美好那么歌吟的人就羡慕，因此能移风易俗。反之，妖声艳辞的潜移默化，也是这样的道理。

圣　学

“圣可学乎”？曰：“可。”曰：“有要乎？”曰：“有。”“请闻焉。”曰：“一为要。一者无欲也，无欲则静虚、动直，静虚则明，明则通；动直则公，公则溥①。明通公溥，庶矣乎！”

（此章之指，最为要切。然其辞义明白，不烦训解。学者能深玩而力行之，则有以知无极之真，两仪四象之本，皆不外乎此心，而日用间自无别用力处矣。）

【注释】①溥（pǔ）：广大。

【译文】“圣人可以学习达到吗？”答道：“可以。”又问：“有什么关键要点吗？”答道：“有。”“愿闻其详。”答道：“要点只有一条，这一条就是无所欲求。没有欲求内心就会虚静、行动就会刚正，内心虚静就能光明，光明就能通达；行动刚正就会公正，公正就会广大，能做到光明、通达、公正、广大，就差不多了！”

（这一章的所指，最为关键。然而文辞义理畅达明晰，不用训解。学习者能够深自玩味而身体力行，就可以明白无极的真谛，两仪四象的根本，都没有在本心之外，而每天日常运用就在其中，更没有在别处用功着力的地方了。）

公　明

公于己者公于人，未有不公于己而能公于人也。

（此为不胜己私而欲任法以裁物者发。）

明不至则疑生。明，无疑也。谓能疑为明，何啻千里？

（此为不能先觉①，而欲以逆诈②、亿③不信为明者发。然明与疑，正相南北，何啻④千里之不相及乎！）

【注释】①先觉：指事先认识觉察的人。

②逆诈：谓事先即猜疑别人存心欺诈。

③亿：同“臆”，猜测的意思。

④啻（chì）：但，只。

【译文】自己能做到公正，才能期望别人公正；从来没有自己不公正，而能让别人公正的情况。

（这就是对那些不能克制自己的私欲，还想要循法而行、主宰外物的人说的。）

不能明白洞察事理，就会产生疑问。明，就是明白无疑的意思。如果把多疑当作洞明，那与真正明白，相差何止千里。

（这就是不能事先觉察，而想要用欺诈、猜测不信作为明达者的托词。然而明达和多疑之间，正如南与北，何止如隔千里而不能相遇呢？）

师　友

天地间，至尊者道，至贵者德而已矣。至难得者人，人而至难得者，道德有于身而已矣。

（此略承上章之意，其理虽明，然人心蔽于物欲，鲜克知之。故周子每言之详焉。）

求人至难得者有于身，非师友，则不可得也已！

（是以君子必隆师而亲友。）

【注释】①隆：尊崇。

【译文】天地间最尊贵的是道，最贵重的是德，最难得的是人，人最难得的是以身载道，行而有德。

（这一章大略承接上一章的意思，阐述道理非常明白，然而人心被物欲所蒙蔽，很少有人知道，因此周先生每次阐述都详细备至。）

要想让自己成为一个具备好品德的人，如果没有良师益友的影响，恐怕这是不能做到的。

（因此作为君子应当崇敬老师而亲近善友。）

家人睽[1]复无妄

治天下有本，身之谓也；治天下有则，家之谓也。

（则，谓物之可视以为法者，犹俗言则例、则样也。）

本必端。端本，诚心而已矣。则必善。善则，和亲而已矣。

（心不诚，则身不可正；亲不和，则家不可齐。）

家难而天下易，家亲而天下疏也。

（亲者难处，疏者易裁，然不先其难，亦未有能其易者。）

是治天下观于家，治家观身而已矣。身端，心诚之谓也。诚心，复其不善之动而已矣。

（不善之动息于外，则善心之生于内者无不实矣。）

不善之动，妄也；妄复，则无妄矣；无妄，则诚矣。

（程子曰："无妄之谓诚。"）

【注释】①睽：即《周易·睽卦》，离上兑下的卦名。睽卦象征乖异、离异。兑为泽，离为火，火焰向上烧，泽水向下浸，两性相背，为睽。睽者，乖，两目相背，不和谐。故睽象征睽异、离散。

【译文】治理天下的根本在于修身；治理天下的法则就是齐家。

（法则，就是可以用来效法的，就像俗语说的法式、模范一样。）

修身必须要身正，身正的方法，就是达到内心至诚罢了。治理天下的原则必须和善，和善的原则就是令家人和睦而亲善罢了。

（内心不真诚，那么持身就不能端正；亲人不和睦，那么家庭就不能整治。）

治家难而治理天下却很容易，家人太亲近很难处理好，而天下人很疏远，容易处理。

（家人难以严格要求，疏远的人容易治理，然而不先解决难的，也就没有能力处理容易的。）

从治理家庭来看他治理天下的能力，从修身看他治家的能力。修身端正说的就是要真诚。要内心真诚无非就是要克制那些不善的举动罢了。

（不善的举动在外面停止了，那么善心在内里生起的一切就都会客观而真实了。）

不善的举动，就是妄动；妄动克制了，那么就没有虚妄的举动了；没有虚妄的举动就是真诚。

（程颐说："没有妄念就是真诚。"）

富　贵

君子以道充为贵，身安为富，故常泰无不足。而铢[①]视轩冕[②]，尘视金玉，其重无加焉尔！

（此理易明，而屡言之，欲人有以真知道义之重，而不为外物所移也。）

【注释】①铢：常指极轻的分量。

②轩冕：古时卿大夫的车子和服饰。也指官位爵禄显贵的人。

【译文】君子把自身以道德来充实当作高贵，把心安当作是真正的富有，所以常常泰然自若，没有什么不满足。他们把高官权势看得很轻，把金玉财富视为尘土，道义比这些权势金玉不知道要贵重多少啊。

（这个道理很容易明白，而周先生屡次谈及，是想要让人们知道大道的贵重，内心不为外物所转移。）

公

圣人之道，至公而已矣。或曰："何谓也？"曰："天地至公而已矣。"

【译文】圣人的大道，就是能做到大公无私而已。有人问："这是什么意思呢？"回答是："因为天地就是大公无私的啊。"

公是先生弟子记

【提要】《公是先生弟子记》，宋刘敞著。

刘敞（1019—1068年）字原父，一作原甫，临江新喻荻斜（今江西樟树）人。庆历六年（1046年）与弟刘攽同科进士，以大理评事通判蔡州，后官至集贤院学士。刘敞与梅尧臣、欧阳修交往较多。他为人耿直，立朝敢言，为政有绩，出使有功。其学识渊博，欧阳修评价他“自六经百氏古今传记，下至天文、地理、卜医、数术、浮图、老庄之说，无所不通；其为文章尤敏赡”，与弟刘攽合称为北宋二刘，著有《公是集》五十四卷。又有《春秋权衡》《七经小传》《公是先生弟子记》等。

《公是先生弟子记》记录了刘敞和他的门人问答论学的言论。南宋藏书家晁公武称：“为敞自记其问答之言”。《四库全书总目提要》云：“文格古雅，与敞所注《春秋》词气如出一手，似非其弟子所能。”该书共四卷，《宋史》本传作五卷。《四库全书总目提要》列入子部儒家类，存世仅有《知不足斋丛书》本和《四库全书》本。《续编》据《知不足斋丛书》本辑录全书四卷中的部分精华，内容多为关于修身、理政、治国、兴亡等方面的言论。

卷　一

治天下其犹作乐乎，作乐者备八音①，八音不同物而同声，同声乃和。治天下者进贤能，贤能不同术而同治，同治乃平。是故乐之和，一物不得主焉；天下之平，一贤不能名焉。

【注释】①八音：由金、石、丝、竹、匏、土、革、木八种材质制成的乐器。如钟属金，磬属石，琴、瑟属丝，箫、笛属竹，笙属匏，埙属土，鼓属革，柷、敔属木。

【译文】治理天下大概就如同制定乐律吧，制定乐律的人需要准备金、石、土、革、丝、竹、匏、木八种材质制成的乐器，八种乐器材质不一样而发出的乐律一样，乐律相同才算和乐。治理天下的君主招纳贤德的人，贤德的人采用不同的治理方法而最后的效果都是一样，各国都能得到同样的治理才是天下太平。因此乐律的和谐，不能够只靠哪一种乐器作为主宰；天下的太平不能说只是哪一个贤人的功劳。

“政莫美乎简易，何为而可？”曰：“繁矣而后求简焉，难矣而后求易焉。简之而简者，繁不可如何矣。易之而易者，难不可如何矣。”

【译文】“为政没有比简易更美盛的了，怎么样才能够做到简易呢？”回答说：“政务繁杂就想办法让其变得简单，事难办就要想办法让其变得容易。让政务简而又简，就不会再觉得繁杂了；让事情易而又易，就不会再觉得困难了。”

天下之道莫大乎学，莫贵乎学。夫学者，匹夫也，而居圣人之业，可不谓大乎？匹夫也，而言王者之事，可不谓贵乎？

【译文】天下之道没有比求取学问更宏大、更显贵的了。尽管求取学问的人只是一个匹夫而已，而他所成就的，却是圣人的事业，难道说这不是很宏大的吗？作为一个匹夫，他谈论的却是王者之道，难道说这不是很显贵的吗？

古所以治者，当其分也。古所以乱者，违其分也。当其分而劝，违其分而竞。劝则事立，竞则怨作。

【译文】古时候天下之所以得到治理，是因为天下人都各守其本分。古时候天下之所以发生动乱，是因为天下人都违背其本分。人人各守其本分，大家都会得到鼓励，人人违背其本分，大家就会互相竞争。相互鼓励才能成就事功，互相竞争就会产生仇怨。

汉武帝好马，而余吾、渥洼[①]为之出马；叶公好龙，而龙亦下之。高宗好贤，恭默思道，梦帝赉[②]以良弼。此皆可以谓笃好之矣。

楚灵王[③]闻诸公子被杀，自投车下，曰：“予杀人子多矣，能无及此乎？”商君设法残民，及死之日，叹曰：“为法之敝，一至此乎？”使此两人幸而免，犹自以为行之是也。楚庄王曰：“吾以不祥道民，则灾及吾身。”

【注释】①余吾、渥洼（wò wā）：余吾，即今蒙古人民共和国境内的鄂尔浑河。渥洼，在今甘肃省安西县境，传说产神马之处。

②赉（lài）：赐予，给予。

③楚灵王：芈姓，熊氏，初名围，楚共王次子，杀了侄儿楚郏敖自立，即王位后改名虔。公元前541年，自立为楚国国君，是春秋时代有名的穷奢极欲、昏暴之君。

【译文】汉武帝喜好马匹，因而余吾、渥洼一带就为他出产神马；叶公喜好龙，于是真龙就真因为他而下降。高宗喜爱贤人，恭敬沉默，常思为政之道，于是梦到上帝赐给他良佐，这些都可以称作是真的喜好了。

楚灵王听说诸位公子被杀，自己投到车下说：“我杀别人的子女多了，能没有这种下场吗？”商鞅想方设法残害百姓，等到快死的时候叹息道：“实行严刑峻法的弊端竟然能到这个地步吗？”倘若让这两个人都幸免苟活的话，他们仍然会自以为是的。楚庄王说：“我如果用不善来教导百姓，那么灾祸就会危及自身。”

教民者礼乐为急，非谓三王之礼、五帝之乐也，时礼时乐，礼谕其制，乐谕其功，百姓鼓之舞之而不敢叛焉。

【译文】教化百姓以礼乐为急务，并不是所谓的三王时期的礼、五帝时期的乐，而是要制定符合当时的礼乐。礼，是让人们明白，圣人的法度是以垂范千秋；乐，是让人们明白圣人的功业可以造福万世，百姓在鼓乐歌舞的熏陶下就不会生出反叛之心了。

民难聚也而易散，难安也而易危。聚之有道，安之有术，不出于人情而已矣。

【译文】民心很难聚拢而容易离散，民众很难安顿而容易产生危险。聚集民心有大道，安顿民众有方法，不过是出于人之常情而已。

仁、义、礼、智、信五者，伯王之器也，爱之而仁、利之而义、严之而礼、谋之而智、示之而信之谓伯。仁不待爱、义不待利、礼不待严、智不待谋、信不待示之谓王。王者率民以性者也，伯者动民以情者也。性者莫自知其然，情者如畏不可及。王者百年而立，百年而备，百年而裕，百年而衰，百年而踣，有过之矣。伯者十年而立，十年而备，十年而裕，十年而衰，十年而踣，有不及矣。

【译文】仁义礼智信，这五常是成就王霸之业的工具，关爱百姓就是仁，利益百姓就是义，庄重临民就是礼，懂得谋划就是智，表明诚心就是信，这就是所谓的霸术。施仁不用关爱，施义不需有利，成礼不用严肃，动智不用谋划，信义不需表明，这就是所谓的王道。王道是遵循百姓的本性而治，霸术是感发百姓的性情而成。本性是不知道为何会这样，性情是害怕做的不够。王道一百年而建立，一百年而完备，一百年而富裕，一百年而衰退，一百年而破灭，甚至有超过这个期限的。霸业十年而建立，十年而完备，十年而富裕，十年而衰退，十年而破灭，甚至有不用十年的。

任天下之忧者，相天下者也。苦天下之重者，君天下者也。任天下之忧者，非忧败也，言以己为天下法。苦天下之重者，非实可苦也，言富贵之非己。伊尹非忧天下，任天下之忧者也，故举于畎亩[1]而相汤；舜禹非乐天下，苦天下之重者也，故受天下禅也。

【注释】①畎（quǎn）亩：田间，田地。

【译文】承受天下忧患的人，是辅佐天下的臣相。苦于天下重任的人，是治理天下的君主。承受天下忧患的人，不是担心天下毁灭，而是要以自己来做天下人的垂范。苦于天下重任的人，不是真的有苦恼可言，而是说并不把富贵当成自己所有。伊尹不是为天下忧患，而是承受天下忧患的人，因此在田间被举用而辅佐成汤。大舜和大禹不是因为拥有天下而感到快乐的人，而苦于天下的重任，所以能够接受天下的禅让。

秦之亡不亦宜乎，多为利者，大夫则君之，妇人则客之，以是教其民焉，民是以共利之。为政者慎所以导民。导民于善，其报亦善；导民于恶，其报亦恶。《诗》曰："尔之教矣，民胥效矣。[①]"

【注释】①尔之教矣，民胥效矣：语出《诗经·小雅·角弓》。

【译文】秦朝之所以灭亡不是理所当然的吗？秦朝得到天下都是靠争利得到的。让别国的大夫都成为自己的臣下，将他国的妇女都纳入自己的客舍。以这种思想教育百姓，百姓因此而一起争利。治国理政的人要审慎地教导百姓，教导百姓行善，民众给他的回报也是善的，教导百姓作恶，民众给他的回报也是恶的。《诗经》上说："你怎么教导，百姓就会怎么效仿"。

圣人之治天下，结之不以恩惠，威之不以刑罚。不为而治者，民自治也。一曰宗族，二曰师友，三曰宾客，四曰祭祀，五曰丧纪[①]。

【注释】①丧纪：丧事。

【译文】圣人治理天下，不以给予民众恩惠的方式获得民心，不采用刑律惩罚的方式来威慑百姓。圣人无为而天下大治，是让百姓自己来治理。一是通过宗族之礼，二是通过师友之礼，三是通过宾客之礼，四是通过祭祀之礼，五是通过丧纪之礼。

卷　二

君子之事君也，谏不用则去。谏不用而去者，道也。先其未乱也，见乱而去，是逃也，死之可也。

【译文】君子事奉君主，劝谏君主如果不被采纳就会选择离开。劝谏君主而不被君主采纳而离开，这是合乎道义的。先前祸乱尚未出现，看到发生祸乱而离开，就是逃避道义。面对祸乱，这时为了道义宁愿赴死也不中途逃离，才是做臣子的本分。

君子之不去其君也，不忍也。何不忍也？曰不忍其君之无与为善，曰庶几乎若此哉。故不听则谏不已。其有利之之心焉，是贪也，非不忍也。

【译文】君子之所以不离开他的君主，是因为内心不忍。何为不忍呢？是说不忍他的君主不和他一起为善，不忍心不令君主成为贤君。正因为如此，君主不听从就劝谏不止。如果事奉君主有求取个人利益的心，这就是贪婪之心，不是不忍心离开君主。

君以人为天，人以君为天，天以人为天。人之所归，号之曰天与之；人之所去，号之曰天夺之，非君以人为天欤？君安之则安，富之则富，生之则生，死之则死，非人以君为天欤？世治，人曰天也；世乱，人曰天也。天非实治之也，天非实乱之也，有曰治有曰乱者，非天以人为天欤？

【译文】君主以人民为天，人民以君主为天，上天以人民为天。把人心归向君主，称之为是上天给予君主的；人心背弃君主，就说是上天要夺走君主的。这说的不就是君主以人民为天吗？君主使其安定，他们就会安定；君主使其富贵，他们就会富贵；君主使其活着他们就会活着；君主使其死去，他们就会死去。不是人民以君主为天吗？天下大治，人民称是天意；天下混乱，人民也称是天意。并非是上天在实际治理天下，也并非是上天在扰乱天下，而有的被称为治世，有的被称为乱世，难道不是上天以人民为天吗？

人君诚有畏天之心，虽有灾害不残。及其无畏天之心，虽无灾害残矣。人君诚有恤民之心，虽有灾害不畔，及其无恤民之心，虽无灾害离矣。故天之所享诚也，民之所保诚也。诚之至，不言而喻，不施而惠，不祷祀而福，是以人道贵忠也。

【译文】作为君主，果真有畏惧上天之心，虽然出现灾害也不会残害到百姓。如果人君没有畏惧上天之心，即使没有灾害也会残害百姓。作为君主，如果内心真有抚恤百姓之心，即使有灾害百姓也不会反叛他，如果他没有了抚恤百姓之心，即使没有灾害百姓也会反叛他。因此上天所受用的就是一颗诚心，民众所保护的也是这一颗诚心。精诚所至用不着言语就可以让人明白，不用施予就会让人得到恩惠，不用祷告祭祀就能获福，所以人伦之道贵在忠诚。

君子有四择：择术然后学之，择师然后传之，择交然后亲之，择君然后事之。是以君子有终身之忧，无一朝之患也。

【译文】君子在四个方面会进行谨慎的选择：谨慎选择一门技术然后才去学习它，以掌握某方面的能力，谨慎选择一位老师然后去传习他的学问，谨慎择取朋友然后才去和他亲近往来，谨慎选择君主然后才去事奉他。因此君子担忧的是自己这一生的是非善恶与成败，而不是眼前一朝一夕的利害得失。

治国家天下者，去利之心而已矣。国君过市有罚，夫人过市[①]有罚，命夫命妇[②]过市有罚，徒过之而已矣，犹曰不可，况亲利之者乎？

【注释】①市：《说文》：市，买卖之所也。

②命夫命妇：泛称受有封号的男女，即贵族。

【译文】齐家治国平天下，只是去掉利益之心而已。因此在古代，国君路过市场会受到处罚，国君的夫人路过市场也会受到处罚，贵族中的男女路过市场也会受到处罚。仅仅只是从市场路过而已，尚且说不可，何况亲自谋求利益呢？

上之治下，职也；下之事上，亦职也。上不能治下则昏，下不能事上则乱。乱则丧身，昏则丧位，其事一也。

【译文】在上位的君主治理在下位的臣民，是履行自己的职分；在下位的臣民事奉在上位的君主，也是履行自己的职分。君主不能治理臣民，就是昏庸；臣民不能事奉君主，就是作乱。作乱会丧失身命，昏庸会丧失君位，其事情的道理是一样的。

五帝之治，翼翼①如也。三王之治，兢兢②如也。危国者必自暇，亡国者必自佚。《诗》曰："彼昏不知，一醉日富"③。

【注释】①翼翼：整齐有秩序的样子。

②兢兢：小心谨慎的样子。

③彼昏不知，一醉曰富：语出《诗·小雅·小宛》。

【译文】五帝治世，是一副整齐有序的样子。三王治世，是一副小心谨慎的样子。危害国家的人一定从自我安逸开始，败亡国家的人一定从自我放纵开始。《诗经》上说："无知糊涂的人，越喝醉酒越发自夸。”

世有道则其民质，其士贵，其鬼神。世无道则其民巧，其士贱，其鬼不神。

【译文】天下有道那么百姓就质朴，读书人就受到重视，神明就会灵验。天下无道那么百姓就伪诈，读书人就被轻视，神明就不会灵验。

卷　三

行斯政也，使天下之人服，是王者之政矣。出斯言也，使天下之学者悦，是圣人之言矣。故王者之政服人心，而圣人之言悦人性。政莫大于得人心。得人心者，非夫得众人之心，得贤者之心也。民之于贤也，其动以为法，其言以为政，故贤者所就就之，所去去之，国未有不以是而存亡者也。武王曰：“予有乱臣十人，同心同德。”自古莫盛焉。武王之有天下、朝诸侯，犹反掌也，此之谓得人心。自信也，故能使人信己；自爱也，然后可以爱人。不自信，虽欲教人，不行；不自爱，虽欲爱人，伪矣。

【译文】推行为政之道，使天下人都心服，所推行的就是王者之政。说出的言论，能让天下的读书人都欢喜，所说的就是符合圣人之道的言论。因此王者之政使人心归附，而圣人之言使人心悦诚服。为政没有比得人心更重要的了。得人心，不是得到天下所有人的心，而是得到天下贤人的心。百姓对于贤人，把他们的行为作为法则，把他们的言论当作政令。因此贤人所采取的他们就采取，贤人所舍弃的他们就舍弃。一个国家没有不凭借这一点而决定其存亡与否的。周武王说："我有十位能够治理国家的大臣，大家同心同德。"自古以来没有能如此兴盛的。周武王得到天下使诸侯朝觐犹如反掌那么容易，这就是所谓的得人心。人能自信，所以能使别人也相信自己；人能自爱，所以能去爱护他人。如果一个人自己都不相信所说的道理，还想去教给别人，那一定是行不通的。连自己都不爱护，即使想要去爱护别人，别人也会认为你是虚伪的。

不仁者有三殆：富则见怨，贵则见嫉，有功则见疑。三者非人予也，自予也。

【译文】一个人如果没有仁德，就会有三种危险：如果他变得富有，就会被人怨恨；如果他变得高贵，就会被人嫉妒；如果他立下功劳，就会为人所猜疑。这三者不是别人给予的，而是这个人自我招致的。

或曰："黄帝、尧舜垂衣裳而天下治，盖取诸乾坤，何谓也？"曰："无为而已矣。天无为四时行焉，地无为百货出焉，君无为百官治焉。何为哉？”

【译文】有人说：黄帝、尧舜垂下衣带、拱拱手就能做到天下大治，大概是效法天地之道的缘故吧。为什么这么说呢？答案是：他们治理天下，不过是无为罢了。上天无为而四季自然运行，大地无为而各种货物自然产出，君主无为而百官自然让天下大治。哪里需要君主去做什么呢？

爵可贵也，财可富也，赏可劝也，罚可威也，中人也。君子贵不待爵而重矣，富不待财而厚矣，善不待赏而劝矣，过不待罚而沮矣。然而贵贵焉，富富焉，赏赏焉，罚罚焉，中人之法也。若夫贵富赏罚，则非君子之事也。

【译文】对于中等之人，爵位可以使其显贵，财货可以使其富有，奖赏可以使其得到鼓励，惩罚可以使其受到威慑。对于君子就不同了，君子的显贵不用等到授予爵位而自然受人尊重，君子的富有不需拥有财货而自然丰厚，君子自发行善不需要奖赏而自然踊跃，君子有了过失而不需要等待惩罚而自然内心就会觉得沮丧。因为爵位显贵而觉得尊贵，因为拥有财富而觉得富有，因为得到奖赏而受到劝勉，因为受到处罚而产生教训，这是中人之法。对于君子来说，是用不上贵富赏罚的。

有仁心而不施之政焉，民不信也。有仁政而不施之法焉，后世弗徇[1]也。故君子有其心必见于其政，有其政必著于其法。

【注释】①徇：顺从。

【译文】（君主）有仁爱之心而不在施政实践中体现出来，百姓是不会信任的。（君主）推行仁政而不形成一套规范的善法，后世的人就不知道如何遵从。因此君子有仁爱之心一定会在治理政事中得到体现，推行仁政一定会有一套行之有效的善法。

人无为不祥也，而后受其祥。所谓不祥者，少陵长不祥也，贱干贵不祥也，愚蔽贤不祥也，强驾弱不祥也。少陵长，长亦或陵之；贱干贵，贵亦或干之；愚蔽贤，贤亦或蔽之；强驾弱，弱亦或驾之。其类还至也。今有变怪之物、鬼神之事，至于此则人必以谓不祥且有祸矣，至于身不祥则莫之能察者，不亦惑哉。

【译文】一个人不做有损祥和的事，然后才能得到吉祥的福祉。所谓的不吉祥，年轻人欺凌长者就是不吉祥，低贱的人攀求显贵的人就是不吉祥，愚者遮蔽埋没贤者就是不吉祥，强者凌驾弱者就是不吉祥。年轻人欺凌长者，也许有一天也会被长者所欺凌；低贱的人攀求显贵的人，也许有一天也会被显贵的人所迫使，而付出更高昂的代价；愚者压制贤者，也许有一天也会被贤者所摒弃；强者凌驾弱者，也许有一天会被弱者所反制。你平时怎么对待别人，最后都会以同样的方法回报到自己身上。现在有人遇到变怪之物、鬼神之事，到了这时候人们一定认为这是不吉祥并且是遇上了祸端，但是其在日常行为中身行不吉祥之事却没有人能察觉，不也是很糊涂的吗？

恃赏罚而为国，不若其遗赏罚而不恃也。君君臣臣父父子子，苟为厚于义而薄于利，赏罚无所用矣。夫赏也者，贤者所薄也，不得已而居之。罚也者，小人所薄也，不得已而用之。

【译文】依靠赏罚制度来治理国家，不如丢下赏罚制度而不去依靠它。治理国家能够端正纲纪，君行君道，臣行臣道，父行父道，子行子道，如果人人能够把道义放在第一位而轻视货利，赏罚制度就派不上用场了。因此，奖赏是贤德的人所轻视的，不得已而接受它。惩罚，是小人所轻视的，不得已而使用它。

或曰："治国以刑名，犹愈乎已。"刘子曰："然。天下大治则无所用刑，上下分定则无所用名。刑名者乱之资也，小乱则解，大乱则骇，虽有刑名，亦不得施矣。夫怀之以仁义，道之以礼乐，迨其敝而后刑名继之，变未穷也。"

【译文】有人说：治理国家一定要用刑名之法，这是不是有点太过了？刘子说：对。天下大治就用不着施行刑罚，上下的本分已定就用不着名教。刑名之法，也是导致祸乱的重要因素，小的祸乱尚且可以调解，大的祸乱惊天动地，即使有刑名之法到时候也用不上了。用仁义来安抚百姓，用礼乐来引导百姓，等到出现问题了，然后再用刑名之法，作为礼乐教化的补充，其中的变化是没有穷尽的。

有仕为天下者，有仕为国者，有仕为家者。仕为天下者，德合则见，不合则隐；仕为国者，虽德未合，有礼则留，无礼则行；仕为家者，不谋人之军，不议人之国，宠则辞之，危则避之。是皆君子之义也。任轻而忧重，势疏而虑密，其惟好乱之人乎。

【译文】有为天下人而出仕做官之人，有为国家而出仕做官之人，有为自家而出仕做官之人。为天下人出仕做官的人，君主与天地之德相契合就出仕，君主与天地之德不契合就隐退；有为国家而出仕做官之人，君主即使没有德合天地，但能推行礼仪教化就会留下来，君主不能实行礼义教化就离开；有为自家而出仕做官之人，不图谋人家的军队，也不评议国家大事，面对荣誉、恩宠会尽力推辞，遇到危险也会设法避开。这都是符合君子的道义。任务很轻而忧虑很重，情势疏远而谋虑严密，这样的人差不多就是好犯上作乱的人吧。

刘子曰："仕有三耻，相时而为道者耻也，希俗而为功者耻也，饰义而为名者耻也。”

【译文】刘子说：出仕做官的人有三种耻辱：观察时机而行道是耻辱，迎合世俗而求功是耻辱，伪装道义而求名是耻辱。

刘子曰：为君有患，患不知人，不患无臣；为臣有患，患不能治身，不患不能治民。故君必不知人然后无臣，臣必不能治身然后不能治民。知人有道也，无以名妨实；治身有道也，无以远谋近。人自为正而国治耳。

【译文】刘子说：做君主有君主的忧患，忧患在于不能识人，儿子不是没有臣子；做臣子有臣子的忧患，忧患在于不能管好自身，而不是不能管好百姓。因此君主一定是不能识人然后才没有贤德的臣子辅佐自己，臣子一定是不能管好自身然而才不能管好百姓。识人是有方法的，就是不要被外在的名声掩盖了事实的真相；修身也是有方法的，就是不要只看到远处而看不到近处。一个国君自身端正了，国家就会得到治理。

君使臣，报也；臣事君，报也。君人报其德，臣人报其食。报也者，报其直者也。直者，天下之公也。薄施而厚报之，君子不为，工尹商阳[①]是也。厚施而薄报之，君子不可，豫让[②]是也。

【注释】①工尹商阳：春秋末期楚国人。姓工尹，名商阳。《孔子家语》记载：楚伐吴，工尹商阳与陈弃疾追吴师。及之，弃疾曰："王事也，子手弓而可。"商阳手弓。弃疾曰："子射诸。"射之，毙一人，韔其弓。又及，弃疾谓之，又毙二人。每毙一人，辄掩其目，止其御，曰："吾朝不坐，燕不与，杀三人亦足以反命矣。"孔子闻之，曰："杀人之中，又有礼焉！"

②豫让：春秋战国间晋人。为晋卿智瑶家臣。晋出公二十二年（公元前453年）赵、韩、魏共灭智氏。豫让用漆涂身，吞炭使哑，暗伏桥下，谋刺赵襄子未遂，后为赵襄子所捕。临死时，求得赵襄子衣服，拔剑击斩其衣，以示为主复仇，然后伏剑自杀。见《史记·刺客列传》。

【译文】君主任用臣子是一种回报，臣子侍奉君主也是一种回报。君主回报的，是臣子的德行，臣子回报的，是君主给予的俸禄。报，就是给予公正合理的回报。直，就是天下的大公之道。君主施予很少而臣子回报却很多，君子是不做的，工尹商阳就是这样的人。接受的施予很多而回报却很少，君子也是不能心安的，豫让就是这样的人。

卷　四

圣人之政也，务尽于民心，而不以独智知。不使己负疑于天下，为天下而非己也。故赏而天下莫不从，罚而天下莫不服，爱民之至，莫大于是。

【译文】圣人治理政事，务必要使百姓同心同德，而不仅仅是依靠自己个人的智慧。不要让天下人怀疑自己，一切都是为了整个天下，而不是为了自己。那么一旦有所奖赏，天下没有人不顺从的；一旦有所惩罚，天下也没有人不服从的。这是仁爱百姓达到极点，没有超过这个境界的了。

待赏罚而为治者，非正主也。
挟非誉而为义者，非德士也。

【译文】等到有善则赏，有罪则罚时才使国家得到治理的人，不是行正道的君主。怀着非议和称誉而推行道义的人，不是有德行的士人。

刘子曰："圣人之政，吾非得亲见之也，而有礼存焉。圣人之言，吾非得亲闻之也，而有道存焉。在于书者，一是一非，一伪一真，吾谁与信？然则吾且以礼观政，以道观言乎。

【译文】刘子说：圣人治理政事，我不能亲眼见到，但是圣人制定的礼至今依然存于世间。圣人的言论，我不能够亲耳闻听，但是圣人的大道至今依然存于世间。历史书上所记载的，有对的也有错的，有真的也有假的，我应该相信谁的呢？不过如果我们能透过圣人制定的礼来观察其朝政，用圣人的大道来对照其言论，就能够辨别是非真伪了。

矜小名以售大伪，饰小廉以钓大利者，惟巨孱[①]也。何谓巨孱？巨者齐之处士，孱者魏之处士。巨以玉璧赂而显，孱以金钱货而用。以名处士则是，所以为处士则非也。

【注释】①孱（chán）：弱小。

【译文】一个人如果通过在小事上矜惜名声，以此来兜售他大的奸违；在小的事情上表现得很廉洁，以此来取得更大的利益，这样的人被称为“巨孱”。为什么叫“巨孱”呢？原来有一个名字叫巨的人，是齐国的处士，有一个名字叫孱的人，是魏国的处士。巨用玉璧来贿赂而得以显贵，孱用金钱贿赂而得以重用。看来，将“巨”和“孱”作为两位处士的名字，这是可以的。但是，作为处士的行为方式，那就是不可取的了。

近思录

【提要】《近思录》，宋吕祖谦、朱熹撰。

吕祖谦（1137—1181年），字伯恭，婺州（今浙江金华）人，原籍寿州（今安徽凤台）。南宋著名理学家。出身于“东莱吕氏”，吕夷简六世孙、吕大器之子。初以荫补入官。隆兴元年（1163年），登进士第，累官直秘阁、主管亳州明道宫。淳熙八年（1181年）卒，年四十五。景定二年（1261年），配享孔庙。

吕祖谦博学多识，主张明理躬行，学以致用，他所创立的“婺学”（又称“金华学派”）是当时最具影响的学派，在理学发展史上占有重要地位。与朱熹、张栻并称“东南三贤”。著有《东莱集》《历代制度详说》《东莱博议》等。

朱熹（1130—1200年），字元晦，又字仲晦，号晦庵，晚称晦翁，谥文，世称朱文公。祖籍徽州府婺源县（今江西婺源），出生于南剑州尤溪（今福建尤溪）。南宋著名理学家，世尊称为朱子。朱熹十九岁考中进士，曾任江西南康、福建漳州知府、浙东巡抚，做官清正有为，振举书院建设。官拜焕章阁侍制兼侍讲，为宋宁宗皇帝讲学。朱熹与“二程”（程颢、程颐）合称“程朱学派”。他的理学思想对元、明、清三朝影响很大，成为三朝的官方哲学。朱熹著述甚多，有《四书章句集注》《太极图说解》《通书解说》《周易读本》《楚辞集注》，后人辑有《朱子大全》《朱子集语象》

等。其中《四书章句集注》成为钦定的教科书和科举考试的标准。

《近思录》是吕祖谦和朱熹二人按照二人思想合撰的一部理学语录集。淳熙二年（1175年），吕祖谦从浙江到福建与朱熹会晤，两人在寒泉精舍相与读周敦颐、张载、程颢、程颐等著作，感其“广大闳博，若无津涯”，初学者不易把握其要义，于是精选六百二十二条，辑成《近思录》，共分十四卷。“近思”二字取自《论语》“博学而笃志，切问而近思，仁在其中矣。”朱熹取此书名的用意在于把《近思录》当作学习四子著作的阶梯，四子著作又为学习《六经》的阶梯，以正“厌卑近而骛高远”之失。

《近思录》一书在理学史上具有重要地位，为确立儒家道统，传播理学思想起过重要作用。清代江永称：“凡义理根源，圣学体用，皆在此编”，“盖自孔曾思孟而后，仅见此书”。国学大师钱穆说：“后人治宋代理学，无不首读《近思录》。”宋人叶采撰有《近思录集解》。《四库全书总目提要》将其列入子部儒家类。

《续编》自全书中辑录《道体》《为学大要》《格物穷理》《治国平天下之道》《制度》《改过及人心疵病》等篇中的精华语录三十一条，皆为修齐治平相关的内容。

道 体

诚①，无为；几②，善恶。德：爱曰仁，宜曰义，理曰礼，通曰智，守曰信。性焉、安焉之谓圣，复焉、执焉之谓贤，发微不可见、充周不可穷之谓神。

——周敦颐《通书·诚几德》

【注释】①诚：周敦颐以“诚”为做人的最高境界。

②几：动之微。

【译文】诚到极点，就是没有起心动念；一个人有了细微的念头，善恶就出现了。德的体有五用：爱人叫作仁，凡事和宜叫作义，符合常理叫作礼，通达无碍叫作智，守持承诺叫作信。安于本性天生而诚的叫作圣人，恢复诚的本性能够守持不失的叫作贤人。诚的意念在细微之处，不容易觉察；扩而充之周遍宇宙而不可穷尽叫作神。

仁者，天下之公①，善之本也。

——《程氏易传·复传》

【注释】①公：共同的，公认的，这里指应共同遵循的准则。

【译文】仁，是天下人皆应遵从的道义法则，也是各种善心善行的根本。

天下之理，终而复始，所以恒而无穷。恒非一定之谓也，一定则不能恒矣。惟随时变易①，乃恒道也。天地常久之道，天下常久之理，非知道者孰能识之？

——《程氏易传·恒传》

【注释】①易：改变。

【译文】天下万物变化运行之理，是终结了又复归起始，所以宇宙万物恒久保持而生生无穷。恒久保持不是说固定不变，固定不变就不能恒久保持了。只有随顺时序改变迁转，才符合自然长久之道。天地长久之法则、天下长久之道理，不是明晓大道之人，有谁能明白呢？

伊川先生曰：公则一[①]，私则万殊[②]。"人心不同如面"，只是私心。

——《二程遗书》卷十五

【注释】①一：相同，一样，指一视同仁。

②殊：差别，不同。

【译文】程颐先生说：为公的心，都是一样的；为私，就会千差万别。人心各不相同，一如人的面貌各异，说的是人的私心。

为学大要

人之蕴蓄，由学而大[①]，在多闻前古圣贤之言与行。考[②]迹以观其用，察言以求其心，识而得之，以蓄成其德。

——《程氏易传·大畜传》

【注释】①大：扩大，丰富。

②考：推求，研究。

【译文】人的学问修养的积淀，是通过学习而充实博大，学习在于多了解古圣先贤的言行。研究他们的行迹以认知他们的德用，探察他们的言论以推求他们的存心，了解到这些道理修学就有收获，如此积累就能成就自己的德行。

君子之遇艰阻，必思自省于身，有失而致之乎？有所未善则改之，无歉[①]于心则加勉，乃自修其德也。

——《程氏易传·蹇传》

【注释】①歉：惭愧，歉疚。

【译文】君子遇到艰难险阻之时，一定要思考反省自身，是自己有过失所导致的吗？有不够完善之处就要改正，无愧于心就要更加自勉，这就是自我修养德行啊！

格物穷理

凡读史，不徒要记事迹，须要识其治乱安危、兴废存亡之理。且如读《高帝纪》[①]，便须识得汉家四百年终始治乱当如何，是亦学也。

——《二程遗书》卷十八

【注释】①《高帝纪》：指《史记·高祖本纪》。

【译文】但凡阅读史书，不光要记住历史事实，还要懂得其中治乱安危、兴衰存亡的道理。比如读《史记·高祖本纪》，就应该明白汉朝四百年从头至尾的平治和动乱应该如何评价。这也是学习啊！

读史须见圣贤所存治乱之机，贤人君子出处进退，便是格物。

——《二程遗书》卷十九

【译文】研读史书应当看出圣贤心存的天下治乱的先机，以及贤人君子出入进退、出仕退隐的作风，这就是穷究事理的“格物”。

《尚书》难看，盖难得胸臆①如此之大。只欲解义，则无难也。

——张载《经学理窟·诗书》

【注释】①胸臆：胸怀，气度。

【译文】《尚书》之所以难读，是因为常人难有那么宏大的胸襟气度。如果只想理解它的字面含义，就没有什么困难的了。

治国平天下之道

古之时，公卿大夫而下，位各称[1]其德，终身居之，得其分[2]也；位未称德，则君举而进之，士修其学，学至而君求之，皆非有预[3]于己也。农工商贾[4]，勤其事而所享有限[5]。故皆有定志，而天下之心可一。后世自庶士至于公卿，日志于尊荣，农工商贾，日志于富侈[6]。亿兆[7]之心，交骛于利，天下纷然，如之何其可一也？欲其不乱，难矣！

——《程氏易传·履传》

【注释】①称：匹配，相称。

②分：指名位、职责、权利的限度。

③预：预先安排。

④农工商贾：农，农民。工，从事各种技艺的劳动者的总称。商贾，商人。

⑤限：范围，分界。

⑥富侈：财产极多。

⑦亿兆：原指数量极多，此指庶民百姓、天下万民。

【译文】古时，自公卿大夫以下的官员，职位各与其德行相称，终身担任官职，名禄权责各如其分；职位过低而不与其德行相称的，国君就会举荐提拔他；士子修习学问，学有所成国君就请求他出仕，这都不是自己预先有所安排。农民、工匠、商人等各行各业的人，勤劳从事各自的本职工作，享受的权利也各有其范围限度。所以人们都有安定的心志，这样天下人的心就可以凝聚起来。后世从庶民士子到公卿大夫，天天把尊贵荣显作为自己的志向；农民、工匠、商人等各行各业的人，天天把富贵奢侈作为自己的志向。亿万生民，交相追名逐利，天下纷纷扰扰，像这样怎么能够凝聚人心呢？想要使天下不乱，太难了！

自古圣王救难定乱，其始未暇[1]遽为也，既安定，则为可久可继之治。自汉以下，乱既除，则不复有为，姑随时维持而已，故不能成善治，盖不知"来复"之义也。"有攸往，夙吉"，谓尚有当解之事，则早为之，乃吉也。当解而未尽者，不早去，则将复盛；事之复生者，不早为，则将渐大，故"夙则吉"也。

——《程氏易传·解传》

【注释】①未暇：没有空闲，来不及。

【译文】自古以来圣明君王扶危济难、平定患乱，刚开始顾不上立刻去恢复圣治，等到天下已经安定，就会推行可以长治久安之道。从汉朝以后，天下灾乱已经消除之后，就不再有所作为，只是随顺时势维持现状而已，所以不能实现大治，是因为不懂"来复"的义理啊！"如果有地方要去，早去吉利"，是说还有应当要解除的祸患，那么就要尽早解除才吉利。应当解除而没有彻底解除的祸患，如果不尽早消除，就会再次兴盛起来；一旦死灰复燃，如果不尽早解决，就会逐渐发展壮大，所以说"早去吉利"。

治身齐家以至平天下者，治之道也。建立治纲，分正百职，顺天时以制事，至于创制立度，尽天下之事者，治之法也。圣人治天下之道，唯此二端而已。

——《程氏经说·书解》

【译文】修身齐家再到平治天下，这是治国之道。建立治理纲纪，区分严正百官之职，顺应天时处理事务，以至于创立制度规范一切天下之事，这是治国之法。圣人治理天下的准则，只有这两个方面而已。

明道先生曰：先王之世，以道治天下，后世只是以法把持天下。

——《二程遗书》卷一

【译文】程颢先生说：前代圣王的时代，是用圣道治理天下，后世只是用法令控制天下。

治道亦有从本而言，亦有从事而言。从本而言，惟从格①君心之非，正心以正朝廷，正朝廷以正百官。若从事而言，不救则已，若须救之，必须变。大变则大益，小变则小益。

——《二程遗书》卷十五

【注释】①格：纠正，匡正。

【译文】治国之道有从根本而言的，也有从事理而言的。从根本而言，只有从匡正君王心中的错误开始，匡正君王之心以严正朝廷，严正朝廷以严正百官。如果从事理而言，不挽救政事上的弊病则罢，如果要挽救，一定要变革。大的变革就有大的益处，小的变革就有小的益处。

唐有天下，虽号治平[①]，然亦有夷狄之风。三纲不正，无君臣、父子、夫妇，其原始于太宗也。故其后世子弟皆不可使[②]，君不君，臣不臣，故藩镇不宾[③]，权臣跋扈，陵夷[④]有五代之乱。汉之治过于唐，汉大纲正，唐万目[⑤]举。本朝大纲正，万目亦未尽举。

——《二程遗书》卷十八

【注释】①治平：国家安定平和。

②使：差遣，任用。

③宾：服从，归顺。

④陵夷：由兴盛渐至于衰微。

⑤万目：指各种政治制度、政策。

【译文】唐朝占有天下，虽然号称安定平治，然而仍有夷狄蛮族的风气。三纲不正，丧失了君臣、父子、夫妇的纲常之道，其根源来自于唐太宗。所以唐朝后世的子孙都不能担当大用，君王不在君王本位，臣子不在臣子本位，所以割据的藩镇不再归顺，专权的大臣飞扬跋扈，国力渐渐衰颓而产生了五代之乱。汉朝治理天下超过唐朝。汉朝以典章纲要中正严明取胜，唐朝以制度政令全面施行取胜。宋朝典章纲要中正严明，但各种制度政令还不够完善。

制　度

明道先生言于朝曰：治天下以正风俗、得贤才为本。宜先礼命①近侍②贤儒及百执事③，悉心推访有德业充备、足为师表者，其次有笃志好学、材良行修者，延聘敦遣④萃⑤于京师，俾朝夕相与讲明正学。其道必本于人伦，明乎物理。其教自小学洒扫应对以往，修其孝悌忠信，周旋礼乐，其所以诱掖⑥激励、渐摩⑦成就之道，皆有节序⑧，其要在于择善修身，至于化成天下，自乡人而可至于圣人之道。其学行皆中于是者为成德，取材识明达、可进于善者，使日受其业。择其学明德尊者，为太学之师，次以分教天下之学，择士入学，县升之州，州宾兴⑨于太学，太学聚而教之，岁论其贤者能者于朝。凡选士之法，皆以性行端洁、居家孝悌、有廉耻礼逊、通明学业、晓达治道者。

——《二程文集》卷一《请修学校尊师儒取士札子》

【注释】①礼命：礼请任命。

②近侍：亲近侍奉帝王。

③执事：执掌事务者，指官员。

④延聘敦遣：聘请恭送。

⑤萃：汇集，聚集。

⑥诱掖：诱导扶植。

⑦渐摩：亦作“渐磨”，浸润，教育感化。

⑧节序：节度次序。

⑨宾兴：周代举贤之法，谓乡大夫自乡小学荐举贤能而宾礼之，以升入国学。

【译文】程颢先生在朝廷中说：治理天下以雅正风俗、求得贤才为根本。应该首先礼请任命近侍帝王的贤明儒者和执事百官，要尽心推求查访，凡有德行功业完备、足以为人师表的人；其次有笃志好学、才高德优的人，要以厚礼聘请，并让地方官恭送，让他们都集中在京师，以便从早到晚互相讲论研明中正之学。他们的学问一定是以人的伦常为根基，进而明晓通达万物之理。他们教给人的是从童蒙的洒扫庭院、应对宾客开始，进一步修养孝悌忠信、进退酬对、礼乐法度，他们用以诱导、扶助、激励、浸润、感化学生并使之成就德行功业的方法，都有其节度次序，重点在于选择善道、修养自身，再到成功教化天下万民，使人从一个乡间凡夫可以进步到达圣人境界。那些学问品行都符合这些要求的人就成就了德行。选取那些才智明达、可以进修善道的人，让他们每天接受这些老师传授学业。选择那些学问明达、德行尊贵的人，让他们做太学的老师，学问德行次一等的让他们分赴天下各地的学校教育学生。

选择学问德行优良的士子入学，让他们从县学升到州学，从州学再择优举荐到太学，太学再集中起来教育，每年都在朝廷中议论评定贤能之人。凡选取士子，都要选那些品行端正高洁、在家孝悌亲人、知廉耻、懂礼让、通达学问德业、明晓治理之道的人。

改过及人心疵病

伊川先生曰：德善日积，则福禄日臻。德逾于禄，则虽盛而非满。自古隆盛，未有不失道而丧败者也。

——《程氏易传·泰传》

【译文】程颐先生说：德行善心一天天积累，福气利禄就会一天天到来。德行高过所享有的利禄，那么即使利禄盛大至极也不会盈满。自古以来福禄隆盛的人，没有不丧失正道而颓败没落的。

人君致危亡之道非一，而以豫为多。

——《程氏易传·豫传》

【译文】君王招致危亡的原因不止一种，其中以贪图安乐这一条最为突出。

圣人为戒，必于方盛之时。方其盛而不知戒，故狃[①]安富则骄侈生，乐舒肆[②]则纲纪坏，忘祸乱则衅孽[③]萌，是以浸淫[④]，不知乱之至也。

——《程氏易传·临传》

【注释】①狃：贪图。

②舒肆：宽舒肆意。

③衅孽：祸害。

④浸淫：浸染，濡染。

【译文】圣人戒备祸患，一定是在事物正盛的时候。在事物正盛的时候不知道戒备，那么就会贪图安逸富贵而滋生骄傲奢侈之心，喜欢宽舒肆意而败坏纲常法纪，忘却祸乱危险而萌生灾变事端，这就是长久沉溺在逸乐之中，无法察觉到变乱已经到来。

虽舜之圣，且畏巧言令色。说[①]之惑人，易入而可惧也如此。

——《程氏易传·兑传》

【注释】①说：同“悦”。

【译文】即使像舜那样的圣人，尚且害怕花言巧语取悦于人的人。喜悦就是这样能够迷惑于人，它是这样的容易攻入人心，并让人感到畏惧啊！

治水，天下之大任也，非具至公之心，能舍己从人，尽天下之议，则不能成其功，岂方命圮族[1]者所能乎？鲧虽九年而功弗成，然其所治，固非他人所及也。惟其功有叙[2]，故其自任[3]益强，咈戾圮类[4]益甚，公议[5]隔而人心离矣，是其恶益显，而功卒不可成也。

——《程氏经说·书解》

【注释】①方命圮族：出自《尚书·尧典》，指不遵守命令、危害同族的人。方，违背。圮，毁灭。

②叙：评议等级次第。

③自任：自信，自用。

④类：族类。

⑤公议：按公利标准而议论，公众共同评论。

【译文】治水，是天下重大的任务，不是具备至公的心，不能够舍弃私心倾听他人；不能充分采纳天下人的议论，就不能治水成功。这怎么会是那些悖逆法令、危害族类的人所能做到的呢？鲧虽然治水九年没有成功，但他治水的能力，确实不是他人所能比得上的。因为他取得了一定的功绩，所以他的自信心更加膨胀，悖逆乖离、危害族类的行为也更加严重，听不进公众的议论，民心涣散背离，于是恶果日益明显，而治水之功最终也无法成就。

象山语录

【提要】《象山语录》，宋陆九渊撰。

陆九渊（1139—1193年），字子静，抚州金溪（今江西金溪）人，因书斋名“存”，世称存斋先生。又因讲学于象山书院，被称为“象山先生”，学者常称其为“陆象山”。陆九渊为宋孝宗乾道八年（1172年）进士，初调靖安主簿，历国子正。有感于靖康时事，便访勇士，商议恢复大略。曾上奏五事，遭给事中王信所驳，遂还乡讲学。绍熙二年（1191年），升知荆门军。在任内创修军城，稳固边防，甚有政绩。绍熙三年十二月（1193年1月）逝世，享年五十四岁。嘉定十年（1217年），追谥文安。陆九渊为宋明两代“心学”的开山之祖，与朱熹齐名，而见解多不合。主“心（我）即理”说，言“宇宙便是吾心，吾心即是宇宙”，明王守仁继承发展其学，成为“陆王学派”，对后世影响极大。著有《象山先生全集》。

《象山语录》是一部体现陆九渊思想的语录集，由陆九渊的多名弟子所记汇编而成。《语录上》为傅子云和严松所记，《语录下》为周清叟、李伯敏、包扬、詹阜民和黄元吉所记。《续编》自全书中辑录了十八则，内容均有关治国理政与兴亡之道。

唐虞之际，道在皋陶[①]；商周之际，道在箕子[②]。天之生人，必有能尸[3]明道之责者，皋陶、箕子是也。箕子所以佯狂不死者，正为欲传其道。既为武王陈《洪范》，则居于夷狄，不食周粟。

自周衰以来，人主之职分不明。《尧典》命羲和敬授人时，是为政首。后世乃付之星官、历翁，盖缘人主职分不明所致。孟子曰："民为贵，社稷次之，君为轻。"此却知人主职分。

【注释】①皋陶（gāo yáo）：偃姓，皋氏，名繇，字庭坚，少昊之墟（今山东曲阜市）人。上古时期东夷部落首领，历经唐虞夏三个时代，长期担任掌管刑法的"士师（理官）"后世尊为"中国司法始祖"。

②箕（jī）子：名胥余，殷商末期人，纣王的叔父，官太师，封于箕。

③尸：担任，承担。

【译文】从唐尧到虞舜，传道的责任在皋陶身上；从商朝到周朝，传道的责任在箕子身上。上天造就万民，必定有能担任昭明大道的责任的人，像皋陶、箕子就是这样的人。箕子之所以假装发疯而不立刻就死，就是为了要传道。在他为周武王陈述《洪范》大法之后，就居于远离周朝的边远地区，不吃周朝的粮食。

自从周朝衰微以来，君主的职责本分变得越来越不明确了。在《尧典》中尧帝命令羲氏与和氏教导人民按照时令从事生产活动，这是为政之首要任务。后世把这件事只是交给掌管星历的低级官员去负责，正是因为君主的职责本分不能明确所导致的。孟子道："百姓最为重要，国家其次，国君为轻。"从这里就可以知道一个君主的职责本分。

古者势与道合，后世势与道离。何谓势与道合？盖德之宜为诸侯者为诸侯，宜为大夫者为大夫，宜为士者为士，此之谓势与道合。后世反此：贤者居下，不肖者居上，夫是之谓势与道离。势与道合则是治世，势与道离则是乱世。

四岳举鲧，九载绩用弗成，而逊位之咨，首及四岳。尧不以举鲧之非而疑其党奸也，比之后世罪举主之义甚异。

【译文】古时候一个人的地位权势和他的道德品行是相符合的，后世一个人的地位权势和他的道德品行是相违背的。什么叫作地位权势和他的道德品行是相符合的呢？就是德行适宜做诸侯的就做诸侯，适宜当大夫的就当大夫，适宜为士的就为士。这就叫作地位权势和他的道德品行是相符合的。后代与此正好相反：德才兼备的人处于下层，无才无德的人居于上层。这就叫作地位权势和他的道德品行是相违背的。人的地位权势和他的道德品行是相符合的时代就是安定太平的时代，人的地位权势和他的道德品行是相违背的时代就是动荡不安的时代。

四方氏族部落首领都推举鲧来治水，鲧治水九年，没有收到成效。而尧帝在准备退位寻找继承人的时候还是首先询问四方氏族部落首领。尧帝不以四岳推荐鲧治水的失误而怀疑他们偏袒奸诈，和后世归罪于推举之人的做法相比差异很大。

《尚书》一部，只是说德，而知德者实难。

惟天下之至一，为能处天下之至变；惟天下之至安，为能处天下之至危。

《大禹谟》一篇要领，只在“克艰”两字上。

燕昭王之于乐毅①，汉高帝之于萧何，蜀先主之于孔明，苻秦②之于王猛③，相知之深，相信之笃，这般处所不可不理会。读其书，不知其人，可乎？

【注释】①乐毅：生卒年不详，子姓，乐氏，名毅，字永霸。中山灵寿人，战国后期杰出的军事家，魏将乐羊后裔，拜燕上将军，受封昌国君，辅佐燕昭王振兴燕国。

②苻秦：即前秦苻坚，字永固，又字文玉，小名坚头，略阳临渭（今甘肃秦安县）人，氐族。十六国时期前秦政权君主（357—385年在位）。

③王猛：字景略，东晋北海郡剧县（今山东潍坊寿光东南）人，后移家魏郡。十六国时期在前秦官至丞相、大将军。

【译文】一部《尚书》，只是在阐述德，而懂得德的人却实在很难。

只有天下达到高度的和谐一致，才能应对天下极度的变故；只有天下达到极其安定，才能应对天下极度的危机。

《大禹谟》一篇的要领，只在“克艰”两个字上。

燕昭王对于乐毅，汉高帝刘邦对于萧何，蜀先主刘备对于孔明，前秦苻坚对于王猛，相知甚深，相互信任甚为笃诚，对于这些事情，不能不去深入理解并领会其中的奥旨。读其书，不知其人，难道可以吗？

主于道，则欲消而艺亦可进。主于艺，则欲炽而道亡，艺亦不进。

尧之知共工①、丹朱②，不是于形迹间见之，直是见他心术。

“皇极③之君，敛时五福④，锡厥庶民。”福如何锡得？只是此理充塞乎宇宙。

【注释】①共工：古史传说人物。为尧臣，和驩兜、三苗、鲧并称为“四凶”，被流放于幽州。

②丹朱：尧的儿子。名朱，封于丹渊，故称为“丹朱”。因其不肖，故尧禅位于舜。

③皇极：皇建其有极，即天子来制定建立中正的天下最高准则。

④五福：一曰寿，二曰富，三曰康宁，四曰攸好德，五曰考终命。

【译文】存心于道，欲望就会消减而技艺也能增进；存心于艺，那么欲望就会炽盛而道也会消亡，技艺也不能增进。

尧帝了解共工、丹朱，不是从他们的举动和神色上来观察，而是直接观察他们的存心动机。

“建立至高无上统治法则的君王，能够聚集五福，施予给臣民。”福怎么可以被赐予呢？只是宇宙间自有因果之理，此理无处不在（圣王治理天下，只是循理而行罢了）。

读介甫[①]书，见其凡事归之法度，此是介甫败坏天下处。尧舜三代虽有法度，亦何尝专恃此。又未知户马[②]、青苗[③]等法果合尧舜三代否？当时辟介甫者无一人就介甫法度中言其失，但云“喜人同己”，“祖宗之法不可变”。夫尧之法，舜尝变之；舜之法，禹尝变之。祖宗法自有当变者，使其所变果善，何嫌于同？古者道德一，风俗同，至当归一，精义无二，同古者适所以为美。惜乎无以此辟之，但云“祖宗法不可变”，介甫才高，如何便伏？惟韩魏公[④]论青苗法云：“将欲利民，反以害民。”甚切当。或言介甫不当言利；夫《周官》一书，理财者居半，冢宰制国用，理财正辞，古人何尝不理会利？但恐三司等事，非古人所谓利耳。不论此，而以言利遏之，彼岂无辞？所以率至于无奈他何处。或问：“介甫比商鞅何如？”先生云：“商鞅是脚踏实地，他亦不问王霸，只要事成，却是先定规模。介甫慕尧舜三代之名，不曾踏得实处，故所成就者，王不成，霸不就。本原皆因不能格物，模索形似，便以为尧舜三代如此而已。所以学者先要穷理。”

【注释】①介甫：即王安石。王安石，字介甫，号半山，宋抚州临川（今江西抚州）人，北宋著名思想家、政治家、文学家、改革家。

②户马：官府派民户养马以供军用的制度。

③青苗：青苗法，亦称“常平新法”，是中国宋朝王安石变法的措施之一。

④韩魏公：即韩琦，字稚圭，自号赣叟，相州安阳（今河南安阳）人。北宋政治家、词人。曾被封为魏国公，于是被世人称为韩公、魏公、韩魏公。

【译文】读王安石的书，看到他凡事都归于法度，这就是王安石败坏天下的地方。尧舜禹三代虽然有法度，也没有专门依仗这个。又不知派民户养马以供军用的制度、常平新法等制度果真合乎尧舜禹三代吗？当时驳斥王安石的人当中，没有一个就王安石法度之中指责他的过失的，只是说“欢喜他人的观点与自己相同”，“祖宗制定的法度不能更改”，尧帝的法度，舜帝曾经使之改变，舜帝的法度，大禹曾经使之更改。祖宗制定的法度自然有可以更改的，只要所更改的果真很好。就算是与某某相同又有何妨？古代道德标准一致，各地风俗相同，极其适合归于一统。千年而后，如果这些精微之处与古代仍无二致，那么采用与古代相同的法度便恰恰是很好的选择了。可惜当时没有人从这个角度去批评王安石，只是一味强调“祖宗制定的法度不能更改”。王安石才华出众，岂能轻易被驳倒？只有韩琦论及青苗法时说道：“虽然初衷是想要利益百姓，结果反而会害了百姓。”十分确当。有人说王安石不应当说利，而在《周官》这本书里，关于理财的就占据了一半的内容。冢宰管理国家的用度，治理财政并阐述其中的义理，古代人何曾不考虑利益呢？只是恐怕三司等事，不是古代人所谓的利益。不把这些道理说清楚，却只是责备王安石不该谈论利益，他怎么会没有他的一套说法呢？因此就造成了大家都拿他没办法的局面。有人问："王安石和商鞅比起来怎么样呢？"象山先生道："商鞅是脚踏实地，他也不追求成就什么王霸之业，只要政事功成，所以才为此制定了各种制度。王安石追慕尧舜禹三代美好的声名，不曾脚踏实地，因此所成就的，没有王业，也没有霸业。根本原因都是因为没有做好'格物'的功夫，生搬硬套，觉得仿佛相似，就以为尧舜禹三代也不过就是这样罢了。因此学习古代治国之道的人，首先要把事物的道理研究透彻才行。"

道大，人自小之；道公，人自私之；道广，人自狭之。

道塞天地，人以自私之身与道不相入。人能退步自省，自然相入。唐虞三代教化行，习俗美，人无由自私得。后①以裁成天地之道，辅相天地之宜，以左右②民。今都相背了，说不得。

【注释】①后：上古称君主、帝王。

②左右：帮助，辅佐。

【译文】道本至大，人往往因为自己的缘故，能看到的部分却很小；道本至公，人往往因为自己的缘故，却用一颗自私的心去亵渎它；道本至广，人往往因为自己的缘故，能达到的地方却非常有限。

大道充塞天地之间，但是人若抱着自私自利的想法不放，是无法与大道相契合的。人们如果能退一步自我反省，自然就可以入于大道了。尧舜禹三代教化相行，习俗美善，人们不会为自己谋私利。帝王有感于此，进而总结出天地之道，顺应大自然的规律，以此来帮助和教导百姓。现在这一切都相违背了，没有人听你再说这些了。

“人道敏政”[①]，言果能尽人道，则政必敏矣。

汤放桀，武王伐纣，即“民为贵，社稷次之，君为轻”之义。孔子作《春秋》之言亦如此。

四岳举丹朱、举鲧等，于知人之明，虽有不足，毕竟有德。故尧欲逊位之时，必首曰：“汝能庸命逊朕位。”

汉唐近道者：赵充国[②]、黄宪[③]、杨绾[④]、段秀实[⑤]、颜真卿[⑥]。

【注释】①人道敏政：以贤人施政的道理在于使政治迅速昌明。

②赵充国：字翁孙，汉族，原为陇西上邽（今甘肃天水）人，后移居湟中（今青海西宁地区）。西汉著名将领。赵充国为人有勇略，熟悉匈奴和氐羌的习性。汉武帝时，随贰师将军李广利出击匈奴，率百壮士突围，被拜为中郎，历任车骑将军长史、大将军都尉、中郎将、水衡都尉、后将军等职。他率军击败武都氐族叛乱，并出击匈奴，俘虏西祁王。汉昭帝死后，与霍光等拥立汉宣帝，封营平侯。累官蒲类将军、后将军、少府。神爵元年（前61年），计定羌人叛乱，并开展屯田。赵充国善于治军，爱护士兵。行必有备，止必坚营，战必先谋，稳扎稳打。在平

叛战事中，他坚决采取招抚与打击相结合、分化瓦解、集中打击顽固者的方针，能和平解决的，决不诉诸武力。他七十三岁时，再度领兵出征，七十九岁凯旋回京。

③黄宪：字叔度，号征君，东汉著名隐士，汝南慎阳人。世贫贱，父为牛医，而宪以学行见重于时。延光元年（122年），太守王龚以袁阆为功曹，举陈蕃、黄宪等为孝廉。黄宪时年十四，颍川荀叔遇之于逆旅，与语移日不能去，以之为师表，称之为颜子；同郡戴良才高倨傲，及见宪归，茫然若有失，自愧不及；周子居常云："吾时月不见黄叔度，则鄙吝之心已复生矣。"及蕃为三公，临朝叹曰："叔度若在，吾不敢先佩印绶矣。"郭泰谓其汪汪若千顷波，澄之不清，淆之不浊，不可量也。宪初举孝廉，又辟公府，暂到京师而还，竟无所就。汉恒帝永寿二年岁次丙申，年四十八终，天下号曰徵君。

④杨绾（wǎn）：字公权，华州华阴（今陕西华阴）人。唐朝中期名相。杨绾出身弘农杨氏原武房，早年以聪慧闻名。唐玄宗时登进士第，授太子正字。天宝十三载（754年），参与玄宗亲自主持的考试，名列第一，升为右拾遗。安史之乱爆发之后，杨绾前往唐肃宗所在的灵武，随后历任起居舍人、职方郎中、中书舍人、礼部侍郎等职。代宗李豫铲除元载一党之后，杨绾出任中书侍郎、同平章事。大历十二年（777年），杨绾病逝，年六十。获赠司徒，谥号文简。杨绾为人俭朴，多次担任要职，无一区房宅，所得的俸禄，每月分发给亲友。思想明晰见识过人，盖如往哲微言，《五经》奥议，以前儒者们未知的东西，杨绾一看便知其精深至理。他崇尚玄言，崇信释道二教，曾经著有《王开先生传》以表叙其意。凡是所结交的朋友，都是当时名流。有的到他那里去的人，终日清淡，不曾追逐名利。有些客人想谋求职位，看见杨绾说话玄达，

不敢提出，惭愧退下。当时可与杨震、邴吉、山涛、谢安为同类之人。

⑤段秀实：字成公。陇州汧阳（今陕西千阳）人。唐代中叶名将。段秀实幼读经史，稍长后习武，为人谦恭朴实。早年征战于西域，参与怛罗斯之战，历任安西府别将、陇州大堆府果毅、绥德府折冲都尉等职。安史之乱后，辅佐大将李嗣业、荔非元礼、白孝德平叛，后更任邠宁节度行军司马兼都知兵马使，协助节度使马璘治镇。唐代宗大历十二年（777年），段秀实升任四镇北庭行军及泾原郑颍节度使，总揽西北军政，累封张掖郡王。在他任内，边患稍减，使百姓安居乐业。后因得罪宰相杨炎而被调回长安，改授司农卿。建中四年（783年），泾原兵变发生，叛将朱泚企图称帝，段秀实当庭勃然而起，以笏板攻击朱泚，因此遇害。史称“自古殁身以卫社稷者，无有如秀实之贤”。次年，获赠太尉，谥号忠烈。

⑥颜真卿：字清臣，小名羡门子，别号应方，京兆万年（今陕西西安）人，祖籍琅玡临沂（今山东临沂）。唐朝名臣、书法家。开元二十二年（734年），颜真卿登进士第，历任监察御史、殿中侍御史。后因得罪权臣杨国忠，被贬为平原太守，世称“颜平原”。安史之乱时，颜真卿率义军对抗叛军。后至凤翔，被授为宪部尚书。唐代宗时官至吏部尚书、太子太师，封鲁郡公，人称“颜鲁公”。兴元元年（784年），被派遣晓谕叛将李希烈，凛然拒贼，终被缢杀。他遇害后，嗣曹王李皋及三军将士皆为之痛哭。追赠司徒，谥号文忠。

【译文】“以贤人施政的道理在于使政治迅速昌明”，是说果真能够完善人伦之道，那么政治一定会迅速昌明。

成汤流放夏桀，武王讨伐纣王，即“百姓最为重要，国家其次，国君为轻”的道理。孔子作《春秋》的言论也是这样。

四方氏族部落首领推举丹朱、鲧等，他们在识人上，虽然有所不足，毕竟有德行。因此尧帝将要让位的时候，一定先说："你们之中有谁能顺应天命，继任我的帝位呢？"

汉唐之际接近大道的人有：赵充国、黄宪、杨绾、段秀实、颜真卿。

刍　言

【提要】《刍言》，宋崔敦礼撰。

崔敦礼（？—1181年），字仲由，本通州静海人（今江苏南通），居溧阳（今江苏溧阳）。与弟敦诗同登宋绍兴三十年（1160年）进士。先后担任江宁尉、平江府教授、江东安抚司淳官、诸王宫大小学教授。淳熙八年（1181年）去世，官至宣教郎。著有《刍言》《宫教集》。

《刍言》，《四库全书总目提要》列入子部杂家类，《提要》云："是编凡分三卷，上卷言政，中卷言行，下卷言学。其造文皆规模扬雄、王通，无语录鄙俚之习。然首卷以道德仁义分析差等，中又以诸经传注为蠹道之书，其旨颇杂于黄、老，未为粹然儒者之言。至其间指切事理，于人情物态，抉摘隐微，多中疑要，则亦不可尽废者。"《续编》自全书三卷中辑录了其中有关治道的内容，作为今人的借鉴。

卷　上

医之活人，方也；杀人，亦方也。人君治天下，法也；乱天下，亦法也。方能治病，不能尽天下之病，遇病而不通于方，杀人矣。法能制变，不能尽天下之变，遇变而不通于法，乱天下矣。是故上医无传方，非无良方也，忧用方者也。圣人无定法，非无善法也，忧用法者也。九人履，其一跣[①]焉，则跣者耻；九人跣，其一履焉，则履者不能为俗。赭衣墨服，舜之刑宽矣，而民愈避。断支体、残肌肤，秦之法严矣，而民愈犯。民非畏宽而易严也，法宽则刑者少，刑者少则民为耻矣。法严则犯者多，犯者多则民为玩[②]矣。舜之民，十人而九履者也；秦之民，十人而九跣者也。

【注释】①跣（xiǎn）：光着脚，不穿鞋袜。

②玩：轻慢，忽视。

【译文】医生救死扶伤，依靠的是处方；而庸医害人性命，也是通过处方。君主治理天下，依靠的是法令；而导致国家祸乱的，也通常是法令。医方能够治病，不能治尽天下人的疾病，遇到疾病而不了解药方的用法，就等于害人性命。法令能制止祸乱，但不能消除天下所有的祸乱，遇到祸乱而不懂得变通，是用法令导致天下的祸乱。因此上医不把药方流传给后世，不是因为他没有良好的药方，是担心将来没有会用药方的人。圣人不给后世留下既定的常规，不是没有善的法令，而是担心后世没有善用法令的人。九个人穿着鞋子其中一人光着脚，那么光着脚的人就会感到可耻；九个人光着脚而其中一人穿鞋子，那么穿鞋子的人也不能免俗。穿着囚衣象征性受刑，是大舜时期刑法宽大的做法，而百姓懂得羞耻，因而愈加守法，避免受刑。截断肢体伤残肉身，是秦朝实施的严刑峻法，但是犯法的百姓却越来越多。百姓不是畏惧法律宽大而轻视刑罚严酷，用法宽大，则受刑的人少，受刑的人少，那么百姓就以受刑犯法为耻辱。法律苛刻，那么触犯刑法的人就多，触犯刑法的人多，那么百姓就会对法律轻慢。大舜时期的百姓如有十人，那么就有九个穿鞋子的，秦朝时期的百姓如有十人，那么就有九个光脚的。

天下无常治，非无常治也，无常时也。孰为时？曰在国，其次在士，其次在民。善善而恶恶，进贤而退不肖，赏一出而天下以为劝，罚一出而天下以为沮，时在国者矣；周道衰，诸侯之论屈于游谈，汉治废，公卿之望轻于布衣，时在士者矣；一夫倒戈天下化，商而为周，阡陌首难天下变，秦而成汉，时在民者矣。在国，立治之本也；在士，扶危之道也；在民，国非其国矣。危国若实，安国若虚，盛世若不足，衰世若有余。危国若实，府库溢也；安国若虚，损在上也；盛世若不足，民俭而重本也；衰世若有余，俗偷①而纵欲也。

【注释】①偷：浅薄，不厚道。

【译文】天下没有经久不变的大治，并不是没有让天下经久不变的常治之法，而是没有经久不变的时运。什么叫时运呢？时运首先在国家，其次在士人，再次在百姓。称赞善事，憎恶坏事，进用贤能的人而罢黜不肖者，一施行奖赏天下人就会受到鼓励，一施行惩罚而天下人就会感到沮丧，这是时运在国家；周朝国政衰败，诸侯的言论输给了士人的游说，汉代的朝政废弛，高官的声望比不上一介平民，这是时运在士人；一人临阵倒戈，所有人都响应，天下于是从商朝转而为周朝。征派戍边的民夫在田间发难而天下变乱，导致义军四起，秦朝由此转而成了汉朝，这是时运在平民。时运在国家，就要建立治国的根本；时运在士人，就要扶助危难，救济困苦；时运在平民，国家已经不是国家了。处于危难中的国家好像很充实，处于安定中的国家好像很空虚，处于太平盛世的国家好像财用不足，处于衰败之世的国家好像很富足。处于危难中的国家好像很充实，是因为聚敛财富，所以国库溢满；处于安定中的国家好像很空虚，是因为国家减损财富，减少赋税，把财富让给百姓；处于太平盛世的国家好像财用不足，是百姓节俭而重视农业根本；处于衰败之世的国家好像很富足，是因为社会风俗偷薄而人人都放纵自己的欲望来消费。

节人食者，食愈美。戒人饮者，饮愈旨。禁民之欲者，錮其欲者也。约民之乐者，重其乐者也。君子不禁其欲而禁其所以欲，不约其乐而约其所以乐。上好利则下多盗矣，上好勇则下多杀矣，上好矜则下多斗矣，上好辩则下多诞[①]矣，上好智术则下多诈矣。本在上不在下，倡在君不在民。老子曰：我无欲而民自朴，我好静而民自正。观民之贫富，善恶有证[②]矣。府库溢则民贫，爵予轻则民贫，文物盛则民贫，技巧众则民贫，礼法不立则民贫。无教则民恶，无信则民恶，政暴则民恶，吏奸则民恶，征敛困则民恶。君民之间至密也，不诚则踈[③]，至易也，不诚则迂。行者思于途，居者梦于床，慈母吟于巷，适子怀于荆。诚心守仁则民亲于彼，诚心存义则民尊于彼，谓民为踈者，私心间之也。谓民为迂者，欺心蔽之也。尊卑殊，贵贱异，民至卑贱而不敢争者也。尊逸而卑劳，贵荣而贱辱，民至劳辱而不敢怒者也。不敢争则欲之至矣，不敢怒则怨之至矣。怨欲在心，如物之有毒，如蓬之藏火，乱之所蓄与？是故圣人之治不曰不争，不使敢欲，不曰不怒，不使可怨，禄不以功，爵不以德，启民之欲者也。法禁烦，徭赋重，贾民之怨者也。

【注释】①诞：说大话。《汉书·郊祀志上》：言神事如迂诞。师古曰："诞，大言也。"

②证：凭据。

③踈：同"疏"，疏远。

【译文】节制人用食，食物就越觉得美味；不准人喝酒，酒味就越觉得甘美。限制百姓的欲望，就会让他们的欲望更加炽烈；约束百姓的喜好，就会让他们对喜好的东西更加痴迷。君子不禁绝百姓的欲望而是禁绝让他们产生欲望的根本，不约束他们的喜好而约束让他们产生好乐的源头。在上位者喜好货利，那么在下位的人就多有偷盗；在上位者喜好勇武，那么在下位的人就多有杀伐；在上位者喜好自矜，那么在下位的人就多有争斗；在上位者喜好争辩，那么在下位的人者就爱说大话；在上位者喜好计谋，那么在下者就多有诈伪。导致这样的风俗的根本在君主，而不在百姓，倡导这种风气的原因在君主，不在百姓。老子说：我没有私心贪欲，百姓自然就会心性纯朴。我喜欢清静，百姓自然就会循守正道。观察百姓的贫富善恶是有依据的。府库盈溢百姓就会贫困，随意封赏官爵百姓就会贫困，文物丰盛百姓就会贫困，技艺灵巧花样众多百姓就会贫困，礼法没有树立百姓就会贫困。没有人推行教化百姓就会凶狠，朝廷没有信誉百姓就会凶狠，官员为政残暴百姓就会凶狠，官吏行事奸诈百姓就会凶狠，征收赋税困难百姓就会凶狠。君主和百姓之间本来很亲密，不笃诚就会疏远；事情本来很简单，不笃诚就会生出许多曲折，远行的人在旅途思念家人，家人就会在睡梦中和远行者相会；慈母在北国燕地叹息，亲生儿子也会在南方楚地怀念母亲。诚心持守仁道，百姓就会亲近你，诚心存守道义，百姓就会敬重你。说百姓和自己疏远，是自己有私心间杂的缘故；说百姓难以教化，是自己有欺诈之心蒙蔽的缘故。君主和百姓尊卑不同，贵贱有差，百姓是最卑贱而不敢争辩的人。尊贵的人安逸而卑贱的人劳碌，尊贵的人荣显而低贱的人受辱。百姓是最劳碌最受辱而不敢发怒的人。不敢抗争而欲望得不到满足，欲求就会达到极点；不敢发怒而怨恨得不到释放，怨恨就会达到极点。怨恨贪求存于百姓心中，就如东西有毒，如蓬蒿里藏有火，就会逐渐地蓄积祸乱。因此圣人治理朝政不是说不准民众抗争，而是不使百姓心中产生贪欲，不是不准其发怒，而是不使百姓心中产生怨恨。给予人俸禄而不是凭借功劳，赐予人官爵而不依据德行，这就是开启百姓的贪欲。法令禁止烦多，徭役赋税很重，这就是招引百姓的怨恨。

善治天下，有争治，无争乱。争治速治也，争乱速乱也。朝者争名，市者争利，贵者争权，贱者争力，乱矣。名争求晦，利争受薄，位争处卑，事争就劳，治矣。人日争于乱之中而不知其乱也，圣人必抑之。人日争于治之中而不知其治也，圣人必激之。爵予公、名分辨之谓抑。晦斯光、薄斯丰、卑斯尊、劳斯安之谓激。

【译文】善于治理天下的人，会争求天下大治，不会争求天下祸乱。争求大治就会很快达到大治，争求祸乱就会很快招致祸乱。在朝廷里的人争求声名，在市井的人争求财利，显贵的人争求权势，低贱的人争求能力，就会导致天下大乱。如果天下人面对声名时都争求隐晦，面对财利时都争求薄利，面对官位时都争处卑贱，面对事功是都争愿辛劳，这样天下就能大治。人们每天在祸乱之中争求而不知道祸乱已经发生，圣人一定会抑制这种争求。人们每天在治世之中争求而不知道治世已经出现，圣人一定会鼓励这种争求。赐予官位公平，让每个人的名分都有分别，这是抑制。让自我隐晦的得到显扬，让自取薄利的人得利丰厚，让自处卑下的人得到尊显，让自愿辛劳的人得到安逸就叫作鼓励。

信在言前者，同言而民信之。诚在令外者，同令而民从之。赏而不诚，不劝也。刑而不诚，不戒也。政而不诚，不正也。教而不诚，不化也。

【译文】在说话之前就得到人的信任，同样的话说出来，百姓自然会相信。在政令之外就已显示出诚信，同样的政令发布出来，百姓自然会顺从。奖赏而无诚信，就不能让百姓得到劝勉；刑罚而无诚信，就不能禁戒百姓违法；为政而无诚信，就不能端正百姓的行为；教导而无诚信，就不能使百姓得到教化。

非弓矢无以射，非法令无以国。人有忧射之不中者，曰是弓矢之过也，调弓矫矢而去愈远矣。忧国之不治者，曰是法令之失也。变法更令而乱愈甚矣。是故弓矢中之具也，弓矢非所以中也。法令治之具也，法令非所以治也。

【译文】没有弓箭就不能涉猎，没有法令就不能治国。人们有担心射箭而不中的，就说是弓箭的过失，调整矫治弓箭反而离目标更远。忧心国家不能得到治理，就说是法令的过失。变更法令反而祸乱更加厉害。因此弓箭只是射中目标的工具，而不是有了弓箭就能射中目标，射中的关键在于射箭的人。法令是治理国家的工具，而不是有了法令就能让国家大治的，治理的关键在治国的人。

思治民，不可以不裕民；思裕民，不可以不节民；思节民，不可以不辨民；思辨民，不可以不定民。农定于耕则余粟，商定于货则余财，百工定于艺则余巧，士大夫定于职则余力。有以变常而乱者矣，未有守常而不治者也。有以乱分而危者矣，未有分定而不宁者也。善为国者荣其荣，辱其辱。不善为国者荣其辱，辱其荣。五章之服，君子者宠焉，荣其荣也。赭黑之衣，小人者耻焉，辱其辱也。汉诛滥于名节，贯械腰斧质[①]请罪者相属，荣其辱矣。唐爵轻于胥皂，青朱金紫杂沓而无别，辱其荣者矣。

【注释】①斧质（fǔ zhì）：即斧锧，古代一种腰斩刑具。将人放在质（砧板）上，用斧砍断。

【译文】想要治理百姓不能不使百姓丰裕，想要使百姓丰裕不能不节制百姓的欲望，想要节制百姓的欲望不能不明确区分百姓的职守，想要明确区分百姓的职守不能不使百姓安于本分。农民安于耕种就会有余粮，商人安于买卖货物就会有余钱，工匠安于各自的技艺就会有高超的技能，士大夫安于自己的职位就会有很强的能力。有以变更常道而出现动乱的，没有持守常道而不能达到大治的。有以变乱本分职守而出现危难的，没有本分已定而国家不安宁的。善于治国的人将荣誉给予应该享受荣誉的君子，将耻辱留给应该蒙受耻辱的小人。不善于治国的人却让小人获得荣誉，让君子蒙受耻辱。五种不同文采的服饰，要让它穿在君子的身上，这就叫当荣则荣。囚犯之衣，要让它穿在小人的身上，这就叫当耻则耻。汉代的刑罚对人的处罚滥于名节，以致大街上自行戴上刑具前往官府主动请罪的人络绎不绝，这就是让不该蒙受耻辱的人蒙受了耻辱；唐代的封爵多如牛毛，比衙门的胥吏、差役还多，青红金紫各色佩授让人眼花缭乱，这就是让不该享受荣誉的人获得了荣誉。

能者有以位为事，勇者有以位为暴，仁者有以位为患。位为事则下无宁矣，位为暴则下无全矣，位为患则下忘分矣。是故用人之能贵乎静，用人之勇贵乎缓，用人之仁贵乎尊。

【译文】有才能的人往往有了官职就会大行其事，勇武的人往往有了官职就会大行其暴，仁爱的人往往有了官职就会当成忧患。以官职来大行其事那么下面百姓就无有宁日，以官职大行其暴那么下面百姓就无法生存，以官职为忧患的那么下面百姓就会忘掉百姓的职分。因此用有才能的人要以安静为贵，用有勇武的人要以宽缓为贵，用有仁爱心的人要以保持尊贵为贵。

名实之所在，人主不得而忽矣。德浮于名者，国之宝也。誉称其实者，国之器也。名多而有余，事举而无当者，国之妖也。有国者，宝其宝，器其器，锄其妖，而天下治矣。

【译文】名分与实际的所在，是君主治理国家不能忽视的。德行超过声名的，是国家的珍宝。名声与实际相符合的，是国家的重器。声名广博而有余，推举他做事而不能胜任的，是国家的妖物。有国的人，看重国家的珍宝，重用国家的重器，根除国家的妖物，如此就能让天下大治。

卷　中

储粟以备饥，储药以防疠，仁之至也。欲救饥也，幸岁之荒。欲起死也，幸人之殃。则不仁之甚矣。是故济危则知仁，排难则知义，国乱则知忠，六亲不和则知孝。仁人不欲为仁，欲为仁者不仁也。义士不欲为义，欲为义者不义也。忠臣不欲为忠，欲为忠者不忠也。孝子不欲为孝，欲为孝者不孝也。

【译文】为了救济民众，因此储藏粮食以防备饥荒，储藏药物以防备瘟疫，这是仁爱之心做到了极致。如果想要救助民众的饥荒，就庆幸年岁谷物歉收。如果想要医治死疾，就庆幸百姓遭殃，这是不仁爱到了极点。因此救济危难就可以看出一个人的仁爱之心，力排众难就可以看出一个人的道义之心，国家动乱就知道一个人是不是忠臣，六亲不和就知道一个人是不是孝子。有仁爱心的人不会想着要施舍仁爱，时刻想着要施舍仁爱的人就是不仁爱。有道义之士不会想着要表现自己的担当，想着表现自己担当的人就没有道义。忠臣不想着要表现自己的忠诚，想着表现自己忠诚的人不是忠臣。孝子不想着要表现自己的孝顺，想着表现自己孝顺的人不是真孝。

草木之长，不见其有予而日修。磨礛[①]之砥，不见其所夺而日薄。为善之益无助长之功，为不善之损无伤手之迹。谓其为无所予而不为也，谓其为无所夺而不畏也，哀哉！

【注释】①磨礛（mó jiān）：打磨玉石用的青色磨石。

【译文】草木生长，看不见天地给予它什么而草木却每天增长。青色磨石，看不见它被损减什么而却每天变薄。行善的好处就像天地对草木没有助长的功效，但是其善德却在每天增长，行不善的损害就像磨石没有明显的减损，但是其德行却在每天亏缺。如果认为没有什么助益而不去行善，认为不会减损什么而去作恶，这样的人就太悲哀了！

敬者不观其群，观其独也。惧者不观其危，观其安也。勇者不观其躁，观其静也。勤者不观其始，观其终也。群焉而敬者其文也，危焉而惧者其势也，躁焉而勇者其暴也，始焉而勤者其锐也。观者其审诸。

【译文】一个人是不是恭敬，不要在众目睽睽中观察他，要在独处时观察他。一个人是不是戒惧，不要在颠沛流离时观察他，要在闲居安逸时观察他。一个人是不是勇敢，不要在急切躁动中观察他，要在平静时观察他。一个人是不是勤谨，不要在事情开始时观察他，要在事情终结时观察他。在众目睽睽之下表现出恭敬的人是在掩饰，在颠沛流离时而表现出畏惧的人是形势所迫，在急切躁动时表现出勇敢的人是他性急，事情一开始勤谨的人是他刚好正处于士气旺盛的时候。因此，观察人一定要审慎。

君仁臣忠，父慈子孝，兄友弟悌，此六者天下之大顺也。善仁者不泄，全其忠也。善慈者不狎，全其孝也。善友者不昵[①]，全其悌也。

【注释】①昵（nì）：亲近。

【译文】君仁臣忠，父慈子孝，兄友弟悌，这六者是天下和顺的大根大本。善于施仁的君主不会泄密，是为了保全臣下的忠诚之心。善于慈爱的父亲不会溺爱子女，是为了保全子女的孝敬之心。善于友爱的兄长不会过分亲昵弟弟，是为了保全弟弟的敬重之心。

“君子之道何如则可以常矣？”曰：“去四过，取四本，则可以常矣。”“何谓四过？”曰：“勇过于仁谓之暴，言过于行谓之妄，誉过于实谓之妖，材过于德谓之奸。”“四本？”曰：“本仁以见勇，本行以出言，本实以居誉，本德以用材。”

【译文】“君子之道怎样才能成为常道呢？”说：“就是要去掉四过，择取四本，就可以成为常道。”“什么是四过呢？”

说："一是勇武超过仁爱就称作凶狠，二是言论超过行动称作荒诞，三是名誉超过实际称作妖邪，四是才能超过德行称作奸伪。""什么是四本呢？"说："一是以仁爱为本以见其勇武，二是以品行为本而发表言论，三是以实际为本而享有盛誉，四是以德行为本而任用才能。"

谏之名有五：假物而谕之谓讽，因其善而导之之谓顺，有犯无隐之谓直，正议直陈、抵忌讳不避之谓指，忘躯循忠、不顾鼎镬[①]之谓戆[②]，此五者谏之大要也。类而求之，则亦多术矣。缝阙失者其辞微，辩利害者其辞博，责君之难者其辞高，拂其违者其辞矫，忧国切者其辞危，虑患豫者其辞远。介人之辞约，质人之辞拙，踈浅之人其辞狂，疾人之佞者其辞警，其言夸者其志卑，其言危者其心安，谀顺之言其情险，强而笑者其怒深。默者多明，辩者多倾。听者其审诸。

【注释】①鼎镬（dǐng huò）：古代的酷刑，用鼎镬烹人。

②戆（zhuàng）：刚直。

【译文】进谏之名有五种，假借事物而告谕称为讽喻，依靠他的善心而诱导称为引导，有违犯的行为而没有隐瞒称为忠直，公正评议直接陈说、抵触忌讳而不回避称为直指，捐躯殒身尽忠而死称为刚直，这五点是进谏的关键。依类推求，其方法也就有很多了。缝补过失的人他的言辞就十分微妙，明辨利害的人他的言辞就十分博大，责难君主的人他的言辞就格外高亢，拂逆悖逆的人他的言辞就重在匡正，忧虑国家急切的人他的言辞就强调危险，谋虑患难深远的人他的言辞就考虑长远。耿介的人言辞简约，质朴的人言辞拙劣，轻率浅薄的人言辞狂放，憎恨奸佞之人他的言辞就充满警戒，言辞自夸的人往往心志卑微，言辞危险的人往往内心安泰，说阿谀奉承之言的人存心阴险，勉强欢笑的人往往城府很深，不表现他的愤怒。沉默不言的人大多明达，善辩的人大多知见偏斜。因此，听人的言论一定要审慎。

福者祸之先也，利者害之始也，恩者怨之媒也，誉者毁之招也。君子不要福，故无祸矣。不求利，故无害矣。不广恩，故无怨矣。不敢誉，故无毁矣。

【译文】福禄是灾祸的先兆，获利是损害的开始，恩惠是怨恨的媒介，称誉会招致毁谤。君子不求取福禄，所以没有灾祸。不求取财利，所以没有损害。不广布恩惠，所以不会和人结怨。不冒昧称誉，所以没有人毁谤。

莫易于为善，莫难于为不善。敬君臣，笃父子，睦兄弟，信朋友。善也，至易者也。驾浮伪，饰奸诡[①]，造艓崄[②]，作机巧。不善也，至难者也。难则劳，易则佚，难则忧，易则乐。君子者，佚乐而为君子者也。小人者，忧劳而成小人者也。舍易而难，舍佚而劳，舍乐而忧，愚矣哉。

【注释】①奸诡：伪诈。

②艓（dié）艅：小船。

【译文】没有比行善更加容易的，没有比行不善更加困难的。君臣相敬，父子笃诚，兄弟和睦，朋友信任。这就是行善，做起来是最容易的。传布虚伪、掩饰伪诈，造弄险难，制作机巧，这是不善的，做起来是很困难的。困难就会劳苦，容易就会安适，困难就会忧虑，容易就会快乐。君子行善，整日安逸快乐而做了君子。小人行不善，整日忧虑操劳而成就小人。小人舍弃容易的而求取艰难的，舍弃安逸的而求取劳苦的，舍弃快乐的而求取忧虑，真是愚蠢啊！

好贤者轻誉，好仁者轻予，好义者轻许。轻誉者失实，轻予者失恩，轻许者失言。君子重于誉若重于毁，斯得贤矣。重于予若重于取，斯得仁矣。重于许若重于否，斯得义矣。

【译文】喜好贤人的人往往会轻易给人荣誉，喜好仁爱的人往往会轻易给人帮助，喜好道义的人往往会轻易许人诺言。轻易给人荣誉就会失去实际，轻易给人帮助就会失去恩惠，轻易许人诺言的就很容易失言。君子看重名誉就像看重毁谤一样，这才是得到贤人之道；看重给予就像看重求取一样，这才是仁爱之道；看重许诺就像看重拒绝一样，这才是道义之行。

君子施亦仁，不施亦仁。小人施亦不仁，不施亦不仁。君子施则和而理，不施则静而敬。施则文而通，不施则约而修。小人施则矜而倨，不施则怨而险。施则慢而暴，不施则挫而慑。君子者喻于仁者也，小人者喻于不仁者也。

【译文】君子施予是仁爱，不施予也是仁爱。小人施予不是仁爱，不施予也不是仁爱。君子施予就会平和而合乎理，不施予就会沉静而恭敬。施予就显得温和而通达，不施予就显得简约而修省。小人施予就显得自矜而倨傲，不施予就显得怨毒而阴险。施予就会让人感到怠慢和粗暴，不施予就会让人感到屈辱和恐惧。君子明白仁爱之道，小人不明白仁爱之道。

守义者以身，守身者以义。守义而不以身，夺其义矣。守身而不以义，辱其身矣。夺其义者道之贼，辱其身者世之僇也。

【译文】持守道义的人用身来守道义，保守其身的人用道义来守身。持守道义而不用身来守的，就会失去道义。保守其身而不用道义的，就会使身受辱。失去道义的人是道义的祸害，使身受辱的人是累世的污点。

卷　下

贤者吾敬之，不贤者吾亦敬之。善者吾亲之，不善者吾亦亲之。有贤不敬是聋瞽[1]也，有不贤不敬是狎虎也。有善不亲是废绳而揉曲也，有不善不亲是舍石而攻玉也。贤者吾敬之以为法，不贤者吾敬之以为戒。善者亲之以治吾不善，不善者亲之以成吾善。此君子之学也。

【注释】①聋瞽（lóng gǔ）：犹聋盲，比喻欺骗，蒙蔽。

【译文】贤良的人我敬重他，不贤良的人我也敬重他。善良的人我亲近他，不善良的人我也亲近他。有贤良之人而不敬重就如同耳聋眼瞎之人一样不识好歹，对不贤良之人不敬重就如同每天与猛虎为伴却不知危险一样。有善良的人而不知亲近是舍弃绳墨而揉木为曲，有不善良之人而不知亲近就是舍弃石头而想琢磨美玉。贤良的人我敬重并效法他，不贤良的人我敬重并以他为鉴戒。善良的人我亲近他以修治我的不善，不善良的人我亲近他而成就我的善行。这就是君子所应学的。

仁者，人也。义者，宜也。礼者，体也。智者，至也。信者，信也。仁而不合乎人曰伪，义而不达其宜曰固，礼而不知其体曰忒[1]，智而不止其至曰惑，信而不得其信曰塞。宋襄公[2]行仁而败，非夫仁而能败人也，伪也。徐偃王[3]为义而灭，非夫义而能灭人也，固也。鲁哀公[4]治礼而削，非夫礼而能削人也，忒也。苌洪[5]以智困，非夫智而能困人也，惑也。尾生[6]以信殒，非夫信而能殒人也，塞也。相入者相贼，不相入者相息。胶漆之投天下莫解焉，而同归于物；冰炭之反天下莫合焉，而各全其天。是故情坏于所溺，心坏于所杂，君子之性恶其有入也。忿者，仁之贼也。欲者，义之縢也。逸者，智之毒也。惧者，勇之仇也。是故多忿害物，多欲害己，多逸害性，多惧害志。

【注释】①忒：差错、失误。

②宋襄公：子姓，宋氏，名兹甫，春秋时期宋国国君，在位于前650年至前637年。春秋五霸之一。

③徐偃王：嬴姓徐氏，名诞，字子孺，是西周时期徐国国君。徐国统辖今淮、泗一带。建都下邳（今更名为睢宁县古邳镇）。

④鲁哀公：姬姓，名将，鲁定公之子，春秋时期鲁国君主，公元前494—前468年在位。他在鲁定公死后即位。

⑤苌洪：即苌弘，字叔，又称苌叔，东周时期蜀地资州人，周景王、周敬王的大臣刘文公所属大夫。曾为孔子之师。

⑥尾生：春秋时期的男子，曾与女子约定在桥梁相会，久候女子不到，水涨，乃抱桥柱而死。后用尾生抱柱一词比喻坚守信约。

【译文】仁，就是人；义，就是应该做的；礼，就是行为规范；智，就是圆融无碍；信，就是诚信。仁爱而离开了人的本性叫虚伪，谈道义而不能达到合宜叫拘泥固执，礼仪而不能外显为身体仪容叫差错；谈智慧而不能通达大道叫迷惑，谈诚信而不能得到信任叫阻隔不通。宋襄公施行仁道而失败，不是仁道能使人失败，是虚伪的缘故；徐偃王因为道义而被消灭，不是道义能使人绝灭，是他顽固不化；鲁哀公以礼仪治国而被削弱，不是施行礼仪能令人被削弱，是他施行礼仪有所差误；苌弘因智慧而被困阻，不是智慧能使人受困，是他智慧不足而受到迷惑的缘故；尾生因为守信而殒身，不是诚实守信能使人丧命，是他对诚信的认识阻塞不通的缘故。相互容纳的事物就会相互伤害，不能相互容纳的事物就会相互生息。胶和漆不管放到哪里都没有人能将它们分开，而它们最终都被涂刷到其他的物件上，不能独存；冰和炭在任何时候没有人能令其融合，而能各自保全它们的天性。因此感情坏在耽溺，心念坏在间杂。君子的品性容不得污染。愤恨，是仁爱的祸害；欲求，是道义的怪兽；安逸，是智慧的危害；畏惧，是勇敢的仇雠。怒气太强盛就会伤害别人，欲念过多就会伤害自己，贪图安逸就会伤害品性，忧虑恐惧就会削弱自己的意志。

群书治要续编卷第四十二　梦溪笔谈　容斋随笔　迩　言

梦溪笔谈

【提要】《梦溪笔谈》，宋沈括撰。

沈括（1031—1095年），字存中，号梦溪丈人，浙江杭州钱塘县人。沈括出身仕宦之家，幼年随父宦游各地。嘉祐八年（1063年），进士及第，授扬州司理参军。宋神宗时参与熙宁变法，得到王安石器重，历任太子中允、检正中书刑房、提举司天监、史馆检讨、三司使等职。元丰三年（1080年），出知延州，兼任鄜延路经略安抚使，驻守边境，抵御西夏，后因永乐城之战失败牵连被贬。晚年移居润州（今江苏镇江）。绍圣二年（1095年）因病辞世，享年65岁。沈括一生专注于科学研究，在众多领域都深有成就，被誉为“中国整部科学史中最卓越的人物”。

《梦溪笔谈》是沈括的代表作，其书内容丰富，是一部涉及古代中国自然科学、工艺技术及社会历史现象的综合性笔记体著作。该书在国际亦受重视，英国科学史家李约瑟评价为“中国科学史上的里程碑”。《梦溪笔谈》一共分30卷17目，凡609条。内容涉及天文、数学、物理、化学、生物等各个门类学科。《四库全书总目提要》将其列入子部杂家类。《续编》自全书中辑录了《人事》《官政》两篇中的七则笔记，内容均和治国理政相关。

人　事

王延政[1]据建州，令大将章某守建州城，尝遣部将刺事[2]于军前，后期[3]当斩，惜其材，未有以处，归语其妻。其妻连氏，有贤智，私使人谓部将曰："汝法当死，急逃乃免。"与之银数十两，曰："径行，无顾家也。"部将得以潜去，投江南李主，以隶查文徽[4]麾下。文徽攻延政，部将适主是役。城将陷，先喻城中："能全连氏一门者，有重赏。"连氏使人谓之曰："建民无罪，将军幸赦之。妾夫妇罪当死，不敢图生。若将军不释建民妾愿先百姓死，誓不独生也。"词气感概[5]，发于至诚。不得已为之，戢兵而入，一城获全。至今连氏为建安大族，官至卿相者相踵，皆连氏之后也。

【注释】①王延政：人称十三郎，原籍光州固始（今河南固始），闽太祖王审知之子，五代十国时期闽国末代君主。在位三年，称恭懿王，国亡被俘，后事不明。

②刺事：打探事情。

③后期：超过预定的期限。

④查（zhā）文徽：字光慎，歙州休宁（今安徽休宁）人，五代南唐大臣。侍中主李璟，官至枢密副使。讨伐平建州王延政的时候立了大功，于是升迁为建州留侯。

⑤感概：情感愤激而有节概。

【译文】王延政占据建州城，让大将章某守卫建州城，曾经派遣部将在军前打探军情，超过预定的期限理当处斩，大将章某惜才，暂且没有处置他，该大将回家告诉自己的妻子。他的妻子连氏，有贤能和智慧，私下派人对部将道："你按军法应当处死，赶紧逃跑就可以幸免。"给了他几十两银钱，说道："从小路走，不要顾念家。"部将才得以潜逃离去，投靠江南的君主李璟，隶属查文徽的部下。查文徽攻打王延政，正巧令该部将指挥这场战役。建州城快要攻陷，先晓喻城中说："能保全连氏一门的，有重大的奖赏。"连氏派人对他说道："建州城的百姓无罪，希望将军您赦免他们。我和我丈夫，有罪应当死，不敢谋求苟活，如果不能释放建州城的百姓，我愿意比百姓先死，发誓绝不独自活下来。"她的言辞志气愤激而有节概，发心至诚。部将不得已按照连氏的意愿而做，收起兵器而进入建州城，一城的百姓全部获得幸免。到现今为止连氏一族都是建安的大族，官至公卿宰相的接连不断，都是连氏的后代。

李士衡①为馆职②，使高丽，一武人为副。高丽礼币赠遗③之物，士衡皆不关意，一切委于副使。时船底疏漏，副使者以士衡所得缣帛藉④船底，然后实己物，以避漏湿。至海中，遇大风，船欲倾覆，舟人大恐，请尽弃所载，不尔，船重必难免。副使仓惶，悉取船中之物投之海中，更不暇拣择。约投及半，风息船定。既而点检所投，皆副使之物，士衡所得在船底，一无所失。

【注释】①李士衡：字天均，秦州成纪（今甘肃天水）人。官至尚书左丞。

②馆职：统称唐宋于昭文馆（唐时又称弘文馆）、史馆、集贤院等处担任修撰、编校等工作的官职。

③币：丝织品礼物。遗（wèi）：赠送。

④缣帛：古代一种质地细薄的丝织品。古人在纸发明以前常在缣帛上书写文字。藉：垫。

【译文】李士衡在馆阁时，出使高丽，一个武士出身的人做了他的副使。高丽赠送给他们的礼品和其他物品，李士衡都不在意，一切都让副使去管。当时船底已经破漏，有些渗水，做副使的人就把高丽送给李士衡的丝织品垫在船底，然后把自己所得的礼品放在上面，以防备被渗水打湿。到了海上，遇到大风，船将要倾覆。驾船的人大为恐慌，请求把船上所载的物品全部扔掉，不然船太重，必难免沉船一死。副使仓皇不知所措，即下令取出全部船中的财物投进海里，也来不及挑选。约投了一半，风停了，船又稳定下来。随即点检所投，发现都是副使的物品，李士衡所得的礼物在船底，一无所失。

蒋堂[①]侍郎为淮南转运使日，属县例致贺冬至书，皆投书即还。有一县令使人，独不肯去，须责回书，左右谕之皆不听，以至呵逐亦不去，曰："宁得罪。不得书，不敢回邑。"时苏子美[②]在坐，颇骇怪，曰："皂隶如此野很[③]，其令可知。"蒋曰："不然，令必健者[④]，能使人不敢慢其命令如此。"乃为一简答之，方去。子美归吴中月余，得蒋书曰："县令果健者。"遂为之延誉，后卒为名臣。或云乃天章阁待制杜杞[⑤]也。

【注释】①蒋堂：字希鲁，号遂翁，宋常州宜兴（今江苏宜兴）人，进士出身，历任知县、通判、知州等职，后又任江南东路、淮南转运使和礼部侍郎等。

②苏子美：即苏舜钦，字子美，宋梓州铜山（今四川中江）人，景祐元年进士，召为集贤校理，监进奏院，后因遭权势忌恨被贬逐，退居苏州。苏舜钦精于诗文书法，尤其擅长散文，有《苏学士文集》。

③野很：顶真，倔强，文中指不听人劝告。

④健者：古指有雄才大略的人。

⑤杜杞：人名，字伟长，曾知庆州。

【译文】侍郎蒋堂为淮南转运使时，每年冬至节日，所属各县依照惯例送贺信表示祝贺，都是送信的人放下贺信即返回。只有一位县令所派的人不肯随即离去，要求必须有转运使的回信；转运使身边的人劝他走，他都不听，以致呵斥驱逐也不肯走，还说："宁可得罪，拿不到回信不敢回县里去。"当时苏子美在座，甚为吃惊，觉得奇怪，就说："这做仆从的都如此蛮横无理，那县令可想而知。"蒋堂说："恐怕不是这样。这县令一定是一位强干的人，能如此使人不敢怠慢他的命令。"于是就写了一片纸作为答书，那差役才离去。苏子美回到苏州一个多月，收到蒋堂的信说："那县令果然是一位强干的人。"于是为他传扬美名，后来终于成为名臣。有人说这位县令就是后来的天章阁待制杜杞。

盛文肃[①]为尚书右丞，知扬州，简重少所许可。时夏有章自建州司户参军授郑州推官，过扬州，文肃骤称其才雅，明日置酒召之。人有谓有章曰："盛公未尝燕过客，甚器重者方召一饭。"有章荷其意，别日为一诗谢之，至客次，先使人持诗以入。公得诗不发封，即还之，使人谢有章曰："度已衰老，无用此诗。"不复得见。有章殊不意，往见通判刁绎[②]，具言所以。绎亦不谕其由，曰："府公性多忤，诗中得无激触否？"有章曰："无，未曾发封。"又曰："无乃笔札不严？"曰："有章自书，极严谨。"曰："如此，必是将命者有所忤耳。"乃往见文肃而问之："夏有章今日献诗何如？"公曰："不曾读，已还之。"绎曰："公始待有章甚厚，今乃不读其诗，何也？"公曰："始见其气韵清修，谓必远器。今封诗乃自称'新圃田从事'[③]，得一幕官，遂尔轻脱。君但观之，必止于此官，志已满矣。切记之，他日可验。"贾文元[④]时为参政，与有章有旧，乃荐为馆职。有诏候到任一年召试，明年除馆阁校勘。御史发其旧事[⑤]，遂寝夺，改差国子监主簿，仍带郑州推官。未几卒于京师。文肃阅人物多多如此，不复挟他术。

【注释】①盛文肃：字公量，余杭（今属浙江）人。仁宗时官至参知政事、知枢密院事，卒谥文肃。

②刁绎：丹徒（今江苏镇江）人。仁宗时进士，历官扬州通判。

③新圃田从事：意即“圃田新从事官”。圃田是其籍贯，当今河南中牟一带。新从事官指其新任推官。

④贾文元：即贾昌朝（998—1065年）。字子明，开封人。官至宰相，卒谥文元。

⑤发其旧事：时欧阳修为谏官，有奏状，谓夏有章曾坐贪赃。

【译文】盛文肃以尚书右丞的身份做了扬州知州，简静持重，对人少有称许。其时夏有章自建州司户参军擢授郑州推官，路过扬州，文肃忽然称赞他有才能风度，第二天设宴招待他。有人对夏有章说：“盛公还不曾宴请过路过的客人，他对极为器重的人，才招待一顿饭。”夏有章承蒙盛公的情意，他日献上一诗去感谢他，到了旅店住下，先让人拿着他封好的诗笺送到盛公府上。盛公得到诗，没有开封就还给来人，并让人答谢夏有章说：“我盛度已衰老无用了，用不着这诗了。”不复见他。夏有章完全没有料到会这样，就去见通判刁绎，仔细说了事情的原委。刁绎也不明白其中的缘由，就说：“盛公性格多与人相抵触，你的诗中有无刺激触犯他的地方？”夏有章曰：“没有，他原未曾开封。”刁绎又说：“是不是你的字迹不工整？”夏有章说：“是我亲自书写的，极为严谨。”刁绎说：“这样看来，那就一定是奉命给你办事的人惹着了盛公。”于是刁绎往见盛文肃而问他：“夏有章今天献的诗怎么样？”盛公说：“不曾看，已还给他。”刁绎说：“您先前对夏有章甚是厚待，现在却连他献的诗都不看，为什么呢？”盛公说：“开始见他气韵可嘉，似有清操，以为必是有远大抱负的人才。今天的诗封上竟然自称‘新圃田从事’，得一介幕职官，就如此轻脱！您就等着看吧，这人一定就做到这点芝麻官，现在他已经志得意满了。您切记着，他日会有明验。”贾文元当时为参知政事，与夏有章有故旧关系，因而荐举他在馆阁任职。宋仁宗有旨，等他到任一年后再召试。第二年除授馆阁校勘，御史揭发他旧时的过犯，遂取消对他的任命，改命为国子监主簿，仍兼带郑州推官的职名。没有多久，夏有章死于京师。盛文肃观察人物多像这样，并没有什么其他的诀窍。

官　政

刘晏[①]掌南计，数百里外物价高下，即日知之。人有得晏一事。余在三司时，尝行之于东南，每岁发运司和籴米[②]于郡县，未知价之高下，须先具价申禀，然后视其贵贱，贵则寡取，贱则取盈。尽得郡县之价，方能契数行下[③]，比至则粟价已增，所以常得贵售。晏法则令多粟通途郡县，以数十岁籴价与所籴粟数高下，各为五等，具籍[④]于主者。今属发运司。粟价才定，更不申禀，即时廪收，但第一价则籴第五数，第五价即籴第一数，第二价则籴第四数，第四价即籴第二数，乃即驰递报发运司。如此，粟贱之地，自籴尽极数，其余节级，各得其宜，已无极售。发运司仍会诸郡所籴之数计之，若过于多，则损贵与远者；尚少，则增贱与近者。自此粟价未尝失时，各当本处丰俭。即日知价，信皆有术。

【注释】①刘晏：字士安。曹州南华（今山东菏泽东明县）人，唐代经济改革家、理财家。

②籴（dí）米：买进米。

③契数行下：契数，核定数额；行下，行文下郡县。

④具籍：犹言"存案"。

【译文】刘晏掌管国家财政，几百里外物价的高低，当天他就知道了。有人赞扬刘晏这一件事。我在三司的时候，曾经把他的做法在东南一带推行。每年发运司从郡县征购粮食，并不知道粮价高低，要各地先将价格呈报，再根据价格的贵贱，贵就少买些，贱就多购些。只有收齐了各地价格后，才能定下数额行文发下郡县执行。等到公文发到时粮价已经上涨，所以常常高价买进。刘晏的方法是让产粮多、交通便利的郡县，把几十年价格的高低和所购粮食数量的多少，各分为五等，详细地登记造册上交主管机关（现在属发运司管辖）。粮价刚一确定，不再向上禀告，即时开仓收粮。只要是第一等价格的就按第五等数收购，第五等价格的就按第一等数收购，第二等价格的就按第四等数收购，第四等价格的就按第二等数收购。同时派人将收购数量迅速报告给发运司。这样，粮价低的地方自然收购到最大数量，其他各种粮价的地方也收购到适当的数量，就不会有不合理的收购。发运司仍然还要综合各郡县收购的数量安排计划，如果收购过多，就减少价格高和路远地方的收购量；如果还少，就增加价格低和路近地方的收购量。从此以后，掌握粮价再也不会贻误时机，各自与本地粮食收成的好坏相适应。当天就可以知道价格，这确实是好办法。

皇祐[①]二年，吴中大饥，殍殣[②]枕路，是时范文正领浙西[③]，发粟及募民存饷[④]，为术甚备，吴人喜竞渡，好为佛事。希文乃纵民竞渡，太守日出宴于湖上，自春至夏，居民空巷出游。又召诸佛寺主首，谕之曰："饥岁工价至贱，可以大兴土木之役。"于是诸寺工作鼎兴。又新敖[⑤]仓吏舍，日役千夫。监司[⑥]奏劾杭州不恤荒政，嬉游不节，及公私兴造，伤耗民力，文正乃自条叙所以宴游及兴造，皆欲以发有余之财，以惠贫者。贸易饮食、工技服力之人，仰食于公私者，日无虑数万人。荒政之施，莫此为大。是岁，两浙唯杭州晏然，民不流徙，皆文正之惠也。岁饥发司农之粟，募民兴利，近岁遂著为令。既已恤饥，因之以成就民利，此先王之美泽也。

【注释】①皇祐：宋仁宗赵祯的年号，北宋使用该年号共六年。

②殍殣（piǎo jìn）：饿死。

③领浙西：指范仲淹晚年以前执政为杭州知州。

④募民存饷：指募灾民服役，以使服役者有饭吃。

⑤敖：通"廒"，粮仓。

⑥监司：宋代各路转运使司、提点刑狱司、提举长平仓等，总称为

监司。

【译文】皇祐二年（1050年），江浙一带发生大饥荒，饿死的人枕藉道路。这时范仲淹为杭州知州，发放官府存粮及募灾民服役以救灾，采取的措施甚为周备。吴地人喜欢竞赛划船，又好做佛事。范仲淹于是放开禁忌让民众举行划船比赛，地方官员每天都到湖上宴集，从春至夏，居民也都空巷出游。又召集各佛寺的住持劝导说："灾荒之年，工役的价钱最低，可以趁此大兴土木。"于是各寺院土木工程大兴。他又重新翻盖粮仓和官舍，每天役使上千人。监司奏劾杭州不救济灾荒，嬉戏游乐无节制，及于公于私都大兴土木、伤害消耗百姓之力等事。范仲淹因此自上条奏，陈述之所以要宴会游乐及兴造工程等，是为了征集社会上的余财以赈济贫民。从事货物贸易、饮食服务、手工技艺及其他靠出卖劳力为生的人，仰食于公家及富贵人家的，每天不下数万人，救济灾荒的措施，没有比这更重要的。这一年，两浙地区只有杭州秩序安定，民众没有逃荒外流的，这都是范仲淹救灾的恩惠。灾荒之年，发放国家粮仓的粮食，招募灾民兴修公益工程，近年已著录于令典成为制度。既能救济饥荒，又因此而成就利民事业，这也是先王泽及后世的一个优良传统。

容斋随笔

【提要】《容斋随笔》，宋洪迈撰。

洪迈（1123—1202年），字景卢，号容斋，又号野处，南宋饶州鄱阳（今江西鄱阳）人。洪迈生于仕宦之家。他的父亲洪皓、兄长洪适、洪遵都是著名学者、官员，洪皓官至礼部尚书，洪适官至宰相，洪遵官至宰执（副相）赠右丞相。

洪迈绍兴十五年（1145年）中进士，授两浙转运司干办公事，后官至翰林院学士、资政大夫、端明殿学士、宰执，封魏郡开国公、光禄大夫。洪迈学识渊博，著书极多，文集《野处类稿》、志怪笔记小说《夷坚志》，编纂的《万首唐人绝句》、笔记《容斋随笔》等，都是流传至今的名作。

《容斋随笔》是洪迈所著的史料笔记。洪迈勤奋博学，于读书之际，每有心得，便随手记下来，集四十余年的成果，形成了《容斋随笔》五集，凡七十四卷。这部书内容范围颇广，资料甚富，包括经史百家、文学艺术、宋代掌故及人物评价诸方面内容。与沈括的《梦溪笔谈》、王应麟的《困学纪闻》并称宋代三大最有学术价值的笔记，被历史学家公认为研究宋代历史必读之书，对后世产生了较为深远的影响。《四库全书总目提要》将其列入子部杂家小说家类，评价说："南宋说部当以此为首。"《续编》自全书中辑录了《畏无难》《魏郑公谏语》《名世英宰》等14篇，内容都与治国理政相关。

畏无难

圣人不畏多难而畏无难。故曰："惟有道之主能持胜。"使秦不并六国，二世未亡；隋不一天下服四夷，炀帝不亡；苻坚不平凉取蜀，灭燕翦代，则无肥水之役；唐庄宗不灭梁下蜀，则无嗣源之祸；李景不取闽并楚，则无淮南之失。

【译文】圣人并不害怕困难多，而是害怕没有困难。所以说："只有圣明的国君才能始终保持住胜利。"假如秦国不吞并六国，秦二世也未必会很快灭亡；假如不是隋文帝统一了中国，又征服了四周的少数民族，隋炀帝也没有条件大兴土木、骄奢淫逸，终致灭亡；如果十六国时的前秦皇帝苻坚不去平定凉国（今甘肃黄河以西地带），攻取蜀国（今四川西部一带），灭掉燕国（今北京以北以西的地方），翦除代国（今内蒙中部和山西北端），也不会头脑膨胀，征集九十万人马去攻晋国，招致肥水大战的失败；五代时后唐庄宗如不灭梁国，攻蜀国，也不致口出狂言，荒淫专横，终致李嗣源兵变，最后被杀；南唐李景如果不去攻取闽国和楚国，也就不会有淮南的大败了。

魏郑公谏语

魏郑公谏止唐太宗封禅，中间数语，引喻剀切，曰："今有人十年长患，疗治且愈，此人应皮骨仅存，便欲使负米一石，日行百里，必不可得。隋氏之乱，非止十年，陛下为之良医，疾苦虽已乂安，未甚充实。告成天地，臣切有疑。"太宗不能夺。此语见于公《谏录》及《旧唐书》，而《新史》不载，《资治通鉴》记其谏事，亦删此一节，可惜也！

【译文】（封禅祭祀天地是古代帝王的一件大事。唐太宗在位时，这种祭祀劳民伤财，耗费巨大。魏徵看到这种情形，就竭力劝阻。）魏徵劝谏唐太宗停止封禅祭祀，在劝谏之语中，魏徵以确切的比喻、中肯的言辞对唐太宗说："现在有这么一个人，患病十年，卧床不起，经过治疗，逐渐痊愈。此人瘦得仅存皮肉，如果一定要让他背一石米，一天走上一百里路，那是绝对不行的。我们国家也是同样。隋朝末年，社会动乱不止十年，陛下作为良医，精心治理，虽然取得成效，天下太平无事，百姓并不富裕。在这个时候，隆重举行封禅，敬告天地大功告成，臣认为这样做是不大合适的。"唐太宗听了，无言反驳。魏徵的这一段话，见于魏徵的《谏录》和《旧唐书》，但《新唐书》中不记载。《资治通鉴》里载有魏徵劝谏的事迹，不知是什么原因，删去了这一段话，真太可惜了。

名世英宰

曹参为相国，日夜饮醇酒不事事，而画一之歌兴。王导辅佐三世，无日用之益，而岁计有余，末年略不复省事，自叹曰：“人言我愦愦，后人当思我愦愦。”谢安石不存小察，经远无兢。唐之房、杜，传无可载之功。赵韩王得士大夫所投利害文字，皆置二大瓮，满则焚之。李文靖以中外所陈一切报罢，云：“以此报国。”此六七君子，盖非扬己取名，瞭然使户晓者，真名世英宰也，岂曰不事事哉？

【译文】西汉曹参担任相国之职后，日夜饮酒，无所事事，然而天下稳定，国富民殷。东晋王导身为三朝宰相，清静无为，而国家岁计有余，王导晚年也不操心政事，他曾自叹说：“人们都说我糊涂，后人会想念我糊涂的好处。”谢安不拘小节，志向高远却又表现为无所作为。唐代的房玄龄、杜如晦，他们的功劳大到史传已无法全部记载下来。大宋韩王赵普凡是收到士大夫议论是非利害的奏书，都把它们放入两口大瓮中，倒满后就把它们全部烧掉。李文靖把中外上奏陈述的一切事情批示完后，说：“我就以此来报答国家。”这六七位君子的本意，都不是想吹嘘自己，沽名钓誉，然而他们这些事却家喻户晓，人人皆知，他们真是名世杰出的宰相啊！怎么能说他们无所事事呢？

谏说之难

韩非作《说难》，而死于说难，盖谏说之难，自古以然。至于知其所欲说，迎而拒之，然卒至于言听而计从者，又为难而可喜者也。秦穆公执晋侯，晋阴饴甥往会盟，其为晋游说，无可疑者。秦伯曰："晋国和乎？"对曰："不和。小人曰必报仇，君子曰必报德。"秦伯曰："国谓君何？"曰："小人谓之不免，君子以为必归；以德为怨，秦不其然。"秦遂归晋侯。

秦伐赵，赵求救于齐，齐欲长安君为质。太后不肯，曰："复言者，老妇必唾其面。"左师触龙愿见，后盛气而揖之入，知其必用此事来也。左师徐坐，问后体所苦，继乞以少子补黑衣之缺。后曰："丈夫亦爱怜少子乎？"曰："甚于妇人。"然后及其女燕后，乃极论赵王三世之子孙无功而为侯者，祸及其身。后既寤，则言："长安君何以自托于赵？"于是后曰："恣君之所使。"长安君遂出质。

范雎见疏于秦，蔡泽入秦，使人宣言感怒雎，曰："燕客蔡泽，天下辩士也。彼一见秦王，必夺君位。"雎曰："百家之说，吾既知之，众口之辩，事皆摧之，是恶能夺我位乎？"使人召泽，谓之曰："子宣言欲代我相，有之乎？"对曰："然。"即引商君、吴起、大夫种之事。雎知泽欲困己以说，谬曰："杀身成名，何为不可？"泽以身名俱全之说诱之，极之以闳夭、周公之忠圣。今秦王不倍功臣，不若秦孝公、楚越王，雎之功不若三子，劝其归相印以让贤。睢竦然失其宿怒，忘其故辩，敬受命，延入为上客。卒之代为秦相者泽也。

秦始皇迁其母，下令曰：“敢以太后事谏者杀之。”死者二十七人矣。茅焦请谏，王召镬将烹之。焦数以桀、纣狂悖之行，言未绝口，王母子如初。

吕甥之言出于义，左师之计伸于爱，蔡泽之说激于理，若茅焦者，具所谓劘虎牙者矣。范睢亲困穰侯而夺其位，何遽不如泽哉！彼此一时也。

【译文】韩非作《说难》，却死于劝谏君王而招致的灾难。看来规劝君主反招祸，自古如此。至于国君知道人家所要规劝的内容，接见他却不接纳他的意见，可是终究还是言听计从了，这又是变灾难而成可喜可贺的事了。秦穆公俘虏了晋惠公，晋国的阴饴甥前往秦国参加会盟，他将替晋国游说是毫无疑问的。秦穆公问：“晋国和睦吗？”阴饴甥回答说：“不和睦。小人说一定要报仇，君子说一定要报答恩德。”秦穆公问：“全国认为国君的前途将如何？”阴饴甥答：“小人认为他不会被赦免，君子认为他一定会回来；把感恩变成怨恨，秦国是不会这样的吧！”秦国终于让晋惠公回到晋国。

秦国攻打赵国，赵国向齐国请求援救。齐国提出要让赵太后的小儿子长安君作人质，赵太后不肯，说：“有再说让长安君作人质的，老妇一定要向他脸上吐唾沫！”左师触龙表示希望晋见太后，太后气呼呼地请他进来，知道他必定是因为这件事而来的。左师从容落座，先询问太后身体有无病痛，接着请求让自己的小儿子当个宫廷黑衣卫士。太后问：“男子汉也爱怜自己的小儿子吗？”触龙答：“比女人们更爱怜。”后来话题涉到太后的女儿燕后，接着又深入探讨赵王三代以下没有功绩而封侯的子子孙孙，灾祸涉及他们自身的情况。太后省悟之后，触龙就问：“长安君凭什么把自己托身在赵国？”在这种情况下，太后说：“任凭您支派他吧！”长安君于是被派出国去作人质。

范雎在秦国受到冷落，蔡泽来到秦国，让人公开讲一些激怒范雎的话，说：“燕国来的客卿蔡泽是天下的善辩之士。他只要一见到秦王，一定会使范雎丧失相位。”范雎说：“诸子百家的学说，我全都懂得；众人的论辩，我都挫败过他们，这样还怎么能使我失去相位呢？’让人召来蔡泽，问他说：“您扬言要取代我任相国，有这事吗？”蔡泽答道：“是的。”接着又引据商鞅、吴起、大夫文种（越国大夫）的事例。范雎知道蔡泽要用游说之词难为自己，故意心口不一地说：“牺牲性命，成就名声，为什么不可以？”蔡泽拿生命、名声都要保全的道理诱导他，以闳夭、周公的忠贞圣明为他树立榜样。忠告他当今秦王并不加倍优遇功臣，不像秦孝公、楚越王那样，你范雎的功劳也比不上商鞅等三人。规劝他归还相印，把相位让给贤者。范雎对蔡泽肃然起敬，抛却了原先的恼怒，失去了原有的辩才，恭恭敬敬听他的意见，把他请到家中待如上宾。最终取代范雎作了秦相的就是蔡泽。

秦始皇（统一前为秦王时，生母曾助人发动叛乱）把母亲放逐出秦都，下令说：“有敢拿太后的事来劝谏的，杀死他！”为这件事而死的人已经二十七人。茅焦请求入宫劝谏，秦王让人抬来大锅准备煮死他。茅焦借夏桀、殷纣狂乱背理的行为来责备秦王，话还未说完，秦王母子就和好如初了。

吕甥（阴饴甥）的言论出自于正义，左师的计谋发挥于爱心，蔡泽的劝说激发于情理，至于茅焦，真是所谓老虎嘴里拔牙的人了。范雎曾使擅权三十余年的秦昭王的舅父穰侯遭受困厄，从而夺取了他的相位，为什么一下子就不如蔡泽了呢？这就叫此一时彼一时啊！

君子为国

传曰：“不有君子，其能国乎？”古之为国，言辞抑扬，率以有人无人占轻重。晋以诈取士会于秦，绕朝曰：“子无谓秦无人，吾谋适不用也。”楚子反问：“以区区之宋，犹有不欺人之臣，可以楚而无乎？”宋受郑赂，闻师慧曰：“宋必无人。”鲁盟臧纥之罪，纥曰：“国有人焉。”贾谊论匈奴之嫚侮，曰：“倒悬如此，莫之能解，犹谓国有人乎？”后之人不能及此，然知敌之不可犯，犹曰彼有人焉，未可图也。一士重于九鼎，岂不信然？

【译文】《左传》说：“不是拥有君子，难道能治理好国家吗？”古时候治理国家，讲起道理有高下之分，但真正分量轻重全凭有无人才来检验。晋国用诈谋从秦国争取到足智多谋的士会，临行时绕朝对他说："您别说秦国没有人才，我的计谋正好不被使用罢了。"楚国的子反曾说："凭着微不足道的宋国，尚且有不欺人的臣子，可以认为楚国就没有吗？"宋国多次向郑国索取财礼，郑国的师慧说："宋国必定没有贤才。"鲁国季武子采纳孟椒的意见把臧纥的罪行写入盟辞，臧纥听到了，说："国内有人才啊！"贾谊在《治安策》中论及匈奴对汉的侮辱侵略时说："本末颠倒到这地步而不能解救，难道能说国内有明智之人吗？"后代的人虽然不如古人，但是当知道敌对一方不可侵犯时，也会说，对方有高人，所以我们不能轻举妄动啊！一个贤士比政权还重要，难道不的确如此吗？

光武仁君

汉光武虽以征伐定天下，而其心未尝不以仁恩招怀为本。隗嚣受官爵而复叛，赐诏告之曰："若束手自诣，保无他也。"公孙述据蜀，大军征之垂灭矣，犹下诏谕之曰："勿以来歙、岑彭受害自疑，今以时自诣，则家族全，诏书手记不可数得，朕不食言。"遣冯异西征，戒以平定安集为急。怒吴汉杀降，责以失斩将吊民之义，可谓仁君矣。萧铣举荆楚降唐，而高祖怒其逐鹿之对，诛之于市，其隘如此，《新史》犹以高祖为圣，岂理也哉？

【译文】东汉光武帝虽然靠武力征伐平定天下，可是他的用心总是以仁慈、恩情、招降、安抚为根本。隗嚣接受官爵后再次反叛，光武帝下诏书告诉他："如果你放弃抵抗主动投降，保证没有其他处分。"公孙述据守蜀地，光武帝派大军征伐他，即将平灭时还下诏告诉他："不要因为你曾刺杀我的大将来歙、岑彭而心怀疑虑，现在及时归降，就能保全家族。皇帝亲笔诏书不可多得，我说话算数。"派遣冯异西征，告诫他平定地方、安抚百姓是当务之急。因为吴汉纵兵掳掠成都已归降的官吏人民而怒，责备他不合斩杀敌将、吊慰民众的道理，可以说是仁君了。萧铣割据长江中游，兵败降唐，可是唐高祖恼怒他曾跟自己争夺天下，把他杀死在长安的大街上，李渊心胸狭隘到这种地步，《新唐书》还把他称为圣贤，难道是合理的吗？

戒石铭

"尔俸尔禄，民膏民脂。下民易虐，上天难欺。"太宗皇帝书此以赐郡国，立于厅事之南，谓之《戒石铭》。按，成都人景焕，有《野人闲话》一书，乾德三年所作，其首篇《颁令箴》，载蜀王孟昶为文颁诸邑云："朕念赤子，旰食宵衣；言之令长，抚养惠绥。政存三异，道在七丝。驱鸡为理，留犊为规。宽猛得所，风俗可移。无令侵削，无使疮痍。下民易虐，上天难欺。赋舆是切，军国是资。朕之赏罚，固不逾时。尔俸尔禄，民膏民脂。为民父母，莫不仁慈。勉尔为戒，体朕深思。”凡二十四句。昶区区爱民之心，在五季诸僭伪之君为可称也，但语言皆不工，唯经表出者，词简理尽，遂成王言，盖诗家所谓夺胎换骨法也。

【译文】“你们的薪俸，都是人民的血汗膏脂；虽然百姓容易虐待，上天却难以欺骗。”宋太宗写了这四句话，颁发给各地方官员，立碑在公堂南面，称作《戒石铭》。过去成都人景焕，著有《野人闲话》一书，是宋太祖乾德三年时作的。第一篇名《颁令箴》，记载了后蜀国主孟昶曾作文颁给各地方长官，说：“寡人十分关心百姓，为他们很晚才吃饭，天不明就起床。所以才给你们讲这番话，望你们要爱护黎民百姓。治理地方要达到蝗虫不入境，鸟兽懂礼仪，儿童有仁心这三种异事出现，而达到圣人之治，关键还在于地方官们如弹琴一样，把政务调理得好。要像驱鸡那样恰到好处，为政清廉的法规决不能荒废。政令要宽猛适当，才能移风易俗扶植正气。不能让百姓利益受到侵害，不能使百姓生活受到破坏。当官的虐待百姓很容易，可是上天却难被你们欺瞒。田赋收入是国家切身要事，军队和政府都是靠百姓养活。寡人对你们的赏罚，是决不会拖延时间的。你们做官所得的薪俸，都是人民的血汗膏脂。凡当百姓父母官的，没有不懂得对百姓仁慈的。希望你们都要以此为戒，要很好体会寡人这个意思。”共写了二十四句。孟昶这一点爱护百姓的心思，在五代十国那些割据地方，称王道霸的君主里面；可以算是比较好的了。但他这篇文章语言不精炼，惟有从中归纳出来的四句，言辞简要，道理尽说，遂成为宋太宗的不朽名言。这种归纳法，就是诗人们常用的脱胎换骨的写作方法呀。

陈涉不可轻

杨子《法言》：“或问陈胜、吴广。曰：‘乱。’曰：‘不若是则秦不亡。’曰：‘亡秦乎？恐秦未亡而先亡矣。’”李轨以为：“轻用其身，而要乎非命之运，不足为福先，适足以祸始。”予谓不然。秦以无道毒天下，六王皆万乘之国，相踵灭亡，岂无孝子慈孙、故家遗俗？皆奉头鼠伏。自张良狙击之外，更无一人敢西向窥其锋者。陈胜出于戍卒，一旦奋发不顾，海内豪杰之士，乃始云合响应，并起而诛之。数月之间，一战失利，不幸陨命于御者之手，身虽已死，其所置遣侯王将相竟亡秦。项氏之起江东，亦矫称陈王之令而度江。秦之社稷为墟，谁之力也？且其称王之初，万事草创，能从陈余之言，迎孔子之孙鲋为博士，至尊为太师，所与谋议，皆非庸人崛起者可及，此其志岂小小者哉！汉高帝为之置守冢于砀，血食二百年乃绝。子云指以为乱，何邪？若乃杀吴广，诛故人，寡恩忘旧，无帝王之度，此其所以败也。

【译文】西汉著名文学家扬雄的《法言》中说：“有人问陈胜（字涉）、吴广是什么样的人，我的回答是：‘乱臣。’对方又说：‘如果他们不起事，那么残暴的秦朝就不会灭亡。’我说：

‘灭亡秦朝吗？恐怕秦朝未灭而他们自己却先死了。’”隋朝的李轨认为：“陈胜和吴广在时机尚未成熟的情况下，轻举妄动，铤而走险，不仅不能为人民带来幸福，相反却造成了沉重的灾难。”我的看法与扬雄、李轨不同。无道的秦朝残害天下，涂炭生灵，原来的齐、楚、燕，韩、赵、魏等六国也都是实力雄厚的大国，却接踵被暴秦所灭，难道这些国的人都没有孝子贤孙和家族传统吗？为什么都恭恭敬敬地拜伏在秦人的脚下，任其宰割呢？除了韩国的张良曾狙击过秦始皇之外，竟没有一个人敢于向秦王朝挑战。陈胜只是一个普普通通的老百姓，微不足道的小戍卒，一旦奋不顾身地揭竿而起，天下的英雄豪杰才开始云集响应，共同伐秦。数月之间，因一战失利，陈胜不幸被车夫庄贾所杀。陈胜虽然死了，但是他所任命和派出的王侯将相最终推翻了秦朝。项梁和项羽在江东起兵后，也是假借陈王的命令而渡过长江的。秦朝的残暴统治被推翻，是谁的功劳呢？难道不主要是陈胜吴广吗？而且，陈胜称王建国之初，万事草创，忙得焦头烂额，却能听从陈余的建议，迎立孔子的孙子孔鲋为博士，以至尊奉他为太师，他们在一起所商议的事情，绝非平庸之辈崛起后所能想到和做到的，由此难道能说陈胜的志向不大吗？汉高祖刘邦为他在砀县（今河南永城东北）设置守冢户，使他享用祭祀达二百年才告断绝。扬雄（字子云）指斥陈胜为乱臣，不知是什么缘故？至于杀吴广、诛故友，寡恩少义，缺乏帝王的度量，这才是陈胜之所以失败的真正原因。

贤宰相遭谗

一代宗臣，当代天理物之任，君上委国而听之，固为社稷之福，然必不使邪人参其间乃可，不然必为所胜。姑以唐世及本朝之事显显者言之，若褚遂良、长孙无忌之遭李义府、许敬宗，张九龄之遭李林甫是已。裴晋公相宪宗，立淮、蔡、青、郓之功，唐之威令纪纲，既坏而复振，可谓名宰矣。皇甫镈一共政，则去不旋踵，迨穆、敬、文三宗，主既不明，而元稹、李逢吉、宗闵更撼之，使不得一日安厥位，赵韩王以佐命元勋，而为卢多逊所胜，寇莱公为丁谓所胜，杜祁公、韩、范为陈执中、贾昌朝所胜，富韩公为王介甫所胜，范中宣为章子厚所胜，赵忠简为秦桧之所胜，大抵皆然也。

【译文】作为一朝有名望的大臣，应当以天下为己任，君主也应当把治理国家的重任委托给大臣并给予他充分的信任。如果能够这样，便是国家的福分，但是，君主在任用贤臣时，还必须严禁奸佞小人参与朝政才行，否则，忠臣必然会被奸佞之臣所排挤，有才能也得不到施展。我姑且以唐朝和宋朝的几个典型事件为例来说明。像唐代的名臣褚遂良、长孙无忌曾遭到奸之臣李义府、许敬宗的陷害就是这样；张九龄曾遭到口蜜腹剑的李林甫的陷害也是如此。晋国公裴度，曾是唐宪宗时的宰相，对收复被藩镇势力控制的淮、蔡、青、郓等地，立下了汗马功劳，使安史之乱后遭到破坏的政令纲纪得以重振，真可以称得上是一代名相。但皇甫镈参议朝政后，裴度很快就被排挤出朝廷。到了穆宗、敬宗和文宗时，君主既昏庸，元稹、李逢吉、李宗闵等人又屡进谗言，使得裴度一日也不得安宁。宋朝这类事也不少，如开国元勋韩王赵普遭卢多逊谗言；寇准遭丁谓的陷害，杜衍、韩琦、范仲淹遭陈执中、贾昌朝的谗言，富弼遭王安石的排挤，范纯正遭章惇的排挤，赵鼎遭秦桧的陷害等等，大概都是如此。

人焉廋哉

孔子论人之善恶，始之曰“视其所以”，继之以“观其所由，察其所安”，然后重言之曰“人焉廋哉，人焉廋哉”，盖以上之三语详察之也。而孟氏一断以眸子，其言曰：“存乎人者，莫良于眸子。眸子不能掩其恶，胸中正，则眸子瞭焉，胸中不正，则眸子眊焉。听其言也，观其眸子，人焉廋哉！”说者谓：“人与物接之时，其神在目。故胸中正，则神精而明。不正，则神散而昏。心之所发，并此而观，则人之邪正不可匿矣。言犹可以伪为，眸子则有不容伪者。孔圣既已发之于前，孟子知言之要，续为之说，故简亮如此。”

【译文】孔子在谈到如何判断一个的善恶时，开始说要观察他所交接的朋友；接着说要观察他为达到目的所采用的手段，了解他的心情安于什么，不安于什么；最后重复说一个人的善恶怎么能隐藏得住呢，一个人的善恶怎么能隐藏得往呢，以上这三句话，是孔子通过详细观察所得出的结论。而孟子在谈到这个问题时提出以眼睛来判断。他说："观察一个人的善恶，再没有比观察他的眼睛更好了。因为眼睛不能掩盖一个人的丑恶。心正，眼睛就明亮。心不正，眼睛就昏暗。听一个人说话时，注意观察他的眼睛。这个人的善恶，又能往哪里隐藏呢？"有人说："人在与物接触的时候，他的神情集中表现在眼睛上。心正，注意力集中，眼睛就明亮。心不正，注意力分散，眼睛就昏暗。正与不正，出之内心，由此看来，一个人的心邪与心正是隐藏不住的。说话可以弄虚作假，但是眼睛是不能弄虚作假的。关于这一点，孔子早已提出，孟子亦深知孔子所说的宗旨，进一步阐发，所以简洁明确。"

人臣震主

人臣立社稷大功，负海宇重望，久在君侧，为所敬畏，其究必至于招疑毁。汉高祖有天下，韩信之力为多，终以挟不赏之功，戴震主之威，至于诛灭。霍光拥昭立宣，势侔人主，宣帝谒见高庙，光从骖乘，上内严惮之，若有芒刺在背。其家既覆，俗传之曰："威震主者不畜，霍氏之祸，萌于骖乘。"周亚夫平定七国，景帝怒其固争栗太子，由此疏之，后目送其出，曰："此鞅鞅，非少主臣也。"讫以无罪杀之。谢安却苻坚百万之众，晋室复存，功名既盛，险诐求进之徒，多毁短之，孝武稍以疏忌，又信会稽王道子之奸扇，至使避位出外，终以至亡。齐文宣之篡魏，皆高德政之力，德政为相，数强谏，帝不悦。谓左右曰："高德政恒以精神凌逼人。"遂杀之，并其妻子。隋文帝将篡周，欲引高颎入府，颎忻然曰："愿受驱驰，纵公事不成，亦不辞灭族。"及帝受禅，用为相二十年，朝臣莫与为比。颎自以为任寄隆重，每怀至公，无自疑意。积为独孤皇后、汉王谅等所谮，帝欲成其罪，既罢之后，至云："自其解落，瞑然忘之，如本无高颎。不可以身要君，自云第一也。"迨于炀帝，竟以冤诛。郭子仪再造王室，以身为天下安危，权任既重，功名复大，德宗即位，自外召还朝，所领副元帅诸使悉罢之。李晟以孤军复京城，不见信于庸主，使之昼夜泣，目为之肿，卒夺其兵，百端疑忌，几于不免。李德裕功烈光明，佐武宗中兴，威名独重，宣宗立，奉册太极殿，帝退谓左右曰："向行事近我者，非太尉邪？每顾我，毛发为之森竖。"明日罢之，终于贬死海外。若郭崇韬、安重诲，皆然也。

【译文】作为人臣，为江山社稷立下大功，身负海内众望，长期伴随君主，连君主也对他感到敬畏的话，其结果必然会招致君主的疑忌，以至于身死。汉高祖刘邦统一天下，韩信的功劳最大，最后却因其功劳太高无以封赏，其权威在汉天下稳定后使汉高祖深感不安，以至于寻找借口将其诛灭。大司马大将军霍光有拥立昭帝、宣帝之功，其权势与皇帝并驾齐驱，宣帝谒见宗庙时，霍光陪宣帝坐在车的右端，宣帝内心很害怕他，如有芒刺在背一样不安。霍光死后不久，宣帝就找到一个借口将其家诛灭。民间传说："威重震主者，没有好下场，霍氏灭族之祸，起自霍光与宣帝同坐一车之时。"周亚夫曾平定七国之乱，景帝对他坚持要立自己不喜欢的刘栗为太子很是恼火，并因此而疏远了他，一次周亚夫朝见景帝完毕离开朝廷，景帝目送其出朝，说；"看他这种怏怏不乐的样子，以后肯定不会作少主的忠臣。"最后，景帝罗织罪名，周亚夫含冤而死。谢安率军以少胜多，击退前秦皇帝苻坚及其百万大军的进攻，使东晋王朝转危为安。谢安功劳既大，一些奸佞小人，经常在孝武帝面前搬弄是非，陷害谢安，会稽王司马道子也趁机煽风点火，晋孝武帝偏信奸臣之言，将谢安调出朝廷，最后谢安病死于外地。齐文宣帝高洋之所以能篡夺东魏之政权取而代之，都是高德政出的力。齐立国后，高德政任宰相，数次犯颜强谏，文宣帝为此很不高兴。曾对左右侍臣说："高德政总是这样盛气凌人。"于是就寻找借口把高德政及其妻子、儿子一起杀掉。隋文帝杨坚想篡周自代，拉拢高颎为自己出谋划策，高颎欣然答应说："愿效犬马之劳，即使此事不成，纵然灭族也心甘情愿。"隋文帝受禅之后，高颎任宰相二十年，权位之显赫，朝臣中没有人比得上他。高颎为不辜负文帝的信任，一心为公，宵旰为政。后来，文帝听信皇后独狐氏、汉王杨谅的谗言，想治其罪可又没有理由，只好将其削职为民。并告诫大臣说："自高颎削职为民后，我已经把他忘掉了，就好像没高颎这个人一样，为人臣者千万不能威逼其君，自称天下第一。”到炀帝杨广即位以后，高颎竟含冤被杀。唐朝名将郭子仪，平定安史之乱，有再造王室之功。当时，天下安危系于其一身，权任很重，功名也大。德宗即位后，对他不放心，把他从外地召回朝廷，并罢免了他的天下兵马副元帅和诸使职务。李晟曾孤军奋战，平定叛乱，收复长安，却不被庸主德宗信用。唐德宗回到长安后，夺其兵权，对他百般猜忌，李晟昼夜感伤流泪，眼睛红肿，几乎被折磨致死。李德裕功劳卓著，辅佐唐武宗，形成中兴局面，其权威名盛很重，宣宗即位时，李德裕奉册于太极殿，宣宗退朝后对左右侍臣说：“刚才我身边的，不是太尉吗？他看我时，我都感到毛骨悚然。”第二天就罢免了李德裕的职务，把他贬谪到外地，最后李德裕也死于贬地。至于像郭崇韬、安重诲等功高震主的大臣，其下场都是这样。

李德裕论命令

李德裕相武宗，言从计行。韦弘质建言宰相不可兼治钱谷，德裕奏言：“管仲明于治国，其语曰：‘国之重器，莫重于令。令重君尊，君尊国安。治人之本，莫要于令，故曰亏令者死，益令者死，不行令者死，留令者死，不从令者死，五者无赦。’又曰：‘令在上，而论可否在下，是主威下系于人也。’大和后，风俗寖敝，令出于上，非之在下，此敝不止，无以治国。臣谓制置职业，人主之柄，非小人所得干，弘质贱臣，岂得以非所宜言，妄触天听，是轻宰相也。”德裕大意，欲朝廷尊、臣下肃，而政出宰相，故感愤切言之。予谓德裕当国，它相取充位而已。若如所言，则一命一令之出，臣下皆不得有言，谏官、御史、给事、舍人之职废矣。弘质位给事中，亦非贱臣。宜其一朝去位，遂罹抵巇，皆自取之也。

【译文】李德裕是唐武宗时的宰相，唐武宗对李德裕言听计从。给事中韦弘质向唐武宗建议宰相不能兼理财政，李德裕知道后就上奏唐武宗说：“春秋时，齐国相管仲善于治国，他曾说过：‘治国的要方，没有比朝廷的法令更重要的了。法令受到重视，君主就有了权威，君主有了权威，国家随之安定。管理臣民的根本，关键在于法令，所以说，臣下私自删减朝廷法令者，当死；私自增添朝廷法令者，当死；不执行朝廷法令者，当死；私自扣留朝廷法令者，当死；不服从朝廷法令者，当死。这五种罪行都是不可饶恕赦免的。’他还说过：‘法令由君主制定颁布，而臣下议论其可行与否，这是君主的权威受到蔑视的表现。’自文宗大和年间以来，积弊很深，君主颁布的法令，臣下横加指责。这种陋习不革除，就无法治理国家。我认为划分职务权限，是君主的权力，不是小人所能干涉的。韦弘质身为微贱之臣，怎么说他不该说的话，狂妄地干涉皇上处理国家事务的权力！这也是他轻视宰相的表现。”李德裕说这番话的要旨是想使朝廷威严，臣子肃穆，国家行政事务由宰相处理，因此言辞感愤激切。李德裕执政时专权擅政，其他宰相都是充数而已。假如按他上述所言行事，朝廷任何一项命令一下达，臣下都不能有意见，那么朝廷设立的专司规谏皇帝、监察政令得失的谏官、御史、舍人等官职都应当废除了。再说韦弘质身为给事中，是门下省主管审核、封驳政令的重要官员，也不是微贱之臣。像这样偏激的话，李德裕说过不少，也因此得罪了很多人。所以他被罢相以后，就遭到打击报复，这都是他自作自受。

大言误国

隗嚣谋畔汉，马援劝止之甚力，而其将王元曰："今天水全富，士马最强，案秦旧迹，表里河山，元请以一丸泥为大王东封函谷关。"嚣反遂决，至于父子不得其死，元竟降汉。

隋文帝伐陈，大军临江，都官尚书孔范言于后主曰："长江天堑，古以为限隔南北，今日虏军岂能尽度邪？臣每患官卑，虏若渡江，臣定作太尉公矣。"或妄言北军马死，范曰："此是我马，何为而死？"帝笑以为然，故不为深备。已而国亡，身窜远裔。

唐元宗有克复中原之志，及下南闽，意以谓诸国可指麾而定，而事力穷薄，且无良将。魏岑因侍宴言："臣少游元城，好其风物，陛下平中原，臣独乞任魏州。"元宗许之。岑趋墀下拜谢，人皆以为佞。

孟蜀通奏使王昭远，居常好大言，有杂耕渭上之志，闻王师入讨，对宾客援手言："此送死来尔。乘此逐北，遂定中原，不烦再举也。"不两月蜀亡，昭远为俘。

此四臣之佞，本为爵禄及一时容悦而已，亦可悲哉！

【译文】隗嚣准备叛汉，马援极力阻止，而其部将王元说："现在天水十分富裕，兵强马壮，我们应该像秦人那样，表里山河。请允许我用一个泥丸替大王您封上函谷关"。于是隗嚣反叛的决心下定，最后父子被杀，王元也投降了刘秀。

隋文帝准备伐陈，大军临江，都官尚书孔范对陈后主说："长江天险，自古以来就阻隔着南北方的交通，现在敌军难道能够飞渡吗？我常常为我的官位太低感到不安，敌军如果胆敢渡江，我一定能够立功之后登上太尉的宝座。"有人胡说隋军的战马死了不少，孔范说："这是我们的军马，为什么会死呢？"陈后主笑着表示赞同，并不作认真的准备。不久陈国灭亡，孔范也逃窜远方。

南唐元宗李璟有夺取中原的雄心壮志，灭了南闽之后，认为各国可以指麾而定，然而实力弱小，并且没有一员良将。魏岑在宴会上对元宗说："我从小就游过元城，喜欢这里的风俗和物产，陛下您平定了中原，我单单请求委任我作魏州的地方官。"元宗答应了，魏岑快步到台阶下拜谢，世人认为这是故意在用花言巧语骗人。

后蜀的通奏使王昭远，平常就好说大话，志向是杂耕于渭水之上。听到宋军来攻，对宾客搓着手说：“这是来送死的。乘此机会我们北伐，平定中原，不用麻烦再次用兵了”。这话说过不到两个月后蜀也就灭亡了，王昭远本人也被宋军俘虏。

这四位的花言巧语，本来是为了爵禄以及博得一时的宠爱，也太可怜了。

知人之难

霍光事武帝，但为奉车都尉，出则奉车，入侍左右，虽以小心谨饬亲信，初未尝少见于事也。一旦位诸百僚之上，使之受遗当国。金日磾以胡父不降，没入官养马，上因游宴见马，于造次顷刻间，异其为人，即日亲近，其后遂为光副。两人皆能称上所委。然一日用四人，若上官桀、桑弘羊亦同时辅政，几于欲害霍光，苟非昭帝之明，社稷危矣。则其知人之哲，得失相半，为未能尽，此虽帝尧之圣而以为难也。

【译文】霍光在武帝朝，官不过奉车都尉，出门则为武帝骖乘，入内则为左右服侍，虽然小心谨慎，起初并没有获得武帝十分明显的宠信。然而一旦登上相位，却向他托孤，让他主持大政。金日磾因为父亲不降，被没为奴隶替武帝养马，武帝因为游宴见马，顷刻之间金日磾的身份变了，日见亲幸，其后终于成为霍光的副手。两人都能尽到自己的职责。在武帝同一天所委任的四个辅政大臣中，还有上官桀和桑弘羊，他们几次准备加害霍光。如果没有昭帝的英明，社稷就十分危险了。以武帝的睿哲还只能得失参半，不能尽善，可见即使是圣明的帝尧，也会对知人感到为难的。

迩　言

【提要】《迩言》，南宋刘炎撰。

刘炎，字子宣，括苍（今浙江丽水）人，精研理学，因庆元党籍隐而不仕，从真德秀游。著有《迩言》12章。另《吉安府志》记载其“少负词学。淳祐间为永新尉，拙于逢迎，适州守某有贪名，行部至县，既行，以诗讽之云云。守衔之，被诬罢去。”其余事迹不详。

《迩言》，《四库全书总目提要》列入子部儒家类。梅南生《原序》云：“宋儒刘先生《迩言》一帙，条分12章，累万余言，先生所自著，故名《迩言》，谦称也。其言皆穷理尽性，成己成物，乐天知命，居常应变，间涉治平修攘之要，实内圣外王之学。”《续编》自全书中辑录了《成性》《存心》《立志》《践行》《天道》《人道》《君臣》《治道》等篇中的精华，内容涵盖修身养性至治国理政的诸多方面。

成　性

希夷子[①]曰：凡人贱者不可使贵，亦犹贵者不贱，命也。炎则曰：能有其贵，则贱者可使贵；不能有其贵，则贵者可使贱，性也。君子安居道德之宇，出入礼乐之门，驰骋仁义之途，言性不言命。

麟异于凡兽，凤异于凡禽者，仁也。圣贤君子异于凡人，亦仁也。禽兽不仁，人知恶之；人而不仁，不知自恶，惑之甚也。

【注释】①希夷子：指陈抟（871—989年），字图南，号扶摇子，赐号“白云先生”“希夷先生”，亳州真源（今河南鹿邑，一说在今安徽亳州）人。北宋道家学者、养生家，尊奉黄老之学。道号希夷子。

【译文】希夷子说：凡是低贱的人不可能使其变得高贵，也如同高贵的人不可能使其变得低贱，这是命运所安排的。刘炎则说：能够具备高贵的品质，那么低贱的人也可以变得高贵；不具备高贵的品质，那么高贵的人也会变得低贱，这是人的品性所导致的。君子安居在道德的广厦之中，出入于礼乐的门庭之间，驰骋于仁义的通途大道之上，注重的是道德品性而不是自身命运。

麒麟不同于一般的兽类，凤凰不同于一般的禽类，是因为它们具备仁爱之心的缘故。圣贤君子不同于普通百姓，也是因为具备仁爱之心的缘故。禽兽不具备仁爱之心，人们知道厌恶它们；而一个人不具备仁爱之心，却不知道自我厌弃，这样做人就非常糊涂了。

仁者有不动，动则仁矣。不仁者有不为，为则不仁矣。发于其心，有触斯应，故仁者不必好所好而后仁，不仁者不必恶所恶而后不仁。君子为仁者所好，以为知己，可也；为仁者所恶，无劳怀不平之心。然则不仁亦天性欤？曰：天非使之不仁，人自不仁尔。

【译文】仁爱的人不做事就罢了，一旦做事就会发扬仁爱之心。不仁爱的人要么不做事，一旦做事就只会胡作非为。一个人的情感产生于内心，有触动就会有感应。所以仁爱的人不会因为喜好一件事然后才有仁爱的举动；不仁爱的人不会因为讨厌一件事然后才有不仁爱的举动。君子被仁爱的人所喜欢，认为是了解自己，这样想是可以的。君子被仁爱的人所厌恶，也不用怀有愤愤不平之心。那么不仁爱也是天生的吗？回答说："上天并没有让人天生不仁爱，是人自己变得不仁爱。"

道德仁义，虽愚夫不学而知，及其至也，圣人犹病焉。法度器数，虽圣人学而后知，及其至也，愚夫可以与能焉。是以君子之学，达道而据德，依仁而由义，其于艺也，游之而已。

君子之所乐者三：乐为天地间正人，乐为正人端士之裔[1]，乐乎知古知今与凡民异。

【注释】①裔（yì）：后代子孙。

【译文】道德仁义的道理，即使愚昧的人不用学习也会知道一些，等到亲身去实践的时候，即使圣人也会有所困惑。法令制度礼器、礼数的种种规定，即使圣人也要学习以后才能知道，如果亲自去实践，即使愚昧的人也可以通达明了。因此君子求取学问，应该通达于大道而以道德为根据，凭借仁爱之心而遵循道义，而对于礼、乐、射、御、书、数等六艺之学，了解一下就可以了。

君子之所以快乐的原因有三条：乐于成为天地间的正直之人，乐于成为正直之人的后代子孙，乐于博通古今和一般的平民百姓有所不同。

存 心

存心莫大于仁，正心莫急于礼，生于其心而复以成其心，天人之道也。

心者，诚之宅也，家国天下，诚之达也。天下可欺也，国人不可欺；国人可欺也，乡邻不可欺；乡邻可欺也，妻子不可欺；妻子可欺也，方寸不可欺。一或有欺，悖乱①之言形于梦寐，虽欲自掩，其可得欤？终日行险②，志得意骄；中夜以思，惕然③隐忧。终日履平，无得无丧，中夜以思，湛然冰清。君子与其终日有快意之举，不如中夜获一息之安也。

【注释】①悖乱：反叛，逆乱。

②行险：做冒险的事，走危险的路。

③惕然：警觉省悟貌。

【译文】修养内心没有比怀有仁爱的想法更重要的事情了，端正内心没有比遵循礼仪更急切的事情了，正念产生于内心而又使内心得到进一步完善，这是上天和世人所共同遵循的道理。

内心是真诚的居所，家国天下，是真诚所通达施展的地方。天下人可以被欺骗，但是封国内的百姓难以被欺骗；封国内的百姓可以被欺骗，但是乡亲邻里难以被欺骗；乡亲邻里可以被欺骗，但是妻子儿女难以被欺骗；妻子儿女可以被欺骗，但是自己的内心难以被欺骗。只要有所欺骗，惑乱的言语就会在睡梦中出现，即使想要自我掩盖，能够做得到吗？整天做铤而走险的事，就会骄傲自满；半夜回想起来，就猛然惊醒而内心忧郁。整天做事平稳安适，无得无失，半夜回想起来，就会安然自若而内心无忧。君子与其整天有得意之事，不如能在半夜获得片刻的安宁。

圣人以仁为宇，天下无不覆；贤智以仁为途。善类所共由。

人莫病乎有欲而无德也。气刚而有欲，且见制于妇人，欲称丈夫不可得矣；年耆[①]而无德，犹见侮于童子，欲称先生不可得矣。

贫贱患难，进德之阶；富贵安佚[②]，陷身之壑。惟下愚不以贫贱患难有进，惟上智不为富贵安佚所陷。

【注释】①年耆：年老，古代年六十曰耆。

②安佚：安乐舒适。

【译文】圣人以仁爱之心做广厦，天下的事物没有不被覆盖其中的；贤达之人以仁爱之心为大道，天下善良之人都会经由此道。

一个人最大的祸害就是欲壑难平而德行浅薄。一个人脾气暴躁而且贪婪，并且受制于妇人，想要称大丈夫是不可能的；年老而没有德行，仍然会被儿童所欺侮，想要称作先生是不可能的。

贫贱患难的遭遇，是增进道德的途径；富贵安逸的处境，是陷害自身的沟壑。只有最愚笨的人不认为贫贱患难可以进德修业，只有最有智慧的人才不会被富贵安逸所陷害。

冶容[①]过目，目挑心招；郑声入耳，耳聩[②]心摇。招招摇摇，衣冠狙猱[③]。祸机及之，不知避逃。凡视冶容，如临严父；凡听郑声，如震斯怒。视远听德，心正则诚。不诚无物，惟诚则形。汝听不诚，人将汝听。汝视不诚，人将汝视。无恤乎人，无不为矣。无所不为，陨踣[④]乃已。古人戒慎乎其所不睹，恐惧乎其所不闻，不遏于流而塞于源，其以是欤，斯视听铭也。

【注释】①冶容：艳丽的容貌。

②聩（kuì）：古通“聩”，耳聋。

③狙猱（jū náo）：古书上说的一种猴。

④陨踣（yǔn bó）：死亡的婉称。

【译文】艳丽的容貌看过一眼，就会眉目传情而心神受到诱惑；郑国的靡靡之音听过之后，就会耳朵聋聩而心动神摇。如果世人行为不知检点，举止招摇，就如同衣冠禽兽，祸害将到，却不知道逃避。凡是看到艳丽的容貌，就要提醒自己如同面临严肃的父亲一样；凡是听到类似郑国的靡靡之音，就要提醒自己如同听到天动怒雷的响声一样。做人要看得长远，善于听取正面意见。内心正直那么就会真诚，没有真诚就不会有万事万物。只有真诚才能规范外在行为，你听取意见不真诚，人们将会敷衍你的听闻，你查看事情不真诚，人们将会敷衍你的查看。不体恤百姓，就没有什么不能做的事情，没有什么事情不可以去做，那就是自取灭亡罢了。古人独处，在无人看见的地方也会警惕谨慎，在无人听到的时候也会格外戒惧，现在的人不阻断不正当念头的流传，不堵塞不正当的念头的来源，这样做对吗？这就是关于视听的箴言。

立　志

心无得则志不立，志不立则事不成，事不成则妄动轻举，不根于素，夫是之谓妄人。昔者二帝三王志于仁天下，汉祖唐宗志于定天下，伊周自任以治，孔孟自任以道，下而荀卿、扬雄期以言语文章成名于后世，皆其素有得者也。

【译文】内心没有主见，那么志向就无法树立，志向无法树立那么就不能获得成就，不能获得成就那么就会轻举妄动，不能立足于平时的德行修养，这就是所谓的无知妄为之人。古代的尧舜二帝，夏商周三代的君王都立志于以仁道统一天下，汉高祖、唐太宗立志于安定天下，殷商的伊尹和西周的周公旦都是自愿担当治国重任，孔子、孟子都是自愿担当传道的重任，向下到荀况、扬雄凭借言辞文章在后世成名，这都是一向修养自身而有所成就的人。

圣人有容天下之度，故能以天下为一家；贤人有修身治人之志，故毁誉得丧一不足以动其心。

忠臣义士，气拂云汉，文人才子之气亦然。其所以然者，不然矣。君子志于泽天下，小人志于荣其身，当其乐仕之初则同，及其既仕，所趋异矣。是以天子达于匹夫，莫不有志气，顾其所之，有小大正邪尔。

【译文】圣人有容纳天下的气度，因此能够统率天下为一家；贤人有修养自身治理百姓的志向，因此毁谤、赞誉、得到、失去没有一样能扰乱其心。

忠臣义士，他们的刚正之气直冲云霄，文人才子的气概也是这样。为什么能够做到这些，很多人就不知道其中的原因了。是因为君子立志于恩泽天下，小人立志于荣显自身，在他们当初期望进入仕途时情形是相同的，等到他们进入仕途后，他们的志向就会有所不同。所以从天子到平民百姓，没有人不怀有志向的，但察看他们的发展方向，就有小大正邪的差别。

君子立志，诚信以养心，忠孝以安身，仁义以为富，道德以为贵。积而后发，其发也大。

大舜德冠百王，伊傅才高千古，然犹俛首耕筑，若将终身。今之匹士未闻寸长，已发不遇之叹，不量而已矣。

【译文】君子树立志向，以诚信来修养内心，以忠孝来安身立命，以仁义当作富有，以道德作为尊贵。先积累而后再奋发，其奋发也强大。

大舜的德行为百王之首，伊尹、傅说的才能高超千古，然而仍然低头耕地筑墙，好像要一辈子从事这种低贱的工作。现在一个地位低微的人没有听说过他有什么长处可言，却发出生不逢时的感叹，只是不自量力罢了。

或问君子出处之要。曰：居不可以素隐，仕不可以素餐，上无与于国家治理，下无与于风俗名教。斯其出处亦可占矣。

出处之道，主忠主孝，内有所主则外无所忘。斗击忘身，忿阋[①]忘家，朋党忘国，所主既失，祸败及之，虽悔何追。

【注释】①忿阋（xì）：愤怒争执。

【译文】有人问君子出仕及退隐的关键所在。回答说：“隐居不能白享高名，出仕不能白吃公粮。在上不能有益于国家治理，在下不能有益于风俗教化，像这样的‘出仕’或‘退隐’，那是可想而知了。”

出仕及退隐之道，就是要注重忠孝，在内心有忠孝二字当家，那么对外做事就不会忘记原则。与人争斗是忘记了自身安危，愤怒争执是忘记了家庭和睦，结私营党是忘记了国家利益。内心的主见原则一旦丢失，祸害败亡就会随即而来，即使悔恨自责又有什么用呢?

践　行

涵咏圣贤善言，如食美食，践行圣贤实德，如入荆棘，斯人孔子所谓乡原①也。道听途说，德之弃也。是故君子宁使言不足而德有余也，毋使言有余而德不足也。行仁如循环，由义如蹈矩，出入乎礼门，持守乎信钥，于是乎语，于是乎道，古所谓有德者必有言也。平易而达理者，善言也；中正而近道者，善行也。诞言②背理，诡行③伤道，君子不由。

【注释】①乡原：即乡愿，乡里中言行不一、伪善欺世的人。

②诞言：夸大虚诞的言辞。

③诡行：诡诈的行为。

【译文】回味咀嚼圣贤的善言，如同品尝美食一样享受、喜欢，而践行实践圣贤的德行，却如同进入荆棘丛生之地一样畏惧、害怕，这样的人就是孔子所说的言行不一、伪善欺世的人。听信没有根据的传闻，这是背弃道德的行为。因此君子宁可在言语上有所不足而要使自己在德行方面富富有余，而不希望言语过多而在德行方面有所欠缺。世人能够践行仁道就如同车辆能沿着轨道运行，世人能够遵循道义就如同木匠能依照规矩来画方圆。世人应该出入于礼仪之门，持守于诚信的关钥，依照正确的言语，践行正确的道路。古人说过有道德的人一定会有高尚的言论。浅显易懂而能够通达至理的言论，就是良言；中正而接近大道的行为，就是善行。夸大虚诞的言辞违背情理，诡诈的行为损害道义，君子是不会遵从的。

妄语初能妄人，终亦自妄；诡行初能诡人，终亦自诡。人受其祸小，己受其祸大。

人之好妄语者，朝与夕异，十常一二。旬浃[①]之间，十异五六，及其久也，燕越背驰，不自知矣。己不知，人知之。非惟诚不可掩，伪亦不可掩也。温公[②]曰：诚自不妄语始。夫善言，身之文也，不善则疵。善行，身之舆也，不善则败。君子审取舍之权，则知言行之机。

【注释】①旬浃：浃旬。满十天，亦指较短的时日。

②温公：即司马光，字君实，号迂叟，陕州夏县涑水乡（今山西夏县）人，世称涑水先生，被封为“温公”。

【译文】虚妄的言论刚开始是惑乱别人，但最终会惑乱自己；诡诈的行为刚开始能欺诈别人，最终只会自欺。别人承受的祸害犹小，自己承受的祸害却大。

一个人喜欢说荒诞的话，早晨和晚上说的话都不相符，十句话当中仅有一两句是实话。十天之间，十句话当中就有五六句不相符，时间一长，像燕国和越国一样相距遥远，却不能自知。虽然自己不知道，别人却一清二楚。不仅真诚不可掩饰，即使虚伪也掩盖不了。司马光说：诚实从不说荒诞的话开始。善言，是身体的文饰，一言不善，就成了瑕疵。善行，是身体的车驾，一行有失，车驾就会破败。君子审慎地衡量取舍，就知道言行的关键所在。

善战者，进可以攻，退可以守；善斗者，进可以搏，退可以保。安身理家，强国之本，知所以退，则知所以进。

圣人见善则拜，贤人闻过则喜，闻过如不闻，见善如不见，庸人也。诋善以为非，闻过则必文，小人也，又其甚也。怀触实之怒，肆报复之毒，其过也，何可以易言欤。

【译文】善于征战的人，向前可以攻击，退后可以防守；善于搏斗的人，向前可以搏斗，退后可以保全。安身治家，是使国家强盛的根本，懂得什么时候退守，就懂得什么时候进攻。

圣人见到善行就会敬拜，贤人听到自己的过失就很高兴，听到过失就如同没听到一样，见到善行就如同没见到一样，是平庸之人的表现。诋毁善行为恶行，听到过失就掩饰，这是小人的表现，更有甚者，心怀一触即怒的怨气，放纵肆意报复的仇恨，对于他的过失，旁人怎么能轻易发表意见呢？

不知而为之，过也，及其改也，不复过矣。知而为之，非过也，及其改也，萌蘖[①]复生。是以君子有过，小人无过。欲为君子，终身乃成；欲为小人，一朝可就。

行高而自卑者，裕身之道也；行卑而自高者，速祸之道也。

【注释】①萌蘖（niè）：萌，生芽、发芽。蘖，树木砍去后又长出来的新芽，喻指事物的开端。

【译文】不知道是错事而去做了，这是过失，等到改正之后，就不再是过失。明知道是错事而去做了，这不能说是过错，而是故意作恶，即使改正之后，还会再犯。因此君子会有过失，而小人不存在过失之说。想要成为一个君子，一辈子不懈努力才能做到；而想要成为一个小人，一早上就能做到。

品行高尚而自我谦卑，是安身避祸的途径；品行低劣而自视清高，是招致祸患的途径。

小人惟虑智巧之不章，君子惟忧德善之不著。古人有终身之忧，忧不为圣贤之徒也，今人有终身之忧，忧利禄不足以及子孙尔。

凡民能慈于子孙，而不能孝于父母，能为子孙长久虑，而不知父母之所为我虑者亦然。故君子力行孝悌，虽不为子孙虑，足以为家法矣。圣人之爱敬自身始，及其终也，为天下后世法，况于家乎？

【译文】小人只考虑自己的机谋与巧诈不能彰显，君子只担心自己的美德善行不够显著。古代人有终身的担忧，担忧不能成为圣贤的弟子，现在人也有终身的担忧，担忧福禄不足够延及子孙。

一般人只能对自己的子孙慈爱，而不能孝敬父母，能够为子孙做长久的打算，而不能知道父母也为自己这样担忧。因此君子力求做到能孝顺父母，友爱兄弟，即使不会为子孙做长久的打算，足可以成为世间家庭的楷模。圣人的仁爱恭敬之心从自身开始做起，等到百年之后，就成为天下后世的模范，更何况是一个家庭呢？

天 道

三家之市，贤否杂处；十室之邑，善恶相半。天必佑贤黜不肖，福善祸淫人；则雷霆[①]之威，日轰轰乎三家；雨露之恩，日优渥[②]乎十室，足矣。胡足见造化之大哉，为善不必福，福在其中；为恶不必祸，祸在其中，是天道也。

【注释】①雷霆：比喻人的盛怒或声威极大。

②优渥：优裕，丰厚。

【译文】几户人家形成的市井，贤与不贤混杂居住；住有十户人家的地方，善恶参半。上天一定会庇佑贤者而排斥不肖之人，行善的得福，作恶的受祸。那么雷霆这么大的声威，每天在这些人家轰隆作响，以震慑邪恶；雨露的恩泽，每天丰厚于这些人家，以奖掖良善，这就足够了。怎么能知道造化宏大的功用呢，行善不必等到福报降临，福已经在其中了；作恶不必等到恶报降临，祸患已经在其中了，这就是天道。

积善顺天，不求其福，可也；积恶而求免祸，其可乎？施德于人，不求其报，可也；施怨而责人无报，其可乎？是故君子善与天合，德与人和，必其所可必，而不必其所不可必也。

为恶而不为恶所倾，恶亦足为矣；为善而不为善所成，善亦不足为矣。恶而终倾，善而终成，君子必舍彼而取此。

仁则生，生则久，久则广大；不仁则贼，贼则削，削则枯灭。义则成，成则积，积则充实；不义则败，败则散，散则耗荡。是故圣贤仁生如春，义成如秋。

【译文】积德行善顺应天意，不祈求得福，这是可以的；长期做恶事却想免祸，可能吗？向别人施舍恩德，不求有回报，这是可以的；向别人输出仇恨却希望别人不要报复自己，可能吗？因此君子的善行与上天相合，德行与百姓相合，对于应该完成的事情就一定要完成，而不要去做那些不该做的事情。

如果作恶不会有恶报，那就作恶好了；如果为善不会有善报，那就不必为善了。但是作恶终究会毁灭自己，为善终究会成就自己。所以君子一定会舍弃前者而取后者。

仁爱就会促进生发，生发就能长久，长久就能广大；不仁爱就会造成伤害，有伤害就会削弱，削弱就会枯萎衰灭。遵循道义就能有成就，有成就便能积聚，积聚就能充实；不遵循道义就会衰败，衰败就会纷乱，纷乱就会损耗。因此圣贤的仁爱使万物生发如同春天，道义使万物成就如同秋天。

臣弑其君，则子弑其父，禄山之后则有庆绪。人曰天也，我曰人也。忠于君所以教其子之孝，顺于长所以教其弟之悌。孝悌之道，性根于天，迭[1]相视效，习成于人。人而反是道，自祸也。祸福自己，天何心哉。

【注释】①迭：更换，轮流。

【译文】臣子弑杀他们的君主，那么子女就会弑杀他们的父亲，有安禄山这样的叛臣，在其后就有安庆绪这样的杀父之人，百姓都说这是天意，我却说这是人为的。忠诚于自己的君主是用来教导子女孝敬父母，恭顺于长辈是用来教导子弟恭敬友爱。孝悌之道，根植于人的天性之中，世代遵循效法，就能养成孝悌的习俗。人们违反这个伦理之道，是自取祸害。祸福都是自己招来的，上天又有什么想法呢？

圣人缓急适宜，刚柔适时；常人急则多败，缓则失机，刚则易折，柔则易屈。君子与其刚也宁柔，与其急也宁缓。或曰：圣人何以知性命之理？曰：格物则知性，更事则知命。或曰何以知事物之要？曰：圣人察天地之运，知鬼神之情，而况于人乎？而况于事物乎？是故《易》之为道，通天下之变故者也。《春秋》之义，达天下之情伪者也。由迩而远，自明而幽，天地鬼神且不能违，而况于人乎，而况于事物乎？

【译文】圣人做事缓急适宜，刚柔适时；一般人做事急躁就会败亡，缓慢就会失去时机，刚强就容易折断，柔弱就容易妥协。君子与其刚强不如柔弱，与其急迫不如缓慢。有人说：圣人是如何懂得人性和天命的道理的呢？回答说：穷究事物的道理就能够了解人性，对世事有所阅历就能够了解天命。有的人问如何知道事与物的关键呢？回答说：圣人观察天地的运行，就了解鬼神的心意，更何况是对于人呢？更何况是对于事与物呢？因此《易经》演化大道，通达天下的变化。《春秋》阐发的大义，通达天下人情的真伪。从近到远，从明到暗，天地鬼神尚且不能违背，更何况是人呢，更何况是事与物呢？

人　道

古者忠以责己，恕以待人；今人待己以恕，责人以忠。几谏[①]，父子之恩也，扬于外则离；责善，朋友之信也，语诸人则疑；献替[②]，君臣之义也，播诸国则辱。人能无以虚言受实祸，无以小利招大辱，度越于人，远矣。

【注释】①几谏：对长辈委婉而和气的劝告。

②献替：进献可行者，废去不可行者。谓对君主进谏，劝善规过。亦泛指议论国事兴革。

【译文】古代人以忠诚责求自己，以宽恕待人；现在人用宽恕对待自己，以忠诚责求别人。对长辈委婉而和气地劝谏，这是父子的恩情，传扬到外面去就会对家人之间的关系产生疏离；劝勉从善，就是朋友之间的诚信，告诉别人就会让朋友对劝谏的动机产生疑心；对君主进谏，劝善规过，就是君臣之间的道义，传扬到其他国家就会使君主受辱。一个人能够做到不因乱说大话而承受灾祸，不因获取小的利益招致大的侮辱，那么他的气度心量就超过别人很多了。

闻誉而喜，必妄誉人；闻毁而怒，必妄毁人。不苟喜怒，斯不妄毁誉。陵贫者谀富，傲贱者谄贵，不陵不傲，斯不惯谀谄。

小人之交以利，平时相亲，不啻父子，一旦相噬，不啻狗彘。君子之交以义，平时讲切，水火异齐，临难死节，舟楫相济，善哉！司马公之言曰：覆王氏必惠卿也，信然！

【译文】听到赞誉就欢喜的人，一定会随意称赞人；听到毁谤就发怒的人，一定会胡乱毁谤人。不轻易欢喜发怒的人，就不会对他人妄加毁谤和称赞。欺凌贫困的人一定会奉承富有的人，傲视卑贱的人一定谄媚显贵的人，不欺凌也不傲慢别人的人，一定不会习惯于奉承谄媚。

小人以利益相交，平时相亲相爱，如同父子，一旦互相攻击，如同猪狗。君子以道义相交，平时讲习切磋，求同存异，面临危难谨守节操，互相帮助渡过难关，多么美好呀！司马光曾说：使王安石必然失败的是吕惠卿，后来果然是这样啊！

富贵近人，人以为谦；贫贱近人，人以为谄。故富贵宜自下，贫贱宜自守。自下者，人爱之；自守者，人敬之。

【译文】富贵的人亲近别人，别人以为他是谦虚；贫贱的人靠近别人，别人以为他是谄媚。因此富贵的人适宜谦恭，贫贱的人适合坚定自己的操守。能够谦恭的人，人们就会喜欢他；能够坚定自己操守的人，人们就会敬重他。

君　臣

君道莫大于建中，臣道莫先于守正。君道立则人心一，臣道尽则民风淳。大哉！我孝宗之言曰：人皆可以言朋党，惟君相不当言朋党。凡曰朋党，无问其人，惟公是公非之为务，君道于是立矣，至公之权于是独操矣。

【译文】君主的责任在于建立中正之道，臣子的责任在于守持正直之道。为君之道能够建立起来，那么人心就能够统一。做臣子的能够竭尽全力，那么百姓的风俗就会淳厚。意义很重大啊！我朝宋孝宗曾说：人人都可以结成党派，只有君主和宰相不可以结成党派。凡是结成党派的人，不论他属于何党何派，面对大是大非的问题，一律都要以公心来对待，这样为君之道就建立起来了，于是君主就掌握了最为公正的权力。

阴阳，天地之道也，六爻之义也。阳为君子，阴为小人，阳善用阴，足以成物；君子善用小人，足以成事。不善用之，而又求以亟去之，适以速其变也。速其变则阴在内以制身，小人居中以制国，大事去矣。善理身者，内阳而外阴；善理国者，内君子，外小人而已。

【译文】阴阳变化，是天地的规律，六爻的义理。阳代表君子，阴代表小人，阳善于驾驭阴，就能够成就万物；君子善于利用小人，就能够成就事业。不善于利用它，而又极力想除去它，就容易招致变故。招致变故那么阴的力量在内部就会限制君子，小人身居要职控制着国家，国家大事就难以成功了。善于修养自身的人，心中有阳刚之气而和人相处则保持柔顺；善于治理国家的人，让君子在朝廷之内，而让小人远离朝廷，仅此而已。

君子小人，凡有系于国家治乱成败之数者，皆非庸人比。斯君子必有过人之德，斯小人必有过人之才。一愚一智，愚为智役，一强一弱，弱为强制，人皆若是。国无敌国，家无仇家矣。智与智角，计必有中，强与强遇，不能无伤，中伤既多，怨雠深矣。怨雠既深，虽欲自已，不可得矣。是故小人计以中人，常诧暗箭，静以观之，则鸣镝[1]也。惟不立标的，无所施其巧，若郭汾阳之待鱼朝恩[2]，斯可矣。不然则萧刘[3]见陷于恭显[4]，汉党锢唐朋党诸君子，皆中小人之计矣。

【注释】①鸣镝：古代一种射出后有响声的箭。在战斗中起指示前进方向的作用。镝：箭头。

②鱼朝恩：泸州泸川（今四川泸县）人，唐朝的擅权宦官。

③萧刘：即西汉末期的萧望之、刘更生。萧望之，字长倩，萧何七世孙，东海兰陵人。遭宦官弘恭、石显等诬告下狱，愤而自杀。刘更生，字子政，原名更生，祖籍沛郡丰邑（今属江苏徐州），后遭宦官弘恭、石显等诬告下狱，免为庶人。

④恭显：即弘恭、石显，即西汉汉元帝刘奭时期的奸臣，汉元帝生病之时趁机专权。

【译文】君子与小人，都是关系到国家治乱成败的人，都不是普通人所能比得了的。君子一定有超过一般人的德行，小人一定有超过一般人的才能。一个愚昧一个智慧，愚昧的人被有智慧的人所役使，一个刚强一个柔弱，柔弱的人被刚强的人所控制，如果都是这种情况，那么作为国家就不会存在有敌国，作为家族也不会有仇家了。而实际的情形往往是，智者与智者较量，互相算计一定有中计的一方，强者与强者相遇，不可能谁都没有伤害，受伤多了，怨恨就深了。怨恨越来越深，即使自己想要中止，也做不到了。因此小人算计中伤别人，常常用暗箭，静静地观察，再寻机发出冷箭，暗箭伤人。只有不与小人结怨，小人找不到目标，就没办法施展自己的伎俩，像郭子仪对待鱼朝恩那样，就可以了。否则就像萧望之、刘更生那样被弘恭、石显陷害，东汉的党锢之祸，唐朝的牛李党争，都中了小人的诡计了。

甚矣，执偏[1]之为祸也。人主执偏祸社稷，大臣执偏祸苍生。唐德宗[2]执猜忌之见，陆贽[3]辈千万言不能回其听；近世王安石执强愎[4]之吝，司马公千万言不能破其惑，其祸社稷苍生不细矣。

圣君善始足以知终，善与人同，胡能有过？中君善始不若保终。急于为善，不如改过。

【注释】①执偏：过分的偏重于一边的执著。

②唐德宗：指李适，唐代宗李豫长子，唐朝第九位皇帝（779—805年在位）。

③陆贽：字敬舆。苏州嘉兴（今浙江嘉兴）人。唐朝名相。

④强愎：刚愎，倔强固执。

【译文】过分的偏执会带来严重的祸端。君主过分的偏执会祸及国家，大臣过分的偏执会祸及百姓。唐德宗持有猜忌的看法，陆贽等贤臣千言万语都不能规劝他回心转意；近代的王安石非常倔强固执，司马光千言万语不能破除他的迷惑，他们对国家百姓的祸害真是不小啊。

圣明的君主善于谋划好的开始并且可以保持一直到善终，能够与人和同，怎么能够有过失呢？中等的君主虽能谋划好的开始但无法保持到最后急于为善，不如先改正自己的过失。

欲观帝王之度，于其用人足以观之矣。能用一国之善士，则足以君一国；能用天下之善士，则足以王天下。善士不轻为人用，能用之，其度已足以容之矣。

【译文】要想观察帝王的气度，在用人上就可以观察到了。能够任用一个国家的有德之士，就可以担任一个国家的君主；能够任用天下的有德之士，就足可以称王于天下。有德之士不轻易被人所任用，能够任用他，说明君主的气度已足可以容纳他了。

或问：人君以纳谏为盛德，人臣以进谏为大忠者，何也？曰：人君一嚬一笑，天下之休戚系焉，而况于过举哉？进谏则能救过，纳谏则能改过，其为天下后世福大矣，乌得不谓之盛德，大忠哉。

事君之道，智有余而忠不足，不若智不足而忠有余。忠无适而非正，智或足以济奸也。

【译文】有人问：君主能接受规劝就是盛德，臣子能直言进谏才是忠诚。为什么这么说呢?回答是:“君主的一举一动,都关系到天下百姓的祸福,更何况是错误的行为呢?对君主进言规劝就能补偏救失,君主接纳规劝就能改掉过失,这样为天下后世创造的福祉就太大了,怎么能不称之为盛德和忠诚呢?”

事奉君主之道,智慧有余而忠诚不足,不如智慧不足而忠诚有余。忠诚没有什么方面是不中正的,智慧有时却会助长人的奸诈。

治 道

治天下有常道,上承天心,中和人情,下顺物理而已。急于为治,不得其道,乱之阶也;急于立法,不得其道,弊之萌也。

或问古今学校之制,曰:古者先德而后艺,先行而后文;后世教者校艺而不及德,学者言文而不及行。

【译文】治理天下有常道,在上顺承天意,在中合乎人情,在下调顺事物之理罢了。急于治理天下,如果方法不得当,就会产生动乱;急于订立法规,如果方法不得当,就会萌生弊端。

有人问古今学校的制度,回答说:“古代先培养德行然后学习技艺,先努力践行道理然后学习文化知识;后世教育人学习技艺而不培养德行,有学问的人空谈道理而不能亲身实践。”

礼教，天下之防范；赏刑，有国之纪纲。礼教行则人知荣辱，刑赏明则人知劝惩，与其劝惩于后，孰若荣辱于先。上不知有荣辱，下不知有劝惩，防范纪纲，其可置而不省乎？

先正俭训曰：由俭入奢易，由奢入俭难。炎曰：俭者，国家之大宝，汉文帝知之，故用度常有余；武帝不知，故用度常不足。使有国有家者，凡事简易，常如创业之初，动遵检束，不由俭而入奢，尚何不足之有。

【译文】礼仪和教化，是用来规范天下百姓的行为；奖赏和刑罚，是治理国家的纲纪。礼仪教化施行那么人们就知羞耻，奖赏和刑罚严明那么人们就知道利弊荣辱。与其在行为发生之后再奖励或惩戒，不如在行为发生之前就告之荣辱。在上者不知道有荣辱，在下者不知道有奖惩，规范和纲纪，怎么能设置而不用呢？

过去的贤人留下节俭的训导说：从节俭到奢侈容易，从奢侈到节俭困难。刘炎说：“节俭，是国家的珍宝。汉文帝懂得这个道理，因此国家用度常常有余；汉武帝不懂得这个道理，因此国家用度常常不足。倘若掌管国家和家庭的人，凡事都能精简节省，常常如同创业之初的情形，行为检点，不会从节俭变得奢侈，怎么会出现用度不足的情况呢。”

家国无二道。家之兴也，父子和，兄弟睦，妇姑顺事，仆妾禀令。汉唐盛时，君臣各尽其职，何以异此。家之败也，父子暌[①]，兄弟阋[②]，室堂藩篱，妾妇长舌，曾不知外侮之及也。

汉唐之衰，君昏于上，臣乱于下，知分曹植党以固其位，而不知盗贼之至也亦然。知其然而制于未然，非至明其孰能之哉。

【注释】①暌（kuí）：隔离。

②阋（xì）：争吵。

【译文】治家之道与治国之道没有区别。当一家兴盛的时候，父子融洽，兄弟和睦，婆媳和顺，仆妾遵从命令。汉唐强盛之时，君臣各尽其职，与家庭兴盛的表现有什么区别呢？当一家破败的时候，父子离心，兄弟争吵，分门立户，妻妾搬弄是非，竟然不知道外人的欺侮会马上到来。

汉唐衰败之际，君主昏庸于上，臣子混乱于下，结党营私以巩固自己的地位，却不知盗贼马上就会到来，这些也与家庭破败时的表现相同。知道这些道理而又能防患于未然，若不是非常贤明的人，谁又能做得到呢？

或问为政宽严之尚。炎曰：近闻之真玉堂云毋论宽严，亦惟仁义而已。宽本于仁，何至于民慢；严本于义，何至于民残。斯足为为政之法矣。

从政莫先于省吏，约文书。吏省，则蠹民之害寡；文书约，则吏不得而胥[①]之。

【注释】①瞀（mào）：愚昧。

【译文】有人问治理朝政的态度是应该宽大还是应该严厉呢？刘炎说：“最近听到真玉堂说：‘不要议论应该宽大还是严厉，这些也只是仁义的表现罢了。宽大若是真的产生于仁爱，怎么会导致百姓怠慢呢；严厉若是真的立足于正义，怎么会导致百姓凶残呢。’这足可以成为治国理政的方针策略。”

从事政务应该首先精简官吏，减少文书，官吏精简则侵蚀百姓利益的事情就会减少，减少文书则小吏就不能愚弄百姓。

涖官[1]从政，有一言可以得人心者，其廉乎。有一言可以失人心者，其贪乎。廉则约己而厚人，贪则浚人而自厚。知自厚而不知厚人，虽曰剖决如流，私泥之矣。方寸清明，欲乱之矣。方寸自乱，何以知人心之得失哉？

【注释】①涖（lì）官：任官。

【译文】任官从政，有一字可以用来赢得民心的，大概就是廉字吧。有一字可以导致失掉民心的，大概就是贪字吧。廉洁就能约束自我而厚待他人，贪求就会苛责他人而厚待自己。只知道对自己宽厚而不知厚待他人，即使自身才思敏捷，处事果断，也难免会偏颇和拘泥了；即使内心原本清明，也会变得混乱了。自己内心混乱，又怎么能了解民心的得失呢？

群书治要续编卷第四十三　为政忠告 郁离子

为政忠告

【提要】《为政忠告》，元张养浩撰。

张养浩（1270—1329年），汉族，字希孟，号云庄，又称齐东野人，济南（今山东济南）人。张养浩一生经历了世祖、成宗、武宗、英宗、泰定帝和文宗数朝。他少有才学，被荐为东平学正，历仕礼部、御史台掾属、太子文学、监察御史、官翰林侍读、右司都事、礼部侍郎、礼部尚书、中书省参知政事等职。后辞官归隐，朝廷七聘不出。天历二年（1329年），关中大旱，出任陕西行台中丞。是年，积劳成疾，逝世于任上，谥文忠。尊称为张文忠公。张养浩是元代重要的政治、文化人物，其个人品行、政事文章皆为当代及后世称扬，是元代名臣之一。与清河元明善，汶上曹元用并称为“三俊”。代表作品有《为政忠告》，散曲《山坡羊·潼关怀古》等。

《为政忠告》又名《三事忠告》，其中《牧民忠告》作于作者为县令时，《风宪忠告》作于作者为御史时，《庙堂忠告》作于作者入中书时。三事忠告是作者对地方官员、监察官员、中央官员的真诚劝诫。明张纶《林泉随笔》曰：“张文忠公《三事忠告》，诚有位者之良规。观其在守令则有守令之式，居台宪则有台宪之箴，为宰相则有宰相之谟。醇深明粹，真有德者之言也。考其为人能竭忠徇国，正大光明，无一行不践其言”云云。三书非一时所著，本各自为编。明洪武二十二年，广西按察司佥事扬州黄士宏合为一卷刻之，总题曰《为政忠告》。《四库全书总目提要》将其列入史部职官类。《续编》从《牧民忠告》《风宪忠告》《庙堂忠告》中分别辑录有关治国理政的内容，以供今人借鉴。

牧民忠告

戒　贪

普天率土[①]，生人无穷也。然受国宠灵[②]，而为民司牧者，能几何？人既受命以牧斯民矣，而不能守公廉之心，是自不爱也，宁不为世所诮耶？况一身之微，所享能几？厥心溪壑，适以自贼。一或罪及，上孤[③]国恩，中贻亲辱，下使乡邻朋友，蒙诟包羞，虽任累千金，不足以偿一夕缧绁之苦。与其戚于已败，曷若严于未然。嗟尔有官，所宜深戒。

【注释】①普天率土：语出《诗·小雅·北山》“溥天之下，莫非王土；率土之滨，莫非王臣。”《左传·昭公七年》引作“普天之下，莫非王土；率土之滨，莫非王臣。”形容全天下、四海之内。

②宠灵：语出自《左传·昭公七年》，义为恩宠光耀。

③孤：负。

【译文】普天之下四海之内，人是无穷数的。但是受到国家的恩宠，而能当人民的官长的，能有多少呢？既然承受职位来管理人民，却不能保持公正廉洁之心，这是不爱惜自己，怎么能不受到世人的责备呢？况且一个人是很微小的，所享用的东西能有多少呢？而人的贪心像沟壑一样难以填满，这恰恰足以毁了自己。一旦犯罪，上则辜负了国家恩宠，中则给亲人带来耻辱，下则使乡邻朋友蒙受羞耻。虽在任时积聚千金资财，不足以补偿一夕牢狱的苦楚。与其在败露时悲戚，何如在还没有成为事实时严于律己？所有为官之人，这是应该深以为戒的。

治官如治家

治官如治家，古人尝有是训矣。盖一家之事，无缓急巨细，皆所当知，有所不知，则有所不治也。况牧民之长，百责所丛，若庠序[①]，若传置[②]，若仓廥[③]，若囹圄[④]，若沟洫，若桥障，凡所司者甚众也。相时度力，弊者葺之，污者洁之，堙者疏之，缺者补之，旧所无有者经营之。若曰“彼之不修，何预我事？瞬夕代去，自苦奚为？”此念一萌，则庶务皆隳矣。前辈谓“公家之务，一毫不尽其心，即为苟禄，获罪于天”。

【注释】①庠序：古代的地方学校。后亦泛称学校。

②传置：本指驿站。《汉书·文帝纪》：“太仆见马遗财足，余皆以给传置。”颜师古注：“置者，置传驿之所，因名置也。”王先谦补注引宋祁云：“传，传舍；置，廄置。”

③仓廥（kuài）：贮藏粮食和草料的仓库。

④囹圄：监狱。

【译文】“管理官员就像治理家庭一样”，古人曾有这样的训诫。一个家庭的事情，无论是缓是急，是大是小，都是应当知晓的；一旦有疏忽大意的地方，就有可能造成不好的结果。何况管理百姓的长官，担负着各种各样的责任，如学校教育工作，如驿站转运工作，如粮食和草料的储运工作，如刑狱司法工作，如农田水利工作，如桥梁和堤坝工作等，一应分管的事情太多了。要观察时机，估计力量，修葺损坏之物，清洁污秽之物，疏通堵塞的沟渠，补足不足之处，原先所没有的就从头规划营治。如果地方官说：“过去的官员不勤心治事，与我有什么相干？反正不久就有人来接任了我了，何必自讨苦吃呢？”这种念头一旦萌生，各种政务就会荒废了。因此，前人曾经说过，“官员对国家的事务，如果有一丝一毫的不尽心，就是无功受禄，就会受到上天的惩罚。”

禁家人侵渔

居官所以不能清白者，率由家人喜奢好侈使然也。中既不给，其势必当取于人。或营利以侵民，或因讼而纳贿，或名假贷，或托姻属，宴馈征逐，通室无禁；以致动相掣肘，威无所施。己虽日昌，民则日瘁；己虽日欢，民则日怨。由是而坐败辱者，盖骈首骊踵[①]也。呜呼！使为妻妾而为之，则妻妾不能我救也；使为子孙而为之，则子孙不能我救也；使为朋友而为之，则朋友不能我救也。妻妾、子孙、朋友皆不能我救也，曷若廉勤乃职，而自为之为愈也哉？盖自为虽阖门恒淡泊，而安荣及子孙；为人虽欢然如可乐，而祸患生几席[②]也。二者之间，非真知深悟者未易与言。有官君子，其审择焉。

【注释】①骈首骊踵：头挨着头，脚连着脚，形容人多。

②几席：古人凭依、坐卧的器具。

【译文】做官的人不能保持清白，往往是由于家人喜好奢侈造成的。做官的俸禄不能满足家人的挥霍，就势必导致以不正当的手段向他人索取。有的非法经营、侵害百姓，有的通过审理案件收受贿赂，有的假公济私，有的接受关系请托，有的借着婚庆之事，宴请、馈赠之名而巧取豪夺。对于全家人的行为不去禁止，以致做事时动辄受到家人牵制，威信没法建立。为官者即使愈加富有，而百姓却一天天困顿下去；为官者即使愈加快乐，而百姓却天天抱怨。因此而犯罪招辱的人，比比皆是。唉！即使为了妻妾而这样的，那么妻妾也不能救我；即使为了子孙而这样的，那么子孙也不能救我；即使为了朋友而这样的，那么朋友也不能救我。既然妻妾、子孙、朋友都不能救我，就不如在任时恪尽职守，坚持廉勤奉公，好自为之岂不是更好吗？当然，坚持操守虽然会过着清贫的生活，可是能够荣及子孙；贪腐即使表面上生活快乐，可是祸患却随时就会在身边发生。对于这两种情况，如果不是真正理解、深刻领悟，是不能轻易与他谈论的。官府中的君子，请你们审慎的选择。

省　事

为治之道，其要莫如省心。心省则事省，事省则民安，民安则吏无所资。一或纷然，上下胥[①]罹其扰也。然事亦有必不能省者，则又在夫措画堤防[②]之术何如耳。古人谓“多算胜少算，少算胜无算”，不特用兵为然。一役之修，一宴之设，一狱之兴，诚能思虑周详，繁略毕举，则民之受赐不浅矣。某尝为县，胥吏辈春则追农以报农桑，夏则檄尉以练卒伍，秋则会社以检义粮[③]，冬则赋刍以饲尚马[④]。其他若逃兵、亡户、逸盗及积年逋税[⑤]之民，动集百余，不贿不释。某见其然，常挥牍不为署，暇则将一二谨厚吏亲诣其地而按之，可拟者拟，可行者行。由是一切惟以信版[⑥]集事，吏人失志[⑦]，百姓获安，至今旁郡以为例。

【注释】①胥：都，皆。

②措画堤防：筹划，预防。

③义粮：旧时地方公共的储粮备荒之仓。

④赋刍：交纳刍草。尚马：送往宫廷中的马。

⑤逋税：欠税。

⑥信版：管理条文。

⑦吏人失志：吏员无法恣意妄为。

【译文】为政之道，最重要的就是不要有妄心。妄心少则事端少，事端少则百姓安，百姓安则吏员就没有理由滋生事端。

一旦事务多起来，吏员和百姓之间就会产生纷争，但是有些事务是绝对不能减少的，对这些事情定要事先谨慎筹划，制定出一套防患于未然的办法。古人说："多谋划好过少谋划，少谋划好过没有谋划。"其实，不只用兵如此，在兴修工程、宴请宾客、审理案件等方面，也是如此。若什么事都能详加思虑，该详则详、该略则略，认真处理，那么百姓将会受益匪浅。过去我做过县令，时常看到属下的吏员们春天催逼农民耕种，上报农桑情况；夏天召集武官，训练民兵；秋天聚集到各村社，检查粮食储备；冬天则催促交纳刍草，命令百姓饲养御马。除此之外，对逃兵、流亡之人、逃犯以及累年欠税的百姓等，每次都会抓起一百多人，而且不给贿赂就不放人。我看到这样的情况，常抛开文件、离开县衙，利用空闲时间带着一两个认真敦厚的吏员，亲自到出事的地方查验，可以拟定管理条文的就拟定条文，可以立即办理的就立即办理。如此一来，处理事务就有了一定的准则，吏员无法恣意妄为，百姓得以安定。直到现在，旁边的郡县还在以此方法为例。

先劳

古之为政者，身任其劳，而贻百姓以安；今之为政者，身享其安，而贻百姓以劳。己劳则民逸，己逸则民劳，此必然之理也。惮一己之劳，而使阖境之民不靖[①]，仁人君子其忍尔乎？昔子路问政，而圣人告以“先之劳之”，“无倦”[②]。呜呼，此真万世为政之格言也欤！

【注释】①不靖：不安定。

②语见《论语·子路第十三》。

【译文】古代从政的人，自己无论多么辛苦，也要把安乐给予百姓；现在从政的人，自己追求舒适安乐，而把劳苦留给了百姓。为官者辛劳那么百姓就安逸，为官者安逸则百姓辛劳，这是必然的道理啊。因为担心自己辛劳，而使整个地方的百姓不得安宁，仁人君子，会忍心这样做吗？过去子路问为政的道理，孔子告诉他说："自己做好带头示范，然后让他们勤劳的工作"，"不要懈怠"。唉，这真是万世不易的从政格言啊！

明纲常

欲先教化，去其斁[①]教悖化者，则善类兴矣。近年子叛其父，妻离其夫，妇姑勃蹊[②]，昆弟侮阋[③]，奴不受主命，冠屦倒置[④]者，比比皆然。凡若此者，不必其来告，当风[⑤]乡长，恒纠其尤甚者，谕众而严决之，则自悚然改行矣。

【注释】①斁（dù）：败坏。

②勃蹊：争斗。

③侮阋：争吵。语见《诗经·小雅·常棣》："兄弟阋于墙，外御其侮"。

④冠屦倒置：比喻上下位置颠倒，尊卑不分。

⑤风：晓谕。

【译文】要教化百姓，就要革除败坏、违背道德教化的风气，那么良善的人就多了。这几年儿子背叛父亲，妻子抛离丈夫，婆媳争斗，兄弟争吵，仆人不听主人，这种上下颠倒的事情，比比皆是。凡是这样的事情，不必等到他们来告状，就应当晓谕乡长，要经常举发处理那些行为过分的人，并告示众人，给予严厉的处罚，他们自然会因为害怕而改变行为方式。

勉　学

学校乃风化之本，俗吏多忽焉，不以为务。是不知天秩民彝[①]，一切治道，胥此焉出。暇则率僚寀[②]以观讲习，或生徒有未济，廪饩[③]有未充，祭物有未完，教养有未至，激劝有未周，皆敦笃以成之，久则弦诵之声作，而礼义之俗可兴矣。

【注释】①天秩：上天规定的品秩等级。谓礼法制度。民彝：犹人伦。旧指人与人之间相处的伦理道德准则。

②僚寀（cǎi）：同事，僚属。

③廪饩（lǐn xì）：旧指由公家供给的粮食之类的生活物资。

【译文】学校是推行道德教化的根本之地，那些缺乏见识的俗吏大多不重视它，不把它当作一件重要的事情来看待。这是因为他们不知道天理人伦，一切的治世之道都从这里产生。闲暇时应该率领僚属视察学校，看看有没有未接济的学生、官府供给的粮食是否充足、祭祀的物品是否完备、教育是否尽责、激励劝导是否周全，倘有问题要及时督促学校完成。久而久之，学校的教育就会兴起，崇尚礼义的风俗就可以兴盛起来了。

劝　农

农之勤惰，一岁之苦乐系焉。其所当为，有不待劝焉者，时因行治。视其辍工废业者，切责之，远近闻之，必知自励也。常见世之劝农者，先期以告，鸠[①]酒食，候郊原，将迎奔走，络绎无宁，盖数日骚然也。至则胥吏童卒[②]，杂然而生威，赂遗征取，下及鸡豚。名为劝之，其实扰之；名为优之，其实劳之。嗟夫！劝农之道无他也，勿夺其时而已矣。繁文末节，当为略之。

【注释】：①鸠：聚集。

②童卒：小卒。

【译文】农民的勤劳与懒惰，与一年的贫苦与欢乐关系密切。对于他们应当做的事，有的人是不用劝勉的，只需依照时令提醒就是了。对于那些荒废耕作的人，要严加责罚，远近的人听说了，必然会要求自己努力耕作。然而，常常有一些督办农事的人，先通知农民他们下乡的日期，让农民准备好酒食，等候在郊外，奔走迎送，络绎不绝，不得安宁，大概要骚扰好几天。到了乡下，胥吏走卒也都借机作威作福，贿赂索取，就连鸡猪也不放过。名为劝农，其实是扰乱农民；名为优抚，其实是劳累农民。唉，劝农的方法没有别的，只要不耽误耕作的时机就可以了。烦琐无用的条规，应当改掉了。

处患难

凡在官者，当知荣与辱相倚伏，得与失相胜负，成与败相循环，古今未有荣而无辱，得而无失，成而无败之理也。虽天地之运，阴阳之化，物理人事，莫不皆然。处之不以道，则纤毫之宠必摇，而一唾之辱必挫矣。故君子于外物，重轻皆所不恤，顾其在我者何如尔。使其有可辱，虽不加谴，而君子恒以为不足；使其无可辱，虽置之死地，而君子恒以为有余。历观自昔大圣大贤，不幸横罹祸患，恬然不易其素[①]者，灼乎此而已矣。苟惟能处荣而不能处辱，惟能安顺境而逆境则不能一朝居，欲望其临政有余，为难矣。呜呼！善观人者，其于此焉察之！

【注释】①素：一贯，本来。

【译文】凡是为官的人，应当知道荣誉和耻辱互相联系、得与失互相交替、成功与失败互相循环，从古至今没有只有荣誉而没有耻辱、只有得而没有失、只有成功而没有失败的道理。即使是天地的运行，阴阳的转化，物理人事，都是如此。不知道依据这个道理去处理事情，必然会得到细小的恩宠就趾高气扬，而遭到一口唾沫的耻辱就灰心失望。所以，君子对于身外之物，不管是轻是重都不要去忧虑，应该更多考虑内心可以自主的地方。一个君子一旦犯了错误，即使没有人谴责他，君子也常常自我反省，以期改正；如果君子没有错误、不应当受到责备，即使有人将他置之死地，他也常常镇定自若、平静如常。通观自古以来的大圣大贤，不幸意外遇到祸患时，他们都能够安然地保持本来的面貌，只是因为他们透彻地理解了这个道理罢了。如果一个人只能接受荣誉而不能面对耻辱，只能安于顺境而一天也不能处于逆境，要想让他处理好政务、管理好国家是非常困难的。啊！那些善于观察他人的人，就要从这一点来考察所用的人啊。

求进于己

士当求进于己，而不可求进于人也。所谓求进于己者，道业学术之精是已；所谓求进于人者，富贵利达之荣是已。盖富贵利达在天而不可求，道业学术在我而不可不求也。况古之人不以富贵利达为心也，其所以从仕者，宜假此以行道也。道不行而富贵利达者，古人以为耻而不以为荣。呜呼！非诚有致君泽民之心者，其孰能与于此？

【译文】读书人要想有所作为，必须依靠自己，而不能依赖别人。所谓依靠自己，就是指努力提高自己的修养和道德学问，以此来获得成功；所谓依靠别人，就是指通过结交关系来获取荣华富贵。荣华富贵在于上天的安排，不是我们所能强求的，而学问的增进在于我们自己，所以我们不可以不去追求。况且，古代的圣贤，不把富贵荣华放在心上，他们之所以为官，为的是借此来推行自己的政治理想。政治理想得不到推行而获得富贵荣华的人，古人认为这是耻辱，而并不认为这是光荣。唉！不是真正有辅佐君王、造福百姓的政治理想，谁能这么做呢？

风宪忠告

荐举

夫士有公天下之心，然后能举天下之贤。盖天下之事，非一人所能周知，亦非一人所能独成，必兼收博采，治理可望焉。故前辈谓“报国莫如荐贤”，真知要之言哉。今夫富者之于家，有田焉，必求良农，使之耕；有货焉，必求能商，使之贾；有牛羊焉，必求善豢者，使之牧。何则？盖彼拳拳①于治家，故不得不求其人也。况受天下之寄，任天下之责者，乃不知求天下才共治之，岂其智之不若彼富者哉？由其为国之心，未尝如其为家之心之切故也。于此有人焉，廉而且干，虽有不共戴天之仇，公论之下亦不得而掩焉。

苟非其人，虽骨肉之亲，公论之下，亦不得而私焉。世常谓风宪非亲不保，非仇不弹，又有身为宪佐②，风御史荐己就升者。呜呼！委以黜陟③百官之权，授以仪表百司④之职，乃不思报效，惟假之以行己私，人则受其欺矣，天地鬼神其受欺乎？大抵求而后举，不若不求而举之为公；识而后荐，不若采之舆议⑤之为博。夫己不求贤，必使人之求己者，皆非也。盖求则不必举，举则不必识矣。故古人有闻而举者，有见而举者，有举仇者，有举亲者，有集为簿者，有拜其刹者，有书之夹袋[⑥]者。虽其举不一，要极于公当无私而已。于戏！诚如是，则为相为风宪者，安有临事乏才之叹？

【注释】①拳拳：诚恳的样子。

②宪佐：监察官的辅佐。

③黜陟：官职的升迁或降黜。

④仪表：榜样，表率。百司：泛指各官署。

⑤舆议：舆论。

⑥夹袋：衣服里的口袋。

【译文】为官者必须有为天下的公心，然后才能够推荐天下的贤人。因为天下的事情，不是一个人能全部了解的，也不是一个人能独自完成的，必须多方收罗人才、广泛采纳意见，天下才能得到很好的治理。所以古人说："报效国家最好的方法就是推荐贤才。"这句话实在是真理啊！以财富充足的人管理家务为例，有田地，他必须得请勤劳耕种的农民为他耕种；有商品，他必须得请善于经商的人为他销售；有牛羊，他必须得请善于饲养的牧民放牧。为什么要这样呢？这是因为他治家心切，所以不得不请最适合的人给予帮助。然而那些承受着天下的重任、担负着天下职责的人，却不懂得遍寻天下的贤才一起治理天下，难道是其智慧还不如那个富人吗？并非如此，只是他的为国之心不如为家之心那样深切，所以才这样的。一个真正爱国的人不应有私心。只要是廉洁有才能的人，即使与对方有不共戴天之仇，也不可以计较个人恩怨；如果这个人不够任用的条件，即使是自己的亲人，也不能徇私举荐。常听世人抱怨说那些监察官员只会推举自己亲近的人，而弹劾跟自己有仇的人。而且，据说还有些监察官的辅佐人员，暗示监察官推荐自己升官。唉！国家授予监察官员纠举百官的权力，希望他们能为百官做出表率，却没想到他们不想着尽心报国，反而假公济私，为自己谋利。就算他们能够欺骗世人，又怎能蒙蔽得了天地鬼神呢？一般说来，受人请求而推举，不如不受请求而推举更显公道；因为认识而荐举，不如因众人的好评而推荐更客观。不去主动察访贤人，一定要等到人来请求自己然后才推荐，这种做法是错误的。主动请求的不必推举他，被推举的也不一定非得自己认识。所以在古时候，有人因为对方获得众人好评而推举，有人是因为对方有真才实学而推举，有人举荐自己的仇人，有人则举荐自己的亲人，有人将人才的资料集结成书，有人将其记在屏风上，有人则将其书写在夹袋里。即使推举方式不一，但他们都是为了公事，并无私心。唉！要是每一个官员都能如此，担任宰相或者监察官的人，遇到事情时又怎么会慨叹人才缺乏呢？

庙堂忠告

用　贤

天子之职，莫重择相；宰相之职，莫重用贤。然则何以知其贤？询诸人则知之，察其行则知之，观所举则知之。夫为室而不众工之资，梓人[①]虽巧，室不能成矣；为国家而不众贤之集，相臣虽才，国不治矣。彼为相者，诚能开诚布公，廓焉[②]无我，己有不能，举能者而用之；己有不知，举知者而用之；己有不敢言，举敢言者而用之。如是，则彼之所能皆我有矣。必欲一身而兼众人之事，虽大圣大贤有所不能。夫粹白之狐，举世无所有也，然而有粹白之裘者，善取于众而已矣。况大臣初不贵乎事无不知，第公正其心，无所娟疾，则智者效谋，勇者效力。呫呫[③]以为才，捷捷[④]以为辩，自炫自伐，则贤者必不乐为之用。大抵人君自伐，则臣职有所不行；相臣[⑤]自伐，则百执事[⑥]之职有所不行。为人上者，操约以驭繁，居静以制动，以无心而应天下之心，则所令者从，所庸者劝。苟知其贤而任之，既任而疑之，而务胜之，顾与不知不用，自任其才也奚异？若然，则体统失而谄妄之小人至矣。与小人处，则天下之事不论可知。吁！

【注释】①梓人：古代木工。《考工记·总序》载，木工有七，其一为梓人，专造饮器、箭靶和钟磬的架子。后世亦称建筑工人为梓人。

②廓焉：广大；空阔。

③呫呫（chè）：多言貌；絮语貌。

④捷捷：巧辩貌。

⑤相臣：宰相。

⑥百执事：众多管事的官员。

【译文】天子最重要的责任，莫过于选择宰相；宰相最重要的责任，莫过于选择贤才。那么，怎样才能辨识贤才呢？有三种方法：征询其他人的意见，考察这个人行为，观察这个人推崇什么。要知道，建造房屋时若不依靠众多工人的力量，建筑师再灵巧，房子也无法建成。同样，治理国家如不能发挥众人之才，宰相再有才能，国家也难以治理得很好。因此，作为宰相就应该开诚布公，襟怀坦荡无私。自己力所不能及的事，委任有能力的人来完成；自己不懂得的事，委任懂得的人来完成；自己不敢说、不便说的事，举荐敢进言的人来代言。这样一来，他人的能力为我所用，也就变成我的能力了。要想以一己之力来完成需要众人来完成的事，即使是大圣大贤也难以做到。世上并没有纯粹白色的狐狸，那些纯白的狐皮大衣是选取许多只狐狸的皮毛拼凑而成的。所以对于大臣来说，并不是什么都要知道为好。只要他内心公平正直，不嫉妒贤能，那么，有智谋的人就会为他献计献策，有勇力的人就会为他效力。倘若自以为有才能，巧言以为善辩，还炫耀自夸，那么，贤能的人一定不乐于前来相助。一般而言，若皇帝爱自我夸耀，那么宰相就会有不履行职责的；若宰相爱自我夸耀，那么众多管事的官员就会有偷懒懈怠的。因此，居于上位者应该以简约为原则，以简驭繁，以静制动，以淡泊之心来顺应天下民心。如此，居下位之人就会服从他的命令，庸碌无为之人就会遵从他的勉励。如果知道一个人有才能而任用他，任用了之后又对他加以怀疑，并一定要超过对方，这跟一开始就不了解他、不任用他，而只相信自己的才能有什么不同呢？如果这样做，就失去了用人的体制和规矩，阿谀谄媚的小人就会乘虚而入。整天与小人在一起共事，那么天下的事情，不用说也能够想象得到了。唉！

远　虑

天下之事，知其已然，不知其将然者，众人也。因其已然，而将然、未然逆而知之，非深识远虑者不能。室已焚而徙薪[①]，舟已溺而市壶[②]，疾已成而求艾，虽殚力为之，无及矣。今夫际然之堤，有容蚁之穴，宜若无所损，然周于识者，必塞而实之，虑其久而必应于讧溃[③]故也。天下之事，皆能如是虑之，尚何后患之有哉？大抵自古国家之所以不治，臣子之所以不轨，固非一朝一夕之积，良由今日以某事为小过而不谏，明日以某人为小罪而不惩，日引月深，不自知其祸乱之成也。故臣之于君，献可替否[④]，而不敢萌一毫姑息之心。始以为无伤，卒至大可伤；始以为不足虑，卒至深可虑。惟君子为能见微知著，思患而预防之：于饮宴则防流连，于田猎则防荒纵，于营缮则防逾制，于货财则防损民，于爵赏则防僭及，于刑法则防滥杀，于君子则防疏远，于小人则防玩狎，于听览则防容奸，于征伐则防渎武。夫君之于臣，亦有所当远虑者：虽爱而不锡以过分之赏，虽旧而不授以非据之官，虽亲而不交以亵渎之谈。盖尊卑之分严，则上下之体定；上下之体定，则祸乱无自而生，天下之事，可次第而治矣。

【注释】①徙薪：搬走柴草。徙薪曲突的简称。

②市壶：购买葫芦。

③讧溃：毁败。

④献可替否：进献可行者，废去不可行者。谓对君主进谏，劝善规过。亦泛指议论国事兴革。语出《左传·昭公二十年》："君所谓可而有否焉，臣献其否以成其可；君所谓否而有可焉，臣献其可以去其否。"

【译文】对于天下的事，大部分人只知道已经发生的事而不知道将要发生的。要根据已经发生的情况来推知将要发生和尚未发生的事情，不是深谋远虑的人难以做到。屋子已经烧了才搬走柴草，船沉了才去买逃生的葫芦，病重了才去求医问药，尽管尽全力补救也已经晚了。看起来高大坚固的堤坝，出现了一个小蚁窝，看似没什么损坏，然而看问题周全的人，必定会堵实蚁窝，这是因为他考虑到蚁窝虽小，但时间一久也会弄垮堤坝的缘故。所有的事情，都能像这样考虑的话，还会有什么后患呢？一般说来，从古至今，国家之所以得不到治理，臣下之所以有违法度，都不是一朝一夕就形成的。很多都是因为今天觉得某事是小过失而不进谏，明天觉得某人仅犯小错误而不惩处，日积月累下来，自己还不知道，祸患就已经发生了。所以，臣下对君王应及时肯定正确的，去除其不正确的，不可产生一点点姑息、纵容的想法。要清楚开始觉得无关紧要的事，最后可能会导致大损伤；开始觉得不足为忧的事，最后可能会成为大忧患。作为臣子应该见微知著，防患于未然：饮酒宴会应懂得节制，打猎应防止破坏农事，兴修土木应防备超过规定标准，经营货物应尽量不损害百姓利益，接受爵禄赏赐应防止超过上级，执行刑罚应防止滥杀无辜，与君子交往要注意不可过于疏远，与小人交往要注意不可过于亲密，处理政务不要被假象蒙蔽，征伐战争要防止滥用武力。君王对臣子，也要有长远的考虑，虽然是宠爱的臣子也不能给予过分的奖赏，虽是老朋友也不能授予不适当而的官职，虽然是亲人也不能随便说笑。因为对尊卑有严格的区分，所以上下的规矩就能确定；上下的规矩确定了，则自然不会发生祸乱，天下的事情也就渐渐得到治平了。

应　变

事机之发，有常有变。常者中人处之而有余，变者虽上智亦有所不足。樽俎[1]之下，卒然而报兵，遽然而闻寇，则当详其虚实，度其逆顺，殆不可一闻其言，辄仓皇上变，征发百出，未见敌而先自挠也。且事固有声虚以钓实，乘间以拘利，传微为巨，以无形为有形，疑似之间，不可不察。若夫国有大奸，境有大敌，彼既非常，而吾则以非常之计备之。若乃泥文守经，终见动辄有碍，而事亦无所济矣。故古人遇此，权以济才，随宜应变，如丸转于盘而不出于盘，如水委曲赴海而不悖于海。王商[2]闻大水之言，君臣皆惊，而商独必其无事。桓温将移晋祚，声诛王、谢，而谢安雍容谈笑，以折其锋。回纥、吐蕃合兵泾阳，郭子仪单骑以往喻。盖宰相者，非常之任也。居非常之任，独不能为非常之事，可乎？故前辈谓："镇定大事，非至公至诚不能，或死或生，举置度外。"呜呼！世常以大臣国家柱石者，其谓兹与！

【注释】①樽俎：古代盛酒肉的器皿。樽以盛酒，俎以盛肉。后来常用做宴席的代称。

②王商：西汉后期大臣，涿郡蠡吾人，字子威。

【译文】对于所发生的事件，可分为正常的和突发的两种。正常事件中等才能的人来处理就可绰绰有余，然而对于突发事件而言，即使是才智很高的人处理起来也会觉得力不从心。譬如正在宴饮之时，突然有人禀报有兵事发生，仓促之间听到敌人将至，此时，应当首先确定事情的虚实，揣度一下此人的好坏。千万不可以一听到消息，就仓皇向上禀报，四处征集动用武力，还没看见敌人就自乱阵脚。而且，这种事大多是为了虚张声势来探察实情，想乘虚而入来谋取点利益，于是把微不足道的小事夸张成大事，把没有的事情说得像真的一样。所以，真假辨识不清的时候，不可不细加考察事情的真伪。如果朝中确有奸臣意图不轨，或是确有强大的敌人来犯，事情既已到了非常时期，我们则要用非常对策来准备。如果这个时候还拘泥于书本、死守经典，最终必会多方受到牵制，事情也就难以成功了。古人遇到这种情况时，通常会尽量因才任用、因事制宜，以随机应变，就如同球在盘子里转动，但却不会跑出盘子；河水弯转曲折地向大海奔流，却不会背离大海一样。汉朝王商听说京城将要发大水的谣言时，君臣都很惊慌，唯独王商不信谣言，认为不会有事，后来果然平安无事。东晋时桓温想要谋权篡位，声称要诛杀王、谢二族，但谢安见到桓温时却从容谈笑，毫不惊惧，大挫桓温的锐气。唐朝时，回纥、吐蕃将泾阳包围，郭子仪单枪匹马赴敌营规劝，从而使一场战争免于爆发。因此说，宰相是一个非比寻常的职务。身居这个非比寻常的职位，却不能处理非比寻常的事情，这可以吗？所以，古人曾经说过："要想担任这种需要镇定能力的重大职务，没有至公至诚的精神是不行的，是生是死都要置之度外。"世上的人常把大臣喻为国家的中流砥柱，其所说的可能就是这个意思吧。

郁离子

【提要】《郁离子》，明刘基撰。

刘基（1311—1375年），字伯温，浙江青田（今浙江文成）人，故称刘青田，明朝开国元勋。洪武三年（1370年）封诚意伯，故又称刘诚意。正德九年赠太师，谥号文成。刘基是朱元璋平天下的重要谋臣，朱元璋多次称刘基为："吾之子房也。"而民间则流传着"三分天下诸葛亮，一统江山刘伯温的说法，可见他的神机妙算与运筹帷幄。刘基精通天文、兵法、数理等，尤以诗文见长。诗文古朴雄放，不乏抨击统治者腐朽、同情民间疾苦之作。著作均收入《诚意伯文集》。在文学史上，他与宋濂、高启并称"明初诗文三大家"。

《郁离子》是刘基的一部寓言体政论散文集。"郁离子"是其托称，该书创作于刘基47至50岁，其时的他经历了元朝官场上的四起四落，正值人生低谷，郁郁不得志，遂弃官归隐家乡青田山中，发愤而著《郁离子》。书成不久，他即出山离家，成为朱元璋的亲信谋士，协助朱元璋建立了统一的明王朝。

《郁离子》集中反映了刘基治国安民的主张，也反映了他的人才观、哲学思想、经济思想、文学成就、道德为人等。当时大儒徐一夔序曰："郁离者，离为火，文明之象，言用之，其文郁郁然为盛世文明之治也。"《四库全书总目提要》将其列入子部杂家类。

《续编》自全书中辑录了《执规政》《良桐》《乱几》等26篇，皆为有关修身理政的内容。

规执政

郁离子谓执政[①]曰："今之用人也，徒以具[②]数与，抑亦以为良而倚以图治与？"执政者曰："亦取其良而用之耳！"郁离子曰："若是，则相国之政与相国之言不相似矣。"执政者曰："何谓也？"郁离子曰："仆闻农夫之为田也，不以羊负轭[③]；贾子之治车也，不以豕骖服[④]。知其不可以集事，恐为其所败也。是故三代之取士也，必学而后入官，必试之事而能然后用之，不问其系族，惟其贤，不鄙其侧陋[⑤]。今风纪之司，耳目所寄，非常之选也，仪服云乎哉？言语云乎哉？乃不公天下之贤，而悉取诸世胄、昵近之都那竖[⑥]为之，是爱国家不如农夫之田、贾子之车也。"执政者许其言而心忤之。

【注释】①执政：掌管国家政事的大臣，即相国。

②徒：只。具：备。

③负轭：指驾车。轭，驾车时套在牛马颈部的人字形器具。

④骖服：指驾车之马。在两旁的称骖马，在中间驾车辕的称服马。

⑤侧陋：处在僻陋之处或出身卑贱。

⑥都那竖：指仪态悠闲、衣着华美的纨绔子弟。都，仪态悠闲的

样子。那，美好。竖，未成年男子。语出《国语·楚语上·伍举论台美而楚殆》：“使富都那竖赞焉，而使长鬣之士相焉，臣不知其美也。”

【译文】郁离子对执政者说：“如今录用人才，只是用来凑数呢，还是靠贤良之才来图谋治国呢？”执政者说：“当然是为国选取贤良录用的呀！”郁离子说：“倘若是这样，那么相国您的执政和您说的话就不大一样了。”执政者说：“为什么这样说呢？”郁离子说：“我听说农民耕田不用羊拉轭，商人做买卖不用猪拉车。那是因为如果它们不成事，恐怕被它们坏了事啊。所以夏、商、周三代选取人才，必须先学习，而后才可做官；必须通过处理政事证明有才能，然后才录用他。不管他的世系家庭如何，只看他是否贤良，不轻视那些有才德而地位卑微的人。如今那些执法和维护社会秩序的官职，肩负着像一个国家的耳朵和眼睛那样重要的使命，要严格选拔。只看仪表服饰行吗？只看言谈举止行吗？您却不能公平的对待天下的贤士，而全部录用那些世家贵族的后代和与自己关系亲近的纨绔子弟为官，您这样爱国家的做法，还不如农民爱耕田、商人爱车马的做法呢。”执政者表面上赞许他的话，内心却很不高兴。

良　桐

工之侨得良桐焉，斫而为琴，弦而鼓之，金声而玉应，自以为天下之美也，献之太常。使国工视之，曰：“弗古。”还之。工之侨以归，谋诸漆工，作断纹焉；又谋诸篆工，作古窾[①]

焉；匣而埋诸土，期年[2]出之，抱以适市。贵人过而见之，易之以百金。献诸朝，乐官传视，皆曰："希世之珍也。"工之侨闻之叹曰："悲哉，世也！岂独一琴哉，莫不然矣。而不早图之，其与亡矣！"遂去，入于宕冥之山[3]，不知其所终。

【注释】①古窾（kuǎn）：古代的款式。窾，同"款"，款式。

②期（jī）年：第二年。

③宕冥之山：虚构的山名。

【译文】工之侨得到一根上好的桐木，把它加工制作成一把琴，装上琴弦一弹奏，发出金钟玉盘般和谐悦耳的声音。他自认为这是天下最精美的琴了，就把它献给了掌管朝廷宗庙祭祀礼乐的太常。太常让国内一流的乐师鉴定后，说："这把琴不是古琴。"就把琴退了回来。工之侨把琴带回家，找到油漆工商议，让他在琴上漆出残断的纹路；又找到刻工商议，让他把琴身刻成古代的款饰，然后用匣子装起来埋在土中。一年后挖出来，把它抱到市集上去卖。一位达官贵人从这里经过，见了这把琴，用一百两银子买下它，并献给了朝廷。乐官们互相传看，都惊叹道："这琴是稀世珍品啊！"工之侨听到这话后叹息道："可悲的世道啊！岂止是一把琴的遭遇吗？没有一件事不是这样啊！倘若不及早考虑这种情况，将会同这世道一起泯灭了！"于是他离开尘世，进入了宕冥山隐居，人们都不知道他最后的下落。

乱 几[1]

郁离子曰:“一指之寒弗燠[2],则及于其手足;一手足之寒弗燠,则周于其四体。气脉之相贯也,忽于微而至大。故疾病之中[3]人也,始于一腠理[4]之不知,或知而忽之也,遂至于不可救以死,不亦悲夫!天下之大,亡一邑不足以为损,是人之常言也,一邑之病不救,以及一州,繇[5]一州以及一郡,及其甚也,然后倾天下之力以救之,无及于病,而天下之筋骨疏矣。是故天下一身也,一身之肌肉、腠理、血脉之所至,举不可遗也,必不得已而去,则爪甲而已矣。穷荒绝徼[6],圣人以爪甲视之,虽无所不爱,而捐之可也,非若手、足、指之不可遗,而视其受病以及于身也。故治天下者,惟能知其孰为身,孰为爪甲,孰为手、足、指,而不逆施[7]之,则庶几乎弗悖矣!”

【注释】①乱几:动乱的苗头。几,细微的迹象。《易·系辞下》:“几者,动之微。”

②燠:暖,热。

③中:受到,遭受。

④腠理:中医指人体皮肤的纹理和皮下肌肉之间的空隙。

⑤繇:同“由”。

⑥徼:边界。

⑦逆施:悖理行事。

【译文】郁离子说："人的一个指头感到寒冷，如果不去温暖它，那么就会影响到他的手脚；一只手脚感到寒冷，若不使它暖和，那么就影响到他的四肢。人体的气脉是互相贯通的，忽视了微小的部位，就会影响到全身。所以疾病侵入人体，开始时发生在表层没有知觉，或者有知觉而忽视了它，于是就发展到不可挽救，以至于死亡，这不是很可悲的吗！国家之大，丢失一座县城，还算不上多大的损失，这是人们经常说的。但是一个县的损失不挽救，就会影响到一州，由一州而影响到一郡，以至发展到更严重的地步，然后即使用尽天下的力量来挽救它，也无济于事，因为国家的骨架已经散了。所以说，一个国家就好像一个人的全身，全身的肌肉纹理，凡是血脉所通之处，都是不可缺少的。必不得已而去的，那也只是爪甲而已。穷荒僻壤的边界，圣人把它视作爪甲，虽然不是没有可取之处，但舍弃它还是可以理解的。并非像手、脚和指头那样不可缺少，一旦受病，影响全身。所以治国者只要知道什么是全身，什么是爪甲，什么是手、脚、指头，并且不颠倒轻重，那么也许处理问题就不会违背事理了！"

贿赂失人心

北郭氏[①]之老卒，僮仆争政。室坏不修，且压。乃召工谋之。请粟，曰："未间，女[②]姑自食。"役人告饥，莅事者弗白而求贿，弗与，卒不白。于是众工皆惫恚[③]，执斧凿而坐。会天大雨霖，步廊之柱折，两庑既圮[4]，次及于其堂，乃用其人之言，出粟具饔饩[5]以集工，曰："惟所欲而与，弗靳[6]。"工人至，视其室不可支，则皆辞。其一曰："向也吾饥，请粟而弗得，今吾饱矣。"其二曰："子之饔餲[7]矣，弗可食矣。"其三曰："子之室腐矣，吾无所用其力矣。"则相率而逝，室遂不葺以圮。郁离子曰："北郭氏之先，以信义得人力，致富甲天下，至其后世，一室不保，何其忽也！家政不修，权归下隶，贿赂公行，以失人心，非不幸矣。"

【注释】①北郭：姓氏。

②女：通"汝"。

③惫恚：疲惫怨恨。

④庑（wǔ）：正房对面和两侧的小屋子。圮（pǐ）：倒塌。

⑤饔饩（yōng xì）：饔，熟食。饩，赠送。

⑥靳：吝惜。

⑦餲（ài）：食物经久而变味。

【译文】北郭氏年老身死之后，家中的童仆争执家政，房屋坏了也不修，将要倒塌了，主家才召集工匠商量修房的事。工匠们请求先发给点粮食，主家说："没有时间给你们发粮食，你们暂且吃自己的粮食吧。"那些役仆们也都诉说家里没有吃的了，管事的不愿替他们禀告，反而向他们索取贿赂。工匠们不给，管事的就始终没有向主人禀告。于是工匠们都疲惫不堪，十分怨恨主家，便拿着斧凿坐着不干活，消极怠工。正逢阴天，接连几天下起大雨，走廊的柱子折断了，两侧的小屋子也已经倒塌了。眼看着就要危及正房，这时主家才采纳了他们的要求，先发放粮食，又准备了熟食赠送工匠们，并召集他们说："你们的要求都可以得到满足，决不吝惜。"工匠们到了工地，看那房屋快要倒塌了，便都推辞起来。第一个工匠说："先前，我们饥饿，请求给点粮食却得不到，如今我们能吃饱了。"第二个工匠说："你们的饭已变味了，不能吃了。"第三个工匠又说："你们的房梁、檩木都糟烂了，我们无法修复它了。"于是就离去，房屋因不能及时修整而倒塌了。郁离子说："北郭家的祖先，曾凭信义得到人们广泛的支持，成为天下最富有的人。可是，到了他的后代，一座房屋都保不住，相差有多远啊！究其原因，是因为家政无人操持，权力落入下人之手，再加上公开索要贿赂，而大失人心，这不正是他的不幸吗？"

喻　治

郁离子曰："治天下者其犹医乎。医切脉以知证[①]，审证以为方。证有阴阳、虚实，脉有浮沉、细大，而方有汗下、补泻、针灼、汤剂之法。参、苓、姜、桂、麻黄、芒硝之药，随其人之病而施焉。当则生，不当则死矣。是故知证知脉而不善为方，非医也。虽有扁鹊之识，徒哓哓[②]而无用；不知证不知脉，道听涂说以为方，而语人曰'我能医'，是贼天下者也。故治乱，证也；纪纲，脉也；道德、政刑，方与法也；人才，药也。夏之政尚忠，殷承其敝[3]而救之以质[4]；殷之政尚质，周承其敝而救之以文。秦用酷刑、苛法以箝[5]天下，天下苦之；而汉承之以宽大，守之以宁壹[6]。其方与证对，其用药也无舛[7]，天下之病有不瘳[8]者，鲜矣。"

【注释】①证：通"症"。

②哓哓（xiāo）：争辩声。

③敝：通"弊"，弊病。

④质：朴实；质朴。

⑤箝（qián）：箝制，控制。

⑥宁壹：安定统一。

⑦舛（chuǎn）：差错。

⑧瘳（chōu）：病愈。

【译文】郁离子说："治理天下的人就像治病的医生一样。医生把脉就能知道病症，审视病症就能开药方。病症有阴、阳、虚、实的不同，脉象有浮、沉、细、大的差别，而处方有出汗、补泻、针灼、汤剂的疗法，有参、苓、姜、桂、麻黄、芒硝之类的药物，随病人的病情而对症下药，用药得当就能救人，用药不当就会致人死亡。因此，知道辨症知道号脉而不善于开药方，就不是一名真正的中医。所以说虽有扁鹊的学识，但说得天花乱坠也没有用；不知道病症也不懂得脉象，光凭道听途说来开药方，并且向人们吹嘘说'我能治病'，这是坑害天下人。所以说治理乱世像是治病，整顿纪纲就像把脉，道德、政令、刑法就像药方和疗法，人才就像是良药。夏朝的政治崇尚忠义，商朝用质朴来补救它的弊端；商朝的政治注重朴实，周朝用礼乐文治来补救它的弊端；秦朝采用酷刑、苛法来约束天下的人，天下人深受它的苦，而汉朝继之以宽松的政治，用安定统一坚守了王业。其药方和病症对头，其用的药物也无差错，这样，天下不能治愈的病就很少了。”

抟　沙

郁离子曰：“民犹沙也，有天下者惟能抟[①]而聚之耳。尧、舜之民，犹以漆抟沙，无时而解。故尧崩，百姓如丧考妣[②]，三载，四海遏密八音[③]，非威驱而令肃之也。三代之民，犹以胶抟沙，虽有时而融，不释然离也，故以子孙传数百年。必有无道之君而后衰，又继而得贤焉，则复兴。必有大无道如桀与纣，而又有贤圣诸侯如商汤、周武王者间之，而后亡。其无道未如桀、纣者，不亡；无道如桀、纣，而无贤圣诸侯适丁[④]其时而间之者，亦不亡。霸世之民，犹以水抟沙。其合也，若不可开，犹水之冰然，一旦消释，则涣然离矣。其下者，以力聚之，犹以手抟沙，拳则合，放则散。不求其聚之之道，而以责于民，曰：是顽而好叛。呜呼，何其不思之甚也！”

【注释】①抟（tuán）：把松散的东西捏聚成团。

②考妣（bǐ）：对父母死后的称谓，古时亦用以称在世的父母。

《尔雅·释亲》曰:“父曰考,母曰妣。”

③遏密:指帝王等死后停止举乐。《尚书·尧典》:“帝乃殂落,百姓如丧考妣,三载四海遏密八音。”八音,指“金、石、丝、竹、匏、土、革、木”也。

④适丁:适,正,恰好。适丁,意谓正遭逢。

【译文】郁离子说:“老百姓就像散沙一样,天下的统治者需要做的只是把他们抟弄聚集在一起罢了。尧、舜时的百姓,就像是用漆抟和起来的沙子,永远没有分开的时候。所以,尧死后,老百姓如同丧失父母一样哀痛,三年中,全国停止一切音乐娱乐活动,这并不是用权势强迫他们如此肃穆恭敬的。夏、商、周三代的老百姓,就像用胶抟和起来的沙子,即使胶有时会融化,但沙子是不会纷然离散的,所以子孙传了数百年。必定是有了无道的君王出现而国家才会衰亡,接着又有贤明的君王出现就又复兴起来。随后又必定有更无道的君王如桀和纣出现,而期间又有贤圣诸侯如商汤、周武王出现,国家才最终灭亡。那些虽然无道但程度不及桀、纣的君王还不至于迅速灭亡。那些无道如同桀、纣,但是期间还没有贤圣诸侯恰好出现的,也还不至于迅速灭亡。靠武力统治下的老百姓,就像用水抟和起来的沙子一样,他们合在一起好像是不可分开,就仿佛水凝成冰一般,一旦消融,就涣散分离了。再下一等的统治者用武力强行聚拢百姓,就像用手抟沙子一样,攥紧拳头沙子就合在一起,松开手沙子就散掉了。不寻求聚拢百姓的方法,却一味地指责百姓顽劣叛离。唉,那是多么糊涂的想法啊!”

虞卿谏赏盗

平原君患盗，诛之不能禁。或曰：“更赏之，足则戢[①]矣。”虞卿曰：“不可。先王立赏罚以劝惩善恶，衰世之政也，虽微犹足以激其趋。故赏禁僭[②]，罚禁滥，县衡[③]以称之，犹惧其不平也，而况敢逆施之乎？夫民之轻禁以逞欲，如水之决，必有所自，求而塞之，斯可矣。今此之不塞，而力遏其流，至于不能制，乃不省其阙[④]，而欲矫以逆先王之法度，是犹欲止水而去其防也，其庸有瘳乎？夫民有欲而无厌者也，节以制之，犹或逾焉[⑤]。盗而获赏，利莫大矣，利之所在，民必趋焉。趋而禁之，是贰政[⑥]也；趋而不禁，人尽盗矣。是鼓乱也，不臧[⑦]孰甚焉？”平原君豁然而寤，起，再拜受教，尽散其私财，以济贫乏，申明旧章，而重购以赏获盗者。于是赵盗皆走之燕，道不拾遗，虞卿之教也。

【注释】①戢（jí）：收敛，止息。

②僭（jiàn）：超越本分，越轨行为。

③县衡：同“悬衡”。即天平。

④阙：通“缺”，缺口。

⑤“犹或踰焉”：此句“犹或”，原误作“或犹”。据明成化本、正德本、嘉靖单行本改。

⑥贰政：政令不统一。

⑦臧（zāng）：善，好。

【译文】平原君担忧赵国盗患猖獗，对偷盗者采取诛杀的办法也不能禁止。有人建议说："不如改为赏盗，他富足了，盗行就收敛了。"虞卿反驳说："不可如此。先王建立赏罚制度是为劝善惩恶，世道衰落时的政令即使微弱，也还足以激发人们为之奔走追求。所以奖善能禁止越轨行为，惩罚能禁止恶行泛滥。用天平来衡量，还怕它不够公平，而何况是倒行逆施呢？对那些盗贼如果放松了禁令而使他们欲望得逞，如同河水决口。河水决口必定有溃决的地方，找到溃决处而堵塞它就可以了。如今不堵塞决口，反面用力阻挡流水，以致不能遏止，就是因为弄不清它的决口在哪里就想去堵塞，却又违背了先王的法度。这就好像要阻止水患却去除了防患的措施一样，那怎么能防治呢？那些盗贼是些贪欲无厌的人，对他们节制管束，有的人还要逾越。假如盗窃还获赏，好处没有比这更大的了，有利的地方，百姓必定奔赴。等到百姓都去奔赴，再去禁止他们，这是变更无常的政令；都去奔赴而不禁止，人们就都去当盗贼了。这是鼓动人们作乱，还有什么比这更糟糕的吗？"平原君猛然省悟，起身再拜虞卿并接受指教，拿出他的全部财产救济贫穷的人，重申先王的章法，并用重金奖赏那些捕获盗贼的人。于是赵国的盗贼全跑到燕国去了。于是赵国社会安定，路不拾遗，这都是虞卿指教的结果。

德　胜

或问胜天下之道[①]，曰："在德。""何以胜德[②]？"曰："大德胜小德，小德胜无德；大德胜大力，小德敌[③]大力。力生敌，德生力；力生于德，天下无敌。故力者胜，一时者也。德愈久而愈胜者也。夫力非吾力也，人各力其力也，惟大德为能得群力，是故德不可穷，而力可困。"

【注释】①道：方法，办法。

②何以胜德：即"何以德胜"。

③敌：相当；匹敌。

【译文】有人问赢得天下的办法，回答说："在于用仁德。"又问："为什么说有仁德能取胜呢？"回答说："大德能胜过小德，小德能胜过无德；大德能胜过大力，小德同大力相当。一味用力会多方树敌，而仁德能产生力量；由仁德产生的力量，天下无敌。所以凭力取胜，只是一时的，仁德愈长久，那么胜利也就愈多。力量并非是我一人的力量，人们各自发挥出自己的力量，只有大德才能得到众力的支持。所以说，施行仁德，其力量不可穷尽；而专靠力量，却有困乏的时候。"

假仁义

人言五伯之假仁义也，或曰："是何足道哉？"郁离子曰："是非仁人之言与。五伯之时，天下之乱极矣，称诸侯之德无以加焉，虽假而愈于不能。故圣人有取也。故曰诚胜假，假胜无。天下之至诚，吾不得见矣，得见假之者亦可矣。"

郁离子曰："甚矣，仁义之莫强于天下也。五伯假之，而犹足以维天下，而获天下之显名，而况于出之以忠、行之以信者哉！今人谈仁义以口，间取其一二无拂[①]于其欲者，时行焉，将以贾誉[②]也。及其弗获，则举仁义以为迂[③]而舍之，至于死弗寤，哀哉！"

【注释】①拂（fú）：违反，违背。

②贾（gǔ）誉：沽名钓誉。

③迂（yū）：迂腐，不切实际。

【译文】人们谈到春秋五霸的假借仁义之名，有的人说："这有什么值得称道的呢？"郁离子说："这不是仁人说的话啊。五霸的时代，天下混乱到了极点。称霸诸侯的，假借仁德之名的情况确实到了无以复加的程度。即使是假的也胜过了没有，因此圣人认为还有可取之处。所以说，真胜于假，假胜于无。天下的至诚我无法看到了，能见到假仁义也就可以了。"

郁离子说："称雄天下，没有比施行仁义更重要的了。春秋五霸假借仁义之名，就足以维持天下，并获得天下的显赫之名，而何况是从忠义出发、用信义行动的呢！现在的人们只是口头上谈论仁义，间或选取一两点不妨碍其私欲的暂时实行，以此来沽名钓誉。到他无所获时，就把仁义当作迂腐之谈而加以舍弃，一直到死时也不省悟。真是可悲啊！”

刑　赦

郁离子曰：“刑，威令也，其法至于杀，而生人之道存焉。赦，德令也，其意在乎生，而杀人之道存焉。《书》曰：‘刑期于无刑[①]’又曰：‘眚灾肆赦[②]，此先王之心也。’是故制刑，期于使民畏，刑有必行，民知犯之必死也，则死者鲜矣。赦者所以矜[③]蠢愚，宥[④]过误。知罪不避，而辄原[⑤]焉，是启侥幸之心而教人犯也；至于祸稔恶积[⑥]，不得已而诛之，是以恩为穽[⑦]也，然则赦令卒不可行与？曰法有二：有古今之通禁，有一代之私禁。古今之通禁，恶逆也，杀人伤人及盗之类也。而释勿治，是代之为贼也。一代之私禁，茶、盐、钱、币之类也，民无以为生而官不能恤，于是乎有犯，虽难以为常，原情而贷[⑧]之可也。”

【注释】①刑期于无刑：制定刑法的目的是要引导人民恪守礼义，回归道德，从而达到不用刑的目的。语出《尚书·虞书·大禹谟》。

②眚灾肆赦：肆，缓也，过而有害，当缓赦之。语出《尚书·虞

书·舜典》。

③矜：怜悯，同情。

④宥：宥恕，宥赦，宥过。宽恕别人的过错。

⑤辄原：擅自原谅。

⑥祸稔（rěn）恶积：犹言祸盈恶稔。指长期作恶犯罪，罪恶深重。

⑦穽：同“阱”，陷阱。

⑧原：推究。贷：宽恕。

【译文】郁离子说：“刑罚，是威严的法令。法令威严到了杀人的程度，然而救人的道理也就藏在里面了。赦免，是讲恩德的法令，它的本意在于使人活命，而杀机也藏在里面了。《尚书·舜典》里说：‘有刑是希望最终达到无刑。’又说：‘宽赦那些因过失造成危害的人’，这是先王的心愿啊。所以制定刑律是希望百姓畏惧，刑律有了就必须实行，百姓知道违犯了它就必定会被处死，那样死的人就会少了。所谓宽赦，就是怜悯那些愚蠢的人，原谅他们无心犯下的过失与错误。明知是犯罪却不去避开惩罚的，对这些人擅自宽宥，这是启导人存侥幸心理教唆人犯罪啊！以至于大祸酿成，积成罪恶，不得已而杀掉他们，这是把恩赦变成了陷阱。然而赦令终究就不能实行了吗？法律有二类：有古今的通禁，有一代的私禁。所谓古今通禁，是阻止作恶，如杀人、伤人及盗窃等类，如果对这些罪犯一味宽赦而不治罪，就无疑在替他作恶。所谓一代私禁，是指对茶、盐、钱、币等类，百姓无法维持生计，官吏又不能体恤他们，于是有的违犯了禁令，虽然难以用常理去判断，但只要根据实际情况加以宽恕是可以的。”

贾　人

济阴之贾人，渡河而亡其舟，栖于浮苴[①]之上，号焉。有渔者以舟往救之，未至，贾人急号曰：“我济上之巨室也，能救我，予尔百金。”渔者载而升诸陆，则予十金。渔者曰：“向许百金，而今予十金，无乃不可乎！”贾人勃然作色曰：“若渔者也，一日之获几何，而骤得十金犹为不足乎？”渔者黯然而退。他日，贾人浮吕梁而下，舟薄[②]于石又覆，而渔者在焉。人曰：“盍[③]救诸？”渔者曰：“是许金而不酬者也。”舣[④]而观之，遂没。

郁离子曰：“或称贾人重财轻命，始吾或不信，而今知有之矣。张子房谓汉王曰：‘秦将，贾人子，可啗[⑤]也。’抑所谓‘习与性成’者与！此陶朱公之长子所以死其弟也。孟子曰：‘故术不可不慎也。’信哉！”

【注释】①浮苴（jū）：水中浮草。

②薄：迫近，这里指冲撞、触击。

③盍：何不。

④舣（yǐ）：将船靠岸。

⑤啗：同“啖”，吃。引申为以利诱惑他人。

【译文】从前，济阴有个商人，渡河时从船翻落水，停留在水中的浮草上，在那里哀号求救。有一个渔夫用船去救他，还没有靠近，商人就急忙喊叫道："我是济水一带的大富翁，你如果能救了我，我给你一百两银子！"渔夫用船搭载着他并把他救上岸后，商人却只给了他十两银子。渔夫说："当初你答应给我一百两银子，可现在只给十两，恐怕说不过去吧！"商人勃然大怒道："你一个打鱼的人，一天的收入能有多少？你突然间得到十两银子还不满足吗？"渔夫失望地走了。后来有一天，这商人乘船顺吕梁湖而下，船又触到石头沉没，他再一次落水。正好原先救过他的那个渔夫又在那里。有人问渔夫："你为什么不去救他呢？"渔夫说："这就是那个答应给我一百两银子却没有兑现的人。"说完，渔夫把船靠岸，观看那位商人在水中挣扎，商人沉入水底淹死了。

郁离子说："有人说商人重财而轻命，原来我不相信，如今知道的确有啊！张良曾经对汉王刘邦说：'秦国的将领是商贾子弟，可以用利益来引诱他。'也是所谓'习惯久了就会形成相应性格'的道理，这也是范蠡的长子不能舍财救他弟弟的原因。孟子说'择术不可以不谨慎'，确实如此啊！"

宋王偃

宋王偃恶楚威王，好言楚之非，旦日视朝必诋[①]楚以为笑，且曰："楚之不能若是，甚矣。吾其得楚乎？"群臣和之，如出一口。于是行旅之自楚适宋者，必构[②]楚短以为容。国人大夫传以达于朝，狃[3]而扬，遂以楚为果不如宋，而先为其言者亦惑焉。于是谋伐楚，大夫华犨[4]谏曰："宋之非楚敌也旧矣，犹夔牛之于鼢鼠[5]也。使诚如王言，楚之力犹足以十宋，宋一楚十，十胜不足以直一败，其可以国试乎？"弗听，遂起兵败楚师于颍上。王益逞[6]，华犨复谏曰："臣闻小之胜大也，幸其不吾虞[7]也。幸[8]不可常，胜不可恃，兵不可玩[9]，敌不可侮。侮小人且不可，况大国乎？今楚惧矣，而王益盈。大惧小盈，祸其至矣！"王怒，华犨出奔齐。明年宋复伐楚，楚人伐败之，遂灭宋。

【注释】①诋：诋毁，污蔑。

②构：虚构，编造。

③狃（niǔ）：习惯，习以为常。

④华犨（chōu）：作者虚拟的人物。

⑤夔（kuí）牛：古代传说中的一种高大的野牛。鼢（fén）鼠：鼠类，亦称盲鼠。

⑥逞：放纵，骄横。

⑦虞：戒备，防备。

⑧幸：侥幸。

⑨玩：轻忽。

【译文】宋王偃憎恶楚威王，喜欢说楚国的坏话，每日早朝一定要诋毁楚国作为笑谈，并说："楚国如此腐败无能，真是糟糕透了，我岂不是要得到楚国了吗？"群臣随声附和他，像是出自同一人的口中，于是从楚国到宋国旅行的人，一定要编造一套诋毁楚国的坏话，以此来取悦宋国。国人大夫把这些编造的话传播到朝廷，人云亦云地传扬开了，慢慢地大家就真以为楚国不如宋国了，就连先前编造谎言的人也感到困惑。于是，宋国谋划攻打楚国，大夫华犨进谏说："宋国历来不敌楚国，两国的差别就像犪牛和盲鼠一样悬殊。倘使果真像宋王说的那样，楚国的力量还足以能抵得上十个宋国，宋国和楚国力量之比是一比十，楚国有十个宋国的力量，宋国胜十次都不足以抵消一败的损失，怎么能拿国家的命运来冒险呢？"宋王不听劝告。接着就起兵，在颍水打败了楚国军队，宋王更加骄横了。华犨又进谏说："我听说弱小的战胜强大的，是侥幸对方没有防备。凭侥幸不可常胜，胜了也不可自恃，用兵不可当儿戏，对敌不可轻慢。轻慢小人尚且不可，更何况是对大国呢？如今楚国害怕了，而大王你却更加自满。大国害怕，小国自满，灾祸将要降临了！"宋王听了大怒，华犨只好逃奔到齐国去了。第二年宋国又进攻楚国，楚国打败了它，接着灭掉了宋国。

越　王

越王燕群臣，而言吴王夫差之亡也以杀子胥故，群臣未应。大夫子余起而言曰："臣尝之东海矣，东海之若[①]游于青渚，禺彊[②]会焉，介鳞之从者以班，见夔[③]出，鳖延颈而笑，夔曰：'尔何笑？'鳖曰：'吾笑尔之蹻跃[④]，而忧尔之踣[⑤]也。'夔曰：'我之蹻跃不犹尔之蹁跛[⑥]乎？且我之用一，而尔用四，四犹不尔持[⑦]也，而笑我乎？故跂之则羸其骭[⑧]，曳之则毁其腹，终日匍匐，所行几许。尔胡不自忧而忧我也？'今王杀大夫种，而走范蠡，四方之士掉首[⑨]不敢南顾，越无人矣。臣恐诸侯之笑王者在后也。'王默然。"

【注释】①若：海神名。

②禺彊：海神名。统治北海，身体像鱼，但是有人的手足，乘坐双头龙。

③夔：传说中的一条腿的怪物。

④蹻跃：一脚跳跃。蹻，不稳定的样子。

⑤踣：跌倒。

⑥蹁跛：歪斜貌。

⑦不尔持：即不持尔。指不能支撑其身体。

⑧骭（gàn）：小腿。

⑨掉首：回头。

【译文】越王勾践大宴群臣，席间他向群臣谈论吴王夫差之所以失败是因为他杀死了伍子胥的缘故，大臣们听后默不作声。大夫子余起身说道："我曾经到过东海，正赶上东海之神若出游到青色洲渚，北海海神禺彊出来会见，鱼鳖等水族随从在后，排列有序。见到夔兽出来时，鳖伸长脖子对着夔发笑。夔问：'为什么发笑？'鳖说：'我笑你走起路来一跳一跳的，而且担心你会跌倒。'夔说：'我一跳一跳地走，难道不如你一瘸一拐地爬吗？再说，我是用一条腿，你是用四条腿；四条腿走路还这样不稳当，还要来讥笑我吗？对你来说，如果一直踮起脚尖走，就会累坏你的腿骨；如果拖着走，又会磨坏你的肚皮；一天到晚慢腾腾地爬，能走多少路呢？你为什么不为自己担心却反而来担心我呢？'现在大王逼死了大夫文种，又迫使范蠡离去，天下的贤士都转过头去不敢向南看，越国已经没有治国的贤才了。我担心诸侯们讥笑大王的时日就在不久的将来了。"越王勾践听了，沉默不语。

术使

楚有养狙[①]以为生者，楚人谓之狙公。旦日必部分众狙于庭，使老狙率以之山中，求草木之实，赋什一以自奉，或不给，则加鞭箠[②]焉。群狙皆畏苦之，弗敢违也。一日有小狙谓众狙曰："山之果，公所树与？"曰："否也，天生也。"曰："非公不得而取与？"曰："否也，皆得而取也。"曰："然则吾何假[③]于彼，而为之役乎？"言未既，众狙皆悟。其夕相与伺狙公之寝，破栅毁柙[④]取其积，相携而入于林中，不复归。狙公卒馁[⑤]而死。郁离子曰："世有以术使民而无道揆[⑥]者，其如狙公乎？惟其昏而未觉也，一旦有开之，其术穷矣。"

【注释】①狙（ju）：即猕猴。

②鞭箠（chui）：鞭打。

③假(jia):依赖,凭借。

④栅:栅栏。柙:关野兽的木笼。

⑤馁(nei):饥饿。

⑥道揆(kui):准则;法度。

【译文】楚国有一个靠养猕猴为生的人,楚国人称他为“狙公”。每天早晨他就在庭院向众猕猴分配任务,派老猕猴领它们到山中采摘草木的果实,并要它们献出十分之一供养自己。如果不肯缴纳,他就用鞭子抽打。群猕猴都害怕吃他的苦头,不敢违抗。一天,有只小猕猴问众猴说:“山上的果树是狙公栽种的吗?”众猴说:“不是的,是天然生长的。”小猴又问:“没有狙公我们就不能摘取吗?”众猴说:“不是的,大家都能摘取。”小猴说:“既然如此,我们为什么要给他,还要被他奴役呢?”话未说完,众猕猴都猛然省悟。那天晚上,它们一起等狙公入睡后,就冲破栅栏,毁坏笼子,取走那些积存的果实,一起逃入森林,不再返回了。最终,狙公因饥饿而死。郁离子说:“人世间那些只靠权术统治百姓而不讲法度的统治者,不就是像狙公一样吗?由于百姓还昏昧不觉醒,他们的那一套权术还能奏效,一旦有人开导百姓,那么统治者的那套把戏就没有用了。”

子余知人

越王使其大夫子余造舟,舟成,有贾人求掌为工,子余弗用。贾人去之吴，因王孙率以见吴王，且言越大夫之不能用人也。他日，王孙率与之观于江，飓作，江中之舟扰，则收指以示王孙率曰：“某且覆，某不覆。”无不如其言。王孙率大奇之，举于吴王，以为舟正[①]。越人闻之，尤[②]子余。子余曰：“吾非不知也，吾尝与之处矣，是好夸而谓越国之人无己若者。吾闻好夸者恒是己，以来多谀；谓人莫若己者，必精于察人而暗[③]自察也。今吴用之，偾[④]其事者必是夫矣！”越人未之信。未几，吴伐楚，王使操余皇[⑤]，浮五湖而出三江，迫于扶胥之口，没焉。越人乃服子余之明，且曰：“使斯人弗试而死，则大夫受遗才之谤，虽咎繇[⑥]不能直之矣。”

【注释】①舟正：掌管船只的长官。

②尤：归咎，怨恨。

③暗：愚昧不明。

④偾（fèn）：毁坏，败坏。

⑤余皇：大舰名。

⑥咎繇（gāo yáo）：即“皋陶”。

【译文】越王派大夫子余监造船只，船造成后，有一个商人请求做船队的主管，子余不用他。商人离开越国到了吴国，由王孙率引荐见到吴王，并且说越国大夫不会使用人才。后来王孙率和他在江边察看船只。突然，江上飓风大作，江中的船只乱撞，他指着船对王孙率说：“某某船将要沉没，某某船不会沉没。”结果全被他说中了。王孙率非常惊奇，就向吴王荐举他做了管理船只的官员。越人听说这件事后，埋怨子余错失了人才。子余说："我并不是不了解他，我曾经和他在一起共事过，这个人好吹嘘，并说越国的人没有比得上他的。我听说好自夸的人常自命正确，以博取他人的奉承；说别人不如自己的人，对别人的观察必定精心而对自己不足却愚昧不明。如今吴国重用他，将来坏他们事的必定是他了！"越人听后并不相信子余的话。不久，吴国攻打楚国，吴国派那个商人指挥一艘名为"余皇"的战舰，漂浮过五湖而驶出三江，在迫近扶胥口时沉没了。越人这才佩服子余有先见之明，并且说："假如这个人没有沉船而死，子余大夫将受埋没人才的诽谤，即使是皋陶在世也不能使他得到公正的评判啊。"

致人之道

或问致人之道[①]，郁离子曰："道致贤，食致民，渊致鱼，薮致兽，林致鸟，臭致蝇，利致贾。故善致物者，各以其所好致之，则天下无不可致者矣。是故不患其有所不至，而患其有所不安，能致而不能安，不如不致之无伤也。粤人有学致鬼者，三年得其术。于是坛其室之北隅[②]以集鬼，鬼至而多，无以食，则相帅[③]以为妖，声闻于外。一夕，其人死，而爇[④]其室，邻里莫不笑。"

【注释】①致人之道：罗致人材的方法。

②坛其室之北隅：在居室的北角设祭坛。

③相帅：相率，相继，一个接一个。

④爇（ruò）：焚烧。

【译文】有人问招揽人才的方法，郁离子说：“道义可招引贤士，食粮可引来百姓，深潭可引来鱼虾，沼泽可引来野兽，树林可引来百鸟，臭味可引来苍蝇，钱利可招引商人。所以善于招引物类的人，分别用他们所喜好的东西招引他们，那样天下就没有不可招致之物。所以不怕他们不来，就怕他们有感到不安的地方，能招引来但不能使他们安心，那还不如不招引他们。粤地有个学习招鬼的人，三年学得了招鬼的法术。于是在他房屋的北角筑起高坛，用来聚集鬼怪，鬼来了很多，没有食物供他们享用，他们就兴妖作怪，声音传到很远的地方。一天晚上，那个招鬼的人死了，众鬼就焚烧了他的房屋，乡邻们没有不笑话他的。”

去蠹

郁离子疾，病气菀[①]痰结，将散之。或曰：“痰，荣也，是养人者也。人无荣则中干，中干则死，弗可散[②]也。”郁离子曰“吁，吾子过哉！吾闻夫养人者津也，医家者所谓荣[③]也。今而化为痰，是荣贼也，则非养人者也。夫天之生人，参地而为三，为其能赞化育也；一朝而化为贼，其能赞天地之化育乎？是故俞跗[④]、扁鹊之为医也，浣胃涤肠，绝去病根，而阽[⑤]死者生。舜、禹、成汤、周文王之为君也，诛四凶，戮防风，剿昆吾，放夏桀，戡⑥黎，伐崇，而天下之乱载宁，其将容诸乎？容之无益，以戕人也。故虫，果生也，虫成而果溃，自我而离焉。非我已，其能养我乎？弗去，是殖贼以待我也。从子之教，吾其不远溃矣。”

【注释】①菀（yùn）：通“蕴”，郁结，积滞。

②㱿（què）：呕吐。

③荣：茂盛。中医称气血为“荣卫”。血为荣，气为卫。

④俞跗（fū）：上古医家。一作俞柎。

⑤阽（diàn）：临近危险。

⑥戡（kān）：用武力平定。黎，古国名，为周文王所灭。

【译文】郁离子生病，病气积滞而成痰，将要咳吐。有人说：“痰，能使人的生命旺盛，是滋养人的东西啊。人没有它，体内就干枯，体内干枯就要死去，不可以吐掉啊。”郁离子说：“哎呀，你错了！我听说滋养人的东西是津液，也就是医生们所说的使人生命旺盛的精血。如今化成了痰，这是危害人体的贼，而不是滋养人体的东西啊。上天造就了人，天、人再加上地就成为三才，因为人能帮助自然万物化育，而人体内的积滞一旦化为有害之物，那还能赞助天地的化育吗？所以俞跗、扁鹊行医时，冲胃洗肠，为的是去掉病根，而使临近死亡的人得以复生。舜、禹、成汤、周文王做君王时，诛灭四凶，杀死防风，剿灭昆吾，流放夏桀，平定黎国，讨伐崇国，从而使天下从乱世走向安宁。难道能对它们宽容吗？宽容了它们有害无益，还会祸害人啊。所以虫子在果实中生长，虫子长成而果实就会溃烂。痰离开了我的身体，就已经不是我身体的一部分了，它还能滋养我吗？不把痰吐出去，这就是让敌人滋生而等它杀害。如果听从了你的指导，我离死亡大概就不远了。”

任己者术穷

郁离子曰：“善疑人者，人亦疑之；善防人者，人亦防之。善疑人者，必不足于信；善防人者，必不足于智。知人之疑己而弗舍者，必其有所存也；知人之防己而不避者，必其有所倚也。夫天下之人，焉得尽疑而尽防之哉？智不足以知贤否，信不足以弭①欺诈，然后睢睢②焉，惟恐人以我之所以处人者处我也，于是不任人而专任己。于是谋者隐，识者避，哲者愚，巧者拙，廉者匿，而圆曲顽鄙③之士来矣。圆曲顽鄙之士盈于前，而疑与防愈急，至于术穷而身偾④，愈悔其防与疑之不足，不亦痛哉！”

【注释】①弭（mǐ）：平息，停止，消除。

②睢睢（suī）：仰目而视的样子。

③圆：圆滑。曲：曲意逢迎。顽：顽钝。鄙：庸俗；鄙陋。

④偾（fèn）事：败事。一作“愤事”。

【译文】郁离子说：“善于猜疑他人的人，别人也不相信他；善于防范他人的人，别人也在防范着他。善于猜疑他人的人，一定不值得他人信任；善于防范他人的人，一定是智力较低的人。知道他人怀疑自己却不加回避的人，一定有他不肯舍弃的理由；知道他人防范自己却不加防范的人，一定也有他可以倚仗的力量。天下之人多而又多，怎么能够全部猜疑、全部防范呢？智慧不足以分辨贤愚，信念又不足以消除欺诈，然后仰天而视，唯恐他人用自己对待他人的方法来对待自己，于是不信任他人而只相信自己。这样一来，谋士隐藏起来了，有识之士躲避了，聪明的人装愚昧，灵巧的装笨拙，廉洁的藏匿不露。但那些圆滑世故、曲意逢迎、顽钝鄙俗之人却蜂拥而至。这类小人环列周围，结果是猜疑与防范愈演愈烈，一直到手段用尽身败名裂，更感到自己的防范与猜疑不够严密，这不也太令人痛心了吗？”

治　圃

公仪子[①]谓鲁穆公[②]曰：“君知圃人[③]之为圃乎？沃其壤，平其畦，通其风日，疏其水潦[④]，而施艺植焉。窊隆[⑤]干湿，各随其物产之宜，时而树之，无有违也。蔬成而后撷[⑥]之，相其丰瘠[⑦]，取其多而培其寡，不伤其根，撷已而溉，蔬忘其撷，于是庖日充而圃不匮。今君之有司取诸民不度，知取而不知培之，其生几何，而入于官者倍焉。君之圃匮也已，臣窃为君忧之。”

【注释】①公仪子：复姓公仪，名休。战国时人，为鲁穆公相。奉法循礼，刚直廉洁。

②鲁穆公：战国时鲁国国君，鲁悼公之孙。以公仪休为政，尊礼孔子后学子思。

③圃人：种植蔬菜、花果的人。

④潦（lǎo）：积水。

⑤窊（wā）隆：谓地形洼下和隆起，引申为起伏、高下。

⑥撷（xié）：采摘。

⑦相（xiàng）其丰瘠：根据土地肥沃、贫瘠的情况而定。

【译文】公仪子对鲁穆公说："您知道种菜的人怎样管理菜园吗？要使其土壤肥沃，菜畦平整，使它通风透光，疏导积水，精心种植。根据洼地、高地、干地、湿地不同情况栽种适宜的作物。按节气种植，不要违背。根据蔬菜长成的茂盛程度进行采摘，采摘茂密的而培育瘦弱的，注意不要损伤它的根系。采摘完后就要灌溉，这样不久，蔬菜又能够采摘了，于是厨房里每天蔬菜充足，而菜园里也采不完。如今您的官吏向百姓索取无度，只知索取而不知道培育。供百姓维持生活的没有多少，而收入到官府的赋税却成倍地增加。您的'菜圃'已经匮乏了，我替您担忧这件事。"

芈叔课最

楚使芈叔为尹，课[①]上最，楚王大悦，绳[②]诸朝。孙叔敖仰天大笑，三噎[3]而三顿。楚王不怿[4]，曰："令尹有不足于寡人与？盍教之，而廷耻寡人，窃为令尹不取也。"孙叔敖对曰："臣之里人有洿池[5]以为利者，吴行人过楚，见其鱼鳖之牣[6]也，谓之曰：'我善渔。'臣之里人喜，为之具罔罟、舟楫，资其行，则趋而之其池，曰：'我于是乎渔。'臣之里人蹙然曰：'吾惟子能取江湖之鱼以益我也，若是，则吾固有之矣，而焉用子为哉？'今楚国之民莫非王民矣，芈叔之尹申也，不闻有令政以来邻国之民，而多取诸王之固有以最其课，是剜王之股以啖王也。则王之左右皆能之矣，不惟是夫也。今王朝群臣而譝之，群臣不佞，由是而度王心，则相率而慕效之，以为敌国驱，是社稷之忧也。"楚王曰："善哉。"乃黜芈叔，下令国中曰："下邑之大夫，有效芈叔剥吾民以最课者，服上刑。"楚人大悦，三年而伯[7]诸侯。

【注释】①课：国家规定按数生收赋税。又指赋税。

②绳：称誉。《左传·庄公十四年》："绳息妫以语楚子。"

③噎：堵住喉咙。

④怿（yì）：喜欢。

⑤洿（wū）池：池塘。

⑥牣（rèn）：充满。

⑦伯（bà）：通"霸"，古代诸侯联盟的首领。

【译文】楚王派芈叔担任地方官，他征收的赋税最多，楚王非常高兴，在朝廷上称赞他。孙叔敖仰天大笑，几次笑得岔了气。楚王很不高兴地说："令尹看我有什么做得不够的地方吗？为什么不加以指教，却在朝廷上羞辱我，我认为令尹这样做并不可取。"孙叔敖回答说："我的家乡有一个依靠池塘出产获利的人。吴国一个使者路过楚国，见他的池塘中充满了鱼鳖，对我的乡人说：'我善于捕鱼。'我的乡人感到高兴，就给他准备了渔网和舟楫，资助他盘缠，而他却奔到那个池塘边，说：'我就在这里捕鱼。'我的乡人皱起眉头说：'我还认为你能捕获江湖里的鱼来为我增加收益呢，如果在这里捕鱼，那么我本来就有这些鱼了，怎么还用得上你捕呢？'如今楚国的百姓都是你的臣民，芈叔是申地的行政长官，没听说用善政来招徕邻国的百姓，却从君王所固有的财物中多加索取来显示他收缴的赋税最多，这样做无异于剜下君王腿上的肉而给君王吃啊。这是君王的左右都能做得到的，不只是他才能啊。如今大王在朝廷上对着群臣称赞他，显得群臣无才无能。由此，大臣们揣度大王的心理，竞相效法芈叔的做法，这样做无异于受敌国的驱使，是国家的忧患啊！"楚王听了说："讲得好啊。！"就罢免了芈叔，并对全国下令说："各地大夫，若有效法芈叔那样盘剥我的百姓而征收赋税最多的，就要受到严厉惩罚。"楚国百姓非常高兴，仅仅用了三年的时间，楚国就称霸诸侯了。

省敌

郁离子曰："善战者省[①]敌，不善战者益[②]敌。省敌者昌，益敌者亡。夫欲取人之国，则彼国之人皆我敌也，故善省敌者不使人我敌。汤、武之所以无敌者，以我之敌敌敌也。惟天下至仁，为能以我之敌敌敌，是故敌不敌而天下服。”

【注释】①省：减少；削弱。

②益：加多；增强。

【译文】郁离子说：“善战的人能使敌人减少，不善战的人能使敌人增多。使敌人减少的就昌盛，使敌人增多的就灭亡。要夺取别人的国家，那么那个国家的人就是我的敌人。因此，善于减少敌人的，就不要使人家与我为敌。汤、武之所以无敌于天下的原因，就是善于用我的敌人去对抗敌人啊。只有天下最仁德的人，才能用自己的敌人去对抗敌人，所以敌人等不到我去征伐而天下就已经被降服了。”

知　止

粤工善为舟，越王用之良，命廪人给上食[①]。粤之治舟者宗[②]之。岁余，言于越王曰：“臣不惟能造舟，而又能操舟。”王信之，隽李[③]之役，风于五湖，溺焉，越人皆怜之。郁离子曰：“是画蛇而为之足者之类也。人无问智愚，惟知止则功完而不毁，故以子胥之贤而不免焉。夫子胥之入吴也，图报其父兄之雠[④]而已矣。及其入郢而鞭平王[⑤]，足矣，夫复何求哉？乃不去，而沈[⑥]其身，不知止也。”

【注释】①廪人：管理官府米仓的人。上食：上等饭菜。

②宗：尊崇。

③隽李：即槜李，古地名，在今浙江嘉兴西南。

④雠："仇"的异体字。

⑤郢：楚国的都城。鞭：鞭尸，即鞭打仇人的尸体以报怨泄愤。平王：楚平王。

⑥沇：同"沉"，沉没。

【译文】粤地的工匠善于造船，越王先用了他们中的一个出色的，命令管米仓的人给他上等的饭食，粤地的造船工匠都尊崇他。到了年底，这个工匠对越王说："我不仅能造船，而且还能驾船。"越王相信了他，在隽李之役中，他驾的船在五湖水面上遇到了大风，船沉人死，越人都很同情他。郁离子说："这就是属于画蛇添足的一类人啊。人不论智愚，只要懂得适可而止，就可以完成功业而身不毁灭。不然，以伍子胥那样贤明的人也不能幸免于难啊。伍子胥到吴国去，只不过是希望替他父兄报仇而已。等到他随吴国军队攻入楚都郢地并鞭打楚平王的尸体，这也就够了，还有什么不满足的呢？他却不肯离开吴国，结果毁了自己，这就是不知道适可而止啊。"

主一不乱

屠龙子与都黎弈[①]，都黎数败。馆人怜而助之，又败。观者皆愕，胥[②]助焉。从者请已，曰："吾闻寡不敌众，彼方鸠[③]

群知，吾忧子之不胜，以圮[4]前劳也。”屠龙子弗应，坐而弈如故。都黎乃大败，不能支。助者相顾皆失色，执子以诟[5]。使复之，俱弗敢矣。从者喜曰：“神矣哉，夫子之弈也！”屠龙子曰：“未也，子不观夫斗兽乎？夫兽，虎为猛，今以虎斗虎，则独虎之不胜多虎也，明矣；以狐斗虎，则虽千狐其能胜一虎哉？多愈见其自乱也。昔者六国合从以擯秦[6]，辩士之为秦者，以连衡喻之，六国果不胜，如辩士言。今者之弈，犹是也。吾尝行于野，见两头之蛇，其首一东而一西，二首相掣[7]，终日不能离其处。吾观而悲焉。故为巨室者，工虽多，必有大匠焉，非其画不敢裁也；操巨舟者，人虽多，必有舵师焉，非其指不敢行也。故视听专而事不偾，是故四海之民听于一君则定，百万之师听于一将则胜。《易》曰：‘长子帅师，弟子舆尸，凶。’[8]《诗》曰：‘如彼筑室于道谋，是用不溃于成。’[9]虽使弈秋为之，犹当败也，而况非弈秋者乎？吾何惴[10]焉？”

【注释】①弈：下棋。

②胥：皆；都。

③鸠：聚集。

④圮（pǐ）：毁坏。

⑤诟（gòu）：骂。

⑥合从：即“合纵”。擯：排拒。

⑦掣（chè）：牵引，拽。

⑧语见《周易·师卦》。

⑨语见《诗经·小雅·小旻》。筑室于道谋：造房子请教路人，比喻人多嘴杂，意见纷纷，办不成事。

⑩惴（zhuì）：恐惧。

【译文】屠龙子和都黎下棋，都黎连败数局。馆人同情他，在一旁帮助他，又败了。观看的人都感到惊愕，全都来相助都黎。屠龙子的随从请求停止，说："我听说寡不敌众，对方正集中众人智慧，我担心您不能取胜，反而前功尽弃了。"屠龙子不应声，坐着不动照旧下棋，都黎又大败，不能抵挡。助阵的人都面面相觑，变了脸色，拿着棋子儿叫骂。屠龙子请他们再下，却都不敢应战了。随从兴奋地说："先生的棋艺太神奇啦！"屠龙子说："谈不上神奇，你见过野兽搏斗吗？那野兽中老虎最凶猛。如今用虎斗虎，那么一只虎不能胜过一群虎，这是明摆着的了。用狐狸斗虎，那么即使一千只狐狸，又怎么能斗过一只虎呢？多了只会自乱阵脚。从前，六国用合纵来抗击秦国，辩士游说秦国用连衡各个击破，六国果然不胜，正如辩士所预言的那样。现在下棋，就像这件事一样啊。我曾经在田野里行走，看见过一条两头的蛇，它的一个头要向东，而另一个头要向西，两个互相牵扯，始终也不能离开原地。我看了为它感到可悲。所以建造大屋，工匠再多，必须有个大工匠带领，没有他的筹划就不敢做出决定；操纵大船的，水手再多，也必须有一个舵手，没有他的指引就不敢航行。因此视听专一而事情就不会覆败。所以四海的百姓听从一君的命令，天下就安定；百万军队听从一将的指挥，作战就能胜利。《易经》里说：'长子统帅军队，次子不服从统帅战败载尸而归，占卜结果是凶险。'《诗经》中说：'如同和不相干的路人商量如何建造房屋，房屋永远不会盖成。'倘若这样，即使让弈秋那样的高手来下棋，也还是要失败的，而何况不是弈秋这样的棋手呢？我有什么要害怕的呢？"

句章野人

句章之野人[①]，翳其藩[②]以草，闻喈喈[③]之声，发之而得雉，则又翳之，冀[④]其重获也。明日，往聆焉，喈喈之声如初，发之而得蛇，伤其手以毙[⑤]。郁离子曰："是事之小，而可以为大戒者也。天下有非望之福，亦有非望之祸。小人不知祸福之相倚伏也，则侥幸[⑥]以为常。是故失意之事，恒生于其所得意，惟其见利而不见害，知存而不知亡也。"

【注释】①句（gōu）章野人：句章，古县名，在今浙江余姚东南。野人：农夫。

②翳（yì）：遮蔽。藩：竹匾一类的器具，可以用来诱捕鸟类。

③喈喈（jiè jiè）：象声词，鸟鸣声。

【译文】句章有一个农夫，用草遮挡着他的篱笆时，他听到草里发出喈喈的叫声，便扒开那草，居然捉到一只野鸡。他喜出望外，就又用草遮挡起篱笆，希望能再从那里获得野鸡。第二天他还去那里细听，觉得里面又出现先前那样的喈喈声，他掀开草一伸手却抓到了一条毒蛇。他的手被蛇咬伤，接着就中毒身亡了。郁离子说："这件事虽小，但可以作为人们的重要警戒。天下有意想不到的福分，也有意想不到的灾祸。小人不知道祸福是互相倚存相互转化的，把侥幸的事情当作是常规来看待。因此，在他们得意的时候，总是发生失意的事。这是因为他们只看到了利的一面而看不到其中的危害，只知道存在而不知道消亡的道理啊。"

贪利贪德辩

郁离子曰："贪与廉相反，而贪为恶德。贪果可有乎？匹夫贪以亡其身，卿大夫贪以亡其家，邦君贪以亡其国与天下，是皆不知贪者也。知贪者其惟圣人乎？圣人之于仁义道德，犹小人之于货财金玉也，小人之于货财金玉无时而足，圣人之于仁义道德亦无时而足。是故文王、周公、孔子，皆大圣人也。文王视民如伤①，自朝至于日中昃②，不遑暇③食；周公思兼三王，以施四事④，以夜继日，坐而待旦。孔子曰：'吾有知乎哉？无知也。'圣人之贪于仁义道德若是哉！故以其贪货财金玉之心而贪仁义道德，则昏可明，狂可哲，而人弗能也。故于货财金玉则贪，而于仁义道德则廉，遂使天下之人专名贪为恶德而恶之，则小人之罪也。"

【注释】①视民如伤：形容极其顾恤民众疾苦。看待人民就像看待自己身上的伤痛一样。也可理解为把百姓当作有伤病的人一样照顾，只可抚慰，不可惊动。见《孟子·离娄下》。

②自朝至于日中昃（zè）：朝，早晨。日中，中午。昃，日偏西。

③遑（huáng）暇：空闲，闲暇。

④四事：禹、汤、文、武所行之事。

【译文】郁离子说："贪婪和廉洁正好相反，而贪婪是恶德。贪婪之心果真可以让它存在吗？匹夫贪得无厌就会丧身亡命；卿大夫贪得无厌就导致毁家灭族；国君贪得无厌就会丧失国家和天下，这都是不知道贪婪的危害啊。知道贪婪危害的只有圣人吧？圣人对于仁义道德，就像小人对于货财金玉一样。小人对于货财金玉没有一时能感到满足，圣人对仁义道德也是没有一时能感到满足。所以，文王、周公、孔子都是大圣人。文王极其体恤民众的疾苦，从早到晚，忙得都没吃饭的时间；周公想要效法三王而推行政事，夜以继日，一旦有了好的想法，便坐着等待天明去实行；孔子说：'我有智慧了吗？并没有智慧啊。'圣人对于仁义道德的追求到了如此地步！因此如果用贪财物金玉的心而去贪仁义道德，那么昏昧的可以变得明智，狂妄的可以变得明哲，然而一般的人却不能做到。所以对财物金玉就贪婪，而对仁义道德就廉洁，于是使天下的人们专把贪看成是恶德并憎恶它，这就是小人的罪过啊。"

大 智

郁离子曰："人有智而能愚者[①]，天下鲜哉。夫天下鲜不自智[②]之人也，而不知我能，人亦能也。人用智而偶获，遂以为我独，于是乎无所不用。及其久也，虽实以诚行之，人亦以为用智也，能无穷乎？故智而能愚，则天下之智莫加焉。鬼神之所以神于人者，以其不常也。惟不常，故不形[③]，不形故不可测。人有作为不可测者，自以为不可测，而不知其为人所测。故智不自智，而后人莫与争智。辞其名，受其实，天下之大智哉！"

【注释】①人有智而能愚者：有智慧而能藏拙的人。

②自智：自以为聪明。

③不形：没有形状。

④故智不自智：所以有智慧而不以智者自居。

【译文】郁离子说："人有智而能自视为愚的，天下少有啊。天下少有不自以为聪明的人，而不知自己能，别人也能啊。有人用智谋而偶然获得了成功，就认为只有自己能，于是无处不用。等到时间久了，即使确实诚心诚意地去行事，人们也认为他是在用心智了，能有穷尽的时候吗？因此有智而自以为愚，那么天下没有比这更有智慧的了。神鬼之所以比人高明，就是因为他们不同寻常啊。由于不寻常，所以没有固定的形体。没有固定的形体，因此不可测知。有人认为自己的行为不可测知，自以为不可测，而不知道早已被人看穿。所以智者不以智慧炫耀，而后别人就不会与他争智。避开虚名，拥有实质，这才是天下的大智慧啊！”

群书治要续编卷第四十四 读书录 白沙先生至言 传习录　慎　言

读书录

【提要】《读书录》，明薛瑄撰。

薛瑄（1389—1464年），字德温，号敬轩。河津（今山西运城）人。明代著名思想家、理学家、文学家，河东学派的创始人，世称“薛河东”。永乐十九年（1421年）中进士，官至通议大夫、礼部左侍郎兼翰林院学士。天顺八年（1464年）去世，赠资善大夫、礼部尚书，谥号文清，故后世称其为“薛文清”。薛瑄继曹端之后，在北方开创了“河东之学”，门徒遍及山西、河南、关陇一带，蔚为大宗。其学传至明中期，又形成以吕大钧兄弟为主的“关中之学”，其势“几与阳明中分其感”。清人视薛学为朱学传宗，称为“明初理学之冠”，“开明代道学之基”。其著作后人整理有《薛文清公全集》。

《读书录》11卷，另有《续录》12卷。《读书录》的创作缘起，是薛瑄在读书时作的读书笔记，内容有其读经典的笔记，也有哲学议题的思考，此外还有读书方法的介绍以及作者的自我反思和对历史人物的评价。《四库全书总目提要》将其列入子部儒家类。《续编》自全书中辑录了65则内容，涉及修身、治国等方面。

卷　一

吾居察院中，每念疏韦苏州“自惭居处崇，未睹斯民康”①之句，惕然有警于心云。

【注释】①自惭居处崇，未睹斯民康：出自唐代诗人韦应物的《郡斋雨中与诸文士燕集》。韦苏州，即韦应物，中国唐代诗人。因他出任过苏州刺史，世称“韦苏州”。诗风恬淡高远，以善于写景和描写隐逸生活著称。

【译文】我在都察院的时候，每当我想到韦应物所写的“自惭居处崇，未睹斯民康”（意为“我惭愧自己虽然身居高位，却没有看到百姓在我的治理下各个都幸福安康”）这一句诗，我就感到心理有所恐惧。

孔子曰：“不患无位，患所以立。”①惟亲历者知其味。余忝清要②，日夜思念于职事，万无一尽，况敢恣肆于礼法之外乎！

【注释】①不患无位，患所以立：出自《论语·里仁》。意为不要担心没有官位，就怕自己没有学到赖以立足的东西。

②清要：谓地位显贵、职司重要，但政务不繁的官职。

【译文】孔子说：“不要担心没有官位，就怕自己没有学到赖以立足的东西。”只有亲身经历的人才知道它的味道。我有幸身居要职，日夜思念自己的职责，总想做到万无一失，哪里敢放纵于礼法之外呢！

程子书“视民如伤”四字于座侧。余每欲责人，尝念此意而不敢忽。

【译文】程颢写了“视民如伤”四个字在座位旁。我每当想责备别人时，想到这一点就不敢忽视了。

为官最宜安重，下所瞻仰，一发言不当殊愧之。

【译文】当官的人最应该稳重，因为其备受下面的人所仰望，只要一发言不当就令人很羞愧。

气直是难养。余克治用力久矣，而忽有暴发者，可不勉哉！二十年治一“怒”字，尚未消磨得尽，以是知“克己最难”。

【译文】气一直是很难修养的。我克制私欲邪念用力很久了，但有时也会突然发作，难道可以不勉力吗！二十年对治一个“怒”字，还没有消磨得尽，因此了解“克制自己最难”。

人之子孙，富贵贫贱莫不各有一定之命。世之人不明诸此，往往于仕宦中昧冒礼法，取不义之财，欲为子孙计。殊不知子孙诚有富贵之命，今虽无立锥之地以遗之，他日之富贵将自至；使其无富贵之命，虽积金如山，亦将荡然不能保矣。况不义而入者，又有悖出之祸乎！如宋之吕蒙正、范文正公诸公，咸以寒微致位将相，富贵两极，曷尝有赖于先世之遗财乎？然则取不义之财欲为子孙计者，惑之甚矣！

【译文】人的子孙，无论富贵贫贱都各自有一定的命数。世上的人不明白这些道理，往往在做官中冒犯、违背礼法，取不义之财，希望为子孙后代着想。殊不知如果子孙确实有富贵的命，现在虽然没有立锥之地留给他，但有朝一日富贵也会亲自到来；假使子孙没有富贵的命，即使为他积累财富，堆积如山，也将荡然无存不能保有啊。何况通过不正义的手段而得到的财富，又将会有意想不到的灾祸啊！像宋代的吕蒙正、范仲淹等公，都从贫寒出身而最终位居将相，富与贵两方面都达到了极点，哪里是依赖于祖先留下的财富呢？所以说，取不义之财来为子孙后代着想的人，真是太糊涂了！

“视民如伤”，当铭诸心。

【译文】“关心人民就像关心自己身上的伤痛一样”，这一点应当铭记在心上。

深以刻薄为戒，每事当从忠厚。

【译文】自己应当以刻薄为警戒，每件事都应当以忠厚之心来对待。

圣贤之言，顺之则吉，逆之则凶。

【译文】圣贤的言论，遵循它就会获得吉祥，违逆它就会导致凶祸。

惟宽可以容人，惟厚可以载物。

【译文】宽可以容纳他人，厚可以承载万物。

唐初边将未有久握兵者。至天宝间，李林甫为固宠之计，杜绝边将入相之路，遂致拥兵年久，而成藩镇之势。

【译文】唐朝初年的守边将领从来没有长时间手握重兵的。到了天宝年间，李林甫为了得到唐玄宗的专宠，杜绝边将入相的路，结果导致边将拥兵时间太久，从而形成藩镇割据的态势。

卷　二

尝验之天下之人，虽至富者求无不遂，欲无不得，自他人观之，不啻足矣。自其心察之，彼方愈富愈不足，计较得失之私，日夜汲汲，无须臾宁息，是曷尝有泰然之乐邪?

【译文】我曾经考察天下的人，即使是最富有的人，所追求的没有不能满足的，想要的没有得不到的，在他人看来，应该已经非常满足了。但从他们的内心来观察，他们越富有却越不满足，计较利害得失，一天到晚费尽了苦心，没有片刻的宁息，这哪里有什么安乐可言呢？

宋太祖取天下，与五代无异，然能用赵普之谋，收宿将之柄，削藩镇之势，挈数百年涂炭之生民，置诸衽席[1]之上，其功大矣！

【注释】①衽（rèn）席：亦作“袵席”。原本指床褥与莞簟。借指太平安居的生活。

【译文】宋太祖取得天下，与五代没有什么区别，但是他能用赵普的计谋，收回将领的兵权，削弱藩镇的势力，带着数百年苦难的人民，过上了太平安定的生活，他的功劳太大了！

“亢极”之治，惟圣人有道以持之，使不至于倾。如尧之治极矣，时当衰也，有舜则能持其盛；舜之治极矣，时当衰也，有禹则能保其治。使尧之后无舜，舜之后无禹，则鸣条、牧野之事，不待后世而后见也。乃知治乱、盛衰相寻无端者，理之常然；或当衰不衰，当乱不乱者，则圣人斡旋造化之功也。

【译文】“亢极”之治，只有圣人才有方法来维持，使不至于倾覆。比如尧治理天下到达顶点，时运当衰退了，有了舜就能维持着当时的繁盛；舜治理到极点，时运当衰退了，有了禹就能保有其治理的状况。假使尧之后没有舜，舜之后没有禹，那么鸣条、牧野之事，不用等到后世就要出现了。这才知道治乱、盛衰相互循环没有尽头，这是理的常态啊；有时应当衰落而没有衰落，应当混乱而没有混乱的，那是圣人斡旋造化的功劳啊。

立法之初，贵乎参酌，事情必轻重得宜，可行而无敝者，则播告之；修既立之后，谨守勿失信如四时。坚如金石，则民知所畏，而不敢犯矣。或立法之初，不能参酌事情，轻重不伦，遽施于下，既而见其有不可行者，复遂废格，则后有良法，人将视为不信之具矣。令何自而行，禁何自而止乎？

【译文】立法之初，贵在参考商量，事情一定要轻重适当，可以实行而没有弊病的，就广而告之；法令确立之后，就应该遵守而不要失信，就像四季一样守时。法令坚固如同金石，那么百姓就知道有所畏惧，而不敢违犯了。如果在立法之初，不能仔细权衡事理情由，奖罚或轻或重，标准不一，此时立即对下颁布施行，随后又发现有行不通的，就再一次废除，那么以后再有好的法令，人们也会将其看作不值得相信的法令了。如此一来，又怎么能做到有令必行，有禁必止呢？

为政以爱人为本。

【译文】治理政事以爱民为根本。

酒色之类，使人志气昏酣[1]、荒耗，伤生败德，莫此为甚，俗以为乐，余不知果何乐也？惟心清欲寡，则气平体胖，乐可知矣。

【注释】①昏酣（hān）：沉醉，大醉。

【译文】酒色之类的东西，使人精神沉醉、荒废，伤害生命败坏道德，没有什么比这更严重的了，一般人还以此为乐，我不知道到底有什么快乐的？只有心地清净、欲望减少，才能心气平和、体貌安详，快乐就可以知道了。

卷　三

作官者，虽愚夫、愚妇，皆当敬以临之，不可忽也。

【译文】做官的人，即使是面对愚笨的男女，也应当保持恭敬的态度，不可以轻慢。

《尧典》以“钦”[1]之辞始，《益稷》以“钦”之辞终，则尧、舜传心之要可知矣。

【注释】①钦：在《尚书》中是敬的意思。

【译文】《尧典》以“钦”字作为开始，《益稷》以“钦”字作为结束，由此可知，尧、舜传授的心法以诚敬为要领。

在古人之后，议古人之失则易；处古人之位，为古人之事则难。

【译文】生在古人之后，议论古人的过失很容易；处在古人的位置上，做好古人的事情就很难了。

以纸上之言观往事，率皆轻议古人处事之失。设使身居其地，吾见其错愕失措者多矣。

【译文】从书本上的字看过往的事，大多数人都轻易地议论古人做事的不足。假设让他们处在古人的位置上，我看到他们大都会惊慌失措。

古人于小人有功，可深虑而不可喜。《易》曰："开国承家，小人勿用。"①汉诛窦宪，五侯有功②，而其势自此盛。故功由君子立，国家之大庆；功由小人立，知者所深虑也。

【注释】①语出《周易·师》上六爻辞。

②汉诛窦宪，五侯有功：指两件事情，前者指汉和帝为巩固政权，诛杀外戚窦宪，在此过程中宦官郑众有功被封侯。后者指汉桓帝诛外戚梁冀后，封有功的五位宦官为侯。

【译文】古人看到小人有功，只会深深忧虑而不觉得这是件可喜之事。《周易》说："建立国家，小人不要使用。"汉和帝诛杀窦宪以免后患，到汉桓帝时，五侯纷纷建功，宦官的势力自此一发不可收拾。所以功劳由君子建立，这是国家的大好事；功劳由小人建立，有智慧的人应该深深忧虑。

周公曰："无皇曰'今日耽乐'，乃非民攸训。"[1]至哉言乎！盖人君者天下之表仪，人君一日之耽乐，虽若不至于大害，然作于上即应于下。上以耽乐纵，则下以耽乐从，是其为训于民，非言语之训，乃以身训之训，宜其感应之机为尤速也。益之告舜曰："罔游于逸，罔淫于乐。"[2]皋陶告舜曰："无教逸欲有邦。"[3]皆此意也。岂非万世之永鉴与！

【注释】①语出《尚书·无逸》。无皇，无暇的意思。

②语出《尚书·大禹谟》。

③语出《尚书·皋陶谟》。

【译文】周公说："千万不要说'今天要纵情享乐'这样的话，这样就不是万民的榜样。"这简直是至言啊！君主是天下的模范，君主一天沉迷享乐，即使不会导致大的祸害，但是上面怎么做下面就会有响应。上面沉迷于享乐，下面也跟着享乐。所以说君主教化人民，不是以言语为训诫，而是要以身作则来教导，这样的感化作用就会非常迅速。伯益告诫舜帝说："不要放纵游逸，不要过度享乐。"皋陶告诫舜帝说："不要教四方诸侯贪图安逸和产生私欲。"都是这个意思。这难道不是万世以来的永恒借鉴吗？

天下之事，缓则得，忙则失。先贤谓："天下甚事，不因忙后错了。"此言当熟思。

【译文】天下的事情，舒缓地去处理就会有收获，慌忙地去处理就会有失误。先贤说："世间哪一件事，不是因慌乱而出错呢？"这句话应当深刻思考。

班固《外戚赞》曰："夫女宠之兴，繇至微而体至尊，穷富贵而不以功，此道家所畏，祸福之宗也。"余谓岂独女宠为然哉！小人无大功德而窃高位厚禄，亦若此而已矣。

【译文】班固的《汉书·外戚传》赞曰："受宠爱的女子的发迹，可以由最低微的一跃成为最高贵的，没有立过功劳却富贵，这是道家所畏惧的，是灾祸的根源。"我认为难道只是受宠的女子才这样吗？小人没有功劳德行而窃取高官厚禄，也和这很像啊。

为政当以公平正大行之，是非毁誉皆所不恤；必欲曲徇人情，使人人誉悦，则失公正之体，非君子之道也。

【译文】处理政事应该按照公平的原则光明正大地进行，不要理会别人是非对错的评价和诋毁赞誉；一定要曲意徇私情，使人人都称赞满意，就失去了公正的大原则，就不是君子应该做的了。

治世君臣，警戒之辞多；衰世君臣，谀说之辞多。

【译文】太平盛世的君臣，说的多是警戒的话；衰落时代的君臣，说的多是阿谀奉承的话。

舜命弃播百谷，即命契敷五教，继以皋陶明刑。食、教、刑三者相因，可见有虞为治之序。

【译文】舜命令弃播种谷物，然后命令契传授五伦之教，再让皋陶制定刑罚。食物、教化、刑罚三者相承，由此可以看到舜帝治理天下的次序。

养民生，复民性，禁民非，治天下之“三要”。

【译文】养护人民的生计，恢复人民的本性，禁止人民的邪恶，这是治理天下的“三要”。

卷　四

二帝、三王治天下纯是天理之公，无一毫人欲之私；汉、唐历代治天下纯是人欲之私，带些子天理于其间。

【译文】二帝三王治理天下纯粹是出自天道的公正无私，

没有丝毫的私欲；汉唐历代治理天下纯粹是出自人的私欲，捎带些天理在其中。

治狱有“四要”：“公”“慈”“明”“刚”。公则不偏，慈则不刻，明则能照，刚则能断。

【译文】审理案件有“四个要点”：“公正”、“仁慈”、“睿智”、“刚果”。公正无私就不会偏失，仁慈就不刻毒，睿智则能明辨，刚毅则能决断。

观天之道，皆公而自然。不为何而春夏生物，不为何而秋冬成物。人之道，亦公而自然，不为何而行仁义，不为何而行礼智。若有为而行，即私而不公矣。

【译文】观察天之道，都是公正无私，符合自然的。不然为什么春夏生长万物，秋冬化成万物呢？人之道，也是公正无私，并且符合自然规律的，不然为什么施行仁义与礼智呢？如果有其他目的，那就是自私而不是公正了。

常人见贵人则加敬，见敌者则敬稍衰，于下人则慢之而已；圣人于上、下、人、己之间，皆一诚敬之心。

【译文】一般人见贵人就更加尊敬，看见有仇隙的人，这份敬就会有所减弱，对在下位的人就会生出傲慢之意了；圣人在上、下、人、己之间，同样都是一个真诚恭敬的心。

君子居君子之位，小人居小人之位，则治；反此，则乱。

【译文】君子在君子的位置，小人在小人的位置，那么就安定太平；与此相反，那么就天下混乱。

有天下国家者，皆当亲君子而远小人。

【译文】凡是拥有天下国家的人，都应当亲近君子，疏远小人。

《仲虺》曰："惟天生民有欲，无主乃乱；惟天生聪明时乂。"①成汤曰："惟皇上帝，降衷于民，若有恒性，克绥厥猷惟后。"②武王曰："惟天地万物父母，惟人万物之灵。亶聪明，作元后，元后作民父母。"③历观自古圣君贤相之言如此，则天之所以立君者，不过欲治民、教民、养民、使各遂其生而已，岂有他乎哉？

【注释】①语出《尚书·商书·仲虺之诰》。

②语出《尚书·汤诰》。

③语出《尚书·周书·泰誓》。

【译文】《仲虺》说："上天生养人民，人人都有欲望，没有君主，人民就会乱；因此上天又生出聪明的人来治理他们。”商汤王说：“（上天或天地）把美好的品德降给百姓，如果让百姓能够长久地保持这种美德，只有天子建立起教育才能做到。”武王说：“天地是万物的父母，而人是万物的灵长。真聪明的可以作大君，大君要作百姓的父母。”考察自古以来圣明的君主、贤明的丞相的话都是如此，那么上天要立君主，不过要想治民、教民、养民，使他们好好地活下去，难道还有别的吗？

政出于一，则治有所统而民心信。

【译文】政令出于一个源头，那么治理就会统一而人民也会心满怀信心。

唐虞“百揆”[①]之职，“揆”之一字最有深意。政事可止可行，莫不揆度其宜，可则行，否则止。此所以“政出于一”而下无废事也。

【注释】①百揆：为我国商周以前的官名，最早见于《尚书》。后世多引喻为丞相、相国等总揽朝政的官员，也代指百官及天下各种政务。《说文》：揆，度也。

【译文】唐尧、虞舜有“百揆”的职务，“揆”这个字最有深意。政事是停止还是执行，没有不揣度他的合适程度，可以就执行，不可以就停止。这就是“政出于一”而下面没有荒废事情的缘故。

患知人之不明，不患大臣之窃柄。盖知人，则所任者必君子，何窃柄之患？不知人，则虽防忌大臣，不使预事，而左右窃柄者必有人矣。观之后汉可见。

【译文】明主担忧不能知晓鉴察人的品德才能，不担忧大臣窃夺权柄。能鉴察人才，那么所任用的必定是君子这样的人，哪里会有窃夺权柄的担忧？不能监察人才，那么虽然防范猜忌大臣，不让他干预政事，但是身边夺取权柄的一定大有人在。看后汉的历史就知道了。

舍大学之道，而欲复三代之治，未之有也。

【译文】舍弃《大学》中说的“修齐治平”之道，而想要恢复三代之治，是不可能实现的。

汉、唐、宋之治所以苟简而不能复三代之隆者，皆不能尽大学之道耳。

【译文】汉、唐、宋的统治所以草率而不能恢复三代的兴隆，都是没有弄明白大学之道啊。

卷　五

圣人为治，推其固有之善。及人才有私意，即入于权谋术数矣。

【译文】圣人治理国家，推行人本性原有的善。当人刚刚出现私心，便陷入了权变、谋略之中了。

韩魏公、范文正公诸公，皆一片忠诚为国之心，故其事业显著而名望孚动于天下。后世之人，以私意小智自持其身，而欲事业名誉比拟前贤，难矣哉！

【译文】韩琦、范仲淹等人，都是一片忠诚为国之心，所以他们的事功显著而名望为天下人所信服。后世的人，用自私和小聪明自守，却要想事业和名誉都能与那些圣贤比肩，难啊！

卷　六

相业自《大学》、经学中来者深，自史学、俗学中来者浅。要见古人之相业，伊、傅[①]之书宜熟读。

【注释】①伊、傅：伊尹和傅说，均为商代的贤相。

【译文】宰相的功业如果是通过学习《大学》、经学而建立的往往深厚，如果是通过学习史学、世俗流行之学而建立的往往浅薄。要见识古人的宰相功业，《尚书》中关于伊尹、傅说的篇章应当熟读。

后世非无救时之相，只是规模浅。相业有格心[①]之学，则其规模宏远矣。

【注释】①格心：格正心念。

【译文】后世并非没有匡正时弊的宰相，只是规模浅薄罢了。宰相如果有修持心地的功夫，那么他的相业规模就会宏大深远了。

人心公则如烛，四方上下无所不照；私则如灯，只有一面光，不能遍照也。

【译文】一个内心公正的人就像一支蜡烛，无论是四面八方，还是上上下下都能照得明亮；一个内心偏私的人就像一盏灯，只有一面发光，不能普照各处。

成王问史佚曰："何德而民亲其上？"[①]史佚曰："使之以时而敬顺之，忠而爱之，布令信而不食言。如临深渊！如履薄冰！"此名言也。

【注释】①语出刘向《说苑·政理》。史佚：原名尹佚，曾任周朝的史官，故称“史佚”。

【译文】周成王问史佚说：“我应该具备怎样的品德才能获得民众的亲近呢？”史佚说：“驱使民众必须有度，并敬畏顺从民众，忠于民众爱护民众，颁布法令要有信用不能食言。必须好像面临深渊一样谨慎！如同在薄冰上行走一样戒备！”这真是至理名言啊！

李牧[①]守边，每匈奴入寇，辄入保[②]不战。如此数岁，一旦出兵，大破匈奴，威震漠北。此正老子所谓“大国以下小国，则取小国；以下大国，则取大国。[③]”又曰：“欲上民，必以言下之；欲先民，必以身后之。”孙子所谓“始如处女，敌人开户；后如脱兔，敌不及拒。[④]”古人用兵之术，大率此类。

【注释】①李牧：战国时期赵国的名将。

②保：同“堡”，营垒。

③与下句，分别出自《道德经》六十一章、六十六章。

④语出《孙子兵法》。

【译文】李牧守卫边境，每次匈奴入侵，就躲进堡垒不出战。这样数年之后，有一天出兵迎敌，大破匈奴，威震北方。这正是老子所说的“大国对小国谦下，就可取得小国的归附；小国对大国谦下，就可取得大国的支持。”又说：“要处在百姓之上为统治者，必须在言语上对民众谦下；要处在百姓之前为领导者，必须把自身利益放在百姓之后。”孙子所说“战争开始之前，要像处女那样显得沉静柔弱，诱使敌人放松戒备；战斗展开之后，则要像脱逃的野兔一样行动迅速，使敌人措手不及，无从抵抗。”古人用兵的方法，大致这样。

知贤而不能用，知恶而不能退，不若不知之为愈。何也？不知贤，则人犹冀其能知而有进用之时；不知恶，则人犹冀其能知而有退远之望。若知贤而不能用，则人知其必不能用矣；知恶而不能去，则人知其必不能去矣。是使贤者终无以行其志，恶者愈得以肆其恶也。

【译文】知道是贤能之人却不能录用，知道是奸恶之人却不能辞退，这样还不如不知道更好。为什么呢？不知道他是贤能，则他仍希望有被人知道、被选拔引用的时候；不知道他是奸恶，则他就害怕被人知道从而早作被斥退疏远的打算。如果知道他是贤能但不能录用，那么他就知道自己一定不会被录用了；知道他是奸恶却不能辞退，那么他就知道自己一定不会被辞退了。这样会使贤能之人始终无法实现其志向，奸恶之人却越发肆无忌惮地作恶了。

唐、虞、三代之治，皆自圣人一心推之，无非顺天理因人心而立法也。

【译文】唐尧、虞舜和夏、商、周三代的太平之世，都是从圣人的仁心推演出来的，无非顺应天理遵从人心而立法理政。

古人衣冠伟博，皆所以庄其外而肃其内。后人服一切简便短窄之衣，起居动静惟务安适，外无所严，内无所肃，鲜不习而为轻佻浮薄者。

【译文】古人的衣帽宽大，皆是为了显示外表的庄严和内心的肃穆。后人穿的都是简便短窄的衣服，起居动静只求安逸舒适，外表既不庄严，内心也不肃穆，习惯于此很少有不变得轻浮浅薄的。

卷　七

四百年之汉，文帝培其本；三百年之唐，太宗养其根；三百余年之宋，太祖、太宗、真宗、仁宗浚其源。秦、晋、隋皆不一再传而遂亡者，由无恭俭之君培养浚导其源于前，即继之以残暴淫侈之主也。

【注释】①浚（jùn）：挖深，疏通。

【译文】汉朝延续四百年，是文帝培养了根本；唐朝延续三百年，是太宗培养了根本；宋朝延续三百多年，是太祖、太宗、真宗、仁宗加深了本源；秦朝、晋朝、隋朝都是没有传承下去就灭亡了，因为没有谦恭勤俭的君王在前培养根本疏导本源，并且随后出现了残暴、荒淫、奢侈的君主所致。

汉高祖之后，非得文、景之养民，即继之以武帝之多欲，则汉之存亡未可知也；唐高祖之后，非得太宗之富民，即继之以高宗之昏懦，则唐之存亡未可知也。大抵汉、唐之所以延绵国祚者，率由此数君有以立其本耳。

【译文】汉高祖之后，如果没有文帝、景帝的休养生息，就直接出现武帝的贪婪之政，那么汉朝的存亡实在很难预料；唐高祖之后，如果没有太宗的富民政策，就直接出现高宗的昏庸懦弱，那么唐朝的存亡实在很难预料；大体来说，汉朝、唐朝的国运能延续下去，都是由于有这几个君王培养了根本。

古人论治，必本末兼举。如皋陶陈谟①，首曰“允迪②厥德”，本也；“谟明弼谐③”，末也。及帝问其详，则曰云云。盖“慎厥身，修思永，惇叙九族”，皆“允迪厥德”之事；“庶明励翼④”，皆“谟明弼谐”之事；“迩可远在兹”，则通言上文之效。

【注释】①见《尚书·虞书·皋陶谟》。皋陶：尧舜时期的贤臣。陈谟：陈献谋划。

②允迪：诚实履践。

③弼谐：辅佐协调。

④励翼：勉力辅佐。

【译文】古人谈论治理国家，根本政策和次要措施都会兼顾列举。像皋陶陈谟，开头说“诚实地践行德政”，是根本政策；“决策英明，群臣同心协力”，是次要措施。等到帝王详细询问时，皋陶就展开了论述。大体来说，“谨慎地修养自身，思虑深远，亲近九族”，都属于“诚实地践行德政”的内容；“那些贤明的人就会相互勉励来辅助”，都属于“决策英明，群臣同心协力”的内容；“由近及远，道理就在于此”，则是笼统地谈论其作用。

《皋陶谟》“典”“礼”“刑”“赏”四者，万世为治之大经不出于此。

【译文】《皋陶谟》所记载的“法典”“礼节”“刑罚”“赏赐”四事，千古以来治理国家的大政方针都不外乎此。

以其能治不能，以其贤治不贤，设官之本意不过如此。有假官威剥民以自奉者，果何心哉！

【译文】以有才能的人治理无才能的人，以贤能的人治理无贤能的人，设官分职的本意就在于此。有凭借官威剥削人民以供自己生活享用的，到底是什么心思呢？

去弊当治其本。本未治而徒去其末，虽众人之所暂快，而贤知之所深虑。

【译文】去除弊端应当从根本上着手。根本没有治理好只是去除其次要部分，这对于普通人来说虽然觉得一时痛快，但对贤明多智的人却是深深忧虑的事。

世之廉者有三：有见理明而不妄取者，有尚名节而不苟取者，有畏法律、保禄位而不敢取者。见理明而不妄取，无所为而然，上也；尚名节而不苟取，狷介之士，其次也；畏法律，保禄位而不敢取，则勉强而然，斯又为次也。

【译文】世上的廉洁有三种：有明察事理而不擅自取用的，有崇尚名声气节而不随意取用的，有因畏惧法律和为了保住官位俸禄而不敢取用的。明察事理而不擅自取用的，不用刻意去做自然而如此，属于上等；崇尚名声气节而不随意取用的，是孤僻高傲、洁身自好之人，属于次等；因畏惧法律和为了保住官位俸禄而不敢取用的，是勉强自己这样去做，又在次等之下。

程子常书“视民如伤”四字于座侧，曰：“某于此有愧。”大贤尚然，后之临民者当何如哉？

【译文】程颢常把“视民如伤”四字写在座位旁边，说：“我于此有愧。”大贤尚且如此，后世那些治理人民的人应当怎样呢？

为政当有张弛。张而不弛则过于严，弛而不张则流于废；

一张一弛，为政之中道也。

【译文】治理国家应当紧松适度。紧而不松就会过于严厉，松而不紧就会变成摆设；宽严相结合，才是治理国家的最好方法。

卷　八

后人不知人臣之道，但得高官厚禄，即有自满之色。观“臣克艰厥臣”[①]及“为臣不易”之语，禄位果可自满乎？

【注释】①臣克艰厥臣：出自《尚书·大禹谟》。指臣子能认识到做臣子的艰难。

【译文】后人不知道做臣子的道理，只要得到高官厚禄，就得意自满。看《尚书》中“臣克艰厥臣”以及“为臣不易”的这些话语，真的可以凭官位俸禄自满吗？

枚乘[①]曰：“欲人无闻，莫若勿言；欲人无知，莫若勿为。”又曰：“积德累行，不知其善，有时而用；弃义背理，不知其恶，有时而亡。”此皆名言也。

【注释】①枚乘：西汉辞赋家。

【译文】枚乘说：“不想让别人听见自己在说什么，就最好不要说；不想让别人知道自己在做什么，就最好不要做。”又说："积累仁德和善行，并没有感到它对自己有什么好处，而到一定时候却发挥作用；抛弃仁义、违背天理；并没有感觉到它对自己有什么不好，到一定时候却走向败亡。"这都是至理名言啊。

卷　九

为政须通经有学术者。不学无术，虽有小能，不达大体，所为不过胥吏[①]法律之事尔。

【注释】①胥吏：旧时官府中办理文书的小官吏。

【译文】处理政事需要通达经典并在学术上有造诣的人。不学无术的人，虽然有小的才能，但不能认识关于全局的大道理，他们能做的事不过是办理文书处理刑狱罢了。

法者，辅治之具，当以教化为先。

【译文】法律是辅佐治理的工具，治理应当以推行教化为先务。

卷　十

汉高有功于天下固大矣。其修身无本，治家无法，以诈御臣下，视禹、汤、文、武为何如哉？

【译文】汉高祖对于天下国家有很大的功劳。但是他不知道修身，治家也没有章法，用欺诈之术来统御臣下，面对大禹、商汤、周文王、周武王这些先代的圣王，他会怎么想呢？

白沙先生至言

【提要】《白沙先生至言》，明陈献章撰。

陈献章（1428—1500年），字公甫，别号石斋，广东广州府新会县（今广东江门）白沙里人，故又称白沙先生，世称为陈白沙。明代著名思想家、哲学家。岭南地区唯一一位从祀孔庙的大儒，也是明朝从祀孔庙的四人之一，明代心学的奠基者，被后世称为“圣代真儒”“圣道南宗”“岭南一人”。著作后被汇编为《白沙子全集》，今人整理有《陈献章全集》。

《白沙先生至言》十卷，据陈氏弟子湛若水此书序，陈氏命其弟子钟周董辑其学术思想之简要，以便初学者观览。书成凡十卷三十章，题名《陈子至言》，盖本诸陈氏之语：“夫道以天为至，言诣乎天曰至言，人诣乎天曰至人；必有至人，能立至言。”（《认真子诗集序》）。此书充分体现陈氏为学之精髓要义，如为学应“以静为主”，“端坐澄心，于静中养出端倪”，提倡“以自然为宗”“以致虚为本”“以无欲为旨要”等存养功夫，主张“心即理也”，倡导学贵自得、学贵知疑等。《续编》自书中辑录有关修身理政的部分精华内容。

一真一切真，得其门而入者，无远弗届[1]也。

【注释】①无远弗届：语出《尚书·大禹谟》：“惟德动天，无远弗届。”不管多远之处，没有不到的。

【译文】如果心真了，一切行动就都真了，找到合适的途径进入，不管多远，都能到达。

待人接物不可拣择，殊甚贤愚善恶，一切要包他到物我两忘，浑然天地气象，方始是成就处。

【译文】待人接物不可拣择，尤其在对待贤愚善恶方面，一切都要包容，直至物我两忘之境，天地浑然之气象，能够这样做，才可以谈到有所成就。

人无气节，不可处患难；无涵养，不可处患难。如唐之柳宗元，不足道也。韩退之平日以道自尊，潮州一贬，便也撑持不去，如共太真往来，皆是忧愁无聊意，急急地寻得一人来共消遣，此是无涵养。

【译文】人若没有气节，就不能处于艰难困苦之中；若无涵养，就不能处于艰难困苦之中；如唐朝的柳宗元，不值得称述；韩愈平日以道自尊，因谏迎佛骨一事被贬潮州，便也支撑不下去了，就如他与大颠和尚的交往，当时他满是忧愁无聊之意，便在匆忙中找到一人来共同消遣时光，这也是没有涵养。

天下非诚不动，非才不治。诚之至者，其动也速；才之周者，其治也广。才与诚合，然后事可成也。孔子曰：如有用我者，期月[①]而已可也，三年有成。圣人过化存神[②]之妙，虽不可一二窥测，天下不动不治，动以治之，圣人与学者一尔。未有不须诚以动，不须才以治者也。

【注释】①期（jī）月：一年。

②过化存神：谓圣人所到之处，人民无不被感化，而永远受其精神影响。语出《孟子·尽心上》："夫君子所过者化，所存者神，上下与天地同流。"

【译文】若无诚心，不能感动天下，若无才能，不能治理天下。心若至诚，天下百姓就会迅速被感动；才能遍及各个领域，他的治理范围就会很广泛。才能与至诚相互结合，事情就会成功了。孔子说：如果有人用我处理国家政务，只需一年的时间就可以初见成效，三年就会成效显著了。圣人过化存神的妙处，虽然不能窥测一二，但是天下百姓不被感动就不能治理，百姓被感动后就会自然而治了，圣人与学者的思想是一致的。没有不以诚心就能打动百姓，不用才能就能治理百姓的。

孔子曰：言忠信，行笃敬，虽蛮貊[①]之邦，行矣。少此而尽吾心则庶政无不修，用人无不当，理财无不富，治兵无不强。不知乎此，而欲徒恃其末，盖后世以法劫制天下，区区之为也。

【注释】①蛮貊：古代称南方和北方落后部族。亦泛指四方落后部族。

【译文】孔子说：说话忠诚守信，行为笃厚诚敬，即使在蛮貊之地，也是行得通的。这些只要稍加运用并且尽心竭力去做，那么国家的一切政务无不得到修治，用人不会出现不当的情况，理财没有不富足的，治兵没有不强大的。如果不知道这些，而只是想依靠那些细枝末节，大概后世以法律的威力来控制天下，也只是一些微不足道的做法吧。

君子一心，足以开万世；小人百惑，足以丧邦家。何者？心存与不存也。夫此心存，则一，一则诚；不存则惑，惑则伪。所以开万世、丧邦家者，不在多，诚伪之间而已耳。夫天地之大，万物之富，何以为之也？一诚所为也。盖有此诚，斯有此物。则有此物，必有此诚。则诚在人，何所具？具于一心耳。心之所有者，此诚耳；为天地者，此诚也。天地之大，此诚且可为，而君子存之，则何万世之不足开哉。作俑之人既惑，而丧其诚矣。夫既无其诚，而何以有后邪？

【译文】君子一心真诚，足以开万世之太平；小人疑虑重重，足以丧国亡家。这是为什么呢？只是心存与不存的区别。

这个心存，就是一，一就是诚；心不存则会疑惑，疑惑就是伪。所以开万世之太平、丧国亡家的原因，不在多，就在诚伪之间罢了。天地广大，万物丰饶，为什么会这样呢？就是一个“诚”字所至。因为有了这个“诚”，才有万物。有了万物，必有此诚。那么人要做到诚，要具备什么呢？只需有一心就好。心所拥有的，就是这个“诚”罢了，天地自然所具备的，也是这个诚啊！天地如此之大，此“诚”还是值得去做的，而君子心存此“诚”，那么何愁不可以开万世之太平呢？那些始作俑者充满疑惑，就丧失了他的“诚”。既已没有了他的“诚”，又何谈后继之业呢？

每读《宋史》至曹彬[①]克金陵一事，未尝不对卷敛衽[②]而叹。赵太祖之仁，与曹武惠之不伐也，盖自出师以至凯旋，士众畏服，无敢轻肆。克城之日，兵不血刃，凡所得一十九州，三府一百八十县，可谓有功矣。武惠视之若无有也。捷至，群臣称贺，太祖泣曰：“宇县分割，民受其祸，攻城之际，必有横罹锋刃者，实可哀也。”命出米一万赈卹[③]之。当是时，君不知以得地为喜，将不知以克敌为功，一念好生之仁洋溢上下。自秦汉以来，未及见也。史臣称，武惠位兼将相，不以等威自异，遇大夫士于涂，必引车避之，不名下士。噫！何其谦之至也！《易》曰：劳谦君子，有终吉。武惠有之。今后山之役信有功于民矣！诸公岂自与耶？此贼近之省城，民遭其毒者，几年于兹，前此有司固有任其咎者矣。夫以今日平盗之功，补前日御武之不及，正相乘除在于仁人君子之心，视民如伤，岂容有彼此先后之间哉！夫上之治民，当休戚同之。夫久病者，不以得一日之安而弃补羸之剂；病饥者，不以得一饭之饱而忘终岁之忧。执事试求之百姓忧乐之情，而忘其在己必能。以赵太祖之所存者处民，以曹武惠之所存者处功，则光明者益光明矣！

【注释】①曹彬（931—999年）：字国华，真定灵寿（今属河北）人，北宋开国名将。谥号武惠。

②敛衽：指整理衣襟，表示恭敬。

③卹（xù）：同“恤”。

【译文】我每每读到《宋史》曹彬攻克金陵一事，都会对着书卷整理衣襟而叹息。宋太祖赵匡胤的仁慈与曹彬的谦恭不自夸，从出师到凯旋，士兵对此无不敬畏、佩服，不敢轻率放肆。金陵城被攻克之日，兵不血刃，共得到十九个州，三府一百八十个县，可称得上是有功了！曹彬却对此却视若无睹。捷报传来，群臣称贺，太祖流着泪说：“天下四分五裂，百姓深受其害，攻城之时，定有横尸刀下的，实在可悲啊！”下令拿出一万石米赈救灾民。在那个时候，君主不知以获得土地为喜，将帅不知以战胜敌人为功，一念之间好生之德便在上下流转。从秦汉以来，这种情况还未见到。史臣称，曹彬位兼将相，不以与身份、地位相应的威仪来显示自己的不同，在路上遇到士大夫时，定会调转车子避让，不在意自己的名望而屈身交结贤士。

唉！竟然可以谦卑到如此地步！《易经》上说：有功而又谦逊的君子，必将有好的结果。曹彬就具备这样的品质。现今后山之役确实有功于民，各位公卿岂能因此而自比先贤？这些贼寇分布在省城附近，百姓深受其害，至今已有几年时间。在此之前，就有官吏不作为，任其肆意横行。以今日平定盗匪之功，弥补之前御武不及的过错，正可以在仁人君子的心里相互抵消。关心百姓如同关心自身的伤痛，怎么可以有彼此先后的区分呢！在上位的君主治理百姓，应当与百姓休戚与共。那些长期患病的人，不应尚有一日之安而放弃补养的药剂；对于饥饿者，不应尚有一顿饱饭而忘了终年的忧患。掌事之人试着探求百姓忧乐之情，却忘了自己才是决定百姓忧乐的重点。以宋太祖的存心对待百姓，以曹彬的存心对待事功，那么光明的前途就更加光明了！

人生几何，徒以难得之岁月，供身外无益之求，弊焉；终其身而不知悔，惜哉！

世之论人物者，观其外而遗其内，以是为非，以非为是者，多矣！在人自审处，何如古人不必尽贤于今，今人不必如古，但当自勉其难，勿轻自恕。

【译文】人生几何，徒然以难得的岁月，供给身外那些无益之求，真是糊涂啊！终其一生而不知悔改，真是可惜啊！

世人在评定人物时，只是看他的外表而忽略其内在，以对为错，以错为对的，这样的事情简直太多了！人在审视自我时，怎么就没有想过古人并不是天生就比今人贤德，今人并不是天生就不如古人。只是在遇到难关时一定要自我勉励，切勿得过且过，轻言放弃。

天下之事，成之惟在威信，威信一立，无事不可为。苟无威信，则无其本，难乎其立政矣！

天下有任大责重而禄位不与者，苟能胜之，则至大至通无方无体。故能为天地立心，为生民立命，为往圣继绝学，为万世开太平。所谓建诸天地而不悖，质诸鬼神而无疑，百世以俟圣人而不惑，此其分内也，宇宙无穷，谁当负荷？

【译文】天下的事，成功的原因只在具有威信，威信一旦确立，就无事不成。如果没有威信，就没有了根本，想要建立政教就很难了！

天下有身肩重任却没被给予相应俸禄和官位的，如果能够取胜，那此人就是具有无比广大、无所不通，没有形体，无限延伸的浩然之气。所以才能为天地立心，为生民立命，为往圣继绝学，为万世开太平。所谓立于天地之间而不违背自然之道，质询于鬼神而没有疑问，即使百世之内没有圣人出现也不会产生疑惑，这些都是人本分之内的事情。宇宙浩瀚无穷，谁来担此大任？

夫孝，百行之源也，通乎神明，光乎四海。尧舜大圣也，孟子称之曰“孝弟而已”。故君子莫大乎爱亲！

夫士能立于一世，或以道德，或以文章，或以事功，各以其所长。其出处语默[①]，进退去就，不能皆同，亦不期于同也。

【注释】①出处语默：出仕和隐退，发言和沉默。语本《易·系辞上》：“君子之道，或出或处，或默或语。”

【译文】孝，是各种品行的源头，通于神明，光耀四海。尧舜是道德完善、智能超绝、通晓万物之道的圣人，孟子称他们的德行为“孝悌而已”。所以君子的德行没有比敬爱父母更大的了！

士人能立于天下，有的凭借道德，有的凭借文章，有的凭借事业和功绩，各凭所长。他们出仕或隐退，发言或沉默，进退取舍及是否担任官职，不可能都相同，也不期望完全相同。

贤者之爱人也，期于德；不贤者之爱人也，期于姑息。忧其忧，无爱人之忧，其亦有以异乎？蒙庵[①]官于朝也，则行乎朝；仆之居山林也，则行乎山林。蒙庵欲以其道施诸人，仆犹未免于自治，其不能无忧，一也。在己在人则殊耳！

自古进退不决于内，则其形于外，依违可否之间，而欲人之不我疑不可得也。

国家安危所系，全视用人如何耳。如两广之地虽远，然用人小大得失，事体则无二致。人才有无，顾作兴何如耳。

【注释】①蒙庵：即黄珵（1423—？）字廷璧，号蒙庵，浙江金华人。景泰元年（1450年）领乡荐，就业太学，选中书舍人。成化十年（1474年）升南京刑部、山西清吏司员外郎，旋迁郎中。用法尚仁恕。升福建汀州府。犹多善政。百姓为建嘉绩亭以纪德。著有《蒙庵诗文稿》及《杂稿》。

【译文】贤者爱人，就会以德行去要求他；不贤者爱人，就会对其没有原则的宽容，使其苟且求安。忧虑着他的忧虑，却没有爱人的忧虑，这其中有什么不同吗？黄珵在朝为官，办的是朝廷的事；我隐居山林，办的是山林中的事。黄珵想要以其道施于众人，而我还免不了要先把自己管理好。我和他都不能没有忧虑，这是一样的；不过是为自己忧虑还是为别人忧虑，那就不一样了。

自古以来如果内心对进退取舍犹豫不决，就会在外表表现出来，模棱两可之间，要想让人不对我产生疑心是不可能的。国家安危的关键所在，全看如何用人。就如两广之地虽然遥远，然而在用人上无论小事、大事还是得与失，在事体上都是没有差别的。人才的有无，只需看执政者用人的取向如何就知道了。

使内不遗于亲，外不欺于君，进退取舍概于义，此古人难之，非直今日也。

贤才用世，大小有补；长筇[1]下山，可以撑拄；群龙在朝，可以参伍；皇皇仲尼，与世为矩；猎较[2]不行，然后去鲁；好高欲速，为戒旨古。

【注释】①筇（qióng）：一种竹子。实心节高，适于作拐杖。

②猎较：春秋时代，每有狩猎则夺取禽兽以供祭祀。后泛指打猎。

【译文】能够对内不会遗漏自己的亲人，对外不会欺君罔上，进退取舍全都出于道义，这些即便是古人做起来也很难，不只是今日之人。

贤才被当世所用，才能对国事有所补益；筇竹可以做成拐杖用来支撑身体；贤臣在朝，可以参伍政事，成就盛治。但是就算是孔子这样的圣人，堪称世人的表率，但是当他看到猎较之礼不能实行后，也只能选择离开鲁国。那些好高骛远、急于求成的人，应该从这些古时的事例中吸取教训，引以为戒啊。

可已而已，不可已而不已，引而伸之，触类而长之，于道其庶几乎？治国其庶几乎？

自古贤人出处不同，世多议之，此岂众人所能识哉？

【译文】对于可以停止的就停止，对于不可以停止的就顺其自然，将其引申出去，就可以触类旁通，掌握同类知识，于道来说大概都差不多吧？对于治国来说它大概也差不多吧？

自古以来，贤者的出仕和隐退就各不相同，世人对此多有议论，这岂是一般人所能明白的？

司马公作相，欲除谏官而难其人，问于伊川[①]，先生不对。公曰："出于子口，入于光耳，何害？"伊川终不为言之。语默，要自有当也。若不问可否，惟以相与之，密而责之言，伊川为不忠矣。

【注释】①伊川：即程颐（1033—1107年），字正叔，洛阳伊川（今河南洛阳伊川县）人，世称伊川先生，北宋理学家和教育家。与其兄程颢共创"洛学"，为理学奠定了基础，二人被合称为"二程"。

【译文】司马光为相时，想要找人担任谏官之职却找不到合适的人选，于是便向程颐请教，程颐先生没有回答。司马光说："话从先生您的口中说出，只是入了我司马光的耳朵，会有什么妨害呢？"程颐始终没对这件事发表意见。有些话当说就应当说出来，不当说的就应该保持沉默。如果不管当说不当说，仅仅因为和某人私交密切随便乱说，程颐认为这是对人不忠的表现。

传习录

【提要】《传习录》，明王守仁撰。

王守仁（1472—1529年），幼名云，字伯安，别号阳明，浙江余姚人。明代著名的思想家、哲学家、军事家、教育家。弘治十二年（1499年）进士，历任刑部主事、贵州龙场驿丞、庐陵知县、右佥都御史、南赣巡抚、两广总督等职，晚年官至南京兵部尚书、都察院左都御史。因平定宸濠之乱等军功而封爵新建伯，隆庆时追赠侯爵。王守仁是明代心学集大成者，明代心学发展的基本历程，可以归结为：陈献章开启，湛若水完善，王阳明集大成。王守仁的学说思想直接源头是陈献章与湛若水的“陈湛心学”。万历十二年（1584年），在王守仁逝世后54年，王守仁从祀孔庙，他与薛瑄、胡居仁、陈献章一起成为明朝从祀孔庙的四位学者。王阳明心学后来还传入了日本、朝鲜等国。其弟子极众，世称姚江学派。后人整理有《王文成公全书》。

《传习录》由王阳明的门人弟子对其语录和信件进行整理编撰而成。书中记载了他的语录和论学书信。“传习”一词源出自《论语》中的“传不习乎”一语。

上卷经王阳明本人审阅，中卷里的书信出自王阳明亲笔，是他晚年的著述，下卷虽未经本人审阅，但较为具体地解说了他晚年的思想，并记载了王阳明提出的“四句教”。《续编》自书中辑录了部分关于修身理政的内容，以供今人借鉴学习。

徐爱录

爱问：“‘道心常为一身之主，而人心每听命’，以先生‘精一’之训推之，此语似有弊。”

先生曰：“然。心一也。未杂于人谓之道心，杂以人伪谓之人心。人心之得其正者即道心，道心之失其正者即人心，初非有二心也。程子谓：‘人心即人欲，道心即天理。’语若分析，而意实得之。今曰‘道心为主而人心听命’，是二心也。‘天理’‘人欲’不并立，安有‘天理’为主，‘人欲’又从而听命者？”

【译文】徐爱问：“‘道心常为一身之主，而人心每听命于道心’，根据先生对‘精一’之说的解释来推敲，这句话好像有弊病。”

先生说：“是的，心就是一个心，没有掺杂人欲时是道心，掺杂了私欲就叫人心。人心达到纯正就是道心，道心失去纯正就是人心。原来并没有二心。程子说：‘人心就是人的私欲，道心就是天理。’看似人心、道心一分为二，实则本自为一。天理与人欲不能并存，怎么会有以天理为主宰，人欲又听命于天理呢？”

爱曰："圣人作经，只是要去人欲、存天理，如五伯以下事，圣人不欲详以示人，则诚然矣；至如尧、舜以前事，如何略不少见？"

先生曰："羲、黄之世，其事阔疏，传之者鲜矣，此亦可以想见。其时全是淳庞朴素、略无文采的气象，此便是太古之治，非后世可及。"

爱曰："如《三坟》之类，亦有传者，孔子何以删之？"

先生曰："纵有传者，亦于世变渐非所宜。风气益开，文采日胜，至于周末，虽欲变以夏、商之俗，已不可挽，况唐、虞乎？又况羲、黄之世乎？然其治不同，其道则一。孔子于尧、舜则祖述之，于文、武则宪章之。文、武之法，即是尧、舜之道，但因时致治，其设施政令已自不同。即夏、商事业，施之于周，已有不合。故'周公思兼三王，其有不合，仰而思之，夜以继日'，况太古之治，岂复能行？斯固圣人之所可略也。"

又曰："专事无为，不能如三王之因时致治，而必欲行以太古之俗，即是佛、老的学术。因时致治，不能如三王之一本于道，要以功利之心行之，即是伯者以下事业。后世儒者许多讲来讲去，只是讲得个伯术。"

又曰："唐、虞以上之治，后世不可复也，略之可也。三代以下之治，后世不可法也，削之可也。惟三代之治可行。然而世之论三代者，不明其本而徒事其末，则亦不可复矣！"

【译文】徐爱问："圣人制作经典，目的只是为了去除私欲，存养天理。五霸以后的事情，孔子不想详细告诉世人，这自然是应该的。但是，像尧、舜以前的事情，为何也记载的这么简略呢？”

先生说：“伏羲、黄帝时代久远，事迹磨灭不清，流传下来很少。这也是可以想象的。那个时候，世风纯朴古雅，几乎没有雕饰文词、注重形式的风气，这就是远古圣人治理下的太平盛世，不是后世所能比的。”

徐爱问：“像《三坟》一类的书也传下来了，孔子为什么也都删除了呢？”

先生说：“即使有流传下来的，随着世代的变化，也逐渐不合时宜了。社会风气更加开放，文采日盛往昔，到了周朝末期，想恢复以前夏、商时代纯朴的风俗，已经不可挽回，何况恢复唐尧虞舜时的世风呢？而太古时代伏羲、黄帝时的风俗就更不用说了，虽然各代治国的具体方法不同，但是各个不同时代所遵循的天道准则还是一样的。孔子遵从效法尧、舜和周文王、周武王。因为周文王、周武王所实行的治国之道就体现了尧舜所崇尚的天道。只是他们根据当时的形势要求，因地制宜，所施行的政策措施有所不同而已。即使把夏商时代政策施行于周代已经不合适了，也是行不通的。所以周公经过深思熟虑，对三皇五帝及文王时期的制度兼容并蓄，遇到不合适的地方，反复琢磨，夜以继日，何况是太古时代的典章制度，更难以实行的了。这就是孔子删除前代之事的缘故。”

先生接着又说：“采取清静无为的治国政策，不能像三王那样因时制宜进行治理，而一定是想要恢复实行太古时的典章制度，这是佛教和老庄学派宣扬的观点。能因时制宜，但不能像三王那样完全遵循天理，而是以功利心来治理，这就是春秋五霸做的事业。后世的儒生讲来讲去，说了很多，也只是讲了实行霸道之术而已。”

先生接着又说：“唐尧、虞舜以前的清明治世，后代不可恢复，可以删略不记。夏、商、周三代以后的治国措施，后世也无法效法，可以删简它。只有三代的治国措施，后世能效法实行。然而后世那些研究讨论三代的儒者，不明白三代治世的根本之道，只看到些细枝末节。所以三代之治也得不到恢复了！”

陆澄录

“知者行之始，行者知之成。圣学只一个功夫，知行不可分作两事。”

【译文】先生说：“知道是践行的开始，践行是知道的完成。圣人的学说只有一个功夫，知道和践行是统一的，不能截然分开。”

问：“心要逐物，如何则可？”

先生曰：“人君端拱清穆，六卿分职，天下乃治；心统五官，亦要如此。今眼要视时，心便逐在色上；耳要听时，心便逐在声上。如人君要选官时，便自去坐在吏部；要调军时，便自去坐在兵部。如此，岂惟失却君体，六卿亦皆不得其职。”

【译文】陆澄问：“人心偏要追随外物，该怎么办呢？”

先生说：“君王庄严肃穆地端坐，文武大臣各负其责，天下就能太平。人心统率五官也要像这样。现在眼要看时，心便追随着颜色；耳朵要听时，心便追逐着在声音上。就像君王选拔官员，就去吏部坐镇；要调动军队时，就到兵部坐镇一样。这样不但失去了做君王的名分和体统，文武大臣也不能各负其责。”

“自‘格物致知’至‘平天下’，只是一个‘明明德’。虽‘亲民’，亦‘明德’事也。‘明德’是此心之德，即是仁。‘仁者以天地万物为一体’，使有一物失所，便是吾仁有未尽处。”

【译文】先生说：“从‘格物致知’到‘平天下’，只是‘明明德’。即使‘亲民’也属于‘明德’的事情。‘明德’就是本心的德行，就是仁爱。‘仁爱就是要把天地万物一体看待’。如果有一物被遗漏，那就是我的仁爱还没有彻底完善。”

薛侃录

“种树者必培其根，种德者必养其心。欲树之长，必于始生时删其繁枝；欲德之盛，必于始学时去夫外好。如外好诗文，则精神日渐漏泄在诗文上去。凡百外好皆然。”

【译文】先生说："种树的必须先培养树根。修养德行，必须保养自己的本心。要想让树长得高大，就必须在树初生时。剪掉乱枝。要想使心性圆满，品德高尚，必须在开始学习时就摒除外在的喜好。比如喜欢诗文，精神就会一天天消耗在诗文上。其他各种恶习、喜好也都是这样。"

答顾东桥书

天子之学曰辟雍，诸侯之学曰泮宫，皆象地形而为之名耳。然三代之学，其要皆所以明人伦，非以辟不辟、泮不泮为重轻也。孔子云："人而不仁，如礼何？人而不仁，如乐何？"制礼作乐，必具中和之德，声为律而身为度者，然后可以语此。若夫器数之末，乐工之事，祝史之守。故曾子曰"君子所贵乎道者三，笾豆之事，则有司存"也。尧"命羲、和，钦若昊天，历象日月星辰"，其重在于"敬授人时"也。舜"在璇玑玉衡"，其重在于"以齐七政"也。是皆汲汲然以仁民之心而行其养民之政，治历明时之本，固在于此也。羲和历数之学，皋、契未必能之也，禹、稷未必能之也；"尧、舜之知而不遍物"，虽尧、舜亦未必能之也。然至于今，循羲、和之法而世修之，虽曲知小慧之人，星术浅陋之士，亦能推步占候而无所忒。则是后世曲知小慧之人，反贤于禹、稷、尧、舜者邪？

【译文】天子建的学校叫辟雍，诸侯建的学校叫泮宫，都是根据地形来命名的。但是夏、商、周三代的学校，目的是为了教导伦理道德，至于是不是像璧环，是否建在泮水边，都无关紧要。孔子说："人如果没有仁爱之心，有礼又如何？人如果没有仁爱之心，有乐又如何？"制礼作乐，必须具有中正平和的德行。以声为律吕，以身为尺度的人，然后才能去制礼作乐。至于礼仪乐器的具体细节与技巧，那是乐工和祝史们的职责。所以曾子说："君子所重视的道有三个方面，行礼过程中的具体事项，就由有关官员负责安排。"尧"命令羲氏、和氏遵从天道，观测推算日月星辰的运行。"他看重的是"恭敬地授予百姓农时"。舜"观察北斗星运行"是为了"安排好七种政事"。这些都是念念不忘以仁爱的心来实行养育老百姓的仁政。制定历法、明晓时令的根本正在于此，羲氏、和氏在历法和算术方面的才能，皋陶和契不一定有，大禹和稷也未必有。以尧舜的智慧也不能通晓万事万物。即使尧、舜也不一定具有羲氏和和氏这方面的才能。可是现在，按照羲氏与和氏的方法，加上历代修正积累，即使稍有才智的人，粗陋的占星术士，也能正确推算制定历法，占验天象。这难道是后世稍有才智的普通人反而比大禹、后稷、尧、舜更贤能吗？

夫圣人之心，以天地万物为一体，其视天下之人，无外内远近，凡有血气，皆其昆弟赤子之亲，莫不欲安全而教养之，以遂其万物一体之念。天下之人心，其始亦非有异于圣人也，特其间于有我之私，隔于物欲之蔽，大者以小，通者以塞，人各有心，至有视其父、子、兄、弟如仇雠者。圣人有忧之，是以推其天地万物一体之仁以教天下，使之皆有以克其私，去其蔽，以复其心体之同然。其教之大端，则尧、舜、禹之相授受，所谓“道心惟微，惟精惟一，允执厥中”。而其节目，则舜之命契，所谓“父子有亲，君臣有义，夫妇有别，长幼有序，朋友有信”五者而已。唐、虞、三代之世，教者惟以此为教，而学者惟以此为学。当是之时，人无异见，家无异习，安此者谓之圣，勉此者谓之贤，而背此者，虽其启明如朱，亦谓之不肖。下至闾井、田野、农、工、商、贾之贱，莫不皆有是学，而惟以成其德行为务。何者？无有闻见之杂，记诵之烦，辞章之靡滥，功利之驰逐，而但使之孝其亲，弟其长，信其朋友，以复其心体之同然。是盖性分之所固有，而非有假于外者，则人亦孰不能之乎？

学校之中，惟以成德为事，而才能之异，或有长于礼乐、长于政教、长于水土播植者，则就其成德，而因使益精其能于学校之中。迨夫举德而任，则使之终身居其职而不易，用之者惟知同心一德，以共安天下之民，视才之称否，而不以崇卑为轻重，劳逸为美恶。效用者亦惟知同心一德，以共安天下之民，苟当其能，则终身处于烦剧而不以为劳，安于卑琐而不以为贱。当是之时，天下之人熙熙皞皞，皆相视如一家之亲。其才质之下者，则安其农、工、商、贾之分，各勤其业以相生相养，而无有乎希高慕外之心。其才能之异，若皋、夔、稷、契者，则出而各效其能，若一家之务，或营其衣食，或通其有无，或备其器用，集谋并力，以求遂其仰事俯育之愿，惟恐当其事者之或怠而重己之累也。故稷勤其稼而不耻其不知教，视契之善教即己之善教也；夔司其乐而不耻于不明礼，视夷之通礼即己之通礼也。盖其心学纯明，而有以全其万物一体之仁，故其精神流贯，志气通达，而无有乎人己之分，物我之间。譬之一人之身，目视、耳听、手持、足行，以济一身之用。目不耻其无聪，而耳之所涉，目必营焉；足不耻其无执，而手之所探，足必前焉。盖其元气充周，血脉条畅，是以痒疴呼吸，感触神应，有不言而喻之妙。此圣人之学所以至易至简，易知易从，学易能而才易成者，正以大端惟在复心体之同然，而知识技能非所与论也。

【译文】圣人的心与天地万物为一体，他对待天下人没有内外远近的差别。凡是有生命血气的，都是兄弟儿女，他都想去教养他们，以实现他万物同一的本心。天下人的心最初与圣人的心没有什么差别，只是后来被私心所离间，被物欲所蒙蔽，天下为公的大心变成了私心，通达的心被阻塞了。人人都各有私心，甚至有人把父、子、兄、弟也看成仇人。圣人对此非常担忧，于是推广天地万物为一体的仁心来教化天下，使人人都能克服私心，除去蒙蔽，恢复人本来所共有的本心。圣人教化的主要精神，就是尧、舜、禹一脉相承的“道心惟微，惟精惟一，允执厥中”。圣人教化的具体内容也就是舜命契去教化天下的“父子有亲，君臣有义，夫妇有别，长幼有序，朋友有信。”

唐尧、虞舜和夏、商、周三代，所教化的仅仅就是这些，所要学习的也仅仅就是这些。那时，人们还没有不同的看法，家家也没有不同的习惯。自然就能做到的就是圣人，努力后才能做到的就是贤人。违背这些做不到的，即使像丹朱那样聪明，也是不肖之徒。即使是在街头田间中从事农、工、商、贸的普通人，也都学习这些，都把完善自己的德行当作第一要务。为什么呢？当时他们没有繁杂的见闻，没有烦琐的记诵，也没有数不尽的词句文章，更不用追名逐利。而只要孝敬父母、尊敬兄长、诚实交友、以恢复人心本体共有的良知，这是人性中本来就有的东西，它们不是从外面借来的。哪个人不能做到呢？

在学校所做的事，也只是培养人的道德。至于才能方面就各有不同，有的擅长礼乐，有的擅长政治教化，有的擅长水利农事，这就要根据他们各自的禀赋个性，因材施教，培养他们这一方面的特殊才能。根据个人德行的高低让他们担任相应的职务，任用的人只是同心同德，共同努力以便使天下长治久安，看他们的才能是否称职，而不以身份的尊卑贵贱分轻重，也不以职业不同分好坏。被任用的人也只想着同心同德，共同努力使天下百姓安居乐业，如果适合自己的才能，即使终身从事繁重的工作，也不会认为辛劳，一生从事低下琐碎的工作也不会认为是卑贱。那时，天下所有的人都高兴，彼此亲如一家。那些才能资质差的人，就会安心从事于农工商贸的职业本分，兢兢业业，以便相互提供生活必需品，却没有攀比、羡慕的想法。那些像皋、夔、稷、契才能卓越的人，就各自出任某一职务，以发挥自己的才能。天下的事就像是一个家庭的事物一样，有的负责制造衣服和生产粮食，有的经商互通有无，有的制造器物，大家齐心协力，来实现赡养父母，教养子女的心愿。都只怕自己承担的事务做不好，所以都特别尽职尽责。所以后稷不辞劳苦地种庄稼，并不为自己不知道教化而感到羞耻。他把契善于教化，看作是自己善于教化；夔负责乐，并不因为自己不明白礼仪为耻辱，他把伯夷通晓礼看作自己也和他一样通晓礼仪。因为他们的心纯洁明净，能够完全实现万物一体的仁爱。所以，他们的精神博大，心气流畅贯通，没有你我的差别和物我的区分。就像人的身体，眼睛用来看，耳朵用来听，手用来拿东西，脚用来走路，都是为满足自己身体的需要。眼睛不会因为没有耳朵的聪灵就感到耻辱，在耳朵听的时候，眼睛一定会帮忙去看。脚也不会因为不能拿东西而感到耻辱，在手拿东西时，脚也一定会上前迈进。因为人体元气充沛周流，血脉通畅，即使痒痛和呼吸，人的感觉器官也能感觉到，并做出神妙的反应，其中有不言而喻的妙处。圣人的学问之所以最简单，也最容易认识、容易实践、容易成才。正因为它在于恢复人心本体共有的天理，而对具体的知识和技能并不加以论述。

三代之衰，王道熄而霸术焻；孔、孟既没，圣学晦而邪说横。教者不复以此为教，而学者不复以此为学。霸者之徒，窃取先王之近似者，假之于外，以内济其私己之欲，天下靡然而宗之，圣人之道遂以芜塞。相仿相效，日求所以富强之说，倾诈之谋，攻伐之计，一切欺天罔人，苟一时之得以猎取声利之术，若管、商、苏、张之属者，至不可名数。既其久也，斗争劫夺，不胜其祸，斯人沦于禽兽夷狄，而霸术亦有所不能行矣。

世之儒者慨然悲伤，搜猎先圣王之典章法制，而掇拾修补于煨烬之余，盖其为心，良亦欲以挽回先王之道。圣学既远，霸术之传积渍已深，虽在贤知，皆不免于习染，其所以讲明修饰，以求宣畅光复于世者，仅足以增霸者之藩篱，而圣学之门墙遂不复可睹，于是乎有训诂之学，而传之以为名；有记诵之学，而言之以为博；有词章之学，而侈之以为丽。若是者纷纷籍籍，群起角立于天下，又不知其几家！万径千蹊，莫知所适。世之学者，如入百戏之场，欢谑跳踉、骋奇斗巧、献笑争妍者，四面而竞出，前瞻后盼，应接不遑，而耳目眩瞀，精神恍惑，日夜遨游淹息其间，如病狂丧心之人，莫自知其家业之所归。时君世主亦皆昏迷颠倒于其说，而终身从事于无用之虚文，莫自知其所谓。间有觉其空疏谬妄、支离牵滞，而卓然自奋，欲以见诸行事之实者，极其所抵，亦不过为富强功利五霸之事业而止。

圣人之学日远日晦，而功利之习愈趋愈下。

呜呼！以若是之积染，以若是之心志，而又讲之以若是之学术，宜其闻吾圣人之教，而视之以为赘疣枘凿[①]，则其以良知为未足，而谓圣人之学为无所用，亦其势有所必至矣！

呜呼！士生斯世而尚何以求圣人之学乎！尚何以论圣人之学乎！士生斯世而欲以为学者，不亦劳苦而繁难乎！不亦拘滞而险艰乎！呜呼！可悲也已！所幸天理之在人心，终有所不可泯，而良知之明，万古一日，则其闻吾拔本塞源之论，必有恻然而悲，戚然而痛，愤然而起，沛然若决江河，而有所不可御者矣！

非夫豪杰之士，无所待而兴起者，吾谁与望乎！

【注释】①赘疣枘凿：赘疣：指皮肤上长的肉瘤，也用作比喻多余无用的东西。枘凿：枘：榫头。凿：榫眼。方榫头，圆榫眼，二者合不到一起，比喻两不相容。

【译文】夏、商、周三代以后，王治之道衰落，霸道兴起。孔子和孟子去世后，圣学晦暗，而邪说横行。教的人不再教圣学，学的人也不再学圣学。施行霸道的人，窃取与先王相似的东西，借助外在的知识技能来满足自己的私欲。天下的人都效法他们。圣人之道就荒芜阻塞了。世人互相效仿，天天关心的是富强的学说，倾诈的谋略和攻打讨伐的战术。以及一切欺天骗人、得逞一时，获得名利的方法，人人都争相追求。像管仲、商鞅、苏秦、张仪这样的人，多得不可胜数。长此以往，互相争斗，留下无穷的祸患。这样，当人都沦为禽兽夷狄，连行霸道之术也行不通了。

于是，世儒感慨悲伤，搜寻过去圣王的典章法制，从秦始皇焚书的灰烬中收集起来进行修补。其目的就是为了恢复先王的圣道。然而，圣学已经太遥远了，霸道思想流传造成很深远的影响，即使聪明睿智的人也免不了受到影响。他们宣扬修饰圣学，希望圣学发扬光大，实际上只增加了霸道的影响。至于圣学，连一点踪影也看不到了。于是，就有了训诂学，传播授课徒求虚名；有了记诵学，为了博学而去大力推崇它；有了词章学，为了追求华丽而铺排夸张。这种人吵嚷喧嚣，竞相争夺天下，又不知道有多少家！他们流派繁多，使人们无所适从。天下的学者，就像进了一个百戏同演的剧场，到处都是嬉笑跳跃，争奇斗巧，献媚取悦的戏子。四面袭来令人前瞻后顾，应接不暇，以致耳聋眼花，精神恍惚，一天到晚在里面沉溺游弋。就像丧心病狂的人不知道自己的家在哪里。当时的君王也都被这些学问弄得神魂颠倒，一辈子都忙于这些无用的虚文，却不知道自己在说什么。偶尔有人认识到这些学问空洞荒诞，杂乱不通，断然奋起反抗，想在现实中有所作为，他所能做的最多也只不过是像春秋五霸那样富国强兵、建功逐利罢了。

圣学，越来越昏暗不明，追逐名利的风气却日盛一日。

唉！以这样的积染的习气影响，以这样的心志欲念，又讲求这样的学问技能，当他们听到我讲的圣人的学说时，当然就把它看作累赘和迂腐的学说。他们认为良知不值得一提，把圣人的学说看成没用的东西，这也是形势的逼迫所造成的啊！

唉！生活在这样的社会，人怎么能探求到圣学呢？又怎么有可能讲明圣学呢？生在这样的时代，想成为学者不也太辛苦困难了吗？不也太拘泥艰险了吗？唉！可悲可叹，幸运的是，天理自在人心，终不会泯灭。良知的光明即使万年也像一天一样。所以，听了我正本清源的观点，有识见的君子一定会为之痛心疾首，愤然而起，就像江河决口的洪水一样不可阻挡。

若不是那些豪杰之士，自觉地感奋而起，我又寄希望于谁呢？

答陆静原书

来书云："夫子昨以良知为照心。窃谓良知，心之本体也；照心，人所用功，乃戒慎恐惧之心也，犹思也。而遂以戒慎恐惧为良知，何欤？"

能戒慎恐惧者，是良知也。

【译文】你来信说："先生昨天说良知就是能照的心。于是我就在琢磨，良知是心的本体，能照的心是人所用的功夫，即使谨慎恐惧的心，好比是人的思想。而您却说这谨慎恐惧的心就是良知，这是为什么呢？"

能让人谨慎恐惧的，就是良知。

答聂文蔚（一）

夫人者，天地之心。天地万物，本吾一体者也。生民之困若荼毒，孰非疾痛之切于吾身者乎？不知吾身之疾痛，无是非之心者也。是非之心，不虑而知，不学而能，所谓良知也。良知之在人心，无间于圣愚，天下古今之所同也。世之君子，惟务致其良知，则自能公是非，同好恶，视人犹己，视国犹家，而以天地万物为一体，求天下无治不可得矣。

古之人所以能见善不啻若己出，见恶不啻若己入，视民之饥溺犹己之饥溺，而一夫不获，若己推而纳诸沟中者，非故为是而以蕲天下之信己也，务致其良知，求自慊而已矣。尧、舜、三王之圣，言而民莫不信者，致其良知而言之也；行而民莫不说者，致其良知而行之也。是以其民熙熙皞皞，杀之不怨，利之不庸，施及蛮貊，而凡有血气者莫不尊亲，为其良知之同也。呜呼！圣人之治天下，何其简且易哉！

【译文】人，是天地的心，天地万物与我本来就是一体的。百姓的困苦和荼毒，哪样不是自己的切肤之痛呢？不知道自身痛苦的人，是没有是非之心的人。人的是非之心，不用考虑就能知道，不用学习就能具有，这就是所说的良知。良知存在于人心，不分圣贤或是愚笨，天下古今之人都是一样的。世上的君子，只要致力于致良知，那么自然能公正判辨是非，同样好善憎恶，待人如待己，爱国如爱家，又视天地万物如一体，这样要想天下不大治也不行了。

古人之所以能看见别人行善就好像自己行善一样，看见别人为恶就如自己做了恶事，看到百姓痛苦就如自己痛苦，如果有一人没被安顿好就像是自己把他推到沟里去的，这并不是古人想以此来博取天下人的信任，而是他们专门致其良知以求得自己的快乐罢了。尧、舜、禹、汤和文、武王等圣人之言百姓没有不相信的，是因为他们所说的是他们致自己良知之后说的，他们的行为百姓没有不喜欢的，也是因为他们所做的是他们致自己良知之后做的。所以，那时的老百姓安乐祥和，即使被杀也没有什么怨恨，获得了好处也不酬谢。把这些推广到未开化蛮荒之地，凡是有血气的人没有不孝敬父母的，因为人的良知是相同的。唉！圣人治理天下，是多么简单容易啊！

后世良知之学不明，天下之人用其私智以相比轧，是以人各有心，而偏琐僻陋之见，狡伪阴邪之术，至于不可胜说。外假仁义之名，而内以行其自私自利之实，诡辞以阿俗，矫行以干誉，掩人之善而袭以为己长，讦人之私而窃以为己直。忿以相胜而犹谓之徇义，险以相倾而犹谓之疾恶。妒贤忌能而犹自以为公是非；恣情纵欲而犹自以为同好恶。相陵相贼，自其一家骨肉之亲，已不能无尔我胜负之意、彼此藩篱之形，而况于天下之大，民物之众，又何能一体而视之？则无怪于纷纷籍籍，而祸乱相寻于无穷矣！

【译文】后世良知之学已不昌明，天下之人各自凭自己的私欲才智相互倾轧，所以每个人都有了自己的私心，而那些偏激粗陋的见解，狡诈阴险的手段，到了数不胜数的地步。他们表面打着仁义的名号，实际上干的都是自私自利的勾当；用诡辩来迎合世俗，用虚伪来博取名誉；把掩盖他人善行作为自己的长处，攻击他人隐私以显示自己的正直；为了私怨而相互争斗，却还要说成是为了正义而献身；以阴险的手段相互倾轧，却还要自我标榜是嫉恶如仇；嫉贤妒能，却还自认为是坚持公义；恣情纵欲，却还自认为是爱憎分明。他们相互欺凌，相互残害，即使骨肉同胞的一家人，彼此间也有争强好胜，隔阂很深，更何况天下广大，百姓事物众多，他们又如何能把它们看成是与自己一体的呢？这就难怪天下动荡不安，祸乱不止了。

昔者孔子之在当时，有议其为谄者，有讥其为佞者，有毁其未贤，诋其为不知礼，而侮之以为东家丘者，有嫉而沮之者，有恶而欲杀之者。晨门、荷蒉[1]之徒，皆当时之贤士，且曰“是知其不可而为之者欤”！鄙哉，硁硁乎，莫己知也，斯已而已矣”。虽子路在升堂之列，尚不能无疑于其所见，不悦于其所欲往，而且以之为迂，则当时之不信夫子者，岂特十之二三而已乎？然而夫子汲汲遑遑，若求亡子于道路，而不暇于暖席者，宁以蕲人之知我信我而已哉？盖其天地万物一体之仁，疾痛迫切，虽欲已之，而自有所不容已，故其言曰：“吾非斯人之徒与而谁与！欲洁其身而乱大伦，果哉，末之难矣！”

呜呼！此非诚以天地万物为一体者，孰能以知夫子之心乎？若其“遁世无闷”，“乐天知命”者，则固“无入而不自得”，“道并行而不相悖”也。

【注释】①晨门、荷蒉：晨门：掌管城门开闭的人。《论语·宪问》：“子路宿于石门。晨门曰：‘奚自？’子路曰：‘自孔氏。’”何晏集解:“晨门者,阍人也。”邢昺疏:“晨门,掌晨昏开闭门者,谓阍人也。”荷蒉:《论语·宪问》:“子击磬于卫,有荷蒉而过孔氏之门者。曰:‘有心哉,击磬乎!’既而曰:‘鄙哉,硁硁乎!莫己知也,斯己而已矣。深则厉,浅则揭。’”朱熹集注:“此荷蒉者亦隐士也。”后用为隐士之典。

【译文】从前孔子在世之时,有人说他谄媚,有人讥笑他花言巧语,有人诽谤他不贤能,有人诋毁他不知礼节,有人蔑称他是“东家丘”,有人嫉妒他并且阻止他振兴鲁国,有人憎恨他并且想杀死他。就连晨门、荷蒉等当时的贤士,也都说孔子是“知其不可为而为之”,“见识浅陋!没有自知之明,还固执得很!”即使子路的学问已达到对圣学的理解登堂入室的地步,对孔子的学问尚且有所疑问,对他想去的地方感到不高兴,而且因此认为孔子迂腐。由此可见,当时不相信孔子的人,何止是十分之二三呢?然而,孔子仍然匆匆忙忙,好像是在路途寻找失踪的儿子一样,四处奔波,坐不暖席,难道这是为了让人了解自己、相信自己吗?这是因为他有一颗天地万物为一体的仁爱之心,对世人的疾苦深感疼痛,即使想撒手不管也身不由己呀。所以孔子说:“我不与世人相处还能和谁在一起呢?虽欲洁身自好却又怕扰乱了大道,最终结果会很难啊!”

唉!如果不是真正把天地万物融为一体的人,谁又能够理解孔子的心情呢!像那些“遁世无闷”“乐天知命”的人,则自然能够“无入而不自得”,“道并行而不相悖”。

答聂文蔚（二）

孟氏“尧、舜之道，孝悌而已”者，是就人之良知发见得最真切笃厚、不容蔽昧处提省人，使人于事君、处友、仁民、爱物，与凡动静语默间，皆只是致他那一念事亲从兄真诚恻怛的良知，即自然无不是道。盖天下之事虽千变万化，至于不可穷诘，而但惟致此事亲从兄、一念真诚恻怛之良知以应之，则更无有遗缺渗漏者，正谓其只有此一个良知故也。事亲从兄一念良知之外，更无有良知可致得者，故曰：“尧舜之道，孝悌而已矣。”此所以为“惟精惟一”之学，放之四海而皆准，“施诸后世而无朝夕”者也。

【译文】孟子所说“尧舜之道，孝悌而已”，是从人的良知显发的最真切笃实、最深刻的地方来提醒人，让人在忠君、交友、爱民、爱物以及动静语默中，都只是一心一意致那孝敬父母、尊敬兄长的真诚恻怛的良知，就自然会无处不是道。天下的事情虽然千变万化，无穷无尽，但是只要用致这个一心孝敬双亲、尊敬兄长的真诚恻怛的良知来应对，就不会有什么遗漏和缺失的，这正是因为只有这一个良知的缘故。除孝顺父母、尊敬兄长的良知之外，再也没有别的良知可致，所以才让孟子生出“尧舜之道，孝悌而已矣”的感叹。这就是“惟精惟一”的学问，放之四海而皆准，“在后世实施一朝一夕”也不会有例外。

训蒙大意示教读刘伯颂等

古之教者，教以人伦。后世记诵词章之习起，而先王之教亡。今教童子，惟当以孝、悌、忠、信、礼、义、廉、耻为专务。其栽培涵养之方，则宜诱之歌诗以便发志意，导之习礼以肃其威仪，讽之读书以开其知觉。今人往往以歌诗、习礼为不切时务，此皆末俗庸鄙之见，乌足以知古人立教之意哉？

【译文】古代教人的人，教给子弟们以人伦之理。现在教育童子，也还是应当以孝、悌、忠、信、礼、义、廉、耻最为紧要而且是必须的，而栽培童子，涵养他们性情的方法则适合用歌吟诗句的方法来引诱，用诗歌来引发他们的志趣和意念；引导他们学习礼仪，用来规整庄重他们的威仪；让他们读诵经典就是来开启他们本有的智慧和觉悟。现在的人都认为吟咏诗歌学习礼仪是没有实用的，这些都是末俗平庸鄙夷的见解，哪里能够知道古人立教的意义之所在呢？

陈九川录

先生曰：“尔那一点良知，是尔自家底准则。尔意念着处，他是便知是，非便知非，更瞒他一些不得。尔只不要欺他，实实落落依着他做去，善便存，恶便去。他这里何等稳当快乐！

此便是‘格物’的真诀、‘致知’的实功。若不靠着这些真机，如何去‘格物’？我亦近年体贴出来如此分明，初犹疑只依他恐有不足，精细看，无些小欠缺。”

【译文】先生说：“你的那一点良知，就是你自己的准则。你的意念所想，对的便知道是对的，错的便知道是错的，丝毫也隐瞒不了。你只要不欺骗自己的良知，实实在在依着良知去做，善的便能保存，恶的便能去除，这是何等稳当快乐呀！这便是‘格物’的真正窍门、‘致知’的真实功夫。如果不靠这些关键、诀窍，怎么去格物？我也是近几年才有如此清楚的体会，刚开始时还怀疑只依靠良知恐怕会不够，仔细斟酌后，却发现没有任何缺陷。”

有一属官，因久听讲先生之学，曰：“此学甚好。只是簿书讼狱繁难，不得为学。”

先生闻之曰：“我何尝教尔离了簿书讼狱，悬空去讲学？尔既有官司之事，便从官司的事上为学，才是真‘格物’。如问一词讼，不可因其应对无状，起个怒心；不可因他言语圆转，生个喜心；不可恶其嘱托，加意治之；不可因其请求，屈意从之；不可因自己事务烦冗，随意苟且断之；不可因旁人谮毁罗织，随人意思处之。这许多意思皆私，只尔自知，须精细省察克治，惟恐此心有一毫偏倚，枉人是非，这便是‘格物’、‘致知’。簿书讼狱之间，无非实学，若离了事物为学，却是着空。”

【译文】有一位下属官员，长期听先生讲学，他说：“先生的学说确实很好，只是我要处理的文件和案子太多，没有时间去学啊。”

先生听后说：“我什么时候教你撇开文牍案件凭空去学呀？你既然有案要办，那便可从办案中去学嘛，这才是真正的‘格物’。比如审讯时，不能因为当事人回答无礼而发怒，也不能因为对方言辞婉转就高兴；不能因厌恶他的请求而故意惩罚他，也不能因当事人的要求而违背自己的原则答应他；不能因为自己事务繁忙而随意草率结案，也不能因别人罗织罪名诽谤陷害而按他人的想法处置。以上讲的这些都是私念，只有你自己知道，必须认真反省体察克制，唯恐心中有一点点的偏私而错判了是非，这就是‘格物’、‘致知’。处理文件与审理案情，都是实实在在的学问，如果脱离了事物去做学问，那只会是竹篮打水一场空。”

黄直录

先生尝谓：“人但得好善如好好色，恶恶如恶恶臭，便是圣人。”直初时闻之，觉甚易，后体验得来，此个功夫着实是难。如一念虽知好善恶恶，然不知不觉，又夹杂去了。才有夹杂，便不是好善如好好色，恶恶如恶恶臭的心。善能实实的好，是无念不善矣；恶能实实的恶，是无念及恶矣。如何不是圣人？故圣人之学，只是一诚而已。

【译文】先生曾说过："人只要能喜欢善德像爱好美色，厌恶过失像厌恶恶臭那样，就是圣人。"黄直刚听到这话时，觉得很容易做到，后来经过体验，才知道这个功夫其实很难。比如一念之间虽然知道好善恶恶，然而不知觉中却又掺杂进了别的东西。一掺杂进了其他的东西，便不会再有像爱好美色那样爱好善行、像厌恶恶行那样厌恶恶臭的心了。如能确确实实好善，那么就没有什么念头是不善的了；如能确确实实厌恶恶行，那就不会有什么恶念了。这样，又怎么会不是圣人呢？所以，圣人的学问，也只是一个诚而已。

黄修易录

先生一日出游禹穴，顾田间禾曰："能几何时，又如此长了！"范兆期在旁曰："此只是有根。学问能自植根，亦不患无长。"先生曰："人孰无根？良知即是天植灵根，自生生不息，但着了私累，把此根戕贼蔽塞，不得发生耳。"

【译文】先生一天到禹穴去游览，看着田间的禾苗说："这么短时间，禾苗就长这么长了啊！"范兆期在先生旁边说："这只是因为禾苗有根。做学问如果能自己种下根，就不怕学问不会进步。”先生说：“谁人没有根？良知就是天生的灵根，本来就是生生不息的；只是因为受自己私欲的连累，把灵根蒙蔽和阻塞了，从而使良知不能生长发育。”

一友常易动气责人，先生警之曰：“学须反己。若徒责人，只见得人不是，不见自己非；若能反己，方见自己有许多未尽处，奚暇责人？舜能化得象的傲，其机括只是不见象的不是。若舜只要正他的奸恶，就见得象的不是矣。象是傲人，必不肯相下，如何感化得他？”是友感悔。曰：“你今后只不要去论人之是非，凡当责辨人时，就把做一件大己私克去，方可！”

【译文】一位友人经常容易生气指责他人，先生因而告诫他说：“学习必须要常反省自己。如果只去指责他人，就只会看到别人的缺点，而看不到自身的不足；如果能自我反省，才会发现自身的许多不足，哪有闲功夫去指责别人呢？舜之所以能够感化傲慢的象，关键在于舜不去挑剔象的缺点。如果舜只想着要纠正象的奸邪，那就会看到许多象的缺点。象是个傲慢的人，肯定不肯认错，又怎么能感化他呢？”这个朋友又感动又后悔。先生说：“你今后只不要去议论别人的是非对错，凡是要责备别人的时候，就把它当作一个大私欲克服掉，那样才行。”

钱德洪录

先生游南镇。一友指岩中花树问曰：“天下无心外之物，如此花树，在深山中自开自落，于我心亦何相关？”先生曰：“你未看此花时，此花与汝心同归于寂；你来看此花时，则此花颜色一时明白起来，便知此花不在你的心外。”

【译文】一次，先生游览南镇。一位朋友指着岩石中的花树问：“先生说天下没有心外之物，像这花树，在深山中自开自落，和我们的心又有何关系呢？”先生说：“你没有看到这花时，这花与你的心同样处于寂静状态。你来看这花时，这花的颜色便一下清晰起来，由此便知道这花不在你的心外。”

先生曰：“古乐不作久矣。今之戏子，尚与古乐意思相近。”

未达，请问。

先生曰：“《韶》之九成，便是舜的一本戏子；《武》之九变，便是武王的一本戏子。圣人一生实事，俱播在乐中。所以有德者闻之，便知他尽善尽美与尽美未尽善处。若后世作乐，只是做些词调，于民俗风化绝无关涉，何以化民善俗？今要民俗反朴还淳，取今之戏子，将妖淫词调俱去了，只取忠臣孝子故事，使愚俗百姓人人易晓，无意中感激他良知起来，却于风化有益。然后古乐渐次可复矣。”

曰：“洪要求元声不可得，恐于古乐亦难复。”

先生曰：“你说元声在何处求？”

对曰：“古人制管候气，恐是求元声之法。”

先生曰：“若要去葭灰黍粒中求元声，却如水底捞月，如何可得？元声只在你心上求。”

曰：“心如何求？”

先生曰：“古人为治，先养得人心和平，然后作乐。比如在此歌诗，你的心气和平，听者自然悦怿兴起，只此便是元声之始。《书》云‘诗言志’，志便是乐的本；‘歌永言’，歌便是作乐的本。‘声依永，律和声’，律只要和声，和声便是制律的本，何尝求之于外？”

曰：“古人制候气法，是意何取？”

先生曰：“古人具中和之体以作乐。我的中和原与天地之气相应，候天地之气，协凤凰之音，不过去验我的气果和否。此是成律已后事，非必待此以成律也。今要候灰管先须定至日。然至日子时，恐又不准，又何处取得准来？”

【译文】先生说：“古乐已经被人遗忘很久了。现在的戏曲和古乐的意韵还略相近。”

德洪不能理解，于是请教先生。

先生说：“《韶》乐九章，便是舜的曲子，《武》乐九变就是武王的戏曲，圣人一生的功业事迹，都蕴涵在音乐中。所以，有德行的人听了后，便能知道其中尽善尽美和不完善的地方。像后世之人创作的音乐，只是作一些词曲小调，对于民风教化却没有一点关系，又怎么能用来教化百姓、改善民风呢？现在想使民风恢复淳朴，就应当把现今音乐戏曲的淫词滥调删除，只保留其中忠臣孝子的故事，使那些普通的平民百姓都能理解，在潜移默化中激发他们的良知，这对于风俗教化非常有益。这样，古乐就能慢慢恢复了。”

德洪说：“我想寻找元声却找不到，恐怕要恢复古乐也是很难的吧。”

先生说：“你说元声应该在哪里找？”

德洪说：“古人制造了律管来测定声气，可能就是寻找元声的方法。”

先生说：“如果想要去草灰黍粒中去找元声，就会像水底捞月一样，怎么可能找到呢？元声只能在你的心里去求。”

德洪问：“怎么在心里求？”

先生说：“古人治理天下，先是把人心培养得心气平和，然后制作音乐来教化天下。比如在这里唱歌咏诗，你的心气平和，听的人自然能高兴快乐起来，这便是元声开始的地方。《尚书》中说的‘诗言志’，志就是音乐的根本；‘歌咏言’，歌就是制作音乐的根本；‘声依永，律和声’，音律只要声音和谐，声音和谐便是制律的根本，哪里要到心外去求呢？”

德洪说：“古人制作律管来测声气的方法，其依据是什么？”

先生说：“古人是在有了中正平和的本心后才会制作音

乐。我们心中的中正平和与天地之气原本就是相感应的。与天地之气和凤凰的鸣叫声相应，只不过是为了验证我们心中的气是否中正平和，这是制成音律之后的事，并非一定要根据这才能制成音律。现在通过律管测气，必须先就要确定冬至的日子。然而，到了冬至的子时，又担心不准确，那么要到哪里才能找到标准呢？"

"孔子气魄极大，凡帝王事业无不一一理会，也只从那心上来。譬如大树有多少枝叶，也只是根本上用得培养功夫，故自然能如此，非是从枝叶上用功做得根本也。学者学孔子，不在心上用功，汲汲然去学那气魄，却倒做了。"

【译文】"孔子的气魄极大，凡是有关帝王之业，他没有不能领会的，但这也只是他本心的自然流露。就如一棵大树，决定枝叶的多少，也只是从树根上下功夫去培养，所以自然能枝繁叶茂，而不是从枝叶上下功夫去培养根本。学者学习孔子，不从自己心上用功，却急切地想去学习孔子的气魄，这是本末颠倒了。"

丁亥年九月，先生起复、征思、田。将命行时，德洪与汝中论学。

汝中举先生教言，曰："无善无恶是心之体，有善有恶是意之动，知善知恶是良知，为善去恶是格物。"

德洪曰:“此意如何?”

汝中曰:“此恐未是究竟话头。若说心体是无善无恶,意亦是无善无恶的意,知亦是无善无恶的知,物是无善无恶的物矣。若说意有善恶,毕竟心体还有善恶在。”

德洪曰:“心体是天命之性,原是无善无恶的。但人有习心,意念上见有善恶在,格、致、诚、正、修,此正是复那性体功夫。若原无善无恶,功夫亦不消说矣。”

是夕侍坐天泉桥,各举,请正。

先生曰:“我今将行,正要你们来讲破此意。二君之见,正好相资为用,不可各执一边。我这里接人,原有此二种;利根之人,直从本原上悟入。人心本体原是明莹无滞的,原是个‘未发之中’,利根之人一悟本体,即是功夫,人己内外,一齐俱透了;其次不免有习心在,本体受蔽,故且教在意念上实落为善去恶,功夫熟后,渣滓去得尽时,本体亦明尽了。汝中之见,是我这里接利根人的;德洪之见,是我这里为其次立法的。二君相取为用,则中人上下皆可引入于道。若各执一边,眼前便有失人,便于道体各有未尽。”

既而曰:“已后与朋友讲学,切不可失了我的宗旨:‘无善无恶是心之体,有善有恶是意之动,知善知恶的是良知,为善去恶是格物’。只依我这话头,随人指点,自没病痛,此原是彻上彻下功夫。利根之人,世亦难遇,本体功夫一悟尽透,此颜子、明道所不敢承当,岂可轻易望人?人有习心,不教他在良知上实用为善去恶功夫,只去悬空想个本体,一切事为俱不着实，不过养成一个虚寂。此个病痛不是小小，不可不早说破。”是日德洪、汝中俱有省。

【译文】丁亥年九月，先生守孝期满后上任，再次征讨思恩、田州。出征前，钱德洪和王汝中讨论先生的学问，王汝中引用先生教导的话说：“无善无恶是心的本体，有善有恶是意的念头，知道善和恶是良知，行善去恶是格物。”

钱德洪说：“你觉得这话怎么样？”

汝中说：“这话恐怕说得还不透彻。如果说心的本体是没有善恶的，那么意也应该是没有善恶的意，知也应该是没有善恶的知，物也应该是没有善恶的物。如果说意有善恶之分，那么终究是因为心的本体有善恶的存在。”

德洪说：“心的本体是天生的性，本来是没有善恶之分的。只是人心受习俗的影响，在意念上就有了善恶之分。格物、致知、正心、诚意、修身，这些正是那恢复人性本体的功夫。如果意原本没有善恶，也就谈不上功夫了。”

这天晚上，德洪、汝中与先生一起坐在天泉桥上，各自讲了自己的观点，请先生指正。

先生说：“我就要出征了，正想要和你们讲明这个意思。你们两位的看法正好可以互为补充，不能各执一端。我这开导人的方法有两种：天性聪明有慧根之人，可以直接从本原上去体悟。人心本体本来就是晶莹明澈的，本来就是一个‘未发之中’，天性聪慧的人一下就领悟了心的本体，这就是功夫，人和己、内与外都贯通透彻了。资质稍差的人，心难免会受到世俗习性的污染，本体受到蒙蔽，所以暂且教他们在意念上落实去恶存善的功夫，功夫熟练后，等到沉渣污垢完全去除，本体也就能明亮干净了。汝中的见解，是我用来开导那些聪明人的方法；德洪的主张，是我用来开导那些资质稍差之人的方法。二位的主张相互补充，那么资质中等上下的人也就都能被引入正道了。如果各执己见，眼前就会有许多人不能走上正道，就不可能穷尽道的本体。”

然后先生又说：“以后和朋友讲学，你们千万不能忘了我的宗旨：‘无善无恶是心的本体，有善有恶是意的发动，知善知恶是良知，行善去恶是格物。’只要按照我这话的意思，随人资质加以指点，自然就不会有什么毛病，因为这原本就是贯通上下的功夫。天资高的人，世上也很难遇到，对本体功夫能一悟就透，就是连颜回、明道先生也不敢自认，又怎么能轻易指望于别人呢？人心往往易受习俗的污染影响，如果不教他们在良知上切实应用行善去恶的功夫，只去凭空想那个本体，对所有事情都不切实处理，那只不过是养成一个贪求虚寂的毛病而已。这个毛病可不能小看，不能不早给你们讲清楚。”

这天，德洪和汝中都有所省悟。

黄以方录

先生曰：“诸公在此，务要立个必为圣人之心。时时刻刻须是‘一棒一条痕，一掴一掌血’，方能听吾说话句句得力。若茫茫荡荡度日，譬如一块死肉，打也不知得痛痒，恐终不济事。回家只寻得旧时伎俩而已，岂不惜哉？”

【译文】先生说：“你们在这里，一定要树立成为圣人的决心。时刻都应保持‘打一棒留下一条迹，打一巴掌留下一个血印’的精神，才能从我说的每句话中受益。如果是浑浑噩噩混日子，就像一块死肉，打也不知道痛痒，恐怕最后什么也学不到。回家后，还是只能用以前的老一套，难道这不可惜吗？”

慎　言

【提要】《慎言》，明王廷相撰。

王廷相（1474—1544年），字子衡，号浚川，时人称王浚川、浚川先生、浚川公，明开封府仪封县（今河南兰考仪封乡）人，祖籍潞州（今山西长治）。弘治十五年（1502年）中进士及第，被选入翰林院，为庶吉士，官至兵部尚书兼都察院左都御史。他廉洁奉公、学识渊博、倡习唐诗，被称为“明代前七子”之一。又集成前人气本论，与罗钦顺、王尚絅、杨慎一起构建了气学，被后世称为“气学二王”之一。明嘉靖二十三年（1544年）病逝，享年70岁，谥号肃敏。著作有《慎言》《雅述》《归田稿》等。《明史》有传。

《慎言》13卷，此书前有作者嘉靖六年（1527年）序，称：“仰观俯察，验幽核明，有会于心，即记于册。二十余年，言积数万，类分为十三篇。”《四库全书总目提要》列入子部儒家类。《续修四库全书》收录有此书。《续编》根据明嘉靖沈子完刻本辑录其中《作圣篇》《见闻篇》《御民篇》《小宗篇》《保傅篇》《五行篇》等6篇中的精华内容。

作圣篇

大人治国，周于智而达于几，视之近若不足，施之远则有余；即之一若不及，参之万则适均。下士治国，求快于目前，而远则有遗；骋志于一偏，而周则或缺，见小而几迷也。

【译文】圣人治理国家，谋划周到，通达几微。乍一看好像做得不够，施行起来则足足有余；从一个方面看还是做的不够好，但是全方面地考察则会发现刚好合适。下士治理国家，只求立刻见效，从长远来看则有遗漏；在一个方面展露自己的心志，放到全局来看则有缺陷，是因为他眼界狭小而几近于迷惑的原因。

见闻篇

虚明者，能求万物之情也已；公忠者，能正万物之实也已。虚无物淆，故明；忠无物挠，故公。虚明也者，智之体也；公忠也者，仁之用也。是故明王修之，则天德而致治；人臣修之，以王道而辅运；学者修之，和礼义而安身。

【译文】虚心清明，可以知道万物的性情；公正忠诚，可以端正万物的行为。空虚无物，因此即使混乱也能变清明；忠诚无物，所以即使受到干扰也能保持公正。虚心清明，是智慧的本质；公正忠诚，是仁心的体现。所以圣明君王按照此道修养自身，就可以效法上天的德行而让天下大治；臣子按照此道修养自身，就可以顺应王道而辅佐君主成治；学者按照此道修养自身，就可以符合礼义而安定自身。

贪欲者，众恶之本；寡欲者，众善之基。

【译文】贪欲，是所有恶行产生的根本；少欲，是一切善行的基础。

御民篇

御民以道不以术，守我之正而感服不计焉，付得失于民尔。术不可久，民不可愚，虽暂得之，终必失之，民以我非诚也，故圣人王道。

【译文】在上位者治理百姓应该以仁义之道而不应该以权谋之术，要自己谨守正道而不求百姓感动佩服，自己的功过得失交给百姓去评价。以权谋之术治理百姓必定不能持久，百姓也不会一直被愚弄，哪怕即使一时得逞，最终还是会失去民心，是因为百姓觉得在上位者没有诚信，所以圣人行王道治理天下。

法久必弊，弊必变，变所以救弊也。或曰：“法无不弊，变亦弊。”曰：“然可坐视哉？权其利害多寡，变其太甚可也。”曰：“变有要乎？”曰：“渐。春不见其生而日长，秋不见其杀而日枯，渐之义也至矣哉！”

【译文】法令颁布时间久了，必然会产生弊端，产生了弊端就一定要进行变革，变革是为了补救弊端。有的人说：“法令都会有弊端，变革也会带来弊端。”回答说：“确实是这样的，但是就因此可以坐视不管吗？应该要权衡其中的利害关系和利弊多寡，只改变法令中非常不合理的部分就可以了。”又说：“变革有要领吗？”回答说：“要循序渐进地推进变革。就像天道一样，春天你看不见大自然催生万物，而万物自然成长；秋天也没见不到大自然肃杀的行为，而万物自然凋落。循序渐进的意义，实在是至高之理啊。”

权，所以运国势；纪纲，所以系国脉；人才，所以主国命。故国之不亡者三：权不下移，国不亡；纪纲不堕，国不亡；不用小人长国，国不亡。

【译文】权力，是用来掌管国家形势的；朝廷纲纪，是用来维系国家命脉的；人才，是主掌国家命运的。所以，要想国家不败亡，一定要做到三点：权力不下移，国家不会败亡；朝廷纲纪不堕落，国家不会败亡；不用小人执掌国政，国家不会败亡。

仁、义、礼、乐，维世之纲；风、教、君、师，作人之本。君师植风教者也，风教达礼乐者也，礼乐敷仁义者也，仁义者君师之心也，八者具而和平之治成矣。虽谓之尧、舜可也。

【译文】仁、义、礼、乐，是维持世间的纲常；风气、教化，君主、师长，是教导民众做人的根本。君主、师长，是培植社会风气、推行教化的人，推行风气教化，就能够让百姓懂得依照礼乐来行事，让百姓懂得礼乐是为了让他们生出仁义之心，仁义之心便是君主、师长之心，具备了这八条，就成就了和平之治。这样的君子，可以把他比作尧、舜一般的圣君。

治安之国，其事简，其赋轻，其政平，其气和，其民乐，灾异足以警寇贼，奸宄无衅以起，夷狄仰其治而顺化，而祥瑞不与焉。危乱之国，其事繁，其赋重，其政僻以淫，其气乖。其民畏以怨，祥瑞适以肆寇贼，奸宄窃发，夷狄乘其敝而扰，而灾异不与焉。

【译文】安定的国家，事务精简，赋税轻省，政事平顺，气象和睦，百姓安乐，即使发生灾祸也足以警惕寇贼，奸佞之人难以存在，蛮夷之族臣服顺化，与这些相比，偶尔出现一些祥瑞之相，反倒算不上什么了。危乱的国家，事务烦琐，赋税沉重，政事邪僻而混乱，气象乖戾，百姓畏惧而抱怨，即使出现祥瑞也会让寇贼肆意横行，奸佞之人暗中滋生，蛮夷之族趁机侵扰，与这些相比，偶尔出现一些灾异之相，反倒算不上什么了。

天下顺治在民富，天下和静在民乐，天下兴行在民趋于正。上节俭，刚寡取于民而富矣；上简易，则动于民者寡而乐矣；上稽道于圣，则民不惑于异术而趋于正矣。

【译文】让天下和顺、得到治理在于让百姓富足，让天下安定祥和在于让百姓安乐，天下教化能够顺利推行在于让百姓趋向正道。君主节俭，轻徭薄赋则百姓富足；君主行事精简，不扰百姓，百姓就安乐；君主崇尚圣学大道，百姓就不会被邪门歪道所迷惑而趋向正道。

正大广远，以之立法；公平明恕，以之用法。不正则戾道，不大则用小，不广则偏于一，不远则所施不久。公平则人服，用明则情得，用恕则法行而物感，要终之仁也。

【译文】光明正大，广博长远，是制定法律的原点；公正公平，明了宽恕，是执行法律的方法。不公正则违背正道，不正大就会注重小处，不广博就会偏执，制定的措施不长远就难以长久执行。处事公平百姓就顺服，执法明察则可以了解实情，执法宽恕则法令畅行而万物感化，这些最后都要归于秉持仁义。

圣人为治，豫调夫国势之机，机，伏而不可见者。议之若未，然之若无所事。一失厥会，轻者浮，重者压，强者甚，弱者微，事去而不可为矣。故执古者，失于时宜；徇俗者，蔽于因陋；守法者，惮于更革；举不足以论机也。通照远观，其惟神识之士乎！

【译文】圣人治理国家，能够预先处理国势发展的微妙变化。这种微妙变化是潜在的，是难以看见的。往往在谈到它的时候，大家似乎都觉得还早了点，说它已经存在，又似乎什么事情都没有发生。但是，一旦失去微妙之机，就会导致轻者上浮，重者下压，强者更强，弱者更弱，事情到了这一步便已经不可收拾了。所以拘泥古制的人，往往失于时宜；迎合世俗的人，往往目光浅陋；守持旧法的人，往往害怕变革。这些人都不能和他们讨论这种微妙之机。只有能做到通观全局，目光远大、见识超然的神识之士才懂得这一点。

小宗篇

事虽易，而以难处之，未有不治之变；患虽远，而以近处之，未有不及之谋。此所谓至慎，此所谓先几。

【译文】事情虽然容易，但是当作难事来处理，就不会有无法处理的变局。忧患虽然未到，但是当作眼下的急事来谋划，就不会有来不及应对的谋略。这就是所谓的“至慎”和“先几”。

保傅篇

农困则庾虚，庾虚则兵疲，兹用可忧矣。善渔者不泄泽，善田者不竭卉，畜其利者深矣。农困，国之大疹也，乃不思而忧之，作无益，崇土木，耗货财，是谓剥本。

【译文】农民穷困则国库空虚，国库空虚则士卒疲敝，实在是值得担心的事情啊。善于打鱼的人不竭泽而渔，善于种田的人不把草锄光，是为了从长远利益着想。农民穷困，是国家的心腹大患，不用多想就知道是执政者最应该担心的事。朝廷做无益之事，大兴土木，耗费国库，都是在损害国家的根本。

征于国之危乱者，亦观其臣民之风俗尔。附权死党、奸度罔上之臣作，则淫比矣，淫比者篡。要结宾客、藏匿亡命之民作，则淫朋矣，淫朋者盗。盗之势在下，犹可为也；篡之势在上，非大力不能反，难矣哉！

【译文】国家陷入动乱的征兆，也可以从官员百姓的风气方面来体察。依附权贵，结党营私，奸佞邪恶，欺君罔上的臣子一个个出现了，这些都是奸邪之臣。奸邪之臣最后会篡夺君主之权。广交宾客，藏匿匪人的百姓一个个出现了，这些都是奸邪之民。奸邪之民最后会沦为盗贼。盗贼的势力在下层，对国家来说还稍微容易处理；有奸邪之臣在朝廷谋划篡夺权力，不下大力气是不能够解决的，这个处理起来就难了。

五行篇

或问："治世之有灾沴，君德不协于天而谴告之乎？"曰："非然也。乱世之有瑞，夫又谁感格之？是故尧有水，汤有旱，天地之道适然尔，尧、汤奈何哉？天定胜人者，此也。尧尽治水之政，虽九年之波，而民罔鱼鳖；汤修救荒之政，虽七年之亢，而野无饿殍。人定亦能胜天者，此也。水旱何为乎哉？故国家之有灾沴，要之君臣德政足以胜之，上也。何也？天道悠而难知，人事近而易见，凡国家危乱者，咸政之不修，民之失所，上之失职也。孰见天帝诃诋乎哉？孰见天帝震怒乎哉？此应天以实不以诬者，尧、汤自修之意也。《书》曰：'我不敢知曰有殷受天命，惟有历年，我不敢知曰不其延，惟不敬厥德，乃早坠厥命。'可谓善言天道者矣。"

【译文】有人说："太平盛世也有灾荒发生，难道是因为君主德行不符合上天的要求，因而上天降下责备吗？"回答说："不是这种原因。动乱的世道也会有祥瑞出现，那又是谁的德行感召来的呢？所以尧的时期有水灾发生，商汤时期有旱灾发生，这是天地间的自然规律，尧和商汤如何能改变呢？这就是天定胜人的道理。尧尽力去治理水患，虽然水灾持续了九年，但是百姓没有被水淹没；商汤尽力去救济旱灾，虽然旱灾持续七年，但是百姓没有食不果腹。这就是人定胜天的道理。出现水灾旱灾又有什么关系呢？所以国家出现灾祸，如果君主和大臣行德政就足可以化解灾难，这是最好的应对方法，为什么呢？因为天道幽远而普通人难以知道，人世中的事情大家都熟悉，凡是国家出现危难动乱的情况，基本都是德政不修，百姓不能安居乐业，君主没有尽到责任等方面的原因，谁又见过天帝亲自来责备！谁又见过天帝发怒！这是以实际行动来回应上天而不是以虚无缥缈的事情来应对，这就是尧、商汤注意自我修养的原因。《尚书》说：'我不敢说知道，殷商受天命有多少年，我也不敢说知道，殷商的国运不会延长，只是他们不重视修德，所以才失去了他们的福命。'可以说是善于谈论天道的人啊！”

全/注/全/译

群書治要續編

八

《群书治要续编》编辑编委会　编

郝时晋　梁光玉　萧祥剑　主编

团结出版社

目 录

群书治要续编卷第四十八　汪子中诠　中原阳九述略　答问　绎志　明夷待访录　思辨录辑要

群书治要续编卷第四十五　泾野子内篇
庸　言　薛子庸语

泾野子内篇

【提要】《泾野子内篇》，明吕柟撰。

吕柟（1479—1542年），原字大栋，后改字仲木，号泾野，学者称泾野先生。陕西高陵（今陕西西安高陵区）人。正德三年（1508年）殿试进士第一，中状元，授修撰。官至南京礼部右侍郎，署吏部事。吕柟为人正直廉洁，敢于直言进谏，生活俭朴。他为官三十余年，官至三品，家中只有图书，“家无长物，室无媵妾”，对澄清吏治、扭转社会风气有不可低估的作用。由于他德高望重，嘉靖二十一年（1542年）去世时，高陵人为之罢市三日，解州及四方学者闻之，“皆设位，持心丧”。连世宗皇帝也为他停止朝事一天，并赐祭葬。著作有《四书因问》《周易说翼》《尚书说要》《春秋说志》《礼问内外篇》《泾野诗文集》《高陵志》《解州志》等。

《泾野子内篇》是吕柟讲学语录的汇编，由其门人辑录整理而成。包括《云槐精舍语》二卷、《东林书屋语》一卷、《端溪问答》一卷、《解梁书院语》一卷、《柳湾精舍语》二卷、《鹫峰东所语》十二卷、《太常南所语》（附邵伯舟中语）三卷、《太学语》二卷、《春官外署语》二卷、《礼部北所语》一卷。多以吕氏与诸生问答的形式记录下来。吕柟治学以穷理实践为主，议论一以程朱为归，此书基本上概括了吕柟学术思想的精华。《四库全书》列入子部儒家类。

《续编》自全书中辑录了《云槐精舍语》《东林书院语》《端溪问答》《解梁书院语》《柳湾精舍语》《鹫峰东所语》《春官外署语》等篇中有关治道的精华五十三则。

云槐精舍语

周生问治乱①之故。先生曰："中人而与君子为友，则为君子；中人而与小人为友，则为小人。世多中人，不择友，故治日少，乱日多。"

【注释】①治乱：安定与动乱。

【译文】周生问治乱的原因。先生说："中等资质的人与君子为友，受其影响就成为君子；中等资质的人与小人为友，受其影响就会成为小人。世上中等资质的人最多，又不懂得择友的重要，因此治的时候少，乱的时候多。"

刘子静斋问为治①。先生曰："社学②习琢句，而废洒扫礼乐之节；大学习程文③，而废正心修身之道。欲天下之治，未见其有日也。"

【注释】①为治：成就治世；使国家太平社会安定。

②社学：元、明、清三代的地方小学。

③大学：古代成人接受教育的学府，也作太学。程文：科举考试时，由官方撰定或录用考中者所作，以为范例的文章或者科场应试者进呈的文章。

【译文】刘静斋问如何让天下安定的道理。先生说："地方小学学习雕琢字句，却废弛了洒扫应对礼乐节度；大学学习应试范文，却废弛了正心修身之道。如此以往，想让天下安定，我不知道这一天何时到来。"

子言问为国之患。先生曰："莫大乎四逆。""何也？"曰："退贤进不肖则逆，罚功赏幸则逆，弃介尚和则逆，贱义贵利则逆。国有一逆则弱，有二逆则昧，有三逆则乱，有四逆则亡。"

【译文】子言问治国的隐患。先生说："没有比四拂逆更大的了。""分别是哪四种呢？"那就是："罢黜贤人晋用不肖就是拂逆，惩罚有功的人赏赐宠幸的人就是拂逆，摒弃耿介之士崇尚温顺的人就是拂逆，轻贱道义看重利益就是拂逆。国家有上述一种拂逆就会衰弱，有两种拂逆就会昏昧，有三种拂逆就会混乱，有四种拂逆就会灭亡。"

先生谓崔叟曰："天下有道，诸司①崇礼；天下无道，诸司崇法。天地和，伏生②之辈寿；天地不和，颜子之辈夭。"

【注释】①诸司：众官吏；众官署。

②伏生：又名伏胜，字子贱，生于周赧王五十五年（约前268年），卒于汉文帝三年（约前178年），享年90岁。汉国济南人，曾为秦博士。秦时焚书，于壁中藏《尚书》，汉初，仅存29篇，以教齐鲁之间。

【译文】先生对崔叟说："天下有道，众官吏崇尚礼义；天下无道，众官吏崇尚法治。天地中和，就有伏生这样的长寿老人；天地违和，就有颜子这样英年早逝的年轻人。"

学者有畏嫉于俗，而欲为内方外圆之行者，以问。先生曰："夫内方外圆者，大贤以上事也，初学而然，为人丧已甚矣。夫内方外圆者，乃德盛后见之，亦非圣人有意于内之方、外之圆也。"学者改之。

【译文】有一位因为害怕世俗之人嫉妒，而想作内方正外圆融样子的学者，以此来求教于先生。先生说："能做到内方正外圆融的，是大贤以上的人才能做到的事啊，初学的人想要这样，是为了取悦他人而丧失自身操守太过的表现。至于内方正外圆融的人，则是盛德具备后的显现，也不是圣人有意识的内在方正外在圆融啊。"这位学者听后改变了想法。

先生谓子言曰："汉匡衡治①诗，足以说王化②矣，而其身不免于赃败③。圣学之废，岂独今日哉！故君子贵行不贵言。"

【注释】①治：研究。

②说（yuè）：古同“悦”。王化：天子的教化。

③赃败：汉元帝封匡衡为乐安侯，侯国食封土地本为三十一万亩，匡衡利用郡图之误，非法扩大食封土地四万多亩。成帝时，司隶校尉骏等告其“专地盗土”，被免为庶人。

【译文】先生对子言说：“汉代的匡衡研究《诗经》，可以达到辅助天子的教化，可是不免于因贪赃而败身。圣人之学的荒废，难道只是今天才这样吗？因此，君子更看重怎么做而不看重怎么说。”

权用问闾阎[1]之苦，风俗之害。先生曰：“里老[2]之不选德，小学之不选师，乡饮之不选贤，欲以安民而善俗，吾未见其有日也。”“何其已细乎？”曰：“平天下亦犹是也。”

【注释】①闾阎：原指古代里巷内外的门，后泛指平民老百姓。

②里老：指里长。古代一种居民组织，先秦以二十五家为里。

【译文】权用问民间疾苦，不良风俗的危害。先生说：“里长不选拔德能，地方学校不选拔良师，乡饮酒礼不选拔贤人，想要安顿百姓改善风俗，我看不到这个时期的到来。”“为什么要如此的细碎呢？”回答说：“平天下也不过是这样。”

先生曰：“利刃虽割易缺，利口虽辩易沮[1]，君子养德以为贵。”

【注释】①利口：口齿伶俐，能言善辩。沮：破坏，败坏。

【译文】先生说："利刃虽然能切割也容易产生缺口，口齿伶俐虽然有辩才也容易败坏，君子以修养德性为贵。"

君子习文不如习行，习行不如习心。习心以忠信，而文行在其中矣。

【译文】君子学习文章不如学习行为，学习行为不如学习存心。学习存心忠信，那么文章与行为就都在其中了。

印问止盗。曰："建官惟贤①。"问御夷。曰："莅事惟能。""何谓也？"曰："官贤则民安而盗寝②，事能则政举而远人格③。"

【注释】①建官惟贤：语见《尚书·周书·武成》："建官惟贤，莅事惟能。"建官：设置官职。莅事：居位任事。设置官职，只用贤德的人。

②寝：停止，平息。

③格：至。

【译文】印问如何止盗。先生回答："设置官职只用贤能的人。"问如何抵御四方蛮夷，回答说："居位任事，只用有德能的人。"是什么意思呢？先生说："官员贤德，老百姓就安稳，那么盗贼也就平息了；任事的人有能力，政治举措得当，那么远方边地的人就会来归顺。”

玺问：“君子之所乐如何？”先生曰：“君子有五乐，皆三乐①之绪②也。一曰方正自遂，为国作纪；二曰履经奉典，为国作士；三曰廉淑别慝，为国作官；四曰教行政安，为国作民；五曰垂勋昭亲，为国作风。”

【注释】①三乐：孔子曰：“益者三乐，损者三乐。乐节礼乐，乐道人之善，乐多贤友，益矣。乐骄乐，乐佚游，乐晏乐，损矣。”见《论语·季氏第十六》。孟子曰：“君子有三乐，而王天下者不与存焉。父母俱在，兄弟无故，一乐也；仰不愧于天，俯不怍于人，二乐也；得天下英才而教育之，三乐也。君子有三乐，而王天下者不与存焉。”见《孟子·尽心上》。

②绪：绪余。

【译文】高玺问：“君子所乐是怎样的呢？”先生回答说：“君子有五乐，都是圣人所说三乐的绪余。一是品行方正不为外界动摇，为国作纲纪；二是尊奉履行经典教诲，为国作士人；三是廉洁美好远离邪恶，为国作官员；四是教化推行政治安定，为国作民众；五是建立功勋昭显双亲，为国作风尚。”

先生曰：“罪莫大于妨贤，恶莫极于非圣。”陈诏曰：“不有不忠之罪大乎？不有不孝之恶极乎？”曰：“惟其妨贤，而后天下之为不忠者众；惟其非圣，而后天下之为不孝者广。故罪恶止于身者小，及于天下者大。”

【译文】先生说：“没有比妨害贤人更大的罪过，没有比非议圣人更大的恶行。”陈昭说：“不是有不忠的大罪吗？不是有不孝的的极恶吗？”先生回答：“就是因为有人妨害贤人，而后天下不忠的人才这么多；就是因为有人非议圣人，而后天下不孝的人才这样广泛。因此，罪恶只在于自身的属于小罪恶，祸及天下的才是大罪恶。”

继祖问：“宋、齐、梁、陈不振者何？”先生曰：“鲍、谢、江、孔、徐、庾、沈、谢为之也。”曰：“数子诗且文。”曰：“兹其所以不振也，其志与道可悲矣。使天下随风而靡[2]者谁乎？且其反君事雠[3]，正与后世冯道等，又何足与论诗与文哉！”

【注释】①振：振作，奋起。

②靡：散乱，顺风倒下。

③雠：同“雔”，今作“仇”。

【译文】继祖问：“宋、齐、梁、陈四代不能奋起的原因是什么？”先生说：“是鲍照、谢灵运、江淹、孔稚珪、徐陵、庾信、沈约、谢朓这些人导致的。”继祖说：“这些人能诗会文。”先生说：“这正是他们令宋、齐、梁、陈不能奋起的原因，他们的志向与道德品行真是可悲啊。导致天下人随世风而倒伏的不正是他们吗？并且他们背叛了原来的君主侍奉仇敌，正跟后世的冯道相同，又何必谈论他们的诗文呢？”

先生游云槐，谓高玺曰：“学者有三多，有四寡。”玺曰：“何谓也？”曰：“寡言则行力，寡动则静深，寡交则业专，寡欲则理明，是谓四寡。多学则德积，多思则几研，多就吉人[①]则为之也易，是谓三多。”

【注释】①就：靠近，走近，趋向。吉人：善良的人，有福之人。

【译文】先生游览云槐，对高玺说：“学者有三多，有四寡。”高玺问：“具体指什么呢？”先生说：“寡言语，那么行动就会竭力；寡躁动，那么静养工夫就深湛；寡交往，那么术业就会专精；寡欲望，那么天理就会明澈。多学，那么德行就会积累；多思，那么细微处就能洞察；多接近有福的人，那么行事就通达无碍，这就是三多。”

秦子西涧曰：“为政专治豪强，则贫弱安矣。”先生曰：“有意为此，亦非政体。《诗》云：王道如砥，其直如矢[①]。”康子对山曰：“至公之言也。”

【注释】①语见《诗经·小雅·大东》：“周道如砥，其直如矢。”王道：当为“周道”之误。

【译文】秦西涧说：“从政专门对治豪强，那么贫弱的百姓就安心了。”先生说：“如果有心这样做，也不是为政的道理。

《诗经》中说：‘王道平坦如磨刀石，正直的如同射出去的箭一样。’”康对山听后说：“这是至为公正的言论啊。”

先生曰：“志在荣身①者，未必能荣其身；志在荣名②者，未必能荣其名。故君子以正心为本，务实为要。”

【注释】①荣身：使其身荣显；荣显其身。

②荣名：美誉。

【译文】先生说：“志在荣显其身的，未必能达到荣显的愿望；志在荣显其名的，未必能获得名誉。因此君子以正心为根本，务实为要务。”

欲蔽仁，利蔽义。何以去欲？无物。何以去利？无我。无我然后能正物，无物然后能正我。故仁义者，君子之所以参天地也。

【译文】私欲蒙蔽仁德，私利蒙蔽道义。如何祛除私欲呢？要做到无物。如何祛除私利呢？要做到无我。无我然后能做到使物正，无物然后能做到使自我正。因此仁义是君子用来与天地参的先决条件。

东林书院语

伊问："《书》终于《秦誓》者何？"先生曰："《秦誓》其可以作圣乎！夫人不患于有过，患于有过不知悔而改也。悔而改之，虽秦穆也，尧舜皆可为矣。故《书》以《二典》[1]始，以《秦誓》终。"

【注释】①二典：指《尚书》中的《尧典》《舜典》。

【译文】伊问："《尚书》以《秦誓》作为最后一篇，是什么用意呢？"先生说："《秦誓》这一篇里面有可以作圣人的道理啊。人不怕有过错，就怕有过错而不知道悔改。懂得悔改，即使是秦穆公这样的诸侯，也可以成为尧舜这样的圣人。因此《尚书》以《尧典》《舜典》开始，以《秦誓》结尾。"

先生谓子言曰："《诗》有三教：《风》言乎其俗也，《雅》言乎其政也，《颂》言乎其德也。故读《风》而知俗之美恶，取舍之教立矣；读《雅》而知政之正变，兴废之教立矣；读《颂》而知德之深浅，几微之教立矣。故贤而后能知《风》，圣而后能知《雅》，神而后能知《颂》。故德以善政[1]，政以善俗[2]。"

【注释】①语见《尚书·大禹谟》："德惟善政，政在养民。"
②善俗：改良风俗。

【译文】先生对子言说："《诗经》有三种教化的功能：《国风》说的是民风民俗，《小雅》《大雅》说的是为政为官，《颂》说的是先祖德泽。因此，读《国风》就知道风俗的好丑，取舍之教便确立了；读《大雅》《小雅》便可知道政事的正变，兴废之教便确立了；读《颂》就知道道德的深浅，几微之教便确立了。所以，贤明而后能读懂《国风》，圣明而后能懂得《大雅》《小雅》，通神而后能懂得《颂》。因此，圣人之德在于施行善政，善政之要在于改良风俗。"

门人问避祸。先生曰："徙义[①]。"

问谋生。曰："安命[②]。"

又问焉。曰："非义[③]之祸，君子不避；非命之生，君子不谋。"

【注释】①徙义：徙，迁移。向义靠拢。

②安命：安于天命，知足守分。

③非义：指不合乎道义。

【译文】门人问如何避祸。先生回答说："合乎道义。"

问如何谋生。先生说："安于天命。"

又问。先生回答说："不合乎道义的祸患，君子不逃避；不合乎天命的生计，君子不谋求。"

三过而不改者，是为玩[①]过；三祸而不惧者，是为乐祸[②]。

斯其人终不可与入尧舜之道也。

【注释】①玩：轻慢，轻视。

②乐祸：以别人的不幸遭遇为乐。

【译文】多次犯错而不知道改正的人，说明他对改正过错十分轻慢；多次祸患却不知道畏惧的人，说明他以遭遇祸患为乐。这样的人终身都难以引导他进入尧舜所传的圣贤大道。

端溪问答

问："《吕刑》可以示[1]用法者，《酒诰》可以示嗜酒者，二典、三谟[2]可以示望治尧、舜者。《禹贡》可以示治水者，《汤誓》可以示创业者，《伊训》《顾命》可以示守成者，《大诰》《多方》可以示化服梗叛者。故致用[4]莫大乎《书》也。"曰："事虽有异，道无不通。只《酒诰》，岂不可以望尧舜者哉！"

【注释】①示：指示，让人看，把事物摆出来或指出来让人知道。

②二典：《尚书》中的《尧典》《舜典》。三谟：指《尚书》中的《大禹谟》《皋陶谟》《益稷》。

③化服：感化顺服。

④致用：尽其所用，切于实用。

【译文】有人问："《吕刑》可以用来指导执法的人，《酒诰》可以用来告诫嗜酒的人，《尧典》《舜典》《大禹谟》《皋陶谟》《益稷》可以用来指导希望达到尧、舜圣治的人，《禹贡》可以用来指导治理水患的人，《汤誓》可以用来指导创业者，《伊训》《顾命》可以用来指导守成的大臣，《大诰》《多方》可以用来指导如何感化顺服顽固的叛逆者。因此，切于实用没有比《尚书》作用更大的了。”先生说：“事相上虽有不同，理却没有什么不通。单单《酒诰》一篇，难道不可以有望达到尧舜之道吗？”

问：“天下智者少，故曰：‘知人者哲，惟帝其难之[①]！’尝私论小人有不可测之奸，君子有不可欺之明，持明以照奸，则小人无遁情矣。然尤君相之所急[②]者也。”曰：“知有三要：一曰无私，二曰无惑，三曰无自狭。”

【注释】①语见《尚书·皋陶谟》：“知人则哲，惟帝难之。”

②所急：急于追求，急需。

【译文】有人问：“天下有智慧的人少，因此说：‘能真正了解人就是明智的哲人，即使是尧、舜那样的帝王也不容易做到啊！’我曾经私下里议论说，小人有不可测度的奸伪，君子有不可欺骗的光明，以光明照破奸伪，那么小人就无处藏匿真实的情况了。这尤其是为君主作宰相的人所急需的。”先生说：“要做到知有三个要点：一要没有私心，二要没有疑惑，三要开阔心胸。”

解梁书院语

光祖曰："汉昭烈戒子：'勿以恶小而为之，勿以善小而不为。惟德惟贤，可以服人。'①何如？"

先生曰："上二句真王言，下二句则近霸矣。"

【注释】①语见于刘备《敕后主刘禅诏》。汉昭烈：刘备谥号。

【译文】光祖说："先主刘备在遗诏中告诫后主刘禅说：'不要因为是小恶就去做，也不要因为是小善就不去做。唯有贤德的品质，可以令人心悦诚服。'这段话怎么样呢？"先生说："上两句真是王者之言，下两句则接近霸者的言论啦。"

光祖问曰："在下者多谄，在上者多骄，何故？"先生曰："在下者谄，而后在上者益骄。"

【译文】光祖问："在下位的人多谄媚，在上位的人多骄慢，这是什么缘故呢？"先生回答说："在下位的人谄媚，而后在上位的人就会更加骄慢。"

先生《夏县禹庙记》言："禹之所以为禹，其要在'拜昌言'。"每令光祖辈熟读以自广。

【译文】先生在《夏县禹庙记》说："大禹之所以成为大禹，其关键就在于'听到善言就要拜谢'。"每每要求光祖这辈人反复读诵体味以扩展自己的心量。

柳湾精舍语

光祖曰："李泌初见肃宗于灵武，谋议政事而不受其官，此亦罕有事也。后虽受官，及克复两京，即恳乞还山，似与张子房事同。敢[①]问其心何如？"先生曰："方[②]是时也，使内无李泌，则子仪、光弼不能成两京收复之功。犹高祖之日，内无张良，则萧何、韩信不能立平楚定齐之烈[③]。见荣而不贪，好谋而能成，有功而不居，其何所谓为哉！夫泌也，将[④]亦唐之张良乎！"

【注释】①敢：谦词，自言冒昧。

②方：当，在。

③烈：功业。

④将：或，抑。

【译文】光祖说："李泌最初在灵武见到了唐肃宗，谋划政事却不接受官职，这也真是少有的事啊。后来即使接受了官职，等到收复了东西二京，就立即恳请回归林下，似乎和汉代张良的行事风格相同。请问他的存心如何呢？"先生回答说："在那个时候，假如朝廷没有李泌，那么郭子仪、李光弼这些外将就不能成就收复两京的功业。就像汉高祖当年，假如朝廷没有张良，那么萧何、韩信就不能建立平西楚定齐地的功烈。见到荣耀却不贪恋，善于谋划却不自成其功，有功劳却不占有，如何用语言去表述呢！李泌，就相当于唐朝的张良吧！”

问：“古廉颇、相如皆能公尔忘私乎？”先生叹曰：“后之为臣者既得柄了，将天下公事皆要出自己意干去，通②负朝廷求治之意，还是不曾学。不然，错看《论语》也，故虽廉、蔺亦不如。”

【注释】①柄：权柄，权力。

②通：全，都。

【译文】有人问：“古时的廉颇、蔺相如都能做到公而忘私吗？”先生叹息说：“后来做臣子的在得到权力之后，就把天下的公事都要按照自己的意见来实施，都辜负了朝廷求贤治国的本意。还是由于没有学习圣人之道啊。否则，都是错读了《论语》，因此即使比廉颇、蔺相如也比不上啊。”

有客谈：“为臣者多好复私雠，何故？”先生曰：“只是未学。大臣当以事为天下事，当以言为天下言。又先要正君心为本。昔周公遍草莱②求贤如不及，安得有雠可复！虽汉唐之世，亦有能用雠人者。”

【注释】①事：做，为。

②草莱：乡野，民间。

【译文】有客谈论到："做臣子的多好报复私仇，是什么缘故呢？"先生回答说："只是因为没有学圣人之学。大臣应当以做天下事作为自己的事业，应当以谈论天下事作为自己的言论。又先要以扶正君心作为根本。过去周公遍访民间寻访贤人还担心做得不够，哪里有私仇可报复呢！即使是汉朝、唐朝这样的朝代，也有能举用仇人的例子。"

先生叹曰："经书是平天下粱肉[①]，未有舍经而能致治[②]者。后世偏用法律，是失开设学校之初意也。"

问处世甚难。曰："处家[③]处人，当使仁让有余，自处宜淡薄[④]，无处不好。"

【注释】①粱肉：是以粱为饭，以肉为肴。指精美的膳食。

②致治：使国家在政治上安定清平。

③处家：持家。

④自处：自持，对待自己。淡薄：平淡，清静。

【译文】先生感叹地说："经书是平治天下的佳肴，从来没有舍弃经书能使国家安定的。后世的人偏重运用律法，是背离国家开设学校的初心了。"

有人问："处世很难啊。"先生说："无论是持家还是对待他人，应当仁爱礼让有余，对待自己清净淡泊，这样就会事事如意了。”

鹫峰东所语

问齐家。先生曰：“家极难齐，齐则天下易治。妇人家他不识书字，任一己之私，若顺得来，于理有碍；顺不得来，他便怨恨。此尧以二女试舜。唐太宗虽是英明之君，亦止外面做将去，此所以为霸。”

【译文】有人问齐家之道。先生说：“家是极其难齐的，能齐家那么天下也就容易治理了。妇女不读书明理，放任自己的私心，如果随顺她，就会违背了理；不随顺她，她又会怨恨。这就是尧帝把自己的两个女儿嫁给大舜近距离考察他的用意啊。唐太宗虽然是英明之君，在齐家方面也没有做好，这就是他只能成就霸业的原因。”

胡大器问《汉书》多难看。先生曰：“如汲黯、董仲舒、茅容、管宁诸子传，先取作一编，时常便览，以作志气。不为文章计，亦自不难。”

【译文】胡大器问《汉书》不容易看懂。先生说：“像汲黯、董仲舒、茅容、管宁这几位先贤的传记，先单独整理出一册，有时间就翻阅，用来激发志气。不为自己写文章考虑，也不算难啊。”

章诏问：“尝与朋友讲论，国家有三大患：一、边方之害；二、宦官之祸；三、闸河[1]连道之苦。”

先生曰：“是固然[2]，所谓大患者尚不在此。”诏三请，答曰：“当今大患，只是士习不正耳。盖天下国家所恃以治安者惟人才，若士习不正，则其患何可胜言！”自是屡言及此，盖深探其本也。

【注释】①闸河：古名天然闸河，是濉河支流，发源于徐州十八里屯废黄河南。南宋建关二年（1128年）因黄河下游南徙，明弘治七年（1494年）起黄河独流流经徐州夺泗夺淮期间，黄河分洪道之。

②固然：的确，确实。

【译文】章诏问：“弟子曾与朋友讲论，目前国家有三大隐患：一、边疆的危机；二、宦官的祸祸；三、黄河改道带给百姓的痛苦。”先生说：“的确如此，可是真正的大患还不在此列。”章诏多次请教，先生回答道：“当今大的隐患，只是读书人的风气不正啊。天下国家所赖以治理的惟有人才，倘若读书人的风气不正了，那么隐患是不可估量的！”自是之后，先生曾多次提及，这是深探本源的认识啊。

先生谓诏曰：“古之圣人，只是虚心取善。如尧则稽众舍己，舜则好问好察，大禹闻善则拜，孔子好古敏求[1]。且以舜之圣知何如也，历山、雷泽、河滨之人，其微贱又何如也，舜与群居并处，而其人之有善，犹乐取之，未尝自以为圣，亦初不见其人之微且贱也。则舜之心广大何如哉！厥后，孔门独有取于子贱为君子，以其能尊贤取友以成其德也。既宰单父，犹师事贤于己者有五人，用成不下堂之治。孔子叹之曰：'尧舜听天下，务求②贤以自辅。惜乎，不齐之所治者小也！'若子贡，则夫子但许其'器'，固③未至于不器之君子矣。他日④，夫子谓其日损，则好与不贤者处也。子贱其可法乎！"

【注释】①敏求：勉力以求。刘宝楠正义："敏，勉也。言黾勉以求之者也。"

②务求：谋求。

③固：当然，诚然。

④他日：异日，别日。

【译文】先生对章诏说："古昔的圣人，要做的只是虚己之心、取人之善而已。如帝尧合众人的力量舍己从人，大舜善于请教善于观察，大禹听到善言就拜谢，孔子爱好古圣之道黾勉以求。况且舜的圣明智慧是如何的程度，在历山耕作，在雷泽捕鱼，在河滨制陶，身边的相处的这些人都低微贫贱到如何的程度，舜同这些人一同生活起居，发现那个人有善的言行，尚且乐于取法，并没有自认为自己是圣人，也自始至终不觉得他们是低微贫贱的人。由此可见大舜的心胸是多么的广大啊！后来，孔子门人中单单取法子贱为君子，是因为他能尊重贤人结交善友以成就自己的德行。在做了单父的行政长官后，尚且以老师之礼事奉比自己贤德的五个人，任用这些贤人治理境内，自己不用下堂就取得了大治的效果。孔子感叹说：‘尧舜治理天下，谋求贤人来辅佐。可惜啊，子贱所治理的地方太小了！’至于子贡，夫子只认可他是一个器，诚然还达不到君子不器的程度。另外有一天，夫子说他将来会愈来愈退步，那是因为他喜好跟不如自己的人相处。子贱是可以效法的吧！”

问王道。曰：“只当以养民为先。如孟子五亩宅，百亩田，‘鸡豚狗彘之畜无失其时’，使‘老者衣帛食肉，黎民不饥不寒’，然后‘谨庠序之教，申孝悌之意’，此正是王道之大，为治切要诚[1]不出此。后世敷陈[2]王道者，虽千万言而不足，不知其要安在。”

【注释】①为治：成就治世；使国家太平社会安定。切要：重点，要领，纲要。诚：确实，的确。

②敷陈：铺叙陈述。

【译文】有人问王道。先生说：“只当以养民为先。像孟子所说的五亩宅地，一百亩田地，鸡、猪和狗一类家畜不错过它们的繁殖时节，老人穿上丝棉袄，吃上肉，百姓不受饿挨冻，搞好学校教育，不断向年轻人申明孝顺父母、敬爱兄长的道理，这正是王道的大端，成就治世的要领确实不超出这些。后世陈述王道的人，即使下笔千万言还觉得不够，却不知道它的要领在哪里啊。”

问：“舜有臣五人而天下治。夫舜在当时止用五人，遂干尽[1]天下之事，而成“于变”、“风动”之休[2]。后世用数千百人，中间岂无豪杰，而天下治卒不古若，何也？”先生曰：“五人之德固不可尚，而其心至公无私，其贤能彼此相让，略无一毫嫌忌间隔之私。而舜又以至圣之德临之，五人之用各当其才。而五人之所举而用者，又皆五人之才，君臣上下同一公心耳。”诏因叹曰：“此隆古[3]何等气象！后世人各一心，有贤能者多为人所妒嫉。且才者非所用，用者非其才，举措失宜，劝惩无所于用。况君臣情隔，上下道睽[4]，如何可复三代之治！”

【注释】①干：求取；营求。盖：胜过，超出。

②于变：语出《尚书·尧典》“黎民于变时雍。”风动：语出《尚书·大禹谟》“四方风动，惟乃之休”。

③隆古：远古。

④睽（kuí）：分离，背离。

【译文】有人问：“舜有五个贤人而天下大治。舜在当时只不过用了五个贤人，就经营全天下的事情，而成就了变化世风的善政。可是到了后世朝廷官员成百上千，这里面难道就没有豪杰之士吗？然而天下的治理情况都不如古昔，这是什么原因呢？”先生回答说：“这五个贤人的德行固然不可复加，最主要的是他们存心大公无私，他们的贤德能够彼此谦让，没有一丝一毫猜忌设防的私心。而舜帝又能以至圣之德临视统御，使五位贤臣才尽其用。而这五个贤人之所以被举用，又都是因为这五个人的才能，君臣上下都是一样的公心。”章诏因此感叹道：“这是远古何等气象的人物啊！后世的人各自怀着不同的想法，有贤能的人大多会被别人嫉妒。并且才能不能用到该用的地方，该用的地方又不是恰当的人才，举动措施不得当，双方各怀戒心不能发挥作用。更何况君臣之间的情义隔断，上下级之间背道而驰，怎么能够恢复三代的圣治呢？”

唐虞之世，刑官只是皋陶，为之“明五刑，以弼五教①”而已。岂似后世刑官，以为极大极重之事；又或逞②其智术，有能断一讼，得一情则喜。甚至煽威恣虐，岁煅月炼，略无哀矜悯恤之意。彼安知刑之本只在斯民生养之遂，教化之敷！诚使之各遂其生而知礼义，则刑自然省矣。

【注释】①语出《尚书·大禹谟》：“汝作士，明于五刑，以弼五教，期于予治。”孔传：“弼：辅。期：当也。叹其能以刑辅教，当于治体。”

②逞：显示，炫耀。

【译文】唐尧虞舜时代，管理刑法的只有一个皋陶，只不过遵循“让百姓明白五种刑法，用它来辅助五常之教”而已。哪里会像后世的刑法官员，把这作为极其重大的事情呢？又或者以此来炫耀自己的聪明手段，如果能裁决一个诉讼，得到一个案件的实情就高兴。甚至于炫耀威风任意残害，历练久了，就没有一点爱民体恤的存心了。他哪里还知道刑法的根本只在于百姓生存的愿望得以满足，教化得以普遍的实施！果真能够使他们各满足他们生存的心愿而加以礼义教化，那么刑法自然也就可以省去了。

先生谓：西汉人才远是厚重①，如周勃耻言人过，丙吉拥立孝宣，至死不伐，故能养成汉家忠厚之风，非后世可及也。

【注释】①远：多。厚重：敦厚稳重。

【译文】先生说："西汉时的人才多是敦厚持重的人，像周勃以说他人过错为耻，丙吉拥立孝宣皇帝有功，却到死都不以此自夸，因此能养成西汉忠厚的社会风气，不是后世可以比拟的。"

先生常论：王道只以养民为本。后之仕者，却又办簿书，急催科①，理狱讼，善逢迎事上官者为贤，甚至贪贱②，肆无畏忌。乃习成一样虚套，遮饰哄人。至于养民之事，漠然略不加意。哀哉！斯民如之何不穷且盗也。如今只要不谄谀，不贪钱，不说谎者，便可以安百姓。

【注释】①催科：催收租税。租税有科条法规，故称。

②贪贱：贪婪卑下。

【译文】先生常常论说："王道只是以养民为根本。后来从政的人，却又忙着办理各账簿，急着催促赋税，办理诉讼，善于逢迎事奉长官为贤能，甚至贪婪卑下，肆无忌惮。于是就形成了一种虚假客套的风气，掩饰哄骗。至于养民的政事，却漠然不加注意。唉！百姓怎么能不贫穷并且为盗呢？如今的官员只要不谄媚，不贪钱，不说谎，也就可以安抚百姓了。"

永年问典谟之旨。曰：王政以养民为首，故先弃养而后契教；教而有不率[①]者，故次[②]皋陶氏教兴；而器用不可缺也，故次垂；民而后及于物焉，故次益；民事举[③]而神可事，故次之以伯夷；既有作于前者，不可无所继于后，有修养待用之教焉，故次之以夔。其终之以龙者，所以严保治之防也。

【注释】①不率：不服从，不遵循。

②次：在前项之后。

③举：施行，办理。

【译文】永年问《尚书》中典、谟的主旨。先生说："王政以养民为首要任务，因此先命弃作后稷养民而后命契作司徒行教化；推行教化会有不服从的人，因此之后命皋陶为士官以五刑弼五教兴起；器用不可或缺，因此命垂作百工；从民事说到草木鸟兽，因此命伯益作虞官掌管山泽禽兽；民事施行而后就可以事奉神明，因此命伯夷作秩宗典三礼；既然有制作在前的典章，就不能没有继续在后的措施，有修养以待将来的教化，因此命夔典乐教胄子明八音之变；最后命龙作纳言，作为保持安定的预防。”

《虞书》不过五篇，而天下之大经大法皆具于此，圣人之气象皆见于此。圣人言之美，则曰都曰俞，而己之有言自觉其美，亦先曰都。其言有未尽者固曰吁，而其言未能已者，则又曰异。此可见当时君臣僚采一心相与①，诚切恳到如此。只此便非后世可及，若成功文章，盖绪余②耳。

【注释】①僚采：同僚。相与：表示同时同地做某件事。

②绪余：抽丝后留在蚕茧上的残丝，借指事物的剩余部分。

【译文】《虞书》只不过五篇，可是天下的大经大法都在这里了，圣人的气象也都体现在这里了。圣人称赞善言，就说“都”“俞”，而自己说的话觉得美善，也会先说“都”。所说的话有意犹未尽者，因此说“吁”；君主所说的话有不合己意者，就会说“异”。由此可见当时群臣上下同心协力，诚恳到如此的地步。单单就这一点来看就不是后世可以企及的，至于说到所成就的功业和礼乐法度，不过是枝末而已啊。

自古国家多难之时，小官死节①，诚为可嘉②。至于宰相杀身殉国，未足为异。当时致难者既由夫人，则今日一身之死，安足以赎祸天下之罪！李惟中云：“亦有好人于危急中方用者。”艾治伯云：“临时有殉国之忠，平时必不忍于祸天下。孔门教人，全在偏处做功夫，如敦朴者使之开通，开通者使之敦朴。盖去其偏，便趋于正矣。”

【注释】①死节：为保全节操而死。

②可嘉：值得称赞、嘉许。

【译文】自古国家面临着危难时，小官为保存节操而死，的确值得称赞。至于宰相杀身殉国，就不值得大惊小怪了。当时导致危难的责任既然由于宰相，那么今日自己一人殉国，怎么足以补偿给天下百姓带来祸患的罪责呢！李惟中说：“也有好人临危受命的情况。”艾治伯说：“临危受命有殉国的忠诚，那么平时一定不忍心给天下带来祸患。”孔门教导弟子在有失偏颇的地方下功夫，譬如敦厚朴实的人则教导他开明通达，开明通达的人则教导他敦厚朴实。不过是各去其偏颇，自然就会趋于正道了。

先生曰：“汲黯‘内多欲而外施仁义’①之语，极有力量，阅史者多忽之。设以身处其地，始见其难耳。然于此亦可见武帝纳谏。”

【注释】①语见《史记·汲郑列传》：“陛下内多欲而外施仁义，奈何欲效唐、虞之治乎？”

【译文】先生说：“汲黯对汉武帝说：‘陛下您内心私欲太

重而又声称广施仁义’这句话极有力量，读史的人常常忽略掉。我们设身处地的想一想，才知道是多么的难能可贵。可是从中也能看到汉武帝善于纳谏。”

先生谓后世为政，当以转移风俗为急。善人进，则风俗自淳；风俗淳，则天下百姓阴受其福而人不知。汉征孝廉，亦得此意，盖去古未远也。坚曰：“此亦近王道否？”曰：“然。”或有言及边事者。先生曰：“汉法甚善，边寇为患，一郡守足以拒之，若廉范①云中是也。”或曰：“方今之患，莫大于此。”曰：“此特一有司②之事耳。为今大患，恐或不然。”诏又问之，先生未答。既而③曰：“此时只宜讲学耳。”

【注释】①廉范：东汉时人，字叔度，京兆杜陵（陕西省西安）人，赵国名将廉颇后人。廉范担任云中太守时，恰逢匈奴军队大举入关，廉范亲自率领士卒抵抗，敌人数量太多，汉军不是对手，正好傍晚，廉范命令士兵各自绑着两把火炬，在敌人三面都点起火把。敌人远远看见火光很多，以为是汉军的救兵到了，打算天明撤兵。廉范于是下令士兵吃饱喝足，早前发动攻击，斩获敌人好几百，敌人从此再也不敢入侵云中了。

②特：只，但。有司：指主管某部门的官吏，古代设官分职，各有专司，故称有司。

③既而：不久，一会儿。

【译文】先生认为后世施政，应当以转移风俗为急务。进用善人，那么风俗自然会淳朴；风俗淳朴，那么天下的百姓就会默默受到福佑却不知晓。汉代征召孝廉，也是深得这种用人的意趣，大概是因为离上古的风俗还不太遥远吧。坚说：“这种做法接近于王道吗？”先生回答说：“是的。”有人谈到了边关的事情。先生说：“汉代的做法很好，边关有贼人作乱，一个郡的郡守就足够抵御了，像廉范任云中郡守拒匈奴就是一例。”有人说：“当今的忧患，没有比这更大的啦。”先生说：“这只不过是有关部门的事情。当今的大患，恐怕不是这个。”章诏又来问这件事，先生没有回答。不久又说：“此时只应该讲学啊。”

象先问：“文王能使家国天下皆化，竟不能化纣，莫不是纣下愚不移否？”先生曰：“此大有说。纣固下愚难移，且当时前后左右莫非妲己、飞廉之流，虽有善言，无由而入；况文王身且不能见容，若非散宜生、闳夭之徒处置[①]出来，几不能免矣。”象先问：“散宜生之事，文王知否？”先生曰：“文王在羑里中，怎么得知？然此亦是圣贤善用权处。盖宜生知纣之恶不可回，文王之圣不可死，故如此处置。孟子尝称，‘太公望、散宜生则见而知之’，他也是圣贤了，惟其如是，故纣解文王之囚，且赐之斧钺，得专征伐，文以得以伐密勘黎，去崇侯虎，当时天下所以不得深受其害。故圣贤一时之权，实天下之利，其用心如此。”

【注释】①处置：对付，应付。

【译文】象先问："文王能使家国天下都受到感化，竟然不能感化纣王，难道不是纣王属于下愚难以改变的一类人吗？"先生说："这里面大有学问。纣王固然属于下愚难以改变的一类人，况且当时身边都是妲己、飞廉这一类人，即使有好的言论，也不能进入到纣王的耳朵；何况文王在此时连容身之地都没有，如果不是散宜生、闳夭这些人把文王搭救出来，几乎不能免死。"象先问："散宜生所做之事，文王知道吗？"先生说："文王在羑里之中，怎能得知？但是这也是圣人善于利用权变之处。原来散宜生知道纣王的罪恶几乎不能回头，文王这样的圣人也不能死去，因此才这样处理。孟子也说，太公望、散宜生属于见到圣人的贤人，他们也是圣贤人了，正是因为如此，才能够解除了文王的囚禁，并且赐给他斧钺，可以有征伐诸侯的专权，文王才得以伐密勘黎，杀死崇侯虎，当时天下百姓因此没有深受其害。因此圣贤一时的权变，实在是天下百姓获益的事情，他们的用心如此啊。"

问："岳武穆班师①，是否？"先生曰："如何不是！天下宁可无功业之成，不可无君臣之义。"

【注释】①岳武穆：南宋抗金名将岳飞谥号。绍兴十年（公元1140年），完颜兀术毁盟攻宋，岳飞挥师北伐，先后收复郑州、洛阳等地，又于郾城、颍昌大败金军，进军朱仙镇。宋高宗、秦桧却一意求和，以十二道“金字牌”下令退兵，岳飞在孤立无援之下被迫班师。

【译文】有人问：“岳武穆班师，是对的吗？”先生说：“怎么会不对呢！天下宁可让功业不成，也不可以没了君臣的大义啊。”

象先问：“治天下自兄弟妻子始。唐太宗闺门[①]手足如此，却能致治，如何？”先生曰：“尚能用人耳。子云卫灵公之无道，奚为丧[②]？况直谏如魏徵，而太宗取自仇敌，此所以亦能致贞观之治。”

【注释】①闺门：宫苑、内室的门。借指宫廷、家庭。

②语见《论语·宪问第十四》。

【译文】象先问：“治理天下要从兄弟妻子开始。唐太宗家门之内兄弟相残，却能安定天下，这是什么道理呢？”先生回答说：“因为他尚且懂得用人啊。夫子说卫灵公虽无道，因为重用贤人所以怎么有灭亡的道理呢？更何况像直谏的魏徵，太宗把他从敌对阵营中争取过来，这就是他能够实现贞观之治的原因啊。”

先生曰：“天下事当言不言，当行不行，失之弱；至于过言过行，却又失之露。其要只在心上有斟酌损益方好。”

【译文】先生说：“天下的事应该说却没有去说，应该做而没有去做，失之于怯弱；至于过度的说、过度的做，却又失之于自我表现。其中的关键只是在心上有斟情酌理的分寸才好。”

先生曰：“尧舜之时，去古未远，人心纯是好的，易于变化。故当时人人君子，比屋可封[①]，虽有一二谗顽难化，止是四凶、驩兜数人而已。时至春秋，则习染日深，人心不复如古了。当时孔子相事而为君，相与而为徒，皆是先经过一番习染来的，甚难变化。观《论语》中多是因人变化，委曲造就，真如一大炉冶。使孔子得位，便是尧舜一般手段。凡看《论语》，于圣人此等处更须思索，不可一下看过。”

【注释】①比屋可封：在唐、虞时代，贤人很多，差不多每家都有可受封爵的德行。后比喻社会安定，民俗淳朴。

【译文】先生说：“尧舜时代，距离上古不远，人心纯然好善，易于变化气质。因此当时人人是君子，家家都有可受封爵的德行，即使有一两个谗顽难化的人，也只是像四凶以及驩兜那样的少数几个人而已。到了春秋时代，人们的习染越来越深，人心不古。当时孔子侍奉的君主，结交的朋友，都是先前有过一番习染的人，很难变化。看《论语》中的对话大多是根据人的实际情况而变化，委婉曲折的加以造就，真像是一个冶炼的大熔炉。假使孔子能够有权位，便是跟尧舜一样的施政方法。凡是看《论语》的人，对圣人这些地方更应该深入思考，不可以泛泛看过。”

先生曰："为政有本有末。如江上盗贼一般，只知寻那个拏[①]贼盗的人，不去究那生盗贼的人；如猎[②]兽以除田害，只喜那能驱狐兔的人，却不去求那绝狐兔的法也。"

【注释】①拏：同"拿"，拘捕。

②猎（liè）：持，执。

【译文】先生说："施政有根本有枝末。像江上的盗贼一样，只知道找那个拘捕盗贼的人，不去追究那个让盗贼出现的人；像捉野兽来杜绝田害，只是喜欢能驱赶兔子的人，却不去寻找那个能断除狐狸野兔祸害的办法。"

春官外署语

问："自古天下任用非人[①]，则日入于乱。"先生曰："昔二总兵论天下有事之秋方好立功，予应之曰：'宁使诸公不好立功，不可使天下有事。'天下有事，乃国之不幸也。"

【注释】①非人：不合适的人，为非作歹的恶人。

【译文】有人问："自古天下任用不合适的人，那么天下就会渐渐走向混乱。"先生说："曾经有两位总兵谈论说天下大乱的时候才好立功，我回应到：'宁可让诸位将军不好立功，也不可让天下有变故。天下出现变故，那是国家的不幸啊。'"

庸　言

【提要】《庸言》，明黄佐撰。

黄佐（1490—1566年），广东广州府香山县荔山（今属珠海）人，字才伯，号希斋，晚号泰泉。祖籍江西，明初定居香山。祖父黄瑜，世称双槐先生，父亲黄畿，世称粤洲先生，皆为一代儒宗，以品学知名。正德十五年（1521年）辛巳科进士，廷试选庶吉士。嘉靖初由庶吉士授翰林院编修。有司请修《广州志》，以翰林外调，历江西佥事、广西学政。因母病辞官归家。嘉靖十五年（1536年）以翰林编修兼左春坊左司谏。不久，晋侍读掌南京翰林院，擢南京国子祭酒，穆宗诏赠礼部右侍郎，谥号文裕。《明史》有传。

黄佐生平著作宏富，有《乐典》《泰泉乡礼》《论学书》《论说》《东廓语录》《翰林记》《小学古训》《泰泉集》等。《庸言》是嘉靖九年（1530年）黄佐为母弃官归养，讲学于粤洲草堂，至二十八年罢讲，其门弟子日录所闻而成此书。书名取诸《中庸》“庸德之行，庸言之谨”，庸者常也，盖以圣人之道即为常道。全书分为学道、修德、求仁、游艺、制礼、审乐、政教、事业、著述、象数、天地、圣贤十二类，始之以学道，终之以圣贤。

《续修四库全书》将其收录入子部儒家类。《续编》自明嘉靖三十一年刻本辑录其中精华内容，以为今鉴。

《春秋》传曰："君子有四时，朝以听政，昼以访问；夕以修令，夜以安身。"[①]士之未仕也，朝而受业[②]，昼而讲贯[③]，夕而习复，夜而计过，无憾[④]而后即安。其乾乾而惕也如是。故仕则能勤政，以普施其德。今也，惰则好游，豪则好饮，其所知者，干禄谋食而已。学优而仕难矣哉！

【注释】①语见《左传·昭公元年》。

②受业：跟随老师学习。

③讲贯：讲习，研习，研求贯通。

④憾：悔恨，不满意。

【译文】《春秋左氏传》上说："君子一天有四段时间，早晨用来听取政事，白天用来访问贤人，傍晚用来确定政令，夜晚用来安顿身体。"还没有做官的读书人，早上用来跟随老师学习，白天用来研求贯通，晚上用来加强复习，夜里用来反省过失，如果没有悔恨就可以安歇了。在读书的时候就能这样自强不息、戒慎小心，因此做官就能勤政爱民，广泛布施恩德。今天的人则不然，懒惰的就好游玩，豪气的就好饮酒，他所追求的不过是求官位、谋衣食罢了。能做到学问有余而出来做官的就很少见了。

敬也者，恭之笃于内者也；恭也者，敬之笃于外者也。内外一[①]于恭敬，则身修矣；上下一于恭敬，则天下平矣。尧舜之钦[②]，孔颜之礼，其为恭敬一也。安勉之间耳，钦则诚无不敬，礼则由敬以至于诚。舜之“慎厥身、修思永”，希尧之安。安者也，《大学》《中庸》之“必慎其独”。希舜之身修者也，皆思诚之道也。凡人之患，蔽于一曲③，则暗于大道。《语》曰：“人之生也直，罔之生也幸而免。”④蔽而不解则罔矣。夫蔽于一曲，则犹有通而不蔽之处。自其通而解之，蔽去而全体可复也。镜去其翳⑤则明，水去其壅则流，人能内省而去其疚则直，此又致曲之道也。然则道安在？曰：“始于慎独以修身，终于笃恭而天下平”。

【注释】①一：统一。

②钦：敬佩，恭敬。

③一曲：一隅，一端。

④语见《论语·雍也第六》：“人之生也直，罔之生也幸而免。”

⑤翳（yì）：遮蔽。

【译文】敬是恭内在诚笃的表现，恭是敬外在诚笃的表现。人身心内外统摄在恭敬上，那么修身的功夫就完成了；朝廷上下都统摄在恭敬上，那么天下就安定了。尧舜的钦敬，孔子颜回的好礼，从恭敬的角度来说都是一样的。差别只在安行和勉行之间的不同，钦则由内在的至诚到外在的礼敬，好礼则由外在的礼敬到内在的至诚。舜的“慎其身，思为长久”之道就是希望做到尧的安行。“安”也就是《大学》《中庸》所讲的“一定要做到慎独”。希望达到大舜修身功夫的人，都是在履行思诚之道。一般人的忧患，在于被局限在某种认知当中，对于大道昏昧无知。《论语》上说："人生活在世上应该是正直的，不正直的也能活在世上，但那是他侥幸地免于灾祸。"受到障蔽又不能解除就变得不正直了。如果因认知局限而受障蔽，那么还有使他畅达的办法。从畅达处加以开解，障蔽去除全体的善性就可以恢复了。镜子去掉了遮蔽就能明亮照物，人能自省去除过疚就会正直，这又是致力于一端的办法。那么具体的方法在哪里？回答说："由慎独修身开始，到人人笃诚恭敬天下太平就圆满了。"

问："帝王之学与韦布①异，有诸？"曰："《大学》之教，'壹②是皆以修身为本'，奚为而异也？皋陶之责难③于舜也，身修矣，其思永；傅说之责难于高宗也，道积矣，其念典。学习之谓也。"有朋乎？曰："《诗》云：'之纲之纪，燕及朋友④。'奚为而无朋也？"亦学乎？曰："《书》云：作之君，作之师⑤。故曰'惟学教半⑥。'"

【注释】①韦布：韦带布衣。借指寒素之士，平民。

②壹：皆，一概，一律。

③责难：勉励人做难为之事。

④语见《诗经·大雅·假乐》："之纲之纪，燕及朋友。"

⑤语见《尚书·周书·泰誓》："天佑下民，作之君，作之师，惟其克相上帝，宠绥四方。"

⑥语见《尚书·商书·说命》："允怀于兹，道积于厥躬。惟教学

半，念终始典于学，厥德修罔觉。”

【译文】有人问：“帝王之学与平民之学不同，是这样吗？”回答说：“《大学》上教诲说：‘君臣上下人人一律都以修身作为根本。’怎么会有不同呢？皋陶勉励大舜，慎修身，思为长久之道；傅说勉励殷高宗武丁，积累道德，忆念旧典章程。说的都是学习之道啊。”“这里面有朋友的作用吗？”回答说：“《诗经》上说：‘作规矩准绳，没有比朋友更好的啦。’怎么会没有朋友的作用呢？”“这也属于学吗？”回答说：“《尚书》上说：‘作他们的君主，作他们的师长。’因此才说‘教人是学习的一半’。”

人不可以不知学，亦不可以不知礼。不学则其心蔽而不明，无礼则其心放而不敬。故禹之罪①有苗也，曰“昏迷不恭，侮慢自贤”，蛮夷固无怪其然矣。鲁之闻人②如少正卯者，夫子罪之有五，曰心逆而险，行僻而坚，言伪而辩，记丑而博，顺非而泽。此其所以为闻与？夫礼，主忠信者也，协诸义者也；出辞气，正颜色者也；自卑而尊人者也。言行交际，恒自考焉，实胜而名孚矣。故曰：“质直而好义，察言而观色，虑以下人。”此其所以为达与？天资诡谲，不由礼义，徒窃程朱之谈，掩其利欲之私，好高自是，养成偏性，既负重名，人不敢议。粗者类有苗，奸者类少正卯，如蛮如髦③，为鬼为蜮④，岂不哀哉！

【注释】①罪：归咎，责备。

②闻人：有名望的人。

③语出《诗·小雅·角弓》："如蛮如髦，我是用忧。"蛮、髦（máo）：南蛮与夷髦，古代对西南少数民族的称呼。

④语见《诗经·小雅·何人斯》："为鬼为蜮，则不可得。"蜮：传说中能含沙喷射人影，而使人致病的动物，比喻阴险毒辣的人。

【译文】人不能不知道求学，也不能不知道学礼。不知道求学内心就会蒙蔽不明，不知礼内心就会放荡不敬。因此禹责备有苗说："心智昏昧不知恭顺，行为侮慢自以为是"，边远落后的蛮夷固然不值得责怪为何会这样。鲁国的名人当中像少正卯，孔子就指出了他五项罪过，分别是心忤逆而险恶，行为邪僻而顽固，言语虚伪而善辩，所记怪异而众多，顺从错误言行且加以润饰。这难道就是他"闻"的表现吗？礼，以忠信为主，协和于义之中；注意说话的言辞和口气，使自己的脸色庄重严肃；谦卑处下尊重他人。言行交往，常常自我检查，实质超出虚名就真的名副其实了。因此说："品质正直讲礼义，善于洞察别人的言语，观察别人的脸色，常常考虑如何谦恭待人。"这就是"达"的表现吧？天性狡猾多变，不遵从礼义，平白窃取程子、朱子的学说，用来掩盖自己的谋取利欲的私心，好高骛远自以为是，养成了偏僻的性情，又生负盛名，他人不敢议论。粗俗的类似有苗氏，奸狡之徒类似少正卯，无良小人像蛮髦，象鬼蜮一样阴险狠毒，难道不令人悲哀吗？

修德不讲学不明；讲学不修德不诚。自明诚，则精一之枢也，敬义其基乎？夫得道于心曰德，闻[①]道于圣曰学，舍圣言而宗后儒，则亦无益于得也已。是故学以聚之于博文，问以辨之于师友，宽以居之而涵理义，仁以行之而无利欲，道岂多术哉？然思虑弗一，衣冠弗正，则非礼之动，日玩以为常，心斯放[②]矣。其或貌虽辑于须臾，而自欺之根不拔，则善不善之间，出入无恒，而情因物发，每至昧几而失节。一事之失，一理之亏也，积而万理隳[③]丧，又奚所据以为德哉？必也念念，敬而无失，戒慎恐惧，必慎其独，则"中"矣。事事义之与比[④]，喜怒哀乐发皆中节则"和"矣。由敬尽己之谓忠，推义及人之谓恕，言必由衷而不欺之谓信，行必顾言而无妄之谓诚。诚之与邪，犹粟之有秕。诚立矣，而少缓懈焉，则邪乘之而入，感召万伪，捷于景响，事至物来，困踣随之。故必玩索[⑤]圣人之雅言，而力去非礼，剖析其义之精微，惟恐过与不及。凡其言行必谨而信，常如蒙养之时，则专一而无所移夺。盖秕去则浑然粟矣，邪闲则浑然诚矣，此之谓精一。精一则斋明可以对越上帝，而动容周旋中礼，诚与敬合，不容离畔，得道之验也夫！故曰：履坤之基，运乾之枢，道学以入其门。自修以正其居，恂栗主于其中，威仪见于其隅，惟上达之至也，故与天地合德，而不坠于高丘。

【注释】①闻：听闻。

②放：放纵，任由。

③隳（huī）：毁坏，损毁。

④比（bì）：亲近，紧靠，相并。

⑤玩索：体味探求。

【译文】只修德不讲习所学就不明达，只讲习不修德所讲就不诚笃。自明而诚，就是精一的枢纽，敬以直内、义以方外就是它的根基吧？道得之于心称为德，闻道于圣人称为学，舍弃圣人言论而尊崇后儒，那么这样寻求就无益于得到了。因此，以学习来积累知识而博文，以多问明辨是非而取法师友，以宽容存心而涵容义理，以仁心行事而熄灭利欲心，求道难道会有过多的方式方法吗？然而思虑不专一，衣冠不整齐，那么就有非礼的举动，日常轻忽习以为常，心就会放纵了。有的表面上即使短时间内能收敛，但是自欺欺人的病根并没有拔出，那么就在善和不善之间，来回出入没有常性，而七情趁着物诱而萌发，每每导致因为昧于微小的苗头而丧失大节。由一件事的失误，一个理的亏缺，积累起来就会万理损毁，又怎么能够以此来作为德的依据呢？一定是心心念念，恭敬而没有过失，戒慎恐惧，一定坚持慎独，就达到“中”了。事事符合道义，喜怒哀乐各种情绪发作都符合节度就达到“和”了。从敬入手尽己之性就是忠，推己及人就是恕，言必由衷而不欺称为信，行必顾言而无妄称为诚。诚与邪，就像粟米里面有秕糠一样。诚立起来了，稍微有缓慢懈怠，那么邪也就趁虚而入，感召各种各样的虚伪，比影子与回响还要迅捷。事物到来时困顿跌倒就会随之而来。因此应当体味探求圣人的正言，而着力去除非礼之举，剖析其中义理的精微之处，惟恐太过或不及中道。凡是言行一定要谨慎而诚信，常常像儿童时期，那么就会心志专一而不会被外物所强行改变了。秕糠去除后就全体是粟米了，邪恶被防卫住就全体是诚了，这就是所说的精一。精一就斋明盛服可以感通上天，而动容周旋与礼相合，诚与敬合一，不容分离，这就是得道的效验吧！因此说："践履坤德之基，运转乾德之枢，就能进入道学之门，以修身来端正居处，以恐惧战栗来存心行事，威仪显现于一言一行中，惟有上达到这种境界，才能与天地合德，且不会从高危处坠落下来。"

溺声色者必弃礼，嗜货利者必悖义。此成汤之不迩不殖①，必制事制心②也。三风十愆以训蒙士③，大氐④皆声色货利尔，反诸身以立教，舍礼义则欲恶乎制？然则明物察伦，由仁义行，舜其无欲者乎？曰：一者，无欲也，一于理义则无欲矣。岂若缁黄之流，捐资产，绝家室者哉？是故八音克谐，二女厘降⑤，声色之一于理义者也；耕稼陶渔，牛羊仓廪，货利之一于理义者也。苟于理义少有违焉，则迩且殖矣。是故非其有而取之谓之盗，非其偶而乱之谓之淫。"慢藏诲盗，冶容诲淫"⑥，知礼义者，岂为之哉？齐宣王，富贵人也，犹曰有疾；今之犯风愆、殉货色者，乃以为当然，何也？斯疾也，曷由而疗？曰：畏圣言，友忠直。

【注释】①不迩不殖：语见《尚书·商书·仲虺之诰》："惟王不迩声色，不殖货利。"

②语见《尚书·商书·仲虺之诰》"以义制事，以礼制心。"

③三风十愆：三种恶劣风气，所滋生的十种罪愆。指巫风二：舞、歌；淫风四：货、色、游、畋；乱风四：侮圣言、逆忠直、远耆德、比顽童，合而为十愆。语见《尚书·商书·伊训》。蒙士：浅学无知之士。

④大氐：大抵，即大都。

⑤二女厘降：语见《尚书·尧典》："厘降二女于妫汭，嫔于虞。"孔传："降，下嫔妇也，舜为匹夫，能以义理下帝女之心。"段玉裁撰异："厘，整治之意；降，下也，整治下二女于妫汭。"

⑥语见《周易·系辞上》。

【译文】溺于声色的人必然会废弃礼文，嗜好货利的人必定会悖离道义。这就是成汤"不近声色，不殖货利"，一定要"以义制事，以礼制心"的道理。用"三风十愆"来训诫浅学无知之士，大多数人都是声色货利之徒，要从修身来建立教化，如果舍弃礼义那么私欲又如何控制呢？可是明于政务、详察人伦、循仁义而行的大舜难道是无欲的吗？回答说：统摄就是无欲，统摄于道德规范中就无欲了。难道会像僧道之类，捐弃资产，灭绝家室那样做吗？因此，在舜的治下八音能够调和，身为匹夫能以义理降服帝女之心，是声色统摄在道德规范中了；耕地、种田、制陶、打渔、筑仓库、养牛羊，是货物财利也统摄在道德规范中了。假设对道德规范有少的违背，就会接近女色、经营财货了。因此，把不是自己本该拥有的取来就称为盗，跟不是自己的配偶乱情就称为淫。"收藏财物不慎诱人偷窃，女子打扮妖艳会诱人调戏。"懂得礼义的人，难道会这样做吗？

齐宣王是富贵的国君，尚且说自己有毛病；当今破坏社会风气、滋生各种罪过、贪求财货美色的人，却认为理所当然，这是什么缘故呢？这种毛病，怎样才能救治呢？回答说：敬畏圣人之言，结交忠恕有道之人。

人有言曰：无口过易，无身过难；无身过易，无心过难。何如则可以无过矣？曰：心过莫大于克伐怨欲，身过莫大于放辟邪侈[②]，言过莫大于诐淫邪遁[③]。三者交作，虽欲改诸，曷从而改诸？心过，根也；身口之过，枝叶也。人能常除其私意，则大过之根拔矣。子绝四：毋意、毋必、毋固、毋我[④]。盖诚意不可无，私意不可有。夫子所以圣者，绝心过之根故也。心过之根绝，则邪闲而诚自存，乾道[⑤]在我矣。故曰：学《易》可以无大过。

【注释】①克伐怨欲：指好胜、骄傲、忌刻、贪婪四种恶德。语见《论语·宪问第十四》。

②放辟邪侈：指肆意作恶。放、侈：放纵；辟、邪：不正派，不正当。语见《孟子·梁惠王上》。

③诐淫邪遁：语见《孟子·公孙丑上》："诐辞知其所蔽，淫辞知其所陷，邪辞知其所离，遁辞知其所穷。"

④语见《论语·子罕第九》。

⑤乾道：天道，天命。

【译文】有人说：没有口过容易，没有身过难。没有身过容易，没有心过难。怎样才可以无过呢？回答说：心过没有比好胜、骄傲、忌刻、贪婪四种恶德更大的啦，身过没有比肆意作恶更大的啦，言过没有比偏颇、过激、邪曲、躲闪的言论更大的啦。三者交相发作，即使想去改正，从哪里去改呢？心过，是总根；身过、口过，是枝叶。人如果能常常去除自己的私心，那么大过的根就拔除了。孔子杜绝了四种毛病：不凭空臆测、不武断绝对、不固执拘泥、不自以为是。诚意不可无，私心不可有。孔子之所以成为圣人，是因为他已拔除了心过的根。心过的根拔除之后，那么邪恶就受到了防范、诚实得到了保存，那么天命的主宰就在我自己了。因此说，学《易》可以避免大的过失。

问政教。曰："政者，正也。人君正心以正朝廷，正朝廷以正百官，正百官以正万民，四方远近莫敢不一于正是也。教者，孝也。天之经也，地之义也，民之行也。以孝事君则忠，以孝事长则顺，推而放诸四海而准[①]是也。合而一之，正心是亦为教也，孝友是亦为政也。其本诸心之所同然者乎？涵蓄理义日深，则应事及物，无非达德达道[②]之推，于政教乎何有？"

【注释】①推：扩充；扩展。四海：古人认为中国四境有海环绕，故称全国为"四海"；准：准确。比喻具有普遍性的真理到处都适用。

②达德：智、仁、勇称为三达德。达道：君臣、父子、夫妻、兄弟、朋友称之为五达道。

【译文】有人问行政与教化的异同。回答说："所谓政，其实就是正啊。君主通过修正己心来修正朝廷，通过修正朝廷来修正百官，通过修正百官来修正百姓，那么四方远近就没有敢不统摄于正的了。所谓教，就是孝啊。孝道犹如天上日月星辰的运行，地上万物的自然生长，天经地义，乃是人类最为根本首要的品行。用孝来事奉君主就是忠，用孝来事奉长辈就是顺，以此推广到天下没有不适用的。如果将政教合二为一，修正内在也是教化，孝亲友爱也是为政。都是根据内心相同的东西吧？涵泳蓄积理义日深，那么用来应对事物的时候，都无非是三达德、五达道的扩充而已，对于行政与教化来说又有什么困难的呢？”

为政必有纲纪，而重农桑学校，使民得以衣食，而知事亲从兄，丧祭有礼，则四海不至于困穷矣。后世王道不行，不复以生民为念，徒知敛财之巧，不知生财之道；徒欲防人之欺，不知养人以善；徒患法令之难行，不知法令无可行之纲。事上则谄，犹淫娄妇也；取民则虐，犹饿豺狼也。狗彘餍人之粱肉，土木被人之文绣，犹嗛[①]以为奉己薄也。计利锱铢，视父母兄弟甚于寇仇，而民之斁伦者必刑焉。科条虽严，谁则从之？学校虽设，谁则化之？盖自周末而已然矣。夫今之稽古[②]，言圣君必曰尧舜，言贤相必曰稷、契，岂真古人终不可及哉？天道好生而不私，尧、舜顺承天道，亦好生而不私。稷播百谷，契敷五教，又体尧舜之心，以生此民也。民乐其生，昭明时雍[③]，若纲在纲，有条而不紊。德其万方之纲乎？有纲则九族、五典之纪以叙而理矣。予故曰：治其本厚其伦也。

【注释】①慊（qiàn）：不足。

②稽古：考察古事。

③昭明时雍：语见《尚书·尧典》："百姓昭明，协和万邦，黎民与变时雍。"昭明：光明，显著。时雍：犹和熙，指时世太平。

【译文】推行政事一定要有纲纪，并且重视农业生产和学校教育，使百姓衣食供给得以满足，并且懂得孝事双亲顺从兄长，丧事和祭祀都有礼度，那么天下就不至于困穷了。后世王道不能推行，不再以人民为念，只知道敛财的技巧，不知道生财的方法；只知道防备别人欺骗，不知道以善养民；只担忧法令难以推行，不知道法令没有可行的纲领。事奉君上就谄媚，就像淫荡的妇人；攫取民财就严苛，就像饥饿的豺狼。君王养的猪狗吃着人吃的美食，宫室上披挂着人用的华美刺绣，还不满足的以为自己的供奉微薄。计较小利，把父母兄弟看作仇人一样，可是对于百姓败坏伦常的行为必加刑罚。法令条文虽然严苛，谁会听从呢？学校即使开设了，谁能化导呢？大概从周朝末年已经这个样子了。现今考察古事的人，说到圣君一定会说尧舜，说到贤相一定会说稷、契，难道真的是古人难以企及吗？天道好生而不存私心，尧、舜顺承天道，也是好生而不存私心。后稷播种谷物，契广施伦常教化，善于体会尧舜的用心，以养教百姓，百姓喜悦于这种教化，显著地友好和睦起来，就像把网结在纲上，才能有条理而不紊乱。道德就是万方的总纲吧？有总纲那么九族、五伦就能按次第得以治理。我因此说治理的根本在于敦厚伦常的教化。

人君致治之道，取诸乾坤而已矣。刚而有为，不始勤而终怠，故曰“天行健，君子以自强不息”。宽而有容，不记过而遗功，故曰“地势坤，君子以厚德载物”。天下之贤，焉得人人而知之？惟论一相，使简九卿，各自择其属，举其所知以效于上，则无遗贤矣。故曰：“乾以易知。”天下之政，焉得事事而亲之？惟委任于相，相分任百司，而责其成功，则无稗政①矣。故曰：“坤以简能。”上以论相为职，相道得而万事理，甚矣，论相之难其人也！

【注释】①稗（bài）政：不良的政治措施。

【译文】人君安定天下的大道，不过是取法乾坤而已。刚健而有为，不始勤终怠，因此说：“天行健，君子以自强不息。”宽厚而有容量，不记过错也不遗弃功业，因此说：“地势坤，君子以厚德载物。”天下的贤人，怎么会人人都了解呢？只在于丞相一职，令他简选九卿，九卿再各自简选下属，推举他们所知道的贤人来效力于人君，那么就不会有遗漏贤人了，因此说：“乾道容易让人了解”。天下的政事，怎么可以事事亲力亲为呢？只有委任给丞相，丞相再分任百司，并且督导他们早日完成，就没有不良的政治措施了，因此说：“坤道以简成物”。人君以评定丞相为职责，用相之道得宜那么天下万事都能各得其所。太难啦，评定丞相真是难得其人啊！

《书》曰：“知人则哲，能官人。”尝考帝尧之所以知人者有四焉：一曰嚚讼，以知胤子朱；二曰象恭，以知共工；三曰方命圮族，以知鲧；四曰克谐以孝，以知舜。舜之见知，以德行也；朱与共工之见知，以言貌也。进贤退不肖，万世师之。惟鲧则曰：异哉，试可乃已。治水弗绩，岂非知鲧有子禹，终为之成与？此所谓惟帝其难也！后世铨衡身言书判①之法，犹以言貌取人，而孝廉贤良之科则废矣。然则侧陋有舜复出，曷从而举之？吾以为科试之后，举其中有德行者，不次擢焉，则天下不贤者劝矣。自非圣君贤相出于至公，则天下乌乎服？亦惟豫以善养人可也。

【注释】①铨衡：考核，选拔。身言书判：唐选官时考核的内容。唐士子通过礼部试，进士及策后，不直接授官，须再通过吏部选官一关。先试收判，书楷法遒美，判文理优长为合格；试而后铨，察其身言，身必体貌丰伟，言须言辞辩正。四者合格，再经注（询问所能，拟定何官）、唱，方由吏部上于尚书仆射，由仆射转门下省反复审核。

【译文】《尚书》上说：“能够知人的就是圣哲，这样的人才会用人得当。”我曾经考察帝尧所具有的知人之处有四点：一曰奸诈而好争讼，以此知嗣子丹朱；二曰貌似恭敬，以此知共工；三曰逆命毁族，以此知鲧；四曰以孝和家，以此知舜。舜被了解，是从德行；丹朱与共工被了解，是从言语和外貌。进用贤人斥退不肖的人，世世代代被人效法。惟有说到鲧时四岳建言说：不一定这样，试一试可以再任用他。治水没有成效，难道是知道鲧有儿子禹，最终可以完成吗？这就是所说的即使帝尧也不容易做到啊！后世有身言书判的选拔方法，尚且以言语外貌选拔人才，可是举孝廉、贤良方正等这类科目却废弃了。那么僻陋之处假如有舜这样的圣人再次出现，又从哪里举用他呢？我以为科举考试之后，举用其中有德行的人，不按常规来加以提拔。那么天下不贤的人就会受到劝勉了。如果不是圣君贤相出于大公，那么天下怎么会悦服呢？也只有豫先以善教天下百姓就可以了。

端天下之本存乎德，治天下之事存乎才。才者，德之资也；德者，才之帅也。三皇五帝以至禹汤，其君臣未有不全尽者也。至于有周，文王之德之纯，非无才也；缉熙敬止，其德著矣；周公之才之美，非无德也；制礼作乐，其才著矣。孔子闻而知之，是故兼尽人见，天厚其德而兼有乎才。故曰："固天纵之将圣，又多能也。"司马公曰："才德兼尽谓之圣人，才德俱无谓之愚人。德胜才谓之君子，才胜德谓之小人。"其论是矣。又曰："聪察强毅谓之才，正直中和谓之德。"则是误以德为才矣。吾则曰："德之全者，大而化之，合五常而成一德；才之全者，化而裁之，通六艺而贯三才，然后才德辨矣。非吾孔子，其孰能与于此？"或曰：古圣人才德之全，天地中和之至也。后世则智愚贤不肖，有难辨者。有人于此，饮酒淫色，不修厥行，可谓不肖矣，然而言词敏给，技艺巧伪，使之临政治民，剖断如流[①]，毋乃近于智者过之乎？有人于此，言行谨敕，绳趋尺步[②]，众莫不贤之。然而言词钝拙，技艺毕陋，使之从政治民，智识昏暗，不能剖断，则又类愚者之不及也。由前言之，才胜德者也，虽适用而终败；由后言之，德胜才者也，虽无用而免咎。然则才德如之何其可以兼尽也？曰：学于古训以致知，则才日长矣；笃于自修以诚身，则德日进矣。德与诚立，则天下之本端；才与诚合，则天下之事治。

【注释】①剖断如流：剖断：分析，解决。如流：如同流水一般。形容办事极为敏捷。

②绳趋尺步：比喻人的举止动作都合乎法度。

【译文】端正天下的根本在于德行，治理天下的事务在于才能。才是德的凭借，德是才的统帅。三皇五帝以至禹汤，他们君臣没有不德才兼备的。到了周代，“文王之德之纯”，并非说他没有才能，“缉熙敬止”，说的是他的德行显著；“周公之才之美”，并非说他没有德行，“制礼作乐”，可见他的才能卓著；孔子是闻而知之的圣人，因此兼有这些圣人的优点，不但厚德并且兼有才能，因此说：“这是上天让他成为圣人，而且使他多才多艺。”司马光说：“才德兼备称为圣人，才德俱无称为愚人，德胜才称为君子，才胜德称为小人”。他的论述是对的。又说：“聪察强毅称为才，正直中和称为德”，这就是误以德作才了。我说：“德的全部，大到可以教化天下，综合五常之行而统摄于德；才的全部，随事物变化而相裁节，通达六艺贯穿三才，然后才德就可以分辨清楚了。如果不是我们的先师孔子，谁能做到这些呢？”有人说：古代的圣人才德兼备，是天地中和之气的极致。后世则智、愚、贤、不肖混杂，人们很难辨别清楚。有的人，饮酒好色，不修德行，可以说是不肖的人了，可是他言词敏捷，技巧才艺巧妙迷人，让他去从政治理百姓，办事干练，不就像偏离中道的聪明过头的人吗？有的人，言行谨慎，举止动作合乎法度，大家没有不赞叹他的，可是言词迟钝笨拙，技巧才艺鄙陋不堪，让他去从政治理百姓，智慧和见识都昏暗不明，不能解决实际问题，就又像不及中道的愚人。由前面的例子来说，属于才胜德的情况，即使适用一时可是终究会败落；由后面的例子来说，属于德胜才的情况，即使没有用处可是终究会免除灾祸。可是才和德如何可以兼得呢？回答说：通过学习古训来明白善恶吉凶的规律，那么才能就会不断增长；通过加强自身修养来以诚立身行事，那么德行就会不断进步。德与诚树立起来，那么天下的根本就端正了；才与诚结合起来，那么天下的事情就得到治理了。

人君未尝不好治而恶乱，亦未尝不欲用君子而去小人。然访之左右，未必不如齐人之誉阿大夫①也；访之百官，未必不如八司马之誉王叔文②也；访之元老大臣，未必不如张禹之党王凤③也；访之耳目言官，未必不如刘栖楚之党李逢吉④也。遂使人君聪明惑乱，心无所主，君子将用而复舍，小人将舍而反用，于是天下祸乱，始起于偏信之私矣。秦二世信赵高，天下溃叛而不得闻；梁武帝信朱异[⑤]，侯景向关而不得闻；隋炀帝信虞世基[⑥]，贼遍天下而不得闻。故人君兼听则明，偏信则暗。唐虞“辟四门，明四目，达四聪[⑦]”，虽有共鲧，不能蔽也。“静言庸违[⑧]”，不能惑也。彭公韶曰：“时御午朝，与九卿商确大政。”其亦兼听之道与？

【注释】①阿大夫：齐威王时，阿地大夫用厚币贿赂齐王左右以求赞誉，后被烹杀。事见《资治通鉴·周纪一》。

②八司马：指当时支持王叔文改革的韩泰、陈谏、柳宗元、刘禹锡、韩晔、凌准、程异、韦执谊等八人，先后贬为边远八州司马，故称八司马。王叔文：越州山阴（今浙江绍兴）人。唐朝中期政治家、改革家。

③张禹：字子文，河平四年（前25年），代王商任丞相，封安昌侯。王凤：字孝卿，西汉外戚、权臣。

④刘栖楚：初为镇州小史。王承宗荐于李逢吉，擢右拾遗。李逢吉：字虚舟，陇西姑臧（今甘肃省陇西县）。排挤名臣裴度，结交权阉王守澄，成为牛李党争中“牛党”代表人物，累官尚书右仆射，封凉国公。

⑤朱异：南朝梁吴郡钱唐（今浙江杭州南）人，字彦和。太清元年（547年）主张纳东魏降将侯景，又主与东魏和议，激成侯景之乱。建康被围，惭愤病死。

⑥虞世基：字懋世，会稽余姚。隋末大乱，唯诺取容，不敢忤帝，为时人所讥。

⑦辟：开辟，打开。语见《尚书·舜典》。

⑧静言庸违：语见《尚书·尧典》。孔传：“静，谋。”语言善巧而行动乖违，犹言口是行非。商确：又作“商榷”，商讨，斟酌。

【译文】人君没有不喜欢安定而厌恶混乱的，也没有不想任用君子而弃用小人的。可是访察身边的人，未必不像齐国人交口称誉阿地大夫那样；访察百官，未必不像八司马称誉王叔文那样；访察元老大臣，未必不像张禹党附王凤那样；访察监官和谏官，未必不像刘栖楚党附李逢吉那样。于是让人君的耳目迷惑淆乱，心中没有主宰，君子将被用而复舍，小人将被舍而反用，于是天下的祸乱，就起始于偏听偏信的私意。秦二世信任赵高，天下有溃叛却不得而知；梁武帝信任朱异，侯景临近关城却不得而知；隋炀帝信任虞世基，反乱遍布天下却不得而知。因此，人君多方面听取意见就能明辨是非，单听信某方面的话就愚昧不明。尧舜大开四方之门，广开耳目，听取民间呼声，防止耳目闭塞，即使有共工、鲧这样的人，也不能蔽塞圣听。他们表面恭敬内心轻慢，也不能迷惑圣听。彭公韶说：“皇帝中午登朝，与九卿商议国家政务”，这也是兼听之道的一种吧？

天道至大而无外，本天之大以修道，故宽，宽则得众；天德至诚而无妄，本天之诚以立德，故信，信则人任焉；天行至健而无息，本天之健以笃行，故敏，敏则有功；天理至明而无私，本天之明以顺理，故公，公则说。弘者，宽之本也；毅者，敏之本也；敬者，信之本也；义者，公之本也。

【译文】天道至大无外，依据天的广大来修道，因此宽厚，宽厚就会得到民众的支持；天德至诚没有虚妄，依据天的至诚来立德，因此信实，信实就会得到别人的信任；天的运行刚健没有止息，依据天的刚健来笃行，因此勤敏，勤敏就会有功绩；天理至明没有私心，依据天的至明来顺理，因此公正，公正就能使百姓悦服。弘大是宽广的根本，强毅是勤敏的根本，庄敬是信实的根本，道义是公正的根本。

帝王之政，导民之性，因民之情，阜民之利，去民之害，民知上之为我也，相率而徙之，其治不劳而成，其教不言而化。《泰》之象曰："天地交，泰。后以财成天地之道，辅相天地之宜[①]，以左右民。"财成以制其过，辅相以补其不及。非执中与九二，则简在之臣，承君首也，上下志同而成德业。故其繇[②]曰："包荒，用冯河，不遐遗朋亡"。盖以宽为本，公为用，而信敏行焉，保泰之道也。皋陶知人安民之谟，禹实用之，故籥俊尊上帝[③]，迪知忱恂于九德之行[④]，岂非见而知之之同乎？自是，成汤聿求元圣[⑤]，用伊尹曰"上天孚佑下民[⑥]"；武王既获仁人，用太公望曰"承上帝，遏乱略[⑦]"。盖民之罪过由己，臣之简在由天。善者富之，仁者尊之，凡以奉天惠民，达于上下，而形体之运，主宰存焉，天人本一故也。自典礼之施言之，谨权量则取之有制，审法度则齐之有揆，修废官则治之有人。仁政行而不为徒善，国灭则兴之，世绝则继之，逸民则举之，仁心洽而不为徒法，其覆天下也犹天也。于是四海之民，食以养生，丧以慎终，祭以追远，无有困穷者矣，而天禄亦以永绥，此谓执中遍天下，故曰："包荒，得尚于中行，以光大也。"

【注释】①后：指君主。财成：裁成，谓裁度以成之。财，通"裁"。辅相：辅助参赞。

②繇：通"籀"，古时占卜的文辞。

③籲俊尊上帝：语见《尚书·立政》。孔颖达疏："招呼贤俊之人，与共立於朝，尊事上天。"蔡沈《集传》："当王室大强之时，而求贤以为事天之实也。"

④迪知忱恂于九德之行：语见《尚书·立政》。孔传："禹之臣蹈知诚信于九德之行。"蔡沈集传："忱恂者，诚信而非轻信也。"

⑤聿求元圣：语见《尚书·汤诰》："聿求元圣，与之戮力。"孔传："大圣陈力，谓伊尹。聿，遂也。"

⑥上天孚佑下民：语见《尚书·汤诰》："上天孚佑下民，罪人黜伏。"孔传："孚，信也。天信佑助下民。"

⑦承上帝，遏乱略：语见《尚书·武成》"予小子既获仁人，敢祇承上帝，以遏乱略。"孔传："略，路也。言诛纣敬承天意，以绝乱路。"蔡沈集传："略，谋略也。"

【译文】帝王行政，引导民众的善性，因循民众的情感，增加民众的财富，去除民众的祸患，民众知道君主都是为了自己好，就会相继改变意念而追随，那么治理就不用费力而由成效，教育就会不用言说而自化。《泰卦》的象传上说："天地阴阳二气升降相交，顺畅通达。君主这时要掌握时机，善于裁节调理，以成就天地交合之道，促成天地化生万物之机宜，护佑天下百姓，使他们安居乐业。”通过裁节调理来制约其过，辅佐匡助以补其不及。如果不是执守中正的九二当位，那么所简选的大臣，就不能承继君首的位置，君臣上下就不能志同道合成就德业。因此对应的爻辞说：“包容八荒，徒步涉河，不遗失偏远之地的朋友。”讲的是以宽厚为本，以公正为用，而信实、勤敏行乎其中，这就是保泰之道啊。皋陶有知人安民的谋略，大禹真正实行了它，因而招呼在外贤俊，与他们共立朝堂、尊事上天。禹的大臣确信他能行九德之行，难道不是见而知之的同道吗？从此以后，成汤于是访求大圣，任用伊尹时说：“上天辅佑下民”；武王在访得仁德之人后，对太公望说：“敬承天意，以绝乱路”。百姓有过失君主要反省自身，大臣的简选由君主察知。对待善人要让他富足，对待仁人要加以尊崇，凡事以尊奉天命、惠利百姓为宗旨，使之通达于朝野上下。形体的运行，也有它的主宰，这是由于天人本来一体的缘故啊。从典礼的施行来说，谨慎地审定度量衡，所取就会有成法可循；审察礼仪制度，那么秩序就有不会紊乱；把废弃的官职制度重新修立起来，那么治理就有了人才可用。仁政的推行不能仅依靠善德，已灭的诸侯国要复兴它，已绝祀的贤卿大夫为他们立后，隐逸的人才就要举用他们，仁爱之心的广施不能仅仅依靠法令，其所覆盖的范围就像天一样广阔。于是，天下的百姓，用食物来保养身体，用丧礼来尽其哀痛，用祭礼来尽其敬悼，天下没有了困穷，那么天所授与的禄位也就会永保不失了。这就是所说的执守中道遍行天下，因此说：“包容八荒，以中正为行为准则，这说明九二的道德广大。”

学者必先知所止，知所止则可以入道，依依然莫知所之，而望至圣贤之域，难矣。

【译文】学者学习圣贤大道一定要先知所止，知所止就可以入道了。如果无所适从不知方向，而希望达到圣贤的境地，也就太难了。

薛子庸语

【提要】《薛子庸语》，明薛应旂撰。

薛应旂（1500—1575年），字仲常，号方山，今江苏常州人。嘉靖十四年（1535年）进士，曾任慈溪知县，官南京考工郎中。因对严嵩不满，被贬为建昌通判、浙江提学副使，后任陕西按察司副使。嘉靖三十五年（1556年）被严嵩将其罢归。归居后，专事著述。主要著作有《宋元资治通鉴》《考亭渊源录》《甲子会记》（附《续甲子会纪》）《四书人物考》《高士传》《薛子庸语》《薛方山纪述》《宪章录》《方山文录》《浙江通志》等。

《薛子庸语》是薛应旂讲学语录的汇编，由其门人向程为之音释。据向序，此书自题“薛子庸语”，意指书中皆为平常之言，无高奇之论。全书共十二卷二十四篇。行文模仿《论语》，每篇摘录篇首二字为篇名，每章前面都有“薛子曰”。《四库全书总目提要》列入子部儒家类。《续修四库全书》收录此书。

《续编》根明隆庆三年刻本辑录其中《古之》《为学》《世一》《问文》《君子》《时化》《春秋》《处俗》《赏罚》《易简》《设官》《箪瓢》《伊尹》《论性》《立言》《大象》《神农》《世治》《操行》等篇中的精华。

古　之

薛子曰：大人者，与天地合其德，与日月合其明，与四时合其序，与鬼神合其吉凶。君子“为天地立心，为生民立命，为往圣继绝学，为万世开太平”①。今之所谓大人君子，有是心乎哉？

【注释】①此四句为北宋大家张载的名言，表达了一个人对国家，对社会的担当和使命。当代哲学家冯友兰将其称作“横渠四句”。由于其言简意宏，一直被人们传颂不衰。

【译文】薛子说：大人，他的德行和天地一样能够广被四方，承载万物，他的智慧如日月之光明一般可以破除一切的愚痴和暗昧，他的行事如四季按时轮转一般先后有序不会有丝毫的差错，他对吉凶祸福的把握也和鬼神的存在一样深契因果之理，精妙入微。一个修德的君子，要有“为天地立心，为生民立命，为往圣继绝学，为万世开太平”的志向，现在的大人君子，有这样的心志吗？

薛子曰：学者为人，而天下无实学矣；仕者为己，而天下无善政矣。

【译文】薛子说：学习圣贤之道如果不能首先改变自己，

破除内心的物欲私情，诚意正心，却幻想着可以用来改变别人，那么天下就没有真正的学问了。为官之道在于造福一方，如果做官的人不能抱同胞物与之怀，悲天悯人之志，动不动就打自己的小算盘，在名利面前患得患失，那么天下就没有真正值得称道的政治了。

薛子曰：学而好名，则议论多而不近天理，不可以继往而开来也。仕而好名，则法令滋而不近人情，不可以任重而经远也。是故君子贵于务实，务实则德可久而业可大矣。

【译文】薛子说：做学问的人如果对外在的虚名不能看破放下，就会执着于文字言辞的华美，议论虽多但却已远离了大道至简，返朴归真的根本宗旨，这样的学者是不能够继承前圣而开启来学的。做官的人如果对外在的虚名不能看破放下，就会不断地标新立异，政令频颁但却已背离了仁者清心寡欲，安民而不扰民的基本原则。这样的官员是不可以承担重任而谋划大事的。因此君子贵在讲求务实，讲求务实就可以成就可久的德行和广大的事业。

为 学

薛子曰：几也者，君子之所惧也。审几者贤，见几者圣，知几者神。

【译文】薛子说：几，是事物发展的细微预兆，是君子之所以恐惧的。能够谨慎对待事物的细微变化的人是贤人，从一开始就能够看出事物细微变化的人是圣人，能够预知事物细微变化的，就算得上神人了。

薛子曰：缓行徐言，不可遽[①]谓之德也；多能办事，不可遽谓之才也。

【注释】①遽：遂，就。

【译文】薛子说：一个人言行谨慎迟缓，不能够因此就判定说他有德行；一个人很有能力懂得办事，不能够因此就说他有贤才。

薛子曰：君子于天下，谈不如见，亿[①]不如历。

【注释】①亿：预测。

【译文】薛子说：君子对于天下的大事，空谈不如亲眼一见，凭空想象不如亲自经历。

薛子曰：《尚书》纪[①]帝王也，《春秋》纪伯也。王降而伯，德降而力，礼降而政，斯天下多故矣。

【注释】①纪：通“记”，记录，记载。

【译文】薛子说：《尚书》是记载帝王之事的典籍，《春秋》是记载霸主之事的典籍。由王道降为霸道，由以德服人降为以力服人，由礼教化民降为以政令治民。如此一来，天下便进入多事之秋了。

薛子曰：夫道也者，可以兼善天下，可以独善其身，非时势之所能拘也，非方所之所能限也。彼拘且限者，其于道也远矣。

【译文】薛子说：通达天地大道的人，可以选择造福天下百姓，也可以选择独善其身，不是时势的变化所能制约的，也不是所处方位、地理位置的改变所能制约的。那些受到限制和约束的人，他们之于天地的大道，还是相隔得太远了点啊。

薛子曰：唯天下之至愚者为能智，唯天下之至讷[①]者为能辩，唯天下之至怯者为能勇。

【注释】①讷：语言迟钝。

【译文】薛子说：只有天下最愚笨的人才能成为智者，只有天下最不善言谈的人才能成为最好的辩士，只有天下最怯弱的人才能最勇敢。

薛子曰：闻圣人之言而不能会通，腹心之疾也；行先王之政而不能达变，民物之忧也。

【译文】薛子说：听闻圣人的言论而不能融会贯通，这才是一个人内心的疾病所在；实行先王的仁政而不能通达权变，这才是天下百姓的忧患所在。

世　一

薛子曰：世一易则习一变，贤一出则论一新，必也折之仲尼，斯其为定则矣乎！

【译文】薛子说：经历一次改朝换代，社会习俗就会随之发生改变；新一代的贤人一旦出现，学术言论也会随之一新。但是，这种改变一定要从孔子那里找到依据，才可以成为某个特定时期的法则。

薛子曰：经者，律之本也；律者，经之推也。经以用律，无废道矣；律以行经，皆良法矣。彼闲①于法者，常弃经以为腐；专于经者，率薄法以为俗，其亦勿思甚矣。

【注释】①闲：限制，约束。

【译文】薛子说：圣贤经典，是制定法律的根本。律法是从经典中推演出来的。把经典中的义理运用到律法之中，天下就没有被废弃的大道。法律能够让经典中的大道得到落实，那就是好的法律。那些主张用律法来约束人的，常常抛弃经典，认为经典太迂腐；那些一心学习经典的人，又都轻视法律，认为这样太庸俗。这是没有真正用心思考过啊。

薛子曰：君子不知《风》不足以成俗，不知《雅》不足以立政，不知《颂》不足以敦化。

【译文】薛子说：君子不懂得《国风》，就不足以成就良善的社会风俗，不懂得《雅》就不足以树立正确的政教，不懂得《颂》就不足以仁爱敦厚，化生万物。

薛子曰：人子之事亲也，显亲为上，其次悦亲，其次养亲，其次荣亲，其次逸亲。逸者，力可能也；荣者，贵可能也；养者，富可能也；悦者，贤可能也。非德为圣人，其孰能显亲哉？

【译文】薛子说：人子事奉父母双亲，最上等的是能够让双亲名扬天下，其次是让双亲心情愉悦，其次是能够奉养双亲，其次是能够让双亲得到荣耀，其次是让双亲生活安逸。让双亲安逸，通过体力就能够实现；让双亲荣耀，通过自身的显贵可以实现；让双亲得到安养，通过家境的富裕能够实现，让双亲心情愉悦，贤人能够做到。除非自己的德行能够和圣人一般，谁能够做到让双亲名扬天下呢？

薛子曰：经，所以治身也，亦所以治人也；律，所以一民也，亦所以一己也。故治经者要于适用，治律者要于求中。

【译文】薛子说：经典，是用来治身的，也是用来治人的；律法，是用来规范民众行为的，也是用来规范自己行为的。所以，治经的要点在于适用，治律的要点在于符合中道。

薛子曰：治世之教也，上主之，故德一而俗同；季世之教也，下主之，故德二三而俗异。

【译文】薛子说：治世的教化，是有在上位的人主导，所以民众的德行统一而风俗相同；衰乱之世的教化，由在下位的人主导，所以大家都各行其道，而风俗各异。

薛子曰：良臣于君，尽心而已尔，不以远近异其忠；贞士于友，尽心而已尔，不以从违贰其信。

【译文】薛子说：良臣事奉君主，只是一个尽心而已，不会因为君主对自己的疏远或是亲近有所不同而改变他的忠心；贞士与友相处，也只是尽心而已，不会因为对方对自己是顺从或者违逆而改变自己对他的诚信。

问 文

或问：文本诸行乎？达诸政乎？薛子曰：然。吾闻之，其行敦者，其文实以切；其政平者，其文简以明；其行与政矫而谲者，其文夸诐而支离。

【译文】有人问：文品的基础是人品是吗？文风的转变和政教是相通的吗？薛子回答说：是的。据我所知，人品敦厚的人，写出来的文章朴实厚重并且切合实际；政治清明，天下太平之时，文风崇尚简朴明了；人心失德，政令失道，文字也就随之而转向浮夸、邪僻，不成体统。

薛子曰：文以载道也，道以经世也。靡辞不足以阐幽，冶辞不足以适治，游辞不足以贲俗，艰辞不足以辨理，故曰：辞，达而已矣。

【译文】薛子说：文章是用来承载大道的，大道是用来治理天下造福万民的。浮夸的文辞不足以阐发大道的精微，华丽的词藻无助于政治的清明，虚浮不实的言辞对移风易俗不会有丝毫的帮助，艰生难解的文字无助于辨明事理。所以说：文章，能把道理说清楚就行了。

薛子曰：君子法以制财而民不困，时以兴事而民不劳，惠以慈民而民不离，逊以导民而民不乱，中以折狱而民不争，时以简民而民作勇。五者具举，可以为政矣。

【译文】薛子说：君子以契合天道的法则运用于发展经济，百姓就不会困苦；在不耽误农时的前提下适当地兴作一些劳役之事，百姓就不会烦劳不满；以慈爱之心为百姓兴利除弊，百姓就不会背叛逃离；以谦逊之心教导百姓，百姓就不会犯上作乱；以公正之心审狱断案，百姓就不会纷争不休；经常从百姓中选拔优秀的人才加以褒奖、重用，百姓就会舍生忘死，奋勇争先。这五样都能做到，就可以治理天下了。

薛子曰：君子有五政，而终之以乐：一曰爱，二曰义，三曰序，四曰勤，五曰慎，六曰乐。故不爱之乐，残忍之声也；不义之乐，淫靡之声也；不序之乐，乖乱之声也；不勤之乐，惰慢之声也；不慎之乐，放僻之声也。

【译文】薛子说：君子先有五种治国理政之法，最后才归结到音乐的教化。第一是存心仁爱，第二是重义轻利，第三是尊卑有序，第四是精勤不怠，第五是慎始慎终，第六才是乐教化民。所以说，没有仁爱之心的乐声，是残忍之声；没有道义之心的乐声，是淫靡之声；没有尊卑之序的乐声，是乖乱之声；没有精勤之志的乐声，是惰慢之声；没有慎密之行的乐声，是邪恶不正之声。

薛子曰：古之为令者，以悦民则贤，以悦上官则不贤，以立法则贤，以立猛则不贤，以弭盗则贤，以纵奸则不贤，以修礼则贤，以纵傲则不贤，以惠孤独则贤，以催科则不贤。今之为令者，其贤否则反是矣。

【译文】薛子说：古代的县令，能够赢得百姓爱戴的就是合格的，只能取悦于上级长官的则是不合格的；能够推行善法造福一方的就是合格的，只能树立个人威信的则是不合格的；能够教化一方，使民无妄取之心的就是合格的，只热衷于表面工作，欺上瞒下，致使饰奸伪诈之风日甚的则是不合格的；能够以身作则，带头提倡谦逊礼让之风的就是合格的，心高气傲，目中无人的则是不合格的；能够关怀周济社会最底层孤寒老弱之人的就是合格的，只知道催粮纳税应付公差的则是不合格的。现在的县令，合格与否的标准正好相反了。

薛子曰：义协则礼皆可以经世，不必出于先王；理达则言皆可以喻物，不必援之故典。

【译文】薛子说：只要与道义相契合，由此而制定出来的礼法就可以安邦定国，不一定非要墨守先王的陈规；只要是不违背人情天理的话语，就足以阐明问题，不一定非得出自古代的典籍。

薛子曰：为家以义不以利，则族党睦而家道昌矣；为国以义不以利，则贤才辅而世道盛矣。故曰义以生利。

【译文】薛子说：治家以道义为本，而不是以利为本，远近亲友、合家老小都会和和气气，家道也会随之兴盛起来。治国以道义为本而不是以利为本，就会有贤人来辅佐，国运也必随之昌隆。所以说，先有道义的基础，才可以获得长久的利益。

或问：老子之教可以治天下乎？曰：可。一曰慈，二曰俭，三曰不敢为天下先。于治天下也何有？可以治身乎？曰：可。如五色令人目盲，五音令人耳聋，五味令人口爽，驰骋田猎令人心发狂，于治身也何有？

【译文】如果有人问：老子的教诲可以用来治理天下吗？答案是：当然可以。第一是仁慈以爱民，第二是俭身以寡欲，第三是礼敬贤才，在天下人面前不敢以尊位自居。就治理天下而言，还有什么比这更高明的吗？如果有人再问：老子的教诲可以用来治身吗？答案同样是：可以。老子告诫世人：缤纷的色彩会让人眼花缭乱，真伪难辨，看不清世界的真相；动听的音声会让人沉迷不醒，听不进善言的规劝；精美可口的食物会增长人的贪欲，品尝不出人生的真谛；整天纵横驰骋四处打猎更会使人失去理智，胡作非为。就治身而言，还有什么比这更要紧的吗?

薛子曰：治天下以得民心为本，民心以散财为先，散财以节用为急。

【译文】薛子说：治理天下的根本在于赢得民心，赢得民心的第一步就是让利于民，让利于民最关键的一点就在于崇尚节俭，决不奢侈浪费。

薛子曰：大臣之道三：一曰公，二曰让，三曰容。公则不比矣，让则不争矣，容则不忌矣。

【译文】薛子说：身为国家重臣，必须要做到的有三点：第一是公正，第二是礼让，第三是包容。公正可以绝帮派之患，礼让可以息争斗之心，包容可以纠猜忌之非。

君　子

薛子曰：天下之治，士习[①]之纯也；天下之不治，士习之舛[②]也。其纯与舛，存乎教之立与不立也。

【注释】①士习：士大夫的风气；读书人的风气。

②舛（chuǎn）：错误，错乱，违背。

【译文】薛子说：天下治理的好，是士人的风气纯正；天下治理不好，是士人的风气不良。风气纯正与否，在于圣人的教育是否真正得到了落实。

薛子曰：古者谏无官，以天下之公议[1]寄之天下之人，使天下之人言之，此其为盛也。

【注释】①公议：关于国家的事情，以公众利益为标准而评议。

【译文】薛子说：古代对帝王的劝谏并没有专门的官员，把评议天下的权力寄托在天下的人身上，使天下的人随意评论，这便是古圣王时代道德隆盛，天下长治久安的原因。

薛子曰：今之督学[1]宪臣[2]，有君道焉，治之谓也；有师道焉，教之谓也。曰治与教，风化之所由出，而世道升降之几也。是故不可不慎择其人以授之也。

【注释】①督学：明清派驻各省督导视察教育行政及主持考试的官员。也称视学。

②宪臣：指御史。

【译文】薛子说：现在的督学宪臣，对国家影响重大，他们懂得君道，就能治理好国家；懂得师道，就能教育好百姓。国家治理和百姓教育，是风俗教化形成的根源，社会风气升降的苗头。所以不可不慎重选择合适的人来让他担任这样的职位。

薛子曰：天下之治乱，生于人心之邪正[①]也。故欲治天下者，莫先于正人心，欲正人心者，莫先于明学术，学术所系，岂微乎哉？

【注释】①邪正：邪恶与正直。

【译文】薛子说：天下的安定与动乱，在于人心的邪恶与正直。所以想治理天下的人，没有比正人心更重要的，要使人心正直，没有比匡正学术更重要的，学术所系，难道很微小吗？

时　化

薛子曰：君子进则天下治，小人进则天下乱。君子难进而易退也，小人易进而难退也，此治日[①]所以常少，而乱日[②]所以常多也。

【注释】①治日：太平盛世。

②乱日：乱世。

【译文】薛子说：君子做官天下就大治，小人做官天下就混乱。君子难于做官却容易离开，小人容易做官却难以离开，这就是太平盛世所以很少，而乱世所以常多的原因啊。

薛子曰：诚者以诚待人，谓人亦诚也，而伪者得以售其欺矣；伪者以伪待人，谓人亦伪也，而诚者因以被其绐[1]矣。诚者少而伪者众，此天下所以日多事也。

【注释】①绐(dài)：古同“诒”，欺骗，欺诈。

【译文】薛子说：真诚的人以真诚对待他人，以为所有人都和他一样也是真诚的，于是伪诈的人就可以实施他的欺骗了；伪诈的人用伪诈对待他人，以为所有人都和他一样也是伪诈的，于是真诚的人也被他冤枉为欺诈了。真诚的人少而伪诈的人多，这就是天下一天比一天多事的原因啊。

薛子曰：人有恒言[1]，天下有治人，无治法。治人能通其变也，治法唯守其常也。

【注释】①恒言：经常说的话。

【译文】薛子说：人们常说，天下有治理国家的人才，没有治理国家的固定之法。治人能通达变化随机处理事务，治法只能是按照常规处理，不能随机应变。

春　秋

或问大臣之道。薛子曰：吾何知哉？虽然，窃尝闻之《秦誓》所谓‘无技有容’者，斯其人矣。汉唐以来，号称贤相者，且不免于娼[1]疾，而其不贤者，何足论哉！宋韩魏公以欧阳学士为己之文章，充是心也，其庶矣乎？

【注释】①娼：嫉妒。

【译文】有人问大臣之道。薛子说：我怎么会知道呢？虽然这样，但是我曾经听说过《秦誓》所说的‘没有过人的本事但有容人的雅量’的人，就是这些人了。汉、唐以来，号称贤相的人，尚且不免于被嫉妒，而那些不贤良的人，有什么值得谈论的呢！宋代韩琦以欧阳修作为自己行事的表率，他们能这样想，应该算是不错的了。

薛子曰：先哲有言：王道之外无坦途，举皆荆棘；仁义之外无功利，举皆祸殃。至哉言乎！

【译文】薛子说：先哲有言：王道之外没有坦途，整个都是荆棘；仁义之外没有功利，都是祸殃。这真是至理名言啊！

处　俗

薛子曰：自古用人者，惟求德胜之士，不求才胜之士；惟求晓事之臣，不求办事之臣。

【译文】薛子说：自古以来，选拔官员，只看重那些品德高尚胜出的人，不看重那些仅仅是才能出众的人；只选取通晓事理因果的大臣，不选取那些只是办事能力强的大臣。

薛子曰：先王以天下治天下，而不以一己治天下，所以无为而治也。后世以一己治天下，而不以天下治天下，所以多事而乱也。

【译文】薛子说：先王用天下人治理天下，而不以自己一身治理天下，所以无为而治。后代以自己一身治理天下，而不用天下人治理天下，所以会有很多事发生而大乱。

薛子曰：天下有道，则人皆乐生而苦死；天下无道，则人皆偷生而甘死。

或问于薛子曰：何为则民富？曰：上下辨，民志定，斯富矣。何为则民贫？曰：上下无章，民志不定，斯贫矣。

【译文】薛子说：天下有道，那么人民都愿意快乐的生活而不愿意死亡；天下无道，那么人民都苟且偷生甚至会觉得生不如死。

有人问薛子说：怎样做人民才能富裕？回答说：能够分辨上下尊卑，人民安于本份，自然就会富裕起来。怎样做百姓就会贫困呢？回答说：上下没有章法，民心不安定，这样百姓就会贫困了。

赏 罚

薛子曰：赏当其功，则骥驽有同奋之心矣；罚当其罪，则泾渭知分流之耻矣。

【译文】薛子说：凡有奖赏都必须和其功劳相当，那么所有人不论能力大小都会一齐努力；凡有惩罚必须和其罪责相当，那么做坏事错事的人就会生出惭愧之心了。

薛子曰：一代之才，自足以周一代之用。古之王天下者，不借才于异代，伊挚在夏，吕望在商，而夏商不用也。呜呼！安得以人事君者，而使野无遗贤乎？

【译文】薛子说：一代的人才，自然能满足一代的使用。古代称王天下的人，并不曾向不同时代借用人才。伊挚在夏朝，吕望在商朝，只是夏商没有任用他们啊。唉！怎么样才能让天下的人才都能为国所用，而使朝廷外没有遗漏的贤人呢？

薛子曰：天下之治乱，系于君心之邪正也；君心之邪正，系于相道之贤不肖也。君子相则君心正而天下治。小人相，则君心不正而天下乱。《诗》曰：式讹尔心，以畜万邦。此之谓也。

【译文】薛子说：天下的治乱，全在于君主的心是否邪正；君主心中的邪正，全在于丞相的贤良与否。如果丞相是个君子，则君心正而天下大治。如果丞相是个小人，那么君心不正而天下混乱。《诗经》说：感化君王的心，以有利国家造福天下黎民！说的正是这种情况。

薛子曰：圣人以仁义履至尊，故高而不危；以才贤任众务，故动而益固。

【译文】薛子说：圣人以仁义登上宝座，所以居高位而不危险；以才能出色来处理政务，所以凡有所行动都能让社会更加稳定。

薛子曰：虞舜无为而治，历象①日月星辰，封山浚川②，命九官十二牧，非无为也。以事处事，而非有所作为也。故弹五弦之琴，歌《南风》之诗，而天下治矣。后世衡石程书③，卫士传餐④者，何益于治哉？只以酿乱而已。（秦始皇衡石程书，隋文帝卫士传餐。）

【注释】①历象：推算观测天体的运行。

②封山浚川：封山，不让人进山放牧、打猎、砍柴和采伐树木。浚川，疏通河道。

③衡石程书：《史记．秦始皇本纪》：“天下之事，无大小皆决于

上，上至以衡石量书，日夜有呈，不中呈不得休息。”古时文书用竹简木札，以衡石来计算文书的重量，因用以形容君主勤于国政。亦作“衡石程书”。衡石，秤和秤锤。衡石量书形容国君政务繁忙，文书多到要用秤和秤锤来计算。

④卫士传餐：卫兵传递食物。《旧唐书·宪宗纪上》：“隋文帝日旰听政，令卫士传餐。”

【译文】薛子说：虞舜无为而治，推算日月星辰的运行，封山浚川，命令九官十二牧，并不是什么都不做，但只是事情来了就去应对它，心里并没有想过一定要做成某件事情，所以才有闲心弹奏五弦琴，歌唱《南风》诗，而天下却反而被治理得更好。后代即使衡石程书，卫士传餐，对治理国家有什么好处呢？只会酿造混乱而已（历史上的秦始皇忙到衡石程书，隋文帝处理政务连吃饭都由卫兵送餐，结果秦朝和隋朝都短命而亡）。

薛子曰：闺门之内，万化①之权舆②也；一念之微，百行之根柢③也。君子慎之，小人忽焉。

【注释】①万化：万事万物，大自然。

②权舆：起始，萌芽。

③根柢：草木的根。柢，即根。比喻事物的根基，基础。

【译文】薛子说：家门之内，是万事万物的开端；微小的念头，是百行的根基。君子谨慎地对待这些，小人却忽视这些。

薛子曰：溢于财而无义者，不能长守富也；尊于位而无德者，不能长守贵也。

【译文】薛子说：贪婪于钱财而无仁义的人，是不能够长久保住财富的；地位高而无德的人，是不能够长久保住尊贵的地位的。

薛子曰：圣人不空出，贤者不虚生，达则道行，穷则道明。故虽欲生人而不求售，虽欲济世而不屈身，乐天知命，安于所遇而已矣。

【译文】薛子说：圣人不会凭空出现，贤人不会白活一生，得志就行道于天下，不得志就明道于自身。所以即使想济世利人也不会求售自己，即使想救世也不会屈身求人，不过是乐天知命，随遇而安罢了。

易　简

薛子曰：国之所以不进君子者，左右毁之也；国之所以每进小人者，左右誉之也。故曰：左右皆曰贤，未可也；左右皆曰不贤，未可也。

【译文】薛子说：朝廷不使用君子的原因，是君主左右的人诋毁他们啊；朝廷之所以每次使用小人的原因，是君主左右的人赞誉他们啊。所以说，左右的人都说他贤良，这也是不能肯定的；左右的人都说他不好，这也是不能肯定的。

薛子曰：人臣之事君也，与其以数辱为戒而不言，不若以勿欺为训而直言；人子之事亲也，与其以色庄为戒而勃然，不若以色难为训而婉然。

【译文】薛子说：大臣侍奉君主，与其以多次受辱为教训而选择闭口不言，不如以君臣之间不可相欺为训诫而坚持直言不讳；子女侍奉双亲，与其以庄重为警戒而疾言厉色，不如以色难为教训而婉转地劝勉。

薛子曰：物虽金玉，必砥砺琢磨，斯成器也。人虽上知[①]，必省察克治[②]，斯成圣也。

【注释】①上知：智力超凡的人。

②省察克治：省察，检查自己的思想行为。克治，克制私欲邪念。

【译文】薛子说：东西即使是金玉，一定要锻炼琢磨，这才成为器具。人即使智力超凡，一定有省察克治的功夫，这才成为圣人。

薛子曰：《尚书》五福[①]，以寿富为先。然壤蹠非寿也，恺崇非富也，必也以久道为寿，以积善为富者乎？故以攸好德考终命终之。

【注释】①五福："五福"出自《尚书·洪范》，五福指一曰寿（长寿），二曰富（富贵），三曰康宁（健康安宁），四曰攸好德（心善顺应自然），五曰考终命（善终）。"长寿"是命不夭折而且福寿绵长；"富贵"是钱财富足而且地位尊贵；"康宁"是身体健康而且心灵安宁；"好德"是生性仁善而且宽厚宁静；"善终"是能预先知道自己的死期。临命终时，没有遭到横祸，身体没有病痛，心里没有挂碍和烦恼，安详而且自在地离开人间。

【译文】薛子说：《尚书》五福，以长寿富贵为开始。可是原壤、盗跖不算是有寿福的人，王恺、石崇不算是有富福的人，还必须是长年累月遵道而行的人才谈得上有寿福，能够积善成德的人才谈得上有富福。所以古人说到五福，最终以好德和善终来作归结。

设　官

薛子曰：国家设官以为民也。然官多则民扰，官省则民逸。苟得其人，则一官可以兼数事，不得其人，则数官不能治一事，官何贵于多设哉？《书》曰"官不必备，唯其人"，此之谓也。

【译文】薛子说：国家设立官员是为了管理百姓。可是官员多了，百姓就会受到侵扰；官员少了，百姓就会生活安逸。但是如果用了合适的人，那么一个官员可以兼任几件事，用了不合适的人，那么几个官员也不能管理好一件事，可见官员哪里在于一定要多设呢？《尚书》上说“官员不必在数量上求全，而只求选拔德才兼备的人”，正是说的这种情况。

薛子曰：天之所爱者民也，君之所敬者天也。勤民[①]则敬天矣，民心悦则天意得矣。祷祠醮祭，岂事天之道哉？

【注释】①勤民：尽心尽力于民事。

【译文】薛子说：上天所爱的是百姓，君主所尊敬的是上天。尽心尽力于百姓的事情就是敬天了，百姓高兴上天就满意了。仅仅在祈祷祭祀这些事相上下功夫，哪里是治理天下的大道呢？

薛子曰：治世[①]之民安分，故讼简；衰世[②]之民犯分，故讼烦。《易》曰：君子以辨上下，定民志。民志定而天下之治成矣。

【注释】①治世：和平昌盛之世。

②衰世：衰落的时代，衰乱的时代。

【译文】薛子说：太平盛世的百姓安分守己，所以诉讼少；乱世的百姓不能安守自己的本份，所以违法乱纪的事情就多。

《易经》说：君子通过分清楚上下尊卑来安定民心。民心安定了，天下也就太平了。

薛子曰：世治则民乐生而畏死，故可劝以善而惧以罪也。世乱则民轻生而不畏死，故教不从[①]而刑不服[②]也。

【注释】①不徒：不白白地。

②不从：不顺从，不信服。

【译文】薛子说：太平盛世的百姓生活快乐而害怕死亡，因此可以劝他善良而使他害怕犯罪。社会混乱，那么百姓轻视生命而不怕死，因此教育不起作用而刑罚也不能使他们顺从。

薛子曰：君子乐得其位者，谓可以施德泽[①]于万民也；小人乐得其位者，谓可以享富贵于一身也。

【注释】①德泽：恩惠。

【译文】薛子说：君子愿意做官，因为通过做官可以造福于百姓；小人热衷于做官，因为觉得做官可以让自己享受荣华富贵。

薛子曰：君道之要有三：一曰敬天，二曰勤民，三曰知人。相道之要亦有三：一曰正君，二曰荐贤，三曰稽众。

【译文】薛子说：君道之要有三：一是敬畏上天，二是尽心尽力于百姓之事，三是知人善任。相道之要也有三：一是匡正君主，二是推荐贤才，三是考察众人，以辨别贤愚，使各类人才都得到合理的任用。

薛子曰：天下之治忽，系于人才，人才之邪正，系于学校。祭酒[①]提学[②]，可不慎择其人乎？滥以授之，而欲人才之成也难矣。

【注释】①祭酒：汉魏以后官名。汉代有博士祭酒，为博士之首。西晋改设国子祭酒，隋唐以后称国子监祭酒，为国子监的主管官。清末始废。

②提学：官名。宋崇宁二年在各路置提举学事司，掌管州县学政。金设提举学校官，元有儒学提举司。明置提学道。清设督学道、提学使等，俱简称提学。

【译文】薛子说：天下的治理，全在于人才，人才的邪正，全在于学校教育。祭酒提学之职应该由谁来担任，能不谨慎地加以选择吗？不加辨别地随意任用这样的官员，要想培养出好的人才就难了。

薛子曰：桀纣不易民而乱，汤武不易民而治，存乎君也。韩张不易君而治，李杨不易君而乱，存乎臣也。

【译文】薛子说：夏桀、商纣王没有更换百姓而天下大乱，商汤、周武王没有更换百姓而天下大治，说明治乱在于君主自己。韩信、张良没有更换君主而天下得到治理，李林甫、杨国忠没有更换君主而天下大乱，说明治乱在于君主任用了什么样的大臣啊。

薛子曰：谚有之“古之禄厚，故多廉吏；今之禄薄，故多贪吏。夫廉贪岂在禄之厚薄哉？君子虽禄薄而廉，小人虽禄厚而贪”。

【译文】薛子说：有句谚语说“古代的俸禄丰厚，所以很多廉吏；现在的俸禄微薄，所以很多贪官。廉洁贪婪难道在于俸禄的厚薄吗？君子即使俸禄微薄也会廉洁，小人即使俸禄丰厚也会贪婪”。

箪　瓢

薛子曰：君子不可有世俗之情也，然亦不可不知世俗之情也。有世俗之情，则不能处己矣；不知世俗之情，则不能处人矣。

【译文】薛子说：君子不可以有世俗之情，但也不可不了解世俗之情。有世俗之情，就不能独善其身公正无私地处理事务；不了解世俗之情，就不能很好地为社会大众服务了。

或问：王政化，霸政威，强政胁，何谓也？薛子曰：王者以德行仁故化；霸者以力假仁故威；强者以力弃仁故胁。胁者，人亦将胁之；威者，人亦将威之。化者，则如化工[①]之造物，举一世而甄陶[②]之，咸相忘于丕冒[③]之中也。

【注释】①化工：自然造化而成。

②甄陶：化育，培养造就。

③丕冒：犹言广被，遍及。

【译文】有人问：王道行的是教化，霸道行的是威慑，强权只能胁迫于人。这话怎么说呢？薛子说：王者以德行仁，所以能教化百姓；霸者以武力代替仁义，所以能威慑百姓；强权以暴力抛弃仁义，所以只能是威胁百姓。以暴力胁迫别人的人，别人也会反过来胁迫他；以武力威慑别人的人，别人也会反过来威慑他。圣人以仁德教化百姓就如大自然的造物，即使把全天下的百姓都交给他管理，最终无不一一被感化，彼此相忘于圣德无边的仁慈博爱之中。

薛子曰：仁人之于民也，见其饥寒则思衣食之；见其劳苦则思休息之；见其无知犯法则思矜恤[①]之。不仁者之于民也，重之以赋税，困之以力役，苛之以刑罚，岂其人有尔殊哉？良心之存与不存焉尔矣。

【注释】①矜恤：怜悯抚恤。

【译文】薛子说：仁德之人对于百姓，看到他们饥寒就想到给他们衣食；看到他们劳苦就想到让他们休息；见他们因无知而犯法就想怜悯抚恤他们。没有仁德的人对于百姓，用赋税加重他们的负担，用劳役疲困他们的身体，用刑罚摧残他们的精神，难道他有这样特殊的爱好吗？在于有没有良心罢了。

伊　尹

薛子曰：伊尹[①]、吕望[②]用，而天下知汤文之将兴；芋莘、恶来[③]用，而天下知桀、纣之将亡。有国家者于用人之际，可不慎哉！

【注释】①伊尹：夏末商初政治家、思想家，商朝开国元勋、道家学派创始人之一、中华厨祖。

②吕望：即姜子牙（约前1156—约前1017年），姜姓，吕氏，名尚，字子牙，号飞熊，河内郡汲县人。周朝开国元勋。

③恶来：商纣王的大臣，飞廉（又作蜚廉）之子，以勇力而闻名，是可以跟犀兕熊虎搏斗的勇士。

【译文】薛子说：伊尹、吕望被重用，而天下百姓知道商汤、周文王将兴盛；芋莘、恶来被重用，而天下百姓知道夏桀、商纣将灭亡。拥有国家的人在用人之际，能不谨慎吗！

薛子曰：天下之乱，生于民之惰而奢也。惰则不即田工而喜末作，奢则不节用度而逐侈靡，由是畎亩荒芜，衣食不给，而乱心滋矣。故曰：民生在勤，勤则不匮，不匮则礼义生，而至治可几也。《周礼》：‘宅不毛者有里布，民无职事者出夫家之征[①]’。为人上者，可以深长思矣。

【注释】①夫家之征："夫税"与"家税"之合称。战国时以个体家庭为单位征派的田税和军赋。夫家即一夫一妇。夫税指按一夫受田量征收的田税，家税为按户征派的军赋。

【译文】薛子说：天下的混乱，产生于百姓的懒惰加上爱慕奢华。懒惰就不到田地劳作而喜欢搞旁门左道，爱慕奢华就不会节约用度，喜欢讲排场而造成浪费，于是导致田野荒芜，衣食不给，背德弃义的心就生出来了。所以说：百姓的生计在于勤劳，勤劳物资就不会匮乏，物资不匮乏则礼义产生，渐渐就趋向于天下太平了。《周礼》：‘凡田宅不种桑麻的，罚出居宅税钱，凡百姓无职业而又无所事事的，罚他照样出夫税、家税’。这是为人君者应当深思远虑的啊。

论　性

或问：安上治民，何谓莫善于礼？移风易俗，何谓莫善于乐？

薛子曰：礼以节民性也，有七略焉。冠笄[①]慎男女之始，婚姻嘉夫妇之合，丧祭重人道之终，乡饮②明齿德③之尚，相见严朋友之交，习射兴揖让之节，是皆有体之礼也。安上治民，曾有善于此者乎？乐以和民情也。有五声④焉，闻宫声则温良而宽大，闻商声则方廉而好义，闻角声则恻隐而爱人，闻徵声则乐养而好施，闻羽声则恭敬而好礼。是皆有声之乐也。移风易俗，曾有善于此者乎？

【注释】①冠笄：古代成年礼。冠指冠礼，亦称结发，加冠，是男子达20岁时举行的成年礼。行此礼后，表示男子已经成人，可以结婚成家了。笄指笄礼，又称结发、加笄，是女子达15岁时举行的成年礼，行此礼后，表示女子已届婚龄。

②乡饮：也称“乡饮酒礼”。周代乡学三年业成大比，考其德行道艺优异者，荐于诸侯。将行之时，由乡大夫设酒宴以宾礼相待，谓之“乡饮酒礼”。历朝沿用，也指地方官按时在儒学举行的一种敬老仪式。

③齿德：《孟子·公孙丑下》：“天下有达尊三：爵一，齿一，德一。”后用“齿德”指年龄与德行。相见：“相见礼”是我国古礼中一个十分重要的方面，简略来说，就是相互见面的礼节。这些礼节规范着各色人等的日常生活，给人们的行止坐卧提供了准则。这些礼节都是人们观念的反映，因此每一个简单的礼节背后都有丰富的文化内涵。

④五声：古代音乐中的五种音阶，宫、商、角、徵、羽。

【译文】有人问：治国安邦，为什么说最好的办法没有超过礼的？移风易俗，为什么说没有比音乐更好的？

薛子说：礼是用来节制百姓的禀性欲望的，主要从七个方面去做。冠笄之礼是谨慎男女的开始，婚姻之礼是赞美夫妇的结合，丧祭之礼是重视人道的终结，乡饮之礼是树立尊敬长者的风尚，相见之礼是庄严朋友之间的交往，习射之礼是规范揖让的礼节，这都是得当有体的礼节行为。治国安邦，还有比这更好的吗？音乐用以调和民情。有五种声调，听到宫声可以使人的性情趋向于温和而变得心胸宽广，听到商声可以使人的性情趋向于方正廉洁而勇于义行，听到角声可以使人的性情趋向于更富有同情心并乐于关爱他人，听到徵声可以使人的性情趋向于珍惜生命、乐善好施，听到羽声可以使人的性情趋向于恭敬谦和而崇尚礼仪。这些都是因为有了上述五种声音而给人们带来了心灵的和乐。移风易俗，还有比这更好的吗？

或问水旱。薛子曰：水，阴也，穷阴则水；旱，阳也，亢阳则旱。立天之道，曰阴与阳。穷阴亢阳，亦天之变也。尧汤水旱而不能为灾者，修人事以回天变也。

【译文】有人问关于水涝和干旱的道理。薛子说：水涝，是阴气聚集的结果。阴气盛到极点就成了水涝；干旱，是阳气聚集的结果。阳气盛到极点就成了干旱。天道的运行，就表现在阴阳的消长。极阴与极阳，都是天道运行变化的结果。尧汤时期水涝和干旱都不能造成灾害的原因，是因为圣王能够着眼于人道的完善以应对天道的变化。

薛子曰：国之将兴也，百官有司貌若违异[①]，而心则同于尽职矣。国之将亡也，百官有司貌若谐和，而心则各为竞进[②]矣。

【注释】①违异：违背。

②竞进：争相前进。

【译文】薛子说：国家将要兴盛的时候，百官虽然看上去互相不和，甚至还经常发生争执，但他们心里面都是同样想着如何尽职尽责。国家将要灭亡的时候，百官虽然看上去不争不吵，一团和气，但他们心里面想的都是各人自己如何进身取荣的事情了。

立　言

薛子曰：治天下者，道与法而已矣。道行则人服，法行则人畏，服则无不畏也，畏则未必服也。是故与其纯任法也，不若纯任道也。

【译文】薛子说：治理天下所依靠的，只有道义与法令两样东西罢了。道义得以弘扬则百姓信服，法令得以实行则百姓畏惧，既然信服就没有不畏惧的，畏惧却不一定信服。所以与其纯用法令，不如纯用道义啊。

薛子曰：自古国家之乱，起于人之罔利[①]也。罔利者一操国柄，则凡可以得利者无不为，而召乱无所不至矣。不知利者害之本，而乱者治之先也。未几复治，则罔利者皆服上刑而追悔靡及。如是者几变，而后人犹不知鉴戒焉，可谓至愚也已。

【注释】①罔利：也就是渔利，用不正当的手段谋取利益。

【译文】薛子说：自古以来，国家的混乱，起于人们对利益的盲目追求。一味追求利益的人一旦掌握国家大权，那么，凡是可以得到利益的没有不去做的，于是导致什么样的乱象都纷纷出现了。不知道利益是一切祸害的根本，而大乱是大治的先兆。不久恢复治理，这些只知道一味追求利益的人最后都会被一一处以刑罚而追悔不及。像这样经历了好多次，而后人仍然不知道借鉴警戒，可以说是愚蠢至极了。

大　象

薛子曰：天下莫病于好胜，尤莫病于好奇。好奇好胜，皆好名者之为之也。人不好名，则风淳而俗美矣。彼谓三代之下，唯恐不好名者，真孟浪[①]也。

【注释】①孟浪：言语轻率不当，莽撞。

【译文】薛子说：天下的病态没有比好胜更厉害的了，尤其没有比好奇更厉害的病态了。好奇好胜，都是爱好名声的人所做的。人不爱好名声，则民风淳朴而风俗美好。三代以下，只知道担心名声不好的人，实在是太浅薄了。

薛子曰：天下将治，则大臣有容，有容则贤者进，不肖者退，而凡可以致治者，次第而举矣。天下将乱，则大臣多忌，多忌则贤者退，不肖者进，而凡可以致乱者，一朝而集矣。

【译文】薛子说：天下将要得到治理之际，身为大臣的人一定是胸怀宽广有肚量的人，有肚量那么贤人就会进入朝廷，不贤的人就会退出，所以凡是有治国理政能力的贤人，依次都出现了。天下将要动乱之际，身为大臣的人往往都是互相猜忌，互相猜忌那么贤人就会退出，不贤的人就会进入，所以凡是可以导致混乱的奸佞之辈，全都聚集到一起来了。

薛子曰：视以天下之目则无不见，听以天下之耳则无不闻，虑以天下之心则无不周，此明君所以广于用人而天下治也。

【译文】薛子说：用看天下人的眼睛一齐来观察就没有看不见的问题，用听天下人的耳朵一齐来倾听就没有听不到的声音，用天下人的心一齐来考虑事务就没有不周全的，这是圣明的君主所以广泛地使用人才从而达到天下大治的原因啊。

神　农

或问：人生于世，何以免于祸害？薛子曰：尝闻之，福为祸先，利为害本。唯不求福，斯无祸矣；唯不求利，斯无害矣。

【译文】有人问：人生在世，怎么做能免于祸害？薛子回答说：曾经听说过，福分是灾祸的先兆，利益是灾害的根本。只有不求福，才没有祸患；只有不求利益，才没有灾害。

薛子曰：国家用才相不若用贤相，才相任术①而人疑，贤相推诚②而人服，然而定难于呼吸之间，则非才不能也。用勇将不若用知将，勇将好战而生事，知将好谋而济事，然而遏敌于仓卒之际，则非勇不能也。

【注释】①任术：使用权谋，运用策略。

②推诚：以诚心相待。

【译文】薛子说：国家使用有才能的宰相不如使用贤良的宰相，才相使用权谋而人们怀疑，贤相真诚待人而人们信服，然而，解救危难于呼吸之间，则没有才能不能做到。使用勇猛的大将不如使用有智慧的大将，勇将好战而易生事端，智将有好的谋略而易成事，然而，阻止敌人在仓卒之际，没有勇将也是不行的。

世　治

薛子曰：世之治也，虽小人变为君子，不能以利诱也；世之乱也，虽君子变为小人，不能以法禁也。

【译文】薛子说：社会治理好了，即使小人也会变为君子，没有人能用利益引诱他违背礼义；社会混乱了，即使君子也会变为小人，没有人能用法律禁止他为非作歹。

薛子曰：天下有常道，无常法。法者，因时者也，道之所变通也；君子有恒心，无恒迹，迹者，随事者也，心之所运用也。

【译文】薛子说：天下有常道，没有常法。法令，因时而制定，是大道变通的结果；君子有不变的道心，没有不变的做法。做法会随着事物发展的变化而变化，是道心运用的结果啊。

薛子曰：良医常治无病之病，故人常得生也。圣人能治无患之患，故天下常太平也。

【译文】薛子说：良医常治没有显现出病症的病，所以人们常常能健康的生活。圣人能治理没有出现灾患的隐患，所以天下常太平。

操　行

薛子曰：君子进则行道以济时，退则明道以觉世，是进退皆有益也。小人进则揽权以误国，退则藉势以营家，是进退皆有害也。

【译文】薛子说：君子做官就推行道义以济世，不做官则阐明道义以让世人觉悟，这是进退都有好处啊。小人做官则弄权以误国，不做官则凭借各种势力来谋取自家的私利，这是进退都有害处啊。

或问：一法立则一弊生，何如可以保其无弊邪？薛子曰：昔人谓有治人无治法①，有乱人无乱法②。法虽善，不得其人以行之，则未见其善也；法虽不善，苟得其人以行之，则未见其不善也。是故周公之法，治法也，宇文泰、苏绰行之则乱；嬴秦之法，乱法也，萧何、曹参行之则治。惟其法而不惟其人，必不能保其无弊也。

【注释】①有治人无治法：只有治理天下的人才，而没有平治天下的固定法则。指只靠法律不能治国。

②乱法：引起国家动乱的法令、制度。

【译文】有人问：一个制度建立则一个弊端产生，怎么做才能保证它没有弊端呢？薛子说：过去的人们说只有治理天下的人才，而没有平治天下的固定法则。只有作乱的人，没有什么一定会引起国家动乱的制度。制度虽好，不能由合适的人实行，就不能看见它的好处；制度虽然不好，如果找到合适的人来实行，就看不到它有什么不好的地方。所以周公之法虽然是治法，让宇文泰、苏绰去实行，结果却导致了混乱；嬴秦之法虽然是乱法，让萧何、曹参去实行，结果却带来天下太平。所以说，只重视制度建设而不重视人才的贤良与否，一定不能保证它没有弊端啊。

薛子曰：汉之文、景，纪无可书之事，而天下之言贤君者必归之；唐之房、杜，传无可载之功，而天下之言贤相者必归之。何也？图事于无迹，而弭患于未形也。

【译文】薛子说：汉代的文帝、景帝，本纪里几乎没有什么可写的事，而天下的人们说起贤明的君主时，一定都会想到他们；唐代的房玄龄、杜如晦，列传中也几乎没有什么可记载的功劳，而天下的人们说起贤良的宰相时，一定都会想到他们。为什么呢？因为他们能深谋远虑，将问题解决于没有发生之前，而消除祸患于无形之中啊。

薛子曰：法无古今，便民者，良法也；论无高卑，可久者，确论也。

【译文】薛子说：法令没有古今的差别，方便百姓的，就是良法；评论没有高低尊卑，可以长久的，就是确切的评论。

薛子曰：人君之患，莫大乎用人而不知，人臣之罪，莫大乎知人而不言。

【译文】薛子说：君主最大的问题，没有比任用一个大臣却不了解他的贤良与否更糟糕的了；大臣的罪过，没有比发现了贤人，却不向朝廷举荐更严重的了。

薛子曰：观政①在朝，观俗在野，然必朝有善政，斯野有善俗矣。

【注释】①观政：观察政情。

【译文】薛子说：考察政情在朝廷，观察风俗在民间，但一定是朝廷有好的政情，民间才会有好的风俗。

群书治要续编卷第四十六　本　语　胡子衡齐　浑然子

本　语

【提要】《本语》，明高拱撰。

高拱（1513—1578年），字肃卿，号中玄，河南新郑人。明嘉靖、隆庆时大臣。嘉靖二十年（1541年）进士。明穆宗朱载垕为裕王时，任侍讲学士。嘉靖四十五年（1566年）以徐阶荐，拜文渊阁大学士。隆庆五年（1571年）升任内阁首辅。明神宗即位后，高拱以主幼，欲收司礼监之权，还之于内阁。与张居正谋，张居正与冯保交好，冯保进谗太后责高拱专恣，高拱于是被勒令致仕。万历六年（1578年）卒于家中，次年赠复原官。著作有《高文襄公集》。

《本语》是高拱在致仕十三年之后所作，《四库全书总目提要》列入"杂家类"。全书一共六卷，前面四卷均采用一问一答的形式，或论经书义理，或论历史人物，或论历史事件等。自五卷以下，皆论时事。《提要》认为"率切中明季之弊。"

《续编》所辑录的内容，即取自第五、六卷，主要为关于用人、君道、臣道之论述。高拱曾为明代内阁首辅，有着丰富的治政经验，《明史》称其"练习政体，有经济才。"他所发议论，皆来源于自身的政治实践，非一般泛泛而谈，其中不少论述，有着独到的见地，至今仍有其现实意义。

国家用人，匪徒资治，亦即以安天下之人也。故大臣小臣，分列上下，散布内外，又有士，有胥吏，下至里社，亦各有长，多其等，广其途，尽网罗天下之才而用之。使天下之人，苟有一长一艺异于齐民者，随其才之大小，皆入吾之网罗。彼其既入网罗，则皆有事于所职，不惟顾惜所有，而又有所望于进取，孜孜焉垂死而犹有歉于所期之未遂，故无暇于为乱。且等既多矣，途既广矣，于是而不在网罗，则至愚下之人而已矣。至愚下之人，安能为乱？即为乱，亦易扑灭，而天下常可得安，此英雄御世之微机也。

【译文】国家任用人才，不仅在于治理国政，也是以此来安定天下人的心。因此大臣和小臣，在朝廷中位列上下，等级明确，臣子分布朝廷内外，此外还有士人，各类办事人员。就是下到乡里，也各自有负责之长，设置各种任用等级，扩大各种进用途径，以竭尽全力网罗天下的贤才而任用他们。让天下的子民，只要有一技之长、有异于普通平民的，根据其才能的大小，都要网罗到国家的人才队伍里来。这些人才既然都进入了国家的人才队伍，则有各自从事的职分，不仅要让他们在职位上全力而为，而且还要让他们看到有晋升的希望而努力进取。兢兢业业、鞠躬尽瘁尚且不能达到自己内心的期望，因此根本没有时间作乱。而且人才任用的等级多了，人才进用的途径广了，于是不在国家人才队伍里的，也就只剩下那些下愚之人了。至于那些下愚之人，又怎么可能作乱呢？即使作乱了，也十分容易被扑灭，因而天下就能长期安定，这就是英明的领导者治理天下的微妙机权。

末季之世，不知此意，不以爵禄收拾人才，乃徒用奸巧之人，甘其谀佞，徒用庸陋之人，乐其委顺。彼其盘据要津，不止坏国事，塞贤路，每每恶直丑正，摧折天下之才，以快其忮毒。使人抑郁冤愤，无所控诉，激而不堪之甚，则黄巢之事所由起也。且如元末兵乱，朝廷更无可用之人，则宣其世之无人矣。我圣祖起而扫涤海宇腥羶，一时佐命元勋，固即元之人也。使元能收拾，縻以爵禄，则才不在下，安得败亡至此？是可不为永鉴也哉！

【译文】到了朝代末年，在上位的治国者不知道网罗人才的意义，不懂得用爵位和俸禄去招揽人才，只任用那些耍奸巧诈的人，喜欢他们的奉承谄媚；只任用那些庸俗鄙陋之人，乐意他们的委曲依顺。这些庸才霸占着重要职位，不止败坏国家政事，堵塞贤才之路，还时常妒害正直的人，打击天下的人才，以发泄他们的嫉恨狠毒。让天下的贤才感到抑郁、委屈、忿懑，没有地方去控诉，等到这种激愤的情绪不堪忍受，就会发生黄巢起义那样的事。又好比元末兵乱之时，朝廷没有可以任用的人才，就对外宣传世上已经没有人才了。我朝的圣祖（指明太祖朱元璋）兴起义师而扫荡海内的污浊之气，一时间辅佐天下的开国元勋，原本就是元朝的子民。如果元朝的统治者能够收拾人才，对他们授予高官厚禄，则国家的贤才不至于遗落民间，又怎么可能发展到亡国的地步呢？这一点难道不应该作为永久的借鉴吗？

天变诚可畏，然天心仁爱人君，亦是曲说。求其理而不得，则亦不之信矣。今只云“天灾流行，祸乱将作，必须谨修政事，爱恤人民，以保固国家，则灾可无害。不然，将不可救药，而祸乱成矣”。此自实言，自可使人君知惧。

【译文】天象的变化的确令人畏惧，然而说上天仁爱人君也是不符合常理的。如果一件事情从常理上说不通，则没有人会相信了。现在只用说“天灾四起，一定是天下要有祸乱的征召，必须要勤于政务、爱惜体恤百姓，才能使江山社稷稳固，使天灾不会造成大祸患。如果不这样的话，天下就无可救药，一定会发生大祸患了。”这些自然都是大实话，自然可以让人君知道警惧。

朝廷之上，不可无忠诚、刚正、远识之重臣。彼其气有夙养，可以当大事而不慑；谋有豫定，可以平大难而不惊。猝遇缓急，国有所赖以为安，人有所仗以无恐。若徒以奸巧篓细之人，充揆宰钧枢之任，无事则结援蔽主，倚势作威，自以为可震四海；一旦有事，颠顿仓皇，神夺气丧，计无所出，卖国从逆之事皆为之矣。鄙夫可与事君也与哉！

【译文】国家朝廷之上，不能没有忠心诚恳、刚正不阿、高瞻远瞩的重臣。这些重臣生平具有气节，可以面临大事而毫无畏惧；能够预先谋策，可以波澜不惊地平定大乱；就算国家突然遇到轻重缓急的事情，国家有他们作为依靠就能安全，人民有他们作为依靠就能安定。如果朝廷上都是奸诈、机巧、心量狭小之人，充当执掌国家中枢大任，朝廷无事的时候就结党营私、雍蔽君上，仰仗势力作威作福，自以为自己可以威震四海；一旦发生祸患，就颠沛困顿、仓皇而逃，没了志气，失了精神，一点办法也想不出来，连卖国谋逆的事情都能干出来了。这样的鄙夫，怎么可以和他一起事奉君主呢？

乱不起于乱，必有其几。圣人当休否之时，已谨苞桑之戒[①]，几未动而先图，所谓制治于未乱，保邦于未危者也。次之，则乱几有动，能早识而亟图，祸即可弭，力亦甚省。又次，则乱形已出，而后救之；然亦必得拨乱反治之才，竭力劻勦[②]，仅而可免。若至已乱，则善者亦无如之何矣。故治乱之几不可不深察也，然惟有道之人能察之。彼庸人者流，燕雀处堂，栋宇将焚，犹煦然以人为乐，而方笑圣人之过计，可与言哉？

【注释】①苞桑之戒：语本《易·否》："其亡其亡，繫于苞桑。"

②劻勦：劻，急迫之意。勦，意同"剿"，用武力消灭。

【译文】祸乱不是随便发生的，发生之前必定会有细微的萌芽。圣人在止息否运之时，就用"不久将要灭亡"这样的警句来提醒自己，才能像系在桑树之上那样牢固。在灾祸没有发生之前就有所谋划，将祸患消灭在萌芽里，保护国家于尚未危险的境地，这是最上等的保全之法。次一等的，就是一旦发现一点祸乱的苗头，就能够及早发现立即谋划，让灾祸立刻得到消除，不至于要废很大的力气。再次一等的，就是祸乱的形势已经显现，再去补救，这时就要有拨乱反正的人才，竭尽全力地去匡救剿灭，也仅仅只是能够免于祸患。如果祸乱已经发生，那么再厉害的人也无可奈何了。因此，治理国家的人，对于治乱的征召不可以不仔细观察，然而这一点只有真正有道之人才能察觉到。那些庸俗之辈，犹如燕雀住在大堂、房屋即将被焚毁，大祸临头仍然若无其事地以取笑别人为乐，还讥笑圣人对于事情过于用心谋划，这样的人还能和他们说什么呢？

纪纲之坏，莫大于国是之不明，尤莫大于上下蒙蔽而人主终于不知。夫国是不明，则奸臣舞智以愚人，邪臣党比而丑正，乱之道也。然有时而明，国法有行焉，则犹可以为戒。若上下蒙蔽而人主终于不知，则舞智者恬为得计，党比者敢于效尤，袭为故常，无复有发觉之者。于是以威福为己物，任其播弄，必至于乱而后已。考亭先生[①]曾云：“吕微仲[②]、范尧夫[③]为相，用调停之说，兼用小人，更无分别，所以成后日之祸。”“如王安石罪既明白，后既加罪于蔡确[④]之徒。论来安石是罪之魁首，却于其死加太傅及赠礼皆备，想当时也要委曲周旋他。如今看来，这般却煞不好。要好，便合当头白其罪，使人知得是非邪正，所谓‘明其为贼，敌乃可服’，须是明显其不是之状。若更加旌赏，却惹得后来许多群小不服。”“看来，天下事须是先论其大处，如分别是非邪正，君子小人，端的是如何了，方好于中间酌量轻重浅深施用。”此言良是。今观当时，今日绍述，明日调停，只在朝廷上混乱不了，皂白无辨，国事尽隳，迄至靖康而后已。有国者岂可使时事一至于斯？

【注释】①考亭先生：指朱熹。晚称“考亭先生”。

②吕微仲：指吕大防（1027—1097年），字微仲，京兆府蓝田（今陕西蓝田）人，仁宗皇祐元年（1049年）进士，任冯翊主簿、永寿县令。英宗即位，改太常博士、监察御史里行。因参与濮议而被贬黜。宋哲宗元祐元年（1086年），升至尚书左仆射兼门下侍郎，封汲郡公。

③范尧夫：指范纯仁（1027—1101年），字尧夫，谥忠宣。范仲淹次子。宋仁宗皇祐元年进士。宋哲宗立，拜官给事中，元祐元年同知枢密院事，后拜相。

④蔡确（1037—1093年）：字持正，泉州郡城人，北宋哲宗朝宰相，王安石变法的主要支持者之一。

【译文】国家的纲纪之坏，莫大于君主不明于国是，尤其莫大于朝廷上下官员欺骗隐瞒君主，君主却对此一无所知。国君不明于国是，那么奸臣就玩弄巧智愚弄君主，邪臣结党营私妒害正直的人，这样国家就必然会发生祸乱。然而，如果君主有时英明，国法还能畅行，那么还能以此为戒。如果君主不明，上下臣子蒙蔽欺骗，君主始终不知，巧诈的官吏计谋得逞，结党营私的人大胆效法，大家对此习以为常，竟然没有被发觉的人。当权的人把君主的威福当成自己的个人之物，如果国家的事情任由这种人操纵、摆布，一定会等到最后发生祸乱不可收拾才会停止的。朱熹曾说过："吕大防、范纯仁做相国，为了调停朋党的矛盾，兼用小人，所以导致日后的祸患。""比如王安石的罪名已经很明白，后来又追加蔡确等人之罪。说起来王安石算是罪魁祸首，却在他死后追封太傅，又赏赐了许多厚礼，想当时是为了与王安石的改革派委曲周旋。如今看来，这样做却是十分不好。好的做法，就应该明白地给他定罪，让人们知道事情的是非与人的正邪，所谓的'先明示敌人是贼寇，那么才有降伏敌人的可能'，一定要明显的说明敌人的罪状。如果再给予表彰奖赏，就会引来后面民众的不满。""由此看来，天下大事一定先要给它定性，比如分清是非正邪，是君子还是小人，究竟是怎样的，才能在中间衡量利弊，实施计策。"这话是不错的。以现在的眼光去看当时宋朝的情况，今天继承前君之法，明日又在两党之间调停，朝廷上混乱不堪，不去区分是非对错，国家社稷都崩毁了，直到后来发生"靖康之变"才罢休。国家的统治者怎么可以让事情发展到如此地步呢？

宰相天下之枢，必得心术正，德行纯，识见高，力量大，学问充，经练熟者，方可为之。若不试以事，徒取文艺；不拣其才，徒俟俸资，则岂能遂为百辟之师，平章军国重事而无舛乎！

【译文】宰相是治理天下的中枢，一定要得到心术正直、德行纯正、见识高远、能力强盛、学问充裕、从政经验丰富的人，才能任用他。如果不用事情去考验他，只看他的书面文章；不挑选他的才华，这样的人只是等着朝廷给他颁发俸禄，怎么能成为百官的领袖，让他处理军国大事怎么可能没有差错呢？

格心有根本，有功夫，有机括，有次第；不在谏诤上也，还不在言语上也，还不在形迹上。

相业无迹，其格心处，君尚不知，人又孰得而知之？后人不在心上做，只务形迹；不在君德上做，只论事功。故相业鲜。

【译文】格心有根本，有功夫、有机括、有次第；格心的根本不在谏诤上面，也不在言辞上面，更不在表面形势上。

宰相之业是没有迹象的，其格心的隐微之处，君主尚且不能知道，一般人又哪里会知道呢？后人不在心地上下功夫，只表面做做样子；不在君德上下功夫，只论事功。因此成就贤相之业的臣子就很少了。

人徒曰“用贤才”，而不知贤才必须培养于先，俟其成而用之，乃可以济天下之务。若不待其成而用，未有不偾事者，此非才之不美也。“苟为不熟，不如荑稗[1]。”虽种之美者，而亦不可食也。

【注释】①荑稗：荑、稗为二草名，似禾，实比縠小，亦可食。

【译文】人们只知道说“任用贤才”，却不知道贤才必须先进行培养，等其才能成熟才能任用他，才能把救济天下这样重要的任务交给他。如果没等他才能成熟就任用他，这样没有不坏事的。这并不是贤才不够完美。俗话说，“米谷发育的不好，还不如那些长得像米谷的稗子。”虽然种子是完美的，但是不熟的话也不能吃啊。

国家用人，必循资次。资次固不可违，然处之有道，亦无不可。盖用人不在用之之日，必须预为之计。官之职事不同，人之才器不一。今于紧要之官，各预择其才之宜于此者每三二人，置诸相近之地待次为备。一旦有缺，即有其人，庶乎不乏。不然，则天下虽有其才，而资不相及，远不可致，安得辏用乎？此惟有为国之心者，可与言之。

【译文】国家任用贤才，一定要遵循资历次第。遵照资历次第用人固然不可以违背，然而只要处理得恰到好处，也没有什么不可以的。因为任用人才不在于需要用人之日，必须要提前预先谋划。官位的职事不同，人的才华也各有不同。现在对于朝廷中要紧的职务，要各自选择适合这个职位的两三个人，把他们放在不相上下的官位上备用。一旦要职有所空缺，就能立即有人替补，这样需要用人的时候大概就不会缺乏了。否则的话，天下虽然贤才诸多，但是资历不相等，相差太远不能任用，怎么能聚集在一起任用呢？这些话只有那些心中装着国家的人，才能和他们说。

才德兼者，上也；有根本而才气微者，次也；有才气而根本微者，又其次也。然皆不可弃。以才气胜者，用诸理繁治剧；以根本胜者，用诸敦雅镇浮；若夫钧衡宰制之任，必得才德兼备之人，而缺其一者，断不可以为也。

【译文】德才兼备的人，是上等人才；有德行但是才能欠缺一点的，是次等人才；有才能但是德行稍差的人，是再次等的人才。但是这两种人都不能放弃任用。可以用有才能的人，去处理各种繁剧的政务；用有德行的人，去敦厚雅正、抑制轻浮；如果说能胜任宰相职务的人，必须要是德才兼备的人，二者缺一，是万万不可任用的。

今人只用形迹，更不察实。故有务为夙夜奔走之状以为勤者，然有益于事则鲜；务为慷慨忧时之说以为忠者，然有济于事则鲜。大无益于事，勤于何有？无济于事，忠于何在？若在上者惟要诸有益于事者为勤，有济于事者为忠，而形迹不得以为溷，则务实者既可以奏功，无实者亦不敢增扰。

【译文】今人用人只看表面，而不去考察实情。因此以为那些日夜奔走的人就是勤政的人，然而这些人真正有益于事的却很少；以为那些慷慨激昂时刻把忧国忧民挂在嘴上的人就是忠臣，然而这些人能够救济大事的却很少。对国家大事没有好处，勤快有什么用？对国事不能救济，忠心又在哪里？因此说，在上位的人，一定要把能有益于国事的才叫勤，把能救济国事的才叫忠，对于勤和忠的行为事迹不能混乱，那么，务实的人就可以去奏报功劳，没有做出实绩的人就不敢去徒增劳烦了。

李吉甫[①]为相，谓中书舍人裴垍[②]曰："吉甫流落江、淮逾十五年，一旦蒙恩至此，思所以报德，惟在进贤，而朝廷后进，罕所接识，君有精鉴，愿悉为我言之。"垍取笔疏三十余人，数月之间，选用略尽。当时翕然称吉甫为得人。夫垍非铨衡之官，评骘人才者，乃一问之间，即疏得三十余人，又皆副用，果何以能此哉？固云精鉴，亦素留意人才故也。今虽铨衡之官，曰评骘人才，乃一问之间能疏得三十余人否？即疏之能，皆可用否？

【注释】①李吉甫（758—814年）：字弘宪，唐赵郡赞皇（今河北赞皇）人。唐元和年间，两次拜相，辅佐唐宪宗开创"元和中兴"。

②裴垍（？—811年）：字弘中。绛州闻喜（今山西闻喜县）人。唐

宪宗继位后担任中书舍人，后担任中书侍郎、同平章事。

【译文】李吉甫做宰相时，对中书舍人裴垍说："我流落江淮地区超过十五年了，现在蒙圣恩到了朝廷，时刻想着如何报效朝廷，唯有选举贤才。然而朝廷后进的人才，很少有为我所接纳认识的，只有您能够精准的鉴定人才，希望您能够代替我进言。"裴垍于是进呈章疏奏议选取了三十多人，并在几个月之内，就将这些人才都选择任用妥当。当时一致认为是李吉甫善于得人。然而裴垍并不是负责选拔人才、评定人才的官员，就在一问之间，得到了三十多人，还又能辅助任用，裴垍何以有这么大的本事呢？因此说能够精准的评鉴人才，也是素来留意人才的缘故。现在虽然担任选拔人才的官员，说是评定人才，能在一问之间就能上疏说得到三十多人吗？即便能够上疏，可这些人才又都能用吗？

人臣修怨者负国。若于所怨者避嫌而不去，或曲意用之，亦负国。何者？人臣当以至公为心，如其贤，不去可也，用之可也。如其不贤，而徒务远己之嫌，沽己之誉，而以不肖之人贻害国家，岂非不忠之甚乎？然人每只以能用仇者为贤，可见道术之不明也。

【译文】人臣如果有报宿怨的心，就一定会有负于国家。如果人臣对自己有宿怨的人，为了避嫌而不将其去除，或者委屈自己的意愿加以任用，这样也有负于国家。为什么这么说呢？因为做臣子的就应该存有至公的心，如果所怨的人贤能，不去除也可以，任用也可以。如果所怨的人不是贤德之人，只是为了博取不去除宿怨之人的嫌疑，猎取自己的虚誉，而让这种不肖之人来贻害国家，难道不是不忠到了极点了吗？然而人们往往只是以能用自己仇敌的人为贤德，由此可见这种人是多么不明于道啊。

或曰：世固有假为国之公，而实以行其报怨之私者焉；彼不愈于此乎？

曰：是又奚足言哉！大抵人臣不可有私，有一分私心，便于臣道有一分亏欠。不论用仇去仇，只有作意处便是私，便负国也。人臣苟有为国之心，便自有推贤让能之意。如人于有才者则不能容，嫌其胜己也；超进者则不能容，嫌其先己也；刚直者则不能容，嫌其性气难相处也。遂皆任情排去，而国事无人干济，略不之顾，虽至丧人之国家，所甘心焉，皆是一个己私，无为国之心故也。若有为国之心，必且让他替朝廷干事。那胜己、先己有甚大事？那自家难相处有甚大事？故为国之人，苟便于国，即不便于己，亦所必为。不为国之人，即十分便于国，但有一毫不便于己者，亦所不肯。

【译文】有人说：世上固然有假装为国家而公道行事的人，然而实际上却行的是公报私仇之实；那些人是不是比这一种人要好一些呢？

回答说：就算是如此，又有什么可说的呢？大抵身为人臣，就不能有私心，有一分私心，在为臣之道上就有一分亏欠。不论是任用仇敌还是赶走仇敌，只要有为自己私人考虑之心，就是有负于国家。人臣如果有为国家着想的心，就会有推举贤臣让位能者的意图。如果对比自己有才华的人不能容忍，嫌弃他胜过自己；对越级晋升的人不能容忍，嫌弃他先于自己；对性格刚强正直的人不能容忍，嫌弃他们的脾气难以相处。这都是放任自己的情感排挤去除他人，而对于国家之事没人干济，都放置一边不顾，直到丧失人家国家的地步，才甘心，这都是为了一己之私，没有为国之心的缘故罢了！如果有为国家思虑之心，一定会让别人为国效劳。那么胜过自己，先于自己有什么大事呢？自己与他难以相处又有什么关系呢？因此说为国家考虑的人，考虑事情想的是利于国家，只要利于国家，即使不利于自己，都一定会去做。不为国家考虑的人，就算是有十分有利于国，但是只要有一丝一毫对自己不利，也不肯去做。

用人者不取其大，每以一眚弃之，故慷慨任事之臣鲜，而国事不支；不论其大，而徒以无过用之，故委托持禄之臣多，而国事日废。昔子思荐苟变于卫侯，卫侯曰：“吾知其可将，然曾食人二鸡子，故弗用也。”子思曰：“圣人官人，犹匠之用木，取其所长，弃其所短。故杞梓连抱而有数尺之朽，良工不弃。今以二卵而弃干城之将，不可使闻于邻国也。梁主用段凝①监大军河上，敬翔、李振屡请易之，梁主曰：“凝未有过。”振曰：“待其有过，社稷已危矣。”用人者宜思此。

【注释】①段凝（875—928年）：字明远，汴州开封（今河南开封）人。唐末五代时期后梁将领，后投降后唐李存勖。

【译文】用人的人不取人的大德，往往以一点小错而放弃任用，因此慷慨任事的臣子就少了，而国事没有人来支撑。不论人的大德，而只是因为这个人没什么过错去任用他，因此那些光拿俸禄的臣子就很多，但是国事却日渐荒废。过去子思向卫侯推荐苟变，卫侯说：“我知道他能胜任将军之职，但是我听说他曾经吃了百姓两个鸡蛋，所以不用他。”子思说：“圣人用人，就好比木匠选取木材，都是取那长的用，丢弃那短的。因此参天巨木，几人连抱都抱不住，有几尺腐朽的地方，优秀的工匠一定不会舍弃而不用。现在因为两个鸡蛋而放弃一个能够保卫国家的大将，这种事情千万别让邻国的人听到。后梁君主朱温让段凝在河上监守大军，（因为段凝品行不佳）敬翔、李振多次请求将他换掉。朱温却说：‘段凝没有犯过什么错误！’。李振说：‘等到他犯了错误，江山就危险了’”（后来段凝果然率军投顺了李存勖。）用人者应该认真思考这些。

用人不论其才，只取无过，然非无过也，未用耳。用之，而其过出矣，犹不如前者多也。其人虽不可用，然未有代者，不可辄去，恐后更不如，愈不好矣。然必须豫求其人，得其人则即去之可也。

【译文】用人者用人不论他的才能，只看他没有过错，然而并不是他没有过错，只是因为还没用他。如果任用他，他出了过错，还不如那些有才能却犯过过错的人！如果用人的人觉得虽然这样的人不能用，然而没有替代的人，也不能轻易将他们赶走，恐怕后来的还比不上这些人，这就更加不好了。然而也一定要预先求到人才，等得到人才后再去除这些无才无过之人。

欲兴治道，必振纪纲；欲振纪纲，必明赏罚；欲明赏罚，必辨是非；欲辨是非，必决壅蔽；欲决壅蔽，必惩欺罔；欲惩欺罔，必通言路。言官之言，虽未必可尽听，然山有猛兽，藜藿不采，必使敢言，然后宄窃之辈不敢为奸。纵有不可听者，必须容之，勿遽震之威。震之威，则人皆结舌，以言为戒。倘有王莽、曹操之窃国，李林甫、秦桧之弄权，无人发觉，人主何由得知之哉？

【译文】如果想要振兴治国之道，必须要先振兴纲纪；要想振兴纲纪，必定要先明确赏罚；要想明确赏罚，必须先明辨是非；想要辨别是非，必须要隔绝蒙蔽；想要隔绝蒙蔽，必须先惩罚那些欺君罔上的人；想要惩罚欺君罔上的人，必须畅通言路。言官的话，虽然未必有可以全部听取的价值，然而山中有猛兽，谁也不敢到山中去采摘藜藿，因此一定要让言官敢说话，然后那些奸邪作乱窃国的人才不敢为奸做恶。纵使言官的话有不可听从的地方，也要对其包容，不要匆忙地用权威去震慑。用权威去震慑，则人们都害怕而不敢进言，以进谏为戒。如果有像王莽、曹操这样的窃国之臣，李林甫、秦桧这样的弄权之臣，没人发觉的话，君主又从哪里能知道呢？

赵高欲夺秦权，恐群臣不听，乃先设验，持鹿献于二世，曰：“马也。”二世笑曰：“丞相误耶？谓鹿为马。”问左右，或默，或言马。高因阴中诸言鹿者以法，后群臣皆畏高，莫敢言其过。盖自古奸臣欲窃国柄者，必塞言路而后可便其所为。人君若能知开言路之利于国，而塞言路之利于奸，则自无难于听言矣。

【译文】赵高想要夺取秦朝的大权，担心群臣不听从自己，就先设计试验大家，找来一只鹿献给秦二世，对他说：“这是马。”秦二世笑着说：“丞相错了吧？把鹿当成了马。”问左右的大臣，有人沉默，有人说这是马。赵高背地里将那些说是鹿的大臣除掉了，后来群臣都害怕赵高，再也不敢说他的过失。自古奸臣想要盗窃国家政权的，必定要先堵塞言路然后再为所欲为。君主如果能够明白广开言路则是对国有利，闭塞言路则是对奸臣有利，就自然不难于听取谏言了。

臣患君之不听言，而臣之言未必可听；君患臣无可听之言，而可听之言君未必能听。夫言善而行，国事乃成；言不善而行，国事乃倾。臣可以必听为得乎？不善言是用，其国乃殃。善言是用，其国乃昌，君可以不听为得乎？

【译文】臣子担心君主不听自己的言论，然而臣子的言论不一定值得听取；君主担心臣子说不出值得听取的建议，而值得听取的建议君主又未必能听取。臣子的言论善而且得到施行，国家的大事就可成；臣子的言论是恶的却得到施行，国家大事就将倾覆。臣子能够以为君主听了自己的言论就是可取的吗？不善的话听取执行了，国家就要遭殃了。善的建议听取执行了，国家就昌盛了，君主能够以不听取臣子的话就是可取的吗？

唐宪宗问李绛曰："谏官多谤讪朝政，皆无事实。朕欲谪其尤者一二人，以儆其余，如何？"绛对曰："此殆非陛下之意，必有邪臣欲塞蔽陛下之聪明也。人臣死生系人主喜怒，敢发口谏者有几？就有谏者昼夜思惟，朝删暮减，比得上达，什无二三。故人主孜孜求谏，犹恐不至，况罪之乎！如此杜天下之口，非社稷之福也。"宪宗善其言而止。斯意也，不可不令人主知之。

【译文】唐宪宗问李绛说："朝中的谏官大多诽谤朝政，说的话都不符合事实。我想要贬谪其中一两个代表，以儆效尤，怎么样？"李绛回答说："这本来不是陛下您的真意，一定是有奸邪之臣想要蒙蔽陛下您的耳聪目明。人臣的生死在于君主的喜怒之间，敢随口上谏的人有几个？只有那些谏官日思夜想，将谏书早晚删减，比较一下，能够上疏到君主那里的，也就十分之二三而已。因此君主应该对谏臣孜孜以求，唯恐言官不肯上谏，哪能还给他们定罪呢！如此一来，就会堵住天下悠悠之口，这不是江山社稷的福气啊！”唐宪宗认为他说的很对，就停止了想贬谪言官的想法。这个道理，不能不让君主知道！

人臣要以尊主庇民为心。苟有是心，惟其所为，必皆有益于国。不然，则所为者莫非粉饰之具，即奔走不息以为贤劳，求诸其实，皆无有也。

【译文】身为人臣，要有尊敬君主庇佑百姓之心。只要有这样的存心，他的所作所为，一定都是对国家有利的。如果没有为国为民的存心，那么他的所作所为就都是粉饰，就算是为国事奔走不息也是让大家都以为他贤劳。如果责求其实，就什么都没有了。

良药苦口利于病，忠言逆耳利于行。人君于犯言极谏之臣，不可遽以怒心待之，须少宁耐回转，以观其意之所在。一回转间景象就别，始觉可怒而终觉其可嘉者有矣。此等工夫，人主不可不用。每有言至，即动此机，比其熟日，于听言何有？且此工夫，在平时用更好。盖未有言至，而先思其理当如此，则平心和气之时，见理更真。既能前定，则对景时自不觉其言之忤矣。

【译文】良药苦口利于病，忠言逆耳利于行。君主对于那些极力上谏的臣子，不能立即和他们生气，需要有一些耐心回转，用以观察他们的真实意图。一回转之间，就有不同的景象了，可能开始觉得很生气，最后反而觉得可以嘉奖这个谏臣。这等功夫，君主不能不用。每当有言官上谏，就要这么想，等到哪一天，再听听那话是不是有道理？有这等功夫，在平时用是最好的。还没有人进言的时候，就要先想道理应当如此，那么心平气静的时候，所见的道理就更加真切。既然能够提前思考，那么面对言官上谏的情景时就不觉得他的话忤逆了。

要得天下治，只在用人。用人只在用三个人：一个首相①，一个冢宰②，一个台长③。首相得人，则能平章天下，事务件件停当。冢宰得人，则能进贤退不肖，百官莫不称职。台长得人，则能振扬风纪，有不法者率众台官纠治之，而政体自清。如此，则元气也充神气也振，天下何愁不治？若其他用人行政，都在三人项下，固举之矣。然这三人中，尤以首相为要。

【注释】①首相：指宰相。这里指明时的内阁首辅。

②冢宰：这里是指吏部尚书，明代负责选拔人才的最高官员。

③台长：指古代御史台的长官。明代罢御史台，置都察院，则以左

右都御史为台长，负责整治风纪。

【译文】想要天下大治，关键在于用人。用人的关键在于三个人：一个是总理政务的首相，一个是负责人才选拔的吏部尚书，一个是负责整治风纪的都御史。首相得到合适之人，就能够平定天下，大小事务都能处理停当。吏部尚书得到合适之人，就能引进贤才驱除不肖，百官就没有不称职的了。都御史得到合适之人，就能振兴发扬风纪，对违法作恶的官员就率领台官整治他，政治就能清明了。如此这般，朝廷元气充足，精神振奋，还愁不能治理天下吗？至于其他的用人行政，都在这三个人项下，那么国家举措就稳固了。然而这三个人当中，首相是最为重要的。

媢嫉之人，不止害贤害国，而亦往往自害其身。如元顺帝时，江、淮盗起，张九四[①]据高邮，韩山童男据临濠，徐贞一、倪蛮子、陈友谅[②]乱汉、沔，天下发岌乎矣。丞相脱脱统大师四十万出征，声势赫然，至高邮，连战皆捷，分遣兵平六合，贼势大蹙，天下方有可望之势。而丞相哈麻已忌其功，谗于元主云："天下怨脱脱，贬之，可不烦兵而定。"元主纳其谗，遂诏散其兵而窜之，师遂大溃，皆为盗有，天下遂不可为。哈麻犹虑脱脱再入相，矫诏酖杀之。后年东南州郡多陷，其言不验，乃受杖死。夫当时何时也，使脱脱之功成，则国可安。国安则己身亦有所托，而富贵可保。仍徒以忌功为念谗脱脱而又杀之，不知脱脱死而国不可支。国不可支则吾身将何所托？况国且未亡而身已先戮乎？害人而身亦不免，彼媢嫉者诚不知其何如为心也？故曰：“天下乱无全国，国乱无全家，家乱无全身。”噫！可以鉴矣。

【注释】①张九四：即张士诚，原名张九四。元末位于江浙一带的义军领袖与地方割据势力之一。

②徐贞一、倪蛮子、陈友谅：皆为元末农民起义领袖。

【译文】心术不正之人，不仅陷害贤臣又误了国事，也往往害了自己。比如元顺帝时，江淮地区盗贼四起，张士诚占据高邮地区，韩山童占据临濠，徐贞一、倪蛮子、陈友谅在汉水及汉水的上游作乱，江山社稷岌岌可危。丞相脱脱率领四十万大军出军征伐，声势浩大，到了高邮之地，多次作战都取得了顺利，分散兵力平定四方，使逆贼处于窘迫的态势，天下才出现了安定的希望。然而丞相哈麻嫉妒脱脱的功劳，就向元顺帝进献谗言说：“天下的人都怨恨脱脱，应该将他贬谪，那么不用动一兵一卒天下就可安定了。”元顺帝听信了他的谗言，于是下诏将军队解散，把脱脱贬谪，军队全面崩溃，从此盗贼占据天下，朝廷再也没有回天之日。哈麻害怕脱脱再次当上宰相，就假传圣旨将脱脱杀死了。时隔一年，东南州郡都沦陷了，元顺帝知道哈麻的话是假的，于是哈麻受杖刑而死。如果在当时，让脱脱成功剿敌，那么国家就可安稳。国家安稳，哈麻自身也就有所依靠，还能保住富贵。哈麻只是因为嫉妒功劳，陷害脱脱，又把脱脱杀了，却不知道脱脱死了，国家也要亡了。国家尚且不能支撑了，自己还能依靠什么？况且是国家还没有亡呢，自己不就先被处死了吗？害别人自己也不免被害，这种献媚、嫉妒之人，真不知道他安的是什么心？因此说："天下大乱就没有可以保全的国家，国家大乱则没有保全的家庭，家庭大乱则自身也都难保了。"唉，这可以作为前车之鉴。

问胡致堂①云："刘晏言利之臣，君子所不道也。然亦有可法者五，而卒不免于诛死，何也？利于公必不利于私，不利则怨生，怨生则祸起。故史称众颇嫉之，是必有说。以款善为国者不谋利，善持身者不言利。利对害而言，背于义也。然欤？"

【注释】①胡致堂：指胡寅（1098—1156年），字明仲，学者称致堂先生，宋建州崇安（今福建武夷山）人，后迁居衡阳。胡安国弟胡淳子，奉母命抚为己子。著作有《论语详说》《读史管见》《注叙古千文》《斐然集》等。

【译文】有人问宋代的胡寅曾说："刘晏是谈论货利之臣，这是君子所摒弃的。然而他也有五点可以值得人效法学习的，但是他最终却不免被诛杀，这是为什么呢？有利于公家一定就不利于私家，对私家不利则怨恨四起，怨恨四起就有了祸端。因此历史上说众人都嫉恨他，必然是有其说法来源的。又说善于为国家谋划的人不言利，善于持身的人也不言利。利是相对害而言的，是和道义相违背的。是这样吗？"

曰：非也。此正所谓徒以不言利为高，而使人不可为国者也。夫晏也，使其黩货自丰，是言利也。然而所领者度支之官，理财固其职也。“且死之日，籍录其家，惟杂书二乘，米麦数斛而已”。而天下皆叹其廉，非徒利也。使其为度支也，务损下以媚上，如桑弘羊辈之为，是言利也。乃史称“其理财以养民为先”，“因平准法，斡山海，排商贾，制万物低昂，常操天下赢赀，以佐革兴。虽用兵数十年，敛不及民而用度足。唐中偾而复振，晏有劳焉”。“是干国之臣也，利于公亦利于私，国称其能，而民亦戴其惠者也。非若桑弘羊辈之为者。”则何谓言利也？

【译文】回答说：不是这样的。这正所谓是只以不谈论利为境界之高，反而让臣子不能真正有益于国事。至于刘晏，假如说他贪图财物满足自己，唯利是图，那他自然是言利之臣。然而他担任掌管财赋统计与调度的支度官，这本来就是他的职责。“而且在他去世后，去检查他的财产，也只不过有两车杂书，数斛米麦粮食罢了。”而天下人都感叹他的廉洁，可见他并非徒利之辈。如果在他担任度支官的时候，只求损害百姓利益去曲媚上级，好比汉代的桑弘羊一样，那也能说明他是言利之臣。但史书上评价刘晏说：“他治理财政首先以养育民众为先”，“他平定物价，在商海中斡旋，力排商贾，控制物价使之低昂，操持着天下盈余的资金，用以辅佐国家革兴。虽然国家用兵作战十余年，没有从老百姓那里收敛，仅国库的开支就足够用了。唐朝中期的负债情况也得到了振兴，刘晏功不可没。”因此说，“刘晏是干国之臣，既利益于国家，也利益于百姓，所以国家称赞其贤能，而民众也爱戴他带给大家实惠。完全不是桑弘羊之辈能够做到的。”怎么能说刘晏是言利之臣呢？

夫以理财之官为言利，是理财之官不当设也。居理财之官而能举其职者为言利，是居理财之官者不当举其职也，而可乎？晏功名日盛，而眷遇甚隆，故媢嫉之人如常衮辈者乃忌之，非以聚财而为民所怨也。至其诛死也，则因昔常奉诏勘鞫元载罪，伏诛。其党杨炎坐贬，后炎专政，衔私恨，为载报仇，遂诬搆以死，而天下冤之。使晏不勘载事，虽理财，固不死也；勘载事，虽为不理财固亦死也。是非以理财死也，明矣。胡乃不察事实，不为晏惜，不咎德宗之不明，不著杨炎之极恶，而徒以晏曾理财而死，遂谓是言利背义之为害，如天道报恶者然亦谬矣。将使司国计者，不以足国为务，而徒以不言利为高，则国家何利焉？

【译文】如果认为理财的官员是言利之官，那么就不该设立理财之官。理财之官居于此位就要谈论利益，难道不要他去谈论利益，可以这样吗？刘晏的功名日益强盛，圣眷日浓，因此那些善于嫉妒的人，诸如常衮之辈就忌恨他了，而不是他聚财导致民怨。至于他后来被诛杀，则是因为昔日曾经奉命审讯元载的罪过，导致元载被诛。元载之党杨炎也因此被贬官，后来杨炎专政，为了报仇，于是诬陷刘晏，置其于死地，天下的人都觉得刘晏冤枉。假如刘晏没有审讯元载之事，虽然管理财政，也必然不会被杀。因为审讯元载之事，就是刘晏不管理财政也有可能死。刘晏是不是因为管理财政而死，还不明白吗？胡寅不明真相，不为刘晏感到可惜，不怪罪德宗的不明察是非，不去写杨炎的罪大恶极，只说刘晏是因为管理财政才死的，说他是唯利弃义才害了自己，得到了报应，实在是荒谬。如果为国家计谋的人，不为国事做实事，只是以不谈论利益为出发点，那么对国家又有什么好处呢？

嗟乎！兵以平乱，乃不论丈人之师①，弟子之师②，而世俗之论，徒曰“兵者，老氏之所忌”，是使天下无兵也。刑以诘奸，乃不论出乎哀矜，出乎苛刻，而世俗之论，徒曰“皋陶之无后”，谓其主刑也，而遂有纵盗贼以为阴骘者，是使天下无刑也。不特此耳，龙逄、比干，亦皆诛死，岂亦言利背义之为害耶？固知胡氏之说不当事情，不可以为训也。

【注释】①丈人之师：语出《周易·师》卦辞：“师：贞，丈人，吉无咎。”丈人，指老成持重的将领。指有经验的长者统率军队可以得到吉祥。

②弟子之师：语出《周易·师》六五爻辞：“田有禽，利执言，无咎。长子帅师，弟子舆尸，贞凶。”弟子之师，指没有经验的年轻人率领

军队。

【译文】唉！用兵是为了平息动乱，不去讨论是不是老成持重的将领带领军队，还是没有经验的年轻人率领军队。却依着世俗之论，只说“出兵打仗，是老子所忌讳的”，这样将会使得天下没有士兵。对奸臣刑罚，也不去讨论出于什么哀怨、什么苛刻的情况，而是根据世俗的言论，只说“皋陶没有后人”，是因为他主管刑罚，于是就有默默放纵盗贼说这是积累阴德的。不光如此，龙逢、比干，也都被杀死，难道也是因为谈论利益背弃信义而害了自己吗？因此可以知道胡寅之说是不正确的，不可以作为训诫。

胡子衡齐

【提要】《胡子衡齐》，明胡直撰。

胡直（1517—1585年）字正甫，号庐山，明吉安泰和（今江西泰和）人。嘉靖三十五年（1556年）进士，初授刑部主事，官至福建按察使。胡直起初问学于王阳明的弟子欧阳德，后又跟随罗洪先学习，故其学问以王守仁为宗。

《胡子衡齐》一书根据胡直和门人讲学时的互答之语整理而成。《四库全书总目提要》云："其名《衡齐》者，意谓谭理者视此为均平云尔。其大要以理在心不在天地万物，意在疏通守仁之旨。"全书分言末、理问、亡錮、博辨、明中、徵孔、谈言、续问、申言九篇，篇有上下。《续编》从《明中》和《谈言》两篇中辑录了部分文字，第一部分论述何为"大当"，指出为君、为臣、为子、为师、为士之所务。第二部分则以齐桓公和唐玄宗两位君主始治终乱的历史教训为例论述了女祸之害，以令为君者警惕。

明 中

曰：何谓大当？

曰：古之为君者，以和万邦、行海宇、至鸟兽鱼鳖咸若为大分，以天下得人为先务，而它未皇焉，此大当也。古之为臣，以天下饥溺为己饥溺，以君不尧舜、一夫不获为己辜，而他未皇焉，此大当也。古之为子，以悦志为善养，以立身行道全生全归为无忝，而他弗皇，此大当也。古之为师，以学不厌、教不倦为分，以得天下英才教育为乐，而它未皇，此大当也。古之为士，以仁义礼智根心生色、睟面盎背[①]、四体不言而喻为所性之性，而他未皇，此大当也。

故古之儒，务当其大当，以该其小当，虽有小弗当，弗暇恤也。今之儒，务当其小当以拒其大当，虽有大弗当，弗暇问也。审如世儒之论，摘其小以刑其大，则尧舜玄圣，鲜不为阙行；汤武明王，鲜不为逆节；伊周鲜不为跋扈，孔孟鲜不为游说。之数圣人者，将被之以大不韪之名，而不可辞，而况其下乎？

尝试观之，尧使二女降于一夫，则姊妹之伦渎；以天下让舜，则宗庙之享易；丹朱傲慢而不能化，则谷子之效凉；伯鲧圮族而不能辨，则知人之哲蒙。尧且不得匹于时君世辟，而又况其下乎？然而尧之必为此者何也？尧固以天下得人为大当，而谷子则有命焉，不可得而强也。传曰：方寸之木，可使高于岑楼。语曰：铢铢而称，至两必差；寸寸而度，至丈必谬。此世儒之为当也，溺于小故也。

【注释】①睟面盎背：指有德者的仪态。《孟子·尽心上》："君子所性，仁义利智根於心。其生色也，睟然见於面，盎於背，施於四体，四体不言而喻。"

【译文】有人问：什么叫做大当？

回答说：古时候做君主的人，让邦国和睦，德化海内，连鸟兽鱼鳖都能各顺其性，各应其时，各得其宜，使天下得到人才为第一要务，没有闲暇顾及其他，这就是大当。古时候做臣子的，把天下百姓生活的痛苦当作自己的痛苦，把君主不像尧舜那样的贤明，没有一人归顺当做自己的过失，没有闲暇顾及其他，这就是大当。古时候做子女的，以让父母高兴喜悦、养父母之志为孝顺，以立身行道，保全父母所生之身，不令父母致辱为首要，没有闲暇顾及其他，这就是大当。古时候做老师的，以学而不厌、教而不倦为自己的本分，把得到天下的英才而能教育他们当做乐趣，没有闲暇顾及其他，这就是大当。古时候的读书人，把仁义礼智植根在心中，体现于行为上，时刻有君子的仪态，四体不言而喻，性德自然流露，没有闲暇顾及其他，这就是大当。

因此古代的大儒，致力于大当，以完备小当，虽然有小的不当之处，并非不在意，只是无暇顾及罢了。当今的儒者，致力于小当来拒绝大当、虽然有大的不当之处，也无暇过问了。如果依照现在世儒的言论来审查，摘取其小事把它作为大的方面的模范，那么尧舜这样的圣贤，也很少没有在道德修养上没有过错的。汤武这样的明王，也很少没有有所缺失的地方，伊尹、周公也很少没有跛扈的地方，孔子和孟子也很少不被人看成游说之士。这些圣人，都将会被扣上大不韪的名分，而且还不能为自己辩驳，何况其他在他们之下的人呢？

尝试来观察一下，尧把自己的两个女儿都嫁给舜，那么岂不是叫姐妹二人乱了伦常；把天下禅让给舜，岂不是把宗庙之享轻易给了人；儿子丹朱傲慢不能教化，岂不是育子的成效让人心凉，伯鲧这样的败类不能辨别，岂不是没有知人的智慧。尧尚且不能找到一个合适的世主，何况不如尧的人呢？然而尧这样做是为什么呢？尧已经把天下得到人才为大当，而养育孩子则有其命，不可得而强求。经典上说：方寸之木，可以让它比高楼还高。还有话说：一铢一铢地称，称到一石一定会有差错；一寸一寸地量，到一丈就一定会有差错。这是世儒致力于的当，沉溺于小的方面的缘故。

谈　言

谈子曰：齐桓公、唐明皇，二君皆始治终乱，而皆起于好内。桓公始听鲍叔荐管仲，遂忘射钩怨，而独任以政，人不能间，何其难也。已而修内政，兴海利，赡贫穷，禄贤能，践盟曹沬，划地燕君，拜胙周使，歃血葵丘，责楚尊王，平戎安周，九合诸侯一匡天下，何其智也。比管仲卒，近用易牙、开方、竖刁三子，专权于外，嬖长卫姬等如夫人者六人。长姬淫于雍巫，雍巫又厚结竖刁，以蛊惑于内。桓公病，易牙、竖刁作乱，筑塞宫门，桓公欲食食绝，欲饮饮绝，慨然涕曰：吾何面目见仲父乎！遂蒙衣袂死。既死，五公子争立，桓公尸在床六十七日，尸虫出于户。夫先后一桓公也，始任管仲，以一夫命令天下，终惑内嬖，近用小人，不能庇一身，抑何悲也！虽然，仲有罪焉！初，仲斋袚受相，桓公曰：寡人有大邪三，其尚可以为国乎？寡人不幸好田，田莫不见禽而后返。仲曰：恶则恶矣，然非其急者也。公曰：寡人不幸好酒，日夜相继。曰：恶则恶矣，然非其急者也。寡人不幸好色，而姑姊妹有不嫁者。曰：恶则恶矣，然非其急者也。夫人之好内渎宗，则乱莫甚矣，仲乃云非急，仲固导之内乱，又安能禁辟嬖于身后乎？仲虽平戎，其若女戎何哉？故曰：仲有罪也。

明皇自少已定难删乱，诛韦党而安庙社，又诛灭李元楷等阴谋，立杀长孙昕之怙威，可又谓英哉。任用姚、宋，听谏柳泽，增置侍读以弘嘉谟，追封五王以配庙廷，不可谓不英且明也。桥陵丧事已逾年矣，犹不受朝贺，逾十年犹望陵洒泣。既耕籍田，犹种麦后苑，自太子以下令躬收获，示重粢盛，兼知民艰，可谓能缴然为义者也。

史臣赞曰：焚后庭珠翠以戒奢，禁女乐出宫嫔以惧荒，叙友于、敦骨肉以厚俗，搜兵责帅以明军法，朝集计最以校吏能，西蕃竞欵，北狄趍风，冠带百蛮，车书万里，咸非溢美。然九龄既疏，林甫日亲，太真擅内，而渔阳羯鼓遂震荡于寰宇。明皇旁徨望贤，朝食不供，顿舆马嵬，六军不发，乃勉诛国忠而缢贵妃。宗庙立墟，生民涂炭，明皇虽掩袂涕泣，不既晚乎！明皇晚节，诏天下祖奉玄元皇帝，习四子，立学官博士弟子员，尤为乱命。又招集张果、罗公远、叶法善之徒，且欲从公远学遁。汉文帝云：朕乘千里马将安之？明皇学遁，亦安所之耶？当其在望贤马嵬之间，曷为不能遁耶？其倒缪益甚。孟子曰：不仁者可与言哉，安其危，利其灾，乐其所以亡者。不仁而可与言，则何亡国败家之有？此桓公、明皇之谓也。夫桓公、明皇英主，尚有是，而况其下者乎？然则女祸于人国也烈矣。

【译文】谈子说：齐桓公和唐明皇，这两位帝王在治国上都是开始大治后来发生祸乱，而且同样是因为爱好美色。齐桓公开始听从鲍叔牙的推荐任用管仲，于是忘记管仲用弓箭射他的仇恨，让他管理重要的政务，谁也不能离间，这是多么难能可贵啊！齐桓公任用管仲以后，使得齐国内政得到治理，海利得到兴旺，贫穷的人得到丰足，贤能的人得到厚禄，依照与曹沫缔结的盟约，将割地划给燕国君主，向周天子的使者行拜礼接受胙肉，在蔡丘与众诸侯歃血为盟，责备楚国称王，平定外戎，使周朝安稳，最终联合各个诸侯将周天子的天下安定下来，是多么睿智啊！等到管仲去世以后，齐桓公开始任用易牙、开方、竖刁这三个人，导致这三人专权于外，宠爱长姬、卫姬等六位夫人，长姬与雍巫私通，雍巫又与竖刁交往甚厚，以在内室蛊惑齐桓公。齐桓公病时，易牙、竖刁趁机作乱，在宫门前设置障碍，齐桓公想吃饭饭没有，想喝水水也不给，哭着感慨道：我死后有什么颜面去见管仲啊！于是用袖子蒙住脸死去了。死了以后，他的五个公子争夺君主之位，齐桓公的尸体在床上六十七天都没人管，蛆虫都从窗户爬出来了。因此说齐桓公的一生，开始任用管仲，得以号令天下，最终却因宠爱后妃，亲近小人，连自己性命都不能庇护，是多么可悲啊！虽然如此，管仲一开始也是有罪的；当初，管仲斋戒沐浴，接受丞相之职，齐桓公说：我这人有三个缺点，您看还能做一个明君吗？我第一个缺点是爱好打猎，直到野地里看不到禽兽才想回去。管仲说："虽然这是个缺点，但是没什么要紧的。"齐桓公说："我第二个缺点是喜欢喝酒，早晚都要喝。"管仲说："这也是个缺点，但是也不要紧。""我还有个好色的缺点，因此不让姑姑、姐妹嫁人。"管仲说："这倒是个缺点，不过也不要紧。"君主要是淫乱后宫亵渎祖宗，那就太乱了，管仲说不要紧，因此是管仲导致了这场内乱。那么，管仲又怎么能在死后禁止齐桓公宠溺宫人呢？管仲虽然平定了外戎，那么女戎就不需要平定吗？因此说：管仲是有罪的。

唐明皇年轻时就平定宫乱，诛杀韦后一党使宗庙社稷安稳，又诛杀了李元楷等谋逆之人，杀了长孙昕这样的依仗势力的人，实在是英明！他任用姚崇、宋璟，听取柳泽的上谏，增设侍读用来征求更多好的意见，追封五王并让他们的牌位配享太庙，不能说他不够英明。将睿宗安葬在桥陵，丧事已经办完一年了，还不接受他国的朝贺，过了十年还望着桥凌洒下眼泪（可见他的孝顺之情）。他曾经耕种籍田，还在后院种植麦子，让太子以及诸王都要亲自耕种收获，用意是让大家知道谷物来之不易，也是知道百姓是多么不容易，可谓是能迫使大家知道义理了。

因此史官称赞唐玄宗“焚烧后宫中的珠宝戒掉奢靡，禁止女乐兴盛，将宫女放出宫外以防宫外女子太少。提倡敦厚的民俗，常叙友情，重视骨肉之情，对士兵搜查，对将帅责问，以使军法严明，在朝廷上征求计谋以检查官吏的能力，吐蕃竞相向他学习，北狄瞻仰他的风采，众多蛮族受到教化，载着赞美他的书卷之车有万里长”，并不是夸大对他的赞赏。然而张九龄上书被驱赶后，他就和李林甫日益亲近了，让杨玉环占据了后宫，渔阳鼙鼓的声音就震天撼地了。唐明皇徘徊着盼望贤才，连早饭都吃不上了，在马嵬坡车马被困住，六军都不听从他的号令，才勉强的诛杀了杨国忠，又将杨玉环赐死。将宗庙立在废墟之上，生灵涂炭，唐明皇虽然用袖子捂住脸哭泣，不也晚了吗？唐明皇晚年时，下诏天下追奉李耳为始祖，并封老子为“太上玄元皇帝”，学习《四子真经》，又将此学说立为官学，增设博士弟子，实在是作乱。又召集张果、罗公远、叶法善等道士，想要和罗公远一起学习遁术。汉文帝曾说：“我乘着千里马逃跑就安全了吗？”唐明皇学习遁术，就能安全了吗？当他在马嵬坡上等待贤才来救自己时，为什么不能遁逃？真是越来越荒谬了。孟子说：“不仁的人难道可以和他商议吗？他们对别人的危险心安理得，从别人的灾难中牟利，把导致家破国亡的事当作乐趣，不仁的人如果可以和他商议，那怎么会有国亡家破的事发生呢？”这就是说的齐桓公和唐明皇。然而齐桓公和唐明皇之前还是英明的，这样的人尚且如此，何况那些不如他们的君主呢？可见宠爱女子导致国家灭亡的祸害是多么惨烈。

浑然子

【提要】《浑然子》，明张翀撰。

张翀，字子仪，柳州卫籍，马平人。嘉靖癸丑（1553年）进士，授刑部主事。以疏劾严嵩下诏狱，谪戍都匀。隆庆初起为吏部主事，官至刑部右侍郎。《明史》有传。

《浑然子》是一部类似于《郁离子》的寓言式著作，《四库全书总目提要》云："是书凡十八篇，曰神游论，曰田说，曰樵问，曰将，曰明心，曰士贵，曰体用论，曰兴废，曰祸福，曰忠孝，曰变化，曰穷理，曰求知，曰弭盗，曰用材，曰强弱，曰臣道，曰高洁。皆设为主客问答，旁引曲证，以推明事物之理。"

《续编》自其中《田说》《将》《明心》《弭盗》《用材》《强弱》《臣道》七篇中辑录精华，内容涉及关于民生、用人、修心、臣道等多方面。

田　说

道傍有甫[①]田，农夫耕之，数息而后一锄。行者见而曰："甚矣，农之惰也！田且甫矣，数息而后一锄，将终岁无能为乎？"农夫闻之，招行者谓曰："余将老于农矣，而莫知所以耕，子盍示我以耕之道"？行者于是解衣下田，忙忙然一息而数锄，一锄尽一身之力。未及移时，而气竭汗雨，喘喘焉不能作声，且仆于田。徐谓农曰：“今而后知耕之难也”。农夫曰：“耕曷难乎？子之速耕者，殆难也。夫子一息而数锄，则作者常少，而辍者常多；余数息而一锄，则作者常多，而辍者常少。以其所常多者，较其所常少者；以其所常少者，较其所常多者。孰为速而孰为迟乎？孰为逸而孰为劳乎？”行者服而退，着衣就道，下黄坂，过于水之滨。浑然子方垂钓于溪，问焉，行者告以故。浑然子曰：“嗟乎，岂独为农然哉？夫马急则蹄，车急则覆，弦急则绝，水急则败防，乌兽急则搏人。是故三代圣人之治民也，纾而不迫，为而不强，渐磨以仁义，而不责之旦夕，维持以刑罚，而不督之苛刻，天下不自知其入于治矣。后世秦孝公用商鞅之术，虽足以霸秦，而民有所不堪，然后陈涉甿隶[2]之徒，揭竿而起焉。当是时，岂非气竭汗雨，喘喘焉，不能作声也哉！”

【注释】①甫：大。

②甿隶：农夫与皂隶。泛指社会地位低下的人。

【译文】道路旁边一块很大的田，有个农夫正在那里耕种，农夫喘了好几次气后才锄一下，一个路过的行人看见了就感慨说：“哎呀，这个农夫太懒了。本来就是一块很大的田，喘好几回气才锄一下，到过年能锄完吗？”农夫听了，将那行人叫过来对他说：“我当了一辈子农民，要老死在田地里了，但是还是不知道怎么耕种，您能把种地的方法教给我吗？”那行人听了，就解开衣襟，来到田地中，一口气锄了好几下地，每一锄都用尽全身的力气。没过一小会，就挥汗如雨，上接不接下气，说不上话来了，一下子瘫坐在田地中。过了一会，才缓缓对农夫说："我如今才知道耕地有多难啊！"农夫说："耕地真的难吗？因为你想要快速的耕完，所以才觉得这么难。你喘一次气就锄了好几下，耕作的时间少，休息的时间多；我喘几次气才锄一下，是耕作的多，休息的少。用你休息的时间多，比我的休息时间少；用你的干活少，比我的干活多，到底是谁快谁慢？谁轻松谁劳累呢？"那行人被农夫的话折服，穿好衣服兴怏怏地离开了，下了黄坂坡，路过河边。浑然子正在那里垂钓，看到行人一脸失落的样子，就问他怎么了？行人把事情的经过讲了一遍，浑然子说："这个道理岂是只有耕田能体会的？马快了可能失蹄，车快了可能会翻，琴弦拉的紧了可能会断，水流急了可能冲破堤坝，鸟兽急了可能攻击人。所以说三代的圣人在治理百姓上，都是从容不迫，提倡无为而不用强，逐渐地让百姓懂得仁义，而不是一早一晚的苛责他们，用严酷的刑罚管制他们，刻意的监督他们，天下的百姓在不知不觉中就得到了治理。而到了后世秦孝公时期，推行商鞅变法，虽然使秦朝称霸，然而却让百姓难以承受，以至于像陈胜那样的农民，都最终揭竿起义。当时的秦朝，岂不就是如同那个挥汗如雨的耕作者，气喘吁吁，说不上话来了呢？"

将

兵有正战，有奇战，有攻战，有守战，有众战，有寡战，有强战，有弱战，有马战，有步战，有分战，有合战，有生战，有死战，有疑战，有信战。奇正审乎虚实，攻守辨乎主客，众寡察乎离合，强弱观乎严怠，马步相乎险夷，分合候乎起伏，死生度乎缓急，疑信决乎远近。如是则可以知战之道。知战之道，可以为将乎？曰：未也。将在民。民在德。德者得也。得民之心也。是故同甘苦以结之，明赏罚以一之，壮威武以作之，严纪律以齐之，用才智以服之，如是则可以驱民入水火而使之战。驱民入水火而使之战，可以为将乎？。曰：犹未也。将在专，专在信。信者，信也。将以信于天下也。是故忠可以贯乎金石，而后主不疑；诚可以动乎鬼神，而后相不忌；德可以服乎群议，而后众不挠；望可以著乎中外，而后权不分。如是则可以戡乱而成功。夫由知战之道，至于戡乱而成功，则能将矣。嗟乎！将可以易言乎哉！

【译文】兵法所讲的战术，有使用装备精良、训练有素的大部队的正战之术；有攻其不备、出其不意的奇战之术；有进攻作战之术，有死守作战之术；有敌多我少时的作战之术，有敌少我多时的作战之术；有敌强我弱时的作战之术，有敌弱我强时的作战之术；有骑马作战之术，有步兵作战之术；有分兵击敌之术，有合兵击敌之术；有将士贪生的战术，有将士毫无畏惧的战术；有设置疑阵的战术，有诚信不欺诈的战术。奇战还是正战要看对方兵力的虚实，攻战还是守战要分辨谁居于主动地位，众战还是寡战要观察士兵队形是分散还是紧凑，强战还是弱战要看士兵是严肃还是懈怠，马战还是步兵作战要看军情的危险情况，分战还是合战要合乎调度，死战还是生战要看战争的缓急，疑战还是信战取决于敌人的远近。这些就是作战的道理。如果知道了作战的道理，是不是就能当将军了？回答说：不是的。将军的成败主要看人民，而人民的好坏主要看道德风气。如果将军得到了民心，让百姓与他同甘共苦，在大庭广众之下进行赏罚，让他们有胆量可以作战，用严格的纪律要求他们，用大将的才智使他们心悦诚服，做到这些就能让老百姓赴汤蹈火，奔赴战场了。让老百姓奔赴战场，就能当将军了吗？答案还是不可以。将军贵在专心，专心又体现在信义上。将军要取信于天下。也就是说其忠心金石可表，让君子不会对自己产生疑惑；诚信可以感动鬼神，让丞相不会对自己产生忌讳；德行可以经受住众人的评议，而后大众不会阻挠他；声望远播内外，而后不会有人来夺权。如果做到这些就能平定叛乱而成就功业。从知道作战之道，到平定动乱而成就军功，才能成为一名真正的将啊！怎么能够轻易说就是一名将呢？

明 心

有志于天下国家者，必先明诸心。能明诸心，天下国家可从而理也。不明诸心，而欲有为于天下，譬诸操不舵之舟，以之航海，鲜不覆矣。然则明心有要乎？曰：有。静以观之，天地万物之情可见矣。

【译文】有志于天下国家的人，一定要明白众人之心。能够明白众人之心，天下大事就能治理好了。不能够明白众人之心，还想要做好天下大事，就好像驾驶着一个没有舵盘的船，在海上行走，很少有不翻船的。能够明白众人之心有要领吗？答案是：有的，只要让自己的内心清净下来，静心观察天地万物，天地万物之情就都能见到了。

弭 盗

楚丘[①]先生之齐，往见孟尝君。孟尝君与之坐而论道，贤之。适齐境有盗起，遂举为将，往治盗。楚丘先生擐胄而出齐之门，望见农夫，问曰："来牟有秋乎？"曰："雨阳不调，得者三，失者三。然则俯仰亦给乎？"曰："三者犹不足以供上，曷能给也？"楚丘先生遂反胄而入齐之门。左右曰："先生受命治盗，不至其境而遂返焉，何也？"曰："殆非若所知也。吾之治盗，不治其盗之所可治，而治其盗之所不可治。所可治者，盗之已形，而所不可治者，盗之未形者也。未形者治，而已形者自弭矣；未形者弗辑，而已形者日增矣。今夫弓矢甲胄，能屈其力而不能屈其心；号令诛伐，能禁其暴而不能禁其欲。譬之水焉，溃汜四溢而不濬其上流，则虽有堤防，不能止矣。不善治水者，愈增其防，水越败之，不亦劳乎！是故轻赋薄税，治乱之本也；招徕辑亡，弭盗源也。”于是归而言于齐王，请蠲税以治未形之盗。齐王曰：“善”。遂下令蠲税十之七，不再旬而齐之流亡者复焉。境内自是无复有盗起矣，楚丘先生之力也。

【注释】①楚丘：楚丘，古地名。《读史方舆纪要·曹州》云：曹县东南四十里，有楚丘城，春秋时戎州已氏之邑。

【译文】楚丘有一位先生到了齐国，前去拜见孟尝君。孟尝君和他坐在一起议论政事，认为他是个贤能的人。恰逢齐国境内盗贼四起，于是封这位楚丘先生为将军，让他前去治理盗贼。楚丘先生穿上铠甲出了齐宫大门，碰到一个农夫，就问他：“大麦和小麦收成了吗？”农夫回答说：“今天雨水不调，收了三成，损失了三成，不知道还能不能按规定交上供给了？”楚丘先生说：“三成收成自己吃还不够，还能上供吗？”于是他又脱下铠甲走进了齐宫大门。大门两旁的侍卫问：“先生奉命去治理盗贼，还没到地方怎么就返回来了，这是为什么啊？”楚丘先生回答说：“你们有所不知。我治理盗贼，不治理那些已经能治理的盗贼，而治理那些不能治理的盗贼。能治理的盗贼，已经是真正的盗贼。而不能治理的，是那些还没成形的盗贼。治理好未成形的盗贼，而已成形的盗贼就能自己覆灭了；未成形的盗贼不去管理，那么已成形的盗贼就会越来越多。今天我们拿着弓箭，穿着铠甲，只能使盗贼屈服于我们的武力，而不能让盗贼心悦诚服；发号施令讨伐盗贼，能使盗贼停下作恶却不能消灭他们的欲望。就好比水，已经溢了出来而不到上流去疏通，虽然建有堤坝，却不能止住。不善于治理水患的人，越是加高堤坝，水越积攒的多，多出力还不能解决问题！因此减少百姓的税收，才是治理贼乱的根本。招揽那些流民，才是消灭盗贼的根源。”于是楚丘先生回去将这番话告诉齐王，请求齐王减免税收，治理那些尚未成形的盗贼。齐王说：“好啊。”于是下令减免税收的十分之七，没过二十天，齐国的流亡者都回到家里。齐国的境内也没有盗贼再兴起的，这是楚丘先生的功劳。

用　材

浑然子曰：“天下之材，其犹舟车乎？今夫车观其转蓬，均其平沉，以饬其轮辕。又驾之以骐骝，骖之以騧骊，非不彭然美也，而驱之济河，虽有王良、造父，不能救其溺矣。今夫舟成以柏木，假以桧楫，助以帆樯，如汉之楼船，蜀之画舸，非不饬然坚也，而使之行陆，虽有贲育、任鄙，不能操之往矣。是故絺绤以当暑则宜，而以之御风则悖。骐骝之足能致千里，而责之捕鼠则不如狸。物固有然者矣，况人材乎？昔者田常欲伐鲁，鲁之危在旦夕。孔子忧之曰：‘吾父母之邦也，二三子奈何弗出？’当是时，子路请行，孔子弗许；子张、子石请行，孔子弗许；子贡请行，孔子许之。盖子贡辩而智者也，卒之一出，而乱齐存鲁，破吴霸越，甚矣，圣人之善于用材也。是故有忠信而好义者，有仁惠而多慈者，有言语而能辩者，有文雅而成章者，有敦庞而纯笃者，有见事而风生者，有慷慨而阔大者，有智术而多谋者。忠信而好义者，可以托重而不可以应变乎。仁惠而多慈者，可以牧民而不可以断国乎。言语而能辩者，可以辞命而不可以节概乎。文雅而成章者，可以俎豆而不可以军旅乎。敦庞而纯笃者，可以厚俗，而不可以解纷乎。见事而风生者，可以议始，而不可以守终乎。慷慨而阔大者，可以大节，而不可以小知乎。智术而多谋者，可以运筹，而不可以恃力乎。易皋陶之刑而使之种植，我知其不如稷也。更后夔之乐而使之平水土，我知其不如禹也。移契之五教而使之掌山泽，我知其不如益也。古之圣贤且然，而况一长之士乎？是故用其所长而弃其所短，则天下皆材矣。反其所短而违其所长，则天下皆无材矣。夫使天下而皆不见其材，果天下之过耶？抑亦用之者之过耶？”

【译文】浑然子说：“天下的人才，难道不就像船和车吗？你观察那车的轮子，都是平稳沉重的，才能使车辆端正。青骏马红骏马在中间，黄骏马黑骏马在两边，难道不是很美吗，然而驾驶着马车去过河，就算是有王良、造父这样厉害的马夫，也不能将溺水的马车救下。再说那舟船，是用结实的柏木打造的，借助船桨和船帆，例如汉朝的楼船，蜀国的画舸，虽然不端正却十分坚固，然而让它在陆地上行驶，就算有贲育、任鄙这样的大力士，也不能将它挪动。这就是葛布用来遮阳最好，用它来抵挡风却不行。骏马的腿能跑千里之外，然而捉耗子肯定比不上狸猫。物各有所长，更何况人才了？以前田常想要征伐鲁国，鲁国危在旦夕。孔子听说这件事忧虑地对弟子们说："鲁国是我的父母之邦，你们怎么能不回去协助作战呢？"当时，弟子子路请求前去，孔子不允许；弟子子张、子石请求前去，孔子也不许；子贡请求前去，孔子同意了。是因为子贡善辩又足智多谋。这也就是说，有忠信而好仁义的人，有仁慈又善恩惠的人，有口齿伶俐，能言善辩的人，有文雅且文章写得漂亮的人，有敦厚、性情温和的人，有见事生风的人，有慷慨大度的人，有善于权术的人。忠信而好仁义的人，可以委托给他重任却不能让他做随机应变的事。仁慈又善恩惠的人，可以让他治理人民却不能让他决定国家大计。能说会道的人，可以让他做使者应对外交，却不能让他坚持节操气概。能作文章的文人雅士，可以让他负责祭祀却不能让他去主持军事。性格醇厚的人，可以让他敦厚民俗却不能让去他解决纷争。那些见事生风的人，可以让他参与事情的开始，却不能让他参与事情的结束。慷慨大度的人，可以让他遵守大节，却不能让他拘于小节。懂得权谋的人，可以让他运筹帷幄，却不能让他运用暴力。让善于刑罚的皋陶去种地，我知道他肯定不如稷。让掌管声乐的后夔去治理水土，我知道他肯定不如大禹。让执掌教化的契去掌管山泽，我知道他肯定不如伯益。古代的圣贤都是如此，何况是只有一技之长的人才了。因此取长去短，天下都是人才，只看到短处，看不到长处，则天下一个人才都没有了。天下一个人才都看不见，是天下人的过错吗，是选拔人才之人的过错啊！"

强　弱

云有南旅生游于通衢，遇懦夫醉横于道，怒拽而过之。及经贵者之门，望见豪势罄折如焉，弗敢仰窥之矣。浑然子曰："子何若是之吐刚而茹柔也？祸将及乎？"御者曰："何谓也？"浑然子曰："天道亏盈而益谦，地道变盈而流谦，鬼神害盈而福谦。盈者处其强，而谦者处其弱也。是故抑强扶弱，见天道也；畏强而凌弱，逆天道也。

昔者楚庄王伐郑，郑伯肉袒，左把茅旌，右执鸾刀，以求平于庄王。庄王怜之，受节左右，麾楚军，退舍七里。将军子重进谏曰：'夫南郢[①]之与郑，相去数千里，大夫死者数人，厮役者数百人，今克而弗有，无乃失臣民之力与？'庄王曰：'不然。人告以从而不舍，不祥也。吾以不祥立于天下，灾及吾身，何取之有？'既，晋之救郑者至，曰：'请战。'庄王许之。将军子重进谏曰：'晋，强国也，道近兵锐，楚师奄罢，君其勿许。'庄王曰：'不可。强者我避之，弱者我威之，是寡人无以立于天下也。’遂还师以逆晋寇。庄王授桴而鼓之，晋师大败，士卒奔者争舟而指可掬也。夫郑惟其弱也，则虽以一国之利而不取，况非国者乎？晋惟其强也，则虽以奄罢之卒而不避，况非罢者乎？是故讨诸侯之僭，以扶周室之衰，桓文之所以霸也；窥汉室之敝，而欺孤寡之为，新莽之所以亡也。子其知之乎？”南旅生赧而退，行未及门，而懦夫者告毙焉。以南旅生拽之矣。御者曰：浑然子之言，信其然哉。

【注释】①南郢：春秋时楚国国都。

【译文】据说有一位南旅生走在四通八达的大道上，看到一个醉汉躺在路上，就生气地把他拖拽到一旁去了。等到经过一位富贵人家的大门时，南旅生远远看着豪强十分谦卑，甚至都不敢抬头看他们。浑然子说：“为什么这样畏于强暴而欺负弱小呢？灾祸恐怕要来了。”一个驾驶马车的车夫问：“为什么这样说呢？”浑然子回答：“天道亏损盈满而增益谦虚的人，地道改变盈满而补益谦虚的人，鬼神的本性也是损害盈满者而福荫那些谦虚的人。盈满的人本身就处于强势，而谦卑的人原本就处于劣势。抑制强者，扶持弱者，这是天道；害怕强者，欺凌弱者，是逆天行事。

以前楚庄王讨伐郑国，郑伯脱去上衣，露出胸膛，左手拿着旄旌，右手拿着弯刀，向楚庄王求情，楚庄王十分可怜他，接过他左手和右手的旄旌和弯刀，命令楚军退到七里之外。将军子重向楚庄王进谏：‘现在楚国的都城南郢对于郑国来说，相隔了数千里，我们现在的大夫死了的有数人，奴隶死了的有数百人，现在若不攻打郑国，不是白白浪费了大臣和百姓之力？'楚庄王说：'不是这样的，人家已经求饶示弱还不放过，这样是不祥的。我用不祥的手段取得天下，到时候引祸上身，这样做怎么可取呢？'没多久，晋国救郑国的援兵到了，对楚庄王说：'可以作战了。'楚庄王同意了，将军子重又进谏说：'晋国是强国，离郑国近，士兵也厉害，楚军士气衰弱，您不能出兵啊！'楚庄王说：'不可以，敌人强大我们就退缩，敌人弱小我们就耍威风，这让我何以在天下立足。'于是搬兵去攻打晋国军队。楚庄王亲自去拿鼓槌敲鼓，结果晋军大败，士兵们都挤在船上逃走，手指都能碰到河水了。郑国虽然弱小，楚国占有优势却不去强行攻打，难道是取得一个国家的事？晋国十分强大，虽然楚军衰微却不避开，难道是停止作战的事？讨伐僭越的诸侯，辅佐衰微的周室，桓文公所以能称霸；看到汉室衰微，就去趁机夺取政权，这是新朝王莽失败的原因。你这回知道了吧？"南旅生羞愧的离开，还没走出城门，就被告知那个醉汉死掉了，正是因为南旅生拖拽他。那个驾车的人感叹道："浑然子的话，果真如此啊！"

臣　道

白圭，周人也。魏文时，资富天下，有用事僮仆二人焉：一曰趋时，专致四方之货，相其贵贱，悉输之圭；一曰司会，主出纳蓄积，凡四方之货至，圭必使售之。自圭亡，其子嗣其业。趋时有疑于司会，因谮之于其子曰："昔先主人之资，殆将为若所盗乎？"其子不之察，遂加以夏楚，责其偿。司会亦不为辩也，尽括所私以归其子，退无怨色，治家产如故焉。一日，其子阅其簿籍，知司会之冤也，移怒趋时。趋时惧，奔之齐。司会请曰："昔先主人之克有蓄也，趋时与力焉。今以小人之故，使之奔齐，小人不安，愿召之归，以共营厥家。"于是趋时复归，益尽心力，白氏之富中兴焉。

浑然子曰："充司会之心，不可以尽臣道。与夫不辩其诬而悉归其主，不挟其譬而共营其家，可谓纯诚而公者矣。昔者成王幼，周公摄政，召公疑之。后管、蔡果流言。周公居东三年，感风雷之变，成王悟而迎公。公归亦无少尤于召公，与之夹辅王室益至焉。夫使周公忠爱有所未至，则流言之后，必不足以悟成王；使有一毫私意于其间，则东归之后，必不协于召公。西周其衰矣。故能感于流言之后者，至诚之念也。无少尤于召公者，至公之心也。至诚则足以格君，至公则足以谋国，非为臣之道与？"

【译文】白圭，是周朝时人。魏文侯在位的时候，他的资财富甲天下，白圭有两个帮他做事的仆人：一个叫趋时，专门收揽四方的货物，评估货物的贵贱，全都送给白圭；一个叫司会，善于出纳和储蓄，四方的货物到了白圭这里，他肯定能卖出去。白圭去世后，他的儿子承继他的家业。趋时有时候怀疑司会，就偷偷对白圭儿子说：“先主人的资产，都要被司会偷光了吧？”白圭的儿子也没有查问，就对司会用了鞭罚，并让他赔偿。司会并不为自己辩护，把自己的私有财产全部给了白圭的儿子，也不怨恨，还像从前一样治理家产。一天，白圭的儿子查阅账本，知道冤枉了司会，将怒火洒在趋时身上。趋时怕害，逃到齐国去了。司会请求说：“先主人之所以能够有这么多积蓄，趋时出了很多力，现在因为我的原因，让他跑到齐国去了，我的内心很是不安，请您把他召回，我们一起经营家业。”于是趋时又回来了，更加尽心尽力，白氏的家业又达到了中兴局面。

浑然子说：“看司会的做法，不正是为臣之道吗？他不为自己辩解还把自己的物品还给主人，不记恨陷害自己的人还与他一起共事，可谓是内心纯正，十分忠诚了。以前周成王年幼时，周公摄政辅佐他，召公就怀疑周公。后来管叔、蔡叔果然散播周公的流言。周公在东宫住了三年，一心惦记成王的江山社稷，周成王最终醒悟，迎回了周公。周公也没有怨恨召公，而是与他一同辅佐周成王。如果周公没有那份忠心和爱国，那么流言过后，一定不会让成王悔悟；如果他有一点私心，那么回到朝堂上，一定不会和召公共事。西周也就衰微了。周公在流言之后让成王感动，迎他回朝，是他具有至诚之念。周公没有怨恨召公，继续和他一同辅佐成王，是他有一颗至公之心。这份至诚足以辅佐君主，这份至公足以为国谋略，这难道不是为臣之道吗？”

群书治要续编卷第四十七　纪效新书　呻吟语　独醒子

纪效新书

【提要】《纪效新书》，明戚继光撰。

戚继光（1528—1588年），字元敬，号南塘，晚号孟诸，谥武毅。山东蓬莱人，明朝抗倭名将。

戚继光从小家境贫寒，但是喜欢读书，通晓经史。嘉靖二十三年（1544年），戚继光继承祖上职位，担任登州卫指挥佥事。嘉靖二十五年（1546年），戚继光负责管理登州卫所的屯田事务，当时山东沿海一带遭受到倭寇的烧杀抢掠，戚继光有心杀贼，写下了“封侯非我意，但愿海波平”的诗句。嘉靖三十二年（1553年），因为得到张居正的推荐，戚继光进署都指挥佥事一职，管理登州、文登、即墨三营二十五个卫所，防御山东沿海的倭寇。嘉靖三十四年（1555年），戚继光被调往浙江都司佥事，并担任参将一职。戚继光到浙江后，发现卫所的将士作战能力一般，而金华、义乌的人比较彪悍，于是戚继光前往两地招募了三千人，将其训练成一支精锐部队，后称“戚家军”。戚继光根据南方多沼泽的地理特点制定阵法，又给他的部队配备火器、兵械、战舰等装备，“戚家军”因此名闻天下。从此，戚继光在东南沿海抗击倭寇十余年，扫平了多年为虐沿海的倭患。隆庆元年（1567年），朝廷任戚继光为神机营副将，负责训练谭纶在辽、蓟一带募集的三万步兵。隆庆二年（1568年），明穆宗任命戚继光为蓟州总兵，镇守蓟州、永平、山海等地。又以戚继光前破吴平有功，进封为右都督。时北蛮子侵略青山口，戚继光引兵将其击退。

万历二年（1574年），戚继光因守边有功，升为左都督。朝廷封戚继光为太子太保，又进封少保。万历十年（1582年），内阁首辅张居正病逝，给事中张鼎思趁机上言戚继光不应该放在北方，于是戚继光被朝廷调往广东。万历十三年（1585年），给事中张希皋再次弹劾戚继光，戚继光因此遭到罢免，回乡后病逝。戚继光虽为武将，却是一位儒将，著有十八卷本《纪效新书》、十四卷本《纪效新书》、《练兵实纪》等著名兵书，另有诗文集《止止堂集》传世。此外还有一些奏疏条议，今人编辑汇成《戚少保奏议》。《续编》在《明史》部分有辑录其事迹。

十四卷本《纪效新书》是戚继光晚年在十八卷本《纪效新书》和《练兵纪实》的基础上提炼归纳其军事理论和思想，并加入新的军事实践经验形成的一部新书，成书于万历十二年（1584年），是戚继光一生军事思想和经验的总结。清人认为“明代谈兵之家，自戚继光诸书外，往往捃摭陈言,横生鄙论”（四库全书总目），明代很多兵书，作者大都是没有军事实践的文人书生，像戚继光这样上马能够操戈杀敌,下马能够下笔著书的，实在是凤毛麟角。戚继光所著的兵法，由于来自他生平练兵和治军经验的总结，实在远非那些纸上谈兵者可比。由于军事科技的发展，戚继光所处时代的练兵方法自然已经不能实用于今天，但是其练兵、治军的思想，却是穿越时空的，在任何时代都有其宝贵的价值。

《续编》自十四卷本《纪效新书》中辑录《束伍篇》《胆气篇》两篇中的精华内容，以供今人借鉴。

原选兵

兵之贵选，尚矣，而时有不同，选难拘一。若草昧之初，招徕之势，如春秋战国用武日久，则自是一样选法。方今天下承平，车书混同，编民忘战，卒然之变，自是一样选法。大端创立之选，势在广揽、分拣等率，均有所用。天下一家，边腹无虞，将有章程，兵有额数，饷有限给，其法惟在精。

【译文】重视选拔士兵由来已久了，但是每个时期各有不同，选拔士兵也很难局限于一种标准。如果在时世混乱、基业开创的初期，想要招引人才的形势下，就像春秋、战国时期长期战争，那么自然是有一种适合当下形势的选兵方法。如今天下太平，社会安定，车同轨，书同文，编入户籍的平民忘记了战争，如果突然发生变革，自然是有另一种选兵方法。大体上开始建立国家和军队时期的选兵，趋势是广泛招引人才、区分拣出归类，让他们都能有各自的用处。天下如同一家，边境和腹地太平无事，将领有一定的规章制度，士兵有规定的人数，粮饷有限定的供给数目，这个时期的选兵方法只在于精挑细选。

胆气解

善将者，宜何如而练其心气哉？是不外身率之道而已矣。倡忠义之理，每身先之，以诚感诚。又如婴儿、哑子，饮食为之通，疾病为之恤，患难为之处，甘苦为之同。彼有情焉，如婴儿不能自通乎心，如哑子不能自白于口。善将者不待其心之发而先为之所，不待其口之出而预为之谋；谆谆谕以君父之义，祸福之辨，修短之数，死生之理，使之习服忠义，足以无忝所生。其为荣也、利也如何？世之情事有重于死者，有甚于生者。必佐之以不时之赏，斧钺之威，而行吾仁义于其中，乃为有本之用矣。

【译文】善于领兵作战的人，应当如何训练属下士兵的心气呢？这不外乎采取端正自身、为下属作表率的方法罢了。倡导忠义之理，每次率先做出表率，用自己的一片诚心去感化他人的诚心。又像对待婴儿和哑巴一样，他们想吃喝的时候要帮助沟通，生了病要抚恤慰问，遇到难事要为他们处理，和他们甘苦与共。他们都是有感情的人，但就像婴儿一样不能自己表达内心的需要，像哑巴一样不能把自己的意图说明白。善于领兵作战的人要做到不等到他们内心表达出来就抢先为他们做出反应，不等到他们说出口就预先为他们做出谋划；要向他们恳切、耐心地灌输忠于国家的大义、祸福的分辨、寿命长短的定数、生与死的道理，使他们做人做事顺从忠义的标准，完全可以不愧对自己的父母。让他们明白如果这样将会为他们带来怎样的功名利禄？世间的事情有比死亡更严重的，也有比生命更宝贵的。一定要用不时的赏赐和刑罚的威慑作为辅助手段，以此来推行我们所倡导的仁义，这样就为士兵的任用提供了根本保证。

或谓："常练之套，果可用于临敌否？而真练、赏罚精微之处，亦在此否耶？"戚子曰："善练兵者，必使其气性活泼，或逸而冗之，或劳而息之，俱无定格；或相其意态，察其动静而樽节之。故练手足号令易，而练心胆气难；有形之练易，而不练之练妙。能练而使其气性活泼，必须收其心，有所秉畏兢业。又有练之似者，最为练之害。是故灌哗散野，似性气活泼；懈苦不振，似心有兢业。为将者辨此为急，知此可以语韬钤①之秘矣。"

【注释】①韬钤：古代兵书《六韬》《玉钤篇》的并称。后因以泛指兵法。

【译文】有人问我说："军中日常训练的那些技巧，果真能在面对敌人时使用吗？而实战操练和实施赏罚的精深微妙之处，也在这里面吗？"我回答说："善于训练士兵的将领，一定要让士兵们的性格变得活泼起来，或者在他们安闲的时候就找事情让他们忙碌起来，或者在他们劳累的时候就让他们能够得到休息，这些都没有固定不变的格式；或者察看士兵们的神情姿态，及时发觉情况并进行约束。所以训练士兵的手脚、对他们发号施令容易，但锻炼他们的胆量和勇气却很难；看得见的训练起来容易，看不见的训练则很精妙。要想通过训练使士兵们的性格变得活泼起来，就必须约束他们的内心，让他们在做事时秉持谨慎戒惧的心。还有一些训练得似是而非的情况，这是练兵最大的危害。所以，士兵们喧哗吵闹，粗野放纵，好像性格很活泼；懒散苦闷，精神不振，好像有谨慎戒惧之心。担任将帅的迫切任务是要能分辨清楚这些情况，明白这点就可以谈论兵法的奥秘了。”

猎人养鹰犬，故小道也，将无所似乎？且夫好生恶死，恒人之情也。为将之术，欲使人乐死而恶生，是拂人之情矣。盖中有生道在其间，众人悉之，而轻其死，以幸其生，非果于恶生而必死也。故所谓恩赏者，不独金帛之惠之谓，虽一言一动亦可以为恩、为惠；所谓威罚者，不独刑杖之威之谓，虽一语一默亦可以为威、为罚。陈师鞠旅，列众于场，谓之操练，人人知之矣。殊不知教场操练，不过鸣金鼓号令，习射打击刺手艺之能。此等事不是在人家房门内、院墙内做得者，故设教场操练之。平时在各歇家，若肯心心在当兵起念，一心以杀贼为计，蓄养锐气，修治军装，讲明法令，通之以情，结之以心，虽静处闾阎亦谓之练，乃真练也。微乎微乎，妙不可测；神乎神乎，玄而又玄。诿之曰‘弓马粗材，武夫血气之技’，乌乎可？”

【译文】猎人饲养打猎用的鹰和犬，原本是小道，但是做将领的和这个没有相似之处吗？而且贪生怕死，这是人之常情。为将之术，是要让士兵乐于效命而厌恶活着，这是违背人之常情的。但将领之所以能做到这一点，是因为其中有一条生路，士兵们都知道，所以才会不怕死，以求能侥幸活下来，并不是他们真的厌恶活着而一心求死。因此所说的朝廷赏赐，不仅是金银财帛那样的恩惠，即使将领的一句话和一个行动也可以成为恩惠；所说的惩罚，不仅是刑杖那样的威吓，即使将领说话或者沉默也可以成为刑罚。集合军队发布动员令，在教场上排列军队，称这是操练，这是所有人都知道的事情。竟不知道在教场上操练，只是击鼓打锣发布命令，练习发射火器和使用戈矛劈刺的技能。这种事情不是随随便便能在人家房门内、院墙里做得了的，所以才设立教场来进行操练。士兵们平时待在各家，如果肯专心想着自己从军为兵，一心一意考虑杀贼制胜，积蓄培养锐气，修整军用装备，弄清军中法令，官兵之间互相沟通感情，用诚心互相结交，即使安静地待在民房里也可以称这是操练，这才是实战操练。微妙啊微妙，微妙到难以推测；神奇啊神奇，神妙到难以捉摸。有些人找理由推托说‘骑马射箭的粗人所干的事，是武夫靠一时冲动所生的勇气就能练的技艺’，怎么可以这样说呢？”

原感召

夫无令之政，不诛之威，画地而守，不赏而劝，乃为神武。但贵贱异养，尊卑异位，岂尽是智力威势所能驱之哉？然古今人无贤智，自王侯以至于庶人，有同焉者，昭然而不昧也。故曰民心之愚而神。惟尽我之所与行伍同者，而行伍以同应之，故立得脚根定，视水火而不辞。其道宜如何？诚于平居之时，实心爱之，真如父子一家，谆谆以忠义感召之；入操之时，虚心公念，犯必不救，至亲不私，必信必果；出征之日，身先士卒；临财之际，均分义让。如此则无欲，无欲则刚明正直，足以使人。下卒虽愚，昕夕得于观感，积渍之久，感于爱，则爱君、爱将而身非所爱；感于义，则不忍后君、后将而先其所私；感于祸福之辨，则患难不足恐而亲上之志坚；感于修短死生之数，则水火存亡不足以夺其心。

【译文】不发号施令就能处理好军中事务，不诛杀人就能树立起威信，画出界限就能据地坚守，不赏赐士兵就能勤勉努力，这样才算是英明威武。但是一个人身份的高低贵贱决定他培养方式和地位的不同，哪里是全凭将帅个人的才智和权势所能决定的呢？然而从古到今的人不论是有贤德的还是有才智的，自王侯以至平民百姓，有相同的地方，这个事实是显而易见的。所以说百姓的内心既愚昧又神妙。只要竭尽找到我们这些做将帅的和士卒的相同点，而士卒也就会同样做出回应，他们就会站稳脚跟，哪怕看到水火也不会躲避。具体方法应当如何做呢？这就要求将帅在平日里就真心实意地爱护士兵，真的就像是父子一家人一样，用忠义的道理恳切教诲、感化号召他们；在教场操练的时候，谦虚诚心地听取大家的建议，士兵有违犯军令的绝不赦免，对关系最亲近的人也不偏心，说话一定要算数，行动一定要果断；出征作战时，一马当先，身先士卒；面对财货时，与大家平均分配且懂得谦让。如果能做到这些，心中就不会有贪欲，没有贪欲就会变得公正严明，完全能够让人甘心接受驱使。等级低的士卒虽然愚笨，但从早到晚通过对将帅的所作所为进行观察也能得到感悟，长期受到影响，被将帅的爱护之心所感动，就会爱戴君主、爱戴将帅却变得不那么爱惜自己了；被将帅的忠义所感化，就不忍心慢待君主、慢待将帅却优先考虑自己了；被辨明祸福的言辞所打动，就不再害怕忧患灾难而亲近上级将领的心就会变得十分坚定；有感于寿命的长短和生死的命数，就会勇敢面对一切，哪怕是死亡也不能动摇其决心。

原立信

夫人无信不立，而军中之信，犹如冬之裘，夏之葛，不可一时缺者。夫子曰：“去食，去兵，不可去信。自古皆有死，民无信不立。”当今之时，天下之政，载诸条例，颁诸陈奏，充栋累牍，集案盈几，皆通变、宜民、致治之言也。朝行暮辍，而曾无一补于治者，不信之故耳。如今之官府，告示张挂通衢，大字招揭，可谓信令矣。而举目一看者谁何？良由官府不行督察之令，小民习为故事，如此而虽日出一示，何益哉？

【译文】一个人没有诚信就无法安身，而将帅在军中的威信，就像冬天穿的裘衣、夏天穿的葛衣，时刻都不可缺少。孔子说："去食，去兵，不可去信。自古皆有死，民无信不立。"在当今这个时代，国家的大政，都明文记载在各种规章制度当中，颁行于奏疏中，这些东西多得堆满案头，大量积压等待处理，它们大都是通晓变化、安抚百姓、使国家政治清明的进言。然而这些进言早上开始实行，晚上便停止了，没有一条对治理国家有过帮助，这是因为没有得到信任罢了。现在的官府，在大道上张贴布告，明明白白写着，可以说是可靠的命令了。但是有谁愿意抬眼去看呢？这是因为官府不执行督察之令，而平民百姓习以为常，像这样即使每天都贴出一张布告，又有什么用处呢？

申军纪

凡设将兵，弥盗安民，乃其分也。不思军士为立功免罪、报主庇民之本，或指科敛侵其正饷，或以私物给削膏脂，或役其气力以供工作，专为肥身润家之计；又以其不义之资，结为三窟，不与士伍同甘苦，全无爱养之心；又有一等才力不支，每事因循，军务废弛，委靡虚度，虽无大过，均为误国。偏裨有犯，大将以军法治之；材官有犯，偏裨治之以军法，仍尽法追赃。科敛太甚，边海有明例也，如大小将领人员能汰老弱，去怯懦，肃军纪，严节制，实行伍，申恩威，精教练，鼓敌气，使人人用命，万众一心，大将必超格礼敬，优加揄扬，愿为执鞭推毂。夫国制时规，兵有数，粮有额，难以冗增。管兵官即有一兵一夫，必须使合军纪，转弱为强，化无用为有用，庶缓急足恃。此非空言，日日行来自见。

【译文】但凡国家设立将帅和士卒，目的是消灭盗贼、安定百姓，这是他们职务上应尽的本分。但有的将领不想着把士卒作为自己建立功绩免除罪过、报答君主保护百姓的根本，或者被人指认搜刮侵夺士卒的正饷，或者剥削发给士卒的私人物品，或者使唤士卒当苦力来为其工作，专门为自己及亲属谋取利益；又用其以不正当的手段获得的钱财，营造多处宅第，不和士卒甘苦与共，完全没有爱护养育士卒之心；还有一种人，才能不够，做事总是因循守旧，懈怠荒废军务，萎靡不振，虚度光阴，虽然没有犯大的过错，但和前面几种人一样都对国家有所损害。如果偏将犯了以上说的那些罪，主帅应该按照军法进行处治；低级武将犯了以上说的那些罪，偏将应该用军法进行处治，还要完全依法追查并收缴赃物。过分搜刮钱财，边海有明确的法律条例，如果大小各级将领能做到淘汰年老体弱、胆小懦弱的士卒，整肃军纪，严格节制，充实军队，恩威并济，精心操练，鼓舞士气，使得人人拼死效命，齐心协力，主帅必定用越过常规的礼遇表示尊敬，格外加以赞扬，愿意为其持鞭驾车，推车前进。国家现在的规章制度，要求士卒有一定的人数规定，粮食有一定的数额限制，很难额外增加。管理士卒的军官即使手下有一兵一夫，也必须让他按照军纪的要求行事，这样才能从懦弱转变为强大，把无用转变为有用，或许紧急时刻完全能够依仗。这不是空话，如果每天坚持做，自然会看到效果。

公赏罚

凡赏罚，军中要柄。如该赏者，即与将领有旧仇新怨，亦要录赏，患难亦须扶持。如犯军令，便是亲子侄，亦要依法施行。决不许报施恩仇，有此者，以其所报之罪，加等坐之。

【译文】凡是奖赏和惩罚，都是军中重要的权力。如果是应当奖赏的人，即使与将领有过仇恨或者近来才结怨，也要记下奖赏，如果他遭遇忧患灾难，也应进行扶持。如果有人违反了军令，即便是将领的亲子侄，也要按照军法处置。绝不允许挟私报复，如果有这样的人，要按照他所报复的罪行，罪加一等处罚。

练将篇

兵法曰："将者，三军司命，国家安危之主也。"又曰："将者，国之辅，辅周则国必强，辅隙则国必弱。"又曰："将不知兵，以卒予敌。"古者兵农未分，文武同途，其所设置责成每如此，固非今日事也。借以今日论之，万一有剧盗起，城或不守，野被荼毒，使有善将兵者一鼓歼之，出生灵于水火中，所系岂小小哉！故必练将为重，而练兵次之。夫有得彀[1]之将，而后有入彀之兵。练将譬如治本，本乱而末治者，未之有也。

【注释】①彀（gòu）：张满弓弩，引申为范围，指治军作战的制度与规律。

【译文】兵法上说："做将领的，是掌握三军命运的人，是国家安危的主宰者。"又说："做将领的，是国家的辅佐者，辅佐得周全，国家必定会强盛，辅佐得不尽心，国家必定会衰弱。"还说："将帅不知道用兵的谋略，就会把士兵的生命白白送给敌人。"从前不区分兵农，文武合一，所设置的官位职责往往如此，本来就不是今天才有的事。就拿现在的情况来说，万一哪天出现大盗，城门可能会失守，乡村田野会被残害，假如有善于用兵作战的将帅将他们一举消灭，把人民从深重的灾难困苦中拯救出来，这关系的哪里是微不足道的小事啊！所以必定把培养将领当作重任，然后再训练士兵。有了懂得作战规律的将帅，然后才能训练出善于作战的士兵。培养将领如同从根本上解决问题，根本问题纷繁杂乱而细节问题却能得到解决的情况，还从来没有出现过。

正心术

夫将有本，心术是也。近而四海，远而九夷，贵而王侯，贱而匹夫，所同有者，此心也。三军之众，不言而信，不令而行，不怒而威，古今同辙，万人合一者，此心同而感召易，是以不待征而自孚照矣。善学将者，光明正大，以实心行实事，思思念念在于忠君、卫国、敬人、强兵、爱军、恶敌，任真任难做去，不以死生颠越易其念。坚持积久，久则大，大则通，通则化，可以感动天地，转移鬼神，所获皆吉祥善事。《书》曰："作善降之百祥，作不善降之百殃。"此非外至，皆我心术善与不善，而祥与殃因之，鬼神亦随之。故称"心"曰"心神"，又曰"心之神明不可欺"，今之斥人辄曰"欺心、欺心"云。

【译文】做将领应具备的首要素质，是心术。近到四海，远到九夷，显贵如王侯，贫贱如平民百姓，他们所共同拥有的东西，就是这颗心了。三军的将士，不用说什么就能得到别人的信任，不须发号施令就能让人自觉行动，不用发怒就具有威严的气质，自古到今都没有改变，万众一心，这种想法一致而感召就会变得容易，因此无须费力去追求自然会彼此信任另眼相看了。善于学习怎么做将领的人，心怀坦白，言行正派，用真心去做实在的事情，一心一意想的是对君主忠贞、守卫国家、尊敬他人、增强军力、爱护士卒、仇恨敌人，求真务实不畏惧艰难险阻地去做，不因个人的生死存亡就改变自己的信念。这样长时间地坚持下去，时间长了成效自然就大了，成效大了自然就通达了，通达了自然就融会贯通了，可以感动天地，转移鬼神，所收获的都是吉祥如意的好事。《尚书》中说："做善事的人，天神保佑，会给他降福；做坏事的人，鬼神共愤，会给他降灾。"这不是凭空外来的，都是取决于我们的心术善或不善，从而导致吉祥和灾祸相随，鬼神也会伴随着。因此人们把"心"叫作"心神"，又说"心中的神明不能欺骗"，现在的人训斥别人的时候总是说"某某起了坏心思、某某起了坏心思"这样的话（所以要慎重啊！）。

立志向

夫志即心也。心之体为神明，心之用则为志向。譬如花草树木种子，小者如沙如尘，大者如拳如卵，可谓混茫之甚，一入土中，萌芽勾甲，蚁可食而尽之，及其长成参天合抱之木，梁栋取材，霜雪不能摧。为将第恨无志，志定而加真积力行之功，自然信于上下，利于施为。为国家爪牙之臣，戡难立勋，垂名竹帛，皆此志一定，从条理中做出，无不收效。但吾立志之初，未能大通于人，不无困苦、拂郁、阻挠之患，犹萌甲蚁可食尽之类也。若于此时以为立志无益，做好人、行好事无效，便改初志，其人终如此而已矣。即如种子初出，纵牛羊践害之，生意一尽，不复更苗。若爱之、护之，不计岁月待其根本坚固，发荣舒长，尽其种子所有之力而后已，安可量哉！

【译文】志向就是心。心的本体是神明，心的外在体现为志向。就像花草树木的种子，小的如同风沙如同尘土，大的如同拳头如同蛋卵，可以称得上是非常混杂不清了。然而一进入土壤中，种子皮裂而萌芽，蚁类可以将它们全部吃光。等到它们长成高耸粗壮的树木，被选作屋宇大梁的材料，即使是霜雪也无法破坏了。做将领的就怕没有志向，志向确定再加上认真积累、努力实践的功劳，自然可以取得上下各方面的信任，有利于行动。成为国家的得力帮手，消弭祸乱建立功勋，名垂史册，都有赖于志向一旦确定，然后条理清晰地去实行，没有不能取得的成效。但是在我立下志向的初期，还没能被人们广泛了解，难免会遇到艰难困苦、心情愤闷、受人百般阻挠等忧患，就像刚萌芽的种子外皮被蚁类全部吃光这种情况一样。如果在这个时候认为确立志向毫无益处，做好人、行好事没有什么效果，于是更改最初的志向，这个人最终不过也就这样罢了。正像种子刚刚发芽，放任牛羊对它们随意践踏残害，种子富有生命力的气象一旦完结，就不会再萌芽生长了。假如爱惜它、保护它，不考虑它长了多少年，而是等到它的根脉长到坚固，繁茂地萌发生长，将种子的全部生命力尽情发挥出来为止，又哪里能估量呢?

勤职业

为将者,须将所守疆域,时置于心。军士有疾病、患难、颠连无告之事,时用访询,倘有所闻,即与处分。军器时用辨验,一有不堪,即与修饰。行伍时用查核,一有紊乱,即与清编。烽火哨报、城池墙垣,稍暇即一巡行,随目所见,即与缮治。文移案牍,时用检行,如一事未完,即忍饥劳,必为之理。不拘旦夜,必不使军机事务姑待来时。如此行之既熟,自忘其劳,精粗巨细,无不毕举,自然有备无患。若顾妻孥之乐,宴饮之欢,致将一切耽阁废弛,卒然遇变,束手受死,而为市曹[①]之鬼,是自取之也。

【注释】①市曹:市内商业集中之处。古代常于此处决人犯。

【译文】为将之人,必须时刻把自己守卫的疆域放在心上。兵士生病、遇到难处、困苦不堪无处诉说之事,要经常探访询问,倘若有所耳闻,就要立即处理。军中各种器具要随时辨别检验,一旦发现有不能使用的,就立即修理。军队里的编制及兵士要经常核查,一有紊乱现象,就要予以清理、重新编制。边防报警的烟火、城池墙垣,稍有空闲时就要逐一巡视,眼睛所到之处,一有问题马上修缮。公事文书要随时翻阅查看,如果有一件事没有办完,就忍住饥饿劳苦,务必将其处理完毕。无论白天黑夜，一定不能让军中机要事务留待日后处理。像这样长期勤勉行事，一旦形成习惯后，自然就忘了疲劳，军中无论精粗巨细等大小事务，没有不全部办好的，自然也就有备无患了。如果只顾享受妻子儿女带来的天伦之乐，以及宴席上聚饮的欢乐，将会导致一切军中事务被耽搁延误，荒废衰败，如果突然遭遇变故，将会束手就擒奔赴死地，成为市曹之鬼，这样的结局就是咎由自取。

忌刚愎

夫坚志勇为，谓之刚。刚者，人之德也。恃强自用，谓之愎。愎者，德之贼也。人患不刚，固然矣，刚而愎，不如不刚之为愈也。故为将者，一有自用之心，士情不问，人人解体，敌情不得，耳目瞢聩，忘身败家，可立而待矣。善将者，凡于古今名将成败之政，一时山川形势之殊，敌与我军隐微之变，广询博访，集众思，用群策，虽不挠于非礼，而转环听纳。人之有技，如己有之。即其人不足取而言可采，略其人而取其言，师其言而不必用其人。使我之言行，固皆尽善当理，岂无一二讹谬？宜忘其美而求讹，而行之以强健不息。庶刚为吾之德，而通下情，知敌变，来众善，成功业，转凶为福矣。

【译文】意志坚定敢于作为，称为“刚”。刚，是人之德，但是，一个人如果恃强自用，固执己见，不听取别人的意见，这就叫作“愎”。愎，会败坏一个人的德行。人都担心自己不够刚强，固然有道理，但是如果刚强变成了刚愎，那还不如不刚强的好。因此为将之人，一旦有了刚愎自用之心，就会对士兵的情况不闻不问，导致人心涣散，对敌情也不了解，如同耳目闭塞一般，最终落得个家败身亡的下场，这种结局很快就会到来。善为将者，对于古今名将成败之事，当代山川特殊的地理形势，敌我双方军情的隐微变化，都要广泛询访，汇集众智所长，采用大家的计策，虽然不能被违反礼仪法度的建议所困扰，但还是要尽量听从、采纳他人的意见。别人有某种技能，就如自己也有一样。即使那个人的为人不值得赞扬，但他的建言可以采纳，就要忽略他的人品而听取他的建言，可以按他的建议行事但不必任用此人。假如我的言行本来已经尽善尽美、恰如其分了，但是其中难道就没有一两处差错谬误？应该忘掉自己已经很完善的言行而去寻找其中的差错谬误，并加以改正，以强健不息的精神来行事。这样或许刚强就成了我们的美德，从而就能通达下面官兵的情况，知道敌情的变化，汇集众人的好建议，就可以成就功业，转祸为福了。

戒逢迎

夫将，死官也；兵，危事也。处置一失其宜，安危存亡系焉。何为将者不恤安危存亡、是非利害，不顾理之难通、兵务之丛脞[①]，凡承势官，惟事唯唯？复伺察其所欲举、所偏喜者，甘言餂[②]之，违天害理，枉正遂非，至使上司迷惑，遂谓所举真可兴利除害，殊不知议于后者已纷纭矣。况致失军机，祸必逮己。夫无责于身，逢迎取悦，已不可顾；有责甚重而逢迎之，是自弃其身于祸患中，计不亦左乎？凡有疆埸之责者，遇命令、咨询，必是曰是，非曰非，某事不宜行，某事力不能行，据实以对。兵务丛脞，必难实力练。虽一时有拂其意，终不失己。他时功求成，事求可，上官且感服矣。故端于持检者，必励謇謇谔谔[③]之风，断不逢迎以为悦也。

【注释】①丛脞（cuǒ）：烦琐细碎。

②餂（tiǎn）：用甜言蜜语诱取、探取。

③謇謇：忠贞；正直。谔谔：直言无讳的样子。

【译文】将帅，是随时都会送命的官职；战争，是危险的事情。一旦处置不当，就会关系到生死存亡。可是有些为将者为什么不顾生死存亡、是非利害，不顾情理难通、军务烦琐细碎，凡事都要奉承那些有权势的官员，只是一味地唯唯诺诺呢？这些人又窥察对方想做什么、偏好是什么，用甜言蜜语去探取，伤天害理，歪曲事实、掩饰错误，致使上司被迷惑，于是就认为自己的所做所为可以兴利除害，殊不知众人已在他背后议论纷纷了。更何况若是贻误军机，必然会大祸临头。没有担负一定职责的人，逢迎取悦上司，这种事已不可看；有职责甚至身肩重任的人却去逢迎取悦上司，这是把自己弃于祸患之中，这般计谋不是太偏了吗！凡是担负守卫疆埸之责的将领，遇到上司命令、征询意见时，一定要对的说对，错的说错，某件事情不宜去办，某件事情力不能及，都要据实以对。因为军务繁杂，有些事情必然难在实际中真正得到历练熟悉。虽然一时之间会拂逆上司的意愿，但终究不会失去自己的本心。等到日后看到成就功绩，得到认可，上司也会感动、佩服的。所以坚持自己正直节操的将领，一定要振奋忠贞直言的风气，绝不可用逢迎的手段去取悦上司。

呻吟语

【提要】《呻吟语》，明吕坤撰。

吕坤（1536—1618年），字叔简，一字心吾、新吾，自号抱独居士，明代归德府宁陵（今河南商丘）人。万历二年（1574年）进士，出任山西襄垣知县，官至吏部侍郎。吕坤刚正不阿，为政清廉，与沈鲤、郭正域被誉为明万历年间天下“三大贤”。主要作品有《实政录》《夜气铭》《招良心诗》《呻吟语》等，此外还有《去伪斋集》等十余种。吕坤的思想对后世有很大影响，今人整理有《吕坤全集》。

《呻吟语》是吕坤成书于1593年的笔记体哲学著作，也是他影响最大的著作之一。时吕坤在山西太原任巡抚，他在原序中称：“呻吟，病声也，呻吟语，病时疾痛语也。”故以“呻吟语”命名。全书共分六卷，前三卷为内篇；后三卷为外篇，内篇分为性命、存心、伦理、谈道、修身、问学、应务、养生，外篇分为天地、世运、圣贤、品藻、治道、人情、物理、广喻、词章等十七篇。内容均为含意深刻、富有哲理的语录笔记。清代尹会一称其“推堪人情物理，研辨内外公私，痛切之至，令人当下猛省，奚啻砭骨之神针，苦口之良剂”。申涵光称“不可不常看。”有现代学者誉其为“古今罕见的修身持家治国平天下的指南性书籍”。《续编》从中辑录了《性命》《存心》《伦理》《谈道》《修身》《应务》《世运》《品藻》《治道》《广喻》等篇的精华内容，涉及修身、为政、用人、治国等多个方面。

性 命

深沉厚重，是第一等资质；磊落豪雄，是第二等资质；聪明才辨，是第三等资质。

【译文】为人沉稳敦厚，是第一等人才的资质；为人光明磊落，是第二等人才的资质；为人聪明有辩才，是第三等人才的资质。

存 心

天下国家之存亡、身之生死，只系“敬”“怠”两字。敬则慎，慎则百务修举；怠则苟，苟则万事隳颓。自天子以至于庶人，莫不如此。此千古圣贤之所兢兢，而世人之所必由也。

【译文】天下国家的存亡，自身的生死，这些大事的成败关键在于“敬”“怠”这两个字上。恭敬就会谨慎，谨慎则各种事情都会得到整治兴盛；懈怠就会敷衍，敷衍则各种事情都会毁坏衰败。从天子到平民百姓，没有例外的。这就是千古以来圣贤之所以小心谨慎的原因，也是世人所必须遵守的天道规律。

伦　理

天下不可一日无君，故夷、齐非汤、武，明臣道也。此天下之大妨也！不然，则乱臣贼子接踵矣，而难为君。天下不可一日无民，故孔、孟是汤、武，明君道也。此天下之大惧也！不然，则暴君乱主接踵矣，而难为民。

【译文】天下不可一日没有君主，所以伯夷、叔齐不赞同商汤、周武王的做法，就是为了申明为臣之道。这是天下人应该遵守的重要原则！否则，乱臣贼子就会接连出现，君主就难以维持地位了。天下不可一日没有百姓，所以孔子、孟子赞同商汤、周武王的做法，就是为了申明为君之道。这是天下君主应该最为警惕的事情！否则，暴君乱主接连出现，普通百姓也很难维持生计了。

谈　道

百姓得所，是人君太平；君民安业，是人臣太平；五谷丰登，是百姓太平；大小和顺，是一家太平；父母无疾，是人子太平；胸中无累，是一腔太平。

世之治乱，国之存亡，民之死生，只是个我心作用。只无我了，便是天清地宁、民安物阜世界。

【译文】百姓得到安顿，是君主的太平；君主百姓各司其职，是大臣的太平；五谷丰收，是百姓的太平；全家老幼和睦，是一家的太平；父母健康，是儿女的太平；胸中无牵挂，是身心的太平。

天下的治乱，国家的存亡，百姓的生死，这些事情的结果好坏全在于世上每个人的用心。只要心中无私，就会是天清地宁、民安物丰的世界。

修 身

古之士民，各安其业，策励精神，点检心事。昼之所为，夜而思之，又思明日之所为。君子汲汲其德，小人汲汲其业，日累月进，旦兴晏息，不敢有一息惰慢之气。夫是以士无慆德，民无怠行；夫是以家给人足，道明德积，身用康强，不即于祸。今也不然，百亩之家不亲力作，一命之士不治常业，浪谈邪议，聚笑觅欢，耽心耳目之玩，骋情游戏之乐，身衣绮縠，口厌刍豢，志溺骄佚，懵然不知日用之所为，而其室家土田百物往来之费又足以荒志而养其淫，消耗年华，妄费日用。噫！是亦名为人也，无惑乎后艰之踵至也！

【译文】古代的士人和百姓，各司其职，自我勉励，经常反省自己。白天做过的事情，到了夜里就反省思考，接着又考虑第二天需要改进的地方。君子努力进取，不停地修养自己的德行，普通的百姓则不断努力，做好自己的本业，经年累月，早出晚归，不敢有丝毫的懈怠。因此士人没有怠慢的品行，百姓没有怠情的行为，于是家丰人富，理明德厚。身体康泰，没有灾祸。现在的风气不是这样，有百亩良田的家庭不亲自耕种，地位低下的士人没有恒常之业，却空谈妄议，寻欢作乐，沉迷于声色犬马，醉情于吃喝玩乐，身着绮丽华服，口享珍馐美味，意志消沉，放纵骄奢，迷迷糊糊不知道每天都在干什么，而他们家族的田产财物又丰足，足以使他不用劳作，从而心志荒怠，淫逸成性，空度时光，白白耗费财物。唉！同样都是人啊，别忘了这样下去，艰难的日子很快就会降临的。

古之居民上者，治一邑则任一邑之重，治一郡则任一郡之重，治天下则任天下之重。朝夕思虑其事，日夜经纪其务。一物失所，不遑安席；一事失理，不遑安食。限于才者求尽吾心，限于势者求满吾分，不愧于君之付托、民之仰望，然后食君之禄，享民之奉，泰然无所歉，反焉无所傀。否则是食浮于功也，君子耻之。

【译文】古代管理百姓的人，治理一邑则承担起一邑兴衰的重任，治理一郡则承担起一郡兴衰的重任，治理天下则承担起天下兴衰的重任。早晚都在想着如何尽到自己的职责，日夜都在尽心处理好自己负责的事务。一物安排不得当，就不会安然就寝；一事处置不合理，就不能安心吃饭。哪怕自己才能有限，也要尽心尽力；即使形势所限，也要尽到自己的本分。不愧对天子的重托和百姓的期望，然后才接受君主的俸禄，享有百姓的称颂。心安理得，没有内疚；反身自问，没有惭愧。否则就是无功受禄，君子认为这是可耻的事情。

治乱系所用事。天下国家，君子用事则治，小人用事则乱；一身，德性用事则治，气习用事则乱。

【译文】治理还是混乱，在于何者主事。对于天下国家来说，君子当权主事就会得到治理，小人当权则天下混乱。对于一个人来说，以道德主事则身心得到治理，以气习主事则思想行为混乱。

《易》称“道济天下”，而吾儒事业动称行道济时、济世安民。圣人未尝不贵济也。舟覆矣，而保得舟在，谓之济可乎？故为天下者，患知有其身，有其身不可以为天下。

【译文】《易经》说：“道济天下”，而我辈儒家所致力的事业目标也是行道济时、济世安民。圣人未尝不重视济世救民。船翻了，而把船保住，就可称作济吗？所以说，治理天下的人，最忌讳的就是心里有自己，心里有自己就不能做到一心一意为天下。

身者，道之舆也。身载道以行，道非载身以行也。故君子道行，则身从之以进；道不行，则身从之以退。道不行而求进不已，譬之大贾百货山积不售，不载以归，而又以空舆雇钱也；贩夫笑之，贪鄙孰甚焉？故出处之分，只有二语：道行则仕，道不行则卷而怀之。舍是皆非也。

【译文】身体，好比是行道的车。身体装载大道而行，而不是大道装载身体而行。所以君子天下有道的时候，自己就跟随世道而积极进取；在天下无道的时候，自己就随之隐退。天下大道不行，而自己却要谋求进阶，就如同商人的各种货物堆积卖不出去，不把货物用车载回，反而出租空车去赚钱，因此被贩夫走卒们嘲笑，还有比这更贪婪、鄙陋的人吗？因此是出仕还是归隐，只根据两句良言：天下有道则出仕，天下无道则怀才而归隐。舍此以外都不对。

世间至贵，莫如人品与天地参，与古人友，帝王且为之屈，天下不易其守。而乃以声色、财货、富贵、利达，轻轻将个人品卖了，此之谓自贱。商贾得奇货亦须待价，况士君子之身乎？

【译文】世间最为宝贵的，就是人品道德可以与天地齐高，可以与古人相比，帝王见到也会为之折服，用天下财富交换也不能改变他的操守。但有的人却为了美色金钱、富贵显达，轻易就将自己的人品出卖了，这叫做自我低贱。商人得到稀有的货物也要待价而售，何况是君子之身呢！

以圣贤之道教人易，以圣贤之道治人难；以圣贤之道出口易，以圣贤之道躬行难；以圣贤之道奋始易，以圣贤之道克终难；以圣贤之道当人易，以圣贤之道慎独难；以圣贤之道口耳易，以圣贤之道心得难；以圣贤之道处常易，以圣贤之道处变难。过此六难，真到圣贤地步。区区六易，岂不君子路上人？终不得谓笃实之士也。

【译文】用圣贤之道教导别人容易，用圣贤之道修养德行就困难了。把圣贤之道说出来容易，按照圣贤之道亲身实践就困难了。用圣贤之道善始容易，用圣贤之道善终就困难了。用圣贤之道当众做好容易，用圣贤之道谨慎独处就困难了。宣说圣贤之道容易，领会圣贤之道就困难了。以圣贤之道应对平常的事情容易，以圣贤之道应对危急的事情就困难了。能克服六难的，就真正达到了圣贤的境界。能做到六易的，难道不也是君子路上的人吗？但（如果不能克服六难）终究不能说是敦厚沉稳之士。

人不自爱，则无所不为；过于自爱，则一无可为。自爱者，先占名，实利于天下国家，而迹不足以白其心则不为；自爱者，先占利，有利于天下国家，而有损于富贵利达则不为。上之者即不为富贵利达，而有累于身家妻子则不为。天下事待其名利两全而后为之，则所为者无几矣。

【译文】人要不懂得自爱，就会无所不做；过于自爱，就会无所作为。自爱的人，凡事先求名，对于有利于天下国家，而不足以让他扬名显迹的事情则不会去做；自爱的人，凡事先求利，对于有利于天下国家，而有损于自己富贵显达的事情则不会去做。即使做得好一点儿的人，可以不为了个人的富貴显达，而对于有害自身家人的事情则不会去做。如果天下的事只有名、利两全的情况下才会去做，那么能做的事就不多了。

福莫美于安常，祸莫危于盛满。天地间万物万事，未有盛满而不衰者也。而盛满各有分量，惟智者能知之。是故卮以一勺为盛满，瓮以数石为盛满；有瓮之容而怀勺之惧，则庆有余矣。

【译文】没有比安守常道更大的福分了，没有比骄傲自满更危险的祸害了。天地间万物万事，没有盈满而不衰落的。而盈满的程度各有不同，只有智者才能把握。小酒杯用一勺东西就可以盛满，而大瓮用数石东西才能盛满。有瓮的容量，而能畏惧一勺的盈满，那就是吉庆有余了。

自天子以至于庶人，未有无所畏而不亡者也。天子者，上畏天，下畏民，畏言官于一时，畏史官于后世。百官畏君，群吏畏长吏，百姓畏上，君子畏公议，小人畏刑，子弟畏父兄，卑幼畏家长。畏则不敢肆而德以成，无畏则从其所欲而及于祸。

【译文】从天子到普通百姓，从来没有无所畏惧、什么都敢做而不灭亡的。天子上畏天，下畏民，畏惧言官的一时进谏，畏惧史官的后世评价。百官畏惧君主，群吏畏惧长官，百姓畏惧官员，君子畏惧公议，小人畏惧刑罚，子弟畏惧父兄，卑幼畏惧家长。一个人有畏惧之心则不敢胡来，就能成就道德；一个人无畏惧之心，则随心所欲，就会招致祸患。

应　务

谋天下后世事，最不可草草，当深思远虑。众人之识，天下所同也，浅昧而狃于目前，其次有众人看得一半者，其次豪杰之士与练达之人得其大概者，其次精识之人有旷世独得之见者，其次经纶措置、当时不动声色，后世不能变易者，至此则精矣，尽矣，无以复加矣，此之谓大智，此之谓真才。若偶得之见，借听之言，翘能自喜而攘臂直言天下事，此老成者之所哀，而深沉者之所惧也。

【译文】谋划天下和后世之事，最不可草率行事，应当深思熟虑。众人的见识，全天下都是相同的，肤浅愚昧而又拘泥于成见。其次，有些人能分析清楚事情的一半，再其次，豪杰人士与练达之人能看清事情的大概，又其次，见识卓越的人能够有举世独到的见解，最后，有的人筹划制定国家政策，在当时虽没有明显的效果，但这些政策显效于后世，因而后人奉行不会轻易改变。到了这种地步，就是治理国家的最高境界，无以复加了，这就叫做大智慧，这就叫做真才干。如果以偶然获得的道理，道听途说的言论，而洋洋自得，指手画脚天下大事，这是老成之人感到可悲、沉稳的人感到畏惧的事情。

天下事要乘势待时，譬之决痈，待其将溃，则病者不苦而痈自愈，若虺蝮毒人，虽即砭手断臂，犹迟也。

【译文】天下之事要乘势待机而动，就如同挑破痈疮，等痈疮将要溃烂时再动手，此时患者不痛苦而痈疮也会痊愈，如果是被毒蛇咬伤，即使立刻砍断受伤的手臂，也还担心太迟。

肯替别人想，是第一等学问。

【译文】愿意替别人着想，是第一等的学问。

世 运

伏羲以前是一截世道，其治任之而已，已无所与也。五帝是一截世道，其治安之而已，不扰民也。三王是一截世道，其治正之而已，不使纵也。秦以后是一截世道，其治劫之而已，愚之而已，不以德也。

【译文】伏羲氏以前是一个时代。当时的治世之道，是让百姓按自己的意愿行事而已，伏羲氏不会去干涉。五帝时期是另一个时代，当时的治世之道，是让百姓安定生活而已，五帝不会去扰民。三王时期又是一个时代，当时的治世之道，是让百姓直道正行而已，不使百姓放纵而已。秦朝以后也是一个时代，当时的治世之道，是劫掠百姓，愚弄百姓而已，不以道德来治理天下。

三皇是道德世界，五帝是仁义世界，三王是礼义世界，春秋是威力世界，战国是智巧世界，汉以后是势利世界。

【译文】三皇时代是道德昌明的时代，五帝时代是仁义兴盛的时代，三王的时代是礼仪隆重的时代，春秋时期是霸道盛行的时代，战国时期是权谋巧诈当道的时代，汉代以后是追逐权势与利益的时代。

品 藻

圈子里干实事，贤者可能；圈子外干大事，非豪杰不能。

或曰："圈子外可干乎？"曰："世俗所谓圈子外，乃圣贤所谓性分内也。人守一官，官求一称，内外皆若人焉，天下可庶几矣，所谓圈子内干实事者也。心切忧世，志在匡时，苟利天下，文法所不能拘，苟计成功，形迹所不必避，则圈子外干大事者也。

【译文】在圈子里干实事，一般贤良的人都可以做到；能超越圈子做大事，必须是英雄豪杰才可以做到。有人问："圈子外的事可以做吗？"回答说："世俗所说的圈子外，其实是圣贤所说的本分内。一个人担当一定的官职，能够尽到一定职责，这样的人对待分内分外的事如同普通人，天下差不多都是这样的人，这就是所说的在圈子里干实事的人。心忧世事，志在救时，如果是对天下有利的事情，则不受常规俗礼的限制也要去做；只要能够成就对天下有利的事功，就不避讳自己外在的行为是否为世俗所理解，这就是在圈子外做大事的人。

安重深沉是第一美质。定天下之大难者，此人也。办天下之大事者，此人也。刚明果断次之。其他浮薄好任，翘能自喜，皆行不逮者也。即见诸行事而施为无术，反以偾事，此等只可居谈论之科耳。

【译文】安静沉稳，是第一等美好的品质。平定天下大难的就是这种人。处理天下大事的也是这种人。严明果断是第二等美好的品质。其他轻浮随意，自高自大的，都是言行不一的人。即使能付诸行动，但无做事能力，只会坏事，难以成事，这些人只会空谈而已。

任有七难：繁任要提纲挈领，宜综核之才；重任要审谋独断，宜镇静之才；急任要观变会通，宜明敏之才；密任要藏机相可，宜周慎之才；独任要担当执持，宜刚毅之才；兼任要任贤取善，宜博大之才；疑任要内明外朗，宜驾驭之才。天之生人，各有偏长。国家之用人，备用群长。然而投之所向辄不济事者，所用非所长，所长非所用也。

【译文】天下有难于担当的七种责任：处理繁杂的任务需要具备提纲挈领的能力，适宜选用能够综合考量的人才；处理重大任务需要具备审查裁断的能力，适宜选用头脑冷静的人才；处理紧急任务需要具备通达变通的能力，适宜选用聪明机敏的人才；处理机密任务需要具备不露锋芒，相机而动的能力，适宜选用周密谨慎的人才；执行单独任务需要具备独立担当，坚守信念的能力，适宜选用果敢刚毅的人才；同时执行多个任务需要具备任用贤才，听取善言的能力，适宜选用心胸宽广的人才；处理疑难任务需要具备内心圣明，外在清朗的能力，适宜选用有驾取能力的人才。上天生人，各有特长，国家用人，要选拔任用各种专长的人才。然而任用一个人以后不能把事情处理好，是因为用他之处并非他的长处，或者是他所擅长的在其所用之处得不到施展。

居官念头有三用：念念用之君民，则为吉士。念念用之套数，则为俗吏。念念用之身家，则为贼臣。

【译文】做官的人，他们的念头有三种用途：每一念都考虑和君主百姓相关的事情，这是贤人。每一念都考虑日常的应酬交际之事，这是俗吏。每一念都考虑自己和家庭的利益，这是乱臣。

圣人悲时悯俗，贤人痛世疾俗，众人混世逐俗，小人败常乱俗。呜呼！小人坏之，众人从之，虽悯虽疾，竟无益矣。故明王在上，则移风易俗。

【译文】圣人哀叹时世的艰辛，怜惜百姓的疾苦；贤人痛心世风的衰落，愤恨习俗的败坏；普通百姓则混同世风，追随流俗；小人则败坏世风，扰乱习俗。唉！小人败坏世风，普通百姓则追随流俗，虽然怜悯他们的无知，痛心他们的行为，终无益处。所以圣明的君王治国理政必定会移风易俗。

治　道

为政先以扶持世教为主。在上者一举措间，而世教之隆污、风俗之美恶系焉。若不管大体何如，而执一时之偏见，虽一事未为不得，而风化所伤甚大，是谓乱常之政，先王慎之。

【译文】治国理政应该把百姓教化放在首位，为官居上位人的一举一动都关系着教化的兴衰、风俗的好坏。如果不考虑对整体全局的影响如何，而固执一时的偏见，即使把某件事情做成了，但对世风习俗的破坏却很大，这就是破坏纲常的治政方式，古圣先王对此是十分慎重的。

圣人治天下，常令天下之人精神奋发，意念敛束。奋发则万民无弃业，而兵食足，义气充，平居可以勤国，有事可以捐躯。敛束则万民无邪行，而身家重名检修。世治则礼法易行，国衰则奸盗不起。后世之民怠惰放肆甚矣。臣民而怠惰放肆，明主之忧也。

【译文】圣人治理天下，能使百姓奋发图强，谨守正道。奋发图强则令百姓努力工作，不会游手好闲，而国家兵粮充足，崇尚道义，安定时期百姓尽力于国事，战争时期百姓可为国捐躯。谨守正道百姓则没有邪恶的行为，而看重自身的修养，注重良好名声的培养。如此一来，天下得到治理，礼法就容易推行，国势衰落也不会奸盗四起。后世的百姓懈怠、懒惰、放纵等弊病已经很严重了。臣子和百姓的懈怠、懒惰、放纵等弊病，是明主的最大忧虑。

天下之祸，成于怠忽者居其半，成于激迫者居其半。惟圣人能销祸于未形，弭思于既著。夫是之谓知微知彰。知微者不动声色，要在能察几；知彰者不激怒涛，要在能审势。呜呼！非圣人之智，其谁与于此？

【译文】天下的祸患，其中有一半是由于懈怠疏忽而导致的，另一半是由于急躁冒进而造成的。只有圣人能在祸患刚刚萌芽时消灭它，能在邪思刚刚产生时消除它，这就叫做知微知彰。知微，就是要沉稳冷静，关键在于能察觉事物发生的征兆；知彰，就是不意气用事，关键在于能审时度势。唉！如果不是具有圣人那样的智慧，谁又能做到这些呢？

治道尚阳，兵道尚阴；治道尚方，兵道尚圆。是惟无言，言必行；是惟无行，行必竟。易简明达者，治之用也。有言之不必行者，有言之即行者，有行之后言者，有行之竟不言者，有行之非其所言者。融通变化，信我疑彼者，兵之用也。二者杂施，鲜不败矣。

【译文】治国之道崇尚阳谋，用兵之道崇尚阴谋；治国之道崇尚方正，用兵之道崇尚圆融。轻易不出言发声，出言发声就一定要有所作为；轻易不有所作为，有所作为就一定要坚持到底。容易、简洁、明确、通达，这是治国所用的方法。有些事可以言说但不一定去处理，有些事可以言说而且必须立刻去处理，有些事做了以后才可以言说，有些事做了以后也不能言说，有些事所做的并非是所说的。融会贯通、变化无穷，让己方将士互相信任，让敌方将士互相怀疑，这是用兵的方法。把治国的方法和用兵的方法混杂使用，很少能取得成功。

做官都是苦事，为官是苦人，官职高一步，责任便大一步，忧勤便增一步。圣人胼手胝足，劳心焦思，惟天下之安而后乐，是乐者，乐其所苦者也。众人快欲适情，身尊家润，惟富贵之得而后乐，是乐者，乐其所乐者也。

【译文】做官原本是苦差事，为官原本是苦命人，官职高一级，责任便大一级，忧虑辛劳便增一级。圣人手足长茧，劳心费力，只有天下百姓安定后才会快乐，这种快乐，是以自己的辛苦作为快乐。众人满足私欲，显贵富足，只有得到富贵之后才会快乐，这种快乐者，是以自己的喜好作为快乐。

天下之事，要其终而后知君子之用心。君子之建立，要其成而后见事功之济否。可奈庸人俗识，谗夫利口，君子才一施设辄生议论，或附会以诬其心，或造言以甚其过，是以志趣不坚、人言是恤者辄灰心丧气，竟不卒功。识见不真、人言是听者辄罢君子之所为，不使终事。呜呼！大可愤心矣。古之大建立者，或利于千万世而不利于一时，或利于千万人而不利于一人，或利于千万事而不利于一事。其有所费也似贪，其有所劳也似虐，其不避嫌也易以招摘取议。及其成功而心事如青天白日矣，奈之何铄金销骨之口夺未竟之施，诬不白之心哉？呜呼！英雄豪杰冷眼天下之事，袖手天下之敝，付之长吁冷笑，任其腐溃决裂而不之理，玩日愒月，尸位素餐而苟且目前以全躯保妻子者岂得已哉？盖惧此也。

【译文】天下的事情，只有结束后才能知道君子的用心。君子的谋划，要等事情完成后才能看出其谋划奏效与否。无奈由于平庸之人的俗见，诽谤之人的造谣，君子才开始做事他们就妄加议论，或者用附会捏造的办法来歪曲君子的用心，或者用造谣生事的手段来夸大君子的过失，因此那些意志不坚定的人、畏惧流言蜚语的人就灰心丧气，最后使事情难以成功。那些见识不高、听信流言蜚语的人，不能坚持君子的作为，使事情半途而废。实在是让人气愤啊。古时候建立功业的人，做的事情有可能对后世百姓有利而对当时世人不利，有可能对大多数人有利而对个别人不利，有可能对千万事有利而对某件事不利。其做事耗费的财力很多好像是贪污，役使百姓繁重近似于虐待，做事不避嫌疑也容易招来非议责难。等到事情成功，君子的用心如青天白日一样昭然于天下，怎奈那些人用流言诽谤来破坏君子未完成的事业、诬蔑君子的清白之心啊！唉！这使得英雄豪杰只能冷眼看待天下之事，袖手不管天下的弊病，只付以长吁冷笑，任其腐朽溃败而不管，只是贪图安逸，荒废时日，尸位素餐而得过且过，来保全自身和家人，这样做难道是出于君子的本意吗？就是惧怕那些流言蜚语啊。

官之所居曰任，此意最可玩。不惟取责任负荷之义，任者，任也。听其便宜信任而责成也。若牵制束缚，非任矣。

【译文】就职官位叫任，其中的含意令人回味。不仅有责任、担当的意思，任，还有信任之意，即听取其人进言、信任其人做事，责成其人来完成事项。如果对所任者有所牵制、束缚，那就不叫信任了。

圣王同民心而出治道，此成务者之要言也。夫民心之难同久矣。欲多而见鄙，圣王识度岂能同之？噫！治道以治民也，治民而不同之，其何能从？即从，其何能久？禹之戒舜曰：“罔咈百姓以从己之欲。”夫舜之欲岂适己自便哉？以为民也，而曰：“罔咈。”盘庚之迁殷也，再四晓譬；武王之伐纣也，三令五申。必如此而后事克有济。故曰：“专欲难成，众怒难犯。”我之欲未必非，彼之怒未必是，圣王求以济事，则知专之不胜众也，而不动声色以因之，明其是非以悟之，陈其利害以动之，待其心安而意顺也，然后行之。是谓以天下人成天下事，事不劳而底绩。虽然，亦有先发后闻者，亦有不谋而断者，亦有拟议已成，料度已审，疾雷迅电而民不得不然者。此特十一耳、百一耳，不可为典则也。

【译文】圣明的君王与民心和同，以此来治理天下，这是成就事业的关键要领。民心难于和同已经很久了。百姓的欲望多而见识鄙陋，圣王的见识度量又怎能和他们和同呢？这种说法其实不对，治国之道首先就是治理百姓，治理百姓而不和他们的内心和同，百姓哪会服从呢？即使服从，又哪能持久呢？禹告诫舜说："不要违背百姓的意愿来顺从自己的私欲。"舜的愿望哪里是为了自己安逸方便呢？是为了百姓着想，即便如此禹还要告诫他"不要违背百姓意愿"。盘庚改迁殷商都城时，再三地向百姓讲明原因；周武王讨伐商纣王时，三番五次的申明商纣王的罪行。必须如此与百姓沟通，事情才能成功。所以说"个人的欲望难以达成，众人的愤怒难以触犯"。我自己的欲望未必不对，众人愤怒未必合理，圣王为了成就事业，知道只依从自己的愿望不能使众人信服，只能不急不躁地引导他们，然后明辨是非使他们能够醒悟，陈说利害来打动他们，等待百姓心态安定，思想端正，然后再施行自己的想法。这叫做以天下人成就天下事，不用费力而事情可以成功。虽然这样说，也有先做事而再告诉百姓原因的，也有不和百姓商议而自己决定的，也有做好谋划，审查好形势，然后雷厉风行的执行计划而百姓不得不跟从的情况。这些情况只有十分之一、百分之一的可能出现，不能当作常例。

夫治水者，通之乃所以穷之，塞之乃所以决之也。民情亦然。故先王引民情于正，不裁于法。法与情不俱行，一存则一亡。三代之得天下，得民情也；其守天下也，调民情也。顺之而使不拂，节之而使不过，是谓之调。

【译文】治理洪水，用疏通的办法就可以消除水患，用堵塞的办法只能造成洪水决堤。对待民情也是这种方法。因此先王用正道引导民情，不依靠法令来裁夺。法令和人情不能同时采用，其中一方存在，另一方就会消亡。夏商周三代的君王能够得到天下，是顺应民情的缘故；夏商周三代能保有天下，是能调整治政措施，适应民情的缘故。顺应而不拂逆民情，约束而不使其过分，这就叫作做调整。

为政以问察为第一要，此尧舜治天下之妙法也。今人塞耳闭目，只凭独断，以宁错勿问，恐蹈耳软之病，大可笑。此不求本原耳。吾心果明，则择众论以取中，自无偏听之失。心一愚暗，即询岳牧[①]刍荛，尚不能自决，况独断乎？所谓独断者，先集谋之谓也。谋非集众不精，断非一己不决。

【注释】①岳牧：指四岳十二牧。四岳，主四岳之祭，为四方诸侯之长。十二牧，传说中舜时十二州的长官。

【译文】治国理政以询问、洞察为第一要务，这是尧、舜治理天下的妙法。现在的人闭塞耳目，只凭主观独断，宁可做错也不向人咨询，恐怕别人说他有耳根子软的毛病，这实在好笑。这就是做人不求务本。我心中果然明达，则可以选择众人的言论，行以取中之道，自然没有偏听偏见的失误。内心愚暗，即使询问四岳、十二牧这样的贤人和割草打柴的普通百姓，自己也依然不能做出决断，何况主观独断呢？所谓独断，正确的做法就是先集中众人的智谋。智谋必须集思广益才会精妙，决断只有一人做出才能果断。

治道只要有先王一点心，至于制度文为，不必一一复古。有好古者，将一切典章文物都要反太古之初，而先王精意全不理会，譬之刻木肖人，形貌绝似，无一些精神贯彻，依然是死底。故为政不能因民随时，以寓潜移默化之机，辄纷纷更变，惊世骇俗，绍先复古，此天下之拙夫愚子也。意念虽佳，一无可取。

【译文】治国之道，只要有先王的仁爱心意就可以了，至于制度和法令，不必全部效法古人。有喜欢复古的人，将一切典籍、制度、法律都要回归上古初期，而对先王的精神、用意完全不理解，好比雕刻木人，外形像人，但没有包含人的精神秉性，依然是个死物。因此处理政事如果不能适应百姓的要求，不能顺应时事的变化，以达到潜移默化的效果，而是举措频出，惊扰百姓，强行恢复古代的制度，这是天下笨拙愚蠢之人的做法。用意虽好，方法不可取。

广 喻

有国家者，厚下恤民，非独为民也。譬之于墉，广其下，削其上，乃可固也；譬之于木，溉其本，剔其末，乃可茂也。

【译文】执掌国家的人，厚待百姓，体恤民情，并不只是为了百姓安居乐业，也是为了江山社稷稳固。这就如同修建城墙，只有下部宽厚、上部狭窄，城墙才会坚固。又如同种树，灌溉树根，修剪枝叶，树木才会茂盛。

天下之势，积渐成之也。无忽一毫，舆羽折轴者，积也。无忽寒露，寻至坚冰者，渐也。自古天下国家、身之败亡，不出积渐二字。积之微渐之始，可为寒心哉！

【译文】天下的形势，都是慢慢积累而最后形成的。不要忽视一丝一毫的积累，这样长期下去，可以使装载羽毛的车折断车轴，这是逐渐积累的结果。不要忽略寒露的逐渐发展，这样长期下去，不久就会出现坚冰，这是逐渐变化的结果。自古以来天下、国家、自身的败亡，都没有超出“积、渐”二字的范围。积累之初哪怕是微小的变化，逐渐积累，最终的结果都会让人感到无比害怕啊！

张敬伯常经山险，谓余曰，“天下事常震于始，而安于习。某数过栈道，初不敢移足，今如履平地矣。”余曰：“君始以为险，是不险；近以为不险，却是险。”

【译文】张敬伯经常行走在山间险路。他对我说：“天下很多事刚开始做的时候感到震惊害怕，习惯后就不再担忧了。我多次走过栈道，开始时因害怕而不敢迈腿，现在已如履平地了。”我说：“你开始时以为危险，这其实不是危险；现在以为不危险了，这却是真正的危险。”

独醒子

【提要】《独醒子》，明贾应璧撰。

贾应璧（1537—1617年），字文宿，号弘庵。无锡（今江苏无锡）人，隆庆二年（1568年）进士，授黄冈知县，后曾担任广平府知府。著有《归来诗稿》《独醒子集》等。其他事迹不详。

《独醒子》一书收录于《续修四库全书》。书前有贾氏自撰《独醒子小引》一篇，记述了他在万历十九年由东粤解职西归，于舟中展卷自怡，有所触，即书以记其忘，比返故庐，不觉盈帙。因首篇为“独醒子”，就以此为书目，取众人皆醉我独醒的意思。书中内容为作者杂文的合编，有明显的道家避世之意，言语大多淡泊，有的地方也往往以古讽今。全书分上下卷，文中不设标题。《续编》辑录其中有关修身、治国、平天下的精华内容，作为今人镜鉴。

卷　上

君子待人以诚，而或致人之欺，终不以其欺己而贰吾之诚也。示人以信，而或起人之疑，终不以其疑己而爽吾之信也。施人以恩，而或招人怨，终不以其怨己而辍吾之恩也。盖天无所不覆，四时有常叙[①]焉；日月无所不照，昼夜有常度焉；

君子无所不容，屈伸[2]有常行焉。在人者不可必，在我者可自尽，君子惟尽其在我而已矣。

【注释】①叙：次序。

②屈伸：弯曲和伸直，引申为前进和后退。

【译文】君子真诚待人，有时也许会因此而被人欺骗，却决不会因为遭遇过他人的欺骗就改变自己待人的真诚。君子坚守信义、一诺千金，但有时也会因此而受到别人的怀疑，但决不会因为别人怀疑自己就放弃坚守自己的承诺。君子布施恩德于人，有时却反而会招致他人的不满，但决不会因为别人流露出不满就不再帮助别人。要知道上天无所不覆，四季轮转自有它自己的先后次序；日月无所不照，白昼和夜晚交替出现自有它自己的规律；君子无所不容，行止进退自有他自己的准则。别人怎么说怎么看有别人的自由，在我自己则有我自己该尽的本分。君子只是尽到了自己的本分而已。

天下之最难惩者忿，苟于横逆之来，处之泰然，无纤毫介意；最难窒者欲，苟于货色之交，视之澹然，无纤毫动心；非有天下之大勇者不能也。大忿能惩，大欲能窒，可谓善用其勇矣。

醽醁[1]易以醉人，不饮则视之若鸩毒矣；艳冶[2]易以迷人，不淫则视之若骷髅矣；贝玉易以移人，不贪则视之若粪苴矣；暴戾易以触人，不争则视之若飘瓦矣。四者之情既平，由是达可以忘华衮[3]之荣，穷可以安蔬水之乐，以之养生，久而益光，以之应物，错而不变，一毫无所累于心也。故关尹子曰："物之来干我者皆摄之以一息"，知此不惟心无所累，而万物皆为我所用矣。

【注释】①醽醁（líng lù）：古代美酒名。后泛指美酒。

②艳冶：艳丽妖娆。泛指美女。

③华衮：古代王公贵族的华丽礼服，常用作表示极为尊崇的恩宠。

【译文】天下最难克制的是忿恨，如果对于横暴不顺利事情的到来，能够泰然处之，没有丝毫介意；天下最难阻止的是欲望，如果和有钱人、美女交往，见到他们也恬淡自如，没有丝毫动心；若不是天底下最勇敢的人，是无法做到的。大的忿恨能够克制，大的欲望能够阻止，可以说这是善于运用他的勇敢了。

美酒容易使人沉醉，不喝酒的人却视它为毒药；美女容易使人迷惑，不邪淫的人却视之如骷髅；珍宝财货容易使人动摇心志，不贪恋的人却视它如粪土野草；面对凶狠暴虐最容易使人失去理智，没有了争斗之心的人，只把它看作是从眼前偶然飘过的瓦片而已。面对这四种情况如果都能做到心如止水，进而就可以在显达时忘却穿金戴银的荣耀，在困穷时安享粗茶淡饭的乐趣，以这样的情怀用来修养身心，时间愈久就愈能彰显其品格的高贵，以这样的态度用来待人接物，任凭世事错综复杂，自可做到以不变应万变，一丝一毫都不会影响到自己内心的平和安定。因此关尹子说："面对外界事物的干扰，我所应对它的办法不过是一呼一吸而已"，明白了这个道理，不仅仅是自己的内心不会受到一点影响，并且万物都能够为我所用了。

人有隐行，天必显之。苟不显于其身，必于其子孙显之。天道也，人道也。彼有寸长而急急于自鸣者，亦浅矣。

人以阴德及人者，必获阴德之报。以阴事中人者，必获阴事之报。其所报者，不必尽出于受者之手，而出尔反尔，自不容爽也。噫！此非人所为，天实主之；非天所命，人实召之，感应之几亦微矣。

【译文】人有阴德，上天必然使他显赫。如果不在己身显赫，必定在他的子孙那里显赫。这是天道使然，也是人道使然。那些有一点微小功劳就急忙地自我夸示的人，也太浅薄了。

人用阴德施予他人的，必然收获阴德的善报。用阴事中伤他人的，必然收获阴事的恶报。那些报应，不一定完全出自于接受者之手，而是你怎么对待别人而别人也怎么对待你，从来不会有差错。咦！这实在不是人能所为的，实在是上天在主宰；不是上天所能命令的，实际上是人自己感召来的，事物之间的因果感应之理实在是太微妙了。

人之安身立命，本自爱欲中来。故其发于情也，爱欲为切；其难制也，亦爱欲为甚。小之而食色货利，大之而富贵功名，人情孰不欲靡丽而厌足焉？甚则竭精匮神，谋其力之所不及，虑其奔佚；功名太高，则虑其玷损；爵位太崇，则虑其殒越；欲摆脱，业已受其束缚；欲一一顾惜，则精神有所不逮。蚤夜[①]劳思，毙而后已。种种色色，无非伐性之斧斤，戕生之鸩毒也。吾之所谓爱欲者，不为吾之大患害乎？故达人养生，澹然无欲。其来也不拒，其去也无求。世之一切可爱可欲者，视之若浮云然。

【注释】①蚤夜：早晚。蚤，通早。

【译文】人的生命的诞生，原本就是从情爱和贪欲中来的。因此表现在情感上，以情爱和贪欲最为明显。情绪的难以控制，也是以情爱和贪欲这两者为最。小到饮食男女、货物财利，大到功名富贵，谁不想过奢侈华丽的生活而让自己的欲望都得到满足呢？甚至为此殚精竭虑，得不到的东西一心想着如何去得到它，得到了又生怕它失去。功名太高，就会担忧犯错折损；爵位太尊崇，就会担忧坠落毁败；想要摆脱这些，却已经受到它的束缚；想一一顾及周全，又实在是精力有限。早晚苦思冥想，到死方休。凡此种种，哪一样不是砍伐人性的斧头，伤害生命的毒酒？我们平常所谓的爱和欲，难道不就是我们一生中最大的祸害吗？因此通达了这个道理的人，修养身心，只是淡然无欲而已。对于一切身外之物，来了也不必拒绝，走了也不必惋惜。世上一切讨人喜欢引起欲望的，只把它看作是从眼前飘过的浮云就行了。

南海赤帝子向离出治，有臣五人：曰盻子者，司鉴貌别色；曰尔聃者，司聆音察理；曰商兑者，司辞令出纳；曰冯翼者，司捧持扶掖；曰继武者，司奔走趋跄。五臣在帝左右，或居耳目之官，或专喉舌之任，或寄股肱之托，各效其职，君臣似谓深相得矣。一日，帝陛丹渊之殿，辟众妙之门，屏群寺之党，恭默思道，愀然不乐，呼五臣至前而切责之曰："寡君无良，实左右是赖，五臣辅相有年，计行言从，体恤周至，可谓待之不薄矣。吾欲并观而盻子不能启吾之明，逞睚眦而悦艳丽，使吾常病于瞽；吾欲兼听而尔聃不能扩吾之聪，厌逆耳而悦新声，使吾常病于聋，吾欲三缄而商兑不能括吾之囊，词令之涣发，使吾多失于躁妄，吾欲端拱而冯翼不能作吾之恭，使吾揖让不协于规矩，吾欲安详而继武不能增吾之重，使吾步履不中于绳尺，有臣如此，将焉赖之。若不严加策厉，吾将褫其职而逐之矣"。五臣惶惧不宁，咸叩首谢曰："臣等奉职无状，厥罪案辞，第念责有所主，非臣所得耑者，望王察之。盖君者，出令者也；臣者，行君之令者也。君令于上，臣恭于下，五臣惟奉令承教之不暇，而暇为自便乎？臣职业谓已尽，讵意王犹督过之也。倘沐宥其既往，开其自新，臣等愿进一得以效忠焉。惟王首先庶物，正己率下，端居灵台之上，游息汪洋之中，清静置欲，无一物之投其好；凝神定虑，无一念之入于邪。臣等自能将顺王休，又何敢妄有所效哉？”帝默然良久，曰：“朕方责臣，臣反责君，君臣交儆，一时良遇，予甚嘉焉。”令与诸臣约：“责在一人者，予自任之；责在诸臣者，当共勉力图之。凡予视听言动，稍不循理，汝等即反命而力诤之，毋遂予过，予当从谏，弗咈[1]也”。五臣咸稽首称贺曰：“君言及此，诚社稷灵长之福也。敢不奉命惟谨！”

【注释】①咈：古同“拂”，违背。

【译文】南海赤帝子向离治理国家，有五位辅佐大臣：叫盻子的人，负责察颜观色以了解百姓的疾苦；叫尔聃的人，负责倾听百家之言以了解政治的得失；叫商兑的人，负责政令的颁布与公文的往来；叫冯翼的人，负责照顾君主的日常生活起居；叫继武的人，负责在君主的身边随时听候君主的派遣。这五位大臣在赤帝子身边，或担任耳目之官，或掌管喉舌之职，或被寄予辅国大臣的重托，各尽其职，君臣之间似乎是很投合。一天，赤帝子亲临丹渊殿，开启众妙之门，屏除百官的朋党，恭敬沉默地思考治国的大道，面带忧愁而心中不乐，把五位大臣叫到面前严厉地责备他们说：“寡人做得不好，实际上是身边的人所造成的。五位臣子辅佐我已经有些年头了，我对五位也是言听计从，对你们也是无比体恤，各方面都没有欠缺，对你们也算不薄了。我想要什么都看但是盻子却不能启发我的明视，总是拿一些很小却很艳丽的东西给我看，使我几乎眼瞎而没有识别能力；我想要兼听而尔聃不能扩充我听觉之聪，总是讨厌逆耳之言而喜欢新奇的声音，使我几乎耳聋而听不见了，我想要三缄其口不说话，而商兑不能让我紧闭嘴唇，总是爆出各种词语，让我变得躁动而妄言，我想要端拱而坐冯翼却不能让我行为恭敬，让我在揖让的时候手脚不协调；我想要安详而继武不能增加我的庄重，使我走路的时候变得不能中规中矩，有五个这样的臣子，将怎么依靠他们呢？你们不能对我严加鞭策勉励，我打算剥夺你们的官职而放逐你们了。”五位大臣惶恐不安，都叩头谢罪说：“我们奉行职任却没有政绩，对于这个罪名我们百口莫辩，只是觉得各人分别有自己的职责，不是我们职责范围的事情，希望大王明察。由于做君主的，是发布命令的人；做臣下的，是奉行君主命令的人。君主在上面颁布命令，臣子在下面恭敬地奉行，我们五位大臣奉行命令承受教诲都来不及，哪有空闲按照自己的意愿去处理事情呢？我们做臣子的职责已经尽到了，怎料到一旦出了问题，大王还是要归咎于我们。如果承蒙您宽恕我们的过往，让我们改过自新，我们愿意奉献一点收获来效忠大王。大王是万民之首，端正自己才能为下面的人做出表率。您只要端坐在灵台之上，在自性的汪洋大海中游观或休息，内心清静，放下所有的欲望，没有一件事物可以投其所好；凝神定虑，没有一个念头落入邪僻。我们做臣子的自然能够顺着君王的美德，又怎么敢胡乱有所作为呢？”赤帝子沉默了很久，说：“朕刚才责备臣子，臣子反过来也能够责备君主，君臣之间互相儆戒，这样的君臣能够碰到一起，在历史上也是很难得的啊，我感到非常欣慰。”于是和五位大臣约定：

“责任在我身上的，我自己要负责；责任在各位大臣身上的，你们应当共同努力承担。凡是我的视听言行，稍有不对的地方，你们要立即表示反对并努力劝谏，不要让我的过错变成事实。我也应当听从你们的谏言，不辜负你们的一片赤诚。”五位大臣都叩首道贺说：“作为君王，您把话说到这地步，实在是国家社稷广远绵长的福气啊！我们怎么敢不奉行命令谨慎执行呢？”

古今人何不相及哉？今人作事，动求成法，成法者，古人已试之良法，若六经子史所载嘉言善行是也。今人而果能取法乎古，不亦善乎？苟欲一一尽合乎古人，恐有未能，亦有未当者，成法又安在乎？试观尧舜之揖让，汤武之放戈，周公之诛管蔡，前人何尝有行之者？尧、舜、汤、武、周公独行之，彼何所取法哉？法乎天则而已。所谓天则，质诸神而无疑，俟诸圣而不易者也。今人而动中乎天则，协之理而当焉，反之心而安焉，求之中而无大过焉，无不及焉，不必合乎已试之成法，自足为当今之良法矣。

【译文】现在的人为什么不能和古人相提并论？现在人做事，常常寻求成法。所谓的成法，是古人已经验证过的良法，像六经子史所记载的嘉言善行就是了。如果现在的人果真能够学到古人那个样子，不也是一件好事吗？如果说一定要学得和古人完全地一模一样，恐怕不大可能，也未必妥当。所谓的成法又在哪里呢？试问唐尧与虞舜互相作揖禅让的事情，商汤和周武王大动干戈的事情，周公诛杀反叛的管叔、蔡叔，在他们之前哪里有前人这样做过呢？只有唐尧、虞舜、商汤、武王、周公才开始这样做了。那他们效法的又是谁呢？他们只是效法上天的法则罢了。所谓的上天的法则，就是质乎诸神而毫无疑义，并且只要有圣人出现，他们谁都会这么做，如是而已。作为生活在现代的人，所作所为只要符合上天的法则，从原理上合乎圣王治国的常道，反观自己的内心也确实是淡然无欲没有丝毫的私欲和妄求，这样去寻求解决问题的正确方法，不要做得太过分，也不要缩手缩脚不敢尝试。这样做去，不一定非要是经古人验证过的做法，自然也会成为当今这个时代行之有效的良法了。

天游子适粤三月，返棹东归，焚香静坐，因指席间之炉而叹曰："天下之物，未有不虚而能容者。此炉握之，不盈一掬，惟虚，故能容其烬；所凭小几，揆之不盈数尺，惟虚，故能容其炉；所乘扁舟，其仓不过数丈，惟虚，故能容其几。且并人而共载之矣。推窗眺望，江流汩汩，济艇往来，莫知其几。信知此水，惟虚，故能容其舟。顾瞻大地，红尘滚滚，绿野靡靡，四海百川，无不承载。信知此地，惟虚，故能容其水。极目仰观，茫茫宇宙，远不可既，广不可量，信知天惟虚也，故能容其地，又并山河四部而并畜之矣。夫物以渐而大，器以渐而宽，所容亦以渐而多。彼有拉一长，怀一智，即与人相角而不相下者，观此亦可以自省矣。"

【译文】天游子去粤地三个月后，就乘船返回东边，焚香闭目安坐，指着席间的火炉而感叹说："天下的万物，没有不空的时候而能容纳东西的。这个火炉握在手上，不够两只手捧，由于它是空的，因而能容纳下这烧剩的灰炭；所凭靠的小几案，度量它都不够几尺长，由于它是空的，因而能容纳下这火炉；所乘坐的小船，船舱不超过几丈长，由于它是空的，因而能容纳下这几案。并且人同它们一起搭载这只小船。推开船窗远望，江水波浪滚滚，渡河乘船的来来往往，不知道有多少。但是我很清楚地知道，这条江，由于它是虚的，所以才能容纳下这么多大小船只。环视大地，红尘滚滚，绿色的原野绵延不绝，四海百川，无不承载。可以断定这大地，也是由于它是虚的，所以才能容纳下这许多条江河。远望高处抬头看天，茫茫宇宙，高远得不可能达到，宽广得不可能度量，自然也知道这天空，由于它是虚的，因而能容纳下这大地，又把山河四方全都包括在内了。事物因渐而变大，器量因渐而变宽，所容纳的也因渐而增多。那些有了一点点长处，拥有一点点智慧，就和人相互角逐而不懂得相互谦让的，想想这些应该可以反省一下自己了吧。"

善治事者顺其理，理得则观其成，不多事而增扰也。善治民者顺其情，情安则听其便，不咈民而生乱也。善治水者顺其势，势归则从其趋，不与水而争利也。善修身者顺其性，性尽则无施而不当，不戕性以立异也。善受命者顺其天，天定则无入而不得，不违天以图倖也。善养气者顺其机，机运则生生而不息，不逆机以妄作也。圣人之所为，无不顺应之也者，何容心于其间哉。

天地不言而化成，日月不言而化光，雨露不言而化滋，江河不言而化流，万物不言而化普。机之不容息者，本不待言而显，亦非言之所能尽。彼谈性命者，求之言诠，所得必不深矣。

【译文】善于治理政事的人会顺应事理，事理得当就可以坐观其成，不会因多事而徒增烦扰。善于管理百姓的人会顺应民情，民情安定就听任他们自己去处理各自的事情，不会因干扰百姓而产生混乱。善于治理河水的人会顺应水势，水势流向哪里就顺着它的去向，不会和河水争夺下游的土地。善于修身的人会顺应自己的天性，只要完全合乎天性就没有什么不妥当的，不会为了标新立异而泯灭了自己的良知。善于接受使命的人会顺应上天，天命所在做什么都没有障碍，不会违背天命来谋求侥幸。善于养气的人会顺应其本来的规律，沿着气机的固有规律去运行就能够生生不息，不会违背规律胡作妄为。圣人的所作所为，无不是顺天而动，哪里有一点点自己的想法掺杂在其中呢。

天地不言而令万物得以自然地生长繁育，日月不言而光明普照一切，雨露不言而能滋润万物，江河不言而能德化流布灌溉四方，万物不言而彼此间互为依存。事物演变的奥妙无穷无尽，本来就不等待言语说出来才显现出来，也不是言语所能说得尽的。那些谈论性命的人，如果一定要从言语中寻求答案，所得到的必定还是很肤浅的啊。

有天下者，须精神贯摄乎天下，斯万邦协和，天下之民得其所。有国者，须精神贯摄乎一国，斯百姓乂安，一国之民得其所。有家者，须精神贯摄乎一家，斯九族敦睦，一家之人得其所。有身者，须精神贯摄乎一身，斯血脉流通，五官四肢各从其令，匪直动中天，则即百病亦不生矣。然则呼吸之间，几微之际，道无乎不在也。体道者，何以使精神之贯摄哉？

【译文】拥有天下的人，必须精神贯注于天下的治理，这样万国才能协调和谐，天下万民各得其所。拥有国家的人，必须精神贯注于国家治理，这样百姓才能太平无事，一国的民众各得其所。拥有家庭的人，必须精神贯注于一家治理，这样九族才能敦厚和睦，全家成员各得其所。拥有健全身体的人，必须精神贯注于一身治理，这样血脉才能循环流动，五官四肢都能听从号令，不只是动辄符合上天，就是百病也不会产生。那么在呼吸之间，预兆微妙之际，大道无处不在。躬行大道的人，用什么来使得自己的精神贯注于大道呢？

百川之水，始于涓滴；燎原之火，始于灼烁；参天之木，始于萌芽。势有必至，理有固然，察微知著，圣人所以慎之于始也。

【译文】江河的水流，都开始于地下涌出的水滴；焚烧原野的火势，都开始于灼热的微光；高耸天际的树木，都开始于萌发的新芽。事物的发展变化有其必然的趋势，其基本的规律是不会改变的。从小见大，察近知远，这就是圣人凡事从一开始就特别小心谨慎的原因啊。

孔子曰："君子之德风，小人之德草，草上之风，必偃。"①斯言若嵩谓小人发者，由今观之，风之移人亦大矣。盖一人好道，举国无不谈道；一人好禅，举国无不谈禅；一人好兵，举国无不谈兵。好者倡，谈者和，如影随形，如响随声，虽欲却之，不可得而却也。矧又举吾所好，而是崇是长，是信是使，彼效法者无不从风而靡矣。甚至一言足以悦心，一事足以称乡，则举国无分言之中节，事之当理与否，莫不以言希幸，以事求庸②矣。风之移人也，岂直小人为然哉。

【注释】①君子之德风，小人之德草，草上之风，必偃：出自《论语·颜渊》。

②庸：功勋，功绩。

【译文】孔子说："君子居上位，他的德行就像风，百姓的德行就像草，风从草上吹过，草一定会倒向风吹去的方向。"这句话像是专门针对百姓说的。从现在的情况来看，君子对百姓的影响实在是太大了。君王一个人喜好道学，全国上下无不谈论道学；君王一个人喜好禅学，全国上下无不谈论禅学；君王一个人喜好兵事，全国上下无不谈论兵事。喜好的人提倡，谈论的人附和，如影随形，如音随声。到了这个时候，即使想制止，也无法加以制止了。何况对方还是迎合了我的喜好，彼此更是相互推崇，并且效仿者还越来越受到信任和重用。这样一来，那些效法的人无不像草一样纷纷随风而倒。甚至说一句话就足以讨上司的欢心，办一件事就能够誉满乡里。那么全国上下不分言论切当与否、事情合理与否，无不巧言以求侥幸，多事以求荐用了。风气可以改变一个人，难道被改变的仅仅只是百姓吗？

木之高也，风必摧之；岸之高也，水必崩之；行之高也，人必忌之。是以姬旦[①]精忠，犹蒙不利之流言；宣尼[②]粹养，未免丧狗之多诮。圣人处此，其心未尝动也。盖植摧木者，培之愈固，何咎于风？修崩岸者，筑之愈坚，何咎于水？圣人之见忌也，惟修身以俟之，终不归咎于人。

【注释】①姬旦：即周公，周文王姬昌第四子，周武王姬发弟弟。

②宣尼：即孔子，因汉平帝追谥孔子为褒成宣尼公，后世遂用宣尼称呼孔子。

【译文】树木高大，大风必定试图摧折它；河岸高耸，河水必定试图冲坏它；人的品行崇高，同样也会受到他人的猜忌和中伤。所以周公姬旦精诚忠贞，依旧蒙受不利的流言蜚语；孔子的道德修养无人可比，还是避免不了有些人诸如丧家犬之类的嘲讽。圣人处在这种境地，他们的内心却从来也没有动摇过。在容易被大风摧折的地方种植树木，培土时就要使它更加稳固，何必归咎于大风？在容易被大水冲坏的地段修筑河岸，就要努力修筑得更加坚牢，何必归咎于河水？圣人面对别人的猜忌，只是更注重于自身修养的提高罢了，决不会归咎于他人。

辱莫大于躁进，祸莫大于贪得。躁进者必不安分，贪得者其欲无厌，以不安分之心，逞无厌之求，鲜有不取辱而遭祸者。譬之鸟焉，无垂天之翮①，而欲效扶摇之飞，强刷②其羽，力斯屈矣，不若榆枋之为安也。本延颈③之态，而欲食吞舟之鱼，未置其啄，气先惫矣，不若荷下之鱼雅也。噫！世之好大妄图，见利争趋，至取败亡而不悟者，反鸟之不若矣。善乎，犹龙氏曰“知足不辱，知止不殆”④！

【注释】①翮（hé）：：羽毛中间的硬管。泛指翅膀。

②刷：翅膀振动发出的声音，代指振动翅膀。

③延颈：延长的脖子，代指一些长脖子的鸟类。

④犹龙氏曰：“知足不辱，知止不殆”：犹龙氏即老子，孔子称其为犹龙，后世亦用此称。“知足不辱，知止不殆”语出《老子》。

【译文】耻辱的事没有比急躁冒进更大，祸害的事没有比贪图利益更大。急躁冒进的人必然不安分，贪图利益的人欲望没有满足的时候。以一颗不安分的心，加上永不满足的欲望，很少有不招致耻辱而遭受祸害的。好比那小鸟，没有遮天蔽日的翅膀，却想仿效大鹏扶摇直上地飞翔，虽然强行振动它的翅膀，但它的力气却很快就耗尽了，不如栖息在树丛中更加安稳。本来是长颈的形态，却想捕食能吞下船只的大鱼，还没放到它的嘴边，力气就先疲惫了，不如享受荷叶下的鱼更为可靠。咦！世上那些好做大事图谋不轨，贪图利益争相追逐，以至于招致败亡还不觉悟的人，反而连这些鸟类都不如了。老子说“知道满足就不会受辱，知道适可而止就不会危险”，这话说得对啊。

耽大逸乐者，必有大忧患；罔[①]大货利者，必有大折挫。利害之机，昭若秉烛，著若明窗，无欲者去之惟恐其不远矣。世有贪昧之夫，于祸机所伏，昧焉罔察，而日夕营营于逸乐之场，货利之会，如飞蛾之投夜烛，苍蝇之触晓窗，知往而不知返，知进而不知退，以是而得免于败亡者，诚鲜哉！

古之作事也，常有余备，任人也，常有余力，理财也，常有余用。是以事集而不困，力劳而不倦，财裕而不穷，民日见其多寿，圣人仁天下之术至也。末世事至无备，使民若耕犊，穷日之力乃止，敛财则取之尽锱铢，凶荒不知捐恤，是以民日穷促而至于夭札者，政实使之。悲夫！

【注释】①罔：通惘，迷惑。

【译文】沉迷于大的安逸享乐的人，必定有大的忧患；迷惑于大的货物财利的人，必定有大的挫折。究竟是好事还是坏事，清楚得就像是手中点燃的蜡烛，眼前明亮的窗户，没有欲望的人避之唯恐不及，躲得越远越好。世上却有那些贪婪愚昧的人，在祸害征兆所潜伏的地方，糊涂而不觉察，于是日夜奔走钻营于安逸享乐之场，货物财利之会，就像飞蛾奔向夜里的烛光，苍蝇撞向明亮的窗户，只知道前往却不知道回头，只知道前进而不知道后退，由此却能得以避免于失败灭亡的，这确实很少啊！

古代处理事情，常常有多余的准备，役使百姓，常常有多余的力量，管理财务，常常有多余的经费。因此事情虽多而百姓不会困苦，奔波劳作而百姓不会疲倦，财物充裕而国家不会贫穷，百姓的寿命也越来越长。圣人仁爱天下的方法可以说是完善到极点了。末世之政，事情到来却没有准备，把百姓当牲口一样使用，从早到晚没有休息的时候，直到力气耗尽才停止；搜括钱财连一个铜板也不放过，灾荒之年也不懂得体恤振济百姓，因此百姓日益窘迫以至于上天降下灾疫，实际上都是国政导致成这样的。可悲啊！

名高者多忌，业崇者易倾，物盛者必衰。日中而昃，月盈而亏，天之道也。功成而不身退，难乎免于祸矣。此文种之所以见杀于越，韩、彭之所以诛夷于汉也。《诗》云：“既明且哲，以保其身。”[①]陶朱、子房[②]得之。

【注释】①既明且哲，以保其身：语出《诗经·大雅·烝民》。

②陶朱、子房：即范蠡、张良。

【译文】声名显赫的人容易遭受猜忌，功勋卓著的人容易倾败，事物发展到了极点必然要衰落。太阳到了正午就会偏西，月亮盈满了就会亏缺，这是天道的规律。功业完成了却不辞官归隐，很难免于灾祸啊。这就是文种在越国被杀死，韩信、彭越在汉代被灭族的原因。所以《诗经》说："既要明白事理而且还要做事聪慧，才能够保全自身。"范蠡、张良算是真正明白这一点的人。

作善者必获福，有不获福者，善之未至也。作恶者必受祸，有不受祸者，恶之未盈也。福无幸致，有幸致者，此为非望之福，其福必不能久，君子不谓之福，忧之而已。祸无横来，有横来者，此为无辜之祸，其祸必不甚重。君子不谓之祸，安之而已。

【译文】做善事的人必然获得福报，有做善事还没有获得福报的，是做的善事还不够。做坏事的人必然遭受灾祸，有做坏事还没有遭受灾祸的人，是做的坏事还没满。福报不会侥幸得到，有侥幸得到的，这是意外获得的福报，这福报必然不能长久，君子不称它为福报，只是担忧而已。灾祸不会意外到来，有意外到来的，这是清白无罪的灾祸，这灾祸必然不是很严重。君子不称它为灾祸，只是安于其中而已。

本无福基，幸而获福，安知福之不为祸也？本无祸根，偶而致祸，安知祸之不为福也。昔人有无故获璧而因以招盗，得子丧明[①]而因以免患者，可以鉴矣。"祸兮福所基，福兮祸所伏"。天道不僭，惟人自召，君子慎所感哉。

【注释】①丧明：眼睛失明。

【译文】本来没有福祉的基础，侥幸获得福报，怎么知道福报不会成为灾祸呢？本来没有灾祸的根源，偶然招致灾祸，怎么知道灾祸不会转化成为福报呢。古人有无缘无故获得玉璧却因此招致盗贼，得到儿子而眼睛失明却因此避免祸患的先例，可以用作借鉴了。"灾祸是福报所依据的地方，福报是灾祸所潜伏的地方"。天道不会欺骗人，祸福都是人们自己感召而来的，所以君子才会谨慎地对待祸福感应这个问题。

卷　下

天道好善而恶恶，则其生物也，宜乎善者多而恶者少矣。今天下飞者，吾知其为鸟，鹰鹯多而凤凰少，岂凤凰恶而鹰鹯善乎？走者，吾知其为兽，虎豹多而麒麟少，岂麒麟恶而虎豹善乎？植者，吾知其为木，荆辣多而芝兰少，岂芝兰恶而荆棘善乎？具五形而灵万物者，吾知其为人，强暴多而仁义少，岂仁义恶而强暴善乎？将人之谓恶者，天以为善乎？人所谓善者，天以为恶乎？抑善者可欺，恶者可畏，天亦不能制其命乎？自古至今，乱日常多，而治日常少。君子与小人争，小人之胜常多，君子之胜常少。何天道之好善恶恶，若是其戾乎？嗟乎！气化杂揉[①]，清浊易淆，善类难培，恶种不毓而自生，彼苍默运，亦无如之何尔。虽然，置鹰鹯虎豹于山林，而麟凤见于清明之朝；委荆棘于旷野，而芝兰植于善人之室。处强暴以桎梏，而仁义宠之以爵禄，是善虽少而天人攸好，恶虽多而天人共恶。天意人心，未尝不吻合也。孰谓天道之无定命耶？

【注释】①杂揉：杂乱。

【译文】天道喜欢善行而憎恶恶行，那么大自然生长万物，似乎也应该是善良的多而凶恶的少啊。可是现在天上飞翔的，我知道那是鸟类，但是鹰鹯多而凤凰少，难道凤凰是凶恶的而鹰鹯是善良的吗？地上爬行的，我知道那是走兽，但是虎豹多而麒麟少，难道麒麟是凶恶的而虎豹是善良的吗？在地上的植物，我知道那是树木，但是荆棘多而芝兰少，难道芝兰是凶恶的而荆棘是善良的吗？拥有头和四肢而比万物聪明的，我知道那是人类，但是强横凶暴的人多而仁爱正义的人少，难道仁爱正义的人是凶恶的而强横凶暴的人是善良的吗？难道人类认为是凶恶的，上天却当做是善良的，而人类认为是善良的，上天却当做是凶恶的吗？或者是善良的可以欺负，凶恶的令人畏惧，上天也拿它们没有办法吗？从古至今，混乱的日子常常很多，而太平的日子常常很少。君子与小人相争，小人获胜的情况常常很多，君子获胜的情况常常很少。为什么还说天道喜欢善行而憎恶恶行，若真的是这样不是违背它的初衷了吗？唉！阴阳变化混杂交错，清澈和浑浊容易混淆，善良的难以培养，凶恶的种子不用养育却自行产生，苍天只是默默地运行，也没有任何办法而已。即使这样，把鹰鹳虎豹放到山林之中，而麒麟凤凰却出现在政治清明的太平盛世；把荆棘抛弃在空旷的原野之中，却把芝兰种植在善良的人的室内。用脚镣和手铐惩处强横凶暴的人，却用爵位俸禄来宠幸仁爱正义的人，这样看来，善行虽然很少但却是上天和人类共同喜爱的，凶恶的虽然很多但却是上天和人类所共同憎恶的。天意和人心，从来就没有不吻合的。谁能说天道是没有定数的呢？

善恶果有报乎，抑无报乎？谓善者必获福，而恶者必获祸耶？何世之饬躬励行者，多穷约以终身，而肆行凶暴，嗜人无厌者，日享安富之乐，以故回之夭，宪之贫，跖之寿，崇之富，皆天道之无定衡者也。岂祸福有僭差耶？善者不承福，而恶者不必祸耶？何文正手植三槐[①]而后世之有三公若取诸寄。崔浩恃才专权而身戮族灭，祸不旋踵，则作善降祥，作恶降殃之说，又若是乎不虚矣。噫！天道难谌。鬼神虽渺，勿以善无福而不为，勿以恶无祸而为之。君子修身俟命，道其常而已。陆务观[②]四为善，自是士人常事，乃规身后福报，吾实耻之。使无祸福报应，可为不善耶？

【注释】①文正手植三槐：文正公亲手种下三棵槐树。文正，即王旦。原谥号为文贞，后避讳宋仁宗赵祯，改为文正。手植三槐，应是王旦其父王祐亲手种植三棵槐树。此处是作者误写，但为了行文方便，不予以修改。

②陆务观四为善：即陆游，字务观，号放翁，南宋著名爱国诗人。其《感遇》诗云："我以善勉汝，汝谓出訾毁；置之不复言，意又不能已。为善如筑台。成功由积累，中休犹不可，况本无基址。未言破万卷，日且读十纸，学虽在力行，要是从此始。"

【译文】善恶果真是有报应的吗，还是没有报应的呢？所谓善良的必然获得福报，而行恶的必然获得灾祸吗？为什么世上修身正己敦勉品行的人，大多是终身穷困，而任意妄为凶狠残暴，嗜欲不满足的人，天天享有平安富裕的快乐？以至颜回的短命，原宪的贫困，盗跖的长寿，石崇的富有，似乎都在表明天道没有什么一定的标准。难道祸福之报也会有差错吗？善良的人会接受不到上天降下的福报，而凶恶的人也不一定会受到上天降下的灾祸吗？那又为什么文正公亲手种植三棵槐树而他的后人果真有官至三公的，就像是从寄存的货柜中取出当初寄存的物品一样丝毫不差？崔浩恃才傲物而且独揽大权专横跋扈，但很快就自己被杀家族被灭，灾祸的降临一刻也没有耽误。如此说来，那行善的上天就会降下吉祥给他，作恶的上天就会降下灾殃给他的说法，又是这样的真实不虚。咦！天道微茫，不是普通人可以妄测的，鬼神的存在虽然我们看不清楚，不要认为行善见不到福报就可以不去做，不要认为作恶见不到灾祸就可以任意妄为。君子提高素养来等待天命，只是做自己该做的事情而已。陆游的“四为善”，说的就是作为一个读书人应该做的事情。如果说做什么事一定是为求得将来有什么样的福报才去做，我觉得这种人也太可耻了。难道没有了祸福报应，就什么坏事都可以去做了吗？

抱瓮子将为圃，召老圃[①]而问曰：“吾欲治圃，非堂奥无以驻晏息，非台榭无以供登眺，非垒石无以布奇巧，非穿沼无以引水泉。兹数者皆人力所易攻，吾既以命之矣。有是数者而无树植以点缀之，不足以观美。然植之在地，滋之在天，而培养之在人，不可不慎所树也。厥树曷以？”老圃曰：“大者树松筠，次者树果核，下者树花卉，其余非仆所知也。抑有说焉，虬松矫矫，飞舞若腾，修竹猗猗，琅玕鸣珮，既交翠而阴森，复凌霄而挺节，树之美者，莫先于此。枣栗充实而可食，梨橘甘香而解渴，材不迨乎松筠，而用则近之。奇葩沃若，异卉凝晬，玩之虽若可爱，而终之易于伤折，不逮果核之有实用也明甚。枳棘荆榛，成而刺人，又材之最下者，树之何益哉？”抱瓮子叹曰：“树之不可不慎如此，况于人乎？蕴藉宏深，挺然声秀者，松筠之质也；临财不苟，作事有成者，果核之材也；听之靡靡，察之无实者，花卉之流也。面谀背毁，易为短长者，则荆棘矣。君子之树人也，可不慎与？”

【注释】①老圃：古称从事园艺工作的人。

【译文】抱瓮子打算建一个园林，叫来经验丰富的圃农而问他说："我打算修一个园子，然而没有厅堂和内室不能用来提供休息，没有楼台亭榭不能用来提供登高望远，没有堆积的石块不能用来布置新奇而精巧的形状，没有贯通的沟渠不能用来引导泉水。这几件事都是人力能够容易办到的，我已经派人去办了。不过如果光有这些而缺少了一些植物点缀其间，那还是算不上美观。但是说到种植，既要有大地提供肥沃的土壤，又要有上天提供阳光雨露，还要有人工的精心培育，所以我不可不谨慎对待，到底应该种植些什么东西呢？"经验丰富的圃农说："大点的就种植松树和竹子，小点的就种植果树，再小点的就种植花草，其他的我就不知道了。这也是有说法的，这像虬龙一样的松树高耸入云，叶子随风飞舞像是腾云驾雾；修长的竹子亭亭玉立，风吹过时像是美玉撞击时一样地悦耳，松树和竹子既青葱翠绿而叶子繁茂浓密，又逼近云霄而挺拔，如果要问种什么好，没有比这个更好的了。枣子和栗子饱满又可以食用，梨子和橘子味美可口又可以解渴，材料虽然比不上松树和竹子，然而作用是和它们相似的。奇花异草虽然光华夺目，看上去非常招人喜爱，但是终究容易受伤而枯萎，明显是比不上果树的实用。至于那些带刺的枳树、棘树、荆树、榛树，长成后却容易刺伤人，而且它们的作用也是最下等的，种植它们又有什么益处呢？"抱瓮子感叹地说："种植花草树木尚且不能不如此谨慎地选择，何况是为国家选拔人材呢？那些蕴藉宏深，德高望重的人，就如同青松翠竹一样珍贵；那些面对钱财的诱惑而不随便索取，且做事有成就的，相当于果树一般，也算得上是有用之材；说起话来悦耳动听，却看不到他平时都干了哪些实事，就好比那光是外表好看却结不出果实的花卉一类了。至于那些当面奉承却背后诋毁，喜欢说长论短播弄是非的人，就属于那荆棘一类的了。所以，君子选拔培养人才，能不谨慎吗？”

抱瓮子尝为圃于惠麓之下，见老圃之治圃也，沃其壤，平其畦，勤其灌溉，蔽其霜日，疏其水潦[①]，随其物产之宜而施其艺植，及其将成也，又删其繁，培其寡，不违其时，而俟其长养焉。以故竹木蔬果，欣欣向荣乎至成，溪无委菩[②]也。乃喟然曰：“吏之治民，何异于治圃？奈何旱涝不知省，赋敛不知度，役使不知节，其聊生者无几，而入于官者恒倍焉。无怪乎其民计之日困也。噫！真老圃之不若矣”。

【注释】①水潦：因雨水过多而积在田间的水，或是流于地面的水。

②菩：草。

【译文】抱瓮子曾经在惠山山脚下建了一处园林，看见经验丰富的圃农在管理园林，他浇灌土壤，平整畦地，勤奋地灌溉，在秋日做好防霜，疏通积水，因地制宜而种植作物，到作物即将成熟时，又除去多的，培植少的，不违背天时，然后等待它生成。因此竹子、树木、蔬菜、果树，都欣欣向荣以至于丰收，溪水两岸没有长满水草。抱瓮子叹息地说：“官吏管理百姓，和管理园子有什么不同？奈何他们遭遇旱灾或涝灾时却不知道反省，征收赋税时却不知道限度，役使百姓时却不知道节制，百姓赖以生存的是很少的东西，但是送入官府的常常是成倍的。难怪百姓的生计日益困乏。咦！他们真的是比不上一位治理园子的圃农啊。”

人之施恩者不可望报，受恩者不可忘报。昔管仲自鲁之齐，路饥而泣，过绮邑乞食，封人[①]跪飧之，因窃谓仲曰：“若用齐，将何报我？”仲曰：“如子之言，我知有任贤使能而已，何以报子？”封人怨之。韩信为布衣时，常乏食，钓于城下。有漂母[②]见信饥，饭信，信喜，谓漂母曰：“吾必有以重报母。”母怒曰：“大丈夫不能自食，吾哀王孙[③]而进食，岂望报乎？”信后为楚王，召母，赐千金。噫！封人，一饭而有德色，固失之陋；仲父得食而无所用情，则失之忍。惟不望报如漂母，不忘报如淮阴，斯两得之矣。然则处人己之间者，尚其审诸？

【注释】①封人：官名，周代设置，掌管社坛及京畿地区的官员。

②漂母：漂洗衣物的老妇人。母，对老年妇女的称呼。

③王孙：对男子的尊称。

【译文】人给予别人恩惠不能希望得到别人的回报，接受别人恩惠就不能忘记回报别人的恩德。以前管仲从鲁国到齐国，在途中感到饥饿而哭泣，路过绮邑时向人乞讨食物，封人跪下来用酒食招待他，趁机私下对管仲说："如果你被齐国重用，打算用什么来回报我们？"管仲说："如果真像你这样说的，我只知道要做到任贤使能而已，还有什么其它的可以报答你的呢？"封人因此对他很不满。韩信当年作为一个普通的百姓，常常缺乏食物，在城下垂钓。有一位漂洗衣物的老妇人看见韩信挨饿，于是提供饭食给韩信，韩信非常高兴，对漂洗衣物的老妇人说："将来有机会我一定重重地报答您。"老妇人生气地说："你一个大丈夫连自己都不能养活，我是同情你才给你饭吃，我难道是希望得到你的回报吗？"韩信后来成为楚王，召见老夫人，赏赐给她千金。咦！封人，提供一次饭食便觉得自己有恩于人，固然是有失风度；管仲接受了别人的饭食却连一句感谢的话都没有，也未免显得过于凉薄。只有像那位不希望得到回报的漂洗衣物的老妇人，和不忘记回报的淮阴侯韩信，他们两方面都做到了自己应该做到的。如此看来，在如何对待别人和看待自己这个问题上，还真的要仔细地斟酌才是啊！

韩家奴[①]善炒栗，曰："小者熟则大者必生，大者熟则小者必焦。惟大小均熟，斯为尽美。"言虽鄙俚，可通治道。故居上以宽，则下得尽情；敷教在宽，则人乐趋善。苟立法太峻，民将不堪，怨怼作矣。传有之曰："为政犹张琴瑟，大弦急者小弦绝。"昔子产[②]相郑，有大略者不问其所短，有厚德者不非其小疵。以之牧民，因其所欲而与之，从其所好而劝之，赏疑从重，罚疑从轻，郑国大治。侨真得治国之道者矣。今之为治者，民有小过，则痛加棰楚[③]，部屋[④]之下，有欲而不能自达者，咸含悲以忍，几何而不至于焦死也。

【注释】①韩家奴：即萧韩家奴（975—1046年），字休坚，辽国契丹族人，博览经书，兼通契丹文和汉文。曾任掌管南京栗园的官员。

②子产：即春秋时期郑大夫公孙侨，字子产，生卒年不详，曾任郑国国相，有政绩。逝世时，孔子曾为之流泪。

③棰楚：古代鞭打的刑罚工具，代指鞭打。

④部屋：即蔀屋。用草席遮盖房顶的房屋，指贫穷的人居住的简陋房屋。

【译文】萧韩家奴擅长炒栗，说："通常来说，把小的栗子炒熟了那大的栗子必定还是生的，把大的栗子炒熟了那小的栗子必定已经被炒焦了。只有把大小栗子同时都炒熟了，才算是恰到好处。"他的话虽然很普通，但却和治国之道是相通的。因此执政者实施宽大的政策，百姓才能尽情地做自己想做的事；主管教育的人宽大为怀，百姓才能更容易弃恶从善。如果立法太严峻，百姓不能忍受，怨恨就由此产生了。经典里有一句话说："治理朝政就像是弹奏琴瑟，大弦的声音急促那小弦的声音就会断绝了。"以前子产在郑国担任国相，任用有大才能的人便忽略了他的短处，任用有大德行的人便忽略了他的一些小毛病。用这种方法来管理百姓，顺着他们的心愿去满足他们，随着他们的喜好去劝勉他们。有善当赏，可轻可重时就从重；有恶当罚，可轻可重时就从轻。郑国因此得到了很好的治理。子产是一位真正掌握了治国之道的人啊。现在的一些官员，百姓有一点小小的过错，就严刑拷打，底层的百姓有冤无处伸，只能含悲忍泪度日，多少人家被逼得几乎没有了活路啊。

人知害之为害矣，而不知其始于利；知祸之为祸矣，而不知其召于福。故善畜藏者，有劫夺之忧，耽逸乐者，致死凶之患。夫利为害之媒，福为祸之基。惟不求利者，自无其害，不求福者，自无其祸。《诗》曰："不忮不求，何用不臧"①。

【注释】①不忮不求，何用不臧：语出《诗经·邶风·雄雉》。

【译文】人们知道危害就是危害，而不知道危害是从利益中开始的；知道灾祸就是灾祸，而不知道它是从福中招致而来的。因此善于积蓄储藏的人，会有被打劫掠夺的担忧，沉迷安逸享乐的人，会有招致不幸死亡的祸患。有利是导致危害的媒介，福报是形成灾祸的基础。只有不追求名利的人，自然没有这些害处，不追求福报的人，自然没有这些灾祸。就像《诗经》所说的："不嫉妒不贪求，什么行为能不美好呢？"

或问于妙德先生曰："贵可恃乎"？曰："不可。使贵而可恃也，则王侯无失爵，而贱者终身奴隶矣"。"富可恃乎？"曰："不可。使富而可恃也，则靡丽①常相仍，而贫者终身枵腹②矣。""智可恃乎？"曰："不可。使智而可恃也，则机械无巧患，而愚者终身可罔矣。”“辩可恃乎？”曰：“不可，使辩而可恃也，则佞不取憎，而讷者终身无告矣。“勇可恃乎？曰：“不可，使勇而可恃也，则强梁无横灾，而弱者终身不振矣。故贵莫尊于商君[③]，而不免车裂之祸；富莫饶于季伦[④]，而不免灭族之惨；智莫察于晁错[⑤]，而不免反激之危；辩莫捷于苏秦[⑥]，而不免钳口之辱；勇莫强于卞庄[⑦]，而不免战斗之死。五者履盛之时，势凌天下，人何敢出一息？及其祸之至于身也，曾狐鼠之不若，势何可恃乎？是以君子不恃吾有可畏之势，而恃吾有可仰之德。德修于己，则参天两地，不俟爵而贵焉；粹面盎背[⑧]，不俟财而富焉；虚中洞照，不俟察而智焉；德音孔昭，不俟给而辩焉；理气常伸，不俟力而勇焉。此其所务者大，故其可恃者久。《诗》曰：‘自求伊祜’[⑨]。”

【注释】①糜丽：即靡丽。代指富贵之家。糜，通“靡”，奢靡。

②枵腹：空腹。枵（xiāo），空虚。

③商君：即商鞅，战国时期改革家，法家代表人物。商鞅在秦国进行改革，使得秦国成为当时的强国。秦孝公死后，被诬陷谋反而被车裂而死。

④季伦：即石崇（249—300年），渤海南皮（今河北南皮）人，西晋著名的富豪，后被诬陷而遭受灭族之祸。

⑤晁错：汉初政治家，主张削减诸侯封地进而加强中央集权，后因诸侯借“诛晁错”的名义反叛西汉，而被汉景帝错杀。

⑥苏秦：字季子，雒阳（今河南洛阳）人，战国时期纵横家，早年

游说各国，后来佩带六国相印。

⑦卞庄：即卞庄子，鲁国著名的勇士，曾经刺杀两只老虎，后因力气用尽而战死沙场。

⑧粹面盎背：语出《孟子·尽心上》。粹字作睟字，润泽。

⑨自求伊祜：语出《诗经·鲁颂·泮水》。

【译文】有人向妙德先生问道："尊贵可以倚仗吗"？妙德先生说："不可以。如果尊贵是可以倚仗的，那么王侯不会失去爵位，而地位低贱的人就终身是奴隶了。"那人问："富裕可以倚仗吗？"妙德先生说："不可以。如果富裕是可以倚仗的，那么华丽之家常常是相沿袭而存在的，而贫穷的人就会终身空着肚子了。"那人问："智慧可以倚仗吗？"妙德先生说："不可以。如果智慧是可以倚仗的，那么巧诈诡变之人没有祸患，而愚笨的人就会终身可以被欺骗了。"那人问："能言善辩可以倚仗吗？"妙德先生说："不可以，如果能言善辩是可以倚仗的，那么奸佞的人就不会招致憎恶了，而木讷的人就会终身无处可申说他的痛苦了？"那人问："勇敢可以倚仗吗？"妙德先生说："不可以，如果勇敢是可以倚仗的，那么强横的人就会没有横祸，而弱小的人就会终身不振作了。因此尊贵的人没有谁比得上商鞅尊贵，但是他避免不了遭受车裂的灾祸；富饶的人没有谁比得上石崇富饶，但是他避免不了被灭族的下场；有智慧的人没有谁比得上晁错有智慧，但是晁错避免不了被人反激的危机；善辩的人没有谁比得上苏秦能言善辩，但是他避免不了被恐吓钳口的耻辱；勇敢的人没有谁比得上卞庄子勇敢，但是他避免不了战死沙场的命运。这五个人春风得意之时，势力侵凌天下，谁敢在他们面前轻举妄动？等到灾祸降临到他们头上时，竟然比不上狡猾的狐狸和老鼠，哪还有什么势力可以倚仗呢？因此君子不倚仗自身拥有令人畏惧的势力，而是倚仗自身拥有令人敬仰的道德。人有了道德修养，就能参天两地，不用等到拥有爵位，自然人格高贵；内在的道德光彩自然流露于外，不用等到拥有钱财就已经富足有余；心神朗彻洞照一切，不需要仔细观察自然智慧明了；善言的能力十分显著，不需要能说会道自然事理明白；正气常常得到舒展，不用等到拥有蛮力自能奋勇向前。这就是从大处着眼，打好基础，才能把事情做得长长久久的道理。因此《诗经》说：'福报都是自求而来的'。"

人之享福者恒饶裕，家饶裕则骄奢易生，骄奢生则动弃理义，弃理义则行多邪僻，行邪僻则身有横害，有横害则年必夭札，以邪僻之行而招夭札之患，此大祸也。祸而本于有福，故曰："福兮祸所伏。"

【注释】夭札：遭疫病而早死。札，疫病。亦指遭受瘟疫而死。

【译文】享福的人生活往往富饶丰裕，家境丰饶就容易生起骄横奢侈之心，骄横奢侈之心一生行为就会抛弃公理与道义，抛弃公理与道义行为就会乖谬不正，行为乖谬不正就会遭遇横祸，遭遇横祸那么人必定损寿而早死，因乖谬不正的行为而招致损寿早死的祸患，这就是大祸了。祸患的根本来源于福报，因此老子说：“福兮祸所伏。”

人之被祸者恒恐惧，恐惧多则思虑熟，思虑熟则事理得，事理得则行端庄，行端庄则无灾害，无灾害则身必安乐，以端庄之行，而享康乐之休，此大福也。福而本于有祸，故曰：“祸兮福所倚”。祸福之机，君子慎之。

【译文】遭受祸患的人常常是恐惧的，恐惧越多考虑事情就会越深思熟虑，越是深思熟虑就会明白事理，明白事理就能行为端庄，行为端庄就会没有灾害，没有灾害自身就会安乐，以端正庄重的行为，而享受健康快乐的美好，这是人生中的大福报。福报的根本来源于灾祸，所以老子说：“祸兮福所倚”。祸福变化的因果之理，诸位要对此格外地慎重啊。

人有恒言，酒能乱性。予意为市井高阳[①]之徒而发。近见人一被酒，则柔者刚，弱者强，讷者辩，朴者狂，端严者放逸，沉静者发扬，言词失其安定，步武乖其绳尺[②]，衣冠违其常度，举动戾其准则，甚至诞慢纵恣，悖逆无道，秽詈好斗，伤害族类，故旧不相和，亲戚不相识，觞斯滥矣。古人谆谆以德，将无醉沉湎曲蘖[③]为戒者。独一旨酒[④]哉！冒爵者以贵凌人，多财者以富骄人，能文者以学傲人。至有片长曲技，遂自夸诩，似为举世无双，不胜其悻悻之状，抑又下矣。其为乱性者何限也？人当知所慎矣。

【注释】①高阳：高阳酒徒的省称。秦汉时期郦食其想投靠刘邦，却被误认为是儒生，于是自称“高阳酒徒”而被刘邦接见并且得到任用。后指为嗜酒而放荡不羁的人。高阳，在今河南杞县境内。

②绳尺：绳子和尺子，工匠使用的工具。喻指法度。

③曲糵：亦作糵曲，即酒曲。代指酒。

④旨酒：美酒。旨，美味。

【译文】人们常说，酒能乱性。我猜想这是针对那些市集里的高阳酒徒而说的。近来看见有人一旦喝醉酒，那么柔弱的就变成刚强的，弱小的就变成强壮的，木讷的就变成狡辩的，朴实的就变成狂妄的，端庄严肃的就变成豪放不羁的，性情沉静的就变成热情洋溢的，言词违背平静和谐的语气，脚步违背法度，衣服帽子违背固定的法度，行为举止违反准则，甚至会有放荡、傲慢、放纵、恣意，悖逆无道，辱骂他人喜好争斗，伤害同类，故交旧友不相和睦，亲戚不相认识，喝酒喝成了这个样子，那就太过分了。所以古人每每从道德的高度来谆谆教诲、警戒后人，切不可醉酒、更不可沉湎其中而不能自拔。需要引以为戒的只是美酒而已吗？拥有爵位的人凭借尊贵侵凌他人，家财万贯的人凭借富裕傲视他人，擅长文章的人凭借学识傲视他人。以至于有微小的长处和技能，就自诩自夸，似乎是举世无双，看上去不可一世的人，就更不值得一提了。能够使人迷乱本性的东西实在太多了，哪里说得尽呢？人们应当知道，生活中都有哪些事，是需要谨慎对待的啊。

古之圣贤，不出户庭，而能周知天下之民隐[1]，岂目能视乎千里之前，耳能听乎千里之外，抑一一以事诹咨而索之者乎？惟以己之情察人之情，与我不相远也。推而广之，若规矩之合方圆，绳墨之当平直，自发无不中矣。故吾孝吾亲，则知天下之欲养其老也；吾爱吾子，则知天下之欲慈其弱也。吾恶其饥寒，则知天下之欲衣食也；吾厌其劳苦，则知天下之欲安佚也；吾计其缺乏，则知天下之欲富足也。凡有欲而不能自达者，吾能以一而善体恤之，教以孝慈，劝以耕作，课其蚕桑，时其役使而节其经费，不必家赐而人益之，而治平之效，不下几席间矣。术岂多乎哉？君子之道，忠恕而已矣。

【注释】①民隐：百姓不能上达的痛苦。隐，隐衷。

【译文】古代的圣贤，不用走出家门，却能普遍知道天下百姓的隐痛，难道他们的眼睛能看到千里之前的景象，耳朵能听到千里之外的声音，或者是每件事情都是经过打听后才得知的吗？只是用自己的情感去觉察别人的情感，知道和自身的情感相差不远。由此推论而扩展开来，就像是用规和矩合成方形和圆形，绳墨之当平且直，自然形成的方圆没有不符合的。因此我孝顺我的双亲，那么就知道天下人都想赡养他们的老人了；我爱护我的儿女，那么就知道天下人都想爱护他们的子女了。我憎恶饥寒，那么就知道天下人都想要衣物和粮食了；我讨厌劳苦，那么就知道天下人都想要安逸舒适了；我关心缺乏的东西，那么就知道天下人都想要富足的生活了。凡是有欲望却不能自己表达出来的人，我都能以同体之心好好体恤他们，用孝顺慈爱来教导他们，劝勉他们耕种土地，督促他们养蚕种桑，在一定的时候役使他们并尽量节省其用度，不需要赏赐到家家户户而人们的生活都会渐渐富裕起来。于是治国平天下的效果，不用走出大门就可以完成了。治理的方法难道需要很多吗？对于君子来说，只是责己以忠、待人以恕而已。

群书治要续编卷第四十八　汪子中诠　中原阳九述略　答问　绎志　明夷待访录　思辨录辑要

汪子中诠

【提要】《汪子中诠》，明汪应蛟撰。

汪应蛟（1550—1628年），字潜夫，号登原，徽州婺源（今江西婺源）人。万历二年（1574年）中进士，初授南京兵部主事，后历任南京礼部郎中、兴泉宪副、济南参政、山西按察使、右都御史代天津巡抚与保定巡抚、工部右侍郎、兵部左侍郎，累迁至南京兵部尚书，加太子少保。汪应蛟为人亮贞有守，视国如家，学主诚敬，自称“紫阳墨守”。平生著作甚富，有《诗礼学略》《乡约记》等百余卷。《明史》有传。

《汪子中诠》之“中”，意为中庸，与徐干《中论》、王通《中说》之“中”义同。作者在万历四十六年自序称年过四十后为学豁然有得，于是记其思虑所至，并录古今得失之故，初名《独言》，意谓考槃独寤，无人相和；后更名《中诠》，是欲效法孟子当杨墨横流之时，独守空言砥柱，坚守先王之道以待后学，捍卫先圣之道以息邪说。可见其为学之自信。书中大旨，即如毕懋康此书序所谓：“尤其以心得为名理者也。其精以阐发性命，次则杆轴经济，其绪余旁及千古上下，六合内外，本地风光。绝无依傍，六经注我，我注六经，以此证中。”

《续编》辑录了其中有关修身、为政、治国的精华内容，共计二十段。

家天下未若官天下之大也，封建未若选举之公也。天生大贤大圣，时出乎东海，时出乎西海，岂世世敬承哉？莅天职，阜天民，惟贤圣是，毕天之道。

然而三代圣人世及[①]不嫌私，封建不更制者，何也？生民之初，川谷异聚，千百异群，其间自有众推而听命[②]者，若蜂蚁有主。然圣人各因俗顺性，为之建置君长，盖亦天道自然，非圣人强[③]以私意智力设也。风气渐开，政教亦密，协以时日[④]，辑以符瑞[⑤]，同以律量权衡[⑥]，圣人以为，是足以比[⑦]万方，安黎首矣。且各因其国，登[⑧]其贤能，为之卿大夫、士，未尝有贤圣，过[⑨]抑不得志也。

【注释】①世及：世袭。

②听命：听从天命，这里代指领导者。

③强(qiǎng)：强迫。

④时日：四时和昼夜。

⑤辑以符瑞：辑，和睦。符和瑞均指标记或信号。

⑥律量权衡：律指标准。量，计量长短。权指秤砣。衡指计量轻重。

⑦比：和，亲。

⑧登：选拔。

⑨过：错误。

【译文】把君位传给子孙这种制度不如君主选举贤能作为继承人的制度规模宏大，封土建国世袭爵位的制度不如郡县选贤举能的制度更为公平。因为就算是上天要降生大贤大圣之人，有的时候会出生在东方，有的时候又会出生在西方，难道会有一个家族世世代代都有大贤大圣之人出生吗？承担了上天赋予的天职，养育丰富天下万民，只有大贤大圣之人，才能完全履行天道。

但是夏商周三代的圣人世袭君位却不会被怀疑有个人的私心，并且并不更改封土建国世袭爵位的政治制度，这是为什么呢？这是因为生民之初，山川河谷在不同的地方汇合，先民们也分为数量不等的人群，这些人群当中自己就有被大家推举出来的领导者，就好像蜜蜂和蚂蚁也有它们自己的君王。因此圣人就根据各个不同人群的风俗和习性，替他们创建和设置了君王和首领，这也是按照天道运行的规律设置的，不是圣人强迫先民们按照自己个人的想法去设置的。随着社会风气渐渐开明，政治和教化也越来越细致，用四时和昼夜来调和不同地方的人的作息时间，用各种大家都认同的标记和信号来使大家和睦相处，大家使用统一的度量衡，圣人认为，这样就可以让四方的诸侯和睦相处，让老百姓都安居乐业。并且按照各个诸侯国的情况，选拔他们国家的贤能之士，让这些人做卿大夫和士，还从来没有哪个贤圣之人，受到压制而无法施展自己的才能和志向的。

至周受命，幅惧寝广海内，为国者千有八百，大畏小怀，化及重译，圣人当此时，安得无故而兴划削五等之议，起绝灭延世之端。若曰商周借诸侯取天下，势不能易。是以私窥圣人也。及周衰，弱肉强食，陵逮于战国，离为十二，并为六七，则封建之法已穷，虽有汤武受命而兴，势不得不罢侯而置郡县。郡县虽秦人私意，要以顺时创制，圣人所不废也。夫国大则难御，民众则难使。藉令汉时复立六国，后乱不旋踵，千八百国业并而六七矣，复析六七而千八百，易任贤而任子，圣人宁若是迂耶？循后王之轨，酌前圣人法，明选举，重守令，贤者登崇，不肖者屏黜，所谓奉天道，官天下，何必去栋宇而复巢居，厌书契而更结绳也？若夫井田以均恒业，学校以教德行，千万世繇之矣。

【译文】等到周朝继承了天命，疆界扩大到了全天下，这个时候的诸侯国大大小小已经好几百个了，大的诸侯国让他们敬畏，小的诸侯国对他们进行安抚，教化到了很远的异域，圣人在这个时候，怎么能够无缘无故就兴起和筹谋消除五等爵位的意见，发起消灭各诸侯国绵延至今的宗庙祭祀的开端呢？如果说商朝和周朝依靠诸侯国的力量而夺取了天下，在这种情势下肯定不能改变原来的制度。这样的说法是自己用私心小看了圣人。等到周朝衰弱了，小国成为大国吞食的对象，日渐衰微，到了战国的时候，一开始分散成十二个诸侯国，后来又互相攻伐吞并成七个诸侯国，那么到了这个时候封土建国的制度已经没有继续存在下去的条件了，即便这个时候有像商汤、周武王一样的人继承天命而拥有天下，在这种情势下也不得不废止分封诸侯而设置郡县。郡县制虽然是秦国人当时的私念，但倘若是顺应时代潮流而创立的制度，那么圣人肯定也不会废弃这种制度。国家大了就难以统治，人民多了就难以管理。假设在汉朝的时候重新恢复六国的诸侯国，后面的动乱是免不了的，众多诸侯国已经合并成六七个了，再把六七个诸侯国分解成许许多多的小国家，改变任用贤人的制度而恢复成任用世袭制度，圣人难道会做这么不合事理的事情吗？遵循三代之后的君王立下的法度，考虑三代圣人处事的原则，显明选贤举能的制度，重视守令的人选，贤能的人让他们地位尊崇，品行不好的人就罢免他们的职务，就是所说的遵守天道，实行选贤举能的制度，何必一定要搬离房屋而又回到从前那样住在鸟兽的洞穴里，嫌恶文字而一定要改成结绳记事呢？但是像井田制那样用来平均固定财产，建立学校用来推行德教这样的制度，即便是过了千万世也应该遵行。

善教天下者，太上道之，其次耻之，其次惧之。耻之云者，赏与罚之谓也。民有孝弟姻睦[①]，敬事长上，表宅里，诏爵禄，以风树之，有弗耻焉者寡矣。其有弗孝弗弟，弗若于训，移其居，赭其服，终身不齿，有弗耻焉者寡矣。奈何叔世[②]不务耻其心，徒惧以刑，创不甚则不痛，甚则死，往则忘，又多赎与赦，民有几幸[③]之心，故刑日烦[④]而奸日益广。是以圣人于民，先道而后耻，先耻而后惧，匪疑匪矜[⑤]，不得与赎赦。夫武以止戈，刑以止辟。

【注释】①姻睦：姻亲亲属和好亲近。

②叔世：末世，衰乱将亡的世代。

③几幸：非分企求。

④烦：通“繁”，繁琐，繁多。

⑤匪疑匪矜：匪，不是。疑，怪异。矜：崇尚。

【译文】善于教化天下的人，最高明的办法是用道引导老百姓，其次是让老百姓有羞耻心，其次是让老百姓感到害怕。所谓让老百姓有羞耻心，说的就是赏罚制度。百姓中有孝悌友爱和睦家族，恭敬侍奉长辈的，那么就在乡里进行表彰，并下诏给予他们爵位和俸禄，把这些人的行为当做一种风纪树立起来，这样一来没有羞耻心的人就很少了。如果有人对父母长辈不孝顺，对亲友不友爱，并且不顺从教化，那么就让他住到其他的地方去，让他穿上不同颜色的衣服，让他不能和正常人在一起，这样一来还是没有羞耻心的人就很少了。怎奈衰乱将亡的时代，不致力于让老百姓有羞耻心，只是用刑法来让老百姓感到害怕，刑罚的伤害不严重老百姓就不会感觉到痛苦，太严重了就会死亡，刑罚过后老百姓就忘记了，又有很多人用财物脱罪或者是被赦免，老百姓于是就有了非分的侥幸心理，所以即使刑罚日益繁琐但是犯罪行为还是越来越多。因此圣人教化百姓，先引导他们向善然后让他们有羞耻心，先让他们有羞耻心然后再让他们惧怕刑罚，不是平常的就不推崇，犯罪的人不能通过财物抵罪或者赦免。武力是用来平息战乱的，刑罚是用来消除罪行的。

济大事者，必顺人情乎？天下所共好，与好之；天下所共恶，与恶之。庶政之张弛，人材之举错[1]，皆与天下为公，而不以己私，则天下服矣。继治者道同，继乱者道异，自朝廷达于郡县，其揆一焉。未有以乱易乱而能服人心者也。心之不服，乌能箝天下口。

【注释】①错：通“措”，措置，这里表示任命。

【译文】成就大事的人，必定顺应人的常情。天下人都喜欢的，跟着他们一起喜欢；天下人都讨厌的，跟着他们一起讨厌。国家的一切政务处理的缓急，人才的选拔和任命，都合乎天下为公的理念，而不是凭借自己个人的私欲，那么天下的人就顺服了。继承天下而能使天下太平的人遵循的法则都是一样的，继承天下而让天下大乱的人遵循的法则不一定相同，从整个朝廷到郡县，道理都是一样的。没有用导致动乱的方法去改变乱世而能让人内心顺从的。人们内心并不顺从，怎么能够堵住天下人的议论之口呢？

一人饥，我饥之；一人寒，我寒之；一人弗幸，我愚[1]之。有天下者常念此，则君道尽矣。为守令监司至于公卿，常念此，则臣职尽矣。今之署吏考者，必曰称职，政誉虽隆，民瘼[2]未起，吾不知其称也。

【注释】①愚：与自己相关的。

②民瘼：人民的疾苦。

【译文】只要有一个人吃不饱饭，就好像我自己吃不饱一样；只要还有一个人穿不暖，就好像我自己穿不暖一样；只要还有一个人遭遇不幸的事，我都觉得和自己有关。拥有天下的人经常这样想，那么就算尽到为君之道了。做太守县令各部监司乃至于三公九卿，经常这样想，那么为臣之道就算尽到了。去考核现在任用的官吏，一定会说他们的才能能够称职，为政的美名虽然很大，老百姓的疾苦并没有消除，我不知道这些人哪些地方称职。

君子之学必日新，不日新则日蔽[1]，未有常立于不新不蔽之间者也。故涵养欲其日深，刮磨[2]欲其日净，讲习欲其日勤，敦行欲其日励，日知过日能改过，日见善日能迁善，此进德修业之实功，圣人所为惜寸阴也。徒曰吾一日妙悟，更无可用力，心日偷，气日惰，终日不知一过，过日积矣；终日不闻一善，善日损矣。优游若是，日月几何？遂书之以为日箴。

【注释】①弊：欺骗，这里代指退步。

②刮磨：指涤除内心的各种杂念。

【译文】君子必定每天在学习上有新的进步，每天没有新的进步那么就会有退步，还没有经常处在不进步又不退步之间的人。所以君子希望自己涵养每天越来越深，涤除杂念希望每天越来越净，研讨学习希望每天越来越勤，踏实笃行希望每天越来越振作，每天能够知过改过，每天见善而能够行善，这是进德修业的实在功夫，这也是圣人之所以珍惜时光的原因。仅仅只说我突然哪一天有什么奇妙的领悟，却愈加认为没有什么需要努力的，越来越不在心上下功夫，精神越来越怠惰，每天都看不到自己的任何过错，自己的过错却每天都在增加；每天都看不到听不到任何善行，自己的善心善行却慢慢在减少。这样优游度日，都不知道每天是怎么过去的。所以把这些写下来作为自己每天的箴言。

仕优则学，学优则仕，此分学与仕为两也。此以诵读为学，以簿书剸裁为仕也。虞廷命官分职，无非事者。然君曰“钦哉①”，臣曰“儆戒②”，何事非学乎？为诵读之学，则经世理人，咸具方策；为德性之学，则诚意正心，自妙经纶。合性命诵读而为学者，诵读，学也，簿书亦学也。有时诵读未交，簿书未涉，亦学也，无一时非学，无一念非学。谓学以学所仕，仕以行所学者，犹不免为两也。

【注释】①钦哉：表示崇高与尊敬。

②儆戒：表示尊敬和顺从。

【译文】做官做好了，就更广泛地去学习以求更好；学习学好了，就可以去做官以便更好地推行仁道，这是把学习和当官做事分为两件不同的事情。把诵读诗书当做学习，把处理政务当做为官。虞舜当初任命官员分别担任不同的职务，不过是为了方便处理事务。但是君王说“敬佩啊”，臣子说“恭敬小心啊”，哪件事情里面没有学问呢？经常诵读诗书，那么处理政务治理百姓，就会有自己的一套方略；经常修身养性，那么就会意念真诚内心中正，自然懂得治国之策。把修身养性和诵读诗书都当做为学的人，诵读诗书是一种学习，处理政务也是一种学习。即便有时没有诵读诗书，也没有处理政务，这也是一种学习，没有任何一刻不是在学习，也没有任何一个念头不是在学习。认为学习是学自己所要从事的事情，做事是实践自己所学的，还是不免把学习和做事分作了两件事情。

古之君子，耻言浮于行，宁行有余而言不足也；耻文浮于质，宁质有余而文不足也；耻名浮于实，宁实有余而名不足也；耻禄浮于功，宁功有余而禄不足也。是以葆光于闇①，舍采于朴，虽勋烈震世，自视欿然②；虽岩林终老，自处泰然矣。

【注释】①葆光于闇：比喻才智不外露。

②欿（kǎn）然：不自满的样子。

【译文】古代的君子，耻于自己的言说超过了品行，宁可自己做的很多但是所说的没有那么多；耻于文采超过了实质，宁可品质美好而文采修饰不够；耻于名声超过实际，宁可实际有余而名声不足；耻于俸禄超过自己的功劳，宁可功劳多而俸禄少。所以隐藏自己的才能不让人知道，不要华美的色彩修饰而要本身的质朴，即便是功业足以震惊世人，自己看自己依然觉得不满足；就算是在山林之中终老一世，自己也很安定从容。

天下之治乱，人心为之；人心之淑慝，世教为之。故夫庸主佞臣，接迹于廷，庶顽寇窃，横发于下，皆由道德不著，政教不行，而利欲之渐渍深也。圣王知其然，故缘性以设教，因心以立政，艺极既陈，而且树风声，章物采，使天下洗心易虑，还其所固有而不自知。夫射有鹄[①]也，而人争赴焉；治亦有之，民之鹄在士，士之鹄在君。君心正则天下之士心可正，士心正则万民莫不正而天下治也。

【注释】①鹄：箭靶的中心。

【译文】天下的安定和动乱，都是人心造成的；人心的善恶，又是社会的教化造成的。所以平庸的君主奸佞的臣子，充斥着整个朝廷，愚顽窃国的贼寇，对百姓肆无忌惮的欺压，都是由于道德没有得到显扬，政教没有得到施行，而人人被利益欲望侵染得很深了的缘故。圣明的君王知道这其中的缘故，所以根据人性设立教化，根据人心建立政策法令，准则既然已经说明白了，而且树立风俗声教，章明祭祀的物品等级，让天下的人彻底改变以前不好的想法和念头，让他们不知不觉回归自己本来固有的良善。射箭一定要有靶心，这样每个射箭的人都想射中靶心；治理老百姓也有相同的靶心，老百姓的靶心在官吏，官吏的靶心在君王。君王的心中正，那么天下官吏心就会中正，官吏的心中正，那么所有百姓的心一定都会中正，这样就会天下太平。

德盛者，其容必恭，故达之周旋升降，无弗恭也；德盛者，其声必和，故达之歌咏琴瑟，无弗和也。至礼不让，至乐无声，可见可闻者其迹乎？不睹不闻者其精乎？故礼也者，至德中自然之绳检①也；乐也者，至德中自然之铿锵②也”。叔季③德衰，礼乐之用，在朝廷邦国者，仅存梗概，而谇语德色④之俗，桑濮淫哇⑤之音，流习于民间，恬不知怪。世有修德君子，当于其一身观礼乐矣。

【注释】①绳检：法则，规范。

②铿锵：形容清脆悦耳的声音，这里代指音律。

③叔季：代指衰世。

④谇语德色：民间的一些素质低下的言语行为。

⑤桑濮淫哇：桑濮，语出《礼记·乐记》：“桑间濮上之音，亡国之音也。”这里指男女邪淫的地方。淫哇，邪淫的音乐。

【译文】品德高尚的人，他的仪容一定非常恭敬，所以从他和人交际应酬或者是进退举止来看，没有不恭敬的地方；品德高尚人，他的声音一定很和谐，所以听他用诗文歌唱抒发情感或者是用乐器表达情感，没有不表达得恰到好处的。最高级的礼节是看不出有谦让，最高明的音乐是没有声音，可以看见的可以听见的恐怕仅仅是他们的表现形式吧？不能看见的不能听见的恐怕才是他们的精髓吧？所以礼节是到达最高道德后自然表现的一种行为规范；音乐是到达最高道德后自然表现的一种音律节奏。衰亡之世道德衰微，礼乐的作用，在朝廷和国家也仅仅留存下一点粗略的大概了，但是那些责骂他人的低劣风俗，宣扬男女邪淫的音乐，却一直流行于民间，并且大家都安然处之，不认为有什么奇怪的。世上有修养德行的君子，应当于其自身中察看到礼乐的精髓。

世之治也，其君必兢业以图几[①]，其臣必忧危以输悃。堂陛[②]一心，忠贤进用，故纪纲明肃而天下治也。世之将乱，其为君者，或刚愎自圣而恶闻谠[③]言，或柔闇无能而狎昵群小。其为之臣者，事刚主则阿意逢旨，以固其宠位；事柔主则植党营私，窃弄其威权。当是时，而有仁义方正之士立于朝，必从道而不从君，狥义而不狥众，此狂澜倚为砥柱，大厦有所支以不倾也。乃薰莸[④]异性，尧桀殊行，必群嫉而力排之，然后愉快。甚至钩党连类，窜逐无遗。于是君子有气节之名，而国家有危亡不可救之祸。然则气节云者，天下所以目君子，岂君子乐标此名以为高哉？嗟乎！汲黯在而淮南谋寝[⑤]，九龄去而渔阳鼓来[⑥]，司马相而虜戒南牧，李纲罢而宋遂北辕。治乱安危之机若此，不有君子，其何能国？

【注释】①几：通“机”，政事。

②堂陛：朝廷。

③谠：正直的。

④薰莸：香草和臭草。

⑤汲黯在而淮南谋寝：西汉时，大臣汲黯以忠正守义好直谏著称，由于惧怕他的威严，淮南王谋反之心理受到极大的震慑。

⑥渔阳鼓来：指安禄山在渔阳举兵叛唐，这是安史之乱的开端。

【译文】天下太平，君王必定谨慎认真的谋划政事，臣子必定忧虑国家安危而献上自己诚恳的建议。朝廷上下一心，忠心的人和贤能的人得到提拔重用，法度清明严肃，那么天下就会太平。天下将要动乱，君王要么刚愎自用认为自己圣明而讨厌正直的意见，要么柔弱不明没有能力而过分亲近众多小人。那时候的臣子，侍奉倔强固执的君王就迎合君王的意旨，这样就能稳固他自己得宠的地位；遇到软弱的君王就培植党羽谋取私利，偷窃君主的威势和权力。这时，如果有仁爱正义方正不阿的君子在朝廷里，一定是遵从道义而不是听从君主，顺从大义而不是顺从众人，这样的人就是在危局中可以依靠的力量，就像支撑高大的房子不会倒下的柱子。然而香草和臭草本性就不同，尧和桀的行为也不同，这样的人一定会被众人嫉妒而一起排挤他，这样他们才会欢欣愉快。甚至因为在政事意见上有类似的看法，就把他们全部放逐了。于是君子有了有气节的好名声，但是国家却有了不可挽救的危险灾祸。但是所谓的气节，这是天下人这么看君子的，难道是君子自己标榜这个名气认为自己高人一等吗？哎呀，汲黯在朝廷上淮南王谋反的计划就停止了，张九龄离开朝廷安禄山就在渔阳举兵叛唐，司马光当了宰相辽国就不敢南侵宋朝了，李纲被罢免了宋朝就遭遇了“靖康之耻”，徽、钦二帝被掳北上。国家的安定和动乱的关键在这里，没有君子，一个国家怎么能够安定长久呢？

民生日困，由吏邪也。吏道之邪，宠赂章也。孝廉之选不复察廉，可勿精乎？选而后仕不可得。仕而后选可勿慎乎？三载而考绩，三考而黜陟，自唐虞然矣。今世筮仕[①]州邑，必再考而后征召。曹郡亦再考而后擢，郡臬法何尝不近古。第所谓满考者，徒虚名耳。人情能矫节于暂，不能矫于久。期月而论荐，固太骤也。至三年，则才守辨矣；六年，品望定矣，虽有善毁誉者，不能蔽矣。上官署考，其必严综核而责保举乎？倘廉墨无分，秽迹终败，即连坐安辞，若郡邑长之于青衿士也，有师帅责焉，非独挍其文艺，亦必以圣贤义利之学，朝夕训迪，一变其颓风乎？夫使庠序之中，以义利明学术，朝廷之上，以义利课贤能，设诚致行，不出六七载，而人才渐盛，太平之治可几矣。

【注释】①筮仕：首次出仕。

【译文】民众的生计一天天穷困，都是因为官吏不正派造成的。官吏为官不正派，结党营私，收受贿赂就会越发公开。孝廉的选拔制度不再考察廉洁了，大约是没有考察出一个人孝廉的实情吧？通过选举之后却无法出任官职，出任官职后再去选拔人才能够不谨慎吗？三年考察一次政绩，经过三次考核才能进行升迁或者罢免，从尧舜那个时候就这样考核官员了。现在的人初次在州邑做官，一定经过了多次考核然后才被征召。各官署官员也都是多次考核然后才提拔上来的，州郡的考核办法何尝不接近上古时代。但是那些所谓符合考核的，只是徒有虚名罢了。人的性情可以一时假装有节操，但是长久的节操是装不出来的。一个月就选拔推荐，实在太快了。到了三年，那么才能和操守就能分辨了；到了六年以上，人品声望就已经固定了，即使有善于毁损和赞誉的人去评论他们，也不可能进行遮掩。上级官府部署考核，一定要严格的把各种情况聚总而考核，因为官员的优劣还有举荐人的连带责任。如果廉洁和贪污的人都不分，卑鄙丑恶的行为最终会败露，最后连带举荐人一起受罚辞去官职，就像郡邑的长官对于少年学子，也有老师教导的责任，并不仅仅是考量他们的文学技艺，也一定要用圣贤义利之学，不断地教诲开导他们，改变颓丧的学风。假使学校里面用义利之辨来昌明学术，朝廷里面用义利之辨来考核贤能之才，假如真的能够施行，不会超过六七年，人才就会多起来，太平盛世就可以实现了。

夫为人牧牛羊者，必为择善水草以饲之，躬荷蓑笠，以时收放之，牛羊肥息而后为忠于所托，未有怠刍牧而坐视其羸毙[①]者也。君相者，为天牧人者也。田里树畜之制不修，治教政形之用不善，致令无辜赤子，有死于饥寒，陷于刑戮，毋乃孤天之讬乎！四海广矣，郡邑守令众矣，诚心爱物者，岂其无人？一人造福，惠止一方，惟君相操其仁心，以提衔天下之监司守令，而后泽洽于天下也。

【注释】①羸毙：慢慢瘦弱死亡。

【译文】给人放养牛羊的人，一定选择水草茂盛的地方去饲养，身穿蓑衣头戴蓑笠，根据天气四时的变化来选择放牧时间，牛羊长得肥壮，繁殖的多然后才算是忠于所托，还没有不重视饲养牛羊而坐着看这些牛羊慢慢瘦弱死亡的。君主和宰相，是替上天牧养人民的人。农林、畜牧的制度不修治，不好好地推行政治教化，因此导致百姓有的因为饥饿和寒冷而死亡，有的因为被刑法伤害杀戮，这难道不是辜负了上天的托付吗？天下非常广大，郡邑的长官也很多，真的从内心怜惜万物的，难道没有人吗？一个人造福，恩惠仅仅停留在一个地方，只有君王和宰相用他们的仁心率领天下的百官真心为民，然后恩泽才能周遍天下。

自古乱天下者，非跳梁之夷虏，则揭竿之穷民；非跋扈之强臣，则窃柄之宵宦。气化密移，事几渐至。人主审其几而豫图之，则可以杜爨销萌[①]，而不至于乱。故朝纲宜整肃也，吏治宜振饬也，封疆宜慎固也。然非其本也，本在亲贤讲学而已。亲贤则心志纯一，讲学则识虑精明，故用人行政，无不得其理也。矧人主以亲贤讲学为天下倡，士习人心，从此丕变，贤才众而风俗美，久安长治，宁有穷哉？然启心沃心，惟二三大臣是赖，此诚意正心之学，宜预养于畎亩中矣。

【注释】①杜爨（cuàn）销萌：指消除隐患在萌芽状态。

【译文】自古以来造成社会动荡的人，不是乱蹦乱跳的蛮夷，就是没有出路起来造反的穷民；不是专横暴戾擅权的大臣，就是窃夺权柄的宦官。事物慢慢变化，暗中迁移，天下大乱就慢慢接近到来了。君主审查这种苗头然后预先谋划怎么应对，就可以像堵塞灶台去掉萌芽一样，而不会导致社会动乱。所以朝廷的法度纲纪应当整肃，地方官吏的作风和治绩应当整顿，国家的边疆应该稳固。但是这些都不是根本的，最根本的还是在君主要亲近贤人讲习学问。亲近贤明的人，君主的心意就会淳朴，讲习学问就会让君主的见解与谋略更加精干聪明，所以任用人才施行政策，没有不合乎道理的。况且如果君主提倡天下的人亲近贤人讲习学问，士大夫的风气和天下人心从此大变，贤能的人才就更多，风俗也更加美好，长期的太平，难道还会有尽头吗？但是启发君主之心的，只能仰赖君主身边的两三个大臣。这种诚意正心的学问，实在应该预先在读书人未发迹之前培养。

立千古志，鉴千古品格，毋以真豪杰枉过。开千古眼，览千古人物，毋为假英雄瞒过，启千古学术，求千古正印，毋为淫遁词[①]混过。承千古道脉，诒千古治平，毋以圣贤事让过。

【注释】①淫遁词：过分夸大的言辞和避开正面的言辞。

【译文】树立远大的志向，借鉴伟大的品性，不要错过真正的豪杰。打开广博的眼界，评价伟大的人物，不要被假的英雄给欺瞒过去了。开启千古的学术，求得正宗的传承，千万不要被过分的话语混过。继承千古以来的大道，给天下一个太平盛世，千万不要把圣贤的事业让给他人了。

有天地则有夫妇，家之正必本于夫妇。深哉！二南[①]之为风始也，贞静以事君子，勤俭以修蚕绩，斋敬以奉蘋蘩[②]，慈惠以逮媵妾[③]，妇德备矣。妇德备而后家道正，天下之家正而天下治矣。

【注释】①二南：指诗经中的《周南》《召南》二篇。

②蘋蘩：《诗·召南》有《采蘋》及《采蘩》篇。《诗·召南·采蘩序》："《采蘩》，夫人不失职也。夫人可以奉祭祀，则不失职矣。"后以"蘋蘩"借指能遵祭祀之仪或妇职等。

③媵妾：古代跟随正妻一同嫁到夫家的女子，规格较高的是亲姐妹同嫁；规格中等则是一个身份较高的女子偕同一个或几个宗族女子同嫁；规格最低的便是侍女陪嫁。这样嫁过去的前者就是妻，后者便是媵妾了。

【译文】有天地然后有夫妇，正家之道一定是以夫妇和谐为根本。这个道理太深刻了！《周南》《召南》是《诗经》“国风”的开头两篇，节操贞纯情性淑静的女子侍奉夫君，勤劳节俭以整治蚕桑和纺绩，清洁内心恭敬地主持家务，没有嫉妒之心，仁爱能够惠及妾室，这样女子贤淑的德行就全都具备了。女子具备贤淑的德行，然后家庭就有了正道，天下所有的家庭都有了正道，然后天下就太平了。

古之学者必有师，道明德修，然后出为世用。其敷奏[①]于明廷者，即素习于师友者；其博济于民物者，即预养于身心者。是以贤俊并用而天下治。后世习句读，习文艺，则以师称，是为词章师也；举于试，举于官，则以师称，是为利达师也。有词章之师，无道德之师；有利达之师，无修检之师。士品日卑，世风日坏，职此之繇[②]矣。

【注释】①敷奏：向君王报告。

②繇（yóu）：古同“由”，从，自。

【译文】古代做学问的人一定有老师，明白大道德行圆满，然后就出来为当世所用。他在朝廷向君王报告的内容，就是一向从老师和同学那里学来的东西；他之所以能广泛救助百姓，就是预先培养在身上的东西。所以贤人俊才一起被任用就会天下太平。后世的人学习文章，学习文艺，就把教他们的人叫做老师，这是教授词章之学的老师；推荐参加科举考试，推荐出仕当官，也被叫做老师，这是让你显达的老师。现在只有教授词章的老师，没有教授道德的老师；有让你显达的老师，却没有让你修身约束自己的老师。读书人的人品日益卑下，社会的风俗日渐崩坏，都是由于这样导致的。

平世之民佚乐，乐则淫侈，淫侈则凌夺生，故天下遂乱。乱世之民忧思，思则勤俭，勤俭则无越志，故天下复平。贞元之往复，春生秋肃之相寻，天道故如是也。惟圣人能先天[1]弗违，后天奉时[2]。当其平预，治之使勿乱，当其乱亟，挽之使平，是之谓赞化育[3]。

【注释】①先天：先于天时而行事。

②奉时：顺应时机。

③赞化育：赞助教化培育。语本《礼记·中庸》：“能尽物之性，则可以赞天地之化育；可以赞天地之化育，则可以与天地参矣。”

【译文】太平时期的百姓生活悠闲安乐，太悠闲安乐就会有奢侈浪费，太奢侈浪费就会有侵犯掠夺的事情发生，所以天下就大乱了。乱世的百姓生活充满忧思，充满忧思就会勤劳节俭，勤劳节俭就不会放纵任性，所以天下又重新太平了。天道人事的转换，春夏秋冬的循环往复，天道就是如此。只有圣人能先于天时而行事并且不违背天道，后于天时而行事而能够顺应天时。当天下太平需要预先防备的时候，就消除隐患让天下不至于动乱，当天下动乱已极的时候，就能挽救天下让天下太平，这就是所谓的帮助上天教化培育万民。

为一乡善士，则宜与一乡之人共为善矣；为一国善士，则宜与一国之人共为善矣。乡国之人未必皆善，非皆可诱掖也；未必无不善，非可以督责驱也。欲于为善何术乎？曰：取人为善而已。取人为善者，扬善而隐恶者也。扬之彼且内奋，有甚于华衮①焉；隐之彼且内渐，有甚于斧钺②焉。吾以取而成吾善，人因取而触其善，无于之形，有与之机，无与之迹，有与之神，将日迁善而不自知。此知诚动变之妙用，岂声音笑貌所能致也。

【注释】①华衮：表示极高的荣宠。

②斧钺：斧和钺，古代兵器，用于斩刑，此处借指重刑。

【译文】作为一乡的有德之士，应当和一乡人都一起做善事；作为一国的有德之士，应当和一国人都一起做善事。乡人和国人未必都是善人，也不都是可以引导诱掖的人；乡人和国人也不一定没有不好的人，这些人不是一定都要督促责备才能驱使他们向善。那么想要为善事应该怎么做呢？回答说：就是只看人家善的一面而已。只看人家的善行，说的就是显扬善行而隐藏恶行。显扬这个人的善行，他的内心就更加振作，比得到最高的荣宠还高兴；隐藏这个人的恶行，他的内心就更加惭愧，比受到责罚还要羞惭。我因为看到人家的善行而学习成为我的善行，别人因为我看到他的善行而更加触发他内心的善良，似乎在表面上没有什么，但是在内心的思想上已经给予他帮助了，在行迹上没有给予什么，但是在心神上已经给予了，他一定会每天都往好的方面发展而不自知。这就是知道真心变动的奇妙作用，难道是音容笑貌能都达到的吗？

国之有纪纲，犹人之有神气也。神气精强，虽有风寒暑湿之疾，不能为害，神气即丧，无病而死者多矣。夫所谓纪纲者，上有以绳约乎下，下有以归摄于上，灵爽威命①流贯于宫阙朝宁，而震叠于薄海②遐陬③，无一人敢奸其成法，无一事能逃其洞照，是谓国之神气。若夫宠爱溺而贵贱得以相凌，宵邪入而奄寺得以窃弄，清议④淆而忠佞得以并竞，宪度驰而廉墨得以兼容，欺蔽行而功罪得以相夺。国政日非，民生日困，其不至于覆亡者，幸也。然其本系乎君德矣，未有主德清明而纪纲不振者也，未有主心荒怠而纪纲不乱者也。

【注释】①灵爽威命：代指法度所造成的一种氛围。

②薄海：到达海边。语本《尚书·益稷》：“州十有二师，外薄四海，咸建五长。”孔颖达疏：“外迫四海，言从京师而至于四海也。”

③遐陬：边远一隅。

④清议：公正的议论。

【译文】国家有纪纲就好比人有神气一样。人的精气神充足，即便有风寒暑湿的疾患，也不能造成危害，人精气神即将衰亡，没有疾病会死亡的人也很多。所谓纪纲，就是在上位的有准则来约束在下位的，在下位的能归附收敛于在上位的，这种法度形成的精气威望流行贯通于朝廷上下，让四海周边都深受震动，没有一个人敢触犯国家的法令制度，没有一件事能够躲过法度的明察，这就是国家的神气。假如君主对某些人有偏爱无法自拔，就会导致显贵的人侵扰低贱之人，邪恶之人入朝，宦官就会窃弄权柄；公正的议论被混淆，忠臣和奸臣就会在一起竞争；法度废弛，廉洁的官员和贪污腐败的官员就会在一起同朝为官；欺骗隐瞒的风气就会盛行，有功之人和有罪之人就会互相争夺。国家的政治日渐有失，百姓的生活日渐艰难，如果这样那么国家还没有灭亡的话，就是非常侥幸了。但是这其中的根本是君主的德行，没有君主德行清明但是纪纲却得不到整顿的，也没有君主内心荒废怠惰但是纪纲却不混乱的。

自古小人为国家致祸乱者，非其心欲败人之国也，其处未必不欲保治安，享荣名也。位高益思固宠，权重而欲据为常，于是乎阿意宸旒[1]，媚交宫寺，谠言者斥，比周者庸，遂至上下相蒙，以酿成不可救之祸。嗟乎？为善为利，始分于一念，而斯、高之与周、召悬绝霄壤[2]，奈何不清夜思也！

【注释】①宸旒：帝王之冠，借指帝王。

②霄壤：天和地。

【译文】自古以来给国家造成祸害动乱的小人，并不是这些人存心要败坏国家，他们一开始所做的事也不一定就不想保持天下太平，享受荣誉美名。只不过所处位置越高就更加想着稳固自己的荣宠，权力越大就想着永远占据不变，于是就开始迎合君主的旨意，谄媚宫中的宦官，排斥进献正直之言的臣子，亲近的人都是庸才，所以才导致上下互相欺骗，最后酿成不可挽救的灾祸。哎呀，为了天下国家还是谋取个人私利，一开始只是在念头上有分别，最后的结果却是如同李斯、赵高之流和周公、召公有着天壤之别一样。怎么能不在清夜认真思考一番呢？

论道术莫粹于唐虞，论治术莫备于三代，皆从心性求，中和本一，中运经济，未尝以私智权术杂其间也。为臣欲致君三五[①]，敢不以心性之学牖[②]其君乎？欲登世于大猷，犹敢不以心性之学觉其民乎？欲以心性牖其君觉其民，敢不以此学自治其身乎？故性不可一日不明于天下，学不可一日不讲于天下。

【注释】①三五：指三皇五帝。

②牖：《说文解字》：牖，所以见日。段玉裁注：导也。

【译文】论治国的大道没有比尧舜更加精粹的了，论治国之术没有比夏商周更加完备的了，这二者都是从人的心性上来求，中正平和本源于一，用中正之道经世济民，完全没有个人的狭智和权谋掺杂其中。做臣子的想要让君王成为三皇五帝那样的人物，能够不用心性之学辅佐自己的君主吗？想要让天下实现太平盛世，能够不用心性之学让民众觉悟吗？想要用心性之学辅佐君主觉悟民众，能够不用心性之学来修养自身吗？所以心性不能一天不光明，学问不可一天不讲习。

中原阳九述略

【题解】《中原阳九述略》，明末清初朱舜水撰。

朱舜水，明朝学者、教育家。原名朱之瑜（1600—1682年），字楚屿，又作鲁屿。明代浙江绍兴府余姚县人，明末贡生。因在明末和南明曾三次被皇帝特征，未就，人称征君。

朱之瑜从小聪颖好学，却轻视功名。清军南下江南后，朱之瑜积极从事抗清斗争，先是追随隅拒舟山的鲁王，后来又参加抗清名将郑成功、张煌言的北伐战斗。明永历十三年（1659年），朱之瑜看到清政权日趋坚固，复明无望，为了保全民族气节，毅然辞别国土，弃离故乡，流亡日本。到日本后，他的学问和德行得到了日本朝野人士的礼遇和尊重，水户藩藩主德川光圀聘请他到江户（今东京）讲学，执弟子礼。德川光圀不敢直呼其字，因而朱之瑜将家乡河流名——舜水，作为自己的号，遂有“舜水先生”之称。朱之瑜寄寓日本二十多年，仍着明朝衣冠，追念故国。康熙二十一年（1682年）病逝于异国他乡，享年八十三岁。他的思想对日本水户学有很大影响。他还把中国先进的农业、医药、建筑、工艺技术传授给日本人民。以舜水学说为宗旨的“江户学派”一直影响到“明治维新”，为日本的繁荣与进步作出了贡献。朱之瑜去世后，他讲学的书札和问答由德川光圀父子刊印成《朱舜水文集》二十八卷。朱之瑜与黄宗羲、王夫之、顾炎武、方以智一起被称为“明末清初五大师”。

《续编》辑录了朱舜水的《中原阳九述略》中的“致虏之由”全文。该文认为明朝的灭亡原因有二：一是政治腐败，“中国之有逆虏之难，贻羞万世，固逆虏之负恩，亦中国士大夫之自取之也。语曰：‘木必朽而后蛀生之。’”二是学术虚伪。明末以八股文取士，禁锢思想，导致士人穷年皓首于猎采词华、埋头呫哔之中，不知爱国出治临民的本义。这是一篇让人一读三叹、警钟长鸣的历史文献。任何时代，作为国家的治理者，应该从中汲取教训，对当中弊端应当戒之慎之。

致虏之由

中国之有逆虏[①]之难，贻羞万世，固逆虏之负恩，亦中国士大夫之自取之也。语曰：“木必朽而后蛀生之。”未有不朽之木，蛀能生之者也。杨镐[②]养寇卖国，前事不暇渎言。即如崇祯末年，搢绅罪恶贯盈，百姓痛入骨髓，莫不有“时日曷丧，及汝偕亡[③]”之心。故流贼至而内外响应，逆虏入而迎刃破竹，惑其邪说流言，竟有前途倒戈之势；一旦土崩瓦解，不可收拾耳。不然，河北二十四郡岂无坚城，岂无一人义士，而竟令其弢戈服矢，入无人之境至此耶？总之，莫大之罪，尽在士大夫；而细民无智，徒欲泄一朝之忿，图未获之利，不顾终身及累世之患，不足责也。

【注释】①逆虏：本文专指清朝。

②杨镐(？—1629年)：字京甫，号风筠，商丘(今河南商丘)人。明末将领。万历八年(1580年)进士。历任南昌、蠡二县知县。万历二十六年(1598年)，明军在蔚山大败，杨镐败而不报，又谎报军功，被罢职。后被起用，又在萨尔浒战役中大败，损失四万兵力，导致辽东北部重镇相继失守。御史交章弹劾杨镐，因此下狱。崇祯二年(1629年)被杀。

③时日曷丧，及汝偕亡：语出《尚书·汤誓》“有众率怠，弗协，曰：‘时日曷丧，予及汝皆亡！’”意指表示誓不与其共存，形容痛恨到极点。

【译文】大明遭受清朝入主的灾难，令明朝蒙羞万代，这固然是清朝辜负了恩义，也是大明士大夫的咎由自取。常言道：“树木腐朽之后虫蛀就会滋生。”也就是说，没有不腐朽的树木，虫蛀就能滋生的。杨镐姑息纵容外寇求荣卖国，以前的事情就不再多说了。就单说在崇祯末年，官员恶贯满盈，百姓极为痛恨他们，无不怀有夏朝时百姓那种“时日曷丧，及汝偕亡”的想法。因此李自成领导的流民攻入北京而京城内外响应，清朝入侵中原犹如势如破竹，百姓被异端邪说、流言蜚语所迷惑，最终导致前线将士临阵倒戈的情势；大明王朝一日之间土崩瓦解，导致无法收拾局面。难不成，河北二十四郡就没有坚固的城池，就没有一个人是奋勇抗敌的义士，而最终使得清朝收起了兵器，就像进入无人之境这种地步吗？总而言之，天大的罪过，全部在于明朝士大夫的身上；而小民没有智慧，只是想要发泄一时的愤恨，成全没有获得的利益，而不顾及终身以及数代的灾难，所以他们不值得被责怪。

明朝以制义举士，初时功令犹严，后来数十年间，大失祖宗设科本旨。主司以时文得官，典试以时文取士，竞标新艳，何取渊源？父之训子，师之教弟，猎采词华，埋头呫哔[①]，其名亦曰文章，其功亦穷年皓首，惟以剽窃为工，掇取青紫为志，谁复知读书之义哉！既不知读书，则奔竞门开，廉耻道丧，官以钱得，政以贿成，岂复识忠君爱国，出治临民？坐沐猴于堂上，听赋租于吏胥；豪右之侵渔不闻，百姓之颠连无告。乡绅受赂，操有司狱讼之权；役隶为奸，广暮夜苞苴之路。朝廷蠲租之诏，不敌部科参罚之文；乍萌抚字之心，岂胜一世功名之想？是以习为残忍，仿效模糊。水旱灾荒，天时任其丰歉；租庸丝布，令长按册征收。影占虚悬，巨猾食无粮之土；收除飞洒[②]，善柔赔无土之粮。敲骨剥肤，谁怜易子；羡余加派，岂顾医疮！金入长安，蠹贼腾循良之誉；容先曲木，屠伯[③]叨卓异之旌。未闻黩货有勾罢之条，惟见催科注阳城之考。盗贼载途，惟工涂饰；虫蝗满路，孰验灾伤？夫如是，则守令安得不贪！由是而监司、而抚按尽可知也矣，而佐贰、而首领更可知也矣！此见任官害民之病也。

【注释】①亦作“呫毕”。犹占毕。后泛称诵读。

②飞洒：特指明清地主勾结官府，将田地赋税化整为零，分洒到其他农户的田地上，以逃避赋税的一种手段。

③屠伯：语出《汉书·严延年传》：“冬月，传属县囚,会论府上，流血数里，河南号曰屠伯。”喻指酷吏。

【译文】明朝以八股文选拔士人，开始时法令仍很严谨，后来数十年之间，大为失去祖宗设科选拔士人的初衷。主考官员以八股文获得官职，主持考试时也以八股文选拔士人，竞相标榜新奇艳丽，为什么有这渊源？父亲训导儿子，老师教导学生，追求辞藻华丽，埋头诵读，他的名声也是靠文章成就，他的功业也是在穷年皓首中完成，却仅以剽窃他人作为成效，择取高官显爵作为志向，谁还知道读书的本义呢！既然不知读书，那么求取功名的门径大开，廉洁与知耻的正道丧失，依据金钱得到官职，依靠贿赂完成政绩，怎么还能知道忠君爱国，离京出任管理百姓的本义？封疆大吏在堂上像沐猴而冠一样坐着，听任下属官员收取赋租；豪门大族侵夺他人财物而不处理，百姓遭受颠背流离之苦而无处申诉。乡里士大夫收受贿赂，操纵官府判决诉讼案件的权力；仆役下属狼狈为奸，拓宽暗中贿赂的渠道。纵使朝廷有免除租税的诏令，也比不上六部科道弹劾处罚的文书；就算是官员忽然萌发安抚百姓的想法，怎能超过获得一世功名的念想？因此官员把残忍作为习以为常，相互仿效模棱两可做事。水旱灾荒频发的年份，丰收歉收听天由命；租庸丝布，地方官员照样按册征收。老奸巨猾的人冒认占有无主土地，蚕食不能产粮的土地；征收与耗损摊派，善良温和的人赔上没有籍田产出的粮食。官府敲骨吸髓，谁人可怜易子相食的百姓；各种附加税增派，不顾让百姓剜肉补疮！后金攻入长安，蟊贼传播奉公守法的美誉；容先曲木，酷吏承受卓越超群的表彰。没有听说贪墨财物的官员有罢官免职的奏章，只看见催收赋税运往阳城的考绩。盗贼充塞道路，仍旧粉饰掩盖事实；蝗虫布满道路，谁人来查看灾害伤亡？如果都这样，那么地方官员怎能不贪污！由此观之，那些监察部门、巡抚、按察使的情况就可全都知晓了，那些佐贰官员、首领更加可以此知晓了！这就是朝廷官员残害百姓的弊端。

其居乡也，一登科第，志切馈遗；欲广侵渔，多收投靠。妻宗姻娅，四出行凶；子弟豪奴，专攻罗致。女子稔色[①]，则多方委禽；田园遂心，则百计垂饵。缓急人所时有，事会因尔无穷，攘夺图谋，终期必济。钉田封屋，管业高标者，某府某衙；诉屈声冤，公事至偃者，何科何院。曲直挠乱，白黑苍黄；庇远亲为宦户，挤重役于贫民。事事贴赔，产已卖而役仍在；年年拖累，人已毙而名未除。官司比较未完，满堂欢喜；隶役牌勾欠户，阖室栖遑。士夫循习故常，糊心民瘼；被害胥谗，眲慝没齿。官邪鱼肉小民，侵牟万姓；闾左[②]吞声而莫诉，上官心识矣谁何。饶财则白丁延誉，寒素则贾、董[③]沉沦。荐剡猥多，贤路自塞。此乡官害民之病也。

【注释】①稔色：丰妍艳丽的美色。多指美女。

②闾左：古代二十五家为一闾，贫者居住闾左，富者居于闾右。

③贾、董：汉代贾谊和董仲舒的并称。此二人以文才著名。

【译文】那些居住在乡里的士大夫，一旦登上科第，急切想着行贿；想着扩大侵夺范围，多方投靠达官贵人。外戚姻亲，四处行凶作恶；自家子弟和强悍狡黠的奴仆，一心网罗搜刮聚敛。女子如果丰妍艳丽，就想方设法纳采迎娶；田园如果称心如意，就千方百计勾引巧夺。舒缓与紧急因人所需而有，事情机缘由此无穷无尽，掠夺霸占图财谋利，最终必然得到拥有。划分田界查封房屋，管理产业高高标记的，是某某官府某某衙门；申诉委屈高声喊冤，公事到家中处理的，是哪个科道哪个部院。是非含混，黑白颠倒；庇护远方亲戚成为官府人家，将繁重徭役推给贫民。因此，贫民事事贴补赔偿，田产已经出卖而赋役依旧存在；年年拖累家人，人已经逝世而名册犹未消除。官府计算到尚未完税的百姓，就满堂欢喜；仆役凭证传唤拖欠的百姓，百姓就全家忙碌不安。士大夫沿袭惯例，对民间疾苦漠不关心；被迫残害怨声不绝，怒目而视没齿难忘。官吏违法失职，鱼肉生民，侵害掠夺百姓；平民忍气吞声却无处可申诉，上级官员却心中知道具体是谁人。资财富足则目不识丁的平民也播扬美誉，寒苦朴素则贾谊、董仲舒之类的人也隐没不遇。推荐繁多，那么贤人入仕求官的途径自然被堵塞。这就是地方官员残害百姓的弊端。

凡属一榜科甲，命曰同年同门；由其决择取中，是曰门生座师；辗转亲临辖属，是曰通家故吏。又有文社甄拔之亲，东林西北之党；插足其中，丝纷胶结。其间岂遂无仁贤廉洁之士？总之，一壶之醪，不能味一河之水；一杯之水，不能熄车薪之火。而且憸壬机巧，竞赏圆通；持重端方，咸嗤古执。圆通者涂附，古执者群离。必使一气呵成，牢不可破，则小民安得不被其害，且幽、冀、兖、豫五省，苦于俵马[①]驿马；俵马有孳生印烙之弊，驿马有恤马需索等弊。江南有白粮糙粮、粗布细布之弊。一经签役，立致倾家。总来官不得人，百弊丛集。

【注释】①俵马：明代江北地区的一种杂役。指官府将官马分派给民户饲养，过一定时期后再由民户将马解送指定地点，由官府验收。

【译文】但凡属于同榜科甲，就称为同年同门；由主考官决定选择科举中第的，就称为门生座师；间接成为管辖下属的，就称为通家故吏。又有文社鉴别提拔亲密关系，东林西北的朋党关系；一旦插足其中，像丝一样纷繁如胶一样凝结，无法脱身。当中难道没有仁爱贤能清廉高洁的士人？总而言之，一壶酒不能让一条河里的水都有酒味；一杯水不能熄灭一车薪柴的火。而且奸邪谄媚投机取巧的小人，却被赞誉通达事理；行事稳重端直方正的君子，却被讥笑古板执着。因此，通达事理的小人恶上加恶，古板执着的君子纷纷逃离。必然使得恶人一鼓作气形成势力，从而牢不可破，那么小民怎能不被他们所残害，而且幽、冀、兖、豫等五省，百姓为俵马、驿马的劳役所困；俵马有生长繁衍印上记号的弊端，驿马有恤马勒索等弊端。江南则有白粮糙粮、粗布细布的弊端。一旦经过征调服役，百姓立即就会倾家荡产。总的来说，就是任官得不到合适人选，导致各种弊端丛生汇集。

百姓者，黄口[1]孺子也，绝其乳哺，立可饿死。今乃不思长养之方，独工掊尅之术，安得而不穷？既被其害，无从表白申诉，而又愁苦无聊，安得不愤懑切齿，为盗为乱。思欲得当，以为出尔反尔之计？由前所言，谓之巧宦。语之以趋炎附势，门户夤缘则独工；语之以兴利除害，御灾捍患则独拙。尝之以朱提[2]白粲，朘削肥家，则攘臂争首；告之以增陴浚隍，储糈桑土，则结舌不谈。他如饰功掩败，鬻爵欺君，种种罪恶，罄竹难尽。

【注释】①黄口：幼小的孩童。

②朱提：即朱提银。以朱提山盛产白银而得名。代指银子。

【译文】所谓百姓，就如同幼儿小童，断绝喂养，立即就会饿死。现在仍然不去想抚育培养之方，却唯独擅长聚敛搜刮百姓，百姓怎能不贫穷？百姓既然深受其害，无处申诉冤屈，而又忧愁苦闷、无可奈何，怎能不满腔悲愤、咬牙切齿，从而成为盗贼和叛民。他们想要欲望得到满足，因此也和官员对待百姓一样，施行出尔反尔之计谋。就像之前所说的，这就可称为巧宦带来的危害。以趋炎附势来和他们交谈，他们就擅长倚傍门户、攀附权贵；以兴利除害来和他们交谈，他们就独拙于止息灾祸抵御外患；以银两白米来试探他们，他们就以剥削百姓来发家致富，个个攘臂高呼争先恐后；以加高城墙疏浚城濠来劝告他们，让他们储存粮食劝课农桑，他们就瞠目结舌绝口不提。其他的如粉饰功绩、掩盖失败，卖官鬻爵、欺罔君上，如此种种罪恶，真是罄竹难书。

是以逆虏乘流寇之讧而陷北京，遂布散流言，倡为“均田”、“均役”之说。百姓既以贪利之心，兼欲乘机而伸其抑郁无聊之志，于是合力一心，翘首徯后。彼百姓者，分而听之则愚，合而听之则神。其心既变，川决山崩。以百姓内溃之势，歆之以意外可欲之财；以到处无备之城，怖之以狡虏威约之渐。增虏之气以相告语，诱我之众以为先驱。所以逆虏因之，溥天沦丧。非逆虏之兵强将勇、真足无敌也，皆士大夫为之驱除难耳！

【译文】因此清朝趁着李自成内部冲突而攻陷京城北京，于是就散布流言，提倡为百姓“均田”“均役”的主张。百姓既然有贪图利益的念想，而且想乘机伸张他们忧愤烦闷的志向，于是百姓上下同心合力，翘首期盼清朝的到来。那些百姓，分开管理他们就愚笨，联合起来他们就化腐朽为神奇。民心动摇之后，犹如河川溃决、山崩地裂。那么清朝依靠百姓在内部崩溃的形势，以意外可得的财物来引诱；依靠所到之处没有防备的城池，以逐渐形成的威势对人的制约来恐吓他们。百姓助长清朝的志气而奔走相告，引诱我方军队作为前线部队倒戈反击。所以清朝依靠这些有利形势，明朝全国由此沦丧。这不是清朝兵力强盛将领勇猛、真的无可匹敌，都是因为明朝士大夫为他们驱除难关而导致的！

若果逆虏兵强将勇，足以无敌，彼江阴一小县，不过靴尖踢倒尔已，虽内有储积，而外无救援，乃犹慨然拒虏，闭城坚守，男子出战，妇人馈餘；虏攻之百道，半年始拔，阖城自屠，妇女婴儿俱尽，而虏之骁骑死于城下者，亦且数万。其时南徐、毘陵、吴兴、金阊设能各出奇兵掎角，此虏其有只轮北济乎！奈何孤城独抗，远近俱靡，粮尽胆丧，而力竭无益也！细民不能远虑，岂知逆虏得国之后，均田不可冀，赋役不可平，贪黩淫污，惨杀荼毒，又倍蓰于搢绅之祸哉！今虽悔之痛之，无可为也矣！《书》曰："天作孽，犹可违；自作孽，不可逭。"此之谓也。

【译文】假如清朝果真兵力强盛、将领勇猛、无可匹敌，那江阴一座嘉定小县，仅仅是鞋头就能踢倒它，它即使内部有储存的粮食，然而外部却无救援，居然仍旧奋勇抵抗清朝，闭城坚守，男子出战迎敌，妇人进献饭食；清朝想尽办法攻击它，然而半年之后才被攻克，全城上下由此被屠杀，妇女婴儿全都无法避免，然而清朝进攻到城下被杀的骑兵，也有数万之多。那时南徐、毘陵、吴兴、金阊如果能各自出奇兵形成掎角之势，牵制清朝，清朝就会全军覆没！没办法，唯独嘉定孤城抵抗入侵，然而远近城池全都闻风披靡，粮尽弹绝魂飞胆丧，嘉定就算是精疲力尽也无补于事了！小民不能作长远的打算，怎能知道清朝占据中原之后，均田不可能希望得到，赋役不可能得到公平，清朝官员贪污强暴，惨杀荼毒，又比明朝士大夫造成的灾祸更加严重！如今百姓即使后悔痛恨清朝，也无可奈何了！《尚书》说："天作孽，犹可违；自作孽，不可逭。"说的就是这种情况了。

答　问

【提要】《答问》，明末清初孙奇逢撰。

孙奇逢（1584—1675年）字启泰，号钟元，直隶省保定府（今河北保定）人，明末清初理学大家。晚年讲学于河南辉县夏峰村二十余年，从者甚众，世称夏峰先生。顺治元年（1644年）明朝灭亡后，清廷屡召不仕，人称孙征君。与李颙、黄宗羲齐名，合称明末清初三大儒。孙奇逢一生著述颇丰，主要有《理学宗传》《圣学录》《北学编》《洛学编》《四书近指》《读易大旨》《书经近指》等。

《答问》，又名《孙钟元先生答问》，其引云："答问者，有问而答也。总日用平常之事，与日用平常之人，为日用平常之言。亦有不待问自为言者。"书中内容，大抵为日用平常之言论，"奇逢之学主于明体达用，宗旨出于姚江，而变以笃实，化以和平，兼采程、朱之旨，以弥其阙失。"《续编》辑录其中十四则精华，主旨为儒家有关为人、为学、为政之内容。

"仁也，义也，性之德也"，则所以复性明德而葆其仁义者也。学之切用大矣哉！自生民以来，未有孔子，未有孔子之好学也。

【译文】“仁、义是人的本性中符合德行的一面”，所以人要回归本性，申明德行来成全自己的仁、义。做学问的实际意义可谓巨大啊！自生民以来，还没有过像孔子这样的大圣人，也没有过像孔子这样好学的人。

问做人。曰：“饥饿穷愁困不倒，声色货利浸不倒，死生患难考不倒，而人之事毕矣。”

【译文】有人请教做人之道。回答说：“饥饿贫穷不能让他困顿，美色财货不能让他沉溺，生死忧患不能让他屈服，能做到这些，那么做人之道就算尽到了。”

问儒术。曰：“天佑下民，作之君，作之师。二帝三王，儒而在上者也，以君道兼师道；素王①，儒而在下者也，以师道兼君道。上即二帝三王之道，学即二帝三王之学。统绪不棼，源流不紊，孟氏没而微言绝，儒术遂裂。汉学黄老得其精，唐尚佛氏泥其迹。宋之理学，多以禅附儒，迨其后，申浅说，占高誉，又做于宋人而下之者也。人有言宋之疑于禅，谢上蔡、游广平、张无垢、杨慈湖也，然卓行不移，可以为难矣。今也，为利之心与庸人同，而饰谈之迹欲古人迈，谁其信之？谁其然之？”

【注释】①素王：指孔子。儒家认为孔子修《春秋》是代王者立法，有王者之道，而无王者之位，故称素王。

【译文】有人请教儒术。回答说："上天庇佑下界百姓，因此让圣人居圣位，成为百姓的君主和老师。尧舜二帝和夏、商、周三代的开国之君，是儒者居圣人之位，以君主的身份兼行师道。孔子，是儒者处在下民的位置上，以师长的身份同时推行君道，一方面继承二帝三王的道德教化，另一方面继承二帝三王的思想学说。孔子删诗书，订礼乐，赞周易，修春秋，使得圣人学说的体系稳定而不会混乱，圣人学说的起源能保持正统而不改变。孟子去世后，精妙的言论就听不到了，儒家的学说也分裂为多个流派。汉代学习黄老之学，尚能得其精髓，唐人崇尚佛学，却只能拘泥于形迹了。宋朝的理学，则大多以禅宗的学说加入到儒学中，再往后的各家儒学，道理浅显而沽名钓誉，仿效宋人学说而又不及宋人。人们说宋朝的儒学近似禅宗的学说，主要是因为谢良佐、游复、张九成、杨简等人的原因，但是这些人也有卓越的德行，要做到他们那样也是不容易的。到了现在，儒者追求利益的心比普通人还迫切，而高谈阔论却想要超过古人，谁会相信他们的话？谁又会赞同他们的话呢？"

尝见轻是非人者，每多失人且失言也。盖人一生，有有初鲜终者，有罔初克终者，元不可以一日之见，定彼终身之品，夫子视以观由察安，何等详慎。元晦一生迪躬秉德，晚年犹深自悔，说己误人。论人者甚勿以己之喜怒为是非，乃为不失已。

【注释】①元晦：指朱熹。

【译文】我曾经看到轻易议论是非的人，常常做人不当，说话也不当。大概世人的一生，有的能善始而难以善终，也有不能善始而能善终的，所以不能以一个人一时的表现，来断定他的一生，孔子用“视其所以，观其所由，察其所安”来考察一个人，是何等的细心谨慎。朱熹夫子一生躬行道德，晚年的时候还时常后悔，说自己是耽误别人。议论别人能够不以自己的喜怒为判断是非的标准，才算是做人恰当。

心一天地也，上下四方，往古来今，元无隔碍。只为私欲间杂，插藩树棘，遂令一室之中，渐分胡越。肰乍见之恻隐，呼蹴之羞恶，未尝不在而斧斤之伐，牛羊之牧，又未有已时，此心之存焉寡矣。人者，天地之心也。人失其为人，而天地何以清宁？故“为天地立心，为生民立命”者，圣贤之事也。明王不作，圣人已远，而尧舜、孔子之心至今在此，非人也，天也。

【译文】一个人的心就是一个天地，与上下四面八方，古今往来的事情，都没有间隔。只因为心中充满私欲杂念，就让内心插满屏障、荆棘，让一室之中有了胡人和越人的分别。乍见小孩掉入井中，人都会产生恻隐之心，自己被呼来喝去就会产生羞耻心，这些情感与生俱来。然而如同原本茂盛的“牛山之木”一样，被人们斧头砍伐、牛羊放牧，长期不停，因此也就所剩无几了。人的恻隐之心、羞耻之心，也是同样如此。人是天地的心，如果人失去了做人的准则，那天地如何安宁呢？所以“为天地立心，为生民立命”，是圣贤之事。明王没有兴起，圣人也已经远去，而尧舜、孔子的思想依然存在，非人力也，天意也。

客问：“人生最吃紧者何事？”

曰：“知学。不知学即志士求危身以著节，义士乐奋勇以立声，介士甘遯迹以遂高，退士务匿名以避咎。其行不同，失中一也。”

【译文】有客人问：“人生最要紧的事情是什么？”

回答说：“懂得学习，不懂得学习则志士会不惜危害自身以显示自己的节操，义士乐于勇猛行事来给自己树立名声，正直的人以遁世来显示高洁，隐退的人隐名埋姓来避免咎害。虽然他们的行为不同，但是都有失于中道。”

问处事之道。

曰：“水到渠成，不必急性。天大事，总平常事。”

问处人之道。

曰：“无敢慢，尊嘉是无慢，矜容更是无慢。”

问处己之道。

曰：“只要清其愿外之念，不愿外便自得矣。须是用戒惧功夫。”

【译文】有人请教处事之道。

回答说："水到渠成，不必着急。天大的事，也当做平常事来对待。"

有人请教和人相处之道。

回答说："无论对谁都不敢怠慢，尊敬赞美别人是不怠慢别人，容貌庄重端正更是不怠慢别人"。

有人请教修身之道。

回答说："只需要清除心中的杂念，不去心外而求便能够自得了。最主要是在戒惧方面下功夫。"

论古人只宜论其长处，若苛求其短，即圣贤亦不能无过，但其过不足为圣贤病耳。

【译文】谈论古人应该只谈论他们的长处，如果对他们的缺点吹毛求疵，即使是圣贤也有过错，但是圣贤的过错不会为人们所诟病的。

问孝友为政。余曰："最紧切之言，却是人所忽略。孟子'亲长而天下平'正谓此。试看孝友人家，一室雍睦，草木欣荣，不孝不友之家，恣睢乖戾，骨肉贼伤，政孰大于是？古昔盛时，孝友多在朝廷，后世以孝友为家人，行多在野。世衰道丧，士不修行，孝弟无间，而见称于宗族乡党者，亦罕见矣，安望平治哉？张仲孝友，周宣之所以中兴也。"

【译文】有人请教以孝悌治理天下之道。我回答说:“以孝悌治理天下,其中最关键的道理,却最容易被人们所忽视。孟子说‘孝敬长辈而天下太平’正是说的这个道理。试看能够孝悌的人家,全家和睦,诸事欣欣向荣。不能孝悌的人家,放纵乖违,骨肉相残,治理天下的道理能超出这些吗?上古道德兴盛的时候,孝悌的道理能够在朝廷推行,后世孝悌的道理仅能运用在家人之间,在民间推行。世风日下,士大夫们不严于修身,奉行孝悌、亲密无间的人,即使在宗族乡里,也很少能见到了,如何能期望天下能得到治理呢?周朝有以孝友著称的张仲,周宣王才能实现周朝的中兴。”

人谓孔明善治国,程伯淳称其有儒者气象。又云孔明可与礼乐。人止知伯淳为醇儒。愚谓伯淳有王佐才。或曰:“何以观之?”曰:“儒而不达于政,曲士也,腐儒也。有天德然后可与行王道。如徒言之,而躬之不副,此处士蹈虚声者耳,何以为儒?明道,儒而醇者也,举达艺不足以拟之。据其《上神宗札子》论王霸之辨,得君行道,自有可观,然不用则抱道而处耳。颜子裕为邦之略,不遇,故竟与尼山空老。”

【译文】人们说诸葛亮善于治国理政,程颢说他有儒者的风度。又说诸葛亮可以制定礼乐教化百姓。人们知道程颢是大儒,而我认为程颢也有辅佐君主的才能。有人说:“为什么这么说呢?”回答说:“精通儒家学说,却不通达治国理政的道理,是见识浅陋的人，是迂腐的儒士。有高尚的道德，然后才可以施行仁义的王道。如果只是口头空谈，而不能付诸实践，这是在沽名钓誉，如何称得起大儒？程颢，是一代醇儒，只说他通达文艺是不足以比拟他的。根据他给宋神宗的《上神宗札子》，里面谈论治理天下的王霸之道，洋洋洒洒蔚为可观，然而不被采用，只能空守自己的理论而独处。就像颜回懂得治国方略，不遇明主，故而和孔子一样到老死也没有得到任用。"

圣贤垂训立教，千言万语，不过葆人耻心。故孔子曰："行己有耻。"又曰："知耻近乎勇。"孟子曰："人不可以无耻。"又曰："耻之于人大矣。耻不耻之间，其人禽之介乎。"

【译文】圣贤之人垂示训导，树立教化，千言万语，其宗旨不外乎让人保持羞耻心。所以孔子说："一个人行事，凡是自己认为可耻的事就不去做。"又说："知道羞耻就近乎勇敢。"孟子说："人不能没有羞耻心。"又说："羞耻心对于人来说意义重大。有没有羞耻心，是人与禽兽的区别。"

国仇未雪，忠臣之耻也；前愆未盖，孝子之耻也；再醮之妇，节女之耻也。

【译文】国仇未报，是忠臣的耻辱；父母的过错未能弥补，是孝子的耻辱；再婚的妇女，是贞洁烈妇所不耻的。

修身之士，必借良师友，故夫子以朋来为乐。又曰：“事大夫之贤，友士之仁。”《书》曰：“在知人，在安民。”《易》曰：“圣人养贤以及万民。”子产在郑，孔明在蜀，皆收拾人才，足勾三四十年之用。后世不知修己以安百姓，故亦不知亲贤之为务。予智自雄，师友道丧，风俗日替，人心日漓，岂待问哉！

【译文】修养自身德行的君子，必须有良师益友的帮助，所以孔夫子把朋友到来当做乐事。又说：“事奉贤良的大夫，亲近仁义的士人。”《尚书》说：“治理天下的关键在于知人善用，安定百姓。”《易经》说：“圣人培养贤才以及养育百姓。”子产在郑国，诸葛亮在蜀国，都能够网罗人才，足够国家三四十年的使用。后世的人不懂得修养自身来安定百姓的道理，所以也就不知道亲近贤才的重要性。现在的世人自以为聪明而妄自尊大，对待师长朋友的孝悌之道沦丧，世风日下而风俗变坏，人心不古而日见下滑，这些还用问吗？

人生受病，口过最易，故防口甚于防川。古讷言讱言慎言谨言，总之无所苟而已矣。一苟，非失心则怠行。故法古人之立言犹后，法古人之不苟于言，乃立身第一吃紧工夫。予衰矣，犹频犯此病，敬录以志吾过，并告我子弟。

【译文】人生一世，最容易被人诟病就是言语不慎，所以预防言语不慎要超过防备洪水带来的祸患。古人说讷言、讱言、慎言、谨言，总而言之就是说话不要马虎随便。一旦马虎随便地说话，不是失去理智就是行为怠慢。因此要效法古人做在前而说在后，效法古人不随便言语，这些是处事立身头等重要的事情。我已经衰老了，所以老是犯这些毛病，记录下来我的过失，来告诫我的弟子。

以孝弟仁让为教，则言满天下无口过，行满天下无身过。圣贤学问，帝王政治，俱凭此为根本。杨无庸辟，墨无庸诛，所谓经正则庶民兴，孟子得力处在此。

【译文】以孝悌、仁义、谦让来教化百姓，言语再多口上也不会有过失，行为再多自身也不会有过失。圣贤的学问，帝王的治国理政，都是以这些为根本。杨朱、墨子的学说偏颇，所谓经学正则百姓兴盛，孟子得力的地方就在于此。

绎 志

【提要】《绎志》，清胡承诺撰。

胡承诺（1607—1681年），字君信，竟陵（今湖北天门）人。崇祯举人，隐居天门巾柘间。清顺治十二年（1655年）选供县职。康熙六年（1667年）召至京师，后以年老辞归。构石庄于西村，自号“石庄老人”。著有《绎志》六十一篇、《读书说》六卷及《菊佳轩诗集》。《清史稿》有传。

“绎志”即绎己所志。全书共计六十一篇，各篇专门阐述一义，内容博采群书，引申八方，折衷于儒家性理之说，由修心养性而至齐家治国平天下。《绎志》成书的时代，正是明清鼎革的历史大变革时期，社会学风由空虚转向务实，因此该书具有鲜明的时代特征，内容平实，切近人情，酌古宜今，实乃有体有用之学。《续编篇》辑录其中《志学篇》《圣王篇》《治本篇》《任贤篇》《去邪篇》《名臣篇》《吏治篇》《兴亡篇》《立教篇》中的精华内容。

志学篇

君子之学，学为大人焉，学为圣人焉，为大人，天下国家之事属焉。为圣人，仁义礼智之则具焉，故有心世道者，不可废学。

【译文】君子之学，是学习成为大人，学习成为圣人。成为大人，就是要担当起天下国家的事。成为圣人，就是要具备仁义礼智信的德行。所以有心于社会家国的人，不可以废弃修学。

圣王篇

尧舜禹汤文武之德，载在书传，所以修己者，敬也，所以治人者，明也。敬以传心，明以立政。二者，君德之大炳也。心能制义曰度，德正应和曰莫，照临四方曰明，勤施无私曰类，教诲不倦曰长，赏庆刑威曰君，慈惠遍服曰顺，择善而从之曰比，经纬天地曰文。九者，君德之条目也。君德所重者，存道心也。舜禹有天下而不与，道心之精一也。盖以有天下为乐者，人心也；不以有天下为乐者，道心也。人主之心，天下治乱之几也。

【译文】尧、舜、禹、汤、文王、武王的德行，都记载在典籍上。用来修养自己的是恭敬，用来治理别人的是智慧。恭敬用来传递心念，智慧用来处理政事。这两者，是君德的根本。心能裁制道义叫作度，德行中正应和叫作莫，智慧明察四方叫作明，勤劳施事没有私心叫作类，教导劝诫不知疲倦叫作长，奖赏处罚叫作君，待人仁爱、四海皆服叫作顺，选择善行而顺从叫作比，懂得天地法则叫作文。这九点，是君德的条目。君德最重要的是存有道心。舜和禹拥有天下却不是为了自我享受，这是因为道心精粹专一。因为拥有天下就开心，这是人心；不因为拥有天下而开心，是道心。君主的心，是天下安定动乱的原由。

治本篇

礼乐者，治之本也，木有本则植，无本则拔；水有本则行，无本则竭。故为治不可不图其本。礼者，伯夷所典也；乐者，后夔[①]所典也。典礼之官，敬以清心；典乐之官，德以育才，致治之大，莫过于此，此之谓本。

【注释】①后夔：相传为舜掌乐之官。

【译文】礼和乐，是治理天下的根本，树木有根本就生长，没有根本就折断了；水有源头就会一直流行，没有源头就会枯竭。所以治理天下不可以不谋划根本。舜帝治理天下时，礼，是由伯夷负责制定的；乐，是由后夔负责制定的。掌管礼的官员，通过恭敬使人内心清净；掌管乐的官员，则用高尚的品德来培育人才，让天下太平的方法没有超过这的了，这就是治理天下的根本。

功成治定，所以当兴礼乐者，非但文饰太平也。世道平康，物产丰盛，人生其间，必有过量之欲，无涯之求，故为礼乐以节之。好有节则不淫，恶有节则不乱，好恶节而王道行；

异则贵贱有等，同则上下相亲，同异相济而王道行；内和洽则无怨，外庄敬则不争，怨争不作而王道行；爱则物遂其生，敬则物安其分，爱敬同乎四海而王道行。四者皆善，无过礼乐者矣。

【译文】功业成就政治安定以后，之所以要兴起礼乐，并不仅仅是为了文饰太平盛世。社会太平安康，出产的物品充足，百姓生活在其中，一定有超过限量的欲望，无尽的欲求，所以要兴起礼乐来节制。喜欢事物有节制就不会过分，讨厌事物有节制就不会没有秩序，好恶有节制，王道就能行于天下；人的地位不同，因此贵贱有等级之分，人的心志相通，因此就上下互相亲爱，各种地位的人互相帮助，那么王道就能行于天下；内心和谐融洽就没有怨恨，外在行为庄重恭敬就没有争斗，没有怨恨争斗，王道就能行于天下；慈爱万物就能让万物长久保持生长，恭敬万物就会让万物各安其份，对四海之内万事万物都仁慈恭敬，那么王道就能行于天下。这四种情况要想都做好，那么没有什么能够比得过制礼作乐了。

任贤篇

范仲淹曰：深于正道，有忧天下之心者，可备辅相；精于经术，通圣人之旨者，可备顾问；正色敢言，有端士之操者，可备谏诤；能言方略，有烈士之风者，可备将帅。

【译文】范仲淹说：对于正道有深刻领悟，并且拥有一颗为天下担忧之心的人，可以做宰辅之臣；对于精通经学，通达了悟圣人宗旨的人，可以做顾问之臣；有严正的态度敢于发表意见，有正直操守的人，可以做谏诤之臣；可以谈论用兵方略，并且愿意积极建立功业的人，可以做将帅之才。

夫立国者，法也，行法者，人也，不争一时之利而图千载之安者，圣人之良法；不计一身之荣而图四海之治者，天下之良士。

【译文】一个国家的立国之本是法度，施行法度的是人，不争短暂的利益而谋求长远的太平，这是圣人的良法；不在乎自己的荣誉而谋求天下太平的人，这是天下的贤士。

去邪篇

君子小人之消长，如人心之有善恶，用物之有水火，非能举此以胜彼，但能积此以化彼耳。善之所以胜恶者，非事事与恶为敌而胜之也；积道义，严非辟，使不善之端无由入，则善常胜矣。水之所以胜火者，非一与火为搏而胜之也。积水潦，具绠[①]缶，火欲然而水已至，斯不为害矣。君子所以胜小人者，非以君子扼小人之吭而胜之也。积众正于朝，以礼义相师让，小人之技无所容其间，则君子常胜矣。

【注释】①绠（gěng）：汲水用的绳子。

【译文】君子和小人的消长，就如同人心有善有恶，用物有水有火一样，不能用此去克服彼，只能聚集此去慢慢变化彼。善良之所以能够战胜邪恶，并不是因为每一件事情都和邪恶为敌去战胜邪恶；聚集道德和正义，对待邪恶非常严密让不善良的开端没有机会进入，那么善良就经常是胜利的。水之所以能够克制火的原因，并不是总和火对打而战胜火的。聚集水，准备好打水的器具，火刚刚烧起来水就到了，所以火才不会造成祸患。君子战胜小人的原因，不是君子用力掐着小人的喉咙而战胜小人。聚集众多正义之士在朝堂，以礼法道义互相谦让，小人的伎俩没有办法在其中存在，那么君子就时常是胜利的。

名臣篇

人臣事君，有不易之道，有临事之宜，何言乎不易也？阙庭①之礼，不可不尽也；致主之忠，不可不竭也；社稷大计，不可不直陈也。进必以道，任职而后受官；退必以义，失职则求去恐后。出位谋事，臣之罪也；先劳后禄，仕之经也。无善可名，必致诸君；无功可居，有居功之心，即鄙夫②也。荐贤而已，不问党③与仇也；去不肖而已，不问亲与疏也。功成位高，凡事益慎，禄厚宠多，每加④必辞。不自贤其所为，而视人皆不及，不自尊其所处，而视人皆卑。以臣之信，行君之义，欲制义者，不以二信令其臣；欲行信者，不受二命于其君。权宜之制，施于君父，则臣子大恶也。此不易之道也。

【注释】①阙庭：宫庭。

②鄙夫：人格卑陋的人。

③党：指亲族。

④加：施恩，此处代指皇帝的赏赐恩宠。

【译文】臣子侍奉君主，有不能改变的原则，有面临具体事务的权宜之计。什么叫作不能改变的原则呢？宫廷的礼仪，不能够不去竭力做到；对于君主的忠心，不能够不竭尽全力；关乎国家的大计，不能不直接向君主陈述。出仕做官一定合乎法度，担任职务之后才接受官职；辞去官职一定按照道义，没有履行自己的职责那么谋求离去就害怕落后了。超越本分去谋划事情，这是臣子的罪过；先付出劳动然后获取俸禄，这是为官不能改变的准则。自己没有什么善行可以说的，一定要把所有的善行都归为君主；没有什么功劳可以占有，却又有占有功劳的心思，就是人品鄙陋的人。只是为国家推荐贤才而已，并不追究是自己的亲族还是仇人；摒除不肖的人，并不追究是亲近自己的人还是疏远自己的人。成就事功地位高了，做事情就要更加谨慎，俸禄很丰厚君王的宠爱越多，每次还要增加的话就一定要推辞。不自认为自己所做的都很好，看别人所做的都不如自己，不自认为自己所在的位置尊荣，而看别人都是卑贱的。用臣子的真心，奉行君主的善美，想要裁断适宜的君王，不会用两种不同的信号命令他的臣子；想要做事诚实不欺的臣子，不会从君王那里接受两种不同的命令。用暂时变通的处置方法来对待君父，这是为臣的大恶。这是臣子不能改变的原则。

何言乎制事也？秉礼翼君，足以折强大，率众讨寇，足以遏乱略。国人望之，犹望岁也，四邻畏之，犹畏三军也。执君之法，不避贵戚；犯君之怒，不敢逃死。其职处近，不逼其侪。或一命而终身，或一官而不易，舍越礼之援，求鸣鹤之应[①]，辞翘车之招，畏友朋之谤，从命非义也，从而不谄，斯义；违命非逆也，违而无上，斯逆。造膝禁庭之中，承宠旃厦[②]之上，虽至亲不见喜愠之色，不但不言温室之树[③]也。陈说古今，应答顾问，皆非无稽妄撰，勦说取给，不但不误鲁壶[④]之对也。敷政于外不以武健袭远人，不以陵厉威僚属，不以金璧媚权要，不以奇玩奉诏令，不以柔巽养奸贪，不计岁月而冀内迁也。

【注释】①鸣鹤之应：语出《易·中孚》“鹤鸣在阴，其子和之。比喻诚笃之心相互应和。

②旃厦：指帝王读书学习之所。

③温室之树：《汉书·孔光传》“光周密谨慎，未尝有过。沐日归休，兄弟妻子燕语，终不及朝省政事。或问光：‘温室省中树何木也？’光嘿不应。”后以“温室之树”泛指宫廷中的花木。这里借指宫禁中事。

④鲁壶：指鲁国进贡周室的壶。

【译文】什么叫制事呢？按照礼节辅佐君主，完全可以让强大的力量屈服，率领军队讨伐盗匪和侵略者，完全可以遏制叛乱和侵略。国家的人们盼望他，好像盼望新年一样，四周国家害怕他，就像害怕三军一样。执行君主的法令，不躲避君主的内外亲族；冒犯君主，使君主发怒，不敢逃避死亡出奔他处。他的职位离君王很近，却不会威胁自己的同僚。有的人终身只接到君王的一个指派命令，有的人一辈子就做一个官职而没有改变，舍弃超越礼法的帮助，希望有诚笃之心相互应和，辞掉礼聘贤士的邀请，害怕朋友的责备，遵从君主的命令不一定是讲求道义，遵从君主的命令而不谄媚，这才是讲求道义；违抗君王的命令不是叛逆，违抗君王的命令而目无君王，这才是叛逆。和君王在宫廷中促膝相谈，在君王读书学习的地方承受恩宠，就算再亲近也不显露出喜悦与不快的神色，更不说宫禁任何事情。陈述古往今来的事情，应对回答君王的询问，都不是没有根据的妄自编撰，敏捷的表达取得物力人力以供需用，更是在数量上不会有任何错误。对外施行教化，不会用勇武刚健去袭击远方的人，不会用猛烈的气势威吓自己的随员，不会用黄金碧玉逢迎权贵要人，不会用玩赏珍品去获得皇帝的诏令，不会因为柔顺养成奸贪之辈，不计较在外时间很长而希望内调入京。

其处常也，廉不言贫，勤不言瘁，忠不言己效，功不言己能，考论著述，以自志其所学，以自观其所行，友天下士，总以访求时务，知海内利病轻重缓急也。其遇变也，毁家以纾国难[①]，致死以折奸臣之萌，虽自谓贲育[②]，卒不能夺，忠诚动天地，而不欲自白也。若夫优游[③]事外[④]，不受忧责于世内，而匡扶之功更在社稷，更有先几之哲，出人意表。与贤同功，不必同进，与贤同志，不必同行。苟可以退不求进焉，不立进故可相续，而履道之常；不遽进亦可持久，而匡事之变。同志如天地，故有相助之益；不同行如日月，故无相及之灾。时易事异，众君子之势稍衰，而吾晏然[⑤]处乎其外，扶持调议，尚可用力，若身在事中，不能相救矣。是君子之苦心妙用也，所谓制事之宜也。

【注释】①毁家以纾国难：倾出所有家产以解救国难。语出《左传·庄公三十年》："斗谷於菟为令尹，自毁其家，以纾楚国之难。"

②贲育：战国时勇士孟贲和夏育的并称，这里代指勇敢。

③优游：生活得十分闲适。

④事外：犹局外。

⑤晏然：悠闲安适的样子。《后汉书·卷八二·方术传上·樊英传》："虽在布衣之列，环堵之中，晏然自得。"

【译文】在平时的生活中，廉洁但是不会说自己贫穷，勤政却不会说自己劳累，诚心尽力却不会说是自己的成果，有功劳却不会说自己有能力。考论著述，用来显明自己的志向和所学，用来自我观察自己的行为。和天下的读书人交朋友，总是能够搜查访求贤才和了解当今要务，了解天下的利弊和各种事情的轻重缓急。倘若遭遇时代变乱，就会倾出所有的家产来解除国家的困难，就算牺牲自己也要杜绝奸臣的萌发，就算自己成为勇士，最后还是不能阻挡成功，忠心的劝诫哪怕感动天地，也不会想着去自我表白。如果悠闲于局外，不在其中承担责任，那么自己匡正扶持的功劳更多的在于国家，更拥有提前预知的智慧，超出人们的意料之外。和贤人一起建立功劳，但是不必一起当官，和贤人有相同的志向，不必一起去做事。假如可以隐退一定不出去当官，不立刻向前所以能慢慢的持续，这就是躬行正道的原则；不莽撞冒进就可以持久，这样就能匡正事情的变化。有共同的志向就像天地一样，有相互帮助的好处；不一起做事就像日月一样，所以没有相互关联的灾害。随着时代变迁事情不同，众多君子的形势衰微，但是我却很悠闲的在情势的外面，支持照顾、议论协调还能用上力，如果自己也身处其中，那就没有办法挽救了。这是君子的一番苦心妙用，这就是面临具体事务的权宜之计。

吏治篇

古之人不敢轻言变法，必有明哲之德，于精粗之理，无所不昭，不独精者为之地，即粗者亦为之地。有和悦之气，于异同之见无所不容，不独同者乐其然，即异者亦乐其然，然后可夺其久安之法，授以更新之制，而民不惊顾不喧哗也。若计之未审，人不能行；出之不逊，人不乐从，概以掠治[①]齐之，民有至死而不服耳。

【注释】①掠治：拷打审问。

【译文】古代的人不敢随便就说变法，一定要有明智通达的德行，对于精微粗疏的道理，没有不明白的，不只是对精微的道理有见地，对于粗疏的道理也有见地。有和颜悦色的气象，对于相同的不同的意见都能包容，不仅是赞同的人很高兴这样做，连持反对意见的人也很高兴这样做，这样才可以变革以前长久的成法，给这些成法以更新的制度，而且百姓不会因此受到惊扰而反应很大。如果计划还没有详细审查，百姓不能实行；政策发布不柔顺，百姓不乐于听从，一律都用刑罚让百姓听从，百姓有的就算是死也不会服从的。

兴亡篇

帝王受命，各随其时。随时之义大矣哉！要其不可离者，道也。天时、地利、人和，所以造邦也。三者不同，同归于顺；忠、质、文，所以成俗也。三者不同，同归于安，其事同效殊，本同末殊，所以用之者异尔。兴亡之理，初起决成败之几，既定审长短之数，习治伤始，乱之萌，习乱嘉始，治之绩。初起之势，当明逆顺；既定之规，在立宏远，始乱宜戒履霜[1]，始治宜图济屯[2]，具在前志，不可不察也。

君子之学，欲天下长治久安，措诸不倾之地，是以往迹成败，犹必究其得失，思其振拔[3]，以指示后人。要以取法天道，则顺乎阴阳，求尽人事，则不离仁义，如是而已矣。其余虽有成败，亦不足道也。

【注释】①履霜：语出自《周易·坤卦》“初六，履霜坚冰至”，用以喻事态发展已有产生严重后果的预兆。

②济屯：对困难的人加以帮助，这里代指与民休养生息。

③振拔：引申为超群出众，这里指特别的经验教训。

【译文】帝王接受上天的使命，都是各自顺应当时的时势。随顺时势的大义真的太深奥了。和其不能分离的是道。天时、地利、人和，这是建立国家的三个要素。三个要素虽然不同，但是都是要顺应的大道；忠厚、朴素、文辞，这是形成风俗的三个要素，三个要素虽然不同，但是都是要安定社会。事情相同成效不同，根本相同枝末不同，只是在怎么使用上有差异。国家兴起和灭亡的道理是，刚刚兴起的时候已经决定了成功和失败的原由，已经安定了就能审察国家存在时间的长短，紧随着长期的太平之后就容易产生动乱的苗头，紧随着动乱平定之后，就容易成就太平之治的功绩。刚刚兴起的情势，一定要明白顺逆之道；已经平定之后立下的法规，一定要考虑深远，刚开始动乱的时候应当要防备产生严重后果，刚开始平治的时候应当要想着如何应对险难，这些都记在在前人的书中，不可以不明察。

君子之学，都是想让天下长久太平、人们安居乐业，让国家在不会倾覆的境地，所以过去的成败之事，一定要探究其中的成败得失，思考其中振奋自拔的道理，用来指示后人。要点在于取法天道，顺应阴阳，求尽人事，那么就不能离开仁义，能够如此，剩下的即使有成败，也没什么可以说的了。

立教篇

人虽性质美而心辨智，必求贤师而事之，择贤友而友之。自天子达于庶人，师友之益，无不同者。故君子莫患于自足，莫病于自乐，莫痛于不闻道，莫苦于无良师友。扬子曰："师哉师哉！桐子[①]之命也。"

【注释】①桐子：桐，通"童"，指儿童。语见扬雄《法言·学行》。

【译文】人就算禀性美好内心明辨事理，也一定要访求贤能的老师去事奉，选择贤能的朋友去结交。从君主到百姓，老师和朋友的帮助，没有什么不同。所以君子的忧患是自我感到满足，君子的疾病是自以为乐，君子的痛苦在于不闻大道，君子的苦恼是没有良师益友。扬子说："老师啊，老师，是童子的性命啊。"

古之学者，必严其师[①]，敬其道也，守其道也，用其道也。敬其道，所以治身；守其道，所以治事，用其道，所以治天下。

【注释】①严其师：认真的对待老师。

【译文】古代的学者，一定尊重他的老师，恭敬的对待老师的教导，遵行老师的教导，运用老师的教导。恭敬的对待老师的教导，是用来修养自己的身心；遵行老师的教导，是用来治理事务；运用老师的教导，是用来平定天下。

明夷待访录

【提要】《明夷待访录》，明末清初黄宗羲撰。

黄宗羲（1610—1695年），汉族，浙江绍兴府余姚县人，字太冲，一字德冰，号南雷，别号梨洲老人等，学者称梨洲先生。黄宗羲与顾炎武、王夫之并称“明末清初三大思想家”，与顾炎武、方以智、王夫之、朱舜水并称为“明末清初五大师”，与陕西李颙、直隶容城孙奇逢并称“海内三大鸿儒”，亦有“中国思想启蒙之父”之誉。

黄宗羲著作宏富，一生著述多至五十余种，三百多卷，其中最为重要的有《明儒学案》《宋元学案》《明夷待访录》《孟子师说》《葬制或问》《破邪论》《思旧录》《易学象数论》《明文海》《行朝录》《今水经》《大统历推法》《四明山志》等。

《明夷待访录》是黄宗羲的一部政论文集，收录21篇论文，是一部具有启蒙性质的批判君主专制，呼唤民主政体的名著。“明夷”是《周易》中的一卦，是指有智者处在患难地位。“待访”，等待明君来采访、采纳。在该书中，黄宗羲提出了“天下为主，君为客”的民主思想。他说“天下之治乱，不在一姓之兴亡，而在万民之忧乐”，主张以“天下之法”取代皇帝的“一家之法”，从而限制君权，保证人民的基本权利。黄宗羲的政治主张抨击了封建君主专制制度，有极其重要的意义，对其后反专制斗争起了积极的推动作用。被梁启超称为“人类文化之一高贵产品”。但是其中有些言论也过于偏激，并不适合付诸社会实践。《续编》辑录了其中《原君》《原臣》《原法》《财计》4篇的部分内容。

原　君

有生之初，人各自私也，人各自利也，天下有公利而莫或兴之，有公害而莫或除之。有人者出，不以一己之利为利，而使天下受其利，不以一己之害为害，而使天下释其害。此其人之勤劳必千万于天下之人，夫以千万倍之勤劳而已又不享其利，必非天下之人情所欲居也。故古之人君，量而不欲入者，许由①、务光②是也；入而又去之者，尧、舜是也；初不欲入而不得去者，禹是也。

【注释】①许由：尧舜时代的贤人。相传帝尧想把君位传给他，他认为这是对他的一种羞辱，便到颍水河洗他的耳朵。

②务光：古代隐士。相传汤让位给他，他不肯接受，负石沉水而死。

【译文】从有生命开始，人就是各自有私心的，人就是各自谋取私利的。世上有公共的利益，却没有人去兴办；有公共的祸害，却没有人去除掉。有这样一个人出来，他不把个人的利益当作利益，而是使天下人得到他的利益；不把个人的灾害当作灾害，而是使天下人免受其灾害。这个人的勤苦辛劳，一定是天下人的千万倍。付出千万倍的勤苦辛劳，自己却又不享受利益，一定不是天下的人之常情所愿意的。所以，古代的人君，考虑后而不愿意就位人君之位的，许由、务光就是这类人；就位后而又禅让给人的，尧、舜就是这类人；起先不愿就位而最终无法离去的，大禹就是这类人。

后之为人君者不然，以为天下利害之权皆出于我，我以天下之利尽归于己，以天下之害尽归于人，亦无不可。使天下之人不敢自私，不敢自利，以我之大私为天下之大公。始而惭焉，久而安焉，视天下为莫大之产业，传之子孙，受享无穷，汉高帝所谓“某业所就，孰与仲①多”者，其逐利之情不觉溢之于辞矣。此无他，古者以天下为主，君为客，凡君之所毕世而经营者，为天下也。今也以君为主，天下为客，凡天下之无地而得安宁者，为君也。是以其末得之也，屠毒天下之肝脑，离散天下之子女，以博我一人之产业，曾不惨然，曰“我固为子孙创业也”。其既得之也，敲剥天下之骨髓，离散天下之子女，以奉我一人之淫乐，视为当然，曰“此我产业之花息也”。然则为天下之大害者，君而已矣。

【注释】①仲：指刘喜，魏国丰邑中阳里（今江苏丰县）人，西汉诸侯王，汉太祖高皇帝刘邦的二哥。

【译文】后世做君主的却不是这样，他们认为天下利害的权力都出于自己，我把天下的利益都归于自己，把天下的祸患都归于他人，也没有什么不可以的。让天下人不敢自私，不敢自利，把一己之私作为天下的公利。开始的时候还会感到惭愧，时间一久也就心安理得了，把天下看做是自己极大的产业，传给子孙，享用无穷。正如汉高祖刘邦所说的“我所成就的家业，跟我二哥比，究竟谁多呢”，他那种追逐私利的心情无意之间就表现在言辞当中了。这没有别的原因，古时把天下人看作是主人，把君主看作是客人，凡是君主一生经营的一切，都是为了天下。现在则把君主看作是主人，把天下人看作是客人，凡是天下没有一个地方可以得到安宁的，就在于有了君主。因此，在他还没有得到君位的时候，毒害天下人的身体，分离天下人的子女，以换取自己一个人的产业，对此竟不觉得惨痛，并说：“我本来就是为了子孙后代创业啊。”在他得到君位以后，敲诈剥削天下人的血汗，分离天下人的子女，以供奉自己一个人的纵欲作乐，被看成是理所当然的，并说：“这些都是我产业的利息呀。”既然如此，那么对于天下最大的危害，不过是君主罢了。

虽然，使后之为君者，果能保此产业，传之无穷，亦无怪乎其私之也。既以产业视之，人之欲得产业，谁不如我？摄缄縢，固扃鐍，一人之智力不能胜天下欲得之者之众，远者数世，近者及身，其血肉之崩溃在其子孙矣。昔人愿世世无生帝王家[①]，而毅宗[②]之语公主，亦曰：“若何为生我家！”痛哉斯言！回思创业时，其欲得天下之心，有不废然摧沮者乎！是故明乎为君之职分，则唐、虞之世，人人能让，许由、务光非绝尘也；不明乎为君之职分，则市井之间，人人可欲，许由、务光所以旷后世而不闻也。然君之职分难明，以俄顷淫乐不易无穷之悲，虽愚者亦明之矣。

【注释】①愿世世无生帝王家：南朝宋顺帝刘准被逼出宫时所说。刘准，字仲谋，小字智观，南朝宋末代皇帝，宋明帝刘彧第三子（一说为桂阳王刘休范之子）。后被迫禅位于萧道成。

②毅宗：指明崇祯皇帝朱由检，南明初谥思宗，后改毅宗。

【译文】虽然是这样，如果后世的君主，真的能保住这份产业，将它永远传承下去，也就不用责怪他把天下当作私人所有了。既然将它看作产业，那别人想要得到这份产业的想法，又有谁不像我呢？于是捆紧绳索，加固锁链，但是一个人的智慧和力量，并不能战胜天下众多人想要得到它的欲望。远的不过几代，近的就在自身，血肉崩溃的灾祸就发生在他们的子孙身上。古代有人说希望自己世世代代都不要投生到帝王家，而明毅宗朱由检对长平公主说："你为什么要生在我家啊！"这话真是令人痛心啊！回想他们祖上创业时，想要得到天下的心，哪有不沮丧失望的呢？因此，明白做君主的责任，那么唐尧、虞舜的时代，人人都谦让君位，许由、务光也并非超脱尘俗之人；不明白做君主的责任，即使在市井之间，人人也想得到君位，许由、务光那样的人因而在后世再也听不到看不到了。虽然君主的责任很难辨明，但用片刻的纵欲作乐不值得换取无穷的悲哀，即使是愚笨的人也能明白这个道理。

原　臣

有人焉，视于无形，听于无声，以事其君，可谓之臣乎？曰：否！杀其身以事其君，可谓之臣乎？曰：否！夫视于无形，听于无声，资于事父也；杀其身者，无私之极则也。而犹不足以当之，则臣道如何而后可？曰：缘夫天下之大，非一人之所能治，而分治之以群工。故我之出而仕也，为天下，非为君也；为万民，非为一姓也。吾以天下万民起见，非其道，即君以形声强我，未之敢从也，况于无形无声乎！非其道，即立身于其朝，未之敢许也，况于杀其身乎！不然，而以君之一身一姓起见，君有无形无声之嗜欲，吾从而视之听之，此宦官宫妾之心也；君为己死而为己亡，吾从而死之亡之，此其私昵者之事也。是乃臣不臣之辨也。

【译文】有这样的人，在君主没有露出神色、说出话语的时候，就能够体察到君主的心意，用这样的态度来侍奉君主，可以称为人臣吗？答：不可以。愿意牺牲自己的生命，来侍奉君主，可以称为人臣吗？答：不可以。视于无形，听于无声，这是事父之道；牺牲自己的生活，这是没有私心的最高境界。用这样的态度来侍奉君主，还不足以算作一个好的臣子，为臣之道究竟应该怎样才算可行呢？答：天下之大，不是君主一个人所能治理的，需要百官共同分担，一起治理。因此，我辈出来做官，是为了天下，而不是为了君主；是为了百姓苍生，而不是为了一姓一朝服务。我们是为了天下和百姓着想出来做官，如果不是为了这个，即使君主以严词厉色来强迫我，我也不敢服从，更何况君主还没有明确的表示呢！如果不是为了这个，即使在朝廷为官，我也不敢答应，更何况要牺牲生命呢！不然的话，只是为了君主一人一姓着想，我要去揣摩奉承君主那些没有表露出来的欲望和嗜好，这是宦官宫女的心思；君主为一己私利而死亡，我也跟随着君主而死亡，这是跟君主亲近、受君主宠爱的人才会做的事。这就是真正的臣子与不是臣子的区别。

世之为臣者昧于此义，以谓臣为君而设者也。君分吾以天下而后治之，君授吾以人民而后牧之，视天下人民为人君橐中之私物。今以四方之劳扰，民生之憔悴，足以危吾君也，不得不讲治之牧之之术。苟无系于社稷之存亡，则四方之劳扰，民生之憔悴，虽有诚臣，亦以为纤芥之疾也。夫古之为臣者，于此乎，于彼乎？

【译文】世上做臣子的人不懂得这个道理，他们以为臣子就是为了君主而设置的。君主把天下分给我们然后让我们去治理，君主把百姓交给我们然后让我们去管理，这是把天下和百姓看作是君主的私人财产。如今，天下四方劳苦烦扰，百姓憔悴不堪，这种情况足以危及到我们的君主，于是不得不讲求治理天下及百姓的方法。如果情况没有关系到国家的存亡，那么四处劳苦烦扰，百姓憔悴困顿，虽然有那些忠臣，也不过被认为是些微不足道的小事。自古以来那些做臣子的，是这样做的，还是有别于此呢？

盖天下之治乱，不在一姓之兴亡，而在万民之忧乐。是故桀、纣之亡，乃所以为治也；秦政、蒙古之兴，乃所以为乱也；晋、宋、齐、梁之兴亡，无与于治乱者也。为臣者轻视斯民之水火，即能辅君而兴，从君而亡，其于臣道固未尝不背也。夫治天下犹曳大木然，前者唱邪，后者唱许[①]。君与臣，共曳木之人也，若手不执绋，足不履地，曳木者唯娱笑于曳木者之前，从曳木者以为良，而曳木之职荒矣。

【注释】①许（hǔ）：众人共同用力的声音。

【译文】天下的安定和动乱，不在于一朝的兴衰，而在于百姓苍生的忧愁与欢乐。所以，夏桀、商纣的灭亡，意味着天下得到了治理；秦朝、蒙古政权的兴起，意味着天下开始动乱；晋、宋、齐、梁四朝的兴亡更替，与天下的治乱没有关系。身为臣子，如果轻视处于水深火热之中的百姓，即使他能辅佐君主使国家兴盛，跟随君主而死亡，他未尝不是违背为臣之道的。治理天下就好比搬运大木头，前面的人唱“邪”，后面的人就和“许”。君主与臣子都是共同搬运木头的人，如果手上没有拿绳索，双脚没踩在地上，后面抬木头的人只是嬉笑娱玩在前面拉木头的人，以为只要跟随前面拉木头的人就好了，那么搬运木头这件事也就荒废了。

嗟乎！后世骄君自恣，不以天下万民为事。其所求乎草野者，不过欲得奔走服役之人。乃使草野之应于上者，亦不出夫奔走服役，一时免于寒饿，遂感在上之知遇，不复计其礼之备与不备，跻之仆妾之间而以为当然。

【译文】唉！后世的君主骄横放纵，根本不把天下百姓放在眼里。他有求于百姓时，不过是想得到为他奔波服务的人。而那些出于民间而在朝廷为官的人，也不过还是在为君主奔走服务，能够免于一时的寒冷饥饿，于是就感激君主的知遇之恩，完全不理会是否符合礼制，把自己跻身于奴仆婢妾之间还以为理所当然。

万历初，神宗之待张居正，其礼稍优，此于古之师傅未能百一。当时论者骇然居正之受无人臣礼。夫居正之罪，正坐不能以师傅自待，听指使于仆妾，而责之反是，何也？是则耳目浸淫于流俗之所谓臣者以为鹄矣！又岂知臣之与君，名异而实同耶？

【译文】万历初年，明神宗朱翊钧对待张居正，礼遇比较优厚，这种礼遇还未达到古代帝王对待师傅的百分之一；当时议论的人都惊讶于张居正受到的礼遇不合人臣之礼。张居正的罪过，在于他不能以师傅的准则要求自己，而听从于奴仆婢妾的指使，议论者的责问刚好与此相反，这是为什么呢？是因为他们对世俗之见早已耳濡目染并把它当作目标了！又怎么知道臣子与君主只不过是称呼不同而实质却是相同的呢？

君臣之名，从天下而有之者也。出而仕于君也，不以天下为事，则君之仆妾也；以天下为事，则君之师友也。

【译文】君臣的概念，是随着天下而产生的。出仕成为君主的臣子，如果不以天下事为己任，那么也不过是君主的奴仆婢妾罢了；如果以天下事为己任，那么臣子就会成为君主的良师益友。

原　法

三代以上有法，三代以下无法。何以言之？二帝、三王[①]知天下之不可无养也，为之授田以耕之；知天下之不可无衣也，为之授地以桑麻之；知天下之不可无教也，为之学校以兴之，为之婚姻之礼以防其淫，为之卒乘之赋以防其乱。此三代以上之法也，因未尝为一己而立也。后之人主，既得天下，唯恐其祚命之不长也，子孙之不能保有也，思患于未然以为之法。然则其所谓法者，一家之法，而非天下之法也。是故秦变封建而为郡县，以郡县得私于我也；汉建庶孽[②]，以其可以藩屏于我也；宋解方镇之兵，以方镇之不利于我也。此其法何曾有一毫为天下之心哉！而亦可谓之法乎？

【注释】①二帝：指尧、舜。三王：指夏禹、商汤、周文王。

②庶孽：指众子。庶，长男以外的儿子。孽，妾所生的儿子。

【译文】三代以上有法度可言，三代以下无法度可言。为什么如此说呢？二帝、三王知道天下的百姓不能不养活自己，于是按户分田地给他们耕种；知道天下百姓不能没有衣服穿，于是按户分土地给他们种桑麻；知道天下百姓不能不推行教化，于是开设学校来教育他们；又制定婚姻的礼仪，以防止发生淫乱的事情；又规定了兵役赋税，以防止发生动乱。这是三代以上的法度，本来就不是为个人设定的。后世的君主，得到天下以后，唯独害怕上天所赐的福运不长久，子孙后代不能保有君位，在祸患发生之前就想到制定法律。然而他们所说的法律只是维护君主利益的法律，而不是代表天下人利益的法律。所以，秦代把封建制改为郡县制，是因为郡县属于君主私人所有；汉代分封了众多子嗣作为藩王，是因为他们可以保卫君主的安全；宋代解除方镇的兵权，是因为方镇不利于君主。这些法度不曾有一丝一毫是为了天下百姓着想！难道也可以称作是法吗？

三代之法，藏天下于天下者也。山泽之利不必其尽取，刑赏之权不疑其旁落，贵不在朝廷也，贱不在草莽也。在后世方议其法之疏，而天下之人不见上之可欲，不见下之可恶，法愈疏而乱愈不作，所谓无法之法也。后世之法，藏天下于筐箧者也；利不欲其遗于下，福必欲其敛于上；用一人焉则疑其自私，而又用一人以制其私；行一事焉则虑其可欺，而又设一事以防其欺。天下之人共知其筐箧之所在，吾亦鳃鳃然日唯筐箧之是虞，故其法不得不密。法愈密而天下之乱即生于法之中，所谓非法之法也。

【译文】三代的法度，是真正为天下百姓着想的法度。山川河泽的物产不必完全攫取，刑罚奖赏的权力也不用怀疑会落在别人手中，不因身处朝廷而尊贵，不因身处乡野而低贱。到了后世，有人议论三代法度的疏漏之处，但是天下人却没有看到引起君主贪欲之事，也没有看到百姓可恶之处，法度越有疏漏而动乱就越不会发生，这就是所说的无法之法。后世的法度，是把天下之利尽归于一己私囊，利益不能让百姓得到，而所有福分之事必定都归于君主一人。君主任用一个人就怀疑他有私心，于是又任用一个人来约束他的私心；让人做一件事就担心他会欺骗人，于是又安排一件事来防止他欺骗人。天下人都知道君主的私利所在，君主也天天害怕他的私利受损，于是设立的法度不得不严密。但是法度越严密，天下的祸乱也就越会产生于法度之中，这就是所说的非法之法。

自非法之法桎梏天下人之手足，即有能治之人，终不胜其牵挽嫌疑之顾盼，有所设施，亦就其分之所得，安于苟简，而不能有度外之功名。使先王之法而在，莫不有法外之意存乎其间。其人是也，则可以无不行之意；其人非也，亦不至深刻罗网，反害天下。

【译文】自从非法之法束缚天下人的手足以后，即使有能够治理天下的人，终究也防不住受这种法度的左右牵制与怀疑，他们即使有所作为，也局限于其分内之事，习惯了苟且简略，而不可能有法度以外的功名。如果先王的法度还存在，就会有法度以外的事情存在于治理天下之人的心中。如果这个人能够治理天下，就可以做到心想事成；如果这个人不能治理天下，也不至于严峻苛刻，反而对天下造成危害。

财　计

治天下者既轻其赋敛矣，而民间之习俗未去，蛊惑不除，奢侈不革，则民仍不可使富也。

【译文】治理天下的君王虽然减轻了百姓的赋税徭役，但是民间的习俗并未去掉，迷惑人心的东西不除去，奢侈之风不改变，那么仍然不能使百姓富裕起来。

何谓习俗？吉凶之礼既亡，则以其相沿者为礼。婚之筐篚[①]

也，装资[2]也，宴会也；丧之含殓[3]也，设祭也，宴会也，刍灵[4]也。富者以之相高，贫者以之相勉矣。

【注释】①筐篚（kuāng fěi）：婚前男方给女方的聘礼。

②装资：置办嫁妆的费用。

③含殓：将珠玉放入死者口中后将其下葬。

④刍灵：用茅草扎成的人马，为古人送葬之物。

【译文】什么是习俗呢？婚丧之礼已然消亡，那么就以沿袭下来的风气为礼。结婚时的聘礼，嫁妆，宴饮聚会；办丧事时入殓用的珠玉，陈设的祭品，宴会，送葬时用茅草扎成的人马。富贵的人用此来一较高下，贫穷的人也因此竭尽所有。

何谓奢侈？其甚者，倡优也，酒肆也，机坊[1]也。倡优之费，一夕而中人之产；酒肆之费，一顿而终年之食；机坊之费，一衣而十夫之暖。

【注释】①机坊：从事丝织或棉织的作坊。

【译文】什么是奢侈呢？其中最为奢侈的，就是娼妓优伶，酒馆机坊。倡优一个夜晚的花费，相当于一户中等人家的产业；酒馆的花费，一顿饭就相当于平常人一整年的食物费用了；机坊的花费，一件衣服就相当于十个人购置衣服的花费了。

故治之以本，使小民吉凶一循于礼。治之以末，倡优有禁，酒食有禁，除布帛外皆有禁。今夫通都之市肆，十室而九，有为巫而货者，有为倡优而货者，有为奇技淫巧而货者，皆不切于民用，一概痛绝之，亦庶乎救弊之一端也。此古圣王崇本抑末之道。世儒不察，以工商为末，妄议抑之。夫工固圣王之所欲来，商又使其愿出于途者，盖皆本也。

【译文】所以治理国家的根本，就是要使百姓的婚丧之礼遵循一定的礼法。治理国家的细节，就要对娼妓优伶、酒食消费有所禁止，除布帛之外的物品都应该有所禁止。如今整个都城中的店铺，十有八九都在出售为巫师而用的物品，销售倡优所需的货品，卖那些奇巧而无益的商品，这些东西对百姓都没有用处，应当一概戒绝，这也算是纠正一个弊端吧。这是古代圣王重农抑商的方法。现在的儒生不谨慎明察，把工商当作末业，妄加议论试图抑制它。手工业本来是圣王想要大力发展的，而商业又使手工业得以繁荣兴盛，所以这些都应该是本业。

思辨录辑要

【提要】《思辨录辑要》，清陆世仪撰，张伯行辑。

陆世仪（1611—1672年），字道威，号刚斋，晚号桴亭，别署眉史氏，江苏太仓人。明末清初著名理学家、文学家，被誉为江南大儒。明亡，隐居讲学，与陆陇其并称“二陆”。他一生为学不立门户，志存经世，博及天文、地理、河渠、兵法、封建、井田无所不通。其理学以经世为特色。著有《思辨录》《论学酬答》《性善图说》《淮云问答》，及诗文杂著等四十余种、一百余卷。

陆世仪撰《思辨录》前后历数十年，逐年随笔札记心得，初稿无所伦次。江士韶、盛敬等仿《近思录》体例摘其要旨，分类编辑，名《思辨录辑要》，分前后集。后张伯行又汰其繁冗，重为编次，分小学、大学、立志、居敬、格致、诚正、修齐、治平、天道、人道、诸儒、异学、经子、史籍等十四类，为后来较流行的本子，收录于《四库全书》。《续编》自其中《立志》《诚正》《治平》三篇中辑录了有关修身、治国的部分内容。

立　志

今人谓仕途进取，辄曰功名，习而不察，凡夤缘苟且之事，皆不以为耻，曰“吾为功名耳”。不知功名二字，固有辨矣。夫能建功故谓之功，能立名故谓之名。功名之所以有间于道德者，以其志在功名，于圣贤大学之道或有所未明，进退出处之故或有所未尽也。其视今之所谓功名，盖不啻天壤矣。许昌靳裁之[①]言曰："志于功名者，富贵不足以累其心；志于富贵而已者，则亦无所不至矣。"胡氏[②]以为志于富贵者，即孔子之所谓鄙夫。今之仕途进取，其功名乎，抑富贵乎？如曰功名，则吾未见其有所建立也；如曰富贵，则亦鄙夫而已矣。士安可不自知所处？

【注释】①靳裁之：宋代颍川郡（今河南许昌）人，儒家学者。是经学家胡安国的老师。

②胡氏：即胡安国（1074—1138年），又名胡迪，字康侯，号青山，谥号文定。建宁崇安（今福建武夷山）人，北宋学者。

【译文】如今的人谈起在仕途上求取进步，就说功名，学习却不体察，凡是攀权附贵、苟且偷安的事，都不会以此为耻。说"我这是在求取功名"。却不知道功名这两个字，本来是有分别的。能建功立业所以称之为功，能成就美名所以称之为名。功名之所以和道德有区别，是因为它志向在功名，对于圣贤之学、治国之道或许有不明白的地方，对于出仕或退隐之道或许还有不能全部了解的地方。反观如今所说的功名，和真正的功名几乎有天壤之别。许昌靳裁之说道："有志于功名的人，富贵不能够使他的内心劳累；仅仅有志于富贵的人，那么什么坏事都能做到了。"胡安国认为有志于富贵的人，就是孔子所说的人品鄙陋，见识浅薄的人。如今在仕途上的求取进步，它是功名吗？或者是富贵吗？如果说是功名，那我却没有见到这些人有所建树；如果说是富贵，那这些人也不过是人品鄙陋，见识短浅的鄙夫而已。读书人怎么能够不知道自己安身立命之处呢？

古语有云："谋事在人，成事在天。"著书立言，君子之事也。著书而使传之四方，垂之后世，则君子不能必也，听之天而已。

君子之于天下，功不必自己出，名不必自己成。苟吾书得行，吾言得用，使天下识一分道理，享一分太平，则君子之心毕矣。

【译文】古语说："谋事在人，成事在天。"著书立说，这是君子的事业。著书使其传到四方，传到后世，则不是君子所一定能做到的，听天由命就行了。

君子对于天下，功绩不一定要由自己产生，美名不一定要自己成就。如果我的书得以传阅，我的言论得以使用，让天下认识一分道理，享受一分太平，那么君子的心愿就完成了。

诚 正

身处要津，知人之贤而不能与之立乎其位，谓之窃位。身负时望，知人之贤而不能推引延誉，谓之窃名。窃位窃名，俱是一团忌心。惟恐人之或胜之也，故夫子谓之曰窃，直是推见至隐。

范文正公每日必念自己一日所行之事，与所食之食，能相准否。相准则欣然，否则不乐，终日必求补过。此可为吾人饮食之法。

【译文】身在要位，知道别人贤能却不能让他立身该有的职位，这叫做窃位。身背当时百姓的期望，知道别人贤能却不能推荐他使其播扬美誉，这叫作窃名。窃位和窃名，都是嫉妒之心。唯恐别人的名位胜过自己，因此孔子称它为窃，即是从最细微之处推论出来的。

范仲淹每天必会回想自己一天所干的事，和吃过的东西，能不能相抵消。能相互抵消就很愉快，否则就会闷闷不乐，整天一定想着补偿过失。这可以作为吾辈的饮食方法。

治 平

“有治人，无治法”，此言虽是，然后世每每借此为言废法不讲，则非也。《孟子》曰：“徒善不足以为政。”又曰：“为政不因先王之道，可谓智乎？”譬有攻木之工，于此，虽善治木，必求规矩斧斤之器。规矩斧斤者，亦匠人之法也。规矩必求其端，斧斤必求其利，此必然之理。有贱工焉，颠倒规矩，错杂斧斤，主人不责匠，而归过于规矩斧斤，有是理哉？

【译文】“有治理天下的人才，但没有始终不变的治理天下之法”，这话虽然说的对，但是后世每以这句话为借口，废除治法不讲，这也是不对的。《孟子》里说：“光靠善良不足以治理政事”。又说：“治理政事不遵循先王的规制，可以说是明智吗？”譬如有一个伐木工，对于伐木来说，虽然善于伐木，但一定会求取规矩和伐木的斧子。这些工具，也是匠人之法。规和矩一定会要求它端正，斧子一定会要求它锋利。这是必然的道理。有下流的工匠，颠倒规矩，使伐木的斧子错乱夹杂，主人不去责备工匠，反而把过失归到规矩和伐木的斧子上，有这样的道理吗？

治一国与治一事不同，治天下与治一国又不同。须是把个天下大势，完完全全在胸中，纲目井然，源委毕见，然后左之右之，无不宜之。

拨乱不难，致治难。拨乱如十人之材①足矣，致治非五人之德②不可。三代以下，但有能拨乱者，未有能致治者。

古人治天下以礼，今人治天下以法。法胜则礼亡，礼亡则人心绝。法尚不可治天下，而况于无法乎？

【注释】①十人之材：指的是周武王的“乱臣十人”，即周公旦，召公奭，太公望、毕公、荣公、太颠、闳夭、散宜生、南宫括、文母。

②五人之德：指的是舜时期的五位贤臣，即禹、稷、契、皋陶、伯益。

【译文】治理一个国家和解决一件事不同，治理天下与治理国家又不一样。必须是把整个天下的大势，完完全全掌握在心里，大纲与细目必须井然有序，事情的本末都要看得清清楚楚，然后左右都有人来辅佐，而且这些人还要完全适宜担任辅佐之职。

平定祸乱不难，使国家在政治上清平难。平定祸乱像周武王的乱臣十人的能力就可以，使国家政治清平非舜的五位贤臣之德行不可。夏商周之后，虽然有能平定祸乱的人，却没有能使国家政治清平的人了。

古人用“礼”来治理天下，今天的人用法来治理天下。法占优势那么“礼”就会消失，“礼”消失那么人心就极端。用法尚且不能治理天下，更何况没有法呢？

汉唐以下，治天下之法最密，然实处处渗漏，以其意欲一网收尽天下故也。古人有言：“虽鞭之长，不及马腹。”天下之大，岂能一网收尽？古之欲明明德于天下者，先治其国。看《周礼》一部书，止办得王畿千里以内事，何等干圆洁净！

圣人治天下，只是使饮食男女各得其所，饮食男女不得其所，而天下治者，未之有也。

【译文】汉唐以来，治理天下的法律是最繁杂的，然而事实上却到处都是纰漏，这是因为想一网打尽天下的缘故。古人说道："虽然马鞭很长，但却够不到马腹。"天下之大，岂是一网能打尽的？古代想要明明德于天下的人，一定要先治理他的国家。看《周礼》这一部书，何止只能办理王城千里范围之内的事。更是能明明德于整个天下！

圣人治理天下，只是让人们的饮食男女之欲各得其所，人们的饮食男女之欲不能各得其所，而让天下得到治理的，还没有过。

《周礼》是治国之书。盖古人封建，王者所治，止于王畿以内，故书中所详，止于一国之事。使诸侯各如是以治其国，则天下皆治矣。后世治郡县之天下不然，紧要在择守令、明黜陟①。若守令得人，则青苗保甲之法②，自可徐举而无弊。王荆公不识此意，才执政柄，便立制置三司，条例司不问守令若何，概以青苗保甲之事强诸天下，是以治国之道治天下也，所以不终朝而坏。试观荆公治临川时，青苗保甲，原自有成绩，则知治国之道贵密，治天下之道贵疏也。古今异宜，为治者不可不审。

【注释】①黜陟：指人才的进退，官吏的升降。

②青苗法：宋朝宰相王安石所采行的财政措施。在每年春夏间农家经济拮据时，政府可贷款给农民。秋收后，农民再将本息一并归还政府，以免农民受高利贷剥削。保甲法：为王安石所创，古时地方上的

基层自治组织。目的在使乡民能自卫，以防范奸慝。

【译文】《周礼》是治理国家的书。过去古人把土地分封给诸侯，天子所治理的地方，都在天子都城附近的土地之内。所以书中所说的，只是一个国家的事情。让诸侯各自都像这样来治理自己的国家，那么天下就都得到了治理。后世治理郡县制的天下就不是这样，重要的是选择守令、严明官吏的升降制度。如果守令用人得当，那么青苗法和保田法，可以慢慢地进行而没有坏处的。王安石不明白这个道理，刚刚执掌政权，便设立制置三司，条例司不问守令怎么样，就以青苗法保甲法强行加诸天下百姓，这是用治诸侯国的方法去治理天下，所以没有完成就被废除了。不妨看王安石治理临川时，青苗法保甲法，原本有所成绩，那么就知道治理国家在于法令繁密，治理天下在于法令稀疏。古今有不同的合宜，治理的人不可以不去审察。

天下，利而已矣。善言利者，使天下皆利其利，故己亦得利其利。不善言利者，欲一己独利其利，故天下亦各利其利。

【译文】天下的事情，不过是追求利益罢了。擅于谈论利益的人，使得天下人都获得利益，故而自己也可以得到利益。不擅于谈论利益的人，总是想自己单独占有利益，所以天下人也各自争夺自己的利益。

古之天下，礼乐尽之；今之天下，赋役尽之。能平赋役，治天下，为得半矣。

欲兵之精，不如省兵而增粮；欲官之廉，不如省官而增俸。

【译文】古时候的国家，礼乐之道大行天下；现在的国家，赋税徭役大行天下。如果能减少赋税徭役，来治理天下，也算达到古人的一半了。

想要使军队强大，不如削减部队而增加供给；想要使官员廉洁，不如减少官吏而增加俸禄。

用人循资格，最是大弊。人才不同，各有所宜。有宜大者，有宜小者，有小大无不宜者，小大无不宜，圣人之才也；或宜大，或宜小，贤人之才也。求才于后世，其为圣贤人者寡矣。而朝廷用人，不问其才之大小与否，概以资格迁升之，是以圣人望一切也，奚可哉？

【译文】任用官员要论资排辈，这是用人的一大弊端。各人才能不同，各有所长。有的人擅长做大事，有的人擅长做小事。有的人大事小事都擅长。大事小事都擅长的人，是圣人之才。或者擅长做大事，或者擅长做小事，是贤人之才。后世用人，圣人贤人之才很少。而朝廷任用官员，不管才能大小，而一律按资历提拔，这是违背了圣人的做法，能够可行吗？

人才极是难得，善用人者，必审定其才之所宜，授之以职，而终身任之，务使竭尽其才。以唐、虞之际，而致治止于五人，此人才之难得也；以五人之圣，而各专一事，此才之各有所宜也。且各专一事，而至于终身不易，此任之而竭尽其才也。使治不及唐、虞，而三岁试士多至四百，则人才何其多；圣不及五臣，而吏、户、兵、刑无所不堪，则才何其大！历官如传舍，旦至暮去，而动辄奏绩，又何其才之易竭也！

【译文】人才难得，擅于用人的人，必定根据他的才能，授予职位，而使其终身从事该项职务，让他能够竭尽其才。唐尧虞舜的时代，治理天下仅依靠五位贤才，这是由于人才难得；凭借这五人的圣明，各自掌管一方面的事务，这是因为他们各有所长。各自掌管一方面的事务，终身不变，这是任用他们而让他们人尽其才。现在治理天下的程度不如唐尧虞舜之时，而三年一次的开科取士，考中的人多达四百，录取的人才何其多啊。现在大臣的圣明不如尧舜的五大臣，而吏部、户部、兵部、刑部的事情都要掌管，其才能何其大啊。官员的任免如同住旅馆，早上刚刚任命，晚上就撤职了，而且动不动就汇报功绩。这些官员的才能又如何不会容易枯竭呢。

凡治财赋，只要才大。治天下更易于治一国，只一转移间，便有无穷之妙，不必拘拘然增科加赋也。洪武设开中法[①]，不烦转输，边备自足。自叶淇[②]反之，而国计大绌。以此知国家掌财赋最须得人，不特聚敛小人不可用，即庸才亦坏事不浅。

【注释】①开中法：是明清时期实行的以盐、茶为中介，招募商人输纳军粮、马匹等物资的方法。

②叶淇（1426—1501年）：山阳（今江苏淮安）人，景泰五年（1454年）进士。授御史。天顺初年，因得罪石亨，出京担任武陟知县。成化中，累官大同巡抚。孝宗时，召为户部侍郎。弘治四年（1491年），代李敏为户部尚书。加太子太保。弘治五年（1492年），叶淇将开中法（纳粮开中）变为折色法（直接用白银换盐引），徽商挟其在两淮的优势迅速发展起来。弘治九年（1496年）四月退休，弘治十四年（1501年），去世。李东阳为其撰墓志铭。

【译文】管理财政的官员，一定要有才干。如果财政官员有才干，治理天下比治理诸侯小国还容易，财富的流动转移，便有许多奥妙，不必只局限在增加税赋。洪武年间设立开中法，节省了转运军需的麻烦，而边疆军需充足。后来叶淇废弃开中法改用折色法，使得国家大计遭到破坏。由此可知国家财政事务的办理，最需要得力的人才，不仅聚敛钱财的小人不可以任用，即使是任用庸才也会坏事不浅。

刘晏治财赋，古今称为第一，只是转移妙。转移是商贾之术，然于国计有益，于国体无损。古人重农抑末，此亦抑末之遗意也。若陆贽所行，又纯乎王道之微权，不可与刘晏同日语矣。

【译文】唐朝的刘晏管理财政的能力，古今第一，只是擅于流通转移而已。流通转移本是商人擅长的事情，然而对于国家大计有益，对江山社稷无害。古人重农轻商，这其中也有抑制工商业的意思在里面。而陆贽治理财政的措施，只是依靠命令来推行，完全不能和刘晏相比。

兵阵，仁人之事也。不仁之人为民害，不得已而杀人以生人，此非大仁人不可。乃世之论兵者，必委之孙、吴，又曰："用兵非天性猛鸷者不可。"噫！失先王之意矣。

【译文】排兵布阵，是仁人所做的事情。不仁之人成为百姓的祸害，为了教导百姓而迫不得已地杀了不仁之人，这不是有圣德的人做不到。但凡世间研究兵法的，一定谈论的是《孙子兵法》《吴子》里的主张，又说："用兵打仗一定要任用天生勇猛果敢的人。"哎！这已经失去了先王用兵的本意了。

孔子不答卫灵公问阵，非真未学军旅。盖阵是儒者学问中一小支节，对大圣人不问道而问阵，犹之对工师不问宫室规制而问一瓦一椽也，失之远矣。

【译文】孔子不回答卫灵公关于排兵布阵的问题，并不是孔子真的没有学过用兵打仗之事。这是因为排兵布阵是儒者学问当中的一小支节，向大圣人不问道，反而询问排兵布阵的小事情，就像对工匠不问宫室规制，反而问一瓦一椽，实在是失道太远了。

刑者，礼之反也。教之以孝礼，不孝则有刑；教之以弟礼，不弟则有刑。是以民知所趋避，乐于教而惕于法。《周礼》教民以孝友、婣睦①、任恤，而乡刑即有不孝、不友、不婣、不睦、不任、不恤之刑，用此道也。此谓齐之以礼，未尝废刑，而不得谓之刑也。后世但知责备于民，设为刑律，动系千百，然不申明教之之法，是孟子所为罔民矣，焉有仁人在位，罔民而可为也？

【注释】①婣睦：姻亲和睦相处。出自《周礼·地官·大司徒》。

【译文】刑罚，是礼的反面。教导人们懂孝礼，不孝顺父母就是触犯了刑罚；教导人们知悌礼，不敬爱兄长也是触犯了刑罚。因此，百姓知道应该如何规避，以受教导为乐，并对法令有了警惕。《周礼》教导百姓事父母孝顺、对兄弟友爱、与姻亲和睦相处、做人诚信并乐于助人，而乡刑里就有了不孝顺父母、不友爱兄弟、不对妻子以礼相待、不与邻里和睦、对朋友不讲诚信、不体恤百姓的刑罚，就是用了这个道理。这就叫用礼制去同化百姓，不曾废除刑罚，就不能称为刑罚。后世一旦知道要责备百姓，设为刑法，牵一发而动全身，然而如果不申明教导百姓之法，不事先教导百姓，就是孟子所说的欺骗陷害百姓，哪有仁人做了君主，还可以欺骗坑害百姓的呢？

天地之气，犹人身之脉，脉乱则其人亡，气乱则其国坏。

世有识微之士，其于候气之至，或治或乱，固应知之，即或丰或凶，或水或旱，亦必先知之。盖天地之气，应于节候，必自不爽，特世无圣人，能识天地之微耳。

【译文】天地之气，就像人身上的经脉，经脉逆乱人就会死亡，风气衰乱国家就会败坏。

世上有看到事物的苗头而能察知它的本质和发展趋向的人，他通过占验气候的变化，对于国家是治理还是混乱，固然应该知道，即使是有时丰收有时凶灾，有时水涝有时大旱，也一定先知道。天地之气，应验于占验节气的变化，一定不会有错，只是现世没有圣人，不能够知道天地之间的细微变化罢了。

群书治要续编卷第四十九　日知录

【提要】《日知录》，清顾炎武撰。

顾炎武（1613—1682年），字忠清、宁人，苏州府昆山（今江苏昆山）人。本名绛，乳名藩汉，别名继坤、圭年，字忠清、宁人，亦自署蒋山佣；南都败后，因为仰慕文天祥学生王炎午的为人，改名炎武。因故居旁有亭林湖，学者尊为“亭林先生”。顾炎武是杰出的思想家、经学家、史地学家和音韵学家，与黄宗羲、王夫之并称为明末清初“三大儒”。他学问渊博，于国家典制、郡邑掌故、天文仪象、河漕、兵农及经史百家、音韵训诂之学，都有研究。晚年治经重考证，开清代朴学风气。其学以博学于文，行己有耻为主，合学与行、治学与经世为一。

《日知录》是顾炎武代表作品，对后世影响巨大。该书是一部经年累月、积金琢玉而撰成的大型学术札记，是顾炎武“稽古有得，随时札记，久而类次成书”的著作。全书以明道、救世为宗旨，囊括了作者全部学术、政治思想，遍布经世、警世内涵，是作者积三十余年心力编次而成，旨在资治，其“平生之志与业皆在其中”。“日知录”的书名取自《论语·子张篇》：“日知其所亡，月无忘其所能，可谓好学也已矣。”《日知录》内容宏富，贯通古今。其中不乏名言警句，如“天下兴亡，匹夫有责”，就是梁启超在当中提炼出来的。更有甚者，对于“亡国”、“亡天下”的言论，更是振聋发聩。《续编》辑录了当中值得今人借鉴的言论和史事，共计二十四则，其中寓意值得深思。

鸟焚其巢

人主之德，莫大乎下人。楚庄王之围郑也，而曰：“其君能下人，必能信用其民矣。”故以禹之征苗，而伯益赞之，犹以“满招损，谦受益”为戒。

【译文】人主的德行，没有比能够礼贤下士更大的了。楚庄王围困郑国，对身边的人说：“国君能礼下于人，一定能够得到百姓的信任。”因此大禹征伐三苗，伯益称赞他的同时，仍然以“满招损，谦受益”为警戒。

百姓有过在予一人

“百姓有过，在予一人。”凡百姓之不有康食，不虞天性，不迪率典，皆我一人之责，今我当顺民心以诛无道也。蔡氏谓“民皆有责于我”，似为纡曲。

【译文】“百姓有过错，责任在我一个人。”凡是百姓没有足够的粮食生存，不能依照本性本善来行事，不遵循常法，都是我一个人的罪责，现在我应该顺应百姓的心愿来讨伐无道之人。蔡沈在注解时认为“民皆有责于我”，似乎理解得还不够透彻。

不吊不祥

威仪之不类，贤人之丧亡，妇寺[①]之专横，皆国之不祥。而日月之眚，山川之变，鸟兽草木之妖，其小者也。《传》曰："人无衅[②]焉，妖不自作。"故孔子对哀公[③]，以"老者不教，幼者不学"，为"俗之不祥"。《家语》。荀子曰："人有三不祥，幼而不肯事长，贱而不肯事贵，不肖而不肯事贤，是人之三不祥也。"而"武王胜殷，得二俘而问焉，曰：'若国有妖乎？'一俘对曰：'吾国有妖，昼见星而天雨血。'一俘对曰：'此则妖也，非其大者也。吾国之妖，子不听父，弟不听兄，君令不行，此妖之大者也。'武王避席再拜之"。《吕氏春秋》。《书》载箕子之言，亦曰："乃罔畏畏，咈其耇长，旧有位人。"自余所逮见五六十年，国俗民情举如此矣。不教不学之徒满于天下，而一二稍有才知者，皆少正卯[④]、邓析[⑤]之流。是岂待三川竭而悲周，岷山崩而忧汉哉？《书》曰："习与性成。"《诗》云："如彼泉流，无沦胥以败。"识时之士，所以引领于哲王，系心于耇德也。

【注释】：①妇寺：宫中的妃嫔和太监。

②衅：过失。

③哀公：即鲁哀公，姬姓，名将，鲁定公之子。

④少正卯：春秋时期鲁国的大夫，官至少正，能言善辩，是鲁国的

著名人物，被称为“闻人”。少正卯和孔丘都开办私学，招收学生。卯多次把孔丘的学生都吸引过去听讲。孔丘任鲁国大司寇，代理宰相，上任七天后就把少正卯以“君子之诛”杀死在两观的东观之下，曝尸三日。孔丘回答子贡等弟子的疑问时说少正卯是“小人之桀雄”，一身兼有“心达而险、行辟而坚、言伪而辩、记丑而博、顺非而泽”五种恶劣品性，有着惑众造反的能力，和历史上被杀的华士等人是“异世同心”，不可不杀。

⑤邓析：郑国大夫，春秋末期思想家，“名辨之学”倡始人。与子产同时，名家学派的先驱人物。他第一个提出反对“礼治”思想。他的主要思想倾向是“不法先王，不是礼义”。

【译文】本来庄重的仪容举止变得不成样子，贤德的人消失逃亡，妃嫔、宦官专断强横，都是国家的不祥之兆。相比之下，什么日食、月食，山岳、江河的变化，鸟兽草木异于常态之类的，都只是小事了。《左传》记载：“人如果没有过失可乘，异常的事物就不会自己作祟。”因此孔子答对鲁哀公，认为“年老的人不教诲年轻人，年轻人不学习”，是“社会风尚的不吉祥”。荀子说：“为人有三大不吉祥，年少的人不肯侍奉年长的人，卑贱的人不肯侍奉高位的人，不贤德的人不肯侍奉贤德的人，这是人的三大不吉祥。”“武王战胜殷商，捕获两个俘虏而问他们说：‘你们国家有什么怪事吗？’一个俘虏回答说：‘我国有怪事，白天看见星星而天下血雨。’另一个俘虏回答说：‘这是有点怪，但不算是什么大的怪事。我国真正的怪事，是儿子不听从父亲，弟弟不听从兄长，君王的命令得不到施行，这才是最大的怪事。’武王赶紧离开席位向他一再行礼。”从我所见到近五、六十年来，国家的风俗民情大致就是这样的了。不教、不学的人充满天下，而一二稍微有才智的人，都是少正卯、邓析这类人。难道非要等到三川枯竭才去哀痛周朝，岷山崩塌才肯忧虑汉朝吗？《尚书》记载："凡事习惯久了就会变成天性。"《诗经》记载："就像那长流的泉水，不会衰败与陈腐。"这就是能认清形势的人，之所以殷切期待贤明君王的出现，将心寄托在年高有德之人身上的原因。

医　师

古之时，庸医杀人。今之时，庸医不杀人，亦不活人，使其人在不死不活之间，其病日深，而卒至于死。夫药有君臣，人有强弱。有君臣则用有多少，有强弱则剂有半倍。多则专，专则效速，倍则厚，厚则其力深。今之用药者，大抵杂泛而均停，既见之不明，而又治之不勇，病所以不能愈也。而世但以不杀人为贤，岂知古之上医，不能无失。《周礼》，医师"岁终，稽其医事，以制其食。十全为上，十失一，次之；十失二，次之；十失三，次之，十失四，为下"。是十失三四，古人犹用之。而淳于意[①]之对孝文[②]，尚谓"时时失之，臣意不能全也"。《易》曰："裕父之蛊，往见吝。"奈何独取夫裕蛊者，以为其人虽死，而不出于我之为。呜呼，此张禹[③]之所以亡汉，李林甫[④]之所以亡唐也。朱文公与刘子澄书，所论四君子汤，其意亦略似此。

【注释】：①淳于意：西汉临淄（今山东淄博东北）人，姓淳于，名意。淳于意曾任齐太仓令，精医道，辨证审脉，治病多验。曾从公孙光学医，并从公乘阳庆学黄帝、扁鹊脉书。后因故获罪当刑，其女缇萦上书文帝，愿以身代，得免。《史记》记载了他的二十五例医案，称为“诊籍”，是中国现存最早的病史记录。

②孝文：即汉文帝，汉高祖刘邦第四子，母薄姬，汉惠帝刘盈之弟，汉文帝即位后，励精图治，兴修水利，衣着朴素，废除肉刑，使汉朝进入强盛安定的时期。谥号孝文皇帝。

③张禹：字子文，河内轵县（今河南济源东）人。

④李林甫：小字哥奴，祖籍陇西，唐朝宗室、宰相，唐高祖李渊堂弟长平肃王李叔良曾孙，画家李思训之侄。李林甫担任宰相十九年，是玄宗时期在位时间最长的宰相。他大权独握，蔽塞言路，排斥贤才，导致纲纪紊乱，还建议重用胡将，使得安禄山做大，被认为是使唐朝由盛转衰的关键人物之一。

【译文】古时候，医术低劣的医生误用药物害人性命。如今的时代，庸医不杀人，也救不活人，使人处在不死不活之间，病情日益加深，而最后到了死亡的境地。药有君臣佐使，人有强壮瘦弱。有君臣那么用量就有多少，有强弱那么剂量就有半倍。用量多就专，专则效果迅速，剂量加倍则厚，厚则药力深。如今用药的人，大抵上杂多而没有针对性、平均而少变化，诊断既不明确，治疗又缺乏胆量，这就是疾病不能够痊愈的原因。而世间只是把不害死人命当作有才能，哪里知道上古时期高明的医生，也不可能没有失误。《周礼》记载，医师“年终，考核医师医疗的成绩，来确定给予他们食粮的等级。凡是诊断治疗疾病完全没有失误的为上等，有十分之一失误的为次等，有十分之二失误的又次一等，有十分之三失误的又次一等，有十分之四失误的为下等”。十分之三、四的失误，古人仍然任用他们。而淳于意答对汉孝文帝时，尚且说“常常有失误，臣下淳于意不能够全部明确诊断、治愈”。《易经》记载说：“宽容地对待父亲留下的积弊，前往会陷入困境。”为什么单独选取宽容积弊，因为这人虽然死了，然而不是我导致的。呜呼，这就是张禹灭亡汉朝，李林甫灭亡唐朝的原因。

毋不敬

“毋不敬，俨若思，安定辞”，修己以敬也。“安民哉”，修己以安人也。“俨若思，安定辞”，何以安民？子曰：“危以动，则民不与也；惧以语，则民不应也。”《诗》云：“彼都人士，狐裘黄黄。其容不改，出言有章。行归于周，万民所望。”

【译文】《礼记》上说：“毋不敬，俨若思，安定辞”，这是说以恭敬的态度来修养自己。“安民哉”，是说修养自己以使人民安乐。“俨若思，安定辞”，这样如何能使百姓安宁呢？孔子在《周易·系辞》里说：“危险的举动，百姓不会拥护。恐吓的言语，百姓不会响应。”《诗经》上说：“那个时候都城有名望的人，穿着黄色的狐皮外衣。他们的仪容端庄，说话有条理。他们的行为遵循西周的礼仪，正是天下万民所希望的。”

爱百姓故刑罚中

人君之于天下，不能以独治也。独治之而刑繁矣，众治之而刑措矣。古之王者，不忍以刑穷天下之民也，是故一家之中，父兄治之；一族之间，宗子治之。其有不善之萌，莫不自化于闺门[①]之内；而犹有不帅教者，然后归之士师[②]。然则人君之所治者约矣。然后原父子之亲，立君臣之义以权之；意论轻重之序，慎测浅深之量以别之；悉其聪明，致其忠爱以尽之。夫然刑罚焉得而不中乎？是故宗法立而刑清。天下之宗子各治其族，以辅人君之治，“罔攸兼于庶狱[③]”，而民自不犯于有司。风欲之醇，科条之简，有自来矣。《诗》曰：“君之宗之。”吾是以知宗子之次于君道也。

【注释】：①闺门：宫苑、内室的门。借指宫廷、家庭。

②士师：亦作“士史”。古代执掌禁令刑狱的官名。

③庶狱：诸凡刑狱诉讼之事。

【译文】帝王对于天下，不能一个人独自来治理。一个人独自治理就会刑罚繁乱，用众人的智慧来治理就会达到置刑措而不用。古代的君王，不忍心用刑罚为难天下的百姓，所以一个家庭，由父兄来治理；一个宗族，由族长来治理。如果有不好的事情开始发生，没有不自己化解在家庭之内的；如果仍然有不顺从教化的，然后把他们交给士师。那么君主的治理就简单了。然后根据父子之亲，依照君臣之义来衡量；分别考虑罪行的轻重、量刑的深浅；完全做到明察，并尽到忠恕仁爱之心。那么刑罚怎么会不恰当呢？所以宗法的制度确立那么刑罚就会公正清明。天下族长各自治理自己的宗族，来辅助君王治理天下，就如《尚书》所说的，君王“不兼管一切刑狱诉讼事件”，而百姓自然不会触犯有关官员。要想天下风气醇和，就得让法令条文越简单越好，这是有道理的。《诗经》上说：“君之宗之”，意思就是把君王当作族长一样看待，我因此知道治家和治国是紧密相关的。

庶民安故财用足

民之所以不安，以其有贫有富。贫者至于不能自存，而富者常恐人之有求，而多为吝啬之计，于是乎有争心矣。夫子有言：“不患贫而患不均。”夫惟收族[①]之法行，而岁时有合食之恩，吉凶有通财之义。本俗六安万民，三曰联兄弟，而乡三物之所兴者，六行[②]之条曰睦、曰恤。不待王政之施，而矜寡孤独废疾者，皆有所养矣。此所谓均无贫者，而财用有不足乎？至于《葛藟》之刺兴，《角弓》之赋作，九族乃离，一方相怨，而瓶罍交耻[③]，泉池并竭。然后知先王宗法之立，其所以养人之欲，而给人之求，为周且豫矣。宋范文正公苏州义田，至今裔孙犹守其法，范氏无穷人。

【注释】：①收族：以上下尊卑、亲疏远近之序团结族人。

②六行：西周大司徒教民的六项行为标准，即：孝、友、睦、姻、任、恤。

③瓶罍（léi）交耻：瓶、罍：都为盛酒器。小者为瓶。大者为罍，类似坛，二者相辅为用。比喻关系密切，相互依存，彼此利害一致。

【译文】百姓不安宁的原因，就是因为百姓有贫有富。贫困的人不能保全自己，而富裕的人常常担心贫穷的人对他有所求，而多为吝啬之计，于是就有争斗心了。孔子说："不担心百姓生活贫穷而担心社会财富分配不均匀。"只有实行收族之法，那么一年四季就会有全家族人在一起进食的恩情，遇到婚丧嫁娶吉凶之礼，大家都有互送礼金的情义。本俗中有"六安万民"之说，第三条说的就是"联兄弟"；而"乡三物"所推重的"六行之条"中又有"睦"和"恤"。如此不必等到国家有什么政令措施，而矜寡孤独废疾之人，他们的基本生活就已经得到必要的保障了。这就是所谓的分配均匀就没有贫穷的人，这样财物还至于不足吗？至于《葛藟》的指责兴起，《角弓》之赋的创作，都是因为九族背离，及至一方不满，彼此礼仪都废弃，情义无存才导致的。然后才知道先王宗族之法的确立，对于调和人们的欲望，满足人们的需求，方方面面都考虑得十分周到，并得以妥善的落实啊。

财者末也

古人以财为末，故舜命九官，未有理财之职；《周官》财赋之事，一皆领之于天官冢宰①，而六卿②无专任焉。汉之九卿，一太常，二光禄勋，三卫尉，四太仆，五廷尉，六鸿胪，七宗正，八大农，武帝太初元年，更名大司农。九少府。应劭曰："少者小也。"师古曰："大司农供军国之用，少府以养天子。"大农掌财在后，少府掌天子之财又最后。唐之九卿，一太常，二光禄，三卫尉，四宗正，五太仆，六大理，七鸿胪，八司农，九大府，大略与汉不殊，而户部不过尚书之属官，故与吏、礼、兵、刑、工并列而为六。至于大司徒，教民之职，宰相实总之也。罢宰相，废司徒，以六部尚书为二品，非重教化、后财货之义矣。

【注释】：①天官冢宰：太宰的别称。原为掌管王家财务及宫内事务的官职。

②六卿：古代统军执政之官。官职仅次于宰相、三公的高级大臣，又称六官。

【译文】古人把财放在最末的地位，所以虞舜任命九官，没有管理财物的官职；《周官》中有关财货赋税的事情，一概都由天官冢宰管辖，而六卿没有专门担任理财之官的。汉代的九卿，一是太常，二是光禄勋，三是卫尉，四是太仆，五是廷尉，六是鸿胪，七是宗正，八是大农，九是少府。大农掌管财物排在后面，少府掌管天子的财物又排在最后。唐朝的九卿，一是太常，二是光禄，三是卫尉，四是宗正，五是太仆，六是大理，七是鸿胪，八是司农，九是大府，大概与汉代没有区别，而户部不过是尚书级别的下属官员，所以与吏部、礼部、兵部、刑部、工部并列为六部。至于大司徒，负责教导民众之职，本来是由宰相直接掌管的。（明代）把宰相连同司徒的职位一齐都给废除了，而把六部尚书列为二品，这不是遵循古人重视教化而把财货放在教学之后的意思啊。

未有上好仁而下不好义者也

治化之隆，则遗秉滞穗之利，及于寡妇。恩情之薄，则耰鉏[①]箕帚之色，加于父母。故欲使民兴孝兴弟，莫急于生财。以好仁之君，用不畜聚敛之臣，则财足而化行，“人人亲其亲，长其长，而天下平矣”。

【注释】：①耰（yōu）鉏（chú）：锄田去草和碎土平地的农具。

【译文】天下大治的年代，有什么好事，大到国家振济粮食，小到田地里有遗漏的禾穗，大家都会首先想到孤儿寡母之类的困苦之人。风民浇薄的年代，人与人之间恩情淡薄，就会把下地干粗活、家中打扫卫生这样的角色让父母来充当。所以要想让百姓懂得孝顺、懂得友爱，就不要急于生产财富。喜好仁德的国君，任用不蓄积不聚敛的大臣，百姓就会富裕起来，而教化也随之得以施行，“做子女的人人都能孝敬父母，做晚辈的人人都能尊重长辈，那么天下就太平了”。

鬼　神

王道之大，始于闺门。妻子合，兄弟和，而父母顺，道之迩也，卑也。郊焉而天神假[①]，庙焉而人鬼飨，道之远也，高也。“先王事父孝，故事天明；事母孝，故事地察”。修之为经，布之为政，本于天，殽[②]于地，列于鬼神，达于丧祭，射御、冠昏、朝聘，而天下国家可得而正也。若舜、若文、武、周公，所谓庸德之行，而人伦之至者也。故曰：“君子之道，造端乎夫妇，及其至也，察乎天地。”

【注释】：①假：通“格”，到。

②殽（xiào）：古同“效”，效法。

【译文】圣王之道的广大，是从家庭开始的。妻子和顺，兄弟和睦，而父母顺心，是王道的近和卑。祭天天神就降临，祭祖祖先的灵魂就来受享，是王道的远和高。《孝经》里说：“先王事父孝，故事天明；事母孝，故事地察”。圣人把这些道理写到经书里，宣布成为政令，效法天地，罗列鬼神，通晓丧祭，射御、冠昏、朝聘之礼，那么天下国家就可以走上正道而得到统一了。像虞舜、文王、武王、周公所谓的平常德行的实践，不过就是在人伦上做到极致而已。所以说：“君子的大道，开始在夫妇，一旦达到了最高境界，就能够明察天地之道。”

人之有父母也，鸡鸣问寝[①]，左右就养无方，何其近也。及其既亡，而其容与声，不可得而接，于是或求之阴，或求之阳，然后僾[②]然必有见乎其位，然后乃凭工祝[③]之传，而致赉[④]于孝孙。生而为父母，殁而为鬼神[⑤]。子曰：“为之宗庙，以鬼享之。”此之谓也。《论语》菲饮食而致孝乎鬼神。“洋洋[⑥]乎如在其上，如在其左右。”由顺父母而推之也。

【注释】：①问寝：问候尊长起居。

②僾（ài）：仿佛，隐约，模糊。

③工祝：古时在祭祀时专司祝告的人。

④赉（lài）：赐予，给予。

⑤鬼神：偏指鬼，死去的祖先。

⑥洋洋：忧思貌。

【译文】人人都有父母，在鸡鸣的时候就向父母问候起居，在父母左右随时奉养父母，这是多么亲近啊。等到父母已经去世，而他们的容貌与声音，不可能再看到听到了，于是有的求在阴，有的求在阳，然后隐隐约约就好像看到他在那里，然后通过工祝的传递，而给予孝顺的子孙。活着是父母，去世就是祖先了。孔子说：“建立祭祀用的宗庙，让祖先享受祭祀。”说的就是这个意思。《中庸》上说：“忧思啊，如同在你的上方，如同在你的左右。”这是通过孝顺父母而进一步推想到的。

法　制

法制禁令[1]，王者之所不废，而非所以为治也。其本在正人心、厚风俗而已。故曰："居敬而行简，以临其民。"周公作《立政》之书曰："文王罔攸，兼于庶言、庶狱、庶慎。"又曰："庶狱、庶慎，文王罔敢知于兹。"其丁宁后人之意，可谓至矣。秦始皇之治，天下之事无大小，皆决于上。上至于衡石量书[2]，日夜有呈，不中呈，不得休息，而秦遂以亡。太史公曰："昔天下之网尝密矣，然奸伪萌起，其极也，上下相遁，至于不振。"然则法禁之多，乃所以为趣亡之具，而愚暗之君，犹以为未至也。杜子美诗曰："舜举十六相，身尊道何高。秦时任商鞅，法令如牛毛。"又曰："君看灯烛张，转使飞蛾密。"其切中近朝之事乎。

【注释】①禁令：禁止某种行为的法令。

②衡石量书：衡，秤；石，古代重量单位，一百二十斤为一石。古时文书用竹简木札，以衡石来计算文书的重量，衡石量书形容国君政务繁忙，文书多到要用秤和秤锤来计算。

【译文】法律制度和禁令，是先王不会废除的，但先王并不是依靠这些来治理天下。治理天下的根本只在于端正人心、令风俗淳厚而已。所以说："居心恭敬严肃，而行事简要，像这样来治理百姓。"周公所作《立政》之书中说："文王不兼管各种百姓的言论及各种狱讼案件和各种百姓的禁戒。”又说：“百姓的各种狱讼案件和各种禁戒，文王不敢过问这些。”他嘱咐后人的良苦用心，可以说是到了极点。秦始皇时期的治理，天下的事情不论大小，都取决于皇帝。皇帝每天要看的文书多到要用成筐成担来计算，日夜都有送呈的文书，不中止送呈，就不能休息，而秦国正是在这种情况下灭亡的。太史公说：“从前天下的法网已经很严密了，然而奸诈虚伪的事不断发生，达到了极点，上下互相欺骗，到了不可拯救的地步。”如此，法律禁令繁多成为百姓惊慌逃散的重要原因，而愚昧的君主，还以为法律不健全。杜甫的诗说：“舜举十六相，身尊道何高。秦时任商鞅，法令如牛毛。”又说：“君看灯烛张，转使飞蛾密。”他所说的不就是正在我们身边发生的事情吗？

汉文帝诏：置三老孝弟力田常员，令各率其意，以道民焉。夫三老之卑，而使之得率其意，此文、景之治所以至于移风易俗，黎民醇厚，而上拟于成、康之盛也。

【译文】汉文帝下诏说：设置三老和孝弟、力田常员，让他们每个人都以自己做表率，来引导百姓。三老的地位卑微，而使他们能成为民众的表率，这就是文、景之治所以能达到移风易俗，百姓淳朴敦厚，而向上接近于成、康盛治的原因啊。

诸葛孔明，开诚心，布公道，而上下之交，人无间言，以蕞尔[①]之蜀，犹得小康。魏操、吴权，任法术[②]以御其臣，而篡逆相仍，略无宁岁。天下之事，固非法之所能防也。

【注释】①蕞尔：形容小（多指地区小）。

②法术：指先秦法家以法治国的学术。

【译文】诸葛亮治理蜀国，开诚心，布公道，而上下之间的交往，没有人说闲话，以小小的蜀国，还能实现小康之治。魏王曹操、吴王孙权，用法律规范来管理臣子，而篡位叛逆之事连续发生，几乎没有一年安宁。天下的事务，本来就不是法律所能防范的。

叔向与子产书曰："国将亡，必多制。"夫法制繁[①]，则巧猾[②]之徒，皆得以法为市，而虽有贤者，不能自用，此国事之所以日非也。善乎，杜元凯之解《左氏》也，曰："法行则人从法，法败则法从人。" 宣公十二年传解。

【注释】①繁：繁琐，繁多，繁杂。

②巧猾：投机取巧。

【译文】叔向给子产的书中说："国家将要灭亡，一定会制定很多制度。"国家法令制度繁琐，那么投机取巧的人就都能以法令制度谋利，即使有贤能的人，也不能使自己发挥作用，这是国家政事之所以越来越差的原因。说得多好啊！杜元凯注释《左氏春秋》说："律法能够完善实行，那么人们就会服从律法；律法败坏，那么律法就会曲从于人的意愿。”

前人立法之初，不能详究事势，豫为变通之地；后人承其已弊，拘于旧章，不能更革，而复立一法以救之。于是法愈繁而弊愈多，天下之事，日至于丛脞[1]。其究也，“眊[2]而不行”。语出《汉书·董仲舒传》。师古曰：眊，不明也。上下相蒙，以为无失祖制而已。此莫甚于有明之世，如勾军、行钞[3]二事，立法以救法，而终不善者也。

【注释】①丛脞：烦琐细碎。

②眊：眼睛昏花，看不清楚，引申为糊涂、昏乱。

③勾军、行钞：勾军指征兵，行钞指发行纸币。

【译文】前人刚立法的时候，不能详尽研究事理时势，在立法时预留下变通的地方。后人接续它已有的弊端，拘泥于旧的章法，不能更改变革，就再立一条律法来弥补前人的弊端。这样就会导致律法越来越繁琐而弊端越来越多，天下的事务就一天天繁琐起来。细细研究，就会发现律法“昏乱而不能实行”。不过是让上下互相欺骗，以为没有失去祖宗之制罢了。这在明朝尤其如此，比如征兵、发行纸币这两件事，朝廷通过立法来救法，而最终的结果都不好。

省 官

光武中兴，海内人民，可得而数，裁十二三，鄣塞[①]破坏，亭燧[②]绝灭。或空置太守、令长，招还流民。帝笑曰：“今边无人，而设长吏治之，如春秋素王矣。”以故省并郡国及官僚，屡见于史。而总之曰：“兵革既息，天下少事，文书调役[③]，务从简寡，至乃十存一焉。”以此知省官[④]之故，缘于少事。今也文书日以繁，狱讼日以多，而为之上者主于裁省，则天下之事，必将丛脞而不胜，不胜之极，必复增官，而事不可为矣。

【注释】①鄣（zhāng）塞：古代防守国境的城堡关塞。

②亭燧：古代筑在边境上的烽火亭，用作侦伺和举火报警。

③调役：赋税和徭役。

④省官：裁减闲散无事的官员。

【译文】东汉光武中兴时期，全国人民，可以统计的只有十分之二三，防守边境的城堡关塞遭到破坏，烽火亭也消失了。有的地方虚设太守、县令，负责招回流亡的百姓。光武帝笑着说：“现在边境没有人，却设置官吏来管理，就像春秋时期的素王孔子，有名无实。”因此合并郡国和官员的事情，经常出现在史书中。而总结说：“战争已经平息，天下的事情少，公文、赋税和徭役，力求简省，甚至缩减到十分之一。”因此可知，裁减官员是因为事情少。现在的公文每天都在增加，案件每天都增多，而作为君主却在主张裁减，那么天下的事，一定会越来越繁琐而最终承受不了，承受不了到了极点，一定会再增加官员，这样，就会导致局面无法收拾了。

停年格

宋孙洙《资格论》曰：“三代以下，选举之法，其始终一切皆失者，其国家资格之制乎。今贤材之伏于下者，资格阂之也；职业之废于官者，资格牵之也；士之寡廉鲜耻者，争于资格也；民之困于虐政暴吏，资格之人众也。万事之所以抏弊[①]，百吏之所以废驰，法制之所以颓烂决溃，而不之救者，皆资格之失也。惟天之生大贤大德也，非以私厚其人，将使之辅生民之治者也；惟人之有大材大智者，非以独乐其身，将以振生民之穷者也。今小人累日而取贵仕，君子侧身而困卑位，贤者戴不肖于上，而愚者役智者于下，爵不考德，禄不授能，故曰贤才之伏于下者，资格阂之也。才足以堪其任，小拘岁月而防之矣；力不足以称其位，增累考级而得之矣，所得非所求也，所求非所任也。位不度才，功不索实。故曰职业之废于官者，资格牵之也。今夫计岁阀而争年劳[②]者，日夜相斗也。有司躐一名差一级，则摄衣而群争愬矣。其甚者，或怀黄敕而置于丞相之前也，其行义去市贾者亡几耳。故曰士之寡廉鲜耻者，争于资格也。来而暴一邑，既岁满矣，又去而虐一州也。非以赃败，至死不黜。虎吏劆牙而食于民，贤者郁[③]死于岩穴，而赤子不得爱其父母也。故曰民之困于虐政暴吏者，资格之人众也。夫资格之法，起于后魏崔亮，而复行之于唐之裴光庭。是二子者，其当世固已罪之，不待后人之讥矣。然而行之前世，不过数十年者也。后得称职者，矫而更之，故其患不大。今资格之弊，流漫④根结，踵为常法，方且世世而遵行之矣。往者不知非，来者不知矫，故曰万事抏弊，百吏废驰，法制颓烂决溃而不之救也。虽然，不无小利也，小便也。利之者蠢愚而废滞者也，便之者耋老而庸昏者也，而于天下国家焉，则大失也，大害也。然而提选部者，亦以是法为简而易守也，百品千群，不复铨叙人物，而综核功实，一吏在前，勘薄呼名而授之矣。坐庙堂者，亦以是法为要而易行也，大官大职，列籍按氏，差第日月，沓然而登之矣。上下相冒，而贤材去愈远，可为太息也。为今之急，诚宜大蠲⑤弊法，简拔异能，爵以功为先后，用以才为序次，无以积勤累劳者为高叙，无以深资久考者为优选，智愚以别，善否陈前，而万事不治，庶功不熙者，臣愚未尝闻也。"

【注释】①抏（wán）弊：亦作"抏獘"。亦作"抏敝"。疲困；凋敝；衰败。

②年劳：任职的年数和劳绩，官吏考绩擢升的标准之一。

③郁：怨恨，愁闷。

④流漫：遍布；弥漫。

⑤蠲（juān）：除去，免除。

【译文】宋代孙洙的《资格论》说："三代以下，选举人才的方法，从头到尾的一切都有失正确，就是国家以资格用人带来的制约。如今贤才埋没在民间，就是因为用人论资排辈的原因；应做的事被官员荒废，就是因为受到资格的牵制；士人的寡廉鲜耻，也是在资格上争夺；百姓生活在暴政暴吏中，就是因为有资格的人多。万事之所以衰败，百吏之所以不作为，法律制度之所以腐败面临崩溃，而不加以拯救，都是以资格用人的失误。上天生养大贤大德的人，不是因为偏爱厚待他，而是要让他辅佐治理百姓啊；人才中具有大材大智的人，不是因为他能独乐其身，而是要让他救济百姓的穷困。现在的小人不几天就取得高位，君子则恐惧不安的困在低下的地位上，贤人的上司是不肖之人，而愚人则驱使聪明人在手下工作，爵位不考察德行，俸禄不给有能力的人，所以说贤能的人才埋没在民间，就是因为受到资格的牵制啊。才能足以胜任，因年岁资历浅小而被阻止；力不足以称其位，增加考核等级反而得到官位，这就是所得非所求，所求不是所任用的人。这就是官位不度才量用，功劳不索求事实。所以说官职、事务废在做官之人上，就是论资排辈导致的。现在依据任职年数来计算功劳，争夺年数和功劳的人就会日夜相斗。如果有官员越级提升一人，这个要是还差一级资格，马上就会有人提起衣襟成群的争着去起诉了。更甚者，有人怀揣皇帝的诏书而放置在丞相的前面，他的品行简直与市场里的商人没有区别。所以说士人的寡廉鲜耻，也是因为争夺资格导致的。官员一上任就残酷的对待一县百姓，满了一年，又去虐待下一州的百姓。如果不是因为贪污而败落，到死也不会罢免。官吏像残暴的老虎一样把牙齿磨好了去对待百姓，贤能的人却郁闷死在洞穴，没有一个百姓会爱戴他们的父母官。所以说百姓生活在困苦的暴政暴吏中，是因为这种以资格为官的人多导致的啊。用资格取人之法，从北魏崔亮开始，后来唐代的裴光庭也用这个方法。这两个人，他们在当时就已经受到惩罚了，不必等待后人的讥讽。然而，他们实行这个政策，不过几十年的时间。后来接替他们职位的人，就把他们错误的做法矫正过来了，所以危害还不算大。现在以资格用人的弊端，处处根深蒂固，已经成为常法，几乎已经是世世代代在遵行了。前面的人不知道不正确，后来的人不知道矫正，所以说万事衰败，百官不作为，法律制度腐败面临崩溃而不加以拯救。虽然这样，也不是没有小的利益、小的便宜。得利益的是那些愚蠢保守之辈，得方便的是那些年老平庸之人，而对于天下国家，就是大的失误、大的灾害了。然而，负责选拔官员的人，也因为此法简单而容易遵守，各种各样聚集在一起，不再审查备选的人，而综合考核功绩，一个官吏在前面，查看登记薄直呼其名而把职位授给他了。坐在庙堂之上的人，也因为此法简要而容易实行，大的官职，按姓氏排列名单，区分等级时间，杂乱的登记上了。上下互相以假充真，而贤能的人才却距离越来越远，真令人叹息啊。当务之急，确实应该大力免除不适宜的法律，选拔有杰出才能的人，以功劳作为封爵的先后，以才能作为升职的顺序，不要用累积的功劳当作高叙，不要把深资久考作为优选，智愚要加以区别，善恶陈于眼前，这样而万事不治，各种事功不光明的，我从来没有听说过。”

金章宗谓宰臣曰：“今之用人太拘[1]资历，循资之法，起于唐代，如此何以得人？”平章政事张汝霖对曰：“不拘资格，所以待非常之材。”上曰：“崔佑甫为相未逾[2]年，荐八百人，岂皆非常之材与？”

【注释】①拘：限制。

②逾：超过，越过。

【译文】金章宗对宰臣说：“现在的用人太限制于资历，遵循资历的方法，从唐代开始，这样怎么能得到人才？”平章政事张汝霖回答说：“不局限于资格，那是用来对待非常特殊的人才的。”皇上说：“崔佑甫为相不到一年，推荐的人才有八百人，难道都是非常特殊的人才？”

守　令

所谓天子者，执天下之大权者也。其执大权奈何？以天下之权寄之天下之人，而权乃归之天子，自公卿大夫至于百里之宰，一命之官，莫不分天子之权以各治其事，而天子之权乃益尊。后世有不善治者出焉，尽天下一切之权而收之在上，而万几之广，固非一人之所能操也。沈约《宋书》论曰：“孝建、泰始，主威独运，空置百司，权不外假，而刑政纠杂，理难遍通。”而权乃移于法，于是多为之法以禁防之。虽大奸有所不能踰，而贤智之臣，亦无能效尺寸于法之外，相与兢兢奉法，以求无过而已。于是天子之权，不寄之人臣，而寄之吏胥。是故天下之尤急者，守令亲民之官，而今日之尤无权者莫过于守令。守令无权，而民之疾若不闻于上，安望其致太平而延国命乎？《书》曰：“元首丛脞哉，股肱惰哉，万事堕哉。”盖至于守令日轻，而胥吏日重，则天子之权已夺，而国非其国矣，尚何政令之可言耶！削考功之繁科，循久任之成效，必得其人而与之以权，庶乎守令贤而民事理，此今日之急务也。

【注释】①万几：泛指执政者处理的各种政务。

②丛脞（cuǒ）：烦琐细碎。

③股肱：大腿和胳膊。均为躯体的重要部分。引申为辅佐君主的大臣。又比喻左右辅助得力的人。

【译文】所谓的天子，就是掌握着国家大权的人。他执掌大权怎么办？把天下的大权托付给天下的人，而权力最终仍归之于天子，从公卿大夫到百里的主宰，一旦任命他以官职，没有不分天子的权力，以各办其事，而天子的权力就越尊贵。后世有不善于治理国家的人出现了，把全天下一切的权力而收集在上，而国家的政务繁多，本来就不是一个人所能掌握的。沈约《宋书》中说：“孝建、泰始年间，君主独揽大权，空置百官，权力不外放，而刑政事务纠杂，君主对这些道理不可能全部精通。”而权力就转移到法律，于是就多制定法律来禁止防范。即使大奸之人也不能越过法律，而有贤德有智慧的臣子，也不能在法律之外超越分寸，大家小心翼翼地遵守法律，以追求没有过错而已。于是天子的权力，不是寄托给大臣，而是寄托给吏胥。所以天下特别紧急的，就是郡守县令亲民之官，而今天尤其没有权力的莫过于郡守县令。郡守县令没有权力，而人民的疾苦不向皇上报告，怎么能指望它带来和平而延续国命呢？《尚书》上说："元首管得烦琐细碎，辅佐的人就会懒惰，万事就会毁坏。"至于守令的权力越来越轻，而胥吏的权力越来越重，那么天子的权力已被剥夺，而国非其国，还有什么政令可以说呢？消除考核功绩的繁重赋税，让官员久于其任而责其成效，必须找到合适的人才给他们以权力，这样只要郡守县令贤能而百姓的事就可以得到治理了，这才是今天的当务之急啊。

财　用

古人制币，以权百货之轻重。钱者，币之一也。将以导利而布之上下，非以为人主之私藏也。《食货志》言："民有余则轻之，故人君敛之以轻；民不足则重之，故人君散之以重。凡轻重敛散之以时则准平。使万室之邑必有万钟之臧，臧繦[①]千万；千室之邑必有千钟之臧，臧繦百万。" 孟康曰："繦，钱贯也。"齐武帝永明五年九月丙午诏，以"粟帛轻贱，工商失业，良由圜法[②]久废，上币[③]稍寡。可令京师及四方出钱亿万，籴米谷、丝绵之属，其和价以优黔首[④]。""南齐豫章王嶷镇荆州，以谷过贱，听民以米当口钱，优评斛一百。”优评者，增价而取之。唐宪宗时，白居易《策》言：“今天下之钱日以减耗，或积于内府，或滞于私家。若复日月征收，岁时输纳，臣恐谷帛之价转贱，农桑之业益伤，十年以后，其弊必更甚于今日。”而元和八年四月敕，“以钱重货轻，出内库钱五十万贯，令两市⑤收买布帛，每端匹⑥视旧估加十之一”。十二年正月又敕，“出内库钱五十万贯，令京兆府拣择要便处开场，依市价交易”。今日之银，犹夫前代之钱也，乃岁岁征数百万贮之京库，而不知所以流通之术，于是银之在下者至于竭涸，而无以继上之求，然后民穷而盗起矣。单穆公⑦有言：“绝民用以实王府，犹塞川原而为潢污⑧也。”自古以来，有民穷财尽而人主独拥多藏于上者乎？此无他，不知钱币之本为上下通共之财，而以为一家之物也。《诗》曰：“不吊⑨昊天，不宜空我师。”有子曰：“百姓不足，君孰与足？”古人其知之矣。

【注释】①繈（qiǎng）：同“镪”。钱串，引申为成串的钱。后多指银子或银锭。

②圜法：指货币制度。

③上币：上等的货币。古以珠玉为上币，秦以黄金为上币。

④黔首：古代称平民，老百姓。

⑤两市：唐长安城中东市、西市的合称。隋名东市曰都会，西市曰利人。

⑥端匹：古代布帛计量词。唐制：布帛六丈为端，四丈为匹。

⑦单穆公：春秋时期单国国君，名旗，伯爵。《国语·单穆公谏景王铸大钱》中的主人翁。

⑧潢污：亦作“潢汙”。聚积不流之水。

⑨不吊：不为天所哀悯庇佑。

【译文】古人制造货币，用来衡量各种货物价值的高低。钱，是货币的一种。是用来引导货利而上下流通的，不是将它作为君主的私蓄。《食货志》记载：“百姓货物有剩余钱就轻，所以君主征收的也低；百姓货物不足钱就重，所以君主以高价散发。凡是低价、高价以及征收、散发都按照一定时机，物价就均衡了。使万户人口的城邑一定有万钟的收藏，藏有千万串的钱；千户人口的城邑一定有千钟的收藏，藏有百万串的钱。”齐武帝永明五年九月丙午日下诏，以“粟帛被轻视，工商业者丧失产业，实在是由于货币制度长久废弃，上等的货币缺乏。可以下令京城以及京城以外的地区拿出亿万钱来，买进米谷、丝绵之类，平价优惠卖给百姓。”唐宪宗时期，白居易《礼部试策》说道：“如今天下的钱一天天减少，有的积储在王室的仓库，有的留滞在私人家里。如果再每天每月收取赋税，一年四季缴纳，臣下担心谷帛的价格变低，农桑产业更加损害，十年以后，弊端一定比现在更加严重。”而元和八年四月敕令，“由于钱重货轻，拿出皇宫府库的五十万贯钱，下令东、西两市收购布帛，每端匹按照以前的估价加价十分之一。”十二年正月又敕令，“拿出皇宫府库的五十万贯钱，下令京兆府拣择紧要便利的地方划分地面，依照市价交易。”现在的银子，犹如前代的钱，却年年征收数百万贮存在京城府库，而不知道如何流通的方法，因此民间的银子竟至于用尽，进而不能满足上位者的需求，然后百姓困顿而盗贼兴起。单穆公说过："搜刮百姓的钱财来充实大王的府库，就好像堵塞江河的源头而做蓄水池。"自古以来，有百姓穷困、财用匮乏而君王独自拥有众多府藏在上位的吗？这没有别的原因，是在上位的不知道钱币的根本是作为上下一起的财产，而以为是自己一人的财物。《诗经》有云："不被苍天眷顾，不应该让我们饱受穷困。"有子说："百姓的费用不足，君上又怎么会充足呢？"古代在上位的人都是明白这个道理的。

财聚于上，是谓国之不祥。不幸而有此，与其聚于人主，无宁聚于大臣。昔殷之中年，"有乱政同位，具乃贝玉"。总于货宝，贪浊之风，亦已甚矣。有一盘庚①出焉，遂变而成中兴之治。及纣之身，用乂雠敛，鹿台②之钱，鉅桥③之粟，聚于人主，《史记·殷本纪》：厚赋税以实鹿台之钱。而前徒倒戈自燔之祸至矣。故尧之禅舜，犹曰："四海困穷，天禄永终。"而周公之系《易》曰："涣王居，无咎。"《管子》曰："与天下同利者，天下持之；擅天下之利者，天下谋之。"呜呼！崇祯末年之事，可为永鉴也已。后之有天下者，其念之哉！

【注释】①盘庚：甲骨文作般庚，子姓，名旬，商王祖丁之子，阳甲之弟。阳甲死后，盘庚继位，是商朝一位很有作为的君主。他为了改变当时社会不安定的局面，决心再一次迁都，搬迁到殷（今河南安阳），史称“盘庚迁殷”。盘庚迁殷后，整顿商朝的政治，发展经济，使衰落的商朝出现复兴的局面。

②鹿台：商纣王所建之宫苑建筑，地点应在商都附近。

③钜桥：商纣王时之粮仓名。仓址在今河北省曲周县东北。

【译文】财物聚集在上，这叫作国家的不吉祥。不幸发生这种情况，与其聚集在君主，不如聚集在大臣。从前殷商中期，“有治理政事的大臣，聚集珍宝财货”。聚拢财货珍宝，贪浊的风气，也已经很严重了。有一位君王盘庚出来散财于天下，于是转变而成中兴之治。到了商纣时期，用杀戮和重刑搜刮财货，鹿台的钱，钜桥的粟，聚集在君王手上，到武王伐纣的时候，商朝军队的前方部队投降、反过来打自己人，纣王自焚的灾祸就到来了。因此尧禅让给舜，尚且说：“假如天下的百姓困苦、贫穷，那么上天赐给你的福禄也会终止。”而周公解说《周易》涣卦时说道：“洪水滔滔，涨到帝王的宫殿，最终没有灾祸。”《管子》里说：“与天下人同利的，天下人就会支持他；独自占有天下人的利益的，天下人就会图谋他。”呜呼！崇祯末年的事，可以作为长久的鉴戒了。后世拥有天下的人，应该常常放在心上！

唐自行两税法以后，天下百姓输赋于州府，一曰上供[①]，二曰送使[②]，三曰留州[③]。《旧唐书·裴垍传》。《新唐书·食货志》同。元稹状言：“臣伏准前后制敕，及每岁旨条，两税留州、留使钱外，加率一钱一物，州府长吏并同枉法计赃，仍令出使御史访察闻奏。”及宋太祖乾德三年诏，诸州支度经费外，凡金帛悉送阙下[④]，无得占留。《宋史·食货志》。自此一钱以上皆归之朝廷，而簿领[⑤]纤悉，特甚于唐时矣。然宋之所以愈弱而不可振者，实在此。《宋史》言：宋聚兵京师，外州无留财，天下支用悉出三司，故其费寖多。昔人谓古者藏富于民[⑥]。自汉以后，财已不在民矣，而犹在郡国，不至尽辇京师，是亦汉人之良法也。后之人君知此意者鲜矣。

【注释】①上供：唐宋时所征赋税中解交朝廷的部分。

②送使：唐代属州输送与节度、观察使府的赋税，谓之“送使”。

③留州：唐赋税名。指留作地方州县使用的税收。

④阙下：宫阙之下。借指帝王所居的宫廷。

⑤簿领：官府记事的簿册或文书。

⑥藏富于民：中国古代主张国家减轻赋役征发，通过藏富于民的方式来发展生产、稳定国家财政收入的经济思想。春秋时期齐国的管仲说：“无夺民时，则百姓富。牺牲不略，则牛羊遂。”主张国家徭役的征发与赋税的课征要适时适量，以此来富民富国。

【译文】唐代自从施行两税法以后，天下百姓缴纳赋税到州府，第一种叫上供，第二种叫送使，第三种叫留州。等到宋太祖乾德三年诏令，诸多州除州里的财政开支以外，凡是黄金、丝绸全部送到宫廷，不得留下据为己有。从此一钱以上都归集到朝廷，而且簿册、文书记录细微详尽，比唐代尤其利害。而宋代更加势弱而不能振作的原因，原因实在此处。从前的人说古时候圣王把财富储存在民间。从汉代以后，财富已经不在百姓了，然而还在郡国，不至于全部车送到京师，这也是汉代人的良法。后代的君主知道这个含义的很少了。

自唐开成初，归融[①]为户部侍郎兼御史中丞，奏言："天下一家，何非君土？中外之财，皆陛下府库[②]。"而宋元祐中，苏辙为户部侍郎，则言："善为国者，藏之于民；其次藏之州郡；州郡有余，则转运司常足；犹今之布政司。转运司既足，则户部不困。自熙宁以来，言利之臣不知本末，欲求富国，而先困转运司；转运司既困，则上供不继；上供不继，而户部亦惫矣。两司既困，虽内帑别藏[③]积如丘山，而委为朽壤，无益于算也。"是以仁宗时富弼[④]知青州，朝廷欲辇青州之财入京师，弼上疏谏。金世宗欲运郡县之钱入京师，徒单克宁[⑤]以为如此则民间之钱益少，亦谏而止之。以余所见，有明之事，尽外库之银以解户部，盖起于末造[⑥]，而非祖宗之制也。

【注释】①归融：字章之，归登子。时朝廷礼典多本融议。

②府库：国家贮藏财物、兵甲的处所。

③别藏：另外贮存的钱。

④富弼：字彦国。洛阳人。北宋名相、文学家。与范仲淹等共同推行庆历新政。富弼多次出使辽国，对西夏情形也十分关注。他利用自己对宋、辽、西夏三国关系的透彻了解，助宋朝撬开辽夏同盟，使宋、辽、西夏三足鼎立的格局逐渐稳定下来。反对王安石变法。

⑤徒单克宁：本名习显，女真族，金朝大臣、名将，汾阳军节度使徒单况者之子。对金朝的政治、文化、军事等方面都发挥了重要的作用。

⑥末造：犹末世。指朝代末期。

【译文】从唐代开成初年，归融担任户部侍郎兼御史中丞，奏言道："天下一家，哪里不是国君的土地呢？朝廷内外的财物，都是陛下的府库。"然而到了宋代元祐中期，苏辙担任户部侍郎，则说："善于治理国家的人，藏富于百姓；其次藏富于州郡；州郡有富足，那么转运司就会长久充足；转运司已经充足，那么户部就不会艰难。自熙宁以来，言利的大臣不知道主次，想要使国家富有，于是先使转运司困窘；转运司已经困窘了，那么上交朝廷的赋税就不能连续；上交朝廷的赋税不能连续，那么户部也就困顿了。两司已经困顿，即使国库里、以及另外贮存的钱财堆积如山丘，而积聚成腐土，也对核算没有益处。"所以宋仁宗时期富弼担任青州知州时，朝廷想要运送青州的财物到京师，富弼上疏劝谏。金世宗想运送郡县的钱税到京师，徒单克宁认为这样做会使民间的钱更加少，也劝谏阻止了。以我的意见，明朝的事，搜尽宫外仓库的银子解交到户部，大概是兴起在末期，而不是祖宗的定制。

王士性[①]《广志绎》言："天下府库莫盛于川中，余以戊子典试于川，询之藩司，库储八百万，银两之数。即成都、重庆等府，俱不下二十万，顺庆亦十万。盖川中无起运之粮，而专备西南用兵故也。两浙[②]赋甲天下，余丁亥北上，滕师少松为余言，癸酉督学浙中，藩司储八十万。后为方伯，止四十万。今为中丞，藩司言不及二十万矣。十年之间，积贮一空如此。及余己丑参政广西，顾臬使问自浙粮储来，询之，则云浙藩今已不及十万也。广西老库储银十五万不啓，每岁以入为出耳。余甲午参政山东，藩司亦不及二十万之储。庚辰入滇，滇藩亦不满十万，与浙同，每岁取矿课五六万用之。今太仓[③]所蓄，亦止老库四百余万，有事则取诸太仆寺。余乙未贰卿[④]太仆时，亦止老库四百万。每岁马价不足用，则取之草料。盖十年间，东倭西哱，所用于二帑者，逾二百万故也。”其所记万历时事如此。至天启中，用操江范济世之奏，一切外储尽令解京，而搜括之令自此始矣。今录上谕全文于此，俾后之考世变者得以览焉。

【注释】①王士性：字恒叔，号太初，宗沐侄，临海城关人，人文地理学家。少年好学，喜游历。士性一生，游迹几遍全国，凡所到之处，对一岩、一洞、一草，一木之微，悉心考证；对地方风物，广事搜访，详加记载，并成著作。有《广志绎》《五岳游草》《广游志》等，今被辑成《王士性地理书三种》。

②两浙：浙东和浙西的合称。唐肃宗时析江南东道为浙江东路和浙江西路，钱塘江以南简称浙东、以北简称浙西。

③太仓：古代京师储谷的大仓。

④贰卿：指侍郎。古代尚书称卿，侍郎副之，故称贰卿。

【译文】王士性的《广志绎》记载：“天下府库没有比川中兴盛的，我因为戊子年在四川主持考试，询问藩司，府库储存有八百万银两，即使成都、重庆等府，都不少于二十万，顺庆也存有十万。大概是因为川中没有起运的粮税，而专门防备西南战事的缘故。两浙的赋税位居天下第一，我丁亥年向北去，滕师少松对我说，癸酉年督学浙中，藩司储积八十万。后来担任方伯，只储积了四十万。现在担任中丞，藩司说不到二十万了。十年之间，积聚储存的钱财像这样一点都不剩。等到我己丑年参政广西，顾臬使问从浙江粮储任上过来，我便询问他，他说，浙藩如今不到十万了。广西老库储银十五万不开封，每年以收入作为开支。我甲午年参政山东，藩司也不到二十万的积储。庚辰年进入滇地，滇藩也不超过十万，与浙江相同，每年拿矿税五六万作为开支。如今太仓所储蓄的银两，也只有老库的四百余万，有事就到太仆寺拿取。我乙未年贰卿太仆时，也只有老库四百万。每年马价银子不能满足开支，就拿取草料钱。这是因为十年之间，东边有倭寇、西边有哱拜，用于剿灭倭寇、哱拜的钱财，超过二百万的缘故了。”所记录万历时期的事情是这样。到天启年间，采纳提督操江范济世的奏请，下令所有地方的积储全部解交到京城，搜括的命令就从这开始了。现在记录诏书的全文在这里，使后代考证时代变迁的人能够阅览。

天启六年四月七日，上谕“工部、都察院：朕思殿工肇兴，所费宏钜，今虽不日告成，但所欠各项价银[①]，已几至二十万。况辽东未复，兵饷浩繁，若不尽力钩稽[②]，多方清察，则大工必至乏误，而边疆何日敉[③]宁。殊非朕仰补三朝阙典[④]之怀，亦非臣下子来[⑤]奉上之谊也。朕览南京操江宪臣范济世两疏所陈，凿凿可据。其所管应天、扬州府等处库贮银两，前已有旨尽行起解[⑥]，到京之日，照数察收。似此急公徇上之诚，足为大小臣工模范。使天下有司皆同此心，朕何忧乎鼎建之殷繁，军饷之难措哉。范济世所奏，奉旨已久，其银两何尚未解到？尔工部、都察院，即行文速催，以济急用。且天之生财，止有此数，既上不在官，又下不在民，岂可目击时艰，忍置之无用之地。朕闻得盐运司每年募兵银六千两，实收在库，约有二十余万两。又盐院康丕扬在任，一文未取，每年加派银一万，约有二十余万两。又故监鲁保遗下每年余银四万两，约有四十余万两，连前院除支销费过，余银约有八十余万两，刷卷察盘可据。又南太仆寺解过马价余银二十六万两，见寄在应天等府贮库。又户科贮库余银约有七万两，寄收应天府。又操江寄十四府余银约有十万两。又操江寄贮扬州、镇江、安庆三府备倭余银约有三十余万两，北道刷卷[⑦]御史可据。已上七宗，俱当遵照范济世所奏事例，彻底清察。就着南京守备内臣刘敬、杨国瑞亟委廉干官胡良辅、刘文耀，会同该部院抚按官，着落经管衙门，察核的确，速行起解。有敢推避嫌怨，隐匿稽迟，怀私抗阻者，必罪有所归。如起解不完，则抚按等官都不许考满[⑧]迁转。刘敬等亦不许扶同蒙蔽，骫[⑨]法徇私，必须殚力急公，尽心搜括，庶大工、边务，均有攸赖，国家有用之物，不至为贪吏侵渔，昭朕裕国恤民德意。”又闻南京内库，祖宗时所藏金银珍宝，皆为魏忠贤矫旨取进。先帝谕中所云：“将我祖宗库贮传国奇珍异宝，盗窃几至一空者，不知其归之何所。”自此搜括不已，至于加派；加派不已，至于捐助，以讫于亡。由此言之，则搜括之令开于范济世，成于魏忠贤，而外库之虚，民力之匮，所由来矣。崇祯元年六月奉旨：范济世阿逢逆珰，妄报搡银，贻害地方，着冠带闲住。以英明之主继之，而犹不免乎与乱同事，然则知上下之为一身，中外之为一体者，非圣王莫之能也。传曰：“长国家而务财用者，必自小人矣。”岂不信夫！

【注释】①价银：物品、产业按价买卖所应收付的银两数。

②钩稽：查考审核。

③敉（mǐ）宁：抚定，安定。

④阙典：残缺的典章制度。语本汉扬雄《剧秦美新》：“帝典阙而不补。”

⑤子来：谓民心归附，如子女趋事父母，不召自来，竭诚效忠。

⑥起解：地方政府将钱、粮等物解送上级政府。

⑦刷卷：元代由肃政廉访使清查所属各衙门处理狱讼案件有无拖延枉曲，称刷卷。

⑧考满：旧时指官吏的考绩期限已满。一考或数考为一任，故考满亦常为任满。

⑨骫（wěi）：枉曲。

【译文】天启六年四月七日诏书“工部、都察院：朕想到宫殿工程刚刚开始，耗费重大，如今虽然不久就要完工，只是所欠的各项价银，已经差不多到二十万了。何况辽东没有收复，兵饷繁重，如果不全力查考审核，多方面清察，那么大工程的工期一定会延误，而且边疆什么时候能够安定呢。实在不是朕仰补三朝残缺典章制度的胸怀，也不是臣下归附侍奉君主的意思。朕观览南京提督操江、御史范济世两次上疏所说，确实可作依据。他所管辖的应天府、扬州府等处仓储的银两，之前已经奉旨全部解送，到京城的时候，依照数量查清接收。像这样热心公家、顺从君上的真心，完全可以作为大小群臣的模范。假使天下的官员都是这样的真心，朕哪里会担忧营建的繁多，军饷的难筹措呢。范济世陈奏，奉旨已经很久，银两为什么还没有解送到？你工部、都察院，立即发布公文迅速催促，以补益紧急需用。况且上天生财，只有固定的数目，既然上不在官府，又下不在民间，怎么可以目睹时局的艰难，忍心放置在无用的地方。朕听说盐运司每年招募兵丁的银子有六千两，实收在府库，大约有二十多万两。又有盐院康丕扬在任，一文未取，每年加派银两一万，大约有二十多万两。又有故监鲁保遗下每年结余四万两，大约有四十多万两，连前院除支销费过，结余大约有八十多万两，刷卷盘查可作依据。又有南太仆寺解交过马价银结余二十六万两，见寄在应天等府贮存府库。又有户科贮存府库结余大约有七万两，寄收应天府。又有提督操江寄十四府结余大约有十万两。又有提督操江寄贮扬州、镇江、安庆三府防备倭寇的结余大约有三十多万两，北道刷卷御史可作依据。已上七件，都应当遵照范济世所奏的成例，彻底清察。就命令南京守备内臣刘敬、杨国瑞急切委派廉洁的干官胡良辅、刘文耀，会同该部院抚按官，安排经管衙门，审察实在，迅速押送。有胆敢推卸逃避、仇怨，隐瞒迟延，心存私念、阻挡抵抗的，必定按律定罪。假如解送没有完成，那么巡抚、巡按等官任满后都不允许调任。刘敬等也不允许伙同欺骗，枉法徇私，必须竭尽全力、热心公事，竭尽心意搜集，希望大工程、边防事务，都能有所依赖，国家有用的财物，不至于被贪官污吏侵吞，彰显朕富足国家、体恤百姓、布施恩德的心意。”又听说南京宫中的府库，祖宗所收藏的金银珍宝，都被魏忠贤假托诏命取进。先帝谕旨中所说：“将我祖宗仓储传国的奇珍异宝，盗窃得差不多一点不剩，不知道归属到哪里去了。”从此搜括不停止，以至于到加派；加派不停止，以至于到捐助，一直截止到灭亡。由这来说，那么搜括的命令开始于范济世，完成在魏忠贤，而地方府库的空虚，百姓财力的匮乏，都是由此而来。在这种情况下，即使有英明的君主继位，也难免与乱共事。然后才知道能够懂得上下原是一身，朝廷内外本为一体的道理的君主，如果不是圣王再现，是无法做到的了。《礼记·大传》上说：“执掌国家大权而致力于聚敛财货，一定是受了小人的蛊惑啊。”这难道不是事实吗！

开科取士，则天下之人日愚一日，立限征粮，则天下之财日窘一日。吾未见无人与财而能国者也。然则如之何？必有作人之法，而后科目[1]可得而设也，必有生财之方，而后赋税可得而收也。

【注释】①科目：唐代以来分科选拔官吏的名目。

【译文】通过举行科举考试来选取优异的读书人，那么天下的人就会一天比一天愚昧；确定期限征收公粮，那么天下的财货就会一天比一天窘乏。我没有见过没有人才与财货却能够拥有国家的。那么应该怎么办呢？必须先要有培植人才的方法，然后才谈得上通过科考来取士，必须先要有增加财富的方法，然后才有赋税可以征收。

言利之臣

《孟子》曰："无政事则财用不足。"古之人君，未尝讳言财也。所恶于兴利者，为其必至于害民也。昔明太祖尝黜言利之御史，而谓侍臣曰："君子得位，欲行其道；小人得位，欲济其私。欲行道者，心存于天下国家，欲济私者，心存于伤人害物。"洪武十三年五月，御史周姓，《实录》不载其名。此则唐太宗责权万纪[1]之遗意[2]也。又广平府吏王允道言："磁州临水镇产铁，请置炉冶。"上曰："朕闻治世，天下无遗贤，不闻天下无遗利。且利不在官则在民，民得其利，则财源通，而有益于官；官专其利，则利源塞，而必损于民。今各冶数多，军需不乏，而民生业已定，若复设此，必重扰之矣。”杖之流海外。十五年五月。圣祖不肩好货[③]之意，可谓至深切矣。自万历中矿税以来，求利之方纷纷，且数十年，而民生愈贫，国计亦愈窘。然则治乱盈虚之数，从可知矣。为人上者，可徒求利而不以斯民为意与？

【注释】①权万纪：唐太宗皇子吴王李恪的老师，敢于犯颜直谏，因吴王狩猎破坏了农田，被唐太宗以师之过削去了封户。

②遗意：前人或古代事物留下的意味、旨趣。

③好货：贪财的人。

【译文】孟子说：“不搞好政事，财物就会贫乏。”古代的君主，没有避忌言财的。之所以厌恶兴利，是因为一味言利，必将会危害到百姓的根本利益。从前明太祖曾经罢黜言利的御史，而对侍臣说：“君子得到职位，是想要实行道义；小人得到职位，是想要谋取私利。想要实行道义的人，心存天下国家，想要谋取私利的人，心存伤人害物。”这就是唐太宗斥责权万纪的遗意。又有广平府属吏王允道奏言道：“磁州临水镇出产铁矿，请设置熔炉冶炼。”明太祖说：“朕听说和平昌盛的时代，天下没有弃置的贤才，没听说天下没有未尽其用的利益。而且利益不在官府就在民间，民间得到利益，就会财源通达，而有益于官府；官府独占利益，利源就会滞塞，而必定损害百姓。如今各地冶炼厂数量众多，军需不缺乏，而且百姓的生活已经安定，如果再设置冶炼厂，一定会增加百姓的困扰。”用棍杖打他，然后流放海外。明太祖不任用贪财的人的意愿，可以说非常恳切了。从万历年间征收矿税以来，朝廷追求利益的方法越来越多，将近数十年，然而百姓的生活更加贫困，国家的经济也更加窘困。那么安定与混乱、兴盛与衰败的运数，就可以知道了。居上位的人，可以只追求利益而不在意老百姓吗？

正 始

有亡国，有亡天下。亡国与亡天下奚辨？曰："易姓[①]改号，谓之亡国；仁义充塞，而至于率兽食人[②]，人将相食，谓之亡天下。魏晋人之清谈，何以亡天下？是孟子所谓杨、墨[③]之言，至于使天下无父无君[④]，而入于禽兽者也。"

【注释】①易姓：古代帝王把国家视为一姓之家业，故称改朝换代为"易姓"。

②率兽食人：本义为带着野兽来吃人。引申为统治者为政失职，只图享乐，不关心百姓疾苦。后因以"率兽食人"比喻虐政害民。

③杨墨：战国时杨朱与墨翟的并称。

④无父无君：典出《孟子·滕文公下》："杨氏为我，是无君也；墨氏兼爱，是无父也。无父无君，是禽兽也。"后以讥刺无伦常者。

【译文】有亡失国家，有亡失天下。亡失国家与亡失天下怎样分辨呢？说："改朝换代，叫作亡失国家；仁义堵塞，而到了在上位者虐政害民，百姓将要靠吃人充饥的境地，叫作亡失天下。魏晋时期士大夫们崇尚清谈，怎么说他们是亡失天下呢？这就是孟子所说杨朱、墨翟倡导的学说，从而使天下无父无君，人们步入禽兽的行列，这就叫做亡天下。”

昔者嵇绍[①]之父康，被杀于晋文王[②]，至武帝[③]革命[④]之时，而山涛[⑤]荐之入仕。绍时屏居私门，欲辞不就。涛谓之曰："为君思之久矣，天地四时，犹有消息，而况于人乎？"一时传诵，以为名言，而不知其败义伤教，至于率天下而无父者也。夫绍之于晋，非其君也，忘其父而事其非君，当其未死三十余年之间，为无父之人亦已久矣，而荡阴之死，何足以赎其罪乎？且其入仕之初，岂知必有乘舆败绩之事，而可树其忠名，以盖于晚也。自正始以来，而大义之不明，遍于天下。如山涛者，既为邪说之魁，遂使嵇绍之贤且犯天下之不韪而不顾。夫邪正之说，不容两立。使谓绍为忠，则必谓王裒[⑥]为不忠，而后可也。何怪其相率臣于刘聪[⑦]、石勒[⑧]，观其故主青衣行酒[⑨]，而不以动其心者乎？是故知保天下然后知保其国。保国者，其君其臣，肉食者[⑩]谋之；保天下者，匹夫之贱，与有责焉耳矣。

【注释】①嵇绍：字延祖。谯国铚县（今安徽濉溪）人。西晋时期名臣、文学家，曹魏中散大夫嵇康之子。嵇绍十岁时，嵇康被掌权的司马氏集团杀害，他也被迫退居乡里，不得出仕。后在山涛劝解下被举荐为秘书丞。

②晋文王：即司马昭，字子上，河内温县（今河南温县）人。三国时期曹魏权臣，西晋王朝的奠基人之一。其子司马炎代魏称帝，建晋朝，追尊司马昭为文帝，庙号太祖。

③武帝：即司马炎，字安世，河内温县（今河南省温县）人，晋朝开国皇帝。晋宣帝司马懿之孙、晋景帝司马师之侄、晋文帝司马昭嫡长子、晋元帝司马睿从父。谥号武皇帝，庙号世祖，史称晋武帝。

④革命：谓实施变革以应天命。古代认为王者受命于天，改朝换代是天命变更，因称“革命”。

⑤山涛：字巨源。河内郡怀县（今河南武陟西）人。三国至西晋时期名士、政治家。早年孤贫，喜好老庄学说。“竹林七贤”之一。

⑥王裒（póu）：字伟元，城阳营陵（今山东昌乐）人。东汉大司农郎中令王修之孙，司马王仪之子。西晋学者，因父为司马昭所杀，不臣西晋，三征七辟皆不就，隐居教授，善书。

⑦刘聪：本名刘载，字玄明，新兴郡（今山西忻州市）人，匈奴族。十六国时期汉赵君主，光文帝刘渊第四子。骁勇超人，博览经史，文武兼备。俘虏并杀害晋怀帝及晋愍帝，制造永嘉之乱，覆灭西晋王朝。谥号昭武皇帝，庙号烈宗。

⑧石勒：字世龙，小字匐勒，羯族，上党武乡（今山西榆社）人。部落小帅石周曷朱之子，十六国时期后赵建立者，史称后赵明帝。也是中国历史上的唯一一个奴隶皇帝。

⑨青衣行酒：指晋怀帝被俘受辱事。典出《晋书·孝怀帝纪》：“刘聪大会，使帝著青衣行酒。侍中庾珉号哭，聪恶之。”

⑩肉食者：古代把礼制规定的食肉的统治者称为“肉食者”。指诸侯、大夫一类有地位的人。

【译文】从前嵇绍的父亲嵇康，被晋文王司马昭所杀，到晋武帝司马炎变革顺应天命的时候，而山涛举荐嵇绍做官。嵇绍当时隐居在家，想要推辞不接受任命。山涛对他说："我替您想了很久了，天地四季，尚且有消长变化，更何况是对于人呢？"这段话一时被流传称道，作为名言，却不知道他败坏道义、伤害教化，以至于带领天下人人都变成了无父之人。晋朝对于嵇绍，有着杀父之仇，已经不是他的君上，忘记自己的父亲而事奉不该事奉的君上，在他没死的三十多年之间，成为无父的人也已经很久了，然而嵇绍在荡阴为护卫皇帝殉职，哪里能够抵消他的罪过呢？况且他做官的初期，哪里知道一定就有皇帝亲征溃败的事情，而可以树立他的忠名，而且是在他晚年的时候。自正始年间以来，大义不能彰显，遍及天下。比如山涛，已经是邪说魁首，于是使嵇绍的贤明也犯下天下公认的过错而不自知。邪正的学说，不能够同时存在。假使说嵇绍为忠，则必定说王裒为不忠，然后才可以。怎么会奇怪他们相继臣服于刘聪、石勒，看着原来的君主穿着侍童的衣服依次斟酒，而不引起情感波动呢？所以说能知道如何保全天下然后才知道如何保全国家。保全国家，是国君和大臣，还有做官的人谋划的；保全天下，即使平民百姓地位卑下，同样有责任。

宋世风俗

《宋史》言："士大夫忠义之气，至于五季[①]，变化殆尽。

宋之初兴，范质[②]、王溥[③]犹有馀憾。艺祖[④]首褒韩通[⑤]，次表卫融[⑥]，以示意向。真、仁之世，田锡[⑦]、王禹偁[⑧]、范仲淹、欧阳修、唐介[⑨]诸贤，以直言谠论倡于朝。于是中外荐绅，知以名节为高，廉耻相尚，尽去五季之陋。故靖康之变，志士投袂，起而勤王，临难不屈，所在有之。及宋之亡，忠节相望。”呜呼！观哀、平之可以变而为东京，五代之可以变而为宋，则知天下无不可变之风俗也。剥上九之言硕果也，阳穷于上，则复生于下矣。

【注释】①五季：即后梁、后唐、后晋、后汉、后周五代。

②范质：字文素，大名宗城（今河北邢台）人。五代后周时期至北宋初年宰相。自幼好学，博学多闻。陈桥兵变后，范质与宰相王溥、魏仁浦被迫拥立赵匡胤为天子。曾主持编定后周的《显德刑律统类》，宋代第一部法典《宋刑统》直接来源于此法典。

③王溥：字齐物，宋初并州祁人。历任后周太祖、周世宗、周恭帝、宋太祖两代四朝宰相，又为著名史学大家，编撰《世宗实录》、《唐会要》、《五代会要》三部史籍。

④艺祖：宋朝人对宋太祖赵匡胤的称呼，后世从宋人之俗，亦称赵匡胤为艺祖。

⑤韩通：并州太原（今属山西）人，又称作“韩瞠眼”，后周将领。赵匡胤发动陈桥兵变，韩通打算组织军队抵抗，为王彦升所杀。赵匡胤登基后，追赠其为中书令。

⑥卫融：字明远，五代时博兴县人。

⑦田锡：初名田继冲，字表圣。嘉州洪雅（今四川眉山）人。北宋初期著名谏臣，政治家，文学家。

⑧王禹偁（chēng）：字元之，济州钜野（今山东巨野）人。北宋诗人、散文家，宋初有名的直臣，敢于直谏遭贬谪。王禹偁为北宋诗文革新运动的先驱，文学韩愈、柳宗元，诗崇杜甫、白居易，多反映社会现实，风格清新平易。

⑨唐介：字子方，江陵（今属湖北）人。北宋著名谏臣。为官清正廉明，与同朝包拯一样刚正不阿。朝臣皆称“真御史必曰唐子方”。著名爱国诗人陆游的母亲是其嫡亲孙女。

【译文】《宋史》记载：“士大夫忠义的气节，到了五代，几乎消磨殆尽。宋朝刚刚建立的时候，范质、王溥仍有遗憾。宋太祖首先褒奖韩通，然后表彰卫融，来显示心之所向。宋真宗、宋仁宗时期，田锡、王禹偁、范仲淹、欧阳修、唐介诸位贤达，在朝堂倡导正直的言论。因此朝廷内外的官员，知道崇尚名誉节操，懂得廉洁知耻，完全去除了五代时期的陋习。因此“靖康之变”时，节操高尚，奋发起兵救援王朝，面临死亡而不屈服的人，到处都有。到宋朝灭亡，忠贞而有节操的人依旧接连不断。”感叹啊！看看汉哀帝、汉平帝被替代为东汉，五代被替代为大宋，就知道天下没有不可以改变的风俗了。剥卦的上九爻爻辞说“硕果不食”，是指阳爻上升达到极点，那么就会重复出现于下了。

人君御物之方，莫大乎抑浮止竞。宋自仁宗[1]在位，四十余年，虽所用或非其人，而风俗醇厚，好尚端方，论世之士谓之君子道长。及神宗[2]朝，荆公[3]秉政，骤奖趋媚之徒，深锄异己之辈。邓绾[4]、李定[5]、舒亶[6]、蹇序辰[7]、王子韶[8]诸奸，一时擢用，而士大夫有“十钻”[9]之目。钻者，取必入之义。班固《答宾戏》：“商鞅挟三术以钻孝公。”《邓绾传》：以颂王安石得官，谓其乡人曰“笑骂从汝，好官须我为之”。干进之流，乘机抵隙。驯至绍圣、崇宁，而党祸大起，国事日非，膏肓之疾，遂不可治。后之人但言其农田水利、青苗、保甲诸法，为百姓害，而不知其移人心、变士习，为朝廷之害。其害于百姓者，可以一日而更，而其害于朝廷者，历数十百年，滔滔之势，一往而不可反矣。李应中[10]谓：“自王安石用事，陷溺人心，至今不自知觉。人趋利而不知义，则主势日孤。”此可谓知言者也。《诗》曰：“毋教猱升木，如涂涂附。”夫使庆历之士风，一变而为崇宁者，岂非荆公教揉之效哉！

【注释】①仁宗：即宋仁宗赵祯。

②神宗：即宋神宗赵顼。

③荆公：即王安石，字介甫，号半山，临川（今江西抚州市临川区）人，封“荆国公”。

④邓绾（wǎn）：北宋官吏。字文约，成都双流（今属四川）人。人品恶劣，在权力争斗中，朝秦暮楚，两面三刀。

⑤李定：字资深，扬州（今属江西）人。少受学于王安石。

⑥舒亶（dǎn）：字信道，号懒堂，慈溪（今浙江余姚）人。生而魁

梧，博闻强记，为文不立稿。与李定同劾苏轼，是为“乌台诗案”。

⑦蹇序辰：字授之，蹇周辅子，成都双流人。

⑧王子韶：字圣美，太原（今属山西）人。时人以其善交结要人子弟，称为“衙内钻”。

⑨十钻：典出《宋史·王子韶传》“熙宁初，士大夫有‘十钻’之目，子韶为‘衙内钻’，指其交结要人子弟，如刀钻之利。”宋时支持、迎合王安石的邓绾、李定、王子韶等十人。

⑩李应中：当为“李愿中”之错讹。即李侗（tòng），字愿中，世号延平先生，两宋之际南剑州剑浦（今福建南平）人。二十四岁时师从二程再传弟子罗从彦，得其《春秋》《中庸》《论语》《孟子》之说。朱松与其为同门友，十分推重，遣子朱熹从侗学，因此得其传授理学思想。

【译文】君王驾御万物的方法，没有超过抑制轻浮禁止竞争的。宋朝从宋仁宗在位，四十多年，虽然所任用的人有的不称职，然而风俗敦厚朴实，喜好崇尚庄重正直，研究时世的人称这一时期正人君子的风气和声势得以伸张和壮大。到宋神宗时期，王安石掌握政权，隆重奖赏奉承拍马之徒，严厉铲除与自己见解不同的人。邓绾、李定、舒亶、蹇序辰、王子韶诸多奸邪，一齐被选拔任用，而士大夫对他们有“十钻”的称呼。谋求仕进的人，乘机抨击缺点。逐渐到绍圣、崇宁年间，党争引起的灾祸大肆兴起，国家政事一天天败坏，病入膏亡，于是无法医治。后代的人只说他农田水利、青苗、保甲等变法，对百姓造成的危害，却不知道他改变人心、更改读书人的风气，对朝廷造成的危害。对百姓造成的危害，一天就可以更改，而对朝廷造成的危害，历经数十百年，连续不断的形势，一去而不能返回了。李应中说：“自从王安石执政，使人心变坏，至今不能察觉。人们追求财利而不知道道义，那么君王的威势就一天天孤立。”这可以说是有见识的人了。《诗经》上说：“不用教猴子爬树，就如同污泥上又附着污泥。”使庆历时期读书人的风气，改变成为崇宁时期的那样，难道不是王安石唆使的效应吗！

名　教

汉人以名为治，故人材盛；今人以法为治，故人材衰。

【译文】汉朝人用名教治理天下，所以人才兴盛；现代人用法令治理天下，所以人才衰落。

宋范文正[①]《上晏元献[②]书》曰：“夫名教不崇，则为人君者，谓尧、舜不足法，桀、纣不足畏；为人臣者，谓八元[③]不足尚，四凶[④]不足耻。天下岂复有善人乎？人不爱名，则圣人之权去矣。”

【注释】①范文正：即范仲淹，字希文，苏州吴县人。北宋杰出的思想家、政治家、文学家。谥号“文正”，世称范文正公。

②晏元献：即晏殊，字同叔，抚州临川人。北宋著名文学家、政治家。谥号元献，世称晏元献。

③八元：古代传说中的八个才子。后用以称颂有才德的人。《左传·文公十八年》：“高辛氏有才子八人：伯奋、仲堪、叔献、季仲、伯虎、仲熊、叔豹、季狸，忠肃共懿，宣慈惠和，天下之民谓之八元。”

④四凶：相传为尧舜时代四个恶名昭彰的部族首领。穷奇为共工，浑敦为欢兜，饕餮为三苗，梼杌为鲧。后世多用以比喻凶狠贪婪的朝臣。

【译文】宋代范仲淹的《上晏元献书》中说：“名教不被推重，则君王就会认为尧、舜不值得效法，桀、纣不值得畏惧；臣子就会认为八元不值得崇尚，四凶不值得羞愧。这样天下哪里会再有善人呢？人如果不爱惜声名，那么圣人的衡量标准就没有了。”

今日所以变化人心，荡涤污俗者，莫急于劝学、奖廉二事。天下之士，有能笃信好学，至老不倦，卓然可当方正有道之举者，官之以翰林、国子之秩，而听其出处，则人皆知向学，而不竞于科目[①]矣。庶司之官，有能洁己爱民，以礼告老，而家无儋石[②]之储者，赐之以五顷十顷之地，以为子孙世业，而除其租赋，复其丁徭，则人皆知自守而不贪于货赂矣。岂待菑川再遣，方收牧豕之儒；公孙弘。优孟陈言，始録负薪之允。公孙敖。而扶风之子，特赐黄金；尹翁归。琢郡之贤，常颁羊酒。韩福。遂使名高处士，德表具僚[③]，当时怀稽古之荣，没世仰遗清之泽，不愈于科名爵禄劝人，使之干进而饕利者哉？以名为治，必自此涂始矣。

【注释】①科目：唐代以来分科选拔官吏的名目。

②儋（dàn）石：儋，古同“担”。儋受一石，故称儋石。用以计量谷物。儋，石罂。一说一石为石，二石为儋，谓一人所担。

③具僚：亦作“具寮”。官员，百官。

【译文】今日用来变化人心，清除坏风气的，没有比劝学、奖廉二事更迫切的了。天下的读书人，有能深信好学，到老都不厌倦，卓然可以担当德行方正的被举荐的人才，给他们授予翰林的官职、国子的俸禄，一旦知道他们的出处，那么人们就都知道立志求学，而不会竞争于科目了。各个部门的官员，如果有能行为廉洁、爱护百姓，以礼告退，而家中没有儋石粮食的积蓄，赏赐给他五顷十顷的土地，作为子孙的世业，而且免除租赋，遣返男子所服的劳役，那么人人都知道自坚操守而不贪求贿赂。哪里会等到菑川两次推荐，才征召放猪的公孙弘；优孟反复奏请，才开始任用打柴为生的公孙敖；能对扶风的尹翁归老，特意赏赐黄金百斤；涿郡的韩福，每年赏赐羊一头，酒二斛。于是使名声显著的处士，成为百官的道德表率，生前享受像古人一样的荣耀，千古之后，高风亮节仍被世人所景仰。这样难道不胜过用科举功名、官爵俸禄勉励他人，让他们谋求仕进而贪图利益吗？把名教作为治国之道，一定要从这里开始。

廉　耻

《五代史·冯道[①]传》论曰：“礼义廉耻，国之四维，四维不张，国乃灭亡。善乎！管生[2]之能言也，礼义，治人之大法；廉耻，立人之大节。盖不廉则无所不取，不耻则无所不为。人而如此，则祸败乱亡，亦无所不至。况为大臣，而无所不取、无所不为，则天下其有不乱，国家其有不亡者乎？”然而四者之中，耻尤为要。故夫子之论士，曰：“行己有耻。”《孟子》曰：“人不可以无耻，无耻之耻，无耻矣。”又曰：“耻之于人大矣，为机变之巧者，无所用耻焉。”所以然者，人之不廉而至于悖礼犯义，其原皆生于无耻也。故士大夫之无耻，是谓国耻。吾观三代以下，世衰道微，弃礼义，捐廉耻，非一朝一夕之故。然而松柏后雕于岁寒，鸡鸣不已于风雨，彼昏之日，固未尝无独醒之人也。顷读《颜氏家训》，有云：“齐朝一士夫，尝谓吾曰：‘我有一儿，年已十七，颇晓书疏，教其鲜卑语及弹琵琶，稍欲通解，以此伏事公卿，无不宠爱。’吾时俯而不答。异哉，此人之教子也！若由此业，自致卿相，亦不愿汝曹为之。”嗟乎！之推不得已而仕于乱世，犹为此言，尚有《小宛》诗人之意。彼阉然[3]媚于世者，能无愧哉？

【注释】①冯道：字可道，号长乐老，瀛州景城（今河北沧州西北）人，五代宰相。历仕后唐、后晋、后汉、后周四朝十位皇帝。期间还向辽太宗称臣。后世史学家出于忠君观念，对他非常不齿，欧阳修骂他“不知廉耻”，司马光更斥其为“奸臣之尤”。

②管生：即管仲，姬姓，管氏，名夷吾，字仲，谥敬，春秋时期齐国名相。

③阉然：曲意逢迎貌。

【译文】《五代史·冯道传》论曰："礼义廉耻，是治理国家的四维，如果礼义廉耻得不到推行，国家就会灭亡。妙啊！管子说得太好了，礼义是治理百姓的大法，廉耻是为人处世的大节。因为不廉就没有什么不能取，没有羞耻心就没有什么不敢做。人到了这种地步，那么祸害变乱、失败灭亡，也就都来了。何况身为大臣，而什么都拿，什么都敢做，那么天下有不动乱，国家有不灭亡的吗？"然而这四者当中，耻尤为重要。因此孔子谈论怎样才能称为士时说："立身行事有耻。"孟子说："人不可以无耻，对可耻的事不感到羞耻，就是无耻了。"又说："耻对于人关系很大了，为机谋权变、耍诡计的人，是谈不上有羞耻心的。"之所以这样，是因为一个人不廉洁乃至于违背礼、违反义，根源都是由于无耻。所以士大夫的无耻，叫作国耻。我观察到从三代以下，世道衰败道德衰微，礼义被抛弃，廉耻被扔到一边，不是一朝一夕的缘故。然而凛冽的寒冬中有不凋谢的松柏，恶劣环境中有警世的鸡鸣，在那些昏暗的日子里，固然不是没有清醒的人啊。不久以前品读《颜氏家训》，书中说："齐朝有一个士大夫，曾经对我说：'我有一个儿子，年纪已经十七岁，在写作文书奏章方面颇有专长，如果再教他点鲜卑话以及学点琵琶乐器之类，让他稍微通晓理解，用这些技能在公卿属下任职，没有不受到宠爱的。'当时，我低着头不说话。奇怪啊，这个人这样教育儿子！如果通过这些，达到卿相的地位，我也不希望你们这样做。"感叹啊！颜之推不得已而在乱世做官，仍然能说这样的话，尚且有《小宛》一诗诗人的旨意。那些曲意逢迎、献媚于世俗的人，能不感到惭愧吗？

罗仲素曰："教化者，朝廷之先务；廉耻者，士人之美节；风俗者，天下之大事。朝廷有教化，则士人有廉耻；士人有廉耻，则天下有风俗。"

【注释】①罗仲素：即罗从彦，字仲素，号豫章先生，出生在南沙剑州，宋朝经学家、诗人，豫章学派创始人。

【译文】罗仲素说："道德教化，是朝廷首要的事务；廉洁知耻，是士人优良的节操；风气习俗，是天下重大的事情。如果朝廷有教化，那么士人就有廉耻；如果士人有廉耻，那么天下就有良好的风俗。"

大　臣

《记》曰："大臣法，小臣廉，官职相序，君臣相正，国之肥也。"故欲正君而序百官，必自大臣始。然而王阳黄金之论，时人既怪其奢；公孙布被之名，直士复讥其诈，则所以考其生平而定其实行者，惟观之于终，斯得之矣。季文子[①]卒，大夫入敛，公在位。宰庀[②]家器为葬备，无衣帛之妾，无食粟之马，无藏金玉，无重器备，君子是以知季文子之忠于公室也。相三君矣，而无私积，可不谓忠乎？诸葛亮自表后主曰：

“成都有桑八百株，薄田十五顷，子孙衣食，悉仰于家，自有馀饶。至于臣在外任，无别调度，随身衣食，悉仰于官，不别治生，以长尺寸。若臣死之日，不使内有馀帛，外有赢财，以负陛下。”及卒，如其所言。夫廉不过人臣之一节，而《左氏》称之为忠，孔明以为无负者，诚以人臣之欺君误国，必自其贪于货赂也。夫居尊席腆，润屋华身，亦人之常分尔，岂知高后③降之弗祥，民人生其怨诅，其究也，乃与国而同败邪？诚知夫大臣家事之丰约，关于政化之隆污，则可以审择相之方，而亦得富民之道矣。

【注释】①季文子：即季孙行父。春秋时期鲁国的正卿，姬姓，季氏，谥文，史称“季文子”。季孙行父之“孙”为尊称，“季孙”并不是氏称，“季孙某”仅限于对宗主的称谓，宗族一般成员只能称“季某”。故季孙行父为季氏，而非季孙氏。

②庀（pǐ）：具备。

③高后：指商汤。亦称本朝的开国君主。

【译文】《礼记·礼运》里说道：“大臣谨守法度，小臣廉洁，官员依次守职，君臣互相匡正，是国家强盛之相。”因此想要匡正国君而序列百官，必定从大臣开始。然而《汉书》中王阳能铸黄金的说法，当时的人已经责怪他的奢侈；公孙弘盖麻布被子的名声，正直的人多次讥讽他的奸诈，那么用来考察一个人的生平而确定他的德行，只有察看他一直到临终，这才算是掌握了。季文子去世，按照大夫入敛的礼仪，公爵需亲自看视，主持置备家里的日常用具作为陪葬品，季文子家里没有穿丝绸的妾，没有吃粮食的马，没有收藏铜器、玉器，没有配备重复的器具，君子通过这知道季文子对王室的忠诚。辅佐过三位国君，然而没有私人的积蓄，能说不忠诚吗？诸葛亮自己上表呈请后主刘禅说："臣下在成都有桑树八百株，有薄田十五顷，子孙日常所需，都仰仗于家，自有富足。至于臣下在外就职，没有别的花销，随身的日常所需，都由国家供应，不用再经营其他家业，来增加家财。使臣下死的时候，不要让家里有多余的衣物，外面有多余的钱财，而辜负陛下。"等到他去世，果真像他所说的那样。廉洁不过是臣子的一个操守，而《春秋左氏传》称为忠，诸葛亮把这作为是不辜负君上，实在是因为臣子欺君误国，必定从贪取财物开始。处在尊位、宴席丰厚，华丽居室、浮华自身，也是人之常情，哪里知道上天降下不祥，百姓怨恨诅咒，推求其中原因，大概是与国家一同衰败吧？由此确实可以知道大臣家产的丰富或者俭约，关系到政教风化的盛衰兴替，也就可以知道选择相才之方，而且也得到了使民殷富之道了。

文须有益于天下

文之不可绝于天地间者，曰明道也，纪政事也，察民隐也，乐道人之善也。若此者，有益于天下，有益于将来，多一篇，多一篇之益矣。若夫怪力乱神之事，无稽之言，剿袭之说，谀佞之文，若此者，有损于己，无益于人，多一篇，多一篇之损矣。

【译文】文章之所以不可以绝息于天地之间，是因为文章可以承载大道，让人明白人伦大道，文章可以记载政事的得失，让人能够借鉴效法，文章还能够体察民众的隐情，能够让人乐于传播人的善行。如果是这样的文章，就能够利益天下，也能够利益将来，这样的文章多一篇，就有多一篇的益处。如果文章记述的是怪力乱神的事情，是没有根据的言论，是剽窃他人的学说，是奉承献媚的文字，写作这样的文字，会损害自己的品德，也对他人没有丝毫益处，这样的文章多一篇，就有多一篇的损害。

直言

“天下有道，则庶人不议。”然则政教风俗苟非尽善，即许庶人之议矣。故《盘庚之诰》曰：“无或敢伏小人之攸箴，而国有大疑，卜诸庶民之从逆。”子产不毁乡校，汉文止辇受言，皆以此也。唐之中世，此意犹存。鲁山令元德秀，遣乐工数人连袂歌于蔿，玄宗为之感动；白居易为盩厔尉，作乐府及诗百馀篇，规讽时事，流闻禁中，宪宗召入翰林。亦近于陈列国之风，听舆人之诵者矣。

【译文】“天下有道，那么普通百姓就不会议论政事。”然而如果天下的政教风俗还没有做到尽善尽美的话，则要允许普通平民议论政事。所以《盘庚之诰》说："不要隐藏百姓所发出的劝谏，国家推行政事如果有大的疑惑，不知道是否恰当，可以通过百姓是顺从还是违逆来推断。"郑国的子产不毁坏乡校，汉文帝停下车辇接受谏言，都是如此。唐朝的中期，国事还存有此意。鲁山的县令元德秀，派遣几位乐工一起集体演唱歌曲《于蔿于》，唐玄宗为之感动了很久。白居易担任盩厔县尉，创作了乐府和诗歌百余篇，内容是规劝谏言时政，流传到皇宫里面，唐宪宗就把他召入了翰林院。这些事例，差不多近似于陈说列国的风气，听取众人对时政的各种意见了。

酒　禁

先王之于酒也，礼以先之，刑以后之。《周书·酒诰》："厥或告曰群饮，汝勿佚，尽执拘以归于周，予其杀！"此刑乱国用重典也。《周官·萍氏[1]》"几酒，谨酒。"而《司虣[2]》："禁以属游饮食于市者。若不可禁，则搏而戮之。"此刑平国用中典也。"一献之礼，宾主百拜，终日饮酒而不得醉焉[3]。"则未及乎刑，而坊之以礼也。故成康以下，天子无甘酒之失，卿士无酣歌之愆。至于幽王，而"天不湎尔"之诗始作，其教严矣。汉兴，萧何造律，三人以上，无故群饮酒，罚金四两。曹参代之，自谓遵其约束，乃园中闻吏醉歌呼，而亦取酒张饮，与相应和。是并其画一之法而亡之也。坊[4]民以礼，酇侯既阙之于前；纠民以刑，平阳复失之于后。弘羊踵此，从而榷酤⑤，夫亦开之有其渐乎？

【注释】①萍氏：《周礼·秋官·萍氏》“萍氏，掌国之水禁。”

②司虣：虣，古通“暴”。司虣，官职名，主要负责公布市中禁令，维持治安，制止市中不法行为等事。

③语见《礼记·乐记》。

④坊：通“防”，防止。

⑤榷酤，汉代以后实施的酒类专卖制度，也泛指一切管制酒业取得酒利的措施。

【译文】古代先王对于饮酒这件事的态度是，首先用礼法来劝诫，而后用刑罚来禁止。《周书·酒诰》中就记载称：“假如有人报告称‘有人聚众饮酒’，你不要放纵他们，将他们全部都逮捕并拘押至周都，我要把他们全部处死。”这就是所谓的在动荡不安的国家使用刑罚一定要严刑峻法。在《周官·萍氏》中规定其职责即为：“监察人们买酒、饮酒有无过量，以及是否符合相关的时令节候。并节制民众使之谨慎用酒。”而在《司虣》中规定其职责为：“禁止人们在集市上聚众游荡、吃吃喝喝的情况出现，如果无法制止，就将其抓捕并加以惩治。”这就是所谓的在承平守成的国家使用刑罚一定要适中适量。《礼记·乐记》中记载称：“行一献之礼，宾主双方也要相互行许多拜礼，故而即使整日都在饮酒，却也不会喝醉了。”那么这就不必上升到刑罚制度，而是用礼法来防止饮酒过量生出祸端。因此，周成王、周康王之后，天子没有出现过因沉湎于饮酒而造成的过失，卿士百官也没有出现过因痛饮高歌而造成的罪过。到了周幽王的时候，像“天不湎尔”这样的诗句就开始出现了，对饮酒的规诫就严厉得很多。汉朝建立之后，萧何制定律法，规定三个人以上，没有特殊原因却聚在一起喝酒的，要处罚金黄金四两。后来曹参继之担任相国，自称要遵从萧何所制定的法规约束。曹参在园子里听到手下吏员喝醉了酒，放声高歌，大喊大叫，他却也拿过酒杯，摆开座位喝了起来，还和吏员相互应和一道高歌。这是连同萧何的画一之法一并丢弃不用了啊。在防止民众酗酒这一点上，用刑法代替礼法，酂侯萧何已经缺失在前；平阳侯曹参又失误在后。而桑弘羊继之又将这一问题继承了下去，进而又施行了榷酤制度，看来凡事都有一个开始，然后才渐渐越走越远的啊！

武帝天汉三年，初榷酒酤。昭帝始元六年，用贤良文学之议罢之，而犹令民得以律占租卖酒，升四钱，遂以为利国之一孔，而酒禁之弛，实滥觞于此。《困学纪闻》谓榷酤之害，甚于鲁之初税亩。然史之所载，自孝宣已后，有时而禁，有时而开。至唐代宗广德二年十二月，诏天下州县，各量定酤酒户，随月纳税，除此之外，不问官私，一切禁断。自此名禁，而实许之酤，意在榷钱，而不在酒矣。宋仁宗乾兴初，言者以天下酒课，月比岁增，无有艺极，非古禁群饮节用之意。孝宗淳熙中，李焘奏，谓：“设法劝饮，以敛民财。”[①]周辉《杂志》以为

“惟恐其饮不多而课不羡”[②]，此榷酤之弊也。至今代则既不榷缗，而亦无禁令，民间遂以酒为日用之需，比于饔飧[③]之不可阙，若水之流，滔滔皆是。而厚生正德之论，莫有起而持之者矣。

【注释】①此节录自周必大《敷文阁学士李文简公神道碑》，《文忠集》卷六十六。按，所谓“设法劝饮，以敛民财”云，非李焘之策，乃陈当时之现状，实为奏请罢去。

②语见周辉《清波杂志》卷六。

③饔飧：饔，早饭。飧，晚饭。饔飧即代指饭食。

【译文】汉武帝天汉三年（前98年），首次开始榷酒酤。汉昭帝始元六年，皇帝采纳了贤良文学的建议，废除了榷酤制度，改为下令允许民众依据律法的规定贩卖酒类制品并缴纳相应的税租，应缴纳的税额为每升酒四钱，于是卖酒收税就成了国家增收取利的一条途径，而酒禁的松弛，实际也是从这里开始的。《困学纪闻》中称，榷酤制度的危害，较之于春秋时期鲁国的初税亩制度，更为严重。然而从史书中所记载的内容来看，在汉宣帝刘询之后，有的时候禁酒，而有时又开放酒禁。到了唐代宗广德二年十二月，皇帝诏告全国各州县地方，命令他们各自确定卖酒人家的数量，每月缴纳酒税，除了这些酒户以外，不论官府还是私人，一概禁止从事酒类制品的经营活动。从这以后，国家在名义上仍然在施行禁酒的政策，但在实际操作上，却又允许经营贩卖，这样做的目的并不在于酒，而在于从专营的酒类税收中获取财政收入。到了宋仁宗乾兴初年，上书建言的官员认为，全国上下所要求缴纳的酒税，月月年年都在增加，却没有一个统一的准则，这已经丧失了古时候禁止聚众饮酒、提倡节俭物尽其用的用意。宋孝宗淳熙年间，李焘上奏，提到当时有司想尽办法鼓励饮酒，为的就是聚敛民间的财富。周辉在其所著的《清波杂志》中认为，“唯恐百姓喝酒喝的不够多，收缴酒税不够充足”，这就是榷酤制度的弊病所在。而到了现如今，则既不榷酤课税，也没有限制的禁令，民间就逐渐把酒视为日常生活中的必需品了，就好比像是早晚的餐饭一般不能或缺。这样的情况，就如同滔滔流水一般，到处都是。可是那厚生、正德的主张，就再也没有站出来坚持的人了。

邴原[①]之游学，未尝饮酒，大禹之疏仪狄[②]也；诸葛亮之治蜀，路无醉人，武王之化妹邦[③]也。

【注释】①邴原：字根矩，北海朱虚人，东汉末年名士，大臣。

②仪狄：相传为夏禹时期善于酿酒的人

③妹邦：《孔传》云：“妹，地名，纣之都朝歌以北是。”《诗经·鄘风·桑中》孔颖达疏引郑玄《酒诰》注云：“妹邦，纣之都所处也。”参见《尚书·周书·酒诰》：“王若曰：‘明大命于妹邦。’”

【译文】邴原在游学期间，滴酒未沾，这就如同大禹之所以疏远仪狄一般；诸葛亮治理蜀地，路边再也没有喝醉的人，这也就好比武王对妹邦之民的教化。

《旧唐书·杨惠元传》:“充神策京西兵马使,镇奉天。诏移京西戍兵万二千人以备关东,帝御望春楼赐宴,诸将列坐。酒至神策,将士皆不饮。帝使问之,惠元时为都将,对曰:‘臣初发奉天,本军帅张巨济与臣等约曰:“斯役也,将策大勋,建大名,凯旋之日,当共为欢。苟未戎捷,无以饮酒。”故臣等不敢违约而饮。’既发,有司供饩[①]于道路,唯惠元一军,瓶罍[②]不发。上称叹久之,降玺书慰劳。及田悦叛,诏惠元领禁兵三千,与诸将讨伐,御河夺三桥,皆惠元之功也。”能以众整如此,即治国何难哉!沈括《笔谈》言:“太宗朝禁卒买鱼肉及酒入营门者有罪。”

【注释】①饩:赠送人的饮食或饲料。

②瓶罍:泛指酒器。

【译文】《旧唐书·杨惠元传》中记载称:“杨惠元充任神策京西兵马使,镇守奉天。唐德宗下诏将京西戍边的一万两千名边兵征调至关东,来为那里出现的军情做好防御准备。皇帝亲自登上望春楼(检阅送行),赐宴之时,各位将领依次落座。酒上至神策军处,全军将士没有一个举杯饮酒的。唐德宗见状,令人询问原因,杨惠元当时任职都将,回复道:‘当初臣自奉天出发之时,本军统帅张巨济同我们几个约定说:“这一仗,我们要立下大功,打出名气,到凯旋的那一天,我们要一道欢庆。但在战役还没取得胜利的时候,谁都不允许饮酒。”因此之故，臣等皆不敢违背立下是誓约而饮酒。’大军出发之后，沿途都有相关部门提供的饮食，唯独只有杨惠元这一部的将士，一瓶酒都没有打开过。德宗对此赞叹良久，并赐发专门的诏书予以慰问犒劳。而后田悦起兵叛乱，皇帝又命杨惠元率领禁军三千人，会同其他各位将领一道讨伐。御河一役，夺取三桥，都是杨惠元的功劳。”能够将部众管理的如此严整，即便让其治理国家，又有什么难处啊！沈括《梦溪笔谈》中记载称：“宋太宗的时候，禁军士卒凡有购买鱼肉荤食以及酒类制品并带入军营内的都要治罪。”

魏文成帝[①]大安四年，酿酤饮者皆斩。金海陵[②]正隆五年，朝官饮酒者死。元世祖至元二十年，造酒者本身配役，财产、女子没官。可谓用重典者矣。然立法太过，故不久而弛也。水为地险，酒为人险。故《易》爻之言酒者无非《坎》卦。而《萍氏》：“掌国之水禁”，水与酒同官。黄鲁直作《黄彝字说》云：“酒善溺人，故六彝皆以舟为足。”徐尚书石麒有云：“《传》曰：‘水懦弱，民狎而玩之，故多死焉。’酒之祸烈于火，而其亲人甚于水，有以夫世尽夭于酒而不觉也。”读是言者，可以知保生之道。《萤雪丛说》言：“顷年陈公大卿生平好饮。一日席上与同僚谈，举知命者不立乎岩墙之下[③]问之，其人曰：‘酒亦岩墙也。’陈因是有闻，遂终身不饮。”顷者米醪不足，而烟酒[④]兴焉，则真变而为火矣。

【注释】①魏文成帝，即拓跋濬，北魏第四任皇帝。按，大安，疑为太安，文成帝第三个年号。

②金海陵，即海陵王完颜亮，金朝第四任皇帝，正隆六年征宋途中遭部将叛杀，去世后被降封为海陵郡王，后又被废为庶人。

③“知命者不立乎岩墙之下”，语出《孟子·尽心上》。岩墙，墙之将覆着，即指危险之境地。

④醪，即米酒、浊酒，或泛指酒类。烟酒，似即烟草之谓。清俞正燮《癸巳存稿·吃烟事述》载：“性德《渌水亭杂识》云‘今所啖烟草，孙光宪已言之，载于《太平广记》，有僧曰，世尊曾言，山中有草，然烟啖之，可以解倦。’初疑为兰州水烟，然烟本名烟酒。……《盛京通志·物产》《皇朝通志·昆虫草木略》并云：‘烟草本名淡巴菰，亦称为烟酒，陇旁隙地多种之，叶肥大至径尺，其近顶处数叶曰盖露。’”故疑“米醪”即指粮食酒，而“烟酒”乃指烟草，酒之未禁，而烟又兴焉，故有所谓“真变而为火矣”云。

【译文】北魏文成帝拓跋濬太安四年，下令凡是酿造、贩卖以及饮用酒类制品的人全部处斩。金海陵王正隆五年，规定朝堂之上的官员若有饮酒之行为，将处以死刑。元世祖至元二十年，酿酒的人自己要被发配去做苦役，而他的财产以及妻子儿女都要被官府收缴。以上这些案例，可谓是严刑峻法了啊。然而所订立的律法准则太过严苛，因此过不了多久就会松弛荒废。水为地之险，酒为人之险。因此《周易》爻象中提到酒的地方无一不是在坎卦。而在《周礼·萍氏》中记载称“（萍氏）掌管王国有关水的禁令。”掌管水利与酒类的官职是一样的。徐石麒尚书曾经说过："《左传》中说'说水性柔弱，人们待之轻慢，戏水玩水，故而多死于水。'因酒而生的祸患要比火来的更猛烈，可酒本身又比水更容易亲近于人，这便是举世之人尽皆夭殁于酒却毫无知觉的道理。"读懂了这段话的人，就能够了解保生延年之道。《萤雪丛说》中称："以前，陈大卿向来喜欢饮酒。有一天，他在宴席上与同僚交谈，举了《孟子》'知命者不立乎岩墙之下'这一句来考问同僚，那个人回答说：'酒也是岩墙啊！'陈大卿听了这番话，于是就终身不再饮酒了。"近年来米醪不足，然而烟酒却又盛行一时，那可真就变成火了。

赌　博

万历之末，太平无事，士大夫无所用心，间有相从赌博者。至天启中，始行马吊之戏。而今之朝士，若江南、山东，几于无人不为此，有如韦昭论所云"穷日尽明，继以脂烛。人事旷而不修，宾旅阙而不接"者。吁！可异也。考之《汉书》安丘侯张拾、邔（其己反）侯黄遂、樊侯蔡辟方，并坐搏揜，免为城旦[①]。《货殖传》："掘冢博揜，犯奸成富。"王符《潜夫论》："以游博持掩为事。"师古曰："搏，或作博，六博也。揜，意钱之属也。《后汉书·梁冀传》："能挽满、弹棋、格五、六博、蹴鞠、意钱之戏。"皆戏而赌取财物。"[②]《宋书·王景文传》："为右卫将军，坐与奉朝请毛法因蒱戏，得钱百二十万，白衣领职。"[③]《刘康祖传》："为员外郎十年，再坐樗蒲戏免"。《南史·王质传》："为司徒左长史，坐招聚博徒免官。"《金史·刑志》："大定八年，制品官犯赌博法，赃不满五十贯者，其法杖听赎，再犯者杖之。上曰：'杖者，所以罚小人也。既为职官，当先廉耻，既无廉耻，故以小人之罚罚之。'"今律犯赌博者，文官革职为民，武官革职，随舍余食粮差操，亦此意也④。但百人之中，未有一人坐罪者，上下相容，而法不行故也。晋陶侃勤于吏职，终日敛膝危坐，阃外多事⑤，千绪万端，罔有遗漏。诸参佐或以谈戏废事者，命取其酒器蒱博之具，悉投于江，将吏则加鞭朴，卒成中兴之业，为晋名臣。唐宋璟为殿中侍御史，同列有博于台中者，将责名品而黜之，博者惶恐自匿，后为开元贤相。而史言文宗切于求理，每至刺史面辞，必殷勤戒敕曰："无嗜博，无饮酒。"内外闻之，莫不悚息。然则勤吏事而纠风愆，乃救时之首务矣。

【注释】①按，"考之《汉书》"一节，见《汉书》卷十六《高惠高后文功臣表》。搏揜，此固取赌博之义，然《汉书》所载"搏揜"之罪，似有他解，故取其原文而不译，详见下颜师古注。城旦，秦汉时期的一种刑罚。应劭曰："城旦者，旦起行治城，四岁刑"，即一种刑期为四至五年左右，负责修筑城墙的劳役。

②此节即节引《汉书》卷十六《高惠高后文功臣表》安丘侯张拾条下颜师古注语。然于引文之前，原注另有"搏揜，为搏击揜袭人而夺其物也"数语，故曰"皆谓戏而取人财也（颜注原文）"。则博揜亦可解为袭击抢夺之义。另，"揜"亦可通"掩"，即掩袭夺取之义。

③语见《宋书》卷八十五。

④“舍余”二字，乃明代户籍制度下的专有名词，其具体含义，因年代久远而模糊，目前学术界尚未得出较为统一的结论。不过，将“舍余”理解为“明代军户下舍人和余丁的合称”应当是大体不错的。有关“舍余”的定义及相关研究，可参考李新峰著《明前期军事制度研究》第四章第三节。食粮，此处当指官府所下发的粮食，即带俸。差操，差事与操备。

⑤阃，门槛，可特指城郭的门槛。阃外，指京城或朝廷以外，亦指外任将吏驻守管辖的地域，与中央政府相对。

【译文】万历末年，天下太平无事，士大夫没有了可以尽心竭力的对象，于是时不时就有人开始凑在一起赌博。到了天启年间，开始流行起马吊这种游戏。而今朝堂上的官员士夫，比如江南、山东等地，几乎到了无人不赌的地步，这般情状，正如同韦昭在《博弈论》中所描述的那样：“从白天打到晚上，点起蜡烛继续打。人事被延误荒废却不去处理，宾客被搁置一旁也无人接待。”哎！这可真是太不正常了啊！考察《汉书》中的记载：安丘侯张拾、邔侯黄遂、樊侯蔡辟方等人，都是因为身犯博揜之罪，被废除了爵位，并被处以筑成劳役的刑罚。（《汉书·货殖传》中记载称：“行盗墓、博揜之事，作奸犯科，却从中获取了财富。”王符在《潜夫论》中说：“把嬉游博戏，赌物意钱作为事业。”）颜师古解释称：“博，有时也写作博，就是六博戏。揜，当为意钱之类的意思。（《后汉书·梁冀传》中记载称：“梁冀能够拉满强弓，也会玩弹棋、格五、六博、蹴鞠、意钱之类的游戏。”）总之都是通过某种游戏或手段，赌取他人的财物。”《宋书·王景文传》中记载称：“王景文当时任职右卫将军，因为与奉朝请毛法因共同参与樗蒱之戏，并且赢得了一百二十万钱而获罪，以平民身份继续供职。”《宋书·刘康祖传》中记载称：“刘康祖任员外郎一职有十年之久，期间先后两次因参与樗蒲获罪被免去官职。”《南史·王质传》中记载称：“王质任司徒左长史，因召集赌徒聚众赌博获罪，被免去官职。”《金史·刑志》之记载称：“大定八年，规定凡有品级之官员，如若触犯赌博之法，其非法所得不满五十贯的人，依律当处以杖刑，但允许其以财产赎罪，有再犯者，则直接处以杖刑。金世宗完颜雍说：‘杖刑是用来处罚小人的。既然有了职务当了官，首先应该具备的就是廉耻之心，既然失去了廉耻心，所以就用小人之刑来处罚他。’”现如今的法律规定中，犯了赌博法的人，文官革职为民，武官则革去职务，同户下舍余，带俸操备，听从差遣，也是这个目的。可是一百个人里面，都没有一个真正被定罪获刑的，这是由于上下级官僚之间相互包庇纵容，空有法条却不能够执行的缘故造成的。东晋陶侃对待政务十分勤勉，整日正襟危坐，领兵在外，事务繁杂，然而千头万绪中，却没有丝毫的遗漏。陶侃的部下中有人因闲谈、游戏而耽误了正事，他下令将那人的酒具、赌具取来，全部扔进了江中，并对当事的将吏，施加鞭刑，最终陶侃成就了东晋中兴的伟业，自己也成为了东晋的名臣。唐朝的宋璟在担任殿中侍御史时，发现同朝而列官员中，有人在御史台内赌博，宋璟前去质问他们的官阶品级，要弹劾罢黜他们，赌博的官员惊恐羞愧，仓惶躲避，后来宋璟成为了开元年间的贤相。史书中记载称唐文宗殷切的期望国家得到治理，每每有外任的刺史面辞赴任，文宗必定要亲切嘱托，反复告诫说：“你不要沉迷于赌博，也不要喝酒。”朝廷内外的官员听到文宗这番话，没有不惶恐敛息的。因此，如何让官员们勤于政务，如何去扭转这股不良的风气，纠正以往的过失，这才是匡救时弊的第一要务啊！

群书治要续编卷第五十　思问录　潜　书　庭训格言　浮邱子

思问录

【提要】《思问录》，明末清初王夫之撰。

王夫之（1619—1692年），字而农，号姜斋、又号夕堂，湖广衡州府衡阳县（今湖南衡阳）人。王夫之自幼跟随父兄读书，青年时期积极参加反清起义，晚年隐居于石船山，著书立传，自署船山病叟、南岳遗民，学者遂称之为“船山先生”。他与顾炎武、黄宗羲并称明清之际三大思想家。其著有《周易外传》《黄书》《尚书引义》《永历实录》《春秋世论》《噩梦》《读通鉴论》《宋论》等。后人整理有《船山全书》。

《思问录》是王夫之的一部札记式著作，而不是系统的论述。船山之学，博涉多方，终以横渠为归宿。《思问录》是了解其思想的首选之作。《思问录》分内外二篇，内篇是对自家基本哲学观点的阐述，每则篇幅短小；外篇则是申说对具体问题的看法，包含天文、历数、五行等内容，每则篇幅稍长。《续编篇》从中辑录了九段，内容关于个人修身与世道治乱。

内　篇

知、仁、勇[1]，人得之厚而用之也至，然禽兽亦与有之矣。禽兽之与有之者，天之道也。“好学近乎知，力行近乎仁，知耻近乎勇[2]”，人之独而禽兽不得与，人之道也。故知斯三者，则所以修身、治人、治天下国家以此矣。近者，天、人之词也；《易》之所谓继也。修身、治人、治天下国家以此，虽圣人恶得而不用此哉！

【注释】①知、仁、勇：指三达德。语出《中庸》。

②好学近乎知，力行近乎仁，知耻近乎勇：语出《中庸》。

【译文】智慧、仁爱、勇敢，人得之深厚，所以发挥的作用也就极致。然而，即便是禽兽也有这三种德。禽兽也有这三种德，说明这是天道。至于“好学近乎知，力行近乎仁，知耻近乎勇”，就是人所独有，而禽兽所无的了，因此这是人道。所以，明白这三点的，就知道修身、治人、治天下都要从这三点做起了。近这个字，是天道和人道之词，就是《周易》里所说的“继”的意思。修身、治人、治天下国家要以这三点为准则。虽然贵为圣人，难道能够不用这几点吗？

“立人之道，曰仁与义”，在人之天道也。“由仁义行”，以人道率天道也。“行仁义”，则待天机之动而后行，非能尽夫人之所以异于禽兽者矣。天道不遗于禽兽，而人道则为人之独。由仁义行，大舜存人道；圣学也，自然云乎哉！

【译文】《周易》里说“立人之道，曰仁与义”，是说在人的行为中所体现的天道。“由仁义行”（根据仁义的道理来行事），是说人的行为依照天道而采取行动。“行仁义”（做仁义之事情），则是说人的行为是等待天机然后才行动，还不能完全能够尽到人完全不同于禽兽的一面。天道不能够加给禽兽，而人道则是为人所独有。“由仁义行”（根据仁义的道理来行事），大舜就是存人道的模范了。圣人之学，是自然而为的学问啊！

有公理，无公欲。私欲净尽，天理流行，则公矣。天下之理得，则可以给天下之欲矣。以其欲而公诸人，未有能公者也。即或能之，所谓违道以干百姓之誉也，无所往而不称愿人也。

【译文】有天下人公认的道理，没有天下人公认的欲望。一个人私欲都洗净了，那么天理就自然流行了，也就能做到大公无私了。一个人能够得天下的真理，就能够来服务大众，来满足天下人的欲望了。把自己的欲望公布给人，这样的人是不能以公心来处天下的。即便他做到了，也是违背大道来求得百姓的赞誉，这样的人会什么都做得出来，而不会让大众称心如愿的。

世教衰，民不兴行；“见不贤而内自省”，知耻之功大矣哉！见不贤而内自省，求己严则为之难。为之难，则达情而无过量之求，亦可以远怨矣。攻人之恶，则乐察恶。乐察人之恶，则恶之条理熟，厉薰心矣。慎之哉！

【译文】世道教化衰败，那么百姓就不会兴起仁义之行；孔子说：“见不贤而内自省”，知耻的功用实在太大了。见到不如自己的人而能够自我反省，从而严格要求自己是很不容易的。因为不容易做到，因此就能够通达人情而不会对人产生过量的要求，这样也就可以远离他人的怨恨了。喜欢攻击人的过恶，那么就会乐于观察人的过恶。如果一个人喜欢观察人的过恶，那么对恶的条理就会很熟悉，就会危及自己的心念。一定要慎重啊。

“修辞立其诚。”无诚之辞，何以修之哉！修辞诚，则天下之诚立。未有者从此建矣，已有者从此不易矣。孔子成《春秋》而乱臣贼子惧，诚也。

【译文】《周易》里说“修辞立其诚”，是说一个人说话要发自真诚，不是发自真诚心的言辞，怎么能够算是言辞呢？人的言辞出自真诚，那么天下人的真诚就能树立起来。没有真诚的人从此而建立真诚，原本真诚的人从而能够保持真诚而不移易。孔子著成《春秋》而乱臣贼子感到恐惧，就是因为诚啊！

“无不敬”，慎其动也；“俨若思”，静而存也；“安定辞”，立诚于天下也；“俨若思”，于是而有思，则节无不中矣；仁之熟也。

“吉凶悔吝生于动。”畏凶悔吝而始戒心于动，求其坦荡荡也，能乎哉？

【译文】《礼记》开篇说“无不敬”，是谨慎于起心动念；“俨若思”，是保持内心的安静；“安定辞”，是说树立真诚于天下；“俨若思”，是说能够这样去思考，所思所想就能够合乎大道；能够如此，就是一个仁德成熟的君子了。

《周易》说“吉凶悔吝生于动。”因为畏惧凶、悔、吝才在起心动念的时候有所戒惧，想要做到坦坦荡荡。普通人能够做到吗？

“我战则克”，慎也；“祭则受福”，慎也。福者，礼成而敏，知神享之，君子以为福莫大焉。慎于物，慎于仪，慎于心，志壹气合，雍雍肃肃，不言而靡争，则礼成而敏，神斯享焉。疾风雷雨不作，灾眚不生，气志之感盛，孝子之养成矣。君子之所谓福也。若《春秋》所记仲遂[1]叔弓[2]之卒，皆人变也。

【注释】①仲遂：《春秋·宣公·宣公八年》记载，“八年春，公至自会。夏六月，公子遂如齐，至黄乃复。辛巳，有事于大庙，仲遂卒于垂。”仲遂（？—前600年），指公子遂，又名东门襄仲。姬姓，名遂，字仲，曲阜（今山东曲阜）人。春秋前期鲁国公族，鲁庄公第二子。鲁文公在位期间，与文公宠姬敬嬴关系密切。敬嬴请求公子遂立自己所生的公子俀为储君。鲁文公崩逝后，公子遂杀死哀姜所生的公子恶与公子视，强行扶立庶公子俀为国君，是为鲁宣公，公子遂继续执政。鲁国进入公子遂专政时代。因为与公子遂的权益发生冲突，叔孙氏与孟孙氏向公子遂发起挑衅，结果都被公子遂击退。只有季文子为防被公子遂迫害，表示支持鲁宣公。鲁宣公八年，公子遂将死，安排儿子公孙归父继之为鲁国执政。

②叔弓：《春秋·昭公·昭公十五年》记载，“十有五年春王正月，吴子夷末卒。二月癸酉，有事于武宫。籥入，叔弓卒。”叔弓（？—前527年），姬姓，子叔氏，名弓，谥敬，中国春秋时期鲁国的大夫，他是鲁文公的玄孙、叔肸的曾孙、子叔声伯之孙、叔老之子，多次出使列国。前529年，叔弓攻打费，没有成功。前527年二月十五，叔弓主持祭祀时，突然去世。

【译文】孔子说“我战则克”，说的是谨慎；又说“祭则受福”，说的也是谨慎。福，做到了礼就来得非常快速，只有智者和神明才能够享受这样的福，在君子看来，没有比福更大的了。谨慎于每一事物，谨慎于每一行为，谨慎于起心动念，心志统一气息聚合，和乐而且恭敬，不用言语都没有人来和你争夺，这是能够成就礼，就能快速得到福，只有神明才能享受的福。不会产生狂风暴雨，各种灾害，这是因为气息和心志相感，是孝子做到了孝行所养成的。这就是君子所说的福。至于《春秋》所记载公子遂、仲叔在祭祀的时候去世，这都是人事的变化所导致的。

“惠迪吉，从逆凶”之不差，居天下之广居者，如视诸掌，欲速见小者不能知尔。

【译文】《尚书》说“顺从大道就吉祥，背道而行就凶险”丝毫都不会出差错，居住在天下最广大的居所里的圣人，看天下人的吉凶就如同看手中掌纹一样清晰，只有希望快速见到小利的人不知道这一道理而已。

外 篇

治乱循环，一阴阳动静之几也。今云乱极而治，犹可言也；借曰治极而乱，其可乎？乱若生于治极，则尧、舜、禹之相承，治已极矣，胡弗即报以永嘉、靖康之祸乎？方乱而治人生，治法未亡，乃治；方治而乱人生，治法弛，乃乱。阴阳动静，固莫不然。阳含静德，故方动而静；阴储动能，故方静而动。故曰“动静无端”。待其极至而后大反，则有端矣。

【译文】天下大治和动乱的循环，就像阴阳动静变化的几微一样。现在说，乱极而治，是可以这么说的。但是，因此就说治极而乱，怎么可以呢？动乱如果产生于治极，那么尧、舜、禹之间的互相继承，天下已经治极了。怎么没有立刻出现永嘉之乱、靖康之难这样的果报呢？实在是天下大乱而能够治理天下的人出现了，治理天下之法没有消亡，才能大治。天下已治而乱天下的人出现了，治理天下之法也松弛了，天下才会因此大乱。阴阳动静，无一不是如此。阳里面包含安静之德，所以能够动而静；阴里面储藏了动的能量，所以能够静而动。因此说“动静无端”。但是事物发展到极点后就会往相反方向发展，这是有开端的。

潜　书

【提要】《潜书》，清唐甄撰。

唐甄（1630—1704年），初名大陶，字铸万，号圃亭。四川达县（今四川达州）人，幼年随父宦游，历吴江、北京、南京。顺治二年（1645年）南京城破，父子避难浙江绍兴。顺治十四年（1657年）举人，曾任山西长子县知县十月，遍游河北、河南、湖北、浙江、江苏等地二十余年，后困于江苏，仍志在天下，冀为王者师，著述不辍。与王夫之、黄宗羲、顾炎武并称明末清初“四大著名启蒙思想家”。

《潜书》是唐甄遗世的唯一著作，也是其代表著作。初名《衡书》，初刻仅13篇，署名唐大陶。后来逐渐增加到97篇，并改名《潜书》，署名唐甄。《潜书》的内容不在于引经注典，更不同于汉后诸儒的文字章句之学，而在于针对时弊，吸取明末政治腐败导致农民起义的教训，提出一系列抨击君权专制和倡导以民为本的进步的政教观点和主张，旨在善政养民，摒弃程朱理学，以实学济世扶危，治国平天下。

梁启超将《潜书》视为中国历代圣人思想之总结，凝聚着东方哲人智慧的精华，是“醒人之良药，逆耳之忠言”。《续编》自其九十七篇中辑录了《辩儒》《尊孟》《宗孟》《性才》《自明》《讲学》《劝学》《格定》《非文》《鲜君》《抑尊》《尚治》《明鉴》《为政》《存言》《任相》《远谏》《省官》《制禄》《达政》《梍政》等21篇中的精华内容。

辩　儒

儒者世之宗也，身者人之表也，心者事之本也。君子欲易世，必立其宗。欲正人，必端其表。欲善人，必务其本。

【译文】“儒”，是治理天下的主体，“身”，是人的外表风范；“心”，是成就事情的根本。君子要想移风易俗，必须首先要确立治理的主体；要想归正世人，必须首先端正自己的行为作风；要想使人为善，必须要在根本上下功夫。

阳者伏于穷亥十月，萌于微子十一月，是震雷澍雨之根也。信者不欺仆妾，不欺童稚，是驯暴服蛮之根也。仁者不忍庖厨，不伤蛰宿，是泽覆四海之根也。义者不食利，不蔽爱，不徇恶，是诛暴乱定天下之根也。君子既得其根，又善其养也。善养则根生，不善养则根腐。

【译文】阳气藏伏于十月，萌发于十一月，这是雷雨产生的根本；诚信的人不欺诈仆人、小妾和儿童，这是驯服强暴、降服野蛮之人的根本；仁慈的人不忍心在庖厨杀生，不伤害冬眠的虫子和栖息的禽兽，这是恩泽四海的根本；有道义的人不贪图利益，不抛弃友爱，不顺从罪恶，这是清除暴乱、安定天下的根本。君子既然获得这样的根本，又擅于培养它。擅于培养，那么善根就会不断生长；不擅于培养，那么善根就会腐朽。

尊 孟

天下莫强于仁，有行仁而无功者，未充乎仁之量也。水，能载舟者也。其不能载舟者，水浅也。仁能服人者也，其不能服人者，仁小也。仁之大者，无强不顺，无诈不附。谓仁胜天下，鄙人皆笑之。夫愚者见形，智者见心，礼揖不格刃，儒服不御矢，形也。刃不我刺，反为我操，矢不我伤，反为我发，心也。

【译文】普天之下，没有比仁德更强大的力量了。努力实践仁德但却没有获得显著效果，是因为仁德的力量还不够充足。水可以承载舟船，如果不能承载舟船，那是由于水太浅的缘故。施行仁义可以使他人顺服，如果不能使他人顺服，那是由于施行仁义还不够的缘故。仁义强大，任何强大的东西都会顺从，即使是奸诈的人也会来归附。仁义可以得天下，这种说法会被见识鄙陋的人嘲笑。愚昧的人只看事物的外表，智慧的人却能洞察内心。礼揖不能挡开兵刀，儒服也不能抵御弓箭，这只是外表。让敌人的兵刃伤不到我，反而被我掌握；敌人的弓箭射不着我，反而就像我射出去的一样，这是仁爱之心的力量才能达到的。

战国致形，圣人致心，何以见其然也？天下有心至而身不能至者四辈：孺子在幼，妇人在内，黎民在土，三军之士在将。此四者恃以为国者也，然心至而身不能至者也。贤才者，四者之舟车也，去之则四者皆去而国亡，归之则四者皆归而国兴。是故圣人之得人心，自贤才始。

【译文】好战之国追求的是表面上的臣服；圣人追求的却是人心的归附。为什么这么说呢？世上有四种人，可以得到他们内心的归附，却难以得到他们亲自来归附：儿童幼小不能前来归附，女人处于家中不能前来归附，农民被束缚在土地不能前来归附，三军战士在军中不能前来归附。这四种人，是国家赖以生存的基础，但是他们只能内心归附而本人难以亲自前来归附。贤才，是承载这四种人的车船，失去贤才，就将失去这四种人，国家就会灭亡，得到贤才，这四种人就会归附，国家就会兴盛。因此，圣人获得天人的人心，从获得天下的贤才开始。

宗　孟

仁能济天下，以尧、舜为准；义能制天下，以汤、文为准；礼能范天下，以周公为准；智能周天下，以五圣人为准；必若五圣人，而后四德乃全。

【译文】仁，能够救济天下，可以尧、舜作为榜样。义，能够统治天下，可以商汤、周文王作为榜样。礼，能够规范天下，可以周公作为榜样。智，能够成全天下，以上述五位圣人作为榜样。只有以他们作榜样，才能完全具备仁、义、礼、智这四种德性。

性 才

古之能尽性者，我尽仁必能育天下，我尽义必能裁天下，我尽礼必能匡天下，我尽智必能照天下。四德无功，必其才不充；才不充，必其性未尽。自子舆[1]以后，无能充性之才者，性乃晦以至于今。有非性之才，有无才之性。非性之才，能小治不能大治；无才之性，为小贤不为大贤。

【注释】①子舆：指孟子，姬姓孟氏，名轲，字号子舆。

【译文】古代能够充分发挥自己天性的人，我尽己所能做到仁爱，就一定能够施恩于天下之人；我尽己所能做到正义，就一定能够公正裁决天下之事；我尽己所能遵循礼制，就一定能够纠正天下的风气；我尽己所能发挥才智，就一定能够使天下人受益。仁、义、礼、智这四种德性不能充分发挥作用，一定是才能不够；才能不够一定是天性没有充分展现。从孟子以后，再没有能够充分发挥天性的人，生民天性于是不明直到现在，于是就出现了天性不明却有才能的人和没有才能却保有天性的人。天性不明却有才能的人，只能办理小事，不能办理大事；没有才能却保有天性的人，只能成为小贤而不能成为大贤。

自　明

古之人，学之九年而知事，学之二十年而知人，学之三十年而知天。知事则可以治粟可以行军，知人则可以从政可以安社稷，知天则德洽于中土，化行于四彝。迨其后也，非性命不言，非圣功不法，辨异端过于古，正行过于古，糸稽勤备过于古，言说辨博过于古。问之安社稷之计，则蒙蒙然不能举其契；问之平天下之道，则泛掇前言以当之。古之人推学于治，如造舟行川，造车行陆，无往不利。后之人推学于治，如造舟行陆，造车行川，无所用之。

【译文】古代的人，学习九年才真正懂得做事的道理，学习二十年才真正懂得做人的道理，学习三十年才真正懂得天道。懂得做事的道理便可以管理农桑，可以带兵打仗；懂得做人的道理便可以为官从政，可以安定社稷；懂得了天道便可以使国内百姓崇尚道德，使外族蛮夷得到教化。到了后世，书生谈话总是围绕“性命”之说，行为做事一定是效仿圣人，比古人更执着辨别异端，比古人更注意端正自己的行为，比古人更细致的考查前人的言行，比古人更加知识广博。但问到安定社稷的策略，却茫然不能说清要领；问到治理天下的方法，便空泛地重复前人的话来应对。古人把学问应用于治理国家，如同造出船在大河中航行，造出车在陆地上行走，不会不顺利的。后人把学问应用于治理国家，就像造出船却让它在陆地上航行，造出车却让它在河里行走一样，什么作用也发挥不了。

讲　学

学贵得师，亦贵得友。师也者，犹行路之有导也；友也者，犹陟险之有助也。得师得友，可以为学矣。

【译文】修学贵在有老师的指导，也贵在有朋友的督促和勉励。老师就像走路时的向导；朋友就像穿越艰险时的手杖。有了良师益友，就能够为学了。

劝　学

唐子曰："有一事可以无忧，人不知求之耳，学圣人之道是也。不求足于世，孰有与之以不足者？本无不足于己，孰有处于不足者？坦坦然荡荡然游于天地之间，如在唐虞之世，其有忧乎？其无忧乎？"

【译文】唐子说："有一件事能够让人没有忧虑，只是人们不知道去寻找罢了，这就是学习圣人之道。不追求用世上的东西来满足自己的欲望，又怎么会感到不满足呢？自身没有不满足的地方，又怎么会感到不满足呢？心胸坦荡遨游于天地之间，就像生活在尧舜的时代，哪里还有什么忧虑呢？”

格　定

生民以来，治之世少，乱之世多；君子之生，得志者少，不得志者多；毕生之内，乐恒少，忧恒多。治少乱多者世也，无不治者身也；得少失多者志也，无不得者心也；乐少忧多者处也，无不乐者学也。君子亦致其在己者而已矣。得乎己，则所生皆安矣，所处皆豫矣。

【译文】自从有人以来，太平之世少，动乱之世多；君子之中，完成志向的人少，难以完成志向的人多；人生一世，乐事少，而忧患多。太平的时候少，动乱的时候多，是指世道而言；人自身却能做到无时不安定。得意的时候少，失意的时候多的，是指志向而言；人的心灵却能做到无时不满足。快乐的时候少，忧患的时候多，是指处境而言，做学问却能使人无时不快乐。君子不过是致力于自己所为而已。尽到自己所为，自己问心无愧了，那么所处何种境地都会觉得心安，身处何处都会感到快乐。

忧患道心生，安乐道心亡；贫陋道心生，富豫道心亡。治国家亦然，其生非得也，其亡非失也。君子之志于道也，道由心致，不由外致，是以易处而不移。亦有悔悟奋发、由逆生者，生于逆则成于顺，岂反亡于顺？成于顺，行其志之时也。

【译文】处于忧患之中容易产生道心，处于安乐之中，道心往往就消失了；处于贫困之中容易产生道心，处于富贵之中就容易丧失道心。治理国家也是这样。国家能够存在延续不是依靠获取；国家灭亡断绝也不是因为失去。君子有志求道，道是由心而达的，而不是向外索求来实现的，所以身处顺逆境界，内心都不会动摇。也有幡然醒悟，奋发图强，身处逆境而培养起道心的人。有了逆境中的锻炼，就应该在顺境中成功，又怎么会在顺境中败亡呢？所谓在顺境中成功，就是说顺境时正是实现自己志向的时候。

君失其道，听命于臣；心失其道，受役于物。彼不自觉其为役，方自以为得主；不知其以物狗心，遂诱于物也。御寇易，御物难；破阵易，破诱难。寇，毙我者也；物，遂我者也。中之者甘之，若将以之为生，不得不可以为生；若将以之为人，不得不可以为人。物毒于寇，惟大勇者能御之；诱险于阵，惟大智者能破之。有外御，有内制，御之严则欲不内动，制之力则物不外引。化由勉入，不得不然也。

【译文】君主失去正道，就要听命于大臣；人心失去了正道，就要被外物所役使。这些人感觉不到自己被役使，还以为自己在主宰一切；不明白自己是依靠外物在满足内心，所以被外物诱惑。抵御敌寇入侵很容易，抵御外物的诱惑却很难；攻破敌阵很容易，破除外物的诱惑却很难。敌寇是要伤害我的，外物是来满足我的。受到外物诱惑的人，把它当成一件好事儿，如果生存以满足物欲为目的，物欲得不到满足时就很难活下去。如果依靠外物来修养自身，如果得不到就很难修养自身。外物比敌寇还要凶恶，只有大勇之人才能抵御它；外物的诱惑比敌阵还要凶危，只有大智慧的人才能破除它。对外物要抵御，对内心要约束。对外物严格抵制，欲望就不会在内心萌动；对内心约束有力，外物就不能从外面吸引过来。改变内心，必须勤奋勉力，不这样做就无法抵御外物。

非　文

古之善言者，根于心，矢于口，徵于事，博于典，书于策简，采色焜耀。以此言道，道在襟带；以此述功，功在耳目，故可尚也。

【译文】古代擅于说话的人，所说的内容发自内心，从口中说出来，用事例作引征，以典故为依据，记载于书册，文辞绚丽夺目。用这种方式谈论大道，大道就像在自己身边，用这种方式讲述功绩，功绩就像在眼前，所以古人的言论之道是值得推崇的。

鲜 君

治天下者惟君，乱天下者惟君。治乱非他人所能为也，君也。小人乱天下，用小人者谁也？女子寺人乱天下，宠女子寺人者谁也？奸雄盗贼乱天下，致奸雄盗贼之乱者谁也？反是于有道，则天下治，反是于有道者谁也？师尹皇父无罪，勃貂骊姬无罪，后羿寒浞无罪，何云无罪？毒药杀人，不能杀不饮者。伊尹周公无功，何云无功？良药生人，不能生不饮者。一贤人进则望治，一小人进则忧乱，皆浅识近见，不知其本者也。海内百亿万之生民，握于一人之手，抚之则安居，置之则死亡，天乎君哉，地乎君哉！

【译文】天下大治的原因在于君主，天下动乱的原因也在于君主，天下的安定和动乱，不是他人能够决定的，是由君主决定的。小人会扰乱天下，是谁任用小人呢？女人、宦官会扰乱天下，是谁宠爱女人和宦官呢？奸雄盗贼会扰乱天下，是谁导致奸雄盗贼作乱呢？反其道而行之，则天下得到治理，那么反其道而行之的人又是谁？师尹、皇父没有罪过，勃貂、骊姬没有罪过，后羿、寒浞没有罪过。为什么说他们没有罪过呢？因为毒药可以毒杀人，但毒不死不喝毒药的人。伊尹、周公没有功劳，为什么说他们没有功劳呢？良药能够救人，但救不了不吃药的人。一个贤人进入朝廷，国家就有希望得到治理。一个小人进入朝廷，国家就可能产生祸乱，这都是浅薄的见识，不了解问题的根源。天下亿万百姓的命运掌握在君主一人之手，安抚百姓，百姓就会安居乐业，抛弃百姓，百姓就会难以生存，君主的责任如天如地一样大啊！

抑　尊

位在十人之上者，必处十人之下；位在百人之上者，必处百人之下；位在天下之上者，必处天下之下。古之贤君，不必大臣，匹夫匹妇皆不敢陵；不必师傅，郎官博士皆可受教；不必圣贤，闾里父兄皆可访治。尊贤之朝，虽有佞人，化为直臣；虽有奸人，化为良臣；何贤才之不尽，何治道之不闻！是故殿陛九仞非尊也，四译来朝非荣也，海唯能下，故川泽之水归之；人君唯能下，故天下之善归之。是乃所以为尊也。

【译文】地位在十人之上的人，一定要谦卑地处于十人之下；地位在一百人之上的人，一定要谦卑地处于百人之下；地位在天下百姓之上的人，一定要谦卑地对待全天下人。古代贤明的君主，不会怠慢大臣，即使对待普通百姓，也不敢随意欺凌；不会怠慢师傅，即使是对待郎官博士这样的小官，也虚心接受他们的教导；不会怠慢圣贤，即使是乡间的邻里父老，也虚心从他们那里咨询治国理政的意见。尊重贤才的朝廷，即使有巧佞之人，也会变为正直的大臣；即使是奸邪的人，也会变为优秀的大臣；如此一来，何愁贤能的人不能各尽其才，何愁不能听闻治理天下的大道？因此，宫殿造得高大并非尊贵，四方各国来觐见并非是荣耀。大海因为处于低位，所以江河湖泊的水都汇聚到它；君主只要做到谦虚，天下的善行就归附于他，这才是君主尊贵的原因。

尚　治

朴者，天地之始气，在物为萌，在时为春，在人为婴孩，在国为将兴之候。奢者，天地之终气，在物为茂，在时为秋，在人为老多欲，在国为将亡之候。圣人执风之机以化天下，其道在去奢而守朴。耳不听好音，非俭于耳也，所以养天下之耳也；目不视采色，非俭于目也，所以养天下之目也；口不尝珍味，非俭于口也，所以养天下之口也；身不衣轻暖，非俭于体也，所以养天下之体也。四者，不从心之欲，非俭于心也，所以养天下之心也。当是之时，家无涂饰之具，民鲜焜耀之望，尚素弃文，反薄归厚，不令而行，不赏而劝，不刑而革，而天下大治矣。

【译文】质朴，是天地初期的气息，这种元气体现在植物就是萌发，体现在时令就是春季，体现在人身就是婴儿时期，体现在国家就是兴旺的迹象。奢侈，是天地终期的气息，体现在植物就是茂盛，体现在时令就是秋天，体现在人身就是就是衰老和欲望，体现在国家就是衰亡的征兆。圣人把握社会风气的变化使百姓得到教化，方法在于去除奢侈保留质朴。耳朵不听靡靡之音，并不是亏待自己的耳朵，而是为了爱护百姓的耳朵；眼睛不看炫耀的色彩，并不是刻薄自己的眼睛，而是为了爱护百姓的眼睛；嘴不吃珍馐美味，并不是限制自己的嘴，而是为了爱护天下人的嘴；身上不穿华丽的衣服，并不是委屈自己的身体，而是为了爱护天下人的身体。在这四方面不顺从内心的欲望，并不是约束自己的内心，而是为了爱护天下人的心。在这个时候，每家每户都没有奢华的器具，民众很少有炫耀的念头，崇尚朴素，摒弃奢华，反对轻浮，回归敦厚，不用命令，百姓就能自觉去做事；不用奖赏，百姓就能自觉去努力；不用刑罚，就能革除犯罪，天下从而得到大治。

天地虽大，其道惟人；生人虽多，其本惟心；人心虽异，其用惟情；虽有顺逆刚柔之不同，其为情则一也。是故君子观于妻子而得治天下之道，观于仆妾而得治天下之道，观于身之骄约、家之视效而得治天下之道。

【译文】天地虽然宏大，但最核心的还是人；天地生人虽然众多，最根本的还是人心；人心虽然各不相同，但发挥作用的还是人的性情；人的性情虽然有顺逆、刚柔的区别，但是它们都属于性情。因此君子审视妻子、儿女的性情，就能够知道治理天下之道；审视仆佣、小妾的性情，就能够知道治理天下之道；审视自身的骄奢、俭朴，治家的成效，就能够知道治天下之道。

先人有言曰："语道莫若浅，语治莫若近。"请举其要："古之贤君，虽贵为天子富有四海，存心如赤子，处身如农夫，殿陛如田舍，衣食如贫士，海内如室家。微言妙道，不外此矣。"

【译文】古人曾经说过："谈论道理不如从浅显处说起，谈论治国不如从身边做起。"让我来列举一下要点："古代的贤明君主，虽然是高贵的天子，拥有整个天下，但是他们能够保持像孩童一样的纯真，为人处事像农夫一样勤劳辛苦，宫殿像茅屋农舍，衣食像贫寒人士一样俭朴，把百姓当做自己的家人。精妙深刻的道理，不外乎这些。"

明　鉴

为政者多，知政者寡。政在兵，则见以为固边疆；政在食，则见以为充府库；政在度，则见以为尊朝廷；政在赏罚，则见以为叙官职。四政之立，盖非所见。见止于斯，虽善为政，卒之不固不充、不尊不叙，政日以坏，势日以削，国随以亡。国无民，岂有四政？封疆，民固之；府库，民充之；朝廷，民尊之；官职，民养之。奈何见政不见民也？尧曰："四海困穷，天禄永终。"每诵斯言，心堕体战，为民上者，奈何忽之！

【译文】天下处理政事的人多，但是真正了解为政之道的人少。负责军事，就认为要稳固边疆；负责物资供给，就认为要充实国库；负责礼制，就是认为要让臣民尊重朝廷；负责赏罚，就认为要正确任免官吏。这四个方面，其实都不是政事的根本所在。只注重这些方面，即使能处理好这些事情，最终还是边疆得不到稳固，国库得不到充实，朝廷得不到臣民的尊重，官吏不能正常任免，结果是政事一天天败坏，形势一天天恶化，国家随之而灭亡。国家没有百姓，这四种政务哪会存在？边疆，是百姓使它稳固；国库，是百姓使它充实；朝廷，是百姓在尊重它；官职，是百姓在供养它。为什么只看到政事却看不到百姓呢？尧帝说："天下百姓穷困了，君主的福禄也就终止了。"每当我诵读这句话，都由衷感叹。那些在百姓之上的官员，怎么能忽视这一点呢？

昔者明之亡也，人皆曰："外内交哄，国无良将，虽有良将，忌不能用，安得不亡。"此其亡之势也，非其亡之根也。当是之时，兵残政虐，重以天灾，民无所逃命，群盗得资之以为乱。马世奇[①]曰："治献贼易，治闯贼难。盖人心畏献而附闯也。非附闯也，苦兵也。一苦于杨嗣昌[②]之兵，再苦于宋一鹤[③]之兵，又苦于左良玉[④]之兵。行者居者，皆不得保其身命，贼知人心所苦，所至辄以剿兵安民为辞，愚民被惑，望风降附。而贼又散财赈饥以结其心，遂趋贼如归。人忘忠义，其实贼何

能破州县？以从贼者众也。”施邦耀[5]曰：“今日盗寇所至，百姓非降则逃，良由贪吏失民心也。得一良吏，胜得一良将；去一贪吏，胜斩一贼帅。”二子之言，见乱本矣。

【注释】①马世奇（？—1644年）：明亡首位殉节官员。字君常，号素修，江苏无锡人。崇祯四年进士，廉洁好义，官至左庶子。李自成破北京，世奇自缢死，清廷谥文忠。

②杨嗣昌：杨嗣昌（1588—1641年），字文弱，湖广武陵（今湖南常德）人，万历三十八年（1610年）进士，崇祯十年（1637年）出任兵部尚书，翌年入阁，深受崇祯皇帝信任。面对内忧外患的时局，杨嗣昌提出“四正六隅、十面张网”之策镇压农民军，同时主张对清朝议和。但他的计划没能成功，于崇祯十二年（1639年）以“督师辅臣”的身份前往湖广围剿农民军。他虽然在四川玛瑙山大败张献忠，但随后被张献忠致敌战术牵制，疲于奔命。崇祯十四年（1641年）张献忠破襄阳，杀襄王朱翊铭，杨嗣昌已患重病，闻此消息后惊惧交加而死（一说自杀），享年五十四岁。

③宋一鹤（？—1643年）：号鹤峰，顺天宛平人。曾任丘县知县，承天知县，有政声。巡按御史禹好善荐任兵部员外郎，不久拔擢为天津兵备佥事，改饬汝南兵备，驻守信阳，屡破流贼黄三耀、刘喜才。调守郧阳。后代替方孔炤巡抚湖广。崇祯十六年（1643年）正月初一日，李自成攻承天府，“知府开门迎贼”，宋一鹤“下城巷战，挥刃击杀数贼死”，后自刎死。

④左良玉（？—1645年），字昆山，临清人。官至平贼将军、太子少保，封南宁侯。初在辽东与清军作战，曾受侯恂提拔。后在镇压农

民军的战争中，不断扩大部队，日益骄横跋扈，拥兵自重。崇祯十七年（1644年）三月封宁南伯。南明福王朱由崧即位后，又晋为侯，镇守武昌。此时，弘光政权中马士英、阮大铖用事，排斥东林党人。他袒护东林党人，且怀有个人野心，于顺治二年（1645年）三月二十三日从武昌起兵，以清君侧为名，进军南京。未几，病死于九江舟中。子左梦庚率所部降清。

⑤施邦曜：字尔韬，余姚人。万历四十一年进士。崇祯十六年官至左副都御史。次年，李自成功破北京，施邦曜自杀殉国。事见《明史·列传第一百五十三》。

【译文】以前明朝灭亡了，人们都说："当时明朝内外交困，国家没有优秀的将领，即使有优秀的将领，由于受到猜忌也不能得到任用，所以国家怎能不灭亡呢？"这是当时明朝灭亡的形势，不是它灭亡的根源。那时候，明朝军队凶残，政权暴虐，造成的危害超过天灾，百姓没有地方逃命，各路强盗乘机作乱。马世奇说："平定张献忠容易，平定李自成难。因为百姓惧怕张献忠而依附李自成。百姓并不是真心依附李自成，而是饱受明朝军队的祸害。第一饱受杨嗣昌军队的祸害，第二饱受宋一鹤军队的祸害，第三饱受左良玉军队的祸害。百姓无论在家里还是在外面，都不能保全自己的性命。李自成知道百姓的痛苦，所以每到一个地方就把剿灭乱兵、安抚百姓当做口号，有些愚昧的百姓被迷惑，纷纷归附。李自成又分发财物赈济饥民来拉拢人心，于是百姓把李自成当做亲人去投奔，而忘记了忠义。其实李自成如何能攻下州县？不过是因为追随反贼的人多。”施邦耀说：“如今盗寇每到一个地方，百姓不是投降就是逃跑，实在是由于贪官失掉了民心而导致的。有一个清廉的官员，胜过得到一员良将；除去一个贪官，胜过杀掉一个盗寇首领。”两位先生的言论，说出了社会动乱的根源。

为　政

唐子尝语人曰：“天下之官皆弃民之官，天下之事皆弃民之事，是举天下之父兄子弟尽推之于沟壑也，欲治得乎？天下之官皆养民之官，天下之事皆养民之事，是竭君臣之耳目心思而并注之于匹夫匹妇也，欲不治得乎？诚能以是为政，三年必效，五年必治，十年必富，风俗必厚，讼狱必空，灾祲必消，麟凤必至。”

【译文】唐子曾对人说：“天下的官吏都是不替百姓着想的官吏，天下的政事都是不替百姓着想的政事，这是把天下的父老乡亲往火坑里推，想让国家得到治理，能办到吗？天下的官吏都是替百姓着想的官吏，天下的政事都是替百姓着想的事情，这是竭尽君臣的心思用在百姓身上，即使想不让国家得到治理，可能吗？如果能够依照这种方法来治理国家，三年之内就会见成效，五年之内就会使国家得到治理，十年之内就会使国家富强，民风一定会敦厚，犯罪一定会减少，灾害一定会消除，祥瑞一定会出现。”

存 言

立国之道无他，惟在于富。自古未有国贫而可以为国者。夫富在编户，不在府库。若编户空虚，虽府库之财积如丘山，实为贫国，不可以为国矣。国家五十年以来，为政者无一人以富民为事，上言者无一人以富民为言。至于为家，则营田园，计子孙，莫不求富而忧贫。何其明于家而昧于国也！

【译文】立国之道没有别的，只能是使国家变得富强。自古以来没有国家贫穷却能维持存在的情况。国家的富强在于百姓的富有，不在于国库的充实。如果百姓财物空虚，即使国库积蓄的财物堆积如山，实际上还是一个贫穷的国家，很难继续维持国家的存在。国家近五十年以来，处理政事的人没有一个把富民当作要事，献言进谏的人里没有一个有过富民的建议。可是对待自己的家业，就懂得买田置地，替子孙后代谋划，追求财富，讨厌贫穷。为什么这些人懂得让自己的家业富有，却不明白使得国家富有呢？

任 相

亡国之道有十焉：有法而无实，国亡；赏罚不中，国亡；用舍不明；国亡；左右誉之而褒显，民安之而贬黜，国亡；百姓困穷，司牧不知，知而不为之所，国亡；百官好利而无耻，国亡；将帅不得人，士卒不用命，国亡；御将不得尽其能，国亡；不奴使宦寺，使与国政而号为内臣，国亡；金粟殚竭，不足以厚禄食，养战士，国亡。此十亡者，明君或蹈之，不必暴乱如桀纣者也。

【译文】导致国家灭亡的原因有十种：制定法律但不切实执行，国家就会灭亡；赏赐和刑罚不恰当，国家就会灭亡；任用什么人舍弃什么人不明确，国家就会灭亡；对身边逢迎拍马的人封官进爵，对安抚百姓的人罢黜不用，国家就会灭亡；百姓穷困，官员们却不知道，即使知道了也不去妥善处理，国家就会灭亡；官员们追逐利益，却寡廉鲜耻，国家就会灭亡；军队的将领不称职，士兵们不效命，国家就会灭亡；任用将领而不能充分发挥他的才能，国家就会灭亡；不把太监当作奴仆使用，而让其参与朝政，称做内臣，国家就会灭亡；国家的财富粮食耗尽，不能给官员厚禄，犒赏军队，国家就会灭亡。这十个会导致国家灭亡的错误，贤明的君主也可能会触犯，不一定非得是夏桀、商纣那样的暴君。

远　谏

人无贤不贤，贤不贤惟君；政无善不善，善不善惟君。君惟有道，虽恒才常法，可以为治；君惟不道，虽有大贤良法，亦以成乱。是故明哲之君，无所为恃，必责于己。知天子于民庶，过及十一，祸倍百千。战战兢兢，如临深渊，如履薄冰，亦有嬖妾，南威西子，身之蛊也；亦有便侍，竖貂勃鞮，家之蠹也；亦贵所好，巧言令色，朝之贼也；亦贱所恶，良药鑱石，国之宝也。若反其道，则上祸祖父、下灭子孙，血流海内、屠及百年。

【译文】一般百姓谈不上贤明不贤明，贤明不贤明是对君主而言；国家政事谈不上好或不好，好坏只对君主而言。只要君主符合道义，即使具备普通人的才能，采用普通的治理方法，也能把国家治理好；如果君主不符合道义，即使有贤才和好的治国方法，也会造成动乱。因此圣明的君主不依赖外物，有问题总会归过于自己。由此可知，天子跟普通百姓相比，即使所犯的过错是普通百姓的十分之一，但是所造成祸害却是普通百姓的千百倍。君主即使是小心翼翼行事，就如同临近万丈深渊，就如同行走在单薄的冰面上。还会有南之威、西施那样的宠妾，伤害君主自身；还会有竖貂、勃提那样的内臣，危害君主的内廷；还会宠信花言巧语的奸臣，危害朝廷，也会讨厌针砭时弊的忠臣，而这些人却是国家的珍宝。如果违背了这些道理，那就会祸及祖先、断绝子孙后代，天下动乱，遗患无穷。

省　官

官多则禄不得不薄，禄薄则侵上而虐下，为盗臣，为民贼。故养民之道，必以省官为先务焉。今夫富人之家，百羊为群，以一人牧之足矣，主人虑其不周也，既立之牧，又为之监，司刍有人，司菽有人，欲厚其廪食，而羊息不足以供之。薄其廪食，则必窃刍与菽，而羊且瘦而多耗矣。多官害民，亦犹是也。

【译文】官员设置得太多，官员们的俸禄就得减少，俸禄减少了，官员们就会欺瞒君主，虐待百姓，变为奸臣，变为民贼。所以养育百姓的方法，必须把裁减官员作为当务之急。一个富裕之家，百头羊有一个人去放牧就足够了。如果主人考虑不周到，已经有了牧羊人，又安排监督牧羊的人，又安排人管理草料，安排人管理精料。想给他们丰厚的报酬，但是养羊的收入不够支付他们，减少他们的报酬，他们就会偷盗草料和精料，那么羊就会饿瘦，同时草料也消耗巨大。官员多了百姓就会遭殃，也是同样道理。

制　禄

凡人之性，上者有义无利，其次见利思义，其下见利忘义。上下少而次者多，厚其禄所以兴义也。上者不德而忠，其次德而后忠，其下虽德不忠。上下少而次者多，厚其禄所以劝忠也。兴义劝忠，所以厚民生也。

【译文】人的性情高低不同，上等之人能坚持道义没有利益之心，次等之人看到利益之后能想到道义，最下一等人看到利益就忘了道义。上等和最下等的人少，而次等之人多。给官员们丰厚的俸禄，是为了鼓励他们遵循道义。上等之人即使没有恩惠也会忠诚，次等之人给予恩惠才会忠诚，最下等的人即使给予恩惠也不会忠诚。上等和最下等的人少，而次等之人多，给官员们丰厚的俸禄，是为了教导他们忠诚。鼓励道义、教导忠诚，目的是为了治理好百姓。

达　政

有明君，则有贤辅；有贤辅，不患有司之不良；有司良，不患政事之不达。反是则政虽善不达。凡政之大者在黜陟，何以为黜，何以为陟？责饱者必炊饭，责暖者必缝衣，责治者必养民。养民之善政，十有八焉：勤农丰谷，土田不荒芜，为上善政一；桑肥棉茂，麻苎勃郁，为上善政一；山林多材，池沼多鱼，园多果蔬，栏多羊豕，为上善政一；廪蓄不私敛，发济不失时，水旱蝗螽不为灾，为上善政一；犯其父母必诛，兄弟相残必诛，为上善政一；阐幽发潜，彰孝举节，为上善政一；独骑省从，时行乡里，入其茅屋，抚其妇子，民不以为官，无隐不知，为中善政一；强不凌弱，富能周贫，为中善政一；除强暴奸伪，不为民害，为中善政一；居货不欺，商贾如归，为中善政一。省刑轻杖，民自畏服，为中善政一；察奸发隐，四境无盗，为中善政一；学校殿庑常新，春秋享祀必敬，为下善政一；城隍道路桥梁庐舍修治，为下善政一；纳赋有方，致期不烦，为下善政一；选勇力智谋，具戈甲干楯，教之骑射，以卫四境，为下善政一；天灾流行，疫疠时作，使医疗治，为下善政一；蔬食布衣，燕宾必俭，为下善政一。

【译文】有贤明的君主，就会有贤明的宰辅；有贤明的宰辅，就不用担心官员们不称职；官员们称职，就不用担心国家政事不通达。如果情况相反，即使努力治理国家，也很难达到好的效果。治国理政的诸多事务中，最重要就是官员的任免。什么情况罢免，什么情况提升呢？要想吃饱肚子就得做饭，要想身上暖和就得缝衣，要想治理好国家就得养育百姓。而养育百姓的善政有十八种：使农夫勤劳，粮食丰收，田地不荒芜，这是上等善政之一；使桑树、棉苗茂盛，大麻、苎麻茁壮，这是上等善政之二；使山林多产木材，湖泊多产鱼虾，使百姓田园中瓜果蔬菜繁盛，围栏中猪羊众多，这是上等善政之三；使官员不私下敛财，救济百姓及时，洪水、干旱、蝗虫出现了也不会成灾，这是上等善政之四；忤逆父母的人，必定严惩，残害兄弟的人，必定追究，这是上等善政之五；阐发隐微深奥的道理，表彰孝子烈妇，这是上等善政之六；官员出行轻车简从，探访民情，深入民间，安抚妇幼，平易亲民，明察秋毫，这是中等善政之一；使臣民不以强凌弱，有钱富人能够周济贫苦百姓，这是中等善政之二；清除强暴奸猾狡诈之人，不让他们成为百姓的祸害，这是中等善政之三；公平买卖，不欺商贾，这是中等善政之四；刑罚宽容，百姓自觉守法，这是中等善政之五；发觉潜藏的坏人，四境没有盗贼，这是中等善政之六；乡学和祠堂的房舍常新，春秋的祭祀都心存恭敬，这是下等善政之一；维护和保养城隍庙、道路、桥梁、房屋，这是下等善政之二；缴纳税赋得当，到期也不催逼，这是下等善政之三；选拔有勇有谋的将领，准备武器盔甲器械，训练士卒，守卫四境，这是下等善政之四；在天灾发生，疾病蔓延的时候，派医生诊疗救治，这是下等善政之五；衣食俭朴，宴请节俭，这是下等善政之六。

上善政六，中善政六，下善政六，凡十八善政。以课县令，重其权，厚其禄。其牧守，但行考绩，不得专制，待以宾礼，不行跪拜。凡有兴革，唯其所为，三年考绩，无功有过者黜，无过无功者以其品秩致仕，三考有上善政者受上赏，有中善政者受中赏，有下善政者受下赏，其升迁以是为差。十八善政皆备，九年之间，民昔贫而今富，昔好犯而今知礼，治化大行，斯为上功。唯不受国，封为侯伯，厚其廪禄，冕服舆马，比于古之诸侯。公卿缺，则举用之，或老而归田，予以爵禄终其身，录其子孙以崇报功。如是，则有位知劝，咸自竞勉，何治功之不成！

【译文】上等善政有六种，中等善政有六种，下等善政有六种，一共十八种善政。用来考核县令的政绩，赋予他们足够的权力，给予他们优厚的俸禄。对于州牧和郡守，只考察他们的政绩，他们不得独断专行，上下级之间以礼相待，不用跪拜。事情发起或者革除，完全由他们决定。三年考察一次政绩，没有政绩只有过失的官员，要免职，没有过失也没有政绩的，就按官职高低给予待遇令其退休。经过三次考核，有上等政绩的官员给予上等的奖赏，有中等政绩的官员给予中等奖赏，有下等政绩的官员受给予下等的奖赏，官员的升迁根据政绩来区别对待。如果十八种善政都具备，九年之内，百姓过去贫穷现在就会变得富裕，过去经常触犯法律现在就会懂得礼仪，治国和教化都得到有力的推行，这是上等的功劳。即使不赏赐给他封国，也应封为侯伯，提高他的俸禄，让他享有服饰车马，就像古代的诸侯。公卿的位子有空缺，就把他提拔上来任用。等到他年老回乡，给予他终身的爵位和俸禄，录用他的子孙后代，来回报他的功劳。官员们受此鼓舞，竞相努力，何愁天下不治。

柅 政

天下难治，人皆以为民难治也，不知难治者非民也，官也。凡兹庶民，苟非乱人，亦唯求其所乐、避其所苦，曷尝好犯上法以与上为难哉！论政者不察所由，以为法令之不利于行者，皆柅于民之不良，释官而罪民，此所以难与言治也。

【译文】天下不好治理，人们都认为是百姓难以治理，不知道难以治理的不是百姓，而是官吏。任何百姓，如果不是天生的暴民，都希望得到快乐、躲避痛苦，怎么会故意触犯法律而与朝廷为敌呢？处理政事的人不清楚缘由，就认为国家法令不能顺利推行的原因，都是受阻于百姓的不善良，宽容官吏而责难百姓，这样就很难治理好国家了。

庭训格言

【提要】《庭训格言》，清圣祖爱新觉罗·玄烨撰。

清圣祖爱新觉罗·玄烨（1654—1722年），清朝第四位皇帝（1661—1722年在位），清定都北京后第二位皇帝。年号康熙。康熙帝八岁登基，14岁亲政，在位61年，是中国历史上在位时间最长的皇帝。开创出康乾盛世的大局面，有学者尊之为“千古一帝”，庙号圣祖，谥号合天弘运文武睿哲恭俭宽裕孝敬诚信中和功德大成仁皇帝，葬于景陵。

《庭训格言》是康熙给其儿女们的训诫之语。据《钦定四库全书提要》云：“《庭训格言》一卷，雍正八年，世宗宪皇帝追述圣祖仁皇帝天语，亲录成编。凡二百四十有六则，皆《实录》《圣训》所未及载者。”

康熙一生兢兢业业，修身、齐家、平天下都付诸心力，治国六十年建树甚多，其守成、创业之功绩举世公认。雍正皇帝整理的这部《庭训格言》，不仅是一位帝王的教子书，也是一位父亲留给儿女的家训经典，其中饱含康熙作为父亲对子女的舐犊之情，其内容平实而细腻，涵盖治国理政和日用平常的诸多方面，是中国历代家训中的经典之作。《续编篇》自全书中辑录32则，为康熙对其后代关于治理天下以及做人处世的教诲，对今人也有深刻的借鉴意义。

训曰：凡人于事务之来，无论大小，必审之又审，方无遗虑。故孔子云：“不曰‘如之何，如之何’者，吾末如之何也已矣。”诚至言也。

【译文】庭训说：但凡人遇到事情时，无论大小，一定要反复分析、推究，才不会有遗漏。所以孔子说：“一个人遇到事情时，不说‘怎么办，怎么办’的，我对这种人，也不知如何是好了。”这确实是至理名言啊。

训曰：凡天下事不可轻忽，虽至微至易者，皆当以慎重处之。慎重者，敬也。当无事时，敬以自持；而有事时，即敬以应事。务必谨终如始，慎修思永，习而安焉，自无废事。盖敬以存心，则心体湛然居中，即如主人在家，自能整饬家务。此古人所谓“敬以直内”也。《礼记》篇首以“毋不敬”冠之，圣人一言，至理备焉。

【译文】庭训说：对于天下所有的事情都不可以轻视忽略，即使是最细微、最简单的事情，都应以慎重的态度对待。慎重，就是时刻心怀诚敬。无事时，用诚敬来坚持自守；有事时，就用诚敬来应对处理。一定要做到慎终如始，谨慎修行的同时还要考虑长久之道，慢慢修习，心就安定下来，自然就不会有衰败的事情。内心如能一直保持诚敬，那这个人的身心都会表现出安然淡泊之状，就好比主人居于自家一样，自然能够很好地整理家务。这就是古人所说的“对一切事物诚敬，就能使内心正直”的意思。《礼记》篇首就冠以“毋不敬”三字，圣人的一句话里，包含了至高无上的道理。

训曰：凡人养生之道，无过于圣人所留之经书。故朕惟训汝等熟习五经四书性理①，诚以其中，凡存心养性、立命之道无所不具故也。看此等书，不胜于习各种杂学乎？

【注释】①性理：指《性理大全》，明胡广等于永乐十三年奉成祖之命编撰的宋儒性理学说汇编。清代康熙命李光地等“撷其精华”，节编《性理精义》十二卷。

【译文】庭训说：关于人的养生之道，没有什么比圣人留下来的经书典籍讲得更好了。所以我只是让你们熟读四书五经，《性理大全》等典籍，只要能够内心保持诚敬，存心养性、立命之道就都包含在其中了。看这样的书，不是要胜过学习各种杂家之学吗？

训曰：《书经》者，虞、夏、商、周治天下之大法也。《书传·序》云：“二帝三王之治本于道，二帝三王之道本于心。得其心，则道与治固可得而言矣。盖道心为人心之主，而心法为治法之原。精一、执中者，尧、舜、禹相授之心法也。建中、建极①者，商汤、周武相传之心法也。德也，仁也，敬与诚也。言虽殊而理则一，所以明此心之微妙也。”帝王之家所必当讲读，故朕训教汝曹，皆令诵习。然《书》虽以道政事，而上而天道，下而地理，中而人事，无不备于其间，实所谓贯三才而亘古万古者也。言乎天道，《虞书》之治历明时可验也；言乎地理，《禹贡》之山川田赋可考也；言乎君道，则典谟训诰[②]之微言可详也；言乎臣道，则都俞吁咈[③]、告诫敷陈之忠诚可见也；言乎理数，则箕子《洪范》之九畴可叙也；言乎修德立功，则六府三事[④]、礼乐兵农历历可举也。然则帝王之家固必当讲读，即仕宦人家，有志于事君治民之责者，亦必当讲读。孟子曰："欲为君尽君道，欲为臣尽臣道，二者皆法尧、舜而已矣。"在大贤希圣之心，言必称尧、舜。朕则兢业自勉，惟思体诸身心，措诸政治，勿负乎天佑下民、作君作师之意已耳。

【注释】①建中：谓建立中正之道，以为共同的准则。建极：建立中正之道。语本《书·洪范》"皇建其有极"。一说谓建立法度、准则。

②典谟训诰：《尚书》中《尧典》《大禹谟》《汤诰》《伊训》等篇的并称。都是古圣贤相诰诫的言论。

③都俞吁咈（fú）：《书·益稷》："禹曰：'都！帝，慎乃在位。'帝曰：'俞！'"又《尧典》："帝曰：'吁，咈哉！'"都、俞、吁、咈均为叹词。以为可，则曰都、俞；以为否，则曰吁、咈。后因用"都俞吁咈"形容君臣论政问答，融洽雍睦。

④六府三事：语出《尚书·大禹谟》："地平天成，六府三事允治，万世永赖。"指水、火、金、木、土、谷六者为财货聚敛之所，古人以为人类养生之本。三事：正德、利用、厚生。

【译文】庭训说：《尚书》是虞、夏、商、周治理天下的大法。《书传·序》说："二帝三王治理天下的根本来自于道，他们的道又来自于心。能够有和他们一样的存心，那么对于他们的道与治理天下的方法就可以理解并说明白了。"道心是人心的主宰，而心法则是治理天下之道的本源。精纯专一、公平适中、不偏不倚之道，是尧、舜、禹相传的心法。建立中正之道，是商汤和周武王相传的心法。道德，仁义，敬与诚，它们的说法虽各有不同，然而阐述的道理却是一致的，都是用来阐明此心法的微妙之处。"帝王之家一定要讲习诵读，所以我要求你们一定要诵读熟习。然而《尚书》虽然讲述的是政事，但上至天道，下至地理，中间至人事，无不包含其中，实可称为贯通天、地、人三才而横亘万古的经典之作啊！谈到公允的天道，《虞书》中制定历法、阐明天时的变化可以作为验证；谈到地理，《禹贡》中关于山川、田赋的记载可以作为考证；谈到为君之道，《尧典》《大禹谟》《汤诰》《伊训》这些经典篇章中精深微妙的言辞已经说得非常详尽了；谈到为臣之道，君臣论政问答，融洽雍睦，臣子直谏之言敷陈备细，忠诚之心昭然可见；谈到理数，箕子的《洪范》中禹治理天下的九种大法可说是述说得很明白了；谈到修养德行、建立功绩，在六府三事、礼乐兵农等每一条都讲得清晰分明。因此，不只是帝王之家的子弟一定要讲习诵读，就是官宦人家有志于侍奉君主、治理百姓的子弟，也一定要讲习诵读。孟子说："想要做一个好的君主就要恪守君道，想要做一个好的臣子就要恪守臣道，君主与臣子只要效法尧、舜就够了。”对于想要效法圣人的贤良、敦厚之人来说，言必称尧、舜。我则希望自己能够做到兢兢业业，自我勉励，认真思维体会尧、舜的精神，并且把它施行到执政当中，不辜负上天护佑百姓，君主应该作万民之君、万民之师的意思。

训曰：凡理大小事务，皆当一体留心。古人所谓防微杜渐者，以事虽小而不防之，则必渐大。渐而不杜，必至于不可杜也。

【译文】庭训说：但凡处理大小事务，都应始终留心观察。古人所说的防微杜渐，是因为事情虽然微小，但是不加以制止的话，就会逐渐变大。逐渐变大后还不加以杜绝，必会造成无法制止的结果。

训曰：《易》云“日新之谓圣德”，学者一日必进一步，方不虚度时日。大凡世间一技一艺，其始学也，不胜其难，似万不可成者，因置而不学，则终无成矣。所以初学贵有决定不移之志，又贵有勇猛精进之心，尤贵有贞常永固、不退转之念。人苟能有决定不移之志，勇猛精进，而又贞常永固、毫不退转，则凡技艺，焉有不成者哉？

【译文】庭训说：《易经》上说“每天都有新的进步，就可称得上具有盛德了”，学者每天都要前进一步，才算不虚度时日。但凡世间的技艺，开始学时，感觉承受不住其中的困难，好像万万不能学成一样，于是就弃而不学，终究一无所成。所以初学者贵在有坚定不移的意志，又贵在有勇猛精进的决心，尤其贵在始终如一地坚守正道、毫不退转的信念。人如果能有坚定不移的意志，勇猛精进的决心，始终如一地坚守正道、毫不退转，那还有什么技艺是学不成的呢？

训曰：《老子》曰“知足者富。”又曰“知足不辱，知止不殆，可以长久。”奈何世人衣不过被体，而衣千金之裘犹以为不足，不知鹑衣缊袍[①]者，固自若也；食不过充肠，罗万钱之食犹以为不足，不知箪食瓢饮者，固自乐也。朕念及于此，恒自知足。虽贵为天子，而衣服不过适体。富有四海，而每日常膳，除赏赐外，所用肴馔，从不兼味。此非朕勉强为之，实由天性自然。汝等见朕如此俭德，其共勉之。

【注释】①鹑衣：鹑鸟尾巴光秃，似缝补的衣服，故以鹑衣比喻破烂不堪的衣服。缊袍：以乱麻为絮的袍子。古为贫者所服。

【译文】庭训说：《老子》说“知足者就会富足。”又说“知道满足就不会招致羞辱，适可而止就能避免危险，这样就可以长久。”世人的衣服不过是用来遮蔽身体的，怎奈有人穿着价值千金的皮裘还不知满足，而有的人虽然衣衫褴褛却神态自若；食物不过是用来充饥的，然而有的人四处搜罗价值万钱的美食却还不知足，不知道那些每天只以一筐饭、一瓢水度日的人，却怡然自乐。我每每想到这些，常很知足。就算我贵为天子，衣服也不过是合体就好；虽然我富有四海，而日常用膳，除了赏赐以外，所用饭菜，不会超过两种以上的菜肴。这不是我勉强为之，实在是由于自己的天性使然。你们看到我如此俭约的品德，应当共勉。

训曰：古人有言“反经合理谓之权”，先儒亦有论其非者。盖天下止有一经常不易之理，时有推迁，世有变易，随时斟酌，权衡轻重，而不失其经，此即所谓权也。岂有反经而谓之行权者乎？

【译文】庭训说：古人说“虽违背常道，但仍合于事理，这就叫权变”，先世儒者也有认为这种说法不对的。天下只有一个恒常不变的真理，但随着时间的推移，世事也在发生变化，要随时仔细斟酌，权衡轻重，而不失常道，这就是所谓的权变。哪里有违反常道还能称为施行权变的呢？

训曰：天道好生，人一心行善，则福履自至。观我朝及古行兵之王公大臣，内中颇有建立功业，而行军时曾多杀人者，其子孙必不昌盛，渐至衰败。由是观之，仁者诚为人之本欤！

【译文】庭训说：天道爱惜生命而不嗜杀，人如果能一心行善，那么福禄自然就会到来。试看我朝及古代领兵的王公大臣，其中有很多颇有建树，但在领兵时却曾过多杀人的，他们的子孙必定不会昌盛，且会逐渐走向衰败。由此看来，仁德确实是做人的根本啊！

训曰：凡人处世，惟当常寻欢喜。欢喜处自有一番吉祥景象。盖喜则动善念，怒则动恶念，是故古语云：“人生一善念，善虽未为，而吉神已随之；人生一恶念，恶虽未为，而凶神已随之。”此诚至理也夫！

【译文】庭训说：人处于世间，但需经常自寻欢喜。欢喜的地方，自有一番吉祥景象。这是因为一个人欢喜，就会产生善念；发怒，就会产生恶念。因此，古语说：“人一旦生出一个善念，善事虽然还没有做，而吉神却已随之而来了；人一旦产生一个恶念，恶事虽然还没有做，而凶神就已随之而来了。”这确实是至高无上的道理啊！

训曰：《大学》《中庸》俱以“慎独[①]”为训，是为圣贤第一要节，后人广其说，曰“暗室不欺[②]”。所谓暗室，有二义焉：一在私居独处之时，一在心曲隐微之地。夫私居独处，则人不及见；心曲隐微，则人不及知。惟君子谓此时指视必严也，战战栗栗，兢兢业业，不动而敬，不言而信，斯诚不愧于屋漏[③]，而为正人也夫！

【注释】①慎独：在独处中谨慎不苟。语出《礼记·大学》：“此谓诚于中，形于外，故君子必慎其独也。”

②暗室不欺：虽在别人看不见的地方，也不做亏心事。谓光明磊落。语出唐骆宾王《萤火赋》：“类君子之有道，入暗室而不欺。”

③屋漏：古代室内西北隅施设小帐，安藏神主，为人所不见的地方称作“屋漏”。

【译文】庭训说：《大学》《中庸》都以“慎独”为训诫，这是成为圣贤的关键。后人将这种学说进行扩充，称之为“暗室不欺”。所谓暗室，有两层含义：一指在私人居所独处时，一指在内心深处的隐微之地。私居独处时，他人看不到；内心深处的隐微之地，他人不知道。只有君子才知道这种时候要和十目所视，十手所指的时候一样严谨，战战栗栗，兢兢业业，即使什么都没有做也能让人肃然起敬，不用多言就会取得信任，这才真正无愧于在人所不见处，依然能为正人君子啊！

训曰：近世之人以不食肉为持斋[①]，岂知古人之斋必与戒并行。《易·系辞》曰：“斋戒[②]以神明其德。”所谓斋者，齐也，齐其心之所不齐也。所谓戒者，戒其非心妄念也。古人无一日不斋，无一日不戒，而今之人以每月之某日某日持斋，已与古人有间。然持斋固为善事，可以感发人之善念，第不知其戒心何如耳。

【注释】①持斋：遵行戒律不茹荤食。佛教原谓过午不食，后多指素食。

②斋戒：在祭祀或举行重要典礼之前，沐浴更衣，不饮酒，不吃荤，夫妻不同房，严守戒律，以示虔诚庄敬。

【译文】庭训说：近代之人把不吃肉当作持斋，他们哪里知道，古人的斋必定要与戒并行。《易·系辞》中说："以虔诚庄敬之心严守斋戒，以使自己的德行与神明感通。"所谓"斋"，就是"齐"的意思，使自己心中不齐之处变得整齐。所谓"戒"，就是戒除自己的邪心和妄念。古人没有一天不持斋，也没有一天不守戒，而今人只在每月的某天某日持斋，这已然和古人有了不同。然而持斋固然是善事，可以感动启发人的善念，只是不知道他的心戒守得怎么样了。

训曰：朕自幼不喜饮酒，然能饮而不饮。平日膳后，或遇年节筵宴之日，止小杯一杯。人有点酒不闻者，是天性不能饮也。如朕之能饮而不饮，始为诚不饮者。大抵嗜酒则心志为其所乱而昏昧，或致病疾，实非有益于人之物，故夏先后以旨酒为深戒也。

【译文】庭训说：我从小就不喜欢饮酒，然而却是能饮不饮。平日用膳后，或是遇到年节宴会之日，也只是喝一小杯而已。人有滴酒不能闻者，那是天生就不能饮酒。像我这样能饮却不饮，才是真正的不喝酒者。大多数嗜酒之人的心志被酒精麻痹以至于神智模糊不清，有的还会招致疾病，酒实在不是有益于人的东西，所以夏朝的先王大禹把美酒作为大戒。

训曰：凡人不能无好恶，但能胜其私心则善。诚见善而好之，见恶而恶之，则不能牵累吾心矣。人于喜怒亦然。喜时不能不遇可怒之事，怒时不能不遇可喜之事，是故《大学》云忿懥好乐，皆难得其正者[①]，此之谓也。

【注释】①忿懥好乐，皆难得其正者：《大学》云所谓修身在正其心者，身有所忿懥，则不得其正，有所恐惧，则不得其正，有所好乐，则不得其正，有所忧患，则不得其正。

【译文】庭训说：人不能没有好恶，只要能战胜自己的私心就好。若真能做到见善就欢喜，见恶就厌恶，那么好恶就不会牵累到我们的心了。人对于喜怒也是这样。高兴的时候，不能不遇到让人生气的事；生气的时候，不能不遇到让人高兴的事。因此《大学》上说“忿恨发怒和喜好逸乐，都难以让人保持心态平正”，说的就是这个道理。

训曰：人生于世，无论老少，虽一时一刻之心。不可不存敬畏之心。故孔子曰：“君子畏天命，畏大人，畏圣人之言。”我等平日凡事能敬畏于长上，则不得罪于朋侪，则不召过，且于养身亦大有益。尝见高年有寿者，平日俱极敬慎，即于饮食亦不敢过度。平日居处尚且如是，遇事可知其慎重也。

【译文】庭训说：人于世上，无论老少，每时每刻都要存有敬畏之心。所以孔子说：“君子敬畏天命，敬畏德高望重之人，敬畏圣人的话。”我们平日里凡事都能做到敬畏尊长，就不会得罪同辈的朋友，也就不会招致过错，并且对于养身也大为有益。我曾见到高寿之人，他们平日都极具敬慎，即使是对饮食，也不敢过度。平日生活尚且如此，遇事时就可以知道他们的慎重程度了。

训曰：古圣人所道之言即经，所行之事即史，开卷即有益于身。尔等平日诵读及教子弟，惟以经、史为要。夫吟诗作赋虽文人之事，然熟读经、史，自然次第能之。幼学断不可令看小说。小说之事，皆敷演而成，无实在之处，令人观之，或信为真，而不肖之徒竟有效法行之者。彼焉知作小说者譬喻、指点之本心哉？是皆训子要道，尔等其切记之。

【译文】庭训说：古代圣人所说的话就是经，所行的事就是史，常常开卷阅读他们的精髓定会对自身有益。你们平日诵读及教导子弟，都要以经、史典籍为主。吟诗作赋，虽然是文人的事，但是熟读经、史之后，自然也能依次做到。幼年读书，断然不可让他们看小说。小说中描写的事情，都是经过铺陈演绎而成，没有什么实在的东西，让人读了之后，有的会信以为真，一些不肖子弟就会效法小说中的做法。他们哪里会知道，小说的作者是用譬喻来点明人的本心啊？这些都是教导子弟的关键，你们一定要切记。

训曰：朕每岁巡行临幸处，居人各进本地所产菜蔬，尝喜食之。高年人饮食宜淡薄，每兼菜蔬食之则少病，于身有益。所以农夫身体强壮，至老犹健者，皆此故也。

【译文】庭训说：我每年巡视所到之处，当地百姓都会各自进献本地所产蔬菜，我曾很喜欢吃。上了年纪的人饮食要清淡，每餐多吃一些蔬菜，就可以少生病，对身体大有益处。所以农民身体强壮，到老时还很健康，就是这个缘故。

训曰：凡人于无事之时常如有事，而防范其未然，则自然事不生。若有事之时却如无事，以定其虑，则其事亦自然消灭矣。古人云："心欲小而胆欲大。"遇事当如此处之。

【译文】庭训说：但凡人在没事时，应如有事时一样谨小慎微，以防范于未然，那么事故自然就不会发生。如果在有事时依然能做到如同无事时一样泰然自若，从而平定心中的各种顾虑，那么事情也就自然能得到消除了。古人说："一个人做事既要心思细腻、小心谨慎，又要有胆量肯担当。"遇事就应当这样处理。

训曰：《孟子》云"存乎人者，莫良于眸子。眸子不能掩其恶。胸中正，则眸子瞭焉；胸中不正，则眸子眊焉。”此诚然也。看来人之善恶，系于目者甚显，非止眸子之明暗。有人焉，其视人也，常有一种彷徨不定之态，则其人必不正。我朝满洲耆旧，亦甚贱此等人。

【译文】庭训说：《孟子》说“观察一个人，没有比观察他的眼睛更好的方法了。眼睛无法掩饰人内心的邪恶。一个人心正，他的眼睛就明亮；若心不正，他的眼睛就会失神。”确实是这样。看来，人的善恶与他的眼睛有着特别明显的关系，这并不仅限于眼眸的明暗。如果有人在看人时，常有一种彷徨不定的神态，那么这个人的心一定不正。我朝满洲德高望重的老人也特别看不起这种人。

训曰：凡人行住坐卧，不可回顾斜视。《论语》曰“车中不内顾。”《礼》曰“目容端。”所谓内顾，即回顾也。不端，即斜视也。此等处不但关于德容，亦且有犯忌讳。我朝先辈老人亦以行走回顾之人为大忌讳，时常言之，以为戒也。

【译文】庭训说：但凡人们行住坐卧，都不可以回头看和斜视。《论语》上说“坐在车子里，不回头看。”《礼记》上说“目光要端正。”所谓内顾，就是回顾。不端，就是斜视。这些地方，不仅关乎到人的德行和仪容，而且还犯忌讳。我朝前辈老人也认为在行走时回头张望的人犯了大忌讳，时常提醒，让我们引以为戒。

训曰：凡人持身处世，惟当以恕存心。见人有得意事，便当生欢喜心；见人有失意事，便当生怜悯心。此皆自己实受用处。若夫忌人之成，乐人之败，何与人事？徒自坏心术耳。古云：“见人之得。如己之得；见人之失，如己之失。”如是存心，天必佑之。

【译文】一个人立身处世，应当心存宽容。见到别人有得意的事，应当生起欢喜心；见到别人有失意的事，便应生起怜悯心。这些都是自己实实在在受用的地方。如果只是妒忌他人的成功，而对他人的失败却存幸灾乐祸之心，这样如何与人共事呢？只是徒然坏了自己的心术罢了。古语说：“看到他人有所得，就如自己有所得一样；看到他人有所失，就如自己有所失一样。”如此存心，老天一定会保佑他的。

训曰：民生本务在勤，勤则不匮。一夫不耕，或受之饥；一妇不蚕，或受之寒。是勤可以免饥寒也。至于人生衣食财禄，皆有定数。若俭约不贪，则可以养福，亦可以致寿。若夫为官者俭，则可以养廉。居官居乡，只缘不俭，宅舍欲美，妻妾欲奉，仆隶欲多，交游欲广，不贪何从给之？与其寡廉，孰若寡欲？语云：“俭以成廉，侈以成贪。”此乃理之必然者。

【译文】庭训说：民生的根本要靠勤劳，勤劳就不会产生匮乏。一个男子不耕田，就会有人忍饥挨饿；一个妇人不养蚕，就会有人缺衣受冻。这说明勤劳可以使人免去饥寒之苦。至于人生的衣食以及财富、禄位，都是有定数的。如果能做到节俭而不贪婪，就可以保持福禄，也可以延年益寿。如果为官之人节俭，就可以培养并保持廉洁的美德。无论是在位为官，还是闲居家乡，只因不知节俭，想要漂亮的宅舍居住，想要成群的妻妾侍奉，想要众多的仆隶使唤，还要交游广泛，如果不贪污，又从哪里获得钱财来得到这一切？与其做不到廉洁，为什么不少一些欲望？古语说："节俭能让人养成廉洁之风，奢侈会让人变得贪得无厌。"这是必然的道理。

训曰：国家赏罚，治理之柄，自上操之，是故转移人心，维持风化，善者知劝，恶者知惩。所以代天宣教，时亮天功也。故爵曰"天职"，刑曰"天罚"。明乎赏罚之事，皆奉天而行，非操柄者所得私也。《韩非子》曰："赏有功，罚有罪，而不失其当，乃能生功止过也。"《书》曰："天命有德，五服五章①哉！天讨有罪，五刑②五用哉！政事懋哉懋哉！"盖言爵赏刑罚乃人君之政事，当公慎而不可忽者也。

【注释】①五服：天子、诸侯、卿、大夫、士的礼服的合称。五章：指服装上的五种不同文采。用以区别尊卑。

②五刑：我国古代的五种刑罚，通常指墨、劓、剕、宫、大辟。也指

笞、杖、徒、流、死。

【译文】庭训说：国家行使赏罚、治理的权力，是由处在上位的国君所掌控的，因此能够转移民心，维持风俗教化，行善之人知道自己将会受到勉励因此更加努力行善，做恶之人也知道自己将会受到惩罚从而不去作恶。这就是君主代替上天宣导教化，时刻想着承担上天的职责，并让其发扬光大的结果。所以爵位称为“天职”，惩罚称为“天罚”。这都表明，赏罚之事都是奉天命行事，并不是掌权者个人能够为所欲为的。《韩非子》上说：“奖赏有功者，惩罚有罪者，而又能恰到好处，就能鼓励立功，防止过失。”《尚书》上说：“上天为了鼓励有德行的人，用五服、五章来区别尊卑！上天讨伐有罪之人，用五种不同的刑罚来分别惩处那些罪人！处理政事一定要勤勉啊，一定要勤勉啊！”这是说爵禄、奖赏和刑罚都是为人君者用来处理政事的手段，应当公平谨慎而不可轻忽大意。

训曰：舜好问而好察迩言[①]。不自用而好问固美矣，然不可不察其是否也，故又继之以好察。《孟子》论用人、用刑则曰“询之左右及诸大夫，及国人”，可谓不自用，不偏听，而谋之广矣。然终必继之以察，而实见其可否，然后信之。至若舜又曰：“官占惟先蔽志[②]，昆命于元龟[③]。朕志先定，询谋佥同[④]鬼神其依，龟筮[⑤]协从。”箕子亦曰：“汝则有大疑，谋及乃心，谋及卿士，谋及庶人，谋及卜筮。”此则又先断之以己意，然后参之于人与鬼神。可见古之圣人或先参众论，而后审之以独断。或先定已见，而后稽之于人、神。其慎重不苟如此。盖众谋、独断不容偏废，但先后异用，而随事因时可耳。

【注释】①迩言：浅近的话或左右亲信的话。

②官占：卜官的占断。蔽：定，断定。

③元龟：大龟。古代用于占卜。

④询谋佥同：谓咨询和商议的意见都一致。

⑤龟筮：占卦。古时占卜用龟，筮用蓍，视其象与数以定吉凶。亦指占卦的人。

【译文】庭训说：舜在处理事情时，喜欢询问他人的意见，同时也会注意观察辨别左右亲信的话。一个人不主观用事而喜欢询问他人的意见，这固然是一种美德，但是对他人说的话也不能随意轻易相信，所以还要仔细观察、辨别。《孟子》上面谈到用人、用刑时说"能向身边亲近之人及各位大夫以及国人征询意见"，这可以称得上是不自以为是，不偏听，而和人广泛商议了。然而最后还应继续对听到的意见加以认真考察，明辨是非后，才能相信。至于舜又说过："卜官的占断是先定下志向，然后再把志向告诉元龟。我早就有了自己的想法，与大家商议并征询意见后，我们大家的想法是一致的。再问卜鬼神，其结果和我的想法也是相同的。"箕子也说过："你如果有大的疑问，可以自己先静下心来细想，然后听听卿大夫、士人以及百姓的意见，再占卜一下。"这样的方法就是自己先经过考虑，有了决定后，然后再参考一下他人的意见以及占卜鬼神的结果。可见古代圣人有的是先参考众人和鬼神的意见，然后加以推究，最后再独自做出判断。或者先拿出自己的意见，然后再核查众人和鬼神的意见，分析自己的决定是否正确。古人处理问题的慎重程度就是这样。这是因为众人的意见和个人的独断不应有所偏废，只不过使用的先后顺序，要根据事情以及时机不同而灵活运用罢了。

训曰：朕自幼喜观稼穑，所得各方五谷菜蔬之种，必种之以观其收获，诚欲广布于民生，或有裨益也。朕丰泽园所种之稻，偶得一穗，较他穗先熟，因种之，遂比别稻早收。若南方和暖之地，可望一年两获。即如外国之卉、各省之花，凡所得种，种之即生，而且花开极盛。观此，则花木之各遂其性也可知矣。今塞外之野茧，大似山东之山茧，朕因织为茧紬，制衣衣之。此皆农桑之要务。至于花木，皆天地生意所发，故朕心深惬焉。

【译文】庭训说：我从小就喜欢观看农事劳动，所得到的各地五谷和蔬菜种子，一定要把它们种下去，观察它们的收获，然后传播给百姓，这样对于民生也许会有所裨益。我在丰泽园所种的稻子，偶然得到一穗比其它稻穗先成熟的稻谷，于是把它再种下去，就会比别的稻谷早收获。如果在南方暖和的地方，可望一年收获两季。就如外国和各省的花卉，凡是我所得到的种子，种下去就会生长，而且花也会开得极其旺盛。从这一点来看，就可知道花草树木都要随顺自己的生长习性。如今塞外野茧的大小有如山东的山茧，我就把它抽丝后织成绸子，制成衣服来穿。这些都是农桑的要务。至于花木，都是依循天地间的勃勃生机而生发，对此我的心里深感欣慰。

训曰：古人尝言“三年耕，必有一年之积；九年耕，必有三年之积。”此先事预防之至计，所当讲求于平日者。近见小民蓄积匮乏，一遇水旱，遂致难支。此皆丰稔之年粒米狼戾[1]，不能储备之故也。国计若是，家计亦然。故凡家有田畴足以赡给者，亦当量入为出，然后用度有准，丰俭得中，安分养福，子孙常守。

【注释】①粒米狼戾：指稻米谷粒散得到处都是。形容粮食充裕富足。狼戾，狼藉散乱的样子。

【译文】庭训说：古人曾说：“耕种三年，必须存有一年的积蓄；耕种九年，必须存有三年的积蓄。”这是提前预防灾荒的最好方法，在平日里就应特别注意。近来看到百姓积蓄匮乏，一碰上水旱灾害，就会难以支撑。这都是因为在丰收之年浪费粮食，没有及时储备的缘故。一个国家的治国方针如此，一个家庭的治家计划也如此。所以凡是家里有田地足以供养家人、自给自足的，也应当量入为出，支出有度，丰俭适中，安于本分，长养福德，子孙就能常守家业。

训曰：人于平日养身，以怯懦机警为上。未寒凉即增衣服，所食物稍不宜即禁忌之。愈谨慎愈怯懦，则大益于身。但观老大臣辈尽皆如此。朕每见伊等常以机心戏之，然机心第不可用之于他处，若各用之于养身，其有益无比也。

【译文】庭训说：人在平时保养身体时，应以谨小慎微、机智敏锐为上策。天气尚未寒凉就增加衣服，所吃的食物稍有不适就不再食用。越谨小慎微，就越有益于身体。仔细观察年纪大的臣子们全都如此。我每次看到你们耍弄心机戏弄他人，然而这种心机却没能用在其它地方，如果把各种心机都用于养身上，就会带来无比的益处。

训曰：《易》云："天在山中，大畜。君子以多识前言往行，以畜其德。"夫多识前言往行，要在读书。天人之蕴奥在《易》，帝王之政事在《书》，性情之理在《诗》，节文之详在《礼》，圣人之褒贬在《春秋》，至于传记子史，皆所以羽翼圣经，记载往迹。展卷诵读，则日闻所未闻，智识精明，涵养深厚，故谓之"畜德"，非徒博闻强记、夸多斗靡[①]已也。学者各随分量所及，审其先后，而致功焉。其芜秽不经之书，浅陋之文，非徒无益，而反有损，勿令入目以误聪明可也。

【注释】①夸多斗靡：唐韩愈《送陈秀才彤序》："读书以为学，缵言以为文，非以夸多而斗靡也。"后以"夸多斗靡"指读书或写文章以数量多、词藻华美相夸耀。

【译文】庭训说：《易经》上说“天在山中，这是大畜卦的卦象。君子因此多多牢记前人的嘉言善行，以积蓄培养自己的德行。”要多多牢记前人的嘉言善行，关键在于读书。天人之间蕴藏的奥秘都在《易经》中，帝王的治政之道都在《尚书》中，人的性情之理都在《诗经》中，礼仪的节制和文饰都详细记载在《礼记》中，圣人对世事的褒贬评论都记载在《春秋》中，至于传记子史之类，都是对圣人经典的一种补充，记载的都是过去的历史。展卷诵读，就会每天知道一些前所未闻的事情，使智慧才识变得精进诚明，涵养变得更加深厚，所以称为“畜德”，不只是博闻强记、夸多斗靡而已。学者要各自根据能力所及，推究学习的先后次序，最终把精力和功夫专用于某一方面。那些污浊杂乱、近乎荒诞的书籍，浅陋的文章，不仅毫无益处，反而有害，千万不要去看这些，以免损害了自己的耳目聪明。

训曰：圣贤之书所载，皆天地古今、万事万物之理。能因书以知理，则理有实用。由一理之微，可以包六合之大；由一日之近，可以尽千古之远。世之读书者生乎百世之后，而欲知百世之前；处乎一室之间，而欲悉天下之理，非书曷以致之？书之在天下，五经而下，若传若史，诸子百家，上而天，下而地，中而人与物，固无一事之不具，亦无一理之不该。学者诚即事而求之，则可以通三才，而兼备乎万事万物之理矣。虽然，书不贵多而贵精，学必由博而致约，果能精而约之，以贯其多与博，合其大而极于无余，会其全而备于有用，圣贤之道，岂外是哉？

【译文】庭训说：圣贤之书所记载的，都是天地古今、万事万物的道理。我们能借助这些书籍懂得道理，这些道理就有了实用价值。一个微小的道理，可以包含天地宇宙的广大；在一天的阅读中，就可以知道远在千年前发生的事情。世上生于百世之后的读书人，要想知道百世之前的历史；居处于斗室之中，而想了解天下的道理，不借助书籍如何能够做到？天下之书，五经之外，如各种注解、史书、诸子百家，上至天文，下至地理，以及处在天地间的人和事，原本就没有一件事没有涉及到的，也没有一个道理不涵盖的。读书人果真能就发生的事到书中去寻求答案，就可以通达天、地、人三才，并同时兼具平治万事万物的原理了。虽然如此，但是读书不贵于多而贵在精，学习也必须由广博而达致简约，如果真能做到精当简练，把它们的广博融汇贯通，综合其广大而穷尽无余，全面汇聚以备有用之需，圣贤之道，怎么会在外面呢？

训曰：凡人最要者，惟力行善道。能尽五伦，而一心笃于行善，则天必眷祐，报之以祥。若徒口言善，而心存奸邪，决不为天所祐。是以古圣人惟欲人之止于至善也。

【译文】庭训说：为人最重要的就是力行善道。能尽力按照君臣、父子、夫妇、兄弟、朋友等五伦关系的要求去做，一心踏实行善，那么上天一定会眷顾、护佑你，回报给你吉祥。如果只是在口头上说善，心里却怀着奸邪之念，就绝对不会被上天护佑。因此，古代圣人只是希望人们能达到德行最完善的境界。

训曰：字乃天地间之至宝，大而传古圣欲传之心法，小而记人心难记之琐事。能令古今人隔千百年觌面[①]共语，能使天下士隔千万里携手谈心，成人功名，佐人事业，开人识见，为人凭据，不思而得，不言而喻，岂非天地间之至宝？与以天地间之至宝而不惜之，糊窗粘壁，裹物衬衣，甚至委弃沟渠，不知禁戒，岂不可叹！故凡读书者一见字纸，必当收而归之箧笥[②]，异日投诸水火，使人不得作践可也。尔等切记！

【注释】①觌（dí）面：当面、迎面。

②箧笥（qiè sì）：藏物的竹器。

【译文】庭训说：文字是天地间的至宝。从大的方面来说，它可以把古圣先贤想要传授的心法流传下去；从小的方面来说，它能记载人心难以记住的琐事。文字能令古今之人即使相隔千百年，也如面对面般共同交流，能使天下人即使相隔万里也能携手谈心。它能使人功成名就，辅佐人们的事业，开拓人们的见识，为人们留下凭据，使人不思而得，不言而喻，这难道不是天地之间的至宝吗？对于天地间的至宝不知道珍惜，却用它来糊窗粘墙、包裹东西、衬衣服，甚至把它丢弃到沟渠里，还不知道自己犯了禁戒，岂不可叹！因此，凡是读书人，一看见有字的纸，一定要把它收起来放到竹筐里，他日将其投入水、火之中，使人不能作践它才好。你们一定要切记。

训曰：孟子云“为政者每人而悦之，日亦不足矣。”是言也，诚得为政之要道。即如近河居民，地势洼下，阴雨稍多，即觉水涝；近山居民，地势高阜，数日不雨，即觉亢旱。天道尚然，何况人事？故为政者应持大体，府事允治，自然万世永赖。久安长治之道，未有以政徇人者也。孟子此言，深切政体，特语尔等知之。

【译文】庭训说：孟子说“执政的人要是让每个人都喜悦，那他的时间一定不够用。”这句话确实说出了为政的要道。就如住在河边的居民，由于地势低洼，阴雨天气稍微多起来，他们就觉得雨水过多；靠近山边的居民，由于地势较高，几日不下雨，他们就会觉得大旱。自然规律尚且如此，更何况人事呢？所以，为政者要掌握大体，公平处理政事，自然能使万世仰赖。长治久安之道，从来没有过把国家大政依从于他人而能达到的。孟子这句话，深深切中政体，特地把这些告诉你们，还望你们周知。

浮邱子

【提要】《浮邱子》，清汤鹏撰。

汤鹏（1801—1844年），字海秋，自号浮邱子，湖南益阳人，清道光年间著名思想家、文学家，与同时期的龚自珍、魏源、张际亮同被誉为“京中四子”。他自幼聪敏好学，22岁中举，23岁进士及第。初官礼部主事，因文章“震烁奇特”，被选入军机章京，转达贵州司员外郎，旋擢山东道监察御史，由于他勇于言事，因此而触怒清室，不一月即令仍回户部供职，后官至礼部主事，监察御史。汤鹏治学以程朱理学为津梁，以经世致用为宗旨，为晚清时期经世致用派代表人物。道光二十四年（1844年）去世，年仅44岁。著作有《浮邱子》《明林》《七经补疏》等。《清史稿》有传。

《浮邱子》是汤鹏的重要代表作，“此书凡十二卷九十一篇，通论治道学术，关述经世致用思想，自成一家。所论先立一意，然后分支，举凡军国利病、吏治要最、人事情偏、形势开张等，均所涉及，精辟适切，而无疏关大略之弊。”汤鹏在论述时，始终以孔孟之道为准绳，以尧、舜、禹、汤、文、武之治为理想政治，认为道德教化才是政治的根本。这部书涉及范围广、思虑精细，无隐而不达，因而风行当世。《续编》自全书91篇中辑录了《则古》《训始》《审类》《原爱》《原辅》《审任》《训廉》等7篇中的精华，主要为阐述治国理政、治乱兴亡方面的内容。

则　古

君子知一代之兴亡[①]他焉，芟[②]其所以踣[③]者而已矣。一代之踣亡他焉，坏其所以兴者而已矣。是故夏运踣而商兴，则《商书》之言曰：“夏氏有罪，予畏上帝，不敢不正。”殷运踣而周兴，则《周书》之言曰：“今惟殷坠厥命，我其可不大监抚于时？”秦运踣而汉兴，则董仲舒之言曰：“今汉继秦之后，更化可以善治。”隋运踣而唐兴，则魏徵之言曰：“臣愿当今动静以隋为监。”五季踣而宋兴，则惩五季尾大之祸，收天下之权，建久长之计。元运踣而明兴，则惩元季君臣纵弛，先肃纪纲，后施惠政。是故芟其所以踣，则国本固；国本固，则阴阳和；阴阳和，则万物苏；万物苏，则灾害弭。树其所以兴，则君志特；君志特，则政教新；政教新，则万事理；万事理，则太平致。毋文恬武熙[④]而自谓泰，毋国噪民枯而自谓整，毋界在芒昧[⑤]而不思，毋忧在眉睫而不省，则可谓于古气数乎索之也已。

【注释】①亡：通“无”。

②芟：本义为除草，引申为除去。

③踣：颠覆，败亡。

④文恬武熙：唐韩愈《平淮西碑》：“相臣将臣，文恬武嬉。”恬，安乐。熙与嬉同意，游乐的意思。

⑤芒昧：模糊不清，难以辨识。芒，通“茫”。

【译文】君子明了一个朝代的兴起没有别的奥妙，只是废除那些导致败亡的措施而已；一个朝代的败亡也没有别的奥妙，只是破坏了那些导致兴盛的措施而已。因此夏朝衰落而商朝兴起的原因，就是《商书》说的：“夏朝有罪，我朝畏惧上天，所以不敢不纠正。”商朝衰落而周朝兴起的原因，就是《周书》说的：“现在殷商丢掉了自己的天命，我怎么能不以之为戒，安抚百姓呢？”秦朝衰落而汉朝兴起的原因，就是董仲舒所说：“今天汉朝承继秦朝之后，革新弊政可以治理天下。”隋朝衰落而唐朝兴起的原因，就是魏徵所说：“微臣恳请陛下一切行为以隋朝为镜鉴。”五代衰落了而宋朝兴起的原因，就是宋朝鉴于五代后期武将拥兵自重的大祸，收回天下兵权，建立国家的长久之计。元朝衰落了而明朝兴起的原因，就是明朝鉴于元朝末期君臣放纵松弛，首先整顿朝纲，然后才施行恩惠。因此废除导致败亡的弊端，国家的基础就稳固；国家的基础稳固，则阴阳调和；阴阳调和，则万物兴旺；万物兴旺，则灾害消失。树立使国家兴盛的措施，则君主志向远大；君主志向远大，则政治和教化就焕然一新；政治和教化焕然一新，则各种事情都得到治理；各种事情得到治理，则能达到天下太平的局面。不要把文官安闲自在，武将游荡玩乐看作安泰，不要把国家多事、民众憔悴看作是齐整，不要目光短浅而不思进取，不要忧患临头而不知反省，就可以说是懂得寻求古人治国的气数了。

训　始

浮邱子曰：王天下有三始焉。父子为教亲之始，夫妇为教和之始，昆弟为教序之始。《书》曰："尔惟风，下民惟草。"是故古今治忽之总：君臣教亲，则其民厚；不教亲，则其民凉。君臣教和，则其民脱；不教和，则其民狂。君臣教序，则其民析；不教序，则其民盲。唯凉也，故父子争讼，民不知非；唯狂也，故夫妻反目，民不知非；唯盲也，故兄弟如秦越，民不知非。唯兄弟如秦越也，故民不自爱其兄弟而爱其官长者鲜矣。唯夫妻反目也，故民不自爱其夫妻而爱其井里者鲜矣。唯父子争讼也，故民不自爱其父子而爱其君王者鲜矣。

【译文】浮邱子说："以王道治理天下，有三个开始。父子相亲是教化百姓亲爱的开始，夫妇相敬是教化百姓和睦的开始，兄友弟恭是教化百姓有序的开始。《尚书》说：'你就像风，下民就像草。'所以古今治理和忽怠的总纲是：君主大臣教导亲爱，百姓就淳厚；不教导亲爱，百姓就性情凉薄。君主大臣教导和睦，百姓就闲适愉快；不教导和睦，百姓就性情狂躁。君主大臣教导长幼有序，百姓就明辨道理；不教导长幼有序，百姓就愚昧昏暗。百姓性情凉薄，就会父子争讼，而百姓不知道这样做不对。百姓性情狂躁，就会夫妻反目成仇，而百姓不知道这样做不对。百姓愚昧昏暗，则兄弟就像秦国和越国一样疏远，而百姓不知道这样做不对。连兄弟都如秦越一样疏远，不爱护自己的兄弟而能敬爱长官的人是很少有的。连夫妻都反目成仇，因此，不敬爱自己的丈夫和妻子而能友爱乡亲邻里的情况很少。连父子都争讼，因此，不爱自己的父亲和子女而能亲爱君主的情况也很少。”

审　类

君子审物以知人，审人以知政，审政以知俗，审俗以知运。立乎一寸，则知寻丈；立乎一隅，则知天下。是故君子能向学，则能考理矣；能考理，则能官人矣。能持志，则能守气矣；能守气，则能驭世矣。孔子曰：“好学近乎智。”孟子曰：“其为气也，配义与道；无是，馁也。”是故物不格，则学不邃；学不邃，则积盲妄；积盲妄，则喜任臆；喜任臆，则必倒颠。道义不树，则气不直；气不直，则积柔桡；积柔桡，则苦多端；苦多端，则必诡随。诡随者，人材坏；倒颠者，国运降。君子之所以肠一日而九回也！

【译文】君子通过观察事物就可以了解人情，通过观察人情就可以了解政事，通过观察政事就可以了解民风，通过观察民风就可以了解国运。确立了一寸的长度，而可以知道寻丈；确立了一个角落，就可以知道天下四方。因此君子能学习，就可以考量事理；能考量事理，就可以管理百姓。君子能秉持志向，就可以守住正气；能守住正气，就可以治理天下。孔子说：“好学接近智慧。”孟子说：“浩然之气要与义和道互相配合。不是这样，就会萎缩。”所以，不能格物，学问就不能精深；学问不精深，就多无知狂妄；多无知狂妄，就喜欢自任己意；喜欢自任己意，就会是非颠倒。道义不立，就不能秉持正气；不能秉持正气，就多柔弱；多柔弱，就会苦于事务千头万绪；苦于事务千头万绪，一定会妄随人意。妄随人意，人才败坏；是非颠倒，国运衰落。这就是君子内心痛苦焦灼的原因啊。

原　爱

浮邱子曰：君子积学所以明道，明道所以辨物，辨物所以爱材，爱材所以理政，理政所以济时，济时所以庇国。《诗》曰：“伐柯如之何？匪斧不克。取妻如之何？匪媒不得。”是故天下之材，莫不出于君，出于相，出于师，出于友。

【译文】浮邱子说：“君子积累学问是为了明白大道，明白大道是为了分辨事物，分辨事物是为了爱惜人才，爱惜人才是为了治理国家，治理国家是为了济世救民，济世救民是为了庇护国家。《诗经》上说：‘如何砍伐木材，非用斧头不可；如何迎娶妻子。非有媒人不可。’所以天下的人才，都是出于君主、宰相、师长、朋友选拔或推荐。

是故为君者不可以不爱材，为君而不爱材谓之骜；为相者不可以不爱材，为相而不爱材谓之眊[①]；为师者不可以不爱材，为师而不爱材谓之峭；为友者不可以不爱材，为友而不爱材谓之媢。积骜则生阴阳水火之愆，积眊则生礼乐征伐之愆，积峭则生逼文史、成荆棘之愆，积媢则生借名器[②]、长穿窬[③]之愆。百灵之所以弗集，万邦之所以弗宁，则皆于不爱材之一念乎巇[④]之。《易》曰："忧悔吝者存乎介[⑤]。"言一念不可以不慎也。

【注释】①眊（mào）：目不明。

②名器：《左传·成公二年》："唯器与名，不可以假人，君之所司也。"杜预注："器，车服；名，爵号。"

③穿窬：《论语·阳货》："色厉而内荏，譬诸小人，其犹穿窬之盗也欤！"何晏集解："穿，穿壁；窬，窬墙。"挖墙洞和爬墙头。

④巇（xī）：危险。

⑤介：微细。

【译文】因此君主不可以不爱惜人才，君主不爱惜人才就是傲慢；宰相不可以不爱惜人才，宰相不爱惜人才就是目盲；师长不可以不爱惜人才，师长不爱惜人才就是峭峻；朋友不可以不爱惜人才，朋友间不爱惜人才就是嫉妒。君主长期傲慢无礼，就会产生阴阳失调，水灾旱灾的过失；宰相长期目盲，就会产生礼乐征伐不出自天子而出自下级的过失；师长长期峭峻，就会产生逼迫文史通途反成荆棘险路的过失。朋友间长期嫉妒，就会产生借助地位、徇私舞弊的过失。各种美好的事物都不会汇集，天下万邦都不得安宁，这些都是因为不爱惜人才的一念错误导致的危险。《易经》说："忧虑、悔恨、艰难都由小处产生。"说的就是每个细微的念头都得谨慎。

且夫治其一念，所以治天下也。去怠从敬，所以治其一念也。是故为君者不可以不敬天，知敬天，则毋敢骜；毋敢骜，则爱材必矣。为相者不可以不敬人；知敬人，则毋敢眊；毋敢眊，则爱材必矣。为师者不可以不敬道；知敬道，则毋敢峭；毋敢峭，则爱材必矣。为友者不可以不敬义；知敬义，则毋敢媢；毋敢媢，则爱材必矣。是故三代已上，有圣君焉，天下之材䜣䜣如也。三代已降，无圣君焉，有贤君焉，则天下之材不枯；无贤君焉，有贤相焉，则天下之材不枯；无贤相焉，有贤师、友焉，则天下之材不枯；有贤师、友焉，又有贤君、相焉，则天下之材大不枯；无贤君、相焉，又无贤师、友焉，则天下之材乃大枯矣。孟子曰："苟得其养，无物不长；苟失其养，无物不消。"而况于材乎？

是故材者，国之宝也。爱者，忠之实也。能克己者，爱材之大本也。能得人者，爱材之伟效也。

【译文】能对治自己的起心动念，就可以治理天下。去除怠慢，遵从恭敬，就可以对治自己的起心动念。所以君主不可以不敬天，知道敬天，就不敢傲慢无礼，不敢傲慢无礼就一定会爱惜人才。宰相不可以不敬人，知道敬人，就不会目盲，不敢目盲就一定会爱惜人才。师长不可以不敬道，知道敬道，就不会峭峻，不峭峻就一定会爱惜人才。朋友间不可以不敬义，知道敬义，就不敢嫉妒，不敢嫉妒就一定会爱惜人才。因此夏、商、周三代以前，有圣明的君主，天下人才如同倾心诉说一般地归顺朝廷。三代以后，没有圣明的君主，但是有贤明的君主，则天下人才不会枯竭。没有贤明的君主，但是有贤明的宰相，则天下人才不会枯竭。没有贤明的宰相，但是有贤明的师长和朋友，则天下人才不会枯竭。有贤明的师长和朋友，又有贤明的君主和宰相，则天下人才极其充足；没有贤明的君主和宰相，也没有贤明的师长和朋友，则天下人才会极其匮乏。孟子说："如果得到了滋养，万物生长；如果失去了滋养，万物消亡。"更何况人才呢？

所以，人才是国家的珍宝，爱惜是忠诚的实质。克除私欲，是爱惜人才的根本。能得到人才，是爱惜人才的成效。

原 辅

浮邱子曰：国有辅，屋有柱。柱不力，则屋几覆；辅不力，则国将倾。毋覆屋者，择大木；毋倾国者，择贤人。

【译文】浮邱子说："国家有辅助之臣，就好像房屋有柱子。柱子支撑无力的话，房屋就会倾倒；辅臣不得力，国家就会倾覆。要想房屋不倾倒，就要选用大木；要想国家不倾覆，就要选用贤才。”

审　任

浮邱子曰：君子自任以道，任人以政，任道以学，任政以材。学不邃则道不明，道不明则材不辨，材不辨则政不举，政不举则国不昌。《书》曰：“知人则哲，惟帝其难之。”

【译文】浮邱子说：“君子以弘扬大道来期许自己，通过任用人才来处理政事，弘扬大道需要依靠修治学问，处理政事需要依靠得到贤才。学问不深邃就不能明白大道，不能明白大道就无法辨别人才，不能辨别人才则政事得不到成功，政事不成功则国家不可能昌盛。所以《尚书》说：“能够知人则是明智的哲人，这一点连尧舜这样的圣人都觉得很难。”

且夫不知人，则固不能任人矣；不任人，则固不能治天下矣。上之如尧、舜、汤、武之圣，下之如汉、唐、宋、明之令主，其古近低卬有别①，其无独治天下之理则钧②也。是故可以独治，然且与其臣共治之者，圣而昌；不可以独治，然且与其臣共治之者，贤而详。其君不治，勿使其臣治之者，傲而荒；其君亟欲治，使非其人治之者，躁而盲。

【注释】①卬：同昂。

②钧：同均。

【译文】不能知人，就不能任用人；不能任用人，就不能治理好天下。往上就像尧、舜、汤、武王这样的圣主，向下就像汉、唐、宋、明各朝代的贤君，他们所在的年代远近各不相同，而不依靠君主一人之力来治理天下的道理则是相同的。因此君主的能力可以独自治理天下，但是却和大臣们一起共同治理，则君主圣明而且国家昌盛。君主的能力不能独自治理天下，但是和大臣一起共同治理，是君主贤明而且国家安详。君主没有能力治理天下，又不愿意让大臣去治理，是君主傲慢导致国家政事荒废；君主迫切想治理好天下，而任用人才不当，是君主急躁导致治理国家政事盲目无章。

训　廉

大臣者，小臣之所视听也。内臣者，外臣之所望风旨者也。大臣廉，则小臣不能毋自爱；内臣廉，则外臣不能毋自谨。小臣自爱，外臣自谨，则心志清而职事举，曷其奈何弗廉？

【译文】大臣是小臣的行为榜样，内臣是外臣的风气指向。大臣廉洁，则小臣不敢不自爱；内臣廉洁，则外臣不能不谨慎。小臣能自爱，外臣能谨慎，则朝臣上下心清志明，百事兴举，还用担心大家不廉洁吗？

浮邱子曰：凡天下国家之运，有亟太平之时，有渐销耗之时，有大震荡悲骇之时，有小从容苏息之时。凡为天下国家者之心，有亟太平而料危乱；有渐销耗而坐娱嬉；有大震荡悲骇，而保任戒惧，卒赖以全；有小从容苏息，而侈然自足，暨于不枝。是故忧多于乐者祥，乐多于忧者殃；乐生于忧者昌，忧生于乐者亡。周之始衰，犬戎逼之；迨其亡也，嬴秦逼之。宋之始衰，女真逼之；迨其亡也，蒙古逼之。此天也，非人也。犬戎逼周，周不自强；嬴秦继起，周遂不禄。女真逼宋，宋不自强；蒙古继起，宋遂不禄。此人也，非天也。孟子曰："入则无法家拂士，出则无敌国外患者，国恒亡。然后知生于忧患而死于安乐也。"

【译文】浮邱子说："凡是天下国家的运势，有突然太平的时候，有逐渐消耗的时候，有社会大震荡而百姓悲痛的时候，有社会稍微从容而休养生息的时候。凡是为天下国家操心的人，有的在急速达到太平的情况下而居安思危；有的在逐渐消耗时候却安于享乐；有的在社会大震荡而百姓悲痛的时候而保持戒惧的心态；有的在稍微从容而休养生息的时候，奢侈满足，以致发展到不可收拾。所以忧患多于安乐就吉祥，安乐多于忧患就遭殃；安乐产生于忧患就昌盛，忧患产生于安乐就败亡。周朝开始衰落的时候，有犬戎威胁；等到快灭亡的时候，有秦朝逼迫。宋朝开始衰落的时候，有女真威胁；等到快灭亡的时候，有蒙古人逼迫。这是天意，而不是人祸。犬戎威胁周朝，而周朝不能自强，等到秦朝兴起，周朝就失了天禄。女真人威胁宋朝，而宋朝不能自强，等到蒙古人兴起，宋朝就失了天禄。这是人祸，而不是天意。孟子说：‘国内没有坚持法纪的大臣和辅佐君主的贤臣，国外没有敌国侵扰的外患，国家一定会灭亡。然后就知道生于忧患而死于安乐的道理了。’”

浮邱子曰：政以人理，以人狂；国以人兴，以人亡。是故树中正，则风雨和；耸偏曲，则妖孽章；积善良，则山川灵；纳奸邪，则百物荒；种枳棘，则良田败；养稂莠，则嘉禾伤；乳豺狼，则吞噬必；纵虺蛇，则毒焰张。《易》曰：“大君有命，开国承家，小人勿用。”于乎！小人用而国家焉有底乎？

【译文】浮邱子说：“政事由人得到治理，也因为人而败坏；国家依靠人来兴盛，也因为人而灭亡。因此树立端正的风气，则天下风调雨顺；放任偏颇的习气，就奸邪横生；积累良善，则山川也会灵秀；容纳奸邪，则万物荒废；种植荆棘，则良田荒废；养护杂草，则庄稼不长；饲养豺狼，豺狼必定吞噬人畜；纵容毒蛇，毒蛇必定气焰嚣张。《易经》说：‘君主承嗣天命，建立国家，勿用小人。’如果小人当道，国家怎么能达到治理的局面呢？”

《群书治要续编》跋

《群书治要续编》五十卷，为《群书治要续编》编委会诸贤捃摭南北朝至清代子史精华编撰而成。是书承续前贤魏徵等辑撰《群书治要》之美，会集中国古史下半段修齐治平之嘉谟，以作为政者之借鉴，其用心深远矣。

《群书治要》乃应诏之作。古来各朝，资政之书多矣，何《治要》独能垂范千古？盖魏徵乃经国大器，观览其书，不重文辞，专心治道，去繁就简，微言大义，实乃章句之儒不能为也。矧太宗能致治稽古，克己纳谏；君正臣贤，故能成就贞观之盛世，盖亦取法先王、以古为镜之明证也。

然《续编》之作，则异也。此乃是书编委会诸贤，于文化复兴之际，感《治要》止于晋代，千百年来，无有续作，实为一大憾事。乃慕前贤之风，撰书以兴治道，其用心亦良苦矣。先儒有言“为天地立心，为生民立命，为往圣继绝学，为万世开太平”，故此书之作，又乃匹夫有责之本分也。

曩者，《治要》成而盛世兴，此盛唐之美事；而今，国运隆而《续编》作，乃当代之祯祥。前后辉映，堪称完璧，千秋大义，一览无余，后之观者，可以无憾矣。大道之行，天下为公，古今一也。唐宋元明清五代治世盛主俱往矣，历史潮流，浩浩荡荡，“周虽旧邦，其命维新”。今日之中国，刚健日新，乃焕然重生之新中国、新时代，古老文明，著全新之华章；东方大国，创世界之奇迹。然复兴之路，诚非坦途；履薄临深，殷鉴不远；依治国理政之道而行，方乃不坠；古镜今鉴，是为深诫。

《续编》陈一千五百余年兴衰之迹，治乱之原，资今日奋发有为者备览，光前启后，不亦盛乎。书将付梓，承编委会嘱余作跋，不揣浅陋，略叙己见，以塞其责云云。

郝时晋

岁次庚子仲秋于北京